량치차오
평전

량치차오 평전

梁啓超傳

평전

셰시장 지음 | 김영문 옮김

글항아리

서문

지금부터 30년 전 대체로 1980년을 전후해 베이징출판사에서 출판한『량치차오 평전梁啟超傳』을 읽었다. 당시는 새 책이 드물 때라 이 전기를 만난 것만으로도 기쁨에 겨워 바로 구입해 읽기 시작했다. 하지만 책을 읽고 나서 나는 무척 괴로웠고 심지어 분노까지 치밀어올랐다. 량치차오는 중국 근대 시기 위대한 계몽사상가다. 중국사회가 고대에서 현대로 나아가는 역사 전환기를 살아낸 위대한 개혁가다. 그러나 저자는 량치차오를 본받을 것 하나 없는 사람으로 서술하고 있었고 결국 역사의 전진을 방해한 반동 인물로 낙인찍고 있었다. 이는 한 가지 사례에 불과하다. 20세기 하반기 30년은 '혁명은 신성하다'는 사조가 모든 것을 압도할 때여서 급진주의가 학술계를 뒤덮었고, 이 와중에 량치차오도 자연스럽게 '역사의 죄인'이 되었다. 이미 세상을 떠난 그도 억울하게 죄를 뒤집어쓰고 온갖 모욕을 받았으며 또 학문이 극도로 폄하되면서 '혁명의 대비판革命大批判'을 모조리 겪어야 했다. 1980년대에 그런 독서 경험을 하고 나서 나는 더이상 다른 사람이 출판한 『량치차오 평전』도 읽지 않았다. 나는 다시 그런 독서의 공포를 느낄까 두려워 혼자서 직접『음빙실문집飲氷室文集』[1]에 빠져들기 시작했다. 특히 해외 망명 중 나는 독서와 연구 활동을 지속하면서 늘 어떤 주제에 깊이 침잠하곤 했다. 나는 늘 침잠 상태에서만 위대한 영혼과 만날 수 있다고 얘기해왔

---

[1] 1902년 량치차오의 제자 허칭이何擎一에 의해 편집·출판된 량치차오 저작 전집. 중국 상하이 광지서국廣智書局에서 초판이 나왔다.

다. 『음빙실문집』에 침잠하는 동안 다시 량치차오라는 위대한 영혼과 상봉할 수 있었다. 이른바 상봉이란 바로 가르침을 부탁하고, 대화하고, 토론하고, 질문하고, 나의 수준을 끌어올리는 과정이었다. 나는 량치차오와 만나는 동안 시간이 갈수록 더욱더 량치차오가 대단하다는 점을 느꼈고, 그가 정말 중국 현대사회를 연 위대한 대가의 한 사람이란 사실을 깨달았다.

30년 전의 공포 때문에 이번에 셰시장解璽璋의 새 저서 『량치차오 평전』을 읽으면서도 공연히 심장이 뛰었다. 하지만 책의 차례를 펼치자마자 그의 새로운 얼개와 서술방법에 나도 모르게 매료되었다. 이 책은 전반부 3장에서만 량치차오의 출신, 혼인, 가정생활을 서술하고, 그 나머지 모든 장에서는 량치차오와 중국 근대 역사 인물의 관계를 다루고 있다. 예를 들면 '량치차오와 캉유웨이梁啓超與康有爲' '량치차오와 황쭌셴梁啓超與黃遵憲' '량치차오와 탄쓰퉁梁啓超與譚嗣同' '량치차오와 쑨중산梁啓超與孫中山' '량치차오와 장타이옌梁啓超與章太炎' '량치차오와 위안스카이梁啓超與袁世凱' 및 량치차오와 왕캉녠汪康年, 탕차이창唐才常, 양두楊度, 차이어蔡鍔, 장바이리蔣百里, 딩원장丁文江, 후스胡適, 쉬즈모徐志摩 등등이다. 이는 바로 '사람'을 중심으로 삼은 구성이다. 같은 논리로 말하자면, 역사를 '사람' 중심으로 보겠다는 것이다. 전기傳記 서술에서 이러한 구상과 얼개는 '세가世家'와 '열전列傳'을 역사의 핵심으로 삼은 『사기史記』의 서술방법과 유사하지만, 이 책에서는 수미일관한 주인공이 한 사람 더 보태져 있다. 따라서 이 책은 주인공과 등장인물이 모두 타당성을 얻는 가운데 논리적 맥락이 분명하게 이어지며 역사성에다 문학성까지 갖추고 있다. 차례를 거쳐 본문으로 들어가서야 비로소 이 책이 장장 1000쪽(최초 교정지—원서 편집자)에 이른다는 사실을 알게 되었다. 나는 이 같은 장편 전기를 마주하고 또 두려움에 젖었다. 그러나 읽기 시작하면서는 책을 놓을 수 없었다. 셰시장이 중국 근대사에 이처럼 밝은 안목이 있고 량치차오에 대해서도 이처럼 깊은 지식과 깊은 존경심이 있으리라고는 생각지도 못했다. 더욱 예상치 못했던 것은 그의 문체가 량치차오 문체와 아주 유사하다는 점이었다. [그것은] '량문체梁文體'2라 불러도 좋을 만한 것이었다. 량 씨의 문체는 중국의 고대 문언문文言文이 현대 백화문白話文으로 나아가는 새로운 문체로, 5·4 백화문운동의 선구적 문체라 할 수 있다. '량문체'의 탄생은 그 자체만으로도 거대한 문화변혁이라 할 정도였다. 량 치차오 문체는 고의로 '고아古雅하게' 보이려는 학문 태도를 타파했다. 동성 파桐城派 문체를 타파했을 뿐 아니라 장타이옌과 우루룬吳汝綸 문체를 타파 했다. 량치차오는 분명하고 유창한 문체를 힘써 추구했고 논리적 진술과정 에 정감이 스며들도록 했다. 량치차오는 스스로 언급한 대로 "붓끝이 항상 정감을 띠도록 하면서筆端常帶情感" 심오한 내용을 쉽게 서술하는 가운데 통 쾌하고 거침없는 문체를 형성했고, 이에 따라 그의 문체는 중국 전역을 뒤 흔들었다. 1000쪽에 이르는 셰시장의 이 책은 '량문체'에 의해 지탱되고 또 이치와 고증을 한데 버무려넣는 량 씨의 학문방법이 잘 어울려 있어서, 고 금古今 두 가지 언어가 주는 참맛까지 음미할 수 있다. 읽으면 읽을수록 손 에서 책을 놓을 수 없어 나도 모르는 사이에 사흘 밤을 지새며 전서全書를 완독했다. 독서 과정에서 눈은 비록 침침해졌지만 마음속엔 찬란한 꽃이 활짝 피어 나의 30년 우울증을 깨끗이 씻어주었다. "고맙소, 시장 형! 나는 아직 형을 만난 적이 없고 이전에도 형이 쓴 글을 읽은 적이 없지만, 이번 에 형의 책을 봉독奉讀하면서 바로 형에게 마음을 뺏겼소. 형은 이제 내가 열렬히 사랑하는 세계에 있음을 느끼오." 그 세계는 진실하고 심오하고 담 력이 있고 식견이 있는 곳이다. 그 세계가 드넓게 묘사한 량치차오는 진실 하고 풍부하고 위대하다.

사람들은 흔히 역사가 공평하다고 말한다. 그러나 역사의 공평함을 실 현하는 일은 그리 간단치 않고 최소한 시간이 필요하다. 량치차오가 세상 을 떠난 지도 벌써 80여 년이다. 그는 살아서 체포·수배·비난·매도의 고 통을 겪었고, 죽어서도 질책·조롱·폄하·비판을 당했다. 그런데 근래 20~ 30년 동안 개혁의 바람이 중화의 대지를 휩쓸고 '폭력 숭배'가 점차 퇴색하 면서 량치차오의 이름도 다시 향기를 발하고 있다. 중국 국내에는 량치차

---

2 량치차오 문체. 량치차오가 1896년 중국 근대 초기 신문의 하나인 『시무보時務報』의 논설과 기 사 작성을 위해 쓰기 시작한 문체다. 따라서 시무체時務體 또는 신민체新民體라 불리기도 한다. 량 치차오 스스로는 자신의 저서 『청대학술개론清代學術槪論』에서 '신문체新文體'라 불렀다.

오를 평론한 문장이 우후죽순처럼 발표되었고, 중국 역사는 마침내 량치차오에게 공정한 평가를 내렸다. 2010년 나는 『독서讀書』 잡지에 「애증이 교직된 지난 일哀怨交織的往事」을 발표해 후성胡繩에 대한 회고의 정을 나타내는 동시에 '스승을 사랑하지만 진리를 더욱 사랑한다'는 자세로 그와 몇 가지 학문 문제를 토론하고자 했다. 후성이 쓴 중국 근대사 명저 『아편전쟁에서 5·4운동까지從鴉片戰爭到五四運動』는 수백만 부를 발행했고 중국사회에 막대한 영향을 끼쳤다. 나도 이 책을 몇 번이나 자세히 읽으며 적지 않은 도움을 받았다. 특히 근엄하면서도 유창한 후성의 문체는 내가 존경하고 흠모하는 대상이었다. 하지만 애석하게도 이 책은 전체 얼개에 치명적이고 근본적인 결함이 있다. 바로 중국 근대사를 '태평천국혁명太平天國革命' '의화단혁명義和團革命' '신해혁명辛亥革命'이라는 단선적 폭력혁명사로 재단한다는 점이다. 그리하여 '중국 현대문명 건설'의 중대한 노선 즉 '양무운동洋務運動' '개량운동改良運動' '입헌운동立憲運動' 역사를 모조리 빠뜨린 채 단편적이고 불완전한 단선적 근대사 서술로 치우치고 말았다. 그러나 셰시장의 『량치차오 평전』을 읽어보면 중국 현대문명 건설의 역사에 공예기계 건설, 사회제도 건설, 사상문화 건설 등 세 영역이 포함되어 있음을 알 수 있다. 첫째 영역 건설에는 쩡궈판曾國藩, 리훙장李鴻章, 장즈둥張之洞 등이 크게 공헌했다. 둘째와 셋째 영역 건설에는 량치차오의 공로가 세상을 뒤덮었다. 그는 세계 각국의 사회제도를 연구하고 고찰하고 소개했거니와 전제專制제도에서 공화제도로 나아가는 중국의 제도 개혁에 직접 참여했다. 이 과정에서 그가 담당한 역할은 모든 사람이 이미 인정하는 바다. 그는 제도 개혁에서 선봉장 역을 수행한 것 말고도 사상문화의 변혁 과정에서도 첫번째 계몽자 역을 담당했다. 적어도 량치차오가 수행한 드넓은 계몽의 범위(계몽 내용 범위와 사회적 영향력 범위를 포함해)만 놓고 본다면 그에 비견할 사람이 아무도 없다고 말할 수 있다. 옌푸嚴復의 『천연론天演論』3이 물론 중국 근대 계몽의 첫 종소리였고, 그것이 그 한 세대 사람들에게 큰 영향을 끼쳤지만 이후 옌푸의 다른 문장은 량치차오 문장이 끼친 영향력에 훨씬 못 미쳤다. 게다가 옌푸는 량치차오처럼 시종일관 역사의 전선에서 분투하지도 못했고 또 시대의 계몽 중심에서 활동하지도 못했다. 셰시장의 『량치차오 평전』
이 지니는 가치는 량치차오 개인의 역사를 드러내는 데 있을 뿐만 아니라
중국 근대의 '문명 건설' 역사를 밝혀내어 후성이 쓴 중국 근대사의 결함을
보완했다는 데도 놓여 있다. 우리는 셰시장의 이 저서를 통해 중국 근대의
새로운 제도와 새로운 문화 건설이 얼마나 험난했고 얼마나 복잡다단했는
지, 그리고 그것을 위한 투쟁이 얼마나 장렬하고 얼마나 잔혹했는지를 목
도할 수 있다. 이것이 바로 생략할 수 없고 말살할 수 없는 중국 근대사의
중대한 일맥이다. 셰시장의 이 저서는 중국 근대사를 연대순으로 배열한
편년사가 아니라 량치차오를 중심인물로 삼은 근대 인물 활동사(기실 역사
사건도 포함됨)다. 사람은 역사의 정보를 저장하는 기억장치다. 따라서 사람
을 중심에 놓는 역사야말로 살아 있는 역사이자 가장 진실한 역사다. 과거
에는 항상 '역사의 필연성'을 운운했지만 기실 역사에는 우연성이 가득하
다. 우연이 생기는 까닭은 바로 사람이 역사를 창조하기 때문이다. 그러므
로 역사는 기계적 운동이 아니라 사람의 능동적 작동으로 움직이는 셈이
다. 셰시장은 이 저서에서 전통적 장회체章回體[4]의 연대순 서술방식을 버리
고 인물 및 그와 얽힌 갈등구조를 서술의 뼈대로 삼고 있다. 이는 역사의
우연을 더욱 진실하게 드러내는 방식이다. 이런 드러냄의 방식 속에 풍부하
고 상세한 사료, 냉정하고 공정한 사관史觀, 역사 인물에 대한 이해와 공감
이 담겨 있을 뿐만 아니라, 또 그 속에는 전체 서술을 통해 다채롭게 드러
나는 '역사의 맨살' 즉 역사의 피와 살 그리고 역사의 희비극까지 다양하게
담겨 있다.

　　개인 전기를 중국 근대사로 써내는 일은 오직 량치차오의 경우에만 가
능하다. 왜냐하면 량치차오는 위대한 역사적 존재로서 중국 근대사에 등

3　영국의 생물 진화학자 토머스 헉슬리Thomas H. Huxley(1825~1895)가 쓴 『진화와 윤리 및 기
타Evolution and Ethics and other Essays』를 옌푸가 중국 고문古文으로 번역한 책. 옌푸는 이 번
역서를 통해 중국이 세계의 생존경쟁에서 살아남지 못하면 결국 망국의 수렁에 빠질 수밖에 없음
을 경고했다.
4　중국 고전소설의 묘사방식. 중국 고전소설은 전부 장章이나 회回로 단락을 나누어 사건을 전개
하고, 각 장의 글자 수를 거의 비슷하게 배치하며, 대체로 시간의 흐름에 따라 순차적으로 이야기를
이끌어간다.

장하는 각종 요인과 밀접하게 관련되어 있기 때문이다. 이는 정치적·사상적·문화적 측면에서도 그러하고 국내 및 국외 관계망 속에서도 다 그러하다. 량치차오는 역사적 풍모를 잘 보여주는 각계각층 주요 인물과의 관계망 속에서, 유일무이하게 기승전결의 과정을 보여줄 수 있고 앞뒤 세대를 이어줄 수 있는 인물일 뿐만 아니라 전후 역사를 좌지우지한 핵심 인물이기도 하다. 이러함은 그의 선진 사상과 다방면의 재주에서 기인하기도 하지만 그 자신이 드러내는 두 가지 큰 특징에서 비롯하는 현상이기도 하다. 첫째, 량치차오는 방대한 서면書面 문자 언어의 보유자이면서 또 방대한 실천 언어의 보유자이기도 하다. 그는 방대한 '지식'체계를 창조했고 또 방대한 '행동'체계까지 창조했다. 이 때문에 량치차오는 사상계·문화계·학계 인물과 관계가 밀접했고, 또 정계·군부·외교계·교육계·재계 인물과도 관계가 밀접했다. 말하자면 량치차오는 중국 근대사를 창조한 각종 주류 인물과 밀접한 관련을 맺고 있다. 둘째, 량치차오는 매우 보기 드문 지행합일의 소유자일 뿐더러 어느 누구와도 비교할 수 없는 지극히 '겸손하고 온화한' 성격의 소유자였다. 중국 근현대사에는 역사의 전진을 추동했으면서도 매우 '겸손하고 온화한' 세 특별한 인물이 있다. 바로 량치차오, 차이위안페이蔡元培, 후스다. 이들은 위대한 성취를 이루었지만 한 번도 독점적 지위를 누리지 않았다. "새로운 기풍을 열고도 스승으로 군림하지 않은 것이다." 량치차오는 과감하게 큰일을 결단하면서도 작은 일에는 늘 겸손하고 온화하게 처신했다. 각종 인물과 허심탄회하게 교류하면서도 원칙을 잃지 않았다. 이러한 성격상의 매력으로 위안스카이와 같은 사람과도 상극이면서 상생관계를 유지할 수 있었다. 그래서 량치차오는 천변만화하는 중국 근대사에서도 주류를 이끌며 매우 정채精彩롭고 생동감 있는 한 페이지를 열어 보일 수 있었다. 만약 '캉유웨이 전기'를 쓴다면 주인공과 등장인물을 토대로 하는 묘사기법을 선택하기 어려울 것이다. 캉유웨이는 량치차오보다 사상적·이념적 측면에서 독창성도 강하고 이론적 깊이도 있지만, 성격이 전제적이고 고집스러우며 주관적인 데다 명성도 높고 독단적이어서 '겸손하고 온화한' 기풍과는 매우 거리가 멀기 때문이다.(온화하고 포용성 있는 성격은 중국인에게 가장 부족한 문화적 요소다.) 따라서 캉유웨이는 친구가 매우 적었고 인간관계도 넓지 못했다. 더욱이나 캉유웨이는 량치차오가 황쭌셴·탄쓰퉁과 왕래하면서 보여준 서로 함께 웃고 서로 함께 우는 경지의 시적 운치를 전혀 보여주지 못했다. 셰시장은 바로 량치차오의 특별한 지위와 성격을 예민하게 포착해서 '주객일치' 묘사법을 통해 인물을 서술하면서도, 광대한 중국 현대사를 다 포괄하는 효과를 이루어낸다. 이러한 구상과 묘사법이 성공적이라는 사실은 추호도 의심할 바 없다.

량치차오 전기의 서술을 통해 중국 근대사의 뼈대와 근맥筋脈을 파악하려는 경향은 해외 중국사 연구계의 한 학자에 의해 일찍이 시도된 바 있다. 여기서 언급할 만한 이는 바로 조지프 레벤슨Joseph R. Levenson이다. 그가 1953년에 완성한 주요 저작(어떤 학자는 천재적 저작으로까지 인정한다)이 바로 『량치차오와 근대 중국 사상梁啓超與近代中國思想, Liang Ch'i-ch'ao and the Mind of Modern China』이다. 그가 다룬 내용도 량치차오 전기로 그려내는 중국 근대 사상사의 기초적 양상이었다. 비록 레벤슨은 한창나이에 요절했지만(1969년 50세 때 강물에서 배를 타다가 불행하게 배에서 떨어져 사망했다), 그가 남긴 저작은 해외 중국사 연구자들에게 피해갈 수 없는 이정표가 되고 있다. 레벤슨 저작 속에 량치차오에 대한 유명한 평가가 있다. "만약 어떤 사람이 자신이 감금된 감옥의 열쇠를 갖고 있다면 그는 일찌감치 감옥에서 탈출했을 것이다." 이처럼 량치차오는 일찌감치 전제라는 감옥을 깨뜨렸고, 아울러 사상의 자유가 펼쳐진 광활한 하늘과 땅위에서 마음껏 노닐었다. 량 씨의 사상체계에는 자유가 충만하고 정체는 드물다. 이 때문에 사람들은 그를 가리켜 '변화에 능란하다善變'고 공격하기도 한다. 그러나 기실 량치차오의 '변화'는 시대와 함께 전진하는 모습에 다름 아니었다. 이는 량치차오가 바로 진리 탐구 과정에서 끊임없이 '자신의 아집'과 '타인의 고집'을 돌파하면서 진리를 향해 나아간 사실을 말해준다. 그는 스승 캉유웨이를 존경했지만 캉유웨이가 장쉰張勳과 힘을 합쳐 황제를 복위하려 하자 더이상 스승에게 충절을 보이지 않았다. 량치차오는 위안스카이가 공화제를 도우며 평화롭게 마지막 황제를 퇴위시켰을 때 위안스카이와 타협했다. 그러나 위안스카이가 공화제를 파괴한 뒤 자신이 황제가 되려 하자 바로 창끝의 방향을 바꾸어 위안 씨에게 치명적 타격을 가했다. 그의 이러한 변신은 복잡다단한 풍운의 근대사에서 오직 국가 이익만을 중시하며 개인적 인간관계는 따지지 않는 위대한 인격의 표현이었다. 량치차오는 여러 차례 '오늘의 자아'로 '어제의 자아'를 반대했다. 표면적으로 보면 이는 변화지만 그 심층을 탐구해보면 시종일관 변하지 않은 몇몇 측면도 드러난다. 그것은 바로 량치차오의 애국심과 구국의 격정, 그리고 중국을 전제제도에서 공화제도로 인도하고, 부강으로 인도하고, 자유로 인도하려는 그의 노력이다. 레벤슨은 자기 저작에서 이렇게 인식했다. "량치차오는 이념 면에서 서구의 가치체계에 공감했지만 정감 면에서는 중국의 전통적 인문체계에 공감했다." 이러한 판단에 의거해 량치차오 생애의 초기와 중기를 개괄할 수는 있다. 하지만 5·4운동이 발생하고 나서 량치차오 생애가 후기로 접어들고부터는, 다시 말해 량치차오가 연구실로 들어간 후부터 그는 정감 면뿐 아니라 이념 면에서도 완전히 중국문화 특히 유가문화의 기본 가치에 공감하고 있다. 이는 결코 기괴한 현상이 아니다. 한 인간으로서 특히 역사의 거인으로서 량치차오는 인생이 매우 풍부하고 복잡해서 '급진' '보수' '혁명' '반동'과 같은 본질화된 개념으로 단순하게 묘사하거나 판단하기가 어렵다. 셰시장이 쓴 이 저서의 장점은 본질화 즉 단순화에서 벗어나 자신의 모든 역량을 역사 사실에 대한 고증과 묘사에 쏟아붓고 있다는 점이다. 그는 또 근대사 인물 평가에서도 구체적 역사 인물이 중국의 진보에 공헌한 사실을 객관적이면서도 진실하게 서술하고 있다. 이와 같은 역사책은 역사적 공평성을 유지하고 있을 뿐만 아니라 비교적 믿을 만하다. 이제 이처럼 가독성이 높고 믿을 만한 책을 볼 수 있으니 이 또한 즐겁지 아니한가? 이 때문에 이 책을 읽은 후 나 자신이 느낀 바를 이렇게 기록해 훌륭한 전기를 쓴 셰시장 형의 공덕을 증명하는 바다.

2012년 3월 15일 미국 메릴랜드에서

류짜이푸劉再復

차례

탄쓰퉁: 학문과 사상의 대전환
치국 방략: '독단적 통치술'을 '합의적 통치술'로 바꾸다
업무와 독서 두 가지 모두 그르치지 않다
"후난의 선비는 관직에 등용할 만하다"
시무학당에서 영재를 기르다
민지를 계발한 남학회
유신파와 수구파가 물과 불처럼 대립하다
무술변법, 백일유신
탄쓰퉁의 옥중 마지막 편지, 진짜인가? 가짜인가?

량치차오의 건국 방침
'제2차 혁명'이 남긴 화근
스승과 제자가 손을 잡고 위안스카이의 황제 등극에 반대하다
국가를 위해 싸우고, 인격을 위해 싸우다
각 성이 독립하자 우울증과 조급증으로 사망한 위안스카이
대세가 안정되었지만 일본에서 세상을 떠나다

일러두기

1. 이 책의 중국어 우리말 표기는 원칙적으로 국립국어원 중국어 표기법을 따랐다.
2. 위 원칙에 따르면 1911년 신해혁명을 기점으로 그전에 사망한 사람의 인명 발음은 우리말 한자음으로 표기하고 그 이후는 중국 현대음으로 표기하게 되어 있다. 그러나 이 원칙에 의거해 중국 근현대 인명을 표기하면, 우리말 한자음과 중국어 현대음이 마구 뒤섞이는 혼란이 발생한다. 따라서 이 책에서는 인명 표기의 일관성을 유지하기 위해 1840년 아편전쟁을 전후해 그 이전은 우리말 한자음으로 그 이후는 중국어 현대음으로 발음을 표기했다. 중국에서는 통상 1840년 아편전쟁을 중국 근대의 기점으로 잡고 있기 때문이다. 다만 황제 명칭이나 연호는 기존 관례에 따랐다. 또 이와 관련하여 '중국 근현대 인명 중한中韓 발음 비교표'를 부록으로 실어 독자들이 인명을 쉽게 비교해볼 수 있도록 했다.
예) 황종희黃宗羲, 건륭제乾隆帝, 궁쯔전龔自珍, 광서제光緒帝
3. 지명은 원칙적으로 중국어 현대음으로 표기했다. 단, 우리말 발음으로 정착된 지명은 우리말로 표기했다.
예) 산시陝西, 시단西單, 시라후퉁錫拉胡同, 이화원頤和園, 자금성紫禁城
4. 건물, 사찰, 근대 학교, 서원 이름 등은 대체로 우리말 발음으로 표기했다. 우리말 발음으로 읽으면 훨씬 익숙하기 때문이다.
예) 태화전太和殿, 법화사法華寺, 중국공학中國公學, 악록서원岳麓書院
5. 신문과 잡지 명칭도 대체로 우리말 발음으로 표기했다.
예) 『정학보正學報』 『소보蘇報』 『독서잡지讀書雜誌』 『동방잡지東方雜誌』
6. 원본의 오류는 주석을 달아 바로잡았다.
예) 우츠한伍持漢 → 우한츠伍漢持, 천환陳宦 → 천이陳宦
7. 각주는 모두 옮긴이 주다.
8. 기타 표기나 번역 문제가 생겼을 경우 통상 관례에 따랐다.

제1장

신후이 소년: 량치차오 가계

/

위대한 천재는 반드시 탁월하고 비범한 점을 갖추고 있다. 그리고 그의 유년 시대에도 틀림없이 그를 길러주고 애호하며 끝까지 인도해준 사람이 있다. 그 사람의 인도에 힘입어 천재는 중도에 요절하지 않고 하늘을 찌르는 큰 나무로 성장해 찬란한 꽃을 피우고 커다란 열매를 맺는다. 그들은 바로 천재의 앞 세대 사람인 경우가 대부분이다. 량치차오梁啓超 사례를 살펴봐도 그의 초기 교육 과정에서 세 사람이 중요한 역할을 했다. 첫째는 조부, 둘째는 부친, 마지막은 바로 모친이다. 바로 이들이 량치차오를 보호하고 기르고 교육했다. 량치차오는 이들의 보살핌에 힘입어 행복한 유년 시절과 소년 시절을 보냈고, 아주 어릴 때부터 출중한 재능과 원대한 포부를 품고, 가문과 국가에 깊은 관심을 드러냈다. 이 점은 그가 나중에 한 세대를 대표하는 위인으로 성장해 휘황찬란한 사업을 창조하고 추진하는 과정에서 튼튼한 기초로 작용했다. 량치차오가 량치차오로 성장하고 방중영方仲永[1]이 되지 않은 가장 중요한 원인이 바로 그를 둘러싼 어릴 적 가정교육에 일반 가정에서는 미칠 수 없는 점이 있었기 때문이다. 따라서 량치차오를 이야기하려면 반드시 그의 가정에서 시작하지 않을 수 없다.

량치차오는 광둥 성廣東省 신후이新會 사람으로, 청나라 동치同治 12년 정

---

1 중국 송나라 때 유명한 천재. 장시江西 성 진시金溪의 빈한한 농가에서 태어나 어릴 때 신동으로 이름을 날렸으나 제대로 교육을 받지 못해 평범한 농민으로 전락하고 말았다. 당시 대학자 왕안석王安石이 이를 안타까워하며 「중영을 슬퍼하며傷仲永」란 글을 남겼다.

월 26일(1873년 2월 23일) 신후이 슝쯔 향熊子鄕 차컹 촌茶坑村에서 태어났다. 간지干支로는 바로 계유년에 해당해서 닭띠이고, 별자리로는 물고기자리에 속한다.

량치차오가 태어났을 때 량씨 일족은 그곳으로 이주한 지 적어도 240~250년이 되어 있었다. 기나긴 역사 동안 그의 고조부와 증조부 모두 농사를 생업으로 삼았다. 그들은 중국 시골에 흔한 보통 농민이었다. 지위·재산·학식이 다 미미해 그다지 언급할 점이 없다. 량치차오 조부 대에야 '비로소 학문에 뜻을 두게 되었다.'(『량치차오 연보 장편梁啓超年譜長編』, 5쪽) 그의 조부는 한편으로 농사를 짓고 한편으로 독서를 하여 마침내 '생원生員' 즉 속칭 '수재秀才'[2]가 되었다. 이로 인해 량씨 가문은 신사紳士 계층으로 신분이 높아져서 그곳 사람들에게 존경을 받는 향신鄕紳[지역 유지]이 되었다.

조부: '의리'를 강구하고 '절개'를 중시하다

량치차오의 조부는 이름이 웨이칭維淸, 자字는 옌허우延後, 호號는 징취안 선생鏡泉先生으로 량치차오가 가장 숭배한 인물 중 하나다. 량치차오는 장성해 이름을 날린 후 여러 번 글을 지어 조부를 칭송했다. 량치차오 생애에 첫번째로 선명하고 깊은 인상을 남긴 사람이 바로 조부였다고 할 수 있다. 조부 량웨이칭도 여러 손자와 손녀 중 량치차오를 가장 사랑하며 중시했다. 량치차오는 적어도 여섯 살 이전까지 쭉 조부 곁에서 지냈다. 낮에는 조부와 함께 글을 읽으며 놀았고, 밤에는 조부 침대에서 [조부와] 함께 잠을 잤다. 그는 조부가 들려주는 옛날이야기를 들으며 꿈속으로 빠져들었다. 량웨이칭은 고대의 영웅호걸과 석학 거유巨儒의 이야기를 손자에게 들려주길 좋아했다. 특히 송나라와 명나라 망국을 둘러싼 침통한 이야기를 량치차오에게 흥미진진하게 들려주곤 했다.

---

2 중국 청나라 때 현縣과 주州에서 시행한 과거시험에 합격한 사람.

당시 중국에서는 과거科擧 공부 말고는 다른 교육이 없었고 학교는 더더욱 없었다. 여러 해 뒤 량치차오는 자신이 목도한 국민 속의 '유아'와 '소년'들이 여전히 교육을 받지 못한 채 방임되어 있는 상황을 언급한 적이 있다. 당시 아이들 놀이 공간은 자기 집 작은 천지를 벗어나지 못했다. 눈으로 보고 귀로 듣는 모든 것이 집 안팎의 시시콜콜한 일에 불과했다. 사정이 좀 나은 경우라 해도 대부분 집안 내에서 자제를 교육하여 과거 급제를 통해 벼슬길에 나서도록 했다. 그리하여 관리생활을 하며 재산을 늘리고 녹봉으로 윤택한 삶을 영위하면서 가문과 조상을 빛내려는 생각을 끝까지 유지해야, 그를 뜻이 크고 훌륭한 청년으로 인정했다. 성장한 뒤에도 마음 속으로 계속 천하의 일을 생각하는 것을 가장 큰 일로 여겼다. 그러나 이는 중상층 가정의 상황이었고, 하층사회 빈곤한 가정의 자제들은 교육을 받을 기회가 거의 없었다.

각지에는 물론 촌숙村塾이나 향숙鄕塾 같은 전통 서당이 있었다. 량치차오는 그곳에서 글을 가르치는 훈장을 학구學究[3]라고 부르기는 했지만 이들 대부분은 "비루하고 야만적이며, 오류가 많고 천박한" 사람에 불과했다.(『음빙실합집·문집飮氷室合集·文集』 제1권, 44쪽) 량치차오는 이렇게 언급했다. "중국 4억 인구의 재능, 학문, 행실, 식견, 기개가 이런 사람들 손에서 소멸되고 있다. 다행히 이들 손에서 벗어난 사람은 수억 명 가운데 한둘도 되지 않는다."(앞의 책, 45쪽) 바로 이러한 상황으로 국민들 속에 우매하고 이기적이며, 관점이 천박하고, 마음이 좁고, 비굴한 삶에 연연하고, 사치와 부패에 젖어 진취적 앞날을 생각하지 않는 경향이 널리 퍼져 있었다. 이 모든 경향이 비롯된 근본 원인이 바로 교육의 실종 특히 조기교육의 실종에 있었다. 량치차오는 『시무보時務報』 주필 시절 「변법통의變法通議」란 [연재] 글을 쓴 적이 있다. 그중 「사범학교를 논함論師範」 「여성교육을 논함論女學」 「유아교육을 논함論幼學」 등 세 장에 아동 조기교육에 대한 깊이 있는 인식이 담겨 있다. 중국은 비록 4억 인구[4]의 나라로 일컬어지지만 그중 2억

3 중국 전통 서당의 훈장을 지칭하는 말.
4 19세기 말과 20세기 초기 중국 인구는 대략 4억 정도였다.

명에 이르는 여성이 교육을 받지 못하고 있어서 이 여성들이 어머니가 되고 나서도 아이를 가르칠 능력이 없다. 서구 학자들의 인식에 따르면, 아동의 조기교육 70퍼센트는 어머니가 담당해야 한다고 한다. 어머니는 아버지에 비해 더욱 쉽게 아이들의 성격과 기호를 이해할 수 있어서 아이들을 좋은 방향으로 인도할 수 있기 때문이라는 것이다. 어머니가 책을 읽고 교양을 갖추면 아동교육에 매우 유리하고 아동의 성장도 비교적 쉽게 이루어질 수 있지만, 이와 반대인 경우는 그렇게 되기가 어렵다고 할 수 있다. 당시 교사 상황도 낙관적이지 못했다. 아이들이 일단 집을 나서게 되면 그들을 기르는 책임은 바로 교사들의 어깨에 지워진다. 그러나 눈을 들어 둘러봐도 이러한 책임을 감당할 평교사조차 너무나 부족했다. 그러니 대학교수야 더 말해 무엇하랴? 당시 서당 훈장들은 거의 열 명 중 여덟아홉이 "육예六藝5를 다 배우지도 못했고, 사사四史6를 언급조차 못했으며, 다섯 대륙이 있는지도 몰랐고, 여덟 행성을 분별할 줄도 몰랐다."(앞의 책, 35쪽) 그들은 다른 사람의 문장이나 시구만 따와서 학생들에게 죽어라 하고 외게만 했다. 또 학생들에게 생명이 없는 낡은 책만 읽게 하고 판에 박힌 팔고문八股文7만 짓게 하는 등 과거 공부에만 전념하게 하면서 통치자들을 위해 "평생토록 그들의 가랑이 사이에서만 맴도는"(앞의 책, 35쪽) 노예를 길러낼 뿐이었다. 교육이 흥하면 나라도 흥하고, 교육이 쇠퇴하면 나라도 쇠퇴하고, 교육이 망하면 나라도 망한다. 교육은 개인의 근본일 뿐만 아니라 나라의 근본이기도 하다. 그리고 조기교육은 근본 중의 근본에 속한다.

다행스럽게도 량치차오는 그의 시대에 수억 명 중 한둘에 속할 수 있었다. 조부, 부친, 모친은 열 살을 전후한 량치차오에게 학문, 입지立志, 입신立身을 위한 기초를 튼튼하게 놓아줬다. 조부 량웨이칭은 결코 학문이 뛰어

---

5 육경六經. 『시경詩經』『서경書經』『역경易經』『예기禮記』『악경樂經』『춘추春秋』를 말한다. 예禮 (예절), 악樂(음악), 사射(활쏘기), 어御(수레 몰기), 서書(글씨), 수數(수학) 여섯 과목을 '육예'라 칭하기도 한다.
6 중국의 가장 이른 역사서 네 가지. 『사기史記』『한서漢書』『후한서後漢書』『삼국지三國志』를 말한다.
7 중국 과거시험 답안 작성에 쓰인 매우 형식적인 문체. 흔히 대구對句를 중시하는 사륙변문四六騈文을 사용해 내용 전개에 따라 여덟 단락으로 문단을 나누는 데서 팔고문으로 불린다.

나지 않았고 세상에 전하는 저술도 없다. 다만 수재[생원]여서 국자감國子監 공생貢生으로 공부하다가 교유敎諭란 관직을 얻었을 뿐이다. 교유는 한 현縣의 문서와 교육을 관리하는 말단 관직이다.(『량치차오 연보 장편』, 7쪽) 미관 말직의 대명사인 7품 지마관芝麻官[8]보다도 한 단계 낮은 8품 관직이었다. 그렇지만 량치차오의 조부가 오른 가장 높은 벼슬이었다. 그러나 량웨이칭은 교유 벼슬에 오래 머물지 않았고 평생 자신의 마을에서 자손을 교육하는 일에 전념했다.

링난嶺南[영남][9] 사람들은 사상 면에서 진헌장陳獻章[백사白沙]의 영향을 비교적 크게 받았다. 진헌장은 명대 왕수인王守仁[양명陽明]과 이름을 나란히 한 유학儒學의 대가로, 그의 학문은 전부 송대 이학理學에서 발전해온 것이다. 그는 특히 육구연陸九淵[상산象山]의 '심학心學'에서 큰 영향을 받아 올바른 뜻을 세우고 몸을 수양하는 일을 강조했다. 진헌장은 두 측면에서 교육을 시작해야 한다고 주장했다. 하나는 개인 내면의 입장에서 천명을 인식하고 절개에 힘쓰면서 개인 운명을 적극적으로 개척해나가야 한다는 측면이다. 다른 하나는 개인 외면의 시각에서 바라본 것으로, 자신이 닦은 학문을 통해 전심전력으로 사회에 봉사하면서 국가에 보답하자는 측면이다. 이른바 '내성외왕內聖外王'[10]을 추구하는 삶이 바로 그것이다. 량치차오는 뒷날 이렇게 말했다. "우리 집안은 신후이로 이주한 이후 10대 동안 농사를 짓다가 선조부 교유공敎諭公[량웨이칭]에 이르러 처음으로 학문에 뜻을 두고, 송나라와 명나라 유학자의 의리와 절개를 후손에게 가르치게 되었다." (『음빙실합집·문집』 제33권, 127쪽) 이는 량웨이칭이 주로 '의리'와 '절개'라는 양대 주제에 집중해 량치차오를 교육했음을 알려준다.

진헌장은 생애 후반기 동안 고향에서 학문을 강의하며 은사隱士와 같은 삶을 살았다. 그가 읊은 "밭은 갈 만하고 책은 읽을 만하니, 반은 농부이

---

8 여기서 '지마'는 '참깨'란 뜻으로 '깨알같이 작고 사소하며 흔한 것'을 비유한다.
9 우링五嶺 남쪽. 대체로 지금의 광둥 성, 광시 성廣西省, 하이난 성海南省이 이에 속한다.
10 안으로는 성현의 가르침을 내면화해 수신修身을, 밖으로는 왕도정치를 구현해 태평성대를 이룬다는 뜻.

진헌장(1428~1500). 자 공보公甫. 제자들은 백사선생白沙先生이라고 불
렀다. 신후이 사람으로 철학가, 서화가로 활동했다. 량치차오의 조부 량
웨이칭이 그를 존경했고, 이런 경향은 량치차오의 교육에도 반영되었다.

고 반은 유생일세田可耕兮書可讀, 半爲農者半爲儒"시구에 이러한 생활이 잘 드러
난다. 진헌장은 신후이 사람으로 세상을 떠나, 그의 사후 신후이에 백사사
白沙祠가 세워졌다. 그곳 사람들은 모두 진헌장을 추앙하고 그에게 제사를
올리며 대대로 향불 피우기를 중단하지 않았다. 량웨이칭도 이 같은 생활
방식을 흠모해 가족 공동 명의로 땅 10여 무畝를 사고 원래 있던 10여 무까
지 보태 농토 20여 무를 마련했다. 또 집 뒤 공터에 작은 서재를 지어 유여
재留餘齋라 이름하고 농사를 지으며 책을 읽는 생활을 영위하기 시작했다.
량웨이칭에게는 아들이 셋 있었는데, 막내아들 량바오잉梁寶瑛이 바로 량치
차오 부친이다. 량치차오는 나중에 "그 막내아들이 총애를 가장 많이 받았
다"라고 기록했다.(앞의 책, 127쪽) 량웨이칭은 세 아들에게 과거 공부를 시
키며 나중에 큰 공명功名을 이루도록 격려했으며, 가문을 진흥시키려는 희
망을 세 아들에게 기탁했다. 그러나 량바오잉의 버슬길은 결코 순탄하지
않았다. 그는 여러 번 과거에 응시했지만 모두 낙방해 수재에도 오르지 못
했다. 그는 이 때문에 점점 벼슬 욕심을 버리게 되었다. 두 형이 30세 이
후 앞서거니 뒤서거니 세상을 떠난 데다 부친 량웨이칭도 늘 병으로 앓아
눕자 집안의 유일한 남자였던 량바오잉은 과거 급제의 몽상을 포기할 수밖
에 없었다. 그는 이제 한편으로는 고향 마을의 개인 사숙私塾에서 학동들에
게 글을 가르쳤고, 다른 한편으로는 부친에게서 받은 6~7무 땅을 경작했
다. 이에 힘입어 그는 병든 부친을 봉양하면서 자식과 조카들의 학업을 독
려할 수 있었다. 이는 그야말로 일거양득의 일이라 할 만했다.

　아마도 아들이 가문의 소망을 실현하지 못했기 때문에 량웨이칭은 손자
교육에 더욱더 심혈을 기울였는지도 모른다. 량치차오의 회고에 따르면, 자
신은 두세 살 때부터 글자를 인식하기 시작했고 첫번째 스승은 바로 모친
이었다. 네다섯 살 때 정식으로 글을 읽기 시작하고 나서는 조부가 그를 전
심전력으로 가르쳤다. 량치차오는 「삼십 자술三十自述」에서 당시 『사자서四子
書』와 『시경詩經』 두 권을 읽었다고 회고했다. 그가 이보다 앞서 『삼자경三字經』
『백가성百家姓』『천자문千字文』 같은 아동용 전통 서적을 읽었는지는 알 수 없
다. 어떻든 네다섯 살짜리가 『시경』을 읽는다는 건 정말 쉬운 일이 아니라

할 수 있다. 물론 『시경』을 통해 금수나 초목의 이름을 많이 알 수 있어서 책이 얼마간 아이들에게 흥미를 유발할 요소가 없는 것은 아니지만 그 문자의 심오함이나 내용의 함축성, 그리고 흥興·관觀·군群·원怨[11]의 작용 같은 것은 전부 아동이 받아들이고 이해할 수 있는 범위를 훨씬 넘어선다. 『사자서』는 더욱더 아동이 읽기에 적합한 서적이라 할 수 없다. 소위 『사자서』는 『사서四書』로도 불리며, 바로 『대학大學』『중용中庸』『논어論語』『맹자孟子』를 한데 묶은 책이다. 『대학』은 증삼曾參이, 『중용』은 자사子思가 지었다고 전해진다. 증삼은 공자의 제자고 자사는 공자의 손자다. 이들과 공자·맹자를 합쳐 사자四子라 부르는데, 이들 넷이 바로 초기 유가를 대표하는 인물이다. 오랜 기간 『대학』과 『중용』은 독립된 책으로 존재하지 못했지만 주희朱熹가 이 두 책을 『예기禮記』에서 뽑아내어 『논어』『맹자』와 함께 합친 후 주해를 달고 『사서장구집주四書章句集注』라 이름 붙였다. 주희는 이 책을 교재로 삼아 제자를 가르쳤다. 이후 원대부터 『사서』에서 과거시험 문제를 출제하고 주희 주석을 표준 답안으로 삼으면서, 과거에서 '사서의 뜻四書義'을 시험 보는 흐름이 생겨나게 되었다. 명대에 팔고문으로 인재를 선발하면서 정주程朱[12]의 성리학을 매우 존중했다. 명 태조 주원장朱元璋은 『사서』를 과거시험 교과서로 정하고 시험 문제를 여기에서만 출제했다. 그리하여 『사서』는 모든 서적의 윗자리에 군림하게 되었다. 량치차오는 이렇게 언급했다. "600~700년 동안 삼가 촌三家村[한촌寒村 또는 일반 촌락] 서당에 입학한 아동은 모두 『사서』를 주요 독본으로 삼았다. 이에 『사서』는 마침내 일반상식의 기초이자 국민 심리의 총화가 되었다."(『음빙실합집·문집』 제72권, 1쪽)

　　량치차오는 민국13 14년(1925) 53세 때 위 말을 했다. 그러나 조부 량웨이칭이 『사서』를 량치차오의 어린 시절 학습 교재로 선택한 건 아마도 무

11　공자가 『논어』「양화陽貨」 편에서 설명한 『시경』의 현실적 쓰임. 대체로 '흥'은 시를 통한 정서적 고양, '관'은 시를 통한 풍속 관찰, '군'은 시를 통한 집단의식 형성, '원'은 시를 통한 풍자나 원망을 가리킨다.

12　송대 성리학을 완성한 정호程顥, 정이程頤, 주희朱熹를 지칭. 따라서 성리학을 흔히 정주학程朱學이라고도 부른다.

13　중화민국中華民國. 1911년 신해혁명辛亥革命이 성공한 후 1912년 난징南京에서 쑨원孫文을 중심으로 중화민국 정부가 세워졌다.

청 강희 연간(1662~1722)에 황실에서 재간행한 원
간본元刊本『사서장구집주』. 주희는 『대학』과 『중용』
을 『예기』에서 뽑아내어 『논어』 『맹자』와 합친 후 주
해를 보태 『사서장구집주』를 편찬했다.

의식적 행위였던 것으로 보인다. 실제로 당시 량씨 집안에는 『사서』를 제외
하면 읽을 만한 책이 없었다. 량치차오는 일찍이 어린 시절 독서 경험을 다
음과 같이 묘사한 적이 있다. "네다섯 살 때 조부와 모친 슬하에서 『사자
서』와 『시경』을 읽은 것 말고도 여섯 살 넘어서는 부친을 따라 『중국사략中
國史略』과 『오경五經』을 읽었다. 여덟 살 때는 글짓기를 배웠고, 아홉 살 때는
1000자나 되는 긴 문장을 지을 수 있었으며, 열두 살 때는 학원學院[원시]에
응시해 박사제자원博士弟子員이 되었다. 날마다 과거시험 답안 작성법인 첩괄
帖括을 배우면서도 싫증을 내지는 않았지만 천지간에 첩괄 외에 다른 학문
이 있는지는 전혀 몰랐다. 책 속에 머리를 파묻고 열심히 공부하다가 문학
향기가 뛰어난 아름다운 문장을 만나면 매우 즐거웠다. 조부님과 부모님이
때때로 당시唐詩를 가르쳐주면 팔고문보다 훨씬 더 마음에 들었다. 집이 가

난하여 읽을 만한 책이 없었지만 『사기』 한 부와 『강감이지록綱鑒易知錄』[14] 한 부가 집에 보관되어 있었다. 조부와 부친은 날마다 이 두 책을 나에게 가르쳤다. 이 때문에 지금까지도 『사기』 문장은 거의 8, 9할을 암송할 수 있다. 부친 친구 중 나의 총명함을 아끼는 분이 『한서漢書』 한 부와 『고문사류찬古文辭類纂』[15] 한 부를 선물해준 적이 있어서 몹시 기뻤다. 이 책들을 읽으며 어린 시절 학업을 마쳤다."(『음빙실합집·문집』 제11권, 15~16쪽) 이 단락에서도 알 수 있듯 량웨이칭이 어린 량치차오에게 『사서』를 가르친 것은 당시 『사서』를 가장 쉽게 구할 수 있었고 그 자신이 일찍이 읽은 적이 있는 책이었기 때문이다. 그러나 마찬가지로 량웨이칭은 손자가 벼슬길로 나가 공명을 이루길 바랐다. 자신은 겨우 수재가 되었고 아들은 수재조차 되지 못했기 때문에 손자는 집안에 더 큰 영광을 가져다주고 온 집안의 사회적 지위를 더욱 높여주기를 소망한 것이다. 하지만 량웨이칭은 완전한 학자가 아니었고, 량씨 집안도 대대로 글을 읽으며 벼슬을 한 가문이 아니었다. 량웨이칭이 손자에게 책을 읽게 한 것은 물론 [손자 량치차오에게] 높은 벼슬자리에 올라 가문의 명예를 빛내달라는 마음에서였지만, 또 한편으로는 손자가 유가 경전의 깊은 의미를 깨닫고 도덕심을 길러 경세치용의 길로 나아가 국가와 사회를 위해 헌신했으면 좋겠다는 희망도 있었을 것이다. 이 점이야말로 량웨이칭이 량치차오에게 『사서』를 가르친 또다른 층위의 의미라 할 수 있다. 량치차오가 보여준 애국심, 민족적 대의, 사회적 책임감, 어진 마음의 밑바탕에는 이와 같은 색채가 짙게 깔려 있다. 그는 『변법통의』에서 경전 읽기의 두 측면을 서술한 적이 있다. "진시황秦始皇이 분서를 감행한 일과 명 태조 주원장이 팔고문으로 과거시험 답안을 작성하라고 한 일은 전혀 다른 의도였지만 기실 완전히 동일한 정치적 목적이 있었다. 즉 백성을 어리석게 만들고 임금의 권력을 강화해 통일천하를 제어하고 내란을 방지

14 청나라 학자 오승권吳乘權이 편집한 간추린 중국 역사서. 본래 명 말까지만 다루었으나, 민국 초년 쉬궈잉許國英이 청 역사를 보충해 『청감이지록淸鑒易知錄』을 간행했다. 량치차오가 읽은 것은 앞서 간행된 『강감이지록』이다.
15 청나라 동성파의 문장가 요내姚鼐가 편찬한 역대 명문장 선집. 전국시대에서 청대까지의 명문을 뽑아 문체에 따라 13종류로 분류한 뒤 75권으로 엮어 간행했다.

하는 측면에서 이보다 더 좋은 정책이 없었기 때문이다."(『음빙실합집·문집』
제1권, 15쪽) 동시에 량치차오는 이후 중국 지식인 재앙의 근원이 팔고문 즉
과거시험이기는 했지만 『사서』에 그 모든 책임을 물을 수는 없다고 지적했
다. 모든 지식인이 『사서』를 읽었다 해도 거기에서 얻어낸 의미가 완전히 동
일할 수 없었기 때문이다. 어떤 사람은 『사서』에서 과거시험 제목과 팔고문
재료만 읽어낼 뿐이었고, 또 어떤 사람은 낡은 종이 속에서 주석과 교감
활동에만 열중할 뿐이었다. 또다른 사람은 자기 몸을 깨끗이 닦고 애호하
는 과정에서 『사서』를 도덕을 수양하는 비결로 삼았고, 그리고 또다른 사람
은 『사서』에서 옛사람의 미언대의微言大義16와 선왕의 깊은 뜻을 발견하기도
했다. 독서의 경지에 높낮이가 있음을 여기에서도 쉽게 짐작할 수 있다. 량
치차오는 이렇게까지 한탄했다. "오늘날 천하에서는 다행히 경전의 뜻으로
인재를 뽑고 있다. 그렇지 않았다면 우리 유교 경전은 거의 단절되고 말았
을 것이다."(앞의 책, 18쪽) 역사는 과연 량치차오가 말한 대로 진행되었다.
이후 과거시험이 폐지되자 『사서』와 같은 유가 경전을 읽는 사람은 거의 사
라졌다.

조부의 가르침 아래 '소년등과 하다'

하지만 량웨이칭이 량치차오를 교육하는 데는 독서를 제외하고도 중요한
내용과 방식이 또 있었다. 관련 기록은 얼마 남아 있지 않지만 제한된 기
록으로만 미루어보더라도 량웨이칭은 역사 유적, 인문 환경, 명절 축제, 제
사활동의 교육적 기능을 중시하면서 이 모든 것을 자식과 손자를 가르치
는 소재로 활용했다. 량씨 집안이 세거한 차컹 촌은 남송 왕조가 마지막으
로 몽골족에게 전복된 야산崖山에서 멀지 않은 곳이었다. 600여 년 전(량웨
이칭이 생활한 시대를 가리킴. 육수부陸秀夫는 1279년에 야산에서 죽었음—원서

---

16 흔히 공자가 편찬한 『춘추』의 의미를 형용할 때 쓰는 말. 공자가 서술한 경전의 짧은 구절 속에
위대한 의미가 숨어 있다는 의미다. 고서의 구절에 담긴 깊고 큰 뜻을 비유할 때 쓰이는 말이다.

편집자) 송나라 충신 육수부는 목숨을 걸고 원나라에 맞서 싸우다가 이곳에서 막다른 골목에 몰렸다. 그는 사나운 파도가 용솟음치는 대해를 마주보고 아내를 먼저 투신 자결하게 한 뒤 자신은 아홉 살 난 어린 황제 조병趙昺[위왕衛王]을 업고 함께 바다로 뛰어들어 목숨을 끊었다. 수많은 내시와 궁녀, 관리들도 다 그 뒤를 따라 바다로 뛰어들었다. 이곳까지 내려온 남송의 군사와 백성들은 한 사람도 투항하지 않았다. 훗날 어떤 사람이 이곳에 자원전慈元殿을 건립하고 황제와 사절死節 충신을 위로하는 제사를 올렸다. 자원전에는 진헌장과 진공윤陳恭尹[독록獨漉] 등이 지은 시도 걸려 있다. 명나라 성화成化 연간에는 이곳에 또 대충사大忠祠를 세워 원나라에 항거하다 희생된 세 충신 문천상文天祥, 육수부, 장세걸張世杰을 기리는 제사를 올리기 시작했다. 이 사당 출입문에도 진헌장이 지은 대련對聯이 붙어 있다. "우주 간에 만년토록 이런 일은 없었나니, 역사 속의 이 한 사례가 공公들을 빛내주네宇宙萬年無此事, 春秋一例昉諸公." 송원 교체기에 순절한 충신과 열사를 제사 지내기 위해 야산에는 또 충의단忠義壇과 전절묘全節廟가 건립되어 선열들의 충절을 널리 알리고 있다.(『신후이 량씨: 량치차오 가족의 문화사新會梁氏: 梁啓超家族的文化史』, 12쪽) 량씨 집안의 선조 묘소도 마침 야산에 있었다. 량웨이칭은 매번 청명절清明節[17]이 되면 아들과 손자를 데리고 선조 묘소를 찾아 벌초하고 성묘했다. 차킹 촌에서 야산까지는 배를 타야 했고 도중에 남송 수군이 궤멸된 옛 전장을 지나야 했다. 그곳에는 높이가 여러 길이나 되는 거석이 바다 위로 치솟아 있고, 그 돌에는 "元張弘範滅宋於此(원나라 장홍범이 이곳에서 송나라를 멸하다)"란 여덟 글자가 크게 쓰여 있다. 량웨이칭은 그곳을 지날 때마다 자손들에게 그 비장한 이야기를 반복해서 들려줬다. 이야기하다가 마음이 비통해지면 눈물까지 뿌리곤 했다. 이 대목에 이르러 그는 왕왕 격해진 감정으로 목소리까지 높여서 진공윤의 시를 낭송했다.

---

17 24절기의 하나인 청명. 중국에서는 이날 선조의 산소를 찾아 벌초하고 성묘한다.

광둥 성 신후이 야먼崖門 포대. 량치차오의 조부 량웨이칭은 야산에 있는 조상 묘소에 성묘하러 갈 때마다 량치차오에게 남송 지사들이 원나라에 맞서 싸운 이야기를 들려줬다.

산 위 나무에 쓸쓸하게 바람 다시 불어오니,	山木蕭蕭風更吹
양쪽 해안 파도 소리 지금도 슬프구나.	兩崖波浪至今悲
한 목소리 두견새는 무너진 궁전에서 슬피 울고	一聲望帝啼荒殿
10년 근심에 젖은 이는 옛 사당을 참배하네.	十載愁人拜古祠
바다에는 상하를 나눌 석문石門이 있지만18	海水有門分上下
강산에는 화이華夷를 나눌 남은 땅이 없구나.19	江山無地限華夷
나 역시 고난의 날에 이곳에 배 멈추고	停舟我亦艱難日
두려운 맘에 청태靑苔 향해 옛 비문을 읽고 있네.	畏向蒼苔讀舊碑

(앞의 책, 14쪽)

량치차오가 조부의 비분강개한 시가 낭송을 들으며 어떤 감상에 젖었는 지는 알 수 없다. 그러나 그가 성년 이후 드러낸 애국 정조와 민족 기상을

18 야산 바다에 자연이 만든 석문이 있어 위아래 경계가 된다는 뜻.
19 몽골족 원나라에 중국 전역이 점령되어 중화와 오랑캐를 나눌 수 없게 되었다는 뜻.

관찰해보면 량웨이칭이 량치차오 마음에 심어놓은 우국애민의 씨앗이 튼튼하게 뿌리를 내려 죽을 때까지 변함이 없었음을 인정할 수밖에 없다.

또 이런 기록도 있다. 차컹 촌에는 북제묘北帝廟[20]가 있고 그곳에는 수분水粉 기법으로 그린 아름다운 옛 그림 48폭이 있다. 전해지기로 그림은 명말 청 초에 내력이 불분명한 사람이 그린 것으로 폭마다 역사적으로 유명한 충신이나 효자 이야기를 다루고 있는데, 전부 충신 24명과 효자 24명이 그려져 있다고 한다. 이 그림은 평소에는 감추어두고 보여주지 않다가 매년 음력 정월 15일 대보름날에만 밖에다 내걸고 사람들에게 구경시키곤 했다. 그때가 되면 량웨이칭은 손자들을 데리고 북제묘 앞으로 가서 구경을 시켜주며 한 폭 한 폭 그림과 관련한 충신과 효자 이야기를 들려줬다. "이건 주수창朱壽昌이 벼슬을 버리고 어머니를 찾아간 이야기니라. 이건 악비岳飛가 군사를 일으켜 북쪽 오랑캐를 정벌한 이야기니라. ……." 매년 량웨이칭은 손자들에게 이와 같은 이야기를 들려줬다. 그는 또 북제묘를 위해 긴 대련을 지어 충신과 효자를 향한 존경심을 표현했다.

360일 한 해를 두루 손꼽아보면 아름다운 봄날이 과연 며칠이나 되던가?
48폭 그림을 펼치고 고개 들어 바라보니 충신 효자가 자고로 많지 않음을 알겠도다.

周歲三百六旬, 屈指計期, 試問煙景陽春, 一年有幾?
屏開四十八幅, 舉頭看望, 也知忠臣孝子, 自古無多. (앞의 책 13~14쪽)

량치차오는 조부와 함께 산 19년 동안 조부에게서 자기 인생 최초의 책과 생동적인 교육뿐 아니라 조부가 몸으로 직접 보여준 가르침까지 받을 수 있었다. 량치차오는 조부에게서 고상하고도 존경할 만한 도덕적 품성

20 중국 민간에서 숭앙하는 북극현천상제北極玄天上帝를 모신 사당. 북제는 도교 계열에 속하는 신으로 세상의 재난과 곤경을 없애주고, 물과 불을 다스리며, 인간의 장수를 주관한다고 한다.

을 목도했고, 이러한 품성은 그의 기품과 성격 형성 및 일생의 사업 추진에까지 큰 영향을 끼쳤다. 우리는 량치차오가 뒷날 조부를 회고하며 쓴 문장에서 량웨이칭이 근면하고 검소하며, 자존심이 강하고 자신감이 넘치며, 자신에게는 엄격하고 타인에게는 관대하며, 지식이 풍부하고 교양이 넘치며, 위엄이 있으면서도 공공활동에 열심인 존경받는 지방 유지였다는 사실을 발견할 수 있다. 량웨이칭은 정실부인에게서 태어난 둘째 아들이었지만 그가 두 살 때 모친이 세상을 떠나고 말았다. 여덟 형제는 그를 제외하고는 모두 계모와 서모庶母 소생이었다. 량웨이칭은 부친이 세상을 떠난 뒤 형제들과 함께 분가해야 했다. 몇몇 사람은 적자嫡子인 그가 재산을 더 많이 나눠 받을 수 있다고 했지만 량웨이칭 본인은 절대 그렇게 생각하지 않고 모든 형제가 공평하게 집안의 유산을 분배받도록 했다. 량웨이칭은 의술에도 다소 조예가 있어서 평소 일가친척의 병을 돌봤지만 한 번도 비용을 따지지 않았다. 가난한 사람 집에 환자가 생기면 의약품을 보내주기도 했다. 또 당시 마을 도로가 오래 수리하지 않아 통행에 불편하고 비만 오면 진흙탕으로 변해 마을 사람들 원성이 자자했다. 그러자 량웨이칭은 자발적으로 앞장서서 자신이 절약해둔 돈을 희사해 길을 수리했다. 아울러 마을 사람들에게 호소해 돈이 있는 사람은 돈을 내게 하고 돈이 없는 사람은 노동력을 제공하게 하여 많은 사람의 호응을 얻었다. 사람들은 노래를 부르며 도로 수리 사업에 참가했고 결과적으로 흙길은 마침내 돌을 깐 길로 면모를 일신했다. 함풍咸豊 4년(1854) 홍슈취안洪秀全이 영도하는 태평천국운동이 광둥 성 해안 지역에까지 영향을 미치게 되자, 신후이 같은 외진 해변 고을에서도 호응자가 생겨났다. "사람들이 사방에서 봉기했고 성城은 날마다 곤경에 빠져들었다."(『량치차오 연보 장편』, 7쪽) 차컹 촌은 신후이 현 소재지에서 10여 리 거리에 불과했다. 그곳에서도 '무뢰배'들이 마침내 '배상제교拜上帝敎'21를 믿고 민중 봉기를 준비했다. 량웨이칭은 유학을 자기 사상의 뿌리로 삼고 있었기에 기독교의 외피를 쓴 배상제교를 당연히 받아들일 수 없

21 태평천국혁명 지도자 홍슈취안이 내세운 종교. 홍슈취안은 자신이 하느님의 아들이고 예수의 동생이라며 민중에게 '배상제교'를 믿게 했다.

었고, 사회에 혼란을 야기하고 백성을 유리걸식하게 하는 과격 행위에도 찬성하지 않았다. 그는 지방을 안정시키려는 사회적 책임감에서 출발하여 자신의 고을에서 "보량회保良會를 조직하여 혼란 방지에 진력했고 이 때문에 그곳에서는 난민이 발생하지 않았다."(앞의 책) 당지當地 치안이 유지되자 그처럼 폭풍우가 몰아치던 시대에도 차컹 촌은 비교적 평화로웠다.

량치차오는 조부의 가르침을 시종일관 마음속에 간직하고 한시도 잊지 않았다. 그가 할아버지에게 보답할 방법은 오직 학문을 끊임없이 드높이는 길뿐이었다. 광서光緒 10년(1884) 량치차오는 12세 나이에 두번째로 광저우廣州로 가서 과거시험[원시院試]에 응시했다. 그가 과거에 처음 응시한 지 채 3년이 되지 않은 시점이었다. 이번에 량치차오는 급제해 수재가 되고 박사제자원 자격을 얻었다. 그는 중국에서 과거시험이 시행된 이래로 유례를 찾아보기 어려운 '소년등과登科 동자수童子秀'22가 되었다. 그것은 량웨이칭이 한평생 이루고 싶어했던 최고의 명예였다. 량치차오는 감격에 겨워 어쩔 줄 몰라 했다. 당시 시험을 주관한 광둥 성 학정學政 예다줘葉大焯도 매우 기뻐하며 특별히 량치차오와 몇몇 나이 어린 수재를 불러 다시 "글재주를 시험했다." 이들 중 량치차오만 청산유수처럼 대답하며 조리 있게 자기 생각을 얘기했다. 이제 예다줘는 량치차오의 재능을 아끼는 마음을 밖으로 내보일 정도로 흐뭇해했다. 이때 총명한 량치차오는 기지를 발휘해 내친김에 땅바닥에 엎드려 아뢰었다. "우리 집안에 할아버지가 생존해계시온데 금년 연세가 일흔이옵니다. 또 생신이 중동仲冬[음력 11월] 스무하루이온바, 엎드려 바라옵건대 선생님께서 장수를 기원하는 글 한마디를 써주시어 할아버지의 앞날을 축복해주시면 우리 중부仲父와 가친의 효성에 위로가 되고 종족 간 교유에도 빛나는 영광이 될 것이옵니다.(앞의 책, 17쪽) 예다줘는 량치차오의 돌연한 이 말을 듣고 깜짝 놀랐다. 오늘날 우리가 읽어봐도 경탄을 금치 못할 정도다. 열두 살밖에 안 된 아이가 그런 장소에서 이 같은 얘기를 할 수 있었다는 걸 상상하기가 어렵다. 그러나 예다줘는 금방 얼굴 가

---

22 어린 나이에 수재가 된 사람.

득 웃음을 머금고 량치차오의 민첩한 재주와 효심을 기특하게 여겼다. 그는 바로 응낙한 후 그 자리에서 축수의 글을 지었다. 예다줘는 일필휘지의 유려한 축수문 속에 세 가지 뜻을 담았다. 첫째, 량치차오는 재주와 학문이 비범해 역사에 나오는 오우吳祐,[23] 환린桓驎,[24] 임연任延,[25] 조영祖瑩[26] 등과 어깨를 나란히 할 만하다. 둘째, 교만하지 말며 배운 지식을 탄탄히 다지고 새로운 지식을 부지런히 배워 원대한 이상을 세워야 한다. 셋째, 량씨 집안의 자녀교육에 법도가 있고 차컹 촌 땅이 영험해 인걸이 태어났으니 량치차오 앞날이 무한하게 펼쳐질 것이다.

　량치차오가 수재 급제증과 예다줘의 축수문을 가지고 차컹 마을로 돌아오자 조부 량웨이칭은 너무나 기뻐서 감격의 눈물을 흘렸다. 량치차오가 그 축수문을 집 안에 걸 때 조부와 부모는 량치차오의 효심에 또다시 감격했다. 그들은 량치차오가 인격이나 학문에서 이룬 큰 발전뿐만 아니라 또한 욱일승천하듯 가세가 일어나는 량씨 가문의 미래를 목도했다. 이것이 바로 당시 량치차오가 조부와 부모에게 효도할 수 있는 유일한 방법이었다.

부모: 수신과 구제

량치차오의 천부적 품성과 어린 시절 받은 교육은 조부를 제외하고 부모에게서도 큰 영향을 받았다. 부친 량바오잉梁寶瑛은 자가 롄젠蓮澗이어서 사람들은 그를 롄젠 선생이라 불렀다. 그는 도광道光 29년 기유년(1849)에 태어나 민국 5년 병진년(1916)에 68세의 나이로 세상을 떠났다. 량바오잉은 량

23　후한後漢 때 12세 나이로 부친 오회吳恢를 따라 광저우로 나왔다가 천재로 명성을 떨친 인물.
24　후한 환제桓帝 때 천재로 이름을 날린 인물. 12세 때 백부伯父 환오桓焉가 빈객들에게 환린을 소개해 함께 시를 주고받게 했는데 환린은 전혀 막힘이 없었다. 어린 나이로 의랑議郎에 임명되어 직간을 서슴지 않았다.
25　후한 난양南陽 출신으로 12세 때 창안長安 태학太學에서 천재로 이름난 인물. 당시 사람들은 그를 '임괴동任怪童'이라 불렀다.
26　남북조 북위北魏 출신으로 8세에 『시경』과 『서경』을 암송하고, 12세에 북위 고조高祖에게 부름을 받아 중서학생中書學生이 된 인물.

웨이칭의 세 아들 중 막내였고 가장 오래 산 아들이었다. 비록 벼슬길에는 나가지 못해서 작은 공명도 이루지 못했지만 결국 향리로 은퇴해 사숙[개인 서당]을 운영하며 아이들에게 학문을 가르쳤다. 그는 아주 훌륭한 서당 훈장이었다. 량치차오는 당년(1916)에 나라를 지키는 전선에서 상하이로 돌아와서야 부친이 이미 1개월 전에 세상을 떠났다는 소식을 들었다. 그는 비통한 심정으로 「애계哀啓」라는 추모의 글을 썼다. 량치차오는 이 글에서 자신의 형제 몇 명과 사촌 형제가 다 어릴 때부터 부친 사숙에서 글을 읽었다고 이야기했다. 따라서 그들 학업은 전부 량치차오 부친의 가르침이 바탕이라 할 수 있다. 량치차오는 「삼십 자술」에서 부친이 자신을 교육한 일을 묘사한 적이 있다. 그는 여섯 살 이후로 부친을 따라 공부했고, 당시 읽은 책은 『중국사략』과 『오경』이었다. 후자는 그가 앞서 읽은 『사서』와 마찬가지로 과거시험 교재로 규정된 필독서였다. 량치차오는 과거 공부를 하여 벼슬길에 오르지 않을 수 없었으므로 등과 급제를 인생의 가장 큰 이상으로 삼아야 했다. 그런 만큼 그에게 『사서』와 『오경』은 어찌해도 피해 갈 수 없는 필수과목이었던 셈이다. 그리고 량치차오 가문은 권문세가나 학통이 있는 집안이 아니어서 학문에서 금기나 제한이 그리 많지 않았다. 게다가 량치차오가 살았던 시대는 때마침 서구 학문이 동쪽으로 진입하고 정통 학술은 점차 쇠락하던 시기여서 량치차오의 독서생활에도 이러한 영향이 스며들지 않을 수 없었다. 『중국사략』은 조사에 의하면 전통적 의미의 역사책이 아니다. 이 책 편자는 독일 선교사인데[카를 프리드리히 아우구스트 귀츨라프Karl Friedrich August Gützlaff], 중국 이름은 궈스리郭士立[또는 궈스라郭實臘]로 썼다. 그는 아주 이른 시기에 중국에 와서 선교활동을 하다가 아편전쟁 기간 영국군 사령관의 통역과 안내자 역할을 했으며 「난징조약南京條約」 작성에도 참여했다. 량씨 집안 사숙에서 그의 책을 선택해 학생들에게 읽힌 것을 보면 그들이 서구인에 대해 그리 심한 선입견이 없었다는 사실을 알 수 있다.

량치차오 눈에 비친 부친은 자상하면서도 엄격한 사람이었다. 부친 량바오잉은 량치차오에게 큰 기대를 걸고 분발을 격려하면서 그가 뛰어난 인재가 되기를 바랐다. 아버지로서 량바오잉은 아들에게 독서를 독려하는 것 말고도 몇 가지 농사일에도 참여하도록 요구했다. 또 말이나 행동에서도 예의를 지키게끔 하면서 가풍이나 예절을 어기면 절대로 얼렁뚱땅 넘어가지 않고 반드시 아들을 엄하게 훈계했다. 사랑이 깊으면 꾸지람도 매섭다는 격이었다. 부친이 량치차오에게 가장 많이 한 말은 "너 스스로 보통 아이처럼 놀려고 하느냐?"였다.(『음빙실합집·문집』 제11권, 16쪽) 나중에 량치차오는 이 말을 평생토록 잊을 수 없었다고 회고했다. 지금 남아 있는 기록과 사람들 진술에 의거해볼 때 량바오잉은 말을 잘하는 사람은 아니었고 아들에게도 많은 말을 하지 않았다. 량치차오가 지은 「애계」는 지금 우리가 읽어볼 수 있는 글로는 량바오잉 생애를 가장 상세하게 기록한 문헌이다. 사실상 제문인 이 글에서 그는 부친을 가리켜 말할 때나 웃을 때나 법도에 맞게 행동한 사람이라고 묘사했고 아이들 면전에서는 더욱 엄숙하게 보이려 했다고 적었다. 량치차오의 부친은 모든 경우에 유가 윤리도덕에 맞추어 행동하면서 자기 부친이 세운 가풍을 조심스럽게 지키려 노력했다. 도덕적 측면에서 엄격하게 자신을 단속하며 내면 수양에 치중했고 여기에 더해 사회적 책임감도 망각하지 않고 전심전력으로 사회를 위해 일하려 했다. 생활은 매우 검소했고 어떤 취미활동도 갖지 않았다. 평생 그런 자세로 살았다. 량치차오는 일찍이 부친에게 너무 자신을 고되게 하지 말고 즐길 게 있으면 인생을 즐기라고 권한 적이 있다. 그러나 량바오잉은 언제 어디서건 부지런하고 소박한 가풍을 망각해서는 안 된다고 생각했고 아울러 후손이 누리는 생활상의 우월감과 안락감에 대해서도 깊이 우려했다.

량바오잉은 겸손하게 군자의 풍모를 보이며 차컹 촌에서 아주 높은 신망을 얻어 마을 대소사를 거의 도맡아 처리했다. 그 자신도 마을 행정 업무를 주관하는 걸 영광으로 여기며 차컹 촌의 평화를 지키는 데 전심전력을 다했다. 광둥 성은 바닷가에 자리 잡고 있어서 백성들의 풍속이 사납고 억셌다. 이에 신후이 일대에는 도박이 성행하고 도적이 출몰했으며 치명적 무기를 들고 싸움을 벌이는 일도 아주 흔했다. 량바오잉은 이 때문에 늘 골머리를 앓았다. 그는 이 세 가지 악습으로 인한 피해를 없애지 않으면 마을

량치차오 옛집 내에 있는 그의 전신상과 이당서실怡堂書室. 이당서실은 량치차오의 부친 량바오잉이 아이들을 가르치던 곳으로 량치차오도 어릴 적 이곳에서 공부했다. 청 광서 18년(1892) 량치차오는 부인 리후이셴과 함께 귀향하여 이 서실 곁방에서 거주했다. 그의 장녀 량쓰순이 이곳에서 태어났다.

이 평화로운 생활을 누릴 수 없다고 보았다. 당시 차칭 촌은 이웃 둥자 향東甲鄉 마을과 30년간 원수로 지내며 해결방안을 찾지 못한 채 항상 무기를 들고 격렬한 싸움을 벌이고 있었다. 당초 둥자 사람들은 차칭 사람들을 아주 우습게 여겼다. 차칭은 마을도 궁벽하고 과거에 급제해 이름을 날린 사람도 없었기 때문이다. 그런데 량치차오가 과거에 급제해 명성을 드날리자 차칭 마을 사람 중에는 이를 자신의 일처럼 뻐기고 이웃 마을에까지 자랑하는 사람이 생겨났다. 량바오잉은 이때야말로 두 마을이 화해할 좋은 기회라 여기고 이 일에 의지해 이웃 마을에 보복하려는 시도에 반대했다. 그는 겸손하게 아들 량치차오를 데리고 량씨와 오랜 원한관계에 있는 둥자 마을로 찾아가 그들 사당에 배례를 올리고 제자로서 예를 갖추었다. 둥자 사람들은 매우 감격했다. 이때부터 두 마을은 오랜 원한과 배척 관계가 해소되어 아주 친한 이웃이 되었다. 이 일은 주위 현과 향에까지도 영향을 미쳐 모두들 무기를 들고 싸우는 일을 부끄럽게 여겼다. 그들은 잇달아 량바오잉을 찾아와 분규를 중재해달라고 부탁했다. 량바오잉도 수고를 마다하지 않고 흔쾌히 중재에 나섰다. 그의 부지런한 노력 덕분에 30년 동안 신후이 여러 마을에서 무기를 들고 싸움하던 풍속이 개선되었을 뿐만 아니라 인근 고을인 향산香山·카이핑開平·언핑恩平·허산鶴山 등지의 패싸움까지도 대폭 줄어들었다. 량바오잉은 도박 근절을 위해서도 일련의 방법을 강구했다. 그는 도박과 도둑질을 연계시켜서 도둑을 막으려면 먼저 도박을 근절해야 한다고 인식했다. 그는 철저한 관리를 통해 도박 도구가 차칭 마을로 들어올 수 없게 했다. 또 야외나 밀실에서 행해지던 도박에 대해서도 그는 비바람을 무릅쓰고 진흙길을 밟고 달려가 그 근절을 당부했다. 아울러 량바오잉은 도박하는 사람들에게 도박에 따른 폐해를 일깨워주고 울면서까지 그들을 설득했다. 이 때문에 그는 질병까지 얻었지만 한 고을의 안정은 확보할 수 있었다. 이후 차칭 촌에는 강도가 없어지고 외지의 강도도 감히 이 마을로 와서 분란을 일으킬 수 없었다. 30년 동안 고을 불량배를 소탕하기 위한 군대도 차칭 마을로는 한 번도 들어올 필요가 없었다. 이 모든 것이 바로 량바오잉의 공로였다. 량치차오는 크게 감탄하며 이렇게 서술했다. "공자께서 어진 사람은 인仁을 편안하게 여긴다고 하셨는데, 아! 우리 선친께서 바로 그런 경지에 가까운 분이셨다."(『음빙실합집·문집』 제33권, 129쪽) 량중처梁仲策 선생은 량치차오의 이 문장이 "전부가 사실을 기록한 것이지 과장하거나 미화한 글이 아니다"라고 인정했다.(『량치차오 연보장편』, 8쪽)

이 제문에서 량치차오는 또 부친이 가정 윤리 부문에서 보인 모범적 역할을 언급하고 있다. 량치차오의 조부는 만년에 병이 많았다. 아들로서 량바오잉은 병석 곁에서 근 20년간 부친의 시중을 들었다. 량웨이칭은 세상을 떠날 때 78세였고, 그의 맏아들은 이미 그보다 40년이나 앞서 세상을 떠났으며, 둘째 아들도 그보다 16년이나 앞서 세상과 하직했다. 량웨이칭이 65세 이후로 병석에 누워 일어나지 못하자 량치차오의 부모는 밤낮없이 그 곁에서 병수발을 들었다. 량치차오 모친이 세상을 떠나고 몇 년간은 부친 혼자서 조부를 봉양했다. 그의 부친은 조부에게 음식을 올리고 조부의 대소변을 받아내는 일 모두를 혼자서 감당했고 자식이나 조카들은 그 일에 손을 대지 못하게 했다. '긴 병에 효자 없다'는 속담도 있지만 량바오잉은 자신의 효심과 효행으로 세속의 선입견까지 바꾸었다. 이 기간 그는 자식과 조카들 학업에도 노심초사하면서 그들이 병상에 있는 할아버지에게 신경을 쓰지 못하도록 했다. 그는 또 두 형수에게도 유가 가르침에 따라 공경을 다해 늙을 때까지 봉양했다. 두 형수가 남긴 세 조카도 친자식과 똑같이 보살폈다. 량바오잉이 도덕과 인격을 통해 몸소 행한 가르침은 어린 량치차오에게 봄바람이나 봄비처럼 서서히 교화 작용을 발휘했다.

량치차오의 모친 자오趙 부인은 출신 가문이 명확하지 않다. 다만 부인의 조부가 거인擧人[27]이었고 부친은 수재였다는 사실만 알려져 있을 뿐이다. 그녀는 친정에서 책을 조금 읽었고, 량씨 가문으로 시집온 뒤에도 책에서 얻은 지식을 바탕으로 가문의 법도를 잘 지켰다. 그녀는 현숙하고 효성스러운 품성으로 시부모에게 사랑을 받았다. 량치차오의 언급에 의하면 그

---

27 중국의 현과 주 과거시험에 급제한 수재들이 다시 성에서 시행하는 과거시험에 응시해 급제한 사람.

가 최초로 글자를 배운 것도 어머니로부터였다고 한다. 량치차오는 또 모친이 당시를 즐겨 암송했다고도 한다. 추측컨대 어려서 그에게 "봄잠에 취해 날이 밝은 줄도 몰랐더니春眠不覺曉"[28]나 "침대 밑에 밝은 달 비치니床前明月光"[29] 같은 시구를 가르쳐준 사람은 모친 말고는 거의 없었던 것 같다. 량치차오 모친은 그와 형제에게 글자와 독서를 가르쳤다. 마을 부녀자들도 늘 량씨 집으로 와서 그녀에게 글자와 바느질을 배웠다. 차컹 촌 일대에 전해지는 미담이 있다. 즉 어떤 여자가 자오 부인에게서 글자와 바느질을 배웠다면 덕행과 품성이 모든 사람의 칭찬을 받을 것이니 그 집에 가볼 필요도 없이 혼사를 추진하면 된다는 미담이다. 결국은 자오 부인의 사람됨이 마을에서 미담으로 전해진 것이다. 그녀는 여섯 아이를 낳았고 그중 넷은 아들이고 둘은 딸이었다. 량치차오는 맏아들이었다. 량치차오의 모친은 막내아들을 낳다가 난산으로 세상을 떠났다.

자오 부인이 량치차오에게 어떤 교육을 시켰는지에 대해서는 지금 우리가 볼 수 있는 기록이 많이 남아 있지 않다. 그중 가장 유명한 것은 량치차오가 여섯 살 때 어머니에게서 매를 맞은 사건이다. 이 일은 량치차오 자신이 직접 진술한 바 있다. 그가 여섯 살 때 무슨 이유인지도 모르게 거짓말을 하게 되었다고 한다. 모친은 그 사실을 알고 몹시 화를 내며 량치차오를 침실로 오게 해서 엄중하게 내막을 캐물었다. 모친은 본래 성격이 자상해 종일 미소를 머금고 자식을 애지중지 보살피는 사람이었다. 그러나 당시 모친은 노기등등한 모습으로 량치차오에게 땅에 꿇어앉으라 명하고 마침내 회초리로 10여 차례나 그를 매질했다.(『음빙실합집·문집』 제11권, 19~20쪽) 그녀는 꿇어앉은 아들에게 만약 또다시 거짓말을 하면 [너는] 도적이나 거지가 될 거라 경고했다. 자오 부인에게는 자기 나름의 논리가 있었다. 그녀의 말을 이렇다. "사람이 거짓말을 하는 까닭은 틀림없이 해서는 안 될 짓

---

28 당나라 맹호연孟浩然의 「춘효春曉」에 나오는 시구. 전체 시는 다음과 같다. "春眠不覺曉, 處處聞啼鳥, 夜來風雨聲, 花落知多少."
29 당나라 이백李白의 「정야사靜夜思」에 나오는 시구. 전체 시는 다음과 같다. "床前明月光, 疑是地上霜, 擧頭望明月, 低頭思故鄕."

을 하려 했거나 해야 할 일을 잘하지 못했기 때문이다. 이는 본래 잘못된 행동인데 자신의 잘못을 알지 못했다면 용서해줄 여지도 있고 잘못을 고치기도 어렵지 않다. 그러나 거짓말이란 걸 분명 알면서도 고의로 거짓말을 했다면 자신을 속이고 다른 사람도 속이는 행위이기 때문에 그것은 도적질과 같은 짓이다. 천하의 모든 악이 바로 여기에서 파생된다. 거짓말은 결국 다른 사람에게 발각되고 종당에는 다른 사람에게서 신임을 받지 못하게 된다. 사람이 신용이 없으면 자립할 수 없고 마침내 한 가지 일도 이룰 수 없어서 거지꼴로 전락하고 만다." 당시 모친의 가르침은 량치차오에게 깊은 인상을 남겼다. 그는 오랜 세월이 지난 후에도 당시 일을 후회하며 그것을 기록으로 남겨 후손을 가르치고자 했다.

량씨 집안 가정교육은 분명 량웨이칭에서 량바오잉에 이르기까지 그리고 다시 자오 부인에 이르기까지 지식 주입과 공리 추구에 중점을 두지 않았고, 일관되게 입지와 사람됨을 더 강조했다. 이것이 바로 량씨 집안 조기교육의 핵심이다. 이 점은 더욱이 전통사회에서 학자들에게 요구한 "배워서 우수하면 벼슬한다"는 교훈을 압도하는 내용이라 할 만했다. 량치차오는 열 살도 안 된 나이에 백부와 숙부 그리고 집안 형들과 함께 과거시험에 참가한 적이 있고, 아울러 열두 살도 채 되지 않을 때 수재에 급제했으며 또 열일곱 되던 해에는 거인에 급제했다. 이는 정말 소년 시절에 뜻을 얻어 전도가 양양한 모습이었다. 그러나 량치차오의 평생 경력과 성취를 종합해보면 과거 급제는 그다지 언급할 가치가 없고 또 그가 추구한 궁극적 목표도 아니었다고 할 수 있다. 설령 량치차오 벼슬길이 순조롭지 못했다 해도 조부와 부모는 그에게 그리 큰 스트레스는 주지 않았을 것이다. 량치차오는 아마도 조부와 부친처럼 고향으로 물러나 마을을 위해 봉사하며 "밭은 갈 만하고 책은 읽을 만하니, 반은 농부이고 반은 유생일세" 시구처럼 생활했을 것이다. 사실 이러한 생활방식이 바로 송명宋明 이래 유가적 지식인이 추앙해온 정신적 특질인 '내성외왕'의 전형적인 모습인데, 특히 그들은 도덕 수양과 정신 함양을 강조하면서 '의리'와 '명분 및 절개名節'를 입신하는 근본으로 삼았다. 물론 량씨 집안은 그 지방에서 대단한 가문이나 위대

청 말의 량치차오(왼쪽에서 둘째) 가족.

한 유학자 집안이 아니어서 체계적인 가학家學 연원이 있는 건 아니지만, 영남 학풍의 영향을 비교적 많이 받았고 또 오랫동안 몸소 농사를 지으며 길러온 근검하고 실제적이고 순박하고 진취적인 품성이 있었다. 량씨 집안은 이러한 품성을 아이들 조기교육에 구현했고, 도덕 수양과 정신 함양을 인간됨의 첫번째 자리에 놓았다. 과거에 응시하여 벼슬을 하려면서도, 그것을 단지 더욱 양호하게 사회에 봉사하기 위한 한 가지 길로 여길 뿐 유일한 인생행로로는 생각하지 않았다. 량치차오는 일찍이 부친에 대해 이렇게 언급한 적이 있다. "선친께서는 늘 학자는 '수신淑身'과 '구제濟物'에 힘써야 한다고 생각하셨다. 즉 수신의 방법은 자신을 엄격하게 규율하여 스스로 자제하는 것이고, 구제의 방법은 자신이 마주치는 경우에 따라 적절하게 남에게 덕을 베푸는 것이라 하셨다."(『음빙실합집·문집』 제33권, 127쪽) 량치차오가 여기에서 말한 '수신'은 바로 한 사람의 내면 수양을 가리키고, '구제'는 바로 자신의 구체적 상황에 근거하여 사회봉사에 진력하는 것이다.

소년 시절에 청운의 큰 뜻을 품다

오늘날 사람들이 보기에, 량씨 집안 가정교육은 매우 비과학적이고 비실용적이며 공허하고 부적절한 데다 진부하기까지 할 것이다. 왜냐하면 목전의 교육은 '시험 대비'라는 단 한 가지 목적만 있기 때문이다. 모든 교육은 시험을 위해 존재한다. 심지어 유치원에서부터 대학 입시라는 한 가지 목표를 향해 진격한다. 도덕·이상·영혼·품성을 수양하는 공부는 거의 언급조차 않는다. 지금 청년들은 유치원 교육에서 시작해 대학 학부를 거쳐 석박사 학위를 취득하고 다양한 지식을 갖추고 있다. 그러나 그들의 영혼은 벌써 오래전에 황폐화되어 결국 황무지로 변해버렸다. 왜 고학력 지식인 가운데서 자살자가 많고 살인 사건이 자주 발생하는가? 많은 전문가는 사회적 생존 스트레스가 야기한 심리적 불균형 때문이라 진단한다. 기실 그 근원을 추적해보면 우리 사회의 조기교육에 문제점이 있음을 알 수 있다. 육체가 미성숙하고 마음이 바르지 못한 아이들에게 남보다 뛰어나기를 바라고, 성공하기를 바라고, 자아실현하기를 바라고, 경쟁에서 살아남기만을 바라는 건 한마디로 이리의 심성을 부추기고 인간의 심성은 내버려두는 일이며, 업무 기계가 되기만을 바랄 뿐 [아이를] 인간으로 양육하기를 포기하는 일이고, 목전의 욕심만 채우려 할 뿐 장기 계획은 팽개쳐두는 일이다. 이런 아이들을 도와 성공의 길로 이끄는 것은 기실 그들을 절대로 헤어날 수 없는 심연으로 빠져들게 하는 일에 불과하다. 우리가 고개를 돌려 다시 량치차오를 바라보면 다음과 같은 사실을 발견할 수 있다. 즉 그가 마침내 중국 근현대사에서 하늘과 땅을 떠받치는 위인으로 성장할 수 있었던 중요한 원인은 바로 10세 이전에 아주 견실한 가정교육을 받았기 때문이라는 사실이다. 량치차오는 물론 천부적 자질이 일류이고, 기억력도 뛰어나며, 재주와 사고도 기민하다. 이러한 점이 모두 그가 최종적으로 성공할 수 있었던 선천적 바탕이다. 동시에 량씨 집안에서는 독서로 인재를 기르는 조기교육을 시행해 량치차오에게 훌륭한 어른으로 성장할 후천적 바탕을 마련해줬다. 그의 천부적 자질과 재능은 이러한 교육에 힘입어 충분히 화려한 꽃을 피울 수 있었다. 량치차오는 2세에 글자를 깨우쳤고 4세에 책을 읽기 시작했으며 8세에 문장을 지을 수 있었고 9세에는 1000여 자나 되는 긴 문장을 지을 수 있었다. 이어 12세에는 과거시험에 응시하여 수재에 급제해 박사제자원이 되었다. 그러나 그는 결코 자만하거나 만족하지 않았다. 『사서』『오경』과 과거 급제도 그의 재능과 지향을 억제할 수 없었다. 그의 고향에는 능운탑凌雲塔이 있다. 햇빛이 찬란한 날이면 량치차오와 형제자매는 모두 함께 마을 뒤 작은 산으로 올라 능운탑 곁에서 남해 파도를 조망했다. 전언에 의하면 량치차오는 8세 때 그곳에서 「능운탑凌雲塔」이란 제목으로 시 한 수를 지었다고 한다.

아침에 능운탑으로 올라가서　　　　　　　　　　　　朝登凌雲塔
목을 빼고 사방을 바라본다.　　　　　　　　　　　　引領望四極
저녁에 능운탑으로 올라가니　　　　　　　　　　　　暮登凌雲塔

천지가 점점 어두워진다. 　　　　　　　　　　天地漸昏黑

해와 달도 어둠과 밝음이 있고 　　　　　　　　日月有晦明

사계절도 추위와 더위 서로 바꾼다. 　　　　　四時寒暑易

어째서 이렇게 변화가 많은 건지 　　　　　　爲何多變幻

그 이치를 아는 사람이 없다. 　　　　　　　　此理無人識

내가 푸른 하늘에 물어봐도 　　　　　　　　　我欲問蒼天

푸른 하늘은 오래도록 묵묵부답이다. 　　　　蒼天長默默

내가 공자님께 물어봐도 　　　　　　　　　　我欲問孔子

공자님도 해석하기 어려워하신다. 　　　　　孔子難解釋

머리 긁으며 혼자 배회하지만 　　　　　　　搔首獨徘徊

그 이치를 끝내 알기 어렵다. 　　　　　　　此理終難得

（『신후이 량씨: 량치차오 가족의 문화사』, 19쪽）

　　량치차오는 이 시에서 어린아이의 천진한 호기심과 깊이 사고하고 회의하는 정신과 점점 커지는 포부와 새로운 지식을 향한 갈구를 표현하고 있다. 이 능운탑은 그에게 깊은 사색과 원대한 꿈을 제공했고 그는 이를 계기로 더욱 다양한 미래 지향점을 세울 수 있었다. 그는 또 대련을 써서 자기 심정을 표현했다.

능운탑 아래서 능운의 꿈30을 생각하니 　　　凌雲塔下凌雲想

바다는 넓고 하늘은 텅 비어 　　　　　　　海闊天空

아득히 먼 길 길게 이어지네. 　　　　　　　迢迢路長

천축국 안에서 천축국31을 바라보니 　　　　天竺國裏天竺望

구름은 치솟고 노을은 짙어 　　　　　　　雲蒸霞蔚

잠깐 사이에 기묘한 모습이 생겨나네. 　　　須臾妙相

（앞의 책, 21쪽）

30 　구름 위 하늘까지 치솟은 청운의 꿈.
31 　여기서 천축天竺은 능운탑이 있는 사찰을 비유.

광둥 성 장먼 시江門市 신후이 구 차컹 촌에 있는 능운탑. 량치차오는 어린 시절 「능운탑」이란 제목의 시와
대련을 써서 청운의 꿈을 펼쳐 보였다.

량치차오는 이 대련의 문장을 통해 어린 시절 품은 원대한 이상을 표현하고 있다. 능운탑은 그야말로 그에게 '능운'의 꿈을 품게 해주었다. 그러나 그는 능운의 꿈을 실현하는 길이 아주 멀다는 점을 분명하게 알고 있었다. 그는 이미 고향 신후이를 떠나 더욱 광활한 천지로 나아갈 준비를 하고 있었다. 한 그루 나무로 자랄 어린 싹이 땅을 뚫고 솟아오르는 것처럼 어떤 힘도 량치차오의 전진을 막을 수 없었다.

제2장

집안 가득 뛰어난 인재: 량치차오와 자녀들

량씨 일가는 매우 우수한 가정교육과 가풍이 있었다. 량치차오가 온 세상이 공인하는 개혁가, 사상가, 교육가로 성장해 문화 계몽의 일대종사—代宗師와 뛰어난 언론인이 될 수 있었던 데는 바로 집안 가풍과 가정교육에 힘입은 바 크다. 동시에 그는 전체 가족사에서도 앞 시대를 계승하여 뒷 시대를 이어주는 대단히 중요한 연결 고리 역할을 했다. 그는 우수한 가정교육과 가풍을 이어받는 데 그치지 않고 그것을 계승하여 더욱 풍부하게 했다. 또 자신의 교육 사상과 교육 실천을 통해 중국의 전통 유학을 바탕으로 하면서도 서구 근현대 과학과 민주 사상을 융합하는 선구적 모습을 보여주었다. 이러한 모습은 전부 량치차오가 자신의 자녀를 기르고 교육하는 과정에 충분하게 구현되어 있다.

량치차오는 아홉 자녀를 두었다. 량쓰순梁思順, 량쓰청梁思成, 량쓰융梁思永, 량쓰중梁思忠, 량쓰좡梁思莊, 량쓰다梁思達, 량쓰이梁思懿, 량쓰닝梁思寧, 량쓰리梁思禮다. 량쓰순·량쓰청·량쓰좡은 리李 부인 소생이고, 량쓰융·량쓰중·량쓰다·량쓰이·량쓰닝·량쓰리는 왕王 부인 소생이다. 이들 중 셋이 원사院士[1]가 되었고, 또 몇몇도 모두 각자의 분야에서 뛰어난 인재가 되어서 "집안에 뛰어난 인재가 가득하다滿門俊秀"는 칭송을 들었다.

---

1 중국에서 국가와 학술계가 학자 특히 과학자에게 부여하는 최고의 명예. 이전에는 중앙연구원 원사를 가리켰으나, 지금 중국에서는 주로 중국과학원中國科學院 원사와 중국공정원中國工程院 원사를 가리킨다.

청 말 민 초의 량치차오 가족. 오른쪽부터 쓰청, 쓰쫑, 구이수桂姝, 루이징瑞敬, 쓰좡, 쓰순, 쓰용, 루이스瑞時, 쭈성
祖生.

량쓰순(링셴令嫻, 1893~1966): 맏딸. 시사詩詞 연구 전문가.

량쓰청(1901~1972): 맏아들. 저명 건축학자. 1948년 3월 중앙연구원中央研究院 인문학 분야 제1기 원사로 뽑힘. 아내가 바로 문학가 린후이인林徽因임.

량쓰융(1904~1954): 둘째 아들. 저명한 고고학자. 1948년 3월 중앙연구원 인문학 분야 제1기 원사로 뽑힘.

량쓰중(1907~1932): 셋째 아들. 국민당 제19로군路軍 포병장교 역임. 병으로 일찍 죽음.

량쓰좡(1908~1986): 둘째 딸. 저명한 도서관학자.

량쓰다(1912~2001): 넷째 아들. 장기간 경제학 연구에 종사.

량쓰이(1914~1988): 셋째 딸. 사회활동에 종사.

량쓰닝(1916~2006): 넷째 딸. 신사군新四軍에 투신해 중국 혁명에 참가.

량쓰리(1924~): 다섯째 아들. 로켓 통제 시스템 전문가. 1993년 중국과학원 원사로 선임.

동서양 장점을 융합한 아버지의 자식교육

량씨 가문에서 아홉 꽃송이가 피어난 건 중국 역사를 통틀어도 매우 드문 일이라 할 수 있다. 정말 전무후무한 기적이라 할 만하다. 『삼자경三字經』에 "두연산竇燕山2은 의로운 방법으로 다섯 아들을 가르쳤고 모두 명성을 드날렸다竇燕山, 有義方, 敎五子, 名俱揚"고 기록되어 있지만, 이는 인과응보에 관한 이야기인 만큼 량치차오의 자녀교육 사상이나 방법 그리고 그 비결과는 함께 이야기할 수 없다. 량치차오는 조부와 부친에게 '의리'와 '명분 및 절개'를 근본으로 삼는 가정교육을 받아서 특히 도덕 수양, 정신 함양, 인격 배

---

2 오대五代 후진後晉 사람. 본명은 두우균竇禹均이다. 계주薊州 어양漁陽에 거주했고, 그 일대를 연산으로도 부른 데서 두우균을 흔히 두연산으로 일컫는다. 두우균은 자식교육에 힘을 쏟아 다섯 아들인 두의竇儀, 두엄竇儼, 두간竇侃, 두칭竇偁, 두희竇僖 모두 뛰어난 인재가 되었다.

양을 강조했다. 그러나 그는 조부 및 부친과는 달리 서풍동점西風東漸[서세동점] 시대를 살아야 했기에 안목이나 심금이 넓게 확대되었다. 량치차오는 서구 근현대 교육계에서 제창한 과학, 민주, 자유, 개성 존중, 계발식 교육 같은 이념을 통해 놀라움과 신기함과 신선함을 받았을뿐더러 민지民智[국민의 지혜]를 열고 국민성을 개조하고 새로운 인재를 배양할 만한 가능성도 목도했다.

량치차오의 자녀교육 방식과 이념을 살펴보면 확실히 중국식과 서구식이 함께 섞여 있고 동서양 장점이 모두 녹아 있음을 알 수 있다. 바꾸어 말하면 량치차오는 자신의 자녀교육 방식을 통해 인격교육을 위주로 하는 유가 전통이 현대사회에서 창조적으로 발전·전환되게끔 이끌었다. 이 말은 좀 보충 설명이 필요하지만 량치차오의 교육방법과 실제 효과를 통해 우리는 확실히 현대교육과 전통교육이 잘 결합된 아름다운 광경을 목도할 수 있다. 우리는 일찍이 전통 결별의 시대를 살았고 당시 전통은 우매와 낙후를 의미했다. 그러나 지금은 전통을 하늘까지 떠받들면서도 전통의 내용이 도대체 무엇인지는 전혀 이해하지 못하고 일부 껍데기만 만지작거리고 있다. 심지어 아이들에게 경전을 읽히고(『삼자경』까지 포함) 전통 복장을 입히는 게 유행이 되기도 했다. 결국 아이들 인격을 어떻게 길러줄지에 대해서는 아무것도 알지 못한다. 이 점이 바로 량치차오가 우리를 깨우쳐 많은 생각에 젖어들게 하는 대목이다. 그가 전심전력으로 교육에 힘을 기울인 탓에 아홉 자녀 모두 훌륭한 인재로 자랐고 각자 장기를 발휘했다. 그는 어떻게 이런 성공을 거둘 수 있었나? 자녀교육에 어떤 묘수가 있었던가? 량치차오의 제자 한 사람이 스승의 가정을 흠모하며 말한 적이 있다. "스승님을 따라 배우려면 모름지기 가정교육에서 시작해야 한다." 그러나 량치차오는 솔직하게 이렇게 말했다. "나도 말처럼 그렇게 쉽지 않았다."(『인생의 좋은 기회: 량치차오가 식구들에게 보내는 편지際遇: 梁啓超家書』, 164쪽)

량치차오가 이렇게 말한 데는 틀림없이 자기 논리가 있을 것이다. 그는 자녀교육의 단맛 쓴맛을 스스로 알고 있었다고 할 수 있다. 그의 스승 캉유웨이康有爲도 량치차오 같은 제자를 길러낸 위대한 교육자였지만 자녀교육에서는 량치차오에게 훨씬 미치지 못했다. 캉유웨이는 만년에 매우 처량하게 살았고 그가 세상을 떠난 뒤에는 많은 집안 문제가 일어났다. 자녀들은 사람됨과 처세에 문제가 많아 캉유웨이 제자와 친구들이 자주 도움을 줘야 했고 그러면서도 그들은 무력감과 난감함을 느끼곤 했다. 루쉰은 「지금 우리는 아버지 노릇을 어떻게 할 것인가?我們現在怎樣做父親」란 글을 썼고, 그때 그는 이미 39세(1919)였다. 이 글에서 비록 그가 "아버지 권위를 벗어던지고 우리와 우리 자녀의 일을 이야기해야 하며, 그렇게 하면 앞으로 실천할 때 곤란을 줄일 수 있고 중국에서도 자연스럽게 성공할 수 있을 것이다"(『무덤墳』, 102쪽)라고 했지만, 당시 루쉰은 아직 아버지가 된 적도 없었고 아버지로서 체험도 전무했다. 그는 50세가 가까워서야 아들을 보았고 그 아들이 7세도 못 되어 세상을 떠났다. 그래서 많은 자녀가 성장 과정에서 일으키는 소동과 문제를 전혀 경험하지 못했다. 따라서 도대체 어떻게 '아동 본위'로 아이들을 교육할지 또 교육한 뒤 어떤 결과를 얻을지에 대해 루쉰이 후세 사람에게 남긴 의견은 대부분 이론적 사유와 낭만적 상상에 불과할 뿐 우리가 행동지침으로 삼을 만한 내용은 없다.

그러나 량치차오는 이와 달랐다. 그는 자녀를 아홉 두었다.(요절한 자식은 포함하지 않았다.) 맏딸이 태어났을 때 그는 겨우 스물하나였다. 지금의 풍습에 비추어보면 아직도 부모에게 '어린아이'로 취급당할 나이일 뿐이다. 그러나 그는 이미 아버지가 되었다. 당시에 그가 벌써 아버지 역할이 쉽지 않다는 사실을 알고 있었는지는 아무도 모른다. 그러나 그는 24세(1896)에 벌써 논문 「여성교육을 논함」과 「유아교육을 논함」을 발표해 청소년 조기교육에 대해 상당히 심오한 인식을 보여주었다. 량치차오는 "인간의 평생은 유아교육에서 근본을 세워야 한다人生百年, 立於幼學"고 설파했다.(『음빙실합집·문집』 제1권, 44쪽) 여기에서도 우리는 그가 조기교육을 유학幼學[유아교육]이라 부르며 매우 중시했고, 조기교육이 개개인 일생의 성패와 관계된 중대한 일이며 개인의 몸을 편안하게 하고 개인 운명을 결정짓는 근본 프로젝트로 인식하고 있었음을 알 수 있다. 량치차오 입장에서 자녀교육은 절대 한 개인, 한 가정, 한 가문의 사사로운 일이 아니었다. 그는 넓은 의미에서 교육의 잘잘못이 국가의 흥망, 천하의 흥망과 밀접한 관계를 맺고 있다고 인식했다. 따라서 변법變法을 통해 강국이 되려면 먼저 좋은 교육이 있어야 하고 그래야만 민지를 계발해 새로운 인재를 길러낼 수 있다고 했다. 이러한 일은 늙은 중국이 새 생명을 향해 나아가는 급선무여서 옛말에도 이른 대로 "세상만사 중 오직 그것만이 중대한 일이다悠悠萬事, 惟此爲大"라고 할 수 있을 정도였다. 량치차오는 서구 국가의 경험을 참조해 중국의 교육을 개혁하기 위한 구상과 단서를 제기했다. 그 몇 가지 구체적 방법은 현재 관점으로는 매우 유치하고 가소롭기도 하지만, 100여 년 전에 아동의 생리적·심리적 특징에 근거해 점진적이고 순차적으로 계발 위주의 전면적인 교육 사상과 이념을 제기했다는 측면에서는 량치차오를 이 분야 최고 전문가로 꼽아야 할 것이다.

당시 중국에서 시행되던 교육은 실로 너무나 낙후해 있었다. 량치차오는 매우 가슴 아프게 말했다. "중국인에게는 두 가지 액운이 있는데, 불행하게도 둘 다 어린 시절에 일어난다. 즉 여성은 전족을 벗어날 수 없고 남성은 과거를 벗어날 수 없다는 점이다. 우리가 독서를 하지 않고 교육을 받지 않으면 그만이지만, 그렇지 않으면 아무리 뛰어난 재능이나 포부가 있더라도 결국 머리를 숙이고 굽실거리며 팔고문 그물망에 갇혀 살아야 한다. 국가에서 과거시험 내용을 규정해놓아 누구나 과거시험을 통과해야만 공명을 세우고 부귀를 누릴 수 있다. 따라서 젖비린내 나는 어린아이들도 모두 『사서』와 『오경』을 읽도록 강요당한다." 이런 상황은 당시 전혀 이상할 게 없는 매우 보편스러운 현상이었다. 량치차오는 이를 설명하기 위해 "대학大學의 길은 밝은 덕을 밝히는 데 있다大學之道, 在明明德"[3]는 구절을 예로 든다. "이 구절에 대해 한나라와 송나라 학자들이 매우 상세한 해석을 시도했지만 수천 자로도 그 뜻을 분명하게 풀어내지 못했다. 그런데 지금까지도 처음 말을 배우고 처음 걸음마를 배우는 아이까지 훈장 뒤에서 앵무새처럼 이 구절을 되뇌며 맹목적인 따라 하기에만 급급해한다. 이러고서야 어찌

---

3 『사서』의 하나인 『대학』 첫머리 구절.

아이들의 심지心智와 신체를 해하지 않을 수 있겠는가? 이러한 현상은 사람들이 모두 분명하게 아는 사실인데 어째서 여전히 똑같은 방식을 고집하는가? 이유는 간단하다. 즉 과거시험 제목이 다 『사서』에서 출제되기 때문이고 더 나아가 장래의 공명과 부귀도 다 『사서』 공부에서 출발하기 때문이다." 사실 과거시험이라는 지휘봉이 마치 보이지 않는 손처럼 모든 학자의 운명을 조종하고 있었다고 할 수 있다. 이와 같은 교육은 아이들 천성을 완전히 질식시켜 시간이 오래될수록 아이들 심성과 지혜를 가두고, 아이들 품성을 오염시키고, 아이들 기상을 마멸시키고, 아이들 인생을 그릇된 길로 내몰아, 아이들을 결국 백수건달처럼 하는 일 없이 눈앞의 안일만 탐하다가 시비도 분별 못하는 폐인으로 전락시키고 만다. 량치차오는 또 옌푸嚴復의 말을 인용해 이렇게 진술했다. "사람의 허식과 교만만 키우고, 사람의 정신과 지혜를 멍청하게 만들고 있다. 오호라! 거의 4억에 이르는 사람들이 모두 부끄러움을 모르는 지경에 빠져들고 있다."(앞의 책, 58쪽)

량치차오는 광서 21년(1895) 회시會試[4]에 응시했다가 낙방했다. 이는 그의 마지막 과거 응시였다. 이후 그는 과거에 급제해 공명을 이루려는 생각을 버리고 전심전력으로 변법유신變法維新이라는 위대한 사업에 헌신했다. 량치차오는 과거 공부 경험자로서 과거시험과 공명심으로 더이상 자녀에게 해독을 끼치려 하지 않았다. 게다가 청나라 정부가 광서 31년(1905)에 과거제도를 폐지했기 때문에 사실상 량치차오 자녀들은 어려서부터 경전을 읽으며 팔고문을 짓던 시대에서 벗어날 수 있었다. 맏딸 량쓰순은 광서 19년(1893)에 태어났고, 량치차오와 리 부인 사이 첫째 아이였다. 량치차오는 무술정변戊戌政變 발생 후 일본으로 망명했고, 부인 리후이셴李蕙仙은 이듬해 10월 부친 량바오잉의 보호하에 딸 쓰순을 안고 일본으로 가서 량치차오와 다시 가정을 꾸렸다. 당시 량치차오는 도쿄東京 고이시카와 구小石川區 히사카타 정久堅町 주택에 거주하며 청 정부의 이목을 피하고 있었다. 그는 요시다 아마네시吉田晉란 일본 이름을 쓰고 있었기 때문에 그가 거주하는 주

---

4 고대 중국 과거시험의 마지막 관문. 나라의 도성에서 시행하며, 각 성 향시에 급제한 거인과 국자감 감생監生이 응시한다. 회시에 합격한 사람을 공사貢士라 하고 그중 1등을 회원會元이라 한다.

택은 '요시다 댁吉田宅'으로 불렸다. 이때부터 량치차오는 비로소 비교적 많은 시간을 딸과 함께 보내게 되었다. 이전에 쓰순은 줄곧 어머니와 함께 살았고 쓰순의 교육과 학업도 어머니가 책임졌다. 광서 27년(1901) 일본에서 량치차오의 맏아들 량쓰청이, 광서 30년(1904)에는 둘째 아들 량쓰융이 태어났다. 광서 33년(1907)에는 셋째 아들 량쓰중이, 광서 34년(1908)에는 둘째 딸 량쓰좡이 태어났다. 이 아이들은 다 일본에서 성장했고, 집안에서는 그들을 '쌍도원雙濤園5 아이들'이라고 불렀다. 이후에도 네 아이가 더 태어나 그들의 세계로 들어왔다. 그 넷은 넷째 아들 량쓰다, 셋째 딸 량쓰이, 넷째 딸 량쓰닝, 다섯째 아들 량쓰리다. 모두 민국民國 연간에 태어났고, 량쓰리가 가장 어렸다. 량쓰리는 량치차오가 세상을 떠날 때 겨우 여섯 살이었고, 그의 막내누나 량쓰닝보다도 여덟 살이나 어렸고, 큰누나 량쓰순보다는 무려 서른한 살이나 어렸다. 이들 모두를 포함하여 이름을 붙인다면 '음빙실飲氷室 아이들'이라 부르는 편이 더 적당할 것이다. 이 아이들은 비교적 많은 시간을 톈진天津의 '음빙실'에서 생활하며, 베이징과 톈진 두 곳에서 성장했기 때문이다.

폐부에서 우러나온 자연스럽고 순수한 부성애

량치차오는 성격이 각기 다르고 성장 환경도 완전히 다른 자녀들에게 어떻게 자신의 교육 주장을 실천했을까? 그가 또 아버지로서 행한 방법에 보통 사람이 미칠 수 없는 어떤 점이 있을까? 그는 아이들에게 보낸 수많은 편지를 통해 폐부에서 우러나온 자연스럽고 순수한 부성애를 반복해서 드러냈다. "너희는 네 아버지가 가장 감정이 풍부한 사람이고, 너희를 향한 사랑이 말할 수 없이 뜨겁다는 사실을 알아야 한다."(『인생의 좋은 기회: 량치차

---

5 두 가지 파도 소리가 들려온다고 하여 량치차오가 붙인 거처 이름. 1906년 량치차오는 도쿄에서 고베神戸로 거처를 옮겼다. 그곳은 뒷산 소나무 숲에서 솔바람 소리가 파도 소리처럼 들리고, 또 거처 옆 바다에서는 진짜 파도 소리가 들려오는 해안이었다.

오가 식구들에게 보내는 편지』, 157쪽) 그것은 자식의 모든 걸 드넓게 포용하는 사랑이었다. 량치차오는 이러한 사랑을 아홉 자녀뿐 아니라 사위와 며느리에게도 차별 없이 베풀었다. 량치차오는 맏아들 량쓰청이 린후이인과 결혼하자 그 둘에게 편지를 보내 기쁨에 겨운 감정을 표현했다. "나는 평소 딸을 편애하는 사람인데, 지금 또 법률상의 딸을 얻었다. 나는 며느리에게도 나의 사랑을 친딸과 똑같이 베풀어줄 것이다. 이건 정말 나의 전 생애를 통해 가장 즐거운 일이다."(앞의 책, 54쪽) 또 언젠가 량치차오는 종일 독서하고 나서 저녁에 술을 좀 마시고 취한 적이 있다. 그때 그는 "책도 읽기 싫으니, 내가 가장 사랑하는 아이들과 얘기나 해야겠다"라면서 바로 쓰순에게 편지를 써서 잡다한 집안일을 거론했다. 그는 같은 편지에서 사위 저우시저周希哲가 "부지런하게 맡은 바 본분을 다하고 있는데 이야말로 천지간에 살아가는 인간의 당당한 모습이라고" 칭찬했다.(앞의 책, 115쪽) 량치차오가 살아 있는 동안 결혼한 자식은 쓰순과 쓰청뿐이다. 이 두 혼사 모두 량치차오가 책임지고 추진했고 그는 이에 대해 상당히 만족하며 자신이 이룬 가장 성공한 일 가운데 하나라고 생각했다. 량치차오의 만년에 쓰순, 쓰청, 쓰융, 쓰중, 쓰좡은 모두 국외에서 일을 하거나 공부를 하고 있었다. 이들 자녀는 늘 량치차오가 편지를 보내오기를 고대하면서 2~3주라도 아버지 편지를 받지 못하면 바로 입을 삐죽거리며 원망을 드러내곤 했다. 량치차오는 온갖 잡무가 바쁜 와중에도 자녀에게 편지를 쓰며 큰 기쁨과 행복을 만끽했다.

부모가 자기 자녀를 사랑하는 건 불변의 진리인데, 이는 바로 인간의 천성에서 비롯하는 것이다. 지난날 이를 '어미 소가 송아지를 핥아주는 감정舐犢之情'이라고 한 것은 이러한 이치를 말함이다. 그러나 이 같은 사랑은 흔히 소외된 두 가지 모습으로 나타나기도 한다. 첫째, 자식에 대한 애정 과잉 행위다. 아이가 요구하는 대로 해주면서 하늘의 별이나 달까지 따주려고 한다. 이렇게 길러낸 자식은 대부분 불효자나 패륜아가 되고 만다. 둘째, 매 끝에 효자 난다는 방식으로 아이를 기르는 행위다. 이들은 무쇠가 강철이 되지 못함을 한스러워하면서 "매질은 애정이고, 꾸지람은 사랑"이라는 견해를 고수한다. 문제는 매질로 아이를 교육하면 인재로 자랄 수도 있고 그렇지 않을 수도 있지만 그것이 잘못되어 심하게 되면 아이가 사악한 인간으로 변하기도 한다는 점이다. 중국은 근대 이래로 늘 외국의 침략을 받아왔다. 사람들은 중국이 빈약해진 원인을 분석하는 과정에서 줄곧 가정 내부 문제로 파고들어 가 전통적 부자관계가 아이 발육과 성장을 제한했다면서, 아이들을 부추겨 아버지에게 반란을 일으키라고 고무했다. 그리하여 근대 100여 년 이래로 부친을 시해하는 일이 끊이지 않았고 가정교육 전통도 단절되어 후세에 아주 나쁜 영향을 끼쳤다. 또한 아버지의 자각을 호소하면서 아버지가 먼저 아이들을 해방시켜 아이들에게 자유를 주라고 요구했다. 당시 어떤 사람은 이 경향에 회의감을 나타내기도 했다. "가정혁명이 일어나 아버지 뜻을 어기는 자식과 형 명령에 따르지 않는 아우가 줄줄이 생겨났지만 나라가 어찌하여 강해지지 않는가?"(린친난林琴南 역, 『효우경孝友鏡』의 「역여소지譯餘小識」: 「지금 우리는 아버지 노릇을 어떻게 할 것인가?」 주 14에서 재인용, 『루쉰전집魯迅全集』 제1권, 142쪽) 이런 논란이 시끌벅적하게 전개되었지만 국가는 강해지지 않았다.

　문제는 그리 간단하지 않다. 과거 우리는 루쉰을 읽으면서 한 가지 인식에 다다른 적이 있다. 즉 바람직한 부자관계란 효도를 강구하는 것도 아니고 양육에 대한 보은을 요구하는 것도 아니라는 인식이다. 일단 이를 요구하게 되면 그건 진정한 사랑이 아니라 연장자 본위의 이기적인 사상이며, 자기 권리만 중시하고 책임과 의무는 경시하는 행동이라는 것이다. 따라서 부자관계는 이해관계와 교환관계로 전락하고, 사람의 젖으로 돼지를 기르며 그 돼지가 피둥피둥 살이나 찌도록 사육하는 데 그치고 만다는 말이다. 이러한 인식이 유행하면서 자연스럽게 자녀의 정신과 육체를 해방시켜 새로운 세대의 신인을 길러낼 수 있었지만 또 아주 쉽게 무책임과 방종을 조장하게 되었다. 전통적인 애정 과잉 행위가 물질 측면에서 아무 제한 없이 아이들의 모든 요구를 만족시켜주었다면, 이와 같은 유아 위주와 아동 해방이라는 신식 애정 과잉 행위는 정신, 도덕, 인격 배양 측면에서 주도적으로 어른의 책임을 포기하는 결과를 빚고 말았다. 특히 '진화론'이 유행하자 많은 사람들은 "뒷 세대가 틀림없이 앞 세대보다 뛰어날 것이므로" "어른은 인도자와 협상자가 되어야지 명령자가 되어서는 안 된다"라고 인식했다.(앞의 책, 136쪽) 이러한 교육이 시행되면서 새로운 세대는 독립적이고 자유로운 인간으로 성장할 수 있었지만, 마찬가지로 아주 쉽게 이기적이고 무책임한 인간 그리고 사회적 정감과 인문적 정감이 결핍된 인간으로 변모하고 말았다. 아이들이 "행복하게 생활하며 합리적 인간이 되도록" 하기 위해서 루쉰은 일찍이 세 가지 건의를 한 적이 있다. 첫째, 아이들을 이해하자. 둘째, 아이들을 잘 인도하자. 셋째, 아이들을 해방시키자. 오늘날 부모 된 사람 중에 자녀를 이해하고 해방시키려 하지 않는 사람은 아주 드물 것이다. 그러나 어떻게 자녀를 인도해 "힘든 일을 감당할 체력, 순결하고 고상한 도덕, 새로운 물결을 받아들일 수 있는 드넓은 자유정신, 즉 세계의 새로운 물결 속에서 헤엄치면서도 그 물결 속에 빠지지 않을 역량을 길러줄 수 있을지는"(앞과 같음) 어른들이 짊어져야 할 난제 중 난제에 속한다. "아버지에게 반역하는 일"을 우선시해서 문화 전통은 단절되었고 도덕과 신앙은 허무적 경지로 빠져들어 부모들은 아이들 면전에서 기본적으로 발언권을 상실하고 말았다. 그리하여 자녀교육의 합리성과 합법성은 아이들의 반발심을 불러일으키는 행위로 귀결되었다. 이는 일종의 사회적 책임 회피다. 이러한 상황에서 인생의 첫번째 스승으로서 부모는 자격이 자연히 유명무실해져서 자녀교육과 관련한 모든 임무를 지식 주입만 중시하는 소위 유아교육 담당자들에게 양도하고 말았다.(출발선에서부터 패해서는 안 된다는 명분에 의해.) 가정교육 전통이 사라진 상황에서 학교교육도 대학입시라는 지휘봉에 따라 아이들의 인격 함양이라는 목표를 포기했다. 그리하여 이른바 '유아 위주' 교육은 오늘날까지 발전해 자녀들의 행복한 생활 추구와 자녀들의 권리 요구로만 남게 되었다. 그러나 아무도 그들에게 어떻게 책임과 의무를 다하고, 또 어떻게 사회와 가족을 위해 자신의 힘을 쏟을 것이며, 그리고 부모와 사회가 자신을 길러준 은혜에 어떻게 보답할지에 대해서는 알려주지도 않았고 이끌어주지도 않았다.

셴얼 쓰순: 량치차오의 유능한 조수

부성애에 바탕을 둔 량치차오의 자녀교육은 위의 몇 가지 방식과 완전히 달랐다. 량쓰순은 맏딸이었고 그의 곁에서 자랐다. 량쓰순이 일본으로 갔을 때 고베에는 화교 자녀가 공부할 만한 정규 학교가 없었다. 량쓰순의 조기교육은 가정에서 이루어질 수밖에 없었고 량치차오가 그 일을 담당했다. 이러한 상황은 광서 32년(1906)에 그들이 '쌍도원'으로 이사할 때까지 계속되었다. 이사 후 량치차오는 맏딸을 위해 전문 가정교사를 초빙해 '수학·물리·화학'을 가르치게 했다. 아울러 집에 실험실 한 칸을 만들어 교육 여건을 완전하게 갖추려 노력했다. 량치차오는 선통宣統 원년(1909) 아우 량치쉰梁啓勳에게 보낸 편지에서 경제적 곤경을 벗어나기 위해 중학교 국어 교과서를 편집하고 있다고 언급했다. 그는 이를 '돈벌이 책'이라 했지만 [이 책은] "뜻하지 않게 셴얼嫻兒[쓰순]에게 큰 도움을 주게 되었다."(『량치차오 연보 장편』, 492쪽) 딸 셴얼은 량치차오가 편집한 이 국어 교과서의 첫번째 학생 독자가 되었다. 맏딸에게 거는 량치차오의 기대는 아주 높아서 딸의 공부에 그는 많은 심혈을 기울였다. 량치차오가 쓴 『쌍타오거 일기雙濤閣日記』를 읽어보면, 선통 2년(1910) 음력 정월과 2월만 해도 그는 딸을 위해 '책을 강독하고' '일기의 문장'을 고쳐주고 '작문 지도'를 20여 차례나 하면서 어떤 때는 밤을 꼬박 새우기도 했다. 그중에는 특별한 기록들이 남아 있다. "5일 오후, 셴얼을 위해 『이형관 문권藝衡館文卷』 제1집 서문을 쓰다" "12일 오후, 셴얼을 위해 『설문해자說文解字』 서문을 강독하다" "20일, 셴얼과 아이들을 위해 쓴 「외효와 두건덕 합론隗囂竇建德合論」을 밤새 교정한 뒤 다시 일기의 문장을 고쳐주고 아침 6시에야 취침하다" "2월 25일, 지난밤 잠을 자지 못하고 새벽을 맞다. 한 가지 문제를 내어 셴얼과 아이들에게 보여주고 대략 함께 문장을 토론하다가 10시에야 비로소 취침하다." 2월 28일은 마침 량쓰순의 [만으로] 17세 생일이어서 량치차오는 특별히 딸을 위해 장시 한 수를 지었다. "예쁜 딸 링셴[쓰순]이 올해 벌써 열일곱이라, 내게 시 한 수를 지어 생일을 축하해달라고 했다. 나에게 작문은 특기지만 작시는 단점이다.

우연히 시를 읊으면 사람들이 모두 나를 비웃었다. 그러나 딸의 요청을 거절할 수 없어 억지로 이 시를 짓는다." 량치차오는 시에서 딸이 태어나고 나서 겪은 기쁨과 고통을 두루 열거하고, 또 딸이 학업에서 얻은 초보적 성취를 묘사했다. 아울러 딸에게 한결같은 마음으로 게으름 없이 공부에 전념하도록 경계하고 있다. 그리고 지금 세계는 동서 문명이 융합되고 있기 때문에 중국과 서양 학문에 두루 통달한 사람이 되도록 뜻을 세워 이후 중국 땅을 떠나더라도 "어린 봉황새의 목소리를 잊지 말 것이며, 강남의 귤이 강북의 탱자가 되지 말라"고 당부했다.(『음빙실합집·문집』 제29권, 1~40쪽) 여기에서도 우리는 딸을 사랑하는 아버지의 애틋한 마음을 엿볼 수 있다.

량쓰순은 줄곧 부친의 유능한 조수 역을 수행했다. 그녀는 소녀 시절 부친을 위해 신문을 읽어주고 책을 읽어주고 자료를 수집하고 번역을 했다. 정말 부친 곁에 없어서는 안 되는 어린 비서였다. 『솽타오거 일기』에는 다음 같은 기록이 많이 실려 있다. "지난밤 밤새도록 잠을 이룰 수 없었다. 새벽에 자리에 누워 셴얼이 책 읽어주는 소리를 들으며 오래 지나서야 잠을 이룰 수 있었다."(앞의 책) 량쓰순은 민국 초년(1912) 부친의 주재하에 말레이시아 화교 저우시저와 결혼해 부부가 되었다. 량치차오는 딸의 결혼에 아주 만족한 듯 여러 해가 지난 뒤에도 쓰순에게 보낸 편지에서 이렇게 얘기하고 있다. "나는 너희 결혼에 매우 만족한다. 나는 나의 방법이 대단히 훌륭했다고 생각한다. 내가 맘에 드는 사람을 유심히 관찰한 후 너에게 소개했고, 마지막에는 너희 스스로 결정하게 했다. 나는 이 방법이 진정으로 이상적인 혼인제도라고 생각한다. 얘야! 넌 시저를 어떻게 생각하느냐? 이만하면 노부老夫의 안목도 괜찮지 않느냐?"(『인생의 좋은 기회: 량치차오가 식구들에게 보내는 편지』, 116쪽) 저우시저는 어려서 가난한 집안에서 자랐고 나중에는 상선商船에서 일을 했다. 그리고 캉유웨이의 인도와 도움을 받아 미국 컬럼비아대학에 유학해 국제법 박사학위를 취득했다. 북양 정부北洋政府 시기 장기간 필리핀, 미얀마, 캐나다 영사와 총영사를 지냈다. 량쓰순은 외교관 부인으로서 오랫동안 해외에서 생활했다. 따라서 부녀 사이 그리움과 집안일은 모두 편지를 통해 주고받을 수밖에 없었다. 량치차오는 일생 동안 자녀들에게 대단히 많은 편지를 썼다. 어떤 사람이 낸 통계를 보면, 량치차오가 자녀들에게 쓴 편지는 그의 총 저작량의 10분의 1에 이르는데, 글자 수로 환산하면 무려 100여만 자나 되고, 그중 맏딸 량쓰순에게 쓴 편지가 가장 많다고 한다. 민국 초년(1912) 량치차오가 가족을 일본에 남겨두고 귀국해 정치활동에 참여할 때든 아니면 1920년대에 쓰순이 시저를 따라 캐나다에 거주할 때든 막론하고, 량치차오는 수많은 편지를 쓰순에게 보냈다.

량치차오는 나라를 떠난 10여 년 동안 책을 쓰고 신문을 간행해 새로운 사상을 전파하고 전제제도를 비판하면서 사회변혁을 추진하고 '신민新民'의 길을 고취했다. 이로 인해 국민들 눈에 비친 량치차오의 지위는 쑨원이나 황싱黃興보다 높았고, 각계 인사들도 모두 그에게 큰 기대감을 갖고 있었다. 따라서 량치차오가 1912년 귀국하자 사회 각계각층 및 각 정파 인사가 모두 열렬하게 그를 환영했다. 량치차오는 딸에게 보낸 편지에서 원망을 털어놓고 있다. "접대에 응하느라 너무나 힘들어서 밤에 잠도 잘 수 없을 정도다. 오늘은 몸에 열이 오르고 치통도 아주 심하다."(『량치차오 연보 장편』, 653쪽) 상황이 이러했음에도 그는 딸의 공부와 아들의 건강을 잊지 않고 챙기면서 바쁜 일과 속에서도 류리창琉璃廠으로 가서 딸을 위해 『동파집東坡集』6과 『한유합집韓柳合集』7을 구입했으며 아울러 다른 가족을 위해서도 선물을 장만했다. 또 아직 일본에 머물던 맏딸 쓰순에게 이렇게 지시했다. "쓰청의 공부는 네가 감독하고 점검해라. 내년 2월까지 쓰청의 공부에 많은 진전이 있다고 알려주면 내가 너의 생일 때 선물을 사서 부쳐주마."(『량치차오 미간행 서신 필적梁啓超未刊書信手迹』 상책, 71쪽) 1920년대에 쓰청, 쓰융, 쓰중, 쓰쫭이 앞서거니 뒤서거니 미국과 캐나다로 가서 공부할 때 맏딸 쓰순은 자연스럽게 이 4남매의 해외 '가장'이 되어 전심전력으로 그들을 보살폈다. 량치차오와 딸 쓰순이 주고받은 거의 모든 편지에는 유학 중인 아이들

---

6 북송北宋 대문호 소식蘇軾의 문집.
7 당송8대가 첫머리에 꼽히는 당나라 한유韓愈와 유종원柳宗元의 합동 문장집.

의 생활과 공부에 대한 내용이 들어 있다. 당시 량씨 집안의 수입은 이미 민국 초년보다 훨씬 적었다. 몇 아이가 해외에서 공부를 하고 있어서 매년 지출이 크게 늘어났다. 그러나 당시 량치차오는 원고료 외에는 거의 다른 수입이 없었다. 그는 집안에 모아둔 수천 달러를 쓰순에게 부쳐준 뒤 사위 시저에게 증권 투자로 돈을 좀 불려달라고 부탁한 적도 있다. 맏사위 저우 시저는 그 분야에 수완이 있었는지 "불과 몇 달 만에 두 배 넘는 이익을 남 겼다." 량치차오는 이 일에 크게 고무되어 "자본만 넉넉하다면 3년 만에 큰 부자가 되겠다"고 생각하기도 했다.(『인생의 좋은 기회─량치차오가 식구들에 게 보내는 편지』, 230쪽) 쓰순은 아버지에게 편지를 보내 힘을 내라고 격려하 는 한편 자신이 아버지 곁에서 도움을 드리지 못해 죄송하다고 했다. 그러 나 량치차오는 쓰순에게 너무 걱정하지 말라고 위로의 말을 건네면서 병이 난 아버지를 위해 귀국하지 못한다고 불안해하지 말라고 당부했다.

네가 비록 부모의 특별한 사랑을 받았다 해도 ─기실 특별하지도 않다. 나는 근래 네 동생들에게도 너에게 베푼 사랑 못지않은 사랑을 베풀고 있다─ 너는 이미 부모에게 충분한 보답을 했다. 네 엄마가 몇 차례 병 이 났을 때 너는 혼자서 시중을 들었고 마지막 반년여는 옷도 갈아입지 못하고 마지막 임종까지 엄마의 병석을 떠나지 않았다. 또 나에게도 너 는 몇십 년 동안이나 늘 정신적으로 무한한 위로와 기쁨을 주었다. 근래 몇 년 동안에는 네 동생들을 네게 보내고 나서 내 짐이 많이 줄어들었 다. 또 최근에는 우리 집안의 경제적 바탕을 너희 부부가 튼튼하게 마련 해줬다. 너 같은 딸이 있어서 정말 다른 집안의 아들보다 몇 배나 힘이 되는구나. 너 스스로도 도덕적 책임을 다했으니 정신적으로 무한한 기 쁨을 누려도 될 것이다. 다시 한번 부탁하건대 집안일 때문에 걱정하지 말고, 외국에 거주하는 기회를 이용해 구이얼桂兒와 잔얼瞻兒[량쓰순의 아 이들]의 학업에 튼튼한 기초를 놓도록 해라. (앞의 책, 231쪽)

량치차오는 때때로 엄마처럼 시시콜콜하게 잔소리를 했다. 어떤 때는 마치 어린아이처럼 딸에게 의지하려는 마음을 드러냈다. 1928년 가을 량치차오는 계속 질병에 시달리며 고통을 겪어야 했다. 그러다가 딸 쓰순이 귀국하려 한다는 소식을 듣고 기쁨에 겨워 편지를 썼다. "나는 평소에 네가 귀국해도 된다고 생각해왔고 몸이 아플 때는 특히 네 생각을 많이 했다. 그럴 때마다 네가 내 곁에 있어서 너에게 투정이라도 부리면 고통이 많이 줄어들 것이라고 생각해왔다. 그러나 사실 너는 귀국할 수 없는 몸이기에 나는 너에게 그 말을 할 수가 없었다. 이제 참으로 잘되었다. 내 딸이 최소한 3~5년 동안 내 슬하에 머물 것이고, 함께 데리고 오는 귀여운 아이들과 ―어린 베이비와 늙은 베이비8가 얼굴을 맞대고― 나는 늘 함께 놀 것이다. 8개월 후 시작될 새로운 생활을 생각하면 벌써부터 가슴이 뛰는구나."(앞의 책, 260쪽)

애석하게도 량치차오는 자신이 고대하던 새로운 생활을 기다리지 못하고 3개월 뒤에 불행하게 세상을 떠났다. 어떤 의미에서는 그가 일정 정도 자식들을 위해 노심초사하다가 세상을 떠났다고도 할 수 있다. 그는 자식과 관계된 일이면 크고 작고를 따지지 않고 모든 생각과 방법을 동원해 자식들에게 도움을 주었으며 직접 일을 처리하기도 했다.

1920년대에 국공國共이 합작하여 북벌에 나서자 북양 정부는 재정적으로 심한 곤경에 처한다. 이로 인해 [북양 정부는] 대사관 경비와 외교관 봉급을 지급할 수 없게 되어 쓰순과 시저의 생활은 큰 타격을 받게 되었다. 본래 그들은 매달 많은 봉급을 받아 자신들 생활비용으로 썼을뿐더러 해외에서 유학 중인 네 동생에게 부친 대신 학비를 대주고 있었다. 쓰순 부부는 량씨 집안에 아주 큰 도움을 주고 있었다. 그러나 시국이 바뀌어 북양 군벌의 종말이 다가오자 베이징 정부의 운명에도 문제가 생겨났다. 그리하여 쓰순의 생계 문제도 량치차오에게 근심거리가 되었다. 량치차오는 즉시 친구를 찾아다니며 방법을 의논했지만 모두들 대책을 내놓지 못했다. 그때 벌써 베이징에서 보내던 영사관 경비가 모조리 단절된 때문이다. 량치차오는 또 사위

---

8 량치차오는 쓰순의 아이들을 어린 베이비라고 불렀으며, 자신의 늦둥이를 늙은 베이비라고 불렀다.

를 다소나마 수입이 있는 곳으로 전근시키려 했지만 그것도 순조롭지 못했다. 쓰순과 시저가 본래 싱가포르로 옮기길 원했기 때문에 량치차오는 구웨이쥔顧維鈞[사오촨少川]을 찾아가 상의했지만 의논 과정에서 그 일도 결코 간단한 게 아님을 알게 되었다. 량치차오는 이런 사실을 딸에게 편지로 알렸다. "구웨이쥔이 하는 말로는 싱가포르의 빈자리에 청탁을 넣은 사람이 벌써 30명이나 된다는구나. 그래서 그 자리에 아무도 보충하지 않는 것으로 결론이 났단다. 그 자리에 어떤 사람을 전근시키면 틀림없이 그뒤로 여럿이 줄줄이 자리를 옮겨야 하기 때문이란다. 월급을 이미 지급할 방법이 없어 아무도 전근시키지 않는 걸로 임시 처방을 내놓았다는구나."(앞의 책, 128쪽) 량치차오는 이러한 상황에 처해서도 사위 시저를 위해 포기하지 않고 해결책을 찾으려 했고 딸 쓰순에게도 진심어린 충고를 했다.

순아! 초조해하고 근심하지 마라. 방법이 없을 때는 이불 보따리를 싸들고 귀국하여라. 지금 그렇게 생각을 정해야 마음이 편해질 것이다. 초조해하고 근심만 하면서 사태를 전혀 해결하지 못한다면 그런 초조와 근심은 아무 소용 없다. 나는 지금까지 개인의 곤경에 대해 늘 이와 같이 생각해왔다. 너는 여러 해 동안 나의 가르침을 받았으면서도 어찌하여 일에 맞닥뜨려서는 이처럼 쓸모없이 행동하느냐? 평소에 닦은 학문이 집안일 해결에는 아무 소용이 없단 말이냐? 너는 어렸을 때 아빠엄마를 따라다니며 고생을 좀 하긴 했지만 그때는 너무 어려서 삶의 이치를 전혀 이해하지 못했을 것이다. 장성하고 나서는 삶의 여건이 너무나 순조로웠다. [네가] 지금 이런 곤경에 처한 것은 네 심신을 단련시킬 가장 좋은 기회다. 너의 전 생애를 통해서도 결코 이런 기회를 쉽게 만날 수 없을 것이다. 너는 고난을 통해 완전한 인격자를 만들려는 하느님의 깊은 은혜에 감사해야 한다. [너는] 이러한 난관에서도 '고난을 즐기는 마음을 바꾸지 않아야' 이 아버지가 가장 사랑하는 자식으로서 부끄럽지 않을 것이다. (앞의 책, 98쪽)

쓰순은 부친의 말을 듣고 마음의 평정을 찾았다. 난징 정부는 베이징 정부를 접수하고 나서도 여러 경제적·정치적 원인으로 해외 영사 업무를 조정할 겨를이 없었다. 특히 캐나다 영사관처럼 아무 수입이 없는 공관에는 아무도 주의를 기울이지 않았다. 쓰순 부부는 그래도 그곳에서 착실하게 살아가고 있었다. 량치차오는 세상을 떠나기 몇 달 전까지도 사위 저우시저의 앞날을 위해 궁리를 거듭했다. 그는 시저에게 정부 공직을 내던지고 둥베이東北[만주]로 가서 사업을 하라고 권했다. 그가 보기에 사업을 하려면 "만주 삼성三省보다 더 좋은 장소가 없는 것" 같았다.(앞의 책, 107쪽) 그는 시저에게 전도양양한 아름다운 미래를 그려 보이면서 미국 농기구 공장과 연대해 북만주 황무지 개간 사업에 투신하라고 설득했다. "이 사업을 이끌어가려면 당장 목전에 상당한 돈이 필요할 것이다. 그러나 이후에 개간 업무와 관계를 맺게 되면 사업이 번창할 기회가 얼마나 될지 알 수 없다. 또 임업회사와 합작해 북만주 삼림 개발을 추진해보는 것도 방법일 것이다. 내가 하는 이 몇 가지 말을 너희는 주의 깊게 들어야 한다. 너희가 투자자를 찾을 수 있다면 내가 국내에서 소개 편지를 써주마. 지금 만주 삼성에서는 관내關內 정부의 방침에 상관하지 않기로 결정했다. 이런 정책을 계속 유지해나간다면 10년 뒤 그 생산력이 무한대로 발전할 것이다."(앞의 책, 107~108쪽) 그러나 량치차오의 이 모든 계획은 일본의 만주 침략이 확장되면서 몇 년 지나 완전히 물거품이 되고 말았다. 이는 물론 뒷날의 이야기다.

쓰청 교육: 학문은 모름지기 흥미를 느껴야 한다

량쓰청은 량씨 집안 장자인 만큼 량치차오는 그에게 더욱 높은 기대와 관심이 있었다. 량쓰청은 어린 시절 매우 가난하게 살았다. 부친이 망명 중이어서 집안 형편이 시종일관 아주 어려웠기 때문이다. 그러나 박학다식하고 사랑이 가득한 부친 량치차오는 량쓰청의 어린 시절을 매우 흥미진진하게 이끌어줬다. 량치차오는 쓰순에게와 마찬가지로 아들에게도 계몽 교사 역할을 했다. 아울러 화교 자녀를 위해 자신이 창립한 동문학교同文學校에 아들을 입학시켜 공부를 계속하게 했다. 동문학교는 고베 시내에 있어서 량치차오 집과는 거리가 아주 멀었다. 매일 기차 시각에 맞춰 등교하기란 매우 힘든 일이었다. 오랜 세월이 지난 뒤 량쓰청은 긴박하면서도 재미있던 어린 시절을 회고하며 여전히 감개무량해했다. 민국 초년 량치차오는 14년 동안 헤어져 있던 조국으로 돌아왔다. 그는 무술유신戊戌維新과 만청晚清 정치 역정 속에서 발휘한 탁월한 성취에 의지해 아주 빠르게 비교적 안정적인 사회적 지위를 얻었다. 이듬해 량치차오 부인 리후이셴은 잠시 일본에 체류하던 가족을 데리고 귀국했다. 이때부터 량씨 가족은 톈진에 정착했고 쓰청과 쓰융을 베이징으로 보내 학업을 계속하게 했다. 량쓰청은 이 시기를 전후해 베이징 난청南城의 후이원학교匯文學校와 충더崇德 소학교 고학년에서 공부했다. 량쓰청은 대략 2년 후인 1915년 겨우 15세 나이로 명성이 자자한 칭화학교清華學校에 합격해 장장 반세기에 이르는 학문 인생을 시작했다.

량쓰청은 칭화에서 8년을 공부했고 마침내 학문과 교양을 착실하게 갖추어 전도유망한 훌륭한 청년이 되었다. 그는 영어·자연과학·인문학 분야에 튼튼한 기초를 쌓았을 뿐만 아니라 미술·음악·체육 분야에서도 재능을 충분하게 발휘했다. 량쓰청은 특히 품성을 갈고닦는 부문에서 칭화 학생으로서 "자강불식, 후덕재물自強不息, 厚德載物"교훈을 몸에 익힌 데다 부친 량치차오의 가르침까지 받아들였다. 량쓰청은 이로 인해 학술 인생을 시작하는 시점에서 발걸음을 비교적 안정되고 착실하게 내디딜 수 있었다. 1923년 여름 량쓰청은 칭화학교를 졸업하고 미국 유학을 준비하고 있었다. 당시 5월 7일은 마침 국치기념일(5월 7일은 일본이 중국 위안스카이 정부에 21개조 수락을 요구한 최후 통첩일이다—원서 편집자)이어서 베이징 학생들은 관례대로 톈안먼天安門에서 기념 시위를 벌이고 있었다. 정오 무렵 량쓰청과 아우 량쓰융은 오토바이를 타고 거리로 나갔다. 둘이 난창제南長街 입구를 지나갈 때 빠른 속도로 달리던 소형 지프차가 그들을 들이받았다. 형제는 땅바닥에 내동댕이쳐졌다. 쓰융은 얼굴 가득 피를 흘리며 집으로 달려가 사고 소식을 전했고, 쓰청은 오토바이 아래 깔려 있었다. 량쓰청은 이 날의 심각한 교통사고로 중상을 입고 왼쪽 다리가 부러졌으며 척추도 부상당했다. 사고를 낸 당사자는 사고 후 이들을 돌아보지도 않고 현장에서 뺑소니를 쳤다. 나중의 조사로 밝혀진 바로, 사고 당사자는 바로 북양 정부 육군부 차장 진융옌金永炎이었다. 그가 들이받은 사람은 바로 량치차오의 두 아들이었다. 쓰청의 모친 리 부인이 톈진에서 달려와 직접 총통부를 방문해 책임을 묻자 사회 여론도 시끄럽게 들끓었다. 결국 진융옌은 압박에 못 이겨 병원으로 문안을 가지 않을 수 없었고, 당시 총통 리위안훙黎元洪도 직접 나서서 사죄를 하고 나서야 사건이 진정되었다. 그러나 이 사고로 량씨 형제 특히 량쓰청은 깊은 상처를 입었다. 량치차오는 사고 후 량쓰순에게 보낸 편지에서, 자신이 사고 현장을 둘러본 결과 쓰청이 상처 입은 곳에서 겨우 한 치 되는 장소에 커다란 돌멩이가 몇 개 놓여 있었는데 그곳에 머리를 부딪쳤다면 [쓰청은] 정말 목숨을 잃었을 거라고 했다. 그건 진정 불행 중 다행이었다. 결국 이 같은 흉사는 길사로 변했으며, 험한 액운은 평안을 가져왔고, 량쓰청은 이후 고색창연한 베이징 성의 충실한 수호자가 되었다. 그러나 량쓰청의 유학은 부득불 이듬해로 미뤄질 수밖에 없었다. 쓰청이 입원해 있는 동안 량치차오는 아들에게 상처를 치료하는 한편으로 책을 읽으라고 했다. 량쓰청은 짧은 2개월 동안 『논어』『맹자』『자치통감自治通鑑』을 모두 한 번씩 읽었다. 당시 량치차오는 아들에게 "이 기회를 이용해 중국 고서를 많이 읽는 것도 좋은 일이다"라고 훈계하곤 했다.(『인생의 좋은 기회: 량치차오가 식구들에게 보내는 편지』, 142쪽)

1924년 6월 량쓰청은 아내 린후이인을 데리고 미국 유학길에 올랐다. 둘은 필라델피아 펜실베이니아대학으로 가서 건축학 공부를 준비했다. 뒷날 량쓰청의 진술에 의하면, 그가 건축학을 선택한 건 주로 린후이인의 깨우침을 받은 것이라 한다. 물론 량쓰청 자신이 미술을 좋아한 것과도 관련이 없지 않을 것이다. 량쓰청은 칭화학교에서 공부할 때 정확하고 아름다운 그림 실력으로 수많은 친구에게 찬사를 받았다. 이러한 점이 나중에 그가 건축학을 선택하는 데 상당히 큰 영향을 끼쳤을 것이다. 그러나 량쓰청

량치차오와 쓰청(왼쪽 첫째), 쓰순(오른쪽 첫째), 쓰융. 사진 위에 량치차오의 설명이 있다. 『신민총보』시대의 런궁 및 순, 청, 융 세 아이新民叢報時代任公及順成永三兒.' 이 사진은 린수林殊의 『대가의 곤혹: 건축가 량쓰청大匠的困惑: 建築師梁思成』(타이베이숭지국제문화臺北崇智國際文化, 1991)에서 가져왔다.

은 당시 막 유럽에서 귀국한 린후이인이 그에게 건축학을 공부하고 싶다고 얘기하지 않았다면 건축학이 무엇인지도 몰랐을 것이다. 이해 가을 쓰청은 펜실베이니아대학 건축학과 본과에 입학했지만, 린후이인은 건축학과에서 여학생을 받아들이지 않아 어쩔 수 없이 미술과를 선택해야 했다.

량쓰청은 공부에 대단한 집중력을 보이며 온 힘을 기울였고 전공을 좋아하며 게으름을 부리지 않았다. 학우들도 그의 이러한 점에 탄복했고 량치차오도 아들의 학업 문제로 근심하지 않았다. 그러나 량치차오는 아들의 건강을 매우 걱정했다. 1925년 그는 쓰순에게 편지를 보낼 때마다 쓰청의 건강을 캐물었다. "쓰청은 몸이 좀 어떠냐? 네가 자세히 관찰해 내게 사실을 말해다오."(앞의 책, 92쪽) 반년이 지나서도 량치차오는 쓰순에게 보낸 편지에서 쓰청의 건강을 언급했다. "쓰청이 회복되었다는 소식을 들으니 너무나 기쁘다. 하지만 먹는 게 그렇게 부실한데도 아무런 영양 보충도 하지 않는다니 어쩌면 좋으냐? 내가 매년 500달러 정도를 부쳐줄 테니 액수를 나눠서 그애에게 전해주거라."(앞의 책, 121쪽) 량치차오는 쓰청에게도 이렇게 얘기했다. "네가 늘 두통에 시달린다니 내가 마음을 놓지 못하겠구나. 너는 태어나면서부터 네 동생들과는 달리 건강하지 못했다. 그러니 스스로 경비를 절약해 영양 보충을 잘하도록 해라. 지나치게 공부에 열중하면 장차 일신의 건강을 해칠 수도 있다. 그렇게 되면 얼마나 손해막심한 일이겠느냐?"(앞의 책, 33쪽) 량치차오의 말을 자세히 음미해보면 걱정은 전적으로 량쓰청의 건강 문제만이 아니라 정신 상황과 학문방법에까지 미치고 있음을 알 수 있다. 같은 편지에서 량치차오는 이렇게 말했다. "나는 근래 2년 동안 우리 쓰청에게 무슨 까닭인지 모르지만 늘 이상한 느낌을 받았다. [네가] 점점 외톨이처럼 편벽된 길로 빠져든다는 느낌이다. 나는 네가 나를 만나러 올 때 3~4년 전처럼 생기발랄한 아이로 돌아갔으면 좋겠다. 그럼 내 마음이 너무나 흡족할 듯하다."(앞의 책, 32쪽) 이 때문에 량치차오는 쓰청에게 한 가지 전문 분야에만 너무 집착해서 학문을 하지 말도록 타이르고 있다. "나는 네가 졸업 후 한두 해 사이에 시간을 쪼개서 상식을 좀 넓히기를 바란다. 특히 문학이나 인문과학 몇 분야를 좀더 공부했으면 좋겠다. 나는 네가 너무 전문 분야만 공부해서 생활이 지나치게 단조로워질까 걱정이다. 너무 단조로운 생활은 쉽게 권태로 이어지고 권태가 계속되면 고뇌에 빠지게 되며, 그것은 바로 타락의 근원이 되기도 한다." 그는 계속해서 이야기하고 있다.

사람이 벗을 사귀어서 유익함을 얻고 독서를 하여 유익함을 얻으려면 관심 분야가 좀 넓어야 서로 대화를 나눌 수도 있고 책으로 빠져드는 기회를 얻을 수도 있다. 이는 벗을 사귈 때만 그런 게 아니라 우리 가정 안을 살펴봐도 잘 알 수 있다. 너는 나 같은 아비를 둔 것을 네 일생일대에 정말 만나기 어려운 행복이란 걸 알아야 한다. 네 학문이 너무 단조로운 데로만 치우치면 장차 상대방과 대화할 때 말문이 막히게 된다. 또 나의 가르침을 따르지 않으면 네가 생활 속에서 누려야 할 즐거움이 점점 줄어들게 될 것이다. 나는 학문적 흥미가 무척 넓은 사람이다. 내가 어떤 전문적 한 분야에서 성취를 이루지 못한 까닭이 바로 여기에 있다. 그러나 내 생활의 내용이 아주 풍부해 [내가] 영원히 싫증도 권태도 느끼지 않는 정신을 유지할 수 있는 이유도 바로 여기에 있다. 나는 항상 시간이 얼마간 지나면 새로운 분야로 취미가 옮겨간다. 그리하여 나는 태양이 새로 솟아오르듯, 연꽃이 새로 피어나듯 새 생명을 얻은 것처럼 활발한 삶을 얻는다. 나는 이러한 생활이 너무나 사랑스럽고 참으로 가치 있다고 생각한다. 나는 너희가 나처럼 무분별하게 아무것에나 탐닉하는 단점을 갖지 말기를 바라지만, 찬란하게 꽃을 피우려는 나의 장점은 본받기 바란다. 무엇이 노파심이겠느냐? 바로 나의 이 같은 생각이 노파심이 아니겠느냐?

량치차오는 또 학문하는 방법에 대해 말하고 있다.

우리 나라 옛 선현들은 학문방법을 가르칠 때 '여유 있게 침잠하는 태도'를 가장 중시하면서 스스로 그것을 터득하게 했다. 내 몇십 년 동안의 경험에 의하면 이 말이 갈수록 더욱 친근하게 다가온다. 무릇 학문이란 '센 불로 볶는 방법'과 '약한 불로 고는 방법'을 번갈아 써야 한다. 약한 불로 고면, 센 불로 볶던 것을 소화가 잘되게 부드럽게 녹여 자신의 몸에 잘 흡수되게 한다. 쓰청아! 너는 이미 3년을 세게 볶았으니 올 한 해는 약한 불로 고는 공부를 해야 한다. 그럼 몸에도 유익하고 학문 계획에도 많은 도움이 될 것이다. 너는 이 아비의 쓴소리를 들어야 한다. (앞의 책, 32~33쪽)

량치차오의 이 말에는 정이 가득 담겨 있고 따뜻한 체온까지 스며 있다. [량치차오는] 다정다감한 어투로 솔직하고 온화하며 진지하고 소박한 마음을 토로하고 있다. 갖가지 인생의 이치가 "만물을 적시면서도 나지막이 소리도 내지 않는潤物細無聲" 이러한 호소 가운데서 아무 말 없이 아이들에게 영향을 미치고 있다. 량치차오는 량쓰청의 졸업 이후 거취와 직업과 생계 문제를 일찍부터 거듭 심사숙고하고 있었다. 1926년 쓰청이 아직 학업을 마치지 않은 상태였지만 량치차오는 아들이 졸업 후 생계 문제에서 어려움이 생길 수 있다고 생각했다. 왜냐하면 쓰청이 건축학을 선택할 때 [자신이] 일찌감치 마음에 생각해둔 일이 한 가지 있었기 때문이다. 즉 [량치차오는] 쓰중이 건축설계를 배워 장차 형제 둘이 협력해서 일할 수 있으리라 생각했지만, 쓰중이 단순히 건축미술을 전공하면서 생계 문제 해결이 적합하지 않게 된 것이다. 이에 량치차오는 쓰청에게 졸업 후 건축설계로 방향을 바꾸라고 건의했다. 그러나 쓰청은 부친의 건의를 받아들이지 않고 학문 방향을 중국 고대건축으로 전환했다. 량치차오는 아들이 자신의 말을 듣지 않았어도 화를 내지 않고 그 일이 위대한 사업이며 성공 가능성이 대단히 높다고 아들을 격려했다. 하지만 중국 고대건축은 각 지역으로 가서 실제 조사를 하지 않으면 안 되는 일인데도 당시 국내 상황은 도처에서 전쟁이 벌어지고 있었기 때문에 한 발자국도 쉽게 움직일 수 없는 형편이었다. 량치차오는 아들 쓰청을 일깨우며 말했다. "귀국한 뒤 너는 아마도 베이징 성 안팎에서만 일해야 할지도 모른다. 그런 상황은 잘해야 1~2년이면 끝날 것이다.”(앞의 책, 75쪽) 량치차오는 다시 아들에게 서양미술사를 좀더 공부해도 좋겠다고 권유했다. 앞으로 학교에서 교편을 잡을 수도 있기 때문이었다. 량쓰청은 부친의 이번 권유를 물리치지 않았다. 량치차오도 다시 진전된 태도로 아들에게 일을 찾아주려 애를 썼다. 량치차오 입장에서는 아들이 교편을 잡게 된다면 칭화학교에는 가지 않는 편이 가장 좋다고 생각했다. “칭화학교는 ‘너무 안락한 장소’여서 나는 네가 그 속에서 할 일 없이 시간을 소모하는 걸 원치 않는다.”(앞의 책, 86쪽) 게다가 칭화학교는 “다소 마지못해 량쓰청을 초청하는 모습을 보였다.” 량치차오는 쓰청에게 둥베이[만주]로 가야 한다고 주장했다. “둥베이대학東北大學과 교섭이 점점 무르익고 있다. 내 생각에는 네가 앞날의 자립 계획을 세우려면 둥베이로 가는 편이 칭화로 가는 것보다 확실히 더 좋을 성싶다—좀 차이가 나는 것은 참고할 만한 책이 [둥베이가] 베이징보다 많지 않다는 점이다.”(앞의 책, 87쪽) 량치차오는 또 아들이 서양미술사를 더욱 절실하게 이해하도록 도와주려고 따로 5000달러를 마련해 [쓰청이] 졸업 후에 린후이인과 유럽으로 가서 서양 미술과 건축을 현지에서 조사하도록 했다. 그는 쓰청에게 당부했다. “너는 유럽으로 가서 매일 상세한 일기를 쓰도록 해라. 네가 직접 관찰한 것을 기록으로 남겨라—주의할 만한 건 사진을 찍어두기 바란다. 그럼 귀국 후 체계적 연구의 자료가 될 수 있을 것이다. 일기에 문학적이고 심미적인 성분을 좀 가미할 수 있다면 귀국 후 내가 교열해 출판할 수도 있을 것이다. 그렇게 되면 공적·사적 부문에 모두 유익한 점이 있을 것이다.”(앞의 책, 82쪽) 아울러 량치차오는 쓰청과 후이인이 더욱 편하게 유럽여행을 하도록 특별히 자기 명함 10여 장을 부쳐주면서 당부했다. “유럽에 가서 각국의 대사관을 방문할 때 이 아비의 명함을 건네고 인사를 한 후 보살펴달라고 부탁하면 비교적 편하게 여행할 수 있을 것이다.”(앞의 책) 이는 량쓰청이 가문을 밝히고 량치차오 아들이라고 하면 그곳 관계자들이 잘 보살펴줄 것이라는 의미다. 당시 중국이 유럽 각국에 파견한 영사 중에는 량치차오의 친구가 아주 많아서 서로 사적 교류도 빈번했으며 영사관의 힘을 빌려 량치차오 집안의 편지를 전해줄 수도 있었다. 따라서 량치차오는 영사관에 연락해 비교적 신속하게 아들의 유럽여행 소식을 전해 들을 수 있었다. 그는 쓰청에게 재삼 당부했다. "너는 유럽에 도착한 뒤에 특별히 자주 집으로 소식을 전하여라. 엽서가 가장 좋은 방법일 것이다. 너의 여행 경로 상황을 내가 잘 알 수 있게 말이다."(앞의 책, 83쪽) 아들을 지극히 사랑하는 아버지의 사랑이 지면 밖으로 흘러넘치고 있다.

량쓰순과 저우시저 결혼과 마찬가지로 량쓰청과 린후이인 결혼에도 량치차오 스스로는 매우 만족해하고 있었다. 량씨 집안과 린씨 집안은 대대로 교분이 있다고 할 수 있다. 량치차오와 린창민林長民의 교분은 민국 초년 둘이 공동으로 헌법연구회를 만들 때까지 거슬러 올라간다. 둘은 왕래하는 과정에서 인격과 취미 등 여러 부문에서 서로 공감하여 신속하게 의기투합하는 친한 친구가 되었다. 그런 터라 두 부친은 자녀가 결혼할 나이가 되자 거의 동시에 서로 혼인을 맺을 생각을 하게 되었다. 1919년 여름 두 사람의 세심한 배려하에 당시 19세 량쓰청은 아버지 서재에서 16세 린후이인을 만났다. 그러나 량치차오는 자녀 결혼을 완전히 가장이 결정해야 된다고는 주장하지 않았다. 그는 자신의 책임하에 상대를 관찰하고 선택해 자녀들에게 서로 만나게 해주고, 이해하게 해주고, 감정을 나누도록 기회를 제공하기는 했지만 마지막 결정은 자녀들이 직접 하게끔 배려했다. 쓰순의 결혼도 이와 같았고, 쓰청의 결혼도 이와 같았다. 량치차오는 더 나아가 "하늘 아래 모든 결혼이 우리 집 아이들처럼 되었으면 좋겠다"고 희망하기도 했다. 하지만 쓰순에게 탄식하기도 했다. "그러나 심신이 너무 힘들었단다. 너처럼 동생이 많으면 내 노년의 심혈이 모두 너희에 의해 깡그리 소진될지도 모르겠다."(앞의 책, 116쪽) 이 말은 맞는 말이라 해도, 량치차오의 말을 뒤집어보면 그는 이런 과정을 흥미진진하게 즐기고 있었음을 알 수 있다.

량쓰청과 린후이인의 결혼 문제로 량치차오는 확실히 적지 않게 마음을 써야 했다. 린씨 집안에서는 본래 좀 앞당겨서 약혼을 하고 빨리 결혼식을 올리자고 했다. 그러나 량치차오는 두 당사자의 학업과 앞날이 더욱 중요하다고 생각했다. 그런 만큼 량치차오는 쓰청과 후이인이 공부를 계속하도록 하고, 학업을 끝내고 나서 다시 약혼식과 결혼식을 올려 가정을 꾸리게 하

량쓰청과 린후이인이 1928년 3월 캐나다에서 결혼식을 올린 후 찍은 기념사진.

자고 주장했다. 그는 쓰청의 전공이 생계에 도움이 되지 않을까봐 다음 같은 계획까지 세우기도 했다. "너희 형제자매는 결혼하고 나와 3년을 함께 살도록 하고, 생계 문제를 완전히 스스로 해결하고 나서 다시 새로운 가정을 꾸리는 게 좋겠다." 나중에 량치차오가 쓰청의 직장을 찾기 위해 노심초사하고 쓰청의 생계 문제를 해결하려 애쓰는 과정에서 여러 새로운 상황이 발생했기 때문에 이처럼 말한 듯하다. 린후이인 부친은 불행하게도 전쟁 중에 목숨을 잃었다. 량치차오는 이렇게 말했다. "쓰청은 결혼 후 후이인의 모친을 부양하지 않을 수 없었기에 즉시 가장 노릇을 해야 했다. 이런 연유로 어려움이 더욱 가중되었다."(앞의 책, 25쪽) 량치차오는 자녀들을 위해 아주 세심하고 다양하게 방책을 강구하며 모든 일을 고려했다. 당시 량치차오는 이미 병이 깊어진 상태였지만 여전히 만 리 밖에 있는 량쓰청을 마음에서 내려놓지 못하고 있었다. 그는 쓰순에게 보낸 편지에서 이렇게 말하고 있다. "우리 집 큰아이 몇이 내가 마음을 놓을 수 있다. 너와 쓰융은 아무 문제가 없다. 그러나 쓰청은? 나는 후이인의 형편이 좋지 않게 되어 쓰청에게도 그 영향이 미칠까 걱정이다. 상심으로 풀이 죽으면 아주 쉽게 사람의 뜻이 꺾이게 된다—가장 두려운 건 아주 천천히 꺾이는 경우다. (…) 내가 우려하는 것은 물질 측면이 아니라 정신 측면이다. 나는 도대체 후이인의 마음이 어떤지 알 수가 없구나. 후이인이 마음이 좁은 사람이라면 틀림없이 슬픔을 견딜 수 없을 테고, 그것이 쓰청에게도 악영향을 끼쳐 우리 쓰청을 망치고 말 것이다. 아직 그런 지경까지는 빠지지 않았으리라 본다. 너는 이 점을 항상 쓰청에게 주의를 주어 만일의 사태를 예방하도록 해라. 늘 생기발랄한 기상을 보존하고 있어야만 앞날의 사업을 이야기할 수 있을 것이다."(앞의 책, 71~71쪽)

우리는 량치차오의 이 말을 통해 린후이인과 량쓰청이 성격 차이가 매우 컸으며, 특히 린후이인이 자기 부친의 사망이라는 비극을 겪고 나서 감정 기복이 매우 심했고 그것이 량쓰청에게까지 나쁜 영향을 끼쳤음을 알 수 있다. 량치차오는 특별히 쓰청에게 편지를 써서 며느리 린후이인에게 위로의 말을 전했다. "나는 지금부터 우리 며느리를 우리 딸 쓰좡과 똑같이 대할 것이다. 별 위로는 되지 않겠지만 후이인이 나의 깊은 사랑을 받아들여 목전의 고난을 잘 헤쳐나가기 바란다. 그리하여 용기를 내서 천재적 재능을 발휘하여 학문을 완성했으면 좋겠다. [후이인이] 이후 장차 너와 함께 노력해 중국 예술계에 조금이라도 이바지를 한다면 린씨 가문의 자녀로서 부끄러움이 없을 것이다. 너는 너의 모든 힘을 다해 나의 이 말을 후이인에게 전해주고 그 아이의 마음을 위로해주기 바란다."(앞의 책, 191쪽) 량치차오는 오래지 않아 또 편지를 보냈다. "후이인은 좀 어떠냐? 내가 지난달 장문의 편지를 써서 위로의 말을 전했는데 후이인이 내 마음을 알아줬으면 좋겠다. '삶에는 늘 우환이 함께하는 법이다. 인간에게 어찌할 수 없는 상황이 있음을 알고 운명을 편히 받아들여야 한다.' 이것이야말로 입신의 첫 번째 비결이다. 쓰청과 후이인은 모두 성격이 조급하기 때문에 이번에 충격을 받고 신체적으로나 정신적으로 좋지 않은 영향을 받았을까봐 매우 걱정스럽다. 스스로 마음을 잘 진정시켜 이 늙은이의 근심을 덜어줬으면 좋겠구나."(앞의 책, 179쪽) 량쓰청은 나중에 중국 현대 건축학 분야에서 일대종사가 되었고, 린후이인도 문학예술 등 여러 분야에서 뛰어난 성취를 이루었다. 량치차오가 아버지로서 엄청난 심혈을 기울인 결과라 할 만하다. 량쓰청과 린후이인이 결혼한 후 량치차오는 두 가지 새로운 희망을 그들에게 기탁했다 "첫째, 너희 두 사람은 건강이 그리 좋지 않기 때문에 결혼 후 생리적 변화로 장차 새로운 건강을 얻었으면 좋겠다. 둘째, 너희 둘은 모두 이전에 어린아이처럼 다투기를 좋아했다. 이제 완전히 성인이 되었으니 대인배의 모습으로 서로 살갑게 대하며 종신토록 화목하고 안락한 삶의 토대를 놓기 바란다. 이 두 가지 바람 모두 너희가 이룰 수 있으리라 생각한다." (앞의 책, 54쪽)

량쓰융: 부친의 지지하에 고고학자가 되다

량쓰융은 량씨 집안 자녀 중 량치차오 속을 비교적 적게 썩였다. 이는 침착하고 신중하며 붙임성 있는 그의 성격과 관계가 없지 않을 것이다. 그의 연애와 결혼도 풍파가 거의 없었다. 량쓰융 부인 리푸만李福曼은 량쓰융 어머니의 조카딸로 쓰융에게는 외사촌 여동생이 된다. 나이는 쓰융보다 세 살 어렸고 여덟 살 이후로는 줄곧 량씨 집안에서 자랐다. 량쓰융과는 말 그대로 소꿉친구라 하겠다. 1930년 량쓰융은 하버드대학에서 학업을 끝내고 귀국했고, 리푸만도 옌징대학燕京大學을 졸업했다. 결혼은 둘이 오랫동안 좋은 감정을 유지해온 만큼 아주 자연스럽게 진행되었다. 량쓰융은 량치차오의 두번째 부인 왕구이취안王桂荃이 낳은 첫째 아들이다. 그는 광서 30년 (1904) 10월 7일 상하이上海에서 태어나 일본에서 자랐다. 1913년 일가족과 귀국해 1915년 형 쓰청과 함께 베이징 칭화학교에 입학했다. 1923년 5월 '국치기념일'에 쓰청과 난창제에서 육군부 차장 진융옌의 자동차에 받혀 몸을 다쳤다. 다행히 경상을 입어 금방 회복되었다. 이해 여름 쓰융은 칭화학교를 졸업하고 하버드대학 시험에 합격했다. 전공은 고고인류학이었다.

량쓰융이 자기 일생의 학문 방향을 고고인류학으로 잡은 건 분명 부친의 잠재적 영향을 받은 것이다. 량치차오의 「삼십 자술」에 따르면 량치차오는 학문적으로 어린 시절 단옥재段玉裁와 왕염손王念孫의 훈고학을 좋아했다고 한다. "천지간에 훈고와 사장詞章[시문 짓기] 말고 또다른 학문이 있는 줄 몰랐고" 과거시험을 포기하고 오로지 훈고학에 전념하려고까지 생각한 적도 있다. 그러나 캉유웨이를 스승으로 받든 뒤로는 육상산과 왕양명의 심학 및 사학과 서양 학문에 영향 받았다. 이 부분이 진헌장이 미친 영향 아래 '의리義理'를 강조해온 량씨 집안의 학문 전통과 맞닿는 지점이다. 그런만큼 량치차오 학문에는 한학漢學[훈고학]과 송학宋學[의리학]이 조화롭게 녹아 있고, '의리'와 '고증考證'의 특징이 결합되어 있다. 비록 량치차오는 갑골학甲骨學이나 고고학考古學을 거의 연구하지 않았지만 그가 제창한 '신사학新史學'에는 사료의 수집과 감별을 강조하는 고고학의 요소가 들어 있다. 그는 서책과 문헌에 그치지 않고 유적과 구비전설 그리고 옛 유물의 가치까지 강조하며, 그중 야외에서 유적과 옛 기물을 발견하는 일도 매우 중시했다. 그는 또 선사시대 연구에도 주목하면서 서구 고고학의 역사 분기 개념을 도입해 중국 선사시대에도 신석기와 구석기 시대를 포함해야 하며 아울러 중국도 석기시대, 청동기시대, 철기시대로 진화했음을 인정했다. 이러한 량치차오의 인식 모두 량쓰융의 학문 선택에 실제적으로 영향을 끼쳤다. 량치차오는 더 나아가 쓰융이 학문을 성취한 뒤 자신의 곁에 남아 조수 역할을 할 수 있기를 소망했다. 왜냐하면 그는 "내가 쓰려는 중국사는 나 혼자 완성할 수 없는 것이기 때문이다"라고 했다.(앞의 책, 25쪽) 량치차오는 이 일을 수행하는 데서 아들의 도움이 절실했다.

하지만 량치차오는 절대로 '이기적인' 사람이 아니었다. 그는 아들의 앞날과 중국 고고학의 미래를 고민했고, 또 쓰융이 자신의 독자적 학문 노선을 개척할 수 있도록 적극적으로 도왔다. 1926년 말 량치차오는 리지李濟와 위안푸리袁復禮가 산시山西 시인 촌西陰村 유적지 발굴에 나선다는 소식을 듣고 쓰융에게 귀국을 종용하며 그 발굴 작업에 참여하라고 주장했다. 그는 여러 차례 쓰융과 리지에게 편지를 보내 둘 사이를 연결해주려 했다. 그는 멀리 미국에 있는 아들 쓰융에게 편지를 보내 이렇게 알렸다. "리지즈李濟之 [리지]가 지금 산시 시골에서 흥미진진한 발굴을 진행하고 있다는구나. 나는 즉시 그에게 편지를 보내 너의 지원 방법과 조건을 알려달라고 했다. 열흘 내외면 답장을 받을 수 있을 것 같다. 내 생각에는 그들이 너를 원하지 않을 이유는 없을 듯하다. 네가 그곳에 가서 실제 발굴 작업에 참여하면 아주 좋은 실습 기회가 될 것이다. 의식주와 관련 잡비 등은 그리 큰 문제가 되지 않을 게다. 집에서 이 모든 경비를 부담할 수 있다."(『인생의 좋은 기회: 량치차오가 식구들에게 보내는 편지』, 204쪽) 비록 량쓰융의 산시행行은 사회적·정치적 혼란으로 결국 성사되지 못했지만 량치차오는 아들에게 현장 발굴 상황을 알려주는 역할을 했다. 량치차오는 1927년 1월 10일 또 쓰융에게 편지를 보내 고고학 실습에 관한 구체적 절차를 알렸다. "네가 1년 동안 귀국할 일에 대해 오늘 지즈와 자세한 논의를 끝냈다. 지즈 말로는 발굴할 곳이 매우 많지만 시국이 불안정해 일을 진척시키기가 어렵다는구나. 그래서 금년 가을에 발굴 기회가 있을지는 장담하기 어렵다고 했다. (…) 하지만 현재 발굴한 유물 76상자를 정리하고 연구하는 것도 대단히 중요한 일이라는구나. 그러니 네가 귀국한 뒤 시국이 어떤지 살펴보고 만약 발굴 조사를 나갈 수 있으면 너와 함께 가고, 나갈 수 없으면 칭화학교에서 발굴 유물을 정리·연구하면 된다고 했다. 두 일 중 한 가지는 할 수 있는 만큼 절대로 1년을 허송세월하는 일은 없을 거라 했다."(『신후이 량씨: 량치차오 가족의 문화사』, 402쪽) 그리하여 이해 여름 양쓰융은 미국에서 중국으로 돌아왔다. 그는 국내에서 대략 1년을 일한 뒤 이듬해 9월 량치차오의 지원하에 다시 하버드대학 대학원으로 돌아가 학업을 계속했다.

쓰융은 1년 귀국 기간에 칭화대학 대학원 지도교수 량치차오의 조교 신분으로 일했고 또 고물진열소古物陳列所 조사원과 고궁박물원故宮博物院 조사원을 겸임했다. 그는 이 기간 리지가 주관한 시인 촌 발굴 유물을 정리·연구해 논문 「산시 시인 촌 선사 유적지의 신석기시대 도자기山西西陰村史前遺址的新石器時代的陶器」를 발표했다. 이는 처음으로 시인 촌의 고고학 발굴 성과를 영어로 세상에 알린 글이다. 량쓰융은 이 논문으로 하버드대학 석사학위를 받았다. 이전에도 량치차오는 스웨덴 고고학자들이 대거 신장新疆 지역 발굴 조사를 계획하고 있다는 소식을 듣고 이야말로 천재일우의 기회임을 인식하고 자비를 들여서라도 반드시 쓰융을 발굴단에 참여시키려 했다. 그는 아들에게 이렇게 말했다. "내 생각에는 네가 이번에 가서 커다란 발견을 할 수 있으면 물론 비할 데 없는 영광일 것이다. 설령 그렇지 못하더라도 유럽의 저명한 학자들을 따라다니며 모험을 하고 고생을 하는 과정에서 다양한 과학적 연구방법을 배울 수 있을 것이다. 이것만 해도 네 평생의 학문 역정에 많은 도움이 될 수 있을 것이다."(『인생의 좋은 기회: 량치차오가 식구들에게 보내는 편지』, 27쪽) 량치차오는 흥분해서 바로 이튿날 베이징 성안에 머물고 있던 스벤 안데르스 헤딘Sven Anders Hedin(1865~1952)을 찾아가서 그 일을 상의했다. 량치차오는 탐사 노선과 날짜를 분명하게 알고 싶어했고, 그뿐 아니라 칭화학교에서 하버드대학 총장에게 전보를 보내 쓰융의 방학을 좀 앞당겨달라고 요청하려 했다. 그러나 량치차오의 계획은 스벤 헤딘 일행의 출발 날짜가 너무나 촉박해 실현되지 못했다. 하지만 쓰융은 귀국 후 여전히 부친에게 큰 기쁨을 선사했다. 량치차오는 맏딸 쓰순에게 보낸 편지에서 이렇게 말하고 있다. "쓰융이 귀국할 때마다 그애와 학문적 대화를 나누는데 너무나 재미있단다. 내 생각에는 다시 몇 년 뒤 너희가 모두 귀국하면 외부에서 도움을 받을 필요도 없이 우리 집에서 매주 한 번씩 '학술토론회'를 열었으면 한다. 생각만 해도 얼마나 즐거운지 모르겠다."(앞의 책, 79쪽)

1932년의 량쓰청(오른쪽). 당시 은허 발굴에 참여한 동생 량쓰융을 찾아갔다.

량쓰중: 그의 정치 열정이 부친에게 인정을 받다

량쓰중은 광서 33년(1907)에 태어났다. 그와 량쓰융은 모두 왕王 부인 소생이지만 리 부인의 사랑을 듬뿍 받았다. 쓰중은 어릴 때부터 아주 활발하고 붙임성이 있었다. 리 부인은 그런 쓰중을 좋아하며 그와 늘 장기도 두고 한담도 나누었다. 량치차오 또한 일찍이 쓰순과 쓰좡이 캐나다로 간 뒤에 쓸쓸할 때면 쓰중을 데리고 다니며 함께 경극을 들었고, 심심할 때면 쓰중과 마작을 치기도 했다. 당시 쓰중은 18~19세였지만 집안 상황을 잘 알고 있었다. 그는 형과 누나가 모두 외국에 있는 상황에서 자발적으로 부모에게 효도하는 일을 맡았다. 1925년 리 부인 묘지를 마련하고 정식으로 안장할 때도 쓰중과 쓰다 둘이 리 부인의 관을 산으로 운구했다. 1926년 봄과 여름 사이 량치차오가 병이 위중해져 협화의원協和醫院에 입원해 신장 수술을 받을 때도 쓰중이 줄곧 부친이 퇴원할 때까지 곁을 지켰다. 같은 해 8월 쓰중은 미국으로 유학을 갔지만 여전히 부친 건강 때문에 마음을 놓지 못하고 수시로 편지를 보내 부친을 일깨웠다. 량치차오는 자녀에게 보낸 편지에서 이렇게 말했다. "중중忠忠[쓰중]이 나에게 건강을 당부한 긴 편지 여섯 통을 반달 전에 받았다. 어쩌나 시시콜콜 잔소리를 해대며 제 아버지와 어머니를 들볶는지 선생이 학생을 단속하는 것보다 더 심하구나. 귀찮아죽겠다. 그러나 나는 개의 효심을 받아들여 일주일에 80~90퍼센트는 실천하고 있단다."(앞의 책, 160쪽)

량치차오 자녀 중 쓰중이 정치적 열망을 가장 강하게 품고 있었다. 그는 미국에 도착한 뒤 먼저 정치학 공부를 선택했다. 량치차오는 그 사실을 알고 편지를 보냈다. "중중이 편지를 보내 입학 후 상황을 알려줘서 나와 네 어머니는 너무나 기쁘다. 네가 정치를 공부하겠다고 마음먹었다면 이제 정치단체 같은 데도 가입해야 할 것이다. 나는 일절 네가 선택하는 일에 간섭하지 않을 작정이지만 너는 신중을 기해 몇 차례 잘 생각해보고 가입을 결정하기 바란다. 가입 전에 내게 먼저 상황을 알려주면 나도 네 고문 역을 할 수 있을 것 같다."(앞의 책, 150쪽) 량치차오의 이 같은 태도는 자녀의 선택을 존중하는 모습이거니와 아버지로서 자녀를 인도하고 교육하는 책임을 버리지 않겠다는 태도인데, 오늘날에도 이런 사람을 찾아보기 어렵다. 사실 당시 량치차오는 쓰중의 선택을 걱정하며 불안해했다. 쓰중은 국내 정세의 추이에 따라 국외에 체류하면서도 뜨거운 피가 끓어올라 마침내 학업을 중지하고 '북벌'에 참여하겠다는 의견을 내놓았다. 이 일 때문에 량치차오는 "수많은 걱정거리에다 또 한 가지 무거운 걱정거리를 떠안게 되었다." 그는 "이 문제가 여러 날 나의 뇌리를 맴돌며 떠나지 않았다"라고 했다. 이 일은 아들에게는 평생이 걸린 중대한 문제였기 때문이다. 량치차오는 아들이 견지하는 굳건한 정신을 먼저 충분하게 긍정한 뒤에 이렇게 말했다. "너희는 진정으로 알고 있을 것이다. 아버지가 너희를 사랑하지만 여태껏 맹목적으로 지나친 사랑을 베풀진 않았다는 사실을. 나는 늘 너희가 고난과 위험 속에서 인격을 단련하기를 바라왔다."(앞의 책, 68쪽) 아마도 이러한 이유에서 량치차오는 처음에 아들이 귀국하는 데 동의했고, 다만 상의가 필요했던 건 귀국 이후 아들이 어디로 가느냐 하는 문제밖에 없었다. 량치차오는 바이충시白崇禧와 리지선李濟深에게 마음이 기울어 있었거니와 이미 사람을 보내 그들과 연락하고 있었다. 하지만 겨우 3주 뒤 자기주장을 완전히 바꿨다. 그는 이처럼 마음에 변화가 일어난 이유를 솔직하게 털어놓았다. "3주 전 상황은 지금과 달리 그들에게 아직도 상당한 희망이 있었기 때문에 네가 그곳으로 가서 1년을 보내는 것도 좋은 일이라 생각했다. 그러나 지금은? 저 둘의 행위가 절망적이지는 않다 해도 —만약 네가 지금 국내에 있다면 나는 네가 그곳으로 가야 한다고 주장할 것 같다— 먼 나라에서 귀국해서까지 그곳으로 갈 가치는 없을 듯하다. 첫째, 지금은 소위 북벌이 완전히 정지된 상태라 그들 군대에 참가하는 건 그들의 내전에 참가하는 것밖에 안 된다. 그런데 무엇하러 온단 말이냐? 둘째, 당과 군이 확대·발전되고 나서 그들 소양은 오히려 나날이 나빠져 이전과 전혀 비교할 수 없게 되었다. 그래도 바이충시 군대는 규율이 가장 훌륭하다고 정평이 나 있었지만 상하이에 도착한 뒤에는 규율이 완전히 무너져서, 사람들은 모두 쑨촨팡孫傳芳 군대에도 훨씬 미치지 못하다고 한다. 그런 군대에 들어가봐야 배울 게 아무것도 없을 것이다. 셋째, 그들은 지금 바야흐로 내전에 전력을 쏟고 있어서 병사들은 모두 위기감을 느끼고 있다. 너희들이 그곳으로 가면 바로 위기의 소용돌이 속으로 빠져들게 될 것이다. 물론 위기를 고의로 피할 필요는 없지만 분명한 목적이 있어야 모험도 감내할 수 있다. 지금처럼 흑백도 구분하지 않고 파 썰 듯 사람을 함부로 죽인다면 그 일에 네 목숨을 바치고도 복수도 할 수 없게 된다. 위험을 무릅쓴다면서 이러한 방법을 써서는 안 된다. 이게 내가 근래에 너의 행동에 대해 나의 주장을 바꾼 중요한 이유다. 아마 너도 이미 마음을 바꿨으리라 믿는다."(앞의 책, 68~69쪽) 량치차오는 아들의 충동에 대해 시종일관 꾸지람이나 원망을 하지 않았다. 그는 또 이렇게 말했다. "이러한 상황을 탓할 것도 없다. 베이징의 지식인 계층 중 교수에서 학생에 이르기까지, 북벌을 위해 분분히 남하한 사람이 몇 달 전까지는 몇천 명이 되는지 알 수 없을 정도였다. 그러나 그들은 대부분 엄청난 낭패를 당한 뒤 큰 실망을 안고 돌아왔다."(같은 책, 69쪽) 이 때문에 량치차오는 오히려 아들이 결국 그런 기회에 편승하지 않은 것을 다행으로 여겼다. 그는 "이렇게 편안하게 몇 년을 보내다 보면 참된 인격을 닦을 수 없게 된다"는 아들의 말을 받아들이지 않고 "그건 실없는 말에 불과하다"고 명확하게 지적했다. 그는 간곡하게 아들을 훈계했다. "사람이 편안한 환경에서 산다고 기개를 잃어버린다면 고통스럽고 의기소침한 환경에서도 틀림없이 기개를 잃게 될 것이다. 너는 이 아버지가 고통스러운 나날을 얼마나 겪었는지 또 편안한 나날을 얼마나 겪었는지 생각해보아라. 그럼에도 늘 같은 모습으로 생활하지 않더냐? 도대체 내가 기개를 잃어버린 적이 있더냐? ─아마도 너희는 때때로 이 아버지가 너무 게을러졌다고 느낄 수도 있을 것이다. 나 자신도 늘 이를 경계하고 있다. 하지만 네가 다시 눈을 돌려 바라보면 틀림없이 네 아버지가 그런 사람이 아님을 분명하게 알 수 있을 것이다.─ 나 자신은 항상 청년들에게 인격적 모범이 되려고 의식하며, 최소한도 너희 형제자매의 모범이 되게끔 부끄럽지 않은 삶을 살려고 노력해왔다. 나는 또 나의 자식들이 모두 나의 이러한 유전인자와 가르침을 받아들여 고난의 환경이나 편안한 환경이나 막론하고 타락의 수렁에 빠지지 않으리라 믿는다. 네가 만약 이러한 자신감이 있다면 '네 마음대로 처신해도 좋다'. 그러나 지금 해야 할 일이 장래에는 전혀 그런 일을 할 장소나 기회가 없으리라고 걱정하지는 말아라."(앞의 책, 69~70쪽)

그러나 량치차오는 여전히 마음을 놓지 못하고 며칠 뒤 다시 맏딸 량쓰순에게 보낸 편지에서 쓰중 이야기를 하고 있다. "쓰중은 가장 활발한 아이지만 너무 젊어 혈기를 억제하지 못하고 있다. 지금 상태로 이야기하자면 아마도 하류 잡배가 되지는 않겠지만 —우리 집 아이들은 절대로 하류 잡배는 되지 않을 것이니 이 점은 안심할 수 있다— 너무 앞서 나가다가 급박하게 후퇴하게 되어 그 타격을 견뎌내지 못할까 두렵다. 그 아이가 선택한 학술 즉 정치 군사학은 이런 위험성을 가장 강하게 내포하고 있다. 현재 중국사회에서 이와 관련된 직무에 종사하다 보면 아주 쉽게 타락의 수렁으로 떨어지게 된다. 지금 쓰중이 귀국하려는 것은 아주 기개 있는 행동이라 나도 그애를 격려했지만 너무 경솔한 측면도 있구나. 이처럼 지나친 열기는 누군가가 냉수를 끼얹으면 절대로 견뎌내지 못하게 된다. 이전에 수많은 청년이 타락한 것도 모두 이 때문이다. 나는 이러한 기개에 고압적으로 대하고 싶지 않다. 이 때문에 그 일의 이해관계를 자세히 설명했는데 그애가 내 말을 어떻게 들었는지 모르겠다. 이러한 교육방법은 참 어려운 점이 많구나. 한편으로는 용기를 꺾지 말아야 하고 또다른 한편으로는 잘못된 길로 빠지지 않도록 해야 하니 말이다. (…) 나는 근래 몇 년 동안 쓰중의 행동에 대해 안심을 못하겠으니 네가 가까이서 자세히 살펴보고 나 대신 잘 인도해주도록 해라."(앞의 책, 72쪽) 쓰중은 그래도 아버지의 말을 잘 듣는 편이었다. 그는 위스콘신에서 정치학 공부를 마치고 다시 버지니아군사학교로 옮겨 군사학을 공부했다. 1930년대 초 미국의 웨스트포인트를 졸업한 뒤 귀국해서 국민혁명군에 지원해 아주 빠른 속도로 제19로군 포병장교로 승진했다. 1932년 '1·28사변' 당시 일본이 해병대를 파견해 상하이 상륙작전을 감행할 때 제19로군이 방어를 맡게 되었다. 당시 량쓰중이 소속된 포병부대도 전투에 참가했고, 그는 매우 훌륭하게 싸웠다. 전투 도중 그는 부주의하게 길가의 오염된 물을 마시고 복막염에 걸렸고, 그 병을 제때 치료하지 못해 겨우 26세 나이로 세상을 떠나고 말았다.

량치차오의 다른 자녀들

캐나다와 미국에 체류한 다섯 남매 중 량쓰좡이 가장 어렸다. 그녀는 광서 34년(1908)에 태어났고 1925년 큰언니 쓰순과 함께 캐나다로 갔다. 당시 쓰좡은 겨우 17~18세였다. 그녀는 대학 입학 자격이 없어 고등학교 과정을 먼저 공부해야 했다. 1년 뒤에야 캐나다의 명문 맥길대학의 입학시험에 합격했다. 량쓰좡은 캐나다에 도착하자마자 바로 대학에 입학하려 했다. 젊은이들은 흔히 가슴 가득 이상을 품고 있어서 뜻은 높고 기개는 굳세지만 고난을 잘 견뎌내지 못한다. 량치차오도 편지를 보내 쓰좡을 훈계했다. "아직 대학에 입학할 자격이 되지 않는다 해도 그게 무슨 대수이겠느냐? '학문을 하는 건 졸업장을 따기 위한 게 아니다.' 학문은 기초를 튼튼히 하면 할수록 결과가 더욱 좋아지는 법이다. 네가 다른 친구들이 모두 대학에 입학한 모습을 보고 스스로 조급해한다면 그것은 바로 '치기'를 벗어나지 못한 모습이라 할 수 있다."(앞의 책, 20쪽) 전해오는 말에 의하면 쓰좡이 영어에 합격하지 못하자 량치차오가 이렇게 타일렀다고 한다. "그건 대수롭지 않은 일이다. 절대로 그 일 때문에 의기소침해서는 안 된다. 학문을 하는 건 나에게 달렸을 뿐이다. 나는 너희가 스스로 열심히 노력할 수 있을 거라 믿는다. 미래의 총성적은 한 시기 한 가지 일에만 달려 있지 않다."(앞의 책, 23쪽) 량치차오는 쓰좡의 학업에 대해 많은 고민을 했다. 그는 줄곧 쓰좡이 장래에 자신의 조수가 되어주기를 바랐다. 이 때문에 쓰좡에게 이런 제의를 했다. "나는 네가 생물학을 전공했으면 좋겠다. 생물학이 현대사회에서 가장 진보적인 자연과학인 데다 철학과 사회학의 기초 학문이기 때문이다. 대단히 재미있으면서도 큰힘이 들지 않는 분야라 여성에게도 아주 적합할 것이다. 학업을 마치고 돌아와 우리 나라 생물 분야에서 채집과 실험을 지속하면 아주 쉽게 새로운 발명을 할 수도 있을 것이다. 지금까지도 중국 여성 중에는 이 분야의 학문을 하는 사람이 없다. ─남성도 아주 드물다.─ 그러니 네가 선구자가 되는 것도 좋은 일 아니겠느냐? 또 한 가지 이유는 이 학문이 모든 인문과학과 관계가 밀접하기 때문이다. 너는 공부를 끝내고 돌아와 이 아버지의 조수가 되고, 나는 앞으로 많은 저작을 집필할 때 너를 고문으로 삼을 수 있을 것이다. 이 또한 좋은 일이 아니겠느냐? 너 스스로 생각하기에 네 성향이 생물학과 가깝다면 생물학을 전공으로 선택한 뒤 그것과 관련이 밀접한 또다른 한두 학문을 선택해 부전공으로 삼았으면 좋겠다. 너희 학교에 이 분야와 관련된 훌륭한 교수가 있으면 그곳에 남아 공부를 계속하고 아니면 미국으로 가서 가장 적합한 학교를 선택하거라. 언니와 오빠들이 너를 위해 조사를 하고 타당한 방법을 찾아줄 것이다. 너 스스로 잘 생각해보고 결정을 내리기 바란다."(앞의 책, 33~34쪽)

량치차오는 애초에 량쓰좡이 미국으로 가서 공부해야 한다고 주장하지 않았다. 이미 세 아들이 미국에서 유학하고 있었기 때문에 그는 자신의 가정이 '미국화'되는 것을 원하지 않았다. 량치차오는 쓰좡에게 캐나다에 남아서 1~2년 공부를 더 하다가 유럽으로 가라고 권했다. 그는 쓰좡에게 프랑스어를 공부해 프랑스 유학의 기초를 닦으라고 당부했다. 그러나 량쓰좡은 아버지 제의를 받아들이지 않고 문학 공부를 계속하면서 1930년 캐나다 맥길대학을 졸업한 뒤 미국 컬럼비아대학으로 가서 도서관학을 전공했다. 그후 저명한 도서관학 전문가가 되어 평생을 서양서적 목록 연구와 그 교육에 진력했다. 량쓰좡이 도서관학을 전공으로 선택한 건 물론 량치차오 사후의 일이지만 그녀의 선택이 량치차오의 영향 및 격려와 관계가 없다고 말할 수 없다. 집안의 학문 연원으로 따져보더라도 량치차오는 광서 22년(1896) 『시무보』를 발간할 때 「서양학문 도서목록西學書目表」을 발표해 서양서적 300여 종을 수록한 바 있다. 이후 수십 년 동안 시종일관 도서 분류와 도서목록 연구를 포기하지 않았다. 그러나 량치차오는 세상을 뜰 때까지도 도서관 관리 요원 양성과 중국 도서관학 건립이라는 양대 목표를 실현하지 못했다. 량쓰좡은 부친이 이루지 못한 사업의 진정한 계승자가 되었다. 그녀는 서구 현대 이론에 입각해 자기 집안의 학문 전통을 참조한 뒤 전대미문의 중국 '동방학 목록'을 창시했다. 사람들은 량쓰창을 일컬어 "푸른색이 쪽풀에서 나왔지만 쪽풀보다 더 푸르다靑出於藍而勝於藍"라고 말한다.

량치차오가 살아 있을 때 다른 네 자녀 량쓰다, 량쓰이, 량쓰닝, 량쓰리는 모두 어려서 해외로 유학할 수 없었다. 그들의 학업은 모두 국내에서 이루어졌다. 1920년대는 중국에서 격변이 자주 일어나던 때였다. 량치차오는 베이징과 톈진을 왕래하며 칭화대학과 난카이대학南開大學에서 강의와 강연을 했고, 그 외에도 경사도서관京師圖書館 관장과 베이핑도서관北平圖書館 관장 직을 수행하고 있었다. 또 많은 저술 계획을 완성하려 매우 긴장되고 분주한 나날을 보내고 있었다. 바로 이 기간 몸에 문제가 생겨 량치차오는 병마에 시달리기 시작했다. 하지만 그는 결코 자녀의 조기교육을 포기하지도 소홀히 하지도 않았다. 쓰다와 쓰이는 톈진 난카이중학교南開中學[고등학교 과정도 포함됨]를 다녔고, 쓰이는 나중에 베이징 칭화학교로 옮겼다. 모두 학업 성적이 매우 뛰어났다. 1927년 중국 정국은 혼돈의 물결에 휩싸였고 사회 혼란도 걷잡을 수 없게 되었다. 그래서 량치차오는 아이들을 위해 전문교사를 초빙하여 집에서 가정교육을 실시하기로 결정했다. 오래지 않아 그는 난카이중학교 교사를 초빙해 집에서 아이들에게 영어와 수학 과외를 시켰다. 량치차오는 량쓰순에게 보낸 편지에서 이렇게 말하고 있다. "오늘은 우연히 기쁜 일이 생겼다. 다다達達[쓰다] 등 아이들이 집에서 공부를 할 수 있게 되었으니 말이다. 정말 다행스럽게도 (…) 그애들이 훌륭한 선생을 만나게 되었다. 그 선생은 빈한한 선비인데 일본으로 유학을 가고 싶어하지만 아직 뜻을 이루지 못하고 있다. 내 생각에는 내년 여름방학이나 겨울방학에 그 선생에게 아이들을 데리고 도쿄로 한번 가보도록 했으면 좋겠다. 쓰다와 쓰이 두 아이는 1년이나 2년 과외를 받으면 대학에 합격할 수 있을 것 같고, 류류六六[쓰닝]는 정식으로 중학교에 입학할 수 있을 것 같다."(앞의 책, 163쪽) 량치차오가 초빙한 선생은 바로 칭화대학 대학원생 셰궈전謝國楨이었다. 셰궈전은 나중에 이때의 일을 이처럼 회고했다. "그때 나는 학비도 없었고 의식주도 해결하기 어려워 개인 과외로 살아갈 수밖에 없었다. 그렇게 학창 시절을 어렵게 보냈다. 졸업 후에는 량치차오 선생께

량치차오, 아들 쓰융(오른쪽), 쓰다(왼쪽). 1920년대에 촬영한 사진이다.

서 나를 톈진의 음빙실로 데리고 가서 자신의 자녀를 가르치게 했다."(『량치차오를 추억하다追憶梁啓超』, 400쪽) 셰궈전은 또다른 글에서 이렇게 묘사하고 있다. "1917년[1927년이 되어야 함] 여름 나는 칭화대학 대학원을 졸업한 뒤 톈진의 량런궁梁任公[량치차오의 호號] 선생님의 집으로 초빙되어 쓰다와 쓰이 및 그 동생들에게 공부를 가르쳤다. 선생님께서는 저술을 하는 여가에 흥이 나시면 나와 아이들을 불러 고금의 명저를 강의하셨다. 선생님께서는 서서 강의를 하시다가 때때로 담배를 피우며 천천히 걷기도 하셨고, 나와 쓰다 등 아이들은 앉아서 강의를 들었다."(앞의 책, 172쪽) 이는 정말 스승과 제자가 함께 가르침을 주고받는 흐뭇한 광경이었다.

궁여지책이긴 했지만, 사회가 안전하게 정상적 학습환경을 제공하지 못할 때도 량치차오는 가정교육을 통해 학습환경을 보충하려 했다. 여기에서도 그가 자녀교육을 함부로 방치하지 않았음을 알 수 있다. 량치차오가 살아 있을 때 량쓰리(량치차오는 량쓰리를 라오바이비老白鼻9라 불렀다)는 아직 취학 연령이 되지 않았지만 일에 지치고 병으로 고통 받던 아버지에게 많은 즐거움을 주었다. 량치차오는 량쓰순 등에게 보낸 편지에서 항상 라오바이비의 사랑스러운 행동을 언급하곤 했다. "라오바이비는 나날이 귀염을 받으며 아주 총명해지고 있다. 또한 말도 아주 잘 듣고 매일 내게 몇 차례씩이나 웃음을 선물해주는구나. 이 녀석이 당시唐詩 10여 수를 읽고 나서는 날마다 라오궈老郭[보모保姆]에게 그것을 외게 한단다. 방금도 내게 와서 이렇게 고자질을 하는구나. '라오궈는 정말 멍청해요. 내가 「소소리가少小離家」10 시를 가르쳐줬는데 외지도 못하고 "샹 인 우 가이 빈 마오 쏴이鄕音無改鬢毛衰"를 자꾸 "샹 인 우 가이 바 마오 쏴이鄕音無改把猫捽"11라고 하잖아요. —이렇게 말하면서 한편으로는 고양이 새끼를 안고 와서 땅바닥에 내팽개치더구나. 모두 배꼽을 잡고 웃었다.— 이 녀석은 또 "양인대작산화개兩人對酌山花開, 일배일배부일배一杯一杯復一杯. 아취욕면군차거我醉欲眠君且去, 명조유의포금래明朝有意抱琴來[두 사람이 대작하는데 산꽃이 피어나니, 한 잔 술 한 잔 술 또 한 잔 술을 마시네. 나는 취해 잠이 오니 그대는 돌아갔다가, 내일 아침 뜻이 있으면 거문고 안고 다시 오게]"12라는 시를 외면서 늘 나와 술을 대작하는 흉내를 내고, 또 세번째 구절에서는 자리에 드러눕고, 네번째 구절에서는 책을 안고 와서 거문고 타는 모습을 지어 보인단다. 이 같은 일이 많아 매일 즐겁게 지내고 있다."(『인생의 좋은 기회: 량치차오가 식구들에게 보내는

---

9 '바이비白鼻'는 영어 'baby'를 음역한 것이고, '라오老'는 늙었다는 뜻이지만 여기서 실제 그 뜻은 아니다. 당시 맏딸 량쓰순이 이미 결혼해 아이를 낳은 터라 량치차오는 쓰순의 아이들을 '신라오바이新白鼻'라 불렀고, 자신의 막내아들 량쓰리는 이에 대비해 '라오바이비老白鼻'라 불렀다.

10 이 시의 제목은 당나라 하지장賀知章의 「회향우서回鄕偶書」다. 전체 시가 칠언절구 2수로 되어 있는데, 첫째 수가 "少小離家老大回, 鄕音無改鬢毛衰. 兒童相見不相識, 笑問客從何處來(소소리가노대회, 향음무개빈모쇠. 아동상견불상식, 소문객종하처래)"다. 첫 구절 맨 앞 네 글자 "소소리가"를 따서 제목처럼 말한 것이다.

11 본래 하지장의 「회향우서」 둘째 구절 '鄕音無改鬢毛衰(향음무개빈모쇠)'의 뜻은 "고향 사투리 그대로지만 귀밑머리 시들었네"다. 이 구절을 중국어로 읽으면 '샹 인 우 가이 빈 마오 쏴이'가 된다. 이것을 보모인 라오궈가 중국어 발음이 비슷해서 '샹 인 우 가이 바 마오 쏴이(鄕音無改把猫捽, 향음무개파묘솔)'로 잘못 알아들은 것이다. 발음은 비슷하지만 그 뜻은 완전히 달라져 "고향 사투리 그대로지만 고양이를 내팽개치네"가 된다.

12 이 시의 제목은 당 이백李白의 칠언절구 「산중대작山中對酌」이다.

편지』, 126쪽) 이 대목에서도 우리는 량치차오가 천륜天倫의 즐거움을 누리고 있고 거기에다 자녀교육에도 고심하고 있음을 알 수 있다.

신민을 길러내다

량치차오는 훌륭한 스승이자 좋은 벗으로서 자녀들의 학업, 직업, 생활, 건강에 관심이 있었고 아울러 품성, 인간됨, 독립, 처세에 대해서도 자세히 가르쳤다. 량치차오 입장에서 교육이란 무슨 특별한 게 아니라 인간을 기르는 것이고 더 나아가 현대인을 기르는 행위였다. 량치차오는 지식 구하기와 인간 기르기의 관계를 대단히 솔직하고도 기탄없이 젊은이들에게 이야기하고 있다. "당신이 만약 인간이 되려면 물론 지식이 많으면 많을수록 더욱 좋다. 그러나 인간이 되지 않으려면 지식이 많으면 많을수록 더욱 나쁘다."(『음빙실합집·문집』 제39권, 109쪽) 이 대목에서 "지식은 많으면 많을수록 더욱 반동이다知識越多越反動"라는 구호13를 떠올리는 사람은 없을까? 량치차오의 언급과 이 구호 사이에 내재적 연관성은 없을까? 이 문제는 뒤에서 다시 따지기로 한다. 지금 우리가 해결해야 할 문제는 어떻게 해야 량치차오가 말한 인간을 기를 수 있느냐는 점이다. 량치차오는 이렇게 말했다. "인류의 심리에는 지知[지식], 정情[정감], 의意[의지] 세 가지가 포함되어 있다. 이 셋이 원만하게 발달한 상태를 우리 선현은 삼달덕三達德인 지智, 인仁, 용勇14이라 했다. 왜 달덕達德[통달한 덕성]이라 하는가? 이 세 가지는 인류의 보편적 도덕 표준이고 이 셋을 갖추어야 인간이 될 수 있기 때문이다. 이 세 가지가 완성된 상태는 어떤 모습일까? 공자는 이렇게 말한다. '지혜로운 사람은 미혹되지 않고, 어진 사람은 근심하지 않고, 용기 있는 사람은 두려워하지 않는다知者不惑, 仁者不憂, 勇者不懼.'15 따라서 교육은 지육知育[지

---

13 중국 문화대혁명文化大革命(1966~1976) 때 지식인을 탄압하려 내세웠던 구호.
14 『중용中庸』 제20장에 나오는 말.
15 『논어』 『자한子罕』 편에 나오는 구절.

식교육], 정육情育[정감교육], 의육意育[의지교육]로 나누어 진행해야 한다. ― 지금 사람들이 이야기하는 지육智育, 덕육德育, 체육體育은 옳지 못한 방법이다. 덕육은 범위가 너무 모호하고, 체육은 범위가 너무 협소하다.― 내가 말하는 지육은 사람을 미혹되지 않게 하고, 정육은 사람을 근심하지 않게 하고, 의육은 사람을 두렵지 않게 한다. 교육자는 학생을 가르칠 때 이 세 가지를 궁극적 목표로 삼아야 한다. 우리가 우리 자신을 교육할 때도 이 셋을 궁극적 목표로 삼아야 한다."(앞의 책, 105쪽) 량치차오가 여기서 말한 인류의 보편적 도덕 표준은 기실 지금 사람들이 늘 언급하는 인류의 보편적 가치다. 우리는 량치차오의 자녀교육이 바로 이 세 가지를 궁극적 목표로 삼고 있음을 알 수 있다. 사람들은 중국의 문화전통 속에 인류의 보편적 가치가 포함되어 있다는 사실을 믿지 못하고 결국 량치차오에게도 혜안과 지혜가 부족하다고 느낄지도 모르겠다.

불혹不惑: 미혹되지 않기

우선 량치차오는 자녀의 학업을 매우 중시하면서 그것이 입신의 근본이라 인식했다. "우리가 독립적 인간이 되려면 결국 각자가 한 가지씩 전문 직업을 가져야 한다"(앞의 책, 106쪽) 그래서 그는 쓰청·쓰융·쓰중·쓰좡 등 자식들의 전공 선택에서 학습 지도와 졸업 후 구직, 더 나아가 이후의 생계 문제에 이르기까지 한 가지도 소홀하게 생각하지 않고 직접 전심전력으로 최선책을 마련했다. 량치차오 자녀들이 졸업 후 모두 명인이나 대가가 되었다고 할 수는 없지만 적어도 사회에서 자립해 자기 직업을 갖고 살아갔다고 할 수 있다. 량치차오는 자녀에게 학문방법을 전수하면서 치밀하고 성실하게 노력해야지 헛된 명성을 구하거나 조급한 성공을 바라지 말라고 했다. 량치차오는 쓰좡이 생물학과에 지원하기를 바랐다. 그러나 쓰좡이 싫어하자 강제로 요구하지 않고 이렇게 말했다. "무릇 학문이란 자기 성향과 가까운 것을 선택하는 게 가장 좋고 그래야 적은 노력으로 많은 성과를 얻을 수 있다."(『량치차오를 추억하다』, 459쪽) 그는 줄곧 학문은 "재미가 있어야 한다"라면서 "자신이 좋아하는 것을 연구해야 한다"고 했다. 량치차오는 이처럼 해야만 시종일관 탐구를 지속할 정신과 용기를 가질 수 있다고 보았다. 그는 자녀에게 학문을 할 때는 마음속으로 장래에 내가 어떻게 되겠다는 생각을 해서는 안 된다면서 이렇게 타이렀다. "나는 평생토록 쩡문정공曾文正公[쩡궈판]의 다음과 같은 두 마디 말을 가슴 깊이 간직해왔다. '수확은 묻지 말고 밭갈이에만 열중하라莫問收穫, 但問耕耘.' 장래의 성취가 어떻게 되든 지금 그것을 생각해봐야 무슨 소용이 있고, 또 조급하게 성취를 이루려 해봐야 무슨 소용이 있을까? 한편으로는 우쭐거리거나 자만하지 말고 다른 한편으로는 겁을 먹거나 자신감을 잃어서는 안 된다. 자기 능력을 최대한 발휘해 어떤 결과를 얻을 때까지 노력하면 스스로 얻는 게 없지 않을 것이며 사회에도 다소나마 공헌을 할 수 있을 것이다. 나는 한평생 학문을 하면서 바로 이 점에 주안점을 두었다. 나는 너희도 나의 이 정신을 응용할 수 있기를 간절히 바란다."(『인생의 좋은 기회: 량치차오가 식구들에게 보내는 편지』, 130쪽) 량치차오는 이 정신을 '무소위無所爲[인위적 목적을 내세우지 않기]' 세 글자로 귀결하면서 "취미주의趣味主義가 가장 중요한 조건"이라 인식했다. 사사건건 '유소위有所爲[인위적 목적을 달성하기]'를 지향한다면 모든 게 재미없는 의무적 행위로 변질되고 말 것이기 때문이다. 예를 들면 대학수학능력시험을 치기 위해 공부를 하고, 좋은 대학에 입학하기 위해 수능을 보고, 졸업장을 따기 위해 대학에 입학하고, 좋은 직업을 찾기 위해 졸업장을 따고, 큰돈을 벌기 위해 좋은 직업을 찾고, 집을 사고 자가용을 사서 행복한 생활을 누리기 위해 큰돈을 번다면 사람의 일생은 무미건조한 사막과 같을 것이다. 량치차오는 자신의 아이들이 학문을 고문전敲門磚[대문 두드리는 벽돌, 출세 수단]으로 삼지 않기를 바랐다. 일단 그 벽돌로 대문을 두드려 열었다면 벽돌은 이제 쓸모없는 게 되기 때문이다. 량쓰청은 부친에게 학문의 유용과 무용에 대해 물은 적이 있다. 량치차오는 이백과 두보杜甫 그리고 요숭姚崇과 송경宋璟16을 예로 들어 비교하면서 그들 중 누가 국

---

16 당나라 재상. 요숭(650~721)은 당나라 현종玄宗 때의 재상으로 현종을 보좌해 개원지치開元之治를 이룩했다. 송경(663~737) 역시 현종 때 재상으로 요숭과 함께 개원지치를 이룩했다. 두 사람 모두 학문보다는 관료로서 성공했다.

가에 공헌을 더 많이 했는지 물었다. "중국의 문화사 및 전체 인류의 문화사에서 볼 때 요숭과 송경의 존재는 아무런 의미가 없다. 그러나 이백과 두보가 없었다면 인간의 역사에 얼마나 손색이 컸겠느냐? 나는 물론 사람마다 모두 요숭과 송경이 되지 말고 이백과 두보가 되라고 요구하지는 않는다. 요컨대 자기 성향에 가까운 학문이 무엇인지 잘 살펴 각자의 특성을 잘 발휘하고 그것으로 사회에 공헌하자는 것이다. 인재 경영은 이보다 더 좋은 방법이 없을 것이다.(앞의 책, 129쪽) 량치차오는 이 점에서도 아들이 현대 중국 건축계와 미술계의 이백과 두보가 되기를 바란 셈이다.

량치차오의 일생은 '신민新民[새로운 국민]'을 길러내는 꿈으로 가득 차 있었다. 그러나 한 나라의 국민을 새롭게 하는 일은 기실 아주 어려운 일이었다. 량치차오는 이 일을 위해 평생을 분투했다. 그런데 어느 누가 량치차오에게 국민을 얼마나 새롭게 했느냐고 물을 수 있겠는가? 천하를 대상으로 일을 하다 뜻을 이루지 못하면 집안으로 후퇴하는 것도 무방한 일일 것이다. 량치차오는 자녀를 신민으로 길러내는 일에는 큰 자신감이 있었다. 따라서 그는 자녀가 학업 성적이 좋은 것에만 만족할 수 없었다. "진실로 지식이 인생에서 차지하는 지위는 대단히 중요하고 나는 여태까지 그것을 가벼이 여기지 않았다. 그러나 지식 습득에만 치우쳐 인생의 또다른 중요한 점을 소홀히 하면 절대로 안 된다."(『음빙실합집·문집』 제40권, 9쪽) 량치차오는 당시의 학교를 "지식을 판매하는 잡화점"이라 조롱했다.(앞의 책) 아울러 중국 학교건 구미 학교건 막론하고 하나같이 똑같은 병을 앓고 있고 차이는 단지 병의 깊고 얕음에 불과하다고 했다. 또 그는 이렇게 말했다. "현재의 학교는 대부분 지식 습득에 치중하면서 지식 이외의 일은 소홀하게 취급한다. 대학, 중고등학교, 초등학교를 막론하고 모두 더 많은 지식을 주입하는 데 노력하고 있다." 량치차오는 더욱 중요한 것은 "인격 수양과 신체 단련"인데 이 모두가 경시되고 있다고 지적했다.(『음빙실합집·문집』 제43권, 5쪽) 그는 또 다음과 같이 사람들을 일깨우고 있다. "근래 국내 청년 계층에서 흔히 들을 수 있는 한마디 말은 바로 '지식 기근'이다. 그러나 그들은 가장 중요한 '정신 기근'에 대해서는 전혀 알지 못한다." 후자의 해악은 전자를 훨씬 초월하지만 공포스럽게도 사람들은 대부분 이 점을 스스로 인식하지 못하고 있다. 량치차오는 또 이렇게 지적했다. 사람들은 "정신생활이 완전한 이후에야 자신이 습득한 많은 지식을 유용하게 쓸 수 있다. 정신생활이 없는 사람은 사회나 개인을 위해 일을 할 때 지식을 거짓으로 포장해서 내놓는 걸 즐긴다." "학문을 하는 데서 가장 중요한 점은 정신 기근을 구제하는 것이다." 그러나 정신 기근을 구제할 방법은 어디에 있는가? 량치차오는 동양의 두 나라 즉 중국과 인도를 가리킨다. "동양의 학문은 정신을 출발점으로 삼고, 서양의 학문은 물질을 출발점으로 삼는다. 지식 기근을 구제하기 위해서는 서양에서 재료를 찾고, 정신 기근을 구제하기 위해서는 동양에서 재료를 찾아야 한다."(『음빙실합집·문집』 제40권, 9~12쪽) 어떤 이는 혹시 량치차오가 말하는 게 "중국의 학문을 본체로 삼고 서양의 학문을 실용으로 삼자中學爲體, 西學爲用"는 상투어가 아니냐고 의구심을 보일 수 있다. 사실은 그렇지 않다. 량치차오가 당시 목도한 중국 교육의 현실 상황을 통해 말해본다면, 그는 "본래 가지고 있던 중국의 정신을 모두 잃어버렸는데도 불구하고 서양의 정신조차 획득하지 못해서"(『음빙실합집·문집』 제43권, 6쪽) 중국인의 정신세계가 완전히 황무지로 변했다는 지적을 하는 것이다. 량치차오는 전통은 이미 붕괴되었는데 새로운 학문은 아직도 정립되지 못한 정신문화의 위기 속에서 동양의 학문과 도덕이 세속의 풍속을 바꾸고 새로운 문화를 건설할 수 있다고 인식했다. 량치차오가 내놓은 해답은 이렇다. "내가 말하는 신민은 서양풍에 심취해 수천 년 지속되어 온 우리의 도덕, 학문, 풍속을 멸시하고 다른 나라에서 원군을 찾는 사람이 결코 아니다. 또한 고서 더미를 고수하며 수천 년 지속되어온 우리의 도덕, 학문, 풍속만을 끌어안고 이 드넓은 대지에 발을 딛고 살려는 사람 또한 결코 아니다."(『음빙실합집·문집』 제4권, 7쪽) 이것이 바로 량치차오가 동시대 수많은 사람보다 뛰어난 점이다. 그는 완고하고 수구적이지 않았고 더 나아가 새로운 기풍을 선도하는 경우도 많았다. 그는 또 절대 중국의 문화 전통을 배척하지 않았고 오히려 그것을 믿었다. 설령 오늘날이라 해도 전통적인 '극기구인克己求仁[자신의 사리사욕을 극복하고 어진 언행을 추구하기]'의 삶을 사는 것이야말로 자신의 몸을 편안하게 하고 천명에 따르는 기본 행위일 것이다. 량치차오의 자녀교육은 완전히 이 한 가지 점에 토대를 두고 있다. 그는 아이들에게 어려서부터 『논어』와 『맹자』 같은 책을 읽게 했으며, 량쓰청이 교통사고로 입원했을 때도 "이 기회를 이용해 중국 고서를 많이 읽는 것도 좋은 일이다"라고 량쓰청을 위로했다.(『인생의 좋은 기회: 량치차오가 식구들에게 보내는 편지』, 142쪽) 량치차오는 이러한 언급을 통해 전통적 윤리도덕이 아이들에게 잠재적 교화작용을 발휘할 수 있기를 희망했다.

불우不憂: 근심하지 않기

량치차오는 자신의 인생 경험을 통해 생활 속에서 적극적이고 진취적인 태도를 가져야 아름다운 인생관을 견지할 수 있다고 결론 내렸다. 그는 자신의 자녀가 소극적이고 자신감이 없으며 비관적이고 침울할까 가장 걱정하면서 이렇게 훈계했다. "늘 원기 넘치는 기상을 유지할 수 있어야 앞날의 사업을 이야기할 수 있다."(앞의 책, 72쪽) 쓰순에게 보낸 편지에서도 이처럼 언급했다. "너와 시저는 모두 한미한 선비 가문 출신이라 결국 자기 가문의 본색을 망가뜨리지 않아야 아이들에게도 인격을 연마할 기회를 제공할 수 있을 것이다. 난세에 태어나서 고생을 해봐야 스스로의 입지를 튼튼하게 마련할 수 있다. ─기실 어찌 난세에만 그렇겠느냐?─ 사람이 물질 측면에서만 누리는 행복은 단지 생명을 유지하기만 하면 그만이다. 또다른 즐거움이 있는가의 여부는 물질적인 것에만 지배를 받지 않는다. 곤궁과 고통 속에서 즐거움을 얻을 수 있어야 진정으로 인생을 산다 할 수 있을 것이다."(앞의 책, 71쪽) 량치차오는 때때로 자신의 경험을 예로 들어 설명하기도 했다. "너희는 이 아버지가 하루 이상 근심에 젖어 있고 하루 이상 화를 내는 걸 언제 본 적이 있느냐? 나의 덕성 공부는 중년 이래 많은 단련을 거쳐 이제 더욱 성숙한 단계로 접어들었고 점점 순수하고 자연스러운 상태에 가까워지고 있다. 나는 인생관이 대단히 화통하고 강건하고 위대해서, 어떤 경우를 당하더라도 항상 즐거운 마음을 유지할 수 있다."(앞의 책, 59쪽) 그는 이것이 바로 공자가 말한 "어진 사람은 근심하지 않는다仁者不憂"

는 경지이며 또 '삼달덕'의 두번째 덕이라 인식했다. 그러나 지금도 많은 사람은 량치차오의 이러한 인식을 경멸하면서 중국이 낙후한 원인이 바로 공맹지도孔孟之道를 신봉한 때문이라 주장한다. 소위 인의도덕은 모두 허위이며 통치계급이 자신들의 통치를 유지하고 백성을 기만하려 사용하는 정신의 아편이라는 것이다. 이러한 논리도 반드시 틀린 말은 아니지만 올바른 이치의 절반만 말한 것에 불과하다. 또다른 절반은 바로 량치차오가 말한 인격 연마다. 그는 무엇이 '인仁'인가? 하는 질문을 던져놓고 공자의 해석을 답으로 내놓고 있다. "인仁이란 인人이다仁者人也."[17] 인仁이란 바로 사람이란 뜻이다. 량치차오는 여기서 한 걸음 더 나아가 '인'을 '보편 인격의 실현'이라 해석했다. 따라서 그는 "인격 완성을 '인仁'이라 한다"면서 이 때문에 '인'에는 인격 단련의 요소가 포함되어 있다고 인식했다. 과거의 사대부들은 '내성외왕'에 대해 이야기하기를 좋아했지만 내용을 보면 너무나 오묘해 이해하기 힘든 구석이 많았다. 기실 '외왕'이란 공을 세우고 왕업을 건립하는 것이므로 여기서 잠시 거론하지 않기로 한다. 그러나 '내성'은 자아 수양과 인격 완성을 의미하고 그 최고 경지는 바로 '어진 사람은 근심하지 않는다'는 마음 상태에 이르는 것이다. 그런데 어진 사람은 어째서 근심하지 않을 수 있는가? 량치차오는 이렇게 인식하고 있다. "무릇 근심이 발생하는 원인은 두 가지를 벗어나지 않는다. 성패成敗[성공과 실패]에 대해 근심하는 것과 득실得失[얻음과 잃음]에 대해 근심하는 것이다. 그러나 우리가 '인'의 인생관을 터득하게 되면 성패에 대해 근심하지 않게 된다. 무슨 이유인가? 우리는 우주와 인생이 영원히 완성될 수 없음을 알기 때문이다. 따라서 『역경易經』의 64괘도 '건괘乾卦'[18]에서 시작해 '미제괘未濟卦'[19]로 끝난다. 이는 바로 영원히 완성될 수 없는 우주 안에서만 우리의 창조와 진화가 용납될 자리가 있음을 뜻한다. 우리가 하는 일은 우주 진화의 수억만 리 노정 속에서

---

17 『중용』 제20장에 나오는 구절.
18 64괘의 시작. 상괘와 하괘가 모두 건乾이므로 중천건重天乾(䷀)이라 한다. 강건하고 씩씩한 하늘의 도를 나타낸다.
19 64괘의 마지막. 상괘는 이離, 하괘는 감坎이므로 화수미제火水未濟(䷿)라 한다. '아직 물을 건너지 못했다'는 뜻이며 천지의 이치가 종말이 있는 게 아니라 끊임없이 순환·반복함을 나타낸다.

겨우 한두 치 전진하는 것밖에 되지 않기에 성공이고 아니고를 말할 자격조차 없다. 그럼 아예 아무것도 하지 않으면 어찌되는가? 아무것도 않으면 한 치 두 치의 길조차도 전진할 수 없으니 그건 진정으로 실패한 게 된다. '인자仁者'는 이러한 이치를 간파하고 오직 아무 일도 하지 않는 것만을 실패로 여기고 어떤 일이라도 기꺼이 하는 건 실패로 여기지 않는다. 이 때문에 『역경』에서도 '군자는 스스로 굳세게 힘쓰며 쉬지 않는다君子以自强不息'[20]라고 했다. 이 말을 바꾸어 말하면 그들은 또 모든 일이 성공할 수 없음을 믿었다고 할 수 있다. 수억만 리 노정 속에서 겨우 한두 치 전진하는 것을 성공이라 할 수 있을까? 그래서 『논어』에서도 '그 불가함을 알면서도 행한다知其不可而爲之'[21]라고 했다. 너 생각해보아라. 인생관이 이러한 사람이 무슨 성공과 실패 때문에 근심할 일이 있겠느냐? 그리고 우리가 '인'의 인생관을 터득하면 득실도 근심하지 않게 된다. 무슨 이유인가? 어떤 물건을 나의 것이라고 인정해야만 득실을 말할 수 있지만 인격조차도 단독으로 존재하지 않는 마당에 이것은 나의 것이고 저것은 다른 사람의 것이라고 명확하게 확정할 수 없기 때문이다. 그러므로 내가 얻을 수 있는 것이 어디에 있겠느냐? 내가 얻을 물건이 없다면 당연히 내가 잃을 물건도 없다. 나는 다만 학문을 위해 학문을 하고 노동을 위해 노동을 할 뿐 결코 학문과 노동을 수단으로 해서 어떤 목적을 달성할 마음은 없다. 그것으로 우리가 다소 얻을 게 있더라도 말이다. 이 때문에 노자老子는 '만물을 길러주면서도 소유하지 않고, 만물을 위해주면서도 의지하지 않는다生而不有, 爲而不恃'[22]라 했고, 또 '이미 다른 사람을 위해 썼으면서도 내가 더 많이 소유하게 되고, 이미 다른 사람에게 줬으면서도 내가 더 많이 가지게 된다旣以爲人, 己愈有, 旣以與人, 己愈多'[23]라고 했다. 너 생각해보아라. 인생관이 이 같은 사람이 무슨 득실 때문에 근심할 일이 있겠느냐? 결국 인생관이 이러하다면 자연스럽

---

20 『역경』「건괘乾卦」 편에 나오는 구절.
21 『논어』「헌문憲問」 편에 나오는 구절.
22 『노자』 제51장에 나오는 구절.
23 『노자』 제81장에 나오는 구절.

게 '천지가 나와 함께 공생하고 만물이 나와 함께 하나가 된다'는 것을 깨닫게 된다. 따라서 하는 일마다 스스로 얻는 게 있게 된다. 그런 사람의 생활은 순수하게 취미화되고 예술화된다. 이야말로 최고의 정감 교육이다."(『음빙실합집·문집』 제39권, 106~108쪽) 량치차오의 이 같은 교육이 과연 어떤 성과를 거뒀을까? 쓰융이 부친 량치차오에게 다음과 같이 말한 적이 있다. "아버지! 안심하세요. 우리 형제자매는 모두 아버지의 유전인자와 가르침을 받아들였으니 비관적이고 우울하게 살아가지 않을 거예요."(『인생의 좋은 기회: 량치차오가 식구들에게 보내는 편지』, 257쪽)

여기서도 알 수 있듯 량치차오의 가정교육에는 사리사욕을 극복하고 인을 추구하는 유가儒家의 정신과 검소하게 욕심을 줄이고 고난과 힘든 일을 참고 이겨내는 묵가墨家의 정신뿐만 아니라 허허롭게 모든 일을 조용히 관조하는 노장老莊의 정신도 함께 들어 있다. 결국 자신의 인격을 완성해 진정하고 건전한 인간이 되어야 한다는 교육관으로 귀결되는 셈이다. 량치차오는 자녀들에게 보낸 편지에서 반복해서 이렇게 당부하고 있다. "우환을 만나는 것은 인생에서 가장 큰 행운이니 정신을 진작하고 의지를 강하게 할 수 있어야 한다."(앞의 책, 46쪽) "맹자는 '우환 속에서는 살고 안락 속에서는 죽는다生於憂患, 死於安樂24라고 했다. 너희는 어린 나이로 근래 몇 년간 까닭 없이 허영의 세월을 보냈으니, 이는 정말 이 세상에서 만난 험난한 운명이라고 생각해야 한다. 내가 지금 안락을 버리고 우환 속으로 들어가려 함은 국가를 위해 책임 있는 행동을 하려는 것일 뿐만 아니라 너희를 험난한 운명에서 벗어나게 하려는 것이다. 우리 집안은 십몇 대 동안 청렴하고 빈한하게 살아왔고 이러한 삶을 가장 크게 자부해왔는데, 어찌하여 더러운 비린내를 좇아 우리가 지켜온 집안의 원칙을 버리려 하느냐?"(앞의 책, 47쪽) 이러한 언급은 모두 량치차오가 자녀에게 은근하게 기대하고 요청한 교육원칙이라 할 수 있다. 이 때문에 량치차오는 "지혜로운 사람은 미혹되지 않고" "어진 사람은 근심하지 않는다"는 가르침도 부족해 "용기 있

---

24 『맹자』「고자告子 하」 편에 나오는 구절.

는 사람은 두려워하지 않는다"는 가르침까지 베풀었다.

불구不懼: 두려워하지 않기

어떻게 해야 "용기 있는 사람은 두려워하지 않는다"는 경지에 이를 수 있을까? 량치차오는 두 가지가 필요하다고 보았다. 첫째, 마음을 밝게 가져야 한다. 속담에 이런 말이 있다. "평생토록 양심에 어긋난 일을 하지 않았다면, 한밤중에 문을 두드리는 사람이 있어도 놀라지 않는다." 량치차오가 이에 대해 한 말은 이렇다. "사람이 용기를 가지려면 반드시 모든 행위를 공개할 수 있어야 한다."(『음빙실합집·문집』 제39권, 108쪽) 흉금이 공명정대해야 두려워할 것이 아무것도 없게 된다. 량치차오는 일찍이 두 차례 공개적으로 스승 캉유웨이와 다른 태도를 보였다. 첫번째로 그는 일본 망명 기간인 광서 28년(1902)에 「공교孔敎 보호는 공자를 존중하는 방법이 아님을 논함保敎非所以尊孔論」을 써서 공개적으로 캉유웨이에 반대했다. 량치차오는 이때 캉유웨이가 해외에서 일으킨 '존공보교尊孔保敎[공자를 존중하고 공교를 보호함]운동'을 단호하게 반대했다. 두번째로는 중화민국 시기인 1917년에 장쉰張勳이 황제복위운동을 벌일 때, 돤치루이段祺瑞의 거병을 도와 장쉰을 토벌하는 일에 참여했다. 량치차오는 먼저 돤치루이를 위해 「장쉰의 황제복위운동 토벌을 위한 전문討張勳復辟通電」을 기초했지만 뜻이 좀 미진하자 바로 이튿날 공개적으로 「황제 복위에 반대하는 전문反對復辟電」을 발표했다. 그는 장쉰과 캉유웨이를 가리켜 국가를 배반하고 도道를 배반한 자라고 통렬하게 꾸짖으며 저 둘이 이번에 역모를 꾸민 수괴라고 힐난했다. 량치차오는 또 그들이 탐욕스럽고 후안무치한 무인武人이 아니면 과장된 언행이나 일삼고 부끄럼도 모르는 서생일 거라면서 공격의 창끝을 직접 자신의 스승인 캉유웨이에게 겨누었다. 량치차오와 위안스카이袁世凱의 관계도 이와 같았다. 위안스카이는 무술정변 과정에서 변법을 주장한 사람들의 거처를 밀고한 혐의를 받고 있었다. 이 때문에 무술6군자戊戌六君子[25]가 처형되었고,

---

25 무술변법 실패 후 청나라 수구파에 의해 처형된 여섯 유신파 인사. 탄쓰퉁譚嗣同, 캉광런康廣仁, 린쉬林旭, 양선슈楊深秀, 양루이楊銳, 류광디劉光第를 말한다.

캉유웨이와 량치차오도 10여 년을 해외에서 망명생활을 해야 했다. 말하자면 위안스카이는 량치차오와 결코 함께할 수 없는 불구대천의 원수였다. 그러나 량치차오는 신해혁명 이후 국가의 운명이라는 대국적 관점을 내세워 마침내 위안스카이와의 협력을 선택했다. 그러나 1915년 위안스카이가 황제제도를 부활시키자 량치차오는 와병 중임에도 「기괴하도다! 소위 국가체제 문제라는 것은異哉所謂國體問題者」을 써서 황제가 되려는 위안스카이의 야심을 통렬하게 꾸짖고 아울러 '위안스카이를 토벌하고 국가를 보위하자討袁護國'는 정치운동을 일으켰다.

량치차오의 이 같은 행동은 외부 사람들에게 '변신에 능하고' '자주 변신한다는' 인상을 주었다. 동맹회同盟會의 골간이며 신해혁명의 원훈元勳으로 스스로 스써우石叟란 호를 썼던 탄런펑譚人鳳은 량치차오를 "친구를 팔고, 원수를 섬기고, 스승을 배반하면서 갖가지 사리사욕을 추구했고 결국 인격과 양심을 모두 상실했다"라고 평했다.(『스써우 패사石叟牌詞』, 2쪽) 량치차오는 이에 대해 한 번도 반박하지 않았다. 그의 제자가 다음 같은 견해를 표명한 바 있다. "대체로 량치차오는 근본적으로 솔직하고 천진하며 순수한 학자일 뿐이다. 다른 사람과 교제하는 데 능숙하지 못하고 특히 사람을 잘 알아볼 줄 모른다. 이 점이 그의 평생에서 가장 큰 단점이었다. 그러나 큰일을 결단할 때는 절대 우유부단하지 않았고 은혜와 원한조차도 따지지 않았다. 이는 다른 사람이 미치기 어려운 점이다."(『량치차오를 추억하다』, 54쪽)

이 일에 대해서는 정전둬鄭振鐸의 설명이 가장 정확하다. 그는 이렇게 반문했다. "세상 사람들이 량런궁[량치차오] 선생에 대해 내리는 평가는 한결같지 않다. 그러나 그 누가 량런궁 스스로 자신을 꾸짖은 것보다 더욱 철저하고 정확하게 그를 꾸짖은 사람이 있는가? 또 그 누가 량런궁 스스로 자신을 추켜세운 것보다 더욱 적합하고 타당하게 그를 추켜세운 사람이 있는가?" 아마도 없을 것이다. 이에 정전둬는 또 이렇게 말했다. "량런궁 선생은 자신의 병폐와 결점과 장점을 진정으로 깊이 알고 명확하게 인식했던 분이다. 또 자신의 병폐와 결점과 장점을 진정으로 정확하고 분명하게 분석할 수 있었던 분이다. 그는 그것을 대중에게 밝게 드러내 보이면서 조금도 숨기지 않았다."(앞의 책, 87쪽) 정전뒤가 볼 때 량치차오가 "'여러 차례 변신한' 까닭이야말로 량치차오의 가장 강고한 신념이고, 가장 투철한 견해이며, 가장 부득이한 고충이었다. 만약 량치차오가 고집불통이었다면 일찌감치 낙오하고 퇴물이 되어, 청나라 망국을 슬퍼한 모든 남녀노소처럼 역사의 뒤안길로 사라졌을 것이다. 만약 량치차오가 상황에 따라 적절하게 변신하지 않았다면 그가 중국에 끼친 공헌과 업적은 아마도 아무것도 남아 있지 않을 것이다. 그의 가장 위대한 점과 공명정대한 인격을 가장 잘 드러내는 점이 바로 '변신에 능하고' '여러 차례 변신한' 행위에 있다고 할 수 있다. 량치차오는 '변신'을 통해 결코 자신의 주지主늘나 목적을 변화시키려 들지 않았다. 주지와 목적을 변화시킨 적이 없고 다만 방법만을 바꿨다. 즉 시대 상황과 환경에 따라 방법을 바꿨을 뿐이며 또한 '인식의 발달에 따라 방법을 바꿨을 뿐이다.' 량치차오의 주지와 목적은 바로 애국이었다."(앞의 책, 88~89쪽) 량치차오는 시종일관 이러한 태도를 바꾸지 않았고 자녀 교육도 이처럼 했다. 그는 자신의 인생 경력을 자식들에게 들려주면서 '가장 화통하고 강건하고 위대한 인생관'을 수립하도록 요구했다. 다른 사람이 어떻게 보든지 간에 또 내가 어떤 경우를 당하든지 간에 "나의 굳건한 입장대로 일을 처리해나가면 나의 흥미와 노력을 배가할 수 있다"고 했다.(『인생의 좋은 기회: 량치차오가 식구들에게 보내는 편지』, 50쪽)

둘째, 량치차오는 각종 유혹을 막아낼 심성을 연마하도록 했다. 그는 사회상에 수많은 유혹이 있고 사람들 행동도 아주 쉽게 각종 욕망에 좌우되는 것을 목도했다. 진정으로 "자신의 의지가 정욕의 포로가 된다면 장기간 타락에 빠져들어 영원히 자유를 회복할 여지를 갖지 못하게 된다"는 것이다. 그의 이러한 언급은 과격한 말을 해서 고의로 사람들을 놀라게 하려는 의도가 아니라 진실한 믿음에서 우러난 말이었다. 그는 계속해서 이렇게 언급하고 있다. "사람의 의지는 강력함에서 연약함으로 바뀌긴 아주 쉽지만, 연약함에서 강력함으로 되돌아가기는 아주 어렵다." 이 때문에 그는 수시로 자신을 일깨우면서 의지를 단련하려는 노력을 계속했고, 자신의 언행이 물질 측면에서 쓸데없는 욕망에 지배당하지 않게끔 노력했다.(『음빙실합집·문집』 제39권, 108쪽) 량치차오는 또 이러한 소신에 입각해 자녀들을 교육했고, 쓰순에게도 편지를 보내 여러 차례 자신의 입장을 이야기했다. "절대로 남들이 벌어들인 일확천금을 부러워 마라. 우리 집안은 땀 흘리지 않은 돈을 여태껏 한 번도 만지지 않았다."(『인생의 좋은 기회: 량치차오가 식구들에게 보내는 편지』, 217쪽)

량치차오는 중화민국 건국 이후 몇 년간 정부에서 관직생활을 하며 월급을 받은 적이 있다. 그러나 그의 일생을 살펴보면 주로 원고료에 의지해 집안을 꾸려갔다. 그는 쓰순에게 "내 힘만으로 반드시 우리 집안에 기한飢寒이 없게 하겠다"고 했지만 큰돈을 벌 수 없었다. 물론 그에게도 큰돈을 벌 기회가 있었다. 량치차오는 이에 대해 이렇게 언급했다. "내가 만약 조금이라도 비루하게 살아가려고 마음먹었다면 한 달에 수만금을 버는 일도 어렵지 않았지만, 나는 그렇게 하고 싶지 않았다."(앞의 책, 215~216쪽) 왜 그렇게 하고 싶지 않았을까? 자신이 비루하게 살고 싶지 않았고 자신의 존엄을 포기하고 싶지 않았기 때문이다. 량치차오는 사람들에게 자신의 솔직한 마음을 이렇게 털어놓고 있다. "인간이 되려면서 그 정도도 하지 못한다면 절대로 인간이 되지 못할 것이다."(『음빙실합집·문집』 제39권, 108쪽) 그는 자녀들에게도 항상 그렇게 가르쳤다. 량치차오가 성격과 품격 및 식견과 도량 등 여러 부문에서 다른 사람보다 훨씬 뛰어났음은 분명한 사실이다. 그는 가정교육도 항상 큰 안목에서 계획을 잡고 작고 구체적인 일에서 실천을 해나갔다. 그는 마치 부지런한 정원사처럼 오랫동안 화초에 물을 주고 가꾸어서 마침내 풍성한 열매를 수확했다. 아홉 자녀 모두 훌륭한 인재로 키워낸 것이야말로 국가 사회에 대한 위대한 공헌이라 할 만하다. 량치차오가 견지한 아버지로서의 도리와 가정교육과 가풍도 후세 사람들에게 고귀한 유산으로 전해지고 있다.

제3장

서로 존경하고 서로 알아주다: 량치차오의 혼인과 애정

/

총명하고 강인한 리 부인

량치차오 일생에는 중요한 여인이 셋 등장한다. 바로 부인 둘과 젊은 지기知己 한 사람이다. 첫번째는 물론 부인 리후이셴李蕙仙이다. 리 부인에게는 매우 흥미로운 내력이 감추어져 있다. 샤샤오훙夏曉虹 교수의 고증에 따르면, 리 부인은 본명이 '돤후이端蕙'고 '후이셴'은 자字라고 한다. 량치차오는 시 「상하이에서 눈을 만나 후이셴에게 부치다上海遇雪寄蕙仙」의 제목 아래 주注를 달아 "후이셴은 리 부인의 자다"라고 했다.(「음빙실합집·문집」 제45권 하, 1쪽) 그러나 일상생활에서는 모두들 그녀를 '후이셴'이라 불렀기 때문에 '돤후이'라는 본명은 아는 사람이 거의 드물 정도로 역사의 뒤안길에 묻혀 있었다.

리돤후이의 부친 리차오이李朝儀는 자가 짜오저우藻舟로 도광 25년(1845)에 진사進士가 되었다. 도광[청 선종宣宗의 연호], 함풍[청 문종文宗의 연호], 동치[청 목종穆宗의 연호], 광서[청 덕종德宗의 연호] 등 네 조정을 섬기며 관직생활을 했다. 그는 즈리直隸[허베이 성河北省] 핑구平谷 지현知縣직을 시작으로 한 걸음씩 승진해 순톈 부윤順天府尹에까지 올랐다. 순톈 부윤은 지금으로 치면 베이징 시장이다. 리돤후이는 부친이 융딩 강永定河을 다스릴 때 임지에서 태어났다. 사촌오빠 리돤펀李端棻은 어려서 부친을 잃었지만, 숙부 리차오이가 재주를 알아보고 그를 친아들처럼 극진하게 돌봐줬다. 리돤펀도 그런 리차오이의 모습을 본받아 행동과 일처리가 아주 정직했고 나중에 벼슬이 예부상서禮部尚書에 이르렀으며, 저명한 유신파 대신의 한 사람이 되었다. 리차오이는 '베이징 시장'직을 겨우 2년만 수행한 후 광서 7년(1881)에 불행하게도 세상을 떠났고, 그의 가족들은 모두 구이저우貴州로 귀향했다. 광서 15년(1889) 광둥 향시 때 리돤펀이 과거시험 주 감독관이었다. 당시 량치차오는 여러 급제자 중 한 사람이었고 나이는 겨우 17세였다. 그는 전체 급제자 가운데 당당히 8등에 이름을 올리며 찬란한 혜성처럼 등장했다. 리돤펀은 이처럼 전도유망한 젊은 인재를 보고 바로 자신의 사촌 여동생 리돤후이를 떠올렸다. 이때 리돤후이는 벌써 21세가 되어 규중에서 혼처를 찾고 있었다. 급제자 방이 붙고 난 뒤 법도에 따라 급제자들은 모두 주 감독관에게 스승의 예로 인사를 드려야 했다. 리돤펀은 먼저 부 감독관인 왕런칸王仁堪[커창可莊]에게 중매를 서달라 부탁하고 사촌 여동생을 량치차오에게 출가시키려 했다. 이 과정에도 재미있는 에피소드가 있다. 왕 부 감독관에게도 아직 혼처를 정하지 못한 딸이 있었고, 그 또한 량치차오가 아주 마음에 들어 딸을 량치차오에게 시집보내고 싶어했다. 그런데 뜻밖에도 주 감독관이 선수를 쳤기 때문에 어떻게 할 수가 없어 결국 중매쟁이 노릇을 할 수밖에 없었다는 것이다.

량치차오는 한미한 가문 출신으로 본래 가난한 선비에 불과했지만 재능이 출중해 주 감독관 마음에 들었고, 마침내 주 감독관이 직접 나서서 량치차오의 혼인을 추진했다. 이 일은 관직사회의 미담이거니와 량치차오에게도 매우 영광스러운 일이었다. 2년 뒤인 광서 17년(1891) 입동 무렵에 량치차오는 천 리 먼 길을 북상해 베이징에서 리돤후이와 혼례를 올렸다. 량치차오와 리돤후이는 결혼 뒤 잠시 쉬안우 구宣武區 융광사永光寺 서가西街 구문패舊門牌 1호號에 있는 신후이회관新會會館에 머물렀다. 당시 량치차오는 19세였고 신부는 네 살이 많았으므로 23세 정도 되었을 것이다. 이듬해 여름 량치차오는 부인 리돤후이와 함께 고향인 광둥 성 신후이 차컹 촌으로 돌아왔다. 량씨 집안은 대대로 농사를 지으며 겨우 박토 몇 마지기에 의지해 생활을 꾸려왔기 때문에 집안 사정이 결코 부유하지 않았다. 신혼부부가 막 고향에 도착했을 때는 집 모양을 갖춘 신혼집도 없어서 량씨 성 일가의 작은 서재를 빌려 임시로 신방을 차려야 했다. 광둥의 기후는 덥고 습기가 많아 처음 그곳에 온 리돤후이는 쉽게 적응하지 못했다. 그러나 벼슬아치 집안에서 성장한 뒤 도성에서 중국 최남단 시골 마을로 시집온 큰아씨는 전혀 불평도 않고 싫어하는 마음도 없이 빠르게 량씨 집의 가난하고 검소한 생활에 적응했다. 그녀가 집안의 일상사를 주재하게 되자 량씨 집 윗사람 아랫사람 모두 이 신부를 입이 닳도록 칭찬했다. 량치차오의 생모 자오씨趙氏 대부인은 5년 전(1887)에 이미 세상을 떠났고 새로 들어온 계모는 리돤후이보다 겨우 두 살밖에 많지 않았다. 그러나 리돤후이는 계모에게 극진하게 효도하며 밤낮없이 성심으로 받들어 모셨다. 마을 사람 모두 그런 리돤후이를 현모양처라 칭송했다.

결혼 후에 량치차오는 집에 오래 머물지 않았다. 그는 당시 캉유웨이에게 배움을 구하고 있었다. 학문을 완성하기 위해 량치차오는 결혼 후 얼마 안 되어 만목초당萬木草堂으로 공부를 하러 떠났다. 만목초당은 광저우廣州 창싱 리長興里에 있었고, 량치차오의 고향 신후이 차컹 촌과는 100리 정도 떨어져 있었다. 당시에는 교통이 상당히 불편해 이 신혼부부는 함께 있는 시간보다 헤어져 있는 시간이 많았다. 량치차오는 또 그후 몇 년 동안 두 차례나 베이징 회시에 응시해야 했기에 부부가 함께 있을 시간은 더욱 줄어들었다. 당시 베이징은 폭풍우가 몰아닥치기 직전이었고 온 나라도 고난에 처해 있었다. 갑오년(1894) 청일전쟁으로 노대국 중국은 약소국으로 여기던 일본에 패배했고 북양 해군은 완전히 궤멸되고 말았다. 청나라 정부는 협박에 못 이겨 일본과 화친을 맺고 타이완臺灣과 펑후澎湖 제도와 랴오둥 반도遼東半島를 할양할 준비와 일본에 지급할 손해배상금 백은白銀 2억 량을 준비하고 있었다. 이 소식이 전해지자 중국 국민들은 격분했고 캉유웨이는 앞장서서 공거상서公車上書를 올리자고 주장하면서 청 정부에 일본과 화의를 거절하라고 요구했다. 이때 량치차오는 밤낮없이 분주하게 뛰어다니며 각 성의 과거 응시자들과 연락을 주고받았다. 그들은 베이징 성城 남쪽 송균암松筠庵에 모여 회합하고 며칠 동안 밤새도록 만언서萬言書를 작성해 화의 거절, 천도, 변법 등 요구조건 3개 항목을 조정에 제출했다. 이 공거상서는 전대미문의 대사건이었다. 이후 량치차오의 인생에는 근본적 변화가 일어났다. 그는 더이상 과거 급제를 자신의 인생 목표로 삼지 않고, 개혁가와 계몽가 신분으로 세상 사람들 앞에 모습을 드러냈다. 그는 심신의 모든 힘을 유신변법과 국난 극복에 바쳤다. 량치차오는 베이징, 상하이, 후난湖南, 광둥 등지를 돌아다니며 학회를 열고 신문을 발행하고 강연을 하면서 중국의 부강과 발전을 위해 북을 치며 크게 외쳤다.

사랑의 시에 깃든 낭만과 운치

이 시기 량치차오는 귀향하기가 어려워 가족과 함께 지낸 시간이 아주 드물었다. 그래서 량치차오 부부간 감정이나 생활 상황을 알려주는 사료는 거의 찾아볼 수 없고, 이 때문에 오늘날 우리는 당시 둘이 갖고 있던 감정의 구체적 실상을 추측하기가 어렵다. 리돤후이는 벼슬아치 가문 출신이었는데, 명청明淸 시절 벼슬아치 가문 여성들은 대부분 시를 짓고 화답하는 교육을 받았다. 몇몇 사람이 기억하기로, 리 부인은 어려서부터 고시古詩를 익숙하게 암송했고 작시와 작문 능력까지 갖춘 데다 금琴 연주와 바둑과 서예와 그림에까지 능해 친척과 친지는 그녀를 재녀才女라 불렀다고 한다. 유감스럽게도 우리는 지금까지 전해지는 그녀의 작품이나 이와 관련한 어떤 기록도 찾아볼 수 없다. 량치차오 성격으로 보아 리돤후이의 작품이 있었다면 기록으로 남겨놓지 않았을 리 없다. 그는 『음빙실시화飮氷室詩話』에서 다른 여성의 시는 기록해놓았으면서도 어찌하여 자기 부인의 작품에 대해서는 일언반구도 언급하지 않았을까? 지금으로서 가장 가능성 있는 대답은 바로 리 부인이 확실히 시를 쓴 적이 없다는 것이다. 이제 우리는 량치차오가 그녀에게 써준 시사詩詞 작품을 통해 그들 젊은 부부 간의 낭만과 운치를 느껴볼 수밖에 없다.

광서 21년(1895) 량치차오는 시 「상하이에서 눈을 만나 후이셴에게 부치다」에서 다음처럼 묘사하고 있다.

봄추위가 서글프게 봄옷으로 파고들고	春寒惻惻逼春衣
2월 강남 땅엔 눈발 아직 흩날리네.	二月江南雪尙霏
평생토록 잊지 못할 한 가지 일이라면	一事生平忘不得
제야에 도성에서 노변정담 나눌 때네.	京華除夜擁爐時

음력 2월 강남 땅에 눈비가 흩날리고 봄추위는 아직 매섭다. 홀로 여관 방에 머물던 량치차오는 지난날 제야에 베이징에서 아내와 함께 화로를 피 워놓고 도란도란 정담을 나누던 정경을 생각해내고, 이를 따뜻한 부부생 활의 실루엣으로 그려내고 있다.

또 「아내에게 4수寄內四首」에서도 이렇게 묘사하고 있다.

한 가닥 연약한 정 스스로도 주체 못해	一縷柔情不自支
서풍 속 남향 기러기 그대를 이별하네.	西風南雁別卿時
한창 시절 좋은 금슬 심하게 어긋날 때	年華錦瑟蹉跎甚
가지 가득 꽃을 피운 도미화茶蘼花를 또 본다네.	又見茶蘼花滿枝

주렴 친 창에 달이 떠서 정원은 공허한데	月上簾櫳院落虛
비단 휘장 드리워 낡은 유소流蘇를 가렸다네.	香羅帳掩舊流蘇
동풍은 지난밤에 할 일 없이 무료한지	東風昨夜無聊賴
약한 추위 지어내어 옥 옷장을 놀렸다네.	故作輕寒逗玉櫥

삼 년에 두 차례나 도성의 객이 될 때	三年兩度客京華
섬섬옥수 부여잡고 달빛 아래 배를 탔네.	纖手扶攜上月槎
오늘은 온 산하에 낙엽이 한스러운데	今日關河怨搖落
수많은 성城에 석양 비쳐 갈잎 피리 구슬프네.	千城殘照動悲笳

| 버들솜 뜬 연못에 제비 새끼 날 때 | 萍絮池塘乳燕飛 |
| 채색 편지지 검은 줄 안에 세세하게 사연 쓰네. | 蠻箋細展寫烏絲 |

은근한 마음으로 임안臨安으로 부치나니　　　　　殷勤寄與臨安去
밭두렁에 꽃 피면 부디 늦게 귀환 마오.　　　　　陌上花開莫緩歸

　위 시에서 묘사하는 이별의 우수는 중국 고전 시사 작품에서 쉽게 찾아
볼 수 있는 정서다. 그러나 량치차오는 이별의 정서 묘사를 통해 광서 21~
23년(1895~1897)까지 자신이 처한 생명 상태와 심정을 표현하고 있다. 그
는 당시 비분강개한 심정 외에도 침울하고 애절한 마음도 있었다. 비록 국
가의 위기와 현실 속 우환이 수시로 그의 마음속에서 끊임없이 파란을 일
으키고 있었지만, 당시 한창 젊은 나이였던 준재 량치차오가 어찌 집안에
서 자신을 기다리는 사랑스럽고 예쁜 아내를 잊을 수 있겠는가? 깊은 밤
인적이 드물 때면 량치차오도 자신의 연약한 감정과 그리움 때문에 어쩔
줄 몰라했다. 애절한 피리 소리 같은 이러한 심미적 정서는 그가 아내에게
보낸 사詞 작품 몇 수에도 잘 표현되어 있다. 량치차오는 「난릉왕·동짓날
아직 길 위에 있을 후이셴에게 부치다蘭陵王·至日寄蕙仙計時當在道中」에서 친정
으로 가는 리돤후이의 모습을 묘사했다. 그는 아내가 곁에 없자 잠도 이루
지 못하고 창밖의 망망한 밤빛을 바라보며 수심에 젖어들고 있다. 그는 아
내가 여행 도중 바람과 이슬을 맞으며 배와 수레에서 고생이나 하지 않을
까 전전긍긍하고 있다.

저녁연기 곧게 오르며　　　　　　　　　　　　　　暝煙直
하루의 수심 빛깔을 짠다.　　　　　　　　　　　織就一天愁色
난간 밖에는 끝없이 자란 정원의 잡초　　　　　欄杆外無限庭蕪
석양 속에서 마구 흔들리고　　　　　　　　　　付與斜陽盡狼藉
만날 기약은 아득하다.　　　　　　　　　　　　　良期渺難得
어찌하여 화려한 날을 헛되이 보냈는가?　　　　遮莫年華虛擲
기나긴 밤　　　　　　　　　　　　　　　　　　　　迢迢夜
꿈은 가고 근심이 찾아오니　　　　　　　　　　夢去愁來
세월이 나그네를 지치게 하는 듯.　　　　　　　還似年時倦遊客

하늘 끝을 여러 번 떠돈다.　　　　　　　　　　　　　　天涯數行跡

근심스러워라, 뜸배 안 이불은 차갑고　　　　　　　　念衾冷舟蓬

정자 안 등불은 어두운데　　　　　　　　　　　　　　燈暗亭壁

가마에서 부축해서 내릴 때 온몸에 기운도 없으리라.　籃輿扶下正無力

달빛 비치는 객점에 새벽닭이 울고　　　　　　　　　又月店雞聲

서리 내린 다리에 말 그림자 비치며,　　　　　　　　霜橋馬影

새벽에 일어나길 재촉하고 저녁 늦게야 역참에 도착하네.催人晨起趁晚驛

이 차가운 밤에 어떻게 쉬는지?　　　　　　　　　　　夜涼怎將息

쓸쓸함이　　　　　　　　　　　　　　　　　　　　　　凄寂

오늘 저녁 함께하고　　　　　　　　　　　　　　　　共今夕

눈길은 흐르는 구름에 끊어진다.　　　　　　　　　　共目斷行雲

남쪽과 북쪽 강안江岸의 나무들　　　　　　　　　　江樹南北

꽃 핀 자리 바라보니 슬픈 마음 끝이 없다.　　　　芳痕觸處情無極

그대 손수 짠 비단과 손수 쓴 글씨　　　　　　　　有織錦留墨

이로 자른 자수 실에는 침이 엉겨 푸르고　　　　　唾絨凝碧

이것들을 바라보다 그리움에 잠 못 든다.　　　　　思量無寐

여기에 담담한 달빛이　　　　　　　　　　　　　　又淡月

주렴 틈으로 비쳐든다.　　　　　　　　　　　　　照簾隙

　또 「대성로·황푸강에서 후이셴이 구이저우 친정으로 가는 걸 배웅하고, 나도 남쪽으로 돌아가다臺城路·黃浦江送蕙仙歸寧之黔余亦南還矣」에서도 리롼후이가 친정으로 갈 때 부부가 이별하는 심정을 읊었다.

평소에 이별의 시름 믿지 않다가　　　　　　　　平生未信離愁

그대를 돛배에 태워 서쪽으로 보낸다.　　　　　放他片帆西去

이별의 노래 되풀이해서 부르며　　　　　　　　三疊陽關

탁주 한 잔을 마시니　　　　　　　　　　　　　一杯濁酒

이별의 시름이 밀려온다.	做就此番情緒
그대여 취하지 마오.	勸君莫醉
오늘 밤 깨어나면	怕今夜醒來
나도 떠날 것이오.	我儂行矣
바람 부는 새벽달은 이지러졌는데	風曉月殘
강변에서 뒷짐 지고 서성이며 어디로 갈까?	江潯負手向何處

하늘 끝에서는 돌아올 줄 알거늘	天涯知是歸路
어찌하여 동쪽 때까치와 서쪽 제비처럼	奈東勞西燕
멀리멀리 헤어지는가?	遼絕如許
땅 가득 창과 방패	滿地幹戈
하늘 가득 폭풍과 눈보라	滿天風雪
나그넷길 이런 쓴맛을 참을 수 있을까?	耐否客途滋味
수많은 심사 중에	幾多心事
처량함만 남아	算只有凄涼
서로 등지고 서서 아무 말도 못한다.	背人無語
다시 만날 때	待取見時
그대에게 일일이 하소연하리.	一聲聲訴汝

또 「동선가·중추절에 아내에게 부치다洞仙歌·中秋寄內」에서는 중추절 밤에
달을 보고 아내를 그리워하는 심정을 묘사했다. 즉 지난해 중추절에 아내
와 달빛 아래서 즐겁게 술을 마시다가 몰래 아내의 취한 모습을 훔쳐본 일
을 회상하고 있다.

얼핏 깨어 잠결인데	薄醒殘睡
사경四更의 하늘에	又四更天氣
밝은 달이 불쑥 새로 떠 있다.	明月新來太無賴
지난해 이 밤이 떠오르나니	記去年

수정 주렴에 두 그림자 비치고 　　　　　　　　　　　今夕雙影晶簾
살짝 취한 그대 모습 조금씩 엿보았다. 　　　　　　曾見汝一點窺人微醉

아름다운 누대 하늘 밖에 있어 　　　　　　　　　　瑤臺天外路
정 깊고 꽃다운 시절이건만 　　　　　　　　　　　　依約年華
달이 둥글어질수록 얼굴은 더욱 초췌해진다. 　　甚到圓時越憔悴
연지 향 속에 새벽녘 흐느끼며 　　　　　　　　　　料脂香啼曙
거울 달린 분첩으로 차가운 얼굴을 두드리리라. 　鏡粉敲寒
꽃이 만발한 하늘 끝 정취가 식지 않았다면 　　算未減花底天涯滋味
예쁘고 하얀 달이 떠오를 때 은근한 정을 호소하여 　待互倩素娥慇慇勤
꿈속에서라도 외로운 기러기 편에 그 마음 전해주오. 萬一夢魂兒斷鴻能寄
(『음빙실합집·문집』 제45권 하. 위의 시와 사는 각각 1쪽과 89쪽 참조)

부부가 서로 손님처럼 공경하다

량치차오는 광서 24년(1898) 8월 무술변법 실패 후 황급히 몸을 피해 일본
으로 건너갔다. 그는 난리 통에도 줄곧 가족의 안전을 걱정하며 자주 아내
리돤후이에게 안부 편지를 보냈다. 량치차오가 9월 15일 편지에서 쓴 바로
는, 스승 캉유웨이가 이미 일본에 도착했고 량치차오는 캉유웨이 거처에서
자기 가족이 모두 아오먼澳門[마카오]으로 피난한 뒤 그런대로 안전하게 생
활하고 있음을 알게 되었다고 한다. 이 소식을 듣고 량치차오는 얼마간 마
음의 안정을 되찾았다. 부인이 난리를 당하고도 두려움이 없었다는 소식을
듣고 그는 이렇게 말했다. "비분강개하면서도 조용한 태도를 유지하며 말
과 안색에 변함이 없었고, 또 남편을 원망하는 말을 한마디도 하지 않으며
씩씩한 언변으로 일관했다니, 그 소식을 듣고 기쁨과 위로와 존경과 탄복
의 마음이 일었소. 이러한 언행이야말로 나의 아내로서 나의 좋은 벗이 됨
에 진실로 부끄럽지 않은 모습이라 할 수 있소."(『량치차오 연보 장편』, 166쪽)
량치차오는 이렇게 한바탕 찬양하고 나서 또 중요한 일을 부인에게 부탁했
다. 그는 이 변고를 당해 틀림없이 초조해하고 근심에 젖어 있을 부모님을

걱정하면서, 자신이 부모님을 곁에서 모시지 못하는 만큼 부인이 아들 노릇까지 대신해 가능한 한 부모님 마음을 위로하고 근심을 풀어주게끔 부탁하고 있다. "당신이 지금 다시 친정으로 돌아갈 필요는 없을 것 같소. 왜냐하면 내가 먼 타국에 떨어져 있으므로 부모님 시중 들 사람이 없어서는 안 되기 때문이오. 나는 이 모든 일을 당신에게 맡기겠소. 당신과 나는 보통 사람과 같은 배필에 그치지 않고 도의道義로써 서로의 간담을 비춰주는 친한 벗이라 생각하오. 그러니 [당신이] 틀림없이 내 부탁을 물리치지 않으리라 생각하오."(앞의 책, 167쪽) 이 편지에서 량치차오는 또 손위 처남 리돤펀[리돤후이의 사촌 오빠]이 이번 사건에 연좌되어 신장으로 귀양 간 일에 불안감과 양심의 가책을 느끼며 그의 생명이 위험하지나 않은지 근심하고 있다.

량치차오는 10월 6일 리돤후이에게 보낸 편지에서 재차 아내에게 부모님을 잘 돌봐달라고 부탁하고 있다. "나는 지금 먼 타국에 떨어져 있어서 부모님을 모시는 일을 모두 당신에게 부탁할 수밖에 없소. 당신은 대의에 밝은 사람인 만큼 틀림없이 좋은 방법으로 부모님을 잘 위로하며 내가 저지른 불효를 씻어주리라 믿소. 나는 다만 당신에게 감사의 마음을 드릴 수 있을 뿐이오."(앞의 책, 167쪽) 일주일 후 량치차오는 또 리돤후이에게 편지를 보내 자신이 가족을 바로 일본으로 맞아오지 못하는 이유를 설명하고 있다. 그는 세 가지 이유를 들었다. "첫째, 지금은 환난 중이라 절대로 처자식을 데려와 함께 살 수 없소. 부모 형제의 안위도 불문에 부치는 상황에서 온 가족을 데려온다면 경비도 너무 많이 들 뿐만 아니라 온 가족이 움직이기도 쉽지 않을 것이오. 둘째, 우리가 망명한 건 나라를 위해 온 힘을 바치기 위함이라 오직 대의만을 이야기할 수 있을 뿐이오. 그 옛날 곽거병霍去病[1]이 '흉노를 아직 멸망시키지도 못했는데 어찌 큰 집을 지을 수 있겠나이까?'라 말한 것과 같은 상황이오. 그런데도 만약 가족을 데리고 다닌다면 너무나 불편하지 않겠소? 또 나는 근래 몇 년간 일정한 거처 없이 떠돌아다닌 걸 당신도 잘 알 것이오. 중국에 있을 때도 그와 같았는데

---

1 중국 전한前漢 무제武帝 때 흉노 토벌에 큰 공을 세운 장군.

하물며 타국이야 말해 무엇하겠소? 또 아무 일 없을 때도 그와 같았는데 하물며 환난을 당해서야 말해 무엇하겠소? 지구상의 오대양 육대주 곳곳을 유랑하며 학문을 배우기도 하고 큰일을 추진하기도 할 것이오. 그러기에 가족은 먼 타국을 떠돌기보다 가까운 고향에서 사는 편이 더 좋은 일일 것이오. 셋째, 이곳은 복장도 다르고 언어도 달라서 살기에 아주 불편하오. 당신이 온다 해도 편안하게 살 수 없을 것이니 차라리 아오먼에 그대로 머물러 사는 편이 더 좋을 것 같소. 나는 바로 이 같은 이유로 가족을 데려올 결심을 하지 못하고 있소."(앞의 책, 168쪽) 이 일은 이듬해(1899) 봄까지도 여전히 확정되지 못한 채로 남아 있었다. 량치차오는 3월 24일 또다시 리돤후이에게 편지를 보내 자신이 그녀를 일본으로 데려올 준비를 하는 중이라 얘기하고 있다. "요코하마橫濱에 여학교를 개설하고 웨이쥔薇君[캉유웨이의 장녀 캉퉁웨이康同薇]을 초청해 교습敎習을 맡길 작정이오. 내 생각에는 그때 당신이 함께 왔으면 좋겠소." 그러나 갑자기 량치차오는 미국으로 가서 화교들에게 보황회保皇會 가입을 권유하라는 스승 캉유웨이의 편지를 받고 가족을 데려오는 일을 또 한 차례 연기할 수밖에 없었다. 하지만 당시 미국행은 성사되지 못했다. 그해 가을 량치차오는 갑자기 아내에게서 편지를 받았다. 가족이 그와 함께 살기 위해 부친 량바오잉의 보호하에 도쿄로 출발했다는 소식이었다. (1899년) 10월 어느 날 량바오잉 등이 탄 기선이 나가사키長崎 항에 도착했다. 그곳에서 오랫동안 기다리고 있던 량치차오는 마침내 딸 쓰순을 안고 온 아내 리돤후이가 부친과 함께 부두에 내리는 것을 보았다. 온 가족은 오랜만에 다시 만나 서로 얼싸안고 기쁨의 눈물을 흘렸다.

량치차오는 일본 체류 14년 동안 비교적 안정된 생활을 했다. 거처를 몇 차례 옮기긴 했지만 마지막에는 화교 친구의 도움으로 고베 교외에 별장을 얻어 온 가족이 안정된 생활을 할 수 있었다. 그곳은 앞쪽으로는 바다가 바라보이고 뒤쪽으로는 산림이 우거져 있었다. 파도 소리가 들리고 송림의 솔바람 소리도 파도처럼 밀려와 마치 웅장한 교향악 연주를 듣는 듯했다. 량치차오는 이러한 특별하고 우아한 운치를 사랑해 자신의 거처를 "쌍도원"이라 불렀다. 이때 량치차오는 생활이 부유하지 못했고 심지어 옷도 제대로 갖춰 입지 못할 때도 있었지만 행복하고 화목한 나날을 보냈다. 아이들 웃음소리를 들으며 량치차오는 타국을 떠도는 망명생활 속에서도 무엇과도 바꿀 수 없는 천륜의 기쁨을 누렸다. 전해오는 말에 의하면 리돤후이는 성격이 비교적 엄격한 데다 좀 괴팍한 면도 있었던 듯하다. 그녀가 집안일을 관장하자 "집안사람 모두 그녀를 좀 무서워하게 되었다."(『량치차오와 그의 자녀들梁啓超和他的兒女們』, 19쪽) 량쓰청 또한 여러 해가 지난 뒤 어머니의 엄격함을 얘기하고 있다. "나는 어려서 아주 개구쟁이였다. 한번은 시험 성적이 동생 쓰융보다 못했다. 그러자 어머니는 머리끝까지 화가 나서 닭털로 만든 먼지떨이의 손잡이 철사로 나를 때렸다."(『신후이 량씨: 량치차오 가족의 문화사』, 265쪽) 그는 또 모친이 하인들도 가혹하게 다루었다며 "걸핏하면 때리고 꾸짖고 무릎을 꿇렸다"라고 했다. 이런 진술을 보더라도 리 부인이 아주 엄격한 사람이었음이 확실하다.

량씨 집안에서 량 씨는 자애로운 부친이었고 리 부인은 엄격한 모친이었다. 하인과 아이들도 모두 리 부인을 두려워했을 뿐만 아니라 량치차오도 그녀에게 많은 것을 양보했던 듯하다. 당시 외부에서는 '량치차오가 공처가'란 소문이 나돌았다. 이에 대해 그의 제자 양훙례楊鴻烈가 스승을 위해 몇 가지 이유를 찾아 해명했다. "리 부인은 당시 고귀한 가문의 아씨로 가문이 낮은 가난한 서생에게 시집왔고 또 나이도 량 씨보다 몇 살 더 많았다. 무술정변을 맞아 일본으로 망명할 때도 량 씨는 리 부인의 사촌오빠 리돤펀에게서 적금赤金 200량을 받아 이를 자금으로 요코하마에서 『청의보淸議報』를 창간했다. 량 씨는 이전에 베이징 회시에 참가했을 때도 리 상서尙書 [리돤펀]의 공관에 묵으며 학문이 깊고 넓으며 성격이 후덕한 처남에게 도움을 받았다. 리돤펀은 또한 변법이 실패한 후 삭탈관직당한 채 신장으로 유배되어 량 씨 대신 죄를 받아야 했다. 량 씨는 지기知己면서 은인인 이 고귀한 신분의 처남이 '황제에게 자주 변법에 관한 봉사封事[왕에게 밀봉해 상주하는 의견서]를 올려 학당을 열고 규율을 정할 것을 주청한 일과 무근전懃勤殿에서 여러 대신과 변법 성취를 맹세한 일'에 대해 말로 표현할 수 없을

리후이셴(왼쪽 넷째)과 자녀들. 1918년 전후에 촬영한 사진이다.

만큼 감격해했다. 이 때문에 리돤펀의 사촌 여동생인 리 부인에게도 '마치 손님처럼 공경'하지 않을 수 없었다."(『량치차오를 추억하다』, 287~288쪽)

이 말은 모두 사실일 것이다. 량 씨와 리 씨 간 혼인은 물론 부러움의 대상이었지만 결국 순수한 감정 이외의 요소가 끼어들 수밖에 없었고, 이것들은 모두 두 사람 관계에 여러 영향을 끼쳤다. 그러나 두 사람이 성격상 상호 보완관계에 있었다는 점도 주목해야 한다. 량치차오의 생일은 물고기자리에 속한다. 속설에 따르면 물고기자리 남성은 기질이 천진하고 충직하며 성격도 비교적 온화해 쉽게 사귈 수 있지만, 그 사람의 언행을 잘 이끌어줄 현명하고 강건한 반려자를 만나야 한다고 한다. 속설로 살펴보면 이 부부는 참으로 교묘한 한 쌍이었다. 우리는 여기에서 망령되기는 하지만 잠시 그 속설에 귀 기울여도 무방할 듯하다. 실제로 량치차오도 이 근엄하고 능력 있는 주부의 영향력에서 벗어나지 못했음이 확실하다. 아내가 세상을 떠났을 때 량치차오는 「애계悼啓」를 지었다.

무술정변 때 내가 해외로 망명하자 부인 혼자서 시부모님을 모시고 어린 딸을 대동한 채 아오먼으로 피신했다. 이윽고 선친을 따라 일본으로 나를 찾아와 마침내 머물러 살게 되었다. 나는 평소 집안 하인이나 생산작업을 감독할 줄 몰랐고 또 분주하게 전국으로 뛰어다니느라 일정한 거처가 없었으며 오직 저술 수입으로 아침저녁 끼니나 때울 수 있을 뿐이었다. 부인은 온갖 고초를 겪으면서도 집안일을 잘 처리했고, 부모님을 섬기고 아이들을 기르며 기한飢寒이 없게 했다. 스스로 일상생활은 매우 검소하게 하면서도 항상 절약하고 남은 재물로 손님들을 대접하고 이 가난한 학자의 궁핍한 일상에도 도움을 많이 주었다. 10여 년 동안 이런 생활을 하면서 심신의 힘이 모두 소진되었다. 부인은 동정심이 많고 의지가 강했으며 상식이 풍부하고 일처리가 과감했다. 올바른 법도로 자녀를 교육하며 한 가지 잘못도 절대 어물쩍 넘기지 않았다. 아이 7, 8명에게 어려서부터 몸소 글을 가르쳤고, 아이들이 조금 자랐을 때는 직접 학교를 골라 공부를 계속하게 했다. 아이들 공부를 일깨워주고 감독하는 일 모두 부인이 도맡았고 나는 한 번도 물어본 적이 없었다. 어린 시동생과 시누이 셋도 각각 열 살 안팎 때부터 부인에게 의지해 공부를 시작했고, 부인은 그들을 기르고 보호하고 가르치는 감독자로 모자라는 점이 없었다. 나의 누님이 일찍 세상을 떠나자 누님의 자식 자오루이롄趙瑞蓮·자오루이스趙瑞時·자오루이징趙瑞敬도 맡아 길렀고, 또 부인의 친정 조카 리구이수李桂姝·리쉬중李續忠·리푸만도 모두 일찍 모친을 잃어서 부인이 그들을 먹여 키우며 친자식처럼 가르쳤다. 여러 생질과 조카도 부인에게 의지해 어머니가 없다는 사실을 잊었다. 나도 결혼한 이후 항상 부인의 격려와 도움을 받으며 대략 자립할 수 있었다. [나는] 어려서부터 가난해 책을 구입할 수 없었는데, 부인이 문득 나를 도울 방법을 생각해냈다. 기억하건대 내가 21세 때 죽간재竹簡齋 석인본石印本 『24사二十四史』를 소장하게 된 것도 사실 부인이 시집올 때 가져온 비녀와 귀고리를 처분한 결과였다. 중년에 국사를 위해 분주하게 돌아다니다가 내가 여러 번 곤경에 처했을 때도 부인이 항상 대의에 입각해 내게 용기를 북돋워줬다. 홍헌지난洪憲之難[2]을 당해 내가 호국군에 참여하러 가려고 심야에 부인과이별할 때 부인은 이렇게 말했다. "위로 부모님과 아래로 자식까지 나 혼자 부양을 책임질 테니 당신은 오로지 나라를 위해 목숨을 바칠 것만생각하고 절대 뒤돌아보지 마셔요." 나는 부인의 비분강개한 말과 안색을 보고 정신이 더욱 씩씩해졌다. 부인이 평소 집안일을 처리할 때도 조리 있고 정숙해 나는 가사에 얽매이지 않고 내가 해야 할 일에 온 힘을바칠 수 있었으니, 이는 말할 필요조차 없는 일이다. (『음빙실합집·문집』제44권 상, 24~25쪽)

량치차오는 이 글에서 리 부인의 사람됨과 성격 그리고 가정을 위해 헌신한 모든 일을 개괄하고 있다. 리 부인은 가정의 기둥으로 대소사를 모두주관했다. 그녀는 량치차오보다 네 살이나 많았다. 이 같은 연상연하 커플은 어린 남편이 누나 같은 부인에게 의지하기 마련이어서 리 부인도 누나처럼 동생 같은 량치차오를 보살폈다. 이 때문에 량치차오는 부인이 세상을떠나자 엄청난 슬픔에 빠져들었다. 그는 베이징의 『신보晨報』에 게재한 「고통중의 잡기痛苦中的小玩意兒」에서 자신에게 닥쳐온 고통을 매우 형상적으로 묘사했다. "나의 아내는 정월 대보름부터 아파서 결국 병석에 누운 지 반년만인 중추절에 갑자기 세상을 떠났다. 그녀의 병은 인간 세상에서는 일찍이 없던 극심한 고통이 따랐다. 처음 발병해 의사가 불치병이라 선고한 이래 반년 동안 귀로 들리는 건 환자의 신음뿐이었으며, 눈으로 보이는 건 아이들의 눈물뿐이었다. 장례가 끝나자마자 사랑하는 아들이 먼 타국으로떠났고, 중간에 또 나라의 도적들이 서로 물어뜯으며 어지럽게 변란을 일으켰다. 폭풍과 눈보라가 하늘을 가렸고 인간 세상의 길은 모두 끊어졌다.이때 홀로 우두커니 앉아 있으면 지금 세상이 무슨 세상인지 알지도 못할

2 1915년 위안스카이가 중화민국 공화제를 폐지하고 홍헌이란 연호를 제정하여 자신이 황제에 즉위한 일.

정도였다. (…) 평소에 생기발랄하고 흥이 도도하던 나도 이번에는 정신이 멍해지며 기가 막혔다.''(『량치차오 연보 장편』, 1023쪽) 전혀 의지할 데 없던 량치차오는 송사宋詞[3]를 읽으며 슬픔을 달랠 수밖에 없었다. 그는 이듬해 부인을 안장한 후 또 「세상을 떠난 아내 리 부인의 장례를 끝내고 그 분묘에 고하는 글亡妻李夫人葬畢告墓文」을 썼다. 이 글은 「량 부인에게 올리는 제문祭梁夫人文」[4]이라고도 불린다. 량치차오는 이 글을 매우 중시해 장례가 끝난 후 쓰순·쓰청·쓰융·쓰좡에게 보낸 편지에서도 이렇게 말하고 있다. "내가 지은 제문은 내가 평생 지은 글 중에서 가장 훌륭한 문장의 하나라 할 만하다. 정감을 드러내는 글은 잘 짓기가 어렵다. 감정이 강하게 끓어오를 때가 아니면 그[문장] 생명을 표현할 수 없기 때문이다. 그러나 감정이 끓어오를 때는 왕왕 글을 쓸 수 없는 경우가 많다. 그래서 작년 초상 때 한 글자도 쓸 수 없었다. 지금 이 제문은 내가 하루 만에 짓고 천천히 읊으며 깎고 다듬어 이틀에 걸쳐 완성했다. 그중 몇 구절은 음절도 아주 아름다우니 너희 남매와 후이인徽音[후이인徽因의 원명]은 이 글을 익숙하게 암송해도 무방할 듯하다. 이 글을 통해 너희의 정감을 키울 수도 있지 않겠느냐?"(『량치차오 전집梁啓超全集』 제10책, 6223쪽) 량치차오는 이 제문에서 다시 결혼생활 33년 동안 있었던 두 사람의 생명 역정을 회고하면서 마지막에는 자기 감정이 영원불변했으면 좋겠다고 소망했다. "어둑어둑하도다 무덤 안이여, 눅눅하도다 묘도墓道여. 나의 빈자리는 그 왼쪽이고, 당신이 머물 집은 그 오른쪽이네. 하늘은 황막하고 땅도 늙어가지만, 당신은 내가 기댈 언덕이라네! 나도 장차 당신과 더불어 이곳에서 영원히 함께하리."(『량치차오 연보 장편』, 1023쪽)

량치차오의 이러한 고통은 한편으로 자신이 의지하던 아내를 잃고 난 후의 상실감에서 생겨났다고도 할 수 있지만, 한편으로는 아마도 마음 깊

---

3 중국 송나라 때 극성한 새로운 시가詩歌 형식. 5언이나 7언 같은 정형시 형식이 아니라 구법句法이 가지런하지 않은 장단구 형식이다. 특히 섬세한 감정을 여성적으로 표현한 작품이 많다.
4 중국에서는 흔히 남편 성을 따서 부인을 호칭해서 리 부인을 량 부인이라고 한 것. 리 타이타이李太太도 부인의 성이 리씨가 아니라 남편의 성이 리씨란 뜻이다.

은 곳에 잠재해 있는 양심의 가책에서 비롯했다고도 할 수 있다. 리 부인은 1915년 겨울부터 유방암을 앓았다. 몇 년 동안 만방으로 병을 치료하며 수술을 두 차례나 받았지만 암을 근본적으로 제거할 수 없었다. 결국 1924년 봄에 암이 재발해 같은 해 9월 13일에 세상을 떠났다. 1년 후 량치차오는 쓰순 등에게 보낸 편지에서 이렇게 자책한다. "순아! 나는 네 엄마가 걸린 기괴한 병이 우리가 옛날 그때 부부싸움을 한 데서 얻은 병으로 느껴진다. 정말 너무나 애통하고 너무나 후회스럽다. 나는 너희 마음이 상할까 두려워 지금까지 차마 말을 할 수 없었다. 그러나 지금은 도저히 참을 수가 없구나. 말을 하고 나니 나의 죄가 조금은 가벼워진 듯싶다."(『인생의 좋은 기회: 량치차오가 식구들에게 보내는 편지』, 145쪽) 이와 유사한 말이 그가 지은 「제문」에도 나온다. "당신과 나는 서로 존경하고 사랑하며 결혼한 이래로 서로의 마음을 거스른 적이 없었소. 그런데 7년 전 무슨 귀신의 장난인지 한 번 부부싸움을 하고 말았구려."(앞의 책, 1022쪽) 여기서 말하는 7년 전은 1917년일 것이다. 이 한 해 동안 서로 의지하고 사랑하던 이 부부에게 도대체 어떤 불쾌한 일이 일어났는지 지금으로서는 도저히 추측하기 어렵다. 다만 이 대목에서도 우리는 다시 한번 량치차오가 아내에게 보이는 깊은 애정을 느낄 수 있다.

힘든 일을 감내하며 원망도 두려워하지 않은 왕 부인

량치차오의 두번째 부인은 성이 왕씨王氏인데 본명은 없고 단지 라이시來喜라고만 불렸다. 왕구이취안王桂荃은 량치차오가 지어준 이름이다. 왕 부인은 량씨 집안에서 아무도 대신할 수 없는 역할을 했다. 어떤 측면에서는 그 중요성만 따지자면 리 부인을 뛰어넘을 수 있기까지 하다. 그러나 그녀는 아주 오랜 세월 줄곧 막후에 숨어 있었다. 량치차오와 관련된 각종 역사 문헌, 연보와 전기, 일기와 서신 속에서도 그녀 이름은 한 번도 언급된 적이 없다. 다만 『량치차오 연보 장편』과 량치차오가 자녀에게 보낸 편지에서 비로소 약간의 희미한 흔적을 발견할 수 있을 뿐이다. 여기에서 그녀는 항상 '왕구냥王姑娘[5] 또는 왕이王姨[6]란 신분으로 출현한다. 『량치차오 연보 장편』을 자세히 읽어보면 량치차오 가정에서 몇 가지 '비정상적' 상황이 발생했음을 발견할 수 있다. 다음 같은 기록이 바로 그런 상황을 알려준다. "이해(1904) 10월 7일 셋째인 아들 쓰융이 태어났고, 같은 해 바로 넷째인 딸[7]이 태어났다." 이 대목에서 드러난 정보를 깊이 음미해볼 만하다.

왕 부인의 진실한 모습을 가장 일찍 사회에 알린 사람은 바로 량쓰청이었다. 그후 량치차오의 외손녀이며 량쓰좡의 딸 우리밍吳荔明이 『량치차오와 그의 자녀들梁啓超和他的兒女們』이란 책을 쓰면서 왕구이취안을 위해 전문적으로 한 장을 할애했다. 량쓰청의 소개에 의하면 왕구이취안은 고향이 쓰촨四川 광위안廣元이고 어린 시절 매우 비참한 생활을 했다고 한다. 집에는 몇 마지기 척박한 땅밖에 없었고 온 식구가 오로지 부친의 농사에 의지해 살았다. 이 때문에 온 집안이 입에 풀칠하기에 급급했다. 모친은 그녀가 어렸을 때 세상을 떠났다. 이어 들어온 계모는 왕구이취안의 팔자가 드세어 부모를 이길 것이라는 점쟁이의 황당한 말만 믿고 항상 그녀를 학대했다. 네 살 때 불행하게도 부친까지 갑자기 병을 얻어 세상을 떠났다. 의지할 데 없게 된 왕구이취안은 장사꾼에게 팔려 몇 년 사이에 네 차례나 주인이 바뀌었고 마지막에는 리돤후이의 친정집으로 팔려왔다. 광서 20년(1894) 리 부인이 친정에 들렀다가 총명하고 부지런한 왕구이취안을 보고 그녀를 량씨 집으로 데리고 와서 시녀로 삼았다.(『신후이 량씨: 량치차오 가족의 문화사』, 263쪽)

왕구이취안은 대체로 광서 11년(1885)에 태어난 듯하다. 우리밍은 이렇게 묘사했다. "1903년 [만으로] 18세 되던 해 그녀는 리후이셴의 주장으로 량

---

5 구냥은 본래 미혼의 젊은 여성을 부르는 말이지만, 친정집에서 시집간 딸을 지칭하는 말로도 쓰인다. 지방에 따라서는 고모나 일반 여성을 부르는 말로 쓰이기도 한다.
6 이姨는 본래 이모를 부르는 말이지만, 자기 어머니 연배의 여성을 부르는 말로도 흔히 쓰인다. 지금도 아이阿姨라고 하면 흔히 '아주머니'란 의미로 쓰인다.
7 이 딸은 요절한 듯하다. 왜냐하면 지금 량치차오의 넷째 자식은 1907년에 태어난 아들 량쓰중으로 기록되어 있기 때문이다.

치차오와 결혼했다."(『량치차오와 그의 자녀들』, 21쪽) 이렇게 보면 그녀는 량치차오보다 열두 살이, 리 부인보다는 열여섯 살이 어렸다. 왕구이취안은 량씨 집안에 온 뒤 마치 전생에 인연이 있었던 듯 집안 식구들과 잘 어울렸다. 펑쯔유馮自由는 「량런궁의 연애사梁任公之情史」에서 다음처럼 이야기하고 있다. "라이시는 여주인에게 깊은 총애를 얻어 『신민총보新民叢報』 시대에는 온 집안의 경비와 자물쇠까지 관장했다."(『량치차오를 추억하다』, 206쪽) 일개 시녀가 온 집안 일상 경비와 자물쇠까지 관장한 걸 보면 리 부인이 왕구이취안을 깊이 신임했고 량씨 집안에서 그녀가 차지하는 지위도 보통이 아니었음을 알 수 있다. 펑쯔유 부친은 일본 요코하마에 거주하던 화교 상인이었다. 그는 쑨원과 왕래가 잦았으며 흥중회興中會 초기 회원이기도 했다. 펑쯔유는 이런 인연으로 아주 어려서 흥중회에 가입해 가장 어린 혁명당원이 되었다. 또 일찍이 량치차오가 교장으로 있던 고등대동학교高等大同學校에서 공부를 했기 때문에 량치차오 집안 상황도 비교적 익숙하게 알고 있었다. 그러나 결국 정치적 견해가 달라 서로 반목하고 원수가 되었다. 펑쯔유는 이 글을 1936년 6월 『일경逸經』 제8기에 발표했다. 이 글에서 량치차오를 야유하고, 추악하게 만들고, 공격하면서 매우 당파적이고 개인적인 견해를 드러냈다. 나중에 펑쯔유가 『혁명일사革命逸史』란 책을 편집할 때는 이 글을 수록하지 않았다. 이런 행동에서도 이 글에 문제가 많았음을 알 수 있다. 이 글에서 펑쯔유는 이렇게 폭로했다. "갑진년(1904) 모월 량치차오는 갑자기 친구인 대동학교 교사 펑팅즈馮挺之에게 부탁해 라이시를 상하이로 데려가게 했다. 친구들은 모두 이상하게 생각했다. 나중에 알고 보니 바로 장소를 바꾸어 아이를 낳으려는 까닭이었다. 아마도 라이시가 량치차오 아이를 임신하자 여주인이 몹시 화가 났고 이 때문에 라이시를 다른 곳으로 보내 아이를 낳게 할 수밖에 없었던 것이다. 오랜 시간이 지나 량치치오 부인의 화가 풀리자 [량치차오는] 비로소 라이시 모자를 요코하마로 데려가서 함께 살았다."(앞의 책, 206쪽) 펑쯔유의 이러한 견해는 나중에 량씨 집안사람에게도 받아들여졌다. 다만 당시 문헌에서 왕구이취안 지위와 관련해 명확하고 믿을 만한 기록을 발견할 수는 없다.

왕구이취안은 량치차오의 둘째 부인이 되었으며 량씨 집안에서 여섯 아이를 낳아 길렀다. 아이들은 리 부인을 '엄마媽'라, 왕 부인을 '어머니媄'라 불렀다. 그러나 리 부인이 살아 있을 때 량치차오는 공개 석상에서 왕 부인을 언급한 일이 거의 없었다. 쓰순 등 자녀에게 보낸 편지에서는 항상 그녀를 '왕구냥' 또는 '왕이'라 불렀다. 그러나 량치차오 자신도 왕 부인을 가리켜 "우리 가정에서 매우 중요한 사람"이라고 언급했다. 왕 부인의 중요성이나 그녀의 이중적 신분 때문에 아이들은 그녀를 '어머니'라 불렀지만, 결국 왕구이취안은 량씨 부부의 시녀에 불과했고 또한 전통적 윤리 규정에 따르더라도 왕 부인은 결국 시녀로서 '첩'에 불과했다. 그러나 량씨 집안은 현대 사상의 세례를 받은 터라 량치차오는 봉건 가정의 영감님처럼 행동하지 않았다. 이 때문에 왕구이취안은 남편으로서 량치차오의 삶에서 없어서는 안 되는 조수와 반려자가 될 수 있었다. 평소에 그녀는 리 부인을 도와 집안일을 처리했고 량치차오가 외지에서 생활할 때는 흔히 그를 수행해 일상생활에 도움을 주었다. 량치차오는 1915년 12월 16일 톈진에서 몰래 배를 타고 상하이로 가 비밀리에 위안스카이를 반대하는 호국전쟁을 준비했다. 그는 상하이에 거처를 정한 뒤 즉시 쓰순에게 편지를 써서 왕 부인을 상하이로 보내달라고 요청했다. "내 주위에 집안일을 도와줄 사람이 없어 매우 불편하구나. 즉시 라이시를 보내다오." 그는 또 특별히 이렇게 강조하고 있다. "나는 지금 어렵고 힘든 지경에 빠져 있으니 집안사람들도 먼 길 오가는 고난을 꺼려서는 안 된다." 며칠 뒤 다시 편지를 보내 "왕이가 오지 않으면 안 된다"라고 했다.(『량치차오 연보 장편』, 726쪽) 이듬해 3, 4월께 그는 몰래 홍콩으로 잠입한 뒤 베트남 해안으로 가서 광시廣西로 들어갈 준비를 했다. 이때 왕 부인은 이미 톈진으로 돌아와 있었다. 량치차오는 또 쓰순에게 편지를 보내 "즉시 왕이를 홍콩으로 보내달라"고 하면서 "왕이가 나의 음식 수발을 들지 않으면 안 된다"라고 했다.(앞의 책, 766쪽) 이러한 언급에 비추어볼 때 량치차오는 왕 부인을 매우 신뢰하며 의지했음을 알 수 있다. 리 부인이 세상을 떠난 뒤 중병이 들자 량치차오는 더욱더 왕 부인의 보살핌에서 벗어나지 않으려 했다. 그 무렵 자식들에게 보낸 편지에서 량치차오는 대부분 "왕이를 보내달라"고 하면서 편지를 끝맺고 있다.

왕구이취안은 비록 집안이 미천했지만 품성이 매우 고상해 량쓰청도 그녀를 "아주 비범한 여인"이라고 했다. 왕구이취안의 비범함은 우선 강인함·인내심·진취심으로 표현되었고, 아울러 포용성과 동정심까지 갖추고 있었다. 우리밍의 묘사를 통해 우리는 다음 사실을 알 수 있다. "그녀는 리후이셴의 유능한 조수였고 모든 계획의 충실한 집행자였을뿐더러 량씨 가정의 중요한 노동 인력이었고 여러 업무에서 대외 연락책이기도 했다. 그녀는 량씨 대가족의 음식과 기거를 책임지고 자애로운 어머니의 마음으로 아이들을 보살폈다. 아이들 숙제를 감독할 때면 스스로 아이들 곁에 앉아 그들이 책 읽는 소리를 듣고, 또 그들이 글씨 쓰는 걸 유심히 관찰했다. 그러면서 자신도 아이들을 따라 소리 내어 책을 읽었다. 이렇게 공부를 해 그녀는 책을 읽고 신문을 읽게 되었으며, 장부를 기록하고 간단한 편지까지 쓸 수 있었다. 더 나아가 그녀는 남편이 하는 일을 이해하고 남편이 전심전력으로 업무에 매진할 수 있게끔 도왔다. 그녀는 치욕을 참고 힘든 일을 맡아 자기 의견을 양보하고 모든 일을 성사시키려 힘썼다. 왕구이취안의 헌신에 힘입어 량씨 가정은 화목하고 안정된 생활을 할 수 있었다."(『량치차오와 그의 자녀들』, 23쪽)

량씨 집안 자녀들은 모두 이 '어머니'를 매우 좋아했다. '어머니'에 대한 그들의 기억에는 언제나 온화한 감정이 넘쳐흐르고 있다. 쓰청이 시험 성적이 동생 쓰융보다 못해 리 부인에게 심하게 매를 맞고 난 뒤에도 그녀는 쓰청을 이렇게 위로했다고 한다. "[내가] 매를 맞고 난 후 '어머니'는 나를 어루만지며 온화하게 말했다. '용이 되면 하늘을 날 수 있고 뱀이 되면 풀숲으로 기어 들어갈 수 있을 뿐이다. 네가 보기에 어느 게 더 좋겠니? 머리가 나쁘다고 근심하지 말고 게으른 걸 근심해야지. 다른 사람이 한 번 배우면 나는 열 번을 배워야 한다. 각고의 노력으로 공부하지 않고 건성건성 살다 보면 장래에 한 가지 일도 이룰 수 없단다. 네 아버지를 보렴, 저렇게 학문이 뛰어난데도 아직도 끊임없이 책을 읽으시잖니?' 이 소박한 말을 나는 평생토록 잊지 않고 있다. 그후로 난 더이상 건성으로 살지 않게 되었다."(『신후이 량씨: 량치차오 가족의 문화사』, 265쪽) 량쓰청은 또 '어머니'가 량씨 가정에서 처신하기가 쉽지 않았다고 했다. "우리 엄마媽는 하인들을 아주 가혹하게 대하면서 걸핏하면 매질을 하고, 욕을 하고, 무릎을 꿇게 했다. 어머니娘는 매우 조심스럽게 주종 사이의 화해를 주선했고, 그래도 안 될 때는 몰래 아버지에게 알려 아버지께서 직접 나서서 일을 해결하게끔 했다. 그러나 어머니 자신은 우리 엄마와 아버지를 위해 세심한 곳까지 모두 보살폈다. 특히 우리 엄마에게는 모든 걸 양보하며 일이 원만하게 되도록 애썼다. 어머니는 두뇌가 명석하고, 식견이 있고, 재능이 출중했으며, 또 감정이 풍부하고 매우 이지적이며 선량한 여인이었다.(앞의 책)

유감스러운 것은 량치차오가 너무 일찍 세상을 떠나 그가 왕 부인을 위해 지은 「애도문」이나 「제문」을 볼 기회가 없게 되었다는 점이다. 량치차오가 생존해 있었다면 아마 이런 글을 지어 이 여인에게도 감격의 마음을 표시했을 것이다. 량치차오는 그처럼 오랜 세월 자신의 마음속에 감추어둔 감정을 표현할 기회를 찾지 못했다. 그는 일생 동안 1000만 자가 넘는 방대한 글을 썼음에도 그의 생명 역정에서 가장 중요한 역할을 한 이 여인에게는 글자 한 자조차 남기지 않았다. 이건 정말 왕구이취안에게는 매우 불공평한 일이었다. 량치차오가 불행하게 세상을 떠났을 때도 왕 부인이 온 집안생활의 무거운 짐을 떠맡아야 했다. 당시에 쓰순과 쓰청을 제외하고 다른 아이들은 모두 학교에 다니고 있었다. 이처럼 아이들 학업이 아직 끝나지 않은 상황에서 가정의 주요 수입원이 사라지자 가정경제는 빠르게 악화되었다. 그녀가 이러한 상황에서도 량씨 가정을 아주 어렵게 지탱하면서 모든 자녀를 훌륭한 성인으로 길러낸 일은 정말 인간 세상의 일대 기적이라 할 만하다. 몇십 년 뒤 량씨 집안 자손들은 량치차오 부부 묘지를 조성하고 나서[베이징식물원 둥환로東環路 동북쪽 인싱쑹바이 구銀杏松柏區 안에 있다. 묘지는 량쓰청이 직접 설계했다], 그 동쪽 조금 뒤편에 좌비坐碑를 세우고 비석 뒤에 작은 소나무를 심었다. 그리고 비석에 '모친수母親樹'란 글자를 새겼다. 왕구이취안을 위한 기념물이 응당 있어야 할 자리에 있게 된 셈이다.

량치차오 묘소 뒤에 있는 모친수. 이 나무는 량씨 후손들이 량치차오의 둘째 부인 왕구이취안을 기념하여 심었다. 비문에는 '량씨 자녀 9명은 이분의 은혜를 깊이 받았다. 그 영향이 영원히 이어져서 후손들에게 미칠 것이다梁氏子女九人深受其惠, 影響深遠, 及于孫輩'라는 글이 쓰여 있다. 비석 뒤편에는 이 비석을 세운 량씨 후손 27명의 이름이 새겨져 있다.

홍안紅顔의 젊은 지기 허 소저

허후이전何惠珍은 눈부시고 찬란한 별똥별처럼 량치차오의 삶을 스쳐 지나며 거의 아무런 흔적도 남기지 않았다. 우리가 량치차오의 젊은 지기知己인 그녀를 이해하고, 그녀와 량치차오 사이의 감정을 이해하려면 량치차오가 아내 리돤후이에게 보낸 편지 두 통과 그가 지은 시 24수를 참고자료로 삼을 수밖에 없다. 사실 이처럼 한정된 문자에 근거해서는 당시 역사의 현장을 복원하기가 매우 어렵다. 다만 이들 단편적 자료에 의지해서라도 당시 량 씨가 미국 출장 도중에 만난 허후이전에게 어떤 감정을 가졌으며, 또 그와 아내 리돤후이 사이에는 또 어떤 감정의 파도가 몰아쳤는지를 짐작해볼 수는 있다.

량치차오의 미국행은 광서 25년(1899) 연말에 있었다. 이전에 캉유웨이는 캐나다에서 보황회를 창립한 뒤, 일본에 있는 량치차오가 "점차 쑨원의 영향권으로 끌려 들어가는데도" 그를 구제할 방법이 없어 고민에 빠져 있었다. 이에 "량치차오를 하와이로 보내 보황회 사무를 보게 하려 했다.(『량치차오 연보 장편』, 181쪽) 이때 미주 화교들이 량치차오가 미국 여행을 할 수 있게 초청장을 보냈다. 량치차오는 그해 12월 19일 일본 요코하마를 출발해 12월 31일 호놀룰루에 도착했다. 당시 호놀룰루는 전염병이 유행해 부두가 봉쇄되고 각 항구도 선박 운항이 금지되어 있었다. 량치차오는 그곳에서 내려 잠시 머물 수밖에 없었다. 그는 보황회 조직을 발전시키기 위해 보황회 신문을 창간하고 경자년 근왕勤王운동을 위해 자금을 모집했다. 결국 하와이에 체류하는 동안 량치차오는 보황회를 위해 적지 않은 일을 했다. 이듬해 8월 량치차오는 본래 미국 본토로 갈 예정이었으나 자립군自立軍 거병이 눈앞에 박두하자 국내 동지들이 그의 귀국을 재촉했고, 량치차오는 하는 수 없이 일본행 배를 타고 돌아올 수밖에 없었다. 량치차오와 허후이전 사이의 짧은 연정은 바로 량치차오가 하와이에 체류하는 기간에 발생했다.

광서 26년(1900) 량치차오는 5월 24일 아내 리돤후이에게 편지를 보내 자신이 허후이전과 만나서 교류하고 헤어진 과정을 상세하게 전했다. 허후이전은 하와이 화교 상인의 딸로 부친은 보황회 회원이었다. 겨우 20세에 불과한 이 아가씨는 영어 실력이 매우 뛰어나 하와이의 모든 남자 중에도 그녀를 능가할 사람이 없었다. 게다가 그녀는 학문과 식견이 뛰어나서 국가 대사에 관한 대화를 즐겼고 여성으로서 대장부의 기개를 품고 있었다. 그녀는 16세에 그곳 학교의 교사로 초빙되어 벌써 4년째 근무하고 있었다. 정말 젊은 재원이라 할 수 있지만 구시대의 재자가인 같은 재녀는 아니고 새로운 사상과 정신을 겸비한 신식 재원이었다. 량치차오는 계속해서 자신과 이 아가씨의 만남을 아내에게 소개했다. 그날 허후이전 부친이 집에서 연회를 마련하고 량치차오를 초청했다. 연회 자리에는 그 지방의 명인과 신사, 10여 남녀 요인이 참석했다. 그들은 량치차오에게 강연을 부탁했고 허후이전을 시켜 통역을 하게 했다. 이튿날 아침 그곳 신문지상에 량치차오 연설문이 게재되고 그의 강연과 허후이전의 재능을 칭찬하는 기사도 실렸다. 량치차오는 이 대목에 이르러 다소 의기양양한 어투를 드러내며 처음으로 허후이전을 만날 때의 소감을 이야기하고 있다. 처음에 본 그녀는 "다소 헝클어진 머리에 남루한 옷을 입고 있어서 마치 시골 아가씨 같았다." 량치차오는 이 때문에 그녀에게서 특별한 인상을 받지 못했다. 하지만 그녀가 자리를 잡고 통역을 시작하자 깜짝 놀라고 말았다. 형형하게 빛나는 허후이전의 눈빛을 보고서야 량치차오는 그녀가 매우 뛰어난 여성임을 알아차렸다. 헤어질 때 그녀는 량치차오와 악수를 나누었다. 량치차오는 이 대목에서 리 부인에게 특별한 해명을 했다. 즉 미국 화교들은 서양 예절에 익숙해서 만나고 헤어질 때 악수하는 걸 인사 예절로 삼고 있으며 남녀 모두 그렇게 한다는 해명이었다. 그때 허후이전은 량치차오 손을 잡고 말했다. "저는 량 선생님을 너무나 존경하고 사랑합니다. 그렇지만 애석하게도 저 혼자의 사랑일 뿐입니다. 지금 세상에서는 서로 좋은 만남을 기약할 수 없기에 다음 세상을 기약하고 싶습니다. 다만 선생님께서 제게 사진 한 장을 남겨주시면 제 소원이 풀릴 듯합니다." 아리따운 낭자의 대담한 사랑 고백을 듣고 량치차오는 "예, 예, 대답만 했을 뿐 어떤 말로 대꾸해야 할지 몰

랐다."(앞의 책, 249~250쪽)

량치차오의 진술에 따르면, 그가 막 하와이에 도착했을 때 그곳의 한 영자 신문이 청 정부 주駐 하와이 영사의 지시를 받고 항상 그를 헐뜯고 비방하는 글을 실었지만, 그는 영어를 몰라 어떤 방도도 취할 수 없었다고 한다. 나중에 량치차오는 어떤 사람이 그 영자 신문에 글을 발표해 자신을 변호하고 그들의 주장을 반박했다는 사실을 알게 되었다. 그러나 필자 성명은 남기지 않았다. 량치차오는 여러 동지에게 도대체 필자가 누구인지 수소문했지만 아무도 그 필자의 정체를 모르겠다고 했다. 그런데 그날 저녁 허씨 집 연회 석상에서 허 소저何小姐가 어떤 원고를 량치차오에게 건네줬다. 그제야 그는 신문에 실린 글의 필자가 허 소저임을 알게 되었다. 이로 인해 량치차오는 그녀에게 더욱 감동하고 탄복했다. 비바람이 몰아치던 격동의 시절에는 모두들 국가의 운명, 민족의 앞날, 세계 정세와 같은 큰일을 마음에 품고 살지만 젊은 여성이 그런 일에 관심을 두기란 매우 드문 일이라 할 수 있다. 그러나 허 소저를 만나 그녀가 하는 말을 듣고 그녀가 하는 일을 보고 나자, 량치차오는 무슨 이유인지 모르게 자신의 마음속에 자리 잡은 그녀의 존재를 느끼게 되었다. 며칠 후 량치차오는 자신의 사진 한 장을 허후이전에게 보내줬고, 허후이전은 보답으로 접을 수 있는 쥘부채 두 자루를 그에게 선물했다.

얼마 지나지 않아 어떤 친구가 또 량치차오의 마음을 떠보며 물었다. "소문에는 자네가 미국 본토로 간다는데, 자네는 영어를 못하니 아주 불편할 거야. 통역 한 사람 대동할 생각은 없는가?" 량치차오가 말했다. "그럴 생각이야 있지만 적당한 사람을 찾을 수가 없네." 그 친구가 웃으면서 얘기했다. "자네가 영어를 배울 생각이 있다면 어째서 중국어와 영어에 능통한 화교 여성을 아내로 맞아들이지 않는가? 한편으로는 영어도 배우고 한편으로는 또 통역 일도 맡기면 그야말로 '꿩 먹고 알 먹고'가 아닌가?" 량치차오가 말했다. "자네 나를 놀릴 셈인가? 아무 안면도 없는 어느 대갓집 규수가 나와 결혼하려 하겠는가? 게다가 나는 벌써 아내가 있는 몸이네. 자네도 그걸 모르지는 않겠지?" 그 친구는 당황하지 않고 말을 계속했다.

"내가 어떻게 감히 이런 일로 자네와 농담을 하겠는가? 자네 말이 무슨 말인지 나도 잘 알고 있네. 나는 오늘 다만 한 가지만 자네에게 묻고 싶네. 만약 그런 여성이 있다면 자네는 어떤 준비를 하겠는가?" 량치차오는 잠깐 생각에 잠겼다가 갑자기 친구의 의도를 명확하게 알아채고 얘기했다. "자네가 말하는 여성이 누군지 나도 벌써 알아챘네. 나는 그녀를 매우 존중하고, 좋아하고, 그리워하고 있다네. 그렇기는 하나 일찍이 동지들과 함께 창립한 일부일처 세계회의 원칙을 어길 수 없네. 하물며 난 지금도 여전히 망명 중인 사람이고 내 머리에는 현상금 10만 위안元이 걸려 있어서 내 생명은 늘 위험한 상황이네. 그리고 우리 집에 있는 아내와는 얼굴을 마주한 날보다 헤어져 산 날이 더 많네. 지금의 아내와도 서로 의지하며 함께 지낼 수 없는 처지거늘 어떻게 다른 집 규수를 다시 끌어들일 수 있겠는가? 또 나는 지금 국가 대사를 위해 천하를 돌아다니는 처지라 한마디 말과 한 가지 행동이 모두 천하 사람들의 눈에 뜨일 걸세. 그런데 만약 자네가 말한 일이 벌어진다면 사람들이 어떻게 나를 용서할 수 있겠는가? 나 대신 그 여자분께 고맙다는 인사나 전해주게. 그분이 날 존경하고 사랑하는 만큼 나도 그분을 사랑하고 존경하며 늘 잊지 않을 것이네. 내 입장에서는 이렇게밖에 할 수 없네." 그 친구는 량치차오의 말을 듣고 아무 대답도 할 수 없었다. 이때 량치차오는 갑자기 또 무슨 생각이 떠올라 서둘러 친구에게 얘기했다. "내가 그녀를 위해 중매를 서고 싶은데 자네 생각은 어떤가?" 친구가 대답했다. "자네가 그녀를 잘 이해하고 있으니 나 역시 아무것도 감추지 않고 솔직하게 얘기하겠네. 그녀가 과연 자신을 감동시킬 남자를 찾을 수 있겠는가? 그녀는 몇 년 전에 이미 다른 사람에게는 시집가지 않겠다고 맹세했다네. 그러니 자네는 더이상 다른 말을 할 필요가 없네."

다시 4~5일이 지나자 허후이전의 스승이 량치차오를 연회에 초청했고 여전히 허후이전을 시켜 그를 모시게 했다. 둘은 연회 자리에서 오랫동안 이야기를 나눴다. 량치차오는 친구가 한 말을 그녀에게 할 수 없었고, 그녀 또한 그 일에 대해 아무 이야기도 하지 않았다. 허후이전은 아무 꾸밈없고 활달한 태도로 중국의 병폐를 낱낱이 지적했다. 그녀는 중국에서 여학교가 발달하지 못한 게 바로 중국의 낙후한 첫째 원인이라면서 앞으로 소학교를 어떻게 정돈해 아동교육을 실시할지 토론을 전개했다. 또 새로운 발음부호와 새로운 글자를 제정해야 한다고 주장하고는, 앞으로 이 두 일을 완수하는 걸 자신의 임무로 삼고 있다고 했다. 그녀는 기독교도였기 때문에 이야기를 나누는 중에 량치차오에게 기독교를 믿으라고 설득하기도 했다. 그녀의 도도한 언변은 그칠 줄 모르고 길게 이어졌다. 량치차오 자신도 대답이 궁할 정도였다. 량치차오는 허후이전의 안색을 살펴보면서 그녀가 이미 자신이 여성이라는 사실을 잊고 있음을 깨달았다. 량치차오 자신도 그녀가 여성이라는 사실을 잊고 있었다. 량치차오는 만약 훗날 인연이 된다면 반드시 자기 딸을 그녀의 동생이나 제자가 되게 하고 싶다고 했고, 그녀 또한 그의 요청을 물리치지 않았다. 아울러 허후이전은 량치차오 부인이 상하이 여학교에서 교장을 맡았다는 소문을 들었다면서 틀림없이 부인의 재주와 학문이 선생님과 마찬가지로 출중할 것인데, 지금 세상에서 선생님 부인과 만날 기회가 있을지 모르겠다고 했다. 그리고 선생님께서 집으로 편지를 보낼 일이 있으면 반드시 부인께 안부를 전해달라고 했다. 량치차오는 그 말을 듣고 겨우 "다만 부끄러운 일일 따름입니다"라고 할 수밖에 없었다.(앞의 책, 251쪽) 헤어질 때 허후이전은 또 량치차오에게 이렇게 말했다. "오랫동안 저는 중국어를 잘하지 못하는 걸 한스럽게 생각하며 항상 학문이 뛰어난 선생님을 찾아 배움을 청하려 했는데, 이제 더이상 희망이 없을 듯합니다. 저는 비록 지금 소학교 교사에 불과하지만 이것이 저의 최종 목표는 아닙니다. 앞으로 미국 대학에 진학해 공부를 계속하고 싶고 졸업하고 나서는 고국으로 돌아가 제 한 몸을 바치고 싶습니다. 선생님께서 훗날 유신의 꿈을 이루시면 저를 꼭 잊지 말아주십시오. 그때 선생님께서 만약 여학교를 개설하시면 제게 전보 한 통을 보내주십시오. 저는 틀림없이 고국으로 달려갈 겁니다. 제 마음속에는 오직 선생님뿐입니다." 말을 마치자 두 사람은 서로 건강을 조심하라 당부하고 악수로 작별 인사를 나누었다.

량치차오는 부인에게 보낸 편지에서 숙소로 돌아온 이후의 상황도 솔직하게 이야기했다. "숙소로 돌아오자 더욱더 후이전 생각이 간절했고, 결국 그녀를 존중하는 마음이 사랑하는 마음으로 바뀌어 나 스스로도 자제할 수 없을 정도가 되었소. 분명히 남의 귀한 집 규수인지라 그런 마음을 먹어서는 안 되지만 어떻게 주체할 수가 없었소. 술자리가 파한 후 사람들은 흩어졌지만 나는 밤새도록 잠을 이루지 못하고 가슴이 쿵쾅쿵쾅 뛰었소. 스스로 살아온 28년을 되돌아보아도 이처럼 우스운 일을 겪은 적이 없었소."(앞의 책) 량치차오는 잠을 이룰 수 없자 몸을 일으켜 붓을 들고 아내에게 편지를 쓰며 자기 심정과 고민을 털어놓았다. 이 편지는 매우 길지만 량치차오의 솔직담백한 마음이 잘 드러나 있다. 이 편지를 통해 량치차오가 허후이전에게 어떤 생각을 갖고 있었는지 알 수 있다. 즉 그가 비록 친구에게는 이유를 장황하게 늘어놓았지만 사실 그녀를 첩으로 맞아들일 생각이었음이 분명해 보인다. 량치차오는 그뿐만 아니라 자신이 결혼 얘기를 꺼내면 허후이전이 틀림없이 명분에 얽매이지 않으리라 확언하고 있다. 그는 또 같은 편지에서 후이셴과 후이전을 비교하며 완곡하게 자기 마음을 드러내고 있다. "나는 후이셴 당신 덕에 베이징 관화官話를 익혀 마침내 전국으로 돌아다닐 수 있게 되었소. 이제 다시 후이전으로 인해 영어를 익힐 수 있게 된다면 장차 온 지구로 돌아다닐 수 있을 것이오. 이 어찌 매우 좋은 일이 아니겠소?"(앞의 책, 252쪽) 그러나 량치차오는 많은 고민과 반복된 생각과 다양한 저울질 끝에 결국 감정보다는 이성을 따르기로 결정한다. 여기서 말하는 이성에는 몇 가지 내용이 포함되어 있다. 첫째, 자신이 제창한 일부일처의 관념이다. 둘째, 자신의 특수한 신분이 가져올지도 모르는 부정적 영향이다. 셋째, 당시 중국의 국내 상황이 직면한 매우 준엄한 형세다. 그러나 더욱 중요한 한 가지는 바로 자신의 아내가 동의하지 않을 거란 생각이었다. 그래서 그는 또 "후이전은 흉금이 공명정대하여 조금의 사심도 없소. 나는 그녀의 마음이 정결하고 태연자약하다는 걸 잘 알고 있소. [후이전은] 틀림없이 가소롭고 가증스러운 나의 욕망과는 다른 생각을 하고 있을 것이오." 그러나 이 말은 아내 리돤후이에게 들려주기 위한 핑계거리에 불과했다. 그는 기실 아내가 허후이전을 받아들일 수 없을까봐 근심에 젖었고, 이로 인해 또 오해가 생겨 부부 사이에 좋지 않은 감정이 끼어들까 걱정했다. 량치차오는 편지에서 갖가지 해명을 늘어놓고는 후이전이 자신에게 준 부채 두 자루를 그대로 아내에게 바치고 나서 그것을 잘 간직해달라고 부탁하며 이렇게 말했다. "당신도 이걸 여동생 한 명을 새로 얻은 기념품으로 간주해주시오. 어떻소?"(앞의 책)

  우리는 리돤후이가 이 편지를 받고 어떤 심정을 보였는지 알기 어렵다. 그러나 량치차오는 아내가 6월 12일에 부친 답장을 받았고, 다시 6월 30일에 아내에게 편지 한 통을 썼다. 이 편지에는 리돤후이가 량치차오가 보낸 편지를 받은 후 허후이전 일을 그의 부친에게 알리려 한다는 사실이 기록되어 있다. 량치차오는 재차 답장을 보내며 이렇게 말했다. "6월 12일 편지를 받고 깜짝 놀랐소."(앞의 책) 왜 깜짝 놀랐겠는가? 량치차오 자신의 행위가 부부관계를 파괴할 수도 있다고 생각했기 때문이다. 이는 량치차오가 가장 우려했던 부분이다. 이 때문에 그는 앞서 친구에게 했던 말을 자신의 아내에게도 자세히 늘어놓았다. 그는 아내에게 자신의 마음을 믿어달라면서 이제 할 일이 너무 많아져서 허후이전을 다시 생각할 시간이 없다고 했다. 즉 "후이전을 생각하는 마음이 없는 건 아니지만 애석하게도 그럴 겨를이 없다"고 변명하고 있다. 량치차오가 이렇게 말한 것은 자신이 절대로 허후이전을 첩으로 맞아들일 생각이 없음을 리후이셴에게 알리고 그녀를 안심시키려는 조치였다. 그는 자신의 이러한 경과를 "정情에서 시작해 예禮에서 그쳤다"고 해명하고 있다.(앞의 책, 253~254쪽) 이 연애 사건에 대해 후세의 어떤 사람은 혼인 자유와 개성 해방 시각으로 논지를 전개하면서, 량치차오가 아직 봉건 결혼이라는 울타리를 벗어나지 못하고 여전히 전통문화와 낡은 도덕에 갇혀 있다고 했다. 이러한 시각이 일리가 없는 건 아니지만 실은 아무것도 말하지 않은 것과 같다. 왜냐하면 우리는 량치차오와 리돤후이 부부의 구체적 생활 상황을 소홀히 취급할 수 없기 때문이다. 리돤후이가 량치차오의 축첩을 원하지 않았을 가능성이 가장 크다고 할 수 있다. 4년 뒤 왕구이취안이 량치차오의 아이를 낳기 위해 상하이로 몸을 피한 목적도 기실은 리돤후이의 분노를 누그러뜨리려는 조치였다고 할 수 있다. 그리고 나중에 리돤후이가 왕구이취안을 받아들일 수밖에 없었던 가장 중요한 이유도 바로 왕구이취안이 량씨 집안에서 차지하고 있던 특수한 신분 때문이었다고 할 수 있다.

제4장

서생으로서 나라에 보답하다: 량치차오와 캉유웨이(상)

광서 16년(1890) 량치차오는 광저우 학해당學海堂에서 벌써 2년 넘어 공부하고 있었다. 이해 가을 동학同學 천첸추陳千秋가 그에게 말했다. "소문을 들으니 난하이南海 캉康 선생께서 상소문을 올려 변법을 요청했지만 성공하지 못하자 이미 도성에서 광저우로 돌아오셨다네. 나도 몇 번 찾아뵈었는데, 그분의 학문에는 대단히 신기한 점이 많네. 우리 두 사람은 꿈에도 생각할 수 없는 것이지. 그분을 찾아가 공부하는 게 어떻겠는가?"

여기서 언급하는 캉난하이康南海가 바로 나중에 량치차오의 스승이 된 캉유웨이康有爲다.

난하이 성인 캉유웨이

캉유웨이는 자가 광샤廣廈, 호는 장쑤長素와 겅선更牲으로 광둥 성 난하이 사람이다. 함풍 8년 무오년(1858) 2월 5일 난하이 시차오산西樵山 북쪽 인탕 향銀塘鄉 둔런 리敦仁里에서 태어났다. 량치차오보다는 15세가 많았다.

캉유웨이는 대대로 글을 읽은 벼슬아치 가문 출신으로, 할아버지·아버지·큰할아버지·작은할아버지·작은아버지 모두 벼슬을 했다. 그야말로 가학家學이 대대로 전해진 전통 가문 출신이라고 할 수 있다. 캉유웨이는 평소에 큰 뜻을 품고 있었다. 여섯 살 때 큰아버지가 그에게 대구對句를 가르

캉유웨이(1858~1927). 본명 쭈이祖詒, 자 광샤, 호 장쑤로 광둥성 난하이 사람이다. 근대 사상가, 사회개혁가, 무술유신의 영도자다.

치며 '柳成絮[류성서, 버드나무가 버들솜을 만든다]'라는 문제를 내자 캉유웨이는 바로 '魚化龍[어화룡, 물고기가 용으로 변한다]'이라 답했다. 큰아버지는 그를 칭찬하며 "작은 연못에서 놀 아이가 아니다"라고 했다.(『캉난하이 자편 연보康南海自編年譜』, 3쪽) 캉유웨이는 어려서부터 성현聖賢의 학문에 뜻을 두었기 때문에 "마을 개구쟁이들은 그를 비웃으며 '성인위聖人爲'라는 별명을 붙여줬다. 캉유웨이가 입만 열면 성인께서 이렇게 말씀하셨단 말을 자주 했기 때문이다."(『음빙실합집·문집』 제6권, 60쪽)

캉유웨이는 큰 뜻을 품고 있던 만큼 자연스레 국가의 운명에도 관심을 갖게 되었다. 광서 14년(1888) 10월, 그는 청불전쟁[청프전쟁, 1884~1885]에서 중국 푸젠福建 수군이 패전한 데 자극을 받고 북방을 여행하는 기회에 "국자감생 신분으로 대궐 앞에 엎드려 상소문을 올리고 시국에 대한 견해를 피력하며 변법을 청원하고 나라의 자강自强을 도모하려 했다."(앞의 책, 63쪽) 이는 아주 대담한 행동이었고 또한 변법을 요청하기 위해 처음으로 광서제에게 상소문을 올린 거사였다. 이전에 그는 광서제의 사부 웡퉁허翁同龢에게 한 번 만나 뵙기를 청하는 편지를 보냈으나 결국은 웡 사부에게 거절당하고 말았다. 그러나 그는 의기소침하지 않고 신속하게 1만 자가 넘는 상소문 즉 「황제에게 올리는 첫번째 상소문上淸帝第一書」을 썼다. 이번에는 웡퉁허에게 직접 보내지 않고 국자감 좨주祭酒 성위盛昱[보시伯羲]를 통해 황제에게 전달하려 했다. 그러나 국자감은 웡 씨가 관할하는 부서의 하나였고 또 성 좨주도 아주 적극적인 사람이어서, 성 좨주는 캉유웨이의 첫번째 상소문을 웡퉁허에게 전달했다. 그러나 웡퉁허는 또다시 캉유웨이를 도와주지 않았다. 무슨 이유였을까? 캉유웨이의 추측은 이러하다. "당시 웡창수翁常熟[퉁허]는 국자감을 담당하고 있었는데, 나는 상소문에서 '[청불전쟁의] 마장馬江 전투 패배 이후 다시 인재를 등용하지 않았다'라고 언급했다. 그래서 웡 씨는 인재란 각각 서로 다른 장점이 있는데, 말로만 치국에 능한 자가 군사를 부리는 일은 알지도 못하면서 모든 잘못을 조정의 인재 등용 실패로 돌린다고 생각한 듯하다.(마장 전투의 패배는 사실 공리공담을 일삼는 장페이룬張佩綸을 조정에서 임용한 것과 관련이 있다.) 당시 장페이룬이 죄를 지었지만 감히 그의 죄를 말하는 사람이 없었고, 웡퉁허도 장페이룬으로 인해 죄에 연루될까 두려워 그를 보호하며 감히 상소문을 올리지 않았다. 또 그때가 마침 동지여서 웡 씨와 쉬잉쿠이許應騤 및 리원톈李文田 등이 모두 천단天壇에서 황제의 제사의식을 돕고 있었다. 당시에 쉬 씨와 리 씨가 번갈아 나를 공격했기 때문에 웡 씨가 감히 상소문을 올릴 수 없었다. 그때 나와 동향인 쉬 씨와 리 씨 모두 시랑侍郎 벼슬에 있었는데 내가 그들을 찾아뵙지 않았다고 나를 괴이하게 여겼다. 나는 이렇게 말했다. '저들이 만약 나를 현인으로 생각한다면 저들이 먼저 나를 찾아와야 할 것이다. 나는 포의布衣[벼슬 없는 평민]이고 도성에 도착해서 저들을 찾아뵙지 않은 사람은 나 하나뿐이 아닌데, 어찌하여 유독 나만 괴이하게 생각한단 말인가?' 그리하여 끝까지 저들을 찾아가지 않았다. 이 때문에 저들은 나를 아주 심하게 미워했다."(『캉난하이 자편 연보』[외 2종], 18쪽)

여기서 우리는 캉유웨이가 올린 첫번째 상소문이 실패한 원인을 두 가지로 정리해볼 수 있을 듯하다. 첫째, 상소의 시기가 좋지 않았고 몇몇 의견은 시의적절하지 못했다는 점이다. 이 때문에 웡퉁허는 캉유웨이의 상소문을 황제에게 전하고 싶어하지 않았다. 둘째, 캉유웨이의 오만함 때문에 도성에 있던 동향 관리들이 그에게 불만을 품고 중간에서 방해를 했다는 점이다. 웡 씨도 이 일로 인해 죄에 연루되고 싶어하지 않았다. 물론 이 이유는 캉유웨이 한 사람의 언급에만 근거한 것일 뿐이다. 우리는 지금까지도 상대방 의견은 전혀 듣지 못했다. 하지만 쿵샹지孔祥吉 선생이 고증하기로, 웡 씨가 캉유웨이 상소문을 황제에게 올리지 못한 또다른 까닭이 있었던 듯하다. 그것은 앞 이유보다 더욱 직접적이라 할 만하다. 새로 발견된 웡 씨의 광서 14년(1888) 친필본 『잡기책雜記冊』에는 다음 같은 내용이 있다.

난하이 포의 캉쭈이康祖詒[캉유웨이의 별명]가 상소문을 지어 성균관成均館[국자감의 옛 이름]을 통해 황상께 전달하려 했다. 그러나 동향 관리들이 무결無結하여 전달하지 못했다. 그 사람은 처음에 포의라고 하다가 나중에는 음감蔭監이라 했는데 사실은 캉궈치康國器[?~1884, 자는 자오슈交修,

광둥 성 난하이 사람이다. 청나라 군대의 장령將領을 지냈으며 캉유웨이의 작은할아버지다]의 종손자다. (『캉유웨이 변법 주청 문장 집고康有爲變法奏章輯考』, 13쪽에서 재인용)

원문에서 말하는 무결은 인장을 찍지 않았다는 의미로, 당시 도성인 베이징에서 재직하던 동향 관리들이 자신의 성省 출신 인사를 위해 캉유웨이의 신분을 증명하거나 보증하는 것을 말한다. 캉유웨이는 단지 벼슬 없는 선비 또는 음감생[조부 항렬의 공적으로 얻은 국자감생 자격]에 불과한 터라 청 정부의 규정에 의하면 직접 황제에게 상소문을 올릴 자격이 없었다. 하지만 그는 자신의 뜻을 결코 포기하지 않았다. 국자감으로 상소를 올릴 길이 막히자 성盛 줴주는 캉유웨이의 첫번째 상소문을 가지고 도어사都御史 치스장祁世長을 만나러 갔다. 치스장도 캉유웨이의 충의지심을 칭찬하며 대신 상소문을 전해주겠다고 했다. 그는 또 11월 초8일 도찰원都察院에서 만나자고 약속을 정해주면서 어사 투메이쥔屠梅君을 시켜 특별히 사람을 보내 그곳에서 캉유웨이를 기다리겠다고 했다. 캉유웨이의 진술은 이렇다. "나는 당시 미스후퉁米市胡同에 거주하고 있었고, 문 앞이 바로 차이스菜市였다. 의관을 갖추어 문을 나서려는데 하인 탄바이라이譚柏來가 와서 알려주기를 차이스커우菜市口에서 방금 살인 사건이 나서 수레가 다닐 수 없다고 했다. 이 때문에 내 마음이 심하게 흔들렸다. 나는 마음속으로 몰래 '내가 상소문을 올리려는 날에 살인 사건을 만났으니 조짐이 매우 불길하다. 집에 노모께서 생존해계신데 [내가] 어찌 죽을 수 있겠는가?'라는 생각이 들었다. 그러나 '내가 이미 천하를 구제하려는 마음을 먹었으니 생사는 운명에 달렸는데 어찌 중도에 겁을 먹고 위축될 수 있겠는가?'라는 생각이 들어 비분강개한 마음으로 수레에 올라 남쪽 길로 돌아 도찰원으로 향했다. 문 앞에 당도하자 투메이쥔 어사가 사람을 보내 알리기를 치祁 도어사가 수레 안에서 코피를 쏟으며 혼절한 뒤 돌아갔으니 약속 날짜를 바꿔야겠다고 했다. 그래서 [나는] 마침내 수레를 돌려 돌아왔다."(『캉난하이 자편 연보』 [외 2종], 18~19쪽) 당시 상황을 살펴보면 정말 일이 잘 풀리지 않았던 듯하다. 치 공祁公은 오랜 지병으로 건강을 회복하지 못했고, 투메이쥔도 '말을 잘못해서' 파직되고 말았다. 이때 또 마침 광서제의 '친정親政과 혼인을 위한 전례典禮가 겹쳐서' 모두들 캉유웨이에게 상소를 포기하라 했고, 캉유웨이도 도성에서 상소 시기를 놓치고 말았다. 그해 여름과 가을 무렵이 되자 "도성에 오래 머물게 되면서 날이 갈수록 조정 상황에 익숙해졌고 결국 청나라가 망국으로 치닫는 사실을 알았다. 그래서 그는 결연히 귀가해 오로지 저술에만 뜻을 두고 더이상 인간 세상에 미련을 갖지 않기로 했다." 실망스러운 마음이 행간 밖으로까지 흘러넘치고 있다. 캉유웨이는 이런 꿈까지 꾸었다. "바다에 뗏목을 띄우고 오랑캐 땅으로 가서 살고 싶다는 탄식이 터져나왔다. 그래서 미국에서 교화를 펼쳐보고 싶었고 또 브라질에서 식민지를 경영하며 새로운 중국을 만들어보고도 싶었다."(앞의 책, 21쪽)

그리하여 캉유웨이는 9월에 베이징을 떠나 항저우杭州, 쑤저우蘇州, 난징, 주장九江, 루산廬山, 우한武漢 등지를 여행한 뒤 마침내 12월에 광저우로 돌아왔다. 캉유웨이의 첫 상소는 성공하지 못했지만 그의 용기와 담략은 젊은 선비 사이에서 상당한 영향력을 발휘하기 시작했고 그는 광저우 시내에서 '유명 인사'가 되었다. 이듬해 3월 학해당의 뛰어난 선비 천첸추는 새로운 학문을 구하고자 캉유웨이를 찾아갔다. 천첸추(1869~1895)는 자가 통푸通甫[또는 리지禮吉]이고 호는 쑤이성隨生이다. 난하이 사람으로 캉유웨이와는 동향이다. 책을 많이 읽어 역대 장고掌故[전고典故]에 통달했고, 역사 고증이나 전장典章 같은 학문에도 정통했다. 그는 캉유웨이와 마주앉아 도를 논하고 학술 문제를 토론했다. 한 가지에서 두 가지, 두 가지에서 세 가지로 토론이 확대되면서 마침내 캉 씨에게 감동해 대오각성한 끝에 지난날의 학문을 완전히 버리고 캉 씨의 문하생으로 입문했다. 천첸추는 캉유웨이가 받아들인 첫 제자였으며 나중에 창싱 리 10대 제자를 거론할 때도 그가 수제자로 꼽혔다. 그는 또 만목초당 학장을 지내기도 했고, 캉유웨이를 도와 『신학위경고新學僞經考』와 『공자개제고孔子改制考』를 편찬하기도 했다. 광서 21년(1895) 정월에는 자기 몸을 돌보지 않고 캉유웨이를 도와 시차오 향西樵鄕 동인단련국同人團練局 일을 처리했다. 당시 그는 캉유웨이에게 이렇게 말했다. "저는 하늘과 땅 사이의 이치를 이미 지극하게 알게 되어 더이상 읽을 책이 없습니다. 오직 현실 사업에 시험해보지 못했을 따름입니다. 우리는 날마다 인仁을 이야기합니다. 그런데 어찌 동인국을 빌려 직접 시험해보지 않으십니까?"(앞의 책, 22~23쪽) 그러나 천첸추는 결국 이 일로 과로가 겹친 끝에 병을 얻어 세상을 떠났다. 당시 겨우 27세였다.

랑치차오가 캉유웨이를 스승으로 모시고 제자가 된 건 천첸추의 소개 때문이었다. 천첸추는 대체로 캉유웨이에게서 2개월 동안 직접 학문을 배운 뒤 량치차오를 데리고 캉유웨이에게 갔다. 량치차오는 「삼십 자술」에서 캉유웨이를 처음 만날 때 상황을 진술하고 있다. "당시 나는 어린 나이에 과거에 급제했고 또 당시 사람들이 중시하던 훈고학과 사장학詞章學[시문에 관한 학문]에도 상당한 지식이 있었으며 그 기풍에 젖어 스스로 기뻐하는 중이었다. 그러나 선생님께서는 큰 바다의 세찬 파도 소리처럼 사자후를 내뿜으며 학자들이 고수해온 수백 년간의 낡은 학문을 반박하고 힐난한 뒤 그 모든 것을 깨부수고 깨끗하게 정리했다. 진시[아침 7~9시]부터 선생님을 뵙고 술시[저녁 7~9시]에야 물러나왔다. 등허리에 냉수를 덮어쓴 듯, 머리를 몽둥이로 세게 맞은 듯했다. 일단 내가 고수하던 지식의 보루를 모조리 잃고 나니 망연자실해 앞으로 내가 무슨 학문에 종사해야 할지도 알 수 없었다. 놀랍고도 기뻤으며, 이전의 잘못된 학문이 원통하게 느껴지면서도 이제 그 잘못을 고칠 수 있어 다행스럽기도 했다. 또한 선생님 학설에 의심이 들기도 하고 두려운 마음도 생겼다. 퉁푸通甫[천첸추]와 침대를 나란히 하고 누워 밤새도록 잠을 이룰 수 없었다." 이튿날 날이 밝을 무렵 량치차오는 스스로도 억제할 수 없는 마음을 품고 다시 캉유웨이를 만났다. 그는 바로 "학문의 방침을 가르쳐달라고 청했다. 그러자 선생님께서는 바로 육구연과 왕수인의 심학을 가르쳐줬고, 아울러 역사학과 서양학문의 뼈대도 소개해줬다. [나는] 이때부터 결연하게 낡은 학문을 버리고 스스로 학해당에서 물러나와 하루건너 한 번씩 난하이의 문하에서 배움을 청했다. 평생토록 종사할 학문이 있다는 걸 알게 된 건 바로 이때부터다."(『음빙실합집·문집』 제11권, 16~17쪽)

만목초당 내부 전경. 량치차오와 천첸추가 캉유웨이에게서 학문을 배운 후 만목초당을 세우자고 건의했다.

여러 해 지나 량치차오는 『청대학술개론淸代學術槪論』에서 이때의 경과를 회고하고 있다. "3년 뒤 캉유웨이는 포의의 신분으로 상소문을 올리다가 쫓겨나서 귀향했다. 온 나라 사람이 그를 이상하게 생각했다. 천첸추와 나 량치차오도 호기심이 일어 그를 배알했다. 한 번 만나고 난 뒤 크게 감복해 마침내 수업을 받는 제자가 되었다. 그리고 우리 둘은 그에게 학관을 열고 학문을 강의하자고 함께 청했다. 소위 만목초당이 바로 그 결과였다.(『청대학술개론』, 83쪽)

그것은 정말 기묘한 만남이었다. 우리는 이들의 만남을 통해 캉유웨이의 인격적인 매력과 박학다식한 학문에 대해 최초의 그림을 그려볼 수 있다. 캉유웨이는 천첸추 및 량치차오의 건의와 지지를 받아들여 학관을 개설하고 학문을 강의했다. 그때가 광서 17년(1891), 장소는 광저우 창싱 리였다. 량치차오의 기억에 의하면 그때 자신의 나이가 [만으로] 18세였다고 한다. "난하이 선생께서 광둥 성 창싱 리 만목초당에서 강의를 시작한 건 퉁푸와 나의 청을 받아들이신 때문이었다."(『음빙실합집·문집』 제11권, 17쪽) 처음에는 학생이 많지 않았지만 량치차오와 천첸추가 몇몇 친척과 친지 및 학해당의 친구를 만목초당으로 동원해왔다. 쉬친徐勤이 비교적 일찍 온 학생이었고, 계속해서 한원쥐韓文舉·량차오제梁朝傑·차오타이曹泰·왕줴런王覺任·마이멍화麥孟華·량치쉰·량치톈梁啓田 등이 만목초당에 입학했다. 그러나 실제로 '만목초당'이란 이름을 사용한 건 광서 19년(1893)에 학관을 광저우 부府 학궁學宮 앙고사仰高祠로 옮긴 이후였다. 캉유웨이는 이렇게 소개했다. "겨울에 초당을 부학궁 앙고사로 옮겼다. 10년간 임대하는 조건으로 장기계획을 마련했는데 이는 쉬쥔몐徐君勉[쉬친]과 량줘루梁卓如[량치차오]가 힘을 쓴 결과였다."(『캉난하이 자편 연보』[외 2종], 25쪽) 천첸추와 차오타이가 일찍 세상을 떠나 량치차오가 사실상 캉유웨이 문하의 수제자가 되었다. 이 같은 사실은 이후의 영향력으로 볼 때도 부정할 수 없다. 캉유웨이는 학문을 강의하기 시작한 바로 그해에 7언율시 한 수를 지어 10대 제자에게 주었다. 바로 「문인 천첸추·차오타이·량치차오·한원쥐·쉬친·량차오제·천허쩌·린쿠이·왕줴런·마이멍화가 초당에 처음 와서 학문을 묻기에 이들에게 이 시를 지어 보여주다門人陳千秋·曹泰·梁啓超·韓文舉·徐勤·梁朝傑·陳和澤·林奎·王覺任·麥孟華初來草堂問學, 示諸子」다. 내용은 다음과 같다.

공자의 전통은 유수劉秀에게 찬탈되었고   聖統已爲劉秀簒
정객은 모두들 이사李斯에게 화를 당했다.   政家並受李斯殃
대동大同사상 숨었으나 『예경』은 남아 있고   大同道隱禮經在
미제未濟 점괘 이루어져 『역경』 학설 사라졌다.   未濟占成易說亡
훌륭한 사관史官으로는 두 사마司馬만 한 사람 없고   良史莫如兩司馬
『춘추경』 해설로는 『공양전』만 뛰어나다.   傳經只有一公羊
뭇 용들은 머리 없어 누가 길함을 알리요?   群龍無首誰知吉
저절로 건원乾元이 생겨 대통大統이 영원하리.   自有乾元大統長

이 시에서 캉유웨이는 자신의 이상과 포부를 표현하고 있다. '대동사상이 숨어 있고, 뭇 용들에게 우두머리가 없는' 시대에 아직도 자신이 성인의 대통을 계승하고 있음을 제자들이 분명하게 알아주고 아울러 빛나는 역사적 책임을 발양해줄 것을 희망하고 있다.

"사상계의 일대 폭풍"

대동은 중국 고대사회의 이상향이다. 대동사상이 어떻게 숨게 되었는가? 캉유웨이는 그 죄를 모두 유수와 이사에게 귀결하고 있고, 유수가 오히려 이사보다 훨씬 죄가 크다고 인식했다. 이사는 단지 진시황을 부추겨 민간과 지방의 책만 불태우게 했고 중앙정부의 장서와 박사들의 장서는 전혀 불태우지 않았다. 그러나 유수는 사람들에게 위조된 고문경古文經을 진짜라고 믿게 하려고 고의로 경천동지할 거짓말을 만들어내어, 진시황이 모든 경서를 불태웠다고 역사를 위조했다. 지금 사람들이 보는 경서는 전한前漢말 공자의 후손 공안국孔安國 등이 헌상한 것이다. 이 경서들은 모두 과두문자蝌蚪文字로 기록된 것이고, 진한秦漢시대에 통용된 소전小篆으로 기록된 건 아니다. 따라서 이들 경서를 고문경이라 부른다.[1] 그러나 금문경今文經은 한 초漢初 이래 계속 학문이 계승되면서 한 무제武帝와 선제宣帝에 의해 관학官學으로 인정되었고, 박사까지 두어 그 학문을 가르쳤다. 이 경전은 모두 당시에 통용되던 소전으로 기록된 것이어서 금문경이라 부른다. 전한 말기 왕망王莽이 한나라를 찬탈했고, 유수는 왕망의 힘을 끼고 금문경을 배척하면서 고문 독존의 지위를 확립했다. 왕망이 세운 왕조의 명칭이 '신新'인 데서 캉유웨이는 고문경학을 '신학新學'이라 불렀다.

물론 여기서 말하는 유수는 후한後漢 광무제光武帝 유수가 아니라 당시 유명한 경학가 유흠劉歆을 가리킨다. 유흠은 전한의 대학자 유향劉向의 아

---

1 과두문자가 소전보다 오래된 문자여서 고문경이 금문경보다 더 권위 있을 것 같지만, 금문학자들은 고문경이 고문학자들에 의해 위조된 거짓 경전이라고 의심한다.

들이고, 본명이 바로 유수다. 후한 창업자 광무제 유수는 권력을 잡고 나서 고문경을 폐지하고 오히려 금문경만 통용되게 했다. 그러다가 후한 중후기에 이르러 경학 대가 마융馬融, 정현鄭玄, 복건服虔 등이 고문경을 존중하면서 비로소 고문경학이 다시 번창하기 시작했고 결국 금문경학은 쇠퇴의 길을 걷게 되었다. 당시까지 전해진 금문 경전은 금문 대가 하휴何休가 해설한 『춘추공양전해고春秋公羊傳解詁』뿐이었다. 이어서 남북조시대 이래 당·송·원·명을 거쳐 청에 이르기까지 고문경학이 천하의 학문을 통일했다. 청나라 때는 복고를 숭상해 고증학과 훈고학이 크게 흥성했고, "건륭乾隆·가경嘉慶 이래로 집집마다 허신許愼과 정현을 존중하고, 사람마다 가규賈逵와 마융을 숭상해 후한의 학문이 중천의 태양처럼 찬란하게 빛났다."(『청대학술개론』, 74쪽) 그리하여 금문경학인 『춘추공양전春秋公羊傳』이 결국 전승의 맥이 끊긴 지 2000년의 세월이 지나게 되었다.

이러한 국면을 타파한 사람이 바로 청나라 학자 장존여莊存與였다. 그의 학문방법은 대진戴震과 단옥재段玉裁의 학문 노선과는 완전히 달랐다. 그는 더이상 자구의 훈고에 얽매이지 않고 오로지 성인의 '미언대의'를 탐구했다. 그후 유봉록劉逢祿이 장존여의 학문을 계승해, 그중 '장삼세張三世' '통삼통通三統' '출주왕노絀周王魯' '수명개제受命改制'처럼 매우 이견異見이 많고 특이한 학설의 의미를 하나하나 밝혀냈다. 이어서 궁쯔전龔自珍에게 학통이 전해졌다. 궁쯔전은 단옥재의 외손자여서 가학의 연원은 고증학과 훈고학에 있었으나 오히려 금문경학을 더 좋아해 장존여와 유봉록의 법통을 계승했다. 뿐만 아니라 그는 금문경학을 실제 현실과 연결하기를 좋아해 "흔히 『공양전』의 의미를 끌어와 시대의 병폐를 비판하고 전제제도를 배척했다."(앞의 책, 75쪽) 비록 금문경학을 깊이 있게 연구하지는 못했지만 궁쯔전은 청대를 통틀어 최초로 금문경학과 현실 사회 및 정치를 연계한 인물이었다. "만청 사상의 해방에는 확실히 궁쯔전이 큰 공을 세웠다. 광서 연간의 소위 새로운 학자들은 대부분 궁 씨를 숭배하는 한 시기를 거쳤다."(앞의 책) 실제로 캉유웨이는 청대 금문경학운동 부흥의 창시자가 아니라 집대성자라 할 수 있다. 전해오는 학설에 의하면, 캉유웨이는 일찍이 광저우에 잠시

머물던 금문학파의 선배 학자 랴오핑廖平을 방문해 그가 쓴 『금고학고今古學
考』를 읽고 아주 신속하게 청 말 학계에 큰 영향을 끼친 『신학위경고』를 썼
다고 한다. 량치차오도 『청대학술개론』에서 이러한 사실을 인정하고 있다.
"캉유웨이는 나중에 랴오핑이 쓴 저서를 보고 자신의 낡은 학설을 모두 버
렸다."(앞의 책, 77쪽) 장타이옌章太炎도 한 발 더 나아가 캉유웨이의 '신학위
경新學僞經' 학설이 만청 시기 또다른 경학 대가 다이왕戴望이 내세운 금문학
설의 남상濫觴[기원起源]이 되었다고 인정했다.

그러나 캉유웨이가 금문경을 숭상한 것은 학문적 열정보다는 정치적 의
도로 보는 편이 더 낫다. 하지만 어쨌든 학문 영역에서는 고문경학이 청대
학술을 통합하고 있었기에 당시 금문경학을 제창하는 일은 학술 측면에서
청대 학문의 정통파에 대한 도전을 의미했다고 할 수 있다. 또 궁쯔전 이
래 '자체 개혁自改革'을 주장한 학자들은['자체 개혁'이란 용어는 주웨이정朱維錚
과 루잉타이龍應台가 공편한 『유신 구몽록: 무술년 이전 100년 중국의 '자체 개혁'
운동維新舊夢錄: 戊戌前百年中國的'自改革'運動』을 참조했다] 조정이건 재야건 막론
하고 모두 금문학설을 내세웠기 때문에 자신들의 개혁을 주장하기 위해 금
문경전에서 합당한 근거를 찾는 게 급선무였다. 그러다가 캉유웨이에 이르
러서는 금문경학을 극단으로까지 밀고 가면서 후대의 정치변혁을 위해 기
운을 북돋워야 했다. 량치차오는 『청대학술개론』에서 특별히 이렇게 진술
하고 있다. 캉유웨이의 "모든 주장은 시시비비를 막론하고 한번 말로 표현
하기만 하면 두 측면에서 영향력이 발생했다. 첫째, 청나라 학문 정통파의
발판이 근본에서 흔들렸다. 둘째, 모든 고서가 새롭게 가치를 평가받아야
했다. 이는 실로 사상계의 일대 폭풍이라 할 만했다."(앞의 책, 78쪽) 량치
차오가 캉유웨이의 학설을 '폭풍'에 비견한 건 그것이 정통 학문 질서와 기
존 정치 질서를 파괴할 역량을 갖추었기 때문이다. 사람들은 더이상 '고문'
경전의 가치를 맹목적으로 신봉하지 않고 모든 것을 자신의 독립된 사고
와 재평가를 거쳐 새롭게 판단하려 했다. 그야말로 사상해방의 시대가 도
래한 것이다. 모든 가치에 대한 새로운 평가는 어떤 사상 계몽 운동 과정에
서든 필요 불가결의 태도라 할 수 있다. 이어서 캉유웨이가 『공자개제고』와

캉유웨이가 지은 『공자개제고』. 이 책을 지은 목적은 '옛일에 기탁하여 현실 제도를 개혁하기 위한托古改制' 것이었다. 공자의 깃발을 내세워 현실의 저항을 무마시키고 변법을 추진하려는 의도도 있었다.

『대동서大同書』를 집필하자 량치차오는 그것을 '화산대폭발'과 '대지진'에 비견했다. 량치차오가 만청 사상계에서 캉유웨이가 일으킨 폭풍을 이처럼 높이 평가했지만, 이는 결코 지나친 말이 아니다. 만약 캉유웨이의 사상이 새롭고 날카롭지 않아서 낡고 부패한 사상을 파괴할 능력이 없었다면 어떻게 그가 일개 국자감생 자격으로 여론을 선도하며 천첸추나 량치차오와 같은 청년 준재들의 마음을 빼앗아 그들을 자신의 문하로 귀의하게 할 수 있었겠는가?

캉유웨이는 이상에 탐닉했을 뿐만 아니라 환상에까지 넋을 뺏긴 사람이었다. 그는 또 뜻이 원대해 천하의 혼란을 바로잡으려는 일을 자신의 임무로 삼았다. 또한 이상에 집착하며 설령 실패한다 해도 흔들리지 않는 사람이었다. 그는 더더욱 자존심이 강하고 유아독존식 사고를 하는 사람이었다. 이 때문에 캉유웨이의 행동과 사상은 항상 다른 사람들에게 이해되지도 수용되지도 못했다. 오히려 사람들은 그가 신경병이나 과대망상증을 앓고 있다고도 생각했다. 량치차오의 진술에 의하면, "온 나라 속인들이 그를 비난하고 비웃고 욕하고 꾸짖었으며, 혹자는 그를 일러 일에 몰두하는 사람이라 했고 혹자는 그를 일러 미친 사람이라고 배척했다."(『음빙실합집·문집』제6권, 63쪽) 무술정변 후 캉유웨이를 수행해 상하이에서 홍콩으로 도피한 영국인 헨리 콕번Henry Cockburn은 캉유웨이와 아무 이해관계가 없는데도 그와 함께 사흘 동안 배 위에서 생활한 후 친구에게 편지를 보내 이처럼 말했다. "그는 정말 가련한 사람이다. 열광적인 사람이며 공상가다.(『갑오에서 무술까지: 캉유웨이의 '아사' 감주從甲午到戊戌: 康有爲'我史'鑒注』, 17쪽) 콕번의 이러한 표현은 물론 캉유웨이의 성정 및 성격과 관련이 있지만 그의 학문 경력 및 치학治學방법과도 관련이 있다.

캉유웨이 스스로도 이렇게 말했다. "동자童子의 몸으로 망령되게도 이때 행동이 고인古人과 닮기를 바랐다. 어떤 일을 생각할 때는 곧 스스로 장남헌張南軒[장식張栻]이라 여겼고, 어떤 글을 지을 때는 곧 스스로 동파東坡[소식蘇軾]라 여겼으며, 어떤 생각을 할 때는 곧 스스로 육조六祖[혜능慧能]와 구장춘邱長春[구처기邱處機]이라 여겼다. 한 고을의 여러 서생을 굽어보며 그들의 패자覇者 노릇을 하려는 기색을 보였다."(『캉난하이 자편 연보』[외 2종], 5쪽) 당시 캉유웨이는 겨우 12세였다. 또다른 한 가지 일에서도 그의 광기를 엿볼 수 있다. 이때 캉유웨이는 주주장朱九江 선생 문하에서 학문을 닦고 있었다. 주장 선생은 한유의 문장을 매우 칭송했다. 캉유웨이는 한유의 문장을 읽고 공부하다가 그렇게 생각하지 않고 주장 선생에게 말했다. "창려昌黎[한유]는 문장의 억양과 유창함에 뛰어나고 말만 능숙한 사람일 뿐입니다. 그러나 도에서는 함께 논의할 것이 없습니다. 그의 「원도原道」도 지극히 천박한 문장이니 그는 헛되이 명성을 훔치고 있는 듯합니다." 그러자 주장 선생은 "웃으며 캉유웨이의 망령된 말을 질책했다."(앞의 책, 9~10쪽) 이 두 에피소드는 모두 캉유웨이의 『자편 연보』에 기록되어 있다. 캉유웨이 자신은 자못 득의만만한 기색을 드러내고 있지만 그의 성격에 내재해 있는 '광기'의 일부도 잘 드러나고 있다. 하지만 캉유웨이는 주주장 선생의 제자가 되면서부터 예산초당禮山草堂으로 들어갔고 평생토록 주 선생을 대단히 존경했다. "나는 주장 선생을 스승으로 모시고 나서 비로소 성현의 대도大道로 들어가는 단서를 얻을 수 있었다."(앞의 책, 11쪽) 주주장 선생2은 본명이 츠치次琦, 자는 쯔샹子襄으로 광둥의 대유大儒였다. 캉유웨이는 자신의 스승을 다음처럼 묘사했다. "스승님께선 덕망이 넓고 행동이 고상했으며 지극히 다양한 책을 읽었다. 그 품행과 학문은 속수涑水와 동래東萊 사이에 자리 잡을 만했으며, 국조國朝의 정림亭林이나 선산船山과 비슷했고 덕망과 도량은 이들보다 뛰어났다."(앞의 책, 7쪽) 여기서 말하는 속수는 사마광司馬光이고 동래는 여조겸呂祖謙이다. 둘 모두 송나라 대학자다. 또 정림은 고염무顧炎武이고 선산은 왕부지王夫之인데, 둘 다 명청 교체기 대학자다. 캉유웨이는, 주장 선생이 학문은 이들보다 못하지만 덕행은 오히려 이들을 초월한다고 보았다. "선생의 인품은 만 길 절벽처럼 우뚝하지만 학문은 평이하면서도 독실한데, 이 모든 것은 실천궁행實踐躬行에서 우러난 것이다. 말세의 오염된 세상에서 특히 기절氣節을 중시하며 사람을 구제하고 세상을 경륜할 것을 주장했고, 쓸데없는 공리공담은 하지 않았다. (…) 옛 성인이 실천한 대도의 근본을 밝혀 수기애인修己愛人[자신을 수양하고 남을 사랑함]의 대의를 실천하면서 한漢과 송宋의 학문을 일소하고 공자를 조종祖宗으로 삼게 했다."(앞의 책, 8쪽) 말하자면, 주장 선생이 제자 캉유웨이를 가르쳐 깨닫게 한 것은 우선 육구연과 왕수인이 전한 심학을 새롭게 발견하라는 것이었다. 이는 자기 내면의 주관적 전투정신을 새롭게 발견하라는 의미라고도 할 수 있다. 청나라 관방官方에서 인정한 주류 이데올로기는 정주程朱 이학으로 흔히 주자학朱子學이라 불린다. 그런 정주학을 버리고 육왕학陸王學을 숭배한다는 건 당시로서는 거센 풍파를 무릅쓰는 일이었다. 주장 선생은 만년에 자신의 저술을 전부 불태워버렸다. 이 일은 후세 사람에게 매우

---

2 광둥 성 난하이 사람(1807~1881). 자는 즈구이稚圭 또는 쯔샹이라고도 한다. 주장九江의 예산초당에서 학문을 강의한 데서 흔히 주장 선생으로 불린다.

안타까운 감정을 남겼고 또한 그에 대한 수많은 추측의 단서로 작용하기도 했다. 내 생각에는 "후세 중국에 무익한 것이다"라는 주장 자신의 핑계를 제외하고도 뒷날 쓸데없는 분란을 일으키고 싶어하지 않았기 때문에 끝내 자신의 저술을 불태운 듯 보인다.

캉유웨이는 주장학파의 핵심 가치를 확실하게 파악하고 있었다. 량치차오는 이렇게 진술했다. "선생[캉유웨이]께선 유독 육왕학을 좋아해 직접 마음속의 진실함을 밝히면서 육왕학을 활발하게 운용했다. 이 때문에 자신을 수양하고 후진을 교육하는 방법으로도 육왕학을 핵심으로 삼았다. 또 불경 공부에도 침잠해 깊은 깨달음을 얻었다. 육신 탐구뿐 아니라 영혼에 대해서도 근본을 탐구하려 했다. 크게는 수천 겹 하늘에서 작게는 미세한 티끌에 이르기까지 그 이치를 끝까지 탐구하지 않은 게 없었다. 늘 눕지도 않고 며칠 밤을 꼬박 새우기도 했으며, 정좌에 매진하기도 했고, 여행을 하기도 했다. 고개를 들어 달과 별을 바라보기도 했고, 고개를 숙여 계곡물과 샘물 소리를 듣기도 했다. 숲을 마주 대하고 혼자 우뚝하게 앉아 안으로 마음의 뿌리를 관찰하기도 했고, 밖으로 사물의 모습을 살피기도 했다. 천하의 모든 일이 그분의 마음을 어지럽힐 수 없었다. 마치 석가세존이 보리수나무 아래에서 일어나 엄숙하게 '천상지하유아독존天上地下唯我獨尊'이라는 말을 설파하는 것 같았다."(『음빙실합집·문집』 제6권, 61쪽) 이는 량치차오가 한 말이지만, 캉유웨이 자신도 량치차오의 이 말에 각주가 될 언급을 남겼다. 캉유웨이는 주장 선생 문하에서 공부할 때의 한 가지 일을 진술하고 있다. "날마다 고서 더미에 묻혀 정신을 집중하며 골몰하자 점차 싫증이 났다. 어느 날 새로운 생각이 떠올랐다. 즉 고증학자들은 집에 저서가 가득하다는데 이렇게 대진처럼 연구해봐야 또 무슨 소용이 있을까 하는 생각이 들었다. 그래서 바로 책을 팽개치고 남몰래 마음을 편안히 하고 천명을 세울 수 있는 장소를 찾았다. 갑자기 공부를 그만두고 책을 버려둔 채 두문불출하고 친구들 방문도 사양하고 조용히 앉아 마음 수양에 힘쓰니 동학 모두 매우 이상하게 생각했다. 선생께선 늘 실천궁행하셨으므로 아무 하는 일 없이 참선이나 닦는 자들을 싫어하셨다. 정좌에 전념할 때문득 천지만물이 나와 일체가 되어 밝은 빛이 뿌려질 때면 나 스스로 성인으로 생각하고 환희에 넘쳐 웃음을 터뜨렸다. 그러다가 문득 고통에 빠진 창생을 생각하고는 답답한 마음에 소리 내어 울기도 했다. 또 문득 부모님도 섬기지 못하는데 공부는 해서 무엇하랴는 생각이 들면 곧바로 행장을 꾸려 선영을 찾기도 했다. 동문 친구들은 내가 시도 때도 없이 노래도 부르고 울기도 하는 것을 보고, 내가 광증에 걸려 마음에 병이 있다고 생각했다." 이는 진실로 캉유웨이의 자화상이자 고백록이라 할 만하다. 이 기록에 근거해보면 캉유웨이가 실제로 '광증'이 있었고 비현실적 행동을 했지만, 그의 자존망대自尊妄大[잘난 체하기]하는 모습은 결국 자신의 진실한 내적 체험의 산물임을 알 수 있다. 사실 만약 캉유웨이가 정좌와 명상을 통해 마음 수양에 전념하지 않았다면, 그가 어떻게 능히 "고난에 빠진 민생을 생각해 하늘이 내게 그들을 구제할 총명한 재능을 준 것이라 생각할 수 있었겠으며, 또 만물을 가련하게 여기고 세상을 슬퍼하며 천하 경영을 자신의 뜻으로 삼을 수 있었겠는가?"(『캉난하이 자편 연보』[외 2종], 10~11쪽) 그러나 캉유웨이의 실패는 공교롭게도 정치적인 그의 노력이 모두 실패로 귀결되고 말았다는 데 놓여 있다. 캉유웨이가 내놓은 다양한 정치적 구상은 훌륭한 점이 많은데도 현실 속에서 실행되지 못했고, 그 자신도 대세에 밀려 도태되고 말았다. 만약 캉유웨이가 구상한 이상이 마침내 실현될 수 있었다면 "잘되면 충신이고, 못되면 역적이다"라는 말로 역사를 평가해온 우리로서는 캉유웨이와 어떻게 대면할 것이며 또 그를 어떻게 평가할 것인가?

스승을 아는 사람으로는 제자만 한 사람이 없다

량치차오는 캉유웨이를 가장 정확하게 바라본 사람이었다. 캉유웨이의 장점도 알고 있었고 단점도 알고 있었다. 량치차오는 스승의 『신학위경고』가 흠잡을 데 없는 책이라고는 결코 생각하지 않았다. 학문적으로 말해보더라도 이 책의 몇 가지 결론 및 그 결론을 도출하는 논리는 도저히 성립할 수 없는 것이었다. 애초에 캉유웨이가 이 책을 집필할 때 량치차오와 천첸추도 함께 참여했다. 량치차오는 이렇게 회고했다. "때때로 선생님의 독단을 걱정했지만 끝내 결론을 뒤집을 수 없었다. 기실 이 책의 전체적 논리는 모두 정확하고 타당하며, 논란이 되는 곳은 자잘한 세부항목에 불과하다. 가령 『사기史記』와 『초사楚辭』도 유흠이 수십 군데를 조작해넣었고, 당시 출토된 종정鍾鼎이나 예기禮器도 모두 유흠이 몰래 주조해 매장한 뒤 후세 사람을 기만했다고 하는 것들이 그러하다. 이는 사실 도저히 통용될 수 없는 논리인데 선생님은 강력하게 자신의 입장을 견지했다. 기실 선생님이 주장하시는 요점은 이런 지엽적인 말이나 억지를 빌리지 않고도 성립할 수 있는 것이다. 선생님께선 박학다식함을 좋아하고 기이한 증거를 좋아했기 때문에 왕왕 객관적 증거를 말살하거나 곡해하는 일도 애석하게 여기지 않았다. 이렇게 과학자들의 금기사항을 침범한 것이 바로 이 책의 단점이라 할 수 있다."(『청대학술개론』, 78쪽) 캉유웨이는 시종 이처럼 행동했다. 자신의 잘못을 인정하지 않았고, 잘못을 했더라도 끝까지 그것을 견지하며 오류의 소굴로 치달려갔다. 량치차오는 또 이렇게 얘기했다. "선생님의 사람됨은 만사를 모두 주관적 판단에만 맡기는 특징이 있다. 자신감이 지극히 강하고 자신감을 견지하려는 마음도 지극히 견고했다. 따라서 객관적 사실에 대해서도 멸시하거나 자기 입장을 따르라고 강요도 했다. 사업상에서도 그러했고 학문상에서도 그러했다. 그가 자수성가로 가업을 일으켜 일시를 풍미한 까닭이 바로 여기에 있지만 학문의 건실한 기초를 세울 수 없었던 까닭 또한 여기에 있다."(앞의 책) 이는 량치차오가 1922년에 한 말이다. 당시 캉유웨이와 량치차오는 모두 만년으로 접어들고 있었다. 캉 씨는 아직 건재해 있었지만, 제자의 진심 어린 말을 몇 마디 듣는다 해도 그리 크게 신경쓸 상황은 아니었던 듯하다.

　기실 캉유웨이의 이러한 활동으로 중국 역사는 20년 전으로 후퇴하고 말았다. 량치차오는 『난하이 캉 선생 전南海康先生傳』에서 위와 유사한 말을 한 적이 있다. "선생님은 가장 자신감이 강한 사람이었다. 그는 자신의 관점을 견지하며 어떤 사람을 만나도 흔들리지 않았다. 학문에서도 그러했고 일 처리에서도 그러했다. 자신의 관점을 사물에 따라 변화시키려 하지 않았고, 늘 사물을 선택해 자신의 관점을 보충했다. 항상 『육경』으로 자신의 관점에 각주를 달았고, 온 산천을 자신의 시종으로 삼았다. 이 때문에 선생님을 깎아내리는 사람들은 그가 독단적이라 하고 아집이 강하다 하고 전제적이라 하는데, 대체로 까닭이 없다고는 할 수 없다."(『음빙실합집·문집』 제6권, 87~88쪽) 그러나 량치차오는 제자였기 때문에 스승을 변호하지 않을 수도 없었다. "세상 사람이 선생님을 얼마나 비방하고 죄를 주고 적대하더라도, 선생님은 진실로 뭇사람이 주목하는 대상이었으며 당시 현실의 원동력이었고 미래를 이끈 스승이었다"(앞의 책, 88쪽) 량치차오는 또 우리에게 이렇게 이야기하고 있다. "캉난하이는 어떤 인물이었던가? 내 생각에는 정치가라기보다는 교육가이고, 실천가라기보다는 몽상가라고 하는 편이 더 낫다. 한마디로 선생님은 시대를 앞서간 인물先時人物이었다. 마치 새벽닭이 모든 동물보다 앞서 울고, 태백성이 모든 별보다 앞서 떠도 사람들이 대부분 그것을 듣지 못하고 그것을 보지 못하는 것과 같다"(앞의 책, 87쪽)

여기서 '시대를 앞서간 인물'이란 용어는 량치차오가 발명한 수많은 창조적 어휘 가운데 하나다. 그는 전체 사회에 영향을 끼친 인물, 즉 "그의 일거수일투족, 한 글자 한 마디가 전국의 사람들뿐만 아니라 전 세계 사람들에게 주목을 받고, 그가 나타나 앞 시대와 뒷 시대의 사회 면모를 완전히 바꾼" 인물이 있다면, 그런 인물을 '시대에 부응한 인물應時之人'과 '시대를 앞서간 인물先時之人'로 나눌 수 있다고 했다. 전자는 '시대가 창조한 영웅'이고, 후자는 '시대를 만든 영웅'이라는 것이다(앞의 책, 58쪽) 량치차오 눈에는 캉유웨이가 바로 '시대를 만든 영웅'이었다. 그는 이처럼 언급했다. "20세기에 중국이 온 우주에 웅비할 것임은 의심할 바 없다. 그러나 그 시기는 수십 년 후가 될 것이다. 이 때문에 오늘날에는 중국 땅에 나폴레옹이나 카밀로 카보우르Camillo Cavour[이탈리아 정치가]가 있을 수 없고, 사이고 다카모리西鄉隆盛, 기도 다카요시木戶孝允, 오쿠보 도시미치大久保利通[이 세 사람은 일본의 메이지 유신을 주도한 유신3걸維新三傑이다]가 있을 수 없다. 지금 이런 사람이 있다면 틀림없이 자신의 뜻을 펴지 못할 테고 국가에도 그리 큰 도움을 주지 못할 것이다. 이 때문에 오늘날 중국에서 가장 혁혁하게 활동할 수 있는 인물은 오직 시대를 앞서가는 인물일 뿐이다. 아아! 우리는 시대를 앞서

가는 인물을 소망하지만 그런 인물이 이미 출현했는가? 아니면 출현하지 않았는가? 요컨대 오늘날은 그런 인물이 출현하지 않을 수 없는 시대일 것이다! 지금 이후로도 그런 사람이 계속해서 몇이나 출현할지 나는 감히 단언할 수 없다. 우리 선배 중에서 그런 우뚝한 사람을 찾아본다면 나는 난하이[캉유웨이] 선생이 그에 해당한다고 말하고 싶다"(앞의 책, 59쪽) 량치차오는 또 이렇게 지적했다. "시대를 앞서가는 인물은 기실 과도기적 인물이다. 그의 정신은 오로지 미래를 주목하는 만큼 그의 실천은 지나치게 과격해 실패할 수도 있고, 그의 방책은 현실의 쓰임에 적합하지 못할 수도 있지만 그는 늘 우리가 피해갈 수 없는 인물로 존재한다." 그러나 "무릇 시대를 앞서가는 인물은 필수 불가결의 세 가지 덕성이 있다. 첫째 이상, 둘째 열성, 셋째 담력이다." 그 나머지는 모두 지엽적 문제라서 억지로 왈가왈부할 수 없다. 이런 관점으로 캉유웨이를 살펴보면 "그가 평생토록 한 말과 추진한 사업에 다소 결점이 있어서 사람들이 그것들을 주워 모아 헐뜯고 배척하지 않는 것은 아니지만, 만약 그의 드넓은 이상이 천년을 비출 만하고, 그의 진지한 열성이 일곱 겹 갑옷을 뚫을 만하고, 그의 웅대한 담력이 한 시기를 가로지를 만하다면 동 시기를 산 사람 중에는 그와 비견할 사람이 없을 것이다. 선생께선 오늘날 온 나라 사람들에게 질시를 받고 있지만, 만약 뒷날 20세기 신중국사를 쓰는 사람이 있다면 개권開卷 벽두에 반드시 선생의 정신 사업을 칭송하면서 사회발전의 원동력이 그로부터 시작했다고 여길 것이다"(앞의 책) 량치차오는 평생토록 스승 캉유웨이와 여러 차례 충돌했다. 사상적 인식 부문에서도 그러했고 정치적 선택 부문에서도 그러했으며, 인간의 큰 절개와 관계된 부문에서도 서로 충돌했다. 그러나 량치차오는 여전히 거시적 관점에서 출발해 중국 현대사에 캉유웨이가 끼친 창조적 공헌을 긍정하고 있다. 이는 매우 고귀한 태도인데, 여기에서도 우리는 량치차오의 진실하고 공평한 자세를 엿볼 수 있다.

재목이 가득했던 만목초당

량치차오는 캉유웨이를 스승으로 섬기기 전에 결코 무식했던 소년이 아니었다. 그는 열일곱에 향시에 급제했는데, 그때가 바로 의기양양 큰 뜻을 펼치려 갈망하던 시기였다. 게다가 그는 학해당의 뛰어난 학생으로 "계절마다 치르는 시험에 사계절 모두 일등을 했다. 학해당이 문을 연 이래 원팅스文廷式를 제외하고는 쥐루[량치차오]가 유일했다"(『량치차오 연보 장편』, 22쪽) 그런데 량치차오는 어째서 캉유웨이와 한 번 만나고 나서 그의 말에 정복되었는가? 캉유웨이의 사상과 학식은 나름의 매력적 요소가 있었고, 량치차오도 그 부문에서 사상과 학식이 점차 발전해가는 과정에 있었다. 고향에서 량치차오는 팔고문과 첩괄 문장 위주로 공부를 했기 때문에 자연스럽게 몇 가지 유가경전과 역사서를 읽게 되었다. 아울러 조부와 부친에게서 시대와 나라의 우환을 걱정하고 몸과 마음을 바르게 수양하는 교육을 받았다. 그리고 왕양명과 이름을 나란히 한 명대 유학자 진헌장도 광둥 신후이 사람이어서 그 지역에 진헌장의 사상과 학술이 아주 넓고도 깊게 스며들어 있었다. 소년 량치차오는 그 속에서 생활하며 점차 영향을 받는 과정이었기 때문에 육왕학의 수양 공부가 량치차오의 마음속에 이미 뿌리내리고 있었다고 할 수 있다. 그러다가 그의 시야는 광저우로 가서 넓게 열린다. 그는 먼저 뤼바후呂拔湖 선생을 스승으로 모셨고 오래지 않아 다시 천메이핑陳梅坪 선생 문하로 옮겼다. 이 두 선생은 모두 한학[훈고학]에 일정한 소양이 있어서 량치차오의 학문을 새로운 경지로 이끌어주었다. 량치차오는 "13세 때 단옥재와 왕염손의 훈고학이 있는 줄 처음 알고 나서는 그것을 매우 좋아하며 과거 답안 작성이나 배우려 하는 마음을 점차 버리게 되었다"고 했다(『음빙실합집·문집』 제11권, 16쪽) 광서 13년(1887) 15세도 되지 않았던 량치차오는 학해당에 입학해 학문을 닦게 되었다. 학해당은 아주 유명한 서원으로 건륭과 가경 연간의 저명한 학자 완원阮元이 도광 5년(1825)에 광저우 시내 북쪽 웨슈산粵秀山에 문을 연 뒤 경사經史와 훈고를 학문의 종지宗旨로 삼았다. 량치차오는 이곳에 와서야 비로소 "과거 답안 작성 공부를 버리고 훈고학에 종사하기로 결정했으며, 훈고와 사장 외에는 소위 다른 학문이 있는 줄도 몰랐다"고 했다.(앞의 책) 그럼 량치차오가 그처럼 빠져든 '훈고사장지학訓詁詞章之學'이란 어떤 학문인가? 간단하게 말해 고증학이다. 대부분 증거자료를 끌어들여 양한兩漢까지 거슬러 올라가는 데서 '한학漢學'이라고도 불린다. 고증학은 애초 송나라와 명나라 이래 극성한 정주이학程朱理學과 육왕심학陸王心學의 공리공담을 바로잡기 위해 출발한 학문으로 경세치용을 주장하며 역사의 흥망성쇠에 대해 이야기하기를 좋아했다. 이후 고증학은 점차 학문을 위한 학문과 독경讀經[유가 경전 읽기]을 위한 독경으로 치우치면서 결국 서재 속으로 후퇴해 세상일에는 전혀 관심을 기울이지 않았다. 따라서 고증학자들은 현실 사회에 적극적 관심을 표명해온 유가적 전통과 신념을 포기했다고 할 수 있다. 이러한 경향이 당시 학문 풍토의 주류를 형성했을 뿐만 아니라 청대 학문의 정통파가 되었다. 완원은 고증학의 대표적 인물 중 한 사람으로 곳곳에서 자신의 권위를 이용해 정통파의 학문적 위상을 옹호했다. 그러나 그는 이미 한학[고증학]과 송학[성리학]의 조화를 주장하고 있어서 단옥재와 왕염손처럼 절대적이고 순수한 고증학을 추구하지는 않았다.(『청대학술개론』, 5쪽)

광서 16년(1890) 봄 량치차오는 베이징에서 시행된 회시에 참가했다. 이는 량치차오의 첫 베이징행이자 첫 원행遠行이었다. 비록 급제자 방에는 그의 이름이 없었지만 량치차오는 이 여행을 통해 시야를 넓히고 식견을 기를 수 있었다. 특히 그는 남쪽으로 귀향하는 도중에 상하이에 들러 쉬지위徐繼畬의 『영환지략瀛寰志略』을 구입했다. 량치차오는 이 책을 통해 그때까지 들어보지 못했던 참신한 세계와 부강하고 민주적인 새 국가가 있음을 알게 되었다. 당시 혼란한 중국의 현실 상황 때문에 국가 운명에 관심을 갖고 있던 청년 지식인들은 근심스러운 마음으로 불안에 떨었다. 량치차오는 서재 안에서 훈고와 사장에 전념하는 것이 현실과 너무나 동떨어진 일이고, 그것으로는 나라와 세상을 구제할 수 없음을 남몰래 깨닫게 되었다. 그에게는 더욱 강력한 사상적 계발과 충격이 필요했다. 그때 마침 캉유웨이가 그의 앞에 나타났다. 캉유웨이는 유봉록, 궁쯔전, 웨이위안魏源, 다이왕, 랴오핑 등으로 전해진 금문경학의 기초 위에서 "여러 사람의 학설을 종합해 금문경학과 고문경학을 엄격하게 구분한 뒤 후한 때 늦게 나온 고문경전은 모두 유흠의 위작이라 말했다. 또 정통파가 가장 존중해온 허신과 정현 또한 모두 배격했다. 즉 복고는 바로 후한에서 전한으로 돌아가는 것이라고 했다. 그리고 캉유웨이는 공양학公羊學을 정통으로 삼은 뒤 '공자가 제도를 개혁했다孔子改制'는 학설을 내세우면서 육경은 모두 공자가 지은 것이고 요순堯舜은 모두 공자가 의탁한 성인인데, 선진 제자諸子 중 '옛것에 의탁해 제도를 개혁하지託古改制' 않은 사람은 아무도 없다고 했다. 이는 실로 대담한 학설이었고 수천 년 전해져온 경전에 대해 비약적인 대해방을 도모하면서 자유로운 연구의 대문을 활짝 연 이론이었다. 캉유웨이의 가장 탁월한 제자로는 천첸추와 량치차오가 있다. 천첸추는 일찍 세상을 떠나 량치차오가 캉유웨이의 저술을 가르치며 스승의 학문을 크게 선양했다. 량치차오는 정통파와도 비교적 인연이 깊어 때때로 스승의 독단을 마음에 들어하지 않았다. 이 때문에 말년으로 갈수록 [캉유웨이와 량치차오 간에] 상이한 학설이 많아졌다.(앞의 책, 6쪽)

당시 캉유웨이의 극단적인 금문경학 이론은 상당한 선동성, 전투성, 비판성이 있었다. 그것은 비판적 이론이면서 이론적 비판이기도 해서, 당시에 정치를 비판하고 전제주의를 배척하며 미신을 타파하고 사상을 해방시키려던 사람들의 정치적 요구를 만족시켰다. 아울러 나라와 백성을 걱정하던 청년 지식인들에게 특히 강력한 전파력과 호소력을 발휘했다. 나라에 가난하고 약한 백성이 넘쳐나고, 열강의 중국 분할 정책이 더욱 황급히 전개되고, 지식인과 백성의 사기가 크게 쇠퇴하던 시절의 피 끓는 젊은이 중 그누가 자신의 스승에게서 원대하고 예리한 사상 및 탁월한 담력과 열성을 얻고 싶어하지 않았겠는가? 캉유웨이의 호소력은 때마침 이러한 사람들 속으로 급속히 스며들었다. 량치차오는 이렇게 말했다. "선생께선 광둥에서 모두 4년 동안 학문을 가르치시며 매일 강당에 새벽 4~5시 무렵에 나오셨다. 매번 한 가지 학설과 한 가지 일만 토론했다. 반드시 상하고금의 사례를 거론하며 연혁과 득실을 탐구했고, 또 구미 사례를 인용해 비교하고 증명했다. 그리고 이상의 궁극적 지점을 설정하고 지고지선의 목표를 내세워 고금중외古今中外의 공간을 마음대로 출입했다. 대체로 이상을 추구하는 학자들의 자유가 나날이 발달하고 이에 따르는 별도의 지식도 함께 늘어났다. 내가 평소 학계에 다소 이름을 알릴 수 있었던 것도 모두 선생의 은혜에 힘입은 바였다."(『음빙실합집·문집』 제6권, 62쪽)

위 글은 량치차오가 만목초당을 떠난 몇 년 뒤 무술변법과 경자사변庚子事變을 겪고 나서 쓴 회고록이다. 학문을 강의하던 초기에 캉유웨이는 「창심학기長興學記」를 써서 만목초당의 학규學規로 삼은 바 있다. 캉유웨이는 그 연원을 이렇게 소개했다. "일찍이 주장 선생을 말석에서 모실 때, 대현大賢의 넉넉한 담론을 들으며 삼가 그것을 암송하다가 나의 제자들을 위해 말해준 것이다."(『창심학기·계학문답·만목초당구설長興學記·桂學問答·萬木草堂口說』, 3쪽) 캉유웨이는 18세부터 주장 선생 문하에서 공부했다. "무릇 6년에 걸쳐 주장 선생 문하에서 학문을 마쳤다. 이학과 정치의 기초는 모두 주장 선생에게서 전수받은 것이었다."(『음빙실합집·문집』 6권, 61쪽) 따라서 캉 씨가 만목초당에 관철시킨 교육 이념은 주장 선생의 예산초당에서 나왔다고 할 수 있다. "교육 취지는 오로지 기상을 갈고닦으며 정신을 발양하고 지혜를 널리 구하는 데 놓여 있었다."(앞의 책, 62쪽) 그리고 캉 씨는 "교육으로 중시해야 할 것은 개인의 정신과 세계의 이상이다"라고 했다.(앞의 책, 66쪽) 이는 그들 스승과 제자의 교육관이 일맥상통함을 보여준다. 몇 년 뒤 량치차오는 후난 시무학당時務學堂으로 초빙받아 가서도 입지·양심養心·수신·독서를 강조했고, 아울러 정신·도덕·기질·인격의 양성을 강조했다. 그는 「창심학기」를 새로 간행했을 뿐만 아니라 그것을 모방해 「후난 시무학당 학약湖南時務學堂學約」을 지었다. 이 두 학칙을 간단히 비교해보면 상호 간 전승관계를 발견할 수 있다. 량치차오는 이렇게 말했다. "가르침을 펼침에 덕육을 70퍼센트, 지육을 30퍼센트 정도 차지하게 했고, 체육도 특히 중시했다." (앞의 책, 65쪽) 량치차오가 소위 덕, 지, 체를 총체적으로 발전시킴은 스승에 대한 찬양이면서 자기 자신에 대한 긍정이기도 했다. 더 나아가 량치차오는 이렇게 인식했다. "정신을 중요하게 생각하고 덕육을 고귀하게 여기며, 중국 역사의 관습과 중국사회의 병폐를 치유하려 한 그의 뜻을 후인들은 본받지 않을 수 없을 것이다."(앞의 책, 66쪽) 사실 우리는 마오쩌둥毛澤東의 교육 사상에서도 이러한 영향의 흔적과 양자 간 관련성을 어렵지 않게 관찰할 수 있다.

량치차오는 1927년 캉유웨이의 70세 생일에 「난하이 선생 칠십 생신에 드리는 말씀南海先生七十壽言」을 썼다. 이 글에서도 그는 또 당시 창싱 리 만목초당에서 공부할 때의 풍경을 언급하는데, 문장 행간에 사제 간 그윽한 정이 끝없이 흘러넘치고 있다. 량치차오가 기억하기에, 당시 만목초당은 학생이 채 20명이 되지 않았다고 한다. 나이는 대부분 15~16세에서 18~19세였으며 20세 이상은 2~3명뿐이었다. 모두 천진난만하고 향학열에 불타는 청년들이었다. 모두 형제처럼 친하게 지냈고 캉유웨이도 그들을 친자식처럼 대했다. 학당에는 장서 수만 권이 비치되어 있었는데 모두 캉유웨이가 제자들에게 읽히려고 자기 집에서 가져온 책이었다. 당시 학당에는 수많은 악기 또한 비치되어 있었다. 이는 예법을 익히기 위해 준비한 것으로 종鍾[편종], 고鼓[북], 금琴[중국식 거문고], 우竽[생황과 비슷한 관악기] 등이 갖추어져 있었다. 캉유웨이는 매일 정오 지나 자리에 앉아 강의를 시작했다. 주로 고금의 학술 원류를 강의하면서 한 번 강의 때마다 2~3시간을 지속했다. "강의하는 사람도 지칠 줄 몰랐고 듣는 사람도 지칠 줄 몰랐다." 수업 뒤에는 학생들이 모두 환호작약하며 큰 수확을 얻었다고 기뻐했다. 저녁에는 사제지간에 모임을 열었다. 때로는 3~4명이 함께 모이기도 했지만 단독으로 만날 때도 있었다. 량치차오는 당시 일을 이렇게 묘사했다. "달이 뜨는 밤에는 우리 제자들이 선생님을 따라다니며 놀았다. 웨슈산越秀山 기슭을 넘나들며 공자와 증자처럼 함께 즐겼다. 선생님과 약속을 해서 만나기도 했고 더러는 약속 없이 우연히 만나기도 했다. 봄가을 날씨 좋은 날이나 매월 보름이면 학해당, 국파정사菊坡精舍, 홍면초당紅棉草堂, 진해루鎭海樓 일대에 만목초당 사제의 발길이 미치지 않은 곳이 드물 정도였다. 선생님은 매번 제자를 거느리고 문장 토론에서 우주 만물에 이르기까지 잡다한 지식을 두루 강의했다. 광대하고도 심오한 논변에 끝 간 데를 모를 정도였다.

선생님이 계시면 모두 묵묵히 그 말씀을 들었지만 부재중이실 때는 주객이 서로 날카롭게 논란을 벌이느라 토론 소리가 숲속을 뒤흔들 정도였다. 더러 팔뚝을 휘두르며 소리 높여 노래 부르면 나무 둥지에서 잠자던 까마귀가 놀라 퍼덕퍼덕 날갯짓하기도 했다. 아! 만목초당에서 공부할 때는 즐겁지 않은 날이 없었다. 그때의 즐거움이야말로 가장 특별한 것이었다"(『음빙실합집·문집』 44권 상, 28쪽) 이러한 학문생활은 참으로 잊기 어려운 경험이어서 량치차오는 30년 뒤에도 여전히 흥미진진하게 그 풍경을 그려내고 있다. 이 장면에서 우리는 『논어』 속 유명한 풍경을 떠올리게 된다. "늦은 봄에 봄옷이 다 지어지면 어른 대여섯과 동자 예닐곱을 데리고 기수沂水에서 목욕하고 무우舞雩에서 봄바람을 맞으면서 시를 읊으며 돌아오고 싶습니다."(『논어역주論語譯注』, 119쪽) 무술변법을 전후해 유신파 진영에 함께 참여한 주요 인물 장위안지張元濟는 시를 지어 이렇게 찬양했다.

남녘땅에 학문 펼쳐 유신파를 개창하니　　　　　　　南洲講學開新派
만목초당 한 학당에 인재가 즐비하다.　　　　　　　萬木森森一草堂
서생들이 보국할 줄 그 누가 알았으랴?　　　　　　誰識書生能報國
만청의 인물로는 캉康과 량梁을 꼽으리라.　　　　　晚淸人物數康梁
(『신후이 량씨: 량치차오 가족의 문화사』, 36쪽)

갑오회시

량치차오는 광서 21년(1895) 봄 다시 회시를 보기 위해 베이징으로 갔다. 량치쉰은 『만수실 무진필기曼殊室戊辰筆記』에서 이렇게 기록했다. "이때 [량치차오는] 만목초당을 나온 후 다시는 그곳으로 가지 않았다. [량치차오의] 학생생활은 이때 끝났다고 할 수 있다"(『량치차오 연보 장편』, 36쪽) 이는 량치차오가 네번째 응시한 회시였다. 그는 이전에도 광서 16년(1890), 18년(1892), 20년(1894) 회시에 응시한 적이 있지만 모두 급제하지 못했다. 이번에도 그는 별 희망을 품지 않은 채 샤쩡유夏曾佑에게 보낸 편지에서 이렇게 썼다. "이번 걸음은 본래 회시를 보기 위함이 아니라 다만 이 명분을 빌려 세상 밖을 멀리 여행하며 천하의 인재를 구하려 함입니다."(앞의 책, 33쪽)

그러나 이번 회시에서는 울지도 웃지도 못할 일이 량치차오와 캉유웨이 신상에 발생한다. 캉유웨이는 제8등으로 진사에 급제하지만 량치차오는 또 한 차례 낙방하고 만다. 이때 이와 관련된 몇 가지 소문이 나돌기 시작했다. 첫째 소문은 부고관副考官[과거시험 부책임자] 리원톈이 량치차오 답안지를 칭찬하며 그를 뽑으려 했지만 이미 급제자 정원이 다 차서 또다른 부고관 탕징충唐景崇에게 부탁해 정고관正考官[과거시험 책임자] 쉬퉁徐桐을 찾아가 량치차오를 급제시켜달라고 청했다는 것이다. 쉬퉁은 유명한 수구파 인사였다. 그는 그 답안지 작성자가 경전을 규정대로 해석하지 않고 이설異說을 많이 끌어들인 것을 보고 탕징충의 요청에 동의하지 않았다. 그러나 탕징충은 다른 사람 답안지를 빼버리고 량치차오 답안지를 급제자 속에 포함시켰다. 쉬퉁은 처음에는 동의하는 듯했으나 "오경이 지나고 나서 징충에게 서신을 보내 말했다. '잠시 전에 본 광둥 출신 인사의 답안지는 그 문장이 규정을 심하게 어긴 터라 그를 뽑을 수는 없소. 또 원톈은 동향 인사를 비호한다는 혐의에서 벗어나기 어려울 것이오.' 쉬퉁의 비난은 매우 신랄했다. 탕징충이 그 서신을 보여주자 리원톈은 묵묵히 앉아 있다가 마침내 량치차오 답안지 끝에다 이렇게 썼다. '명주明珠를 돌려주며 눈물을 흘리나니, 결혼 전에 못 만난 것이 참으로 한스럽소還君明珠雙淚垂, 恨不相逢未嫁時.'[3] 이후 량치차오는 『시무보』를 창간해 과거제도를 통렬하게 비판한다."(『국문비승國聞備乘』, 24쪽)

량치차오가 이 일 때문에 과거제도를 한스럽게 생각했는지 어떤지는 단

---

3 당나라 시인 장적張籍이 지은 「절부음節婦吟」 마지막 두 구절. 남자가 이미 시집간 여인을 사랑해 광채 나는 구슬明珠을 선물하지만, 그 여인은 자신의 절개를 바꿀 수 없다며 구슬을 돌려주면서 '자신이 시집가기 전에 서로 만나지 못해서 안타깝다'는 마음을 전한다. 이후 이 두 구절은 상대방의 초빙을 완곡하게 거절할 때 자주 쓰이며 특히 서로 마음은 있지만 시기가 맞지 않아서 함께할 수 없는 경우에 많이 쓰인다. 여기에서는 량치차오 답안지가 마음에 들지만 결국 뽑아줄 수 없는 안타까움을 비유하고 있다.

언할 수 없다. 그러나 그가 스승 캉유웨이 대신 억울한 일을 당했을 가능성은 충분하다. 또다른 소문에 그런 정황이 담겨 있다. 쉬퉁은 정고관이 되자 미리 다른 시험관들에게 경고했다고 한다. 즉 광둥 성 출신 응시자 답안지에 재기가 넘치는 내용이 있으면 그것은 틀림없이 캉유웨이 답안지인 만큼 절대 뽑아서는 안 된다는 것이다. 그래서 마침 량치차오 답안지를 보고 그것이 캉유웨이 답안지라 오해하고는 한 곁으로 팽개쳐두고 말았다. 관례에 따르면 급제자 명단 가장 앞자리에 채워넣어야 할 5명은 맨 마지막에 이름을 쓰게 되어 있었다. 모든 급제자 이름을 채워넣은 뒤 맨 앞자리 5명만 남았을 때 쉬퉁은 상당히 득의만만한 미소를 지었다. 캉유웨이 이름이 보이지 않았기 때문이다. 그러자 당시 시험관 중 한 사람인 웡퉁허가 웃으면서 쉬퉁에게 말했다. "아직 5명이나 남았는데, 그 가운데 캉유웨이 이름이 있을지 없을지 어떻게 아시오?" 맨 앞자리 5명을 채워넣자 과연 캉유웨가 포함되어 있었다.[4] 쉬퉁은 이 때문에 얼굴이 붉어질 정도로 화가 나서 집으로 돌아가 문지기에게 말했다. "캉유웨이가 나를 만나러 오거든 절대 안으로 들이지 말라."

물론 이는 작은 에피소드에 불과하지만 당시 캉유웨이가 관직사회 및 사대부 사이에서 엄청난 명성을 누리고 있었음을 알게 해준다. 그러나 캉유웨이는 자존심이 강하고 성격이 오만했다. 다른 사람의 스승 노릇 하기를 좋아하고 고집이 세서 많은 사람이 그에게 호감을 느끼지 못했으며 그를 경원시하는 사람도 있었다. 캉유웨이는 또 사상 측면에서 지나치게 시대를 앞서갔기 때문에 그에게 호응하는 사람이 드물었고, 세속 사람들과 전통을 옹호하는 수구파 인사들은 더더욱 그의 사상을 받아들이기 어려워했다. 웡퉁허는 갑오년(1894) 5월 초2일 일기에서 이렇게 썼다. "캉장쑤康長素[캉유웨이]의 『신학위경고』를 봤다. 그는 유흠의 고문경이 모두 위작이며 육경을 함부로 변조했고 정강성鄭康成[정현] 이하의 학설도 모두 의심스럽다고 했다. 정말 경학가 중에서 교활하기가 여우와 같은 자라 어처구니없는 마

---

4 그해 회시에서 캉유웨이는 기실 제8등으로 급제했기 때문에 이 소문이 정확하다고는 볼 수 없지만 당시 조정에 캉유웨이와 량치차오를 배척하는 분위기가 있었음은 사실이다.

음을 금치 못했다"(『갑오에서 무술까지: 캉유웨이의 '아사' 감주』, 36쪽) 윙퉁허 같은 사람도 캉유웨이의 태도에 어처구니없는 마음을 금치 못했으니, 당시 정통 경학을 옹호한 사람들은 더욱 격렬하게 캉유웨이의 학설을 반대할 수밖에 없었다. 그건 너무나 당연한 일이었다. 이해 7월 곧바로 위롄위안余聯沅이란 사람이 캉유웨이를 탄핵하고 나섰다. 이 상소문은 나중에 『익교총편翼教叢編』에 수록될 때 안웨이쥔安維峻이 올린 것으로 잘못 기재되었다. 주요 내용은 이러했다.

다시 조사해보니 광둥 성 난하이 현 출신 진사 캉쭈이[캉유웨이]라는 자가 궤변으로 미친 말을 함부로 지껄이며 육경이 모두 왕망의 신나라 때 유흠에 의해 위작된 것이라 했습니다. 그는 『신학위경고』을 해내海內에 간행하여 사람들을 유혹하고 후학들을 선동하여 제자를 불러 모았습니다. 이로 인해 경박한 인사들이 그 기풍에 휩쓸리자 그를 따르는 무리가 매우 많아졌습니다. 캉쭈이가 스스로 호를 장쑤長素라고 함은 자신이 소왕素王[공자]보다 뛰어나다고長於素王 생각한 때문입니다. 그리하여 그의 제자들도 차오후이超回[공자의 수제자 안회顏回를 초월한다는 뜻]니 이츠軼賜[공자의 제자 단목사端木賜 즉 자공子貢을 앞지른다는 뜻]니 하는 호를 쓰고 있습니다. 엎드려 생각하옵건대 공자의 성스러운 덕성을 백성에게서 찾을 수 없었지만, 육경은 해와 달처럼 하늘을 가로지르고, 창장 강과 황허 강처럼 땅위를 치달리고 있었습니다. 한나라 유학자가 그 의미를 밝게 드러내고 송나라 유학자가 주석을 달아 경학은 더욱 번창하고 밝아졌습니다. 우리 조정에서도 성군께서 대대로 대통을 이어 도를 중시하고 경전을 드높이며 그것을 학관學官에 넣어 법령으로 전해지게 했습니다. 한때를 풍미한 명신과 대신 그리고 석학과 거유 중에 육경의 뜻을 명확하게 밝히고 깊이 탐구하지 않은 이는 없었습니다. 하물며 육경은 가르침이 심오하고 도리가 완전합니다. 유흠의 문장은 『한서漢書』에 모두 실려 있는바, 그런 자는 육경을 절취할 수 없을 뿐 아니라 기실 한 글자도 비슷하게 쓸 수 없습니다. 캉쭈이는 미친개처럼 함부로 울부짖으며 참람하게도 장쑤란 호까지 사용했고 더 나아가 정론을 뒤집으며 전인前人[선인先人]들을 통렬하게 비난하고 있습니다. 이처럼 황당하고 잘못된 학설로 윤리를 단절시키고 있으니 [캉쭈이는] 진실로 성현을 해치는 도적이며 고금을 넘나드는 거대한 좀벌레라 할 수 있습니다. 옛날 태공太公[강태공姜太公]은 화사華士를 죽였고, 공자는 소정묘少正卯를 주살했습니다. 이는 그들이 거짓말을 하면서 변론에 능했고, 편벽된 행동을 하면서 고집이 셌기 때문입니다. 이에 그들을 도올檮杌이나 혼돈渾敦의 족속과 똑같이 취급했습니다. 지금 캉쭈이는 성현을 비난하고 법도를 무시하며 세상을 미혹시키고 백성들에게 거짓말을 하고 있으니 화사와 소정묘에 비교해보아도 심하면 심했지 못하지는 않을 것입니다. 이러한 자를 어찌 성스럽고 밝은 세상에 용납할 수 있단 말입니까? 일찌감치 세찬 화염을 끄고 미친 파도를 막지 못한다면 그의 학설이 유행하여 해악이 어디까지 미칠지 몰라 두려움을 금치 못하겠습니다. 이는 선비 기풍과 문치文治 교화에도 크게 관계되는 일입니다. 이에 상응하는 조치로 청컨대 광둥 독무督撫에게 칙지를 내려 그[캉쭈이]가 간행한 『신학위경고』를 즉각 불태우게 하고 아울러 각 서원의 생도 및 선비들을 효유曉喩하여 잘못된 길을 버리고 바른길로 돌아오게 한 뒤 다시는 캉쭈이에게 미혹되지 않게 해주십시오. 캉쭈이가 경전을 벗어나 정도를 배반한 일에 어떤 징벌을 내릴지는 삼가 황상의 재가를 기다리겠사옵니다. (『소여집蘇與集』, 32쪽)

이 한바탕의 탄핵은 량치차오 말을 빌리면 "그 말이 대단히 신랄했다." 광서제는 바로 당일에 량광[광둥 성과 광시 성] 총독兩廣總督 리한장李瀚章에게 살벌한 내용의 칙지를 내렸다.

어떤 이가 상소를 올려 광둥 난하이 현 진사 캉쭈이가 『신학위경고』란 책을 간행하여 선인을 헐뜯고 후학을 선동하므로, 이는 선비 기풍과 문치 교화에도 크게 관계되는 일인지라 칙령으로 엄금해달라는 등의 말을 하였다. 리한장은 이를 명확하게 조사하여 캉쭈이가 간행한 『신학위경고』가 진실로 경전을 벗어나 정도를 배반하였다면 [책을] 즉시 불태워서 올바른 학문을 드높이고 선비들의 기풍을 바로잡도록 하라. (『갑오에서 무술까지: 캉유웨이의 '아사' 감주』, 40쪽)

광서제가 보인 태도는 매우 분명해서 이미 위렌위안의 처리방안에 동의하고 있다. 당시 캉유웨이는 다리가 아파서 먼저 광둥으로 돌아갔고 량치차오만 베이징에 머물고 있었다. 량치차오는 탄핵 일을 알고 난 이후 상황이 매우 엄중하다고 보고는 곧 사방으로 연락하며 조치했다. 그는 샤쩡유에게 편지를 보내 자신이 도성에서 활동한 상황을 자세히 알렸다.

어제 자싱嘉興이 화눙花農에게 전보 한 통을 보냈습니다. 오늘 또 젊은 샹샹小湘鄕이 허페이合肥에게 전보 한 통을 보냈습니다. 다만 소문을 듣건대 화눙이 임시 감독관이고 중보重伯도 그리 중요한 사람이 아니라 하니 [전보가] 여전히 타당하게 처리되지 못할까 걱정입니다. 전에 제가 이미 퉁저우 군通州君을 만나 부탁해놓은 터라 만날 기회가 있을 때 다시 부탁하면 될 듯합니다. 다만 창수常熟[웡퉁허]께서 전보를 보내는 걸 허락하셨으므로 —기다리는 사이에 직접 보낼 수도 있습니다— 전보에 쓸 말은 본인이 직접 정하든가 아니면 제가 대신 정할 수도 있을 것 같습니다. (『량치차오 연보 장편』, 32쪽)

이 편지는 상당히 은밀하게 쓰여 있다. 편지에서 거론하는 '자싱'은 바로 선쩡즈沈曾植로 자는 쯔페이子培이며 저장 성浙江省 자싱 사람이다. 또 '화눙'은 광둥 학정 쉬치徐琪의 자다. '젊은 샹샹'은 쩡광쥔曾廣鈞인데, 자는 중보이며 후난 성 샹샹湘鄕 사람으로 쩡궈판의 장손이다. '허페이'는 량광 총독 리한장으로 리훙장의 형이다. 편지 내용으로 보면, 량치차오는 이미 선쩡즈와 쩡중보를 통해 쉬치와 리한장에게 연락을 취했지만 충분하지 않을까 걱정이 되어 다시 장젠張謇을 통해 웡퉁허가 나서주도록 간청하고 있고, 다시 리한장에게도 전보를 보내 캉유웨이를 위해 인정을 베풀어줄 것을 부탁하고 있다. 장젠은 자가 지즈季直이고 호는 쌔안嗇庵으로 장쑤 성 난퉁南通 사람이다. 이 때문에 그를 퉁저우 군이라고도 부르는데 웡퉁허 문하에서 가장 중요한 일을 결정하는 인물이다. 량치차오가 샤쩡유에게 편지를 보낸 목적은 바로 자신의 능력이 부족할까 걱정이 되어 샤쩡유의 힘을 빌리기 위함이었다.

양톈스楊天石 선생은 일찍이 『량치차오 연보 장편』에 수록되지 않은 량치차오의 또다른 편지 한 통에 대해 언급한 적이 있다. 량치차오가 캉유웨이에게 써준 편지로 거기에는 당시 량치차오의 의견이 더욱 상세하고 구체적으로 드러나 있다.

이전의 일에 대해서는 이미 여러 번 광둥으로 전보를 보냈습니다. 근래 또다른 일은 없으신지요? 동학들은 모두 황상께 직접 그 책[『신학위경고』]을 바치라는 말을 하고 있지만 저는 그것이 불가한 일이라 하고 공의 서찰을 여러 동학에게 다시 보였습니다. 곧 반박하는 상소를 올리려 해도 그것을 맡을 사람을 찾기도 쉽지 않습니다. 마음을 터놓고 교제하거나 이번 이치를 밝게 아는 사람이 아니면 어느 누가 기꺼이 힘을 써주려 하겠습니까? 또 정부에서는 여태껏 교섭할 마음이 없으니, 우여곡절을 거쳐 사람을 여럿 바꾸어야 비로소 그 책을 전달할 수 있을 것입니다. 그러므로 우리를 위해 전심전력으로 힘써줄 사람을 아직 찾을 수 없습니다. 얼마 뒤 양 부헌楊副憲이 출관出關할 때 상의하려 한다면 너무 늦을 것입니다. 본래 탄핵 상소문은 어투가 너무나 신랄하여 어떤 사람이 그 상소문에 따라 불미스러운 일을 도모한다면 큰 화를 불러올 수도 있을 것입니다. 이 때문에 저는 일이 급박해지면 『신학위경고』 목판을 아까워할 필요가 없다고 생각합니다. 저들의 한 조각 강산이 이미 황혼으로 접어드는 시절에 만약 함부로 무도한 짓을 저지른다면 이는 또한 진秦나라가 육경을 불태운 것 같은 만행이 될 것입니다. 어찌 마음을 쓸 필요가 있겠습니까? 다만 광둥 땅에서 다소 마음은 답답하시리라 생각됩니다.
(『만청사사晚淸史事』, 71쪽)

량치차오는 이때 이미 캉유웨이에게 없어서는 안 될 조수였다. 그의 활동 능력 및 교우 능력이나 양호한 인맥은 이후에도 캉유웨이에게 많은 도움을 주었다. 게다가 그는 관점과 식견도 다른 제자보다 훨씬 심오하고 원대했으며 문제를 바라보고 일을 처리하는 능력도 비교적 주도면밀했다. 량치차오는 젊은 사람이 흔히 범하는 충동과 실수도 거의 저지르지 않았다. 이 사건 처리 과정에서 그는 『신학위경고』를 직접 광서제에게 바치고 결재를 받자는 의견에 동의하지 않았다. 왜냐하면 광서제는 이미 명확한 입장을 표명한 뒤라 자기 말을 거두어들일 수 없을 것이기 때문이었다. 량치차오는 또다른 사람에게 '반박 상소'를 부탁해보자는 말에도 반대했다. 우선 일을 맡아줄 사람을 쉽게 찾을 수 없는 데다 그 일은 또 아주 위험했기 때문이다. 즉 마음을 터놓고 사귀는 친구가 아니면 힘을 쓰려고 하지 않을 것이고, 설령 반박 상소를 쓰려는 사람이 있다 해도 여러 경로를 거쳐 전달하는 일에 만만찮은 정력이 소요될 것이었다. 따라서 량치차오는 재삼 심사숙고한 끝에 상위 계층과의 관계망을 이용하는 것만이 큰일을 작게 만들 수 있고 작은 일을 없앨 수 있으며, 이렇게 해야만 안정적으로 일을 해결해 전화위복하는 계기로 삼을 수 있음을 깨달았다. 량치차오는 스승에게 책의 목판 원본에 너무 집착하지 말고 상황이 긴박해지면 먼저 [책을] 불태워버리라고 권고했다.

이후 사태의 추이는 거의 모두 량치차오가 예상한 대로 맞아떨어졌다. 리한장은 여러 방면 사람들과 소통한 끝에 마침내 이 사건을 끝내기로 결정했다. 그는 덴바이電白 지현知縣[고을 원님]인 리쯔란李滋然에게 이 사건의 조사를 맡겼다. 리쯔란은 자가 밍싼命三으로 쓰촨 성四川省 창서우長壽 사람이다. 그는 왕카이윈王闓運이 강의하던 존경서원尊經書院의 우수한 학생이었다. 리쯔란은 캉유웨이를 깊이 동정하며 조사보고서를 올릴 때 캉유웨이의 혐의를 벗겨주기 위해 전심전력을 다했고 위롄위안이 탄핵한 내용을 하나하나 부인했다. 리한장도 상주문을 올릴 때 기본적으로 리쯔란의 의견을 채택해 캉유웨이에게 유리한 말을 많이 했다. 그는 그 책[『신학위경고』]을 '즉각 불태우게 하라'는 칙지에 찬성한 이외에도 "캉쭈이가 경전을 벗어나 정도를 배반한 일에 어떤 징벌을 내릴지는 삼가 황상의 재가를 기다리겠사옵니다"라고 한 위렌위안의 언급에도 "다시 논의할 필요가 없다"고 반대 의견을 피력했다.

이 사건은 량치차오가 캉유웨이에게 아주 중요한 사람임을 충분하게 드러내주었다. 특히 차오타이와 천쳰추가 세상을 떠난 후 캉유웨이는 더욱더 량치차오에게 의지할 수밖에 없었다.

캉유웨이와 량치차오, 그리고 공거상서

이해 청일전쟁(1894~1895)이 일어난 건 고려高麗[지금의 한반도]의 내란 때문이었다. 청일 양국은 앞서거니 뒤서거니 군사를 파견해 기호지세를 이루었다. 중국 국내 여론은 이때까지 작은 나라 일본을 안중에도 두지 않았다. 사대부 중 청류淸流에 속하는 사람들은 모두 윙퉁허를 대표로 내세워 일본과 전쟁을 해야 한다고 주장했다. 그러나 리훙장은 러시아의 지지와 원조를 희망하면서 러시아 힘을 빌려야 일본에 대항할 수 있다고 생각했다. 그는 당시 중국이 군사적으로도 준비가 되어 있지 않은 데다 외교적으로도 양보할 수 없는 상황이어서 결국은 '전쟁'의 길로 나아갈 수밖에 없다고 인식했다. 7월 초1일 양국은 선전포고를 했고 8월 18일 황해에서 두 나라 해군 간에 결전이 벌어졌다. 강대한 중국 해군은 상대적으로 약한 일본 해군에 패배하고 말았다. 이어 벌어진 육군 간 전투에서도 청나라 육군은 해군보다 더욱 심각한 패배를 당했다. 그야말로 궤멸이라 할 정도였다. 리훙장이 희망했던 러시아의 지지와 지원은 완전히 몽상에 불과했다. 이듬해 3월 (광서 21년 3월 23일, 1895년 4월 17일) 리훙장과 이토 히로부미伊藤博文는 시모노세키 조약馬關條約에 조인했다. 중국은 조선의 독립을 인정하고 일본에 타이완과 랴오둥 반도를 할양했으며 백은 2억 냥을 손해배상금으로 물어주어야 했다. 이 일은 중국인들에게 엄청난 충격이었다. 량치차오는 이처럼 언급했다. "우리 나라가 4000여 년의 꿈에서 깨어난 것은 실로 갑오년 청일

전쟁에 패배해 타이완을 일본에 할양하고 200조5 배상금을 물어준 이후였다."(『음빙실합집·문집』 제1권, 1쪽) 때마침 각 성 과거 응시자들이 베이징에 운집했다. 인원이 대략 5000여 명에 이르렀는데, 이들 모두 나라에서 시행하는 회시에 참가하려 모인 젊은 준재들이었다. 이 중 많은 사람이 이 나라의 미래 인재로 자라났다. 자신의 나라가 조그마한 일본에 패배하고 그 이후 또 땅을 할양하고 손해배상금을 물어주어야 하는 지경에 빠지자, 이 젊은 인재들이 화가 나지 않을 수 있겠는가? 또 많은 인재가 격분한 상황에서 나라를 구할 마음이 생기지 않을 수 있겠는가? 캉유웨이와 량치차오가 바로 그들 사이에 자리 잡고 있었다. 이때 만약 어떤 사람이 나타나 정부와 일본 사이에 조인된 강화조약을 거부하고 낡은 법을 바꾸어 생존을 도모하자며, 다시 일본과 전쟁을 해서라도 망해가는 중국을 구원하자고 호소했다면 사람들은 어떻게 반응했겠는가? 그 사람은 틀림없이 모든 이에게 지지와 옹호를 받았으리라고 나는 생각한다.

그 사람이 바로 캉유웨이였다. 이른바 난세에 영웅이 난다는 말처럼 국난은 그에게 탁월한 재능을 발휘할 기회를 부여했다. 량치차오는 『무술정변기戊戌政變記』에서 이렇게 묘사했다. "광서 14년(1888) 캉유웨이는 포의의 신분으로 대궐에 상소문을 올렸다. 그는 상소문에서 외국이 핍박해 들어와 중국이 위험에 빠진 상황을 남김없이 진술했고, 아울러 러시아 사람들이 동방을 잠식하려는 음모를 폭로했으며, 또 일본이 변법을 시행해 강국이 된 이야기를 칭송했다. 그런 다음 겹겹이 [중국에] 쌓인 폐단을 혁파하고 서양의 법도를 취해 개혁정책을 시행할 것을 요청했다. 당시 도성에 거주하던 모든 사람은 캉유웨이를 미치광이로 여겼다. 대신들은 그의 상소문을 중도에 가로막고 전달하려고도 하지 않았다. 캉유웨이는 이에 광둥으로 돌아가 학당을 열고 강의하면서 현실적인 학문으로 제자를 가르쳤다. 을미년(1895)이 되자 캉유웨이는 다시 베이징으로 가 자신의 주장을 진술하려 했다. 그는 마침 일본과 화의가 성립되자 바로 만언서萬言書를 올려 변

5 실제로는 백은 2억 냥임.

법을 늦출 수 없다는 사실을 힘껏 피력하며 이렇게 주장했다. '화의가 이미 성립되어 국치가 새롭게 인식되는 시대에 애통한 조칙을 내려 민기民氣[국민의 기상]를 분발시키면 패전의 위기가 장차 전공을 세우는 계기로 작용할 수 있고 나라의 기반을 다시 세우는 일도 저절로 쉬워질 것입니다.'"(『음빙실합집·문집』제1권, 1쪽) 캉유웨이가 '공거상서公車上書[6]의 기회를 잡고 신속하게 정계의 신성新星으로 떠오를 수 있었던 것도 결코 우연이 아니었던 셈이다. 그 원인을 두 가지로 들 수 있다. 첫째, 캉유웨이는 광서 14년(1888)에 황제에게 상소문上皇帝書을 올렸는데, 이는 당시 조야를 뒤흔든 대사건이었다. 이 일로 캉유웨이는 일거에 유명 인사가 되었다. 그는 수많은 과거 응시자 중에서도 명성이 매우 혁혁했고, 이러한 신분이 당시 응시자들에게 일정한 호소력을 발휘했다. 둘째, 캉유웨이에게는 량치차오처럼 '필봉에 늘 정감을 실을 수 있는' 제자가 있어서 선동성이 매우 강했다. 이 두 가지가 당시 캉유웨이를 '공거상서'의 지도자로 만들었다. 사람들은 역대로 캉유웨이와 량치차오를 '공거상서'의 주동자와 영도자라고 말해왔고 캉유웨이도 늘 그렇게 자처했다. 캉유웨이의 『자편 연보』에는 다음처럼 기록되어 있다. "(1895년) 3월 21일 조약[시모노세키 조약] 조인에 관한 전문電文이 베이징에 도착했다. 나는 먼저 소식을 알고 바로 쥐루[량치차오]에게 각 성 응시자들을 불러일으키라고 했다. 맨 먼저 광둥 성 응시자들을 고무해 조약을 거절하는 상소를 올렸다. 다음으로 후난 성 인사들이 화답했고 28일에는 광둥 성과 후난 성이 함께 나아갔다. 광둥 성 선비는 80여 명이, 후난 성 선비는 전부가 참가했다. 쥐루와 책임을 나누어 조정 인사들에게도 참가 부탁을 한 뒤 각 성 응시자들을 고무하니 울분을 터뜨리며 일어나지 않는 사람이 없었다. 의관을 정제한 선비들이 날마다 함께 도찰원에 상주문을 올리느라 길을 메우고 장관長官의 수레를 포위했다."(『캉난하이 자편 연보』[외 2종], 30쪽) 이후 량치차오도 「삼십 자술」에서 유사한 기록을 남겼다. "을

---

6 당시 캉유웨이가 베이징에서 시행된 회시 응시자들에게 연명을 받아 올린 변법에 관한 상소문. 공거는 한나라 때 인재를 초빙하면서 사용하던 관용 수레. 이에 후세에는 지방의 향시에 급제해 도성에서 시행하는 회시에 응시하는 것을 공거라 불렀다.

미년(1895) 일본과 화의가 성립하자 광둥 성 회시 응시자를 대표해 190명이 상소문을 올려 시국에 대한 의견을 피력했다. 이윽고 난하이 선생께서도 각 성 응시자 3000명과 함께 상소문을 올려 변법 시행을 요청했다. 나도 그 뒷자리에서 분주하게 참여했다."(『음빙실합집·문집』 제11권, 17쪽)

이 일에 관한 캉유웨이와 량치차오의 진술은 때때로 그다지 믿을 만하지 못한 경우도 있다. 캉유웨이는 앞에서 량치차오가 먼저 광둥과 후난 두 성의 과거 응시자를 선동해 3월 28일에 상소문을 올렸다고 했다. 마오하이젠茅海建은 군기처軍機處의 관련 공문서를 열람·고증한 뒤 해당 문서 기록에 근거해 량치차오 등 광둥 성 응시자 80명이 모두 도찰원에 상소문을 제출한 것은 4월 6일이었고, 같은 날 또 원쥔둬文俊鐸 등 후난 성 생원 57명과 탄사오탕譚紹棠 등 후난 성 진사 21명 및 펑톈奉天·쓰촨·장시 등지의 응시자들도 모두 도찰원에 상소문을 제출했다는 사실을 밝혀냈다. 설마 량치차오 등이 3월 28일에도 한 차례 상소문을 올리려다 실패했단 말인가? 공문서 기록에 근거하면 광둥 성 진사들이 또 한 차례 연명 상소문을 올렸음은 분명하다. 그러나 이는 3월 28일이 아니라 4월 초7일이었다. 그때는 참가 인원이 비교적 많아서 모두 289명이 서명했다. 당시 천징화陳景華가 맨 먼저 서명했고 량치차오는 284번째였다.

이와 관련해 의심이 가는 일이 또 하나 있다. 앞에서도 인용한 바 있지만 캉유웨이 진술은 이렇다. "3월 21일 조약 조인에 관한 전문이 베이징에 도착했다. 나는 먼저 소식을 알고 바로 쥐루에게 각 성 응시자들을 불러일으키라고 했다." 캉유웨이가 정말 "먼저 소식을 알고" 있었는지는 현재 사실을 고증하기가 매우 어렵다. 그러나 쿵샹지가 찾아낸 원팅스의 기록은 캉유웨이의 진술과 다르다. 원팅스는 이렇게 말했다. "시모노세키 조약 문서가 도착하자 조정 관료들은 모두 그것을 반드시 시행해야 함을 알았기에 다른 말을 하지 못했다. 그러나 나는 그것이 공론이므로 천하에 알리지 않을 수 없다고 생각하고 마침내 다이사오화이戴少懷의 서자 홍츠鴻慈와 먼저 그것을 논의하자고 약속했다. 도성 사람들은 대부분 그 조약의 조항을 아직 보지 못했기 때문에 내가 그것을 베껴 동인들에게 두루 보여주었다."(『캉유웨이 변법 주청 문장 집고』, 42쪽에서 재인용) 원팅스 말로는, 자신이 "베껴 동인들에게 두루 보여주었기" 때문에 비로소 많은 사람이 시모노세키 조약의 구체적 조항을 알게 되었고 이에 비로소 분노가 폭발했다고 한다. 그 뒤 어사御史, 황실 귀족, 장군, 상서방上書房7과 남서방南書房8의 한림翰林, 내각內閣, 총서總署 및 각 부 관리들이 상소문을 올려 일본과의 화의에 반대했다. 캉유웨이와 원팅스가 당시 아주 가까이 지냈음을 고려해보면 캉유웨이가 원팅스에게서 소식을 듣고 "쥐루에게 각 성 응시자들을 불러일으키라고" 지시했음을 배제할 수 없다. 가장 가능성 있는 순서는 바로 처음에 조정 관리들 중심으로 상소가 진행되다가 이후 캉유웨이와 량치차오의 적극적인 선동에 힘입어 신속하게 각 성 선비들로 확산되었고 결국 대규모 상소운동으로 번져갔다는 것이다. 마오하이젠의 통계를 보면, 4월 초 겨우 며칠 사이에 각 성 응시자들이 올린 단독 혹은 연명 상소가 31차례나 있었고 참가한 인원도 1555명이나 되었으며, 당시 현직 관리가 맨 먼저 서명한 상소문은 7차례 있었고 참가 인원은 135명이었다. 여기에서도 우리는 당시 참가 인원이 매우 광범위했음을 알 수 있다. 캉유웨이와 량치차오가 이 과정에서 가장 적극적인 선동자였을 뿐만 아니라 가장 적극적인 참가자이기도 했다.

근래 상당히 많은 연구자가 캉유웨이와 량치차오가 '공거상서'의 유일한 주동자와 영도자가 결코 아니었을뿐더러 '공거상서'운동도 그들이 묘사한 대로 그렇게 웅대한 규모가 아니었음을 증명하려 하고 있다. 요컨대 캉과 량은 자신들의 역할을 과장했고 또 운동 자체를 부풀렸다는 말이다. 이들 학자가 이런 입장을 견지하는 이유는 주로 당시 각 성 회시 응시자 대부분이 자신이 속한 성 내부에서만 활동한 터라 캉과 량이 그들의 주동자나 영도자가 되기는 매우 어려웠으리라는 점 때문이다. 게다가 캉과 량 배후에는 조약의 내막을 아는 경관京官[베이징 거주 고관]들이 그들[캉과 량]에게 정보를 흘리며 상소운동을 책동했고, 심지어 더 높은 고위층 관리들이 배후

---

7 만청 시기 황실의 황자皇子와 황손皇孫이 공부하던 곳.
8 청나라 때 황제에게 시문을 지어주고 책을 읽어주던 곳.

에서 그들을 조종하고 있었다고 한다. 솔직하게 말해, 그들은 단지 소위 '황제당'의 총알받이에 불과했고, 그들이 나서서 시위를 선동하고 정부정책에 간섭해 궁궐 내부 '황제당'과 '태후당'의 권력투쟁이 공개화되고 사회화되었으며, 결과적으로 '황제당'이 사회여론 즉 '공론'을 동원해 리훙장 내지 모든 '태후당'에 압력을 행사하게 되었다는 것이다. 이 같은 연구 성과에 근거해 우리는 물론 그동안 은폐되어 있던 몇 가지 역사적 진상을 알게 되었고, 캉과 량이 고의적으로 자신들 역할을 과장하고 역사적 사실을 고쳐 자신들의 '추태'를 미화했다는 점도 알게 되었다. 그러나 동시에 우리는 이러한 결론이 역사적 진상을 또 하나 은폐하고 있다는 사실에도 주목해야 한다. 캉과 량이 어쩌면 '공거상서'의 직접적 주동자와 영도자는 아닐지 모르지만 이 운동이 어떤 면에서 자발적 성질을 지니고 있었다는 점은 인정하지 않을 수 없다. 사실이 그렇다면 이는 위에서 서술한 고위층 막후 조종설과는 상반되는 논리라 할 수 있다. 두 논리 중 한 가지가 진실일 것이다. 기실 당시 일을 직접 겪은 사람들은 흔히 캉과 량을 '공거상서운동의 주도자'로 기록하고 있다.(『세재당 잡억世載堂雜憶』, 94쪽) 왜 당시 사람들은 이러한 인상을 받았을까? 캉과 량이 그 운동 과정에서 실제로 영도자 위치에 있었고, 또 둘이 시대의 물결 선두에 있었기 때문이라 말할 수밖에 없다.

결국 캉유웨이와 량치차오는 이 운동을 추진하면서 절대로 대열 밖으로 나가지 않았다. 각 성 회시 응시자들이 분분히 상소를 올리던 바로 그 시점에 캉유웨이는 하루 낮 이틀 밤을 꼬박 새워 나중에 「공거상서」로 일컬어지는 「황제에게 올리는 두번째 상소문上清帝第二書」을 썼다. 그리고 제자 량치차오와 마이멍화에게 그것을 베껴 각 성 회시 응시자들에게 전파하게 했다. 4월 초6~7일 이틀 동안 각 성 선비들은 끊임없이 베이징 남쪽 송균암으로 몰려갔다. 그 수를 1200명으로 기록한 사람도 있고 1300명으로 기록한 사람도 있다. 숫자는 결코 중요하지 않다. 중요한 것은 바로 이전까지는 각 성 응시자들이 단독으로 행동했지만 이제는 연합해서 행동하기 시작했다는 점이다. 캉유웨이는 "당시에 이르러 1000여 명이 그처럼 크게 일어난 것은 청조가 생긴 이래 유례가 없던 일이었다"고 했다.(『캉난하이 자편 연보』

[외 2종], 30쪽) 기실 어찌 "청조가 생긴 이래 유례가 없던 일"에만 그치겠는가? 유사 이래 중국에서는 아마도 이와 같은 거사가 없었을 것이다. 후한시대 태학생 시위도 아마 이 같은 규모에는 미치지 못했을 것이다. 캉유웨이와 량치차오는 바로 당시 연합 상소 운동의 발기인이자 조직자였다.

유감스러운 것은 당시 연합 운동의 목적 즉 연명 상소 운동의 목적이 결코 실현되지 못했다는 점이다. 캉유웨이는 "도찰원에서 이미 조약에 옥새를 찍었기 때문에 돌이킬 수 없는 일이 되어 상소문을 받아들이지 않았다"라고 했지만 그런 것은 결코 아니다. 쿵샹지는 『궁중의 잡다한 공문서宮中雜攬』란 책을 검토한 후 시모노세키 조약에 옥새를 찍은 시간이 '광서 21년(1895) 4월 초9일이었음'을 밝혀냈다. 이 점은 도찰원이 응시자들 상소문을 황제에게 올리는 일과 시모노세키 조약에 옥새를 찍는 일이 아무 관계가 없었다는 사실뿐 아니라 도찰원에서 "이미 옥새를 찍었기" 때문에 상소문을 거부한 게 아니라는 사실을 알려준다. 그럼 「공거상서」가 끝내 도찰원의 재가를 받지 못한 원인은 도대체 무엇인가? 캉유웨이 진술은 이렇다. "푸젠 출신 편수관 황커우쩡黃口曾이라는 자는 쑨위원孫毓汶의 심복이다. 그는 4월 초6일에서 초7일까지 응시자들이 운집하자 7일 밤 각 성 회관을 두루 다니며 이 상소운동을 가로막으려 함부로 유언비어를 날조해 공포 분위기를 조성했다. 운동에 참여한 응시자 중 놀라 동요하는 사람이 많아졌다. 8일이 되자 거리에 긴급 문서들이 나돌며 모든 악담을 다 동원해 우리를 모함하고 공격했다. 운동에 참여한 응시자 가운데는 뒷걸음치며 위축되는 사람이 많아졌고, 서명에서 이름을 빼달라는 사람까지도 생겨났다."(『캉난하이 자편연보』[외 2종], 30쪽) 캉유웨이는 본래 4월 초10일 상소문을 올릴 준비를 하고 있었지만 상황이 이렇게 돌아가자 상소를 포기할 수밖에 없었다. 한편으로는 유언비어에 겁을 먹었고 한편으로는 이미 조약에 옥새가 찍혀 돌이킬 수 없는 상황이 되었기 때문에, 결국 민심까지 뿔뿔이 흩어져 [상황은] 도저히 수습할 수 없는 지경으로 흘러가고 말았다. 여기서 '푸젠 사람 황커우쩡'은 쿵샹지의 고증에 따르면 한림원 편수관 황쩡위안黃曾源을 가리킨다. 그는 쑨위원 등 권문세족과 교분이 깊어서 오로지 유신파를 적대하는 일로 소일했다. 그야말로 캉유웨이와 량치차오에게는 오랜 원수라고 할 사람이었다.

신정과 「황제에게 올리는 세번째 상소문」

기세등등했던 '공거상서'운동이 회오리바람처럼 휩쓸고 지나간 뒤 베이징은 신속하게 적막 속으로 빠져들었다. 각 성 회시 응시자들이 계속해 본적지로 돌아가자, 왕공 대신들은 아무 일 없던 듯 평온을 되찾았다. 베이징 성은 다시 음주가무를 즐기던 지난날의 평화로운 모습을 회복했다. 쉬친은 『난하이 선생의 네 가지 상소문에 관한 잡기南海先生四上書雜記』에서 이처럼 말했다. "일본과의 화의가 정해지자 다시 기름진 음식을 끝없이 즐기며 아무 일도 없었던 것처럼 행동했다. 그래도 좀 인간의 마음을 지닌 사람들은 나라의 쇠약이 이 지경에 이르렀고 천운조차 그렇게 흘러가니 이젠 어떻게 할 수 없다고 여기고 크게 탄식할 뿐이었다."(『캉유웨이를 추억하다追憶康有爲』, 293쪽) 광서제와 웡퉁허 같은 측근 대신들은 갑오년 청일전쟁 패배, 을미년 시모노세키 조약 체결, 그리고 '공거상서' 같은 일련의 역사적 대변동을 겪고 나서야 개혁과 변법의 절박성을 인식하게 되었다. 4월 16일, 즉 중국과 일본이 옌타이煙臺에서 조약서를 교환하고 난 뒤 사흘째 되는 날 광서제는 사태의 중요성을 알리기 위해 붉은색 칙지朱諭를 내렸다.

> 최근 조약이 정해진 이후, 조정 신하들은 상소문을 올리고 상주한 일을 토론하면서, 땅도 할양할 수 없고 손해배상도 할 수 없으니 조약을 폐기하고 결전을 벌여 민심을 유지하면서 위기 상황을 견뎌야 한다고들 한다. 그 말이 물론 모두 충성스러운 울분에서 나온 것이나, 짐이 이 일을 처리하고 자세히 심사하는 과정에서 만부득이한 고충을 느꼈고 또 거기에 깊이 알 수 없는 점이 있었다. 작년 창졸지간에 전쟁을 시작한 이후 군사를 모집하고 군량을 조달하는 일에 조금의 여력도 남기지 않았다.

그러나 장수 중에는 경험 많은 장수가 부족했고 병사들은 평소 잘 훈련된 병사가 아니었다. 그런데도 그들을 분분히 소집하니 오합지졸과 다름없었다. 결국 수군과 육군이 모두 싸움을 벌였으나 단 한 차례도 승리하지 못했다. 오늘에 이르러 관문 안팎의 정세가 더욱 급박해져서 저들은 북으로 마침내 랴오양遼陽과 선양瀋陽을 핍박하고, 남으로는 곧바로 경기京畿[베이징 외곽] 지역으로 쳐들어오고 있다. 이 모두는 짐작하고 있던 일이 눈앞에 드러난 것이다. 도성 배후는 선조의 능침陵寢이 있는 중요한 땅이요, 경사京師[수도 베이징]는 종묘사직과 관련된 곳이다. 하물며 20년 동안 자전慈殿[태후]을 편히 모시며 모든 것을 지극하게 갖추어 존귀하고 영광스럽게 받들어왔는데, 하루아침에 자전께서 타신 수레를 놀라게 한다면[도읍을 옮긴다면] 그 약하신 옥체로 어떻게 고난을 감당하실 수 있을까 걱정이 된다. 게다가 천심이 경고를 보내고 바다의 울부짖음이 재난이 되는 상황에서, 바닷가에 방어 진영을 갖추었지만 대부분 공격받아 함몰되고 말았으니 싸우거나 지키는 일에 더욱 손을 쓰기 어려워졌다. 이러한 까닭에 밤낮으로 방황하다가 조정에 임해서도 통곡하고 있다. 화의를 맺든 전쟁을 하든 두 가지 폐해를 익숙하게 잘 생각한 이후에 신속하고 철저하게 계획을 정해야 할 것이다. 이 가운데 포함되어 있는 지극히 어려운 사정에 대해서는 상소를 하는 사람들도 그 상소문에서 상세하게 이야기하지 못할 정도다. 그러하니 천하의 신민들은 함께 양해하여야 할 것이다. 이제 조약을 비준한 상황에서 특별히 전후의 처리 경과를 분명하게 선포하여 알린다. 이후 우리 군신과 상하 백성은 마땅히 마음을 굳건히 하여 적체된 폐습을 통쾌하게 제거하고 군사 조련과 군량미 비축 두 가지 큰일을 있는 힘을 다해 연구하여 개혁정책을 일으키는 데 상세히 준비해야 할 것이다. 뜻을 나태하게 갖지 말고, 헛된 명분 유지에 힘쓰지 말고, 원대한 계획을 소홀히 하지 말고, 낡은 폐습을 따르지 말라. 모든 일에 내실 있는 방법을 찾아 자강의 효과를 거둘 수 있도록 힘써야 할 것이다. (『갑오에서 무술까지: 캉유웨이의 '야사' 감주』, 84~85쪽에서 재인용)

광서제의 붉은색 칙지는 베이징 성에 널리 퍼진 터라 캉유웨이와 량치차오도 틀림없이 보았을 것이다. 캉유웨이는 『자편 연보』에서 이렇게 토로했다. "이때 황상께서 붉은색 칙지를 내려 조정 신하들에게 심정을 알렸는데, 그 내용이 모두 애통을 금치 못하는 말이었다. 황상께서 고충이 심하고 핍박을 받으시는지라 행간에 말 못할 사정이 숨어 있는 듯했다."(『캉난하이 자편 연보』[외 2종], 31쪽) 이것이 아마도 캉유웨이가 「황제에게 올리는 세 번째 상소문上淸帝第三書」을 쓴 한 가지 원인일 것이다. 4월 28일 조정에서 시행한 회시가 끝난 후 캉유웨이는 바로 앞서 올린 상소문이 황제에게 전달되지 못한 상황을 깊이 생각해, 그 상소문 중에서 조약 거부, 천도, 전쟁 재개 내용을 삭제하고, 개혁 논의를 조정하고 보충했다. 그는 특히 과거제도를 개혁하고 교육을 흥성하게 하기 위해 '의랑議郞'제도 설치를 제의했다. 타이완 학자 황장젠黃彰健은 캉유웨이가 상소문에서 '의랑제도' 같은 '시대적 금기에 저촉되는' 어휘를 감히 썼다는 사실에 의심을 표시했다. 그러나 쿵상지는 자세한 고증 작업을 통해 「황제에게 올리는 세번째 상소문」 원본에 분명하게 그 어휘가 쓰여 있다는 사실을 밝혀냈다.

엎드려 바라옵건대 특별히 조칙을 해내海內에 반포하시어 사민士民에게 고금 역사에 박식하고, 중외 사정에 통달하고, 정치체제에 밝고, 방정한 성품에 직언을 할 인사를 두루 천거하게 하십시오. 대략 부府와 현縣에 임무를 분담하여 대략 10만 호에 한 명씩 천거하도록 하여, 이미 벼슬을 한 적이 있는 사람이건 아직 벼슬을 한 적이 없는 사람이건 막론하고 모두 선발하여 관직에 충당하도록 하십시오. 이것은 한나라 제도를 따른 것이어서 그 명칭을 의랑이라 하면 될 것입니다. 또 황상께서는 무영전武英殿을 여시어 널리 도서圖書를 모으고 윤번제로 의랑을 입직케 하여 황상의 고문으로 삼으십시오. 아울러 그들에게 수시로 황상을 뵙는 것을 허락하여 위로는 조서詔書를 논의케 하고 아래로는 백성들의 말을 전달하게 하십시오. 무릇 내외 개혁에 관한 큰 정책과 군량미[군대]에 관한 일은 모두 의랑들에게 회의를 열게 하고, 세 명 중 두 명의 의견을 따

광서제(가운데)와 유신파 영도자 캉유웨이(오른쪽), 그리고 량치차오(왼쪽).

라 하부에 시행하십시오. 모든 인원은 해마다 한 번씩 바꾸고, 만약 백성들이 마음으로 복종하며 추대하는 사람이 있으면 그를 유임시켜 자신의 소속 관원을 이끌게 하고 그것을 정례定例로 문서화하여 천하에 선포하십시오. 위로 황상의 성총을 넓게 밝히시면 궁실 한 곳에 앉아서도 온사해를 비출 수 있을 것이며, 아래로 백성과 고락을 함께하시면 공과 사의 분별을 잊을 수 있을 것입니다. (『캉유웨이 변법 주청 문장 집고』, 73쪽에서 재인용)

이 일을 둘러싼 논란은 이미 결론이 났지만 근래에 또 어떤 학자는 캉유웨이가 서구 의회제도를 진정으로 이해하지 못했다는 의견을 내놓았다. 즉 '의랑'은 황제 자문기구와 더 비슷하기 때문에 민주적 정치 참여 제도가 아니라는 말이다. 하지만 이 의견은 이미 사실 고찰이 아니라 가치 판단에 가깝다. 게다가 이러한 평가는 비역사적 성격을 띠고 있기도 하다. 당시 캉유웨이에 대해 말하자면 오직 두 가지 가능성만 있었다고 할 수 있다. 즉 그가 무엇이 의회 민주주의인지 이해하지 못했거나, 그가 의회 민주주의에 대해 좀 이해를 하고 있었지만 황상에게는 말할 수 없었거나 하는 두 가지 중 하나일 것이다. 후자라면 캉유웨이가 그 정도까지 말을 한 것도 당시로 매우 어려운 일이었다고 할 수 있다. 조정 고관 중 웡퉁허건 쑨위원이건 막론하고 아무도 캉유웨이처럼 말을 할 수 없었다. 어쨌거나 이번에는 도찰원에서 캉유웨이의 상소문을 한쪽으로 방치하지 않았다. 캉유웨이가 도찰원에 상소문을 전달하고 나서 닷새 후, 개혁에 관한 신사상이 가득 담긴 이 장편 문장은 원본 그대로 광서제 면전에 전달되었다. 광서제는 이 상소문을 열람하고는 곧바로 또다른 초록을 만들라는 명령을 내렸다. 5월 15일 초록이 완성되자 그날 바로 이 초록을 자희태후慈禧太后[서태후西太后]에게 전달했다. 그리고 5월 19일 군기처에 이 초록을 봉인해 보관하라고 어명을 내렸다. 이런 과정을 살펴보면서 우리는 광서제가 캉유웨이의 이번 상소문을 매우 중시했다는 사실을 알 수 있다. 이러한 처리방식은 당시 절대 흔한 일이 아니었기 때문이다.

광서제는 이후 오래지 않아 윤5월 27일 자강에 관한 유지諭旨를 반포했다. 그중 다음 내용이 있다.

옛날부터 치국의 도는 반드시 시대에 따라 타당한 정책을 제정해왔다. 하물며 나라 형세가 어려움에 빠졌을 때는 상하가 더욱 일심으로 단결하여 자강을 도모하고 숨은 우환을 없애야 한다. 짐은 밤낮으로 근심하고 노력하면서 지난날을 경계로 삼아 앞날을 삼가 준비하려고 한다. 고질이 된 폐습을 깨끗이 없애고 실용성 있는 정책을 힘써 시행함을 가장 우선시하고자 한다. 중외 백관들이 조목조목 올린 시무책時務策에 차례로 근거하여 그것을 상세하게 열람하고 좋은 정책을 채택하여 시행하고자 한다. 예를 들면 철도를 놓고, 화폐를 주조하고, 기계를 만들고, 광산을 개발하고, 남쪽으로부터의 조운漕運을 줄이고, 병력 인원을 줄이고, 우편제도를 창립하고, 육군을 조련하고, 해군을 정비하고, 학당을 세우는 일 등이다. 대체로 또 군량미 준비와 군사 조련을 급선무로 삼고, 상업을 도와주고 공업에 혜택을 주는 일을 부강의 근원으로 삼아야 할 것이다. 이 모든 것은 지금 바로 시대에 맞추어 일을 추진해야 한다. 백분의 일厘金 세금제도를 정돈하고, 관세를 엄격하게 조사하고, 황폐한 논밭도 자세히 조사하고, 쓸데없는 인원과 각각의 세부 비용을 삭감하는 일은 인정과 안면을 따지지 않고 실제 힘으로 추진해나갈 수 있어야만 반드시 나라 살림과 백성생활에 모두 도움이 될 수 있을 것이다. 각 성의 장군과 독무는 이상의 여러 조항을 각 성의 상황에 맞추어 번얼藩臬[번사藩司 즉 포정사布政使와 얼사臬司 즉 안찰사按察使] 및 각급 지방관과 함께 마음을 다해 실행계획을 준비하고 시행방법을 헤아려 이 유지가 도착하고 나서 한 달 안에 명확하게 분석한 문건을 다시 상주하도록 하라. 이처럼 상처가 크고 통증이 깊은 날이야말로 바로 우리 군신이 와신상담해야 하는 때다. 각 장군과 독무는 황은을 깊고 무겁게 받았으며 하늘의 양심을 갖춘 사람들이므로, 진실로 어려움을 두려워하며 구차하게 안주하거나 공허한 말로 책임을 회피해서는 안 될 것이다. (앞의 책, 72쪽)

광서제 유지에 근거해보면 군기처에서 각 성으로 유지를 보내는 동시에 후위펀胡燏棻 등에게는 상소문 9건을 베껴 보냈다고 한다. 그중 캉유웨이가 쓴 「황제에게 올리는 세번째 상소문」이 포함되어 있었다. 여기서 우리는 광서제가 이때 황급히 변법을 시행하려 한 까닭이 한편으로는 내우외환의 자극 때문임이 분명하지만 또다른 한편으로는 캉유웨이 등의 충성스러운 울분에 격려를 받았기 때문이라고도 추측해볼 수 있다. 량치차오는 이렇게 말했다. "그해 6월 웡퉁허와 황상은 조칙 12항목을 결의하고 유신에 관한 명령을 선포했다."(『음빙실합집·문집』 제1권, 2쪽) 또 조정에서 쑨위원과 쉬융이徐用儀를 파직한 것을 보면 이때 조정과 재야의 상하 군신이 모두 발분해 자강에 힘썼음을 알 수 있다. 그러나 량치차오는 '공거상서'운동이 있고 나서 다소 실망감에 젖었던 듯하다. 당시 그는 샤쩡유와 왕캉녠汪康年에게 보낸 편지에서 재삼 다음 같은 의견을 표시하고 있다.

본래 이달 초에 도성을 나서려 했지만, 근래 신정新政을 둘러싼 논의가 있고 황상께서도 매번 국치國恥를 언급하시며 발을 구르고 눈물을 흘린다고 합니다. 창수常熟[웡퉁허]께서도 날마다 변법 이야기를 하시기에 이곳에 머물며 일단 조정의 조치를 살펴보고자 합니다. 중국 학문이 황폐해 있고, 임금과 재상의 생각이 모두 잔약孱弱한 터라 어찌 큰 조치를 바랄 수 있겠습니까? 다만 나라의 힘에 기대 한두 정책이라도 시행할 수 있으면 교육과 민족 두 부문 정책에도 다소 도움이 될 수 있을 것입니다. (5월 29일, 「쑤이칭 족하에게 보내는 편지與穗卿足下書」, 『량치차오 연보 장편』, 39쪽)

얼마 뒤 이곳에도 다소나마 신정 논의가 있었고, 동지 한두 명도 사태를 정비하자고 하여 괴롭지만 붙잡혀 머물고 있습니다. 이러한 까닭에 도성을 나서는 일이 늦어지고 있습니다. (5월간, 「쑤이칭 족하에게 보내는 편지」, 『량치차오 연보 장편』, 39쪽)

이곳 대인 선생大人先生[캉유웨이]께서는 두 달 전까지도 나라의 흥망을 걱정하는 마음을 가지고 계셨지만 지금은 속수무책의 상황이 되었습니다. 이 국운이라는 것은 비록 우리가 큰 힘을 갖고 있다 해도 어찌할 수 없는 것인데, 이처럼 미약한 힘으로는 우리가 계획을 세우기 위해 고생할 필요도 없는 것입니다. 특히 우리가 그런 멍청한 부류에서 벗어나지 못하면 기둥이 부러져 장차 우리를 덮칠 때 우리가 어떻게 할 수 있겠습니까? (8월 27일, 「쑤이칭 족하에게 보내는 편지」, 『량치차오 연보 장편』, 39~40쪽)

편지 행간에서 드러나는 심정을 살펴보면 량치차오와 캉유웨이 사이의 미세한 차이를 발견할 수 있다. 량치차오는 이때 다소 관망하며 광서제와 웡퉁허의 변법 추진을 미더워하지 않고 있다. 과연 쑨위원과 쉬융이 등은 파직당한 후 서태후를 부추겼다. 서태후는 웡퉁허가 육경궁毓慶宮으로 보고하러 가는 일을 폐지하여 웡퉁허와 광서제가 단독으로 만나지 못하게 했다. 게다가 광서제가 신임하는 원팅스, 왕밍롼汪鳴鑾, 창린長麟 등에게도 모두 파직을 명했다. 그리하여 당시 변법 논의 움직임도 결국 중지되고 말았고, 대인 선생 캉유웨이도 나라의 흥망을 걱정하는 마음을 자연스럽게 덮어둘 수밖에 없었다.

『만국공보』 발간 및 강학회

그러나 그들은 이런 일 때문에 의기소침해하지 않았다. 황제가 추진하는 새로운 정치에는 희망이 보이지 않았지만 그들은 자신들이 할 수 있는 일을 하려 했다. 그들은 모두 문인文人이어서 일을 추진하려면 문인들이 할 수 있는 일을 할 수밖에 없었다. 그것이 무슨 일이겠는가? 첫째는 신문 발간이고, 둘째는 학회 운영이었다. 량치차오는 5월 29일 샤쩡유에게 편지를 보내면서 벌써 베이징에서 신문사를 차리려는 일에 대해 언급하고 있다.

5월 사이에 그는 상하이에 거주하던 왕캉녠에게 보낸 편지에서도 신문사 운영과 학회 운영 일을 제기하고 있다. 『만국공보萬國公報』[나중에 『중외기문中外紀聞』으로 이름을 바꿈]는 이해(1895) 음력 6월 27일 격일간으로 창간되었다. 티머시 리처드Timothy Richard가 당시 일을 아주 상세하게 기록해두었다.

이 45기는 최초 3개월 동안에 발행한 전체 신문부수다. 1895년 8월 17일 창간되어 격일간으로 출판했다. 이것은 중국 유신파가 베이징에서 출판한 최초의 기관지다. [『만국공보』] 문장 대부분은 모두 광학회廣學會 간행물에도 그대로 전재되었다. 신문 이름도 광학회 기관지 『만국공보』와 완전히 같다. 나중에 나의 건의를 받아들여 신문 이름을 바꾸었는데, 이는 두 가지 간행물의 혼동을 막기 위함이었다. (『갑오에서 무술까지: 캉유웨이의 '아사' 감주』, 114~115쪽에서 재인용)

신문 이름은 캉유웨이가 베이징을 떠난 뒤 바뀌었고 신문도 곧바로 정간되었다. 캉유웨이는 매기每期 백은 2냥을 발행 경비로 희사했다. 신문 발행에 가장 힘쓴 사람은 바로 량치차오였고, 그는 이 일에 종사하면서 신문업자로서의 생애를 시작했다. 량치차오는 "신문 발간 업무가 내게 맡겨졌다"라면서 "당시 기계를 자력으로 사들일 힘도 없었고, 도성 안에 그런 기계가 있다는 소문도 듣지 못했다"고 당시 상황을 회고하고 있다(『량치차오 연보 장편』, 41쪽) 도성 사람들은 [당시 관에서 발행하던] 저초邸鈔[저보邸報]를 보는 관습이 있어서 량치차오는 자신들이 발행한 신문을 저초 사이에 끼운 뒤 사람을 시켜 관사나 귀족들 저택으로 배달하게 했다. 나중에 캉유웨이는 이렇게 말했다. "변법은 본래 도성에서 시작하지 않으면 안 되고 귀족과 대신으로부터 시작하지 않으면 안 되기 때문에 『만국공보』를 저초 상인들에게 보냈다. 매일 1000부를 간행해 조정 사대부들에게 송달케 했다. 종이와 잉크 값 은화 2냥은 내가 돈을 냈고, 량치차오와 마이멍화를 시켜 매일 기사를 쓰게 했다. 내용은 학교와 군정軍政 등의 항목으로 나누었고, 매일 아침 등사해 조정 사대부들에게 [신문을] 나눠주게 했으며 신문 대금은 받지 않았다. 조정 사대부들은 평소 들을 수 없던 소식을 매일 듣게 되면서 견해가 일변하게 되었다."(『캉난하이 자편 연보』[외 2종], 33쪽) 여기서도 알 수 있듯, 캉유웨이는 이 당시에도 아직 위로부터의 '자체 개혁'에 한 가닥 희망을 품고 있었다. 이는 캉유웨이가 끊임없이 청나라 황제에게 상소문을 올리던 태도와 일치한다.

오래지 않아 베이징 강학회北京強學會도 태동을 알렸다. 량치차오는 「삼십자술」에서 이렇게 얘기했다. "그해 7월 도성에서 강학회가 출범했다. 발기인은 난하이[캉유웨이] 선생이었다. 찬조자는 낭중郎中 천츠陳熾, 낭중 선쩡즈, 편수 장샤오첸張孝謙, 저장 사람 원추다오溫處道와 위안스카이 등이었다. 나는 학회 서기원書記員으로 임명되었다. 그러나 [강학회는] 3개월도 되지 않아 언관言官[간관諫官]에게 탄핵당해 폐쇄되고 말았다."(『음빙실합집·문집』 제11권, 17쪽) 실제로 강학회는 7월까지도 아직 추형雛形[맹아 형태]을 보인 데 불과해 어떤 이는 그림자에 불과했다고 말하기도 한다. 캉유웨이는 『자편 연보』에서 이 일을 상세하게 서술하고 있다.

따라서 상소문이 전달되지 않은 이후 날마다 학회를 발기해야 한다는 뜻을 동지들에게 호소했다. 천츠량陳次亮[천츠]은 일에는 선후가 있다면서 『만국공보』로 학회의 이목구비를 알리고 난 다음에 학회를 발기해야 한다고 했다. 『만국공보』를 두 달 동안 발간하자 여론도 점차 변법의 필요성을 분명히 알게 되었다. 처음에는 깜짝 놀라다가 점차 신법의 유익함을 알게 된 것이다. 나는 다시 책[『신학위경고』]을 끼고 다니며 유세했다. 날마다 사대부들과 이야기를 나누며 변법에 대해 변론했고 아울러 학회를 출범시켜야 하는 까닭을 이야기했다. 이에 분명하게 깨닫는 사람이 나날이 늘어났다. 세 차례나 출범을 준비했으나 [학회는] 성사되지 못했다. 그러나 선쯔페이沈子培[선쩡즈]는 형부刑部에서, 천츠량은 호부戶部에서 힘을 다해 이 일을 도왔다. 7월 초에 천츠량과 더불어 문객들을 모으자고 약속했다. 위안웨이팅袁慰亭[위안스카이], 양수차오楊叔嶠[양루이楊銳], 딩수형丁淑衡[딩리쩐丁立鈞] 및 선쯔페이와 선쩡펑沈子封[선쩡퉁沈曾桐] 형제, 장쉰즈張巽之[장샤오첸], 천陳○○ 등이 그들인데, 그들과 즉석에서 약속을 정하고 각자 성금을 내자고 하자 한꺼번에 수천금이 모였다. 천츠량을 제조提調[책임자]로 추천하고 장쉰즈에게 그를 돕게 했다. 장쉰즈는 변덕이 심했으나 이때 가오양高陽[리훙자오李鴻藻]이 당국자가 되어 있었고 장쉰즈는 리가 가장 마음에 들어하는 제자였기 때문에 선쯔페이가 그를 천거해 학회 모임이 해산되지 않게 한 것이다. (『캉난하이 자편 연보』[외 2종], 34~35쪽)

그러나 강학회는 8월 말 캉유웨이가 베이징을 떠나게 될 때까지 여전히 정식으로 출범하지 못했다. 량치차오는 8월 27일 샤쩡유에게 편지를 보내 또 이렇게 말하고 있다. "지난번 편지에서 말씀드린 학회 일은 아직도 성사되지 못하고 있습니다. 이 때문에 이곳에 체류하며 일의 진척을 기다리고 있습니다."(『량치차오 연보 장편』, 42쪽) 왕캉녠 사촌형으로 량치차오와 함께 강학회 신문 주필로 임명된 왕다셰汪大燮는 8월 29일 왕캉녠에게 보낸 편지에서 이처럼 말했다. "베이징 동지들이 강학회라는 모임을 꾸리려 하고 있고, 그 일을 성사시켜야 해서, 장차 그 일과 더불어 우여곡절을 함께해야 할 것 같다."(『왕캉녠 사우 서찰汪康年師友書札』 1, 712쪽)

대략 10월 초에 이르자 일의 면목이 좀 갖추어졌다. 왕다셰는 10월 초3일과 초8일 두 차례 왕캉녠에게 편지를 보내 자신이 이달 11일에 강학서국強學書局으로 거주지를 옮겼고 량치차오와 함께 나중에 『중외기문』으로 이름이 바뀐 강학회 기관지 『만국공보』를 편집하고 있다고 했다. 그는 또 왕캉녠에게 당시 강학회 상황을 알렸다. "강학회는 본래 천츠량·딩수형·선쯔페이·장쉰즈 네 사람이 총책임자이지만 장쉰즈가 자기 의견을 강하게 내세우고 사람을 대하는 기세도 매우 사나워서 다른 사람들은 이로 인해 일이 잘못될까 두려워하고 있다. 지금 대체로 모든 일을 장쉰즈가 주관하고 있어서 일이 그리 타당하게 처리되지는 못하고 있다. 이 말은 외부 사람에게는 이야기하지 마라. 장래에 보완될 수 있기를 기다릴 뿐이다. 신문은 이 형과 량줘루[량치차오]가 주필을 맡고 있다. 줘루는 용기가 정말 뛰어나고도 뛰어나다."(앞의 책, 716쪽) 그러나 11월 26일이 되자 왕다세는 왕캉녠에게 보낸 편지에서 매우 비관적인 어조를 드러내고 있다. "이곳 일은 크게 틀어져서 한 사람이 악행을 저지르고 있고 그에게 호응하는 자도 절반이나 된다. (…) 근래에는 이미 일이 뒤죽박죽되어 한 가지도 뜻대로 되지 않으니 모두 마음에 들지 않는 일뿐이다. 너무나 무미건조한 일상이 이어지고 있다."(앞의 책, 719쪽) 여기서 말하는 '한 사람이 저지르는 악행'이 앞에서 '기세가 사납다'라고 한 장쉰즈의 소행인지는 알 수 없다.

강학회 내부 모순은 아마도 그 태동과 더불어 잠복해 있었던 것 같다. 가입자 수가 많고 [회원] 신분이 복잡한 데다 각종 정치 세력도 섞여 있었기 때문에 의견 일치를 보기가 매우 어려웠다. 그 와중에 또 리훙장이 희사한 3000금을 거절하는 일까지 발생했다. 탕더강唐德剛은 캉유웨이가 이 일을 부결한 주요 결정자라 보았지만 우톄차오吳鐵樵가 왕캉녠에게 보낸 편지에 근거해보면, 그것은 천츠의 의견임이 분명하다. 캉유웨이는 당시 상황을 다음처럼 이야기했다.

강학회가 창립되자 조정의 제공諸公들은 천하의 힘을 합하고 상하의 기운을 통하게 하여 새로운 정치를 강구하려 했다. 7월에 [강학회가] 창립된 이래 조정의 사대부들이 운집했다. 군기, 총서, 어사, 한림 등의 부서와 각 조曹 고관이 100여 명이나 강학회에 참석해 [강학회가] 거의 외국의 의회와 같아졌다. 웡퉁허와 쑨위원 두 사부師傅가 회의를 주도했다. 웡 사부는 신문 기계를 한 대 기증했고 쑨 사부는 집을 임대해주었다. 또 후난 성 총독 장샹張촙[장즈둥, 호가 샹타오촙濤라 장샹이라고 함] 원수元帥는 맨 먼저 5000금을 희사했고, 즈리 총독 왕쿠이王夔[왕원사오王文韶] 원수와 장시 총독 류셴좡劉峴莊[류쿤이劉坤一] 원수는 모두 5000금을 희사했다. 쑹주宋祝[리훙장] 원수 및 각 장수도 강학회에 가입해 1000여 금을 원조하지 않은 이가 없었고, 리허페이李合肥[리한장]도 1000여 금을 희사했다. 그리하여 성금이 이미 수만금이나 되었다. 광둥 성 다이사오화이戴少懷 학사學士, 리비허우黎璧侯 학정, 쩡강푸曾剛甫[시징智經], 허메이춘何

梅村, 저우친성周芹生 등 각 부서 주사主事들도 모두 학회에 모였으며, 어사 등 고위 관리 중 각 사안에 대해 말을 잘할 수 있는 사람도 수천(십) 명이 모였다. 진실로 아름다운 모임이라고 할 만했다. 이 학회가 나날이 커지자 조정 여론도 일변했으니, 중국이 변법자강의 길로 나가게 된 것도 거의 이 학회 때문이었다. 그런데 소문을 듣건대 학회에 참여한 모 관리가 심하게 전횡을 부리고 강퍅한 언행을 일삼아 학회의 제공들이 모두 그를 미워했다고 한다. 이달 상순 학회에서 류리창에 분회를 개설할 때 모 관리와 두세 사람을 본회 밖으로 나가게 하면서 그와 일을 논의하지 않았는데, 그러자 모 관리가 분노해 공격했고, 이 때문에 언관이 학회를 탄핵하는 일이 발생하고 말았다. (『갑오에서 무술까지: 캉유웨이의 '아사' 감주』, 143쪽 각주 3에서 재인용)

이처럼 대단한 인물들이 수두룩하게 한곳에 모였으니 언쟁을 피하기가 매우 어려웠을 것이다. 이런 언쟁은 왕왕 따분한 분위기를 연출할 수밖에 없었고, 결국 기세 싸움과 사리사욕이 판을 칠 수밖에 없었다. 캉유웨이는 이 같은 다툼을 몹시 싫어했다. 그는 『자편 연보』에서 일찍이 딩수헝과 장쉰즈를 면전에서 비판한 일을 기록해놓았다. "그러나 딩수헝과 장쉰즈는 악착같이 언쟁을 벌이며 서로를 헐뜯었다. 장쉰즈는 더욱더 학회를 빌려 어부지리를 얻으려 하면서 류리창에 분국을 개설하려 했고, 이 일을 빙자해 그곳에 서점을 내려는 모습을 보였다. 나는 면전에서 '오늘 이 일은 대의로써 천하의 선비를 불러 모으려는 것인데, 대의로 시작해서 사리사욕으로 끝낸다면 어떻게 천하 사람들을 볼 수 있겠소?'라고 하며 그의 기세를 꺾었다. 장쉰즈는 말문이 막혔지만 좌석에 앉아서도 줄곧 불쾌해했다."(『캉난하이 자편 연보』[외 2종], 35쪽) 이것이 바로, 가는 길이 같지 않으면 서로 함께 일을 도모하지 못한다는 상황이다. 량치차오와 의기투합했던 우차오吳樵[우톄차오]도 강학회의 이러한 분위기에 잘 적응하지 못했다. 그는 11월 12일 강학회 회의에 참석해달라는 요청을 받고 그곳으로 갔다가 돌아와서 왕캉녠에게 편지를 보냈다. "12일 강학회 회의에 참석했는데 조금 앉아 있

다가 바로 돌아왔습니다. 아무 할 말이 없었습니다. 보탕伯棠[보탕伯唐으로도
씀, 왕다셰]과 쥐루[량치차오]도 모두 헛걸음했는데, 두 사람과 이야기해보니
저와 마음이 잘 맞았습니다. 보탕과 쥐루는 언행이 매우 훌륭했습니다. 쥐
루는 그곳 참석자들과 논의가 맞지 않는다고 사직하려 합니다. 그곳 학회
일은 우리가 후베이湖北에 있을 때 예상했던 것과는 크게 다릅니다. 중국의
일이 대체로 이처럼 되어가는 걸 의아하게 생각할 필요도 없을 듯합니다.
처음 이름은 강학회였고 강학국强學局이라 고쳤다가 최근에는 다시 경도관
서국京都官書局으로 이름을 바꾸었으니 참으로 실소가 터져나올 지경입니다.
생각건대 보탕께서 이미 말씀이 있었을 테니 더이상 쓸데없는 말을 덧붙이
지 않겠습니다. 회의에 참석한 사람들은 모두 관료티는 심하게 풍기면서 본
질을 이해하는 수준은 낮았으며, 사리사욕을 탐하는 자는 많으면서 지공
무사한 사람은 드물었고, 논란은 혼란스러웠지만 전부 회의 취지에 어긋나
는 발언뿐이었습니다."(『왕캉녠 사우 서찰』, 460~461쪽) 뒷부분 구절에서 강
학회 구성원 간의 가장 큰 차이점이 드러나고 있다. 3개월 후 강학회는 폐
쇄되었고, 우차오는 이때 다시 왕캉녠에게 편지를 보내 강학회 상황을 언
급했다. "지금 딩수형, 슝위보熊餘波, 장쉰즈 등이 학회 행정을 맡아보면서
서점을 개설하려 하고 있습니다. 어떤 자는 국조[청조]의 장고掌故[전고典故]
책을 전문적으로 팔아야 한다 말하고 있고, 어떤 자는 강학국에서 찍어낸
경서를 팔아야 한다고 합니다. 며칠 사이에 한 번 모였지만 모여서는 바로
어지럽게 말싸움만 하다가 헤어졌습니다. 그러나 [강학회는] 이미 저들 파당
[수구파]의 주목을 받고 있습니다."(앞의 책, 472쪽)

어사 양충이楊崇伊가 12월 초7일 상소문 한 통을 올려 강학회를 탄핵하
자 당일에 황제의 유지가 내려왔다. "도찰원에서 명확하게 조사하여 강학
회를 폐쇄하라"는 내용이었다. 캉유웨이는 이를 다음과 같이 인식하고 있
다. "시보[『만국공보』]는 크게 유행했지만 수구파의 의심과 비방도 점차 고
개를 들었다. 당시는 아직 『만국공보』의 출처를 아는 사람이 없어서 어떤
이는 독일에서 들어온 것이라 생각했고, 또 어떤 이는 총리아문總理衙門에
서 나온 것이라 생각했다. 이윽고 [『만국공보』를] 난하이관南海館에서 발간

당시 강학회 소재지. 1895년 중일 갑오전쟁 이후 캉유웨이는 강학회를 창립했다. 량치차오, 위안스카이, 선쩡즈 등이 그 일에 참여했다. 오래지 않아 어사 양충이가 상소문을 올려 폐쇄하게 했다.

했음을 알게 되자 사람들은 틀림없이 내가 만든 것이라 생각했다. 장쉰즈도 이미 의심을 품고 있다가 신문 보도에 유언비어가 포함되자 그것을 빌미로 공격을 부추겼다. 이에 대학사 쉬퉁徐桐, 어사 추청보褚成博 모두 강학회를 탄핵하려 했다. 선쯔페이와 천츠량이 모두 달려와서 [나에게] 이 사실을 알려주며 급히 도성을 떠나라 했다. 그래서 쥐루를 도성에 남겨 일을 처리하게 하고 8월 29일 베이징을 떠났다. (…) 24일, 강학회 여러 사람과 전별연을 열고 경극 창을 들으며 매우 성대한 행사를 열었다. 이날 허페이[리한장]가 자원해서 성금 2000금을 강학회에 기탁하려 하자 여러 사람이 거절했고 이 때문에 논의가 시끄러웠다. 양충이가 탄핵에 참여하는 계기가 여기에서 비롯됐다. 장샤오첸은 또 추청보와 장중신張仲炘을 초청해와 강학회에 가입시켰다. 둘은 조정에서도 가장 기세등등한 자들이다. 대체로 강학회 일이 바야흐로 성대해지려다 쇠퇴하게 된 이유가 바로 여기에서 싹이 텄다."(『캉난하이 자편 연보』[외 2종], 35~36쪽) 사실 쉬퉁과 추청보는 『만국 공보』를 가지고 탄핵 상소문을 올리지 않았다. 그러나 양충이가 리훙장과 인척관계여서 강학회를 탄핵했는지는 단정하기 어렵다. 이에 대해 우톄차오가 또다른 해석의 실마리를 제공하고 있다. 그는 왕캉녠에게 보낸 편지에서 이렇게 말했다. "베이징 강학회에서 소문을 들으니 량치차오의 문장에서 비난이 시작되었다고 합니다. 그가 쓴 「학회 말의學會末議」는 매우 훌륭한 문장인데 탈고 후에 우톄차오에게 보여줬다고 합니다. 그런데 학회의 누가 아첨을 하느라 정부에 그 내용을 알려[웡퉁허가 알게 됨] 마침내 양충이가 탄핵 상소에 참가하도록 사주했던 게 아닌가 합니다. 양충이는 리훙장의 아들과 사돈 간이어서 이 때문에 보복에 나선 것입니다."(『왕캉녠 사우 서찰』, 463쪽) 이 글에도 추측에 의한 내용이 들어 있다. 량치차오의 글은 어떤 부분이 금기를 범했는가? 우톄차오는 왕캉녠에 보낸 또다른 편지에서 이렇게 말했다. "안으로 재상을 바꿔야 한다는 의미가 들어 있었습니다." 양충이는 리훙장과 쑨자나이孫家鼐에게 잘 보이려 량치차오 글을 빌미로 대대적인 옥사를 일으키려고 했다. 그래서 파당을 모아 탄핵 상소를 올린 것이다.(앞의 책, 472쪽)

스승과 제자가 처음으로 의견이 갈리다

실제로 캉유웨이든 우톄차오든 그들의 추측은 모두 탄핵자들에게 제공한 빌미만 이야기하고 있을 뿐이다. 양충이가 탄핵에 나선 진실한 동기는 상소문 배후에 깊이 감추어져 있어서 후세 사람들이 고증하기가 매우 어렵다. 결국 그토록 기세등등하던 '강학회'운동은 실패하고 만다. 그 실패는 캉유웨이에게 매우 큰 좌절이었다. 캉유웨이는 이후 2년 동안 국가정치의 중심인 도성에서 물러나 광둥과 광시로 돌아갈 수밖에 없었다. 그곳에서 학문을 강의하고 저서 쓰기를 계속했다. 량치차오는 그 일을 현실 속에서 겪으면서 사상이 나날이 성숙해졌다. 그는 아마도 이미 개혁의 희망을 권력자에게 기탁해 위에서 아래로 혜택을 베푸는 건 불가능한 일이고, 응당 아래에서 위로 역량을 결집해야 한다는 걸 깨달았던 듯하다. 그가 나중에 상하이에서 『시무보』를 창간하고 후난 성 시무학당에서 교편을 잡은 것도 모두 자신의 시야를 지방과 민간으로 확산하려는 실험이었다고 할 수 있다. 이때 량치차오는 이미 자신과 캉유웨이 사이의 학문 차이를 의식하고 있었다.

이러한 입장 차이는 주로 캉유웨이의 『신학위경고』가 불러일으킨 의문점으로 드러나고 있다. "그의 스승은 위서緯書 인용을 좋아하며 신비성神祕性으로 공자를 설명했지만 량치차오는 그렇게 생각하지 않았다."(『청대학술개론』, 84쪽) 이는 량치차오가 수십 년 뒤에 한 말이지만 실제로 우리는 량치차오가 남겨놓은 많은 저술 속에서 그와 캉유웨이 사이의 차이점이 도대체 어떤 것인지 찾아볼 수 있다. 량치차오는 이어서 구체적으로 자신의 학술 주장을 말하고 있다.

> 량치차오는 공문孔門의 학문이 나중에 맹자와 순경荀卿[순자荀子] 두 학파로 흘러가서 순경은 소강小康사상을 전하고 맹자는 대동大同사상을 전했다고 생각했다. 한대漢代 경학가들은 금문학자든 고문학자든 막론하고 모두 순경에게서 나왔다.(왕중汪中의 학설) 2000년 동안 공문의 종파가 여러 번 변했지만 한결같이 순경의 학문 아래에서만 맴돌아서 맹자 학문은 끊어지고 공자 학문도 쇠퇴했다. 이에 량치차오는 오로지 순경을 억제하고 맹자를 내세우는 것을 깃발로 삼고 『맹자』 중에서 '백성들의 도적'과 '독단적인 임금'은 주살하고 '전쟁을 즐기는 자는 극형을 받게 하며' '토지를 주어 재산을 관리한다'는 등 여러 구절을 인용하여 거기에 대동사상의 정밀한 뜻이 깃들어 있다고 하면서 날마다 그것을 창도했다. 또 『묵자墨子』를 좋아하여 '겸애兼愛'와 '비공非攻' 등 여러 학설을 암송했다. (앞의 책, 84쪽)

말하자면, 캉유웨이와 량치차오의 이러한 차이는 여전히 캉유웨이 사상의 테두리 내에 있는 것이어서 캉유웨이의 기본 사상과 그렇게 많이 다른 건 아니었다. 스스로도 말한 대로 량치차오는 근본적으로 "금문학파를 열렬하게 선전하는 선동가였다"(앞의 책, 83쪽) 그러나 몇 가지 차이점은 존재한다. 이러한 작은 차이점이 나중에 량치차오와 캉유웨이가 격렬하게 충돌하는 원인이 되고 심지어 서로 확연하게 갈라서는 출발점으로 작용한 듯 보인다. 량치차오 사상에 이러한 변화가 생긴 것은 분명히 탄쓰퉁譚嗣同, 샤쩡유, 황쭌셴黃遵憲 및 옌푸 등에게 [량치차오가] 영향 받았기 때문이다. 이를테면 샤쩡유는 금문학파를 처음 연 동중서董仲舒가 공자 가르침을 널리 알린 공신이 아니라 공자 가르침을 쇠망케 한 죄인이라 인식했다. 동중서는 중국 군주 전제제도의 원흉인 순황荀況[순자]의 학설을 답습했기 때문이라는 것이다. 탄쓰퉁이 순자 학설에 제기한 비판은 이보다 훨씬 원대하고 더욱 격렬했다.

우리가 잘 아는 대로 금문경학과 고문경학의 논쟁은 터놓고 말하자면 누가 유학의 정통인가를 다투는 논쟁이다. 다시 말해 누구 해석이 유학의 본래 의미에 더 부합하는가 하는 논쟁이다. 그러나 한 말에서 청 말까지 2000년 동안 주로 고문경학이 유학의 주도적 지위에 있었다. 청 말에 금문경학이 부흥하면서 캉유웨이에 이르러 유학의 정통성을 두고 논쟁을 벌이며 공자의 진정한 정신을 회복하려 했다. 하지만 이보다 더 중요한 일은 바로 캉유웨이가 『춘추공양전』에서 사회 진화와 개혁을 둘러싼 일련의 이론을 이끌어냈다는 점이다. 캉유웨이는 공자야말로 제도 개혁에 정열을 바친 '성왕聖王' 혹은 '소왕素王'9이었지만, 평생토록 당시 사람들에게 중용되지 못했기 때문에 오직 『춘추』 저작을 통해 자신의 이상을 실현할 수밖에 없었다고 선언했다. 량치차오는 「독춘추계설讀春秋界說」에서 자신의 사상 요점을 이렇게 서술했다. "맹자가 말하기를 『춘추』는 천자天子의 일을 다룬 책이라 했다. 대저 『춘추』는 한 유학자의 저술일 따름인데 어째서 천자의 일을 다룬 책이라고 말하는가? 대체로 『춘추』는 수많은 임금에게서 정치의 득실을 저

9 임금의 자리에 오르지는 못했지만 임금의 덕을 지닌 성인. 공자를 가리킨다.

울질하고 삼대三代[하夏, 은殷, 주周]에서 역사의 교훈을 잘 헤아려 제도를 만들고 법을 세워 자손만대를 가르친 책이다. 여기서 일이라 함은 모두 천자가 담당하는 일이다. 다만 애석하게도 주나라의 도가 쇠퇴해 임금 된 자도 자기 직무를 스스로 처리하지 못하게 되었다. 그러나 천지간 공리公理를 결국 밝혀내는 사람이 없을 수 없었으니, 이에 공자가 발분하여 『춘추』를 짓고 천자의 일이 두루 행해지게 하였다"(『음빙실합집·문집』 제3권, 15쪽) 량치차오는 또다른 대목에서 다음처럼 말했다. "『춘추』에는 공자께서 세상을 경륜한 위대한 법도와 그가 가르침을 세운 은미한 말씀微言이 모두 들어 있다. 이 때문에 맹자는 공자의 공덕을 서술하면서 그것을 우禹임금이 홍수를 다스린 일과 주공周公이 오랑캐를 합병하고 맹수를 몰아낸 일을 나란히 하여 칭송했다. 그리고 태사공太史公[사마천]이 공자를 찬양할 때도 『춘추』 저술을 첫번째 대업으로 여겼다"(앞의 책, 57쪽)

캉유웨이의 금문경학은 주로 두 책에 밝혀져 있다. 『신학위경고』와 『공자개제고』다. 전자는 관계나 학계를 막론하고 광범위한 논쟁을 불러일으켰을 뿐만 아니라 번거로운 사건의 빌미가 되기까지 했다. 윙퉁허의 어투가 그래도 좀 점잖은 편인데도 캉유웨이를 일컬어 "경학가의 여우"라 했다. 예더후이葉德輝는 인정사정없이 캉유웨이를 직접 지칭하며 "거짓말을 하면서도 교묘하게 자신을 합리화하는 소정묘少正卯 같은 인간"이라 했다. 학자 주이신朱一新은 문인다운 우아한 어투로 "그에게 죄를 주고자 한다면 어찌 어휘가 없음을 근심하랴?"라고 했다. 어사 위롄위안은 아예 "경전과 도리를 배반했다"라고 캉유웨이의 죄를 추궁하면서 "삼가 황상의 재가를 기다리겠사옵니다"라고 했다. 량치차오가 이런 비난을 몰랐을 리 없고 오히려 스승이 보여준 일련의 불합리한 논리까지도 분명하게 알고 있었다. 거기에는 억지스러운 데다 견강부회한 내용이 있었다. 특히 참위讖緯와 미신에 관련된 학설은 금문경학이 탄생할 때부터 함께 끼어든 단점임이 분명했다. 따라서 량치차오는 "스승이 위서 인용을 좋아하고 신비성으로 공자를 설명하는 태도"를 받아들일 수 없었고 "나중에는 마침내 다시는 그런 학설을 입에 올리지 않았다"라고 했다(『청대학술개론』, 84쪽) 이뿐만 아니라 량치차오는 캉유웨이 사상을 매개로 캉유웨이 학설을 수정하고 발전시켜서, 자신의 사상이 청 말 '경세치용' 전통의 전환점이 되게 했다. 이는 주로 순자학 비판 및 맹자학 숭배와 발양으로 표현되고 있다.

량치차오가 쓴 「독춘추계설」 「독맹자계설讀孟子界說」 「중국 종교 개혁론論支那宗敎改革」 등에 그와 같은 사상이 가장 잘 나타나 있다. 량치차오는 맹자를 숭배하고 순자를 비난했다. 그 원인은 이러하다. "한나라 이래 모든 경전이 순경[순자]에게서 나왔으므로 그 공적은 가장 높아서 헐뜯을 수 없었다. 그러나 '미언대의[공자의 은미한 말에 담긴 큰 뜻]'는 맹자에게 미칠 수 없었다. 맹자는 오로지 '자신이 서기 위해 다른 사람을 먼저 세워주고, 자신의 뜻을 이루기 위해 다른 사람의 뜻을 먼저 이루어주려' 했다. 또 공자는 '천하에 올바른 도가 행해지고 있다면 그 도를 바꾸는 데 참여하지 않겠다'라고 했다. 날마다 천하 구제를 마음에 두는 것이 진실로 공학孔學의 정파라 할 수 있다."(『음빙실합집·문집』 제3권, 17쪽) 량치차오는 맹자가 공자학파의 정통을 계승할 수 있던 비밀이 바로 육경 중 『춘추』를 가장 중시한 때문이고, 『춘추』가 맹자에게 공자의 영감靈感과 접맥할 통로를 마련해주었다고 보았다. 량치차오는 또 "대체로 경세치용을 말하는 사람 중 『춘추』를 배우지 않은 사람은 없다. 이 때문에 맹자가 말한 모든 인정仁政이 『춘추』에 근본을 두고 있음을 알아야 한다"라고 했다(앞의 책, 18쪽) 그러나 "2000년 동안 맹자를 존중할 줄 아는 사람은 없었고, 창려[한유]가 맹자를 존중하자고 제창한 이래 송나라 현인들이 여기에 화답해, 맹자 학설이 광대光大하게 된 것 같지만 경세치용에 관한 맹자의 대의는 하나도 설파해내지 못했다. 그들이 견지하는 논리도 맹자와 상반되지 않은 것이 하나도 없으니 실로 순자 학설의 찌꺼기를 주워 모은 데 불과했다"고 하면서 소위 "모두들 순자 학문의 아류로서 생활을 꾸려가기에 급급했을 뿐이다"라고 비판했다.(앞의 책, 21쪽) 이것이 바로 앞에서도 인용한 량치차오의 논리다. 즉 "한대 경학가들은 금문학자든 고문학자든 막론하고 모두 순경에게서 나왔다.(왕중의 학설) 2000년 동안 공문의 종파가 여러 번 변했지만 한결같이 순경의 학문 아래에서만 맴돌아서 맹자 학문은 끊어지고 공자 학문도 쇠퇴했다"는 것이다.(『청대학술개론』, 84쪽) 량치차오는 여기서 한 걸음 더 나아가 한학뿐 아니라 "맹자 학설을 찬란하게 발전시켰다"고 평가되는 송나라 현인들도 맹자의 '부동심'을 아주 중시하면서 의리와 수신의 중요성을 강조하기는 했지만, 애통하게도 그들은 수신을 더 넓은 범위의 사회와 국가에 대한 책임으로 연계하지 못했다고 인식했다. 량치차오가 보기에, 공자는 자신의 몸만 닦는 것에는 반대하고 천하를 두루 구제할 것을 주장한 사람이었다. 그는 또 다음과 같이 설명하고 있다.

공자가 가르침을 베풀고 도를 행한 것은 백성을 구제하기 위함이었다. 이 때문에 '천하에 올바른 도가 행해지고 있다면 나는 그것을 바꾸는 데 참여하지 않겠다'라고 했다. 이는 바로 부처가 '내가 지옥에 들어가지 않으면 누가 지옥에 들어가랴?'라고 말한 뜻과 같다. 따라서 불법은 자비를 첫번째 대의로 삼고, 공자의 가르침은 '인자함'을 첫번째 대의로 삼는다. 공자가 말하기를 '진실로 인仁에 뜻을 두었다면 악한 짓은 하지 않게 될 것이다'라고 했다. 따라서 공자는 백성을 구제하려 했기 때문에 날마다 몸을 굽히면서 제후와 공경대부를 만나려 했고, 그들의 힘을 빌려 낡은 정치를 개혁해 백성을 문명화되고 행복한 나라로 이끌려 했다. 그러므로 공자는 소위 보살행을 실천한 사람이다. 그런즉 공자를 배우는 사람은 자기 몸과 명성을 버리고 천하를 구제하려는 뜻을 배워야 함을 분명하게 깨달아야 한다. 그러나 송나라 이후 유학자들은 자기 몸을 단속해 잘못을 적게 하고 조심스럽고 신중하게 행동하는 것만을 종지로 삼아 마침내 개인의 일에만 신경쓰는 소인배로 흘러가고 말았다. 그들은 국가의 위기나 백성의 고통을 좌시하며 전혀 마음의 동요를 일으키지 않는다. 게다가 나라를 걱정하는 사람을 만나면 일을 벌이기 좋아하는 자라 하고 또 함부로 국사에 대해 왈가왈부하는 자라고 헐뜯으며 서로 배척하기에만 힘쓴다. 이것이 중국에 천년 동안 전해져온 가장 악랄한 폐습이다. 이러한 견해가 모든 사람의 뇌리에 깊이 새겨져 마침내 아픔도 없고 가려움도 없는 세계를 만들고 말았다. 이것이야말로 중국이 망국으로 치닫는 이유다. 공자야말로 당시에 일을 벌이기 좋아하고 기탄없이 국사를 토론하는 사람이었지 조심스럽게 법도를 지키거나 몸을 단속하고 잘못이나 줄이려는 사람이 아니었음을 알게 된다면, 지금 전국의 기풍이 틀림없이 일변하게 될 것이다. (『음빙실합집·문집』 제3권, 59~60쪽)

량치차오의 이 말을 오늘날 어휘로 바꾼다면 바로 지식인의 사회적 책임감과 국가에 대한 관심이다. 이때까지도 그는 공교孔教를 창립하려는 캉유웨이의 주장을 완전히 버리지 않고 있다. 그는 이러한 책임감이야말로 공자 사상 및 맹자 사상에서 가장 중요한 성분인데, 2000년 동안 유학자들에 의해 버려졌다고 인식했다. 그는 또 이에 대해 가장 크게 책임져야 할 사람이 바로 순자라 생각했다. 량치차오는 순자 사상에 포함된 4대 문제점을 지적하고 있다.

첫째, 군주의 권력을 존중한다. 순자의 제자 이사李斯가 그 종지를 전하여 진秦나라에서 시행되게 했고 법제까지 만들었다. 한나라 이후로 임금들이 서로 이 제도를 계승하며 조금씩 덜어내기도 하고 보태기도 했다. 중국에서 2000년 동안 시행된 것이 기실 진나라의 제도다. 이것은 순자학파 중 정치파政治之派에 속한다.

둘째, 이단을 배척한다. 『순자』 속에는 「비십이자非十二子」 편이 있어서 오로지 이단을 배척하는 것을 일삼고 있다. 한 초에 경전을 전한 유학자는 모두 순자에게서 나왔다. 이 때문에 그 법도를 답습하며 날마다 다른 문파를 물과 불처럼 배척했다.

셋째, 예의에 얽매인다. 순자의 학문은 대의를 이야기하지 않고 오직 예의만을 중시하며 몸을 단속해 잘못을 줄이고 자질구레한 예절에 얽매인다. 송나라 이후로 유학자들은 모두 이를 답습했다.

넷째, 고증을 중시한다. 순자의 학문은 오로지 명물名物, 제도, 훈고를 중시한다. 한나라가 일어나고 나서 여러 경전이 모두 순자학파에 의해 전해졌다. 서로 논쟁하며 고증에 치중하는 기풍이 마융과 정강성[정현]

일파에까지 스며들었고, 본조[청조]에 이르러서도 그 독毒을 깊이 받았다. 명물, 제도, 훈고 이 세 가지가 순자학파 중 학문파學問之派에 속한다. (앞의 책, 57쪽)

우리는 량치차오의 이 말을 통해, 정치상의 전제주의, 예법 고수, 수신양성修身養性에 대한 요구, 학문적으로만 탈출구를 열어주는 —현실에서 도피해 학문에만 집착하게 하는— 정책이 바로 전통적 유가 지식인의 기상을 나약하게 하고 인격을 비루하게 하는 4대 원인이었음을 알 수 있다. 량치차오는 이러한 입장을 발전시켜 전통 왕권을 비판하는 임계점으로까지 나아갔다. 이때 그는 이미 맹자가 말한 "백성이 귀중하고, 사직이 그다음이며, 임금은 가볍다"는 전통 속 민본주의자가 아니었다. 량치차오는 「설군 서說群序」에서 이미 초보적으로 대중이 참여하는 민주정치 사상을 언급하고 있다. 즉 그는 "다수결의 원리로 다수 대중을 다스리면 다수 대중이 모여들고, 독단의 원리로 다수 대중을 다스리면 다수 대중이 뿔뿔이 흩어진다"라고 했다(『음빙실합집·문집』 제2권, 4쪽) 이러한 사상은 후난 시무학당 시기에 이르러 더욱 충분하게 발양된다. 결국 후난 보수파들이 단체로 들고일어나 량치차오를 공격하는 상황까지 벌어졌다. 그들은 "후난으로 와서 강의를 주관하면서 오로지 '민권, 평등, 무부무군無父無君 학설을 교육 목표로 삼고 있기 때문에 그 죄상을 논하자면 어찌 역모와 다르겠는가?"라고 량치차오를 질책했다. 아울러 "거리낌 없는 짓을 함부로 저지르고, 윤리 강상을 현저하게 해치고, 양심을 잃고 미치광이처럼 사는 모습이 이보다 더 심한 자는 없을 것이다"라고 량치차오를 매도했다(『소여집』, 177쪽) 정치적 측면에서 량치차오는 이보다 훨씬 더 멀리까지 나아갔다. 량치차오는 후난 순무巡撫 천바오전陳寶箴에게 보낸 편지에서 민권, 신권紳權[지방 유지들의 권리], 학회 발기를 요청하는 데서 더 나아가 후난 성 자치를 주장했다. 그의 이런 과격한 주장은 천바오전을 공포로 몰아넣었다. 그러나 이후 량치차오는 신병 치료를 이유로 후난 성을 떠나 상하이로 되돌아갔다.

하지만 당시 캉유웨이가 량치차오의 민권 긍정 사상 및 황권皇權 부정

사상을 받아들이지 않았다는 학설과 관련해서는 명확한 증거를 찾을 수 없다. 사실 량치차오는 후난으로 강의하러 떠나기 전 동인同人들과 교육 목표를 놓고 토론할 때 급진적 태도를 보이며 종족혁명을 근본으로 하겠다고 주장했고, 캉유웨이도 암묵적으로 동의했다고 한다. 량치차오도 "난하이 선생도 며칠간 침통해하다가 교육 목표에 대해 다른 말을 하지 않았다"고 했다(『량치차오 연보 장편』, 88쪽) 몇 년 후 량치차오는 자오웨성趙曰生에게 보낸 편지에서 이렇게 얘기했다. "무술변법 이전에는 국력이 나날이 쇠약해지는 것에 분통이 터졌네. 그러나 당시는 나라씨那拉氏[서태후]가 정권을 오로지할 때라 황상에게는 아무 권력도 없었네. 이 때문에 사람들은 황상의 영명함을 알지 못했네. 윗사람에게 희망을 품고 있던 사람들도 한 가지 희망조차 바랄 수 없게 되자 대세가 틀림없이 신속하게 기운 뒤에야 끝이 나리라고 추측하게 되었네. 그래서 당시 나는 오로지 중국의 4억 백성을 구제하는 데 주안점을 두었다네. 이러한 까닭에 나는 분주하게 남북을 오르내리며 강학회·성학회聖學會·보국회保國會를 크게 열기도 했고, 의회를 열고 민주주의를 시행해 백성을 구제하려 했다네"(앞의 책, 94쪽) 량치차오가 당시 「고의원고古議院考」「중국 적폐는 폐단 방지에만 치우쳤기 때문임을 논함論中國積弱由於防弊」「신문사가 국사에 유익함을 논함論報館有益於國事」과 장편논문 「변법통의」를 집필한 것도 모두 스승 캉유웨이의 주장을 선양하기 위해서였다. 곧바로 무술년(1898) 정월 초3일 총리아문과 대화 약속을 하기 전에 캉유웨이가 쓴 「황제에게 올리는 다섯번째 상소문上淸帝第五書」과 천치장陳其璋을 위해 간추린 상소문 초록본에도 민권을 중흥하고 의회를 열자는 구국 방침이 나열되어 있다. 아마도 량치차오와 캉유웨이는 서구 민주주의와 의회정치의 의미를 진정으로 이해하지는 못했을 것이다. 그러나 그들은 자신의 전통에서 출발해 이미 국가의 운명이 한 가문이나 한집안의 일이 아니라 전체 국민이 책임져야 할 사안임을 인식하고 있었다.

보국회의 단명

캉유웨이의 이번 입경은 무술년 한 해 전 10월 중순이었고, 대체로 10월 15일을 전후해 상하이에서 출발했던 것 같다. 이보다 일주일 전인 광서 23년(1897) 10월 초7일, 독일 천주교 선교사 리하르트 헨레Richard Henle와 프란시스쿠스 니스Franciscus Nies가 산둥 성山東省 차오저우 부曹州府 쥐예鉅 野 장자좡張家莊에서 대도회大刀會 회원에게 살해되는 사건이 일어났다. 10월 20일 독일 원동遠東 함대가 이를 빌미로 자오저우 만膠州灣을 강제로 점령하고 칭다오靑島 포대를 침공했다. 청나라 군대는 저항도 않고 후퇴했다. 당시 자오저우 만을 수비하던 청나라 덩저우 진登州鎭 총병總兵 장가오위안章高元은 전보로 상사인 산둥 성 순무 리빙헝李秉衡에게 상황을 보고했다. "전투를 벌이자니 전쟁의 빌미가 될까 걱정이 되었고, 또 후퇴하자니 직무를 소홀히 할까 걱정이 되었습니다. 여러 번 생각한 끝에 잠시 대오를 칭다오 부근인 칭다오산靑島山 뒤쪽 쓰팡 촌四方村 일대로 물려 요충지를 점거하고 방어하기로 하였습니다." 이 보고에도 당시 청나라 장수들의 복잡한 심리 상태가 일부 반영되어 있다.

캉유웨이는 이때 마침 베이징에 도착했다. 이 사건은 다시 캉유웨이의 마음을 아프게 찔렀다. 국가 분할 위기가 눈앞에 닥쳤는데도 조정에서는 여전히 "지지부진 결정을 미루며 앉은 채로 망국을 기다리고 있었기 때문에 그는 방 안에서 가슴을 치고 피눈물을 흘릴 뿐이었다"(『캉유웨이 정론집康有爲政論集』 상책, 201쪽) 캉유웨이는 다시 끓어오르는 의분과 국가 존망에 대한 근심으로 매우 신속하게 「황제에게 올리는 다섯번째 상소문」을 써서 공부工部를 통해 상주케 했다. [이번에도] 지난번 네 차례 상소문과 마찬가지로 캉유웨이를 기꺼이 도와주려는 사람은 없었다. 모두가 국가가 처한 운명과는 관련이 없는 사람들 같았다. 캉유웨이는 실망한 채 행장을 꾸려 베이징을 떠나 광둥 성 고향으로 돌아갈 준비를 했다. 그런데 짐까지 이미 다 꾸려놓은 상태에서 웡퉁허가 갑자기 퇴청 후 쉬안난宣南 난하이회관南海 會館으로 캉유웨이를 찾아와 베이징에 남아달라 부탁했다. 마침 그 이튿날

인 11월 19일 병과장인급사중兵科掌印給事中 가오셰쩡高燮曾이 캉유웨이를 서양으로 보내 '제1차 헤이그 평화회의'에 참가시키자고 주청했다. 광서제는 당일 바로 총리아문에 '잘 참작해서 처리하라'는 유시를 내렸다. 이후 캉유웨이의 파견은 조정 대신들이 반대해 부결되었지만, 이 일은 캉유웨이에게 새로운 희망을 안겨주었다. 캉유웨이의 인생 운명은 오래지 않아 (1898년) 정월 초3일에 총리아문과 캉유웨이의 면담 약속이 정해지면서 근본적으로 변화하기 시작했다.

당일 캉유웨이를 접견한 사람은 다섯 대신이었다. 리훙장, 웡퉁허, 랴오서우헝廖壽恒, 장인환張蔭桓, 룽루榮祿였다. 웡퉁허와 장인환은 당일 일기에 캉유웨이와의 접견 상황을 기록해놓았다. 각 부문의 기록을 종합해보면, 그들은 대체로 2~3시간 지속된 회견에서 긴급히 해결해야 할 다양한 문제를 토론한 듯하다. 예를 들자면 관제 개혁, '제도국制度局' 및 신정에 필요한 각종 기구 설치, 군사 훈련, 철도 건설, 광산 개발, 우편제도 개설, 예산 마련, 차관 도입 같은 구체적 문제가 논의되었다. 이 회견이 조정에 미친 영향은 수개월 지나서야 나타나지만 당시 캉유웨이로서는 이 일로 고무와 격려를 아주 크게 받았다. 그는 닷새째 되는 날 새로운 상소문을 써서 총리아문에 전달했다. '제도 개혁과 정국 혁신을 위한 신료들의 굳은 맹세大誓臣工開制度新政局呈'라는 이 상소문은 「황제에게 올리는 여섯번째 상소문上淸帝第六書」이라고도 한다. 그러나 이 상소문은 총리아문에서 무려 40일이나 지체되다가 2월 19일에야 황제에게 바쳐졌다. 이처럼 지체된 데서도 우리는 당시 업무 효율이 형편없었음을 알 수 있고, 또 총리아문 몇몇 관료가 캉유웨이와 그의 정견에 여전히 상이한 견해와 유보적인 태도를 보이고 있었음을 짐작할 수 있다. 그러나 광서제는 총리아문이 대신 올린 캉유웨이의 「황제에게 올리는 여섯번째 상소문」을 받고 나서 바로 유시를 내려 "왕공과 대신들은 잘 상의하여 함께 의견을 상주하라"고 요청했다. 캉유웨이는 왕공과 대신들이 상의해 결과를 내기도 전인 바로 이튿날 또다른 문건 하나를 총리아문에 전했다. 그 문건 뒤에는 캉유웨이가 편역한 『러시아 표트르 대제 변정기俄彼德變政記』가 첨부되어 있었고, 이를 총리아문을 통해 황제에게 전하려 한 것이다. 총리아문에서 그 문건을 유예하며 상의하는 동안, 캉유웨이는 1주일 뒤 다시 새로운 문건을 올렸다. 3월 초3일 총리아문에서는 캉유웨이가 두 차례 올린 문건과 『러시아 표트르 대제 변정기』를 모두 광서제에게 바쳤다. 캉유웨이는 3월 20일 또다른 두 문건 및 『일본변정고日本變政考』『서양 새 역사 강요泰西新史攬要』『열국 변통 흥성기列國變通興盛記』 등 세 책을 총리아문으로 보냈다. 이때는 총리아문에서 시간을 지체하지 않고 23일 바로 단일 문서 형식으로 광서제에게 전달했다. 이렇게 업무 효율이 개선된 데는 아마도 광서제가 캉유웨이에게 흥미를 보이기 시작했다는 사실을 반영하는 듯하다. 어쩌면 광서제가 총리아문에 어명을 내려 캉유웨이가 올린 문건이나 상소문은 지체하지 말고 상달하라고 지시했을지도 모를 일이다. 광서제는 바로 당일 캉유웨이의 문건과 도서를 한꺼번에 자희태후에게 보내 열람하게 했다(『갑오에서 무술까지: 캉유웨이의 '아사' 감주』 참조, 221~335쪽)

이때 량치차오도 (1898년) 3월 초1일 상하이에서 베이징으로 왔다. 그가 상경한 직접적인 목적은 무술년 회시 응시였지만, 캉유웨이가 자신이 뜻을 펴려는 시기에 심복 제자를 불러 도움을 받으려 했을 가능성도 배제할 수 없다. 당시 량치차오는 신병이 다 낫지 않아서 캉유웨이의 동생 캉광런康廣仁이 그를 보호하며 만 리 북향길을 동행했다. 량치차오는 이렇게 회고한 적이 있다. "유보幼博[캉광런]는 의술에 뛰어나서 나의 병도 잘 보살피며 음식도 조절해주고 의약도 조제해주었다. 당시 그는 나와 동행하며 북행해 마침내 도성에 거주했고 결국 무술정변 환난에 희생되고 말았다. 대체로 유보가 입경한 것은 본래 자기 일 때문이 아니라 나의 병을 돌보기 위함이었다. 그런데 나는 병으로 죽지 않았고 유보는 오히려 나의 병 때문에 목숨을 잃었으니 내가 느낀 양심의 가책이 어떠했겠는가?"(앞의 책, 359쪽 각주 1)

량치차오가 입경하고 오래지 않은 3월 27일 오후 보국회 제1차 대회가 열렸다. 장소는 웨둥신관粤東新館 경극 극장 안이었다. 당일 대회에 참석해 이름을 등록한 사람만도 127명이나 되었으니 실제 인원은 이보다 훨씬 더 많았을 것이다. 캉유웨이는 이 대회에서 연설을 했다. 바로 당일에 「보국회

장정(保國會章程」 총 30조가 결정되었다. 구체적 조항만 보면 보국회가 내부조직이 상당히 엄밀하게 갖추어진 정치단체인 듯하고 캉유웨이와 량치차오도 그런 구상과 소망이 있었겠지만, 실제로 보국회는 다과회와 유사한 단체였던 것으로 보인다. 당시 대부분의 사람들도 보국회를 다과회로 인식했다. 무술정변 발생 후 『신보申報』에서 간행한 「보국회 역모 기록縷記保國會逆迹」에도 관련 내용이 있다. "베이징의 한 친구가 편지를 보내 이렇게 말했다. '금년 봄 역적 수괴 캉유웨이 및 그 일당 량치차오와 탄쓰퉁 등이 베이징 광둥신관廣東新館에서 회의를 열었다. (…) 회시 응시자도 많이 몰려왔고 도성 벼슬아치들도 대열에 참여한 이가 있었지만 대체로 구경하러 온 듯했다. 또 당시에는 단지 학문 토론만 한다고 하고 다과회만 연다고 했을 뿐 보국을 목적으로 한다고는 이야기하지 않았다.'"(『무술변법戊戌變法』 4, 418쪽) 이 글은 보국회에 이름을 올렸던 사람이 책임을 회피하고자 쓴 것이다. 이 속에는 길거리에서 들은 소문도 많이 포함되어 있고 완전히 상상으로 지어낸 것도 있다. 예를 들면 탄쓰퉁은 당시 아직 후난에 있었기 때문에 회의에 참석해 이름을 올릴 수 없는 상황이었다. 그러나 회의 참석자들의 내면 심리를 묘사하는 부분에는 일정한 진실이 포함되어 있다.

불과 며칠 뒤인 윤3월 초하루에 보국회 제2차 집회가 있었고, 량치차오는 연설을 통해 이번에 입경한 후 느낀 몇 가지 소감을 이야기했다. "제가 다시 도성에 와서 사대부들과 접촉하는 과정에서 나라가 조각나고 외국의 노예가 될까 두렵다는 말을 귀에 넘치도록 들었습니다. 나라를 진흥하고 구제하는 방법을 찾는 일에 대해서는 천명이고 국운일 뿐이라고만 얘기합니다. 또 대화가 현재 시국에 미치자 입이 열 개라도 할 말이 없다고 했고, 일을 어떻게 추진할 것인가 하는 문제에 화제가 미치자 더 늦추어서는 긴급한 정국을 구제할 수 없다고 했습니다"(『음빙실합집·문집』 제3권, 27쪽) 량치차오 관점에서 이러한 상황은 갑오년이나 을미년(1894~1895)에 비해서는 진전된 모습이라 할 수 있다. "사대부들과 더불어 목전에 중국의 위기와 망국이 닥치게 된 원인을 애통하게 얘기하면 열에 한 사람만 믿고 아홉은 의심할 뿐이었습니다."(앞의 책) 그는 여전히 사대부들이 보이는 책임 회피, 방임적 태도, 앉은 채로 죽음을 기다리는 소극성, 간도 쓸개도 없는 모습에 강한 불만을 나타냈다. "그래서 저는 중국의 멸망이 가난이나 허약함이나 외환이나 내란 때문이 아니라 기실 이들 사대부의 줏대 없는 의론과 나약한 담력 때문에 일어난다고 생각합니다."

　량치차오의 이 말은 함께 자리한 청중에게 날카로운 비판으로 작용했다. '보국'이란 말을 알려주지 않을 수도 있고 알려줄 수도 있지만 그 자리에 참석한 사람들은 여전히 구경이나 하자는 마음이었다. 만약 '보국'이란 말을 알려주었다면 [사람들은] 아마도 참가하려는 마음을 내지 않았을 가능성이 더 크다. '보국'을 벗어버릴 수 없는 책임감으로 받아들이는 사람은 아주 드물었다. "[그들은] 모두 배불리 먹고 승진을 기다리며 종일 아무 일도 하지 않았습니다. 독서도 하지 않고 일도 하지 않았습니다. 황금 같은 세월을 소비할 방법이 없어서 꽃구경, 음주, 작시, 상자 속 물건 맞추기, 바둑, 도박, 명창 초빙, 무희 선별 등으로 헛되이 세월을 보내고 있었습니다." 젊은 과거 응시생들 상황은 어떠했는가? 당시 도성에는 급제 방을 기다리는 응시생이 8000명이나 되었다. 그러나 "그들은 어떻게 소일해야 좋을지 모르는 마음이 조정 벼슬아치들보다 심합니다. 그들은 모두 국가 분할을 걱정하고 백성의 노예 됨을 두려워한다는 말을 할 수 있음에도 불구하고 은근슬쩍 그들의 말을 유도해보면 '오늘날 일은 어떻게 할 수 없으므로 이런 때야말로 우리가 주색잡기에 탐닉해야 할 때다'라고 말합니다."(앞의 책, 29쪽) 여기서 서술하는 상황은 량치차오의 과장이 아니지만, 당시 좌중이 과연 어떤 느낌을 받았을지는 알 수 없다. 상무인서관商務印書館 원로 리쉬안궁李宣龔은 여러 해 뒤 딩원장丁文江에게 보낸 편지에서 솔직담백하게 언급하고 있다. "보국회가 발기할 무렵 저도 한두 차례 가봤습니다만 기실 사람들을 따라 관광을 한 데 불과했고 소위 정치사상에 대해서는 전혀 알지 못했습니다."(『량치차오 연보 장편』, 112쪽) 이처럼 무지몽매한 구경꾼 심리는 당시 아마도 아주 보편적인 상황이었을 것이다. 이 때문에 리쉬안궁은 당시 캉유웨이와 량치차오가 어려움을 무릅쓰고 과감하게 혁신을 주장하는 모습을 보고 아낌없는 찬사를 보내고 있다. "하지만 당시 도성에서는 조정

관리들이 어떤 악랄한 조치도 마음대로 자행할 수 있는 상황이었는데, 캉과 량 등 여러 사람은 조정의 엄격한 조치에 과감하게 도전하며 이 같은 거사를 성사시켰으니 실로 탄복하지 않을 수 없습니다."(앞의 책) 왕다셰는 보국회 활동에 전혀 참가하지 않았지만 같은 해 4월 14일 왕캉녠에게 보낸 편지에서 당시 소문과 공론을 전하고 있다. "그들의 말을 들어보니 처음부터 끝까지 국가의 멸망과 위기에 관한 것이었으며, 모두가 이에 대해 울분의 마음을 가져야 한다고 했다. 그러나 해결방안은 한 가지도 없었고 울분을 느끼고 어떻게 해야 할지에 대해서도 전혀 방법을 제시하지 않았다. 장쥐성張菊生[장위안지]도 말하기를 '민심을 격동시켜 사람들 생각을 들끓게 하려는 의도만 있었지, 어떻게 분노를 느끼게 하고 또 어떤 방법을 써야 할지는 아직 사람들에게 이야기해줄 형편이 아니었습니다. 그래서 그렇게 할 수밖에 없었습니다'라고 했다."(『왕캉녠 사우 서찰』, 782~783쪽)

이는 비교적 객관적인 언급이다. 당시 캉유웨이와 량치차오는 주로 선전 선동 활동에 중점을 두고 있었다. 따라서 위기감을 담은 격동적인 말로 청중을 각성시켜 국가의 위급 상황을 깨닫게 하고 모든 사람에게 구국의 열정을 불러일으키려 했다. 이와 같았음에도 그들의 활동은 완고한 수구파 학자와 관료들에게는 수용될 수 없었다. 가장 먼저 보국회를 공격한 사람은 쑨하오孫灝라는 젊은이였다. 그는 「보국회를 반박함駁保國會議」을 써서 「보국회 장정」 30조를 조목조목 비판하고, 캉과 량을 쑨원과 같은 부류로 간주하면서 그들의 "역심逆心이 분명하게 드러났다"고 했다. 또 캉과 량을 가리켜 "지방의 무뢰배와 다름이 없다"고 했고, [보국회 일을] 거라오회哥老會에서 신표信標[회원증]를 발급하는 일에 비유한 뒤 그들을 '대역무도한 패거리'라 비난했다.(『갑오에서 무술까지: 캉유웨이의 '아사' 감주』, 369쪽) 앞서 인용한 『신보』에서도 이렇게 언급했다. "런허仁和[저장 성 항저우杭州] 쑨효렴孫孝廉[쑨하오孫灝]은 회시에 낙방한 뒤 귀향하지 않고, 그들이 임금조차 무시하는 것에 분노해 조목조목 그들을 반박하는 글을 지었다. 마침내 그것을 인쇄하여 도성 안팎에 수천 부를 뿌렸다."(『무술변법』 4, 419쪽) 쑨효렴이 쓴 글은 심지어 멀리 후베이에 있던 장즈둥과 량딩펀梁鼎芬의 주목을 받았고, 양호서원兩湖書院 강습講習 천칭녠陳慶年은 『무술 기해 견문록戊戌己亥見聞錄』 4월 18일 자 기사에서 이 일을 기록했다. "저녁에 난피南皮[장즈둥] 선생께서 서원에 와서 잠시 환담을 나누었다. 선생께서는 캉유웨이와 량치차오가 '보국회'를 만들어 일인당 은화 두 냥을 받고 신표를 마구 뿌리는 것은 거라오회 수법을 모방한 것이라 했고, 저장 사람 쑨하오가 그것을 반박하는 글 30조를 지었는데 [글이] 매우 통쾌하다고 했다. 나도 마땅히 한번 구해서 읽어 봐야겠다." 또 4월 21일에는 이렇게 기록하고 있다. "제안節庵[량딩펀]을 방문해 저장 사람 쑨하오가 쓴 「보국회' 장정 30조 반박문」을 보았다. 캉유웨이와 량치차오가 지은 죄상이 상당히 잘 드러나 있었다. 제안도 그 문장을 인쇄해 두루 배포하겠다고 했다."(『청 조정 무술 조변기淸廷戊戌朝變記』[외 3종], 93쪽) 여기에서도 알 수 있듯이 그들 사이에는 이미 물과 불처럼 함께 어울리기 어려운 분위기가 만들어지고 있었다.

그러나 보국회는 그리 길게 존속하지 못했다. 윤3월 12일 판칭란潘慶瀾 탄핵 상소 때까지 겨우 16일간 존재했고 그 기간 겨우 두세 차례만 정식 활동을 했을 뿐이다. 그러나 일부에서는 매우 긴장한 눈으로 보국회를 바라보고 있었다. 우선 어사 판칭란이 상소문 「보국회를 조사하여 엄금할 것을 요청함請飭查禁保國會由」을 올려서 황제가 칙지를 내려 "순천 부順天府와 다섯 성을 일제히 조사해 [보국회를] 엄금할 것을" 요청했다. 광서제는 판칭란 상소문에 어떤 비시批示[비답批答]도 내리지 않았고, 당일 자희태후[서태후]에게 보낸 문서에도 판칭란의 요청을 기록하지 않았다. 캉유웨이가 "서태후가 열람할 것을 고려해 특별히 이 문장을 뽑았다"(『캉난하이 자편 연보』[외 2종], 46쪽)라고 한 언급이 허무맹랑하지만은 않았던 셈이다. 그러나 한 가지 풍파가 아직 사라지지 않은 상황에서 또다른 풍파가 밀어닥쳤다. 이튿날 윤3월 13일 어사 리성둬李盛鐸가 또 「파당 극성의 폐단을 방지하기 위한 상소문黨會日盛宜防流弊折」을 올렸고, 광서제도 이에 비답을 내려 당일 자희태후에게 바쳤다. 리성둬는 애초에 캉유웨이를 지지하며 경비까지 제공해준 이였다. 그러나 이때 어떤 사람이 캉유웨이를 탄핵했다는 소문을 듣고 재빨리 캉유웨이와 분명하게 경계를 그었다. 『무술이상록戊戌履霜錄』에는 이렇게 기록되어 있다. "무술년(1898) 3월 웨둥관에서 보국회가 열려 도성 관료 400여 명이 운집했다. (…) 어사 리성둬는 애초에 캉유웨이와 함께 보국회 개회를 제창하고 캉유웨이 파당에 가입했을뿐더러 룽루에게도 빌붙었다. 그러다가 판칭란이 보국회에 참가한 사람들을 탄핵하려 한다는 소문을 듣고 바로 명부를 점검한 뒤 직접 이름을 삭제하고 자신이 먼저 탄핵 상소를 올렸다. 상소문은 궁궐에 머무는 동안 불문에 부쳐졌다."(『무술 이상록』권2, 4쪽) 그러나 사정은 또 여기서 그치지 않고 어사 황구이원黃桂鋆이 윤3월 27일 「망언을 금지하고 기강을 바로잡기 위한 상소문禁止蒡言以肅綱紀折」을 올렸다. 그는 리훙장과 장인환의 명청함을 질책했을 뿐만 아니라 당시 보국회 관련 상황을 이렇게 지적하고 있다. "근래 민심이 요동치면서 민주와 민권 관련 학설이 나날이 창궐하고 있습니다. 만약 각 성에서 분분히 학회 창립을 허락해준다면 이를 빙자한 비적들이 그 소문을 듣고 무수히 일어날까 두렵습니다. 그 근심은 필설로 다 표현할 수 없을 정도입니다. 또 저 과거 응시생들은 권력도 없고 세력도 없으며 재산도 없고 지위도 없이 맨손으로 일을 벌이고 있으니 어떻게 지탱해나갈 수 있겠습니까? 그러나 외부인을 제압하기는 부족하지만 내정을 훔치기는 넉넉할 것입니다."(『각미요록覺迷要錄』권1, 54쪽)

황구이원이 올린 상소문은 재차 광서제에 의해 유예되었다. 이는 마치 광서제가 마음속으로 캉유웨이와 량치차오를 받아들였다는 신호로 인식되어 적어도 둘에게 모종의 기대감을 품게 했다. 그 일은 캉유웨이와 량치차오를 크게 고무했고, 판칭란 상소문이 광서제에게서 유예된 사흘째 되는 날 량치차오는 흥분한 어조로 샤쩡유에게 이 일을 이야기했다. "도성에서 와병하는 동안 보국회를 창립했다가 지난 12일 판칭란에게 탄핵당했습니다. 지금 황상께서는 신령처럼 밝으시어 '그 회가 보국할 수 있다니 이 어찌 아름다운 일이 아니냐?'라 하셨습니다. 그리고 마침내 탄핵 상소를 유예하셨으니 우리 중화의 흥망이 이제 해결의 출발점을 갖게 된 것입니다. 보국회 장정을 회보에 인쇄하면 서양 사람들이 그 소문을 듣고 틀림없이 깜짝 놀랄 것이니 강학회가 폐쇄된 일과는 같지 않을 것입니다."(『량치차오 연보 장편』, 110쪽) 우리는 광서제가 정말 이 같은 말을 했는지 끝까지 조사해볼 필요가 없으며 량치차오가 어떤 경로를 통해 이 말을 알게 되었는지 또한 조사해볼 필요가 없다. 결국 어떤 사람이 량치차오와 캉유웨이를 탄핵했지만 둘은 광서제의 고심에 찬 보호로 문책당하지 않았고 오히려 『국문보國文報』에다 대대적으로 보국회를 선전했다. 4월 초6일 『국문보』에는 「보국회 출범 이후開保國會書後」가 발표되었다. 둘은 이 글을 통해 보국회를 포위·공격하는 현상에 매우 형상화된 반론을 제기하고 있다.

강도가 집에 들어와 방화를 자행하며 대문을 불태우자 장정들이 창을 들고 징을 치며 함성을 지른다. 그러나 같은 집에 사는 어떤 사람은 강도를 싫어하지도 않고 불을 끄지도 않은 채 오히려 창을 들고 징을 치는 사람을 도적이라 하며 그들을 매도하고 꾸짖고 공격하고 비방한다. 그리고 그들을 포박해 붙잡아서는 한패로 몰아 고문하면서 심지어 그들이 창을 들고 도적질을 하려 했으며 징을 들고 불을 질렀다고 날조한다. 이렇게 비방하는 사람이 많아지자 지난날 혁신을 호소하며 민지民智를 깨우치고 나라의 어려움을 구제하려던 사람들조차도 이런 중론衆論에 당혹해한다. 혹자는 그것이 무익하다 의심하고, 혹자는 쓸데없는 일이라 비웃는다. 혹자는 공허한 논리만 있을 뿐 실제 방안은 없다고 의심하고, 혹자는 대중을 놀라게 해 명성을 추구해서는 안 된다고 하고, 혹자는 우중愚衆 앞에서 뻐기며 지혜로운 척해서는 안 된다고 생각한다. 그러면서 또 차갑게 나무라고 야박하게 꾸짖는다. 더러 구국의 마음이 강렬하여 실제로 개혁을 해야 한다고 생각하는 사람도 여론을 두려워하며 물러나 행동을 삼가고 입을 다문 채 침묵한다. 그들은 비방을 하지 않는 데 그칠 뿐 감히 한마디 말도 하지 못한다. (앞의 책, 113쪽)

이것이 바로 당시 량치차오와 캉유웨이가 직면한 현실이었다. 고독하게 홀로 서서 둘의 몸과 그림자만이 서로 위로해주는 상황이었다. 수많은 사람이 둘을 적대시하면서 둘 스스로 자신의 평화를 깨뜨렸다고 인식했다.

친구들도 둘을 이해하지 못했거니와 심지어 오해까지 했다. 또 둘을 이해하더라도 사람들 앞에 나서서 둘을 위해 공정한 말 한마디를 해줄 용기조차 없었다. 그러나 량치차오와 캉유웨이는 전혀 위축되지 않았다.

무술유신으로 팔고문을 폐지하다

1898년 4월 초에 량치차오는 베이징에 머물며 급제 방이 붙기를 기다리던 과거 응시생 100여 명을 동원해 연명 상소를 올리고 팔고취사제八股取士制[팔고문으로 인재를 뽑는 제도] 폐지를 요청했다. "상소문이 도찰원에 도착했지만 도찰원에서는 상소문을 황제에게 아뢰지 않고 총리아문으로 넘겼고, 총리아문에서도 황제에게 아뢰지 않았다. 당시 회시에 참가하려는 거인이 베이징에 거의 1만 명 가까이 모여 있었고, 이들은 모두 팔고문을 목숨처럼 의지하고 있었다. 이들은 량치차오 등이 팔고문을 폐지하려 한다는 소문을 듣고 [량치차오 등을] 마치 불구대천 원수처럼 미워하며 유언비어를 퍼뜨렸고, 량치차오 등은 거의 몰매를 당할 지경까지 몰렸다."(『음빙실합집·전집』제1권, 70쪽)

우리는 여기서 량치차오가 당시 처한 곤경을 상상할 수 있다. 팔고문 폐지는 다른 사람의 밥그릇을 깨고 다른 사람의 살길을 막는 것과 같은 만큼 목숨을 걸고 이에 대결하려는 사람들이 생겨나는 건 당연했다. 하지만 '제2차 공거상서'로 불리는 당시 행동은 을미년(1895)의 경우처럼 나중에는 도찰원과 총리아문 같은 관료기구의 방해를 받을 수밖에 없었다. 상이한 점은 4월 23일 광서제가 자희태후의 의지에 근거해 조칙「국시를 분명하게 정하라明定國是」를 하달하고 백일유신百日維新[무술변법]의 서막을 열었다는 것이다. 배후에서 이 일을 촉진한 사람이 바로 캉유웨이였다. 그는 양선슈楊深秀와 쉬즈징徐致靖이 대신 올린 두 차례 상소문을 통해 광서제의 결심을 이끌어냈다. 이틀 후 쉬즈징이 다시 상소문을 올려 캉유웨이, 황쭌셴, 탄쓰퉁, 장위안지, 량치차오 등 다섯 명을 천거했다. 광서제는 당일 바로 조칙을 내렸다. 즉 캉유웨이와 장위안지는 그달 28일에 만나겠다고 했고, 황쭌센과 탄쓰퉁은 담당 독무가 해당 부서에서 접견하도록 했으며, 량치차오는 총리아문에서 그의 신분을 조사해 자세히 아뢰라고 했다.

이는 그들에게 새로운 기회였고, 이 조치를 통해 당시 광서제가 정치 개혁에 보이고 있던 태도를 이해할 수 있다. 량치차오는 이렇게 진술하고 있다. "캉유웨이와 장위안지는 황제를 알현할 때 모두 팔고문으로 인한 폐해를 극력으로 아뢰었다. 캉유웨이가 랴오둥과 타이완을 할양한 것, 200조 배상금을 문 것, 류큐琉球·베트남·미얀마를 잃은 것, 기선·철도·광물·상업이 서양보다 못한 것, 국가의 쇠약과 백성의 빈궁이 모두 팔고문에서 비롯한 폐해 때문이라고 아뢰자 황상께서는 '서양 사람들은 모두 날마다 쓸모 있는 학문을 하는데, 우리 백성은 유독 날마다 쓸모없는 학문만 한다'고 탄식했다. 캉유웨이가 곧바로 '황상께서 그 쓸모없음을 아시니 능히 폐지할 수도 있을 것입니다'라고 주청을 드렸고, 황상께서도 바로 '그렇게 하라'고 윤허했다. 이에 캉유웨이는 퇴조退朝해 바로 쑹보루宋伯魯에게 알린 뒤 다시 상소문을 올리게 했고, 캉유웨이도 직접 상소문 한 통을 올렸다. 상소문이 올라가자 황상께서는 군기대신軍機大臣에게 [팔고문 폐지를] 바로 처리하라고 어명을 내렸지만, 군기대신은 강경한 어조로 이[팔고취사제]는 선조들이 정한 제도이므로 가볍게 폐지할 수 없으니 해당 부서로 내려보내 다시 의논해야 한다고 청했다. 그러자 황상께서는 '해당 부서의 신하들은 옛날 사례에만 근거해 신정을 의논할 것이므로 오직 반박만 할 것이다. 내 뜻이 이미 정해졌는데 무엇을 다시 논의한단 말이냐?'라 하고 마침내 조칙을 하달했다."(『무술변법』 2, 25쪽)

여기서 "마침내 조칙을 하달했다"라 함은 광서제가 (1898년) 5월 초5일에 내각에 "팔고문을 폐지하라"는 조칙을 내린 일을 말한다. 조칙에 다음 내용이 있다. "이번에 특별히 하달한 조칙은 기실 시문時文[팔고문]의 적폐가 극심하여 새로 개혁하지 않을 수 없기에 그 편협한 폐습을 혁파하려는 것이다. 선비들이 학문을 할 때는 사서와 육경을 근본으로 삼아야 한다. 책론策論과 팔고문은 지금 문체가 다르지만 연원은 같다. 경전과 역사에 능통함으로써 시무時務에 통달하고 마침내 체용體用을 겸비하려는 목적을 벗어나지 않는다. 사람은 모두 통달한 유학자가 되기를 힘써야지 박식과 변설만 자랑해서는 안 된다. 이제 다시 헛된 말만 일삼으며, 격식을 파괴하고 인재를 구하려는 조정의 뜻을 저버려서는 안 된다."(앞의 책, 24쪽) 기실 유신당維新黨 사람들로서는 팔고문 폐지가 줄곧 자신들이 추구해온 정치적 목표였다. 그뿐만 아니라 량치차오 견해에 따르면 폐지 대상이 팔고문에만 그치는 게 아니고 전체 과거제도까지 미쳐 있었다. 일찍이 광서 22년(1896)에 량치차오는 자금을 모아 언관을 매수해 상소문을 올려달라고 하면서 과거제 개혁을 호소한 적이 있다. 이 기간 량치차오는 「변법통의」를 써서 『시무보』에 계속 발표했다. 그는 이 장편의 글 서두에 뜻을 명확하게 밝히고 있다. "나는 지금 한마디로 요약해 '변법의 근본이 인재를 육성함에 있다'고 주장한다. 인재를 일으키려면 학교를 열어야 하고, 학교 설립은 과거제도를 바꾸는 데서 시작되며, 모든 개혁을 크게 성취하려면 관리제를 바꿔야 한다."(『음빙실합집·문집』 제1권, 10쪽) 역사적으로 보면 중국의 개혁과 변법은 캉유웨이와 량치차오에게서 시작된 게 아니다. 이전에 홍양길洪亮吉(1746~1809)은 '신정'을 시행하자고 상소문을 올려 가경황제를 비판했다. 그는 자신이 구상한 '신정'으로 '모든 것을 유신하겠다'는 황제의 허락을 받으려 하다가 결국 신장 변방 군대로 유배당했다. 그때로부터 따져보면 당시까지 이미 개혁의 역사가 100년에 가까운 셈이다. 그사이에 궁쯔전이 '자체 개혁'을 주장했고, 바오스천包世臣, 린쩌쉬林則徐, 웨이위안, 쉬지위, 펑구이펀馮桂芬, 궈쑹타오郭嵩燾, 쉐푸청薛福成, 왕타오王韜, 정관잉鄭觀應, 쩡지쩌曾紀澤 등 새로운 기풍을 선도한 인물들도 개혁 노선에서 여러 탐색을 했다. 그 후 캉유웨이와 량치차오에 이르러 근 100년간 지속된 '자체 개혁' 사조가 극점에 이르렀다. 그들은 '자체 개혁'이라는 '유신의 옛 꿈'을 끝내고, 민권으로 군권君權을 대신하고 헌정으로 군주전제를 대신하는 개혁적 사유를 활짝 열어 당시 체제의 밖에서 새로운 가능성을 찾았다.

만약 근 100년간 지속된 '자체 개혁' 사조가 중국과 중국인에게 아무 변화도 가져오지 못했다고 한다면, 그것은 사실이 아니다. 그러나 그 변화가 매우 제한적이었던 것만은 확실하다. 소위 '동광 중흥同光中興[동치~광서 시기의 중흥]'을 포함해 쩡궈판, 리훙장, 장즈둥 같은 관료 대신들이 양무운동에 기대어 새로운 정치를 추진한 지 30년이 지나자 몇몇 탄광이 개척되었고, 몇몇 공장이 건설되었으며, 몇몇 철도가 놓였고, 몇몇 기선도 매입해 들여왔다. 이것들이 진정으로 견고하고 강력한 함선이나 대포라고는 할 수 없어도 한 시기를 찬란하게 빛낸 새로운 문물이라 할 수 있다. 그러나 이어 벌어진 중국과 프랑스 간 마웨이해전馬尾海戰(1884)과 중국과 일본 간 황해해전黃海海戰(1894)에서 중국이 큰돈을 들여 사들인 '견고한 함선과 강력한 대포'가 하루아침에 궤멸되어 잿더미로 변하고 말았다. 더욱이 중국이 갑오년(1894) 청일전쟁에서 패배하자 일본은 청 정부에 '시모노세키 조약[하관조약下關條約' 체결을 강요한 뒤 타이완을 할양받고 거액의 배상금을 받아냈다. 또 일본은 조선에서 주도권을 탈취했고 청나라의 '발상지'인 랴오둥까지 빼앗아갔다. 그후 또 독일은 자오저우 만을 강점했고, 제정 러시아는 뤼순旅順과 다롄을 강점했다. 영국은 웨이하이웨이威海衛와 홍콩香港의 주룽九龍 및 창장 강長江 유역 지배권을, 프랑스는 광저우 만廣州灣과 량광 및 윈난雲南 지배권을, 이탈리아는 저장의 싼먼 만三門灣 지배권을 요구했다. 이 같은 일련의 영토 분할 상황은 사람들에게 사고를 진전시켜 왜 30여 년이나 지속된 양무운동과 신정이 중국을 1만분의 1도 구할 수 없었는지 생각하게 했다. 량치차오는 이렇게 말하고 있다. "이전에 변화를 말한 사람은 진정으로 변화를 이끌어낼 수 없었다. 갈라진 틈을 임시로 땜질하고 무너진 개미구멍을 잠시 메우다가 강한 회오리바람이 불자 함께 죽음의 수렁으로 빠져들고 말았다."(앞의 책, 8쪽) 말하자면 양무파의 새 정치는 청 정부라는 난파선을 겨우 땜질하는 데 그쳤을 뿐 근본적 측면에서 문제를 해결할 수는 없었다. 동치 초년(1862) 독일 총리 비스마르크는 30년 뒤에 일본이 흥기하고 중국은 쇠약해질 것이라 공언했다. 왜인가? 그는 일본인들이 유럽에 유학해 학술 토론에 열중하며 제도 개선을 추구하고 일본으로 귀국한 뒤에는 성실하게 그것을 실천하는 모습을 보았기 때문이다. 그러나 중국인들은 유럽에 유학해 오직 어느 회사의 함선과 대포가 더 좋고 더 싼지만 수소문해,

그것을 사서 귀국한 뒤 사용하는 데만 급급했다. 이 두 나라 강약의 원인은 바로 이 점에 있었다고 할 수 있다.

실제로 당시 량치차오가 목도한 중국의 현상과 궁쯔전이 그전에 묘사한 '쇠미한 세상'의 광경이 아무 다른 점이 없었다. 궁쯔전의 안목으로 당시 상황은 이러했다. "조정에는 왼쪽으로 재능 있는 재상이 없고 오른쪽으로 재능 있는 사관이 없다. 또 변방에는 재능 있는 장수가 없고, 학교에는 재능 있는 선비가 없고, 밭두렁에는 재능 있는 농민이 없고, 시전에는 재능 있는 장인이 없고, 상가에는 재능 있는 상인이 없다. 게다가 거리에는 재능 있는 소매치기도 없고, 시장에는 재능 있는 거간꾼도 없고, 강호에는 재능 있는 도적도 없다." 이에 그는 장탄식을 내뱉었다. "군자도 드물거니와 소인배도 아주 드물다." 궁쯔전이 산 시대에는 진정한 군자도 없거니와 진정한 소인배도 찾아보기 어렵다는 것이다. 재능 있는 사람이 다수의 재능 없는 자들에게 속박당하고 질책당하다가 결국 살해당하는 일까지 있게 되었다. 게다가 이러한 살해는 "칼, 톱, 물과 불을 이용하는 게 아니라 글로 죽이고, 이름으로 죽이고, 목소리와 웃는 모습으로도 죽였다." 살해당하는 것은 신체가 아니라 '그의 마음'이었다. "우국충정을 일으킬 마음을 죽이고, 분노를 일으킬 마음을 죽이고, 생각할 마음을 죽이고, 일할 마음을 죽이고, 부끄러움을 가질 마음을 죽이고, 쓰레기 같은 욕심을 없앨 마음을 죽였다." 그리하여 사람을 "어떤 경우에도 마음이 움직이지 않는" 냉혈동물로 변모시켰다.(『유신 구몽록: 무술년 이전 100년 중국의 '자체 개혁' 운동』 76~77쪽) 이는 량치차오가 말한 바와 같다. "선왕들은 백성을 지혜롭게 만들려 했지만 후세 통치자는 백성을 어리석게 만들려 했다."(『음빙실합집·문집』 제1권, 15쪽) 백성이 어리석게 변한 결과 사, 농, 공, 상, 병 부문에 모두 쓸 만한 인재를 찾아볼 수 없어졌다. 양무운동을 추진하는 사람들은 서양의 문물을 많이 사용하자고 주장했다. 물론 서양인은 중국인과 비교해 법을 잘 지키고 명쾌·활달하고 책임감이 강해 어떤 일을 하면 쉽게 성공한다. 그러나 중국에서도 변법자강變法自强 담론을 펼친 지 수십 년이 되었는데 여전히 서양인에게 의지해야 한다면 이 어찌 수치스러운 일이 아니겠는가?

어째서 모든 부문에서 인재가 부족해졌는가? 바로 교육 목적이 인재가 아니라 노예를 길러내는 데 있었기 때문이다. 당시 교육은 과거시험에 응시하기 위한 것이어서 모든 게 과거시험이라는 지휘봉을 따라 맴돌았다. 그 결과 지식인들은 과거 답안 작성법, 팔고문, 시부詩賦, 해서楷書 필법 외에는 아무것도 몰랐다. 이보다 좀 나은 지식인들이라 해도 훈고나 고증에 종사하며 그것을 학문으로 여길 뿐이었고, 이는 기실 '경세치용' 전통과는 거리가 멀었다. 이 때문에 "호걸과 비판적 지식인은 갈수록 줄어들어 천하를 복종시키기가 매우 쉬워졌으며" 독서인들도 모두 통치자에게 순종하는 도구가 되어 독재와 전제가 저절로 용이하게 실현될 수 있었다. 량치차오도 이렇게 얘기하고 있다. "이 때문에 진시황이 시서詩書를 불태우고 명 태조가 팔고문으로 과거시험을 치게 한 것은 시간차가 아주 현격한 시대의 두 가지 다른 마음인 듯하지만 기실은 천년 전후가 동일한 마음일 뿐이다. 그 것들은 모두 백성을 어리석게 하고 임금의 권리를 강화하려는 방법이다. 통일천하를 복종시키고 내란을 방지하려는 대책으로 이보다 더 좋은 방법이 없다."(앞의 책) 이렇게 해서 사람들이 과거에 급제해 장원을 하고 한림에 임명된 뒤 독무나 장군을 맡는다 해도 대체 무슨 일을 할 수 있겠는가? 아마 아무것도 스스로 하기 어려울 것이다. 설령 그 가운데 몇몇 사리에 통달한 사람이나 뜻이 올바른 선비가 있다 해도 "그중 혹자는 옛 전적에 주석이나 교감 작업을 하며 허정許鄭[허신과 정현]에게 충성을 바칠 뿐이고, 혹자는 자기 몸을 단속하고 자중자애하며 정주程朱[정호·정이 형제와 주희]에게 귀의할 뿐이다. 이들 중 옛사람이 언급한 미언대의의 의미나 『시경』을 암송하면 정치를 맡을 수 있다는 의미나, 『춘추』를 읽고 선왕의 뜻으로 세상을 다스리면 된다는 의미에 대해서는 거의 유의하는 사람이 드물다."(앞의 책, 18쪽) 그러하니 농, 공, 상, 병의 교육에 대해 말할라치면 더욱더 이야기할 게 없다.

그러나 문제는 아마도 과거제도 자체에만 있지 않고 국가에서 오로지 팔고문으로만 인재를 뽑고, 과거시험 제목을 모두 '사서오경'에서만 출제하면서, 답안도 규정 범위에서만 작성하도록 한 데 있다고 할 수 있다. 이 때문에 지식인들은 모두 아무 쓸모없는 책을 읽게끔 막다른 길로 내몰렸다. 그 뿐만 아니라 그 길은 가면 갈수록 더욱더 좁아져서 "천하에 나아가고 물러나는 방법은 팔고문과 팔운시八韻之詩를 잘 짓는 데 달렸을 뿐이었다."(앞의 책, 25쪽) 심지어 청 도광 시대부터는 마침내 해서 솜씨로 관리를 뽑는 지경으로까지 타락했다. ―량치차오는 이렇게 얘기하고 있다. "항상 팔고문과 해서 솜씨로 인재를 뽑게 되자 단지 팔고문만 능숙하게 짓고 해서만 능숙하게 잘 쓰는 사람은 책 한 권도 읽지 않아도 한림학사가 될 수 있다."― 스스로 생산적인 일을 하려는 사람이든 아니면 부귀공명만 추구하는 지식인이든 막론하고, 모두 평생토록 자신의 정력을 이처럼 무용한 공부를 하는 데 허비해야 했다. 설령 "배워서 우수하면 벼슬을 한다"라고는 하지만 소위 우수하다는 게 단지 팔고문 솜씨가 어떤지, 시작詩作 솜씨가 어떤지, 해서 솜씨가 어떤지만 가리켜서 포부가 크고 개성이 있고 '경세치용'에 힘을 쏟으려는 인재들은 문 밖으로 배척당할 수밖에 없었다. 이러한 제도는 자체적으로 진정한 인재를 길러낼 수 없는 데다 사회적으로도 과거에 급제하지 못한 인재들을 근본에서부터 배척한다. 수많은 '귀국 유학생海歸'처럼 국가에서 막대한 돈을 들여 해외로 보내 유학을 시킨 경우에도 그중 뛰어난 인재가 없지 않았고 국가에서도 그들의 재능이 필요했지만, 이들 대부분은 과거시험에 급제한 적이 없었기에 소위 '과거시험 출신'이라는 인정을 받을 수 없었다. 이 때문에 [이들은] 중요한 국가 공직에 임용될 수 없어서 결국 "사회적으로 방치되어 자신의 앞길을 스스로 개척할 수밖에 없었다." 이들 중 어떤 이는 호구지책을 위해 서양 회사로 가서 밥벌이를 할 수밖에 없었고, 어떤 이는 공장으로 가서 기사 노릇을 해야 했다. 따라서 "씩씩한 호걸이라 해도 어찌 기가 죽지 않을 수 있겠으며, 뜻이 큰 인재라 해도 어찌 발을 싸매고 집에 들어앉지 않을 수 있겠는가?"(『유신 구몽록』, 27쪽) 분명히 중국이 세계 민족의 숲속에서 자강을 도모하고, 개혁을 추진하고, 진보를 추구하고, 자립하기 위해서는 무실務實에 뛰어나고, 공리공담을 숭상하지 않고, 안목이 개방적이고, 사상이 예민한 인재가 필요했지만, 이러한 인재를 육성하는 길은 이미 낡은 교육제도와 관료체제로서는 희망이 없었다.

미래를 생각해보면 중국의 개혁은 오직 팔고문 과거 답안과 과거시험 자체를 폐지하는 데서 시작해 더 나아가 기성의 관료체제를 개혁하는 길밖에 없었다. 이야말로 체제 순환의 강고한 고리를 끊는 첫걸음이었다. 따라서 량치차오는 「공거상서 과거제도의 변혁을 청하는 상소문公車上書請變通科舉折」을 지어 "다음 향시와 회시 그리고 그다음 세고歲考와 과시科試10부터 팔고문 과거 답안 작성을 폐지하고 경제經濟 육과六科를 시행해 인재를 육성하고 외세 침략을 방어해야 합니다"라고 했다.(『음빙실합집·문집』 제3권, 21쪽) 량치차오의 상소문은 더이상 위로 전해지지 못했지만 양선슈는 4월 13일 다시 따로 상소문을 올려 팔고문 폐지를 요청했고, 쑹보루도 4월 29일에 「팔고 대책문 개선을 요청하는 상소문請改八股爲策論折」을 올렸다. 5월 초4일에는 다시 캉유웨이와 쉬즈징 두 사람이 각각 상소문을 올려 팔고문 폐지를 요청했다. 광서제는 이 같은 일련의 시무 대책과 상소문을 읽고 마침내 굳은 마음을 먹고는 수구 대신의 저지에도 5월 초5일 조칙을 내려 향시와 회시에서 팔고문을 폐지하고 책론 짓는 방법을 개선하라는 시책을 발표했다. 5월 12일에는 또 조칙을 내려 생원과 동생童生11에게 부과하는 시험의 팔고문을 폐지하고 과거제도를 개선하라는 시책도 발표했다. 이는 유신파 인사들이 백일유신 동안 얻어낸 첫번째 중요한 승리였다. 량치차오는 이렇게 진술하고 있다. "해내의 뜻있는 선비들은 황제의 조서를 읽고 모두 술잔을 기울이며 서로서로 축하했다. 그들은 천년 동안 백성을 어리석게 만든 폐단이 제거되었다고 생각했다. 이는 유신 추진을 위해 쟁취한 첫번째 큰일이었다."(『무술변법』 2, 25쪽)

　광서제가 유지를 반포함에 따라 캉유웨이와 량치차오도 마치 어명을 시행할 보검을 받은 것처럼 느꼈지만, 실제로 둘은 지위가 높지 않은 데다 신분도 미천하고 발언에도 권위가 없어서 어떤 개혁 조치도 단번에 시행하기

10　세고는 중국 청나라 때 해마다 관리들에게 일정한 과목을 시험 보게 하여 그 성적으로 승진을 결정하는 제도. 과시는 중국 성에서 향시를 치르기 전에 주나 부에서 시행하던 지방시. 과시에 합격해야 향시에 응시할 자격이 주어졌다.
11　중국 과거제도에서 현시縣試에 급제한 사람.

가 어려웠다. 또한 팔고문으로 인재를 뽑는 일은 보통 작은 일이 아니라 교육, 문화, 관제, 정치 등 여러 부문과 관련된 중요한 일이었다. 그것은 마치 머리카락 한 올을 당겨 온몸을 움직이려는 것과 같아서 시작부터 예부가 소극적으로 임하면서 곳곳에서 일을 방해했다. 도성 안팎 대소 관리들도 마치 부모를 잃은 양 기회가 있을 때마다 마구 뛰어나와 반대를 일삼았다. 쉬즈징이 이보다 앞서 4월 25일 상소문을 올려 캉유웨이와 량치차오 등 다섯 사람을 천거하던 당일에도 산시 도陝西道 감찰어사 황쥔룽黃均隆이 상소문을 올려 후난 순무 천바오전, 량치차오, 탄쓰퉁, 황쭌셴 등을 탄핵했다. 이 상소문은 광서제가 보류해 처리되지 않았다. 그러나 조정 안 수구파들은 결코 포기하지 않고, 5월 초2일 쑹보루와 양선슈 등이 연명으로 상소문을 올려 예부상서 겸 총서대신總署大臣 쉬잉쿠이를 탄핵하면서 그를 "신정의 진상을 은폐하는 원흉"이라 칭했다. 광서제는 둘이 올린 상소문을 읽고 바로 쉬잉쿠이를 쫓아낼 생각을 하게 되었고, 강이剛毅가 그를 대신해 용서를 요청하고 나서야 쉬잉쿠이에게 '해명 상소'를 올리게 하는 것으로 생각을 바꾸었다.(『무술백일지戊戌百日志』, 62쪽) 근래 어떤 사람은 쉬잉쿠이를 변호하려 쉬잉쿠이가 수구적 입장에서 신정을 방해하지 않았다고 인식하고 있지만 쑤지쭈蘇繼祖가 쓴 『청 조정 무술 조변기淸廷戊戌朝變記』에는 다음처럼 기록되어 있다. "쉬 공許公은 수구파와 영합한 자로 캉유웨이의 좌사座師[12]다. 캉유웨이가 상소문을 올려 변법을 주장하고 있었기 때문에 그를 깊이 미워하고 통한으로 여기며 항상 그를 대문 밖으로 쫓아내겠다고 공언했다. 근래 예부에 과거제도 개선을 위한 특별 장정을 심의해 정하라고 어명을 내렸지만 쉬잉쿠이는 오히려 팔고문과 시부를 견지하며 백방으로 신정을 방해하고 편 가르기를 했다. 황상께서 분노했으나 감히 조치를 취하지 못하다가 쑹보루가 쉬잉쿠이를 캉유웨이 파당으로 엮어 탄핵했다는 소문을 듣고 상소문의 각 절을 참조해 분명하게 해명 상소를 올리라고 칙지를 내렸다. 이때 강이는 이미 쉬잉쿠이를 대신해 자희태후의 면전에서 그를 용서해달라

---

[12] 중국 명청시대에 거인과 진사를 뽑을 때 그 과거시험의 주 감독관을 일컫는 말.

고 하소연을 한 뒤였다.”(『청나라 조정 무술변법 기록』[외 3종], 14쪽) 쑤지쭈는 무술6군자인 양루이의 사위여서 무술변법 진상에 대해 잘 알고 있었을 것이다. 그리하여 5월 21일 만주 정황기인正黃旗人이면서 어사직에 있던 원티文悌가 상소문을 올려 캉유웨이, 쑹보루, 양선슈 등을 탄핵하면서 쉬잉쿠이를 대신해 불평을 털어놓았다. 이 상소문은 장장 5000자에 이르는데, 어사 쑹보루와 양선슈 면전에서 쉬잉쿠이를 지칭해 탄핵하면서 그가 파당을 만들어 사사롭게 행동했다고 했다. 아울러 캉유웨이의 학문, 사람됨, 주장, 행위를 통렬하게 비난했다. 그중에는 특히 다음 같은 내용이 있다. “캉광런이 말한 팔고문 폐지는 다음 과거까지 기다릴 필요 없이 소시小試를 시행할 때 조속히 바꾸십시오. 쑹보루도 마침 이러한 주청을 드렸습니다. 이것은 쉬잉쿠이가 대간臺諫에 연락을 했다고 했으므로 진실로 무고誣告해서는 아니됩니다.”(『무술백일지』, 139쪽) 광서제가 원티의 상소문을 읽고 ‘대로大怒했는지’ 어쩐지는 알 수 없다. 그러나 원티는 당일에 바로 다른 사람의 사주를 받고 파당을 만들어 남을 비방하면서 어사의 소임을 다하지 못했으니 본래의 부서로 돌아가 대기하라는 칙명을 받았다.

황쭌룽, 쉬잉쿠이, 원티 등이 단지 캉유웨이를 우회적으로 비난하면서도 팔고문 폐지에는 전혀 손을 쓰지 못하는 것과는 달리 5월 29일 저장 학정 천쉐펀陳學棻은 처음이자 유일하게 직접 팔고문 폐지를 반대하는 상소문을 올렸다. 그는 팔고문 폐지가 다음 같은 사태를 야기한다고 지적했다. “자제子弟들이 사승師承관계를 맺지 못하니 선비들 마음이 이 때문에 뿔뿔이 흩어집니다. (…) 백성 여론이 근래 요동치면서 팔고문 폐지를 빌미로 분란을 일으키고 있으니 [이러함이] 간단하게 끝나지 않을 것입니다. 일정한 직업도 없는 저 무리가 의혹을 부풀려 선동하는 것을 내버려둔다면 어리석은 하층민들도 부화뇌동할 것입니다. 그렇게 되면 틀림없이 예기치 못한 참화가 일어날 것입니다. 대체로 과거제도를 바꾸어 인재를 양성하고 쇠퇴한 나라 기운을 만회하려는 일은 이와 관련된 영향이 참으로 방대하고도 장기적입니다. 그러므로 헛소문으로 변란을 일으키려는 자들과 흑백선전으로 인심을 미혹하는 자들이 야기하는 재앙이 실로 은밀하면서도 엄중해지고 있습니다."(『갑오에서 무술까지: 캉유웨이의 '아사' 감주』, 473쪽) 전해오는 말에 의하면, 광서제는 29일 천쉐펀이 올린 상소문을 받고 바로 이튿날 [자희태후가 있는] 이화원顧和園으로 갔다고 한다. 왜냐하면 천쉐펀은 시랑 벼슬에 있어서 그를 처리하려면 반드시 자희태후의 허가를 거쳐야 했기 때문이다. 이에 광서제는 6월 초1일에야 유지를 내렸다. "천쉐펀을 베이징으로 전직시키고 저장 학정에는 탕징충을 임명하라."(앞의 책) 이후 직접 상소를 올려 팔고문 폐지를 반대하는 사람이 더이상 없었지만 수구파 관료와 유신파 인사들 사이의 권력투쟁은 백일유신이 끝날 때까지 시종일관 계속되었다. 나중에 무술변법이 실패하고 정변이 발생하자 사람들은 조급하게 일을 추진했다며 캉유웨이를 비판했다. 그 증거 하나가 바로 서둘러 팔고문을 폐지하려다가 민심을 거슬러 결국 많은 사람에게 원한을 산 것이라 했다.

경사대학당과 상하이역서국

무술변법은 103일 동안 지속되었다. 무술변법을 언급할 때 사람들은 항상 '캉유웨이와 량치차오'를 아울러 칭하지만 실제로 이 기간 무대 앞에서 활약한 사람은 주로 캉유웨이였다. 량치차오는 참여한 업무가 그리 많지 않았고, 업무가 많을 때도 무대 뒤에서나 모습을 보였을 뿐이었다. 량치차오는 캉유웨이의 업무 안배에 따라 다른 사람 대신 상소문이나 기타 문건을 작성하는 일이 비교적 많았다. 그중 가장 중요한 일은 바로 「경사대학당 장정京師大學堂章程」을 기초한 일이다. 경사대학당은 베이징대학北京大學의 전신으로 최초 설립 의견은 당시 형부좌시랑刑部左侍郎 리돤펀이 건의한 데서 나왔다. 리돤펀은 광서 22년(1896) 5월 초2일 학교 확충을 요청하는 상소문을 올렸지만 끝내 방치되어 총서 의사일정에 포함되지 못했다. 그러다가 2년이 채 지나지 않은 광서 24년(1898) 1월 25일 어사 왕펑윈王鵬運이 재차 상소문을 올려 경사대학당 개설을 요청했다. 광서제는 바로 당일 지시를 내렸다. "어사 왕펑윈이 경사대학당을 개설해야 한다는 등의 주청을 했다.

경사대학당은 여러 차례 대신들의 주청이 있었으므로 건립을 허락한다. 지금 시급히 개설할 필요가 있다. 상세한 장정은 군기대신과 총리각국사무아문總理各國事務衙門 왕공王公과 대신들이 함께 잘 처리한 뒤 결과를 아뢰라." (앞의 책, 512~513쪽) 그러나 무슨 이유인지 그들은 줄곧 광서제의 "함께 잘 처리한 뒤 결과를 아뢰라"는 지시를 이행하지 않았다. 지금 몇몇 학자는 그들이 당시 너무 바빠 시간을 낼 수 없었다고 해명하지만, 그들이 이 일이 얼마나 중요하고 절박한지를 전혀 인식하지 못했다는 사실도 부인할 수 없다. 결국 광서제는 4월 23일에 이르러 「국시를 명확하게 정하는 조칙明定國是詔」을 발표하며 다시 이 일을 제기했다.

> 경사대학당은 각 부서行省의 제창이 있었으므로 특히 우선하여 설립해야 한다. 군기대신과 총리각국사무아문의 왕공과 대신들은 조속히 타당한 의견을 상주하라. 한림원의 모든 편검編檢, 각 부원部院[육부六部와 도찰원] 의 사원司員, 각 대문大門의 시위侍衛, 각 도 부·주·현의 후보候補와 후선候選 이하 관리, 대원大員의 자제, 팔기八旗의 세습 관직, 각 성省의 무관직 후예 중 경사대학당에 들어가기 원하는 자는 모두 입학하여 공부하게 하라. 이는 인재를 배출하여 시대의 어려움을 함께 구제하기 위함이다. 더이상 시간을 끌며 일을 돌리거나 사사롭게 아무나 끌어들이면서 조정의 간곡한 훈계를 저버리지 말라. (『무술백일지』, 2쪽)

이번에는 총리아문에서 감히 게으름을 부리지 못하고 이튿날 바로 청나라 일본 주재 공사 위경裕庚—뒷날 자희태후에게 총애를 받은 더링공주德齡公主[13]의 부친—에게 전보를 보내 일본 도쿄대학당東京大學堂 장정을 번역해 총서로 보낼 것을 요청했다. 본래는 웡퉁허가 대학당 장정을 기초할 책임을 맡았지만 그가 4일 뒤 갑자기 파면되어 결국 일이 지연되고 말았다. 광

---

13 만주 귀족 정백기인正白旗人 위경의 딸. 외교관인 부친을 따라 일본과 프랑스에서 유학하고 귀국해, 자희태후에게 초빙되어 어전여관御前女官에 임명되었다. 본래 신분이 공주가 아니지만 자금성紫禁城 8여관八女官의 하나가 되면서 공주로 존칭되었다.

서제는 5월 초8일 다시 내각에 지시를 내려 군기대신과 총서대신에게 신속히 경사대학당 설립 의견을 상주하라면서 "더이상 일을 지연시키지 말라"고 했다.(앞의 책, 79쪽) 이때는 광서제 어조가 이미 상당히 엄중하게 변한 터라 총리아문에서도 5월 14일 「어명에 따라 대학당 일을 다시 아뢰는 상소문奏復遵議大學堂折」을 서둘러 올렸다. 이 상소문에 「경사대학당 장정」이 첨부되어 있는데 바로 량치차오가 기초했다. 그들은 촉급한 와중에도 량치차오를 생각해냈고 량치차오도 명령을 저버리지 않았다. 량치차오는 위경이 일본에서 장정 자료를 부쳐오기도 전에 평소 쌓은 공력으로 이 일에 적절하게 대응했다. 그는 『무술정변기』에서 이 일의 진상을 얘기하고 있다.

갑오년 이전부터 우리 나라 사대부 중 서양 법률을 이야기하는 자들은 서양인들의 장기가 단지 견고한 함선과 강력한 대포 그리고 기계의 정교함에 있을 뿐이라고 여겼다. 이 때문에 서양에서 배울 것도 대포와 함선뿐이라고 생각했다. 이 점이 진실로 우리 나라가 실패한 원인이라 할 수 있다. 을미년(1895) 시모노세키 조약이 조인된 후 사대부들은 점차 서양의 강성함이 학술에서 비롯했음을 알고 상소문으로 그 실상을 이야기하는 사람들이 생겨났다. 그중 형부시랑 리돤펀이 올린 상주가 가장 절실하고 상세했다. 윤허를 얻어 [상주 내용을] 시행하려 했으나 공친왕恭親王과 강이 등이 시행을 늦추어야 한다고 하여 신료들이 그 말에 동조했다. 이 때문에 비록 황상의 조칙을 받았으나 3년이나 방치해두고 말았다. 황상께서는 의연히 그것을 국시로 정하고 개혁을 단행하려 했다. 지금의 인재들로는 변법의 수요에 대처하기가 부족하다고 깊이 깨닫고 가장 먼저 학교 개혁에 주의를 기울여 거듭거듭 어명을 내렸다. 대신들도 지엄한 어의를 받들고 조속히 별도로 장정을 마련하려 했으나 창졸지간이라 어찌해야 할지 몰랐다. 대체로 중국에서는 여태껏 학교제도가 없었기 때문에 참고할 문건도 없었던 것이다. 당시 군기대신 및 총서대신들은 모두 사람을 보내 량치차오에게 장정 초안을 잡아달라고 부탁했다. 이에 량치차오는 일본의 학규學規를 대략 참고하고 본국의 상황을 감안해 학칙 80여 조로 초안을 만들어 상부로 올렸다. 마침내 황상의 윤허를 얻어 학교 개설에 관한 윤곽이 대략 정해졌다. 이 일은 아랫자리에 있는 지사志士들이 의견을 냈지만 위 조정 대신들이 항의해 대략 3년이 지난 뒤 성스러운 군주께서 여러 차례 재촉하고 나서야 겨우 이루어졌다. 그 어려움이 이와 같았다. 그러나 그후에도 일을 맡은 사람이 적격자가 아니어서 성과를 보기가 어려웠다. 대체로 법은 변했지만 완전히 변한 게 아니었고, 법은 있어도 그것을 실행할 적격자가 없는 폐단이 나타나게 된 것이다. (『음빙실합집·전집』 제1권, 27쪽)

같은 날 광서제는 량치차오를 접견하고 아울러 그가 쓴 『변법통의』를 바치게 했다. 또 이렇게 어명을 내렸다. "거인 량치차오에게 6품 관직을 상으로 내리고 역서국譯書局 사무를 담당케 하라."(『무술백일지』, 109쪽) 지금까지 줄곧 민간에서는 량 씨가 광서제에게 중용되지 못했다는 설이 전해져왔다. 이는 왕자오王照의 만년 기억에 근거한 것이었다. 왕자오의 기억은 이렇다. "청 조정의 관례로는 황제가 거인을 불러서 보면 바로 한림의 벼슬을 내리거나 [그 벼슬이] 가장 낮아도 내각중서內閣中書를 벗어나지 않습니다. 당시 량 씨는 명성이 사람들 이목에 혁혁하게 알려져 있어서 모두들 틀림없이 특별한 황은을 입을 것이라 생각했습니다. 그런데 [황제가] 량치차오를 불러 본 후 겨우 6품 관직의 명목만 하사하고 신문사 주필을 본업으로 삼게 했으니 아직 관적官籍에 [그의] 이름을 올려준 것이 아니었습니다. 소문에 따르면 량 씨가 베이징 말에 익숙하지 않아 황제가 불러서 볼 때 발음에 서로 차이가 나 피차간에 마음의 뜻을 전달할 수 없었고, 이에 황제가 불쾌하게 생각하고 [그를] 물러가게 했다고 합니다."(『량치차오 연보 장편』, 127쪽) 이 같은 사이비 전설은 본래 믿을 게 못 되지만 많은 사람이 사실의 진상을 오해하도록 좋지 못한 영향을 끼쳤다. 알현 전에 량치차오가 남긴 다양한 족적으로만 짐작해보아도 광서제가 이미 그를 어떻게 임용할지 진지하게 고민했음에 틀림없다. 총리대신 이쾅奕劻 등은 5월 초10일 「논의에 따라 역서국을 개관하기 위한 상소문遵議開館譯書折」을 올려 어명을 받들고 어사 양선슈와 리성둬를 시켜 4월 13일에 역서국을 개관하겠다고 청을 올렸다. 역서국 사무를 특별히 따로 대신을 파견해 관리할지 혹은 대신이 겸임할지 논의하면서도 역서국 일은 "전적으로 적임자가 관리하기에 달렸으므로 관직의 대소大小에 얽매여서는 안 된다"라고 했다. 그리고 바로 이어서 량치차오를 추천했다.

> 이번에 광둥 거인 량치차오를 조사해보니 서양 학문 탐구에 마음을 두고 상하이에서 자금을 모아 역서국을 설립하여 먼저 일본어를 번역하고 있었습니다. 규모는 이미 갖추어졌지만 경비가 아직 충분하지 못해 [역서국을] 오래 지속할 방법이 없을 듯합니다. 상하이는 중국과 서양의 상품이 모두 모여드는 곳이라 외국 서적을 구입하기도 매우 편리하고 좋은 판본을 인쇄하여 간행하기도 비교적 적당한 곳입니다. 이 거인에게 역서국 사무를 처리하게 하면 절반의 노력만 들이고도 갑절의 성과를 올릴 수 있을 것입니다. (『무술백일지』, 91쪽)

량치차오가 상하이에서 자금을 모아 설립한 역서국은 바로 대동역서국大同譯書局으로 주식회사였다. 이 상소문에서는 그것을 관에서 관리하는 회사로 바꾸고 매월 번역 경비로 은화 2000량을 지원하겠다고 했다. 광서제는 당일 군기대신에게 어명을 내렸다.

> 경사대학당을 조만간 개교하고 아울러 역서국도 설립하여 새로운 기풍을 열도록 하라. 어떻게 경비를 마련하고 업무를 처리할지 총리각국사무아문 왕공과 대신들은 함께 방법을 논의하여 아뢰도록 하라. (앞의 책, 92쪽)

총리대신 이쾅 등은 5월 13일 또 「어명에 따라 거인 량치차오를 조사한 보고서舉人梁啓超遵旨查看片」를 올렸다. 이 글은 광서제가 4월 25일 어명으로 총리아문에 광둥 거인 량치차오를 조사하라고 지시한 데 따른 답변서라 할 수 있다. 이 글에 이러한 내용이 있다.

광둥 거인 량치차오는 뜻이 원대하고 학문에 달통했으며 지금 시무를 연구하고 있습니다. 이전에 상하이에서 역서국을 설립하여 벌써 상당한 규모를 갖추었습니다. 신이 관장하는 아문에서 경비를 지급하여 이 역서국을 역서관국譯書官局으로 개편하고 량치차오에게 역서국 사무 처리를 책임질 수 있도록 주청드리오니 윤허하여주십시오. 거인 량치차오가 지난번 지은 저술은 중서中西의 학문을 관통하여 체용을 겸비하고 있으니 [그는] 진실로 유용한 인재입니다. [그에게] 성은을 베푸시고 도성의 내직에 임명하시어 감동을 느낄 수 있도록 해주시길 간절히 바랍니다. 아울러 특별히 알현의 은전을 베푸실지 여부는 성상의 재량으로 결정하십시오. (앞의 책, 98쪽)

여기서 보듯이 당시 총리대신과 군기대신은 량치차오를 캉유웨이와 비교해 훨씬 온화하게 대하고 있고 량치차오에 대한 평가도 비교적 객관적으로 하고 있음을 알 수 있다. 후난 성 수구파 향신으로, 몇 년 뒤 폭동을 일으킨 농민의 손에 죽은 예더후이가 다음처럼 함부로 악담을 퍼부은 것과는 아주 다르다. "무릇 캉유웨이는 난동꾼이고 량치차오는 궤변가입니다. (…) 사심을 함부로 드러내어 성인께서 만드신 법도를 업신여기니, 민심과 학술에 끼치는 폐해를 어찌 말로 다 형언할 수 있겠습니까?(『소여집』, 112쪽) 그들은 학문적 측면에서 중국과 서양을 겸비한 량치차오의 특징을 간파했고, 그의 사람됨도 스승 캉유웨이처럼 떠벌리기를 좋아하거나 독단적이거나 고집불통이 아님을 알았다. 량치차오는 일처리가 아주 진중하고 착실하여 젊은 나이에 상당히 성숙한 느낌을 줄 정도였다. 이 때문에 5월 14일 총리아문에서는 다시 「경사편역국을 거인 량치차오에게 맡겨 함께 주관할 수 있도록 청하는 상소문請京師編譯局幷歸擧人梁啓超主持片」을 올려 경사편역국과 상하이역서관국上海譯書官局을 모두 량치차오에게 주어 관리하게 하자고 건의했다.

1901년 경사대학당 총교습 윌리엄 마틴(1827~1916)과 교직원들이 베이징 화가공주和嘉公主 저택 소장루梳妝樓 앞에서 찍은 단체사진. 1898년에 화가공주 저택이 경사대학당 건물로 바뀌었고, 위의 건물은 1899년 경사대학당 장서루로 바뀌었다.

신 등이 조사해본 바로는 광둥 거인 량치차오가 이 일을 담당할 능력을 갖추고 있으므로 비준을 주청드립니다. 지금 경사편역국도 상하이역서국과 하나로 연결하여 이 역시 량치차오가 관리하도록 책임을 맡길 수 있을 듯합니다. 그리하여 량치차오에게 수시로 직접 베이징과 상하이를 왕래하며 그 일을 주관하게 하고 모든 세부 규칙도 그에게 타당한 의견을 내게 한 뒤 신의 아문에서 심사하여 시행토록 해주십시오. 경사편역국을 학당으로 개설하면, 서구 나라 학당의 교과서 번역을 위주로 하고, 중국의 경전과 역사서 같은 책에서도 정수를 발췌하여 중학 교과서로 편집한 뒤 각 지방 행성行省에 반포해야 합니다. 이 일은 가장 중대한 만큼 편찬 사업에 특히 적격자를 임명하는 것을 소중하게 생각해야 합니다. 량치차오는 학문에 근본이 있고 후난 시무학당에 있을 때도 각종 교과서를 편집하였고 학생을 가르치는 분야에서도 상당히 뛰어난 성과를 거두었습니다. 그에게 이 일을 처리하게 하고 스스로 교과서를 나누어 편찬하게 하면 틀림없이 기쁘게 소임을 맡을 수 있을 것입니다. 경사편역국 경비는 상하이총국에서 경비를 절약할 수 있는지 보아가며 매달 1000량을 내게 하고 호부戶部에서도 대학당의 매년 평상시 경비 항목에서 지출케 하여 한꺼번에 쓰도록 하면 실로 타당하고 편리할 것입니다. (『무술백일지』, 105쪽)

총서에서 건의하고 광서제가 마지막 결정을 심의한 것은 량치차오에게는 특별한 영예일뿐만 아니라 그의 재능을 다 발휘하게 하는 조치였다. 이는 물론 왕자오 등이 가만히 앉아 영예를 누리려 한 행동과는 큰 차이가 있다. 그러나 량치차오 본인은 아마도 그렇게 큰 기대는 하지 않은 듯하다. 량치차오는 이 업무를 맡고부터 매일 시간에 맞추어 해당 아문으로 출근했다. 그는 『무술정변기』에서 당시 황제를 알현하던 상황을 간단하게 언급하고 있다.

삼가 국조[청나라]의 관례를 고찰해보면 4품 이상 관리들은 황상을 알현할 수 있었다. 그러나 말단관리가 황상을 알현한 일은 함풍(1851~1861) 이후 40여 년 동안 일찍이 없던 특별 행운이었다. 내가 포의로서 황상을 알현함은 더더욱 본조 수백 년 동안 없던 일이다. 황상께서 목마른 사람처럼 인재를 구하면서 격식에 구애되지 않음이 이와 같았다. (『음빙실합집·전집』 제1권, 23쪽)

량치차오는 사전에 광서제가 자신을 인견引見하리라고 예상하지 못했다. 더욱이 그는 총서대신들이 황상에게 자신을 인견하라고 건의할 줄은 상상조차 할 수 없었다. 아마도 몇몇 군기대신과 총리대신이 량치차오가 아주 짧은 시간에 장장 80여 조나 되는 「경사대학당 장정」을 기초해 자기네 급한 불을 꺼주는 것을 보고 량치차오를 괄목상대하게 되었고, 아울러 량치차오에게 좀 보답해주고 싶은 마음이었을 가능성이 크다. 그러나 그뿐이었다. 량치차오는 이후 무슨 일을 해야 할지 전혀 감을 잡을 수 없었다. 따라서 광서제가 5월 17일 그를 인견한 사흘째 되던 날 샤쩡유에게 보낸 편지에서 량치차오는 상당히 비감어린 심정을 토로하고 있다. "뵐 날이 멀지 않으니 아주 위로가 됩니다. 어제 인견에서 황상께선 참으로 영명하셨습니다. 그러나 노老대신들이 도움이 되지 않으니 좀 아쉬운 심정입니다."(『량치차오 연보 장편』, 126쪽) 실제 상황도 량치차오가 말한 대로였다. 황상은 사리가 분명했지만 조정 대신들에게서는 "도움을 받을 수 없었다." 량치차오는 6월 29일 「역서국 장정 10조譯書局章程十條」를 기초해 쑨자나이에게 대신 올려달라고 부탁했다. 광서제는 당일 바로 내각에 어명을 내렸다. "거인 량치차오가 기초한 장정 10조는 모두 절실한 내용이니 논의하여 시행토록 하라."(『무술백일지』, 292쪽) 게다가 광서제는 요청한 개설 경비 은 1만 량도 2만 량으로 증액하게 했고 매월 경비 1000량도 3000량으로 증액하게 했다. 여기에서도 광서제가 경사대학당을 중시하고 기대한 사실을 엿볼 수 있다. 량치차오는 7월 초10일 재차 쑨자나이를 통해 광서제에게 상하이에 번역학당을 설립해줄 것, 그곳 졸업생을 과거 급제자와 같은 신분으로 대우해줄 것, 서적 출간과 신문 발행에 세금을 면제해줄 것을 요청했다. 광서제는 당일 바로 어명을 내려 량치차오의 요청을 인준하면서 그의 모든 요구 사항을 들어주었다. 량치차오는 이에 대해 아주 높은 평가를 내리고 있다.

삼가 우리 나라 과거제도를 고찰해보건대 역대로 모두 학정이 과거시험을 주관하며 급제자를 배출했다. 학교 생도는 줄곧 학업 등급이 없었기 때문에 인재를 고무·격려할 수 없었다. 량치차오는 미관말직 신분으로 개설한 학교에서 학생들에게 과거 급제자 신분을 부여하자고 주청했으니, 이는 실로 4000년 역사에서 처음 있는 일이었다. 황상께서 성스럽고 영명하게 결단을 내려 신법新法을 채택하지 않았다면 어찌 그런 일을 윤허할 수 있었겠는가? (『음빙실합집·전집』 제1권, 39쪽)

무술변법은 왜 실패했을까?

그러나 량치차오는 이 최초의 일을 실현시킨 후 사실 더이상 할 일이 없었다. 쑨자나이가 경사대학당 관학대신管學大臣으로 파견된 때문이었다. "각 직원을 뽑을 때도 이 대신[쑨자나이]이 신중하게 황상에게 아뢰고 사람을 뽑았으며 또 총교습[총장]으로서 교과목까지 자신이 종합적으로 관리했다. 더욱이 중국과 외국의 일을 선택해 핵심을 공부시키는 일도 담당 인원을 골라 파견해달라고 황상에게 주청했으며, 교습[교수] 각 인원에게 과목을 나누는 일도 자신이 모든 걸 정선해 중국과 서양 과목을 병용하도록 했다. 학당 개설 경비 및 매년 소요 재정은 호부에서 나누어 지급하게 했고, 본래 있었던 관서국 및 새로 설립한 역서국도 모두 경사대학당 산하로 배속되게 하여 관학대신 자신이 감독하고 통솔하고 관리했다."(『무술백일지』, 108~109쪽) 이렇게 되어 쑨자나이는 경사대학당 재정권과 인사권을 모두 장악했다. 그는 (1898년) 5월 29일 상소문에서 대학당 인사를 단행하는 구체적 명단을 제출했다. 그 속에는 총교습과 분교습分教習, 관서국제조官書局提調 등이 포함되어 있었다. 이 명단 중에는 청탁자도 있었고, 학문도 없고 기술도 없는 자도 있었으며, 전혀 시무 지식이 없는 자도 있었다. 이런 자들로 하여금 학사 업무를 관리하게 했으니 경사대학당이 중국 근대교육에서 중견 학교가 되기는 매우 어려웠다. 그러나 지금까지도 어떤 사람은 그중에 캉유웨이 일파가 전혀 포함되지 않았다는 사실을 아주 다행스럽게 생각하기도 한다. 당시 사람들이 전염병을 방지하듯 캉유웨이 일파를 방지했는지 여부는 알 수 없지만, 쑨자나이는 당일 올린 또다른 상소문에서 캉유웨이 저서에 들어 있는 '공자개제칭왕孔子改制稱王'[14] 등과 같은 문자를 삭제해달라고 명확하게 요청했다. 광서제가 이에 대해 내린 어명도 아주 재미있다. "쑨자나이 자신이 캉유웨이에게 직접 통지하라."(앞의 책, 203쪽) 쑨자나이는 다시 상소를 올려 역서국에서 각종 서적을 편찬할 때 황제 재가를 받은 뒤 다시 배포하게 하고, 아울러 윤리에 어그러지는 책은 엄격히 금지할 것을 요청했다. 광서제는 이에 동의하고 쑨자나이의 방법에 따라 시행하게 했다.

이 같은 결과는 사람들에게 아무 일도 하지 말라고 강요하는 것과 진배없었다. 실제 상황도 이처럼 되어 백일유신이 끝날 때까지도 경사대학당에서는 아무 일도 하지 않았다. 물론 그중에는 캉유웨이 일파가 한 사람도 없었지만 유일한 예외가 바로 량치차오였다. 그가 기초한 장정에 대해 광서제는 "그물의 벼리를 들어 올리니 그물눈이 쫙 펼쳐지는 듯해서 주도면밀하다고 할 만하다"(앞의 책, 108쪽)고 했지만, [량치차오가 장정을] 진정으로 실행하려는 과정에서는 그 행보가 아주 험난했다. 량치차오는 자신이 그곳에서 할 수 있는 일이 없음을 알고 도성에 체류하기보다 차라리 남방으로 돌아가 학생들을 가르치는 편이 낫다고 생각했다. 애석하게도 캉유웨이는 시종일관 이 점을 간파하지 못했다. 그는 광서제에게 지지를 받는 만큼 과감하고 패기 있게 변법 주장을 실현할 수 있으리라 생각했다. 이 부문에서 캉유웨이는 확실히 현실 정치의 복잡성을 아주 낮게 평가했다. 나중에 무

---

14 캉유웨이가 쓴 「공자개제고」 제8권이 바로 「공자위제법지왕고孔子爲制法之王考」다. 캉유웨이는 이 장章에서 황당무계한 참위설 등을 근거로 공자가 현실개혁주의자임을 논증하면서 결국 공자가 스스로 왕을 칭하려 했다고 주장했다.

술6군자로 목숨을 바친 그의 동생 캉광런은 캉유웨이에게 팔고문 폐지의 목표를 실현한 뒤 베이징을 떠나라고 계속 권했지만 캉유웨이는 시종일관 움직이려 하지 않았다. 캉유웨이는 결국 무술정변 바로 전날까지 시간을 끌다가 아쉬움을 떨치지 못한 채 도성을 떠났다. 캉광런은 허이何易에게 보낸 편지에서 다음과 같이 말하고 있다.

큰형님[캉유웨이]께서는 일의 규모를 지나치게 크게 벌이고, 기상이 지나치게 예리하고, 담당하는 일이 지나치게 많고, 동지는 지나치게 적은 데 비해 거사 추진은 지나치게 광대했습니다. 그러다가 이번에 형님을 배척하는 자, 시기하는 자, 밀어내는 자, 비방하는 자가 거리에 가득한 상황에서 황상께서는 실권이 없으시니 어찌 일을 이룰 수가 있겠습니까? 이 아우는 남몰래 깊이 근심에 젖어 [큰형님께] 늘 '팔고문 폐지에만 진력해 민지를 깨우칠 수 있으면 높은 언덕 위에서 돌을 굴리는 것과 같으니 그 돌이 땅에 닿지 못할까 근심하지 않아도 될 것입니다'라고 말해왔습니다. 지금 이미 소원대로 팔고문이 폐지되었으므로 큰형님께 조속히 옷깃을 떨치고 [도성을] 떠나야 한다고 힘써 권했습니다. 여러 번 말씀을 드려도 아무 소용이 없으니 장차 변란이 일어날까 두렵습니다. 큰형님께서도 그런 사실을 모르시는 건 아니지만, 황상께서 큰형님을 총애하심이 지극히 돈독하므로 절대로 떠나서는 안 된다고 창수常熟[웡퉁허]께서 알려주자, 큰형님께서도 마침내 황상의 알아주심에 감격해 차마 떠나겠다는 말을 못 한 것입니다. 그러나 위대한 변법은 한편으로는 새 나라의 기틀로 삼아야 하고, 다른 한편으로는 백성에게 성군을 그리워하게 하는 방편으로 삼아야 합니다. 그래야 후일을 도모할 수 있을 것입니다. 이 아우는 아침저녁으로 유신파와 수구파는 물과 불처럼 함께할 수 없고, 또 큰 권력이 배후에 숨어 있어서 절대 성공할 수 없는데, 어찌하여 꼭 참화를 무릅쓰려 하시느냐고 힘써 이야기했습니다. 큰형님께서도 이런 사실을 깊이 이해하지 못하는 건 아니지만 생사는 천명에 달려 피할 수 없는 것이라 생각하고 화더 리華德里에서 벽돌이 눈앞을 스쳐 떨어진 걸 증거로 내세우시니,15 이 아우는 어찌할 수가 없습니다. 큰형님께서는 뜻은 높지만 성격은 고집스럽고 작은 문구에 집착해 억지로 의미를 이끌어내기 때문에 자신의 울타리를 깨뜨릴 수 없습니다. 이에 지금 상황에 이르고 보니 실로 다른 방법이 없습니다. 큰형님께서는 몸소 그 어려움을 떠맡을지언정 떠날 수는 없다고 했고, 이 아우도 지금까지 과감하게 맞서서 도적들을 쓸어버리겠다고 스스로 공언해왔습니다. 지금 이미 위험한 상황임은 분명하게 알지만 [도성을] 차마 떠날 수 없습니다. 옛사람들이 내 한 몸을 다 부수더라도 죽은 뒤에야 그만두겠다고 한 말만 알고 실행할 뿐 이제는 진실로 어찌할 수가 없습니다. (『량치차오 연보 장편』, 122~123쪽)

지금은 이 편지의 진실성에 의문을 품는 사람도 있지만 글에서 언급한 캉유웨이의 성격과 사상이 전혀 근거 없다고 말할 수는 없다. 량치차오와 캉광런이 방법을 강구해 캉유웨이를 베이징에서 떠나게 하려 한 사실도 완전히 당시 상황에 부합한다. 이 편지에서 리돤펀이 캉유웨이를 일본 사신으로 추천했다고 언급한 부분을 제외한다 해도 실제로 쑨자나이 또한 캉유웨이를 베이징에서 내보내 관보官報를 감독케 하자고 주청했다. 쑨은 캉유웨이를 베이징에서 내보내려는 데 목적이 있었고, 캉유웨이도 베이징을 떠날 좋은 기회를 놓쳐서는 안 될 상황이었다. 먼저 쑹보루가 『『시무보』의 관보 개편을 주청하는 상소문請將『時務報』改爲官報折』을 올렸다. 그의 저의는 왕캉녠을 쫓아내고 량치차오로 하여금 계속 『시무보』를 주관하게 하여 오직 장즈둥이 하는 말만 따르는 국면을 변화시키려는 데 있었다. 그런데 예상 밖으로 광서제가 이 일을 쑨자나이에게 맡겨 다시 논의하게 했고, 쑨자나이는 때마침 찾아온 이 좋은 기회를 빌려 캉유웨이를 베이징에서 내보내려 했다. 그래서 그는 상소문에서 량치차오를 『시무보』 관리자로 삼으려는

15 화더 리 벽돌 사건. 캉유웨이는 사람의 생사가 천명에 달렸다는 미신을 굳게 믿었다. 그가 젊은 시절 화더 리를 지나갈 때 바로 눈앞 한 치 앞에서 벽돌이 스쳐 지나갔으나 자신은 아무 상처를 입지 않은 적이 있다. 캉유웨이는 늘 이 일을 예로 들며 사람의 목숨은 하늘에 달렸다고 주장했다.

쑹보루의 요청을 한사코 거절하며 이렇게 말했다. "량치차오가 어명을 받들어 역서국 업무를 처리하고 있고, 지금 또 학당이 개설되어서 시급히 책을 번역하여 선비들 강습에 제공해야 합니다. [량치차오에게] 관보 일을 겸임하게 하면 번역 업무가 분산될까 걱정입니다." 그러나 당시 캉유웨이는 구체적인 업무가 없었으므로 "캉유웨이가 관보를 관리할 수 있을지 여부에 대해 삼가 황상께 재가를 청합니다"라고 했다. 광서제는 과연 "캉유웨이를 파견하여 그 일을 관리하게 하라"라고 재가했다.(『무술백일지』, 230~231쪽) 어쨌든 쑨자나이는 캉유웨이에게 베이징을 떠날 기회를 제공했을뿐더러 그의 체면까지 세워준 셈이었다.

그러나 끝내 캉유웨이는 베이징을 떠나지 않기로 결정했다. 아울러 6~7월 동안 더욱 맹렬한 개혁의 물결을 일으켜 사람들에게 최후의 승부수를 던지는 듯한 느낌을 주었다. 그는 작은 변화는 큰 변화만 못하고 느린 변화는 급격한 변화보다 못하다고 굳게 믿고 있었다. 따라서 이 기간 계속해서 쑹보루와 양선슈 등을 대신해 상소문을 지었고, 량치차오에게도 리돤펀을 대신해 상소문을 짓게 했다. 캉유웨이 자신도 여러 차례 상소문을 올렸다. 7월 14일 전에 그는 「제도국을 개설하여 신정을 시행할 수 있도록 요청하는 상소문請開制度局議行新政折」을, 7월 20일 이후에 또 「단발, 관복 개선, 개원을 청하는 상소문請斷髮易服改元折」을 올렸다. 쑹보루, 양선슈, 리돤펀 등이 올린 상소문도 모두 무근전懋勤殿[16] 설치, 의회 개원, 제도국 개설과 관련 있었다. 광서제도 이 기간 몇 가지 중요한 일을 처리했다. 첫째, 언로 확대를 위해 일반 선비나 평민 중 상소를 올릴 사람은 도찰원으로 가서 상소문을 전달하게 했다. 둘째, 쓸데없는 관원을 감축했는데 그 범위가 도성 내외, 상급에서 하급, 중앙과 지방의 각 부문 등 대단히 넓었다. 셋째, 예부 6당관禮部六堂官[17]을 파직했다. 넷째, 사장경四章京[18]을 새로 발탁했다. 광서제의 이런 행동은 모두 수구파 관료에게 반대 구실을 주어 격렬한 탄핵이 이어지게 했다. 장즈둥은 『권학편勸學篇』을 올렸고, 이쾅과 쑨자나이는 리돤펀

16 지금의 중국 베이징 고궁故宮 서남쪽에 있는 궁전 이름. 황제가 늘 이곳에서 독서를 하며 상소문을 읽고 서화를 감상했다. 광서제 때 무근전을 설치하고 고문관顧問官을 두었다.

의 상소를 반박하는 상소를 올렸으며, 후난 거인 쩡롄曾廉은 캉유웨이와 량 치차오의 주살을 요청하는 상소문을 올렸다. 이들이 보인 행동은 모두 수 구파의 불쾌한 심정을 잘 드러내고 있다. 예부 여섯 당상관은 파직된 후 자 희태후에게 달려가 통곡하며 광서제와 캉유웨이의 죄상을 고했다. 그들은 자희태후만이 개혁의 특급열차를 멈출 수 있다고 간파한 것이다.

그러나 무술변법이 실패한 데는 결코 광서제 및 캉유웨이가 자희태후와 벌인 권력투쟁에서 패배한 것에만 원인이 있는 게 아니다. 지금 통용되는 한 가지 학설에 따르면, 자희태후는 결코 변법을 반대하지 않았고 변법의 주도권만 요구했으며, 만약 광서제가 변법의 주도권을 자희태후에게 양보했 으면 뒷날 참극이 발생하지 않았을 것이라 한다. 이 말은 광서제가 캉유웨 이의 유혹 즉 캉유웨이가 역심을 품고 자희태후를 죽이려는 유혹을 받아 들여 자희태후의 반격을 초래했다는 의미다. 그러나 이러한 관점은 사태를 지나치게 단순화할 뿐만 아니라 용속화한다는 혐의에서도 자유롭지 못하 다.

역사적 관점에서 무술변법 실패의 원인은 우선 황제와 태후를 둘러싼 두 파당의 힘이 서로 증감하는 과정에서 서태후가 권력을 포기하려 하지 않은 때문이다. 둘째, 캉유웨이 학설이 대다수 전통 문인의 마지노선을 침 범한 때문이다. 그의 『신학위경고』와 『공자개제고』는 도학道學 수호를 자임하 던 사대부들에게 수용되기도 어려웠고 인정을 받기도 어려웠다. 그리고 캉 유웨이는 공교를 만든 뒤 스스로 '소왕'이라 칭해 더욱더 사람들에게 반감 을 불러일으켰다. 그들의 친구 혹은 동지들 모두 캉유웨이가 하는 이런 주 장을 받아들이려 하지 않았다. 후난 수구파 향신들이 캉유웨이와 량치차 오를 가장 격렬하게 공격했고 그중에는 학문적 성격을 띤 주장도 일부 포

---

17 예부의 여섯 당상관. 당시 신정을 반대하던 예부상서禮部尚書 화이타부懷塔布, 쉬잉쿠이, 좌 시랑左侍郎 쿤슈堃岫, 서좌시랑署左侍郎 쉬후이펑徐會灃, 우시랑右侍郎 푸팅溥頲, 서우시랑署右 侍郎 쩡광한曾廣漢 등 여섯 대신을 가리킨다.
18 군기사장경軍機四章京. 광서제는 무술변법 후 양루이, 류광디, 린쉬, 탄쓰퉁 등 네 신진 인사 를 사품 군기장경으로 발탁해 군기처에서 신정에 참여하도록 했다.

함되어 있다. 즉 그것은 성리학과 양명학, 한학과 송학末學,19 금문경학과 고문경학 간 투쟁이라는 것이다. 그러나 궁극적으로는 결국 신구사상의 투쟁이며 정치 취향의 투쟁이라 할 수 있다. 무술변법을 전후해 캉유웨이와 량치차오는 서로 대립하는 두 당파 모두로부터 공격과 비방을 당했으며 비평과 질의를 받았다. 보수적이고 수구적인 인사들은 모두 캉유웨이와 량치차오가 전통적 공자의 가르침, 봉건적 도통道統, 군주제도, 심지어 청나라 정권을 전복해 이른바 중국은 보전하되 청나라는 보전하려 하지 않는다고 공격했다. 혁명파 및 유신파 내부의 일부 인사들은 캉유웨이와 량치차오가 공자의 가르침과 황제를 보호하려는 게 아닌가 질문을 퍼붓고 비평을 하면서 둘이 야심을 품고 과대망상에 빠져 스스로 교주가 되려 한다고 질책했다. 이러한 비방, 공격, 비평, 질의, 질책이 전혀 일리가 없다고 할 수는 없다. 그러나 역사적 인물은 결국 자신이 생활한 시대를 벗어날 수 없고 그 시대의 역사적·사회적 환경을 벗어날 수 없는 법이다. 이런 측면에서 캉유웨이와 량치차오를 바라보면 그들의 사상, 포부, 담력, 용기가 당시로서는 아주 소수였고 선도적이었음을 깨달을 수 있다. 캉유웨이와 량치차오를 비평한 사람은 다수였지만 그들은 절대로 캉유웨이와 량치차오에게 비견될 수 없다. 량치차오는 이렇게 진술했다. "선생님[캉유웨이]께서는 박학다식하면서도 한편으로 학문을 왜곡해 한 시기 사람들에게 환영받기 위해 노력하지 않을 수 없었지만 자유사상이라는 테두리를 깨뜨리지 않았다. 당시 중국을 끝내 구제할 수는 없었지만, 2000년 동안 이어져온 학자들의 전통과 4억인이 추종한 시류에 의연히 도전해 결투를 벌였다."(『음빙실합집·전집』 제6권, 70쪽) 아아! 현재의 지성계·학술계에는 이러한 사람이 있는가 없는가? 없다고는 할 수 없지만 있다 해도 역시 소수에 불과할 것이다.

물론 무술변법이 실패한 셋째 원인은 그들이 팔고문을 폐지하고 관원을 감축하는 등 너무 많은 사람의 이익을 침범해 다수인의 심리를 공황 상태로 몰아넣으면서 광대한 반대파를 만든 때문이다. 량치차오는 이렇게 말했

19 한학은 중국 한대 훈고학의 전통을 이은 고증학파, 송학은 송대 이학의 전통을 이은 성리학파를 가리킴.

다. "장즈둥이 일찍이 나에게 말하기를 '팔고문 폐지를 변법의 첫번째 일로 삼고 있지만, 나는 [일찍이 그 누구도] 그것을 폐지하자는 상소문을 올렸다는 소문을 듣지 못했다. 대체로 수백 한림, 수천 진사, 수만 거인, 수십만 수재, 수백만 동생들이 힘을 합쳐 자신을 비방하고 자신을 배척할까 두려웠기 때문이다'라고 했다."(『중국 근백년 정치사中國近百年政治史』, 170쪽에서 재인용) 이것은 담대한 용기와 능력이 없으면 감히 하려는 마음도 먹을 수 없고 할 수도 없는 일이었다. 그러나 캉유웨이는 그런 용기와 능력을 갖춘 사람이었다. 그가 두려움도 없이 홀로 당시의 개혁 기풍을 선도했지만 끝내 실패할 수밖에 없었던 원인도 바로 위와 같은 상황 때문이었다. 그는 당시 광대한 군중과 현실 조건을 완전히 벗어나서 홀로 전진했다. 안 되는 줄 알면서도 할 수밖에 없었으므로 또한 실패하지 않을 수 없었다. 물론 캉유웨이의 행동은 미래 청년들에게 새로운 길을 열어주었다. 량치차오는 이 점을 분명하게 간파하고 있었지만 그 자신이 할 수 있는 일은 아무것도 없었다. 무술정변 발생 전에 그는 기본적으로 캉유웨이의 그림자로 존재했을 뿐만 아니라 캉유웨이 학설 전파를 자신의 책임과 의무로 삼았다. 이 기간 량치차오가 『시무보』에 발표한 거의 모든 문장은 캉 씨 사상을 분명하게 해설하기 위한 것이었다. 물론 이 기간에도 량치차오는 캉 씨 학설에 의문을 표시하며 그것에서 더러 벗어날 때도 있었다. 이는 주로 황쭌셴, 샤쩡유, 탄쓰퉁, 옌푸 등에게 영향을 받은 것이었지만 전체적 상황과는 무관했고 그 주요 관점은 여전히 캉유웨이의 주재하에 있었다. 량치차오의 사교활동도 대체로 스승의 테두리 내에서 이루어졌다. 8월 초7일 무술정변 발생 이틀째 날 장즈둥은 쑨자나이에게 이렇게 말했다. "량치차오는 목숨을 건 캉유웨이의 패거리인지라 그 해악이 더욱 심하오."(『갑오에서 무술까지: 캉유웨이의 '아사' 감주』, 625쪽, 각주 2) 이 말의 의미는 아마도 유관有關 부문을 일깨워 캉유웨이를 체포할 때 량치차오도 놓쳐서는 안 된다는 사실을 환기하기 위함인 듯하다. 그가 "해악이 더욱 심하다"고 말한 의미도 바로 량치차오가 캉유웨이 사상을 전파하는 데 진력했음을 지적한 것이다. 따라서 량치차오가 글을 쓸 때마다 캉유웨이를 거론하지 않았다면 캉유웨이 사상이 그처럼 광범위하게 전파되지 못했을 것이라고 말할 수도 있겠다. 그들 둘 사이에 틈이 벌어져 결국 결별하게 된 것은 새로운 세기가 도래한 이후의 일이었다. 그때는 중국의 운명이 새로운 위기와 새로운 가능성에 직면한 시기였다.

제5장

서로 다른 길을 가다: 량치차오와 캉유웨이(하)

무술정변 발생 이후 캉유웨이와 량치차오는 해외로 망명했다. 이때까지도 스승과 제자의 생각은 기본적으로 일치했다. 둘 모두 일본 정부의 힘을 빌려 광서제의 권력을 회복할 수 있을 것으로 환상했다. 량치차오는 「거국행去國行」에서 다음 같은 생각을 명확하게 드러낸다. "나는 진秦나라 조정으로 가서 이레 동안 통곡하리라." 이 시에서 그는 전국시대 신포서申包胥가 진나라로 가서 초楚나라를 위한 구원병을 요청하려고 7일 밤낮을 먹지도 마시지도 않고 통곡한 사실을 인용하고 있다. 량치차오가 자신을 신포서에 비견하고 일본을 진에 비견한 것은 바로 중국과 일본이 "인종과 문화가 모두 동일하다"는 역사적 연원을 간파했기 때문이다.(『량치차오 연보 장편』, 158~159쪽)

일본에 도움을 구하다

재미있는 것은 캉유웨이도 자신이 지은 시에서 [량치차오와] 같은 생각을 드러냈다는 점이다. 캉유웨이가 광서 24년(1898) 9월 12일 홍콩에서 일본으로 떠날 때 지은 시의 제목에 당시 상황이 나온다. "홍콩에 반달 머물자 일본 총리대신 오쿠마 시게노부大隈重信가 초청을 했고, 전 중국 주재 일본 공사 야노 후미오矢野文雄가 그 소식을 전보로 알려주었다. 9월 12일 가와치마

루허河內丸에 승선해 마침내 동쪽으로 향했다." 이 시에 다음 두 구절이 있다. "이주梨洲[황종희黃宗羲]도 일찍이 이곳에서 군사를 빌렸고, 신포서의 통곡도 지금까지 들려오네梨洲乞師曾到此, 勃胥痛哭至於今."(『캉유웨이 시문선康有爲詩文選』, 215쪽) 캉유웨이는 자신을 신포서에 비견했고 자신이 일본에 구원을 요청하러 가는 일을 '진나라 조정에서의 통곡'으로 비견했다. 이뿐 아니라 명 말 청 초 항청抗淸 영도자 황종희까지 떠올렸는데, 황종희도 일찍이 비밀리에 일본으로 건너가 구원병을 요청했다고 전해진다.

잘 알려진 학설에 따르면 갑오년(1894) 청일전쟁 이래 일본은 중국에 피부를 도려내는 아픔을 선사했다. 중국인들은 눈으로 직접 자신의 국가가 작은 나라 일본에 패배한 뒤 땅을 할양하고 손해배상 하는 걸 목격하며 정말 여태껏 느껴보지 못한 엄청난 치욕에 몸을 떨어야 했다. 리훙장은 줄곧 러시아와 연합해 일본에 대항해야 한다고 주장했다. 갑오년 이전에 그는 러시아의 승낙만 믿고 일단 중국과 일본이 전쟁을 시작하면 러시아가 반드시 중국을 도와주리라고 생각했다. 이 때문에 그는 외교적으로 일본에 양보만 해서는 안 된다고 주장했다. 그러나 실제 러시아는 진심으로 중국을 도와줄 생각이 전혀 없었다. 러시아는 먼저 강 건너 불구경 하는 태도를 보이며 중국이 일본에 패배하는 걸 관망만 했다. 그런 후 양국간 화해를 조정하는 기회를 빌려 속임수로 중국에 은혜를 베풀고 중국 동북지방[만주지방]을 엿보며 「중러밀약中俄密約」을 체결했다. 이후 다시 경자년(1900) 의 화단운동을 틈타 동북 3성을 점거했다. 이후 열강의 중국 분할, 러일전쟁, '21개조 조약' '9·18 만주사변' 등의 국난은 모두 「중러밀약」으로 초래된 것이다.

캉유웨이는 아주 이른 시기에 중국 주위 열강이 중국을 노리는 심각한 정세를 간파했다. 그는 광서 14년(1888) 10월 「황제에게 올리는 첫번째 상소문」에서 이처럼 지적하고 있다. "지금 외국 오랑캐가 마구 핍박해오는 상황을 가만히 살펴보건대, 우리는 오키나와 멸망 이후 베트남을 잃었고 미얀마까지 떠나보냈습니다. 우리의 날개가 모두 꺾였으니 장차 난리가 심장에 까지 닥칠 것입니다. 근래에 일본은 또 고려高麗를 도모하며 동쪽에서 지린

吉林을 엿보고 있습니다. 영국은 티베트의 대문을 열어젖히고 서쪽에서 쓰촨과 윈난을 노리고 있습니다. 러시아는 북쪽에서 철도를 건설하며 성징盛京[선양]을 압박하고 있습니다. 프랑스는 남쪽에서 백성을 선동하며 윈난과 광둥을 탈취해갔습니다."(『캉유웨이 변법 주청 문장 집고』, 3쪽) 캉유웨이는 일본을 침략의 첫번째 자리에 놓았지만 또 다음처럼 바라보고 있었다. "일본은 가파른 섬으로 이루어져 있지만 근래 군신이 변법으로 치세를 일으켜 10여 년 동안 온갖 폐단을 모두 없앴습니다. 남쪽에서는 오키나와를 멸망시켰고 북쪽에서는 홋카이도를 개척했습니다. 유럽 대국들이 일본을 노렸지만 감히 엿볼 수 없었습니다."(앞의 책, 9쪽). 따라서 그는 처음부터 일본을 변법자강의 모범으로 삼아 광서제에게 추천했다. 캉유웨이는 광서 24년 (1898) 3월 20일 총리아문을 통해 『일본변정고』 등을 바쳤다. 그가 볼 때, 서양 국가는 중국에서 멀리 떨어져 있고 풍속과 문화도 매우 다른 만큼 중국이 배울 가치 있는 제도나 문물이 많다 해도 손을 쓰기가 어려운 상황이었다. 그러나 일본에 대해 그는 이렇게 아뢰고 있다. "일본은 문자, 정치, 풍속이 모두 중국과 같고 서양에서 500년간 지속된 신법을 받아들여 30년간 그들을 추종했습니다. 시작할 때부터 서양의 발걸음을 따라 배웠고 계속해서 새롭고 기이한 방안을 내놓았습니다. 모든 신법을 교묘하게 모방하여 마침내 남쪽으로는 오키나와를 멸망시켰고 북쪽으로는 홋카이도를 개척했으며, 왼쪽으로는 고려를 주무르며 오른쪽으로는 타이완을 탈취했습니다. 다스림의 효과가 신속하게 이루어짐에서는 아마도 지구상에서 일본에 버금갈 나라를 아직 찾을 수 없습니다."(앞의 책, 186쪽) 캉유웨이는 일본이 앞서가면서 자취를 만들고 있으므로 중국은 그것을 교훈으로 삼되 그들의 잘못까지 답습할 필요는 없다고 했다. 성공을 이룬 일본의 장점을 그대로 따라 하면 중국은 실수를 반복하지 않을 수 있다는 말이다. 이는 정말 가장 간편하고 가장 경제적인 개혁 노선이라고 할 만했다. 캉유웨이는 또 이렇게 말했다. "조용하게 개혁정책을 실행하고 장정을 모두 갖춘다면 폐단은 전혀 생기지 않을 것입니다. 일거에 적절한 규모가 이루어지고 수년 내에 공적이 드러날 것입니다. 다스림의 신속한 효과는 일본을 훨씬 뛰어넘

을 수 있을 뿐만 아니라 진실로 우리가 예측할 수 없을 정도에까지 이를 수 있을 것입니다."(앞의 책)

캉유웨이는 오래지 않아 또 어사 양선슈를 대신해 「일본 유학 장정 논의를 요청하는 상소문請議遊學日本章程片」을 기초했다. 『캉난하이 자편 연보』 내용은 이렇다. "이때 일본의 야노 후미오와 양국 합방 대회의를 열자고 약속했고 그에 관한 문건 원고도 매우 자세하게 써서 야노 군에게 청하여 총서에 알리고 승낙을 받아 그후 각 성에서 대회를 열게 해달라고 했다. 그러나 러시아 사람들이 그 일을 알게 되자 야노 군은 감히 그 일을 추진할 수 없었다."(『캉난하이 자편 연보』[외 2종], 40~41쪽) 무술년(1898) 5월 14일 작성된 총리아문의 답변 상소문에서도 이 일을 언급하고 있다. "올해 윤3월 동안의 일을 조사해보니 일본 사신 야노 후미오의 서신에 이런 내용이 있습니다. '우리 정부는 중국과 우의를 배가해야 하는데, 중국은 현재 인재를 매우 급박하게 구하고 있음을 알아야 합니다. 만약 학생을 선발하여 해외로 보내 학습하게 하려면 우리 나라가 그 경비를 지불해야 합니다.' 또 사신은 총서로 직접 와서 얼굴을 맞대고 이렇게 말했습니다. '중국에서 만약 유학생을 파견하여 계속 일본 학당에서 학습하게 하려면 인원을 200명으로 제한하겠다고 약속해야 합니다.' 신이 서신을 보내 감사를 표하고 아울러 동문학당東文學堂이 설립되려 하니 타당한 방법을 마련할 수 있을 것이라 알려주고 다시 서신을 보내겠다고 했습니다. 그 사신도 '유학 장정'을 준비해야 한다고 했습니다."(『캉유웨이 변법 주청 문장 집고』, 209~210쪽) 캉유웨이의 상소문은 이러한 배경에서 작성되었다. 그는 이렇게 얘기했다. "얼마 전 소문을 들건대 일본인들은 러시아의 철도 건설을 근심하면서 중국과 일본이 순망치한의 관계라 생각한다고 합니다. 또 형제 나라 간에 타이완 할양을 너무 급하게 요구했다고 후회하고 있으며 앞으로 동방이 서로 협조하기 위해 큰 대회를 열겠다고 합니다. 그리고 우리 인재를 지혜롭게 하고 우리 자립을 돕기 위해 우리 학생을 초빙해 유학을 시키고 경비까지 대주겠다고 합니다. 이는 [일본이] 우호의 진실함을 분명하게 보여주며 지난날 잘못된 혐의를 불식하겠다는 것입니다. 중국 주재 일본 공사 야노 후미오가 이런 내용을 담아 역서譯署에 서신을 보내왔습니다. 우리 중국과 일본은 물 하나를 사이에 둔 이웃이므로 만약 우리가 자강책을 마련하여 복수할 수만 있다면 하지 못할 일이 없을 것입니다. 지금 우리는 자립할 수 없을 정도로 허약하니 마땅히 저들의 후회를 이용하여 그 정의情意를 받아들여야 합니다.”(앞의 책 208쪽)

광서 22년(1896) 러시아 차르 니콜라이 2세의 대관식이 거행될 때 중국에서는 관례에 따라 왕즈춘王之春을 특사로 파견했으나 러시아는 왕즈춘을 거절했다. 중국에서는 어쩔 수 없이 “여러 나라에 명성이 알려진” 리훙장을 일등공사로 임명해 중국과 러시아 사이 모든 외교 업무를 그에게 일임했다. 러시아에서는 리훙장을 무력으로 위협하고 이익으로 유혹했다. 그들은 가증스럽고 가공할 일본의 협박을 거론하면서 러시아만이 중국의 친구이고 러시아만이 중국을 도와 일본에 대항하게 할 수 있다고 리훙장을 설득했다. 또 러시아 사람들은 청일전쟁 때 러시아가 참전할 생각이 없었던 게 아니라 교통이 너무 불편해 러시아 군대가 도착하기도 전에 전쟁이 끝나버렸다고 해명했다. 따라서 중국이 절실하고도 유력한 러시아의 원조를 얻으려면 “반드시 군사적 방어 측면에서나 철도 교통의 편리함 측면에서 러시아에 응분의 보답을 해야 한다”고 했다.(『음빙실합집·전집』 제3권, 59쪽) 이어 만약 중국이 러시아의 호의를 거절하면 러시아는 더이상 중국에 원조할 수 없다고 위협했다. 리훙장은 일본이 두려웠지만 중국이 일본에 대항할 때 러시아가 중국을 돕지 않을까 더욱 겁이 났다. 이것이 바로 「중·러밀약」이 체결된 연유다.

러시아는 이 밀약에 근거해 중국 동북 전 지역에서 철도를 건설하고, 군사를 주둔시키고, 탄광을 개발할 특권을 얻었다. 이뿐 아니라 산둥 자오저우 만과 동북 뤼순커우旅順口와 다롄 만大連灣을 조차해 마음대로 사용했다. 하지만 러시아가 극동에서 발전을 도모한 일은 절대 중국의 이익이 아니라 자국의 이익을 위한 것이었음은 분명한 사실이다. 러시아가 중국의 동북 3성을 자신의 세력 범위에 넣고자 호시탐탐 기회를 노린 것은 결코 하루이틀 일이 아니다. 이 때문에 러시아는 일본의 발자국이 그곳에 찍히는

일본 총리 오쿠마 시게노부. 량치차오는 일찍이 그와 면담하
고 지원을 요청했다.

걸 절대로 용납할 수 없었던 것이다. 그런데 일본이 품은 야심도 중국 동
북 지역과 조선을 점령하는 것이었다. 이를 위해 일본은 러시아의 도전에
대응하면서 오쿠마 시게노부를 대표로 하는 일부 일본인들은 소위 "동아
시아는 동아시아인의 동아시아다"라는 주장을 제기했다. 그때가 바로 갑오
청일전쟁 이후여서 일본은 짧은 기간 내에 다시 중국과 전쟁할 마음이 없
었고 오히려 중국과 연계해 극동에서 세력을 확장하려는 유럽 국가에 공동
으로 대응하려 했다. 이런 배경에서 일본인들은 '중국과 문자도 같고 인종
도 같다同文同種'고 끊임없이 주장했다. 일본인들의 호소는 캉유웨이와 량치
차오에게 호응을 얻었고 그들에게 한 가닥 희망을 주었다. 광서 24년(1898)
량치차오의 제자 천가오디陳高第는 일본인 모리모토 도키치森本藤吉의 『합방

신의合邦新義』[혹은 『대동 합방론大東合邦論』으로도 번역됨]에 근거해 『대동 합방신의大東合邦新義』를 편역했다. 량치차오는 그 책에 서문을 쓰면서 이렇게 언급했다. "따라서 부강책을 마련하려면 변법을 시행하지 않으면 안 된다. 같은 종족을 보존하려면 연맹을 하지 않으면 안 된다." 그가 여기서 언급하는 '연맹'이란 바로 일본과의 연맹이다. 그는 이것이야말로 "동방이 스스로 주인이 될 수 있는 훌륭한 방책이다"라고 했다.(『음빙실합집·집외문飮氷室合集·集外文』 상책上冊, 15~16쪽)

이 때문에 캉유웨이와 량치차오가 무술정변이 일어난 뒤 약속이나 한 듯 일본에 희망을 기탁한 것은 아주 자연스러운 일이었다. 량치차오는 일본에 캉유웨이보다 조금 빨리 도착했다. 그는 바로 일본 총리 오쿠마 시게노부를 대표해서 나온 시가 시게타카志賀重昂를 만나 필담을 진행했다. 량치차오는 일본 정부의 마음을 움직이고 그들을 설득해 영국·미국과 연합하여, 자희태후에게 압력을 가해 권력을 광서제에게 반환케 하려고 했다. 그후 그는 또 일본 동방협회東邦協會 소에지마 다네오미副島種臣 백작과 고노에 아쓰마로近衛篤麿 공작에게 편지를 보내 중국 개혁의 상세한 상황과 무술정변의 원인을 진술하는 동시에 자신의 견해와 요구를 피력했다. 량치차오는 일본이 중국 황제의 복위를 돕는 일이 중국뿐 아니라 일본에도 이익이 된다는 사실을 일본 정부가 분명하게 알아주기를 희망했다. "중국이 안정되면 일본도 안정되고, 중국이 망하면 일본의 멸망 또한 물어볼 필요조차 없게 되기" 때문이라는 이유에서다. 일본은 물론 자신들이 중국 밖으로 배제되는 걸 원치 않지만 만약 서태후가 정권을 장악하게 되면 그런 상황이 전개되는 걸 피할 수 없게 될지도 몰랐다. 량치차오는 일본 정부에 이렇게 호소했다. "대저 우리 황상의 생각은 새로운 정치를 시행하고 한인漢人[한족]을 등용해 일본 영국과 연합한 뒤 자립을 도모하려는 것입니다. 서태후의 생각은 낡은 정치를 고수하고 만주족을 등용해 러시아와 연합한 뒤 자신의 이익을 보호하려는 것입니다."(앞의 책, 51~54쪽) 따라서 중국의 권력이 서태후 손에 장악되면 일본은 더이상 기회를 얻기 어렵게 될 수도 있었다. 사실상 당시 중국 정부는 이미 러시아의 꼭두각시로 전락해 오직 러시아 말만 듣는 형편이었다. 일단 중국 전역이 열강들에 분할되면 일본은 겨우 푸젠 성 한 곳만 얻을 수 있을지도 모르고, 그것도 어쩌면 반드시 얻을 수 있다고 말하기 어려운 상황이었다. 량치차오는 또 이렇게 말하고 있다. "유럽이 동방에 전력을 기울이고 있어서 아시아대륙의 살점이 낭자하게 떨어져 나갈 것인데 일본만 그 피해에서 벗어날 수 있겠습니까? 러시아의 코사크 군대가 먼 거리를 치달려 중국으로 들어와 만주를 짓밟으면 일본도 베개를 높이 베고 편히 잠을 잘 수 있겠습니까?" 이런 관점에서 보면 일본이 캉유웨이와 량치차오의 읍소에 마음이 움직이지 않을 이유가 없었던 셈이다. 하물며 이 일은 일본의 생존과 발전에 관계된 게 아닌가?

캉유웨이도 일본 도착 후 정치계와 다방면으로 연락을 취하며 그들이 가능하면 빨리 행동에 나서 광서제의 권력을 회복시켜주기를 갈구했다. 『고노에 아쓰마로 일기近衛篤麿日記』에는 광서 24년(1898) 9월 29일 캉유웨이가 린베이취안林北泉, 가시와바라 분타로柏原文太郎와 함께 고노에를 방문한 상황이 기록되어 있다. 그들은 오랜 시간 이야기를 나누었고 마지막에 캉유웨이는 애절하게 호소했다. "귀국에서 만약 지금 작은 힘이라도 아끼지 않고 서태후 세력을 약화시킨 뒤 우리 황제의 복위를 도모한다면 반드시 성공할 수 있을 것입니다. 일이 이루어지면 귀국의 두터운 은혜를 우리 신민은 영원히 잊지 않을 것입니다." 캉유웨이의 말은 이처럼 간절했지만 고노에는 그 말에 별로 감동을 받지 않은 듯 여전히 거들먹거리며 이야기했다. "외교 업무상 우리 두 나라가 바로 결정할 수 있는 일이라면 그렇게 하겠지만 이 일은 열강의 태도를 살피지 않을 수 없으니 조급하게 가부를 말씀드릴 수 없습니다. 목전의 상황에서는 단지 말로만 떠들 수 있을 뿐입니다."(『청인 일기 연구清人日記研究』, 15쪽) 기실 일본 정부는 본국 상황과 국제 정세를 고려해 당시 러시아와의 대결에 모든 걸 쏟아부으며 공개적으로 대항할 생각이 없었다. 또한 중국을 위해 자국의 이익을 희생할 상황은 더더욱 아니었다. 이 때문에 캉유웨이와 량치차오가 '진나라 조정에서 신포서가 통곡하는 분위기'를 조성하려 했지만 결국은 '말로만 떠드는 상황'이 되고 말았다. 그들이 얼마나 실망했는지 상상할 만하다. 나중에 캉유웨이는 영국으로 달려가 영국의 도움을 받으려고 환상했지만 결과는 역시 빈손으로 귀환할 수밖에 없었다. 그는 일본을 떠나 캐나다로 가는 도중 빅토리아항에 도착했을 때 영국의 『타임스The Times』 기자에게 말했다. "조만간 런던으로 가서 중국의 망국 상황을 영국 여황에게 이야기할 것입니다. 영국 여황께서 중국의 서태후를 잘 인도해 그녀가 목숨 걸고 러시아를 비호하다가 나라를 망치는 일이 없게 해주시기를 희망합니다."(『캉유웨이 정론집』 상책, 399쪽) 『난하이 캉 선생 연보 속편南海康先生年譜續編』에도 관련 기록이 있다. "(4월) 22일 런던에 도착해 전 해군장관 베리스퍼드[1] 자작 집에 묵었다. 선군先君[캉유웨이]께서 무술년에 환난을 당해 홍콩으로 갔을 때 마침 베리스퍼드도 영국에서 그곳으로 와 있었다. 베리스퍼드가 선군을 만나 매우 기뻐하며 덕종[광서제]을 구원하는 일을 자신이 맡고자 했다. 이번에도 베리스퍼드 자작은 영국 조정에 서태후 정권을 밀어내자고 대신 요청하면서 이를 위해 법률까지 만들자고 했다. 의회에서 회의를 했으나 진보당원 수가 14명이 모자라 통과되지 못했다. 그리하여 [선군은] 윤4월에 영국 런던을 떠나 다시 캐나다로 갔다."(『캉난하이 자편 연보』[외 2종], 83쪽)

보황운동

신포서가 진나라 조정에 읍소하듯 캉유웨이와 량치차오가 열강에 호소하려던 계획은 아무 결과도 얻지 못한 채 끝나고 말았고 그들은 울분을 머금고 자구책을 강구해야 했다. 캉유웨이는 광서 25년(1899) 2월 중순 일본을 떠나 캐나다로 갔다. 량치차오는 3월 24일 아내 리후이셴에게 보낸 편지에서 그 전날 받은 캉유웨이 편지에 대해 언급하고 있다. "미주 각 항구에 거주하는 동향인들 모두 조국에 대한 충성심으로 울분을 품고 극진하게 환

---

1 찰스 윌리엄 베리스퍼드Charles William Beresford(1846~1919). 영국 해군대장에 올라 해군 제독을 지냈지만 해군장관에 재직한 적은 없다. 『난하이 캉 선생 연보 속편』 기록이 다소 부정확해 보인다.

대해주고 있으니 앞으로 큰일을 도모할 수 있을 거라 [선생께서] 힘써 말씀하셨소." 량치차오도 이 때문에 크게 흥분해 같은 편지에 이렇게 쓰고 있다. "해외에 거주하는 광둥 사람은 500만이나 되고 사람마다 모두 충성심으로 마음이 들끓고 있소. 그들은 우리를 마치 신이나 부모처럼 보고 있소. 서로 연락만 할 수 있다면 작은 나라라 해도 이보다 더 큰 힘을 발휘할 수 없을 것이오. 지금 상인협회를 개설해 입회한 사람에게 회비를 2원씩만 받는다 해도 가입자 수의 절반이라면 500만 위안을 거둘 수 있소. 이렇게 일을 추진해나가면 무슨 일인들 이루지 못하겠소? 지금 요코하마 한 곳만 놓고 이야기해보면 이곳에는 [광둥 사람이] 불과 2000여 명밖에 없지만 입회를 원하는 사람도 족히 2000명은 될 것이오. 그 나머지 항구도 이와 같소. 이 일은 중국의 존망을 결정짓는 아주 중요한 일이기에 나도 노고를 아끼지 않고 추진해나갈 것이오." 량치차오는 또 이렇게 표명하고 있다. "선생님과 나는 세상을 구제하는 일에 뜻을 두고 있기 때문에 내 몸과 가정을 돌보지 않고 일을 해나가야 하오. 어찌 한 번 실패했다고 의기소침해질 수 있겠소?"(『량치차오 연보 장편』, 177~178쪽) 『청의보』 제18책에는 캉유웨이가 3월 11일 캐나다 뉴민스터 부두에서 행한 연설이 실려 있다. 연설 뒷부분에는 당시 해외 화교 분위기와 정서를 생동감 있게 묘사한 뤄위차이羅裕才 글이 덧붙여져 있다. "캉유웨이는 자리에서 일어나 크게 외쳤다. '나는 지금 삼가 각 향리의 형제 대중 여러분께 묻습니다. 한마음으로 발분하여 중국을 구제하려는 분들은 박수를 쳐주십시오.' 그러자 연단 아래 1천 수백여 명이 모두 소리를 지르며 일어서서 손을 들고 박수를 쳤다. 서양 사람 수십 명도 이에 호응하여 일어서서 손을 들고 박수를 쳤다. 캉유웨이는 또 큰 소리로 물었다. '우리 황상께서는 성스럽고 영명하시어 중국을 구제할 분인데 지금 죄수처럼 유폐되어 있습니다. 여러분 중 한마음으로 발분하여 우리 황상을 구할 분이 계시면 박수를 보내주십시오.' 단상 아래 1천 수백여 명이 모두 이에 호응하며 손을 앞으로 뻗어 박수를 보냈다. 그러자 캉유웨이는 또 말했다. '우리 형제들께서 이처럼 일심으로 원하시는군요. 사람이 간절히 바라면 하늘이 반드시 돕는다고 했습니다. 황상도 우리가 보호할 수 있을 것이며 중국도 우리가 구원할 수 있을 겁니다. 바라건대 우리함께 분발합시다!' 그러자 1000여 명이 환호성을 지르며 해산했다."(『캉유웨이 정론집』 상책, 407쪽)

보황회保皇會는 기해년(1899) 6월 13일 캐나다에서 성립되었다. 캉유웨이는 시를 지어 이 일의 경과를 기록했다. 시 앞머리에 이런 설명이 있다. "의사義士 리푸지李福基, 펑슈스馮秀石 및 그 아들 쥔칭俊卿, 쉬웨이징徐爲經, 뤄웨후駱月湖, 류캉헝劉康恒 등과 기해년 6월 13일 보황회를 창립했다. 28일에는 빅토리아 항 중화회관中華會館으로 가서 동포들과 황상의 만수무강을 축원했다. 용기龍旗가 휘날리는 가운데 구경꾼이 구름처럼 모여들었다. 밴쿠버와 제2부두에서도 같은 날 함께 행사를 거행했다. 먼 해외에서 황상의 만수무강을 축원하는 의식이 여기에서 시작되었다." 나중에 사람들이 캉유웨이가 해외에서 코미디 한 편을 연출했다고 조롱한 일이 바로 이 일이다. 처음에는 보황회란 명칭을 쓰지 않고 보상회保商會라고만 부른 듯하다. 화교열 명 중 아홉은 상인이었으므로 상인을 보호한다는 말은 바로 화교를 보호한다는 뜻이었고, 이는 또한 화교를 단결시켜 애국 중흥 운동에 나서게하겠다는 의미였다. 뒷날 어떤 사람은 "황제를 보호하면保皇 바로 나라를보호할 수 있으므로保國, 모임 이름을 보황회로 바꾼 것이다"라고 했다. 캉퉁비康同璧가 편집한 『난하이 캉 선생 연보 속편』에는 다음 같은 기록이 있다. "그때 서태후와 수구파는 광서제를 위험한 상황으로 몰아넣으려 모의하고 있었고 이 때문에 황제를 보호하겠다保皇라고 한 것이다. 당시 서태후에 대항하기 위한 모의라는 의미에서 이렇게 말한 것이니 이것이 바로 보황회가 생겨난 연유다."(『캉난하이 자편 연보』[외 2종], 84쪽)

보황회 성립 후 캉유웨이가 제자 쉬친, 량치융梁啓用, 천지정陳繼徵, 어우쥐자歐榘甲를 남북아메리카 주와 호주의 200여 항구로 보내 보황회 분회를설립하자 회원이 일시에 100여 만 명에 이르렀다. 아울러 각지에 신문사와 학교를 세우고 서양인을 초청해 학생을 조련하며 기세를 드높였다. 이때가 바로 캉유웨이와 보황회의 전성기였다. 당시 량치차오도 한가롭게 지낼수 없었다. 이해(1899) 6월 량치차오는 한원쥐, 리징퉁李敬通, 어우쥐자, 량치톈, 뤄룬난羅潤楠, 장즈뤄張智若, 량쯔강梁子剛, 천뤼성陳侶笙, 마이중화麥仲華, 탄바이성譚柏笙, 황웨이즈黃爲之 등 12명과 일본 에노시마江島 금구루金龜樓에서 결의 행사를 치렀다. 결의는 서로 용기를 북돋우며 오랜 시간이 지난 뒤에도 혁명 투지를 잃지 말자는 데 목적이 있었다. 그러나 이 일은 뒷날 정치 노선상의 결의로 낙인찍히면서 량치차오가 자립을 추구하고 분열을 획책한 죄증罪證으로 해석되었다. 당시 량치차오는 확실히 쑨중산孫中山 일파와 매우 밀접하게 왕래하고 있었을뿐더러 쑨중산과 캉유웨이 사이의 합작 계획을 토론하기도 했다. 캉유웨이는 이로 인해 자신이 허수아비가 되고 량치차오가 자신의 지위를 대신할까 근심에 휩싸였다. 그때 뤄푸羅普[샤오가오孝高]도 일본에 거주하고 있었는데, 그의 아내는 마이멍화의 여동생이었고, 뤄푸는 결의에 가담하지 않았다. 전해오는 말에 따르면 캉유웨이는 이 일을 알고 난 후 절반은 농담조로 절반은 화를 내면서 마이멍화 부친 마이바이쥔麥柏君에게 이렇게 말했다고 한다. "사돈께서는 안목이 있어서 훌륭한 사위[뤄푸]를 두셨구려. 나는 안목이 없어 불량한 사위[마이멍화의 동생 마이중화. 캉유웨이의 딸 캉퉁웨이가 마이중화에게 시집감]를 뒀소이다." 마이멍화와 쉬친도 량치차오 행동에 반대하면서 캉유웨이에게 편지를 보내 량치차오가 쑨중산 소굴에 빠져들고 있으니 캉 선생께서 나서서 어서 빨리 구해달라고 요청했다.

량치차오가 하와이 호놀룰루에서 반년 정도 머무는 동안, 광서 26년(1900) 7월 탕차이창唐才常은 자립군을 이끌고 한커우漢口에서 '근왕勤王'에 나섰다가 불행하게도 일이 실패해 피살되고 말았다. 그 사건에 연루되어 사형에 처해진 사람도 상당히 많았다. 리윈광李雲光은 다음과 같이 회고하고 있다. "량치차오는 상하이로 잠입해 대책을 강구했으나 구원할 방법이 없었다. 이때 캉 씨가 전보를 쳐서 량 씨를 홍콩[싱가포르로 의심됨]으로 오게 해 만나자고 했다. 량 씨는 홍콩에 도착해 야빈뤼亞賓律 거리 1호에서 캉 씨를 만났다. 그곳은 서양식 2층 건물로 바로 보황회의 비밀 회합 장소였고, 당시에는 아직 야빈뤼 거리 3호 건물은 매입하지 않고 있었다. 캉유웨이와 량치차오는 함께 만나 한커우 의거가 실패한 원인을 검토했고, 또 입

1904년 무렵 보황당 '유신군維新軍' 훈련 모습. 1899년 캉유웨이는 미국에서 보황회를 창립하고 총회장에 취임했다.
당시 량치차오는 부회장에 임명되었다. 미국인 호머 리(1876~1912)는 보황회 활동을 적극 지원하여 캉유웨이에게서
'대장군大將軍' 칭호를 받았다. 1904년 11월, 호머 리는 로스앤젤레스에서 '서방군사학교'를 개교하고 보황당의 유신군
에 군사훈련 장소를 제공했다.

헌군주제 이론으로 화제가 옮겨갔으며, 나중에는 캉유웨이가 량치차오의 에노시마 결의를 질책했다. 캉 씨는 량 씨가 동지 10여 명을 이끌고 혁명활동을 하려는 것은 생명을 구해준 광서제의 큰 은덕을 망각하고 대의를 저버리는 일이라고 인식했다. 그는 다음과 같이 꾸짖었다. '백일유신 때 수구파가 우리를 죽이려 했고 후난 거인 쩡롄도 상소를 올려 우리가 만주족에 반대하는 대역무도한 짓을 하고 있어서 극형에 처해야 한다고 [우리를] 탄핵했다. 당시 광서제께서 전력으로 보호해주지 않았다면 우리는 일찌감치 목이 잘렸을 터인데 어찌 오늘날까지 살아 있을 수 있겠느냐? 당시 너는 말끝마다 황제의 은덕을 찬양하다가 지금에 이르러서는 황제를 대상으로 혁명활동을 하려 하고 있다.' 캉 씨는 말을 할수록 더욱 화가 나서 내친김에 신문이 꽂혀 있는 신문꽂이를 량 씨에게 던지며 고함을 질렀다. '네놈 목숨은 광서제가 하사한 것이다!' 캉 씨는 정말로 량 씨를 때릴 마음은 없었고 량 씨도 신문꽂이에 맞지 않았지만, 량 씨는 대경실색하며 무릎을 꿇고 머리를 조아리며 죄를 인정했다. 이 일에서 출발해 '보황' 노선이 확정되었다." (『캉유웨이를 추억하다』, 347~348쪽)

캉유웨이는 량치차오의 '배반' 행위에 분노를 억누르지 못했다. 캉유웨이는 직접 편지를 보내 량치차오를 통박했을 뿐만 아니라 제자까지 동원해 량치차오를 성토했다. 마치 공자가 『논어』에서 "너희는 북을 울리며 그를 공격해도 좋다小子鳴鼓而攻之可也"고 한 상황과도 유사했다. 광서 26년(1900) 3월 량치차오는 『지신보知新報』 동인에게 보낸 편지에서 1년 전 자신이 저지른 행위를 아프게 질책했다. "우리는 서로 선행을 권하느라 더러 언어가 매우 과격해지기도 했습니다. 하지만 그것은 바로 우리가 서로 지극히 사랑했기 때문에 마치 형제나 골육처럼 그런 언행을 했던 것입니다. 길을 가다 만난 낯선 사람이었다면 절대로 서로 질책할 이유가 없었을 것입니다. 이 때문에 이후 우리는 각자가 이런 의미를 스스로 잘 깨달아야 할 것입니다. 이 아우는 작년에 패륜 행위를 너무 심하게 저질러 지금은 생각만 해도 등에 식은땀이 흐를 지경입니다. 스승님께서 그 병폐의 근원이 불경한 마음에 있다고 질책하셨습니다. 진실로 그러하고, 진실로 그러합니다. 오랫동안 훌륭한 스승님과 벗님들의 가르침을 듣지 못한 채 다소 외국 학문에 빠져들었고 또 저의 게으름이 수시로 발동해 날마다 고삐 풀린 생활을 하면서도 스스로 깨닫지도 못했으니 정말 두려운 지경에 빠졌다고 할 수 있습니다. 근래에는 통렬하게 스스로 반성하며 날마다 다섯 가지 일을 나 자신의 과제로 삼고 있습니다. 첫째, 나 자신을 이기자克己. 둘째, 뜻을 진실하게 갖자誠意. 셋째, 공경하는 마음을 갖자主敬. 넷째, 노동을 익히자習勞. 다섯째, 항상심을 갖자有恒. 이 다섯 가지로 시시각각 나 자신을 반성하고 있습니다. 대체로 이 다섯 가지는 모두 제 병폐의 뿌리를 적절하게 도려낼 처방전입니다."(『량치차오 연보 장편』, 226쪽) 량치차오는 4월 21일 예샹난葉湘南, 마이멍화, 마이중화, 뤄샤오가오에게 보낸 편지에서도 다시 이 일에 대해 언급했다. "작년에 스승님께서 편지를 보내와서 제 불경함을 질책하셨습니다. 진실로 제 병폐에 딱 들어맞는 말씀이었는데도 이 아우는 스스로를 책망하지도 않았거니와 그 가르침도 전혀 받아들이지 않고 오만한 말과 태도로 일관했습니다. 지금 돌이켜보면 정말 개돼지만도 못한 행동이라 식은땀이 끝도 없이 흘러내릴 만큼 부끄럽습니다. 저의 큰 병폐는 혼자 있을 때 스스로를 잘 경계하지 못하는 것인데, 이는 제 타고난 기질의 단점을 경계할 수 없기 때문입니다." 그는 또 이렇게 말했다. "이 아우가 근년에 일시적으로 얄팍한 유명세를 타자 주위 사람이 모두 기뻐했습니다. 그래서 저는 그것이 옳은 일이라고만 여겼을 뿐 타락인 줄 몰라 이처럼 심한 수렁에 빠지게 된 것입니다. 근래에 일기를 쓰면서 쩡문정공[쩡궈판]의 법도인 몸의 잘못身過, 입의 잘못口過, 마음의 잘못意過을 모두 기록하고 있습니다. 그런데 매일 마음의 잘못을 기록하는 일이 대부분을 차지합니다. 참으로 심합니다. 저의 타락이 두려운 지경에까지 이르렀습니다. 이 아우는 이제부터 마음을 깨끗이 하여 다른 사람이 되고 싶습니다. 나 스스로 공부하려는 마음을 감히 회피하지 않고 또 선배들이 가르쳐주신 올바른 뜻을 감히 경시하지 않고, 오직 이 시대를 부흥시키는 공부를 더 발전시키고 싶습니다."(앞의 책, 227쪽)

이 기간 량치차오는 캉유웨이와 비교적 자주 편지를 주고받았다. 자립군 근왕 사건으로 국내외에서 때에 맞추어 상의하고 소통해야 할 일이 많아졌기 때문이다. 그는 편지를 보낼 때마다 늘 성실하게 자신을 점검하며 반성하고 회개했다. 우리는 량치차오 배후에 감추어진 캉유웨이의 불만을 읽어낼 수 있다. 그 불만은 주로 량치차오가 스스로 독립할까 우려하는 마음으로 드러났다. 즉 캉유웨이는 량치차오가 자기주장을 펼치다가 나중에 자신보다 윗자리에 오르는 걸 용납할 수 없다는 태도를 보였다. 캉유웨이가 거듭해서 황제에게 은혜에 감사하고 공경심을 가져야 한다고 주장한 의미가 바로 이 점과 연관되어 있다. 당시 캉유웨이와 량치차오 사제지간 내부에서는 둘의 충돌을 비밀로 덮어두고 공개하지 않고 있었다. 이 때문에 대국적 입장에서 량치차오는 캉유웨이 권위 앞에서 고개를 숙이고 공경하는 모습을 보일 수밖에 없었다. 그러나 량치차오는 또 이지적이고 신념이 강한 사람이었다. 그는 스승의 은혜에 보답하기 위해 자신이 정확하다고 여기는 주장을 시종일관 포기하려 하지 않았다. 량치차오는 4월 1일 캉유웨이에게 보낸 편지에서 자신이 '자유'를 어떻게 이해하는지 언급하고 있다. 그는 특별히 이렇게 진술했다. "스승님은 자유주의를 심히 미워하시면서 철저하게 배척하시는 듯합니다. 그러나 이 제자는 시종일관 그 대의를 포기하고 싶지 않습니다. 제가 마음속으로 생각해본 바로는 천지간의 공리公理와 중국의 시대 상황은 모두 자유주의가 내포하는 대의를 명확하게 밝혀내지 못해서 좋은 성과를 내지 못하는 것 같습니다."(앞의 책, 234쪽)

새로운 사상과 지식의 유혹을 받다

량치차오는 구지욕求知欲이 아주 왕성해서 새로운 사상과 지식에 쉽게 감화되고 쉽게 이끌린다. 캉유웨이는 "나의 학문은 30세에 이미 완성되어 이후로 더이상 발전하지도 않았고 발전할 필요성도 느끼지 못했다"고 자부심을 내비친 바 있다.(『청대학술개론』, 89~90쪽) 량치차오는 이와 정반대다. 그는 자신에 대해 언급하며 이처럼 인식하고 있다. "나는 그렇지 않다. 항상 학문이 아직 완성되지 못했다고 느꼈고, 아울러 앞으로도 학문을 완성하지 못할까 근심하며, 수십 년간 날마다 올바른 학문을 찾고자 방황하고 탐색했다."(앞의 책, 90쪽) 당시 일본은 량치차오 같은 청년 애국자에게 서양문명을 공부할 수 있는 환승역과 같아서 바로 그곳이 서양문명과 접촉할 수 있는 지름길이었다. 서양 학문에 대한 그들의 인식과 이해는 기본적으로 일본에서 완성되었다. 량치차오가 쓴 「일본어 학습의 유익한 점을 논함論學日本文之益」에는 당시 흥분을 감추지 못한 심정이 행간 밖으로 흘러넘치고 있다. "애시객哀時客[량치차오의 필명 중 하나]은 이미 일본에 여러 달 머물며 일본어를 배워 일본 책을 읽을 수 있게 되었다. 옛날에는 읽을 수 없던 책이 분분히 눈에 띄고 옛날에는 몰랐던 이치가 마구 머릿속에서 뛰논다. 마치 캄캄한 방 안에서 밝은 해를 본 듯하고 갈증이 난 배 속으로 맛있는 술을 들이켠 듯하여 득의양양한 마음에 즐거움을 이길 수 없다."(『음빙실합집·문집』 제4권, 80쪽) 이러함은 바로 다음 같은 연유 때문이라 했다. "일본은 메이지 유신明治維新 이래 30여 년 동안 전 세계에서 널리 지식을 구했다. 그들이 번역하고 지은 유용한 책은 수천 종을 넘는다. 그들은 특히 정치학, 자생학資生學[즉 이재학理財學, 일본에서는 경제학이라고 함], 지학智學[일본에서는 철학이라고 함], 군학群學[일본에서는 사회학이라고 함] 등에 밝다. 이것들 모두 민지를 깨우치고 나라의 기틀을 튼튼히 하는 데 시급한 학문이다."(앞의 책)

량치차오는 아내에게 보낸 편지에서 일본에서의 독서 상황을 언급하고 있다. "우리가 일본 책을 읽고 얻은 유익한 점은 대단히 많소. 뒷날 중국에서는 변법이 필요하지 않을 수 없을 테니 오늘날 많은 책을 읽어 그때의 쓰임에 대비해야 하오."(『량치차오 연보 장편』, 177쪽) 량치차오는 변화에 능하기로 유명하다. 그의 사상에서 큰 변화는 일본에 도착해 새로운 책을 읽으면서 시작되었다. 량치차오는 「삼십 자술」에서 이렇게 쓰고 있다. "이로부터 일본 도쿄에 거주한 지 1년 만에 일본어를 읽을 수 있었고 이 때문에 사상이 한 차례 변했다."(『음빙실합집·문집』 제11권, 18쪽) 이러한 변화가 량치차오 문장에 반영되어 가장 두드러지게 드러난 점은 바로 그가 글을 쓸 때마다

'자유'를 큰 비중으로 언급하기 시작했다는 점이다. 광서 25년(1899) 7월 「자유서自由書」를 『청의보』에 연재하기 시작한 때를 전후해 그는 거의 80편에 가까운 글을 썼다. 그는 「자유서」 맨 첫머리 '서언敍言'에서 '자유'란 두 글자의 내력에 대해 설명하고 있다. "서양 철학자 존 스튜어트 밀이 말하기를 '인류의 진화는 사상의 자유, 언론의 자유, 출판의 자유보다 더 중요한 것이 없다'고 했다. 이 3대 자유를 모두 갖추려고 지금 내가 쓰는 글의 제목을 「자유서」라고 붙인다."(『음빙실합집·전집』 제2권, 1쪽) 량치차오는 심지어 자신의 문장에서 스스로를 '자유주인'이라고까지 일컬었다.(앞의 책, 41쪽) 여기에서도 자유에 대한 그의 사랑을 엿볼 수 있다.

량치차오가 이해한 자유에는 물론 루소의 '천부인권' 개념이 포함되어 있다. 루소는 자유란 모든 사람이 태어나면서부터 하늘에서 부여받은 권리임을 인정하고 있다. 그리고 사람은 반드시 천부인권에 속하는 '자연 상태'의 평등과 자유를 양도함으로써 사회상 공동계약의 평등과 자유를 획득할 수 있다고 말하고 있다. 만약 인류가 사회를 구성하는 것에 의해서만 공동체를 보전할 수 있고 또 발전할 수 있다면, 공동계약을 통해 권리를 양도하는 방식은 바로 현대국가 건설에서 필요 불가결한 요소일 것이다. 이러한 공동계약 과정에서 루소는 전체 공민公民이 주권자가 되고 국가는 주권자의 가장 수준 높은 공동 의지와 공동 이익을 대표해야 한다고 강조했다. 정부 혹은 집권자가 '민의'를 어기고 공민의 권익을 침해하면 공민은 자신의 통치자를 새롭게 찾을 권리가 있는 것이다. 이 점이 바로 량치차오의 생각과 잘 맞아떨어졌다. 량치차오는 이렇게 쓰고 있다. "내가 보기에 오늘날 중국에 가장 적합한 방식은 오직 루소 선생의 민약론民約論[사회계약론]일 듯하다."(앞의 책, 25쪽) 당시에 그는 '파괴주의'를 주장하면서 다음처럼 중국을 바라보고 있었다. "오늘날 중국에는 수천 년 앓아온 중병이 겹겹이 쌓여 있고 4억 종류나 되는 고질이 갖가지 모여 있다. 그 병의 뿌리가 이미 고황膏肓에 파고들어 목숨이 아침저녁에 달려 있다. 그 병의 뿌리를 제거하지 못하면 병을 조섭하고 보양하는 모든 기술이 아무 소용없게 될 것이다. 이때문에 파괴의 약을 쓰는 것이 오늘날의 첫번째 관건이고 오늘날의 첫번째 미덕이다."(『음빙실합집·문집』 제5권, 50쪽) 량치차오의 뜻은 다음 같은 내용을 말하려는 것이었다. "중병에는 독한 약을 써야 하고, 굽은 것을 바로잡으려면 더러 정도를 지나치기도 해야 한다. 큰 칼과 날이 넓은 도끼를 쓰지 않거나 대황大黃과 망초芒硝를 쓰지 않으면 치료 효과를 볼 수 없다." 이러한 치료법은 지금 몇몇 의사가 말하는 이른바 대수술이나 쇼크요법과 의미가 같다고 할 수 있다. 자발적으로 파괴한다면 아직도 다시 세울 수 있는 가능성이 열려 있다는 것이다. 말하자면 파괴 없이는 건설도 없으며 파괴 속에 건설이 있다는 뜻이다. 우리가 발전을 하려면 파괴가 불가피하므로 갈수록 더욱 맹렬하게 파괴를 해야 한다. 결과적으로 낡은 것을 철저하게 짓뭉개서 끝내 다시 구제할 수 없게끔 해야 한다. 이 때문에 인위적 파괴는 약을 써서 병을 치료하는 것과 같지만 자연적 파괴는 병이 들어 결국은 죽음에 이르는 길이라고 말하는 것이다.

그러나 량치차오는 결코 야만적 파괴를 주장하지는 않았다. "무릇 파괴를 하는 까닭은 다시 세우기 위함이다. 따라서 파괴주의를 견지하는 자는 먼저 이러한 목적을 잘 인식해야 한다."(앞의 책) 그는 또 이렇게 말하고 있다. "비록 그렇지만 천하 대사의 성공은 하늘로 올라가기보다 어렵고, 천하 대사의 실패는 바다에 빠지기보다 쉽다. 이 때문에 만약 목적을 정하지 않고 오직 파괴만을 자기만족의 도구나 분풀이의 빌미로 삼는다면 건설 없는 파괴로 전락함을 면치 못할 것이다."(앞의 책, 51쪽) 이는 마치 약으로 병을 치료하지 못하고 오히려 죽음을 재촉하게 하는 것 같아서 마침내 천하인들로 하여금 불필요하게 약을 의심하게 하거나 심지어는 병을 숨기고 치료를 꺼리게 하는 일까지 생기게 하여, 질병 치료를 더욱 어렵게 만들기도 한다. 자유를 말하면서도 량치차오는 '인간은 태어나면서부터 자유롭다'고 한 루소의 논단을 모조리 받아들이지는 않았다. "여러분이 이 뜻을 심사숙고해보면 자유나 평등이라는 것이 이상주의자의 언급 즉 '하늘은 사람을 탄생시키면서 개개인에게 자유와 평등의 권리를 부여했다'고 한 말과는 같지 않다는 사실을 알 수 있다." 만약 하늘이 사람에게 자유와 평등을 부여했다면 왜 동식물에게는 자유와 평등을 부여하지 않았는가? 인간이 자연계에 자행하는 개발이나 약탈은 강권이 아니란 말인가? 량치차오는 「강학회 서 強學會序」에서 캉유웨이가 "천도天道는 사사로이 친한 사람이 없고 항상 강자를 돕는다"고 한 언급을 인용해 당시 사회의 전반적 문제를 어떻게 자강을 추구할 것인가 하는 문제로 이끌어들이고 있다. "세계에는 오직 강권만 있을 뿐 따로 다른 힘은 없다. 강자가 항상 약자를 제압하는 것이 진화天演의 첫번째 대원칙이다. 그러므로 자유의 권리를 얻고자 한다면 다른 길은 없고 먼저 스스로 강자가 되는 길이 있을 뿐이다. 자기 한 몸을 자유롭게 하기 위해서는 먼저 자기 몸을 강하게 하지 않을 수 없고, 자신의 나라를 자유롭게 하기 위해서는 먼저 자신의 나라를 강하게 하지 않을 수 없다."(『음빙실합집·전집』제2권, 31쪽)

이 대목에서 우리는 량치차오가 옌푸의 영향을 받았음을 알 수 있다. 옌푸가 번역한 『천연론』『군학이언群學肄言』『사회학 연구』『군기권계론群己權界論』『자유론』 등의 서양 명저에는 '물경천택, 적자생존物競天擇, 適者生存'[일본인들은 '생존경쟁, 우승열패生存競爭, 優勝劣敗'로 번역]이란 진화론 사상이 서술되어 있고, 량치차오는 이 진화론 사상을 자신이 이해한 자유의 출발점으로 삼고 있다. 량치차오는 「자유 포기의 죄放棄自由之罪」에서 자신의 자유관을 전문적으로 설명하고 있다. "서양 철학자들이 말하길 '천하에서 첫번째 큰 죄는 다른 사람의 자유를 침해하는 일보다 심한 것이 없다. 그리고 자신의 자유를 포기한 자도 그 죄가 또한 이와 같다.' 나는 두 가지를 비교해볼 때 자신의 자유를 포기한 자가 그 죄의 수괴가 되고 다른 사람의 자유를 침해한 자가 그다음이 된다고 주장하는 바다. 어찌하여 이렇게 말하는가? 대체로 천하에 자유를 포기하는 사람이 없으면 반드시 다른 사람의 자유를 침해하는 사람도 없을 것이다. 여기에 자유를 침해하는 자가 있으면 저기에는 자유를 포기한 자가 있을 것이니, 이는 두 가지 일이 아니다." (앞의 책, 23쪽) 량치차오는 한 걸음 더 나아가 관점을 확대하고 있다. "우리 국민이 자신의 자유권을 포기하지 않으면 우리 국민을 해치는 도적 중 그 누가 우리의 자유권을 침해할 수 있겠는가? 우리 나라가 자신의 자유권을 포기하지 않으면 범과 이리 같은 침략국 중 그 어느 나라가 우리의 자유권을 침해할 수 있겠는가? 다른 사람이 나를 침해할 수 있는 까닭은 우리 국민이 자신의 자유권을 포기한 죄에서 벗어날 수 없기 때문임을 알아야 한다."(앞의 책, 24쪽) 그는 프랑스와 일본의 예를 들어 자신의 관점을 서술하고 있다. "옛날 프랑스 국민은 스스로 자유를 포기했다. 그래서 국왕이 그것을 침해했고, 귀족이 그것을 침해했으며, 교도들이 그것을 침해하여 18세기 말이 되자 천지가 암흑으로 변하여 다시는 태양을 볼 수 없게 되었다. 프랑스 국민이 일단 스스로 자신의 죄를 깨닫고 자신의 죄를 후회하여 대혁명을 일으킨 뒤로는 프랑스 국민의 자유권이 완전무결하게 오늘날까지 이어져왔다. 누가 다시 그것을 침해할 수 있겠는가? 옛날 일본이란 나라는 스스로 자유권을 포기했다. 그래서 백인들이 교섭 과정에서 그것을 침해했고, 이권에서도 그것을 침해했고 목소리와 웃는 모습에서도 일일이 그것을 침해했다. 게이오慶應와 메이지 시대가 되자 세계 가운데서 일본인 스스로 공포에 떨며 몸을 움츠리게 되었다. 그러나 일본인들이 일단 스스로 자신의 죄를 깨닫고 자신의 죄를 후회하여 유신혁명을 일으킨 뒤로는 일본의 자유권이 완전무결하게 오늘날까지 이어져왔다. 누가 다시 그것을 침해할 수 있겠는가? 그런즉 백성에게 자유권이 없고 나라에 자유권이 없음은 그 죄의 원인이 모두 국민이 그것을 포기했기 때문이니, 백성의 도적에게 무슨 허물이 있겠으며 범 같고 이리 같은 침략국에 무슨 허물이 있겠는가? 지금 백성의 도적을 원망하고 범 같고 이리 같은 침략국에 분노하는 자는 어찌하여 일단 스스로 깨닫고 스스로 후회하여 자기 고유의 권리를 확장한 뒤 다른 사람에게 자신의 권리를 침해할 틈을 주지 않으려 하지 않는가?"(앞의 책)

이 논리는 일반인의 정리와는 좀 동떨어진 듯 보이기도 한다. 그러나 량치차오가 자유를 토론하는 마지막 지향점은 바로 민지를 계발하고 민권을 쟁취하는 데 놓여 있었다. 민지 계발이란 바로 정신적 측면에서 국민을 독립적이고 자유로운 사람으로 성장시켜 통치자와 대등하게 마주앉아 자기 권리를 요구할 수 있도록 실력을 갖추게 해주는 것이었다. 그는 이렇게 보았다. "문명시대라 해도 지배자와 귀족과 남성이 자발적으로 강자로서 권력을 줄이려 하지는 않는다. 기실은 피지배자와 평민과 여성이 지력智力이 이미 높아져서 더이상 약자 지위에 안주하려 하지 않기 때문에, 앞서 서술한 강자들이 결국 포악한 권력을 온화한 권력으로 바꾸지 않을 수 없었다. (…) 저 야만적이고 절반은 미개한 나라에서는 지배자의 지식이 피지배자의 지식보다 훨씬 뛰어나서 지배자가 피지배자들을 부리기가 매우 용이하다. 따라서 지배자의 권력이 사나워지고 커지지 않을 수 없게 된다. 문명국이 되면 피지배자의 지식이 지배자의 지식보다 못하지 않게 된다. 이에 피지배자는 자신들의 권력을 신장시켜 지배자들에게 맞서게 되고, 두 세력이 만나면 거의 균등한 힘을 유지하게 되므로 각각 온화한 해결책을 찾지 않을 수 없게 된다. 이 같은 힘을 자유라고 한다."(앞의 책, 30~31쪽) 이러한 량치차오의 인식은 그 나름 연원이 있다. "옛날 칸트 씨가 자유의 의미에 대해 가장 잘 알고 있었다. 그는 '지배자가 피지배자에게 행하는 권력 그리고 귀족이 천민에게 행하는 권력이 바로 자유권이다'고 했다. 칸트가 말하려는 의미는 대체로 야만국에서는 오직 지배자만이 자유를 얻을 수 있다는 뜻인 듯하다. 고대 그리스와 로마에서는 지배자와 귀족만이 자유를 얻었고, 오늘날 문명국에서는 모든 인민이 자유를 얻고 있다."(앞의 책)

량치차오는 또 자신이 잘 아는 '삼세설三世說'[2]로 이 현상을 해석했다. "하나의 인간 군체가 처음 성립할 때는 지배자와 피지배자의 차별이 거의 없기 때문에 인민에 대한 군주의 강권도 거의 없다. 이것이 첫번째 세계로 거란세據亂世다. 그후 차별이 날이 갈수록 두텁게 쌓이고 더욱 뚜렷해지면서 강권도 차례로 발달하게 된다. 평민에게 가하는 귀족의 강권도 그러하고 여성에게 가하는 남성의 강권도 그러하다. 이것이 두번째 세계로 승평세升平世다. 세상의 흐름이 더욱 진보하면 인간의 지혜도 더욱 발달하여 피지배자와 평민과 여성들 즉 소위 옛날의 약자들도 강권을 갖게 되어 옛날의 강자들과 대항하며 평등한 상황에 이르게 된다. 이로 인해 사납고 강대한 권력은 온화한 권력으로 바뀌게 되어 강권 발달이 극점에 이른다. 이것이 세

2 청 말의 대표적 개혁 사상인 공양학의 역사관. 역사가 '거란'→'승평'→'태평' 세상으로 진화한다는 논리다.

번째 세계로 태평세太平世다."(앞의 책, 32쪽) 하지만 이러한 과정은 점진적이어서 단번에 도달할 수는 없다. 량치차오는 계속해서 이렇게 언급하고 있다. "한 차례 혁명을 거치게 되면 강권을 쟁취한 사람이 틀림없이 조금이라도 많아지고 인간 군체의 문명도 틀림없이 한 단계 더 발전하게 된다. 앞서 이 과정을 거친 것으로 종교 개혁과 정치혁명이 모두 이와 같았다. 오늘날 유럽 각국에서는 강권을 쟁취한 사람이 200년 전보다 얼마나 많아졌는지 모른다. 그러나 오늘날 서양사회가 보여주는 강권의 발달이 이미 극점에 이르렀는가? 아직 아니다. 오늘날 노동자에 대한 자본가의 억압과 여성에 대한 남성의 억압은 그 계급적 상황이 아직 사라지지 않고 있다. 이 때문에 자본가와 남성의 강권은 노동자와 여성의 강권에 비해 아직도 훨씬 강력하다. 따라서 뒷날 불가피하게 맞닥뜨려야 할 두 가지 일이 바로 자생혁명資生革命[일본에서는 경제혁명이라고 함]과 여권혁명女權革命이다. 이 두 혁명을 거친 후 사람들이 모두 강권을 가지게 되면 강권의 발달이 극점에 도달하게 된다. 이를 태평太平이라 한다."(앞의 책, 33쪽)

'새로운' 국민: 자유 쟁취와 민권 신장

량치차오는 한 국가의 강약이 그 나라 국민의 강약과 정비례한다고 인식했다. 중국은 수십 년 동안 서양 국가에 능욕을 당했고 근래 10년 동안은 일본에 능욕을 당했다. [량치차오가 보기에] 그 근본 원인은 물질 부문이 아니라 정신 부문에 있으며 그 정신의 구현자인 전체 국민에게 있다는 것이다. 량치차오는 미국사를 읽으며 초대 대통령 워싱턴이 아니라 1620년 12월 22일 메이플라워호를 타고 북미대륙에 상륙한 101명 승객에게 탄복했다. 그는 마치 그 광경을 직접 본 듯 서술하고 있다. "찬바람이 불고 음산한 눈발이 날리는 가운데 그들은 배를 버리고 상륙했다. 그들이 물집으로 부르튼 발을 끌고 드넓은 바닷가 바위 위에 섰을 때 가슴은 한없이 북받쳐 올랐고, 육체는 한없이 자유로웠으며, 흉금은 한없이 빛나고 위대했다. 아마도 본래 하나도 거리낄 게 없었던 사람들과 그들이 품었던 한 조각 독립정신이 마침내 오늘날의 신세계를 배태하고 길러냈다." 량치차오는 이어서 이렇게 언급했다. "오늘날 사람들은 워싱턴에게 경배를 드리고자 하지만 나는 오늘날 사람들을 이끌고 이 101명에게 절을 올리고 싶다."(앞의 책, 5쪽) 그해 겨울 량치차오는 우에노上野 거리에서 산보하다가 일본인 한 무리가 자신들의 아들을 군대에 보내는 광경을 보았다. "친구와 가족 수십 명이 뒤를 따랐으며 그 영광스러운 모습은 우리 중국에서 과거에 급제해 어사화를 꽂은 것과 비교해도 지나치지 않았다." 그들은 손에 빨간색과 흰색이 엇섞인 깃발을 들고 있었고, 깃발 위에는 '모 군某君 환영' 또는 '모 군 환송'이란 글씨가 쓰여 있었다. 또 대열 가운데에 두세 폭 깃발이 펼쳐져 있었는데 거기에는 '기전사祈戰死[전사를 기원함]'라는 세 글자가 쓰여 있었다. 량치차오는 그 광경을 보고 "놀랍고도 숙연한 마음에 그 자리를 서성이며 떠날 수가 없었다"고 했다. 그는 일본인의 국민정신에 깊이 감동했다. "일본이 나라를 세우고 유신을 할 수 있는 까닭은 바로 이 때문이다. 이에 나는 소위 중국혼中國魂을 구하고자 했다. 황망한 마음으로 400여 주州를 찾아 헤맸지만 전혀 흔적을 찾을 수 없었다. 아아! 슬프다! 천하에 어찌 혼이 없는 나라가 있는가? 이 때문에 나는 두려움에 젖는다." 이어서 그는 큰 소리로 외쳤다. "오늘날 가장 필요한 것은 바로 중국혼을 창조하는 일이다."(앞의 책, 37~38쪽)

어디서부터 손을 대야 하는가? 량치차오는 먼저 병의 근원을 찾아야 그 증세에 맞는 약을 쓸 수 있다고 보았다. 중국의 병은 한때의 한 가지 일 때문에 생긴 게 아니라 적체가 깊어지면서 오래도록 지속된 것이다. 그 병은 근원이 "멀게는 수천 년 이전부터 시작되었고 가깝게는 수십 년 안에 발생한 것이다."(『음빙실합집·문집』 제5권, 13쪽) 량치차오는 중국인에게 애국심이 결핍된 것이 바로 국가가 쇠약해진 최대 근원임을 발견했으며, 그중 세 가지 잘못된 인식이 중국인의 사상[량치차오는 이상理想이라고 함]을 지배하고 있다고 주장했다.

첫째, 중국인은 국가와 천하의 차이를 알지 못한다. "중국인은 여태껏 국가가 왜 국가가 되는지를 알지 못했다. 우리 나라는 옛날부터 통일을 유지해왔지만, 주위 여러 민족은 모두 하찮은 오랑캐라 문물도 없고 정치체제도 없어서 국가를 형성하지 못했다. 우리 국민도 주위 나라를 [중국과] 평등한 국가로 간주하지 않았다. 이 때문에 우리 중국은 수천 년 동안 항상 혼자 우뚝 서 있어서, 우리 백성들은 그 땅을 우역禹域[우임금의 강역]이라 불렀지만, 그것을 천하라고 했지 국가라고는 하지 않았다. 국가가 없는데 무슨 애국심을 운운할 수 있겠는가? (…) 이러한 생각으로 결국 두 가지 폐단이 생겨났다. 첫째, 교만에 젖어 다른 나라와 교류하기를 원치 않았다. 둘째, 겁을 먹고 다른 나라와 경쟁하려 하지 않았다. 이런 태도로 오늘날 상호 교류와 자유 경쟁이 치열한 세계를 살아가자면 어디에 간들 장애를 받지 않겠는가? 따라서 이것이야말로 중국이 병든 첫번째 근원이다."(앞의 책, 15쪽)

둘째, 중국인은 국가와 조정의 차이를 알지 못한다. "우리 중국에서 가장 기괴한 일 중 하나는 수억 인민이 수천 년 동안 국가를 세우고 살면서도 지금까지 국가 이름이 없었다는 점이다. 대저 '지나支那'니, '진단震旦'이니, '차이나釹拿'라는 이름은 다른 민족이 우리를 부르는 명칭이지 우리 국민이 스스로 명명한 것이 아니다. 당唐, 우虞, 하夏, 상商, 주周라 부르는 이름, 진秦, 한漢, 위魏, 진晉이라 부르는 이름, 송宋, 제齊, 양梁, 진陳, 수隋, 당唐이라 부르는 이름, 송宋, 원元, 명明, 청淸이라 부르는 이름은 모두 조정의 명칭이지 국가의 이름이 아니다. 대체로 수천 년 동안 국가가 있다는 소리는 듣지 못했고 조정이 있다는 소리만 들었다. (…) 이러한 까닭에 우리 국민의 커다란 병폐는 국가가 무엇인지도 모른다는 점에 놓여 있고, 이로 인해 국가와 조정을 한가지처럼 혼동해 말하면서 점차 국가를 조정의 소유물로 여기게 되었다. 이는 실로 문명국 국민으로서는 꿈에도 상상할 수 없는 일이다. 지금 세상에서 국가는 전 국민의 공동 재산이고, 조정은 한 성씨의 사유 업체일 뿐이다. 국가는 명운이 매우 길지만 성씨는 흥망성쇠가 매우 짧다. 국가는 면적이 매우 크지만 성씨는 자리가 매우 미미하다. 조정은 우연히 한때 국민 중에서 추대된 걸출한 가문일 뿐이다. 백성이 있은 연후에야 임금이 있다. 하늘은 백성을 위해 임금을 세우지 임금을 위해 백성을 탄생시키는 게 아니다. 국가가 있은 연후에야 조정이 있다. 국가는 조정을 바꿀 수 있지만 조정은 국가를 삼켰다 뱉었다 할 수 없다. 이는 본래 매우 분명한 이치지만 우리 국민은 수천 년 동안 오해의 소용돌이 속에서 방향을 잃고 한 사람도 스스로 옳은 길을 찾지 못했다."(앞의 책, 16쪽)

셋째, 중국인은 국가와 국민의 관계가 도대체 어떠해야 하는지도 알지 못한다. 량치차오의 진술은 이렇다. "국가란 국민이 모여서 이루어진다. 국가의 주인은 누구인가? 바로 그 나라 백성이다. 따라서 서양에서는 늘 임금을 일러 관리라 하고 국민의 공복公奴僕이라 한다. (…) 우리 중국인은 이들과 생각이 매우 다르다. 당나라 한유는 이렇게 말했다. '임금은 명령을 내리는 사람이고, 신하는 임금의 명령을 시행하여 백성에게 이르게 하는 사람이며, 백성은 곡식과 옷감을 생산하고 기물을 만들고 재화를 유통시켜 그 윗사람을 섬기는 사람이다. 임금이 명령을 내리지 않으면 임금 된 소임을 잃은 것이고, 신하가 임금의 명령을 시행하지 않으면 신하 된 소임을 잃은 것이며, 백성이 곡식과 옷감을 생산하고 기물을 만들고 재화를 유통시켜 그 윗사람을 섬기지 않으면 바로 주살해야 한다.' 슬프다! 한유의 이 말은 온 나라에 전해져 암송되며 사람들 뇌리에 깊이 새겨졌다. (…) 대저 우리 국민이 18층 지옥 같은 현실에 매몰되어 지금까지도 하늘의 태양을 보지 못하는 까닭은 모두 이 같은 사악한 학설이 올바른 이치가 되어 사람들 마음속에 해독을 심어놓은 때문이다. 수천 년 동안 백성의 도적들은 국가를 자신의 산업으로 삼고 국민을 자신의 노예로 삼아 부끄러운 기색도 없이 대의大義를 끌어들여 문장으로 수식하며 자신의 흉악한 행위를 도왔다. 그리하여 마침내 한 국가의 백성으로 하여금 노예로 살지 않을 수 없게 만든 뒤 노예의 본성을 지니게 하고 노예의 행동을 하게 했다. 백성들은 비록 애국을 하고 싶어도 감히 하지 못했고 또 할 수도 없었다. (…) 국가를 소유한 것은 한집안 사람들이었고 그 나머지는 모두 노예였다. 이러한 까닭에 나라 안에 4억의 사람이 있다 해도 기실은 이 같은 몇 명에 불과할 뿐이었다. 대저 백성이 몇 명만 있는 나라가 백성이 억만 명인 나라와 맞닥

뜨린다면 어찌 가는 곳마다 패배하지 않을 수 있겠는가?"(앞의 책, 16~17쪽)

위에서 말한 세 가지 잘못된 인식이 장구한 세월 중국인의 사상을 통제해왔고 또 노예성, 우매, 사욕, 위선, 비겁, 피동성을 특징으로 하는 중국인의 국민성을 길러왔다. 이러한 국민은 자유·평등·민주를 요구할 수 없을뿐더러 다른 사람이 대신해 자유·평등·민주를 쟁취해줘도 그것을 누릴줄도 모르고 심지어 그것을 거절하면서 그를 대역무도한 역적으로 간주한다. 국민이 이와 같은데 국가가 어찌 강대해질 수 있겠는가? 사람들은 항상 낙후를 없애야 한다고 말한다. 낙후에는 경제적 낙후, 군사적 낙후, 과학기술적 낙후만이 아니라 사상적 낙후, 정신적 낙후도 있기 때문에 생존경쟁에서 결국 패배할 수밖에 없는 것이다. 소위 '우수한 것은 살아남고 열등한 것은 도태된다優勝劣敗'고 할 때의 우수함이란 먼저 인간의 우수함을 말한다. 량치차오는 이렇게 말하고 있다. "오늘날 중국에 이와 같은 인심과풍속이 만연해 있는 한에는 설령 날마다 함포를 사고, 날마다 철도를 놓고, 날마다 광물을 캐고, 날마다 서양 체조를 익힌다 해도, 그것은 똥칠한 담장에 비단을 덮는 꼴이며 썩은 나무에 용을 조각하는 꼴이다. [이러한 짓은] 아무것도 이룰 수 없을 뿐만 아니라 추태 또한 심해질 것이다."(앞의 책, 18쪽) 그러나 국민의 낙후는 천부적이거나 운명적인 것이 아니다. 량치차오는 다음처럼 지적했다. "오늘날의 국민을 만든 것은 바로 옛날의 통치술이다. 수천 년 동안 군림해온 민적民賊[백성의 도적, 즉 전제군주를 비유]들은 국가를 자기 한 성씨의 사유재산으로 여겨왔다. 온갖 방법으로 경영하며 온갖 조치를 취해왔지만 그것은 모두 사유재산을 보호하려는 조치일 뿐이었다. 이는 실로 중국의 수천 년 역사 동안 이어져온 통치술의 총체적 근원이었다." 량치차오는 그것을 네 종류로 귀납했다. "그것은 백성을 길들이는 기술, 백성을 유인하는 기술, 백성을 부리는 기술, 백성을 감독하는 기술이다." 이들 기술을 통해 달성하는 효과는 세 가지다. "백성을 어리석게 만들고, 백성을 유순하게 만들고, 백성을 흩어지게 만드는 것이다."(앞의 책, 28~29쪽)

먼저, 백성을 길들이는 기술은 소위 국민교육이라는 것인데 그 목적은 백성의 본성을 잃게 만드는 데 있다. 예를 들면 지혜를 구하는 본성, 독립을 추구하는 본성, 사회를 이루는 본성 등을 잃게 해 [백성을] 기꺼이 압제에 순종하게 만든다. "프랑스의 대유大儒 몽테스키외는 이렇게 말했다. '반쯤 개화한 전제군주 국가에서 시행하는 교육은 오로지 사람들을 복종시키는 데 목적이 있다.' 일본의 대유 후쿠자와 유키치福澤諭吉는 이렇게 말했다. '지나의 옛날 교육에는 예약禮樂보다 중요한 것이 없다. 예는 사람을 유순하게 만들어 복종시키는 것이다. 악은 민간의 우울하고 불평스러운 기운을 온화하게 해 국민의 적에게 순종하게 만드는 방법이다.'"(앞의 책, 29쪽) 이러한 언급은 모두 한마디로 핵심을 찌르는 말이다. 량치차오는 계속해서 이야기하고 있다. "마침내 온 나라 사람을 모두 맹인이나 귀머거리로 만들고 모든 인간에게 아양이나 떠는 첩妾의 모습을 갖게 한다. 대저 노예성, 우매, 사욕, 위선, 비겁, 피동성은 모두 천하에서 가장 수치스러운 습성이다. 오늘날에는 그것을 수치스럽게 여기지 않을뿐더러 오히려 노예성이 없고, 우매함에 빠지려 하지 않고, 사욕에만 힘쓰지 않고, 위선적이지 않고, 비겁하지 않고, 피동적이지 않은 사람을 만나면, 온 나라 사람이 그를 괴물로 간주하거나 대역무도한 역적으로 간주한다. 시시비비가 전도되고 증오가 오히려 일상이 되면서 본성을 상실한 인간의 모습이 이 지경에까지 이르렀다. 나는 이러한 모습을 보고 수천 년 동안 국민의 적들이 우리 백성을 복종시키기 위해 고심을 거듭했고 치밀한 방법을 썼으며 악랄한 수단을 동원했음에 거듭 탄식했다."(앞의 책, 30쪽)

다음은 백성을 유인하는 기술이다. 즉 공훈, 명예, 이익, 녹봉으로 국민을 유혹하고 국민을 매수하는 방법이다. "몽테스키외는 이렇게 말했다. '전제주의 국가가 오래도록 국운을 유지하며 멸망하지 않는 방법에는 한 가지 술책이 있다. 대저 교만심을 신료들 마음속에 깊이 심어놓는 것이다. 이는 바로 벼슬과 상을 주어 스스로 영광스러운 마음을 갖도록 하는 것이다.'" 이렇게 하여 한 나라에서 가장 총명하고 재주가 뛰어난 자들을 모두 그 테두리 안으로 포섭했다. 그 수단이 바로 사람들에게 부귀를 허락하는 것이었다. 소위 "내가 그대를 부귀하게 해줄 수 있다"는 말이 바로 그것이다. 부귀를 얻기 위해 사람들은 자신의 독립된 인격과 자유에 대한 권리도 아낌없이 양보했다.

셋째는 백성을 부리는 기술이다. 즉 관리들에게 자기 성씨의 사유재산을 보호할 수 있도록 해주는 방법이다. 이에 관리들은 오직 한 가문과 한 성씨를 위해 책임을 질 뿐 모든 국민을 위해 책임을 지지 않는다. 왜냐하면 그들을 임명한 권력이 국민에게 있지 않기 때문이다. "이 때문에 전제국가 관리들은 현명하거나 어리석거나를 막론하고 또 재능이 있거나 없거나를 막론하고, 오로지 조용하고 신중하고 순박한 모습으로 낡은 법규를 준수하며 명령자에게 복종함을 귀히 여길 뿐이다. 중국의 관리 임용 제도는 등용되어 승진하는 길이 매우 협소해 현명하고 재능 있는 사람들은 자신의 견해를 표명할 수 없게 된다. 또 일단 영광스럽고 고귀한 관직에 높이 오르면 [그에게] 아무 쓸모 없는 학문을 장려한다. 따라서 온 나라 사람은 현명하거나 어리석거나 막론하고 모두 고개를 숙이고 그 길을 가지 않을 수 없게 된다. 총명함과 재능을 소모하다가 거의 기진맥진한 상태가 되고 나서야 등용된다. 등용할 때도 그 사람을 재능으로 제대로 판단하는 것이 아니라 경력으로 제한하고 자격으로 옭아맨다. 자격이 오래되면 맹인이나 벙어리라 해도 최고 관직에까지 오를 수 있다. 연륜이 아직 충분하지 못하면 비록 준재라 해도 반드시 말단 관리에게 몸을 굽혀야 한다. 무엇 때문인가? 수십 년 동안 인격을 둥글게 갈고닦지 않으면 대체로 그 영명한 기개가 다 없어지지 않아서 복종하려는 마음이 단단해지지 않을까 두려워하기 때문이다. 또 대저 한 영재가 뜻을 얻으면 무수한 영재들이 그를 흠모하고 본받아 그들을 옛날 법도로 구속할 수 없을까 두려워하기 때문이다. 따라서 옛날 명나라 태조나 본조本朝[청]의 고종高宗[건륭제]은 신료들을 조종하는 수법이 기묘하고 불가사의해서 마치 손바닥 위에서 어린아이를 어르는 듯했고 극장에서 원숭이와 개를 부리는 듯했다. 그리하여 그 조정에 등용된 자는 더이상 염치가 무엇이고, 도의가 무엇이며, 자신의 권리가 무엇이고, 자신의 책임이 무엇인지 알지 못하게 되었고, 오직 임금 한 사람의 발아래에서 숨을 죽이고 엎드려 복종할 뿐이었다."(앞의 책, 32쪽)

넷째, 백성을 감독하는 기술이다. 간단하게, 백성들이 반역을 일으킬까 걱정이 되어 [백성들을] 군대와 관리로 방비하고 감독하는 동시에 법률로 구속함을 말한다. 청대 모某 친왕親王[황제의 아들이나 형제 등]은 말하기를 "우리 나라의 군대는 역적을 방비하기 위한 것이다"라 했다. "이야말로 수천 년 동안 국민의 적으로 군림해온 자들의 폐부와 근거를 드러내는 말이다." 통치자들은 오직 백성을 방비함에 소홀함이 있을까 두려워한다. 따라서 "허위로 육경을 존중하고 다양한 학파를 배척함은 국민의 마음을 감시하여 감히 공리를 연구하지 못하게 하기 위함이다. 모임을 엄금하고 강학講學을 서로 경계함은 국민의 결집을 감시하여 연락과 소통을 하지 못하게 하기 위함이다. 보관報館[신문사]을 원수처럼 여기고 문자옥文字獄[필화 사건]을 일으킴은 국민의 이목을 감시하여 기이한 사물과 접촉하지 못하게 하기 위함이다. 죄인을 잡아들이고 연좌죄로 얽어맴은 국민의 거동을 감시하여 [국민이] 독립할 수 없게 하기 위함이다. 이 때문에 오늘날 문명국에서 가장 존중하는 것 이를테면 사상의 자유, 종교의 자유, 집회의 자유, 저술의 자유, 행동의 자유와 같은 덕목을 모두 일일이 감시하고 속박한다." 그 결과 온 국민은 "의기소침하게 시류에 편승하여 노예, 비첩, 도구의 대열 속으로 편입해 들어가기도 하고 더러는 이익을 다투며 꼬리를 흔들고 동정심을 구걸하여 구차하게 부귀를 얻은 뒤 고만고만한 동료들 속에서 대장 노릇을 할 뿐이다."(앞의 책, 33쪽)

량치차오는 이러한 상황에 느낀 바를 말하고 있다. "중국이 오랫동안 허약해진 가장 큰 원인을 이로써 알게 되었다. 허약함은 결국 국민에게서 완성되고 그것을 낳고 기르는 것은 정부다."(앞의 책) 그는 또 이렇게 말했다. "그러나 나는 또 몽테스키외의 언급을 들은 적이 있다. 즉 전제정치는 국민에게 두려움을 심어주는 것을 주안점으로 삼는다. 비록 국민총화라는 말로 미화하지만 기실은 국민의 원기를 손상시켜 결국 건국의 큰 바탕마저 모조리 사라지게 만든다."(앞의 책) 그래서 량치차오는 캉유웨이에게 보낸 편지에서 자기변호를 하고 있다. "이 제자가 말하는 자유는 압력의 대항이란 측면이 아니라 노예성의 대항이란 측면에서 말한 것입니다. 압력은 자행하는 자의 입장에 속하지만 노예성은 당하는 자의 입장에 속합니다. —압력을 자행하는 자는 질책하거나 가르칠 가치조차 없고 오직 당하는 자만을 교화할 수 있을 뿐입니다.— 수천 년 지속된 중국의 부패는 그 참화가 오늘날 극점에 이르렀습니다. 그 가장 큰 원인을 추적해보면 모두가 노예성에서 비롯된 것입니다. 이 노예성을 없애지 않으면 중국은 절대로 세계만방 사이에 설 수 없을 것입니다. 그러므로 자유라는 것은 사람들에게 자기 본성을 스스로 깨닫게 해서 다른 사람의 압제를 받지 않게 해줍니다. 오늘 이 약방문을 처방하지 않으면 절대로 이 병을 고칠 수 없습니다."(『량치차오 연보 장편』, 234~235쪽) 캉유웨이가 량치차오를 질책하며 그가 혁명과 파괴주의를 고취한다고 한 건 아직은 프랑스대혁명을 본보기로 삼거나 루소의 학설을 지나치게 믿어서는 안 된다고 주장한 것이다. 그러나 량치차오는 프랑스혁명이 야기한 치명적인 파괴가 중국에서 혁명을 거절하는 이유가 될 수 없다고 보았다. "중국과 프랑스는 국민의 정서가 매우 다릅니다. 프랑스 국민은 아주 동적이라 잠시라도 가만있지 못하지만 중국 국민은 정적이어서 천 년 동안 움직이지 않았습니다. 이 때문에 루소 등 여러 현인의 이론을 프랑스에서 시행하면 진실로 혼란의 도구가 되지만 중국에서 시행하면 오히려 치세를 일으키는 기회가 될 수도 있습니다. 예컨대 인삼과 육계肉桂를 열병 환자에게 투약하면 그 증상이 극도로 악화되지만 체질이 허약한 사람에게 투약하면 바로 그 쇠약한 기운을 북돋는 것과 같습니다." 그래서 량치차오는 캉유웨이에게 이처럼 말했다. "선생님께서는 날마다 이 점을 염려하시지만 이 제자는 그것이 잘못된 생각이라 여기고 있습니다."(앞의 책, 235쪽)

량치차오는 여기서 더 나아가 자유의 학설을 변호하고 있다. "또 프랑스의 참화는 혁명가들이 자유의 이름을 빌려 참화를 야기한 데 원인이 있지 자유 자체가 참화인 것은 아닙니다. 비록 루소에게 불만이 있는 학파라 해도 당시 참화를 루소의 허물로 돌리지는 않았습니다." 계속해서 그는 다음과 같은 관점을 펼쳤다. "중국에서는 수천 년 동안 자유라는 두 글자가 없었지만 역대 왕조 교체 때 일어난 참화를 되돌아보면 그것이 어찌 프랑스에 뒤지겠습니까? 그런즉 천하에서 참화를 일으키는 원인은 전적으로 사람에 달렸지 그것이 기탁하고 있는 명분에 죄를 돌릴 수는 없습니다. 또 자유 때문에 참화가 발생했다 해도 그 참화를 겪고 난 뒤에는 문명으로 나아가는 날이 있을 수 있습니다. 자유 때문에 참화가 발생하지 않더라도 다른 일로 날마다 참화가 발생하여 끝 간 데를 모르게 되는 경우도 있습니다. 중국의 수천 년 역사가 바로 그러합니다." 량치차오는 캉유웨이가 프랑스혁명을 전반적으로 부정하는 관점에 반대하고 프랑스 혁명에서 배울 게 아무것도 없다고 할 순 없다고 인식했다. 그는 영국을 가리켜 입헌정치가 가장 발달하고 가장 완성된 국가라 하면서, 영국의 가장 중요한 개혁은 1832년 일어난 선거제도 개혁인데 그것이 바로 프랑스 혁명에서 영향 받았다고 했다. 그리고 일부 유럽 국가의 정치 개혁도 바로 나폴레옹의 합병과 점령에서 기원했다고 했다. 그런 까닭에 량치차오는 이렇게 주장하고 있다. "이 점에 근거해보면 프랑스 혁명은 전 유럽에 많은 영향을 끼쳤음을 알 수 있습니다. 이 제자는 프랑스 사람들이 스스로 고난을 겪으며 전체 유럽 국민의 안정과 번영을 가져왔다고 생각합니다. 프랑스 사람들은 정말 가련하면서도 존경할 만합니다.(앞의 책, 235~236쪽)

량치차오는 "민지를 일깨우는 일에 대해서는 이야기해야 하지만 민권을 신장하는 일에 대해서는 이야기하지 말아야 한다"는 캉유웨이의 주장에도 의견을 달리하면서, 심지어 자신의 스승이 어째서 '장즈둥의 견해'를 언급하는지 경악을 금치 못하기도 했다. 량치차오는 민권을 신장하는 일과 민지를 일깨우는 일은 상호 보완관계라서 민권을 신장하지 못하면 민지를 일깨울 방법이 없고 또 민지를 일깨우지 않으면 민권을 신장하기가 아주 어렵다고 인식했다. 더욱이 당시 국민의 소양으로 볼 때 자유를 제창하지 않으면 민지를 일깨울 수 없고 민권도 신장할 수 없다고 생각했다. 그래서 다음과 같이 말했다. "이 때문에 오늘날 민지를 일깨우는 일이 시급하다는 사실을 알고 있다면 자유를 내버리고는 다른 방법을 쓸 수 없습니다. (…) 반드시 엄청난 힘으로 사람들을 격려하고 분발시켜 인습의 그물망을 뚫고 이미 차가워진 혈관을 데워서 끓는점까지 이르게 해야 합니다. 또 오랫동안 위축된 두뇌를 뒤흔들어 발광發狂의 지경에까지 이르게 해야 합니다. 이처럼 혈관이 한번 끓기 시작하고 두뇌가 한번 미치기 시작하면 아마도 새로운 이점이 생기면서 중화中和의 경지에 이를 수 있을 것입니다."(앞의 책, 236~237쪽) 또 량치차오는 개개인이 모두 자유를 얻어야만 중국인의 정신 면모를 완전히 일신할 수 있고 이에 따라 중국의 정치에도 새로운 기상이 더해진다고 주장했다.

『청의보』에서 『신민총보』까지

캉유웨이와 량치차오 두 사람의 사상은 이미 합치되기 어려운 차이점을 드러내고 있었지만 실제 행동에서는 량치차오가 캉유웨이에게 양보할 수밖에 없는 상황이었다. 이로 인해 가장 분명하게 드러난 상황은 바로 쑨원과의 왕래가 중지되어 쌍방 간 합작 노력이 수포로 돌아갔다는 점이다. 『청의보』도 캉유웨이가 원하는 대로 마이멍화에게 맡겨 관리하게 했다. 『청의보』는 창간 이래 량치차오 주관하에 혁명과 민권을 고취하는 문장을 많이 발표했고 황제 보위 관련 문장은 게재가 아주 드물었다. 캉유웨이는 여기에 줄곧 불만이었다. 그러나 그는 일본에서 멀리 떨어진 곳에 있어 아무 영향을 미칠 수 없었기 때문에 어떻게 할 수가 없었다. 량치차오는 자신의 충동적 행동으로 인해 미국으로 갈 기회를 얻을 수 있었다. 캉유웨이는 량치차오를 하와이 호놀룰루로 보내 보황회 사무를 보게 했다. 캉유웨이에게 이 일은 일석이조 효과를 가져다주었다. 량치차오는 광서 25년(1899) 호놀룰루에 도착해 광서 26년(1900) 7월 일본으로 돌아왔다. 그러나 일본에 체류하지는 않고 바로 중국으로 귀국해, 거사를 준비하고 있던 탕차이창을 지원했다. 자립군 거사가 실패한 후 탕차이창은 피살되었고 량치차오는 홍콩과 싱가포르로 가서 캉유웨이를 만났다. 그리고 그곳에서 좀 머물다가 호주 보황회의 초청을 받고 호주 여행을 했다. 목적은 주로 자금을 마련하기 위함이었다. 광서 27년(1901) 봄과 여름 교차기가 되어서야 일본으로 돌아왔다. 이 기간에 캉유웨이가 비교적 신임하는 제자가 량치차오에게 의심을 품었다. 광서 27년 4월 량치차오는 호주를 떠나면서 캉유웨이에게 편지를 보내 뤄샤오가오가 자신을 신임하지 않는다고 불평을 늘어놓았다. "샤오가오가 편지를 보내와서 이 제자가 진실하지 못한 말을 한다고 의심했습니다. 이 제자가 스승님을 섬기며 얼마만 한 은혜를 받고 있고 또 얼마만 한 대의명분에 입각해 있는데 그자가 어찌 감히 권모술수를 장자長者 앞에 늘어놓을 수 있단 말입니까?" 여기서 표면적으로 이야기하는 것은 모금액인데 뤄샤오가오는 량치차오가 모금액을 속여 보고했다고 의심했다. 그러나 이 말 내면에 심층적 원인이 숨어 있지 않다고 말하기 어렵다. 따라서 량치차오는 캉유웨이가 자신을 남미로 보내 모금활동을 하게 하려는 일을 완곡하게 거절하며 이렇게 말했다. "바라옵건대 나가사키에 거주하며 국내의 일을 담당하고 싶습니다."(앞의 책, 262~263쪽)

량치차오가 일본으로 돌아오고 나서 반년 후인 1901년 11월 『청의보』 100호가 간행되었다. 량치차오는 이 특별한 날을 기념하기 위해 「청의보 100호를 축하하며 신문의 책임 및 본 신문사의 역사를 논함淸議報一百冊祝辭并論報館之責任及本館之經歷」이란 기념 문장을 썼을 뿐 아니라 100호 기념 특대호를 간행했다. 그러나 뜻밖에도 특대호를 간행하고 얼마 지나지 않아 요코하마 거류지 152번지 사옥에 불이 나 사옥과 신문사의 모든 설비가 잿더미로 변하고 말았다. 엎친 데 덮친 격으로 보험증서에 신문사 담당자 성명을 기입하지 않아서 보험회사에서는 배상금 지급을 거절했다. 이 때문에 『청의보』는 결국 정간될 수밖에 없었다. 량치차오는 앞의 글에서 '신문사의 힘과 책임을 서술하고 다시 거듭해서 자유를 향한 자신의 갈망을 언급했다.

『청의보』 사업은 비록 작은 일이지만 신문 사업으로 보면 작은 일이 아니다. 영국의 전前 대신 버크3가 일찍이 하원에서 신문기자석[각국 의회는

---

3 에드먼드 버크Edmund Burke(1729~1797). 18세기 중후기에 활약한 영국 보수주의 정치가. 『프랑스 혁명에 관한 고찰Reflections on the Revolution in France』(1790)을 남겼다. 언론을 '제 4계급The Fourth Estate'이라고 최초로 일컬은 인물이다. 이 말은 토머스 칼라일Thomas Carlyle

회의 때마다 따로 자리를 마련하여 신문기자들이 회의를 방청하며 내용을 기록하도록 한대]을 가리키며 감탄했다. "저분들이 아마도 귀족, 성직자, 평민으로 이루어진 3대 계급 밖에서 절대 세력을 형성하는 제4계급일 것입니다."[영국 의회는 귀족, 성직자, 평민 세 계급으로 구성되어 있었고, 대체로 영국 전체 국민은 이 3대 계급을 벗어나지 않았다.] 일본의 마쓰모토 쿤페이松本君平는 저서 『신문학新聞學』에서 신문의 공덕을 이렇게 찬양했다. "그것[신문]은 예언자와 같아서 국민의 운명을 점괘처럼 읊어낸다. 그것은 재판관과 같아서 국민의 의옥疑獄[옥사獄事]을 판단한다. 그것은 위대한 입법가와 같아서 법률을 제정한다. 그것은 위대한 철학자와 같아서 국민을 교육한다. 그것은 위대한 성현과 같아서 국민의 죄악을 탄핵한다. 그것은 구세주와 같아서 하소연할 수 없는 국민의 고통을 자세히 살펴 구제의 길을 마련해준다." 그의 진술은 진실로 그러하다! 근세 서양 각국은 문명 발달이 일취월장하고 있다. 이미 지나간 수천 년과 비교해보면 새로 별천지를 개척한 듯하다. 이런 경지에 이른 까닭은 무엇인가? 혹자는 말하기를 프랑스대혁명의 산물이라 한다. 그럼 그 대혁명을 탄생시킨 것은 무엇인가? 혹자는 말하기를 중세 신권 전제정치에 대한 반동력이라 한다. 그 반동력을 불러일으킨 것은 무엇인가? 혹자는 말하기를 새로운 학문과 새로운 예술이 발흥한 결과라고 한다. 새로운 학문과 새로운 예술을 발흥시킨 것은 무엇인가? 다른 게 아니라 사상의 자유, 언론의 자유, 출판의 자유라는 3대 자유가 모든 문명의 어머니다. 근세세계의 각종 현상은 모두가 3대 자유의 자손이다. 신문은 진실로 전국 인민의 사상과 여론을 모은다. 혹은 큰일 혹은 작은 일, 혹은 정밀한 일 혹은 거친 일, 혹은 점잖은 일 혹은 우스운 일, 혹은 급진적인 일 혹은 순종적인 일을 전부 하나하나 국민에게 소개한다. 신문업은 이 때문에 모든 것을 삼킬 수도 있고 모든 것을 토해낼 수도 있다. 모든 것을 생산할 수도 있고 모든 것을 파괴할 수도 있다. 서양 속담에 이르기를 신문이란

이 저서 『영웅숭배론』과 『프랑스 대혁명』에서 인용하고, 이후 19세기 상반기에 헨리 브루엄Henry Brougham과 토머스 매콜리Thomas Macaulay가 다시 언급하면서 보편적으로 쓰였다.

국가의 이목이며 입이다. 신문은 인간사회의 거울, 문단의 왕, 미래의 등불, 현재의 식량이다. 위대하도다! 신문의 힘이여! 무겁도다! 신문의 임무여! (『음빙실합집·문집』 제6권, 49쪽)

량치차오는 또 『청의보』의 특색을 네 가지로 언급하고 있다.

첫째, 민권을 제창했다. 시종일관 이 뜻을 견지하며 유일무이한 목적으로 삼았다. 갖가지 방법을 제시하고 갖가지 수단을 강구하면서 수많은 변화를 도모했지만 끝까지 이 목적에서 벗어나지 않았다. 바닷물이 마르고 바위가 다 닳아 없어지더라도 이 뜻을 우리 나라에 보급하지 않고는 그만두지 않으려 했다. 둘째, 철학 이론을 쉽게 풀이했다. 동서양 석학들이 쓴 책을 읽고 그 학설을 풀이해 중국으로 수입하는 일에 힘썼다. 나 스스로 소득이 있었다고 감히 말할 수는 없지만 한 치를 얻으면 한 치를 제공했고, 한 자를 얻으면 한 자를 제공했다. 『화엄경華嚴經』에서는 "아직 자신을 제도濟度할 수 없더라도 먼저 다른 사람을 제도하는 것이 보살의 마음이다"라고 했다. 이것으로 국민의 책임을 만분의 일이라도 다하려 했을 뿐이다. 셋째, 조정의 상황을 분명하게 전했다. 무술년의 정변, 기해년의 후계 확정, 경자년의 의화단 분란 등이 발생해 그 사건에 포함된 음모와 악랄한 수단이 나라를 병들게 하고 국민을 해칠 때, 본보는 그 세밀한 내막을 상세히 밝히고 진상을 폭로했다. 또 권력을 가진 간신배를 질책하는 데 조금도 관용을 베풀지 않았다. 넷째, 국치를 반복해서 다루었다. 우리 국민에게 우리 나라가 세계에서 차지하는 위치를 알게 했고, 동서 열강이 우리 나라를 대하는 정책을 알게 했다. 또 과거를 거울삼고 현재를 관찰해 미래를 도모하게 했다. 국내와 국외 상황에 한결같이 생존경쟁과 적자생존이라는 진화론 원칙이 적용되기 때문에 그것을 외치고 질책해 동포들이 깨닫기를 소망했다. 이 네 가지는 진실로 『청의보』 맥락脈絡[기맥氣脈]의 정수였다. 한마디로 총괄하자면 '민지를 깨우치고 민기를 진작시키는' 일이었다. (앞의 책, 54쪽)

이 량치차오 진술에서 우리는 그와 캉유웨이의 사상 차이가 여전히 해결되지 않았음을 어렵지 않게 알아차릴 수 있다. 량치차오는 고집스레 자기 관점을 견지하면서 캉유웨이가 자신을 비판하는 부문에 대해서도 그렇지 않다고 생각하고 있다. 캉유웨이가 분명하게 반대한 '자유서'라는 특별 코너까지도 그는 여전히 자랑하고 있다. "비록 너무 단편적이어서 전체를 볼 수는 없지만 거기에서 힘써 집중하려 한 것은 물질적 부문이 아니라 정신적 부문이었다. 정밀하고 예리한 필치로 미묘한 이치를 설파하며 완곡한 말로 정곡을 찌르니 읽는 독자들이 아주 기뻐했다."(앞의 책) 탄쓰퉁의 『인학仁學』이 『청의보』에 연재될 때도 격렬한 반만反滿[반청反淸] 논조와 군권君權 비판 내용 때문에 캉유웨이가 여러 차례 간섭하며 원고 철회를 요구했다. 심지어 캉유웨이는 직접 해당 조판을 헐고 재판을 찍지 말라고 명령을 내리기도 했다. 그러나 량치차오는 『인학』을 더욱더 칭찬했다. "그 사상은 우리가 능히 도달할 수 없는 경지이며 그 발언은 우리가 감히 말할 수 없는 수준이다. 실로 중국에 일찍이 없던 글이며, 중생이 값을 매길 수 없는 보배다."(앞의 책)

『청의보』를 정간한 지 얼마 지나지 않은 광서 28년(1902) 정월 량치차오는 그의 신문업 생애에서 가장 중요하고 가장 빛나는 간행물인 『신민총보新民叢報』를 창간했다. 『청의보』를 정간한 지 1개월밖에 안 된 시점이었다. 량치차오는 펑쯔산馬紫珊, 황웨이즈, 덩인난鄧蔭南, 천뤄성 등을 새로운 창간 주력군으로 초빙해 독자들에게 뜨거운 지지를 받았다. "그 왕성한 판매량이 정말 불가사의할 정도였다."(『량치차오 연보 장편』, 272쪽) 창간호는 네 차례나 다시 찍었으며 그 이후 각 호도 늘 판수를 거듭했다. 아주 짧은 시간에 발행량이 5000부를 돌파했고, 가장 많을 때는 1만4000부에 이르렀다. 일본과 중국 내 장쑤·저장·안후이·후난·후베이·장시·광둥·광시·쓰촨·푸젠·산둥·즈리·상하이·톈진 등의 성과 도시를 제외하고도, 조선·베트남·타이·호주·미국·캐나다 등지 및 당시 영국 식민지 홍콩에도 판매처가 개설되었다. 이 기간 편집부 일손이 모자라 거의 량치차오 혼자 편집 업무를 담당했다. 당시에 그는 매일 밤 대동학교로 가서 학생들에게 중국 역사를 강

『신민총보』표지. 1902년 2월 8일, 량치차오는 일본
요코하마에서 『신민총보』 반월간을 창간하여 서구 학
설을 소개하고 유신변법을 선전하는 데 힘을 기울였
다. 『신민총보』는 중국인이 창간한 최초의 대형 종합
잡지다.

의했고, 낮에는 야마시타 정山下町에 있는 『신민총보』 편집부 3층에서 글을
썼다. 그는 매일 거의 5000여 자나 되는 문장을 썼다. 이때가 량치차오 일
생에서 정력이 가장 왕성하고, 글도 가장 많이 쓰고, 명성도 가장 혁혁한
시기였다.

량치차오는 『신민총보』「장정章程」에서 창간 목적을 밝혔다.

본보는 『대학大學』에서 신민의 뜻을 취해 우리 나라를 새롭게 하려고維新
한다. 이를 위해 먼저 우리 국민을 새롭게 해야 한다. 중국이 떨쳐 일어
나지 못하는 까닭은 국민의 공덕이 부족하고 지혜가 열리지 않았기 때

문이다. 따라서 본보는 오로지 이러한 증상에 약 처방을 내리고 중국과 서양의 도덕을 취합해 덕육의 방침으로 삼고, 정치와 학문의 논리를 두루 모아 지육智育의 근본으로 삼고자 한다. (앞의 책, 272쪽)

여기서도 우리는 량치차오 사상이 『청의보』 발간 시절과 일맥상통함을 알 수 있다. 그의 『신민설新民說』은 분명히 「중국 적폐 근원론中國積弱溯源論」을 한 걸음 더 발전시킨 논설이다. 그러나 규모는 더욱 방대해져서 『청의보』 때 문장과 비교할 수 없다. 량치차오는 이 한 해 동안 몇십 편에 이르는 글을 썼고, 어떤 글은 전문 저서에 해당될 정도로까지 방대했다. 몇십만 자에 이르는 거작 『신민설』을 제외하고, 『중국 학술사상 변천의 대세를 논함論中國學術思想變遷之大勢』 『중국의 재정 개혁에 관한 개인적인 의견中國改革財政私案』 『신사학新史學』 『중국 전제정치 진화사론中國專制政治進化史論』 『경제학 학설 연혁 소사生計學學說沿革小史』 『헝가리 애국자 코슈트전匈加利愛國者噶蘇士傳』 『이탈리아 건국 삼걸전意大利建國三傑傳』 『롤랑 부인전羅蘭夫人傳』 『스파르타 소지斯巴達小志』 『아테네 소사雅典小史』 같은 저작을 살펴보아도 편폭이 매우 방대하다. 량치차오는 또 아주 전투적인 문장을 썼다. 「학술 세력의 좌우 세계를 논함」 「혁명을 분석함釋革」 「종교인과 철학가의 장단점과 득실을 논함論宗教家與哲學家之長短得失」 「공교 보호는 공자를 존중하는 방법이 아님을 논함」 「정부와 인민의 권한을 논함論政府與人民之權限」 「소설과 군치群治의 관계를 논함論小說與群治之關係」 「불교와 군치의 관계를 논함論佛教與群治之關系」 「삼가 유학생 제군에게 고함敬告留學生諸君」 「삼가 요인들에게 고함敬告當道者」 「삼가 우리 동업 제군에게 고함敬告我同業諸君」 「페이성에게 답함答飛生」 「허스런에게 답함答和事人」 같은 글에는 량치차오의 정치적 태도가 선명하게 드러나 있다. 이 중 「공교 보호는 공자를 존중하는 방법이 아님을 논함」 때문에 량치차오와 캉유웨이 사이에는 다시 충돌이 일어나게 된다.

공교 보호의 입장을 버리다

캉유웨이와 량치차오에게서 공교 보호保敎는 새로운 문제가 아니었다. 적어도 캉유웨이는 만목초당 시기 이미 공교孔敎를 창립해 스스로 교주가 되려는 소망을 품고 있었다. 무술변법 이전 상하이에서 『시무보』를 주관하던 시기에는 량치차오도 적극적인 '공교 보호론' 고취자였다. "그는 사람을 만날 때마다 반드시 공교 보호의 의의를 설명해서" 많은 사람에게 반감을 샀다.(『음빙실합집·문집』 제3권, 10쪽) 장타이옌도 일찍이 이 일 때문에 량치차오 등과 격렬한 논쟁을 벌이다 주먹다짐까지 하는 등 매우 불쾌한 지경에 빠져들기도 했다. 이 문제도 량치차오와 캉유웨이가 맨 처음 결별하는 중요 원인으로 작용했다. 나중에 량치차오가 후난 창사長沙에서 강의할 때 황쭌셴도 그에게 공교 보호 언급을 줄이라고 권유했다. 비록 캉유웨이가 공교 보호 문제를 제기한 건 이해할 만하지만 과학이 발달한 오늘날에도 여전히 공교 보호를 제창함은 총명하지 못한 처사라는 말이었다. 황쭌셴은 량치차오가 존경하는 선배였고, 량치차오는 그의 말을 수긍했지만 아직 완전히 받아들인 건 아니었다. 량치차오의 또다른 선배 학자 옌푸[옌유링]도 이 일이 있기 전 량치차오에게 보낸 편지에서 공교 보호에 상이한 견해를 밝히며 그와 상의하고 싶다고 했다. 량치차오는 「옌유링 선생에게 드리는 편지與嚴幼陵先生書」에서 아주 겸손하면서도 과장된 어조로 이 일에 대해 얘기하고 있는데, 그의 풍모가 잘 드러나 있다. "보내주신 편지에서 공교를 보호할 수도 없고 보호할 필요도 없다고 말씀하셨습니다. 또 공교 보호를 계속해나가면 보호해야 할 근본이 공자의 가르침이 아니게 된다고도 하셨습니다. 이 대목을 읽으면서 저는 책상에 기대 미친 듯이 부르짖으며 사람들에게 말했습니다. '뜻밖에도 수천 년 동안 쪼개지지 않던 조롱박이 이 어른의 한마디로 완전히 쪼개졌다.' 선생님의 능숙한 말솜씨에는 불복하지만 용감한 발언에는 탄복합니다."(『음빙실합집·문집』 제1권, 109쪽) 그는 또 이렇게 말했다. "이 뜻은 제가 동지 여럿과 사석에서 자주 말한 것이지만 아직까지 감히 공개적으로 말하지는 못했습니다."(앞의 책) 량치차오의 이 말은 사적으로 옌 선생 의견에 찬성하지만 공개 장소에서는 감히 말할 수 없고 말하기도 불편하다는 의미다. 그러나 그는 말머리를 돌려 또 이렇게 언급했다. "중국은 지금 민지가 꽉 막혀 있고 민심도 모두 흩어져 있습니다. 장차 민지를 통하게 하려면 반드시 먼저 민심을 모아야 합니다. 모으는 방법은 반드시 사람들의 시선과 마음이 가장 집중되는 새로운 사상을 골라, 그 사상을 천거해 목표로 삼으면 민심이 모일 것입니다. 그렇게 민심을 모은 연후에, 목표로 삼은 사상 이외의 곁가지에까지 점차 관심을 확대해나가면 사람들이 쉽게 믿음을 갖게 되고 일도 쉽게 이루어질 것입니다. 비유컨대 민주는 진실로 이 시대를 구제할 좋은 계책입니다. 그러나 오늘날은 아직도 민주의 대의가 강구되어 있지 않으므로 차라리 먼저 군권에 의지해 제도를 전환하는 편이 더 나을 것입니다. 공교를 이야기하는 사람들의 뜻이 또한 이와 같을 것입니다. 그 의도를 선생님께서는 실행하실 수 있으신지요? 그럴 수 없다면 두 경계가 만나는 곳까지 범위를 넓혀 그것을 더욱 확대함이 더 좋을 듯합니다. 이 두 가지 뜻이 가슴속에서 갈등을 일으킨 지는 오래되었습니다. 부디 선생님께서 저를 위해 결정해주시기 바랍니다."(앞의 책, 110쪽)

그러나 몇 년 뒤 량치차오는 옌푸 선생의 결단을 기다리지도 않고 스스로 공교 보호 주장을 포기하는 결정을 내렸다. 그는 「공교 보호는 공자를 존중하는 방법이 아님을 논함」 소서小序에 이렇게 썼다. "이 글은 저자의 몇 년 전 이론과는 상반되는 것이라 이른바 나의 창을 들고 나를 찌르는 것과 같다. 오늘의 생각이 옳고 어제의 생각은 잘못된 것이니 감히 스스로 침묵하지 않으려 한다. 이는 사상의 진보인가? 아니면 퇴보인가? 나는 독자들의 사상의 진퇴에 따라 결정하고자 한다."(『음빙실합집·문집』 제9권, 50쪽) 황쭌셴까지도 량치차오의 거대한 사상 변화를 감히 믿을 수 없었던지 량치차오에게 보낸 편지에서 이렇게 언급하고 있다. "중국 신민은 틀림없이 공公의 손에서 나왔을 터인데, 만의 하나라도 공의 저작이 아니고 따로 저자가 있다면 그분 성명을 알려주시길 간절히 바라오. 또 이 글에 대한 공의 의견도 구하는 바이오."(『량치차오 연보 장편』, 282쪽) 황쭌셴은 이 글을 매우 높게 평가했다. 그는 『신민총보』에 발표된 이 글을 읽은 후 량치차오에게 장문의 편지를 보내 공교를 보호해서는 안 된다고 논의하면서 아울러 작자인 '중국 신민'이 누구인지 묻고 있다. 그는 이미 작자가 량치차오임을 짐작하고 있었지만 만약 다른 작자가 있다면 이름을 알고 싶다고 했고 또 이 글에 대한 량치차오의 의견을 요청하고 있다. 그러나 이 글은 캉유웨이를 매우 고통스럽게 했다. 량치차오가 먼저 이 글이 "나의 창을 들고 나를 찌르는 것과 같다"라고 분명하게 밝혔지만 캉유웨이는 마음속으로 량치차오가 사상 면에서 스승인 자신을 배반했음을 잘 알고 있었다. 당시 캉유웨이는 대대적으로 공교회孔敎會를 제창하면서 공교를 국교로 제정하자고 호소하던 중이었다. 량치차오가 쓴 글은 각지에서 막 흥기하던 '공자 존중, 공교 보호尊孔保敎' 운동에 찬물을 끼얹었고 대중이 [운동에] 적극적으로 참여하는 데 큰 손상을 입혔다. 그러나 량치차오는 그렇게 생각하지 않았다. 그는 글을 발표한 뒤 여러 차례 캉유웨이에게 편지를 보내 자신이 글을 쓴 이유와 입장을 해명했다. 그가 볼 때 당시 파나마·싱가포르와 일본 요코하마 등지에서 수많은 공자 숭배 활동을 벌이고 있지만 그것은 기실 공자 사상 전파에 추호도 도움을 주지 못하며, 구국의 상황과도 아무 관계가 없는 일로 여겨졌다. 그래서 량치차오는 "부질없이 헛된 문장만 지어 금전만 낭비할 뿐이니 진실로 그것을 학교에 투자하는 것만 못하다"라고 했다.(앞의 책, 277쪽) 량치차오는 싱가포르에서 20여 만 금을 모집해 공자 사당을 짓는 일에도 '매우 애석한 마음'을 표시하면서 "[그 돈을] 다른 공공사업에 투자하면 어떤 일을 막론하고 훨씬 좋은 결과를 얻을 것이다"라고 했다.(앞의 책)

캉유웨이는 공교 보호 문제를 언급하면서 여전히 몇 년 전 관점을 고수하며 "공교가 강해야 나라가 강해진다"라고 인식했다. 그러나 량치차오는 이미 그렇게 생각하지 않았다. "공교를 보호해 공교가 강해지는 것은 그럴 수 있지만, 공교가 강해지는 것이 나라의 이익이라고 할 수는 없다. 유럽의 라틴 민족은 종교를 보호하는 역량이 가장 강하지만 사람들은 모두 퇴화했고 국가도 나날이 쇠퇴했다. 스페인·포르투갈·이탈리아가 바로 이에 속한다. 튜턴 민족, 예를 들면 영국·미국·독일은 모두 정치와 종교가 분리되어 나라가 강성해졌다." 량치차오는 오늘날 구미 각 강대국이 강성해진 까닭이 모두 신권神權 통치 및 종교정신의 속박에서 벗어나는 과정을 거쳤기 때문임을 분명하게 목도했다. "또한 이 제자는 진실로 유럽대륙에 오늘 같은 날이 있게 된 까닭을 알게 되었습니다. 그것은 모두 교황의 속박에서 벗어날 수 있었기 때문입니다. 그렇지 않았다면 사상도 자유를 얻지 못했고 민지도 열리지 못했을 것입니다." 그는 또 르네상스와 계몽운동이 흥기하면서 베이컨, 데카르트, 헉슬리, 다윈, 스펜서 같은 사상가가 혁혁한 명성을 드날렸음을 목도했다. 이들은 모두 기독교를 공격하는 입장으로 유명세를 타면서 유럽에 커다란 공적을 남겼다. 이는 실로 헐뜯을 수 없는 사실이다.(앞의 책) 량치차오는 이런 사실에서 공자의 사상이 2000년 동안 중국인의 정신을 속박해 직접적으로 중국인의 노예성과 우둔함을 초래한 사실을 연상했다. 이 때문에 목전의 사회에서는 공자를 존중해서는 안 될 뿐더러 오히려 국민에게 공자 사상의 보수성을 분명하게 인식하게 해야 한다는 것이다. 몇 년 전에는 공자의 말을 빌려 '탁고개제托古改制'4를 주장했지만 지금에 이르러서는 이미 전혀 그럴 필요가 없어진 셈이었다.

그래서 량치차오는 공교를 이용해 기독교를 막으려는 것은 전적으로 소망에 불과할 뿐, 기독교를 막을 필요도 없는 데다 근본적으로 막을 수도 없다고 인식했다. 그는 다음과 같이 명확하게 지적하고 있다. "공교 보호 논리는 어디에서 시작되었는가? 기독교 침입을 두려워하며 그것을 막으려는 과정에서 생겨났다. 나는 그것에 대해 우려할 시기가 이미 지나갔다고 생각한다. 저 종교라는 것은 인류가 진화하는 두번째 문명시대에는 용납될 수 없다. 과학의 힘이 나날이 강성해지면 미신의 힘은 나날이 쇠약해진다. 자유 영역이 나날이 확장되면 신권 영역은 나날이 축소된다."(『음빙실합집·문집』 제9권, 53쪽) 공자 사상도 일종의 종교라 한다면 과학이 나날이 강성해지고 미신이 나날이 쇠약해지는 시대, 또 자유가 나날이 확장되고 신권이 나날이 축소되는 시대에는 국민의 정신 신앙에 적합할 수가 없다. 뿐

4 캉유웨이와 량치차오 등 변법유신 운동가들이 주장한 일종의 개혁론. 공자를 현실 개혁론자로 보고 옛날 공자의 정신에 의탁해 현재 제도를 혁신하자는 슬로건이다.

만 아니라 나날이 쇠약해지는 국가를 강성하게 변화시키기 위한 방향에서
는 공교가 오히려 중국인의 사상을 속박해 중국의 진보를 가로막는 걸림돌
로 작용할 수도 있다. 이러한 시대에 우리가 가장 강하게 외쳐야 할 함성은
과학을 제창하고 자유를 확장하자는 구호인데 하필이면 시대 흐름을 거슬
러, 다른 사람 말을 그대로 모방하고, 다른 사람 어조나 흉내 내고, 다른
사람이 버린 걸 주워 쓰고, 다른 사람이 미워하는 걸 사랑할 필요가 있겠
는가? 량치차오는 이렇게 인식하며 또 다음처럼 호소했다. "이 제자는 오
늘의 중국을 구제하려면 새로운 학설로 사상을 변화시키는 것보다 시급한
일이 없다고 생각합니다. —유럽의 흥성이 전적으로 여기에서 비롯했습니
다.— 그러나 처음에는 파괴가 없을 수 없습니다. 공자의 학문에는 새로운
세상에 적합하지 않은 점이 아주 많습니다. 그런데도 또다시 그것을 보호
하자고 제창함은 궤도가 다른 철길에 동일한 열차를 운행하려는 것과 같
습니다."(『량치차오 연보 장편』, 277~278쪽) 이 말이 량치차오 입에서 나올
수 있었다는 것은 정말 파천황破天荒[5]의 사건이었다. 이 말을 통해 우리는
그가 사상 학술 부문에서 새롭고도 중대한 전환점을 맞이했다는 사실을
분명하게 알 수 있다. 나중에 그는 『청대학술개론』에서 이 일을 언급했다.
"량치차오는 서른 이후로 '위경僞經'을 일절 입에 담지 않았고 '개제改制'에 대
해서도 그다지 많은 말을 하지 않았다. 그러나 스승 캉유웨이는 공교회를
개설해 국교로 정하고 하늘에 제사를 올리며 공자를 배향하자는 등의 행
사를 대대적으로 제창했고 국내에는 그에게 부화뇌동하는 사람들이 적지
않았다. 량치차오는 그렇게 생각하지 않고 누차 떨쳐 일어나 그의 학설을
반박했다."(『청대학술개론』, 86쪽)

량치차오가 보기에 중국은 2000년 동안 진보하지 않았는데 그 원인은
바로 "사상이 한곳에만 속박되어 새로운 국면을 개척할 수 없었기" 때문이

---

5 지금까지 그 누구도 하지 못한 일을 처음으로 해냄을 이르는 말. 중국 당나라 형주荊州 지방이
500년 넘게 과거 합격자가 없어 '천지가 아직 열리지 않은 혼돈한 상태'라는 뜻인 '천황天荒'이라 불
렸는데, 유세劉蛻라는 사람이 처음으로 과거에 합격해 천황을 '깼다破'는 데서 유래한다. 『북몽쇄언
北夢瑣言』에 전하는 말이다.

다. 그러기에 "공교를 보호하자는 사람들이 야기할 후과後果"도 바로 이와 같다는 것이다. 한편으로 량치차오는 또 사람들이 근세의 새로운 학문과 새로운 이론을 취해 공자 학설에 견강부회하는 건 "그들이 아끼는 것이 공자에 있지 진리에 있는 게 아니다"라고 했다. 다른 한편으로 그는 또 "옛 선현이 행하지 않은 것을 나는 감히 행할 수 없지만, 내가 그것을 행하면 틀림없이 옛 선현이 이미 행했음을 먼저 증명하는 게 될 수도 있다"라고도 했다. 『청대학술개론』의 서술은 다음과 같다. "이 병의 뿌리를 뽑지 않으면 사상 부문에서 끝끝내 독립과 자유의 희망을 가질 수 없다. 량치차오는 이 점과 관련해 여러 차례 의견을 표명했다. 그러나 논점이 스승과 합치되지 않아서 캉유웨이 학파와 량치차오 학파는 결국 분화될 수밖에 없었다."(앞의 책, 87~89쪽) 이는 량치차오가 20년 지나 객관적 입장에서 직접 한 말이다. 당시 캉유웨이는 단지 제자가 새롭고 기발한 학설을 내세워 자신에게 복종해야 할 의무를 피하려 한다고만 생각했다. 그는 심지어 량치차오가 패거리를 규합해 작은 영역과 작은 집단을 만든다고 의심하면서, 이로 인해 자신의 제자 내부에서 분열이 생기지나 않을까 걱정했다. 그러나 량치차오는 '양심의 자유를 말살하는' 듯한 이러한 비판을 수용할 수 없었다. "만약 선생님께서 나의 의견이 옳지 못하다 생각하시고 나를 비판하거나 가르치려 한다면 내가 기꺼이 받아들일 수 있지만 그래도 그 시시비비만은 분명하게 판별할 수 있기를 소망한다. 만약 내가 두마음을 품고 자립하려 한다고 말한다면 나는 그 의견을 감히 수용할 수 없다." 여러 해 뒤 량치차오는 이때 상황을 다음처럼 회고했다. "당시 의화단사건을 극복한 후 정부의 상처도 이미 아물게 되자 지난날 나쁜 습성이 다시 싹트기 시작했다. 그래서 이목이 닿는 것마다 모두 나의 분노를 증폭시켰다. 이 때문에 신문 논조도 나날이 과격해졌다. 임인년(1902) 가을 『신소설보新小說報』를 동시에 간행해 전문적으로 혁명을 고취하려 했다. 내 감정의 격앙은 그때 최고조에 이르렀다."(『량치차오 연보 장편』, 298쪽)

당시 상황은 확실히 이와 같았다. 신축년(1901) 연말 자희태후와 광서제가 함께 베이징으로 돌아옴으로써 1년 4개월 동안의 '피난'생활이 끝났다.

하지만 피난 시기 자희태후는 국내 여론의 압력으로 광서제의 명의를 빌려 '변법 시행 약속'의 조칙을 반포하고 '유신'을 추진하겠다고 선언했다. 아울러 무술변법 때 시행할 겨를이 없었거나 시행했다 해도 정변 후 취소된 항목들을 가져와서 거짓 동작만 취해 보였다. 이뿐 아니라 또다시 광서제의 명의를 빌려 「자신의 죄를 인정하는 조칙罪己詔」을 내렸다. 그러나 눈밝은 사람은 소위 '변법유신'이 다른 사람을 마주 대할 수 없을 만큼 수치심에 젖어 있던 이 늙은 여인의 위장술임을 금방 간파했다. 즉 자희태후는 변법 명의를 빌린 각종 조칙으로 자신의 수치심을 가리려 했을 뿐이었다. 기실 사람들은 청 정부가 정치체제 개혁 부문에서 어떤 실질적 개혁 조치나 진보 조치를 취했는지 아무것도 목도하지 못했다. 푸쥔溥儁에게 내려졌던 다아거大阿哥6 호칭은 취소되었지만 사람들이 바라던 광서제의 복위는 여전히 요원하게 보일 뿐이었다. 「신축조약辛丑條約」 체결 후 손해배상금으로 물어주어야 할 백은 4억5000만 량의 부담은 깡그리 백성들에게 지워졌다. 자희태후는 소위 대인다운 도량으로 "중화의 물력物力을 동원하여 외국의 환심을 사라"라고 지시했다.(광서 26년 12월 26일 조칙) 그러나 기실은 백성에게 책임을 떠넘기고 이를 위해 각지에 분분히 세금을 부과해 백성이 생업도 유지하지 못하게 했다. 하지만 관리들은 여전히 태평하게 가무를 즐기며 뇌물을 탐하고 불법을 저지르는 등 취생몽사에 빠져 부패하고 타락한 생활을 하느라 여념이 없었다. 망국의 위험이 이미 목전에 박두하고 있었다. 보황회 회원은 모두 충의심이 넘치는 애국 인사들이었으나, 이들은 오히려 청 정부에 의해 역적으로 간주되어 잔혹한 진압의 대상이 되었고 그들의 가족까지 체포·살해되었다. 량치차오의 논조가 나날이 과격해진 것은 바로 이러한 사회적 배경과 뗄 수 없는 관계에 있다. 그는 캉유웨이에게 보낸 편지에서 울분에 찬 어조로 다음과 같이 지적하고 있다. "만주 조정은 오래 지속될 희망이 없습니다. 지금 날마다 황제 친정을 바라고 황제 복위를 바라지만 어떻게 그것이 가능하겠습니까? 설령 가능하다 하더라도 만조백관이 모두 원수들이고 온갖 부패가 오래 이어졌으니, 황제께서 우리 당 사람들을 불러 벼슬에 등용한다 하더라도 절대로 우리 뜻을 실행할 수 없을 것입니다. 선생님께서는 파괴를 두려워하시고 이 제자도 애초에 이를 두려워 않은 것은 아니었지만 결국 파괴를 피할 수 없을 듯합니다. 파괴가 늦어질수록 더욱 비참한 결과만 초래할 뿐이니 차라리 그 시기를 일찌감치 앞당기는 편이 더 좋을 것입니다."(앞의 책, 286쪽)

량치차오는 이 편지에서 민주를 추진하고 청 정부를 반대하고 공교를 보호하자는 말을 입 밖에 내기 어려운 처지임을 인정했지만, 이러한 추세는 량치차오 한 사람만의 생각이 아니었다. 그와 동문인 쉬친, 어우쥐자, 한수위안韓樹園 등도 량치차오보다 열 배 넘게 과격하고 광기에 찬 논조를 펼쳤다. 량치차오도 단호하게 "중국에서는 만주 토벌이 가장 시의적절한 주의主義가 되고 있습니다"라고 지적했다. 게다가 그것은 "오늘날 시대 상황에 따른 것이니 진실로 그렇게 하지 않을 수 없는 상황입니다"라고 토로했다.(앞의 책, 286~287쪽) 공교롭게도 당시 미주 각지 화교들도 캉유웨이에게 편지를 보내 캉유웨이가 워싱턴처럼 철혈혁명鐵血革命의 수단을 이용해 중국인을 이끌고 청 정부를 타도한 뒤 민주적이고 자유로운 새 나라를 건설해주기를 희망했다. 캉유웨이는 제자와 동료들의 이러한 언급을 목도하고 그렇게 해서는 안 된다고 생각하면서 심각히 우려했다. 그래서 그는 당시에 장문의 편지 두 통을 써서 혁명 수단으로 만주정부를 배반해서는 안 되는 이유를 자세히 밝혔다. 한 통은 「미주 화교들에게 답장을 보내 중국에서는 입헌군주제를 시행해야 하지 혁명을 추진해서는 안 되는 사유를 논함復美洲華僑論中國只可行君主立憲不可行革命書」이고, 한 통은 「동학 제군과 량치차오 등에게 편지를 보내 인도의 망국이 각 성의 자치 때문임을 논함與同學諸子梁啓超等論印度亡國由於各省自立書」이다. 캉유웨이가 쓴 이 두 편지는 먼저 『신민총보』에 실렸고, 오래지 않아 『난하이 선생의 최근 정견 편지南海先生最近政見書』에 한데 묶여 단행본으로 출판되었다. 이 편지는 당시 거대한 영향력을 발휘했고, 이 때문에 보황당 내부에서 혁명을 고취하던 목소리가 잦아들었다.

---

6 청 황제의 맏아들을 부르는 호칭. 본래는 황위 계승 의미가 담겨 있지 않았으나, 청 말 광서제에게 아들이 없어서 자희태후가 단군왕端郡王 짜이이載漪의 아들 푸쥔溥儁을 다아거로 부르게 하고 황위 계승 자격을 부여했다.

량치차오가 계묘년(1903) 이후 혁명에서 개량으로 노선을 대전환한 것도 이 편지가 미친 영향 때문임을 배제하기 어렵다. 사회적으로 이 두 편지는 '반혁명 선언서'로 간주되었다. 장타이옌도 이에 자극을 받아 「캉유웨이의 혁명론을 반박하는 편지駁康有爲論革命書」를 써서 캉 씨의 관점을 통렬하게 반박하며 배척했다. 이후 장타이옌은 『소보蘇報』 사건으로 체포되어 수감되었다. 출옥 후 그는 『민보民報』에 가입해 『민보』와 『신민총보』 사이에 벌어진 대논전에 참여했다. 일정한 의미에서 보자면, 이 두 간행물 간 논전은 캉유웨이가 쓴 두 편지가 최초 도화선이었던 셈이다.

캉유웨이의 '반혁명'

캉유웨이는 두 편지에서 무슨 이야기를 했나? 주로 혁명을 해서는 안 되는 이유를 설명했다. 그는 우선 혁명을 배은망덕한 행위로 간주하고 자신의 제자와 대중을 통렬하게 질책했다. "그러나 분격憤激이 지나친 나머지 갑자기 혁명을 일으켜 자립하려고만 하면서도 홀로 몸을 바쳐 백성을 구제하려고 한 성군은 생각지도 않는가?"(『캉유웨이 정론집』 상책上冊, 474쪽) 이 말은 "너희가 날마다 혁명으로 만주족을 내쫓자고 하는데 그게 몸을 바쳐 백성을 구제하려 한 광서제에게 면목이 서는 일인가?"라는 의미다. 량치차오가 뒷날 자기 행위를 변명하면서 '만청 정부를 타도하려 함이 꼭 광서제의 하야를 요구한 게 아니라 오히려 그에게 초대 대총통의 임무를 맡기려 함이었다'고 한 진술이 이런 배경에서 나온 것이다. 그는 또 이러한 의미를 소설 『신중국 미래기新中國未來記』에서 대중화민주국大中華民主國 초대 대총통 뤄짜이톈羅在田 이름에 기탁한다. 이 이름은 광서제의 본명인 아이신쥐뤄 짜이톈愛新覺羅載湉의 동음한자에서 따온 것이다. 이러함에도 캉유웨이는 여전히 시대 추세를 살펴 의리를 밝히려면 혁명을 선택해서는 안 된다고 인식했다. 어찌되었든 혁명은 현명하고 지혜로운 행동이 아니라는 말이다.

캉유웨이가 목도한 시세와 의리는 무엇이었나? 당시 혁명을 주장하던 사람들은 흔히 영국, 미국, 프랑스의 상황을 거론하기 좋아했다. "오늘날 구미 각국이 부강하게 된 까닭은 국민이 자주권을 획득하고 다스림의 방법을 지극하게 개선한 때문입니다."(앞의 책, 475쪽) 본래 유럽 16개 국가 중 혁명이라는 수단을 사용한 나라는 프랑스 한 곳뿐이었고 다른 나라는 모두 입헌군주제를 선택했다. 그는 이렇게 사람들의 주의를 환기했다. "프랑스는 혁명을 제창한 결과 대혼란이 80년 동안 이어졌고 수백만 명이 피를 흘렸습니다. 그리고 혁명을 통해 민권을 제창한 사람이 그 기회를 빌려 자신이 임금이 된 뒤 압제를 자행했습니다. 예컨대 나폴레옹 같은 자가 2대 동안 황제 노릇을 한 것이 그것입니다." 캉유웨이는 또 만약 프랑스혁명이 진정으로 국가와 국민에게 행복을 가져다주었다면 혁명도 불가하지 않다고 했다. 하지만 사실은 다음과 같다고 했다. "지금 각국 헌법을 보면 프랑스 헌법이 가장 좋지 않습니다. 나라는 민주화되었지만 부강을 이루지 못했고, 임금은 타도했지만 대대로 세습직을 이어온 관리들은 타도하지 못했습니다. 저 관리들의 탐학과 압제는 끝 간 데까지 갔고 국민들의 사리사욕은 유럽 각국 중 가장 심합니다." 캉유웨이는 미국혁명은 이와 다르다면서 "혁명이 프랑스에서는 성공하지 못했지만 미국에서는 성공했습니다. 미국은 신생국으로 인구가 많지 않아 큰 부담이 없었기에 대대적 변혁을 아주 쉽게 추진할 수 있었습니다"라고 했다. 그러나 중국을 말하자면 미국을 배울 수도 없고 프랑스를 배울 수도 없다고 했다. 그 이유를 캉유웨이는 이렇게 진술하고 있다. "중국 정치, 풍속, 인심이 하루아침에 도약해 민주 세계로 들어가려는 것은 세 길 높이나 되는 누대에 오르려면서도 계단을 이용하지 않으려는 것과 같고, 드넓은 황허 강을 건너려 하면서도 배를 타지 않고 맨발로 뛰어 건너려는 것과 같습니다. 이렇게 하다가는 틀림없이 목적을 이루지도 못하고 누대에서 떨어지거나 물에 빠져 죽게 될 것입니다."(앞의 책) 말하자면 중국이 목전에 당면해 있는 조건에서 혁명을 추진하면 반드시 스스로 죽음의 구렁텅이로 빠져들고 만다는 말이다. 캉유웨이가 말하는 '의리義理'는 '삼세삼통三世三統'설을 가리키는데 '거란據亂' '승평升平' '태평太平'이라는 역사 3단계설이 바로 그것이다. "'거란'은 그 나라 안에서 군주가 전제정치를 펼치는 시기입니다. '승평'은 헌법을 제정해 군주와 국민의 권리를 정하는 시대입니다. '태평'은 바로 민주인데 평등이 달성된 대동세계를 말합니다."(앞의 책, 476쪽) 캉유웨이는 지금은 '거란' 세상이므로 한 걸음에 대동세상으로 도약할 수 없고 한 걸음에 민주사회로 달려갈 수 없기 때문에 입헌군주제를 시행할 수밖에 없다고 보았다. 캉유웨이는 논리를 갖추어 계속 이렇게 주장했다. "유럽 여러 나라가 지금 민주가 좋은 제도임을 모르겠습니까? 그런데도 그들은 왜 피 흘리는 희생을 치르면서까지 민권을 쟁취한 뒤 다시 다른 나라로부터 자신의 군주를 귀국시키려 하겠습니까? 부득이한 상황이 존재하기 때문입니다."(앞의 책) '부득이'라는 세 글자가 아주 중요하다. 이는 바로 역사적 객관성이 인간의 주관적 소망에 미치는 제약을 의미한다. 어떤 특정 시기에 어떤 일을 할 때 마음이 바라는 바대로 추진하는 것이 불가능할 때도 있다는 의미다. 그래서 그는 이렇게 언급했다. "근 100년 이래로 유럽 10여 개 강대국의 수많은 지사志士는 헌법을 제정해 군주와 국민의 권리만을 정했을 뿐입니다."(앞의 책, 477쪽) 캉유웨이가 볼 때, 이렇게 하여 국민이 얻은 것은 실제적 혜택이고 군주가 얻은 것은 이름뿐인 보위에 불과했으므로 이 일을 어찌 즐겁게 추진하지 않을 수 있겠는가라는 것이다.

자신이 자랑한 대로 무술년(1898) 이전에는 캉유웨이도 혁명을 고취하면서 "사생취의捨生取義의 태도로 천하의 선비 중에서 마음이 같은 사람들과 함께 행동하려 했다." 그는 자주 당시 몇 년 동안 자신이 행한 일이 모두 민권 쟁취를 위한 것이었다면서 "대체로 윗사람에게 의견이 받아들여지지 않았기 때문에 아래에서 투쟁하려 했다"라고 얘기했다. 그러나 그 이후 상황에 대해서는 이렇게 말했다. "무술년 황상께서 변법을 밝게 시행하며 100일 동안 유신을 추진하자, 해내의 모든 사람은 손을 이마에 얹고 자강을 이루기를 바랐으며, 세계만방 사람들도 얼굴색을 바꾼 채 공경심을 갖게 되었습니다. 이미 이루어진 성과는 천하 사람이 모두 아는 바이니 그것은 헛된 망상과는 다릅니다."(앞의 책) 영국와 프랑스 등 유럽 국가에서 100년 넘게 투쟁하고 수백만 명이 피를 흘려 가까스로 획득한 민권을 광서제는 "국민들의 청원을 기다리지도 않고, 또 세계만방의 변화를 살펴보지도 않은 채, 국민을 구제해야 한다는 이유만으로 신속히 국민들에게 민권과 자유를 부여했다"는 말이다.(앞의 책) 캉유웨이는 흥분을 억제하지 못하고 다음과 같이 찬탄했다. "그 마음이 지극히 어짊은 하늘과 같고, 지극히 공평함은 땅과 같습니다. 지공무사至公無私한 태도로 천자의 지위를 헤진 짚신처럼 간주한 일은 유럽 각국에서는 일찍이 없었고, 중국 수천 년 역사에서도 일찍이 들어보지 못했습니다. 대저 세계만방에서 힘써 투쟁하며 피를 흘려도 얻을 수 없었던 것을 우리 황상께서는 하루아침에 국민에게 가져다주셨으니, 우리 4억 국민은 피를 흘리지도 않고 힘으로 투쟁하지도 않고도, 하루아침에 유럽 각국 국민이 향유하는 자유와 민권의 큰 이익을 얻었습니다. 이 얼마나 위대한 덕망입니까?"(앞의 책, 477~478쪽) 그는 또 "이러한 황상을 우리가 차마 배신할 수 있단 말입니까?"라면서 광서제가 백성을 구제하고 변법을 추진하려 해서 불행하게도 자희태후에 의해 구금되어 유신 사업도 중도에서 폐기될 수밖에 없게 되었다고 인식했다. 캉유웨이는 또 이렇게 말했다. "어떤 사람이 우리를 구제하려다 큰 재앙을 만났을 때 우리 국민이 그를 구제해주지 않으면 보은하는 예법에서 공정치 못한 행위가 됩니다. 하물며 은인이 불행하게 재앙을 만나 적에게 포박되어 있을 때에야 말해 무엇하겠습니까? 그러함에도 창의 방향을 돌려 그를 공격하며 혁명 추진이니 만주 배척이니 하는 말을 내뱉는 일은 덕망을 원한으로 갚고 은인을 원수로 대하는 행위입니다."(앞의 책, 478쪽) 캉유웨이가 원한을 품은 인물은 오직 두 사람, 자희태후와 룽루였다. 그는 이 두 사람만 제거하면 모든 문제가 해결되는 만큼 청 정부를 타도할 필요가 없다고 낙관적인 믿음을 가졌다. 자희태후와 룽루는 나이가 이미 60세를 넘었고 광서제는 30세밖에 안 되었으니 일단 상황에 변화가 생기면 황제 복위는 반드시 이루어진다고 믿었다. 캉유웨이는 또 다음처럼 말했다. "황상께서 복귀만 한다면 즉시 변법자강을 추진할 수 있고 즉시 민권과 의회정치를 시행할 수 있으며 또 즉시 국민에게 자유와 민주를 선사해줄 수 있을 것인데, 여러분은 어찌하여 잠시 기다리지 않는 것입니까?"(앞의 책, 479쪽)

이는 물론 캉유웨이의 소망이었지만 그는 오히려 고집스럽게 혁명이 필요 없다고 하면서 차라리 사람들이 힘을 써서 광서제의 복위를 돕는 게 더 낫다고 보았다.

캉유웨이는 혁명이 국가의 상서로운 일이 아니라고 인식했다. 실제로 혁명에 성공했다 하더라도 그 상황은 결국 "이자성李自成의 연경燕京 입성이나, 황소黃巢의 장안長安 함락, 유방劉邦과 항우項羽의 관중關中 진입"에 지나지 않을 수도 있는 일이었다. 그뿐만 아니라 중국은 땅이 넓고 인구가 많은 데다 언어 소통도 어려워서 천하통일을 이루기가 쉽지 않을 수밖에 없다. 그러나 각자 정치를 하며 군사를 모아 자립을 도모하는 건 어려운 일이 아닐 수도 있다. 캉유웨이는 그런 시대가 되면 "피가 흘러 강을 이루고 사람의 시체가 즐비할 것이니 진秦, 수, 당, 원 나라 말기 상황이 틀림없이 오늘 다시 나타나게 될 것입니다"라고 했다.(앞의 책, 479~480쪽) 프랑스를 예로 들어보면 중국의 10분이 1도 되지 않지만 혁명 후 80년 동안이나 혼란기를 겪었다. 그러므로 중국에서 만약 대란이 발생하면 프랑스가 겪은 혼란으로 미루어보건대 틀림없이 수백 년이 지나야 안정을 되찾을 것이고 아니면 적어도 100년은 경과해야 안정을 되찾을지도 모른다. 더욱 준엄한 것은 당시 목전에 열강들이 중국을 호시탐탐 노리는 상황이라 중국이 혼란하지 않다 해도 [열강들은] 병탄의 희망을 품을 것인데, 어느 날 중국에 혼란이 발생하면 중국은 틀림없이 열강들에 의해 조각조각 분할되고 말 것이란 사실이다. 옛날 인도가 그러했던 것처럼 오늘날 중국도 그렇게 될 수 있다는 말이다. 캉유웨이는 아주 침통하게 진술했다. "대저 처음에는 [혁명을 통해] 변법자강을 도모하겠지만 마지막에는 내란이 일어나 스스로 멸망의 길로 나아갈 것입니다. 처음에는 국가를 구하고 종족을 보존하려 하겠지만 마지막에는 국민을 노예로 팔고 나라를 멸망의 수렁으로 몰아넣을 것입니다."(앞의 책) "혁명을 운위하는 자들은 대살육을 겪지 않으면 대안락을 얻을 수 없다고 말할 것입니다. 이 때문에 사람을 수억 명 죽이는 것이 그들의 마음속 소망이어서 그들의 마음을 움직일 수 없습니다. 그러나 혁명가들을 죽인다면 틀림없이 중국을 구제할 수 있을 것입니다. 하지만 그들이 서로 살육을 행하며 자신의 종족 수억 명을 죽인다면 도요새와 민물조개가 서로 물고 있다가 어부가 이익을 얻는 일과 같은 상황이 될 것입니다. 뜻있는 선비와 어진 사람들이 어찌 차마 이런 일을 할 수 있단 말입니까?"(앞의 책, 480~481쪽)

무릇 혁명을 고취하는 사람들은 모두 민권을 쟁취하고 자립을 쟁취하려 한다고 말하지만 캉유웨이는 그렇게 생각하지 않았다. 그는 민권과 자유 그리고 혁명은 근본적으로 다른 일이라고 보았다. 혁명이 반드시 민권과 자유를 실현해주는 건 아니며, 민권과 자유도 반드시 혁명을 통해서만 얻을 수 있는 건 아니라는 것이다. 그래서 그는 "진정으로 나라를 구하려는 마음과 국민을 사랑하는 성의가 있으면 민권과 자유만을 말해야지 혁명을 거론할 필요는 없습니다"라고 했다.(앞의 책, 482쪽) 캉유웨이는 혁명가들이 하는 말을 그다지 믿지 않았다. 캉유웨이의 관점에서 그들은 민권과 자유에 대한 민중의 갈망을 이용할 뿐이었다. 그들은 민권과 자유를 미끼로 대중을 선동해 자기네 패거리를 만들뿐이어서 만약 혁명이 성공하면 그 수괴는 스스로 군주가 되어 압제의 기술만 바꾸게 된다는 것이다. 캉유웨이의 말이 전혀 일리가 없다고 할 수는 없다. 기실 20세기 중국 혁명사가 그의 주장에 근거를 제공하고 있다. 게다가 캉유웨이는 정곡을 찌르는 일침견혈一針見血의 필치로 다음과 같이 날카롭게 지적하고 있다. 중국에서 "혁명으로 큰일을 이룰 사람은 지혜와 술책이 틀림없이 매우 뛰어난 사람이어야 하고 또 오랫동안 병권을 장악한 사람이어야 합니다. 중국의 효웅梟雄들이 가슴에 품는 것은 모두들 한 고조[유방]나 명 태조[주원장]의 마음일 터인데, 나는 이런 사람을 아주 많이 봤습니다." 그러므로 그들 중에서 워싱턴 같은 사람이 출현하기를 바랄 수 없다는 말이다. 프랑스는 대혁명 이전에도 사회발전 수준이 중국보다 훨씬 진보적이었는데도 나폴레옹의 출현을 저지할 수 없었다. 그런데 중국에서는 여태까지 민주 입헌의 사회적 기초가 나타난 적이 없는데도 만약 민권과 자유를 보장해주겠다는 혁명가를 경솔하게 믿게 되면, 그들은 권력을 장악한 후 진시황, 유방, 조조, 유유劉裕, 주원장이 되는 데 그칠 뿐 절대로 요, 순, 워싱턴이 될 수 없다는 말이다. 캉유웨이는 량치차오 등을 다음처럼 비평하고 있다. "한두 문장을 통해 기이함과 속성을 좋아하는 사람들은 날마다 프랑스와 미국 책을 읽으면서도 중국 정세는 자세히 살피지 않고 망령되이 그 책 속 학설만을 따릅니다. 이는 4억 목숨을 놀이마당의 소재로 삼는 일입니다."(앞의 책) 또 그는 설령 하루아침에 혁명이 성공했더라도 진시황, 유방, 조조, 주원장의 제업帝業을 도와준 데 그치게 된다고 했다.(앞의 책, 483쪽) 20세기에 진행된 중국 혁명을 겪어본 사람들은 캉유웨이의 예언에 탄복하지 않을 수 없다. 그런 과정을 사람들이 직접 몸으로 겪었기 때문이다.

그래서 캉유웨이는 또 이렇게 말하고 있다. "지금 중국에 틀림없이 존재하지 않는, 아직 믿을 수 없는, 아직 출현하지도 않은, 아직 효과를 드러내지도 않은 워싱턴 같은 공허한 대상에게 희망을 거는 것과 이미 존재하는, 이미 출현한, 이미 효과를 드러낸 황상에게 희망을 거는 것 중 어느 편이 낫겠습니까?"(앞의 책) 캉유웨이의 간절한 소망에는 물론 자신이 광서제에게 성은을 입은 일에 감사하고 보은하는 마음이 들어 있지만 당시 형세에 대한 그의 예측과 판단이 녹아 있지 않다고 할 수 없다. 그는 또 다음과 같이 얘기했다. "따라서 시대 상황을 살피는 자가 황상의 성인聖仁[성덕聖德과 인애仁愛]이 없고, 서태후와 룽루에게 절망하고 있다면 혁명을 운운해도 됩니다. 그러나 황상의 성인이 있다면 혁명을 말할 필요가 없습니다. 황상의 성인이 있는데도 황상이 독살되는 변란을 만나 황상 곁에 현신이 없는 상황에 절망하고 있다면 혁명을 운운해도 됩니다. 그러나 황상의 성인이 존재하고 또 그것이 여러 차례 변란을 거치면서도 아직 사라지지 않았다면, 장차 중국의 자강과 국민의 자유를 얻을 날을 바랄 수 있을 것입니다. 이런 상황에서는 혁명을 운운해서는 안 됩니다."(앞의 책, 485쪽) 기실 광서제의 성은에 보답하려 청 정부를 보호하는 데 진력하는 캉유웨이의 행동은 줄곧 혁명파에게 주요 공격 목표가 되었다. 그러나 캉유웨이는 스스로 보황을 공언하면서 그것을 결코 수치로 생각하지 않은 듯하다. 캉유웨이는 왜 혁명을 주장하는 사람들이 입만 벙긋하면 만주족을 공격하는지 이해할 수 없었다. 만주족은 중국인이 아니란 말인가? 정치제도가 불량하기 때문인가? 그러나 청나라 정치제도는 한, 당, 송, 명 나라 정치제도에서 온 것이지 만주족이 독창적으로 창조한 게 아니다. 그뿐만 아니라 청 정부는 명의 수많은 폭정을 폐지했다. 강희제康熙帝는 2000년 동안 지속된 노역제도를 없애고 일조편법一條鞭法을 시행해 백성이 더이상 노역으로 고통 받지 않게 했다. 그야말로 이는 고금을 통틀어 지극한 인정仁政이라 할 수 있을 정도다.(앞의 책, 487쪽) 만주족 중에도 물론 죽여야 할 사람이 있지만 그것은 자희태후와 룽루에 그칠 뿐이다. 캉유웨이는 또 혁명가들에게 질문을 던지고 있다. "날마다 문명을 이야기하면서 어찌하여 온 나라 사람을 모두 연루시키려 합니까?" "날마다 공리를 이야기하면서 어찌하여 지금 존재하는 나라와 종족을 분리하려 합니까? 이것이 어찌 막대한 패륜 행위라 하지 않을 수 있습니까?"(앞의 책, 488쪽)

캉유웨이는 이 두 편지를 인도 여행 때 썼다. 당시 그는 광서 25년(1899) 이래 몇몇 자기 신변 사람을 제외하고는 량치차오 등의 제자들과 거의 만날 기회가 없었다. 그런 터라 그들 사이에 사상 교류가 없었음은 더 말할 나위도 없다. 이로 인해 캉유웨이와 량치차오 사이에는 많은 오해와 차이가 생겨났다. 캉유웨이가 이 두 편지를 쓴 목적은 매우 간단하다. 바로 자신의 정치적 입장과 주장을 거듭 밝혀 더욱 격렬해지는 사상 혼란을 막기 위함이었다. 그는 이처럼 말했다.

저는 해외로 망명한 이래 친구나 문인들과 헤어져 쓸쓸하게 사는지라 강습과 토론을 못한 지가 오래입니다. 황상께서 환궁하시고 나서도 복위 소식은 들리지 않고 역적들이 정권을 잡고 있는 상황에 격분한 나머지 원통이 지나쳐서 더러 이단의 학설이 생겨나고 있다는 사실도 제가 모르는 바가 아닙니다. 또 지금 자유를 추구하는 풍조가 유행하고 새로움을 추구하는 학설이 나날이 극성하고 있지만 이 또한 고국에서 만 리나 떨어져 있는 제가 제어할 수 있는 바가 아닙니다. 오직 저는 보황회를 창설해 죽을 때까지 다른 생각을 하지 않을 작정입니다. 황상에게 변고가 생기지 않는다면 본래 목적을 조금도 바꾸지 않을 것입니다. 지금 각 신문에 게재되는 이론異論은 모두 저의 뜻이 아닙니다. 설령 저의 제자가 한 말이라 하더라도 보황과 입헌으로 민권과 자유를 달성하자면서 저와 의견을 같이하는 사람은 저의 동료지만, 혁명을 통해 만주족을 공격하자면서 보황의 취지에 상반되는 말로 저와 의견을 달리하는 사람은 저의 동료가 아닙니다. 설령 저의 문하 출신으로 더러 이미 유명세를 탔고 친히 저와 환난을 함께한 사람이라 하더라도 상이한 논설을 발표해 저와 반대되는 의견을 개진했다면 여러분들은 절대로 그것을 저의 뜻으로 생각지 마시고 절대로 그의 말을 듣지 마십시오. (앞의 책, 490쪽)

캉유웨이는 이 글에서 아직도 마음을 절제하며 량치차오의 이름을 거론하지 않고 있다. 그러나 그후 『불행하게도 내 말이 적중했고, 내 말을 듣지 않아 나라가 망했다不幸而言中, 不聽則國亡』라는 책에서 이 두 편지를 수록했고, 발문에서 직접 제자 량치차오와 어우쥐자를 질책하며 "어리석고 망령되고 무지하다"라고 했다.

제공諸公들은 종일토록 포식하고 배를 두드리며 무사태평한 모습으로 붓과 입을 동원해 망령되이 고담준론을 떠벌린다. 연방聯邦을 하자 연방을 하자 하기도 하고 방련邦聯을 하자 방련을 하자고 떠드니, 힘없는 백성은 무지해 제공들의 명성에 놀라거나 학자들의 웅변을 잘못 믿게 되었다. 그리하여 중국은 위태로운 지경에 빠져들고 말았다! 미국과 일본은 한마디로 우리를 오랑캐로 간주하며 보호국으로 삼으려 하는데 저들이 다시 진격해와도 그 의도를 알아채지 못하니 나라가 망할지도 모른다. 근 20년 이래 어리석고 망령되고 무지한 나의 제자 량치차오와 어우쥐자 등이 터무니없이 18성省 분할론을 제창해 지금까지도 각 성에서 이를 둘러싼 분쟁이 그치지 않고 있다. 이는 량치차오의 공이다. 어우쥐자는 『신광둥新廣東』이라는 책을 썼는데 그 해독이 지금까지도 가득 흘러넘치고 있다. 이제 『신광둥』이 염원하는 바처럼 새로운 광둥에 일곱 정부가 분립해 백성이 도탄에 빠져 있으니, 이는 어우쥐자의 공이다. 뜻밖에도 지금 또 아무개 군이 연방에 관한 학설을 제창해 전국 신문에 전재된 뒤 관련 논의가 분분하다. 이는 대체로 중국이 오래 존속하는 것이 두려워 망국을 재촉하는 이론일 뿐이다. 또 현재 러시아는 혁명이 일어나 9개국으로 분열되었고 이제 독일에 망할 지경에 이르렀다. 능히 주의하지 않을 수 있겠는가? 10년 이래로 신학문을 주장하는 학자들의 학설을 종합해보면 구미 학설의 찌꺼기를 모아 혁명, 자유, 공화, 연방 등 모든 이론을 거창하게 외치며 스스로 신학문을 알고 자신의 시대를 얻었다고 생각한다. 그러나 이들은 모두 맹인이 눈먼 말을 타고 한밤중에 깊은 연못으로 다가가는 것과 같은 부류일 뿐이다. 이는 심한 오류와 큰 어리석음에 빠져 중국을 멸망시키려고 발분하는 행위일 뿐이다. (…) 이 편지는 당시 전적으로 량치차오와 어우쥐자 두 사람을 가르치고자 쓴 것이었지만, [두 사람은 나와] 서로 헤어진 지 이미 오래되어 시대 상황에 흔들리며 나의 말을 듣지 않고 그릇되게 새로운 학설을 제창해 천하에 맹독을 퍼뜨렸다. 우리 국민은 삼가 이들을 거울삼아 인도 망국의 뒤를 따르지 말라. (앞의 책, 504~505쪽)

캉유웨이는 두 편지를 통해 자신과 량치차오 사이의 갈등을 공개하면서 심지어 사제관계를 끊겠다는 위협까지 서슴지 않았다. 오래지 않아 그는 또 량치차오에게 보낸 개인 편지에서 재차 이 점을 강조하고 있다. "대체로 목적이 서로 같지 않으면 부자 사이라도 관계를 끊을 수밖에 없다."(『량치차오 연보 장편』, 300쪽) 량치차오에게 이것은 아주 준엄한 사건이었고 그자신도 의견을 표시하지 않을 수 없었다. 캉유웨이는 량치차오에게서 참회 편지를 받고 나서도 분노가 다 진정되지 않았지만 잠시 그를 용서해줄 수밖에 없었다. "네가 통렬하게 자책하며 지성으로 참회한다는 사실을 알았다. 이 일은 중국의 전체 상황에 관련된 것이니 만큼 매우 기쁘고 다행스럽게 생각한다. 이전 일은 뜬구름이 하늘을 지나간 것과 같으니 모두 다시 거론하지 말라. 다만 너는 성질이 유동적이라 쉽게 변하니 만약 오늘날 나라 정세가 만국이 호시탐탐 우리를 노리는 시기에 처해 있음을 분명하게 보았다면, 뭉쳐야지 흩어져서는 안 되고 화합해야지 다투어서는 안 된다. 오직 외세에 항거하는 일만을 힘써 생각해야지 아무 까닭 없이 내란을 일으켜서는 안 된다. 이러한 뜻을 굳게 견지한 다음에 자기 논리를 펼쳐야 한다. 국민의 기본 바탕을 마련하기 위해 민지를 계발하고 민권을 요구할 때도 이것을 목적으로 삼아야 한다. 이 밖으로 더이상 지리멸렬한 논리를 펼쳐서는 안 된다."(앞의 책, 299쪽) 이 기간 황쭌셴도 량치차오에게 편지를 보내 민권, 자유, 혁명, 자립, 미래 정치체제 등의 문제를 토론했다. 공교 보호 문제에서 황쭌셴이 캉유웨이 관점에 동의하지 않은 점을 제외하면 다른 부문에서는 두 사람 간에 매우 비슷한 의견이 많았다. 그러나 황쭌셴은 어조가 아주 완곡했다. 예를 들면 이렇다. "그러나 모험주의, 진취주의, 파괴주의를 주장하는 대목을 읽을 때는 중국 국민에게 이러한 이상理想이 없어서는 안 된다고 생각했지만 구체적 일처리에서는 아직까지 그런 행동을 본 적이 없었네."(앞의 책, 301쪽) 황쭌셴은 또 다음처럼 말했다. "이처럼 권리에 관한 사상이 없고, 정치에 관한 사상이 없으며, 국가에 관한 사상이 없는 국민을 모험과 진취의 길로 이끌고 파괴주의로 격동시키는 건 비유하건대 8~9세 아이에게 날카로운 칼을 들려주는 것과 같아서 결국 그 칼로 스스로를 해치지 않는 경우가 드물 것이네."(앞의 책, 302쪽) 황쭌셴은 혁명 추진과 만주 배척에 대해서도 우려했다. "그러나 오늘날 국민이 이 사상을 견지해나가면, 나는 혁명을 제창한 사람들이 거란에 뇌물을 쓴 석경당石敬瑭[7]으로 변하거나 만주에 군사를 요청한 오삼계吳三桂[8]로 변할까 두렵네. 또 종족주의를 부르짖는 사람들은 한족, 선비족, 몽골족이 함께 섞여 살면서 통치받는 것을 원치 않는다고 하지만 결국 상황이 바뀌면 튜턴족, 슬라브족, 라틴족에게 통치받는 일을 면치 못할 것이네. 분리 통치를 제창하는 사람들도 어느 날 갑자기 상황이 유태국 멸망과 폴란드 분할과 같은 처지

---

7 중국 오대五代 후진後晉의 개국 황제. 본래 후당後唐 명종明宗 이사원李嗣源의 사위였으나 권력투쟁 과정에서 거란에 연계燕薊 16주를 할양하고 군사를 빌려 후당 정권을 전복하고 후진을 세웠다. 이후 역사에서 석경당은 나라를 외국에 팔아먹은 매국노의 대표자로 매도되고 있다.
8 명 말기에 만주족을 끌어들여 명을 멸망시킨 매국노.

로 바뀌면 지금 인도나 베트남이 남에게 다스림을 받는 경우와 같게 될 것이네."(앞의 책, 305쪽) 량치차오도 이에 대한 관점이 있었다. 그는 청 정부가 이미 민심을 잃어서 파괴는 불가피하며 결국 지지부진한 행동으로 화를 키우기보다는 조속한 행동으로 화를 줄이는 편이 낫다고 인식했다. 그러나 황쭌셴은 이렇게 량치차오를 훈계했다. "내 생각에는 야만에서 문명으로 나아가는 것이 세계의 진보이지만 그것은 반드시 점진적으로 이루어지지 단계를 뛰어넘어 단번에 도달할 수는 없네."(앞의 책) 황쭌셴은 또 의화단을 예로 들어 당시 국민의 소양을 설명하며 모험, 진취, 파괴, 혁명으로 그들을 선동해서는 안 된다고 했다.

량치차오는 민국 원년(1912)에 베이징으로 돌아왔다. 그는 언론계 환영회 연설에서 자신의 사상 변화에 대해 언급했다. "그후 유학생 및 국내 학교를 살펴보니 혁명 사상이 전파되면서 자주 시위가 일어나고 있었습니다. 제가 남몰래 생각건대 학생이 공부를 하는 건 장차 국가 건설에 쓰일 인재가 되기 위함이니 [저는] 파괴의 학설이 청년들 머릿속으로 깊이 파고드는 걸 정말로 원치 않았습니다. [저는] 또 아무 제한도 없는 자유 평등의 학설이 끝도 없이 폐해를 일으키는 것을 보고 떨리는 마음으로 두려움에 젖었습니다. 또 국민의 의식 수준을 묵묵히 살펴보고 나서 수준을 높이는 일이 쉽지 않음을 알았습니다. 이에 질서가 파괴된 후 보릿고개 같은 공백기가 도래하여 폭도들이 끝없이 생겨날까 두려웠습니다. 그렇게 되면 혁명을 제창하는 여러 현인이 있다 해도 결국 혼란을 수습하는 데 고심하지 않을 수 없을 것입니다. 게다가 근래에 국가 재정과 국민 생계가 모두 극도로 곤궁해진 상황인데, 혁명을 추진하다가 나라가 외국의 볼모가 되어 혹시 멸망하지나 않을까 두려웠습니다." 량치차오는 또 이렇게 말하고 있다. "계묘년(1903)과 갑진년(1904) 이후로는 『신민총보』에서 오로지 정치혁명만을 이야기했지 다시는 종족혁명을 이야기하지 않았습니다. 바꾸어 말하면 국체國體에 대해서는 현상 유지를 주장하면서도 정체政體에 대해서는 이상을 내세워 반드시 그 이상에 도달하고자 했습니다."(앞의 책, 298~299쪽) 량치차오는 이 연설에서 캉유웨이의 비평과 황쭌셴의 권유를 언급하지 않았지만 어떻든 임인년(1902)의 사상적 격동이 없었다면 아마도 계묘년 미주 여행 후 량치차오에게 발생한 정치사상의 근본적 변화가 없었을지도 모른다.

사제 간의 갈등, 관계 악화

량치차오의 사상적 '탈선'은 그와 캉유웨이의 관계에 한 겹 먹구름을 드리 웠다. 이로부터 사제지간의 왕래에도 더이상 과거와 같은 평탄한 모습을 기대할 수 없게 되어 한층 조심스럽고 걱정스러운 양상이 나타나게 되었다. 그뿐 아니라 두 사람 사이의 모순과 차이는 보황회 내부의 몇몇 사람에게 이용되어 이간질의 빌미가 되었으며, 이로 인해 새로운 사단이 만들어져 종종 불필요한 오해와 갈등이 야기되기도 하다가 결국 결별의 경계로 치달 렸다. 계묘년(1903) 정월 량치차오는 미주 시찰과 아울러 각종 보황회 사업 을 위한 주식 투자와 자금 모집을 위해 여행길에 나섰다. 그중에는 광지서 국廣智書局 주식을 확장하는 일과 곧 개설될 홍콩상회香港商會의 주식 투자 를 늘리고 상인을 모집하는 일이 포함되어 있었다. 이 두 가지 큰일이 바로 량치차오가 여행에 나선 목적이었다. 이 기간에 홍콩 및 마카오 지역과 일 본 요코하마 지역의 모순이 마침내 폭발했다.

보황회 성립 초기에 홍콩과 마카오는 광둥 성에 인접한 지리적 특성을 고려해 중국 국내로 사업을 확장하는 전진 기지로 이용되었다. 그리고 캉 유웨이가 일본 사람들의 힘으로 국경을 탈출하자 그곳은 더욱더 향후 활 동을 위한 가장 좋은 발판이 되었다. 캉유웨이와 량치차오의 수많은 친구 와 두 사람에게 동정적인 인사들이 모두 그곳[홍콩과 마카오]으로 모여들었 다. 그들 중에는 자신의 자금을 기꺼이 출연해 보황회 사업을 도우려는 상 업계 엘리트도 드물지 않았다. 그들은 곧바로 보황회 총국을 마카오에 설 치하고 허쑤이톈何穗田, 왕징루王鏡如, 어우쥐자, 한원쥐에게 일상 업무를 맡 겼다. 오래지 않아 어우쥐자는 미주로 파견되었고 한원쥐도 일본으로 떠났 다. 그때 마침 뤄짜오윈羅璪雲이 보황회에 가입해 홍콩과 마카오 총국의 실질적 지도자가 되었다. 광서 26년(1900) 초 량치차오는 캉유웨이에게 편지를 보내 홍콩과 마카오로 돌아가 총국 일을 주관하고 싶어했다. 그러나 당시 그는 쑨원과 긴밀하게 왕래하면서 두 당파 연합에 힘을 쏟고 있었기 때문에 캉유웨이에게 반감과 의혹을 받고 있었다. 캉유웨이는 량치차오의 행동에 마음을 놓지 못하고 그의 요청을 애매모호하게 묵살해버렸다.

그러나 당시 몇 년 동안 량치차오는 일본에서 신문을 발행하고, 학교를 열고, 책을 번역하고, 글을 쓰면서 명성을 드날리고 있었다. 량치차오가 해내외에 미치는 영향력과 호소력은 분명 캉유웨이를 능가하고 있었으며 그가 머물던 요코하마도 보황회의 또다른 중심이 되고 있었다. 이러한 상황에 캉유웨이는 물론 뭐라 말할 처지는 아니었지만 마음속으로는 걱정이 없지 않았을 것이다. 평소에는 두 사람 관계가 평온하고 무사하게 유지되었지만 일단 의견 차이와 알력이 생기자 서서히 원한이 표출되면서 둘의 관계는 악화되었고 끝내 그것은 돌이킬 수 없는 선입관으로 고정되고 말았다.

보황회 성립 후 그 활동 경비는 주로 세 부문에서 충당되었다. 첫째는 회원들이 납부하는 회비, 둘째는 재벌 회원과 부호 회원들이 하는 찬조, 셋째는 자체 사업으로 벌어들이는 수입이었다. 애초에 벌인 자체 사업은 모두 문화적 범주에 속했다. 예컨대 보황회는 이 시기를 전후해 『지신보』 『청의보』 『신민총보』 및 『신소설보』를 발간했고 광서 24년(1898) 연말에는 광지서국을 개설했다. 이러한 사업은 모두 자금을 모집해 주식을 발행하는 방식을 이용했다. 광지서국은 더더욱 광서 27년(1901) 이후로 홍콩과 마카오 거주 중국인 및 북미와 오세아니아 화교들에게 주식을 팔아 자금을 마련하려 했다. 당시 량치차오의 미주 여행도 광지서국의 주식을 확장하려는 데 목적이 있었다.

보황회 사업 아이템 중 『지신보』를 제외하고는 모두 량치차오가 실질적으로 관리하고 있었다. 당시 캉유웨이는 청나라 정부의 살해 위협을 받고 인도 다르질링Darjeeling으로 피신해 있는 터라 경제적으로 매우 곤궁한 상황에 처해 있었다. 이 때문에 량치차오가 주로 그에게 자금을 지원해주고 있었다. 자립군 근왕 운동이 실패한 후 보황회는 업무 중점을 학교 설립과 사업 확장으로 바꾸었다. 홍콩에서도 주식을 모집해 상업회사를 설립하자는 건의가 제기되었다. 당시 량치차오는 반대 의견을 표시하며 그 일이 쉽게 성공할 수 없다고 보았다. 펑쯔산과 황후이즈黃慧之 또한 그다지 찬성하지 않았다. 량치차오 등이 보인 태도는 홍콩과 마카오 동지들로부터 불만을 샀다. 그들은 량치차오 등이 보황회 총국을 도와주지 않으려 한다고 생각하고 량치차오와 황후이즈를 공격했다. 황후이즈는 화교 재벌인 동시에 광지서국 사장을 맡고 있었다. 이에 일부 인사가 광지서국 경영이 부실하다고 소문을 퍼뜨렸고 또 황후이즈의 사업체인 푸성타이福生泰의 자본이 전부 광지서국 운영 자금에 연루되어 있다고 험담했다. 황후이즈는 요코하마의 마이멍화, 펑쯔산, 탄보성, 뤄샤오가오에게 보낸 편지에서 이처럼 얘기하고 있다. "저들은 요코하마에 있는 분들과 거의 교류하지 않아서 본래 아무 선입관이 없었습니다. 그런데 근래에는 요코하마에 있는 분들을 가장 증오합니다. 이유는 두 가지입니다. 첫째, 역서국에 주식을 보태주면 상회商會의 주식 모집에 방해가 된다면서 이 아우 등이 역서국에만 신경쓰고 상회는 방치하고 있다고 합니다. 둘째, 신문사의 남은 주식을 넘겨주지 않고 탈취해 홍콩 총국의 운영 자금을 고갈시켰다고 합니다. [저들은] 이 두 일을 빌미로 마침내 요코하마 사람들에게 화를 내며 심한 말로 공격하고 있습니다."(『량치차오 연보 장편』, 313쪽) 당시 홍콩 측 주요 인사는 주로 뤄짜오윈, 쾅서우민鄺壽民, 왕징루 등이었고, 그들은 요코하마 측에 차라리 따로 독립해 각자 길을 가자고 위협했을뿐더러 캉유웨이 거처로 달려가 량치차오가 윗사람을 배반했다며 그의 죄상을 고발하기도 했다.(앞의 책, 320쪽) 이처럼 날조된 죄명은 캉유웨이와 량치차오의 관계를 쉽사리 악화시켜 마침내 캉유웨이의 분노를 불러일으켰다. 어찌할 수 없었던 량치차오는 오랜 동학인 쉬친[쥔몐]에게 도움을 요청했다. 캉유웨이 눈에는 이 충성스럽고 성실한 쉬쥔몐이 시속의 흐름에 쉽게 휩쓸리는 량치차오보다 더욱 믿음직스러울 수 있었기 때문이다. 기실 당시 상황도 이처럼 전개되었다. 쉬쥔몐은 캉유웨이와 량치차오 사이의 긴장관계를 풀어주려 캉유웨이에게 량치차오에 대한 좋은 말을 많이 하면서 량치차오를 "보황회 전체 업무에 가장 충실한 사람"이라 칭찬했다.(『캉유웨이와 보황회康有爲與保皇會』, 223쪽) 또 쉬쥔몐은 어떤 이들이 시시콜콜 량치차오와 황후이즈를 모함하고 있다는 사실을 알려주고 재빨리 캉유웨이에게 다음과 같이 권했다. "량치차오와 황후이즈 두 사람은 우리 당黨의 주춧돌이니 선생님께서는 절대로 그들을 공격하거나 의심하지 마십시오. 제발 부탁드립니다. 제발 부탁드립니다. 다른 사람이 그렇게 행동하면 아무 해가 없지만 선생님 입에서 그런 말이 나오면 두 사람이 큰 피해를 입습니다. 어찌 소인배들이 하는 말을 믿고 군자를 공격할 수 있단 말입니까?"(앞의 책, 224쪽)

량치차오는 경제적으로 곤란해진 캉유웨이를 구원하기 위해 몇 차례나 쾅서우민에게 부탁해 『신민총보』 운영 자금을 스승에게 보내달라고 했다. 그러나 캉유웨이에게는 그 돈이 어디서 났는지 일언반구도 언급하지 않았다. 쉬쥔몐과 어우쥐쟈에게 보낸 편지에서는 그 돈이 자기 돈이라고까지 했다. 캉유웨이는 이런 사정을 알지 못하고 여러 차례 편지에서 량치차오를 '무뢰배'라고 매도하기도 했다. 게다가 량치차오도 여러 차례 캉유웨이에게 편지를 보내 돈을 함부로 낭비하지 말고 절약하라고 권했다. 이 때문에 캉유웨이는 더욱 심하게 오해하며 량치차오에게 분노를 폭발했다. 당시 량치차오도 쉬쥔몐에게 편지를 쓸 수밖에 없었고 그 편지에서 불평을 토로하고 있다. "스승님께서 돈을 함부로 쓰지 않더라도 우리 동지들은 모두 그분을 봉양할 책임이 있습니다. 동지들 중 다른 사람이 이 노고를 분담할 수 없다면 그 책임을 제가 아니면 누가 지겠습니까? 저는 어떤 어려움이 있든지 간에 그 책임을 벗어던지지 않겠습니다."(『량치차오 연보 장편』, 319쪽)

이 '갈등'은 최종적으로 량치차오가 캉유웨이의 요구에 따라 홍콩 측 네 사람[허쑤이롄, 왕징루, 량톄쥔梁鐵君, 쾅서우민]에게 사과하고 자신의 잘못을 인정한 다음에야 잠시 평정을 되찾았다. 그러나 광지서국 문제는 전혀 해결의 실마리를 찾지 못했고, 경영 부실로 야기된 곤경은 계속해서 량치차오를 곤혹스럽게 했다. 몇 년 동안 캉유웨이도 량치차오가 처한 곤경을 해결하려 손을 썼다. 그는 직접 자금을 동원해 광지서국 자본금을 늘려주기도 했고 남몰래 탕줴둔湯覺頓을 시켜 주식을 관리하며 사태 악화를 막아보려고도 했다. 이 같은 노력에도 광지서국은 여전히 빈사 상태에서 고통을 겪다가 부득이 경영 중지를 선언했다. 이 일은 당시 해외에까지 떠들썩하게 전해졌다. 어쩔 수 없는 상황에서 최후에는 또다시 량치차오가 나서서 잘못을 인정하고 책임을 짐으로써 사태가 겨우 진정되었다. 선통 원년(1909) 4월 량치차오는 장문의 편지 한 통을 써서 미주 각 항구에 있는 제국헌정회帝國憲政會[전신은 보황회]에 보내 여러 해 동안 광지서국을 경영한 상황과 사태 해결 방안을 보고했다. 그는 편지에서 광지서국이 받은 첫번째 큰 타격은 황후이즈가 3만여 금을 횡령한 사건인데, "그 돈이 지금까지 어디로 사라졌는지 모른다"라고 인정했다.(앞의 책, 487쪽) 홍콩 측 어떤 인사가 말한 바와 같이 황후이즈가 광지서국 공금을 자기 사업에 사용했다는 소문이 전혀 근거 없는 일이 아니었던 셈이다. 다만 량치차오는 당시 황후이즈를 매우 신임하고 있었고 쉬친몐도 황후이즈를 변호한 적이 있다. 이 때문에 제때 황후이즈의 행위를 제지할 수 없어서 광지서국 사업에 큰 손실을 초래하고 만 것이다. 량치차오는 사람을 잘못 보고 황후이즈를 임용한 것이 모두 자기 책임이라고 인정했다.

그러나 광지서국은 이후에도 경영 문제로 어려움을 많이 겪었다. 이는 주로 다음 네 가지 문제로 귀납할 수 있다.

본 서국을 처음 설립할 때는 과거제도가 아직 폐지되지 않았기 때문에 인쇄해낸 책이 대부분 과거시험 참고서였다. 그러나 과거제도 폐지 후에는 이 책들이 전혀 팔리지 않았다. 임인년(1902)과 계묘년(1903) 두 해 동안 인쇄한 책 중 팔지 못하고 쌓아둔 책이 수만 위안어치나 되었다. 이것이 첫번째 어려움이었다. 이보다 앞서 국내에서는 우리 당 활동을 매우 엄격하게 금지했고, 각 관공서에서도 의식적으로 우리 당과 적대관계를 형성하려 했다. 이 때문에 서적의 확실한 판권을 구하려 해도 구할 수가 없었다. 그런데 본 서국에서 인쇄한 책 중 잘 팔리는 좋은 책은 모두 다른 서국에서 번각해 염가로 시장에 내다 팔았다. 이 일을 여러 차례 관가에 고발해 다스려달라고 했지만 그들은 전부 내버려두고 상관하지 않았다. 이 때문에 본 서국에서는 책을 한 권 출판할 때마다 본전도 건질 수 없었다. 이미 다른 서국에서 번각하고 난 뒤 본 서국에서 염가로 팔지 않으면 한 권도 팔 수 없는 상황에 처하곤 했다. 본전을 많이 들인 처지에 [책을] 염가로 판매하니 결국 자본을 깎아먹을 수밖에 없었다. 이것이 두번째 어려움이었다. 과거제도가 폐지되고 나서는 각 학당의 교과서 간행이 가장 성행했다. 그러나 교과서 간행은 반드시 학부學部의 심의를 거쳐야 했다. 근래에는 학부에서 직접 교과서를 편집하고 인쇄해 각 성 학당에 배포하고 있어서 이 부문의 이익도 각 서국이 가질 수 없게 되었다. 이것이 세번째 어려움이었다. 근래에 도서 시장 상황이 크게 나빠져서 강물이 낮은 곳으로 흐르는 듯 악화되었다. 이러한 상황에서는 자금이 풍부하고 주식이 80~90만 위안에 이르는 업체도 이익을 남기지 못하는데 하물며 우리 서국처럼 자금이 부족한 업체야 말해 무엇하랴? 여기에다 황후이즈 횡령 사건까지 겹쳤으니 비록 훌륭한 며느리가 있다 해도 빈 쌀독으로는 밥을 짓기가 어려운 상황이었다. 이것이 네번째 어려움이었다. (앞의 책)

당시 광지서국 주식 보유자들에게 해명해야 할 일이 또 한 가지 있었다. 바로 탕차이창 유족의 집안 경비를 도와주기 위해 몇 년 동안 광지서국 자금을 지출한 일이었다. 량치차오는 이렇게 얘기하고 있다. "탕 군의 형제는 모두 황제를 복위하려다 목숨을 잃었습니다. 조모는 90여 세이고 부모는 모두 70여 세입니다. 한집안 20여 식구가 늙은이나 환자가 아니면 여성과 어린이뿐이라 아침저녁 식사도 자급할 수 없는 지경입니다. 우리 당이 여러 사람과 함께 일을 도모하다가 그들이 죽었는데도 어찌 유족의 추위와 굶주림을 좌시하며 도와주지 않을 수 있겠습니까? 공금은 한 푼도 없었고, 저도 자력으로 도움을 줄 상황이 아니어서 부득이하게 광지서국에서 매월 100위안을 지급해주었습니다. ─근래 2년 동안은 서국의 힘이 달려서 점차 90위안으로 줄였습니다.─ 그 집 노인은 병으로 누운 지 오래라 거기에 소요되는 치료비와 약값은 별도로 지급했습니다. [자금 지출을] 신축년

광지서국 주식.

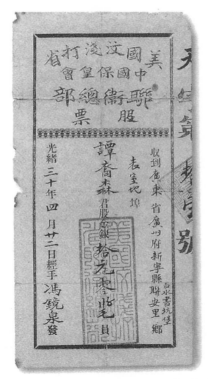

광서 30년(1904) 미국 미네소타 중국보황회 총부가 발행한 주식.

(1901)부터 지금까지 8년여를 지속했으니 여러분께서 계산해보시면 이 돈도 액수가 꽤 크다는 사실을 쉽게 알 수 있을 것입니다."(앞의 책, 487~488쪽)

량치차오는 이러한 상황에 두 가지 해결책을 제시했다. 첫째, 각 주주가 추천한 사람들에게 경영 장부를 자세히 조사하게 하고 서국 업무를 관장하게 한다. 황 씨가 횡령한 3만여 금은 량치차오 자신이 상환한다. 탕씨 집안에서 빌려간 1만여 금도 제군들이 함께 상의해 요청한다면 반드시 량치차오 자신이 상환하도록 하고 량 씨 자신도 책임을 지겠다고 했다. 그는 "이 두 가지 일은 모두 몇 년간 기한을 정해 계속 상환하도록 해야지 한꺼번에 상환을 요구할 수는 없습니다"라고 했다. 둘째, 현 상황을 계속 유지하면서 여전히 량치차오가 책임을 진다. 량치차오 스스로 목숨을 걸고 책을 쓰면 "1~2년 뒤에 서국의 원기를 회복할 수 있을 것이고, 그런 후에 본래 주식의 절반은 돌려주고 나머지 절반으로 이익을 낼 수 있을 것"이라고 했다.(앞의 책, 488~489쪽)

량치차오는 이 편지에서 자신의 명성에다 진솔한 정감까지 담아 성실하고 간절하게 어려움을 토로했다. 편지에는 게다가 논리와 이익과 절제의 미덕까지 담겨 있다. 주주들도 어찌할 수 없는 상황에서 한바탕 머리를 굴려보았지만 량치차오보다 더 좋은 방법을 제시할 수 없음을 알게 되었다. 당시 몇 년간 보황회는 해외에서 실제로 적지 않은 사업을 벌였지만 진정으로 이익을 남긴 사업은 많지 않았다. 그것은 한편으로는 물론 전문적인 경영 인재가 부족한 때문이었지만, 다른 한편으로는 보황회 내부의 권력투쟁과 인사 분규 같은 모순이 복잡하게 얽힌 데다 공과 사를 구분하지 않는 자들이 횡령으로 자기 배만 채운 때문이었다. 황후이즈가 바로 그런 사례였고 탄량譚良[탄장샤오譚張孝]이 10여 만 금을 삼킨 일도 같은 사례였다. 또 예후이보葉惠伯[예언葉恩]는 홍콩 총상회 회장이 되자 어업권漁票과 호텔酒店을 주관하며 7만 금을 횡령했다. 그가 수개월 동안 날린 돈은 캐나다 보황회가 9년 동안 받은 성금 액수에 맞먹었다. 황콴줘黃寬焯[화교 지도자]와 황르추黃日初[의사]도 사욕만 채우는 모리배로 간주되었다. 멕시코에서 부동산 투자와 전차 사업 투자가 끝내 실패하고 만 것은 그들이 크게 책임져야 할 일이었다. 거기에다 미국의 은행이 갑자기 도산하자 그 소식에 멕시코의 땅값도 크게 떨어졌다. 캉유웨이도 이전에 큰 희망을 걸었던 멕시코의 부동산 사업과 전차 사업이 너무나 위태로운 상황으로 변하고 말았다. 이 때문에 그는 화가 머리끝까지 치솟아 량치차오에게 보낸 편지에서 다음처럼 토로하고 있다. "사업과 관련된 일 때문에 여러 번 피를 토했고 지금은 두통과 간장통에 시달리고 있다."(앞의 책, 443쪽) 그러나 시행할 계책은 없었고 힘을 발휘할 능력 또한 없었다. 본래 광지서국을 구하려고 내놓은 자금에는 량치차오 등의 생활비까지 포함되어 있었지만 그 자금이 모두 간 곳 없어졌다.

이때가 바로 선통 원년(1909)이었는데, 보황회가 해외 사업에서 이미 막다른 골목으로 몰린 시기였다. 량치차오도 생활이 더욱 곤궁해졌고 "굶주림에 내몰려 결국 글을 팔아 생활할 수밖에 없는 지경"에 빠졌다. 그는 그해 5월 25일 둘째 동생 량치쉰에게 보낸 편지에서 이러한 상황을 언급하며 몇 개월 동안 줄곧 "굶주림을 면하기 위해 글을 썼다"고 했다. 그러나 량치차오는 괴로움 속에서도 즐거움을 찾으며 매일 제자 탕루이湯睿와 딸 량쓰순과 함께 책을 읽었고 또 독일어와 시 짓기를 배웠다. 그는 "심경이 이전보다 훨씬 즐거워졌다"면서 "정말 산을 나가고 싶지 않았다"고까지 당시 마음을 표현했다. 량치차오는 오래지 않아 생활비를 절감하기 위해 독일어 공부도 그만둘 수밖에 없었다. 그러나 그의 정서는 이러한 상황에 전혀 영향을 받지 않았다. 정신은 날마다 쓰면 쓸수록 더욱 반짝거렸고 심경도 더욱 태연자약해져서 그 즐거움이 끝이 없었다. 이 기간 량치차오는 진실로 당黨 사업에 대해 물으려 하지 않았기 때문에 점차 삶의 풍파가 잦아들면서 마음에 넉넉한 위로를 받을 수 있었다.(앞의 책, 490~492쪽)

그러나 량치차오가 "오로지 종적을 감추고" 살 수 있을지는 여전히 회의적인 상황이었다.(앞의 책, 493쪽) 기실 그가 량치쉰에게 편지를 보낸 한 달 반 전에 광시 성 후보도원候補道員9 류스지劉士驥[밍보銘博]가 자신의 광저우 집에서 피살되는 사건이 있었다. 이 살인 사건으로 보황회는 역사상 가장 심각한 내홍과 분열에 직면했고 량치차오도 이 사건에 연루되어 청 정

부 체포 명단에 올랐다. 량치차오는 같은 해 9월 23일 광시 순무 장밍치張
鳴岐[젠바이堅白]에게 편지를 보내 자신은 이 사건과 전혀 무관함을 직접 해
명했다. "근자에 또 소문을 들으니 공[장밍치]께서 류밍보 관찰사觀察使[도원]
사건으로 저까지 의심하시며 제가 심지어 이미 공문서에 지명수배자로 이
름이 올라 있다는 말씀을 하셨다 합니다. 저는 처음에 허황한 유언비어는
믿을 게 못 된다고 생각했지만 그 말이 앞뒤 근거가 들어맞고 또 그것이 헛
된 망언이 아님을 알고는 경악을 금치 못했습니다."(앞의 책, 495쪽) 그는 또
장밍치에게 이처럼 이야기했다. "몇 년 동안 해외 헌정회원[이전의 보황회원]
이 처리한 상업 업무에 대해 저는 계묘년(1903) 여름 이후로 털끝만큼도 들
은 것이 없습니다."(앞의 책) 량치차오는 진화공사振華公司까지 언급하며 자신
의 입장을 해명했다. "진화공사를 둘러싸고 의견이 분분하자 저들은 [광시
로 가서] 공[장밍치]을 배알한 뒤 진상을 밝히고 마지막 결정을 하려 했다는
데 이 또한 저는 전혀 모르는 일입니다."(앞의 책)

진화공사 사건으로 보황회가 붕괴되다

량치차오는 있는 힘을 다해 자신의 결백을 밝히려 했으나 캉유웨이는 오히
려 반드시 량치차오의 책임을 추궁해야 한다고 생각했다. 오래지 않아 량
치차오는 캉유웨이에게서 편지를 받았다. 캉유웨이는 편지에서 이렇게 언
급하고 있다. "세상의 변화가 나날이 심해지자 너는 또 깊이 생각하지도 않
고, 권리에 관한 학설을 크게 떠벌리고, 시운이 돌아 중국으로 온다고 말
하면서, 2000년 동안 전해져 내려온 공맹의 의리학義理之學을 파괴했다. 이
때문에 전국 각지에서 풍속이 바뀌어 오늘날까지도 타락의 극단을 달리고
있다. 대저 공자의 학문이 이미 공격을 당해 의지할 데가 없게 되었으니,
사람들이 이제 광기에 젖어 망동을 부리면서 서양 풍속을 빌려와 새로운

---

9 청나라 관직명. 도원은 도대道臺라고도 하며, 성省을 관할하는 순무 또는 총독과 부府를 관할
하는 지부知府 사이에 설치된 지방장관이었다. 후보도원은 정식 도원이 아닌 견습 도원을 말한다.

유행을 따르지 않으면 장차 어디로 가겠느냐? 따라서 네가 지금 '국풍國風'을 논하며 지극히 순정하고 엄밀하다고 하지만, 이 같은 사태를 초래한 연유를 따져볼 때 너는 자신의 잘못을 인정해야 할 것이다. 이 일은 네 혁명 주장과 같으므로 모두가 네가 초래한 것이다. 일을 이룬 것도 소하蕭何고 일을 망친 것도 소하成也蕭何, 敗也蕭何라는 말[10]이 있듯, 으뜸가는 공로와 으뜸가는 죄악이 모두 너에게 있다. 윈차오雲樵[어우쥐자] 등이 미쳐 날뛰는 것도 더욱 네가 조성한 결과이므로 지금 네가 후회한다 해도 이미 너무 늦은 것이다."(『캉유웨이와 보황회』, 362~363쪽) 이 편지에서 캉유웨이는 사태의 뿌리를 따지면서 진화공사 사건의 발생과 몇 년 전 혁명을 고취한 량치차오의 논리를 연계한 뒤, 그가 사람들의 사상을 혼란에 빠뜨려 분열의 씨앗을 심었고 그것이 진화공사 사건이 발생한 근본 원인이라 보았다. 캉유웨이가 거론한 윈차오는 만목초당 시절 량치차오의 동문 친구 어우쥐자다. 어우쥐자는 에노시마 결의에 함께한 열두 명 중 한 사람이기도 하다. 그는 량치차오와 함께 혁명을 고취하며 『신광둥』을 지어 각 성의 독립을 주장했다. 당시 량치차오는 캉유웨이에게 보낸 편지에서 형세가 급박했기 때문에 어우쥐자가 혁명을 주장하지 않았다 해도 다른 사람이 혁명을 주장했을 것이라고 했다. 량치차오는 또 다음과 같이 말하고 있다. "다른 사람뿐만 아니라 동문 중에서도 미친 듯이 혁명을 주장하는 사람이 있는데 이 제자보다 열 배나 과격합니다. 선생님께서는 아마도 아직 『문흥보文興報』를 보지 못하신 듯합니다. 쉬친과 어우쥐자가 『문흥보』에 발표한 이론과 기사로 나온 사건은 이 제자조차도 읽은 후 전율을 느낄 정도였습니다. 『광둥 성에서 조속히 자립에 관한 법률을 마련해야 함을 논함論廣東宜速籌自立之法』[나중에 단행본 『신광둥』으로 편집됨]이란 글은 27회나 연재되었는데, 이 글에는 '만적滿賊[만주 도적]' '청적淸賊[청나라 도적]'이란 말이 전편에 가득합니다."(『량

---

10 중국 속담. 소하는 한나라 건국 일등 공신으로 고조 유방의 승상이었다. 유방에게 한신韓信을 대장군으로 추천해 항우를 누르고 천하통일을 이루게 했고, 천하통일 후에는 계략을 써서 한신을 사로잡아 처형하게 했다. 이 고사에서 '일을 이룬 것도 소하, 일을 망친 것도 소하'라는 속담이 나왔다.

치차오 연보 장편』, 286~287쪽) 캉유웨이는 당시 량치차오의 죄는 용서했지만 어우쥐자에게는 계속해서 원한을 품고 있었다. 이 때문에 어우쥐자를 미주 지역으로 파견했을 뿐만 아니라 심지어 자신의 문하에서 파문할 생각까지 하고 있었다. 그러나 량치차오가 이상하게 느낀 것은 당시 캉유웨이가 그처럼 중요한 일을 어우쥐자에게 맡기면서도 자신에게는 먼저 상의조차도 하지 않았다는 사실이었다. 그는 이렇게 불만을 토로했다. "원차오[어우쥐자] 일은 나에게 알려주지도 않았는데, 원차오에 대한 신임은 그처럼 두터웠다." 량치차오는 어우쥐자의 사람됨을 알고 있었기에 마음속으로 깊은 근심에 젖었다.(앞의 책, 495쪽)

진화공사는 보황회가 경영한 마지막 사업체였다. 정미년(1907) 캉유웨이는 광시 순무 장밍치와 연계해 광시에서 진화공사를 설립하고 구이 현貴縣 톈핑산天平山 광산을 채굴하기로 결정했다. 이듬해 보황회[이때는 이미 제국헌정회로 개명]는 마침내 류루싱劉汝興, 예언[후이보], 어우쥐자, 량사오셴梁少閑, 류이런劉義任 등 5명을 진화공사 발기인으로 임명하고 미국으로 보내 주식을 모집하게 했다. 아울러 자금 1만7000위안을 마련해 교통비와 활동비로 쓰게 했다. 이때 장밍치는 특별히 도원직에 있던 류스지를 파견해 그들과 동행하게 했다. 당초 캉유웨이는 이번에 다시 한번 노력해 침체된 국면을 만회하려는 생각이었다. 그러나 예후이보와 어우쥐자가 미국 도착 후 갑자기 진화공사는 보황회와 아무 관계가 없다고 선언했다. 아울러 보황회가 운영하는 기업이 모두 부패해 있으며 캉유웨이 마음대로 자금을 빼내 함부로 유용하고 있다고 했다. 캉의 생질 유스인游師尹은 선통 원년(1909) 3월 25일 캉유웨이에게 보낸 편지에서 이렇게 알리고 있다. "진화공사 관계자들이 오고 나서 상황이 크게 바뀌었습니다. 민심은 뿔뿔이 흩어지고 사방에서 불만이 들끓어 오르고 있습니다. 각각의 사건도 이미 다 폭로되어서 있는 힘을 다해 막아보려 했지만 전혀 좋은 방도를 마련할 수 없었습니다. 지금은 사면초가 상황이라 미봉책을 쓰기는 진실로 어렵습니다."(『캉유웨이와 보황회』, 394쪽) 이에 "민심의 90퍼센트가 진화공사 편으로 기울어졌다." 그 원인은 바로 일의 내막을 잘 아는 그들이 "보황회 사업의 부패를 극력 질책하자 사람들은 더욱 유언비어를 믿게 되었고, 저들 사업 실패자는 더욱더 사람들에게 신임을 잃을 수밖에 없었기 때문이다."(앞의 책, 395쪽) 게다가 각 항구의 주주들은 본래 보황회 사업에 의견이 분분했고 여러 소문도 많이 전해졌다. 이런 상황에서 진화공사 관계자들이 선동하자 마침내 집안싸움이 일어나 상황이 걷잡을 수 없어졌다. 이 치명적인 일격을 당하자 보황회가 운영하던 기업들은 거의 전부 주주들의 지지 철회에 직면했고 결국 붕괴의 수렁으로 빠져들게 되었다.

예언은 캐나다의 재벌로 가장 이른 시기 보황회 회원 중 한 사람이었다. 그는 기업 경영 경험이 풍부해 줄곧 홍콩 총상회 회장을 지냈다. 어우쥐자는 캉유웨이의 제자로 캉유웨이를 10여 년간 추종하고 있던 터라 의견 차이가 발생했다 해도 사제지간의 의리는 없앨 수 없는 일이었다. 그런데 그들은 어째서 당시에 캉유웨이와 결별하려 했던가? 당초 어떤 사람은 그들이 재산 욕심에 두마음을 먹게 되었다고 추측하기도 했고, 어떤 사람은 또 그들 내부의 재무 관련 분쟁에 그 원인을 돌리기도 했다. 류스지가 피살된 후 어우쥐자와 예언은 청 정부에 캉유웨이와 량치차오를 사건의 배후 인물로 고발했다. 캉유웨이도 약한 모습을 보이지 않고 쉬친과 함께 바로 화교 상인을 선동해 청 정부에 상소문을 올려 어우쥐자와 예언이 "사업을 빌미로 반란을 도모했다"고 고발했다. 전하는 말에 따르면 어우쥐자가 어떤 사람에게 보낸 친필 편지에 분명하게 다음 내용이 적혀 있었다고 한다. "반란을 도모하려면 광둥, 광시, 윈난 3개 성에 심복을 파견하고 무기를 운반해야 하는데, 주식 수십만 위안을 모집하지 못하면 일을 추진할 수 없습니다."(앞의 책, 337쪽) 아마도 어우쥐자는 정말로 다른 생각을 품고 있었던 듯하다. 즉 어우쥐자는 사업을 빌미로 반란을 도모하려 상인들을 모집했고 흉악한 자를 매수했으며, 장밍치는 뇌물을 받고 어우쥐자를 비호했다고 한다. 캉유웨이는 이 사실을 증명한 증서에서 어우쥐자의 '죄상'을 더욱 다양하게 열거했다.

귀선현歸善縣(광둥 성 후이저우 후이양惠陽 구) 생원 어우쥐자는 음험한 성격에 문장을 잘 짓는 자로 혁명에 깊이 빠져들었습니다. 9년 전 『신광둥』
을 써서 만주족을 배척하고 18성省의 자립을 추구해야 한다는 뜻을 국
내외에 두루 알렸습니다. 그리고 바로 예언과 결탁하고 날마다 화교들을
선동해 반란을 일으키자고 부추겼습니다. 이 때문에 미국 샌프란시스코
에서 『대동일보大同日報』를 창간하고 지금까지도 혁명을 선동하고 있습니
다. 이 일은 미국 전역의 모든 사람이 다 아는 일로 분명한 증거가 있습
니다. 어우쥐자와 예언은 거짓으로 보황당에 의탁한 뒤 몰래 민심을 바
꾸려고 당론을 위반하다가 당수에게 크게 질책당했습니다. 그러자 또 얼
굴을 바꾸고 쉬시린徐錫麟, 슝청지熊成基, 쑨원의 술책을 모범으로 삼아
그것을 더욱 확장했습니다. 이에 도원 류스지에게 뇌물을 준 뒤 그의 심
복 예언, 량사오셴[량잉류梁應騮]과 함께 다시 도원을 죽였습니다. 량사오
셴은 더욱 음험한 자로 능숙하게 모략하는 방법을 배워 어우쥐자를 밖
으로 내몰고 자신이 중앙에 앉아 운동을 좌우했습니다. 이윽고 관리가
되고 나서는 순무의 세력에 의지해 상인을 모집하고 상인에게 겁을 주며
광시의 흉년을 기회로 반란을 모의한 뒤 광둥, 광시, 윈난, 구이저우에
근거해 자립을 도모하려 했습니다. 이 자들의 심모원려深謀遠慮[11]는 진실
로 쉬시린, 슝청지, 쑨원과 힘을 합쳐 한 패거리가 되려 함이니 더욱 은
밀하고 뿌리가 깊습니다. (앞의 책, 342~343쪽)

여기서 캉유웨이는 어우쥐자와 예언을 보황회 내부에 잠입한 혁명당이
라 했는데, 이는 사실상 여러 해 동안 보황회 내부에서 갈등을 빚어온 정
치 노선이 완전히 분열되었음을 외부에 공개한 발언이라 할 수 있다. 진화
공사 사건 발생 후 캉유웨이가 다시 수년 전에 일어난 '배만혁명排滿革命' 논
쟁을 언급한 것은 이 두 사건 사이에 밀접한 연관관계가 있음을 말해준다.
캉유웨이는 이번 분열을 야기한 근원은 바로 사상의 불일치에 있다고 보았
다. 설령 량치차오가 일찍이 공개적으로 '혁명' 이야기를 하지 않겠다고 선

---

11 깊은 꾀와 먼 장래를 내다보는 생각.

언했고, 캉유웨이도 "너는 7~8년 뒤에 다시 나를 배반할 것이다"라고 인정했지만 캉유웨이는 여전히 당시의 량치차오를 이 사건의 '수괴'로 간주했다. 그리고 캉유웨이는 량치차오가 "마음대로 행동하며 온갖 망언을 내뱉지 말아야 했는데" 결국 그렇게 하지 못해 오늘 같은 위기가 발생했다고 비판했다.(앞의 책, 363쪽) 량치차오가 어떤 식으로 자신을 변호했던지 간에 캉유웨이의 이러한 관점이 전혀 일리가 없다고는 할 수 없다. 어우쥐자가 이같은 지경에 빠질 수밖에 없었던 까닭도 '배만혁명'을 포기하지 않으려 한 그의 태도와 깊이 관련 있다. 전해오는 이야기에 의하면, 어우쥐자는 "분수에 맞지 않게도 여러 차례 위험한 일을 저지르려 했고" 그때마다 량치톈이 극력으로 만류했지만 효과는 매우 제한적이었다고 한다.(「량치톈이 탄장샤오에게 보내는 편지梁啓田致譚張孝書」, 『캉유웨이, 량치차오와 보황회康梁與保皇會』, 166쪽) 그후 어우쥐자는 진화공사 발기인이 되어 뉴욕으로 가게 되자 마침내 웅지를 펼칠 기회를 잡았다고 생각하고는 친구에게 이렇게 말했다. "우리가 오늘 진화공사 주식을 모집하러 가는 것은 뒷날 광둥과 광시를 도모할 발판을 마련하려 함이다. 나는 이미 10여 년 동안 그 계책을 깊이 생각해왔다. 진화와 광미廣美 두 회사가 설립되면 나의 목적을 달성할 수 있다." (「우훙진 등이 헌정당 여러 동지 의형께 드리는 편지伍鴻進等致列位憲政黨同志義兄書」, 『캉유웨이, 량치차오와 보황회』, 316쪽) 샌프란시스코에 있을 때 그는 또 같은 회會 모 군에게 편지를 보내 지금부터는 절대로 다시 혁명당을 공격하지 말라고 당부했다.

예언 또한 일찍이 반청자립反淸自立 의식을 품은 적이 있고, 임인년(1902) 량치차오 등이 혁명을 고취할 때 그는 심지어 "만주족 습속인 변발을 자르고 싶어했다." 이 때문에 량치차오는 매우 기뻐하며 "우리의 길을 함께할 또 한 동지를 얻었다"고 생각했다.(「예언, 리푸지 등에게 보내는 편지致葉恩李福基等書」, 『캉유웨이, 량치차오와 보황회』, 103쪽) 이듬해 량치차오가 미국에 체류하는 동안 그들은 또한번 깊은 이야기를 나누었는데, 모두 혁명을 동경하는 내용이었다. 이 에피소드를 통해서도 예언과 캉유웨이의 분열이 사상에서 비롯했음을 알 수 있다. 게다가 예언은 홍콩에서 상회 업무를 맡아보는 동안 캉유웨이와 잦은 알력과 갈등을 빚었고, 류스지가 피살된 후에는 쾅서우원鄺壽文과 연명으로 「상무공사 증거록商務公司證信錄」을 발표해 캉유웨이가 홍콩 주식과 은화 10여 만 금을 착복했다고 폭로했다. 그러나 선통 원년(1909) 10월이 지난 후 쾅서우원은 또 「예언의 상무공사 증거록을 반박함駁葉惠伯商務公司證信錄」을 발표하여 예언이 공사 명의를 도용해 홍콩 화익華益은행이 도산한 책임을 캉유웨이에게 전가했다고 폭로했다. "홍콩 화익은행의 도산을 조사해보면 모두가 예언이 야기한 일임을 알 수 있다. 예언은 상무商務를 접수하고 겨우 몇 달 만에 마음대로 어업권, 호텔 및 서문공사徐聞公司를 마음대로 주무르며 이자 10만 금을 까먹었다. 광둥 성 독판督辦이 예언을 추궁하며 분노하자 그는 함부로 웨한철도粤漢鐵道의 주식을 모집해 미국으로 빼돌렸다." 당시에 웨한철도는 이미 더이상 주식을 모집하지 않았지만 예언은 제 마음대로 주식 70여 만 위안어치 자금을 모집한 뒤 주주에게 주식 증서도 교부하지 않고 고가로 주식 증서만 매입했다. 자신이 필요한 자금은 모두 비밀리에 화익은행에서 대출했고, 이로 인해 화익은행은 결국 신용 위기에 몰리게 되었다. 이후 프랑스와 네덜란드 은행이 분분히 자금을 회수해가자 화익은행 명성은 추락할 수밖에 없었다. 이때도 예언은 오로지 진화공사만을 위하면서 화익은행을 공격했고 사방으로 화익은행이 도산할 것이란 말을 퍼뜨렸다.(『캉유웨이와 보황회』, 330~331쪽) 이 때문에 2년 후에도 캉유웨이는 여전히 이 일에 불만을 품고 량치차오에게 보낸 장문의 편지에서 그가 사람을 잘못 봤다고 질책했다. "너의 지혜로 어찌하여 샤오후이小惠 같은 자를 불러들여 수백만 금의 대업을 맡겼단 말이냐?" 샤오후이는 바로 예후이보[예언]를 가리킨다. 캉유웨이는 또 다음과 같이 보았다. "지금 우리 사업이 실패한 데는 진실로 다양한 원인이 있다. 그것은 한 사람이 책임질 일은 아니지만 그래도 가장 큰 책임을 져야 할 사람은 바로 예언이다. 예언이 없었다면 탄장샤오 같은 자들도 공공연하게 공금을 횡령할 수 없었을 것이다." 당시 캉유웨이에게 예언을 극력으로 추천한 사람은 바로 량치차오였다. 예언은 홍콩 총상회 회장이 되고 싶어서 먼저 캉유웨이에게 부탁했고 다시 캉퉁비와 량빙광梁炳光[쯔강]에게도 에둘러 부탁했지만 캉유웨이는 모두 승낙하지 않았다. 그러나 당시 량치차오는 캐나다에 도착해 직접 예언의 부탁을 받고 그의 말을 들어주었다. 캉유웨이는 이렇게 말했다. "[량치차오 너는] 강경한 말로 나에게 전보 승인을 부탁했고 그렇지 않으면 네가 난감한 지경에 빠진다고 했다. 나는 예언이 사업에 수완이 없다는 사실을 잘 알고 있었지만 네가 강경하게 부탁해서 부득이하게 너의 요청에 따랐다. 예언은 캐나다에 도착한 후 극력으로 귀국을 요청했지만 나는 허락하지 않았다. 그러자 그자는 상업 업무에 관여하지 않고 이름만 걸어놓겠다고 했다. 이에 간단한 권한만 주어 [예언을] 귀국하게 했고 쯔제子節[팡쯔제方子節로 캉유웨이의 고종사촌]에게 자금을 관리하며 상회를 통제하게 했다. 그런데 예기치 못하게 홍콩 사람들은 그자[예언]를 과분하게 존경하며, 한편으로 쯔제에게는 들어오지도 못하게 했고, 다른 한편으로는 지몐旣勉[쉬친]과 융셴用閑[량잉류]을 시켜 그의 업무를 대신하게 했다. 제서우皆壽[쾅서우민]는 그 일을 허락한 죄를 지었다." 이 때문에 캉유웨이는 침통한 마음으로 다음과 같이 토로하고 있다. "만약 내가 사업상에서 저지른 죄를 질책해야 한다면 나의 가장 큰 죄는 바로 네가 추천한 예언을 거절하지 못한 것이다."(「캉유웨이가 량치차오에게 보낸 미간행 편지康有爲致梁啓超未刊手札」,『근대사자료近代史資料』총114호, 60~61쪽)

진화공사 사건은 보황회 내부의 심각한 모순을 폭로했다. 이 모순은 경제적 이익 쟁탈의 모습으로 드러나고 있거니와 사상 인식과 정치 태도의 상이함으로도 드러나고 있다. 특히 류스지가 피살된 후 그들은 서로 상대방이 살인범이라고 공격하며 청 정부에 재물을 탐하다가 인명을 해친 상대방의 죄과를 추궁해달라고 요청했다. 그들 쌍방의 말은 모두 그럴듯한 근거와 나름의 논리가 있다. 그러나 사건의 진상은 끝내 밝혀지지 못했다. 오래지 않아 신해혁명이 폭발해 중국 역사상 최후의 왕조가 갑자기 붕괴되자 이 사건도 애매모호하게 역사의 뒤안길로 사라지고 말았다. 그러나 보황회 입장에서는 진화공사 사건이 큰 재난이었다. 쌍방 간에는 서로 무차별적인 폭로와 모함이 난무했고 이로 인해 보황회 내부에 오래 잠복해 있던 문제 즉 모순투쟁, 아귀다툼, 악행 덮기, 부패 횡행 등이 모두 세상 사람들 면전에 폭로되었다. 보황회는 이로써 결국 붕괴되었다.

량치차오와 신해혁명

당시 량치차오는 보황회에 완전히 실망하고, 정문사政聞社를 창립하기 전에, 캉유웨이에게 편지를 보내 자신이 양두楊度와 당을 조직하고 있다고 보고했다. 그때도 량치차오는 해외의 보황회와 새로 성립된 당 조직을 함께 이야기하지 말아달라고 재삼 강조했다. 그는 보황회가 해외에서 일으킨 일이 국내 사람들에게 알려지는 걸 원치 않았다. 보황회는 나중에 제국헌정회로 이름을 바꾸었고 신해혁명(1911) 이후에는 다시 제국통일당帝國統一黨으로 개명했다. 그러나 량치차오는 여전히 보황회와 일정한 거리를 유지할 필요가 있다고 생각했다. "국내에서 일을 추진하는 데 불편했기" 때문이다.(『량치차오 연보 장편』, 370쪽) 새로운 조직이 성립하자 량치차오는 새로운 명칭을 견지하며 보황회와 구별하려 했다. 정문사는 우담바라처럼 순식간에 사라져버렸지만 량치차오에게 새로운 천지를 열어주었고, 량치차오는 이 조직을 통해 새로운 친구를 많이 사귀게 되었다. 특히 각 성 자의국諮議局에서 국회청원동지회國會請願同志會를 조직해 베이징으로 들어가 청원 발기 운동을 할 때 그는 쉬포쑤徐佛蘇를 통해 각 성 자의국 대표와 교분을 맺었다.

쉬포쑤는 『량런궁 선생 일사梁任公先生逸事』에서 당시 상황을 기록하고 있다. "이에 량 선생은 사기가 크게 진작되어 이제부터 전국의 의사議士[의원議員] 및 우수한 인재와 많이 접촉하며 자기 정견과 학설을 그들에게 주입할 수 있을 것으로 굳게 믿었다. 그리고 항상 나를 통해 각 의원 즉 탕화룽湯化龍, 린창민, 쑨훙이孫洪伊, 황위안성黃遠生 등 여러 선생과 서신을 주고받으며 정치를 토론했고 공공의 대의로 연합하자며 개인적 교분을 맺었다." 쉬포쑤는 또 이렇게 진술했다. "량 선생이 입헌정치에 관한 글을 여러 편 발표하자 모사謀士들도 량 선생과 교분을 맺고 정치를 토론하기 시작했다. 이들은 옛날보다 몇 배나 더 깊이 량 선생을 믿고 우러러보게 되었다. 량 선생은 더더욱 사람들을 평등과 박애로 대하면서 계속 서신 왕래를 하느라 잠시도 쉴 틈이 없었고 새롭게 사귄 벗도 점점 늘었다. 아울러 량 선생은 항상 자금을 모금해 신문업에 도움을 받았다. 경술년과 신해년(1910~1911)은 량 선생과 국내 인사들이 가장 빈번하게 서신을 주고받으며 정치를 토론한 시기였다. 또한 무술변법 후 량 선생이 가장 기쁨에 젖어 있던 기간이 바로 내가 량 선생을 가장 독실하게 추앙하던 때였다."(앞의 책, 512~513쪽)

이 시기 량치차오는 다시 분발해 사회운동을 시작했다. 그는 남몰래 국회 청원 운동을 주관하고 격려한 데다 공개적으로 글을 발표해 국회를 조속히 개원해야 하는 이유와 개원이 늦어질 경우 닥쳐올 위험을 진술했고, 조속한 국회 개원을 무리하게 방해하는 정부의 직무 과실과 책임 전가 행위를 적나라하게 폭로했다. 또 쉬포쑤와 쑨훙이 등 여러 사람에게 보낸 편지에서 다음처럼 지적했다. "전국적으로 일어날 수 있는 유혈혁명의 참화를 예방하기 위해 각 성 법률기관이 정부를 향해 평화적 청원운동을 펼쳐야 한다."(『량치차오 연보 장편』, 513쪽) 그러나 정부에서 전혀 성의를 보이지 않자, 제2차 제3차로 이어지는 더욱 과격한 청원운동이 일어났고, 마침내 국회를 즉각 개원하지 않으면 절대로 청원운동을 그만두지 않겠다는 맹세까지 등장했다. 특히 제3차 청원운동 과정에서 그 대표들은 정부가 만약 몸소 국민의 고통을 구제해주지 않으면 결국 혁명을 제창할 수밖에 없다는 뜻을 완곡하게나마 표현했다. 그러자 "뜻밖에도 청 조정에서는 크게 분노하며 바로 대표들에게 조칙을 내려 도성을 떠나 귀향하라고 명령했다."(앞의 책, 514쪽) 이 소식을 듣자 각 성 대표들도 분노가 극에 달해 그날 저녁 바로 신문사에 모여 동지들과 비밀리에 상의한 후 각자 본 성으로 돌아가 자의국에 청 조정의 절망적 정치 상황을 보고하자고 했다. 그리고 모두들 비밀리에 혁명을 모의하기로 결정한 뒤 각 성 자의국 동지들이 혁명 간부를 맡고 있다가 앞으로 반란이 일어나면 각 성 동지들이 있는 힘을 다해 호응하고 원조하여 독립을 쟁취하자고 했다.(앞의 책) 1년 뒤 우창武昌에서 맨먼저 혁명이 일어났을 때 각 성에서 바로 호응한 것도 이들 대표의 역할이 아주 중요하게 작용했다. 당시 량치차오는 태도가 갈수록 과격해져서 민국 원년(1912) 귀국 후 행한 연설에서 당시 상황을 이렇게 말했다.

처음에는 온화하게 일을 처리하며 과격한 행동을 하지 않으려 했지만 청 정부 명령이 나날이 그릇된 방향으로 전개되었다. 마치 나라가 망하지 않을까봐 두려워하며 망국을 재촉하는 듯했다. 놀랍고 두려운 마음에 더이상 참을 수 없었다. 재작년 10월 이후 작년 한 해 동안 발행한 『국풍보國風報』는 거의 하루도 정부와 싸우지 않은 날이 없었다. 『청의보』 시대와 비교해보아도 훨씬 과격했다고 할 수 있다. 기억하건대 전국에서 국회 청원이 가장 격렬할 때 정부에서는 날마다 날짜를 늦추며 어물어물 선통 8년 또는 선통 5년에 국회를 개원하겠다고 했지만 우리의 분노는 극에 이르러 있었다. 그래서 신문에서 큰 소리로 외치며 정부가 이 같은 태도를 바꾸지 않으면 앞으로 세계 사전에서 선통 5년이란 명사를 절대로 다시 찾아볼 수 없을 것이라고 했다. 이 말은 『국풍보』에 자주 등장했는데 지금에 이르러 그것은 앞일을 예언한 참언이 되었다고 할 수 있다. (앞의 책, 502쪽)

량치차오는 '참언'식의 말을 자주 했고 나중에 그 말은 모두 영험하게 들어맞았다. 사전에서 선통 5년이란 단어를 찾아볼 수 없으리란 말도 그중 하나였다. 선통 3년 8월 19일(1911년 10월 10일) 우창 시내에서 울린 한 발의 총성으로 선통 시대는 막을 내렸고 새로운 시대가 도래했다. 그 총소리가 어떻게 그처럼 큰 마력을 발휘할 수 있었던가? 목전의 역사서들은 흔히 쑨중산[쑨원]과 위안스카이의 역할을 강조하지만, 기실은 그렇지 않다. 만약 량치차오와 입헌당 사람들이 없이 단순하게 쑨중산과 위안스카이에게만 의지했다면 아마도 그렇게 신속하게 청 왕조를 무덤으로 끌고 들어가지 못했을 것이다. 쉬포쑤가 이에 대해 명확히 설명한 적이 있다.

쓰촨과 후베이로 귀환한 것은 철도부설권을 쟁취하고 독립을 제창하려 했기 때문이다. 혁명을 준비하던 최초 시기에는 혁명당 사람들이 국내에서 어떤 위대한 세력이 있고 어떤 구체적인 계획이 있는지 아직 보여주지 못했고, 더욱이나 군사력에서도 입에 올릴 여단이나 사단 정도의 병력조차 갖추지 못하고 있었다. 쓰촨과 후베이가 독립을 선포한 시간이 오래되고 위안스카이와 돤치루이도 공화제를 찬성한 뒤에야 혁명당의 둘째 영수가 해외에서 우창으로 달려왔다. 그는 창장 강 하류에서 대기하다가 각 성이 완전히 독립한 뒤 우창의 군부가 수도를 장닝江寧[난징]으로 옮기고 나서야 혁명당의 첫째 영수를 해외에서 장닝으로 귀국하게 했다. 신해년에 각 성이 앞서거니 뒤서거니 독립을 선포한 내력만 놓고 이야기해본다면 신해년 공화제의 성립이 혁명당 사람들에 의해 성공을 거두고 결과를 맺었다고 할 수 있다. 그러나 인과관계로 볼 때 이 일의 최초 원인 제공자는 기실 쓰촨과 후베이 두 성의 자의국 의원들이었으며 그들이 가장 큰 힘을 발휘했다. 가령 청 정부가 이전에 철도 국유화 방침을 견지하지 않았다면 전국 국민 및 각 성 자의국이 어떻게 큰 목표를 내걸고 독립을 모의할 수 있었겠는가? 또 당시 각 성 자의국에 인재가 모여 각 성 정치를 감독하며 국민의 권리를 대표하지 않았다면 국민들이 어떻게 법적 의정기관이며 민의기관에 의지해 청 정부에 반항하고 청 정부를 뒤흔들 수 있었겠는가? (…) 이러한 이치로 추정해보면 간단하게 다음처럼 단정할 수 있을 듯하다. 신해혁명이 유혈 참변 없이 일거에 성공할 수 있던 까닭은 기실 그 절반이 각 성 자의국 간에 있었던 상호 협력 준비와 공통 목표 때문이고, 다른 절반은 자의국 대표들이 일찍이 청 정부에 추방당하는 굴욕을 겪은 때문이며, 또 헌우회憲友會가 비밀리에 지방 혁명을 선동한 때문이다. 그리고 앞서 국회 청원을 통해 청 정부를 감독·재촉하고 각 성에 자의국을 설치해 국민들에게 의회정치의 권력을 제공하게 된 것은 기실 그 대부분이 량치차오 선생께서 올바른 정신 및 저작으로 우리의 분투를 이끌어준 때문이다. 이로써 량 선생께서 중화민국 성립에 간접적으로 큰 힘을 보탰음을 알 수 있고, 아울러 량 선생께서 40년 동안 저작으로 나라에 보답한 역사야말로 진실로 이번 운동을 자신의 두번째 사업으로 삼은 일이었음을 알 수 있다. (앞의 책, 607~

신해년(1911) 5월 캉유웨이가 일본에 도착해 처음으로 량치차오의 쌍도원에 머물렀다. 그해 음력 8월 우창에서 신해혁명이 일어나자 량치차오와 캉유웨이는 전체 상황에 따라 구체적 진행 방침을 마련하고자 꼼꼼한 계획을 짰다. 당시 둘은 의견이 일치해 모두 입헌군주제를 주장했고, 계속해서 량치차오는 캉유웨이가 주장한 허군공화제虛君共和制[실권 없는 군주를 모시는 공화제]를 그대로 따랐다. 둘은 혁명이 가져올 질서 파괴와 국가 분열을 우려했다. 9월 초8일, 우창에서 혁명 봉기가 일어난 지 20일이 지난 뒤 량치차오는 쉬친멘에게 보낸 편지에서 둘의 계획을 매우 상세하게 소개했다.

오늘 우리가 추진하려는 일은 한편으로 금위군禁衛軍을 동원해 궁궐 문을 지키게 하고 비상사태에 대비하려는 것이네. 그리고 경慶[경친왕慶親王 이쾅]과 쩌澤[짜이쩌載澤]를 축출해 타오濤[짜이타오載濤]가 스스로 총리가 되도록 한 후 성盛[성쉬안화이盛宣懷]을 죽여 천하의 민심을 기쁘게 하고 그날로 바로 국회를 개원하려 하네. 의원 선출이 아직 다 끝나지 않았다면 잠시 자정원資政院과 자의국 전체 의원으로 국회의원 정족수를 채우게 하고, 동시에 황제께서 죄기조罪己詔[임금이 자신의 죄를 인정하는 조칙]를 내려 토벌군을 정지시키고, 금일 정세로 볼 때 내분은 허용할 수 없다고 선언하게 할 것이네. 또 국회를 시켜 이 뜻을 두루 알리게 한 뒤 국회에서 대표를 뽑아 혁명 반란군과 교섭하려 하네. 다행히 이번 반란군은 중산[쑨원]이 주도한 것이 아니고 또 순수한 종족혁명을 지향하는 것도 아니네. 이 사실을 국회에 알리고 나서 실권을 주면 만주에 대해 혁명을 하지 않고도 그들 스스로 혁명을 받아들일 테니 쉽게 굴복시킬 수 있을 것이네. 만약 이를 따르지 않으면 전국의 민심을 평화당으로 잠시 귀의하게 할 것이네. 이렇게 하기만 해도 저들은 아무 힘도 쓸 수 없을 것이네. 그런데 정부에서는 아직도 이전처럼 조칙을 내려 팔기군을 폐지하고, 황제의 만주 성씨를 한족 성씨로 바꾸고, 만주족에게도 모두 한족

성씨를 하사해 묵은 원망과 독소를 제거하려 하고 있네. 이 밖에도 추진 해야 할 일이 아직 너무 많아 자세하게 이야기할 수 없네. 주요 항목은 대략 이와 같다네. 이 일을 성사시킬 수 있으면 우한에도 한번 압박을 가할 수 있을 것이네. 그러나 국회가 실권을 가지게 되면 완전한 헌정이 여기에서 성립할 것이니 시작부터 전화위복의 계기라고 하지 않을 수 없을 것이네. (앞의 책, 554쪽)

역사는 자체 논리에 따라 발전하지 특정인의 정서에 따라 진행되지는 않는다. 사실 캉유웨이와 량치차오의 계획은 우루전吳祿貞이 피살된 후 파산하고 만다. 하지만 우루전 피살 소식이 전해지기 전까지 량치차오는 여전히 다시 한번 계획을 실천하기 위해 노력하려 마음먹고 있었다. 그는 9월 16일 일본에서 아마쿠사마루天草丸 기선을 타고 귀국했다. 출발 전에 그는 쉬쥔몐에게 보낸 편지에서 당시 귀국행의 사명과 전체 방침을 알려주었다.

나는 내일 출발하네. 정치활동 금지가 이미 해제되었으니 이번에 가서 소매를 떨치고 전진하면 더이상 험한 꼴은 당하지 않을 것이네. 이전에 선포한 계획이 이번에 절반 정도 성공을 거둔 셈이네―실행할 수 없는 것도 포함.― 이번 정치혁명의 성공은 자못 의외의 결과라 할 만하네. 혼란을 평정하고 질서를 잡는 대업은 결국 짧은 시간 안에 그 책임을 물을 수 없으므로, 몸소 앞으로 나가 적을 맞아 싸우지 않으면 온전한 공을 이루기 어려울 것이네. 다행히 자정원에서 나라 권력을 장악하고 있고 의원들도 대부분 동지들이니, 내가 이번에 가면 틀림없이 손쓸 여지가 있을 것이네. 위안스카이와 화의를 맺고和袁, 혁명파를 위로하고慰革, 만주족을 압박하고逼滿, 한족을 부흥하는 것服漢, 앞으로의 대방침은 이 여덟 글자를 벗어나지 않을 것이네, 각 동지에게도 알려주기 바라네. (앞의 책, 558쪽)

량치차오는 당시 신명이 나 있었고 막 다롄에 도착했을 때도 "우리가 크게 할 일이 있을 것이다"라고 생각했다. 그리고 먼저 란저우漴州로 갔다가 뒤이어 베이징으로 들어가려 했다. 하지만 그는 당시 상황을 너무 단순하게 바라보고 있었다. 량치치오의 귀국을 수행한 양웨이신楊維新이 당시 그의 역정을 기록했고 그 글에서 대체적 상황을 엿볼 수 있다.

선통 3년(1911) 우한에서 혁명이 일어난 뒤 우루전, 장사오쩡張紹曾이 란저우에서 19조 선언을 발표하자 량 선생은 일본에서 다롄으로 귀국했다—나도 동행함. 행차 전 난하이[캉유웨이]와 비밀리에 상의를 했지만—배 위에서 세운 계획이 매우 많았는데 우루전을 만난다는 계획도 그중 하나다— 다롄에 도착한 뒤 우루전이 이미 죽은 것을 알고 량 선생은 크게 실망했다. 량 선생은 일찍이 관둥 도독關東都督을 만난 적이 있어 베이징 주재 일본 대사에게 전보를 쳐 일본 군사 대표단이 방법을 강구해 베이징의 치안 유지를 맡아달라고 제의했다—량 선생은 베이징으로 들어가고 싶었지만 베이징에 변란이 발생할까봐 두려워했다. 이때 장바이리蔣百里는 자오츠산趙次珊 휘하에서 참모장을 맡고 있었는데 량 선생은 장과 여러 차례 만났다. 아마도 군대를 동원하려는 교섭이 있었던 것 같다—상세한 사정은 장바이리에게 문의해야 함. 그리고 마침 탕줴둔[탕루이]과 뤄잉궁羅癭公이 베이징에서 다롄으로 와서 란톈웨이藍天蔚 등은 량 선생에게 불리한 짓을 할 것이므로 일본으로 다시 돌아갈 것을 재촉하자 이에 [량 선생은 나와] 함께 배를 타고 일본으로 건너갔다. (앞의 책, 561~562쪽)

량치차오는 이 한 차례의 좌절을 겪고도 결코 실망하지 않고 아홉 달에 걸쳐 『신중국 건설 문제新中國建設問題』를 발표했다. 이 글에서 그는 이론적으로 당시 당면한 문제를 해결할 방안을 모색하고 싶어했다. 이 글은 상하 두 편이다. 상편에서는 단일 국체와 연방 국체 문제를 논하면서 자신은 단일 국체를 채용해야 한다고 주장했다. 하편에서는 허군공화제와 민주공화제 두 정체 문제를 토론하고 있지만 그는 이 문제를 해결하기가 상당히 어렵다고 보았다. 무슨 이유인가? 이 문제 안에는 민족 문제가 가로놓여 있다는 이유에서다. 만주족이 이민족으로서 중국을 거의 300년간 통치하면서 "오랫동안 학정을 자행하고 누차 백성에게 신의를 잃은 채 오늘날에 이르렀고 따라서 지금 이 문제는 거의 절망적인 상태에 빠져 있다"는 것이다.(앞의책, 565쪽) 비록 허군공화제가 중국에 가장 적합하기는 하지만 민중의 감정과 뜻을 고려해보면 아마도 그 황통을 보존해주고 황제 자리만 내줄 수는 없을 듯하다고 했다. 그래서 량치차오는 이렇게 언급하고 있다. "대저 민주공화제를 시행해서는 안 되는 갖가지 이유가 저와 같은데, 허군공화제를 시행할 수 없는 갖가지 이유 또한 이와 같으니, 우리 신중국 건설에 채택할 좋은 제도가 거의 사라졌다. 대저 우리 국민은 그것이 거의 사라졌다고 해서 내버려두고 [신중국을] 건설하지 않을 수 없을 것이니 반드시 서로 통용할 방법을 생각해야 한다. 나는 생각하고 생각해봤지만 나의 재주는 이미 고갈되어 결단을 내릴 수 없는 지경에 이르고 말았다. 나는 다만 내가 본 바를 모두 들어 국민 앞에 그 이익과 병폐를 하나하나 열거한 뒤 전 국민의 신중한 고려와 선택을 구하고자 할 뿐이다."(앞의 책, 566쪽)

량치차오는 국가의 정체를 선택하는 결정권을 국민에게 넘기고 자신은 그 시각 어쩔 수 없는 심정만 토로하며, "정말 긴 한숨만 흘러나올 뿐이다"라고 탄식했다.(앞의 책) 그러나 어떻든 형세는 이미 더이상 '허군공화제'에 작은 기회조차 제공하지 않았다. 11월에 난징 임시정부가 성립되었고 12월에 남북화의가 이루어졌다. 이에 따라 청 황제도 퇴위를 선포해 국면은 완전히 바뀌었다. 당시로서는 허군공화제가 더없이 좋다 해도 그것을 포기하고 민주공화제를 수용할 수밖에 없었다. 그러나 캉유웨이는 여전히 자기 주장을 고수하며 인식을 바꾸려 하지 않았다. 그래서 친구 중 몇은 량치차오에게 편지를 보내 더이상 캉유웨이에게 굴종하지 말라고 권했다. "난포南佛[캉유웨이]의 정견이 편벽된 데다 오류투성이어서 시대 상황에 맞지 않으니 절대로 [난포를] 따를 수 없기" 때문이라는 것이다.(앞의 책, 598쪽) 그들은 량치차오에게 난징 수령은 혁명당이므로 량치차오의 감정과는 융합될 수 있지만 캉유웨이는 그렇지 않다고 했다. 그들은 이렇게 주장했다. "[캉유웨이는] 언어가 너무 과격해 사람의 악감정을 조장해서 일부 사람은 극도의 울분을 품고 있네. 날마다 함부로 사람을 비방하고 전보를 쳐서 소문을 퍼 뜨리며 먼 곳까지 알린 뒤 서로 손가락질을 하게 하네. 지금 즉시 자기 입 장을 변호하지 않으면 반드시 앞길에 장애가 될 것이네." 이 때문에 그들은 량치차오에게 다시 글을 한 편 써서 최신 정견을 밝히라고 건의했다. 그들 은 량치차오가 주저할까 걱정하면서 특별히 그를 일깨우고 있다. "정견은 본래 시대 상황에 따라 변하는 것인 만큼 그것을 병폐로 여길 수 없는 것 이네. 그런데 난포는 결단코 그렇게 생각하지 않고 자신의 전제적 힘을 내 세워 방해를 일삼고 있네. 그런즉 각각 다른 깃발을 세우고 각자가 옳게 생 각하는 바를 실행해야지 절대로 그[난포]에게 굴복해 영합해서는 안 될 것 이네."(앞의 책)

량치차오도 친구들 의견에 마음이 좀 움직인 듯하다. 그는 만약 당시 같 은 비상 시기에도 여전히 캉유웨이와 함께한다면 사람들이 자신을 오해할 뿐더러 더더욱 입헌 사업에도 부정적 영향을 끼칠 수밖에 없으리라고 생각 했다. 그래서 민국 원년(1912) 4~5월간에 량치차오는 캉유웨이에게 은퇴 선언을 하라고 요청했다. 이는 물론 량치차오 한 사람의 의견이 아니었다. 당시 국내 각계에서는 보황파를 매우 신랄하게 공격하고 있었고, 량치차오 는 국내에 발판을 마련하고 정치적으로 일정한 역할을 하고 싶어했기 때문 에 이처럼 행동하지 않을 수 없었다. 당시 캉유웨이는 아마 전혀 반대하지 않은 듯하고 제자 마이멍화가 나서서 반대 주장을 펼쳤다. 마이멍화는 량 치차오와 캉유웨이에게 각각 편지를 써서 의견을 명확히 밝혔다. "이 아우 는 베이장北江[캉유웨이]께서 정계에서 은퇴하는 일이 불가하다고 생각합니 다."(앞의 책, 620쪽) 마이멍화는 이처럼 위급하고 국가 존망이 걸린 시기에 는 캉유웨이와 같은 사람이 크게 수완을 발휘해 그의 이상과 포부를 실현 해야 할 때인데, 만약 그가 갑자기 은퇴를 선언한다면 "어찌 천하 사람들의 여망을 모두 짓밟는 일이 아니겠습니까?"라고 인식했다.(앞의 책) 그러나 당 시 마이멍화는 지난날처럼 캉유웨이에게 스승의 권위로 량치차오를 제재 하라고 말할 수 없었고 다만 두 사람이 "서로 갈라선 뒤 사람들 앞에서 당황하는 모습을 보이지 말아달라"고 했다.(앞의 책, 621쪽) 캉과 량 두 사람이 갈라서야 한다면 각자 자신에 관련된 일만 처리한 뒤 떠벌릴 필요가 없고 또 외부에 발표할 필요도 없다는 말이다. 이른바 결별은 할 수 있지만 말로 떠들어서는 안 된다는 것이다.

캉유웨이와 량치차오의 결별

캉유웨이와 량치차오의 정치적 결별은 대체로 이때부터 시작되었다. 이후 둘은 더이상 같은 길을 갈 수 없었다. 민국 4년(1915) 위안스카이가 황제가 되려 하자 량치차오와 그의 제자 차이어蔡鍔는 반위안反袁 계책을 마련해 남쪽으로 내려가 호국전쟁을 일으켰다. 이때 캉유웨이도 아주 적극적인 태도를 보였다. 캉퉁비가 펴낸 『난하이 캉 선생 연보 속편』에 이때 상황이 기록되어 있다. "12월 위안스카이의 황제 즉위가 다가오자 아버지[캉유웨이]께서는 제자 판뤄하이潘若海를 난징으로 파견해 장쑤 도독江蘇都督 펑궈장馮國璋에게 중립을 견지하라고 권했으며, 아울러 차이어에게 전보를 보내 쓰촨을 먼저 접수한 연후에 군사를 출진시켜 우한에서 싸우라고 부탁했다. 이 전문電文에는 아침해 같은 기상을 가진 의병이 멸망해가는 독재자[위안스카이]를 상대하는 터라 [의병이] 반드시 이길 수밖에 없다는 내용이 포함되어 있다. 차이어는 후난 사람으로 량치차오가 시무학당에서 강의할 때 가르쳤던 뛰어난 제자다. 위안스카이가 황제가 되려고 모의할 때 량치차오는 차이어와 함께 윈난으로 가서 위안스카이 토벌군을 일으켰다. 차이어가 상하이에서 홍콩에 들르자 아버지께서는 쉬친[쉬친멘]에게 전보를 보내 배로 차이어를 맞아 보호하라고 했다. 얼마 지나지 않아 쉬친도 광둥으로 돌아가 위안스카이 토벌에 나섰다. 장張 부인은 홍콩 집을 저당 잡히고 2만 금을 빌려 군자금을 마련했고, 쉬친이 제19함대로 광둥을 공격하자 룽지광龍濟光은 비로소 강화를 요청했다."(『캉난하이 자편 연보』[외 2종], 171쪽)

량치차오가 상하이에 도착하자 판징성范靜生은 이미 량치차오가 머물 장소를 마련해두고 있었다. 그러나 캉유웨이는 량치차오가 왔다는 소문을 듣고 [량치차오에게] 자신과 함께 거주할 것을 요구했다. 량치차오는 12월 19일 딸 량쓰순에게 보낸 편지에서 불만을 토로하고 있다. "난포[캉유웨이] 께서 내가 상하이에 도착했다는 소식을 들은 모양이다. ─나는 아직 가서 뵙지 않았지만 마침 어제 오후에 판징성이 나를 부르러 왔기에 내가 도착한 사실을 알려주지 않을 수 없었다. 어제는 한 나절 동안 세 차례나 사람을 보내 나를 데려가려고 강제로 압력을 넣더구나.─ 밤 11시에도 사나운 명령을 보내왔다. 나는 이번 일로 [난포와] 거의 결별할 마음을 먹고 있는데 참으로 괴롭고도 한탄스럽다."(『량치차오 연보 장편』, 726쪽) 량치차오가 보인 반응에는 정리情理에 좀 맞지 않는 점이 있다. 그들 사제지간에 정치적 견해가 줄곧 상이했다 하더라도 감정 면에서는 아직 막다른 골목으로 치달려가지 않은 듯하기 때문이다. 이 일이 지나간 후 량치차오는 『종군일기從軍日記』에서 당시 근심을 토로하고 있다.

이 논의가 처음 시작되었을 때 가장 주저한 점은 바로 이 일을 난하이 [캉유웨이] 선생에게 알려야 하는가 여부였다. 원래는 난하이에게 숨기지 않을 생각이었지만 난하이가 비밀을 지키지 않기로 매우 유명하고, 나의 이번 걸음도 길에서 20여 일을 보내면서 생명을 다른 사람 손에 맡겨야 했기에 장난처럼 처리할 수 없었다. 두 달 동안의 상황을 되돌아보면 난하이는 내가 온갖 전횡을 저지르고 있다고 생각하며 [나에게] 오래도록 분노를 품고 있었다. 그런 데다 이번 대사를 알려주지도 않았으니 뒷날 [이 일로 난하이가] 나를 질책하면 [나로서는] 어떻게 감당해야 할지 걱정이 되었다. 그러나 사실 나의 전횡은 진실로 부득이한 일이었다. 사사건건 난하이에게 허락을 받아야 한다면 내가 정신적으로 끊임없는 고통에 시달려야 할 뿐만 아니라 바야흐로 지금 나와 함께 일을 하는 사람들 또한 모두 나를 버리고 떠날지도 몰랐다. 말로 표현하기 어려운 감정이 이보다 더 심할 수는 없었다. 그렇지만 나는 끝내 다시 윗사람에게 죄를 짓고 싶지 않았다. 이 때문에 출발에 앞서 마침내 그에게 상황을 알렸다. 나는 상하이에서 칩거하며 본래 한 발짝도 밖으로 나가지 않았기 때문에 쥐둔[탕루이]을 [난하이에게] 보내 내 뜻을 알리게 했다. 나는 진실로 난하이가 마음속 깊이 기뻐하고 칭찬해주리라 생각했다. 그러나 뜻밖에도 그는 정색을 하고 고함을 지르며 지난날의 황제 복위론을 다시 주장했다. 또한 우리가 자신의 뜻을 따르지 않으면 지금부터 적으로 간주하겠다고 말했다. 그의 말이 매우 길고 사나워 쥐둔도 아무 말 못하고 오직 예예 소리만 내뱉을 뿐이었다. 그처럼 불길한 말은 본래 다시 언급할 가치조차 없지만 그 말을 악용하는 자들이 있을까 두려워 뒷날 또 한바탕 수습해야 했다. 배 위에서 장문의 편지를 써서 난하이에게 충성스럽게 사정을 알릴 생각을 하는 중에 그날 밤 쥔멘[쉬친]이 왔다. 마침내 그에게 이 일의 이해관계를 자세하게 말한 뒤 나 대신 [캉유웨이에게] 가서 간언을 올려달라 부탁했다. 쥔멘은 내 말에 깊이 공감했지만 자신도 일을 바로잡을 수 없음을 잘 알고 있었다. 내가 잠이 들었을 무렵 쥔멘이 다시 와서 거의 날이 밝을 때까지 격렬한 대화를 나누었다. 이때가 3월 3일이었다. 난하이는 내가 하인이나 호위무사를 대동하지 않고 떠난다는 소식을 듣고 매우 의아해하며 깊이 걱정했다. (『음빙실합집·전집』 제33권, 122쪽)

량치차오가 보인 우려는 일리 있는 일이었다. 캉유웨이는 위안스카이가 황제 지위를 포기하고 오래지 않은 시점인 민국 5년(1916) 4월에 공개적으로 황제 복위 주장을 펼쳤다. 6월에는 또 『중국 선후에 관한 의견中國善後議』을 발표해 '허군공화제'를 주장하면서 "허군공화제를 시행하는 것이 가장 훌륭한 방법"이라고 생각했다.(『캉난하이 자편 연보』[외 2종], 180쪽) 캉유웨이가 이 글에서 말한 '임금君'은 위안스카이도 아니고 리위안훙도 아니었다. 그에게 임금은 바로 마음속에 자리 잡은 '옛 임금'으로 신해혁명 후 퇴위한 만주족 청나라 황제였다. 이때 량치차오는 아직도 광시 전선에 있었다. 그는 당장 글을 지어 공개적으로 캉유웨이의 잘못된 논리를 공격했다. 「황제 복위론을 반박함辟復辟論」에서 청 황제의 복위를 주장하는 '구태의연한 노인들'을 통렬하게 질책했다. 량치차오의 주장은 이렇다. "주안회籌安會[12]가 함부로 권세를 부려 전체 국민이 통분에 젖은 채 그들과 단절을 원할 때도 그[캉유웨이]는 뒷짐을 지고 일의 성패成敗를 방관했다. 지금도 여러 성의 군민軍民 중에서 황제제도의 목줄을 따려는 사람이 이어지고 있는데 어리석게도 여전히 도성에 똬리를 틀고 앉아 있다. 적에게 함락된 땅을 아직 반도 수복하지 못했는데 황허 강 가를 어슬렁거리는 늙은이들은 재빨리 고개를 쳐들고 눈을 부라린 채 사태의 시시비비를 논하며 민중과 원수를 맺고 기세 좋게 적에게 도움을 주고 있다. 나는 저들의 후안무치함에 경악을 금치 못하고 있고 저들 속셈이 어떤지도 도저히 추측할 수 없다."(『음빙실합집·전집』 제33권, 117쪽) 이 말의 의미는 바로 위안스카이가 황제를 칭할 때, 너희들은 감히 얼굴을 내밀고 옛 임금의 목숨을 살려달라고 부탁도 하지 않다가 지금 위안스카이가 실각하려 하자 떼거리로 달려와 어부지리를 얻으려 하는데, 이는 어떤 경우를 막론하고 순수하게 볼 수 없는 태도라는 것이다.

민국 6년(1917) 안후이 성安徽省 독군督軍 장쉰이 청 황제 선통제宣統帝를 옹립하고 황제 복위를 선언하자 캉유웨이도 과연 그 대열에 참여했다. 다음은 『난하이 캉 선생 연보 속편』 기록이다. "5월 장쉰이 선통을 옹립해 황제로 복위시켰다. 아버지[캉유웨이]께서는 베이징으로 가서 허군공화제를 주장하며 중화제국이라는 명칭을 쓰고 아울러 국민대회를 열자고 했다. 그리고 헌법을 논의하고, 만주족과 한족의 차별을 없애고, 신서新書를 두루 모아 비치하고, 무릎 꿇고 절하는 예법을 폐지하고, 쓸데없는 금기를 없애고, 각 성의 변방을 지키는 관리는 일괄적으로 바꾸지 말아야 한다고 했다. 그러나 장쉰의 측근 류팅천劉廷琛과 완성스萬繩栻 등은 완고한 태도로 제 마음대로 행동하며 이 건의를 배척하여 받아들이지 않았다. 아버지께서는 저들과 헤어져 남쪽으로 가려 할 때 전쟁이 일어나 바로 미국 대사관의 메이썬원美森院으로 피신했다."(『캉난하이 자편 연보』[외 2종], 129쪽) 나중

---

12 1915년 8월 위안스카이를 황제로 추대하기 위해 조직된 단체. 발기인은 이른바 '주안회6군자籌安會六君子'라 불리는 양두, 쑨위윈孫毓筠, 옌푸, 류스페이劉師培, 후잉胡瑛, 리셰李燮다.

1917년 7월, 푸이가 장쉰의 도움으로 다시 황제에 복위하여 어화원御花園 천일문天─門 앞에서 찍은 기념사진.

에 펑궈장이 베이징으로 들어와 임시대총통 명의로 캉유웨이 체포령을 내렸다. 캉유웨이는 펑궈장에게 보내는 전보를 발표해 이번 황제 복위 사건의 또다른 주모자가 바로 펑궈장이라고 하면서 펑궈장이 이 사건을 심리해 진실을 밝혀주기를 희망했다. 캉유웨이는 또 다음과 같이 진술했다. "공[펑궈장]께서는 한양漢陽에서 승리했지만 공을 아직 다 세우지 못했습니다. 이 때문에 마음속으로 황실을 생각하며 날마다 황제 복위를 모의했습니다. 나의 제자 마이루보麥孺博[마이멍화]와 판뤄하이가 공의 막부로 들어간 이래 후인중胡憼仲을 수행하며 밤낮으로 공과 함께 계책을 세운 일도 바로 황제 복위復辟였습니다. 루보가 위안스카이 정권 교육총장직을 버리고 공에게 몸을 굽힌 것도 공께서 황제 복위를 주장했기 때문입니다. 또한 공과 밤낮으로 먼저 위안스카이 타도를 모의했고, 위안을 타도하지 않으면 황제 복위의 출발점을 마련할 수 없다고 생각했습니다."(『캉유웨이 정론집』 하책, 1008쪽) 캉유웨이는 또 이 전보에서 쉬저우회의徐州會議 상황도 언급하고 있다. "뜻밖에도 각 성의 독군과 장사오쉬안張紹軒[장쉰]은 쉬저우에서 회의를 열고 황제 복위를 결행했습니다. 그런데도 공들은 아침마다 맹세하던 일을 갑자기 위반했습니다. 사오쉬안이 경병輕兵 6000명을 거느리고 도성으로 깊이 쳐들어가 황제 복위를 거행함은 공들의 동심협력을 믿었기 때문입니다. 그러나 뜻밖에도 지금은 모두 안면을 바꾸고 큰 소리로 부르짖으며 오히려 역적을 토벌하겠다고 공언하고 있습니다."(앞의 책, 1009쪽)

여기서 알 수 있다시피 캉유웨이는 줄곧 청 황제를 복위하려는 노력을 포기하지 않았고, 이번에는 다만 군벌들의 신의를 지나치리만치 쉽게 믿었을 뿐이다. 그는 쉬저우회의 결과 이미 위안스카이를 타도했으므로 북양 군벌을 수습하려는 목적을 이루었다고 보았다. 그러나 황제 복위가 어찌 그렇게 쉽게 이루어질 수 있겠는가? 캉유웨이는 이 북양 군인들이 일찍부터 조변석개하는 정치적 술수에 익숙한 자들임을 전혀 몰랐다. 이처럼 목적이 서로 판이한 회의에서 결정한 약속을 믿는 사람은 아무도 없었지만 캉유웨이는 오히려 그들이 파놓은 함정 속으로 깊이 빠져들고 말았다. 정치적 소용돌이에서 막 발을 뺀 량치차오도 어쩔 수 없이 다시 출두해 위기에 빠진 신생 민국을 구조해야만 했다. 장쉰은 7월 1일 정식으로 황제 복위를 선언했다. 7월 3일 톈진의 『대공보大公報』에 「황제 복위를 반대하는 량런궁의 통신梁任公反對復辟之通電」이 실렸다. 같은 날 돤치루이는 역적토벌군 총사령관 명의로 톈진 마창馬廠에서 장쉰 토벌을 위한 전문電文을 발송했다. 그 전문도 량치차오의 손에서 나왔다. 이 일 이면에는 물론 돤치루이와 연구계研究系가 서로를 이용하려는 속셈이 숨어 있지만, 량치차오가 계속해서 공화제도를 옹호하고 지지했다는 측면도 무시할 수 없다. 이 때문에 량치차오는 스승과의 결별을 애석해하지 않고 다음 같은 유명한 말을 남겼다. "이번에 가장 먼저 역모를 꾸민 사람은 탐욕에 젖은 무인武夫이 아니라 허풍을 떨면서도 부끄러움을 모르는 서생書生이다. 그는 정국의 고충에 대해서 아무것도 알지 못한다."(『음빙실합집·문집』 제35권, 17쪽) 여기에서 량치차오가 언급한 '허풍을 떨면서도 부끄러움을 모르는 서생'은 바로 캉유웨이를 가리킨다.

당시 많은 사람이 량치차오의 문장에 찬성을 표했지만 캉유웨이는 분노로 이빨을 갈며 일부러 시를 한 수 지어 량치차오를 매도했다.

올빼미는 어미를 먹고 경獍은 아비를 먹으며	鴟梟食母獍食父
형천刑天은 도끼를 휘두르고 범은 관문을 지키네.	刑天舞戚虎守關
방몽逢蒙[봉몽]이 활을 당겨 오로지 스승 예를 쏘는지라	逢蒙彎弓專射羿
지는 해를 바라보다 눈물 줄줄 흘리네.	坐看日落淚潸潸

(『캉유웨이를 추억하다』, 450쪽)

캉유웨이는 이 시에서 량치차오가 윤리를 위반하고 부모를 잡아먹는 것과 같은 짓을 저질렀으며 금수보다도 못한 망동으로 악랄하기 그지없는 언행을 일삼고 있다고 매도했다. 그러나 이는 둘 관계의 한 측면만 보여주는 사안일 뿐이다. 이들 두 사람 관계에는 또다른 측면이 있다. '능소일사凌霄一士'는 쉬런진徐仁錦과 쉬런위徐仁鈺가 함께 쓰는 필명이었고 그들의 부친은 쉬즈징이었다. 그는 무술년(1898)에 상소문을 올려 캉유웨이와 량치차오를 추천했고 이후 이들은 보통 이상의 친밀한 관계를 유지했다. 쉬런진과 쉬런위는 당시 캉과 량의 충돌을 이렇게 보았다. "량치차오는 거인擧人이 된 후 캉유웨이를 스승으로 섬겼는데 제자로서 예의를 철저하게 갖추며 스승을 선전하는 데도 있는 힘을 다했다. 두 사람은 무술정변이 일어나 해외로 망명한 뒤 의견이 점차 갈렸고 민국 시기로 들어와서는 더욱 차이가 커졌다. 그러나 사제 간 정의情誼만은 여전히 유지하고 있었다. 이 시기에 이르러 [캉유웨이와 량치차오는] 결국 결별하고 말았지만 그뒤 이 일이 지나고 나서는 다시 처음처럼 사제관계를 회복했다."(앞의 책, 204쪽) 여기서 '그뒤'는 대체로 민국 10년(1921) 이후를 가리킨다. 량치차오는 줄곧 시대 발전을 따라가려 하면서도 끝내 시대의 뒤안길로 낙후되지나 않을까 초조해하고 있었다. 당시 그는 아마도 서서히 캉유웨이의 완고함과 수구적 태도를 이해하기 시작했던 듯하다. 민국 16년(1927) 봄 캉유웨이는 상하이에서 고희를 맞이했다. 량치차오와 동문 제자들은 친히 스승의 생신을 축하하면서 「난하이 선생 칠십 생신에 드리는 말씀」이란 글을 지어 올렸다. 이 글은 "감정과 문장이 잘 어울려 일시를 풍미하며 전송傳誦되었다."(『캉난하이 자편 연보』[외 2종], 235쪽) 전해오는 말로, 량치차오는 이 '생신 축하 문장'을 직접 16폭 병풍에 썼는데 백옥판에다 붉은 비단으로 정밀하게 표구해 정교하고 아름답기가 비할 데가 없었다고 한다. 이 글의 영인본이 당시 베이징 『신보화간晨報畫刊』에 발표되기도 했다. 량치차오는 또 한나라 현인의 성어를 모아 대련을 지었다.

성인의 오묘한 뜻을 서술하고, 백가百家의 차이를 정리하시며, 이해에 들어 70세를 맞이하셨네.
나라의 어른께 술과 안주를 바치고, 춘주春酒에 기쁨을 담아 드리니, 친히 길러낸 제자가 거의 3000명에 이르네.

述先聖之玄意, 整百家之不齊, 入此歲來已七十矣!

奉觴豆於國叟, 致歡忻於春酒, 親授業者蓋三千焉![13]

(『량치차오 연보 장편』, 1124쪽)

  캉유웨이는 이 생일 잔치가 있고 나서 한 달도 되지 않은 민국 16년
(1927) 3월 31일 칭다오青島에서 병으로 세상을 떠난다. 량치차오와 동문 제
자들은 4월 17일 베이징 지푸畿輔 선철사先哲祠에서 캉유웨이의 공식 영결식
을 거행했다. 당일 량치차오는 제문 1편을 지었고 만장 1련을 지었다.

  일찍 죽게 해달라고 기원했으나 노안은 오래 메말라 있었고, 오히려 삶
  에 끝이 있음이 다행스럽나니 전국이 침몰하고 유린되는 참상을 목도하
  지는 않으셨네.
  서쪽 교외에서 기린을 잡은 이후 뜻깊은 말씀이 갑자기 끊어져서, 바야
  흐로 하늘이 장차 무너질까 두려웠나니 우리 당黨 동지들은 산이 무너지
  고 큰 나무가 꺾이는 슬픔에 그치지 않네.

  祝宗祈死, 老眼久枯, 翻幸生也有涯, 幸免睹全國陸沉魚爛之慘!
  西狩獲麟, 微言遽絕, 正恐天之將喪, 不僅動吾黨山頹木壞之悲!
  (앞의 책)

  이 대련은 위 대련보다 더 감상적이고 슬프다. 이때 량치차오도 시대 상
황에 뱃속 가득 불만을 품고 있었다. 그는 캉유웨이에게 올린 「제문祭文」에
서 특별히 황제 복위에 관한 일을 언급하고 있다.

  뒤에 『신중국사新中國史』를 쓸 때 결국 무술변법을 제1장으로 삼지 않을
  수 없었습니다. 그것은 만세萬世의 공론이지 우리 당을 위한 아양이 아

---

13 앞 구절 '逃先聖之玄意, 整百家之不齊'는 후한의 유명한 학자 정현의 「계자서誠子書」에 나오고,
뒤 구절 '奉觴豆於國叟, 致歡忻於春酒'는 후한의 유명한 사부가辭賦家 장형張衡의 「동경부東京賦」
에 나온다. 전체 구절을 살펴보면 량치차오가 캉유웨이를 공자에 비견하고 있음을 알 수 있다.

닌 때문입니다. 황제 복위 사건이 일어나자 이 일을 스승님의 허물로 생각하는 사람이 많았고, 이 제자도 스승님에게 허위로 몸을 굽히며 겉으로라도 따르는 척할 수는 없었습니다. 비록 장부가 독립하면 각각 자기만의 본말을 갖게 되지만 스승님께서 자처하시는 것을 어찌 올바르지 않다고 할 수 있겠습니까? 선제先帝[광서제]께서 알아주심을 지하에서 보답하려 한다면 우리 임금의 아들에게 우리의 공경을 바치면 되는 일이었습니다. 어떤 집에 깃들어 사는 제비가 그 집 주인이 바뀐다고 둥지를 버리지는 않으며, 꿋꿋한 소나무는 추위 때문에 본성을 바꾸지는 않습니다. [스승님께서는] 차라리 천하 사람들의 큰 비난을 무릅쓰더라도 마음속으로 깨끗하게 여기시는 일을 의연히 실행하셨습니다. 이것은 정말 우리 스승님께서 다른 사람을 크게 뛰어넘는 점이거니와 인간 기강의 생명을 의지해야 할 대상이라 할 수 있습니다. 젊은이들은 마음대로 비방하길 좋아했지만 이제 관 두껑을 닫고 올바른 판단을 내리고자 합니다. 아아! 슬픔이 북받쳐 오릅니다! 지금 다시 무슨 말을 할 수 있겠습니까?(『음빙실합집·문집』 제44권 상, 30쪽)

캉유웨이 사후 량치차오는 제자로서 총결산을 한다는 의미로 스승에게 위 글을 바쳤다. 류타이시劉太希는 『캉유웨이 선생에 대한 기록記康有爲先生』에서 량치차오의 「제문」을 이렇게 평가했다. "완곡한 필치로 자신의 스승을 변호하고 있으니 량 씨의 마음 씀씀이는 진실로 고충에 차 있었다고 할 만하다. 캉 씨도 지하에서 이 사실을 안다면 스승이 제자보다 못하다고 느낄 것이고 이전에 량 씨의 잘못을 매도한 일을 후회할 것이다."(『캉유웨이를 추억하다』, 452쪽) 이들 두 사람에 대한 언급으로는 량치차오의 다음 말이 그래도 가장 정확한 듯하다. "량치차오와 캉유웨이가 가장 다른 점은, 캉유웨이는 선입관이 매우 강하고 량치차오는 선입관이 매우 약하다는 점이다. 일을 처리할 때도 그렇고 학문을 할 때도 그렇다. (…) 이 때문에 캉유웨이의 학문은 오늘날 그 시시비비를 판단할 수 있지만 량치차오의 학문은 아직도 시시비비를 판단할 수 없다. 량치차오는 너무 선입관이 없어서 왕왕 사안에 따라 자신이 지켜야 할 원칙까지 놓치기도 했으며, 창조력 부문에서도 캉유웨이에게 미치지 못했다고 단언할 수 있다."(『청대학술개론』, 90쪽)

말하자면 캉유웨이는 불변不變의 태도로 세상의 온갖 변화에 대응했다. 그는 어린 시절 너무나 선진적이었지만 만년에는 너무나 낙후된 모습을 보였다. 이 때문에 평생토록 국민에게 괴물로 취급되며 끊임없이 비웃음을 샀다. 량치차오는 선변善變[상황에 따라 잘 변화함]의 태도로 불변의 그 무엇을 추구했다. 량치차오에게 변화는 시대 상황에 따라 적응하려는 노력이었고, 불변의 그 무엇은 국가, 민족, 국민을 향한 그의 사랑과 책임감이었다. 량치차오의 사랑 속에는 물론 스승 캉유웨이를 향한 사랑도 있다. 스승 캉유웨이에게 제례를 올린 후 사흘째 되던 날 량치차오는 자식들에게 보낸 편지에서 이렇게 말하고 있다. "난하이 선생님이 갑자기 칭다오에서 돌아가셨고 며칠 전 베이징에서 그분을 위해 제례를 올리며 곡을 했다. 정말 슬픔이 북받쳐 올랐다. 나의 「제문」은 짐작컨대 이미 『신보晨報』에 실렸을 듯하다. 그분이 돌아가신 후의 쓸쓸함은 정말 가련할 정도다. 나는 전보를 받고 얼른 돈을 몇백 위안 모아 부쳤다. 거칠게나마 염殮을 하는 데는 쓸 수 있을 듯하다. 나는 또 저우시저[량치차오의 사위]를 대신해서 부조금 100위안을 보냈다. 너희가 비록 가난해서 돈을 빌리거나 물건을 저당 잡히더라도 그 돈을 마련할 방법을 강구해보기 바란다. 시저는 가장 일찍 난하이 선생께서 이끌어주신 은혜를 입었으니 이번에 성의를 다해야 할 것이다. 너희도 틀림없이 동의해주리라 믿는다."(『량치차오 연보 장편』, 1124쪽)

제6장

스승과 벗을 겸하다: 량치차오와 황쭌셴

광서 21년(1895) '공거상서'를 겪고 나서 젊은 량치차오는 만청 지식인사회에서 새롭게 떠오른 정치적 혜성이 되었다. 그는 과거에는 급제하지 못했지만 '공거상서'를 통해 쌓은 강력한 인기에 기대어 새로운 기풍을 선도하고 새로움과 변화를 추구하던 만청 지식인사회에서 명성을 얻을 수 있었다. 사람들은 캉유웨이를 이야기할 때 반드시 제자 량치차오를 함께 언급했다. 과거시험이 끝난 후에도 량치차오는 도성을 서둘러 떠나 광둥 고향으로 돌아가지 않고 그곳에 남아 스승 캉유웨이와 함께 변법자강과 구망도존救亡圖存의 구호를 외치며, 도성의 관리와 사대부 사이를 분주히 돌아다녔다. 두 사람은 새로운 학문을 제창하고 새로운 기풍을 열고자 여러 부문의 사람들과 연락하고 널리 친구를 사귀며 강학회를 창설했을 뿐만 아니라 유신파 국내 최초의 신문 『만국공보』도 간행했다. 이 신문은 몇 달 후 『중외기문』으로 이름을 바꿨다. 량치차오는 매번 이 신문에 자신이 쓴 단문短文을 제1면에 게재하면서 매우 왕성하게 활동했다.

『중외기문』은 엄격히 말해 아직 정규 신문이 아니었다. 당시 조건으로 보면 캉유웨이와 량치차오는 독립된 출판 인쇄 시설을 갖추지 못한 채 단지 『경보京報』 발행소에 인쇄를 맡기고 목활자 해서체로 『중외기문』을 대신 찍어내게 하는 동시에, 신문 판매상에게 부탁해 『경보』나 『궁문초宮門鈔』[저보邸報]에 끼워 무료로 베이징 관료들에게 신문을 배달하도록 했다. 당시 베이징의 고관대작, 한림학부翰林學府 등 지식인이 있는 곳에는 『중외기문』이 배달되지 않는 곳이 드물었다. 그래서 가장 발행 부수가 많을 때는 1기期에 무려 3000부 내외를 간행하기도 했다.

캉유웨이는 위로부터 아래로 변법을 시행해야 한다고 주장했다. 따라서 변법은 도성에서 시작되어야 하고 또 왕공 대신에서 시작되어야 한다고 보았다. 도성은 정치권력의 중심지고 왕공 대신은 이러한 권력을 움직이는 사람들이기 때문이라는 것이다. 따라서 변법유신을 추진하려면 먼저 이들에게 영향을 주고 이들을 설득해야 한다고 했다. 캉유웨이의 이 방법은 아주 신통한 효과를 발휘했다. 『중외기문』은 격일간으로 출간했고 몇 개월 동안 수십 기를 간행해 배부했다. 그러자 조정의 적지 않은 관리와 사대부들이 이 신문에 영향을 받기 시작했으며 마침내 이들의 식견과 논리에도 큰 변화가 생겨났다. 이들은 신법 시행의 장점에도 점점 호의적인 견해를 보이기 시작했고 변법 자체에도 더욱 강한 기대감을 갖게 되었다. 물론 유신파의 행위는 수구파의 악의적 훼방과 강렬한 반대를 불러일으켰다. 신문이 광범위하게 발송·전파된 지 얼마 지나지 않아 다음 현상이 발생했다. "우리를 비방하는 유언비어가 마구 들끓자 각 가문에 신문을 배달하는 사람들은 분노에 찬 눈길을 받게 되었다. 이로 인해 신문 배달원들도 자신에게 재앙이 미칠까 두려워한 나머지 상여금을 많이 준다고 해도 신문을 배달하려 들지 않았다."(『량치차오 연보 장편』, 41쪽) 상황은 이와 같았지만 당시 량치차오는 『중외기문』을 통해 전체 관료사회와 지식인사회에 자신의 출중한 재능을 과시했다. 그는 수많은 캉유웨이 제자 중 독보적 존재여서 당시 인텔리들에게 드넓은 관심을 받았다.

인경려 주인 황궁두

황쭌셴도 바로 이 시기에 이 젊은 인재를 주목했다. 량치차오는 「삼십 자술」에서 대략 다음과 같이 기록했다. 당시 베이징에서 가장 먼저 강학회를 창립했고 뒤이어 상하이에서도 강학회를 창립했다. 오래지 않아 베이징 강학회는 조정 사찰을 받고 모든 활동을 금지당했으며 상하이 강학회도 강제로 폐쇄되었다. 이때 황쭌셴은 유신 사업을 중도에 폐지하지 말고 계속 추진했으면 하는 바람이 있었다. 이 때문에 그는 강학회가 남긴 자금을 이용해 신문사를 설립할 것을 건의하고 량치차오를 상하이로 초빙해 주필을 맡아달라고 요청했다. 베이징 강학회가 활동을 금지당한 후 『중외기문』도 강제로 정간되었다. 그뒤 량치차오와 어사 후푸천胡孚宸이 전력을 다해 강학회 이름을 관서국官書局으로 바꾸고 이를 총리아문에 배속되게 했으며, 전문적으로 외국 서적과 신문 번역을 담당하게 했다. 그러나 이 과정에서 량치차오는 완전히 외부로 배제되었고, 강학회가 조사를 받을 때 그의 생활용품과 서적도 당국에 압수되었다. 그는 어쩔 수 없이 "수개월 동안 여러 사찰을 전전하며 유랑생활을 해야 했다." 량치차오는 이때 마침 자신을 상하이로 초청해 신문사 일을 맡기려는 황쭌셴에게서 편지를 받았다. 그는 매우 기뻐하며 즉시 몸을 움직여 상하이로 가서 황쭌셴을 만났다.(앞의 책, 41~44쪽)

량치차오가 베이징을 떠나 상하이로 남하한 것은 병진년(1896) 3월이었다. 그는 「삼십 자술」에서 이렇게 기술했다. "3월에 베이징을 떠나 상하이로 가서 처음 궁두公度[황쭌셴]와 교분을 텄다." 량치차오는 24세였고 황쭌셴은 49세였다. 둘은 동일한 이상과 주장으로 좋은 벗이 되었고 평생 변함없는 우정을 유지했다. 두 사람의 교분과 우의는 10년간이나 지속되었다. 광서 31년(1905) 2월 18일 황쭌셴은 세상을 떠나기 1주일 전까지도 량치차오에게 편지를 보내 유신과 헌정의 전도, 방침, 책략에 대해 토론하며 자기 견해와 주장을 얘기했다. 량치차오는 나중에 「자잉 황 선생 묘지명嘉應黃先生墓志銘」을 지어 자신과 황쭌셴의 사귐을 추억했다. 이 글에도 여전히 깊은 정이 배어 있다. "나는 약관의 나이로 선생을 모시고 오직 도의道義만을 이야기하며 가르침을 청했다. [내가] 조정에 죄를 지은 후 친구들이 나를 버릴 때도 오직 선생만은 함께 아파하며 간절한 마음으로 옛날과 똑같이 대해주셨다. 선생께선 세상을 떠나기 1년 전에 나에게 편지를 보내 이렇게 말씀하셨다. '나라 안에서 자네를 알아주는 사람으론 나만 한 사람이 없고, 나

황쭌셴(1848~1905). 평생 시가 개혁에 주력했다. 만
청 시계혁명 분야에서 첫번째로 손꼽히는 사람인 동
시에 비교적 이른 시기에 세계 변화의 흐름에 눈뜬
선각자의 한 사람이다.

를 알아주는 사람 역시 자네만 한 사람이 없네.'"(『음빙실합집·문집』 제44권
상, 6쪽. 『인경려시초 전주人境廬詩草箋注』, 1164~1165쪽)

황쭌셴은 자가 궁두公度이며, 별호는 인경려주인人境廬主人,[1] 수창안홍관
주인水蒼雁紅館主人 등이다. 광둥 자잉嘉應[지금의 메이저우 시梅州市] 사람으로
청 도광 28년 무신년(1848) 4월 27일에 태어나서, 청 광서 31년 을사년(1905)
2월 23일 세상을 떠났다. 향년 58세였다. 황쭌셴은 평생 시가詩歌 개혁에
진력하여 만청 시계혁명詩界革命 과정에서 가장 중요한 업적을 남긴 인물이

---

1 여기서 '인경려'는 '사람 사는 동네의 오두막'이란 뜻이다. 중국 동진東晉 시인 도연명陶淵明의
「음주飮酒」 20수 중 제5수에 나오는 "結廬在人境 而無車馬喧(결려재인경 이무거마훤)" 즉 "오두막
짓고 사람들 속에 살거늘 수레 끄는 소리 말 울음소리 들리지 않네"란 구절에서 취했다고 전해진다.

다. 그의 『인경려시초人境廬詩草』와 『일본잡사시日本雜事詩』는 만청 시계혁명의 가장 중요한 성과물에 속한다. 그는 임종 전 어린 동생 황쭌카이黃遵楷에게 보낸 편지에서 다음처럼 언급하고 있다. "평생 품은 뜻을 한 가지도 이루지 못했지만 오직 근체시近體詩만은 자립의 경지에 이를 수 있었다. 하지만 이 또한 무용지물이고 지금 이 지경에 이르고 보니 아무 소망조차 없구나."(『인경려시초 전주』, 1255쪽)

천금의 값어치와 맞먹는 『일본국지』

동시에, 황쭌셴도 만청 시기에 비교적 일찍 세계로 걸어나가 안목을 넓힌 인물이었다. 그의 『일본국지日本國志』는 중국인이 쓴 첫번째 일본통지日本通志 로 "고대에서 현대에 이르는 일본 각 부문의 상황을 서술했고, 특히 메이지유신 이후 거대한 변화 과정을 자세히 다루고 있어 '메이지 유신사'라 할 수 있다."(『세계 지향 총서―중국인이 서구를 고찰한 역사走向世界-中國人考察西方的歷史』, 363쪽) 이 책은 나중에 무술변법 운동 과정에서 막대한 영향력을 발휘했고, 그뿐만 아니라 광서제는 이 책을 변법 지도 교과서로 간주했다. 황쭌셴은 29세 되던 해 순톈順天 향시에 급제하여 거인이 되었고, 이듬해 허루장何如璋을 수행해 일본으로 가서 대사관 참찬參贊으로 근무했다. 35세에는 미국 샌프란시스코 총영사로 근무했고 38세에 근무를 마치고 귀국했다. 그는 고향에서 5년간 생활했는데 이 시기를 전후해 장인환과 장즈둥의 출사 요청을 사절하고 두문불출한 채 『일본국지』 저술에 전념했다. 마침내 광서 13년 정해년(1887) 5월 이 거작을 완성했다. 당시 그는 네 부를 베껴 한 부는 조정의 총리각국사무아문에, 한 부는 리훙장에게, 한 부는 장즈둥에게 보냈고, 한 부는 자신이 보관했다. 그러나 광서 16년 경인년(1890)에 황쭌셴은 다시 쉐푸청을 수행해 영국, 프랑스, 이탈리아, 벨기에 네 나라에 사신으로 갔다. 이 때문에 그는 이 책 원고를 광저우의 부문재富文齋로 넘겨서 출판하게 했다. 당시 그는 43세였고 다시 벼슬길에 나서서 영국 주재 참찬을 지냈으며, 이듬해 싱가포르 총영사로 전근되었다. 4년 뒤인 광서 20년 갑오년(1894)에는 청일전쟁이 발발해 청나라 군대가 연전연패를 거듭했다.

당시 장즈둥은 후광湖廣 총독에서 량장兩江[장난 성江南省과 장시 성江西省] 총독으로 자리를 옮겼다. 그는 나라를 방어하기 위해서는 인재가 필요하다는 이유를 대고 청 조정에 황쭌셴을 귀국시켜달라고 요청했다.

황쭌셴이 귀국했을 때는 이미 광서 21년 을미년(1895) 연초였다. 무슨 이유인지 모르지만 『일본국지』는 그때 비로소 출간되었다. 어떤 사람이 그 책을 가지고 장즈둥을 만나러 가서 유감스럽게 이렇게 말했다고 한다. "이 책이 조금 더 일찍 세상에 나왔다면 백은 2억 량을 절약할 수 있었을 겁니다." 이때 리훙장과 이토 히로부미 간에 「시모노세키 조약」이 체결되었다는 소식이 국내로 전해졌다. 조약에는 중국이 조선의 독립을 승인하고, 타이완과 랴오둥 반도를 일본에 할양하고, 또 백은 2억 량을 일본에 손해배상금으로 지불한다는 내용이 있었다. 『일본국지』가 지니는 가치가 백은 2억 량과 맞먹는다는 논리는 바로 여기에서 비롯했다. 이 말에는 당시 권력자들이 조금 더 일찍 조금 더 많이 일본의 실상을 이해했다면 청일전쟁이 일어나지도 않았을 것이고, 전쟁이 일어났어도 [중국이] 패배하지 않았을 것이고, 패배했다 해도 이처럼 참담하게 패배하지는 않았을 것이고, 또한 전후戰後 협상에서도 이처럼 주권을 잃고 치욕을 당하지는 않았을 것이란 의미가 들어 있다. 하지만 역사에 가정이란 있을 수 없기에 이는 당시 문인 사대부들의 소망에 불과했던 셈이다.

하지만 늙은 천조天朝[천자의 나라, 곧 중국]는 결국 동쪽 바다의 작은 나라 일본에 패하고 말았다. 이 사실은 수많은 중국인의 머리를 두드려 깊은 잠에서 깨어나게 했다. 캉유웨이와 량치차오는 선각자여서 동포 중에서도 비교적 일찍 각성했다. 이 때문에 그들은 도처에서 함성을 지르며 더욱 많은 사람을 일깨우려 했다. 마침 회시가 거행되던 그해(1895) 베이징으로 온 각 성의 거인들은 거의 1만 명에 이르렀고, 그들 모두 중국의 패배에 의분을 품고 있었다. 이때 캉유웨이와 량치차오는 '공거상서'운동을 제창한 뒤 18성의 거인과 연합해 베이징 송균암에서 집회를 열고 '척화斥和, 천도遷都, 변법變法' 3대 주장을 제기했다. 이어 강학회가 같은 해 10월 베이징에서 창립되자 내각학사內閣學士 쑨자나이, 공부주사工部主事 천츠, 형부낭중刑部郎中 선쩡즈, 한림원편수翰林院編修 딩쉬안쥔丁玄鈞 및 위안스카이 등 조정 안팎에서 큰 영향력을 발휘하던 인물들 모두 많든 적든 강학회 활동에 참여했다. 그해 8월 캉유웨이는 남쪽으로 내려가 상하이 강학회를 창설(11월)했다. 이 기간 캉유웨이는 난징으로 가서 장즈둥을 방문하고 그의 지지를 얻으려 하기도 했다. 장보전張伯楨의 『난하이 캉 선생 전』에는 이러한 기록이 있다. "9월 15일 장닝으로 들어갔다. 당시 장즈둥이 량장 총독으로 있어서 장즈둥에게 유세하여 강학회를 설립하려 했고 장즈둥도 용감하게 그 일을 맡겠다고 했다." (『캉유웨이를 추억하다』, 113쪽) 장즈둥은 강학회에 대한 지지를 표시하고자 비분강개한 마음으로 강학회에 자금 1500량을 지원했다.

한 번 만나 옛 친구처럼 친해져서 서로 동지가 되다

황쭌셴과 캉유웨이는 대체로 바로 이 시기에 함께 길을 가는 동지가 되었다. 둘은 "천하 대사를 거리낌 없이 이야기했다. (…) 즉 서로의 거처를 아침저녁으로 오가며 모든 관심사를 남김없이 논의했다."(『캉유웨이 시문선』, 100~101쪽) 이 과정에서 자연스럽게 캉유웨이의 뛰어난 제자 량치차오에게 화제가 미쳤다. 당시 황쭌셴은 귀국한 지 얼마 되지 않아 조정에 중용되지 못한 채 한쪽으로 버림받은 신세여서 상당히 우울한 나날을 보내고 있었다. 여기에도 전해오는 에피소드가 있다. 황쭌셴은 장즈둥이 초청해서 온 사람인 데다 신분도 보통 막료들과는 전혀 달라서 그에게 중요한 자리를 마련해주지 않을 수 없었다. 그러나 전해오는 말에 의하면, 황쭌셴은 장즈둥을 배알할 때 "고개를 꼿꼿하게 쳐들고 다리를 꼬고 앉았으며 또 머리를 좌우로 흔들며 큰 소리로 대화를 했다"고 한다. 그래서 황쭌셴의 태도가 "매우 오만해 권세가도 안중에 없는" 듯 비쳤고, 장즈둥은 그의 태도를 보고 불만을 품었다.(앞의 책, 101쪽) 어쨌거나 장즈둥은 한 분야의 영수領袖였고 황쭌셴보다 직급도 높았으며 나이나 경력 또한 많았다. 관리사회 관례에 비춰보더라도 응당 하급자가 상급자에게 존경을 표하거나 그뿐 아니라 비위까지 맞춰줘야 하는데 어찌하여 감히 상급자 면전에서 다리를 꼬고 머리를 흔들며 대담하게 떠들 수 있단 말인가? 그래서 황쭌셴은 겨우 장닝

양무국 총판에 임명되어 산더미처럼 쌓여 있는 다섯 성省의 교안教案2을 처리하게 되었다. 이 업무는 황쭌셴에게 자신의 능력을 발휘할 만한 매력이 없었던 것은 아니나 ―이 교안들은 다른 사람이 볼 때 매우 복잡한 사건이었지만 그는 쉽고도 익숙하게 처리할 수 있었다― 그의 입장에서는 자신이 냉대받고 있다는 느낌을 지울 수 없었다. 그는 자신이 더 중요한 역할을 맡아야 한다고 생각했다. 우울한 나날을 보내는 가운데 황쭌셴은 늘 난징과 상하이를 왕래하며 캉유웨이, 량치차오 등과 같은 새로운 친구를 사귀었다. 황쭌셴은 그들과 함께 적극적으로 변법유신운동에 투신하면서 심경에 큰 변화를 겪었다. 강학회가 해산된 후 그는 뜨거운 열정으로 량치차오, 왕캉녠, 우지칭吳季清, 쩌우뎬수鄒殿書 등에게 연락해 이들과 공동으로 『시무보』를 창간하고 자금 1000위안을 출연하여 창간 기금으로 삼게 했다.

황쭌셴과 량치차오는 한 번 만나 옛 친구처럼 친해져서 바로 동지가 되었다. 황쭌셴은 광서 병신년(1896) 3월 량치차오에게 편지를 보내 상하이에서 『시무보』를 창간하자고 제의했고, 4월 중순에는 「량런푸 동년에게 증정함贈梁任父同年」이라는 여섯 수짜리 절구를 지었다. 첸중롄錢仲聯 선생의 고증에 의하면, 황쭌셴과 량치차오는 같은 해에 거인이 되지 않았기 때문에 동년同年3으로 부를 수 없다고 한다. 이 시 제목에서 황쭌셴이 량치차오를 동년이라한 것은 아마도 자신의 막냇동생이 량치차오를 그렇게 부르는 것을 따라 부른 것에 불과하다고 한다. 황쭌셴의 막냇동생 황쭌카이는 량치차오와 같은 해에 거인에 급제했다.

열강이 날뛰며 예닐곱 황제 힘을 쓰는데	列國縱橫六七帝
우리 문화 흥망성쇠가 오천 년을 이었구나.	斯文興廢五千年
황인종이 해를 받들고 하늘로 솟아올라	黃人捧日撐空起
찬란한 빛발을 대천大千세계에 비추겠네.	要放光明照大千

2 청나라 말기 중국 내 기독교 관련 사건.
3 같은 해에 과거에 급제한 사람. 동방同榜이라고도 한다.

카로슈티 문자[4]가 한동안 횡행했고　　　　　　　佉盧左字力橫馳
대각臺閣의 공문서는 첩괄시帖括詩로 지어졌네.　臺閣官書帖括詩
모필毛筆 세 치 붓 대롱을 붙잡고 지키려니　　　守此毛錐三寸管
부드럽고 힘이 약해 지탱하기 어렵도다.　　　　絲柔綿薄諒難支

백마가 동쪽에 온 후 다시 달마가 왔고　　　　白馬東來更達摩
노자는 푸른 소 타고 유사流沙를 넘어갔네.　　靑牛西去越流沙
뗏목 타고 떠돌고 싶단 공자의 말씀 보았는가?　君看浮海乘槎語
문자가 같다면 한집안이라 할 수 있으리.　　　倘有同文到一家

한 치의 산하도 한 치의 황금인데　　　　　　寸寸河山寸寸金
조각조각 분열되니 누구 힘으로 지탱할까?　　佤離分裂力誰任
두견새에 재배再拜 올리고 근심으로 눈물 흘리며　杜鵑再拜憂天淚
끝도 없이 바다 메우는 정위精衛 새 마음 되새기네.　精衛無窮填海心

오랑캐에겐 가한可汗으로 한족에겐 천자로　　又天可汗又天朝
사방으로 빛발 날리며 요임금을 칭송했네.　　四表光輝頌帝堯
천원지방天圓地方 그 원리는 머리와 발로 표현되는데　今古方圓等顱趾
어찌하여 고개 숙이고 오랑캐에게 양보하나?　如何下首讓天驕

푸른 것은 하늘인데 검은 것은 잿더미라　　靑者皇穹黑劫灰
하늘 무너질까 땅 꺼질까 걱정으로 지새우네.　上憂天墜下山頹
삼천육백 낚시 놓아 자라 잡으려는 사람들아　三千六百釣鼇客
런궁[량치차오]이 손쓰는 걸 우선하여 보시게나.　先看任公出手來

　이 시 여섯 수를 완전히 이해하기란 어려운 일이어서 관련 주해를 참고

4　고대 인도의 문자.

해야 한다. 그러나 량치차오를 향한 시인[황쭌셴]의 칭찬과 기대가 행간에 배어 있음을 쉽게 느낄 수 있다. 이와 관련된 이야기가 전한다. 당초 황쭌셴이 아직 량치차오와 교분이 없을 때 어떤 이가 그에게 장타이옌을 추천했다고 한다. 장타이옌도 학문이 뛰어난 대가였고 매우 심도 깊은 가학家學의 연원이 있었다. 그러나 황쭌셴은 분명하고 쉬운 량치차오의 문장을 좋아했다. 장타이옌은 량치차오와 비교해 문장을 쓸 때 고어와 벽자僻字 쓰기를 좋아했다. 황쭌셴은 장타이옌이 보내온 문장을 읽어보고는 선전선동을 위주로 하는 신문기사 문체로는 부적합하다고 생각하고 그 문장을 되돌려 보냈다. 장타이옌은 이 때문에 줄곧 황쭌셴을 원망했고 항상 배후에서 듣기조차 민망한 비방을 하곤 했다.(『인경려시초 전주』, 1215쪽)

량 씨 문체의 마력

그러나 황쭌셴은 량치차오의 문장을 극구 추앙했고, 몇 년 뒤 친구가 부쳐준 『신민총보』를 국내에서 읽어보고는 놀라움과 기쁨에 젖어 즉시 량치차오에게 편지를 보냈다. 찬탄하는 감정이 행간 밖에까지 흘러넘쳤다. 그는 『청의보』가 『시무보』보다 더 낫고, 『신민총보』가 『청의보』보다 더 낫다고 생각했다. 황쭌셴은 이처럼 량치차오의 문장을 칭찬하고 있다.

마음을 놀라게 하고 넋을 뒤흔드는 문장으로 한 글자 한 글자가 천금의 가치에 해당하오. 일반 사람들 붓끝에서는 나올 수 없는 문장이지만 일반 사람들 마음속에서 느끼는 내용을 담고 있소. 비록 마음이 쇠나 돌 같은 사람이라 해도 감동하지 않을 수 없을 것이오. 옛날부터 지금까지 문자의 힘이 이보다 더 큰 것은 없을 것이오. 뤄푸산羅浮山 동굴의 원숭이가 밖으로 나와 요괴가 되었고, 동쪽 일본으로 건너간 뒤 또다시 『서유기西遊記』에 나오는 손 행자孫行者[손오공孫悟空]가 되었으며 72가지 변신술을 펼치자 갈수록 더욱 기이한 모습을 보였소. 그러니 우리 같은 저팔계豬八戒가 어찌 말참견을 할 수 있겠소. 오직 합장하며 꿇어앉아 경배를 올릴 수 있을 뿐이오. (광서 28년 4월 황궁두가 「음빙실 주인에게 보내는 편

지致飮氷主人書」,『량치차오 연보 장편』, 274쪽)

　　황쥰셴이 말한 "뤄푸산 동굴의 원숭이가 밖으로 나와 요괴가 되었다"는 내용은 분명『시무보』 시절의 량치차오를 가리킨다. 량치차오의 문장은 당시 이미 광대한 청년 학생들의 최대 애독물이었고, 아울러 또 경력이 많고 지위가 높은 사람들의 마음을 정복했다. 량치차오는 후세 사람들에게 중국의 첫 세대 계몽대사啓蒙大師로 일컬어지며 만청 여론계를 좌지우지한 인물로 평가되는데,『시무보』가 이를 위한 첫번째 디딤돌로 작용했다. 당시 세대 사람들이 쓴 회고록에서 우리는 항상 다음과 같은 언급을 읽을 수 있다. "나는 캉유웨이와 량치차오—특히 량치차오—의 통쾌한 논설을 읽은 이후 금방 그들의 신도가 되었다. 나는 오로지 변법유신을 추진하는 지사가 되려 했지 팔고문을 배워 과거에 급제하는 데는 그다지 큰 흥미가 없었다."(『신해혁명辛亥革命』, 39쪽) 이것이 바로 사람들이 자주 언급한 량치차오 문장의 마력이다. 장즈둥처럼 벼슬이 높은 석학도 량치차오를 특별하게 대접하지 않을 수 없었다. 광서 23년(1897) 초 량치차오는 장즈둥에게 초청을 받고 우창으로 가서 그를 만났다. 당시 장즈둥은 벌써 양무파洋務派 영수가 되어 한 지방의 군사권과 경제권을 장악하고 있었다. 그러나 량치차오 방문 소식을 듣고 이례적으로 관아 중문을 활짝 열고 예포를 쏘며 그를 맞이하려 했다. 그러나 막료들이 흠차欽差[흠차대신]나 독무를 맞이할 때만 예포를 쏠 수 있다고 조언하자 그제야 예포 쏘기를 그만두었다. 그러나 여전히 따뜻한 방을 마련해 량치차오를 후하게 접대했다. 전해오는 말로는, 그날은 마침 장즈둥의 딸이 출가하는 날이어서 매우 시끌벅적했지만 장즈둥은 많은 친척과 친구를 내버려두고 량치차오와 2경이 될 때[저녁 9시]까지 마음을 터놓고 얘기를 나누었다고 한다. 이 일로 량치차오는 한동안 장즈둥을 지기知己로 여길 정도였다.

　　량치차오의 문장은 왜 이처럼 사람들에게 환영받았는가? 기실 그 원인은 매우 간단하다. 바로 량치차오가 시대의 추이와 호흡을 함께했기 때문이다. 그의 문장에는 시대의 맥박이 요동친다. 량치차오는 또 자신이 생각하는 바를 모두 말하는 동시에 늘 관점을 새롭게 하여, 수많은 사람이 가슴에 품은 말을 대신 해주었다. 그의 문풍文風은 명확하고도 유창했으며 구속에 얽매이지 않고 자유분방했다. 량치차오는 『청대학술개론』에서 이처럼 진술하고 있다.

> 치차오는 동성파桐城派[5]의 고문을 좋아하지 않았고 어릴 때 문장을 지으면서 만한晚漢과 위진魏晉의 기풍을 배워 자못 근엄하게 다듬기를 좋아했다. 이 시기에 이르러 저절로 문체가 해방이 되어 평이하고 유창하게 짓기에 힘쓰며 때때로 속어와 운어韻語와 외국 어법을 섞어넣으니 분방한 필치에 아무 거리낌이 없었다. 학자들이 다투어 모방하며 그것을 신문체新文體라 불렀다. 늙은이들은 통한으로 여기며 들여우 같다고 비방했다. 그러나 그 문체는 조리條理가 명석하고 필봉에 항상 정감을 띠고 있어서 독자들에게는 특별히 일종의 마력을 지닌 것으로 인식되었다. (『량치차오 연보 장편』, 273~274쪽)

사람들은 량치차오의 이 문체를 '시무체時務體' 또는 '신민체新民體'로 부르기도 했다. 량치차오 문체는 기실 현대 백화문白話文의 남상이라고 할 수 있고 만청과 민국 시기에 엄청난 영향력을 발휘했다. 나중에 많은 사람이 쓴 문장에서도 그 영향력을 목도할 수 있다. 예컨대 마오쩌둥의 문장에는 량치차오 문체의 흔적이 매우 선명하게 남아 있다. 후스胡適도 량치차오 문장의 마력을 아래와 같이 개괄하면서 결론을 내리고 있다.

> 이 같은 마력의 원인으로는 대체로 몇 가지를 들 수 있다. 첫째, 문체의 해방이다. 모든 '의법義法'과 '가법家法'을 타파했으며, 모든 '고문' '시문' '산문' '변문駢文'의 한계를 타파했다. 둘째, 조리의 분명함이다. 량치차오의

---

5 청나라 시대에 유행한 고문파古文派. 이 파에 속한 유명한 문장가 방포方苞, 유대괴劉大櫆, 요내姚鼐가 모두 안후이 성 동성桐城[통청] 사람인 데서 유래한 명칭이다. 이들은 고문을 지을 때 엄격하고 전아한 의법義法을 중시했다.

장편 문장은 모두 조리가 분명하여 쉽게 읽힌다. 셋째, 단어와 어구의 쉽고도 명확함이다. 이에 쉽게 이해할 수 있고 쉽게 모방할 수 있다. 넷째, 문장이 매우 자극적이고 "필봉에 항상 정감을 띠고 있다."(『후스 고전문학 연구논집胡適古典文學硏究論集』, 114쪽)

독서냐 구국운동이냐?

량치차오가 한창 명성을 날릴 때 친구들 사이에서 그의 전도前途를 둘러싸고 논쟁이 벌어진 적이 있다. 그 원인은 량치차오가 마샹보馬相伯 형제에게 라틴어를 배우기 시작한 때문이었다. 마샹보는 본명이 젠창建常으로 뒤에 량良으로 개명했으며, 샹보는 그의 자다. 장쑤 성 단양丹陽 사람이다. 아우 젠중建忠은 자가 메이수眉叔로 유명한 언어학 책 『마씨문통馬氏文通』의 저자다. 형제 모두 당시 동서양 학문에 정통한 학자였다. 광서 22년(1896) 7월 『시무보』가 상하이에서 창간되고 량치차오가 주필을 맡았다. 신문사 건물은 파오마팅跑馬廳 니청교泥城橋 서쪽 신마로新馬路 메이푸 리梅福里에 세를 들어 있었다. 마샹보와 동생 메이수도 신마로 입구에 살고 있어서 신문사와 거리가 아주 가까웠다. 그래서 량치차오와 이들 두 형제는 항상 함께 모여 환담을 나누었다. 그곳에서 량치차오는 또 쉬젠인徐建寅, 성쉬안화이, 옌푸, 천지퉁陳季同 및 장난제조국江南製造國과 한양철강공장漢陽鐵廠 내에서 양무운동에 열심인 많은 명사를 만났다. 당시 마샹보는 이미 57세였고, 량치차오는 겨우 24세였다. "마 선생은 런형任兄[량치차오]이 아직 나이가 어리므로 유럽어를 한 가지라도 더 배워야지 너무 일찍 세상에 나가서는 안 된다"며 량치차오에게 몇 년간 더 공부를 하고 외국어를 익히면서 너무 조급하게 이름과 얼굴을 드러내려 하지 말라는 의견을 내놓았다.(『량치차오 연보장편』, 56쪽)

마침 이때 첸탕錢塘 지현知縣 우샤오춘吳小村[지칭季淸]도 항저우 시후西湖 호에서 적당한 장소를 마련하고 몇천 위안어치 책을 사서 비치하고는 량치

마샹보(1840~1939). 교육가, 푸단대학 창건자, 예수회 신학
박사. 량치차오는 마샹보, 마젠중 형제에게 라틴어를 배웠
다. 량치차오가 두각을 나타낼 때 마샹보는 그에게 명성을
좇는 데 급급하지 말고 몇 년 더 독서를 하라고 권했다.

차오를 데려와 그 속에서 독서하게 했다. 그리고 또 량치차오에게 영어 교
사 1명과 독어 교사 1명을 붙여주고 몇 년간 착실하게 공부하게 한 뒤 그
곳에서 나오게 했다. 이 우샤오춘은 마샹보 형제와 마찬가지로 량치차오의
스승이었다. 우샤오춘의 아들 우톄차오와 량치차오, 탄쓰퉁은 형제처럼 지
냈고 이 두 사람도 우샤오춘을 아버지처럼 대했다. 광서 21년(1895) 가을과
겨울 동안 셋이 아직 베이징을 떠나지 않고 있을 때에도 이들은 매일 함께
거주했다. 여기서도 이들 관계가 아주 친밀했음을 알 수 있다. 이런 관계
가 있었기에 량치차오는 우샤오춘의 의견과 안배에 마음이 움직이지 않을
수 없었다. 기실 량치차오도 자신의 독서 문제에 다소 생각이 있었다. 광서
21년(1895) 초 그가 만목초당을 떠나 회시를 보러 베이징으로 갔을 때는 마
침 중국이 갑오년 청일전쟁에서 패배해 국사國事가 나날이 나빠지던 시기

였다. 당시 량치차오는 캉유웨이를 따라 사방으로 뛰어다니며 시대 상황을 통렬하게 진술하는 상소문을 올리고, 학회를 개설하고, 신문 발행을 주관했다. 그는 1년여 기간 즐거운 마음으로 분주하게 일했지만 책 읽을 시간은 그만큼 줄어들 수밖에 없었다. 그리고 비분강개하는 나날이 계속되자 마음의 안정을 찾기도 어려웠다. 그런데 이제 스승이 이와 같은 계획을 마련해주는데 어찌 즐겁게 따르지 않을 수 있겠는가? 량치차오는 광서 22년 (1896) 9월 샤쩡유에게 보낸 편지에서 마젠중을 따라 라틴어 배우는 즐거움을 이야기했다.

> 이 아우는 근래 라틴어를 배운 지 이미 10여 일이 됩니다. 마메이수馬眉叔 [마젠중]께서 직접 가르쳐주시는데 매일 두 시간씩 1년을 배우면 책을 읽을 때 막히지 않게 된다고 합니다. 내년에 다시 만날 때 그대는 내가 그리스 일곱 현인의 위대한 뜻에 대해 연설하는 걸 들을 수 있을 겁니다. (앞의 책, 57쪽)

량치차오는 같은 해에 스승 캉유웨이에게 보낸 편지 몇 통에서도 항상 몇 년 동안 산으로 들어가 독서를 하고 싶은 소망을 이야기하곤 했다. 그는 학문이 부족하면 자연히 나라와 세상을 구제하는 밑천이 쉽게 바닥이 나므로 나라와 세상을 구할 위대한 책임을 맡기 어렵다고 보았다. 그러나 지금 진행 중인 사업을 내팽개치는 것도 매우 달갑지 않게 생각했다. 량치차오는 이렇게 말하고 있다.

> 이 제자는 스스로 생각해봐도 학문이 부족해서 산으로 들어가 몇 년간 공부를 하고 싶은 마음이 있습니다. 하지만 이미 벌여놓은 모든 일을 내팽개칠 수가 없습니다. (앞의 책, 58쪽)

같은 해에 쓴 또다른 편지에서는 더욱 명확하게 언급하고 있다.

제가 지난번 신문사에 있을 때도 이 이야기를 하며 우리 당 지사들에게 모두 몇 년간 입산해 공부를 한 뒤 다시 세상에 나오자고 한 적이 있습니다. 그러나 쥔몐[쉬친] 등은 나를 크게 비웃으며 천하가 장차 망하려 하는데 자네가 입산했다가 나온다면 사람들이 자네를 기다려주겠는가? 저는 그때 대답을 할 수 없었습니다. 이는 우리 목적이 올바른 가르침을 전하려는 데 있지 정치를 하려는 게 아님을 모르는 말이고, 지구 및 무량세계의 중생을 구하려는 데 있지 한 나라만을 구하려는 게 아님을 모르는 말입니다. 또한 저는 학문을 이루지도 못한 자가 장차 무슨 방법으로 중국을 구할 수 있는지도 모르겠습니다. 몇 년간 입산해 공부를 하면 무슨 일을 할 수 있을까요? 이제 우리가 몇 년간 공부를 하면 학문을 완성할 수 있고 학문을 완성한 뒤에는 무량세계를 구할 수 있을 것입니다.

(『음빙실합집·집외문』 상책, 2쪽)

당시 량치차오는 샤쩡유, 탄쓰퉁, 우톄차오 등에게 영향 받아서 불교 책을 몇 권 읽고 불학佛學 담론을 즐기고 있었다. 그래서 그는 자기 책무가 올바른 가르침을 전해 사람들을 구제하는 데 있지 정치를 하는 게 아니라고 했다. 그러나 량치차오가 여기서 말한 올바른 가르침은 결코 불교가 아니고 캉유웨이가 제창한 '공교'였다. 당시 그는 공교로 나라뿐만 아니라 지구와 인류까지 구할 수 있다고 믿었다. 나중에 량치차오가 주장한 '민지民智를 깨우치고 백성을 새롭게 하자新民'는 이상도 바로 공교에서 출발한 것이다. 다만 당시에 그가 응용한 사상 자원이 이미 공교를 뛰어넘어 동서 문화의 정수를 융합한 신문화였을 뿐이다. 량치차오는 만목초당 동창생 허칭이何擎一에게 보낸 편지에서도 다음처럼 언급하고 있다.

몇 달 동안 더욱 일에 치여 날마다 잠깐의 여가도 내기가 어려운지라 아우에게 가르침을 베풀 방법이 없었다네. 그러나 그리운 마음에 자네를 잊은 적이 없네. 아우가 몸을 세우고 뜻을 가다듬는 모습은 보통 사람들과는 확연히 달라 뒷날 큰 성취를 이루면 [아우에게] 천하의 일을 맡길 만하다고 생각하네. 이 형은 근래 이곳의 번거로운 일에 고통 받는 게 싫어서 수위안[한수위안] 선생, 루보[마이멍화] 및 나의 동생과 함께 시후 호에 은둔해 서양어를 배운 뒤 다시 세상에 나가기로 결심했네. 저술하려는 책은 1, 2년 내에 완성할 수 있으리라 생각하네. 은둔하고 나서는 여가가 생겨 유유자적할 수 있을 것이네. (…) 며칠 일이 너무나 바쁘네. ―궁두가 도성에서 온 터라 더욱 바쁘다네.― 아우가 이야기할 게 있으면 편지로 알려주게. (『량치차오 연보 장편』, 74쪽)

량치차오 친구 중에서도 량치차오가 시후 호로 들어가 독서하려는 일에 찬성을 표시한 사람이 있다. 탄쓰퉁은 왕캉녠에게 보낸 편지에서 이렇게 쓰고 있다.

샤오춘 선생[우샤오춘]께서 줘루[량치차오]를 시후 호로 초청하여 독서를 하게 한다는데 나는 이 일을 지극히 옳은 일이라 생각하네. 왜인가? 나는 늘 줘루가 너무 많은 일을 하고 있고 아울러 두 신문의 주필을 겸하면서 안팎으로 협공을 받는 게 걱정이었네. 실로 사람 목숨은 유한한 법인데 이제 시후 호로 가서 고요하게 수양할 수 있으면 례차오가 갑자기 세상을 떠난 것 같은 일은 일어나지 않을 테고 가히 몸을 보존할 수 있을 것이네. 주필을 겸하는 일은 스스로 무방하다고 생각하는 것 같지만 그래도 그 일을 그만두고 몇 달 동안 잠시 쉬는 게 좋을 듯하네. 더러 돌아왔다가 다시 갈 수도 있겠지만 너무 오래 쉴 수는 없을 듯하네. 오래 쉬면 자기 자신만을 너무 챙기고 다른 사람을 위해서는 신경을 너무 적게 쓴다는 말을 들을까 두렵기 때문이네. (앞의 책)

당시 량치차오는 확실히 탄쓰퉁이 우려한 대로 일을 너무 많이 맡고 있었다. 그는 『시무보』와 『지신보』 주필을 겸했고 『서구 정치 총서西政叢書』 편집장까지 맡아서 책을 32종 출판했다. 이 총서는 모두 당시 서양의 정치를 토론한 중요 서적이다. 그는 또 부전족회不纏足會[전족 반대 모임]를 창설했고,

주식을 모아 대동역서국을 창설했으며, 아울러 친구들과 의견을 모아 여학당을 개설하는 등 매일 잠시도 쉴 틈 없이 활동하고 있었다. 막 우레차오의 죽음을 겪은 탄쓰퉁은 량치차오가 만약 시후 호로 들어가 독서를 하게 되면 그것이 단지 몇 달에 불과하더라도 그의 건강을 증진시킬 수 있을 것으로 보았다. 하지만 탄쓰퉁은 시간이 너무 오래 걸리지 않기를 희망했다. 지식인은 결국 다른 사람을 위해 일을 하지 않고 자신만을 위해 살 수는 없는 일이었다. 자기 자신의 심신을 선하게 닦는 일도 물론 좋지만 천하를 두루 구제하려는 사회적·역사적 책임감이야말로 더욱 중요한 일이라는 것이다.

시무학당을 주관하다

당시 형세는 바로 량치차오의 동문 친구가 말한 대로였다. 즉 "천하가 망하려 하고 국가가 망하려는 가운데 망국 멸종의 위험이 눈앞에 닥쳐왔는데 어떻게 '두 귀로 창밖의 소리를 듣지 않고' 산속이나 호숫가로 은둔해 독서를 할 수 있단 말인가?"라는 상황이었다. 구국의 목소리가 모든 임무를 압도했다. 광서 23년(1897)에도 이와 같았고 1937년[중일전쟁]에도 이와 같았다. 100여 년 동안 포부, 이상, 책임감이 있는 지식인들은 이 두 가지 선택의 어려움에 직면하지 않은 이가 아무도 없었다.

황쭌셴은 나라 형세가 위급하다는 이유로 량치차오가 적극적으로 정치활동에 투신해야지 문을 닫고 독서에만 전념해서는 안 된다고 주장했다. 그해 5월 황쭌셴은 후난 창바오 염법도長寶鹽法道에 임명되어 6월 베이징을 떠나 후난 부임 길에 나섰다. 그사이에 그는 또 후난 안찰사서리湖南按察使署理에 임명되었다. 황쭌셴은 상하이, 우한, 웨저우岳州를 거쳐 7월에 창사에 도착했다. 당시 후난 순무는 천바오전이었고 학정은 장뱌오江標였으며 나중에 쉬런주徐仁鑄가 임무를 이어받았다. 이들 모두 개명한 신파 인물로 변법유신의 중견이었다. 이들의 주재하에 생동감 있고 다채로운 개혁운동이 위아래 할 것 없이 후난 성 전역에서 진행되었다. 캉유웨이가 일찍이 지적한 대로 "중국의 변법은 후난 성에서 시작되었다"고 할 수 있다.(『캉유웨이 시문선』, 101쪽) 그것은 무술변법운동의 전주곡이라고까지 간주할 수 있을 정도였다. 량치차오도 이렇게 인식했다. "따라서 후난은 실로 유신의 땅이다. (…) 다른 성에는 진정한 수구파 인물도 없고 진정한 유신파 인물도 없다. 그러나 후난에는 진정한 수구파 인물이 정말 많고 진정한 유신파 인물도 적지 않다."(『음빙실합집·전집』 제1권, 130쪽) 량치차오는 『무술정변기』 부록 「후난 광둥 형세湖南廣東情形」에서 한 걸음 더 나아가 이렇게 지적하고 있다. "중국이 만약 분할된다면 18성 중에서 멸망 후 광복을 도모할 지역으로는 후난과 광둥 두 성만 한 곳이 없을 것이다. 후난 선비도 등용할 만하고 광둥 선비도 등용할 만하다. 후난 선비는 강경하고 씩씩하며, 광둥 선비는 부유하고 소통이 능하다는 데 장점이 있다."(앞의 책, 129쪽) 이 때문에 황쭌셴이 후난에 간 것은 마치 후난의 새로운 정치 개혁에 횃불 하나를 더 보태는 것과 같았다.

후난의 수많은 유신파 인물 중에서도 황쭌셴만이 유일하게 서구 자본주의를 직접 목도한 인물이었다. 그는 동서양 각국에서 외교관 생활을 여러 해 해본 사람이었다. 캉유웨이는 이렇게 진술하고 있다. "일본으로 파견된 사신 허어何峨[허루장] 공자公子의 막료가 되어 일본의 유신과 관련된 책을 읽었고, 또 중외中外의 정변에 관한 학문을 연구해 『일본국지』를 지었는데, 정치에 관해 체득한 것이 더욱 심도 깊었다. 오랫동안 영국과 미국에 머물 때도 자신이 가진 중국 학문에다, 구미 사람들의 장점을 취해 두루 섞고 용해한 뒤 스스로 그 오묘한 이치를 터득했다. 그리하여 더욱 호방하게 자부심을 가지고 온 나라를 두루 살피며 자신에 비견할 사람이 없다고 생각했다."(『캉유웨이 시문선』, 100쪽) 캉유웨이의 언급은 결코 지나친 말이 아니다. 당시 후난의 유신파 인물 중 경력, 학식, 실무에서 황쭌셴을 능가할 사람은 거의 없었다. 따라서 황쭌셴은 후난에 온 지 오래지 않아 '천유밍 중승陳右銘中丞[천바오전]의 영혼'으로 인정되었다.(『황쭌셴전黃遵憲傳』, 372쪽에서 재인용) 천바오전은 철도 건설, 광산 개발, 교통 업무를 모두 황쭌셴에게 맡겨 처리하게 했다. 그는 또 시무학당 개교에도 참여해 량치차오를 시무학당 총교습으로 초청하자고 건의했다. 량치차오에게 폐문독서閉門讀書를 권한 마씨 형제와 우샤오춘 선생은 모두 이 일에 반대하고 "황궁두黃公度[황쮠셴] 선생이 남의 자식을 해친다"고 하면서 그가 량치차오에게 해독을 끼치고 있다고 인식했다. 그러나 후난 지역에서는 거의 모든 사람이 량치차오의 초청을 환영했고 이뿐 아니라 당시 후난 악록서원岳麓書院 원장이던 저명한 보수파 왕셴첸王先謙조차도 반대하지 않았다. 싱가포르 학자 왕중허우王仲厚는 『황궁도 시초 외 유저 일문黃公度詩草外遺著軼聞』에서 아래와 같이 말하고 있다.

광서 23년(1897) 정유년 후난 순무 천바오전 중승, 후난 안찰사 황쮠셴 염방廉訪, 제독학정 쉬런주 편수가 후난 출신 서길사庶吉士 슝시링熊希齡, 편수 왕이수汪詒書, 관찰사 왕밍중王銘忠 등 여러 관리와 함께 모여 후난 시무학당을 개설하고 량치차오와 피시루이皮錫瑞를 정교습과 부교습으로, 탄쓰퉁과 탕차이창 등을 기타 교습으로 초빙하자고 의견을 모았다. 이들 모두 당시 유신파 지사였다. (…) 이 일은 염방 황쮠셴 씨 한 사람에 의해 시작되었고 모든 장정과 강의과목도 동서 각국의 교육제도를 참작해 황쮠셴 혼자서 정했다. (…) 개설과목을 보면 중국과 서양을 함께 중시하고 있고, 장정도 신구 학문 모두에 적합하게 짜여 있다. 또 시무학당 내에 남학회南學會를 부설해 공개로 학문을 강의했다. 그리고 『상보湘報』와 『상학보湘學報』를 창간해 개혁을 제창했다. 이들이 높은 식견과 원대한 안목으로 주도면밀하게 개혁을 기획해나가니 몇 달도 되지 않아 후난의 기풍이 크게 바뀌어 베이징, 톈진, 상하이, 우한의 기풍을 신속하게 추월했다. 그리고 황제가 빛나는 유지를 내려 각 성의 독무에게 후난의 신법을 모방하여 시행하라고 했으니 이것이 청말 유신의 역사에서 대서특필할 일이 아니겠는가? (『인경려 시초 전주』, 1223~1224쪽에서 재인용)

량치차오는 정유년(1897) 10월 창사에 도착했고 이듬해 초봄 신병 치료차 후난을 떠나 상하이로 돌아갔다. 당시 그의 병은 아주 심각해 3월에 베이징으로 갔을 때도 아직 완전히 낫지 않았다. 캉유웨이는 특별히 자신의 아우 캉광런에게 량치차오를 수행하게 했다. 이렇게 보면 량치차오가 후난에 거주한 기간은 대략 3개월여다. 량치차오가 상하이를 떠나 후난으로 들어간 구체적인 날짜는 그가 상하이를 떠나기 전 천싼리陳三立와 슝시링에게 보낸 편지에서 이렇게 언급하고 있다. "초7일에 출발하기로 정했으니 대략 15일 전에는 틀림없이 당도할 수 있을 것입니다."(『량치차오 연보 장편』, 86쪽) 탄쓰퉁은 10월 19일 왕캉녠에게 보낸 편지에서 자신이 쩌우위안판鄒沅帆에게서 산 지도 주식을 량치차오에게 가져오라고 부탁했다고 했다. 피시루이의 『사복당 미간행 일기師伏堂未刊日記』 광서 23년(1897) 10월 22일 기록에는 이런 내용이 있다. "량치차오가 이미 도착했다. 그는 신문에 글을 기고해 중국인이 너무나 지나치다고 헐뜯었고 샹香 스승님[장즈둥]께서 그를 비난하라고 부탁했다. 나는 량 군에게 『공양춘추公羊春秋』『춘추공양전』를 배우라고 했다. 그는 윗사람이 꺼리는 뜻을 아직 잘 모르는 듯했다."(앞의 책)

량치차오는 창사에 도착해 각 부문의 열정적 접대를 받았다. 슝시링은 『천유밍 중승에게 올리는 편지上陳右銘中丞書』에서 당시 상황을 묘사하고 있다. "줘루[량치차오]가 막 도착했을 때 빈객들이 대문에 가득했고 접대도 매우 융숭했는데, 학당에서 공식 환영연을 열었다. 왕이우王益吾[왕셴첸] 스승님과 장위산張雨珊도 특별히 분위기를 고조시키라고 해서 쩡충양공曾忠襄公[쩡궈취안曾國荃] 사당에서 전통극을 공연하고, 각 부문 관리들을 청하여, 량치차오와 자리를 함께하자고 논의했다. 그를 맞이하는 예의범절이 빈틈이 없었다고 할 만하다."(앞의 책, 87쪽) 왕셴첸은 자가 이우益吾로 후난 창사 사람이다. 일찍이 국자감 좨주와 악록서원 원장을 지냈으며 나중에 장즈둥에게 시무학당을 고발할 때는 [시무학당을] '혁명과 반란의 소굴'이라 했다. 향신 중에서 유신변법을 반대한 대표 인물이다. 그러나 애초에 량치차오가 무슨 말을 하는지 이해하지 못했을 때는 량치차오에게 상당한 기대감을 갖고 있었다. 왕셴첸이 전적으로 천바오전의 체면을 봐서 그렇게 행동한 것은 아니었다.

량치차오가 시무학당 총교습을 맡으면서 고수한 교육방침은 그가 상하이에 거주할 때 동지들과 토론을 거쳐 제정한 것이었다. 전해오는 말에 따르면 캉유웨이도 특별히 광시에서 상하이로 와 토론에 참가했다고 한다. 량치차오는 창사에 도착해 그들이 토론해 제정한 학규와 교과 과정을 "각급 관리와 향신에게 보내 서로 읽어보게 했고, 향신들은 모두 시행할 만하다고 했다."(앞의 책) 그러나 강당에서 젊은 학생들을 마주 대할 때는 "그들도 급진적 언어를 쓰지 않을 수 없었다."(앞의 책, 88쪽) 량치차오는 이후 여러 차례 당시 수업 상황을 언급한 적이 있다. "나는 매일 강당에서 네 시간 동안 강의를 하고 밤에는 학생들의 질문 노트에 답변을 써야 했다. 각 조항에 대한 답변이 더러 1000언言에 이르기도 해서 왕왕 밤새도록 잠을 못 잘 때도 있었다. 그 내용은 모두 당시 유행하던 민권론이었고, 또 청대 역사 사실을 많이 이야기하면서 조정의 실정失政을 하나하나 열거한 뒤 혁명을 대대적으로 제창했다. 학술을 논할 때는 순경[순자] 이하 한, 당, 송, 명, 청 학자들이 모두 결점투성이라 공격했다. 당시 학생들은 모두 기숙사에 거주한 터라 외부와 소통할 수 없었다. 학당 내 분위기는 나날이 급진적으로 변했지만 밖에서는 이러한 사실을 아는 사람이 아무도 없었다. 연말 휴가를 맞아 학생들이 고향으로 돌아가 문답 노트를 친우들에게 보여주자 온 후난이 떠들썩하게 달아올랐다."(『청대학술개론』, 85쪽) 량치차오는 다른 곳에서도 다음처럼 언급한 적이 있다. "우리 강의법에는 중요한 내용이 둘 포함되어 있었다. 첫째는 육왕파陸王派[6]의 수양론이고, 둘째는 『공양전』과 『맹자』의 이론을 빌려 민권 위주의 정치론을 펼치는 것이었다. 오늘날 보면 교수법이 아주 유치했지만 학생들에게는 '煙土披里純'[영어 inspiration, 영감靈感]을 적지 않게 불러일으켰다. 개학하고 몇 개월 뒤 학생들은 사상이 부지불식간에 급격히 변화했고, 마치 새로운 신앙을 얻은 것처럼 자신만 그것을 수용하는 데 그치지 않고 외부로도 선전하고자 노력했다. 기억하건대 처음 개학하고 나서 몇 개월 동안 우리 학당을 대하는 외부의 태도는 매우 공손했다. 그러나 연말 휴가를 맞아 학생들이 집으로 돌아가 우리의 그 '괴이한 이론'을 선전하자 거대한 반론들이 제기되기 시작했고 그것은 이후 무

---

6   송대 육구연[상산]에서 명대 왕수인[양명]으로 이어지는 이학理學의 흐름. 이들의 학설은 '심즉리心卽理'로 대표되며 흔히 왕수인의 호를 따서 양명학陽明學으로 칭한다.

술정변 때 우리를 박해하는 가장 유력한 구실이 되었다."(『량치차오 연보 장편』, 84쪽)

후난 신정

량치차오가 후난에 머문 시간은 3개월이 조금 넘었다. 날짜로 치면 100일에 가까워 나중 베이징에서 벌어진 '백일유신百日維新[무술변법]'운동이 지방에서 먼저 연출된 것과 유사하다. 정셴正先은 「황궁두黃公度」에서 이렇게 지적했다.

> 무술유신운동이 후난에서는 성공했지만 베이징에서는 실패했다. 후난에서 성공한 까닭은 천바오전과 황궁두 등이 모두 정치가에다 자질과 명망을 갖춘 학자들이어서 구파舊派에게도 존중을 받은 때문이다. 그들이 시행한 조치도 어지럽지 않고 질서정연했으며 성과도 탁월했다. 당시 반대파가 시끄럽게 그들을 매도하기는 했지만 [그들이] 성과를 거둔 사실이 실제로 존재했기 때문에 깡그리 말살할 수 없었다. 그러나 베이징에서 실패한 까닭은 캉유웨이와 량치차오 등이 모두 언론가에다 자질과 명망이 부족했고 입으로만 큰소리치면서 실제 효과는 아무것도 거두지 못한 때문이다. 그들은 경거망동하다 모든 약점을 다 노출했고 100일 동안 결국 광서제에게 변법을 위한 특별한 조칙 300~400가지를 내리게 했다. 광서제는 캉유웨이를 믿을 수 없다는 사실을 깨닫게 되자 주일駐日 흠차대신 직위를 캉유웨이에게 주지 않고 황궁두에게 주었다. 그리고 세 차례나 황궁두에게 조칙을 내려 틈을 내어 베이징으로 와서 자신을 구해달라고 엄격하게 재촉했다. 그러나 시기를 이미 놓쳤기 때문에 결국 베이징에서 무술정변이 일어나고 말았다.

그는 심지어 이렇게 말하고 있다.

광서제는 일찍부터 황궁두를 중용할 마음이 있었다. 천바오전과 황궁두 등은 후난에서 신정을 시행해 이미 효과를 거두고 있었고, 량치차오와 탄쓰퉁 등도 후난에서 베이징으로 와서 활동하며 황궁두가 오기를 기다리고 있었다. 광서제는 이미 탄쓰퉁, 양루이, 류광디劉光弟 등을 장경과 군기대신에 임명하고 나서 바로 황궁두를 임용해 국정의 중추를 총괄하게 하면서 신정을 시행할 생각이었다. 그러나 황궁두의 관직이 높지 않아서 [황궁두를] 군기대신에 임용할 수 없자 특별히 궁두를 선발해 일본으로 보냈다. 이는 그의 자격을 높여주고 아울러 [그에게] 해외에서 외교상의 연락 업무를 맡아보게 하려는 조치였다. 그리하여 황궁두를 일본에 반 년 정도 머물게 하고 일에 두서를 잡게 한 후 바로 베이징으로 전근시킬 계획이었다. (『인경려시초 전주』, 1233쪽)

여기서 말하는 내용은 아마도 당시 상황의 한 측면일 것이다. 실제로 량치차오도 후난에 대해 그리고 천바오전과 황쭌셴에 대해 기대가 두터웠다. 그는 「천바오전 공에게 올리는 편지上陳寶箴書」에서 [천바오전을] 이렇게 칭찬하고 있다. "지금 명공明公[7](천바오전)께서 후난 순무로 임명되신 이래 관리들에게 깨끗하게 정사를 처리하게 하시며 온갖 폐단을 모두 일소하셨습니다. 이어서 유신 정치를 차례로 시행하시니 이는 이미 같은 시대 우리 영토 안에서는 찾아볼 수 없는 일입니다." 또 량치차오는 분명한 어조로 이렇게 진술했다. "공께서는 밝은 덕을 지니신 원로 석학이라 태후와 황제의 중시를 받았고 정부에서도 공을 깊이 알아주었습니다. 그 덕망과 혜택이 후난 성에 가득하여 아녀자와 어린아이까지도 그 은혜를 알고 감격해합니다. 그동안 제창한 일은 마치 자애로우신 어머니가 사랑하는 자식에게 부드럽게 일을 시키는 듯했습니다. 궁두[황쭌셴]와 옌푸硏甫[쉬런주]도 모두 일세의 인재들이니 아마도 하늘의 뜻이 후난 성을 자립하게 하여 중국을 보존하려는 것 같습니다. 이에 특별히 인재들을 한 성에 모이게 하여 공의 임용에

7　듣는 이가 높은 벼슬아치일 때 그 사람을 높여 이르던 이인칭 대명사. '현명한 사람' '명망이 높은 사람'이라는 의미도 들어 있다.

대비하게 한 것이겠지요."(『음빙실합집·집외집』 상책, 12~13쪽) 이 때문에 량
치차오는 자신이 후난 시무학당에서 강의를 하고 학생들 과제를 고쳐주는
일 외에도 후난의 유신 사업에 더욱 큰 공헌을 할 수 있기를 희망했다. 그
는 천바오전과 황쭌셴을 도와 신정을 실행하고 남학회와 『상보』 『상학보』 창
설에 참여했으며 이뿐만 아니라 샹웨철도공사湘粤鐵道公司 건설에도 흥미진
진한 관심을 보였다. 그러나 량치차오가 후난에 머물 수 있는 시간이 한정
적이어서, 해보고 싶은 일은 아주 많았지만 기실 할 수 있는 일과 그가 직
접 한 일은 얼마 되지 않았다.

량치차오는 광서 23년(1897) 11월과 12월에 두 차례나 천바오전에게 글
을 올려 자신의 구체적인 구상과 건의를 밝혔다. 그는 세 가지 일을 당장
시행해야 한다고 인식했다. "첫째, 국민의 지혜民智를 계발해야 합니다. 둘
째, 향신들의 지혜鄕智를 계발해야 합니다. 셋째, 관리들의 지혜官智를 계발
해야 합니다. 남몰래 생각건대 이 세 가지는 모든 일의 근본입니다. 이 세
가지를 모두 시행할 수 있으면 온 성省의 일도 아주 요령 있게 처리할 수 있
을 것입니다."(『음빙실합집·전집』 제1권, 137쪽) 량치차오는 학회 운영도 아주
중요한 일이라고 간주하고 이렇게 말했다. "남학회는 더더욱 성 전체 신정
의 명맥이 되었다. 이름은 비록 학회지만 실은 지방의회 규모를 겸하는 단
체였다." 왜 이것을 '명맥'이라고 했을까? 량치차오는 이렇게 해석했다. "대
체로 당시는 독일이 자오저우 만을 침탈하고 또 열강이 중국을 분할하려
는 여론이 크게 일어나던 때라, 후난의 지사들은 모두 중국 멸망 이후의
계책을 도모하며 후난 독립을 생각하고 있었다. 독립운동은 빈말로 되는
게 아니라 반드시 국민이 정치에 익숙해져서 실제적인 자치력을 갖춘 다음
에야 가능한 일이었다. 따라서 먼저 이 회에서 그것을 강의하고 익혀서 훗
날의 바탕으로 삼고자 했다. 또 장차 여기에 근거해 남부 각 성에 새로운
정치를 이루어나가면 뒷날 나라가 분할되더라도 남부 중국은 멸망하지 않
을 수 있다. 이것이 바로 이 회를 남학회라 명명한 까닭이다. 당시 후난에
서 행한 일을 보면 남학회는 실제로 중의원衆議院[하원]의 규모를, 과리당課
吏堂은 실제로 귀족원貴族院[상원]의 규모를, 새로운 후난 정부는 중앙정부의

규모를 몰래 포함하고 있었다."(앞의 책, 137~138쪽) 당시 량치차오의 생각 속에는 현실정치에 대한 고려와 아울러 국가의 정체와 국체에 대한 장기적 설계도 자리 잡고 있었다. 그는 천바오전에게 이렇게까지 건의했다. "따라서 금일의 계책으로는 반드시 중국 내지內地의 한두 개 성을 독립시켜야 한다는 것입니다. 그런 연후에야 중국에 장차 한 가닥 살 길이 열릴 것입니다."(「천바오전 공에게 올리는 편지」, 『음빙실합집·집외집』 상책, 12쪽)

천바오전이 량치차오의 건의를 받아들이지 않은 것은 그 건의가 시대를 너무 앞서 있어서 수용하기가 곤란했기 때문이다. 이 때문에 량치차오는 후난을 떠나려고 했다. 그가 떠날 수밖에 없던 원인은 최소 세 가지다. 첫째, 완고파의 핍박 때문이다. 왕셴첸은 이부吏部에 상소문을 올려 량치차오의 강의가 "경전을 벗어나 정도를 어기며 혹세무민하고 있다"고 비방하면서 그를 반란죄로 다스리라고 요구했다. 둘째, 캉유웨이가 그를 베이징으로 오라고 요청했기 때문이다. 독일인들이 자오저우 만을 강제로 점령한 후 그 뒤를 이어 러시아도 뤼순과 다롄을 점령하려 했고, 영국·프랑스·이탈리아도 중국에 영토를 할양하라고 요구했다. 이런 상황에서 캉유웨이는 보국회를 개회하려 했고, 이는 량치차오의 세심한 도움 없이는 이룰 수 없는 일이었다. 셋째, 캉유웨이는 병이 확실히 심상치 않아서 결국 상하이로 돌아가 치료에 전념하지 않을 수 없었기 때문이다. 병이 다 낫지 않은 상황에서도 캉유웨이는 량치차오를 베이징으로 맞아오기 위해 캉유보[캉광런]를 상하이로 파견했다. 그래서 량치차오는 다시 한번 아내와 어린 딸과 헤어져 캉유보의 세심한 보살핌하에 베이징으로 향했다. 몇 달 뒤 황쭌셴도 후난을 떠나 상하이로 갔다. 출발 전 천바오전은 배 위에까지 올라 그를 전송했다. 천바오전은 자신을 떠나려는 지기知己를 향해 눈물을 뿌리고 손을 흔들며 말했다. "아마도 다시 만나지 못할 것 같네."

황쭌셴도 후난에서 완고파에게 포위 공격을 받았다. 가장 먼저 그를 공격한 사람은 저명한 완고파 인사 량딩펀이었다. 량딩펀은 전보까지 쳐서 황쭌셴을 위협했다. "형께서 후난 사람들을 끼고 캉유웨이 학문을 전파하려 하시는데, 저는 그 속마음을 잘 알고 있습니다. 국가의 위태로움이 이와 같으니 형께서는 위로 국은을 생각하시고 아래로는 다른 사람의 말을 잘 살피시어 사악한 가르침을 따르지 말고 사악한 학설을 제창하지 마십시오. 만약 고치지 않으면 이 아우는 더이상 [형과] 함께 이야기하지 않겠습니다." 량딩펀은 또 후난의 완고파 거두 왕셴첸에게 편지를 보내 캉유웨이 파당을 공격하는 일에 협조해달라고 요청했다. "사악한 가르침을 신봉하는 캉유웨이, 량치차오가 기회를 틈타 반란을 선동하며 변법을 제창하고 있습니다. 또 때마침 교활하고 강퍅한 황쭌셴과 경박하고 사악한 쉬런주도 한곳에 모여 악행에 동참하며 서로 도와주고 있습니다. 명분은 학문을 강의한다 하지만 기실 비적 모임과 다름이 없습니다. (…) 선생님께서는 후난의 학문을 주관하고 계시고 (…) 많은 선비가 의지하는 분이니 (…) 합심 협력하여 이 역적들을 멸종시켜주시옵소서."(『인경려시초 전주』, 1230쪽) 오래지 않아 또 악록서원 학생 빈펑양賓鳳陽, 양이린楊宜霖, 황자오메이黃兆枚, 류이중劉翊忠, 펑쭈야오彭祖堯, 장디중張砥中 등도 원장 왕셴첸에게 글을 올려 후난 성은 "백성의 기풍이 소박하여" 본래 "안정된 세계"였는데, 뜻밖에도 황쭌셴이 온 뒤로 "민권을 주장하는 학설이 생겨났고" 쉬런주가 온 뒤로 "캉유웨이의 학문을 숭상하는 사람이 많아졌고" 슝시링이 량치차오를 시무학당으로 초청해 강의를 하게 한 뒤로 "캉유웨이의 제자 량치차오가 스승의 학설을 크게 떠벌리며 장즈둥과 한패가 되어 그 뿌리를 튼튼히 하고 있습니다"라고 했다. 또 량딩펀은 이 때문에 후난 성 민심이 갑자기 변했다면서 왕셴첸이 직접 천바오전에게 편지를 보내 시무학당 학풍을 정리해달라고 요청했다. 전해오는 말에 따르면, 왕셴첸은 이 편지를 받고 마치 고귀한 보배를 얻은 듯 즉각 그곳 향신들에게 연락해 5월 22일 후난 순무 관아를 향해 소위 「후난 향신 공문湘紳公呈」을 전달하고 마음의 울분을 풀자고 했다고 한다. 뒤이어 그는 또 일부 인사를 규합한 뒤 연명 편지를 써서 베이징에서 벼슬하는 동향 관리들에게 천바오전의 흑막을 고발했다. 왕셴첸은 천바오전이 옛 전장제도典章制度를 교란하며 조종祖宗의 법도를 지키지 않고 장차 불측한 일을 꾸밀 수 있는 만큼 미리 예방하지 않을 수 없다고 했다. 후난 출신 경관京官들은 이 편지를 받고 즉시 쉬수밍徐樹銘에게 천바오전 탄핵 상소문을 올렸다. 그러나 광서제는 그들의 행위를 질책했다. 광서제는 이전에 이미 후난 순무 천바오전의 추천을 받고 황쭌셴을 만나보려 했다. 황제가 황쭌셴을 만나려 한 것은 물론 좋은 일이었다. 광서제는 6월 23일 황쭌셴을 일본 주재 외교관으로 임명한 뒤 연이어 조서를 세 통 내려 장즈둥과 천바오전에게 황쭌셴이 지금 어디에 있든 가능한 한 빨리 베이징으로 오게끔 재촉해달라고 했다. 당시 황쭌셴은 기실 와병 중이었다. 그가 천바오전 아들 천싼리에게 보낸 편지에 다음 내용이 있다. "창사는 땅이 저습한 데다 날마다 백사정白沙井에서 찬물을 길어 먹어 몸에 냉기가 쌓이고 말았다네." 나중에 그 병은 다시 이질이 되었다. 광서제가 황쭌셴을 베이징으로 불렀을 때, 그는 이미 상하이에 도착해 있었는데 오랫동안 병으로 누워 있었기 때문에 걸음조차 걷지 못해 그곳에 오래 묵여 있을 수밖에 없었다.

무술정변이 발생했을 때 황쭌셴은 질병에 시달리며 시간을 보냈다. 당시 그는 이미 병 때문에 관직을 사양하고 고향으로 돌아가 있었다. 황쥔룽黃均隆은 8월 21일 상소문을 올려 황쭌셴을 탄쓰퉁처럼 엄하게 다스려야 한다고 했고, 아울러 항간에 황쭌셴이 캉유웨이와 량치차오를 숨겨주고 있다는 유언비어가 떠돈다고 했다. 그러나 캉유웨이와 량치차오가 해외로 망명하자 그 유언비어도 저절로 사라졌다. 또 베이징 주재 일본 공사 하야시 곤스케林權助는 일본 전 총리 이토 히로부미의 다방면에 걸친 구조 노력을 받고 직접 중국 총리각국사무아문으로 가서 교섭을 벌였으며, 그리하여 마침내 황쭌셴의 목숨을 안전하게 보호할 수 있었다. 황쭌셴은 9월 초1일 상하이에서 남쪽으로 귀향하는 여정에 올랐고, 고향에서 그는 만년의 독서생활을 시작했다. 정셴은 「황궁두」에서 무술정변이 일어난 후 일본 대사관으로 망명한 량치차오가 황쭌셴에게 비밀 전보를 친 적이 있다고 기록했다. 당시 황쭌셴은 아직 통제를 받지 않는 상황이라 전보를 받고 바로 캉유웨이에게 내용을 알리고 상하이에 거주하는 그의 제자들에게 신속히 상하이를 떠나게 하라고 부탁했다. 또 영국 영사관에 영국 군함을 동원해 우쑹커우吳淞口 밖에 체류 중인 캉유웨이를 구해달라고 연락했고 동시에 량치차오의 부친과 아내가 상하이를 떠날 수 있게 해달라고 도움을 청했다. 황쭌셴

은 출발 전에 그들[량치차오 부친과 아내]에게 이와 관련된 자금으로 600위
안을 주었다. 량치차오 아내 리돤후이는 중화민국 성립 후 친구들에게 늘
이 이야기를 하곤 했다.(이상은 『인경려시초 전주』 중 「황쭌셴 연보黃遵憲年譜』에
내오는 내용이다.)

평생 스승과 벗을 겸하다

무술정변 이후 황쭌셴은 광둥에 거주했다. 그는 두문불출하고 독서에 전념
하며 재기를 노렸다. 오래지 않아 리훙장이 광둥으로 와서 황쭌셴에게 벼
슬살이에 나설 것을 요청했으나 황쭌셴은 완곡한 말로 거절했다. 당시 일
본으로 망명한 량치차오는 먼저 『청의보』를 그뒤 다시 『신민총보』과 『신소설
보』를 간행하면서 여론을 좌우하는 주요 인물로 떠올랐다. 광서 28년(1902)
봄 황쭌셴은 산터우汕頭 양무국 친구 및 홍콩 상인들에게서 량치차오의 소
식을 알고 난 후 바로 연락망을 회복했다. 아울러 량치차오가 계속해서 자
신에게 부쳐준 『청의보』와 『신민총보』 등을 받아보게 되었다. 당시 황쭌셴은
시 한 수를 써서 오랫동안 량치차오와 헤어져 있는 심정을 읊었다.

비바람 속 닭이 울도록 밤새 움막 지키는데 　　　　　風雨雞鳴守一廬
두 해 동안 옛 친구의 편지 한 통 못 받았네. 　　　　兩年未得故人書
큰기러기 어망에 걸려 놀라 몸을 피했는데 　　　　　鴻離漁網驚相避
믿을 이 없어 뉘에 기대 그에게 소식 전할까? 　　　　無信憑誰寄與渠
(『인경려시초 전주』, 845쪽)

황쭌셴이 량치차오를 염려하는 마음이 이 시에 잘 표현되어 있다. 황쭌
셴이 량치차오에게 보낸 편지는 지금까지 9통이 보존되어 있는데 그중 7통
을 광서 28년(1902)에 썼다. 우리는 이를 통해 두 사람이 3년 동안 멀리 떨
어져 지내다가 그때에 이르러서야 비로소 급박하고 절실하게 다시 교류를

시작했음을 알 수 있다.

당시 량치차오의 사상은 해일처럼 요동치고 있었다. 변법은 실패했고, 6군자[무술6군자 즉 탄쓰퉁, 캉광런, 린쉬林旭, 양선슈, 양루이, 류광디]는 처형되었으며, 자신과 스승 캉유웨이는 해외로 망명했고, 친구와 선배들은 파직되거나 유배되었다. 량치차오 주위에 뿌려진 피는 그를 질식시켜 숨 쉬기조차 곤란하게 했고, 그를 강렬하게 자극해 날마다 과격한 언행을 하며 뜨거운 피를 내뿜게 했다. 광서 26년(1900) 량치차오는 적극적으로 탕차이창과 힘을 합쳐 황제를 복위시키려는 자립군 무장봉기 운동에 참여했고 또 그 운동을 이끌었으며, 가장 위급한 시각에는 직접 그 최전선으로 달려갔다. 그의 언론은 갈수록 과격해지고 파괴적인 모습을 드러냈다. 심지어 그는 혁명파와 연합해 청 정부를 타도하고 민주 공화의 길로 나아가기를 희망했다. 그러나 스승과 동문들의 질책과 비난, 혁명파와 보황파 사이의 갈등, 근왕운동의 실패에 따른 청년 준걸 수십 명의 희생이 이어지자 량치차오는 다시 끝도 없는 고뇌 속으로 빠져들었다. 스승 캉유웨이와는 사상과 행동 등 여러 부문에서 더이상 일체감을 찾기 어려웠다. 그러나 감정적으로는 여전히 완전하게는 결별하지 못하고 전통적 사제관계를 유지하며 양보와 타협을 할 수밖에 없었다. 이 일 또한 량치차오를 엄청난 고통 속으로 몰아넣었다. 이 때문에 황쭌셴과 연락망이 회복되고 다시 그의 편지를 읽게 되자 끝도 없는 곤경에 빠져 있던 량치차오는 오랜 가뭄 끝에 단비를 만난 새싹처럼 해갈의 기쁨을 느꼈다.

량치차오는 줄곧 황쭌셴을 가장 친근한 친구이며 스승으로 생각했다. "평생토록 우정 깊게 스승과 벗을 겸하였다"라는 말이 이러한 그의 정서를 잘 보여준다. 량치차오는 황쭌셴의 원대한 식견, 심원한 사상, 주도면밀한 계획, 견실한 일처리를 존경했다. 둘은 일찍이 상하이에서 『시무보』를 간행할 때 동조자에서 출발해 지기가 되었다. 그뒤 후난에서도 다시 손을 잡고 협력하다가 진퇴를 함께했다. 량치차오가 평생 사상 면에서 가장 큰 영향을 받은 사람은 캉유웨이였고 다음이 바로 황쭌셴이었다. 량치차오는 광서 22년(1896) 황쭌셴의 『일본국지』를 읽고 그 책 뒤에 「후서後序」를 썼다. 그는

「후서」에서 『일본국지』를 읽은 소감을 이렇게 밝혔다. "[이 책을 읽으면] 오늘날 일본을 알 수 있고 또 일본이 부강해진 까닭을 알 수 있다." 또 그는 황쭌셴을 질책하면서 그의 겸손이 결국 이 책을 10년이나 늦게 출판하게 하여 "중국을 허약하게 만들었다"고 했다. 그러나 마지막에는 이 책을 칭찬하고 있다. "일본의 정치, 국민, 토지 및 유신변법의 윤곽과 경로에 대해 마치 해당 창고로 들어가 쌀과 소금 부대를 세는 것처럼 명확하며, 흑백을 분별하고 소목昭穆8을 나누는 것처럼 분명하다. 그 담론은 10년 전의 것이지만 오늘날 사안에 대해서도 마치 밝은 촛불을 비추며 숫자를 세는 듯하다. 또한 이것이 어찌 오늘날의 일에만 그치겠는가? 후세 사람이 오늘날을 바라볼 때도 마치 오늘날 사람이 옛날을 바라보는 것 같으리라. 산토끼를 발견한 뒤 사냥개를 부르고, 양을 잃은 뒤 울타리를 고친다 해도 그 일이 아직 늦었다고는 할 수 없는 것이다.(『음빙실합집·문집』 제2권, 50쪽)

공교 보호 맹장에서 큰 적으로

황쭌셴은 사상적으로 두 가지 측면에서 량치차오에게 큰 영향을 미쳤다. 첫째, 공자를 존중하고 공교를 보호하는 입장에서 벗어나 사상의 자유를 제창하게 했다. 공자를 존중하고 공교를 보호해야 한다는 입장은 캉유웨이가 일관되게 견지한 것이다. 그는 『신학위경고』에서 사상을 해방하고 전통 가치를 새롭게 평가하면서 2000년 동안 지속된 사상 통일 국면을 파괴하려 했다. 또 그의 『공자개제고』는 정치 개혁 선언서였고 여기서 변법유신 주장이 발전해나왔다. 그러나 캉 씨의 개혁과 사상 해방은 철저하지 못해 주로 공자를 교주로 존중하자는 주장으로 귀결했다. 더욱 심한 것은 그가 자신을 공자의 화신으로 간주했다는 점이다. 무술변법 실패 후 어떤 이가 캉유웨이의 죄목을 나열한 적이 있는데, 그중 하나가 바로 스스로 호를 '장쑤

---

8 종묘나 사당에 조상의 신주神主 모시는 차례. 왼쪽 줄을 소昭, 오른쪽 줄을 목穆이라 한다. 원래 소는 '밝다'의 의미로 북쪽에서 남쪽을 향한 위치를, 목은 '어둡다'의 의미로 남쪽에서 북쪽을 향한 위치를 일컫는 것이라 한다.

長素[9]라 짓고 공자를 흠모하며 스스로 '소왕素王[공자]'이 되려 한 죄라고 했다. 그러나 기실 캉유웨이는 그 목적이 국가 앞날을 위해 자강의 길을 찾으려는 데 있었다. 량치차오도 일찍이 이 점에 대해 특별히 설명한 적이 있다. 즉 캉유웨이가 '공자를 존중하고 공교를 보호하자'고 함은 주로 유럽에서 기독교를 높여 치강治強의 바탕으로 삼았다고 사실을 오인하고는 잡다하게 참위서를 인용해 그것을 실제화하려 했다는 설명이다. 따라서 캉유웨이 눈에 비친 공자는 '신비적 색채'를 띨 수밖에 없었다.(『청대학술개론』, 79쪽) 그러나 량치차오 스스로도 솔직하게 다음 사실을 인정했다. "량치차오는 서른 이후로 '위경僞經'을 일절 입에 담지 않았고 '개제改制'에 대해서도 그다지 많은 말을 하지 않았다. 그러나 스승 캉유웨이는 공교회를 개설해 국교로 정하고 하늘에 제사를 올리며 공자를 배향하자는 등의 행사를 대대적으로 제창했고 국내에는 그에게 부화뇌동하는 사람들이 적지 않았다. 량치차오는 그렇게 생각하지 않고 누차 떨쳐 일어나 그의 학설을 반박했다."(앞의 책, 86 책) 그가 쓴 「공교 보호는 공자를 존중하는 방법이 아님을 논함」은 정치적으로 스승과 결별을 알리는 글이다.

황쭌셴은 줄곧 량치차오를 매우 좋아했지만 캉유웨이를 좋아하지는 않았다. 그 원인의 하나는 바로 캉유웨이의 공자 존중과 공교 보호 주장을 받아들일 수 없었기 때문이다. 하지만 무술년(1898) 이전 량치차오는 이 문제에서 캉유웨이를 추종하며 공자 존중과 공교 보호를 선전하고 고취하는 일에 큰 힘을 쏟았다. 그는 「공교 보호를 논하는 친구에게 보내는 답장復友人論保教書」에서 만약 '공자 존중과 공교 보호'를 시행하지 못하면 중국이 곧바로 망국과 멸종의 재난에 빠질 거라며 마치 협박하듯이 세상 사람들에게 경고를 보냈다. 이 때문에 량치차오는 '보교공회保教公會'를 만들어 '공자 존중과 공교 보호' 이념을 확대해나가자고 건의했다. 황쭌셴은 이를 옳은 견해가 아니라고 생각했다. 후난에 있을 때 그는 "공교는 보호할 수도 없고 보호할 필요도 없다"는 논리로 량치차오를 설득한 적이 있다. "난하이[캉유

9 '長於素王'이라는 의미. 즉 자신이 소왕보다 뛰어나다는 뜻이다.

웨이]는 200년 전 천주교의 흥성을 보고 서구가 부강한 까닭이 천주교 때문이라고 생각한 나머지 마침내 공자를 높여 서구에 대적하려 하네. 그러나 종교 존중 논리는 이미 내실 없는 껍데기로 전락한 지 오래네. 근래 유럽의 독일, 이탈리아, 프랑스 같은 나라에서는 종교가 정치 영역을 침범하는 월권행위에 대해 있는 힘을 다해 제재를 가하고 있네. 그런데 오늘날 우리가 다른 사람이 뱉어놓은 침을 핥으며 공교를 보호하자는 것은 진실로 잘못된 생각이네."(『황쭌셴집黃遵憲集』, 486쪽) 그러나 량치차오는 당시 이런 의견에 그다지 귀 기울이지 않았다. 옌푸도 '공교 보호'에는 반대 입장이었다. 그도 량치차오에게 보낸 편지에서 "공교는 보호할 수도 없고 보호할 필요도 없네"라고 했다. 또 "공교 보호로만 일을 추진하면 기실 보호해야 할 근본이 공교가 아니게 되네"라고 설파했다. 량치차오는 답장에서 재삼 자기변명과 책임 회피의 논리를 펼치고 있다. 동시에 그는 캉유웨이에게 보낸 편지에서 "그분이 편지에서 한 말씀은 저의 뇌신경을 자극하는 바가 있었습니다"라고 인정했다.(『량치차오 연보 장편』, 77쪽)

황쭌셴과 옌푸의 설득이 아무 효과가 없었다고는 말할 수 없지만 기실 량치차오의 몇 년이라는 시간을 거치면서 서서히 바뀌고 있었다. 광서 28년(1902) 정월 사이에 량치차오는 『신민총보』에 「공교 보호는 공자를 존중하는 방법이 아님을 논함」을 발표했다. 이 글은 8개 부분으로 나뉘어 있다.

첫째, 공교는 인력으로 보호할 대상이 아님을 논함
둘째, 공교와 다른 종교 간 성질이 다름을 논함
셋째, 금후 종교 세력 쇠퇴의 증거를 논함
넷째, 법률적으로 종교 자유의 이치를 논함
다섯째, 공교 보호 학설이 국민사상에 대한 속박으로 작용함을 논함
여섯째, 공교 보호 학설이 외교에 방해가 됨을 논함
일곱째, 공교가 망할 수 없는 이치를 논함
여덟째, 여러 종교의 장점을 취해 공교를 빛내고 발전시켜야 함을 논함

이 여덟 항목에서 핵심은 다섯째다. 량치차오는 이렇게 말했다. "오늘날 여러 학문이 나날이 새롭게 발전하고 또 다양한 사조가 넘쳐나는 시대에 공교를 보호하며 공자를 존중하는 일을 그만둘 수 없단 말인가?" 말하자면 국민사상이 나날이 새로워지는 시대에 '공교 보호와 공자 존중' 이념을 끄집어내어 그 깃발을 흔드는 것은 시의에 맞지 않고 시대 흐름에 역행하는 일일 뿐만 아니라 국민의 사상을 속박해 국민의 사상 해방에 아무 도움이 되지 않는 일이라는 것이다. 그는 또 이렇게 말했다. "문명이 진보하는 원인은 한 가지에 그치지 않으며 더욱이 사상의 자유는 모든 원인의 총합으로 이루어진다. 유럽이 오늘날 같은 번영을 이룬 까닭은 모두 14~15세기 이후로 옛 학문을 부흥시키고 교회라는 울타리를 벗어난 때문이다. 일단 사상계의 노예성을 깨끗이 씻어내자 그 진보의 힘은 누구도 억제할 수 없을 만큼 강력해졌다."(『음빙실합집·문집』 제9권, 55쪽) 량치차오는 중국 사상계가 2000년 동안 공자 가르침만 보호해온 결과를 두루 열거하면서 결국 본래 사상이 자유로웠던 공자를 협애하고 경직되고 전제적인 공자로 변모시키고 말았다고 주장했다. 동중서에서 기효람紀曉嵐[기윤紀昀]에 이르기까지 모두들 자신이 공자 가르침을 보호하고 있다고 생각했지만 기실은 "사상을 하나로만 속박해 스스로 새로운 국면을 열 수 없었다"는 것이다. 그 결과 "원숭이 떼가 과일 하나를 두고 서로 발길질하며 잡아채려는 상황이 벌어졌고, 아녀자들이 돈 한 푼을 두고 서로 욕을 하며 뺏으려는 상황이 벌어졌다"라고 했다. 량치차오는 결론적으로 공교 보호는 사상 자유의 큰 적이고, 중국 사상 진보의 큰 적이라고 했다. 큰 적을 앞에 두고 그는 이미 잘못된 견해로 증명된 자신의 생각을 고수하지 않고 진리를 선택했다. "이 보잘것없는 제자는 지난날 공교 보호 당黨의 맹장이었지만 지금은 공교 보호 당의 큰 적이 되었습니다." 왜일까? 량치차오는 우리가 품는 의문에 이렇게 대답했다. "나는 공자를 사랑하지만 진리를 더욱 사랑합니다. 나는 선배를 사랑하지만 우리 국가를 더욱 사랑합니다. 나는 옛사람을 사랑하지만 자유를 더욱 사랑합니다. 나는 또 공자께서 진리를 사랑했고 우리 선배와 옛사람들도 국가를 사랑했고 자유를 사랑했으며 그 사랑하는 마음이

나보다 더욱 강하다는 사실도 잘 알고 있습니다. 나는 이를 근거로 자신감을 품으며 이를 근거로 참회하는 마음을 갖습니다. 2000년 동안 지속된 속박을 뒤집는 일이므로 나는 조금도 아깝지 않습니다. 4억 국민과 함께 도전하는 일이기에 나는 조금도 두렵지 않습니다. 나는 이로써 공자께서 나에게 베풀어주신 은혜에 보답하고, 여러 종교 교주들이 나에게 베풀어주신 은혜에 보답하며, 우리 국민이 나에게 베풀어주신 은혜에 보답할 것입니다."(앞의 책, 55~59쪽)

황쭌셴은 량치차오가 '오늘의 나'로 '어제의 나'를 비판하자 량치차오의 입장을 열렬하게 환영했다. 그는 량치차오의 글을 읽은 후 량치차오에게 편지를 보내 자신의 마음을 알렸다. "놀랍고 기쁜 마음을 말하자면 서해와 동해가 마음이 같고 이치가 같은 게 바로 이와 같으리라고 믿네."(『황쭌셴 집』, 488쪽) 량치차오도 장편의 글을 써서 '공교를 보호할 수 없다'는 문제를 토론했다. 두 사람의 사상과 견해는 당시 많은 부문에서 놀라우리만큼 일치했다.

혁명으로 만주족을 배척하자는 입장에서 입헌군주제로

그러나 량치차오는 아직 젊은 나이라 자기 사상이 한곳에 정체되는 걸 원하지 않았고, 사실상 [그의 사상은] 한곳에 정체될 수도 없었다. 그는 캉유웨이에게 보낸 편지에서 이렇게 토로하고 있다. "이 제자는 그물망을 찢고 새로운 사상을 창출하는 일을 자임하고 있어서, 제가 속한 울타리를 파괴할 생각에 골몰하느라 중정中正의 이치에 맞는 말을 하지 못한다는 사실을 분명하게 알고 있습니다. 그러나 이후에 반드시 떨치고 일어나 제 잘못을 바로잡는 사람이 있을 것이니, 그렇게 하여 올바름을 얻게 되면 우리의 도道가 진보할 수 있을 것입니다."(『량치차오 연보 장편』, 278쪽) 이후 량치차오의 언론은 갈수록 과격해졌다. 그는 '혁명과 파괴' 학설과 '모험과 진취' 정신을 제창했을 뿐만 아니라 만주족 청 정권을 타도하고 민족혁명을 수행해 민주공화국을 건립하자고까지 주장했다. 량치차오의 과격한 언사에는 황쭌셴도 그다지 찬성하지 않았지만 황쭌셴은 자신의 경력을 예로 들며 완곡하게 량치차오를 깨우치며 설득하려 했다. 황쭌셴은 자신의 젊은 시절을 이렇게 이야기하고 있다.

내가 처음 일본에 도착해서 함께 어울린 사람은 대부분 구식 학자들로 야스이 솟켄安井息軒 문하 사람이 많았네. 메이지 12~13년(1879~1880) 무렵 민권에 관한 학설이 극성하던 시기에 처음으로 그 학설을 얻어듣고 놀랍고 기이했네. 이윽고 루소와 몽테스키외 글을 찾아 읽고 나서 나의 지향은 일변했고 앞으로 태평 세상은 민주세계에 실현될 것이라고 생각했네. 그러나 함께 이야기할 사람이 하나도 없었네. 미주에 가서는 관리들의 탐욕, 정치의 오염, 노조의 횡포를 보았네. 대통령 선거 때마다 양당이 전력을 다해 다투니 크게는 나라에 혼란이 발생하고 작게는 요인 암살이 일어나고 있었네. 나는 또 망연자실해 생각의 갈피를 잡을 수 없었네. 문명 대국조차도 이와 같은데 하물며 민지가 아직 깨어나지 못한 나라야 말해 무엇하겠는가?

그는 계속해서 자기 얘기를 들려줬다.

다시 3~4년 뒤에는 영국으로 갔네. 이에 정체政體는 응당 영국을 법도로 삼아 차례대로 손을 대야 한다고 생각했네. 다시 말해 조세, 재판, 경찰의 권리는 사방의 백성들에게 나누어주고, 학교, 군사, 교통의 권리는 중앙정부에 귀속한 뒤, 지금의 총독 순무 포정사布政司, 안찰사 등의 관직은 모두 폐지하고 그 아래 안찰부사按察副使와 첨사僉使를 지방의 가장 높은 관리로 삼아 그 직무를 행정부에 속하게 하고 의정활동은 허락하지 않는 것이네. 위로는 조정부터 아래로는 부와 현까지 모두 민선의원을 뽑아 국민을 다스리는 기구로 삼고, 또 21개 행성行省을 5개 지역으로 나누어 각각 총독을 두고 그 체제는 호주와 캐나다 총독과 같게 하고자 하네. 중앙정부 권한은 본국의 5개 지역을 총괄하는 영국처럼 하거나, 게르만 민족 전체를 통솔하는 독일처럼 하거나, 아메리카 연방을 총괄하는 미국 대통령처럼 하면 될 것 같네. 이와 같이 하면 안으로 민생을 안정시키고 밖으로 외국과 외교관계를 맺으면서 혹시 [중국이] 자립할 수도 있지 않겠는가?

마지막에 그는 또 이렇게 언급하고 있다.

근래 민권과 자유에 관한 학설이 국내외에 두루 퍼지고 있는데, 그 기세가 마치 준마가 치달리듯 거침이 없어 막을 수 없을 정도네. 더러는 혁명을 제창하기도 하고, 더러는 민족을 일컫기도 하고, 더러는 지방 분권을 주장하는 등 그 와자지껄한 소리가 귓속에 가득 들려오네. 그러나 나는 여전히 왕권을 받들어 민지를 깨우치고, 관권을 나누어 민생을 보호하려 하네. 나의 구상이 성공하면 군권君權과 민권이 모두 평형을 이룰 수 있을 것이네. 나는 끝까지 이 학설을 고수하며 변하지 않을 것인데 자네는 그렇게 생각하시는지 모르겠네? (『황쭌셴집』, 491쪽)

량치차오는 황쭌셴의 이 같은 간곡한 가르침에도 자기 사상을 즉각 바꾸지 않았다. 우리는 당시 량치차오의 언론을 통해 그가 여전히 '혁명'과 '만주 배척排滿' 사상의 주조를 견지하고 있었음을 알 수 있다. 그러나 흥미로운 점은 공교롭게도 이 시기 량치차오가 주장한 담론이 정도는 다르지만 이후 마오쩌둥, 천두슈陳獨秀, 후스, 루쉰 등의 사상과 행위에도 영향을 끼쳤다는 점이다. 즉 그의 담론이 젊은 세대 지식인의 사상 지형도에도 한 자리를 차지하게 된 것이다. 그들은 여러 해가 지난 후에도 여전히 량치차오가 쓴 글을 읽으며 느낀 격동을 고스란히 간직하고 있었다. 그러나 당시 량치차오는 오히려 황쭌셴·캉유웨이 등 스승과 선배들의 엄청난 압력에 시달리고 있었다. 황쭌셴은 광서 28년(1902) 11월에 장문의 편지를 량치차오에게 보내 민권, 자유, 혁명, 자립 및 향후 정치체제 문제 등을 전문적으로 토론했다. 이 편지에서 그는 반복해서 정치의 도리를 설명하면서 동시에 진실한 마음으로 국민을 감동시켜야 한다며 량치차오에게 생각을 돌릴 것을 권유했다. 황쭌셴은 자기 의견을 명확하게 표시하고 있다.

자네[량치차오]가 「신민설」에서 언급한 권리, 자유, 자존, 자치, 진보, 연대 같은 어휘는 모두가 나의 마음속에 있는 말이지만 내 입으로나 붓으로 표현할 수 없었네. 그 정밀한 생각과 위대한 논지를 나는 감히 대중에게 이렇게 선포하는 바이네. "가의賈誼와 동중서에게도 이러한 식견이 없었고, 한유와 소식에게도 이러한 문장이 없었다." 그러나 모험, 진취, 파괴주의를 읽으면서 나는 중국 국민에게 이러한 사상이 없을 수는 없지만 실제 행사에서는 아직도 그런 모습을 찾아볼 수 없었다고 생각했네.

그는 량치차오를 이렇게 타일렀다.

이처럼 권리에 관한 사상이 없고, 정치에 관한 사상이 없으며, 국가에 관한 사상이 없는 국민을 모험과 진취의 길로 이끌고 파괴주의로 격동시키는 건 비유하건대 8~9세 아이에게 날카로운 칼을 들려주는 것 같아서 결국 그 칼로 스스로를 해치지 않는 경우가 드물 것이네.

황쭌셴은 또 다음과 같이 걱정하고 있다.

그러나 오늘날 국민이 이 사상을 견지해나가면, 나는 혁명을 제창한 사람들이 거란에 뇌물을 쓴 석경당으로 변하거나 만주에 군사를 요청한 오삼계로 변할까 두렵네.[10] 또 종족주의를 부르짖는 사람들은 한족, 선비족, 몽골족이 함께 섞여 살면서 통치받는 것을 원치 않는다고 하지만 결국 상황이 바뀌면 튜턴족, 슬라브족, 라틴족에게 통치받는 일을 면치 못할 것이네. 분리 통치를 제창하는 사람들도 어느 날 갑자기 상황이 유태국 멸망과 폴란드 분할과 같은 처지로 바뀌면 지금 인도나 베트남이

10   이 책 제5장 각주 7, 8 참고.

남에게 다스림을 받는 경우와 같게 될 것이네."

황쭌셴은 특별히 량치차오가 본인만의 훌륭한 필치를 잘 이용해줄 것을 바라면서 이처럼 부탁하고 있다. "한마디 말로 나라가 흥성하고 한마디 말로 나라가 망할 수도 있네. 망망한 우리 중국이 오직 자네만 의지하고 있으니 자네는 더욱더 잘 생각해주기 바라네." 그는 사회여론에 미치는 영향력으로 말하자면 량치차오를 능가할 사람이 아무도 없다고 보았다. 그래서 량치차오에게 이렇게 권유하고 있다. "자네가 주장하는 오늘의 학설과 정론을 세상에 공포하면 [자네는] 가는 곳마다 대적할 사람이 없을 것이며 오직 독존의 지위를 누릴 수 있을 것이네. 또 그 주장은 일세를 놀라게 하고 사람들을 격동시킬 것이니 힘은 으뜸이라 할 만하고 효과는 가장 빠르다고 할 수 있을 것이네. 그러나 바로 이와 같기 때문에 [자네가] 져야 할 책임은 더욱 무겁고 관련되는 일은 더욱 광대해지는 것이네."(앞의 책, 504~513쪽)

황쭌셴이 그래도 위안을 받은 것은 광서 29년(1903) 량치차오가 미국 시찰을 마치고 귀국한 뒤 마침내 혁명, 만주 배척, 공화의 주장을 완전히 버리고 입헌군주제로 전향한 점이었다. 황쭌셴은 광서 30년(1904) 7월 량치차오에게 보낸 편지에서 감개무량한 어조로 말하고 있다. "자네가 아메리카에서 돌아와 러시아 꿈을 꾸는 것은 얼마나 나의 생각과 비슷한가?"(앞의 책, 514쪽) 우리는 황쭌셴이 루소 학설을 버리고 "점진주의를 고수하며 입헌제도를 귀의처로 삼은 것"도 바로 미국에서 3년간 머물며 그들의 제도를 관찰하고 내린 결론이었음을 아직도 기억한다. 당시 량치차오는 황쭌셴의 사상과 주장을 완전히 자기 것으로 받아들였다. 오래지 않아 『신민총보』와 『민보』 간에 혁명과 입헌군주제를 둘러싸고 치열한 논전이 벌어졌을 때도 량치차오의 논리는 기본적으로 황쭌셴의 사상을 발전시킨 것이었다. 애석하게도 당시 황쭌셴은 이미 치료할 수 없을 정도로 중병을 앓고 있었다. 황쭌셴은 갑진년(1904) 겨울 병석에서 기이한 꿈을 꾼 뒤 시 3수를 지어 량치차오에게 부쳐주었다. 그는 이 시에서 꿈속 정경 및 지난날 추억을 묘사했다. 그 마지막 부분이다.

나는 카보우르에게 부끄럽지만   我慚嘉富洱
자네는 마치니를 흠모했네.   子慕瑪志尼
자네와 맺은 평생의 소원은   與子平生願
끝내 이루기 어렵게 되었네.   終難償所期
어느 시절 자네의 침대에서 잠을 자며   何時睡君榻
꿈속 어지러움을 함께 얘기하리?   同話夢境迷
지금 그 길을 알 수 없으니   即今不識路
꿈속에서도 다만 그리워할 뿐이네.   夢亦徒相思

(『인경려시초 전주』, 1078쪽)

이 두 사람, 즉 카보우르11를 꿈꾼 한 사람과 마치니12를 꿈꾼 한 사람
은 그 시각 다만 바다를 사이에 두고 멀리 바라보며 꿈속에서 서로를 그리
워하고 있으니 정말 끝없는 탄식만 우러나올 뿐이다. 황쭌셴은 몇 개월 뒤
인 광서 31년 을사년(1905) 2월 23일에 폐병으로 세상을 떠났다. 량치차오
는 28일에 황쭌셴이 세상을 떠났다는 소식을 듣고 너무나 비통한 심정으
로 바로 『음빙실시화』에 기록을 남겼다.

2월 28일 갑자기 부고 전보를 받았다. 자싱의 황궁두 황쭌셴 선생께서
세상을 떠났다는 소식이었다. 아! 애통하도다! 오늘과 같은 시국에 갑자
기 이런 분을 잃었으니 천하 사람들이 모두 함께 한탄할 것이다. 이는
단지 나의 사사로운 슬픔에 그치지 않는 일이다. 내 친구 아무개 군이
일찍이 선생을 이렇게 논평한 적이 있다. "카보우르의 재능을 지니고도
겨우 시단詩界에서만 새로운 국토를 개척했다." 하늘이여! 사람이여! 선생
을 깊이 아는 사람은 틀림없이 이 말이 듣기 좋은 소리가 아님을 알 수

---

11 카밀로 카보우르Camillo Cavour(1810~1861). 이탈리아 정치가. 국제적 대립관계와 혁명운동
을 이용해 사보이 왕가 주도의 이탈리아 통일(1861)을 이록했다.
12 주세페 마치니Giuseppe Mazzini(1805~1872). 이탈리아 혁명가이자 통일운동 지도자. 리소
르지멘토Risorgimento로 알려진 이탈리아 통일운동의 기수다.

있을 것이다. (『량치차오 연보 장편』, 351쪽)

그는 계속해서 이렇게 쓰고 있다.

선생의 저술은 100여 만 자나 되고 수년간 나와 주고받은 편지도 십수 편이나 된다. 임인년(1902) 본보에 실린 「사우론학전師友論學箋」 중에서 동해공東海公, 법시상임재주인法時尚任齋主人, 수창안홍관주인水蒼雁紅館主人으로 서명이 달린 글은 모두 선생께서 지으셨다. 기타 저술은 더러 국학을 풀어내기도 하고 더러 시국에 관한 교훈을 남기기도 했는데 그것은 모두가 세상을 다스리는 큰 업무였으며 영원히 썩지 않는 성대한 사업이었다. 나는 여러 차례 그것을 세상에 간행하자고 요청했지만 선생께서는 아직 편집이 끝나지 않았다며 끝내 허락하지 않았다. 아! 선생께서 중국에 남긴 것이 겨우 이 구구한 몇 가지 일에 그치겠는가? 하늘도 무심하니 다시 무슨 말을 할 수 있겠는가? 선생께서 평생 지으신 시는 수천 수가 넘지만 나에게 준 시는 두 수뿐이다. 지난날에는 나 스스로 생각하기에 혐의를 받을 내용이 있어서 세상에 공개하지 않았다. 이제 선생께서 세상을 떠나셨으니 선생을 원수로 여긴 사람들도 비난을 그칠 수 있을 것이다. "평생토록 우정 깊게 스승과 벗을 겸하였으나, 감히 벗인 것처럼 침문寢門 밖에서 곡하지 않으리." 아! 내 어찌 눈물로 기록을 남기지 않을 수 있겠는가? (『음빙실시화』, 105~106쪽)

이 글에서도 알 수 있듯 량치차오는 황쭌셴에게 마음에서 우러나오는 존경과 흠모의 정을 토로하고 있으며 두텁고 깊은 정까지 보여주고 있다. 이러한 정은 두 사람의 동일한 이상과 정신에 근원을 두고 있다.

황쭌셴은 정신이 혼미한 상황에서도 량치차오에게 편지를 보내 "우리 당의 방침과 장래의 국면"에 대해 토론하자고 했다. 이는 다소 정치적 유언의 의미가 있다. 황쭌셴은 이렇게 말했다. "그는 아마도 혁명을 옳지 않다고 여기는 것 같네. 그러나 지금의 권력자들에게 이미 절망하고는 있지만 우리가 저들이 죽어가는 것을 본다면 마침내 구해주지 않을 수는 없을 것이네. 그래서 내 생각에는 명분은 피하고 실질만 실행해야 할 것 같네. 즉 숨겨진 계획과 부드러운 실천을 목적으로 삼고, 무형의 변화, 점진적 진보, 은연중 잠식을 방법으로 삼고, 한 치를 얻으면 한 치를 전진하고, 머리는 피하고 꼬리는 공격하면서 원교근공遠交近攻 계책을 임시 수단으로 삼는 게 그것이네."("황쭌셴집』, 517쪽) 당시 황쭌셴은 이미 자신이 오래 살지 못할 것을 알고 마침내 량치차오에게 삶과 죽음을 대하는 태도에 대해 언급했다. "나의 생사관은 자네와 좀 다른 듯하네. 나는 사람이 한 번 죽으면 모든 것이 깨끗이 사라져버린다고 생각하네. 그러나 한 가닥 숨결이 남아 있을 때까지 산 사람으로서 의무를 다해야 하네. 이에 자신의 직무를 다할 수 없어서 인류사회에 아무 이익도 남기지 못한다면 우둔한 7척 몸뚱이에 껍질이 남아 있다 하더라도 죽은 사람과 다름이 없을 것이네. 우리에게 죽음을 피할 방법은 없다 하더라도 삶을 헛되게 살아서는 안 되는 책무는 있는 법이네."(앞의 책, 518쪽) 말하자면 사람이 죽음에서 도피할 방법은 없지만 삶을 헛되게 산다면 그것에 반드시 책임을 져야 하며, 따라서 마지막 한 가닥 숨이 있을 때까지 자기 의무를 다해야 한다는 것이다.

황쭌셴은 이미 병세가 위중했지만 여전히 량치차오의 정신과 육체 건강에 깊은 관심을 보였다. 그는 량치차오가 동봉한 사진 속에서 슝시링과 양두 사이에 끼어 앉은 량의 모습을 보고 "풀이 죽어 있는 듯하다"면서 "풍채도 남보다 못하고 얼굴도 좀 야윈 듯하다"고 했다. 황쭌셴은 량치차오를 깊이 걱정하며 특별히 답장을 보내 위로했다. "자네가 2년 동안 도모한 일이 대부분 이루어지지 못했네. 그래서 자네는 스스로 재주가 모자란다고 의심하거나 시대가 자신을 받아들여주지 않는다고 의심할 것이네. 그러나 나는 자네가 맡은 소임이 너무 무겁고 자네가 바라는 바도 너무 높아 생긴 일이라 생각하네." 이어서 그는 또 이렇게 말했다. "자네는 올해 겨우 서른셋인데 한 해 동안 계속 고난을 당했네. 만약 노련하고 생각이 깊은 사람과 깊이 사귀게 되면 정밀한 마음과 굳센 역량이 저절로 증대될 것이니 그것은 새옹지마가 처음에는 복으로 여겨지지 않던 일과 같을 것이네. —7년 동안 겪은 환난도 자네를 좌절시킬 수 없을 것이고, 아마도 환난이 밖에서 발생했다 하더라도 자네는 안으로 견지하는 이치에 의지해 환난을 이겨낼 것이네. 다만 한 해 동안 바라던 소망이 이루어지지 못해 자네의 호기豪氣가 손상을 받고 자네의 정밀한 마음이 약해질까봐 그것이 두렵네.— 자네는 학식이 높고 사리가 분명해 온 세상에 자네와 대적할 사람은 없네. 그러나 일에 대처하는 능력을 논하자면 자네는 아직도 경륜이 얕고 자네를 도와주는 사람도 부족한 편이네. 자네는 지금 서른셋인데, 구미 명인들도 신문사에서 정부의 자리로 들어간 사람이 수시로 있었으니 자네는 힘쓰고 힘쓰기 바라네!"(앞의 책) 여기에서 황쭌셴은 량치차오를 격려하면서 일시적 좌절로 의기소침해 하지 말고 생활 속에서 부단히 자기 품격을 갈고닦아야 한다고 했다. 그렇게 자기 경력을 쌓다 보면 미래에 틀림없이 큰 뜻을 펼칠 때가 올 수 있다고 했다.

황쭌셴은 마지막에 시를 읊으며 량치차오에게 작별 인사를 했다.

틀린 이론이 천년 동안 천박하게 전해져서 　　　　　謬種千年兎園冊
그 가운데 영웅호걸이 몇 명이나 매몰되었나? 　　此中埋沒幾英豪
나라는 젊어지는데 나는 장차 늙어가니 　　　　　國方年少吾將老
검은 눈동자 씩씩한 노래 자네들이 희망일세. 　　靑眼高歌望爾曹
(『인경려시초 전주』, 865쪽)

한 시대 사상의 대가들이 함께 길을 가다 점차 서로 방향이 멀어졌고 량치차오 혼자만 비바람 몰아치는 길을 걸어가고 있었다.

제7장

간담상조肝膽相照: 량치차오와 탄쓰퉁

프레지던트로 뽑힐 만한 탄쓰퉁

량치차오는 탄쓰퉁譚嗣同을 일컬어 만청 사상계의 혜성이라 했다. 이 혜성은 질풍처럼 량치차오 생명의 하늘을 가로지르며 찬란한 빛발을 남겨놓았다.

광서 21년 을미년(1895) 초봄 량치차오는 또다시 베이징으로 갔다. 명분은 회시 참가에 있었지만 기실 또다른 목적이 있었다. 그는 샤쩡유에게 보낸 편지에서 이렇게 밝히고 있다. "이번 걸음은 본디 회시를 보려 함이 아니라 다만 이 명분을 빌려 세상 밖을 멀리 여행하며 천하의 인재를 구하려 함입니다."(『량치차오 연보 장편』, 33쪽) 량치차오가 말한 '천하의 인재를 구하려 한다'는 말은 기실 다방면으로 동지와 연락을 하고 자기 세력을 키우면서, 사회적으로 신학新學을 강구하고 변법을 제창하는 기세와 분위기를 조성하려는 것이었다. 이 기간 그는 확실히 적지 않은 사회 명사와 청년 학자를 친구로 사귀었다. 그중 량치차오가 매우 중시한 사람으로는 탄쓰퉁, 쩡광쥔, 우옌저우吳雁舟, 쑹옌성宋燕生, 천츠량, 양루이 및 우지칭과 우톄차오 부자가 있다. 이 가운데 량치차오와 친교를 가장 늦게 맺었으면서도 우정이 가장 깊었던 사람은 탄쓰퉁이었을 것이다. 탄쓰퉁은 무술정변으로 사형당했는데 형이 집행되기에 앞서 「절명서絕命書」를 두 통 썼다. 한 통은 캉유웨이에게, 다른 한 통은 바로 량치차오에게 주는 절명서였다. 그뒤 량치차오는 일본으로 망명해 『음빙실시화』를 쓸 때 맨 첫머리에 탄쓰퉁을 거론했다. 그는[탄쓰퉁은] 뛰어난 "절의節義와 학행學行과 사상으로 우리 중국의 20세기를 연 첫번째 인물이다."(『음빙실시화』, 1쪽)

량치차오가 처음으로 탄쓰퉁과 만난 것은 베이징에서 강학회를 개최하던 기간이었다. 량치차오는 「탄쓰퉁전譚嗣同傳」에 관련 기록을 남겼다. "난하이[캉유웨이] 선생께서 베이징과 상하이에 강학회를 창설하자 천하의 지사들이 달려와 호응했다. 군君[1]은 후난에서 창장 강으로 올라와 상하이로 내려갔다가 다시 베이징에서 노닐던 중 선생님을 배알하려 했으나 선생께서 마침 광둥으로 귀향하셔서 만나 뵙지 못했다. 나는 당시 바야흐로 베이징 강학회에서 기록과 편찬 업무를 맡아보다가 처음으로 군과 만났다. 내가 군에게 난하이 학문의 주지와 경세치용의 체계를 설명해주었더니 [군은] 감동에 겨워 크게 기뻐하면서 스스로 사숙제자라 일컬었다."(『음빙실합집·전집』 제1권, 108쪽)

사람들은 관습상 자신이 어떤 선생을 존경하면서도 직접 가르침을 받지 못한 경우, 자신을 일컬어 그 선생의 사숙제자私淑弟子라 한다. 그러나 일부 사람들은 량치차오의 이 기록을 신뢰할 수 없다면서 탄쓰퉁이 전적으로 캉유웨이를 만나고자 베이징으로 가지는 않았으리라고 생각한다. 그 이유는 아마도 캉유웨이의 명성이 나중에 논란거리가 되면서 그 논란이 탄쓰퉁의 명예를 더럽힐 수도 있다고 생각했기 때문이다. 따라서 어떤 사람은 량치차오와 탄쓰퉁이 만난 시기를 량치차오가 언급한 이듬해 봄 즉 광서 22년 병신년(1896) 3월 이후라고 보기도 한다. 그러나 이러한 의견은 그리 큰 설득력이 없다. 량치차오는 자신이 탄쓰퉁을 만난 일이 우쳬차오의 도움에 힘입었다고 여러 차례 말한 적이 있다. 즉 우쳬차오가 탄쓰퉁을 추천했거나 아니면 탄쓰퉁이 우쳬차오를 수행해 량치차오를 만나러 왔을 가능성도 있다는 말이다. 만약 3월 이후라면 량치차오든 아니면 탄쓰퉁을 량치차오에게 소개한 우쳬차오든 그때는 이미 베이징을 떠나 상하이로 갔을 때여서 둘이 대면할 기회는 있을 수 없다. 이렇게 본다면 량치차오와 탄쓰

---

1 여기서 '군'은 아랫사람에 대한 호칭이 아니라 상대방을 높여 부르는 말이다. 탄쓰퉁은 1865년생이고 량치차오는 1873년생이므로 탄쓰퉁이 량치차오보다 여덟 살이 많다.

퉁이 친교를 맺은 시기는 광서 21년(1895) 가을과 겨울 사이일 가능성이 높다. 그러나 량치차오는 당시 캉유웨이를 염두에 두고 위 글을 쓰면서 캉유웨이를 전면에 내세우려 한 것으로 보인다. 그렇게 하여 스승에게 존경심을 표시하고 탄쓰퉁의 체면도 세워주려 한 게 아닌가 한다.

탄쓰퉁의 방문은 량치차오의 눈을 번쩍 뜨이게 했다. 탄쓰퉁의 풍채와 기상은 단번에 량치차오를 완전히 사로잡았다. 윙퉁허는 일찍이 일기에 탄쓰퉁을 처음 만났을 때 받은 인상을 기록해두었다. "높은 식견과 활달한 태도가 명문세족 자제 중 으뜸이었다."(『무술년 군기사장경 합보』戊戌軍機四章京合譜, 122쪽) 우리는 아직 량치차오가 탄쓰퉁에게서 받은 첫번째 인상이 어떠했는지 알지 못한다. 량치차오는 신속하게 캉유웨이에게 편지를 보내 귀한 보배를 얻은 듯한 심정으로 자신의 새로운 친구를 소개하며 칭찬했다. "재주와 식견이 명확하고 활달하며 기백과 역량이 절륜해 제가 본 사람 중에서는 비견할 사람이 없습니다. 애석하게도 서양 학문 애호가 너무 심하지만 보리시伯理璽에 뽑힐 만한 인물입니다. 우톄차오를 따라 방문했다는 공자公子 중에서는 이 사람이 가장 뛰어납니다."(『량치차오 연보 장편』, 47쪽) '보리시'는 '보리시톈더伯理璽天德'로 영어 'President'의 음역어인데 바로 대통령이라는 의미다. 12월 상순 캉유웨이는 상하이를 떠나 광둥으로 돌아가기 전에 류산한劉善涵[쑹푸凇芙]에게 부탁해 자신의 저서 『창싱학기』長興學記를 탄쓰퉁에게 가져다주게 했다. 그는 량치차오에게서 편지를 받은 후 탄쓰퉁에게 호의를 표시하고 싶었던 듯하다. 량치차오는 편지에서 또 산시陝西 류광펀劉廣賁이 스스로 베이징과 상하이의 「강학회 서序」를 판각해낸 일을 언급했는데, 여기에 근거해보면 이 편지가 12월 7일(1896년 1월 21일) 베이징 강학회가 폐쇄된 이후에 쓰였을 가능성은 크지 않아 보인다. 탄쓰퉁도 『장비루 치사 10편』壯飛樓治事十篇에서 이 일을 언급하고 있다. "을미년(1895) 겨울 류쑹푸가 상하이에서 돌아와 책 한 권을 내놓았는데 '난하이가 쓰퉁에게 주다'라고 되어 있었다. 아울러 은근한 호감을 표시하는 것이 마치 옛날부터 아는 사람을 대하는 듯했다. 나는 깜짝 놀랐다. 난하이가 어떤 경로로 나를 알게 되어 이 편지 한 통을 보내 자신의 뜻을 전하고자 한 것일까?

도대체 나를 알게 된 경로도 모르는데 이 편지를 나에게 보낸 의도는 어디에 있는 것일까? 속마음이 온통 불안하고 희비가 교차해 불명확한 상황을 어디서부터 말해야 할지 몰라 몹시 괴로웠다. 그 책을 들추어보니 바로『창싱학기』였다."(『탄쓰퉁전집譚嗣同全集』, 445쪽) 아마도 탄쓰퉁은 베이징을 떠날 무렵 너무도 바빠 량치차오가 캉유웨이에게 편지를 보냈다는 사실을 전혀 알지 못했지만 캉유웨이는 이미 그를 자신의 사람으로 간주하고 있었던 듯하다. 아니면 캉유웨이가 무슨 이유로 만목초당에서 쓰던 자편自編 교재를 평소 일면식도 없는 사람에게 보냈단 말인가?

기실 탄쓰퉁이 전적으로 캉유웨이를 배알하려고 베이징으로 왔는지 여부는 이미 중요하지 않게 되었다. 중요한 것은 탄쓰퉁이 당시 확실히 베이징에 잠깐 머물렀다는 사실이다. 탄스퉁은 그때 비록 캉유웨이를 만나지는 못했지만 우톄차오를 알게 되었고 아울러 우톄차오를 통해 캉유웨이의 제자 량치차오를 알게 되었다. 탄쓰퉁은 일찍부터 캉유웨이에 대한 소문을 듣고 있었다. 그의 진술은 이렇다. "우연히 저초邸鈔에서 모某 어사의 탄핵 상소와 광둥 독무의 해명 상소를 보다가 그분[캉유웨이] 성명을 알게 되었다. 그리하여 몇 사람을 거쳐『신학위경고』를 구해 읽고 크게 탄복했다. 내가 생각하기에 그분은 건륭·가경 이래 쌓여온 선비들의 우매한 폐습을 제거하는 부문에서 위대한 공을 세웠고, 2000년 이래 겹겹이 은폐된 경학의 진실을 밝혀내는 부문에서 광대한 덕을 베풀었다 할 수 있다.『광예주쌍읍廣藝舟雙揖』에서도 그분의 논리는 고금과 동서를 뒤덮는데, 보통 사람들 이목으로는 절대로 다가갈 수 없는 경지다. 이로부터 마음속으로 그분을 법도로 삼고 스스로 벗어날 수 없었다." 탄쓰퉁이 캉유웨이 및 그 학설을 더욱 다양하게 이해하게 된 것은 량치차오를 통해서였다. 탄쓰퉁은 량치차오와 맺은 친교를 통해 "처음으로 모든 미언대의에 대해 들을 수 있었는데 그것은 결국 나의 생각과 십중팔구는 통했다." 이는 탄쓰퉁이 사상적으로 캉유웨이에게 일찍부터 강렬하게 공감하고 있었음을 말해준다. 이 점이 탄쓰퉁이 량치차오와 정감 면에서 아주 쉽게 가까워진 사상적 바탕이었다.(앞의 책, 445쪽)

캉유웨이는 공교입국孔教立國과 공자기년孔子紀年을 주장하다 많은 사람의 반대에 부딪쳤다. 보수파는 정치적 입장에서 그를 마구 공격했다. 즉 캉유웨이가 공자 존중을 빌미로 만주족 반대와 청나라 반대를 주장하면서 불측한 일을 도모하고 있다고 비난했다. 유신파 내부에서도 황쭌셴과 옌푸 등은 학문적 입장에서 [캉유웨이와] 계속 상이한 의견을 견지하고 있었다. 이들은 모두 공교를 보존할 수 있는가 없는가 하는 문제를 놓고 량치차오와 거듭해서 토론을 벌였고, 그 결과 량치차오는 일본에 도착한 뒤 공교 보호 주장을 철저하게 포기했다. 그러나 탄쓰퉁은 '종교[공교]'의 실제 역할을 매우 중시했다. "종교를 시행하지 않으면 정치가 어지러워지고 정치가 어지러워지면 학문도 망하고 만다. 이 때문에 오늘날 정치를 말하고 학문을 말하면서 종교를 말하지 않으면 그것은 아무 쓰임이 없는 것과 같다." 탄쓰퉁은 한 걸음 더 나아가 공자 교회를 세우려는 민간 여론에도 깊이 공감하면서 스승 어우양중후歐陽中鵠 선생에게 이야기했다. "강학회의 여러 군자는 공교가 사라질까 깊이 걱정하며 공자 교회를 세우려 하고 있습니다. 서양인들의 포교법을 모방해 어리석은 백성에게 공교를 두루 전하고자 함입니다. 모 서양인은 그 소문을 듣고 쩌우위안판에게 이렇게 말했다고 합니다. '진실로 그와 같을 수 있다면 우리 선교사는 모두 귀국해야 할 것입니다.'" (앞의 책, 464~465쪽) 량치차오 또한 일찍이 공교 선교 활동을 매우 중시했다. 그는 「공교 보호를 논하는 친구에게 보내는 답장」이란 편지에서 이렇게 말했다. "대저 천하에 종교 없이 다스릴 수 있는 국민은 없네. 이 때문에 천하에는 종교 없이 세울 수 있는 나라도 없는 것이네." 량치차오가 볼 때 현재 세계상의 강대국은 모두 강대한 종교가 지탱하고 있지만 중국이 가난하고 허약하게 된 근본 원인은 중국인에게 신앙이 없기 때문이라는 것이다. 그는 물론 공교가 있어 중국을 무교 국가라 말할 수는 없고 반교半教 국가로 불러야 한다면서 또 이렇게 주장했다. "풍속은 문란하고, 사대부는 비루하고, 하층민은 우둔하고, 물산은 부족하고, 학문은 미개하고, 국민들 이목은 꽉 막혀 마치 마른 우물 가에 앉아 있는 듯하고, 부끄러워해야 할 것과 숭상해야 할 것이 제자리를 잃어 마치 사람이 중풍에 걸린 듯하

네. 그러므로 [중국에는] 종교가 없다고 말해도 되네."(『음빙실합집·문집』 제
3권, 9~10쪽) 탄쓰통도 이 글을 읽었지만 공교 자체에 문제가 있다고는 생
각하지 않았다. 그가 볼 때 서양인들이 공교를 가리켜 하늘天[하느님上帝]을
숭배하지 않고 오직 군권君權만 중시한다고 비난함은 기실 공교를 잘 이해
하지 못한 관념일 뿐이라는 것이다. 탄쓰통은 이렇게 말했다. "삼대三代[하,
은, 주] 이상의 시대에는 사람이 하늘과 친했다. 군권이 나날이 강성해지고
민권은 나날이 쇠퇴해가다가 마침내 하늘과 땅이 통하는 길이 끊기고 말
았다. 그래서 오직 천자만이 비로소 하늘에 제사 지낼 권리를 얻었고 천하
사람들은 천자를 엄연히 하늘과 동일시했으며 천자도 결국 하늘의 힘만 믿
고 천하를 제압했다." 이 때문에 "공자께서 근심에 젖어 『춘추春秋』를 지었
다. 『춘추』는 하늘의 공평한 뜻에 맞추어 천하를 다스리는 원리다. 이 때문
에 천자와 제후에게 모두 포폄褒貶을 가하여 [공자는] 스스로 소왕素王이 된
것이다."(『탄쓰통전집』, 463쪽) 탄쓰통은 "공자의 가르침이 어찌 일찍이 지구
를 두루 다스릴 수 없었던가?"라고 생각했고, 아직도 이처럼 되지 못한 까
닭은 바로 공자 가르침을 시행하는 사람들의 방법에 문제가 있기 때문이라
했다. 그 문제는 바로 이러하다고 했다. 첫째, 공자를 유일한 교주로 높일
수 없어서 "도덕의 일치와 풍속의 통합을 이룰 방법이 없었다." 둘째, 모든
사람을 차별 없이 대할 수 없게 하는 신분 차별이라는 문지방이 너무 높았
다. 이에 "농부와 촌로들은 모두 대문과 담장 밖에서 배회하고 관망할 뿐
이었다." 따라서 그 가치가 세계적 보편성을 얻기 어려웠다. 셋째, 포용성이
부족해 이단을 배척했다. "모든 이단 사상은 공자 가르침에 포용될 수 없었
다." 따라서 보통 민중에게 신앙심이 부족하다면 그 책임은 민중에게 있는
게 아니라 선교방법이 옳지 못한 것이기에 그 방법을 바꾸어야 한다는 것
이다. 당시 몇몇 예수회 선교사는 이처럼 말했다. "중국은 자체적으로 자기
나라 국민을 가르치지 못할 뿐만 아니라 우리가 대신 [중국 국민을] 가르치
는 것도 금지할 능력이 없다."(앞의 책, 465쪽)

　마침 이러한 위기를 목도했기 때문에 캉유웨이든 량치차오든 아니면 탄
쓰퉁이든 모두 민중 교화[대중 계몽]를 변법유신의 기초와 중국 부흥의 근

본으로 삼았다. 탄쓰퉁은 이렇게 말했다. "오늘날 부국강병을 도모하면서 민중 교화를 이야기하지 않고 민권 신장을 이야기하지 않는 자를 우옌저우는 폭군인 주왕과 걸왕을 돕는 신하로 보았다."(『앞의 책, 466쪽) 오래지 않아 탄쓰퉁은 량치차오의 건의를 받아들여 『인학』을 지었고 사상도 한 걸음 더 발전시켰다. 그는 「자서自序」에서 다음처럼 주장하고 있다. "종교[공교]는 없앨 수 없다. 종교가 없어지는 것은 틀림없이 그 종교의 근본이 살아남기에 부족한 때문일 것인데 그것이 없어졌다고 한스러워할 게 무엇이랴?"(앞의 책, 290쪽) 이때 탄쓰퉁은 이미 공교를 의심하고 있었던 것 같다. 그러나 캉유웨이에게는 여전히 존경심을 품고 있었다. 캉유웨이의 『신학위경고』가 세상에 나온 후 청 정부와 보수파가 손을 잡고 책의 유통을 금지하려하자 탄쓰퉁은 의협심을 발휘해 그 책을 변호했다. "캉 선생을 배척하는 자가 어찌 캉 선생 책을 읽었겠는가? '위경僞經[가짜 경전]' 두 글자에 현혹되어 마침내 성인을 비난한 것이라고 헐뜯는다. 만약 '위경고僞經考'가 아니라 '진경고眞經考'라 이름 붙였다면 틀림없이 모두들 서로 줄을 서서 그 책을 떠받들었을 것이다."(앞의 책, 436쪽) 탄쓰퉁의 이러한 태도는 스승 어우양중후 선생을 걱정에 빠져들게 했다. 무술정변 발생 후 어우양중후와 피시루이는 탄쓰퉁이 캉유웨이와 량치차오를 만난 뒤 사상이 변화했음을 화제로 삼은 적이 있다. 피시루이 일기에 어우양중후 견해가 기록되어 있다. "[탄쓰퉁은] 병신년에 도성으로 들어가 캉유웨이를 만난 뒤 논점이 일변해 스승의 학설도 믿지 않게 되었으며 금년에 이르러서는 [스승과] 거의 결별하게 되었다."(『무술년 군기사장경 합보』, 119쪽) 여기서 "금년에 이르러서는 거의 결별하게 되었다"라는 언급은 바로 광서 24년(1898) 탄쓰퉁이 남학회와 『상보』에 게재한 글 때문에 그와 스승 간에 의견 차이가 생긴 것을 가리킨다. 물론 이것은 나중의 이야기다.

사방을 방랑하던 탄쓰퉁의 소년 시절

탄쓰퉁은 자가 푸성復生이며 호는 좡페이壯飛 또는 화샹중성華相衆生이고 후난 성 류양瀏陽에서 태어났다. 탄쓰퉁은 청말 유신파 중 저명한 3공자三公子의 한 사람이다. 다른 두 사람 중 한 사람은 바로 후난 성 순무 천바오전의 아들 천싼리인데 바로 유명 학자 천인커陳寅恪의 부친이다. 또 한 사람은 내각대학사內閣大學士와 예부시랑禮部侍郎을 지낸 쉬즈징의 아들 쉬런주다. 쉬즈징은 파격적으로 광서제에게 캉유웨이, 량치차오, 탄쓰퉁, 황쭌셴, 장위안지 등을 천거해 변법을 추진케 한 인물이다. 자희태후는 무술정변 후 쉬즈징을 첫번째로 주살해야 할 역적으로 꼽았다. 리훙장과 룽루 등 고관대작들이 있는 힘을 다해 쉬즈징의 죄를 해명하지 않았다면 무술6군자는 7군자가 되었을 것이다.

탄쓰퉁은 어려서 어머니를 잃고 많은 고초를 겪으며 아주 외롭게 자랐다. 계모는 박정한 사람이어서 항상 그를 학대했고 그와 부친의 관계도 갈라놓으려 했다. 이 일은 그의 어린 마음에 짙은 그늘을 남겨놓았다. 탄쓰퉁은 당시 상황을 이렇게 말하고 있다. "나는 어려서부터 청년기에 이르기까지 인륜의 횡액을 두루 겪었다. 그 고통 속을 헤엄치는 건 산 사람으로서는 거의 감당할 수 없는 일이었다. 죽음의 강 가에도 여러 번 갔지만 끝내 살아남았다. 이 때문에 [나의] 생명을 더욱 가볍게 여기며 한 덩어리 육신의 껍질로만 생각했다. 그러니 다른 사람을 이롭게 해주는 일을 제외하고 아까울 게 무엇이 있겠는가?"(『탄쓰퉁전집』, 289~290쪽) 탄쓰퉁의 부친 탄지쉰譚繼洵은 아주 규범적인 관료로 줄곧 관운이 순조로웠다. 몇 차례 승진과 전근을 거쳐 후베이 성 순무가 되었다. 광서 4년(1878) 탄쓰퉁이 14세 때 탄지쉰은 간쑤 성甘肅省 지방관으로 임명되었고 탄쓰퉁은 부친을 따라 간쑤로 갔다. 이 여정이 탄쓰퉁의 첫 원행遠行으로 3개월가량 걸렸다. 기나긴 노정으로 온갖 고초를 겪으면서도 심신을 단련할 수 있었고 아울러 연도沿道의 다양한 풍토와 인정을 목도하며 안목을 크게 넓힐 수 있었다. 4년 후 탄지쉰은 간쑤 포정사甘肅布政使로 승진했고 탄쓰퉁은 다시 한번 후난에

탄쓰퉁(1865~1898). 자 푸성, 호
쫭페이. 후난 성 류량 사람이다.
청 말 유신 인사 중 유명한 '삼공자
三公子'의 한 사람이다.

서 간쑤로 가게 되었다. 당시 탄쓰퉁은 이미 『묵자』를 읽으며 "묵자의 헌신
적인 뜻을 몰래 가슴에 새기고 있었다."(앞의 책, 290쪽) 아울러 자기 사진에
「자제소조自題小照」[2]라는 사詞 한 수를 남겼다. 사패詞牌[사의 형식]는 「망해조
望海潮」였다.

일찍이 푸른 바다로 갔다가
이제 또 사막에 왔나니

2 '자제소조'란 '작은 얼굴 사진이나 초상화 등에 직접 글을 쓰다'란 의미다.

이곳은 4000리 밖 관하關河로다.

관상 좋다는 건 다 헛말인 듯

속으로 생각만 거듭하다

고개 돌리니 18년이 지났네.

봄꿈 깨니 물결이 밀려오고

봄 돛대에 가랑비 오는데

나 홀로 시를 읊네.

병에 꽂힌 고운 꽃 몇 가지만 있을 뿐

내 곁에 머무는 이 많지 않네.

추운 강에서 도롱이 벗으니

풍진에 찌든 모양만 남아 있어

혼자 바라보는 맘 어떠하리?

거울 속 모습은 맘대로 할 수 없어

육체가 거울 속 그림자보고 묻네

무슨 연유로 술 마시고 얼굴이 붉어졌냐고.

칼을 빼들고 소리 높여 노래 부르나니

몇 가닥 협골俠骨이 남아 있어

이 시련을 견뎌낼까?

문득 이 사람이 나라고 말하면서도

눈을 크게 뜨고 자세히 살펴보네. (앞의 책, 150쪽)

이 사를 읽어보면 탄쓰퉁이 자신의 인생 경력에 상당히 만족하고 있음을 알 수 있다. 탄쓰퉁은 이후 몇 년간 계속해서 후난과 간쑤를 왕래하고 남쪽과 북쪽에서 과거에 응시하느라 심신이 지쳤다. 과거시험 결과는 좋지 못해 여러 차례 응시에도 한 번도 성공하지 못했다. 청 관리들의 경력을 기재한 문서에 따르면 그는 평생토록 감생監生에 그쳤다. 그 자신은 전혀 상관하지 않았지만 부친 탄지쉰은 아들의 이런 태도에 불만을 품고 있었다. 그는 일기에 이렇게 썼다. "칠아七兒3는 놀기를 좋아한다. 근래에 지은 제예문制藝文을 보니 형식에 맞지 않는다." '제예문'은 바로 팔고문이고 '형식에 맞지 않는다' 함은 팔고문 창작 법칙에 맞지 않는다는 뜻이다. 그러나 탄쓰퉁이 팔고문을 잘 짓지 못한 것은 그가 공부를 소홀히 했거나 재주가 모자란 때문이 결코 아니고 "팔고문을 비천하게 보며 지을 가치가 없다"고 생각한 때문이다. 이 부문에서 탄쓰퉁은 자신의 스승 어우양중후 선생과 류런시劉人熙 선생의 '복고사상과 경세제민' 사상에 큰 영향을 받았다. 탄쓰퉁은 1100년 동안 독서인들이 걸어간 길을 따르려 하지 않았다.(『무술년 군기사장경 합보』, 59쪽)

이 밖에 탄쓰퉁의 성정 또한 그가 인생을 선택하는 데 큰 영향을 끼친 듯하다. 탄쓰퉁은 어려서부터 매우 활동적이었다. 유년 시절 베이징에서 공부할 때 그는 대도大刀 왕우王五와 통비원通臂猿 후치胡七라는 강호 무예의 고수와 친교를 맺고, 왕우에게 단도 사용법을 배웠다. 왕우는 탄쓰퉁에게 적을 공격하는 기술을 가르쳐주었고 아울러 강호에서 강자를 억누르고 약자를 보호한 옛날이야기 및 자기 모험담도 들려주었다. 이 모든 것은 어린 탄쓰퉁에게 깊은 인상을 남겼고, 그의 마음속 깊은 곳에서는 강자를 억누르고 약자를 보호하며 은혜를 베풀고 원수를 갚는 인물이 되려는 갈망이 꿈틀댔다. 그는 『묵자』를 읽고 나서 왕우에게서 영향받은 임협任俠[의협] 사상을 더욱 강화했다. 이 때문에 그는 거친 서북 고원에서 오래 머무는 생활을 매우 좋아했다. 탄스퉁은 이런 경험을 통해 의지를 단련했고 흉금을 크게 넓혔다. 그는 선샤오이沈小沂에게 보낸 편지에서 자신의 청소년 시기를 회고하고 있다.

나는 격투 기술에는 약했지만 몸놀림과 손놀림은 민첩했다. 또 궁술에 뛰어났고 말타기는 더욱 좋아했다. 하서河西에 객홈으로 갔을 때 일찍이 엄동설한에 기병 하나만을 데리고 외진 길을 질주하며 7일 밤낮 1600리

---

3 탄쓰퉁 가문에서 탄쓰퉁이 형제 항렬 중 일곱째라는 뜻.

를 달려간 적이 있다. 험하고 깊은 바위 계곡에는 사람 자취가 없어 배가 고프고 목이 말라 도끼로 얼음을 깨 죽처럼 끓여 먹었다. 다시 돌아왔을 때는 허벅지 살이 마구 짓물러 거기에서 나온 진물이 바지를 적셨다. 동료들은 이것을 보고 눈이 휘둥그레지며 깜짝 놀랐지만 나는 별 고통을 느끼지 못했다. (『탄쓰퉁전집』, 4쪽)

탄쓰퉁의 무예 스승 중에는 또 류윈톈劉雲田이란 사람이 있었다. 그는 탄쓰퉁과 동향인 후난 출신이었고, 당시 탄쓰퉁 부친의 막료로 있으면서 탄쓰퉁에게 말을 탄 채 활 쏘는 기술을 가르쳤다. 나중에 탄쓰퉁은 「류윈톈전劉雲田傳」을 지어 그와 함께 놀던 광경을 회고했다.

우리 형제는 어린 시절에도 기가 세서 우리 앞을 막을 사람은 아무도 없었다. (…) 유독 윈톈을 떼밀어 말고삐를 나란히 하고 산골짜기로 달려가기를 좋아했다. 때때로 몰래 가까운 변방으로 나가 휘몰아치는 서북풍을 마주하고 서면, 모래와 자갈이 강한 화살처럼 사람을 때렸고 씩씩한 낙타들의 울음소리가 기러기 울음과 승냥이 울음에 화답하기도 했다. 때로는 팔뚝에 사나운 매를 매고 허리에는 활과 화살을 차고, 110여 명의 씩씩한 젊은이들을 데리고, 움푹한 눈, 우뚝한 콧날, 누런 수염, 그리고 문신으로 이마를 장식한 서북 사람들과 고함을 치고 말을 치달리면서 앞다투어 맹수를 쫓기도 했다. 밤에는 사막 위에 장막을 치고 호족胡族처럼 머리를 묶고 마음대로 다리를 벌리고 앉아, 누런 양의 피를 퍼서 눈에 섞어 마시기도 했다. 또한 비파를 뜯으며 목소리를 길게 빼서 서북 민요로 노래를 불렀다. 혹은 술동이를 끼고 앉아 여러 사람과 서로 술 마시기 내기를 하는 가운데 환호성을 지르면서 새벽을 맞이하기도 했다. (앞의 책, 20쪽)

이러한 진술에서도 탄쓰퉁이 청소년 시기에 시간 대부분을 광기 어린 방랑생활로 보냈음을 알 수 있다. 광서 10년(1884) 바야흐로 스무 살이 된 탄쓰퉁은 처음으로 가정의 속박에서 벗어나 신장 순무 류진탕劉錦棠의 막료가 되었다. 이해 청불전쟁이 발발하자 탄쓰퉁은 울분 속에서 「치언治言」이란 글을 썼다. 당시에 이미 그의 마음에는 변법 사상이 자라고 있었다. 다만 아직 인심을 바로잡고 풍속을 교화하는 차원에 사상이 머물러 있었다. 이후 그는 서구문명을 한층 깊이 이해하게 되면서 그리고 현실이 그에게 던져준 절실한 아픔과 사색이 깊어지면서 점차 자신의 유치함과 미숙함을 인식하게 되었다. 오래지 않아 류진탕은 부모 봉양을 위해 관직을 사임했고 탄쓰퉁도 신장을 떠나 각지를 유랑했다. 당시 그는 "즈리, 신장, 간쑤, 산시, 허난, 후난, 후베이, 장쑤, 안후이, 저장, 타이완 등지를 편력하며 풍토, 산물, 호걸들을 관찰했다. 그러나 부친 순무공巡撫公이 그를 단속하며 원유遠遊를 허락하지 않았기 때문에 결국 [탄쓰퉁은] 사방으로 유람하려던 뜻을 모두 펼칠 수 없었다."(『음빙실합집·전집』 제1권, 106쪽)

탄쓰퉁은 다섯 살에 독서를 시작했고, 첫번째 스승은 베이징의 비춘자이畢純齋였다. 그는 다섯 스승을 모셨다. 비춘자이 외에도 한쑨눙韓蓀農, 어우양중후, 투치셴塗啓先, 류런시가 그들이다. 이 중 한쑨눙도 탄쓰퉁의 어린 시절 스승이었다. 이들은 탄쓰퉁에게 최초의 지식을 전해주었고 독서 취미를 길러주었다. 탄쓰퉁은 아주 총명해서 "다섯 살에 처음 책을 읽기 시작했고 곧바로 사성四聲을 깨우쳐 대구를 지을 수 있었다."(『탄쓰퉁전집』, 55쪽) 투치셴과 류런시는 모두 탄쓰퉁의 고향인 류양 당지當地의 저명한 학자로, 평소 유가경전 연구가 깊어서 유가의 윤리도덕을 엄격하게 고수했다. 투치셴은 유가의 지행합일 사상을 더욱 중시하면서 앉아서 말만 하기보다 일어나서 실천함이 더 좋다고 강조했다. 류런시는 유학 중에서도 특히 왕부지 학설을 숭배했고 노장사상이나 불교사상에도 상당한 이해력이 있었다. 그러나 그는 공맹의 학설을 고수하면서 그 밖의 사상은 일괄적으로 이단으로 배척했다. 「치언」을 쓸 때 탄쓰퉁의 사상은 매우 보수적이었는데 이는 바로 류런시에게 영향 받은 때문이다. 하지만 탄쓰퉁에게 가장 크고 오래 영향을 끼친 사람은 어우양중후 선생이었다. 어우양중후도 후난 성 류양 사람으로 투치셴, 류런시와 함께 류양 3선생으로 불렸다. 탄쓰퉁이 앞서거니 뒤

서거니 이 세 사람을 스승으로 모실 수 있었던 것은 당시 유림의 아름다운 이야기라 할 만하다. 어우양중후는 유가 학설을 신봉하면서 왕부지도 중시했다. 그는 왕부지를 주희 이후 유가 도통을 이은 유일한 사람으로 간주했다. 그러나 어우양중후는 학술계의 학파 싸움을 반대했고 당시 유행한 송학[이학]과 한학[훈고학]에도 모두 비판적 입장을 견지했다. 탄쓰퉁은 어우양중후가 가장 마음에 들어하는 제자 중 한 사람이었다. 그는 스승을 매우 존경하면서 줄곧 빈번하게 [스승과] 소식을 주고받았다. 그리고 거의 모든 일에 대해 스승에게 가르침을 청했고, 마음에 터득한 바가 있으면 언제나 가장 먼저 스승에게 알렸다.

탄쓰퉁: 학문과 사상의 대전환

탄쓰퉁은 광서 21년(1895) 1월 21일 어우양중후 선생에게 편지를 보내 갑오년 청일전쟁 패배와 이후 중일 사이 화의에 대해 언급하면서 가슴이 찢어지는 아픔이라 했다. 그후 또 상군湘軍이 일본군과 뉴좡牛莊에서 전투를 벌이다 대패했다는 소식이 전해지자 탄스퉁의 마음은 극도의 분노로 들끓어 올랐다. 그의 사상과 학문에 변화가 생긴 것은 바로 이 시기였다. 그해에 탄쓰퉁은 마침 만 30세여서 특별히 「삼십 자기三十自紀」란 작은 자서전을 지어 당시까지 자기 인생을 총결했다. 그는 탕차이창에게 보낸 편지에서 이렇게 쓰고 있다.

서른 이전에 쓴 구학舊學은 모두 여섯 가지인데, 이번에 특별히 두 가지를 부쳐드리는 바이네. 나는 그것을 다시 판각하려고 하네. 서른 이후의 신학新學은 그 변화가 씻은 듯하고 앞뒤 모습이 완전히 달라져서 마치 두 사람의 모습과 같네. 서른에 들어선 해는 마침 갑오년이었는데 지구의 전체 형세도 갑자기 변했고 나의 학문도 크게 변했으니, 환경이 새로운 마음을 생겨나게 할 수도 있고 새로운 마음이 진실로 또다른 환경을 만들어낼 수도 있음이네. 그러므로 하늘과 귀신이 함께 일을 꾸민 것은 우연한 일이기는 하지만 기이한 일은 아니네. 고로 구학을 판각하는 것도 삼계三界에서 인생의 한 단락을 마무리 짓기 위함이네. (앞의 책, 259쪽)

탄쓰퉁에게서 사상과 학문의 전환을 촉진한 것은 주로 두 가지 원인을 들 수 있다.

첫째, 갑오년 청일전쟁 패배 후 드러난 전체 국가의 정신적 타락, 특히 조정 관리들의 용속과 타성, 우매와 마비, 완고와 수구, 구차와 안일 등이 탄쓰퉁을 강렬하게 자극해 국가의 앞길과 출구를 고민하지 않을 수 없게 했다. 그가 얻은 결론은 바로 낡은 학문을 버리고 발분해 새로운 학문을 제창해야 한다는 것이었다.(『음빙실합집·전집』 제1권, 106쪽) 이보다 앞서 탄쓰퉁은 탕차이창[푸청], 류산한 등과 고향 류양에 산학관算學館[수학관數學館]을 설립할 계획을 세웠고, 아울러 이 계획은 스승 어우양중후 선생의 지지를 얻었다. 그들이 볼 때 산학은 팔고문과 비교해 훨씬 실제적 용도가 있는 학문이었다. 탄쓰퉁은 이렇게 토로했다. "[산학은] 작게는 일상적 쓰임에 편리를 제공할 수 있고, 크게는 기계 제조의 기본 학문으로 자리 잡을 수 있으며, 수륙에서 각각 전투가 벌어지면 더욱 이에 의지해 측량, 운행, 방포, 조준 등의 방법으로 응용될 수 있을 것이네. 중국이 사사건건 외국에 모욕을 당하는 까닭은 바로 새로운 학문을 전혀 강구하지 않기 때문이네."(「탕푸청에게 드리는 편지致唐紱丞書」, 『탕차이창집唐才常集』, 243쪽) 이는 당시에 참신하고도 시류에 맞는 사상이었으며 이미 양무파 사상과도 달랐다. 배가 고프면 음식을 가리지 않는다는 속담과 다소 비슷한 경우기는 하지만 그들[탄쓰퉁, 탕차이창, 류산한 등]의 행동은 "진실로 후난 성에서 새로운 학문을 일으키는 기점으로 작용했다."(『음빙실합집·전집』 제1권, 106쪽) 그들의 역할은 바로 가장 먼저 새로운 기풍을 열어 암담하고 경직된 분위기를 타파하려는 것이었다.

둘째, 탄쓰퉁은 량치차오와 맺은 교분을 통해 캉유웨이 학설을 더욱 깊이 이해하게 되었고, 이 점이 그에게서 사상과 학술의 변화를 촉진했다. 량치차오는 『청대학술개론』에서 전문적으로 탄쓰퉁의 '변화'에 대해 언급한 적이 있다. "탄쓰퉁은 어려서 변문을 잘 지었고 이로 인해 '금문학今文學[금문경학今文經學]'을 탐구하게 되었다. 탄쓰퉁이 지은 시구 중에 '왕중, 웨이위안, 궁쯔전, 왕카이윈이 비로소 재능을 드러냈다汪魏龔王始是才' 구절에서 그의 지향점을 알 수 있다. 또 그는 왕부지의 학문을 좋아해 명분과 이치에 관한 담론을 즐겼다. 량치차오와 교분을 튼 이후에는 그의 학문이 일변했다."(『청대학술개론』, 91쪽)

량치차오도 「탄쓰퉁전」에서 탄쓰퉁이 서른 살 때 사상과 학문에 변화가 발생했다고 언급했다. 이 글에서 그는 더욱 상세하게 탄쓰퉁의 변화를 말하고 있다.

소년 시절에는 일찍이 고증, 금석, 고대 시문 학문을 공부했고 또 중국의 고대 병법을 이야기하기도 좋아했다. 서른 살 후에는 이 모든 것을 내버리고 서양의 천문, 산술[수학], 격치[과학], 정치, 역사 학문을 탐구해 모두 마음으로 터득한 바가 있었다. 또 종교도 탐구했는데 나와 처음 만났을 때 군君은 예수가 행한 사랑의 가르침을 지극하게 숭배하고 있었다. 그러나 부처가 있다는 것은 알지 못했고 공자가 있다는 것도 알지 못했다. 이윽고 난하이 선생이 밝혀낸 『주역』과 『춘추』의 대의, 또 그분이 탐구해낸 대동과 태평의 원리, 그리고 그분이 체화한 건원乾元과 통천統天이 뜻하는 정밀한 의미를 듣고 나서는 크게 탄복했다. 또 불교 화엄종의 성해性海[참된 본성의 바다]에 관한 설법을 듣고는 세계의 무한함과 현신現身의 무한함, 그리고 남도 없고 나도 없음과, 가는 것도 없고 머무름도 없음과, 더러움도 없고 깨끗함도 없으므로 다른 사람을 구제하는 것 외에는 또다른 일이 없다는 이치를 깨달았다. 아울러 법상종의 식랑識浪[참된 인식의 끝없는 파도]에 관한 설법을 듣고는 중생들의 근기根器[선천적으로 불교를 받아들일 가능성]가 무한하므로 설법도 무한하여 갖가지 차별이 원만한 본성과 거리낌 없이 어울릴 수 있다는 이치를 깨달았다. 이에 그는 더욱 크게 탄복했다. 이로부터 모든 이치가 드넓게 관통하여 만법

萬法이 하나로 귀의하게 되었고, 마찬가지로 하나로 귀의한 진리가 다시 만 가지로 갈라져 나가도 아무런 장애가 없었다. 그리하여 직접 일을 맡고자 하는 용기가 더욱 강해졌다. (『음빙실합집·전집』제1권, 109쪽)

탄쓰퉁이 캉유웨이를 사숙私淑한 상황은 다른 친구들 눈에도 포착되었다. 예한葉瀚은 왕캉녠에게 보낸 편지에서 이렇게 쓰고 있다. "탄푸성譚復(復)生[탄쓰퉁]을 이미 만나보았네. 이 사람은 캉유웨이와 샤쩡유의 무리인데, 타고난 자질이 매우 뛰어나고 그 몸의 에너지도 아주 강하네. 그러나 애석하게도 성정이 아직 안정되지 못하고 인품의 함양도 아직 깊지 못하네."(『왕캉녠 사우 서찰』3, 2573쪽)

그물망 찢기:『인학』

당시 탄쓰퉁은 확실히 일부 사람들 눈에 타고난 자질은 매우 뛰어나고 그 몸의 에너지도 아주 강하지만 애석하게도 성정이 아직 안정되지 못한 인물로 비치고 있었다. 『인학仁學』은 탄쓰퉁이 방향을 전환한 뒤 써낸 '새로운 학문新學'의 대표작이다. 발표 때 량치차오가 다음과 같은 서문을 썼다. "『인학』은 무엇을 위해 쓴 것인가? 난하이 선생의 종지를 찬란하게 확대하여 전 세계 성인들의 심법心法을 회통會通하고 전 세계 중생을 구제하기 위함이다. 난하이 선생의 학문을 가르치는 사람들은 이렇게 말한다. '인仁 구하기를 종지로 삼고, 대동세상 추구를 사상 체계로 삼고, 중국 구제를 출발점으로 삼고, 자기 몸과 집안을 바치는 것을 결말로 삼는다.' 『인학』은 바로 이 말의 뜻을 잘 풀어놓은 책이다. 그리고 탄쓰퉁 열사는 이 말의 뜻을 실천한 사람이다."(『인학―탄쓰퉁집仁學―譚嗣同集』, 1~2쪽) 이 서문은『청의보』제2책에 처음 발표되었다. "난하이 선생의 종지를 찬란하게 확대하여" 구절이『음빙실합집』에는 없다. 이는 분명히 나중에 편집할 때 삭제한 것이며 당시 량치차오가 캉유웨이에 대해 이미 유보적인 태도를 보이고 있었음을 드러내주는 대목이다. 그러나 탄쓰퉁의『인학』이 그의 30세 이전 저작과 크게 달라졌고 그중에는 캉유웨이가 미친 영향이 매우 뚜렷하게 나타나고 있다는 점도 사실이다. 어떤 측면에서는 캉유웨이에 대한 탄쓰퉁의 공감이 량치차오까지 훨씬 뛰어넘고 있다. 예를 들면 탄쓰퉁과 캉유웨이는 모두 '인'이 구현된 도덕적 이상이 캉유웨이가 실현하려는 사회 이상과 이상사회(소위 대동사회)의 전제이며 바탕이라고 인식했다. 탄쓰퉁은 「『인학』 자서自序」에서 다음 같은 견해를 드러내고 있다. "인을 실천한 으뜸인으로 무아지경에서 신성을 이룬 분은 셋이 있다. 그들은 부처, 공자, 예수다. 부처는 공자와 예수를 통합할 수 있다. 그러나 공자와 예수는 인의 목적은 같지만 인에 이르는 방법은 다르다."(『탄쓰퉁전집』, 289쪽) 하지만 이때 량치차오 사상은 인에서 멀어지는 추세를 보이고 있었다. 미국에서 활동하는 학자 장하오張灝는 이처럼 지적한 적이 있다. "량치차오는 '사회群'를 바탕으로 삼는 사상적 관점에 근거해 도덕적 자발성에 합치되는 유가의 유기적 사회관계[문화적 유토피아]로부터 초기 민족 공동체 사상을 향해 나아갔다."(『량치차오와 중국 사상의 과도기梁啓超與中國思想的過渡』, 71쪽)

그러나 '인'에 대한 의미와 해석은 탄쓰퉁이 캉유웨이나 량치차오보다 훨씬 더 급진적이다. 이 점은 탄쓰퉁이 명교名教,[4] 삼강三綱, 천리天理, 인욕人欲 등의 문제를 다루는 태도에서 두드러지게 표현된다. 탄쓰퉁은 이것들을 '인'의 일부분으로 인식하지 않고 오히려 반대로 '인'을 어지럽히는 요소라 생각했다. 그는 「인학 정의仁學界說」에서 '인'의 요지를 설명하며 다음처럼 지적했다. "인은 소통을 첫번째 의미로 삼는다." 그리고 "소통의 형상은 평등이다" "지혜는 인에서 생겨난다"라고도 했다. 또 "평등은 만 가지 변화를 생겨나게 하니 대수代數의 방정식이 바로 그것이다"라고도 했으며 "평등이란 서로 일치됨을 이른다. 일치되면 소통되고 소통되면 인을 이룬다"라고도 했다. 이것이 그가 '인'을 바라보는 관점이다. 탄쓰퉁은 또 '인'을 일종의 자연력自然力으로 귀결시키고 그것을 '에테르以太'로 불렀다. '에테르'는 색깔도 없고, 소리도 없고, 냄새도 없고, 이름도 없는 자연 상태에 있어서 우리가 전혀 감지할 수 없으며, '인'이 '에테르'와 천지만물 사이의 중개자가 되므

---

4 봉건적 신분질서를 명분으로 삼는 예교禮教.

로 "인은 천지만물의 근원"이라는 것이다. 그러나 그는 또 이렇게 진술하고 있다. "그것이 쓰임으로 드러날 때 그것을 공자는 '인仁'이라고도 하고, '원元'이라고도 하고, '성性'이라고도 했다. 묵자는 '겸애兼愛'라고 했다. 부처는 '성해'라고도 하고 '자비慈悲'라고도 했다. 예수는 '영혼靈魂'이라고도 하고 '남을 내 몸같이 사랑하라' '원수를 사랑하라'라고도 했다. 과학자는 그것을 '인력引力' '흡수력吸力'이라고도 하는데 모두 이러한 성질을 가리키는 말이다." 탄쓰퉁은 '인'을 이와 같이 바라보고 있어서 역대 왕조의 소위 '인'에 대해 극도의 증오심을 품고 있었음에 틀림없다. 그는 이렇게 비판하고 있다. "저속한 학문과 비루한 행위에 빠져 있는 자들은 입만 열면 명교를 들먹이고 마치 천명을 받은 것처럼 그것을 공경하며 감히 어기지 못하고, 또 마치 나라의 헌법처럼 그것을 두려워하며 감히 논란을 벌이지 못한다. (…) 수천 년 동안 삼강오륜의 참화와 맹독이 이 때문에 더욱 혹독해졌다." 그는 또 다음과 같이 질책했다. "군주는 고정된 명분으로 신하를 옥죄고, 관리도 고정된 명분으로 백성에게 굴레를 씌우고, 아버지도 고정된 명분으로 자식을 억압하고, 남편도 고정된 명분으로 아내를 가두고, 형제와 친구도 각각 한 가지 고정된 명분으로 서로 대결한다. 그러므로 인이 아직 조금 남아 있다 하더라도 어떻게 얻을 수 있겠는가?" 탄쓰퉁은 송대 유학자의 천리와 인욕설도 아무런 가치가 없는 학설이라고 생각했다. "세속의 하찮은 유학자들은 천리는 선하고 인욕은 악하다고 여기지만 인욕이 없으면 천리도 있을 수 없다는 사실은 모르고 있다."(『탄쓰퉁전집』, 291~301쪽)

『인학』은 탄쓰퉁이 량치차오와 한 약속에 응하여 홍콩 『민보』에 게재하려고 쓴 저작이다. 탄쓰퉁은 집필 기간 여러 차례 상하이와 난징을 오가며 량치차오와 글의 내용을 두고 상의하고 토론했다. 집필을 끝낸 후에는 량치차오, 쑹수末恕[옌성], 장타이옌, 우옌저우[자루이嘉瑞], 탕차이창 등에게 원고를 보내 읽어보게 했다. 탄쓰퉁의 논조는 매우 과격했다. 그는 강상綱常 명교와 군주제를 직접 겨냥한 데다 청나라 조정을 직접 통박하기까지 해서 량치차오에 의해 '사나운 용장悍勇'이라 일컬어졌다. 그러나 탄쓰퉁은 바로 이 때문에 『인학』을 생전에 발표할 기회를 얻지 못했다. 무술정변 이후 량치차오와 탕차이창은 자신들이 소장하고 있는 『인학』 원고와 초본을 앞서거니 뒤서거니 『청의보』와 『아동시보亞東時報』에 발표했고, 량치차오는 이 저작에 「서언」을 썼다. 나중에 량치차오는 『청대학술개론』에서 탄쓰퉁의 『인학』을 '우상을 파괴한 책打破偶像' '그물망을 찢은 책沖沖羅網'이라 칭찬했다. 탄쓰퉁도 「자서」에서 그물망을 찢는 차례를 하나하나 열거한다. "먼저 녹봉의 그물망을 찢어야 한다. 다음은 고증학이나 사장학 같은 저속한 학문의 그물망을 찢어야 한다. 다음은 전 세계 잡다한 학문의 그물망을 찢어야 한다. 다음은 군주의 그물망을 찢어야 한다. 다음은 윤리 강상의 그물망을 찢어야 한다. 다음은 하늘5의 그물망을 찢어야 한다. 다음은 전 세계 잡다한 종교의 그물망을 찢어야 한다. 마지막에는 불법佛法의 그물망을 찢어야 한다."(앞의 책, 290쪽) 탄쓰퉁 인학의 핵심 사상은 여전히 일원론적 세계관과 더 아름다운 미래를 향한 진화론적 역사관에 놓여 있다. 이 점에서 탄쓰퉁은 캉유웨이 및 량치차오와 일치한다. 그러나 캉유웨이와 량치차오 모두 '삼강'에 대한 탄쓰퉁의 비판을 수용하지 않았다. 량치차오는 이후 특히 해외로 망명한 뒤 군주의 권리와 남편의 권리를 비판한 탄쓰퉁의 관점을 수용해 공개적으로 국민의 권리와 여성의 권리를 주장했지만 효도를 비판한 탄쓰퉁의 견해에는 유보적 입장을 견지했다. 이 점은 분명 두 사람의 어린 시절 경험이 확연히 다른 데서 비롯한 현상이라 할 수 있다. 량치차오가 효도에 보인 공감과 지지는 학문적 측면과 아울러 정감적 측면에서도 일관된다. 이러한 입장은 그가 어려서 받은 부모님의 사랑과 윤리적 가르침에 연원이 있다고 할 수 있다.

하지만 탄쓰퉁의 『인학』은 어쨌든 100여 년 전의 저술이다. 저자 탄쓰퉁은 새로운 학문과 서구 학문을 수용한 시간이 길지 않기 때문에 아직 그런 학문을 자신의 사상 속에 융합·관통시킬 수 없어서 잡다하고 유치한 논리가 매우 많이 섞여 있다. 그러나 솔직하게 말해, 구사상의 속박에서 완전히 벗어나 독창적 경지에 들었다는 측면만으로도 청대에 탄쓰퉁과 비견

---

5 불교의 천도天道, 기독교의 천당天堂, 유교의 천명天命 등의 속박을 말함.

할 사람은 없다. 량치차오는 일찍이 진력을 다해 탄쓰퉁의 입장을 해명해
주면서 이처럼 말했다. "지금 관점으로 보면 그의 논리가 지극히 평범하고
지극히 허술하다. 그러나 당시는 루소가 지은 『사회계약론』의 제목조차도
들어보지 못한 시절이었음에도 탄쓰퉁의 이상은 루소의 그것과 암암리에
합치되는 점이 매우 많다. 대체로 당시 사상 해방의 효과가 없었다면 [탄쓰
퉁은] 그런 경지에까지 이르지는 못했을 것이다."(『청대학술개론』, 92~93쪽)
말하자면, 탄쓰퉁의 사상이 보이는 한계는 역사적 환경의 제한 때문이지
만 그가 사상을 해방시키고 그물망을 찢는 용기를 보여준 점과 두려움 없
이 자신을 희생한 고결한 정신은 그 영향이 한 세대 사람들에게만 그치지
않았다는 것이다. 량치차오는 자신의 정치소설 『신중국 미래기』에서 주인공
'이보毅伯'의 입을 빌려 자신의 평생 사업 대부분이 『창상학기』와 『인학』 두
책에서 얻어낸 것이라고 인정하고 있다. 그는 「설군 서序」에서 『인학』이 자신
에게 미친 영향을 더욱 구체적으로 밝히고 있다.

치차오가 난하이 선생에게 천하를 다스리는 방법에 대해 물었다. 선생께
서 말씀하셨다. '사회群를 본체로 삼고 변화變를 쓰임으로 삼아야 한다.
이 두 뜻이 세워지면 비록 천만 년 천하를 다스리더라도 어려움이 없을
것이다.' 치차오는 선생님에게 들은 바를 대략 기록해 『변법통의』를 지
은 뒤 또 사회에 관한 의미를 밝혀낼 생각이었으나 그 이치가 은밀하고
사례가 오묘해 괴롭게도 그 목적에 도달할 수 없었다. 이윽고 허우관侯
官 옌푸가 공들여 지은 책 『천연론』과 류양 탄쓰퉁의 저서 『인학』을 얻어
읽어보고 나서야 확연히 마음에 와 닿는 바가 있었다. 서글프게도 천하
에 뜻있는 선비들은 난하이 선생의 서론緖論을 얻어듣는 걸 좋아하고 이
두 사람의 거작을 보는 걸 좋아하지만, 혹시 이를 듣고 보았다 하더라도
그 내용을 이해하지도 못하고 믿지도 못하는 예가 대부분이다. 이에 안
으로 선생의 학설을 연역해내고 또 두 사람의 책에 의지하여, 천근淺近한
언어로 풀어내고 실제 사실로 증명하여 『설군說群』 10편 120장을 지었다.
난하이 선생의 서론과 옌푸와 탄쓰퉁의 거작에 비하면 10분의 1에도 미

치지 못했다. 다만 스스로 생각건대 변법에 관한 언어를 살펴보면 상당히 진전된 측면이 있다고 할 수 있다. (『음빙실합집·문집』 제2권, 3쪽)

치국 방략: '독단적 통치술'을 '합의적 통치술'로 바꾸다

량치차오는 일찍이 『설군』 저작 계획을 세운 적이 있지만 무슨 이유에서인지 집필에 착수하지 않았다. 이는 그가 일생 동안 남겨놓은 무수한 유감 중 하나다. 우리는 지금 「설군 서序」와 「설군 1說群一」「설군 2說群二」 두 편만 볼 수 있을 뿐이다. 이 두 편을 통해 우리는 량치차오가 캉유웨이, 탄쓰퉁, 옌푸 사상에 대해 내놓는 진전된 해석을 찾아보기는 어렵지만 그 기본 관점의 단서는 찾아볼 수 있다. 량치차오 입장에서 '군群'은 우선 '군술群術[민주화된 합의적 통치술]'을 가리킨다. 이와 대립하는 것이 바로 '독술獨術[사유화된 독단적 통치술]'이다. 그는 우리에게 옛날부터 지금까지 중국 역사에서 행해진 통치술은 모두 '독술'이라 주장한다. 통치자들도 왕왕 자신을 '고孤' 또는 '과인寡人'으로 칭했고, 어떤 사람은 통치자를 '독부獨夫'라고도 칭했다. 그럼 '독술'은 어떤 특징이 있는가? 량치차오는 이렇게 설명했다. "사람들은 모두 자기만 있음을 알 뿐 천하가 있음을 모른다. 따라서 군주는 막부幕府를 사유화하고, 관리는 벼슬을 사유화하고, 농부는 밭두렁을 사유화하고, 대장장이는 자기 업무를 사유화하고, 장사꾼은 가격을 사유화하고, 몸은 편리함을 사유화하고, 집은 번성함을 사유화하고, 가문은 종족을 사유화하고, 종족은 성씨를 사유화하고, 큰 고을은 토지를 사유화하고, 작은 고을은 동네를 사유화하고, 선생은 가르침을 사유화하고, 선비는 자기 학문을 사유화한다. 이런 까닭에 국민이 4억 명으로 흩어지면 나라도 4억 개로 흩어진다. 대저 이를 일러 나라가 없다고 하는 것이다." 이게 바로 '사유화된 독단적 통치술獨術'로 나라를 다스리는 것이다. 이러한 나라에는 임금이든 관리든 선비든 국민이든 할 것 없이 하나같이 진정으로 책임을 질 능력이 없다. 또한 응집력 있는 핵심 가치관을 형성할 수가 없어서 모두 모래알처럼 뿔뿔이 흩어질 뿐이다. 따라서 이러한 나라는 없는 것과 같다. 하지만 '민주화된 합의적 통치술群術'로 나라를 다스리면 완전히 달라진다. 량치차오는 이렇게 지적하고 있다. "나라를 잘 다스리는 사람은 군주가 백성과 더불어 한 사회의 일원임을 알고, 이로 인해 한 사회 속에서 일원이 되는 이치와 항상 행해야 하는 일을 알고, 그 사회를 통합해 분리되지 않게 하고, 구성원을 모아 흩어지지 않게 하는 것을 일러 '민주화된 합의적 통치술'이라 한다."(앞의 책, 4쪽) 여기서 량치차오가 강조한 것은 '합의의 힘群'으로 사회群를 통합하는 일이다. 즉 어떻게 모래알처럼 흩어진 중국인을 응집력 있고 조직력 있는 정치적 실체로 통합해내느냐는 것이다. 이는 기실 이미 현대국가의 정체政體 문제를 건드린 것인데, 어쩌면 캉유웨이가 말한 '사회群를 본체로 삼는다'는 관점이 바로 이 점을 가리킨다고도 할 수 있다. 량치차오가 보기에 서구 국가는 100여 년 동안 '민주화된 합의적 통치술'로 나라를 다스렸기 때문에 아주 신속하게 부강을 이룰 수 있었다. 중국은 이와는 반대로 '사유화된 독단적 통치술'로 서구의 '민주화된 합의적 통치술'에 대항했다. 야만시대에는 '독단적 통치술'로 '독단적 통치술'에 대항해도 스스로를 보전할 수 있었지만, 문명시대에 '독단적 통치술'로 '합의적 통치술'에 대항하면 결국 스스로 멸망의 나락으로 떨어질 뿐이다. 량치차오는 '중국 학문을 본체로 삼고 서구 학문을 쓰임으로 삼자中學爲體, 西學爲用'고 주장하는 사람들이 수박 겉핥기식 문장을 지어 '중국의 특수한 측면'과 '중국의 특징적 부분'을 이유로 내세운 뒤 정치체제 개혁을 거부하는 태도를 신랄하게 비판했다. 즉 그들이 비록 아름다운 꽃무늬를 그려낸다 하더라도 그것은 동시東施가 서시西施의 눈 찡그림을 흉내 내는 것이나 양이 호랑이 가죽을 걸친 것과 같을 뿐이라고 했다. 따라서 결국은 중국의 쇠약을 나날이 재촉하고, 심지어 나라가 땅을 할양하고, 손해배상을 물어주고, 열강에 의해 조각조각 갈라지고, 망국과 멸종의 위기에 빠져들고 만다는 것이다. 이는 모두 '독단적 통치술'을 버리려 하지 않아서 야기된 결과라고 했다. 이 때문에 량치차오는 중국을 구제하려면 '독단적 통치술'을 '합의적 통치술'로 바꾸는 오직 한 가지 길밖에 없다고 결론 내렸다. 캉유웨이가 언급한 '변화를 쓰임으로 삼는다'는 말의 의미도 바로 이러한 뜻을 담고 있다. 어떻게 변화시키고 어떤 모습으로 변화시킬 것인가? 한마디로 말해, 사회를 본체로 삼아야 한다. 량치차오는 여러 차례 상소문을 올려 변법유신을 요구했다. 그는 늘 본체를 변화시켜야 한다고 했다. 즉 천하를 한 집안과 한 성씨의 천하로 여기는 '사유화된 독단적 통치술' 체제를 변화시키자는 것이다.

량치차오는 만약 우주 속에 오직 지구만 있고, 지구 속에 오직 한 사람만 있고, 이 사람의 신체가 한 가지 물질로만 구성되어 있다면 '사회群'에 대한 문제를 논의할 필요는 없다고 했다. 그러나 사실은 이와 정반대여서 그는 "'사회群'란 천하의 공리公理다'라 이야기했다. 량치차오는 계속해서 이렇게 주장했다. 구심력과 원심력은 상반되면서도 서로 의지하는 것이어서, 원심력만 있고 구심력이 없다면 우주는 일찌감치 파괴되어 더이상 존재할 수 없다. 따라서 우주 간의 만물과 만사는 모두 서로 통합된 상태로 존재하지 단독으로 존재할 수 없다. 만약 64종류 화학원소가 모두 서로 조화를 이루지 못한다면 광대한 지구에도 단지 분리된 64종류의 물질만 존재할 수 있었을 뿐 현재의 이 세계로 진화해나올 수 없었을 것이다. 그러므로 세계 만물에 대해 이야기하자면 [세계 만물은] 복잡할수록 더욱 고귀한 것이며 단순할수록 더욱 비천한 것이다. 게다가 사회는 발전하고 자연계도 발전하고 모든 사물은 단순한 상태에서 복잡한 상태로 진화한다. 이렇게 본다면 "사회群'란 만물의 공공성"이라 할 수 있다. 이는 세계 만물의 공통 성질인 데다 기본 속성이어서 위배할 수가 없다. 위배하면 생존경쟁에서 도태되고 만다. 이는 자연계뿐만 아니라 인류사회에도 적용되는 원리여서 모두 생존경쟁의 규율을 벗어날 수 없다. 사회를 이루는 역량群力은 약하지 않아서 본래 세계 민족의 숲에서 자립할 만하다. 그러나 그 역량이 부족하면 "지구 호적에서 삭제되어" 그 민족은 멸종되고 양육권도 박탈당한다.(앞의 책, 5~6쪽)

량치차오의 이러한 사상은 분명 옌푸의 『천연론』에서 온 것이고 그중 다윈의 생물진화론을 량치차오가 생동감 있게 사회진화론으로 연역한 결과라 할 수 있다. 량치차오는 옌푸에게 보낸 편지에서 이 문제를 언급한 적이 있다. 그는 자연계의 진화가 모두 일정한 규율을 밟는 것처럼 인류사회의 진화도 순서에 따라 점진적으로 진행되며 중간 과정을 뛰어넘을 수 없다고 보았다. 그는 '춘추삼세설春秋三世說'을 예로 들어 정치 영역에서 진행되는 인류사회의 진화를 설명했다. 일반적으로 인류사회의 진화는 거란, 승평, 태평이라는 세 단계를 거치게 된다는 주장이다. "거란시대에는 여러 임금이 정치를 하고, 승평시대에는 한 임금이 정치를 하고, 태평시대에는 백성이 정치를 한다. 무릇 세계는 반드시 거란, 승평, 태평으로 나아가서 그 정치도 다군多君, 일군一君, 무군無君 상태로 진화한다." 어떤 사람이 서구에는 민주 전통이 있고 "그것은 그리스와 로마에서 기원을 두고 있다"고 하자 량치차오는 그 학설이 타당하지 않다며 반박했다. "그리스와 로마에는 지난날 의정원이 있어서 왕족과 세습 귀족이 일을 주관하고 법을 만들었다. 국민 중 의원으로 추천받을 수 있는 사람은 몇 부류 되지 않았으며, 추천을 받고도 의원으로 임명될 수 있는 사람은 더더욱 몇 명 되지 않았다. 오직 이 몇몇 소수 귀족만이 대대로 부자 형제끼리 돌아가며 요직을 독점했다. 그러니 무지한 백성들이 어떻게 국사에 참여할 수 있었겠는가?" 이 때문에 량치차오는 그리스·로마 제도는 민주라고 말할 수 없고 단지 다군이 다스린 정치라고 말해야 하므로 민주정치에서는 두 단계나 떨어져 있는 제도일 뿐이라고 인식했다. 화강암 아래에서는 생물 유적을 찾기 어렵고 공룡시대 이전에는 인류 흔적을 찾을 수 없는 것과 마찬가지로 우리도 군권君權 이전의 시대에서 민권을 찾으려는 희망은 버려야 한다는 것이다. 따라서 민주적 상황은 세계만방에 자고이래로 없던 것이니 유독 중국에만 없던 건 아니라는 주장이다. 그는 또 이렇게 주장했다. "서구인들은 100년 동안 국민 기상民氣을 크게 신장해 마침내 그것을 흥성하게 했다. 중국에서도 만약 오늘부터 이 대의를 제창하여 밝혀나가면 수십 년이면 그 강성함이 서구와 같아질 것이고 100년 이내에 문명국가로 나아갈 수 있을 것이다. 이 때문에 오늘날의 상황을 살펴보면 서구와 중국이 진실로 천양지차를 드러내고 있지만 기실은 서로 선후관계만 있을 뿐 결코 우열관계는 없다. 이 선후 차이는 전 지구적 관점에서 보면 아침과 저녁에 불과할 뿐이다. 지구는 이미 문명의 운세로 진입한 만큼 급속하게 서로 다투며 변화하지 않을 수 없는 상황이 전개되고 있다. 중국에서도 민권 학설이 크게 유행하고 있을 뿐만 아니라 각지의 토착민과 오랑캐들도 크게 변화하고 있다. 지금 변하지 않는 자는 멸종해 흔적도 없이 사라질 것이다. 이 또한 불변의 진리다."
(『음빙실합집·문집』 제1권, 108~109쪽)

량치차오는 이 글에서 사회진화의 보편성과 필연성을 지적하고 있다. 중국은 물론 낙후되어 있지만 진보를 거부할 수 없다는 것이다. 진보하지 않으면 퇴보하게 되고 퇴보는 바로 멸망을 의미하기 때문이다. 하지만 그가 말하는 진보는 결코 캉유웨이나 탄쓰퉁의 생각과 같지 않았다. 캉유웨이나 탄쓰퉁은 진보란 국민에 의지해야 하고 특히 통치자의 도덕적 수양을 제고하는 데서 얻어질 수 있다고 인식했다. 아울러 두 사람은 '인'을 미루어나가면 도덕적 이상에 부합하는 새로운 사회관계를 자발적으로 만들어낼 수 있고, 그곳에서 사람들은 사랑의 힘에 의지해 서로를 끌어당기면서 유기적이고 조화로운 사회를 이루어낼 수 있다고 생각했다. 량치차오는 군주제도를 '사욕'으로 인식하고, 민주제도를 '공공성'으로 인식하면서 "나라가 강하고 약함을 모두 민주제도로 환원하고는 있지만" 중국의 진보가 결코 도덕적 약속에 의지해서 실현될 수 있으리라고는 인식하지 않았다.(앞의 책, 109쪽) 당시 량치차오가 품은 정치적 이상은 이미 군주가 펼치는 소위 인정仁政이 아니라 민중이 광범위하게 참여하는 새로운 정치체제였다. 군주의 사리사욕과 군주의 독재정치 즉 '독술獨術'의 부패를 통렬하게 비난할 때 량치차오와 탄쓰퉁은 전혀 차이점이 없지만, 량치차오가 말하는 '공公'과 '사私'는 이미 도덕적 층위가 아니라 제도적 층위로 나아간 것이다. 그는 교묘하게도 '사회群'에 대한 탐구를 통해 민권과 민주의 내용을 제기했다. 이기주의는 더이상 군주 개인의 도덕 품성에만 관계된 게 아니라 군주제라는 정체의 제도적 화신이며 본질이라는 것이다. 량치차오는 서구인들이 말하는 자주권이란 모든 사람이 책임과 의무를 갖는 동시에 그에 상응하는 권리를 향유하는 것이고 그것이 바로 사람들이 말하는 '공공성公' 혹은 '민주화된 합의적 통치술群術'이라 지적했다. 단지 통치자만이 권리를 갖고 피통치자는 권력을 갖지 못한 상황에서 개개인의 자주권을 한 사람에게만 귀착한다면 그것은 바로 '사욕私'이며 '사유화된 독단적 통치술獨術'이라 했다. 량치차오는 국가를 권력의 상징으로 보았다. 그가 보기에 세상에는 세 가지 종류의 국가가 있다. 바로 '전권지국全權之國, 결권지국缺權之國, 무권지국無權之國'인데, "전권지국은 강하고, 결권지국은 재앙을 당하며, 무권지국은 망한다"고 한다. 왜 이러한 차이가 생기는가? 그의 해석은 이렇다. 전권지국은 모든 사람이 자신의 권리를 행사할 수 있고, 결권지국은 일부만이 권리를 행사할 수 있고 다른 사람은 권리를 행사하지 못하며, 무권지국은 사람들이 권리가 도대체 어디에 있는지조차 알지 못하는 나라라고 한다. 그런 나라에서는 한 사람이 모든 사람의 권리를 약탈하고도 진정으로 책임을 질 줄 모르고 그 권리조차도 부패시키고 타락시켜 끝내 스스로 [그 권리를] 향유하지도 못한다고 한다. 왜 중국인들은 일을 할 때 항상 서로 책임을 미루는가? 그 원인은 바로 응당 향유해야 할 권리를 박탈당한 때문이라는 것이다. 이런 상황이 지속되면서 국가의 정치가 합법성을 상실해 공민公民의 역량을 국가 업무에 동원하기가 어려워지게 된다. 이것이 바로 한 국가가 생기와 활력을 상실하게 되는 출발점인 셈이다.(앞의 책, 98~100쪽)

현대국가 및 정치사회의 정합성에 대한 량치차오의 사고는 틀림없이 [그가] 접촉한 지 오래지 않은 서구 학문에서 온 것이다. 중국 전통문화에도 '사회群'에 대한 사상이 적지 않다. 예를 들면 『순자』에도 '사회' 개념이 여러 차례 사용되고 있다. 그러나 량치차오가 이해한 '사회'와 순자의 '사회'는 근본적으로 다르다. 순자도 '사회'를 금수와 구별되는 인류의 기본 특징으로 간주하면서 사람은 '사회'를 이룰 수 있어서 만물의 주재자가 될 수 있다고 인식하기는 했다. 그러나 이 만물의 주재자도 자신의 만민을 주재하는 군주일 뿐이다. 순자는 이렇게 말했다. "군주란 무엇인가? 사회를 이루어 함께 잘 살게 해주는 사람이다. 사회를 이루어 함께 잘 살게 함은 무엇인가? 백성을 잘 살려서 부양하기이고, 백성을 질서 있게 잘 다스리기이고, 백성을 좋은 자리에 잘 등용하기이고, 백성을 아름답게 잘 장식해주기이다. 백성을 잘 살려서 부양해주는 사람을 백성들은 친하게 여기고, 백성을 질서 있게 잘 다스리는 사람을 백성들은 편안하게 여기고, 백성을 좋은 자리에 잘 등용해주는 사람을 백성들은 즐겁게 여기고, 백성을 아름답게 잘 장식해주는 사람을 백성들은 영예롭게 생각한다. 이 네 가지를 모두 갖추면 천하가 그에게 귀의하고, 그것을 일러 사회를 이루어 함께 잘 살게 해준다能群고 하는 것이다."(『순자간주荀子簡注』「군도君道」편, 129쪽) 여기서 분명하게 알 수 있듯 순자가 말하는 '사회群'는 왕권, 군권과 불가분의 관련을 맺고 있다. 그런 만큼 순자의 '사회'에는 절대로 민권이나 민주라는 개념이 포함될 수 없고 단지 군주의 사사로운 권력만 포함될 수 있으므로, 그것은 군주의 통치술이라 부를 수 있을 뿐이다. 이 점이 바로 량치차오가 순자를 수용할 수 없던 원인의 하나다. 당시에 그는 탄쓰퉁, 샤쩡유 등과 함께 '순자 배척 운동'을 벌이며 생기발랄한 광경을 연출해냈다. 량치차오는 또 이러한 과정에서 학파의 이론이 분파된 경로에 대해서도 언급했다. "공자·문파는 나중에 맹자와 순경[순자] 두 파로 갈라졌다. 순경은 소강小康사상을 전했고 맹자는 대동사상을 전했다. 한대漢代 경학가들은 금문학자든 고문학자든 막론하고 모두 순경에게서 나왔다.(왕중汪中의 학설) 2000년 동안 공문의 종파가 여러 번 변했지만 한결같이 순경의 학문 아래에서만 맴돌아서 맹자 학문은 끊어지고 공자 학문도 쇠퇴했다. 이에 량치차오는 오로지 순경을 억제하고 맹자를 내세우는 것을 깃발로 삼고 『맹자』 중에서 '백성들의 도적'과 '독단적인 임금'은 주살하고 '전쟁을 즐기는 자는 극형을 받게 하며' '토지를 주어 재산을 관리한다'는 등 여러 구절을 인용하여 거기에 대동사상의 정밀한 뜻이 깃들어 있다고 하면서 날마다 그것을 창도했다. 또 『묵자墨子』를 좋아하여 '겸애兼愛'와 '비공非攻' 등 여러 학설을 암송했다."(『청대학술개론』, 84쪽) 이와 관련한 발언은 탄쓰퉁이 량치차오보다 더 직접적이고 통쾌하다. "순자는 이 틈을 타고 공자의 이름을 참칭한 채 공자의 도를 망쳤다. '후세 왕을 법도로 삼고 임금의 적통을 존중해야 한다法後王, 尊君統'고 하며 공자의 학문을 기울게 했다. 또 '나라를 잘 다스리는 사람은 있지만 나라를 잘 다스리는 법은 없다'고 하면서 후세 사람이 나라의 법을 바꾸는 것을 몰래 방비해놓았다. 또 예악[예법]과 정형政刑[형벌] 따위를 즐겨 이야기하며 오직 백성을 묶고 가두는 도구가 다양하게 구비되지 못할까 걱정했다. 그 학설이 한 번 전하여 이사李斯에 이르자 그 참화가 더 포악하게 세상에 드러났다." 탄쓰퉁은 계속해서 일침견혈하는 필치로 지적하고 있다. "이 때문에 나는 늘 중국 2000년 동안의 정치는 진秦나라 정치이고 그것을 행한 자는 모두 큰 도적이며, 2000년 동안의 학문은 순자의 학문이고 거기에 종사한 자는 모두 소인배라고 생각했다. 오직 소인배만이 큰 도적에게 아부하기를 잘한다. 이 두 부류는 서로 도움을 주면서 모든 것을 공자에게 의탁한다. 공자의 이름에만 의탁한 큰 도적과 소인배가 자신들이 의탁한 공자를 책망하고 있으니 어찌 [이들이] 공자를 진정으로 안다고 할 수 있겠는가?"(『탄쓰퉁전집』, 335~337쪽)

량치차오와 탄쓰퉁은 순자를 성토하며 맹자를 새롭게 해석해낸 뒤, '백성이 나라의 근본'이라는 전통문화 속 격언으로부터, 민권과 민주가 군주 체제 범주 내에서 정치적 합법화의 길을 걸을 수 있도록, 더욱 많은 사람이 받아들일 수 있는 근거를 찾고 있었다. 당시 그들은 모두 탄쓰퉁이라는 지기를 만나 엄청난 기쁨을 느꼈다. 탄쓰퉁은 동치 4년(1865)에 태어났다. 량치차오는 그보다 여덟 살이나 어리다. 우톄차오가 탄쓰퉁보다 겨우 한 살어린 경우와는 다소 관계가 다르다. 따라서 량치차오가 탄쓰퉁에게 아우로 자처한 것은 아주 자연스러운 일이었고, 탄쓰퉁은 량치차오를 오직 그의 자인 줘루로만 불렀다. 량치차오는 기본적으로 농가의 자제여서 가풍이 소박하고 다소 평범한 인상을 준다. 그러나 탄쓰퉁은 번듯한 고관대작 가문 출신이라 견문이 넓고 지식이 풍부했으며 태도 또한 호방하고 씩씩했다. 경력으로 말하자면 량치차오는 탄쓰퉁의 발뒤꿈치도 따를 수 없을 정도였다. 량치차오의 학식과 경험이 주로 서재와 서적에서 비롯했다면 탄쓰퉁은 수많은 서적을 독파한 이외에도 만 리 길에 이르는 노정을 직접 답파한 경력이 있었다. 지금까지 남아 있는 탄쓰퉁의 사진은 그리 많지 않지만, 지금 찾아볼 수 있는 몇 장만 살펴봐도 그는 성격이 소탈하고 기운이 영특하며 비분강개하고 구애됨이 없는 사람임을 알 수 있다. 실제로 둘의 우정은 서로 동일한 학문적 취향과, 또 서로 동일한 정치적 관점과, 더욱이 서로 흠모하고 아껴주는 마음에 바탕을 두고 있었다. 탄쓰퉁은 량치차오의 뛰어난 재능을 좋아했다. 량치차오는 탄쓰퉁처럼 의협 사상에 영향을 받지 않았지만 젊은이로서 씩씩한 기상은 지니고 있어서, 적어도 탄쓰퉁의 인생 경력 및 호방하고 자유로우며 얽매임 없는 성격과 활달한 인격 모두 량치차오에게 탄쓰퉁을 흠모하는 마음이 생겨나게 했고 그의 격정을 불러일으켰으며 아울러 그에게 그물망을 찢는 용기까지 북돋워주었다.

업무와 독서 두 가지 모두 그르치지 않다

량치차오는 「『인학』 서序」에서 다음과 같이 언급하고 있다.

> 내가 열사[탄쓰퉁]를 알게 된 지는 겨우 3년밖에 안 되지만 2~3년 동안 학문, 언론, 사업과 관련하여 서로 함께하지 않은 것은 아무것도 없다. 학문에서는 그와 함께 난하이 선생을 신봉하며 서로 나누지 않은 말이 없고 서로 마음이 합치하지 않은 경우가 없었다. 매번 함께 거주할 때면 같은 탑상楊床에 무릎을 마주대고 앉아서는 고금 상하를 오르내리며 하늘과 사람 사이 오묘한 이치를 탐구하느라 더러 며칠 밤을 꼬박 새우며 침식도 잊은 채 토론을 멈추지 않기도 했다. 열흘 정도 만나지 못하면 일을 토론하고 학문을 토론하는 서찰이 한 광주리 가득 쌓이기도 했다. (『인학―탄쓰퉁집』, 1쪽, 여기서는 『청의보』 게재본에 근거했다.)

여러 해 뒤 량치차오는 망우亡友 샤쩡유를 추모하는 글에서 다시 한번 탄쓰퉁 등과 책을 읽으며 학문을 연마하던 광경을 회고했다.

> 나는 열아홉 때 처음으로 쑤이칭穗卿[샤쩡유]을 알게 되었다. 나의 외성外省 친구로는 그가 첫번째라 할 수 있다. 처음에는 단지 '건성으로 인사만 나누고' [쑤이칭에게] 전혀 관심을 두지 않았다. 그러나 이후에 무슨 연유

인지 모르게 서로 의기투합하게 되었다. 나는 당시 완전히 '광둥관화廣東官話'로만 이야기했고 그도 항저우 말을 평생토록 고치려 하지 않았다. 우리는 이야기를 나누기가 매우 어려웠지만 오래지 않아 서로 모든 말을 이해할 수 있었다. 그는 자자후퉁實家胡同에 작은 셋방을 얻어 살았고, 나는 펀팡류리가粉房琉璃街 신후이관新會館에 거주하고 있어서 ─나중에 탄푸성[탄쓰퉁]도 이곳으로 와서 반제후퉁半截胡同 류양관瀏陽館에 살았다─ 서로의 거처가 바로 지척이었다. 우리는 거의 하루도 만나지 않는 날이 없었다. 만나면 바로 학문을 토론했고 항상 논쟁을 했으며 매일 두 차례씩은 시끌벅적하게 큰 논쟁을 벌였다. 그러나 논쟁의 결과 열에 아홉은 내가 쑤이칭에게 굴복했지만 결국은 의견일치를 보는 경우가 대부분이었다. (『음빙실합집·문집』 제44권 상, 20쪽)

이처럼 서로가 서로를 동경하는 모습은 동일한 이상과 동일한 인생 목표를 가진 사람들만이 향유할 수 있는 경지다. 그들은 이러한 학문 분위기 속에서 나라와 국민을 구제하기 위한 진리를 사고하고 논쟁하고 탐구했다. 결코 자신의 선입관을 고수하지 않았고 자기보다 더 나은 견해가 있으면 자신이 신봉하던 사상도 기꺼이 포기했다. 그들은 영향을 주고받으며 서로를 자극하고 계발했다. 량치차오는 만년에 당시 상황을 이렇게 회고했다. "당시 우리의 사상은 놀랄 만큼 낭만적이었다. 어디에서 그렇게 많은 문제가 발생하는지도 모르게 잠깐 사이에 문제를 하나 제기하고 또 잠깐 사이에 다른 문제를 제기하곤 했다. 우리는 우주의 모든 문제를 해결하려 했지만 문제 해결에 도움을 받을 자료는 거의 없었다. 우리는 곧 주관적 상상에 의지했고 상상 속에서 얻은 결론을 놓고 논쟁했다. 논쟁 결과 의견일치에 이르면 우리 스스로 문제를 해결했다고 생각했다. 지금 생각해보면 정말 가소로울 뿐이다. 나중에야 우리는 문제를 그렇게 쉽게 해결할 수 없다는 사실을 알았고 이에 문제를 제기하던 용기도 하루하루 줄어들었다."(앞의 책, 20쪽)

량치차오가 나중에 가소롭게 느낀 것은 바로 당시 그들이 처한 곤혹스럽고 망망한 상황이었다. 그들은 곤혹스럽고 망망한 상황 때문에 고통을 느끼고 열심히 새로운 길을 모색했다. 탄쓰퉁은 스승 어우양중후에게 보낸 편지(『북유방학기北游訪學記』)에서 도성을 편력하며 스승과 벗을 찾아다닌 역정을 자세히 기록했고 아울러 당시 자신이 느낀 정신적 곤경을 진술했다. "평소 배운 것이 지금에 이르러 의지할 데 없이 망망해졌습니다." 그는 또 그 원인을 종합하며 이렇게 말했다. "스스로 깨달음이 있어서 제가 바라던 것이 모두 공허해졌으니 진실로 지금까지 배운 게 모두 공허한 것이었습니다."(『탄쓰퉁전집』, 459~460쪽)

탄쓰퉁의 곤혹은 바로 량치차오의 곤혹이었고, 탄쓰퉁이 탐구하려 한 것도 바로 량치차오가 탐구하려 한 것이었다. 량치차오와 탄쓰퉁은 공거상서 후부터 무술변법 전까지 대략 2년여 동안 대체로 두 방향에서 여러 가지로 함께 노력했다. 간단하게 말해보면, 그 첫째는 업무였고 둘째는 독서였다. 셋째를 거론한다면 바로 독서가 촉발한 사색과 토론이라 할 수 있다.

량치차오는 업무 부문에서 이 기간 주로 신문 발간에 종사했다. 그가 창간에 참여하고 주필을 맡은 신문으로는 『중외기문』『시무보』『지신보』가 있다. 량치차오의 신문업 생애는 이때부터 시작되었고, 그는 이로 인해 여론계의 총아가 되었으며 저명한 계몽사상가로서의 지위 또한 얻었다. 사회 각계각층에 미친 영향으로 말하자면 당시 어느 누구도 량치차오에 비견할 수 없었다. 바꾸어 말하면 당시 중국인들의 각성과 사상 계몽은 가장 먼저 량치차오의 문장에서 힘입은 바 크다. 왕자오 같은 학자는 뒷날 량치차오가 무술변법 기간에 아무 일도 하지 않았다고 했지만, 왕자오 안목으로는 당시 량치차오의 이러한 계몽활동을 제대로 간파할 수 없었을 것이다.

탄쓰퉁은 량치차오보다 더 민첩하게 업무에 대응했다. 우톄차오가 그를 가리켜 "맡은 바 일을 정밀하게 처리할 능력을 갖추었다"(『왕캉녠 사우 서찰』 1, 486쪽)라고 한 것은 매우 정확한 관점이다. 탄쓰퉁도 일찍이 변법에 관해 주장한 적이 있다. 그는 학교를 많이 세우고, 국회를 크게 열고, 해군을 훈련시키고, 상업을 일으켜 10년 동안 힘을 써서 국력이 강성해지면 점진적으로 외국과의 불평등조약을 개선하거나 폐지할 수 있다고 생각했다. 광서

21년(1895) 7월 탄쓰퉁은 류양으로 돌아가서 먼저 어우양중후, 탕차이창 등과 함께 산학관을 세우고 산학사算學社 설립 준비를 했고, 또한 스승을 도와 류양의 이재민 구호 활동에 참여했다. 그는 또 이재민 구호자금을 모으기 위해 탕차이창과 함께 류양에서 금광 및 탄광 개발 사업을 추진하자고 주장했다. 그리고 같은 해 12월 상순 우한으로 가서 부친의 친구인 영국인 선교사 마상더馬尚德[알렉산더 M. 매카이Alexander M. Mackay]를 방문하고 탄광 개발과 광물 판로에 대해 가르침을 청했다. 이 일이 다 완료되기도 전인 광서 22년(1896) 상반기에 탄쓰퉁은 또 베이징, 상하이, 우한, 난징 등지를 여행했고, 그사이에 푸란야傳蘭雅[존 프라이어John Fryer]와 류양 광산에서 캐낸 안티몬 판로 문제를 상의했다. 그리고 탕차이창 등에게 편지를 보내 그들이 한 번 상하이로 와서 푸란야와 좀더 진전된 협상과 교섭을 진행해주기를 희망했다. 그러나 이 일은 세모가 다 되도록 논의만 거듭하다 탄광 사업을 관에서 맡느냐 기업에서 맡느냐 하는 문제가 발생해 친구들 간에 의견 차이가 생기고 말았다. 광서 23년(1897) 무렵 탄쓰퉁은 이미 『인학』 집필을 끝내고 더 적극적으로 자신이 말한 신정에 투신했다. 이해 4월부터 그는 시무학당 개설 준비에 참여했다. 또 거의 동시에 양원후이陽文會, 쉬지위徐積餘 등과 함께 난징에서 진링측량학회金陵測量學會를 발기했고, 5월 말에는 또 량치차오·왕캉녠 등과 함께 상하이에서 부전족회를 창립했다. 아울러 『시무보』의 여력을 동원해 우한에서 『민청보民聽報』를 창간하자고 제의했다. 6~7월에는 『광학보礦學報』를 창간하자고 의견을 냈고, 같은 해 11월 말에는 탄쓰퉁이 장즈둥의 부탁으로 창사로 가서 천바오전에게 조속히 철도와 선박 사업을 시작하도록 권유하면서 동시에 샹웨철도공사 설립을 요청했다.

당시 수많은 신정이 제기되어 더러는 시행하지도 못했고 더러는 중도에 폐기되기도 했다. 또 때로는 반대가 너무 심하고 난점이 무척 커서 추진할 수 없었고, 때로는 신정을 맡은 사람의 추진력이 부족했거나 또는 한 사람이 맡은 일이 너무 많아서 이것을 돌아보다가 저것을 잃기도 했다. 이러한 것들은 그 시대의 특정한 조건하에서 피하기 어려웠다.

이런 업무 외에 그들의 생활에서 가장 중요한 것은 바로 독서였다. 탄쓰퉁은 난징에서 관리 후보로 1년을 보냈지만 관계 사교 활동은 거의 없었고 책을 읽는 데 적지 않은 시간을 쏟았다. 그는 이를 자랑스럽게 여기며 1년 동안 마치 산으로 들어가 책을 읽은 것 같다면서 독서를 통해 풍성한 열매를 거두었다고 말했다. 당시 그들이 읽은 책은 주로 두 종류였다. 하나는 전통적 구학이었고, 다른 하나는 소위 신학으로 당시 새로 번역된 서구 서적이었다. 그들이 힘써 세우려 했던 것은 바로 이와 같은 "중국 학문도 아니고 서구 학문도 아니지만, 곧 바로 중국 학문도 되고 서구 학문도 되는" 신학파新學派였다. 이 밖에도 그들 중 많은 사람이 불교에 흥미를 보이고 있었다. 량치차오는 불교를 만청 사상계의 복류伏流[지하수]라 했다. 금문학파 웨이위안과 궁쯔전이 불교 공부를 제창하자 만청 시대 수많은 금문학자가 모두 불교 공부에 심취했다. 캉유웨이가 가장 대표적이었고 그의 영향으로 량치차오도 불교를 아주 중요하게 간주했다.

량치차오가 불교 공부를 하게 된 데는 캉유웨이의 영향과 인도引導를 제외하고도 친구들 사이의 상호 계발과 촉진에서 힘입은 바 컸다. 당시 항상 불교 토론에 참여한 사람으로는 샤쩡유, 우자루이吳嘉瑞, 우톄차오, 쑹옌성, 탄쓰퉁이 있다. 그중 샤쩡유와 탄쓰퉁이 량치차오와 가장 긴밀한 관계를 유지했다. 량치차오는 「삼십 자술」에서 "함께 불교 공부를 했는데 푸성[탄쓰퉁]의 연마방법이 가장 훌륭했다"라고 진술했다.(『량치차오 연보 장편』, 66쪽) 그는 『청대학술개론』에서도 탄쓰퉁의 불교 공부와 관련해 언급했다. "항상 [탄쓰퉁은] 친구 량치차오를 채찍질했다. 량치차오는 불교 공부의 깊은 수준에 이르지는 못했지만 돌아보면 좋아한 것도 사실이고 여러 논저에서도 왕왕 불교를 존중하기도 했다."(『청대학술개론』, 99쪽)

량치차오는 샤쩡유에게 보낸 편지에서도 불교 공부 상황을 언급하고 있다.

저는 독경을 하면서 점점 불경을 이해할 수 있었습니다―물론 모든 걸 이해하는 건 아니고 이해하는 게 점차 많아질 뿐입니다. 『능가기楞伽記』를 읽고 나서는 진여眞如가 생멸生滅하는 두 상황에 대해 마치 눈으로 본 것처럼 밝게 알게 되었지만 깊이 파고들어 갈 수는 없었습니다. 크게는 세상사에 얽매인 탓이니 오랫동안 육근六根6의 부림을 받아 스스로 주인 노릇을 할 수 없어 날마다 더 심하게 타락하는 게 아닌가 두렵습니다 ─아침저녁으로 잠시도 한가한 틈이 없고 고요히 좌선에 전념할 시간이 없으니 더더욱 독경은 말할 필요도 없습니다. 외부 환경과 관계를 끊고 지낼 수 없기에 외부 환경이 좀 좋은 곳을 선택해 다시 선심善心을 일으켜야 하겠습니다. 형의 한가함은 바라보니 마치 하늘에 계신 듯합니다. (『량치차오 연보 장편』, 75쪽)

량치차오의 불교 공부는 탄쓰퉁의 격려에 의한 것이지만, 탄쓰퉁의 불교 공부는 오히려 량치차오에게서 계발받은 것이다. 탄쓰퉁은 이전에 부처가 있는 줄도 몰랐는데, 량치차오를 만나 직접 설법을 듣고서야 불교와 캉유웨이 대동사상의 관계를 이해하게 되었고 이에 불교에 깊은 흥미를 느끼고 밤낮으로 공자와 불교 책을 몰래 찾아 읽게 되었다고 한다.(『음빙실합집·전집』 제1권, 109쪽) 그후 탄쓰퉁은 또 난징에서 관리 후보로 있는 동안 양원후이楊文會[런산仁山]와 친교를 맺고 "수시로 그와 어울리며 삼장三藏을 두루 엿보았고 거기에서 터득한 이치가 나날이 정밀하고 깊어졌다."(앞의 책, 109~110쪽) 양원후이는 당시 불학의 대가로 학문이 넓고 도행道行이 높았으며 캉유웨이와도 교류하고 있었다. 탄쓰퉁은 그를 따라 1년 동안 불교 공부를 하면서 불학의 드넓고 정밀한 이치를 깨달았고, 철학 인식론에서 불교의 유식론唯識論을 받아들인 후 그 영향을 『인학』 저작에 용해해넣었다. 당시 불교 공부가 유행하자 그것에 열중하는 사람이 매우 많았다. 그러나 량치차오는 이처럼 진술하고 있다. "하지만 진정으로 불교를 공부해 진정으로 적극적인 정신을 실천한 사람은 탄쓰퉁 말고는 한둘도 찾기 어렵다." (『청대학술개론』, 100쪽)

탄쓰퉁의 불교 공부에는 우자루이가 미친 영향도 낮게 평가할 수 없다.

---

6 불교에서 말하는 여섯 가지 죄업의 근원. 시근視根(눈), 청근聽根(귀), 비근嗅根(코), 미근味根(혀), 촉근觸根(몸), 염려念慮(뜻)의 근根(의근意根)을 말한다.

탄쓰퉁이 불교식으로 합장한 모습. 만청 지식인 사이에서는 불교 공부가 매우 유행했다. 그러나 량치차오는 "불교를 공부해 적극적인 정신을 실천한 사람은 탄쓰퉁 말고는 한두 사람도 찾기 어렵다"라고 이야기했다.

탄쓰퉁은 「진링청설법시·서金陵聽說法詩·序」에서 이렇게 말했다. "우옌저우[자루이] 선생은 내 불교 공부의 첫번째 스승이셨고 양런산[원후이] 선생은 내 불교 공부의 두번째 스승이셨다. 진링[난징]에서 큰 법회를 열고 대단히 심오하고 정묘한 이치를 설법하셨는데 [이는] 정말 미증유의 일이었다."(『탄쓰퉁전집』, 246쪽) 실제로 이들 중 샤쩡유, 우자루이, 쑹옌성이 불학에서 이룬 성취는 량치차오와 탄쓰퉁의 수준을 훨씬 능가했다. 쑨바오쉬안孫寶瑄[중위仲愚]의 『일익재일기日益齋日記』에 불교 공부와 관계된 그들 모임의 일단이 기록되어 있다.

8월 14일, 푸성[탄쓰퉁], 줘루[량치차오], 쑤이칭[샤쩡유], 옌성[쑹수] 등과 이핀샹一品香에서 연회를 열고 근래의 격치학格致學[과학]을 놓고 거리낌 없는 대화를 나누었다. 격치학은 많은 부분에서 불교의 이치와 암암리에 통하는 면이 있어서 사람들이 비로소 불교 서적을 존중하게 되었고, 마침내 격치학과 불교는 함께 세상에 성행하고 있다.

19일 정오가 지나 탄푸성을 방문했다. 옌성, 옌저우, 쑤이칭, 후중쉰胡仲巽, 쥐루 및 푸성 등 7인과 함께 사진을 한 장 찍었다. 혹은 가부좌를 하고 혹은 의좌倚坐[7]를 하고 혹은 왼팔을 드러낸 채 오른쪽 무릎을 땅에 꿇기도 하고 혹은 바닥에 양 무릎을 꿇고 앉는 등 취한 모습이 제각각이었다. (『량치차오 연보 장편』, 57쪽)

여기서 거론하는 일곱 사람은 바로 쑹수, 우자루이, 왕캉녠, 후중쉰, 량치차오, 탄쓰퉁, 그리고 이 일기의 주인공 쑨바오쉬안이다. 전해오는 말에 따르면 이 사진은 상하이 광후이루光繪樓에서 찍은 것인데, 쑨바오쉬안이 사진 뒷면에 게송을 한 수 써두었다고 한다. "뭇사람의 모습은 본래 참된 것이 아니니, 거울 보며 미친 듯 도망치지 말라. 후일 법계法界의 사람들이 되었지만 당일에는 죽림竹林의 벗들이었네衆影本非眞, 顧鏡莫狂走, 他年法界人, 當日竹林友." 그들은 스스로를 위진 죽림7현竹林七賢에 비견하면서 모든 사람이 각기 다른 자세를 취하고 있다. 탄쓰퉁은 왕캉녠에게 보낸 편지에서 사진 원판에 특수 처리를 하여 불상과 유사한 효과를 낼 수 있으면 좋겠다고까지 했다.

옌 보살雁菩薩[우자루이]께서 또 일곱 불상의 탁본을 가져왔는데 갖가지 장식과 갖가지 상을 갖추고 있어서 동인들이 모두 기뻐하고 감탄하며 말하기를 '옌 보살께서 정좌로 들어가서 보살이 되시면 탄쓰퉁은 협시보살이 되는 것이니 아마도 아나함阿那含에 버금갈 것이다'라고 했다네. 이는 내가 옛날부터 옌 보살을 스승으로 모신 뜻과 은근히 맞아떨어지는 셈이네. 이전에 상하이에서 사진을 찍는 광후이루에 부탁하여 사진을

---

7 의자에 앉은 채 두 발을 앞으로 나란히 내린 모습. 수족좌垂足坐라고도 한다.

한 장 찍은 적이 있네. 만약 사진이 잘 나왔다면 유리 원판을 금방 지우지 말고 잘 보존해달라고 부탁한 후 그것을 사가지고 와서 수시로 인화하여 필요한 사람들에게 팔 수도 있을 것이네. 아울러 옌 보살과 나 두 사람을 함께 작은 도자기 조각에 색깔은 넣지 말고 인화해달라고 부탁 좀 해주게. 다만 나머지 사람들은 잠시 종이로 가리면 우리 두 사람 모습만 인화해낼 수 있을 것인데, 이건 아주 쉽게 처리할 수 있는 일일 것이네. (⋯) 뒷날 이 사진이 흘러흘러 속세 사람들에게 전해지면 후세 고고학자들은 이것을 북위北魏 태화太和 연간(477~499) 몇 년에 조성된 룽먼龍門 마애비석의 조각이라고 할 것이니 이 어찌 교묘한 일이 아니겠는가? (『탄쓰퉁전집』, 491쪽)

유감스럽게도 당시 기술 조건으로는 탄쓰퉁의 구상을 실현할 수 없었다. 더욱 유감스러운 일은 역사적 의미가 담긴 이 사진이 정말로 속세에서 유실되어, 후세 고고학자들이 그것을 다시 발굴할 수 있을지 정말로 알 수 없게 된 점이다. 그렇지만 우리는 이 에피소드를 통해 불교가 그들에게 다양한 즐거움을 가져다준 사실을 알 수 있다.

"후난의 선비는 관직에 등용할 만하다"

량치차오는 정유년(1897) 10월 초에 상하이 『시무보』를 떠났고 대략 10월 22일 이전에 창사에 도착한 듯하다. 당시 량치차오의 후난행은 황쭌셴 등의 요청에 따라 후난 시무학당 총교습을 맡기 위한 것이었다. 량치차오를 수행한 교원은 한수위안, 예샹난, 어우쥐자 등이었고 이들은 모두 캉유웨이의 제자였다.

당시 후난은 전국에서 가장 활력과 생기가 넘쳤다. 량치차오의 진술은 이렇다. "후난은 수구적인 고장으로 천하에 명성이 자자하던 곳이다. 그런데 중국에서 맨 먼저 서구 학문을 이야기한 웨이위안 씨, 궈쑹타오 씨, 쩡지쩌曾紀澤 씨 등도 모두 후난 사람이다. 따라서 후난은 실로 유신의 땅이다. 장발적이 일으킨 태평천국과의 전쟁[8]에서 상군湘軍[9]이 큰 공을 세웠기 때문에 [후난에서는] 거만한 기세가 생겨나서 서양인을 적대시하는 풍조도 일어났다. 비록 그렇지만 다른 성에는 진정한 수구파 인물도 없고 진정한 유신파 인물도 없다. 그러나 후난에는 진정한 수구파 인물이 정말 많고 진정한 유신파 인물도 적지 않다. 이것이 [후난이] 다른 성과 다른 점이다."(『음빙실합집·전집』 제1권, 130쪽)

신구 양당은 무술변법 기간에 후난에서 서로 칼날을 겨누며 일촉즉발 상황으로까지 치달았다. 후난에서는 수구당 반응이 어떤 지역보다도 격렬했다. 이는 후난의 실제 상황과 밀접하게 연관된 반응이었다. 량치차오는 이렇게 말했다. "갑오년 일본과 벌인 전쟁 이후 후난 학정이 신학을 선비들에게 가르치자 새로운 기풍이 점차 열렸다. 탄쓰퉁 등이 천하에 대의를 제창하자 온 성이 그 기풍에 젖어들어 여론이 일변했다. 또 천바오전이 후난 순무가 되었고 그 아들 천싼리가 부친을 보좌했다. 같은 시기 황쭌셴은 후난 안찰사가 되었다. 그리고 장뱌오의 임기가 만료되자 쉬런주가 후임 학정이 되어 량치차오를 후난 시무학당 총교습으로 초빙했다. 량치차오는 본 성의 신사紳士 탄쓰퉁, 슝시링 등과 호응하며 오로지 실학을 제창하고 선비들 여론을 환기하여 지방자치제 완성을 주 업무로 삼았다."(앞의 책)

당시 후난 상황은 사람들을 매우 기쁘게 했고 캉유웨이와 량치차오는 모두 "후난의 선비는 관직에 등용할 만하다"라고 인식했다. 따라서 캉유웨이는 량치차오가 후난 시무학당의 강의를 주관해달라는 요청을 받자 어쩔 줄 모를 정도로 흥분에 휩싸였다.(『량치차오 연보 장편』, 66쪽) 량치차오는 후난으로 가기 전에 특별히 교육 방침에 관해 동료들과 상의하면서 네 가지 종지를 제시했다. "첫째, 점진적 방법을 쓴다. 둘째, 급진적 방법을 쓴다.

---

8 원문은 髮逆之役(발역지역). 태평천국을 일으켰던 무리가 모두 변발을 풀고 장발을 한 데서, 태평천국의 난을 '장발적長髮賊의 난'이라고도 한다.

9 중국 청대 말기 쩡궈판이 편성한 군대. 쩡궈판이 1853년 초 황제의 명을 받고 후난 순무를 도와 단련團練(지주계급의 지방 무장조직)을 정비해 태평천국의 군대를 진압한 뒤 그 병사를 바탕으로 조직했다

셋째, 입헌을 위주로 한다. 넷째, 철저하게 개혁하고 민지를 활짝 열어 종족혁명을 위주로 한다." 전해오는 말에 따르면 량치차오는 둘째와 넷째 방법을 강력하게 주장했다고 한다. 그러나 난하이[캉유웨이]는 며칠 고민하기는 했지만 그 종지에 대해서는 이견을 달지 않았다. 그들은 또 정해진 종지에 근거해 교재를 편집했다. 나중에 "왕셴첸과 예더후이 등은 그들의 교재를 반역의 증거로 삼아 시무학당을 혁명과 모반의 소굴이라 비난하면서 난피[장즈둥]에게 힘껏 그들을 제거해달라고 청했다. 당시에 천유밍[바오전] 중승이 일찌감치 이 소식을 듣고 한밤중에 사람을 보내 량런궁[량치차오]에게 알리고 신속하게 교재를 바꾸라고 했다. 만약 그렇게 하지 않았다면 무술정변이 일어나기도 전에 여러 사람이 화를 당했을 것이다."(앞의 책, 88쪽) 이때 회수한 교재는 거의 한 상자에 달했는데 나중에 디추칭狄楚青이 일본으로 가져가서 요코하마 대동학교에 보관했다. 그리고 마이루보가 보관을 담당했지만 이후에는 종적을 알 수 없게 되었다.

캉유웨이가 후난을 중시하면서 후난을 변법 시행의 더욱 심층적인 고려 대상으로 삼았음은 분명한 사실이다. 그는 량치차오 등이 학문 강의를 위해 후난으로 가는 것을 적극적으로 지지했을뿐더러 탄쓰퉁을 만난 이후에도 탄쓰퉁에게 관직을 버리고 후난으로 귀향하도록 했다. 당시에 마침 자오저우 만이 독일에 강점되고, 서구 열강 사이에서는 새롭게 중국을 분할하려는 열기가 고조되고 있었다. 캉유웨이는 이처럼 나약한 국력을 보고 일찌감치 대비책을 마련해야 한다고 생각했다. "후난 사람들의 상무 정신은 중국에서 제일이다. 이번 기회를 틈타 각국이 중국 땅을 할양하라고 핍박하면 후난은 자립을 도모할 수 있을 것이다. 후난 땅은 중국의 배 부분에 위치해서 외국인들의 교섭 대상이 아니지만 남쪽으로 백월百粵[광둥 성]과 이어져 있고 그곳에는 바다 영토도 있다. 이런 생각은 진실로 자오저우 만과 뤼순 항에서 큰 변란이 발생하고 나서 생겨난 것이다. 진실로 우려되는 것은 중국이 모두 분할된 후 후난의 한 조각 땅만 남아 우리 황인종의 가녀린 명맥만 유지되지 않을까 하는 점이다."(앞의 책, 94쪽) 캉유웨이의 언급에는 앞으로 전개될 최악의 상황이 반영되어 있다. 량치차오는 나중에 천바오전에게 편지를 보내 캉유웨이의 변법 구상을 더욱 확실하게 설명했다. 그는 먼저 천싼리에게 여러 선비를 초청해 시국을 토론하게 하고 천바오전의 의견을 대신 전하게 한 후 여러 선비로 하여금 배수의 진을 치고 필사즉생의 대책을 내놓게 해야 한다고 주장했다. 량치차오는 당시 "심장이 자제할 수 없을 만큼 펄떡펄떡 뛰며 뜨거운 피가 솟구쳐 올랐고 또 뱃속에서 화염이 솟아오르는 듯했습니다"라고 했다. 게다가 "울려고 해도 눈물조차 나오지 않았고, 잠을 청하려 해도 눈을 붙일 수가 없어" 엿새 밤낮을 꼬박 새웠다고 했다. 량치차오는 밤잠을 이루지 못하고 생각을 거듭해 결론을 내렸다. "오늘 변법을 도모하지 않으면 앞으로 절대 생존을 도모할 수 없다." 변법을 도모하지 않으면 죽음이 기다리고 있을 뿐이지만 변법을 정부 관리들에게 맡길 수는 없는 일이었다. 이들에게 희망을 걸기란 마치 바닷물이 다 마르기를 바라는 것과 같아서 끝내 변법을 추진할 수 없게 되고, 이는 손발을 묶은 채 죽음의 길로 나아가는 것과 같다는 것이다. 이렇게 몇 년이 지나면 중국은 결국 서구 열강의 도마 위에 놓인 고깃덩이가 되어 누구나 마음대로 잘라 먹는 신세로 전락하고 말게 될 것이었다. 그래서 그는 마침내 이렇게 진술했다. "오늘날의 계책을 말하자면 반드시 내륙의 한두 성을 자립하게 한 다음에야 중국에 한 가닥 활로가 생길 수 있을 것입니다."(『음빙실합집·집외문』 상책, 11~12쪽)

이는 분명 위험한 발상이고 량치차오도 자기 생각의 위험성을 이해하지 못했던 건 결코 아니다. 그는 분명 다음처럼 이야기하고 있다. "지금의 천하는 천자가 위에 있고 해내海內는 하나로 통일되어 있습니다. 그런데도 영토를 지키는 관리들에게 함부로 자립하라고 설득하고 있으니 이 어찌 대역무도하고 오만한 발언이 아니겠습니까?" 그러나 량치차오는 나라가 외국에 분할되는 위험이 눈앞에 닥쳐와서 국가와 국민을 걱정하는 사람들은 어쩔 수 없이 위험 속으로 뛰어들 수밖에 없다고 인식했다. "오늘날 독무 벼슬에 있는 사람이 밤낮으로 부지런히 자립할 마음을 품고 있지 않다면 비록 웅대한 재능과 담략 그리고 충의로운 간담이 있다 해도 탕징쑹唐景崧[10]과 예밍천葉名琛[11]의 길에서 벗어나지 못할 것입니다. 한 사람은 살고 한 사람은 죽었지만 둘 다 천하 사람들에게 만세토록 질책을 당하고 있으니 결과는 똑같을 뿐입니다."(앞의 책) 천바오전은 량치차오의 편지를 읽고 심장이 뛰고 살이 떨렸을 것이다. 천바오전은 캉유웨이와 량치차오가 주장하는 정치적 소용돌이 속으로 더 깊이 빠져들려 하지 않았다. 그의 정치적 경향과 도덕적 절개도 캉, 량과 같이 생각하고 행동하는 걸 용납하지 않았다. 그러나 천바오전은 결코 량치차오가 품은 구국의 진실을 의심하지 않았다. 그는 량치차오가 말하는 자립이 구시대 군벌의 할거와 절대로 같지 않다는 점도 잘 알고 있었다. 다만 그는 캉유웨이와 량치차오의 과격함이 불만이었다. 따라서 천바오전은 의도적으로 그들을 멀리했을 뿐이다.

실제로 량치차오는 후난에 도착한 초기 후난 성 전체 정계와 학계 모두로부터 환영을 받았다. 왕셴첸 같은 수구적인 인물까지도 량치차오를 찬미했다. 그곳에서 량치차오는 신속하게 자신의 역할을 맡아 총교습으로서 책임을 다했다. 량치차오는 교육자로서의 생애가 겨우 3개월이라는 단기간에 그쳤지만 자신의 교육을 위해 「후난 시무학당 학약」을 제정했고 또 「독춘추계설」과 「독맹자계설」도 썼다. 당시 그와 학생들은 모두 학교 안에 거주했고 매일 4시간 수업을 했다. [량치차오는] 기타 시간에는 토론을 하기도 하고 독서 찰기札記를 쓰기도 했다. "밤에는 학생들 메모에 비답을 달면서 매 조항마다 비답의 글자 수가 1000언에 이르기도 하여 왕왕 밤새도록 잠을 이루지 못하기도 했다." 량치차오가 학생들에게 강의한 과목은 주로 『공양전』과 『맹자』였고, 이 두 교재에 근거해 자신의 민권 사상을 풀어내며 혁명을 제창했다. 학문을 이야기할 때는 순경 이하 한, 당, 송, 명, 청 학자들

10　청나라 관리(1841~1903). 동치 4년(1865) 진사에 급제하여 서길사, 이부주사吏部主事 등을 지냈다. 1884년 청불전쟁이 발발하자 베트남으로 파견되어 전공을 세웠다. 청불전쟁이 끝난 후 푸젠 타이완 포정사와 타이완 순무 서리를 역임했다. 1895년 청 정부가 타이완을 일본에 할양하자 타이완 백성들이 그를 타이완민주국의 대총통으로 추대했다. 타이완민주국이 일본과의 항전에서 패하자 다시 내륙으로 철수해 심한 질책을 당했다. 말년에는 구이린桂林에 은거했다.

11　청나라 관리(1807~1859). 도광 5년(1825) 진사에 급제해 서길사, 한림원편수 등을 지냈다. 1852년 량광 총독 겸 통상대신이 되어 외교 업무를 담당했다. 1858년 제2차 아편전쟁 때 광저우에서 영불 연합군에게 포로가 되어 인도 콜카타로 압송되었다가 그곳에서 병사했다. 곡기를 끊고 아사했다고도 전해진다.

을 거론하며 완전한 이론이 아니면 전부 배격했다. 나중에 후난 성 전체 여론이 들끓어 오르며 수많은 사람이 들고일어나 량치차오를 공격했다. 이런 상황은 후난 성부터 베이징에까지 영향이 미쳐 어사가 상소문까지 올려 량치차오를 탄핵하기도 했다. 이후 무술년에 참화가 야기된 건 일정 정도 [량치차오가] 당시 시무학당에서 쓴 찰기와 비답에도 원인이 있다.(『청대학술개론』, 84~85쪽)

시무학당에서 영재를 기르다

량치차오의 교육 사상은 전체 변법유신 전략에서 매우 중요한 부분이었다. 량치차오는 『변법통의·학교총론變法通議·學校總論』에서 "오늘날 자강을 말하려면 민지를 깨우치는 일을 첫번째 대의로 삼아야 한다"라고 지적했다. 그럼 민지는 어떻게 깨우칠 수 있는가? 그는 가장 좋은 방법이 바로 학교 개설이라 보았다. 따라서 량치차오가 학교를 개설하려는 열정은 매우 뜨거웠고 그에게는 거기에 걸맞은 완전한 이론과 구상도 있었다. 그 이론과 구상은 량치차오가 만목초당에서 받은 교육과 일맥상통했다. 그는 시무학당 총교습을 맡자 자신의 교육 이론과 구상을 실천할 기회를 갖게 되었다. 그는 직접 제정한 「후난 시무학당 학약」에 자신의 교육 이론과 구상을 관철시켜 놓았다. 이 학약은 구체적인 10개 부문으로 구성되어 있다. 그 내용을 차례대로 보면 입지立志, 양심養心, 치신治身, 독서讀書, 궁리窮理, 학문學文, 낙군樂群, 섭생攝生, 경세經世, 전교傳教다. 이 중 입지가 근본이고 경세가 핵심이다. 그는 바로 완전히 새로운 사회 이념으로 국가를 다스릴 새로운 정치 인물을 기르고자 했다. 이 대목에서 사람들은 아주 쉽게 유가 전통의 '내성외왕' 사상을 떠올릴 것이다.

량치차오가 먼저 얘기한 입지는 무슨 뜻을 세우자는 것인가? 그는 공자, 이윤伊尹, 맹자, 범중엄范仲淹, 고염무 등이 지향한 바를 거론하고 나서 이처럼 언급하고 있다. "학자가 이러한 뜻이 없다면 자기 몸을 단속하며 잘못을 적게 저지르더라도, 작은 마을에서 자기만족에만 취해 사는 소인배에 불과할 것이고, 또 비록 만 권의 책을 읽었다 해도 자질구레한 의미에 매달려 살다가 국가 재난에서 도피하는 가식적인 인사에 불과할 것이다." 량치차오는 주희의 말을 빌려 입지는 바로 씨뿌리기와 같다고 했다. 즉 어떤 과일나무를 심으면 바로 그 과일을 얻을 수 있고, 어떤 꽃씨를 뿌리면 바로 그 꽃이 필 것이므로 학문은 처음이 중요함을 강조하고 있다. 원대한 뜻을 세우려면 공명이나 봉록에 얽매여서는 안 된다는 것이다. 량치차오는 다음과 같이 명확하게 지적했다. "과거에 급제해 의식주를 해결하려는 마음이 가장 쉽게 사람을 지치게 한다." 이 때문에 "여기에 그런 사람이 한 사람만 있다 해도 가르칠 수가 없다"(『음빙실합집·문집』 제2권, 23~24쪽)고 했다.

량치차오는 원대한 지향을 세우고 마음 수양을 통해 자신을 금강불괴金剛不壞의 몸으로 만든 뒤 외부의 각종 유혹을 막아내고 도덕적으로 불패의 경지에 기초한 내재적 원천을 만들려고 했다. 따라서 그는 맹자의 '부동심不動心' 세 글자를 특히 중시했고, 맹자의 일생이야말로 바로 '부동심'에서 큰 힘을 얻었다고 보았다. 그는 이렇게 지적하고 있다. "학자는 올바른 도에 뜻을 두어야 하고 또 자신의 한 몸으로 천하의 중대사를 짊어져야 한다. 목전의 부귀와 이익, 이목과 명성, 유희와 애호는 모두 가는 곳마다 좋은 뜻을 빼앗을 수 있다. 그것은 마치 여든 먹은 노옹이 위태로운 다리를 건널 때 잠시도 똑바로 서 있지 못하다가 결국 천 길 나락으로 떨어지는 것과 같다." 이러한 환기는 지금도 여전히 귀가 번쩍 뜨일 정도로 경각심을 불러일으킨다. 실제로 우리가 살아가는 사회 환경은 도처에 유혹으로 가득 차 있고 한순간이라도 조심하지 않으면 최초의 인생 목표가 깨어지거나 내버려진다. 이 같은 사례는 헤아릴 수 없이 많다. 일부 사람들은 외부 유혹에 휘말려 또 일부 사람들은 자신의 주체적인 선택에 의해 지식인으로서 응당 짊어져야 할 정치적 책임과 도덕적 책임을 포기한 채 명예와 이익과 물질적 향락을 추구하거나 중요하지 않는 '잡학'에 매진한다. 그는 쩡궈판을 모범으로 제시하며 지적하고 있다. "위대한 유학자의 학문은 본래 세속 학문과는 다르다. 지금 세상은 변화가 더욱 빠르고 재난의 기미도 더욱 극심하다. 뒷날 여러 학도가 어떤 일을 맡거나 어떤 상황을 겪을 때 크나큰 어려움이나 고통스러운 위기가 닥치면 문정文正[정궈판]의 시대도 지나갔다는 사실을 돌아보기 바란다. 그 시대는 지옥에 들어가는 듯한 수단이 없이는, 또 작은 생선을 굽듯이 조심스럽게 나라를 다스리지 않으면 나라의 위기를 구제할 수 없었다." 그래서 그는 또 이렇게 말했다. "마음 수양은 모든 일 처리의 가장 큰 근원이다." 량치차오는 마음 수양에 두 가지 방법이 있다고 했다. 첫째는 정좌靜坐[고요히 앉아 명상하기]이고 둘째는 열력閱歷[행동으로 두루 경험을 쌓기]이다. 젊은 학자들은 아직 사회로 나가지 않았기 때문에 두문불출 독서에 전념해야 하지 경험을 쌓을 수는 없다. 그들이 행할 수 있는 것은 오직 정좌다. 정자程子는 일찍이 제자들에게 "한나절 정좌하고 한나절 독서하라"고 했다. 오늘날 세상은 업무가 많고 시간은 모자라서 당시 같은 좋은 조건은 만날 수 없다. 그러나 매일 한 시간이나 반시간이라도 쪼개어 마음 수양에 전념함이 좋다. 여기서 말하는 정좌는 늙은 스님이 행하는 면벽참선이나 도가道家의 조식응신調息凝神 또는 허정虛靜 수행이 결코 아니다. 정좌는 두 가지 방법으로 가능하다. "첫째, 마음을 모으고 시각과 청각을 거두어들이면 만 가지 생각이 일어나지 않게 되어 맑고 밝은 본성이 몸에 가득 차게 되고 자신의 지기志氣가 신령한 경지에 이른다. 둘째, 마음을 풀어놓고 천지의 광대함과 만물의 이치를 두루 관조한다. 혹은 뒷날에 겪을 고난과 어려움 또는 구사일생의 곤경을 가상하며 날마다 생각에 잠겨 그 일처리를 지극히 익숙하게 할 수 있도록 상상해보는 것도 앞으로 겪을 일에 크게 도움이 될 수 있다. 이는 학자들이 뒷날 같은 일을 만났을 때 현실과 동떨어지게 대처하는 걸 막을 수 있는 방법이다."(앞의 책, 24~25쪽)

량치차오는 학자로서 추구해야 할 도덕 수양의 마지막 경지를 '치신治身[자신의 몸을 잘 다스림]'이라고 인식했다. '치신'은 외부로 드러나는 자신의 행위와 거동을 엄격하게 단속해 "예禮가 아니면 보지 말고, 예가 아니면 듣지 말고, 예가 아니면 말하지 말고, 예가 아니면 행동하지 말라"는 것이다. 그 방법은 매일 잠들기 전 자신이 그날 하루 동안 한 발언과 행동이 예법이나 도덕에 어그러진 점은 없는지 반성해보는 것이다. 이 방법으로 자신의 사상과 행위를 끊임없이 바로잡고 자신의 인격과 덕성을 부단히 완성해나가야 한다. 그 목적은 바로 "뒷날 천하대사를 맡았을 때 과오 없는 인품을 먼저 세우기 위함이다."(앞의 책, 25쪽) 동시에 서로 사회를 이루어 함께 사는 정신群體精神, 동지들과의 단결樂群 및 건강한 신체, 절제된 긴장과 이완攝生 등도 량치차오가 학교교육 과정으로 편입했고, 이것들 역시 학생들이 반드시 도달해야 할 공부의 일부가 되었다. 여기에서 량치차오는 자신의 교육 이념을 통해 이미 그의 '신민'사상을 초보적으로 피력하고 있다. 이는 그의 대동사상 중 인간 개조에 관한 중요 내용이다. 우리는 이후 마오쩌둥이 확대·발전시킨 인간 개조와 인간 재창조 운동에서도 량치차오의 그림자를 목도할 수 있다.

물론 학생은 학업을 위주로 해야 한다. 량치차오는 학생의 학업도 매우 중시했다. 그는 학생이 자신의 지향을 확정한 후에도 책 읽기와 학문 연구에 계속 노력해야만 자기 뜻을 견실하게 성취할 수 있지, "그렇지 않으면 모두가 헛말이 되어 시간이 지난 뒤 반드시 타락하고 만다"라고 학생들을 일깨웠다. 량치차오가 제정한 학약에는 네번째가 독서, 다섯번째가 궁리, 여섯번째가 학문으로 기록되어 있다. 이들 항목은 전부가 지식의 전수와 수용에 관한 것이지만 이미 전통적인 사숙이나 서원 교육과는 크게 달라진 모습이다. 전통 교육에서도 독서를 강조했지만 "동서고금에 달통하고 세상을 이롭게 할 능력이 있는 사람"은 매우 드물었다. 이 때문에 "유학자들은 결국 아무 쓸모 없는 인간이라고 세상에 소문이 나게 되었다." 량치차오는 현실에 소용없는 책은 읽지 말라고 했다. 량치차오 교육 사상 가운데서 독서는 반드시 경세치용과 연계된 것이어야 했다. 그는 "무릇 학문이 세상을 경륜하기에 부족하면 모두 속학俗學이라 해야 한다"라고 했다. 게다가 오늘날 경세經世는 당송 이래 옛사람이 주장하던 경세와는 완전히 다른 만큼, 오늘날의 실제 문제를 해결하려면 중국 책뿐 아니라 세계 각국의 책을 더 많이 읽어야 한다고 했다. 량치차오는 한 걸음 더 나아가 "만국의 책을 읽지 않으면 한 나라의 책에 달통할 수 없게 된다"고 하면서 이것이 바로 오늘날 학생들이 마주하는 새로운 상황이라 보았다. "이제 중국의 학문에 대해서는 경전의 의미와 전고를 위주로 공부하고 서구 학문에 대해서는 헌법과 관제官制를 귀의처로 삼는다. 멀리로는 안정安定[12]이 경전의 뜻을 강의하며 제자를 교육하던 규정을 법도로 삼고, 가까이로는 서구인이 정치 학교에서 시행하는 교육 의도를 채용하고자 한다." 이렇게 해야만 "대도大道에 대해 아무것도 들을 수 없고 당대 현실도 구할 수 없던" 옛날의 독서방법을 바꿀 수 있다는 것이다. 량치차오는 또 이렇게 말했다. "지금 여러 군자와 함께 큰 소원을 내어 장차 중국에서 읽어야 할 책을 취해, 송독誦讀 과제의 선후를 매긴 뒤 혹은 전체 책을 읽기도 하고 혹은 필요한 편篇을 선택해서 읽기도 한다. 혹은 전편을 읽기도 하고 혹은 필요한 구절을 선택해 읽기도 한다. 오로지 성인의 가르침과 관련된 내용과 지금 시국에 절실한 내용을 구해 외국 사례를 두루 인용하고, 거기에서 새로운 뜻을 찾아내어 명확하게 설명한다. 재능이 중간 정도면서 학습에 성과를 낼 사람을 잘 헤아려 과목을 정해 나누고 매일 한 과목을 공부하게 한다. 경학, 제자학, 사학과 서구 번역서 등 이 네 가지를 격일제로 공부하게 한다. 이처럼 여러 해 노력을 들이면 중국 주요 서적의 대의大義에 모두 통달할 수 있고, 서구의 여러 학문에서 방증 자료를 인용한 것도 그 윤곽을 대략 알 수 있을 것이다. 대저 이처럼 독서에 전념하면 동서의 드넓은 학문을 보고 탄식만 하거나 학문의 다양한 갈림길에서 헷갈려 하지도 않고, 중국의 학문을 끊어지지 않게 할 수도 있을 것이다."(앞의 책, 24~28쪽)

애석한 점은 량치차오가 이처럼 양호한 교육 이념을 갖고 있었지만 후난 시무학당에서 자신의 교육 이념을 실천한 것은 겨우 3개월여에 불과했다는 사실이다. 량치차오는 무술년(1898) 2월 14일 병으로 창사를 떠나 상하이

---

12 호안정胡安定(993~1059). 북송 초기 사상가이자 교육가. 본명은 원瑗이고 자는 익지翼之다. 장쑤 성 타이저우泰州 출생이나 세거지가 산시陝西 안딩安定이어서 흔히 호안정胡安定으로 불린다. 손복孫復, 석개石介와 함께 타이산泰山에서 10년간 학문을 강의하며 귀향하지 않았다. 북송 초기 교육 개혁에 많은 업적을 남겼으며 송대 성리학의 선구자가 되었다. 만년에 태학太學에서 강의할 때 수많은 선비가 몰려들어 이들을 모두 수용할 수 없을 정도였다고 한다. 태상박사太常博士로 벼슬을 마쳤다.

로 돌아갔다. 그렇지만 당시 시무학당의 교육법은 다음과 같은 업적을 남 겼다. "이처럼 형식에 구애되지 않고, 생기발랄하고, 기력이 왕성하고, 즐겁 고 진취적인 학풍 아래에서 자연스럽게 매우 위대한 인재가 자라날 수 있 었다. 당초에 시무학당 제1반 학생은 겨우 40명에 불과했지만 이 중 5분의 2가 혁명 선열이나 건국 명인이 되었다. 경자년(1900) 한커우 혁명투쟁[자립 군自立軍 사건]에서는 교습이었던 탕차이창이 학생 린구이林圭, 리빙환李炳寰, 톈방쉬안田邦璿, 차이중하오蔡鍾浩, 푸츠샹傳慈祥 등 20여 명을 이끌고 쑨원 과 량치차오의 공동 감독 아래 회당會黨의 의병과 연합하려 했으나 끝내 뜻 을 이루지 못한 채 '무술6군자'의 핏자국을 밟고 역적 장즈둥의 손에 목숨 을 잃었다. 위 여섯 사람이 '경자6군자庚子六君子'다. 이때 시무학당 제1반 학 생 절반에 해당하는 20여 명이 유명을 달리했다. 당시 40명 문도 중에서 가장 어렸던 차이건인蔡艮寅은 겨우 16세여서 모든 동학에게 사랑을 받았 다. 그가 바로 중화민국 건국 위인 중 한 분인 차이어 장군이다. 그는 민국 4년(1915) 호국전쟁의 원훈元勳이다. 가장 어렵게 공부한 학생으로는 판위안 롄范源濂을 꼽아야 할 것이다. 그는 건국 시기에도 평생토록 교육 사업에 진 력했다. 중국 교육계와 일반 문화계, 생물학계 건설에 불후의 업적을 남겼 다. 결국 '시설도 부족한' 학당에서 이처럼 위대하고 품성이 우수한 인재를 길러낸 것은 진정 '즐겁게 영재를 기른다樂育英才'는 교육방침의 최대 성과라 할 만하다."(『량치차오 평전梁啓超傳』, 44~45쪽) 여기서 서술하는 내용은 시무 학당 최고의 자부심으로 내세울 만한 부분이다. 사실 당시 어떤 학당도 시 무학당에 비견될 수 없었다.

민지를 계발한 남학회

량치차오는 이 기간 학문 강의를 제외하고는 탄쓰퉁, 황쭌셴과 함께 남학 회를 창립하기 위한 준비에 착수하면서 「남학회 서南學會序」를 썼다. 학교 개설이 젊은 후학과 소년 자제를 양성하고 장래 인재를 모으기 위한 일이라면, 학회 창립은 민지를 계발하고 민중을 각성시켜 자신의 책임과 권리를 알게 하고 [민중에게] 점차 의정에 참여하는 습관과 능력을 길러주는 일이었다. 량치차오가 볼 때 이는 허약한 국가를 강성한 국가로 변화시켜 새로운 삶을 향해 나아가게 하는 가장 유효한 방법이었다. 그러나 남학회가 2월 초1일 첫 회의를 열 때 탄쓰퉁, 피시루이, 황쭌셴, 천바오전 등은 모두 연설을 했지만 량치차오는 병으로 회의에 참가할 수 없었다. 당시 그들의 야심은 아주 컸고 우려 또한 매우 깊었다. 탄쓰퉁은 천바오전에게 보낸 편지에서 남학회 창립 목적이 나라의 멸망을 구제하는 데 있고 '멸망 후를 생각하려면' '멸망 후의 일을 준비해야 한다'고 했다. 그는 장즈둥 같은 고위 지방장관조차 중국이 분할되는 걸 막을 수 없고 백성들이 도살당하는 걸 막을 수 없다면, 민권을 진작시켜 국민 스스로 구제에 나서게 할 수밖에 없다고 지적했다. 또 민권을 진작시키려면 국회 개설보다 더 유효한 방법은 없고 이에 우선 학회를 열어 국회와 의원의 성격을 겸하게 해야 한다고 했다. 탄쓰퉁은 다음처럼 말했다. "후난 성에 남학회를 창립하려는 청원을 공께서 이미 허락해주셨습니다. 따라서 국회의 토대는 이미 마련된 것이니 의원議院도 그 속에 포함될 수 있을 것 같습니다." 즉 학회 창립으로 미래 국회가 토대를 갖추게 되었다는 말이다.(『탄쓰퉁전집』, 278쪽)

량치차오는 「후난 광둥 형세」에서 이에 대해 더욱 구체적으로 언급하고 있다. "남학회는 더더욱 성 전체 신정의 명맥이 되었다. 이름은 비록 학회지만 실은 지방의회 규모를 겸하는 단체였다. 먼저 순무가 본 성省 선비 10명을 총회장으로 선발하고 이어 이 10명으로 하여금 자신이 아는 인사를 두루 천거해 회원이 되게 했다. 모든 주와 현에 반드시 회원 3~10명이 배정되도록 하고, 각 주와 현에서 대의를 좋아하고 나라를 사랑하는 사람을 뽑아 충당하도록 했다. 회의에서는 1주일마다 한 차례 연설회를 개최했고 순무와 학정에게 관리들을 데리고 와서 회의에 참석하게 했다. 황쭌셴, 탄쓰퉁, 량치차오 및 학장 ○○○ 등은 날짜를 돌아가며 중국과 외국의 대세, 정치 원리, 행정학 등을 주제로 연설을 했으며, 이를 통해 공교를 보존하고 나라를 사랑하는 열정을 자극하여 지방자치 역량을 기르고자 했다.

그리하여 반년 뒤에 우수한 회원을 뽑아 성회省會 회원으로 유임시키고, 나머지는 각 주와 현으로 귀향시켜 주와 현 분회원으로 삼았다. 대체로 당시는 독일이 자오저우 만을 침탈하고 또 열강이 중국을 분할하려는 여론이 크게 일어나던 때라, 후난의 지사들은 모두 중국 멸망 이후의 계책을 도모하며 후난 독립을 생각하고 있었다. 독립운동은 빈말로 되는 게 아니라 반드시 국민들이 정치에 익숙해져서 실제적인 자치력을 갖춘 다음에야 가능한 일이었다. 따라서 먼저 이 회에서 그것을 강의하고 익혀서 훗날의 바탕으로 삼고자 했다." 그는 또 이렇게까지 말하고 있다. "남학회는 실제로 중의원[하원]의 규모를, 과리당은 실제로 귀족원[상원]의 규모를, 새로운 후난 정부는 실제로 중앙정부의 규모를 몰래 포함하고 있었다."(『음빙실합집·전집』 제1권, 137~138쪽)

대체로 당시 유신파 인사들은 모두 서구 의회정치를 중시했다. 『황궁두 선생 연보黃公度先生年譜』에도 관련 사실이 기록되어 있다. "남학회는 기실 학회와 지방의회의 규모를 겸했고 일주일마다 사람들을 크게 모아 학문을 강의했다. 강론하는 회우會友는 학문이 박식하고 언변이 뛰어난 사람으로 채웠다. 당시 공론으로 선생[황쭌셴]을 추대해 정교政敎 강의를 주관하게 했고, 피루먼皮鹿門[시루이]을 추대해 학술 강의를 주관하게 했고, 탄푸성[쓰퉁]을 추대해 천문 강의를 주관하게 했으며, 쩌우위안판[다이쥔]을 추대해 영토 강의를 주관하게 했다. 제1차 강의 때 천유밍[바오전], 탄푸성, 피루먼과 선생[황쭌셴]께서 모두 강연을 했다. 이때 선생께서 대중에게 가장 먼저 민치를 제창하면서 이렇게 말했다. '자신의 몸을 다스림으로써 자신의 고을을 다스릴 수 있습니다. 한 고을에서 한 현, 한 부, 한 성으로 확장해나가 전국에 이르면 공화의 위대한 정치를 이룰 수 있고 대동의 성대한 모범을 달성할 수 있습니다.'"(『인경려시초 전주』, 1224쪽)

천바오전(1831~1900). 자 유밍右銘. 장시 성 이닝(지금의 슈수이修水) 사람이다. 무술
변법 시기에 후난순무를 역임했으며 청 말 유신파의 저명한 정치가다. 변법 실패 후 파
직되어 영원히 등용되지 못했다.

유신파와 수구파가 물과 불처럼 대립하다

분명히 량치차오, 탄쓰퉁, 황쭌셴 등은 후난의 정치 개혁에 거대한 희망과 야심을 품고 있었다. 하지만 가장 중요한 열쇠는 후난 순무 천바오전의 태도였다. 천바오전은 자가 유밍右銘으로 장시 성 이닝義寧 사람이다. 현대의 저명한 학자 천인커의 조부이며 천싼리의 부친이다. 그는 멍청하고 보수적인 관료가 아니라 능력, 책임감, 진정성을 갖춘 노련하고 무게감 있는 지방 장관이었다. 을미년(1895) 8월 룽루의 추천으로 후난 순무에 임명되자마자 바로 '변법유신'을 자신의 임무로 삼았다. 그리하여 새로운 정치 실행을 정치의 기본 요구로 상정하고 이 시기를 전후해 "광무국礦務局, 관전국官錢局, 주전국鑄錢局을 설립했으며, 또 전신電信을 설치하고, 작은 기선을 만들고, 총과 탄약 제조 공장을 건설했다. 아울러 보위국保衛局, 남학회, 산학당算學堂, 상보관湘報館, 시무학당, 무비학당武備學堂, 제조공사製造公司 등을 차례로 개설했다."(『무술변법 인물전고戊戌變法人物傳稿』, 171쪽) 황쥔黃濬은 저서 『화수인성암 회고록花隨人聖庵撫憶』에서 이를 매우 절실하게 평가했다. "후난의 정치가 완전히 새롭게 변하게 된 것은 실로 천유밍[천바오전]이 후난 순무가 되고부터다. 당시 후난 성에 개혁정책을 용감하게 시행하자 천하가 바람에 휩쓸리듯 그 기풍을 따랐다. 천유밍 선생과 장젠샤江建霞[뱌오], 황궁두[쭌셴], 량런궁[치차오] 등이 후난으로 들어가 힘을 합쳐 신정을 개창하니 일시에 외부 언론들이 후난을 일본 변법의 주축인 사쓰마薩摩와 나가토長門 번藩에 비견했다."(앞의 책, 226쪽) 이 말에서도 당시 후난 변법의 위세가 대단했음을 알 수 있다. 그러나 천바오전은 결코 유신파가 제기하는 주장을 모두 인정하지는 않았고 다소 유보적 태도를 보이고 있었다. 그는 탄쓰퉁에게 여러 차례 후난으로 돌아오라고 요청했지만 탄쓰퉁이 후난으로 돌아온 뒤에는 끝까지 그를 중용하지 않았다. 천인커가 회고하기에, 시무학당 개설을 준비하던 초기 황쭌셴이 천바오전에게 캉유웨이를 초빙해 시무학당 강의를 주관하게 하자고 요청했다고 한다. 천바오전은 아들 천싼리에게 의견을 구했고 천싼리는 자신이 일찍이 량치차오의 문장을 본 적 있다면서 다음처럼 대답했다고 한다. "량치차오가 그 스승보다 나은 듯합니다. 캉을 버리고 량을 초빙하는 게 더 좋겠습니다." 천바오전은 아들의 의견을 받아들여 캉유웨이를 버리고 량치차오를 초빙했다.(『한류당집寒柳堂集』, 167쪽) 여기에서도 천바오전이 캉유웨이 등을 대하는 태도를 엿볼 수 있다. 천바오전은 한편으로는 이들의 역량을 빌려 후난에서 유신운동을 전개하지 않을 수 없었지만, 한편으로는 이들의 민권과 평등 관련 주장을 받아들이기가 어려웠고 또 공자가 제도 개혁改制을 추진했다고 견강부회한 캉유웨이의 논리에도 공감하지 않았다. 천바오전은 황쭌셴, 량치차오, 탄쓰퉁 등이 남학회를 설립하려는 진실한 의도를 명확하게 알고 있었지만, 가능한 한 자신이 당시 상황을 통제하면서 개혁 열차가 자기가 설정한 궤도에서 벗어나지 않게 하려고 했다. 따라서 천바오전은 남학회에서 연설할 때도 민권과 의회를 대담하게 외치는 탄쓰퉁과 황쭌셴의 주장에 전혀 상관하지 않았지만 남학회 목적이 국난 방비와 서양 종교 반대에 있음을 강조했다. 피시루이는 『사복당 미간행 일기』에 천바오전의 언급을 기록해두었다. "중승[천바오전]께서 완곡하게 비유하며 당부하기를 '후난에서는 서양 사람과 싸우지 말라. 학회를 창설함은 본래 이 일을 위함인데, 오늘에야 비로소 그 요점을 분명하게 밝힐 수 있게 되었다'고 했다."(『후난 역사 자료湖南歷史資料』, 1985년 제4집, 77쪽)

이때 량치차오는 이미 창사를 떠났고 탄쓰퉁은 그곳에 남아 남학회 조직 업무와 강연 활동에 계속 참여하고 있었다. 만약 량치차오가 4월 초에 창사를 떠난 게 확실하다면 채 두 달도 못 된 사이에 남학회에서 그가 여섯 차례나 강연한 게 된다.[일설에는 여덟 차례라고 한다.] 량치차오가 창사를 떠난 바로 이튿날 『상보』가 창간되고 탄쓰퉁은 운영이사 겸 집필자로 활동하며 글 16편을 써서 『상보』에 실었다. 당시 이미 량치차오와 탄쓰퉁은 수구파 인사들에게 끊임없이 공격받고 있었다. 가장 먼저 그들을 공격한 사람은 후난 악록서원 재장齋長 빈펑양이었다. 그는 양쉬안린楊宣霖 등과 연합해 악록서원 원장 왕셴첸에게 편지를 보내 량치차오 등의 사퇴를 요구했다. 그들은 다음과 같이 지적했다. "지금 캉유웨이와 량치차오가 혹세무민하기 위해 사용하는 말로는 민권이니 평등이니 하는 따위가 있습니다. 이제 여쭙겠습니다만 정권을 아래로 옮기면 나라는 누구와 함께 다스리며, 백성들이 자주권을 행사한다면 임금은 무엇을 해야 합니까? 이는 천하를 이끌고 혼란의 구렁텅이로 빠져드는 일입니다."(『소여집』, 164쪽) 왕셴첸은 그들의 요구를 받아들임과 동시에 예더후이 등에게 순무 천바오전과 이 일을 교섭해달라고 요청했지만 결국 천바오전에게 질책을 들었다. 왕셴첸은 이에 불복하고 재차 천바오전에게 편지를 보내 빈펑양을 변호하면서 악록서원 원장직을 사임하겠다고 했다. 천바오전은 이에 탄식을 금치 못했다. "국가의 긴급한 형세가 이 지경에 이르렀는데도 우리는 아직도 입으로 작은 혐의만 탓하며 끊임없이 말다툼만 일삼고 있다." 결국 이 일은 시무학당 교습 중에서 캉유웨이의 제자 어우쥐자, 한원쥐, 예줴마이葉覺邁를 전부 사퇴시키고서야 마무리되었다.

오래지 않아 또 좌도어사左都御史 쉬수밍이 상소를 올려 천바오전, 장뱌오, 쉬런주를 탄핵하는 동시에 량치차오를 파면하고 다른 석학을 초빙해 후난 시무학당을 주관하게 해달라고 요구했다. 실제로 장즈둥은 쉬수밍이 상소를 올리기 이틀 전에 이미 천바오전에게 전보를 보내 후난의 언론을 경계하여 언관言官[간관諫官]의 탄핵을 방비하라고 일깨웠지만 결과적으로는 불행하게도 그의 예언이 적중하고 말았다. 그러나 쉬수밍이 올린 상소문은 보류되었고 광서제도 전혀 상소문에 상관하지 않았다. 이 일은 결론이 나지 않았지만 후난 수구파 인사들의 선동하에 곧바로 어사 황쥔룽이 황쭌셴과 탄쓰퉁을 탄핵하는 상소문과 량치차오를 탄핵하는 상소문을 함께 올렸다. 황제는 탄핵당한 사람들을 불문에 부쳤고, 상소문 처리 역시 보류하라고 했다.(『량치차오 연보 장편』, 126~127쪽)

이 시점에 이르러 신구 양파는 물과 불처럼 서로 용납할 수 없는 상황으로 치달았다. 그리고 탄쓰퉁은 『상보』에 「난하이 캉 공부 유웨이가 자오저우 사태를 해결하기 위해 올린 상소문을 읽고讀南海康工部有爲條陳膠事折書后」와 「치사편 제10·샹웨治事篇第十·湘粤」를 발표했다. 이 두 글은 불 위에 기름을 붓는 것처럼 수구파 인사를 더욱 분노케 했을 뿐만 아니라 유신파 인사로부터도 불만을 야기했다. 즉 천싼리, 쩌우다이쥔鄒代鈞 등은 탄쓰퉁이 캉유웨이 문하로 기어들어갔다고 질책했다. 이어 천바오전이 시무학당 찰기를 조정하고 고치는 일이 일어나자 유신파 내부 불화는 훨씬 더 심각해졌고, 탄쓰퉁과 천싼리 및 쩌우다이쥔[위안판沅帆]의 관계도 더욱 악화되었다. 쩌우다이쥔은 왕캉녠에게 보낸 편지에서 그와 탄쓰퉁 및 슝시링 사이에 격렬한 충돌이 있었음을 재삼 언급하고 있다.

> 후난 사태가 크게 악화되어 이닝[천바오전]께서 인재를 꺼리는 마음을 갖고 있으니 이 못난 사람의 역량으로 어떻게 감당할 수 있겠습니까? 말을 해봐야 분노만 더 커지게 할 뿐입니다. 탄쓰퉁의 발호는 슝시링보다 더 심하니 일찌감치 그를 제거할 수 있으면 사태를 만회할 수도 있을 것입니다. (『왕캉녠 사우 서찰』 3, 2756쪽)

이 못난 사람은 시무학당을 위해 일하면서 결국 탄쓰퉁 및 슝시링과 깊은 원한을 맺고 말았습니다. 탄쓰퉁은 몸을 보전해 떠나갔지만, 슝시링은 여전히 이곳에서 거들먹거리며 걸핏하면 '피가 강을 이룰 것이다'는 말을 일삼습니다. 또한 무뢰배 같은 행동거지는 비교할 사람이 없을 정도입니다. 학당 일은 저들이 넘겨주어서 [제가] 온 심신의 힘을 다 기울였지만 진실로 한마디 말로 설명하기가 어렵습니다. 순무 어르신께서 왕쑹녠汪頌年과 제게 업무를 맡기자 슝시링은 분노를 삭이지 못하고 무례한 짓을 결국 이닝[순무 천바오전] 부자에게까지 자행하고 있습니다. 후난 성에서 온갖 어려움이 마구 뒤섞이면 결국 사람들은 캉유웨이 문하로 달려가서 자신의 출세를 구할 것입니다. 공께서는 제가 사퇴했다고 저를 책망하지만 저는 그 말을 받아들일 수 없습니다. 만약 [제가] 사퇴하지 않았다면 탄쓰퉁과 슝시링이 총으로 저를 쏴 죽였을 것입니다. 이 두 사람을 제가 접때 동지로 삼은 것은 본래 이들에게 재능이 있었고 이전에는 [이들이] 일처리를 공평하게 했기 때문입니다. 그러나 [이들은] 일단 캉유웨이 문하로 빠져들자 아무것도 돌아보지 않고 흉악한 짓을 일삼고 있습니다. 아! 캉유웨이 패거리가 온 천하를 횡행하고 있으니 정말 두려

운 일입니다. (앞의 책, 2757쪽)

이 글에도 짙은 화약 냄새가 배어 있다. 물론 당시 상황은 이처럼 심각하지 않았지만 서로 의견 차이와 불만이 있었음은 확실하다. 탄쓰퉁이 어우양중후에게 보낸 편지에도 울분과 불평의 마음이 가득하다.

시무학당 일은 소문에 부정확한 점이 있습니다. 강의 중 발언이 어떠했다는 따위의 유언비어는 잠시 거론하지 않더라도, 다음과 같은 뜬소문이 떠돌고 있습니다. "분교分敎[분담교사]가 갑자기 어찌할 바를 몰라 빙싼秉三[슝시링]에게 계책을 물었고, 그는 밤새도록 온 힘을 다해 모조리 선별 작업을 하여 지극히 황당무계한 것은 숨긴 반면 공정한 문장은 오히려 그때그때 비난했다." 저는 학생들의 찰기를 첨삭할 때 아직 성省에 도착하지 않았지만 빙싼 및 분교 제군들의 담력이 그렇게 약하지 않다고 굳게 믿고 있습니다. 우리 학회의 목적이 어디 있는지도 모두 사람들에게 드러내어 밝히지 않은 적이 없는데 어찌 저들의 당황함이 이런 지경에 이를 수 있겠습니까? 평소에 서로 권면하는 것은 오로지 "살신멸족殺身滅族[내 한 몸 바치고 친족도 돌보지 않는다]" 이 네 글자인데 어찌 사소한 이해관계 때문에 초심을 바꿀 수 있겠습니까? 예수는 한 명의 필부였지만 당세의 법망에 걸려들었고, 그의 제자 12명도 모두 살육당했습니다. 그러나 지금까지도 선교사들은 순교를 영광으로 생각합니다. 이 점이 바로 저들의 기백이 오대주를 가로지르고 저들의 배움이 2000년을 지나도록 더욱 성행하는 까닭입니다. 아! 인간 도량의 차이가 어찌 큰 것이 아니겠습니까? 근래 중국에 신구 양당이 서로 싸우며 붉은 피를 온 대지에 뿌리고서야 바야흐로 중국 부흥의 희망이 생기게 되었습니다. 이런 일조차 없다면 중국 인종은 정말 사라지게 될 것입니다. (『탄쓰퉁전집』, 474쪽)

천싼리는 평소 량치차오, 탄쓰퉁, 슝시링, 탕차이창 등의 언행에 불만이었고 캉유웨이에게는 선입관이 더욱 깊었다. 그는 어우양중후에게 가서 탄쓰퉁의 죄상을 고해바치면서, 탄쓰퉁이 캉유웨이와 교분을 트고 스스로 그의 문인이라고 하는데 이는 후난 사람들의 얼굴에 먹칠을 하는 행위니만큼 어우양중후 선생께서 탄쓰퉁을 좀 만류해달라고 했다. 이 장면은 공교롭게도 탄쓰퉁의 눈에 띄고 말았다. 탄쓰퉁은 어우양중후에게 보낸 편지에서 이렇게 말하고 있다. "오후에 선생님 계신 곳에 갔다가 아무개가 자리에 있는 것을 보았습니다. 그는 안색이 변하며 무슨 말을 하려다가 곧바로 저를 피했습니다." 여기서 '아무개'는 바로 천싼리다. 이 무렵 탄쓰퉁은 「난하이 캉 공부 유웨이가 자오저우 사태를 해결하기 위해 올린 상소문을 읽고」를 썼다. 그는 이 글 말미에서 어떤 사람을 매도했는데, 천싼리가 그 사람을 자신으로 생각했는지 여부는 이미 알 수 없다. 그러나 탄쓰퉁은 천싼리가 앞장서서 자신을 매도하는 여론을 조성한다고 생각하면서 "그자가 자진해서 그 일을 떠맡고 있다"고 했다. 이 때문에 탄쓰퉁은 천싼리의 의중을 이렇게 추측했다. "평소 쥐루[량치차오]를 비방하고 푸청紱丞[탕차이창]을 비방하니 그 인간[천싼리]의 말과 행동은 정말 예측할 수가 없습니다. [그는] 캉난하이 선생을 후난으로 초청하는 일도 극력 저지하고 있습니다. 또 스승님[어우양중후] 계신 곳으로 가서 거짓말을 늘어놓았으니 이 어찌 [그가] 죽을힘을 다해 저와 몇몇을 옥죈 후 스스로 기쁨을 얻으려는 짓이 아니겠습니까?"(앞의 책, 477~478쪽) 탄쓰퉁은 천싼리가 다른 사람에게 유혹과 영향을 받는 것으로 짐작하고 어우양 선생이 탄쓰퉁 자신의 뜻을 천싼리에게 대신 전해주기를 희망하고 있다. "멀리로는 량싱하이梁星海[딩펀]의 압박을 받지 말고, 가까이로는 쩌우위안판[다이쥔]의 유혹을 받지 않게 해주십시오." 량싱하이는 장즈둥의 막료인데, 중국 국내에서 캉유웨이와 량치차오를 향한 공격이 들끓어오를 때 가장 적극적으로 나서서 그 일을 주도한 사람이다. 후난 유신파 인사 사이에 갈등이 생겨나서 후난 사태가 크게 악화된 데는 바로 량싱하이의 책임이 크다. 그리고 천싼리가 캉유웨이와 량치차오를 홍수와 맹수 같은 위험인물로 간주한 것도 그들 사이에 량싱하이의 충동질이 없었다고 할 수 없다. 탄쓰퉁은 분노를 금치 못하며 그들에게 이렇게 묻고 있다. "캉 아무개가 과연 천하에 무슨 죄를 지었기에 사람들에게서 좋은 말 한마디 듣지 못한단 말입니까?"(앞의 책)

무술변법, 백일유신

후난 수구파 인사들이 탄쓰퉁과 량치차오를 추궁하며 맹공을 퍼부을 때 그 둘은 이미 앞서거니 뒤서거니 베이징에 도착하고 있었다. 량치차오가 베이징에 당도한 시각은 대체로 2월에서 3월 사이였던 것으로 보인다. 당시는 러시아가 중국 정부에 뤼순 항과 다롄 항을 요구하던 때여서 량치차오와 마이멍화는 캉유웨이를 도와 그 일을 해결하려 동분서주했다. 그리하여 마침내 광둥, 윈난, 구이저우, 산시山西, 산시陝西 성 등의 거인들과 약속을 정하고 도찰원에 상소문을 올려 뤼순과 다롄을 절대로 할양해서는 안 되며 아울러 변법을 시행해 러시아에 항거할 것을 극력으로 주장했다. 오래지 않아 캉유웨이는 베이징에서 보국회 창립을 준비했고 량치차오는 그 뒤를 바짝 따르며 보국회 창립을 대대적으로 제창했다. 보국회 제1차 회의는 3월 27일 오후 1시 난헝가南橫街 웨둥회관粵東會館에서 있었고 사람들은 캉유웨이를 추대해 연설을 하게 했다. 무슨 이유인지 제1차 회의에 량치차오는 참가하지 않았다. 그러나 윤3월 초하룻날 열린 제2차 회의에는 량치차오도 참여해 연설까지 했다.

이때 독일 군대가 산둥 성 지모卽墨 공묘孔廟에서 공자상을 파괴한 사건이 일어났다. 소식이 베이징으로 전해지자 과거를 보기 위해 그곳에 모인 거인들은 하나같이 분노를 금치 못했다. 량치차오는 마이멍화, 린쉬 등 11명과 함께 연명 상소를 올렸다. 그가 쓴 상소문 「독일인들이 성인 공자의 상을 파괴한 일을 조사하여 공분을 풀어줄 것을 요청하는 상소문 초고呈請代奏査辦德人毀壞聖像以伸公憤稿」는 광서 24년 4월 15일(1898년 6월 3일) 자 『상보』에 실렸다. 같은 해 5월 량치차오는 또 100여 거인과 연명으로 상소문을 올려 팔고문으로 선비를 뽑는 제도를 폐지해달라고 요청했다. 그러나 도찰

光緒二十四年四月二十三日內閣奉

諭數年以來中外臣工講求時務多主變法自強

通者詔書數下如開特科裁汰兵改武科制度立

大小學堂皆經再三審定籌之至熟甫議施行惟

是風氣尚未大開論說莫衷一是或託於老成憂

國以為舊章必應墨守新法必當擯除衆喙嘵嘵

空言無補試問今日時局如此國勢如此若仍以

不練之兵有限之餉士無實學工無良師強弱相

形貧富懸絕豈真能制挺以撻堅甲利兵乎朕惟

國是不定則號令不行區其流弊必至門分

광서제의 「국시를 정하는 조칙」. 광서 24년 4월 23일(1898년 6월 11일). 광서제는 이 조칙을 반
포하여 무술변법의 서막을 열었다.

원과 총리아문 관리들이 상소문을 황제에게 전하지 않아 그들도 결국 어떻게 할 수가 없었다.

광서제는 4월 23일 「국시를 정하는 조칙定國是詔」을 반포해 무술년 백일유신의 서막을 열었다. 쉬즈징은 광서제가 조칙을 발표하고 사흘째 되는 25일 저명한 「인재를 보증하고 추천하는 상소문保薦人才折」을 올려 광서제에게 캉유웨이, 황쭌셴, 탄쓰퉁, 장위안지, 량치차오 등 다섯 명을 추천했다. 그는 탄쓰퉁을 이렇게 칭찬했다. "천부적 재능이 출중하고 학식이 절륜합니다. 나라 사랑하는 일에 충성을 다하고 자신이 맡은 일에 용감하게 매진합니다. 고난도 피하지 않고 비방도 두려워하지 않습니다. 안으로는 학문을 토론하는 관직을 맡길 만하고, 밖으로는 적군을 물리칠 장수에 선임할 만합니다." 아울러 량치차오도 칭찬하고 있다. "영특한 재능이 빼어나고 지향하는 뜻이 순수합니다. 학문은 하늘과 인간을 꿰뚫었고 학식은 중국과 외국에 두루 통합니다. 그가 지은 『변법통의』 및 『시무보』의 논설은 국내외에 두루 유행하고 있습니다. 예컨대 일본, 남양군도, 서양의 여러 나라에서도 모두 그를 우러러보며 탄복하고 있습니다." 당일에 비록 산시陝西 도道 감찰어사 황쥔룽이 후난 순무 천바오전, 량치차오, 탄쓰퉁, 황쭌셴 등을 탄핵하는 상소문을 올렸지만 광서제는 그것을 치지도외했다. 하지만 광서제는 캉유웨이 등을 추천하는 상소문에만 비답을 내린 후 탄쓰퉁은 장쑤 독무에게 맡겨 해당 부서로 보내 인견引見하게 했고, 량치차오는 총리아문에게 맡겨 자세한 조사를 진행하게 하고 그 내용을 전부 보고하게 했다.(『량치차오 연보 장편』, 120~121쪽)

광서제가 지시를 내리자 총리아문에서도 감히 시간을 끌지 못하고 이쾅 등은 5월 13일 「거인 량치차오에 대한 조사 보고서擧人梁啓超遵旨査看片」를 올렸다. 이 보고서에서도 량치차오를 칭찬했다. "지향이 원대하고 학문에 달통했으며 시무에 전념하고 있습니다." 이뿐 아니라 "지난번 저술이 중국과 서구의 학문에 관통했고 체용을 겸비하고 있으니 진실로 유용한 인재라 할 만합니다"라고 하면서 "그에게 조정의 경관京官[내직內職]을 주어 사람들이 보고 느끼게 해주십시오"라고 했다.(『무술백일지』, 98쪽) 이 말의 의미는 황상께서 상황을 참작해 량치차오에게 경관의 벼슬을 내려달라는 것이다. 기실 이쾅 등은 이보다 앞서 5월 초10일 「논의에 따라 역서국을 개관하기 위한 상소문」을 올려 량치차오에게 다음 같은 직책을 맡겨줄 것을 건의했다. "이번에 광둥 거인 량치차오를 조사해보니 서양 학문 탐구에 마음을 두고 상하이에서 자금을 모아 역서국을 설립하여 먼저 일본어를 번역하고 있었습니다. 규모는 이미 갖추어졌지만 경비가 아직 충분하지 못해 [역서국을] 오래 지속할 방법이 없을 듯합니다. 상하이는 중국과 서양의 상품이 모두 모여드는 곳이라 외국 서적을 구입하기도 매우 편리하고 좋은 판본을 인쇄하여 간행하기도 비교적 적당한 곳입니다. 이 거인에게 역서국 사무를 처리하게 하면 절반의 노력만 들이고도 갑절의 성과를 올릴 수 있을 것입니다." (『무술백일지』, 91쪽) 또 총리아문에서 5월 14일 「경사편역국을 거인 량치차오에게 맡겨 함께 주관할 수 있도록 청하는 상소문」을 올렸다. 이 글에서도 경사대학당 부설 역서국 업무를 전부 량치차오에게 맡기자고 했다. "량치차오의 학문에는 근본이 있습니다. [량치차오가] 후난 시무학당에 있을 때도 각종 교과서를 편집해 생도들을 가르치며 상당한 성과를 이루었습니다. 량치차오에게 이 일을 맡기고 그 스스로 교재를 나누어 편찬하게 하면 틀림없이 즐겁게 자신의 임무를 맡을 것입니다."(앞의 책, 105쪽)

광서제는 5월 15일 량치차오를 인견하고 아울러 그가 지은 『변법통의』를 바치게 했다. 아무런 벼슬도 없는 포의의 선비가 황제를 알현한 일은 당시로서도 정말 특별한 영광이었다. 당일 광서제는 바로 "거인 량치차오에게 6품 관직을 상으로 내리고 역서국 사무를 담당케 하라"는 어명을 내렸다.(앞의 책, 109쪽) 그러나 그뒤 어떤 사람들은 '량치차오가 황제를 알현한 것이 전혀 잘 풀린 일이라 할 수 없다. 량치차오는 당시 아무런 중책도 맡지 못했다'고 보았다. 일찍이 예부 6당관을 탄핵한 일로 무술정변 후 캉유웨이 및 량치차오와 함께 해외로 망명한 왕자오는 량치차오가 세상을 떠난 뒤 딩원장에게 보낸 편지에서 아래와 같이 회고하고 있다.

청 조정의 관례로는 황제가 거인을 불러서 보면 바로 한림의 벼슬을 내리거나 [그 벼슬이] 가장 낮아도 내각중서內閣中書를 벗어나지 않습니다. 당시 량 씨는 명성이 사람들 이목에 혁혁하게 알려져 있어서 모두들 틀림없이 특별한 황은을 입을 것이라 생각했습니다. 그런데 [황제가] 량치차오를 불러 본 후 겨우 6품 관직의 명목만 하사하고 신문사 주필을 본업으로 삼게 했으니 아직 관적官籍에 [그의] 이름을 올려준 것이 아니었습니다. 소문에 따르면 량 씨가 베이징 말에 익숙하지 않아 황제가 불러서 볼 때 발음에 서로 차이가 나 피차간에 마음의 뜻을 전달할 수 없었고, 이에 황제가 불쾌하게 생각하고 [그를] 물러가게 했다고 합니다. (『무술변법』 2, 573쪽)

그럼에도 량치차오는 황제가 자신에게 내린 관직이 보잘것없음을 탓하지 않고 신속하게 역서국 개설 준비 업무를 펼치기 시작했다. 그는 6월 29일 쑨자나이를 통해 대신 올린 상소에서 자신이 초안한 역서국 장정 10조와 역서국 개설 준비 상황을 황제에게 아뢰었다. 광서제는 내각을 통해 즉시 어명을 하달해 량치차오가 주청한 세 가지 일을 모두 비준해주었다. "거인 량치차오가 기초한 장정 10조는 모두 절실한 내용이니 논의하여 시행토록 하라. [역서국] 창설 업무가 시작되었으니 응당 오래 지속할 계책을 먼저 마련하라. 반드시 경비를 넉넉하게 마련하고 경솔하게 사업을 바꾸거나 규모를 축소하지 말라. 현재 인쇄 기계와 중외中外 서적 구입 경비는 계산하지도 않았고, 지금 요청한 개설 경비는 은銀 1만 량인데 사업 확장 자금으로는 부족할 듯하다. 다시 은 1만 량을 더 추가해줄 터이니 업무를 처리하는 데 넉넉하게 사용케 하라. 매년 사용하는 일상 경비도 넉넉하게 계산토록 하고, 원래 정한 매월 경비 1000량 외에 다시 매월 2000량을 더해주어 달통한 인재를 널리 선발하고 찾을 수 있게 하라. 이상의 각 경비는 모두 호부에서 담당하여 즉시 집행하라. 이후 7월 초1일부터 매월 경비를 수령케 하고 미리 경비 지급을 준비하여 조금이라도 지연되는 일이 없게 하라." 광서제는 또 이렇게 지시했다. "국가에서 정교政教를 밝게 펼치고자 하니 내탕금을 많이 푸는 것을 아까워하지 말라. 해당 대신들은 실무 인원을 독촉하여 성실하게 일을 준비토록 하라. 경비를 넉넉히 지급해야 사업 규모를 넓혀 더욱 크게 확장할 수 있을 터이니 이러한 방법을 사용하여 조정에서 추진하는 실사구시의 심원한 뜻에 부합케 하라."(앞의 책, 54~55쪽) 량치차오는 7월 초10일 다시 상소문을 올려 상하이에 번역학당을 설립해줄 것과 신문 출판 사업에 면세를 요청했고, 광서제는 요청을 허락했다. 특히 량치차오는 번역학당 학생들이 일정한 시험에 합격하고 학업을 성취하면 그들에게도 과거시험 출신과 같은 자격을 부여해달라고 했고, 광서제도 흔쾌히 그 요청을 받아들였다. 량치차오는 뒷날 『무술정변기』에서 득의만만한 어조로 말하고 있다.

삼가 생각건대 우리 나라 과거제도는 여태껏 모두 학정이 주관하는 시험으로 급제자를 뽑아 관리 자격을 부여했다. 학교 생도들은 지금까지 학년이 없었기 때문에 인재를 고무·격려할 수 없었다. 량치차오는 미미한 말단 관리로서 학교를 개설했고, 또 그 학교 학생들에게 과거 급제자와 같은 자격을 부여해달라고 요청했다. 이는 실로 4000년 역사에서 처음 있는 일이었다. (『량치차오 연보 장편』, 128쪽)

탄쓰퉁이 도성 베이징으로 들어오다

탄쓰퉁이 베이징에 입성한 것은 량치차오보다 여러 날 이후였다. 왜냐하면 그는 처리해야 할 일이 몇 가지 더 있었고 후베이에 도착한 뒤로도 한바탕 중병을 앓아 시간이 지체될 수밖에 없었기 때문이다. 그러나 후난을 떠나 베이징으로 가게 되자 그는 매우 기뻐했다. 탄쓰퉁은 아내 리룬李閏에게 보낸 편지에서 자신의 기쁜 마음을 숨기지 못했다. "나의 이번 걸음은 정말 뜻밖으로 길이 끊어진 곳에서 활로를 찾은 것과 같소. 모두가 평소 경건하게 수행에 힘쓴 덕분으로 우리 부처님께서 자비를 베푸신 것이오."(『탄쓰퉁 전집』, 530쪽) 탄쓰퉁은 광서제가 어명을 내리고 총리아문에서 계속 전보를 보내 재촉하자 6월 16일에 출발해 베이징으로 들어가겠다고 결정했다. 캉유웨이는 1901년 자오비전趙必振에게 보낸 편지에서 탄쓰퉁이 입경하기 전에 장즈둥을 만난 상황을 언급하고 있다. "푸성[탄쓰퉁]은 후베이를 지나다가 역적 장즈둥을 만났다네. 장즈둥이 말했네. '자네는 자립과 민권을 제창하지 않았는가? 그런데 어찌하여 지금 군사 일을 하러 가시는가?' 푸성이 대답했네. '민권을 제창해 나라를 구하려 할 뿐입니다. 만약 황상께서 변법을 시행할 권력을 갖고 계시다면 어찌 더 좋은 일이 아니겠습니까?' 푸성은 상하이에 도착해 여러 동지와 토론을 벌였네. 동지들은 조정 권력에 변화가 있는 줄도 모르고 수구파 입장에서 토론을 진행했다네. 당시 『지신보』도 그러했네. 푸성은 도성에 도착해 나에게 『청의淸議』[캉유웨이 기억의 착오다]와 『지신知新』 같은 신문이 있다는 걸 알게 해줬네. 그러나 당시 도성은 유신파에 대한 비방이 들끓었고, 윈티는 우리 보국회를 공격하며 내가 민주제도를 시행해 청나라는 보호하지 않고 중국만 보호하려 한다고 헐뜯으며 룽루에게 소식을 전해 이를 빌미로 나라씨[자희태후: 서태후]에게 보고가 들어가게 했다네. 그리하여 성군[광서제]을 거의 시해당할 지경에 빠지게 했고, 중국도 거의 멸망의 나락으로 빠져들게 해 8국 연합군이 베이징으로 쳐들어오게 했으며 동북 세 성도 분할되게 하고 말았네. 비록 이것이 여러 역적의 죄지만 우리 당도 당시 필설이 근엄하지 못하여 우리도 모르는 사이에 시세時勢를 돕고 망령된 짓을 저지르며 저들과 똑같은 행동을 하고 말았다네."(『무술변법사 연구戊戌變法史研究』, 3쪽)

캉유웨이 말에서 우리는 적어도 두 가지 정보를 얻을 수 있다. 첫째, 탄쓰퉁이 황제 부름에 응해 북상할 때 광서제에게 유신변법 시행의 희망을 기탁했다는 점이다. 그는 아내 리룬에게 보낸 다른 편지에서 더욱 분명한 어조로 이야기하고 있다. "조정에서 의연히 변법을 시행하려 하고 있으니 국사가 크게 발전할 것이오. 이 때문에 나는 더욱 분발하고 힘쓰며 스스로 편안하게 생활하지 않으려 하오." 이뿐 아니라 아내에게 다음과 같이 당부하고 있다. "이후로는 매우 바빠질 터이니 집에 자주 편지를 쓰기가 어려울 것이오. 그렇더라도 너무 괘념치 말기 바라오."(『탄쓰퉁전집』, 531쪽) 둘째, 친구들이 권력 변동을 모르고 광서제가 「국시를 정하는 조칙」을 반포한 후에도 여전히 민주와 민권을 소리 높여 외치며 완고파에게 공격의 빌미를 제공했다. 그리하여 완고파는 유신파가 "청나라는 보호하지 않고 중국만 보호하려 한다"고 중상모략을 했으며, 이는 결국 백일유신 실패와 무술정변 발생의 원인으로 작용했다. 이는 매우 가슴 아픈 교훈이라 할 만하다.

탄쓰퉁은 이미 7월 5일에 베이징에 도착했고 '무술6군자'가 순절한 날짜는 8월 13일이므로 그사이에 겨우 38일이란 짧은 시간이 있을 뿐이다. 그는 베이징으로 들어온 지 반달 후인 7월 20일 광서제를 알현했다. 량치차오는 무술변법 후에 쓴 「탄쓰퉁전」에서 이렇게 진술하고 있다. "7월이 되어 그[탄스퉁]는 병든 몸으로 황제를 알현했으며 상주한 대답이 황상의 뜻에 부합했다. 황상께선 품계를 건너뛰어 [탄스퉁을] 4품직으로 발탁하고 군기장경軍機章京에 임명했다."(『음빙실합집·전집』, 107쪽) 량치차오는 또 황제가 탄쓰퉁을 접견할 때의 상황을 기록하고 있다. "탄쓰퉁은 황제를 알현할 때 그 면전에서 황상의 환후가 어떤지 물었다. 황상께서는 '짐은 여태껏 병을 앓은 적이 없는데 그대는 어찌하여 그런 질문을 하는가?'라고 대답했다. 탄쓰퉁은 황공하여 관冠을 벗고 사죄했다."(앞의 책, 63쪽) 당시 황제가 탄쓰퉁을 접견한 일에 대해 항간에도 다양한 이야기가 전해온다. 당시 신문에도 보도가 실렸다. "탄쓰퉁이 황상을 알현하고 비분강개해 당시 국사의 장단점을 하나하나 열거하자 황상께서도 크게 기뻐하셨다."(『지신보』 제73책, 「청국 순절 여섯 선비 전기淸國殉難六士傳」, 『무술년 군기사장경 합보』, 192쪽에서 재인용) 또 『지신보』 제73책에 실려 있는 톄예성鐵冶生의 「금상께서 군기장경 탄쓰퉁에게 내린 구두 지시 뒤에 쓰다書今上口諭軍機章京譚嗣同語後」에도 『천남신보天南新報』에서 채록한 광서제의 구두 지시가 인용되어 있다.

나는 23년 동안 죄인으로 살면서 단지 우리 백성을 괴롭혔을 뿐이다. 그러나 나도 어찌 일찍부터 백성들이 부강해지기를 바라지 않았겠는가? 설마 나를 혼군昏君[13]이라 매도하지는 않겠지? 다만 태후께서 정치 변화를 원하지 않으시니 어찌할 수 없었고, 또 만주 대신들도 조종들께서 정

---

13 사리에 어둡고 어리석은 임금.

하신 법도를 고수해야 한다고 하니 어떻게 할 수가 없었을 뿐이다. (…) 그대들이 변화시키려는 것이 있으면 모두 마음대로 상주하라. 내 반드시 그대들의 의견을 따르리라. 내게 잘못이 있으면 그대들은 나의 면전에서 나를 꾸짖으라. 내 반드시 신속하게 고칠 것이다. (앞의 책)

탄쓰퉁은 바로 이날 양루이, 류광디, 린쉬과 함께 광서제에 의해 4품 군기장경에 임명되어 신정에 참여했다. 전하는 말에 따르면 군기장경은 본래 총리각국사무아문에 속했고 군기대신에게 직접 영도를 받았다고 한다. 그러나 새로 임명된 이 네 군기장경은 좀 특수한 대우를 받았다. 그들은 직접 황제를 마주 대할 수 있는 책임을 부여받았다. 그들이 맡은 업무는 전문적으로 관리와 선비들이 올린 상소문을 읽고 비평 의견을 추가해 다시 황제에게 상소문을 올린 뒤 황제의 뜻을 결정하는 일이었다. 따라서 기실 그들은 바로 광서제의 비서관이었다. 량치차오는 그들을 송대 참지정사參知政事에 비견하며 그들 직책이 재상직에 해당한다고 했지만, 이는 과장된 견해로 볼 수 있다. 이들 네 사람은 두 명이 한 조로 근무조가 나뉘었다. 양루이와 린쉬가 한 조로 짝숫날 입직했고, 류광디와 탄쓰퉁이 한 조로 홀숫날 입직했다. 입직하는 동안 관리와 선비들이 올린 상소문이 들어오면 먼저 이들이 검토하고 의견을 다는데, 이는 전통적인 내각의 '표의票擬'[14]제도와 유사하다. 즉 시무 관련 상소문에 검토 의견을 적어 황제가 쉽게 열람하게 하려는 제도다. 이들의 실제 권력은 전통 군기대신보다 더 컸다. 왜냐하면 전통 군기대신은 단지 황제의 뜻을 받들어 표의에 기재된 의견을 참고할 뿐이어서 먼저 황제의 뜻이 있고 나서 어명을 시행했지만, 새로 발탁된 군기 4장경은 먼저 자신들의 의견을 정리한 뒤 그것을 분명하게 상주해 황제가 뜻을 결정하도록 했기 때문이다.(『무술변법사사고戊戌變法史事考』, 81쪽)

---

14 중국 명청대의 상소문 검토 제도. 조정에 상소문이 올라오면 황제가 보기 전에 먼저 내각대학사가 상소문을 검토한 후 작은 종이에 검토 의견을 적어 본래의 상소문에 첨부해 황제가 쉽게 열람하게 했다.

무근전 개관을 요청하다

량치차오 말에 따르면 7월 27일 조칙은 탄쓰퉁이 기초했다고 한다. "황상께서 무근전을 열어 고문관顧問官을 두고 싶어하시며 군[탄쓰퉁]에게 자신의 뜻을 잘 헤아려 추진하게 했다. 먼저 내시를 시켜 역대 황제의 훈칙訓飭을 군에게 주고 강희, 건륭, 함풍 조정에서 무근전을 연 사례를 들려준 뒤 그 사례를 조사해 황상의 조칙에 인용하게 했다. 그리고 황상께서 28일에 친히 이화원으로 가서 서태후에게 시행 명령을 요청하겠다고 했다. 군은 퇴조해 동인들에게 말하기를 '이제야 황상께서 진정으로 권한이 없음을 알게 되었다'고 했다. 28일이 되자 조정 인사들은 모두 무근전 일을 알고는 황상께서 오늘 조칙을 하달하려 했지만 결국 하달할 수 없었다고 생각했다. 이로써 서태후와 황제가 서로 용납할 수 없는 사이임을 더욱 분명히 알게 되었다."(『음빙실합집·전집』 제1권, 107쪽)

광서제가 무근전 개관 일을 탄쓰퉁에게 맡겼다는 사실은 량치차오의 『무술정변기』에도 기록이 전하지만 위 서술과는 조금 차이가 난다. "황상께서 사람들 의견을 널리 청취하자 나라를 잘 다스리려는 마음이 더욱 절실해졌다. 7월 28일에 이르러 다음처럼 결의했다. '무근전을 열어 전국의 영재 수십 명을 선발하고 동서 각국의 정치 전문가를 초빙하여 함께 새로운 제도를 논의케 한 뒤 나라를 흥성하게 하고 개혁하는 데 필요한 모든 일을 전체적으로 계획하고 상세한 규칙을 마련하여 시행한다. 서태후가 이 의견을 윤허하지 않을지도 모르니 탄쓰퉁에게 명하여 옹정雍正, 건륭, 가경嘉慶 세 조정의 무근전 개관 사례를 조사하게 하고 그것을 조칙으로 만들어 이화원으로 갖고 가서 서태후에게 어명을 전달한 뒤 바로 시행토록 한다.'"(앞의 책, 73쪽) 량치차오의 이 두 기록은 세부 내용에서 약간의 차이가 있지만 대체로 동일하다. 즉 두 기록에서 량치차오는 모두 황제가 탄쓰퉁에게 자신의 유지를 기초하도록 어명을 내렸다고 했다. 캉유웨이도 자신이 편찬한 연보에서 광서제가 무근전 개관 일을 탄쓰퉁에게 맡겼다고 했다. 그러나 이후 많은 학자가 고증하기로 광서제는 7월 20일 탄쓰퉁을 접견하고 나서 다시는 그를 불러 보지 않았다고 한다. 따라서 탄쓰퉁이 광서제 대신 유지 초안을 잡았는지 어떤지는 결국 매우 의심스러운 사안이 되고 말았다.

하지만 광서제는 그날 확실히 유지를 발표했고 아울러 각 성 독무들에게도 이 유지를 관아 대청에 걸어두고 많은 백성이 보게 하라고 했다. "백성들에게 짐의 마음을 알아듣게 하여 자신의 임금이 믿을 만하다는 사실을 모두 알게 하라. 짐은 상하가 한마음으로 신정을 이루고 중국을 부강하게 하는 일에 대해 두터운 희망을 저버릴 수 없노라." 광서제는 이 유지에서 "불초한 관리와 수구파 사대부"를 비판하면서 서구 정치를 배워야 한다고 했고, 각 지역 관리와 선비들이 상소문을 올려 국사를 토론하는 것을 독무들은 조금도 막아서는 안 되고, 반드시 각 원본 상소문을 대신 전해 백성들의 숨은 사정이 남김없이 위로 전해지게 하라고 했다.(『무술변법』 2, 84~85쪽) 량치차오는 『무술정변기』 「신정 조서에 삼가 발문을 쓰다新政詔書恭跋」에서 이 유지를 칭송하고 있다. "이 조서는 광서제의 실질적인 첫 조서인데 [황제는] 측은한 마음으로 백성을 사랑하고, 그들의 고통스러운 생활을 자신의 책임으로 돌리며, 중국의 2000년 적폐를 바꾸고 무근전을 개관하여 사리에 통달한 인재를 선발하려는 뜻을 정한 것이다." 아울러 량치차오는 이 조서를 "탄쓰퉁이 기초했다"고 재차 강조했다.(앞의 책, 85쪽)

기실 탄쓰퉁이 이 유지를 기초했든 하지 않았든 상관없이, 중요한 점은 광서제가 분명히 무근전을 개관할 마음을 먹었고 캉유웨이와 량치차오 등 유신파도 계속해서 광서제를 선동해 무근전을 개관하려 했다는 사실이다. 왜냐하면 무근전[의정국議政局이라고도 함]을 개관해야만 캉유웨이와 량치차오 등이 비로소 권력 중추로 들어가 실제적 정치권력을 장악할 수 있을 것이기 때문이었다. 소위 무근전은 궁중의 한 전각으로 건청궁乾淸宮 서쪽에 있고 모두 세 칸 건물이며 명나라 가정嘉靖 연간(1522~1566)에 건축되었다. 무근전 남쪽에는 월화문月華門이 있고 이 문을 통해 양심전養心殿으로 출입할 수 있다. 월화문 남쪽은 내주사처內奏事處이고 다시 남쪽으로 내려가면 바로 남서방南書房이다. 명대 예부상서 하언夏言이 '무근'이라 편액했는데 "무학근정懋學勤政[학문에 힘쓰고 정사에 부지런함]"에서 뜻을 취했으며, 도화圖畫

와 역사책 그리고 왕실 문서를 보관하는 용도로 사용했다고 한다. 청나라로 들어와서도 명나라 제도를 답습하여 도서와 서예 작품을 무근전에 보관했고 강희제도 바로 이곳에서 독서를 했다. 윈위딩惲毓鼎은『숭릉전신록崇陵傳信錄』에서 이렇게 말하고 있다. "함풍 중엽 허추타오何秋濤 푸젠 주사福建主事가『삭방비승朔方備乘』을 바치자 그를 무근전에서 임시로 근무케 하는 조칙을 내렸다. 동치 이후에 무근전을 오래 비워두자 남서방 신료들만 때때로 그곳에서 황제의 명령에 응하여 문서를 지었는데 건물이 남재南齋와 이어져 있었기 때문이다." 광서제가 무근전 개관을 마음먹은 목적은 "캉유웨이, 량치차오, 황사오지黃紹箕15 등 8명을 뽑아 대기하게 한 뒤 황제가 퇴조 후에 자리를 마련해 정사를 토론하려는 데 있었다."(『무술변법』 1, 477쪽) 이는 바로 광서제가 실질적 권력을 갖지 못한 상황에서 무근전을 개관해 자신의 권력 공간을 창출하려는 시도였다.

황실 기록에 따르면, 광서제는 29일 이화원 낙수당樂壽堂으로 가서 자희태후에게 문안을 여쭙고 수라를 함께했다고 한다. 이 사이에 아마도 무근전 개관 생각을 밝힌 듯하지만 자희태후는 동의하지 않았다. 권모술수에 능한 이 늙은 태후는 황제가 무엇을 하고 싶어하는지 분명하게 파악하고 있었다. 게다가 자희태후 입장에서 광서제의 생각은 당시 정치체제에 대한 도전이거니와 그녀 자신의 권력에 대한 도전이어서 절대로 동의할 수 없는 일이었다. 더욱이 열흘 전에 광서제가 분노해 예부상서 화이타부懷塔布와 쉬잉쿠이 등 여섯 당상관을 파직하는 동시에 예부주사 왕자오가 강경한 어조로 예부 당상관을 과감하게 공격하면서 국사에 대해 의견을 상주하자, 그에게 3품 품계를 상으로 내리고 4품 경당후보京堂候補로 임명한 일이 있었음에랴. 자희태후는 이 일로 머리끝까지 분노하여 광서제의 태도가 매우 불경하다고 보고 그의 권력을 빼앗으려 했다. 이런 상황에서 또다시 광서제가 무근전 개관 의견을 제기하자 자희태후는 무근전이 총리아문과 군기처 외에 또 하나의 황제 권력 중심으로 작용하며 자신의 권력 기반에 엄중한

---

15 원문에는 '黃紹基'로 되어 있으나 이는 '黃紹箕'의 잘못이다.

위협을 가한다고 생각하고는 무근전 개관을 아주 단호하게 반대했다. 자희 태후의 이러한 태도는 이튿날 광서제가 보인 반응에서도 분명하게 드러난다. 광서제는 일말의 불안감까지 표출하고 있다. 이 때문에 그 이튿날 광서제는 양루이를 불러 비밀 조서密詔를 내렸다.

광서제의 비밀 조서

그러나 이 비밀 조서의 구체적 내용은 선통 원년(1909)에야 세상에 공개되었다. 뤄둔룽羅惇曧이 쓴 『빈퇴수필賓退隨筆』에는 다음 내용이 있다. "선통 원년 양루이 아들이 도찰원으로 가서 상소를 올리고 덕종[광서제]의 긴급 재가를 요청했다. 상소문이 올라가자 감국監國이 경친왕 이쾅에게 어찌할 것인지 물었고 이쾅은 이 상소문을 밖으로 공포해 지하에 계신 효흠황후孝欽皇后[서태후]의 마음을 상하게 해서는 안 된다고 했다. 이에 [상소문을] 사관史館에 보내 보호 조치를 하라고 했을 뿐 양루이를 긍휼하게 여기지도 않았다. 이 조서는 당시에 채록한 사람이 많았다. 룽 현榮縣의 자오야오성趙堯生[자오시趙熙]과 펀양汾陽의 왕수형王書衡[스퉁式通] 등이 이 시기를 전후로 이 조서를 채록해 공개했다. 이를 통해 당시 덕종은 절대로 서태후를 폐위하려는 마음을 먹지 않았지만, 완고파 인사들이 유언비어를 날조해 변법파 신료들의 죄를 무겁게 하려 했음을 알 수 있다."(『무술변법』 2, 92쪽) 캉유웨이와 같은 해 과거에 급제한 광시 출신 자오빙린趙炳麟도 이 비밀 조서를 채록한 사람이다. 그가 『광서 대사 회감光緒大事匯鑑』에 채록한 내용은 많은 학자가 현재까지 전해오는 관련 기록 중 가장 좋은 판본으로 인정하고 있다.

근래 짐[광서제]이 황태후[서태후]의 뜻을 우러러 살펴보니, 변법의 철저한 시행을 원하지 않거니와 저 황당무계하고 흐리멍덩한 대신들을 파직한 뒤 사리에 통달하고 영용한 인물을 등용하여 정사를 논의하려 하지도 않는다. 이에 민심을 잃을까 두렵다. 비록 짐이 여러 차례 칙지를 내려 기풍을 정돈하려 하였고 또 수시로 완곡하게 간언을 올리기도 하였지만, 태후의 뜻은 이미 단단하게 굳어진 상태라 끝내 나랏일을 구제하지 못할까 두렵다. 짐이 19일에 재가한 유지도 황태후께선 너무 지나친 일이라 여기고 있다. 이 때문에 일을 서서히 도모하지 않을 수 없게 되었으니, 이것이 근래 실제 어려워진 상황이다. 중국이 허약함이 겹겹이 쌓여서 떨쳐 일어나지 못하고 있고, 그것이 결국 나라 위기가 되고 있다는 사실을 짐도 어찌 모르겠느냐? 이 모든 일은 저들 패거리의 과오로 말미암은 현상이다. 그러나 짐은 일단 통절하게 칙지를 내려 낡은 법을 모두 바꾸고 저 흐리멍덩한 인사들을 깡그리 파직하고자 한다. 그러나 짐의 권력이 진실로 충분하지 못하다. 결국 이처럼 변법을 시행하면 짐의 보위도 보존할 수 없을 것인데 하물며 다른 일이야 말해 무엇하겠느냐? 지금 짐은 네[양루이]게 묻고자 한다. '어떤 좋은 대책이 있어 낡은 법을 완전히 바꾸어, 늙고 멍청한 대신들을 남김없이 퇴출한 뒤, 사리에 통달하고 영용한 인물을 등용하여 정사를 논의하게 하며, 중국을 위기 상황에서 안정된 상태로 전환하고, 중국의 허약한 국력을 부강하게 바꾸면서도 황태후의 뜻을 거스르지 않을 수 있겠느냐?' 너는 린쉬, 류광디, 탄쓰퉁 및 여러 동지와 신속하게 상의한 뒤, 몰래 밀봉 상소를 써서 군기대신을 통해 대신 전달토록 하라. 짐이 심사숙고한 후 다시 처리하도록 하겠다. 짐은 진실로 초조하게 간절히 바라는 마음을 이기지 못하겠다. 이에 특별히 유지를 내리는 바이다. (자오빙린, 『광서 대사 회감』 권9, 『무술백일지』, 528~529쪽에서 재인용)

이 글을 보면 당시 상황이 이미 매우 긴박했음을 알 수 있다. 게다가 7월 27일 당일 긴급한 일이 또 한 가지 발생했다. 바로 후난 거인 쩡롄이 도찰원에 캉유웨이와 량치차오를 탄핵하는 상소문을 올리고 황제에게 전달해달라고 요청한 일이었다. 아울러 그는 량치차오 등이 시무학당 과제에 써놓은 비평어를 발췌해 조목조목 반박문을 작성하고, 이야말로 캉유웨이와 량치차오가 민권 및 평등 학설로 민심을 유혹한 증거라 주장했다. 쩡롄은 심지어 황제에게 이렇게 요청했다. "캉유웨이와 량치차오를 참수하여 사특한 언론의 길을 막으십시오. 그런 연후에야 천하 인심이 저절로 고요해지고 국가도 저절로 평안을 되찾을 수 있을 것입니다."(『무술변법』 2, 493쪽) 량치차오는 『무술정변기』「류광디전劉光第傳」에서 광서제가 쩡롄의 상소문을 읽은 후의 상황을 기록해놓았다. "법률을 심하게 왜곡하여 무고한 사람을 엮어넣고 반역자라 하고 있다." "서태후께서 이 글을 보고 예측할 수 없는 분노를 터뜨릴까 두려우니, 이 상소문을 위루裕祿에게 주고 다시 탄쓰퉁에게 전하게 한 뒤 조목조목 상세하게 반박문을 작성하게 하라. 탄쓰퉁은 반박문에서 이렇게 말했다. '신臣 쓰퉁은 먼저 죄 받기를 청하옵니다.' 류광디도 탄쓰퉁과 군기처에서 함께 2반으로 근무하고 있어서 나란히 서명을 한 뒤 말했다. '신 광디도 먼저 죄 받기를 청하옵니다.' 이 때문에 탄쓰퉁은 [류광디에게] 존경의 마음을 품고 놀랍게 생각했다."(『음빙실합집·전집』 제1권, 105쪽) 그러나 마오하이젠茅海建 등의 연구에 따르면 실제 상황은 이러했다. 당일 류광디와 탄쓰퉁은 함께 근무하다가 쩡롄이 올린 상소문을 보았다. 탄쓰퉁은 규정에 따라 먼저 '자신의 의견簽語'을 써넣었다. "신 쓰퉁은 저의 모든 논리를 다해 캉유웨이와 량치차오의 충성을 보증합니다. 만약 쩡롄의 말이 사실이라면 신 쓰퉁은 먼저 죄를 받겠습니다." 류광디도 그 글을 보고 자기 이름을 쓴 뒤 "신 광디도 먼저 죄를 받겠습니다"라고 기록했다. 광서제는 그들의 의견을 읽고 나서 사태가 확대되는 걸 원치 않았기 때문에 마침내 이 상소문을 '유보'해두라고 한 뒤, 상소문을 자희태후에게 전달하지 말라고 어명을 내렸다. 결국 지금 우리가 볼 수 있는 청 황실 문서에서는 쩡롄의 이 상소문을 찾아볼 수 없다. 이 상소문은 탄쓰퉁이 소각했다고 전해진다. 하지만 이 상소문이 사회적으로 널리 유포된 것을 보면 [상소문을] 도찰원에서 황제에게 올리기 전에 이미 많은 사람이 베껴서 전했음을 알 수 있다.(『갑오에서 무술까지: 캉유웨이의 '아사' 감주』, 679쪽)

쩡롄이 캉유웨이와 량치차오 탄핵 상소를 올린 일은 무술정변의 서막 또는 전주곡이라 할 수 있다. 광서제는 7월 30일 양루이에게 비밀 조서를 내리는 동시에 캉유웨이에게도 따로 비밀 조서를 내렸고 이 조서를 양루이가 가지고 나왔다고 전해진다. 8월 초2일이 되자 형세는 더욱 긴박해졌고 광서제는 조칙을 내려 "캉유웨이에게 더이상 시간을 끌며 관망하지 말고 신속하게 상하이로 가라고" 재촉했다. 또한 다시 캉유웨이에게 비밀 조서를 내리고 린쉬를 통해 전달하고 이렇게 당부했다. "몸을 아껴 스스로 조섭을 잘하도록 하라. 그리하면 장래에 다시 국가를 위해 말을 치달리며 함께 대업을 세울 기회가 있으리라."(『무술변법』 2, 97쪽) 이 비밀 조서가 바로 캉유웨이가 말한 '의대조衣帶詔'다.16 그러나 오늘날 다양한 연구에 따르면 캉유웨이 관련 이 두 비밀 조서는 모두 나중에 캉유웨이가 위조한 것이다. 진짜로 확인되는 것은 바로 광서제가 양루이에게 내린 조서뿐이다. 8월 초2일 광서제가 린쉬를 인견할 때는 단지 '구두 조서口詔'만 내렸던 듯하다. 여기에서 드러나는 광서제의 의도는 매우 분명하다. 바로 단호하게 개혁을 추진하면서도 서태후를 만족시킬 완전한 방법을 찾으려는 것이었다. 광서제의 말은 요지가 이러하다. '근래 황태후의 뜻을 헤아려본 결과 [황태후가] 법을 바꾸려 하지 않을 뿐만 아니라 노신들을 쫓아내고 신인을 기용하려고도 하지 않는다. [내가] 19일 예부의 여섯 당상관을 파직한 일도 황태후는 너무 지나친 처사라고 생각한다.' 이어서 광서제는 이렇게 탄식했다. "짐은 일단 통절하게 칙지를 내려 낡은 법을 모두 바꾸고 저 흐리멍덩한 인사들을 깡그리 파직하고자 한다. 그러나 짐의 권력이 진실로 충분하지 못하다. 결국 이처럼 변법을 시행하면 짐의 보위도 보존할 수 없을 것인데 하물며 다른 일이야 말해 무엇하겠느냐?" 그리하여 광서제는 유신파 인사들에게 낡은 법을 완전히 바꾸어, 늙고 멍청한 대신들을 퇴출한 뒤, 사리에 통달하고 영용한 신인을 정사에 참여시킬 좋은 대책이 있느냐고 묻고 있다. 즉 "중국을 위기 상황에서 안정된 상태로 전환하고, 중국의 허약한 국력을 부강하게 바꾸면서도 황태후의 뜻을 거스르지 않을 수 있겠느냐?"는 것이다. 광서제는 마지막으로 네 명의 장경과 여러 동지가 잘 상의해 타당하고 실행이 가능한 방법을 찾아주기를 바라면서 "짐은 진실로 초조하게 간절히 바라는 마음"이라고 토로했다.

하지만 이들 몇 사람은 광서제를 곤경에서 구해줄 더 좋은 방법을 찾아

---

16 임금의 분부를 비밀리에 임금의 옷에 싸서 전달하는 조서.

내지 못했다. 양루이가 비밀 조서를 가지고 나온 후 과연 장경들과 상의를 했는지 여부조차도 이제는 더 확인할 방법이 없다. 린쉬는 8월 초3일 새벽이 되어서야 이 두 비밀 조서를 캉유웨이가 거처하는 난하이회관으로 가져가서 그에게 좋은 방법을 찾아주기를 바랐다. 마침 탄쓰퉁도 그 자리에 있었다. 그는 또 량치차오, 쉬즈징, 쉬런징, 캉광런 등도 불러왔다. 위안스카이 휘하에서 줄곧 군무를 자문하던 쉬스창徐世昌도 그 자리에 참여했다. 그들은 한바탕 통곡한 후 방법 하나를 생각해냈다. 위안스카이에게 근왕병을 일으켜달라고 요청하는 것이었다. 『캉난하이 자편 연보』에 그날 상황이 상세히 기록되어 있다.

초3일 아침 툰구曒谷[린쉬]가 황제의 비밀 조서를 가지고 왔다. 꿇어앉아 [조서를] 읽고 난 후 통곡하며 비분강개에 젖었다. 비밀 상소문을 초안하여 황은에 감사를 표하고 목숨을 걸고 황상을 구하겠다고 맹세했다. 툰구에게 그 비밀 상소문은 가지고 돌아가 어명에 응답하게 했다. 아울러 [나는] 초4일에 출발해 도성을 나갈 것이며 관보를 이용해 사태에 대비할 것이라고 [황상께] 보고하게 했다. 29일에 황상께서 양루이에게 궁궐 밖으로 가지고 나갈 비밀 조서를 전달했는데, 양루이는 놀랍고도 두려워서 어떤 계책을 세워야 할지 알지 못했다. 그리하여 그 비밀 조서 또한 이날 린툰구[린쉬]를 통해 전달되었다. 나는 푸성[탄쓰퉁]과 함께 꿇어앉아 [조서를] 읽고 난 후 통곡했다. 쥐루[량치차오] 및 두 서 씨徐氏[쉬즈징, 쉬런징] 그리고 유보[캉광런]를 불러와서 황상을 구원할 대책을 마련하도록 했다. 위안스카이 막료인 쉬쥐런徐菊人[쉬스창]도 왔다. 이에 나는 그와 함께 통곡하며 그의 마음을 움직였다. 쉬쥐런도 울었는데 많은 사람이 통곡하면서도 울음소리는 내지 못했다. 탄푸성을 위안스카이 거처로 보내 근왕병을 일으켜달라고 하고, 아울러 결사대 수백 명을 거느리고 궁궐 오문午門으로 들어가서 룽루를 살해하고 수구파를 제거해달라고 부탁하게 했다. (『캉난하이 자편 연보』[외 2종], 59쪽)

위안스카이에게 구원을 부탁하다

탄쓰퉁은 당일 저녁 바로 위안스카이의 베이징 거처인 둥청東城 바오팡후퉁報房胡同 법화사法華寺로 갔다. 이 일은 위안스카이가 쓴 『무술일기戊戌日記』에 상세히 기록되어 있다. 탄쓰퉁은 그곳에서 위안스카이에게 자신들의 계획을 자세히 설명했다. 위안스카이는 탄쓰퉁이 한 말과 행동을 기록으로 남겨두었다.

그리고 바로 명함식으로 된 쪽지 한 장을 내놓았다. 룽루가 궁궐 내에서 임금을 폐위하고 시해하려는 음모를 꾸미며 대역무도한 짓을 자행하려 하는데, 조속히 [룽루를] 제거하지 않으면 황상의 보위를 보존할 수 없고 생명도 보존할 수 없다고 했다. 또 위안스카이에게 초5일 황상을 뵙고 부임 인사를 하면서 면전에서 긴급한 조칙 한 통을 재가받으라고 했다. 그리고 군사를 이끌고 톈진으로 갈 때 룽루를 만나 그 조칙을 꺼내 읽고 즉시 법을 집행하라는 것이었다. 또 곧바로 위안 아무개는 즈리 총독 직을 대신해 막료들에게 황상이 내린 조칙을 전하고 그것을 밖에 내걸어 룽 아무개의 대역무도한 죄상을 널리 알리라고 했다. 이어서 곧 전신과 철도를 봉쇄하고 신속하게 위안 아무개의 군사를 베이징으로 들어오게 한 뒤 그 절반으로 이화원을 포위하고 다른 절반으로는 궁궐을 지키게 하면 대사를 결정할 수 있을 것이라고 했으며, 만약 이 대책을 따르지 않으면 황상 앞에서 죽겠다고 했다. (『청 조정 무술조변기』[외 3종], 67~68쪽)

그러나 위안스카이는 속임수에 능하고 잔꾀가 많아 탄쓰퉁에게 전혀 구체적인 대답을 하지 않고 실속 없는 말로만 응대할 뿐이었다. 이튿날 아침 탄쓰퉁은 숙소에서 자신을 찾아온 비융녠畢永年을 만났다. 탄쓰퉁은 그에게 "위안이 아직도 허락하지 않고 있지만 거절하지도 않고 있으니 [그가] 천천히 시행하려는 듯합니다"라고 했다. 그러나 비융녠은 이 말을 듣고 "사태가 지금 잘못되고 있다"라고 생각하고 당일 정오에 난하이회관에서 빠져나와 거처를 닝샹회관寧香會館으로 옮겼다.(비융녠, 『궤모직기詭謀直紀』를 보라. 『갑오에서 무술까지: 캉유웨이의 '아사' 감주』, 761쪽 참고.) 바로 이틀 전 탄쓰퉁은 또 탕차이창에게 전보를 쳐서 가능한 한 빨리 사람들을 데리고 베이징으로 와서 자신을 도와달라고 했다. 전해오는 말에 따르면, 탄쓰퉁은 입경 전에 거라오회 회원들과 접촉한 적이 있어서 탕차이창과 비융녠에게 그들과 연락하라고 부탁했고 그럼 몇십 명이 기꺼이 자신의 휘하로 들어와 지휘를 받을 것이라 했다고 한다. 탄쓰퉁은 이뿐만 아니라 대도大刀 왕우에게 궁궐로 들어와 광서제를 구출할 방법과 조치를 취해달라고 부탁했다고 한다.

후쓰징胡思敬도 탄쓰퉁이 "이화원을 포위·공격하여 서태후를 구금하자"는 계획을 가장 먼저 제기했다고 보았다. 그는 『무술이상록』에서 당시 상황을 생동감 있게 기록하고 있다. "탄쓰퉁은 캉유웨이를 침실로 이끌어들여 희미한 재로 글을 쓰면서 위안스카이를 자신들의 파당으로 끌어들이자고 비밀 모의를 했다. 위안스카이 위하의 신군新軍을 이용해 이화원을 포위하고 군사력으로 서태후를 겁박한 후 마침내 구금하자는 계획이었다. 캉유웨이는 탄쓰퉁의 손을 잡고 오랫동안 그를 바라보다가 물었다. '모후의 완고함이 저와 같은데 겁박할 수 있겠는가?' 탄쓰퉁이 말했다. '이는 군사력으로 간언을 올리는 것입니다. 일이 성공하면 저 스스로 형부에 구금을 청하겠습니다. 옛사람들도 이 같은 일을 행한 적이 있습니다.' 이튿날 이 계획을 량치차오와 린쉬에게 알리자, 량치차오는 좋다고 했고 린쉬는 위안스카이가 속임수에 능하고 잔꾀에 밝으므로 일이 성공한 후에도 그를 제어하기 어려울까 두려우니 둥푸샹董福祥을 초청해오자고 했다. 그러나 탄쓰퉁은 안 된다고 했다."(『무술이상록』 권2, 『무순변법』 1, 377쪽 참고) 우리는 이 기록을 저자가 고의로 편집해넣은 에피소드로 간주할 수도 있지만 그 가능성을 완전히 배제할 수는 없다. 적어도 탄쓰퉁의 성격에 비추어보면 그는 능히 이런 말을 하고도 남을 사람이었다.

1898년 8월 초6일 무술정변이 발생했을 때, 량치차오는 류양관의 탄쓰퉁 거처에 있었다. 탄쓰퉁은 공교롭게도 전날 난하이회관에서 류양관으로 거처를 옮긴 터였다. 그들이 대책을 상의하고 있을 때 갑자기 어떤 사람이 달려와 캉유웨이의 난하이회관 거처가 수색을 당했고 자희태후가 캉유웨이와 캉광런 체포령을 내렸다는 소식을 전했다. 마침 캉유웨이는 어제 베이징을 떠난 뒤였다. 당시 탄쓰퉁은 조용하고 안정된 모습으로 량치차오에게 말했다. "이전에는 황상을 구하려다 구할 수 없었고 지금은 스승님을 구하려다 구할 수 없어졌으니 나는 이제 할 일이 없고 죽음만 기다릴 뿐이네!"(『음빙실합집·전집』 제1권, 108쪽) 이때 그는 이미 죽을 마음을 굳히고 있었다. 탄쓰퉁은 또 량치차오에게 말했다. "천하의 일은 안 될 줄 알면서도 해야 하는 법이네. 그러니 자네는 일본공사관으로 들어가서 이토 씨[이토 히로부미]를 만나 상하이로 대신 전보를 쳐서 스승님을 구해달라고 부탁하게." 량치차오는 탄쓰퉁의 의견을 받아들여 당일 바로 일본공사관으로 갔고 그날 저녁 그곳에 묵었다. 탄쓰퉁은 "온종일 문 밖으로 나가지 않고 체포를 기다렸다." 그러나 그날 그를 체포하러 온 사람은 없었다. 이튿날 그는 또 일본공사관으로 가서 량치차오를 만나 일본으로 가라고 권했다. 그리고 그때 자기 저서와 시문 원고 몇 책冊 및 가족 간에 주고받은 서신 약간 편도 가져가달라고 부탁했다. 이때 탄쓰퉁은 량치차오에게 다음처럼 말했다. "도피하는 사람이 없으면 장래를 도모할 방법이 없고, 죽는 사람이 없으면 성군에게 보답할 방법이 없네. 지금 난하이 선생의 생사도 점칠 수 없는 형편이니 정영程嬰도 있어야 하고 공손저구公孫杵臼도 있어야 하며, 겟쇼月照 스님도 있어야 하고 사이고 다카모리西鄕隆盛도 있어야 하네. 나와 자네는 그 임무를 나눠 맡아야 하네." 정영과 공손저구는 춘추시대 인물이다. [모함으로 가문이 몰살당한] 조씨 고아趙氏孤兒를 구출하기 위해 정영은 살았고 공손저구는 자신의 생명을 바쳤다. 겟쇼 스님과 사이고 다카모리는 일본 에도江戶시대 말기 인물로 유신변법에 참여했다가 실패한 뒤 절망하다 사이고 다카모리는 살아남았고 겟쇼 스님은 죽었다. 탄쓰퉁은 '정영과 공손저구, 겟쇼 스님과 사이고 다카모리'를 자신과 량치차오에게 비견하면서 자신들도 이 같은 선택을 할 수 있기를 바랐다.(앞의 책, 109쪽)

차이스커우를 피로 물들이다

탄쓰퉁은 1898년 8월 초8일 체포되었다. 량치차오는 애초 자신도 체포되어 사흘 안에 바로 피살될까 근심하며 일본공사관으로 가서 주중 대리공사 하야시 곤스케를 만나 정중하게 두 가지 일을 부탁했다. 광서제를 구하는 일과 캉유웨이를 구하는 일이었다. 그러나 하야시 곤스케와 이토 히로부미는 모두 량치차오를 먼저 구할 준비를 했다. 그들은 이렇게 말했다. "량 씨는 젊은 청년이므로 중국에는 고귀한 영혼입니다!"(『량치차오 연보 장편』, 156쪽) 대략 그 이튿날 량치차오는 사냥 나가는 일본인 복장으로 위장해 톈진 주재 일본 영사 정영창鄭永昌[神武光臣]의 보호하에 베이징을 떠나 신속하게 일본 군함 오시마호大島號를 탔다. 따라서 탄쓰퉁이 체포될 때 량치차오는 일본 군함 위에 있었다. 당시 량치차오는 혈혈단신으로 황망하게 일본으로 건너갔다. 나중에 그는 이렇게 묘사했다. "무술년에 나라를 떠날 때 소장하고 있던 서적과 저술 원고를 모두 잃어버렸다."(『음빙실시화』, 2쪽) 량치차오는 배를 타고 가는 동안 「거국행」이란 시를 지어 탄식했다. "군주의 은혜 동지의 원수 둘 다 갚지 못했나니, 적의 손에 죽는 이 그 누가 영웅이 아니랴? 생이별의 눈물 참고 나라 문을 나서서, 고개 떨구고 뒤돌아보지 않고 동쪽으로 떠나네君恩友仇兩未報, 死於賊手毋乃非英雄. 割慈忍淚出國門, 掉頭不顧吾其東."(『음빙실합집·문집』 45권 하, 2쪽)

당시 탄쓰퉁은 어쩌면 죽지 않을 수도 있었다. 량치차오가 설명하기로는, 당시 일본인들이 두 번 세 번 탄쓰퉁에게 일본으로 떠나라고 권했지만 탄쓰퉁은 이미 죽음을 결심하고 이렇게 말했다고 한다. "각국의 변법은 유혈로써 이루어지지 않은 게 없소. 그런데 지금 중국에서는 변법 때문에 피를 흘린 사람이 있다는 소문을 아직 듣지 못했소. 이것이 이 나라가 번창하지 못한 까닭이오. 이제 그런 사람이 있게 될 것이니 나 탄스퉁으로부터 시작하게 해주시오." 당해 연도 『지신보』에서 이 사건을 보도할 때도 탄쓰퉁의 이 말을 언급했다. 이것은 탄쓰퉁의 일관된 생각과 부합하는 행동이었다. 무술6군자는 8월 13일 차이스커우菜市口에서 참수되었다. 당시 탄쓰퉁은 겨우 34세였다. 량치차오는 당시 상황을 이렇게 말했다. "사형 집행일이 되자 구경꾼이 1만 명이나 모였다. 군[탄쓰퉁]은 비분강개했지만 굳건한 기상은 조금도 변하지 않았다. 당시 군기대신 강이가 사형을 감독하러 왔는데 군은 그를 앞으로 오라고 부르며 '한마디 할 말이 있다'고 했다. 강이가 듣지 않자 [군은] 조용하게 형을 받았다."(『음빙실합집·전집』 제1권, 109쪽) 또한 탄쓰퉁이 한마디 말을 남기고 죽었다는 기록도 있다. 항간에 비교적 널리 유포된 내용은 이러하다. "적을 척살할 마음을 품었건만 형세를 되돌릴 힘이 없다. 죽을 곳을 얻었으니 즐겁고도 즐겁도다!有心殺賊, 無力回天. 死得其所, 快哉快哉!"(『탄쓰퉁전집』, 287쪽) 또다른 관련 기록이 『지신보』 제103쪽에 보인다. "[탄쓰퉁은] 참형에 처하기 전에 군중에게 이렇게 부르짖었다. '오늘 목이 잘린 하나의 수급首級은 뒷날 반드시 일천 배의 사람으로 불어나 유신을 계속하게 될 것이다.'" 이것은 물론 탄쓰퉁의 희망이었다. 그가 반드시 죽고자 한 까닭은 자신의 죽음으로 더 많은 사람을 각성시켜 그들을 개혁과 변법 사업에 투신시키려 한 때문이다. 이 『지신보』의 보도를 증명해줄 티머시 리처드Timothy Richard의 기록도 있다.

그들이 형장으로 끌려갈 때 린쉬가 몇 마디 말을 할 수 있게 해달라고 부탁했으나 거절당했다. 그러나 탄쓰퉁은 그들의 허락 여부와 관계없이 용감하게 소리쳤다. 그는 다른 나라의 유신 지사들이 자신의 나라를 위해 희생했다는 소문을 듣고 사형 집행관에게 고함을 질렀다. '나라를 구하기 위해 나는 나의 피를 뿌리기를 원한다. 하지만 오늘 희생되는 모든 사람은 장차 수많은 사람으로 불어나 계속 유신을 추진하기 위해 떨쳐 일어날 것이고, 그들은 충성을 다 바쳐 네놈들의 찬탈에 반항할 것이다. (『무술변법』 3. 566쪽)

탄쓰퉁의 옥중 마지막 편지, 진짜인가? 가짜인가?

탄쓰퉁 사후 그가 옥중에서 캉유웨이와 량치차오에게 썼다는 마지막 편지가 신문 지상에 실려 널리 유포되고 나중에 『탄쓰퉁전집』에 수록되었다. 그러나 왕자오가 량치차오 사후 장이윈江翊雲과 딩원장에게 보낸 편지에서 탄쓰퉁의 마지막 편지는 량치차오, 탕차이창, 비융녠 세 사람이 위조한 것이라고 폭로했다.(『신해혁명』 2, 575쪽) 탕차이즈唐才質도 『무술문견록戊戌聞見錄』에서 당시 탕차이창에게서 직접 들은 내용을 기록하고 있다. 즉 탄쓰퉁의 마지막 편지는 량치차오의 손에서 나왔고, 량치차오가 편지를 위조한 목적은 "그 편지에 기대 근왕을 도모하고 간적奸賊을 주살하기 위해서"라는 것이었다. 일종의 정치적 필요 때문에 편지를 위조했다는 말이다.(『무술년 군기사장경 합보』, 236쪽)

탄쓰퉁이 지은 「옥중제벽獄中題壁」도 유명하다. 이 시는 량치차오에 의해 맨 처음 유포되었다. 량치차오는 『무술정변기』 「탄쓰퉁전」에서 아래와 같이 진술하고 있다.

> 군君이 옥에 갇혔을 때 옥중의 벽에 시 한 수를 썼다.

이 집 저 집 투숙하며 장검張儉[17]을 생각하고	望門投宿思張儉
죽음 임한 순간에도 두근杜根[18]을 기대하네.	忍死須臾待杜根
나는 칼을 비껴들고 하늘 향해 크게 웃나니	我自橫刀向天笑
떠나고 머무는 깊은 마음 두 곤륜崑崙이 서로 통하네.	去留肝膽兩崑崙

---

17 후한 말기 환제桓帝 때의 독우督郵(115~198). 당시 환관인 후람侯覽의 잔악함을 폭로했다가 모함을 당해 체포령이 내려지자, 벼슬을 버리고 도망쳐 문전걸식하며 목숨을 보전했다. 이러한 그의 행적에서 '망문투지望門投止'란 고사성어가 나왔다. '망문투지'는 다급하게 쫓기는 상황에서 인가의 문만 보이면 바로 그곳으로 들어가 임시로 난리를 피한다는 뜻이다. 매우 급박하게 쫓기는 처지를 비유한 고사성어다.

18 후한 안제安帝(106~125 재위) 때의 낭중郎中. 당시 등태후鄧太后의 섭정과 외척의 전횡을 비판하다가 등태후의 심기를 건드려 자루에 넣어 압사당하는 처분을 받았다. 그러나 형 집행인이 두근의 올곧음을 알고 그의 목숨을 구해주었다. 등태후가 주살된 후 어사로 복직했다.

이후에 량치차오는 『음빙실시화』에서 또한번 이 시를 수록했다.(『음빙실시화』, 14쪽)

량치차오는 위 시에 나오는 두 곤륜에 대해 이렇게 인식했다. "한 사람은 난하이[강유웨이]를 가리키고, 한 사람은 협객 대도大刀 왕우 즉 류양[탄쓰퉁]의 저작 「우톄차오전吳鐵樵傳」에 나오는 왕정이王正誼이다."

여기서 조금 달라진 것은 '망문투숙望門投宿'이 '망문투지望門投止'로 바뀐 점이다. 민국 초년(1912) 탄쓰퉁 후손들이 『추우연화지관총좌서秋雨年華之館叢胜書』를 간행할 때도 량 씨의 저서에서 이 시를 뽑아 넣었다. 다시 천나이간陳乃乾과 차이상쓰蔡尙思 등이 『탄쓰퉁전집』을 편찬할 때도 이 「옥중제벽」을 수록했다. 이 시는 줄곧 그 진실성을 의심하는 사람이 없었다. 그러나 1969년 타이완 학자 황장젠黃彰健이 이 시에 의문을 제기했다. 그가 의심하는 근거는 소설 『수상 캉량 연의繡像康梁演義』였다. 이 책 권4에 무술6군자인 린쉬가 사형을 당하기 전에 읊은 시 두 수가 기록되어 있다. 그중 한 수가 아래와 같다.

이 집 저 집 투숙하는 장검이 가련해라   望門投趾憐張儉
직간으로 상소해도 두근杜根에 부끄럽네.   直諫陳書愧杜根
손으로 칼을 던지며 하늘 향해 크게 웃나니   手擲歐刀仰天笑
남아 있는 죄명은 후인들이 다시 논하리라.   留將公罪後人論

황장젠 선생은 우선 이 시가 탄쓰퉁이 쓴 시임을 판정했지만 『수상 캉량 연의』에서는 작자를 오기해 린쉬가 쓴 시라 하고 있다. 동시에 그는 『수상 캉량 연의』에 기록된 탄쓰퉁의 시가 량치차오가 기록한 시보다 훨씬 더 믿을 만하다고 했다. 즉 무술정변 후 량치차오가 자신들의 황제 보위 입장을 선전하기 위해 고의로 탄쓰퉁의 민권 사상을 폄하했고 그 과정에서 탄쓰퉁이 쓴 시를 '윤색하고 개정했다'는 것이다. 하지만 황장젠도 『수상 캉량연의』가 결국 소설일 뿐이며 더구나 잘못된 글자도 아주 많다고 인정했으며 이후 베이징에서 중국 근대사 연구자들이 힘을 써서 탄쓰퉁의 초고본을 찾아주기를 희망했다.

1995년 6월 청 역사 연구자 쿵샹지 선생이 논문 「탄쓰퉁의 '옥중제벽' 시의 형부刑部 초본 발견 및 그 의의譚嗣同'獄中題壁'詩刑部傳抄本之發見及其意義」를 발표해 근대사연구소近代史研究所에서 찾아낸 「옥중제벽」 시의 무술년 초본을 공개했다. 이 초본은 『유암일초留庵日鈔』 속에 포함되어 있고, 이 책 저자는 당시의 형부 관리 탕쉬안唐烜이다. 탕쉬안은 광서 24년 8월 25일(1898년 10월 10일) 일기에 다음 기록을 남겼다.

25일, 맑음, 형부에 출근하다. 리쭤탕李左堂이 정오에 부임하다. 근무가 끝나고 거처로 돌아오다. 룬톈서실潤田書室에서 판주천樊竹臣을 만나 잠시 이야기를 나누다. (…) 형부에서 동료 주 군朱君의 말을 들으니 역적 탄쓰퉁이 체포된 후 지은 시가 있다고 했고, 그 내용은 다음과 같다고 했다.

이 집 저 집 투숙하며 장검張儉을 이웃하고   望門投宿鄰張儉
죽음 임한 순간에 나무뿌리 의지하네.   忍死須臾待樹根
나는 칼을 비껴들고 하늘 우러러 크게 웃나니   吾自橫刀仰天笑
떠나고 머무는 깊은 마음 두 곤륜이 서로 통하네.   去留肝膽兩崑崙

[위 시] 앞 두 구절은 가리키는 사람이 있는 듯하다. 아마도 같은 파당 중에서 죄를 짓고 도망 다니는 사람이 있어서 그를 위한 망외望外의 구원자가 있기를 바라는 듯하다. 마지막 구절은 그의 노복 중에서 그와 마음을 함께하는 자가 있음이 확실하다. 그러나 강인하고 사나운 기개가 28자 가운데 가득 흘러넘치고 있다. (『만청 일문 총고晚清佚聞叢考』, 200쪽)

탕쉬안의 이 기록은 진실로 믿을 만하다. 그는 광서 15년(1889) 기축년 과거에 2갑二甲 94명에 합격해 진사가 되었고 얼마 지나 형부주사刑部主事에 임명되었으며 그후 줄곧 형부에 근무했다. 그는 일기 쓰는 습관이 있었고, 무술정변 기간 그 사건을 친히 겪은 사람으로서 자신이 직접 보고 들은 사실을 다양하게 기록해두었다. 탕쉬안은 무술6군자가 형부 감옥에서 보여준 언행에 대해 더욱 상세한 기록을 남겼기 때문에 우리는 그의 기록을 믿지 않을 수 없다.

이와 같더라도 우리는 탕쉬안 기록과 량치차오 기록에 어떤 차이점이 있는지 다시 꼼꼼하게 살펴볼 필요가 있다. 첫째 구절 '망문투숙인장검望門投宿鄰張儉' 중에서 '숙宿' 자가 량치차오의『음빙실시화』에는 '지止'로 되어 있다. 이는『후한서·장검전後漢書·張儉傳』의 '망문투지望門投止' 원래 구절을 참조해 고친 것이다. 량치차오는 또 '인鄰'을 '사思'로 고쳐놓았다. 이는 다소 이해하기 어려운 부분이다. 만약 '인鄰'이 '연憐'과 통한다면 '연憐'이 '사思'보다 훨씬 의미가 깊다. 그러나 량치차오가 후자를 선택한 것은 그가 이 시에서 화약 냄새[전투 기미]를 줄이려는 의도로밖에 볼 수 없다. 이 점은 량치차오 자신도 부인하지 못할 것이다.

둘째 구절 '인사수유대수근忍死須臾待樹根'에서 '수근樹根'을 량치차오는 '두근杜根'으로 고쳤다. '수樹'와 '두杜'는 발음이 비슷해 잘못 듣고 틀리게 썼을 가능성이 많다. 량치차오는 역사에 밝았기 때문에 이 시어를 '두근'으로 생각했을 가능성이 있다. 두근도 후한 때 사람으로 당시 등태후鄧太后에게 상소를 올려 정권을 안제安帝에게 돌려주라고 요청했다. 등태후는 크게 노하여 그를 죽이려 했다. 다행히 두근은 형 집행 관리가 자신의 임무를 다하지 않고 그를 도망치게 해주어서 살아날 수 있었다. 탄쓰퉁도 어쩌면 자신이 죽은 후 조정에 두근을 본받은 사람이 나타나기를 바랐는지도 모른다. 그러나 '수근'을 차이스커우 사형장의 거대한 나무뿌리 즉 사형수 목을 자를 때 받침대로 사용하던 거대한 나무뿌리로 해석하는 건 지나친 견강부회로 보인다.

셋째 구절 '오자횡도앙천소吾自橫刀仰天笑'를 보면 량치차오가 '오吾'를 '아我'로, '앙仰'을 '향向'으로 고쳤다. 이 두 글자 개정은 전체 시의 뜻에 전혀 영향을 미치지 않는다. 하지만 평측과 사성四聲의 조정을 통해 시를 읽을 때 리듬감을 살리고 있다.

넷째 구절 '거류간담양곤륜去留肝膽兩崑崙'은 량 씨의 기록과 탕 씨의 기록이 동일하다. 이로써 우리는 량치차오가 『무술정변기』와 『음빙실시화』를 통해 배포한 탄쓰퉁의 「옥중제벽」 시가 신빙성이 있는 진짜 시임을 인정할 수 있다. 량치차오가 초록해 전하는 과정에서 몇 글자를 고치기는 했지만 전체 의미를 크게 해치지는 않았으므로 그것을 '의도적 왜곡'이라 할 수는 없다. 황장젠 선생은 쿵샹지 선생의 글을 읽은 후에도 그 내용을 그리 신뢰하지 않는 듯하다. 그리고 이 작품이 바로 탄쓰퉁이 옥중에서 쓴 시라는 사실도 전혀 인정하지 않는다. 그는 이 시를 무술년(1898) 8월 초7일 탄쓰퉁이 량치차오에게 "도피하는 사람이 없으면 장래를 도모할 방법이 없다"는 말을 하고 "작별 인사를 나눈 후"에 지은 작품으로 추정한다. 이로써 알 수 있듯, 이 논란은 아직 결론이 난 게 아니며 후인들의 더 명확한 연구를 기다려야 할 것으로 보인다. 그러나 황장젠이 '두 곤륜'을 '탄쓰퉁'과 '량치차오'로 해석한 것은 시인 탄쓰퉁의 본래 생각과 훨씬 잘 부합하는 듯하다. 당시에 한 사람은 떠나고 한 사람은 남았다는 사실이 너무나 명확하기 때문이다. 량치차오가 '두 곤륜'을 '캉유웨이'와 '대도 왕우'로 본 것은 다소 견강부회한 기미가 있다. 당시 량치차오에게 말로 표현하기 어려운 속사정이 있었는지도 모를 일이다.(이상 『만청 일문 총고』, 201~209쪽. 황장젠, 「탄쓰퉁의 옥중시를 논함─쿵샹지 선생과 상의함論譚嗣同獄中詩─與孔祥吉先生商榷」, 『무술변법사 연구』 하책, 808~818쪽 참조)

제8장

시대를 알고 사무에 통달하다: 량치차오와 왕캉녠

량치차오는 12세에 수재에 급제한 뒤, 바로 이듬해인 광서 11년(1885)에 혼자서 고향을 떠나 광저우로 가서 학문에 전념한다. 그는 이 시기를 전후해 뤼바후 선생과 천메이핑 선생을 스승으로 모셨고 나중에 또 스싱차오石星巢 선생 문하에서도 학문을 닦았다. 스싱차오 선생은 량치차오에게 매우 깊은 인상을 남겼다. 량치차오는 중년 이후 딸 량링셴[량쓰순]에게 보낸 편지에서 스싱차오 선생을 언급하고 있다. "이 어른은 구학舊學에 뛰어났다. 나의 15~16세 때 지식은 대부분 그분에게서 받은 것이다."(『량치차오 연보 장편』, 19쪽)

스싱차오(1852~1920)는 광둥 성 판위番禺 사람이다. 우리는 지금 그에 대해 자세히 알 수 없고 다만 그가 본명이 빙수炳樞이고 나중에 더펀德芬으로 개명했으며 싱차오는 그의 자라는 것만 알 수 있을 뿐이다. 동치 12년(1873) 즉 량치차오가 출생하던 해 그는 거인에 급제해 먼저 광시에서 지부知府를 지내고 그뒤 쓰촨 도원道員으로 옮겼다가 오래지 않아 광둥 고향으로 돌아와서 학문 강의를 본업으로 삼았다. 그는 광저우 청난城南 칭수이하오淸水壕에 거처를 짓고 그곳을 '석실石室' 또는 '조래산관徂徠山館'이라 불렀다. 이는 유래가 오래된 명칭이다. 북송의 유학 대가 석개石介는 봉부奉符[지금의 산둥 성 타이안泰安] 사람으로 그 경내에 조래산徂徠山이 있었다. 이 때문에 석개는 자신을 '조래 선생'이라고 칭했다. 그때부터 800년 후 스싱차오가 '조래'를 자신의 거처 이름으로 삼은 것은 단지 그의 성이 스씨石氏였기 때문만은 아니다. 더욱 중요한 점은 스싱차오가 석개 선생의 학문과 인격을 추모하며 본받고자 했기 때문이다.

당시에 광저우 성 안에는 5대 서원이 있었다. 학해당, 국파정사, 월수서원粵秀書院, 월화서원粵華書院, 광아서원廣雅書院으로 모두 매우 유명했다. 이 서원의 수석 교수를 산장山長이라 불렀고 그들은 모두 그 지방에서 신분이 높은 학자들이었다. 중앙에서 부임해오는 지방 장관은 먼저 그들을 찾아 존경심을 표해야 했다. 량치차오는 광서 13년(1887)에 학해당으로 들어가 학문을 닦다가 광서 16년(1890)에 학해당을 떠났다. 대체로 3년여 동안 그는 완전히 지식의 바다에 심취해 있었다. 그는 편입생으로 들어갔다가 나중에 정식 원생이 되었고, 동시에 국파정사·월수서원·월화서원 등에서 청강을 했다. 이곳에서 량치차오는 시야가 크게 넓어졌고 정신세계도 환하게 열리게 되었다. 이에 따라 "천지간에 첩괄 외에는 다른 학문이 있다는 걸 몰랐던" 그의 고루과문孤陋寡聞한 인식이 완전히 바뀌어 이제는 과거시험용 공부는 더이상 하지 않기로 했다.(『음빙실합집·문집』 제11권, 16쪽) '첩괄帖括'이란 무엇인가? 오늘날로 치면 바로 『고시 안내서考試指南』나 『토플 지름길托福捷徑』 같은 책이다.

학해당은 가경 연간 량광 총독 완원(1764~1849)이 개설한 서원이다. 완원은 청나라의 한 세대 학문 주류를 영남嶺南으로 옮겨왔다. 덕분에 광저우 학풍은 완전히 새롭게 변모했다. 량치차오는 아주 신속하게 학해당에서 가장 우수한 학생의 하나가 되었다. 그는 알리바바가 보물 동굴을 발견한 것처럼 탐욕스러울 정도로 새로운 지식을 흡수했다. 그러나 그는 쉽게 만족하는 사람이 아니었다. 여러 해 후 량치차오는 당시 자신의 학문을 이렇게 회고했다. "나 같은 사람은 성격이 학문을 좋아하기는 하지만 여러 지식을 널리 섭렵하는 데만 힘쓸 뿐 한 가지 분야에 전문적으로 파고드는 건 잘하지 못한다. 그래서 사사건건 여러 학문의 테두리만 맴돌다가 깊이 있는 공부는 하지 못했다."(『음빙실합집·전집』 제39권, 1쪽)

그래서 량치차오는 스싱차오 선생의 인격과 학문에 대해 소문을 듣고 나서 광서 13년(1887) 스 선생의 문하로 들어갔다. 스싱차오도 한학의 일맥을 이은 사람으로 그가 강의한 건 오로지 훈고와 사장에 불과했다. 그러나 량치차오는 스 선생에게 호감이 매우 컸던 듯하고 스싱차오도 총명하고 부지런한 이 제자를 아주 좋아하며 '탁락지사卓犖之士[출중한 인재]'라 불렀다. 광서 15년(1889) 량치차오가 거인에 급제한 후 스싱차오는 또다른 제자 왕캉녠에게 편지를 보내 이듬해 봄 량치차오가 회시 참가차 베이징으로 갈 때 그를 잘 돌봐주라고 부탁했다. 이렇게 보면 량치차오와 왕캉녠 사이의 친교는 애초에 스싱차오가 소개한 것이다.

같은 스승 밑 동문으로 깊은 우의를 맺다

왕캉녠汪康年(1860~1911)은 자가 랑칭穰卿으로 저장 성 첸탕錢塘 사람이다. 중년 이후에는 호를 이보毅伯라 했고 만년에는 또 스스로 후이보恢伯라는 호를 쓰기도 했다. 『다화녀茶花女』를 최초로 번역한 린수林紓는 '후이보'를 '시대 상황에 좌절했다灰心時事'라는 뜻으로 해석했다.(린수, 『왕랑칭 선생 묘지명汪穰卿先生墓誌銘』『왕랑칭 선생 전기汪穰卿先生傳記』, 5쪽) 왕캉녠과 량치차오는 정말 보통 인연이 아니었다. 같은 스승 밑 동문에다 광서 15년(1889)에 함께 거인에 급제한 사이이기도 했다. 다만 과거시험장이 왕캉녠은 저장에 있었고 량치차오는 광저우에 있었다는 점이 다를 뿐이었다. 왕캉녠은 광서 7년(1881) 스싱차오 선생에게 학문을 배우기 위해 제자로서 예의를 갖추었다. 이는 량치차오보다 6년이 빠르다. 광서 16년(1890) 둘이 베이징 회시에 함께 참가했을 때 왕캉녠은 31세였고 량치차오는 겨우 18세에 불과했다. 량치차오가 처음으로 먼 길을 떠나게 되자 스승으로서 스싱차오는 왕캉녠에게 자신의 어린 제자이자 그의 어린 후배를 잘 돌봐달라고 부탁했다.

량치차오와 왕캉녠은 이 회시에서 모두 낙방했다. 둘은 서로 다른 길을 따라 도성을 떠났다. 왕캉녠은 후베이로 길을 잡았다. 량후 총독兩湖總督 장즈둥이 자기 두 어린 손자를 가르쳐달라고 그에게 가정교사직을 부탁한 때문이다. 오래지 않아 자강서원自强書院에서 왕캉녠에게 교재 편집 일을 맡겼

왕캉녠(1860~1911). 자 랑칭, 호 이보 또는 후이보. 광서 연
간에 진사가 되었다. 만청 시기 저명한 출판가 겸 정론가다.

고 또 양호서원에서도 그에게 교원직을 맡겼다. 기실 이 모두는 장즈둥 막료생활의 일환이었다. 여기에서 그는 장즈둥 신변 인물 및 후베이 관리사회의 여러 인물과 친교를 맺고 인맥을 크게 넓혔다. 량치차오는 어떠했나? 그는 부친 량바오잉의 보살핌 아래 광둥으로 되돌아와서 공부를 계속하기 위해 준비했다. 상하이를 지날 때 그는 쉬지위가 편찬한 『영환지략』을 구입했다. 이 책은 세계 인문 지리를 소개하는 보급본으로 초판이 도광 29년 (1849)에 나왔다. 이 책에서는 지구를 도입부로 삼아 먼저 동반구와 서반구의 개황을 소개한 뒤 다시 아시아, 유럽, 아프리카, 미주 순서로 세계 각국의 풍토와 인정 및 영국 의회와 미국 독립전쟁 같은 서구 민주제도를 소개하고 있다. 새로운 지식에 호기심이 충만했던 량치차오는 신속하게 이 책속 지식을 흡수했다. 량치차오는 이때에야 비로소 중국이 세계의 중심이 아니며 5대주에는 다양한 국가가 있고 그들도 자기네 고유 문명과 문화가 있음을 알게 되었다. 상하이제조국上海製造局에서 번역한 다른 외국 서적도 량치차오의 흥미를 자극했지만 집안의 경제 사정이 좋지 못해 그의 소망을 만족시킬 수 없었다. 그는 새로운 책들을 바라보며 탄식만 할 뿐이었다. 이해 가을 량치차오는 학해당을 떠나 캉유웨이를 찾아뵙고 천첸추 등과 함께 캉유웨이에게 학당 개설과 학문 강의를 건의한 뒤 자신은 바로 그 만목초당 학생이 되었다. 이에 량치차오에게 비로소 서구의 저작을 더욱 많이 읽을 기회가 열렸다. 그가 만목초당에서 공부한 것은 광서 21년(1895) 봄까지였고, 이해에 '공거상서'라는 국가 대사가 발생했다. 그때부터 량치차오는 스승 캉유웨이의 신변을 수행하느라 더이상 만목초당으로 돌아올 기회가 없었고 그의 학생 생애도 막을 내렸다.

량치차오는 몇 년간 왕캉녠과 서신 왕래를 계속했고, 캉유웨이의 동생 캉광런을 왕캉녠에게 소개해주기도 했으며, 또 스승 캉유웨이의 저서『신학위경고』를 대신 팔아달라고 왕캉녠에게 부탁하기도 했다. 량치차오는 일찍이 이 책의 간행을 '태풍颱風'에 비견했다. 『신학위경고』는 그 영향이 주로 두 부문에서 드러났다. "첫째, 청나라 학문의 정통파가 딛고 서 있던 발판이 근본에서 흔들리게 되었다. 둘째, 모든 고서古書를 반드시 새롭게 점검하고 평가하려는 경향이 나타났다."(『청대학술개론』, 78쪽) 말하자면 사람들이 2000여 년 동안 받들어오면서 지금까지 신성불가침으로 여기던 경전, 즉 "한 사람도 감히 위반할 수 없고" "한 사람도 감히 의심할 수 없던"(『신학위 경고』, 2쪽) 경전에 대해 캉유웨이라는 사람이 나타나 그 모든 게 위조된 것이며 그 모든 게 가짜고, 그 모든 게 한 푼 가치도 없는 폐지에 불과하다고 외쳤던 것이다. 캉유웨이의 외침은 이들 경전에 의지해 밥벌이하던 문인들에게 인정받을 수 없었을뿐더러 이들 경전에 의지해 자신의 권력에 합법성을 부여하던 통치자들에게도 인정받을 수 없었다. 이 때문에 『신학위경고』는 오래지 않아 청 정부에 의해 판각이 금지되고 판형이 파괴되었으며 발행도 제한받았다. 이러한 상황에서 이 책의 대리 판매를 맡는 것은 상당히 위험한 일이었지만 왕캉녠은 량치차오의 부탁을 물리치지 않았다. 여기서도 두 사람의 우정이 절대 평범하지 않았음을 알 수 있다. 이러했을 뿐 아니라 량치차오는 또다른 편지에서 왕캉녠을 고무해 장즈둥의 철도 건설 주장을 지지하도록 했다. 철도 건설, 공장 건설, 기선 제조는 줄곧 양무파가 힘을 쏟아온 사업이었다. 양무파는 중국의 정치제도와 입국정신을 변화시키지 않는다는 전제하에 이러한 자강 사업을 통해 국가를 부강케 하려는 희망을 품고 있었다. 장즈둥은 바로 쩡궈판과 리훙장의 뒤를 이어 양무파의 실제적 영수로 활약하던 인물이었다. 이런 장즈둥이 때때로 대대적 자금을 동원해 학회 개설과 신문 창간에 도움을 준 것과 마찬가지로, 당시 량치차오도 철도 건설 사업에 흥미가 깊었다. 그는 왕캉녠에게 철도를 건설할 수 있으면 중국이 허약한 상황에서 벗어나 부강의 기회를 맞이할 거라고 주장했다.(『량치차오 연보 장편』, 30쪽)

왕캉녠은 광서 18년(1892) 베이징 회시에 참가해 전체 27등으로 급제했다. 그러나 급제 방이 나붙은 후 갑자기 발에 병이 나 걷기가 불편해 전시에 참가할 수 없었다. 왕캉녠은 2년이 지난 광서 20년(1894)에야 다시 베이징으로 가서 전시에 참가했고 마침내 3갑三甲 제61등으로 급제했다. 이때 량치차오도 가족을 데리고 베이징에 와 있었다. 그는 베이징에서 10월까지 머물며 적지 않은 현인·명사와 친교를 맺었다. 당시 중국과 일본은 조선에서 전쟁을 벌이고 있었지만 리훙장은 시간을 지연하며 군대를 파견하려 들지 않았고 외교상에서도 한 치도 양보하지 않아 결과적으로 전쟁 확대를 한몫 부추기고 있었다. 중국 해군은 황해해전에서 일본에 대패했고 얼마 지나지 않아 육군은 해군보다 더 심하게 패했다. 당시 베이징 분위기는 자라 보고 놀란 가슴 솥뚜껑 보고 놀라는 격으로 시 전체가 공황 상태에 빠져들고 있었다. 어쩔 수 없는 상황에 량치차오는 가족을 구이저우로 보냈다. 자신도 10월 6일 베이징을 떠나 남하해 광둥으로 귀향했다. 량치차오는 베이징에 머무는 기간에 왕캉녠을 직접 만난 것으로 보인다. 이후 왕캉녠은 전시에 참가한 후 신속하게 베이징을 떠나 후베이로 돌아간 터라 두 사람은 서신 왕래를 계속하며 각종 정보를 교환했다. 그중에는 특히 청일전쟁 소식이 포함되어 있었다. 이 기간 량치차오는 자신이 베이징에 머물 때 여러 차례 토론한 화제 즉 여러 부문의 사람과 연계하고 다방면의 인재를 발굴하는 문제를 거듭 거론했다. 아울러 이것이야말로 목전의 상황에서 가장 중요한 일이라고 주장했다.

이듬해(1895) 봄 량치차오는 다시 회시에 참가하기 위해 베이징으로 갔다. 이것이 그와 과거시험의 마지막 만남이었고 량치차오는 이후로 더이상 과거장에 나가지 않았다. 이때 리훙장은 국가 위기를 맞아 어명을 받들고 호부좌시랑戶部左侍郎 장인환과 전 순무 사오유롄邵友濂의 업무를 인계받아 일본으로 강화를 맺으러 갔다. 그는 일본과 「시모노세키 조약」을 체결하고 타이완과 랴오둥 반도를 일본에 할양함과 동시에 손해배상금 백은 2억 량을 지불하겠다고 했다. 이 소식이 베이징에 전해지자 중국인들은 모두 마치 자기 가슴에 날카로운 칼이 꽂힌 것처럼 마음의 고통을 참지 못했다. 4월 14일부터 거의 모든 과거 응시자가 도찰원으로 달려가 강화조약 반대 상소문을 올렸다. 당시 베이징에 모인 각 성 거인들은 1만여 명에 달했고, 그들은 모두 분노를 터뜨렸다. 캉유웨이는 마침내 '공거상서'운동을 제창해 영토 할양에 반대하며 변법유신을 요구했다. "량치차오도 밤낮으로 분주히 호소하며 연명으로 상소문을 올려 국사를 토론했다."(『음빙실합집·전집』 제1권, 113쪽) 『런궁 선생 대사기任公先生大事記』에도 기록이 있다. "을미년에 '공거상서'를 올려 변법유신을 요청했다. 제창한 사람은 캉난하이였지만 이를 성사시키려 분주하게 돌아다닌 사람은 량치차오 선생이었다. 그는 가장 큰 힘을 발휘했다."(『량치차오 연보 장편』, 37쪽) 이 일이 량치차오가 직접 정치운동에 참여하는 계기가 되었다. 공거상서가 미친 영향력으로 광서제를 포함한 조야의 상하 인사들은 모두 발분해 나라를 부강하게 하자는 언설을 쏟아내기 시작했다. 이 때문에 왕캉녠이 량치차오에게 편지를 보내 상하이로 가서 『역보譯報』를 창간하자고 요청했지만 량치차오는 베이징 정세에 이끌려 차일피일 결정을 미루며 몸을 움직이려 하지 않았다. 게다가 그는 이때 베이징에서도 신문을 창간하려 하고 있었다. 량치차오는 5월 중 왕캉녠에게 보낸 편지에서 이렇게 말했다.

> 조만간 도성에서 신문사를 창설하려 합니다. 대략 실마리도 잡혀 있고 현재 상황을 헤아려보니 성공할 수 있을 것 같습니다. (…) 이곳에서 또 학회도 개설하려 하는데 호응하는 사람은 더러 있지만 그 수는 매우 적습니다. 학회를 개설하려 생각해보니 신문이 없으면 안 될 것 같습니다. 신문에서 제기하는 여론이 민심으로 파고들게 되면 우호의 기풍이 머지않아 형성될 것입니다. (앞의 책, 40쪽)

『왕랑칭 선생 전기』와 『왕캉녠 사우 서찰』에서는 이 편지가 광서 22년(1896)에 쓰였다고 밝혀놓았다. 그러나 기실 이 편지는 1895년 5월 중순에 쓰였고 여기서 말하는 신문은 창간하기도 전에 끝난 『역보』를 가리킨다. 이 밖에 편지에서 언급하는 학회 개설과 『경세문 신편經世文新編』 편집은 모두 량치차오가 1895년에 베이징에서 추진한 일이었다. 10월 초 량치차오가 편지에서 말한 학회 즉 강학회가 베이징에서 성립되었고 강학회 회보인 『중외기문』도 『궁문초宮門鈔』에 끼워 발송하기 시작했다.[『궁문초』는 청대 관보로 조정 내각에서 발행했다. 내용은 주로 궁궐 동태와 관리 임면 등이었다. 궁궐 문을 통해 배포된 데서 '궁문초'라 했으며 '저초' '저보'라고도 했다.] 12월 중순 베이징과 상하이의 강학회가 폐쇄되고 나서 이 회보도 더이상 발행할 수 없었다.

이때 왕캉녠이 또다시 량치차오에게 편지를 보내 상하이에서 신문을 발행하자고 했다. 량치차오는 베이징을 떠나기 전 왕캉녠에게 보낸 편지에서 불만을 토로했다. "남과 북 두 곳 상황이 하나는 소인배에 의해 망가졌고 하나는 군자에 의해 망가졌습니다. [상황이] 몇 개월도 되지 않아 벌써 환상이 되고 말았으니 이러한 중국의 기운을 보고 더이상 무슨 말을 할 수 있겠습니까?" 량치차오도 신문 발행에 대해서는 이의를 달지 않았다. 다만 신문 발행이 성공하지 못할까 염려하는 상황이었는데, 성공할 수 있다면 [왕캉녠의] 얘기에 따르겠다고 했다. 그러나 성공하지 못하면 량치차오는 후난으로 갈 생각이었다. 그는 이렇게 말했다. "후난 성은 천하의 중심에 자리하며 선비의 기개도 가장 왕성합니다. 천바오전도 마침 그곳에 있으니 아마도 하늘이 아직 중국을 멸망시키지 않으려는 듯합니다." 량치차오는 왕캉녠과 천싼리 및 쩌우다이쥔의 관계가 괜찮은 것을 알고는 아직도 할 수 있는 일이 있으면 먼저 소통을 통해 그 일을 해야 한다고 희망했다.(앞의 책, 53쪽)

함께 『시무보』를 창간하다

량치차오는 광서 22년(1896) 3월 상하이에 도착해 『시무보時務報』 창간에 참여했다. 이전에 그는 함께 신문을 발간하자는 황쭌셴의 초청 편지 및 상하이로 오라는 스승 캉유웨이의 명령을 받았다. 그는 「삼십 자술」에서 당시 일을 회고하고 있다. "베이징에서 강학회를 개설하자 상하이에서도 뒤를 이었다. 베이징에서 강학회가 폐쇄되자 상하이에서도 [강학회가] 폐쇄되었다. 황궁두[황쭌셴]가 강학회의 뒤를 이어 신문사를 개설하자고 제창한 뒤 편지를 보내 나를 불렀다."(『음빙실합집·문집』 제11권, 17쪽) 당시 량치차오는 황쭌셴과 아직 만난 적이 없는 터라 무슨 우정이 있었다고는 말할 수 없고 단지 황쭌셴의 명성을 흠모하고 있을 뿐이었다. 그러나 량치차오는 마침내 후난을 버리고 상하이로 가 신문을 발간하고자 했다. 그 길을 선택한 가장

베이징 루쉰박물관魯迅博物館에 소장되어 있는 『시무보』. 1896년 량 치차오는 『시무보』를 주관하며 편집국장 자격으로 사설과 시사평론 을 써서 이 분야의 선구자가 되었다.

중요한 원인은 아마도 "캉 선생께서 그를 상하이로 불러 신문 창간을 통해 강학회 일을 이어가려 하셨기" 때문인 듯하다.(『음빙실합집·집외문』상책, 45쪽)

당시 상하이는 풍운아들이 모이는 곳이라 할 만했다. 왕캉녠은 캉유웨이가 편지와 전보를 보내 재촉하자 양호서원 교직을 사직하고 량치차오가 도착하기 한 해 앞서 상하이로 와 있었다. 왕캉녠은 캉유웨이가 주관하던 상하이 강학회 업무를 맡아보게 되었다. 황쭌셴은 조정의 조치로 잠시 장쑤에 머물며 기독교 관련 사건 및 상업 관련 각종 업무를 처리하고 있었다. 당시 그는 늘 상하이와 난징 사이를 왕래했다. 그때 마침 상하이 강학회가 강제로 폐쇄되는 사건을 목도했다. 황쭌셴은 본래 그 일에 열의가 없었다. 당초 캉유웨이가 상하이로 와서 강학회를 창립할 때 16명이 창립 회원으로 가입했는데 황쭌셴도 그 속에 이름이 당당하게 기록되어 있다. 하지만 그것은 량딩펀이 대신 서명한 것이다. 강학회가 강제로 해산된 뒤 결국 다시 일어나지 못하자 황쭌셴은 그것이 매우 수치스러운 일임을 깨달았다. 이 때문에 그는 "강학회 재기를 도모하려면 신문업에서 시작해야 한다"고 생각했다.(『인경려시초 전주』, 1215쪽) 황쭌셴의 생각은 왕캉녠과도 일치했고 아울러 마침 상하이에 들른 우지칭과 쩌우뎬수에게서도 지지를 얻어냈다. 이들 둘은 유신파 진영의 엘리트였다. 특히 우지칭은 황쭌셴, 왕캉녠, 량치차오와도 교분이 매우 깊었다. 그의 아들 우톄차오는 더더욱 량치차오와는 막역한 벗이었다. 량치차오가 도착하면서 신문 준비 업무는 더욱 긴박하게 진행되어 아주 신속하게 실마리를 잡아갔다. 량치차오는 뒷날 당시 상황을 이렇게 회고했다. 몇 사람이 "밤낮으로 이 일을 의논했다. 황궁두는 성금 1000위안을 신문 창간 비용으로 희사하면서 왕캉녠에게 말했다. '우리는 이 일을 진행할 때 한 사람의 일이 아니라 여러 사람의 일로 추진하면 쉽게 성공할 수 있을 것이네. 이 때문에 내가 내놓은 자금도 주식으로 만들지도 말고 차입금으로 생각하지도 말며 오직 이 사업을 완성하는 데만 써주기 바라네.'"(『음빙실합집·집외문』상책, 46쪽) 그런데 뜻밖에도 황쭌셴이 한 이 말은 결국 참언이 되고 말았다. 『시무보』가 발전하면서 그 영향력이 확대되자 나중에 정말 『시무보』를 왕캉녠이 자신의 개인 사업으로 삼으려는 분쟁이 일어났다.

최초의 『시무보』 창간 경비는 강학회 상하이 분회의 남은 자금 1200위안 및 황쭌셴과 쩌우뎬수가 희사한 성금 1500위안으로만 충당되었다. 당시 왕캉녠은 한 장짜리 일보日報를 발간하려고 힘을 쏟았다. 그러나 량치차오와 황쭌셴은 왕캉녠의 입장에 반대하면서 왕캉녠이 오직 "톈난둔써우天南遯叟와 우열을 다투려고만 한다"고 생각했다. 톈난둔써우는 바로 왕타오다. 그는 저명한 개량주의자 정론가로 황쭌셴과 오랜 친구였고 당시 『신보申報』 총주필을 맡고 있었다. 왕캉녠은 량치차오와 황쭌셴이 단호히 반대하자 잠시 일보 발간 생각을 접고 순보旬報[10일에 한 번씩 내는 신문] 발간에 동의했다. 그러나 그는 일보 발간 생각을 완전히 버리지 않고, 2년 뒤 『시무보』와 이름이 같은 『시무일보時務日報』를 상하이에서 창간했다. 이는 물론 나중 일이다. 당시 그들은 『시무보』 창간에 힘을 합쳐야 했다. 매월 세 번 발간하는 순간旬刊이 마침내 7월 초1일 정식으로 창간되었다. 왕캉녠은 경리經理를 맡았는데, 현재의 사장에 해당하고 주로 신문사의 재무와 경영과 관리를 책임졌다. 량치차오는 주필을 맡았는데, 현재의 편집장에 해당하고 주로 신문 내용의 편집과 안배를 책임졌다. 신문 출간 전 량치차오는 「공계公啓」 30조를 정해 황쭌셴의 감수를 거쳐 개정했다. 이 글은 6월 말 『신보』에 실렸다. "「공계」에 서명한 사람으로는 선생[황쭌셴] 및 우지칭[더쑤德潚], 쩌우뎬수[링한凌瀚], 왕랑칭汪穰卿[캉녠], 양런궁[량치차오] 등 모두 다섯이었다."(『인경려시초 전주』, 1216쪽) 「공계」는 4~5월에 작은 책자 형태로 편집되어 각지 동지들에게 우송되었다. [신문] 제1기를 창간할 때도 이 「공계」를 인쇄본으로 만들어 신문에 끼워 배달해서 신문 구독자들은 이 「공계」를 받아볼 수 있었다.

량치차오는 『시무보』를 잘 만들기 위해 심혈을 기울였다. 『시무보』는 열흘에 한 번씩 발행했으며 매번 30면 내외로 인쇄했다. "석판石版으로 연사지連史紙에 인쇄해 매우 선명하고 아름다웠다. 게재된 내용은 논설, 조칙과 상소, 도성과 지방 근황, 해외 신문 번역 등이었다. 이 중 해외 신문 번역이 전체 편폭의 2분의 1 이상을 차지했다."(『중국 신문학 역사中國報學史』, 103쪽)

『시무보』는 광서 22년(1896) 7월에서 광서 24년(1898) 6월까지 2년 동안 총 69기를 발행했다. 량치차오는 광서 23년(1897) 10월 후난 창사의 시무학당 총교습으로 초청받아 『시무보』를 떠났다. 그는 이보다 앞서 광둥과 우한 출장 4개월간을 제외하고는 모든 시간을 『시무보』 집필 활동에 쏟았다. 그는 뒷날 자신이 총편집으로 근무하며 무슨 일을 했는지 회고했다. "매 호마다 싣는 논설 4000여 자 집필을 맡았고, 동서양 각 신문 2만여 자 번역 윤문도 맡았다. 모든 상주문과 성명 등의 항목도 편집과 배치를 맡았다. 전체 신문 기사 교정도 직접 맡아봐야 했다. 열흘에 한 번씩 매 호 3만 자 분량 중에 내가 직접 쓰고 삭제하고 교정하는 양이 몇 만자는 되었고 그 나머지 부분도 글자마다 눈길을 주고 마음을 써야 했다. 6월 혹독한 더위에 양초조차 모두 흐물흐물 녹아내리는 시간에 홀로 작은 건물에 앉아 땀을 흘리며 집필에 몰두하느라 낮에도 밥 먹을 겨를이 없었고 밤에도 편히 쉴 겨를이 없었다. 기억하건대 당시 나 혼자서 맡은 일을 작년 이후로 비로소 7~8명에게 나누어 맡겼다."(『음빙실합집·집외문』 상책, 46~47쪽) 이 글에서도 당시 총편집 업무가 얼마나 많고 힘들었는지 알 수 있다. 사실 신문사 총편집이 매일 사설과 칼럼을 쓰는 전통은 덩퉈鄧拓의[1] 시대까지 계속되었는데, 이는 량치차오가 그 출발점이라 할 수 있다.

『시무보』 명성이 천하에 알려지다

어떻든 『시무보』는 『중외기문』보다 더 광활한 무대를 량치차오에게 제공했고, 그는 마음껏 문필을 휘날리며 재능을 발휘했다. 당시 그가 습득한 서양 학문 지식은 한계가 있을 수밖에 없었고, 장타이옌의 언급을 빌리자면 구학舊學에 대한 그의 바탕도 평범한 수준이었다. 그러나 량치차오는 새로운 지식을 흡수·소화하는 능력이 경악할 정도로 뛰어났고 언론 매체가 미치는 영향력에 대해 깨닫는 수준도 비범했다. 량치차오는 또 새로운 지식

---

1   중국의 뛰어난 언론인, 정론가, 역사학자, 시인 겸 수필가(1912~1966). 본명은 덩쯔젠鄧子健으로 푸젠 성 민허우閩侯 사람이다. 1949년 중화인민공화국 건국 후 『런민일보人民日報』 총편집 겸 사장을 지냈다.

에 지극히 민감하고 감수성도 예민해서 그의 글은 독자들에게 강력한 마력을 발휘했다. 후쓰징은 가벼이 량치차오에게 좋은 말을 해주는 사람이 아니었지만 부득불 다음 같은 사실은 인정하지 않을 수 없었다. "갑오년 전쟁으로 오랑캐에게 배상금을 물어준 뒤 조정의 정사는 매우 구차해졌다. 상하 모두가 그 폐단을 알고 있었지만 본조本朝의 문화 검열 정책이 엄격하고 여러 번 문자옥을 일으켰기 때문에 감히 붓을 들어 그 정책을 비난하는 사람이 없었다. 그런데 『시무보』가 창간되자 열흘에 한 번씩 매 호 수천 자 기사를 싣고 눈을 부라리며 잘못된 정책을 크게 꾸짖었다. 그것은 모든 사람이 밖으로 외치고 싶어하는 마음속 말이었다. 창장 강, 화이허淮河 강, 황허黃河 강, 한수이漢水 강 사이에 사는 사람들은 『시무보』 문장의 기이함을 좋아하여 다투어 그 문장을 전하며 암송하고 있다. 한 번에 신문 발행 부수는 1만7000여 부에 이른다. 이 때문에 캉유웨이 제자들은 기세가 드높아졌고 그들의 우익羽翼도 생겨나서 당화黨禍[당파로 인한 참화]가 잠복하기 시작했다."(『무술이상록』, 『무술변법』 1, 373쪽 참조) 후쓰징은 수구파 인사로 중화민국 건국 후 벌어진 장쉰의 황제복위운동에 적극적으로 참여했다. 그는 유신파 인사에 전혀 호감이 없었다. 그는 캉유웨이와 량치차오가 함부로 날뛰며 안팎으로 파당을 만들어 조정에 명 말 때와 같은 당화를 몰아올까봐 진정으로 근심했다. 바로 이와 같기 때문에 그가 량치차오의 사회적 영향력에 대해 묘사한 내용은 믿을 만하다.

리샤오단李肖聃은 량치차오를 이렇게 칭찬하고 있다. "그가 지은 『변법통의』는 수십만 자에 이르는데, 그 문풍은 위진시대를 출입하고 그 공려工麗함은 범울종范蔚宗[범엽范曄]과 매우 유사하다. 또한 궁쯔전이 정묘하다고 좋아하던 글을 본받고 진동보陳同甫[진량陳亮], 섭수심葉水心[섭적葉適], 마귀여馬貴與[마단림馬端臨]의 풍격에서도 도움을 받고 있다. 시대의 요점을 지적해 진술하면서 한결같이 평이하고 진실한 문풍을 보여주며 사이사이에 격동적인 어휘를 섞어넣고 있다. 경험이 풍부한 유학자들과 새로운 학문을 하는 어린 학생들이 모두 입을 모아 그를 칭찬하고 있다."(『성려필기星廬筆記』, 37쪽) 이처럼 아름답고 과장된 찬사도 우리는 이해하기 어렵다. 정전둬는 「량런궁 선생梁任公先生」에서 량치차오의 문풍에 대해 비교적 분명하고 쉽게 서술하고 있다. "량치차오가 지은 『변법통의』는 깊이 있고 박식하고 유창해 마치 전기가 사람의 문자를 빨아들이는 듯 당시 사람들이 말하고 싶어하면서도 입 밖으로 낼 수 없던 정론政論을 완곡하게 표현하고 있다. 따라서 당시 이 글의 영향력이 클 수밖에 없음은 너무나 당연했다. 그처럼 옛날 법도를 지키지 않고 동성파 문장도 아니고 육조六朝시대 문장도 아닌 기풍을 창조해, 붓 가는 대로 구속 없이 놀라운 새 문필을 선보이자 당시 문단에서는 실로 눈과 귀가 완전히 새로워지는 느낌을 받았다."(『량치차오를 추억하다』, 67쪽) 이는 물론 다음과 같은 원인 때문이었다. "당시는 민지가 아직 막혀 있었고, 선비들도 기풍이 쇠퇴해 활기가 없었다. 이에 지식인이란 자들도 아래에서는 날마다 과거시험용 문장 짓기 연습이나 하고, 위에서는 훈고와 사장에 힘을 쏟고 있었다. 그러나 량 씨는 날마다 '유신' '변법' '신민' '소년' '자강' '구국'에 관한 논설을 크게 부르짖었다. 또 그 사이에 세계적인 지식을 스며들게 하고 옛 철인들의 논리도 상세하게 설명했다. 그의 저작은 대체로 기세가 드높고 문장이 길며, 뜻이 진실하고 어휘가 쉽다. 게다가 '조리가 명확하고 필봉에 늘 정감을 담고 있어서 독자들에게 특별한 매력을 느끼게 해주었다.' 따라서 그의 문장 한 편이 발표되면 전국의 인사들이 다투어 암송했고 노숙老宿한 유학자들도 깊은 존경심을 표했다."(먀오펑린繆鳳林, 「량줘루 선생을 애도하다悼梁卓如先生」, 『량치차오를 추억하다』, 115쪽) 기실 이것도 당시 상당히 많은 사람이 갖고 있던 관점이었다.

청나라는 건국 이후 300년 동안 문화 검열 정책을 매우 엄격하게 시행하며 여러 차례 큰 문자옥을 일으켰다. 이 때문에 감히 공개적으로 현실 정치를 비판하는 사람이 아주 드물었다. 더구나 감히 글을 써서 조정을 비판하고 변법을 요구하고 군권君權을 제한하고 민권을 신장시키자고 공공연히 주장하는 사람은 더욱 드물었다. 나라가 갑오년 청일전쟁에서 패배하며 망국의 위기에 빠져들자 사람들은 하고 싶은 가슴속 말이 많은데도 감히 입 밖으로 발설할 수 없었다. 그런데 량치차오가 사람들이 하고 싶은 말을 하자 조정과 재야의 상하 인사와 진보적·보수적 인사를 막론하고 모두가 일시에 량치차오의 논설에 경도되었다. 저명한 보수파 인물로 뒷날 예더후이 등과 캉유웨이와 량치차오를 인정사정없이 공격해 사지로 내몬 후난 악록서원 원장 왕셴첸까지도 광서 23년(1897) 연초 악록서원 학생들에게 『시무보』를 높이 평가했다. "의론議論이 정밀하고 체제가 아칙雅飭하다[전아典雅하고 잘 짜여 있다]. 아울러 수시로 조칙과 상소문을 게재하며, 현실에 요긴한 내용도 채록하고 있다. 이를 통해 진실로 견문을 넓힐 수 있으며 자기 뜻을 계발할 수도 있으므로 목전에 우리가 읽지 않을 수 없는 신문이다." (『천인커 선생 연보 장편陳寅恪先生年譜長編』, 38~39쪽) 후난 순무 천바오전과 량후 총독 장즈둥은 한 걸음 더 나아가 '중요 문건'의 형식을 빌려 성省 전체의 모든 서원에서 공금으로 『시무보』를 구독할 것을 요청했으며 학생들에게도 진지하게 『시무보』를 읽을 것을 요구했다. 천바오전의 요청은 아래에서 보는 대로 구체적이면서 매우 주도면밀했다.

> 이제 본 순무[천바오전]가 관용 자금에서 조달하여 이 신문을 구입한 후 일부를 우송하노니 각 부청府廳과 주현州縣의 서원에 교부하여 보관하게 하라. 그리하여 학업 중인 여러 학생으로 하여금 이 신문을 차례로 돌려 보며 마음을 다해 연구하도록 하라. 병신년 7월 초1일 신문 창간 때부터 12월 11일까지 발행한 총 17책冊도 모두 보충하여 구비해놓도록 하라. 이후 매년 먼저 본 성 상업세 항목에서 신문 구입비를 전용하여 매달 송금하는 데 편리하게 하라. (앞의 책, 39쪽)

여기서 알 수 있듯, 전 성 각지 서원에 『시무보』 정기구독 외에도 이전 신문도 반드시 구비해놓을 것을 요청하고 있다. 이는 그들이 『시무보』를 중시하고 있으며 아울러 『시무보』가 독자 사이에서도 열렬히 환영받고 있다는 사실을 잘 설명해주고 있다. 이 기간 『시무보』는 총 발행 부수가 1만7000부 이상으로 치솟았다. 각지 관리들이 전폭적 지지를 보여주지 않았다면 이러한 경지에 이를 수 없었을 것이다. 그들이 택한 방법은 중국에서 관용 자금으로 신문을 정기구독 하는 선성先聲이었으며, 또한 이로 인해 각지 젊은 선비들이 새로운 학문과 지식에 큰 흥미를 갖게 했고, 아울러 중국 민족의 국가의식을 계몽하는 측면에도 큰 영향을 미쳤다. 이 때문에 "량 씨의 선전활동이 청 말 선비들의 사기 진작과 사상 해방에 실로 큰 역할을 했다"라고 말하는 것이다.(먀오펑린, 「량쥐루 선생을 애도하다」, 『량치차오를 추억하다』, 115쪽) 양무파인 장즈둥이라 하더라도 『시무보』의 초창기 상황을 언급할 때 다음 같은 사실을 인정하지 않을 수 없었다. "을미년(1895) 이후 지사와 문인들이 신문사를 창설하고 서양 신문을 널리 번역해 광범위한 토론의 참고자료로 삼았다. 이 일은 상하이에서 시작되어 각 성으로 퍼져나갔다. 내정, 외교, 학술 관련 내용이 모두 포함되어 있었다. 비록 논설의 순도純度는 한결같지 않았지만 그 내용은 견문을 넓히고 지기志氣를 기를 만했다. 또한 이것으로 구차하게 안일만 추구하는 독소를 씻어낼 수 있었고 장님 코끼리 만지는 맹목을 타파할 수 있었다. 이로써 우물 안 개구리 같은 편협한 인사와 산택山澤에 묻혀 사는 무지한 농민들이 비로소 신주神州[중국]가 있음을 알게 되었고, 백성을 착취하는 관리와 안개 속에 숨어 사는 유학자들이 비로소 현실 상황이 있음을 알게 되었다. 그것이 천지 사방에 뜻을 둔 남자가 추구하는 학문에 도움을 주지 않았다고 말할 수 없다."(『권학편』, 88쪽) 말하자면 만청 선비들의 각성, 민지의 발달, 변혁 기풍의 진작은 민간의 신문 발행이 결정적 작용을 했다고 할 수 있다. 이는 또한 만청시대 변법 개량파의 주체적 역량이 조정에서 재야로 방향을 바꾸는 중요한 표지의 하나였다고 할 수 있다. 량치차오는 민감한 감수성과 "유창하고 기운 넘치는" 신문체新文體를 사용해 당시 시대의 기풍을 선도한 인물을 양성했을 뿐만 아니라 [본인은] 여론계를 좌지우지하는 주도적 인물이 되었다. 저명한 신문업자이며 시사평론가인 황위안성은 량치차오를 "신문업계의 대총통"이라고까지 높여 부르기도 했다.

그러나 량치차오가 『시무보』를 통해 발표한 언론은 일부 사람들에게서 공포와 불안 심지어 불만을 야기했다. 그와 절친한 친구 우차오[례차오]는 왕캉녠에게 보낸 편지에서 『시무보』와 관련된 우창 상황을 언급하고 있다. "난피[장즈둥]께서 『시무보』 제5책에 난징의 자강군自强軍을 비난하는 대목과 만주족이 다른 민족이라는 대목을 읽고 나서 매우 불쾌하게 생각하셨네. 그것은 쥐루[량치차오]의 의도가 크게 담긴 대목인데 나는 그런 의도를 반드시 저지해야 한다고 생각하네. [량치차오의 의도는] 우리가 논의한 바로는 적당한 때가 아니고 적당한 사람이 아니면 펼 수 없는 논리라고 생각하네. 지금 같은 시대에 그[량치차오]와 같은 사람은 점차 그런 논리를 받아들이겠지만 불경만 공부하는 수행을 보살행이라고 말할 수는 없을 것이네. 하물며 진정한 불법이야 어떠하겠는가? 이후로도 이처럼 남의 잘못만 들춰내어 천하에 발표하는 사람이 여전히 많아질까 걱정이네. 우리는 아직 우군이 많지 않으므로 절대로 저 강대한 진영을 침범해서는 안 될 것이네. 나는 아직 상하이에 있으니 반드시 그[량치차오]를 저지하는 데 힘쓸 것이네. 쥐루는 진실로 날카로운 칼을 들고 적진을 돌파하고 있지만 그런 과정에서 그를 비난하는 사람도 적지 않게 생겨나고 있네."(『왕랑칭 선생 전기』, 57쪽) 여기서 『시무보』 제5기 글은 바로 량치차오의 『변법통의』에 나오는 「학교총론」을 가리킨다. 왕이녠汪詒年의 설명에 따르면, 량치차오는 이 글에서 "진링[난징] 자강군이 초청한 서양인들이 반은 그곳 군대에 소속되어 우리 하급 관리들의 녹봉을 깎아먹고 있다"고 비판했는데, 장즈둥은 이 구절에 불만을 나타냈다고 한다. 그런데 량치차오의 글을 살펴보면 왕이녠이 인용한 위 구절이 어디에도 없다는 사실을 알 수 있다. 하지만 량치차오가 이 글에서 서양인을 초빙해 신법을 시행하려는 양무파의 행태를 비판하고 있음은 확실하다. 특히 그는 "윤선초상국輪船招商局, 개평광국開平礦局, 한양철창漢陽鐵廠 등의 관공서가 1년 총수입 중 거의 절반 액수를 서양인의 봉급으로 지급하고 있다"고 언급했다. 이와 같았을 뿐 아니라 량치차오는 또 양무파가 몇십 년 힘들여 시행한 모든 것을 가리켜 근본은 버려두고 껍데기만 다듬은 것이라 비판했다. 이 때문에 그는 "오늘날 자강을 말하려면 민지를 깨우치는 일을 첫번째 대의로 삼아야 한다"고 했다.(『음빙실합집·문집』 제1권, 14~17쪽) 따라서 장즈둥이 량치차오에게 불만을 품은 것은 너무나 당연한 일이었다.

옌푸도 처음에는 『시무보』를 아주 높이 평가했다. 그는 『시무보』가 창간된 지 1개월쯤 되었을 때 왕캉녠과 량치차오에게 편지를 보내 자신의 생각을 피력했다. "이 신문에 실린 소식은 너무나 대단해 귀머거리를 깨어나게 하고 사람의 이목을 새롭게 하는 데 그치지 않습니다." 아울러 그는 자신이 유럽에 있을 때 겪은 경험도 소개하고 있다. "사람도 없는 비루한 곳에서 한두 사람이 책을 써서 자신의 논리를 세우고 그것을 세상에 출판하면 일시에 학문과 정교가 찬란하게 변합니다. 이것은 천하 사람들의 이목만을 위한 지식을 취해 그들을 협박하는 게 아닙니다. 그 길은 적진을 깨끗이 소탕하여 남은 세력까지 힘을 다해 격파하는 데 있을 따름입니다. 만약 중국에 끝내 유신의 기회가 없으면 그것으로 끝일 것입니다. 진실로 2000년 동안 전해져온 신불해申不害, 상앙商鞅, 이사, 조고趙高의 악법이 지금에 이르러 그칠 수 있다면 『시무보』가 그 효시 역할을 할 수 있을 것입니다." 그는 특별히 성금 100위안을 『시무보』에 희사하면서 또 이렇게 말했다. "구구한 이야기는 더 말할 것이 없고 애오라지 이 일의 성공을 즐겁게 바라보는 마음을 표시하는 것일 뿐입니다."(『옌푸 연보嚴復年譜』, 82~83쪽) 그러나 얼마 지나지 않은 광서 23년(1897) 2~3월에 옌푸는 21장이나 되는 장문의 편지를 량치차오에게 보냈다. 량치차오도 2000~3000자나 되는 답장을 옌푸에게 보냈다. 옌푸는 편지에서 네 가지 문제를 제기했다. 첫째, 량치차오에게 글을 쓸 때 좀 신중하라고 당부했다. 왜냐하면 "처음 시작할 때 털끝만큼의 작은 차이가 대중의 인식을 거치게 되면 장차 천 리나 되는 큰 차이로 변할 수 있기" 때문이라는 것이다.(앞의 책, 87쪽) 아울러 말을 많이 하다가 실수를 하게 되면 사람들에게 공격의 빌미와 구실을 주게 된다고 했다. 둘째, 변법은 말하기 어려운 주제이므로 다양한 사물의 연관성에 주의해야 한다고 했다. 즉 그 연관이 갑에서 을에 미치고 을에서 병에 미치게 되므로 어떤 법이라도 편협하게 폐지할 수 없다는 것이다. 셋째, 「고의원고」에서 민주의 전통을 언급하고 있지만, 꼭 중국의 옛 사례를 들어 서구에 있는 것이 중국에도 있음을 증명할 필요는 없다고 했다. 넷째, 공자는 교주가 아니고 유학도 종교가 아니므로 공교는 보존할 수도 없고 보존할 필요도 없다고 했다. 량치차오는 답장을 보내 토론할 것은 토론하고 해명할 것은 해명했다. 그래서 그는 "제가 드린 말씀 중에는 제 잘못을 분식한 것도 있는 듯하고 선생님의 간언을 거절한 것도 있는 듯합니다"라고 송구스러워했다. 그러나 전체적으로 말해본다면 량치차오는 옌푸의 가르침에 대해 매우 감격에 겨워했다. "오늘날 천하에서 저를 아끼기로는 부모님을 제외하고는 옌 선생님만 한 분이 없습니다. 또 천하에서 저를 알아주고 제게 가르침을 베풀기로는 부모님을 제외하고는 옌 선생님만 한 분이 없습니다." "수개월 동안 제 귀로 듣고 눈으로 본 사람 중에는 제게 아첨을 늘어놓지 않는 이가 없었습니다. 그래서 저의 자만심이 날이 갈수록 심해지고 있었습니다. 만약 선생님의 말씀이 없었다면 제가 타락하는 날이 더욱 가까이 다가왔을 것입니다."(『음빙실합집·문집』 제1권, 106~110쪽)

함성을 질러 세상 사람을 깨우치다

『시무보』 창간 초기에는 왕캉녠도 발언이 아주 과격했다. 그는 「중국자강책中國自強策」 「중국에서 민권 운용의 이익을 논함論中國參用民權之利益」 같은 글에서 민권의 장점을 크게 선전했다. "무릇 국민에게 권리가 없으면 국가가 국민의 소유임을 알지 못하므로 국민이 윗사람과 등을 진다. 국민에게 권리가 있으면 국민이 나랏일을 자신의 일로 여기므로 윗사람과 친하게 된다." 그는 또 이렇게 말했다. "오늘날 같은 나라 형편에서는 민권 실행이 더욱 시급하다. 대저 군권은 다른 사람과 서로 적대적 관계이므로 군주의 힘이 고립되면 [군주는] 다른 사람들에게 겁박당하게 된다. 민권은 다른 사람과 서로 지탱해주는 관계이므로 국민의 힘이 강해지면 [국민이] 말을 하기가 쉬워진다."(『왕랑칭 선생 전기』, 55쪽) 왕캉녠의 발언은 마침내 큰 파문을 불러일으켰다. 량딩편은 왕캉녠과 '친한 친구'였지만 편지를 보내 반대 의견을 표시했다. "아우[왕캉녠]는 중화 민족과 오랑캐가 뒤섞인 지역에 거처하느라 안목은 이미 흐려졌는데 새로운 사물은 더욱 많아지고 있네. 초심을 굳게 지키며 항상 군주와 국가를 생각하는 마음을 지녀서 사악한 학설에 미혹되지 말고 잘못된 길로 빠져들지 말기 바라네. 지금 황상께선 정신이 깨끗하고 밝기에 우리가 말씀을 올리기도 비교적 쉬울 것이네. 다행히 앞에

드린 말씀으로 [아우가] 수시로 스스로를 경계할 수 있으면 그것이 어찌 나의 행운에 그치겠는가?"(『왕캉녠 사우 서찰』2, 1899쪽) 샤쩡유[쑤이칭]도 량딩펀이 왕캉녠에게 충고한 관점과 같은 말을 한 적이 있다. 그는 편지에서 이처럼 이야기했다. "사람들은 민권설에 대해 민권이 확립되면 민지가 깨어난다고 생각하고 있다. 그러나 나는 민지가 먼저 깨어난 다음이라야 민권이 확립될 수 있다고 생각한다. 중국으로 말하자면 민권은 대략 300년 동안이나 흐름이 끊어져서 이제는 언급할 필요조차 없게 되었다." "나는 민권을 언급하는 게 결코 나쁜 일이라고 생각하지 않지만 지금 민권을 제창하는 것은 아직 너무 이르다고 생각한다."(『왕랑칭 선생 전기』, 56쪽)

이것이 당시의 비교적 보편적인 관점이었다. 우리는 『시무보』시대만 해도 아직 새로움과 변화를 추구하는 사람이 소수였고, 꿈속에서 깨어난 사람도 소수였으며, 보수적이고 무감각하게 혼수상태에 빠져 있는 사람이 절대다수였다는 사실을 알아야 한다. 당시 각성한 사람들은 위험에 빠진 현실을 목도하고 큰 소리로 외치며 주위 사람을 일깨워 서로 함께 좋은 방법을 생각해내 위험에 처한 국가를 구제할 수 있기를 희망했다. 그러나 잠에 취한 사람들은 도리어 그들이 쓸데없이 남의 일에 간섭하며 자기네 달콤한 잠을 깨운다고 불평했다. 게다가 무감각한 민중은 본래 게으른 습관에 젖어 있는 사람이 많아 현상 유지가 합리적 방안이라는 논리를 쉽게 받아들였고 그래서 결국 근거 없는 자존심을 내세우며 현실 개혁 논리에 알레르기 반응을 보이기 일쑤였다. 비록 그들은 자신이 낙후되어 다른 사람들보다 못한 점이 많고, 이로 인해 저렇게 작은 나라 일본에까지 일패도지하여 땅을 할양하고 배상금까지 물어주게 되었다는 사실을 알고 있었지만 마음속으로는 그래도 아직은 괜찮다고 생각하면서 어떤 사람이 자신들의 약점을 까발리는 일을 아주 못 견뎌 했다. 만약 우리의 폐습과 구태를 개혁하기 위해 일본 및 서구 국가의 통치 경험을 학습해야 한다는 의견을 누군가가 앞장서서 제시해 일부 사람에게 증오심을 불러일으키면, 구훙밍辜鴻銘 같은 사람은 바로 칭찬하는 어투로 오만한 보수파를 이렇게 묘사했다. "이미 고인이 된 황실 대신 쉬퉁徐桐은 중국식 영도자였고 만주 당파의 구성원이었는데, 그는 이렇게 말했다. '멸망하려면 바르게 멸망하면 된다.'"(『청류전淸流傳』, 62쪽) 그러나 훨씬 더 많은 사람은 타조가 위험에 처해 모래밭에 머리만 처박듯 현실을 도피하기에 급급했다. 이 무렵 왕캉녠은 량치차오보다 더 큰 압력에 시달렸던 듯하다. 그의 아우 왕이녠은 이렇게 지적하고 있다. "이 때문에 신문이 발행되자마자 날마다 비방이 쏟아지고 온갖 욕설이 난무하여 견디기 어려울 지경이었다. 동지들도 서찰을 왕래하며 모두 경계하고 두려워하는 마음으로 힘써야 한다고 했다. 아마도 세상을 경악시킨 이들의 논리를 감안해보면 이 신문이 오래갈 수 없고, 한 번 실패하면 더이상 떨쳐 일어나지 못할까 두려워하는 듯했다."(『왕랑칭 선생 전기』, 57쪽) 왕캉녠에게 서찰을 보낸 사람은 앞서 언급한 량딩펀, 샤쩡유, 우차오 말고도 왕다셰, 가오멍단高夢旦, 장보춘張伯純, 예한, 추바오량裘葆良, 쩌우다이쥔, 취훙지瞿鴻禨 등 당시 유명 인사들이었다. 『시무보』에 대한 장즈둥의 태도도 당시 상당히 크게 변화했다. 그는 '긴급문서'를 발송해 모든 성 각지 서원에 반드시 『시무보』를 정기구독 하라고 지시했다. 장즈둥은 반 년 뒤 량후 지역 각 서원 학생에게 공고했다. "상하이의 『시무보』를 전에 총독 명령으로 서원 학생들에게 읽게 하여 견문을 넓히라고 한 적이 있다. 그러나 그중 의론은 모두 한 사람 손에서 나온 것이 아니어서 순도가 일치하지 않다. 읽는 사람은 좋은 문장을 골라서 그 논점에 따라야 한다. 근래 「벽한辟韓」에 대해 반박한 시어侍御 투메이쥔[런수仁守]의 문장이 가장 훌륭하다. 필치가 공명정대하고 근엄하여 본 총독의 의견과 합치되니 학생들은 반드시 자세히 읽어보고 준칙으로 받들어야 할 것이다."(앞의 책, 62쪽)

「벽한」 필자는 옌푸인데 그는 이 글을 톈진의 『직보直報』에 처음 발표했다. 옌푸는 이 글에서 한유의 「원도原道」에 포함된 전제군주 사상을 비판하면서 민권 사상을 제창했다. 그는 또 민권 사상이야말로 국가 부강의 길이라 인식하고 명확한 의견을 제시했다. "국가는 국민의 공공 재산이고 왕후장상은 전국의 공공 노예다."(『옌푸 연보』, 76쪽) 그후 옌푸는 이 글을 『천연론』 번역 원고와 함께 량치차오에게 부쳐주었다. 이 글은 량치차오의 제의로 『시무보』 제23호에 전재되었다. 결국 장즈둥은 이 글을 보고 증오심을 드러내면서 "홍수와 맹수 같은 글"이라 비판했다. 전해오는 말에 의하면 대로한 장즈둥은 직접 반박하는 논문 한 편을 써서 「'벽한'을 분별하는 글辨'辟韓'書」이라 제목을 붙여『시무보』제30호에 발표했고, 발표 때 투런서우屠仁守라는 이름을 썼다고 한다.(앞의 책, 87~88쪽) 옌푸가 쓴 글은 항저우 린치林啟 막부에서도 가오멍단의 근심을 불러일으켰다. 그는 왕캉녠에게 편지를 보내 이렇게 지적했다. "「벽한」일 편—篇은 제 생각에 크게 잘못된 듯합니다. 군신관계를 논하는 한 대목은 더욱더 밖으로 드러내서 말해서는 안 되는 내용입니다. 변법 일은 오랫동안 사람들이 좋아하지 않았습니다. 안으로는 구위안顧瑗, 양충이 등과 밖으로는 리빙헝, 탄중린譚鍾麟 등이 모두 이단 배척을 자신의 임무로 삼아왔습니다. 군신관계를 없앨 수 있다는 말은 황상께서도 듣기 싫어하시니 수구파가 이 말에 근거해 황상께 참소의 말을 올릴 수도 있을 것입니다. 이 때문에 신문사가 큰 피해를 당할 수 있을 뿐 아니라 지금 저절로 새로워지는 모든 기틀이 가로막힐 수도 있을 것입니다." 그는 한 걸음 더 나아가 필자의 말이 옳지 못하다는 건 아니지만 다음과 같은 이유도 소홀히 해서는 안 된다고 해석했다. "중국은 민지가 깨어나지 못해 수준 높고 깊이 있는 내용을 이야기할 수 없습니다. 군권은 너무나 중대해서 군권에 대해 거리낌 없이 말하는 것을 더욱 용납하지 않습니다. 그것[군권 거론]은 추진하려는 변법에도 아무런 이익이 없고 신문사에 피해만 끼치게 될 것입니다. 또 변법 추진 과정에서 공개적으로 거론할 내용도 이제 거론할 수 없게 되었습니다."(『왕랑칭 선생 전기』, 58~59쪽)

가오멍단의 의견은 대표성을 띠고 있다. 그의 말은 앞서 소개한 샤쩡유의 말과 전혀 다르지 않다. 이들은 모두 신문 발간인들이 소탐대실해서는 안 되고 또 강학회 전철을 밟아서는 안 된다고 생각했다. 이들은 모두 보수파가 아니었고 어떤 사람은 나중에 혁명당에 참여하기도 했다. 하지만 당시에는 모두 조심스럽고 신중한 태도로『시무보』앞날을 걱정하고 있었다. 결론적으로, 그들은『시무보』를 자신의 신문으로 간주하면서 "조심스럽고 성실하게 운영하기를" 바랐지 "기세등등하고 거리낌 없이 운영하기를" 바라지 않았다. 또 "모든 금기사항을 신중하게 살펴야 한다는 말이, 하고 싶은 말을 다 하지 말아야 한다는 뜻이 아니라, 폭탄이 우리 신문사를 파괴하는 것을 걱정하자는 뜻"이라고 했다.(앞의 책, 61쪽) 물론 진짜 폭탄은 있을 리 없겠지만 만약 어떤 사람이 이를 빌미로 상소문을 올리면 그건 아마도 진짜 폭탄보다 훨씬 심각한 피해를 입힐 수도 있는 일이었다. 량치차오는 옌푸에게 답장을 보내 의견을 제시했다. "그러나 저는 항상 한 가지 논리를 견지하고 있습니다. 그것은 바로 천하의 일을 맡은 자는 진승陳勝과 오광吳廣이 되길 바라야지 한고漢高[한 고조, 즉 유방]가 되기를 바라서는 안 된다는 것입니다. 이렇게 해나가면 모든 일을 이룰 수 있을 것입니다. 이 때문에 이 신문을 발간하는 뜻도 원시적인 바퀴를 만들고 흙 계단을 만들어 천하 사람들의 어려움을 구제한 뒤 이 일을 계승해 후세 사람들이 더욱 광대하게 발전시켜주기를 기다리고자 하는 것입니다. 따라서 천하의 고금 인사 중에 실언을 한 사람이 많고, 제 말도 지나친 점이 많기는 하지만 제 말 역시 무수한 실언자가 내뱉은 말 가운데 한 가지일 뿐이라고 생각합니다. [저는] 이 때문에 매번 망언을 일삼으며 스스로 말을 가리지 않는 것입니다."(『음빙실합집·문집』 제1권, 107쪽) 여러 해 뒤 왕썬란王森然도 이와 동일한 관점으로 말했다. "마음을 가라앉히고 말하자. 30년 전에는 사상계가 폐쇄적이고 미약해서 이처럼 거칠고 엉성한 수단을 사용하지 않았다면 강산을 개척해 새로운 국면을 열 수 없었을 것이다. 이 점을 가지고 논한다면 선생[량치차오]은 새로운 사상계의 진섭陳涉이라 해야 할 것이다. 이 어찌 영웅호걸이라 하지 않을 수 있겠는가? 비록 선생에 대한 국민의 책망이 여기에 그치지는 않지만 선생께서는 자신만의 패기와 30년 축적해온 자격으로 새로운 사상계에 진실로 건국 규모의 새로운 국면을 창조하기 위해 진력했다."(『근대 명인 평전近代名家評傳』 초집, 198~199쪽)

실제도 이와 같았다. 량치차오는 친구들에게 비판과 질책을 받고도 전혀 위축되지 않고 여전히 비판적이고 전투적인 정신을 지켜나갔다. 즉 사람들에게 비난받았지만 전혀 동요하지 않았다. 왕캉녠은 사정이 분명 량치차오보다 훨씬 더 복잡했다. 그는 일찍이 장즈둥 막료와 양호서원 교습을 지냈고 장즈둥 집안에 가정교사로도 초빙된 적이 있다. 왕캉녠은 이러한 관계 때문에 장즈둥과 장즈둥 주위 몇몇 친구의 의견에 못 본 척할 수 없었고 오히려 이들의 의견을 중시해야 했다. 왕캉녠이 『시무보』 창간 초기에 발표한 문장 몇 편이 이미 장즈둥에게 불만을 사자, 량딩펀은 재삼 [왕캉녠에게] 당부했다. "점진적으로 행동해야지 경솔하게 행동해서는 안 되네."(『무술변법』 2, 644쪽) "이후 글을 쓸 때는 진정으로 조심해야 할 것이네."(『왕캉녠 사우 서찰』 2, 1900쪽) 오래지 않아 또 「벽한」 전재와 관련한 사건이 터지자 장즈둥과 그 주변 사람들은 더욱 참을 수 없었고 이에 량딩펀은 왕캉녠에게 편지를 보내 인정사정없이 말했다. "저우사오푸周少璞[본명 수모樹模, 자 사오모少模, 당시 양호서원 등에서 학문을 강의함] 어사가 민권설을 마구 공격하자 민권 똥구멍은 위기에 처함과 동시에 고통을 당하게 되었네. 지샹충紀香驄[본명 쥐웨이鉅維, 장즈둥 막료]과 량쥐루[량치차오]는 대결을 틀림없이 그만두지 않을 것이네. 문장이 완성되면 반드시 게재해주기 바라네—이번 호에 게재가 불가하면 반드시 다른 호에 게재해야 하네. 게재해주지 않으면 더이상 아우와 아는 척하지 않겠네."(앞의 책) 여기서 말하는 게재는 바로 량치차오와 옌푸를 비판한 자신들의 글을 『시무보』에 실어달라는 요구다. [량딩펀은] 이 요구를 들어주지 않으면 [왕캉녠과] 친구 교분을 끊겠다고 위협하고 있다. 오래지 않아 만목초당에서 량치차오와 함께 공부한 동문 쉬친[쥔몐]이 또 『시무보』 제42호에 「중국에서 해악을 제거하기 위한 논의中國除害議」를 발표해 계속해서 대대적으로 민권설을 주장했다. 량딩펀은 편지를 보내 왕캉녠을 질책했다. "쉬친의 글은 너무나 악랄하게 난피[장즈둥]를 비난하고 있으니 어떻게 들을 수 있겠는가? 아우도 잘못이 없다고 할 수 없을 것이네. 아우는 스스로 캉유웨이에게 빌붙지 않겠다고 말하고서도 어찌하여 이 지경에 이르렀단 말인가?" 아울러 량딩펀은 완캉녠이 『시무보』에서 실권을 갖지 못할까 걱정하며 이렇게 말했다. "쉬친은 글을 써서 난피를 전문적으로 공격할 수 있지만, 아우가 어떻게 그를 각박하게 대할 수 있는가? 그곳에서도 어찌하여 아무 권력을 갖지 못했는가? 이후로는 특별히 주의해주기 바라네."(앞의 책, 1901쪽)

왕캉녠도 억울하게 생각하자 예한이 그에게 편지를 보내 권했다. "실제적인 일을 많이 번역해서 싣고 거대 담론은 좀 적게 피력하기 바랍니다." 그는 또 이렇게 말했다. "대체로 난피께서는 강학회 전철을 거울삼아 이와 같은 아름다운 거사가 다시 중도에 꺾일까 두려워하시는 것입니다." 아울러 왕캉녠에게 다음과 같이 양해를 바라고 있다. "난피께서 만류하는 뜻은 그 정이 지극히 두터우니 그냥 넘겨서는 안 될 듯합니다. 이 아우가 논의하는 뜻을 형님께서 조금이라도 따라주시어 전반적인 국면이 중도에 파괴되지 않게 해주십시오. 또 형님께선 올바른 이론을 많이 채용하시기 바랍니다. 그렇게 하면 환자가 있는 집에서 혹시라도 최후 처방으로 병세를 돌이켜 불치의 병을 고칠 수 있을지도 모를 일입니다. 결국 아침저녁 사이에 서로 결렬하기보다 그 결렬을 미연에 방지해 온전한 관계를 지속하는 편이 더 좋을 것입니다. 우리 당의 마음은 여전히 백절불굴의 정신으로 함께 대세를 이루어나가는 데 있습니다."(『왕랑칭 선생 전기』, 59~60쪽) 왕캉녠은 기실 친구들의 쓴소리와 노파심이 없었다 하더라도 장즈둥의 고충을 완전히 이해할 수 있었을 것이다. 이후 왕캉녠은 더이상 민권이나 민주 이론을 발표하지 않았을 뿐만 아니라 량치차오가 쓴 문장에 대해서도 재삼 질책하거나 심지어 함부로 수정까지 해서 량치차오가 마음을 놓지 못하게 했다. 량치차오는 광서 23년(1897) 10월 『시무보』를 떠나 후난으로 강의를 하러 갈 무렵 여전히 총편집이었지만 신문사 일에 이미 어떤 구속력도 없었다. 신문사의 인사 변동도 량치차오와 상의하지 않았을뿐더러 량치차오가 발표를 요구한 문장도 '사고告白' 형식으로 게재를 연기하다가 끝내 싣지 않기도 했다. 량치차오는 왕이녠에게 이렇게 말했다. "나중에도 이처럼 한다면 이 아우가 따라야 할 바를 알지 못하겠습니다."(『량치차오 연보 장편』, 99쪽) 『황궁도 선생 연보』에도 기록이 있다. "왕랑칭[왕캉녠]은 장샹타오張香濤[장즈둥]의 막료생활을 했고 샹타오가 애초 그에게 경제적 도움을 주었다. 샹타오는 『시무보』의 이론이 새롭고 또 민권과 민주에 관한 학설이 소개되는 것을 보고 매번 자신의 뜻을 량제안梁節庵[딩펀]에게 알리고 랑칭에게 편지를 보내 압력을 가하게 했다. 이에 랑칭은 감히 민권에 관해 더 많은 이야기를 하지 못했고 량치차오의 논설에도 간섭하기 시작했다."(『인경려시초 전주』, 1216쪽)

이와 같았을 뿐만 아니라 캉유웨이가 광서 24년(1898) 봄 베이징에서 보국회를 개설하려 하자 장즈둥은 우창에서 소문을 듣고 경악하며 바로 왕캉녠에게 전보를 보냈다. "캉유웨이가 보국회를 개설하려 하고 있고 그 장정에 잘못된 내용이 포함되어 있다고 한다. 또 소문을 들으니 입회자 성명을 『시무보』에 실으려 한다는데 절대로 실어서는 안 될 것이다."(『무술변법』 2, 644~645쪽)

협력에서 원한으로

분명히 장즈둥은 량치차오와 왕캉녠 사이의 걸림돌이었다. 량치차오와 왕캉녠이 원만한 협력관계에서 사이가 벌어지고 또 서로 갈라졌다가 갈등관계가 되면서 날이 갈수록 더욱 긴장된 모습을 보인 가장 중요한 원인은 바로 두 사람 사이에 낀 장즈둥 때문이었다. 초년의 장즈둥은 청류淸流 유학자로 리훙장과 장페이룬처럼 유가의 가르침을 모범 삼아 조정에서 종횡무진 다양한 논의를 주도하며 인물의 장단점에 대해서도 자기 나름의 평가를 서슴지 않았다. 장페이룬은 청불전쟁 중에 싸움에 패배해 파직당한 뒤 변방으로 유배되었고 그 밖에 몇 명도 처벌을 당했지만 장즈둥만 다행스럽게 죄를 받지 않았다. 이후 장즈둥은 더이상 청류 유학자의 면모를 드러내지 않고 현실적이고 실제적인 일을 하며 중국의 개혁 사업을 추진하려고 했다. 그는 리훙장처럼 한결같이 서양의 군함과 대포를 도입해야 한다고 주장하지 않았다. 하지만 그도 타협책을 찾아 저명한 '중체서용中體西用' 이론을 제기했다. 그는 다른 사람들이 자신을 유신당으로 간주해주기를 원했다. 장즈둥은 이 때문에 베이징과 상하이에서 강학회가 창립될 때 모두 성금을 희사했고, 이후 부전족회와 농학회農學會 창립 때도 성금을 쾌척했다. 일설에는 그가 희사한 성금이 모두 5000량에 이른다고 한다. 『시무보』 창간 때도 상하이 강학회가 폐쇄된 뒤 남아 있던 자금을 사용했다. 장즈둥은 유신당으로 자처했지만 옌푸의 말을 빌리면 그는 진정한 유신당이 아니

양무파의 대표 인물인 허베이 성 난피 사람 장
즈둥(1837~1909). 쩡궈판, 리훙장, 쭤쭝탕과
함께 만청 '4대 명신'으로 일컬어진다. 일찍이
유신파를 지지하며 강학회에 많은 원조를 했
다. 그러나 옌푸는 그를 가리켜 "유신파의 모
습만 하고 있고 유신하려는 마음은 없다"라고
평가했다.

라 "유신의 겉모습만 유지한 채 유신의 속마음은 없는" 가짜 유신당에 불
과했다.(『옌푸 연보』, 120쪽) 장즈둥은 『시무보』가 자신의 자금을 사용하고 있
으므로 자신이 『시무보』를 제어하는 권력을 가져야 한다고 생각했다. 그는
량치차오를 처음 우창으로 초빙했을 때 정성을 다해 환대했다. 장즈둥에게
뛰어난 인재를 좋아하는 인간 본연의 마음 외에도 량치차오를 잘 구워삶
아 자기 입맛대로 이용하려는 마음이 없었다고 할 수 없다. 장즈둥은 량치
차오가 자기 뜻대로 움직이지 않자 차선책으로 왕캉녠을 이용해 『시무보』
내부에서 량치차오의 언론을 제약하고 억압하려 들었다. 오래지 않아 장즈
둥은 또 항저우와 상하이에서 『경세보經世報』와 『실학보實學報』를 창간했다.
이들 신문을 창간한 목적은 바로 『시무보』와 대결해 『시무보』가 독자들에게

미치는 영향을 줄이는 데 있었다. 당시 장위안지는 량치차오에게 편지를 보내 위로했다. "이 모든 것은 전례가 있는 방해 세력이니 집사執事[량치차오]께서 동요하지 말았으면 좋겠네." 아울러 가짜 유신당을 질책했다. "한스러운 것은 미미한 불꽃으로 일월日月과 밝음을 다투려 하면서 사람들을 수구파로 만들고도 큰 소리로 떠드는 것이네. 거짓은 바로 이 사이비 유신파 패거리에 있다고 할 수 있네."(『량치차오 연보 장편』, 104쪽)

이 기간 캉유웨이도 량치차오와 왕캉녠의 교분에 건널 수 없는 강으로 존재했다. 캉유웨이는 량치차오의 스승이고, 량치차오는 한결같이 그를 존경하며 언필칭 스승으로 대접했다. 캉유웨이는 '공자 존중과 공교 보호尊孔保教'를 주장하며 상하이에서 『강학보強學報』를 창간한 뒤 심지어 공자 기년을 사용하려다가 많은 사람의 불만과 반대를 야기했다. 량치차오도 그 뒤를 따르며 공교를 크게 고취했고 이를 위한 문장도 많이 썼다. 그는 「공교 보호를 논하는 친구에게 보내는 답장」에서 심지어 '공교 보호 공공 모임保教公會'을 만들자고 했다. 그는 "오늘날 보국과 공교 보호에 종사하지 않는 사람은" 틀림없이 나라의 전체 형세가 위험함을 모르는 사람이라고 인식했다.(『음빙실합집·문집』 제3권, 11쪽) 황쭌셴과 옌푸는 모두 량치차오를 좋아했던 사람이고 둘 다 량치차오에게 공교 보호 주장을 버리라고 충고했다. 그러나 량치차오는 「옌유링 선생에게 드리는 편지」에서 캉유웨이의 공교 보호 학설을 변호했다. "중국은 지금 민지가 꽉 막혀 있고 민심도 모두 흩어져 있습니다. 장차 민지를 통하게 하려면 반드시 먼저 민심을 모아야 합니다. 모으는 방법은 반드시 사람들의 시선과 마음이 가장 집중되는 새로운 사상을 골라, 그 사상을 천거해 목표로 삼으면 민심이 모일 것입니다. 그렇게 민심을 모은 연후에, 목표로 삼은 사상 이외의 곁가지에까지 점차 관심을 확대해나가면 사람들이 쉽게 믿음을 갖게 되고 일도 쉽게 이루어질 것입니다. 비유컨대 민주는 진실로 이 시대를 구제할 좋은 계책입니다. 그러나 오늘날은 아직도 민주의 대의가 강구되어 있지 않으므로 차라리 먼저 군권에 의지해 제도를 전환하는 편이 더 나을 것입니다. 공교를 이야기하는 사람들의 뜻이 또한 이와 같을 것입니다."(『음빙실합집·전집』 제1권, 110쪽)

그러나 량치차오는 이후 마침내 옌푸와 황쭌셴의 의견을 받아들여 점차 태도를 바꾸었다. 그는 더이상 공교 보호를 선전하지 않았을 뿐만 아니라 오히려 공교 보호에 반대했고 이로 인해 스승 캉유웨이와 서로 다른 입장에 서기도 했다.

그러나 량치차오는 캉유웨이를 여전히 스승으로 존경해야 한다고 생각했으며 캉유웨이의 학식과 인품도 비방해서는 안 된다고 생각했다. 왕캉녠과 왕이녠이 『시무보』를 빌려 캉유웨이 학설을 선전한다고 량치차오를 질책할 때도, 량치차오는 캉유웨이를 스승으로 부르며 그들에게 자신의 입장을 명확하게 밝혔다. "나의 학문은 진실로 한 글자도 난하이 선생에게서 벗어나지 않습니다. 지난번에 변법을 논의하는 글을 쓸 때 —변법은 비록 천하 사람들이 공공연하게 거론하는 학설이지만 이 아우가 이 학설을 들은 것은 사실 난하이 선생을 통해서였습니다— 증거를 인용하지 못해 대단히 불안했습니다. 날마다 다른 사람의 성과를 몰래 약탈한다면 이 아우가 어찌 사람이라 하겠습니까? 이 아우가 난하이 선생의 문인임은 천하 사람들이 다 알고 있습니다. 만약 그들이 캉유웨이의 캉 자만 보고 손 가는 대로 『시무보』를 내던져버린다면 이 량치차오의 량 자만 보고도 저를 증오하기를 또한 이와 같이 할 것입니다. 난하이[캉유웨이]란 이름만 듣고도 그분을 증오하는 자는 무식한 사람에 불과합니다."(『량치차오 연보 장편』, 100쪽) 이 글의 의미는 이렇다. [량치차오는] 당초 『변법통의』를 집필할 때 자신의 사상이 캉유웨이에게서 온 것이란 사실을 설명하지 못했는데 신문을 발간하려고 보니 마음이 불안했다. 기실 량치차오가 캉유웨이의 제자라는 사실을 그 누가 모르겠는가? 만약 캉유웨이의 이름만 보고 『시무보』를 거절한다면 량치차오의 이름을 보고도 똑같은 일이 일어나지 않겠는가? 일찍이 『시무보』 창간 무렵 먀오취안쑨繆荃孫도 왕씨 형제[왕캉녠과 왕이녠]에게 편지를 보내 량치차오가 캉유웨이의 관점을 『시무보』로 옮겨와서는 안 된다고 했다. 먀오취안쑨은 고증과 훈고를 고수하는 학자여서 캉유웨이와 량치차오의 금문학파 이론을 수용할 수 없었다. 왕씨 형제는 먀오의 편지에서 량치차오 관련 부분을 그에게 보여주었다. 량치차오는 답장에서 이렇게 말했다.

"동생이 먀오샤오산繆小山[먀오취안쑨]의 편지 중에서 대략적인 내용을 발췌해왔기에 이미 모두 읽어보았습니다. 이 아우의 학파는 사람들 말에 그 소속이 흔들리지 않은 지 이미 10년이 되었습니다. (…) 저는 제 학문을 반드시 실행해야 한다고 스스로 믿고 있으므로 이 편지에서 취할 내용은 없습니다. 이는 단지 사람들의 왈가왈부 때문만은 아닙니다." 량치차오는 또 먀오 씨를 이렇게 비웃었다. "고증학이 천하를 좀먹어오다가 오늘날에 이르러 그 폐해가 극에 달했습니다. 나는 천하 사람 중에 감히 그 낡아빠진 몽당 빗자루를 안고 스스로 자랑하는 사람이 없으리라고 생각합니다. 그런데 뜻밖에도 먀오 씨가 아직도 그것에 매달려 득의양양하며 자신이 쓴 글자가 모두 연원이 있다고 말합니다."(앞의 책, 59~60쪽)

량치차오를 둘러싸고 왕캉녠과 량치차오 사이에 벌어진 논쟁과 다툼은 두 사람이 공개적으로 서로 결별을 선언할 때까지 계속되어 결국 화해할 수 없는 지경에 이르고 말았다. 량치차오는 『시무보』 창간의 시말創刊「時務報」源委에서 오랫동안 품어온 불만을 한꺼번에 토로했다. 그는 왕캉녠에게 질문을 던졌다. "유독 이해하지 못할 일은 랑칭[왕캉녠]이 캉 선생에게 무슨 원망과 원한이 있기에, 내가 연루되었다는 혐의 때문에 그 분노를 캉 선생에게 전이하는가 하는 점이다. 그[양칭, 즉 왕캉녠]는 날마다 기생을 끼고 술을 마시며 오로지 사람을 비난하는 짓만을 일삼았다. 그것도 부족하다고 여겼는지 『시무일보』에다 유언비어를 날조하고 조소와 매도에 전념했다. 또 그것도 부족했는지 각 성 관청 권력자에게 편지를 보내 [캉 선생을] 함정에 빠뜨릴 방법을 강구하며 차마 들어줄 수 없는 말로 모함했다. 대저 캉 선생을 비방하는 사람도 많고 캉 선생을 모함하는 말도 각양각색 기기묘묘한 것이 난무하며 정말 없는 말이 없을 정도다. 나는 본래 그들에게 캉 선생을 변호하지도 않았고 분노도 터뜨리지 않았다. 유독 기괴한 것은 스스로 유신파임을 자처하는 우리 랑칭 형께서 동문끼리 창을 겨누며 사람을 우물에 빠뜨린 뒤 돌덩이를 던져넣고 있다는 사실이다. 나는 그것이 무슨 마음인지 이해할 수가 없다!"(『음빙실합집·집외문』 상책, 48쪽)

량치차오와 왕캉녠의 관계를 언급할 때 빠뜨려서는 안 되는 사람이 또 있으니 바로 황쭌셴이다. 황쭌셴은 왕캉녠과 오랫동안 사이가 좋지 못했고 나중에는 서로 마주보지도 못할 정도로 관계가 악화되었다. 량치차오가 중간에서 화해를 붙이며 가능한 한 현상을 유지하려 애를 썼다. 량치차오는 황쭌셴의 사람됨을 이렇게 설명했다. "논리 정연함을 강구했고 간편함을 중시했고 교제는 적게 하는 분이라 랑칭 형과 가장 성격이 달라서 매번 랑칭 형을 옳지 못하다고 생각했다."(『량치차오 연보 장편』, 97쪽) 그럼 왕캉녠은 어떤 사람이었나? 그의 성격은 어떠했나? 량치차오는 왕캉녠이 사람들과 너무 번잡하게 교류한다고 언급했다. 왕캉녠은 사람과 교제할 때 반드시 기생을 끼고 술을 마셔야 "널리 마음을 통할 수 있고" 감정적으로 연대할 수 있다고 생각했다. 따라서 왕캉녠은 매일 "항상 한나절은 교제와 접대에 전념하면서 한편으로는 술을 마시고 한편으로는 일을 처리했다."(앞의 책, 47쪽) 황쭌셴은 이러한 행동을 할 수도 없었고 하려고도 않았다. 여기에 더해 황쭌셴은 왕캉녠이 날마다 상하이의 가무장에서 교제활동을 하느라 『시무보』를 관리할 시간이 없을까봐 이만저만 걱정이 아니었다. 이 때문에 그는 우톄차오를 상하이로 불러 『시무보』 내부 일을 맡기고 왕캉녠에게는 섭외활동만 맡기자고 건의했다. 황쭌셴은 또 왕캉녠 동생 왕이녠에게 전문적으로 교감과 검열을 책임지라고 건의했다. 황쭌셴은 왕이녠이 현재 하는 일이 바로 그가 우톄차오에게 맡기려는 일임을 전혀 알지 못했다. 이러한 황쭌셴의 안배는 자연스럽게 왕씨 형제에게 오해를 불러일으켰다. 황쭌셴은 왕이녠에게 편지를 보내 서로의 의심을 풀려고 노력했지만 그가 이전에 여러 번 룽쩌허우龍澤厚를 상하이로 불러오려 한 사실 때문에 더욱더 왕씨 형제에게 의심과 불만을 불러일으키고 말았다. 룽쩌허우는 량치차오의 만목초당 동문이다. 두 형제[왕캉녠과 왕이녠]는 황쭌셴과 량치차오가 한통속이 되어 자신들을 쫓아내려 한다고 생각했다. 이 몇 사람은 본래 한 곳에 함께 앉아 오해를 풀려고 했으나 이러저러한 원인 때문에 일이 틀어져 결국 오해가 원한으로 바뀌고 말았다.

황쭌셴은 『시무보』 창간인 중 한 사람이다. 그가 『시무보』에 쏟아부은 정성은 결코 량치차오와 왕캉녠에게 뒤지지 않는다. 우리는 황쭌셴이 왕캉녠에게 보낸 수십 통의 편지를 통해 그가 『시무보』의 생존과 발전에 도움이 된다면 일의 크고 작음에 관계없이 왕캉녠에게 다양한 일을 진심으로 부탁하고 있었음을 알 수 있다. 황쭌셴이 가장 중시한 것은 『시무보』에 현대적인 기업관리 시스템을 도입하는 일이었다. 그는 『시무보』 창간일에 『시무보』는 모든 사람의 기업이지 한 사람이나 한 집안의 사업이 아님을 끊임없이 강조했다. "공공 대중이 모은 자금으로 공공 대중에 의해 설립된 신문사에 일정한 장정이 없으면 오래도록 사람들의 이목을 밝혀줄 수 없다. 이 때문에 신문사에 장정을 마련하는 일이 가장 중요하다. 신문사 장정은 바로 법률이니 서구 사람들이 말하는 입헌제도가 이것이고, 소위 상하가 모두 법률에 의해 다스려진다는 것이 이를 말한다. 장정이 좋지 못하면 고칠 수는 있지만, 절대로 장정이 있어도 좋고 없어도 좋은 물건으로 간주되어서는 안 된다." 황쭌셴은 또 왕캉녠에게 말했다. "공이 오늘 신문사에서 장정을 성실하게 지키면 공이 뒷날 신문사를 떠난다 하더라도 공의 직위에서 이 일을 맡은 사람이 역시 반드시 이 장정을 지킬 것이니, 이후로는 이러한 전통을 서로서로 이어가며 실패가 없는 경지에서 자립할 수 있을 것입니다. 제가 동서 각국을 두루 살펴보니 좋은 정체政體라 일컫는 것은 입법과 행정을 둘로 나눈 제도였습니다. 제가 몰래 생각건대 우리 신문사도 이 제도를 본받아야 할 것 같습니다. 그리고 우리 신문사에 톄차오[우톄차오]를 초빙해 모든 일을 총괄하게 하십시오. 많은 사람이 룽지즈龍積之[룽쩌허우]도 이 일을 감당할 수 있다고 하니, 톄차오가 오지 않으면 바로 이 사람을 방문해 초빙해오는 게 어떻겠습니까? 그리고 공과 저희들은 이사를 맡고, 공은 여전히 상하이에서 이전대로 봉급을 받으며 신문사 밖 친구들과의 연락을 맡고 아울러 신문사 안의 일을 몰래 규찰해주십시오. 또 매번 장정을 개정해야 할 경우가 생기면 공이 그 장단점을 자세히 말씀하여 단서를 마련해주시고, 저는 여러 사람과 자세히 상의하고 참작해 결정을 내리겠습니다. 이것이 비교적 좋은 방안이 될 듯합니다."(『황쭌셴집』 하책, 463~464쪽) 황쭌셴의 이 견해에는 두 가지 요점이 들어 있다. 하나는 이사회를 설립하고 이사회를 통해 신문사 전체 상황을 총괄하자는 것이다. 또다른 하나는 신문사 입법과 행정을 분리해 규정이나 정책을 제정할 때 이 제도를 통해 실제 작업을 하자는 것이다. 이 같은 계획은 당시 매우 시대를 앞선 시도였다. 사실 오늘날에도 이러한 제도를 시행하지 못하는 개인기업이 상당히 많다. 또한 황쭌셴의 이런 생각은 결코 문득 떠오른 영감이 아니었다. 『시무보』 창간 당시 제정한 「공계」 제9조에 이미 관련 규정이 있었고 그는 다만 해당 규정을 현실화한 것에 불과했다고 할 수 있다.

그러나 중국 신문업 제도에 큰 발전을 가져올 황쭌셴의 이 같은 구상을 왕씨 형제는 심각하게 오해했다. 그들은 황쭌셴의 구상이 신문사 직원을 바꾸려는 구실이라 생각하고 황쭌셴에게 큰 불만을 품었으며 아울러 그 혐의를 량치차오에게까지 덮어씌웠다. 오랫동안 『시무보』 내부에 잠복해 있던 각종 갈등이 이 일로 인해 모두 공개되었다. 량치차오는 당시 상황을 「『시무보』 창간의 진상」에서 상세하게 묘사했다.

랑칭[왕캉녠]은 이 두 가지 일 때문에 궁두[황쭌셴]에게 앙심을 품고 상하이에서 날마다 동료들에게 그를 비방했다. 또 각 성 동지들에게 두루 편지를 띄워 끝도 없이 궁두를 공격했다. 각 동지 중에는 평소 궁두를 지극히 존경하는 사람도 있었지만 이들도 결국 마음을 바꾸어 궁두를 지극히 증오하게 되었다. 작년(1897) 8월 궁두가 후난으로 부임하던 길에 상하이에 들러 이사회 설치에 관한 논의를 극력으로 견지하다가 거의 얼굴을 붉히는 지경에까지 이르렀고, 이에 억지로 논의에 따라 몇 명을 천거했다. 왕랑칭의 이사장 직위는 비록 허울뿐이기는 했지만 왕 씨는 이때 어찌 그[궁두]가 감히 "왕씨 집안 사업에 간섭할 수 있겠는가?"라고 생각했다. 랑칭은 나[량치차오]에게 항상 이렇게 말했다. "궁두는 관직이 좀 높고 성금을 좀 많이 냈다고 나의 권리를 방해하려 드네. 이 때문에 내가 그에게 항거하는데 궁두 그 작자가 나를 어찌할 수 있겠는가? 궁두가 항거해오더라도 나를 해칠 자는 아무도 없을 것이네." 이는 내가 귀에 익숙하도록 들은 말이다. 이때부터 대대적으로 정명론正名之論을 제기하며 날마다 이렇게 떠벌렸다. "이사장總理이란 명칭을 바로잡지 않을 수 없고 이사장의 권리도 정하지 않을 수 없다." 그리하여 주인 행세가 더욱 심해졌다. 작년 1년간 신문사에 직원 10여 명을 초빙했는데, 당시 나도 상하이에서 동료로 근무하고 있었지만 초빙 직원에 대해 한 번도 나와 상의한 적이 없다. 비록 [왕랑칭이] 이사장으로서 지위가 높고 주인으로서 부귀가 대단하다 해도 어찌 이 지경에까지 이를 수 있단 말인가? (『음빙실합집·집외문』 상책, 47쪽)

량치차오는 이 글을 왕캉녠과 결별한 뒤에 썼다. 따라서 감정이 심하게 개입되어 있고 심사숙고한 흔적은 없다. 하지만 그가 말한 내용은 믿을 만하다. 옌푸도 일찍이 『국문보』에 발표한 『『시무보』 각 고백서 후기時務報各告白書後』에서 이렇게 인식하고 있다. "량 군은 절개 있는 선비라 그의 말은 모두 믿을 만하다." 그러나 옌푸는 이와 동시에 량치차오가 이 글에서 「왕캉녠 공고汪康年啓事」에 나오는 '캉녠이 『시무보』를 창간했다'는 언급을 반박하며, 집체 자금으로 운영되는 기업을 마치 자신이 운영하는 개인 사업으로 간주했다고 질책한 점 말고는 문제의 실질을 전혀 건드리지 못했다고 보았다. 문제는 이사장이 혼자서 신문을 창간했다는 명목을 사칭할 수 있느냐 없느냐가 아니라, 이사장이 자신의 업무 능력으로 자신이 맡은 임무를 감당할 수 있느냐 없느냐에 달렸다는 것이다. 옌푸의 주장은 이렇다. "이사장 명칭도 바로잡혔고 이사장 권한도 독점하게 되었으므로, 그[왕캉녠]가 하는 일이 어떤지 감시해야 한다." 그럼 왕 씨는 이사장으로서 어떻게 해야 하나? 옌푸는 다음과 같이 인식했다. "량치차오가 신문사에서 해직된 이래 『시무보』의 문장은 갈수록 졸렬해지고 일처리는 점점 나태해지고 있으며, 서체는 추악해지고 종이는 거칠어지고 있어서, 해내의 여망을 전혀 만족시키지 못하고 있다. 사태가 이와 같으므로 이사장은 자기 소임을 감당하지 못한 것이다. 자기 소임을 감당하지 못하면 스스로 자리를 떠나야 한다. 대장부가 물에 빠져 죽을지언정 어찌 개헤엄을 친단 말인가? 왕캉녠은 소임을 맡은 이래 장정에 의거해 회계 정산도 하지 않았고 여러 사람의 책망을 막기 위해 유언비어까지 만들어냈으니, 장차 어떻게 스스로 해명할 수 있

겠는가?"(『옌푸 연보』, 124쪽)

『시무보』 '당쟁'

옌푸는 황쭌셴 및 량치차오와 친밀하게 왕래한 터라 주관적으로 진술했을 수도 있다. 그럼 혹시 천칭녠의 진술에 의지하면 당시 왕캉녠의 견해와 행위를 더 객관적으로 설명할 수도 있지 않을까? 천칭녠은 왕캉녠과 마찬가지로 장즈둥의 막료였고 량딩펀 같은 벗들과도 아주 가까웠다. 천칭녠의 무술년(1898) 일기에 이와 관련된 기록이 몇 단락 있다.

3월 13일. 지샹춤[쥐웨이]을 방문했다. 마침 왕랑칭[왕캉녠]이 함께 자리를 해서 『시무보』 이야기를 잠시 나누다가 금년 판매 부수가 작년보다 줄었음을 알게 되었다. 전 주필 량쥐루[량치차오]가 오랫동안 후난 시무학당에서 교습 일을 맡아보는 관계로 신문 게재 원고를 그다지 많이 쓰지 않는다고 한다. 이 때문에 근래 랑칭이 정쑤안鄭蘇庵[샤오쉬孝胥]을 초빙해 총주필로 삼았고 쥐루와는 마침내 틈이 벌어졌다고 한다. 아마도 그때부터 서로 결별한 듯하다. 저들은 날마다 협력해 집단을 이루어야 한다고 떠들면서도 이 지경에 이르렀으니 한숨만 솟아날 뿐이다.

3월 14일. 왕랑칭이 찾아와서 말하기를 량쥐루는 『시무보』 지면을 빌려 캉의 가르침을 선전하려 해서 오래도록 줄곧 화목하지 못했고, 이제 그가 편지를 남겨 심하게 비방했기 때문에 장차 서로 결별할 수밖에 없다고 했다. —캉장쑤[캉유웨이]는 량치차오의 스승으로 그의 학문은 오로지 공자개제만을 말하는데 매우 천박하고 비루하다.— 정말 예상 밖의 일이 일어나서 탄식만 우러날 뿐이다.

윤3월 20일. 소문에 캉장쑤의 제자가 『시무보』를 탈취해 캉의 학문을 제창하려 한다고 한다. 황궁두[황쭌셴] 염방이 다시 여러 사람과 약속하고 전보를 보내 왕랑칭을 쫓아내려 하는데 그 흉악함이 이미 끝 간 데까지 갔다. 량제안[량딩펀]이 홀로 노중련魯仲連[2]처럼 후난으로 전보를 쳤다. 어기語氣가 당당하고 근엄하여 그의 담력에는 우리 같은 사람이 미칠 수 없다.

4월 초1일. 제안節庵이 하는 말을 들으니 황궁두가 다시 전보를 보내와서 길이 멀기 때문에 상의할 시간이 없다는 말을 했고, 또 그는 왕랑칭이 쑨원의 반역 무리에 들어갔다는 모함을 했다고 한다. 기실 황궁두는 흉악하게 후난 사람들을 끼고 캉유웨이 학문을 실행하려 했기에, 왕랑칭은 처음에는 그들과 함께 하다가 끝내 결별했고, 이에 그들이 들고일어나 팔뚝을 휘두르며 욕을 하고 있다는 것이다. 따라서 그들의 숨은 내막을 폭로해 궁두에게 답장을 보냈다. 궁두는 천보옌陳伯嚴[싼리]에게 전보로 답장을 보내라고 당부하면서 자신이 다른 사람 말을 듣고 왕랑칭을 급하게 쫓아내려 한 것은 사실이지만 절대로 캉유웨이 학문을 선전하려 한 사실은 없다고 했다 한다. (천칭녠, 『무술 기해 견문록』, 『조정 무술 조변기』[외 3종], 87~93쪽)

『시무보』의 내부 분쟁은 이때에 이르러 뚜렷하게 '당쟁'의 성격을 띠었고, 적어도 왕캉녠 주변 사람들은 그렇게 보았다. 쌍방은 모두 기세 싸움을 하고 있었다. 광서 24년(1898) 2월 11일 량치차오는, 창사에서 상하이로 돌아와 병을 치료하면서 막 후난으로 들어간 왕캉녠에게 편지를 보내 『시무보』에서 사임하겠다고 했다. 편지는 최후통첩과도 같았다. "한마디로, 형님께서 사임하지 않으면 이 아우가 사임할 것이요, 이 아우가 사임하지 않으면 형님께서 사임해야 할 것입니다." 량치차오는 이때 분노를 참지 못해 절박한 어조로 이렇게 말했다. "형님께서 바로 여러 군자와 상의해 사임할 것인지 아닌지 결단을 내리시기 바랍니다. 25일 전후로 이 아우에게 전보 한 통

---

2 전국시대 제나라 의인義人이자 지략가(305~245). 제나라의 요성聊城을 차지하고 있는 연나라 장수 악의樂毅에게 연나라로 돌아갈 것을 권유하는 편지를 화살로 쏘아 보내 제나라 군대가 요성을 되찾는 데 중대한 역할을 했다.

을 보내시어 —상하이 메이푸 리 량上海 梅福里 梁이라 하면 제가 받을 수 있습니다.— 이 아우 스스로 생각을 정하게 해주십시오. 만약 형님께서 사임을 원하시면 이 아우가 바로 인수인계하겠습니다. —이 아우는 절대로 저의 개인적 입장에서 일을 방해하는 게 아닙니다. 이미 온갖 어려움을 무릅쓰고 인수인계할 사람을 구했습니다. 캉유웨이 문하 사람은 절대로 쓰지 않겠습니다.— 만약 형님께서 사임을 원하지 않으시면 이 아우가 사임할 테니 달리 처리할 방법을 찾으십시오. 이 일은 이 아우가 흉금을 털어놓고 말씀드린 것이고, 제가 하고 싶은 말은 다 했습니다. 형님께선 절대로 마음에 없는 말씀을 해서는 안 됩니다. —다만 사임을 원하지 않으시면 사임하실 필요가 없습니다.— 지금 바로 답장을 주시고 상하이에 가서 다시 사건을 조사하시기 바랍니다." 그러나 량치차오는 여전히 『시무보』가 계속 발행될 수 있기를 바랐다. "『시무보』는 이미 천하 사람들의 희망이 되었으므로 도산하게 내버려둘 수는 없습니다. 억지로라도 유지해나가지 않을 수 없습니다."(『량치차오 연보 장편』, 103~104쪽)

하지만 5월 29일 어사 쑹보루[즈둥芝棟]가 「『시무보』를 관보로 개편하기 위한 상소문奏改『時務報』爲官報折」을 올렸다. 이 상소문은 캉유웨이가 대신 썼다고 전해진다. 이 상소문은 『시무보』의 업무를 대대적으로 찬양하고 있다. "2년 동안 민간에서 새 기풍이 크게 진작되었고 시무에 통달한 인재가 점점 나타나고 있는데, 여기에는 『시무보』의 공이 가장 컸습니다." 그러나 량치차오가 후난으로 간 뒤에는 『시무보』 운영에 어려움이 생겼다. "[량치차오가] 천바오전의 초청에 응해 후난학당 총교습으로 부임하자 두 곳 일을 함께 돌볼 겨를이 없게 되었습니다. 이 때문에 신문사 직원들의 일처리가 원만하지 못하게 되고, 경비 조달도 계속 이어지지 못했으며, 주필도 사퇴해 장차 [『시무보』가] 폐간으로 치닫게 되었으니, 진실로 애석한 일입니다." 그래서 캉유웨이는 이렇게 건의했다. "상하이 『시무보』를 관보로 개편한 뒤 거인 량치차오에게 책임을 지워 이전 주필자 등과 함께 실력으로 신문사 일을 처리하게 하십시오." "그렇게 개편한 관보는 베이징으로 이전하시고 상하이에는 분국을 두시어, 그것을 역서국에 귀속시키시고 서로 보완관계를 이루어 업무를 계속하게 해주십시오. 량치차오에게는 칙령을 내려 베이징과 상하이를 오가며 그 일을 총괄하게 하십시오."(『무술백일지』, 197~200쪽)

캉유웨이의 해석에 따르면, 왕캉녠이 『시무보』 업무를 주관하는 동안 "회사 경비를 거액 탕진했고 신문업을 몰락케 하여 마침내 도산을 우려할 상황에 이르게 했다는 것이다. 이에 상소문을 써서 쑹보루에게 대신 올리게 하고, 황제 칙령으로 량치차오를 초청해 전문적으로 신문사 일을 주관하게 하려고 했다."(『캉난하이 자편 연보』(외 2종), 49쪽) 이는 기실 조정의 힘을 빌려 왕캉녠을 『시무보』에서 쫓아내려는 시도였다. 이 일을 통해서도 우리는 캉유웨이와 량치차오의 한계성과 낙후성을 엿볼 수 있다. 그런데 뜻밖에도 광서제가 당일 바로 조칙을 내리고 대학당대신大學堂大臣 쑨자나이를 초청해 이 일을 관리하게 하면서 "타당한 논의를 참작하여 일을 분명하게 처리하라"라고 했다.(『무술백일지』, 200쪽) 쑨자나이와 웡퉁허는 모두 광서제의 스승이었다. 쑨자나이는 중추 대신들에게 영향을 받아 캉유웨이를 도성 밖으로 축출하려고 이 일을 이용하려 했다. 쑨자나이는 6월 초8일 궁궐로 들어가 「논의에 따라 상하이 『시무보』를 관보로 개편하기 위한 상소문奏遵議上海『時務報』改爲官報折」을 올렸다. 그는 『시무보』를 관보로 개편하자는 쑹보루의 상소문을 비준하자고 청했을 뿐 아니라 캉유웨이를 상하이로 보내 『시무보』를 인계하게 한 뒤 이 일을 감독하게 해야 한다고 했다. 쑨자나이는 이를 위해 아주 합당한 이유를 찾아냈다. "량치차오에게는 칙지를 받들어 역서국 사무를 맡아보게 하십시오. 지금 역서국 학당이 이미 개교했으므로 시급히 외국 책을 번역해 선비들에게 학습서로 제공해야 합니다. 만약 역서국과 관보 일을 겸하게 하면 역서 업무가 분할될까 두렵습니다. 캉유웨이가 관보 일을 감독할 수 있을지 어떨지 삼가 성상의 재가를 요청하는 바입니다."(『무술변법』 2, 432쪽)

『시무보』를 황제 어람용으로 바치자는 쑹보루의 건의에 대해 쑨자나이는 여기에서 한 걸음 더 나아가 다음과 같은 상소를 올렸다. "겨우 한 곳의 관보만을 어람용으로 올리는 것은 황상의 견문이 넓지 못하게 될까 두렵습니다. 지금 톈진, 상하이, 후베이, 광둥 등지에도 모두 신문사가 있으니 각 성 독무와 각지 신문사에 칙령을 내려 모든 신문을 도찰원과 대학당에 한 부씩 보내게 하고, 그중 시사時事와 관련 있고 심한 오류가 없는 내용을 골라 모두 일률적으로 황상께 바쳐 열람하시게 하십시오. 그렇게 하면 [황상께서] 민심을 편향되게 듣는 폐단 없이 각지 민심을 두루 밝게 들을 수 있을 것입니다." 이 모두가 정정당당한 이유였다. 쑨자나이는 또 이 기회를 빌려 『시무보』의 추악한 모습도 황제에게 알렸다. "『시무보』는 물론 취할 내용이 있지만 잡다하고 외람된 언어와 과장되고 허황한 학설에서도 벗어나지 못하고 있습니다. 지금 『시무보』를 관보로 개편하고 주필에게 칙령을 내려 게재 내용 선택에 신중을 기하게 하십시오. 만약 시시비비를 뒤엎고 흑백을 뒤섞이게 하고, 원통한 마음으로 망령된 의견을 게재하여, 성상의 총기를 어지럽히는 자가 있으면 일률적으로 색출하고, 주필도 그 잘못에서 벗어나지 못하게 해야 합니다."(『무술백일지』, 230~231쪽)

광서제는 당일에 바로 조칙을 내려 쑨자나이가 올린 상소를 인준했다. 쑨자나이는 6월 22일 다시 「논의에 따라 관보 발간을 준비하기 위한 상소문遵議籌辦官報事宜折」을 올렸고, 광서제는 또 당일에 바로 조칙을 반포하고 캉유웨이를 파견해 그 일을 감독하게 했다. 그러나 캉유웨이는 전혀 이 일을 하고 싶어하지 않고, 줄곧 베이징에 머물며 남쪽으로 내려가려 하지 않았다. 왕캉녠은 사태가 심각하게 돌아간다고 생각하고 광서제가 두번째 조칙을 발표하고 사흘 째 되던 날인 6월 24일 『국문보』에 「공고啓事」를 발표하고 자신이 바로 『시무보』의 창간인이고 량치차오는 자신이 초빙한 주필이라고 공언했을 뿐만 아니라 7월 초1일부터 『시무보』를 『창언보昌言報』로 개칭하고 량딩펀을 초빙해 사장으로 삼는다고 발표했다. 7월 초1일 황쭌셴 등 다섯 사람은 연명으로 『국문보』에 「공고啓事」를 게재하고 『시무보』는 황쭌셴, 우더쑤吳德瀟, 쩌우뎬수, 왕캉녠, 량치차오가 상하이에서 공동으로 창간한 신문이고, 그들이 "왕캉녠을 신문사 주재 관리자로 추천했고 량치차오를 주필로 추천했다"고 선언했다.(『량치차오 연보 장편』, 132쪽) 량치차오는 7월 초6일 또 『국문보』에 「『시무보』 창간 시말」이란 문장을 발표해 『시무보』 창간의 전후 내막 및 2년 동안 『시무보』 내부에서 발생한 모순과 갈등을 자세하게 밝혔다.

이후 『시무보』 귀속 문제를 둘러싸고 각종 다툼이 발생했지만, 이는 사실 중요한 문제가 아니었다. 6월 21일 『시무보』는 마지막호 제69호를 발행했고, 7월 1일에는 『창언보』 제1호가 간행되었다. 왕캉녠 말에 의하면 이 신문의 명칭은 "사실에 근거하여 정당한 말들을 하라는 조칙에 따라 지었다"고 했다. 『창언보』는 왕캉녠도 인정한 대로 사장을 량딩펀으로 바꾸었을 뿐 "모든 체제는 종전의 『시무보』를 그대로 따랐고 번역 전문가도 모두 예전 사람들을 그대로 썼다."(「왕캉녠 공고」, 『중국 신문학 역사』, 111쪽) 따라서 1개월 뒤 무술정변이 발생하고 나서 닷새째 되던 날 서태후는 바로 명령을 내려 이 신문사를 폐쇄했다. 그녀의 눈에는 『창언보』나 『시무보』는 아무 구별이 없는 동일한 신문일 뿐이었다. 그러나 옌푸가 「『시무보』 각 고백서 후기」에서 이와 관련해 언급한 대목은 오늘날에도 여전히 깊이 생각해볼 만하다. 옌푸는 이 글에서 량치차오가 왕캉녠을 질책할 때 도덕적 입장을 견지했다고 했다. 즉 『시무보』는 본래 많은 사람이 참여한 공공 기업이었는데 왕캉녠에 의해 개인 사업으로 변질되고 말았다는 지적이 그것이다. 그러나 이러한 공공성을 띤 민간 신문을 관보로 바꾸는 것이 과연 공적 행위인가? 옌푸는 이처럼 지적했다. "그러므로 량이 말하는 사私라는 것은 바로 내가 말하는 공公이고, 량이 말하는 공이라는 것은 바로 내가 말하는 사다. 가령 왕 씨가 사욕을 부렸다고 해도, 이는 두 사욕이 서로 다툰 것일 뿐이다. 공이란 명분을 황쭌셴과 량치차오 두 사람은 절대 갖지 못했다." 옌푸의 이 말은 독창적이고 깊이가 있으면서 매우 공정하다. 그는 캉유웨이와 량치차오가 소홀히 취급한 문제를 폭로했다. 바로 공공대중公衆과 관용단체公家의 구별이다. 『시무보』가 민간 공동 기업이라는 성격에 비춰보면 그것은 공공대중의 신문이지 절대로 관용단체의 신문은 아니다. 캉유웨이가 『시무보』를 관보로 개편하라고 부추긴 것은 기실 공공대중과 관용단체 개념을 혼동해 자신이 돌멩이를 들어 올려 자신의 발을 찧는 행위에 다름없었다. 유신파 인사들은 이 일로 매우 큰 타격을 입었다. 옌푸는 "유신파가 주도권을 놓고 다툰 이래로 이 일처럼 마음이 찢어지고 기운이 상한 일

은 아직까지 없었다"고 했다.(『옌푸 연보』, 123쪽)

이듬해 해외를 망명 중이던 량치차오는 일본에서 장타이옌을 만났고 그의 주선으로 왕캉녠과 친분을 회복해 이후 때때로 서신을 주고받는 사이가 되었다. 장타이옌의 기록에 의하면, 량치차오가 일찍이 그에게 왕캉녠은 도대체 어떤 사람이냐고 물은 적이 있고 장타이옌은 다음과 같이 대답했다고 한다. "지금 두 파가 옛날 낙양洛陽의 정이程頤 일파와 촉蜀의 소식蘇軾 일파처럼 싸우더라도 끝내 어느 한편으로 기울지 않을 사람이네. 그는 간신인 장돈章惇과 채경蔡京 같은 자를 목상처럼 대할 것이니 어떠한가?" 전하는 말에 의하면 량치차오는 장타이옌의 이 말을 듣고 왕캉녠을 다시 생각하게 되었다고 한다. 그러나 결국은 이전처럼 친밀한 관계는 회복하지 못했다.

제9장

뜨거운 피를 조국에 바치다: 량치차오와 탕차이창

량치차오가 무술정변 발생 후 일본으로 망명할 때 예부주사 왕자오가 동행했다. 둘은 광서 24년(1898) 9월 초2일 도쿄에 당도했다. 그들은 처음에 와세다早稻田 쓰루마키 정鶴卷町 40번지 다카하시 다쿠야高橋琢也 댁에 숙소를 정했다. 생활에 필요한 용품은 모두 일본 정부에서 공급해주었다.

캉유웨이는 무술정변 하루 전 베이징을 떠나 톈진과 상하이를 거쳐 14일 만에 홍콩에 도착했다. 여기에서 그는 영국 전 해군장관 베리스퍼드 C. W. Beresford의 예방을 받았다. 베리스퍼드는 비분강개하여 캉유웨이 면전에서 가슴을 치며 죽음을 무릅쓰고 광서제를 구하겠다고 맹세했다. 캉유웨이는 깊이 감동하며 [베리스퍼드를] "뜨거운 피를 가진 영웅이고 이 세상에서 보기 드문 인재"라 칭찬했다. 당시 홍콩 주재 일본 영사 우에노 스에지로上野季次郎도 캉유웨이를 찾아와서 일본 총리 오쿠마 시게노부가 보낸 초청 메시지를 전하면서 캉유웨이가 먼저 일본으로 가면 그에게 지원과 도움을 아끼지 않겠다고 했다. 캉유웨이의 오랜 친구 미야자키 도라조宮崎寅藏[미야자키 도텐宮崎滔天]도 일본 정부의 부탁을 받고 비밀리에 그에게 여비 2천 금金을 제공했다.(『캉난하이 자편 연보』[외 2종], 66쪽) 캉유웨이는 이에 9월 초5일 희망을 가득 안고 홍콩에서 미야자키 도라조와 함께 일본으로 향했다. 그가 도쿄에 도착한 때는 9월 11일이나 12일이었던 듯하다. 캉유웨이는 먼저 고지마치 구麴町區 히라카와 정平河町 4조메丁目 미쓰하시여관三橋旅館에 숙소를 정했고, 오래지 않아 다시 와세다 42번지 메이이카쿠明夷閣

로 옮겼다. 이곳은 량치차오의 숙소인 다카하시 다쿠야 댁에서도 멀지 않았다. 그들은 일본 정부가 혹시라도 중국을 도울 수 있게 되면 광서제의 권좌를 가능한 한 빨리 회복시킬 생각이었다.

황상이 폐위되다

당시는 무술정변이 일어난 지 겨우 한 달밖에 안 된 때였지만 량치차오와 캉유웨이는 이미 생사의 난관을 돌파하고 죽음의 고비에서 벗어났다고 할 수도 있었다. 그러나 아직 놀란 마음을 진정하지는 못했다. 캉유웨이는 이렇게 언급했다. "날마다 군주와 친구의 죽음을 걱정하고 가족의 위험을 애통해하며 관련자들이 잡혀 죽었다는 소식을 들었다."(앞의 책, 67쪽) 그들은 해외로 망명한 동지와 지사가 전해준 정보 및 중외 매스컴 보도를 통해 진위를 분별할 수 없고 상호 모순된 각양각색의 유언비어와 소식을 접해야 했다. 량치차오가 지은 『무술정변기』에도 이에 관한 내용이 있다. "무술정변이 일어난 날(1898년 8월 초6일), 베이징에서 상하이로 칙지를 담은 전보가 전해졌다. 황상께서 이미 돌아가셨고 캉유웨이도 사약을 받고 죽었으니 이에 연루된 자를 신속하게 체포해 그 자리에서 바로 법을 집행하라는 전보였다."(『음빙실합집·전집』 제1권, 64쪽) 전해지기로 이 말은 상하이 주재 영국 영사 블랜드John Otway Bland가 직접 캉유웨이에게 전해준 것이라 한다. 그러나 이 칙지의 존재 여부에 지금까지도 의심을 품는 사람이 많다. 이날 캉유웨이와 관련된 칙지가 분명이 있긴 했다. 그 내용은 이렇다.

> 군기대신 등에게 알리노라. 공부후보주사工部候補主事 캉유웨이가 파당을 만들어 사욕을 채우려 하고 악언을 일삼으며 정치를 어지럽히다가 누차 사람들에게 탄핵당했으므로 그를 파직에 처한다. 아울러 그의 아우 캉광런과 함께 모두 보군통령아문步軍統領衙門에 두었다가 형부로 나포하여 법률에 의거하여 죄를 다스려라. (『무술변법』 2, 99쪽)

광서제에 대해서는 더욱 많은 유언비어가 떠돌고 있었다. 량치차오는 같은 책에서 다음 기록을 남겼다. "초7일 영국 선교사 아무개가 내무부內務府에서 황제의 음식을 담당하는 모 관리에게 황상의 안부를 물었다. 모 관리가 대답하기를 황상께선 이미 낙심하여 광증狂病에 걸렸고 누차 궁궐 밖으로 도망치려 한다고 했다."(『음빙실합집·전집』 제1권, 65쪽) 무술6군자 양루이의 사위로 일찍이 후베이 총독 장즈둥의 막료를 지낸 쑤지쭈는 『청 조정 무술 조변기』에 8월 초6일 자희태후가 광서제를 처음 심문하던 광경을 기록해놓았다.

　　이날 태후께서 편전으로 납시어 칭왕慶王, 돤왕端王, 군기어전대신을 불러 탑상 오른쪽에 꿇어앉히고 황상을 오른쪽에 꿇어앉혔으며 탑상 앞에는 대나무 몽둥이를 갖다 놓았다. 매서운 목소리와 사나운 얼굴로 황상을 심문했다. "천하는 열성조께서 이룩하신 천하다. 네가 어찌 감히 마음대로 망령된 짓을 하느냐? 여러 신하는 모두 내가 여러 해 동안 두루 선발하여 너를 보좌하라고 물려주었다. 그런데 너는 어찌 감히 네 마음대로 등용하지 않느냐? 너는 결국 감히 반역자의 유혹을 믿고 나라의 법도를 고치고 어지럽게 했다. 캉유웨이란 놈이 무엇이기에 내가 선발한 사람들보다 뛰어날 수 있느냐? 캉유웨이의 법이 열성조들께서 세운 법보다 뛰어날 수 있느냐? 너는 어찌 이리 멍청하고 불초하단 말이냐?"(『무술변법』 1, 346쪽)

　　쑤지쭈 기록을 보면 심문은 다음처럼 진행되었다.

　　초7일, 태후가 혼자 황상을 한 차례 심문했다.
　　초8일, 여러 신하와 함께 또 한 차례 심문했다. 이는 마치 원고와 피고의 모습 같았다.
　　8월 초10일, 명의를 궁궐로 불러들이라는 칙지가 내렸다

쑤지쭈의 초8일 기록은 이렇다.

황상이 백관을 거느리고 서태후의 훈정訓政에 축하를 드렸다. 태후는 칙
지를 내려 황상을 계단 아래 꿇어앉게 했다. 의례를 마치고 다시 편전에
서 신료들을 불러 황상을 심문했다. 황상의 서재 및 캉유웨이의 거처에
서 베껴온 상소문과 문서 등을 조목조목 따져가며 심문하고 여러 신하
를 시켜 질문하게 했다. 그 문서 중에는 양루이와 린쉬가 황상의 뜻을
캉유웨이에게 전하고 그를 신속하게 도성에서 나가라고 재촉한 편지도
있었다. 서태후는 대로하여 황상에게 물었으나 황상은 인정하지 않고 그
것을 양루이의 뜻으로 미뤘다. 이때 태후는 이미 북양의 위안스카이가
자수하여 [캉유웨이를] 밀고한 일을 알고 황상에게 무슨 생각으로 그렇
게 했느냐고 추궁했다. 황상은 캉유웨이와 탄쓰퉁이 한 일이라고 핑계를
댈 수 있을 뿐이었다. 그렇지 않으면 즉시 조정에서 곤장을 맞을 수도 있
었다. 태후가 즉시 보군통령에게 칙명을 내려 장인환과 쉬즈징 및 여러
신진 인사를 잡아들이게 했다. 또 황상을 영대[잉타이]瀛臺에 감금케 하
고 황상의 측근 태감太監[환관]도 임시로 구금케 했다. 그리고 별도로 태
감 20명을 파견해 황상을 보살피게 했는데 이는 기실 황상을 감시하고
감금하기 위한 조치였다. (앞의 책, 347~348쪽)

그리고 초10일 명의를 궁궐로 불러들이라는 조칙을 내리게 했다. 그 내
용은 아래와 같다.

내각에 알리노라. 짐은 4월부터 누차 몸이 불편하여 조섭과 치료를 해온
지 오래지만 아직 큰 효험을 보지 못했다. 도성 밖에 의학에 정통한 사
람이 있으면 즉시 내외 신료로 하여금 칙지를 받들어 추천케 하라. 현재
외성에 있는 자는 바로 도성으로 치달려오게 하라. 조금이라도 늦춰서
는 안 될 것이다.

쑤지쭈는 당시 떠돌던 유언비어도 언급했다.

이때 도성에서는 온갖 소문이 흉흉했다. 어떤 환관은 황상께서 환후가 있으시어 조용히 요양을 해야 하므로 신하들을 접견할 수 없다고 했다. 권력을 장악한 대신들은 황상께서 캉유웨이가 올린 약을 먹고 환후가 더욱 심해졌다고 했다. 또 어떤 사람은 황상께서 이미 돌아가셨고, 짐독[1]으로 황상을 시해한 역적들을 캉유웨이가 잡아들이기를 기다리고 있는데, 소문을 내면 역적들이 도망갈까봐 걱정을 하고 있다고 했다. (『무술변법』 1, 348쪽)

이처럼 진위를 판별할 수 없는 소식으로는 사태 진상을 파악하기가 어려웠지만, 캉유웨이는 신체가 건강했던 광서제에게 이미 생명의 위험이 닥쳤음을 믿게 되었다. 그는 당시 상황을 아래와 같이 분석했다.

4월 이래로 황상께서 불러본 신료가 수백 명에 달했다. 날마다 친히 일을 처리하며 아침부터 저녁까지 쉬지 않았지만 성상께서는 아무 병환이 없으셨다. 이는 모든 신료가 목격한 바다. 그런데 지금 갑자기 이러한 조칙이 내렸으니 아마도 서태후와 룽루의 의도가 세 가지를 노리는 듯하다. 첫째, 짐독을 쓰려 함이다. 둘째, 황상을 유폐해 [황상이] 억울한 마음에 목매어 죽게 만들려 함이다. 셋째, 황상께서 오래 병환을 앓고 있다는 명목을 내세워 황상 대신 태자를 옹립하고 강제로 선위禪位케 하려 함이다. (『음빙실합집·전집』 제1권, 65~66쪽)

량치차오만 이렇게 생각한 건 아니고 당시 많은 사람이 광서제에게 병환이 있다는 사실을 믿지 못하고 있었다. 어떤 사람이 군기대신 왕원사오

---

1 짐새 깃에 있는 맹독. 짐새는 중국 남방 광둥에 사는 새로 알려져 있다. 온몸에 독기가 있다. 새의 배설물이나 깃이 잠긴 음식물을 먹으면 사람이 즉사한다고 한다. 짐독鴆毒을 섞은 술이 짐주다. 짐주를 먹여 사람을 죽이는 일이 짐시鴆弑 또는 짐살鴆殺이다.

에게 황상의 병환이 도대체 어떠냐고 묻자, 그는 이렇게 대답했다. "나는 날마다 황상을 뵙지만 황상에게 무슨 병환이 있다고는 느껴지지 않았다. 만약 황상에게 꼭 병환이 있다고 말해야 한다면 간장병일 것이다. 왜냐하면 황상께선 언제나 신하들이 안일하게 향락만 탐하는 것에 불만을 품고 항상 화난 목소리로 질책하셔서 간장에 화기가 성하다는 사실을 알 수 있다." 탄쓰퉁은 광서제의 부름을 받고 알현할 때 직접 면전에서 황상에게 병환이 어떤지 물은 적이 있다. 그런데 광서제는 "짐은 여태껏 병을 앓은 적이 없는데 그대는 어찌하여 그런 질문을 하는가?"라고 했다. 탄쓰퉁은 이에 너무나 황공해 낭패한 적이 있다. 윈위딩은 일찍이 광서 연간에 궁궐 사관직을 무려 19년간이나 지냈다. 그가 지은 『숭릉전신록』에는 비교적 믿을 만한 내용이 기록되어 있다. 숭릉은 광서제의 능묘 명칭이고 이 책에 기록된 견문은 광서제 관련 내용이 많다. 거기에는 광서제의 신체 상황에 대한 기록도 있다. 윈위딩 눈에 비친 광서제의 건강은 이러했다. "신체가 튼튼하셔서 34년 동안 질병이 없으셨다. 하루도 조회를 열지 않은 적이 없고 종묘의 큰 제사에도 반드시 친히 왕림하셨다. 눈보라가 몰아칠 때도 거의 게으른 모습을 보이지 않으셨다. 걸음걸이는 안정된 자세로 빨리 걷는 편이셔서 수행 신하들이 항상 종종거리며 뒤를 쫓아가야 했다."(『무술변법』 1, 474쪽)

위의 기록으로 미루어보면 광서제에게 병이 있다는 유언비어는 차를 마시거나 식사를 할 때 주고받는 허황한 낭설일 뿐만 아니라 황제를 해치려는 정치적 음모가 숨겨진 악담이라 할 수 있다. 더욱이 그 유언비어는 황제 폐위 소문과 연계되면서 음모의 냄새를 더욱 짙게 풍기게 되었다. 쑤지쭈도 그런 기미에 주의하면서 다음과 같이 서술했다.

9~10월 사이 누가 황상의 병환에 대해 묻자 모 대신이 말했다. "내 생각에는 절대로 황상의 병환이 호전되는 날은 없을 것이다." 또 권신權臣에게 물었다. "황상께서 이렇게 감금되어 있으시니 만약 태후께서 천추만세를 누리신 이후에는 [황상께서] 다시 나오신다 해도 [상황이] 더 좋

지 않을 듯하오." 그러자 [권신은] 이렇게 대답했다. "황상의 병환이 이미 위중하시니 약석藥石으로 효과를 보지 못할까 두렵소." 10월 초 집사태감執事太監이 12월에 조카며느리 혼인 날짜를 정했는데 갑자기 매파에게 10월 말로 날짜를 바꾸라고 재촉했다. 사돈댁에서 그 까닭을 여러 번 따져묻자 비밀리에 이렇게 말했다고 한다. "황상의 병환이 위중하시어 종친부의 가까운 종친들에게 칙지가 내렸습니다. 무릇 12세 이내의 푸溥 자 항렬 아이들은 모두 태후의 부름에 대비하라고 말입니다." 이 때문에 당시 아이들이 입는 화의花衣[2]를 사는 사람이 대단히 많았다. (…) 화이타부 상서尙書가 파직될 때 그 집안사람들은 [화이타부가] 오래지 않아 다시 벼슬길에 나올 줄 이미 알고 이처럼 말했다고 한다. "황상이 바뀌면 다시 좋아질 것이다." 비록 소인배의 말이지만 유래가 있다. (앞의 책, 351~352쪽)

여러 상황에 따르면, 어떤 사람이 광서제가 아프다는 가짜 정보를 흘리고는 적당한 시기에 황제가 병으로 죽었다는 소식을 선포하거나 황제를 강제로 퇴위시키려는 것이 분명한 사실로 보인다. 그 사람은 바로 자희태후였다. 당시에 심지어 다음과 같은 소문이 유포되고 있었다. "어떤 서양 신문에 프랑스 의사의 증언이 실렸는데, 황상이 매일 먹는 음식에 모두 초석硝石 가루가 섞여 있어서 병환이 나날이 위독해진다는 내용이었다."(『음빙실합집·전집』 제1권, 66쪽) 이 프랑스 의사가 아마도 영국과 프랑스 사신이 룽루에게 추천해 광서제를 진찰한 바로 그 의사로 보인다. 신문에 실린 그의 말을 완전히 믿을 수는 없지만 그렇다고 믿지 않을 수도 없다. 또한 누구도 자희태후가 그러한 생각을 하지 않았다고 단언할 수 없다. 현재 많은 사람은 무술정변이 황실의 집안일이고, 광서제와 자희태후 사이의 갈등은 단지 모자 사이의 갈등일 뿐이라고 해석하면서, 이렇게 해석해야만 역사가 더욱

2 청나라 황실이나 귀족이 경사에 입는 일종의 예복. 당시 광서제가 연금된 뒤 서태후가 12세 이하의 황실 종친 자제 중에서 후사를 고른다는 소문이 돌자, 황실 종친 가문에서는 이를 대비하기 위해 화의를 구입하는 사람이 많았다.

인간화된다고 믿고 싶어한다. 또 어떤 사람은 캉유웨이와 량치차오를 깎아 내리려고 고의로 경악할 만한 말을 지어내어, 자희태후는 변법에 반대하지 않았을뿐더러 오히려 변법 시행을 주장했다고 하고, 또 자희태후는 "권력 만 알 뿐 정치적 견해는 아무것도 없었다"라고 진술하고 있다.(왕자오, 「덕종 유사德宗遺事」, 『도려노인 수년록 남옥술문陶廬老人隨年錄 南屋述聞」[외 1종], 166쪽) 말하자면 무술정변은 변법 주도권 다툼일 뿐이라는 것이다. 그러나 자희태 후와 광서제가 정치적 신분, 정치적 태도, 정치적 전망 등 여러 부문에서 견해가 서로 달랐다는 점을 소홀히 하면 우리는 역사적 진실에서 더욱 멀 어질 수도 있다. 량치차오는 이렇게 말했다. "대저 황상께서 개혁을 추진 할 수 있었던 이유는 나라를 근심하고 부국강병을 도모하려는 기본 소망 이 있었기 때문이다. 황상께서 10년 동안 독서에 전념하여 얻은 학식이 그 바탕이 된 것이다."(『음빙실합집·집외집』 하책, 1195쪽) 변법을 추진하던 초기 에 대학사 쑨자나이는 광서제를 다음처럼 일깨웠다. "지금 외환外患이 급박 하니 진실로 변법을 추진하지 않을 수 없습니다. 그러나 신은 변법을 추진 한 이후에 군주의 권력이 바뀌게 될까 두렵습니다." 그러자 광서제는 대답 했다. "내가 변법을 추진하려는 것은 백성을 구제하려는 생각일 뿐이오. 백 성을 구제할 수 있으면 군주의 권력이 바뀌든 안 바뀌든 무얼 그리 따질 필요가 있단 말이오?"(『음빙실합집·전집』 제1권, 156~157쪽) 이 대목에서 묻 고자 한다. 자희태후에게 이러한 식견과 포부가 있었던가? 광서제가 추진 한 일을 그녀는 하려고 했던가? 그러나 그녀의 언행은 다음과 같았다. "지 금 서태후는 일신의 오락 말고는 아무것도 생각하지 않는다. 총애하는 환 관 한두 명이 올리는 말 말고는 아무것도 듣지 않는다. 그녀는 앞서 나라를 30년이나 맡아 다스렸으므로 그 성과를 분명하게 볼 수 있어야 한다. 만약 뒷날 개혁할 수 있다면 지난날 오래전에 응당 개혁을 했어야 했다."(『음빙실 합집·집외집』 하책, 1195쪽)

자희태후는 개혁의 역사적 중임을 맡을 수 없었다. 자희태후와 광서제 사이도 모자관계로 인정할 수 없다. 자희태후는 목종[동치]의 모친이지만 또한 문종[함풍]의 비妃이기도 하다. 광서제는 대통을 이으려 문종의 후사로 들어갔다. 청대 법도에 따르면 황제의 후사로 들어간 사람은 전임 황제의 비를 모친으로 삼을 수 없다. 따라서 광서제는 자안태후慈安太后[동태후東太后, 문종의 정실 왕비正妃]와는 모자관계지만 자희태후와는 결코 모자관계가 아니다. 자희는 목종 시대로 말하자면 태후였지만 덕종[광서] 시대에는 더이상 태후가 아니라 문종의 비일 뿐이었다. 그러나 자희는 권력에 탐닉하는 여인이라 권모술수를 발휘해 권력을 쟁취하는 데 뛰어났다. 그녀는 대권을 독점하려 자안태후를 죽였고 목종 사후에 또 어린 임금을 옹립하는 방법으로 계속해서 조정 권력을 움켜쥐었다. 그녀는 광서제가 황제 권력을 돌려달라고 요구할까봐 가장 두려워했다. 이 때문에 그녀는 광서제가 자신의 생각을 조금씩 드러내기만 해도 바짝 긴장하며 그 어린 싹부터 말살하려 했다.

광서 16년(1890) 황제의 친정 조칙이 천하에 포고되었다. 이는 광서제가 이제부터 직접 정치를 총괄하겠다는 말에 다름아니었다. 그러나 자희태후는 황제를 눈엣가시처럼 여기며 시시각각 그를 제거할 방법에 골몰했다. 황제가 한 해 한 해 성장해 광서 20년(1894)이 되었을 때 마침 청일전쟁이 발발했고, 황제는 조금이라도 자기 역할을 하고 싶었지만 수중에는 아무런 권한도 없었다. "이때 어사 안웨이쥔이 항의 상소를 올려 태후는 이미 황상에게 권력을 돌려준 이상 모든 정치에 간여해서는 안 된다고 했다. 즉 황상의 팔을 잡고 늘어져서는 안 된다는 말이다. 서태후는 대로하여 즉시 안웨이쥔을 파직하고 장자커우張家口로 보내 군역에 종사하게 했다."(『음빙실합집·전집』 제1권, 58~59쪽) 동시에 또 근비瑾妃와 진비珍妃3에게서 비 호칭을 쓰지 못하게 하고 조정 마당에서 매질하는 처벌을 내렸다. 두 비의 오빠 즈루이志銳는 우리야쑤타이烏里雅蘇臺로 귀양을 보냈고, 두 비의 사부 원팅스는 병을 핑계로 도성을 나가 겨우 죄를 면했다. 이것이 광서제와 자희태후 사이 첫번째 대결이었다. 결국 광서제의 패배로 끝나고 말았지만 광서제도 자기 태도를 분명하게 밝혔다. "나는 망국의 군주가 될 수 없다. 나의 권력을

---

3 청나라 덕종 즉 광서제의 비. 둘은 자매 사이로 근비가 언니다.

돌려주지 않는다면 나는 차라리 보위를 다른 사람에게 물려줄 것이다."(앞의 책, 147쪽) 자희태후는 마침내 광서제를 폐위하고 모某 친왕의 손자를 새로운 황제로 옹립하려는 계획을 세웠다. 이 일은 공친왕의 반대에 부딪쳤고 또 황제 후보로 뽑힌 모 친왕의 손자가 "미치광이로 가장하여 즉위하려 하지 않아서" 자희태후도 포기할 수밖에 없었다. 을미년(1895) 6월, 광서제는 웡퉁허의 의견에 따라 자희태후의 두 측근 쑨위원과 쉬융이를 파직했다. 자희태후는 대로하여 웡퉁허를 육경궁으로 쫓아내 황상과 밀담을 나누지 못하게 했다. 오래지 않아 또 창린과 왕밍젠汪鳴鑑이 광서제와 '모자母子' 문제를 논의한 것을 빌미 삼아 "누차 참언을 올려 양궁兩宮을 이간시켰다"는 죄명을 씌워서는 이 둘을 파직하고 영원히 등용하지 못하게 했다. 창린이 죄를 받은 원인에 대해 공친왕이 황제에게 묻자 "황상은 눈물을 흘리며 대답하지 못했고, 공친왕도 땅에 엎드려 통곡을 금치 못했다"고 한다. 이후 또 원팅스를 파직하여 원적지原籍地로 추방한 일과 환관 커우롄차이寇連材를 참수한 일이 발생했다.

무술년(1898) 4월 23일 광서제가 「국시를 정하는 조칙」을 발표하고 나흘째 되던 날 자희태후는 광서제를 핍박해 웡퉁허를 파직하고 고향으로 돌려보내라는 조칙을 내리게 했다. 또 조정 신료 중 자희태후의 상을 받은 자 및 문무 일품 관직에 보임된 자 그리고 만주족과 한족으로 시랑직에 있는 자는 모두 상소문을 올려 자희태후 은혜에 감사를 표시하라고 명령했다. 또 즈리 총독 왕원사오를 조정으로 들어오게 하고 룽루를 잠시 즈리 총독에 임명한다는 명령을 내렸다. 이 세 조칙은 마치 세 가닥 밧줄처럼 광서제의 손과 발을 꽁꽁 묶었다. 이는 "황제가 마음대로 도약하려 하자 그가 벗어날 수 없게끔 묶어두기 위한" 조치였다. 그러나 자희태후는 광서제가 "권력을 찬탈하려는 음모를 이미 자백했다"라고 널리 고시했기에 이는 적당한 시기에 광서제를 감금하려는 수작임이 분명했다.(앞의 책, 57~67쪽) 그리고 위안스카이가 자수하여 캉유웨이의 '무술밀모戊戌密謀'를 깡그리 밀고하자, 자희태후는 광서제에게 적의를 노골적으로 드러내며 힐난했다. "캉유웨이 역적 놈이 나를 도모하려 했다는데 너는 몰랐느냐?" 마침내 광서제는 "혼비백산하여 어떻게 대답해야 할지 몰랐다."(『무술변법』 1, 347쪽) 당시 일본 『시사신보時事新報』에 베이징 주재 특파원이 보낸 기사가 실렸다. 이 기사를 통해 우리는 "당시 만주당滿洲黨 사람들의 마음 씀씀이를 가장 분명하게 엿볼 수 있고 또 광서제의 처지도 가장 명확하게 이해할 수 있다.

태후는 9월 8~9일에 황상을 폐위하려고, 경친왕과 단친왕端親王에게 신기영神機營 군사를 이끌고 입궁한 뒤 태후의 조칙을 발표하고 거사하기로 약속했다. 그러나 끝내 실행하지 못했는데 이 또한 까닭이 있다. 황상 폐위 음모는 태후가 섭정[수렴청정]을 시작할 때부터 이미 계획을 정해둔 일이지 갑자기 발동한 일은 아니었다. 태후는 섭정 이래 황상의 신정을 모두 폐지했고, [광서제의] 제당帝黨 사람들은 형벌을 받거나 추방되었다. 또 황제가 총애하는 비빈도 축출하면서 그 머리장식까지 박탈했고, 오늘과 같은 날씨에도 홑옷만 입게 했다. 이는 모두 황상의 자유를 억압해 삶의 즐거움을 깡그리 빼앗으려는 조치였다. 지금 들리는 소문에는, 무술정변 발생 이후 궁궐 나인들이 비수를 품고 궁궐에 잠복해 있다가 불행하게 발각되어 결국 많은 사람이 참수되었고, 이 때문에 태후가 깊은 근심에 싸여 있다고 한다. 만주인들의 생각으로는 태후는 이미 늙었고 황상은 바야흐로 장년이므로 어느 날 태후가 죽고 황상이 다시 정사에 복귀하면 자신들에게 불리할 것이기 때문에 태후가 살아 있을 때 황상의 기반을 없애는 것이 더 낫다고 여기는 듯하다. 그러나 저들이 두려워하는 것은 어느 날 황상이 폐위되면 백성들이 틀림없이 군사를 일으켜 죄를 물을 것이고 외국에서도 틀림없이 그 책임을 묻게 될 거라는 점이다. 이 때문에 아직도 황상을 폐위하지 못하고 유예하고 있는 것이다. 비록 그렇다 해도 황상에게는 다행이라 할 수 없다. 지금 황상에게 병이 있다는 핑계를 대고 명의를 불러 모으고 있다. 9월 3일 병환 중에 내린 조칙을 살펴보면 심각하게 우려할 내용이 포함되어 있다. 대체로 저들은 병환 중의 황제를 폐위하여 천하의 물의를 불러일으키는 것보다 그가 자살하기를 기다리는 편이 더 좋다고 여기는 듯하다. 지금 저들은 황제의 자살을 재촉할 방법을 구상하고 있을 뿐이다. 이 때문에 황상은 지금 중병에 걸려서 미음을 달라고 해도 얻을 수 없고, 지쓰鷄絲[가늘게 채처럼 썬 닭고기]를 달라고 해도 얻을 수 없고, 달라고 하는 음식 모두를 거짓말로 거절해 황상의 마음을 상하게 하고 있다. 그러나 태후는 아무 것도 듣지 못한 듯, 며칠에 한 번씩 광대를 궁궐로 불러들여 친히 관람하며 즐거워하고 있을 뿐이다. 또 어떤 사람은 말하기를 [태후가] 이미 롄베이러濂貝勒[돈친왕惇親王]의 셋째 아들을 궁궐로 불러들여 장차 보위에 옹립하려 한다고도 했다. (『음빙실합집·전집』 제1권, 67쪽)

캉유웨이와 량치차오의 황제 보위

당시 해외를 외롭게 떠돌던 캉유웨이와 량치차오에게 광서제는 그들의 정감과 신경을 끌어들이는 중심이었을 뿐 아니라 그들의 정신을 집중시키는 귀의처였다. 량치차오는 『청의보』에서 이렇게 외쳤다. "나는 국내 신하 중에서 우리 임금의 원수를 잊지 않는 사람이 의당 오늘날 원수를 토벌하는 군사를 일으켜야 한다고 생각한다. 또 해외 각국 중 우방의 고난에 동정심을 갖는 나라는 의당 오늘날 원수의 죄를 묻는 조치를 취해야 한다고 생각한다."(『음빙실합집·집외문』 하책, 1189쪽) 량치차오는 광서제 보호가 바로 중국을 보호하는 일이라 보았다. 광서제를 구하게 되면 개혁도 구할 수 있고 중국도 구할 수 있다는 것이다. 그는 또 캉유웨이의 말을 기록하고 있다. "중국이 이처럼 멸망의 위기에 처한 상황에서 이제 몸소 성군을 만났는데 어찌 내게 닥칠 참화를 따지며 성군을 구하지 않을 수 있겠는가?"(앞의 책, 1193쪽) 당시 중국을 어떻게 보전할 것인가를 둘러싸고는 세 가지 주장이 있었다.

첫째, 서태후, 룽루, 강이 등이 뒷날 혹시 변법을 추진할 수 있으면 중국을 보전할 수 있다.

둘째, 각 성 독무 휘하에 있는 변법 추진 인사들이 혹시라도 정부에 들어가면 중국을 보전할 수 있다.

셋째, 민간에서 혁명군이 일어나 미국과 프랑스 체제를 본받아 독립을 이루면 중국을 보전할 수 있다.

량치차오는 이 세 주장을 하나하나 반박했다. 첫째 주장은 불가능하고, 둘째 주장은 바랄 수 없고, 셋째 주장은 아직 시기가 성숙하지 못했다는 것이다. 그는 민지가 아직 열리지 않고 민력民力이 아직 강하지 못한 오늘날 "중국에서 민정民政을 제창하면 혼란만 야기할 뿐이고" 자칫하면 국토가 외국에 분할될 위험에 처한다고 인식했다. 따라서 그는 "오늘날 중국을 보전하려면 한 가지 계책뿐이니 바로 황제를 높이 받드는 일이다"라고 주장했다.(앞의 책, 1198~1199쪽) 따라서 캉유웨이와 량치차오는 당시 보황[황제 보위] 혹은 근왕[황제에게 충성]을 가장 중요한 정치적 요구로 삼아야 한다고 호소했고 이것으로 국민을 한데 불러 모으려 했다. 물론 그들의 주장이 쑨중산[쑨원]의 혁명당을 설득할 수는 없었지만, 당시 절대 다수의 국민과 해외 화교 그리고 특히 지식인과 벼슬아치 세계에서 광범위한 지지층을 확보했다. 따라서 광서 25년(1899) 6월 캉유웨이가 캐나다 빅토리아 항구와 밴쿠버에서 보황회를 창립할 때 정말 수많은 사람이 구름처럼 몰려들었다. 보황회는 아주 빠른 속도로 남북 아메리카와 오스트레일리아에서 두루 꽃을 피웠고 한때 100만 대중이 회원이라고 공언하기도 했다. 또 당시 흥중회 회원도 상당수가 보황회로 투신했다. 그 세력의 크기로 말하자면 쑨중산이라 해도 감히 얕잡아볼 수 없을 정도였다. 이 무렵 서태후와 수구파는 광서제를 해칠 음모를 꾸미고 있었다. 이 때문에 황제 보위를 말하는 사람으로 당시 서태후의 음모에 항거하던 사람은 보황회와 인연을 맺고 있었다.(『난하이 캉 선생 연보 속편』, 72쪽)

캉유웨이와 량치차오는 광서제 구출을 급선무로 삼았지만 당시 그들이 할 수 있는 일은 아마도 일본 정부에 도움을 요청하는 일밖에 없었던 것으로 보인다. 일본 정부가 앞으로 나서서 중국에 간섭하면 광서제의 권력 회복도 기대할 만한 일일지도 몰랐다. 따라서 량치차오는 캉유웨이가 도쿄에 도착한 바로 그날 일본 총리 오쿠마 시게노부의 대표 시가 시게타카와 필담을 나누었다. 이는 분명 의도가 있는 조처였다. 량치차오는 필담 과정에서 일본 정부와 오쿠마 시게노부, 이누카이 쓰요시大養毅 등에게 감사를 표한 이외에도, 여러 차례 일본 측에 무술변법 및 무술정변 후의 유관 상황을 소개하고 아울러 "귀국에서 우리 황상의 복위를 도와달라고" 명확한 의견을 표시했다. 량치차오의 구상은, 일본 정부가 영국과 미국 두 나라와 힘을 합쳐 대의에 입각해 중국 정부에 간섭을 하고 자희태후로 하여금 그 권력을 광서제에게 돌려주게 하면, 중국은 매년 500만 금金을 내어 자희태후를 봉양하고 영국, 일본, 미국을 초청해 그 감독을 맡기는 것이었다. 량치차오는 일본 정부를 설득하기 위해 또 무술변법의 발생은 전 지구에 영향을 준 일이고, 일본과 중국은 순망치한의 관계여서 서로 관련된 일이 더욱 중대하다고 재삼 강조했다. 그는 또한 동방의 안위는 전부 중국의 자립 여부에 달렸으므로, 중국이 자립할 수 있으면 일본도 그 혜택을 누릴 수 있지만 그렇지 않으면 일본도 피해를 당하게 된다고 주장했다. 따라서 중국의 자립 여부는 오로지 중국을 개혁할 수 있느냐 없느냐에 달렸고, 중국이 개혁을 지속해 최종적으로 성공할 수 있느냐 없느냐는 전적으로 황상이 권력을 가질 수 있느냐 없느냐에 달렸다고 일본을 설득했다.(『량치차오 연보장편』, 159쪽)

당시 량치차오는 광서제의 신변 안전을 어떻게 보장할지, 또 어떻게 가능한 한 빨리 광서제의 권력을 회복할지에 대해 가장 노심초사하며 심사숙고했다. 오래지 않아 량치차오는 또 「일본동방협회에 보내는 편지與日本東邦協會書」를 써서 자신들의 주장을 거듭 밝혔다. 이 편지는 『동방협회 회보東邦協會會報』에 발표되었다. 1891년 창립된 동방협회는 바로 일본 아시아주의의 대본영이었고 량치차오와 필담을 나눈 시가 시게타카는 동방협회의 주요 인사였다. 량치차오는 이 편지에서 자신의 사상적 논리를 계속해서 피력하면서 중국 개혁의 성패와 일본의 이해관계가 밀접한 관련이 있다고 주장했고, 동방협회 인사들에게 일본 정부를 독촉해 중국과의 합작을 중시하게 해달라고 요청했다. 즉 중일 양국은 "같은 대륙同洲, 같은 문자同文, 같은 인종同種"이라는 선천적 조건을 나누고 있으므로 두 나라가 연합하기만 하면 서구의 아시아대륙 침략과 분할 위험에 대항할 수 있다고 했다. 량치차오는 또 러시아, 프랑스, 독일이 벌써 연맹을 맺은 것은 그 목표가 하나인데, 바로 극동에서 러시아 지위를 강화해 영국 미국 일본을 견제하기 위함이라고 일본을 일깨웠다. 그러나 서태후는 공교롭게도 친러파 두령이어서 그녀의 "유일한 목표는 러시아에 보호를 요청해 기꺼이 그들의 노예가 되려는 것"이라 했다. 량치차오는 또 만약 서태후가 세력을 얻게 되면 아마도 일본에는 불리한 상황이 될 거라면서 "코사크 군대가 먼 거리를 치달려 중국으로 들어와 만주를 짓밟으면 일본도 베개를 높이 베고 편히 잠을 잘 수 있겠느냐?"고 호소했다. 량치차오는 "이 때문에 지금 일본을 위한 계책은 바로 중국의 안정인데, 중국이 안정되면 일본도 안정되고, 중국이 위태로우면 일본도 위태롭고, 중국이 멸망하면 일본의 멸망 또한 물어볼 필요조차 없게 된다"고 주장했다.(『음빙실합집·집외문』 상책, 51~55쪽) 따라서 이 모든 게 현실이 되는 것을 방지하는 유일한 방법은 바로 광서제 권력을 회복시켜 다시 신정을 추진하게 하는 것이라고 일본을 설득했다.

일본을 위한 량치차오의 계책은 기실 중국을 위한 계책이었다. 몇 달 전 일본 총리 업무를 인계받은 오쿠마도 동일한 관점을 견지했다. 그의 '오쿠마주의大隈主義'의 핵심은 바로 서구의 아시아 침략 근저에는 인종주의가 도사리고 있다는 인식이었다. 따라서 오쿠마 입장에서는 일본이 중국과 연합해 서구에 대항하는 방법 외에는 선택의 여지가 없었다. 이 때문에 그는 중국 유신파와 혁명파에게 도움을 주려 했다. 일본에 망명한 량치차오와 캉유웨이가 처음부터 일본 상위 계층 인물들에게 살가운 보살핌과 은근한 접대를 받은 일은 아무 까닭이 없는 게 아니었다. 바로 오쿠마 시게노부가 그 사이에서 중요한 역할을 했다. 이 기간 량치차오는 또 일본의 민족주의와 아시아주의를 주장하는 대표 인물 고노에 아쓰마로와 회견할 수 있도록 배려받았다. 일본에서 고노에는 정신계의 영수 인물이라는 혁혁한 지위를 누리면서 영향력이 엄청났고 그를 추종하는 사람도 대단히 많았다. 그는 다음 같은 명언을 남겼다. "중국 국민의 생존은 다른 나라 사람들의 복리만이 아니라 일본 국민 자신의 근본적인 이익과도 연관되어 있다."(『케임브리지 중국 만청사劍橋中國晚淸史』하권, 424쪽에서 재인용) 고노에는 중국이 열강의 분할 위기에 직면한 현상에 분개하며 '동아보전론東亞保全論'을 제기해 일본과 청나라가 동맹을 맺어야 한다고 주장했다. 동시에 그는 '동아동문서원東亞同文書院'을 건립했는데 그 목적은 바로 구미와 러시아가 중국을 주도적으로 지배하는 일에 반대하는 데 있었다. 아이러니한 것은 여러 해 뒤 고노에 아쓰마로의 아들 고노에 후미마로近衛文麿가 이 이론에 근거해 '대동아공영권大東亞共榮圈' 구상을 제기했으며 이후 8년간이나 지속된 전면적 중국 침략 전쟁과 '영미와 일전도 불사한다'는 태평양전쟁까지 발동했다는 점이다.

당초 량치차오와 캉유웨이는 오쿠마 시게노부에게 큰 희망을 품고 그가 조만간 긍정적 대답을 해주리라 생각했다. 그러나 어느 누구도 캉유웨이가 일본에 도착한 뒤 닷새째 되던 날 오쿠마 내각이 실각하리라고는 예상하지 못했다. 총리로서 오쿠마는 심지어 일본 국회에 단 한 차례도 서본 적이 없었다. 이 때문에 캉유웨이와 량치차오가 품은 희망도 물거품이 되고 말았다. 당시 일본 정부는 캉유웨이의 명성이 너무 알려져 있어 그가 장기적으로 일본에 체류하는 일에 불편한 심기였고, 여기에 더해 청나라 정부도 일본 정부에 끊임없이 압력을 가하고 있었다. 그리하여 고노에가 면전에 나서서 캉유웨이에게 일본을 떠나달라는 건의를 하게 되었고 일본 외무성에서는 량치차오에게 상당한 액수의 비밀 경비를 제공했다. 해가 바뀐 (1899년) 2월 11일, 캉유웨이는 42세 생일을 보내고 나서 일주일 뒤 몇십 명 제자와 추종자들의 전송을 받으며 요코하마에서 배를 타고 미국으로 향했다. 캉씨가 미국으로 가는 목적은 영미의 동정과 지지를 얻어 광서제의 복위에 도움을 받으려는 데 있었다. 그러나 그는 자신이 바라던 목적을 달성하지 못했을 뿐만 아니라 오히려 자신이 줄곧 지향해온 서구 의회정치가 효율이 매우 낮다는 사실을 깨닫게 되었다. 캉유웨이는 실망한 나머지 시 한 수를 지어 어찌할 수 없는 자신의 심정을 읊었다.

진秦나라 조정에서 부질없이 통곡하니4   秦庭空痛哭

진晉나라 의견은 저절로 어지러웠네.5   晉議自紛紜

사신使者의 시시비비도 혼란스러웠고   使者是非亂

조정도 온통 붕당으로 분열되었네.   盈廷朋黨分

진환陳桓을 그 누가 토벌할 수 있으리?6   陳桓誰得討

측천무후도 임금 노릇을 할 수 있었네.7   武曌亦能君

참화가 닥쳐옴을 근심하나니   只愁飛禍水

시름겨운 구름이 팔방에서 일어나네.   八極起愁雲

(『캉난하이 자편 연보』[외 2종], 72쪽)

류양 지사

캉유웨이와 량치차오는 외국의 도움을 받지 못하자 시선을 자신에게 돌릴 수밖에 없었다.

　캉유웨이와 량치차오가 처음 일본에 도착했을 때 그들의 오랜 친구인 후난 지사志士 탕차이창이 상하이에서 일본으로 왔다. 탕차이창은 탄쓰퉁과 문경지교를 맺고 오랫동안 막역하게 지냈다. 그도 후난 류양 사람이라 사람들은 둘을 '류양 2걸瀏陽二傑'이라 불렀다. 무술정변이 일어난 (1898년)

4　중국 춘추시대에 초楚나라가 오吳나라 합려闔閭와 오자서伍子胥의 공격을 받고 망국지경에 처했을 때, 초나라 대신 신포서申包胥가 진秦나라 조정으로 가서 통곡하며 원군을 받아온 일을 가리킨다. 캉유웨이와 량치차오가 일본으로 망명하여 도움을 청한 일을 비유한다.
5　중국 춘추시대 진목공秦穆公 때 진나라가 흉년이 들어 진晉나라에 도움을 요청하자 진혜공晉惠公이 신하들과 논란을 벌이다가 결국 진나라를 도와주지 않은 일. 역시 일본의 도움을 받지 못함을 비유한다.
6　명 태조 주원장을 도와 사방을 평정하는 데 큰 공을 세운 명장. 만년에 남옥藍玉 사건에 연루되어 처형되었다.
7　여기서 당나라 측천무후는 자희태후[서태후]를 비유한다.

8월 초하룻날 탕차이창은 갑자기 탄쓰퉁에게서 급전을 받았다. 전보에는 "조속히 동지들과 함께 베이징으로 와서 도와달라"라고 쓰여 있었다. 탕차이즈의 회고에 의하면 탄쓰퉁은 베이징으로 가기 전에 거라오회와 접촉한 적이 있고 탕차이창도 항상 거라오회 회당 사람들과 교류를 계속해오고 있었다고 한다. 그들은 일찍이 거라오회 영수와 약속하고 수십 명을 뽑아 탄쓰퉁과 탕차이창의 지휘하에 비밀 훈련을 한 뒤 급한 일에 대비하려고 했다. 그런데 지금 변법 추진의 결정적 시기를 맞아 보수파와 만주 귀족의 강대한 압박을 받게 되자 탄쓰퉁은 탕차이창에게 급전을 보내 사람들을 데리고 베이징으로 와서 도와달라고 요청한 것이다.(『무술년 군기사장경 합보』, 218쪽) 위안스카이의 『무술일기』에도 탄쓰퉁이 그에게 한 말이 기록되어 있다. "저는 벌써 훌륭한 장정 수십 명을 고용했고 아울러 후난에도 전보를 쳐서 뛰어난 장수 여러 명을 모집하라고 했으니 조만간에 도착할 것입니다."(『무술일기』, 551쪽)

그런데 뜻밖에도 상황이 너무 신속하게 전개되어, 탕차이창이 막 한커우에 도착했을 때 벌써 무술정변이 발생했고, 탄쓰퉁 등 무술6군자는 결국 차이스커우에서 피를 뿌리고 말았다. 탕차이창은 소식을 듣고 통곡하며 만사輓詞를 지었다.

공과 헤어진 지 얼마 뒤 　　　　　　　　與我公別幾許時
갑자기 급한 전보가 날아들었네. 　　　　　　　忽警電飛來
20년 문경지교로도 함께 황천에 가지 못하네.忍不攜二十年刎頸交同赴泉臺
부질없이 초나라의 고신楚孤臣[굴원屈原]처럼 떠나가니,　漫贏將去楚孤臣
피리 소리 오열하네. 　　　　　　　　　　　簫聲嗚咽

황상을 가까이한 지 30여 일 만에 　　　　　近至尊剛卅餘日
간신배들에게 죽임을 당했네. 　　　　　　被群陰構死
400조 노예 민족은 영원히 지옥에 묻히겠네.甘永抛四百兆爲奴種長埋地獄
오직 일본으로 떠난 세 호걸만 남아서 　　只留得扶桑三傑

탕차이창(1867~1900). 자는 보핑伯平 또는 포천
佛塵. 후난 성 류양 사람이다. 갑오전쟁(청일전쟁)
이후 후난에서 무술유신에 적극 참여했다. 실패
후 '자립군'을 조직, 1900년 한커우에서 봉기했다
가 체포되어 사형에 처해졌다.

검기劍氣를 창공에 휘날리네.   劍氣摩空

(『탕차이창집唐才常集』, 273쪽)

이 72자 만사는 "지금 읽어봐도 글자마다 정신이 살아 사람의 혼백을 처
연하게 한다"(『음빙실시화』, 15쪽) 또한 탕차이창의 "슬프고 분통한 마음을
엿볼 수 있다."(『탕차이창집唐才常集』, 273쪽)

탕차이창은 탄쓰퉁이 무술정변에 희생되자(1898) 베이징으로 가서 그의
시신을 수습할 준비를 했다. 그가 상하이에 이르렀을 때 탄쓰퉁의 유해가
벌써 남쪽으로 운구되었다는 소문이 들려와서 결국 그 일을 그만둘 수밖
에 없었다. 탕차이창은 후난으로 되돌아가서 집안일을 정리하고 곧바로 상
하이를 거쳐 일본으로 건너가 캉유웨이와 량치차오를 만났다. 일본인 무나
카타 고타로宗方小太郎는 광서 24년(1898) 9월 17일 일기에 캉유웨이의 거처

에서 탕차이창을 만난 일을 기록해놓았다. "가시와바라柏原와 함께 가가 정加賀町으로 가서 캉유웨이를 방문했다. 후난학회를 대표하는 탕차이창도 그 자리에 있었다."(『역사의 수수께끼를 찾아尋求歷史的謎底』, 44쪽에서 재인용) 이때가 캉유웨이의 일본 도착 닷새째 되던 날이었고, 이날 탕차이창은 캉유웨이를 만났다. 9월 초8일 또는 초10일, 비융녠은 뤄샤오가오와 함께 량치차오를 방문했는데 탕차이창이 동행했는지는 알 수 없다. 그러나 탕차이창이 일본에 나타나서 캉유웨이와 량치차오의 눈앞을 환하게 밝혀주었음은 확실한 사실인 듯하다. "후난, 광둥 및 창장 강 연안 각 성에서 함께 군사를 일으키자"는 탕차이창의 계획은 더더욱 캉유웨이와 량치차오를 격동시키기에 충분했다. 말하자면 "그가 알고 있는 서경업徐敬業은 당나라를 버릴 수 없었던 것이다."[8](『혁명일사』 하책, 1024쪽) 펑쯔유의 이 비유는 다소 조롱기가 섞여 있지만 캉유웨이와 량치차오로서는 탕차이창의 계획이 매우 시의적절한 데다 아주 설득력 있는 대안이었다. 그들은 이 계획을 구체화하고 성공시키기 위한 토론에 참여했다. 캉유웨이는 이처럼 말했다. "일단 거사를 일으키면 군대를 곧바로 진격시켜 우창을 탈취하고, 창장 강을 따라 동쪽으로 나아가 난징을 점령한 뒤, 군대를 북쪽으로 옮긴다."(『역사의 수수께끼를 찾아』, 44쪽에서 재인용) 캉유웨이는 탕차이창이 일찌감치 귀국해 이 계획을 준비해주기를 희망했다.

탕차이창과 캉유웨이·량치차오의 관계는 이때부터 좀 달라지기 시작한다. 탕차이창이 탄쓰퉁에게 바친 만사에는 '부상 3걸扶桑三傑'이란 말이 나온다. 이 셋은 당시 일본에 망명한 캉유웨이, 량치차오, 비융녠을 가리킨다. 비융녠은 무술년(1898) 후난변법湖南變法에 적극적으로 참여해 민권을 제창한 지식인이었다. 캉유웨이는 그를 위안스카이 진영으로 파견해 위안스카이가 "이화원을 포위하고 서태후를 살해할 때" 적극적으로 협조하라고 했

---

8 서경업은 당나라 건국공신 이적李勣의 아들이라 이경업李敬業이라고도 한다. 이적의 본명은 서세적徐世勣인데, 당 건국에 공을 세워 당 왕실의 성인 이씨李氏를 하사받았다. 서경업은 측천무후가 중종中宗을 폐위하고 예종睿宗을 세우자 중종 복위를 위해 의병을 일으켰다가 실패해 부하에게 살해당했다. 여기서는 서태후에 의해 폐위된 광서제의 복위를 위해 노력함을 비유한다.

다. 그러나 비융녠은 위안스카이를 믿을 수 없는 인물이라 생각하고 그곳으로 가는 일을 거부했다. 당시 그는 이미 캉유웨이의 계획이 실패할 가능성이 높다고 보고 탄쓰퉁에게 일찌감치 베이징을 떠나라고 극력으로 권유했다. 비융녠은 탄쓰퉁이 권유를 받아들이지 않자 먼저 일본으로 건너갔다. 비융녠이 청나라 정부에 보인 태도는 탄쓰퉁이나 탕차이창에 비해 훨씬 더 과격했는데, 그는 어려서부터 흥한멸만興漢滅滿의 뜻을 품고 있었다. 탄쓰퉁 등이 광서제의 은총을 받고 개혁 이상을 실현하고자 국정을 보좌할 때도 비융녠은 시종일관 "우리 종족이 아니므로 저들의 마음은 틀림없이 다를 것이다"라는 태도를 견지했다.(『탕차이창집』, 198쪽) 그는 무술정변 발생 후 탄쓰퉁이 순절했다는 소식이 들려오자 즉시 변발을 자르고 청나라 여권을 불태우며 청 정부의 통치를 인정하지 않았다. 나중에 비융녠은 요코하마에서 쑨중산을 만나 의기투합해 이제야 지음知音을 만났다고 생각하고 바로 흥중회에 가입을 요청했다. 비융녠과 탕차이창은 모두 정유년(1897)에 국자감생이 되었고, 비융녠은 탕차이창이 일본으로 건너가자 늘 함께 다녔을 뿐만 아니라 탕차이창을 쑨중산에게 소개하기도 했다. 그들은 또 "후난, 광둥 및 창장 강 연안 각 성에서 함께 군사를 일으키자"는 계획에 대해서도 함께 토론했다. 당시 쑨중산도 리지탕李紀堂과 함께 회당會黨을 동원해 광둥에서 반청 봉기를 일으키는 일을 상의하고 있었기 때문에 자연스럽게 탕차이창의 계획에 비상한 관심을 보였다. 이에 탕차이창과 비융녠은 곧바로 쑨중산에게 이번 기회에 흥중회와 캉유웨이의 연합을 추진하고 양당이 힘을 합쳐 이 계획을 완성하는 게 좋겠다고 건의했다. 쑨중산도 그 자리에서 바로 이렇게 말했다. "캉유웨이가 혁명의 진리를 받아들이고 황제 보위라는 선입관을 포기한다면 양당이 연합해 구국 사업에 참여할 수 있을 뿐만 아니라 각 동지도 캉유웨이를 영수로 받들 수 있을 것입니다." 탕차이창은 이 말을 듣고 매우 기뻐하며 곧바로 자신이 용기를 내서 "량치차오와 함께 캉유웨이에게 말씀을 올리겠다"고 약속했다.(『혁명일사』 상책, 64쪽)

그러나 양당 연합은 순조롭게 진행되지 못했다. 양편의 선입관이 너무 심해서 짧은 시간에 조화를 이루기 어려웠기 때문이다. 양당 연합에 관해 지금 우리가 볼 수 있는 기록으로는 펑쯔유의 『혁명일사』 및 『쑨중산 연보 장편孫中山年譜長篇』 그리고 『량치차오 연보 장편』 속에 인용된 「중화민국 개국전 혁명사中華民國開國前革命史」, 일본 측의 몇 가지 공식 문헌자료, 개인 회고록 등이 있다. 이 기록들은 흔히 양당이 연합하지 못한 책임을 캉유웨이에게 떠넘기고 있다. "갑자기 요직에 앉은 캉유웨이가 황제의 스승으로 자처했다"고 하기도 했고, "자신[캉유웨이]이 청나라 황제의 의대조衣帶詔를 받들고 있어서 혁명당과 왕래하기가 불편하다"고 하기도 했다. 다음 같은 기록도 있다. "나[캉유웨이]는 황상의 은혜를 깊고 무겁게 받았기 때문에 어떻게 해도 그것을 잊을 수 없다. 나는 오직 내 온몸을 다 부수어서라도 황상에 충성하기 위해 군사 동원 모의에 진력해 잉타이에 구금된 황상을 구출할 것이다. 그 밖의 다른 일은 내가 알 바가 아니며 [나는] 단지 여름과 겨울에 옷을 바꾸어 입을 줄 알 뿐이다."(『혁명일사』 상책, 46~47쪽) 여기에 기록된 캉유웨이의 말에 의거해 그가 쑨중산과 합작을 거절한 이유가 자존망대, 완고 강경, 고집불통인 그의 병폐 때문이라 설명할 수도 있지만, 광서제에 대한 그의 감정은 진실했음을 인정해야 한다. 『쑨중산 연보 장편』에도 관련 기록이 있다. "캉유웨이가 쑨중산을 회피하고 만나지 않으려 한 이유는 바로 청나라 황제가 쑨중산을 대역무도한 반역자로 간주했고, 또 쑨중산 선생도 청 황제를 불구대천의 원수로 간주했기 때문이다. 캉유웨이가 황상의 통치를 회복하려고 한 것은 지난날의 정의情義에 얽매인 탓이었다. 또 자신의 생각이 다른 사람에게 의심받을까 걱정이 되었고 거기에다 자부심이 너무 강해서, 결국 일본 외상을 설득해 군사력으로 완고파를 견제하고 황제 세력을 회복할 수 있으리라 생각했다."(『쑨중산 연보 장편』, 165쪽) 그러나 다음 같은 사실도 지적해야 한다. 캉유웨이와 쑨중산의 차이는 결코 표면적으로 드러난 것처럼 그렇게 크지 않았다. 첫째, 캉유웨이의 사상에는 본래 '중국을 보전하고 청나라는 보전하지 않는다'는 내용이 있었다. 그와 쑨중산의 차이점은, 쑨중산이 무력을 사용해 청 왕조의 통치를 뒤엎는 반란을 도모하려 했고 반면에 캉유웨이는 위로부터의 개혁을 통해 현대적 민족국가를 건설하려 했다는 점이다. 둘째, 캉유웨이가 자희태후의 무술정변 이후 황제 보위를 주장한 것도 절대로 일반적 의미의 황제 보위가 아니라 오로지 광서제를 가리켜 말한 것이다. 심지어 그들은 개혁이 성공하면 광서제에게 대총통을 맡기자는 생각까지 내놓기도 했다. 이 생각은 량치차오의 『신중국 미래기』에도 기록되어 있다.

결론적으로 말하면, 쑨중산과 캉유웨이 양당은 만청사회에서 여전히 왕래가 드물었던 상이한 두 부류였다. 쑨중산 당은 대부분 유민遊民이나 상인에 의지하고 있어서 의협심이 강하고 성격에 얽매임이 없었으며, 격정과 비분강개에 바탕을 둔 젊은이들의 용기가 특징이었다. 따라서 이들은 만주족을 타도하고 한족을 부흥시키자는 주장에 비교적 쉽게 동의했다. 캉유웨이 당은 스승과 제자로 연결되는 사승師承관계가 모임의 바탕을 이루었다. 이들은 주로 만목초당과 시무학당의 동문이나 사제관계였고, 또 캉유웨이와 량치차오의 사숙제자 및 변법유신의 지지자, 협력자, 동지도 있었다. 그들 중에는 청년 학자도 있었고 관리와 향신도 있었다. 이들이 쑨중산 당과 모두 마음이 맞지 않았다고는 말할 수 없지만 상당히 서먹한 관계였던 것만은 사실이다. 탕차이창은 양당 사이의 융합을 주선하며 각자 상이한 주장을 내려놓고 작은 공통점부터 협력해 통일전선을 이룩하자고 설득했지만, 그것은 거의 불가능한 일이었다. 그러나 양당 모두 탕차이창이 뛰어난 인재이고 능력도 있으며 자질도 우수하다는 사실을 인정하고 그를 포섭하려 했다. 이 때문에 탕차이창은 두 진영 사이에서 양다리를 걸치고 겉으로만 순종하는 척해야 했다. 탕차이창은 캉유웨이를 만나면 비분강개하여 '근왕'을 외치고 황제의 곁을 청소해야 한다고 하면서 광서제를 복위시키자고 주장했다. 그러나 쑨중산을 만나면 "한족을 보호하고 나라를 구해야 한다"고 하면서 "만주 정부가 중국 통치권을 가져서는 안 되므로" "천지를 뒤엎어 새로운 정부를 세우자"고 주장했다.(『탕차이창집』, 2쪽)

그러나 탕차이창과 캉·량의 관계에 쑨중산을 비교할 수는 없다. 비융녠이 중간에서 양당 사이를 중재했고 당시 보황회가 흥중회보다 돈이 더 많다는 소문이 돌기도 했지만, 우리는 탕차이창과 캉·량의 관계를 언급할 때 그들 사이 끈끈한 정과 사상의 일치성을 더 중요하게 다루어야 한다. 쑨중산과 탕차이창 사이에는 이런 점이 없었다.

시무학당에서 우의를 맺다

량치차오와 탕차이창은 후난 시무학당 시기에 깊은 우의를 맺었다. 광서 23년(1897) 겨울 량치차오가 강의를 위해 창사에 갔을 때 탄쓰퉁이 탕차이창을 량치차오에게 소개했다. 『음빙실시화』에 이 일이 기록되어 있다.

> 나[량치차오]는 탕류양唐瀏陽을 가장 늦게 알았다. 을미년(1895) 가을 탄류양譚瀏陽[탄쓰퉁]과 친교를 맺고 그의 친구에 대해 묻자, 그는 20년 동안 문경지교로 사귄 사람이 푸청紱丞 한 사람뿐이라 했다. 나는 마음속으로 그를 알게 되었다. 정유년(1897) 겨울 창사에서 강의할 때 탄 공이 우리 둘[나와 탕차이창]을 소개해주었다. (『음빙실시화』, 15쪽)

여기서 말하는 탕류양과 푸청은 탕차이창을 가리킨다. 푸청은 탕차이창의 자인데 푸청黻丞이라 쓰기도 하고 또 포천佛塵이란 자를 쓰기도 했으며, 자호自號는 핑피쯔洴澼子라 했다. 탕차이창은 광서 23년(1897) 후난에서 개혁운동이 일어나자 매우 적극적으로 활동하며 먼저 탄쓰퉁, 장뱌오 등과 함께 『상학보』를 창간했다. 그는 이 신문의 총편집 겸 사학史學, 시무, 교섭 코너의 집필을 맡아 많은 글을 썼다. 당시 어떤 사람은 탕차이창을 이렇게 칭찬했다. "그가 지은 문장은 웅혼하고 곧다. 고결함은 탄쓰퉁에 조금 미치지 못한다. 둘은 어려서 함께 놀던 친구였고 자라서는 동지가 되어 생사를 뛰어넘은 교분을 맺었다. 재주와 명성도 백중지간이라 할 만하다."(『무술변법』 4, 90쪽) 이해 8월 장뱌오가 물러나자 쉬런주가 후난 학정으로 임명되었다. 탄쓰퉁은 관보에서 이 소식을 읽고 나서 곧바로 그에게 축하 편지를 보내고 동시에 후난 신정의 상황을 알려주었다. 특히 그는 『상학보』가 미치는 막중한 영향력에 대해서도 언급했다.

여러 신정 중에서도 『상학보』의 권위가 가장 큽니다. 대체로 오늘날의 급선무는 민권을 신장시키는 일이고, 민권을 신장시키려면 민지를 깨우쳐야 합니다. 『상학보』는 실로 명성이 대단하여 민지를 깨우칠 만합니다. 옳은 논리를 세우면서 곳곳마다 민권을 끌어들이고 있습니다. 이는 잘하기는 어려운 일이지만 진정으로 고귀한 시도라 여겨집니다. 주필은 국자감생 탕푸청인데 탄쓰퉁과 동문이자 문경지교를 맺은 친구입니다. 그의 성품과 학문, 재주와 기상은 지금 세상에 짝할 사람이 아무도 없습니다. (『탄쓰퉁전집』, 270쪽)

오래지 않아 천바오전과 황쭌셴의 주관하에 또 시무학당이 창설되었고 슝시링이 총책임자가 되어 고액의 봉급으로 량치차오와 리웨이거李維格를 초빙했다. 이들은 각각 중문中文과 서양어 총교습을 담당했는데, 탄쓰퉁과 탕차이창이 중문 교습을 맡았다. 당시 그들은 거의 매일 함께 어울리며 학문을 토론하고 혁명을 고취했다. 역사상 유례가 없는 새로운 국면이 후난에서 펼쳐졌고, 량치차오, 탄쓰퉁, 탕차이창이 이 새로운 국면을 개척하는 선봉장이었다. 이들은 함께 남학회를 창설하고 『상보』를 창간해 아주 빠른 속도로 후난의 기상을 완전히 새롭게 바꾸었다. 량치차오는 줄곧 그 시절 그 친구들을 그리워했다. 26년 후 그는 『스쭈이류 소장 장젠샤 유묵石醉六藏江建霞遺墨』에 쓴 발문에서 깊은 그리움을 담아 당시 정경을 회고하고 있다.

내가 평생 겪은 일 중에서 나의 정신에 가장 깊이 새겨져 있는 것은 정유년과 무술년 사이에 창사에서 있었던 일이다. 당시 이닝 천 공[천바오전]이 독무직에 있었고, 그의 아들 보옌[천싼리]이 그를 수행했으며, 장젠샤[장뱌오], 쉬옌푸徐研炎[쉬런주]가 앞서거니 뒤서거니 학정직을 수행했다. 또 황궁두[황쭌셴], 천녜陳梟, 탄좡페이譚壯飛[탄쓰퉁], 슝빙싼熊秉三[슝시링], 탕푸청[탕차이창] 같은 뛰어난 인근 고을 인재들이 그 좌우를 보좌하며 모두 일치된 힘으로 당시의 이른바 신학新學을 제창했고 나도 잠시 그곳에서 강의를 맡고 있었다. (『음빙실합집·문집』제44권(하), 31쪽)

량치차오는 발문에서 탕차이창이 보내준 국화연菊花硯[국화 벼루]에 대해 언급하고 있다. 그의 언급에 의하면, 장뱌오가 후난을 떠나는 날 배 출발 시간에 임박해 시무학당으로 가서 량치차오와 작별 인사를 나누다가 마침 이 벼루를 보았는데 벼루 위에 탄쓰퉁이 써놓은 다음과 같은 명문銘文이 있었다고 한다.

허공 중의 환상은 진실한 상이 아니니	空華了無眞實相
게송을 지어서 대중의 믿음 일으키네.	用造剙偈起衆信
런궁[량치차오]의 벼루는 포천[탕차이창]이 준 것이라	任公之研佛塵贈
두 분의 굳은 교분을 내가 나서서 증명하네.	兩公石交我作證

장젠샤는 탄쓰퉁이 쓴 명문을 보고 "이 명문을 어찌하여 석공을 시켜 새기지 않았는가? 이 일을 할 사람은 오직 나뿐이다. 내가 이 일을 위해 하루 더 머물면서 인연을 만들겠다"라고 했다. 장젠샤는 그리하여 배로 돌아가 관복을 벗어놓고 밤새도록 칼을 들고 명문을 벼루에 새겼다. 그리고는 이튿날 날이 밝자 배를 타고 동쪽으로 떠났다. 하지만 안타까운 것은 이처럼 량치차오, 탕차이창, 탄쓰퉁, 장젠샤 네 사람의 정이 담긴 진귀한 보물을 량치차오가 무술년 외국으로 망명할 때 잃어버리고 만 사실이다. 광서 28년(1902) 초, 량치차오는 『신민총보』를 창간한 뒤 이 신문에 『음빙실시화』를 연재할 때 바로 세번째 글에서 이 국화연을 다루었다. "무술년 나라를 떠날 때 소장 서적과 저술 원고를 모두 잃어버렸지만 그다지 미련이 남지 않았다. 그러나 여러 해 동안 꿈속에 자주 보인 것은 오직 이 국화연뿐이다." 그는 더욱 가슴 아프게 회고하고 있다. "이제 벼루를 선물한 사람, 명문을 쓴 사람, 명문을 새긴 사람이 모두 세상을 떠났고 이 벼루도 다시 티끌세상으로 날아가 종적이 묘연하니 아마도 현생에서는 다시 만날 수 없을

듯하다. 이 일을 생각하니 슬픔에 목이 멘다."(『음빙실시화』, 2쪽)

더욱 재미있는 것은 이 시화詩話가 발표된 후 광둥 시골에 거주하는 한 친구가 이 일에 큰 흥미를 가지게 되었는데, 그가 바로 황쭌셴이었다. 황쭌셴은 무술정변 후에 추방되어 고향으로 돌아가 있었고, 당시 바야흐로 다시 량치차오와 연락을 주고받은 지 오래지 않은 시점이었다. 황쭌셴은 량치차오가 국화연에 얽힌 정을 잊지 못하는 것을 보고 이해 중추절을 지난 이후에 그에게 편지 한 통을 보냈다.

나에게 자네의 탄식을 끌어내고, 자네의 마음을 아프게 하고, 자네의 눈물을 자아내게 할 물건이 하나 있네. 이것은 또 자네의 정을 자극하고, 자네의 혼을 기쁘게 하고, 자네의 안타까움을 풀어줄 수 있을 것이네. 이 물건은 대나무도 아니고 그냥 나무도 아니고 글씨도 아니고 그림도 아니지만, 역시 대나무이기도 하고 그냥 나무이기도 하고 글씨이기도 하고 그림이기도 하다네. 사람과 귀신 사이에서 이것을 어루만지면 혼백을 돌아오게 할 수 있고, 신선과 부처 사이에서 이 물건을 보배로 여기면 티끌세상에서 벗어날 수도 있을 것이네. 다시 수십 년을 지나면 천만 인의 찬탄을 얻을 수 있을 것이요, 천만금의 가치를 지니게 될 것이네. 내가 근래에 거대한 신령이 산을 쪼개는 힘을 사용하고, 맹자가 북해北海를 뛰어넘는 능력과, 굴원이 초사楚辭로 신을 보내는 곡조를 갖추어, 이 물건을 정성스럽게 잘 싼 뒤, 장막을 설치해 송별 잔치를 벌이고, 다시 큰 돛을 펼쳐, 빠른 기선을 띄우고 거대한 선박을 보내, 이 물건을 싣고 가게 했다네. 자네가 이 물건을 보면 아마도 9월과 10월의 교분이 생각나지 않겠는가? (『황쭌셴집』, 496~497쪽)

이 편지를 받고 나서 량치차오의 심정이 어떠했는지는 알 수 없다. 그러나 량치차오는 나중에 『음빙실시화』에서 "미친 듯이 기쁨에 겨워 침식을 잊다시피했다"라고 했다. 특히 황쭌셴이 지나치게 기대하지 말라면서 먼저 자신이 만든 벼루의 명문 탁본을 부쳐주자, 량치차오는 더욱 흥분해 새로운 명문 탁본으로 친구들에게 시 작품을 모집하자고 건의했을 뿐만 아니라 이에 대해 황쭌셴에게 의견을 구한다고 했다. 심지어 량치차오는 어느 날 우창이나 베이징에서 잃어버린 벼루가 우송되어 오는 상상을 하기도 했다. 이일은 물론 문인들의 아름다운 일화일 뿐이지만 이 일화를 통해 우리는 같은 길을 가는 동지들 사이에 존재하던 말로 형언할 수 없는 우정을 분명하게 느낄 수 있다. 이러한 우정은 사상을 단련하고 이상을 추구하는 과정에서 튼튼하게 맺어졌다고 할 수 있다.

탕차이창과 캉·량

탕차이창의 사상은 상당히 복잡할 뿐 아니라 심각한 내재적 모순도 섞여 있다. 그러나 주요 부분은 캉유웨이, 량치차오와 동일하거나 유사하다. 그들은 내우외환으로 국민이 고난을 겪는 시대 그리고 국토가 열강에 의해 분할되는 위기의 시대를 살았다. 조정의 수구 대신과 지방의 완고한 유지들은 다음과 같이 기득권 유지에 혈안이었다. "폐습을 따르며 현상 유지에 급급하고 하루하루 안일함만 꾀하며 뒷날은 돌아보지도 않았다. 양무에 힘쓰던 자들도 단지 스스로를 분식粉飾하고 연줄을 이용해 후한 녹봉만 추구했지 학문을 창조하는 면에서는 아무런 두서도 없었다. 공평한 정치비평가를 자처하는 명인들도 오로지 서양 학문을 통렬하게 매도하며 그것을 이상한 종류로 간주했고 자신들은 과거시험에만 쓰이는 시문時文이나 시첩試帖의 단점을 옹호하기에 바빴다. 후난 사람들은 허식과 교만이 더욱 심해 이렇게 큰소리치곤 했다. '오랑캐들은 특히 우리 후난을 매우 두려워한다.' 그들에게 적을 제압할 방법을 물으면 또 이렇게 대답하곤 했다. '우리가 갖고 있는 충의의 기개를 믿으면 된다.'"(『탕차이창집』, 227~228쪽) 탕차이창 등 개혁가들은 모두 정감이 풍부하고 뜨거운 피가 끓는 젊은 지식인이었다. 따라서 그들은 당시 망국의 위기에 빠져 있는 국가를 좌시할 수 없었지만 상황이 순조롭지는 않았다. "선비들이 당시에 뜻을 얻지 못한지라 어떻게 손써서 성과를 낼 도리가 없었다. 따라서 지위는 낮은데 고함만 커서 이미 큰 죄를 지은 것으로 간주되기도 했다. 그러나 벼슬 없는 사람들도 발언을 그만둘 순 없었다." 그들은 시국에 대한 고민을 그만두려 하지 않았고 가볍게 포기하려 하지도 않았다. 탕차이창과 탄쓰퉁은 서로 격려했다. "항상 두 사람이 마주앉으면 밤새도록 잠을 자지 않았다. 뜨거운 피가 가슴속에서 들끓었지만 어떻게 손쓸 방법이 없음에 괴로워하며 눈물을 흘리곤 했다."(앞의 책, 158쪽) 당시 그들의 심정은 정말 비분강개 그 자체였다. 특히 갑오년(1894) 청일전쟁에서 중국의 수륙 양군은 수습할 수 없을 만큼 궤멸되었고, 찬란한 대국 중국은 결국 작은 나라 일본에 패배해 손해배상까지 해주어야 하는 지경에 빠져들었다. 그러나 "조정의 상황을 살펴보면 혼탁한 기운이 천지에 가득했다." 따라서 "더이상 변법을 시행하지 않으면 나라가 존재할 수 없는 지경에 이르고 말았다." 탕차이창은 근심했다. "다시 낡은 습관에 구애되고 옛 제도를 따르며 떨쳐 일어나지 못한 채, 헛되이 성인의 도만 내세워 자신과 남을 기만한다면, 뒷날 터키나 태국처럼 구차하게 나라의 생명만 부지하려 해도 불가능한 일이 될 것이다. 저들의 선교사가 마음대로 중국 땅을 횡행해도 항거할 수 없게 될 것이니, 이는 단지 중원이 침몰하는 근심에 그치지 않을 것이다. 천만년 동안 지속된 우리의 주공지도周孔之道[주공周公과 공자의 가르침]를 장차 감히 상상조차 할 수 없게 될 날이 오고야 말 것이다."(앞의 책, 228~229쪽)

이러한 애국애민 정서가 바로 탕차이창이 캉·량과 함께 길을 걸으며 서로서로 아껴주던 사상적 기초였다. 후난에서 신구 양당의 투쟁이 가장 격렬할 때 어떤 사람은 류양 2걸[탕차이창과 탄쓰퉁]이 명성과 이익을 좇아 캉유웨이 문하로 귀의했다고 중상모략을 퍼부었다. 그러자 탕차이창은 의연히 스승 어우양중후에게 편지를 보내 정의롭고 엄한 어조로 선언했다. "난하이 선생[캉유웨이]을 뵙고 오체투지를 한 것은 그분이 여러 차례 상소를 올려 다른 사람이 할 수 없는 말을 한 때문입니다. 천하에 자리만 차지하고 아무 기개도 없는 자들이나 벼슬을 훔쳐 임금을 속인 자들은 부끄러워해야 할 것입니다. 이 때문에 난하이 선생께선 자신도 모르는 사이에 천하

의 일인자로 추대되신 것입니다."(앞의 책, 238쪽) 탕차이창은 시무학당 교과
과정에 대해 언급할 때도 "다만 쥐루[량치차오]의 간절한 부탁이 있어서 차
마 거절할 수 없었던 것이지" 결코 "사소한 명예나 이익 때문에 나선 게 아
닙니다"라고 했다. 그는 어우양중후에게 보낸 또다른 편지에서 캉유웨이와
량치차오를 찬미하고 있다. "공부工部[캉유웨이]께선 의연히 천하 구제를 자
신의 임무로 삼고 생사와 화복은 일찍부터 치지도외해왔습니다. 쥐루는 기
상이 바다처럼 드넓어서 오늘날의 숙도叔度[후한 황헌黃憲의 자]라 할 수 있습
니다. 겉모습은 온유한 듯하지만 내면은 진실로 강건해서 특히 다른 사람
들이 쉽게 알아보지 못합니다. 스승님[어우양중후]께서 일찍이 사오항紹航에
게 '하늘이 뛰어난 인재를 내셨으니 오대주를 통틀어도 드물게 보는 사람
이다'라고 하셨는데 이 제자[탕차이창] 등은 스승님께서 사람을 잘 알아보
심에 매우 감탄하고 있습니다."(앞의 책, 239쪽) 탕차이창은 사람을 잘 알아
보고, 사람의 됨됨이를 잘 인정하고, 사람의 마음을 잘 알아주기로 자부하
던 사람이었다. 여기에서도 그와 캉·량의 사귐이 평범하지 않았다는 사실
을 알 수 있다. 펑쯔유는 평소 캉·량을 폄하하기를 일삼던 사람이었지만,
탕차이창과 캉·량의 관계를 묘사할 때는 아래와 같은 사실을 인정하지 않
을 수 없었다.

당시에 탕차이창도 캉유웨이의 명령을 받들고 근왕군勤王軍[광서제를 구
출하기 위한 군사]을 꾸리던 도중 먼저 상하이에서 정기회正氣會를 창설해
활동기관으로 삼았다. 그리고 이어서 시국을 구제한다는 핑계를 대고
상하이 명사 룽훙容閎과 옌푸 등을 초청하여 장원張園[미순원味純園으로도
불린다]에서 국회를 열었다. 탕차이창은 선언서에서 이렇게 말했다. "그
들은 비린내 나는 오랑캐에게 고개를 숙이고 기꺼이 노예가 되려 한다."
"군신 간의 의리를 어찌 없앨 수 있단 말인가?" 비융녠은 탕차이창의 말
이 서로 모순이며 지난날의 종지에 위배된다고 생각하고 특히 이 말을
가지고 탕차이창을 힐난했다. 탕차이창은 이를 구실로 보황회 자금에
의지해 도움 받는 것을 임시방편으로 삼아야 했기 때문에 부득불 이처

럼 모순된 말을 하지 않을 수 없었다. 그러나 비용녠은 그것을 옳지 않게 여겼다. 이때 마침 양훙쥔楊鴻鈞, 리윈뱌오李雲彪, 구톈유辜天佑, 장야오칭張堯卿[이 네 사람은 모두 거라오회 두목이다] 등이 상하이에 버티고 앉아 돈을 함부로 낭비하다가, 탕차이창 측에 자금이 많다는 소문을 듣고 마침내 분분히 탕차이창에게 이름을 등록하고 자금을 수령한 뒤, 근왕군을 위해 힘을 다 바치겠다고 했다. 비용녠은 다시 탕차이창에게 캉유웨이와의 관계를 끊으라고 힘써 권했지만 탕차이창은 자신의 입장을 견지하며 그의 말에 따르려 하지 않았다. (『혁명일사』 상책, 64쪽)

비용녠과 탕차이창은 동년배이지만 비용녠은 탕차이창을 전혀 이해하지 못했다. 펑쯔유는 칭찬하는 어투로 비용녠을 소개하고 있다. "어려서 왕선산[왕부지]이 남긴 글을 읽고 남몰래 흥한멸만의 뜻을 품었다. 고향 사람 중에 후린이胡林翼, 쩡궈판, 쥐쭝탕左宗棠, 펑위린彭玉麟의 공적을 칭찬하는 사람을 만나면 바로 면전에서 이렇게 꾸짖었다. '우리 후난 사람은 평소에 기절氣節을 중시하는데 어찌 그런 쓰레기 같은 자들이 있단 말인가?' 이 말을 들은 사람은 곧바로 안색이 변했다." 여기에서도 비용녠의 광기와 경박함을 엿볼 수 있다. 나중에 그가 탕차이창 및 탄쓰퉁과 친하게 된 것도 주로 "두 사람이 일찍부터 한족 중심 사상을 갖고 이민족 정부를 타도하지 않으면 나라를 구할 수 없다는 말을 했기 때문이다."(앞의 책, 63쪽) 그러나 기실 탄쓰퉁과 탕차이창은 모두 "이민족 정부를 타도하지 않으면 나라를 구할 수 없다"고 생각하지 않았다. 그들이 보기에 구국의 길은 결코 한 가지 노선만 있는 게 아니며, 근본 측면에서 나라의 문제를 해결하는 것이 더욱 중요하다고 보았다. 즉 이민족 정부 타도에 온 힘을 바칠 게 아니라 이 국가를 개조하고 이 사회를 개조하고 이 인간들을 개조할 방법이 있느냐 없느냐를 잘 살펴보아야 한다는 것이다. 캉유웨이와 량치차오는 무술변법 이전부터 무술변법에 이르기까지 확실히 "중국은 보전하고 청나라는 보전하지 말자"는 생각을 하고 있었다. 또 두 사람은 소왕[공자]개제素王改制를 이야기했고, 춘추삼세설을 이야기했으며, 민권과 민주를 이야기했다. 이들 언급 속에는 새로운 국가를 건설하려는 욕구가 감추어져 있다. 게다가 이들의 이상은 결코 여기에 그치지 않았다. 이들의 궁극적 목표는 대동세계 건립이었다. 이 대동세계가 바로 춘추삼세설의 마지막 단계인 태평세다. 이때문에 량치차오는 서구의 민주도 겨우 승평세에 도달한 제도일 뿐이라고 인식했고, "그것을 천하 사람들에게 시행하는 것은 아직 시기상조다"라고 주장했다.(『음빙실합집·문집』 제2권, 4쪽) 그러나 량치차오는 "무릇 세계는 반드시 거란, 승평, 태평으로 나아가며 그 정치도 반드시 다군, 일군, 무군으로 진화한다"고 인식했다.(『음빙실합집·문집』 제1권, 108쪽) 탄쓰퉁의 『인학』은 바로 이러한 최고 이상에 대한 명확한 표현이며 진일보한 해설서라 할 수 있다. 탄쓰퉁은 유학, 불학, 기독교의 원리로 캉유웨이가 『대동서』에서 제기한 평등과 자유의 원리를 연역해냈다. 즉 "각국이 한 나라로 연합한 뒤 더 나아가 나라의 경계를 폐지하고 마침내 천하일가天下一家의 대동세계에 도달한다"는 것이다.(『탄쓰퉁 연보譚嗣同年譜』, 93쪽)

탕차이창은 이뿐 아니라 소왕개제를 더 이야기하고 싶어했다. "공법公法을 실행해 한 나라의 권력을 공평하게 해서 만국의 권력을 공평하게 하고자 한다면 누가 그것을 믿겠는가? 비록 그렇지만 이 또한 우리 소왕의 뜻에 어그러진 행동은 아니다. 우리 소왕께선 『춘추』를 공법으로 삼아서 더러 당세當世의 상황과 어그러짐이 있으면 그 실제 사실을 숨겨 회피하기도 했으며, 비슷한 사례를 한데 나열하고 군더더기는 잘라낸 뒤 서술 어휘를 은미隱微하게 하면서 머뭇거리기도 했다. 혹은 거란세의 법률을 실행하기도 하고, 승평세의 법률을 실행하기도 하고, 태평세의 법률을 실행하기도 하는 등 어지럽게 뒤섞어놓기도 했다. 요컨대 그 미언대의는 백성을 중시하고 전쟁을 싫어하는 것과 같으며, 등급을 공평히 하고 권리를 공평히 하는 것과 같다. 예의로써 오랑캐와 중화를 판별하고, 하늘로써 임금을 통솔하고, 원기元氣로써 하늘을 통솔하여, 원근 대소의 백성들과 중요한 일들을 하나인 듯 함께해나간다면 만세萬世의 삶을 대동의 기준 속으로 수렴해, 천지와 더불어 그 처음과 끝을 함께할 수 있을 것이다. 저 서양의 평민 중에서도 우리 소왕께서 개혁을 추구하신 마음에 어그러지지 않는 자가 있으니, 이는 전 지구의 공리公理이며 세계가 문명으로 나아가는 조짐이라 할 수 있다."
(『탕차이창집』, 156~157쪽) 탕차이창의 이러한 어투는 그가 캉·량과 특별한
관계를 맺고 있으리라는 추측을 가능하게 한다. 왜냐하면 캉유웨이는 공
양학을 공부해 『신학위경고』와 『공자개제고』를 지었는데 이 저서에서 이야
기하는 것이 바로 위와 똑같은 논리이기 때문이다. 소위 소왕개제 학설을
빌려 정치혁명과 사회개조 사상을 해설하고 있다. 탕차이창은 다른 사람
이 자신을 오해할까봐 '소왕개제'를 자기 스승인 어우양중후와 연결하려고
고심했다. 그는 「류양흥산기瀏陽興算記」에서도 캉유웨이와 량치차오를 만나
기 전에 이미 소왕개제 학설을 수용했다고 강조했다. "선생님께서는 일찍부
터 서구 학문西學 제창에 힘을 기울이셨고, 워싱턴을 언급할 때는 그가 요,
순, 탕왕, 무왕을 합쳐놓은 사람과 같으며 진정으로 깨끗한 서구 성인이라
하셨다. 우리 중국에서 한족을 보호하지 않으려 한다면 그만이지만 만약
보호하려 한다면 반드시 서구 사람들의 실학實學을 존중해야 하고 그 이후
에야 우리 소왕의 진정한 가르침을 보위할 수 있고 우리 황인종도 끊임없
이 번성할 수 있을 것이다. 지난날 나[탕차이창]는 우연히 과거에 응시해 짧
은 글을 지을 때 소왕개제설을 인용해 윗사람에게 격찬을 받았고 또 격려
하는 글까지 상으로 받기도 했다. 여기에서도 내가 추구하는 학문의 목적
이 어디에 있는지 알 수 있다."(앞의 책, 159쪽) 이 글은 오히려 탕차이창과
캉·량이 서로 의기투합한 까닭을 잘 드러내주고 있다.

후난의 수구당 인사들은 신당 인사들이 품은 다른 마음을 매우 정확하
게 파악하고 있었다. 그들은 신당을 흔들림 없이 정확하고 사납게 공격하
면서, 단숨에 황제를 대하는 그들의 태도 문제로 파고들었다. 수구당은 황
제에게 충성을 바치는 무리였기 때문에 신당 인사들이 "오로지 민권, 평
등, 무부무군[아버지도 없고 임금도 없는 태도] 학설을 가르침의 목적으로 삼
아", "임금과 아버지를 마치 다 떨어진 짚신짝보다 못하게 여긴다"고 그들
을 힐난했다.(『소여집』, 177쪽) 장즈둥도 신당의 약점을 밝은 거울처럼 환히
비쳐보고 있었다. 더군다나 량딩펀의 발달된 후각까지 더해졌음에랴? 장
즈둥은 『상학신보湘學新報』 창간호 「예언例言」에 포함된 "더러 소왕개제를 주

장할 수도 있다"는 단 한 구절을 빌미 삼아 즉시 강제로 그 조항을 개정하라고 간섭했다. 이러한 사례는 오히려 신당 즉 캉유웨이 당이 절대로 단순한 보황당이 아니라는 사실을 반증하고 있다. 그들은 캉량보황당康梁保皇黨이라기보다 광서제 단 한 사람을 보호하기 위한 보황당이었다. 광서제에 대한 그들의 정감에는 자신들을 중용해준 황은에 보답해야 한다는 인정적인 부분과 "선비는 자신을 알아주는 사람을 위해 죽는다"는 전통적 의리가 크게 작용하고 있었다. 바로 광서제가 그들에게 정치적 포부를 펼 기회를 주었을 뿐만 아니라 그들 자신도 광서제가 발분해 소인배들의 의견을 물리치고 비난을 무릅쓰면서까지 변법자강책 실행 결심을 굳히는 것을 직접 목도했다.(『음빙실합집·전집』 제1권, 1쪽) 캉유웨이와 량치차오는 이전에 자신들이 주장한 개혁은 아래로부터의 개혁이었으나 광서제를 만난 이후에는 위로부터도 신정과 변법유신 추진이 가능함을 알게 되었다. 이러한 측면에서 말해보면 소위 그들이 추구한 보황, 근왕, 청군측淸君側[임금의 측근을 깨끗하게 한다는 의미]은 바로 자희태후라는 걸림돌을 제거하고 자신들의 '개혁정책'을 실행해 중국을 계속 현대화의 길로 나아가게 하는 일이었던 셈이다.

그리하여 탕차이창은 캉유웨이와 량치차오를 만나본 후 신속하게 귀국길에 올랐다. 그들이 상의해 확정한 계획은 탕차이창이 먼저 후난 고향으로 돌아가서 거라오회 친구들과 연락한 뒤 그들을 동원해 근왕병을 일으킨다는 것이었다. 탕차이창이 거의 자신의 집 앞에 도착할 무렵, 류양 경내 청스榟市[지금의 청충 진榟衝鎭]에서 성이 쩌우씨鄒氏인 향신에게 들키고 말았다. 그는 완고파로 수구당과 한패였다. 무술정변 후 탕차이창도 조정의 수배를 받는 죄인이었다. 쩌우 씨는 즉시 탕차이창을 관가에 고발함과 동시에 사람들을 동원해 그를 포위했다. 다행히 그곳이 탕씨 가문의 사당과 아주 가까워서 일가친척이 소문을 듣고 모두 탕차이창을 구하러 달려왔다. 탕차이창은 가까스로 위험에서 벗어났지만 왼쪽 이마를 쇠자鐵尺로 맞아 집에서 10여 일 요양하고 나서야 완치되었다. 이 기간 그는 계속해서 친구들을 만나 후난 정세에 대해 이야기를 나누었다. 그들은 모두 의기소침하여 감히 경거망동하려 하지 않았다. 캉유웨이가 큰 희망을 기탁했던 남학회와 공법학회도 모두 와해되어 탕차이창이 공언했던 1만2000명 회원은 더이상 존재하지 않았다. 오직 거라오회 사람들만 기꺼이 힘을 합치겠다고 했다. 이런 상황에 직면하자 탕차이창도 아무 힘을 쓸 수 없었고 결국 먼저 그곳을 떠나 다시 계획을 세울 수밖에 없었다. 대체로 기해년(1899) 정월에 그는 감히 창사를 경유하지 못한 채 장시로 길을 에돌아 상하이로 갔다.

그후 탕차이창은 상하이, 홍콩, 남양을 왕래했다. 같은 해 3월 『아동시보』 주편主編을 맡았고, 이듬해 경자년 3월 자립군 거사가 목전에 당도해 신문사 일을 겸임할 수 없게 되자 결국 신문사를 떠나게 되었다. 『아동시보』 는 일본인이 창간한 신문으로 광서 24년(1898) 5월 상하이에서 제1호가 나왔다. 처음에는 월간이었으나 탕차이창이 제6호부터 주편을 맡으면서 반월간으로 바뀌었다. 매호 30쪽 정도 분량에 일본어와 한문 두 문자로 인쇄되었다. 『아동시보』는 무술변법이 고조되는 시기에 창간되어 중국의 변법유신에 동정과 지지를 보냈다. 무술정변 발생 후 제4호를 제때 발행하지 못하다가 같은 해(1898) 10월 초2일(양력 11월 15일)이 되어서야 겨우 발행했다. 당시 중국에서 간행된 중국어 신문 중에서 『아동시보』가 유일하게 무술6군자를 공개적으로 애도했고, 캉유웨이와 량치차오의 망명에 대해서도 동정적인 기사를 실었으며, 자희태후가 다시 수렴청정을 하는 것에 대해서는 반대 의견을 나타냈다. 『아동시보』 제4호에는 또 량치차오의 시 「거국행」 「육사전六士傳」[즉 「무술육군자전戊戌六君子傳」] 및 일본인 미야마 고타로深山虎太郎의 시 「육군자를 애도하며挽六士」를 게재했다. 더 나아가 제4호에는 구펀쯔孤憤子의 「8월 초6일 긴급 조칙 뒤에 쓰다書八月初六日朱諭後」가 실렸는데, 이는 공개적으로 자희태후의 정권을 부정하는 내용이었다. 『아동시보』 제4호를 발행할 때 신문사에서는 상하이 각 일간신문에 큰 글자로 광고를 내고 대대적으로 신문 발행을 선전했다. 이러한 행동은 당시 청나라 조정에 용납될 수 없었지만, 이 신문은 일본인에 의해 조계租界에서 발행되었기 때문에 상하이 관청에서도 어쩔 수 없이 못 본 척하며 불문에 부칠 수밖에 없었다. 『아동시보』는 제5호부터 맨 첫머리에 탄쓰퉁의 유작 『인학』을 연재했고, 또 계속해서 「무술정변이 중국에 매우 유익하다는 견해를 토론함論戊

戊政變大有益於支那」「당회를 논함論黨會」「대변소변설大變小變說」「중국의 근황을 묻는 객에게 답함答客問支那近事」「중국에서 비적의 비리를 엄벌할 것을 논함論支那嚴治會匪之非」「중국 황제께서 신속하게 친정을 해야 함을 논함支那皇帝宜力疾親政說」 및 「대大청 황제를 보위하고 구제하기 위한 회합을 논함論保救大淸皇帝會」 등을 실었다. 이 글들은 대부분 탕차이창이 집필한 것이다. "대체로 민지를 개척하고 공리를 천명하며 구습을 개혁해 충군애국의 지기志氣를 격발시키기 위한" 목적이 있었다.(『자립회 사료집自立會史料集』, 223~224쪽)

『청의보』: 유신의 목구멍이 되다

량치차오도 탕차이창이 상하이에서 『아동시보』를 관장하는 시기보다 조금 앞서 일본 요코하마에서 『청의보淸議報』를 창간했다. 둘은 각각 붓 한 자루와 신문 한 장을 들고 서로 의기투합하며 먼 곳에서도 호응했다. 두 신문은 무술정변 이후 유신파의 가장 중요한 여론 진지陣地 역할을 했다.

『청의보』는 무술정변 3개월 뒤에 창간되어 이해 11월 11일(1898년 12월 23일) 창간호를 간행했다. 량치차오는 직접 「서례敍例」를 써서 창간호에 게재했다. 그는 3년 전 상하이에서 창간한 『시무보』를 상기하고 『청의보』를 "중국 혁신의 새싹支那革新之萌蘖"이라 불렀다. 『청의보』는 여전히 『시무보』의 정신 유산을 계승해 민지를 깨우치고, 정보를 소통하고, 정치를 새롭게 하고, 민권을 제창한다는 목적을 내세운 뒤, "국민의 이목이 되고, 유신의 목구멍喉舌[대변자]이 되겠다"고 다짐했다. 매스컴을 '목구멍'이라 칭하기는 아마도 량치차오가 맨 처음일 것이다. 그는 「서례」에서 『청의보』의 목적을 네 가지로 요약했다.

1. 지나支那[중국]의 건전한 비판淸議을 유지해 국민의 정기를 불러일으킨다.
2. 지나인의 학식을 향상시킨다.
3. 지나와 일본의 정보를 소통시켜 두 나라의 우정을 이어준다.

무술정변이 일어나고 3개월 후 량치차오는 일본 요코하마에서 『청의보』를 창간하여 "국민의 이목이 되고, 유신의 목구멍喉舌[대변자]이 되겠다"라고 했다.

4. 동아시아의 학술을 밝혀 아시아의 순수함亞粹을 보존한다.

(『음빙실합집·문집』 제3권, 30~31쪽)

『청의보』도 순간이어서 열흘에 한 번씩 발행했고 매달 음력 초1일, 11일, 21일이 발행일이었다. 연사지連史紙로 인쇄하고 선장서線裝書 형식으로 장정하여 매 호 30~40쪽에 3만여 자의 기사를 실었다. 『청의보』는 앞서 상하이에서 발행한 『시무보』의 번각판이라 할 수 있었다. 운영 경비는 주로 세 방면에서 충당했다. 첫째, 일본 주재 화교 상인인 펑징루馮鏡如, 펑쯔산, 린베이취안의 투자였다. 둘째, 량치차오가 망명할 때 은사 겸 사촌 처남 리돤펀이 그에게 준 '적금赤金 200량'이었다. 당시 일본 정부가 량치차오에게 주택과 음식을 제공해주었기 때문에 이 돈으로 신문사를 운영할 수 있었다. 셋째, 황쭌셴 등이 낸 성금이었다.

량치차오는 『청의보』의 실제 책임자이자 가장 중요한 집필자였다. 그는 문장 몇십 편과 전문 저작 두 편, 『음빙실자유서飮氷室自由書』와 『한만록汗漫錄』 같은 전문 코너 기사를 쓰기 위해 온 정력을 이 신문에 쏟아부었다. 당시 량치차오의 필치는 『시무보』 시기보다 훨씬 더 격렬했다. 그의 글이 다룬 내용도 상당히 광범위했다. 나중에 펑쯔유가 단언한 양상과는 전혀 달랐다. 펑쯔유는 이 시기의 『청의보』를 이렇게 폄하했다. "창간한 지 수개월 동안 광서제의 성덕을 칭송하고 서태후, 룽루, 위안스카이 등 몇몇을 공격한 것을 제외하면 거의 다른 내용이 없었다."(『혁명일사』 상책, 56쪽) 펑쯔유는 펑징루의 아들이다. 량치차오가 막 일본에 도착했을 때 펑징루는 아들을 데리고 와서 량치차오에게 제자로 받아들여달라고 부탁했다. 부친 펑징루는 나중에 부자지간에 가정 문제로 갈등이 있자 스승 량치차오를 데리고 와서 아들을 꾸짖고 스승의 교육에 불만을 표시하며 아들을 "잘 가르쳐달라고" 투덜거렸다. 이 때문에 제자 펑쯔유도 자기 스승에게 분노를 옮겼다. 오래지 않아 광지서국이 문을 열었고 펑쯔유가 동서 각국 서적을 편역하는 일을 맡았다. 그러나 펑쯔유의 번역은 매우 거칠었고 원저에도 충실하지 않았다. 서국의 한 동료가 더이상 참지 못하고 량치차오에게 그를 비판하고 그에게 경고를 주라고 부탁했다. 그러나 펑쯔유는 비판을 받아들이지 않았을 뿐만 아니라 오히려 자신을 비판한 스승에게 원한을 품고 [스승을] 원수로 대하며 마침내 쑨중산의 흥중회에 투신했다. 이후 그는 문장을 지어 량치차오를 공격하기 시작했다. 그러나 실제 사실과 거리가 먼 근거 없는 날조가 대부분이었다. 다시 말해 그 내용은 당파적 견해가 아니면 개인적 원한으로 채워져 있었다.

량치차오가 처음 일본에 도착했을 때 마음은 분노로 가득했다. 변법유신 대업이 중도에 꺾이고 탄쓰퉁 등 6군자는 참수되어 그는 고통과 증오에 휩싸였다. 그는 죽은 자들이 못 다한 사업을 지속하며 죽은 자들을 위해 복수하고자 했다. 량치차오는 「거국행」에서 이렇게 읊었다. "군주의 은혜 동지의 원수 둘 다 갚지 못했나니, 적의 손에 죽는 이 그 누가 영웅이 아니랴?" "남자 나이 서른에 특별한 공도 못 세우고, 놀란 마음에 작은 몸을 하느님께 돌려주려네. 불행하게도 겟쇼 스님은 순절했고, 불행하게도 난슈

옹南洲翁[사이고 다카모리西郷隆盛]은 살아남았네." 이 시에는 당시 량치차오의
진실한 감정이 자연스럽게 드러나 있다. 이 무렵 량치차오의 글에는 보황,
존황尊皇, 근왕 및 '황제 폐위'에 반대하는 내용이 담겨 있지만 이러한 내용
이 량치차오 사상의 주지나 주류는 절대 아니었다. 그는 보황회 신문이라
해서 반드시 황제 보위를 선전해야 한다고는 생각하지 않았다. 량치차오는
「청의보 서례」에서 "동지들과 연합해 함께 『청의보』를 발전시킨다"고 하면서
명확하게 "국민의 이목이 되고 유신의 목구멍이 되겠다"라고 선언했다.(『음
빙실합집·문집』 제3권, 30쪽) 다시 말해 "보황당의 목구멍이 되겠다"고 한 것
은 절대 아니었다. 이것이 량치차오가 신문을 대하는 일관된 관점이었다.

　량치차오는 자각적 이성을 가진 신문 발행인이었다. 그는 신문의 성격,
지위, 기능, 역할과 어떻게 하면 신문을 잘 만들고 또 어떻게 하면 좋은 신
문인이 될 수 있느냐에 대해 인식이 명확하고 깊었다. 아무 수식 없이 말한
다 해도 중국의 신문은 량치차오에 이르러서야 비로소 근본적으로 변화하
기 시작했다고 할 수 있다. 그는 『시무보』 창간 초기 「신문사가 국사에 유익
함을 논함」을 발표해 신문 발행에 관해 자기주장을 명확하게 밝혔다. 량치
차오는 이 글 첫머리에서 이렇게 주장했다. "한 나라의 강하고 약함을 몰
래 살펴볼라치면 그 나라가 잘 통하느냐 막혀 있느냐에 달렸을 뿐이다." 서
구는 왜 강하고 중국은 왜 약한가? 그 원인은 어디에 있는가? 량치차오는
전자는 나라가 잘 통하고 후자는 잘 통하지 않기 때문이라고 인식했다. 그
럼 어떻게 해야 나라의 상하가 잘 통할 수 있는가? 량치차오는 그 유일한
방법이 바로 신문 발행이라고 했다. 또 서구건 일본이건 막론하고 "국가가
신문을 보호함은 새가 새끼를 먹이는 것과 같고, 백성들이 신문 읽기를 좋
아함은 개미가 누린 냄새에 달려드는 것과 같아서 신문을 읽는 사람이 많
아질수록 사람은 더욱 지혜로워지고, 신문을 읽는 사람이 많아질수록 그
나라는 더욱 강해진다"고 했다. 이 때문에 량치차오는 신문을 사람의 이
목과 목구멍에 비유하면서 다음과 같이 인식했다. "막힌 것을 뚫어 통하
게 하는 방법은 한 가지만 있는 게 아니지만 신문이 그 단서를 마련할 수
있다. 눈과 귀가 없고 목구멍과 혀가 없는 사람을 장애인이라 한다. 오늘

날 만국이 병립해 있음은 마치 이웃집이 나란히 늘어서 있는 것과 같고 중국 내부는 한집안과 같다고 할 수 있다. 이웃집 일을 내가 알지 못하거나, 심지어 한 집안에서 일어난 일을 내가 모른다면 이목이 있어도 이목이 없는 것과 같다. 임금이 내린 조치를 백성에게 알릴 수 없고 백성의 고통을 임금에게 알릴 수 없다면, 목구멍과 혀가 있어도 기실 목구멍과 혀가 없는 것과 같다. 나라의 이목과 목구멍에 도움을 주고 천하의 장애인을 일으켜 세우고자 신문을 만드는 것이다."(『음빙실합집·문집』제1권, 100~101쪽)

량치차오는 신문을 일인 신문, 일당 신문, 일국 신문, 세계 신문으로 나눈 뒤 이렇게 설명했다. "일인 혹은 한 회사의 이익을 목적으로 삼는 신문은 일인 신문이다. 일당의 이익을 목적으로 삼는 신문은 일당 신문이다. 국민의 이익을 목적으로 삼는 신문은 일국 신문이다. 전 세계 인류의 이익을 목적으로 삼는 신문은 세계 신문이다. 중국에는 옛날 일인 신문은 있었지만 일당 신문, 일국 신문, 세계 신문은 없었다. 일본에는 오늘날 일인 신문, 일당 신문, 일국 신문은 있지만 세계 신문은 없다. 이전의 『시무보』와 『지신보』를 예로 들자면 아마도 일인 신문의 범위를 벗어나 일당 신문의 범위로 진입했다고 할 수 있다. 감히 묻건대 그럼 『청의보』는 어느 범위에 있는가? 대답하자면 일당 신문과 일국 신문 사이에 있다고 할 수 있다."(『음빙실합집·문집』제6권, 57쪽) 그가 내린 자아 평가는 비교적 타당하다고 할 수 있다. 기실 『청의보』는 보황[황제 보위]을 위해서만 발행하는 신문은 아니었고, 보황은 『청의보』가 추구하는 여러 목적 중 하나일 뿐이었다. 량치차오는 『청의보』의 특징을 네 가지로 설명했다. "첫째, 민권을 제창했다. 시종일관 이 뜻을 견지하며 유일무이한 목적으로 삼았다. 갖가지 방법을 제시하고 갖가지 수단을 강구하면서 수많은 변화를 도모했지만 끝까지 이 목적에서 벗어나지 않았다. 바닷물이 마르고 바위가 다 닳아 없어지더라도 이 뜻을 우리 나라에 보급하지 않고는 그만두지 않으려 했다. 둘째, 철학 이론을 쉽게 풀이했다. 동서양 석학들이 쓴 책을 읽고 그 학설을 풀이해 중국으로 수입하는 일에 힘썼다. 나 스스로 소득이 있었다고 감히 말할 수는 없지만 한 치를 얻으면 한 치를 제공했고, 한 자를 얻으면 한 자를 제공했다.

『화엄경』에서는 "아직 자신을 제도할 수 없더라도 먼저 다른 사람을 제도하는 것이 보살의 마음이다"라고 했다. 이것으로 국민의 책임을 만분의 일이라도 다하려 했을 뿐이다. 셋째, 조정의 상황을 분명하게 전했다. 무술년의 정변, 기해년의 후계 확정, 경자년의 의화단 분란 등이 발생해 그 사건에 포함된 음모와 악랄한 수단이 나라를 병들게 하고 국민을 해칠 때, 본보는 그 세밀한 내막을 상세히 밝히고 진상을 폭로했다. 또 권력을 가진 간신배를 질책하는 데 조금도 관용을 베풀지 않았다. 넷째, 국치를 반복해서 다루었다. 우리 국민에게 우리 나라가 세계에서 차지하는 위치를 알게 했고, 동서 열강이 우리 나라를 대하는 정책을 알게 했다. 또 과거를 거울삼고 현재를 관찰해 미래를 도모하게 했다. 국내와 국외 상황에 한결같이 생존경쟁과 적자생존이라는 진화론 원칙이 적용되기 때문에 그것을 외치고 질책해 동포들이 깨닫기를 소망했다. 이 네 가지는 진실로 『청의보』 맥락의 정수였다. 한마디로 총괄하자면 '민지를 깨우치고 민기를 진작시키는' 일이었다. (앞의 책, 54쪽) 『청의보』는 내용에서도 고유한 특징을 가지고 있다. 탄쓰퉁의 『인학』은 1897년에 완성되었지만 감히 공개적으로 발표하지 못하다가 『청의보』 창간 이후 제2호부터 연재를 시작해 전체 내용이 끝날 때까지 계속 실렸다. 량치차오는 "이 책의 원고가 세계에 모습을 보인 것은 아마도 본보가 맨 처음일 것이다"라고 했다.(『음빙실합집·문집』 제6권, 54쪽) 그는 또 '자유서'란 전문 코너를 만들고 그 목적을 다음처럼 선언했다. "인류의 진화는 사상의 자유, 언론의 자유, 출판의 자유보다 더 중요한 것이 없다."(『음빙실합집·문집』 제2권, 1쪽) 이러한 견해는 100여 년 전에도 사람들의 귀를 번쩍 뜨이게 하는 고견이었을 뿐만 아니라 오늘날에도 우리의 동경과 추구로 그치는 희망사항이다. 그는 일의 성패란 한 사람, 한 사안, 한 시기에 달린 것이 아니라, 앞사람의 실패가 흔히 뒷사람의 성공에 초석이 된다고 생각했다. 이 때문에 량치차오는 이렇게 주장했다. "내가 이른바 오늘의 실패가 뒷날의 성공이 되고 나의 실패가 다른 사람의 성공이 된다고 함이 바로 이것이다. 대장부가 자신의 몸으로 천하의 일을 떠맡았다면 천하를 위할 따름이지 자신의 몸을 위하지는 않는다. 그러나 천하에 유익한 일이라면 그 성공을 어찌 반드시 나로부터 시작하리요? 내가 반드시 나로부터 성공을 도모한다면 그것은 내 몸을 위하는 일이지 천하를 위하는 일이 아니다."(앞의 책, 2~3쪽) 량치차오는 또 문명의 진보를 이야기하며 민중 계몽을 가장 중요하게 여겼다. "이 때문에 민지民智, 민력民力, 민덕民德이 발달하지 못하면 비록 영용하고 어진 임금과 재상이 등장해 한때의 선정을 펼친다 해도, 시간이 지나면 모두 깨끗이 사라지고 만다." "따라서 나라를 잘 다스리려는 사람은 반드시 먼저 그 국민을 교화해야 한다. 몽테스키외, 루소가 없었다면 프랑스에서 혁명이 성공할 수 없었을 것이요, 애덤 스미스 무리가 없었다면 영국에서 균등한 세금정책을 시행할 수 없었을 것이다."(앞의 책, 9쪽) 량치차오는 천부인권에 대해서도 설명하고 있다. "국민은 하늘에서 생명을 부여받고, 하늘은 또 그에게 능력을 부여해 그것을 더욱 확장시키고 그의 삶을 완성하게 해준다. 이에 국민은 권리를 가진다. 국민의 권리란 임금이 신하에게서 빼앗을 수 없고, 아버지가 아들에게서 빼앗을 수 없고, 형이 아우에게서 빼앗을 수 없고, 남편이 아내에게서 빼앗을 수 없다. 그것은 물고기와 물의 관계와 같고, 산소와 짐승의 관계와 같고, 땅과 초목의 관계와 같다. 이 때문에 사람은 이 권리를 보존해야지 잃어서는 안 된다. 이것이 하늘을 온전히 하는 방법이다. 국가는 이 권리를 귀중하게 여겨야지 침범해서는 안 된다. 이것이 하늘에 순종하는 방법이다." 즉 천부인권이란 헌법에 의해 부여되는 권리가 아니라 정부 권력에 앞서 존재하는 권리라는 말이다. 말하자면 "천하를 다스리고자 하는 필요" 때문에 민중이 "권력을 빌려주었으므로", "임금과 재상의 권리는 민중에게서 빌린 것이지 본래 자신이 갖고 있던 게 아니라"는 것이다. 따라서 그는 "관리란 천하의 공복이다"라고 선언했다.(앞의 책, 12쪽) 량치차오는 심지어 파괴주의를 주장하면서 이렇게 말했다. "심하도다! 파괴주의를 그만둘 수 없음이여!" "근세 각국의 흥성을 두루 살펴보면 먼저 시대를 파괴하지 않은 나라가 없었다."(앞의 책, 25쪽) 량치차오의 이러한 이론은 다음 같은 특징이 있었다. "단편적이어서 전체 모습을 볼 수는 없지만 그의 소망이 집중되는 곳은 형체가 아니라 정신이었다. 그는 정밀한 필치로 미묘한 이론을 설파하고 완곡한

말로 문제의 핵심을 찌르고 있어서, 듣는 사람을 흥분케 만든다."(『음빙실합집·문집』 제6권, 54쪽)

량치차오는 『청의보』의 기타 내용도 여러 가지를 꼽고 있다. "정치학안政治學案이라는 국가론에서는 근세 정치학의 근원을 서술하면서 우리의 국가 사상을 양성하려 했다. 장 씨[장타이옌]의 유술신론儒述新論에서는 유교의 의미를 상세하게 밝혔는데 매우 정밀하고 독창적이었다. 중국 분할에 관한 직언瓜分危言, 망양록亡羊錄,[9] 멸국신법론滅國新法論[10] 등에서는 세계의 대세를 진술해 동방의 깊은 꿈을 깨우고자 했다. 소년중국설少年中國說, 방관자를 질책하는 글呵旁觀者文, 과도시대론過渡時代論 등에서는 문장의 새로운 체제를 열어 암울한 국민의 기상民氣을 격발시켰다. 이집트 근세사埃及近世史, 양쯔강 중국 재정 일반揚子江中國財政一斑, 사회진화론社會進化論 등에서는 모두 동서양 명저와 거작을 통해 우리를 비추어보려 했다. 정치소설 『가인기우佳人奇遇』와 『경국미담經國美談』에서는 소설가의 특이한 재주를 통해 정치의 대세를 묘사했다. 미인美人과 방초芳草는 특별히 회심의 미소를 짓게 하는데, 치열한 유세객의 세계에는 뛰어난 사람이 얼마나 많은가? 사람들은 이 글을 읽고 나서 찬탄을 쏟아내며 마음이 움직였다. 미녀들이 재능을 발휘하는 나라를 그 누가 좋아하지 않겠는가? 문자나 다듬는 하찮은 기교로 쓸데없이 시인 노릇을 하며 지은 작품은 권말에 여러 편을 수록했다. 이 부류에는 모두 시계혁명詩界革命의 정신이 담겨 있는데, 우리가 나아갈 길을 위해 새로운 영역을 개척했다고 할 수 있다. 무릇 여기에 소개한 여러 갈래 글은 모두 우리 『청의보』가 다른 여러 신문보다 특이한 점이라 할 수 있다." (앞의 책, 54~55쪽)

이 한 부의 신문이 해내외에서 파문을 불러일으키자 청나라 통치자들은 자연히 전전긍긍 불안감에 휩싸였다. 광서 26년(1900) 정월 15일 조정에서

---

9 여기서 망양은 '다기망양多岐亡羊'의 준말이다. 갈림길에서 양을 잃어버렸단 뜻으로 주장이나 방법이 너무 많아 갈피를 잡기 힘든 상황을 비유한다.
10 량치차오가 『청의보』에 쓴 전문 칼럼. 새롭게 변한 세계에는 다른 나라를 멸망시키는 새로운 방법이 있다고 하면서 그것에 대처해야 함을 논한 글이다.

는 연해沿海 각 성 독무에게 조칙을 내려, 계속해서 현상금을 내걸고 캉유웨이와 량치차오를 엄밀히 잡아들이라고 재촉했다. 조칙 내용은 대략 이러했다. "이 역적들은 이리처럼 흉악한 마음을 품고 여전히 연해 일대에서 중국인을 선동하고 있다. 아울러 신문사를 창설해 황당한 언론을 함부로 늘어놓고 있다. 이러한 갖가지 대역무도한 내용은 특히 우리의 분노를 불러일으킨다. 남양, 북양, 푸젠, 저장, 광둥 각 성의 독무들은 다시 조정의 명령을 명백히 알려서, 어떤 사람이든 캉유웨이와 량치차오를 잡아 관가로 압송해 진실로 그자들이 범인임을 증명한다면 즉각 은 10만 냥을 상으로 주겠다. 이 역적들이 일찌감치 천벌을 받고 죽어서 다만 검시檢屍를 통해 의심할 바 없이 확실한 범인임을 증명해도 즉각 똑같은 상을 내리겠다. (…) 이 역적들이 신문사를 개설하고 신문을 파는 것은 틀림없이 해내외 중국인을 겨냥한 행위일 터인데, 신문을 구독하는 사람이 없으면 저 역적들이 스스로 하찮은 재주를 펼칠 방도가 없을 것이다. 해당 독무는 자기 지역을 엄하게 조사해 앞에 나열한 신문을 구독하는 자가 있으면 모두 엄격히 잡아들여 징벌하라. 이 밖에도 이 역적들이 이전에 지은 반역서를 소지한 자가 있으면 모두 엄격하게 조사하고 불태워서 국법을 바르게 펴고 민심을 안정시켜라."(『무술변법』 2, 117쪽) 청 조정에서 큰 힘을 기울여 포위 추격과 금지 단속 조치를 시행했으나 『청의보』의 국내 진입을 전혀 막을 수 없었다. 『청의보』는 일본 당국이 협조해 신문 출판 후 일본 교민과 일본 상점을 통해 국내로 전송되었기 때문에 청나라 정부도 어찌할 도리가 없었다.

부상扶桑[일본]에서 학교를 열다

량치차오는 『청의보』를 주관하는 동시에 일본 도쿄에서 고등대동학교高等大同學校를 개교했다. 일본에서 학교를 운영하자는 의견은 천사오바이陳少白가 맨 처음 제기했다. 광서 23년(1897) 천사오바이는 요코하마에서 중국학교 개교를 제창하고 화교 상인 쾅루판鄺汝磐과 펑징루의 호응을 얻어 중화회관을 학교 건물로 사용하기로 했다. 경비는 반은 중화회관 영업 이익금으로 충당하고 나머지 반은 성금을 거두어 사용하기로 했다. 학생은 화교 자제들을 대상으로 모집하고, 교사는 국내[중국]에서 신학新學을 공부한 인사를 초빙하기로 했다. 대체로 흥중회에는 교사가 될 만한 사람이 부족했기 때문에, 쾅루판과 펑징루가 쑨중산과 이 일을 상의하는 과정에서 쑨중산이 국내의 량치차오를 추천했고 아울러 학교 이름은 중서학교中西學校로 정했다. 그리하여 쾅루판은 쑨중산이 써준 소개 편지를 들고 상하이로 가 캉유웨이를 만났다. 캉유웨이는 량치차오가 『시무보』 주필을 맡고 있었기 때문에 쉬친을 대신 보내겠다고 했고 아울러 천루청陳汝成, 탕줴둔, 천인눙陳蔭農을 파견해 쉬친을 돕겠다고 했다. 캉유웨이는 일시에 흥미가 생겨서 '중서'라는 두 글자는 학교 이름으로 좋지 않다며 '대동大同'이란 학교 이름을 지어 붓으로 친히 '대동학교大同學校' 네 글자를 써서 그들에게 주었다. 무술정변 후 국내 신식학교가 분분히 문을 닫자 젊고 유능한 학생들은 공부를 계속할 학교가 없었고 그렇다고 다른 출구도 찾지 못해서 국외로 눈을 돌리는 사람들이 생겨났다. 이 때문에 "요코하마 대동학교로 공부하러 가는 사람이 나날이 많아졌다. 고베가 그 뒤를 이었고, 싱가포르가 또 그 뒤를 이었고, 인도네시아 수라바야Surabaya가 또 그 뒤를 이었으며, 홍콩의 빅토리아 항구가 또 그 뒤를 이었다. 이 밖에도 학교 개설을 준비하는 곳이 항구마다 이어졌다."(『량치차오 연보 장편, 183쪽) 고등대동학교[요코하마 대동학교보다 학력이 더 높은 학교. 대학 과정으로 보인다]는 다음 같은 배경하에 탄생했다. 첫째, 요코하마 대동학교가 개교하고 여러 해가 지나자 성적이 우수한 학생들이 적지 않게 배출되었고 더 수준 높은 공부를 하고 싶어하는 학생들이 나타났다. 따라서 이 학생들에게 상급 학교를 제공할 필요성이 생겼다. 둘째, 고베, 남양, 미주 등지에 모두 화교 자녀 학교가 개설되었는데 1~2년 뒤 그 졸업생들에게도 상급학교가 필요했다. 셋째, 국내 신식학교가 강제로 폐교되었고 이 때문에 그곳 학생들의 학업도 중단되어 애석하기 짝이 없었다. 그들에게도 학업을 완성할 기회를 제공해야 했다. 넷째, 원대한 포부를 품은 국내 청년들이 자비로 해외 유학을 가기도 했다. 이들은 모두 국학에도 기초가 있고 다른 부문의 지식도 갖추고 있어서 이들의 요구를 만족시킬 대학 과정의 학교가 필요했다.

도쿄 고등대동학교는 기해년(1899) 7월에 개교했고, 개교 당시 화교 상인 쩡쥐쉬안曾卓軒과 정시루鄭席儒에게 경제적 도움을 받았다. 제1기 학생은 두 곳에서 왔다. 첫째, 요코하마 대동학교 출신 우수한 인재들로 펑쯔유, 정관이鄭貫一, 펑쓰롼馬斯欒, 쩡광랑曾廣勳, 정윈한鄭雲漢, 장루즈張汝智 등 7인이다. 둘째, 후난 시무학당 출신 학생들로 린시구이林錫圭, 친리산秦力山, 판위안롄, 리췬李群, 차이어, 저우훙예周宏業, 천웨이황陳爲璜, 탕차이즈, 차이중하오, 텐방쉬안, 리빙환 등 11인이다. 량치차오는 나중에 여러 차례 당시 일을 회고했다.

치차오가 일본으로 망명하자 그의 제자 리李, 린林, 차이蔡 등 집을 버리고 따라온 사람이 모두 11명이었다. 탕차이창도 자주 일본을 왕래하며 함께 혁명을 도모했다. 1년여가 지난 뒤 한커우에서 거사할 때 이들 11명이 모두 먼저 귀국했고 탕차이창을 따라 죽은 사람이 6명이나 되었다. 치차오도 미국에서 귀국했는데 상하이에 도착했을 때 거사가 이미 실패하고 말았다. (『청대학술개론』, 85쪽)

량치차오가 언급하는 리는 바로 리빙환이고, 린은 린시구이인데 린구이라고도 부른다. 차이는 차이쑹포蔡松坡로 뒷날 명성을 떨친 차이어다. 차이어를 언급할 때면 량치차오는 쉽게 감정이 북받쳐 오르곤 했다. 량치차오는 차이어와 맺은 교분을 이야기하면서 무술변법 전 후난 시무학당에서 강의하던 시절까지 거슬러 올라가기도 했다.

차이어는 당시 16세로 나의 40명 제자 중에서 가장 어렸다. 우리는 함께 학문을 한 지 불과 반년 만에 인격적으로 벌써 한 덩어리로 녹아들었다. 이듬해 무술정변을 맞아 내가 일본으로 망명하게 되자 차이어와 그의 학우 10여 명이 얼마나 많은 고난을 겪을지 알지도 못한 채 집에서 도망쳐 나를 찾아왔다. 내가 나중에 안 사실에 따르면, 차이어는 창사에서 상하이에 당도했을 때 몸에 겨우 200 동전銅錢만 남아 있었다고 한다. 그런데도 가까스로 나를 찾아 일본으로 왔다. 나는 시무학당 동료이며 친구인 탕차이창 선생과 함께 이들 10여 명을 데리고 사방 2장丈 크기[11]의 1층 다다미방을 세내어 함께 머물면서 함께 학문을 닦았다. 가련하게도 적수공권赤手空拳 처지의 문약한 학생들이 어떻게 실패하지 않을 수 있었겠는가? 나의 제자 중에는 탕 선생을 따라 죽은 사람이 절반이나 된다. 당시 차이어는 마침 탕 선생을 대신해 후난으로 편지를 전하러 가 있어서 다행히 환난을 피할 수 있었다. (『음빙실합집·문집』 제39권, 87~88쪽)

탕차이창 동생 탕차이즈도 당시 경험을 회고하며 그 내용을 자세하게 보충한 적이 있다.

나와 일부 학우들은 시무학당을 떠난 뒤 후베이로 가서 학업을 계속할 생각이었다. 그러나 우창의 양호서원에서는 시무학당 퇴학생을 받아주지 않았다. 다른 곳에서도 우리가 끼어들 적당한 학교를 찾을 수 없었다. 광서 25년 여름 5월(양력 1899년 6월) 나와 판위안롄, 차이건인 세 사람은 상하이로 가서 남양공학南洋公學에 합격했다. 7월 사이에 량치차오도 우리가 상하이로 와 있다는 소문을 듣고 일본에서 편지를 보내 우리를 불렀다. 또 돌아가신 큰형님 차이창의 도움으로 배표를 사서 동쪽 일본으로 건너갔다. 우리가 일본에 도착한 후 량치차오는 이전 시무학당에서 가르치던 방법을 사용해 우리에게 책을 읽고 찰기를 쓰게 했다. 이후 시무학당의 린구이, 리빙환, 톈방쉬안, 차이중하오, 저우훙예, 천웨이이陳爲益, 주마오윈朱茂芸, 리웨이셴李渭賢 등도 위험을 무릅쓰고 상하이를 거쳐 일본으로 왔다. 우리 모두는 11명이었다. 량치차오는 도쿄 고이시카와 히사카타 정에 있는 세 칸짜리 셋방을 얻어 우리를 함께 거주하게

11 약 44제곱미터. 1장은 10척尺이므로 약 3.33미터임. 따라서 2장은 약 6.66미터가 된다.

했다. 또 일본인 시게타重田를 초빙해 일본어 등의 과목을 강의하게 하여 우리에게 일본 학교 입학시험을 준비하게 했다.(『후난 역사자료』, 1958년 제3기. 탕차이즈, 「탕차이창과 시무학당唐才常與時務學堂」, 『량치차오 연보 장편』, 186~187쪽에서 재인용)

펑쯔유의 『혁명일사』에도 그들이 읽었던 책이 언급되어 있어서 당시 그들의 정신적 상황을 엿볼 수 있다.

따라서 당시 교재는 대부분 자유평등과 천부인권 등에 관한 영국과 프랑스 석학들의 학설이 실려 있는 저작이었다. 학생들은 혁명을 소리 높여 외치며 저마다 루소, 볼테르, 당통, 로베스피에르, 워싱턴 등을 자처했다.(『혁명일사』 상책, 62~63쪽)

량치차오: 변화에 뛰어난 호걸

량치차오는 진실한 성품의 소유자였다. 때로는 온화하면서도 교양 있게 보이기도 했고, 때로는 비분강개하고 과격하게 보이기도 했다. 탄쓰퉁은 일찍이 량치차오를 진정으로 이해하는 사람은 아주 드물다면서 그가 겉으로보면 아주 온화한 듯하지만 실제 내면은 아주 강인하다고 한 적이 있다. 또사람들은 항상 량치차오를 가리켜 '변화에 뛰어난 사람'이라고도 하고, '종잡을 수 없을 만큼 변덕이 심한 사람'이라고도 한다. 그러나 그의 '변화'는공명정대하고 전혀 구차함이 없었다. 량치차오는 「변화에 뛰어난 호걸善變之豪傑」이라는 단편 문장을 써서 일본 에도 말기의 사상가 겸 교육자이며 메이지 유신의 선구자 요시다 쇼인吉田松陰의 뛰어난 변신을 칭찬하면서 "그의 마음은 나라의 독립을 위해 존재했으므로" "방법은 비록 변했지만 애국하는 까닭은 변한 적이 없었다"라고 했다. "군자의 잘못은 일식이나 월식과 같아서 사람들이 모두 볼 수 있다. 그가 잘못을 고치면 사람들이 모두 우러러본다. 대장부는 일처리가 공명정대해 내 마음의 지향을 실천할 뿐이니 반드시 지극한 것을 구하고 나서야 그만둔다. 그 방법은 수시로 형편에 따라 변할 수 있고 또 내 인식의 발전에 따라 변할 수 있다. 이처럼 방법은 백 번 변해도 그 목적에서 벗어나지 않는다. 다만 목적만 있으면 방법이 변했다 해도 목적은 변하지 않은 것이다. 이 점이 바로 공명정대하다고 말하는 까닭이다."(『음빙실합집·전집』 제2권, 27~28쪽) 량치차오는 또다른 글에서 영국 총리이면서 대정치가 글래드스턴w. E. Gladstone을 언급하며 이렇게 인식하고 있다. "이렇게 자주 변하는 까닭은 일신의 공명을 위한 것도 아니고 한때의 기이한 학문적 부딪힘을 실행해보려는 것도 아니라 진실로 지극한 정성에서 촉발된 일인데, 여기에는 변하지 않을 수 없는 견식見識이 있기 때문이다." 그는 또 다음과 같이 말했다. "무릇 천하 대사를 맡은 사람은 자신감이 없어서는 안 된다. 매 번 한 가지 일을 할 때마다 투철하게 관찰하고 자신감 있게 밀고 나가면, 거리낌 없는 용기로 일을 추진할 수 있을 것이며 백절불굴의 인내심으로 일을 지탱할 수 있을 것이다. 온갖 산악이 일시에 무너진다 해도 개의치 않을 것이며, 사나운 파도가 갑자기 발아래서 울부짖는다 해도 낯빛을 바꾸지 않을 것이다. 맹호가 발톱으로 할퀴어도 움직이지 않을 것이고, 우레가 머리를 내려쳐도 놀라지 않을 것이다. 세상의 속된 논리들이 시끄럽게 공격해와도 나의 주관은 변함이 없을 것이다."(앞의 책, 4쪽) 이 진술은 기실 량치차오 자신에 대한 묘사다. 그의 뛰어난 변신과 자신감은 상호 보완관계에 있으며, 그의 뛰어난 변신은 일종의 자신감의 표현인 셈이다.

량치차오는 처음 일본에 도착하고 나서 한동안 사상이 줄곧 과격하고 불안정해서 감정의 기복과 변화가 매우 컸다. 원인은 세 가지였다. 첫째, 무술정변의 유혈 진압이 그를 자극했다. 둘째, 일본에 도착한 후 새로운 책을 많이 읽었다. 셋째, 또 새로운 친구도 많이 사귀었다. 량치차오는 선입관이 없는 사람이었다. 그가 고등대동학교를 운영할 때 항상 함께 고담준론을 주고받던 사람으로는 탕차이창과 지난날 시무학당 시절의 제자들뿐 아니라 다른 학교 유학생과 북양 군벌의 관비 유학생도 있었다. 즉 지위안청

戢元丞, 선샹윈沈翔雲, 리커黎科, 진방핑金邦平, 차이청위蔡丞煜, 정바오청鄭葆丞, 장위취안張煜全, 푸량비傅良弼 등이 당시 이곳 단골손님이었다. 이들은 "매번 친구를 만나러 대동학교로 와서 날이 밝을 때까지 머물곤 했다."(『혁명일사』 상책, 63쪽) 이들은 만주족 배척을 주장하기도 하고 혁명 논리를 견지하기도 하면서 서로 조금씩 영향을 주고받았다. 량치차오는 정서적 분위기에 쉽게 젖어드는 사람이라 호방한 기상이 가슴 가득 끓어 올라 글을 쓸 때마다 자유, 민주, 민권, 혁명 같은 어휘가 자연스레 많아지게 되었다. 그러나 량치차오는 만주족을 배척하자는 주장은 하지 않고 중화민족이란 개념을 제기해 만주족, 한족, 회족回族, 몽골족 등 모든 민족을 한 덩어리로 간주했다. 그는 정치 개혁의 중요성이 왕조 교체의 중요성을 뛰어넘으며, 더나아가 국체 개조의 중요성까지 뛰어넘는다고 인식했다. 즉 군주국 체제 내에서도 입헌제도를 실행할 가능성이 있으며, 당시 세계 각국의 실제 상황을 보아도 입헌군주 정치체제가 입헌공화 정치체제보다 많다고 인식했다. 이 문제에 대한 사고에서 량치차오는 단지 맹아 단계에 있었으나 동맹회 멤버들과 논전하면서 비로소 완전한 논리를 갖추게 되었다. 당시 그가 가장 많이 고려한 점은 어떻게 하면 자희태후를 압박해 광서제에게 권력을 되돌려주게 할 것인가 하는 문제였다. 량치차오는 청나라 조정에 침전되어 있는 권세가들의 썩은 물을 휘젓고 싶어했다. 그는 항상 탕차이창, 린구이, 친리산 등과 함께 '창장 강 연안에서 회당을 이용해 거사를 도모하는 일'을 상의하면서 다양한 경우의 수에서 부딪힐 수 있는 세부 문제를 토론했다. 그는 또 쑨중산 등과 여러 차례 비밀리에 양당 합작 구국운동의 가능성에 대해 상의했다. 량치차오 동문 중 한원쥐, 어우쥐자, 장즈뤄, 량쯔강 등은 더욱 과격한 주장을 했다. 이 과정에서 모두들 량치차오가 캉유웨이에게 장문의 편지를 보내 캉유웨이가 자신들의 주장을 받아들이게 설득해달라고 부탁했다. 그러나 캉유웨이는 그들의 논리에 설득당하지 않았을 뿐만 아니라 오히려 불같이 화를 냈다. 마침 이때 줄곧 쑨중산과의 협력에 반대해온 쉬친과 마이멍화도 각기 캉유웨이에게 편지를 보내 량치차오의 죄상을 고발했다. "줘루[량치차오]가 점차 쑨중산의 소굴로 진입해 들어가고 있으니 조속히 [줴루를] 구해내지 않으면 안 됩니다."(『량치차오 연보 장편』, 181쪽) 당시 싱가포르에 머물던 캉유웨이는 이 편지를 받고 대로하여 즉시 예췌마이에게 자금을 주어 일본으로 가게 했다. 캉유웨이는 량치차오에게 지체 없이 하와이 호놀룰루로 가서 보황회 일을 맡아보라고 명령했다.

이 일이 있기 전 량치차오는 이미 원행遠行 계획을 세우고 있었던 듯하다. 그는 연초에 아내에게 보낸 편지에서 캉유웨이가 자신을 미주로 보내고 싶어한다고 언급했다. 그곳은 "사람들이 충성스럽고 대우가 매우 극진하며 발전의 여지가 매우 크기" 때문이라는 것이다. 량치차오는 아내에게 또 이렇게 말했다. "샌프란시스코 사람들은 우리 선생님[캉유웨이]보다 나를 훨씬 더 추앙한다고 하오."(앞의 책, 177쪽) 상황은 이와 같았지만 그의 미국행은 줄곧 성사되지 못했다. 그러나 마침내 캉유웨이의 '최후통첩'이 있고서야 량치차오는 원행 준비를 하게 되었다.

일본을 떠나기 전에 량치차오는 먼저 탕차이창을 배웅했다. 탕차이창의 귀국을 전후해 역시 국내로 돌아간 사람은 국내 거사에 참여하겠다고 량치차오와 약속한 시무학당 제자 린구이, 차이중하오, 톈방쉬안, 리빙환, 친리산 등이었다. 린구이는 또 의기투합한 친구 몇 명과 동행을 약속했다. 후베이 사람 푸츠샹傳慈祥[성화학교成城學校], 광둥 사람 리커[도쿄제국대학東京帝國大學], 푸젠 사람 정바오청鄭葆成[바오청葆丞으로도 씀], 허베이 사람 차이청위蔡丞煜 등이 ─뒤의 두 사람은 도쿄 일화학당日華學堂에서 공부했다─ 흔쾌히 뒤를 따르겠다고 했다. 출발 당일 량치차오, 선샹윈, 지위안청 등은 도쿄 고요칸紅葉館에서 그들을 송별하는 연회를 베풀고 쑨중산, 천사오바이, 히라야마 슈平山周 및 미야자키 도라조 등을 초청했다. 연회 석상에서 그들은 모두 술잔을 들고 거사가 성공하기를 축원했다. "바람은 소슬하고 역수 강물은 찬데, 장사는 한 번 떠나 돌아오지 않겠네風蕭蕭兮易水寒, 壯士一去兮不復還."[12] 량치차오는 이 자리에서 또 양당 합작 문제를 제기하며 자신의 은근한 소망을 피력했다.

량치차오는 "양력 12월 19일 즉 음력 11월 17일 도쿄를 출발했고 (…) 12월 20일 정오에 홍콩마루香港丸 기선을 타고 요코하마를 떠났다. 부두에서 량치차오를 배웅한 동지가 수십 명이나 되었고 기선에까지 올라 배웅한 동지도 10여 명이나 되었다. 그들은 서로 몸조심하라고 당부하며 작별 인사를 나눴다."(『음빙실합집·전집』 제22권, 186~187쪽) 량치차오는 출발에 앞서 『청의보』 등의 업무를 마이멍화에게 인계했다. 그의 이번 여행은 경자년(1900) 근왕을 위한 거사가 실패할 때까지 계속되었다. 량치차오는 그동안 홍콩, 싱가포르, 오스트레일리아를 거쳐 1901년 봄에야 일본으로 돌아왔다.

경자년 황제 보위勤王를 위한 거사

탕차이창이 상하이에 도착한 때는 10월 19일(양력 11월 21일) 이전으로 보인다. 양톈스楊天石 선생의 고증에 의하면, 탕차이창은 도착한 날 일본인 무나카타 고타로宗方小太郎에게 편지를 보내, 후난으로 가서 거사를 준비하려는 린구이, 선진沈藎과 일본인 다노 기쓰지田野橘次를 도와달라고 부탁했다. 그들이 후난으로 가는 목적은 장즈둥과 연락해 합법적 신분을 획득한 뒤, 학당과 신문사를 창설한다는 명목을 빌려, 후난에서 군사적 준비를 하기 위한 것이었다. 탕차이창은 편지에서 이렇게 강조했다. "이번 거사는 동남 지방 대세에 관계된 일이라 지극히 중요합니다." 그러나 그들은 장즈둥과의 연줄이 막히는 바람에 아무 소득 없이 돌아왔다.(『역사의 수수께끼를 찾아』, 43~46쪽) 다노 기쓰지는 회고록에서 이 일을 거론하고 있다. "아깝도다! 당시 상하이에는 일본인 멍청이 셋이 있었다. 그들은 우리 계획을 직접 반대하며 우리를 가로막고 후난으로 가지 못하게 했다."(『자립회 사료집自立會史料集』, 207쪽) 다노 기쓰지가 언급한 세 멍청이는 바로 탕차이창의 편지에도 나오는 '시로이와白巖' '아라이荒井' '미야사카宮坂'다. 이들 셋이 린구이 및 선

---

12 자객 형가가 연나라 태자 단丹의 부탁을 받고 진시황을 암살하러 떠나며 부른 「역수가易水歌」. 형가가 진나라로 떠나는 날 역수 근처까지 태자 단과 고점리 등이 형가를 전송하러 나왔다. 이 자리에서 형가는 친한 친구 고점리의 축筑 연주에 맞추어 「역수가」를 불렀다. 거사는 실패하고 형가는 죽임을 당했다.

진과 장즈둥 간 중재를 거절해서 탕차이창의 계획은 곧 실패로 끝나고 말았다.

그리하여 탕차이창과 린구이 등은 경자년(1900) 초에 또다시 다노 기쓰지 명의로 동문역사東文譯社를 개설했다. 겉으로는 일어를 가르치고 일본 서적을 번역한다는 명목이었지만 기실은 남들 이목에 띄지 않게 거사를 일으키기 위해 계획과 준비를 하려는 것이었다. 동문역사의 주소는 상하이 홍커우虹口 우창 로武昌路 런더 리仁德里 552호였다. 오래지 않아 탕차이창은 또 선진, 린구이, 비융녠 등과 자립회自立會의 전신인 정기회正氣會를 창설했다. 그러나 대외적으로는 정기회란 이름을 숨기고 계속 동문역사 명의를 빌려 청 정부의 이목을 속였다. 이 동문역사 주소지가 바로 정기회의 연락 거점인 동시에 혁명 모의 비밀 아지트였다. 탕차이창은 또 직접 「정기회 장정正氣會章程」 20여 조를 제정했다. 그 목적은 "국내의 인인지사仁人志士를 규합하는 데 힘써서 함께 애국충군愛國忠君의 실질을 강구한다"는 데 있었다. 또 다음과 같은 내용도 들어 있었다. "명성만 추구하거나 파당을 만들고, 자신과 의견이 다른 사람을 공격하거나, 망령되이 임금을 비난하는 자가 있으면 회원 명단에 올리지 않는다." 또한 그가 지은 「정기회 서正氣會序」에는 "임금과 신하 간의 의리를 어떻게 없앨 수 있겠는가?"라는 대목도 들어 있었다.(『탕차이창집』, 197~198쪽) 탕차이창의 이러한 말은 비융녠과 장타이옌의 불만과 반대를 불러일으켰다. "비융녠은 탕차이창에게 캉유웨이와의 관계를 끊으라고 권했다. 그러나 탕차이창은 보황회 자금줄에 덕을 보려고 단연코 그들의 말에 따르지 않았다. 두 사람은 함께 밤새도록 논쟁을 벌였고, 결국 비융녠은 실망해 탕차이창을 떠나고 말았다."(『자립회 사료집』, 13쪽) 그러나 당시 둘은 아직 완전히 결별한 것은 아니었다. 관련 기록에 따르면 비융녠은 분노해 머리를 깎고 스님이 되기 위해 떠났다. 하지만 기실 그는 멀리가지 못하고 스님이 된 지 며칠도 지나지 않아 다시 상하이로 돌아왔다. 3월 11일(양력 4월 1일) 탕차이창은 상하이에서 부유산당富有山堂을 개설하면서 비융녠을 여전히 이 산당의 부대표로 추대했다.

탕차이창이 국내에서 거사 계획을 추진하고 있을 때 량치차오는 해외에서 외롭게 거사 자금을 모으기 위해 고심하고 있었다. 이번 근왕운동은 보황회 창립 후 첫번째로 추진하는 국가 대사였다. "이 일은 당시 거의 전체 회원에게 총동원령이 내려진 광대한 규모의 거사였다. 그때 난하이 선생은 싱가포르에 거주하면서 모든 일을 주관했고, 량치차오 선생은 호놀룰루에서 자금 마련과 연락 업무를 맡고 있었다. 당시 보황회 본부는 마카오에 있었고 그곳 일은 허쑤이톈, 왕징루, 어우쥐자, 한원쥐 등이 책임지고 있었다. 일본 방면 업무는 예줴마이, 마이멍화, 뤄푸, 마이중화, 황웨이즈 등이 책임지고 있었다. 국내에서 실제 거사에 종사한 사람 중에 탕차이창과 디바오셴狄葆賢은 상하이와 우한 지역을 담당했고, 량빙광과 장쉐징張學璟은 광둥과 광시 지역에서 활동하고 있었다. 이 밖에 쉬친은 남양에서 바쁘게 힘을 쏟고 있었고 량치차오는 미국에서 부지런히 움직이고 있었다."(『량치차오 연보 장편』, 198~199쪽) 이렇게 죽 나열해놓고 보면 면면이 잘 갖추어진 듯하지만 실제로 이 거사의 중심인물은 둘뿐이었다. 즉 국내는 탕차이창이었고 국외는 량치차오였다.

량치차오는 멀리 호놀룰루로 보내졌는데 캉유웨이로서는 그를 '귀양' 보내는 것과 마찬가지였지만 량치차오는 개의치 않고 오히려 이번 여행을 매우 기쁘게 생각했다. 량치차오는 호놀룰루에 도착한 뒤 신속하게 화교사회에서 보황회 조직을 정말 기세등등하게 발전시켜나갔다. 하지만 그가 한시도 잊지 않고 초조하게 기다리는 일은 바로 국내에서 거사를 일으켜 임금을 구출하려는 이번 대사였다. 그는 (1900년) 2월 13일 캉유웨이에게 장문의 편지를 띄웠다. "연이어 편지를 여섯 통 보냈는데 모두 받아보셨을 걸로 생각합니다. 그런데 아직 한 통의 가르침도 없으시니 우울한 마음 금할 수 없습니다." 그는 이 편지에서 자신이 삼합회三合會에 가입했고 아울러 삼합회 두령의 한 사람으로 추대된 사실을 보고했다. 량치차오가 삼합회에 가입한 목적은 주로 그 회원들과 좋은 감정을 교류해 그들을 보황회에 가입시키기 위함이었다. 그러나 그를 가장 분노케 한 일은 수많은 동문이 "천하의 대세와 관련된 일에 무관심하다"는 점이었다. "이 제자는 이곳에 와서 70여 일을 지내는 동안 마카오로 편지를 6~7통 부쳤지만 그들로부터 한 글자의 답장도 받지 못했습니다. —겨우 어떤 사람이 허쑤이텐 대신 답장 한 통을 썼는데 잡담만 가득했습니다.— 정말 한스러운 일입니다." 량치차오는 이 때문에 초조감과 불안감에 빠져 이렇게 이야기하고 있다. "이 제자는 난중南中의 일을 생각할 때마다 당황스럽고 숨이 막혀 어떻게 해야 할지 모르겠습니다. 지금 해외 인사들은 모두 이 대사를 우리가 반드시 성공시키리라는 희망과 믿음을 갖고 있습니다. 그러나 그 실제를 따져보면 털끝만 한 사실조차도 모르고 있으니 장래에 어떻게 천하 사람들에게 사죄할 수 있겠습니까? 이 제자는 이 일을 생각할 때마다 스스로 용납할 여지조차 없다고 느껴집니다. 지금 자금 모집도 아직 그리 많은 성과를 거두지 못하고 있습니다. 예컨대 샌프란시스코에서는 2만 좌우, 캐나다에서는 1만 좌우 정도를 모았는데 그곳의 힘은 이미 고갈되었습니다. 이후 다시 확충하려 해도 아마 얼마 더 보태지 못할 듯합니다. 그러나 저분들이 이 성금을 낸 것은 액수가 비록 적지만 우리에게 거는 기대는 매우 큽니다. 우리가 거사를 실천하다가 성공하지 못하면 저분들에게 사과할 말이 있지만 우리가 아무 일도 하지 못한다면 무슨 면목으로 다시 강동江東의 어르신들을 뵐 수 있겠습니까?" 이 점이 바로 량치차오가 량치차오다운 까닭이다. 이처럼 다급한 상황에서도 량치차오는 주체적으로 종군을 자청해 자신을 홍콩으로 보내달라고 요구했다. "이 제자가 보기에 홍콩과 마카오 동문 중에는 이 대사를 주관할 사람이 하나도 없는 듯합니다. 이 제자가 비록 재주는 없지만 ㅇㅇㅇ로서 경력은 좀 많기 때문에 여러 동문보다 일처리가 조금 낫다고 할 수 있습니다. 지금 선생님께서 홍콩에 계시지 않으니 실로 우리가 이 거사를 위한 첫걸음을 뗄 때 그 중추를 장악할 사람이 없게 될 테고 그럼 모든 일이 물거품이 되고 말 것입니다. 이 때문에 이 제자는 만 번 죽음을 무릅쓰고 험지에 거처하며 이 일을 위해 힘을 결집하려고 합니다."(앞의 책, 199~200쪽)

그러나 캉유웨이는 량치차오의 요청을 받아들이지 않았고 심지어 량치차오에게 답장조차 쓰지 않았다. 량치차오는 일주일 후 다시 캉유웨이에게 편지를 보내 자신이 말한 '거사의 전체 국면'을 위해 계획을 진행하겠다고 했다. 그는 몇 가지 측면에서 문제를 제기했다. 첫째, 호놀룰루 모금 상황을 보고함과 아울러 이제 뉴욕으로 가면 모금이 가능할 수도 있다고 언급하고 있다. 둘째, 필리핀 사병을 빌려 쓸 것을 건의했다. 셋째, 일찌감치 계획을 세워 홍콩과 마카오에서 화물 수입을 도모함과 아울러 그것을 관리할 전문 책임자를 두자고 건의했다. 넷째, 가능한 한 빨리 한두 사람을 뽑아 전보 치는 법을 배우게 하고 거사 실행에 앞서 전보국에 배치하자고 건의했다. 다섯째, 서양어 신문을 발행해 서구 각국을 향해 본 당의 주장을 선전하자고 건의했다. 여섯째, "해외에서 자금을 얼마나 얻을 수 있을 것이며 군사를 얼마나 보유할 수 있을 것인가?"라는 말을 경솔하게 하지 말라고 캉유웨이를 일깨웠다. 량치차오는 또 "쑨중산과 무엇이 다르냐고 늘 큰소리를 치게 되면 결국 사람들에게 경솔하게 보이게 될 뿐입니다"라며 근심에 젖었다.(앞의 책, 205쪽) 이 기간 량치차오는 거의 매주 캉유웨이에게 편지를 썼고, 추수위안邱菽園, 『지신보』 동인, 탕차이창 등에게도 직접 편지를 썼다. 량치차오는 2월 20일 캉유웨이에게 편지를 쓴 그날 탕차이창과 디추칭에게도 편지를 써서 호놀룰루 자금 모집 상황을 보고했다. 동시에 량치차오는 그들에게 서구어에 능통한 통역자와 전보를 칠 줄 아는 사람을 모집할 때 주의할 것을 건의했고 또 특히 대도大刀 왕우에게 연락해야 한다고 의견을 제시했다. 1주일 후 그는 다시 탕차이창과 디추칭 등 세 사람에게 편지를 보내 그들의 거사 계획과 안배에 위안을 느낀다고 한 후, 특히 화이양淮陽 일대에서 활약하며 '쉬 씨 호랑이徐老虎'로 불리는 '소금 밀매업계'의 두령 쉬바오산徐寶山을 이번 거사에 가맹시킨 일에 기쁨과 축하의 말을 전했다. 그는 분명하게도 "오늘 우리에게 가장 시급한 것은 오직 자금일 뿐이다"라고 인식했다.(앞의 책, 208쪽) 이 때문에 그는 모든 편지에서 동지들에게 자금 모집 상황을 보고하며 그들을 안심시켰다. 그러나 량치차오가 가장 마음을 놓지 못한 부분은 같은 당 사람들의 졸속, 편협, 단견이었다. 그는 거듭 각지 동지들에게 편지를 보내 천 리 밖에서라도 사람을 거절해서는 안 된다고 타이르며 다음과 같이 언급했다. "오늘 대사를 성취하려면 동문과 동문 아닌 사람의 경계가 한 가지라도 존재해서는 안 됩니다. 천하 대사를 꾸려나가려면 천하의 호걸을 모두 받아들이지 않으면 안 됩니다."(앞의 책, 210쪽) 량치차오는 또 "'활달한 도량으로 진심을 보이며 공평무사한 행동을 하자闊達大度, 開誠布公'라는 여덟 글자를 불이법문不二法門으로 삼자"고 했다.(앞의 책, 207쪽) 그는 또 황웨이즈에게 편지를 보내 '에노시마 인물江島人物'들의 퇴폐적 행동에 큰 실망감을 표시하며 말했다. "생각해보면 결국 지기志氣가 안정되지 못하고 중심이 굳건하지 못한 소치입니다. 이렇게 해서 어떻게 천하의 큰 책임을 맡을 수 있겠습니까? 오늘의 사건은 그 책임이 우리에게 있습니다. 진정으로 매일 자신을 세 번 반성하고 수시로 자신을 일깨워 추호의 나태함도 생기지 않게 해야 대사를 이룰 수 있습니다."(앞의 책 212쪽)

여기서 '에노시마 인물'은 1899년 6월 량치차오와 함께한 한원쥐, 리징퉁, 어우쥐자, 량쥔리梁君力, 뤄보야羅伯雅, 장즈뤄, 량쯔강, 천뤄성, 마이중화, 탄바이성, 황웨이즈 등을 가리킨다. 이들은 당시 일본 에노시마 금구루에서 결의 행사를 하면서 나이순에 따라 서열을 정했는데, 량치차오는 다섯번째였고 그 나머지는 위에서 나열한 순서와 같았다.(뤄푸, 「12명의 에노시마 결의에 관한 고찰十二人江之島結義考」, 『량치차오 연보 장편』, 180쪽) 그들이 결의 행사를 한 목적은 물론 세상을 구제하는 일에 뜻을 두기 위함이었고, 이 행사를 통해 자신들의 속마음을 밝혔다. 따라서 량치차오는 여기에 참여한 모든 사람의 각성을 희망했다. 그는 3월 6일 예쥐마이, 마이멍화에게 편지를 보내 재삼 당부했다. "시시각각 정신을 일깨우며 조금도 게으르지 말기를 바랍니다. 우리가 조금이라도 긴장의 끈을 놓는다면 천하 사람들을 다시 볼 면목이 없을 것입니다. 오늘 진정으로 배수진을 치고, 진정으로 80노옹이 위태로운 다리를 건너는 것처럼 날마다 경외하는 마음으로 실천하기를 희망합니다. 이 하나의 천하대사를 위해 세상에 나섰으니 자나 깨나 이 일을 생각해야 할 것입니다."(앞의 책, 215쪽) 여기에서도 량치차오의 역사적 책임감과 드넓은 애국 정서를 엿볼 수 있다.

량치차오: 보황이 전제군주제를 보호하자는 것은 결코 아니다

우리는 당시 캉유웨이의 진실한 생각이 무엇이었는지 추측하기 어렵다. 량치차오가 그에게 여러 번 편지를 보낸 이후에야 그는 답장을 한 통 썼다. 캉유웨이는 답장에서 거사를 일으킬 때 취해야 할 갖가지 조치를 언급했다. 량치차오는 크게 고무되어 자신이 심사숙고해온 견해를 낱낱이 펼쳐보였다. 량치차오는 가장 먼저 진군進軍의 노선 문제에 대해 우선 광둥을 탈취해야 한다고 주장했다. "이 제자는 광둥을 얻지 못한 채 대군을 전진시키면 결국 위험에 빠지게 된다고 생각합니다. 홍슈취안13의 거사가 바로 그 전철에 해당합니다."(앞의 책, 216쪽) 그가 보기에 홍슈취안이 광둥 사람粵人으로서 광둥 땅을 탈취하지 못한 것은 일대 실수였고 결국 이것이 그의 마지막 실패를 초래했다는 것이다. 지금 거사에서도 만약 광둥 땅을 먼저 탈취해 근거지로 삼지 못한 채 "외로운 군사를 거느리고 적지로 깊이 쳐들어가면 천 리에 걸쳐 군량미가 늘어지고, 앞에는 강한 적이 있음에도 뒤에는 근거지로 삼을 군영이 없게 됩니다"라고 했다.(앞의 책) 이는 필승의 대책이 아니라는 말이다. 그는 또 다음과 같이 명확하게 지적했다. "오늘 우리의 의거는 진한 교체기나 원명 교체기에 호걸들이 자행했던 일과는 완전히 다릅니다. 저들의 승리 비결은 '류流[류맹流氓: 깡패]' 자字 하나를 벗어나지 않습니다. 그들은 먼저 천하를 얻은 뒤 천하를 마구 도륙했습니다. (…) 우리가 오늘날 어찌 이와 같이 할 수 있겠습니까? 근왕을 위한 인의仁義의 군사는 그렇게 해서는 안 됩니다. 대세로 논해보더라도 그렇게 할 수 없습니다. [그렇게 한다면] 외국에서도 틀림없이 우리를 인정하지 않을 것입니다."(앞의 책, 216~217쪽) "따라서 가장 중요한 조치로는 먼저 우리 진영을 열고 외부 사람과 교류하는 일보다 더 좋은 것이 없습니다. 문명의 거동을 펼쳐 보이며 저들이 우리를 동정하게 해야 하고 또 반드시 문명화된 실제 모습을 드러내 보이며 저들로 하여금 우리에게 국민을 통치할 능력이 있음을 믿게 해야 합니다. ─공법이 국민 통치의 책임을 질 수 있으면 그 법이 시행되는

---

13 청 말 태평천국太平天國 혁명의 영수.

나라는 국가로 인정할 수 있습니다.— 그런 연후에야 저들의 간섭을 초래하지 않을 수 있습니다."(앞의 책, 217쪽) 량치차오의 이러한 견해는 아주 수준 높고 심도 깊다. 이런 견해를 가진 사람은 보황당 내부에도 거의 없었고 혁명당 측을 살펴봐도 아직 없었다. 싸우고 죽이는 만행에만 집착하는 자들은 혁명이란 폭동이며 암살이라고 생각하기 쉽다. 만주족을 쫓아내자는 혁명가들도 혁명 이후에 어떤 국가를 건설할지에 대해서는 전혀 구체적인 구상이 없었을 뿐만 아니라 구체적인 정책과 책략을 갖기도 어려운 수준이었다. 따라서 량치차오가 이런 여러 부문에서 보인 견해는 한층 더 수준 높은 경지에 올라 있었다고 할 수 있다. 그는 또 이번 거사에서 주의해야 할 몇 가지 사항을 제기했다.

대군大軍이 움직이기 시작하면 바로 각국에 서구어 공문을 배포해야 합니다. 거병의 대의를 밝히는 것 외에도 가장 중요한 일 몇 가지가 있습니다. 첫째, 서구인들의 생명과 재산을 보호해야 합니다. 둘째, 군사를 움직이는 곳에서 서구인의 상업활동이 우리 군사 때문에 피해를 봤다면 우리의 새로운 정부에서는 반드시 그 피해액에 맞춰 공정하게 보상해줘야 합니다. 셋째, 베이징의 청 정부가 지난날 국채를 발행해 세관에 저당을 잡혀놓은 것이 있고 우리 새로운 정부의 관할 영역에서 관세를 받게 되면, 세관에 저당 잡혀놓은 액수는 옛날 액수 그대로 갚아줘야 합니다. 이 세 가지는 외국과 교섭할 때 가장 중요한 내용입니다. 또다른 내용으로는 첫째, 전국의 땅을 모두 통상通商 항구로 삼아야 합니다. 둘째, 세법을 개정해 상품 통과세를 할인하거나 면제해주어야 합니다. 셋째, 국내인들이 무슨 종교를 믿든 종교의 자유를 허락하고 정부는 이들을 차별해서는 안 됩니다. 이 세 가지는 내정內政과 관련된 내용이지만 서구인과 관련된 내용이 있으면 널리 포고해야 합니다. 포고는 사람들에게 우리가 문명화된 행동을 한다는 사실을 알게 하여 특히 저들이 지금까지와는 다른 눈으로 우리를 대하게 할 것이니 실로 유익한 바가 적지 않을 것입니다. 새로운 헌법은 서구인들과는 무관하지만 마땅히 포고하

여 사람들이 우리를 중시하게 해야 할 것입니다. (앞의 책, 220~221쪽)

량치차오는 또 광서제에 대해서도 언급했다. "우리가 이처럼 온갖 고통을 겪으려 함은 무엇 때문입니까? 황상을 구하려 하기 때문입니다. 그러나 남방에서 군사를 일으켜 황상을 구하러 가는 일은 실제로 거의 불가능합니다. 병력이 베이징까지 도달할 수 없음은 말할 것도 없고, 설령 병력이 베이징까지 쳐들어간다 해도 러시아인들이 간섭하지 않으리라 보장하기 어렵습니다. 영국과 프랑스도 물론 수수방관하지만은 않겠지만 우리가 성공할 수 있느냐 없느냐는 다시 또 변수가 될 것입니다. 그리고 지금 황상께서 이미 각혈을 하신다 하므로 만일 예상치 못한 사태가 벌어지면 이 나라를 주관할 사람이 누가 있겠습니까?"(앞의 책, 221쪽) 량치차오는 새로운 국가에 어떤 정치체제를 채용할지 고려해야 한다고 완곡하게나마 캉유웨이를 일깨웠다. "선생님[캉유웨이]께서는 근래 민주주의 정치체제를 깊이 혐오하시지만 만약 설명을 꺼리지 않으신다면 그 대처법을 이 제자도 들어보고 싶습니다."(앞의 책) 량치차오는 더 나아가 광저우를 함락시킨 후 리훙장을 어떻게 처리할지에 대해서도 고민하고 있다. "성省 소재지를 얻고 나서는 살찐 도적[리훙장]을 반드시 죽일 필요는 없고 그를 꼭두각시로 세우는 게 가장 좋은 방법일 것입니다. 이 조처로 우리는 몇 가지 이익을 얻을 수 있습니다. 첫째, 사람들에게 우리의 문명화된 행동을 과시할 수 있습니다. 둘째, 대세에 의지해 간신배들 마음을 서늘하게 할 수 있습니다. 셋째, 서구인들이 리훙장을 꽤 중시하기 때문에 이자를 이용하면 외교 부문에서 소기의 목적을 이룰 수 있습니다. 넷째, 주와 현을 쉽게 안정시킬 수 있습니다."(앞의 책, 220쪽)

량치차오는 정치적 두뇌가 발달한 사람이었다. 그는 이번 거사가 단순한 왕조 교체가 아니고, 그들도 이자성과 장헌충張獻忠이 아니며, 새로운 세계 정세도 그들을 이자성이나 장헌충이 되도록 내버려두지 않는다는 사실을 분명하게 알고 있었다. 틀림없이 전제군주제를 보존하려는 세력이라고 믿는 사람들이 량치차오의 이러한 주장을 이해하게 되면 '보황당'은 어떤 감상을 가지게 될까? 하지만 당시 량치차오는 대세를 되돌릴 힘이 없었다. 그의 이러한 구상과 견해는 중시되지 못했고 현실이 되지도 못했다. 공염불로 그쳤을 뿐이다. 그들[량치차오 등 보황당 사람들]은 민간의 회당을 주요 역량으로 삼았기 때문에 사람들은 그들을 이자성이나 장헌충의 무리로 간주했고 따라서 자신들도 이자성이나 장헌충의 노선에 동참하는 것으로 쉽게 생각했다. 자립군 사건이 발생했을 때, 후베이에서 살인을 일삼던 장즈둥을 영국이 내버려둔 것도 북방의 의화단이 남쪽으로 몰려와 소란을 피울까 걱정했기 때문이다.

량치차오는 또 캉유웨이에게 직접 군사 한 부대를 이끌고 최전선으로 가라고 건의했다. 이 일은 먼저 캉유웨이가 편지에서 량치차오에게 의견을 구하면서, 그 스스로 싱가포르, 오스트레일리아, 일본 중에서 한 곳을 선택해 자신의 주둔지로 삼으려 했다. 량치차오는 이 세 곳이 모두 부적합하다고 보았다. "자고로 군중軍中에 몸을 두지 않고 군사들에게 명령을 내릴 수 있는 장수는 없었습니다. 뒷날 군사를 부려 법도에 맞게 치달리게 할 계기도 모두 지금에 달렸습니다. 만약 처음에 그들과 고통을 함께하지 않고 거사가 성공하고 난 다음에 저 거친 무부武夫들을 고분고분 따르도록 통제하려 한다면 이 또한 어려운 일이 될 것입니다. 또 이러한 권한을 쟁취하려 하지도 않고 이러한 권한을 갖고 있지도 않으면 군대를 하나로 통솔할 수 없어 장차 대사를 망치게 될 것입니다. 선생님께서 어떤 군대를 정군正軍으로 삼으셨다면 그곳으로 들어가시어 친히 군대를 통솔하십시오. 그럼 이제자도 그렇게 하겠습니다. 선생님을 따라 군영 안에서 군사 일을 돕기도 하고 별군別軍에 들어가 구원 요청에 응하기도 하겠습니다. 요컨대 [선생님께서는] 절대로 군영 밖에 몸을 두어서는 안 됩니다."(앞의 책, 218쪽)

량치차오는 거사 실행 시간에 관해서 비록 형세가 긴박하기는 하지만 더욱 신중하게 행동해야 한다고 생각했다. 그는 캉유웨이에게 답장을 보낸 날 탕차이창과 디추칭에게도 편지를 보내, 거사일을 7월로 하는 게 가장 좋겠다고 했다. 그러나 3월 21일이 되자 그는 재차 탕차이창과 디추칭에게 편지를 보내, 시기가 촉박하다면 신속하게 군사를 일으켜 기회를 보아 일을 추진하는 것도 무방하므로 반드시 오래 기다리며 자금을 빌릴 필요는 없다고 했다. 실제로 보황회 내부 사정은 시종일관 순조롭지 못해서 량치차오도 곳곳에서 자신이 방해받고 있음을 감지하고 있었다. 심지어 4월이 되자 캉유웨이가 편지를 보내와 "혹시 오스트레일리아로 여행을 갈 수도 있다"는 말을 했다. 다급한 량치차오는 추수위안에게 도움을 청하며 제발 "이 일을 힘써 막아달라"고 부탁했다. "이 아우가 중원의 일을 생각하면 하루에도 백 번이나 생각이 바뀝니다. 여러 성의 호걸들은 모두 난하이[캉유웨이]를 우러르며 그의 지휘를 받기를 기대하고 있는데 어찌 먼 곳으로 여행을 떠날 수 있단 말입니까?"(앞의 책, 240쪽)

끓는 물과 뜨거운 불 속으로 뛰어든 자립군

량치차오는 국외에서 거사를 준비했고 탕차이창은 국내에서 일을 도모했다. 정기회가 창립되고 오래지 않아 '정기'라는 말 뜻이 좀 편협하다는 점을 고려해 모임 명칭을 자립회自立會로 바꾸었다. 당시 이 회에는 많은 사람이 가입해 사상과 감정을 교류했다. 자립회가 영향을 미친 곳을 보면 동쪽으로는 장쑤와 저장, 북쪽으로는 허베이와 산시陝西, 서남쪽으로는 충칭重慶, 쓰촨, 광둥, 광시에까지 이르렀다. 많은 사람이 분분히 호응하며 앞다투어 회에 가입했다. 그중 과거시험을 거부한 젊은 선비들이 중심이 되었고, 특히 무술정변 전 각지에 개설된 신식학교 학생들이 모두 진취적 용기를 품고 자립회에 가입했다. 이들은 나라를 구하고 백성을 구할 방법만 있다면 끓는 물과 뜨거운 불 속으로 뛰어드는 일도 마다하지 않을 태세였다. 자립회에 가입한 또다른 부류로는 원래 각지에 창립된 각종 학회의 회원으로 활동하던 사람들도 있었다. 이 중에는 각 지방 유지들이 많았는데 이들도 몸을 돌려 자립회에 가입했다. 5월에는 북방에서 의화단운동이 일어나 형세가 아주 심각해서 거사 기회를 얻기는 어려웠다. 량치차오는 더욱 광범위하게 유신지사維新之士와 연락망을 구축하고 거사 진행에 속도를 내고자 '국회' 개설을 제창했다. 7월 초1일(양력 7월 26일) 상하이 장원張園에서 정식으로 '국회'가 소집되었다. 쑨중위[쑨바오쉬안]는 『일익재일기』에 당시 소집된 국회 상황을 자세히 기록해놓았다.

7월 1일. 이날 상하이 동지 80여 명이 우원愚園[상하이 장원이 되어야 함] 의 남신청南新廳에 모여 차례에 따라 북향을 하고 나란히 앉았다. 하오우 浩吾[예한]가 임시로 주석을 맡아 오늘 회의의 의미를 선언했다. 첫째, 비적과 내통하고 조칙을 날조한 가짜 정부를 인정하지 않는다. 둘째, 외국과 연계망을 구축한다. 셋째, 내란을 평정한다. 넷째, 중국의 자주권을 보전한다. 다섯째, 중국 미래의 문명 진화를 확대해나간다. 이 모임의 이름은 중국의회中國議會로 결정했다. 대중이 옳다고 여기면 손을 들게 했고 손 든 사람이 과반을 넘으면 마침내 사안을 결정했다. 또 공개 투표로 정회장과 부회장을 선출했다. 각자 작은 종이에 뽑고 싶은 정회장 부회장의 성명을 적어 서기에게 제출하자 서기가 그것을 모아 숫자를 셌다. 정회장으로는 룽춘푸容純甫[룽훙]가 가장 많은 총 42표를 받았다. 부회장으로는 옌유링[옌푸]이 가장 많은 총 15표를 받았다. 이에 룽춘푸와 옌유링 두 분이 회장석에 앉았다. 룽 공公이 대중을 향해 회의 목적을 강연하는데 음성이 커다란 종소리 같았다. 회의에 참가한 사람들도 의기意氣가 끓어올라 우레와 같은 박수를 보냈다. (앞의 책, 243쪽)

이후 탕차이창은 또 자립군을 조직했다. "먼저 5군을 조직해 중군, 전군, 후군, 좌군, 우군으로 나눴다. 후베이 군사를 중군으로, 안후이 군사를 전군으로, 후난 군사를 후군으로, 허난 군사를 좌군으로, 장시 군사를 우군으로 삼았다. 탕차이창이 각 군 사무를 총괄했고, 린시구이가 그를 보좌했다. 또 각 군은 문사文事와 무사武事 두 부서로 나누고, 문사는 문인이 주관했고 무사는 강호의 호걸이 주관했다."(『자립회 사료집』, 34쪽) 후광 총독 장즈둥, 후베이 순무 위인린于蔭霖, 후난 순무 위롄싼俞廉三이 보고한 당시 자립군의 상황은 다음과 같았다. "자립군은 기세를 떨치며 창장 강 연안과 바닷가 연안 각 성에 모두 조직을 두었다. 우창, 한커우, 한양漢陽을 집결지로 삼고, 샹양襄陽, 판청樊城, 짜오양棗陽, 쑤이저우隨州, 잉산應山, 젠리

監利, 사양沙洋, 마청麻城, 자위嘉魚, 충양崇陽, 바둥巴東, 창러長樂, 후난 창사, 웨저우, 창더常德, 리저우澧州, 허난 신양信陽, 안후이 다퉁大通, 쓰촨 우산巫山 등지에 조직이 있어서 (…) 창장 강 상류로는 쓰촨에 이르고 하류로는 장시에 이르렀으며, 남쪽으로는 후난에 이르고 북쪽으로는 허난에 이르렀다. 여기에 열거한 지역은 이미 봉기를 했거나 청나라 관리에게 체포된 자들의 지역만 가지고 말한 것이다. 장쑤, 저장 및 광시 등지에도 이미 자립군과 연락망을 구축했거나 자립군 명의로 모임을 가진 자들이 있을 것이며 총결집이 실패하자 결국 은인자중하며 아직 봉기하지 않은 자들도 다수일 것이다."(앞의 책, 35~36쪽)

자립군 중에는 거라오회와 같은 회당 세력이 가장 컸다. 보황회는 국외에서 100만 회원이라고 공언했지만 국내에서는 그 영향이 지방 유지와 젊은 선비들로 한정되어 있어서 거사 시 회당 세력의 힘을 빌리지 않을 수 없었다. 여러 해 뒤 디추칭은 량치차오가 5월 10일 자신에게 보낸 편지 뒤에 부연 설명을 남겼다.

생각건대 창장 강 일대는 쓰촨에서 장쑤까지 수천 리에 이른다. 그중 거라오회 하나만 해도 이미 수십만 명에 달한다. 회당 명칭도 하나가 아니고 산 이름도 하나가 아니어서 회당마다 하나의 징표가 있으며 그 징표에는 ○○산山 정두령正龍頭 ○○, 부두령副龍頭 ○○라고 쓰여 있었다. 회당의 목적을 하달할 때는 여덟 글자나 네 글자 또는 두 글자로 썼는데 어구가 대부분 통하지 않았다. 그중에는 멸양滅洋[양놈을 멸하자]이라 쓴 것도 있었고, 살진양귀殺盡洋鬼[서양 악귀를 모조리 죽이자]라 쓴 것도 있었다. 그 목적은 기실 외세 배척이었고 이는 의화단과 동일했다. 우리는 이런 상황을 글로 써서 런궁[량치차오]에게 보고했다. 런궁도 그 징표의 의미에 대해 깊이 우려하면서 만약 외국인을 살육하면 장차 망국의 참화가 닥칠 것이라 말하고 오로지 회당의 목적을 개정하는 것을 가장 중요한 일로 삼았다. 이 때문에 새로운 징표로 옛 징표를 바꾸지 않을 수 없었다. 징표가 많아지자 징표의 이름도 많아졌으니 이런 상황은 진실로 부유富有14라는 이름 한 가지에 그치지 않는다. 그러나 그 징표의 형식은 바꾸지 않고 일률적으로 옛 형식을 모방했지만, 그 목적은 모두 개정했다. 따라서 'OO산 정두령 OO, 부두령 OO' 형식은 그대로 썼다. 경자년에 북방은 그처럼 소란했지만 남방에서는 한 사람의 외국인도 죽이지 않았다. 이는 실로 이 회당의 목적을 개정한 데 힘입은 바다. 이 일은 모두 런궁의 역량에 의지한 것이고 당시 회당 군사들이 영국과 프랑스 전단戰團에 들어간 일도 동일한 업적이라고 할 수 있다. (『량치차오 연보 장편』, 246쪽)

여기서 알 수 있듯이 징표를 부유표로 바꾼 것은 각 회당의 역량을 통합하는 목적 외에도 지휘권을 실현하기 위해서였다. 또 그 목적을 개정한 것은 외세 배척만으로는 대외 호소력을 발휘할 수 없기 때문이었다. 리쉬안궁은 광서 28년(1902) 4월 9일 딩짜이쥔丁在君[딩원장]에게 보낸 편지에서 자신과 디추칭의 대화를 언급했다. 당시 부유표로 바꾼 원인에 대한 언급이었다. "부득이하게 '부유'라는 두 글자를 사용한 것은 부청멸양扶清滅洋[청나라를 돕고 서양을 멸하자]을 대체하는 문구일 뿐이었고 다른 의미는 전혀 없었다."(앞의 책, 246쪽) 당시 상황은 이와 같았지만 외국인들이 가장 결정적인 시각에 그들을 배신하지 않으리라고 보증할 수 있는 사람은 아무도 없었다. 기실 영국인들이 탕차이창이라는 이 중요한 카드를 버리려고 결심했을 때, 탕차이창은 아직도 자신에게 닥쳐올 위험을 전혀 모르고 있었다. 따라서 장즈둥이 직접 손을 쓸 준비를 할 때 한커우의 영국 영사는 즉시 허가서에 사인을 했고, 이후 장즈둥은 아무런 저항도 받지 않고 영국 조계로 진입해 순탄하게 체포활동을 수행할 수 있었다.

당시 북방에서 의화단사건에 직면한 자희태후는 각국이 광서제 폐위에

---

14 부유표富有票. 1900년 탕차이창은 광서제를 구출하기 위해 상하이에서 자립회를 발기하고 자립군을 창설했다. 그는 또 자립회 내에 '부유산당'을 조직해 각 회당과의 연락 기구로 삼았으며, 거라오회 징표를 모방해 '부유표'를 발행했다. 부유표는 자립회와 자립군 소속임을 증명하는 신표 역할을 했다.

대해 함부로 간섭하는 데 불만을 품고 조칙을 내려 각국에 선전포고를 했다. 오래지 않아 각국 연합군이 바로 톈진을 함락하고 베이징을 핍박하자 청 조정은 혼란의 소용돌이로 빠져들었다. 린구이는 이때야말로 얻기 어려운 기회라 생각하고 탕차이창에게 조속히 한커우로 와 대세를 주관하면서 이 틈에 군사를 일으키라고 재촉했다. 탕차이창은 마침내 7월 초에 상하이에서 배를 타고 한커우로 와서 영국 조계지 취안룽泉隆 골목 리순더탕李順德堂에 숙소를 정했다. 애초에 탕차이창은 일본인 몇 명이 장즈둥을 설득한 뒤 자립군의 옹호하에 그가 후난과 후베이의 독립을 선언해주기를 희망했다. 그러나 장즈둥은 처음에는 유예하다가 뒤에는 탕차이창에게 손을 쓸 준비를 했다. 그뒤 상황은 이러했다. 탕차이창은 "린구이 등 동지들과 비밀리에 상의해 7월 15일 우창, 한커우, 한양에서 동시에 군사 봉기를 하기로 결정했다. 아울러 각지 자립군도 그 날짜에 맞춰 군사를 일으키기로 약정했다. 가까이 있는 군사는 삼진三鎭[우창, 한커우, 한양]으로 달려와 호응하고, 멀리 있는 군사는 그곳에서 성원을 보내기로 했다. 부대 배치는 이미 정해졌지만 해외에서 자금이 도착하지 않아 부득이하게 한 번 두 번 거사일을 연기하게 되었다. 이때 창장 강 연안에는 계엄령이 내려져 사자使者가 통과할 수 없었고 친리산도 다퉁에서 아직 군사 보고를 받지 못하고 있었다. 그러다가 마침내 15일에 군사를 일으켰다가 호응하는 곳이 없어 실패하고 말았고, 친리산은 겨우 몸만 빠져나올 수밖에 없었다.(「탕차이창열사 연보唐才常烈士年譜」, 『탕차이창집』, 278쪽)

당시 우한의 상황은 하루하루 긴박해지고 있었다. 장즈둥은 이미 탕차이창이 우창에 근거지를 두고 독립을 도모하려 한다는 사실을 탐지했다. 그는 선수를 쳐서 탕차이창 일당을 일망타진하고 후환을 없앨 작정을 했다. 그러나 탕차이창은 아직도 미적거리며 거사 날짜를 자꾸 변경하다가 결국 7월 25일에서 7월 29일로 거사일을 연기했다. 하지만 뜻밖에도 27일 그들은 같은 거리에 사는 이발사를 불러 이발을 하다가, 대화 중에 비밀이 새나가는 바람에 결국 이 이발사가 고발을 하고 말았다. 이후 상황은 다음과 같았다. "장즈둥은 소식을 접하고 바로 조계지 각국 영사에게 공문을 보내고, 28일 새벽 군사를 보내 영국 조계지 리더순당 및 바오순 리寶順里의 자립군 기관본부와 기선 부두 등지를 포위했다. 그리고 연이어 탕차이창, 린구이 및 리빙환, 톈방쉬안, 취허칭瞿河淸, 샹롄성向聯升, 왕톈수王天曙, 푸츠샹傅慈祥, 리커, 황쯔푸黃自福, 정바오성, 차이청위, 리후성李虎生[리빙환, 중복인 듯함] 및 일본인 가이 야스시甲斐靖 등 20명을 체포했다."(『자립회 사료집』, 19쪽)

탕차이창 등은 체포 당일 바로 처형되었다. 그는 처형에 앞서 시 한 수를 지었다고 전해지는데 지금은 두 구절만 남아 있다.

7척 작은 몸으로 친구 원수 갚으려다   七尺微軀酬故友
가슴 가득 뜨거운 피를 황량한 언덕에 뿌리네.   一腔熱血濺荒邱
(앞의 책, 265쪽)

여기서 말하는 친구는 바로 탄쓰퉁이다. 당시 량치차오는 이미 호놀룰루에서 도쿄를 거쳐 홍콩에 도착해 있었다. 그는 캉유웨이를 설득할 수 없게 되자 자신이 직접 군영에 투신하려 결심했다. 그는 배를 타고 상하이로 가서 다시 우한으로 길을 잡으려 했다. 그때 마침 배 안에서 사람이 죽는 사고가 발생했다. 방역 당국에서는 [그 원인을] 급성전염병으로 의심하고 배를 압류한 뒤 검사를 실시하고 배 전체를 소독했다. 이 때문에 시간이 지체되었다. 량치차오가 상하이에 도착한 이튿날 갑자기 한커우에서 거사가 실패했다는 흉보가 날아들었고 그는 막막한 어둠 속에서 장즈둥의 학살을 피할 수밖에 없었다.

자립군 봉기가 실패한 원인을 둘러싸고는 사후에 많은 의견이 제기되었다. 그중 해외에서 자금 송금이 계속 늦어져서 거사일을 연기할 수밖에 없었고 결국 일이 탄로 나고 말았다는 견해가 가장 유명하다. 그러나 사실은 다른 원인도 복합적으로 작용했다. 예를 들면 전체적 일처리가 주도면밀하지 못했던 점, 탕차이창과 장즈둥 간 갈등 등이 그것이다. 심지어 이와 관련된 또 한 가지 견해로는 캉유웨이가 몇 차례 거사를 재촉하자 탕차이창

1900년 겨울 자립군 봉기 실패 후 살아남은 인물들이 쑨중산과 일본에서 찍은 단체사진. 왼쪽부터 유례, 탕차이즈, 쑨중산, 친리산, 선샹윈.

이 격분했고 결국 그가 자신의 죽음으로 이 거사에 책임을 졌다는 학설도 있다. 하지만 『일익재 일기』에서 언급한 내용이 아마도 더욱 중요한 원인으로 작용한 듯하다. "(8월) 17일. 리쉬안茲軒[쑨뒤신孫多鑫]과 인팅蔭庭[쑨뒤썬孫多森]의 이야기가 한커우 사건에 미치면서 함께 탄식을 금치 못했다. 그들의 말은 이렇다. '신당이 거사를 실행하려면 의당 동남쪽 내륙 토비土匪들이 곳곳에서 봉기할 때를 기다려야 했다. 관군이 양쪽을 신경쓰지 못할 때 민병을 모집한다는 명목을 빌려 한 곳의 토비를 소탕하고 점차 세력을 확충해 국토의 한 구석이라도 확보했다면 장차 자주 독립국을 세울 수 있을지도 모르는 일이었다.' 지금 남부의 지방 대신들은 바야흐로 외국과 화의를 맺고 창장 강 일대를 진압하고 있다. 이 때문에 그곳 토착민들도 준동하는 자가 없는데 신당이 결국 먼저 참화의 수괴가 되어 태평한 정국을 혼란에 빠뜨리고 말았다. (…) 따라서 영국 영사는 후베이 독무에게 공문을 보내 이렇게 말했다. '남방에 소위 대도회大刀會, 거라오회, 유신당 등 여러 파당이 있는데 이는 모두 북방의 의화단 비적과 유사한 듯합니다. 변란을 일으키는 자는 즉시 체포할 것입니다. 우리 나라는 절대 그들을 보호하지 않겠습니다."(『량치차오 연보 장편』, 247쪽) 그러나 이러한 언급은 방관자들이나 할 수 있는 말인 듯하다.

제10장

근세 영웅의 쌍벽: 량치차오와 쑨중산

량치차오와 쑨중산은 중국 근현대사의 두 핵심 인물이다. 신해년(1911) 우
창봉기의 첫 총성이 울릴 때 두 사람은 모두 국내 현장에 없었지만, 그러나
이 두 사람의 상호작용으로 20세기 이후 중국 역사가 열렸다고 할 수 있다.

쑨중산과 캉유웨이는 왜 친교를 맺을 수 없었을까?

쑨중산孫中山[쑨원]을 사람들은 국부國父로 칭하면서 중화민국을 창조한 사
람이라 인식하고 있다.

량치차오는 오랫동안 줄곧 유신파, 보황당, 입헌파 대표로 인정되어왔
다. 기실 량치차오는 주로 국민 계몽과 신지식 전파에서 큰 공적을 세웠
다. 그는 근현대 중국 사상 계몽 부문에서 제일인자라 할 수 있다. 후스는
1912년 11월 10일 일기에서 이렇게 묘사한 적이 있다. "시보時報를 읽고 량
런궁[량치차오]이 귀국한 사실을 알았다. 베이징과 톈진 인사들이 모두 나
가서 그를 환영했다고 한다. 이 기사를 읽고 공의公義가 아직 민심 속에 자
리 잡고 있다는 사실에 깊이 감탄했다. 량런궁은 우리 나라 혁명 사업에
서 첫손으로 꼽히는 위대한 공신이다. 그가 세운 공은 우리 나라 사상계
를 혁신한 부문에 놓여 있다. 15년 동안 우리 나라 인사들이 민족주의 및
세계 대세를 조금이라도 알게 된 까닭이 모두 량 씨가 베푼 은혜 덕분이니

이 점은 수많은 사람이 헐뜯어도 그 공로를 폄하할 수 없다. 작년 우한에서 혁명이 일어나 일거에 전국이 호응할 수 있었던 까닭도 민족과 정치 사상이 사람들 마음에 깊이 파고들어 파죽지세가 형성되었기 때문이다. 만약 량 씨의 글이 없었다면 쑨중산이나 황커창黃克强[황싱]이 100여 명 있었다 해도 어찌 이처럼 신속하게 성공할 수 있었겠는가? 근래 어떤 사람이 '문자로 공적을 이루는 날이 전 지구에 혁명이 일어나는 때이네文字收功日, 全球革命時[1]라는 시를 읊었는데, 이 두 구절은 량 씨에게만 손색없이 어울릴 수 있다."(『후스문집·서신일기집胡適文集·書信日記集』, 18~19쪽) 이는 량 씨를 평가하는 대표적인 발언인데 근래에는 갈수록 더욱 많은 사람이 여기에 공감하고 있다.

쑨중산은 동치 5년(1866)에 태어나 량치차오보다는 일곱 살이 많고, 캉유웨이보다는 여덟 살이 적다. 원적지는 광둥 성 향산香山 추이형 촌翠亨村이다. 이곳은 량치차오의 원적지 신후이 차컹 촌과 겨우 110킬로미터밖에 떨어져 있지 않으며, 캉유웨이의 원적지 난하이 인탕 향과도 그렇게 멀리 떨어져 있지 않다. 광서 20년(1894) 초, 29세의 쑨중산은 친구에게 부탁하여 당시 37세이던 캉유웨이와 친교를 맺고 싶어했다. 이때 쑨중산은 막 광저우 쐉먼디雙門底 성자오서루聖敎書樓에서 의원을 개업했고, 그곳이 캉유웨이의 만목초당과 아주 가까웠다. 그러나 당시 "캉유웨이는 쑨 아무개가 나와 친교를 맺으려면 마땅히 먼저 제자로서 예의를 갖추고 나를 스승으로 찾아뵈어야 할 것이다"라고 했다. 펑쯔유는 『혁명일사』에서 이 일에 대해 울분을 터뜨렸다. "총리[쑨중산]께서 캉유웨이가 자존망대에 젖어 있다고 생각해 끝내 만나러 가지 않았다."(『혁명일사』 상책, 46쪽) 그러나 쑨중산의 이른 시기 전우戰友이며 '4대 역적四大寇'[2]으로 불리던 천사오바이의 회고에 의하면 그들이 캉유웨이를 끝내 만나러 가지 않은 것은 아니고, 만나러

---

1 장즈유蔣智由가 쓴 「루소盧騷」 시에 나오는 구절. 다만 마지막 글자 '시時'가 원시에는 '조潮'로 되어 있다. 전체 시는 다음과 같다. "世人皆欲殺, 法國一盧騷. 民約倡新義, 君威掃舊驕. 力填平等路, 血灌自由苗. 文字收功日, 全球革命潮."

2 청 말 광둥 성 광저우에서 만주족 배척과 공화혁명을 주장한 네 사람. 쑨중산, 천사오바이, 유례尤列, 양허링楊鶴齡이 그들이다.

1891년 (왼쪽부터) 양허링, 쑨중산, 천사오바이, 유례가 홍콩 엘리스의원 부설 서의서원西醫書院에서 함께 독서할 때 찍은 단체사진. 네 사람은 항상 함께 모여 시정을 비판하면서 반청 포부를 이야기했다. 친구들은 이 네 사람을 '4대 역적四大寇'이라고 놀렸다. 뒤에 서 있는 사람은 이들에게 관심을 가진 동학이다.

갔다가 만나지 못했다고 한다. "그해 봄, 나와 쑨 선생은 특별히 그[캉유웨이]를 만나러 광저우로 갔다. 광저우 부府 학궁 안에 개설된 만목초당에 갔을 때 공교롭게도 그가 아직 학당 문을 열지 않아서 만날 수 없었다."(「홍중회 혁명사요興中會革命史要」, 『쑨중산 연보 장편』, 69쪽)

당시 쑨중산과 캉유웨이가 만나지 못했을 가능성은 충분하다. 그해 (1894) 2월 캉유웨이와 량치차오 등 몇 명은 이미 베이징으로 가서 갑오년 회시에 참가하고 있었기 때문이다. 만약 쑨중산이 정말 펑쯔유가 묘사한 대로 "캉유웨이가 자존망대에 젖어 있다"고 생각했다면 쑨중산 자신도 분명 열등감을 드러낸 것으로 볼 수밖에 없다. 캉유웨이는 물론 자존망대하던 시절이 있었지만 쑨중산 면전에서는 그렇게까지 할 필요는 없었을 것이다. 쑨중산이 당시 이미 조금씩 활동을 시작했고 주위에 그를 떠받드는 사람도 있었지만, 캉유웨이가 그에게 "먼저 제자로서 예의를 갖추라"고 한 것은 그를 어느 정도 대접해준 행동이라 할 수 있다. 캉유웨이는 벼슬아치 가문 출신으로 대대로 글을 읽어온 대갓집 자제다. 또 당시에 바야흐로 향시에 제8등으로 급제해 거인이 되었고 몇 년 전에는 도성에서 만언서萬言書를 올려 변법 시행을 요청한 인물이다. 이 일로 그는 전국적으로 크게 두각을 나타내게 되어 당시 매우 득의만만한 시절을 보내고 있었다. 쑨중산이 '4대 역적'으로 불리고 있었지만 그것이 캉유웨이에게 어떻게 보였겠는가? 량치차오는 2월 18일 왕캉녠에게 보낸 편지에서 쑨중산을 언급한 적이 있다.

쑨 아무개는 거라오회 사람은 아니지만 대략 서양 학문에 능통하고 시대 변화에 불만을 품은 부류로 보입니다. 그를 따르는 무리는 모두 남양南洋[청 말에 장쑤 저장 푸젠 광둥의 연해 지역을 일컫던 이름], 아시아, 아메리카에서 장사하는 광둥 사람 및 이전에 해외로 나가 유학하는 학생들입니다. 다른 성省 사람은 매우 드뭅니다. 소문을 듣건대 스승님 막하에 있는 량씨 성의 학생도 그의 무리라 합니다. 어찌 방문해보지 않으십니까? 그러나 이 아우가 추측하기에 그는 무능한 사람인 듯합니다. (『량치

이것은 캉유웨이의 관점이기도 했다. 그들은 당시 쑨중산을 그리 대수롭지 않게 보고 있었다. 물론 그들이 쑨중산이란 인물을 직접 그렇게 대우한 것은 아니었다. 더 큰 이유는 그들이 인정할 수 없는 관점을 쑨중산이 갖고 있었기 때문이다. 위의 글에서 소위 '무능하다'고 한 것은 바로 쑨중산이 당시 사회에 그렇게 큰 영향을 끼칠 수 없다고 본 것이다. 당시 캉유웨이와 량치차오 중에서 특히 캉유웨이는 조정의 위로부터의 개혁에 큰 희망을 걸고 있었다. 8월 24일 베이징에 머물던 량치차오는 아픈 다리를 치료하기 위해 귀향한 캉유웨이에게 편지를 보내 베이징 상황을 보고했다. 그는 이 편지에서 린구이[자字 후이루慧儒, 신후이 출신, 만목초당 학생]가 쑨중산에게 호감을 갖고 있다고 언급했다. "후이루가 쑨중산을 매우 칭찬했지만 저는 진실로 의심스러웠습니다. 만쉬안曼萱[마이중화]도 쑨중산을 말할 만한 게 없는 사람이라고 했습니다. 그[린구이]가 그렇게 하는 것은 아직 그 사람[쑨중산]을 만나본 적이 없어서 자기도 모르는 사이에 쑨중산에게 굴복한 때문입니다. 이곳에서도 그러한데, 무릇 시류를 좇는 사람도 그[쑨중산]를 만나보고는 모두 물러나와 [그가] 경박하다고 생각합니다."(『만청사사』, 70쪽) 량치차오는 캉유웨이가 린구이의 행동을 바로잡아 주기를 희망했다. 이해(1894) 쑨중산은 리훙장에게 편지를 올렸다가 거절당한 뒤 분노해 해외로 나갔다. 그는 다시 호놀룰루에 머물며3 흥중회를 창립했다. 그리고 사람들에게 "오랑캐를 몰아내고 중국을 회복해 민주정부를 세우자驅除韃虜, 恢復中國, 創立合衆政府"고 호소했다.(『쑨중산 연보 장편』, 74쪽)

광서 21년(1895), 캉유웨이와 량치차오는 회시에 참가하기 위해 다시 베이징 여행길에 나섰다. 둘은 상하이에 이르러 천사오바이를 만났다. 천사오바이는 정관잉에게 도움을 요청하기 위해 쑨중산이 상하이로 파견한 사람이었다. 그날 그들은 모두 양징빈洋涇濱의 취안안객잔全安客棧에 묵었다. 천

---

3 이전에 쑨중산은 1879년 하와이 호놀룰루로 건너가 하와이에 있던 큰형의 도움을 받으며 공부를 한 적이 있다. 그래서 "다시 호놀룰루에 머물며"란 표현이 나온 것이다.

사오바이는 캉유웨이와 량치차오가 옆방에 머물고 있다는 소식을 듣고 곧 그들을 찾아가 인사를 나누었다. [펑쯔유의] 『혁명일사』에서는 당시 이들의 만남을 이렇게 묘사하고 있다. "캉유웨이는 점잖게 그[천사오바이]를 접견하며 옷깃을 여미고 단정하게 앉아 숙연한 모습을 보였다. 사오바이는 캉유웨이를 향해 청나라 정치가 나날이 잘못되어간다고 비난하면서, 정부를 뒤집어엎어 개조하지 않으면 절대로 위험한 나라를 구제할 수 없다고 했다. 캉유웨이는 몇 차례 고개를 끄덕이고 다시 량치차오에게 그를 소개해 만나보게 했고, 그들은 꽤 즐겁게 대화를 이어갔다."(『혁명일사』, 상책, 46쪽) 여기서 알 수 있듯, 캉유웨이와 량치차오는 자존망대하며 면담을 거절하지 않았다. 그리고 자기 의견을 많이 내세우지 않고 예절 바르고 겸손하게 손님을 접대했다. 당시 쑨중산은 광저우 봉기 준비에 바쁜 나날을 보내고 있었다. 그는 광저우에서 농학회란 간판 뒤에 숨어 봉기 참가를 독려하기 위해 광저우 주위 농민단체와 회당과 연락을 주고받고 있었다. 펑쯔유의 기록에 의하면, 쑨중산은 당시 캉유웨이와 그 제자 천첸추 등의 봉기 참가도 요청해놓고 있었다고 한다. 그러나 캉유웨이는 쑨중산의 요청을 거들떠보지도 않았다. "천첸추가 [봉기에] 참가할 마음이 있었으나 스승의 명령에 막혀 그만두고 말았다."(앞의 책) 사실 캉유웨이는 이해(1895년) 대부분을 베이징에서 보냈다. 그는 공거상서부터 강학회 창설까지 보수파 관료들에게 질시와 탄핵을 받았다. 8월 29일 그는 이러한 풍파에서 벗어나기 위해 친구들의 권유를 받아들여 베이징을 떠나 톈진을 거쳐 산하이관山海關을 유람했다. 캉유웨이는 산시陝西로 가서 산시 독무 웨이우좡魏午莊[광다오光燾]을 방문했다. 그리고 다시 상하이에 도착했다가 장닝[난징]으로 들어가서 장즈둥에게 상하이에 강학회를 개설하라고 권유했다. 그뒤 12월이 되어서야 모친의 생신 잔치 때문에 광둥으로 귀향했다. 당시 쑨중산은 원래 중양절重陽節[음력 9월 9일]에 봉기하기로 약속했으나 내부인들이 불화하며 명성과 이익을 다투고 있어서 봉기를 결행하지 못하고 있었다. 그러던 중 어떤 사람이 봉기 계획을 광둥 순무에게 고발해 광둥 봉기는 결행해보지도 못한 채 실패로 끝났다. 쑨중산과 천사오바이 등은 일본으로 망명했고, 이때부터 그들의 망명생활이 본격적으로 시작되었다.

광서 22년(1896) 정월 초9일, 천진타오陳錦濤와 오스트레일리아 주재 중국 영사 량란펀梁瀾芬[유신당] 등이 홍콩 핀팡주루品芳酒樓에서 연회를 개최할 때, 홍중회 셰쫜타이謝纘泰도 그곳에서 캉유웨이의 동생 캉광런을 만났다. 셰쫜타이는 양당 합작 필요성을 거듭 진술했다. 이것이 양당 인물이 처음으로 자리를 같이한 정식 상면이었고, 캉광런은 셰쫜타이의 의견을 캉유웨이에게 전달하겠다고 응답했다. 당시 캉유웨이는 이미 만목초당으로 돌아와 다시 강의를 하고 있었고 량치차오는 여전히 베이징에 머물고 있었다. 둘은 베이징과 상하이의 강학회가 동시에 수색당하고 폐쇄되었기 때문에 상하이에서 새로운 신문을 발행하는 일로 분주하게 움직이고 있었다. 쑨중산은 이때 호놀룰루에서 자금을 마련해 다음에 실행할 봉기를 비밀리에 준비하고 있었다. 기록에 의하면 캉유웨이는 8월 말에 이르러서야 홍콩에서 셰쫜타이를 만났지만 그때 나눈 이야기도 의례적인 인사말에 불과했던 듯하다. 나중에 캉광런은 셰쫜타이에게 이렇게 해명했다고 한다. "[그분] 캉유웨이는 절대로 만주족을 돕기 위해 충성을 바치려는 게 아니라 단지 평화적 방식으로 구국활동을 하려는 것입니다. 장즈둥 등도 모두 그분의 주장에 찬성하고 있어서 혁명당 사람과 가까이 지내는 일을 불편하게 생각하고 있습니다." 이번에 캉유웨이가 홍콩을 거쳐 마카오로 갈 때는 캉광런이 그를 수행했다. 10월이 되자 량치차오가 부모님을 찾아뵙기 위해 광둥으로 왔다가 역시 홍콩과 마카오에 들렀다. 이 기간에 셰쫜타이가 량치차오를 만났는지는 지금 알 수 없다. 그러나 그는 캉광런에게 양당 고위급 인사를 소집해 회의를 개최하자고 건의했고, 캉광런도 이 건의에 전혀 반대하지 않았다. 당시 캉유웨이와 량치차오는 셰쫜타이와 양취윈楊衢雲에게 상당한 호감이 있었던 듯하고, 양과 셰도 그들이 주장하는 평화적 혁명 방안에 아무런 반감이 없었던 것으로 보인다.

이해(1896) 8월 쑨중산은 미국 뉴욕에서 영국 런던으로 갔다가 오래지 않아 그곳에서 곤경에 처하고 말았다. 그러나 그 사건이 그에게 꼭 나쁜 일이라고만은 할 수 없었다. 바로 그곳에서 쑨중산은 혁혁한 명성을 휘날리며 세계 무대에 등장했기 때문이다. 당시 캉유웨이는 쑨중산에게 여전히 유보적인 태도를 보인 듯하지만, 량치차오는 이미 생각이 달라져 있었다. 쑨중산이 런던에서 곤경에 처해 있다는 소식이 국내로 전해질 무렵, 량치차오는 상하이에서 『시무보』를 주관하고 있었다. 그는 제21호와 제27호에 두 번에 걸쳐 외신기사 번역 형식으로 「쑨이셴[쑨중산] 사건을 논함論孫逸仙事」이라는 기사를 게재했다. 광서 23년(1897) 3월 어느 날, 당시 『시무보』에서 글을 쓰던 장타이옌이 량치차오와 함께 쑨중산에 대한 이야기를 나누다가 물었다. "쑨이셴은 어떤 사람이오?" 량치차오가 대답했다. "그 사람은 만주 정부 전복에 뜻을 둔 사람입니다." 장타이옌은 그 말을 듣고 "[쑨중산을] 매우 장하게 생각했다."(『쑨중산 연보 장편』, 134쪽) 여러 해 뒤 장타이옌은 당시 상황을 이렇게 회고했다. "당시 상하이 신문에 광둥 사람 쑨원[쑨중산]이 영국 런던에서 중국 공사에게 체포되었다가 영국 총리의 보증으로 석방되었다는 기사가 실렸다. 내가 량 씨에게 쑨원에 대해 묻자 량 씨가 이렇게 말했다. '쑨 씨는 혁명을 주장하고 있으니 진승陳勝과 오광吳廣[4] 같은 부류요.' 내가 답했다. '과연 혁명을 주장한다면 인재의 우열을 논할 필요도 없겠소.'"(『장타이옌 정론 선집章太炎政論選集』, 840쪽) 여기서도 알 수 있듯 당시 량치차오는 마음속으로 쑨중산을 좀 경시하고 있었다. 이는 어쩌면 전통 사대부로서 갖는 우월감이었는지도 모른다. 그러나 량치차오 자신도 일찍이 "새로운 사상계의 진섭陳涉[진승]으로 자부했음을 고려해보면, 그가 쑨중산을 진승과 오광에 비견한 것은 분명 쑨중산의 어떤 점에 탄복하고 있었다는 말에 다름아니다.

량치차오가 쑨중산을 흠모하며 연합을 시도하다

쑨중산과 캉·량의 관계는 사실 처음부터 쑨중산이 비교적 적극적이었고

4 기원전 209년 중국 진나라 이세황제二世皇帝 원년에 일어난 농민봉기의 두 지도자. 봉기는 6개월 만에 평정되었는데, 진나라는 이를 계기로 멸망하기 시작했다.

캉유웨이는 그다지 달갑지 않게 생각하며 성의를 보이지 않았다. 량치차오
는 처음에 좀 뻣뻣한 모습을 보이다가 일본에 도착한 뒤에는 태도가 크게
변했다. 량치차오는 점차 쑨중산을 흠모하다 마침내 양당 연합을 모색하면
서는 진전된 모습을 보였다. 이는 량치차오가 무술정변 이전에는 청 정부
의 '자체 개혁'에 아직 절망을 느끼지 않고 있어서 쑨중산의 '만주족 반대,
한족 부흥反滿興漢' 주장에 태도가 아직 유보적이었기 때문이다. 즉 량치차
오는 근본적인 면에서 평생토록 사상 계몽에 진력하며 민지를 깨우쳐 '헌
정憲政'을 중심으로 하는 정치혁명을 실현하고자 했다. 쑨중산은 포탄과 열
사의 선혈로 국민을 각성시켜 민족혁명과 민국 건국을 완성하려 했다. 둘
은 아마도 동일한 목적지를 지향하고 있었겠지만 당시 그들이 걷는 길은
같지 않았다. 하지만 처음 몇 년 동안 쑨중산은 더 많은 동맹자를 찾고자
각종 세력과 협력을 시도했고 이 과정에서 캉유웨이와 량치차오의 존재도
소홀히 하지 않았다. 특히 쑨중산은 날이 갈수록 선전과 교육이 혁명 사업
에 더욱더 중요한 역할을 한다는 사실을 의식하고부터는 캉유웨이와 량치
차오의 존재를 더욱 소홀히 할 수 없게 되었었다. 솔직히 말하자면 당시 캉
과 량은 중국에서 가장 영향력 있는 인물이었고 새로운 사회 역량을 대표
하는 여론계의 거두였다. 이 때문에 일본 거주 화교 쾅루판과 펑징루 등이
정유년(1897) 요코하마에서 화교자제학교 개교 준비를 할 때, 중국 국내 교
원을 초빙하고 싶어서 쑨중산에게 상의하자 쑨중산은 량치차오를 추천하
며 말했다. "흥중회 회원 중에는 교육계에 종사하는 사람이 극히 드뭅니다.
그런데 캉유웨이는 학문을 강의한 지 20년이나 되어 제자가 매우 많습니
다. 제가 앞으로 캉유웨이와 함께 국사를 맡게 된다면 학교를 개설하고 스
승을 초빙하는 일은 그의 도움을 받지 않을 수 없습니다." 이 기록은 펑쯔
유의 『혁명일사』에 실려 있다. 펑쯔유의 부친 펑징루는 화교자제학교 개교
를 발기한 몇몇 화교 상인 중 한 사람이다. 쑨중산은 펑쯔유 부친과 오랜
친구 사이다. 펑쯔유는 요코하마 화교자제학교 즉 대동학교가 개교하자 제
1기 학생으로 입학해 공부했다. 이런 상황에 비추어보면 펑쯔유의 이 기록
이 상당히 근거가 있다. 펑쯔유는 계속해서 진술하고 있다. "쾅루판은 쑨

중산의 소개 편지를 가지고 상하이로 가서 캉유웨이 숙소에서 그를 만났다. 캉유웨이는 량치차오가 현재 『시무보』 기자로 재직하고 있어서 쉬친을 대신 추천했고 아울러 천모안陳默庵, 천인눙, 탕줴둔에게 쉬친을 도와주라고 했다. 또 중서학교의 교명이 좋지 못하다면서 대동大同으로 교명을 바꾸고 친히 대동학교 네 글자를 붓으로 써서 쾅루판에게 주었다."(『량치차오 연보 장편』, 73쪽) 천사오바이도 「흥중회 혁명사요」에서 이 일을 언급하고 있다. "학교에 교원이 없음을 알고 바로 량치차오를 떠올렸다. (…) 내가 편지를 한 통 써서 요코하마 학교 이사에게 주고 이 편지를 갖고 상하이로 가서 량치차오를 만나 교원 초빙을 부탁하라고 했다. (…) 그러자 그 이사가 전문 요원 둘을 시켜 나의 소개 편지를 갖고 상하이로 가게 했다. 량치차오는 과연 교원 셋을 추천해주었다. 쉬친, 린구이, 천인눙이었다."(『량치차오와 청말 혁명梁啓超與淸季革命』, 81쪽 주 2에서 재인용) 두 기록은 조금 다른 점이 있다. 대체로 쑨중산이 썼다는 편지는 수신자가 캉유웨이이고 량치차오를 교원으로 초빙한다고 분명하게 밝히고 있다. 그러나 천사오바이 편지는 수신자가 량치차오이고 그에게 교원을 추천해달라고 부탁하고 있다. 그러나 량치차오 큰딸 량링셴[량쓰순]은 뒷날 캉유웨이가 량치차오를 추천한 적이 없다고 회고했다. 허칭이의 기록에 따르면 쑨중산도 이 일에 참가한 적이 없다고 했다. 그는 이렇게 회고했다. "일본 요코하마에 화교 학교를 개설하자는 의견은 광서 정유년 여름과 가을 사이에 나왔다. 그해 겨울 쾅루판이 상하이로 가서 쉬줜몐[쉬친]을 교원으로 초빙했는데 쑨 씨가 추천했다는 말은 듣지 못했다. 학교 개설에 관한 의견도 쑨 씨가 발의했다는 말은 듣지 못했다."(『량치차오 연보 장편』, 73쪽) 그러나 『지신보』 제40호[광서 23년 11월 21일 발행]에는 량치차오가 쓴 「일본 요코하마 중국대동학교 개교 발기문日本橫濱中國大同學校緣起」이 실려 있다. 이 글은 량치차오가 이 일을 알고 있었고 또 이 일에 참여하고 있었다는 사실을 말해준다. 그가 학생을 가르치기 위해 일본으로 가지 않은 것이 『시무보』 사무와는 아무 상관이 없었음이 확실하다. 사실 량치차오는 그해(1897) 겨울이 오기 전에 이미 『시무보』를 떠나 후난 시무학당의 초빙에 응해 창사로 갔기 때문이다. 캉유웨이가 량치차오의 활동을 몰랐을 리 없다.

그러나 캉유웨이가 이 일에 신중하고 조심스럽게 대처한 것은 일리 있는 일이었다. 캉유웨이와 량치차오는 쑨중산과의 교류에서 줄곧 그리 능동적이지도 적극적이지도 않았지만, 쑨중산은 직접 그들을 찾는 수고를 아끼지 않았다. 광서 24년(1898) 윤3월 초5일, 베이징의 왕다셰가 상하이 왕캉녠에게 편지를 보내 한 가지 일을 거론했다. "어제 쥐성[장위안지]이 와서 말하기를 역서譯署[편역국編譯局]에서 위랑시裕朗西[일본 주재 청나라 공사 위경]의 편지를 받았는데 쑨원이 오랫동안 일본을 떠나지 않고 그곳에서 중서대동학교中西大同學校를 개교하려 하면서 오로지 『시무보』 사람과 교류하자, 근래 그의 일처리가 공정하지 못하다며, 성금을 낸 상인들이 썩 좋아하지 않는다고 하네. 그리고 그 편지를 역서의 책임자가 총리아문에 전했다는군. 그리고 그날 바로 차오樵[군기대신 장인환]를 만나 옥사獄事를 일으켜서는 안 된다고 말을 전했다네. 차오는 그 말의 의미를 매우 분명하게 알고 이렇게 대답했다는군. '캉유웨이와 량치차오 두 사람이 이곳에서 학당을 열고 학문을 강의하자 둥하이東海[쉬잉쿠이]가 자못 불쾌하게 생각하고 탄핵할 마음이 있었소. 역서에는 둥하이가 있는데 아우님이 만약 이 말을 그에게 알리면 탄핵 상소를 쓸 재료를 보태주는 게 될 것이오. 만약 탄핵이 시작되면 두 부서는 모두 수구당 일색이어서 핑 공甁公[웡퉁허]도 탄핵을 막을 수 없을 것인데, 차오는 더 말할 필요도 없을 것이오.' 지금 두 분이 탄핵을 막을 계책을 마련할 수도 있겠지만 위랑시가 귀국해 직접 공친왕을 부추기는 일도 매우 염려스럽네. 그사이 비밀리에 캉유웨이와 량치차오 등 여러 사람에게 당부해 더는 허둥대지 말도록 해주게나. ……"(『왕캉녠 사우 서찰』 1, 775쪽, 『갑오에서 무술까지: 캉유웨이의 '아사' 감주』, 383~384쪽에서 재인용)

왕다셰는 왕캉녠의 사촌 형이며 캉유웨이·량치차오와는 친구 사이였다. 그는 광서 15년(1889) 거인에 급제해 줄곧 베이징에서 관리생활을 했기 때문에 관련 소식에 매우 정통했다. 그러나 위의 진술에는 좀 오해가 있는 듯하다. 쉬친 등은 캉유웨이의 제자임이 확실하므로 이 진술에는 아무 문제가 없다. 그러나 그들은 결코 『시무보』 사람이 아니다. 위랑시가 만약 쑨중산이 『시무보』 사람과 교류했다고 말했다면 그 사람은 왕캉녠일 수밖에 없다. 왕캉녠은 그 전해 연말 일본을 방문해 쑨중산과 만난 적이 있다. 이 일은 일본 공사 위량시의 이목을 벗어날 수 없었다. 그러나 위량시는 어쩌면 양당의 갈등관계를 아무것도 몰랐기 때문에 단지 왕캉녠이 『시무보』의 중심인물이라는 사실에서 량치차오를 연상했고, 다시 량치차오로부터 캉유웨이를 연상해 캉유웨이와 량치차오가 혁명당과 친교를 맺고 있다고 결론 내렸는지도 모른다. 만약 당시 위량시가 이 일을 공친왕에게 보고했다면 역서에서 틀림없이 이를 빌미로 "풍파를 일으키려는 사람"이 있었을 것이고,(『왕캉녠 사우 서찰』 1, 776쪽) 그렇게 되었다면 캉유웨이와 량치차오는 8월의 무술정변까지 갈 것도 없이 중도에 비명횡사했을 것이다. 당시 바람 앞의 등불처럼 위험에 처해 있던 캉유웨이와 량치차오는 보국회가 몰아온 풍파로 엄청난 압박을 받고 있었다. 어떤 사람은 그들[캉과 량]이 "중국은 보전하려면서 청나라는 보전하려 하지 않는다"고 비난했다. 이로 인해 쉬잉쿠이 같은 수구파 관료들은 일찍부터 그들을 탄핵하려 벼르고 있었다. 생각해보라! 이런 판국에 이처럼 폭발력 있는 재료가 쉬잉쿠이의 손아귀에 떨어졌다면 상황이 어떻게 전개되었겠는가? 혁명당과 내통했다는 죄목은 보통 죄목이 아니므로 량치차오가 왕캉녠에게 몰래 쑨중산을 만났다고 불평을 터뜨린 일은 이해할 만하다. 왜냐하면 그들[캉과 량]의 본마음은 결코 쑨중산과 가까워지려는 게 아니었으며, 쑨중산을 끌어들여 개혁운동에 참여케 하려고 생각한 적은 더더군다나 없었기 때문이다. 그런데 지금 왕캉녠의 부주의한 행동 때문에 그 악영향이 변법 대업 전체에 미치게 되었고, 심지어 어쩌면 [캉과 량의] 목이 잘릴 위험한 상황까지 벌어질 수도 있었다. 이 때문에 량치차오는 황쭌셴에게 이렇게 전보를 보냈다. "룽푸穰甫[왕캉녠]가 일본으로 가서 큰일을 저질렀으니 조속히 다른 사람을 파견해 신문사 일을 이어받게 하시기 바랍니다."

여기에는 물론 왕캉녠과 량치차오 간 갈등과 분규가 하나의 원인으로 작용했음을 배제할 수는 없지만, 그렇지 않더라도 캉유웨이와 량치차오는 틀림없이 왕캉녠이 일본에서 쑨중산을 만난 일을 수용할 수 없었을 것이다. 사실 왕캉녠은 일본으로 가기 전 량치차오에게 편지를 보내 그 일을 상의한 적이 있다. 당시 량치차오는 명확하게 반대했다. "형님께서 혼자 가시면 안 된다고 생각합니다. 건곤일척 시기에 경솔하게 행동해서는 안 됩니다."(『량치차오 연보 장편』, 102쪽) 이후에 쉬친도 한수위안에게 편지를 보내 왕캉녠을 질책했다. "[왕캉녠이] 일본으로 가서 쑨중산을 만나 『시무보』의 명성을 크게 훼손했으니, 궁두[황쭌셴]와 줘루[량치차오]에게 조속히 도성의 사대부에게 편지를 보내 그 일은 왕 공[왕캉녠] 한 사람의 일일 뿐이며 『시무보』와는 관계없다고 해명하게 하십시오."(『갑오에서 무술까지: 캉유웨이의 '아사' 감주』, 383~384쪽에서 재인용) 어떻든 일은 이미 터졌고 위험은 목전에 박두하고 있었다. 가장 긴장한 사람은 왕캉녠이 아니라 틀림없이 캉유웨이와 량치차오였을 것이다. 왕다셰는 "캉유웨이와 량치차오가 온종일 불안해하며 도처로 피해 다녔다"라고 했는데(『왕캉녠 사우 서찰』 1, 776쪽) 이는 당시 실제 상황이었을 것이다. 캉유웨이와 량치차오는 소용돌이 중심에 서 있었기 때문에 고요한 호수 같은 마음을 유지할 수 없었다. 왕다셰가 "이 일은 조용히 처신해야지 소란을 피워서는 안 된다"(앞의 책)라고 한 말은 옳은 진술이었다. 따라서 당시 캉유웨이와 량치차오도 조심스럽게 행동하지 않을 수 없었다. 만약 정말로 캉과 량의 소란이 공친왕이나 서태후 귀에까지 들어가면 웡퉁허도 그들을 구해줄 수 없을 뿐만 아니라 아마 광서제까지도 그들을 구해줄 수 없을 것이었다. 왕캉녠의 사촌 형으로서 왕다셰는 위험이 왕캉녠에게 파급되고 또 자신에게까지 영향이 미칠까봐 우려했다. 이 때문에 왕다셰는 한편으로 왕캉녠에게 몰래 소식을 알려주며 일찌감치 만일의 사태에 대처할 준비를 하게 했고, 아울러 캉유웨이와 량치차오가 아마도 이 일의 책임을 결국 왕캉녠에게 귀착시킬 것이라고 그를 일깨웠다.(앞의 책, 782쪽) 그리고 다른 한편으로는 왕다셰 자신도 적극적으로 나서서 자신의 관계를 이용해 큰일을 작은 일로 무마하고 또 작은 일은 아예 없는 일로 만들려고 노력했다. 그래서 "그날 바로 차오를 만나 옥사를 일으켜서는 안 된다"고 설득했던 것이다.(앞의 책, 775쪽)

무술정변 이후임에도, 감찰어사 양충이는 조정에 올린 상소문에서 여전히 캉유웨이를 "쑨원의 우익羽翼"이라 일컬으며 "캉과 량은 자취를 감춘 뒤 틀림없이 쑨원에 의지하고 있을 것입니다"라고 했다. 기실 해외로 망명한 캉유웨이는 여전히 쑨중산과 사귀는 일을 매우 신중하게 생각하고 있었다. 캉유웨이가 도쿄에 도착한 이튿날 쑨중산은 일본인 미야자키 도텐[미야자키 도라조]이 두 사람의 만남을 주선하고자 초청한 모임에 캉유웨이와 함께 가려고 했으나 캉유웨이에게 거절당하고 말았다. 미야자키는 이 일을 아주 애석해했다. 그것은 두 사람에게도 애석한 일이었을 뿐만 아니라 중국에도 아주 애석한 일이었다. 미야자키는 『33년의 꿈三十三年之夢』에서 이렇게 말했다. "쑨 선생이 캉유웨이를 만나고 싶어하는 까닭은 결코 두 사람의 주의主義나 방침에 공통점이 있어서가 아니라 다만 캉유웨이에게 닥친 목전의 환경에 깊은 동정심을 전하고, 한번 대면해서 타향으로 망명한 캉유웨이의 마음을 위로하려는 뜻일 뿐이었다. 이는 사실 소박하고 다정하며 진실한 마음의 표시였다. 그러나 캉 선생이 쑨원을 회피하고 만나지 않은 행동에도 자신만의 이유가 있을 것이다. 아마도 청 황제 입장에서 보면 쑨 선생은 대역무도한 반역자라서 현상금을 내걸고 그의 목을 얻고 싶어했을 것이다. 그러나 쑨 선생도 청 황제를 불구대천의 원수로 보고 있었을 뿐만 아니라 기회를 보아 그를 타도하려 하고 있다. 비록 중도에 꿈이 꺾여 외국으로 망명하기는 했지만, 캉 선생은 여전히 대세를 만회해 황상의 통치를 회복하고 자신은 막후의 실력자가 되어 공전무후의 큰 공을 세우려는 꿈을 꾸고 있다. 이 때문에 이전에 황제와 맺었던 정의情義로 보거나 아니면 지금 사람들의 의심을 살 수도 있다는 이해관계로 보거나, 그가 쑨 선생을 만나고 싶어하지 않은 일을 심하게 비난할 수는 없다."

미야자키 도텐은 또 이렇게 말했다. "동시에 캉 선생의 마음속에 남아 있는 또 하나 꿈이 아마도 쑨 선생을 가까이 하지 못하게 한 원인으로 작용한 듯하다. 그것은 바로 그의 자부심이었다. 그는 마음속으로 남모르는 기대감을 갖고 있었다. 그는 자신의 지위를 이용하면 틀림없이 일본 대신[외무대신]을 설득해 자신을 동정하게 하고 마침내 군사 파병 허락을 얻어 수구파를 견제한 뒤 자신의 세력을 만회할 수 있다고 생각했다. 이러한 자

1900년 미야자키 도라조 등과 쑨중산이 도쿄에서 함께 찍은 단체사진. 왼쪽부터 주용제朱永節, 우치다 료헤이內田良平, 미야자키 도라조, 오야마 유타로小山雄太郎, 세토라 고시치로淸藤幸七郎, 쑨중산.

부심은 자신감에서 나오는 것으로 그는 자신을 지나치게 믿고 있었다. 그러나 이 같은 자기 과신은 실망과 원한이라는 반작용을 불러오게 되는데, 이 또한 인간의 자연스러운 이치다. 오쿠마大隈 백작[오쿠마 시게노부大隈重信]이 이 일을 회피하고도 명성을 오늘날까지 유지할 수 있는 원인은 바로 그가 당시 내각 붕괴의 혜택을 가장 크게 받았기 때문이라 할 수 있다. 오쿠마 내각이 붕괴되고 야마가타 아리토모山縣有朋 내각이 성립된 뒤에도 캉 선생에 대한 태도는 매우 냉랭했다. 이 때문에 그들은 오쿠마 백작에게 더욱 마음을 기울이게 되었다. 그러나 오쿠마 백작은 이미 권력자가 아니어서 더이상 대세를 되돌릴 힘이 없었다. 오래지 않아 캉 선생을 상객으로 대접하던 일본 인사들도 점차 그의 사람됨에 실망하고 그를 멀리했다. 이렇게 된 상황에는 아마도 캉 선생의 결점도 작용하지 않았다고 할 수 없다. 그러나 쉽게 좋아하고 쉽게 싫증을 내는 우리 일본 사람들의 오래된 병폐가 주요 원인으로 작용했다고 할 수 있다." 미야자키 도텐은 더 나아가 캉유웨이를 다음과 같이 변호했다. "한 개인으로서 캉유웨이는 무슨 대단한 사람이 아니다. 도량도 좁은 듯하고 식견도 풍부하지 못한 데다 경험도 부족하다. 그러나 그가 초야의 일개 서생으로서 황상의 지우知遇[알아줌]를 받았다는 점은 부정할 수 없는 사실이다. 또 황상을 설득해 중국을 개량하려는 결심을 불러일으킨 점도 부정할 수 없는 사실이다. 이뿐 아니라 황상을 보좌해 변법자강 조칙을 반포하게 한 점도 부정할 수 없는 사실이며, 청 조정에서 일시에 리훙장의 위세를 떨어뜨린 점도 부정할 수 없는 사실이다. 불행하게도 일패도지하여 모든 계획이 물거품이 되고 말았지만 그의 진취적이며 개량적인 성향도 부정할 수 없는 확실한 사실이다. 단지 이 한 가지만으로도 리훙장은 하찮은 사람이고 캉유웨이는 위대하다고 나는 생각한다. 그는 국가 대세를 만회할 뜻을 품었기 때문에 그 자신의 명예심도 이로 인해 생겨난 것이었다. 세상 사람들은 캉유웨이를 하찮게 여기는데 이는 사람들이 중국 현상을 이해하지 못하기 때문이며 또 상황을 비교 판단 하는 작은 마음도 없기 때문이다."(이상 『33년의 꿈』, 147~150쪽 참조) 사람들은 모두 미야자키가 쑨중산의 혁명 지우摯友라고 말하지만 기실 그가 캉유웨이의 지기知리였다고 해도 지나친 말이 아니다. 수많은 중국 역사학자 중에서 캉유웨이에 대해 이와 같은 견해를 피력한 사람은 아직까지 없었던 듯하다.

캉유웨이에 대해 말하자면 자신을 알아준 황은知遇之恩이 결국 건널 수 없는 수렁으로 작용했다. 그러나 량치차오는 오히려 이 수렁을 가볍게 뛰어넘어 더 먼 곳으로 달려갔다. 그는 일본에 도착한 후 자신이 하고 싶은 일을 마음대로 하고 자신이 하고 싶은 말을 시원하게 하게 되었다고 느꼈다. 이전에 량치차오를 구속하고 통제하던 구세력舊勢力이 유형이든 무형이든 막론하고 지금은 그를 어떻게 할 수 없게 되었다. 그리고 탄쓰퉁 등 벗들이 뿌린 뜨거운 피도 더욱 그의 투지를 불러일으켰다. 량치차오는 이제 더 이상 매사에 숨김이 없었고 또 하고 싶은 말을 중도에 멈출 필요도 없었다. 량치차오는 비로소 혁명을 얘기하고, 파괴를 얘기하고, 민권을 얘기하고, 자유를 얘기하며 크게 부르짖었다.

> 오늘날 중국에는 수천 년 지속된 지병이 겹쳐 있고, 수억 가지에 이르는 고질痼疾이 한데 모여 있다. 몸속에 불치의 병이 도사리고 있어 그 목숨이 아침저녁에 달렸다. 그 병을 제거하지 않으면 몸을 조섭하고 보양하고 영위하는 수단이 전부 아무런 소용이 없게 된다. 이 때문에 파괴를 위한 약이 마침내 오늘날의 제1요건으로 칭해지고, 또 마침내 오늘날의 제1미덕이 되고 있다. (『음빙실합집·문집』 제5권, 50쪽)

이 점이 바로 량치차오가 쑨중산을 흠모하는 동시에 그와 연합하려는 사상적 기초다. 쑨과 량의 첫 만남은 이해 12월에 있었다. 캉유웨이가 고의로 쑨중산을 만나지 않았다는 소문을 전해 들은 일본 헌정당憲政黨 당수 이누카이 쓰요시는, 중국 신당의 두 파벌이 이로 인해 사이가 벌어질까 염려했다. 그는 곧 쑨중산, 천사오바이, 캉유웨이, 량치차오 등 네 사람의 회담을 주선하고자 이들을 와세다 자기 숙소에 초청했다. 약속일이 되자 캉유웨이를 제외하고 모두 모였다. 량치차오는 캉유웨이가 다른 일 때문에 올 수 없어 특별히 자신을 대표로 파견했다고 해명했다. 량치차오는 이때 쑨중산을 처음으로 만났고 천사오바이와는 두번째 만남이었다. 이누카이 쓰요시의 은근한 접대가 있고 나서 이들 셋은 대화를 나누며 금방 의기투합했다. 이누카이 쓰요시는 한밤중까지 이들 셋과 함께 있다가 3경[새벽 1시]이 지난 뒤 자기 방으로 돌아갔다. 셋은 토론을 계속하다가 꼬박 밤을 새우며 자기 의견을 개진했다. 천사오바이는 양당 합작의 이익을 말했다. 세 사람은 이튿날 날이 환하게 밝고 나서야 모임을 파했다. 당시 모임에 대해 다음 말이 전해오고 있다. "량치차오는 선생[쑨중산] 말에 비상한 관심을 기울이면서 이 만남이 너무 늦은 만남이라고 크게 탄식했다."(『쑨중산 연보 장편』, 175쪽) 량치차오는 돌아가서 캉유웨이와 상의한 뒤 다시 답하겠다고 약속했다.

며칠 뒤 천사오바이가 쑨중산에게 상의했다. "캉유웨이가 량치차오를 파견해 우리를 만나게 했으니 우리도 답방하는 게 옳을 듯합니다." 이에 천사오바이는 일본 친구 히라야마 슈와 함께 가기로 약속했다. 두 사람은 캉유웨이 숙소에 도착해 문 앞에서 우연히 쉬쥔몐[쉬친]과 마주쳤다. 천사오바이가 쉬쥔몐에게 방문한 뜻을 설명하자 쉬쥔몐이 말하기를 "공교롭게도 캉선생께서 오늘 두통이 좀 있어 손님을 맞을 수 없다"고 했다. 천사오바이는 바로 히라야마 슈와 돌아가려 했다. 그때 마침 뒤편에서 량치차오가 밖으로 나오다가 천사오바이와 히라야마 슈가 온 것을 보고 그들을 안으로 들어오라고 했다. 그러자 천사오바이가 말하기를 "쉬쥔몐이 안에 아픈 사람이 있어 손님을 받을 수 없다"고 하더라고 했다. 량치차오는 "그런 일은 없으니 어서 안으로 들어가자"고 했다. 그는 천사오바이와 히라야마 슈를 응접실로 초대한 뒤 안으로 들어가 캉유웨이를 나오게 했다. 오래지 않아 과연 캉유웨이가 밖으로 나와 천사오바이를 만났다. 이 점을 보아도 당시 캉유웨이 측에서는 량치차오가 다른 사람보다 훨씬 더 적극적으로 쑨중산과의 만남에 나섰음을 분명하게 알 수 있다.

캉유웨이는 광서 25년(1899) 봄, 일본을 떠나 캐나다로 갔다. 이제 량치차오는 스승의 구속을 벗어났고 쑨중산과 접촉할 때도 더이상 스승의 눈치를 볼 필요가 없어졌다. 그들은 서로서로 오고가며 갈수록 더욱더 친밀해졌다. 장바이리 조카 장푸충蔣復璁은 이렇게 회고했다. "일찍이 량링셴[량치차오 딸] 여사에게서 이야기를 들은 적이 있다. 량 여사 선친께서 일본에 도착한 이듬해(1899), 중산 선생께서 그녀의 선친을 여러 차례 방문했고, 두 분은 큰 소리로 혁명을 주제로 대담을 나누시곤 했다고 한다. 어느 날 링셴 여사는 옆방에서 두 분이 고성으로 혁명지도革命之道에 대해 토론하는 소리를 들었다고 한다. 여사는 두 분이 싸우는 줄 알고 황급히 달려가 몰래 들여다보니, 부친은 방 안을 왔다갔다하고 쑨 선생은 침대에 기대앉아 서로 의견을 교환하고 있었는데 그 모습이 정말 격의 없어 보였다고 한다."(『량치차오와 청말 혁명』, 83~84쪽) 량치차오도 「어떤 신문에 잡다하게 응답함雜談某報」에서 자신과 쑨중산이 이해(1899) 7월 요코하마 요시테이吉亭에서 만나 한밤중까지 이불을 안고 오래 대화를 나눴다고 언급했다. 당시 그들은 혁명의 수단 및 토지 국유 문제 등을 토론했고 량치차오는 쑨중산의 주장을 칭찬했다. "[쑨 선생의 의견은] 고대 정전법의 취지와 합치되고 사회주의의 본뜻과도 다름이 없습니다."(앞의 책, 83쪽)

이 기간 량치차오와 양취윈도 만난 적이 있다. 이 만남은 펑징루가 소개한 듯하다. 그들은 맨 처음 요코하마 분교상점文經商店에서 만났는데 기해년(1899) 4월 28일이었다. 며칠 뒤 양취윈은 자신과 량치차오의 회담 상황을 셰짠타이에게 보고했다. "그[량치차오]는 나에게 계속해서 우리 당의 업무를 힘써 잘해나가라고 권유했고, 자기 또한 자기네 당 업무를 힘써 잘해나가겠다고 했습니다. 그리고 아직까지는 우리와 협력을 원치 않는다고 했습니다."(『쑨중산 연보 장편』, 180~181쪽) 일설에는 "애초에 셰짠타이는 양당 합작 운동에 매우 열심이었는데 양취윈의 말을 듣고는 의기소침해졌다"고 한다.(『량치차오 연보 장편』, 180쪽) 그러나 량치차오는 결코 양당 합작 노력을 포기하지 않았고 계속해서 친구 장타이옌, 탕차이창, 저우샤오화이周孝懷[저우산페이周善培] 등을 쑨중산에게 소개했다. 장타이옌은 무술정변 후 타이완으로 갔다가 이 무렵 량치차오의 초청으로 다시 일본으로 건너갔다. 그는 이 시기를 전후해 요코하마의 『청의보』 사옥 및 도쿄의 량치차오 집에 머물렀다. 량치차오는 6월 초1일 장타이옌과 약속을 정하고 쑨중산을 만나러 갔다. 펑쯔유는 이렇게 회고했다. "량치차오가 장타이옌을 데리고 쑨 총리와 천사오바이를 방문해 구국 대계를 토론했는데 마음이 매우 잘 통하는 모습이었다."(『혁명일사』 상책, 50쪽) 그러나 펑쯔유 기억에는 착오가 있다. 당시 천사오바이는 자리에 없었다. 천사오바이는 3월에 이미 일본을 떠나 홍콩으로 가서 신문사 운영 경비를 마련하기 위해 힘쓰고 있었다. 장타이옌은 왕캉녠에 보낸 편지에서 당시 만남을 얘기하고 있다. "싱 공興公[쑨중산]도 요코하마에 거주하면서 스스로 중산차오中山樵란 호를 쓰고 있었소. 일찍이 한번 만나서 그의 논리를 경청한 적이 있소. 그는 나라가 조각나지 않으면 국권을 회복할 수 없다고 했는데, 이 말은 피로 목욕을 하겠다는 뜻이니 가히 탁견이라 할 만하오. 애석하게도 사람됨이 반짝반짝 빛나면서도 항구적이지 못해 실질적 내용은 없으니, 아마도 장각張角5이나 왕선지王仙芝6가 될 수는 없을 듯했소."(『왕캉녠 사우 서찰』 2, 1956쪽) 당시 그들은 상당히 많은 문제를 토론했다. 펑쯔유는 다음처럼 회고했다. "(쑨중산은) 기해년(1899)과 경자년(1900) 사이에 장타이옌과 량치차오 및 당시 일본에 유학하던 나 등과 토론할 때 항상 중국 고금의 사회 문제 및 토지 문제를 토론거리로 삼았다. 예를 들면 삼대[하, 은, 주]의 정전井田제도, 왕망의 왕전王田제도와 노예 금지, 왕안석王安石의 청묘靑苗제도, 홍수취안의 공창公倉제도 등이 모두 토론 대상이었다. 구미 경제학설 중에서는 미국 사람 헨리 조지 Henry George의 단세론單稅論[단일세론單一稅論]에 가장 탄복했다. 그것은 토지 공유제의 일환이었다. 쑨 총리는 이 방법이 중국의 사회 경제를 개혁하는 데 가장 적합하다고 여겼고, 이 때문에 이 학설을 창도하려고 했지만 자신의 힘이 미치지 못할까 걱정했다."(『쑨중산 연보 장편』, 182쪽)

당시 유신파 내부에는 혁명당과 연합하는 문제를 놓고 두 의견이 있었

---

5 중국 후한 말 태평도太平道 창시자. 이를 배경으로 황건적黃巾賊 봉기를 일으켜 후한을 망국의 지경으로 몰아넣었다.
6 중국 당나라 말기 농민봉기의 두령. 증원유曾元裕에게 포위되어 격전을 치르는 과정에서 농민군 5만여 명이 희생되고 왕선지도 전사했다.

다. 일본에 거주하던 량치차오 및 "량쯔강, 한원쥐, 어우쥐자, 뤄보야, 장즈뤄 등은 갈수록 더욱더 총리와 친밀하게 지내며 매주 반드시 2~3일은 함께 모여 토론을 했다. 그들은 모두 혁명과 배만排滿을 주장했는데, 그 논조가 매우 격렬했다."(『혁명일사』 상책, 57쪽) 펑쯔유는 당시 상황을 이렇게 말하고 있다. "쑨 총리는 량치차오 등이 점차 혁명에 경도되자 마침내 양당이 연합해 혁명을 진행할 계획을 세웠다. 일본에 체류 중이던 캉유웨이 제자들은 이 계획에 절반 정도가 찬성했다. 뜻있는 양당 인사들은 협의를 통해 쑨 총리를 합당 이후 회장으로 그리고 량치차오를 부회장으로 추대하기로 의견을 모았다. 그러자 량치차오가 총리에게 '이처럼 하면 캉 선생님은 어떻게 됩니까?'라고 물었다. 총리가 대답하기를 '제자가 회장이 되면 캉 선생은 그 스승이 되는 것이니 지위가 더 높아지는 것이 아니오?'라고 했다. 그러자 량치차오가 기쁘게 복종했다. 그리하여 량치차오는 「난하이 선생께 올리는 편지上南海先生書」를 썼는데, 문장이 장장 수천 자나 되었다. 내용은 대략 이러했다. '국가 대사가 붕괴되어 이 지경에 이르렀으니 모든 정책을 공개하고 공화제로 바꾸지 않으면 위험한 상황을 구제할 수 없습니다. 지금 황상께서 현명하심은 온 나라 사람이 모두 알고 있습니다. 장래 혁명이 성공하는 날 만약 민심이 그분을 좋아하고 추대한다면 총통으로 천거할 수도 있을 것입니다. 스승님께서는 연세가 이미 높으시므로 이제 자연 속에서 휴식하며 스스로 저녁 경치를 즐기실 때가 되었습니다. 저희가 옛 전통을 잇고 새 시대를 열어 스승님 은혜에 보답하겠습니다.' 서명자는 캉유웨이 문하의 동문 13명이었다. 편지가 우송되자 각지 캉유웨이 제자들이 분분히 들고일어나 이 13명을 반역자라 했고 13태보太保7라 부르기도 했다. 이해 가을 량치차오는 홍콩으로 가서 천사오바이를 방문하고 양당 합병을 은근하게 상의한 뒤, 천사오바이와 쉬친을 추천해 연합 장정을 기초하게 했다. 쉬친은 [량치차오에게] 겉으로는 찬성하는 척했지만 속으로는 반대하고 있었다. 이 때문에 마이멍화와 함께 각자 싱가포르로 편지를 보내 캉유

---

7 광둥어로 '불량소년' '비행소년' 정도의 뜻이다(캉유웨이는 광둥 성 난하이 출생이다).

웨이에게 사건의 진상을 고해바쳤다. 쉬친은 편지에서 줘루[량치차오]가 점차 쑨중산의 소굴로 빨려들어가고 있기 때문에 조속히 빼낼 방법을 찾지 않으면 안 된다고 했다. 캉유웨이도 애초에 13명의 사퇴권유서를 받고 억제할 수 없을 만큼 분노가 치밀어오르던 차에 또 쉬친과 마이멍화의 편지를 받게 되었다. 그는 예줴마이로 하여금 자금을 가지고 일본으로 가서 량치차오에게 시일을 연기할 생각 하지 말고 즉시 호놀룰루로 가서 보황회 사무를 맡으라고 명령을 내렸다. 또 어우쥐자에게는 미국으로 가서 샌프란시스코의 『문흥보』 주필을 맡아보라고 했다. 캉유웨이 제자들은 스승을 임금이나 하늘처럼 여기는데, 캉유웨이가 답장을 보내 엄한 말로 질책하며 자신들의 요청을 받아들이지 않고 다시 량치차오와 어우쥐자 두 사람을 연이어 일본에서 쫓아내자, 이 13명의 모임은 결국 형체도 없이 사라졌고, 쑨중산과 캉유웨이 사이 합작도 이에 따라 와해되고 말았다."(앞의 책, 213~214쪽)

펑쯔유의 기록은 전혀 정확하지 않다. 당시 그 기간에 량치차오는 홍콩으로 간 적이 없다. 하지만 당시 량치차오는 발언이 더욱 과격해지고 행동도 더욱 적극적으로 변해가고 있었다. 당시 『청의보』에 실린 량치차오의 글을 살펴보면 언행에 아무 거리낌이 없던 그의 모습을 확인할 수 있다. 그의 「자유서」와 「소년중국설少年中國說」은 모두 그 시절 『청의보』에 게재되었다. 량치차오는 이렇게 호소하고 있다. "오늘의 늙은 중국을 만든 것은 중국의 노후한 인간들의 업보였다. 미래의 젊은 중국을 만드는 것은 중국 소년들의 책임이다." "그러므로 오늘날의 책임은 다른 사람에게 있지 않고 오로지 우리 소년들의 어깨에 달려 있다. 소년이 지혜로우면 국가도 지혜롭고, 소년이 부유하면 국가도 부유하고, 소년이 강하면 국가도 강하고, 소년이 독립하면 국가도 독립하고, 소년이 자유로우면 국가도 자유롭고, 소년이 진보하면 국가도 진보하고, 소년이 유럽에 승리하면 국가도 유럽에 승리하고, 소년이 지구에서 으뜸이 되면 국가도 지구에서 으뜸이 된다."(『음빙실합집·문집』 제5권, 11~12쪽)

이 진술은 량치차오의 명편 「소년중국설」에 나온다. 량치차오는 이 글에서 젊은 세대의 의기양양한 기운과 열혈비등熱血沸騰하는 정신을 생동감 있게 묘사했다. 이 어찌 량치차오 자신의 심정을 그려낸 것이 아니겠는가? 당시에 그는 적극적으로 실천활동에 투신하고 있었다. 7월 그는 요코하마에서 화인상업회의소華人商業會議所 설립을 제의했다. 이 회의소는 비록 오래가지는 못하고 8월 말 바로 해산하고 말았지만 량치차오가 직접 만든 단체였다. 당시 어떤 사람은 "이 회의소가 량치차오 일파에 좌지우지되던 단체"이고, 결국 화교 상인을 '량치차오파'와 '쑨중산파'로 분열시켰다고 비난했다.(『쑨중산 연보 장편』, 185~186쪽) 그러나 량치차오 입장에서 이 단체는 상업 모임의 형식을 빌려 해외 민중에게 민주와 자치를 보급하고 훈련시키려는 조직이었다. 량치차오는 「상회의商會議」에서 화인상업회의소의 목적을 밝혔다. "상회란 무엇인가? 서양의 지방자치 정치체제를 들여와 해외 각 부두에 실행하려는 모임이다."(『음빙실합집·문집』 제4권, 1쪽) 이 기간에 량치차오는 또 「상업회의소의 이익을 논함論商業會議所之益」「내지 잡거와 상무 관계를 논함論內地雜居與商務關係」 등을 『청의보』에 발표해 상업회의소를 반드시 설립해야 할 이유를 밝히고 자신의 권리에 대한 사람들의 각성을 일깨웠다. 왜 상업회의소를 창설해야 하는가? 량치차오는 이렇게 주장하고 있다. "소식을 전하고, 마음을 하나로 묶고, 이권을 보호하고, 외세에 저항하려는 것이다. 부두 한 곳은 비록 작지만 실력으로 상업회의소를 만들어나가면 모든 부두가 호응할 것이다. 그럼 전국총회의소가 세워질 날도 머지않을 것이다. 중국인의 총명한 재주와 역량을 단체로 결합해 대군大群[큰 군체群體]을 이루는 일이 어찌 상무商務에만 그치겠는가? 2억 리 땅에 사는 4억 국민이 장차 모두 이 모임에 의지하는 날이 올 것이다."(앞의 책, 11쪽)

같은 달(1899년 7월) 량치차오는 또 도쿄에서 고등대동학교를 창립하고 젊은 영재들을 불러 모았다. 고등대동학교 장정에는 "모든 학생은 자립 보국을 주된 사상으로 삼아야 한다"고 규정하고 있었다.(『청의보』 제25호) "이때 입학한 학생으로는 후난 시무학당 출신 린시구이, 친리산, 판위안롄, 리쩐李羣, 차이건인[쑹포, 나중에 어鍔로 개명], 저우홍예, 천웨이황, 탕차이즈, 차이중하오, 톈방쉬안, 리빙환 등 10여 명, 요코하마 대동학교 출신 펑쯔유, 정관이, 펑쓰롼, 쩡광친, 정원한, 장루즈 등 7명이 있었다. 량치차오는 스스로 교장에 취임했고 일본인 가시와바라 분타로가 간사에 임명되었다. 당시 량치차오는 바야흐로 쑨 총리, 양취원, 천사오바이 등과 친밀하게 왕래하며 양당 합당 계획을 마련하고 있었다. 이 때문에 대부분 영국과 프랑스 명사들의 자유 평등과 천부인권 학설이 담긴 서적을 교재로 채택했다. 이로부터 학생들은 소리 높여 혁명을 부르짖으며 저마다 루소, 볼테르, 당통, 로베스피에르, 워싱턴을 자처했다. 당시 일본에 유학하는 중국 학생이 전부 100명도 되지 않았는데, 만주족 배척을 주장하는 사람으로는 지이후이戢翼翬[위안청], 선샹윈[추자이虯齋] 등이 가장 과격했다. 지이후이와 선샹윈은 매번 대동학교 친구를 찾아갔다가 아쉬운 마음에 날이 밝아올 때까지 대화를 나누곤 했다. 이 밖에도 북양 군벌의 관비 유학생 리커, 진방핑, 정청위鄭丞煜, 정바오청, 장위취안, 푸량비 등도 혁명 논리를 견지한 채 [쑨] 총리 및 량치차오를 따랐다."(『중국 혁명운동 26년 조직사中國革命運動二十六年組織史』, 『쑨중산 연보 장편』, 186~187쪽에서 재인용) 이 혁명 청년들은 량치차오의 신변을 따르며 혁명과 구국에 종사하려 했다. 이들은 결코 책상 앞에서 도를 논하며 오로지 공리공담만 일삼지 않았고 줄곧 실천활동을 모색했다. 탕차이창이 이해(1899) 가을 일본을 떠나 중국으로 귀국한 뒤, 바로 이듬해 상하이에서 '정기회'를 조직한 것도 바로 량치차오와 쑨중산이 공동으로 대사를 기획한 결과였다. 그들은 또 린구이, 친리산, 비융녠 등을 귀국시켜 회당과 연락하게 하면서 근왕병을 일으킬 준비를 했다.

호놀룰루로 간 후 쑨중산과 물불 같은 관계가 되다

그러나 량치차오는 스승의 강제적인 명령 때문에 호놀룰루로 가지 않을 수 없었다. 이렇게 되자 형세는 급전직하했고 양당 연합을 추진하던 세력도 움직임을 딱 멈추고 말았다. 하지만 량치차오가 출발하기에 앞서 쑨중산은 편지 한통을 써서 량치차오를 자기 형 쑨메이孫眉[더장德彰]와 형 친구들에게 소개했다. 량치차오는 쑨중산의 소개 편지를 가지고 호놀룰루에 도착했기 때문에 자연스럽게 그들에게 많은 도움을 받을 수 있었다. 펑쯔유는 「쑨메이공 사략孫眉公事略」에서 이렇게 얘기하고 있다. "량치차오는 이해 11월[광서 25년 11월 29일 곧 1899년 12월 31일] 호놀룰루에 도착해 [쑨중산] 총리의 소개 편지를 화교 상인 리창李昌, 정진鄭金, 허콴何寬, 줘하이卓海 등에게 보여주고 환영을 받았다. 그리고 곧바로 [하와이] 마우이Maui 섬으로 가서 더장 및 더장의 친척 양원나楊文納, 탄윈譚允 등을 방문했다. 더장은 량치차오를 극진하게 대접했고 자신의 아들 아창阿昌에게 제자의 예로 량치차오를 뵙게 했다. 또 량치차오를 인도하여 말을 타고 목장을 두루 돌아보게 했는데, 꼬박 하루가 걸려서야 구경을 끝낼 수 있었다. 량치차오는 광대한 목장 규모에 놀라 더장의 등을 어루만지며 말했다. '사람들이 그대를 마우이의 왕이라 일컫는다 하더니 정말 명불허전임을 알겠소.' 더장은 그 말에 매우 기뻐했다. 량치차오는 내친김에 점차 보황회 조직 이야기를 하면서 [보황회가] 명칭은 보황이나 사실은 혁명을 추구하고 있어서, 더장의 아우 쑨중산이 가는 길과 그 방법은 달라도 목적은 같다고 설명했다. 더장은 사람됨이 솔직 담백 했고 또 쑨 총리가 그 일에 동의했다고 오인하고는 마침내 힘을 다해 일이 성사되도록 도움을 주었다. 이 때문에 호놀룰루의 구舊홍중회 회원 리창, 황량黃亮, 중무셴鍾木賢 등도 보황회에 가입했다. 이 시기를 전후하여 한커우 거사의 군자금 모금액도 은화 10만 위안을 넘었다. 그리고 더장은 다시 아들 아창에게 량치차오를 따라 일본으로 가서 캉유웨이 제자들이 세운 대동학교에 입학하도록 했다. 쑨 총리는 일본에서 그 소문을 듣고 량치차오에게 편지를 보내 그의 배신을 질책했고 아울러 더장 및 여러 친구에게도 더이상 어리석은 짓을 하지 말라고 당부했다. 그러나 더장은 호놀룰루에 있는 홍중회 회원 중 량치차오에게 영향을 아주 깊이 받은 사람이어서 아우 쑨 총리의 말을 오랫동안 깨닫지 했다. 이 때문에 더장의 아들 쑨창孫昌은 일본에서 유학할 때 작은아버지인 쑨 총리에게서 학비 도움을 받을 수 있었음에도, 여전히 부친 명령에 따라 호놀룰루 화교 자제인 뤄창羅昌[러덩구이羅登桂의 아들], 허왕何望[허후이전 여사의 남동생], 량원셴梁文

賢[량인난梁蔭南의 남동생] 등과 도쿄 대동학교에서 공부를 했고, 쑨 총리도 그것까지 금지할 수는 없었다.(『혁명일사』 상책, 196~197쪽)

량치차오는 호놀룰루에 도착하고 나서 오래지 않아 흥분에 휩싸여 쑨중산에게 편지를 썼다.

이셴逸仙[쑨원] 인형仁兄 족하足下.
이 아우는 (1899년) 12월 31일 호놀룰루에 도착했습니다. 그런데 오늘이 벌써 (1900년 1월) 10일이군요. 그사이에 동지들을 대략 모두 만나봤습니다. 리창 형은 진실로 사려 깊은 사람이라 대사를 함께할 만합니다. 황량, 쥐하이, 허콴, 리루李祿, 정진도 모두 열성적인 사람들이었습니다. 동지들을 만나니 모두 형님의 안부를 물으며 은근한 정을 보여줬습니다. 이 아우가 리창에게 형님께서 근래 계획한 각 사안을 대략 설명해주고 나니 매우 흡족하고 위안이 됩니다. 형님의 형님[쑨메이]께서는 다른 부두에 계셔서 피차 왕래할 수 없습니다. 이 때문에 지금까지 만나 뵙지 못했습니다. 하지만 이미 피차 안부 통신은 했습니다. 이 아우는 지금부터 임시방편으로 일을 처리해야 할 경우도 없지 않을 것입니다. 그러나 형님께서는 반드시 이 아우가 초래할 상황을 잘 이해해주시고 절대 이상하게 생각하지 말아주십시오. 요컨대 우리는 이미 친교를 맺고 뒷날 천하대사를 함께하자고 했으므로 절대 갈라서는 일이 없어야 할 것입니다. 이 아우는 밤낮으로 이 일을 염려하지 않는 때가 없습니다. 형님께서 기한을 좀 빌려주시기만 하면 이 아우가 반드시 양당을 조정할 좋은 방법을 찾겠습니다. 바쁘게 몇 마디 말씀을 사뢰었습니다. 나머지 일은 이후에 다시 전하겠습니다. 평안하시길 빕니다.
아우 치차오 올림. 1월 11일.
(『량치차오와 청말 혁명』, 87쪽에서 재인용)

이 편지는 광서 26년(1900) 1월 11일에 쓰였다. 당시 량치차오는 막 호놀룰루에 도착했을 때여서 양당 합작의 앞날에 여전히 큰 희망을 품고 동시에 쑨중산에게 시간을 좀 빌려달라고 요청했고, 그렇게 해주면 틀림없이 캉유웨이를 설득할 방법을 찾을 수 있다고 했다. 그러나 량치차오도 쑨중산에게 자신의 어려움을 이해해달라면서 앞으로 "임시방편으로 일을 처리해야 할 경우도 없지 않을 것"이라 했다. 분명 보황회 조직 사무를 말함이다. 뒷날 그들 사이에 갈등과 충돌이 발생하는 도화선이 바로 이 지점에 숨어 있다. 호놀룰루는 본래 쑨중산이 최초로 흥중회를 창립한 곳이다. 그러나 량치차오가 건너간 이후에는 하와이 흥중회가 거의 와해되었고 흥중회 회원 대부분이 보황회에 가입했다. 그중에는 쑨원[쑨중산]의 형 쑨메이도 있었다. 이 점이 쑨중산을 가장 분노케 했다. 이 때문에 후인後人 중에는 량치차오가 혁명당에 면목 없는 일을 저질렀다고 지적하는 사람이 많으며, "명칭은 보황이나 사실은 혁명을 추구한다名爲保皇, 實爲革命"는 량치차오의 구호는 기실 양두구육의 속임수일 뿐이라고 비난했다. 그러나 당시 상황에서는 이 몇 마디야말로 량치차오의 자아 내면을 있는 그대로 보여주는 구호였다고 할 만하다. 량치차오는 캉유웨이에게 정면충돌이나 공개 결별을 선언할 수 없었으므로 겉으로는 캉유웨이의 의견을 떠받드는 체하면서도 안으로는 다른 생각을 하며 '보황'이란 말로 사태를 적당히 얼버무릴 수밖에 없었다. 이 무렵 량치차오는 마음속으로 정말 혁명을 갈망하고 있었다. 하지만 당시는 교통이 불편했고 서로 넓은 바다로 멀리 떨어져 있어서 수시로 의견을 교환할 수 없었다. 이 때문에 헤어진 시간이 오래되어 서로의 갈등이 나날이 증폭되자 뒷날 결국 각자가 자기 신념만 실천하며 상대를 배려하기가 어려워지게 된 것이다. 그러나 당시 량치차오는 혁혁한 명성을 드날리고 있었고 아울러 화교 상인들도 청 정부에 아직 완전히 실망하지는 않았으므로, 보황파가 혁명파에 비해 사람들에게 훨씬 받아들여지기 쉬웠다. 따라서 대다수 화교 상인들이 보황파로 전향한 것은 당시 상황으로서는 이해할 만한 일이었다. 그러나 량치차오가 결국 다른 사람의 담장 밑을 파헤쳤다는 혐의는 벗을 수 없었다. 쑨중산도 자서전에서 이렇게 쓰고 있다. "을미년(1895) 초에서 경자년(1900) 패배까지 5년 동안은 실로 혁명 발전에 고난을 가장 많이 겪은 시절이었다. 대체로 내가 실패함으로써 국

흥중회 본부(미국 하와이 호놀룰루).

내의 근거지, 개인적 사업, 활동의 지위, 그리고 10여 년 동안 구축해온 혁명 토대를 완전히 잃어버리고 말았다. 이후 해외에서 혁명을 고취했지만 털끝만 한 효과도 거둘 수 없었다. 그때 마침 보황당이 결성되어 호가호위하는 기세로 세력을 넓혔으며, 혁명을 반대하고 공화를 반대하는 측면에서는 오히려 그들이 청나라 조정보다 더 악랄했다."(『명인 자술名人自述』, 40쪽) 이로써 알 수 있는 바와 같이 혁명파와 캉·량의 교류는 쑨중산의 기억 속에서 결국 가슴 아픈 옛일로 끝나고 말았다.

이 일이 쑨중산을 가슴 아프게 했음은 확실하다. 호놀룰루는 본래 그의 '발상지'라 할 수 있는 땅이었지만 지금은 오히려 량치차오의 수중에 떨어졌다. 경자년 근왕 봉기를 돕기 위해 보황회가 호놀룰루에서 모은 성금은 무려 10만 은화나 되었다. 그후 쑨중산이 호놀룰루로 가서 성금을 모집할 때는 겨우 2000여 금金에 불과했다. 실로 하늘과 땅 차이라 할 만했다. 광서 29년(1903) 량치차오가 아메리카대륙을 여행할 때는 미주 거주 화교 대다수가 보황회 편에 서게 되었다. 량치차오의 선전 선동성은 너무나 강력했다. 당시 량치차오는 사상적으로 혁명을 소망하고 있었지만 실제 그의 업무는 보황회 세력을 신속하게 확장하는 일이었다. 이 일은 혁명당에 거대한 압력으로 작용해 결국은 '너 죽고 나 살자'식의 원한과 물과 불이 섞일 수 없는 지경으로 빠져들고 말았다. 나중에 쑨중산은 어쩔 수 없이 캉과 량을 적이라 선포하고 공개적으로 논전을 벌일 수밖에 없었다. 물론 이는 뒷날의 일이다. 당시 량치차오는 여전히 양당 합작 가능성을 탐색하고 있었다. 량치차오는 (1900년) 3월 29일 쑨중산에게 또 편지를 보냈다. 량치차오는 쑨중산이 좀 융통성을 발휘해 시대 상황을 분명하게 인식하고 이제 함께 근왕의 깃발을 올려주길 희망했다.

이 아우는 족하께서 근래 마련하신 계획을 열에 예닐곱 정도는 들어서 알고 있습니다. 진실로 이 아우는 형님께 올리고 싶은 말이 있습니다. 작년 연말부터 황상을 폐위하는 사건이 일어나 전국 민심이 깜짝 놀라 들 끓어 올랐고 그 열기도 수배數倍나 증폭되었습니다. 이 때문에 근왕병이 일어나기를 바라는 모습이 심한 가뭄에 단비가 내리기를 바라는 듯했습니다. 지금 이 기회를 틈타 근왕이라는 명목을 사용하면 진실로 힘은 적게 들이고 공은 두 배로 올릴 수 있을 것입니다. 이는 사실 우리 두 사람이 헤어진 이래 정세가 크게 바뀐 때문입니다. 이 아우가 늘 느끼는 바로는 나라를 통합하고 국사國事를 잘 처리하는 사람 수가 이 정도만 되어도 반드시 힘을 합쳐야지 힘을 분산해서는 안 됩니다. 힘을 합치려면 반드시 사사로운 의견은 대부분 버리고 공공 이익 측면에서 서로 절충해야 해야 하며 시대 정세도 잘 헤아려야 합니다. 그런 이후에야 통합을 바랄 수 있을 것입니다. 대저 만주족을 타도하고 국민의 정치를 흥성하게 함은 공공의 대의입니다. 따라서 근왕이란 명목을 빌려 국민의 정치를 흥성하게 함은 오늘날 추세에 가장 적합한 계책입니다. 옛사람이 말하기를 '지혜가 있다 하더라도 시대 정세를 타는 것이 훨씬 좋다'라고 했습니다. 이 아우는 조금이라도 융통성을 발휘해야 한다고 생각합니다. 거사는 이미 시작되었으므로 황상을 총통으로 천거하면 양당이 모두 온전한 승리를 거둘 수 있고 일도 쉽게 이룰 수 있을 것이니 이 어찌 좋은 일이 아니겠습니까? 하필이면 일부러 드넓은 수렁을 파서 피차간에 서로 영원히 통합할 수 없는 길로 가려 하십니까? 이 아우는 형님의 뜻을 존경하고 형님의 재주를 아끼는 사람입니다. 이 때문에 한마디 말씀이라도 올리는 걸 아까워하지 않는 것이니 제 의견을 받아주시면 참으로 다행이겠습니다. 이 아우에게 지금 별도의 계획이 있습니다. 만약 성공하게 되면 국내의 호걸들에게 큰 도움을 주어 일거에 거사를 이룰 수 있을 것입니다. 오늘의 모의는 틀림없이 우리의 역량을 길러 우리를 승리의 땅에 서게 해줄 것입니다. 이후 일을 시작하면 바로 공을 이룰 수 있을 것입니다. 이렇게 하지 않고 경솔하게 덤벙대며 일어났다 넘어지기를 반복하면 공연히 재력財力만 낭비하고 공연히 인재만 상하게 할 뿐일 것입니다. 이 아우는 이런 방법은 채택하지 않을 것입니다. 바라옵건대 형님께서 이 못난 아우의 말을 받아들이시어 다시 반년 뒤에 함께 손을 잡고 중원으로 들어갔으면 좋겠습니다. 이것은 저의 간절한 소망입니다만

형님의 뜻은 어떤지 모르겠습니다. (『량치차오 연보 장편』, 258쪽)

쑨중산이 량치차오에게 어떻게 대답했는지는 알 수 없다. 다만 당시 쑨중산이 '만주족 타도'를 내세운 자기 사상을 포기할 가능성은 크지 않았으며, 자신이 내건 혁명의 기치를 량치차오가 주장하는 '근왕'의 기치로 바꿔달 수는 더더욱 없었을 것으로 추측된다. 어쩌면 쑨중산은 자신이 만약 '만주족 배척' 주장을 포기하고 다른 사람 주장에 끌려가면 영도자로서 자기 지위를 보장할 수 없을 것으로 생각했는지도 모른다. 정말로 어느 날 량치차오와 손을 잡고 함께 중원으로 들어가면 누가 총통이 되고 누가 부총통이 된단 말인가? 게다가 량치차오의 배후에는 캉유웨이가 있으므로 일이 성공한 후 량치차오가 과연 자신의 스승을 그냥 내버려두고 돌보지 않겠는가? 당시 실제 상황으로도 쑨중산은 후이저우惠州 봉기 준비에 눈코 뜰 새가 없었다. 그들도 북방 의화단이 봉기한 기회를 틈타 남방에서도 우선 한 성이나 여러 성을 빼앗아 "오랑캐를 몰아내고 중화의 광복을 이루자"는 이상을 실현하려 했다. 일부 일본인 예를 들자면 미야자키 도라조 같은 사람은 여전히 캉유웨이를 설득해 양당 합작을 실현하고 양당이 함께 중국 개혁에 나서주기를 희망했다. 미야자키는 자진해서 캉유웨이를 만나러 싱가포르로 갔다. 하지만 그의 행동이 야기한 오해로 인해 쑨중산과 캉유웨이의 관계는 더욱 철저히 파괴되어 더이상 합작의 가능성은 사라지고 말았다. 펑쯔유는 「중화민국 개국 전 혁명사」에 이 사건을 기록했다.

경자년(1900) 모월(6월) 일본인 미야자키 도라조가 쑨중산에게 이르기를, 자신이 캉유웨이에게 은혜를 베푼 것이 있고, 캉유웨이가 최근 싱가포르로 갔다고 하니, 자신이 직접 가서 그를 설득해, 보황의 마음을 버리고 혁명당과 연합하게 하겠다고 했다. 쑨중산은 쉬운 일이 아니라고 생각했으나 미야자키가 굳이 가겠다고 해서 마침내 허락하게 되었다. 홍콩의 캉유웨이 추종자들은 미야자키가 광동으로 가 리훙장을 방문했다는 소식을 듣고, 급히 캉유웨이에게 전보를 보내, 미야자키가 리훙장의 명령을 받들고 자객활동을 위해 남양으로 가고 있으니 잘 방비하라고 했다. 캉유웨이는 그 사실을 싱가포르 영국 관서에 보고했다. 이 때문에 미야자키는 싱가포르에 도착한 이튿날 바로 경찰에 체포되어 감옥에 갇혔다. 베트남에서 그곳에 도착한 쑨중산은 그 소식을 듣고 직접 영국 총독을 방문해 일의 내막을 자세히 설명한 후 비로소 그를 풀려나게 했다. 이때부터 일본 지사들이 제창한 쑨孫·캉康 합작론은 완전히 폐기되었고, 이제 양당 사이에는 더이상 합작의 희망이 존재할 수 없게 되었다. (앞의 책, 257쪽)

다음은 『쑨중산 연보 장편』 기록이다.

6월 29일 도착하여 추수위안을 방문한 뒤 캉유웨이 면담을 청했다. 캉유웨이에게 쑨 선생과의 합작을 권유할 생각이었다. 캉유웨이는 미야자키 등이 자객이라는 소문을 듣고 면담을 거절한 후 탕줴둔을 보내 일금 100위안을 하사했으나 미야자키는 돈 받기를 거절했다. 미야자키 등은 한편으로는 쑨 선생이 도착하기를 기다려 일의 진행 방침을 결정하려 했고, 또 한편으로는 7월 5일에 캉유웨이에게 편지를 보내 자신들이 '자객'이라는 모함을 반박했다. 편지는 협박성 내용이 들어 있다고 인식되어 경찰에 압수되었다. 동시에 또 린林 모라는 사람이 이 일을 총독에게 보고했다. 이해 8월 11일 캉유웨이는 캉퉁웨이에게 편지를 보내 말했다. "일본인과의 일은 린 군에게서 발단된 것이다. 이 일은 일본 측과 교류하는 데 큰 장애가 되는 일이라 내가 그냥 참으려 했지만 린이 갑자기 총독에게 보고해서 마침내 일이 커진 것이다. 그러나 어찌되었든 감히 그의 잘못은 말할 수 없으니 아마도 린이나 영국 관청에 죄를 얻을 듯하다."(『쑨중산 연보 장편』, 217쪽)

어떻든 이후로 혁명당과 보황당은 갈수록 더욱 격렬하게 충돌했다. 양당 사이 깊은 수렁은 메울 수 없었을 뿐만 아니라 오히려 날이 갈수록 더욱 깊어져서 도저히 봉합할 수 없는 지경에 빠지고 말았다. 이후 흥중회는 동맹회로 그리고 동맹회는 국민당으로 이름을 바꾸었지만 줄곧 량치차오와는 양립할 수 없고 포용할 수 없는 관계를 유지했다. 1925년 3월 12일 쑨중산이 베이징에서 세상을 떠났다. 량치차오는 14일 중산행관中山行館으로 가서 조문을 했고, 왕징웨이汪精衛가 그를 접견했다. 그사이에 어떤 국민당 인사가 량치차오에게 왜 '쑨 총리가 목적을 위해서 수단을 가리지 않는다'는 글을 썼느냐고 질문했다. 여기서 말하는 글은 [조문] 하루 전날(1925년 3월 13일) 량치차오가 베이징의 『신보晨報』에 발표한 「쑨원의 가치孫文的價值」를 가리킨다. 이 글 속에 "목적을 위해 수단을 가리지 않는다"는 구절이 있었다. 그러나 이 구절 앞에는 량치차오가 쑨중산의 3대 가치를 이야기한 대목도 있다.

쑨 선생은 역사적으로 위대한 인물이다. 이는 누구나 인정하지 않을 수 없는 사실이다. 내가 그에게 탄복하는 것은 다음과 같다. 첫째, 의지가 굳건해 수많은 풍파를 겪으면서도 시종일관 좌절한 적이 없다. 둘째, 일 처리가 기민해 변화에 대처하는 능력이 뛰어난 데다 특히 군중 심리를 가장 정확하게 관찰하고 가장 적절하게 운용했다. 셋째, 몸가짐이 청렴결백하여 최소한 ―혹은 적어도― 자기 자신은 돈을 함부로 벌려 하지 않았고, 돈을 벌 때도 절대 개인 목적을 내세우지 않았다. (『음빙실합집·집외문』 중책, 957쪽)

이어 량치차오는 자신이 인식한 쑨중산의 결점을 언급했다.

쑨 선생에 대한 나의 가장 큰 불만은 한 가지다. 바로 "목적을 위해 수단을 가리지 않는다"는 점이다. 맹자는 이렇게 말했다. "불의한 일을 한 가지라도 행하고 무고한 이를 한 사람이라도 죽이고 천하를 얻는다면 나는 그 일을 하지 않을 것이다." 어떤 사람은 이 말을 세상물정에 어두운 언급이라 생각하지만 나는 시종일관 정치가의 도덕성 견지에 이 말이 매우 필요하다고 생각해왔다. 왜냐하면 수단을 가리지 않는 이론을 내세우게 되면 사람들이 모두 "한때의 과도적 수단"을 구실 삼아 목적을 결국 한구석으로 팽개쳐두게 되기 때문이다. 따라서 소위 '본래의 면목'은 장식품으로 전락하고 만다. (…) 현재 이와 같은 사회에서 수단을 목적과 함께 쓰지 않는 사람은 '적자생존' 원칙에 어긋날 것이니 쑨 선생이 부득이하게 이 이론을 내세웠고 우리도 어느 정도는 이 점을 양해해야 할 것이다. 그러나 나는 쑨 선생이 성공한 까닭이 바로 이 점에 있고 실패한 까닭도 이 점에 있다고 생각한다. (앞의 책)

이 때문에 당시 량치차오는 국민당 사람들 질문에 "그것은 중산 선생이 목적지에 아직 도달하지 못했음을 탄식한 말입니다"라고 대답했다. 어떤 사람이 계속 질문을 퍼부으려 하자 왕징웨이가 나와 상황을 원만하게 수습했다. "량 선생은 문상차 왔습니다. 우리가 토론을 하려면 량 선생 집으로 가든가 아니면 신문지상에 의견을 발표하면 될 것입니다." 이는 량치차오에 대한 포위 공격을 풀어주려는 의도였다. 여기에서도 그들 사이에 파인 골이 매우 깊다는 사실을 확인할 수 있다. 이 때문에 4년 후 량치차오가 세상을 떠났을 때(1929) 국민당 정부는 상당히 차가운 반응을 보였고, 후한민胡漢民은 심지어 국민당 정부가 량 씨를 포상하려는 계획에 반대하기까지 했다. 1939년 충칭으로 이동한 국민당 정부가 그즈음에 사망한 쉬스창, 우페이푸吳佩孚, 차오쿤曹錕을 포상하려 할 때, 홀로 남아 있는 량 씨에게 미안한 마음이 들었던지 그때서야 겨우 량치차오를 포상했다.

1941년 4월 18일, 병을 앓고 있던 량쓰융[량치차오의 둘째 아들]과 린후이인[량치차오의 맏며느리]을 치료해주기 위해, 푸쓰녠傅斯年이 중앙연구원 대리원장 주자화朱家驊에게 편지를 보내 량치차오 사후 상황 및 그에 대한 불공평한 대우를 거론했다.

류셴騮先[주자화의 자字] 형 좌우左右.
형과 상의할 일이 한 가지 있습니다. 량쓰청과 량쓰융 형제가 모두 리장

李莊에서 곤경에 처해 있습니다. 쓰청의 곤경은 부인 린후이인 여사가 폐결핵에 걸려 2년 동안 병석에 누워 있기 때문입니다. 쓰융은 3년 동안 위장병을 앓았습니다. 심각한 위장병에다 근래에 또 갑자기 기관지염에 걸렸는데 진찰해보니 폐병이 역시 위중한 상태라 합니다. 량런궁[량치차오]의 집안 형편이 청한함은 형도 잘 아실 것입니다. 이들 두 사람은 만리 길에 온갖 고생을 하며 후난, 광시, 윈난, 쓰촨을 편력하는 과정에서 이미 먹을 것조차 바닥났습니다. 여기에 또 병까지 겹쳐서 하루도 견딜 수 없는 형편입니다. 이 아우는 이곳에서 이들을 지켜보면서 정말 괴로운 심정뿐입니다. 형도 틀림없이 같은 마음이리라 생각합니다. 이 아우의 생각으로는 정부에서 이들 형제에게 약간의 보조금을 지급해야 할 듯합니다. 그 이유는 이러합니다.

첫째, 량런궁은 국민당의 적이었지만 중국의 신교육 및 청년 애국 사상 계도에 많은 영향을 끼치면서 청 말에 볼만한 업적을 크게 남겼습니다. 그는 평생 나쁜 일을 하려 하지 않고 계속 독서인讀書人으로 살았으며, 국가를 보호하는 일에도 큰 공을 세웠습니다. 이 또한 그의 공적이 우리 중화민국에 있다고 할 수 있습니다. 그의 맏아들과 둘째 아들은 모두 애국적인 학자로 자랐는데, 이는 다른 집안의 가풍과는 다릅니다. 이런 시기에 국민당은 관대한 마음을 보여야 합니다. 예를 들어 작년에 장蔣[장제스蔣介石] 선생이 차이쑹포[차이어] 부인의 장례에 부의금을 보낸 일은 이 아우가 생각하기에도 매우 올바른 처사였습니다.

둘째, 쓰청의 중국 건축 연구는 지금 세상에 필적할 사람이 없습니다. 영조학사營造學社[8]는 그 한 사람이 있을 뿐입니다. 영조학사가 매년 쌓아온 성적에 대해 일본인들은 시샘을 그치지 않고 있습니다. 이것은 중국의 문물을 더욱더 발전시키는 아주 커다란 연구 항목입니다. 그의 부인도 오늘날의 재원인데 그 재주와 학문이 셰빙신謝氷心[9]보다 윗자리에 있

---

8 중국 고대건축을 전문적으로 연구하는 민간 학술단체. 1929년 베이징 중산공원中山公園에서 창립되었다. 1930년 이후 량쓰청이 영조학사를 주관했다.
9 중국 작가(1900~1999). 중국 근대문학 초창기의 대표적 소설가 겸 시인으로 꼽힌다. 쓰청의 부

습니다.

셋째, 쓰융의 사람됨은 우리 연구소 동료 중에서 가장 공정합니다. 안양安陽의 발굴은 나중에 그에게 의지해야 하고 지금 보고서 작성도 그에게 의지해야 합니다. 직무에 충실하다가 이곳에서 곤경에 처했지만 모든 일을 선공후사의 태도로 처리하고 있습니다.

결국 두 사람은 모두 오늘날 얻기 어려운 어진 선비이고 또한 국제적으로도 매우 유명한 중국 학자입니다. 오늘 이들이 이곳에서 곤경에 처해 있으므로 이들의 가세家世를 따져보고 이들의 개인 능력을 따져보아 정부에서 마땅히 자상하게 [이들을] 돌봐주어야 할 듯합니다. 우리 형께서 천부레이陳布雷 선생과 이 일을 한번 상의해보실 수 있는지 모르겠습니다. 그리하여 편리한 대로 장제스 공에게 말씀을 드리고, 량런궁 후사들이 인품과 학문이 모두 중국 제일이고 국제적으로도 저명한데도, 병으로 곤경을 겪으며 이처럼 어려운 지경에 빠졌으니, 2~3만 위안을 하사해주시면 좋겠다고 설명해주십시오. ―액수가 많기는 하지만 이 병에 필요한 경비가 이 정도로 그치지 않을 것입니다.― 국가에서 비록 량런궁의 정치적 공헌은 인정할 수 없겠지만 문화상의 공헌은 묻어둘 수 없을 것입니다. 또 명인의 후예로 량씨 형제와 같은 사람은 매우 드물다고 할 수 있습니다. 두 사람이 하는 일은 모두 중국 역사의 문물을 선양하는 일이니, 이는 장제스 공이 제창하는 일이기도 합니다. 이 아우는 이 일이 체통 면에서도 올바름을 잃지 않는다고 생각합니다. 이 아우는 평소 이런 일에 찬성하지 않는 입장이었지만 오늘날은 국가 상황도 이와 같고 개인 상황도 이와 같으므로 다른 사람을 위해 편리를 도모하는 일에 권력의 힘을 좀 빌리려고 합니다. 이 일을 살펴보면 이 아우가 전적으로 쓸데없는 일에 간섭한다고도 할 수 있습니다. 저는 런궁에 대해 본래 감복하는 편은 아니지만 그가 문단에 끼친 공헌은 묻어둘 수 없음을 잘 알고 있습니다. 지금 쓰융과 쓰청 두 사람의 처지를 거듭 생각해보면 외부

인 린후이인(1904~1955)은 저명한 건축가이자 작가다.

에서 도움을 주지 않을 경우 예기치 않은 일이 발생할까 두렵습니다. 도움을 주는 일에도 합당한 이유가 있는 것입니다. 이 일을 형이 언급할 때 절대로 이 아우가 발의한 일이라고 밝히지 말아주셨으면 합니다. 어떻게 생각하시는지요? 답장해주시기를 부탁드립니다. 감사합니다.

(『량치차오와 그의 자녀들』, 198~200쪽)

푸쓰녠은 국민당 내부에서도 보통 인물이 아니다. 폐부에서 우러나온 그의 이 발언은 량치차오가 국민당 사람들 눈에 도대체 어떤 위치에 있었는지를 이해하는 데 많은 도움을 준다. 이 모든 것은 량치차오와 쑨중산 사이의 시시비비와 은원관계가 남겨놓은 여진인 셈이다.

제11장

적이면서 벗: 량치차오와 장타이옌

/

량치차오와 장타이옌 사이에 공통점이 많다고 하기는 어렵다. 품성, 학술, 정치적 입장 및 실천 방안을 막론하고 공통점보다는 차이점과 불일치점이 훨씬 더 많다. 처음에는 둘 모두 만청晚清 사상계에서 새로운 기풍을 선도하는 영도자로 활약했다. 말하자면 근대 이후 계몽운동의 선구자인 셈이다. 그들은 문장으로 당시 여론계를 찬란하게 비추는 큰 두 깃발이었지만, 이 두 깃발은 나중에 서로 다른 진지에 꽂히고 말았다.

『시무보』의 두 건필

장타이옌章太炎은 저장 성浙江省 위항餘杭 사람으로 이름은 빙린炳麟, 자는 메이수枚叔, 호는 타이옌이다. 청나라 대유大儒 위취위안俞曲園의 제자다. 위취위안은 이름이 웨樾, 자는 인푸蔭甫, 호는 취위안으로 저장 성 더칭德清 사람이며, 일찍이 한림원翰林院 편수編修를 지냈다. 그는 또 고염무顧炎武, 강영江永, 대진戴震, 왕염손王念孫, 왕인지王引之 등으로 이어지는 고증학의 대가로 항저우杭州 고경정사詁經精舍의 주재자였다. 1890년, 22세 장타이옌은 고경정사에서 "더칭 위 선생을 섬기며 고증학을 공부했다." 그는 이곳을 8년 동안 출입하며 학문의 이치를 터득했다."(「스승님과의 절교謝本師」, 『장타이옌 연보 장편章太炎年譜長編』, 11쪽) 장타이옌이 국학에 조예가 넓고 정밀한 건 바로

장빙린(1868~1936). 자 메이수, 호 타이옌. 저장 성 항저우 위
항 사람이다. 광서 23년(1897) 『시무보』 필진이 되어 유신운동
에 참가했다가 수배령이 내려서 일본으로 망명했다. 문학, 사
학, 언어학 등 부문에 모두 조예가 깊었다.

이곳에서 유익한 학문을 배웠기 때문인데, 이는 량치차오가 시종일관 미칠 수 없는 부분이었다. 량치차오는 청나라 학술이 변화, 분화, 쇠락 시기를 거쳤다 하면서도 오직 한 사람만이 "정통파 대장군 역할을 했다"라고 진술했다. 그가 누구인가? 바로 위항 사람 장빙린章炳麟[장타이옌]이었다.(『청대학술개론淸代學術槪論』, 95쪽)

장타이옌도 동시대 수많은 사람과 마찬가지로 갑오년(1894) 청일전쟁에서 중국이 일본에 패한 상황에 자극받아 서재를 박차고 현실로 뛰쳐나왔다. 장타이옌은 직접 이렇게 말했다. "을미년(1895) 캉유웨이康有爲가 강학회强學會를 설립했을 때 나는 28세였다. 이보다 앞서 25세 때 처음 항저우로 가서 고경정사에서 공부를 했다. 위취위안 선생이 원장으로 있었는데 나는 그곳에서 처음으로 『춘추좌씨전春秋左氏傳』을 전문적으로 공부했다. 그 무렵 캉유웨이가 학회를 개설했다는 소식을 듣고는 회비로 은화 16위안圓을 부쳐주고 강학회에 가입했다."(『장타이옌 연보 장편』, 27쪽) 펑쯔유는 또 이렇게 말했다. "갑오년 27세 때 장타이옌은, 광둥廣東 사람 캉쭈이康祖詒[캉유웨이]가 회시會試 응시자들을 모아 공거상서公車上書를 올리고 변법變法을 주청했다는 소문을 듣고는 놀라서 [캉쭈이를] 기이한 선비로 여겼다. 장타이옌은 마침 캉이 발기한 강학회가 저장 각 서원으로 회원 모집 서찰을 보내자 회비 16위안을 납부하고 회원으로 등록했다. 간혹 상하이 신문사로 기고문을 보내 정견을 발표했고 이로써 문명文名이 나날이 높아졌다."(『혁명일사革命逸史』 상책, 50쪽)

왕캉녠汪康年과 량치차오는 이러한 인연으로 광서光緒 22년(1896) 『시무보時務報』 창간 이후 장타이옌에게 초청 서신을 보냈다. 장타이옌은 「소년 시절 일을 구술함口授少年事迹」에서 다음처럼 이야기했다. "병신년(1896) 내가 29세 되던 해, 량치차오가 상하이上海에서 『시무보』 신문사를 창립하고 예하오우[예한]를 항저우로 보내 나에게 신문사 입사를 요청했다. 내가 물었다. '어떻게 나를 아시오?' 그가 대답했다. '그대가 전에 강학회에 입회한 일이 있었기 때문이오.'"(『장타이옌 연보 장편』, 36쪽) 펑쯔유는 또 다음과 같이 말했다. "병신년에 샤쩡유夏曾佑와 왕캉녠이 상하이에서 『시무보』를 창간하고 장타이옌을 초빙해 량치차오와 집필을 분담하게 했다. 장타이옌과 량치차오의 친교는 이때 시작되었다."(『혁명일사』 상책, 50쪽) 펑 씨 기록에는 사실과 다른 점이 많지만 장타이옌과 량치차오의 친교가 이때부터 시작되었다는 언급은 진실에 속한다. 장타이옌과 왕캉녠은 일찍부터 교류가 있었다. 장타이옌은 이전에 왕캉녠에게 편지를 보내 신문 발간에 대한 자기주장을 밝힌 적이 있다. 이 때문에 장타이옌은 량치차오가 초청하자 조금도 주저함이 없이 바로 가겠다고 응답했다. 샤쩡유와 량치차오가 친밀하다는 점도 장타이옌이 흔쾌히 상하이행을 결심한 원인이었다. 위취위안 선생은 이 때문에 기분이 좀 불쾌했다. 『타이옌 선생 자정 연보太炎先生自定年譜』에서도 이 일을 언급하고 있다. "이때 캉유웨이의 제자 신후이新會 량치차오 줘루卓如와 쑤이칭穗卿[샤쩡유]이 자금을 모아 상하이에서 『시보時報』[『시무보』라고 해야 함]를 창간하고 나를 집필자로 초청했다. 내가 그들의 초청에 응하여 처음으로 고경정사를 떠나려 하자 위 선생님께서 상당히 불쾌해하셨다."(『명인 자술名人自述』, 101쪽)

　　장타이옌은 병신년 12월(1897년 1월) 항저우 고경정사를 떠나 상하이 『시무보』로 가서 집필 업무를 맡아보게 되었다. 정유년 정월 21일(1897년 2월 22)일 자 『시무보』 제18호에 장타이옌의 첫번째 기사 「아시아는 이빨과 입술의 관계가 되어야 함을 논함論亞洲宜自爲脣齒」이, 이어 제19호에는 「학회는 중국인黃人에게 크게 유익하므로 잘 보호해야 함論學會有大益於黃人亞宜保護」이 실렸다. 장타이옌의 학문과 재능은 사람들을 크게 탄복시켰다. 하지만 그의 글이 너무 예스럽고 전아하여 통속성이 부족하다고 지적하는 사람도 있었다. 탄쓰퉁은 2월 초7일 왕캉녠과 량치차오에게 보낸 편지에서 이렇게 감탄했다. "귀 신문사에서 장메이수章枚叔[장타이옌] 선생을 초빙했다고 하는데, 그가 쓴 글을 읽어보니 정말 대단한 사람이었습니다. 대체로 줘 공[량치차오]은 [전한前漢의] 가의賈誼와 유사하고, 장타이옌은 [전한의] 사마상여司馬相如와 유사합니다."(『탄쓰퉁전집譚嗣同全集』, 514쪽) 황쭌셴黃遵憲도 3월 21일 왕캉녠에게 보낸 편지에서 장타이옌을 언급했다. "신문사에 새로 장메이수와 마이루보[마이멍화]를 초빙했는데 모두 재주가 뛰어납니다. 우리 진영을 크게 신장시키고 사람들의 기상을 북돋워줄 인물입니다. 장타이옌이 쓴 학회론은 대단히 웅장하고 아름답지만 다소 예스러운 혐의가 있습니다. 그것은 문집에나 쓸 문장이지 신문에 쓸 문장은 아닙니다. 작문은 9품 말단 관리가 읽어도 전부 이해할 수 있어야 최상이라 할 수 있습니다. 그러나 쓰기 어려운 옛 문체를 이렇게 써낼 수 있음도 귀한 일이니 그는 정말 재주 있는 선비라 할 만합니다."(『황쭌셴집』, 466쪽) 오래지 않아 황쭌셴은 왕캉녠에게 보낸 편지에서 다시 장타이옌을 거론했다. "장타이옌 군의 문장 또한 놀랄 만합니다. 1~2월 중에도 한두 편 정도 쓸 수 있을 듯합니다."(앞의 책, 470쪽) 황쭌셴의 희망은 실현되지 못했다. 장타이옌이 『시무보』 집필을 그즈음에 그만두었기 때문이다. 장타이옌이 글을 계속 쓸 생각이 없었던 건 아니지만 이후 급속도로 량치차오와 의견 차이가 발생해 둘 사이의 갈등이 아주 불쾌한 지경에까지 이르렀다. 심지어 한번은 말로 화해하지 못해 몸싸움까지 일어나기도 했다. 장타이옌은 탄셴譚獻에게 보낸 편지에서 량치차오의 제자가 자기 친구 중화仲華를 구타한 일을 얘기했다. 정유년(1897) 3월, 장타이옌은 분노 끝에 『시무보』를 떠났다. 당시 그들이 협력했던 기간은 가장 길게 잡아도 4개월을 넘지 못한다.

존경심과 적개심 사이

기실 당시 장타이옌은 캉유웨이와 량치차오의 변법 주장에 반대하지 않았을 뿐만 아니라 오히려 찬성하는 입장이었다. 더 나아가 캉과 량이 대대적으로 내세우던 금문경학今文經學에 대해서도 특별한 반감을 표시하지 않았다. 장타이옌은 본래 고문경학古文經學 일파였지만 글을 쓸 때는 전혀 금문경학의 관점과 논조를 피하지 않았다. 그들 사이에 충돌이 발생한 구체적 사건에 근거하여 분석해볼 때, 당시 장타이옌이 용인할 수 없었던 점은 주로 량치차오 및 캉유웨이 제자들이 캉유웨이에게 보인 태도와 공교孔教 창립에 미쳐 날뛰는 그들의 망동이었다. 장타이옌은 3월 19일 탄셴에게 편지를 보냈다.

저는 량치차오와 마이루보 등을 만나 학파 얘기를 할 때면 문득 물과 불처럼 느껴지곤 합니다. [제 친구] 중화도 상하이에 숙소를 두고 있는데 토론 때마다 캉유웨이의 학파와 갈등을 빚습니다. 애석하게도 그 사람은 기가 너무 약하고 학식도 풍부하지 못한지라 논거를 잃고 토론에서 지는 일도 더러 있는 모양입니다. 쥐루의 제자 량쭤린梁作霖이란 자는 중화를 비루한 유생이라 질책하고 또 개같이 천한 놈이라 욕설을 퍼부었다고 합니다. 저는 아직 창피를 당하지 않고 있지만 이 또한 원고와 황생이 만난 일轅固之遇黃生[1]과 그리 다르지 않은 듯합니다. 캉유웨이 당파의 대현大賢들은 장쑤長素[캉유웨이]를 교황敎皇으로 받들며 난하이南海의 성인이라 여깁니다. 그러면서 [장쑤가] 10년이 안 되어 천명을 받을 것이라고 합니다. 그 사람의 눈빛은 마치 바위 아래로 번개가 치듯 형형한데, 광증에 걸린 환자처럼 이런 망발을 늘어놓고 있으니 한번 비웃을 가치조차 없습니다. 그러나 그를 좋아하는 사람들은 말똥구리가 말똥에 모여드는 것 같습니다. 이에 제가 부득불 크게 꾸짖으며 그 망동을 직접 공격하지 않을 수 없습니다.

일찍이 [춘추시대 정鄭] 등석鄧析, [춘추시대 노魯] 소정묘少正卯, [당唐] 노기盧杞, [북송北宋] 여혜경呂惠卿 등을 일러 용속한 무리라고 꾸짖었지만 이들은 모두 노예가 된 것은 아니었습니다. 그러나 [명明] 종백경鍾伯敬[종성鍾惺]과 이탁오李卓吾[이지李贄] 같은 자들은 미친 짓을 함부로 자행하며 도리에 맞지 않는 말을 지어냈으니 바로 캉유웨이의 무리와 유사합니다. 마침 탄푸성譚復生[탄쓰퉁]이 강남江南에서 와서 쥐루의 문장을 가의에 비유하고 저의 문장을 사마상여에 비유했습니다. 그러나 그가 마 군[마이밍

---

1 원고轅固 또는 원고생轅固生은 전한 경제景帝 때 『시경詩經』 박사다. 원고생은 경제의 면전에서 탕왕湯王과 무왕武王의 혁명을 둘러싸고 황생黃生과 치열한 토론을 벌였습니다. 황생이 상 탕왕이 하 걸왕桀王을 죽인 일과 주 무왕武王이 상 주왕紂王을 죽인 일은 혁명이 아니라 시해에 불과하다고 하자, 원고생은 걸왕과 주왕의 학정으로 민심이 탕왕과 무왕에게 모여들었으므로 두 사람이 걸왕과 주왕을 죽인 일은 시해가 아니라 혁명이라고 주장했다.

화]을 칭찬하지 않자 마이멍화는 우리를 심하게 시기했습니다. 3월 13일 캉유웨이 패거리가 모두 모였을 때 그들은 팔뚝을 휘두르며 크게 소란을 피웠습니다. 당시 량쥐린은 또다시 중화를 구타하려 들며 사람들을 향해 공언했습니다. '옛날 광둥에서 모某 효렴孝廉이 캉 선생님을 비난할 때 내가 여럿이 보는 자리에서 그를 구타했다. 지금 또 자기네 학문을 자신하는 저 둘[장타이옌과 중화]을 구타할 것이다.' 이는 참으로 슬픈 일입니다. 장쑤에게 이 몇 명의 제자가 있는 것이 과연 공자가 자로子路를 얻은 것처럼 다른 사람들에게 험담을 안 들을 수 있겠습니까? 저는 마침내 중화와 함께 앞서거니 뒤서거니 항저우로 돌아가서 저들의 공격을 피했습니다. (『장타이옌 정론 선집章太炎政論選集』, 14~15쪽)

탄셴(1832~1901)은 장타이옌이 어린 시절 고향에서 학문을 배운 또 한 명의 스승이다. 둘은 친밀함을 유지했고 늘 편지를 주고받으며 문학과 학술을 토론했을 뿐 아니라 각자의 상황에 대해서도 이야기를 주고받았다. 탄셴은 저장 성 런허仁和 사람으로 자는 중슈仲修다. 동치同治 연간 거인擧人에 급제해 일찍이 안후이安徽 성 취안자오全椒 등에서 지현知縣을 지냈다. 창저우常州의 금문경학을 신봉하는 학자였다. 장타이옌은 『타이옌 선생 자정 연보』에서 탄셴을 가리켜 "양호陽湖[지금의 장쑤 성江蘇省 창저우] 장 씨莊氏를 즐겨 칭찬했다"라고 했다.(『명인 자술』, 101쪽) 이 양호 사람 장 씨가 바로 청나라 창저우 금문경학의 창시자 장존여莊存與다. 『청사고淸史稿』[2]에서는 탄셴을 다음처럼 서술했다. "경학 공부를 할 때는 반드시 양한兩漢 유학자들의 미언대의微言大義를 탐구하면서 구절의 뜻에만 집착하지 않았으며, 독서는 날마다 일정한 순서에 따라 소정의 과목을 읽었다. 자신이 쓴 모든 논저에 대해 일기에 교정 기록을 남겨놓았다. 문장은 한위漢魏에 근원을 두었으

---

2 중국의 정사正史인 24사史를 계승해 기전체로 편찬한 중국 청조사淸朝史. 신해혁명으로 세워진 중화민국 베이징 정부가 1914년 청사관淸史館을 설립하고 자오얼쉰趙爾巽(1844~1927) 등 학자 수십 명을 동원해 1927년까지 편찬했다. 아직 완성되지 못한 미정고未定稿라는 의미에서 '청사고'라 불린다.

며 시詩는 부드러운 내용을 잘 써서 측은하게 사람을 감동시켰고 사詞에도 뛰어났다." 탄셴은 당시 우한武漢에 거주하고 있었다. 그는 3월 27일 일기에 이렇게 썼다. "소문을 들으니 장메이수[장타이옌]가 동료들과 다투고 나서 그곳을 떠났다고 한다. 이 일은 내가 예상한 바라 일찍이 그가 상하이로 가는 것을 막은 적이 있다." 당시 상황을 살펴보면 장타이옌의 상하이행에 반대한 사람은 위웨俞樾[위취위안]뿐만이 아니었고, 탄셴도 그를 저지하려 했다. 탄셴은 이틀 후인 3월 29일 일기에다 또 이 일에 대한 자기 관점을 기록해놓았다. "장메이수[장타이옌]가 보낸 편지를 받아보니 그쪽에 난리가 나서 고통스럽다고 한다. 선비들이 자립은 도모하지 않고 까닭 없이 문파 간에 다툼만 일삼고 있다. 자신의 마음과 역량을 다해보지만 싸움만 야기하고 있으니 냉소만 우러날 뿐이고 그 일에 열심히 매달리는 모습이 더욱 더 우스꽝스러울 뿐이다."(『장타이옌 정론 선집』, 15쪽 「설명說明」에서 재인용)

장타이옌은 자부심이 대단히 강한 사람이었다. 그는 학문이나 문장을 막론하고 량치차오를 그리 대단하게 여기지 않았다. 량치차오는 장타이옌보다 몇 살 어렸지만 캉유웨이를 추종하면서 변법을 제창하고 강학회를 창립하고, 『중외기문』과 『시무보』의 집필을 담당했다. 그는 장타이옌보다 일찍 세상에 나왔고 사회적 지명도나 영향력뿐만 아니라 선동성과 감화력에서도 장타이옌을 훨씬 초월해 있었다. 따라서 이런 점에서는 장타이옌도 량치차오에게 얼마간 존경의 마음을 품고 있었다. 특히 장타이옌은 당시 캉유웨이와 량치차오의 변법을 만주족 통치 타도와 한족 지위 회복을 위한 유효한 방법으로 간주하고 있었다. 나중에 그는 「옥중에서 『신문보』에 답함獄中答『新聞報』」이란 글에서 『시무보』에 있는 동안 량치차오와 함께 일한 사정에 대해 이렇게 썼다. "중간에 『시무보』의 집필을 맡아 캉·량과 거짓으로 어울리며 변법을 언급한 적이 있다. 당시는 진실로 민기民氣[국민의 기상]를 드높이기만 하면 만주족 500만 명은 틀림없이 한족의 땅에 발을 붙이지 못할 것이라고 생각했다. 그 말은 지금과 다르지만, 그 취지는 지금과 같다. 옛날 것은 간접 혁명이고 지금 것은 직접 혁명이다. 어찌 처음에는 유신을 주장하다가 종당에는 혁명을 제창했겠는가?"(『장타이옌 정론 선집』, 233쪽) 장타이옌이 하고자 하는 말의 의미는 바로 자신은 시종일관 혁명을 주장했지, 처음에는 유신을 주장하다가 나중에 혁명으로 노선을 바꾼 것이 결코 아니라는 것이다. 당시에 그가 캉유웨이와 량치차오의 유신 변법 주장을 비판하지 않은 까닭은 주로 캉유웨이와 량치차오의 변법이 민기를 드높일 수 있고 일단 국민이 각성만 하면 만주족 최후의 날이 도래할 수 있기 때문이었다고 할 수 있다.

설령 이와 같다고 해도, 장타이옌은 캉유웨이가 스스로 '장쑤長素[소왕素王 즉 공자보다 뛰어나다는 의미]라 칭하고, 량치차오가 말끝마다 캉 씨를 들먹이며 '교황'이나 '성인聖人' 따위로 떠받드는 행위에 대해 아주 큰 불만을 품고 그들을 등석, 소정묘, 노기, 여혜경, 종성, 이지 등에 비견했다. 이들은 모두 역사적으로 유명한 공자 반대파로 경전의 도리를 어기고, 법도를 준수하지 않고, 강변强辯을 좋아하고, 세속 흐름을 따르지 않은 채 이단으로 살고자 한 인물들이다. 량치차오와 캉유웨이의 다른 제자들은 자연히 다른 사람이 이처럼 자신과 자신의 스승을 폄훼하는 걸 보고 싶어하지 않았다. 그들은 장타이옌과 한솥밥을 먹기로 약속했지만 실제로는 그와 심한 논쟁을 벌였다. 장타이옌도 보통 사람이 아니다. 그는 평소 독립된 입장으로 구속 없이 행동하며 자기 견해를 고집하고, 생각하는 바를 거리낌 없이 말하며 자신이 하고 싶은 대로 행동하는, 말하자면 선명한 개성으로 유명했다. 사람들은 그를 '장章 풍자瘋子[광인狂人]'라 불렀고 장타이옌 본인도 이러한 호칭을 전혀 거부하지 않았다. 그런데 이제 이 두 '광인'[장타이옌과 캉유웨이]이 함께 있게 되었으니 그들 사이에서 미친 행동이 나오지 않는 게 오히려 비정상이었다. 량치차오의 제자 량쥐린은 아마도 이들 중에서도 나이가 훨씬 어리고 성격도 아주 불같았던 듯하다. 그가 말하기를 광둥에 있을 때 어떤 사람이 캉유웨이를 폄훼해서 많은 사람 앞에서 그자를 두드려 팼다고 했다. 이 말은 너희도 두드려 맞고 싶으냐는 뜻이다. 량쥐린은 그렇게 말하면서 중화에게 달려들어 그를 두드려 패려 했다. 이 중화라는 사람은 상하이에서 교사생활을 하고 있었다. 장타이옌의 고향 친구로 항상 량치차오 등의 모임에 참석해 비판적인 의견을 내는 걸 좋아했다. 하지만 그

의견은 캉유웨이의 문파 학설에 저촉되는 것이어서 중화는 늘 캉유웨이 제자들의 공격에 입을 닫아야 했고, 량쒀린은 그를 '비루한 유생陋儒'또는 '개같이 천한 놈狗彘'이라고 매도했다.

장타이옌은 이런 다툼으로 마음이 상하자 3월 22일 동향이자 오랜 친구인 왕캉녠에게 편지를 보내 『시무보』를 떠나지 않고서는 아무것도 할 수 없다고 토로했다. "신문사 자리에 잠시라도 머무르기가 참으로 어렵네. 나를 초빙한 상황에서는 다른 사람의 경우에도 이 같은 일을 참지 못할 것인데 하물며 저 스스로 오랜 친구라고 하는 경우임에랴? 오랜 친구라 하면서도 이런 행위에서 벗어나지 못한다면 다시 만나고 나서는 또 어떠하겠는가? 무릇 이번 일을 보면 서로 헤어지는 게 쌍방에게 모두 좋고, 다시 함께하면 쌍방 모두에게 해가 될 것이네. 이제 항상 필묵으로 교류하면서 서로 좋은 마음을 기억하며 각자 자신의 삶을 살아갈 수 있을 것이네. 이제부터 다툼이 생길까 두려워니 일찌감치 헤어지는 편이 더 좋겠네."(『장타이옌 연보 장편』, 43쪽) 왕캉녠도 나서서 장타이옌을 만류했지만 그는 떠날 마음을 바꾸지 않고 마침내 3월 27일 이전에 상하이를 떠나 항저우로 돌아갔다. 매우 애석한 일이었다.

공교가 문제

당시 캉유웨이가 공교 교주로 자처하며 공교를 창설하려 하자 그 움직임에 찬성하지 않는 이는 결코 장타이옌만이 아니었다. 황쭌셴, 샤쩡유, 옌푸 등은 캉유웨이와 빈번하게 왕래했고 더군다나 '참호 속의 전우'라 할 정도였지만 이들도 캉 씨의 공교 창설과 공교 보호 주장에 명확히 반대했다. 옌푸는 아주 이른 시기에 량치차오에게 편지를 보내 "공교는 보호할 수도 없고 보호할 필요도 없다"라고 경계했다.(『음빙실합집·문집飮氷室合集·文集』 제1권, 109쪽) 당시 량치차오는 옌푸의 의견에 아직 유보적 입장이었다. 무술정변戊戌政變 이후 고향에 머물던 황쭌셴은 량치차오가 쓴 「난하이 캉 선생전南海康先生傳」을 읽고, 다시 한번 당시의 공교 보호와 공자 존중尊孔 문제를 화제로 삼았다. 황쭌셴이 량치차오에게 말한 요지는 이렇다. 근대 유럽의 중요한 사상가는 모두 종교에 반대했다. 개인이든 민족이든 종교적 신념을 견지한 사람은 모두 낙오자였다. 시대에 낙오되었고 사회진보에 낙오되었다. 따라서 설령 서구 종교의 영향에 저항하려는 마음을 먹었더라도 공교를 만들 필요는 없다. 게다가 공교 보호 학설이 성행하면 극단적인 수구파에게 대외 배척이라는 빌미를 주게 된다. 황쭌셴은 그들이 "이를 빌미로 서구 종교를 공격할까" 걱정이 된다고 했다.(「량치차오에게 보내는 편지致梁啓超書」 1, 『황쭌셴집』, 486쪽) 이런 상황은 서구문화를 받아들이고 전파하는 데 불리하게 작용할 수도 있었다. 황쭌셴은 편지에서 공자와 그 학설, 기독교, 이슬람교, 불교의 공통점과 상이점을 상세히 토론했다. 이를 통해 공학孔學은 종교가 아니며 공자도 교주가 아님을 밝히고, 이어 량치차오를 깨우치고 타일러 그가 잘못된 길로 들어서지 않게 캉유웨이의 주장을 포기하도록 유도했다.

그러나 옌푸든 황쭌셴이든 막론하고 량치차오에 대한 그들의 비판과 가르침은 상이한 학파 간의 패싸움 조장이 아니라, 오히려 그 반대로 동일한 성향의 문인들이 서로 상이점을 인정하면서 화합하려 했던 아름다운 노력이었다고 할 수 있다. 량치차오는 캉유웨이에게 보낸 편지에서 자신이 옌푸의 편지를 읽고 감동받았다고 했다. "그분이 편지에 쓰신 말씀을 읽고 저는 제 뇌신경을 초월할 정도로 감동했습니다."(『량치차오 연보 장편』, 77쪽) 그러나 당시 량치차오는 이 문제에 대해 "여전히 어떻게 해야 할지를 정하지 못하고 있었다."(「량치차오에게 보내는 편지」 1, 『황쭌셴집』, 486쪽) 광서 23년(1897) 량치차오는 「공교 보호를 논하는 친구에게 보내는 답장」에서도 여전히 다음과 같은 관점을 견지했다. "대저 천하에 가르치지 않고不敎 다스려지는 백성은 없다. 따라서 천하에 종교 없이無敎 바로 서는 나라는 없다." "이 때문에 나는 몰래 생각건대 오늘 같은 세상을 살면서 '국가 보호保國' '공교 보호保敎'를 자신의 일로 삼지 않는 자는 반드시 그 사람됨이 위태롭기 때문에, 말하는 것도 분명하지 못하고 생각하는 것도 성숙하지 못하다." 또 량치차오는 '보공교회保孔敎會'를 발기하면서 이렇게 말했다. "사람들을 만나 반드시 공교 보호의 대의를 분명하게 설명하고 점차 확대해나가면 이야기를 할수록 더욱 그 의미가 밝아질 것이다. 이렇게 되면 우리가 가는 이 길이 대지에서 끊어지지 않고 응당 희망이 생길 것이다."(『음빙실합집·문집』 제1권, 9~11쪽) 이러한 언행에서도 알 수 있듯이 당시 량치차오는 여전히 캉유웨이를 추종하면서 "사람들을 만나면 반드시 공교 보호의 대의를 분명하게 설명하자"고 했다. 량치차오가 후난湖南 시무학당時務學堂에서 강의하는 동안 그의 이러한 언행은 그곳 '공교 보호' 인사들에게 불만을 야기했다. 왕셴첸, 예더후이, 쩡롄曾廉 등은 도학 수호와 공교 보호를 자기 임무로 삼은 사람들이었다. 하지만 그들은 자신들의 '공교 보호'를 근거로 캉유웨이와 량치차오가 내세우는 '공교 보호'를 공격했다. 왕셴첸의 제자 쑤위蘇輿는 명령에 따라, 변법유신을 배척하는 후난 선비들의 서신과 규약과 상주문 등을 책자로 편집해 『익교총편翼敎叢編』이라는 이름을 붙였다. '익교'란 바로 '공교 보호'의 의미다. 그들이 보기에는, 캉유웨이와 량치차오가 '공교 보호'란 명의를 쓰고 있지만 기실 '공교 보호'의 실제 내용은 없다는 것이다. 말하자면 '홍기紅旗를 내세워 홍기를 공격하는 꼴打著紅旗反紅旗'이라 할 수 있다. 쩡롄은 황제에게 올린 상소문에서 더욱 직접적으로 다음처럼 주장했다.

신臣이 몰래 공부주사工部主事 캉유웨이를 살펴보건대 그 학문과 행위의 자취가 절대 왕안석王安石에 비견될 위인이 아닙니다. 그는 자신의 자字를 장쑤라 합니다. '장쑤'라 함은 소왕素王[공자]보다 뛰어나다는 뜻입니다. 신이 또 그가 지은 『신학위경고新學僞經考』와 『공자개제고孔子改制考』 등을 읽어보니 성인을 혼란에 빠뜨리고 사특한 학설을 섞어넣은 뒤 공자를 최상으로 높여 신성명왕전세교주神聖明王傳世敎主라는 아름다운 칭호로 일컫고 있습니다. 대저 캉유웨이는 일찍이 서구의 민권과 평등 학설을 주장하며 공자를 모세로 생각하고 자신을 예수로 생각했습니다. 크게는 자신이 중국의 교황이 되려는 마음을 품고 특별히 위대한 성인 공자에 기탁해 주인이 된 후 그 기풍을 천하에 펼치려 합니다. 이 때문에 아무런 근거 없이 성인의 언행을 날조해 이러한 명칭을 만들어냈으니 그 속셈과 계산이 보통 부귀한 자들의 자기 욕심 채우기와는 다른 듯합니다.

(…)

캉유웨이가 나아가면 량치차오 등의 무리도 그 뒤를 따라 나아갑니다. 량치차오는 캉유웨이 문하에서 웨츠越賜[공자의 뛰어난 제자 단목사端木賜 즉 자공子貢을 뛰어넘었다는 뜻]란 호를 쓰는데, 소문에는 차오후이超回[공자의 수제자 안회顏回를 뛰어넘었다는 뜻] 같은 이름도 쓴다고 합니다. 이 또한 공문孔門을 능가해 그 위에 서겠다는 의미입니다. 대저 캉유웨이는 공자를 스스로 성인이 된 사람으로 여기고 육경六經을 모두 옛것에 의탁해 지은 경전이라 생각합니다. 량치차오는 캉유웨이를 스스로 성인이 된 사람이라 여기고 육경을 새로 편정해야 한다고 생각합니다. 이러한 일이 정말로 실행되면 캉 씨의 학문은 장차 천하를 속박해 하나로 만들 것입니다. 그럼 정말 공자를 모세로 생각하고 캉유웨이를 예수로 생각하게 될 것입니다. (『무술백일지戊戌百日志』, 486쪽)

이러한 언급을 통해 우리는 쑤위와 쩡롄의 안목이 매우 날카롭다는 사실을 알 수 있다. 그들은 캉유웨이가 공교를 제창하고 공교를 보위하겠다는 명목을 내세우지만 기실 자신이 교주가 되어 공자를 대신하려 할 뿐만 아니라 지금의 황상까지 대신하려 한다는 사실을 한눈에 간파해내고 있다. 따라서 쑤위와 쩡롄은 캉유웨이와 량치차오가 내세우는 '공교 보호'는 가짜 간판이고 기실은 천하의 주인을 바꾸려는 속셈이 진짜 내용이라 인식하고 이러한 자들을 모조리 참수해야 한다고 주장했다. 그런데 당시에 의외로 장타이옌이 나서서 캉유웨이와 량치차오를 변호했다. 그는 「익교총편 뒤에 쓰다翼敎叢編書後」를 지어 『익교총편』의 관점을 날카롭게 비판하고 반박했다. 장타이옌은 먼저 『익교총편』이 캉유웨이의 금문경학을 배척하고 있음을 긍정적으로 평가한다면서 그것이 그 책의 요점임을 간파하고 있다. 하지만 그는 캉 씨의 경학 관점과 변법유신 실천방법을 한데 섞어놓은 부분은 이 책의 커다란 결점이라 인식했다. 그의 관점으로는 학술은 학술이고, 정치는 정치일 뿐 그것을 하나로 뒤섞어서 말할 수는 없다는 것이다. "작년에 여러 변법 방안을 후난 사람들로 하여금 냉정하게 처리하도록 했다면 과연 옛 법도를 어지럽히며 천하 사람들의 비난을 받았겠는가?" 이 문장은 대략 '작년 일정한 기간 변법을 실천한 그 새로운 정치新政를 후난 사람들이 냉정하게 생각해봤다면 캉유웨이 일당이 옛 법도를 개혁하며 천하 사람들과 맞서려고 했겠는가?'라는 의미를 담고 있다. 장타이옌은 우물 안 개구리와 같은 유생들만이 이처럼 진부한 언사를 내뱉으며 유신변법파가 하는 일을 헐뜯고 비난할 것이라고 했다.

오늘날 군권君權을 말하는 자는 캉 씨가 민권民權을 주장한다고 통박한다. 부도婦道가 사라진다고 말하는 자는 캉 씨가 남녀평등을 주장한다고 통박한다. 공리공담을 일삼는 자는 스스로 맹자와 순자의 전통을 끊을 수 없다고 한다. 그러다가 조정 상황이 일변하면 불현듯 제왕의 공덕을 찬양하는 문장을 지어 바치고 그 치질을 핥으며 오직 아첨을 시급히 하지 못할까 걱정한다. 아울러 앞서 거론한 군권과 부권婦權도 모두 잊어버린다. 대저 캉 씨는 평소 민권과 남녀평등을 말해왔는데 그 급급한 모습이 마치 북을 두드리며 잃어버린 아들을 찾는 듯했다. 또 일을 처리할 때도 오직 황제의 처결을 숭앙하면서 궁궐의 잘못을 바로잡으려 했다. 비록 스스로 그러한 대의를 견지할 수 없으면서도 자신이 섬기는 사람에게 충성을 잃지 않으려 했다. 그런데 캉 씨와 말다툼을 벌이는 자들은 그 속셈이 과연 어떠한가? (『장타이옌 정론 선집』, 96~97쪽)

여기에서 알 수 있는 것처럼 장타이옌과 캉·량은 완전히 대립적인 관계가 아니었다. 장타이옌은 캉유웨이와 금고문今古文 경학 부문에서 의견이 엇갈렸지만 이러한 의견 차이는 고대부터 있었고 그들 사이에만 존재한 것은 아니었다. 장타이옌도 량치차오의 공자 신격화 주장에 반대하면서 공자는 단지 학자이고 교육자일 뿐 공교 교주는 절대 아니라고 인식했다. 그는 캉유웨이를 성인으로 여기며 개인숭배 경향을 드러내는 태도에 대해서도 더욱 강력히 반대했다. 하지만 장타이옌은 캉·량의 변법 추진 용기에 대해 매우 탄복했고 황제가 되려는 언행도 반드시 대역무도한 짓은 아니라고 보았다. 펑쯔유도 이와 관련해 한 가지 일을 언급한 적이 있다. "무술년 봄에 후베이 총독 장즈둥張之洞이 자신의 막료 샤쩡유와 첸쉰錢恂의 추천을 받아 장타이옌에게 후베이로 오라는 초청 전보를 쳤다. 장 씨가 초청에 응해 처음 길을 나설 때는 장즈둥에게서 꽤 좋은 대우를 받았다. 당시 장즈둥은 『권학편』을 막 탈고했다. 그 상편은 충성을 교육하는 내용이었고 하편은 공업 기술을 다루었는데, [장즈둥은] 내친김에 도움이 될 말을 장타이옌에게 청했다. 장 씨는 상편에 대해서는 한마디 언급도 하지 않은 채 오직 하편만이 시세에 가장 적합한 글이라 평가했다. 장즈둥은 그의 말을 듣고 대단히 불쾌해했다. 당시 양호서원兩湖書院 원장이었던 량딩펀은 어느 날 장타이옌에게 캉유웨이가 황제가 되려 한다는데 그 소문을 들은 적이 있느냐고 물었다. 장타이옌은 이렇게 대답했다. '캉유웨이가 공교 교주가 되려 한다는 소문만 들었지 황제가 되려 한다는 소문은 듣지 못했소. 사실 사람이 제왕이 되고 싶어함은 본래 이상한 일이 아니오. 오직 교주만 되려고 하는 게 오히려 현실에서 벗어난 생각이오.' 량딩펀은 대경실색하며 말했다. '우리가 이 나라에서 녹봉을 받으며 살아온 지 200여 년이나 되는데 어찌 그런 미친 말을 하는 것이오?' 그러면서 벌컥 화를 냈다. 량딩펀은 마침내 그 이야기를 장즈둥에게 고해바치며 장타이옌은 심성이 바르지 않고 때때로 임금을 기만하고 윗사람에게 반항하는 말을 하니 중용해서는 안 된다고 했다. 장즈둥은 장타이옌에게 여비 500량을 주고 샤쩡유와 첸쉰으로 하여금 장타이옌을 잘 구슬려 후베이를 떠나가게 했다."(『장타이옌 연보 장편』, 65쪽에서 재인용)

장타이옌은 이 시기 벌써 '혁명' 사상을 품고 있었다. 하지만 아직은 자기의 생각과 친구들 간의 토론에 한정되어 있어서 청 정부와 공개적으로 결별할 정도로까지는 사상이 발전하지 않았다. 당시 캉유웨이와 량치차오도 아직은 '보황保皇[황제 보위]'의 기치를 들지 않고 있었다. 둘은 민권과 평등을 호소하고 의회 개원을 요구하는 데 더 많은 힘을 기울이며 선비와 백성이 의정에 참여할 수 있는 권리를 쟁취하고자 노력했다. 따라서 장타이옌과 그들 사이에 더러 불화가 생기기도 했지만 서로 교류하는 데는 아무런 영향도 없었고 오히려 어떤 때는 그들 사이가 더욱 가까워지기도 했다. 장 타이옌의 '혁명'에 대해 언급한 몇 가지 필기 자료가 있다. 첫째는 왕타이 충汪太冲의 『장타이옌 외기章太炎外紀』다. 왕타이충은 이 글에서 장즈둥이 장 타이옌에게 호감을 갖게 된 것은 장타이옌이 『좌전左傳』[고문경학]을 높이고 『공양전公羊傳』을 억눌렀기 때문이고, 이에 첸쉰을 보내 장타이옌을 후베이 로 초빙해왔다고 했다. "당시 장타이옌은 혁명을 주장한다는 혐의가 좀 있 었다. 그래서 난피南皮[장즈둥]는 장타이옌을 감히 백주대낮에는 만나지 못 하고 그를 녠라오念老[첸쉰]의 집에 숨겨놓았다. 그리고 장즈둥은 한밤중에 주위 사람을 물리치고 타이옌을 만나 새벽까지 이야기를 나누며 크게 탄 복했다."(앞의 책) 여기에서 당시 "장타이옌에게 혁명을 주장한다는 혐의가 좀 있었다"라는 언급은 사실이지만 장즈둥이 장타이옌에게 크게 탄복했다 고 한 대목은 꼭 그렇게만 볼 수 없을 듯하다.

류청위劉成禺의 『세재당 잡억』에도 장타이옌 관련 기록이 있다. 장즈둥이 『초학보楚學報』를 창간하려고 마침내 장타이옌을 초빙해 주필로 삼으려 했다 는 내용이다. "장타이옌이 지은 「배만론排滿論」은 6만 자나 된다. 이 글이 완 성된 후 베껴서 총독에게 바치자 량딩펀은 글을 읽고 크게 화를 내며 '반 역이다 참수하라'는 말을 백 수십 번이나 외쳤다. 그리고 황급히 가마를 타 고 총독 관청으로 가서 장빙린[장타이옌]을 잡아들여 감옥에 가둔 뒤 법률 에 따라 죄를 다스려달라고 요청했다. 나[류청위]는 주커러우朱克柔, 사오중 웨이邵仲威, 청자청程家檉 등과 그 말을 듣고 급히 왕런쥔王仁俊을 방문해 이 렇게 말했다. '선생님[왕런쥔]께서 『초학보』 사장이 되셨고 총주필은 장즈둥 이 초빙해온 사람입니다. 그런데 지금 장타이옌이 쓴 「배만론」 때문에 큰 옥사大獄가 일어날 듯합니다. 조정에서는 틀림없이 그의 죄를 다스릴 테고 그럼 장즈둥이 가장 먼저 죄에 연루될 것입니다. 저는 그[장타이옌]가 유신 파를 반대하는 자라고 구실을 대겠습니다. 선생님께서는 서둘러 서원으로 올라가서 장타이옌은 광인이므로 쫓아내야 한다고 하십시오.' 왕런쥔이 서 원으로 올라가자 제안節庵[량딩펀]이 바로 장타이옌을 잡아들여 법에 따라

처리할 것을 요구했다. 런쥔이 말했다. '장 씨는 광인이므로 이날 바로 성省 경계 밖으로 추방하는 게 좋겠습니다.' 이에 장즈둥이 제안에게 서둘러 일을 처리하게 했다. 량딩펀은 분노를 풀 길이 없어서 장타이옌을 나포해 추방했다. 아울러 옷가지와 이불을 하나도 가져가지 못하게 하고 바로 신문사에서 축출했다. 그리고 가마꾼 네 명에게 장타이옌을 잡아 땅에 내팽개치게 하고 사인교四人轎 가마에서 가마 자루를 빼서 타이옌의 엉덩이를 때리게 한 뒤 벌 떼처럼 그를 쫓아냈다. 장타이옌은 몸에 지닌 물건이 아무것도 없었기 때문에 주커러우와 사오중웨이가 옷을 저당 잡히고 이불과 배표를 사서 그를 상하이로 돌려보냈다."(『세재당 잡억』, 109~110쪽)

이 기록은 생동감이 넘치고 세부 묘사도 매우 상세하다. 류청위는 당시 자신이 그 사건의 당사자로 현장에 있었다고 했지만 그가 기록한 이 내용에는 사실에서 벗어난 부분이 있다. 우선 『초학보』는 『정학보正學報』를 잘못 기록한 것이다. 장타이옌은 『정학보』를 창간하는 데 참여해 「정학보 연기正學報緣起」와 「예언例言」을 썼지만 『정학보』는 끝내 창간되지 못했다. 또 장타이옌은 6만 자에 이르는 「배만론」을 쓴 적이 없다. 장즈둥이 아마도 그에게 글을 쓰도록 약속하기는 했지만 그것은 결국 캉유웨이의 『신학위경고』를 반박하는 내용으로 제한되어 있었다. 장타이옌은 장즈둥의 『권학편』에 "청나라 황실에 충성을 다하자는" 내용이 있는 것을 보고 불쾌한 마음이 들어 (『장타이옌 학술 연보章太炎學術年譜』, 51쪽) 완곡하게 장즈둥의 요청을 거절했다. 분명 당시 장타이옌의 감정은 여전히 캉유웨이와 량치차오 편에 가까웠다.

무술정변 이후 두 사람의 사상 분열이 가속화하다

사실 장타이옌과 량치차오가 사상 감정, 정치 주장, 혁명 책략 등 여러 부문에서 의견 차이를 드러낸 것은 전부 무술정변 이후이며 이는 유혈 정변의 충격으로 인해 야기된 일이다. 펑쯔유의 진술을 요약하면 다음과 같다.

무술정변 이후 캉유웨이와 량치차오는 일본으로 망명했고 장타이옌도 일본 시인 야마네 도라오山根虎雄의 도움을 받아 타이완臺灣으로 도피했다. 장타이옌은 타이완에서 일찍이 "문장 한 편을 지어 캉유웨이와 량치차오에게 청 황실에서 벗어나라고 충고했다. 그리고 양무洋務에 조금이라도 통한 쑨원孫文은 종족 분별과 혁명 제창을 할 줄 알지만 당신들은 사림士林에 몸을 둔 채 순역順逆을 분별하지 못하고 기꺼이 오랑캐 조정을 섬기고 있으니 정말로 애석하다는 등의 말을 했다."(『장타이옌 연보 장편』, 73~74쪽) 즉 이 말은 양무를 조금 아는 쑨중산[쑨원]조차도 한족과 만주족을 분별해 혁명을 주장할 줄 아는데, 지식인이라 자처하는 당신들은 오히려 역사의 흐름을 따라가지 못하고 있으니 너무나 애석하다는 뜻이다.

이 문제에서 량치차오와 장타이옌은 확실하게 상이한 관점을 드러내고 있다. 량치차오는 광서 23년(1897) 동문 쉬친의 새 책『중국과 오랑캐에 관한 변론中國夷狄辨』서문에 이렇게 썼다. "송 이후로 유학자들은 오랑캐 퇴치攘夷에 관한 토론을 갈수록 더 치열하게 전개했지만 오랑캐로 인한 환란은 오히려 더 심해졌다. 진상이 폭로되고 형세가 급락하여 오늘날 그 극점에까지 닿게 되었다. 그런데도 시끄럽게 자대自大를 외치는 자들은 날마다 아웅다웅 언쟁을 일삼으며 끊임없는 분란을 야기한다."(『음빙실합집·문집』 제2권, 48쪽) 량치차오가 보기에, 일부 유생은 오랑캐 퇴치를 1000년 동안 주장했지만 오랑캐를 아직 물리치지도 못했고 오히려 오랑캐로 인한 환란이 갈수록 심해진다는 것이다. 이 '양이론攘夷論'을 견지하는 사람들은 모두 『춘추春秋』를 근거로 삼는데 이것이 이른바 '춘추대의春秋大義'다. 장타이옌은 『타이옌 선생 자정 연보』에서 다음과 같이 말했다. "책장에 장蔣[장량기蔣良騏]의 『동화록東華錄』이 있어 몰래 훔쳐보니 대명세戴名世, 여유량呂留良, 증정曾靜에 관한 일이 있었는데 모두 불평불만이 대단했다. 이로 인해 오랑캐를 천시하는 『춘추』의 뜻을 가슴에 품게 되었다. 그러나 선군先君께선 알지 못했다."(『장타이옌 연보 장편』, 5쪽) 장타이옌은 『어린 시절 일에 관한 구술 필기口授少年事迹筆記』에서도 자신이 외조부[주유첸朱有虔]에게서 "중화와 오랑캐의 구별은 임금과 신하의 대의와 같다"라고 하는 교훈을 전수받고 "만주족 배척 사상을 가슴에 품게 되었다"라고 했다. 그는 어린 시절 일을 이렇게 회고했다. "내가 물었다. '전인前人 중에서도 이런 이야기를 한 사람이 있습니까?' 외조부께서 대답하셨다. '왕선산王船山[왕부지王夫之], 고정림顧亭林[고염무]도 이미 언급한 적이 있다. 특히 왕 씨의 논리는 매우 과격하다. 그는 역대 망국은 경중을 따질 것도 없지만 오직 남송南宋이 멸망하자 중화의 의관과 문물이 모두 그와 함께 사라져버렸다.' 내가 말했다. '명明이 청에 망하느니보다 오히려 이자성李自成에게 망한 게 더 나았습니다.' 외조부께서 대답하셨다. '지금 그런 이야기를 할 필요는 없다. 만약 이자성이 명나라의 천하를 얻었다면 이자성이 비록 선인은 아니더라도 그 자손이 모두 악하다고는 할 수 없겠지만 지금 그런 이야기를 할 필요는 없다.' 나의 혁명 사상은 여기에 뿌리를 두고 있다. 외조부 말씀에 기대 살펴보면 종족혁명 사상은 원래 한족의 마음속에 잠복해 있는 생각인데, 다만 안으로 숨어 겉으로 드러나지 않고 있었을 뿐이다."(앞의 책) 1906년 6월, 장타이옌이 출옥하자 동맹회同盟會에서 사람을 보내 그를 맞이해 일본으로 데리고 갔다. 장타이옌은 도쿄 유학생 조직이 마련한 환영회 연설에서 자기 경력을 다음처럼 소개했다. "저는 어려서 장 씨의 『동화록』을 읽고 그 속에 대명세, 증정, 사사정查嗣庭 등의 사건이 기록된 것을 보았습니다. 저는 가슴속에 분노가 끓어올라 이민족이 중화를 혼란에 빠뜨렸다는 사실을 깨닫게 되었습니다. 이것이 우리 마음속에 잠복해 있는 가장 한스러운 일입니다. 나중에 또 정소남鄭所南[정사초鄭思肖], 왕선산 두 선생의 책을 읽었습니다. 이 책들도 모두 한족을 보위하자는 내용이었습니다. 민족 사상은 점점 발전하고 있었지만 두 선생의 말씀에 무슨 학문의 이치는 담겨 있지 않았습니다."(『장타이옌 정론선집』, 269쪽)

량치차오는 장타이옌과는 달리 어린 시절 조부에게서 충의와 절개에 관한 교육을 편중되게 받았다. 그가 살던 차컹 촌茶坑村은 야산崖山에서 멀지 않았고 남송 말년에 그곳에서 대단히 비장한 역사의 한 장막이 펼쳐졌다. 몽골족 철기군의 추격을 받고 남송의 피란 조정은 결국 이곳까지 밀려왔다. 하늘에도 길이 없고 땅에도 출구가 없었으며 눈앞에는 사나운 파도가 치솟아 오르는 넓은 바다만 펼쳐져 있었다. 원元나라와의 항전에 목숨을 바치기로 결심한 육수부陸秀夫는 처자식을 바닷속으로 밀어넣은 후 어린 황제 조병趙昺을 등에 업고 망망대해에 몸을 던져 자결했다. 뒷날 사람들은 야산 아래 자원전慈元殿을 짓고 당시 목숨을 잃은 황제와 황후 및 순국 신하들을 위해 제사를 올렸다. 진백사陳白沙[진헌장陳獻章]와 진독록陳獨漉 등 문인 학사들도 이곳에서 시를 지은 적이 있다. 명 성화成化 연간(1465~1487)에는 이곳에 대충사大忠祠를 짓고 원에 항거하다 희생된 문천상文天祥, 육수부, 장세걸張世杰 세 충신에게 제사를 올렸다. 진백사도 이때 사당 기둥에 대련을 지어 붙였다. "우주 간에 만년토록 이런 일은 없었나니, 역사 속의 이 한 사례가 공公들을 빛내주네宇宙萬年無此事, 春秋一例昉諸公." 이후 야산에는 계속해서 충의단忠義壇과 전절묘全節廟가 지어졌고, 이곳에서 송원宋元 시대의 충의 열사에게 제사를 올렸다. 량치차오의 조부 량웨이칭은 항상 아들과 손자들에게 그 옛날 이곳에서 있었던 비장한 이야기를 들려주고 망국의 아픔을 되새기며 민족의 절개를 선양했다. 량치차오는 어려서부터 이러한 경지와 정서를 깊이 느꼈고, 이는 시종일관 변함없었던 그의 애국심을 더욱 강하게 단련시켜주었다. 그러나 이 일로 량치차오가 '종족혁명 사상'을 깨달은 건 결코 아니었다. 량치차오의 고향에서 가장 영향력이 컸던 인물은 여전히 진백사였다. 그는 왕수인王守仁[왕양명王陽明]과 유사하게 육구연陸九淵[육상산陸象山]의 '심즉리心卽理' 학설을 직접 계승해 도덕 수양을 매우 강조했다. 진백사 관점에서 입신지도立身之道는 바로 '정심正心[마음을 바로잡음]'에 있었다. 이는 바로 육구연의 다음 논리와 같았다. "임금과 신하가 있음을 알아야 하고, 윗사람과 아랫사람이 있음을 알아야 하고, 중국과 오랑캐가 있음을 알아야 하고, 선과 악이 있음을 알아야 하고, 옳고 그름이 있음을 알아야 한다. 아버지는 자애로울 줄 알아야 하고, 자식은 효도할 줄 알아야 하고, 형은 우애로울 줄 알아야 하고, 아우는 공손할 줄 알아야 한다. 남편이 의로우면 아내가 순종하게 되며, 아울러 친구 사이에는 반드시 믿음이 있어야 한다."(『육구연집陸九淵集』, 『신후이 량씨: 량치차오 가족의 문화사新會梁氏: 梁啓超家族的文化史』, 11쪽에서 재인용) 이러한 도덕적 분위기에서 성장한 량치차오는 기본적으로 기존 규칙을 준수하는 겸손한 군자의 모습을 갖추게 되었다. 량치차오에게도 격정과 용기가 부족하진 않았지만 그의 관념 속에는 중화와 오랑캐의 구분에서 오는 소위 한족과 만주족의 분별이 없었다. 특히 그가 캉유웨이를 스승으로 섬기며 캉 씨의 금문경학 및 '삼세삼통三世三統'[3] 이론을 수용한 뒤로는 대동세계를 최고의 이상으로 삼았다. 따라서 당연한 이야기지만 량치차오는 만주족을 원수로 삼고 만주족을 배척하는 이론으로는 중국을 구제할 수 없다고 인식했다.

량치차오는 이른바 오랑캐를 물리친다는攘夷 것이 『춘추』의 대의라는 학설에 반대했다. "나는 세 번이나 『춘추』를 되풀이해 읽었지만 이 말을 본 적이 없다. 또 나는 선진先秦과 양한 선사先師들의 학설을 두루 읽어봤지만 이 말을 본 적이 없다. 공자께서 『춘추』를 지으신 것은 천하를 다스리기 위함이지 한 나라만을 다스리기 위함이 아니다. 만세萬世를 다스리기 위함이지 한 시대만을 다스리기 위함이 아니다." 량치차오는 또 오랑캐와 중화를 판별하는 표준을 이렇게 제시했다. "후세 사람들이 오랑캐夷狄라고 부르는 것은 그 땅과 종족을 가리켜 말함이다. 그러나 『춘추』에서 오랑캐라고 부르는 것은 정치, 풍속, 행적을 가리켜 말함이다." 따라서 "『춘추』에서 말하는 중국과 오랑캐는 본래 정해진 명칭이 아니다. 오랑캐 행동을 하면 그곳이 중국이라 해도 부끄러운 모습으로 오랑캐가 될 것이다. 오랑캐 행동을 하지 않으면 그곳이 오랑캐 땅이라 해도 찬란한 모습으로 군자가 될 것이다. 그런즉 오랑캐를 물리친다는 것은 무엇을 말함인가? 틀림없이 오랑캐 행동하는 자를 물리치자는 말이다. 즉 중국으로 불린다고 용서해서는 안 되며 오랑캐로 불린다고 내쳐서도 안 된다. 이는 너무나 분명한 사실이다." 량치차오는 한 걸음 더 나아가 다음과 같이 추궁했다. "그럼 오랑캐 행동이란 무엇인가? 『춘추』로 천하를 다스린다는 것은 천하를 공公으로 삼는다는 의

---

3 청대 개혁사상인 공양학公羊學의 역사관. 역사는 '거란據亂 → 승평升平 → '태평太平' 세상으로 진화한다는 논리다. 삼통은 중국 고대 왕조인 하夏, 상商, 주周의 전통을 통합해 천하 통일을 달성하자는 논리다. 공양학파는 이 삼세삼통설을 근거로 변법유신 사상을 내세워 청 말의 정치개혁을 추진했다.

미다. 즉 현인을 뽑고 유능한 사람과 함께하는 것이다. 신의를 강구하고 화목을 추구하는 것이다. 공격을 금지하고 출병을 멈추는 것이다. 정치를 부지런히 하고 백성을 사랑하는 것이다. 상업을 권장하고 공인工人에게 혜택을 베푸는 것이다. 땅을 개척하고 전야田野를 잘 관리하는 것이다. 학교를 널리 일으켜 인륜을 밝히는 것이다. 도로를 잘 닦고 유민을 줄이는 것이다. 환자를 잘 요양케 하고 도적을 없애는 것이다. 이 길을 따르면 중국이라 일컫고, 이 길을 거스르면 오랑캐라 일컫는다." 여기서 알 수 있듯이 량치차오는 오랑캐와 중화를 문명화 정도에 근거해 판단했다. 중국인들이 진보를 향해 나아가지 않고, 사회를 개혁하지 않고, 또 신정新政을 시행하지 않으면 오랑캐로 변모할 수도 있다는 의미다. 만주족과 한족의 구별에 대해서도 량치차오는 종족이 아니라 정치개혁을 봐야 한다고 했다. 그는 진정으로 중국을 구제하려면 정치체제를 변혁해야 하며, 정치적으로 변혁을 진행하지 않고 만주족의 전제정치를 타도한다면, 또다른 전제정치가 그 자리를 대신할 뿐이라고 인식했다.

장타이옌은 어려서부터 만주족을 원수로 삼고 만주족을 배척해야 한다는 의식을 품고 있었지만 일찍이 캉유웨이와 량치차오를 추종할 때는 유신, 변법, 개량을 고취했다. 사실 광서 26년(1900) 이전까지 장타이옌은 캉과 량 특히 량치차오와 줄곧 내면으로 끈끈한 관계를 맺고 있었다. 장타이옌은 사석에서는 이런 관계를 부인하지 않았을 뿐만 아니라 심지어 이 같은 자기 경력을 내세워 친구들을 위로하기도 했다.

타오야훈陶亞魂과 류야루柳亞廬 두 분 보십시오. 보내준 편지를 읽어보고 두 분이 일찍이 공자 기년紀年과 황제 보위에 뜻을 둔 사실을 알게 되었습니다. 인생을 살면서 젊은 시절에 고통은 서로 달랐지만 나와 같은 병을 앓았음에 연민의 정을 느낍니다. 나는 14~15세에 장 씨의 『동화록』을 읽고 나서 이미 만주족을 축출할 마음을 품었습니다. 그러나 정유년 『시무보』에 입사하고 나서 쑨이셴孫逸仙[쑨중산]도 이 이론을 제창하고 있다는 소문을 듣고 남몰래 나의 생각이 외롭지 않음을 다행스럽게 여겼습니다. 그러나 캉유웨이의 망령된 말에 미혹되지 않을 수 없었습니다. 내가 쓴『구서仇書』중 「객제客帝」여러 편은 내 지난날의 잘못된 자취입니다. 이제 이 책을 보내드립니다. 두 분께서 읽어보시면 사람의 지식 정도가 근본적으로 멀리 떨어져 있지 않음을 알 수 있을 겁니다. 처음 사고의 진전이 이루어질 때, 공자 기년과 황제 보위라는 두 가지 관문을 거치지 않은 사람은 없을 테니 나의 경험을 서로 인증으로 삼으면 어떻겠습니까? 장빙린 씀. (「타오야훈과 류야루에게 보내는 편지致陶亞魂柳亞廬書」, 『장타이옌 정론 선집』, 191쪽)

이 편지에 나오는 류야루는 바로 뒷날 이름을 바꾼 류야쯔柳亞子다. 장타이옌의 또다른 친구 왕캉녠은 캉유웨이나 량치차오보다 훨씬 더 보수적인 유신파였지만, 장타이옌은 왕캉녠과 줄곧 우호관계를 유지하며 량치차오보다 훨씬 친하게 지냈다. 광서 25년(1899) 7월 17일 장타이옌은 왕캉녠에게 편지를 보내 자신의 근황을 알리면서 당시 량치차오와의 관계에 대해서도 언급하고 있다. "보란伯鸞[량치차오]과의 묵은 원한도 이미 풀었습니다. 그는 나에게 혈기만 앞세워 일처리를 한 죄에 대해 다시 사과했습니다. 소나무와 잣나무가 눈서리를 맞지 않으면 그 굳은 절개를 유지할 수 없습니다. 이 사람이 오늘날 사려 깊게 행동하는 모습은 지난날과 완전히 다릅니다." 여기서 말하는 상황은 1897년 장타이옌이 『시무보』에 재직할 때 량치차오 등과 다툰 일을 가리킴이 분명하다. 장타이옌은 량치차오가 이미 자기에게 사과해서 서로 앙금이 풀렸다고 하면서 왕캉녠에게도 량치차오와의 지난 우정을 회복하라고 권유하고 있다. "보란이 이 아우에게 물었습니다. '랑칭穰卿[왕캉녠]은 과연 어떤 사람입니까?' 이 아우가 대답했습니다. '지금 두 파가 옛날 낙양洛陽의 정이程頤 일파와 촉蜀의 소식蘇軾 일파처럼 싸우더라도 끝내 어느 한편으로 기울지 않을 사람이네. 그는 간신인 장돈章惇과 채경蔡京 같은 자를 목상처럼 대할 것이니 어떠한가?' 이때부터 보란은 형을 다시 생각하게 되었습니다."(앞의 책, 93쪽) 이후 왕캉녠과 량치차오는 서신 왕래를 재개했는데, 이는 바로 장타이옌이 중간에서 화해를 중재한 결과라고 할 수 있다.

실제로 광서 26년(1900) 이전 혁명당은 세력이 아주 허약했고 영향력도 미미했다. 따라서 당시 장타이옌은 량치차오가 쑨중산에 대해 이야기하는 것을 들은 것 이외에 혁명당에 대해 아무것도 이해하지 못했고 혁명당 소속 어떤 사람과도 교분을 맺은 적이 없다. 장타이옌 주위의 거의 모든 친구는 변법유신을 주장했다. 이들 변법파 사이에는 급진적이냐 보수적이냐 하는 차이만 있을 뿐이었다. 장타이옌과 친했던 또 다른 친구 쑹수宋恕[쑹핑쯔宋平子]는 그에게 농담을 던진 적이 있다. "자네는 일개 유생으로 만주족 300년의 제업帝業을 뒤집어엎으려 하면서 어찌하여 이처럼 자기 역량을 헤아리지도 않는가? 명나라 유로遺老들의 혼백이라도 몸에 강림한 것이 아닌가?"(『타이옌 선생 자정 연보』, 『명인 자술』, 103쪽 참조) 이 때문에 장타이옌은 뒷날 불평을 늘어놓았다. "당시 친구들에게 만주족을 축출하고 독립을 쟁취하자고 말하면 모두 고개를 가로저었다. 그러면서 나를 미치광이라고도 했고, 반역자라고도 했으며, 스스로 죽을 곳을 찾는 자라고도 했다. 하지만 나는 그들이 나를 미치광이라고 말하도록 내버려두고 여전히 미친 생각을 고수했다."(『장타이옌 정론 선집』, 269쪽)

광서 26년(1900) 이전의 장타이옌이 혁명과 배만 사상을 주장하는 사람 중에서 그의 마음을 알아주는 사람을 거의 만나지 못했다면, 광서 26년 량치차오의 소개를 통해 일본으로 건너가고 나서는 비로소 쑨중산 및 보통 혁명 동지들과 접촉하기 시작했다. 장타이옌은 그들의 주장에서 일찍이 접하지 못한 공감 요소를 발견했다. 펑쯔유는 이렇게 말했다. "기해년 여름, 량치차오는 요코하마橫濱에서 『청의보清議報』 업무를 주관하며 쑨 총리와 수시로 왕래했다. 그러다가 마침내 장타이옌에게 편지를 보내 일본으로 초청하면서 쑨 아무개를 만나도록 소개해주겠다고 했다. 장타이옌은 도쿄에 도착해 고이시카와小石川의 량치차오 집에 숙소를 정했다. 장타이옌은 처음에 일본 풍습을 잘 몰라서 방 안 좌석에 앉아 침을 뱉다가 집안일 하는 일본 여자에게 남몰래 비웃음을 당했다. ─이때 필자도 량치차오 집에 거처한 터라 상세한 상황을 알고 있다. 그 일본 여자는 이름이 오타太田로

펑쯔유(1882~1958). 본명 마오룽懋龍, 자 젠화健華. 조상의 본적
은 광둥 성 난하이다. 1882년 일본에서 태어나 그곳에서 공부했다.
1895년 요코하마에서 흥중회에 가입했다. 당시 나이 겨우 14세였다.
1900년 캉유웨이와 량치차오의 활동에 반대하며 이름을 쯔유自由로
고쳤다. 펑쯔유는 애초에 량치차오의 제자였으나 나중에 정치적 견
해가 달라지면서 원수지간이 되었다.

강유웨이의 제자 뤄羅 아무개의 정부情婦였다.— 량치차오는 장타이옌과 함께 요코하마로 가서 쑨 총리와 천사오바이陳少白를 방문했다. 그들은 서로 구국대계를 이야기하며 매우 뜻이 잘 맞았다."(『혁명일사』 상책, 50쪽) 펑쯔유 진술은 꾸며낸 부분이 적지 않지만 장타이옌과 쑨중산의 첫 만남에 대한 진술은 그래도 믿을 만하다. 이후 장타이옌은 량치차오를 멀리하기 시작했다. 장타이옌은 량치차오가 그의 저작 『구서』 원간본原刊本에 제목을 써주기도 했지만 그는 이 책 출간 전에 일부 문장을 개정했다. 예를 들면 「객제」에 '만주족 축출'이란 내용을 보탠 것이 그것이다. 그러나 이러한 개정은 철저하지 못했다. 루쉰 선생은 여러 해 뒤 다음처럼 지적한 적이 있다. "타이옌 선생은 만주족 배척 문장을 쓴 용장으로 유명했다. 그러나 그의 『구서』 미개정판에는 아직도 만주족이 중국의 주인임을 인정하면서 그 황제를 객제라 부르고 있다. 이는 [그 황제를] 진秦의 객경客卿에 비견한 것이다."(「병후잡담 나머지病後雜談之餘」, 『루쉰전집魯迅全集』 제6권 『차개정잡문且介亭雜文』, 183쪽)

광서 26년(1900) 7월 26일, 탕차이창唐才常은 '국가를 보위하고 종족을 보위하자保國保種'는 구호를 내세워 상하이에서 '국회國會'를 소집하고 장타이옌에게도 참가 기회를 줬다. 그러나 장타이옌은 탕차이창에게 다음과 같이 비판적인 태도를 견지했다. "한편으로 만주족을 배척하면서 다른 한편으로 황제를 보위하자고 하는 것은 부당한 일이다. 만주족의 청나라를 인정하지 않으면서 광서제를 옹호하자고 하는 것은 실로 엄청난 모순이므로 절대 이루어질 수 없는 일이다. 그래서 그들 모임에서 탈퇴를 선언한 뒤 변발을 자르고 교제를 끊었다."(『혁명일사』 상책, 240쪽) 『타이옌 선생 자정 연보』에도 이 일이 기록되어 있다. "그해 여름 의화단義和團 사건으로 완핑宛平[지금의 베이징]을 지키지 못하자, 청 태후와 청 군주는 서쪽 창안長安으로 도망갔다. 탕차이창은 편승할 기회가 왔음을 알고 외부인 룽훙과 사람들을 소집해 독립을 선언했다. 그러나 아직 근왕勤王을 명분으로 삼고 있었는데, 그래도 사람들을 잘 배치해 샤커우夏口에서 군사를 일으키려 했다. 내[장타이옌]가 차이창에게 말했다. '진실로 한족의 업적을 광복하려면 양다리를 걸치며 스스로 명분을 잃어서는 안 됩니다. 끝까지 근왕을 하겠다면 나는 여러분과 다른 길을 갈 것입니다.' 그리고 바로 변발을 자르고 결별의 뜻을 드러냈다."(『타이옌 선생 자정 연보』, 『명인 자술』, 103쪽 참조) 오래지 않아 장타이옌은 「변발을 자르며解辮髮」에서 스스로 "변발을 자르고 한족의 옷으로 바꿔 입었다"라고 하면서 "무릇 중국인 4억 명 중에서 이 치욕을 씻은 자는 1억 분의 1도 되지 않는다"라고 했다. 이 일은 당시에 확실히 사람들 귀를 번쩍 뜨이게 하는 사건이라 할 만했다.

혁명과 개량을 둘러싼 논쟁

장타이옌이 정식으로 자세를 잡고 량치차오와 논전을 벌이기 시작한 것은 대체로 광서 27년(1901) 8월 10일 『국민보國民報』 제4호에 「원수의 만주족을 바로잡기 위한 글正仇滿論」을 발표하면서부터다. 『장타이옌 연보 장편』에서도 이렇게 평가했다. "이 글은 부르주아 개량파의 정치 주장에 대한 첫 반박문으로, 중국 근대사에서 혁명과 개량 논쟁을 불러일으킨 최초의 역사적 문헌이다." 장타이옌의 이 글에 『국민보』 편집자는 다음 같은 주석을 달았다. "오른쪽 원고는 국내의 모某 군이 기고한 글이다. 먼저 특정한 한 사람의 말을 반박하고 있어서 본보의 관례와는 다소 맞지 않은 듯하여 게재하지 않으려 했다. 그러나 계속해서 읽어보니 필자의 논리가 매우 공평무사하고 모두 이치에 맞았다. 아울러 량치차오 군 한 사람만 공격하는 것이 아니라 다루는 범위도 대단히 넓었다. 이에 황급히 인쇄하여 국민에게 정신적 양식으로 제공하고 이 글의 대의를 천하에 밝게 드러내고자 했다. 이 글로써 량치차오 군에게 질문해도 좋을 것이다. 본사 추기"(『장타이옌 연보 장편』, 121쪽) 『국민보』는 일본 유학생 친리산과 펑쯔유 등이 창간한 월간 잡지로 친리산이 총편집을 자임했고 1901년 5월 10일 일본 도쿄에서 창간되었으나 장타이옌 글을 게재한 제4호를 발행하고 나서 얼마 지나지 않아 강제로 정간되었다. 친리산과 펑쯔유는 애초에 량치차오의 제자였다. 그러나 이후 정치적 견해가 맞지 않아 결국 원수처럼 되었다. 친리산은 경자년(1900) 탕차이창 등이 주도한 근왕운동이 실패한 후 일부 사람을 규합해 도쿄로 달려가서 량치차오와 결판을 내려 했다. 량치차오는 그 소란을 견디지 못하고 결국 요코하마로 도피할 수밖에 없었다. 이런 상황에서 장타이옌이 기고한 글은 그들의 입맛에 딱 맞았다. 구하려 해도 이런 글을 구할 수 없었을 터인데 어떻게 게재하지 않으려 했겠는가? 이런 논조는 기실 빈말로 생색내는 효과를 노린 데 불과하다.

장타이옌의 「원수의 만주족을 바로잡기 위한 글」은 량치차오의 「중국 적폐 근원론」을 비판하기 위해 쓴 글이다. 장장 2만 자에 이르는 이 글에서 량치차오는 몇천 년 동안 지속되어온 중국 정치의 부패 원인을 깊이 있게 탐색하고 있다. 전체 글은 4절로 나뉘어 있다. 제1절, 적폐積弊의 근원은 이상理想에 있다. 제2절, 적폐의 근원은 풍속에 있다. 제3절, 적폐의 근원은 정치에 있다. 제4절, 적폐의 근원은 비근한 일에 있다. 먼저 량치차오는 이렇게 지적했다. "애국심 박약이 진실로 적폐의 최대 근원이다." 왜 애국심이 박약해졌는가? 그가 보기에 "이상이 잘못된 때문이다." 이는 주로 세 부문에 잘 드러나고 있다. 첫째, 국가와 천하의 구별을 알지 못한다. 둘째, 국가와 조정의 경계를 알지 못한다. 셋째, 국가와 국민의 관계를 이해하지 못한다. "이상의 세 가지는 진실로 중국 폐단의 단서이며 중국 병의 근원이다. 이후에 발생한 모든 상처와 온갖 더러운 병은 전부 그 자손인 셈이다. 지금 중국을 구하려 하지 않는다면 그만이지만 만약 구하려 한다면 이 부문에서 시작해 뿌리를 뽑고, 근원을 막고, 수천 년 동안 지속된 학설을 변화시키고, 4억 국민의 뇌를 바꾸지 않고서는 비록 선한 사람이 있다 해도 능력을 발휘해 공을 세울 수 없을 것이다."

량치차오는 또 이렇게 이야기했다. "오늘날 중국에 이와 같은 인심과 풍속이 만연해 있는 한에는 설령 날마다 함포를 사고, 날마다 철도를 놓고, 날마다 광물을 캐고, 날마다 서양 체조를 익힌다 해도, 그것은 퉁칠한 담장에 비단을 덮는 꼴이며 썩은 나무에 용을 조각하는 꼴이다. 아무것도 이룰 수 없을 뿐 아니라 추태 또한 심해질 것이다. 이 때문에 그 근원을 추궁하여 국민이 부패한 원인을 서술하고 항목별로 하나씩 토론하고자 한다. 감히 세상을 얕보고 속세를 미워하는 말로 천하에 욕설을 퍼붓고자 함이 아니다." 량치차오는 여섯 개 부문에서 인심과 풍속이 중국 적폐의 근원임을 구체적으로 밝혔다. 첫째 노예성, 둘째 우매함, 셋째 이기심, 넷째 허위의식, 다섯째 비겁함, 여섯째 무관심이 그것이다. 그는 또 이렇게 설명했다. "이상의 여섯 가지는 단지 큰 단서만 예로 든 것일 뿐 나머지 나쁜 풍습은 내가 이루 다 기록할 수 없다. 이 여섯 가지는 서로 번갈아가며 원인이 되고 서로 번갈아가며 결과가 되어 뿌리 깊게 똬리를 틀고 있다. 수천여 년을 지나오며 해마다 그 폐해가 서서히 스며들어 아무도 그렇게 시키지는 않지만 마치 누군가 시키는 사람이 있는 것처럼 온 세상이 그 폐해에 두루두루 감염되어, 무릇 4억 인의 머리에 그 폐해가 단단히 자리 잡았다. 갑甲도 이와 같고 을乙도 이와 같으며 전국 각지가 한결같으니 옛날 두보杜甫가 이 때문에 슬피 울었다. 이처럼 오랫동안 곤궁한 상황에 안주해왔으니 가장사賈長沙[4]가 눈물을 흘리지 않을 수 있었겠는가?" 량치차오의 이 말은 바로 20세기에 펼쳐진 국민성 비판의 남상濫觴이라 할 수 있다. 국민성에 대한 량치차오의 이러한 인식은 이후 여러 세대 사람들에게 영향을 끼쳤다. 루쉰 이전까지는 그의 인식을 뛰어넘는 사람조차 매우 드물었다. 그는 제3절에서 수천년 동안 이어져온 통치술에 대해 언급하고 있다. "오늘날의 관리를 만든 것은 바로 오늘날의 국민이다. 오늘날의 국민을 만든 것은 바로 옛날의 통치술이다. 수천 년 동안 군림해온 민적民賊[백성의 도적 즉 전제군주를 비유]들은 국가를 자기 한 성씨姓氏의 사유재산으로 여겨왔다. 온갖 방법으로 경영하며 온갖 조치를 취해왔지만 그것은 모두 자신의 사유재산을 보호하려는 조치일 뿐이었다. 이는 실로 중국의 수천 년 역사 동안 이어져온 통치술의 총체적 근원이었다."

량치차오는 또 한 걸음 더 나아가 이렇게 주장했다. "나는 일찍이 24사史[5] 정치사를 두루 읽었고 현재 정계도 두루 편력했다. 복잡한 정계에 참

---

4 전한前漢 문제文帝 때의 학자 가의賈誼(기원전 200~기원전 168). 가의는 어릴 때부터 자질이 총명하고 문사文史에 뛰어나 천재로 일컬어졌다. 20세에 박사가 되어 정치개혁을 주도했으나 권신權臣들의 시기로 장사왕長沙王의 태부太傅로 좌천되었다. 이에 흔히 가장사로 불린다. 문제 7년(기원전 173)에 다시 소환되어 양梁 회왕懷王의 태부로 임명되었지만, 양 회왕이 말에서 떨어져 죽자 자신도 슬픔을 이기지 못하고 이듬해 33세의 나이에 세상을 떠났다.
5 중국 청나라 건륭제 때 정한 중국의 정사. 『사기史記』 『한서漢書』 『후한서後漢書』 『삼국지三國志』 『진서晉書』 『송서宋書』 『남제서南齊書』 『양서魏書』 『진서陳書』 『위서魏書』 『북제서北齊書』 『주서周書』

여하는 와중에 정계에서 성과를 거둘 수 있는 요령을 터득하게 되었다. 치적을 이루는 요령에는 세 가지가 있다. 즉 백성을 어리석게 만들고, 백성을 유순하게 만들고, 백성을 흩어지게 만드는 것이 그것이다. 이렇게 하는 방법으로 또 네 가지가 있다. 즉 백성을 길들이는 기술, 백성을 유인하는 기술, 백성을 부리는 기술, 백성을 감독하는 기술이 그것이다." 이어서 다음과 같이 말했다. "이런 점을 살펴보면 중국 적폐의 근원을 알 수 있다. 결국 그 폐단으로 나아가 그 폐단이 몸에 배게 되는 자는 국민이지만 그 폐단을 낳고 조장하는 자는 정부인 셈이다." 마지막으로 량치차오는 중국 적폐의 가까운 원인이 청나라 통치자들과 관련이 있다고 설파했다. 그는 순치順治 연간(1644~1661)에 시작된 '만주족과 한족의 엄격한 구분'이 근본적으로 잘못된 것이라고 인식했다. 청 말에 이르러 어떤 씩씩한 사람이 "한족이 강하면 만주족이 망하고, 한족이 약하면 만주족이 살찐다漢人強, 滿洲亡, 漢人疲, 滿洲肥"라는 12자 비결을 지어내기는 했지만, 여전히 일반인들은 "만주 조정을 위해 이익을 따지기에 급급했을 뿐 중국 국민을 위해 진보를 도모할 겨를은 없었다." 건륭乾隆(1735~1795) 시대는 현재 많은 사람이 찬양하는 태평성대지만 량치차오는 다음과 같이 평가했다. "고종高宗[건륭제]은 자신의 뛰어난 재능을 이용해 우리 중국을 위해 문명화된 정치체제의 기원을 열지 않고 오히려 그 재능을 이용해 우리 중국에 전제정치의 종국을 선사했다." 량치차오는 건륭제를 프랑스의 루이 14세에 비견했다. "중국은 건륭 이후로 천하가 시끄러워져서 오래지 않아 결국 태평천국이라는 변란이 발생했다. 그 결과 16개 성省이 허물어지고 600여 유명 도시가 유린되었으니 그 참혹함이 1789년 프랑스에 뒤지지 않을 것이다." "나는 진실로 우리 중국에서는 지금부터 더이상 프랑스의 1830년 혁명[7월혁명]과 1848년 혁명[2월혁명] 같은 일이 벌어지지 않기를 바란다." 뒷날 어떤 사람은 이 구절을 량치차오가 반혁명 사상을 가지고 있었다는 증거로 보기도 했다. 마지막으로 량치차오는 광서제에게서 미래의 희망을 보았다고 말했

『수서隋書』『남사南史』『북사北史』『구당서舊唐書』『신당서新唐書』『구오대사舊五代史』『신오대사新五代史』『송사宋史』『요사遼史』『금사金史』『원사明史』『명사明史』를 이른다.

다. "금상께서는 천부적 자질로 백성을 사랑하는 마음을 품으시고 그들을 깊이 걱정하는 심정으로 백성의 지혜를 깨우치시며 이 수많은 환란이 들끓는 시대에 나라를 부흥시키려 하셨다. 하늘이 우리 황제를 탄생시키심은 천심天心이 우리 중국을 사랑하시어 참화에서 구제해내고자 함이다." "금상께서는 참으려 해도 참을 수 없고, 기대하려 해도 기대할 수 없는 상황에서 자신의 몸을 잊고 보위까지 버리며 의연히 중국을 위해 수천 년 동안 없었던 민권의 길을 여셨다. 이는 민권을 위하는 일이었을 뿐만 아니라 국권國權을 위한 일이기도 했다." 하지만 광서제는 나라씨那拉氏[서태후西太后]의 우매, 전제, 부패 때문에 자신이 하고 싶은 일을 할 수 없었다. "나라씨는 황상을 원수로 삼았고, 민권을 원수로 삼았으며, 국권을 원수로 삼았다. 민권을 원수로 삼았으므로 4억 국민의 죄인이 되었고, 국권을 원수로 삼았으므로 청나라 11대 종묘사직의 죄인이 되었다."(『음빙실합집·문집』제5권, 13~41쪽)

량치차오는 이 글에서 혁명에 대한 우려 및 광서제에게 거는 기대를 명확히 표명했다. 그러나 그는 수천 년 동안 이어져온 전제정치를 개혁하고 한 가문 한 성씨가 국가를 사유화하는 현상을 개혁하자고 더욱 명확한 주장을 펼쳤다. 량치차오가 보기에 이 모든 것을 개혁하는 가장 좋은 방법은 바로 입헌군주제 시행이었다. 대략 이와 동시에 그는 「입헌법의立憲法議」를 『청의보』에 발표했고, 이보다 조금 앞서 「각국 헌법 이동론各國憲法異同論」을 발표했다. 이 두 편의 글에서 그는 입헌군주제에 대한 자기 견해를 충분하게 밝혔다. 하지만 장타이옌은 이 문제에 대해서 그렇게 많은 말을 하려 하지 않았다. 그는 「원수의 만주족을 바로잡기 위한 글」에서도 제목이 가리키는 것처럼 관심의 초점을 오직 만주족 및 그 통치자들에게 어떤 태도를 견지할 것인가에 맞추고 있다. 여기서도 당시 장타이옌의 시야에는 오직 '만주'와 '이민족'만 있었고, 또 오직 '중화와 오랑캐의 구분'만 있었음을 다시 한번 확인할 수 있다. 그러나 량치차오의 시야에는 수천 년 동안 백성의 도적이 되어 민권을 훔친 통치자의 역사만 있었던 셈이다. 이 차이가 둘을 갈라놓은 중요한 분기점의 하나였다. 게다가 장타이옌은 혁명을 이야기할 때 항상 혁명을 배만排滿[만주족 배척]과 동의어로 사용하고 있다. 그는 일찍이 지금 중국에 가장 필요한 건 '한족의 광복'이지 '혁명'이 아니라고 직언했다. 그는 쩌우룽鄒容의 「혁명군革命軍」에 서문을 써주면서 '혁명'과 '광복'을 다음과 같이 구별했다. "또한 나는 이렇게 들었다. 같은 종족이 대를 잇는 일을 혁명이라 한다. 다른 민족에게 국권을 도둑질당하는 일을 멸망이라 한다. 그리고 이민족을 축출하는 일을 광복이라 한다. 지금 중국은 반역 오랑캐逆胡에게 멸망당한 상태이므로 지금 도모해야 할 일은 광복이지 혁명이 아니라고 말하는 것이다."(「혁명군 서革命軍序」, 『장타이옌 정론 선집』, 193쪽) 장타이옌은 그후 다시 '광복光復'이란 두 글자를 자신이 조직한 단체의 이름으로 삼았다. 여기서도 알 수 있는 바와 같이 장타이옌에게 '광복'이란 말은 절대로 포기할 수 없는 원칙이었다. 나중에 장타이옌이 쑨중산과 결별하게 되는 것도 경제적 부분은 단지 하나의 원인에 불과했고 결국은 혁명을 둘러싼 상이한 인식이 더욱 중요한 원인으로 작용했다.

따라서 장타이옌은 "절대로 잊어서 안 되는 사람은 오직 성스럽고 영명한 임금일 뿐이다"라고 말한 량치차오의 의견을 결코 받아들일 수 없었다. 그는 "우리 종족이 아니면 그 마음이 틀림없이 다르다"라는 견해를 굳게 믿었다. 장타이옌은 "인정이 있는 사람이라면 그 누가 자신의 종족을 사랑하지 않고 녹봉만 생각하겠는가?"라는 관점을 갖고 있었다. 설령 광서제 같은 성스럽고 영명한 군주라 하더라도 감정은 보통 사람과 같을 것이다. 그런 황제가 만주족이 현재 누리고 있는 모든 것을 포기하고 진정으로 그것을 한족이 향유할 수 있도록 해주겠는가? 아마도 광서제는 만주족과 한족이 상이하다는 편견이 있지 않겠지만 500만 일반 만주족도 그처럼 생각하겠는가? 계속해서 장타이옌은 다음과 같이 말했다. "이러한 까닭에 한족에게는 민권이 없지만 만주족에게는 민권이 있다. 게다가 귀족권까지 있다. 이에 비록 태후가 없더라도 다른 사람을 견제하는 심보가 태후보다 열배 백 배는 심할 수 있고, 비록 룽루가 없더라도 다른 사람을 견제하는 심보가 룽루보다 열 배 백 배는 더 심할 수 있다." 따라서 그는 이렇게 반문했다. "지금 소위 성스럽고 영명한 군주로 일컬어지는 자가 과연 요堯임금보다 더 총명하고 생각이 깊은가? 또 그의 영웅답고 과감한 행동이 러시아의 표트르 대제[표트르 1세]와 비견될 수 있는가? 그러므로 그자는 사적으로는 변법을 시행할 마음이 없을 것이고, 공적으로는 변법을 시행할 능력이 없을 것이다. 나아가고 물러남에 머물 곳이 없는 사람인데도 그를 몰래 사랑함은 어찌된 까닭인가?" 량치차오가 비판한 국민의 저열한 근성 및 관리의 부패와 우매함에 대해서도 장타이옌은 "본래 진명하陳名夏와 전겸익錢謙益처럼 두마음을 품고 있는 자들"에 불과하다고 인식했다. 이 말의 의미는 그들이 만주족을 대하는 마음이 결코 진심이 아니라는 것이다. "저들의 조정에 서고자 하는 자는 단지 초선관貂蟬冠을 쓰고 자줏빛 관복을 입고 싶어할 뿐이다. 저들이 흥해도 저들의 말을 따르고, 저들이 망해도 저들의 말을 따른다. 만약 저들을 위해 치달리며 온 힘을 다 바쳐 한 성씨의 영원한 생존에 도움을 주는 사람도 있다고 말한다면 그것은 나의 뜻과는 다른 사람이다." 장타이옌은 심지어 자신의 절개를 지키며 유유자적하게 생을 마친 자나 한없는 탐욕에 젖어 비겁하게 살며 부끄러움을 잊은 자나 모조리 "진명하와 전겸익처럼 두마음을 품은 자"로 간주했다. 그는 이러한 행위가 일종의 비타협적 태도라 하면서 그 내면에는 '만주족을 원수로 삼고' '만주족을 배척하고' '만주족을 축출하려는' 마음이 숨어 있다고 보았다. 그의 생각에 따르면 만주족은 자신들이 떠나온 곳으로 돌아가야 한다는 것이다. 그는 이어서 이렇게 말했다. "동호東胡 사람들은 대체로 광야에 살았는데 그곳에는 수초가 많아서 말들이 잘 번식한다. 저 500만 명을 자기네 고토故土로 돌아가게 한 뒤 그곳에 빽빽하게 모여 무리지어 살게 하는 것이 오히려 만주족의 옛 풍습에 맞다고 할 수 있다." 그는 또 만주족을 이렇게 대하는 것이 지공무사하고 지극히 인자한 행위라 여겼다. 왜냐하면 설령 당년의 만주족이 한족을 함부로 대한 것처럼 '양주십일揚州十日'[6]이나 '가

---

6 청나라 초기에 만주족이 한족을 학살한 대표적 사건. 청 순치 2년(1645) 남명南明 병부상서兵部尚書 사가법史可法(1602~1645)이 양주揚州의 군민을 이끌고 청나라에 저항하다 패배했다. 청 조정에서는 이를 응징하기 위해 양주 성안의 백성들을 열흘 동안 무자비하게 살육했다. 당시 참극의 생존자 왕수초王秀楚가 지은 『양주십일기揚州十日記』가 전한다.

정삼도嘉定三屠[7] 경우와 똑같이 만주족을 대접해도 그것은 9대 동안 복수를 해야 하는 대의에 합치되는 것이니 아무도 그 행위를 비난할 수 없기" 때문이라는 것이다. 장타이옌은 량치차오가 말하는 입헌군주제에 대해서도 현재 중국의 조건에서는 이룰 수 없는 일이라 인식했다. 권력을 제한하려면 반드시 국회와 의원을 갖추어야 하기 때문이다. 즉 "이 두 가지는 모두 민권을 바탕으로 생겨나는 것이지 한 사람의 능력으로는 세울 수 없는 일이라는" 것이다. 그러나 당시 중국의 민권은 어디에 있었던가? 아울러 장차 국민이 민권을 향유하게 될 때 왜 광서를 여전히 황제로 모셔야 한단 말인가?(「원수의 만주족을 바로잡기 위한 글」, 『신해혁명 전 10년간 시론 선집辛亥革命前十年間時論選集』 제1권 상책, 94~99쪽)

량치차오는 장타이옌의 「원수의 만주족을 바로잡기 위한 글」에 응답하지 않았다. 사실 량치치오는 보황을 이야기하고 있었지만 국외로 망명한 이후에는 사상이 결코 보황에만 머물러 있지 않았다. 광서 28년(1902), 허칭이何擎—는 량치차오가 수년간 쓴 글을 모아 『음빙실문집飮氷室文集』을 편찬했다. 이 책이 맨 처음 출판된 량치차오 저작 모음집이다. 량치차오는 이 문집 「자서自序」에서 이렇게 언급했다. "수년 이래 나의 사상에 변화와 전환이 몇 차례나 있었는지 이미 알지 못한다. 몇 달 전에 쓴 글을 몇 달 지나 읽어보면 이미 문맥이 껄끄러워서 좋지 못하게 느껴진다."(「량치차오 연보 장편」, 294쪽) 당시 그의 사상은 나날이 과격해지고 있었다. 이 무렵 량치차오는 혁명과 파괴주의를 고취했을 뿐만 아니라 만주족 배척排滿까지 고취했다. 그는 「신문업계 환영회 연설사在報界歡迎會演說詞」에서 다음처럼 회고하고 있다. "당시는 의화단사건(1900)이 일어난 뒤여서 정부의 상처가 다시 덧나고 있었습니다. 구태가 다시 생겨나니 눈과 귀가 닿는 곳마다 울분만 더해질 뿐이었습니다. 이 때문에 신문의 논조도 날이 갈수록 더 과격해졌습니다. 임인년(1902) 가을 동시에 또 『신소설보』를 창간해 전문적으로 혁명을

---

7 '가정의 세 차례 학살'이란 뜻으로 역시 청나라 초기에 만주족이 한족을 학살한 대표적 사건. 청나라 조정에서 변발령을 시행한 후 가정의 백성들이 명령에 따르지 않자, 순치 2년에 청나라 장수 이성동李成棟(?~1649)이 세 차례나 가정 성안을 공격해 그곳 평민들을 무자비하게 학살했다.

고취하려 했습니다. 제 감정은 그때 최고조로 격앙되어 있었습니다."(앞의 책, 298쪽) 그러나 량치차오는 당시 입장이 매우 복잡한 상황에 직면해 있었다. 대체로 2년 동안 그와 쑨중산의 협력 방안은 캉유웨이의 반대로 중지된 상태여서 쌍방 간에는 더이상 아무런 왕래조차 없었다. 당시 장타이옌은 도쿄에서 지나망국기념회支那亡國紀念會를 개최하면서 량치차오와 쑨중산을 찬성자로 초청했다. 량치차오는 처음에 답장을 보내 찬성했지만 며칠 뒤 다시 장타이옌에게 편지를 보내 자신은 이 모임을 지지하지만 꼭 이름을 넣을 필요는 없으니 찬성자 명단에서 자기 이름을 빼달라고 요청했다. 이는 바로 캉유웨이의 감정을 고려한 조치였다. 량치차오는 이해(1902) 4월 캉유웨이에게 편지를 보냈다. "민주, 만주 타도, 공교 보호 등의 의미는 정말 드러내놓고 말하기가 어렵습니다. 이 제자가 오늘 선생님의 훈계를 겉으로 따르는 척하더라도 훗날에 또 그것을 실행하지 못할 수도 있습니다. 이 때문에 차라리 마음을 모두 터놓고 말씀을 올리는 게 좋을 듯합니다. 오늘날 민족주의가 가장 발달한 시대에 민족정신이 없으면 절대로 나라를 제대로 세울 수 없습니다. 이 제자도 혀가 마르고 붓털이 다 빠지도록 민족정신을 제창하며 절대 포기하지 않을 것임을 맹세합니다. 민족정신을 환기해야 하기 때문에 부득불 만주족을 공격하지 않을 수 없습니다. 이 제자의 소견으로는 이것을 바꿀 방법은 없습니다. 만주 조정은 오래 지속될 희망이 없습니다. 지금 날마다 황제 친정親政을 바라고 황제 복위를 바라지만 어떻게 그것이 가능하겠습니까? 설령 가능하다 하더라도 만조백관이 모두 원수들이고 온갖 부패가 오래 이어졌으니, 황제께서 우리 당 사람들을 불러 등용한다 해도 절대로 우리 뜻을 실행할 수 없을 것입니다."(앞의 책, 286쪽)

량치차오의 말은 사실이다. 량치차오의 글을 통해 우리는 그가 진퇴양난의 곤경에 처해 있었음을 감지할 수 있다. 무술정변 이후 6군자六君子는 순절했고 경자년 근왕운동은 결국 실패했다. 이러한 사태를 겪으며 그는 청 정부에 크게 실망감을 느끼고 있었다. 광서 28년(1902) 초, 자희태후慈禧太后[서태후]와 광서제는 함께 베이징으로 돌아왔지만 변법유신에 대한 성의와 결심을 전혀 표명하지 않았고 이 때문에 사람들은 더욱더 커다란 실망감에 빠져들었다. 이해 1월 200년 동안 시행된 만주족과 한족 결혼 금지령이 폐지되자 량치차오는 「이 조치로 마침내 종족 간의 경계를 타파할 수 있는가?似此遂足以破種界乎」를 썼다. "오늘날 외세 침략이 나날이 급박해지는 가운데 국민의 지혜民智 또한 나날이 신장되고 있다. 정부에서는 만주족과 한족이 물과 불처럼 원수지간이 되어 큰 우환이 되는 것을 남몰래 근심하여 그것을 조화시킬 조화시킬 대책을 마련하려고 했다. 이윽고 아름다운 조칙을 내려 두 종족이 통혼할 수 있게 했으니 그 마음 씀씀이가 참으로 선량하다." 그러나 또 이렇게 지적했다. "만주족과 한족은 그 골이 수백 년 동안 깊이 패어서 풍속에 서로 익숙하지도 못하고 품성도 서로 같지 않게 되었다. 비록 지금 조칙 한 장을 내려 진실하게 재촉하더라도 나는 그것이 공허한 종잇조각 한 장에 불과하다는 사실을 잘 알고 있다." "정부에서 진정으로 한족과 만주족의 경계를 허물 생각이면 근본 바탕으로부터 명령을 시행하고 실제 이익이 있게 명령을 펼쳐 보여야 한다. 그럼 통혼 명령이 없더라도 반드시 두 종족이 서로 편안하게 지낼 것이다. 그렇지 않으면 비록 통혼하더라도 무슨 이익이 있겠는가?"(1902년 2월 『신민총보新民叢報』 제2호, 『음빙실합집·집외문』 상책, 79쪽)

그러나 캉유웨이가 량치차오를 대하는 태도는 이와 달랐다. 그는 당시 장문의 편지 두 통을 써서 혁명과 자립 문제 등을 전문적으로 토론했다. 한 통은 「미주 화교들에게 답장을 보내 중국에서는 입헌군주제를 시행해야 하지 혁명을 추진해서는 안 되는 사유를 논함復美洲華僑論中國只可行君主立憲不可行革命書」이고, 다른 한 통은 「동학 제군과 량치차오 등에게 편지를 보내 인도의 망국이 각 성의 자치 때문임을 논함」이다. 이 편지 두 통은 「난하이 선생의 최근 정견 편지南海先生最近政見書」라는 제목으로 『신민총보』 제16호에 발표되었다. 장타이옌은 이 편지를 읽고 비분강개하여 바로 한 시기를 진동시킨 명문 「캉유웨이의 혁명론을 반박하는 편지駁康有爲論革命書」를 썼다. 이 글은 「캉유웨이와 아이신줴뤄 군의 관계康有爲與覺羅君之關係」라는 제목으로 광서 29년(1903) 6월 29일 『소보』에 발표되었다. 공교롭게도 바로 다음 날 청 정부는 상하이 조계租界 당국에 각서를 보내 '천하의 반란 조장'과 '대역무도' 등의 죄명으로 장타이옌을 체포해달라고 부탁했다. 쩌우룽은 그 소식을 듣고 의분에 못 이겨 직접 당국에 출두했다. 장타이옌 체포령은 애초에 이 글 때문에 내려진 게 아니다. 그러나 후세 사람들의 글을 읽어보면 이 글이 중국 근대사에서 국내외를 놀라게 한 『소보』사건[8]의 도화선이 되었다고 인식하고 있다.

량치차오의 미국 유람기

장타이옌이 쇠사슬에 묶여 감옥에 갇힐 때 량치차오는 미국을 돌아보고 있었다. 미국을 향한 량치차오의 동경은 이미 오래된 일이었다. 그는 4년 전 미국 샌프란시스코 유신회가 자신을 초청했을 때 흔쾌히 초청에 응하려 했으나 뜻밖에도 그곳에 전염병이 유행하여 하는 수 없이 호놀룰루에 머물 수밖에 없었다. 광서 26년(1900) 6월 그곳의 출입금지령이 해제되고 나서야 미국 본토 입국 허가가 떨어졌다. 그러나 당시는 한커우漢口의 근왕운동이 발등에 떨어진 불처럼 급박하게 전개되었고, 량치차오도 한커우로부터 전보를 받고 황급히 귀국해야 했기 때문에 미국 본토 입국을 안타깝게 뒤로 미뤄야 했다. 광서 29년(1903) 정월, 미주 보황회가 량치차오를 초청해 미주를 유람하게 해준 이후에야 그는 마침내 소원을 이루게 되었다. 정월 23일 그는 일본을 출발해 2월 초6일 새벽 캐나다 밴쿠버 항에 도착했다. 수행자는 황후이즈와 바오츠鮑熾 두 사람이었다.

『량치차오 연보 장편』의 소개에 의하면 이 여행은 목적이 크게 세 가지였다. "첫째, 미주 각지에 보황회 분회를 개설한다. 둘째, 역서국譯書局 주식 투자를 확대하고 미주에서 주식을 모집해 상업회사를 창립한 뒤 실질적인 사업의 기초를 놓는다. 셋째, 보황회의 각종 사업 발전기금을 모은다.

이 밖에 부차적으로 대동학교大同學校와 애국학사愛國學社 운영자금도 모집한다."(『량치차오 연보 장편』, 311쪽) 량치차오는 캐나다에 두 달 동안 머문 뒤 4월 초3일 밴쿠버에서 차를 타고 뉴욕으로 향했다. 미국대륙을 횡단하는 그 유명한 태평양철도 노선이었다. 량치차오는 이 기간 『신민총보』의 관리를 장즈유蔣智由, 마이멍화, 뤄푸, 저우보쉰周伯勳, 장팡전蔣方震, 왕룽바오汪榮寶 등에게 맡겼다. 그리고 자신은 거의 기사를 쓰지 않고 미국대륙 시찰에 전념했다. 량치차오는 미국에서 각 지역 보황회 활동에 참가하고 성금을 모금하는 일을 제외하고는 이곳저곳을 돌아다니며 견학하고 대화하고 생각에 잠겼다. 동쪽에서 서쪽으로 반년 넘게 거의 만 리에 이르는 여정을 소화했다. 그동안 "목도한 미국 정치와 풍속의 아주 많은 부분이 그의 뇌를 자극했다."(『음빙실합집·문집』 제22권, 133쪽) 그중 큰 것만도 몇 가지를 예로 들 수 있다. 첫째, 미국의 국체國體, 정체政體, 사회, 민중은 고유한 특징을 지니고 있다. 그것은 미국이 공화연방제를 실시하는 사회적·역사적 원인에서 말미암은 특징이다. 둘째, 미국의 공화제 또한 최선의 제도는 아니고 나름의 폐단을 갖고 있다. 셋째, 화교사회의 문제에 대해 진전된 인식을 하게 되었다. 즉 화교사회 구성원들은 민주공화제에서 아주 멀리 떨어져 있을 뿐 아니라 입헌민주제에서도 아주 멀리 떨어져 있어서 오직 입헌군주제만을 시행할 수 있다고 여긴다. 넷째, 혁명이 우리에게 자유를 가져다주지 못하고 오히려 전제정치를 가져다줄 수도 있다. 량치차오는 미국여행 기간 수시로 곳곳에서 '우리 민족과 다른 민족'을 비교했다. 그가 이 과정에서 느낀 점은 물론 위 네 가지에 그치지 않는다. 쉬친은 량치차오의 『신대륙 유람기新大陸游記』에 서문을 쓰면서 감탄했다. "그가 열 달 동안 관찰하고 조사한 대부분이 내가 3년 동안 보지 못한 것들이니, 인간의 인식수준 차이가 또한 크다고 하지 않겠는가?"(『음빙실합집·전집』 제22권, 1쪽) 그런데 이 모든 것은 한 가지로 귀결된다고 할 수 있다. 량치차오에게 그것은 혁명에 대한 자신의 인식과 태도를 수정하는 입장으로 드러났다. 20세기를 흔히 혁명의 세기라 칭한다. 중국에도 혁명으로 인한 심각한 흔적이 남아 있다. 그 흔적이 복福이든 화禍이든 모두 혁명과 관련을 맺고 있다. 따라서 그것은 작은 문제라고 할 수 없다.

광서 24년(1898) 이래로 량치차오는 줄곧 보황을 주장하고 입헌군주제를 선양하면서 자칭 개량주의자라고 했지만 그의 담론과 문장을 보면 '혁명'이란 단어를 회피하지 않았을 뿐만 아니라 심지어 '혁명' 및 파괴주의를 동경하기도 한다. 그는 미주대륙에 발을 내딛고 캐나다로 갔을 때만 해도 여전히 혁명이 필요하다고 생각했다. 량치차오는 기해년(1899) 4월 초3일 쉬친에게 보낸 편지에서 이처럼 말하고 있다. "중국에는 진실로 혁명 말고는 다른 방법이 없지만 지금은 말을 할 수 없을 뿐이네."(『량치차오 연보 장편』, 318쪽) 여기서 말을 할 수 없다는 것은 캉유웨이가 들으면 기분 나빠 할 것이기 때문에 말을 못한다는 의미다. 량치차오는 반달 뒤 다시 쉬친에게 편지를 보내 여전히 같은 의견을 표시했다. "어르신[캉유웨이]께서 이 편지로 사사건건 나를 책망하시는지라 나는 삼가 그 뜻을 모두 받들 수밖에 없었네. 다만 혁명에 관한 일은 지금까지도 내 뜻을 바꾸지 않고 않네." 그는 또 아무런 수식 없이 이렇게 말했다. "지금 뉴스를 볼 때마다 움직이고 싶은 욕망이 강력하게 솟아오르네. 나는 중국을 혁명하지 않을 수 없다고 굳게 믿네. 지금 품고 있는 이 뜻은 갈수록 깊어질 것이네. 이번에 미국에 도착해 연설할 때는 굳이 혁명에 대해 이야기하지 않았지만, 예후이보[예언], 류장쉬안劉章軒[보황당으로 일찍이 예언 등과 전화실업공사振華實業公司 창립]이 언급했기 때문에 혁명을 주장하지 않을 수 없었네. 혁명 대의를 내버린다면 우리가 날마다 밖에서 모금을 하면서 무슨 명목으로 사람들 앞에 나설 수 있겠는가?"(앞의 책, 320~321쪽) 여기서 알 수 있듯이 "혁명을 하지 않을 수 없다" "혁명을 내버리면 다른 방법이 없다"라는 량치차오의 주장에는 그의 청 정부에 대한 실망감이 포함되어 있고 또 민중 심리에 대한 인식도 포함되어 있다. 그의 화법을 빌리자면 혁명을 이야기하지 않고 무슨 명목으로 민중을 향해 모금운동을 전개할 수 있겠느냐는 것이다.

협의의 '혁명'

그러나 량치차오가 이해한 '혁명'은 애초부터 한 계급이 다른 계급을 타도하는 혁명도 아니었고, 한 민족이 다른 민족을 축출하는 폭력 행위도 아니었다. 그것은 혁명이 아니거나 불완전한 혁명에 불과했다. 기실 후자는 중국 전통의 '혁명' 담론에서 파생해 발전해온 개념이다. 전통이 오랜 중국에서는 선진先秦시대부터 '탕무혁명湯武革命'[9]이란 말이 있었다. 이 말은 무력으로 앞 왕조를 타도하고 새로운 정권을 세우는 것을 가리킨다. 바로 『주역周易』에서 말한 바와 같다. "천지가 바뀌고 사시四時가 이루어지며, 탕왕과 무왕이 혁명하여 하늘에 순응하고 사람에게 호응하니, 혁명의 시대의 의의가 크도다."(『주역역주周易譯注』, 172쪽) 이는 『주역·혁괘周易·革卦』 단사彖辭에 나오는 구절로 '혁명'의 합법성뿐만 아니라 그 필연성까지 드러내고 있다. 그후 '혁명'은 새로운 언어 환경 속에서 진화론적 역사관과 동일시되어 천부적 정의감과 도덕적 우월성까지 갖추게 되었다. 20세기 이래 급진주의가 모두 '혁명'이란 명의名義를 내세우는 것도 아마 이 같은 논리에 입각한 듯 보인다. 그러나 량치차오가 말하는 '혁명'은 이러한 인식과는 크게 다르다. 예컨대 량치차오는 일찍부터 '시계혁명詩界革命'이니 '소설계혁명小說界革命'이니 하는 개념을 제기했다. 여기에서 말하는 '혁명'은 이미 전통적 언어 환경에서 쓰이던 정치 폭력이나 천명과 민심 따위의 개념이 아니고, "고유한 그 무엇을 덜어내거나 보충하여 좋은 방향으로 개선한다"라는 현대적 의미를 담고 있다.(「혁명을 분석함」, 『음빙실합집·문집』 제9권, 40쪽)

하지만 량치차오는 전통적 의미로 쓰이는 '혁명' 어휘를 명확하게 반대하지 않았을 뿐만 아니라 새로운 의미와 낡은 의미를 한데 섞어 혼용했다. 이는 량치차오가 한편으로는 아직 학문적으로 혁명이란 어휘를 더욱 명확하게 분석하지 못했기 때문이며 다른 한편으로는 당시 현실 환경의 자극 때문이기도 했다. 사실 대체로 량치차오는 광서 28년(1902) 미국여행을 떠나기 전에도 자신이 전파하기 위해 노력하는 '혁명' 사상이 현실에서 이미 오독되어 정반대 효과를 빚어내고 있다는 사실을 의식하고 있었다. 그러나 그는 이 때문에 '혁명'을 포기할 생각은 없었다. 그가 「혁명을 분석함」을 쓰

---

9 성군이 폭군을 무력으로 몰아내고 왕조를 바꾸는 일을 일컬음. 상 탕왕이 무력으로 하 걸왕을 몰아낸 일과, 주 무왕이 역시 무력으로 상 주왕을 몰아낸 일을 가리킨다.

게 된 것도 '혁명' 개념을 한정하거나 차라리 혁명을 '변혁'이란 말로 바꾸려는 시도였던 셈이다. 이러한 시도에 바로 당시 량치차오의 모순된 심리가 반영되어 있다. 그는 「혁명을 분석함」에서 다음과 같이 썼다. "중국에서 수년 전까지 인인지사仁人志士들이 사방으로 뛰어다니며 호소한 것은 개혁이었을 뿐이다. 그런데 해마다 외부의 환란이 더욱 극심해지고 외부의 부패도 더욱 만연하게 되자 국민의 지혜도 점차 증진되었다. 이에 국민은 통달한 서구 철학자들의 이상에 젖어들고 전 세계의 대세에 압박 받아 모두들 변혁을 하지 않고서는 중국을 구제할 수 없음을 알게 되었다. 소위 변혁이란 말은 영어의 Revolution이란 의미를 담고 있다."(앞의 책, 41쪽) 그러나 량치차오는 또 이렇게 말했다. "이 이론을 제창하는 사람은 대부분 일본 용어에 익숙하여 일본 사람이 이 말을 혁명이라고 번역하자 그대로 답습해 '혁명, 혁명' 하고 있다. 또 1789년 프랑스대변혁에서 국왕이 목이 잘리고 귀족들이 참살당하면서 국내에 유혈이 낭자했던 상황을 보고 더욱더 소위 Revo.란 반드시 이와 같아야 한다고 여긴다. 이 때문에 근래 서구 문명과 사상에서 말하는 비폭력 Revolution과 중국 고대의 야만적 투쟁 과정에서 등장한 폭력혁명을 마침내 동일한 명사로 치환하고 말았다. 이렇게 변환된 명사가 사람들 뇌리에 깊이 뿌리박혀 이제는 뽑을 수 없는 지경에까지 이르렀다. 그래서 조정의 귀인들도 혁명을 꺼려하고, 속세의 민중도 혁명에 놀라고, 인인군자들도 혁명을 우려하고 있으니 이 또한 당연한 일이라 할 수 있다."(앞의 책)

량치차오는 실제로 나중에 혁명을 부정하는 태도를 보였지만 '혁명' 개념에 대해서는 여전히 이 같은 입장에서 벗어나지 않았다. 그는 광서 30년 (1904) 「중국 역사에서 혁명에 관한 연구中國歷史上革命之研究」라는 논문을 썼다. 이 글의 첫머리에 그는 이렇게 썼다. "중국의 언론은 근래 몇 년 동안 너무나 복잡해져서 이루 다 헤아릴 수 없을 정도다. 그중 혁명을 논의하는 매체가 가장 유력한 부류다."(『음빙실합집·문집』 제15권, 31쪽) 량치차오는 이 글에서 Revolution을 '혁명'으로 번역하는 것에 더이상 반대하지 않고 '혁명'을 광의의 혁명과 협의의 혁명으로 구분했다.

혁명에는 광의의 의미와 협의의 의미가 있다. 가장 광의의 혁명은 사회상의 모든 유무형의 대변동을 가리킨다. 그다음 광의의 혁명은 정치상 변동이 이전 시대와 확연히 다른 새 시대를 가져오는 것을 가리킨다. 그것을 평화적으로 획득했든 무기나 피로 쟁취했든 모두가 이에 속한다. 협의의 혁명은 오로지 무력을 동원해 중앙정부를 전복하는 것을 가리킨다. 우리 중국에서는 수천 년 동안 협의의 혁명만 있었고 오늘날의 극단적 혁명론자들도 오직 협의의 혁명에만 심취해 있다. 이 때문에 내가 지금 연구하는 것도 이 협의의 혁명일 뿐이다. (앞의 책)

미국의 정치체제를 고찰하다

량치차오의 이 연구는 미국 체류 기간에 시작되었다. 그는 『신대륙 유람기』에서 아래와 같이 쓰고 있다.

논자들은 감동해서 이렇게 말한다. '미국 국민은 영국에서 독립해 자유를 쟁취했다.' 그러나 이는 하나만 알고 둘은 모르는 말이다. 미국인의 자유가 독립 이후에 비로소 공고해졌다고 말하는 것은 가한 일이지만, 미국인의 자유가 독립 이후에 비로소 생겼다라고 말하는 것은 불가한 일이다. 세계상에 돌연히 생겨나는 사물은 없다. 이 때문에 미국인들에게 만약 이전에 자유가 없었다면 혁명전쟁 한 번으로 완전하고 지고무상한 자유를 얻는다는 것이 결단코 불가능한 일이다. 저 프랑스 혁명에서도 혁명으로 자유를 추구했지만 혁명이 한 번 변하자 폭력 민중의 전제정치가 되었고, 두 번 변하자 황제의 전제정치가 되었다. 이에 80여 년이 지나고 나서도 아직도 미국과 같은 자유를 얻지 못하고 있다. 남미의 여러 나라도 혁명으로 자유를 추구했고, 60~70년 동안 4년에 한 번씩 폭동이 일어나지 않은 적이 없지만 시종일관 야만적인 추장에 의해 전제정치만 행해지고 있다. 남미에서 미국과 같은 자유를 얻으려는 것은 더욱 가망 없는 일이다. 이 때문에 미국인들이 자유를 쟁취한 원인은 틀림없이 혁명 밖에 있을 터이니 [그 원인을] 자세히 살피지 않을 수 없다.

량치차오는 일찍이 "나는 미국에서 돌아와 러시아를 꿈꾸게 되었다"라고 했다.(『음빙실합집·문집』 제13권, 86쪽) 왜 이런 말을 했을까? 량치차오는 미국에서 도대체 무엇을 보았으며, 미국의 어떤 것이 그의 신경을 자극했을까? 그는 [1903년] 4월 16일 뉴욕에 도착해 그곳에서 두 달여를 머물렀다. 이 기간 그는 뉴욕 주변 도시 예를 들면 보스턴·워싱턴·필라델피아 등을 왕래하며 많은 사람을 만났고, 다양한 곳을 관람했으며, 여러 가지 문제를 토론했다. 량치차오는 미국 화교들의 지위가 미천한 원인이 바로 선거권이 없기 때문이라는 사실에 주목했다. "만약 미국에 사는 우리 화교들이 선거권을 갖고 있다면 지금 이들이 하층민이라 해도 누가 감히 업신여길 수 있겠는가?" 우리는 여기에서도 민주공화제를 실시하는 국가에서 선거권이 얼마나 중요한지 알 수 있다. 그러나 량치차오는 이와 상반되는 상황을 목도하기도 했다. 즉 전제국가의 국민이 감히 조정을 비판하지 못하는 결점이 있는 것과 마찬가지로 미국 정치가들도 선거에서 표를 얻으려 항상 대중에게 아부하고 유권자에게 영합하며 때때로 민족과 국가의 이익에 해가 되는 짓을 한다는 것이다. 량치차오는 "이 또한 공화제의 일대 결점이다"라고 인식했다.(『음빙실합집·전집』 제22권, 34쪽)

워싱턴에서 량치차오는 국무장관 헤이John Milton Hay와 미국 대통령 루스벨트Theodore Roosevelt를 예방한 적이 있다. 당시 그는 전시戰時를 제외하고는 미국 대통령의 권한이 아주 약해서 자유롭게 행동할 여지가 많지 않다는 사실을 발견했다. 미국 헌법의 규정에 따르면 대통령과 각료들은 의회에 법률을 제출할 권한도 없고 국회에 참여할 권한도 없다. 량치차오가 보기에 그들은 단지 '행정관리'에 불과했다. 그것은 영국의 제도와 크게 다른 점이었다. 삼권분립으로 권력 균형을 유지하는 원칙은 같고 정치적으로도 모두 헌정을 시행하고 있지만, 영국 국왕은 입법부·사법부·행정부보다 높은 자리를 차지하고 미국 대통령은 처음부터 권력을 엄격하게 제한받는다. 미국인들은 대통령의 권한에 뿌리 깊은 우려심이 있다. 그들은 언제나 어떻게 하면 권력이 집중된 중앙정부에서 전제적 폭군이 생겨나지 않도록 할 수 있을까를 고민했다. 이에 대해 량치차오는 『신대륙 유람기』에서도 이처럼 언급했다. "미국은 건국 이래 전제적 무단정치를 통렬하게 증오해왔다. 이러한 인식은 수백 년 동안 전해지며 사람들의 뇌리에 가장 깊이 뿌리를 내렸다. 그들은 크롬웰이나 나폴레옹 같은 인물이 권력을 남용해 참주僭主 전제정치 체제로 돌아가는 것을 가장 두려워했다."(앞의 책, 62~63쪽) 미국인들이 취한 방법의 하나는 바로 권력 분할이었다. 입법부·사법부·행정부의 3대 권력을 각각 독립시킨 것은 일종의 분할이지만 미국인들은 그것도 부족하다고 인식했다. 그들은 이러한 인식 위에서 또 각 주, 각 시, 각 현 내지 작은 마을의 권력까지 나누었다. 이런 지방 권력은 모두 독립해 있고 각자가 정치를 행하며 관리도 모두 각지에서 직접선거로 뽑는다. 따라서 미국의 공화정치는 영국에 근원을 두고 있지만 영국처럼 귀족에게 의지하지 않는다. 미국인들의 자치제와 분권제는 훨씬 더 발전된 모습을 보이고 있을 뿐만 아니라 더더욱 그들의 권력은 유권자의 투표로 주어진다.

미국의 이러한 정치구조는 물론 합리성을 갖고 있다. 량치차오에게도 이점이 눈에 띄지 않을 수 없었을 것이다. 그는 미국을 떠난 뒤 「정치학 대가 블룬칠리의 학설政治學大家伯倫知理之學說」[10]을 써서 이 문제를 토론했다.

미국이 영국의 정치체제를 변화시켜 지금의 정치체제를 만든 원인은 무엇인가? 저들은 조국의 속박을 벗어나지 않았을 때도 공화의 원형질을 이미 일찌감치 갖추고 있었다. 애초 저들이 본국을 떠나 타향으로 옮겨갈 때도 조국의 의회제와 자치제에 대해 이미 숙련된 소양을 쌓은 상태에서 정치적 포부를 품고 떠났다. 신대륙에 도착해서는 더이상 귀족 및 본국 관리의 힘에 의지할 수 없었기 때문에 부득불 자조自助 및 상호 구제 두 이념을 안정된 생활과 즐거운 업무의 근본으로 삼았다. 공화정치 정신은 진실로 여기에 뿌리를 두고 있다. 자조 자립과 상호 구제 생활이

---

10 요한 카스파르 블룬칠리Johann Kaspar Bluntschli(1808~1881). 스위스 태생의 독일 법학자이자 정치가.

오래되고 그것이 익숙해져서 풍습이 되자 다시 속박하려 해도 [미국 국민이] 기세상 그 속박을 받아들이기를 즐거워하지 않게 된 것이다. (『음빙실합집·문집』 제13권, 77~78쪽)

분명히 량치차오가 보기에 미국식 민주와 자유가 미국에서 통용되는 까닭은 미국 국민의 소양이 높은 데다 지방자치 훈련을 오래 받아서 그것이 풍습이 되었기 때문이었다. 그가 보기에도 공화제가 다른 정치체제보다 우월한 특징이 확실히 많았다. 그는 공화제의 주요한 점을 5개 항목으로 정리했다.

첫째, 국민의 자각심을 양성해 자신의 권리와 의무를 스스로 알게 하며 또 명예를 중시하게 한다. 둘째, 사람들에게 인도人道의 고귀함을 알게 하여 서로서로 인격을 존중하게 한다. 셋째, 선거라는 좋은 법에 의지해 우수한 인재들이 그 재능에 따라 높은 지위에 오를 수 있다. 이로 인해 공민公民의 경쟁심이 북돋워진다. 넷째, 무릇 재능이 있는 사람은 빈부와 귀천을 막론하고 스스로 현달顯達해 정권을 장악하고 국가에 힘을 바칠 수 있다. 다섯째, 인간의 착한 성품을 잘 유도해 국민의 지식民知을 자유롭게 발달시킬 수 있으니 국민의 행복이 날이 갈수록 더 늘어난다. (앞의 책, 79쪽)

또 량치차오는 내심에서 우러나오는 목소리로 다음과 같이 공화제를 찬미하고 있다.

이러한 까닭에 진실로 국민이 된 자는 공화제에 불가결한 여러 자질에 익숙해져서 모든 것을 모자람 없이 두루 갖추게 된다. 그런즉 이 정치체제를 실행하면 진실로 애국심을 배양하고 국민의 지혜民智를 장려해 하층사회의 민중들까지 순화시킬 수 있다. 그리하여 이 정치사상은 날마다 발전을 거듭하며 고상한 경지까지 나아간다. 아름답도다! 공화제여! (앞

의 책)

이처럼 아름답기는 하지만 량치차오는 또 미국식 공화제도도 완벽하게
아름답지는 못하고 적어도 두 가지 부문의 결점을 갖고 있다고 생각했다.

첫째, 하층 국민을 천시한다. 동일한 공민은 동일한 자유 평등의 권리
를 갖지만 교육 정도가 사회적 평균 이하인 자들은 일률적으로 천시한
다. 그것은 인디언이나 흑인뿐 아니라 무릇 그들과 동등한 지위에 있는
자들에게도 그렇게 하지 않는 경우가 없다. 생각건대 화교를 대하는 태
도를 봐도 그런 경향을 알 수 있다. 이 또한 평등주의를 실행하기가 매
우 어렵다는 증거라 할 수 있다. 둘째, 비범한 준걸들을 시기한다. 무릇
국민 중에서 가문, 학식, 총명, 재능, 재산이 사회적 수준 이상으로 뛰어
난 자들은 대중에게 시기를 받아 정계에서 자기 능력을 모두 발휘할 수
없다. 그것은 이처럼 뛰어난 사람들이 군주 귀족의 자질을 갖고 있어서
장차 국가의 헌법을 전복시키지 않을까 일반인들이 두려워하기 때문이
다. 따라서 공화주의 정치체제는 중등 정도의 인물을 양성해 국민의 수
준을 똑같이 만드는 데 가장 적합한 제도라 할 수 있다. (앞의 책, 79~
80쪽)

공화제가 중국에 적합한가?

그러나 량치차오가 더욱 관심을 기울인 것은 미국식 공화제를 중국에 시행
할 수 있느냐 여부였다. 미국 체류 동안 이 문제는 시종일관 량치차오의 뇌
리에서 떠나지 않았다. 이러한 내면의 모순과 갈등은 샌프란시스코에서는
거의 조화될 수 없었고, 또 평정심을 회복할 수 없는 정도에까지 이르렀다.
샌프란시스코는 미국 화교들의 최대 밀집 도시인데 당시 화교 인구는 도시
인구 34만여 명 중에서 2만7000~2만8000명 정도를 차지하고 있었다. 당
시 유신회 창립은 샌프란시스코가 가장 빨랐고 등록 회원만도 1만여 명이
넘었다. 량치차오가 샌프란시스코에 도착했을 때 이곳 사람들은 군악을 연

주하며 그를 환영했다. 전해오는 말에 의하면 그 성대한 모습이 뉴욕을 뛰어넘었다고 한다. 이 일은 량치차오를 매우 흥분시켜서 그는 다음 같은 기록을 남겼다.

내가 생각에는 중국인華人의 성격을 살펴보고 아울러 그들이 세계에서 어떤 지위를 차지하는지를 살펴보려면 샌프란시스코보다 더 좋은 도시가 없다. 무슨 이유인가? 국내에는 비교할 만한 외국인이 없어 우리의 장단점을 살펴볼 수 없기 때문이다. 따라서 국내보다 외국에서 살펴보는 게 더 낫다. 외국에서 중국인이 모여 있는 곳은 크게 두 부류다. 첫째는 백인이 적고 중국인이 많은 곳이다. 따라서 백인들은 특별한 법률을 만들어서 우리 중국인을 다루는데, 동남아시아 여러 지역이 그런 곳이다. 둘째는 백인이 많고 중국인은 적은 곳이다. 그곳에서는 우리와 저들이 동일한 법률의 적용을 받는데, 미주와 호주의 여러 지역이 그러하다. 첫째 부류는 국내 경우와 거의 다른 점이 없기 때문에 연구할 만한 가치가 없으므로 둘째 부류만이 연구 대상이 될 수 있다. 둘째 부류에서 중국인들이 제일 많이 거주하는 곳으로는 샌프란시스코만 한 곳이 없다. (앞의 책, 104쪽)

량치차오는 샌프란시스코에서 한 달여 머무르면서 무엇을 보았을까? 그는 먼저 화교들의 직업과 생활 상태를 고찰했다. 다음으로 화교들의 조직 상황 즉 각종 목적의 사회단체와 공공 자선사업 단체를 고찰했다. 마지막으로 화교들의 신문사 운영 상황을 고찰했다. 량치차오는 샌프란시스코 화교사회 고찰을 통해 중국인들의 장점, 예컨대 외국인에게 동화되지 않으려는 장점이 있음을 목도했다. 량치차오는 이러한 국수주의와 독립적이고 자존심 강한 특성이 자주 독립 국가를 건설하려는 원기로 작용할 수 있다고 인식했다. 또 강한 의협심, 모험심이 강하고 고통을 견뎌내는 정신, 근검하고 신용을 지키는 미덕 등이 모두 중국인의 장점이라 생각했다. 동시에 그는 중국인의 단점도 목도했다. 그는 중국인이 "족민族民[종족으로서 국민] 자격은 있지만 시민市民 자격은 없다"라고 비판했다. "우리 중국의 사회 조직은 가족을 단위로 하지 개인을 단위로 하지 않는다. 소위 집안을 다스린 뒤 나라를 다스린다는 말이 바로 이것이다. 주나라 종법제도가 오늘날 형식은 폐지되었지만 정신은 남아 있다. 시험 삼아 논해보자면 서구 아리아인은 자치 능력이 가장 이른 시기에 발달했지만 우리 중국인의 지방자치도 그들에게 뒤지지 않는다. 그런데 저들은 그 자치 능력을 한 국가를 조직하는 능력으로까지 발전시켰는데 우리는 왜 그렇게 하지 못했는가? 그것은 바로 자치가 아리아인에게서는 시민제도로서 발달했지만 우리에게는 종족제도로서 발달했기 때문이다."(앞의 책, 121쪽) 이 둘에는 어떤 차이점이 있는가? 바로 하나는 종법에 의지하고 다른 하나는 계약에 의지한다는 점이다. 전자는 군주전제君主專制와 아무 탈 없이 화목하게 지내기 때문에 역성혁명으로 통치자가 바뀌어도 전혀 영향을 받지 않는다. 심지어 이민족이 들어와서 주인이 되어도 종법은 전혀 바뀌지 않는다. 이는 중국에서 정부와 민간이 그다지 깊은 관계를 맺지 않아서 어떤 성씨가 천하 주인을 대신하더라도 우리 민간의 종족 자치는 여전히 지속될 수 있기 때문이다.(『음빙실합집·문집』 제3권, 49쪽) 그러므로 중국에서는 국가의식을 양성하기가 매우 어렵다. 그러나 후자는 현대 민주공화제의 사회적 기초다. 사람들은 공동생활을 위해 계약 방식으로 시민사회를 하나로 조직한다. 하나의 향, 하나의 현, 하나의 시, 하나의 주가 모두 이와 같고 하나의 국가로 확장되어서도 이와 같다. 이처럼 종족과 고을을 초월한 자치 경험이 중국인에게는 부족하다. 량치차오는 특히 향촌의 자치 전통을 갖고 있는 중국인이 일단 "도회지로 흘러 들어가면 그들이 겪는 자치 상태의 혼란은 불가사의할 정도로까지 나빠진다"는 점을 발견했다. 그는 계속 이렇게 주장했다. "이 모든 점이 족민은 될 수 있지만 시민은 될 수 없다는 증거인 셈이다. 나는 미주를 유람하면서 더욱더 그런 사실을 믿게 되었다. 저들[미국인들]은 이미 자신의 고향 마을을 떠나와서 개인 자격으로 가장 자유로운 대도시를 왕래한다. 저들이 도시로 가져와서 건설한 것을 살펴보면 우리는 가족제도를 버리는 방법 말고는 다른 수가 없다."(『음빙실합집·전집』 제22권, 121~122쪽)

둘째, 량치차오는 중국인에게 "촌락 사상은 있지만 국가사상은 없다"고 인식했다. 그는 미국 역사를 살펴보고 나서 이러한 지방자치 관념이 미국에서 공화제를 실행하는 전제조건임을 알게 되었다. 지방자치를 지나치게 강조하면 국가 이익에 손해를 끼칠 수도 있지만 이는 아주 사소한 문제일 뿐이다. 그 사소한 문제까지 잘 인식할 수 있다면 민주적이고 자유로운 국가를 건설하는 데 매우 유리하게 작용할 수 있다. 그러나 중국의 경우는 이처럼 사소한 문제가 과도하게 발달해 있다. "어찌 샌프란시스코의 화교들만 그러하겠는가? 국내에서도 그렇지 않은 경우가 없고 비록 현명하고 지혜로운 사람들도 그런 경향에서 벗어나지 못하고 있다."(앞의 책, 122쪽)

셋째, 량치차오는 침통한 마음으로 중국인은 "독재만 받아들일 수 있을 뿐 자유는 향유할 수 없다"라고 토로했다. 이는 매우 듣기 싫은 말이지만 당시로서는 중국의 현실과 진상을 설파한 말이라 할 만하다.

내가 전 지구에 있는 사회를 살펴보니 샌프란시스코 화교사회보다 더 어지러운 곳은 없다. 어찌된 까닭인가? 오직 자유 때문이다. 대저 국내 중국인의 품성이 샌프란시스코 화교들보다 꼭 우수하지는 않지만 그래도 중국 국내에서는 관리들의 통치도 힘을 미치고 부형父兄의 단속도 힘을 미치고 있다. 남양南洋[동남아시아]의 화교들은 국내와는 다르다. 그러나 영국과 네덜란드 등 여러 나라가 우리 화교를 혹독하게 대하면서 화교들이 10여 명 이상 모여 집회를 하면 곧바로 해산 명령을 내린다. [그곳 화교들은] 모든 자유를 박탈당하고 있다. 그 엄혹한 상황은 국내보다 더 심하다. 이 때문에 저들에게 순종할 수밖에 없다. 진정으로 서구인들과 법률 면에서 동등한 자유를 누리는 중국인은 미주와 호주 화교뿐이다. 그러나 화교는 그 수가 적은 도시에서는 세력을 형성할 수 없기 때문에 그 폐단 또한 그다지 많이 드러나지 않는다. 가장 많은 화교가 자유로운 도시에서 함께 사는 사례로는 샌프란시스코를 첫손에 꼽아야 할 것이다. 그래서 혼란한 현상도 저와 같이 심한 것이다. (앞의 책)

어떤 사람이 량치차오에게 샌프란시스코 화교들에게도 비교적 규칙을 잘 지키며 안정되게 살던 시절이 있었다고 알려줬다. 그러나 그 까닭은 이 도시 보안관이 범죄자를 엄격하게 잡아들여 중벌을 내린 때문이었다. 엄벌을 주장하던 샌프란시스코 주재 중국 영사가 떠나고 나자 바로 구태가 다시 생겨났다. 량치차오는 어쩔 수 없이 "독재는 안정을 유지해주지만 자유는 위험을 불러올 수 있고, 독재는 이익을 가져다주지만 자유는 손해를 끼칠 수 있다"는 견해를 표명하지 않을 수 없었다.(앞의 책, 122~123쪽) 그가 국외 몇십 군데를 돌아다니면서 목격한 화교 조직은 두 종류에서 벗어나지 않았다. 그 한 가지는 지도자가 강력해 아무도 그에게 반대하는 사람이 없는 조직이다. "회원들이 오직 예예 하고 대답만 할 뿐이라 명목은 회의지만 실제는 포고와 명령을 내리는 조직에 불과하다. 이 같은 경우는 과인전제寡人專制[군주전제] 정체라 이름 붙일 수 있다." 또다른 한 가지는 지도자가 일을 처리할 때 과단성이 없어 결국 무정부 상태에 빠지는 조직이다. 그는 "이 같은 경우는 폭민전제暴民專制 정체라 이름 붙일 수 있다"고 했다. 군주전제 정체든 아니면 폭민전제 정체든 이 두 가지 체제는 거의 중국인의 숙명이 된 것 같았다. 량치차오는 이러한 상황을 보고 실망과 비애를 느꼈다. 그는 계속해서 다음과 같이 말했다. "이는 해외의 회관會館만 그러한 것이 아니고 국내의 소위 공국公局이니 공소公所니 하는 기관11도 이와 같지 않은 곳이 어찌 하나라도 있단 말인가? 근래에 신당新黨 지사들이라 일컬어지는 사람들이 조직한 단체 즉 모 협회 모 학사學社의 경우도 이와 같지 않은 곳이 어찌 하나라도 있단 말인가? 이는 진실로 절대 한두 사람만 질책할 일이 아니다. 대체로 한 나라 수준이 진실로 이와 같다. 이는 또 프랑스 학자 귀스타브 르봉Gustave Le Bon이 말한 국민 심리에 속하므로 우리가 가는 곳마다 이런 경우와 맞닥뜨리지 않을 수 없다. 대저 이와 같은 국민과 더불어 합의제도를 시행하려 한다면 그것이 가능하겠는가?" 이러한 상황에서는 선거제의 혼란도 상상할 만하다. 량치차오는 또 이렇게 한탄했다. "각

11 둘 모두 과거 중국 향촌의 지방 자치 조직을 일컬음.

회관에는 주석主席이 있어서 모든 회관의 대표로 인식된다. 그러나 그를 뽑을 때는 이쪽 현이 저쪽 현과 다툰다. 한 현에서는 이 성씨가 저 성씨와 다툰다. 한 성씨 안에서는 이 고을과 저 고을이 다툰다. 한 고을 안에서는 이 집안과 저 집안이 다툰다. 매번 선거 때면 종종 살인을 저지르고 피 흘리는 사람이 헤아릴 수 없이 많다. 그 직위는 구구한 회관 주석에 불과하다. 쟁취하려는 것은 1년에 1000여 금金을 다루는 권리에 불과하다. 담당 구역은 두 현에 불과하다. 그런데도 폐단이 이와 같으니 이[선거제]를 확대할 경우 그 참상을 어찌 감히 상상할 수 있겠는가? 아마도 [중국에서는] 남미처럼 4년에 한 차례씩 혁명이 일어나는 일에 그치지 않을 것이다. 이와 같은 국민과 더불어 선거제도를 시행하려 한다면 그것이 가능하겠는가?"(앞의 책, 123쪽)

량치차오는 마지막에 해답을 제출했다. "샌프란시스코가 이 정도이므로 중국 국내는 말하지 않아도 알만하다. 국내 사람들이 과연 샌프란시스코 화교들보다 우수하다 하더라도 그 우수한 점은 오십보백보일 뿐이다. 자유를 누릴 자격이 없는 점에서는 두 곳 모두 동일하다."(앞의 책, 124쪽) 따라서 량치차오는 중국에서 잠시 공화제 실행을 포기할 수밖에 없었다. 당시 그의 관점에서는 공화제로 나아가는 것이 바로 재난으로 나아가는 것으로 인식되었기 때문이다. 그는 계속해서 아래와 같이 주장하고 있다.

대저 자유를 운운하고, 입헌을 운운하고, 공화를 운운함은 지금 다수의 사람들이 정치체제를 총칭해서 말하는 것이다. 지금 중국에서 다수 사람, 대다수 사람, 최대 다수 사람이 이러이러해야 한다고 말한다. 이 때문에 내가 지금 다수 사람이 말하는 정치체제를 채택한다면 이는 나라를 자살로 몰고 가는 것과 다름없다. 자유를 운운하고, 입헌을 운운하고, 공화를 운운함은 마치 겨울에 얇은 갈옷을 입고 여름에 두터운 가죽옷을 입는 일과 같아서 겉보기가 아름답지 않은 것은 아니지만 나에게는 부적합한 것이니 어찌하겠는가? 나는 지금 공허한 화려함에 현혹되지 않을 것이고 헛된 길몽을 꾸지 않을 것이다. 한마디로 하자면 오늘날 중국 국민은 독재만 받아들일 수 있을 뿐 자유는 향유할 수 없다.
(앞의 책)

이는 절대로 일시적 분노에서 내뱉은 언사가 아니라 당시 량치차오가 진실하게 느꼈던 진실한 감정의 발로다. 당시 장타이옌이 『소보』사건'으로 감옥에 갇혔다는 소식이 미국으로 전해지자 장즈유는 량치차오에게 편지를 보내 이 사건을 언급함과 동시에 우즈후이吳稚暉가 장쑤 후보江蘇候補 위밍전俞明震에게 장타이옌을 팔아넘겼다는 소문도 전해주었다. 량치차오는 깜짝 놀랐지만 처음에는 전혀 그 사실을 믿지 않았다. 나중에 요코하마 동료들이 보내온 편지를 받고서야 우즈후이의 밀고 때문에 장타이옌이 감옥에 갇혔다는 사실을 알았다. 이 편지에는 장타이옌이 옥중에서 친구에게 보낸 편지가 동봉되어 있었다. 차이위안페이蔡元培가 나중에 직접 나서서 우즈후이가 억울한 누명을 썼다고 해명했지만 당시 멀리 미국 땅에 떨어져 있던 량치차오는 전혀 그런 사실을 알 수 없었다. 량치차오는 당시의 심정을 담아 장즈유에게 보낸 답장에서 처절한 증오심을 표현했다. "중국이 멸망한다면 완고파가 아니라 신당에 의해 망할 것이다. 슬프도다! 슬프도다!" 아울러 이렇게 공언했다. "이 아우는 근래 몇 달 동안 신당의 분란과 부패 상황을 경계하기 위해 감히 다시 혁명의 대의를 제창할 수 없었습니다."(『량치차오 연보 장편』, 328쪽)

'혁명과 고별하다'

이는 물론 작은 에피소드일 뿐이지만 량치차오는 30세 되는 나이에 실제로 인생의 첫번째 큰 전환점을 맞게 된다. 그것은 모든 사람[동시대 사람과 후세 사람 모두]이 진실하게 목도했고 느꼈던 점이다. 량치차오는 10월 12일 중국황후호中國皇后號를 타고 밴쿠버를 출발해 10월 23일 일본 요코하마에 도착했다. 그는 즉시 자기주장이 이미 바뀌었음을 공언했다. 량치차오는 『신민총보』 제38호와 제39호에 계속 문장을 발표해 자신이 이미 이전에 신봉했던 '파괴주의'와 '배만혁명排滿革命'을 포기하고 더욱 온건하고 점진적인 개량주의와 입헌주의로 전환했음을 선포했다. 「페이성에게 답함」이 량치차오가 '혁명과 고별한' 선언서라 할 수 있다. 페이성은 누구인가? 어떤 사람의 증언에 의하면 장바이리蔣百里가 사용한 필명이라 한다. 그는 『절강조浙江潮』 제8호에 「근래 2대 학설에 대한 평론近時二大學說之評論」을 발표해 도대체 신정부가 세워진 후 신민新民이 탄생하는지 아니면 신민이 생겨난 후 신정부가 세워지는지의 문제를 제기했다. 량치차오는 이것이 "시대가 영웅을 만드는가 아니면 영웅이 시대를 만드는가?"와 동일한 이치라고 인식하면서 "상호 원인이 되고 상호 결과가 되는 이치를 억지로 하나로 결합한 것이므로 모두 확실한 논리는 아니다"라고 주장했다.(『음빙실합집·문집』 제11권, 42쪽) 두 사람의 논의는 동일한 문제를 다루고 있지만 각자가 마음속에 갖고 있는 해답은 양극단으로 치우쳐 있다. 페이성은 물론 먼저 새 정부 세우기를 희망했지만 량치차오는 "국민을 새롭게 하는 방향에서 노력하지 않으면 어디서부터 정부를 바꿀 수 있겠는가?"라고 우려했다.(앞의 책, 43쪽)

이 때문에 량치차오는 "뇌성벽력이 한 번 친다고 국민이 혼수상태에서 깨어날 수 있다거나 또 그들의 이목이 새로워질 수 있다"고는 생각하지 않았다.(『신해혁명 전 10년간 시론 선집』 제1권 하책, 520쪽) 사상 계몽이란 한 두 명의 호걸이 경천동지할 거사를 일으킨다고 효과를 볼 수 있는 것이 아니고 참을성 있게 신민을 배양하고 교육해야 그 목표에 도달할 수 있다. 그러나 혁명가들은 언제나 이를 기다리지 못하고 현 정부를 만악의 근원으로 여기고 현 정부를 타도하기만 하면 모든 문제가 해결된다고 인식한다. 이 때문에 그들은 왕왕 "단도직입적으로 전진의 기상만을 고취해야 한다"라고 주장했다.(앞의 책) "나도 지난날엔 '기상을 고취해야 한다'고 주장했다. 그러나 최근 몇 달 동안 몇 차례 실험을 해보고 나서 '기상'을 완전히 믿을 수 없음을 깨달았다. 기상을 드높인다 해도 지혜智, 덕성德, 역량力 이 세 가지가 함께 어울리지 않으면 발꿈치를 돌릴 틈도 없이 약화되어버린다."(『음빙실합집·문집』 제11권, 44쪽) 량치차오는 '기상을 고취하는 일'은 시행하지 않을 수 없지만 항상 거기에 매달릴 수는 없다고 했다. 그것은 마치 대황大黃과 부자附子 같은 맹약猛藥을 간혹 한 번씩 먹는 것은 가능하지만 매일 먹으면 문제가 생기는 것과 같다. 량치차오는 계속해서 이렇게 말했다. "오늘날 우리 국가를 개조하려면 결국 민지民智, 민덕民德, 민력民力 세 가지를 기르지 않으면 안 된다. 만약 이렇게 하지 않으면 건설도 기약할 수 없을 뿐만 아니라 파괴도 이룰 수 없다." 량치차오는 『소보』에서 일어난 학계의 풍파 및 도쿄 유학생들의 항의활동은 이익보다 손실이 많은 행동이므로 "만주 정부에 털끝만 한 상처도 줄 수 없을 뿐 아니라 단지 자신의 공부만 지연시키는 것으로" 느껴졌다. "혹자는 자신의 높은 지향을 북돋우려고 학업을 포기하고 귀국했고, 귀국해서는 정치운동에 뛰어들었고, 정치운동에 뛰어들었지만 아무 업적도 이루지 못했고, 아무 업적도 이루지 못하자 죽을까 두려웠고, 죽을까 두렵자 결국 타락하고 말았다. 묻노니 이렇게 해서 얻은 것이 얼마인가? 단지 스스로 포기한 학업뿐이거늘!"(앞의 책) 황쭌셴도 량치차오에게 보낸 편지에서 똑같은 말을 했다. "내가 가장 옳지 않게 생각하는 건 학당에서 혁명을 제창하는 것이네. 학당은 인재를 길러내는 곳이지 민기民氣를 고무하는 곳이 아니네. 상하이의 모 학사에서 그런 학설을 주장해서 반동 세력들이 모든 걸 파괴하게 만들었네. 심지어 새로운 학문의 수입과 아이들의 진학도 크게 방해를 받고 있네. 그 영향이 각 학당과 출판사에까지 미치고 있으니 무슨 도움이 되겠는가? 장타이옌과 쩌우룽 같은 사람은 목숨을 걸고 혁명을 외치고 있는데 이는 어린아이 장난과 같은 짓이네. 서구 여러 나라에서도 나는 이런 사례를 들어본 적이 없네."(『황쭌셴집』 하권, 514쪽)

이런 언급은 하나같이 귀에 거슬리는 말이어서 당시 젊은이들도 들으려 하지 않았을 뿐만 아니라 현재의 젊은이들도 들으려 하지 않는다. 그러나 황쭌셴은 여전히 여러 사람을 경계하려 했다. 그는 "가슴 저리는 증오심으로 젊은이들 머리 위에서 뇌성벽력을 내려치지 못함을 한스럽게 생각한다"라고 했다.(『음빙실합집·문집』 제11권, 44쪽) 그것은 기상이 약한 사람을 분발시키기에 적합한 방법일 뿐이지 기상이 뛰어난 사람에게는 이 방식을 쓰기가 적합하지 않다는 것이다. 게다가 황쭌셴은 "민기를 북돋우려는 사람은 시끄럽게 이론만 떠들 게 아니라 각자가 한두 가지 실제적인 일을 해야 한다"고 지적했다.(앞의 책) 당시 그가 언급한 실제적인 일에서 가장 중요한 한 가지는 바로 외국문명 수입이었다. 그는 『신민총보』와 『신소설보』를 진지로 삼아 동서양의 신사상, 신문화, 신지식을 다량 번역·소개했다. 천싼리陳三立 는 황쭌셴을 가리켜 "외국문명 수입의 시조"라고 일컬었다.(『황쭌셴집』 하권, 501쪽) 이는 결코 지나친 찬사가 아니다. 장타이옌은 자신의 입장에서 량치 차오를 바라보며, 량치차오가 황제 보위와 황제 복위만을 알고 있으므로 그에게는 희망이 없다고 생각하고 "오로지 새로운 문화를 제창하고 밝히는 일을 자기 임무로 삼았다."(『장타이옌 정론 선집』, 162쪽) 따라서 장타이옌은 량치차오의 지기知己라고 할 수 없다.

량치차오의 이러한 방향 전환은 외부인에겐 갑작스러운 현상인 듯 보이 지만 기실 그 내면에는 일관된 논리가 자리 잡고 있다. 혁명과 고별한 그의 행동이 어떤 새로운 기점을 대표한다고 말하기보다는 그의 사상 속에 줄 곧 혁명에 대한 회의 및 민족 화해에 대한 동경이 자리잡고 있었다고 말하 는 편이 낫다. 따라서 이 같은 방향 전환은 량치차오의 기본 성향이 최종 적으로 모습을 드러낸 데 불과하다고 할 수 있다. 사실 량치차오의 사상은 여태껏 단순하고 단일한 모습으로 드러난 적은 한 번도 없고 다양하고 복 잡한 내용이 한데 뒤엉켜 사람들에게 갈피를 잡지 못하게 하는 경우가 대 부분이었다. 우리는 그를 개량파라고 할 수도 있고 심지어 보황파라 할 수 도 있다. 그러나 우리가 그의 글을 자세히 읽었다면 다음 사실을 인정하지 않을 수 없다. 즉 변법유신에 처음 참여할 때부터 량치차오의 의식 속에는 위로부터의 개량운동과 왕조 전제정치를 반대하는 혁명운동, 이 두 가지 사상이 모두 자리 잡고 있었다. 그는 무술변법 기간에도 여전히 '중국을 보 위해야지 청나라를 보위할 수 없다'는 논조를 견지했다. 무술정변 후에 량 치차오는 해외로 망명해 더욱 과격한 경향을 보이면서 쑨중산의 혁명파와 합작 가능성을 탐색했다. 이는 캉유웨이의 질책과 비난을 야기했다. 그러 나 량치차오는 개량을 할 것인지 혁명을 할 것인지, 입헌군주제를 시행할 것인지 민주공화제를 시행할 것인지에 대해 아무런 정견定見도 없었다. 때 때로 그는 혁명의 필요성을 인정했지만 또 어떤 때는 혁명을 맹목적 파괴

로 나아가는 홍수와 맹수로 묘사하기도 했다. 그는 장타이옌의 '오랑캐 타
도攘夷'와 '만주 배척排滿' 주장을 받아들이지 않고, 오직 『춘추공양전春秋公羊
傳』의 '삼세삼통설三世三統說'과 '천하대동설天下大同說'을 자기 언행의 이론적 근
거로 삼았다.

장편소설 『신중국 미래기』

량치차오의 이 같은 우유부단함은 그가 쓴 장편소설 『신중국 미래기新中國未
來記』에 가장 두드러지게 드러나 있다. 그는 이 소설을 5년이란 시간을 들여
완성했다고 했다. 하지만 그는 『신중국 미래기』를 이렇게 정의했다. "소설인
듯하지만 소설도 아니고, 패관잡기인 듯하지만 패관잡기도 아니고, 논저인
듯하지만 논저도 아니어서 어떤 문체에 속하는지 알 수 없다. 스스로 살펴
봐도 진실로 실소를 금치 못하겠다. 비록 그렇지만 나의 정치적 견해와 국
가 시책을 발표하려 했기 때문에 그 체제를 보통 소설과 조금 다르게 하지
않을 수 없었다. 이 소설에는 왕왕 법률, 장정章程, 연설, 논문 등이 줄줄이
이어져 나온다. 따라서 재미라고는 눈곱만큼도 느낄 수 없다."(『음빙실합집·
전집』 제89권, 2쪽)

그렇지만 이 소설에는 우리의 흥미를 짙게 불러일으키는 또다른 내용이
있다. 예를 들면 량치차오가 설계한 이상적인 국가 즉 신중국의 국가체제
와 정치체제가 바로 미국식 민주공화제라는 점, 이상적 국명이 '대중화민주
국大中華民主國'이라는 점, 이상적 개국 기원紀元이 1912년이라는 점, 이상적
초대 총통 이름은 뤄짜이톈羅在田이고, 제2대 총통 이름은 황커창黃克強이
라는 점 등이 그것이다. 여기서 말하는 뤄짜이톈은 바로 아이신줴뤄 짜이
톈愛新覺羅載湉[12]에서 온 이름이다. 그는 일찍이 기회 있을 때마다 중국에서
민주공화제가 시행되면 초대 총통은 광서제가 맡아야 하지만 이 총통직은
종신토록 유지할 수 없고 세습도 할 수 없다고 했다. 따라서 다음 총통으
로 황커창을 설정한 것이다.

---

12 청 광서제의 본명. 아이신줴뤄는 청 황실의 성姓이고 짜이톈은 광서제의 이름이다. 량치차오는
아이신줴뤄에서 '뤄'를, 짜이톈에서 같은 발음의 글자 '짜이톈在田'을 따서 '뤄짜이톈'이란 이름을 만

이 소설에서는 또 공화국 건국의 아버지 황커창과 그 친구 리취빙李去病 사이에 벌어진 중요한 논쟁을 서술하는 데 큰 편폭을 할애했다. 이 논쟁의 초점은 바로 그들이 어떤 정치적 노선을 선택해 어떤 정치적 목표를 실현하느냐에 놓여 있다. 리취빙은 혁명파의 대표로 폭력적 수단을 이용해 현 정부를 타도하고 다수인이 직접 참여하는 정치를 시행해야 한다면서 이 방법을 버려두고는 중국을 구제할 수 없다고 주장했다. 황커창은 리취빙의 혁명노선에 반대하면서 이렇게 인식했다. 즉, 현재 중국인의 소양으로 볼 때 민주정치를 시행할 조건이 구비되지 않았다. 중국에는 향촌 자치 전통이 있지만 권리와 의무에서 발전해온 현대사회의 자치제와는 상당한 차이가 있다. 따라서 폭력혁명은 중국을 프랑스 대혁명 같은 재난 속으로 밀어넣고 국민을 도탄에 빠뜨릴 뿐이다. 게다가 폭력혁명은 열강의 군사적 간섭을 초래해 중국 분할에 새로운 빌미가 될 수도 있다. 량치차오는 평화와 질서를 바탕으로 교육과 개량을 통해 국민의 지혜民智를 깨우치면서 점진적으로 국민의 자치력을 양성해 자연스럽게 민주공화라는 정치적 이상을 실현하기를 희망했다.

사람들은 오랫동안 황커창을 량치차오의 화신으로 간주한 반면, 리취빙 몸에는 쑨중산과 장타이옌의 그림자가 짙게 드리워져 있다고 보았다. 그러나 실제로 이 두 주인공은 량치차오의 양면성을 문학적으로 형상화한 장치라 할 수 있다. 이 둘 사이 논쟁도 완전히 량치차오의 내면 충돌을 문학적으로 표현한 것이라 볼 수 있다. 우리가 1902년의 『신중국 미래기』를 그보다 1년 뒤에 나온 『신대륙 유람기』와 비교해 읽어보면 두 가지 사이에 비슷한 점이 매우 많고 서술방식만 바뀐 사실을 발견할 수 있다. 량치차오는 여러 해 동안 줄곧 서구 민주제도를 소개하는 글을 써왔고 아울러 각종 기회를 이용하여 자유, 민주, 민권을 위해 선전활동을 해왔다. 따라서 『신중국 미래기』에서도 그는 미국식 민주 공화제에 대한 동경심을 망각하지 않고 있다. 하지만 그는 당시 미국에 체류하는 동안 근거리에서 미국을 관찰

들었다. 량치차오가 광서제를 새로운 나라의 초대 총통으로 추대하려는 욕망이 반영된 이름이다.

하고 연구하면서 자신의 열정이 더 뜨거워지는 것이 아니라 오히려 근심이 더 깊어지는 체험을 했다. 이렇게 보면 『신대륙 유람기』는 『신중국 미래기』의 전망에 대한 증명이며 량치차오의 심리 역정에 대한 인증인 셈이다. 『신중국 미래기』를 창작할 때는 량치차오가 개량과 혁명 사이에서 아직 명확한 선택지를 고르지 못하고 있었다면, 『신대륙 유람기』 때는 이미 그 명확한 답안을 갖고 있었다고 할 수 있다.

보황과 입헌 그리고 배만혁명

당시 혁명당과 캉·량의 갈등은 이미 물과 불처럼 화해할 수 없는 지경으로까지 치달았다. 장타이옌은 일찍이 혁명당과 보황당의 갈등을 부추겨 두 집단이 서로 살생하게 만든 것은 장즈둥 등의 음모 때문이었다고 인식하고, 쑨중산과 량치차오 두 사람이 장즈둥이 파놓은 함정에 빠지지 말기를 희망했다. 그러나 그는 "런궁任公[량치차오]과 중산中山이 아직도 마음을 풀지 못하는 이유는 그들의 다툼이 국가 변혁이 아니라 현실의 권리를 지향하기 때문이다"라고 인식했다. 이뿐만 아니라 혁명당은 자기들의 적을 언급할 때 늘 캉유웨이와 량치차오를 맨 첫머리에 거론했다. 이는 이 둘에 대한 원한이 장즈둥에 대한 원한보다 훨씬 더 깊다는 사실을 드러내주는 점이다. 장타이옌은 이 때문에 쑨중산과 량치차오의 다툼이 혁명 정세를 해치지나 않을까 걱정이었다. "나는 감히 중국의 대계가 쑨중산과 량치차오 두 사람 수중에 있다고는 할 수 없지만 한 줄기 생기는 오직 이 두 사람에게서만 발견할 수 있다고 생각한다."(『장타이옌 정론 선집』, 162~163쪽) 애석하게도 장타이옌이 보고 싶어하지 않았던 이 두 파의 갈등은 그가 감옥에 갇힌 뒤 더욱 격렬해졌다. 혁명파는 장타이옌이 쓴 「캉유웨이의 혁명론을 반박하는 편지」를 시작으로 보황파와 공개적으로 논전을 벌였다. 당시 혁명파는 홍콩과 상하이 등지에서 『중국일보中國日報』 『광둥일보廣東日報』 『경종일보警鐘日報』 『대륙보大陸報』를 간행하고 있었고, 오래지 않아 또 『민보』를 이 대열에 추가했다. 이 신문들은 그들이 보황과 입헌을 공격하고 혁명과 배만을 고취하는 진지로 기능했고, 당시 량치차오가 주관하던 『신민총보』와도 대규모 논전을 전개했다. 이 기간 활약한 혁명파 논객으로는 장타이옌, 후한민胡漢民, 왕징웨이, 주즈신朱執信, 쑹자오런宋敎仁, 류스페이劉師培 등이 있다. 하지만 『민보』가 창간될 때 장타이옌은 옥중에 있었기 때문에 『민보』 창간호부터 제5호까지의 주필은 후한민이 담당했다. 광서 32년(1906) 4월 18일, 『민보』 제3호는 호외를 발행하여 『신민총보』와 논전을 벌일 때 견지해야 할 강령을 모두 12조로 정리했다.

1. 『민보』는 공화共和를 주장한다. 『신민총보』는 전제專制를 주장한다.
2. 『민보』는 국민에게 민권에 입각한 입헌을 바란다. 『신민총보』는 정부에 개화된 전제를 바란다.
3. 『민보』는 정부가 악랄하다고 생각해 국민의 혁명을 바란다. 『신민총보』는 국민이 악랄하다고 생각해 정부가 전제를 유지하기를 바란다.
4. 『민보』는 국민이 민권에 입각해 입헌을 추진해야 한다고 생각하기 때문에 교육과 혁명을 고취해 그 목적을 이루고자 한다. 『신민총보』는 정부가 개화된 전제를 시행해주기를 바라기 때문에 어떤 방법으로 국민의 희망에 부응할지 알지 못한다.
5. 『민보』는 정치혁명을 주장하는 동시에 종족혁명을 주장한다. 『신민총보』는 개화된 전제를 주장하는 동시에 정치혁명을 주장한다.
6. 『민보』는 국민혁명이란 전제정치를 전복한 이후 나타나는 정치혁명이고 이민족을 축출한 이후 나타나는 종족혁명이라 생각한다. 『신민총보』는 종족혁명과 정치혁명은 서로 융화할 수 없다고 생각한다.
7. 『민보』는 정치혁명을 할 때 반드시 그것을 추진할 실력을 갖추어야 한다고 생각한다. 『신민총보』는 정치혁명을 할 때 오직 정부에 요구하는 일만이 필요하다고 생각한다.
8. 『민보』는 혁명사업이 오로지 실력 위주가 되어야 한다고 생각하기 때문에 정부에 아무런 요구도 하지 않는다. 『신민총보』는 정부에 대한 요구

가 실현되지 못하면 계속해서 경고해야 한다고 생각한다.

9. 『신민총보』는 정부에 경고하는 방법으로 납세 거부와 암살이 있다고 생각한다. 『민보』는 납세 거부와 암살이 혁명을 추진하는 실력의 일단에 불과하고 혁명이란 모름지기 전체 사업을 가져야 한다고 생각한다.

10. 『신민총보』는 혁명을 비방하며 무정부주의를 고취한다. 『민보』는 무정부주의가 모두 혁명을 목적으로 삼고 있지 암살만 일삼는 단체는 아니라고 생각한다.

11. 『민보』는 혁명이 공화를 구하는 방법이라고 생각한다. 『신민총보』는 혁명이 오히려 전제를 부른다고 생각한다.

12. 『민보』는 세계의 앞날에 비추어볼 때 사회문제를 반드시 해결해야 함을 알고 사회주의를 제창한다. 『신민총보』는 사회주의란 거지와 유민流民을 선동하는 도구에 불과하다고 생각한다.

이 호외의 맨 마지막에는 또 편집자의 설명이 달려 있다. "이상의 12조목은 모두 혁명을 변론할 때 견지해야 할 강령이다. 『민보』 제4호는 정해진 날짜에 간행할 것인데 그중 몇 가지 문제는 해결이 되었다. 제5호 이후로 계속 이어지는 반박에도 우리 국민께서 공평하게 판단해주시기 바란다."(이상은 『중국 근대 신문 역사中國近代報刊史』 하책, 401~402쪽)에서 재인용)

미국여행에서 돌아오고 나서 량치차오는 먼저 보황회 대회를 소집하려고 바쁘게 활동했다. 이를 위해 광서 30년(1904) 정월 홍콩으로 가서 오랫동안 헤어져 있던 은사 캉유웨이를 만났다. 량치차오는 대회 후 대략 2월 하순께 디추칭, 뤄푸 등과 『시보時報』 창간 등을 준비하기 위해 다시 상하이로 돌아와 성명을 숨기고 홍커우虹口에 있는 일본 여관 '후즈자虎之家'3층에 은신했다. 량치차오의 주관하에 『시보』 창간 준비는 매우 순조롭게 진행되어 4월 29일에 창간호를 내기로 확정했다. 신문 이름, 발간사, 신문 체제는 모두 량치차오가 사전에 정해두었다. 량치차오 자신은 모든 원고가 확정된 후 몰래 상하이를 떠나 일본으로 돌아갔다. 이후 한동안 량치차오는 황쭌셴의 죽음, 맏누나의 죽음, 계모의 죽음 등 큰일을 겪었다. 이러한 감정상의 파란은 그의 마음속에 오랫동안 회복할 수 없는 상처를 남겼다. 이 때문에 『민보』에서는 창간호부터 량치차오를 향해 선전포고를 했지만 량치차오는 서둘러 응전하지 않았다. 『민보』쪽 사람들은 혁명당에 대한 량치차오의 이해를 근거로 유언비어를 날조해 그를 모욕하는 일 외에는 아무런 일도 하지 못했다. 이보다 앞서 홍콩의 『중국일보』와 『세계공익보世界公益報』에서는 량치차오가 일본 수상 이토 히로부미伊藤博文에게 보냈다는 편지를 위조한 적이 있다. 기실 그 편지를 쓴 진짜 필자는 리바오썬李寶森이란 사람이었고 수신자는 일본 백작 소에지마 다네오미副島種臣였다. 편지는 일찍이 일본 『동방협회 회보東邦協會會報』 제110호에 실렸는데 혁명파가 그것을 옮겨와서 량치차오를 공격하는 자료로 이용했으니 그 수법이 비열하지 않다고 말할 수 없다. 당시 량치차오는 『신민총보』 제44호와 제45호에 연속으로 「저들의 망동을 밝히는 광고辨妄廣告」와 「모함을 다시 밝히다辨誣再白」를 게재했다. 그는 아래와 같이 해명하고 있다.

저들 신문이 저와 같은 망동을 해서 나에게 무슨 손상을 입힐 수 있겠는가? 단지 저들 신문사의 덕망을 해치고 저들 신문의 가치를 떨어뜨릴 뿐이다. 지금이 어떤 시대인가? 나라가 멸망의 지경에 빠져 다른 일을 돌볼 겨를이 없는 시대다. 민간에 진실로 뜻이 있는 사람이 있다면 각자가 자신이 할 수 있는 일에 진력해 스스로 힘써야 할 것이다. 방침이 같지 않더라도 나의 실패를 통해 다른 사람의 성공을 바랄 수도 있을 것이다. 다른 사람이 성공할 수 있다면 그 성공이 어찌 꼭 나에게만 이루어지길 바라겠는가? 진실로 나라를 걱정하는 사람은 마땅히 이와 같아야 하지 않겠는가? 정정당당하게 정견으로써 서로 변호하고 비판한다면 서로 함께 말을 할 수 있을 것이다. 유언비어를 날조해 남을 비방하고 암수를 써서 사람을 해치는 일은 해서는 안 될 짓이다. 나는 이 때문에 저 두 신문사에 애석한 마음을 갖지 않을 수 없다. (『음빙실합집·집외문』 상책, 157쪽)

량치차오는 서생티가 강한 사람이어서 쌍방이 "정정당당하게 정견으로써 서로 변호하고 비판"하자고 했지만, 혁명당에서는 량치차오 말에 아랑곳 않은 채 수단과 방법을 가리지 않고 그를 공격하고 비방했다. 나중에 『민보』 편집 업무를 주관한 장타이옌은 『자정 연보』에서 다음과 같이 썼다. "나는 후한민과 왕징웨이가 량치차오를 질책하는 말이 근거 없는 날조에 가깝다고 생각했기 때문에 논조를 공평하게 견지하려 했다."(『장타이옌 연보 장편』, 225쪽) 쉬서우창許壽裳도 당시를 회고하면서 이 점을 증명했다. "장 선생께서는 일본에 도착한 후 바로 동맹회에 가입하고 『민보』 편집을 맡았다. 그들 중 후한민과 왕자오밍汪兆銘[왕징웨이] 등은 캉유웨이와 량치차오 저작을 비난할 때 필봉이 예리하지 않은 것은 아니었지만 근거 없는 날조를 벗어나지 못하기도 했다. 오직 장 선생만이 공평한 논조를 유지해 독자들이 더욱 탄복했다."(『장타이옌전章太炎傳』, 40쪽)

혁명당의 공격과 비방에 대해 량치차오는 일찍이 다음 같은 의견을 표시했다. "나는 줄곧 변호할 가치도 없다고 느꼈기 때문에 오늘날은 진실로 이런 낭설과 싸울 때가 아님을 언급하고자 한다."(『음빙실합집·집외문』 상책, 159쪽) 하지만 그는 원칙과 직결된 큰 시비가 벌어질 경우에는 "반박하지 않을 수 없었고, 그렇게 하지 않으면 제3자가 날조된 언론을 보고 더욱 현혹될 염려가 있다"라고 했다. 량치차오는 『민보』에 발표된 문장에 대항해 "저들의 강변이 저와 같아서 기세상 적의 공격에 대항하는 군사를 일으키지 않을 수 없었다"라고 토로했다.(『량치차오 연보 장편』, 363쪽) 이 때문에 그는 먼저 「개명전제론開明專制論」과 「종족혁명과 정치혁명의 득실을 토론함申論種族革命與政治革命之得失」이란 긴 논문 두 편을 써서 『신민총보』에 발표했다. 이에 따라 양 진영 간에는 장장 2년에 걸친 논전이 벌어졌고, 이 대논전은 중국 근현대사에 깊은 영향을 끼쳤다. 『민보』 제3호 호외에 「『민보』와 『신민총보』의 반박 강령民報與新民叢報辯駁之綱領」 즉 위에서 인용한 12조 강령을 발표한 이유도 바로 량치차오가 발표한 이 두 논문 때문이었다. 『민보』 논객들은 이 글을 읽고 격분해 단체로 들고일어나 량치차오를 공격했다. 량치차오도 격렬히 응전했다. 한 사람이 10여 명을 대적하는 가운데 살기등등한 칼 빛이 난무해 서로를 분간하기조차 어려운 상황이었다. 양 진영이 날카롭게 맞서서 삼엄하게 대치하는 모습은 역대로 출현한 적이 없는 희귀한 광경이었다. 당시 필명이 '비상커躄上客'인 사람은 쌍방의 논쟁 문장을 모아 『입헌론과 혁명론의 격전立憲論與革命論之激戰』을 출판했고, 이 책은 베스트셀러가 되었다.

장타이옌이 서재로 물러난 뒤 둘 사이가 점차 멀어지다

장타이옌은 출옥 이후 자신의 시대를 맞았다고 할 수 있다. 그가 광서 32년 5월 초8일(1906년 6월 29일) 3년간 징역살이를 마치고 만기 출소 하자 쑨중산은 특별히 사람을 보내 상하이에서 그를 영접했다. 장타이옌도 「소년 시절 일을 구술함」에서 이 일을 이야기하고 있다. "여름에 내가 만기 출소 하자 쑨중산이 도쿄에서 특사를 보내 나를 환영했다. 나는 마침내 도쿄로 가서 동맹회에 가입하고 민보사民報社를 주관했다." 장웨이차오蔣維喬는 더욱 구체적으로 회고했다. 5월 초8일, 장빙린이 징역살이 만기를 채우고 이날 출옥했다. 이보다 앞서 며칠 전 동맹회에서는 미리 배표를 끊고 그를 일본으로 데려갈 준비를 했다. 이날 새벽 차이제민蔡孑民, 예하오우, 나 등 상하이의 동맹회원 10여 명이 허난 로河南路 공부국工部局 문 앞에서 그를 기다렸다. 10시에 장빙린이 출옥하자 모두 박수를 치며 환영했다. 마침내 예하오우가 그를 모시고 마차에 동승해 먼저 중국공학中國公學으로 갔다. 당일 저녁 출발하는 일본 기선을 기다리기 위함이었다."(『장타이옌 연보 장편』, 209쪽) 쑨중산이 장타이옌을 예우한 까닭은 자기 당 세력을 강화하기 위해서였다. 당시 혁명당원은 그 수가 적지 않았지만 장타이옌과 류스페이를 제외하고는 고분학원弘文學院, 호세이대학法政大學, 와세다대학早稻田大學 등 몇몇 학교의 청년 학생들뿐이었다. 그런데 당시 류스페이의 명성과 영향력이 그리 대단치 못해 량치차오와 대적할 만한 사람은 장타이옌뿐이었다. 『민보』입장에서는 장타이옌의 가세가 확실히 새로운 정예병을 얻은 것과 같았다.

당시의 『민보』를 조사해보면 1906년 7월에서 1908년 10월까지 다른 사람이 대신 편집한 몇몇 호를 제외하고 줄곧 장타이옌이 집필을 주관했음을 알 수 있다. 장타이옌은 2년여 동안 『민보』를 위해 58편에 이르는 글을 썼고 그중 논설과 시평時評만 해도 무려 42편을 집필해 이 시기 『민보』의 주요 정론 작가가 되었다. 당시는 또 장타이옌의 일생에서 신문 게재를 위한 글을 가장 부지런하게 그리고 가장 많이 쓴 시기였다. 그는 사람들의 존경과 사회적 명망을 얻었다. 이는 이 시기에 장타이옌이 표현한 드높은 혁명 전투 정신에서 말미암은 일이기도 했다. 루쉰이 그 시절을 회고하면서 말한 내용도 바로 이와 같다. "나는 『민보』를 즐겨 봤지만 그것은 결코 선생의 문필이 고아하여 의미를 찾기 어렵기 때문이 아니었다. 선생께서 더러 불법佛法을 말하고 '구분진화俱分進化'[13]를 이야기함은 보황을 주장하는 량치차오와 투쟁하기 위해서였고, '○○'의 ○○○[14]와 투쟁하기 위해서였고, 『홍루몽紅樓夢』을 성불의 요체라 생각하는 ○○○[15]와 투쟁하기 위해서였다. [선생은] 정말 강한 바람으로 초목을 쓰러뜨리듯 사람의 정신을 왕성하게 진작시키는 힘이 있었다."(『차개정잡문말편且介亭雜文末編』, 『루쉰전집』 제6권, 546쪽)

장타이옌이 도쿄에 도착하자 쑨중산은 성대한 연회를 베풀어 개선장군을 영접하듯 반만反滿 활동으로 옥살이를 한 이 투사를 환영했다. 환영회는 7월 15일 간다神田 긴키칸錦輝館에서 열렸고 2000명이 넘는 유학생이 이 환영회에 참석했다. 장타이옌은 이 자리에서 유명한 연설을 했다. 당시 비가 내리는 가운데 연회장 참석 예상 인원이 초과되자 많은 사람이 연회장

13 장타이옌의 사회 역사 진화론. 장타이옌은 당시 유행한 진화론을 독특하게 이해했다. 즉 세계의 진화는 어느 한쪽의 일방적 진화로 그치는 게 아니라 상대되는 반대쪽도 함께 진화한다고 인식했다. 예컨대 도덕에서 선善이 진화하면 악惡도 함께 진화하고, 생활에서 즐거움이 진화하면 고통도 함께 진화한다는 의미다.
14 '헌책獻策'의 우즈후이吳稚暉. 『루쉰전집』 제6권 『차개정잡문말편』의 「타이옌 선생에 관한 몇 가지 일關於太炎先生二三事」 해당 각주를 보면 ○○는 '헌책'이고 ○○○는 우즈후이를 가리킨다고 한다. 우즈후이는 『소보』 사건 때 장쭈 후보 위밍전에게 장타이옌을 밀고해 체포하게 했다. 따라서 '헌책'은 우즈후이가 비밀 계책을 바쳐 장타이옌을 체포하게 했다는 의미다.
15 란궁우. 『루쉰전집』 제6권 『차개정잡문말편』의 「타이옌 선생에 관한 몇 가지 일」 해당 각주를 보면 이 대목의 ○○○는 란궁우를 가리킨다고 한다. 당시 란궁우는 「구분진화론 비평俱分進化論批評」을 써서 장타이옌을 매도했다.

에 입장하지 못한 채 비를 맞으며 그의 연설을 들었다. 장타이옌은 이 연설을 통해 감동적으로 자신의 경력을 회고함과 동시에 자신의 별명인 '장章풍자瘋子[광인狂人]'의 의미를 설명하며 기세를 올렸다. "이러한 까닭에 저도 저 자신에게 정신병이 있다는 걸 인정합니다. 또한 여러 동지께서도 개개인모두 한두 가지 정신병을 가지시길 바랍니다. 근래 어떤 사람이 전하는 말을 들어보니 모모某某에게도 정신병이 있고 다른 모모에게도 정신병이 있다고 합니다. 제가 보기에 정신병은 걱정할 게 없습니다. 다만 부귀와 봉록이 눈앞에 닥쳤을 때 자신의 정신병이 바로 나았다면 그것이야말로 정말 걱정할 일입니다. 절대 그래서는 안 됩니다. 대략 수준이 좀 높은 분들에겐 부귀와 봉록이라는 보약으로는 그분의 정신병을 치료할 수 없고 고난과 고통이라는 독약으로 그분을 치료할 수 있습니다. 결국 자기 발밑이 튼튼하지못하면 아무 성과도 거둘 수 없는 법입니다."(『장타이옌 정론 선집』, 271쪽) 장타이옌에게는 이렇게 말할 자격이 있다. 왜냐하면 장타이옌은 과거에 응시한 적이 없어서 부귀와 봉록이라는 보약이 그에게 아무 역할도 하지 못했으며, 또 3년간 감옥생활을 하는 동안에도 고난과 고통이라는 독약이 그를 어찌지 못했기 때문이다. 그는 이 일로 대단한 자부심을 느끼고 있었다.

장타이옌은 이 연설에서 가까운 시일에 해야 할 두 가지 일을 제기했다. "첫째, 종교로 믿음을 불러일으켜 국민의 도덕심을 증진해야 합니다. 둘째 국수주의로 민족성을 격동시켜 애국의 열정을 증진해야 합니다."(앞의 책, 272쪽) 그가 말하는 종교는 오늘날 말하는 신념과 유사하다. "이러한 신념이 있어야 두려움 없이 용맹을 발휘할 수 있고, 사람들의 뜻을 모아 튼튼한 성을 쌓을 수 있어야 만사를 씩씩하게 해나갈 수 있습니다."(앞의 책, 274쪽) 중국인에 한정한다면 중국인은 어떤 종교를 선택해야 더 좋은가? 그는 공교孔敎가 알기 힘든 신비성을 이야기하지 않는다면 그것은 좋은 종교이고 깨끗한 종교라고 인식했다. 그러나 공자가 제자들을 부추겨 관리가 되게 하고, 또 감히 정권의 '반대당'이 되지 못하게 하고, 또 감히 "저 황제 자리를 빼앗아 내가 대신하겠다"라는 말을 하지 못하게 한다면, 공교는 좋은 종교가 아니라고 보았다. 그래서 장타이옌은 "공교의 최대 오점은 사람들로 하여금 부귀와 봉록에서 벗어나지 못하게 하는 점"이라고 주장했다.(앞의 책, 272쪽) 따라서 공교는 혁명가가 절대로 믿어서는 안 되는 종교라고 했다. 이후 장타이옌은 입헌군주제에 열중하는 량치차오를 질책하며 공자가 조제한 부귀와 봉록이라는 독약에 중독되었다고 했다. 그럼 기독교는 어떤가? 장타이옌은 기독교도 중국에 적합하지 않다고 보았다. 그는 로마를 예로 들었다. "당년의 로마를 봅시다. 정치와 학술이 얼마나 찬란했습니까. 그러나 기독교를 공인하고 나서는 모든 철학을 이야기할 수 없게 되었고, 사람들의 자유사상도 모두 꽉 막혀버렸습니다. 학문은 나날이 쇠퇴하고 정치는 나날이 피폐해져서 로마도 결국 멸망하고 말았습니다."(앞의 책, 273쪽) 그는 중국과 로마는 백중지간이라 일컬어져 왔으므로 기독교는 중국에 백해무익한 종교일 뿐이라고 인식했다. 그는 불교를 믿어야 한다고 주장했다. "불교 이론은 지혜로운 상층민이라면 믿지 않을 수 없고, 불교 계율은 우둔한 하층민이라도 믿지 않을 수 없습니다. 상층민부터 하층민까지 두루두루 불교 교리가 가장 잘 적용이 됩니다."(앞의 책) 그러나 현재 통행되는 불교에 대해서는 장타이옌도 옳지 못하다고 하면서 잡다하게 섞여 있는 불순한 내용을 개량해야 한다고 주장했다. 그가 제시한 방법은 바로 "화엄종華嚴宗과 법상종法相宗으로 낡은 법을 개량하는 것이었다." 그렇게 해야 도덕적으로 가장 유익한 점을 얻을 수 있다고 했다.(앞의 책, 274쪽)

장타이옌이 추진하려 했던 두번째 일은 바로 국수國粹 제창이었다. "왜 국수를 제창해야 합니까? 사람들에게 공교를 신봉하게 하려는 게 아니라 우리 한족의 역사를 아끼게 하려는 것입니다. 이 역사는 광의의 역사를 말합니다. 이는 세 가지 항목으로 나눌 수 있습니다. 첫째 언어 문자, 둘째 전장제도典章制度, 셋째 인물 사적이 그것입니다."(앞의 책, 276쪽) 장타이옌이 여기서 말한 것은 기실 민족문화에 다름 아니다. 장타이옌과 량치차오는 이 점에서 갈등이 없었을 뿐만 아니라 서로 길은 다르지만 목적지는 같은 모습을 보여줬다. 상이한 점이라면 량치차오가 강조한 것은 이 땅 위에서 살아가는 모든 민족이고, 장타이옌이 강조한 것은 오직 한족뿐이라는 사실이다. 그러나 문화로써 국민정신을 함양해야 한다는 점에서는 두 사람 관점이 완전히 일치했다. 광서 28년(1902) 두 사람은 편지로『중국통사中國通史』집필 계획을 놓고 토론한 적이 있다. 당시 량치차오는「중국 학술사상 변천의 대세를 논함論中國學術思想變遷之大勢」과「신사학新史學」이라는 두 학술 논문을 발표해 '사학계 혁명史學界革命'을 제창하고 서양 학문의 새로운 학설로 중국의 지난 역사를 정리하자고 주장했다.『민보』와『신민총보』의 논쟁이 가장 치열할 때였지만 량치차오는 장관윈蔣觀雲[장즈유]에게 보낸 편지에서 자신의 새 저서『국문 어원 해석國文語源解』에 장타이옌의 지도 편달과 서문을 받았으면 좋겠다고 희망했다. "중국의 선비 중에서 이 분야에 뛰어난 사람은 오직 장타이옌뿐입니다. 그러나 정견이 달라서 오랫동안 서로 안부를 묻지 못했습니다. 선생님께서 중간에서 그에게 가르침을 요청해주시기 바랍니다. 타이옌이 서문을 쓰려 한다면 이 또한 학계에서 미담이 될 것입니다. 정견과 학문은 절대로 서로 기만해서는 안 됩니다. 타이옌이 이에 대해 자기 견해가 있다면 틀림없이 내가 모자라는 점을 바로잡아주는 데 인색하지 않을 것입니다."(『량치차오 연보 장편』, 378쪽)

애석하게도 장타이옌은 이 요청에 대답하지 않았다. 요청을 받아들였다면 정말 학계의 미담으로 남았을 것이다. 그러나 상호 공격을 중지하고 온화하게 발언하자는 량치차오의 요구에는 "조정해보고자 한다"는 의견을 표시했다.(『장타이옌 연보 장편』, 208쪽) 이보다 앞서 광서 32년(1906) 봄, 량치차오는 쉬포쑤徐佛蘇의 건의를 받아들여 제삼자 명의로『신민총보』에 쌍방 간의 정전을 호소하는 독자의 편지를 발표하자고 했다. 아울러 량치차오는 쉬포쑤에게 서둘러 그 편지 원고를 써서 보내달라고 요청했다. "공公께서 이른바 독자 편지 한 통을 신문에 게재해 논쟁을 중지하자고 한 것은 참으로 타당한 의견이니 조속히 원고를 완성해주시기 바랍니다."(『량치차오 연보 장편』, 363쪽) 이 편지는「반론 중지를 권고하는 의견勸告停止駁論意見書」이라는 제목을 붙여 독자 투고 형식으로 쉬포쑤가 '포궁佛公'이란 필명으로 썼으며, 광서 32년(1906)『신민총보』제11호에 발표되었다. 그러나『민보』측에서는 줄곧 거들떠보지도 않았다. 이에 량치차오는 다시 쉬포쑤에게 쑹자오런을 찾아가 도움을 요청해달라고 부탁했다. 쉬포쑤와 쑹자오런은 후난 성 고향 친구였다. 쑹자오런의 일기 『나의 역사我之歷史』 11월 26일(1907년 1월 10일) 부분에 다음 기록이 있다.

4시에 쉬잉쿠이徐應奎[쉬포쑤]의 거처로 가서 오래 앉아 있었다. 량쥐루梁卓如[량치차오]에게 화제가 미치자 잉쿠이가 말했다. "량쥐루가 『민보』에서 자네가 쓴 글을 읽고 한번 만나보고자 하네. 또 지난번에 『민보』와 서로 반박한 건은 부득이한 사정에서 생긴 일이라 하더군. 서로 화해할 수 있으면 이제 다시 이처럼 행동하지 않기를 바란다고 했네. 『민보』에서는 걸핏하면 자신[량쥐루]을 보황파라고 배척하는데, 기실 량쥐루는 자신은 이미 방침을 바꿨고 보황회保皇會도 국민헌정회國民憲政會로 개편했다고 하네. 자네가 민보사와 잘 상의할 수 있으면 이후로는 온화하게 발언하며 서로 공격하지 말자고 했네." 나는 민보사 사람들과 상의하여 이후에 답을 주겠다고 했다. (앞의 책, 363~364쪽)

쑹자오런은 이 일을 매우 중시하고 곧바로 장타이옌을 찾아가 쉬포쑤가 한 말을 전했다. 장타이옌도 "화해할 수 있다"라고 말했다. 쑹과 장은 또 함께 쑨중산 처소로 가서 쑨중산과 후한민을 만났다. 그러나 쑨과 후 모두 "그렇게 해서는 안 된다"고 했다.(앞의 책, 234쪽) 이리하여 이 일은 중도에 흐지부지되고 말았다. 그러나 12월 19일(2월 1일) 쑹자오런은 또 이렇게 기록했다. "쉬잉쿠이의 편지를 받았다. 장관원의 초청을 받아 함께 량치차오의 처소로 가서 『민보』에 악의적 비판을 하지 말라고 권했다고 한다."(앞의 책) 이 기록을 보면 당사자들이 최후의 노력을 기울인 사실을 알 수 있다. 그러나 이 일은 성공하지 못했고 『신민총보』는 결국 1907년 7월에 정간했다. 많은 논자들은 『신민총보』의 정간으로 개량파와 혁명파 사이 논쟁이 개량파의 실패로 막을 내렸다고 인식한다. 그러나 이는 당시의 구체적인 상황을 지나치게 소홀히 한 견해다. 광서 32년(1906) 청 정부가 입헌 준비를 선포한 이래 량치차오는 관심을 이미 그 일로 옮겼다. 그는 흥분에 휩싸여 정치혁명이 이미 일단락되었으니 지금은 과도기에 필요한 구체적 문제를 연구해야 한다고 했다. 예를 들자면 량치차오는 민법과 경제학에 흥미가 가장 컸으며 또 헌법, 행정법, 교육 등의 문제도 절실하게 연구해야 한다고 생각했다. 그러므로 당시 논쟁 중이던 『신민총보』에 매몰되어서는 이러한 임무를 감당할 수 없다고 보고 새로운 간행물을 준비해 사람들의 연구 성과를 신고자 했다. 당시 사정이 이와 같았기 때문에 량치차오는 『신민총보』를 함께 돌볼 수 없었다. 『신민총보』를 계륵이 되게 하기보다는 차라리 제 수명을 다하고 임종을 맞게 하고 싶었다. 게다가 그는 또 신당 창당이라는 더욱 중요한 임무를 맡고 있었으므로 어찌해도 더이상 혁명당 사람들과 교섭을 벌일 정력이 없었다.

엄격히 말해서 이 논쟁에서 승패는 본질적인 문제가 아니었고, 기실 중국사회의 모순이 이 논쟁을 야기했다 할 수 있다. 량치차오는 「현 정부와 혁명당現政府與革命黨」에서 이 문제를 매우 뛰어나게 논술했다. "혁명당이란 현 정부 타도를 목적으로 삼는 자들이지만 현 정부가 바로 혁명당을 제조하는 큰 공장이다." 처음 이 구절을 읽을 때 '부르주아지는 자신의 무덤을 파는 일꾼 즉 프롤레타리아트를 길러낸다'라고 한 마르크스의 말이 쉽게 떠올랐다. 계속해서 량치차오는 이렇게 말했다. "혁명당은 어떻게 생겨나는가? 정치가 부패해서 생겨난다. 정치 부패란 진실로 혁명당을 제조해내는 원료다." 이는 정치 부패가 혁명당을 길러내는 온상이라는 말에 다름 아니다. 이것은 매우 간단한 논리다. 말하자면 정치가 부패하지 않으면 혁명을 해야 할 이유가 없고 혁명당도 민중을 선동할 근거를 잃게 된다는 뜻이다. 국민이 정부를 불신임하거나 심지어 정부에 원한을 품는 이유는 정부가 책임과 의무를 다하지 않았기 때문이다. 정부는 본래 국민의 권리를 손상시키지 말고 적극적으로 보호해야 할 책임과 의무가 있다. 그러나 정부가 이를 지키지 못하고 오히려 국민의 권리를 해치고 박탈하게 되면 이미 그 정부는 국민에게 타도 대상인 독부獨夫와 민적民賊일 뿐이다. 그럼 국민은 자신의 권리를 지키기 위해 모두 떨쳐 일어나 정부에 반항하게 된다. "이 때문에 혁명사상은 약속하지 않고도 다수 사람 뇌리에 잠복하게 되고 그들을 인도하는 사람이 있으면 마치 봇물이 터지듯 용솟음쳐 나오게 된

만년의 장타이옌. 만년에 그는 강의를 업으로 삼고
서재로 물러났다. 따라서 혁명파 및 량치차오와도
점차 관계가 멀어졌다.

다." 이것이 바로 혁명당의 선전이 갈수록 더 많은 사람에게 쉽게 수용되는
이유다.

또 한 가지는 바로 종족문제였다. 만주족과 한족은 객관적인 존재이고
화이華夷[중화와 오랑캐]사상은 유구한 전통을 갖고 있다. 당시 현실은 만주
족이 소수민족으로 중국을 통치하고 있었고, 중국 고유의 전통에서는 군
주와 정부를 일체로 본다. 따라서 정부의 정치적 부패는 민족 간의 감정
에 영향을 미칠 수밖에 없다. 정치적 각도로만 민중을 동원하려 들면 호응
자가 적을 수밖에 없지만 일단 민족감정을 자극하게 되면 그 선동성이 태
풍처럼 강해진다. 이 때문에 혁명당 내부에 어떤 상이한 견해가 있든 간에
만주족 정부를 타도하자는 측면에서는 모두 일치된 입장을 보이게 된다.
이 점이 바로 장타이옌이 쑨중산과 함께할 수 있었던 근본 원인이다. 당시 국가의 안전과 안정이란 면에서 고려해볼 때 소위 정치 쇄신과 부패 척결을 위한 첫번째 사업은 바로 만주족과 한족의 경계를 타파하고 만주족의 특권을 없애는 일이었다. 하지만 청 정부는 도무지 그렇게 하지 않으려 했다. 청 정부가 모든 사람을 실망시키는 일만 하자 사람들은 혁명당 편으로 몰려가게 되었다. 그렇다면 당시 청 정부는 무슨 일을 했던가? "입헌 준비와 관제개혁을 하겠다고 공언하며, 발분하여 지난날의 부패를 쇄신할 듯이 말했지만 실제로 실천한 일은 하나도 없다. 오히려 그들은 권력 쟁탈과 세력 다툼을 일삼으며 자신의 권한에 의지해야 한다는 말을 반대파 배제의 도구로 여겼고, 결원이 된 벼슬자리 충원을 자기 사람 등용의 길로 삼았다. 공공연히 뇌물을 뿌리고 각자가 자기 패거리를 심으면서도 정사는 돌보지 않았고 대외사업에서도 경쟁력을 잃었으니, 이는 앞 시대와 비교해봐도 더욱 악화된 경우라고 할 수 있다. (…) 만주족 관리 중 한둘이 권력을 좀 얻게 되자 인척과 친척을 끌어들여 조정을 가득 채웠다. 이 때문에 새로운 관제개혁의 요구가 나타났다. 하지만 결과적으로 만주족이 요직을 모두 차지했기 때문에 사회적으로 '한족 배제 정책排漢政策'이라는 새로운 명사名詞가 생겨나게 되었다. (…) 서로 배척한 결과, 만주족이라고 해서 어찌 끝까지 한족과 적대적으로만 살 수 있겠는가? 만주족이 먼저 죽게 될 것이다. 그럼 만주족과 한족이 함께 살던 국가도 이를 따라 결국 멸망하고 말 것이다." 왜 많은 사람이 정부를 원수로 여기고 만주족을 원수로 여기는가? "정부가 사람들을 핍박해 서로 원수가 되지 않을 수 없게 하기 때문이다." 량치차오는 선동가 한둘이 하는 역할은 매우 제한적이지만 "정부가 공급하는 혁명의 원료는 날마다 사람들 뇌리에 가득 쌓이게 되고, 선동가들은 기회를 틈타 그것을 이용한다"고 인정했다. 그는 정부와 혁명의 관계를 불결한 사람과 그에게 기생하는 이蝨의 관계로 비유했다. "천하에 오직 불결한 사람에게만 이가 생기고, 오직 불결한 사람만이 날마다 이를 잡는다. 이가 생기면 바로 죽이고, 바로 죽이면 또 바로 이가 생긴다. 아침부터 저녁까지 소란을 떨지만 이가 모두 사라지는 때는 없다. 차라리 목욕을 하고 옷을 갈아입어 이가 생겨날 여지를 주지 않는 편이 훨씬 낫다."(『음빙실합집·문집』 제19권, 45~52쪽) 그러나 청 정부는 량치차오의 권고를 듣지 않고 끝까지 일방통행을 고집하다가 결국 스스로 자기 무덤을 파고 말았다. 이 때문에 량치차오의 정치적 실천도 실패하고 말았으며 더더욱 중국도 정치개혁을 위한 일백년의 좋은 기회를 잃고 지금도 헌정을 추구하는 노정 위에서 온갖 고통을 겪을 수밖에 없게 되었다.

장타이옌이 개량파와 벌인 논쟁에서 승리했다고는 하지만 그가 『민보』를 주관하는 동안 드러냈던 의견들이 쑨중산 등을 특별히 만족시킨 것은 아니었다. 그 원인은 우선 쑨중산 등의 혁명 요구와 장타이옌의 혁명 요구가 전혀 일치하지 않았기 때문이다. 쑨중산의 삼민주의三民主義 강령은 장타이옌에게 전혀 인정받지 못했다. 장타이옌의 경우 그의 정치적 주장의 출발점이 이민족의 압제를 반대하는 것이었다. 즉 소위 민족적 입장에서 복수를 실행해 한족의 통치 지위를 회복하자는 것이었다. 이는 기실 그가 자주 공언한 광복이지 혁명은 아니었다. 장타이옌이 이후 쑨중산과 헤어져 타오청장陶成章 등과 광복회光復會를 조직한 일도 바로 그의 이러한 사상이 바탕이 되었다. 장타이옌은 「복수의 시비를 정함定復仇之是非」에서 다음처럼 진술했다. "지금 종족혁명을 하면서 만약 사람들이 청 정부를 전복하는 것으로 그친다면 그 이득이나 손해 유무는 모두 불문에 부치고 나는 그 사람에게 머리를 조아리며 경배를 드릴 것이다."(『신해혁명 전 10년간 시론 선집』 서언, 6쪽) 장타이옌이 『민보』 시기에 쓴 많은 문장에는 그의 이러한 사상이 구현되어 있다. 『민보』가 폐쇄된 후 그는 학문 강의를 주업으로 삼기 위해 서재로 물러났다. 장타이옌은 "사람들에게 국학을 전수하며 이렇게 말했다. '나라는 불행하게 쇠망할 수 있지만 학문이 끊어지지 않으면 국민을 느낄 수 있어서 풍성한 열매를 얻고 태양을 다시 볼 희망을 품을 수 있다.' 이 때문에 [장타이옌은] 근면성실하게 자신의 노고를 아끼지 않았고, 자신의 제자가 수백 명에 이르렀다."(『장타이옌 연보 장편』, 295쪽) 그러나 국가대사 및 혁명당에 대한 실망 때문에 장타이옌은 줄곧 인도로 가서 출가할 생각을 했다. 이때에 이르러 그와 량치차오가 추구하는 길은 갈수록 더 멀어지게 되었다.

제12장

나 홀로 인재를 아끼다: 량치차오와 양두

양두楊度(1874~1931)는 본명이 청짠承瓚이고, 자는 시쯔晳子다. 뒤에 두度라 개명했고 별호를 후궁虎公, 후찬虎禪이라 했다. 또다른 호로 후찬스虎禪師, 후터우튀虎頭陀, 스후釋虎 등도 있다. 후난 성 샹탄湘潭 장서 진姜畬鎭 스탕춘石塘村 사람이다. 일찍이 일대一代 명유名儒 왕카이윈을 스승으로 섬겼고, 1894년 갑오년 과거에 거인으로 급제했다. 탄쓰퉁, 탕차이창과 마찬가지로 당시 후난 성에서 명성을 떨친 청년 준재였다.

젊은 기상으로 시무학당에서 재능을 겨루다

광서 24년(1898) 즉 무술변법이 시행된 바로 그해 정월 22일 양두는 모친에게 작별 인사를 고한 뒤 무술년 회시를 준비하기 위해 배 편으로 베이징 길에 올랐다. 23일 [후난 성] 성도省都 창사長沙에 도착해 배가 성 밖에 정박하자 그는 성안으로 들어가 스승 왕카이윈에게 인사를 드리려 했다. 그러나 공교롭게도 왕카이윈은 헝저우衡州로 떠나고 자리에 없었다. 양두는 친구들과 한담 도중 지금 성안에 어떤 유명 인사가 있느냐고 물었다. 친구들은 량치차오를 거론하며 그가 캉유웨이의 뛰어난 제자로 지금 시무학당에서 강의를 주관하고 있다고 알려줬다. 당시 량치차오의 명성은 창사 성안을 진동하고 있었다. 가가호호 모두 량치차오의 이름을 알고 있었다고는

양두(1874~1931). 자 시쯔. 호 후궁. 후
난 성 샹탄 사람이다. 1907년 여름 양두
등이 일본에서 헌정강습회를 창립했다.
양두는 또 그해 가을에 귀국하여 헌정공
회 분회를 발기했다. 나중에는 황제제도
를 고취하는 '주안회' 육군자의 지도자가
되었다.

할 수 없지만 적어도 독서인들 입에서는 반드시 그의 이름이 거론되었다.

양두는 량치차오보다 겨우 한 살이 어렸고 스스로도 본인의 재주를 자
부하고 있었기 때문에 량치차오를 전혀 안중에 두지 않았다. 게다가 그가
볼 때 량치차오의 스승 캉유웨이는 일찍이 랴오핑에게 학문을 배운 적이
있고, 랴오핑은 또 [양두의 스승인] 왕카이윈이 쓰촨四川 존경학원尊經學院에
서 강의할 때 가르친 학생이었다. 이렇게 따지면 캉유웨이는 양두에게 한
항렬 아래인 조카뻘師侄이었고, 량치차오는 그에 비해 두 항렬 아래인 손자
뻘이 되는 셈이었다. 양두는 나이도 젊은 데다 혈기도 왕성해 량치차오가
어린 나이에 뜻을 얻고 신문 기사로 큰 명성을 날리는 상황에 대해 승복하
지 못했다. 그날 양두는 홀로 시무학당으로 갔다. 그는 틀림없이 사회적으
로 세찬 풍운을 일으키고 있는 이 광둥 재사才士를 만나볼 심산이었다.

당시 량치차오는 시무학당에서 『맹자孟子』를 강의하고 있었다. 그는 학생

들에게 『맹자』의 '백성은 귀하고 임금은 가볍다_{民貴君輕}'는 사상으로부터 민권과 민주에 관한 의미를 깨닫도록 요구했다. 또 이 사상을 군주전제에 반대하는 사상적 무기로 삼아 변법유신과 강국보종_{强國保種}[나라를 강하게 하고 종족을 보존함]을 실천하고 궁극적으로 대동_{大同} 세상에 이르게 해야 한다고 했다. 이때 양두가 도착해 량치차오와 학생들 간의 토론은 중단되었다. 량치차오가 어떤 반응을 보였는지는 벌써 알아볼 방법이 없다. 『양두일기_{楊度日記}』에 당시 상황이 기록되어 있을 뿐이다.

양두는 우선 캉유웨이가 랴오핑에게 학문을 배운 사실은 량치차오에게 숨긴 채, 랴오핑이 왕카이원에게 배움을 구한 사실에 큰 불만을 표시하며 "랴오핑이 자기 문호를 확장하기 위해 스승을 속였다"라고 질책했다.(『양두일기(1896~1900)』, 78쪽)

다음으로 양두는 먼저 『맹자』를 강의하고 나중에 『춘추』를 강의하는 것은 그 차례가 옳지 못하다고 인식했다. 그 이유는 자신의 스승 왕카이원이 학문을 처음 시작할 때 『의례_{儀禮}』로부터 시작해 『춘추』를 연구해야 하고, 『춘추』의 지위가 『맹자』보다 높다고 말했기 때문이다. 그러나 캉유웨이는 『주례_{周禮}』를 위서_{僞書}로 간주하고 오로지 『춘추공양전』만 강의하며 주문왕_{文王}과 무왕의 전통이 주공_{周公}에 이르러 단절되었는데 공자가 『춘추』를 지어 이 전통을 이었다고 인식했다. 따라서 모든 인정_{仁政}은 『춘추』에 근본을 두고 있으므로 『춘추』의 의의는 바로 "온갖 왕들의 잘잘못을 저울질하고 [하, 은, 주] 삼대_{三代}를 참작해 제도를 만들고 법을 세워 천추만대를 가르친 데 있다"고 했다.(『음빙실합집·문집』제3권, 15쪽) 이는 맹자의 관점인데, 이 대목이 바로 캉유웨이의 금문경학 강의가 왕카이원의 그것과 다른 점이다. 양두는 량치차오가 왜 학생들에게 『맹자』를 먼저 읽고 나서 『춘추』를 읽으라고 하는지 이해할 수 없었다. 기실 량치차오가 볼 때 독서과정에서 제일 먼저 강구해야 할 것은 입지_{立志}[올바른 뜻을 세우는 일]였다. 그것은 또한 정주_{程朱}[정호, 정이, 주희]로 대표되는 송_宋 유학자들이 학생을 교육하는 출발점이기도 했다. 입지는 바로 맹자가 품은 뜻을 세우는 것이다. 즉 '천하의 태평을 추구하는 일을 함에 지금 세상에서 내가 아니면 누가 그 대임을 맡으랴?'란 뜻을 세워야 비로소 진정으로 『춘추』 대의를 이해할 수 있게 되고, 또 그 『춘추』 대의의 실천자와 수호자가 될 수 있다는 것이다. 이는 양두가 스승 왕카이윈에게서 배운 제왕학이나 종횡가의 학문과는 다른 점이다. 맹자가 이야기하는 천하를 태평하게 다스린다는 의미는 바로 천하대동天下大同과 민귀군경民貴君輕[백성은 귀하고 임금은 가볍다]의 뜻이지 제왕의 통치술이 아니었던 셈이다.

셋째, 양두는 『맹자』를 그렇게 중요하게 인식하는 태도에 반대했다. 그는 송 유학자들이 심성心性을 이야기하기 좋아해 비로소 『맹자』의 지위가 그렇게 높아졌다고 생각했다. 양두는 맹자가 난세를 살았으면서도 어지러운 세상을 바로잡는 역할을 하지 못했다고 주장했다. 온 천하가 전쟁을 벌여 서로 싸우며 빼앗던 시대에 맹자는 무슨 '오묘지택五畝之宅'1 같은 공리공담을 일삼았으니 현실적 의의가 아무것도 없었다는 것이다. 게다가 공자는 "사람의 본성은 비슷하지만 습관은 차이가 크다"고 했는데 맹자는 이와 다르다고 했다. 이에 대해 양두는 이렇게 말했다. "맹자는 사람의 본성이 선하다고 했다. 그러나 어린아이가 우물에 떨어지려 할 때 지켜보는 사람이 측은하게 느끼는 건 배운 습관이지 본성이 아니다. 어린아이가 어린아이를 보면 틀림없이 측은한 마음이 들지 않을 것이다. 이 때문에 『맹자』는 송 유학자들이 으뜸으로 여기는 경전이지만 이 한마디 말로 그 뿌리까지 뽑을 수 있으니 끼고 다니며 읽을 만한 책이 아니다."(『양두일기(1896~1900)』, 78쪽)

그들의 논쟁은 어둠이 내릴 때까지 이어졌고 많은 문제를 다루었다. 양두는 자신을 가리켜 "어조가 씩씩하고 매서웠다"고 했지만, 량치차오를 묘사할 때는 "처음에 변론이 거리낌 없더니 나중에는 말이 어눌해졌다"고 했다. 최후에 양두는 아무런 유감도 남기지 않고 량치차오를 평가했다. "그 사람은 나이가 어리면서도 재주가 뛰어났지만 『춘추』로 사기를 쳐서 돈을

---

1 장정이 분배받는 다섯 이랑五畝 크기의 집. 『맹자』 「양혜왕梁惠王 상」 "다섯 이랑의 택지에 뽕나무를 심으면 50대 사람들이 비단옷을 입을 수 있다五畝之宅, 樹之以桑, 五十者可以衣帛矣"에 나오는 말이다. 양두는 이러한 맹자의 학설이 실제 현실과는 동떨어진 공리공담이라고 인식했다.(畝는 원래 발음이 '무'인데 관습적으로 '묘'라고 읽으며, 5묘는 지금의 약 260평가량이라 알려져 있다.)

벌고 있으니, 애석하고도 애석하도다!"(앞의 책)

당시 베이징으로 들어간 양두는 자신이 생각했던 명성을 전혀 얻지 못했다. 그는 자기 재주만 믿고 오만을 부리며 결국 모든 과거시험 문제의 답안을 13편의 변체문騈體文으로 작성했다. 결과는 물론 낙방이었다. 이는 대나무 바구니로 물을 긷는 것처럼 허망한 시도에 불과했다. 하지만 그는 서둘러 귀향하지 않고 베이징에 머물며 매일 친구들을 불러 모아 술집을 출입하고 경극을 보러 다녔다. 양두는 또 미치광이로 자처하며 뻔뻔스럽게 큰소리를 치고 포악한 행동을 하며 오만불손하게 굴었다. 그의 일기에는 베이징에서 만난 광둥 사람들이 대부분 창사에서 량치차오를 몰아세운 자신의 행동을 알고 있었다고 우쭐거리며 뽐내는 모습이 드러나 있다.(앞의 책, 87~88쪽)

어느 날 술자리에서 양두는 또 술기운을 빌려 송 유학자 및 정주를 폄하하다가 한 친구에게 불만을 사게 되었다. 그 친구는 연거푸 술을 몇 잔 들이켜고 취기가 좀 오르자 술상을 치며 일어나 양두에게 욕설을 퍼부었다. 그러나 양두는 전혀 아랑곳 않고 분노로 얼굴이 붉어진 친구를 보고 "모습이 참으로 어여쁘다"고 여겼다.(앞의 책, 92쪽) 이건 정말 완전히 한량으로 떠도는 인생 모습이라 할 만하다. 양두는 사람들에게 오만을 부리며 이야기했다. "대체로 『춘추』에 통달하지 못하면 어지러운 세상을 바로잡을 줄 모른다. 월越나라에 비록 문종文種이 있더라도 범려范蠡가 없음과 같고, 한漢나라에 비록 소하蕭何가 있더라도 장량張良이 없음과 같다. 그런즉 천하에 대란이 발생한 시대에 조용하게 변법을 도모하는 사람을 아직 보지 못했다."(앞의 책, 93쪽) 이 언급에서도 분명하게 알 수 있듯이, 양두는 자신을 문종과 소하 같은 일류 인물이 아니라 범려와 장량 같은 일류 인물로 간주하고 있다. 즉 그는 지금 세상에서 "나 같은 사람이 없으면 변법을 이야기하기가 어떻게 쉽겠는가?"라면서 계속 떠벌렸다. "나는 진실로 제왕의 스승이 되기는 부족하지만 훌륭한 임금이 일어나면 반드시 내게 와서 법法을 취할 것이다. 올바른 길에 혹시 그렇게 참여하게 되는 것일까?"(앞의 책)
왕카이윈은 자기 제자의 품성을 잘 알고 있었기 때문에 일찍이 편지를 보내 조심스럽게 행동하라고 신신당부했다. "도성에 있을 때는 사람들과 많이 사귀고 논쟁은 적게 하기 바라네. 논쟁에 빠지다 보면 아무 일도 하지 못하고 한갓 죄만 얻게 될 뿐일세."(앞의 책, 89쪽) 그러나 양두는 스승의 당부를 전혀 마음에 담아두지 않았다. 그는 오래지 않아 '왕쭤탕이 거짓말로 모친을 고소한 사건王祚唐誣控慈母案'에 연루되었고, 일부 도성 관리들에 의해 사건의 주모자로 지목되었다. 그는 제왕의 스승이 되지도 못했을 뿐만 아니라 오히려 목숨을 부지하기 위해 베이징을 탈출하지 않으면 안 되는 신세가 되었다. 이후 그는 꽤 오랫동안 줄곧 뜻을 얻지 못했다. 경자년(1900) 7월 마침 탕차이창이 자립군自立軍을 이끌고 봉기했다가 실패해 피살되던 무렵 양두는 집에서 독서를 하고 있었다. 어느 날 그는 폭염을 이유로 스스로 휴가를 즐기다가 어머니에게 꾸지람을 들었다. 그는 그날 일기에 다음과 같이 썼다. "나이가 서른에 가까워 오는데도 아직 자립도 하지 못했는데 들려오는 소식에 슬프고 송구한 마음이 들었다. 아름다운 명성을 얻지도 못했으니 자식 도리를 다했다고 할 수도 없다. 날이 저물어 이리저리 거닐다 대문을 나서 한교漢橋 곁에 이르렀다. 산안개는 어둑어둑해지고 차가운 강물에 달이 떠올랐다. 문득 눈 속으로 창망한 기운이 가득 차며 막다른 골목에 몰린 사람처럼 울음이 터져나오려 했다. 사람들은 나를 대범하다고 여기지만 내가 눈물로 얼굴을 씻는 일은 알지 못한다. 선비가 뜻을 얻지 못했으니 어찌 슬프지 않겠는가? 집으로 돌아와 문을 닫고 달을 바라보며 외롭게 시를 읊다가 오랫동안 잠을 이루지 못했다."(앞의 책, 177쪽)

2년 뒤인 광서 28년 임인년(1902), 양두는 왕카이윈의 반대에도 불구하고 의연히 고향을 떠나 일본으로 자비 유학을 갔다. 일본에서 그는 도쿄 고분학원 사범속성반에 입학해 뜻밖에도 황싱, 양두성楊篤生, 저우보쉰, 장샤오준張孝準 등의 동학同學을 만났다. 양두는 그들의 영향으로 신학新學에 흥미가 생겼고 사상도 나날이 급진적으로 변했다. 아울러 유학생 잡지 『유학역편游學譯編』 창간에도 참가하여 이 잡지를 이해 11월 도쿄에서 출간했다.

일본에서 다시 만나 서로가 서로를 아끼다

이듬해 거행된 졸업식에서 일본 고등사범학교 교장 가노 지고로嘉納治五郎가 중국인을 폄훼하는 발언을 하자 양두는 그 자리에서 교장과 더불어 국민성과 교육문제를 놓고 격렬한 논쟁을 벌였다. 나중에 그는 이 논쟁을 글로 정리해 「중국 교육支那教育」이란 제목을 달아 량치차오가 주필로 있던 『신민총보』에 발표했다. 이 일로 인해 재일 중국인 유학생들에게 양두의 명성이 두루 퍼졌다.

일본 유학 기간에 양두는 량치차오와 다시 만났다. 이 시기 량치차오는 이미 지난날과 비교할 수 없는 유명인사가 되어 있었다. 그는 『청의보』와 『신민총보』를 발행하여 해내외海內外에 커다란 영향을 끼치면서 당시로서는 유일무이하게 여론계의 영도자 역할을 하고 있었다. 양두는 량치차오에게 호의를 표시하기 위해 자신이 새로 지은 「후난 소년가湖南少年歌」를 량치차오에게 보냈는데, 량치차오가 이 불후의 명작을 읽은 첫번째 독자였다고 한다. 양두는 지난날 량치차오에게 광기를 보였지만 량치차오는 그 일로 인한 마음의 응어리를 갖고 있지 않았다. 량치차오는 「후난 소년기」를 『신민총보』에 가장 먼저 발표했을 뿐만 아니라 찬양하는 글까지 썼다. "옛날 루스벨트는 연설을 하면서 순수한 아메리카 사람을 보려면 그랜트2를 보라고 했다. 나는 지금 말하겠다. 순수한 후난 사람을 보려면 양시쯔楊皙子[양두]를 보라."(『음빙실시화飮氷室詩話』, 66~67쪽)

양두는 또 시 한 수를 써서 량치차오에게 증정했다.

뜻만 원대하면 배움이 미치지 못하고, 명성만 높으면 실질이 부응하기 어렵네.

옛날부터 학자의 마음은 전전긍긍 이것을 두려워했네.

아! 우리 신후이新會의 량 선생은 옛날부터 아름다운 명성을 누렸네.

---

2 율리시스 심프슨 그랜트Ulysses Simpson Grant(1822~1885). 미국의 제18대 대통령(1869~1877 재임). 미국 남북전쟁 말기에 북군 총사령관을 지낸 장군이었다.

덕스러운 대의는 옛 현인을 기약했고, 훌륭한 유풍은 완고한 자도 일으켜 세웠네.

지난날 내가 처음 만났을 때는 서로의 학문이 조금 어긋났었네.

성인 되기 바라는 건 같은 길이었지만, 스승을 말하다 보니 취지가 달랐다네.*

양주楊朱는 권리를 중시했고, 묵자墨子는 의무를 드높였네.

대도大道엔 같고 다름이 없으니, 서로 간의 분쟁은 기실 모두 틀린 것이었네.**

망망하게 국가 대사가 위급에 처하여, 서글프게 근심이 뚜렷이 드러났네.

마땅히 도道를 수호하는 마음에 의지하여 저 백성들을 깨어나게 해야겠네.

고인古人들은 사물을 구제하려 할 때, 자기 몸을 돌아보며 스스로에게 되물었네.

공명이 어찌 보배가 될 수 있나? 고귀함은 오로지 나의 바탕에서 비롯하네.

군자는 다만 자신에게서 구하고, 소인은 항상 밖에서만 치달리네.

원컨대 공자의 가르침으로, 길이길이 서로 함께 갈고닦을 수 있기를.

(앞의 책, 69~70쪽)

〔*무술년 창사에서 『춘추공양전』에 대해 토론할 때 각자 자기 스승의 학설을 주장하며 서로 다른 입장을 보인 적이 있다.―양두의 원주〕

〔**일찍이 샹탄 왕카이윈 선생은 장자 학설을 공자 학설에 끌어들였고, 난하이 캉유웨이 선생은 묵자 학설을 공자 학설에 끌어들였다. 나는 여기에 근거해 이들이 기실 오늘날의 양주와 묵적墨翟[묵자]이 되어 모두 공자에 기탁하고 있다고 했다.―양두의 원주〕

이때의 양두는 량치차오에 대해 더이상 '애석하다'고 탄식하지 않았을 뿐만 아니라 이 시를 통해 "덕스러운 대의는 옛 현인을 기약했고, 훌륭한 유풍은 완고한 자도 일으켜 세웠네"라고 칭찬했다. 처음의 논쟁을 회고하면서도 "량치차오를 몰아세웠다"거나 자신의 "어조가 씩씩하고 매서웠다"고 자랑하지도 않았다. 오히려 가벼운 필치로 "서로의 학문이 조금 어긋났었다"라고 했고, 각자 자기 스승의 학설을 주장해 상이한 점이 있었다고 했으며, "대도大道엔 같고 다름이 없으니, 서로 간의 분쟁은 기실 모두 틀린 것이었네"라고 인정했다. 마지막으로 그는 또 국가가 이처럼 위기에 빠진 때에는 모두들 손을 잡고 함께 국난에 대처해야지 더이상 개인적 은원관계에 얽매어서는 안 된다고 건의했다. 그는 또 시의 후미에 짧은 의견을 덧붙여 놓았는데 그 어감이 더욱 간절하다.

근래 국내 청년자제들의 도덕이 타락하여 국수國粹를 보존하기 위한 교육을 하지 않으면 그 미친 흐름을 돌이킬 수 없을 것입니다. 이는 이전에 수차 얼굴을 마주보며 논의한 일입니다. 시간이 날 때 옛날 책을 취해 숙독하며 다시 편술編述할 생각이 있었습니다. 그럼 그 책을 펼칠 때마다 남을 책망하는 마음은 줄어들 테고 자신을 책망하는 마음은 늘어날 터입니다. 한 차례씩 반성하는 과정에서 천지는 저렇게 크지만 결국 내가 발 딛고 설 땅이 없음을 항상 깨닫습니다. 고금 사회의 풍속을 생각해보면 한 시기의 순박하고 아름다운 풍속을 이끌어낼 수 있었던 사람은 반드시 두세 군자였습니다. 그들이 도道로써 서로 규범을 보이고 학문으로 서로 격려하자 그들의 유풍이 미치는 곳에는 천하 사람들이 모두 그들을 본받았습니다. 몸소 실천하며 앞서 제창하고 그리하여 일세의 쇠퇴한 풍속을 바로잡았으니 이는 틀림없이 입으로만 논쟁하는 업적으로는 비교할 수 없는 것입니다. 옛날 성현들께선 학문을 함에 반드시 자기 몸을 돌아보고 스스로 반성하면서 추호도 마음에 부끄러운 짓을 하지 않고 그 얻은 바를 실천했습니다. 대저 명성이 천하에 가득 차고 공적이 천하에 가득 차는 것과 같은 일은 일찍이 내 몸에 작은 영향도 미칠 수 없었으니, 보통 사람들이 그런 일을 말하더라도 군자는 마음에 두지 않았습니다. 그것은 나를 찾는 도道와는 아무 관계도 없기 때문입니다. 지금 타국에 함께 거주하는 처지에 많은 사람 중 나의 잘못을 바로잡아주고 나의 실수를 구제해줄 사람은 족하만 한 분이 없으므로 문득 제 마음을 담아 시를 한 수 지었습니다. 저는 족하께서 아첨하는 말에서는 아무것도 취하지 않음을 알고 있기에 제 솔직한 심정의 말단이라도 덧붙여 이렇게 먼저 말씀을 올리고 가르침을 구하려 합니다. 이에 특별히 이 시를 기록해 바치는 바입니다. 이 시에서 지난 일을 추억한 것은 사실을 있는 그대로 기록하여 우리가 만나고 헤어진 자취를 드러내고 싶었기 때문입니다. 군자의 도는 구차한 동일화를 귀하게 여기지 않는 법이지요. 또 반드시 스승을 칭송하는 사람으로서 경박하게 근본을 망각하는 것은 저희들이 해서는 안 될 일일 것입니다. 족하께서는 일세의 교화를 담당하는 분으로서 제 말을 믿을 수 있겠습니까? 굽어 살피시고 답장을 내리시어 동지를 구하는 제 마음을 저버리지 말아주시면 정말 다행이겠습니다. (앞의 책, 70쪽)

이것은 진실로 간절한 마음이 담겨 있는 편지다. 읽고 나면 감동이 밀려온다. 량치차오도 깊은 감동을 느꼈음이 확실하다. 그는 이렇게 썼다. "만목초당에서 동문들과 헤어진 이래로, 또 푸성復生[탄스퉁]과 톄차오鐵樵[우톄차오吳鐵樵]가 세상을 떠난 이래로, 오랫동안 나는 이런 말을 듣지 못했다. 나의 부끄러움이 나날이 쌓이고 나의 덕이 나날이 황폐해진 지 지금에 이르러 10년이 되었다. 이 혼란스러운 세상에서 이처럼 좋은 벗을 얻게 되자 나는 하루에도 열두 번씩 손을 비비며 나도 모르는 사이에 그에게 마음이 옮아가고 있었다."(앞의 책) 여기서도 우리는 량치차오의 단순한 마음과 성실한 대인관계를 엿볼 수 있다. 그는 진실한 마음의 소유자였다. 리샤오단은 이렇게 평가했다. "당시 두 사람이 서로 더불어 지내게 된 것은 천하의 지극한 교분이라 할 수 있다."(『성려필기』, 5쪽)

광서 29년(1903) 『유학역편』 간행 경비를 마련하기 위해 양두는 귀국 길에 올랐다. 그는 왕카이윈의 안배에 따라 장즈둥을 만나 그의 인정을 받았다. 이해 청 정부는 신학에 뛰어난 인재를 두루 모집하기 위해 강희康熙 시대와 건륭 시대 사례를 모방하여 경제특과經濟特科3라는 과거시험을 시행하도록 조칙을 내렸다. 양두도 추천을 받아 베이징으로 가서 이 시험에 응시했고 마침내 제2등이라는 좋은 성적으로 급제했다. 양두보다 앞 순위를 차지한 한 사람은 바로 나중에 북양 정부 재무차장이 되어 그와 함께 일을 하다가 결국 정적이 된 량스이梁士詒다. 그러나 운명의 장난처럼 이번에도 양두의 손으로 들어온 공명첩은 마치 모래알처럼 그의 손아귀에서 새나가버렸다. 무술정변 이후 자희태후는 캉유웨이와 량치차오를 가장 미워했기 때문에 광둥 출신 인사들에게 심한 편견을 갖고 있었다. 그런 참에 마침 어떤 사람이 자희태후에게 량스이가 량치차오의 동생이고, 캉유웨이의 또다른 이름이 쭈이祖詒라 하면서, 량스이의 성은 량치차오와 같고 이름의 마지막 글자는 캉유웨이의 이름에서 따왔다고 날조하여梁頭康尾 고의로 자희태후의 화를 돋우었다. 이로 인해 량스이는 급제자 명단에서 제명되었고 양두도 이 일에 연루되고 말았다. 양두는 일찍이 '후난사범학생'이었다는 혐의 외에도 일본에서 조정을 공격하는 발언을 했다는 혐의와 과거 답안 중에도 조정에 대한 불만이 들어 있다는 죄가 덧씌워졌다. 이 때문에 어떤 사람은 양두가 탕차이창과 같은 패거리거나 혹은 혁명당일지도 모른다고 의심했다. 그는 결국 급제통지서도 받지 못했을 뿐만 아니라 오히려 청 정부의 지명수배까지 받게 되었다.

갈 곳이 없어진 양두는 오래지 않아 다시 일본으로 건너갔다. 이 무렵 그와 량치차오의 관계는 더욱 친밀해졌고, 그는 항상 량치차오 거처나 『신민총보』사를 출입했다. 당시 일본 유학생 중 혁명파와 입헌파는 이미 서로 한 치의 물러섬도 없이 물과 불처럼 화해할 수 없는 지경으로 빠져들고 있었다. 그러나 양두는 이 두 파 사이를 오고가며 그들의 동향을 관망하고

---

3 특별 과거시험. 무술변법戊戌變法 실패로 새로운 정세에 잘 대처하지 못하자, 자희태후가 1901년 각 부部와 원院의 장관 및 각 성의 독무督撫와 학정學政 등에게 조칙을 내려 동무서양 학문에 능통한 신진 인사를 추천하게 하고, 1903년 이들을 대상으로 보화전保和殿에서 경제특과라는 특별 과거시험을 보게 했다.

량스이(1869~1933). 자 이푸翼夫, 호 옌쑨燕孫. 광둥 성
싼수이三水 사람이다. 민국 시기 교통계의 대표자로 교통
은행 행장을 역임했다. 별명이 '오로재신五路財神'이었다.

있었다. 그는 량치차오에게도 미움을 받으려 하지 않았고 동시에 쑨중산과
도 좋은 관계를 유지하려 했다. 류청위가 당시 상황을 기록해놓았다.

양두는 도쿄에서 중산 선생을 찾아뵙고 중국 국시國是에 대해 변론하려
했다. 나와 리수청李書城, 청밍차오程明超, 량환이梁煥彝가 중재자가 되어
그를 요코하마로 데려갔다. 쑨 선생은 에이라쿠엔永樂園에서 연회를 열고
종일 자신의 주장을 변론했다. 시쯔晳子[양두]는 쑨 선생의 손을 잡고 맹
세하며 말했다. "나는 입헌군주제를 주장합니다. 저의 일이 성공하면 선
생님께서 저를 도와주십시오. 선생님께선 민족혁명을 호소하십니다. 선
생님께서 성공하시면 저 양두는 지금의 이 주장을 모두 버리고 국가대
사에 힘을 쏟겠습니다. 후일을 기약하며 서로 방해하지 말았으면 좋겠습

니다." 시쯔는 차를 타고 돌아가는 도중 크게 한숨을 쉬며 감탄했다. "쑨 선생을 마주하고 종일 거리낌 없이 이야기를 나누었소. 그 커다란 목소리는 온 산천을 울리는 듯했고, 그 도도한 언변은 만경창파가 출렁이는 듯했소. 언어가 진실로 명쾌하고 기상이 광대했소. 뒷날 성공할 사람은 마땅히 이분일 것이니 나는 이분을 위해 기꺼이 가마를 멜 것이오."(『세재당 잡억』, 176쪽)

철도 부설권 쟁취와 입헌 참여, 두 사람의 긴밀한 협력

당시 유학생 가운데서는 양두가 영향력이 가장 커서 진실로 리더급의 풍모를 갖추고 있었다. 양두는 광서 31년(1905) 유일중국학생회留日中國學生會 간사장을 맡았고, 오래지 않아 웨한철도粵漢鐵道를 보호하기 위한 유미留美·유일留日 학생 대표단 총대표로 추대되었다. 웨한철도는 바로 오늘날 징광철도京廣鐵道[베이징北京 ↔ 광둥廣東]의 남단이다. 우한에서 후난을 거쳐 광저우廣州에 이르는 노선이다. 그 북단은 바로 베이징에서 우한에 이르는 노선인데, 당시는 루한철도盧漢鐵道로 불렸다. 이 노선은 중국을 남북으로 관통하는 가장 중요한 간선幹線에 해당한다. 정유년(1897) 가을과 겨울 사이, 장즈둥의 주관하에 청 정부는 벨기에와 협약을 맺고, 루한철도 부설권, 제조감독권, 운행관리권을 통째로 벨기에 회사에 양도했다. 이 회사는 청 정부에 매년 5리厘의 이자를 물고 아울러 30년 기한의 450만 파운드 차관을 제공하기로 했다. 이 일로 중국은 철도 주권을 완전히 상실했을 뿐만 아니라 재정 면에서도 막대한 손실을 보게 되었고 이후 제국주의자들이 차관을 이용해 중국 철도권을 통제하는 지극히 악랄한 선례를 남기고 말았다. 루한철도 건설 계획이 확정되자 웨한철도 건설 일정도 제기되기 시작했다. 벨기에 회사는 여한을 남기지 않겠다는 태도로 아주 적극적인 모습을 보였다. 마치 우리 회사를 빼고 어떤 회사가 참여할 수 있겠느냐는 자신감에 차 있는 듯했다. 그러나 이번에는 청 정부가 웨한철도 담당권을 미국인이 세운 화메이허싱공사華美合興公司에 매각했다. 하지만 벨기에 회사는 전혀 포기하지 않고 우선 중국 주재 벨기에 영사와 프랑스 영사를 통해 청 정부에 항의의 뜻을 전달했다. 이어서 또 허싱공사 주식을 몰래 대량으로 사들이기 시작했다. 1901년 5월, 벨기에 사람들이 뉴욕에서 사들인 웨한철도 주식은 이미 전체 주식의 절반을 넘었고, 여기에다 회사 이사회 정원의 과반을 넘는 22명의 이사를 확보하게 되었다. 이 회사 총책임자에는 결국 벨기에 사람들의 신임을 받는 찰스 휘티어Charles Whittier 장군이 선출되었다.

당시 일부 지식인들은 이러한 상황에 대해 우려를 표시했다. 량치차오는 「웨한철도 교섭에 관한 위급한 소문粵漢鐵道交涉支警聞」에서 이 일을 총체적으로 분석하고 있다. "벨기에란 나라가 기실 러시아와 프랑스 동맹의 괴뢰임은 온 지구인이 다 아는 사실이다. 저들은 루한철도 부설권을 획득한 후 마침내 그 노선을 더욱 확장하려 하고 있다. 즉 저들은 한커우를 출발해 광둥을 거쳐 베트남 변경까지 철도를 이으려 하고 있으며, 북쪽으로는 장자커우張家口를 거쳐 베이징에 도달한 뒤 러시아의 시베리아 노선과 연결해 러시아와 프랑스 양국의 세력권을 관통하려 하고 있다. 이처럼 남의 나라를 훔치려는 마음은 길 가는 사람이라도 누구나 알아차릴 수 있을 것이다."(『음빙실합집·집외문』 상책, 171쪽) 따라서 량치차오는 이 일이 이미 "자본문제가 아니라 정치문제임"을 날카롭게 지적했다.(『음빙실합집·집외문』 상책, 173쪽) 게다가 그 일은 일반적 정치문제가 아니었다. 이 철도 부설권 분쟁의 배후에는 조급하게 중국을 분할하려는 열강들의 탐욕과 오만이 숨어 있을 뿐만 아니라 중국을 분할하고 세계 패권을 쟁취하려는 열강들의 모순과 갈등도 굴절되어 나타나고 있었다. 량치차오는 이와 관련된 또다른 문장 「철도권의 이동鐵道權之轉移」에서도 이처럼 지적했다. "간접적으로 경제 부문에서 우리 나라를 도모하려는 국가는 영국과 미국 등이다. 직접적으로 정치 부문에서 우리 나라를 도모하려는 국가는 러시아와 프랑스다. 양자의 목적은 다르지만 모두 철도정책을 수단으로 삼고 있다. 양자가 결과를 얻으면 우리 중국에 모두 불리하다. 러시아와 프랑스가 가하는 협박은 더욱 기세등등하고 위협적이다."(앞의 책, 174쪽)

이러한 사회 여론의 영향하에서 후난의 관리와 향신들이 먼저 '철도 조약 폐기'를 제창했다. 그들은 이미 조인된 조약 중에 소위 "이 권리는 타국인에게 양도할 수 없다"는 규정이 있음에도 허싱공사가 사사롭게 주식을 벨기에에 팔아넘겼으므로, 이는 규약 위반으로 볼 수 있다고 인식하고 이 조약은 폐기되어야 한다고 주장했다. 그들의 제창에 아주 신속하게 광둥 상인들이 호응했고, 광둥 상인들은 반복된 상의를 통해 량치차오가 '창거創擧'라고 칭한 방법 즉 복권 발행으로 철도 반환을 성취하려는 방법을 사용하기로 결정했다. 량치차오는 복권 발행으로 자금을 모으는 이 방법이 서구의 공채公債 형식을 조금 바꾼 것이기는 하지만 그 정신에서는 실제로 서구의 공채와 완전히 일치한다고 인식했다. 그는 심지어 이렇게까지 예언했다. "금후의 중국은 전국의 재산을 많이 모아 경제적인 경쟁의 장에서 열강들과 결전을 벌이지 않을 수 없다."(앞의 책, 249쪽) 그러나 량치차오는 이 방법이 좋기는 하지만 각지 사람이 모방하기 쉽다고 하면서 주재자가 반드시 신용이 있어야 한다고 사람들을 일깨웠다. "만약 그렇지 않고 신용을 한번 잃어버리면 이후 사람들이 크게 경계할 것이니 그 피해가 어찌 웨한 철도에만 그치겠는가?"(앞의 책)

이 철도권 쟁취 투쟁에서 양두는 줄곧 선봉에 섰다. 그는 앞장서서 청원 운동을 벌이며 「웨한철도 논의粵漢鐵道議」를 발표했다. 그는 이 글에서 광서 26년(1900)에 조인된 '중미웨한철도차관속약中美粵漢鐵道借款續約'을 폐기하고 철도권을 회수하여 관리와 향신들에게 직접 운영하게 하면서 국가 주권을 수호해야 한다고 주장했다. 그는 또 철도 수호 유학생 총대표 신분으로 귀국하여 왕카이윈에게 가르침을 청한 후 장즈둥을 독촉해 철도 수호를 책임지게 해달라고 부탁했다. 웨한철도 쟁취 투쟁 과정에서 『신민총보』와 『시보』에 실린 량치차오의 수많은 문장은 모두 양두가 수집해서 전보로 보내준 뉴스 소재를 바탕으로 쓴 것이라 전해진다. 뤄푸도 『런궁 일사任公軼事』에 다음과 같이 기록했다. "런궁[량치차오]은 양시쯔[양두]에게 전보로 완전한 원고를 부쳐달라 부탁했고 그 원고에 일일이 부연 설명을 붙여 『시보』에 발표했다. 이는 국민의 주의를 불러일으키기 위함이었다. 이 때문에 마침내

철도권을 회수하여 중국 스스로 운영하자는 목적을 달성할 수 있었다."(『량치차오 연보 장편』, 337쪽)

민간의 부지런한 노력과 관방의 거듭된 타협의 결과로 1905년 8월 29일 중국은 675만 달러를 지불하고 웨한철도 부설권을 회수하게 되었다. 이 기간 량치차오와 양두는 서로 협력하며 상당히 일치된 호흡을 과시했다. 두 사람은 총명한 사람끼리 서로 아낀다는 격언처럼 서로 의기투합하며 일치된 생각을 보였다. 한 사람[량치차오]은 '소년중국'의 소년으로 자처했고, 한 사람[양두]은 「후난 소년가」를 소리 높여 불렀다. 이 둘 모두는 당시 신청년 중에서 탁월한 인물이었다.(『역가려 소품亦佳廬小品』, 74쪽) 량치차오는 일찍이 캉유웨이에게 보낸 편지에서 두 사람의 우정에 대해 언급한 적이 있다. "도쿄에서 저와 가장 뜻이 잘 맞고 가장 세력이 강한 벗으로는 양시쯔만 한 사람이 없습니다. ─양시쯔는 샹탄 사람인데, 효렴孝廉으로 지난번에 낭중郎中이 된 적이 있습니다─. 그는 국학에 조예가 아주 깊고, 불교의 이치도 연구했으며, 근세의 정법政法에 관한 학문에도 확실하게 깨달은 바가 있습니다. 그가 이전에 유학생 회관의 총간사직을 수행할 때 유학생 중에서 학식이 있는 사람은 그에게 귀의하지 않은 자가 없었습니다. 근래 몇 년 동안 이 제자와 아주 깊은 교분을 맺고 있습니다. ……"(『량치차오 연보 장편』, 369~370쪽) 어느 정도 깊은 교분이었나? 당시 다음 같은 전설이 유행한 적이 있다. 광서 31년(1905) 8월, 청 정부에서 입헌 준비를 위해 짜이쩌載澤, 쉬스창徐世昌, 다이훙츠戴鴻慈, 돤팡端方, 사오잉紹英 등 다섯 대신으로 하여금 해외 시찰을 하게 했다. 평소 온종일 높은 곳에 앉아 귀하게 대접받던 이 고관대작들은 유흥장을 찾아 향락을 즐길 때는 가르쳐주는 스승이 없이도 능숙하게 행동했다. 전하는 바에 따르면, 돤팡은 유럽에서 귀국하면서 영사기를 한 대 들여왔는데, 자기 저택에서 영화를 상영하던 중 갑자기 기계가 폭발해 여러 사람이 다쳤고, 이것이 당시 도성에 일대 뉴스가 되었다고 한다. 그러나 그들의 해외여행 목적은 서구 각국의 헌정을 시찰하는 일이었다. 그런데 이들은 헌정 연구를 어떻게 해야 하는지 전혀 알지 못했다. 더더욱 외국어에 까막눈인 이들이 어떻게 헌정을 시찰할 수 있으며, 또 귀국 후에 어떻게 황상에게 보고서를 올릴 수 있었겠는가? 이 때문에 이들은 아주 난감한 상황에 직면하게 되었다. 당시 이들의 수행원 중에 슝시링熊希齡이라는 후난 사람이 있었다. 그는 양두와 량치차오의 친한 친구였다. 그리고 량치차오가 후난 시무학당에서 강의를 주관할 때 그는 이 학당의 총리總理[총관리자]를 지낸 적이 있다. 당시에 슝시링은 이 고관대작들에게 헌정에 정통한 사람을 초청해 헌정 시찰 보고서를 대필시키라고 건의했다. 그럼 헌정에 정통한 사람을 어디서 찾을 수 있단 말인가? 슝시링은 이렇게 말했다. "우리 나라에서 헌정에 정통한 사람은 오직 둘뿐입니다. 하나는 량치차오고 다른 하나는 양두입니다. 두 사람 모두 지금 일본에 있습니다. 량치차오는 조정의 죄인이므로 찾아갈 필요가 없고, 그 대신 양두를 찾아서 대필시키는 게 좋겠습니다."(『보황파에서 비밀당원까지―나의 부친 양두를 회고함從保皇派到祕密黨員―回憶我的父親楊度』, 29쪽) 다섯 대신은 슝시링의 그의 건의를 받아들이고 그를 일본으로 파견해 양두를 찾아보게 했다. 그러자 양두는 량치차오를 끌어들여 함께 대필을 했다.

이 기록과 연관된 또다른 판본이 있다. 『량치차오 연보 장편』에는 다음처럼 기록되어 있다. "러일전쟁이 끝난 후 청 황실의 일부 친척들 사이에서 새로운 기풍을 추종하며 유신을 표방하는 경향이 생겨나기 시작했다. 그중 특히 돤팡의 주장이 가장 강력했다. 그래서 다섯 대신을 해외로 파견해 헌정을 시찰하게 했다. 당시 돤팡은 량치차오 선생과 자주 서신을 왕래했다. 그 의도는 가을과 겨울 사이에 량 선생에게 그들을 대신해서 헌정 시찰 보고서를 대필하게 하고 입헌을 주청하게 함과 아울러 유신당 사람들의 사면을 요청하게 하자는 것이었다. 「국시 제정을 청하는 상소문請定國是」은 무려 20여만 자를 넘었다."(『량치차오 연보 장편』, 353쪽) 당시 량치차오는 아직도 청 조정의 지명수배범이었다. 따라서 그 일[헌정 시찰 보고서 대필]을 진행하더라도 철저하게 기밀을 유지해야 했다. 그들 사이에도 틀림없이 별도 연락망이 있었겠지만 지금은 당시에 그들이 주고받은 서찰을 찾아보기가 아주 어려운 실정이다. 그러나 량치차오가 쉬포쑤에게 보낸 편지에서 그 희미한 흔적을 찾아볼 수 있다.

1905년 12월, 청나라 조정에서 해외 헌정을 살펴보기 위해 파견한 '5대신' 및 수행원들이 로마에서 촬영한 단체사진.

그 이후 바다 위에서 20여 일을 생활하는 동안 육지를 밟은 것은 고작 30여 시간밖에 되지 않았습니다. 공公께서 제 말을 들으시면 당연히 제 행적의 비밀스러움에 크게 놀라실 것입니다. 공께서 지난주에 보내신 편지를 오늘에야 받아본 것도 바로 이런 연유 때문입니다. 편지로 말씀하신 은밀한 일은 제가 듣고 매우 기뻤습니다. 다만 안에서 이 일을 맡은 사람이 앞서 다른 성省 한두 사람과 함께 일을 하다가 꽤 손해를 본 적이 있습니다. 이 때문에 저들 중에 그 일을 확실하게 알지 못하는 사람과는 함께 일을 하고 싶지 않습니다. 지금 마땅히 서찰을 저들에게 주고 저들에게 허가를 얻어야 일을 정할 수 있을 것입니다. 또 지난번에 해외 시찰한 자들을 기다린 것은 저들이 조정에 보고한 뒤 소식이 어떤지에 따라 일을 도모하려 한 것입니다. 따라서 저들의 답장을 받은 뒤에 도모해도 늦지 않습니다. 근래 저들을 대신해 지어준 글은 무릇 20여 만 자

내외입니다. 베끼는 일이 불편하여 지금 겨우 두 부를 베껴서 부쳐드리오니 읽어보시기 바랍니다. 읽어보시고 나서 바로 돌려주시면 좋겠습니다. 이 일이 다소라도 영향을 끼칠 수 있을지 어떨지는 알 수 없지만 오랜 가뭄에 구름이 몰려오고 무지개가 뜨기를 바랄 뿐입니다. ─여러 문장 중에서 이 두 가지 문장을 제외하고 또「국시 제정을 청하는 상소문」이 가장 중요합니다. 지금 그 본말을 초록해두었으니 나중에 가르침을 청하겠습니다.─ 얼마 전에 돌아오니 온갖 일이 가득 쌓여 있어서 일주일간 힘을 들여야 깨끗이 처리할 수 있을 것 같습니다. 이 때문에 지금 공과 이야기 나눌 약속을 잡을 수 없습니다. 기일을 정해 만나도록 하지요. ─이 편지를 절대로 다른 사람에게 보여줘서는 안 됩니다. 다 읽으신 후 바로 등기우편을 이용하여 돌려주시기 바랍니다.─ (앞의 책, 353쪽)

량치차오가 1929년 세상을 떠난 후 쉬포쑤는 량치차오 연보 편찬을 담당한 딩원장丁文江 등에게 이 자료를 제공하면서 편지 봉투에 다음과 같은 주석을 달았다.

이 편지는 을사년(1905)에 부친 것이다. 소위 이 편지를 절대 다른 사람에게 보여주지 말라는 것은 량 선생이 청 황실 모 대신을 대신해서 헌정시찰 상주문을 지은 것과 관련이 있기 때문이다. 나에게 알려달라 청한 은밀한 일은 당일 모 총독이 입헌당 및 유신당 사면을 주청한 비밀 상주문을 올린 일을 말한다. (앞의 책, 354쪽)

여기서 말하는 모 총독과 모 대신은 돤팡일 가능성이 크다. 그러나 쉬포쑤는 시간을 분명히 잘못 기록하고 있다. 다섯 대신이 출발할 때 혁명당 우웨吳樾가 정양문正陽門 기차역에서 폭탄을 던진 사건이 일어나, 이 시찰은 이해(1905) 11월 11일(양력 12월 7일)로 연기되었다. 시찰 인원도 쉬스창과 사오잉을 제외하고 상치형尙其亨과 리성둬를 추가했다. 이듬해 6월 다섯 대신은 시찰을 마치고 "두 그룹으로 나누어 베이징으로 돌아왔다."(앞의 책, 364쪽) 슝시링은 4월 22일(양력 5월 15일) 먼저 상하이로 귀국했고 윤 4월 11일(양력 6월 2일)을 전후해 '홋카이도 개간 조사'를 명의로 일본으로 갔다가 6월 초5일(양력 7월 25) 상하이로 돌아왔다. 슝시링이 일본에 머문 기간은 50일에 가까웠다. 이때 다이훙츠와 돤팡이 이미 4일 전인 6월 초1일(7월 21일)에 상하이에 도착해 슝시링을 기다렸다. 그가 량치차오를 만나 조정에 바칠 보고서 상주문을 대신 써달라고 부탁한 때가 틀림없이 바로 이 기간이었을 것이다. 량치차오가 상하이에서 비밀리에 20일 동안 글을 썼다고 말한 때도 바로 이 기간으로 보인다.

슝시링은 상하이로 돌아와 량치차오가 대신 써준 상주문을 가져갔고, (1909년) 6월 14일(양력 8월 3일) 다이훙츠와 돤팡은 바로 이 상주문을 받아서 베이징으로 돌아갔다. 그리고 6월 22일과 23일(양력 8월 11과 12일) 연이어 조정에 상소문을 올리고 서구 각국의 헌법을 소개한 뒤 가능한 한 빨리 입헌을 시행할 것을 요청했다. 7월 초9일(양력 8월 28일) 청 정부는 어전회의를 소집해 기실 량치차오가 기초한 「각국 헌정 시찰 보고서考察各國憲政報告」를 통과시켰다. 그리고 7월 13일(양력 9월 1일) 칙지를 내렸다. "지금 짜이쩌 등이 귀국해 상주문을 올렸다. 나라 형편이 부진한 것은 실로 위아래가 서로 질시하고 안과 밖이 서로 소원하기 때문이다. 관은 민을 보호할 줄 모르고, 민은 나라를 보위할 줄 모른다. 각국이 부강한 까닭은 실로 헌정을 시행하고, 공론을 모아 국사를 결정하고, 군軍과 민이 일체를 이루어 서로 호흡을 소통하고, 대중들의 장점을 두루 채택하고, 정체政體를 분명하게 결정하고, 그리고 재정을 잘 준비해 정무를 규모 있게 기획하면서 백성에게 공평무사한 혜택이 돌아가지 않을 수 없게 하기 때문이다." 청 정부에서도 칙지를 통해 다음과 같이 선포했다. "외국의 사례를 본떠 헌정을 시행하더라도 대권大權은 조정에서 총괄하게 하고 여러 정사는 여론에 따라 공론을 정하게 하라." 그러나 "목전의 상황은 제도를 잘 갖추지 못했고 민지도 아직 부족하기" 때문에 다음과 같이 시행하라고 했다. 개혁은 "반드시 관제官制에서 시작하여 먼저 조속히 관제 분리를 토의해서 결정하고 차례대로 개혁하도록 하라. 아울러 각 항목의 법률을 상세하고 신중하게 개정하라. 또 교육을 널리 일으키고, 재정 상태를 깨끗하게 처리하고, 무기를 잘 정돈하고, 경찰을 두루 설치하여 각 지방 향신과 백성이 국정을 분명하게 알게 하여 입헌의 기초를 준비하도록 하라." "몇 년 후 규모가 대략 갖추어지면 상황을 잘 조사해보고 각국의 성문법을 참조하여 입헌 시행 기한을 타당하게 논의한 뒤 다시 입헌을 천하에 선포하도록 하라." "아울러 진전 속도가 빠른지 느린지를 보고 예비 입헌 기한을 길게 할지 짧게 할지를 정하도록 하라."(앞의 책, 364~365쪽) 이는 청 정부의 제스처에 불과해서 매우 제한된 성격의 칙지에 불과했지만 량치차오는 이 조치를 보고 엄청난 격려를 받았다. 그는 억누를 수 없는 희열에 휩싸여 장관원에게 편지를 보내 "이로써 정치에 있어서 혁명문제는 일단락을 고했습니다"라고 지적했다.(앞의 책, 364~365쪽) 여기에서는 량치차오도 좀 조급했던 것 같고 또 지나치게 낙관적이었던 것 같다. 그러나 해외 망명생활 7~8년 동안 날마다 바라고 밤마다 상상한 것이 바로 이러한 날이 아니었던가? 그는 청 정부의 예비입헌 선포에 따라 정치체제 문제는 이미 해결되었다고 인식했다. 남은 것은 바로 어떻게 하면 전제 정치체제에서 입헌 정치체제로 나아가는 과도기를 잘 수습하고, 또 어떻게 하면 입헌정신을 구체적 정치체제 개혁 속에 잘 구현해내는가 하는 문제였다. 량치차오는 입헌이란 단지 "한 조각 법 조항으로 실현되는 것"이 아님을 분명하게 알고 있었다. 설령 헌법을 종이 위에 써서 규정했다 하더라도 중국 국민이 반드시 진정한 헌정의 혜택을 누릴 수는 없다는 것이다. 입헌국 국민의 자격을 양성하는 일은 단번에 이루어질 수 없기 때문이다. 량치차오는 청 정부를 추동해 '예비입헌'을 진행하려면 일찌감치 입헌 일정을 확정해야 하지만 그렇게 하더라도 일이 순조롭게 진행될 리는 없고 반드시 갖가지 방해 세력에 시달릴 것이라고 예감했다. 그러나 해야 할 일이 많더라도 다른 사람에게 책임을 떠넘길 수는 없는 일이었다.(『음빙실합집·집외문』 상책, 363쪽)

신당 성립, 영도권 귀속문제로 의견 차이가 생기다

이 무렵 량치차오와 『민보』의 논쟁은 갈수록 더욱 치열해졌지만 그는 되도록 빨리 몸을 빼내 정력을 입헌문제 처리에 집중하고 싶어했다. 그는 다양한 경로를 통해 혁명당에 논쟁 중지를 건의했다. 혁명당과 관계가 밀접했던 쉬포쑤도 적극적으로 거중 조정에 나서서 쌍방의 정전을 재촉했다. 그러나 혁명당 측은 량치차오의 요청을 거부했고 청 정부의 조치도 전국 지사들을 크게 실망시켰다. 청 정부는 (1906년) 9월 20일 내각 관제 개정 결과를 발표했다. 과거 내각은 주로 9경九卿, 6부六部, 내각과 군기처로 구성되어 있었는데, 새로운 관제에서는 내각과 군기처를 모두 옛 제도대로 시행한다는 것 이외에, 11부部 7원院 1부府를 설치했는데, 신설된 11부 가운데 외무부外務部와 이부吏部도 모두 옛 제도를 따른다고 했다. 또 이렇게 설치된 "각 부의 당상관은 상서尙書 1명, 시랑侍郎 2명을 두며 만주족과 한족을 구분하지 않는다"고 했다.(『대청 신법령대청신법령』 제1권, 38~39쪽) 그러나 이 11명의 상서 중에 만주족은 6명인 데 비해 한족은 겨우 5명에 불과했다. 이는 이전의 6부에 만주족과 한족 상서 각 1명씩을 두던 제도와 비교해봐도 오히려 한족 상서가 1명 줄어든 결과였다. 이는 분명히 기득권을 포기하지 않으려는 개혁이어서 어떤 사람도 만족할 수 없었다. 한족들의 불만을 누그러뜨릴 수도 없었을 뿐 아니라 오히려 혁명당에 반항의 구실을 줄 수밖에 없었다. 량치차오 등은 다시 '개화된 전제제도開明專制'를 주장했지만 혁명당에 맹렬한 공격을 받게 되었다. 쉬포쑤는 량치차오에게 편지를 보내 자신들의 고충을 토로했다. "공께서 가슴에 가득 찬 뜨거운 피를 부질없이 하늘로 뿌리니 정말 가슴 아픈 일입니다. 다른 당은 근래 자못 세력이 강해져서 저들이 갑자기 이상한 행동을 할까봐 걱정한 지 오래입니다. 저들이 입헌을 배척하는 목소리는 시끄러운 소음과 같을 뿐입니다. 이 아우는 근래에 저들로부터 욕을 제일 많이 먹었습니다. 황黃 아무개[황싱을 가리킴]는 이미 나와 시시비비에 대한 담판을 벌인 적이 있습니다. 피차 온갖 말로 자기 입장을 변호했지만 끝내 결론을 내릴 수 없었습니다. 그가 직접·간접으로 나를 충동질하는 일이 지금에 이르러 극에 달했다고 할 수 있습니다. 게다가 근래 이 아우에게 귀국해 일을 하라고 재촉하는 사람이 매우 많습니다. 그중 한 곳을 황 아무개가 알아채고 여러 차례 내게 일을 맡으라고 권유했습니다. [황 아무개가] 그의 뜻대로 나를 강제로 입당시킬 수는 없겠지만 반드시 나를 귀국시키려 할 것입니다."(『량치차오 연보 장편』, 368쪽)

량치차오도 이 때문에 진퇴양난의 곤경에 빠졌다. 그 하나는 조속히 구세계를 파괴하려는 혁명당의 세찬 압박이었고, 다른 하나는 낡은 제도를 유지하며 개혁을 거부하는 청 정부의 속임수였다. 그는 그 시각 위기 속에서 중국을 구해내려면 양면작전을 펼칠 수밖에 없음을 분명히 알고 있었다. 그의 인식은 명확했다. "요컨대 혁명당의 거동은 중국을 멸망시킬 수 있다. 현 정부의 거동은 더욱더 중국을 멸망시킬 수 있다. 그러나 혁명당이 생겨나는 까닭은 기실 현 정부가 만들어내기 때문이니, 현 정부가 혁명당의 공격을 견디지 않을 수 없다. 따라서 혁명당이 나라를 멸망시키는 죄는 하나지만, 현 정부가 나라를 멸망시키는 죄는 둘이다."(『음빙실합집·문집』 제19권, 50~51쪽) 그러나 량치차오는 때때로 이런 견해를 드러내기도 했다. "오늘날 우리 당이 정부와 결사전을 벌이는 것은 두번째 뜻이지만, 혁명당과 결사전을 벌이는 것은 첫번째 뜻이다. 저들이 있으면 우리가 없고, 우리가 있으면 저들이 없다. 그러나 내가 만약 정부와 결사전을 벌이지 못하면 천하의 여망을 얻어 혁명당 세력을 없앨 수 없다. 이 때문에 정부와 싸우는 일도 근래에 절대로 늦출 수 없게 되었다. 오늘날 우리는 앞뒤로 양대 적진 사이에 끼어 있기 때문에 서 있는 것조차 매우 어려운 상황이다. 그러나 전력을 다해 대처하면 반드시 최후의 승리를 얻을 수 있다."(『량치차오 연보 장편』, 373쪽)

상황은 이와 같았지만 량치차오는 여전히 한쪽[혁명당]과는 일방적으로 논쟁을 중지한 채, 자신은 몸을 빼서 더욱 중요하고 긴박하다고 생각하는 일을 했다. 그는 한편으로 청 정부에 약속 실행을 촉구하면서 가능한 한 빨리 예비입헌 일정을 공포하라고 요청했다. 다른 한편으로는 입헌파 인사들에게 적극적으로 사상과 방책을 제공해 일치된 여론을 형성하려고 노력했다. 청 정부의 예비입헌이 표면적인 글로만 표현되는 일이 대부분이었고 이미 내려진 약간의 조치도 유명무실한 경우가 많았지만, '예비입헌' 네 글 자가 이미 정부의 입에서 나왔으므로, 그것이 진심이든 아니든 상관없이 사람들은 그 정신에 근거해 정부를 문책하게 되는 것이다. 따라서 "국민들 이 진실하게 앞으로 나아가면 정부는 나아가고 싶지 않아도 그렇게 할 수 없게 된다."(1906년 7월 『신민총보』 제83호, 『음빙실합집·집외문』 상책, 364쪽) 어 떻게 해야 국민을 동원하고 그들을 조직하여 정부도 얕보지 못하는 세력 으로 만들 수 있는가? 량치차오는 일본 개량파가 겪은 경험에서 교훈을 얻 어서 정부를 버리는 것이 더 좋은 방법이 되지 못한다고 인식했다. 따라서 이때부터 그는 이미 정당 창당을 목전의 가장 중요한 대사로 간주했다. 량 치차오는 캉유웨이에게 보낸 편지에서 이렇게 지적했다. "우리 나라에 응당 정당이 있어야 한 지는 오래지만 이전에는 아직 기틀이 만들어지지 않았습 니다. 그런데 예비입헌의 조칙이 내려지고 나서는 그 기틀이 생겨나고 있습 니다."(『량치차오 연보 장편』, 369쪽)

정당을 만들려면 어떻게 준비해야 하는가? 먼저 사람이 있어야 한다. 특 히 뜻이 맞는 일군―群의 동지가 필요하다. 량치차오의 신변에는 마침 양 두, 장즈유, 쉬포쑤, 슝시링 같은 젊고 역량이 뛰어난 인인지사仁人志士가 많 이 모여 있었다. 량치차오는 광서 32년(1906) 10월 말 양두와 슝시링을 고 베神戶로 초청해 정당 창당 일을 상의했다. 그들은 사흘 밤낮으로 상세한 이야기를 나눈 끝에 제국헌정회帝國憲政會라는 조직을 만들기로 결정했다. 사흘 밤 사흘 낮 동안 그들은 무슨 이야기들을 나눴는가? 양두와 슝시링 이 남긴 글에서는 관련 기록을 찾아볼 수 없다. 단지 량치차오가 캉유웨이 에게 보낸 편지 한 통에서 당일 발기한 정당 조직의 어렴풋한 단서를 엿볼 수 있다. 이 편지는 11월 초에 쓴 것으로 짐작된다. 왜냐하면 11월 5일에 량치차오는 캉유웨이가 스웨덴에서 부친 전보를 받고 바로 또다른 편지 한 통을 써서 계속해서 정당 건립에 관한 몇 가지 문제를 캉유웨이에게 보고 하고 상의했기 때문이다. 앞 편지에서 량치차오는 자신과 양두·슝시링 사 이에 나눈 밀담의 결과를 조목조목 상세하게 서술했다.

첫째, 신당을 창당하려면 먼저 보황회 문제를 해결해야 한다. 그들의 의견은 이러했다. "신구 두 모임이 이름은 다르지만 실질은 같으므로 처음에는 모임을 나누어 다른 이름을 쓰다가 나중에는 모임을 합쳐서 같은 이름을 써야 합니다." 두 모임을 합쳐서 같은 이름을 쓰는 일은 더 해명할 필요가 없다. 캉유웨이가 이에 대해 다른 의견을 제시할 리가 없기 때문이다. 모임을 분리해 다른 이름을 쓸 경우는 반드시 분명한 설명을 해야 한다. 그렇지 않으면 캉유웨이에게 오해를 불러일으키기 십상이기 때문이다. 그렇다면 왜 모임을 분리해야 하는가? 그들은 주로 두 가지 이유를 제시했다. 하나는 해외 보황회 상황을 꼭 국내 사람들에게 알릴 필요가 없기 때문이다. 다른 하나는 보황회도 물론 이름을 바꿔야 하지만 대외적으로 그것을 널리 알릴 필요는 없기 때문이다. 따라서 "제국헌정회가 곧 지난날의 보황회라는 점은" 결코 비밀이 아니므로 "국내에서 제국헌정회란 이름으로 일을 진행할 경우 결국 불편한 일이 생길 것이다." 이에 그들은 또 하나의 모임을 만들어 헌정회憲政會라 부르며 제국헌정회와 구별하자고 건의했다.

둘째, 캉유웨이의 지위문제를 해결해야 한다. 지난날 쑨중산과의 합작이 성공할 수 없었던 원인의 하나도 바로 캉유웨이가 자신을 일선에서 후퇴시키려는 조치에 크게 불만을 품었기 때문이다. 심지어 캉유웨이는 량치차오가 자신의 지위를 대신하려 한다고 의심했다. 이번에는 량치차오도 지난날의 교훈을 생각하여 먼저 캉유웨이에게 상황을 보고했다. 량치차오는 자신이 헌정회 발기인으로 이름을 내걸면서도 "선생님의 이름을 내걸지 않음은 국내에 선생님을 시기하는 사람은 많지만 저를 시기하는 사람은 드물기 때문입니다"라고 했다. 그러나 그는 캉유웨이를 위해 회장직을 보류해놓겠다고 했다. 하지만 잠시 회장직을 만들지 않고 "선생님께서 뒤에서 몰래 이 단체를 주재하시도록 하겠습니다"라고 해명했다. 량치차오는 또 캉유웨이에게 자신이 발기인으로 이름을 내걸지만 단체 안에서는 어떤 직무도 맡지 않겠다고 했다.

셋째, 간사장은 양두가 맡도록 한다. 량치차오는 캉유웨이에게 이렇게 얘기했다. "도쿄에서 저와 가장 뜻이 잘 맞고 가장 세력이 강한 벗으로는 양시쯔만 한 사람이 없습니다. 그는 국학에 조예가 아주 깊고, 불교의 이치도 연구했으며, 근세의 정법에 관한 학문에도 확실하게 깨달은 바가 있습니다. 그가 이전에 유학생 회관의 총간사직을 수행할 때 유학생 중에서 학식이 있는 사람은 그에게 귀의하지 않은 자가 없었습니다. 근래 몇 년 동안이 제자와 아주 깊은 교분을 맺고 있습니다." 양두는 먼저 캉유웨이에게 편지 한 통을 보내 자신의 정견과 미래의 구상을 설명하고 그에게 인정을 받고 싶어했다. 량치차오는 캉유웨이에게 거듭거듭 당부했다. "양두에게서 편지를 받으시면 선생님께서 즉시 답장을 해주시어 그를 격려해주시고 또 반드시 성심을 다해 지공무사한 도리를 그에게 이야기해주시면서, 선생님의 처신은 낮지도 높지도 않게 해주시기 바랍니다. 그는 이 제자와 친교를 맺고 있고 회장이신 선생님과는 아무런 관계가 없지만, 선생님께 후배로서 예의를 갖추고 싶어한다는 것은 더 말할 필요도 없습니다. 그러나 선생님께서는 그를 응당 국사國士로 대접하시어 그를 실망시키지 말아주십시오. 이 제자가 보건대 그는 탄푸성[탄쓰퉁]과 같은 부류이고, 빙싼秉三[슝시링]도 이런 인재는 본 적이 드물다고 했습니다. 선생님께서 그의 마음을 얻을 수 있으면 [그는] 틀림없이 시종일관 우리 당을 위해 사력을 다할 것입니다. 대저 재주가 뛰어난 사람은, 쉽게 굴복시킬 수는 없지만 일단 굴복시키고 나면, 한 사람이 백 명 천 명을 당해내는 힘을 발휘할 수 있습니다. 바라옵건대 선생님께서 답장을 하실 때도 지극한 마음을 쓰셔야지 절대 건성으로 대해서는 안 됩니다." 제자의 이 같은 '간곡한 건의'는 당시 량치차오가 양두와 캉유웨이의 성격을 깊이 알고 있었음을 설명해주는 증거라 할 수 있다. 그는 국가의 전도 및 운명과 연관된 이 창당 대사가 결국 개인적 기세 싸움 때문에 훼손되기를 바라지 않았다.

넷째, 신당 강령은 잠시 세 가지로 정한다. 하나, 황실을 존중하고 민권을 확장한다. 둘, 국방을 공고히 하고 백성들의 사업을 장려한다—이 항목은 미확정. 셋, 선량한 헌법을 만들어 책임 있는 정부를 세운다.

다섯째, 신당 발기인으로는 량치차오와 양두 외에 장즈유, 우중야오吳仲遙[우톄차오의 동생], 쉬포쑤, 쉬친, 마이멍화, 디바오셴狄葆賢, 뤄푸, 탕줴둔

湯覺頓 등이 있고, 이 밖에 학생 10여 명도 참가한다. 국내 활동을 편리하게 하기 위해 슝시링도 이름을 내걸지 않는다.

여섯째, 쉬친에게는 회계직을 맡겨 재무를 관리하게 한다.

일곱째, 장젠張騫, 정샤오쉬鄭孝胥, 탕서우첸湯壽潛 등도 모두 매우 긴요한 인물이고 신당과 연계할 의도를 갖고 있다고 했다. 그러나 신당 창당과 관련된 목전의 상황을 다음과 같이 이야기했다. "아래로는 혁명당과 적이 되고, 위로는 현 정부와 적이 되어야 합니다. 그러므로 저들이 과연 이 임무를 두려워하지 않을지 알 수 없습니다." 이에 그들의 속마음을 분명하게 알아보고자 량치차오가 상하이로 가서 그들과 면담을 해보기로 했다.

여덟째, 위안스카이, 돤팡, 자오얼쉰趙爾巽을 숨은 찬조자로 만들기 위해 슝시링이 연락을 담당한다.

아홉째, 순친왕醇親王 짜이펑載灃을 당 총재로 그리고 짜이쩌를 부총재로 추대할 준비를 하고 이 또한 슝시링이 활동 책임을 맡는다. 이 일은 비밀리에 진행하고 절대로 해외 회원들의 일시적 환심을 사기 위해 공개하지 않는다.

열째, 헌정회는 경비 조달을 목적으로 하지 않는다. 따라서 입회자는 상징적으로 소액의 회비를 낸다. 활동 경비는 별도 방법으로 조달한다.

열한째, 해외 제국헌정회 회원들이 헌정회에 가입할지는 개인 의견을 존중한다.

열두째, 개방적으로 단체를 운영해 널리 인재를 모으고 폐쇄적인 문파 의식을 버린다. 당의 강령에 찬성하고 뜻을 같이한다면 바로 회원으로 가입할 수 있다.(이상은 딩원장, 자오펑톈趙豊田 편編, 『량치차오 연보 장편』, 369~374쪽 참조)

그러나 일의 진전은 결코 순조롭게 못했다. (1906년) 11월 1일(양력 12월 16일), 동남 각 성省의 향신과 상인들이 상하이에서 입헌공회立憲公會 창립을 선포하고 정샤오쉬, 장젠, 탕서우첸을 각각 회장과 부회장으로 추대했다. 장젠은 『써웡 자정 연보嗇翁自訂年譜』에서 이 일을 이렇게 기록했다. "정샤오쉬가 예비입헌공회豫備立憲公會 설립에 동의하여 회의가 이루어졌고 입헌을 급하게 추진할지 천천히 추진할지를 놓고는 의견이 매우 분분했다. 내가 이르기를 입헌의 근본은 정부에 있으므로 국민은 각자 실업實業 교육을 맡아 그것을 자치의 바탕으로 삼으면 되고, 차라리 말을 많이 하기보다는 각자가 실천을 많이 하는 편이 더 낫다. 그러므로 큰 것을 얻으면 큰 것을 얻은 대로 작은 것을 얻으면 작은 것을 얻은 대로 만족하면 될 것이라고 했다. 공론으로 정샤오쉬를 회장을 추대했고 탕서우첸과 나는 부회장으로 추대되었다."(『써웡 자정 연보』 권하, 20쪽)

이해(1906) 12월 사이(양력 1907년 1월 20일)에 양두가 주관하는 『중국신보中國新報』가 도쿄에서 창간되었다. 정론政論을 위주로 하는 간행물이었다. 양두는 「중국신보 서中國新報序」에서 다음 같은 의견을 제시했다. "대저 책임 있는 국민이 책임 있는 정부를 세우는 것을 일러 정치혁명이라 한다. 오늘날 중국을 구제하려면 진실로 정치혁명을 지극히 쉽고 지극히 양호한 그리고 유일한 방법으로 삼아야 한다. 우리는 정치혁명으로 우리 국민에게 공헌하는 사람이 있어야 한다고 굳게 믿는다. 이것이 『중국신보』를 간행하는 이유다."(『신해혁명 전 10년간 시론 선집』 제2권 하책, 873쪽) 양두는 『중국신보』에 계속해서 「금철주의金鐵主義」 「국회 개원을 요청하는 이유서請開國會之理由書」 「국회와 지방자치國會與地方自治」 「금세기 중국에서 가장 적합한 정치체제론中國今世最宜之政體論」 「대의 정치체제론代議政體論」 등을 발표하여 입헌군주제를 주장하고 민족 분열을 반대했다. 그는 이 글들을 통해 국회를 열어 헌정을 시행하고 책임 있는 정부를 세워야 한족, 만주족, 몽골족, 회족回族, 장족藏族 등 각 민족이 공동 진보를 실현할 수 있다는 믿음을 표시했다.

혁명당과 악전고투를 벌이던 량치차오의 입장에서는 『중국신보』가 생기 넘치는 지원군이자 힘을 보태주는 든든한 지지자였음에 틀림없다. 량치차오는 즉시 「새로 출현한 두 잡지新出現之兩雜誌」를 써서 『신민총보』 제38호에 게재했다. 량치차오는 이 글에서 『중국신보』를 이렇게 칭찬했다. "이 매체의 목적은 오로지 국민을 각성시켜 각자가 정치적 책임을 지게 하고, 스스로 떨쳐 나아가 정부를 개조하고, 완전하게 발전한 그리고 강한 힘을 가진 입헌 국가를 세워 세계에서 외국과 경쟁하는 데 있다." 민주 입헌이 민족 분열을 초래하고 서구 강국이 이 기회를 빌려 중국을 분할하려 들 것이라고 주장한 양두의 의견에 대해서도 량치차오는 적극적으로 찬성했다. 량치차오는 "이것은 진실로 가장 박학하고 깊이 있고 명확한 발언인데, 배만을 주장하는 혁명파들도 대답하기 어려울 것이다"라고 했다.(『음빙실합집·집외문』 상책, 476~477쪽) 양두도 량치차오의 취지를 알아채고 『중국신보』 제4호에 「신민총보' 기자에게 드림致'新民叢報'記者」을 게재했다. "어제 귀 신문 제4년 제16호를 읽었습니다. 새로 출현한 두 잡지에 대한 비평이 있었는데, 『중국신보』에 대해서는 그 서문을 실어주었고 또 우리 사상의 소이연을 밝힌 것에 대해서도 지극히 공정한 평가를 내려주었습니다. 공업과 상업으로 나라를 세워야 하고 군사적 힘으로 나라를 세워야 한다는 점에 대해서도, 우리가 시대를 구하고 국가를 위한 계책을 마련하기 위해 고심하고 있다는 사실을 더욱 깊이 알아주었습니다. 이에 대해 우리는 깊은 감사의 마음을 드리고 아울러 우리의 동정자를 얻게 되었음을 기쁘게 생각합니다."(『신해혁명 전 10년간 시론 선집』 제2권 하책, 873~874쪽)

그러나 유감스럽게도 량치차오와 양두는 마지막에 결국 같은 길을 가지 못했다. 우리는 지금 둘 중 그 누구도 질책하기 어렵다. 두 사람은 모두 쌍방이 합작에 성공할 수 있도록 열심히 노력했다. 그러나 몇 가지 문제는 두 사람이 좌지우지할 수 없었다. 가장 중요한 것은 역시 영도권 귀속문제였다. 즉 그것은 누구를 회장總理으로 임명할 것인가의 문제였다. 본래 량치차오와 양두는 이미 캉유웨이에게 명목상의 회장을 맡겨, 그를 앞에 내세우지도 말고, 그의 이름도 드러내지도 말며, 또 실제 임무도 맡기지 말자는 데 공감하고 있었다. 이 점은 량치차오가 일찌감치 11월 초에 캉유웨이에게 편지를 보내 보고한 적이 있고, 양두도 량치차오를 통해 이 같은 내용의 자기 편지를 캉유웨이에게 전해달라고 했다. 그러나 당시 캉유웨이는 북유럽을 여행하고 있었기 때문에 그들의 편지를 아주 뒤늦게 받아볼 수밖에 없었고, 그들도 결국 캉유웨이가 느지막하게 부친 지각 답장을 받아볼 수밖에 없었다. 그들이 답장을 받은 것은 이듬해 3월 초였다. 이 기간에 너무나 많은 일이 발생했다. 먼저 고베에서 세 사람의 밀담이 오고간 뒤 얼마

지나지 않은 시점인 아마도 그해 설날 전야에 양두는 도쿄에서 팡뱌오方表, 루훙쿠이陸鴻逵 등과 정속조사회政俗調査會를 조직하고 회장으로 취임했다. 얼마 지나지 않아 정속조사회는 '헌정강습소憲政講習所'로 이름을 바꿨고 다시 조금 지나 '헌정공회憲政公會'로 이름을 고쳤다. 량치차오는 이 일로 아주 큰 상처를 받았다. 그는 쉬포쑤에게 편지를 보내 이렇게 말했다. "오늘 편지 한 통을 받았소. 모 군某君[양두]이 특별히 헌정회를 창립했다는 소식을 전해주었소. ─그가 조급하게 진행해서 나도 늦출 수가 없었소.─ 그것이 형이 말한 헌정연구회요 아니면 또다른 모임이오? 그 기괴하고 은밀한 처사는 정말 불가사의하오. 나와 함께 일을 하겠다고 했으면서도 시종일관 내게 한마디도 알려주지 않으니 그 의도가 도대체 무엇이오?"(『량치차오 연보 장편』, 396쪽) 며칠 후 량치차오는 다시 쉬포쑤에게 편지를 보내 양두를 언급했다. "모 군[양두]에게 내가 최근 편지를 여러 통 보냈는데도 답장을 받아보지 못했소. 난하이[캉유웨이] 선생께서도 그에게 편지 한 통[그의 편지에 대한 답장]을 보냈소. 보낸 지 벌써 열흘이 지났는데도 답장을 받지 못했소. 도대체 무슨 마음을 먹고 있는지 모르겠소. 공의 말을 듣고서야 그가 당세를 확장하느라 나날이 애를 쓰고 있다는 사실을 알았소. 그런데도 끝내 털끝만큼의 소식도 알려주지 않았으니 이 어찌 나를 배척하는 뜻이 아니겠소? 과연 이와 같다면 앞으로 어떻게 일을 함께할 수 있겠소? 반드시 헤어질 수밖에 없을 것이오. 형세가 결국 기울고 있는 것이오. 중국의 미래 계책을 도모함에 능히 통곡하지 않을 수가 있겠소?"(앞의 책, 397쪽)

양두의 행위에는 분명 이해하기 어려운 점이 있었다. 그는 오래지 않아 량치차오에게 답장을 보내 량치차오의 편지 및 캉유웨이의 답장을 받았다고 해명했다. 양두는 또 량치차오와 상의하고 싶은 두 가지 일이 있다고 말했다. 그것은 첫째, 정당 창당 시기에 관한 것이었고, 둘째, 정당 조직방법에 관한 것이었다. 전자에 대해서 그는 바로 지금 정당을 창당하는 것은 시기가 아직 성숙하지 못했기 때문에 "먼저 정당을 창당한 후 여론을 조성하는 것보다 먼저 여론을 조성한 후 정당을 창당하는 것이 더 낫다"고 말했다. 즉 "세월을 앞서가다 사람들로 하여금 우리의 세력이 약하다고 의심하게 하기보다, 세월을 좀 늦추어서라도 사람들로 하여금 우리 세력이 강하다고 여기게 만드는 편이 더 낫다"는 것이다.(앞의 책, 398쪽) 먼저 여론을 조성하자는 양두의 발언은 구체적으로 말해, 먼저 국회를 연다는 명목으로 호소하면 사람들을 쉽게 이해시킬 수 있고 이에 따라 창당 의의도 이해시킬 수 있으니 "말 한마디로 당을 만들고 순식간에 성공할 수 있다"는 뜻이었다.(앞의 책, 399쪽) 이어서 양두는 정당 조직 방법을 이야기하면서 그들이 여러 차례 토론한 결과를 먼저 뒤집어엎었다. 그의 주장은 이렇다. "우리가 앞서 의논한 여러 방법은 사실 모두가 그리 타당하지 않은 것입니다. 형께서 기초한 장정도 저는 모두 옳다고는 생각하지 않습니다." 왜 이러한 문제가 발생했을까? 양두는 먼저 장즈유가 중간에서 사사롭게 지위와 권리를 다투고 있다고 질책했다. "일을 시작한 사람이 이런 사사로운 마음을 먹는다면 한 당 전체 사람들도 자기 지위와 권리를 가장 먼저 생각하고 국가대사는 뒤로 미루지 않을 수 없게 될 것입니다. 이렇게 되면 우리가 어떤 방법으로 이 정당을 조직할 수 있겠습니까?" 양두는 창당이 지위와 권리를 다투기 위함이 아니라면서, "특히 코앞에 닥친 중국의 위기 상황을 보아야만 전국 동지의 힘을 합쳐서 통일된 힘으로 국가대사를 도모할 수 있다"고 했다. 또 만약 권리와 지위만을 위한다면 "저도 하나의 특별한 군소 정당을 만들어 공들과 다른 깃발을 세우고 서로 응대하며 그것을 오락으로 삼지 않을 수 없을 것입니다"라고도 했다. 그는 또 이렇게 말했다. "우리가 맡은 일은 쩡궈판曾國藩이나 후린이가 맡았던 일보다 몇 배는 더 큰 일입니다. 그러므로 도덕심도 응당 쩡이나 후보다 여러 등급이 높아야 할 터입니다. 스스로 물어봐도 이런 경지에 다다를 수는 없지만 스스로 힘쓰지 않을 수 없을 것입니다."(앞의 책, 399~400쪽)

양두는 거듭거듭 자신이 권리와 지위를 다투지 않고 국가 안위만을 생각한다고 강조했지만 당시 량치차오는 그에게 의심의 눈초리를 보내기 시작했다. 량치차오는 장즈유·쉬포쑤와 주고받은 편지에서도 여러 차례 양두와 관련된 문제를 언급했다. 3월에 량치차오가 장즈유에게 보낸 편지에도 그의 우려가 담겨 있다. "모 군[양두]은 자신이 지배하는 일부 사람을 주체로 삼고 우리 모두를 객체로 삼으려 합니다. 우리는 진실로 다른 사람 아래로 들어갈 수 없는 건 아니어서 만약 진정으로 나라를 구할 당수가 있으면 그 깃발 아래 모여 졸병이 되는 일도 사양하지 않을 것입니다. 그러나 모 군이 과연 그런 적당한 인물입니까? 아니면 그 사람 때문에 당세 확장에 방해를 받고 있습니까? 자세히 살피지 않을 수 없습니다. 또 모 군은 반드시 창당식을 거행한 후에 바로 스스로 상하이에서 거대한 국면을 조성할 생각인데, 이 논의는 선생님께서도 이전에 이미 적극적으로 반대하신 것입니다. 제가 상황을 자세히 살펴보니 더욱더 그 사람의 주장을 옳다고 여겨서는 안 될 듯합니다. 지금은 당을 결집한 시작 단계여서 우리 세력은 털끝만큼도 볼만한 게 없습니다. 그런데도 먼저 갖가지 의견을 내놓으며 서로 아래 자리에 처할 수 없다고 하니 장래 우리 세력이 파괴되어 외부 사람에게 웃음거리가 되지 않을 수 있겠습니까? 저는 그것을 심히 우려합니다."(앞의 책, 391~392쪽)

이 무렵 양두와 장즈유의 다툼은 이미 비밀이 아니게 되었다. 양두도 량치차오에게 보낸 편지에서 장즈유에 대한 불만을 토로했다. "제가 지난번 편지에서 관원觀雲[장즈유]에 관한 말씀을 드렸는데, 그 편지를 형이 쉬포쑤에게 보여줬으리라 생각합니다. 쉬포쑤는 도쿄로 돌아와 사람들에게 양두와 장즈유가 당권을 다투느라 각각 량치차오에게 하소연했다고 말을 했습니다."(앞의 책, 401쪽) 양두는 너무나 억울하다고 호소하며 쉬포쑤가 자신을 궁지로 몰아넣어 이제 다른 동지들의 질의를 마주 대하기 어렵다고 생각했다. 양두는 량치차오를 일깨우며 "쉬포쑤는 사람됨이 열성적이지만 생각이 어리석기 때문에 그와는 깊이 있는 논의를 하기 어렵습니다"라고 했다.(앞의 책, 401~402쪽) 또 이렇게 말했다. "형께서는 드넓은 물결처럼 아름다운 바탕을 갖고 있지만 처세에 있어서는 사람을 가리지도 않고 말도 가리지 않으니 진실로 그것을 장점으로 삼아 스스로를 보호할 수는 없습니다."(앞의 책, 403쪽) 여러 해가 지난 뒤 쉬포쑤는 량치차오에게 편지를 보내 부연 설명을 하면서 또다시 양두와 장즈유의 다툼을 언급했다. "선생님께서 저와 양시쯔[양두], 장관원[장즈유] 등 여러 친구를 불러 모아 헌정회

조직을 논의할 때, 양두와 장즈유는 정견이 너무나 달라서 피차간에 강팍하고 교만한 모습을 드러내보였습니다. 이는 옳지 않은 태도였지만 저는 그 중간에서 화해를 주선할 대책도 없었고 어느 한편을 들기도 어려웠습니다. 사태에 경악하며 창당 작업에 의견을 냈지만 곧 이처럼 불길한 분위기가 만들어져 후환을 예측하기가 어려워졌습니다."(앞의 책, 397쪽)

량치차오는 정감상 쉬포쑤와 장관원에게 더 가까웠다. 그는 양두에게 이렇게 말했다. "제가 처음 이 생각을 했을 때 공을 제외하고도 함께 의논한 사람으로는 도쿄에 정관원과 쉬포쑤 등이 있었고 국내에는 디추칭과 마이루보 등이 있었습니다."(앞의 책, 393쪽) 만약 쌍방 모두 대국大局을 중요하게 여기지 않고 또 타협하지 않으려 한다면 량치차오는 자신이 어느 편에 서야 할지도 문제였다. 량치차오는 친구들에게 서로의 감정이란 점차 좋아질 수 있으니 절대로 배척하지 말고 함께 손을 잡아야 한다고 권유했다. 그는 심지어 설령 같은 당에 참여할 수 없더라도 서로 협력관계를 유지해야지 경쟁관계가 되어서는 안 된다고 생각했다. 그는 다음과 같이 소망했다. "피차간에 이미 공동의 적을 두고 있으므로 우리 쌍방이 적이 될 필요는 없을 것입니다. 결과적으로 이렇게 해나가다 보면 뒷날 틀림없이 서로 연합할 날이 있을 것입니다. 저의 소망은 바로 이 점에 있습니다. 형께서는 어떻게 생각하시는지 모르겠습니다."(앞의 책, 394쪽) 대화가 이 지경에 이르렀으니 쌍방 간에 다시 합작이 이루어질 가능성은 없게 된 셈이다. 양두가 아직도 캉유웨이의 지위문제를 거론하고 있었지만 그것은 기실 핑계에 불과했다. 왜냐하면 량치차오는 이미 3월에 양두에게 편지를 보내 명확하게 자신의 입장을 알렸기 때문이다. "난하이 선생님에게는 제가 몇 달 전에 편지를 보내 우리 논의를 이미 상세하게 말씀드렸습니다. 난하이 선생님께서 단체에 가입하지 않는다는 그 1절節은 이미 약속한 지 오래고, 난하이 선생님께서도 답장에서 모든 걸 제가 논의한 대로 따르겠다고 했습니다. 그러므로 이 대목도 그 안에 포함되는 것이니 다시 편지로 물어볼 필요는 없습니다. 그분께서 다른 말씀을 하지 않으시리라는 건 제가 보증할 수 있습니다."(앞의 책, 392쪽)

이와 같이 되어 (1907년) 4~5월 사이에 량치차오와 양두의 결별은 이미 돌이킬 수 없는 사태가 되었다. 그러나 량치차오는 자기 쪽에서 먼저 창당 선언을 하려 하지 않았다. 그는 장즈유와 쉬포쑤에게 보낸 편지에서 이렇게 논의했다. "아무개 편에서 이미 결별 이야기가 나오고 있으므로 저는 저들의 결별 선언을 기다리는 편이 좋겠다고 생각합니다. 그후 우리가 분명하게 깃발을 내걸면 우리에게는 저들을 질책할 말이 있지만 저들에게는 우리를 질책할 말이 없을 것입니다. 그전에 저들이 여전히 여러 핑계를 대면 오래 연기할 수 없을 것입니다. 지금 저들은 이미 이런 핑계를 대고 있으므로 조금 기다린 후에 우리가 행동하면 더욱 자유로울 수 있을 것입니다."(앞의 책, 404쪽) 6월 8일 량치차오는 캉유웨이에게 편지를 보내 양두의 상황을 보고했다. "양시쯔[양두]는 본래 이 일에 아주 열심이었고 지금도 그러합니다. 그러나 여론을 탐색해보고 그의 행동을 관찰해보니 상당한 야심을 갖고 있는 듯했습니다. 아마도 우리 당의 금전과 명예를 이용하여 장래에 틈이 생기면 스스로 창을 뽑아 별도의 대열을 만들려는 것 같습니다. 이 때문에 우리 당의 옛 동지들도 감히 안심하지 못하고 있고, 도쿄 각계 각 성省의 신진 인사 중 우리 당을 동정하는 사람들도 그를 그리 옳지 못하게 생각하고 있습니다. 따라서 현재 정문사政聞社 조직에는 양씨가 포함되지 않습니다."(앞의 책, 409쪽) 그러나 6월 22일에 이르러 량치차오는 또 장즈유, 쉬포쑤, 황위즈黃與之에게 편지를 보내 양두 관련 문제를 어떻게 처리할지 상의했다. 량치차오는 줄곧 양두의 답장을 기다리고 있었다. 만약 양두가 답장에서 량치차오가 제기한 조건을 수용하지 않고 다른 조직 건설 준비에 나서겠다는 의견을 명확하게 표시하면, 량치차오는 정당한 명분에 근거하여 그와 결별하려는 입장이었다. 량치차오의 의견은 이렇다. "따라서 지금 다시 편지 한 통을 보태 그에게 보내려 합니다. 지금 본래 편지를 올리오니 한번 읽어보시기 바랍니다. 부칠 만하다고 생각하시면 저를 대신해서 부쳐주십시오. 편지가 발송된 후 곧 당 조직 작업에 착수하겠습니다. 부쳐서는 안 된다고 생각하시면 양두의 답장을 기다린 후에 착수할 것입니다."(앞의 책, 411쪽) 그러나 량치차오도 양두가 답장에서 명확한 태도를 표명하지 않고 새로운 문제를 제기하면서 계속 시간을 끌면 틀림없이 자신들 당 조직 건설에 악영향을 미칠 것이기 때문에 매우 걱정이었다. 그는 또 다음과 같은 방법을 제시했다. "따라서 그가 답장을 보내오기 전에 먼저 이 편지로 불미의 사태를 막는 편이 더 좋겠습니다. 그렇지 않고 그가 답장을 보내와 우리의 조건을 수락하면 별도의 조직을 꾸리려는 우리의 논의를 실행하기가 어려울 것입니다."(앞의 책)

정문사를 설립해 어려운 틈새에서 분투하다

1907년 6월 27일(양력 8월 5일) 량치차오는 장즈유, 쉬포쑤, 황위즈에게 편지를 보내 다시 한번 양두의 답장을 언급하며 그것을 그들에게 부쳐서 읽어보게 했다. 그러나 이때는 이미 쌍방 간에 화해의 가능성이 사라진 뒤였다. 게다가 그들은 국내 정치 형세에 따라 더이상 창당일을 연기할 수 없었다. 7월 중순 청 정부는 고찰정치관考察政治館을 헌정편사관憲政編查館으로 개편했다. 8월 13일(양력 9월 20일)에는 또 자정원資政院 설립에 관한 조칙을 반포했다. 9월 13일(양력 10월 19일)에는 자의국諮議局 설립에 관한 조칙을 반포하고 각 성 독무督撫에게 반드시 성 소재지에 자의국 개설을 준비하고 아울러 각 부와 현에 의사회議事會 설립을 준비하라고 요청했다. 량치차오가 볼 때 이러한 조치들은 모두가 좋은 소식이라 그는 시급히 이 조치들에 반응하려 했다. 당국자가 이미 예비입헌을 승낙했으므로 정문사 성립도 목전의 중국 정세에 맞출 필요가 있었다. 량치차오는 '정문사를 창립할 수밖에 없는 원인'을 세 가지 측면에서 논증했다.

첫째, 오늘날 중국의 첫번째 국가대사는 정부 개조다. 량치차오는 다음과 같이 주장했다. "대저 정부 개조를 내버려두고 다른 구국책을 찾을 수 없음은 이미 누구나 다 아는 사실이다. 그리고 또 정부가 절대로 자체 개조自改造를 할 수 없다는 사실도 알아야 한다. 또 개조사업을 할 때 군주에 대해 책망할 수 없다는 사실도 알아야 한다. 그럼 이 어려운 책임을 떠

장쑤 성 자의국에서 창간한 『회기일간會期日刊』. 자의국은 만청 정부가 신해혁명 전야인 '예비입헌' 기간 각 성에 설립한 의정 기구다.

맡을 사람이 우리 국민이 아니면 누구겠는가? 우리 당 동지들은 국민의 한 사람이므로 이러한 책임 소재에서 벗어날 수 없다."

둘째, 전제專制와 부패에 대한 우리 국민의 정치적 불만도 그냥 묵인해서는 안 되고, 어떤 기회를 찾아 표현하게 해야 한다. 그러나 흔히 다음 같은 상황이 벌어지기도 한다. "정식으로 의견을 표현할 길이 없음을 괴로워하다가 더러 사사롭게 그 근심을 몰래 토로하기도 하고, 또 두세 명의 동지와 어울려 서로 자신의 마음속 불만을 털어놓기도 한다. 혹은 신문지상에 개인 자격으로 발언을 하며 이렇게 의견을 표현하지 않으면 안 된다고 말한다. 그러나 개인 자격으로 의견을 표현하면 여론을 대변할 수도 없고 그 가치를 인정받을 수도 없다. 또 공리공담으로 의견을 표현하면 장차 실천할 수 있다는 결심을 보여줄 수 없다. 이러한 방식의 의견 표현은 의견 표현을 하지 않았다고 말해도 된다. 그럼 정식 의견 표현은 어떻게 해야 하는가? 반드시 일정한 단체를 의견 표현의 대표 기관으로 삼아야 한다." 말하자면 국민이 전제 정부로 하여금 자신들의 의견 표현을 중시하게 만들고 또 한 걸음 더 나아가 그것을 실행하게 만들려면 반드시 국민의 힘을 조직해야 한다는 것이다. 조직화한 국민의 숫자가 많아질수록 의견 표현의 무게는 더욱더 무거워진다. 그래서 량치차오는 또 이렇게 말했다. "우리 당 동지들은 진실로 전제 정치체제를 반대하는 마음을 갖고 있고, 또 그 마음을 반드시 정식으로 표현하려 한다. 또한 우리는 국민 중에도 이 같은 마음을 이와 같이 정식으로 표현하려는 사람이 대단히 많을 것으로 믿고 있다. 피차간에 모두 자신의 의견 표현을 대표할 기관이 없어서 그들의 행동은 거의 전제체제를 묵인하는 것처럼 취급되고 있다. 대저 본래는 반대하는데 묵인하는 듯 취급되거나 본래는 입헌정치의 충복이 되려 하는데 오히려 전제정치의 후원자로 바뀌었다면, 이는 스스로에 대한 모독이다. 스스로에 대한 모독을 어떻게 참을 수 있겠는가? 이것이 또한 정문사 창립 이유의 하나다.

셋째, 입헌정치는 바로 국민정치다. 따라서 국민의 정치 소양이 높으냐 낮으냐가 입헌의 관건이다. 국민의 소양을 높이려면 다음처럼 해야 한다.

"첫째, 국민이 정치를 경시하지 않고 항상 자기 임무로 삼도록 해야 한다. 둘째, 국민에게 정치의 적절성 여부를 판단하는 상식을 갖게 해야 한다. 셋째, 국민에게 정치적 능력을 갖게 하여 항상 스스로 떨쳐 일어나 그 요충을 지키게 해야 한다. 대저 국민이 이 세 가지 자격을 갖춘 연후에야 입헌정치가 이루어질 수 있다. 또 반드시 입헌정치를 건립한 연후에야 국민의 이 세 가지 자격이 발전할 수 있다. 국민의 수준이 낮은데도 불구하고, 앞서서 그 수준이 높아지길 기다린 연후에 입헌을 추진하겠다는 것은 망령된 생각이다. 그러나 입헌을 소리 높여 외치면서도 국민의 수준에 대해서는 전혀 관심을 쏟지 않는 일 또한 망령된 짓이다." 그럼 국민의 정치 소양은 어떻게 하면 높아지고, 또 이 일은 누가 담당해야 하는가? 그것은 "오직 정치단체만이 가장 부지런히 힘을 쓸 수 있을 뿐만 아니라 가장 민첩하게 효과를 거둘 수 있다." "즉 정치단체는 진실로 국민 수준을 높여줄 수 있는 유일한 지도교수다." 그러므로 이제 정문사의 책임이 막중하다고 할 수 있다.

량치차오는 한 걸음 더 나아가 정문사의 4대 임무를 제시했다.

첫째, 국회제도를 시행하여 책임정부를 건설한다. 둘째, 법률을 개정하여 사법권 독립을 공고히 한다. 셋째, 지방자치를 확립하여 중앙과 지방의 권한을 바로잡는다. 넷째, 외교를 신중히 하여 외국과 대등한 권리를 유지한다. (이상은 모두 『음빙실합집·문집』 제20권, 20~27쪽에서 인용)

(1907년) 9월 11일(양력 10월 17일) 정문사가 정식으로 창립을 선언했다. 기관지 『정론政論』도 함께 창간했다. 아울러 도쿄 간다神田 긴키칸에서 창립대회를 개최했다. 그들은 창립대회에 일본 유신운동의 원로 오쿠마 시게노부 백작, 이타가키 다이스케板垣退助 백작, 이누카이 쓰요시, 야노 후미오, 오자키 유키오尾崎行雄 등을 초청해 연설을 하게 했다. 대회는 대단히 성대하고 열렬했으며 대회 참석자가 1000명을 넘었다고 전해진다. 그러나 그중 혁명당 청년 장지張繼와 타오청장 등 10여 명이 대회장에서 소란을 피우며 "입장시켜달라고 미친 듯이 고함을 질러 서로 주먹질까지 오가는 상황에까

지" 이르렀다.(『량치차오 연보 장편』, 417쪽) 쉬포쑤는 뒷날 당시 상황을 회고하는 기록을 남겼다. "잠깐 사이에 현지 경찰서장이 경관 10여 명을 거느리고 현장에 달려와 상대파의 소란 상황을 조사하면서 경고했다. 이 정치 집회는 경찰서의 특별 허가를 받았기 때문에 경찰서에서 보호할 책임이 있다. 만약 갑파甲派 사람들이 대회를 여는 장소에 을파乙派 사람들이 난입해 기물을 부수고 사람을 구타하면 경찰법과 형법을 위반하는 것이다. 이 때문에 본 경찰서에서 특별히 경관을 대회장에 파견해 실제 상황을 조사하고 법률로써 이 사건을 해결해야 하는지 결정하고자 한다."(앞의 책, 418쪽) 그러나 량치차오는 중국인 사이에 정견이 달라서 일어난 사건이기 때문에 타국에서 소송을 벌여 사람들에게 비웃음거리가 되는 걸 원치 않았다. 그는 회원을 시켜 경찰에게 이렇게 설명하게 했다. "이는 회원 사이에 발생한 논쟁일 뿐 다른 당이 습격한 게 아니오. 기물을 훼손하거나 사람을 구타한 일도 없소. 이 일에 개입하지 말아 주시오." 이에 일본 경찰은 바로 물러갔다. "나중에 일본의 명사들 및 신문사는 량 선생이 '정치적 포용성'을 갖추었다고 칭찬했다."(앞의 책)

「정문사 사약政聞社社約」에 열거된 발기인은 모두 7명으로, 장즈유, 쉬포쑤, 황커취안黃可權, 우위안민吳淵民, 덩샤오커鄧孝可, 왕광링王廣齡, 천가오디陳高第가 그들이다.(1907년 10월『정론』제1호, 『음빙실합집·집외문』상책, 512쪽) 사전 약속에 따라 회장은 공석으로 남겨뒀고, 특별히 마샹보 선생을 초청해 총무를 맡겼으며, 쉬포쑤·장즈유·마이멍화 세 사람이 상무직에 임명되었다. 마샹보와 량치차오는 교분이 깊었다. 량치차오는 상하이에서 『시무보』를 주관할 때 마샹보에게 외국어를 배운 적도 있다. 이 때문에 이 단체가 창립된 후 량치차오는 특별히 회원 탕줴둔을 상하이로 파견해 마샹보를 영입하게 했고 또 그를 일본으로 모셔와서 총무직에 취임하게 했다. 11월 11일 정문사 창립대회가 도쿄에서 열릴 때 마샹보를 환영하기 위해 이 대회에 참석한 사람만도 수백 명은 되었다. 『정론』제3호는 당시 환영회 상황을 보도하면서 마샹보를 칭찬했다. "우리 나라 경세經世 학문에 깊이 통달했고, 40년 전 프랑스 대학을 졸업하여 철학과 법정 등 여러 학문에 조예가 깊다. 아울러 라틴어, 로마어, 영어, 독어 등 여러 언어에도 능통하다. 본래 마음에 터득한 바가 있으면 몸으로 실천하는지라 그 큰 덕망과 아름다운 행적이 모두 우리 나라 사람들의 표상이 될 만하다. 지금 연세가 일흔인데도 만 리 풍파의 위험을 무릅쓰고 오로지 우리 회원 전체 및 중국의 앞날을 위해 달려오셨으니 우리는 정말 이분에게 흠모의 정을 이길 수 없다."(『량치차오 연보 장편』, 425쪽) 량치차오도 장즈유와 쉬포쑤, 그리고 기타 회원에게 보낸 편지에서 마샹보의 합류에 큰 기쁨을 느낀다고 말했다. "마 선생께서 도착하셨습니다. 이는 이분께서 적극적인 생각을 갖고 있고 그 용기도 우리를 능가한다는 사실을 말해줍니다. —탕줴둔이 말하기로는 황위즈 등이 이분을 뵐 때 오체투지를 했다고 합니다.— 오늘 이분과 종일 마음을 터놓고 이야기를 나눴습니다. 전력을 다해 우리 당의 업무를 맡아주시기로 약속했습니다. 이는 정말 우리 단체 앞날의 최대 행운이라 할 수 있습니다."(앞의 책)

마샹보의 합류로 정문사 동인들은 흥분을 감추지 못했다. 그가 강단에 올라 연설할 때마다 수백 명의 청중이 모여들어 그 명성과 위엄이 일세를 풍미했다. 그러나 마샹보의 정문사 합류는 또한 혁명당의 질투를 야기했다. 12월 15일 장즈유는 량치차오에게 보낸 편지에서 심지어 마샹보가 공격이나 상해를 당할까 걱정하고 있다. 아울러 혁명당이 알지 못하도록 심혈을 기울여서 마 선생의 일정을 짜야 한다고 했다. 오래지 않은 광서 34년(1908) 정월에 정문사가 본부를 상하이로 옮겼기 때문에 마샹보 일행도 이를 따라 귀국했다. 당시 그들 활동의 최대 목표는 바로 조속히 국회를 개원하는 데 있었고, 동시에 한커우에서 『강한공보江漢公報』를 창간함과 아울러 강한공학江漢公學까지 개교하려 했다. 이해 연말에 량치차오는 슝시링에게 편지를 보내 지신의 계획을 이야기했다. "우한은 천하의 중심으로 옛날부터 병법가들이 반드시 다투던 요충지입니다. 정당은 평화 시대의 전투장이므로 그 계획 또한 용병술과 다름이 없어야 합니다. 이 때문에 전력을 다해 먼저 우한에 터전을 잡아야 합니다. 착수하는 방법으로는 첫째, 규모가 큰 일일신문사를 설립해 『강한일보江漢日報』라 이름 붙이고, 둘째, 법정대

학 한 곳을 개교하여 강한공학이라 이름 붙이는 것입니다."(앞의 책, 435쪽)
전해오는 말에 의하면 양두도 벌써 우한의 중요성을 인식하고 전력을 다해
그곳에서 자신의 정당을 운영하려 했다고 한다.

양두는 먼저 귀국해 있었다. 광서 33년(1907), 량환쿠이梁煥奎, 판쉬둥范
旭東 등이 후난헌정공회湖南憲政公會를 창립하고 양두를 회장에 옹립할 마음
을 먹고 있었다. 10월 중에 양두는 마침 백부상을 당해 고향으로 돌아가
장례를 치렀다. 이 기간에 후난헌정공회가 창립을 선포했고 양두는 회장에
취임하면서 「후난 전체 인민 민선의원 청원서湖南全體人民民選議院請願書」를 기
초했다. 이 청원서는 만청 국회 청원 운동의 남상이 되는 글이다. 이 청원
서는 왕카이윈 선생의 수정을 거쳤고 적지 않은 후난 명사들이 서명을 했
다고 전해진다. 이듬해 봄 위안스카이는 또 장즈둥과 합동으로 양두를 조
정에 추천하면서 "헌법에 정통하고 큰 임무를 감당할 인재"라고 했다. 그리
하여 거인 출신 양두는 죄인의 몸으로 후보4품경당候補四品京堂에4 임명되었
다. 양두는 즉시 도성[베이징]으로 가서 헌정편사관에서 일을 했고 또 이화
원외무공소頤和園外務公所의 교습을 겸임했다. 위안스카이는 또 특별히 그를
황족친귀연설입헌정의皇族親貴演說立憲精義에 임명되게 하여 민선의원 개설 주
장을 선전하게 해주었다.

양두는 당시에 여전히 헌정공회[헌정강습소] 베이징 본부의 상무위원장이
었다. 량치차오는 슝시링에게 보낸 편지에서 귀국 후 국내 상황에 대해 언
급했다. "소문을 들으니 구이산龜山[양두]이 후난에서 우리 당에 대해 자못
불만을 터뜨리는 듯합니다. 저는 진실로 그가 이러한 행동을 하리라곤 생
각지도 못했습니다. 그는 시대적 분위기에 젖은 사람으로 저와 한 침대 위
에서 밤새도록 대화를 나누며 앞으로의 연계 방법을 남김없이 이야기하기
도 했습니다. 그런데 지금은 서로를 배척하며 쌍방 회원 간에 악감정을 심

4　관직명. 후보는 현재 관직에 결원이 없어 해당 자격만 부여한다는 뜻이다. 청나라 때 도찰원都
察院, 통정사通政司, 첨사부詹事府, 대리大理, 태상太常, 태복太僕, 광록光祿, 홍로鴻臚 등의 시寺
및 국자감國子監의 당상관을 모두 경당京堂이라 칭했다. 청 중엽 이후에는 품계는 낮지만 직무는
높은 사람과 3품 및 4품의 경경京卿을 경당이라 불렀다.

하게 불러일으키고 있으니, 저는 구이산의 행동을 찬성할 수 없습니다."(앞의 책, 436쪽) 량치차오는 이때 아직도 현상금 10만 위안이 걸린 청 정부의 지명수배범이어서 본인 이름을 드러내기가 불편했고, 더욱이 국내로 귀국해 직접적인 활동은 할 수 없었다. 그러나 사실상 정문사 안팎에서는 모두 량치차오를 회장으로 인정하는 분위기였고, 회원들도 모두 그의 지도를 받길 원했으며, 대소사도 모두 그의 결정을 거치지 않는 일이 없었다. 정치단체로서 정문사에는 뜻을 같이하는 동지들이 모여 입헌이라는 큰 깃발 아래 같은 길을 가고 있었다. 그런데 정문사는 짜임새가 아주 느슨한 조직이었으며, 어느 정도는 인간적 감정에 의지해 조직 내부의 관계가 유지되고 있었다. 하지만 개개인의 성격이 상이해서 시간이 지날수록 회원 간의 차이, 모순, 오해, 마찰을 피할 수 없었다. 따라서 구체적으로 어떤 일에 부닥치면 개개인의 처지가 서로 달라 그 일을 바라보는 관점에서도 일치점을 찾기가 어렵게 되었다. 정문사를 창립할 때는 추진하려는 일이 아주 많았다. 그러나 인재도 부족했을 뿐만 아니라 더더욱 경제적으로도 어려움을 면치 못했다. 일부 회원은 재정 수입이 없어 일상생활에서도 큰 곤경을 겪었다. 정문사 내부에서도 경제적으로 어려움을 겪고 있어서 회원들에게 어떤 도움도 줄 수 없었다. 설상가상으로 청 정부와 혁명당 및 헌정공회의 압박까지 더해지자 정문사는 거의 곤혹스러운 지경으로까지 빠져들었다. 량치차오도 안팎으로 어려움이 겹치면서 광서 34년(1908) 봄에 큰 병을 앓게 되었다. 쉬포쑤는 2월 17일 량치차오에게 편지를 보내 규칙적으로 생활하고, 일과 휴식을 병행하고, 과로를 피하고, 밥 먹을 때 말을 많이 하지 말고, 잠 잘 때 불을 끄고, 더욱 위생을 강구하며 자신의 생명을 아끼라고 충고했다.

상황은 이러했지만 정문사는 1년이라는 짧은 기간에 많은 일을 하여 중국의 정치 발전에 심원한 영향을 끼쳤다. 정문사는 먼저 국회 개원 청원과 지방자치 추진에 중요한 역할을 했다. 당시 이 단체 회원들은 각 성에서 상당히 적극적인 활동을 펼쳤다. 2월 23일 장쥔마이張君勱는 량치차오와 마이멍화에게 보낸 편지에서 이 단체의 국회 속개 청원 운동 상황을 자세히 보고했다.

국회기성회國會期成會 일로 운동이 벌어지는 성에서 우리 정문사 회원이 참여하는 비율이 유독 높지만, 전체 인원수는 아직 만 명을 채우지 못했습니다. ―서명자가 안후이 성 600~700명, 산둥 성 ○○명, 후난 성 2000여 명인데, 장쑤 성은 400~500명에 불과합니다― 이곳 회원들이 느끼기에는 운동을 추진하는 사람이 이 부문에 전혀 주의를 기울이지 못한 듯합니다. 따라서 이번에 1만~2만 명을 모아 거대한 청원운동을 벌여 우리 정문사가 활동력이 없다는 치욕을 씻을 수 있기를 간절히 바랍니다. 이전에 고베에서 이야기를 나눌 때 광둥과 광시 두 성을 합쳐서 1만여 명을 모으는 건 어려운 일이 아니라 하셨으니, 이 두 성에 편지를 보낼 때 반드시 지극히 열심이고 지극히 힘이 있는 사람을 골라 이 일을 추진하게 하시면 그들은 반드시 이 목적을 달성한 연후에야 그만둘 것입니다. 이것이 도쿄 회원들의 가장 큰 소망입니다. (앞의 책, 453쪽)

(1908년) 6월 초2일 예비입헌공회 정샤오쉬, 장젠, 탕서우첸이 2년 기한을 두고 조속히 국회를 개원해줄 것을 전보로 요청했다. 바로 뒤를 이어 정문사에서도 전체 회원 명의로 헌정편사관에 전보를 보내 3년 기한을 두고 국회를 열어줄 것을 요청했다. 전문은 이렇다.

베이징 헌정편사관 왕야중당王爺中堂 군기대인軍機大人 보십시오. 국회 개설은 세상 사람들의 이목과 관계되어 있고 중국의 존망과 관계되어 있습니다. 가장 짧은 준비 기한을 선포하지 않고서는 혼란을 진정시킬 수 없습니다. 여기에 민심이 달려 있기 때문입니다. 또 이 일을 반드시 시행하면 개량이 쉬워지고, 빈말로 준비하겠다고만 하면 성공하기 어렵습니다. 모든 일이 이와 같은데 어찌 유독 국회만 그렇겠습니까? 근래 소문을 들으니 10년 20년을 준비 기간으로 하자는 자들이 있다는데, 이는 애국자의 마음을 절망케 하는 일이며 반항자의 기세를 길러주는 일입니다. 이는 군수품을 쌓아 적을 섬기는 일이니 시간은 우리를 기다려주지 않을 것입니다. 바라옵건대 조속히 기한을 선포하시어 3년 내에 국회를 소집해주시면 종사宗社에도 큰 다행일 것이며 백성에게도 큰 다행일 것입니다. (앞의 책, 454쪽)

7월 중에 각 성 대표들이 계속 베이징에 도착하여, 반년 가까이 서명을 받은 운동의 성과 즉 수만 명이 서명한 청원서를 도찰원都察院을 통해 조정에 전달했다. 청 정부는 각 성 민중의 연합 청원에 대해 못 들은 척할 수도 없었고 불문에 부칠 수도 없었다. 이에 바로 8월 초1일(양력 1908년 8월 27일)에 칙지를 내려 예비입헌 기한을 9년으로 선포하는 동시에 『흠정헌법대강欽定憲法大綱』을 반포했다.

정문사의 또 한 가지 소망은 우한에서 『강한공보』를 창간하고 강한공학을 개교하는 일이었다. 정문사 입장에서 이 두 가지는 단체의 창립 근본과 관계되는 일이었다. 신문사 창간은 더 말할 필요도 없고 학교 설립에 대해서 그들은 다음처럼 주장했다. "사립 법정학당 설립은 우리 당을 위해 인재를 길러내고 세력의 근거지를 확장하는 일이기 때문에 신문사 설립보다 더욱 중요한 일입니다. 학당에 학생이 한 사람 늘면 본사에 당원도 한 사람 늘게 되고, 학생 중에 현명하고 달통한 선비를 한 사람 얻게 되면 본사에 유능한 인재를 한 사람 보태는 일이 될 것입니다."(광서 34년 쑨즈쩡孫志曾, 「량런궁 선생에게 드리는 편지致梁任公先生書」, 『량치차오 연보 장편』, 460쪽) 이는 극단적으로 말해 "오늘은 정법政法을 위한 학당이지만 훗날 정당政堂을 위한 무대가 된다"는 것이다. 그러나 이 두 가지 일은 그다지 순조롭게 진행되지 못했다. 경제적 원인 말고도 더욱 심각한 문제는 바로 열악한 환경이었다. 즉 위에서는 장즈둥이 우한에 사립 법정학교 개설을 허가하지 않았을 뿐만 아니라 아래에서는 양두가 영도하는 헌정강습소가 정문사로부터 우한의 기반을 빼앗기 위해 동분서주했다. 앞서 인용한 쑨즈쩡의 편지에도 헌정강습소의 기세등등한 모습을 볼 수 있다. "지금 소문을 들으니 헌정강습소가 창사와 한양漢陽 사이에 있는데 학회 형식으로 헌정을 위한 당세를 확충하고 있고, 무릇 저들의 발자국이 미치는 곳마다 강습회의 세력 범위가 되지 않는 곳이 없다고 합니다."(앞의 책)

당시 상황을 살펴보면 양두가 정문사의 강력한 발전 추세를 제압하려고 어쩌면 위안스카이 앞에서 아양을 떨며 그의 수족 노릇을 하고 있었는지도 모를 일이었다. 허우옌솽侯延爽은 정문사에서 『강한공보』 창간을 위해 파견한 사람이었다. 그는 량치차오에게 편지를 보내 당면한 어려움을 보고하면서 '다른 당의 모함他黨的傾陷'이란 말을 썼다. 그 내용은 이렇다. "양시쯔[양두]는 우창 및 난징南京 등지에서 널리 유언비어를 퍼뜨리며, '정문사의 목적은 오로지 위안스카이에 대한 반대이고, 허우옌솽이 우한에서 신문을 내려는 목적도 위안스카이 배척의 선봉이 되려는 것이다'라고 떠들고 있습니다. 전에 상하이에서도 신임 도원道員 차이蔡 아무개 앞에서 저의 단점을 날조해내느라 여력을 남기지 않았는데, 난징에 도착해서도 또 이러한 짓을 하고 있습니다. 대체로 차이 도원이 이번에 상하이로 부임한 일은 모 군기대신의 의중으로 당인비黨人碑를5 새기게 하려는 것인데, 양시쯔가 또 그 뒤를 따르며 공을 세우려 하고 있습니다. —이는 독무의 막료로 있는 모某 친구가 제게 비밀리에 알려준 것입니다. 또 조속히 우한을 떠나지 않으면 장차 참화가 미칠 것이라고도 했습니다. 당쟁과 연관된 옥사가 일어나면 틀림없이 천춘쉬안岑春煊도 연루될 것이므로 모 군기대신이 몰래 이 같은 인사를 했다고 합니다.—"(『량치차오 연보 장편』, 461쪽) 량치차오는 처음에 위안스카이와 장즈둥에게 연락할 생각이 있었다. 그는 장즈유와 쉬포쑤에게 보낸 편지에서 이처럼 말했다. "그러나 시린西林[천춘쉬안]과 샹청項城[위안스카이: 샹청은 위안의 출생지다] 두 사람 모두 오늘날의 중요 인물로 앞으로 반드시 제휴해야 할 사람들입니다. 이 시기를 놓치면 앞으로 만나기가 더욱 어려워질 것입니다."(앞의 책, 404쪽) 그러나 캉유웨이는 오히려 위안스카이 타도를 주장했다. 그는 량치차오에게 보낸 편지에서 거듭거듭 이렇게 강조

---

5 날조된 죄상으로 끊임없이 정적을 공격함을 비유하는 말. 송宋 휘종徽宗 숭녕崇寧 원년에 채경蔡京이 재상이 된 후 정적을 공격하기 위해 사마광司馬光 등 모두 309명의 날조된 죄상을 비석에 새겨 단례문端禮門 곁에 세웠다. 이것을 당인비라 칭한다.

했다. "지금 먼저 해야 할 큰일은 위안스카이를 타도하는 것이네."(앞의 책, 449쪽) 아울러 이 계획은 위안스카이와 경친왕慶親王 이쾅奕劻을 이간시키는 것에서부터 손을 쓰려 했다. 이것은 본래 지극히 비밀스러운 일이기 때문에 동네방네 소문을 낼 수는 없는 노릇이었다. 그렇지만 사회에 몇 가지 소문이 떠도는 것을 피할 수는 없었다. 쉬포쑤는『량런궁 선생 일사梁任公先生逸事』에서 비밀리에 위안스카이를 타도하려 했던 일에 대해 다음과 같이 기록해놓았다. "또 캉유웨이 선생께서 해외에서 비밀리에 모 권력자에게 전보를 보내, 파당을 만들고 권력을 농단한 이광을 탄핵해달라고 했다. 그리고 밖에서는 캉유웨이와 량치오가 비밀리에 량광 총독兩廣總督 천춘쉬안과 연락하여 장즈둥과 위안스카이를 타도하려 한다는 소문이 떠돌았다. 이 때문에 위안스카이 파당에서는 힘을 다해 장즈둥을 재촉해 자희태후에게 주청을 올린 후 캉유웨이와 량치차오의 비밀 모의를 모두 밝혀내라고 했다. 장 씨는 일본 유학생계에서 입헌을 고취하다가 캉과 량에게 이용당할까 매우 걱정이 되어 의연히 정문사를 해체하고 그 수괴에게 지명수배령을 내려달라고 요청했다. 청 조정에서는 바로 칙지를 내렸다."(앞의 책, 450~451쪽)

이런 상황을 보면 위안스카이를 타도하고 배척하려는 움직임이 확실히 있었다고 할 수 있다. 양두는 다만 그 점을 이용해 위안스카이 앞에서 그의 분노를 돋우고, 이를 이용해 정문사 발전을 막으려 했을 뿐이다. 천징런陳景仁이 파직된 후 량치차오는 장즈유에게 편지를 보내 당시에 있었던 몇 가지 막후 상황을 언급했다. "어제 쉐팡雪舫[허우옌솽]이 또 편지를 보내와서 태후가 천징런이 보낸 전보를 읽은 이야기를 했습니다. 태후는 처음에 그다지 화를 내지 않았는데, 위안스카이가 면전에서 정문사 계열의 아무개 등이 일으킨 일이라고 아뢰자 바로 이 칙지를 내렸다고 합니다."(앞의 책, 469쪽) 그러나 실제 상황은 그렇게 간단하지 않았다. 우리는 지금 이미 천징런이 보낸 전보의 전체 문장을 찾아볼 수 없지만 그를 파직한 칙지를 통해 그 실마리를 엿볼 수 있다.

광서 34년(1908) 6월 27일 황상의 뜻을 받들어 칙지를 내린다. 정문사 법부주사法部主事 천징런 등이 전보를 쳐서 3년 이내에 국회를 개설하고 위스메이于式枚를 파직하여 천하에 사죄하라는 등을 요청했다. 조정에서 예비입헌을 추진하여 장래에 의원議院을 개설하려 함은 스스로 반드시 해야 할 일이라 생각하고 있기 때문이다. 그러나 각각의 업무를 준비하기 위해 토론을 해야 하는데, 그 두서가 번잡하여 약간의 시간이 필요하므로 조정에서도 상세하고 신중하게 모든 것을 고려하여 그 지당한 방법을 저울질해보아야 할 것이다. 응당 예비입헌 기한을 정해야 하겠지만 법부주사 등이 어찌하여 억측으로 경솔하게 요청한단 말인가? 소문을 들으니 정문사 사람들은 호인과 악인이 마구 뒤섞여 있고 또 일찍이 중범죄를 저지른 사람이 많다고 한다. 천징런은 벼슬아치 된 몸으로 마침내 감히 저들에게 부화뇌동하며 가까이 빌붙은 채 앞장서서 사단을 일으키고 있으니 특히 망령된 자다. 만약 잘못을 헤아려 징벌하지 않으면 날조를 환상하며 반드시 대국을 어지럽히고 치안을 방해할 것이다. 법부주사 천징런을 즉시 파직하고 소재지 지방관은 그를 잘 조사·단속하여 징벌하라. 어명으로 이 칙지를 내린다. (앞의 책, 468쪽)

천징런을 파직하라는 칙지가 내리고 나서 20일 후, 청 정부는 정문사를 폐쇄하라는 칙지를 내렸다.

광서 34년 7월 17일 황상의 뜻을 받들어 칙지를 내린다. 근래 소문을 들으니 창장長江 강과 바다 연안 및 남북 각 성에서 정문사 설립을 명목으로 패역무도한 자와 주요 범인을 많이 모아 널리 자금을 모금하며 파당을 결집하고 있다고 한다. 이들은 시무時務를 연구한다는 핑계를 대고 몰래 혼란을 도모하며 치안을 어지럽히고 있다. 엄격히 조사하여 폐쇄하지 않으면 뒷날 대국을 망칠까 두렵다. 민정부民政府, 각 성 독무, 보군통령步軍統領, 순천부順天府에서는 엄밀히 방문 조사 하여 성실하게 저들의 행동을 금지하라. 저들 패거리를 만나면 즉시 엄격하게 잡아들여 처벌하라.

다소라도 소홀하게 시행하다가 큰 우환으로 키우지 말라. 어명으로 이 칙지를 내린다. (앞의 책, 468~469쪽)

여기에서 알 수 있듯이, 청 정부에서 정문사를 폐쇄한 것은 주로 그 배후에서 캉유웨이와 량치차오가 이 단체를 조종하면서 국내 예비입헌의 기회를 빌려 반역을 도모할까 두려웠기 때문이다. 천징런의 전보는 단지 청 정부에 손 쓸 기회와 빌미를 제공해준 데 불과했다. 17일에 칙지가 반포되고 나서 얼마 지나지 않아 정문사 명의의 「전체 회원에게 통고함通告全體社員」이 (1908년) 7월 26일 자 『신보申報』에 발표되었다. 그중 이런 내용이 있다. "지난 사례를 보면 오로지 상소문 상주의 권리를 가진 사람만이 '전주電奏[전보로 올리는 상소문]'를 올릴 수 있었다. 지금 천징런 군은 법부주사인데 어찌하여 그가 친 전보를 칙지에서 '전주'라 하는가? 본사 및 해내외 학계, 상업계에서 전보로 정부에 청원을 넣은 것은 한두 차례에 그치지 않는다. 그런데 어찌하여 천 군의 이 전보만이 유독 천자의 귀에 들릴 수 있었는가?"(앞의 책, 470쪽) 기실 천징런이 전보로 상주하기 전에 정문사에서도 전체 회원 명의로 헌정편사관에 전보를 보내 3년 기한 안에 국회를 소집해달라고 요청했지만 직접적인 대답을 듣지 못했다. 그러나 이번에는 베이징 상황이 이미 달라져서 입헌공회에서 동원한 각 성 국회 청원 대표가 베이징으로 모여들고 있었다. 그리고 캉유웨이는 또 해외 200여 항구의 중화헌정회中華憲政會 화교를 동원해 청 정부에 청원서를 올리고 9개 항목으로 된 요구사항을 제출했다. 그중에는 국회를 열어 입헌을 실행하라, 환관을 모두 제거하라, 만주족과 한족 호적을 모두 폐지하고 중화中華란 이름을 쓰라, 강남에 새로운 도읍을 건설해 '택중도대宅中圖大[6]'를 도모하라는 등 네 항목도 포함되어 있었다. 이들 항목은 모두 청 정부에서 가장 꺼려하는 내용이었다. 청 정부의 입헌은 본래 전혀 진심이 아닌 겉치레에 불과했고, 이번에는 전체 국면을 통제하지 못할까 노심초사했다. 이 때문에 청 정부는 정문

---

6 천하의 중앙에 집을 짓고 큰일을 도모한다는 뜻. 중국 땅의 중앙에 도읍을 정하고 사방의 영토를 크게 경영함을 비유한다.

『자림서보』. 1850년 8월 3일 영국인들이 상하이에서 창간했다. 한때 중국 출판계에서 가장 영향력 있는 영자지였다.

사에 칼을 대서 일벌백계의 효과를 노리려 했다. 『신보』 7월 28일 자 보도에 다음 같은 내용이 있다. "아무개 내각대학사가 이르기를 중화제국 헌정회가 해외에 있어서 해산시키기가 어려운데, 바닷가 연안 각 성에 정문회 분회를 설치하고 있고 그 단체는 량치차오와 관계를 맺고 있으므로 먼저 정문사를 조사해 손쓸 여지를 만드는 것이 좋겠다고 했다."(앞의 책, 472~473쪽)

그러나 정문사 폐쇄 조치는 그야말로 입헌에 뜻이 없는 청 정부의 진면목을 드러내주는 일이었다. 당시 상당한 영향력을 갖고 있던 영자英字 신문 『자림서보字林西報, North China Daily News』도 이렇게 지적했다. "대체로 만주 수구당 사람들은 모두 입헌 정치체제가 한족에게 유리한 제도이며, 이로 인해 만주족들이 대대로 누려온 권리가 깡그리 사라질지도 모른다고 말한다. 따라서 전력을 다해 반대한다. 근래 『강한일보』가 또 해외 화교 청원서를 실었다는 이유로 후베이 독무에 의해 폐쇄되었다. 이 두 가지 사건은 모두 중국의 혁신운동을 가로막기에 충분한 일이다. 목하 정치가, 학자, 향신, 상인들은 이미 감히 더이상 입헌이란 두 글자를 언급하지 못하고 있다. 장쑤, 장시, 안후이, 광둥, 저장 등 각 성에서 공적으로 파견하여 베이징에 모인 대표들도 전부 행장을 꾸려 자신의 성으로 돌아가려 한다. 여기에서도 알 수 있듯이, 만주 정부의 정책은 기실 국민의 혀를 묶어서 말을 못하게 하려는 조치다. 정문사 회원을 엄격하게 처리하려는 것은 구실에 불과할 뿐이다."(광서 34년 7월 29일 『신보』, 『량치차오 연보 장편』, 473쪽)

이것은 정확한 관점이다. 곁에서 구경하는 사람이 바둑 수를 더 잘 본다는 격이다. 정문사가 해산되고 나서도 량치차오는 전혀 기가 죽지 않았다. 잠시 은거해 때를 기다린 시기를 제외하고 그는 여전히 개인 신분으로 더욱 많은 글을 써서 국내외 입헌 운동 및 국회 청원 운동을 지도했다. 량치차오는 쉬포쑤에게 편지를 보내 자신의 심정과 지향을 표명했다.

정치생활은 지금 진실로 시작할 방법을 모르겠습니다. 그렇다고 포기하자니 대의상으로도 마음이 편치 못할 뿐만 아니라 대세상으로도 불가한 일입니다. 10년 동안 헛된 명성으로 일부 국민의 소망을 책임져왔으니 사회가 내게 베푼 은혜가 두텁지 않다고 할 수 없습니다. 이에 이 몸은 오직 정치계에 몸을 바쳐야 합니다. 외부의 방해 세력이 있다면 그 길을 돌아서라도 도달할 수 있고, 시기가 무르익지 않았다면 잠시 뜻을 숨기고 시기를 기다릴 수도 있을 것입니다. 이 일을 버려두고 아랑곳하지 않는다면 이 밖에 무슨 길이 있어 나라에 보답할 수 있겠습니까? (『량치차오 연보 장편』, 473~474쪽)

이해(1908) 10월에 광서제와 자희태후가 앞서거니 뒤서거니 세상을 떠났다. 오래지 않아 위안스카이가 추방될 때 양두 등 소수 몇몇만이 기차역으로 나와 위안스카이를 배웅했다. 위안스카이가 떠난 후 양두는 휴가를 내어 고향으로 돌아갔다. 양두와 량치차오의 관계도 거의 여기서 끝났다고 할 수 있다. 두 사람은 협력이든 다툼이든 더이상 왕래하지 않았다. 그러나 선통宣統 2년(1910), 양두는 갑자기 청 정부에 상소문을 올려 량치차오를 사면하고 임용해줄 것을 주청했다. 그는 이 상소문에서 량치차오와의 교분을 이렇게 서술했다. "신臣은 무술년 이후 량치차오와 알게 되었습니다. 학문에 있어서 문호가 달랐기 때문에 정견도 서로 일치하지 않았습니다. 그후 [신과 량치차오는] 일본으로 유학 가서 여러 해를 함께 보내는 동안 서신을 왕래하면서 날이 갈수록 더욱 친밀해졌습니다. 신은 그가 여러 차례 위험에 처하면서도 마음먹은 뜻을 바꾸지 않는 걸 직접 보았습니다. 그는 매번 신과 지난 일을 이야기할 때도 모두 충군애국의 마음으로 슬퍼했지 조금이라도 원망하는 말은 하지 않았습니다. 이러한 까닭에 그의 사람됨이 충성스럽고 순수하며 시종일관 두마음을 먹지 않는다는 사실을 깊이 알게 되었습니다. 이제 만약 조정의 사면을 받아 임용되면 틀림없이 간과 뇌를 땅바닥에 뿌리는 심정으로 새로 살려준 은혜에 보답할 것입니다. 신은 생각이 어리석지만 그의 능력을 깊이 믿습니다. 만약 치차오가 사면을 받은 뒤에 혹시 나라에 불리한 행동을 한다면 바라옵건대 황상께서 신을 죽이시어 불충한 신하의 경계로 삼아주십시오."(앞의 책, 527쪽) 이는 양두의 간담과 폐부에서 우러나온 말이다. 애석하게도 당시 섭정을 맡고 있던 짜이펑은 양두의 건의를 받아들이지 않았고 양두의 상소문도 중도에 막혀 위로 전해지지 못했다.

양두, 민국의 '제사'가 되려는 꿈을 꾸다가 불문으로 은퇴하다

중화민국 건국 후 양두는 줄곧 '제사帝師[황제의 스승. 총통의 자문역을 의미]'가 되려는 꿈을 꾸었다. 슝시링은 명사들로 내각을 조직하면서 양두에게 교육총장에 취임해줄 것을 요청했다. 그러나 그는 결국 '나는 도움 주기를 원하지 권력에 빌붙으려는 게 아니다'라는 이유로 일언지하에 요청을 거절했다. 이후 그는 헌정연구회를 조직했고, 참정원 참정参政으로 취임했다. 아울러 왕카이윈 선생을 종용해 베이징의 국사관 관장을 맡게 했다. 나중에 왕카이윈이 귀향하자 양두가 마침내 부관장 자격으로 관장 대리직을 수행했다. 1915년 양두는 「군헌구국론君憲救國論」을 써서 량치차오에게 보여주었다가 된통 질책을 당했다. 리샤오단이 이 일을 매우 생동감 있게 기록했다.

황제제도帝制를 둘러싼 논의가 일어나자 양두는 「군헌구국론」을 써서 위안스카이를 황제로 추대하자는 의견을 냈다. 그 글을 량치차오에게 보여주며 만약 그대가 황제제도를 반대하면 형세상 그대는 틀림없이 해외 망명을 가게 되어 나라에 손해만 끼치고 국가대사에 아무 도움도 주지 못할 것이라 했다. 량치차오가 말하기를 나는 이미 망명한 경험이 있다면서 겸손한 말로 거절하자, 양두는 옷깃을 떨치며 가버렸다. 이에 량치차오는 곧바로 편지를 써서 양두에게 보냈다. "정견은 비록 달라도 친교는 바뀌지 않는다고 했습니다. 선현들의 향기로운 자취를 제가 어찌 감히 잊겠습니까?" 그리고 수천 자에 달하는 국체문제 토론 문장을 지어 상하이 『중화잡지中華雜誌』에 실었다. 량치차오는 또 윈난雲南으로 가서 위안스카이 토벌군을 일으킨 차이어를 칭찬했다. 위안스카이가 패배하면 역적 수괴죄로 처벌하기를 청했다. 량치차오와 양두의 교분은 이때 비로소 결렬되었다. 량치차오가 병이 나자 양두는 병문안을 가서 작별 인사를 하려 했으나 친한 사람에 의해 저지당했다. (『성려필기』, 5쪽)

이 일에 대한 량치차오의 기록은 좀 다르다. 그는 「국체전쟁 경력담國體戰爭躬歷談」에서 양두가 위안스카이의 뜻을 받들어 쑨위윈孫毓筠, 후잉胡瑛, 리셰허李燮和, 류스페이, 옌푸 등과 주안회籌安會를 발기하고 스스로 이사장에 취임하여 위안스카이를 위해 황제제도를 고취했다고 기록했다. 그리고 량치차오는 또 「이상하도다! 소위 국체문제라는 것은異哉所謂國體問題」이란 글을 썼다. 이 글을 완성하고 나서 아직 발표도 하지 않았는데 위안스카이가 소문을 듣고 20만 현대양現大洋[7]으로 량치차오의 이 글을 매수하려 했다. 량치차오는 완곡한 말로 사양한 뒤 이 글을 한 부 초록하여 위안스카이에게 부쳐줬다. 량치차오는 이렇게 기록했다. "얼마 지나지 않아 위안스카이가 다시 사람을 보내 사나운 말로 나를 협박했다. '군君은 망명생활을 벌써 10여 년이나 했으니 그 쓴맛을 배가 터지도록 맛보았을 터인데, 하필이면 또 스스로 고생을 자초하는가?' 나는 웃으면서 말했다. '나는 진실로 망명생활에 노련하게 단련된 경험자요. 나는 차라리 그 고생을 즐길지언정 이러한 혼탁한 공기 속에서 구차하게 살기를 바라지 않소'"(『량치차오 연보 장편』, 725쪽)

그러나 리샤오단은 외부인이 아니었다. 그는 양두와 동향으로 후난 창사에 세거해온 명문가 출신이었다. 광서 30년(1904) 일본으로 유학 가서 신해년(1911)에 귀국했다. 1913년에 량치차오는 사법총장[법무부장관]에 임명된 후 리샤오단을 불러 비서로 임명했다. 리샤오단은 때때로 량치차오의 글을 대필하기도 했다. 그의 큰딸 리수이李淑一는 마오쩌둥毛澤東과도 자주 왕래했다. 지금도 마오쩌둥이 지은 「리수이에게 답함答李淑一」이라는 사詞가 사람들의 입에 회자되고 있다. 따라서 리수이가 량치차오와 양두를 보는 관점은 대체로 정확하다 할 수 있다.

양두는 문장으로 자부하며 이 일이 설리說理, 논사論事, 언정言情[8] 세 가

---

7 중국 청 말에 유통된 외국 은화의 총칭.
8 설리는 이치를 논한 글이다. 흔히 제자백가서처럼 인간이나 사물의 이치를 철학적으로 다룬 글을 가리킨다. 논사는 사건을 논한 글이다. 흔히 역사서처럼 사건의 경과, 방법, 시말 등을 사적史的

지를 벗어나지 않는다고 했다. 그는 말하기를 "나는 설리의 문장으로는 레이다오헝雷道亨만 못하고, 언정의 작품으로는 량줘[량치차오]만 못하다. 그러나 논사에 이르면 가의와 조조晁錯의 깨끗하고 씩씩한 기상을 지니고 있고, 소식과 왕안석의 명쾌한 어휘를 구사하고 있어서 여러 현인에게 많은 걸 양보할 수 없다." 양두는 이 때문에 량치차오 사후 만사輓詞를 지어 이렇게 읊었다. "사람들은 모두 그대를 죽이려 했지만 나는 홀로 그대의 재주를 아꼈네人皆欲殺, 我獨憐才." 이 말은 오히려 문장으로 말한 것이다. 그러나 량치차오는 정치에서 물러난 뒤 남북을 왕래하며 많은 저서를 남겼다. 비록 정밀한 사상이나 지극한 마음을 담아내어 위로 고인古人을 뒤덮지는 못했지만 훌륭한 재능과 달통한 식견으로 해내 사람들 모두에게서 칭송을 받았다. 그가 들었던 구목九牧9이라는 큰 명성도 헛되이 얻어진 게 아니었다. 양두는 중년 이후로 독서를 좋아하지 않았고 만년에는 국사國史를 편수하려 했다. 『실지失地』 1편은 10여 만 자나 된다. 또 감정을 숨기고 참선에서 기쁨을 얻으면서 스스로 한가하게 시간을 보냈다. 마지막에는 술을 즐기고 여인을 가까이 하며 생을 마감했다. 대체로 양두의 재능과 기상은 량치차오에 비해 컸던 듯하다. 그러나 량치차오가 고금을 두루 통달한 점에는 양두가 미칠 수 없었다. 나는 글을 지어 두 분의 사업을 평가한 적이 있다. 량치차오를 위해서는 만사를 지었고, 양두를 위해서는 작가전作家傳을 지었다. (『성려필기』, 5~6쪽)

장타이옌은 위안스카이가 홍헌洪憲10 황제제도帝制에 실패한 사실을 언급하며, 그 결정적인 대목이 바로 "세 사람이 세 사람을 반대한 것"11이었다고 인식했다. 그중 첫째로 꼽은 것이 바로 량치차오가 양두를 반대한 일이

으로 다룬 글을 말한다. 언정은 사람의 정감을 다룬 글이다. 흔히 시나 소설과 같은 문학적인 글을 이른다.

9 흔히 조상과 자손이 모두 뛰어난 명문가를 일컫는 말. 당 현종玄宗 때 태자첨사太子詹事를 지낸 임피林披(733~802)는 아들 아홉을 두었는데, 이들 모두 벼슬이 자사刺史에 이르렀다. 세상에서는 이들을 일러 구목임가九牧林家라고 했다. 량치차오도 아홉 자녀가 모두 명성을 드날려 구목이라 불렸다.

10 위안스카이가 황제에 오르면서 쓴 연호(1916. 1. 1~1916. 3. 23)

었다. 리위안훙은 총통직을 계승한 뒤 황제제도 추진 수괴 체포령을 내리면서 양두를 첫번째로 지목했다. 위안스카이 사후 양두는 용기를 잃고 낙담해 불문佛門으로 은퇴했다. 그는 톈진天津과 칭다오靑島 조계지에서 두문불출 불교를 공부하며 속세 너머의 초탈한 불교 속에서 새롭게 인생을 사고하고 반성했다. 아울러 후찬스虎禪師[호선사]란 이름으로 적지 않은 불교 잡문과 게송을 남겼다.

---

11 첫째는 량치차오가 양두를 반대한 일, 둘째는 장이린張一麐이 샤서우톈夏壽田을 반대한 일, 셋째는 차이어가 레이전춘雷震春을 반대한 일이다. 장이린(1867~1943)은 자가 중런仲仁, 호가 궁푸公紱로 위안스카이의 비서와 교육총장을 지냈다. 그는 위안스카이가 황제제도를 추진하자 불만을 품고 귀향했다. 샤서우톈(1870~1935)은 자가 경푸耕父, 호는 우이午詒로 위안스카이 총통부의 내사內史를 역임했다. 뛰어난 필력으로 위안스카이를 황제에 추대하려 많은 공문서를 작성하다가 장이린의 반대에 부딪쳤다. 차이어(1882~1916)는 자가 쑹포松坡이며 량치차오의 제자로 당시 군부에서 막강한 영향력을 행사하다 량치차오와 함께 위안스카이 토벌군을 일으켰다. 레이전춘(1864~1919)은 자가 차오옌朝彦으로 위안스카이 정부 장군부의 진위장군振威將軍을 지냈다. 위안스카이가 황제제도를 추진하자 군경대회軍警大會를 열어 그에게 적극적인 지지를 보냈고, 「군주제도 찬성문서贊成君主簿」에도 서명해 13태보十三太保의 한 사람으로 일컬어졌다. 그러나 같은 군부 내의 차이어의 반대에 부딪혀 결국 뜻을 이루지 못했다.

제13장

성공 직전의 실패: 량치차오와 위안스카이

위안스카이는 거의 량치차오의 천적이라 할 수 있다. 량치차오는 수십 년에 이르는 자신의 정치 생애에서 위안스카이와 두 차례 교류[심지어 합작]를 했지만 모두 좋은 결말을 맺지 못했다. 마지막 한 차례 교류에서는 량치차오가 거의 지위와 명예를 모두 잃는 지경에 빠지고 말았다.

만청 시기의 첫번째 합작

량치차오와 위안스카이의 첫 교류는 광서 21년(1895)에 있었다. 캉유웨이와 량치차오는 베이징에서 강학회를 창립했고 위안스카이도 이 단체에 참여했다. 민국民國 원년(1912) 량치차오는 일본에서 귀국해 베이징 신문업계 환영회에서 연설할 때 자신과 위안스카의 인연을 언급했다. "을미년(1895) 여름과 가을 사이에 여러 선배님께서 강학회라는 정치단체를 발기했습니다. 지금의 대총통 위안 공께서도 당시 발기인의 한 사람이었습니다. 당시 동지들은 각국에 이른바 정당이라는 게 있는지도 몰랐지만 국정을 개량하려면 이러한 단체가 없어서는 안 된다는 사실을 알았습니다. 최초 사업은 도서관과 신문사를 세우는 일이었습니다. 당시 위안 공께서는 가장 먼저 500금金을 기부하셨고, 게다가 각처에서 성금을 모집하여 1000여 금을 만든 후 마침내 후손공원後孫公園에 회소會所[회관처럼 사람들이 모이는 곳]를 마련했습니다. 그리고 상하이로부터 번역서 수십 종을 구입하고 신문 발행 사업을 이 모자라는 사람에게 맡겨주었습니다."(『음빙실합집·문집』 제29권, 1~2쪽)

캉유웨이도 이 일을 이렇게 언급했다. 7월 초 츠량次亮[천츠陳熾]과 회원을 모집하자고 약속했다. 위안웨이팅袁慰亭[위안스카이], 양수차오楊叔嶠[양루이楊銳], 딩수형丁淑衡[딩리쥔丁立鈞] 및 선쯔페이沈子培[선쩡즈沈曾植]와 선쯔펑沈子封[선쩡통沈曾桐] 형제, 장쉰즈張巽之[장샤오쳰張孝謙], 천陳○○ 등이 즉석에서 약속을 하고 각자 성금을 내자고 하자 일거에 수천 금이 모였다. 바로 츠량을 천거하여 제조提調[책임자]로 삼고 장쉰즈에게 그를 보좌하게 했다."(『캉난하이 자편 연보康南海自編年譜』[외 2종], 34~35쪽) 이 무렵 위안스카이는 조선에서 돌아온 지 얼마 되지 않았다. 그는 갑오년(1894) 청일전쟁의 패배를 겪은 후 새로운 기회와 출구를 찾는 중이었다. 그는 목숨을 걸고 룽루에게 빌붙어 룽루를 향해 제자로서 예의를 갖추었다. 또다른 사람이 편역한 군사 저작을 자기 이름으로 바꾸어 룽루에게 증정하고 지도 편달을 바란다고 했다. 동시에 그는 또 빈번하게 도성 문인들의 각종 회식 자리에 출입하며 당시 청류淸流와 유신維新 인사들과 관계를 트고 가까이 지내려 했다. 최근 공개된 쉬스창의 『도양재일기韜養齋日記』에는 다음 기록이 있다. "을미년(1895), 30일, 새벽에 일어나 책을 읽고 편지를 썼다. 윈푸雲甫[궁위안龔瑗]와 쯔펑이 왔다. 오후에 책을 읽고 집기를 점검했다. 웨이팅慰廷[웨이팅은 慰亭으로도 씀, 위안스카이], 쉰즈가 와서 격식 없이 앉았다. 숭운초당嵩雲草堂[송균암松筠庵으로 의심됨]에 함께 가기로 약속했다. 대화를 나누다가 2경이 지난 뒤 돌아갔다." 또 다음 기록도 있다 "8월 초하루, 새벽에 일어났다. 편지를 쓰고 외출했다. 저녁에 쉰즈와의 약속으로 숭운초당에 가서 서점 개업에 대해 논의했다. 천츠량, 천양위안陳養元[천싼리로 의심됨], 캉장쑤[캉유웨이], 수형叔衡[수형은 淑衡으로도 씀, 딩리쥔], 쯔페이, 쯔펑, 웨이팅 등도 동석했다. 자리가 파한 후 또 3경까지 대화를 나누다가 돌아왔다."(쉬딩마오徐定茂, 「무술 연간의 쉬스창戊戌年間的徐世昌」, 『베이징 관찰北京觀察』 2011년 제3호, 51~52쪽) 쉬스창은 위안스카이의 오랜 친구다. 위안스카이는 샤오잔小站에서 신군新

軍을 훈련시키면서 특별히 쉬스창을 초청해 참모장으로 삼았다. 그러므로 그의 기록은 믿을 만하다. 여러 해 뒤 위안스카이가 홍헌제洪憲帝로 등극한 후 캉유웨이가 전보로 위안에게 퇴위를 요구할 때 그 전보 내용에 옛날 추억 한 단락이 들어 있었다. "옛날에 강학회에서 술을 마시고 열띤 토론을 벌일 때 나이 순서대로 앉아서 공이 나를 형님大哥이라 부르면서 형제 교분을 맺었습니다. 지금은 강학회 사람들이 쓸쓸하게 흩어졌고 거의 사망했습니다. 해외 동지 중에는 오직 나와 공 및 선쯔페이, 쉬쥐런徐菊人만 살아 있습니다. 옛일을 생각하니 눈물이 흐르는데, 지금 진실로 공의 위태로움을 차마 두고 볼 수가 없습니다. 중국은 공公으로부터 멸망할 것입니다."(『캉유웨이 정론집』 하책, 941쪽) 여기서 말하는 쉬쥐런이 바로 쉬스창이다. 쥐런은 그의 호號다.

위의 진술을 통해 우리는 캉과 량 등 유신파 인사들이 처음에는 위안스카이에게 호감을 갖고 있었고, 위안스카이를 룽루의 부하 녜스청聶士成이나 둥푸샹과 마찬가지로 양무에 달통하고 변법을 강구하는 신식 군인으로 생각하고 있었음을 알 수 있다. 이 때문에 무술년(1898) 변법 진행이 가장 중요한 시점에 이르렀을 때, 그들은 군대의 중요성을 인식해 변법을 지탱해줄 병력 보유를 희망하게 되었고 이에 생각이 위안스카이에게 미치게 되었다. 왕자오의 기록에 의하면 처음에는 녜스청을 생각했다고 한다. 즉 캉유웨이가 쉬즈징, 탄쓰퉁, 쉬런징徐仁鏡에게 왕자오를 설득해달라고 부탁한 후 왕자오를 시켜 녜스청에게 가서 유세하도록 했다는 것이다. 그러나 왕자오는 그들의 방법에 동의하지 않았다. 그는 광서제와 자희태후의 갈등은 "순수한 가정싸움"이고, 또 "황실 내부 정치에 외부 군대를 불러들이는 일은 풀숲을 두드려 뱀을 놀라게 하는 것"과 같으므로, 그들의 요구를 들어줄 수 없다는 것이었다.(『근대패해近代稗海』 제1집, 4~5쪽)

그리하여 캉유웨이는 6월 초에 또 쉬즈징의 조카 쉬런루徐仁錄[자字는 이푸藝郛 또는 이푸義郙]를 톈진으로 파견해 위안스카이를 만나보게 했다. 이는 쉬스창과의 연줄로 이루어진 만남이었다. 쉬스창과 위안스카이는 오랜 친구다. 전해오는 말에 의하면 위안스카이는 큰일을 처리할 때마다 반드

1899년 산둥순무 재직 당시의 위안스카이. 위안스카이(1859~1916). 자는 웨이팅. 허난 성 샹청 사람이다. 북양 군벌 수뇌로 신해혁명 후 중화민국 초대 대총통으로 당선되었다. 1915년 황제를 칭하다가 오래지 않아 전국적인 반대에 부딪쳐 황제제도를 취소하고 울화병으로 죽었다.

시 먼저 쉬스창과 상의를 했다고 한다. 쉬스창 일기에 이러한 기록이 있다. "6월 초9일, 새벽에 일어났다. 손님이 왔다. 옌녠延年과 이야기를 나눴다. 청중밍澄仲明, 쉬런루, 자오티런趙體仁과 함께 밥을 먹고 모여서 한나절 얘기를 나눴다." 12일에 또 다음 기록이 있다. "오후에 샤오잔에 갔다. 웨이팅[위안스카이]의 집에 가서 오래 얘기를 나눴다. 쉬이푸[쉬런루]도 함께 왔는데 군영에서 유숙했다." 13일에 또 이렇게 기록되어 있다. "새벽에 일어났다. 대규모 훈련이 있었다. 돌아와 웨이팅과 얘기를 나눴다. 오후에 목욕했다. 쉬런루와 문안처文案處[문서담당실]에 갔다." 14일에 또 다음과 같은 기록이 있다. "흐리고 비가 왔다. 쉬런루, 중위안仲遠[옌위안둔]과 하루 종일 마음을 터놓고 이야기를 나눴다. 윈타이雲臺[위안커딩袁克定, 위안스카이 맏아들]가 왔다." 15일 일기에 또 이렇게 기록되어 있다. "새벽에 일어났다. 쉬런루가 비를 무릅쓰고 떠났다."(「무술 연간의 쉬스창」, 『베이징 관찰』 2011년 제3호, 51쪽)

쉬스창 일기에서 우리는 쉬런루가 톈진에 1주일 정도 머문 사실을 알 수 있다. 그가 위안스카이를 만났는지 여부는 단정하기가 어렵다. 12일 기록에 의하면 "웨이팅의 집에 가서 오래 얘기를 나눴다. 쉬이푸도 함께 왔는데 군영에서 유숙했다"라고 했다. 이 기록으로도 판단하기가 어렵다. 쉬런루가 단지 '함께 왔을 뿐' 대화에는 참여하지 않았기 때문이다. 위안스카이가 쉬런루를 만나지 않았다고 가장 일찍 인정한 사람은 왕자오였다. 왕자오는 다음과 같이 썼다. "샤오잔으로 위안스카이에게 동의를 받으러 간 사람이 쯔징子靜[쉬즈징]의 조카 이푸[쉬런루]라는 사실을 나중에야 알았다. 그러나 이푸는 샤오잔에 도착해 위안스카이를 만나지도 못한 채 군영 사무실에서 모某 태사[즉 쉬스창]가 전해주는 말만 들었다. 그가 얻은 것은 애매모호한 대답뿐이었다."(「방가원 잡영 기사方家園雜詠紀事」, 『근대패해』 제1집, 5쪽) 그러나 『캉난하이 자편 연보』에는 매우 확실한 기록이 있고 여기에 더해 그들 사이의 대화까지 실려 있다. "먼저 6월에 쉬런루를 위안스카이의 군영에 보내 그와 친교를 맺으며 상황을 살펴보게 했다. 위안스카이는 내게 마음이 기울어서 나를 가리켜 비천민인悲天憫人[1] 마음과 경천위지經天緯地[2] 재능이 있다고까지 했다. 나는 쉬런루[이푸]를 시켜 말로 그를 자극하며 이렇게 이야기하게 했다. '나[캉유웨이]와 줘루[량치차오], 즈둥芝棟[쑹보루宋伯魯], 푸성[탄쓰퉁]이 누차 공[위안스카이]을 황상께 천거했으나, 황상께선 공의 발호가 심해 크게 쓸 수 없다는 룽루의 말이 있었다고 했습니다. 공께서 어째서 룽루와 불화하시는지 모르겠습니다.' 위안스카이가 문득 깨달은 듯 말했다. '옛날에 창수常熟[웡퉁허翁同龢]께서 제 군사를 증강시키려 하셨는데 룽루는 한족에게 큰 병권을 맡길 수 없다고 했습니다. 그러자 창수께서 쩡궈판과 쭤쭝탕左宗棠도 한족인데 어찌 일찍이 대군을 맡지 않았습니까라고 했습니다. 그러나 룽루는 끝내 군사를 증강시켜주지 않았습니다.' 이푸의 귀환 보고를 듣고 위안스카이가 나를 위해 행동해줄 줄 알았다. 그래서 대책을 결정해 천거했고 이에 사태가 급박해진 것이다."(『캉난하이 자편 연보』[외 2종], 57~58쪽)[12]

캉유웨이의 일방적 소망

위 대화는 아마도 쉬런루가 캉유웨이게 보고한 것으로 보인다. 쉬런루가 위안스카이를 만났는지 여부는 그만두고서라도 사실 그는 위안스카이의 속셈을 전혀 눈치채지 못했다. 위안스카이처럼 노회한 술수를 부리는 정치인이 쉬런루처럼 경력이 미천한 젊은이를 상대했으니 어찌 여유만만하지 않았겠는가? 그러나 캉유웨이 측에서는 자신들의 이해방식에 따라 행동하고 말았다. 캉유웨이는 이렇게 말했다. "먼저 쉬 학사徐學士[쉬즈징]가 위안스카이를 천거하는 상소문을 대강 작성해 황상께 올리면 황상께선 그를 불러 관작을 더해주고 격려한다. 그리고 다시 푸성이 비밀 상소문을 올려 위안스카이를 위로하게 하고 저들의 불측한 음모에 대비하게 한다."(앞의 책, 58쪽) 쉬즈징의 「통병대원을 특별히 중용하기 위한 상소문密保統兵大員折」은 (1898년) 7월 26일에 올려졌고 광서제는 당일 바로 칙지를 내렸다. "룽

1　하늘을 슬퍼하고 사람에게 연민을 가진다는 뜻. 혼란한 현실을 탄식하고 백성을 불쌍히 여김을 비유한다.
2　하늘을 날줄로 삼고 땅을 씨줄로 삼는다는 뜻. 천하를 다스릴 만한 뛰어난 재주를 지니고 있음을 비유한다.

루에게 전보를 쳐서 위안스카이에게 어명을 알리고 즉시 도성으로 들어와 짐을 만나게 하라."(『무술백일지』, 464쪽) (7월) 29일, 위안스카이가 베이징에 도착했다. 8월 1일 광서제는 위안스카이를 불러 보고 포상의 칙지를 내렸다. 그리고 위안스카이에게 지금 결원이 된 시랑후보侍郞候補를 맡아 전문적으로 군사훈련 업무를 담당하라고 어명을 내렸다. 바로 하루 전에[이 비밀조서가 내려진 시간은 각 서적의 기록이 상이하다. (1989년 7월) 28일, 29일, 30일 그리고 8월 1일 등 다양한 학설이 있다. 여기서는 자오빙린의 기록을 채용했으며 탕즈쥔湯志鈞 선생의 견해에 근거했음을 밝힌다] 광서제는 양루이, 린쉬, 류광디, 탄쓰퉁 등 4장경章京에게 내리는 첫번째 비밀조서를 양루이에게 갖고 나가게 했다. 그리고 캉유웨이에게 내리는 또다른 비밀조서도 양루이에게 갖고 나가게 했다. 8월 초2일이 되자 광서제는 공개적으로 캉유웨이에게 칙지를 내려 신속히 도성에서 나가라고 했다. 또 두번째 비밀조서를 린쉬를 통해 [캉유웨이에게] 전달하고 조속히 상하이로 가서 "장래에 더욱 힘을 다해 함께 대업을 성취하길" 기다리라고 했다.(앞의 책, 555쪽) 위안스카이는 이날 다음처럼 행동했다. "황상의 부름에 감사드리며 또 자신은 한 치 공도 세운 것이 없는데 이처럼 파격의 상을 받고 보니 황송하기 이를 데 없다고 말씀을 올렸다. 황상께서 웃으면서 어명을 내리셨다. '사람들은 모두 그대가 훈련한 군사와 그대가 운영하는 학당이 매우 훌륭하다고 한다. 이후로는 룽루와 각각 일을 나누어 처리해도 좋다.'" 아울러 이후 (8월) 초5일에 황상을 알현하고 임지로 떠나라고 분부했다. [칙지가 내린] 다음 날인 초3일, 위안스카이는 서둘러 톈진으로 돌아와 영국군 침범에 대비하라는 룽루의 전보 명령을 받았다. 탄쓰퉁은 당일 저녁 법화사法華寺로 가서 위안스카이를 만나 캉유웨이, 량치차오, 쉬즈징, 린쉬 등이 마련한 황상 구조 계획 전체 내막을 소개했다. 그리고 위안스카이에게 톈진에서 열병할 때 손을 써서 황상을 구해달라고 요청했다. 위안스카이도 의견을 표시했다. "황상께서 열병할 때 나의 군영으로 치달려 들어오시면서 간적을 주살하라고 명령을 내리시면 내가 반드시 여러 군자 뒤를 따르며 사력을 다해 황상을 구하겠소." 또 이렇게 말했다. "황상께서 나의 군영에 계시면 룽루를 주살하

는 일은 개 한 마리 죽이는 일과 같을 것이오."(『량치차오 연보 장편』, 142쪽)

(1898년 8월) 초5일 새벽, 위안스카이가 톈진으로 돌아가려고 인사를 할 때 다시 황상의 부름을 받았다. 소문에 의하면 이때 [위안스카이가] 또 광서제의 비밀조서를 받았다고 한다. 다음 날 『국문보』는 톈진으로 돌아가는 위안스카이 행적을 보도했다.

> 연병대신練兵大臣 위안스카이 시랑이 초5일 아침에 궁궐문으로 가서 작별 인사를 드리고 바로 이날 도성을 나섰다. 11시 40분 기차를 타고 오후 3시 톈진 성안펑聖安棚에 도착, 기차역에 앉아서 차를 마실 때 이 도시의 문무 관원이 모두 환영을 나와 일시에 주위가 시끌벅적해졌다. (앞의 책, 143쪽)

위안스카이가 유신당을 팔아먹었는가?

1898년 8월 초6일 무술정변이 발생했다. 현재까지 위안스카이가 유신당을 팔아먹었다는 명확한 증거는 없다. 그러나 위안스카이 자신이 밝힌 바에 의하면 바로 전날 톈진으로 돌아온 뒤 룽루에게 사실을 알렸다고 한다. 관련 기록이 남아 있다. "내막을 대략 진술하고 아울러 황상께서는 효성이 지극하시기 때문에 진실로 다른 뜻이 없지만, 군소 패거리들이 결당해 황상을 선동한 뒤 종사를 위기로 몰아넣으려 한다고 말했다."(『청 조정 무술 조변기清廷戊戌朝變記』(외 3종), 71쪽) 다음 날 아침 위안스카이는 룽루에게 전체 내막을 남김없이 이야기했다. 특히 이화원 포위와 룽루 살해에 관한 두 가지 계획을 고변해 전체 사건의 성격을 완전히 뒤바꿨다. 초6일에 자희태후가 아직도 '훈정訓政[수렴청정]'을 할 생각만 갖고 있었다고 말할 수 있다면, 룽루가 위안스카이의 고변 내용을 자희태후에게 보고한 이후에는 무술정변이 바로 잔혹하고 피비린내 나는 정치 청소政治清洗로 변모하고 말았다. 더더욱 '무술6군자'는 정변 발생 후 7일째 되던 날 자세한 조사도 거치지 않고 '대역무도'죄로 피살되고 말았다. 형 집행 다음 날 '붉은색 조서朱筆上諭'를 내려 정변의 진상과 '6군자' 주살의 경과를 알렸다. 주요 내용은 다음과 같다. "전날 역적들이 패거리를 규합해 이화원을 포위, 황태후를 제압하고 짐을 모해하려는 일이 발생했다. 다행히 발각되어 간사한 모의는 즉시 분쇄되었다." 이것은 아마도 위안스카이가 이 일과 관계있음을 증명하는 기록으로 보인다. 어떻든 광서제가 [중난하이中南海의] 잉타이瀛臺에 구금되고, '6군자'가 차이스커우菜市口에서 피를 뿌림에 따라 캉·량과 한 무리의 동지들은 해외로 망명했고 변법에 참여했거나 변법을 동정하던 더 많은 사람은 수감, 파직, 추방되었다. 그러나 위안스카이는 관작이 더욱 높아지는 보상을 받았다. 쉬스창의 일기에 이렇게 기록되어 있다. "(1898년) 8월 초10일, 전화로 웨이팅[위안스카이]을 대리북양대신代理北洋大臣으로 임명한다고 알려왔다."(「무술 연간의 쉬스창」, 『베이징 관찰』 2011년 제3호, 56쪽)

이후 위안스카이는 캉·량 및 유신당 사람들과 불구대천의 원수가 되었다. 그들의 첫째 원수가 자희태후였고 둘째 원수가 룽루였다면, 셋째 원수는 바로 위안스카이였다. 무신년(1908) 10월, 광서제와 자희태후가 죽자 아이신줴뤄 푸이愛新覺羅溥儀가 등극했다. 그의 부친은 바로 광서제의 친동생인 짜이펑이었고, 그는 감국섭정왕監國攝政王이 되어 나라를 좌우했다. 줄곧 국내 정세를 면밀하게 주시해온 량치차오는 짜이펑을 대표로 하는 젊은 만주 귀족들이 위안스카이를 대하는 태도를 잘 알고 있었기 때문에 드디어 위안스카이를 타도할 기회가 왔다고 생각했다. 그는 각종 관계를 이용해 위안스카이에 대한 권력자들의 시기와 불만을 부추기는 일 외에도 직접 짜이펑에게 편지를 올려 위안스카이의 주살을 요청했다. 지금까지 그 편지는 발견되지 않고 있어 내용을 알 수 없다. 그러나 당시 량치차오가 장즈유와 숙친왕肅親王 산치善耆에게 각각 보낸 편지에 모두 위안스카이의 죄상이 기록되어 있다. 그는 산치에게 보낸 편지에서 위안스카이의 주요 죄상을 세 가지로 귀납했다.

첫째, 갑오전쟁[청일전쟁]의 참화는 전부 그가 초래했다.
둘째, 무술년 사건 때 아무 근거 없이 이화원 포위를 모의했다고 하여 황상과 태후 사이에 늘 틈이 생기게 했다.

순친왕 짜이펑, 그의 아들 푸이(오른쪽)와 푸제溥傑(품 안에 안고 있는 아이). 무신년/戊申年(1908) 10월, 아이신쥐뤄 푸이가 보위에 오르자 그의 부친이며 광서제의 친동생인 짜이펑은 감국섭정왕에 취임했다. 벨기에 전권공사 그르니에Baron A. Grenier 남작 촬영.

셋째, 의화단변란 때 양편에 모두 영합하는 계책을 써서 의화단 비적을 경계 밖으로 몰아낸 후 즈리 성直隷省[허베이 성 일대]을 자신의 이웃 근거지로 삼았다. (『량치차오 연보 장편』, 478~479쪽)

이 중 두번째 항목을 해명하려고 량치차오는 다량의 필묵을 소진하지 않을 수 없었다. 왜냐하면 많은 사람이 '이화원 포위'에 관한 말을 위안스카이가 '근거 없이 날조한 것'으로 여기고 믿지 않았기 때문이다. 이 때문에 량치차오는 이렇게 해명했다. "무릇 광서제께서 효성스럽고 영명하다는 사실은 천하 사람들이 모두 알고 있는 바다. 효성스러운 광서제께서 어찌 태황태후[자희태후]에게 이 같은 패륜을 저지를 수 있겠는가? 전부 캉유웨이가 모의한 일이어서 광서제께서는 몰랐다고 말할 것인가? 생각해보라, 광서제께서 우매한 군주여서 먼 변방의 소신小臣 캉유웨이가 제 마음대로 일을 꾸몄단 말인가? 당시 그자[위안스카이]가 일개 안찰사의 신분으로 특별히 시랑직을 제수받은 것은 전부 광서제께서 그자의 재능을 아꼈기 때문이다. 또 캉유웨이는 그자가 국외에 오래 거주했기 때문에 외국 일에 익숙하다 생각하고 유신의 조력자로 삼으려 했는데 어찌 다른 뜻이 있었겠는가? 캉유웨이와 그자가 비밀 모의를 했다고 말하려 하는가? 캉유웨이가 어떤 사람이기에 감히 이러한 비밀 모의로 광서제의 귀를 더럽힐 수 있겠는가? 캉유웨이가 또 무슨 능력으로 광서제에게 순서도 무시하고 그자를 발탁해 시랑직을 제수할 수 있게 하겠는가? 과연 저 역적[위안스카이]의 말처럼 이화원 포위에 관한 모의가 있었다면 틀림없이 광서제도 캉유웨이의 모의에 참여해 그 내용을 들었을 것이다. 그렇지 않았다면 광서제가 캉유웨이에게 이용당한 것이다. 만약 광서제가 캉유웨이의 모의에 참여해 그 내용을 들었다면 광서제는 효성스러운 군주가 될 수 없다. 만약 광서제가 캉유웨이에게 이용당했다면 광서제는 영명한 군주가 될 수 없다. 이 두 가지는 이 점에서 하나로 귀결되니 광서제가 어찌 그런 사람이겠는가? 이로써 [광서제가] 이 일[이화원 포위]과 전혀 상관이 없었다는 사실을 알 수 있다. 저 역적 패거리는 한 사람의 부귀와 봉록을 위해 마침내 군부君父를 심하게 모함하는 일조차 아까워하지 않고, 광서제가 우울하고 미안한 마음으로 자신의 뜻을 펼쳐보지도 못한 채 세상을 떠나게 하고 말았다."(앞의 책, 478쪽)

량치차오의 이 말이 몇 사람에게 받아들여졌는지는 잠시 논하지 않기로 하자. 그러나 량치차오는 광서제에 대한 짜이펑 형제의 감정이 틀림없이 황제를 불인不仁과 불효不孝의 소굴로 떨어지지 않게 했다고 굳게 믿었다. 숙친왕 산치는 더더욱 광서제의 동정자였다. 탕줴둔은 캉유웨이에게 보낸 편지에서 이렇게 말했다. "숙친왕은 순수한 황제당입니다. 무술변법에서 지금까지 그 본뜻을 견지해왔고 수많은 어려움을 겪으면서도 그 마음을 조금도 바꾸지 않았습니다. 귀족 자제 중에서는 진실로 보기 드문 사람입니다. 다만 평소에 겉치레에 신경 쓰지 않고 처사들과 사귀기를 좋아해 왕왕 다른 사람에게 지적을 받곤 합니다."(앞의 책, 448쪽) 이 때문에 량치차오는 산치에게 편지를 보내서 그를 통해 짜이펑에게 영향을 미치려 했다.

위안스카이 타도가 캉과 량의 주요 목표가 되다

실제로 무신년(1908) 이래 캉유웨이와 량치차오는 위안스카이 타도를 정치의 주요 목표로 삼았다. 캉유웨이는 량치차오와 마이멍화에게 보낸 편지에서 다음과 같이 이야기했다. "지금 큰일을 먼저 해야 하는데, 우리 스스로 위안스카이를 타도하는 일이야말로 가장 먼저 해야 할 큰일이네."(앞의 책, 449쪽) 그들은 위안스카이가 조정 권력을 장악하면 자신들에 대한 정치활동 금지가 풀릴 기약이 요원해지게 되고, 아울러 망명을 끝내고 귀국하여 정치활동을 재개한 자신들이 당시 막 시작된 입헌운동에 참가할 수 없게 되며, 이에 따라 다른 정치 세력과 경쟁할 기회를 잃게 된다는 점을 매우 걱정했다. 역사적 사실이 증명한 바에 의하면 그들의 걱정은 일리 있는 일이었다. 시간이 얼마 지나지 않아 문제가 바로 발생했다. 량치차오가 창립한 정문사는 (1908년) 연초 상하이로 옮겨와서 조속히 국회를 개원하라고 청원운동을 벌였다. 자희태후는 국내 정세의 압력에 굴복하여 예비입헌을 하겠다고 선포했지만 실제로는 개혁에 대한 성의가 전혀 없었다. 일단 자신과 만주 귀족의 권리가 위협을 받게 되면 곧바로 탄압을 가하며 절대 사정을 봐주지 않을 게 뻔했다. 이 때문에 6~7월에 청 정부는 정문사 회원이며 법부주사인 천징런이 헌정고찰대신憲政考察大臣 위스메이를 공격한 일을 빌미로 정문사를 폐쇄하라고 명령을 내렸다. 위안스카이도 이 사건 처리에서는 공명정대했다고 할 수 없다. 경자년(1900) 의화단사변이 발생한 이후 위안스카이는 줄곧 자기 자신을 위해 유신과 진보의 명성을 쟁취하려고 입헌과 개혁에도 아주 긍정적인 입장을 표명했다. 그러나 그는 자신만의 속셈을 갖고 있었다. 그는 오직 자신의 권세를 보호하고 만주 귀족의 권세를 제한하는 지점을 자신의 출발점으로 삼았다. 그는 진정한 국회제도 시행을 절대 원치 않았고 더더욱 캉유웨이와 량치차오가 귀국해 자신의 경쟁 상대가 되는 상황을 원치 않았다. 이 때문에 위안스카이는 자희태후에게 정문사 배후에는 량치차오가 있고 량치차오가 바로 정문사 발기인이며 주재자라고 고소했다. 자희태후는 그의 말을 듣고 대로하여 천징런을 파직하고 정문사를 폐쇄하라는 두 가지 조서를 내렸다. 이 일로 량치차오는 위안스카이에게 더욱 깊은 원한을 품게 되었다.

경술년(1910) 여름과 가을 사이에 중국 국내의 입헌파가 정치활동 금지 조치를 해제하라는 운동을 벌였다. 소위 정치활동 금지 해제란 주로 캉유웨이와 량치차오 등 무술년 유신당 사람들에 대한 사면을 가리키는 것이었지만 여기에는 쑨중산 등 혁명당에 대한 사면까지 포함되어 있었다. 당시 캉유웨이와 량치차오는 여러 부문에서 동시에 운동을 전개하는 방법을 썼다. 판즈보潘之博, 마이멍화, 창서우칭長壽卿은 짜이타오載濤, 짜이쉰載洵, 산치 등 몇몇 왕공 귀족에 대한 설득을 책임졌고, 쉬포쑤, 황위즈, 허우옌솽은 국회 청원 대표를 움직이는 일을 책임졌고, 뤄제羅傑, 팡환方還은 자정원에 관련 의제를 제출했고, 어사御史 자오시趙熙와 원스린溫世霖 등도 계속해서 이 일과 연관된 상소문을 올렸다.(『량치차오 연보 장편』, 515쪽) 그러나 몇 달 동안 각 부문에서 열심히 노력했음에도 불구하고 그들은 자신들이 예상한 결과를 전혀 얻지 못했다. 허칭이는 선통 3년(1911) 1월 19일 량치차오에게 보낸 편지에서 그 원인을 몇 가지로 총결했다. "얼마 전 셴쯔惠子[우좡伍莊, 셴쯔는 자字]가 도성에서 와서 우리 당을 반대하는 사람이 매우 많다고 했습니다. 단도직입적으로 말하면 금전으로 궁궐 및 늙은 귀족들에게 접근하는 자는 토비의 두령土頭입니다. 유언비어를 만들어 대중을 현혹하고 함부로 입을 놀리며 욕설을 퍼붓는 자는 혁명당입니다. 앞에서는 매우 찬성하는 척하면서 뒤에서는 수상쩍은 수단을 쓰는 자는 장[장쭝샹章宗祥], 천[천바오천陳寶琛], 루[루쭝위陸宗輿] 등입니다. 자신들은 반대의 흔적을 드러내지 않고 있지만, 다른 사람들의 말을 들어보면 우리를 심하게 반대하는 자들도 있다고 합니다. 바로 정[정샤오쉬], 탕[탕서우첸], 장[장젠] 등 세 명사가 그들입니다. 이 여러 패거리는 서로서로 이용하며 자기네 목적을 이룬 다음에야 그만둘 것이니 가장 두렵습니다. 일전에 주공周公[짜이펑]께서 융유태후隆裕太后[광서제의 황후]에게 이 일을 제의하자 [태후께서] 대답하기를 '저 두 사람[캉유웨이와 량치차오]이 아니었다면 선제께서 어찌 10년간 고통을 당하셨겠소?'라고 했답니다. 이 말은 틀림없이 받아들이는 사람이 있을 겁니다."(앞의 책, 528쪽) 여기에서 특별히 위안스카이를 "금전으로 궁궐 및 늙은 귀족들에게 접근하는 자"라고 언급하고 있다. 비록 그가 일찌감치 청 조정에 의해 쫓겨나 모든 직무를 잃고 말았지만, 당시 그는 장더彰德 환수洹水에서 쉬며 강태공처럼 낚시하는 가짜 형상을 만들어내고 있었다. 그러나 기실 위안스카이는 계속해서 쉬스창 등을 통해 조정의 동향을 몰래 염탐하며 조정의 안건에 간섭했다. 따라서 정치활동 금지 해제 운동은 발생하자마자 위안스카이의 방해를 받았다. 허칭이가 편지에서 언급한 토비의 두령이 바로 위안스카이다. 위안스카이가 금전으로 접근한 사람은 첫번째가 바로 경친왕 이쾅인데, 이른바 늙은 귀족이 바로 그다.

따라서 위안스카이 타도 제일선에 선 영도자로서 량치차오는 각 부문의 역량을 조직하고 그들의 협조를 이끌어내는 일을 책임지고 있었다. 그들은 먼저 위안스카이와 경친왕 이쾅을 이간시키는 책략을 썼다. 위안스카이와 경친왕의 친밀한 관계는 세상 사람이 다 아는 사실이었다. 귀족 권세가 중위안스카이를 통한으로 여기는 사람들은 바로 이쾅과 권력투쟁 중에 있던 바로 그 사람들이었고 그중에서도 특히 짜이쩌가 가장 단호했다. 당시에 심지어 이런 이야기까지 전해지고 있었다. "짜이쩌의 실패는 바로 짜이펑의 실패지만 이쾅에게는 승리가 되고, 그것은 또 환수에서 낚시하는 위안스카이의 승리가 된다."(『나의 전반생我的前半生』, 22쪽) 이 말은 또한 위안스카이와 경친왕을 이간시키는 게 쉬운 일이 아님을 잘 보여준다. 따라서 그들은 또 짜이쩌, 산치, 돤팡, 톄량鐵良 같은 일부 귀족 소장파에 희망을 걸고, 위안스카이 권력이 지나치게 크다고 걱정하는 그들 심리를 이용하려고 했다. 그들은 "두 귀족과 세 재상二邸三相3을 연결해 이간책을 쓰면 계책이 반드시 성공할 수 있다"고 인식했다.(『량치차오 연보 장편』, 444~445쪽)

기실 위안스카이와 이쾅의 관계에 대해서는 자희태후도 매우 우려했다. 비록 무술정변 이래 위안스카이가 즈리 안찰사直隷按察使에서 즈리 총독과 외무부상서外務部尙書로 승진하며 융숭한 은총을 받고 있었고, 그리하여 그의 충성심을 과거 한족 대신 중 쩡궈판, 후린이, 쭤쭝탕, 리훙장 등의 충성심에 비견하기도 했지만, 자희태후는 북양군北洋軍의 대권을 장악한 이 한족 야심가에게 전혀 마음을 놓지 못했다. 특히 자희태후는 죽어라고 재물을 탐하는 이쾅에게 위안스카이가 막대한 은銀을 보냈다는 소문을 듣고는 경계심이 더욱더 커졌다. 그래서 광서 33년(1907) 청 정부는 위안스카이를 즈리 총독 겸 외무부상서 외직에서 군기대신 겸 외무부상서라는 내직으로 옮기게 했다. 이 조치는 겉으로는 승진으로 보이지만 실제로는 위안스카이의 병권兵權을 박탈하려는 자리 이동이었다.

푸이溥儀는 『나의 전반생』에서 그뒤 상황을 이렇게 서술하고 있다. "그분[섭정왕 짜이펑]에게 있어서 가장 근본적인 실패는 바로 위안스카이를 제거하지 못한 점이다. 전해지기로 광서제께서 임종 시에 섭정왕에게 속내를 이야기하며 '살원세개殺袁世凱[위안스카이를 죽여라]'라는 네 글자 붉은색 조칙을 내렸다고 한다. 그러나 내가 아는 바로는, 당시 두 형제분이 만난 것은

3 '두 귀족'은 경친왕 이쾅과 숙친왕 산치이고, '세 재상'은 찬의헌법대신纂擬憲法大臣 짜이쩌, 즈리 총독 돤팡, 육군부대신陸軍部大臣 톄량이다.

사실이 아니다. 섭정왕께서 위안스카이를 죽여 형님의 복수를 하려던 일이 있었음은 확실하다. 그러나 그 일은 결국 이쾅을 영수로 하는 일반 군기대신에 의해 가로막혀 버렸다. 상세한 상황은 더이상 알아볼 방법이 없고 나는 단지 부친[섭정왕]에게 가장 큰 좌절감을 안겨준 이쾅의 한마디 말만 알고 있다. '위안스카이를 죽이는 것은 어렵지 않습니다. 그런데 북양군이 모반을 일으키면 어떻게 하실 겁니까?' 결국 융유태후께서 장즈둥 등의 말을 듣고 위안스카이를 고향으로 돌려보내 '족질足疾'을 치료하게 한다는 명목으로 그를 추방할 수밖에 없었다."(『나의 전반생』, 21쪽)

비록 위안스카이의 생명을 빼앗지는 못하고 겨우 추방하는 데 그쳤지만 이 일은 해외 유신파의 사기를 진작하기에 충분했다. 그러나 결론적으로 말하자면 그들은 이 일의 진행과정에서 그다지 큰 역할을 하지 못했다. 이에 대해서는 푸이가 아주 적절한 설명을 하고 있다. "당시 어떤 사람은 전력을 다해 위안스카이를 보호하려 했고, 또 어떤 이는 위안스카이를 제거하려 우리 부친에게 계책을 내놓기도 했다. 위안스카이는 무술정변 후 막대한 은화를 동원해 도처에 선물을 뿌리며 사람들을 자기편으로 끌어들였다. 하지만 여전히 제거할 수 없는 적대 세력이 남아 있었다. 이러한 적대 세력에는 과거 유신파와 황제당 인물만 있는 게 아니었다. 그중에는 이쾅과 지위를 다투며 모든 병권을 손에 넣지 않으면 절대로 단념하지 않는 이도 있었고, 기타 목적을 위해 희망을 위안스카이 타도에 기탁한 이들도 있었다. 이 때문에 위안스카이 살해와 위안스카이 보호라는 두 가지 문제는 일찍감치 무슨 유신파와 수구파, 황제당과 태후당 간의 싸움이 아니었을 뿐 아니라 또한 무슨 만주족과 한족의 다툼도 아니게 되었다. 그것은 이편의 세력가와 저편의 세력가 간의 권력투쟁일 뿐이었다." 량치차오 일파는 그 중간에서 자신들의 편의를 도모하려 했다.(앞의 책)

민국 시기의 재합작

경술년과 신해년 두 해(1910~1911) 사이에 특이한 회광반조回光返照[해가 지기 직전에 하늘이 잠깐 밝아짐] 현상이 나타났다. 한편으로 만주 귀족들이 중앙집권 명목으로 각 성 독무의 권력을 강제로 회수하기도 했고, 각 성을 다스리는 한족 관리들을 파면하거나 내직으로 옮기기도 했다. 전자는 위안스카이와 천춘쉬안 같은 사람이고, 후자는 장즈둥 같은 사람이었다. 또다른 한편으로는 만주 귀족 중에서 소장파를 발탁해 주요 부처의 상서나 주요 성의 총독을 맡겼다. 신해년(1911) 4월 조정에서는 새로운 내각 관제를 반포하여 군기처를 없애고 책임내각을 설치했다. 새로운 내각의 총리대신은 경친왕 이쾅이 맡았고 내각 임원 13명 중 만주족이 9명을 차지했다. 그중 황족이 7명이어서 사람들은 새 내각을 '황족내각皇族內閣'이라 불렀다. 황족내각이 등장하자 전국에서 여론이 들끓었고 입헌파는 극도로 실망감을 표시했다. 다음 날 청 정부는 전국의 간선철도 국유화정책을 발표하여 이전에 비준했던 간선철도 상업화 방안을 모두 취소했다. 이 조치로 전국이 진동하며 민원이 폭발했다. 지난 1년간 세 차례나 진행된 국회 청원 운동이 실패한 이래 국내 입헌파도 청 정부에 크게 불만을 품고 미래에 대한 희망을 포기했다. 7~8월 사이에 민의와 민권의 대표로서 각 성 자의국이 분분히 조정으로 철도 국유화에 반대하는 전보를 쳤고, 아울러 대규모 민중집회를 열고 정부를 향해 이미 내린 국유화 결정을 취소하라고 요청했다. 오래지 않아 쓰촨 총독 자오얼펑趙爾豐이 청원에 나선 민중을 총살하는 참사가 발생했다. 그 결과 전국 여론은 더욱 격렬해져서 마침내 (1911년) 8월 19일(양력 10월 10일)의 우창봉기武昌起義를 재촉하게 되었다. 우창봉기는 청 정부의 예상을 벗어난 사건이었다. 그들이 더욱 예상하지 못한 일은 20일도 안 되는 사이에 후난, 산시陝西, 장시江西, 산시山西, 윈난 성 등이 독립을 선포한 사실이었다. 뒤이어 신군新軍 제20진 통제統制 장사오쩡과 제2혼성협混成協 협통協統 란톈웨이가 군사를 동원하여 청 정부에 황족내각 개선, 국회 소집, 헌정 실행을 요구했다. 시국이 급박해지자 청 정부는 어쩔 수 없이 섭정왕 짜이펑 명의로 죄기조罪己詔[황제가 자신의 죄를 인정하는 조서]를 내렸다. 이후 또 자정원의 상소문을 비준하고, 황족내각 해산을 선포하고, 헌법을 기초하고, 정치금지 조치를 해제하고, 정치범을 사면하고, 아울러 위안스카이를 불러내어 시대적 어려움을 구하고자 했다.

위안스카이는 다시 중국의 정치무대로 돌아왔다. 또한 [청 정부는 1911년] 9월 초9일 조칙을 통해 량치차오에게도 한 줄기 활로를 열어주었다. 조칙에는 특별히 다음 같은 내용이 담겨 있었다. "무술년 이래 정변으로 죄를 지은 자, 이를 전후하여 정치혁명 혐의로 도피 중인 자, 이번 사태로 핍박을 당한 자 중에서 자발적으로 귀환하는 자는 모두 과거를 용서하고 일반 백성과 똑같이 대우한다. 이후 대청제국大淸帝國 신민은 법률을 어기지 않는 한 누구나 국가에 의해 보호받을 권리를 향유하고, 법률에 의거하지 않고 혐의만 가지고 마음대로 체포할 수 없다."(『량치차오 연보 장편』, 552쪽) 이것은 그들이 장차 정치 무대에서 다시 상봉함을 의미한다.

9월 초8일, 량치차오는 쉬쥔몐[쉬친]에게 보낸 편지에서 새로운 정세에 대한 계획을 상세히 밝혔다. 그중 대원칙은 다음과 같다. "북군北軍을 이용해 정부를 타도하고 국회를 열어 혁명당을 위로해야 나라를 구할 수 있지 그렇지 않으면 반드시 멸망할 것이다."(앞의 책) 북군은 바로 북양군이다. 이 때문에 "혹시 위안스카이와 화해해 이 난국을 극복할 수 있을지도 알 수 없다"라고 했다.(앞의 책, 554쪽) 량치차오가 보기에 당시 최대 위험 요소는 쑨중산과 황싱의 혁명당이 국가를 분열시켜 외국 세력이 어부지리를 얻는 경우였다. 이에 량치차오는 "따라서 혁명군이 만주인을 모두 죽이는 때가 바로 중국이 외국에 갈가리 찢기는 시기다"라고 했다. 그는 또 이렇게 말했다. "대저 만주인을 통한으로 여기는 마음이 어찌 우리가 혁명당보다 못하겠는가? 하지만 이처럼 뼛속까지 파고든 종기를 급하게 제거하다 보면 신체조차도 보전하지 못하기 때문에 잠시 과도적 조치를 취하지 않을 수 없다. 다만 입헌을 시행해 정권을 전부 국회로 귀착시키면 황제는 아무 실권 없는 폐물로 전락할 뿐이다. 따라서 국가의 형세가 정해지면 황제제도를 존치하든 폐지하든 국가대계에는 아무 상관이 없게 된다. 그런데 어떻게 그가 우두머리가 되어 학정을 행할 수 있겠는가? 우리 당이 입헌주의를 견지함은 무릇 이 때문이다."(앞의 책, 553쪽)

그들만의 생각으로 바란 것은 짜이타오를 이용해 금위군禁衛軍을 장악하고 짜이쩌와 이쾅에 대항하면서 필요할 때 궁궐문에 진주한다는 계획이었다. 그리고 이쾅과 짜이쩌를 축출한 뒤, 짜이타오 스스로 총리직에 올라 성쉬안화이盛宣懷를 죽여 천하의 민심을 기쁘게 하고 그날로 바로 국회를 개원하려고 했다. 동시에 바오딩保定 방위를 위해 주둔하고 있는 제6진에 연락하여 자신들을 위해 그들을 동원하고자 했다. 제6진의 통제 우루전吳祿貞은 일찍이 경자년(1900)에 탕차이창이 조직한 자립군 근왕봉기勤王起義에 참여한 적이 있어서 량치차오와도 교분이 있었다. 10여 일 뒤 상황이 변했다. 량치차오가 일본에서 귀국 길에 오를 무렵 우루전이 죽고 롼저우봉기灤州起義는 계획 중에 있었다. 량치차오는 장사오쩡과 란톈웨이 2군으로 베이징 질서를 회복하려던 계획을 바꾸지 않을 수 없게 되었다. 그는 출발 전에 또 쉬쥔몐에게 편지를 보냈다. 이 편지에는 "위안스카이와 화의를 맺고, 혁명당을 위로하고, 만주족을 압박하고, 한족을 부흥한다和袁, 慰革, 逼滿, 服漢"는 여덟 자 방침이 명확하게 드러나 있다.(앞의 책, 558쪽) 위안스카이가 다시 세상에 나온 지 얼마 되지 않은 (1911년) 9월 26일 통과된 신내각 명단에 량치차오가 법률부대신法律副大臣으로 임명되어 있었다. 쌍방이 이처럼 빨리 지난 혐의를 버리고 서로 호의를 보였지만, 이러한 조치가 결코 쌍방의 즉각적인 결합을 의미하는 건 아니었고 단지 시세를 잘 살펴 책략적인 안배를 한 데 불과했다. 솔직하게 말하자면 쌍방이 모두 이러한 시기에 성과를 올리려면 상대방 세력과 능력을 빌리지 않을 수 없다고 느꼈던 셈이다. 현재 신해혁명辛亥革命을 이야기하는 사람들은 쑨중산과 황싱만 거론하면서, 위안스카이는 반동파가 되어 나라를 훔쳤다고 평가하고, 량치차오와 입헌파는 아예 거론하지 않거나 거론하는 경우가 매우 드물다. 기실 이것은 옳지 못한 태도이며 신해혁명의 진면목을 모두 드러내는 연구라 할 수도 없다. 사실 신해혁명 진행과정에서는 입헌파 세력이 상당히 큰 영향력을 발휘했다. 이들 없이 오직 혁명당이나 위안스카이에게만 의지했다면 청 왕조를 전복하고 2000년 동안 지속된 봉건체제를 종식시킬 수 없었을 것이다. 량치차오는 입헌파의 정신적 스승이자 영도자였다. 이들이 혁명당과 위안스카이 사이에서 어느 한쪽으로 치우쳤다면 당시 힘의 균형이 크게 변화했을 것이다. 량치차오는 이 점을 간파하고 있었고, 위안스카이도 이 점을 간파하고 있었다. 그러나 공교롭게도 혁명당은 이 점을 간파하지 못한 듯하다.

중국은 어떤 정치체제를 채택해야 하는가?

하지만 량치차오는 애초에 벼슬에 대해 전혀 마음이 움직이지 않았다. 10월 초6일 자 『신보申報』 기사에 따르면 량치차오는 위안스카이에게 전보를 보내 자신에게 내려진 법률부대신 관직을 취소해달라고 간청했다. 아울러 이렇게 건의했다. "국민회의를 조속히 열고 전국의 인민대표를 모아 연방 국체냐 단일 국체냐, 입헌군주 정치체제냐 민주공화 정치체제냐와 같은 국가대사 및 국가의 통일조직 방법과 이치를 해결해야 합니다."(앞의 책, 563쪽) 량치차오는 이렇게 해야만 국가 분열이라는 참화에서 벗어날 수 있다고 인식했다. 같은 날 그는 또 뤄잉궁羅纓公[뤄둔룽罗惇曧]에게 편지를 보냈고, 그를 통해 위안스카이에게 자신이 관직에 취임하지 않는 이유 및 자신과 위안스카이의 합작 구상을 알려달라고 요청했다. 주요 내용은 다음과 같다.

저는 공화제 정체政體를 중국에 절대로 시행할 수 없음을 확신하고 시종일관 입헌군주제를 견지해왔습니다. 이 목적을 실현하려 오로지 샹청[위안스카이]에게 의지하고자 하는 것입니다. 그러므로 제가 샹청을 돕지 않으면 또 누구를 돕겠습니까? 방관이나 의혹이 대세가 되던 때는 이미 지나갔는데도 몸을 빼내 도피할 궁리만 하는 것은 제가 평생토록 절대 돌아보지 않던 일입니다. 저는 하나의 생각主義을 품으면 반드시 몸을 바쳐 그것을 준수하면서 강한 힘으로 강제해도 여태껏 두려워할 줄 몰랐습니다. 지난날 불법 정부와 싸울 때도 이 정신을 따랐고 오늘날 부정한 여론과 싸울 때도 이 정신과 함께할 것입니다. 샹청이 진정으로 나를 알고 있다면 이처럼 비열하고 비겁한 근성으로 저를 의심해서는 안 됩니다. 무릇 업무 추진은 성공을 귀히 여깁니다. 그러므로 명분보다 실질을 생각해야 하며 사람의 장점을 써야지 단점을 써서는 안 됩니다.

저는 샹청이 저와 흉금을 트고 손을 맞잡을 수 있다면 천하대사를 이룰 수 있다고 확신합니다. 비록 그렇더라도 지금 온 나라에 미친 바람이 부는 시절에 과격파가 가장 꺼리는 사람이 오직 우리 둘[량치차오와 샹청]인데, 우리가 힘을 합치면 함께 하나의 표적이 되어 우리에게 쏟아지는 수많은 화살을 맞아야 할 것입니다. 이는 소위 명분이 실질을 방해하는 일이 될 것입니다. 제가 자문해보건대 샹청에게 다양한 치세 도모 계책을 바칠 사람은 적지 않은 듯합니다. 그러나 오늘날의 계책은 난리 평정을 첫번째 뜻으로 삼아야 하므로 치세 도모는 두번째 뜻에 불과합니다. 난리 평정을 가지고 논해본다면 샹청은 윗자리에 앉아 만사를 주재하며 재정을 잘 관리해 군사를 다스릴 수 있을 테니, 이는 샹청의 장점입니다. 저는 언론으로 국민의 심리를 바꾸어 다수인을 과격에서 중립으로 옮아가게 하고 또 중립에서 온화한 상태로 나아가게 할 수 있으니, 이는 저의 장점입니다. 이처럼 길을 나누어 공을 세우기 위해 노력한다면 각자 장점을 이용할 수 있을 것입니다. 저는 이 일을 스스로 맡아 반드시 정부와 관계를 끊고 국민께서 점차 저의 견해를 들어주시기를 바라고 있습니다. 저 껍질뿐인 자리에 나아가서 샹청에게 도움을 줄 수 있는 일이 얼마이겠습니까? 저는 더이상 발언할 여지도 없어질 것입니다. 이것이 소위 장점을 버리고 단점을 쓴다는 것입니다. 심사숙고하시어 반드시 먼저 이러한 결점을 제거해야 방법이 생길 것입니다.

량치차오는 또 이렇게 말했다.

공화제의 병폐는 지금 벌써 단서를 드러내고 있습니다. 아직 3개월도 지나지 않았는데 국민은 공화제가 사갈蛇蝎[뱀과 전갈]처럼 국가대사를 파괴하는 걸 혐오하며 치세를 도모할 방법을 갈구하고 있습니다. 이때야말로 우리의 주의主義를 펼쳐볼 때입니다. 이 3개월 동안 가장 중요했던 것은 도성을 무탈하게 보호하는 일이었습니다. 그 착수 방법은 귀족들을 융화하고 국가 재정을 지탱하는 것이었는데 샹청께서 물론 잘 처리해주었습니다. 그다음은 전체 정세를 유리하게 이끌어 여론을 바꾸는 일입니다. 제가 불민하지만 남몰래 생각건대 이 일을 맡을 수 있을 듯합니다. 저는 다른 장점은 없지만 국민 심리의 기미를 잘 파악하고 언론으로 그들이 가려워하는 곳을 긁어 부지불식간에 사람들 마음을 바꿀 수 있습니다. 남몰래 생각건대 이 분야 일을 할 때 국민 중에서 저를 따라올 사람은 아무도 없을 것입니다. (앞의 책, 569~570쪽)

량치차오의 말은 일리가 없지 않다. 언론으로 여론에 영향을 미쳐 국민 심리를 바꾸려 하는 사람은 자신의 독립된 신분을 확보해야 언론의 객관성과 공정성을 보증받을 수 있고 또 설득력까지 갖출 수 있다. 량치차오의 최초 이상은 입헌군주제와 개화된 전제제도였고, 무혈과 평화 방식으로 사회 형태의 전환을 실현하는 일이었다. 당시 그는 「신중국 건설 문제新中國建設問題」를 발표하여 이론 부문에서 국체와 정체 문제를 해결하기 위한 의견을 제공하고자 했다. 이글은 상하 두 편으로 나뉘어 있다. 상편에서는 단일 국체와 연방 국체 문제를, 하편에서는 허군공화虛君共和[영국처럼 명목상의 임금을 국가원수로 삼는 공화제] 정체와 민주공화 정체 문제를 논의했다. 왜 연방 국체 문제를 제기했는가? 량치차오는 먼저 이렇게 말했다. "우리 나라가 크게 통일을 이루어온 지는 2000년이 넘었다. 따라서 단일국과 연방국의 문제는 본래 발생할 수 없는 문제다."(『음빙실합집·문집』 제27권, 27쪽) 그러나 우창봉기 이후 아주 짧은 기간에 각 성이 계속 독립을 선포했다. 그리하여 연방국을 만드는 방식으로 새로운 통일을 이룩하자고 주장하는 사람들이 생겨나기 시작했다. 량치차오는 이러한 사람들을 비웃으며 "이 어찌 너무 우회하는 수단이 아니겠는가?"라고 했다. 이는 돌아가는 굽이가 너무 크다는 뜻이다. 즉 [중국은] 본래는 대통일 국가였는데 몇몇 작은 나라로 분할되었으니 다시 그 나라들을 연합해 큰 나라로 만들자는 것이다. 이렇게 하는 의의는 어디에 있는가? "오늘날 전국의 준재를 모아 단일한 신중국 건설을 도모한다 해도 오히려 인재가 모자랄까 두려운데, 어찌 먼저 20여 나라를 건설할 여력이 있단 말인가? 이는 자세히 생각하지 않을 수 없는 일이다. 단일한 신중국을 건설하는 일은 옛 통일 중국에서 새 통일 중국으로 나아감이니 일을 하기가 어려운 듯하지만 오히려 쉽다고 할 수 있다. 20여 개 나라를 먼저 건설하는 일은 무에서 유로 나아감이니 일을 하기가 쉬운 듯하지만 기실은 어렵다. 이 또한 자세히 생각하지 않을 수 없는 일이다."(앞의 책, 29쪽)

량치차오에게 가장 큰 걱정은 바로 국가가 분열되어 조각조각 찢기는 상황이었다. 이 때문에 그는 줄곧 오늘날 중국에서 가장 중요한 점은 바로 튼튼한 통일 중앙정부를 세우는 일이라 호소했다. 그는 또 이 튼튼한 통일 중앙정부가 허군공화제를 시행할지 민주공화제를 시행할지도 문제가 된다고 했다. 량치차오는 이 공화제 정치체제에도 여섯 가지가 있다면서 그 우열과 이해득실을 비교했다.

제1종, 국민이 대통령을 공개로 선출하고 대통령은 행정권을 장악하는 공화 정치체제. 이것이 공화 정치체제에서 가장 유명한 체제로 미국이 시행하고 있으며 중남미 여러 공화국도 모두 여기에 속한다.

제2종, 국회에서 대통령을 공개 선출 하지만, 대통령은 [의회 다수당의 신임에] 책임을 지지 않는 공화 정치체제. 프랑스가 여기에 속한다[지금은 이와 다름].

제3종, 국민이 종신 대통령을 선거하는 공화 정치체제. 로마 아우구스티누스 시대와 프랑스의 나폴레옹 1세와 나폴레옹 2세 시대에 시행한 적이 있다.

제4종, 국가수반을 두지 않는 공화 정치체제. 스위스연방이 여기에 속한다.

제5종, 명목상의 군주를 추대하는 공화 정치체제. 영국이 여기에 속한다.

제6종, 명목상의 명예 수반을 추대하는 공화 정치체제. 영국령 자치 연방이 여기에 속한다. (앞의 책, 34~35쪽)

량치차오는 이 여섯 가지 공화제를 설명하며 "제3종, 제4종, 제6종은 깊이 토론할 필요가 없다"고 했다. 그는 중국인이 가장 익숙하게 알고 있는 것은 제1종과 제2종에 불과하고 특히 실행을 갈망하는 것은 제1종 즉 미국식 공화제라고 했다. 이 때문에 량치차오는 이 공화제에 대한 관점을 중점적으로 토론했다. "이것은 여러 공화제 중에서 가장 졸렬한 제도로 오직 연방국에서만 시행할 수 있지 단일국에서는 절대 시행할 수 없다. 오직 미국에서만 운용할 수 있지 다른 나라에서는 절대 운용할 수 없다. 만약 우리나라에서 경솔하게 그것을 모방하려 했다간 치세治世를 이룰 수 없을 뿐만 아니라 반드시 혼란을 조장하게 될 것이다."(앞의 책, 37쪽) 왜 이렇게 말하는가? 량치차오는 네 가지 이유를 들고 있다.

첫째, 무릇 입헌국은 국가원수 아래 반드시 별도로 행정부를 설치하고 입법부에 대해 책임을 진다. 두 기관은 서로 조절하고 도와주며 국가를 다스려 편안하게 한다. 유독 미국만은 그렇지 않다. 저들에게도 본래 행정부 국무대신[장관]들이 있지만 그러나 이들은 오직 대통령에 대해서만 부하로서 책임을 지고 의회에는 아무 책임도 지지 않는다. 대저 각각의 계통이 서로 관련이 없기 때문이다. 그럼 행정부 수반인 대통령은 의회에 책임을 지는가? 아니, 아니다! 의회도 국민의 선거로 뽑히고 대통령도 국민의 선거로 뽑히니 두 기관이 제약을 받는 곳은 동일하다. 그러므로 두 기관은 서로 업신여기지 못한다. 따라서 미국 정부는 기실 의회에 책임을 지지 않는 정부다. 유럽 입헌국에서 말하는 소위 책임내각제의 대의와는 정반대 제도라고 할 수 있다. (앞의 책)

그런데 어째서 미국 정부는 전제정치로 흐르지 않는가?

미국은 연방제 국가로 정치권력의 대부분이 각 주州 정부에 있다. 권력의 일부를 떼서 중앙정부에 준 것은 기실 지극히 미미한 부분에 불과하다. 이 미미한 정권에 그 입법권조차도 전부 양 의회에 있고, 행정부에는 법률 제안권과 법률 거부권도 없다. 나머지 행정권의 주요 부분도 상원이 견제를 한다. 이 때문에 미국 행정부는 실권이 매우 협소하며 그 권력도 지극히 허약하다. (앞의 책)

량치차오는 당시 중국이 범과 이리 같은 열강의 각축장으로 전락했기 때문에 강력한 정부가 없어서는 안 된다고 인식했다. 그는 또 미국 루스벨트 대통령이 이미 자기 정부의 약점을 간파하고 개혁하려 하는데 우리는 어째서 그 전철을 밟으려 하느냐고 질타했다.

둘째, 사정이 이와 같다면 대통령에게 광대한 권한을 부여함은 어떤가? 량치차오는 물론 가능하지만 결과적으로는 전제주의라는 옛길로 돌아갈 뿐이라고 했다. 이 점은 중남미 여러 나라 상황을 살펴보면 곧바로 알 수 있다. 그의 설명은 이렇다. "중남미 여러 나라는 모두 미국 성문헌법을 답습하여 건국했으므로 이름만 살펴보면 민주공화국이다. 그러나 국민이 학정에 시달리는 현실은 군주제 전제국가보다 심하다."(앞의 책, 38쪽) 왜 그렇게 되었는가? "미국 정치의 대부분은 연방제 각 주에서 나온다. 그러나 저들 중남미 국가는 모든 정치권력이 중앙에 집중해 있다. 대권大權이 모여 있는 곳에 대해 다른 국가기관은 그 책임을 물을 수 없다. 그러므로 그들이 독재를 하지 않으려 해도 그것이 어찌 가능하겠는가?" 그래서 량치차오는 중국이 미국의 방법을 채택한다면 정부 권한이 너무 작아져서 목전의 정세에 적응할 수 없고, 중남미를 본받게 되면 정부 권력이 너무 커져서 틀림없이 전제주의로 나아가게 된다고 했다. 이 때문에 량치차오는 "미주의 법체계를 우리 나라에 시행하면 진실로 한 가지도 가능한 게 없다"라고 했다.(앞의 책)

셋째, 미주 법체계를 채택해 정부 권력을 강화하면 또다른 문제에 봉착할 수 있다. 바로 끊임없이 혁명이 발생해 국가에 영원히 편안한 날이 없어지게 되는 문제다. 량치치오는 그 원인을 분석해 다음 같은 결론을 내렸다. "유럽 여러 나라는 국가원수가 초연히 정부 위에 존재한다. 정부는 국회에 대해 책임을 지므로 국민이 정부에 만족하지 않게 되면 정부 내각은 모두 사임해야 한다. 정부 교체가 너무 빈번한 것은 국가의 복이 아니지만 질서 파괴에까지는 이르지 않고 있다. 그러나 위기는 국가의 뿌리에까지 미치고 있다. 미주 제국의 대통령은 행정부 수장이지만 임기가 정해져 있어 의회 의 취사선택에 따라 진퇴가 좌우되지 않는다. 그러므로 국민이 정부에 만 족하지 못하면 혁명 말고 무슨 방법을 쓸 수 있겠는가? 대저 국가원수와 행정부 수장을 한 사람이 겸임하는 것은 진실로 천하에서 가장 위험한 일 이다. 전제군주 국가에서 혁명이 쉽게 일어나는 까닭이 바로 이 때문이다. 미주 여러 공화국에서 혁명이 쉽게 일어나는 까닭도 바로 이 때문이다."(앞 의 책, 38~39쪽)

넷째. 대통령 선거문제. 미국 같은 나라에서도 대통령 선거 때마다 양당 이 육박전을 벌이고 전국에서 소란이 일어난다.(앞의 책, 39쪽) 미국에는 정 당이 단지 두 개만 있고 민중의 소양이 비교적 높은 덕분에 국가 동란으로 옮아가지는 않는다. 중남미 여러 나라는 선거 때마다 "시체가 들판을 덮는 데, 중무장한 군대가 없으면 정권을 얻을 수 없다."(앞의 책) 따라서 이런 나 라들은 흔히 군사정치에 빠져들어 "앞뒤로 서로 도살을 일삼느라 국가는 영원히 침체의 늪에서 허우적거리며 오랜 세월이 지나도 그 수렁에서 헤어 나오지 못한다."(앞의 책) 그들이 이처럼 목숨을 걸고 싸우는 까닭은 대통령 이란 권력에 쉽게 유혹되기 때문이다. 미국 대통령처럼 권력에 제한이 많 다 해도 수많은 사람이 자나 깨나 그것을 추구한다. 이 때문에 량치차오는 중국에 미국식 민주공화제를 실시하면 대통령이 되기 위한 투쟁의 격렬함 이 그 어떤 나라보다 심할 것이라고 걱정했다. 민국 초기의 역사가 이미 량 치차오의 근심이 기우가 아니었음을 증명해주었다.

량치차오는 다음과 같이 주장했다.

결론적으로 우리 나라에서 미국식 제도를 시행하기 위해서는 갖가지 선결문제를 반드시 연구해야 한다. 첫째, 미국의 중앙 공화정부는 기실 연방 공화정부 위에 건설되었다. 저들의 연방은 수백 년 관습이 쌓여 이루어졌다. 우리 나라가 이 지극히 짧은 시간 동안 저들처럼 튼튼한 연방을 만들어낼 수 있겠는가? 둘째, 미국의 정치권력 대부분은 연방 각 주에 있고 거기에서 중앙정부에 갈라준 것은 아주 작은 부분이다. 우리 나라가 그것을 모방해 오늘날 시대 상황에 적응할 수 있겠는가? 셋째, 미국은 절대적 삼권분립을 시행하고 있다. 입법권에 행정부는 관여할 수 없다. 이를 과연 우수한 제도라 할 수 있을까? 우리 나라에서 이 제도를 채택해 나라를 강성하게 할 수 있을까? 넷째, 미국은 영국 청교도가 이주해 세운 나라여서 양대 정당 위주로 정치 풍토가 형성되었다. 이 때문에 정쟁도 질서정연하게 전개된다. 우리 나라 사람들도 저들에 비해 손색없는 정쟁을 할 수 있을까? 다섯째, 미국 건국 초기에는 땅이 겨우 13주에 불과했고 인구도 300만에 불과해 선거기관도 일찌감치 완비될 수 있었다. 오늘날 우리 나라 형세는 저들과 같은가? 다른가? 나는 미국 공화제를 본받고 싶은 사람으로서 이런 여러 문제에 더욱 주의해보고자 하는 것이다. (앞의 책, 41쪽)

그럼 프랑스 제도는 어떠한가? 량치차오는 미·불의 제도와 불·영의 제도를 비교한 뒤 프랑스 제도가 네 가지 측면에서 미국 제도보다 더 우수하다고 했다.

첫째, 대통령 선거에 전 국민이 투표에 참여하지 않기 때문에 분쟁의 범위가 협소하다.
둘째, 프랑스 대통령은 입헌군주국 군주와 마찬가지로 의회 신임에 책임을 지지 않기 때문에 권력도 없다. 이에 사람들은 대통령이 되려 다투지 않는다. 따라서 분란의 정도가 심하지 않다.
셋째, 대통령이 정부 밖에서 초연하므로 정치를 하다가 민심을 만족시키지 못해 그 정도가 극에 달하더라도 내각이 총사퇴하는 것으로 그칠 수 있다. 이는 미주 법체계에서 대통령과 정부가 일체를 이루어 불공평한 정치를 시행하다 혁명을 야기하는 것과는 다른 점이다.

넷째, 정부는 국회 다수당이 조직하므로 입법부와 행정부는 항상 연계 활동을 할 수 있다. 이는 미국의 극단적 삼권분립의 정체停滯와는 다른 점이다. (앞의 책, 41~42쪽)

그렇다면 미국 제도가 프랑스 제도보다 우수한 점은 없는가? 량치차오는 있다고 생각했다. 즉 미국 제도가 우수한 점은 정부와 대통령을 동일하게 본다는 점에 잘 표현되고 있다고 여겼다. 그의 인식은 다음과 같다. 미국 국회는 대통령과 정견이 맞지 않더라도 대통령 정책에 간섭하기가 어렵다. 그러나 프랑스는 이와 다르다. 프랑스 대통령은 지위는 안정적이지만 내각은 빈번하게 교체된다. 따라서 한 가지 정책을 끝까지 관철하기가 어렵다. 프랑스가 세계 경쟁에서 항상 뒤떨어지는 이유도 이런 제도와 무관하지 않다. 하지만 량치차오는 결론적으로 이렇게 주장했다. "프랑스 제도는 시행하다가 잘못되어 끝 간 데까지 가더라도 나라가 약해지는 데 그칠 뿐이지만 미국 제도는 시행하다가 잘못되어 끝 간 데까지 가면 나라가 혼란에 빠져 멸망하게 된다."(앞의 책)

량치차오는 프랑스 제도와 영국 제도를 비교한 뒤에는 영국 제도가 두 가지 측면에서 프랑스 제도보다 더 우수하다고 여겼다.

첫째, 영국 국왕과 프랑스 대통령은 정부와 국회 밖에 초연하게 존재한다는 점에서는 같다. 그러나 영국 국왕은 정당에 가입하지 않지만 프랑스 대통령은 정당의 힘에 의지해 선출된다. 대통령과 총리가 같은 당이면 정책 시행에 그리 큰 장애가 발생하지 않는다. 그러나 이런 경우는 사실 매우 드물다고 할 수 있다. 프랑스 내각은 몇 달에 한 번씩 교체되므로 어떻게 총리가 항상 대통령과 같은 당일 수 있겠는가? 같은 당이 아닐 경우 대통령은 항상 자신의 법정 권한을 이용해 음으로든 양으로든 총리를 견제한다.

둘째, 영국 국왕은 이름이 국왕이지만 사실 토우±偶와 같다. 이러한 지위는 왕위를 세습하는 것으로서만 가장 적합할 뿐이다. 프랑스 대통령은 선거로 뽑히기 때문에 일국의 재능 있는 명망가가 아니면 당선될 수 없다. 일국의 재능 있는 명망가가 한가하게 빈둥거리며 몇 년 임기짜리 장식품으로 충당되고 있으니 국가를 위해 애석한 일이 아닐 수 없다. (앞의 책, 42~43쪽)

량치차오는 현행 각종 정치체제를 비교한 뒤 영국의 입헌군주제보다 더 좋은 정치치제는 없다고 하면서 이렇게 이야기했다. "그 제도를 시행함에 억조창생 위에 한 세습 군주를 세워 높여주는 점은 전제군주 국가와 다름이 없다. 그러나 정치는 크건 작건 모두 내각에서 나오고 내각은 처음 구성될 때 반드시 국회 다수당의 신임을 얻어야 한다. 그리고 국회는 국민의 공개 선거로 구성되므로 국민의 총의를 대표한다. 이는 실제로 미국과 프랑스 등의 나라처럼 주권이 국민에게 있다는 점과 아무런 차이가 없다. 이 때문에 국법을 연구하는 학자 중 어떤 사람은 영국 제도를 공화제에 넣기도 한다. 유독 다른 점은 한 세습 군주를 내세워 국가의 장식품으로 삼는다는 것이다."(앞의 책, 43쪽)

분명 량치차오 눈에는 영국의 제도가 가장 이상적인 정치체제로 비쳤다. 그가 볼 때 이 체제는 오늘날처럼 국가와 국가 간의 경쟁이 나날이 치열해지는 시대에 강력한 정부를 구성할 수 있고, 또 정부가 강력해진 후 독재로 흐르는 걸 방지할 수 있는 제도였다. 그러나 그는 이 글에서 중국에 도대체 어떤 제도를 시행해야 할지에 대해서는 명확한 의견을 표시하지 않았다. 그는 다만 입헌군주제가 가장 좋고 목전의 중국 상황에 가장 적합하긴 하지만 중국인들에게 받아들여질지 여부는 감히 단언할 수 없다고 했다. 왜냐하면 량치차오는 청 통치자들의 잘못된 소행으로 중국인들이 입헌군주제 혹은 허군공화제를 수용하기는 불가능해졌고, 또 이 사이에 서로 뛰어넘기 어려운 민족감정 문제가 가로놓여 있음을 분명하게 알고 있었기 때문이다. 이러한 상황하에서는 민주공화제를 시행할 수 없는 이유도 저렇게 많고 허군공화제를 시행할 수 없는 이유도 이렇게 많으므로, 신중국 건설은 절망적 상황에 빠져들고 만다. 량치차오는 원대한 식견과 끈질긴 집념으로 "내가 관찰한 소견을 모두 동원하여 국민 앞에 그 장단점을 하나하나 진술하고 전 국민의 신중한 선택을 바라고자 한다"고 했다.(앞의 책, 46쪽)

여러 차례 도박 끝에 위안스카이가 승리하다

량치차오는 위의 글을 선통 3년(1911) 9~10월 사이에 발표했다. 당시 남북 쌍방은 화의대표단和議代表團을 출범시켰다. 독립과 광복을 선언한 남방 각 성의 수석대표는 우팅팡伍廷芳[자는 원줴文爵, 호는 즈융秩庸]이었고, 북방 위안스카이의 수석대표는 탕사오이唐紹儀[자는 사오촨少川]였다. 이 두 사람은 광둥 성 광저우 부廣州府 동향[우팅팡은 신후이, 탕사오이는 향산香山, 즉 지금의 중산中山 사람이다]이었을 뿐만 아니라 청 조정의 부원대신部院大臣을 지낸 동료이기도 했다. 둘은 10월 18일 상하이에서 제1차 정식회의를 개최했다. 담판은 위안스카이의 생각에 따라 입헌군주제를 마지노선으로 삼고 진행해야 했다. 이 기간 량치차오는 뤼잉궁 등을 파견해 여러 차례 위안스카이와 접촉을 갖고 자기주장을 전달하면서 위안스카이의 태도를 이해한다고 했다. 뤼잉궁은 10월 3일 량치차오에게 보낸 편지에서 위안스카이의 말을 이렇게 전달했다. "나[위안스카이]는 결국 19조의 목적을 견지할 것입니다. 내가 다시 세상으로 나온 건 입헌군주제를 견지하려는 목적이었고 지금도 이 생각에는 변함이 없습니다."(『량치차오 연보 장편』, 567쪽) 여기에서 말하는 19조는 바로 청 정부가 선통 3년(1911) 7월 13일 우창봉기에 대응하고자 반포한 입헌 강령이다. 그러나 남방의 혁명당은 황제제도 타도와 청나라 타도를 목표로 삼고 있어서 위안스카이의 이 말을 일고의 가치도 없는 것으로 여겼다. 수석대표 우팅팡은 담판 시작 전에 한 가지 선결조건을 제시했다. 바로 북방에서 반드시 먼저 민주공화제를 인정해야 한다는 조건이었다. 그렇게 하지 않으면 회담을 진행할 필요가 없다고 했다. 탕사오이는 서둘러 위안스카이의 지시를 요청하고, 국체문제는 국민회의 소집 때까지 보류했다가 다시 표결하자고 건의했다.

오래지 않아 국민회의 대표들이 제의하는 방법을 놓고 쌍방 간에 심각한 의견 차이가 생겼다. (1911년) 11월 12일(양력 12월 31일), 중화민국 임시정부가 난징에서 성립을 선포하기 하루 전날 탕사오이는 위안스카이에게 비밀 전보를 쳤다. 주요 내용은 이러했다. "상하이에 도착한 뒤 혁명군이 공화제를 견지하는 바람에 결국 토론할 방법이 없었습니다. 처음에는 국민회의 결의를 거치자는 한 가지 대책을 제시했으나 당연히 전체가 반대했습니다. 여러 가지 방법을 제시하고서야 이 결과[국민회의 대표들이 제의하는 방법을 쓰자는 결과]를 얻었습니다. [참석자들은] 지금 북방의 의견을 이미 반대하고 있고, 연일 회의에서 결정한 조항들은 궁바오宮保[위안스카이]께서 인정하지 않고 있습니다. 저희는 재능과 식견이 용렬하고 나약해 직무를 수행함에 아무 성과도 내지 못하고 있습니다. 이에 내일부터 다시는 회의 장에 나가지 않겠습니다."(『뤄바오산 평점 위안스카이 편지駱寶善評點袁世凱函牘』, 334쪽) 국체문제는 국민회의 소집 때까지 보류했다가 다시 표결하자고 제의한 데 대해 남북 쌍방이 모두 받아들이지 않아서 여러 방법을 제시한 끝에 지금의 결과를 얻게 되었다는 설명이다. 그러나 논의가 국민회의 대표들이 제의하는 방법에까지 이르자 위안스카이는 이를 승인하지 않았고, 그는 하는 수 없이 대표직 사표를 내고 담판에 나가지 않았다.

위안스카이의 이러한 행동에는 자기 나름의 이유가 감춰져 있다. 탕사오이와 우팅팡이 상의해 결정한 이 방법에 따르면 남방은 장차 14개 성으로 북방의 8개 성을 상대하게 된다. 이렇게 되면 회의 시작을 기다릴 필요도 없이 북방의 열세는 이미 결정된 것이나 다름이 없다. 따라서 위안스카이는 당장 전보를 통해 이 협상을 인정할 수 없다고 선언함과 동시에 탕사오이의 행위가 담판 대표의 권한을 벗어난 월권행위라 지적하면서 탕사오이에게 협상 대표직에서 사퇴하라고 압력을 넣었다. 당시 위안스카이의 심리를 보면 상당히 미묘한 점이 발견된다. 다음 날이 바로 선통 3년 11월 13일(양력 1912년 1월 1일)이었다. 이날 쑨중산은 난징에서 임시대총통 취임 선서를 하고 당해 연도를 중화민국中華民國 원년으로 개칭했다. 쑨중산이 임시대총통으로 취임하기 전 일이긴 하지만, 혁명당은 위안스카이와 암묵적 합의를 통해, 만약 그가 정식으로 공화제에 찬성한다고 선언해주면 그를 대총통으로 추대하는 데 동의하겠다고 한 적이 있다. 쑨중산도 취임 전에 위안스카이에게 전보를 쳐서 자신은 단지 "임시로 총통직을 수행할 뿐"이니 실제로는 "대총통 자리를 비워놓고 기다리는 것"과 같다고 이야기했다.(『쑨중산 연보 장편孫中山年譜長編』, 605쪽) 하지만 위안스카이는 쑨중산이 대총통에 취임하자 한 가닥 불쾌한 마음에 사로잡혔다. 이때 탕사오이가 또 제 마음대로 국민회의 대표들이 제의하는 방법에 따르겠다고 동의했다. 오랜 친구인 멍랑孟浪의 행동도 그를 불만족스럽게 했다. 바로 이날 또 두 가지 일이 발생했다. 하나는 북양군 장수 펑궈장馮國璋과 돤치루이段祺瑞 등 48명이 연명으로 전보를 띄워 "죽음으로 입헌군주제를 옹호하며 민주공화제 정치체제에는 반대한다"라고 선언한 사건이었다. 다른 하나는 청 정부의 외국 주재 외교관들이 모두 러시아 주재 공사 루정샹陸徵祥을 필두로 청 황제 퇴위 전보를 보낸 사건이었다.(『무부가 나라를 맡다武夫當國』 제1책, 104~105쪽) 이 두 가지 사건은 모두 위안스카이가 배후에서 기획한 일이다. 한편으로 위안스카이는 청 정부를 향해 자신과 북양군이 황상을 옹호하고 황실 이익을 보위한다는 사실을 믿게 하려 했고, 다른 한편으로는 혁명당을 향해 자신이 반드시 청 정부 편은 아니지만 만일 자기 요구를 만족시켜주지 않으면 자신이 장악하고 있는 북양군으로 전쟁도 할 수 있다는 사실을 암시하려 했다.

재미있는 사실은 남북 대표가 협의해 결정한 대책, 즉 국민회의 대표들이 제의하는 방법에 따른다는 대책을 위안스카이가 받아들이지 않았을 뿐만 아니라 쑨중산도 이를 명확하게 반대했다는 점이다. 쑨중산은 선통 3년 11월 초6일(양력 1911년 12월 25일) 오전 '디완샤호地灣夏號'를 타고 상하이에 도착했고, 4일 뒤인 11월 10일(양력 12월 29일)에 17성省 대표들에 의해 중화민국 임시대총통으로 선출되었다. 이날 남북 대표들이 제3차 회의를 개최했다. 이들은 국민회의를 소집해 입헌군주냐 민주공화냐의 국체문제를 결정하자고 결의했다. 남북 대표들은 다음 날 제4차 회의를 열고 국민회의 조직과 명칭 및 소집 방법을 결정했다. 다시 하루가 지나고 나서 (1912년

1월 1일) 중화민국 건국이 선포되었고 임시대총통도 취임 선서를 했다. 그리고 남북 대표들은 국민회의에서의 국체 결정 문제를 토론했다. 여기에서도 알 수 있듯이 국민회의는 소집하기도 전에 매우 난감한 상황으로 빠져들고 있었다. 그래서 위안스카이는 중화민국이 건국되고 사흘째 되던 날 바로 쑨중산에게 전보를 쳤다. "입헌군주제와 민주공화제 문제는 지금 국민투표에 부쳐 공개 결정 한다 해도 어떻게 결정될지 예측할 수 없습니다. 임시정부에서 하는 말을 감히 따를 수 없습니다." 쑨중산도 바로 그에게 전보를 쳐서 자신이 화의和議를 반대하지 않는 것은 남북 전쟁이 발발해 국민이 도탄에 빠지는 걸 보고 싶지 않기 때문이지 "민주니 군주니 하는 것은 고려 대상이 아닙니다"라고 했다.(『쑨중산 연보 장편』, 619쪽)

남북 회담은 이렇게 되자 기본적으로 정지 상태로 빠져들었다. 1월 2일 위안스카이는 탕사오이의 사표를 수리하고, 다시 우팅팡에게 베이징으로 와서 자신과 직접 담판하자고 청했다. 우팅팡은 그의 요청을 거절했다. 우팅방은 오히려 방향을 바꾸어 위안스카이에게 남하하도록 권했지만 이 권유도 물론 위안스카이가 수용하기 어려웠다. 이후 담판은 전보를 통해 진행되었고 위안스카이는 직접 우팅팡과 교섭했다. 이 무렵 암암리에 양두와 왕징웨이도 활동을 강화하자 혁명당 내부에서 위안스카이와 타협해야 한다고 주장하는 사람들이 우위를 점하게 되었다. 쑨중산은 한결같이 위안스카이와 결별하고 북벌을 준비해야 한다는 생각이었지만 실제로는 쌍방이 모두 전쟁을 할 만한 자본이 없었다. 따라서 당시 쌍방에게 가장 좋은 방법은 여전히 타협일 수밖에 없었다. 그리하여 위안스카이는 자기주장을 양보하고 쑨중산이 제의한 "공화주의 절대 찬성" "참의원 제정 헌법 준수" 등 5개 항목 조건을 수용했다.(앞의 책, 636쪽) 혁명당도 기본적으로 위안스카이가 제의한 청 황실 우대 조건을 받아들였다. 이 기간 중 1월 16일에 위안스카이는 북방 혁명당 당원에게 폭탄 테러를 당했으나 다행히 참화를 면했다. 열흘 후 청 황실 귀족의 소장파이고, 금위군의 실제적 통령統領이고, 종사당宗社黨의 핵심 인물이고, 혁명당과의 최후 결전을 강력하게 주장하던 량비良弼가 혁명당원 펑자전彭家珍이 던진 폭탄을 맞고 다음 날 사망하는 사건이 발생했다. 이 두 차례 폭탄 테러 사건으로 위안스카이는 눈코 뜰 새 없이 바빠졌으며, 이 사건으로 간담이 서늘해져 좌불안석이 된 짜이펑과 융유태후는 최종적으로 황제를 퇴위시키고 생명을 보장받을 수밖에 없었다.

1912년 2월 12일 청 황제[마지막 황제 푸이]가 퇴위를 선언했다. 다음 날 쑨중산도 사퇴 의사를 밝히며 세 가지 조건을 제시했다. 첫째, 임시정부 수도를 난징에 건설한다. 둘째, 위안스카이 대총통이 난징으로 와서 취임할 때 쑨중산 대총통과 각 국무위원은 함께 사직한다. 셋째, 위안스카이 대총통은 반드시 임시로 제정한 약법約法을 준수해야 한다. 쑨중산의 의도는 이러한 방법으로 위안스카이를 통제해 공화제가 중도에 폐지되지 않게 하기 위한 것이었지만 위안스카이는 이 같은 통제를 받아들일 리 없었다. 2월 15일 난징 임시 참의원은 만장일치로 위안스카이를 임시대총통에 선출했다. 아울러 위안스카이를 남쪽으로 맞아와 대총통에 취임할 수 있도록 전권대사를 파견했지만 위안스카이는 제의를 완곡하게 거절했다. 위안스카이는 2월 21일 쑨중산에게 보낸 전보에서 자신이 남행할 수 없는 몇 가지 이유를 제시한 후 특유의 수완을 발휘하며 말했다. "제가 반복해서 생각해 본 결과 역시 쑨 대총통께서 사임하는 것보다 제가 퇴임하는 것이 더 좋을 듯합니다. 대체로 국민이 세운 정부와 국민이 뽑은 총통께서 통일을 도모하시는 편이 비교적 편리할 것입니다. 오늘의 계책으로는 오직 난징 정부가 북방의 각 성 및 각 군軍의 타협책을 수용하는 방법이 있을 뿐입니다. 그럼 저도 즉각 전원으로 돌아가 공화국 국민이 되겠습니다."(『뤄바오산 평점 위안스카이 편지』, 336쪽)

위안스카이가 베이징에 의지한 채 남하하지 않으려 하자 난징 정부에서는 접견단을 파견해 위안스카이를 남쪽으로 모셔오려 했다. 접견단 수석대표가 바로 임시정부 교육총장 차이위안페이였다. 위안스카이에게도 물론 그만의 방법이 있었다. 2월 29일 베이징 주재 북양군 장수 차오쿤의 제3진이 군사정변을 일으켰고 그 영향이 계속해서 바오딩과 톈진 일대로까지 확장되었다. 이 무력시위는 확실히 공포심을 유발했다. 위안스카이를 맞아가

1912년 2월, 위안스카이를 난징으로 맞아오기 위해 쑨중산에 의해 파견된 사절단이 베이징에서 찍은 기념사진. 앞줄
왼쪽 첫째 왕징웨이, 왼쪽 둘째 류관슝, 왼쪽 넷째부터 웨이천쭈魏宸組, 차이위안페이, 뉴융젠鈕永建.

기 위한 접견단은 더이상 그의 남행을 고집할 수 없게 되었을 뿐만 아니라 난징의 임시 참의원으로 전보를 보내 위안스카이가 베이징에서 총통에 취임할 수 있게 해달라고 요청했다.

다음 날 쑨중산은 「중화민국 임시약법中華民國臨時約法」을 선포했다. 「임시약법」에서는 쑹자오런이 주장한 내각책임제를 채택해 참의원과 국무원에 아주 큰 권력을 부여했다. 이를 통해 위안스카이를 통제하려는 속셈이었다. 쑨중산은 원래 내각책임제를 반대하고 대통령중심제를 주장해왔다. 그는 귀국 후 바로 다음 날 개최된 동맹회 최고간부회의에서 대통령중심제와 내각책임제 선택을 놓고 토론을 벌였다. 이 일로 쑨중산은 쑹자오런과 의견 차이가 생겨 결국 서로 불쾌한 마음을 갖게 되었다. 황싱이 중간에 나서서 쑹자오런에게 고집을 버리라고 권했지만 쑹자오런은 끝까지 자기 견해를 견지하며 타협하려 하지 않았다. 쑨중산이 대통령제를 고집한 이유는 기실 아주 간단했다. 그는 여러분이 이미 나를 대총통으로 천거했으므로, 그것에 상반되는 법률, 즉 나를 경계하는 내각제 법률을 만들 수는 없을 것이라고 인식했다. 이 때문에 난징 임시정부에서는 대총통이 절대 권력을 갖는 대통령제를 시행하게 되었다. 그러나 「임시약법」에서는 내각책임제를 채택해 내각 총리가 의회의 신임 여부에 책임을 지도록 했고, 대통령의 정책 강령도 반드시 내각 총리의 서명을 받아야 효력을 발휘할 수 있도록 했다. 이렇게 한 목적은 바로 위안스카이의 권력을 제한하여 그의 간악한 성격이 팽창하지 못하게 하려는 데 있었다. 이 무렵에는 쑨중산도 내각책임제를 더는 반대하지 않았다. 왜냐하면 그도 분명하게 인식한 바와 같이 이제 총통직을 위안스카이에게 양보했으므로 그의 야욕을 방비할 대책을 마련하지 않을 수 없었기 때문이다.

이처럼 특정한 사람 때문에 내용이 바뀐 법률은 시작부터 분란의 불씨를 안고 있었다. 위안스카이는 절대로 쉽게 통제할 수 있는 인물이 아니었다. 위안스카이 자신도 량치차오가 이전에 언급한 바와 같은 대총통 즉 정부 밖에 초연하게 자리해 책임도 없고 권력도 발휘할 수 없는 프랑스식 허수아비 대총통은 절대로 되고 싶어하지 않았다. 그는 청 황실과 교섭할 때는 내각제를 주장한 적도 있다. 그러나 그때는 그 자신이 내각 총리대신으로 황실과 권력을 다투어야 했기 때문에 내각제를 이용하지 않을 수 없었다. 지금은 상황이 달라졌다. 신분이 바뀌어 자신이 대총통이 되었다. 따라서 자연스럽게 자신이 가지려는 권력을 다른 사람이 빼앗아가는 걸 바라지 않게 되었다. 더욱이 자신의 손에는 총이 있고 또 자신은 정치적 수완을 발휘하는 데 뛰어난 효웅梟雄이 아닌가? 따라서 근본적으로 「임시약법」 따위는 안중에도 없었다. 위안스카이는 남하해 대총통에 취임하라는 요청에 이의를 제기하면서도 「임시약법」에 대해서는 한마디 말도 하지 않았다. 이는 그에게 틀림없이 「임시약법」에 대항할 방법이 있었음을 말해준다. 민국 시기 가장 유명한 기자인 황위안융黃遠庸[필명 위안성遠生]은 이렇게 썼다. "「임시약법」 반포 이후에, 위안스카이를 배척하는 사람들은 그의 전횡을 통제할 수 있게 되었다고 했지만 그를 비호하는 사람들은 주먹을 불끈 쥐며 탄식했다. 기실 웅대한 재략을 지닌 위안 공은 사통팔달 거침없이 행동하며 어려운 상황에서도 여유만만하게 일을 처리했다. 대총통에 취임한 지 1년도 안 되어 대권을 하나하나 모두 수중에 넣었다. 「임시약법」에 규정된 갖가지 제한도 위안 공을 통제할 수 없었다. [위안 공은] 마치 우리 나라 소설가들이 묘사한 둔갑술에 달통한 기인 같았다. 즉 몸이 묶인 상태에서 하늘과 땅을 가리키며 주문을 외면 자신의 몸을 묶고 있던 포승줄이 모두 끊어지는 것과 같았다. 이런 상황은 위안스카이를 통제하려던 사람들이 미처 예상하지 못한 결과였고, 위안스카이를 비호하는 사람들도 이제 탄식할 필요가 없는 결과였다."(『위안성 유저遠生遺著』 상책, 권1, 6쪽) 실제로 위안스카이는 바로 이와 같은 사람이었다. 위안스카이 입장에서는 무슨 군주제, 민주제, 입헌제, 공화제 등이 모두 채택하지 못할 제도가 아니었다. 자신이 권력을 얻는 데 악영향을 끼치지 않는다면 무슨 제도를 시행하든 그는 전혀 개의치 않았다.

량치차오가 재정문제와 정당문제를 이야기하다

량치차오는 처음부터 위안스카에게 희망을 품고 있었다. 그는 당시 중국 상황에서는 위안스카이의 힘을 빌려야만 정치적 이상을 실현할 수 있음을 분명하게 알고 있었다. 그러나 그는 위안스카이가 정치적 이상을 위해 자신의 권력 욕망을 버릴 수 있을지 그리고 버릴 마음이 있을지는 깊이 탐구하지 않았다. 따라서 그는 위안스카이가 마음을 열고 자신과 손을 잡을 수 있으면 함께할 수 있는 천하대사가 매우 많을 것이고, 자신도 진심으로 위안스카이를 위해 좋은 계책을 낼 수 있으리라 낙관했다. (1912년) 2월 23일 량치차오는 장문의 편지를 위안스카이에게 보냈다. 그는 편지에서 재정문제와 정당문제를 언급하면서 위안스카이에게 이 문제가 금후 끝까지 공명功名을 유지할 수 있느냐 없느냐의 문제와 연관되어 있다고 말했다. "이제 나라의 큰일이 정해져서 민심은 혼란을 싫어합니다. 지금은 지극히 우둔한 사람이라도 몰래 도발을 일으키지 못할 것이고, 군사를 거느리고 은인자중하고 있는 한두 군벌도 그 뿌리가 매우 박약하기 때문에 중앙정부의 위세를 흔들 수 없을 것입니다. 이 때문에 군사상의 어려움에 대해서는 거의 우려하실 필요가 없습니다." 그러나 정부의 재정문제가 갈수록 심각한 위기로 치닫는다면서 "옛날 세금의 절반 이상은 마땅히 경감해줘야 하지만, 새로운 세원稅源에 대한 예상을 할 수 없습니다"라고 했다. 즉 재정 수입이 거의 절망적인 상황으로 빠져들고 있는데도 정치자금과 군사자금 지출은 늦출 수가 없어서 그 규모가 늘어나기만 하고 줄어들지는 않는다는 것이다. 따라서 량치차오는 "오늘날 상황에 근거해 중국 재정을 계산해보면 관중管仲이나 유안劉晏4이 다시 살아난다 해도 외채에 도움을 받지 않을 수 없을 것입니다"라고 토로했다. 심지어 그는 "지금의 중국이 1억 이상의 외채를 빌리지 않는다면 건설 자금으로도 부족할 것"이라고 인식했다. 그러나

---

4 관중은 중국 춘추시대 제나라 재상으로 토지등급에 따라 세금을 걷고 농업을 발전시켰으며 염전업과 제철업을 육성해 부국강병을 꾀한 인물이다. 유안은 중국 당나라의 정치가로 당시 안녹산의 난으로 궁핍해진 재정을 회복시킨 인물이다(유안은 또한 이 책 16장 주 26 참조).

량치차오는 양호한 경제정책이 없으면 외채도 빌릴 수 없고, 외채를 빌렸다 하더라도 불량한 용도로 쓸 수밖에 없기 때문에 국가에 새로운 화근을 남길 뿐이라고 정부를 일깨웠다. 그는 또 이렇게 말했다. "외채를 빌려서 잘쓸 수 있으면 구국의 명약이 될 수 있지만 잘 쓸 수 없으면 망국의 화근이될 뿐입니다." 또 이렇게 주장했다. "이러한 까닭에 외채를 얻지 못하면 진실로 오늘날의 페르시아가 됨을 면치 못하겠지만, 외채를 얻었다 해도 어찌 지난날의 이집트가 되지 않는다고 보장할 수 있겠습니까?" 이 때문에 량치차오는 신정부 성립 이후 응당 '체계적인 재정 계획'을 마련해 가능한한 빨리 "천하에 밝게 선포해야 한다"고 지적하면서 이렇게 해야 열강의 재정 간섭 악몽에서 벗어날 수 있다고 했다. 그는 이러한 원칙에 입각해 새로운 경제 재정 정책을 도출해야 한다고 했다. "조세정책, 은행정책, 공채정책을 하나로 합해 국민 생계의 미세한 부분부터 숨통이 트이게 하고 그것을 잘 이끌어나가 이용하면 유익한 점이 많을 것입니다."(『량치차오 연보 장편』, 615~616쪽)

이는 량치차오가 10년 동안 연구해서 얻어낸 매우 건설적인 의견이라 할수 있다. 전해오는 말에 의하면 2년 전 량치차오는 중국의 재정 개혁 문제에 대해 10만 자에 이르는 의견서를 써서 다른 사람을 통해 짜이쩌에게 전달한 적이 있는데, 짜이쩌가 이 글을 읽어봤는지 여부조차 알 수 없었고, 이에 따라 량치차오 의견이 채택될지 여부는 더더욱 기대할 수 없었다고한다. 『음빙실합집·문집』을 살펴보면, 선통 2년(1910)의 량치차오 글들은 대부분 재정과 경제 문제를 연구한 저작임을 알 수 있다. 그는 27편 100만~200만 자에 달하는 글에서 외채, 공채 발행, 세수, 화폐, 정부 예산과 재정 경비, 지방 재정과 중앙 재정 관계 등의 문제에서 모두 깊이 있게 사고하며 연구를 진행했다. 위안스카이는 량치차오의 의견을 아주 중시하면서 "이 부문에 대한 연구가 너무나 세밀하여 지금 세상에는 공과 짝할 사람이 없습니다"라고 칭찬했고, 아울러 "새로운 저작을 계속 발표하여 경제문제에 대해 제가 좋은 방침을 갖도록 해주십시오"라고 부탁했다.(앞의 책, 619~620쪽) 량치차오도 힘을 기울여 1912년 6월 「재정문제 상의서財政問題商榷書」

를 완성했고 이를 공화건설토론회共和建設討論會를 통해 인쇄·발표했다.[이 글은 『음빙실합집』에는 수록되지 않았고 나중에 샤샤오훙夏曉虹 선생에 의해 『음빙실합집·집외문』에 「재정문제 상의서 초편財政問題商榷書初編」이란 제목으로 수록되었다. 이 중 을편乙編인 「외채 상환 계획에 대한 의견서償還外債計劃意見書」는 바로 1910년에 쓴 「국채 상환에 관한 의견서償還國債意見書」인데, 이 글은 이미 『음빙실합집·문집』 제21권에 수록되어 있다.] 량치차오는 이 글에서 자신의 경제 재정 정책을 상세하게 논술했다. 그 핵심은 바로 국가 신용을 높이는 데 있었다. 그는 또 중앙은행과 국민은행을 창립하여 중국의 화폐[지폐]를 발행하자고 했다. 즉 화폐와 국가 재정이 밀접한 관계를 맺으려면 화폐 가치에 대한 보증 준비를 잘해야 한다는 것이다. 당시 국제적으로 통용되던 제도는 금본위제였고 은행이 발행하는 화폐는 그 은행의 황금 축적량과 반드시 일치해야 했다. 어떤 은행이 발행한 화폐를 보유하고 있는 사람은 수시로 은행에서 현금現金으로 바꿀 수 있어야 했다. 이 현금은 현재의 지폐가 아니라 현물로서 진정한 가치를 지니는 황금이었다. 이러한 태환제도兌換制度가 확립되자 정부는 재정적으로 수억 원의 자기 채무를 짊어질 가능성이 있게 되었다. 말하자면 은행에서 1위안元의 화폐를 발행하는 일은 대중에게 1위안의 빚을 지는 것과 같다. 게다가 이것은 이자도 갚을 필요가 없고 상환 기한도 없는 채무다. 하지만 "채권자가 급하게 갚으라 하지 않는다고 어찌 항상 그것을 갚을 생각을 하지 않을 수 있는가? 이 때문에 반드시 같은 양의 자산이나 채권을 모아두고 빚을 없앨 방법을 강구해야 한다. 그런 연후에야 신용을 얻을 수 있다." 즉 "은행은 또다른 채권을 마련해 자신이 진 빚에 보증을 서지 않을 수 없다. 따라서 국가에서 공채公債를 발행하면 은행에서 그것을 인수해야 한다. 그리하여 은행은 대중에 대해서는 채무자지만 국가에 대해서는 채권자가 된다." 그리고 이왕이면 화폐제도도 반드시 통일해야 했다. 중국은 당시 낙후된 국가여서 본위 화폐가 없었을 뿐만 아니라 은위안銀元과 은량銀兩을 혼용하면서도 순은의 함량조차 동일하지 않았다. 또한 지폐와 엽전도 여전히 유통되고 있었다. 이러한 옛날 화폐의 유통을 퇴출시키려면 일정한 기한 내에 옛날 화폐를 모두 새 화폐로 교환해줘야 했다. 즉 "현금을 모두 흡수하지 않고서는 태환의 기초를 튼튼히 하여 신용도를 높일 수 없게 된다. 따라서 빌려온 외채를 중앙은행에 존치하여 앞으로 의지해야 할 자본으로 삼아야 한다. 외국환이 유출되면 태환의 기초가 흔들리기 때문에 외국은행에 거금을 저축해 그 위험을 조절해야 한다. 외채를 잘 사용하기 위해서는 오로지 이 두 가지 방법에 의지해야 한다."(『음빙실합집·집외문』 하책, 1310~1312쪽)

량치차오는 외채를 빌려 쓰는 데 반대하지 않았다. 그는 다만 맹목적으로 외채를 빌리고 그것을 함부로 쓰는 데 반대했을 뿐이다. 량치차오는 일찍이 러시아 재무장관 세르게이 율리예비치 비테Sergey Yulyevich Witte의 예를 들어 비테도 파산에 임박한 러시아 정부를 구제하기 위해 외채를 빌릴 수밖에 없었지만, 외채에 대한 생각이 치밀하고 규모도 원대하여, 몇 년 지나지 않아 러시아를 소생시켰다고 했다.(『량치차오 연보 장편』, 616쪽) 위안스카이조차도 "어찌하면 러시아 재상 비테와 같은 사람을 얻어 일을 맡길 수 있을까?"하고 감탄한 적이 있다.(앞의 책, 619쪽) 그러나 중국에는 비테 같은 관리가 없었을 뿐만 아니라 설령 있었다 하더라도 민국 초기 같은 상황에서는 아마도 자기 능력을 발휘하기 어려웠을 것이다. 중국으로 들어온 열강 세력이 차관의 주도권을 단단히 장악하고 있었기 때문에 당시 중국에서 차관은 완전히 정치적인 것이었다. 열강들은 위안스카이에게 차관을 제공하고 그가 다만 안정적으로 정국을 유지할 수 있도록 도움을 주려 했을 뿐이었다. 중국 정부가 차관을 통해 경제발전을 이루고 더 나아가 민족 독립을 실현하도록 절대로 내버려두지 않았다. 탕사오이는 외국 은행 간의 경쟁을 부추겨 조건이 더 좋은 차관을 얻으려 시도했지만 결과적으로 실패한 뒤 자신도 국무총리직을 사임하고 쓸쓸히 퇴장해야만 했다. 그의 뒤를 이어 여섯 나라 은행단과 협상에 나선 재정총장財政總長 슝시링도 금방 진퇴양난의 곤경에 빠져들고 말았다. 탕사오이는 은행단과 300만 량의 은 입체금墊款[立替金] 계약에 서명하는 동시에 또 「임시 입체금 지출 감시 장정監視開支暫時墊款章程」에 서명해 국내에 커다란 풍파를 불러일으켰다. 그의 행위는 남방 혁명당원들에 의해 '매국행위'로 질책당했다. 본래 그가 서명한 이 차관은 장차 황싱이 난징유수처南京留守處에서 군인들을 제대시키거나 군인들에게 봉급을 줄 때 쓰기 위한 비용이었다. 하지만 당시 그는 이 돈을 위해 결국 재정부 부근에 정확한 재정 조사와 재정 계산을 위한 부서를 설립하고 중국 재정을 감독하려 했을 뿐만 아니라 중국의 군대까지 감독하려 했다. 황싱은 이 조치를 수용할 수 없었다. 그는 참의원에서 슝시링을 질책하여 이 조약을 파기하도록 요청했고 아울러 불태환권不兌換券을 발행하고 국민 성금을 받아 곤경에 처한 국가 재정 문제를 해결하자고 건의했다.

량치차오는 국내 여론에 외채 반대 경향이 있음을 목도하고, 외국 자본단이 중국 위기에 편승해 재정과 군사 감독 조건을 제시하며 중국을 마음대로 하려는 것은 폭력적 강도행위에 해당하므로 마음 깊이 증오해야 할 일이라고 했다. 그러나 그는 또 이렇게 말했다. "국내 상황을 자세히 살펴보면 진실로 잠시 외국 자본을 빌려 종잣돈으로 삼지 않고서는 비록 완벽한 계획이 있다 해도 착수할 방법이 없다."("음빙실합집·집외문』하책, 1323쪽) 량치차오는 또 다음과 같이 지적했다. "우리 국민은 외국 자본을 미워하는 게 아니라 외국 자본을 빌미로 우리 재정을 감독하려는 나쁜 결과를 미워할 뿐이다. 그러나 현 정부는 아무 계획도 없이 무절제하게 외채를 낭비하고 있음이 분명하므로 외국에서 우리를 믿지 못하는 것은 우리가 자초한 결과가 아니겠는가?"(앞의 책, 1308쪽) "이것이 바로 우리 당에서 경솔하게 무책임한 발언으로 외채 거부를 떠들며 여론에 영합하지 않는 까닭이다." (앞의 책, 1323쪽) 량치차오가 보기에 국민 성금, 강제 공채公債, 불환지폐不換紙幣 이 세 가지는 조금이라도 책임감 있는 정치가라면 제기할 수 없는 방법이었다.

량치차오는 먼저 국민 성금은 강제로 추진해서는 안 된다고 했다. 그렇지 않으면 강제 징수와 무슨 구별이 있겠는가? 비록 성금 모금을 국민의 애국심에 호소한다고는 하지만 국민의 경제 사정이 극도로 궁핍할 때는 애국심에 기대는 방법도 제한적일 수밖에 없다. 다음으로 강제 공채에 대해 량치차오는 "생계상의 원칙에 근거하지 않고 재정상의 이치를 응용하지 않는다면" 어떤 긍정적 결과도 얻을 수 없고, 지나치게 과격하게 시행하면 민란이 일어날 가능성도 있다고 주장했다. "대저 국민 성금과 강제 공채는 모두 아무 효과도 거둘 수 없는 망상에 불과하므로 거론할 필요조차 없다. 마침내 그것을 실행할 수 있다 해도 국민 생계에 미치는 영향이 어떠할지 깊이 고려하지 않을 수 없다. 전국의 불법 자금을 흡수해 국가 행정의 경비로 제공하면 국민이 무엇을 믿고 생산에 종사할 수 있겠는가? 국민의 산업이 활기를 잃게 되면 세원도 고갈될 것이니 국가에 또 무슨 이익이 있겠는가?" 이것은 기실 연못의 물을 모두 말려 물고기를 잡는 방법과 같다. 그리고 량치차오는 불환지폐에 대해서 그것은 국가 재정의 비상수단이므로 국가가 위급한 상황에 처했을 때는 모험을 감행하는 일도 가능하지만, 결국은 지폐 남발 문제가 생겨날 수밖에 없을 것이니 현 정부에 자기 절제력과 성의가 있다고 그 누가 보증할 수 있겠는가?라고 주장했다. 따라서 량치차오는 "우리 당도 감히 보증할 수 없는 일일 뿐만 아니라 아마 국민 전체도 감히 보증할 수 없을 것이다"라고 했다.(앞의 책, 1324쪽) 량치차오는 이 문제를 더욱 명확히 서술하기 위해 또 「불환지폐에 대한 우리 당의 의견吾黨對於不換紙幣之意見」이란 글을 썼다. 이 글에서 그는 불환지폐를 황급히 시행할 수 없는 원인과 강제 시행으로 초래될 위험과 폐단에 대해 깊이 있는 토론을 진행했다. 그는 자신이 제출한 일련의 경제개혁 방안을 반드시 실행해야 한다고 거듭 강조했지만 역사는 그에게 기회를 주지 않았다. 주관적 측면에서든 객관적 측면에서든 지금 우리도 그가 처한 현실에서 아무런 희망도 발견할 수 없다.

량치차오가 편지를 통해 위안스카이와 토론한 두번째 문제는 바로 정당 관련 문제였다. 그것은 신정부 출범 이래 각계에서 관심을 가장 많이 기울이던 문제였다. 량치차오는 위안스카이에게 자신의 당을 조직하는 일이 현재 가장 절실한 문제라고 지적했다. 왜냐하면 "이미 공화제를 정체로 삼은 이상 다수 여론의 지지를 받지 못하면 그 사람은 유력한 정치가가 될 수 없기" 때문이라는 것이다. 게다가 량치차오는 "정치를 잘하는 사람은 반드시 남몰래 여론의 주도자가 된 뒤 밖으로는 여론의 충복으로 자처한다"고 했다.(『량치차오 연보 장편』, 617쪽) 그는 위안스카이가 개화된 전제제도開明專制

를 시행하도록 희망했지만 개화된 전제제도와 여론 복종은 결국 상호 모순된 측면을 포함할 수밖에 없었다. 소위 개화된 전제제도란 바로 전제제도를 시행하는 동시에 여론에도 따르는 제도이므로 반드시 정계에서 활약하는 사람들을 모아 정당을 결성한 뒤 자신을 위해 봉사하도록 해야 한다고 주장했다. 량치차오는 위안스카이를 위해 목전의 정계에서 활약하는 사람 중 어떤 사람을 믿어야 하고 어떤 사람을 경계해야 하는지 분석해주었다.

오늘날 국내 정계에서 활약하는 인사는 대략 세 파로 나눌 수 있습니다. 첫째 구舊관료파, 둘째 구입헌파, 셋째 구혁명파입니다. 구관료파는 공께서 평소에 위무慰撫하는 자들인데 마땅히 도태시켜야 할 용속한 소인배들을 제외하고 그 나머지 훌륭한 선비들은 대부분 경험이 풍부해 행정부 중견이 되어야 할 사람들입니다. 그런데 그들을 입법부로 들어가게 하여 당파 간 논쟁에 경쟁을 시킨다면 진실로 그들의 장점을 쓰지 않는 게 됩니다. 대저 우리 공의 위치로 보면 행정부를 이끌어가는 일은 걱정할 게 없습니다. 하지만 가장 마음을 써야 할 일은 입법부에서 동정자를 확대하는 것입니다. 그 방법은 진실로 구관료파 밖에서 구하지 않을 수 없습니다. 구혁명파는 지금 이후 두 파로 갈라질 것입니다. 저들은 순전히 감정으로 일을 처리하는 자들이므로 시종일관 우리 공과 합작할 수 없을 것입니다. 뒷날 정부가 다소 가지런하고 엄숙한 정치를 펴더라도 비방을 마구 퍼부을 것입니다. 그러나 이 파는 성격을 보면 단지 파괴에 적합할 뿐 건설에는 적합하지 않습니다. 정치적 활동에서도 틀림없이 큰 세력을 얻을 수 없고 인원의 많고 적음이나 세력의 흥망성쇠도 일정하지 않을 것입니다. 저들은 수가 지극히 많다 해도 끝내 질서 있는 정당으로 결집할 수 없을 것입니다. 정부가 저들을 다루는 방법은 절대 압력을 가해서는 안 된다는 것입니다. 압력을 가하면 오히려 과격함만 부추겨 저들의 기세를 틀림없이 사납게 만들 것입니다. 그렇다고 저들에게 고분고분 따라서도 안 됩니다. 고분고분 따르면 저들의 교만을 키워주게 되어 역시 저들의 기세를 사납게 만들 것입니다. 오직 건전한 거대 정당을 이용해 서로 공정한 당쟁을 하게 하면 저들은 저절로 열세를 보이게 될 터이니 근심거리가 될 수 없을 것입니다. 건전한 거대 정당은 반드시 구입헌당과 혁명당 중에서 정치적 사상이 있는 사람들에게서 구해야 할 것입니다. 그렇지만 이 두 파 사람들은 사회적 출신과 지위도 일정하지 않아서 생사를 걸고 열성적으로 활동하는 사람도 있고 사회적 분위기를 잘 파악해 세력에 따라 부화뇌동하는 자도 있습니다. 사회적 분위기를 잘 파악하는 사람들에 대해서도, 그들의 약삭빠른 처신에 근거해 그들이 아무 쓸모가 없다고 말할 수는 없습니다. 정당이 지향해야 할 길은 광대한데 어찌 특별한 절개와 앞뒤 친소관계로 범위를 제한할 수 있겠습니까? 오직 이런 자들에게 의지해야 할 일이 많을수록 더욱 좋을 것이니 무엇을 혐오하며 무엇을 의심하겠습니까? 하지만 당의 기반을 튼튼히 하려면 반드시 열성적으로 활동하는 사람을 중견 간부로 삼아야 할 것입니다. 이들의 마음을 기쁘게 하여 복종시킬 수 있으면 있는 힘을 다해 적을 막을 터이니 그 위세에 대항할 사람은 아무도 없을 것입니다. 이들의 마음을 잡지 못해 이들을 적의 위치에 서게 하면 그가 주먹도 약하고 용기도 없는 사람이라 해도 그를 경시할 수 없을 것이고, 그가 필부라 해도 정부로 하여금 제때에 밥을 먹게 할 수 없을 것입니다. (앞의 책, 617~618쪽)

량치차오의 귀국과 출로

량치차오는 물론 구입헌파에 속했고, 구입헌파의 정신적 지도자라고까지 할 수 있지만 그의 친구 중에는 구입헌파도 있고 또 구관료파 및 나름대로의 정치적 사상을 갖춘 구혁명파도 있다. 그들은 각자 속셈이 있었기 때문에 위안스카이와의 연대 및 량치차오의 귀국 시간에 대해서 서로 상이한 관점을 갖고 있었다. 량치차오의 만목초당 동문 쉬친과 마이멍화 등도 량치차오의 다음 계획에 대해 의견이 달랐다. 당시 위안스카이와 연대를 주장하는 사람들이 많았지만 그중 다수는 량치차오의 즉각적인 귀국을 주장하지 않았다. 시기가 아직 무르익지 않았다는 이유에서다. 이러한 상황에서 량치차오와 위안스카이의 서신 왕래와 연락 업무는 주로 뤄잉궁, 란궁우藍公武, 탕줴둔, 판위안롄, 량스이 등이 담당했다. (1912년) 10월 29일 란궁우는 량치차오에게 편지를 보내 위안스카이가 캉유웨이와 량치차오 선생의 뜻을 받들겠다고 했다면서 "두 분 선생께서는 오늘날 중국의 난국을 정리할 힘이 있는 분이니, [두 분을] 깊이 신뢰합니다"라는 말을 전했다. "그[위안스카이]의 뜻을 추측해보건대 두 분 선생님을 추앙하는 데는 두 가지 이유가 있는 듯합니다. 하나는 두 분 선생님의 힘을 빌려 인재를 두루 모은 뒤 여론을 만회하려는 의도입니다. 다른 하나는 두 분 선생님께서 화교들과 연락하여 재정을 정리해주기를 바라는 의도입니다." 란궁우는 또 11월 초에 량치차오에게 편지를 보내 위안스카이 및 남방 혁명당의 상황을 보고했다. 주요 내용은 다음과 같다. "이전에 몇 통의 편지에서 샹청[위안스카이]이 선생님[량치차오]과 연락을 원하고 또 자금 지원도 해주겠다는 등의 말을 한다고 알려드린 적이 있습니다. 이 모두는 리류시李柳溪가 정식으로 전달해준 샹청의 말입니다. 이 일을 어떤 방법으로 처리해야 할지 선생님의 답장을 기다리고 있습니다. 다만 저희 견해로는 지금은 겉으로만 연락해야지 가볍게 움직여서는 안 된다고 생각합니다. 싸움이 시작된 후 남방의 예기銳氣가 모두 꺾였을 때 우리가 나서서 크게 활동해야 합니다. 대체로 남방이 필패하리라는 것은 식자들이 일찌감치 예상한 바입니다. 그러나 샹청의 병력이 강하긴 해도 그 힘을 빌려 14개 성을 평정하는 일은 현재 대세로도 불가할 뿐만 아니라 역량으로도 불가한 일이고 마음으로도 감히 그렇게 할 수 없을 것입니다. 이 때문에 남방을 패퇴시킨 후 샹청은 틀림없이 국민회의를 수습 무대로 삼을 것입니다. 우리는 이때 활동해야 합니다." 란궁우는 또 량치차오에게 이렇게 알렸다. "저희가 단체를 조직하려 하지만 인재들이 사방으로 흩어져 있고 베이징 사람들은 대부분 용렬하고 우둔한 무리여서 대계를 함께 논의할 수 없습니다. 하지만 샹청에 반대

하며 조용하게 때를 기다리는 사대부도 적지 않습니다. 남방 사대부 중에
도 우리를 동정하는 사람이 꽤 많지만 혁명군 위력 앞에서 감히 경거망동
하지 못하고 시기가 무르익기를 기다려 거대 정당을 발기하려고 대기 중입
니다.(앞의 책, 579~580쪽)

    란궁우는 자가 즈셴志先으로 장쑤 성 우장吳江 사람이다. 어린 나이에 일
본으로 유학해 도쿄제국대학을 졸업하고 귀국하여 량치차오를 스승으로
모셨다. 그는 장쥔마이, 황위안융과 함께 『소년중국주보少年中國週報』를 창간
했다. 당시 사람들은 이 셋을 '량치차오 문하의 세 소년梁啓超門下三少年' 또는
'신중국 세 소년新中國三少年'이라 부르기도 했다. 그들은 모두 량치차오가 베
이징에 심어놓은 눈과 귀였다. 남북 쌍방에 무슨 상황이 발생하면 그들은
신속하게 량치차오에게 보고했다. 량치차오와 관계가 밀접했던 사람으로
는 뤄잉궁도 있다. 그는 량치차오와 동문이었고 민국 건국 후에는 총통부
비서, 참의, 고문을 지내면서 위안스카이와도 접촉했다. 량치차오와 위안
스카이의 최초 접촉은 바로 뤄잉궁이 소식을 전하면서 시작되었고, 그도
비교적 일찍부터 량치차오와 위안스카이 간의 합작을 주장했다. 10월 초
3일, 그는 량치차오에게 편지를 보내 먼저 위안스카이와의 접촉 상황을 보
고했고 이어서 시국, 남북회의, 외국인의 간섭 상황 등을 이야기했다. 10월
초6일, 량치차오는 뤄잉궁에게 답장을 보내 자신이 귀국해 직위를 맡을 수
없는 이유 및 위안스카이에게 제출할 몇 가지 건의를 그에게 대신 전달해
달라고 부탁했다. 10월 23일, 뤄잉궁은 다시 량치차오에게 편지를 보내 위
안스카이가 입경入京 후 어떻게 만주족을 핍박해 병권을 차지하고 짜이펑
을 퇴위시켰는지, 그리고 입헌군주제와 민주공화제에 대한 그의 태도는 어
떠한지에 대해 소개했다. 뤄잉궁은 또 다음과 같이 언급하고 있다. "북군
장령將領들은 대부분 위안스카이와는 친구들이어서 단결력이 매우 강합니
다. 그들은 위안스카이 명령만 들을 뿐, 만주족에 대해서는 아랑곳 않고
혁명에 대해서는 더더욱 아랑곳하지 않습니다. 위안스카이는 이들의 힘에
의지해 자기 세력을 튼튼하게 유지할 수 있었습니다." 이틀 후 뤄잉궁은 또
량치차오에게 편지를 써서 당시 진행되던 남북 화의에 관한 상황을 소개하

면서 남북 대표들이 이미 우한에서 상하이로 옮겨갔고 양두를 파견해 참찬參贊으로 삼았으며 판징성도 동행하도록 초청했다고 했다. 뤄잉궁은 또 왕징웨이의 태도도 언급하고 있다. 즉 왕징웨이가 남북 평화를 주장하면서 쌍방 간의 입장 차이를 조정하려고 적지 않은 노력을 기울였고, 이 때문에 이미 상하이의 각 신문이 왕징웨이를 공격하고 있다고 했다. 뤄잉궁은 또 남북 각 성 대표는 대부분 헌우회憲友會 사람들이고 서로 오랜 친구라고 하면서 그들이 보내온 편지에 근거해 다음과 같이 소개했다. "대세는 이미 공화제로 기울었습니다. 임금의 보위에 대해 입을 열면 바로 매도당합니다. 아마도 함께 공화제로 진입하지 않을 수 없을 듯합니다. 앞으로 민주공화제에 얽힌 문제를 해결하려면 반드시 샹청을 총통으로 삼아야 합니다. 양두는 샹청이 나폴레옹처럼 될 수 있다는 말을 합니다." 또한 당시 신문 보도에 의하면 탕사오이도 공화제 주장에 힘을 쏟고 있었다. 이 편지에서는 또 량스이의 말을 인용하여 신문사 창립에 관한 일을 언급하고 있다. 량스이 말에 의하면 량치차오는 입헌군주제를 주장하는 가장 유력한 인물이므로 만약 그가 신문을 창간하여 주필을 맡으면 틀림없이 여론을 바꿀 수 있을 것이라고 했다. 량스이가 이렇게 말한 의미는 바로 위안스카이에게 운영 자금을 부탁해 그들의 기관지를 내자는 것이었다. 뤄잉궁은 이 일에 대해 "간접적으로 그렇게 한다면 애초에 불가한 일은 아니다"란 태도를 보였다.

(1912년) 11월 22일, 남북 회담이 경색 국면으로 접어들자 탕사오이는 결국 사직했다. 위안스카이는 우팅팡과 직접 전보로 협상을 진행했지만 쑨중산의 개입으로 거의 결렬되어 쌍방이 전쟁을 하지 않으면 안 될 지경으로 빠져들었다. 뤄잉궁은 편지를 보내 신문 창간 일을 언급하면서 량스이와 자세하게 상의한 뒤 그에게 지금 절대로 상하이로 가지 말라고 일깨웠다. 뤄잉궁은 계속해서 이렇게 말했다. "상하이에서 사형선고가 내려졌고 각 신문에 두루 실렸는데, 공께서는 어찌 그 사실을 몰랐습니까? 베이징 관리 몇 명이 상하이에서 우연히 공화제를 비난하다가 혹자는 잡혀가고 혹자는 목숨을 잃었습니다. 그곳이 불구덩이인줄 전혀 몰라서 그곳으로 들어간 것

입니다. 톈진에 있는 『민의民意』 등의 신문은 저들 파당[혁명당]의 분명한 기관지인데 날마다 캉유웨이와 량치차오의 추태를 묘사하고 있고, 어제는 또 량치차오가 변장하고 도성으로 들어가 위안스카이와 비밀 협상을 진행했고, 지금은 위안스카이 거처에 숨어 있다는 등의 기사를 실었습니다. 제 생각으로는 공께서 계획한 바가 있더라도 반드시 옛날 계책을 고수하며 은인자중하십시오. 공의 자리를 벗어나면 즉시 위험에 노출되어 온갖 시시비비에 얽혀들 것이기 때문에 절대로 움직여서는 안 됩니다." 청 황제가 퇴위하기 전인 12월 9일과 18일에 뤄잉궁은 량치차오에게 두 차례 편지를 보내위안스카이 측의 상황을 상세하게 보고했다. "샹청은 백 개 천 개 술수를 마음속에 숨기고 있어서 외부 사람들은 그 의도를 추측할 방도가 없습니다."(앞의 책, 589쪽) 당시 위안스카이는 남방 혁명당과 북방 청 정부 사이에 자리를 잡고, 자기 입장에서 청 정부를 협상 카드로 삼아 남방 임시정부에 최대 이익을 요구했고, 또다른 편에서는 남방 혁명당으로 청 정부를 위협하며 권력을 내놓으라고 압박했다. 그는 과부[융유태후]와 그 자식[마지막 황제 푸이]을 괴롭힌다는 악명을 쓰고 싶어하지 않았다. 따라서 그의 행위는 분명 음험하고 공명정대하지 못했다. 뤄잉궁은 또 청 황실의 상황에 대해서도 언급했다. "앞서 이틀 동안 공저恭邸[공친왕]가 매우 격분했고, 짜이쩌도 위안스카이의 사직을 들어주자고 적극 주장하면서 례량을 시켜 내각을 조직할 수 있다고 했습니다. 그러나 저들은 말로만 떠들 뿐입니다. 태후는 절대로 위안스카이의 사직을 들어주지 못할 테고, 위안스카이도 틀림없이 사직하지 않을 것입니다. 저들은 분분히 전쟁을 주장하고 있고 전쟁을 할 수 없는 것도 아니지만, 저들이 전쟁을 하면 의화단사건 때의 전철을 밟게 될 것이므로 한갓 패퇴만 증가시켜 결국 망국에 이를 것이니 위안스카이도 틀림없이 전쟁을 하지 못할 것입니다. 며칠 간 위안스카이의 조용한 모습을 보니 그가 틀림없이 손을 떼지 않으리란 걸 알 수 있습니다. 어제 마침내 위안스카이를 일등 후작侯爵에 봉하는 일이 있었는데, 이는 정말 웃음거리입니다. 어제 순친왕醇親王[짜이펑]이 태후를 알현하고 나와 바로 위안스카이에게 가서 알린 것이 이 일입니다. 이 일로 그를 안심시켜 충성을 다하게 하려는 것입니다. 그러나 이것은 진정 아녀자의 견해일 뿐입니다. 황위의 존폐가 이미 그자의 손에 달렸는데, 일개 후작 작위로 어찌 그를 유혹할 수 있겠습니까?"(앞의 책, 589~590쪽)

이 기간 중국 국내 정세는 아침저녁으로 천변만화하며 복잡다단한 상황에 처해 있었기 때문에 량치차오도 일시적으로 결단을 내리기가 어려웠다. 그는 (1912년) 11~12월 사이에 두 차례나 귀국할 마음을 먹었으나 결국 결행하지 못했다. 그러나 해외 동지들은 모두 그에게 일찌감치 귀국하여 적극적으로 상황에 대처해야 한다고 주장했다. 그들은 량치차오에게 보낸 편지에서 이렇게 말한다.

선생님께선 재주와 담략이 세상을 덮을 정도고 더더욱 정치사상에 뛰어나시니 고금과 중외를 보아도 비교할 사람이 없습니다. 바야흐로 천하가 다사다난한 시기에 선생님께서 세상으로 나서심에 기대어 창생의 행복을 도모하고 싶습니다. 해외에 오래 거주하며 벌써 10여 년이 지났지만 아직 때를 만나지 못했기 때문에 어떻게 손을 쓸 수가 없었습니다. 그러나 이 마음은 하루도 중국을 잊은 적이 없습니다. 우리 동인들이 뜻 맞는 동지를 조직해 힘써 도움을 드리고 세상을 구하시려는 선생님의 목적이 이루어지기를 기원합니다. 지금 중국은 풍운이 사방에서 일어나 바야흐로 호걸들이 큰일을 행할 때입니다. 선생님께서도 일찍이 영웅이 시대를 만들고 시대 또한 영웅을 만든다고 말씀하시지 않으셨습니까? 비록 시대를 만드는 영웅이 될 수는 없더라도 시대에 의해 만들어지는 영웅은 되어야 하겠습니다. 그런데 어찌하여 일거수일투족을 주저하며 다른 사람에 의지해 일을 이루려 하십니까? (앞의 책, 593쪽)

해외 동지들의 심정은 이해할 만하다. 10여 년을 기다리다가 마침내 이번 기회를 만났으므로 허망하게 지나칠 수 없음은 너무나 당연했다. 하지만 그들은 사태를 너무 쉽게 생각했던 것 같다. 그들은 또 량치차오에게 이렇게 얘기했다. "선생님께서는 해내외 인사들의 여망을 받는 분이므로 만약 의로운 목소리로 고함을 지르시면 사람들이 운집하고 호응하여 10만 군사라도 순식간에 모여들 것입니다. 군사를 정돈해 중원을 치달리며 영웅들을 불러 모아 전쟁을 끝내고 헌법을 논의하십시오. 감히 헌법을 파괴하는 자가 있으면 군사를 동원하여 주살하고 중원의 주도권을 잡아 맹주가 되시면 이 어찌 위대한 일이 아니겠습니까?"(앞의 책, 594쪽)

그러나 이처럼 공허한 큰소리는 실제 상황 해결에 조금도 도움을 주지 못했다.

이 부문에 대해서는 우관인吳貫因[본명 우관잉吳冠英, 별명 류위柳隈]이 상황을 매우 분명하게 인식했다. 그는 어린 시절 동맹회에 가입했고 그후 일본으로 건너가 와세다대학에서 사학史學을 공부했다. 이 기간 그는 일본에 망명 중인 량치차오를 알게 되어 마침내 아주 친한 친구가 되었다. 우관인은 량치차오가 귀국할 마음을 먹고 있다는 소문이 들리자 즉시 편지를 보내 귀국에 신중을 기하라고 충고했다. 그는 먼저 무슨 명목으로 귀국하는지의 문제에 대해 언급했다. '의로운 목소리義聲'를 제창하는 건 물론 좋은 일이지만 현재 무엇을 '의로운 목소리'로 삼아야 하는가라고 물었다. 민주공화제에 부화뇌동하는 것인가? 우관인은 "우리가 단지 부화뇌동하기만 하면 혁명당에 경시당하게 될 것입니다"라고 인식했다. 그럼 입헌군주제를 표방해야 하는가? 이 점은 우관인 자신도 타당하지 못하다고 생각했다. 그는 1년 전에는 아무 문제 제기도 하지 않다가 지금에 와서 입헌군주제를 가지고 국민들에게 호소하면 말이 통하지 않게 된다고 했다. 그는 이렇게 말했다. "대저 지난날 입헌군주제를 주장한 까닭은 살인과 유혈의 참극을 피하기 위해서였습니다. 그런데 지금은 벌써 살인을 행하고 있고 유혈도 붉게 뿌려지고 있습니다. 전장에서 백골을 드러낸 장사가 몇십만인지 알 수 없고, 살 곳을 잃고 사방을 떠도는 국민이 몇천만인지도 알 수 없습니다. 그 원인이 어디에 있는지 물어보면 하나같이 황실이 무도하여 생긴 결과라 합니다. 대저 한 사람과 한 성씨가 무도하여 마침내 온 나라가 도탄에 빠졌는데 이제 와서 황위를 보전하자고 제창하면 형세가 실로 순조롭지 않게 전개될 것입니다." 우관인은 또 청 정부가 무고한 사람을 함부로 죽였음을 특별히 거론하며 이렇게 주장했다. "또 10년 이래로 혁명 및 혁명 혐의를 쓰고 관리들에게 참살당한 자가 210여 명이나 됩니다. 이들의 가족과 친구들도 모두 절치부심하며 기회를 틈타 복수를 도모하려 합니다. 차오저우潮州 한구석이 이러할 뿐 아니라 전국 각 성省도 모두 이와 같습니다. 지금 원한의 독기가 이미 전국을 뒤덮고 있는데도, 그것을 한 번도 해소해주지 않고 술수나 권력으로 그들을 통제하려 들면 일시적으로 땜질은 할 수 있겠지만 이미 깊어진 원한이 뒷날 반드시 크게 폭발할 것입니다. 따라서 오늘날 황실을 유지할지 말지는 혁명의 양심에 따를 수 있을 뿐입니다. 이는 우리 당이 위안스카이와 교섭하는 건 가능하지만 그를 대신해 발언을 해서는 안 된다는 뜻입니다."(앞의 책, 595쪽)

민주공화제를 표방할 수 없을 바엔 입헌군주제도 표방할 수 없으며 선명한 기치의 '의로운 목소리'도 내지 못했으므로, 자취를 감추고 때를 기다리다가 뒷날 상황의 변화를 살펴보고 움직이는 편이 더 낫다는 말이다. 우관인은 몇 달 뒤에 틀림없이 기회가 도래할 것이라 보고 이렇게 말했다. "대체로 몇 달이 지나고도 신정부가 아직 성립되지 못했다면 전국이 도탄에 빠져 진실로 국가 건설 인재를 갈구할 것입니다. 신정부가 성립되었다면 정치 중심에 선 자가 위안스카이든 황싱이든 상관할 필요가 없을 것입니다. 요컨대 이 두 사람은 배운 것도 없고 재주도 없는 자이기 때문에 헌정을 실시하려면 그 결점이 차례로 드러날 것입니다. 또 천하대란이 발생한 이후에는 독재적인 수단을 쓰지 않고서는 수많은 정사를 처리할 수 없을 것입니다. 그럼 지금의 국민 중 비분에 젖어 목숨을 걸고 혁명에 몸 바치려는 자들이 자유를 얻으러 나설 것입니다. 신정부 성립 후에도 여전히 독재적인 수단을 사용한다면 틀림없이 민심을 크게 잃을 것입니다. 저는 남몰래 생각건대, 몇 달 후가 되면 정권 담당자들에게 천하의 원망과 비방이 마구 몰려들어 그들은 결국 수많은 화살의 표적이 되고 말 것입니다. 그때가 되면 상하가 충돌하는 일이 벌어질지도 모르겠습니다. 그때 여론의 힘을 빌려 따로 선명한 기치를 세우고 모든 사람에게 호소하면 힘은 적게 들이고도 성과는 곱절 이상으로 거둘 것입니다."(앞의 책, 596쪽)

우창봉기 이후 량치차오의 귀국과 출로를 둘러싸고 캉유웨이와 량치차오 일파 내에서도 두 차례나 비교적 집중적인 논쟁이 있었다. 대체로 중화민국 성립과 청 황제 퇴위를 경계로 그전에는 논쟁의 초점이 량치차오가 조속히 귀국할 것이냐 아니면 때를 기다릴 것이냐에 놓여 있었다. 당시의 보편적 관점은 조속히 귀국하는 것보다 때를 기다리는 편이 더 낫다는 것이었다. 남방 혁명당의 기세가 치솟고 있어서 그들이 량치차오에게 불리한 조치를 내리거나 심지어 생명에 위협을 가할 수도 있기 때문이었다. 그들은 남북이 전쟁을 하면 남방이 틀림없이 패배할 것이란 판단을 내리고 있었다. 위안스카이는 군대도 갖고 있고 권모술수에도 능해 혁명당에 여유만만하게 대처하고 있지만 앞으로 건설을 하려면 입헌파에 의지해야 한다는 것이다. 량치차오 일파는 "도요새와 민물조개가 싸우는 틈에 어부 노인이 이득을 취하는 상황"을 몽상하고 있었고, 위안스카이가 그들을 초청하여 난국 수습에 나서게 하는 상황을 몽상하고 있었다. 량치차오 일파는 혁명당을 너무 낮게 평가했고 위안스카이에 대해서도 잘못된 관점을 갖고 있었다. 기실 우관인이 기대한 기회는 줄곧 오지 않았다. 민국 초기 국가 정치는 시종일관 난마처럼 얽혀 해결의 실마리를 찾기가 어려웠다. 그러나 량치차오는 위안스카이에게 여전히 얼마간 희망을 품고 있었다. 그는 한편으로는 위안스카이를 위해 현실 대책을 헌상했고 다른 한편으로는 계속해서 귀국 계획을 구상했다. 당시 사람들은 일본에 있는 량치차오에게 각종 의견을 분분하게 보내 그의 채택을 요청했다.

당시는 이미 민국 원년(1912)이었는데, 량치차오는 쑨훙이의 소개로 공화건설토론회에 참여했고 아울러 「중국 건국 대방침 상의서中國立國大方針商榷書」와 「재정문제 상의서」란 장편의 문장 두 편을 써서 이 토론회를 통해 인쇄·발표했다. 이 모임은 청나라 입헌파 및 구관료 중 비교적 개명한 인사들이 창립한 조직이었다. 그중 몇 명은 여전히 자기 고장의 자의국 국장을 맡고 있었다. 탕화룽이 후베이 자의국 국장을 맡고 있는 경우가 그러했다. 그들은 모두 량치차오의 오랜 친구여서 량치차오를 영수를 받들고자 했으며 위안스카이가 량치차오를 초청해 귀국시켜주기를 희망하고 있었다. 이해(1912) 봄에 량치차오는 또 귀국할 마음을 먹고 있었다. 대체로 3~4월 동안 그는 탕줴둔을 먼저 귀국케 하여 국내 소식을 탐문하게 했다. 당시 국내 정세가 전혀 호전되지 못하자 4월 2일 탕줴둔은 량치차오에게 편지를 보내 귀국 후 보고 들은 상황을 보고했다. "공께서 귀국해야 하느냐 마느냐 를 놓고 우리 동지 중에는 귀국해야 한다고 주장하는 사람이 많습니다. 그 러나 절대로 정계나 당파에는 들어가지 말고 새로운 당 창당도 조금 더 시 기가 무르익기를 기다려야 한다고 합니다. 하지만 『국풍國風』 잡지를 국내 로 가져오고, 이를 주축으로 혹시 법정대학을 개교할 수 있으면 그곳에 발 판을 마련하고 점점 사회와 접촉을 넓혀가며 무형의 단체를 만들어 시기가 무르익기를 기다린 뒤 다른 사업도 펼쳐볼 수 있을 것입니다." 량치차오도 이 의견에 찬성했다. 그러나 그 편지에서 드러난 캉유웨이의 태도는 량치차 오가 정부나 내각에서 일정한 직위를 맡을 수 있기를 희망하고 있었다. 그 러면 위안스카이도 반대할 수 없을 것이고 오직 남방의 혁명당만이 반대할 것이라고 했다. 그의 의견은 이러했다. "지금 인재 등용 권한은 전부 남북 협정에 맡겨져 있지만 특히 남방 의원議院의 권한이 막강합니다. 그러므로 어찌 우리에게 귀국歸國의 날개를 달아주려 하겠습니까?"(앞의 책, 624쪽)

만목초당의 오랜 동문 중에서 당시 해외에 거주하던 쉬친이 스승 캉유 웨이의 의견을 가장 적극적으로 옹호했다. 그는 여러 차례 캉유웨이에게 편지를 보내 량치차오가 미적거리는 이유를 따져 물었다. "도대체 멍위안孟 遠[량치차오]에게 무슨 까닭이 있는지 알 수 없습니다. 이 제자는 백 번 생 각해도 이해할 수 없으니 바라옵건대 그의 귀국을 재촉해주십시오. 홍콩 의 동지들도 멍위안이 귀국하지 않자 크게 분노하지 않는 사람이 없습니 다. 각 부두 사람들도 모두 그러한데 이 제자는 해명할 수가 없습니다. 작 년 12월에 아직 화의가 이루어지지 않았을 때 멍위안이 북행했으면 현재 내각에서 틀림없이 한자리를 차지했을 것입니다. 그런데 지금은 집 잃은 개 처럼 돌아갈 곳도 찾지 못하고 있으니 정말 기가 막힐 따름입니다. 우리 당 의 병폐는 오로지 이상만 너무 크고 현실에서는 아무 일도 못하는 데 있습 니다. 이처럼 문인으로서 폐습을 벗어던지지 못하고서야 어떻게 경쟁사회에서 발붙일 수 있겠습니까?" 이 때문에 쉬친은 량치차오가 이미 귀국할 마음을 먹었다는 소식을 듣고는 흥분에 휩싸여 곧장 량치차오에게 편지를 보냈다. "자네가 이달 안에 귀국해 각 당을 하나로 합당하고 리위안훙과 함께 당수를 맡는다니, 나는 소식을 듣고 미친 듯 기뻤다네."(앞의 책, 626~627쪽)

그러나 국내에 오래 거주한 마이멍화는 이에 대해 견해가 달랐다. 그는 5월 29일 량치차오에게 편지를 보내 동지들이 량치차오를 톈진으로 초청해 신문 발간을 맡겨야 한다는 주장에 반대했다. "동지들이 모두 공[량치차오]을 톈진으로 초청해『국풍』발간을 맡겨야 한다고 주장하고 있지만, 이 아우는 간절한 마음으로 그래서는 안 된다고 생각합니다. 순보旬報를 발간하려 한다면 일본에서 정견을 발표해도 충분할 터인데 어찌 반드시 사람이 톈진까지 와서 정견을 발표할 필요가 있겠습니까? 뤄무若木가 와서 말하기를 북쪽에는 음험한 자들이 사방에 깔려 있고, 투土[위안스카이]는 궈팅過庭[쑨중산]과 수두叔度[황싱]에게 위협을 당하고 있다 합니다. 그리고 탕[탕사오이]은 또 동맹회5를 이용하려 하다가 동맹회에 제약을 받게 되었고, 위안스카이는 또 탕사오이와 크게 의견이 갈라져 있습니다. 이제 난징에 유수처[혁명정부 난징 본부]를 두어야 한다고 하니 거의 두 명의 총통이 있는 것과 같이 되었습니다. 현상이 이와 같고 대란이 목전에 박두했기 때문에 이 아우의 생각으로는 절대로 공께서 톈진에 거주할 필요가 없습니다. 천지간에 낮에도 어둠이 지속되고 유령들이 출몰하며 아무 이익도 없는 곳, 어찌 그런 험한 곳에 거주할 필요가 있겠습니까? 또 남북 세력이 힘을 합쳐서 신문사를 창간하고 공을 초청하여 주필을 맡기려고 한다는데, 이 일은 이루어질 수 없음은 말할 것도 없고 설령 이루어지더라도 두 시어머니를 모시는 며느리 신세가 될 것입니다. 지금 공의 지위로서 어찌 다른 사람의 혓바닥 노릇이나 하겠습니까? 이 일은 이 아우가 구구한 말씀을 드리지 않더라도 공께서 틀림없이 거절하시리라 믿습니다."(앞의 책, 621쪽) 그는 또 같은

---

5 원문의 '동기同記'를 문맥에 따라 동맹회로 번역했으나 명확하지 않다. 독자 여러분의 가르침을 기대한다.

날 캉유웨이에게도 편지를 보내 목전의 형세에 대해 의견을 제시했다. "난 징에 혁명정부 유수처를 만들면 권력이 지극히 커져서 엄연히 두 총통이 있는 상황과 같이 될 것입니다. 남쪽에는 또 각자가 세력을 갖고 있고 각자 가 의견이 다르며 각자가 또 야심을 품고 있기 때문에 틀림없이 서로 통제 를 받지 않으려 할 것입니다. 현 정세의 위험이 지금에 이르러 극에 이르렀 습니다. 외채를 빌려오더라도 한순간 군자금으로 사용하는 데 그칠 것이니 유용한 일을 하기에는 부족할 것입니다. 전쟁이 폭발할 시기는 2~3월을 넘지 않을 것입니다. 어찌해야 합니까?"(앞의 책, 622~623쪽)

전해오는 말에 의하면 동인들 중에는 량치차오가 귀국하여 신문 발간에 참여해야 한다는 의견에 찬성하는 사람이 꽤 많았다고 한다. 그러나 이들 모두 량치차오의 정계 입문이나 정당 입당에는 신중한 태도를 견지하고 있 었다. 예를 들면 산인山人이라 불리던 판즈보는 당시 량치차오의 귀국조차 찬성하지 않았고, 심지어 량치차오의 오랜 친구 양두도 량치차오에게 귀국 을 요청하는 건 그를 해치는 행위와 같다고 주장했다. 이들 내면에 얽힌 문 제는 상당히 복잡하여 명예, 안전, 출구, 전도 등등과 같은 량치차오의 개 인문제가 포함되어 있었을 뿐 아니라 민국 초기의 당쟁과도 밀접한 관련을 맺고 있었다. 당시 동맹회를 제외한 모든 정치 역량이 량치차오에게 관심 을 얻으려 노력했고, 량치차오는 이로 인해 상당히 난감한 상황에 처해 있 었다. 뤄잉궁은 이에 대해 아주 진지한 언급을 남겼다. "공은 어느 때 귀국 하든 상관없이 늘 자주적으로 행동해야 합니다. 어떤 한 사람이 전보로 부 른다고 해서 바로 귀국하려 하거나 또 어떤 한 사람이 전보로 반대한다고 해서 귀국하려 하지 않는다면, 이는 모두 나 자신의 주체적 행동이 아닙니 다."(앞의 책, 642쪽) 량치차오는 당시 이러한 상황에 처해 있었기 때문에 자 신의 진퇴도 거의 다른 사람들에 의해 좌우될 수밖에 없었다. 그러나 량치 차오는 확실히 민국 초기 정당 활동사에서 핵심 인물이었고, 그가 쓴 「중 국 건국 대방침 상의서」는 흡사 한 편의 창당선언문 같은 글이었다.

(1912년) 5월 19일 공화건설토론회의 쑨훙이가 같은 회 동지 황커취안에 게 편지를 보내, 귀국 후 량치차오가 마주할 문제를 상세히 토론했다. 그는

량치차오의 귀국이 명분은 한 가지도 없고 폐해만 다섯 가지가 있을 뿐이라고 지적하면서 황커취안에게 이렇게 부탁했다. "부디 형님께서 절실한 마음으로 편지 한 통을 써서 창 공滄公[량치차오의 필명 중 하나인 창장滄江]에게 보내 절대 북쪽으로 가지 말라고 권유해주십시오."(앞의 책, 629~632쪽) 쑨훙이는 또 황커취안에게 허칭이와 마이멍화를 재촉하여 량치차오에게 편지를 보내 그의 귀국을 늦춰달라고 요청했다. 이틀 후 그는 또 탕줴둔에게 편지를 보내 량치차오의 귀국 방법을 논의했다. "최근 상황으로 미루어볼 때 창 공의 귀국 계획은 본회와 통일공화당統一共和黨·국민협회國民協會의 통합 결과 여하에 따라 다시 결정해야 할 듯합니다."(앞의 책, 633쪽) 그는 또 이렇게 말했다. "창 공은 귀국일이 늦춰질수록 중국사회의 환영은 더욱 지극해질 것입니다. 스스로 귀국하기보다는 사람들의 환영 속에서 귀국하는 편이 훨씬 좋습니다. 창 공이 사회적으로 큰 세력을 차지할 수 있을지 여부는 바로 이 대목에 달렸습니다."(앞의 책, 634쪽) 5월 29일 쑨훙이 자신도 량치차오에게 장문의 편지를 보내 공화건설토론회와 공화당의 합당 상황을 상세히 소개한 뒤 이처럼 이야기했다. "공을 초빙하라는 총통의 명령이 수일 내에 발표될 것입니다. ―아마도 난징 유수처를 취소하고 나서 늦어도 한 달을 넘지 않을 것입니다.― 부총통이 전보로 양해를 구한 일도 처리할 수 있을 것입니다. 공은 머지않아 귀국할 것이지만 (…) 귀국 시간을 너무 급하게는 잡지 마시기 바랍니다."(앞의 책, 639~640쪽)

마이멍화는 이 기간 과연 량치차오와 탕줴둔에게 각각 편지를 보내 첫째, 량치차오의 귀국을 급하게 서둘지 말 것, 둘째, 량치차오의 통일당 입당을 반대한다는 자신의 의견을 표시했다. 그는 이것이 자신의 찬성 의견일 뿐만 아니라 거우푸構父[샹루이이向瑞彝], 쑨훙이, 황커취안의 찬성을 바라는 의견이라고 했다. 여기서 통일당은 장타이옌이 창당했고 처음에는 장타이옌, 장젠, 청더취안程德全, 슝시링, 쑹자오런이 이사를 맡았다. 그러다가 오래지 않아[1912년 5월 중] 장젠의 주관하에 국민공회國民公會, 국민협진회國民協進會, 민사民社, 국민당國民黨[나중에 동맹회가 개편된 국민당이 아님]과 합당해 상하이에서 공화당을 창당했다. 이 공화당은 리위안훙을 이사장으로 선출한 뒤 장젠, 장타이옌, 우팅팡, 나옌투那彦圖(몽골족)를 이사로 임명했다. 이 당에서는 주로 위안스카이의 권력 기반을 강화하고 위안스카이에 대한 동맹회의 제약에 반대하는 주장을 펼쳤다. 이것은 량치차오가 「중국 건국 대방침 상의서」에서 언급한 내용과 상당히 유사하다. 량치차오는 이 글에서 국권주의를 강조하고 민권주의에 반대하면서 개화된 전제주의를 주장하고 있다. 장타이옌은 공화당을 창립하기는 했지만 권력에 빌붙어 벼슬과 녹봉이나 탐하는 공화당 당원들의 행태를 몹시 눈꼴사나워 했다. 이 때문에 공화당이 창당된 지 열흘도 못 되어 장타이옌은 베이징에서 통일당 회의를 소집하여 통일당 독립을 선언했다. 또 2~3개월 뒤 내친김에 통일당을 탈당해 무당파 인사가 되었다. 그뒤 통일당은 다시 베이징에서 회의를 열고 왕경王賡[왕이탕王揖唐, 나중에 유명한 매국노가 됨], 장후張弧, 왕인촨王印川, 탕화룽, 주칭화朱淸華 등 5명을 이사로 선임했다. 이런 일이 있기 전에 그들은 아마도 량치차오를 초청하여 조사연구부 부장으로 추천하려 한 듯하다. 그 구체적 시점을 추측해보면 바로 장타이옌이 통일당 독립을 선포하고 공화당을 탈당할 무렵이었던 것으로 보인다. 샹루이이[샹거우푸], 쑨훙이, 황커취안, 마이멍화가 량치차오의 통일당 입당을 반대한 시점도 바로 이 무렵이었다. 마이멍화는 편지에서 량치차오가 통일당에 입당해서는 안 되는 이유 다섯 가지를 거론했다. 첫째, 통일당에서 량치차오를 존중함은 장타이옌을 배척하기 위함이다. 둘째, 통일당은 내부 분규로 오래지 않아 분열할 것이다. 셋째, 통일당 당원들은 량치차오와 감정적 유대가 없다. 넷째, 량치차오가 입당하면 기존 다섯 이사 뒤에서 굴욕을 당해야 하므로 일이 이루어질 수 없다. 다섯째, 공화건설토론회가 국민공회·공화통일당共和統一黨과 합당해야 량치차오를 당수로 추대할 수 있다. 이 다섯 가지를 제외하고도 마이멍화는 특별히 량치차오를 일깨워 이런 일로 국내 사람들의 마음을 상하게 해서는 안 된다고 했다. 국내 사람들은 량치차오의 귀국을 위해 다음 같은 일을 하기 때문이라는 것이다. "힘을 다해 일을 안배하고, 힘을 다해 일을 추진하면서 모두들 공을 위해 진력합니다. 그런데도 공께서 그들을 소홀히 대하면 그들의 갖가지 안배와 추진 노력이 속담에서 말하는 '어떻게 해도 비위를 맞출 수 없다'는 경우에 해당되지 않겠습니까? 따라서 그들은 계속 일에 진력할 수 없고 공께서도 더이상 그들에게 정이 우러나지 않을 것입니다. 또 공께서 바야흐로 편지도 보내고 전보도 보내면서 그들을 내 편으로 끌어들이는 데 진력하다가, 이제 와서 갑자기 이처럼 소홀히 대하면 사람들이 공께서 속임수를 써서 조종하려 한다고 의심할 것이니 —공께서는 물론 그렇게 하지 않으시겠지만— 공의 행동은 의심받을 만합니다. 절대 그렇게 해서는 안 됩니다. 그들 중 한두 사람이 아마도 불평불만을 품고 있는 듯하지만 말로는 표현하지 않고 있습니다. 그런데 그들의 어투와 표정에서 그 불만을 엿볼 수 있습니다."(앞의 책, 635쪽) 이와 같은 말은 마이밍화가 아니면 아무도 할 수 없었고 하려고도 하지 않았다. 마이밍화는 량치차오와 몇십 년을 동고동락한 동문이었기 때문에 이런 말을 할 수 있었다.

그러나 (1912년) 6~7월 사이에 뭐잉궁은 량치차오에게 연속해서 두 차례나 편지를 보내 또다른 소식을 전했다. 이를 통해 당시 이들 사이의 관계가 상당히 복잡하고 미묘했음을 알 수 있다. 뭐잉궁은 단도직입적으로 이렇게 말하고 있다. "근래 당쟁이 치열하여 사람들이 아침저녁으로 언행을 바꾸니 소위 정객들의 추대도 믿을 수 없어졌습니다. 정당의 도덕이 너무나 박약하여 모두 이기적인 욕심만 품고 있는데, 이는 유독 동맹회만 그런 게 아닙니다."(앞의 책, 641쪽) 이 무렵 동맹회와 공화당 외곽에서 제3당을 조직해야 한다는 주장이 나왔고 그 당수로 량치차오를 추대하기 위해 준비하고 있다는 소문이 나돌았다. 이러한 주장을 제기한 사람은 주로 공화건설 토론회와 국민협회 소속 회원들이었다. 그들과 량치차오의 관계가 밀접함은 모든 사람이 알고 있는 바이지만 그들과 통일당·공화당의 관계는 그리 협조적이지 못했다. 이 때문에 합당에 대해 그들은 오랫동안 논의해왔으면서도 결론을 내리지 못했고, 결국 제3당을 조직하자는 방향으로 계획을 잡게 되었다. 하지만 그들은 조직도 미미했고 사람도 많지 않아서 "스스로 독립된 기치를 세우려 해도 초빙해올 사람이 없었다."(앞의 책, 643쪽) 그들은 결국 량치차오를 끌어들여 기치로 삼으려고 했다. 뭐잉궁의 주장은 이렇다.

"따라서 이를 위해 공을 기치로 삼고자 했습니다. 이는 마치 광둥 속담에 '시골 깃대를 세워 귀신을 부른다'는 격이었습니다. 아마도 추대가 아니라 꼭두각시로 만들려는 것 같습니다."(앞의 책, 641쪽) 또 뤼잉궁이 량치차오에게 이르기를 쉬포쑤는 제3당 창당에 찬성하지 않을 뿐만 아니라 량치차오에게 다음 같은 사실을 일깨워달라고 당부했다고 한다. "제3당 당수 추대설은 특히나 옳다고 말할 수 없으므로 부탁드리건대 갑자기 기뻐해서는 안될 것입니다."(앞의 책, 642쪽) 그들은 량치차오가 그렇게 하다가 결국 "동맹회에도 적을 만들고 공화파에도 적을 만들어 스스로 살아남을 수 없는" 진퇴양난의 곤경에 빠져들까 걱정이었다.(앞의 책, 643쪽) 그러나 뤼잉궁은 다음처럼 아주 분명하게 인식하고 있었다. "공[량치차오]은 공화건설토론회와의 관계에서 절대 벗어날 수 없고, 저들이 공을 책망함이 매우 심할 뿐만 아니라 형세상 공께서 자립하여 정당을 만드는 일은 절대로 있을 수 없으므로, 공께서는 시종일관 초연한 태도를 견지해야 합니다."(앞의 책, 644쪽) 뤼잉궁이 말하는 초연함은 기실 이러한 태도였다. "정당에도 입당하지 않고 정계에도 입문하지 않은 상태에서 언론으로 잠재 세력을 키우십시오. 그렇게 잠재 세력의 힘이 커지면 당 총재가 되지 못할까 근심할 필요가 없습니다."(앞의 책, 642쪽)

실제로 민국 초년의 당쟁은 신념, 정신, 강령을 다투는 일은 매우 드물었고, 인사, 권력, 지위, 세력을 다투는 경우가 비교적 많았다. 량치차오를 둘러싼 사람들도 혹자는 량치차오가 귀국해야 한다고도 했고 혹자는 량치차오가 아직 머물러 있어야 한다고도 했다. 또 혹자는 그가 잠시 행동을 멈춰야 한다고도 했고, 혹자는 그가 바로 행동을 개시해야 한다고도 했다. 또 혹자는 그가 남쪽 혁명당에 가담해야 한다고도 했고, 혹자는 그가 북쪽 위안스카이에게 가담해야 한다고도 했다. 또 혹자는 그가 정치활동을 조속히 시작해야 한다고도 했고, 혹자는 그가 정치활동을 늦추어야 한다고도 했다. 이처럼 1년여를 다툰 상황을 보더라도 당시 당쟁의 한 측면을 엿볼 수 있다. 량치차오는 그 속에 깊이 함몰되어 있어서 아주 불편한 느낌을 받을 수밖에 없었다. 그러나 그를 향한 친구들의 진실한 우정이 부족하

지는 않았다. 량치차오에게 진실한 우정을 보여준 가장 대표적인 사람으로
는 저장 성 사오싱紹興의 저우산페이周善培를 꼽아야 한다. 그는 직접 이렇
게 말했다. "내 평생의 친구 중 나의 직언을 가장 너그럽게 받아들인 사람
은 오직 런궁[량치차오]뿐이었다." 량치차오가 세상을 떠난 후 그는 문장을
지어 이렇게 추모했다. "나는 다시 나의 직언을 포용할 수 있는 사람을 찾
아보려 했지만 더이상 찾을 수 없었다."(『량치차오를 추억하다』, 149~162쪽)
저우산페이는 당시 원대한 안목을 갖춘 사람으로 유명했다. 량치차오는 그
의 의견을 아주 중시했다고 전해진다. 민국 원년(1912) 4~5월 사이에 저우
산페이는 량치차오에게 여러 차례 편지를 보내 장래 계책을 제시했다. 그는
5월 23일 보낸 편지에서 이렇게 말했다. "나도 자네의 귀국을 찬성하는 바
이네. 그러나 잠시 의견이 엇갈리는 지점은 바로 자네는 북쪽으로 가야 한
다고 주장하지만, 나는 [자네가] 상하이로 가야 한다고 주장하는 바로 그
대목일세."(『량치차오 연보 장편』, 636쪽) 그는 량치차오와 위안스카이의 협력
을 반대했다. 저우산페이는 6월 2일 모친 생신을 맞아 고향으로 돌아가 축
하연에 참석하고, 다시 6월 4일에 일본으로 가서 량치차오와 면담하기로
약속했다. 그와 동행한 사람은 당시 문장과 학문으로 명성을 떨치던 그의
스승 자오야오성趙堯生이었다. 저우산페이는 나중에 당시 상황을 이렇게 회
고했다.

임자년[1912. 저우산페이는 평생 민국이란 연호를 사용하지 않음] 2월, 나는
쓰촨에서 상하이로 돌아왔다. 5월, 탕줴둔이 런궁의 명령을 받들고 상
하이로 와서 내게 의견을 구하면서 이렇게 말했다. "위안스카이가 런궁
을 베이징으로 초청했고, 런궁도 가기로 결정했습니다." 아울러 이에 대
해 내가 어떤 의견을 갖고 있는지 물었다. 나는 이 일이 너무 큰일이어서
줴둔을 통해 나의 의견을 전달하게 하는 건 아무 소용없는 일이라 생각
했다. 이 무렵 자오야오성 선생도 상하이에 계셔서 나는 즉각 그분께 가
르침을 청했다. "런궁은 절대 베이징으로 갈 수 없지만 제가 나서서 분
명하게 말하지 않으면 안 됩니다. 저는 내일 일본으로 떠나고자 합니다."

그러자 자오 선생이 말씀하셨다. "런궁이 일찍이 내게 많은 시를 보내와서 고쳐달라고 하기에 내가 그를 위해 적지 않은 부분을 수정했는데도 그는 언제나 허심탄회하게 나의 의견을 받아들였네. 나도 그 사람을 한 번 만나보고 싶네." 그리하여 내가 배표를 샀다. 다음 날 나는 자오 선생과 함께 배를 타고 요코하마에 도착했다. 그리고 바로 런궁 집으로 가서 오전 9시에서 12시까지 대화를 나누었다. 나는 그에게 "광서제를 대하는 면목으로라도 [베이징에] 절대 가지 말아야 하고, 위안스카이에 대결할 명분으로라도 절대 가서는 안 되네"라고 말했다. 런궁도 몇 마디 변명을 하면서 마지막에 이렇게 말했다. "내가 자네 말을 듣지 않으려는 게 아니라, 난하이[캉유웨이] 선생의 말을 듣지 않을 수 없어서 그러네. 자네에게 무슨 다른 의견이 있으면 먼저 난하이 선생에게 가서 분명하게 말씀드려야 할 것이네." 자오 선생님도 이렇게 말했다. "난하이 선생도 자네가 귀국해야 한다고 주장하는가?" 런궁이 말했다. "제가 여러 말씀 드릴 필요는 없을 것 같고, 여러분께서 난하이 선생을 만나뵈면 자연스럽게 알게 될 것입니다." 이 무렵 난하이 선생은 다케시武子에 거주하고 있어서 도쿄에서 기차를 타면 그곳까지 30분밖에 걸리지 않았다. 오후 2시에 나는 자오 선생과 함께 다케시에 도착했다. 나도 난하이 선생에게 존경의 마음을 표시했고, 자오 선생도 애초에 그분을 매우 존경하고 있어서 예상 밖으로 7시까지 대화가 이어졌다. 내가 난하이 선생에게 반복해서 얼마나 여러 차례 변론을 했는지 모른다. 그러나 그분은 런궁이 귀국해야 한다고 단호하게 주장했다. 그분 댁에서 저녁을 먹고 나는 또 나의 주장을 변론했다. 요코하마행 기차 막차 시간이 다 돼서야 자오 선생이 내게 이렇게 권했다. "친구 간에는 우정을 다 나눴으면 그쳐야 한다. 더 이상 이야기를 계속하면 우정이 상할 것이다. 이는 우리가 이곳에 온 뜻이 아니니 이제 떠나는 게 좋겠다." 요코하마 여관으로 돌아와 하룻밤을 묵었다. 다음 날 아침 런궁이 여관으로 왔다. 내가 그에게 말했다. "이번에 자네는 자네 운명을 난하이 선생한테 맡긴 것이네. 우리는 친구이니 나중에 언젠가 마음을 함께할 기회가 있겠지. 나는 자오 선생을 모시고 도쿄, 하코네箱根, 사이쿄西京로 가서 며칠 유람한 뒤 고베에서 배를 타고 또 며칠간 풍랑에 시달려야 할 것 같네. 다시 자네를 보러 요코하마로 올 일은 없을 것이네." 그렇게 우리는 헤어졌다. [나와 자오 선생은] 며칠 유람한 뒤 다시 상하이로 돌아왔다. 자오 선생은 9월에 쓰촨으로 돌아가면서 출발 때 내게 말했다. "런궁은 참으로 사랑스러운 친구인데, 벌써 몸은 망가지고 명예는 실추되는 때를 맞이했네. 자네가 잘 궁리해서 그 사람을 구제해주도록 하게." 런궁이 베이징으로 가서 사법총장을 지낸 이래로 나는 그와 만나지도 않았고 편지도 왕래하지 않았다. (『량치차오를 추억하다』, 151~152쪽)

영웅의 개선과 같은 량치차오의 귀국

실제로 이해(1912) 6~7월 사이에 량치차오의 귀국을 호소하는 각계의 목소리가 더욱 많아졌다. 친구들 사이에서도 점차 의견이 일치되었고 지난날 적대 진영에 있던 몇몇 사람도 량치차오에게 전보를 보내 귀국을 정중히 요청했다. 5월 28일, 당년에 일본에서 량치차오를 대대적으로 공격한 동맹회 회원 장지가 류쿠이이劉揆—와 연합하여 량치차오에게 전보를 보냈다. "국가 체제가 혁신되기 시작했으니 각 당파는 융합해야 합니다. 바라옵건대 공께서 귀국하시어 함께 시대의 어려움을 헤쳐나갔으면 합니다."(『량치차오 연보장편』, 644쪽) 관료사회의 반응도 아주 적극적이었다. 6월 17일, 부총통 리위안훙은 위안스카이 대총통 및 참의원에 전보를 쳤다. "민국 정부의 인재 등용은 당파에 구애되어서는 안 됩니다. 량치차오는 유용한 인재인데 지금 버려져 있으니 애석합니다. 보황당의 중상모략이 민국 정부에서 다시 나타서는 안 됩니다."(앞의 책, 645~646쪽) 지난날 량치차오의 제자이며 윈난 도독雲南都督직에 있던 차이어도 각 성 도독에게 전보를 보내 량치차오의 귀국을 환영하자고 제의해 다수의 찬성과 호응을 얻었다. 8월 사이에 동맹회, 통일공화당, 국민공진회가 합당하여 국민당이 되었고, 공화건설토론회도 국민협회와 합당해 민주당이 되어 제3당을 창당하려는 여망이 실현되었다. 량치차오도 9월 말에 고베에서 일본 기선 다이신마루호大信丸號를 타고 귀국길에 올라 13년에 걸친 망명생활을 마감했다.

량치차오의 귀국은 한 시기의 이슈라 할 만했다. 각 당파, 정부, 민간, 각 업계에서 모두 대표를 톈진으로 파견해 그를 영접했다. 그의 귀국은 마치 영웅이 개선하는 모습과 같았다. 예정된 일정에 따라 다이신마루호는 (1912년) 10월 초5일에 다구大沽 항구에 도착하기로 되어 있었으나, 량치차오의 딸 링셴令嫻이 전보를 칠 때 날짜를 초3일로 잘못 써서, 베이징에서 톈진으로 미리 환영 나온 사람들은 초2일에 이미 수백 명이나 그곳에 운집했다. 객잔客棧은 큰 거리 작은 골목 할 것 없이 모두 만원이었다. "(10월) 초2일부터 사람들이 모여들기 시작하여 숙박업소가 모두 가득 찼다."(앞의 책, 651쪽) 그중에는 위안스카이 대총통이 파견한 대표도 있었고, 참의원과 내각에서 파견한 대표도 있었다. 언론계, 학계, 정부 각 부처 및 군대에서 파견한 대표도 있었다. 민주당 본부 및 각 지부에서도 대표와 당원을 파견했고, 공화당에서도 장젠을 대표로 파견했으며, 국민당 측에서도 온건파 황싱을 환영 대열에 참여하게 했다. 이 거대한 환영 대열에는 톈진 현지인보다 베이징에서 온 사람이 훨씬 더 많았다. 6일 오후 2시 사람들은 모두 부두에 운집하여 량치차오가 배에서 내리기를 기다렸다. 그러나 해상에 바람이 거세 여객선이 접안할 수 없었다. 도독부에서 작은 기선을 보내 다구에서 량치차오를 인도해 승선시킬 준비를 했으나 이마저도 성공하지 못했다. 사람들은 흥이 깨져서 돌아가고 말았다. 그날 수십 명이 여행 경비를 다 써서 베이징으로 돌아갔다. 장젠과 황싱도 10일 후베이에서 열리는 개국기념 행사에 참가하기 위해 7일에 톈진을 떠나 후베이로 향했다. 량치차오는 배 위에서 사흘이나 갇혀 있다가 8일에야 부두에 상륙했고 그날 바로 톈진으로 들어갔다.

량치차오가 톈진에서 10여 일 머무는 동안 량치차오 집에는 한시도 손님이 끊이지 않았다. 사흘 만에 "문 입구 방명록에 이름을 올린 이가 200명을 넘었다."(앞의 책) 한 차례 또 한 차례 환영연과 연설회가 이어졌다. 공화당과 민주당 이외에 국민당도 이 열기에 참가하여 량치차오에게 입당을 요청했고 또 국민당 이사 자리를 제의했다. 베이징대학 학생들도 정부에 량치차오를 베이징대학 총장으로 임명해달라고 요청했다. 당시 량치차오는 만인들의 주목을 받으며 그 만족감에 취해 있었다. "이번에 청[위안스카이]도 존경의 마음을 극진하게 표현했고 각계에서도 환영의 마음을 가득 드러내고 있으니 만민의 여망이 운집하는 가운데 앞날의 기상이 지극히 밝다고 할 수 있다."(앞의 책, 653쪽) 이 같은 환영 열기의 배후에서 량치차오는 적극적으로 공화당과 민주당의 합당을 추진했다. 그 목적은 바로 의회에서 국민당과 대결할 수 있는 거대 정당을 만들려는 것이었다. 10월 11일 그는 톈진에 도착한 후 딸 링셴에게 보낸 첫번째 편지에서 다소 경박해 보이는 만족감을 드러내고 있다. "공화당과 민주당의 합당은 이미 결정되었다. 리위안훙은 총리總理[총재], 나는 협리協理[당 총리를 보좌하는 부총재]를 맡기로 했고, 장젠, 우팅팡, 나옌투는 모두 간사로 후퇴하기로 했다. 대략 1개월 내에 합당을 발표할 듯하다—이는 엄중한 기밀사항이다. 국민당에서도 교섭 대표를 보내 나를 이사로 초청하겠다고 했지만 나는 완곡하게 거절했다. 저들은 틀림없이 울분을 터뜨리겠지만 어쩔 수가 없구나. 베이징으로 들어가는 날짜는 아직 정해지지 않았다. 샹청은 나의 조속한 입경을 바라지만 나는 대략 20여 일 뒤에 가게 될지 아니면 신당 창당을 기다렸다가 가게 될지 아직 알 수 없다."(앞의 책, 651쪽)

당초 이 일은 아주 순조롭게 진행되는 듯했고 량치차오도 상황을 아주 낙관했다. "연일 양당 합당 논의를 하여 대략 실마리를 잡았다. 나는 20일에 입경하려고 한다." 량치차오가 입경하기 전에 총통부에서는 그를 영접하기 위해 충분한 준비를 했다. 안전을 고려해 처음에는 군경의 공관을 객관으로 삼아 량치차오를 접대하기로 했다. 왜냐하면 쩡궈판과 리훙장이 베이징에 와서 모두 현량사賢良寺[6]에 묵었다고 량치차오가 우연히 말하는 걸 들었기 때문이다. 위안스카이는 곧장 사람을 보내 현량사를 청소하고 량치차오를 맞을 준비를 하게 했다. 위안스카이에게 이 일은 선비를 예우하는 포즈일 뿐이었지만 량치차오는 오히려 그의 태도를 가리켜 "위안 공

6　내성內城[베이징]에 위치한 유명한 사찰. 청나라 시기 궁궐 가까이에 있어서 수많은 외성外省 인사가 공무로 베이징에 와서 머물렀다. 당시 군에서 관리하던 공관의 성격이 강했다.

이 사람을 접대하는 모습이 정말 지극하지 않은 점이 없다"고 감탄했다.(앞의 책, 653쪽) 그러나 민주당과 공화당 몇몇 동지는 량치차오가 현량사에 묵는 것이 타당하지 않다고 여겼다. 그들은 량치차오가 다음과 같이 행동해야 한다고 보았다. "량치차오가 개인 자격으로 사회의 환영을 받고 있기 때문에 정부의 특별 접대를 받아들여 사람들에게 공격의 빌미를 줘서는 안 된다. 이 때문에 별도로 주택 한 곳을 빌려 처소로 삼아야 한다."(앞의 책, 655쪽)

량치차오는 베이징에 도착한 이후 교제하고 응대할 일이 더욱 많아졌다. "베이징에 머문 12일 동안 19차례나 회의에 참가했다. 민주당·공화당과 각각 두 차례[한 차례는 연설회, 한 차례는 오찬회], 통일당·국민당과 각각 한 차례씩 모임을 가졌고, 이 밖에도 동문회, 향우회, 즈리공민회直隷公民會, 팔기회八旗會, 언론계, 대학교직원 모임[국학회정치연구회國學會政治研究會], 상인 단체 모임에도 참석했다. 더욱 특이한 것은 불교 모임, 산시 금융기관票莊, 베이징 상인 단체 등과도 모임을 가졌다는 점이다." 어떤 때는 하루에 네 차례나 연설하기도 했다. "매일 밤 2시가 되지 않으면 손님들이 흩어지지 않고, 매일 아침 7시만 되면 손님들이 벌써 운집한다. 나는 이불 속에서 억지로 일어나 관례에 맞춰 응대해야 한다. 그러나 순식간에 그 사람의 성명을 잊어먹게 되니 몇 사람에게나 죄를 지었는지 모르겠다. 가장 길었던 연설은 민주당 회의석상에서였는데 무려 3시간을 계속했다. 다른 자리에서도 한두 시간씩은 연설을 하니 매일 말을 무려 1만 마디 넘게 하게 된다. 하지만 이 때문에 폐의 기운이 크게 신장되어 체력은 더욱 건강해졌다." 량치차오는 이 무렵 한참 흥이 난 상태라, 한두 번씩 접대의 고통을 토로하기는 했지만 그런 고통은 충분히 감내할 만한 것이었다. 그는 계속해서 딸에게 이렇게 말하고 있다. "한마디로 일본 신문에서 소위 내 한 몸에 인기가 집중되고 있다고 했는데, 이 말은 진실로 험담이 아니다. 나는 대체로 위로는 총통부와 국무원의 여러 관리를 맞아 분주하게 응대를 하면서도 미치지 못하는 점이 있을까 걱정을 하고, 아래로는 전 사회와 온 나라 사람들의 미친 듯한 환영에 대처를 해야 한다. 이 12일 동안 내 한 몸은 베이징의 중심이 되었고 모든 사람들이 내 주위를 둘러싸게 되니 마치 뭇별들이 북극성을 중심으로 도는 듯하다. 그중에서도 특히 나의 마음을 기쁘게 한 사람들은 바로 옛날 입헌당 동지들이다." 량치차오가 딸 앞에서도 좀 우쭐대는 모습을 드러내는 것을 보면 당시 그의 마음이 매우 흡족했음을 알 수 있다. "이번에 나를 환영한 인파는 쑨중산과 황싱이 왔을 때보다 —쑨중산과 황싱은 1912년 8월에 베이징으로 와서 위안스카이와 회담했다고 한다 — 열 배는 더 많다고 하고, 각계의 환영 인사도 모두 기쁨과 복종의 마음을 드러내고 있다. 샤쑤이칭夏穗卿(샤쩡유) 어르신께서 『좌전』을 인용해 '국민들이 자네를 마치 자애로운 부모를 우러러보듯 한다'라고 했는데 이 말이 아마도 사실인 듯하다. 쑨중산과 황싱이 왔을 때는 연설할 때마다 사람들에게 조소를 당했는데 —그래도 그때 온 게 가장 적절할 때였다고 할 수 있다— 쑨과 황이 나보다 뒤에 왔다면 사람들이 두 사람을 극도로 혐오했을 것이다. 내가 이곳의 더러운 기운을 일소했기 때문이다. 나는 연설할 때마다 사람들에게 감동을 줬다. 환영회의 빈번함도 쑨과 황이 내게 훨씬 못 미친다." 여기에도 당시 상황에 천진하게 도취된 량치차오의 모습을 엿볼 수 있다. 하지만 그의 적극적인 활동과 연설이 옛 입헌파에게 사기를 북돋워줬음도 부정할 수 없는 사실이다. 즉 "국내 온건파의 1년 동안 묵은 체증을 깨끗하게 해소해줬다"고 할 수 있다.(앞의 책, 655~657쪽)

경제적으로 독립하지 못하면 정치적으로도 독립할 수 없다

량치차오는 당시 입경해 위안스카이와 "한 차례 밀담을 나눴고, 한 차례 연회를 가졌다."(1912년) 10월 28일 총통부에서 또 환영회가 열렸고 국무위원 전원이 배석했다. 그러나 량치차오도 분명하게 알고 있던 바와 같이, 그들 사이에는 "여전히 겉으로만 서로 비위를 맞추는 경향이 농후했다."(앞의 책, 655쪽) 그러나 량치차오는 위안스카이가 매달 제공해주는 3000대양大洋을 거절하지 못했다. 그 이유는 이러했다. [량치차오는] "첫째, 불안해하는 위안스카이를 안심시켜 그의 시기심에서 벗어나려 했기 때문이다. 둘째, 그 액수가 실로 막대하여 그 돈이 아니면 생활할 수 없었기 때문이다."

(앞의 책, 658쪽) 사람이 곤궁해지면 어쩔 수 없이 마음이 약해지기 마련이
다. 량치차오는 또 만약 성공적으로 정당을 만들 수만 있다면 위안스카이
가 자신에게 20만 위안을 지원해주기로 허락했다고 밝혔다. 그는 심지어
더 큰 돈 예컨대 50만 위안까지 도와주기를 희망하기도 했다. 그 일이 가
능한지는 알 수 없었지만 당시에 량치차오는 여전히 위안스카이와 이에 대
한 교섭을 계속하려고 했다. 이 점에서도 당시 량치차오와 모든 당파 및 사
회 정치 세력의 약점이 적나라하게 드러난다. 경제적으로 독립할 수 없으면
서 어떻게 정치적 독립을 바랄 수 있겠는가? 실제로 량치차오가 아직 주체
적으로 사회적 역량의 지지를 얻어야 한다는 사실을 깨닫지 못한 점을 제
외하고서도 객관적으로도 당시 중국의 현대적 공업과 상업은 아직 박약한
상태였으며, 이로 인해 부르주아지資産階級도 매우 박약한 상태에 처해 있
었다. 당시 중국의 도시 시민계층은 구미 부르주아 혁명 시기의 제3계층과
근본적으로 달랐기 때문에 그들은 량치차오가 입헌 의회정치를 강령으로
창당하려 했던 정당을 지지할 만한 역량이 부족했다. 그들이 설령 위안스
카이에게 의지하지 않는다 하더라도 지방 군벌 세력의 지지에 의지하려 했
을 것이다. 일찍이 1912년 초에 쉬포쑤는 량치차오와 탕줴둔에게 보낸 편
지에서 "리위안훙의 당에 가입하라"라고 제의했다. 그 이유 하나가 바로 다
음과 같다. "그[리위안훙]는 군부의 요인이네. 우리 나라에는 장래에 계급이
없어지고 순수하게 평민 정치가 펼쳐질 것이네. 그러나 모두가 평민 정치를
하면 각 당이 견지하는 강령으로는 서로 승부를 낼 수 없네. 이에 군대를
끼고 각 당 주장을 보위하지 않을 수 없을 것이네. 이 때문에 우리 나라 정
치를 '평민에 의한 군사 정치'라고 이름 붙일 수 있네."(앞의 책, 599쪽)
　　같은 해 5월 29일 마이멍화는 캉유웨이에게 편지를 보내 그들 당파와 리
위안훙의 합당을 거론하면서 그 과정에서 맞닥뜨릴 문제를 제기했다. "리
위안훙 공을 명예회장으로 추대해 세력을 확장하는 것도 어쩔 수 없는 일
일 듯합니다. 그러나 명예회장은 가능하지만 절대로 직접 명령하게 하거나
실제적 권한을 갖게 해서는 안 됩니다. 리위안훙에게 꼭 야심이 있는 건 아
니지만 해외 인사들은 틀림없이 그를 추종할 테고, 그중 한 사람이라도 그

를 이용하면 ─지금 루나이샹陸乃翔이 리위안훙을 시켜 루이쥔陸逸君의 호주 자금을 조회하게 하고, 그것을 루이쥔이 전보로 알려준 일도 바로 이 일입니다─ 우리가 온 당을 받들어 그에게 주는 꼴이 될 것입니다. 그럼 세력을 확장할 수는 있겠지만 당은 우리 소유가 아니게 될 것입니다[마이멍화가 참으로 깊이 있는 논의를 했다! 이번에 리위안훙을 추천하는 것은 정말 남 좋은 일 시키는 격이니 우리 당이 우리 것이 아니게 될 것이다.─캉유웨이의 논평]. 준비할 자금이 있어도 역시 남 좋은 일 시키는 격이니 우리에게는 한 푼도 주지 않을 것입니다."(앞의 책, 622쪽) 기실 쉬포쑤의 건의든 아니면 마이멍화의 우려든 모두 한 가지 문제를 설명하고 있다. 즉 현재 조건에서 중국의 정치 현실은 공화든 입헌이든 할 것 없이 결국은 군사 정치와 힘의 정치로 나아갈 수밖에 없다는 것이다. 위안스카이도 이와 같았고 쑨중산도 이와 같았다. 오래지 않아 폭발한 제2차 혁명도 쑨중산과 국민당이 "군대를 끼고 그들의 주의主義를 보위하지 않았던가?"

당시 정세로 말하자면 량치차오는 어떻든 모두들 자신의 정당을 가능한 한 빨리 조직해야 한다고 명확히 인식했다. 그가 보기에 "민주공화국의 정치활동은 모두 정당에 의지하는 것"이었기 때문이다. 그는 10월 22일 민주당 전체 당원이 참가한 환영회에서 연설을 통해, 중국인에게 입헌정치를 운용할 능력이 없다고 국외 여론이 생각하는데, 그 원인을 따져보면 "중국인은 성격상 진정한 정당을 조직할 수 없기 때문"이라고 지적했다.(『음빙실합집·문집』제29권, 14쪽) 그러나 량치차오가 정당 창당을 서두른 건 외국인을 향해 무엇을 증명하여 중국의 치욕을 씻으려는 행동은 결코 아니었고, 국내 정치투쟁의 절박한 필요성 때문에 자연스럽게 우러나온 행동이었다. 당시 국회에서는 4개 당 즉 국민당, 통일당, 공화당, 민주당이 활약하고 있었다. 먼저 동맹회가 통일공화당, 국민공진회國民共進會, 국민공당國民公黨, 공화실진회共和實進會 등 몇몇 군소 정당과 연합해 국민당을 조직했다. 그리고 통일당이 비교적 일찍 창당되었는데, 이는 장타이옌이 가장 먼저 발기했고 주로 동맹회 내부에서 쑨중산과 황싱에게 불만을 품은 비주류가 참여했다. 최초로 중화민국연합회中華民國聯合會란 명칭을 쓰다가 나중에 예비입

헌공회豫備立憲公會의 영수 장젠 등과 연합하여 통일당을 창당했다. 만청 자
정원資政院 시대에 입헌군주제를 주장한 입헌파도 헌우회란 조직을 갖고 있
었다. 이 단체도 이 무렵 분화가 발생하여 탕화룽과 린창민이 일부 인사를
이끌고 공화건설토론회를 창립했고, 오래지 않아 쑨훙이도 또다른 일부 인
사를 이끌고 공화통일당을 창당했다. 그리고 북방의 지중인籍忠寅, 저우다
례周大烈 등은 국민협진회國民協進會를 창립했다. 이후 통일당은 지중인의 국
민협진회 그리고 후베이의 쑨우孫武, 쑨전우孫振武 등의 민사와 연합하여 공
화당을 창당했다(1912년 5월). 며칠 지나지 않아 장타이옌이 다시 통일당 독
립을 선언했다. 이 무렵 정식 국회의원 선거 열기가 이미 극점에 달하고 있
었다. 탕화룽, 쑨훙이 등은 자연스럽게 정식 국회에서 중요한 정치적 지위
를 차지할 생각을 갖고 있었다. 이에 그들은 수단과 방법을 가리지 않고 량
치차오를 귀국시켜 자기 당의 영수로 추대하려 했다. 바로 이러한 배경에서
량치차오의 귀국 전야인 민국 원년(1912) 8월에, 탕화룽의 공화건설토론회
와 쑨훙이의 공화통일당 및 공화촉진회 등 몇 개 군소 정당이 합당해 민
주당을 창당했다.(『중국 근백년 정치사中國近百年政治史』, 321~324쪽)

　이 4개 정당[국민당, 통일당, 공화당, 민주당] 중에서 특히 국민당의 세력이
가장 컸다. 이 무렵 제1차 정식 국회의원 선거가 박두한 가운데, 통일된 거
대 정당 하나가 분열된 군소 정당 셋과 대결하는 양상을 보였다. 게다가 그
들은 주요 성省의 모든 행정자원을 거의 장악하여 선거 기간 내내 매우 유
리한 위치를 차지했고 선거에서도 승리했다. 민국 2년(1913) 1월 8일, 국회
의원 선거 결과가 정식으로 공포되었다. 국민당은 중의원과 참의원 의석
392석을 획득했다. 다른 3개 당은 공화당이 175석, 통일당이 24석, 민주
당이 24석을 차지했다. 국민당은 국회에서 명실상부한 제1당이 되었다. 쑹
자오런은 같은 날 국민당 후난지부 환영회에서 연설을 통해 국민당 내각을
조직해 그 내각의 힘으로 총통의 권력을 제한해야 한다고 강조했다. 이 발
언은 자연 위안스카이의 불만을 야기했다. 위안스카이는 정당정치에 전혀
흥미가 없었고 또 정당정치에 희망을 걸지도 않았지만 당시 상황에서는 의
회와 내각의 권력을 약화시키고 총통의 권력을 제고하고 강화하기 위해 의

회 안에서 자신이 통제할 수 있는 정당에 의지하지 않을 수 없었다. 통일당은 친위안스카이 정당이었지만, 그의 꼭두각시 노릇을 하던 이 정당은 당원들의 능력이 형편없었고 세력도 매우 약했다. 특히 장타이옌이 탈당하고 나서는 이미 정치적으로 그리 큰 영향력을 발휘할 수 없었다. 이 때문에 위안스카이는 량치차오에게 희망을 기탁했다. 그가 보기에 오직 량치차오만이 자신을 도와 국민당 세력의 확장을 저지할 능력과 방안을 구비하고 있었다. 만약 량치차오가 진실로 그런 정당을 창당할 수 있다면 이는 그의 입장에서 지금까지 오매불망 이루고 싶었지만 끝내 이룰 수 없었던 결과를 손에 쥔 것과 다를 바 없었다.

진보당, 위안과 량의 동맹

량치차오는 위안스카이의 경제적 지원이 필요했고 위안스카이는 량치차오를 자신의 정치적 자산이라 여기며 중시했다. 따라서 둘은 창당문제에서 단번에 의견일치를 보았다. 당시 국회 내에서는 [통일당, 공화당, 민주당] 3개 정당이 연합해 거대정당 국민당에 대항하려는 흐름이 조성되고 있었다. 이 때문에 3개 정당이 통합하여 하나의 거대정당을 창당하자는 논의가 갈수록 절박하게 진행되었다. 하지만 이 3개 정당은 실제로 국민당에 대항한다는 점에서는 잠시 공감대를 형성했지만 다른 측면에서는 서로 간에 아주 큰 의견 차이를 드러냈다. 특히 인사문제에서는 오랫동안 쌓여온 호오好惡, 분쟁, 오해, 모순 등의 요인으로 말미암아 짧은 시간에 서로 일치된 의견을 내기란 어려웠다. 공화당의 황웨이지黃爲基도 이러한 사실을 인정했다. "우리 당은 평소 선생님[량치차오]의 가르침을 규범으로 받들고 있습니다. 선생님께서 아직 입당은 하지 않으셨지만 우리 당원들은 모두 이미 선생님을 정신적 동지로 인정하고 있습니다."(『음빙실합집·문집』 제29권, 8쪽) 량치차오도 정국이 말로 형언할 수 없을 정도로 위험한 상황에 빠져 더이상 수수방관할 수 없음을 고려해, 마침내 (1913년) 2월 24일 "급박한 형세로" 인해 공화당에 입당한다고 선포하고 "이제부터는 몸소 정적들 앞에 나서겠다"는 의견을 표시했다.(『량치차오 연보 장편』, 663쪽) 기실 량치차오는 그때까지 시종일관 막후에 몸을 숨긴 채 국회의 정치 현장에 나온 적이 없었다. 하지만 그는 3개 정당 중에서 민주당과의 관계가 아주 친밀했다. 민주당 내에는 헌우회의 오랜 친구들이 많이 포진해 있었고, 또 정문사 시기의 오랜 친구들도 있었으며, 이뿐 아니라 그의 제자들까지 포함되어 있었다. 게다가 일찍이 공화건설토론회 성립 초기에는 그 자신이 이 단체 구성원이기도 했다. 민주당은 창당 때부터 공개적으로 "모든 것을 선생님의 지도에 따르겠다"고 공언했다.(『음빙실합집·문집』 제29권, 13쪽) 그러나 3당이 합당하려는 그 순간에 량치차오는 갑자기 공화당 입당을 선언하여 사람들을 혼란에 빠트렸다. 문제는 바로 창당하는 정당의 당수를 누가 맡을 것이냐에 놓여 있었다. 어떤 사람이 위안스카이를 당 총리로, 리위안훙과 량치차오를 협리로 추대하자는 의견을 제시했으나, 공화당 내 민사파民社派와 민주당 내 절대다수가 모두 반대했다. 그들은 위안스카이를 당수로 추대하자는 의견에 동의하지 않고 심지어 신당을 창당하려는 계획까지 있었다. 고민이 극에 달한 량치차오는 협리를 맡지 않고 "따로 참사장參事長직을 신설해 그 일을 맡겠다"고 했으나 사람들이 동의하지 않았다. 그는 3월 27일 딸에게 보낸 편지에서 불만을 토로했다. "나의 제의를 허락하지 않는다면 나는 더이상 저들과 함께하지 않을 것이다. 현재 상황에서는 진실로 할 수 있는 일이 없구나. 신당조차도 절대 창당할 수 없는 상황에서 나는 이미 당무에서 몸을 빼낼 수 없는 지경에 빠졌는데 저들과는 함께 죽을 가치조차 없다. 따라서 이 직위에 몸을 두는 이유는 내가 지금 바로 적극적이지도 않고 소극적이지도 않는 이 직위에 자리를 잡고 있을 수밖에 없기 때문이다."(『량치차오 연보 장편』, 665쪽)

량치차오는 이러한 당무 분규로 정계를 떠날 생각을 하게 되었다. 4월 18일 그는 딸에게 보낸 편지에서 불쾌한 심정을 밝혔다. "내 몸과 마음은 모두 지쳐서 ―적들은 폭력 및 금전으로 나를 이기고자 한다― 이 사회를 어떻게 할 수가 없구나. 나는 나의 귀국을 심히 후회하고 있다. (…) 나는 지금 정치와 인연을 끊고 오로지 사회교육에 종사하고 싶은 마음뿐이다. 마음을 기울여 신문을 발간하는 일을 제외하고도 톈진에 사립대학을 개교하고 싶다. 네가 졸업하고 돌아오면 이 두 부문에서 모두 나를 도와줄 수 있을 것이다." 이것이 량치차오가 정계를 떠나 오로지 신문 발간과 교육 사업에 종사하고 싶다는 심정을 밝힌 첫 언급이다. 그러나 량치차오는 자신이 그렇게 하도록 공화당원들이 절대로 허락하지 않으리란 사실을 분명하게 알고 있었다. 당시 그는 민주당에 대해서 이미 "뼈에 사무치는 원한"을 품고 그들을 '민주 악귀民主鬼'라고 불렀다. 4월 22일과 23일에 그는 연거푸 딸에게 편지를 보내 "민주당 사람들의 소행에 울분이 극에 달했다"라고 하면서 "민주당에 두세 명의 미친놈이 있다"는 등등의 말을 했다. 량치차오는 또 울분으로 기가 막히는 듯 "신당 창당 후 나는 더이상 당무에 참여하지 않겠다"고 선언했다. 이 발언으로 다음 상황이 전개되었다. "이 발언은 제3당 당원들을 들끓게 했다. ―총통부에서는 이 발언 소식을 듣고 대경실색했다. 나는 본래 이 편지를 신문에 게재할 예정이었지만 총통부에서 즉각 게재하지 말아달라고 간청했다.― 오늘 수십 명이 톈진으로 와서 나의 발언을 취소해달라고 애걸했고 나는 아직 대답을 하지 않았다. 그러나 아마도 끝까지 버틸 수는 없을 것 같구나. 내가 고통스러운 운명을 타고났으니 어찌할 수가 없다." 이 같은 상황 전개에 대해 량치차오는 또 "대의로 보나 형세로 보나 사퇴할 수가 없다"고 토로했다. 아울러 어떻게 할 수 없다는 어투로 하소연하고 있다. "오늘날 중국인으로 살아가면서 어떻게 가장 쾌적한 소망만 바랄 수 있겠느냐? 나 같은 사람은 더더욱 이런 어려운 상황에서 벗어날 수가 없다."(앞의 책, 668~669쪽)

량치차오는 이성적이기보다 감성적이며 의지가 박약한 사람이기도 하다. 순조로운 환경이 전개되거나 자신의 정서가 기쁨으로 들끓을 때는 왕왕 일을 지나치게 단순화하려고 한다. 그러나 좌절할 때나 심정이 불쾌할 때는 쉽게 의기소침해져서 만사에 소극적인 태도를 드러낸다. 하지만 그는 또 사회, 국가, 민족의 장래에 책임감이 강한 사람이어서 그의 마음속은 늘 이런저런 갈등으로 점철되어 있었다. 그가 귀국한 초기는 바야흐로 국회의원 선거가 뜨겁게 진행되고 있었으며 정당 간의 경쟁도 비정상적일 정도로 격렬했다. 부정과 뇌물이 횡행했고, 선거 조작과 대리 투표도 만연했으며, 심지어 군경이 투표소에 난입해 온갖 위협을 가하기까지 했다. 갖가지 법률 위반 행위가 끝도 없이 이어졌고 각지에서는 다수의 폭력사건까지 일어났다. 이 모든 사건을 목도하고 량치차오는 크게 충격 받았다. 그는 국사와 당무에 깊이 실망했다. 량치차오는 귀국하고 2개월 뒤 딸 링셴에게 이렇게 자기 마음을 토로했다. "어제 저녁에 스마須磨[일본 지명, 캉유웨이가 이곳에 거주함]에서 온 편지를 받고 너무나 초조하고 불안했다. 또 수습할 수 없는 나랏일이 눈에 띄고 분노스럽고 한스러운 온갖 일이 날마다 내 이목으로 전해지니 오장육부가 들끓어 오르는 듯해 스스로도 마음을 억제할 수가 없었다. (…) 문득문득 한 달여라도 일본으로 건너가 모든 일을 사절하고 혼자 쉬고 싶다는 생각이 든다. 대체로 이 혼탁한 세상에서 사는 동안에는 오직 화목한 가정을 이룸으로써만이 인생의 퇴보를 줄일 수 있을 뿐이다. 나는 진실로 이 사회를 혐오하며 늘 일본에서 거주할 때의 즐거움을 생각하곤 한다."(앞의 책, 662쪽) 여기서도 우리는 량치차오가 여전히 중국 전통의 문인 사대부 기질을 갖고 있고, 머릿속으로는 여전히 "나라에 도道가 있으면 벼슬을 하고 나라에 도가 없으면 은거한다"라는 생각을 하고 있었음을 알 수 있다. (1913년) 1월 26일(양력 3월 3일)은 량치차오의 41세 생일이었다. 베이징과 톈진에 거주하는 친구들이 톈진의 손가화원孫家花園에서 그를 위해 축하연을 마련했고, 그는 그 자리에서 이제부터 국사에 대해 언급하지 않겠다고 했다. 그러나 28일(양력 5일) 그는 딸 링셴에게 보낸 편지에서 벌써 참지 못하고 "국내의 온갖 분란과 부패 상황"을 거론하며 울분을 금치 못하고 있다. "이러한 혼란을 필설로 어찌 다 표현할 수 있겠느냐? 공평하게 말한다 해도 만분의 일도 다 말할 수 없다. 나는 요즘 요괴와 함께 뒹굴고 있으니 이런 상황을 어찌 참을 수 있겠느냐? 요컨대 어떤 길을 막론하고 모두 통행할 수 없으나 그 길을 또 가지 않을 수 없으니 이것이 바로 내가 괴로워하는 까닭이다."(앞의 책, 663~664쪽)

이런 소극적인 정서가 3당 합당에 대한 량치차오의 태도에 직접적 영향을 주었다. 애초에 그는 3당 합당에 이미 대체적 실마리를 마련했다고 생각했으나 마무리 단계에서 그렇게 많은 난점이 도사리고 있을 줄 상상조차 못했다. 그의 성격에는 언제나 천진난만하고 세상물정에 어두운 단순함이 포함되어 있다. 이러한 성격은 친구로서 사귈 때는 매우 고귀한 인품이라 할 수 있지만 한 정당의 당수로서 그리고 현실 정치가로서는 사안의 복잡성과 인간의 복잡성을 간파하지 못하는 유치함으로 드러나기도 한다. 위안스카이는 매우 직접적인 사람이어서 량치차오의 이러한 소극적이고 비관적인 측면을 참지 못하고 자신이 직접 원조의 손길을 뻗었다. 위안스카이는 4월 8일 국회가 개막된 이후 더욱 명확하게 3당 합당의 발길을 가속화했다. 4월 25일 3당은 합당 이후 진보당進步黨을 창당한다는 협의서에 정식으로 서명했다. 5월 29일 오후 3당은 베이징에서 전체 당원대회를 열고 진보당의 정식 출범을 선언했다. 31일 『신보申報』에 이 일에 대한 전문 기사가 실렸다.

> 어제 진보당 창립대회에 1500명이 운집했다. 량치차오, 쑨우, 왕인촨이 모두 연설을 했고 매우 질서정연했다. 아울러 리위안훙을 이사장으로 선출하고, 량치차오, 장젠, 우팅팡, 쑨우, 나옌투, 탕화룽, 왕경, 푸뎬쥔蒲殿俊, 왕인촨을 이사로 선출했다. (민국 2년 5월 31일 『신보』 베이징 특별전문專電, 『량치차오 연보 장편』, 670쪽)

진보당 창당으로 위안스카이와 량치차오의 정치 연맹은 사실이 되었다. 민국 초기 혼란스러운 정치 상황에서 량치차오가 위안스카이 지지를 선택한 데는 본래 중국의 운명에 대한 그 나름의 장기적 고려가 작용했다. 3당 협상과 합당 기간 공화당 이사장 리위안훙은 4월 14일 베이징 만생원萬生園[지금의 베이징동물원 옛터]에서 공화당 소속 참의원과 중의원 의원을 초청하여 연회를 열었다. 연회 참석 의원은 300여 명이나 되었다. 량치차오는 이 연회에서 「공화당의 지위와 태도共和黨之地位與其態度」를 주제로 연설했다. 장장 세 시간에 이르는 연설이었다. 그는 단도직입적으로 공화당 동지들에게 경고를 보냈다. "이 때문에 국민이 된 자는 세계정세를 잘 통찰하여 우리 나라가 처한 위치를 알지 않을 수 없고, 정당의 당원이 된 자는 국내정세를 잘 통찰하여 우리 정당이 처한 위치를 알지 않을 수 없습니다." 이 두 전제는 량치차오가 자신의 정치적 방침과 책략을 확정하기 위한 출발점이었다. 이어서 그는 공화당 창당의 근본 임무 및 당면한 현황과 임무를 이렇게 언급했다.

공화당을 창당한 까닭이 정치를 개량하기 위함임은 우리 당원들께서 모두 알고 있는 바입니다. 그러나 1년 동안 국내에서는 양대 세력이 항상 정치개량의 걸림돌로 작용해왔습니다. 그 하나는 관료사회의 부패 세력이고, 다른 하나는 불량사회의 폭력 세력입니다. 우리 공화당은 정치개량을 유일한 기치로 삼아왔기 때문에 이 양대 세력을 배척하고 제거하지 않으면 우리 목적을 끝내 달성할 수 없습니다. 그렇지만 저들 부패 세력은 수백 년 동안 유전자를 축적해왔으므로 전제 정치체제하에서는 당연히 그들을 제거할 수 없었습니다. 신해혁명이 일어나 국내에서 다른 좋은 습관은 많이 바꾸었으면서도 유독 이 부패한 관료 세력만은 털끝 하나도 건드릴 수 없었습니다. 저들의 깊고도 견고한 뿌리가 이와 같습니다. 폭력 세력도 신해혁명 후에 신귀족新貴族이란 자격을 달고 마구 떨쳐 일어났고 연이어 부귀와 권세를 등에 업고 악의 물결을 퍼뜨리고 있으니, 저들의 도도한 세도가 또한 이와 같습니다. 사실대로 말하자면 현 중국사회의 혼탁하고 왜곡된 분위기가 진실로 저들 양대 세력의 발육에 최적의 환경을 제공하는 셈입니다. 저처럼 오래 썩힌 식초 속에는 구더기가 생겨나기 마련이고, 겹겹이 곰팡이가 쌓인 잡초 더미에는 뱀과 전갈이 생겨나기 마련입니다. 맛있는 물고기를 넣은 식초 단지와 상서로운 기린이 들어간 수풀에서 저 악의 세력이 생존할 수 있겠습니까? 그러므로 적자생존과 자연도태의 이치로 저울질해보면 저 부패 세력과 폭력 세력은 지금의 중국사회 분위기하에서 진실로 적자생존의 원리에 적응하고 있다고 할 수 있습니다. 그러나 이와 반대인 환경에 처하게 되면 저 양대 세력은 진실로 적응하지 못하고 도태될 수밖에 없을 것입니다. 우리 공화당원들은 이미 부패 세력을 좇으려 하지도 않았고 또 폭력 세력에도 빌붙으려 하지도 않았습니다. 이처럼 시대의 급선무도 알지 못하고 시류에도 편승하지 못하는 정당은 이치상 생존의 여지조차 얻기 어려운데 어떻게 장래의 번영까지 입에 담을 수 있겠습니까? 그런데도 우리 공화당은 소극적으로 부패 세력과 폭력 세력에 빌붙지 않으려는 데 그치지 않고 더욱 적극적으로 부패 세력을 교정하고 폭력 세력을 제압하려 합니다. [공화당이] 이 양대 세력 사이에 끼어 의연히 그들에게 대항하려는 것은 사마귀가 앞다리를 들어 수레바퀴와 맞서려는 것과 다르지 않고, 한 줌 흙으로 [황허 강 연변] 멍진孟津의 세찬 물결을 막으려는 것과 같습니다. 스스로의 힘을 헤아리지 못함이 극점에 도달했다고 할 수 있습니다. 스스로에게 물어봐도 진실로 가소로울 뿐입니다. 그럼에도 우리 공화당원들이 힘을 합쳐 앞서나가기를 사양하지 않는 것은 진실로 저들 부패 세력과 폭력 세력을 하루라도 소멸하지 않고서는 우리 정치를 하루도 개량할 수 없기 때문입니다. 저 양대 세력이 1분이라도 더 생존하면 우리 국가의 원기는 1분 더 끊어지게 됩니다. 이런 일이 점점 쌓이게 되면 국가가 멸망에 이르지 않고는 그치지 않을 것입니다. 우리는 양심에 의해 질책을 받고 부림을 받아 부득불 의연하고 결연하게 미력이나마 다 바쳐 저 거대한 적과 마주하지 않을 수 없습니다. 그러므로 현재 곤궁하고 가난한 지위로 말하자면 우리 공화당원들보다 더 심한 사람이 아직 없었습니다. (『음빙실합집·문집』 제30권, 18~19쪽)

량치차오는 공화당이 지금 양대 세력의 협공을 받는 피동적인 지경에 빠져 있음을 분명하게 목도하고 있었다. 이는 기실 량치차오 자신이 당면한 현실 상황이기도 했다. 따라서 그는 먼저 자신들의 역량을 집중하여 현재 국가를 해치고 있는 가장 흉악한 폭력 세력에 대처한 후 다시 임시정부로 대표되는 부패 세력에 대처해야 한다고 주장했다. 즉 현실을 감독하는 태도를 견지하자는 주장이다. 그는 또 이렇게 주장했다.

우리 당은 한편으로는 부패사회와 대결해야 하고 다른 한편으로는 폭력

사회와도 대결해야 합니다. 이들 양대 적은 모두 막강한 세력을 형성해 나라 안에 똬리를 틀고 있습니다. 하지만 우리 당이 지극히 외롭고 미약한 힘으로 저들과 싸워 양대 적에게 동시에 승리하려 함은 진실로 우리 역량으로는 미칠 수 없는 일입니다. 이에 어쩔 수 없이 만사를 제쳐두고 먼저 그중 하나와 싸우지 않을 수 없습니다. 이뿐 아니라 저들 부패 세력과 폭력 세력은 그 성격상 절대로 공존할 수 없을 듯하지만 사리사욕 계책을 도모할 때는 서로 이익을 교환하고 서로 결탁하여 온갖 나쁜 짓도 서슴지 않습니다. 그러므로 국사를 처리할 때 저들이 어떠할지는 더더욱 불문가지라 할 수 있습니다. 따라서 우리 당은 국가를 참화에 빠뜨리는 최악의 일파를 첫번째 적으로 삼아 우선 전력을 다해 그들에게 대항해야 하고 두번째 적에게는 잠시 관용을 베풀지 않을 수 없습니다. 우리가 각국의 역사를 살펴보면 혁명 이후에 폭압 통치가 가장 쉽게 발생한다는 사실을 알 수 있습니다. 폭압 통치가 발생하면 국가의 원기가 크게 손상되어 회복할 수 없는 지경에 빠지게 됩니다. 하물며 우리 국가는 지금 열강들이 호시탐탐 노려보는 위험에 처해 있기 때문에 나라의 질서가 파괴되면 수습할 수 없는 상황으로 치닫게 되고, 그러면 국가 분열의 참화가 곧바로 이어질 것이니 나라의 재앙이 어찌 끝 간 데가 있겠습니까? 따라서 우리 당은 오만방자한 신귀족을 제압해 항상 그들이 위세를 부리지 못하게 할 방법을 생각하는 것입니다. 한편으로 임시정부는 이미 국민의 승인을 받아 설립되어 법률상 당연히 국가기관으로 인정해야 하기 때문에 우리는 엄중하게 감시만 해야 할 뿐 함부로 적의를 품은 채 그들을 대할 필요가 없습니다. 우리 당은 임시정부의 조치에 한 가지도 만족할 수 없지만 이처럼 국가 존망이 걸린 위험한 시절에는 정부가 있는 편이 그래도 정부가 없는 것보다 더 낫다고 생각합니다. 저 폭력 세력은 온갖 수단을 동원하여 국가를 무정부 상태에 빠뜨리지 않고는 [행동을] 그치지 않을 것입니다. 우리 당은 이 때문에 두려움에 젖습니다. 따라서 비록 불만스러운 정부라 해도 그럭저럭 계속 유지하게 하여 정식 정부가 성립된 뒤 천천히 개조하려는 것입니다. (앞의 책, 20~21쪽)

위안스카이 정부에 대한 량치차오의 타협과 인정은 당시와 뒷날 많은 사람들로부터 엄격한 질책과 무자비한 공격을 받았다. 그가 이때 공화당을 위해 행한 변론은 기실 자신을 위한 변론이기도 했다.

우리 당은 지난 1년간 항상 정부를 유지해야 한다는 입장을 견지해왔습니다. 이것은 부정할 수 없는 없는 사실입니다. 그러나 우리 당이 정부를 유지하려는 이유가 절대로 이익을 추구하려는 것이 아닙니다. 다만 현재 상황을 더이상 파괴할 수 없고, 폭압 통치의 참화가 홍수와 맹수보다 더 심한 상황이라, 그 환란을 생각하여 예방하지 않을 수 없기 때문입니다. 따라서 임시로 잠시 정부를 유지하게 하여 국가를 존재하게 하고 장래에 정치를 개량하기 위한 여지를 남겨두고자 하는 것입니다. (앞의 책, 21쪽)

량치차오의 의도는 매우 명확하다. 즉 그의 의도는 위안스카이 정부와 잠시 타협해 당내 역량을 고도로 집중시킨 뒤, 혁명을 표방하는 폭력 세력에 대항하고 폭압 통치가 국가를 참화에 빠뜨리지 못하도록 하려는 데 있었다. 하지만 그는 결코 정당이 정부에 대한 감시 책임을 포기해야 한다고는 생각하지 않았다. 이와는 반대로 그는 정당이 그 책임을 포기할 수 없을 뿐만 아니라 오히려 강경하게 정부를 감시해야 한다고 인식했다. 그는 장래에 누가 정식 정부를 구성하든지 간에 공화당의 당론에 부합하고 공화당이 선언한 각종 구체적인 정책을 채택하기만 하면 그들을 전심전력으로 옹호하겠지만 그렇지 않으면 전심전력으로 항거할 것이라고 했다.(앞의 책, 22쪽) 애초에 량치차오가 위안스카이에게 보낸 지지는 대체로 이 같은 범위에서 윤곽이 결정되었다. (1913년) 5월 29일 량치차오는 진보당 창당대회에서도 연설을 통해 위에서 제시한 자기주장을 반복했다. 그는 새로 성립된 진보당은 두 가지 정치적 지향점을 갖는다고 이야기했다. "첫째, 전국의 정치를 정상 궤도에 올려놓고자 합니다. 둘째, 모범적 정당을 만들어 정당정치의 기초를 놓고자 합니다."(『음빙실합집·집외문』 중책, 592쪽)

중국의 정치를 정상 궤도에 올려놓는다는 건 무슨 말인가? 솔직하게 말하면 중국의 정치를 합법적 의회정치의 궤도에 올려놓는다는 말에 다름 아니다. 의회정치의 궤도는 정당정치의 궤도를 바탕으로 삼는다. 그러므로 중국의 정당이 정상 궤도에 진입하지 못하면 중국의 정치를 정상 궤도에 올려놓으려 해도 그건 어려운 일이 될 수밖에 없다. 량치차오는 이렇게 주장했다. "나라의 정당이 모두 정상적 정치의 궤도에 올라서면 설령 어떤 야심가가 있다 해도 이 정상 궤도를 이탈해서 존재할 수 없게 됩니다." 이는 정당의 책무가 권력을 감시하는 것이어서 어떤 사람도 함부로 행동할 수 없기 때문이다.

누가 나에게 "그대는 부패 정치를 제거할 방법이 있소?"라고 묻는다면 나로서도 나의 부족함을 사과해야 할 것입니다. 이 질문을 모든 국민에게 두루 던져보더라도 그런 능력이 있다고 스스로 인정하는 사람은 아마 한 사람도 없을 것입니다. 그러나 누가 진보당에 부패 정치를 없앨 능력이 있느냐고 묻는다면 나는 반드시 먼저 그런 능력이 있다고 대답할 것입니다. 대체로 정치적 관례로 살펴보건대 국민들이 정권 담당자를 감시하지 않으면 그들이 정치적 궤도 밖으로 벗어나지 않는 경우가 없었습니다. 지금의 대총통[위안스카이]을 예로 들어보더라도 중국과 외국 신문에서 그를 논평하는 사람이 매우 많습니다. 지극한 경애심을 보이는 사람도 있고 지극한 증오심을 보이는 사람도 있습니다. 그러나 경애심을 보이든 증오심을 보이든 그들은 모두 대총통이 정치적 재능을 구비하기를 바라고 있습니다. 이처럼 정치적 재능을 갖춘 인물이 정권을 장악했을 때, 곁에서 그를 감시하는 거대 정당이 날마다 그의 선행을 권장해주고 그의 악행을 바로잡아주지 않는다면, 한갓 그 정치는 틀림없이 정치적 궤도 밖으로 벗어나게 될 것이니 이는 정말 애석한 일이 아니겠습니까? 따라서 우리 당의 유일한 임무는 온건하게 폭력을 제어하고 적극적으로 부패를 막는 데 있습니다. 한편으로는 부패 정치를 없애 노숙하고 진중한 태도를 견지하고, 다른 한편으로는 폭력 난동을 제거하여 적극적이고 준엄한 정신을 기르고자 합니다. 이 일은 하기 어려운 일이 아닙니다.
(앞의 책, 592~593쪽)

량치차오가 위안스카이의 야심과 수단을 인식하지 못했다고 말할 수는 없지만, 정식 총통 선거 전에 거명된 후보들의 치열한 다툼 과정에서 량치차오는 여전히 위안스카이를 강력하게 지지해야 한다고 주장했다. "나는 현재 국가를 존재하게 할 사람으로는 지금의 임시대총통인 위안스카이 공보다 더 나은 이가 아무도 없다고 생각합니다."(앞의 책, 595쪽) 그가 이렇게 말한 이유는 주로 두 가지 점 때문이었다. 첫째, 위안스카이를 추대하면 국가를 안정으로 이끌어 분열이 발생하지 않게 할 수 있다. 둘째, 진보당이 위안스카이를 효과적으로 감시할 능력이 있어서, 중국의 정치를 정상 궤도 밖으로 벗어나지 않게 할 수 있다. 그래서 6월 15일 진보당 내에서 회의를 열어 시국문제를 토론할 때 량치차오는 총통과 헌법 문제 등을 제기해 당내에서 표결로 처리하자고 요청했다. (1913년) 6월 19일 자 『신보』는 「진보당대회기進步黨大會記」란 제목으로 당시 진보당에서 토론한 내용을 보도했다.

15일에 개회해 량치차오가 주석을 맡았다. 량치차오의 연설 내용은 대략 다음과 같다. "현재 시국에서 가장 연구해야 할 분야는 총통문제와 헌법문제입니다. 내가 볼 때 총통문제에 대해서는 여전히 위안스카이 추대를 주장해야 하고, 내각문제는 지금 각료들 태반이 휴가를 청해 자리를 비우고 있으니 거의 빈 관직만 설치해둔 것과 같습니다. 따라서 개각을 하지 않으면 안 됩니다. 헌법문제에 있어서는 먼저 헌법을 제정하고 나서 총통 선거를 해야 합니다." 이 밖에도 이 회의에서는 쑹안宋案[자오런 암살사건]과 대차관大借款 두 문제까지 다루었다. 량치차오의 의견은 이러했다. "쑹자오런 암살사건은 법률문제이므로 지금의 계책은 조속히 독일인들과 교섭해 범인 훙수쭈洪述祖를 인계받아야 한다는 것입니다. 그럼 해결하기가 어렵지 않을 것입니다. 내 생각엔 이 2500만 파운드 차관을 국고 대리자인 중국은행中國銀行에 맡겨 준비금으로 삼아야 하지만 이에 앞서 선결해야 할 문제는 무슨 방법을 사용하든 이 중국은행을 먼저 정리해야 한다는 것입니다." 연설이 끝나자 아무개 군이 량 이사의 주장을 표결 처리 하자고 제의해 다수의 찬성을 얻었다. 량의 주장은 이 당의 당론으로 결정되었다. (『량치차오 연보 장편』, 670~671쪽)

인재 내각

이 무렵 형세는 량치차오와 진보당에 매우 유리했다. 민국 2년(1913) 3월 20일 밤 10시, 국민당 내에서 내각제를 주장하던 쑹자오런이 상하이 후닝滬寧 기차역에서 자객에게 칼을 맞고 22일 사망했다. 이 일로 량치차오의 가장 강력한 정치적 라이벌 하나가 사라진 셈이었다. 몇몇 사람은 량치차오가 쑹자오런 암살사건의 배후라고 의심하기도 했다. 그것은 그와 쑹자오런의 정치적 경쟁관계와 정견상의 충돌을 주목하는 과정에서 나온 의심이었다. 그러자 량치차오는 곧바로 「암살의 죄악暗殺之罪惡」을 써서 『용언庸言』에 발표했다. 이 글 첫머리에서 그는 이렇게 말했다. "나와 쑹 군은 각각 견지한 정견이 때때로 상이했지만 나는 쑹 군이 우리 나라 현대의 제1류 정치가가 되리라고 확신했다. 이런 훌륭한 사람을 해친 것은 실로 우리 국가에 회복할 수 없는 손실을 끼친 것이다. 나는 지금 쑹 군을 애도할 뿐 아니라 진실로 국가의 앞날을 애도한다."(『음빙실합집·문집』 제30권, 7쪽)

그러나 국민당 내부의 여론 및 사회의 여론은 신속하게 국무원 비서 훙수쭈와 내각총리 자오빙쥔趙秉鈞을 주목했고 이에 따라 결국 위안스카이까지 이 사건에 연루되기 시작했다. 그리하여 위안스카이와 국민당의 모순이 나날이 격화되었다. 7월 12일 장시 도독江西都督 리례쥔李烈鈞이 후커우湖口에서 거병하여 토위안군討袁軍[위안스카이 토벌군]을 칭했고, 이로부터 제2차 혁명7이 폭발했다. 9월 1일에 이르러 정부군이 난징을 점령함에 따라 단명한 제2차 혁명은 실패하고 만다. 위안스카이 토벌군은 쑹자오런 암살사건이 도화선이었고, 쑹자오런 암살사건은 국민당이 첫 국회의원 선거에서 독점적 우세를 차지한 일이 도화선이었다. 하지만 쑹자오런 암살사건 발생 후 정식 국회도 4월 8일에 개막했다. 이 무렵에 국회 내부의 정당 세력에 희극

피살 당일 쑹자오런 국민당 대리 이사장. 1913년 3월 20일 밤, 상하이에서 북상하려다 역 검표소에서 자객에게 암살되었다.

적 변화가 발생했다. 국민당의 압박을 받아 공화당, 통일당, 민주당이 합당해 진보당을 창당한 것이다. 국민당 국회의원 장지가 참의원 의장으로, 왕정팅王正廷이 부의장으로, 민주당의 탕화룽은 중의원 의장으로 선출되었다. 진보당과 위안스카이의 연맹이 효력을 발휘하기 시작하자 국민당 내부 각 정파가 여러 원인으로 사분오열의 곤경에 빠져들었다. 국민당 전신인 동맹회는 본래 사상과 이념이 동일한 조직이 아니었다. 쑹자오런 암살사건 이전만 보더라도 쑹자오런처럼 내각제를 주장하는 사람도 있었고 총통제를 주장하는 사람도 있었다. 쑹자오런 암살사건 이후에는 또 법률파와 비법률파로 나뉘었다. 위안스카이 토벌군과 북양 군벌 간의 전쟁이 발발한 후에도 국민당 내 온건파는 여전히 무력항전을 포기하자는 주장을 견지하면서 국회를 이용하면 위안스카이 퇴위를 이끌어낼 수 있다고 생각했다. 이 무렵 국회 내 국민당 의원들은 일찌감치 상이한 정파와 조직으로 분화되어 있었다. 그중에는 위안스카이의 위협과 회유에 넘어간 부류도 있었고 자발적으로 진보당 측으로 기운 부류도 있었다. 국민당 세력은 이 시기에 이르러 크게 약화되었고, 진보당이 이 틈을 타고 온건한 주장과 신중한 행동으로 곳곳에서 국민당의 폭력적 언행과 상반된 모습을 보여주며 당시 여론의 기대를 한 몸에 받았다. 이 때문에 위안스카이도 잠시 진보당의 힘을 빌려 여론에 영향을 행사할 수밖에 없었다. 국민당 내의 온건파도 이 무렵에는 진보당과 손을 잡고 위안스카이에 대항해야 했다. 그들은 주위 환경의 악화로 진보당에 호의를 보이지 않을 수 없었다.

진보당으로서는 이 무렵이 바로 가장 득의만만한 시절이었다. (1913년) 7월 말 위안스카이는 개각을 결의하고 숑시링을 국무총리에 임명했다. 진

---

7 반위안反袁 군사 봉기. 1913년 7월 12일 위안스카이에 의해 면직된 장시 도독 리례쥔은 쑨원의 지시로 장시의 군부를 장악하고 장시 독립과 위안스카이 토벌을 선포했다. 이어 난징으로 진격해 장쑤 도독 청더취안을 남군사령관으로 추대했다. 이후 계속해서 안후이의 바이원웨이柏文蔚, 상하이의 천치메이陳其美, 후난의 탄옌카이譚延闓, 푸젠福建의 쉬충즈許崇智, 쓰촨의 숑커우熊克武, 광둥의 천중밍陳炯明도 독립을 선포했다. 그러나 1913년 7월 하순 이후 장수와 상하이의 위안스카이 토벌군이 북양군에 패배했고, 8월 중순 이후 광저우, 난창南昌, 난징이 정부군에 함락당하자 쑨중산, 황싱, 천치메이 등은 모두 일본으로 망명했고, 이로써 제2차 혁명은 실패로 끝나고 말았다. 제1차 혁명은 신해혁명을, 제3차 혁명은 호법운동護法運動을 말한다.

보당은 이 기회를 이용해 진보당 내각을 구성하여 육군부와 해군부를 제외한 모든 각료를 진보당 당수가 임명할 수 있으리라 생각했다. 그러나 국무총리 슝시링이 소극적인 모습을 보이며 베이징에서의 취임을 자꾸 뒤로 미뤘다. 량치차오에게 여러 차례 재촉을 받고서야 슝시링은 마지못해 8월 28일에 국회의 임명을 받아들였다. 위안스카이는 물론 자기 권력을 전부 진보당에 맡기려 하지 않았다. 그는 슝시링이 베이징에 도착하기 전에 이미 주요 각료 인선을 마치고, 교육부·사법부·농상부 같은 몇몇 한직만 슝시링이 임명하도록 남겨놓았다. 이러한 인선이 슝시링이 희망한 내각과 큰 차이가 있었음은 물론이다. 슝시링은 량치차오가 후난 시무학당에 재직할 때 함께 일했던 아주 오랜 동료였다. 그는 량치차오에게 재정총장을 맡기고 싶어했고, 량치차오 자신도 본래 재정총장을 맡아 국가 재정 계획을 정리하고 싶어했다. 그러나 위안스카이는 이 의견에 동의하지 않았다. 그가 제의한 재정총장 후보는 저우쯔치周自齊였고, 량치차오에게는 교육총장이나 사법총장을 맡기려 할 뿐이었다. 슝시링은 결국 자신이 재정총장을 겸임하는 방법으로 위안스카이의 간섭을 막아낸 뒤 량치차오에게 교육총장이나 사법총장 같은 한직을 맡아주기를 희망했다. 그러나 량치차오는 내각 각료직을 받아들이려 하지 않았다. 그는 당내 업무가 바쁘다는 핑계를 대고 백방으로 관직을 사양했다. 량치차오가 출사하지 않으면 장젠과 왕다셰 또한 출사하려 하지 않을 것이기 때문에 일류 인물로 선임된 인재 내각人才內閣은 수포로 돌아갈 공산이 커졌다. 량치차오는 결국 슝시링과 위안스카이의 여러 차례 권유와 심지어 슝시링 자신의 사직 위협을 받고 나서야 마지못해 사법총장직을 받아들였다. 9월 11일 슝시링 내각이 정식으로 발표되었다. 량치차오는 사법총장, 쑨바오치孫寶琦는 외교총장, 주치첸朱啓鈐은 내무총장, 왕다셰는 교육총장, 장젠은 공상총장 겸 농림총장, 저우쯔치는 교통총장, 돤치루이는 육군총장, 류관슝劉冠雄은 해군총장, 슝시링 자신은 국무총리 겸 재정총장을 맡게 되었다. 당시 사람들은 이 내각을 "인재 내각"이라 불렀다. 또 아홉 명의 각료 중 '량치차오, 슝시링, 왕다셰, 장젠, 저우쯔치'가 모두 진보당원이어서 진보당 내각으로도 불렀다.

먼저 총통을 뽑고 다시 헌법을 제정하다

진보당은 마침내 만족스러운 조각組閣을 했지만 이후 여러 문제가 계속해서 발생했다. 위안스카이는 조급하게 정식 총통이 되려 했으나 헌법이 제정되지 않은 상태에서 무슨 근거로 총통 선거를 할 수 있겠는가? 본래 량치차오 계획에 따르면 위안스카이를 정식 총통으로 선출하는 건 아무 문제가 없는 일이었다. 하지만 정당한 절차는 준수해야 했으므로 결국 먼저 헌법을 제정해야 했다. 그리고 헌법 제정을 기다려 다시 그 헌법에 근거한 총통선거법에 따라 정식 총통 선거를 실시해야 했다. 량치차오는 심지어 완전한 헌법을 제정하고 나서 위안스카이를 우두머리로 하는 북양 군벌 구세력을 점차 헌정의 궤도로 이끌어들이기를 희망했다. 이 또한 량치차오가 진보당을 위해 제정한 큰 테두리의 정치적 방침이었다. 그러나 헌법 제정에는 많은 시간이 필요했다. 당시 실제 현실은 헌법을 아직 제정하지도 못한 상황에서 헌법 제정 절차와 입법 권한을 둘러싸고 어지러운 논쟁이 벌어지고 있었다. 반드시 먼저 헌법을 제정하고 나서 총통 선거를 실시해야 한다면 정말 어느 세월에 총통을 뽑을 수 있을지 모를 일이었다. 그렇게 되면 위안스카이도 기다릴 수 없게 될 것이고 사실상 사회 각 부문도 더이상 기다릴 수 없게 될 게 뻔했다. (1913년) 8월 5일 리위안훙은 각 성의 도독 및 민정장民政長[8]과 연합하여 국회에 전문을 보내 국회가 조속히 총통선거법과 헌법을 제정하여 강건하고 안정된 통일 정부를 구성해달라고 요청했다. 그들은 임시정부의 기한이 끝도 없이 연장되면 국가 통일에도 불리하게 작용할 것이고, 정치적 혼란과 사회적 동요도 해소하기 어렵게 될까 근심에 젖었다. 당시 일반 국민의 심리도 혼란보다는 안정을 좋아했다. 그들은 강력한 지도자가 나타나서 중국을 혼란하고 빈약한 형세에서 벗어나게 해주기를 바랐다. 그런 지도자는 당시 위안스카이 말고는 아무도 없는 듯했다. 특히 제2차 혁명이 실패로 돌아간 뒤 위안스카이 권력은 정점을 향해 치닫고 있었다. 량치차오도 개명開明한 위안스카이가 모든 권력을 자신에게 모은 후

---

8 중화민국 건국 후 참의원에 의해 임명된 각 성 최고위직. 지금의 성장省長에 해당한다.

국가를 정상적 건설 궤도에 올려주기를 희망했다. 이제 안정되고 통일된 정부가 눈앞에 펼쳐지는 듯했다. 이에 량치차오는 자신의 지난 주장을 포기하는 것도 아까워 않고 먼저 총통을 뽑고 다시 헌법을 제정하자는 의견을 지지했다.

국내외 여론의 의혹에 맞서 량치차오는 전문적으로 「중화민국 대총통선거법을 읽고讀中華民國大總統選擧法」란 글을 써서 정상적 규범을 위반한 자신들의 행위에 다음 같은 이유를 제시했다.

> 법률이란 사세事勢에 따라 생산되는 산물이다. 따라서 법률이 사세를 만들어낸다는 말은 아직까지 들어보지 못했다. 사세에 호응하지 못하는 법률은 억지로 형식적으로 만들어낸다 해도 오래지 않아 사세가 요구하는 바나 강요하는 바에 따라 폐기되거나 개정된다. 설령 폐기되거나 개정되지는 않는다 해도 절대 법률로서 효력을 발생시키지 못하고 결국 단단한 화석으로 응고되고 만다. 멀리서 증거를 찾을 필요도 없이 민국 원년에 임시 참의원에서 제정한 임시약법만 보아도 그 사실을 알 수 있다. 당시 입법자들의 의도를 추측해보면 사세에 적응하려고 한 점이 절반이고, 주관적 이상에 근거해 법률 조문으로 사세를 거스른 점이 또 절반이다. 당시에는 한 조항, 한 구절, 한 글자를 놓고 아웅다웅 논쟁하며 장래의 모든 정치 현상을 이 구구한 수십 조 법률로 지배할 생각이었다. 그러나 얼마 지나지 않아 사세가 점점 변화하자 이 약법이 엄연히 존재함에도 법 조항 대부분은 사세와 맞지 않아 이미 화석으로 변하고 말았다. 또 얼마 지나지 않으면 이 약법은 사세가 요구하는 바나 강요하는 바에 따라 폐기되거나 경신될 수밖에 없을 것이다. 이 때문에 사세와 유리된 상태에서 법률을 이야기하는 것은 어리석은 선비의 공허한 담론에 불과하고, 법률에만 의지하여 사세를 제한하려 하는 것은 더더욱 망령된 자의 어리석은 견해에 불과하다. (앞의 책, 57쪽)

이론적으로는 이렇게 이야기해도 무방하지만 사실 량치차오의 주장은 이념을 사세에 굴종시키는 논리이며 또 부득이한 상황에서 자신을 합리화하는 논리일 뿐이다. 그는 또 막 반포한 대총통선거법에 대해서는 이처럼 언급했다.

우리 나라에서 방금 반포한 대총통선거법은 우리 나라 현 시기 사세에 따라 만들어진 법률이다. 가장 현저한 사세는 대총통선거법을 입법할 때 근거로 삼은 두 가지 전제다. 첫째, 우리 나라에 현재 소위 정당이란 것이 없다는 점이다. 물론 있기는 하지만 그들의 능력으로는 정치를 담당하기에 너무나 부족하다. 이 때문에 미국에서는 대통령을 바꿀 때 항상 각 당에서 추천하는 후보 두세 명을 놓고 선거기관에서 오로지 그 두세 명에게만 투표하게 한다. 중국의 정당은 이러한 임무를 감당할 수 없기 때문에 현 대총통에게 이 번거로운 임무를 맡기지 않을 수 없었다. 둘째, 우리 나라는 현재 군벌에 의지해 나라의 근본을 유지하고 있어서 전국 군벌들이 평소에 경애하는 사람이 아니면 군벌을 통제할 수 없다. 따라서 총통을 교체해야 하는 시기에 저들이 가장 경애하는 자가 그다음으로 경애하는 자를 지정하게 하여 분란을 막고 정쟁을 그치게 하지 않을 수 없다. 이러한 점은 모두 중국 현 시기 사세가 요구하는 바에 따른 것이다. (앞의 책, 59쪽)

말하자면 위안스카이를 제외하고는 이미 다른 선택을 할 수 없다는 의미다. 그 이유는 바로 그가 군대를 장악하고 있을 뿐만 아니라 국민당과의 권력투쟁 과정에서 군대를 지휘하여 결정적 승리를 쟁취했고 이어서 그 세력이 북방에서 남방으로 확장되고 있기 때문이라는 것이다. 당시 위안스카이는 선거 당일에 평소대로 한 무리의 군경을 동원하여 의회 대표들에게 강제로 투표하게 하는 활극을 연출하기는 했지만 진작부터 자신이 정식 대총통 보좌에 오르는 일에 대해서 아무런 걱정도 하지 않았다. (1913년) 10월 10일 베이징에서는 중화민국 건국 기념행사와 정식 대총통 취임 축하행사가 열렸다. 위안스카이는 특별히 청나라 궁궐 태화전太和殿에서 대총통 취임 선서를 했다. 이것이야말로 위안스카이가 공화제를 향해 보여준 한 차례의 시위와 도전이라고 할 수 있다. 량치차오는 여전히 총통 선거를 끝낸 후 헌법을 제정할 수 있으리라 기대했지만 위안스카이는 정식 대총통으로 등극한 후 이미 더이상 의회와 협상할 생각이 없었고, 더 나아가 헌법이란 것으로 자신의 권력을 제약하고 싶어하지 않았다. 10월 16일 위안스카이는 중의원에 '약법 수정'을 요청하며 총통 권력에 대한 '임시 약법'의 제재를 취소해달라고 했다. 동시에 국회를 향해 헌법은 반드시 대총통의 공포를 거쳐야 효력이 발생한다는 의견을 제시했다. 그는 10월 24일 또 국무원에 명령을 내려 8명 위원을 국회로 파견하여 헌법 제정 회의에 참가하도록 했으나 헌법 회의와 헌법기초起草위원회에서는 이들의 참가를 거부했다. 10월 25일, 수치심에 분노가 치민 위안스카이는 국회의 독재를 질책하며 공개적으로 각 성 도독과 민정장에게 전보를 보내「천단헌법초안天壇憲法草案」[헌법기초위원회가 천단天壇 기년전新年殿에 설치되어 있어서 '천단헌법'이라고 한다]을 조목별로 연구하여 5일 내에 답신 전보를 보내달라고 요청했다. 29일 즈리 도독 펑궈장이 국회로 전보를 보내 헌법초안이 '의회 독재'를 자행하는 것이라고 질책했다. 30일 장쑤 도독 장쉰도 앞장서서 전보를 보내 국민당이 헌법과 삼권분립 원칙을 파괴하고 있다고 직접 공격을 퍼부었다. 그는 또 국민당이 내란죄를 범했으므로 대총통이 조속히 명령을 내려 국민당 본부와 지부를 모두 해산해달라고 요청했다. 그리하여 각 성 도독, 민정장, 진수사鎭守使, 사단장, 여단장들이 분분히 전보를 보내 국민당 해산, 국민당 의원 제명, 헌법초안 취소, 기초위원회 해산 등을 주장했다. 11월 3일 헌법기초위원회가 헌법초안을 헌법회의에 제출했다. 그러나 위안스카이는 헌법회의가 투표를 하기 전에 국회로 돌격해 폭력으로 국회를 통제했다. 11월 4일 위안스카이는 리례쥔과 장시 국회의원 쉬슈쥔徐秀鈞의 비밀 전보를 조사한다는 핑계를 대고 국민당 해산 명령을 내린 후 국민당 국회의원 자격증을 반납하게 했다. 이로 인해 국회의원 460여 명이 자격 취소를 당해 양원 의원 중 남은 사람은 과반수에 미달했고 국회는 결국 강제로 정회될 수밖에 없었다. 위안스카이의 이 명령은 국무총리 슝시링과 내무총

'헌법기초위원회' 위원들이 베이징 천단 기년전祈年殿에서 단체로 촬영한 기념사진. 민국 2년(1913년) 10월 31일, 헌법 기초위원회에서 『중화민국 헌법 초안』이 정식으로 통과되었다. 이 헌법 초안을 『천단 헌법 초안天壇憲法草案』이라고도 하는데 총통의 권력을 제한하는 것이 특징이다.

장 주치첸의 서명을 거친 것이었다. 1914년 1월 10일 위안스카이는 다시 슝
시링과 전체 각료의 서명을 받아 국회 잔류 의원에 대한 직무 정지와 해산
을 명령했다. 이런 지경에 이르자 량치차오가 자신의 능력을 발휘할 수 있
을 것으로 환상해온 의회 무대마저 위안스카이에게 훼손되어 그의 진로는
이미 끊어진 것과 마찬가지였다. 그러나 량치차오는 완전히 절망하지 않고
"불가능함을 알고도 행한다"는 격언처럼 최후의 일전을 추진해보려 했다.
2월 12일, 슝시링이 국무총리 및 재정총장 직을 사퇴함에 따라 량치차오
도 2월 20일 정식으로 사법총장직에서 물러났다. 그러나 량치차오는 이와
동시에 위안스카이가 그를 위해 안배한 화폐제조국幣制局 총재직에 취임했
다.(『진짜 공화, 가짜 공화眞假共和』 하책, 235~247쪽)

량치차오, 화폐제조국 총재직을 맡다

량치차오는 진보당의 영혼이자 정신적 지도자였다. 진보당은 또 정계에서
위안스카이와 가장 밀접한 관계를 맺고 있던 맹우였고 더욱이 소위 '인재
내각' 구성원이 소속된 정당이었다. 당시 국무총리는 슝시링이었지만 사회
여론은 모두 량치차오가 정국을 조종한다고 여기면서 "당시 정부를 지휘
하는 인물은 선생 한 사람뿐이었다"라고 인식했다. 따라서 국민당이 해산
되고, 국회의원들 자격이 취소되고, 결국 국회마저 해산당하자 "전국 여론
은 선생에게 죄를 돌리는 경우가 많았다."(『량치차오 연보 장편』, 672쪽) 진보
당 당원이며 중의원 의원 류웨이劉偉는 위안스카이가 국민당 해산 명령을
선포하기 사흘 전에 량치차오에게 편지를 보내 량치차오 스스로 국회 존망
에 대한 책임을 져야 한다고 질책했다.

선생께서는 당의 지도자로서 국무를 보좌하고, 구국을 정치의 대방침으
로 삼고 계신데, 그것이 명분인지 실제인지 알지 못하겠습니다. 명분뿐
이라면 전국의 생명과 재산을 어찌 감히 다시 실험 대상으로 삼으십니
까? 실제라면 공 등이 입각하고 나서 어찌하여 국회 파괴를 첫번째 정책
으로 삼으십니까? 공화국에 국회가 없어서 안 된다는 사실은 모든 사람

이 다 압니다. 국회가 없는 공화국은 중화민국에서 시작되었고, 국회가 없는 중화민국은 11월 4일부터 시작되었습니다. 11월 4일 일은 누군가 실제로 행한 사람이 있고, 그 명령은 총통에게서 나왔고, 부가 서명은 총리에게서 나왔습니다. 그런 형식이 있는 곳에 책임도 돌아갈 것입니다. 물론 사법총장 겸 진보당 이사이신 량런궁[량치차오] 선생과는 아무 상관도 없는 일이라 할 수 있을 것입니다. 그러나 길 가는 사람이나 애국 지사들은 형식은 따지지 않고 가혹하게 내막 밝히기에만 집착합니다. 떠도는 비방도 믿지 않아야 하지만 가까운 사람의 말도 잘 살펴야 합니다. 근원과 뿌리를 탐구하는 것은 인지상정입니다. 지도가 다 펼쳐지면 비수가 드러나고圖窮而匕首見,[9] 사건이 오래되면 흑막이 폭로되기 마련입니다. 그러나 비록 내막을 안다 해도 어찌할 수는 없지만 많은 사람이 비난하면 단단한 쇠도 녹아내리는 법이니 저는 남몰래 생각건대 선생의 고명함에 위해가 될까 걱정입니다.(앞의 책, 673쪽)

이것은 기실 량치차오를 깊이 알지 못하는 사람의 의견이다. (1913년) 7월 12일 리례쥔이 위안스카이 토벌군을 일으킨 후, 7월 23일 북양 군벌 군경은 베이징 공여구락부公餘俱樂部를 포위하고 국민당 의원 펑쯔유 등 10여 명을 체포했다. 이로 인해 국민당 의원들은 공황 상태에 빠져 분분히 베이징을 떠나 남쪽으로 내려가기 시작했다. 그중에는 참의원 의장 장지 등과 같은 거물급 인사도 드물지 않았다. 그들은 의회가 이미 입법기관으로서 독립성을 유지할 수 없고, 의원들도 언론 자유를 상실한 것을 목도하고 의원들에게 베이징을 떠나라고 선동했다. 남방의 국민당 기관지도 국회를 남쪽으로 옮기라고 호소하면서 위안스카이 토벌 운동을 지지한다고 선언했다. 이런 상황에서 국회 활동은 중단되었고 헌법 기초 업무도 강제로

---

9 숨겨진 내막이 마지막에 결국 드러남을 비유하는 말. 중국 전국시대 말기 연燕 태자 단丹은 자객 형가荊軻를 보내 진秦나라 왕 정政을 암살하고자 했다. 그는 진나라가 원수로 여기는 번오기樊於期의 목과 진나라가 탐내는 땅 독항督亢의 지도를 형가에게 주고 진 왕을 만나게 했다. 지도 두루마리 속에는 비수가 숨겨져 있었다. 형가가 진 왕을 만나 지도 두루마리를 펼치자 두루마리가 끝나는 곳에서 비수가 드러났다.(『전국책戰國策』 「연책燕策」)

정지되었다. 이러한 상황을 보고 7월 25일 량치차오는 위안스카이에게 편지를 보내 국가의 정치적 앞날이라는 대국적 관점에서 의회를 파괴하지 말라고 요청했다.

저도 당원 중에서 역모에 참여한 사람은 법률로 구속하지 않을 수 없다고 생각합니다. 그러나 역모에 참여한 사람은 기실 열에 한둘뿐이고 나머지 대부분은 음모자의 기계로 제공되었을 뿐입니다. 이 사람들을 사방으로 흩어지게 하지 않고 모여 있게 하면 장래에 이들을 흡수하여 올바른 길로 귀의하게 할 수 있을 터이니 장차 정도를 행함에 쓸모가 많을 것입니다. 지금 가장 중요한 일은 이번 시기를 잘 타서 내각을 통해 헌법을 제정하고 총통을 선출하는 일입니다. 그런 연후에야 나라의 근본이 비로소 튼튼해질 수 있을 것입니다. 그러나 이 목적을 달성하려면 의원 정수의 3분의 2 이상을 유지하는 것이 제일 요긴합니다. 현 진보당도 이미 각 부문에서 힘을 다해 방법을 구상하고 있으니 특히 대총통께서도 국회를 존중한다는 뜻을 한마음으로 드러내주시기 바랍니다. 그리하여 대총통 명령을 통해서나 양원 의장 자문을 통해 그 뜻을 밝게 선포하시어 떠도는 비방을 잠재워주시기 바랍니다. 국회의원들 세비도 신속히 지급하여 정부가 국회를 대함에 옛날 제도를 전혀 바꾸지 않았다는 사실을 의원들에게 알려주십시오. 이렇게 하면 사람들이 모두 안심하고, 우리 당도 연락과 소통 업무에서 할 말이 있을 것입니다. 그럼 양원 다수의 마음을 돌리는 일도 아마 어렵지 않을 것입니다. (앞의 책, 674~675쪽)

다음 날 량치차오는 위안스카이에게 재차 편지를 보내 이렇게 일깨웠다. "옛날에 대업을 이룬 패자는 천자를 끼고 제후에게 명령을 내렸습니다. 지금은 혼란을 평정하고 치세를 도모하려면 응당 국회를 끼고 천하에 호소해야 합니다. 명분을 바르게 하여 언어를 순조롭게 한 연후에야 지향하는 앞길에 대적할 사람이 아무도 없을 것입니다." 아울러 다음처럼 경고했다. "혹시 병력으로 위엄을 이미 떨쳤으니 국회와 정당 따위는 더이상 경중을 따질 게 없다고 생각하신다면, 저는 앞으로 천하를 그르칠 조짐이 반드시 이 말에서 비롯될 것이라고 생각합니다."(앞의 책, 675쪽)

이런 언급은 량치차오가 위안스카이를 위해 장래 계책을 헌상하는 성격이 강하지만 그런 가운데서도 국회를 유지하고 보호하기 위한 그의 고심을 분명하게 엿볼 수 있다. 그는 위안스카이와의 관계를 전혀 회피하지 않았다. 량치차오는 위안스카이가 황제를 칭한 이후 「위안스카이 해부袁世凱之解剖」를 써서 이렇게 말했다. "나와 위안 씨는 근래 수년 동안 사적인 교분에서 친선관계를 유지해왔다 할 수 있다. 위안 씨는 지금 나를 끌어들여 함께 일을 하기 위해 고심하고 있다. 나는 위안 씨에게 여러 해 동안 항상 나의 우정을 다해 도움을 주며 잘못을 바로잡아주려고 애를 썼다. 한 달 전까지도 이러한 생각을 아직 바꾸지 않았다."(『음빙실합집·문집』 제34권, 8~9쪽) 이후 오히려 후배들이 량치차오에 대해 더 많은 이해를 했다. 정전둬는 량치차오가 '인재 내각'에 들어간 일을 언급하면서 일찍이 이처럼 지적했다. "당시의 입각이 량 씨에게는 아무런 성과도 없었다고 할 수 있다. 그러나 그는 결코 낙심하지 않았고, 또 위안스카이를 협력할 수 없는 사람이라 생각하지 않았다. 그는 시종일관 현상을 유지하려는 입장에 서서 할 일을 하려 했고, 할 말을 하려 했으며, 도울 일이 있으면 도우려 했다."(『량치차오를 추억하다』, 75쪽) 량치차오의 제자 장인린張蔭麟도 이런 점을 목도하고 다음과 같이 말했다. "이 시기 선생님의 정치적 주장은 한마디로 말해서 '민지民智와 민덕民德을 키워주는 데 진력했고, 온건하고 점진적인 방법으로 국민의 정치적 경제적 지위를 개선하려는 것이었다.' [량치차오 선생님은] 오직 민지와 민덕 함양에 치중했기 때문에 정치적·경제적 측면에서 구체적이고 견고한 계획을 세울 수 없었다. 또 오직 온건하고 점진적인 수단만을 채택했으므로 쉽게 군벌을 용인하게 되었다. 민국 이후 선생님이 정치적으로 거둔 득실도 이러한 관점에서 논의할 수 있다."(앞의 책, 107쪽)

량치차오는 줄곧 정치적으로 뭔가 유용한 일을 하고 싶어했다. 그는 위안스카이 세력에 기대어 "진실로 그를 잘 이용하면 중국을 부강하게 만들 수 있다"고 믿었다.(『음빙실합집·문집』 제34권, 8쪽) 이 때문에 국회가 해산당하고 각료들이 사직한 이후에도 그는 여전히 위안스카이가 자신을 위해 특별히 만들어준 화폐제조국 총재 직위를 받아들였다. 그리고 참정원이 개설된 후에는 참정원 의원으로 임명되었다. 량치차오는 이에 대해 뒷날 해명을 한 적이 있다. "당시 나는 다소 망상에 젖어 있어서 위안스카이를 이끌고 정치의 길을 걸으며 국가를 위해 좀 건설적인 사업을 해보려고 했다. 이에 나와 나의 가장 친한 친구 탕줴둔은 —그는 나라를 지키기 위한 전쟁에서 죽었다— 전문적으로 재정문제를 연구했고, 차이어는 전문적으로 군사문제를 연구했다. 이는 여전히 우리의 학문생활을 계속하는 것과 같았으나 실제 상황에서 경험을 쌓는 경우였기 때문에 상당한 재미를 느끼기도 했다."(『음빙실합집·문집』 제39권, 88쪽) 그러나 당시 위안스카이는 이미 쇠퇴의 길을 걷고 있었다. 량치차오는 자신의 주장을 실현할 수 있으리라 몽상했지만 현실적으로는 그가 할 수 있는 일은 한 가지도 없었다. 마지막에는 화폐제조국 총재라는 허울뿐인 직무조차도 수행할 수 없게 되어 결국 사직하고 그곳을 떠날 수밖에 없었다. 량치차오는 이처럼 얘기했다.

민국 3년(1914) 말, 위안스카이의 거동은 보면 볼수록 더욱 나빠져갔다. 우리는 그와 관계를 끊어야 할 필요성을 느꼈다. 나는 집을 톈진으로 옮기고 다시 혼자 광둥으로 돌아가 아버지를 시봉하며 몇 개월 시골생활을 했다. 그해(1915) 음력 단오절을 전후해 나는 다시 고향을 떠나 난징으로 가서 놀았다. 그때 마침 펑화푸馮華甫[펑궈장]가 장쑤 장군江蘇將軍이 되었다. 그가 나에게 소문을 들으니 황제제도를 시행하려 한다는데, 우리가 힘써 간쟁해야 한다고 했다. 그는 즉시 나의 손을 끌고 기차에 올라 베이징으로 갔다. 우리는 위안스카이를 만나 단단히 충고하려고 했다. 그런데 뜻밖에도 우리가 하려던 말을 모두 위안스카이가 먼저 이야기했다. 게다가 그는 우리보다 더욱 통절한 마음을 갖고 있었다. 우리는 그가 정말 야심을 품고 있지 않다고 생각하고 우리의 간쟁을 그만두고 말았다. 펑화푸는 난징으로 돌아가 관직에 취임했고 나는 톈진으로 돌아가 독서에 전념했다. 두 달 뒤 —어느 날인지는 분명하게 기억나지 않는다— 주안회籌安會가 창립되었다.[1915년 8월 14일 양두가 쑨위원 등 여섯 사람과 연락해 주안회를 발기했고, 8월 23일 양두가 자신이 직접 기초한 '주안회선언籌安會宣言'을 정식으로 발표했다. 주안회도 이날 정식으로 창립을 선언했다.] 주안회가 창립을 선언한 다음 날(24일) 차이어가 막차를 타고 베이징에서 톈진으로 와서 나와 우리 두 사람의 또다른 친구의 손을 잡고 — 이 친구는 아직도 살아 있고 다른 사람에게 신분을 공개하길 원하지 않기에 여기에서 성명을 밝히지 않는다— 탕줴둔의 거처로 갔다. 우리 넷은 밤새도록 대책을 상의하면서 우리가 적을 토벌할 책임을 스스로 지지 않는다면 중화민국은 지금 이후로 끝나고 말 것이라 생각했다. (앞의 책, 88~89쪽)

저우산페이도 당시 역사를 다음처럼 회고하고 있다.

갑인년(1914) 봄여름 사이에 런궁은 위안스카이의 광둥 탈취를 분명하게 목도한 후, 국민당이 이미 섬멸되어 천하가 통일되었으며 이로 인해 위안의 독재 역량도 강화되었다고 생각했다. 따라서 이제는 위안스카이의 말을 들어서는 안 될 뿐만 아니라 모호하게 그와의 관계를 계속해서는 안 된다 여기고 바로 관직에서 물러나 수시로 위안스카이의 상황을 내게 알려줬다. 을묘년(1915)에 주안회 문제가 발생하자 런궁은 「이상하도다! 소위 국체문제라는 것은」을 즉시 발표했다. 위안스카이는 대경실색했다. 그러나 실제로 런궁은 이 일을 일찌감치 예견했고 이 글도 일찌감치 준비해둔 것이었다. (『량치차오를 추억하다』, 153~154쪽)

량치차오가 정식으로 화폐제조국 총재를 그만둔 것은 1914년 12월 27일이었다. 이전부터 벌써 적지 않은 친구가 량치차오의 '출처出處'문제에 관심을 가지고 가능한 한 빨리 그가 위안스카이에게서 벗어나기를 바랐다. 5~6월 사이에 젠지창蹇季常은 천수퉁陳叔通에게 편지를 보내 "런궁이 마음을 어떻게 정했느냐?"라고 물었다. 천수퉁은 다음 날 량치차오에게 편지 한

통을 보내 "선생님께서 어찌 그곳에서 순종하고 계십니까?"라고 했다. 천수퉁의 동문 류푸리劉復禮는 량치차오에게 보낸 편지에서 더욱 직접적으로 말했다. "런궁께서는 어찌하여 아직도 먹고 입는 문제만 생각하십니까? 독서는 만 권을 독파했고, 족적은 전 지구를 답파했으며, 명현의 문하에서 공경스럽게 공부를 했습니다. 교유하는 사람들은 제로齊魯[10] 지방의 절개 있는 선비가 아니면 연조燕趙[11] 지방의 비장한 노래 부르는 선비입니다. 출처와 거취의 대의는 진실로 평소 말씀을 따라야 할 것입니다. 그런데도 이처럼 혼미하게 뒤섞여 북쪽 바다의 대붕이 작은 실오라기에 얽매어 있으니 저는 남몰래 족하足下를 애통하게 생각합니다."(『량치차오 연보 장편』, 690~692쪽)

친구들의 걱정과 질책이 이어지자 량치차오도 마음이 움직이지 않을 수 없었을 것이다. 그리고 화폐제조국 사정도 유럽의 제1차 세계대전 폭발과 위안스카이의 시간 끌기로 인해 각종 계획이 모두 공염불이 되어 한 가지도 실행할 수 없었다. (1914년) 10월 30일 자 『신보』에 「량런궁 근황梁任公近況」이라는 기사가 실렸다. "유럽에서 세계대전이 일어난 이래 화폐 제조와 차관 일은 잠시나마 담판을 해볼 여지도 없어졌다. 런궁이 연구한 정책 및 시행하려던 차선책도 모두 시대 상황에 압박을 받아 실행할 수 없게 되었다. 결국 이 화폐제조국도 유명무실한 기구가 되고 말았다. 런궁은 전례에 따라 대충대충 일을 처리하려 하지는 않을 것이기 때문에 수일 내로 총재직을 사퇴할 듯 보인다."(앞의 책, 698쪽)

---

10 춘추전국시대 제나라와 노나라가 있던 지역. 지금의 산둥 성이다. 공자, 맹자, 묵자, 손자 등 제자백가와 강태공姜太公, 관중管仲, 포숙아鮑叔牙 등의 정치가, 좌사左思, 공융孔融, 왕찬王粲 등의 유명 문학가가 모두 제로 지방 출신이어서 이 지역을 절개 있는 선비의 고장이라고 일컫는다.
11 춘추전국시대 연나라와 조나라가 있던 지역. 지금의 허베이 성河北省과 베이징 시 일대다. 전국시대 말기 연나라 태자 단이 진왕 정을 암살하기 위해 자객 형가를 전송할 때 역수易水 강변에서 환송연을 베풀었다. 이 자리에서 형가의 친구 고점리高漸離가 축筑가 축을 타자, 그 반주에 맞추어 형가가 「역수가易水歌」라는 비장한 노래를 불렀다. 이후 형가와 고점리 모두 진나라 왕 정을 죽이려다 실패하고 목숨을 잃었다. 이 때문에 예로부터 중국 연조 지방에는 목숨을 돌보지 않고 대의를 실천하는 비장한 선비가 많다고 일컬어진다.

정계에 실망해 은퇴를 결심하다

량치차오는 이 무렵 위안 씨에게 정말 실망한 나머지 자신의 정치 인생에 혐오감과 자포자기의 심정을 드러냈다. 그는 「금후 내가 보국할 수 있는 방법今後所以報國者」이라는 침통한 글을 써서 20년 동안 이어온 자신의 정치적 이상, 정치단체 조직, 정치 참여 등의 활동이 왜 실패할 수밖에 없었는지를 성실하게 검토하고 반성했다.

나도 일찍이 언론에 의지하여 어떤 큰 인물을 만들어내고 싶었다. 그러나 내가 만들고 싶었던 인물은 내 이상 속 정치 인물일 뿐이었다. 또 내가 행한 정치 담론은 항상 나 자신의 감정에 자극을 받아 다른 사람의 감정을 자극하는 것이었다. 이 때문에 나의 지론은 여러 번 바뀌었지만 왕왕 상당한 반향을 불러일으키기도 했다. 지난날 나의 견식은 천박했지만 간혹 의기양양 스스로 만족하며 내가 하는 많은 말이 아마도 국가의 정치에 조금이라도 도움이 되리라 생각했고, 지금까지도 국민 중에는 더러 나의 이런 생각을 허용하는 분들이 있는 듯하다. 그렇지만 나는 지금 세심하게 고찰하여 상황을 명확히 인식하게 되었다. 즉 내가 여러 해 동안 행한 정치 담론은 모두 실패하여 의지할 데가 없어졌다. 나 자신에게 본심을 물어보면 국내 정치에 좋은 씨앗을 뿌리려 하지 않은 적이 없다. 그러나 내가 말하는 좋은 씨앗이 다른 사람이 선택한 씨앗보다 잘못된 것인지, 아니면 내가 씨앗 뿌리기를 도리에 맞게 하지 않은 것인지, 아니면 그 땅이 적합하지 않은 것인지 알지 못하겠다. 요컨대 내가 거둔 수확은 내가 애초에 기대한 결과와는 완전히 정반대다. 나는 일찍이 내가 이룬 공로로 내가 저지른 죄악을 보상할 수 없음을 자책한 적이 있다. 내가 몸소 정치활동에 종사한 지도 이미 1년이 넘었다. 나는 또 일찍이 과격파의 비밀단체 사람들과 왕래한 적도 있지만 나의 성격이 저들과 융합할 수 없어서 바로 헤어졌다. 나는 또 일찍이 두 번이나 공개된 정치단체에 가입한 적이 있지만 결국 그 단체에서 큰일을 할 수 없었고, 더욱이 그 단체가 국가에 큰일을 할 수 있도록 하지도 못했다. 이를 보더라도 나의 활동이 모두 실패해 의지할 데가 없음은 아주 명확한 사실이 되었다. 나는 일찍이 다음과 같은 사실을 후회한 적이 없고 나는 진실로 지금까지도 확신하고 있다. '우리 나라 현재 정치사회가 정치단체의 활동 여지를 전혀 남겨두지 않고 있고, 오늘날 중국인이 정치단체를 조직함에 있어서도 그 회원의 자격에 결격 사유가 정말 많으며, 무릇 나 자신도 그런 자격을 갖추지 못한 사람의 하나다.' 내가 사랑하는 동료들도 모두 자격 미달자임은 바로 나와 같다. 이 때문에 나는 날마다 문득 다음 같은 사실을 깨닫고 있다. '우리 나라에서 건전한 정치단체를 조직하려면 조직활동을 하기 전에 마땅히 해야 할 일이 있다. 바로 정치단체 속에서 건전하게 활동할 인물을 비교적 많이 양성하는 데 힘써야 한다는 것이다.' 그러나 이것은 결국 아침저녁에 이룰 수 있는 일이 아니다. 아직 이룰 수 없는 일을 강제로 이루려 하면 한편으로 그 정치단체의 신용을 당대에 실추시켜 장차 앞날의 발육 기회를 가로막게 된다. 또다른 한편으로는 능력이 있는 다수 청년으로 하여금 아무 결과도 거둘 수 없는 사업에 날마다 힘을 소모하게 할 수도 있다. 이런 일이 심해지면 그들 품격과 도량에 의외의 악영향을 끼칠 수 있다. 나는 이 때문에 두려운 마음이 들어 나의 정치단체 활동을 마침내 중지하지 않을 수 없다. 나는 또 일찍이 정치 당국자의 위치에 스스로 서본 적도 있고, 지금까지도 정부의 한 자리에 이름만 걸어두기도 했다. 그렇지만 나는 처음부터 진실로 임무를 감당할 수 없을까봐 스스로 의심했다. 다만 당시 시국이 급박했으며, 정부조직을 오래 유예하면 그 참화가 국가에 해악을 끼쳐 예측할 수 없는 상황이 벌어질 수도 있고, 또 대총통이 깊은 우의로써 진실하게 권했기 때문에 억지로 몸을 일으켜 잠시 그 빈자리를 맡게 되었다. 그간에 나 자신의 능력을 헤아리지도 못한 채 일찍이 몇 가지 계획을 마련하고 무딘 칼이라도 한번 휘둘러 공을 세워보려 했으나 그 태반은 현재의 실정과 맞지 않았다. 조금 맞아떨어지는 것이 있다 해도 나의 주장을 오늘날 관철시키기가 매우 어렵다는 사실을 알았고, 이와 반대되는 경우에도 항상 불안한 마음이었다. 임시방편으로 현 시국을 구제하려는 정치에 대해서는 비록 그렇게 할 수밖에 없는 상황을 분명 알고 있지만 그런 것들은 대개 내가 평소 배우지 못한 것들이었다. 따라서 내가 그런 일에 종사하려고 해도 내가 맡을 수 있는 역할이 없었다. 이와 같은 상황은 전체적 사안에서도 그러했고 부분적 사안에서도 그러했다. 이러한 까닭에 힘을 다해 일을 하다가 능력이 모자라면 자리에서 물러난다는 취지에 맞춰 사퇴를 호소했다. 다만 원수께서 예의에 맞게 두터운 은혜를 베풀어주시어 사퇴의 명령을 얻을 수 없었다. 그리하여 잠시 얼굴에 철판을 깔고 유명무실하게 지금의 자리를 채울 수밖에 없었다. 이 또한 빈자리나 채워 나의 쓸모없는 능력이라도 써볼 심산에 불과했다. 이로부터 사실상 정치와의 관계는 날마다 소원해졌다. 따라서 더욱 한가해진 사람으로서 나는 정치 생애의 전부를 장차 중단하고자 한다. (『음빙실합집·문집』 제33권, 52~53쪽)

량치차오는 여기서 두 가지 교훈을 도출하고 있다. 첫째, 자신은 근본적으로 서생에 불과하기 때문에 실제적인 정치 능력이 부족해 정치에 참여하기가 부적합하다. 1년 동안 가까스로 어려운 일을 하며 모든 노력을 기울여봤지만 국가를 위해 많은 일을 할 수 없었고, 이에 어쩔 수 없이 서재로 은퇴하여 자신의 장기인 이론 탐색과 학술 연구를 할 수밖에 없었다. 둘째, 당시 중국의 정치적 실천은 중국의 실제 상황을 고려해야지 완전히 이론에만 맞춰 조목조목 제한할 수도 없었고 지나치게 이상화할 수도 없었다. 그러나 현실 속의 임기응변은 량치차오의 장기가 아니었다. 그래서 그는 다음 같은 심정을 드러냈다. "따라서 나는 지금부터 학문적으로 두세 명의 친구와 함께 모여 토론하는 일 이외에는 모든 정치단체와 관계를 끊을 것이다. 그리고 평소 가장 존경해온 스승님, 가장 친한 벗과도 오직 도의로써 절차탁마하고 학예로써 의견을 교환할 것이다. 정치적인 언론과 행동에는 절대로 참여하기를 원하지 않고 더욱이나 추호의 연대 책임도 지지 않을 것이다. 괴팍한 행동이라 비난할 수도 있겠지만, 인간에게는 각자 자기 견해가 있고 또 각자 자신하는 분야가 있기에 비록 골육지친이라 하더

라도 구차하게 같은 행동을 할 수 없다."(앞의 책, 53~54쪽)

"이상하도다! 소위 국체문제라는 것은"

그렇다면 량치차오는 무엇으로 이 나라에 보답하려 했는가? 그는 반복해
서 자문한 후 자신이 종사해야 할 "커다란 천직이 있다"고 했다. 그것은 바
로 국민교육을 시행하여 사람들에게 인간이 어떻게 인간이 되는지, 국민이
어떻게 국민이 되는지를 분명히 알게 해주는 일이었다. 만약 국민이 각성하
지 못한 채 무지몽매한 상태에서 맹목적 믿음만으로 정치 건설을 도모하게
되면 "비록 해마다 국체를 바꾸고 날마다 낡은 기관을 폐지하여 나라의 법
령을 산처럼 높이고, 조정의 일을 근면하게 바꾸더라도"(앞의 책, 54쪽) 정치
건설은 여전히 무망無望의 상태를 벗어나지 못하게 되는 것이다. 그리하여
이해(1914) 겨울 량치차오는 정말로 베이징 서쪽 교외 칭화학교淸華學校로 가
서 글쓰기에 전념했고 아주 신속하게 「유럽 전쟁사론歐洲戰役史論」을 발표했
다. 새해(1915)가 되자 중화서국中華書局에서 『대중화잡지大中華雜誌』를 발행
하려고 특별히 량치차오를 편집장總撰述으로 초빙했다. 그는 흔쾌히 초빙을
수락하고 규모가 방대한 '시국소총서時局小叢書'를 기획했다. 그리고 바로 제
1집을 위해 10개 제목을 뽑았다. 량치차오는 이 기간 적지 않은 시를 썼고
4월 말에는 광둥으로 귀성해 부친의 만수무강을 빌었다. 당시 상황을 보면
그는 아마도 오랫동안 떠나 있던 '저술 시대'로 회귀한 듯했다.

그러나 위안스카이는 량치차오가 서재로 돌아가는 것을 허락하지 않았
다. 불확정성이 충만한 그 시대에도 그가 서재로 돌아가는 것을 허락하지
않았다. 공교롭게도 그 무렵 유럽에서 제1차 세계대전이 폭발했다. 일본은
줄곧 중국에서 더 많은 이익을 얻겠다고 몽상하며 서구 열강이 유럽 전쟁
에 빠져들어 동쪽을 돌아볼 수 없는 틈에 갑자기 야심을 폭발시켰다. 당시
일본은 중국 정부를 향해 「21개조二十一條」를 제기하여 중국에 대한 통제권
을 강제로 요구했다. 그러나 위안스카이는 황제제도에 대한 일본의 지지를
얻기 위해 결국 일본의 조건을 수용할 준비를 하며 국가의 주권을 팔아먹
으려 했다. 갖가지 국가 대사가 긴박하게 전개되자 감정에 민감한 량치차오

는 서재만을 고수할 수 없었다. 이와 동시에 위안스카이도 황제제도 복귀를 향한 발걸음을 더욱 가속화했다. 이러한 상황은 국가의 앞날과 운명에 대한 량치차오의 근심을 더 무겁게 했다. 량치차오는 나중에 「국체전쟁 경력담」과 「호국전쟁 회고담護國之役回顧談」을 써서 당시 상황을 상세하게 회고했다.

황제제도 회귀 문제의 발생은 표면적으로 굿나우Frank Johnson Goodnow와 주안회로부터 비롯했지만 기실 그 태동 시기는 이미 오래되었다. 주동자는 사실 위안 씨 부자 및 그 주위의 개인 몇 명이었다. 전국의 군인과 관리들은 참여하지 않았고, 국민은 더더욱 참여하지 않았다. 이보다 앞서 작년(1915) 정월, 위안커딩[위안스카이 맏아들]이 갑자기 나를 연회에 초대했다. 도착해보니 양두 선생도 자리에 있었다. 화제를 공화제의 결점을 줄줄이 비난하는 방향으로 몰고 가며 은연중 국체 변경의 뜻을 드러내고 내가 찬동해주기를 바랐다. 나는 국내 및 외교의 위험성을 얘기했고 내 말은 저들의 생각과 전혀 맞지 않았다. 나는 재앙이 장차 닥칠 것을 알고 톈진으로 집을 옮기고 바로 남하해 광둥과 상하이 사이를 왕래했다. (앞의 책, 143쪽)

그러나 량치차오는 남쪽으로 귀성하기 전에 반복해서 상황을 저울질하며 위안스카이에게 또 장문의 편지를 보냈다. 이 편지에서 량치차오는 위안스카이에게 "큰 난리가 조만간 발생할 것이므로" 마음을 돌려 국가와 민족을 중시해야지 역사의 흐름에 역행하는 행동을 해서 친한 사람은 애통해하고 원수는 통쾌해하는 황당한 일을 해서는 안 된다고 권유했다. 량치차오는 또 이 글에서 인정으로 그의 마음을 움직이고 이치로써 그의 사고를 일깨웠을 뿐 아니라 처지를 바꾸어 상황을 진술하며 위안스카이의 앞뒤 처지를 고려해 그의 이해관계를 매우 분명하고도 철저하게 설명했다. "가장 애통하고 우려되는 점은 우리 대총통께서 4년 동안 나라를 위해 진력하신 본심을 영원히 천하에 알릴 수 없게 된다는 것입니다. 천하의 믿음이 이로

량치차오가 위안스카이의 황제 취임을 막기 위해 보낸 친필 서신. 량치차오는 고향으로 내려가기 전에 반복해서 고민한 끝에 위안스카이에게 장문의 편지를 보냈다. 광저우 황푸 구黄埔區 창저우 섬長洲島 신해혁명기념관에 소장되어 있다.

부터 사라질 것이니 나라의 근본도 이로부터 흔들릴 것입니다. 『대학大學』의 「전傳」에도 '나라 백성들과의 사귐은 믿음에 그친다與國人交, 止於信'라고 하지 않았습니까? 위에서 믿음을 세우면 백성들은 저절로 믿게 됩니다. 지금 한 결같이 믿음을 배신하고 나서 뒷날 다시 백성과 믿음을 맺으려 한다면 그 것은 마치 하늘로 오르는 일만큼 어렵게 될 것입니다. 분명한 맹세를 서너 차례나 했고 입에 바른 맹세의 피가 아직 마르지도 않았는데, 하루아침에 자신의 말과 완전히 반대되는 방향으로 행동한다면 나중에 어떻게 천하에 명령을 내릴 수 있겠습니까?"(앞의 책, 2~3쪽) 량치차오는 심지어 자신의 속 마음을 모두 털어놓는다는 어투로 위안스카이에게 권유하고 있다. "저는 진실로 우리 대총통께서 자기 한 몸을 바쳐 미래 중국의 새로운 영웅으로 신기원을 여시길 바라지, 과거 중국의 구태의연한 간웅처럼 낡은 파국을 보여주시는 걸 바라지 않습니다. 저는 또 우리 대총통의 영예가 중국과 더 불어 오래 지속되기를 바라지, 중국의 역사가 우리 대총통을 따라 함께 끊어지길 바라지 않습니다. 가슴을 두드리고 피눈물을 흘리며 이 최후의 충언을 올립니다."(앞의 책, 3~4쪽)

사정이 이 지경에 이르자 이제 무슨 말을 해도 쓸데없는 객담이 되고 말았다. (1915년) 8월 14일 양두, 쑨위윈, 옌푸, 류스페이, 리셰허, 후잉 등 여섯 명[주안회6군자籌安會六君子]은 베이징에서 주안회를 발기했다. 그들은 대규모로 황제 청원 및 황제 등극 활동을 전개하고, 국체 변경과 황제제도 복원을 선동하면서 위안스카이를 황제로 추대하자고 주장했다. 8월 22일 량치차오는 딸 링셴에게 보낸 편지에서 울분을 터뜨렸다. "나는 참을 수 없어서 ―어젯밤에는 잠을 이룰 수 없어 오늘 8시까지 깨어 있었다― 이미 문장 한 편을 지어 탕줴둔에게 주었고, 또 그것을 가지고 베이징으로 들어가 신문에 게재했다. 이 문장은 국체문제를 논의한 글이다. 만약 동지들이 제지하지 않았다면 시저[저우시저: 량치차오의 사위]에게 알리고 영어로도 번역해 신문에 실었을 것이다. 나는 진실로 이런 요괴들이 출몰하는 걸 차마 좌시할 수 없다. 하늘이 내 붓을 뺏어야만 내가 더이상 글을 쓸 수 없을 것이다."(『량치차오 연보 장편』, 720~721쪽) 그가 편지에서 언급한 글이 바로 그 유명한 「이상하도다! 소위 국체문제라는 것은」이라는 논설이다. 우관인은 이 원고를 보고 자신의 『병진 종군일기丙辰從軍日記』에 당시 상황을 기록해놓았다. "나는 어떻게 량런궁을 따라 광시봉기廣西起義에 참가하게 되었는가? 이 일을 언급하자면 그 유래를 거슬러 올라가지 않을 수 없다. 먼저 을묘년 7월(양력 1915년 8월) 베이징에서 주안회가 창립되었고 오래지 않아 국체 변경 청원 운동이 벌어지자 전보로 황제 등극을 권하는 사람들이 끊임없이 이어졌다. 그러나 권위 있고 명망 있는 전국 인사 중 그 잘못을 거리낌 없이 이야기하는 사람은 아직 나타나지 않고 있었다. 량런궁 선생은 이를 치욕스럽게 여기고 「이상하도다! 소위 국체문제라는 것은」이란 글을 지어 장차 발표하려 했다. 나는 당시 베이징에 있다가 런궁께서 이 글의 초안을 완성했다는 소식을 듣고 톈진으로 가서 좀 보여달라고 했다. ―당시 량런궁께선 톈진에 거주하고 있었다.― 원고는 나중에 발표된 글보다 더 과격했고 그 가운데 황제제도의 잘못을 통렬하게 질책하는 대목에서 그는 이렇게 말했다. '이로부터 황제제도를 시행하여 전국의 4억 인구 중 3억 9999만 9999명이 모두 찬성하더라도 량 아무개 한 사람만은 결단코 찬성할 수 없다.' —뜻은 이와 같았지만 단어가 한두 글자 다른지는 지금 확실하게 기억하여 기록할 수 없다.— 이후 어떤 사람이 위안 씨가 현 상황에서 아직 황제 칭호를 승인하지 않았으므로, 처음으로 정견을 상의하는 글이 이처럼 과격할 필요는 없다고 하여 이 대목은 삭제했다고 한다. 나머지 각 단락도 원고에 비해 온건하게 고쳐져 바로 베이징과 상하이 각 신문에 발표되었다. 이 글이 바로 량런궁이 위안 씨를 공개적으로 반대한 시초다."(앞의 책, 721쪽)

량치차오는 나중에 「국체전쟁 경력담」에서도 위 글과 관련된 몇 가지 상황을 회고하고 있다. "그때도 이 글이 효력을 발생하리라곤 감히 바랄 수 없었다. 하지만 온 나라의 정기가 사라지고, 이 같은 국가 대사에 한 사람도 감히 정론을 발표하지 못해 민심이 장차 사멸할 지경에 처해 있었기 때문에, 나 한 사람의 이해나 생사를 돌아보지 않고, 전 국민을 위해 그들이 하고 싶어하는 마음속 말을 대신 선언했을 뿐이었다. 이 글 초고를 완성하고 아직 인쇄에 들어가지는 않았을 때 위안 씨가 벌써 소문을 듣고 사람을 시켜 뇌물 20만 위안을 보내 이 글을 인쇄하지 말라고 했다. 나는 완곡하게 사양하고 이 글을 베껴 위안 씨에게 보냈다. 얼마 지나지 않아 위안 씨가 다시 사람을 보내 사나운 말로 나를 협박했다. '군君은 망명생활을 벌써 10여 년이나 했으니 그 쓴맛을 배가 터지도록 맛보았을 터인데, 하필이면 또 스스로 고생을 자초하는가?' 나는 웃으면서 말했다. '나는 진실로 망명생활에 노련하게 단련된 경험자요. 나는 차라리 그 고생을 즐길지언정 이러한 혼탁한 공기 속에서 구차하게 살기를 바라지 않소.' 그러자 내방객은 말문이 막혀 물러갔다. 위안 씨가 이처럼 나를 대한 것을 보면, 당시 각 성의 황제 등극 청원 문서나 베이징 각 신문사의 황제 등극 선동 논설이 모두 이익에 유혹받거나 권위에 핍박받은 것이지 본심에서 나온 글은 한 편도 없다는 사실을 알 수 있다. 당시 나는 여전히 위안 씨에게 편지를 여러 통 보내 쓴 말로 힘써 간언했지만 위안 씨는 끝내 내 말을 듣지 않았다. 그러나 위안 씨 측에서는 바야흐로 민심을 수습해야 했기 때문에 대규모 옥사는 일으키려 하지 않았다. 나도 톈진 조계에 머물며 한 차례도 베이징으로 들어가지 않았다. 이 때문에 위안 씨는 나에게 한 번도 위해를 가하지는 않았지만 염탐꾼을 보내 날마다 내 집 주변을 포위했다."(『음빙실합집·전집』 제33권, 143~144쪽)

오래지 않아 량치차오는 출국하여 병을 치료한다는 핑계를 대고 (1915년) 11~12월 사이에 차이어와 함께 남쪽으로 내려갔다. 그는 12월 16일 톈진에서 중국신제中國新濟 기선을 타고 상하이로 갔다. 이로써 기세등등한 호국전쟁護國戰爭이 장차 량치차오의 영도하에 그 서막을 열게 되고, 멀지 않아 위안스카이 시대도 종말을 고하게 된다.

량치차오는 공화제에 심취한 인물이 아니다. 그의 머리에는 지금까지도 입헌군주제라는 모자가 씌워져 있다. 그러나 주안회 여러 사람이 입헌을 이유로 황제제도를 고취할 때, 분연히 떨쳐 일어나 반격을 가한 이는 날마다 공화를 입에 달고 살던 사람이 아니라 10여 년간 입헌군주제를 적극적으로 고취해온 사람이었다. 이것은 대체 어찌된 일인가? 량치차오의 이 웅장한 문장이 우리의 의혹을 풀어줄 듯하다. 그는 먼저 우리에게 입헌당의 정론가로서 "정체에 대해서만 질문하고 국체에 대해서는 질문하지 않고 있다." 이 점이 바로 량치차오가 견지한 입론立論의 토대다.(앞의 책, 85쪽) 그럼 무엇이 정체이고 무엇이 국체인가? 간단하게 말하면 정체는 입헌제도나 전제제도 등을 가리키고, 국체는 군주제도나 공화제도 등을 가리킨다. 량치차오가 보기에 정론가들이 반드시 고수해야 할 원칙의 하나는 바로 국체에 의거해 논리를 세워야 한다는 점이었다. 하지만 그는 "만약 정론가들이 국체문제에 뒤엉켜 사람들을 방황의 길로 인도하면 이는 먼저 자신의 입각점을 스스로 파괴하는 일입니다"라고 지적했다. 게다가 국체 변경은 흔히 역사의 대추세에서 기원하는 사안이지 정론가의 찬성이나 반대로 바꿀 수 있는 사안이 아니다. 따라서 량치차오는 "정론가들이 국체문제에 대해 왈가왈부하는 것은 진실로 자기 능력을 심하게 헤아리지 못하는 처사입니다"라고 주장했다. "항상 현행 국체의 기초 위에서 정치체제와 정치 현상의 개선을 도모하는 일이 바로 정치가의 유일한 천직입니다. 만약 이 범위를 한 발짝이라도 벗어나면 혁명가의 행위가 되는 것이니 그것은 정정당당한 정치가가 행해야 할 일이 아닙니다."(앞의 책, 86쪽) 그는 이 글에서 혁명에 대해서도 다음과 같이 해석하고 있다. "무릇 국체 변경을 도모함을 혁명이라 하는데, 이는 정치학의 통념입니다."(앞의 책, 96쪽) 량치차오가 황제제도 복원을 선동하는 주안회의 행위를 '혁명'이라 부르는 이유도 바로 이러한 논리에 근거하고 있다.

　량치차오는 국체에 미추나 선악의 구분이 있다고 생각하지 않았다. 그는 또 어떤 국체이든 반대하지 않았고 다만 현행 국체하에서 또다른 국체를 부추기는 행위에 반대했다. 그는 이러한 행위는 타당하지 않다고 생각했다. 따라서 그는 군주제도 국체하에서는 공화제도를 주장하지 않았고, 공화제도가 이미 성립한 후에는 황제제도 복원에 반대했다. 그는 청 말에 입헌군주제를 주장했고 신해혁명이 일어나고 나서도 「신중국 건설 문제」를 지어 옛날 국체를 유지할 수 있기를 희망했다. 그러나 그는 옛날 국체의 기초 위에서 정치를 혁신해 국가를 헌정이라는 정상 궤도에 올려놓기를 바랐다. 량치차오가 당시 위안스카이와 함께 어울리며 기꺼이 그의 우익羽翼이 된 것도, 한 가닥 희망을 품고 "여러 사람의 계책과 여러 사람의 힘을 모으면 정치개혁을 도모할 수 있으리라"고 생각했기 때문이다. 즉 당시 량치차오의 생각은 이러했다. "옛날 국체가 파괴된 후 새 국체가 아직 사람들에게 익숙해지지도 않았는데 갑자기 또 국체를 바꾸면, 수년간 위험과 고통이 몰아닥치며 상상할 수도 없는 일이 벌어질 것입니다. 불행한 경우로 치닫게 되면 나라의 멸망이 항상 이런 일에서 비롯합니다. 다행히 나라가 멸망하지 않는다 해도 이런 잘못된 길을 따르다 보면 정치개혁의 진행이 가로막힐 것이니 그럼 국가가 입을 손실을 어떻게 보상받을 수 있겠습니까?"(앞의 책, 87쪽) 사실 신해혁명 이후 4년 동안 전 국민이 받은 고통은 모두 국체 변경으로 야기된 사회 동란에서 말미암은 것이었다. 앞서 첫번째 국체 변경의 여파가 아직 다 가시지도 않았는데, 두번째 국체 변경 논의가 다시 시작되고 있었다. 지난번 국체 변경이 정치가의 일방적 소망이 아니라 역사적으로 변하지 않을 수 없는 대세에 의해 추진된 것이라면, 이번의 국체 변경은 완전히 몇몇 문인의 농간으로 진행되는 경우였다. 게다가 어떻게 공화제도가 전제제도를 야기한다고 할 수 있고 또 군주가 있어야만 입헌을 추진할 수 있다고 하는가? 이는 종전에 어떤 사람이 제기한 논리 즉 군주제도로는 입헌을 추진할 수 없고 오직 공화제로만 입헌을 추진할 수 있다는 견해와 완전히 동일한 논리였다. 신해혁명 초기에 군주제도로 입헌정치를 추진할 기회가 있었지만 그 기회는 이미 상실되었고 현실에서는 공화제가 시행되고 있으므로 이 공화제의 기초 위에서 입헌을 도모해야지, 입헌을 즉시 시행하지 못하는 책임을 공화제에 덮어씌울 수는 없는 것이다. 또 국체는 천하의 중요한 제도이므로 조용히 처리해야지 함부로 뒤흔들어서는 안 되고, 또 이리저리 뒤적거리며 실험 대상으로 삼아서는 더더욱 안 되는 것이다. 공화제하에서 즉시 입헌을 시행할 수 없다고 공화제를 뒤집어엎으려 하지만, 그렇게 국체를 변경한다고 해서 헌정이 바로 시행될 수 있다고 누가 감히 보증할 수 있겠는가? 만약 국체를 군주제로 변경한 후에도 헌정을 시행할 수 없다면 또 이를 빌미로 국체를 다시 공화제로 바꾸려는 사람이 어찌 없겠는가? 이렇게 수시로 국체를 바꾸다 보면 국가에 정말 영원히 편안한 날이 없을 것이다.

신해혁명 이후 량치차오가 한동안 입헌과 민권 요구를 포기한 채 방향을 바꾸어 국권과 전제專制를 호소한 일도 아무 까닭이 없지 않았다. 그는 아래와 같이 해명했다.

나는 중국에서 현재 입헌제도를 시행할 수 없는 원인이 여러 가지라 생각합니다. 그것은 각 지방의 정세 때문이기도 하고, 권력자의 심리 때문이기도 하고, 국민의 습관과 능력 때문이기도 합니다. 그러나 이 여러 원인이 공화제도 시행으로 처음 발생한 것도 아니고, 공화제도 폐지로 마침내 소멸될 수 있는 것도 아닙니다. 예를 들면 위로는 원수元首로부터 아래로는 중외中外 대소 독립 관청의 장長에 이르기까지 모두 법률의 속박은 싫어하면서 항상 자유롭게 대충대충 일 처리 하는 것은 편리하다고 생각합니다. 이러한 심리가 바로 헌정의 일대 장애 요소로 작용합니다. 묻노니 이것이 국체 변경과 무슨 관계가 있단 말입니까? 또 예를 들면 국민은 정치에 흥미도 전혀 없고 정치에 관한 지식도 전혀 없습니다. 그들의 도덕 및 능력도 모두 진정한 정당을 조직하여 신성한 의회에서 운용할 수도 없습니다. 이것이 국체 변경과 무슨 관계가 있단 말입니까? 내게 이러한 사례를 모두 헤아려보라고 한다면 수십 가지를 꼽고도 다 헤아릴 수 없습니다. 그러므로 이 모두를 공화제에 죄를 덮어씌울 수 없음은 너무나 분명한 사실입니다. 공화시대에는 뜻을 얻을 수 없던 사람이 군주시대로 들어가면 바로 뜻을 얻을 수 있다고 하거나, 또 군주시대에는 뜻을 얻을 수 있던 사람이 공화시대에는 전혀 뜻을 얻을 수 없었다고 하는데, 나같이 어리석은 사람은 백 번을 생각해도 도저히 그 뜻을 이해할 수 없습니다. 나는 이렇게 생각합니다. 중국에서 입헌제도를 시행하려면 신약법新約法을 신성하게 여기고 글자 하나하나까지 실천하게 하여 혹시라도 법망 밖으로 도망가게 해서는 안 됩니다. 또다른 한편으로는 좋은 방법을 강구하여 국민에게 정치에 쉽게 접근할 기회를 주어야지, 혹시라도 그들의 지식을 막거나, 그들의 능력을 억누르거나, 그들의 흥미를 말살하거나, 그들의 절조節操를 꺾어서는 안 됩니다. 이렇게 몇 년을 시행하면 그 효과가 반드시 나타날 것입니다. 이런 일에 힘쓰지 않고 한갓 현행 국체를 병폐로 여긴다면 이야말로 "배를 띄울 때는 강물의 물굽이를 탓해서는 안 된다"라는 주자朱子의 말을 떠올리게 하는 경우입니다. (앞의 책, 90~91쪽)

량치차오는 웅변가다. 그는 다양한 각도에서 논리를 세워, 입헌제도를 시행하려면 군주제가 아니면 안 된다는 주안회의 진부한 논리를 일일이 반박했다. 또 그들에게 만약 진정으로 입헌제도를 시행할 생각이라면 무슨 황제를 추대하느냐가 아니라 신약법을 중시해야 하고 그렇게 되면 바로 국가와 백성에게 큰 복이 될 것이라고 경고했다. 그는 또 이렇게 말했다.

신해년(1911) 8월부터 지금까지 채 4년도 안 되는 동안 갑자기 만주족 입헌제도를 추진하다가, 또 갑자기 오족五族12 공화제를 추진하기도 했습니다. 또 갑자기 임시총통제를 시행하다가 또 갑자기 정식총통제를 시행하기도 했습니다. 또 갑자기 약법을 제정했다가 또 갑자기 약법을 수정하기도 했습니다. 또 갑자기 국회를 소집했다가 또 갑자기 국회를 해산하기도 했습니다. 또 갑자기 내각제를 추진하다가 또 갑자기 총통제를 시행하기도 했습니다. 또 갑자기 임기제 총통을 시행하다가 또 갑자기 종신제 총통을 시행하기도 했습니다. 또 갑자기 약법으로 헌법을 대체하려 하다가 또 갑자기 헌법 제정을 재촉하기도 했습니다. 대체로 하나의 제도를 반포해 시행하다가 평균 반년도 안 되어 갑자기 또 그 반대되는 새로운 제도를 만들어 지난 제도를 뒤엎으니 전 국민은 갈피를 못 잡고 방황하며 무엇을 따라야 할지 알지 못합니다. 그리하여 정부 위신도 완전히 땅에 떨어졌습니다. 오늘날 대내외의 중요한 계획 중 우리가 나열할 수 있는 것만 들어봐도 그것이 몇 가지나 되는지 알 수 없습니다. 공公 등이 좋은 것은 따르고 잘못된 것은 바로잡는 직분에 진력하려 한다면 공적을 세울 수 없는 일이 일이 무엇이 있겠으며 풍랑이 없는 고난 또한 어디에 있겠습니까? 다만 요망하고 기괴한 일을 만들어 국민의 이목을 어지럽히려 한다면 장차 우리 국가에 끝도 없는 슬픔을 주게 될 것입니다. (앞의 책, 95쪽)

이러한 상황으로 인해 일심으로 뭔가 유익한 일을 해보고 싶어했던 량치차오는 한 가지 계획도 실행할 수 없었다. 위안스카이의 세력을 빌려 입헌제도를 확립하려 했던 그의 이상도 결국 공염불이 되고 말았다. 이제 위안 씨는 마침내 입헌을 빌미로 황제제도 복원을 시도하고 있다. 그는 위안 씨의 이 행동이 중국을 반복되는 혁명의 소용돌이로 밀어넣어 결국 국가와 민족에게 더욱 심대한 재난을 안겨줄까봐 근심에 젖었다. 마지막으로 량치

---

12 중국의 주요 다섯 민족. 즉 한족, 만주족, 몽골족, 회족, 장족이다. 중화민국 초기에 이들 다섯 민족에 의해 다스려지는 공화제도를 오족공화五族共和라 했다.

차오는 이렇게 강조했다.

대저 정체를 변경하는 것은 진화의 현상이고, 국체를 변경하는 것은 혁명의 현상입니다. 진화의 길은 항상 진화로 이어지고, 혁명의 길은 항상 혁명으로 이어집니다. 이것은 여러 학문에서 증거를 찾아보아도 이치가 그러하고 각국의 이전 사적에서 증거를 찾아보아도 열에 아홉은 모두 그러합니다. 이러한 까닭에 무릇 국가 대사를 도모하는 자는 반드시 혁명이란 말을 꺼려야 합니다. 이 비루한 사람은 어느 때를 막론하고 모두 혁명에 반대합니다. 오늘 공 등의 군주혁명론에 반대하는 것과 앞서 공 등의 공화혁명론에 반대하는 것은 나의 직분과 뜻에 비추어보면 동일한 일입니다. 진실로 오늘날 중국은 원기가 피폐해져서 자신의 그림자도 돌아보기 바쁜 때에 처해 있습니다. 이러한 시절에는 힘을 다해 재배해도 잘 크지 못할까 두렵고 날마다 다스려도 제대로 공급하지 못할까 두려운데, 어찌 다시 인재와 시간을 아무 쓸모없는 일에 소모하고 또 날이면 날마다 전혀 중요하지 않은 국체문제에 뒤엉켜 소란을 피우며 정체 개혁의 진행을 가로막고 있습니까? 단지 개혁의 진행을 가로막는 것으로만 그친다면 그래도 할 말이 있겠지만 온 나라 민심을 황망하게 하고 모두들 이처럼 변덕이 심한 상황에 의심과 두려움을 품게 하여 어느 때 곤경에서 벗어날 수 있을지도 모르게 했습니다. 그런즉 무형 중에 원기가 꺾여 손실을 입은 부분까지 어찌 다 헤아릴 수 있겠습니까? (앞의 책, 97~98쪽)

이 글에 표현된 량치차오의 혁명에 대한 우려와 공포는 100년 동안 사람들의 가장 큰 오해와 왜곡을 불러일으켰다. 최근에는 학자들이 '고별 혁명告別革命'[13]을 제창하기도 했지만 이는 거의 20세기 90년대 후반에 이르러서야 가능한 일이었다.

---

[13] 1995년 리쩌허우李澤厚와 류짜이푸劉再復가 홍콩에서 출판한 대담집. 20세기의 모든 파괴적 혁명과 고별하고 점진적 개혁을 추구하자는 내용이다.

제14장

뜻이 같고 생각도 일치하다: 량치차오와 차이어

량치차오는 위안스카이의 일방통행과 반드시 황제가 되겠다는 야심을 용인할 수 없었다. 또 국가 정기가 사라지고 민심이 침체된 나머지 이처럼 국가의 생사존망이 걸린 큰일이 일어났음에도 감히 정론을 펴는 사람이 한 사람도 없는 상황에 크게 실망했다. 이에 그는 울분을 토하며 「이상하도다! 소위 국체문제라는 것은」을 써서 자신의 태도를 분명하게 밝혔다. 이 밖에도 차이어, 탕줴둔, 장바이리 등과 비밀리에 대책을 마련한 뒤 무력을 사용하여 위안스카이의 반역행위를 저지하려고 했다. 차이어는 『순비집盾鼻集』 서문에서 당시 상황을 다음과 같이 밝혔다.

황제제도에 대한 논의가 일어나자 천지 사방이 어둠에 잠겼다. 그때 나의 스승 신후이新會[량치차오] 선생께서는 호랑이 소굴에서 바로 직언을 펼치며 크게 소리 질렀다. 그러자 이미 사멸했던 민심이 요동치며 밝게 소생했다. 선생의 발언은 전국 국민이 하고 싶어하던 말이었고 전국 국민이 감히 할 수 없던 말이었다. 선생께서 발언하지 않았다면 진실로 천하를 움직일 수 없었을 것이다. 시난西南[1]에서 위안스카이 토벌군을 일으켰을 때는 독재자 한 사람 때문에 국내에서 무기를 잡고 전쟁을 벌였는데, 당시 간뇌도지肝腦塗地[2]한 죄 없는 사람들이 만 명을 헤아렸고 간접

---

1 지금의 중국 서남부 쓰촨, 구이저우貴州, 윈난 세 성에 걸치는 지구의 총칭
2 나라를 위해 목숨을 돌보지 않음을 비유한다. '간장肝臟과 뇌수腦髓를 쏟아내다'라는 뜻에서 비롯했다.

적으로 그 전쟁에 진력한 사람도 부지기수였으니, 천하에 상서롭지 못한 일이 이보다 더 심한 경우는 없었다. 선생님과 나는 불행하게도 몸소 그 일에 참여했다. 작년 가을과 겨울 사이 황제 권력이 극성할 때 나는 도성에 있다가 수일간 틈을 내어 홀연히 톈진으로 가서 선생의 거처를 찾아뵙고 천하대계에 대한 자문을 받았다. 앞으로 서로 맡을 일의 부서를 대략 정하고 나서 앞서거니 뒤서거니 남쪽으로 내려가 밀접하게 왕래하며 서로 이렇게 약속했다. "대사를 이루지 못하면 우리는 결코 망명하지 않고 여기서 죽는다. 대사를 이루더라도 우리는 결코 조정에 들어가지 않고 뒤로 물러난다."(『음빙실합집·전집』 제33권, 1쪽)

우리는 이 글에서도 스승과 제자 두 사람이 당시 필사의 각오로 함께 대의를 이루려 했다는 사실을 알 수 있다. 량치차오는 어떤 미간행 원고에서 차이어를 칭찬하며 당시 출정식에서 함께 맹세한 말을 기록해놓았다. "나는 역적 위안스카이보다 힘이 모자람을 분명하게 알고 있다. 그러나 나는 전 국민의 인격을 위해 싸우다 죽을 것이다!"(『역사의 또다른 모퉁이歷史的另一角落』, 72쪽) 이는 차이어의 맹세일 뿐 아니라 량치차오의 마음속 목소리이기도 했다. 전 국민의 인격을 위해 싸우다 죽겠다는 맹세는 무력으로 세상 사람에게 호소하던 역대 혁명가들과 이 두 사제지간을 완전히 구별시켜 그들의 대의를 홀로 우뚝하게 드러내주었다.

량치차오 마음에 쏙 든 애제자, 차이어

차이어蔡鍔는 초명初名이 건인艮寅이고 자는 쑹포松坡다. 광서 26년(1900) 자립군 봉기가 실패하고 탕차이창이 환난에 희생되었을 때 그도 우연히 난리를 피해 도망쳤다. 그때부터 군사학에 뜻을 두고는 붓을 버리고 무예를 익히며 이름도 차이어로 고쳤다.

차이어는 후난 성 바오칭寶慶[지금의 사오양邵陽] 사람으로, 광서 8년 11월 초9일(양력 1882년 12월 18일) 빈한한 농민 가정에서 태어났다. 부친 차이정링蔡正陵은 농사를 지으며 재봉 일도 겸했다. 차이어는 여섯 살에 공부를 시작해 먼저 이웃 마을 한 사숙私塾에서 글을 읽었다. 11세 때, 향리에서 '미치광이'로 간주되던 판주이樊錐의 제자가 되었다. 13세에 동생童生 과거시험에 참가했다가 주 감독관 장뱌오의 인정을 받아서 현학縣學의 학생이 되었다. 광서 23년(1897) 9월 차이어는 후난 신임 학정 쉬런주의 추천을 받아 우수한 성적으로 창사 시무학당에 합격해 량치차오의 뛰어난 제자가 되었다. 시무학당 제1기 40명 중 차이어가 가장 어렸다. 당시 그는 겨우 16세였고 량치차오도 25세에 불과했다.

시무학당 재학 기간 차이어는 량치차오의 지도하에 독서를 했다. 『맹자』와 『춘추공양전』을 읽었고 또 량치차오가 쓴 「독맹자계설讀孟子界說」과 「독춘추계설讀春秋界說」을 읽었다. 지금까지 보존된 독서찰기讀書札記와 량치차오의 평어評語에서 당시 그들의 관심과 토론이 모두 국가흥망이라는 대주제와 관련되어 있다는 사실을 알 수 있다. 차이어는 그때부터 천하를 평정하려는 뜻을 키웠다. 그는 한 독후감에서 스승 량치차오의 어투를 흉내 내어 이렇게 썼다. "국가가 깨어지는 건 염려할 것이 없고, 종족이 곤경에 처하는 것도 염려할 것이 없다. 오직 가르침이 소멸되는 걸 염려해야 하고 마음이 죽고 기상이 사라지는 걸 크게 염려해야 한다. 마음이 죽지 않고 기상이 사라지지 않으면 비스마르크Otto von Bismarck나 티에르Louis Adolphe Thiers[3]나 삿초薩長[4] 동인들이 태어날 희망이 있을 것이다."(『차이어집蔡鍔集』 1, 10쪽)

무술정변 후 탄쓰퉁 등 '6군자'가 목숨을 잃자 량치차오는 일본으로 망명했다. 그러자 광서 25년(1899) 8월 차이어와 몇몇 시무학당의 학우는 일본으로 건너가 량치차오에게 투신했다. 스승과 제자는 다시 모인 후 대략

3 루이 아돌프 티에르(1797~1877). 프랑스의 정치가, 역사가, 저널리스트. 공화주의자로 7월혁명과 2월혁명 때 활약하였으며, 파리코뮌을 진압하고 제3공화정 초대 대통령에 취임했다.
4 19세기 중엽 일본의 강번強藩 사쓰마薩摩와 조슈長州를 합쳐서 부르는 말. 이들은 막부幕府를 타도하고 일본 천황 중심의 개혁을 주장했으며 존왕양이尊王攘夷를 내세워 메이지 유신明治維新을 추진했다.

차이어(1882~1916). 초명은 건인, 자는 쑹포. 광서 26년(1900년) 자립군 봉기가 실패하고 탕차이창 등이 처형될 때 그는 우연하게 이 참화에서 벗어났다. 그때부터 군사학 공부에 뜻을 세우고 군대에 투신하려고 '차이어蔡鍔'로 이름을 바꿨다.

1년 동안 량치차오 집에서 거주하며 지난날 창사 시무학당 시절처럼 독서하고, 글을 쓰고, 여러 문제를 토론했다. 그러나 그들이 일본에서 읽은 책 및 토론 주제는 이미 이전과 크게 달라졌다. 차이어가 남겨놓은 「도쿄 대동고등학교 과제東京大同高等學校課卷」에 몇 가지 정보가 드러나 있다. 이 중 두 편의 '과제'를 보면 당시 학생과 교사가 주로 인간의 자유 권리를 토론했고, 학생은 만물 진화의 원인에 관심이 쏠려 있었으며, 특히 과감하게 생각하고, 과감하게 말하고, 과감하게 행동하고, 독립된 사고를 하고, 독자적 행동을 할 것을 강조하고 있다. 차이어는 이렇게 진술하고 있다. "대저 천만인이 아니라 하는 것도 나는 옳다고 말할 수 있어야 하고, 또 천만인이 옳다고 하는 것도 나는 아니라고 말할 수 있어야 한다. 막힌 것은 열어야 하고, 꿈에도 미칠 수 없는 것을 내가 감히 말하면서 위험을 무릅써야 한다. 한 사람이 위험을 무릅쓰면 마침내 천고千古 문명의 경계를 열 수 있으니 일본의 후지토라藤寅가 바로 그런 사람이다. 모험이란 진화의 가장 큰 원인이다." 차이어는 사람마다 자유의 권리를 증진하고 자유의 이치를 알게 된 것은 사회진화의 결과라 인식했다. 스승 량치차오는 아마도 막 영국의 대학자 밀John Stuart Mill의 저서를 읽은 듯 평어 가운데서 밀의 관점을 여러 차례 언급하고 있다. 밀은 영국의 철학자로 고전 자유주의를 대표하는 가장 중요한 인물 가운데 한 사람이며 흔히 '자유주의의 성인'이라 불린다. 그의 『자유론』은 광서 26년(1900) 옌푸에 의해 『군기권계론群己權界論』이란 제목으로 번역되었다. 당시는 이 책이 아직 번역되기 전이므로 량치차오가 어떤 번역본을 봤는지는 알 수 없다. 량치차오는 이 책 속의 몇 가지 관점에 대해 각별한 애정을 보이고 있다. 예컨대 차이어의 과제물을 비평한 글에 다음과 같은 내용이 들어 있다. "인간 자유의 권리를 침범하는 것은 가장 큰 죄악이고, 스스로 자유의 권리를 포기하는 죄악 또한 이와 같다. 자유의 학문을 말하는 사람은 반드시 사상의 자유를 가장 중요한 진리로 삼아야 한다. 만약 개개인이 모두 옛사람의 옳고 그름을 그대로 따라 자신의 옳고 그름으로 삼는다면 천하에 올바른 사상을 회복할 수 없다."(『차이어집』 1, 11쪽) 따라서 먼저 사상을 해방하려면 개혁과 개방이 있어야만 비로소 가능하다. 그들의 토론은 국권과 민권의 관계에까지 미치고 있다. 이 점은 10여 년 이후인 민국 초기에까지 이어지고 있으니, 국가권력을 강화하려 한 그들의 사고와 위안스카이를 도와주려 한 그들의 태도에 내력이 없었다고 말할 수 없다. 하지만 당시 그들은 개인의 권력과 자유에 더욱 열중했다. 차이어는 이렇게 진술했다. "공자께서는 [『논어論語』「자한子罕」에서] '필부에게서도 그 의지를 뺏을 수는 없다匹夫不可奪志'고 했다. 의지란 무엇인가? 자유의 의지다." 이에 대해 량치차오는 곧바로 다음과 같은 평어를 썼다. "의지의 자유는 바로 사상의 자유이니 이것이 모든 자유의 기점이다."(앞의 책, 13~14쪽) 한 사람은 앞에서 노래 부르고 한 사람은 뒤에서 화답하면서 스승과 제자 사이에 사상적 묵계가 이루어지고 있다.

그 기간 탕차이창도 토론에 참여했지만 그가 더욱 흥미를 가진 건 혁명을 교실 속에만 머물게 하지 말고 어떻게든 현실 속 행동으로 실천하자는 쪽이었다. 오래지 않아 그는 명령을 받고 귀국해 자립군을 조직한 뒤 '역적을 토벌하고 황제를 보위하자討賊勤王'는 구호를 내세워 무장봉기를 일으켰다. 차이어 등 일군의 청년 학생들도 탕차이창을 따라 귀국했다. 량치차오는 나중에 「호국전쟁 회고담」에서 이 일을 언급했다. "우리는 또다시 함께 모여 거의 1년 동안 학문을 했다. 당시 우리는 매일 주먹을 움켜쥐고 혁명을 부르짖었다. 탕 선생이 그들을 데리고 혁명을 실천하러 귀국했다. 하지만 가련하게도 적수공권의 문약한 서생이 어찌 실패하지 않을 수 있겠는가? 나의 제자들도 탕 선생을 따라가서 거의 태반이나 목숨을 잃었다. 당시 차이 공은 마침 탕 선생을 대신해 후난으로 편지를 전달하러 가 있어서 다행히 환난을 모면했다. 이 밖에 근래 교육계에서 상당한 힘을 발휘하고 있는 판위안롄 군도 당시 10여 제자 중 화를 면한 사람 중의 하나다. 차이 공의 옛 이름은 건인인데 그때 환난에서 벗어난 후 차이어로 개명하고 육군 공부에 투신했다. 졸업 후 윈난에서 군사를 거느렸고 신해혁명이 일어났을 때는 윈난 독립을 선언한 뒤 2년 동안 윈난 도독직을 맡았다. 이것이 차이 공과 나의 관계 및 홍헌 이전에 있었던 그의 역사 대강이다."(『음빙실합집·문집』 제39권, 88쪽)

량치차오는 당시에 바야흐로 '파괴주의'에 빠져 있어서 '혁명'에도 마음을 두고 비분강개하고 있었다. 따라서 차이어가 방향을 바꾸어 군사학교에 진학하려 하자 즉시 찬성했다. 당시 일본 군사학교는 초급과정으로 세이조학교成城學校가 있었는데, 중국 유학생이 많아지자 일본 정부에서는 세이조학교를 증설하여 심부학당振武學堂란 또다른 군사 예비학교를 만들었다. 타오쥐인陶菊隱은 『장바이리전蔣百里傳』에서 당시 상황을 이렇게 기록했다. "군사 예비학교를 졸업한 뒤에는 연대로 들어가 군사실습을 하게 되는데 이들을 입오생入伍生 또는 사관후보생이라 불렀다. 군사실습 기간은 반년에서 1년까지였고, 사병에서 하사에 이르는 군사훈련을 받았다. 실습 기간을 마친 뒤에는 하사 자격으로 사관학교에 진학했다. 사관으로 1년을 경과하거나 1년 이상 군사실습을 거치면 졸업 후 다시 연대로 돌아가 하사 이상의 군사실습을 받고. 3개월에서 반년까지의 훈련 기한이 끝나고 나서는 소위로 임관했다."(『장바이리전』, 7쪽) 그러나 당시 일본 군사학교는 자비든 국비든 막론하고 모두 청 정부의 '보증과 추천'을 받아야 입학할 수 있었다. 이에 량치차오는 차이어의 요청을 받아들인 후 있는 힘을 다해 방법을 강구하고 관계 요로에 부탁해 그의 군사학교 진학 소망을 실현시켜주었다. 당시에는 각 성 도독 중에서도 유신파에 동정적인 사람이 적지 않아서 몰래 캉유웨이·량치차오와 서신 왕래를 하고 있었다. 광서 27년(1901) 12월 17일 량치차오 등이 강구한 여러 방법이 통하여, 차이어는 마침내 후광 총독湖廣總督 장즈둥의 송금과 청 주일 공사 차이쥔蔡鈞의 보증으로 자비 유학생이 되어 세이조학교 교문을 통과할 수 있었고, 이렇게 하여 차이어는 소원대로 군사유학생의 생애를 시작하게 되었다. 차이어와 함께 세이조학교에 입학해 군사학을 공부한 사람으로는 그와 그림자처럼 한시도 떨어지지 않은 친한 친구 장바이리가 있다. 장바이리도 나중에 량치차오의 중요한 동료 겸 조력자가 되었다.

차이어는 세이조학교에서 15개월을 공부해 전 과정을 수료하고 광서 29년(1903) 7월 센다이仙臺 제2연대로 가서 군사실습을 했다. 그가 각고로 노력하고 여가 시간에 책을 번역하여 학비에 보탠 일은 학우들 사이에서 그의 명성을 드높여주었다. 이해 9월 후난 순무湖南巡撫가 특별히 차이어에게 일본 엔화 300엔을 보내 격려하면서 그를 강남江南 관비유학생으로 전환시켜주었다. 12월 1일 차이어는 일본 육군사관학교 제3기 기병과騎兵科로 승급했다. 광서 30년(1904) 10월 24일 그는 우수한 성적으로 졸업했으며, 아울러 뒤이어 같은 학교를 졸업한 장바이리, 장쥔구이蔣尊簋(일설에는 쟝사오준을 넣기도 함)와 함께 '중국 사관 3걸中國士官三桀'로 일컬어졌다.

광시에서 군사훈련을 하며 대사를 도모하다

졸업 후 차이어는 일본에서 귀국해 한때 대단한 명성을 누렸고, 각지에서 경쟁적으로 초빙하려고 한 희귀한 인재가 되었다. 23세의 그는 당시에 자신이 배운 군사지식과 훈련방법을 적용한 현대식 군대를 갖게 되었고 이로써 국가 대사에 진력할 생각을 하게 되었다. 광서 31년(1905) 봄 그는 고향의 웨루산岳麓山에 올라 다음 같은 시를 썼다.

> 푸른 나무 구름 뚫고 하늘까지 솟아 있고　　　　蒼蒼雲樹直參天
> 많은 강물 첩첩 산이 눈앞에서 절을 하네.　　　　萬水千山拜眼前
> 중원을 둘러보니 그 누가 주인인가?　　　　　　環顧中原誰是主
> 조용히 말을 타고 정상으로 올라가네.　　　　　　從容騎馬上峯巓
> (『차이어집』1, 262쪽)

이 시를 읽어보면 "지금의 천하를 나 말고 누가 맡으랴?"라고 하는 기상이 느껴진다. 그러나 현실은 그런 낭만을 허용하지 않았다. 차이어가 귀국 후 처음으로 토대를 마련한 곳은 장시였다. 장시 순무 샤스夏時가 그를 초빙해 장변학당將弁學堂 총교습에 임명했다. 그러나 겨우 일주일 뒤 샤스가 전근을 감에 따라 차이어도 총교습직에서 사퇴하고 말았다. 이어서 그는 또 후난 순무 돤팡의 초빙을 받고 고향으로 돌아가 군사 교련처教鍊處[훈련처]

보조업무를 맡아보며 무비학당武備學堂과 병목학당兵目學堂 교습을 겸직했다. 당시 후난의 정치 형세는 매우 험악했다. 무술정변과 경자사변 이후 청 정부에서는 "후난 사람을 특별히 엄격하게 방비했고" 후난 현지의 보수 세력도 엄청나게 창궐했다. 그때 마침 신임 광시 순무 리징시李經羲가 차이어에게 호감을 갖고 특별우대 조건으로 그를 광시로 초빙해 일을 맡기려 했다. 차이어는 리징시에게 응답하고 한번 둘러보자는 마음으로 광시로 갔다. 그러나 뜻밖에도 그는 한번 둘러보러 간 광시에서 오랫동안 머물며 떠나지 못하게 되었다. 병목학당 10여 제자도 그를 따라 광시로 왔다. 차이어는 광서 33년(1907) 5월 31일 천사오쭈陳紹祖에게 보낸 편지에서 광시 도착 이후의 상황을 다음과 같이 이야기했다.

31년(1905) 5월, 징經[리징시] 광시 순무의 초청 전보를 여러 차례 받고 각박하게 거절할 수가 없었는데 우연히 광시로 유람차 갔다가 결국 잡혀서 머물게 되었습니다. 그뒤 수영학당隨營學堂으로 파견해달라고 요청하여 그곳 총관리자가 되었고 아울러 측회학당測繪學堂 일도 맡아보게 되었습니다. 수영학당은 8개월 뒤에 업무를 마무리했지만 측회학당 일은 아직도 맡아보고 있습니다. 린林 순무[린사오녠林紹年]께서 광시에 재직할 때 저는 틈을 보아 다른 곳으로 갈 생각으로 세 차례나 사표를 요청했지만 아직까지 소원을 이루지 못하고 있습니다.

32년(1906) 8월, 허난으로 가서 그곳 군사조련 상황을 둘러봤습니다. 광시로 돌아온 뒤 본래 제가 맡은 업무에서 사퇴하고 광시를 떠나려 했습니다. 그때 마침 젠 원수堅帥[장밍치張鳴歧, 자字 젠바이堅白]께서 새로 부임해 서너 차례 제게 군이 머물기를 권해서 끝내 뜻을 이룰 수 없었습니다. 그래서 바로 육군소학당 총판陸軍小學堂總辦으로 보내달라고 요청했습니다. 지금은 모범영模範營을 창설하려고 생각 중이지만 아직 개설하지는 못하고 있습니다.

이곳 관계와 학계에서 모두 저를 특별히 환영해주어서 여러 일이 아직은 순조롭게 진행되고 있습니다. 다만 손바닥 하나로는 소리를 낼 수 없다는 말처럼 여러 벗이 모두 나를 도와주지 않고 있어 특별한 재미는 없습니다. 또 이곳에는 재정 지출이 비정상적일 만큼 많아 군사 일도 크게 호전되기를 바라기가 어렵습니다. 비록 장 공[장밍치]께서 저를 지극히 신임하고 있지만 취사할 쌀이 없으면 알뜰한 며느리도 견디기가 어려운 법입니다. 장 공께서 있는 힘을 다해 현실 사업을 정돈하여 재원을 넉넉하게 확충하고는 있지만 저는 감히 함부로 일을 해나갈 수가 없습니다. 대체로 첫째는 사람이 없기 때문이고, 그다음은 남은 금전까지 모두 써버릴까 두렵기 때문입니다. 만약 조속히 성과를 내지 못하면 지탱해나가기가 어려울 듯합니다. 광시의 앞날이 그리 쉽지는 않겠지만 이 아우는 이곳에서 오직 할 수 있는 일을 힘껏 해나갈 뿐입니다. (앞의 책, 264~265쪽)

이 같은 언급을 보면 차이어가 광시에서 받은 대우가 괜찮은 편이었고, 그곳으로 부임해온 순무들도 모두 그를 상당히 중시했음을 알 수 있다. 순무들은 신군을 편성하고 그 훈련 권한과 변방 정리의 중임을 그에게 맡겼다. 그는 순무가 교체되는 시기를 빌려 여러 차례 사직서를 제출하고 광시를 떠나려 했지만 신임 순무의 만류로 자신의 뜻을 이룰 수 없었다. 광서 33년(1907) 1월 29일 광시 순무 장밍치는 "학당은 군사훈련을 근본으로 삼아야 하므로 총판總辦[총책임자] 임명을 늦출 수 없고 또 총판에는 능력자를 구해야 한다면서 청 조정에 성실하고 검소하고 영민한 차이어를 광시 육군소학당 총판에 임명해달라고 주청했다. 차이어는 광서 34년(1908) 겨울 명령을 받고 룽저우龍州로 가서 강무당講武堂 총판 업무를 인계받았고, 아울러 룽저우·난닝南寧 신군 제1표 통대統帶[통솔자]를 겸임했다. 선통 2년(1910) 7~8월 사이에는 또 명령을 받고 구이린桂林으로 돌아와 광시 간부학당 총판에 임명되었다. 차이어는 '학당 병영장兵營長, 병비처兵備處[군수처], 교련처, 참모처 총판, 간부학당 총판직을 혼자서 맡게 되어 성 전체 신군神軍의 훈련 대권을 총괄하는 요원이 되었다."(『차이어집』 1, 「전언前言」, 5쪽)

이 무렵 차이어는 겨우 26세였다. 젊은 청춘에 기상은 드높아 뭔가 큰일을 해보려는 생각이 강했다. 그는 구식 군대의 부패하고 지리멸렬한 모습에 불만을 품고 국가를 위해 유용한 군대를 훈련시키리라 맹세했다. 따라서 그는 군사학교를 운영하고 새로운 군대를 훈련시킬 때 항상 군대 기풍을 개량하고 군인 소질을 높이는 부문부터 일을 시작했는데, 그 핵심은 바로 군인의 인격을 훌륭하게 길러내는 일이었다. 차이어는 "돈을 바라지 말고 죽음을 두려워 말라不要錢, 不怕死"는 여섯 글자를 가장 중시했다. 그는 이 여섯 글자야말로 "중요한 일을 해나갈 때 가장 큰 효력을 발휘한다"고 인식했다.(앞의 책, 274쪽) 차이어는 군대에 지원하려는 청년 학생을 모집할 때 가장 먼저 "군인의 책임"에 대해 질문했고, 청년들이 "국가를 위해서爲國家"라고 대답하면 아주 흡족하게 여기며 이 신병들이 "독서하는 집안의 자손"이라 칭찬했다. 아울러 그들을 격려하면서 "기상이 순박하고 참을성이 많으며" "지금 국민에게 유행하는 악습이 없다"고 했다.(앞의 책, 266쪽) 차이어는 일찍이 오랜 친구 쩡광스曾廣軾에게 보낸 편지에서, 전임 총판 우위안쩌吳元澤가 관리하는 동안 강무당에서는 온갖 추태가 벌어져 "그 추태를 이루 다 기록하기도 어려울 정도"라 했다. 차이어가 결국 사양할 수 없어서 그곳 일을 인계받아 "가까스로 기풍을 바로잡아나갈 수밖에 없었다." 그는 그곳 상황을 쩡광스에게 이렇게 이야기했다. "몇 달 동안 심신이 모두 지친 상태로 다만 우거진 가시덤불 속에서 칼날을 맞으며 곤경을 헤쳐나갈 수밖에 없었네. 그리하여 이미 타락한 기풍이 이로써 다시 건전하게 진작되었으니 노력한 대가를 보상받았다고 할 수도 있을 것이네. 이전에는 군사학교 병영에서 학생들이 패거리를 만들어 관리를 구타하고 도박을 일삼으며 살인도 서슴지 않는 일이 끝도 없이 발생했는데, 지금은 군율의 회초리가 두려워 다시는 옛날 행태를 반복하지 못하고 있네. 또 이전에는 전 병영에서 체조하러 나오는 사병이 불과 몇 명에서 수십 명밖에 안 되었는데, 지금은 정반대가 되었네. ─군사학교 병영을 개혁하는 일은 더욱 어려워서 하루에 20여 명에 이르는 장교를 추방하거나 바꾸고 겨우 소대장 한 사람만 남겨두기도 했네. 그리고 병사 200여 명을 해산하고도 아무 반발도 당하지 않았으니 참으로 행운이라 할 만하네.─"(앞의 책, 274쪽) 그러나 이러한 행운은 하늘이 오로지 차이어만 잘 돌봐줘서 생긴 일이 결코 아니라, 차이어가 줄곧 "담백하고 욕심 없이 마음을 밝히고 아침부터 저녁까지 공평무사하게 일을 처리하면서" 엄격하게 자신을 관리하고 사사로운 인정에 따르지 않았기 때문에 가능한 일이었다.(앞의 책, 268쪽) 량치차오는 「차이쑹포 선생 추도회에서의 연설在蔡松坡先生追悼會場演說詞」을 통해 찬양하는 어조로 제자에 대해 이렇게 말했다. "대저 선생先生[5]께선 평생토록 절대 사욕을 부리지 않았다. 베옷과 나물밥을 비단옷과 기름진 음식으로 여기면서 영욕에 상관하지 않았다. 이 때문에 관직에서의 득실과 지위의 높낮이는 모두 선생께서 즐기는 길이 아니었다."(『음빙실합집·집외문』 중책, 644쪽) 이것이 바로 이른바 '마음속에 사심이 없으니 천지가 드넓고, 또 사심이 없어야 비로소 두려움이 없어진다'라는 경지다. 차이어는 바로 이러한 정신과 인격적 매력으로 광시 관계와 학계의 환영을 받고 신임을 얻을 수 있었다.

차이어가 광시에서 큰 칼과 큰 도끼를 휘두르며 과감하게 개혁을 진행하자 많은 사람이 그를 미워하기 시작했다. 특히 몇몇 광시 사람은 외성인外省人 차이어가 본성本省의 신군 편성과 훈련 대권을 장악하자 마음으로 승복하지 않았다. 당시 광시 신군 소속 동맹회 회원들이 틈을 타서 '차이어 축출 운동驅蔡運動'을 개시했다. 그들은 장밍치가 광시를 떠난 기회를 이용해 차이어를 광시에서 쫓아내려 했다. 이 운동 때문에 차이어는 깊은 슬픔에 젖었다. 기실 이보다 앞서 선통 원년(1909) 8월, 차이어는 이미 "강무당 직무를 사임하여 업무 부담을 줄이고 자신의 부족함을 감추고 싶은 마음이 있었다."(「쩡광스에게 보내는 편지致曾廣軾函」, 『차이어집』 1, 274~275쪽) 선통 2년(1910) 2~3월 사이에 그는 또 쩡광스에게 보낸 편지에서 이렇게 언급하고 있다. "나아가 일을 하려는 마음은 나날이 줄어들고, 깨끗하게 물러나려는 생각은 나날이 늘어나는 것이 근래의 상황이네. 강무당에서 3월에 졸업식을 거행하고 나서는 결단코 고향으로 돌아가 어머니를 봉양할 생각이네. 농사와 낚시로 입에 풀칠할 수 있으면 다시 세상으로 나올 생각이 없

---

5 량치차오의 제자 차이어. 차이어가 고인이 되어서 량치차오가 그를 선생으로 존칭했다.

네. 지금 행장의 비용을 미리 계산해보니, 만약 다른 일이 발생하지 않으면 여비를 제외하고 대략 300금 정도 남길 수 있을 듯하네. 이게 내가 광시에서 5~6년간 살면서 저축한 재산이라네. 내 아우에게 이 사실을 알렸더니 아우는 아연 실소를 금치 못하더군." 그는 또 이렇게 말했다. "원난 총독께서 옛정을 생각해 아무개 군을 보내 먼저 인사를 하며 나를 원난으로 초청했네. 근래에도 연이어 전보를 보내 일찌감치 광시를 떠나 그곳으로 오라고 당부하면서 내가 허락만 한다면 일자리를 마련해놓겠다고 했네. 나는 어머니 병환도 있고 길도 멀어 잠시 생각해보다가 사양했네. 대체로 원난의 군대 상황은 광시보다 더 어려운 지경이네. 군대의 바탕이 이미 무너진 상황에서 그것을 다시 일으켜 구제하려면 절대로 한두 사람의 힘으로는 성공할 수 없을 것이네."(앞의 책, 282~283쪽) 차이어가 말하는 원난 총독은 바로 일찍이 그를 광시로 초청한 리징시였고, 당시에 그는 이미 윈구이雲貴[원난과 구이저우] 총독에 임명되어 있었다. 차이어는 광시에서 더 기대할 것이 없게 되자 선통 3년(1911) 봄 리징시의 초청을 받아들여 원난으로 가서 신군 제37협協의 통령統領을 맡았다. 통령은 뒷날의 여단장에 해당한다. 다행히 이 배정은 차이어에게 원난과 구이저우에서 군대를 경영할 기회를 제공했고, 나중에 위안스카이 토벌군을 일으킬 때도 이곳이 그의 근거지가 되어주었다.

우창봉기에 호응했지만 종족혁명은 주장하지 않다

당시는 우창봉기[신해혁명의 시발점]가 폭발한 지 몇 개월 지나지 않은 시점이었다. 이 무렵 리징시가 차이어를 원난으로 초빙하여 은연중에 차이어를 시대의 최전선으로 올라가게 했다. 결국 리징시는 차이어를 풍운 속 독보적 인물이 되게 했다. 1911년 10월 10일 우창에서 청나라 통치를 타도하려는 첫번째 총소리가 울렸다. 그 소식이 원난으로 전해지자 차이어는 즉각 탕지야오唐繼堯 등과 비밀리에 무장봉기를 모의했고, 아울러 그는 임시혁명군 총사령관으로 추대되었다. 그들은 10월 30일 새벽 3시에 봉기하기로 결정했다. 이날이 마침 음력 9월 초9일이어서 후세 사람들은 이 봉기를 '중구봉기重九起義'라 부른다. 다음 날 오전 그들의 봉기가 성공하자 쿤밍昆明에서 윈난 성 광복을 선언했고 차이어는 봉기에 참여한 관군에 의해 '대한 윈난군 도독부 도독大漢雲南軍都督府都督'으로 추대되었다. 당일 반포한「대한 윈난군 정부 고시大漢雲南軍政府告示」를 통해 그들은 다음처럼 선언했다. "대세가 이미 정해졌으므로 모든 거동을 예법에 맞게 하라. 우리 동포를 보호할 것이니 닭과 개도 놀라지 않게 하라. 각자 교역을 마음 놓고 하고 각자 생업에 힘쓰라. 무릇 우리 군대는 백성을 혼란에 빠뜨리는 일을 허용하지 않겠노라."(앞의 책, 315쪽) 같은 날 차이어는 또 리건위안李根源, 뤄페이진羅佩金, 리훙샹李鴻祥, 탕지야오, 한궈라오韓國饒와 함께 윈난 성 자의국 의장과 의원들을 향해 협의를 요청하고 그들에게 이번 혁명을 지지해 함께 이 지방의 질서 유지 책임을 져달라고 희망했다. 그들은 자의국에 보낸 편지에서 이렇게 말했다. "다만 파괴에 따르는 책임은 차이어 등이 모두 질 것이니 건설의 임무는 오로지 여러분께서 맡아주십시오."(앞의 책, 316쪽) 11월 2일 차이어는 도독부 명의로「각 부청 주현에 보내는 전문致各府廳州縣電」을 발표하여 "리 원수元帥에게 대국大局을 주관하도록 요청하자"라고 주장했다.(앞의 책, 317쪽) 여기서 리 원수는 윈구이 총독 리징시를 가리킨다. 그는 차이어에게 등용의 은혜를 베풀었다. 그러나 차이어가 앞장서서 그에게 대국을 주관하도록 요청하는 일은 또다른 경우였다. 즉 차이어는 지방의 안정을 더 심각하게 고려하고 혁명과정에서 불가피하게 발생할 수밖에 없는 혼란과 손실을 줄이기 위해 리징시를 초청하려 했다. 그러나 리징시는 또다른 생각이 있어 초청에 응하려 하지 않았다. 게다가 윈난의 혁명당 사람들도 대부분 차이어의 의견에 반대했다. 이에 차이어도 어쩔 수 없이 리징시를 윈난에서 떠나가게 할 수밖에 없었다. 11월 10일 차이어는 량광 총독 장밍치에게 전보를 보내 현실 상황을 잘 살펴보고 혁명 참가 여부를 조속히 결정해달라면서 리징시의 행동에 유감을 표시했다. "중 원수仲帥[리징시, 호 중센仲仙]께서 시간을 늦추며 결정하지 않다가 사전에 기회를 잃고 말았습니다. 지금 비록 자의국에 머물게 하며 예의로써 대하고 있지만 이곳 사람들 마음은 그분에게 귀의하지 않고 있습니다."(앞의 책, 327쪽)

독립을 선언한 각 성의 도독 가운데 차이어가 안목과 흉금이 가장 고 귀한 경지에 속한다고 할 만했다. 그는 혁명당 당원들과도 달랐고 북양 군 벌 군인들과도 달랐다. 차이어는 윈난 성 독립을 선언한 후 바로 의견을 밝 혔다. "이는 정치혁명이지 종족혁명이 결코 아니다. 따라서 망령되이 만주 족과 한족을 차별하는 의견을 내지 말라."(11월 13일 「추슝 현 의사회에 보내 는 권학 전문致楚雄縣議事會勸學所電」, 『차이어집』 1, 329쪽) 거의 동시에 차이어 는 군도독부 명의로 발표한 「전 성 동포에게 알리는 포고문布告全省同胞文」에 서 이번 혁명의 목적을 더욱 명확하게 밝혔다. "이번 혁명은 전제專制 정치 체제를 없애고 선량한 국가를 건설하려는 것이다. 그리하여 한족, 회족, 만 주족, 몽골족, 장족, 이족夷族, 묘족苗族 등 각 민족을 하나로 결합하고 공 화제를 유지해 민권을 공고히 하고 국력을 회복·확장하려는 것이다."(앞 의 책, 344쪽) 말하자면 혁명이란 전제정치의 목숨을 끊는 것이지 만주족 의 목숨을 끊은 게 아니라는 것이다. 이 점을 분명하게 밝히는 것이 쿤밍 과 전체 윈난 사회의 안정을 실현하는 데 매우 중요한 관건이었다. (1911년) 11월 26일 윈난 군정부는 「만주족 토벌 격문討滿洲檄」을 발표했다. 차이어는 이 격문에서 만주족이 중원으로 들어와 260여 년 동안 이민족 전제정치 로 저지른 갖가지 죄악을 나열하고, "황급히 혁명을 일으키지 않을 수 없었 던" 여러 이유를 통렬하게 제시한 뒤, "만주 정부를 제거하지 않고 만주 관 리를 추방하지 않으면 끝내 부흥의 날을 맞이할 수 없을 것"이라고 인식했 다. 그러나 그는 또 남방의 여러 회당會黨과 북방의 의화단 및 태평천국의 행태를 "모두 본받아서는 안 된다"라고 특별히 강조했다. 차이어는 만주족 보통 민중에게는 극단적이고 가혹한 방법을 써서는 안 된다고 보았다. 자 신의 낡은 입장을 완고하게 견지하면서 혁명에 대항하는 만주 귀족들에게 는 "용서 없는 참형을 내려야겠지만" 아무 적의도 없는 일반 만주족은 넓 게 포용하여 모든 것을 다른 민족과 동일하게 대우해야 한다고 했다. 즉 선 거와 조세에 관한 처우도 전부 한족과 똑같이 평등하게 부여해야 한다는 것이다.(앞의 책, 338~340쪽) 차이어는 군인들에게 도망친 만주 관리를 수색한다는 핑계를 대고 민간의 주택에 난입하거나 총을 들고 소요를 일으키지 말라고 경고했다. 즉 "마음대로 관리나 평민의 재물을 탈취하거나 또는 관리나 평민의 신체를 욕보인 자는 신고와 사실 조사를 거쳐 즉각 용서 없이 주살하겠다"고 선언했다.(앞의 책, 346쪽) 윈난의 사회질서와 백성의 생업은 그곳의 전제정치를 타도하고 만주 관리를 축출한 뒤 신속하게 정상을 회복했다. 이는 차이어가 처음부터 온건한 치안정책을 적극적으로 펼친 일과 큰 관계가 있다. 차이어에게서 우리는 량치차오의 그림자를 분명하게 엿볼 수 있다. 그는 몇 개월 뒤 량치차오에게 보낸 편지에서 다음처럼 경탄하고 있다. "백일 사이에 벌어진 일은 불가사의할 정도입니다. 앞서 세운 계책으로 헤아려보면 온갖 위험이 드러나야 하겠지만 마침내 탄탄대로의 결과를 얻었습니다. 전체 상황이 그러할 뿐만 아니라 이곳 윈난 한 귀퉁이도 정말 의외의 일이 많이 일어났습니다. 이 가운데 천행이 작용한 것인지요? 그 근원을 탐구해보니 선생님께서 생각과 필력으로 베풀어주신 은혜가 아닌 것이 없습니다. 선생님께서 그 원인의 씨앗을 뿌렸고 이제 만민이 그 과일을 먹고 있으니 어진 분의 덕망은 참으로 넓다 하겠습니다."(앞의 책, 483~484쪽)

량치차오가 귀국해 국가 건설에 참여하는 것을 적극 지지하다

차이어가 윈난에서 자신이 행한 통치술의 공로를 량치차오의 생각과 필력으로 귀착시킨 것은 일리가 없지 않다. 뿐만 아니라 그는 목전에 펼쳐지고 있는 중국의 혼란을 다스리기 위해서는 량치차오의 능력이 필요하다고 굳게 믿고 있었다. 차이어는 1912년 5월 27일 리위안훙, 탄옌카이譚延闓, 청더취안, 루룽팅陸榮廷, 쑨다오런孫道仁 등에게 전보를 보냈다. 그는 이 전보에서 리위안훙이 앞장서서 여러 사람 연명으로 대총통 위안스카이에게 량치차오의 귀국을 요청해달라고 했다. "중화민국이 건국되고 나서 지금까지 수개월이 지났는데도 국가 건설 사업은 아직 혼란에 빠져 있는 듯합니다. 진실로 새로운 국가 건설이 어려운 까닭은 정계에 국가 대계를 결정할 수 있는 인물이 부족하기 때문입니다. 저는 지금 사리에 통달한 인재를 널리 구해야 하므로 당파적 의견이 조금이라도 있어서는 안 된다고 생각합니다. 신후이 량 공 치차오 씨는 국가를 위해 헌신하는 선각자이고, 큰 재주를 지닌 석학이며, 도덕과 덕망이 높은 현인이라는 건 해내 모든 사람이 아는 바입니다. 다만 평소 정견이 온건하다고 하여 소수 신진 인사들이 병폐로 여겨왔을 뿐입니다. 지금 그의 몸이 해외에 묶여 있으니 진실로 중화민국을 위해서는 애석한 일입니다. 이제 여러 사람이 합동으로 대총통께 전보로 쳐서 국가를 위해 현인을 구하고 예로써 량 공을 맞아들이기를 요청하고 있습니다. 만약 량 공의 귀국을 미더운 마음으로 독촉해주시면 사람들이 틀림없이 대총통의 새로운 공로를 크게 칭찬할 것입니다."(앞의 책, 636쪽) 하지만 당시에는 량치차오의 귀국을 반대하는 사람이 많았다. 량치차오의 친구 사이에서도 의견이 통일되지 않았다. 따라서 당시 차이어의 의견은 호응을 얻지 못했다. 오히려 동맹회 측의 장지와 류쿠이이가 차이어 뒤에서 량치차오의 귀국을 요청하는 전보를 보내라고 독촉했다. 그 전보는 "국가체제가 다시 시작되어 각 당파도 융합해야 하는 시절이므로, 그분의 귀국을 요청해 함께 시대의 어려움을 헤쳐나가자國體更始, 黨派胥融, 乞君回國, 共濟時艱"라는 16글자로만 되어 있지만 그 어조가 아주 간절하다고 할 만하다. 6월 5일 차이어는 또 대총통 위안스카이, 국무원, 부총통 리위안훙, 난징 유수南京留守 황싱 및 각 성 도독에게 전보를 쳐서 량치차오의 귀국을 요청해야 하는 이유를 상세하게 밝혔다. 그는 마지막 부분에서 이렇게 말했다. "저는 선생님의 뒤를 따라 여러 해를 보내면서 그 단단하고 고결한 덕성, 연박淵博한 학문, 온건한 대의, 진지한 애국심을 느꼈습니다. 이런 분은 해내를 둘러봐도 오직 선생님 한 분뿐이었습니다. 지금 중화민국의 기초를 놓으려는 때에 수많은 정사政事가 처리를 기다리고 있는 만큼 통달한 인재와 뛰어난 석학에 기대 국시國是를 주관하고 시대의 어려움을 함께 구제하지 않으면 나라의 기틀을 세울 수도 없고 국난을 헤쳐나갈 수도 없습니다. 선생님의 구국 충정은 시간이 지날수록 더욱더 굳건해졌습니다. 지금은 국가가 광복이 되었으므로 자기 뜻에 보상을 바랄 만도 하지만 진실로 세상에 구하는 게 없습니다. 시대의 어려움이 날마다 우리를 압박해오는 가운데 이를 구제하려면 인재가 필요합니다. 저는 선각자를 존중하고 나라를 위해 현인을 추천하려고, 감히 시끄럽게 떠든다는 혐의를 무릅쓰고 대총통께 선생님의 귀국을 요청해주시길 바라는 바입니다.”(앞의 책, 649~650쪽) 이번에는 부총통 리위안홍이 먼저 호응했다. 6월 17일 『신보申報』에 리위안홍 부총통의 전보가 게재되었다. 전보에는 리 부총통이 위안 대총통에게 량치차오의 억울함을 변호하는 내용이 담겨 있다. “중화민국은 인재를 등용할 때 당파에 구애되어서는 안 됩니다. 량치차오는 유용한 인재인데 저렇게 버려두는 건 애석한 일입니다. 보황파라는 험담을 우리 중화민국에서 다시 들어서는 안 됩니다.”(『량치차오 연보 장편』, 645~646쪽) 뒤를 이어 난징, 성징盛京[지금의 선양沈陽], 푸저우福州, 헤이룽장黑龍江, 란저우蘭州, 구이린桂林, 청두成都, 구이양貴陽, 지린吉林 등지의 도독들도 합동으로 중앙 정부에 전보를 보내 량치차오의 귀국을 희망했다. (1912년) 7월 초에 이르자 몽골 왕예王爺도 위안 대총통에게 글을 보내 량런궁의 귀국을 요청했다. 이로써 량치차오의 귀국을 위한 탄탄대로가 깔리게 되었다.

차이어가 량치차오의 귀국을 적극적으로 지지한 건 물론 사제지간의 정리가 작용한 때문이기도 했다. 그러나 더 중요한 이유는 차이어가, 신해혁명 이후 민국 초기 혼란에 빠진 국가 운명을 우려한 때문이었다. 그는 리위안홍에게 량치차오의 귀국을 앞장서서 독촉해달라고 요청한 당일에도 위안 대총통 및 각 성 도독에게 전보를 보내 국가가 가장 어려움에 처한 시기에 황싱이 사퇴해서는 안 된다는 의견을 명확하게 표시했다. 그는 이렇게 직언을 올렸다. “이번 혁명이 성공하려면 세 단계로 나눠서 일을 전개해야 합니다. 첫째 파괴, 둘째 수습, 셋째 건설이 그것입니다. 파괴하기는 쉽고, 수습하기는 어려우며, 건설하기는 더욱 어렵습니다.” 당시 그들은 가장 쉬운 일만 하고, 수습과 건설이라는 두 가지 어려운 일은 뒤로 미뤄두고 있었다. 차이어는 또 이렇게 보았다. “우리가 오늘날 처한 위치에서 살펴보면 내정의 혼란, 외침의 압박, 재정의 낭비 등 험난한 국가 현상이 어지럽게 펼쳐지며 사방에서 위기가 박두해오고 있습니다." "우리가 이미 국가와 국민을 위험에 빠뜨렸기 때문에 우리 스스로 그들을 구출해야 합니다. 결국 방울을 매단 사람이 방울을 풀어야 하므로 자기 책임을 남에게 전가할 수 없습니다. 나라를 위해 힘을 펼치며 생사를 걸고 대처해야 합니다. 만약 고답高踏[속세에 초연함을 고상히 여김]이라는 이름을 빌려 책임 회피 행동을 한다면 이는 자신도 속이고 남도 속이는 일이 될 것입니다."(『차이어집』 1, 638쪽) 차이어의 이 말은 사실을 언급한 것이다. 좋게 보면 청 황제 푸이가 퇴위해 2000여 년 동안 지속된 봉건통치가 막을 내리고 공화제가 수립되었다. 이에 따라 총통도 선거로 뽑히고 아울러 근대 중국의 첫 전국 의회 선거도 성공적으로 실시되어 국회와 성 의회도 구성되었다. 또 「중화민국 임시약법」까지 제정되어 겉으로 보기엔 상당히 괜찮은 변화가 일어나고 있었다. 하지만 그 내면에는 여전히 중대한 위기가 잠복해 있었으니, 그 위기는 바로 네 가지 부문에 집중적으로 드러나고 있었다. 첫째, 열강이 중국을 분할하려는 위험이 존재하고 있었다. 둘째, 국내에도 분열 경향이 존재하고 있었다. 위안스카이와 국민당의 모순은 화해하기 어려운 지경에 이르렀고 쌍방의 권력 욕망은 갈수록 수위가 높아져서 양측 모두 타협하려 하지 않았으며, 결국 국가 분열 위기가 박두하고 있었다. 군대를 거느린 또다른 성 도독들도 혼란을 틈타 이익을 챙기며 자신의 거점을 확보하려 다투었고, 자기 지방의 이익을 국가의 이익 위에 위치시켰다. 셋째, 새로운 전제정치의 경향이 대두하기 시작했다. 넷째, 경제적 어려움이 존재하고 있었다.

대체로 바로 이 무렵 량치차오는 「중국 건국 대방침中國立國大方針」을 발표했다. 이는 량치차오가 「신중국 건설 문제」 후속편으로 쓴 글인데, 건국 방침의 대계大計가 포함된 강령성綱領性 문장이다. 전자가 중화민국 성립 이전에 국체문제 토론을 위주로 여전히 입헌군주제 시행을 주장하면서 영국 체제를 가장 이상적으로 간주하고 있다면, 후자는 민국 성립 이후의 현실을 받아들여 입헌 입국의 방침과 정책을 구체적으로 토론하고 있다. 량치차오는 입헌주의를 견지함과 아울러 국가주의 즉 국민을 보호하면서 방임하지 않는 정책으로 강력한 정부를 세워 더 강대한 국가를 건설하고 싶다는 의견을 제시했다. 그는 국가문제가 중국을 곤혹스럽게 하는 최대 문제라고 보았다. 따라서 중국은 아래로는 오직 지역사상, 종족사상, 개인사상, 심지어 세계사상만 있고 국가사상은 없으며, 위로는 오직 조정만 있고 국가는 없을 뿐만 아니라 국가제도와 국가조직도 거의 완비되지 못했다고 생각했다. 당시 신해혁명이 신속하게 성공한 원인은 여러 가지가 있지만 대체로 "다양한 원인의 종합"이라 해야 할 듯하다. 혁명은 물론 당시 시대적 요청으로 사람들이 모두 당연하게 받아들이는 명제였고, 또 파괴가 없으면 건설도 없다고 말할 수 있지만 차이어는 결국 다음 같은 현실 상황을 우려했다. "파괴란 건설을 위한 파괴여야지 파괴를 위한 파괴가 되어서는 안 된다. 따라서 파괴는 수단에 불과한 것이므로 반드시 건설을 목적으로 해야 한다. 수단만 있고 목적이 없으면 안 되고, 수단을 목적으로 삼아서는 더더욱 안 된다. 지금 파괴가 종말을 고했는데도 건설 사업은 그 전도가 아득하다."(『음빙실합집·문집』 제28권, 39쪽) 당시 국체문제는 이미 해결되었으므로 민주제도냐 군주제도냐는 더이상 고려 대상이 아니었고, 입헌문제가 더 특별한 문제로 떠오르고 있었다.

혁명 성공 후 군대는 어떻게 처신해야 하는가?

위에서 언급한 량치치오의 글은 공화건설토론회에서 2만 부를 인쇄했고 뒤이어 또 『용언』에 발표되어 널리 퍼져나갔다. 차이어는 틀림없이 이 글을 읽었을 것이고, 그는 또 량치차오의 우수한 제자였으므로 스승의 사상에 대해 이심전심으로 깨닫고 세세한 부분까지 이해했을 것이다. 그는 기회 있을 때마다 자주 혁명이 이미 성공했고 파괴도 끝났으므로 이제 수습과 건설에 매진할 수밖에 없다는 의견을 표시했다. 차이어는 원난 신군 봉기의 지도자였지만 혁명이 가져올 파괴에 대해 처음부터 고도의 경계심을 갖고 있었다. 그리고 군인들의 정치 간섭으로 야기되는 피해에 항상 심각한 우려를 금치 못했다. 그는 일찍이 군인의 직책과 자질에 대해 친구들과 이야기를 나누면서 동지들에게 다음 같은 경고를 보냈다.

혁명이 성공하면 오로지 군인에게 의지하지만, 이번 혁명은 국토 회복과 악정惡政 폐지를 종지宗旨로 삼았지 개인 이익 추구를 소망으로 삼았던 것은 결코 아니다. 이제 목적을 이미 달성했고 종지도 이미 펼쳐졌으므로 마음은 편안하고 만족스러운 상태이니, 절대로 어떤 보답도 바라서는 안 된다. 더욱이 우리 군인들은 위기에 처한 나라를 구하러 나갈 때 이미 목숨을 돌아보지 않기로 결심했음에랴? 지금 이미 큰 공도 세웠고 목숨도 아무 탈 없이 보전했으니 이는 여분의 생을 누리는 것과 진배없다. 이처럼 하사받은 은혜가 많은 상황에서 다시 보답을 바라는 건 분수에 넘치는 일이다. 이번 혁명은 같은 하늘 아래에 사는 동포들이 마음속으로 이루고 싶었던 일을 특별히 우리 군인의 손을 빌려 이룬 것이다. 이 때문에 군인들은 동포들이 도와주러 오지 않았다고 무턱대고 그들을 말살해야 한다고 말해서는 안 된다. 대체로 혁명은 군인이 아니면 성공할 수 없다. 일반 국민은 혁명에 대해 미리 듣지 못하기 때문에 지역 치안을 보존할 수 없는 데다 특히 뜻밖의 소동에서는 그 상황을 피할 수밖에 없다. 원난은 혁명 후에도 질서가 잘 잡혔고 지역 안정도 잘 이루어졌는데, 그 원인은 순전히 군인들이 주동이 되었고 국민은 전혀 참가하지 않았기 때문이다. 이는 원난 전체의 복일 뿐 아니라 서남 변경 전체의 행운이라 할 수 있다. (『차이어집』1, 596~597쪽)

이 글을 통해 우리는 몇 가지 정보를 확인할 수 있다. 첫째, 군인은 군인의 직책과 의무가 있다. 혁명을 추진할 때 더러 군인의 참여에 기댈 수는 있지만 민중은 참여해서는 안 된다. 이렇게 하는 것이 지역 질서를 최대한 빨리 회복하는 데 유리하다. 둘째, 혁명은 전체 국민의 소원과 요구를 담아내는 것이므로 비록 군인들이 혁명을 이루었더라도 혁명이 성공한 이후에는 그 공에 기대 오만을 부려서는 안 되고 더더욱 보상을 요구해서는

新會梁啓超主幹

第一號 言庸 第一卷

Justice

No 1. – 1 st. December 1912

要目

國性篇

釋國名

政策與政治機關

省制問題

外省及僑國民生計之影響

國獄島地方权

巴爾幹之風雲

美國政黨組織

石遺室詩話

僑外史

俄蒙交涉始末

世界大事及大勢

產礦大方針

天津日界旭街十七號庸報當經銷

1912년 량치차오가 창간한 정론 잡지 『용언』. 「중국 건국 대방침」 및 「신중국 건설 문제」가 모두 이 잡지에 발표되었다. 톈진박물관天津博物館에 소장되어 있다.

안 된다. 오직 자신의 의무만 다해야 하고 권리를 요구해서는 안 된다. 셋째, 혁명이 성공한 이후에는 군인들이 자발적으로 자기 자리를 건설 인재에게 양보해야지 행정에 간섭해서는 안 되고 아울러 군사 업무와 민간 정사를 함부로 뒤섞어서는 안 된다. 여기에서 차이어는 다른 사람에게 바라는 일을 먼저 자신이 할 것을 요구했다. 차이어도 군인이어서 윈난에도 군도독부가 세워졌고 군대와 정치를 통일하는 방식으로 지방을 다스렸다. 상이한 것은 시작부터 그는 수시로 자기 수중의 권력을 양보하려고 준비했다는 점이다. 그는 다음과 같이 이야기하고 있다. "윈난 성에 도독부가 설치된 이래 무릇 민정, 재정, 외교, 교육, 실업 분야에 각각 전문 부서를 설치해 도독이 전혀 간섭하지 않았다. 이들 부서를 모두 한 기관 아래 소속되게 했기 때문에 행정 업무가 매우 활발하게 돌아갔고 명령도 분산되지 않았으며, 부대의 장졸들도 민정에 간여할 수 없었다. 내 생각으로는 군무軍務와 민정을 장래에 반드시 나누어야 비로소 무인들의 정치 폐단을 제거할 수 있을 것이다."(앞의 책, 613쪽)

그러나 실제 상황은 결코 차이어가 생각하듯 그렇게 단순하게 진행되지 않았다. 혁명 초기에 남북의 각 성은 대부분 군인들이 정권을 잡았다. 그들은 지방의 행정자원을 장악한 채 쉽게 손을 놓으려 하지 않아서 그 병폐가 쉽게 드러났고, 사회적 동란의 발생도 필연적으로 이러한 상황과 연관될 수밖에 없었다. 량치차오는 「중국 건국 대방침」에서 사회적 동란을 야기할 수 있는 여덟 가지 원인을 아래와 같이 나열했다.

각 군정부軍政府와 군정분부軍政分府는 걸핏하면 공적과 이름에 기대 교만하고 음란한 짓을 자행하고 여론을 거스르며 백성들 목숨을 지푸라기처럼 여긴다. 원망이 겹겹이 쌓이는 상황이 만청 시대보다 심하고 정세를 보건대 틀림없이 제2차 혁명이 무르익고 있으니, 이것이 그 첫번째 원인이다. 설령 이와 같지는 않더라도 군대를 이끌고 자신만을 높이며 중앙정부가 정책을 펼칠 수 없게 하여 전국을 지리멸렬한 상태로 몰아넣고 분쟁을 그치지 않게 하고 있으니, 이것이 그 두번째 원인이다. 설령 각각

대의에 신경 쓰며 모두 병권을 내놓고 그것을 중앙정부에 소속되게 할 생각이더라도, 훈련을 받지 않은 수십만의 민병民兵은 해산할 방법이 없다. 따라서 이들의 반란이 날마다 보고되어 온 나라가 소란에 빠져들고 있으니, 이것이 그 세번째 원인이다. 설령 해산 계획을 세우고 차례대로 시행하더라도 본래 유민에 속했던 사람들은 자신의 땅으로 돌아가지 않고 초야에 흩어져 이재민을 선동하고 위협한 뒤 쉽게 도적떼로 만들어 사회를 부패시키고 있으니, 이것이 그 네번째 원인이다. 각 성에서 자체적으로 천거된 도독들이 서로 감정싸움을 하자 간사한 무리가 그 틈을 파고들어 내분을 불러일으키고 있으니, 이것이 그 다섯번째 원인이다. 행정 관리들이 정치적 지혜가 전혀 없어서 입헌국의 신조를 지키지 못하고 나라의 명령을 반박당하게 하고도 그 허물을 알지 못한다. 그리하여 의회의 탄핵과 국민의 매도를 당하고도 부끄러운 줄도 모른 채 얼굴에 철판을 깔고 벼슬자리에 연연한다. 심한 경우에는 엄혹한 형벌과 법률로 감찰하며 감독기관을 허수아비로 만들어버린다. 국민이 그것을 바로잡으려 해도 방법이 없어서 정세를 보건대 틀림없이 제2차 혁명이 일어날 것이니, 이것이 그 여섯번째 원인이다. 난리를 겪은 후 나라 재정이 궁핍해져서 못물을 말려 물고기 잡는 것을 미봉책으로 삼고 있고 또 백성을 죽음에서 구제하는 일도 충분하지 못해 결국 막다른 골목으로 몰아 위험을 무릅쓰게 하고 있으니, 이것이 그 일곱번째 원인이다. 정부 위신이 제대로 서지 못해 주변 번속국藩屬國을 회유할 방법이 없게 되자 강한 이웃 한두 나라가 그 틈을 타고 세력균형을 갑자기 깨뜨린 후 머리카락 한 올로 온몸을 끌어당기려 하고 있으니, 이것이 그 여덟번째 원인이다. 이 여러 가지 중에서 이제 한 가지만 있어도 틀림없이 우리 나라의 분란이 세계 분란을 야기할 것이다. (『음빙실합집·문집』 제28권, 44쪽)

이러한 상황에 대해 량치차오가 "우려한다"고 했으니 차이어가 어찌 우려하지 않을 수 있겠는가? 차이어는 (1912년) 5월 6일 통일공화당 윈난지부 성립대회 연설에서 그 우려를 남김없이 표현했다. "지금 혁명이 성공하여 공화제가 성립되었습니다. 그런데 단 반년 만에 국내는 혼란에 빠졌고 민생은 궁핍해졌습니다. 군대는 악인들의 밀집 장소로 변해 병사는 소동을 일으키고 장수는 부패에 빠져 남북이 똑같은 길을 걷고 있습니다. 강탈과 반역의 참극이 중첩되어 일어나고 있으며, 여기에 더하여 사람들은 사욕을 중시하고 정당은 의견이 갈라져 있습니다. 각 성 경계에서는 순찰을 강화하고 권리와 이익을 다투면서도 국가문제는 돌아보지 않고 있습니다. 어지러운 내정과 흉흉한 민심으로 이 나라가 아마 하루도 넘길 수 없을 듯합니다."(『차이어집』 1, 610쪽)

차이어는 군인들이 정권을 잡는 일은 진실로 국가의 복이 아니므로, 군인들이 정당활동에 참여하게 되면 폐단이 더욱 많아지고 위험이 더욱 가중한다고 보았다. 량치차오도 군부 세력이 정당정치에 개입하는 걸 바라지 않았다. 그는 정당정치는 의회정치이므로 그 고귀한 점이 바로 "개개인이 모두 자유롭게 의견을 발표하고 개개인이 모두 자유롭게 표결하는 데 있다"고 했다. 그러나 중국에서는 다시 "군벌이 흥성한 이래 권총과 폭탄으로 자유를 대신하면서 조금이라도 자신과 다른 의견을 듣게 되면 팔뚝을 휘두르며 무기를 사용하는" 상황이 전개되고 있었다. 따라서 량치차오는 이 같은 상황이 지속됨으로써 "모든 합의기구가 "강포한 악한들의 호신부護符로 전락하여" 마침내 "공포시대"가 도래하지 않을까 걱정에 휩싸였다.(『음빙실합집·문집』 제28권, 71~72쪽) 차이어는 당시 혼란 속에서 이 같은 재난의 도래를 더욱 분명하게 목도하고 있었고 또 더욱 직접적으로 느끼고 있었다. 따라서 차이어는 5월 10일 위안스카이와 각 성 도독에게 보낸 전보에서 군인부당주의軍人不黨主義[6]를 제창했고 그 이유로 세 가지를 들고 있다. 첫째, 군인의 직책은 "군대를 정돈하고 무예를 닦는 데" 있으므로 "전심전력으로 군무에 힘을 쏟아야 비로소 우수한 성과를 거둘 수 있게 됩니다. 만약 정계에 마음을 쓰게 되면 군사 업무 정비를 기약하기가 어렵게 됩니다." 둘째, "무릇 한 국가 내에서 서로 다른 정당을 세우고 각기 다른 정견으로 자기

---

6 군인은 정당에 가입하거나 정당 활동을 해서는 안 된다는 주의.

재주와 힘을 다해 장기를 겨루게 되면 경쟁할 때마다 국가는 더욱더 진보하게 됩니다. 이 때문에 한 정당이 내각을 구성하고 다른 정당이 그 곁에서 내각을 감시하면 정부는 두 정당의 의견을 모두 듣는 이익을 누리게 되어 전제적이고 독단적인 폐단으로 흐르지 않게 됩니다. 그러나 군인들이 입당하면 상이한 정견으로 다툴 때마다 더러 무력으로 배후를 막는 경우도 생기므로 내각이 혼돈 상태로 빠질 수도 있습니다. 이는 실로 정치의 진전을 방해하기에 족한 행위일 뿐입니다." 셋째, 당시 각 성은 군대를 확충함에 절제된 모습을 보여주지 못했다. 이에 수많은 유민과 회중會衆이 군대로 들어가 "심지어 군대가 산적 소굴로 변했고 장교들은 서로 형이니 아우니 호칭하며 또 칼을 빼들고 기둥을 치는 등 군기가 매우 혼란했다." 그뿐 아니라 군사를 통솔하는 장교들이 정당에 가입했기 때문에 사병들이 사조직을 만드는 일을 금지하기가 어려웠다. 따라서 군대와 회당이 뒤섞여 하나의 단체처럼 되어 병란이 발생하기도 쉬웠다. 이 때문에 차이어는 정당 일은 정치인에게 운영하게 하고 군인은 참여할 필요가 없다고 했다. 이렇게 하는 것은 "군인들의 행동을 제약하려는 게 아니라 기실은 군인의 책임을 적극적으로 완성하려는" 조치에 다름 아니었다. 마지막으로 차이어는 위안스카이에게 "금지령을 분명하게 반포하고 조례를 거듭 밝혀서" 군인이 어떤 정당에도 가입하지 못하게 해달라 간청했다.(『차이어집』 1, 615쪽)

차이어의 이러한 태도가 당시 공감을 얻기란 거의 불가능했다. 오히려 그의 태도는 당시 사람들에게 일종의 포즈로 간주되거나 조롱거리가 되기도 했다. 사람들은 차이어에게 자신은 통일공화당을 만들어 총간사를 맡고 있으면서 다른 사람에게 어떤 정당에도 가입하지 말라 함은 공평한 처사라 할 수 있는가라고 반박했다. 기실 차이어는 일찍이 통일공화당 윈난지부 창립대회에서 이미 자신의 어쩔 수 없는 처지와 불안감을 분명하게 표현한 적이 있다. 그의 정당 가입은 친구들의 거듭된 요청 때문이었다. 친구들은 정당이 막 출범하는 시기에 차이어의 찬조와 지지를 얻어 정당의 인기를 높여볼 생각이었다. 그들의 요청을 받아들이긴 했지만 차이어는 당시에 다음과 같이 공언했다. "당무에 점차 두서가 잡히면 나의 초심을 완수하는 데 힘쓰고자 합니다. 그러니 당의 사업을 떠나 군사 업무에 전념토록 해주시면 정말 다행이겠습니다."(앞의 책, 612쪽) (1912년) 8월 12일 그는 재차 위안스카이 및 각 성 도독에게 전보를 보내 자기 자신의 심정을 알림과 동시에 동시에 통일공화당을 사퇴하겠다고 선언했다. 차이어는 또 각 당을 해산하자는 의견을 제출했다. "지금 국내의 거대 정당은 동맹회, 공화당, 통일당보다 더 큰 것이 없습니다. 저는 망령되게도 스스로의 좁은 소견은 헤아리지도 못하지만, 이 세 당의 여러 군자께서는 먼저 정당 해산 의견을 내고 국민의 뜻에 맞추어 위기 국면을 안정시켜주시기를 바랍니다. 저는 앞서 사람들의 압박에 못 이겨 당적에 이름을 올렸지만 지금 바로 탈당을 선언합니다. 저는 진실로 상황을 숨긴 채 사사로운 정에 얽매어 감히 국가에 재앙을 끼치고 싶지 않습니다."(앞의 책, 693쪽) 차이어는 다음 날 또 통일공화당 본부에 전보를 보내 탈당하겠다고 선언했다. 당시 마침 민주당이 창립되어 탕화룽, 쑨홍이, 류충유劉崇佑, 장쥔마이 등이 차이어에게 입당을 적극 요청했으나 차이어는 절대로 입당하려 하지 않았다. 8월 14일 차이어는 탕화룽 등에게 전보를 보내 또 한 차례 자신이 입당하지 않는 이유를 설명했다. "저는 평소에 군인이 정당에 가입해서는 안 된다고 주장해왔기 때문에 제 스스로 그 울타리를 벗어나기가 불편합니다. 또 저는 문장을 써서 날마다 각 성에 전보를 보내 당쟁이 야기한 참화를 역설하며 정당 취소에 관한 의견을 제창하고 있는데, 지금 다시 스스로 정당을 창립한다면 한 입으로 두말하는 행위가 되므로 천하에 떳떳하게 의견을 밝힐 수 없습니다. 이 때문에 저는 정치에 초연한 입장을 견지하고 홀로 제 견해를 실천하면서 정당 규약에 얽매이고 싶지 않습니다."

윈난 경영에 고심하다

차이어는 말만 앞세우는 사람이 아니었고 말을 하면 바로 행동으로 옮겼을 뿐만 아니라 매우 정정당당하게 행동했다. 민국 초기 윈난은 질서가 양호했고 정국도 안정되었으며, 군대도 군율이 엄정하고 사기도 드높아 대규모의 사회동란이나 군사정변도 일어나지 않았다. 이러한 상황은 차이어가 시종일관 군인의 본분을 견지하며 민정, 재정, 외교, 교육, 실업 등의 행정권에 군사적 간섭을 하지 않은 일과 큰 관계가 있다.

당시 북방과 남방, 위안스카이와 국민당은 총통 권력과 내각 권력, 중앙 권력과 지방 권력, 군민분치軍民分治와 지방자치를 놓고 눈코 뜰 새 없는 싸움을 벌이고 있었고, 시간이 지날수록 화약 냄새가 짙어지고 있었다. 베이징의 군경은 위안스카이의 배후 지휘하에 공화 보위의 명분을 내걸고 참의원 선거에 간여했다. 그러나 남방에서는 장시 도독 리례쥔이 위안스카이가 참의원 권한을 무시하고 직접 임명한 민정장[지금의 성장省長]을 공개적으로 거부했다. 쌍방은 모두 상대방이 공화제를 파괴하고 「임시약법」을 파괴했다고 질책했다. 리례쥔은 위안스카이가 독재를 행하며 공화 원칙을 위배했다고 지적했고, 위안스카이는 리례쥔이 중앙정부에 맞서 지방 할거를 도모하며 국가를 분열시키고 있다고 매도했다. 이 두 진영은 군사분쟁의 지경으로까지 내달았다.

이런 상황에서도 중국 서남쪽 구석에 치우친 윈난은 차이어의 통치하에 나날이 진보하고 번영하는 모습을 드러냈다. 비록 멍쯔蒙自, 카이화開化, 다리大理, 텅충藤沖 등지에서 몇 차례 동란이 일어나기는 했지만 규모가 크지 않아서 신속하게 평정을 되찾았다. 성 전체의 정세도 통제가 가능할 만큼 안정되었고 심지어 "쓰촨과 구이저우를 구원하고" 북벌 전쟁을 지원할 정도로 비축된 힘이 넉넉했다. 차이어가 훈련시킨 윈난 신군은 혁명 봉기를 일으킨 여러 성 중에서도 보기 드문 정예병이었다. 그들은 평소에 훈련이 철저했고 군대의 편제도 완전하여 강한 전투력을 보유하고 있었다. 차이어는 또 민생을 아주 중시해 혁명 봉기 후 첫주에 성내省內 각 정염제거井鹽提擧[7]에게 전보를 보내 "모든 소금을 평상시대로 생산·처리하도록 해야지 절대로 생산을 중단해 과세를 그르치지 말라고" 요청했다.(앞의 책, 322쪽) 차

---

7 청나라 때 중국 내륙의 우물, 호수, 하천 등지에서 생산되는 소금을 관리하고 감독하던 벼슬아치.

이어는 성내 광산 자원 개발도 아주 중시하여 일부러 임시대총통 쑨중산에게 전보를 보내 각 성 화폐주조국이 윈난에서 생산되는 우수한 품질의 적동赤銅을 쓸 수 있게 해달라고 청했다. 그는 또 동맹회 미얀마 양곤 총 기관대표 천징톈陳警天이 청구한 광업 창업 관련 편지에 답장을 하면서 특별히 다음 같은 의견을 제시했다. "이처럼 개혁 초기에 창업을 하려면 만반의 준비를 해야겠지만 재정보다 더 시급한 일은 없을 것입니다. 그러나 반드시 실업實業으로 그 뒤를 받쳐야 합니다. 또 치안보다 더 중요한 것은 없지만 반드시 민정民政을 근본으로 삼아야 합니다." 아울러 화교에게서 주식을 모집해 회사를 설립하고 자금을 모아 광산을 개발하겠다는 천징톈의 요청을 크게 칭찬하면서 그것이 "진실로 근본적인 계획"이라 인식했다.(앞의 책, 516쪽)

차이어는 또 윈난과 광시를 연결하는 철도 건설 계획도 발표했다. 이것은 가까이로는 윈난에서 생산되는 광물을 외지로 수송하여 상업을 확충하고 재원을 마련할 수 있고, 멀리로는 윈난, 구이저우, 쓰촨, 광시, 광둥을 하나로 연결하여 국방을 공고히 할 수도 있는 사업이었다. 그러나 철도 건설은 본래 쉬운 일이 아니었고 짧은 기간에 효과를 볼 수 있는 일도 아니었다. 윈난 성의 화물은 윈난과 베트남을 잇는 철도를 이용할 수밖에 없기 때문에 베트남까지 길을 빌려 각지로 수출해야 했다. 이 철도는 프랑스인들이 건설권 및 운영권을 갖고 있어서 [윈난 성은 화물이] 움직일 때마다 제재를 당할 수밖에 없었다. 예를 들면 옛날에 주석을 생산해 외국으로 수출할 때도 세관을 거쳐야 했는데, 매 톤 화물마다 운송료로 40위안을 물어야 했고, 심지어 국경 통과료와 도로 통행료, 그리고 관세까지 지불해야 했으므로 그 부담을 감당할 수 없었다. 또 "그사이에 주식을 모아 시험 삼아 사업을 하는 사람도 있었지만 매번 생산품 판로가 좋지 않아, 밑천은 크게 들이고 대부분 손해 보는 장사를 해야 했다."(앞의 책, 555쪽) 이 때문에 차이어는 한편으로는 대총통에게 가능한 한 빨리 윈난과 광시 간 철도를 개설해달라 건의했고, 한편으로는 윈난과 베트남 간 철도 건설권 및 운영권을 회수해 눈앞의 급한 불을 꺼달라 호소했다. 그는 또 이렇게 말했다. "윈난은 땅이 척박하여 생계를 유지하기가 어렵습니다. 아편 재배를 금지한 이래 오로지 광산업에 기대 목숨을 연명하고 있습니다. 그러나 광물 수송이 편리하지 못해 여전히 외국인에게 숨구멍을 맡기고 있는 실정입니다. 이런 상황에서 운송료가 나날이 증가하면 생기가 장차 끊어지게 될 것입니다. 이 밖의 갖가지 현상은 더더욱 말할 필요조차 없습니다."(앞의 책, 619쪽)

이 모든 일은 차이어가 윈난 사람들 생계를 위해 구상한 계책이었다. 어떤 일은 실현되었고, 어떤 일은 조건의 제한이나 여러 장애로 실현되지 못했다. 그러나 윈난의 면모가 크게 바뀐 것은 확실했다. 윈난은 가난한 성이라 매년 운영 경비로 고평은庫平銀8 600만 량이 필요했다. 이 속에 지방 행정 경비는 포함되지도 않았다. 그러나 매년 전체 성의 수입은 300만 량에도 못 미쳤다. 이 때문에 청나라 이후로 줄곧 재정이 부유한 성의 지원금에 도움을 받아야 했다. 그러나 매년 중앙정부 지원금과 각 성 구조비 160만 량을 제외하고도 경비가 100여만 량 부족했다. 차이어는 이렇게 말했다. "지난해 9월(양력 1911년 10월) 윈난 성에서 반정이 일어났을 때 성의 공금 저축분이 40여만 량에 불과해서 시간이 오래되면 행정비용과 군수비용도 지급하지 못할까 정말 걱정이었습니다. 다행히 성 전체가 안정을 찾아 질서도 평상시처럼 회복되었고, 공적·사적 재산도 손실을 입지 않았습니다. 세금으로 내는 각각의 돈과 곡식도 재난 감면 액수 외의 나머지 부분은 전부 기한에 맞춰 완납했습니다. 또 상인들에게서 걷는 화물 교역세와 화물 통행세도 아직 줄지 않고 있습니다. 또 관리들 월급을 줄이고 쓸데없는 경비를 없애면서 각고의 노력을 기울여 낭비를 막은 결과 매년 행정비용 40여만 량을 절약했습니다. 이 때문에 현재 성의 잔고가 400여만 량에 달해 혁명 전과 비교해도 증가했다고 할 수 있습니다."(앞의 책, 625~626쪽) 이는 차이어가 위안스카이 대총통 및 국무원을 향해 윈난 재정 상황을 보고한 말이다. 여기서도 우리는 당시 윈난이 재정 면에서 자급자족

---

8 청나라 시대의 무게 단위이자 청나라 국고를 계산하던 표준 화폐 단위. 1고평량=1/16근 =37.301그램=10전錢. 흔히 고평량庫平兩이라 한다.

했을 뿐만 아니라 경제적 저력에 바탕을 둔 지원금을 조성해 중앙정부 재정을 도와줄 정도였음을 알 수 있다. (1912년) 7월 13일 차이어는 위안스카이 및 국무원에 전보를 보내 일회성이긴 해도 "중앙정부에 지원금 20만 위안을 풀어 긴급한 수요에 대처하겠다"고 했다.(앞의 책, 677쪽) 각성 도독들이 자기 호주머니는 틀어막고 온갖 궁리를 짜내 중앙정부에 돈을 요구하던 시절에 이러한 차이어의 행동은 얼마나 고귀한가?

차이어는 량치차오의 정치적 주장을 실천한 사람이었다. 그가 실천한 모든 것은 량치차오의 주장을 둘러싸고 진행되었다. 당시 량치차오는 혁명으로 인한 파괴를 줄이는 데 힘쓰고, 사회 안정을 적극적으로 유지하고, 정치개혁과 경제발전을 위해 더 좋은 환경을 만들자고 주장했다. 차이어가 이처럼 윈난 경영에 고심했기 때문에 나중에 그와 량치차오가 호국전쟁을 일으켰을 때 윈난이 그들을 위한 튼튼한 기지가 되어주었다.

그러나 당시 국내외 정세는 갈수록 긴장이 고조되고 있었다. 신장新疆에서는 러시아가 현지 주민을 책동해 러시아로 투항하게 만들며 분규를 부추기고 있었다. 또 그들은 외몽골 쿠룬庫倫, Kulun[지금의 울란바토르] 당국과 러몽조약을 체결해 몽골 자치를 도모하고 있었다. 서남 지역에서는 영국이 중국에 티베트 내정에 간섭하지 말라고 요구했고, 이 요구를 받아들이지 않으면 중화민국을 승인하지 않겠다고 위협하며 티베트 독립을 조장하고 있었다. 윈난과 광시 일대에서는 프랑스인들이 끊임없이 사단을 일으키며 권리를 요구했고 영국인들도 호시탐탐 윈난을 노리고 있었다. 국가 위기가 이처럼 나날이 심해지자 차이어는 "중화민국 전역이 너무나 위태로운 상황에 처해 있다"고 말했다.(『차이어집』 2, 859쪽)

국내에서는 광둥과 장시를 대표로 하는 지방정권과 중앙정부의 대항이 공개화, 군사화의 길로 치닫고 있었다. 1913년 초 '장시 민정장 사건'이 아직 종료되지도 않은 시점에서 이보다 더욱 심각한 '장시 무기 사건江西軍械案'이 발생했다. 당시 리례쥔이 일본에서 구입한 무기가 참모부와 육군부의 비준을 받지 않았고, 또 관계자들이 여권을 발급받지 않았다는 이유로 주장九江에서 강제로 압류되었다. 이 사건은 겉으로 소총 7000여 자루와 거기에 딸린 탄환의 귀속문제로만 보이지만, 내면을 깊이 들여다보면 민정장 사건과 마찬가지로 위안스카이로 대표되는 중앙정부와 리롄쥔으로 대표되는 지방정부 간의 뿌리 깊은 모순과 충돌이 잠복해 있음을 알 수 있다. 또 그것은 바로 새로 흥기한 지방 군정 세력과 위안스카이로 대표되는 북양 군벌 세력 간의 모순과 충돌이기도 했다. 각 성 도독의 입장 표명은 상이했지만 전체적인 추세로 보면 당시 지방 신군 세력이 지방 군벌 세력으로 변모해가는 현상이 나날이 가속화되고 있었다. 사람들은 시간이 지날수록 "총이 바로 권력이다"라는 말을 진리로 간주하기 시작했다.

차이어는 줄곧 지방자치에 반대하며 군민분치를 지지했다. 일찍이 제1기 국회의원 선거가 있기 전에도, 그는 명확하게 중앙정부의 권력과 권위는 반드시 보호되어야 한다고 의견을 밝혔다. 7월 31일 차이어는 후한민에게 보낸 답장 전보에서 이렇게 말했다. "중앙정부는 갓 태어난 아기 같아서 보살피고 보호하는 일이 급합니다."(『차이어집』 1, 686쪽) 그는 중화민국이 건국된 지 이미 반년이 넘었지만 국내에는 위기가 사방에 잠복해 있고 국제적으로는 중화민국을 승인해주는 나라가 하나도 없다고 예리하게 지적하면서 그 원인을 탐구해보면 "전국의 성이 자립을 도모하는 가운데 아직 통일을 이루지 못했기 때문입니다"라고 주장했다.(앞의 책, 589쪽) 따라서 차이어는 위안 대총통을 향해 군사, 외교, 재정 대권은 중앙으로 통일하고 그것을 담당하는 관리도 중앙에서 파견하라고 거듭 요구했다. 오래지 않아 성의회省議會를 해산한 대총통의 권한 행사를 참의원이 표결을 통해 취소한 사건이 발생했다. 차이어는 당장 참의원에 전보를 보내 명확하게 반대 의사를 표명했다. "대저 중국의 각 성은 원래 연방국의 주州와 같지 않아서 각 성 행정은 모두 중앙에서 책임을 졌습니다. 따라서 성의회에는 중앙정부와 대치할 수 있는 중앙의회의 권한이 없으므로 정부가 성의회를 해산할 수 없다는 말은 이론상 통할 수 없는 논리입니다. 더욱 사실대로 말하자면 중앙정부에 만약 성의회를 해산할 권한이 없다면 성의회의 주장과 중앙정부의 정책이 충돌할 때 각 성 행정장관은 따를 곳이 없게 됩니다. 중앙의 명령을 따르지 않고 성의회에 영합하면 중앙정부의 통일된 계획은 반드시 파괴될 것이고, 중앙의회는 더더욱 행정 통일의 책임을 정부에 물을 수 없게 됩니다. 그 결과는 반드시 성에서 자체적으로 정사를 처리하게 될 것이니, 이렇게 되면 피차간에 모두 자기 책임을 전가할 여지가 생기게 됩니다."(앞의 책, 774쪽)

량치차오의 건국 방침

기실 총통에게 성의회를 해산할 권한이 있느냐 없느냐 하는 논쟁은 정부에 국회를 해산할 권한이 있느냐 없느냐 하는 문제가 연장된 데 불과하다. 그러나 문제의 근원은 바로 「중화민국 임시약법」에서 비롯된 것이었다. 즉 「임시약법」에는 대총통이 국무위원을 임명할 때 반드시 참의원 동의를 얻도록만 규정되어 있고, 참의원 해산에는 아무 설명도 부가해놓지 않았다. 따라서 이 문제는 마침내 뒷날 헌법 제정 때 가장 격렬한 토론을 벌여야 할 논쟁의 하나가 되었다. 솔직하게 말하면 이것은 여전히 권력 분배와 권력 형평에 관한 문제였고, 또 주로 권력에 대한 위안스카이와 국민당의 요구를 어떻게 균형 있게 처리할 것인가의 문제였다. 국민당 성립 이후 권력의 값어치가 높아지자, 쑹자오런은 사방에서 연설하며 정당 내각을 주장했다. 이는 바로 국민당이 장차 민국 초대 국회에서 제일 거대 정당으로 자리잡을 것이 확실시되자, 자연스럽게 국민당에 의한 정부를 구성하겠다는 발언에 다름 아니었다. 쑹자오런은 책임내각제 헌법을 통과시켜 국민당이 행정권을 완전히 장악하기를 바랐다. 학문적 층위에서 량치차오와 쑹자오런의 분기점이 바로 이 문제에 대한 견해 차이라고 할 수 있다. 그들은 모두 내각제가 대통령제보다 상대적으로 국체를 안정시키는 데 더 유리하다고 보았다. 왜냐하면 내각제는 각료가 직무를 감당하지 못하면 내각을 바꿀 수 있지만 대통령제는 각료들이 직무를 감당하지 못해도 내각을 바꿀 방법이 없고, 만약 반드시 바꾸려면 나라 근본이 흔들릴 수도 있기 때문이라는 것이다. 이는 량치차오가 아주 다양한 기회에 반복해서 말한 내용이다.

특히 량치차오는 민국 성립 전에 발표한 「신중국 건설 문제」에서 이에 대해 더욱 상세한 논술을 했다. 게다가 그는 또 내각제를 시행한다면 한 정당의 책임내각을 구성하는 게 가장 좋다고 인식했다. 량치차오는 「중국 건국 대방침」에서 더 나아가 독립된 장章을 설정하여 '정당 내각'의 우월성을 논술했다. 그가 얻은 결론은 다음과 같다. "이상의 논술은 중국을 세계 국가로 진입시키는 데 가장 큰 목적을 둔다. 훌륭한 국민을 보육해내는 정책은 기성 세계 국가를 유지하는 수단이다. 강력한 정부는 국민 보육 정책을 잘 실행하기 위한 수단이다. 정당의 책임내각은 강력한 정부를 보유하기 위한 수단이다. 따라서 이러한 여러 수단을 잘 순환시켜서 최고의 목적을 관철하는 일은 모두 국민에 달려 있다."(『음빙실합집·문집』 제28권, 76쪽)

이것이 량치차오와 쑹자오런의 한 가지 차이점이다. 량치차오는 정당 내각의 필요성과 우수성을 간파하고 있을 뿐만 아니라 정당 내각의 권력 근원과 그 토대의 보장까지 간파하고 있다. 이 때문에 량치차오는 이렇게 진술하고 있다. "우리 나라 정계의 앞날에 대한 희망은 오직 정당 내각의 성립 여부에 달려 있다. 그러나 정당 내각의 가장 건강한 후원자는 사실 국민이다. 건강한 국민이 없이 어떻게 건강한 정당이 있을 수 있겠는가? 건강한 정당이 없이 어떻게 건강한 정당 내각이 있을 수 있겠는가?"(앞의 책, 74쪽) 그는 또 이렇게 말했다. "내각은 진실로 무상無上의 권력을 가지고 있고, 그 권력은 사실 국회에서 부여받는다. 국회는 진실로 무상의 권력을 가지고 있고 그 권력은 사실 국민에게서 부여받는다. 그런즉 무상의 권력은 항상 다수 국민의 손에 존재한다. 이 때문에 정당 내각은 민권의 극치다."(앞의 책, 66쪽) 여기에서 량치차오는 내각의 권력은 국회에서 나오고, 국회의 권력은 국민에게서 나온다고 분명하게 말하고 있다. 따라서 솔직하게 말하자면 내각은 단지 국민을 대신하여 권력을 행사하는 기관일 뿐이다. 또한 량치차오 논리의 기초는 총통과 내각이 동일한 정당이어야 한다는 전제 위에 세워져 있다. 만약 내각과 총통이 상이한 정당에 속하면 그들의 집권 이념이 일치하기가 어려워서 내각이 총통을 탄핵하거나 총통이 내각을 해산하는 상황도 발생할 수 있다. 지금은 위안스카이가 총통을 담당하고 있으므로 내각을 국민당이 구성하면 안 된다는 것이다. 또한 량치 차오는 국민당이 건전한 정당이라고는 전혀 생각하지 않았고, 또 국민당에 정당 내각을 구성할 자격이 있다고도 전혀 생각하지 않았다. 그는 정당으로는 불릴 수 없고 단지 '거짓 정당偽政黨'으로 불릴 수 있는 두 종류의 무자격 정당이 있다고 보았다. 한 종류는 '권세와 이익만 추구하는 관료들의 집합'이고 다른 한 종류는 '비밀 결사'였다. 그는 이렇게 해석했다. "정당이란 공공 목적을 위해 정치적으로 결합된 단체다. '권세와 이익을 추구하는 관료들의 집합'은 정당의 명목을 빌려 개인 목적을 달성하려는 단체이기 때문에 소위 공공 목적이 따로 존재할 수 없다. 이 때문에 정당이라 부를 수 없다. 정당이란 공명정대한 수단으로 서로 경쟁하는 단체다. 그러나 '비밀 결사'는 더러 정치적으로 공공 목적을 포함하기도 하지만 그 수단이 올바르지 않다. 이 때문에 정당이라 부를 수 없다." 당시 상황에 비추어 량치차오는 이렇게 결론짓고 있다. "우리 나라에 존재하는 오늘날의 당파는 아직도 이 두 가지 집단에서 겉모양만 바꾼 것이 많다."(앞의 책, 72쪽)

량치차오는 여기에서 국민당이 '거짓 정당'이라고 명확하게 지적하지는 않았다. 그러나 그는 국민당과 여러 해 동안 상이한 정견으로 다투었기 때문에 차라리 자신의 논리를 굽힐지언정 헌법 및 정체 문제에서 국민당을 지지하려 하지 않았다. 물론 그에게도 나름의 복안은 있었다. 그는 위안스카이의 힘을 빌려 국민당을 압박한 후 자신이 이끄는 진보당만으로 정당 내각을 구성하려고 했다. 이 기간 량치차오는 이와 관련된 일련의 글과 연설을 통해 전문적으로 이 문제를 토론했다. 여기에는 「헌법의 3대 정신憲法之三大精神」 「동의권과 해산권同意權與解散權」 「공화당의 지위와 태도」 「다수정치의 시험多數政治之試演」 「혁명 상속의 원리 및 그 악과革命相續之原理及其惡果」 「진보당이 기초한 중화민국 헌법 초안進步黨擬中華民國憲法草案」 「정당 및 당원에게 삼가 고함敬告政黨及政黨員」 등의 글이 포함되어 있다. 이 중 핵심문제는 바로 그가 「헌법의 3대 정신」에서 제기한 헌법 원칙 즉 '국권과 민권의 조화' '입법권과 행정권의 조화' '중앙권력과 지방권력의 조화'에 담겨 있다. 량치차오는 이 글에서 몇 가지 논점을 강조했다. 그 첫번째가 바로 다음과 같다.

"국권과 민권의 상호 증감 현상이 정치 현상으로 드러난 것이 바로 간섭정책과 방임정책 간의 논쟁이다."(『음빙실합집·문집』제29권, 95쪽) 그가 여기에서 말한 간섭정책이 바로 「중국 건국 대방침」에서 제시한 '국민 보육 정책'이다. 이 정책의 정신이 바로 "먼저 질서정연하고 엄숙한 정치로 국민을 빚어내는 것이었다."(『음빙실합집·문집』제28권, 51쪽) 또 그는 국권과 민권의 관계에 대해 아래와 같이 구체적으로 진술했다.

우리 나라 정치의 손익을 조화시키려면 과연 무엇을 목표로 삼아야 하는가? 한편으로 관찰해보면 우리 나라는 수천 년 동안 전제주의에 의해 곤경을 겪었기 때문에 인민들의 천부인권이 확실한 보장을 받은 적이 없다. 넓은 의미의 민권주의도 채용하지 않았기 때문에 천하의 기상을 새롭게 할 방법이 없었다. 또 다수 국민은 정치사상이 지극히 유치해서 정치사상을 발전·보급시키려면 직접 공권公權을 행사할 기회를 많이 주는 것보다 더 나은 방법이 없다. 그럼 국민과 국가의 관계가 나날이 친밀해져서 정치에 대한 흥미도 저절로 생겨날 것이다. 이는 특히 민권주의를 중시하는 사람들이 견지하는 학설이다. 또다른 한편으로 관찰해보면 우리 나라는 비록 전제정치를 시행해왔다지만 기실은 방임의 정치를 해왔다. 유럽의 16~17세기와 같은 간섭 정치를 하려고 한 적은 아직까지 없었다. 지금 우리 국민을 단련시켜 지금 세상의 국민 자격을 갖추게 하고 나라 밖에서 벌어지는 생존경쟁에서 살아남게 하려면 반드시 먼저 질서정연하고 엄숙한 정치를 펼친 연후에야 효과를 볼 수 있다. 즉 인민들이 참정권 행사를 과도하게 하도록 내버려둘 필요가 없다. 공화제가 이제 막 시작되어 인민들은 대부분 공권의 고귀함을 아직 알지 못한다. 따라서 공권을 너무 자주 사용하게 하면 오히려 염증을 내며 권리를 포기하는 사람이 많아진다. 그리고 인민들이 보고 들은 실상을 결국 모두 들어줄 수는 없는 일이다. 이 때문에 넓은 의미의 공권은 기성의 공공기관에 맡기는 편이 더 낫지 인민으로 하여금 직접 권한을 행사하게 할 필요는 없다. 이것은 특히 국권주의를 중시하는 사람들이 견지하는 학설이다.

(『음빙실합집·문집』 제29권, 97~98쪽)

그 두번째는 입법권과 행정권의 조화였다. 여기에서 량치차오가 더욱 중시한 것이 '선량한 정치적 습관을 양성하는 일'이었다. 만약 선량한 정치적 습관이 없으면 헌법이 있더라도 그것은 공허한 문장에 불과해 헌법이 제 역할을 할 수 없게 된다. 그는 국회와 정부가 "서로 의지하고 보완하는" 관계가 돼야 한다고 주장했다. "대저 국가에 이 두 기관을 나누어 설치한 까닭은 본래 서로를 견제하며 각자의 역할을 온전하게 하기 위함이었다. 두 기관을 운용한 결과, 한 기관이 다른 기관을 압제하여 예속기관으로 변모시켰다면 두 기관을 나누어 설치한 본뜻을 왜곡한 것이 분명하다. 그러나 두 기관이 서로 압박하지는 않지만 우뚝하게 대치하여 날마다 적대적 감정을 갖고 서로 흘겨보는 가운데 일이 있을 때마다 서로 견제한다면, 국가의 대계는 장차 서로의 기세싸움에 전부 무너져 내릴 것이니 국가의 이익과 국민의 복지를 어찌 달성할 수 있겠는가?"(앞의 책, 101쪽)

세번째는 중앙권력과 지방권력을 어떻게 조화시킬 것이냐에 관한 문제였다. 량치차오는 이 점에 대해서 많은 설명을 하지 않았다. 그러나 「중국 건국 대방침」 가운데 '강력한 정부強有力之政府'라는 한 소절에서 그는 이 문제에 대해 상당히 치밀한 논의를 하고 있다. 그 주요 내용은 아래와 같다.

소위 강력한 정부라는 말에는 두 가지 뜻이 포함되어 있다. 첫째는 지방권력에 대한 중앙정부의 권력을 말한다. 지방의 권력을 중앙정부가 부여하면 정부가 강한 힘을 가진 것이다. 중앙정부의 권력을 지방정부가 부여하면 그 정부는 강한 힘을 가진 게 아니다. 중앙정부가 지방에 감독권을 시행할 수 있으면 그것은 강한 정부지만, 그렇지 않으면 강한 정부가 아니다. 둘째는 입법부에 대한 행정부의 권력을 말한다. 행정부 인원을 입법부에서 선출하고 행정부가 입법부와 한 몸처럼 융화되었다면 그것은 강한 정부다. 비록 행정부 인원을 입법부에서 선출하지는 못하지만 입법부 다수당의 후원을 얻을 수 있으면 그다음으로 강력한 정부다. 그러나 입법부와 분명한 경계선을 긋고 대치하며 입법 업무에 전혀 참여할수 없으면 그것은 강력한 정부가 아니다. 아울러 행정 업무도 입법부 얼굴만 쳐다보고 있어야 한다면 그것은 가장 힘이 없는 정부라고 할 수 있다. (『음빙실합집·문집』 제28권, 51쪽)

량치차오가 말하려는 의미는 매우 분명하다. 어떤 경우든 반드시 강력한 정부를 구성해야 한다는 것이다. 량치차오는 계속 이렇게 주장했다. "우리 나라는 지금 열강들이 호시탐탐 노리는 위기에 처해 있어서, 만약 질서가 파괴되면 위기를 수습할 수 없고 곧바로 국토가 갈가리 찢기는 참화가 들이닥칠 것이다." 이 때문에 그는 "이러한 승패와 존망이 교차하는 시기에는 결국 정부가 있는 편이 정부가 없는 것보다 낫다"고 했다. 아울러 그는 비록 정부의 수많은 조치와 행위가 모두 사람을 만족시킬 수는 없지만 "억지로라도 그 정부를 유지해 정식 정부가 구성될 때까지 기다리면서 서서히 정부를 개조해야 한다"고 했다.(『음빙실합집·문집』 제30권, 20~21쪽) 이것은 물론 량치차오의 일방적 소망이었다. 그는 위안스카이 정부가 비록 갖가지 문제를 노출하면서 사람들을 만족시키고 있지 못하지만 그래도 정부가 있는 것이 정부가 없는 것보다 낫고, 정부가 노출하는 문제는 천천히 해결할 수 있다고 인식했다. 정부가 연약해 형체는 있지만 실속은 없다면 그가 주장한 화평건국和平建國 방침도 구체화할 수 없게 된다. 그러나 그가 구상한 수많은 방법은 항상 공상에 불과해서 당시 양대 세력 틈바구니에서는 사실상 생존할 공간이 전혀 없었다고 할 수 있다. 솔직하게 말해 당시 그의 수많은 노력은 불가함을 알고서도 행한 조치였던 셈이다.

이 무렵 국회의원 선거가 마감되면서 헌법 기초권起草權도 각 정당의 쟁탈 초점이 되었다. 「임시약법」과 「국회조직법國會組織法」에서는 모두 헌법을 국회가 제정해야 한다고 규정해놓았지만 헌법을 누가 기초해야 하는지는 명확한 규정이 없었다. 그리하여 장스자오章士釗가 맨 먼저 장쭤 도독 청더취안에게 대책을 내게 하고 그 대책을 바탕으로 각 성 도독이 추천한 전문가가 헌법을 기초하도록 건의안을 올렸다. 1912년 12월 22일 청더취안은 각 성 도독에게 그 유명한 '양전養電'을 쳐서 이렇게 호소했다. "모두들 학문이 높고 품행이 깨끗하며 식견이 넓고 재주가 뛰어난 선비를 두 사람씩 추천하십시오. 한 사람은 본 성 사람, 또 한 사람은 다른 성 사람이어야 합니다. 이들을 모아 헌법기초위원회를 만들고 그곳에서 헌법초안을 확정한 연후에 국회에 제출하여 의결받도록 해야 합니다."(『진짜 공화, 가짜 공화』 하책, 37쪽) 차이어도 바로 전보를 보내 청더취안에게 호응했다. 그는 12월 28일 위안스카이, 국무원, 리위안훙 및 각 성 도독에게 전보를 쳐서 "이 충성스러운 계책이 치밀한 내용을 포함하고 있으므로 극도로 동감을 표시합니다"라고 칭찬하면서 여기에서 한 걸음 더 나아가 헌법 정신의 내용을 다음과 같이 이야기했다. [전보가 개통된 초기에는 전보 비용을 절약하기 위해, 청 정부에서 '운목기일법韻目記日法'을 발명해 사용했다. 즉 운자韻字 목록 중 30자를 선택해 매월 30일의 날짜를 대체하게 하는 방법이다. 그 방법에 따르면 22일은 '양養' 자로 대신 쓰게 되어 있어서 22일에 청더취안이 친 전보를 '양전'이라 부른다. 이 방법은 1950년대 초반까지 사용되었다.]

제가 남몰래 생각건대 그 방침에는 두 가지가 있습니다. 그 한 가지는 반드시 강력한 정부를 구성해야 한다는 것입니다. 우리는 진실로 청 정부의 무감각과 냉혹함에 울분을 품었고 이러한 까닭에서 일거에 혁명으로 천하를 평정할 수 있었습니다. 지금 개혁을 통해 국가를 다시 바꾸려는 이 시절에 힘을 다해 정부를 돕지 않고, 실권조차 부여해주지 않은 상태에서 사사건건 정부를 제한하고, 시시때때로 정부를 뒤흔들면 나라의 근본이 안정되지 못할 것입니다. 그렇게 되면 나라의 기맥이 상하게 되어 스스로를 보전하는 일도 불가능할 것인데 어떻게 외국에까지 대처할 수 있겠습니까? 그런데도 그것이 전제제도의 해악이 초래한 결과라고만 말을 합니다. 북미는 공화제도의 선진국인데도 평소에 먼로주의를 고수하고 있습니다. 근래에도 극력 국가주의를 제창하면서 발전을 도모하고 있습니다. 진실로 세계의 경쟁 조류가 나날이 촉급해지고 있으니, 권력을 집중해 통일을 이루지 못하면 국력을 신장할 수 없고 민권을 보장할 수 없습니다. 또한 강력한 정부가 없으면 권력을 집중해 통일을 이룬 효과를 수확할 수 없습니다. 이것이 가장 먼저 결행해야 할 정책의 첫째입니다. 또다른 한 가지는 반드시 중국의 현재 실정에 적합한 정책을 펴야 합니다. 지금 사람들은 바야흐로 공화에 심취해 거의 온 나라가 미쳐 돌아가는 듯합니다. 한 가지 문제가 발생하면 문득 구미의 사례를 이끌어와 프랑스 경우가 이미 그러하다고 말하지 않으면, 미국 경우가 바로 이와 같다고 말하면서 근본을 변화시켜 더욱 조악하게 만들고 있습니다. 또 프랑스나 미국의 제도를 막론하고 각기 장단점이 있는 만큼 진실로 그 껍질은 버리고 정신을 취해야 하며 그 모든 것을 본받을 필요는 없습니다. 한 나라에는 한 나라의 특징이 있습니다. 영국의 헌법과 관례라고 해서 온 유럽에 두루 통용될 수 없고, 미국의 천성과 자유라고 해서 온 대륙에 두루 보급할 수 없습니다. 하물며 중국은 본래 자체적으로 특별한 역사, 민의, 습관을 보유해왔으므로 일일이 타국과의 일치를 추구할 필요는 없습니다. 이는 소위 발꿈치를 깎아 발을 신발에 맞추는 격이며, 서로 등을 지고 반대 방향으로 치달려가는 격입니다. 광복 이래로 소동과 혼란이 이어지고 견제와 분열이 계속되었습니다. 정령政令은 엄격하게 시행될 수 없었고, 국내외 도적들이 이 틈을 타고 방자하게 행동했습니다. 이는 처음부터 「임시약법」에 그 재앙의 단초가 포함되지 않았다고 할 수 없습니다. 앞 수레는 이미 지나갔고 뒤 수레가 다가오는 시점인데 현재 상황에 적합한 정책을 개발하는 데 힘써야지 지나간 사례에 구애될 필요는 없습니다. 이것이 가장 먼저 결행해야 할 정책의 둘째입니다. (『차이어집』 1, 796~797쪽)

이는 차이어가 자기 스승[량치차오]의 관점을 발양한 논리임이 분명하다. 기실 청더취안의 '양전'에 앞서 차이어는 이미 (1912년) 12월 17일에 국무원 비서장 장궈간張國淦에게 전보를 보내 국회가 결의한 헌법에 불신임표를 던지면서 이렇게 말했다. "국회의원들이 헌법을 결의한 상황을 추측해보면 당론에 편중되어 극단으로 치닫지 않았다고 보증하기 어렵습니다. 단지 행정수반 권한을 제한하기 위한 조문을 만들어 국가를 위한 활동 능력을 잃게 했습니다. 임시정부가 무기력에 빠져 부진을 거듭하고 나라 근본이 흔들리고 있는 것은 기실 임시약법이 그렇게 만든 것임을 거울로 삼아야 합니다." 그는 또 이렇게 건의했다. "량치차오·양두와 같은 해내 현인들을 비밀리에 불러 조속히 헌법초안을 전보로 알려주고, 각 성 도독과 연합한 뒤 초안을 미리 제출하게 하여, 국회에서 연구 자료로 삼게 하고 그들의 동의를 구하면서, 국회의원들 머리에 초안을 미리 주입하여 선입견을 형성하는 효과를 거두게 해주십시오. 장래에 초안이 정식으로 의회에 제출되어 의결을 거칠 때, 만약 의원들의 주장이 총통께 방해가 되어 실행하기 어려우리라 생각되면 전보로 각 성에 그 상황을 통보하십시오. 제가 반드시 각 성 도독과 연명으로 대항하여 중앙정부 옹호의 목적을 달성하도록 힘쓰겠습니다. 저도 중화민국을 창립한 사람인지라 어찌 민권 보장을 생각하지 않을 수 있겠습니까? 다만 민권은 항상 국권에 비해 신축적으로 운용해야 하며 반드시 국권이 공고해진 연후에야 그 발전을 기약할 수 있습니다. 총통은 국가 행정의 중추를 맡고 있는 분이며 인민이 위탁한 중임을 지고 있는 분입니다. 이런 분이 소수인의 당론 때문에 정책 실행의 권한이 깎인다면 아마도 한 가지 일도 할 수 없고 틀림없이 국가를 부진의 늪으로 빠뜨리게 될 것입니다."(앞의 책, 795쪽) 차이어의 이러한 발상은 행정권으로 입법권에 간섭하고 행정권으로 입법권을 통제하려는 의도를 분명하게 드러낸 것이다. 그는 이 시기를 전후하여 판시지范熙績와 샤오쿤肖堃을 비밀리에 베이징으로 파견해 위안스카이를 만나 자기 의견을 얘기하게 했다.

그 이듬해(1913) 2월 7일 차이어는 각 성 도독에게 전보를 보내 여전히 강력한 정부 구성에 유리하게 헌법이 제정되어야 한다고 강조했다. 하지만 헌법 기초권을 둘러싼 논쟁은 짧은 시간에 결론을 얻기 어려웠다. 또 당시 리롄쥔과 위안스카이의 권력투쟁이 이미 최고조로 치달아 반드시 결말을 내지 않으면 안 될 지경에 처했다. 2월 5일 차이어는 쓰촨 총독 후징이胡景伊, 광시 도독 루룽팅, 구이저우 도독 탕지야오와 연명으로 사방에 공개 전문電文을 띄우고 목전의 정세에 대한 자신들의 태도와 입장을 표명했다. 그들은 직접적으로 리례쥔을 거명하며 질책하지는 않았지만 그들의 창끝이 노리는 목표는 매우 분명했다. 이 전문의 내용은 아래와 같다.

근래에 소문을 들으니 간적 패거리가 나라를 몰래 분할할 음모를 꾸미고 기회를 틈타 불순한 목적을 이루려고 창장 강 이남에서 방자하게 선동활동을 하고 있습니다. 이 일은 비록 아무 근거가 없지만 저들이 하는 말에는 원인이 있습니다. 그러나 바야흐로 새롭게 나라를 세운 마당에 어찌 다시 파괴를 감내할 수 있겠습니까? 만약 소문이 사실에서 벗어난 것이라면 진실로 천복을 받은 것과 같습니다. 그러나 만일 [소문이] 사실로 드러나면 치안을 혼란에 빠뜨렸다는 점에서 중화민국의 공적이 될 것입니다. 우리가 맡은 직분은 오직 할 수 있는 능력을 모두 발휘해 저들의 죄를 선포하고 토벌하는 데 있습니다. 그리하여 반드시 간적들이 불순한 목적을 이루지 못하고 패망으로 치닫게 할 것입니다. (『차이어집』 2, 808쪽)

차이어와 리례쥔은 일본 유학 시기에 본래 함께 공부한 친분이 있고, 그 후 위안스카이가 황제를 칭하자 두 사람은 탕지야오와 함께 위안스카이 토벌군을 일으켰다. 하지만 이 무렵 차이어 등 4개 성 도독이 연명으로 전문을 발송하자 리례쥔은 매우 난감한 지경에 빠졌다. 리례쥔은 차이어 등에게 보낸 답장에서 옛날 우정을 언급했을 뿐만 아니라 자신의 고뇌도 호소하면서 여러 도독이 자신의 초심을 이해해주기를 희망했다. 잔시에서 발생한 당시의 위기는 신속하게 각 지역 세력의 중재를 거치는 동안 위안스카이도 잠시 타협의 태도를 보여줌으로써 금방 평온을 회복할 수 있었다. 그러나 뒤이어 진행된 정세로 보면 쌍방 모순이 근본적인 면에서 전혀 해결되지 않았고 여전히 국가 분열 위기가 커져가고 있었음을 알 수 있다. 그리하여 이 무렵 발생한 쑹자오런 암살사건이 남북을 무장 대결로 이끄는 도화선으로 작용했다.

'제2차 혁명'이 남긴 화근

각 지역 세력이 '장시 무기 사건'을 해결하고자 노력하는 동안, (1913년) 3월 20일 밤 쑹자오런이 상하이 기차역에서 자객에 의해 암살당하는 사건이 발생했다. 이보다 하루 전에 위안스카이는 국회소집령을 선포하고 4월 8일을 국회 개막일로 규정했다. 량치차오와 쑹자오런은 모두 국회 단상을 자신의 정치적 생명선으로 간주했고, 또 국회 개회가 중국의 국가 건설을 정상 궤도로 올려놓는 출발점이 된다고 생각했다. 그런데 국회가 아직 개회되지도 않은 때에 쑹자오런이 비명횡사하고 말았다. 량치차오는 정치적 측면에서 자신의 경쟁 상대가 한 사람 줄어들었지만 전혀 마음이 가볍지 않았다. 그는 3월 25일 딸 링셴에게 보낸 편지에서 이렇게 말했다. "중국 정계에서 활동하면 계속 즐거운 마음을 갖기가 정말 어렵다. 객관적 사실과 주관적 이상이 전혀 조응하지 않아서 모든 운동이 마치 허공을 치는 것과 같기 때문일 것이다."(『량치차오 연보 장편』, 664쪽) 량치차오는 일찍이 자신이 영도하는 진보당이 국회에서 우위를 차지하면 국민당을 억제할 수 있을 뿐만 아니라 위안스카이도 감독할 수 있으리라 생각했다. 그러나 실제로 공화당, 통일당, 민주당의 합당으로 만들어진 진보당은 최초의 국회 구성에서 열세에 처하고 말았다. 량치차오는 이로 인해 결국 위안스카이와 동맹을 맺고 국민당의 책략에 대항하지 않으면 안 되었다. 그 결과 난감한 국면이 조성되었다. 즉 사안마다 곳곳에서 위안스카이에게 의지했기 때문에 위안스카이를 감독하려 했던 량치차오의 주관적 희망은 부득이하게 객관적으로 위안스카이를 추종할 수밖에 없는 타협으로 전락했다. 이러한 타협은 한 걸음 더 나아가 위안스카이의 기고만장한 태도를 더욱 부추겨 국민당과 위안스카이의 모순을 더욱 격렬하게 만들었다. 이해(1913) 7월 쌍방 간의 모순은 이미 화해할 수 없는 지경까지 치달았다. 쑨중산 등의 격려하에 리례쥔은 마침내 상하이에서 장시로 되돌아갔다. 아울러 7월 12일 장시의 후커우 요새에서 독립을 선포함과 동시에 위안스카이 토벌 격문을 발표했다. 리례쥔이 이렇게 한 이유는 위안스카이가 "황제제도로 돌아가 제 마음대로 정치를 하려 하면서" "군사력으로 천하를 협박하며 우리 국민을 원수처럼 대하기" 때문이라 했다. 따라서 그는 "우리 국민은 시급히 스스로를 보위하는 군사를 일으켜 천하 사람들과 함께 위안스카이를 공격해야 한다"라고 주장했다.(『진짜 공화, 가짜 공화』 하책, 184쪽)

이것이 바로 역사에서 말하는 '제2차 혁명'이다. 그러나 국민당 내부에서조차 이 혁명에 대해 시종일관 일치된 의견이 없었다. 혁명 전에 국민당 온건파와 과격파의 분열이 있었다. 전자는 '법률로 해결하자'고 주장하며 무력행동에 반대했다. 후자는 무력행동을 선택하자고 하면서 법률로는 위안스카이를 타도할 수 없다고 주장했다. 제2차 혁명 이후에도 그들이 기대한 호응 즉 우창봉기 때와 유사한 호응은 일어나지 않았다. 장쑤, 상하이, 광둥, 후난, 안후이, 푸젠 등 국민당이 통제하던 지역에서조차도 정권 담당자가 각종 이권을 저울질하며 위안스카이 반대 대열에 참가하려 들지 않았다. 말하자면 위안스카이를 타도하기 위해 국민당에서 추진한 제2차 혁명은 시종일관 사회적 역량의 동정과 지지를 폭넓게 얻을 수 없었다. 당시는 위안스카이의 진면목이 모두 폭로되지 않아서, 사람들이 아직도 그에게 완전히 절망하지는 않은 상황이라 '위안스카이가 아니면 총통감이 없다'는 논리가 여전히 설득력을 발휘하고 있었다. 7월 17일 차이어는 먼저 위안스카이와 리위안훙에게 전보를 보내 각지 형세를 분석한 뒤 "강력한 군대를 전장으로 보내 토벌 임무를 나눈 뒤, 일찌감치 적을 박멸하여 장래의 화근을 없애자"는 건의를 했다. 아울러 북군北軍에 대해 "엄격하게 기강을 확립하여 간악한 자들에게 빌미를 줘서는 안 된다"고 위안스카이를 일깨웠다. 7월 19일 차이어는 또 리례쥔에게 전보를 쳐서 "군대의 무장을 해제하라"고 진실하고 공정하게 권유했다. 그는 또 이렇게 말했다. "공께선 손수 중화민국을 만드신 분인데 어찌 차마 울분을 이렇게 표출하십니까? 공께선 위안스카이에게 불만이 있어서 무력에 호소하지 않을 수 없다고 생각하시며 국가를 볼모로 최후의 승부를 벌이고 있습니다." 같은 날 그는 또 후난 도독 탄옌카이 및 쓰촨 도독 후징이, 광시 도독 루룽팅, 구이저우 도독 탕지야오에게도 각각 전문을 띄우고 국가를 전쟁의 심연으로 밀어넣는 행위에 반대하는 이유를 거듭 진술했다. 그는 "정부가 실정을 저지르더라도 결국 구제할 만한 여지가 있다"고 인식했다. 차이어는 설령 정부를 바꿀 마음을 먹었다 해도 법률 절차에 따라 국회가 정부를 탄핵할 수 있는데 왜 꼭 무력에 호소해야 하느냐는 태도를 갖고 있었다. "반란 가담자들의 본의는 현 정부가 사람들의 여망을 만족시켜주지 못하기 때문에 반란이 성공하면 정부를 타도할 수 있고 또 반란이 실패한다 해도 한 지역을 분할하여 지킬 수 있다는 데 놓여 있습니다. 즉 그것이 오히려 좋은 계책이 될 수 있다는 것입니다." 국가를 분열시키고 통일을 파괴하는 이러한 행위에 대해 차이어는 다음 같은 질문을 던지고 있다. "일부 호걸들의 정쟁으로 4억 동포가 재난에 빠졌습니다. 천도天道가 모조리 사라진 판에 인도人道가 어찌 존재하겠습니까?" 그는 특히 방금 한바탕 혁명을 겪고 나서 백성이 그 고통을 감내하지도 못하는 상황에서 "민생이 병들고 해내가 곤궁에 빠지면" 어떻게 또다시 고단한 삶을 견딜 수 있겠는가라고 인식했다. 그는 또 이렇게 말했다. "나라에 큰 변혁이 있은 이후 우리 나라 일반인들의 민심은 아마도 커다란 자극을 받아 평상심을 잃은 듯합니다. 선량하고 고귀한 모든 신조는 거의 땅바닥을 쓸어버린 듯이 사라졌지만 악착같이 권리에 집착하는 마음은 이미 사람들 가슴속에 깊이 자리 잡고 있습니다. 입으로는 공화를 외치면서 속으로는 도둑 심보를 숨기고 있으니, 국사가 불안한 근본 원인이 바로 여기에 그 단서가 있습니다. 이후 우리가 더욱더 분발하더라도 나라가 망하면 모두 함께 사라지고, 나라가 망하지 않더라도 사나운 바람이 나날이 더 거세질 터이니, 국가를 아이들 장난으로 여기고 혁명을 관례로 여기는 사태가 계속될 것입니다. 오늘은 갑이 을을 타도하고 내일은 병이 또 갑을 타도하면서 끊임없이 타도에만 매진하게 될 것입니다. 그리하여 사람들이 서로 잡아먹게 되면 외국인들이 일어나 그 주방장 노릇을 대신 하게 될 것입니다. 또한 여기에 더하여 평화를 교란시켰다는 오명까지 덮어쓰게 되면 나라가 망하고서도 그 죄를 다 씻을 수 없을 것입니다." 비분강개하여 폐부에서 우러나온 차이어의 이 말은 지금 읽어봐도 감동이 밀려오고 탄식이 그치지 않는다. 그러나 당시 이 말을 귀담아 들은 사람이 몇 명이나 되는지는 알 수 없다. 그럼에도 차이어는 정계에서 대결을 벌이는 쌍방에게 의연히 권고했다. "혼란을 초래한 원인이 어디에 있는지 정부는 조속히 반성하고 천하에 그 신념을 보여주기 바랍니다. 장시 사람들도 국가 대세에 유념하여 감정에 휘둘리지 마시기 바랍니다."(『차이어집』 2, 1072~1075쪽)

사실 제2차 혁명은 폭발에서 실패까지 채 2개월도 안 걸렸지만 중국의 미래에 수많은 화근을 남겨놓았다. 가장 먼저 맞닥뜨린 문제는 바로 더욱 걱정스러운 국회의 운명이었다. 위안스카이는 의회정치를 좋아하지 않았고 무력과 총만 믿었다. 제2차 혁명은 위안스카이에게 병력을 동원할 빌미를 주었고 그는 이를 통해 총의 효과를 목도했다. 남방에서 병력을 사용하는 일이 손쉽게 성공함으로써 권력에 대한 그의 욕망은 더욱 신속하게 부풀어올랐다. 위안스카이는 더이상 국회를 안중에 두지 않았다. 그는 량치차오와 진보당의 지지를 얻어야 했고 또 국회의 합법적인 결의가 필요했지만, 국민당 의원에 대해서는 아무 거리낌 없이 악랄하고 강포한 수단을 동원하여 탄압했다. 북양군 군경은 (1913년) 7월 23일 베이징의 공여구락부公餘俱樂部를 포위하고 펑쯔유 등 참의원과 중의원 의원 10여 명을 체포하여 국민당 의원들을 공황 상태에 빠뜨렸다. 본래 제2차 혁명이 폭발하기 전에 국민당 과격파는 북양군 군경의 간섭을 이유로 의원들의 남하를 선동하며 제헌활동을 중단 위기로 몰아넣었다. 참의원 의장 장지도 7월 16일 베이징을 떠나 남쪽으로 내려가 장시에서 제2차 혁명에 참가했다. 동시에 그는 참의원 전체 의원들에게 베이징을 떠나 다른 곳에서 국회를 열자고 호소했다. 이러한 상황으로 인해 국민당 의원들은 마음이 흔들려 분분히 베이징을 떠나기 시작했다. 황위안성의 통계에 의하면 당시 베이징을 떠난 의원은 참의원에서는 대략 30명, 중의원에서는 대략 40명 정도였다. 그들 중 몇몇은 고향으로 돌아가 시대 변화를 관망하며 혁명에는 참가하지 않았지만 이들의 귀향은 당시 국회의 정상활동에 큰 악영향을 끼쳤다. 왜냐하면 전체 국회의원 수 3분의 2 이상이 출석하지 않으면 국회가 휴회할 수밖에 없었기 때문이다. 초조한 량치차오는 7월 25일과 26일에 거듭 위안스카이에게 편지를 보내, 그가 실제 행동으로 국회를 존중하는 모습을 보임으로써 국민당의 국회 파괴 활동에 빌미를 제공하지 말아달라고 당부했다. 량치차오는 또 이렇게 위안스카이를 일깨웠다. "혹시 병력으로 위엄을 이미 떨쳤으니 국회와 정당 따위는 더이상 경중을 따질 게 없다고 생각하신다면, 저는 앞으로 천하를 그르칠 조짐이 반드시 이 말에서 비롯될 것이라고 생각합니다."(『량치차오 연보 장편』, 676쪽)

당시 위안스카이는 아직 량치차오에게 체면을 세워야 했기 때문에 체포한 국민당 의원들을 신속하게 석방했다. 량치차오는 7월 27일 국회는 존중과 보호를 받아야 하고, "국회의원은 내란죄 및 현행범을 제외하고는 모두 법률의 보호를 받아야 한다"고 다시 한번 명확한 입장을 밝혔다.(『진짜 공화, 가짜 공화』 하책, 184쪽) 그러나 위안스카이는 국민당 국회의원에 대한 공격을 전혀 늦추지 않았다. 그는 7월 31일 국민당에 명령을 내려 사흘 내에 황싱, 천치메이陳其美, 바이원웨이柏文蔚, 리례쥔, 천중밍陳炯明 등을 제명하라고 요구했다. 국민당 국회의원 우한츠伍漢持[9]가 8월 1일 "반란 당파와 결탁해 중화민국에 역모를 도모했다"는 죄명으로 톈진에서 체포되어 19일에 피살되었다. 그는 당시 첫번째로 피살된 국회의원이었다. 8월 10일 위안스카이는 참의원 쥐정居正, 후빙커胡秉柯, 중의원 양스제楊時杰, 톈퉁田桐, 바이위환白逾桓, 류잉劉英 등에게 체포령을 내렸다. 27일에는 또 중의원 추푸청褚輔成, 창헝팡常恒芳, 류언거劉恩格, 참의원 딩샹첸丁象謙, 자오스취안趙世銓, 주녠쭈朱念祖, 장워화張我華, 가오양짜오高陽藻 등 8명에 대한 체포령도 함께 내렸다. 이들 조치는 모두 장차 위안스카이가 국민당을 강제로 해산하고, 국민당을 불법단체로 선언하고, 국민당 당적의 국회의원 자격을 박탈하고, 국회를 해산하려는 선성先聲이었던 셈이다. 이러한 갖가지 변고에 대해서 량치차오는 어떻게 할 도리가 없었다. 그는 슝시링, 왕다세, 장젠 등과 일류 '인재 내각'에 참여해 한바탕 의미 있는 일을 하고 싶었지만 그가 할 수 있는 일은 아주 드물었고, 진정한 권력은 모두 위안스카이가 장악하고 있었다. 당시 위안스카이에 대한 량치차오의 감정은 희망보다 실망감이 훨씬

---

9 원문에는 '伍持漢'으로 되어 있으나 이는 '伍漢持'의 잘못이다.

더 컸다. [량치차오는] 때때로 어쩔 수 없이 약간의 환상에 젖기도 하고 혹은 조금 달갑지 않은 느낌이 든다고 말하기도 했다. 그러나 중국과 자기 앞날에 대한 달갑지 않은 감정조차도 모두 위안스카이의 손에서 깡그리 말살되고 말았다. 1914년 2월 20일 량치차오는 사법총장직을 사임하는 동시에 화폐제조국 총재에 임명되었고, 12월 27일 다시 화폐제조국 총재직도 사임했다. 그와 위안스카이가 결별할 날이 점차 다가오고 있었다.

이 무렵 차이어도 베이징에 당도해 있었다. 량치차오는 차이어를 매우 아꼈다. 1913년 6월 그는 위안스카이에게 차이어를 추천해 내각총리에 임명해주기를 희망했다. 그러나 위안스카이는 차이어를 결코 자기 사람으로 만들 생각이 없었다. 게다가 그는 차이어가 제2차 혁명 기간 남북 쌍방의 행위에 모두 잘못된 점이 있으므로 정부의 반성을 바란다고 한 말을 마음속 깊이 담아두고 있었다. 차이어는 자신이 직접 의미 있는 일을 할 수 있다고 생각했지만 실제로 위안스카이는 그를 주도면밀하게 방비해야 할 상대로만 보았다. 처음에 위안스카이는 군웅들을 농락한 수완 즉 금전과 고위직을 이용해 차이어를 자기편으로 끌어들이려 했지만 그것은 "좋은 벼슬로 그의 기개를 약화시켜 자신의 우환거리로 만들지 않으려는 조치"에 불과했다.(『정계 일문政海軼聞』, 14쪽) 그러나 차이어는 위안스카이의 제안을 모두 사절하고 매월 몇십 위안에 불과한 참정 월급만 받았을 뿐이었다. 위안스카이는 어찌할 도리가 없어서 경계국 독판經界局督辦이라는 한직을 그에게 맡겼다. 당시 어떤 사람이 차이어에게 이렇게 말했다. "그대는 본래 군인인데 서로 상의하지도 않고 경계 사무를 맡으라고 하니, 중앙의 뜻을 알 만합니다."(『차이어집』 2, 1527쪽) 기실 차이어가 윈난을 떠난 직접적 원인은 탕지야오와의 관계 때문이었다. 제2차 혁명 후 윈난과 구이저우 간에는 다시 충돌이 발생했고 탕지야오의 윈난 군사는 부득불 구이저우를 떠나 윈난으로 다시 돌아올 수밖에 없었다. 차이어는 탕지야오의 활로를 마련해주기 위해 직접 윈난 도독직을 사임하고 탕지야오를 추천하여 자기 뒤를 잇게 했다. 그는 10월 9일 요양을 핑계로 베이징으로 갔다. 차이어가 이 기간 베이징에서 맡은 직위는 모두 한직에 불과해 어떤 일도 할 수 없었다. 그러나 그는 여전히 위안스카이 옹호에 있는 힘을 다 바쳤다. 1915년 8월 14일 양두 등이 주안회를 발기하고 황제제도를 고취하고 나서야 차이어와 위안스카이의 결렬이 점차 가속화하기 시작했다.

스승과 제자가 손을 잡고 위안스카이의 황제 등극에 반대하다

주안회 선언이 발표된 다음 날(1915년 8월 24일) 차이어는 베이징에서 마지막 기차를 타고 톈진으로 갔다. 그는 량치차오를 이끌고 탕줴둔 등을 찾아가 대책을 상의했다. 그들은 탕줴둔의 집에서 하룻밤을 꼬박 새우며 상의한 끝에 다음 사실을 깨달았다. "우리가 만약 역적 토벌의 책임을 스스로 떠맡지 않는다면 아마도 중화민국은 여기서 끝날 것이다. 왜냐하면 구舊국민당 당원들은 모두 해외로 도피했고 국내 다수의 군인과 문인은 모두 위안스카이에게 깡그리 매수되었기 때문이다." 6년 뒤에도 량치차오는 당시 상황을 명확하게 기억하고 있었다. 그는 호국군護國軍 윈난봉기雲南起義 기념일에 난징 학계에서 행한 연설을 통해 당시 차이어가 했던 말을 다음과 같이 밝혔다. "오래지 않아 수천수만 사람이 왕망王莽[10]의 공덕을 찬양하며 황제 즉위를 권하는 상소문을 올릴 것입니다. 그럼 위안스카이는 바로 보위에 올라 세계인들로 하여금 중국인은 대체 뭐하는 것들인가라는 생각을 갖게 할 것입니다. 국내에도 의분을 품은 사람이 많기는 하지만 지금 의지할 세력이 없거나 지위가 마땅하지 않아서 손을 쓰기가 어렵습니다. 우리는 역량에 한계가 있어서 위안스카이에게 대항할 수 없음을 잘 알고 있습니다. 하지만 4억 인의 인격을 위해 싸우려면 목숨을 걸고 이번 일을 해나가지 않으면 안 될 것입니다."(「호국전쟁 회고담」, 『음빙실합집·문집』 제39권, 89쪽) 그들은 상의를 거듭한 끝에 자신들이 이용할 유일한 역량이 차이어의 근거지인 윈난과 구이저우에 있고, 따라서 차이어가 직접 그곳으로 가

10 　중국 전한의 보위를 찬탈해 신新나라를 세운 인물. 여기서는 중화민국의 대권을 빼앗아 황제에 등극하려는 위안스카이를 비유한다.

서 군사를 동원하지 않으면 안 된다는 결론을 내렸다.

그들은 이러한 상황에 근거하여 행동계획을 세웠다. 즉 량치차오는 여론을 주도하는 영수였기 때문에 위안스카이의 칭제稱帝 활동에 반대하는 글을 발표하지 않을 수 없다. 그러나 차이어는 안전을 확보하고 자기 행동계획을 위안스카이가 방해하지 못하도록 하기 위해 고의로 량치차오와 의견 충돌을 일으킨 것처럼 가장해 직접 황제 지지파에 투항했다. 그는 8월 25일 위안스카이의 심복 탕짜이리唐在禮 등 12명과 함께 황제제도에 찬성하는 서명활동을 거행하자고 약속했다. 아울러 자신이 직접 '주장중국국체의용군주제자서명어후主張中國國體宜用君主制者署名於後[중국의 국체로 군주제를 이용해야 한다고 주장하는 사람은 이 뒤에 서명하시오]'라는 글씨를 한 줄로 크게 쓴 후 첫번째로 '昭威將軍蔡鍔[소위장군 차이어]'라는 여섯 글자 서명을 남겼다. 차이어는 베이징에서 사람을 만날 때마다 이렇게 말했다. "우리 선생님[량치차오]께서는 책벌레라 시무時務를 모릅니다." 또 차이어는 위안스카이에게 충성을 바치는 사람이 "그럼 당신은 왜 스승님께 당신 생각을 권하지 않는 것이오?"라고 묻자 또 이렇게 대답했다. "책벌레 생각을 어찌 바꿀 수 있겠소? 책벌레는 아무 일도 할 줄 모르는데 뭘 상관할 필요가 있겠소?"

이 대화는 량치차오의 기억에서 나온 것이지만 그 진위 여부에 크게 신경 쓸 필요는 없다. 결국 이 모든 일은 [량치차오가] 차이어를 빼돌리기 위한 연막탄이었다. 이 연막의 배후에서는 윈난과 구이저우를 중심으로 한 무장 세력이 위안스카이를 토벌하기 위한 은밀하고 계획적인 공작을 착착 진행하고 있었다. 이보다 앞서 8월 20일 차이어는 이미 구이저우 호군사護軍使 류셴스劉顯世에게 전보를 쳐서 이렇게 알렸다. "베이징에 최근 주안회가 조직되어 국체문제를 연구한 뒤 여론을 살펴 국시를 정하려고 합니다. 이것은 국가의 앞날에 관계된 매우 큰일입니다." 아울러 사람을 윈난과 구이저우로 파견해 얼굴을 맞대고 상의할 준비를 했다.(『차이어집』 2, 1202쪽) (1915년) 9월 3일 그는 구이저우 순안사巡按使 다이칸戴戡에게 전보를 보내 가능한 한 빨리 베이징으로 와주기를 희망했다. 그리하여 차이어의 계획 하에 전 윈난 군관 겸 경계국 평의위원評議委員 인청환殷承瓛이 베이징을 출발해 윈난과 구이저우로 떠났고, 반면에 다이칸은 즉시 구이저우를 출발해 베이징으로 향했다. 량치차오는 나중에 이렇게 말했다. "한편으로는 차이 공이 먼저 사람을 보내려는 조치였고 한편으로는 전보를 쳐서 중요한 사람을 불러오기 위한 조치였다. 이 기간도 3개월이 소요되지 않으면 안 되었다."(『음빙실합집·문집』 제39권, 89쪽) 실제 상황도 이와 같았다. 8월, 9월, 10월 3개월 동안 차이어는 윈난과 구이저우의 옛 부대와 연락하며 수시로 정보를 소통해야 했다. 그는 남몰래 탕지야오, 런커청任可澄, 류셴스 등에게 전보를 수십 통 발송하는 한편 황제 추대파와도 거짓으로 어울리며 그들 조직의 각종 황제 추대활동에 참여해야 했다. 그는 또 전문가를 멀리 미국에 있는 황싱에게 파견하여 장장 17쪽에 달하는 비밀 편지를 전달했다. "이 편지에는 당시 국내 정세 및 위안스카이의 칭제활동이 언급되어 있었고 아울러 차이어 자신이 비밀리에 윈난으로 가서 군사봉기를 하려는 계획도 제시되어 있었다." 결국 그는 황싱에게 지지를 얻고 싶었던 것이다.(황이어우黃一歐, 「호국운동 견문 잡억護國運動見聞雜憶」, 『황싱 연보 장편黃興年譜長編』, 453쪽)

위안스카이는 본래 차이어에게 마음을 놓지 못하고 줄곧 그를 잠재적 라이벌로 간주했다. 차이어와 윈난·구이저우 사이에 전보가 빈번하게 오고가자 위안스카이는 자연스럽게 그에게 경각심을 갖게 되었다. 10월 14일 몐화후퉁棉花胡同에 있는 차이어 사택에 권총을 든 군인 여럿이 들이닥쳐 강제로 집을 수색했다. 이상한 일은 그들이 상자와 궤짝까지 다 뒤졌지만 단지 책 몇 권과 종잇조각만 찾아냈을 뿐 아무 수확도 없이 빈손으로 돌아갔다는 것이다. 뒷날 밝혀진 사실이지만 위안스카이가 사람을 보내 찾고자 한 차이어의 비밀 전보 기록부는 벌써 다른 곳으로 옮겨진 뒤였다. "애석하게도 위안스카이는 두뇌 회전이 너무 느렸다. 차이 공은 일찌감치 이런 일을 방비하기 위해 1주일 전에 이미 몇십 권의 비밀 전보 기록부를 톈진에 있는 나[량치차오]의 침실에 가져다놓았다."(『음빙실합집·문집』 제39권, 90쪽) 이것이 바로 량치차오가 기록해놓은 당시 상황이다. 차이어는 사택이 수색당할 때 샤오펑셴小鳳仙[11] 집에서 차를 마시며 음악을 즐기고 있었다고 전해

민국 초기 베이징 명기 샤오펑셴. 위안스카이가
사람을 보내 차이어의 자택을 수색할 때, 차이어
는 샤오펑셴의 집에서 차를 마시고 음악을 들으며
소일하고 있었다. 이후 시국이 긴박하게 돌아갈
때도 그는 샤오펑셴의 집에 숨어서 며칠 동안 나
오지 않았다.

진다. 이후 차이어는 "정세가 나날이 긴박해지자 몰래 펑셴의 집에 숨어
여러 날 밖으로 나오지 않았다"고 한다.(『차이어집』 2, 1534쪽) 차이어는 위안
스카이가 자신을 놓아 보내지 않을 것을 알고 면밀한 탈출 계획을 세워야
했다. 이에 자신의 목병喉疾을 구실로 글을 지었다. 10월 30일 차이어는 "근
래 목병을 앓고 있는데 시간이 오래 지나도 낫지를 않습니다"라고 하며 위
안스카이에게 "목병을 치료하게 닷새간 휴가를 주십시오"라고 간청했다.(앞
의 책, 1221쪽) 위안스카이도 차이어가 진짜 병을 앓게 되자 그의 요구를 들
어주지 않을 수 없었다. 닷새 후 차이어는 "휴가를 마치고 공무에 복귀해

11   중화민국 초기 베이징에서 가장 유명한 기녀.

일상 업무를 처리했다." 그러나 그의 병세는 "날이 갈수록 더 악화되어 기력조차 쓸 수 없는 지경에 이르렀다." 이 때문에 차이어는 11월 18일 다시 문서를 올려 "1주일 휴가를 얻어 텐진에 병을 치료하러 가겠다"고 요청했다. 아울러 위안스카이에게 자신의 경계국 일을 대신 처리할 사람을 보내달라고 청했다. 이렇게 하여 차이어는 텐진으로 가서 한 병원에 입원했다. 위안스카이는 사람을 보내 그의 병세를 탐문하고 진단서를 가지고 돌아오게 했다. 위안스카이는 차이어의 병이 꾀병이 아님을 알게 되었다. 11월 22일 차이어는 또 "병의 뿌리가 깊어진 지 이미 오래되어 순전히 약의 힘에 의지하고 있지만 완치되기가 어렵다 하니, 공기가 신선하고 날씨가 따뜻한 곳을 찾아 몇 달간 조용히 휴식해야 합니다"라는 이유를 내세워 위안스카이에게 세번째 글을 올려 3개월 휴가를 요청했다. 그는 또 자신이 장소를 옮겨 요양하기 위해 텐진을 떠나야 한다고 사방으로 여론을 퍼뜨렸다. 위안스카이는 결국 두 달 휴가를 허락했다. 11월 30일 차이어는 네번째로 글을 올려 병 치료차 일본으로 가겠다고 했다. "조사해본 결과 일본이 날씨가 따뜻하고 산수가 맑으며, 폐병과 위장병을 치료하기 위한 전문 병원이 설치되어 있고 병을 요양하기에도 매우 적당하다고 합니다."(앞의 책, 1225~1228쪽) 위안스카이는 당일에 그의 요청을 허가했고, 차이어도 (1915년) 12월 2일 바로 텐진을 떠나 일본으로 갔다.

량치차오는 「이상하도다! 소위 국체문제라는 것은」을 발표한 후 줄곧 위안스카이에게 엄밀한 감시를 받았다. 밀정 20~30명이 량치차오를 미행하고 있었지만 그는 텐진 자택에 머물며 아무 움직임도 보이지 않았다. 그 이유는 첫째, 량치차오의 집이 본래 이번 거사의 연락기관 역할을 하고 있어서 [량치차오가] 다른 곳으로 움직일 수 없었기 때문이고, 둘째, 량치차오가 그곳에서 움직이면 차이어에 대한 위안스카이의 방비가 더욱 철저하게 되어, 차이어가 원난으로 탈출하는 일이 더욱 어려워질 수도 있기 때문이었다. 이 때문에 차이어가 텐진을 떠나고 나서 10여 일이 지난 12월 16일에야 량치차오는 텐진에서 중국신제 기선을 타고 상하이로 갔다. 그는 「호국전쟁 회고담」에서 당시 텐진을 떠날 때 상황을 묘사했다. "나는 떠나기 한 시간 전에 집사람에게 가서 작별 인사를 하며 일의 내막을 대략 알려줬다. 집사람이 말했다. '저도 벌써 짐작하고 있었어요. 당신이 말을 하지 않아서 저도 묻지 않았지요.' 그녀는 장렬한 이야기를 많이 해주며 나의 용기를 북돋워줬다. 집사람은 지금까지 내가 외출할 때 나를 전송한 적이 없었는데, 이날은 새벽 3시인데도 나를 대문 입구까지 배웅해주었다. 나중에 다시 만날 기약이 없을지도 모른다는 생각을 했던 것 같다."(『음빙실합집·문집』 제39권, 90~91쪽)

량치차오는 12월 18일 상하이에 도착했고, 차이어 일행도 스타오쥔石陶鈞과 장샤오준의 엄호를 받으며 홍콩과 베트남으로 길을 돌아 19일에 윈난 쿤밍에 도착했다. 황싱의 아들 황이어우黃一歐는 당시 상황을 다음과 같이 기록했다.

쑹포 선생[차이어]의 당시 출행은 그와 장샤오준 두 분이 치밀하게 계획한 일이었다. 그[쑹포 선생]는 일본에 도착하자마자 바로 위안스카이에게 편지를 써서 자신이 이미 일본으로 건너와 병을 치료하고 있으며, 다만 출발 시간이 촉박해 직접 뵙고 가르침을 들을 겨를이 없었다고 해명했다. 언어를 매우 공손하게 하여 위안이 내막을 눈치채지 못하게 했다. 동시에 자신이 가져온 중요한 증명서와 훈장을 모두 장샤오준에게 보관하게 했고, 아울러 미리 편지 몇 통을 써서 위안스카이와 가장 친한 고위 장교들에게 부쳐주고 자신이 일본에서 산수 유람을 하고 있다고 행적을 보고했다. 또 장샤오준에게 부탁해 일본의 몇 곳을 여행하는 기회를 빌려 가는 곳마다 저들에게 편지 한 통을 부쳐주고, 자신이 여전히 일본 각지를 여행하고 있는 것처럼 알려달라고 했다. 그러나 기실 고베에 도착한 당일 밤 쑹포 선생은 바로 다른 일본 기선을 타고 상하이를 거쳐 남쪽 지방인 홍콩과 베트남의 하노이로 내려갔다가 다시 비밀리에 윈난으로 옮겨갔다. (『황싱 연보 장편』, 456쪽)

그러나 위안스카이는 차이어가 일본에서 보낸 편지를 받고 이미 자신이

'호랑이를 산으로 돌려보냈다縱虎歸山'는 사실을 깨달았다. 그는 급히 윈난 도독 탕지야오에게 전보를 쳐 차이어가 사잇길로 윈난에 들어오면 엄밀히 조사하라고 요청했다. 아울러 베트남 변방, 하노이, 라오제老街 등지로 널리 밀정을 파견하여 차이어를 암살하도록 했다. 그러나 탕지야오는 위안스카이의 지령에 따라 일을 처리하지 않고, 사람을 파견해 멍쯔 도윤蒙自道尹[12] 저우항周沆과 아미 현阿迷縣[지금의 윈난 성 카이위안開遠] 지사 장이쿤張一鯤 등이 추진한 차이어 암살 음모를 좌절시키고 차이어를 보호해 차이어가 아무 위험 없이 안전하게 윈난에 도착하게 했다. 이 무렵 리례쥔도 남양에서 쿤밍으로 왔다. 21일 탕지야오는 차이어와 리례쥔이 참여한 군사회의를 소집했다. 차이어는 이 회의에서 침통한 목소리로 다음 같은 발언을 했다. "위안스카이 세력이 강성해진 상황에서 우리가 나라 한구석을 근거지 삼아 전국에 대항한다는 건 희망 없는 싸움임을 분명하게 알아야 합니다. 그러나 무릎 꿇고 사는 것보다 차라리 목이 잘려 죽는 편이 더 나을 것입니다. 이번 의거에서 우리가 쟁취하려는 건 승리가 아니라 중화민국 4억 민중의 인격입니다." 차이어가 발언을 끝냈지만 장수들은 모두 침묵을 지키며 일제히 탕지야오에게 시선을 집중시켰다. 하지만 탕지야오도 고개를 숙이고 아무 말도 하지 않았다. 그러자 선씨沈氏 성을 가진 한 사단장이 뛰쳐 일어나 고함을 질렀다. "차이 장군의 명령을 우리가 감히 듣지 않을 수 있단 말입니까?" 장수들도 모두 그의 말에 호응하자 순식간에 함성이 지붕의 기왓장을 날릴 정도로 쩌렁쩌렁 울렸다. 이때 탕지야오도 비분강개한 목소리로 차이어에게 말했다. "장군이 가능하다면 나도 가능하오. 우리 두 사람은 몸은 둘이지만 마음은 하나요." 그리고 곧바로 차이어를 총사령관에 추대했다. 여러 장수는 차이어가 뒤에 남아 쿤밍을 지키고 탕지야오는 군사를 이끌고 출정해주기를 희망했다. 그러자 차이어가 장수들에게 말했다. "내가 제군들의 마음을 모르는 건 아니지만 나의 뜻은 위안스카이를 토벌하는 것이오. 그 책임을 탕 장군에게 맡기고 나 자신은 후방에 남는다면 사

12　멍쯔는 지금의 중국 윈난 성 훙허저우紅河州의 관할에 있는 현급 시다. 도윤은 청나라와 중화민국 시기 이곳 행정관리를 말한다.

호국군 장수 5명. 왼쪽부터 리웨가이李日垓, 뤄페이진羅佩金, 차이어, 인청환殷承瓛, 리례쥔. 1915년 12월 15일, 위안스카이는 황제 등극을 선언했다. 25일, 차이어 등은 윈난 성에서 호국군을 조직하여 위안스카이 토벌에 나섰다.

람들이 날 어떻게 생각하겠소?" 장수들이 모두 탄복했다. 거병할 때 탕지야오는 약한 사병 3000명을 내줬고, 차이어는 이 사병을 이끌고 전선으로 향했다.

위 기록은 타오쥐인의 『정계 일문』에서 나온 것이다. 그러나 또다른 기록을 보면 차이어와 탕지야오는 목숨을 건 친구였기 때문에 사실 두 사람이 함께 윈난의 호국군 봉기를 영도했다고 나와 있다. 당시 탕지야오는 차이어에게 '군도독軍都督'직을 맡기고 자신이 군사를 거느리고 북방 정벌에 나서려고 했지만 차이어가 동의하지 않았다고 한다. 뒷날 신문지상에서 차이어의 공적을 추모할 때 모두 윈난봉기는 차이어가 주동했고 탕지야오는 피동적 위치에 있었다고 보도했다. 이 때문에 탕지야오는 다음과 같은 발언을 했다. "나와 쑹포[차이어]는 일찍부터 환난을 함께하면서 생사까지 함께하자고 맹세했다. 차이어가 바로 나고 내가 바로 차이어다. 차이어가 주동이라면 나도 당연히 주동이고, 내가 피동이라면 차이어도 당연히 피동이다. 죽고 사는 과정에서 진정한 교분이 드러나는 법이다."(『기정루 잡기綺情樓雜記』, 91쪽) 그러나 이러한 시비와 은원에 얽힌 문제는 지금 우리가 분명하게 알기 어렵다. 아마 당시에도 관련 당사자들 입장에서 결단을 내리기 어려운 사정이 있었을 것이다. 량치차오도 애초에는 윈난봉기가 "큰 문제가 없을 것"이라고 생각했지만 차이어가 19일 전보를 보낸 후 며칠 동안 소식이 없자 마음이 매우 초조해졌다. 그는 이렇게 말했다. "별일 없을 것이다. 난징의 펑화푸[펑궈장]가 우리에게 깊이 공감하고 있다. 나는 그에게 전보 한 통을 쳐달라고 부탁했다. 그것은 22일의 일이었고 그 전보가 대단한 효력을 발휘했다. 그 전보는 나와 차이 공 사이에 약속한 비밀 부호를 사용해 난징에서 일급 전보로 발송되었다. 그들은 내가 이미 난징에 있으므로 펑화푸가 호응할 준비를 하고 있다고 생각했다. 25일 오후 차이 공은 나의 전문電文을 사람들에게 선포하고 바로 그 자리에서 황제제도에 반대하는 격문을 전보로 발송했다. 이것이 바로 오늘 우리가 기념하는 호국전쟁의 발단이다."(『음빙실합집·문집』 제39권, 91~92쪽)

국가를 위해 싸우고, 인격을 위해 싸우다

량치차오는 펑궈장이 아마도 윈난봉기에 공감하고 호응하리라는 정보, 즉 이 우연히 출현한 '거짓' 정보가 탕지야오의 봉기 결정을 촉진했다고 해도 잘못된 말이 아니라고 인식하고 있었다. 실제로 차이어는 쿤밍에 도착한 뒤 예상치 못한 곤경과 장애에 부딪쳤다. 따라서 호국군은 진로가 시작부터 그리 순조롭지 못했다. 당초 차이어와 량치차오·다이칸은 톈진에서 이 일을 상의할 때, 일단 위안스카이가 황제를 칭한 후 윈난에서 그 일에 반대해 즉각 독립을 선포하면 다음과 같은 상황이 전개될 것으로 예상했다. "구이저우는 1개월 뒤에 호응할 것이고, 광시는 2개월 뒤에 호응할 것이다. 그후 윈난과 구이저우 병력으로 쓰촨을 격파하고, 또 광시 병력으로 광둥을 격파한다. 대략 4개월 뒤에는 후베이에 군사를 집결하고 중원을 평정할 수 있을 것이다."(『음빙실합집·전집』 제33권, 144쪽) 그러나 량치차오는 아래와 같이 말했다.

봉기 후 예상하지 못한 장애가 수없이 많았는데 나는 지금도 차마 많은 말을 할 수가 없다. 차이 공은 결국 이러한 장애 때문에 [윈난 성] 다리부大理府 일대에서 병력을 차출하는 데만 10여 일을 허비해야 했다. 게다가 양호한 군사는 모두 성 소재지에 남았고 차이 공이 전선으로 인솔해 갈 수 있는 병력은 단지 2등 이하의 군사와 2등 이하의 무기에 불과했다. 본래 충칭重慶과 이창宜昌 일대에서 위안스카이 군대와 승부를 벌여야 했지만 이러한 장애 때문에 결국 쉬저우敍州와 루저우瀘州 일대에서 오히려 적들에게 차단되는 곤경에 빠졌다. 당시 홍헌제洪憲帝[위안스카이] 측 대장은 바로 지금 대총통 대리候補大總統로 있는 차오쿤이었다. 그는 장징야오張敬堯와 우페이푸吳佩孚 등과 수하의 10여만 무장 정예병, 그리고 군량미가 풍부한 일반 군인을 거느리고 있었다. 가련하게도 우리가 가장 경애하는 차이 공은 5000명도 안 되는 굶주리고 지친 군사를 거느리고 그들과 몇 개월간 대치하고 있었다. 나는 군사 부문에 문외한이라 한 가지도 말할 수 없지만, 내가 알고 있는 바에 의하면 차이 공은 4개월 동안 매일 평균 3시간도 수면을 취하지 못했고, 쌀과 모래가 거의 반반씩 섞인 조악한 밥을 먹어야 했다. 그는 엄청난 고난과 위험 속에서도 전군全軍의 장졸을 모두 자신과 생사를 함께할 수 있게 조련했다. [차이 공이] 소수의 병력으로 다수의 적을 몇 차례 공격하자 적들은 감히 그와 교전할 생각을 못하고, 다수의 숫자에만 의지해 그를 곤경에 빠뜨리고 아사시키려 했다. 뒷날 그의 군대는 거의 한 끼 밥조차 배불리 먹을 수 없었다. 그러나 한 사람도 후퇴하려 하지 않고 모두 차이 장군을 따라 국가를 위해 싸우고 자신의 인격을 위해 싸우겠다고 했다. 그리고 차이 장군이 죽는 곳에서 우리도 흔쾌히 함께 죽겠노라 했다. 아! 나는 정말 차이 공 정신생활의 고상함이 어느 수준에까지 도달해 있어서 자기 수하의 사람들을 이렇게까지 감동시켰는지 알지 못하겠다. (『음빙실합집·문집』 제39권, 92쪽)

차이어가 군대를 거느리고 완강한 정신 역량으로 악전고투를 계속 견뎌내고 있었다면, 량치차오도 전체 행동의 지도자로서 그리고 지휘 협조자로서 절대로 쉬운 생활을 할 수 없었다. 그는 당시 상황을 이렇게 말했다. "윈난봉기 후 3개월 동안 구이저우를 제외하고는 단 1개 성도 호응하지 않았다. 또 차이 공의 군사는 루저우에서 포위되어 아침에 저녁 상황을 보장할 수 없는 곤경에 빠졌다. 위안스카이는 우리 같은 자잘한 말썽꾼 따위야 머지않아 평정할 수 있다고 보고, 일찌감치 성큼성큼 황제의 보좌 위로 뛰어올라가 버렸다. 우리는 상하이에서 정말 조급해서 죽을 뻔했다. 모두들 몸을 바쳐 순국하는 길 말고는 다른 길이 없다고 느꼈다."(앞의 책, 93쪽) 실제 상황은 량 씨가 말한 것보다 훨씬 더 심각했다. 위안스카이가 우편이나 전신까지 모두 장악하고 있어서 상하이에 웅크리고 있는 량치차오로서는 저 멀리 윈난·쓰촨 전선에 있는 차이어와 이미 연락망이 끊기고 말았다. 그들 사이에는 소식을 주고받을 수단이 거의 없었다. 각 부두에서 봉투를 뜯고 서신 내용을 검사하는 등 엄격한 감찰을 진행하고 있었기 때문이다. 편지마저도 우편으로 부치지 못하고 전문 심부름꾼을 통해 소식을 전해야 했다. 저우산페이는 량치차오가 막 상하이에 도착했을 때 상황을 회고하면서 더욱 공포스러운 내용을 언급했다. 그는 량치차오가 상하이에 도착했을 때 미리 예약해둔 숙소 즉 바이두차오白渡橋 곁 리차호텔禮査飯店[량치차오는 理査客店으로 기록했다] 2층에 묵었다면서 이처럼 썼다. "런궁이 호텔에 도착한 것은 6시였고 7시 반에 아래층으로 내려와 식사를 했다. 식사를 마친 런궁은 2층으로 올라가려 했다. 내가 말했다. '서둘지 마세요. 방금 전 문밖에서 상황을 살펴보던 우리 편 사람이 보고를 해왔습니다. 좀 특별한 상황이 포착됐다고요. 제가 먼저 2층으로 올라가서 살펴보고 다시 내려와 모시고 올라가겠습니다.' 말을 마치고 나는 또 한 사람을 데리고 2층으로 올라갔다. 2층 입구에 도착해보니 과연 북방 거한 한 사람이 큰 외투를 입고 2층 입구를 등지고 서서 런궁의 방을 주시하고 있었다. 나는 즉시 아래층으로 내려와 한편으로는 쑤추溯初[황췬黃群]에게 그곳에서 외투 차림의 북방 거한이 내려오길 기다리게 하고, 다른 한편으로는 런궁을 이끌고 즉시 호텔을 나섰다. 우리는 제자 한 명을 데리고 리차호텔 입구에서 출발해 삼거리나 사거리를 만날 때마다 바로 한 차례씩 인력거를 갈아탔다. 일곱 번을 갈아타고 나서야 제스필드로极司非尔路, Jessfield Road에 있는 우리 집에 도착했다. 모두 8일을 머무는 동안 일본 영사가 비밀리에 한 차례 온 것을 제외하고는 모든 손님을 사절했다. 6일째 날 우리 집 문 입구에서 북방 거한이 또 끊임없이 감시하고 있어서 더이상 우리 집에 머물 수 없었다. 그리하여 런궁을 위해 징안사로静安寺路, Bubbling Well Road와 허더로赫德路, Hart Road 입구에 셋방을 하나 얻었고, 런궁은 그곳으로 짐을 옮겨 며칠을 묵었다. 양력 (1915년) 12월 31일 저녁 6시 반쯤 나는 또 제자 둘을 데리고 한담을 나누려고 그의 숙소로 갔다. 걸어서 허더로와 징안사로 입구 전찻길 옆에 이르렀을 때 또 외투 차림의 북방 거한이 런궁의 방을 감시하는 것을 발견했다. 나는 바로 제자 한 명을 런궁에게 보내 오늘 밤 특별히 신변을 주의하라 전한 뒤 집으로 돌아왔다. 우리는 이번에 런궁이 상하이에 온 사실을 본래 영국 경찰에게 알릴 생각이 없었지만, 당시는 상황이 위급해 그 사실을 알리지 않을 수 없었다. 나는 바로 영국 경찰에게 가서 경찰을 둘 보내 밤낮으로 교대해가며 런궁의 셋집 대문을 지켜달라고 요청했다."(『량치차오를 추억하다』, 155~156쪽)

이 글을 통해서도 당시의 험악한 분위기를 엿볼 수 있다. 그러나 량치차오에게는 자신의 생명에 대한 우려가 가장 중요한 일이 아니었다. 그는 이 일을 시작할 때부터 목숨을 바칠 결심을 했기 때문에 자신의 개인 안위에는 전혀 신경 쓰지 않았다. 기실 량치차오를 더욱 초조하게 한 일은 목전의 정세가 지극히 암울해져가고 있다는 사실이었다. 량치차오는 위안스카이의 운수가 다했고 목전의 광란은 단지 죽기 전 발악일 뿐임을 의심하지 않았지만, 각 성 도독들 대부분은 잠시 관망하는 태도로 돌아서 있었다. 량치차오는 (1916년) 1월 8일 차이어에게 보낸 첫번째 편지에 이렇게 썼다. "동남쪽 대세로 논해보면 아마도 서남쪽에서 다시 몇 개 성이 호응하지 않고서는 —도성에서 변화가 발생하는 건 별개의 문제로 친다— 어떤 움직임도 없을 듯하네."(『량치차오 연보 장편』, 737쪽) 실제로 (민국 4년 1915년) 12월 25일 윈난 성이 반위안스카이 봉기를 선언한 이래 오직 구이저우 한 곳만 (1916년) 1월 27일에 독립을 선언했을 뿐이었다. 그들이 당초 염두에 둔 광시조차도 그 무렵까지 아무 동정이 없었다. 대체로 1월 25일 량치차오는 아주 침통한 어조로 편지 한 통을 써서 광시 도독 루룽팅에게 보냈다. 이 편지는 장장 3000여 자에 달한다. 이 편지에서 그는 주로 "거듭해서 대의를 진술하며 현실의 이해관계를 끊으라고" 권했다. 량치차오는 루룽팅과 깊이 있는 교류를 하지 않았기 때문에 "감히 자신의 설득이 효과를 발휘하리라 기약할 수 없었고, 다만 올바른 이치만을 남김없이 이야기할 수 있을 뿐이었다."(앞의 책, 758쪽) 그러나 이 편지가 다소 영향을 발휘한 듯한 상황이 전개되었다. "2월 19일 우류위吳柳隅[우관인]의 소개로 손님 한 사람을 만났다. 이름은 천셰우陳協五[천쭈위陳祖虞]라 했고, 스스로 말하기를 루룽팅 도독의 명령을 받들고 인사하러 왔다고 했으며, 또 저녁에 광시를 출발해 아침에 이곳에 도착했다고 했다. 그의 내방은 너무 갑작스러웠고 행적 또한 사리에 맞지 않아서 처음에는 매우 의심스럽게 생각했다. 동지들도 모두 경계심을 품고 나에게 함정에 빠져서는 안 된다고 했다. 그러나 나는 천세우의 말과 안색을 자세히 살펴보고는 그의 마음이 진정임을 느꼈다. 천세우가 또 말하기를 탕보산唐伯珊[탕사오후이唐紹慧]이라는 자가 루룽팅 심복인데 사흘 뒤 이곳에 당도하여 루룽팅의 명령을 받들고 성심을 다해 나를 초청할 것이며 또 펑궈장 장군과도 은근히 소통하려 한다고 했다. 다음 날 동지들이 징안사로에 있는 나의 거처에 모여 내가 그곳으로 가는 일을 경솔하게 결정해서는 안 되고 반드시 사람을 그곳으로 보내 상황을 살핀 뒤 진퇴를 정해야 한다고 했다. 탕줴둔이 가기를 청했고 이에 황멍시黃孟曦에게 함께 가게 했다. 대략 (2월) 25일 단바마루丹波丸 기선으로 출발하기 위해 배표를 미리 예매했다. 당보산이 22일에 정말 와서 광시의 계획을 상세하게 진술했다. 더이상 의심의 여지가 없었다. 그는 루룽팅이 반드시 나를 초청하려는 것은 자신이 건설 임무를 감당할 수 없어 이제 현인을 불러 함께하지 않으면 일을 쉽게 시작할 수 없기 때문이라고 했다. 그의 발언대로라면 루룽팅의 도량과 식견이 보통 사람들보다 훨씬 뛰어난 듯했다. 나는 마침내 사람들과 의논하지 않고 즉각 그곳으로 가겠다고 허락했다. 그러나 탕보산이 말하기를 자신이 떠나고 나서 10일 뒤에 내가 상하이를 출발하여 바닷가 경계 근처에서 자신과 만나야 한다고 했다. 또 탕줴둔 등도 그와 함께 가야 하고 그렇지 않으면 도중에 더욱 위험한 일을 당하게 된다고 했다. 그러나 탕보산은 또 진링金陵[난징]으로 가 펑궈장을 만나야 해서 탕줴둔과 함께 출발할 수 없었다. 이 무렵 윈난 군대는 적들과 루저우와 충칭 사이에서 대치하며 매우 위험한 상황에 처해 있었다. 그러나 광시 군사의 호응은 가뭄에 비를 바라는 것만큼이나 힘든 일이었다. 탕보산이 진링을 왕복하는 데는 1주일이 넘었고, 이 1주일 동안 느낀 초조함은 특히 생각하기조차 어려운 일이었다."(앞의 책, 758~759쪽)

이전에도 량치차오에게 윈난으로 들어가라고 한 사람들이 있었다. 탕지야오, 런커청, 차이어 등은 윈난봉기 초기에 세 차례나 전보를 쳐서 량치차오를 윈난으로 초청해 대국을 주관해달라고 했다. 그러나 량치차오는 줄곧 생각을 정하지 못했다. 왜냐하면 자신이 상하이를 떠나면 동남부 지역

각 성과의 연락이 차질을 빚을까봐 염려했기 때문이다. 또 외교적 측면에서도 외국과 연락할 때 상하이가 윈난보다 훨씬 편리하다는 점 또한 무시할 수 없었다. 량치차오는 (1916년) 1월 8일 차이어에게 보낸 첫번째 편지에서 다음과 같이 자신의 마음을 나타냈다. "내 생각에는 이 두 가지가 나에게 지금 가장 중요한 임무이므로 버리고 떠날 수 없네. 시국이 좀 나아져서 몸을 빼낼 수 있게 되면 내 반드시 말채찍을 잡고 신속히 출정에 나서 여러 군자의 뒤를 따르겠네."(앞의 책, 741쪽) 그뒤에 또 량치차오의 일본행을 요청하는 주장도 있었다. 량치차오는 1월 21일 차이어에게 보낸 네번째 편지에서 "나는 28일에 동쪽으로 건너가기로 결정했다"라고 말했다. '동쪽으로 건너간다'는 건 일본으로 간다는 말이다. 왜냐하면 당시 일본은 이미 위안스카이에 대한 지원과 타도를 오가는 모호한 정책을 버리고 명확하게 위안스카이를 타도하겠다는 메시지를 내보냈다. 이에 일본 측에서는 위안스카이가 일본 천황 대관식 축하 특사로 파견한 저우쯔치를 본래 접견하기로 승낙했으면서도 임시로 그의 입국을 불허하고, 사람을 상하이로 보내 반위안파反袁派와 접촉할 준비를 했다. 량치차오는 이것이 매우 얻기 어려운 기회이므로 이를 이용하지 않을 수 없다고 보았다. 그는 일이 잘만 된다면 [일본과] 외교적 연대를 통해 차관까지 얻어 무기를 구입할 수 있을 것이기 때문에 일거양득의 효과를 볼 수 있으리라고 낙관했다. 그러나 량치차오의 일본행은 차일피일 성사되지 못하고 있었다. 그는 1월 28일 일본인 이누카이 쓰요시에게 편지를 보내 일본의 지원을 받고 싶은 뜻을 드러내고 저우산페이로 하여금 자신의 마음을 대신 전해달라고 했다. 량치차오는 이누카이 쓰요시에게 이렇게 말했다. "저우산페이 군은 저의 외우畏友이고 공과도 구면일 것입니다. 지금 특별히 그를 바다 건너로 보내 공을 배알하고 제 마음을 대신 전하도록 했습니다." 다음 날인 29일 량치차오는 또 리건위안, 양융타이楊永泰, 청첸程潛, 원췬文群, 청쯔카이程子楷, 린후林虎 여섯 명에게서 그의 출발을 재촉하는 편지를 받았다. "대체로 오늘날 일본 외교는 실로 절대 실패하지 않는 경지에 들어서 만전의 대책을 강구하고 두 배의 이익을 남기려 합니다. 혹시 선생님께서 일본에 오래 머무실 수 없다면, 한 물길에 있는 봉래蓬莱와 영주瀛洲[13]는 왕래하기가 매우 편하므로 모름지기 일본 측과 접촉하여 일의 단서를 마련한 뒤 바로 귀국하셔도 될 것입니다."(앞의 책, 751~753쪽)

그러나 이 무렵 국내 정세는 순식간에도 만 번이나 급변하는 엄준한 상황이어서 량치차오의 원행을 허용하지 않고 있었다. 그는 2월 28일 딸 링셴에게 편지를 보냈다. "나는 또한 오래지 않아 —10일 전후로— 남쪽으로 내려갈 예정이지만 목적지는 윈난이 아니라 광시다. —광시에서 두 번이나 밀사가 왔다— 이번 행차는 윈난과 구이저우의 생사가 걸린 일이고, 또 전 국민의 명령을 받고 있다. —나는 아직 우지칭 어르신께는 편지를 드리지 못했으니 네가 만나뵐 때 말씀드려라.— 따라서 온갖 위험과 고난이 닥친다 해도 피할 수가 없구나."(앞의 책, 757쪽) 그들이 어떻게 출발할지를 논의하고 있는 가운데 (1916년) 3월 1일 상하이 주재 일본 무관 아오키青木 중장이 마침 량치차오를 방문했다. 량치차오는 목전의 상황을 아오키에게 자세히 들려주고는 일본의 권세를 이용해 자기 대신 여정旅程을 좀 마련해달라고 부탁했다. 당시 상황을 량치차오는 이렇게 회고했다. "아오키는 흔쾌히 그 일을 맡겠다고 하며 자신의 부관 마쓰이松井란 자에게 책임을 맡겼다. 다음 날 마쓰이가 와서 도쿄와 홍콩 간을 왕복하는 배편으로 결정했다면서, 초4일 상하이를 거쳐 가는 요코하마마루橫濱丸를 타고 홍콩으로 갔다가 다시 그곳에서 묘기산마루妙義山丸로 갈아타고 베트남 국경으로 가야 한다고 했다."(『음빙실합집·전집』 제33권, 122쪽)

그리하여 3월 4일 오전 10시 량치차오 일행은 일본우항회사日本郵航會社의 요코하마마루에 올라 상하이를 출발하여 곧바로 홍콩으로 향했다. 우류어우의 『병진 종군일기』에 의하면 량치차오와 동행한 사람은 탕사오후이, 탕줴둔, 황멍시, 란즈셴藍志先, 황쑤추黃溯初 등과 그 자신까지 모두 7명이었다. 량치차오는 당시 상황을 『종군일기』에 상세하게 기록해놓았다.

---

13 중국 전설에서 신선이 살고 불로초가 자란다는 동해 속 산 이름. 봉래와 영주는 흔히 중국 동쪽인 한국이나 일본을 비유한다.

이로부터 낮에는 숨고 밤에만 움직였다. '나그네가 되면 낯선 사람을 두려워한다'는 태도로 20일을 보내고 나니 전통극 「소관 통과過昭關」[14]를 반복해서 연습하는 것 같아서 정말 웃음이 날 지경이었다. 평소에 바다여행을 매우 좋아했으나, 지금은 선박의 맨 아래층 보일러실鍋爐 옆에 방한 칸을 마련해 그곳에서 침식을 하게 되니 습하고 답답한 기운을 이길 수가 없었다. 매일 심야에 모든 사람의 움직임이 그친 후 몰래 발소리를 죽이고 뱃전으로 나가 한참 동안 넓은 바다를 바라보고 있으면 나에게 수많은 녹봉을 준다 해도 그 즐거움을 바꾸고 싶지 않았다. 이 때문에 천하의 지극한 즐거움은 고난 속에서 찾아야 함을 깨달았다. 배에서 머무는 시간이 많았으므로 마침내 앞으로 사용할 중요한 문건 여러 종류를 그곳에서 썼다. 이보다 앞서 이미 광시의 앞날을 위해 전보 두 통을 초안해놓았다. 한 통은 위안스카이에게 퇴직을 권고하는 최후통첩이고, 다른 한 통은 각 성을 성토하는 내용이었다. 이때에 이르러 또 광둥의 룽지광[광둥 도독]과 장밍치[량광 총독]에게 보내는 최후통첩, 광둥 군민軍民에게 알리는 격문, 광둥 주재 윈난 군사에게 알리는 격문을 기초했다. 출발이 임박한 어느 날 저녁에 탕밍겅唐冀賡[탕지야오]이 보낸 서신이 도착했다. 그는 이 서신에서 원수元首를 선임하고 임시정부를 설립하는 일이 급선무라고 극력으로 주장했다. 광둥과 광시가 이미 적의 수중에 떨어졌음을 고려해보면 이 일을 진실로 더 늦출 수 없기 때문이라 했다. 탕밍겅은 그 단계를 심사숙고하며 말했다. "황피黃陂[리위안훙]가 총통직을 계승하는 건 약법으로 정해놓은 당연한 순서입니다. 하지만 법률에 의지하겠다고 한 차례 선언한 것으로 이미 충분하므로 다시 선거를 할 필요는 없습니다. 본래 선거란 불법에 반대하기 위한 것이기 때문입니다. 국무원은 법률상 창립 근거가 없고 사실상 창졸지간에 창립한 기관이기 때문에 반드시 나쁜 결과를 초래할 것입니다. 이제 바야흐로 명분과

14 중국 춘추시대 초楚나라 오자서伍子胥가 부친과 형이 초나라 당국에 살해당한 후, 수배령을 피해 초나라와 오나라의 국경인 소관昭關(지금의 안후이 성 한산含山)을 비밀리에 통과하고 마지막에 오吳나라로 망명한다는 이야기.

실질을 세심하게 고찰하여 위안스카이의 폐단을 바로잡아야 합니다. 만약 애초에 지록위마나 일삼는 책임내각을 구성할 생각이라면 그것이 위안스카이가 한 짓거리와 얼마나 다르겠습니까? 이 때문에 군정軍政 시대에는 군무원軍務院을 설치해 개화된 전제專制제도를 힘써 시행하고 공명정대하고 명실상부하게 정치를 해야 할 것입니다. 군무원 내에는 정원에 제한이 없는 '무군撫軍'을 두어 합의제로 군국軍國의 중대사를 결정해야 한다고 생각합니다. '무군'은 현재 병권을 장악한 장수들로 충당하고 그중 한 사람을 호선互選하여 무군장撫軍長으로 삼아야 합니다. 제 생각으로는 이것이 오늘날 임시정부를 구성하는 최선의 제도라고 생각합니다." 동행한 여러 동지와 토론을 주고받은 결과 모두가 찬성했다. 그리하여 원수 계승과 군무원 조직에 관한 선언서 다섯 통과 공용 전보 네 통을 기초해놓고 군무원 조직 조례를 그 뒤에 덧붙였다. (앞의 책, 122~123쪽)

량치차오 일행은 (1916년) 3월 7일 홍콩에 도착했다. 그들이 상하이를 출발한 바로 다음 날 위안스카이는 광둥과 광시의 각 요로에 전문을 보내 량치차오 등이 경내로 잠입하여 불법행위를 도모하면 엄격하게 조사하여 방비하라고 했고, 일단 조사하여 음모가 발각되면 즉각 구속하라고 명령을 내렸다. 홍콩 정부도 계엄령을 선포하고 량치차오 일행의 경내 진입을 허락하지 않았다. 위안스카이와 룽지광은 또 수많은 밀정을 홍콩으로 파견하여 량치차오의 행적을 염탐하게 했다. 이 밀정들이 홍콩의 크고 작은 여관에 가득 포진해 있어서, [량치차오 일행은] 가는 곳마다 위험에 맞닥뜨릴 가능성이 있었다. 이 무렵 전해진 소식도 대부분 흉보였다. 가장 먼저 위안스카이 군대가 이미 쉬저우를 함락했다는 소식이 전해졌고, 얼마 지나지 않아 또 위안스카이 군대가 나시納溪를 함락했다는 소식이 전해졌으며, 또 얼마 지나지 않아 룽진광龍觀光[광둥 도독 룽지광의 동생][15]이 이미 보아이剝隘를 함락했다는 소식이 전해졌다. 모두가 이번에 만약 다른 성이 호응하지

---

15 위키백과 중국어판維基百科에 따르면 룽지광은 1867년생이고 룽진광은 1863년생이다. 따라서 룽진광이 오히려 룽지광의 형이 된다. 두 사람의 정확한 출생연도에 대해 앞으로 상세한 연구가 필요하다.

않으면 윈난과 구이저우 호국군의 운명도 장담할 수 없음을 의식하고 있었다. 또 이제 윈난과 구이저우를 구하려면 오직 광시에 희망을 걸어볼 수밖에 없었다. 그러나 광시에 들어가려다 홍콩에서 길이 막힌 채 "진퇴양난의 지경에 빠지자 마음이 다급해졌고 특히 량치차오의 초조함은 더욱 심했다."(『량치차오 연보 장편』, 762쪽) 량치차오는 다급한 상황에서 광둥 시장 강西江에서 우저우梧州로 들어가 다시 광시의 난닝南寧으로 들어가는 모험을 감행하려 했다. 그러나 모든 사람이 광둥 땅은 위안스카이와 룽지광의 경비가 매우 심하기 때문에 그 길로 가면 틀림없이 그물 속에 빠져든다고 하면서 량치차오의 모험을 극력으로 만류했다. 최후에 그들은 탕줴둔과 탕보산에게 배를 타고 직접 우저우로 가서 거기에서 길을 돌아 난닝으로 들어가도록 결정했다. 우류어우, 란즈셴, 황멍시 세 사람은 잠시 홍콩에 남아 시기를 기다리게 했고, 황쑤추는 량치차오를 모시고 바닷길로 돌아서 상륙 기회를 엿보기 위해 밀항을 준비했다.

3월 11일 밤, 량치차오와 황쑤추는 비밀리에 일본 미쓰이양행三井洋行 석탄운반선 묘기산마루를 타고 밀항을 개시해 사잇길로 광시로 들어가려고 했다. 사전에 일본 정부와 접촉이 있었기 때문에 연도 내내 일본인의 도움을 받을 수 있었다. 일본인의 일처리는 계획성이 있었을 뿐만 아니라 매우 주도면밀했다. 16일 밤 량치차오는 베트남 해안 국경선에 당도해 일본 상인 요코야마橫山의 집에 묵었다. 요코야마는 일본 영사의 부탁을 받고 량치차오와 황쑤추 두 사람을 잘 돌봐주었다. 량치차오는 그곳에서 루룽팅이 그들을 영접하기 위해 파견한 특사를 기다려야 했다. 이 때문에 바로 다음 날 황쑤추를 먼저 윈난으로 보내서 탕지야오에게 총통 선거와 군무원 창립에 관한 자신의 의견을 전달하게 했다. 그들은 그곳에서 다시 만나 함께 광시로 들어가기로 약속했다. 베트남의 저습하고 더운 산속에 머무는 동안 량치차오는 현지의 열병에 걸렸다. 그는 그곳을 떠나면서 딸 링셴에게 보낸 편지에서 증상을 이렇게 얘기했다. "혈혈단신 황량한 산속에 머물고 있으니 일가친척뿐 아니라 우리 국민 한 사람도 만날 수 없었다. —사실 온종일 방 안에서 함께 이야기할 사람도 없으니 저녁에 사람이 죽어도 다음 날 아침에나 발견할 정도였다.— 등불이 모두 꺼지고 찻물조차 끊긴 상황에서는 거의 죽기만을 기다릴 수밖에 없었고, 집 생각이 시도 때도 없이 일어나곤 했다. 다음 날 이른 아침 사람이 와서 살펴보고 황급히 약초—전문적으로 이 병을 치료하는 약—를 사용해 나를 치료한 후 나는 한나절도 되지 않아 씻은 듯이 나았다. 그들 말로는, 다행히 가벼운 증상이었기에 망정이지 치료하지 않고 하루를 넘겼다면 목숨을 구할 수 없었을 것이라고 했다."(앞의 책, 768쪽) 량치차오는 3월 26일 그곳 산속에서 이미 열흘을 맞고 있었다. 이날 루룽팅이 보낸 특사가 도착함에 따라 량치차오는 짧은 '은거'생활을 마치고 마침내 그들과 함께 자동차를 타고 전난관을 거쳐 비밀리에 광시로 들어갔다.

량치차오는 (1916년 3월) 27일 전난관鎭南關으로 진입하여 4월 4일 난닝에 도착했다. 이보다 앞서 3월 15일 량치차오가 아직 마쓰이양행 석탄운반선 위에 있을 때, 광시 도독 루룽팅이 광시 독립을 선포했다. 이는 탕줴둔과 탕보산이 먼저 난닝에 도착한 뒤 루룽팅에게 량치차오가 이미 홍콩을 출발해 베트남으로 길을 돌아 광시로 오고 있다는 사실을 알렸기 때문이었다. 아울러 량치차오가 사전에 쓴 「광시에서 베이징으로 보내는 최후통첩 전문廣西致北京最後通牒電」「광시에서 각 성으로 보내는 전문廣西致各省通電」을 루룽팅에게 전달하자, 루룽팅은 자연스럽게 더이상 기다릴 필요가 없다고 느끼고 마침내 일거에 광시 독립문제를 해결했다. 당시 루룽팅이 앞당겨 광시 독립을 선포한 배경에는 또 한 가지 구체적 원인이 있다. 즉 룽진광[광둥도독 룽지광의 동생]이 위안스카이에 의해 광시로 파견되어 호국군을 공격하고 있었기 때문이다. 룽진광은 바이써百色에 군사를 주둔하고 아무 기강도 없이 걸핏하면 민간에서 소동을 일으켰고, 이 때문에 백성들이 끊임없이 고통을 호소하고 있었다. 원난 호국군 제2군 장카이루張開儒 부대가 그와 교전하고 있었고, 황위청黃毓成도 구이저우 정진군挺進軍을 이끌고 장카이루를 돕고 있었다. 또 마지馬濟는 광시 유격대 10여 영營을 이끌고 룽진광의 뒤를 기습해 그를 사면초가에 빠뜨렸다. 룽진광은 생포될 위험에 처했다. 그는 사정이 다급해지자 탄 부인譚夫人에게 구조를 청하지 않을 수 없었다. 탄 부인은 바로 루룽팅의 부인으로, 룽진광과 루룽팅 집안은 자녀들이 혼인하여 사돈관계를 맺고 있었다. 탄 부인은 광시 군무軍務를 함께 돌보던 천빙쿤陳炳焜16에게 전보를 쳐서 마지로 하여금 룽진광 군대를 무장해제시키고 룽진광 부자의 목숨만 살려주게 했다. 상황이 이렇게 되자 광시는 독립 선포 외에는 다른 출로가 없었다.

각 성이 독립하자 우울증과 조급증으로 사망한 위안스카이

량치차오가 예상했듯이, 광시가 독립을 선포하자 광둥 및 광시와 연합해 윈난 및 구이저우를 공격하려던 위안스카이의 계획은 완전히 파탄이 났을 뿐만 아니라 광둥의 룽지광도 막대한 압력을 받게 되었다. 룽지광은 위안스카이에 의해 바로 1등 공작에 책봉되었고 오래지 않아 군왕郡王이란 직함이 더해졌다. 그는 자신의 지위와 세력을 보전하기 위해 부득이한 상황하에서 (1916년) 4월 6일 광둥 독립을 선포했다. 하지만 또 남몰래 차이나 이황蔡乃煌과 함께 위안스카이에게 비밀 전문을 보내 조속히 무장병력을 남하시켜 방어에 협조해달라고 요청했다. 그러나 당시 위안스카이는 이미 자신을 돌볼 겨를조차 없었다. 그는 한편으로는 군대를 남쪽으로 파견하면서도 다른 한편으로는 3월 22일 황제제도 취소를 선포하지 않을 수 없었다. 그리고 다음 날 홍헌 연호를 폐지하고 중화민국 5년이란 기년紀年을 사용해야만 했다. 홍헌이란 연호로 계산해보면 위안스카이는 1916년 1월 1일부터 같은 해 3월 23일까지 불과 83일 동안 황제의 꿈을 꾼 데 불과했다. 1915년 12월 12일 황제 보위를 받아들인 날부터 계산하더라도 겨우 103일의 일장춘몽에 취해 있었을 뿐이다. 광둥의 독립 선포는 마침 황제제도 취소 이후에 이루어졌지만, 발표된 독립선언문에는 위안 씨를 질책하는 말이 한마디도 없었다. 이 점을 봐도 룽지광의 독립 선언은 전혀 진심이 아니었고 단지

---

16 원문에는 '陳炳堃'으로 되어 있으나 이는 '陳炳焜'의 잘못이다.

지원군을 얻으려는 계책에 불과했음을 알 수 있다. 이 때문에 광둥의 각 파 인사들은 거의 모두 룽지광을 신임하지 않았다. 그들은 룽지광을 축출하지 않으면 광둥의 진정한 독립이 이루어질 수 없다고 보았다. 량치차오조차도 난닝에 도착해 루룽팅을 만나기 전에 벌써 룽지광 축출에 찬성했다. 량치차오는 3월 28일 룽저우에 도착한 뒤 루룽팅에게 전보를 쳐서 먼저 이렇게 언급했다. "룽지광과 장밍치가 무슨 일 때문에 사자使者를 파견했는지 모르겠습니다. 황제제도 취소를 교환조건으로 삼고 광시 독립 취소를 요구하는 것이라면 간절히 바라옵건대 절대로 허락하지 말아주십시오." 이어서 량치차오는 바로 룽지광을 거론했다. "광둥을 잃음과 얻음은 나라 운명과 관계있습니다. 그자가 아직도 반대 입장을 견지한 채 자신을 따르지 않으면 안 된다고 고집을 부리면, 그건 그자가 자신의 지위를 보존하려는 행동이므로 가볍게 허락해서는 안 됩니다. 룽지광과 저 량치차오는 평소 사사로운 교분이 있는데, [룽지광이] 어찌하여 과욕을 그리 심하게 부리는지 모르겠습니다. 그러나 그자는 이미 심하게 실정을 저질러서 광둥 사람들이 모두 포기하고 있습니다. 그러나 공을 우러러볼 때는 마치 자애로운 부모를 우러러보듯 하는데 공께서는 어찌하여 이들을 버려두고 구제하려 하지 않으십니까? 국가 대계를 마련할 때도 광둥에서 성공하지 못하면 서남부 지역 대세는 끝내 장악할 수 없을 것입니다. 공께서 옛정에 이끌려 그자[룽지광]의 생명과 재산을 보호해준다면 인간세상의 인의가 모두 사라지게 될 것입니다. 또 공께서 그자가 우리 광둥 대권을 계속 장악할 수 있도록 가볍게 허용하신다면 한두 사람의 친구가 작위를 잃는 일은 참지 못하면서 광둥 전체 수천만 명의 행복이 사라지는 일은 참을 수 있다는 것이며 또 전 국민의 생명이 위기에 빠지는 일도 참을 수 있다는 것입니다. 이는 사욕으로 공익을 해치는 행위니 천추만대의 질책에서 벗어나기 어려울 것입니다." (『음빙실합집·전집』제33권, 32쪽)

그러나 량치차오는 여전히 루룽팅이 "지나치게 인자하게 행동하며 관용을 베풀까봐" 걱정이었다. 같은 날 그는 탕쥐둔에게도 전보를 보냈다. "룽지광은 녹봉과 지위에만 연연할 뿐 어찌 국가를 알겠는가? 그자의 말을 잘못 믿어서는 안 되네. 지금은 위안스카이의 퇴위 말고는 베이징 세력에 대해서 어떤 조정의 여지도 있을 수 없네. 마찬가지로 룽지광의 퇴직 말고는 광둥 세력에 대해서 어떤 조정의 여지도 있을 수 없네."(앞의 책) 량치차오는 또 마지 사령관에게도 똑같은 말을 했다. "지금 베이징 세력에 대해서는 절대로 조정의 여지가 있을 수 없네. 광둥 세력에 대해서는 더더욱 조정의 여지가 있을 수 없네. 이 두 태도는 나라 전체 안위와 관련되어 있으므로 추호도 실수가 있어서는 안 되네."(앞의 책, 33쪽) 하지만 루룽팅은 룽지광과 대결할 생각이 전혀 없었다. 그는 이때 천춘쉬안에게 희망을 품고 있었다. 룽지광은 천춘쉬안의 옛 부하였기 때문이다. 루룽팅은 천춘쉬안에게 위엄이 있으면 룽지광도 굴복하지 않을 수 없다고 믿었다. 량치차오도 루룽팅을 만난 후 그의 의견을 수용했다. 량치차오는 4월 6일 저우산페이에게 보낸 전보에서 이렇게 말했다. "루룽팅은 광둥에 대해 다른 계획이 있고 그 뜻이 상당히 견고하네. 나는 애초에 그렇게 생각하지 않았으나 지금은 수긍하고 있다네."(앞의 책, 37쪽) 량치차오는 4월 7일 리례쥔에게도 전보를 보냈다. "광둥은 이미 6일에 독립했고, 그 지방정부가 더러 사람들 여망을 만족시키지 못하는 점도 있지만, 그[광둥 독립] 덕분에 혼란에서 벗어날 수 있게 되었고 우리 군사도 전력을 다해 중원 회복을 도모할 수 있게 되었으니 이로부터 상황이 크게 호전될 것입니다."(앞의 책) 4월 8일, 량치차오는 또 광둥민당廣東民黨 영수 리건위안, 린후, 양융타이, 원촨, 쉬친 등에게 이렇게 권고했다. "루룽팅 공이 광둥 대사에 대해 정확하고 상세한 계획을 마련했고, 광둥 대사의 안배는 전부 그곳 사람들이 깊이 상의한 결과입니다. 룽지광과 장밍치도 루룽팅 공의 지극정성에 감동하여 역시 지극정성으로 호응하고 있으니 추호도 의심할 여지가 없습니다. 오늘의 대사는 반드시 광둥과 광시가 완전한 안정을 찾아야 정예병을 양성하여 미친 도적들을 섬멸할 수 있을 것입니다. 루룽팅 공이 이미 이와 연관된 전문적인 전보를 통해 형들에게 이러한 뜻을 대략 말씀드렸으므로, 각 동지에게 힘써 권해주시고 질서 유지에 협조해주시기 바랍니다. 루룽팅 공이 도착한 뒤에는 해결할 수 없는 문제가 절대 없을 것입니다. 이런 상황에서 서로 간에 갈등이 생기면 루룽팅 공이 세운 계획이 파괴되고 적에게 틈을 주어 여러분이 인내하며 마련한 대책대로 되지 않을 것입니다. 요컨대 광둥이 토적의 근원지가 되어 혼란에 빠지면 그것은 쓸모없는 돌밭을 얻음과 같을 터인데 장차 거기에서 무엇을 취할 수 있겠습니까? 여러 현인께서는 저의 이 뜻을 깊이 헤아려주시기 바랍니다."(앞의 책, 39쪽)

바로 이날 량치차오와 루룽팅은 난닝을 출발하여 광둥으로 갔다. (1916년) 4월 27일 량치차오는 딸 링셴에게 보낸 편지에서 이 일을 언급했다. "나는 4월 초 난닝에 도착했고, 초6일에 마침내 광둥 독립 소식을 들었다. 광둥에서 나를 초빙하려고 보낸 전보도 수십 통이 넘는다. 초8일에 루룽팅 도독과 함께 동쪽으로 내려와 13일에 우저우梧州에 도착했다. 그곳에서 갑자기 탕줴둔, 탄쉐쿠이譚學夔, 왕광링에 관한 흉보를 듣고 나의 간장이 갈가리 찢어지는 듯했다."(『량치차오 연보 장편』, 775쪽) 역사에서 '하이주 참사海珠慘案'로 칭해지는 그 사건은 (1916년) 4월 12일 발생했다. 당시 탕줴둔은 루룽팅 대신 우저우에서 광둥으로 가서 룽지광과 접촉하고 있었다. 12일 정오 탕줴둔은 룽지광의 부하 및 민당 영수 쉬친 등과 하이주에서 회의를 열었다. 이 회의석상에서 룽지광의 부하 옌치한顏啓漢과 차이춘화蔡春華 등이 돌연 총을 뽑아들고 탕줴둔, 탄쉐쿠이, 왕광링을 사살했다. 량치차오는 이 소식을 듣고 매우 분노했다. 그는 본래 광저우로 갈 준비를 했으나 이제 우저우에 남아 형세 전개를 주의 깊게 관찰할 수밖에 없었다. 룽지광은 일이 확대될까 걱정하며 황급히 장밍치를 우저우로 파견해 량치차오와 루룽팅에게 상세한 상황을 설명했다. 그러나 량치차오는 뒷날 당시 상황을 다음과 같이 회고했다.

그자[룽지광]의 믿을 수 없는 행동은 누구라도 이미 다 아는 바였다. 당시 우리 수하의 사람들은 모두 주먹을 부딪치고 손바닥을 비비며 광둥을 치지 않으면 안 된다고 말했다. 그러나 나와 루룽팅은 전체 상황을 고려해 철저하게 상의했다. 당시 차이어 공이 겹겹이 포위되어 있어서 다시 한 달 정도 지나면 전군이 즉각 궤멸될 상황이었다. 우리는 광시를 독립시키고 본래 후난으로 출병해 적의 세력을 견제하면서 근본적 문제를 일찌감치 해결할 생각이었다. 그런데 만약 광둥과 광시가 전쟁을 시작하면 필승할 자신이 없음은 잠시 논외로 하고 설령 승리할 수 있다 하더라도 많은 시일을 허비할 수밖에 없는 상황이었다. 게다가 결국 정예병까지 적지 않게 손상을 입으면 장차 무슨 힘으로 적을 토벌할 수 있겠는가? 이 어찌 위안스카이가 박장대소할 상황이 아니겠는가? 이치로 말하자면 탕줴둔, 왕광링, 탄쉐쿠이 세 분은 모두 골육과 같은 나의 몇십 년 친구들이라, 이들을 대신해 복수하고 싶은 마음은 어느 누구보다 내가 더 절실했다. 그러나 나는 당시 의연하고 결연하게 원한을 참고 룽지광과 연대해야 한다고 주장했다. 그러나 연대한다 해도 그자가 우리를 공격하면 어찌할 것인가? 나는 철저하게 룽지광에게 이해관계를 깨우쳐주어 목숨을 걸고 우리와 같은 길을 가게 하지 않으면 안 된다고 말했다. 그럼 무슨 방법으로 그를 그렇게 만들 수 있는가? 나는 이리저리 헤아리며 하루 밤낮을 심사숙고한 끝에 내가 직접 나서서 피끓는 성심으로 그의 마음을 움직여야겠다고 생각했다. 당시 내가 이러한 의견을 제시하자 나를 따라 자오칭肇慶에 와 있던 나의 친구와 제자들은 모두가 대경실색하며 절대로 내가 그렇게 해서는 안 된다고 했다. 몇 명은 꿇어앉아 나를 말렸다. 그러나 나는 당시 형세의 위급함이 아침저녁에 달린 차이 공의 전보를 매일 받고 있었다. 따라서 나는 국가와 친구를 위해 절대적 책임을 지고 있어서 어떤 경우라도 그 책임에서 벗어날 수 없다고 느꼈다. 게다가 나는 평소 무슨 이유인지도 모르게 일종의 자신감이 있었다. 나는 절대 비명횡사하지 않으며 틀림없이 80세까지 장수하리라고 믿었다. 당시에 어느 누구도 나를 막을 수 없었고, 나는 마침내 차를 타고 광저우로 갔다. 나는 사몐沙面에 도착해 룽지광에게 전화를 걸어 내가 왔다는 걸 알리고 그와 만나고 싶다고 했다. 룽지광도 깜짝 놀라 나와 함께 가마를 타고 관인산觀音山[광둥도독부 소재지]으로 갔다. 나와 룽지광은 성심을 다해 10여 시까지 이야기를 나눴다. 상황은 그런대로 괜찮았고 그는 충심으로 탄복했다.

다음 날 저녁 룽지광은 많은 군관을 모아놓고 나에게 환영회를 베풀었다. 이리 같고 범 같은 몇십 명 군관은 모두 총과 칼을 차고 있었다. 처음에는 부드럽고 겸손하게 인사하며 예의를 차렸지만 술이 세 순배 돌자 점점 분위기가 험악해지기 시작했다. 그때 룽지광 옆에 앉아 있던 한 대장—나중에야 그자가 후링쉬안胡漱萱이란 걸 알았다—이 큰소리로 시국을 토론하며 비방을 일삼았다. 처음에는 광둥민군을 매도하다가 점점 차이 공과 호국군 전체를 매도했다. 그리고 눈알을 부라리며 나를 노려보고는 여차하면 손을 쓸 듯한 모습을 보였다. 룽지광은 그자 곁에 앉아서 발언을 줄이라고 [그자를] 타일렀다. 애초 나는 한마디도 하지 않았으나 20분 지난 뒤 자리에서 일어나 말했다. "룽 도독! 내가 어젯밤에 한 이야기를 도대체 부하들에게 얘기했습니까, 안 했습니까? 내가 왜 이곳에 왔습니까? 나는 하이주참사 후 이곳에 왔습니다. 나는 이곳에서 죽을 수도 있음을 절대 모르지 않습니다. 하지만 나는 단기필마로 아무 무기도 지니지 않은 채 당신네 천군만마 속으로 뛰어들었습니다. 나는 본래 목숨을 부지한 채 돌아가려 생각하지 않았습니다. 내가 이곳에 온 이유는 첫째 중화민국의 미래를 위해 여러분에게 도움을 받으려는 것입니다. 둘째 나도 광둥 사람이라 광둥이 혼란에 빠지는 걸 원치 않기 때문입니다. 따라서 나는 내 한목숨을 바쳐 광저우 성 몇십만 명의 목숨을 지키려 하고 또 전국 4억 국민의 인격을 쟁취하려 합니다. 나는 이미 이곳에 도착했으므로 여러분이 어떻게 하든 그 조치에 따를 수밖에 없습니다. (…)" 이어서 나는 그들에게 당시 국가의 전반적인 이해관계를 한 시간 넘게 연설했다. 그 자리에 있었던 사람의 말을 나중에 들어보니 당시 기세등등한 나의 모습이 평소 나의 모습과 완전히 달랐다고 한다. 그의 말에 의하면 나의 목소리는 마치 우레와 같았는데 한편으로 연설하면서 한편으로는 끊임없이 탁자를 두드리자 탁자 가득한 유리잔이 전부 다 쟁그랑쟁그랑 소리를 냈다고 한다. 나는 당시 나 자신의 모습조차 잊고 있었다. 하지만 지금 와서 생각해보니, 내가 당시 조금이라도 연약한 모습을 보였다면 아마도 나는 저들의 독수를 피할 수 없었을 것이다. 내가 기세등등한 모습으로 저들을 압도하자 그 후링쉬안이란 자는 몰래 도망쳤고 나머지 사람은 모두가 감동했다. 연회 자리가 끝나자 많은 사람이 내게 와서 악수를 청하며 사과했다. 그 하룻밤이 지난 뒤 광둥은 독립을 선포했고 이후 별다른 문제는 일어나지 않았다. 사흘째 날 나는 자오칭으로 돌아왔고 루룽팅도 군사를 이끌고 후난으로 갔다. (『음빙실합집·문집』제39권, 95~96쪽)

량치차오의 당시 연설은 정말 생동감이 넘쳐서 우리가 바로 그 현장에 있다는 느낌이 들 정도다. 그러나 기실 량치차오가 결코 필마단기로 광둥으로 갔던 것은 아니다.(『기정루잡기』, 110쪽) 우관인이 쓴 『병진 종군일기』에 이런 기록이 있다. "이날 량런궁이 일본 영사 오타 씨太田氏 및 리인취안李印泉[리건위안], 장젠바이張堅白[장밍치], 황명시 등과 광저우로 갔다."(『량치차오 연보 장편』, 782쪽) 본래 량치차오는 상하이로 갈 준비를 하고 하루 전날 밤 배를 타려 했다. 그런데 일본 영사 오타가 갑자기 룽지광의 구두 전언을 가지고 와서 그가 량치차오와 얼굴을 맞대고 모든 걸 논의하고 싶어한다고 했다. 그리고 오타는 량치차오에게 자신과 함께 광저우로 가기를 요청했다. 량치차오도 광둥문제를 철저하게 해결하지 못하면 대세에 큰 장애가 된다고 느꼈기 때문에 마침내 자신이 직접 룽지광을 만나보기로 했다.

이 무렵 량광도사령부兩廣都司令部[량광호국군도사령부]가 (1916년) 5월 1일 자오칭에서 성립되었고, 공론으로 천춘쉬안을 도사령都司令으로, 량치차오를 도참모都參謀로 천거했다. 그리하여 [광둥 성과 광시 성] 량광의 혁명군은 모두 도사령부 지휘를 받게 되었다. 룽지광은 비록 광둥 도독을 자처했지만 세력범위는 광저우 부근에 불과했다. 게다가 하이주참사 후 각 세력은 모두 '룽지광을 죽이자'는 논의를 펼치고 있었다. 그러나 량치차오와 루룽팅은 대국적 관점에서 룽지광을 반反위안스카이 세력으로 끌어들이려 했다. 이 때문에 량치차오는 광저우에 도착한 뒤 먼저 루룽팅과 군무원 창립에 관한 일을 상의하여 그의 동의를 얻어냈다. 그리고 5월 6일 전국에 전문을 띄워 군무원 성립을 알렸다. 윈난봉기 전에 량치차오와 차이어 등은 윈난, 구이저우, 광둥, 광시가 독립을 선포한 뒤 임시정부를 수립하고 리위 안훙을 총통으로 추대할 계획을 세웠다. 왜냐하면 위안스카이가 이미 국가에 반역행위를 해서는 총통 자격을 상실했으므로 「중화민국 임시약법」에 근거해 리 부총통에게 총통 자리를 계승하게 함이 당연한 일이었기 때문이다. 량치차오는 광시로 가는 도중 '군무원 조직 조례軍務院之組織條例'라는 제목의 글을 기초하여 군무원 임시기구 명의로 각 부문에 의견을 구한 적이 있다. 당시 탕지야오, 차이어, 류셴스, 다이칸, 루룽팅, 천춘쉬안 등이 모두 량치차오의 의견에 찬성했다. 군무원 성립 후 탕지야오는 무군장撫軍長, 천춘쉬안은 부무군장副撫軍長, 량치차오는 정무위원장政務委員長에 선임되었다. 룽지광은 독립한 성의 도독이라 그가 무군에 임명된 건 당연한 일이었다. 그러나 량치차오가 광저우에 있는 동안 룽지광은 군무원 무군 직책을 받아들인 외에 다른 어떤 조건도 모두 거절했다. 우관인은 5월 8일 일기에 당시 룽지광의 태도를 기록해놓았다. "처음에는 량런궁에게 예의바른 모습을 보이다가 나중에는 위세를 부렸다. 그는 자신의 충견 후링쉬안을 시켜 연회석상에서 장밍치를 크게 매도했고 또 험악한 목소리로 량런궁을 위협했다. 그러자 량런궁이 웃으면서 이렇게 말했다. '내가 진실로 죽음을 두려워하는 사람이라면 어떻게 이곳에 왔겠는가?' 이어 문밖에 복병을 묻어두고 하이주에서 사용한 수법을 그대로 쓰려고 했다. 량런궁은 사잇길로 빠져나와 무사하게 돌아올 수 있었다."(앞의 책, 784쪽)

5월 14일 량치차오는 차이어에게 전보를 보내 당시 자기 심정과 계획을 밝혔다. "이번에 일을 맡은 여러 현인께서 노고가 많지만 아우님보다 더 고생하는 사람은 없는 것 같네. 서쪽을 돌아보며 매번 눈물을 흘리고 있네. 나도 광둥 일을 잘 처리하기 위해 목소리를 죽이고 고심하고 있지만 끝내 좋은 결과를 얻지 못하고 있네. 하이주참사로 우리 현인 셋이 목숨을 잃었는데, 룽지광이 비록 주모자는 아니지만 광둥 정국의 내막을 알 수 있을 것이네. 악랄한 장수가 윗자리에서 똬리를 틀고 앉아 있고 사사로운 패거리가 아래에서 분란을 일으키니, 마침내 대참사에서 벗어나지 못하고 조만간 전쟁이 벌어질 판이네. 하지만 나는 심사숙고하여 관인산을 포위 공격하고 있는데, 지금 쌍방이 서로 소모하는 군사를 합치면 그 병력이 후난, 장시, 푸젠을 함락하고도 남음이 있을 것이네. 룽지광이 마음을 바꾸면 광시도 피로해질 터이니 다시 무슨 힘에 의지해 적을 방어하겠는가? 하물며 혼란이 일어난 후 수습하려면 한 달을 기약해도 공적을 이룰 수 없을 것이네. 독립한 성에서 내란이 발생했다는 추문이 퍼져나가면 노쇠한 역적[위안스카이]은 몰래 웃음을 지을 것이고 우방은 우리를 경멸할 것이네. 이 때문에 눈물을 삼키며 화의를 도모하기 위해 몸을 떨쳐 호랑이굴에 들어가서 홍문연鴻門宴[17] 같은 흉악한 회합을 하던 도중 겨우 몸을 빼내 생환할 수 있었다네."(『음빙실합집·전집』 제33권, 51쪽) 그러나 이어진 형세는 매우 신속하게 변했다. 먼저 저장 성이 4월 12일 독립을 선포했고, 5월에는 각 성의 독립운동이 도저히 막을 수 없을 정도로 더욱 거세어졌다. 5월 9일 산베이陝北 진수사 천수판陳樹藩이 산시陝西 성의 독립을 선포하고 산시 장군將軍 루젠장陸建章을 예우하여 시안西安을 떠나게 했다. 5월 22일 천이陳宧[18]는 각 지방 군벌이 이반하는 형세에서 압박을 이기지 못하고 자신이 맡고 있는 쓰촨 성과 위안스카이의 관계를 단절하겠다고 선포했다. 5월 29일 후난 성의 탕샹밍湯薌銘도 독립을 선포하고 윈난, 구이저우, 광동, 광시, 저장, 산시, 쓰촨과 함께 행동하기로 결정했다. 위안스카이는 이 무렵 이미 사면초가의 위기에 처해 있었다. 특히 산시, 쓰촨, 후난 독립은 위안스카이에게 막대한 타격을 가했다. 이들 지역은 모두 위안스카이가 신임하는 장수들이 통제하고 있었는데 하루아침에 와해되자 상황은 마침내 수습할 수 없는 지경에 빠지게 되었다. 안팎으로 고난이 겹치고 많은 성과 친한 장수가 배반하자 위안스카이는 몹시 상심했고, 결국 우울증과 조급증이 악화되어 (1916년) 6월 6일 죽음을 맞았다. 당시 겨우 58세였다.

이때 펑궈장도 량치차오에게 전보를 보내 상하이에서 만나 선후善後 대

---

17 홍문지회鴻門之會. 진나라 말기 한 유방劉邦이 먼저 관중關中으로 진격해 함양咸陽을 함락하자 초패왕楚霸王 항우項羽는 홍문에서 연회를 열고 유방을 유인해 죽이려 했다. 유방은 항백項伯의 도움과 장량張良의 기지와 번쾌樊噲의 용맹에 힘입어 이 위기에서 벗어났다. 『사기史記』의 「항우본기項羽本紀」에 나오는 고사다.

18 원문에는 '陳宦'으로 되어 있지만 이는 '陳宧'의 잘못이다.

책을 논의하자고 요청했다. 량치차오는 마침내 5월 18일 홍콩에서 상하이로 갔다. 본래 위안스카이는 황제제도 취소를 조건으로 총통 자리를 보존하려 했고, 적지 않은 사람들이 나서서 사태를 조정하려 했다. 베이징 량스이, 장궈간, 쫭쓰젠莊思緘 등이 모두 옛 친구 자격으로 량치차오에게 전보를 보내 위안스카이의 총통 직위를 유지해달라고 희망했다. 그들은 각종 이유를 제시했다. 예를 들면 위안스카이가 총통에서 물러나면 외국 간섭이 심해질 것이라든가, 또 각 성의 군사는 대부분 위안스카이의 옛 부하들이라 위안스카이가 아니면 통제할 수 없다든가, 심지어 위안스카이 말고는 총통을 맡을 사람이 없다는 등등의 주장이 그것이었다. 하지만 량치차오는 흔들림 없이 그들의 주장을 일일이 반박하며 위안스카이가 퇴위해야 반위안스카이 호국전쟁이 끝날 것이라는 입장을 견지했다. 그러나 이제 위안스카이 사망으로 그의 퇴위문제는 자연스럽게 해결되었다. 6월 7일 량치차오는 리위안훙, 돤치루이, 펑궈장 및 각 성 도독 총사령관에게 전보를 쳐서 법률에 따라 리위안훙을 대총통에 취임하게 해야 한다고 독촉했다. 리위안훙이 총통에 취임하는 건 문제가 될 게 없었지만 총통 자격 문제를 둘러싸고 남북 당국이 상이한 입장을 보였다. 즉 남방에서 인정한 리위안훙의 총통 자격은 민국 2년(1913) 10월 공포된 총통선거법 규정에 의거했고 이는 구약법을 기초로 제정된 것이었다. 그러나 북방에서 인정한 리위안훙의 총통 자격은 민국 3년에 수정된 총통선거법 규정에 의한 것이었고 이는 위안스카이의 신약법을 기초로 제정된 것이었다. 오래지 않아 리위안훙의 총통 자격 문제를 둘러싸고 남북 쌍방 간에 신구약법에 대한 논쟁이 일어나 호법운동護法運動의 서막이 열렸다. 이는 나중의 이야기다.

대세가 안정되었지만 일본에서 세상을 떠나다

대세가 안정되자 량치차오는 외국여행 문제를 고려하기 시작했다. (1916년) 7월 15일 남방 군무원이 해체를 선언했다. 돤치루이는 줄곧 대총통이 되려는 야심을 품고 있었지만 자신의 역량이 부족함을 알고 잠시 몸을 굽혀 내각총리에 취임할 수밖에 없었다. 그는 일찍부터 「중화민국 임시약법」 회복과 국회 복원에 반대해왔다. 그러나 다수인의 의지를 위반할 수 없어서 타협적인 방법으로 리위안훙의 대총통 계승, 국회 복원, 「임시약법」 회복을 수용해야만 했다. 8월 1일 국회가 다시 열렸고 리위안훙은 정식으로 대총통에 취임했다. 베이징에서는 또 각 당파가 참여하는 연합정부가 구성되었다. 10월 30일 국회에서는 펑궈장을 부총통으로 선임했다. 그러나 정부는 실제 권력을 돤치루이가 장악하고 있어서 그야말로 명실상부한 북양정부라고 할 만했다. 량치차오는 윈난봉기 초기에 한 약속 즉 "봉기에 성공하면 우리는 어떤 지위도 맡지 않고 우리의 학문에만 전념하겠다"는 약속을 현실화하기 위한 준비활동을 하고 있었다.(『량치차오합집·문집』 제39권, 91쪽) 당시 그는 이미 정치에 다소 실망감을 느끼고 항상 친구들에게 보낸 편지에서 "정신의 고통이 아마도 더욱 심해진 듯합니다"라고 토로했다.(『량치차오 연보 장편』, 792쪽) 심지어 그는 이렇게 생각하기도 했다. "이후로 이러한 고통이 아마도 갈수록 심해질 터인데 그럼 우리는 남아메리카나 남아프리카로 망명하는 것 외에는 스스로 목숨을 보전할 수 없을 것입니다."(앞의 책, 793쪽) "형세가 더욱 험악해지는 가운데 지금 만약 이처럼 위험한 상황에서 『악호촌惡虎村』[19]이나 수렴동水簾洞[20] 같은 극본의 한 각색을 연기해야 한다면 이 얼마나 고통스러운 일이겠습니까?"

량치차오는 상하이에 도착한 후 자신의 부친이 이미 (1916년) 3월 14일에 세상을 떠났다는 소식을 들었다. 이 일은 량치차오를 엄청난 고통 속에 빠뜨렸고 결국 그가 정치를 떠나는 큰 이유로 작용했다. 량치차오는 당장 군무원과 각 도독 사령부에 전보를 띄워 자신이 맡고 있는 모든 직무에서 사

---

19 중국 청나라 때 출간된 전통소설. 탐몽도인貪夢道人이 지은 『시공안施公案』 중 제64회에서 제68회까지의 내용을 독립시킨 것이다. 『삼의절교三義絕交』 또는 『강도현江都縣』이라고도 부른다. 복천조濮天雕, 하천보賀天保, 무천규武天虬, 황천패黃天霸가 탐관오리와 대적해 싸우는 내용이다.
20 『서유기西遊記』에 나오는 손오공孫悟空의 고향. 손오공은 화과산花果山의 돌에서 태어나 수렴동에서 원숭이왕猢猻王이 되었다. 신통력을 익혀 제천대성齊天大聖이라 칭하고 용궁과 지상과 하늘나라를 횡행하며 악행을 일삼았다. 이후 석가여래에게 사로잡혀 오행산五行山 바위에 갇혔다가 삼장법사에게 구조되어 함께 불법을 구하러 서역으로 간다.

직하겠다고 했다. 8월 10일에는 기자들에게 회견문을 발표하고 자신의 심정을 토로했다. 그 자리에서 기자가 물었다. "샹청[위안스카이] 서거 후 시국이 급변해 국민이 선생님에게 거는 기대가 매우 큽니다. 선생님께서는 상례의 예법을 지키느라 외부 일에 관여하는 일이 드무신데 이 때문에 국민의 불만과 원망에서 벗어나지 못하시는 듯합니다." 량치차오는 다음과 같이 대답했다. "이 비루한 사람이 불행하여 슬프게도 부친상을 당했습니다. 상례 기간 100일 동안 마침 국운이 중단되었다가 다시 이어지는 시기를 만났지만 제 힘을 그리 많이 쓸 수 없어서 진실로 유감으로 생각합니다." 기자가 또 물었다. "부친의 상례가 이미 100일을 넘은 듯합니다. 선생님 몸에 국가의 안위가 달렸으니 선생님께서는 이처럼 위급한 시절에 옛날 예법에만 지나치게 얽매어서는 안 될 듯합니다." 량치차오가 대답했다. "상을 당한 지 77일 만에 비로소 부친께서 돌아가셨단 소식을 들었습니다. 제가 직접 탕약을 올리지도 못했고 염을 하는 것도 지켜보지 못했지요. 그 죄과도 이미 용서받을 수 없는데, 이 구구한 100일 동안조차 애도의 정을 다할 수 없다면 진실로 인간이라 할 수 없을 것입니다." 기자가 여전히 추궁했다. "100일 후 선생님의 진퇴에 대해 알고 싶습니다. 지금 시국이 매우 어려운 상황이므로 선생님께서 정국 밖으로 몸을 빼실 수는 없을 듯합니다." 량치차오는 자기 계획을 다음과 같이 밝혔다. "이 비루한 사람의 정치생활도 벌써 20년이 되었습니다. 갑자기 완전히 정계를 떠나기는 불가능한 일이겠지요. 그러나 입헌국의 정치 업무는 본래 정부 당국에 국한되어 있지 않고, 재야에도 정치가가 절대 드물지 않습니다. 따라서 정부가 펼치는 정책에 응분의 지원과 도움을 주기도 하고 응분의 감독과 교정을 행하기도 합니다. 이것이 재야 정치가의 책임입니다. 비루한 이 사람은 일찍부터 인재가 나라를 경영해야 한다는 학설을 견지하면서 사람들이 국가나 사회에 자기 능력을 발휘하려면 자신의 장기를 잘 이용하는 게 가장 좋다고 생각해왔습니다. 자문해보건대 만약 제가 언론계에서 정부를 보조하고 정부를 교정한다면 아직 단 하루라도 제 장기를 발휘할 수 있을 듯합니다. 이것을 정계로 나가 임무를 맡는 것과 비교해보아도 더욱 유익한 일일 듯합니다. 또 국내 대다수 국민은 정치적 지식이 부족하고 정치적 능력도 박약한데 사실이를 숨길 필요는 없습니다. 따라서 시급히 사회교육으로 절실한 공부를 시키지 않으면 헌정의 기초를 끝내 확립할 방법이 없습니다. 이러한 방법은 너무 멀리 에돌아가는 듯하지만 맹자가 말한 것처럼 '7년 묵은 병을 고치려면 3년 말린 쑥을 구해야 하는데, 진실로 미리 비축해두지 않으면 종신토록 병을 고칠 수 없다七年之病, 求三年之艾, 苟爲不畜, 終身不得'는 경우와 같습니다. 저는 수년 동안 정계 공기의 자극을 깊이 받으면서 이러한 사회교육의 필요성을 더욱 절실하게 느꼈습니다. 세상을 떠난 친구 탕줴둔은 누차 나에게 만사를 벗어던지고 오로지 이 일에 종사하라고 권유했습니다. 오랫동안 그의 가르침을 따를 수 없어서 제 마음이 매우 부끄러웠습니다. 이번에 탕 군과 동행해 천신만고 끝에 광시로 들어가 난닝에서 헤어질 때 밤새도록 마음을 터놓고 이야기를 나누었습니다. 탕 군은 이때도 군사 일이 조금 안정되면 마땅히 사회교육에 헌신해야 한다고 역설했습니다. 헤어진 지 며칠 만에 탕 군은 결국 하이주에서 순국했습니다. 세상을 떠난 친구의 유언을 어찌 오래 배반할 수 있겠습니까? 얼마 전 계획한 일을 찬란하게 밝힐 수 있다면 공자께서 말한 바와 같이 이 또한 정치라 할 수 있을 것입니다."
(『음빙실합집·전집』 제33권, 132~133쪽)

량치차오는 기자회견을 아주 잘했고, 위 언급도 정감과 이치에 모두 맞아떨어졌다. 그러나 실제로 그는 한동안 정계를 완전히 벗어날 수는 없었다. 당시 형세와 이념이 그에게 완전한 은퇴를 허락하지 않았다. 게다가 량치차오의 마음속 깊은 곳에는 돤치루이에 대한 비현실적인 환상이 아직 남아 있었다. 또 차이어에 대해서도 량치차오는 더욱 큰 희망을 품고 있었다. (1916년) 7월 6일 차이어는 쓰촨 독군督軍 겸 성장省長에 임명되었다. 량치차오는 차이어에게 그 직위를 받아들이라고 여러 번 권유했다. 왜냐하면 그가 볼 때 "한 성에 의지하지 않고서는 절대로 구국의 초심을 달성할 수 없기" 때문이었다.(『차이어집』 2, 1445쪽) 그는 심지어 차이어가 다이칸·루룽팅과 일체를 이루어 자신들 파당의 강력한 후원 세력이 되어줄 수 있을 것으로 상상했다. 그러나 차이어의 병이 매우 심각한 상태로 악화되어 있었다. 차이어는 6월 28일 량치차오에게 전보를 보내 병의 증세 및 당면한 어려움을 아래와 같이 호소했다.

제 목병喉病은 작년 겨울 베이징을 떠나기 이전부터 치료할 여유가 없어서 지금은 이미 고질이 되었습니다. 전문 의원에서 조속히 치료하지 않으면 치료 효과를 볼 수 없을 듯합니다. 본래 생각은 당일 바로 임무를 벗어던지고 표연히 먼 곳으로 떠나 한편으로는 제 약속을 이행하고 또 한편으로는 병을 치료하고 싶었습니다. 그러나 군영에서 여러 차례 회의를 한 결과 여럿이 제가 떠나는 걸 막았습니다. 지금 전군全軍의 상황과 선후 각 사무를 살펴보니 모두 부서의 안정을 기다리고 있습니다. 이러한 때에 진실로 차마 소매를 떨치고 떠나기가 어렵습니다. 제가 직접 거느리고 있는 쓰촨과 구이저우의 군사를 제외하고도 윈난에 본래 3개 연대梯團가 있었고 근래에 새로 2개 연대가 도착해 모두 20개 대대가 되었습니다. 윈난에서 출병한 이래 겨우 윈난의 군량 두 달치만 갖고 왔습니다. 반년 동안 군수품 보급에 관해 후방에서는 털끝만큼의 지원도 해주지 않았습니다. 그리하여 몸을 가릴 군복이 없고 하룻밤을 새울 군량미도 없는 지경에까지 이르렀습니다. 매월 음식과 일상용품을 모두 이리저리 임시로 변통하며 어렵사리 날짜를 보내고 있습니다. 양쪽 군대가 대치해 전운이 무르익을 때는 적개심이 치열해져서 군수품이 풍부한지 부족한지에 대해서는 따져 묻지 않습니다. 지금 대세가 이미 결정되었으므로 위로 상금을 즉시 지급하지 않을 수 없고, 이전에 부족했던 군량미도 대략이나마 보충해서 지급하지 않을 수 없으며, 지방 유지와 백성에게서 이자를 붙여 빌렸던 빚도 기한에 맞춰 갚지 않을 수 없습니다. 이런 여러 일을 모두 제가 깨끗하게 정리하지 않으면 사람들의 마음을 안심시켜 우리의 신용을 온전히 할 수가 없습니다. 이상의 항목에 필요한 자금만도 모두 200만 위안이 넘습니다. 지금 저는 요원을 베이징으로 파견해 교섭을 진행하면서 중앙정부에 조속한 자금 지원을 요청할 생각입니다. (앞의 책, 1444쪽)

량치차오는 차이어의 급전을 받고 나서 사흘째 되던 날 바로 리위안홍과 돤치루이 등에게 전보를 쳐서 "앞당겨 방법을 강구해줄 것을 간청했다." 또 슝시링과 판위안롄에게도 전보를 보내 도움과 소통을 요청했고 상하이 중국은행과도 협상을 진행하며 "약간의 선지원금"으로라도 급한 불을 꺼주기를 희망했다.(앞의 책, 1444~1445쪽) 그러나 차이어가 필요로 한 선후지책善後之策은 줄곧 결실을 맺지 못한 가운데 그의 목병은 독일 의사 아미스에게 치료를 받고 나서 통증이 더욱 심해졌다. "음식을 삼키기 어려워졌고 목소리도 더 희미해져서 고초가 더욱 심해졌으며 정신도 위축됨을 느꼈다." (앞의 책, 1456쪽) 차이어는 이 기간 여러 차례 베이징 정부, 육군부, 리위안홍 대총통에게 전보를 보내 사직을 요청하고 장소를 바꾸어 치료에 전념하려 했다. 그러나 그의 요청에 신경 쓰는 사람은 아무도 없었다. 7월 19일 차이어는 탕지야오, 류셴스, 다이칸에게 전보를 보내 더욱 간절히 얘기했다. "만약 공 등이 아직도 저 차이어를 강제하여 세상에서 활동하도록 하시겠다면 제가 이제 시험 삼아 묻겠습니다. 지금 세계 어디에 벙어리가 정국의 흐름에 맞춰 일을 맡는 곳이 있습니까? 밍 공冀公[탕지야오]께서 이르기를 선후문제가 아직 다 해결되지 않아 결자해지의 책임이 여전히 우리에게 맡겨져 있다고 했습니다. 이는 참으로 지극한 말씀이라 할 수 있습니다. 그러나 소위 선후문제라는 것은 모두 해결하기 쉬운 일이지만 다만 개인의 권리를 증감하는 문제는 가장 방해를 받기 쉬운 일입니다." "근자에 윈난 성에서는 위안스카이가 죽은 후에도 출병하는 군사들에게 철수하라 하지 않았을 뿐만 아니라 여전히 계속 전진하라고 명령을 내렸으며, 아직 출병하지 않은 군사들에게도 기한대로 출병하라고 했다 합니다. 저는 진실로 어리석은 사람이긴 하지만 그 명령의 의미가 어디에 있는지 알지 못하겠습니다." 주의할 만한 가치가 있는 건 량치차오가 이 글의 매 글자마다 권점圈點을 치고 다음 같은 주석을 달았다는 점이다. "쑹 공[차이어]은 루저우와 쉬저우 사이에서 강적과 대치할 때 마치 설날을 기다리듯 윈난의 지원군을 기다리며 목이 쉬도록 호소했지만 혹시라도 호응해주는 사람조차 없었다. 그런데 위안스카이가 죽은 뒤에는 윈난의 북벌 대군이 날마다 출병

했다고 한다. 독자들께서 이 전보를 읽으시면 어떤 감상에 젖겠는가?"(앞의
책, 1461~1462쪽)

당시 량치차오는 밖으로 표현할 수 없는 수많은 말을 간직하고 있었으며, 여러 해 뒤에도 여전히 "차마 많은 말을 할 수 없다"라고 토로했다. 어쩔 수 없는 상황에서 차이어도 아픈 몸을 이끌고 부임할 수밖에 없었다. 그는 바로 베이징 정부에 전보를 쳤다. "삼가 중앙에서 맡겨주신 중책을 생각하고, 또 쓰촨 백성이 의지하는 성심을 유념해보니 이 보잘것없는 몸을 어찌 감히 아낄 수 있겠습니까? 이에 7월 21일 기한을 준수해 루저우에서 부임 길에 올라 신속하게 쓰촨 성으로 달려가서 부지런히 새로운 임무를 맡고 있습니다."(앞의 책, 1463쪽) 차이어는 8월 5일에 바로 「쓰촨 문무 관민에게 알리는 포고문布告四川文武官民文」을 선포하고는 비로소 정식으로 병가를 냈다. 그리고 뤄페이진에게 쓰촨 독군과 쓰촨 성장 직무를 대신하게 했다. 8월 9일에는 「쓰촨 부로父老와 고별하는 글告別蜀中父老文」을 짓고 나서 쓰촨을 떠나 상하이 여정에 올랐다. 그는 이때 시도 두 수 지었다.

초당사草堂寺**21를 배알하고**   **謁草堂寺**

금성錦城22에 음악 소리 얼마나 한가한가?   錦城多少閑絲管
세상에 전쟁 난 줄 아무도 모르겠네.   不識人間有戰爭
두보 선생과 더불어 쇠피리를 가로로 불며   要與先生橫鐵笛
한 시절 공화共和 노래를 연주할까 하노라.   一時吹作共和聲

---

21 쓰촨 성 청두에 있는 두보초당杜甫草堂.
22 쓰촨 성 청두의 별칭. 고대에 청두는 아름다운 비단 산지로 유명했다. 그 비단을 촉금蜀錦이라 했기 때문에 청두를 금성錦城 또는 금관성錦官城으로도 불렀다.

금강錦江24 물 따뜻한데 놀란 물결 치솟을 때　　　　錦江河暖濺驚波
파리하인巴里下人25 노랫소리 참고서 듣고 있네.　　　忍聽巴里下人歌
만강홍滿江紅26 한 가락을 내 감히 노래 부르며　　　敢唱滿江紅一闋
처음부터 옛 산하를 수습해보고 싶네.　　　　　　　從頭收拾舊山河

(앞의 책, 1477쪽)

시는 사람의 뜻을 말하고, 노래는 그 말을 길게 읊는 것이다. 이 두 수
의 시에서 우리는 당시 차이어의 심정을 어렵지 않게 느낄 수 있다. 차이어
는 8월 중순 청두를 떠나 상하이로 갔다. 또 오래지 않은 시점인 9월 초에
병을 치료하러 일본으로 떠났다. (1916년) 11월 8일 새벽, 차이어는 폐병 치
료에 효험을 보지 못하고 일본 규슈九州 후쿠오카의과대학의원福岡醫科大學醫
院에서 세상을 떠났다. 35세 생일을 아직 40일 남겨놓은 날이었다. 스타오
쥔이 당시 차이어 곁을 지키고 있었다. 그는 장샤오준에게 보낸 편지에서
차이어의 임종 상황을 다음과 같이 언급했다.

이 아우가 일본에 도착한 날 쑹포[차이어]의 병이 점차 좋지 않은 상황으
로 빠져들었습니다. 쑹포는 커 공克公[황싱, 자 커창克強]이 세상을 떠났다
는 소식을 이달(1916년 11월) 1일에 듣고 크게 상심해 이로 인해 설사를
더욱 심하게 하는 가운데 정신도 더욱 쇠미해졌습니다. 이 아우는 매일

23　쓰촨 성 청두 금강錦江(진장 강) 서안에 있는 누각. 명청대에 당대唐代 여류시인 설도薛濤를
기념하기 위해 세운 누각이다.
24　쓰촨 성 민장 강岷江의 지류. 청두 시 남쪽을 서쪽에서 동남쪽으로 휘감아 흐른다.
25　본래 하리파인下里巴人이라고 써야 옳다. 『문선文選』 권45 송 옥宋玉의 「초나라 왕의 물음에 답
하다對楚王問」에 '하리파인'은 초나라 민간에서 유행하는 통속 민요의 대명사로 나온다. 이와 반대
되는 고급 악곡은 '양춘백설陽春白雪'이라 했다. 하리下里는 시골 마을이고, 파巴는 쓰촨 성 동부와
충칭 일대를 가리킨다.
26　남송 악비岳飛가 지은 사詞. 사는 당나라 때부터 유행한 민간 악곡으로 특히 송나라 때 유명
한 작품이 많이 지어졌다. 그중 악비의 「만강홍·노발충관滿江紅·怒髮衝冠」은 금나라에 뺏긴 강산
을 다시 되찾자는 애국적 내용으로 후세인들에게 깊은 감동을 주었다.

얼굴을 보았지만 점차 말조차 할 수 없게 되었습니다. 초닷새와 초엿새에 증세가 위험한 상황으로 치달아 초엿새에 주사를 놓았고, 초이레에 정신이 잠깐 맑아졌습니다. [쑹포] 스스로 말하기를 며칠간 좀 위험했는데 오늘은 많이 좋아졌다고 했습니다. [쑹포는] 밤이 되자 상하이로 편지를 보내 행인로杏仁露[행인차杏仁茶]를 좀 사달라고 부탁했습니다. 10시경에 기침을 심하게 하며 눈동자가 굳어졌고 주사를 놓은 후 좀 안정되었습니다. 8일 오전 1시에 또 가래가 막혀 호흡이 끊어졌고, 계속 가래를 빼내자 다시 호흡이 회복되었지만 이미 숨결이 매우 미약해서 인공호흡을 실시했습니다. 그러다가 조용히 눈을 감고 평화롭고 편안하게 세상을 떠났습니다. 유전遺電[유서 전문遺書電文]을 써달라 부탁할 때도 정신은 전혀 혼란하지 않았고 자신의 집안일에 대해서는 한마디도 하지 않았습니다. (앞의 책, 1508쪽)

차이어의 친한 친구 장바이리와 스타오쥔이 차이어의 임종 때 국회와 리위안훙 대총통에게 남긴 유서 전문을 기록해놓았다.

1. 우리 인민과 정부가 한마음으로 협력하여 희망이 있는 적극적인 정책을 채용하기 바랍니다.
2. 사람들의 의견은 대부분 자기 권리를 쟁취하기 위한 방향에서 나오는데 인민의 여망을 실천하려는 사람은 도덕으로 애국해야 합니다.
3. 이번에 쓰촨에서 전사했거나 힘을 바친 인원에 대해서는, 간절히 원하옵건대 뤄페이진 쓰촨 독군과 다이칸 쓰촨 성장께서 사실 관계를 잘 조사하여 위로의 포상을 해주시기 바랍니다.
4. 저는 목숨이 짧아 중화민국에 힘을 다 바치지 못했으니 박장薄葬[간단한 장례]을 부탁드립니다. (앞의 책, 1502쪽)

차이어가 병으로 세상을 떠났다는 소식이 국내에 전해지자 량치차오, 장바이리, 다이칸, 스타쥔, 탕지야오, 천빙쿤, 류셴스, 런커청, 뤼궁왕呂公

望, 뤼페이진 등이 분분히 베이징 정부 및 리위안홍 대총통에게 전보를 쳐서 다음과 같이 요청했다. "국장을 허락해주시고, 아울러 그의 사적을 사관史館으로 보내 열전列傳을 편찬해주십시오. 그리고 도성 및 그가 공을 세운 성省에 단독 사당을 세우고 동상을 안치할 수 있게 윤허해주십시오. 그리하여 국가 보훈의 큰 전례를 밝게 드러내어 후세 사람들의 모범으로 삼아주시길 부탁드립니다."(앞의 책, 1507쪽)

차이어의 영구는 일본에서 상하이로 운구되었다. (1916년) 12월 5일 상하이의 차이공치상사무소蔡公治喪事務所 동인들이 공식 장례를 거행했다. 량치차오는 제문 1편을 지었다. 이에 앞서 량치차오는 동생 량중처 및 딸 쓰순, 아들 쓰청 등과 개인적으로 차이어에게 제례를 올렸다. 그는 제문 말고도 또 다음 같은 만련輓聯을 지었다.

싫어하는 것에 죽음보다 심한 것이 있음을 아는 사람이라면,

知所惡有甚於死者

이 사람을 위해 애통해하지 않고 누구를 위해 애통해할 것인가?

非夫人之慟而爲誰

12월 13일 량치차오는 각급 요로에 있는 권력자들에게 전보를 보내 차이쑹포기념도서관蔡松坡紀念圖書館 건립을 제의했다. 오래지 않아 그는 또 친구 사이에서 차이공유고교양협회蔡公遺孤敎養協會를 발기하여 차이어 아들의 부양과 교육 책임을 맡았다. 량치차오의 서재 '음빙실飮氷室'에는 지금까지도 여전히 이 제자 차이어의 초상이 걸려 있다. 여기에서도 두 사람 사이의 깊은 정의情意, 특히 가장 사랑하는 제자를 잃은 량치차오의 고통을 엿볼 수 있다. 그러나 쑹포도서관은 당해에 완공되지 못했다. 상황 전개는 이러했다. "진실로 시사時事에 사건이 많고 자금을 모으기가 쉽지 않아 오래도록 완공할 수 없었다. 다만 상하이에 쑹사松社27를 설립하여 수시로 도서를 수집·구매하며 먼저 개관 준비를 했다."(『음빙실합집·문집』 제40권, 29쪽) 량치차오는 여기에 더해 차이어의 어린 아들을 위해 자금 모집 행사를 벌

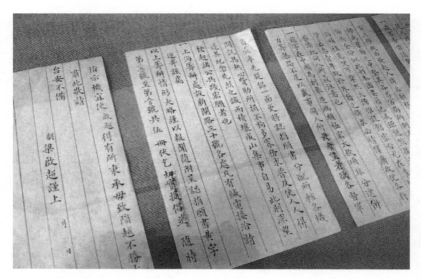

량치차오가 쉬스창에게 도서관 준비 상황을 소개한 편지. 1916년 11월 8일, 위안스카이를 토벌한 명장 차이어가 병으로 세상을 떠났다. 량치차오는 애통하고 애석한 마음을 금치 못했다. 12월 13일, 량치차오는 전국 각계 요로에 전보를 보내 차이쑹포기념도서관 건립을 제의했다. 톈진의 량치차오 기념관 소장.

렸지만 좋은 성과를 내지 못했다. 1920년 유럽에서 귀국한 량치차오는 베이징에서 쑹포도서관 건립에 착수했다. 2년 후 북양 정부에서 베이하이공원北海公園의 쾌설당快雪堂[콰이쉐탕] 및 시단西單 파이러우牌樓 스후후퉁石虎胡同 7호주택을 쑹포도서관에 희사해 전자를 제1관으로, 후자를 제2관으로 삼았다. 베이하이의 제1관을 한동안 개방할 수 없었기 때문에 우선 제2관을 1924년 6월에 개관했다. 그뒤 1925년 10월에 제1관까지 모두 개관했다. 시인 쉬즈모徐志摩도 일찍이 쑹포도서관 외국어부 영어 비서를 지낸 적이 있다. 쑹포도서관 장서 중 일부는 친구들이 기증한 것이고 또다른 일부는 도서관 자체에서 구입한 것이다. 제2관의 각국 신서新書는 전체 장서 중 가장 중요한 부분인데, 이는 저명한 장서가 양서우징楊守敬의 장서다. 북양 정부는 일찍이 1915년 7만여 대양大洋을 들여 양서우징의 장서를 구입했다. 량치차오가 1925년 3월 돤치루이에게 써준 문건에 근거해보면, 이 장서는

1918년에 이미 국무원이 쑹포도서관에 기증했음을 알 수 있다. 그러나 "국무원 직원이 우연찮게 목록을 잃어버려서 전체 도서를 모두 인수받지는 못했다"고 한다. 량치차오가 이 문건을 작성한 목적은 당년에 인수받지 못한 일부 도서를 회수하기 위해서였다. 그러나 당시 인수받지 못한 도서는 일찌감치 고궁박물원故宮博物院에 수장되었을 뿐만 아니라 줄곧 고궁의 유물과 운명을 함께하며 결국 바다를 건너 타이완으로 건너가게 되었고, 지금까지도 타이완 '고궁박물원'의 선본善本도서 서고에 보관되어 있다.(『역사의 또다른 모퉁이』, 73~76쪽)

쑹포도서관은 1949년 베이핑北平[베이징] 해방 후 베이핑도서관[지금의 중국국가도서관]에 병합되었다. 화베이인민정부華北人民政府 주석 둥비우董必武는 쑹포도서관 간사회 동인들에게 상장을 발급했다. "베이하이 쑹포도서관 간사회는 이번에 전체 장서를 국가에 기증했습니다. 또 간사회는 도서관 창립자의 뜻을 계승하여 20년 동안 경비가 부족함에도 불구하고 끊임없이 도서를 늘려왔습니다. 이러한 정신은 진실로 찬양받을 만하므로 이에 상장을 발급하여 아름다운 뜻을 드러내고 격려하는 바입니다." 그리하여 차이어와 관련된 일단의 역사가 마침내 막을 내리게 되었다.

27 쑹포[차이어]를 기념한다는 의미에서 단체 이름을 쑹사松社라 했다.

제15장

시대의 고난을 함께하다: 량치차오와 장바이리

량치차오는 차이어 소개로 장바이리蔣百里를 알게 되었다. 차이어가 일본사관학교에 입학해 군사교육을 받을 때 량치차오는 차이어를 매개로 장바이리와 친분을 맺었다. 장바이리는 량치차오와 뜻을 함께하는 벗으로, 군사구국軍事救國이라는 목적을 품고 있었다. 이 때문에 장바이리는 일본사관학교에 입학할 때 량치차오에게 도움을 청했다. 뒷날 량치차오는 장바이리모친 양씨楊氏 부인 묘지명을 쓸 때 자신과 장바이리의 관계를 이렇게 묘사했다. "치차오와 팡전方震[장바이리의 본명]은 20년 넘게 교유했다. 평소 거주할 때는 함께 공부하는 벗이었고 밖으로 나가서는 함께 여행하는 친구였다. 천하대사를 만나 환난을 함께했다."(『음빙실합집·문집』 제44권 상, 16쪽)

일본에 유학해 명성을 멀리까지 떨치다

장바이리는 저장 성 하이닝海寧 샤스 진硤石鎮 사람으로 이름은 팡전이고자는 바이리다. 광서 8년(1882)에 태어났다. 주치펑朱起鳳의 『고환재잡지古歡齋雜志』 필사본에 다음 기록이 있다. "(…) 바이리 장군은 예닐곱 살 때 『삼국지三國志』 이야기를 능숙하게 할 수 있었다. 조부가 매우 사랑하며 말하기를 '이 아이의 총명함은 그 아비보다 훨씬 낫다. 뒷날 틀림없이 벽을 뚫고 날아오를 것이다.'"(『장바이리 연보蔣百里年譜』, 2쪽; 『장바이리 평전蔣百里評傳』 부록 2,

장바이리(1882~1938)가 육군대학 대리교장직에 있을 때 부인과 함께 찍은 사진. 장바이리의 본명
은 팡전, 자는 바이리. 저장 성 하이닝 샤스 진 사람이다. 근대 저명한 군사이론가다.

250쪽) 주치펑은 『사통辭通』 편찬자다. 조부 주싱보朱杏伯는 그 고을의 명의
였고, 부친 장쉐랑蔣學烺은 일찍이 주싱보에게서 의학을 배웠다. 광서 24년
(1898) 장바이리는 수재秀才에 급제했다. 당시 신임 통상 현령桐鄕縣令 팡위팅
方雨亭이 장바이리에게 과거를 포기하고 실학을 공부하라고 권하여 마침내
장바이리는 항저우 구시서원求是書院에 입학했다. 광서 27년(1901) 4월 장바
이리는 모친과 이별하고 일본으로 건너갔다. 군사학교에 시험을 치러 붓을
버리고 무기를 잡을 작정이었다. 일본에서 동갑인 차이어를 알게 됐고, 또
차이어 소개로 량치차오를 알게 되어 량치차오를 스승으로 받들었다. 량
치차오의 보살핌으로 장바이리는 순조롭게 일본 세이조군사학교에 입학해
공부할 수 있게 되었다. 광서 30년(1904)에 그는 일본사관학교 병과로 진학
하여 더 심도 깊은 공부에 매진했다. 차이어, 장쭌구이, 장샤오준, 리례쥔

이 모두 당시 동창생이었다. 장샤오준은 후난 사람으로 나중에 후난도독부 군사청軍事廳 청장을 지냈다. 그는 이름이 그리 널리 알려져 있지 않지만 당시 일본사관학교에서는 차이어, 장바이리와 함께 '사관3걸士官三桀'로 일컬어졌다. 장바이리와 장쥔구이는 저장 사람으로 한 사람은 보병[장바이리]을 공부했고 한 사람[장쥔구이]은 기병을 공부했다. 당시 장타이옌은 이 둘을 칭찬하며 "저장의 두 장씨蔣氏가 국가와 성을 들었다 났다 할 것이다浙之二蔣, 傾國傾城"라고 했다.

광서 31년(1905) 장바이리는 보병과 1등으로 졸업했다. 제3기 전체 사관생도 중 수석을 차지해 일본 천황으로부터 지휘도를 하사받았다. 이는 일본 학생들이 영광스럽게 생각하는 일이었는데, 이제 한 중국 유학생에게 명예를 뺏겼으니 일본 학생 모두는 불만을 품고 장바이리를 크게 시기했다. 광서 32년(1906) 봄 장바이리가 귀국하자 구시서원의 은사 천중쉬陳仲恕가 그를 성징 장군盛京將軍 자오얼쉰에게 추천했다. 당시 각 지역에서는 모두 신군新軍을 편성하여 훈련시키고 있었다. 이때 자오얼쉰이 장바이리를 초청하여 성징독련공소盛京督練公所의 총참의總參議에 임명하고 신군의 훈련을 돕게 했다. 이 일은 구식 군대 출신 화이군익장准軍翼將 장쉰과 녹림綠林[1] 출신에게 인정을 받던 순방영통령巡防營統領 장쭤린張作霖의 근심을 야기했다. 그들은 신군 훈련이 잘되어 구군이 도태될까 근심에 싸였고, 마침내 그 일을 주관하던 장바이리에게 분노를 터뜨렸다. 당시 사태가 긴박해지자 천중쉬는 겨우 25세이던 장바이리에게 그곳 시비의 땅을 떠나 독일로 유학 갈 것을 권유했다. 그들은 자오얼쉰을 설득해 광서 32년(1906) 9월 20일 장더彰德에서 군사훈련을 끝낸 후, 자오얼쉰의 비준을 받아 1만 위안의 자금으로 장바이리, 장샤오준, 닝탸오위안寧調元을 모두 독일로 군사 유학을 보냈다. ―장바이리가 리샤오촨李小川에게 보낸 편지에 따르면, 장바이리는 9월 14일 우후蕪湖를 떠나 15일에 상하이에 도착해 20일에 일본으로 가기로 되어 있었다. 이 편지는 그가 우후를 떠난 이후 창장 강의 기선 위에서 쓴 것이다(『장바이리 연보』, 36쪽).― 유학 기간 장바이리는 독일군 최고사령관 파울 폰 힌덴부르크Paul von Hindenburg 원수의 인정을 받았고, 귀국 전날 밤에

는 독일의 저명 군사학자이며 『전략론』의 저자 빌헬름 폰 블루메Wilhelm von
Blume 장군을 방문했다. 그후 장바이리는 자신의 저서 『손자신석·연기孫子新
釋·緣起』에서 당시 상황을 이렇게 기록했다.

> 블루메 장군은 손으로 내 어깨를 어루만지며 말했다. "잘해보게! 자네
> 진실이 관철되길 바라네. 나는 나폴레옹의 이런 말을 들은 적이 있네.
> '백 년 후에 동방에서 군사전략가가 태어나서 옛날 가르침의 원칙을 계
> 승해 유럽 사람들의 큰 적이 될 것이다.' 자네가 잘해보게나!" 소위 옛날
> 가르침이란 바로 『손자孫子』를 말한다. (『장바이리 연보』, 255쪽)

장바이리가 귀국했을 때 청 왕조는 이미 망국에 가까이 다가가고 있어
서 한족에 대한 만주족의 배척이 가장 격렬한 시기였다. 당시 위안스카이
는 이미 군사권을 박탈당한 채 고향으로 돌아가 요양하고 있었고, 그 대신
새로운 만주 귀족 청년들 예를 들면 짜이타오·짜이쉰·량비 등이 군사 대
권을 장악하고 있었다. 량비는 일본사관학교 제2기 졸업생이었는데 후배
인 제3기 수석 졸업생 장바이리의 명성을 듣고 그를 오랫동안 흠모하고 있
었다. 이 때문에 장바이리가 귀국하자 그를 바로 자기 집으로 초청해 머물
게 하면서 자신이 관할하는 금위군禁衛軍에서 표통標統[연대장]직을 맡아달
라 요청했다. 그러나 장바이리는 일본에서 소대장급 위관尉官을 맡아보았고
독일에서는 중대장 견습활동을 한 적이 있기 때문에 자신의 경험에서 벗어
나지 않도록 관대管帶 즉 대대장직을 맡고 싶다고 했다. 아울러 그는 현임
윈난강무당雲南講武堂 총교습 리샤오촨을 육군부 군학사軍學司로 추천해 융
핑永平에서 진행될 가을훈련을 준비하도록 했다. 자오얼쉰은 선통 3년(1911)
둥3성 총독東三省總督2에 임명되어 선양瀋陽으로 돌아갔다. 그는 조정에 상

---

1 관官에 반대해 봉기한 무장 세력 또는 군벌. 화적이나 도둑의 소굴을 이르기도 한다. 중국 후한
말 왕광王匡, 왕봉王鳳 등 망명자가 녹림산綠林山에 숨어 있다가 도둑이 되었다는 데서 유래하는
말이다.
2 현재 중국의 동북3성 즉 랴오닝遼寧, 지린, 헤이룽장 지역의 정무를 총괄하던 최고위직.

소문을 올려 장바이리를 여전히 독련공소督練公所 총참의에 임명해줄 것을 요청했다. 청 조정에서는 그가 올린 상소문을 비준하여 파격적으로 장바이리를 2품 품계에 승진시켜 펑톈奉天으로 파견했다.

5년 사이에 만주 지방에는 이미 볼만한 신군이 조련되어 있었다. 장쭤린은 여전히 신군을 적으로 생각하고 있었지만 이미 신군 세력은 얕볼 수 없을 정도로 커져 있었다. 당시 펑톈 주재 방어군 제2혼성협混成協 협통協統 란톈웨이와 제20진鎭 통제統制 장사오쩡은 장바이리와는 사관학교 동창이었다. 장바이리가 부임한 지 오래지 않아 우창혁명武昌革命[신해혁명]이 폭발했다. 이 무렵 란톈웨이와 장사오쩡 및 옌지延吉에서 국경 업무를 맡아보던 우루전은 모두 선양에 있었다. 이들 셋은 모두 동맹회 동3성 주요 멤버였고, 장사오쩡은 일찍이 입헌파와 관계한 적이 있었다. 아울러 장사오쩡은 융핑에서 진행될 가을훈련 때 병력을 동원해 조정에 조속히 개혁정책을 시행하라고 압력을 가할 계획[롼저우병간灤州兵諫]을 세웠다. 량치차오는 (1911년) 7월 쉬친에게 편지를 보내 "9∼10월에 매우 기쁜 일이 있을 것"이라 알렸다.(『량치차오 연보 장편』, 554쪽) 그 일이 바로 우창봉기였다. 그러나 우창봉기는 매우 갑작스럽게 발생했기 때문에 그들은 전혀 예상조차 하지 못했다. 량치차오는 이번 기회를 적극적으로 이용하여 현 정세를 따라가야 한다고 했다. 그와 캉유웨이는 다시 한 가지 방안을 마련했다. 그 핵심은 바로 음력 9월 초8일(양력 10월 29일) 량치차오가 국내에 발송한 전문電文에 포함되어 있다. "북군北軍을 이용해 정부를 전복하고 즉시 국회를 개원해 혁명당을 위협·위무해야 나라를 구할 수 있지 그렇지 않으면 틀림없이 나라가 망하고 말 것이다."(앞의 책, 552쪽) 량치차오가 말하는 북군은 바로 란톈웨이, 우루전, 장사오쩡이 장악하고 있는 군대였다. 따라서 그는 9월 19일(양력 11월 9일) 다롄大連에 도착해서 다음 날 바로 야간열차를 타고 펑톈으로 갔다. 이때 우루전은 이미 위안스카이가 파견한 사람에게 암살되었다. 량치차오는 다급하게 란톈웨이와 장사오쩡을 만나보려 했지만 애석하게도 란과 장 두 사람은 이미 앞서거니 뒤서거니 베이징으로 들어간 뒤였다. 당시 베이징은 거의 정치적으로 공백 상태에 빠져 있었다. "도성은 텅

1911년 당시 우창혁명 총사령부. 1911년에 신해혁명이 폭발했다.

비어 사람이라곤 없었다. 구내각 각료도 모두 사직하고 국가 대사를 나 몰라라 했다. 그러나 신내각은 아직 구성도 되지 않았고 자정원 의원도 태반은 도망가서 회의를 열 수 없었으며, 황실 귀족도 서로 다투기만 할 뿐이었다. 따라서 궁궐에서도 혹시 다른 변란이 발생할까 날마다 황제의 피난을 준비하는 형편이었다."(앞의 책, 560쪽) 량치차오는 청 조정 내에서 자신들에게 불리한 변화가 발생할까 근심했고, 특히 혁명당이 그 빈틈을 노릴까 노심초사했다. 이 때문에 그는 여전히 란톈웨이와 장사오쩡이 도성 질서 유지에 가담해주기를 희망했다. 그는 위안스카이가 우루전을 암살한 뒤 장사오쩡의 병권을 해제했다는 사실을 모르고 있었다. (1911년) 9월 24일(양력 11월 14일) 란톈웨이도 자오얼쉰에 의해 면직되었고 동시에 장시로 강제 시찰을 하도록 추방되었다. 이때에 이르러 한 시기를 뒤흔든 '롼저우병간사건은 마침내 실패를 고하고 말았다.

하지만 당시 량치차오는 모험을 하려고 생각했다. 즉 장바이리가 약간의 군사를 제공할 수 있으면 그를 따라 베이징으로 진격할 희망을 품었다. 이전에 장바이리는 펑톈 자의국 의장 우징롄吳景濂과 펑톈 독립을 계획했지만 결국 성공하지 못했다. 량치차오는 펑톈에 도착한 뒤 즉시 장바이리에게 연락하여 그가 오랜 친구 자격으로 장사오쩡·란톈웨이 두 사람과 잘 소통해주기를 희망했다. 량치차오와 동행한 양웨이신은 여러 해 뒤 당시 상황을 이처럼 기록했다. "당시 장바이리는 자오츠산[자오얼쉰] 부대에서 참모장을 맡고 있었다. 량과 장은 여러 차례 만났는데 아마도 군대를 동원하려는 접촉 같았다—자세한 상황은 장바이리에게 물어봐야 한다. 이때 마침 탕줴둔과 뤼잉궁이 베이징에서 펑톈을 거쳐 다롄으로 와서 란톈웨이 등이 량치차오에게 불리한 활동을 하고 있으니 즉시 일본으로 돌아가라고 재촉했다. 이 때문에 그와 함께 배를 타고 일본으로 건너갔다." 량치차오는 9월 22일(양력 11월 12일) 딸 링셴에게 보낸 편지에서 이렇게 말했다. "빙秉 어르신[슝시링]께서 다롄에서 여러 번 전보를 보내왔다. 마지막에 또 전보를 쳐서 나더러 즉시 떠나라. 재촉하면서 잠시도 그곳에 머물러서는 안 된다고 했다."(앞의 책, 561~562쪽) 이러한 상황에서 량치차오는 베이징 진격 계획을 취소하고 암담한 마음으로 일본으로 돌아가지 않을 수 없었다.

오래지 않아 장바이리도 스승 천중쉬의 배려로 신속하게 만주를 떠나 베이징을 거쳐 남쪽으로 내려갔다. 당시 어떤 사람이 난징 임시정부에 장바이리가 일찍이 청 조정 금위군에서 관대를 지낸 적이 있다고 고발했다. 이 무렵 저장 도독 탕서우첸이 교통총장交通總長으로 옮겨가자 장쥔구이가 마침내 저장 도독 겸 민정장으로 추대되었다. 그는 부임하자마자 동창생 장바이리를 참모장으로 초빙했다. 장쥔구이도 개혁파와 아무 관련 없는 사람이 절대 아니었다. 일찍이 장타이옌은 장쥔구이와 장바이리를 칭찬하며 "저장의 두 장씨가 국가와 성을 들었다 났다 할 것이다"라고 했다. 이 두 동창생이 깊은 우정을 유지하고 있었음은 더 말할 필요도 없다. 또 장쥔구이의 부친 장즈유는 량치차오와 수족처럼 친하게 지내면서 함께 정문사를 발기하고 『정론』 잡지를 편집하여 입헌군주제를 고취했다. 1912년 2월 6일 차이어는 쑨중산과 황싱에게 전보를 보내 군사에 밝은 인재 장바이리를 추천했다. "장팡전 군은 동서양을 10여 년 유학하여 품행과 학술, 경험과 자질이 동서양 유학생의 으뜸이라 할 수 있으니 조속히 초빙하여 해내의 여망에 부응해야 합니다. 소문을 들으니 장팡전이 이미 펑톈에서 저장으로 귀향했다고 합니다. 그에게 참모부 총장이나 다른 중요한 군사 업무를 맡긴다면 그는 틀림없이 일의 강령을 잘 세워 넉넉하게 조치할 것입니다. 이는 중앙정부 입장에서도 훌륭한 인재를 얻는 경사이고, 또 앞으로 군국 대업을 추진할 때도 그에게 많은 도움을 받을 수 있을 것입니다."(『차이어집』 1, 435쪽) 차이어의 전보가 효력을 발휘한 듯, 2월 25일 육군총장 황싱은 각 신문사에 전보를 띄워 장바이리를 적극적으로 변호했다. "어제 신문에 장바이리가 매국노라는 대목이 있었습니다. 이는 특히 실제 사실과 다릅니다. 현재 남북이 통일을 추구하는 가운데 사람들이 모두 중화민국 건설에 온 힘을 다 바치는 상황에서 절대로 오랑캐에게 복종하려는 사람은 없습니다. 이전에 작은 허물이 있더라도 그것을 탓해서는 안 됩니다. 부디 이 사실을 신문에 게재하여 공도公道를 밝혀주시기 바랍니다."(『황싱 연보 장편』, 278쪽)

학교를 잘 운영하지 못하면 자살하겠다

장바이리가 저장에서 일한 시간은 그리 길지 않았다. 관료사회의 알력과 배척 때문에 1912년 7월 장쭌구이는 분연히 도독직을 사임하고 외국 시찰을 떠났다. 장바이리도 그를 따라 사직하고 고향으로 돌아가 독서와 저술에 전념했다. 오래지 않아 차이어가 그를 윈난으로 초청해 일을 맡기려고 했다. 민정청장民政廳長에 임명한다는 설도 있었고 민정장에 임명한다는 설도 있었다. 그러나 이 무렵 바오딩군교保定軍校에서 교장을 바꿔달라는 시위가 일어났다. 장바이리는 시종일관 군사 간부 훈련을 매우 중요시했고, 국가를 위해 헌신하는 군대 양성을 자신의 이상으로 삼고 있었다. 이 때문에 그는 바오딩군교의 교장직을 맡고 싶어했다. 당시 위안스카이도 진보당 당원을 끌어들일 방법을 강구하며 량치차오와 차이어의 명성을 빌려 국민당을 제압하려 했다. 그는 장바이리를 바오딩군교 교장으로 임명하여 량치차오와 차이어의 마음을 사로잡으려 했다.

1912년 12월 17일 장바이리는 차이어의 요청을 사양한 채, 소장 계급장을 받아 말을 타고 바오딩군교 교장에 취임했다. 타오쥐인은 『장바이리전』에서 이날 그가 부임하던 광경을 기록했다. "학생들은 그의 풍모와 자태가 구식 교장과 확연히 다르다는 사실을 발견했다. 한 백면서생이 황색 군복을 입고 군복 밖에는 붉은색 안감을 댄 망토를 걸쳤다. 허리에는 자루가 긴 지휘도를 차고 있었으며, 반짝반짝 빛이 나는 승마화를 신고, 몸집이 큰 말을 타고 있었다. 그 모습은 단정, 엄숙, 아름다움의 상징이었다."(『장바이리전』, 24쪽) 장바이리는 이날 학생들에게 다음 같은 훈화를 했다. "오늘 내가 이 학교에 부임하여 우리 학우들에게 두 가지만 이야기하고자 합니다. 하나는 정신에 관한 것이고 다른 하나는 교육에 관한 것입니다. (…) 내가 만약 내 직무를 제대로 수행하지 못하면 자살로써 나의 책임을 밝힐 것입니다."(앞의 책, 25쪽)

장바이리의 사상은 량치차오·차이어와 일맥상통했다. 그들은 모두 군대가 한 개인이나 한 당파의 도구로 전락하는 걸 깊이 우려했다. 구식 군인들은 오직 한 개인이나 한 당파에 충성을 바칠 줄만 알고 국가나 민족에 대한 관념은 거의 없었다. 이는 지극히 위험한 일이었다. 이 때문에 국가를 위해 헌신하는 군대를 양성하려면 반드시 군인의 인격 수양과 정신교육을 강화하는 부문에서 일을 시작해야 했다. 장바이리는 부임하자마자 모든 학생에게 자신이 서명한 량치차오의 저서 『중국의 무사도中國之武士道』를 증정했다. 이 책은 량치차오가 광서 30년(1904) 연말 일본이 러일전쟁에 승리해 전 세계의 주목을 받은 데 자극을 받아서 쓴 저서다. 량치차오는 이렇게 말했다. "그들이 강성하게 된 원인을 고찰해보니 모두들 일본 고유의 무사도 때문이라 했다." 그러나 량치차오는 소위 무사도가 절대 일본의 전유물이 아니라고 보았다. 그는 "우리 중국에도 무사도가 있었지만 존중할 줄 몰라서 소멸되고 말았다"라고 주장했다. 그리하여 그는 중국의 '무사도'를 발양하고자 다음 같은 목적에서 이 책을 쓴다고 밝혔다. "이 책을 써서 우리 종씨의 가보로 삼아 자손들에게 읽히고자 한다. 오늘 이후 나는 우리 나라의 상무 기풍이 수천 년 영락했다가 이제 장차 부활하여 우리 민족을 침체의 늪에서 떨쳐 일어나게 하고 다시 한번 영광스러운 지위로 날아오르게 할 수 있으리라 믿는다." 당시에 장즈유와 양두도 이 책에 서문을 썼다. 그들은 "의협심으로 죽음을 무릅쓰고 나라의 기풍을 열렬하게 바꾸는 일"을 중시했고, 이는 절대 "한 개인이나 한 가문의 사사로운 은원관계에 달린 문제가 아니라고"했다. 이러한 풍속이나 기풍은 중국에서도 종래에 부족하지 않았다. 그러나 중국인에게는 국가 재난에 재빨리 대처하면서 천하를 구제하고 민족을 보존하는 정신, 다시 말해 국가의 부강과 공공의 대의를 추구하는 정신이 결핍되어 있었다. 이처럼 사욕을 위한 투쟁에는 용감하면서 공익을 위한 싸움에는 비겁한 민족성이 바로 중국의 무사도가 일본의 무사도에 미칠 수 없는 점이라 할 수 있다. 당시 장바이리가 이 책을 모든 학생에게 증정한 목적도 아마 맹자가 제 선왕齊宣王에게 경계한 바와 같이 "공익을 위한 큰 용기를 좋아해야지 사욕을 위한 작은 용기를 좋아해서는 안된다"는 소망을 밝힌 것이라 할 수 있다.(『음빙실합집·전집』 제24권, 2~4쪽)

그러나 장바이리는 바오딩군교 교장이란 직위를 겨우 6개월여를 유지하는 데 그쳤다. 그가 바오딩군교를 잘 꾸려가려던 계획은 현실 정치 환경에서 실현할 방법이 없었다. 그는 이 과정에서 목숨을 잃을 뻔한 위험에 처하기도 했다. 당시 기자 신분이었던 타오쥐인은 바오딩군교 교장실 사환 스푸史福가 진술한 당일 밤 일을 아래와 같은 기록으로 남겨놓았다.

교장께서 베이징에서 돌아오신 날은 민국 2년(1913) 6월 17일이었습니다. 그곳에 부임한 지 꼭 반년이 되었습니다. 그분은 평소 성격이 아주 온화하신데 그날은 안색이 매우 좋지 않았습니다. 나[스푸]는 감히 이러쿵저러쿵 물어볼 수가 없었습니다. 나더러 저녁에 먹을 갈라고 하셨고 먹을 다 갈자 손을 휘저어 나가라 하시고는 안에서 문을 잠갔습니다. 그러나 등불은 끄지 않고 취침에 드셨습니다. 나는 무슨 일이 발생했다고 의심이 들었습니다.

내가 문틈으로 들여다보니 그분은 맥주를 마시며 편지를 쓰고 있었습니다. 나는 미심쩍은 마음에 그곳을 떠날 수도 없었고 그렇다고 감히 문을 두드릴 수도 없어서 문간에 기대 졸면서 새벽까지 기다렸습니다. 그분은 나더러 신호병에게 집합 명령을 전하라 하셨습니다. 나는 그분의 정신이 상쾌해진 것을 보고 하룻밤을 새우는 동안 가슴 가득한 화가 풀어진 것이라 생각했습니다.

타오쥐인은 또 이렇게 기록했다.

18일 아침 다섯 시에 전교 교직원 및 학생 2000여 명이 상무당 앞에서 교장 긴급훈화를 들었습니다. 학생들은 몰래 쑥덕거리며 "교장 선생님께서 방금 베이징에서 돌아오셨는데 오늘 서둘러 전교생을 소집해 긴급훈화를 하는 걸 보니 특별한 일이 생긴 게 틀림없다"고 했습니다. 이윽고 교장께서 군복을 입고 지휘도를 찬 채 걸어 들어오시는 게 보였습니다. 권총을 주머니에 감추고 침통하고 낮은 목소리로 훈화를 하셨습니다. "내가 처음 본교에 부임했을 때 여러분에게 이런 가르침을 내렸습니다. '나는 여러분이 해야 할 일을 여러분이 반드시 하도록 요청합니다. 여러분도 교장인 내가 해야 할 일을 내가 반드시 하도록 바랄 것입니다. 여러분이 해야 할 일을 하지 못하면 내가 여러분을 처벌할 것입니다. 교장인 내가 해야 할 일을 하지 못해도 내가 나 자신을 처벌할 것입니다.' 지금 상황을 살펴보면 여러분은 모든 일을 아주 잘 수행했고 나에게 미안한 일을 하지 않았습니다. 나 자신만이 교장의 책임을 다하지 못했으니 내가 여러분에게 미안합니다."

학생들은 교장 선생님의 안색이 창백해지는 것을 보고, 또 모호하고 두서없는 그분의 말씀을 듣고 잠시 생각의 갈피를 잡을 수 없어서 모두 조마조마하게 부동자세로 꼼짝 않고 서 있었습니다. 그분은 계속해서 말씀하셨습니다. "내가 책임을 다하지 못했으니 사직해야 하지만 중국 사정은 가는 곳마다 이와 같을 뿐입니다. 이곳에서 통하지 않는 일은 저곳에서도 통할 수 없습니다. 여러분! 동요하지 마십시오. 용기를 내어 중국 미래의 대임을 짊어지십시오!"

말씀이 느려지는 듯하더니 느닷없이 찢어지는 총소리가 여명 전 만 리 창공의 적막을 깨뜨렸습니다. 그때 학생 류원다오劉文島가 외쳤습니다.

"교장 선생님께서 자살하셨다!"(『장바이리전』, 26~27쪽)

장바이리 자살사건은 조야를 진동시켰고 바오딩군교 모든 교원과 학생의 정신을 흥분시켰다. 차이어와 슝시링 등은 즉각 베이징 정부에 전문을 띄우고 이 사건의 사유事由를 조사해 책임을 추궁해줄 것을 요청했다. 장바이리는 다행히 총알이 늑골을 관통하여 허파 끝을 스쳤기 때문에 치명상은 아니었다. 일본 군의관 히라도平戸의 치료와 간호사 사토 야코佐藤屋子의 정성 어린 간호에 힘입어 장바이리의 상처는 아주 빠르게 회복되었다. 이 기간 그는 자기도 모르는 사이에 애정의 소용돌이로 빨려들어 이 타국 여인의 사랑을 받으려고 했다. 그의 끊임없는 노력으로 사토 야코는 마침내 장바이리의 쮀메이左梅 부인이 되었고, 이후 그와의 사이에서 다섯 딸을 낳았다. 쮀메이는 장바이리가 그녀에게 지어준 이름이다. 장바이리는 매화를 좋아해 그녀의 이름에 메이梅 자를 넣었다고 한다.

량과 장이 낙담해 함께 정치 소용돌이에 말려들다

상처가 나은 뒤 장바이리는 더이상 바오딩군교의 교장직을 맡지 않고 총통부 소속 군사처軍事處의 참의參議라는 한직을 맡았다. 그는 먼저 톈진에서 3개월을 휴양하고 베이징으로 돌아갔다. 차이어도 이 무렵 윈난 도독직을 사임하고 베이징에 와 있었다. 량치차오는 먼저 사법총장직을 사임하고 다시 화폐국 총재직까지 사임한 뒤 국민교육에 종사할 마음을 품고 있었다.

이들 셋은 함께 모여 현안문제를 상의했다. 장바이리도 항상 글을 지어 량치차오가 주관하는 『용언』과 『대중화잡지』에 발표했다. 그는 또 위안스카이 요청에 응하여 『손자천석孫子淺釋』을 쓰고 단락을 나누어 『용언』 잡지에 연재했다. 오래지 않아 위안스카이가 황제가 되려는 야심을 갈수록 심하게 드러내자 량치차오와 차이어는 위안스카이 반대 운동을 발기하여 텐진의 량치차오 자택에서 비밀리에 실행 계획을 모의했다. 장바이리도 막후에서 이 모의에 참여했다. 차이어와 량치차오가 앞서거니 뒤서거니 남하하자 장바이리도 기회를 틈 타 베이징을 떠나 상하이로 갔다. 그후 또 량치차오를 따라 홍콩으로 갔다가 다시 광시로 들어갔다. 1923년 장바이리의 모친 양씨 부인이 세상을 떠나자 장은 량치차오에게 모친 묘지명을 부탁하면서 다음 같은 경력을 언급했다. "지난날 국난을 회고해보면 함께 홍콩의 선박 속에 숨어 있었던 적도 있습니다. 선생님께서 집으로 편지를 쓰실 때 저는 눈물이 흘러내려 옆에 있을 수가 없어 몰래 그곳을 피해 혼자 울었습니다. 지금 또 몇 년이 흘러 저도 부모님을 모두 잃은 사람이 되었습니다. 저는 이제 선생님이 안 계시면 귀의할 데가 없습니다. 제 어머니도 선생님이 안 계시면 그 행적을 전해줄 사람이 없습니다. 저를 아껴주시는 마음만 믿고 감히 묘지명을 부탁드립니다."(『음빙실합집·문집』 제44권 상, 16쪽)

위안스카이가 (1916년 6월) 갑자기 사망한 이후 국내 정세는 급전직하의 상태로 빠져들었다. 호국군의 포연이 아직 다 가시지도 않은 상황에서 요란한 징소리와 북소리가 울리는 가운데 새로운 권력투쟁의 서막이 오르고 있었다. 1916년 7월 6일 신임 총통 리위안홍은 차이어를 쓰촨 독군 겸 쓰촨 성장에 임명한다고 선언했다. 이 무렵 차이어의 목병은 이미 상당히 위중한 상태로 악화되어 의사도 그에게 쓰촨을 떠나 상하이나 일본으로 가서 치료에 전념하라 권했다. 차이어는 새로운 직위를 고사하며 장바이리에게 전보를 보내 군대의 선후문제善後問題를 상의하기 위해 쓰촨으로 오라고 요청했다. 장바이리는 광저우에서 상하이로 돌아가 아내 쥐메이를 맞아서 친정 식구를 만나라고 일본으로 보냈다. 그후 장바이리는 변장한 채 창장 강을 거슬러올라 쓰촨으로 직행했다. 장바이리는 차이어와 만난 후 차이어의 병세가 매우 심각함을 알고 더이상 치료를 늦추어서는 안 된다고 생각했다. 8월 5일 차이어는 「쓰촨 문무 관민에게 알리는 포고문」을, 8월 9일에 또 「쓰촨 부로父老와 고별하는 글」을 발표했다. 그는 쓰촨을 떠나 병 치료차 상하이로 갈 준비를 했다. 쓰촨 독군 및 쓰촨 성장 직은 뤄페이진이 그 업무를 대신하게 되었다. 전해오는 말에 의하면 차이어가 장바이리를 초청하여 독서참모장督署參謀長 겸 대리독군代理督軍에 임명하려 했다고 하지만, 차이어가 베이징 정부 리위안홍이나 돤치루이에게 보낸 전문電文에는 이와 관련된 사실을 찾아볼 수 없다. 아마 떠도는 말에 불과한 듯하다. 이후 차이어가 병으로 세상을 떠날 때까지 장바이리는 줄곧 그의 곁을 지켰다. 임종 당일 차이어의 행동은 다음과 같았다. "차이어는 간호사에게 억지로 자신을 부축해 일으켜달라고 한 뒤 창가에 기댄 채 일본 비행기가 비행 연습 하는 광경을 아득하게 바라보다가 또 큰 자극을 받았다. 그는 장바이리를 돌아보며 말했다. '나는 조만간 자네들과 이별해야 하네. 우리가 마음먹은 국방 건설은 아직 손도 대지 못했네. 현대전은 평면전에서 입체전으로 전환하고 있는데 우리 나라는 또 몇 해를 낙후상태에 처해 있어야 할지 모르겠네. 나는 밖에서 전투를 하다가 죽지 못한 게 죽으면서도 여한으로 남아 있네.'"(『장바이리전』, 44쪽) 장바이리는 그 말을 듣고 가슴이 찢어지는 듯했다. 그는 리위안홍에게 보낸 전보에서 이렇게 말했다. "차이 공은 비록 전장에서 죽지 못했지만 기실 전사자와 같은 사례에 해당합니다. 임종 때 그는 변경에서 전사하여 자신의 시체가 말가죽에 싸이지 못한 게 한스럽다고 했습니다. 그의 정情도 정말 애절하고 그의 뜻도 기념할 만합니다."(『차이어집』 2, 1507쪽)

량치차오는 자기 임무를 완수한 뒤 은퇴하라는 허락을 받고 상하이에 도착했다. 그곳에서 그는 자신의 부친이 이미 (1916년) 3월 14일에 세상을 떠났다는 소식을 들었다. 슬픔이 극에 달한 량치차오는 당장 군무원과 각 도독사령부에 전보를 쳐서 자신이 맡고 있는 모든 임무에서 사퇴하겠다고 요청했다. 그는 본래 정계에서 물러나 오로지 사회교육에 전념하면서 재야 지식인 신분으로 정부를 감독하고 교정하는 책임을 다할 생각이었지만 당시까지 기회를 얻기 어려웠다. 그는 8월 10일 기자회견을 통해 자신의 미래 구상을 언급한 적이 있다. 10월 11일 량치차오는 딸 링셴에게 보낸 편지에서 또 한 차례 "한두 가지 교육사업을 도모하고 있다"고 말하면서 다음 같은 생각을 밝혔다. "관직생활을 하면 진실로 인격을 해치기 쉽고, 나태함과 교활함에 익숙해지기 쉬우므로 끝내 안심입명安心立命하는 장소로 삼을 수 없다.(『량치차오 연보 장편』, 796쪽) 호국전쟁이 끝난 후 량치차오는 「국체전쟁 경력담」을 써서 차후 계획에 대해 언급했다.

> 톈진에서 차이 군과 함께 의거를 모의할 때 서로 약속했다. "지금 이 거사가 실패하면 우리는 모두 여기서 죽지 절대 망명하지 않는다. 다행히 승리하더라도 우리는 모두 은퇴하여 절대 조정에서 벼슬하지 않는다." 대체로 근래 국내에 서로 자신의 권리를 다투는 기풍이 극성하여 거사를 담당한 우리가 몸으로 직접 법칙을 세워 그 잘못된 기풍을 바로잡으려 했다. 또 나는 금후 중국의 큰 우환이 학문의 부진과 도덕의 타락에서 비롯될 것이기 때문에 사회교육 부문에서 통렬한 노력을 기울이지 않으면 나라 형세를 구제할 수 없다고 생각했다. 이 때문에 나는 이 부문에 몸을 바치려 했고 이 일이 정치보다 훨씬 더 중요하다고 느꼈다.
> (『음빙실합집·전집』 제33권, 147쪽)

차이어의 뒷일을 처리하기 위해 장바이리는 쓰촨으로 들어갈 생각이었다. 전하는 말에 의하면, 차이어는 생전에 량치차오와 상의하기를 자기 병이 나아 귀국하면 장바이리를 쓰촨 독군으로 추천해 쓰촨을 기반으로 서남 변방을 일으켜 세우게 하고, 자신은 베이징으로 가서 북양 군벌 개조 계획을 실행하겠다고 했다. 이것은 물론 그들의 소망에 불과했다. 쓰촨, 윈난, 구이저우 사이에 삼각 전쟁이 발발하여 다이칸과 장청리張承禮[야오팅耀亭]가 쓰촨 군부 류춘허우劉存厚 부대에 살해되자 그들의 계획도 안개처럼 흩어지고 말았다. 다행히 장바이리는 후난에서 차이어 묘지를 둘러보러 며칠을 머문 덕에 큰 참화에서 벗어날 수 있었다. 무사히 베이징으로 돌아온 장바이리는 낙담했다. 그는 리위안훙 총통부에 고문 직함을 걸어놓긴 했지만 실제로는 량치차오를 따라 학문 연구에 종사할 마음을 먹었다.

그러나 량치차오는 현실 정치를 벗어나려는 소원을 잠시 실현할 수 없었다. 그는 정계를 떠나고 싶었지만 여러 정치문제가 그에게 얽혀들어 뜻하지 않게 또 한 차례 정치 소용돌이 속에 빠져들었다가 결국 현실의 사나운 탁류에 휩쓸리고 말았다. 학문 연구라는 소망은 다시 뒤로 미뤄둘 수밖에 없었다. 그것은 처음에 리위안훙이 총통 지위를 계승하는 법적 근거가 무엇인가에서 출발한 문제에 불과했다. 즉 민국 원년(1912)의 구약법과 민국 2년 10월에 공포한 총통선거법을 근거로 삼을 것인가? 아니면 민국 3년 위안스카이가 반포한 신약법을 근거로 삼을 것인가의 문제였다. 신구 약법을 둘러싼 이 정치논쟁이 결국 1년 후에 벌어질 호법운동의 남상이 될 줄은 대부분 사람들이 예상하지 못했다.

량치차오는 자연스럽게 구약법과 국회의 복원을 주장했다. 그는 위안스카이 사망 소식이 발표된 다음 날 각각 돤치루이와 펑궈장 및 독립을 선언한 각 성 도독과 사령관들에게 전보를 보내 몇 가지 점을 반복해서 진술했다. 첫째, 부디 리위안훙 대총통이 곧바로 법률에 따라 취임하여 지엽적인 분란의 소지를 막도록 한다. 둘째, 북방의 군대를 안정시켜 질서를 유지하고 선후善後 대책을 기다린다. 셋째, 독립을 선언한 각 성은 돤치루이가 북방 정국을 수습할 때 고립되지 않게 지지와 도움을 보내야 한다. 넷째, 독립을 선언하지 않은 각 성과도 연락하여 의견을 통일하고 국회를 개원하도록 한다. 겨우 하루를 지나고 나서 그는 또 리위안훙 대총통에게 전보를 쳐서 특별히 다음과 같은 사실을 지적했다. "샹청[위안스카이]이 불법으로 제 욕심만 부리다가 천하의 여망을 잃었으니 지금은 가능한 한 그가 저지른 행태에 반대해야 합니다. 부디 명령을 밝게 내려 구약법의 효력을 회복하고 기한에 맞춰 국회를 소집하시기 바랍니다. 또 돤치루이 공에게 새로운 내각 구성을 위임하고 각파의 뛰어난 인재를 맞아들여 각료 서리로 임명한 후 함께 나라를 구제하시기 바랍니다. 그리고 황제제도帝制를 부추긴 수괴들을 징벌하지 않으면 세상 사람들에게 사죄할 방법이 없습니다. 청컨대 그 수괴들을 나누어 잡아들여 재판을 기다리게 해야 국민의 심기가 가라앉고 국민의 마음이 안정될 것입니다. 그런 연후에야 모든 개혁 업무에 착수할 수 있을 것입니다."(앞의 책, 54쪽)

그러나 돤치루이도 자기주장이 있었다. 그도 총통이 되고 싶은 생각이 없지는 않았지만, 총통으로 가는 길에 자신이 잠시 뛰어넘을 수 없는 두 큰 장애물이 있음을 분명히 알고 있었다. 첫째, 남방 호국군이 일찌감치 리위안훙을 위안스카이 후임으로 삼는다는 조건을 남북 화의의 선결조건으로 제시했기 때문에 리위안훙 말고는 어느 누가 총통직을 계승해도 호국군에서 허락하지 않을 것이고 그럼 남북통일은 더이상 입에 담을 수도 없게 된다. 둘째, 북양 군벌 내부에서 돤치루이의 위세는 위안스카이와 비교할 수 없을 만큼 형편없기 때문에 그가 만약 억지로 총통이 되려 하면 아마도 북양 군벌의 기타 세력들이 반대할 것이고 그럼 내란이 발생할 수밖에 없다. 장궈간의 회고에 의하면 위안스카이 사후 북양 군벌 내부에서 다음 같은 일이 있었다고 한다. "돤치루이는 막료들을 소집해 하룻밤을 꼬박 새우며 회의를 열고 부총통 리위안훙에게 총통직을 계승하게 할지 여부를 토의하게 했다. 돤치루이는 붓을 들고 밤새 고민하다가 좋은 생각이 나지 않자 결국 붓을 땅바닥에 팽개치고 이렇게 말했다. '좋다! 그를 맞으러 가자!'"(『돤치루이 연보段祺瑞年譜』, 98쪽)

돤치루이에게도 물론 자신만의 속셈이 있었다. 당시 그는 리위안훙을 총통으로 추대하려는 민심에 순응할 수밖에 없었다. 그러나 돤치루이는 리위안훙을 단지 과도 인물로 간주하고 잠시 그를 허수아비로 세운 뒤 대권은 자신이 장악할 작정이었다. 그는 이 같은 속셈을 갖고 있었기 때문에 당연히 국회를 열어 자신을 속박하려 하지 않았다. 그리고 민국 원년의 구약법을 복원하면 총통 업무가 모두 국회의 제재를 받기 때문에 대권을 혼자 휘두르려는 그의 입장에서는 국회가 장애물로 작용할 수밖에 없었다. 따라서 돤치루이는 구약법을 복원하고 국회를 소집하는 문제에서 줄곧 애매하게 시간을 끄는 태도를 보였다. 그러다가 (1916년) 6월 22일에야 전국에 전문電文을 띄워 민국 원년의 구약법 복원을 명확하게 반대하고 민국 3년의 신약법을 근거로 삼아야 한다고 주장했다. 그러나 돤치루이의 전문은 즉각 량치차오의 반박에 부딪쳤다. 량치차오는 6월 25일 돤치루이에게 전보를 보내 모호한 태도를 취하지 말고 즉시 민국 원년의 구약법을 복원하는 편이 좋을 것이라고 권고했다. 이날 또 상하이 주재 해군 총사령관 리딩신李鼎新, 제1함대 사령관 린바오이林葆懌, 연습함대 사령관 쩡자오린曾兆麟이 북양정부 해군부를 떠나 호국군에 가입한다고 선언하는 동시에 민국 원년의 구약법 복원과 국회 개원을 요청했다. 돤치루이는 이러한 상황에 직면하자 타협하지 않을 수 없었다. 그는 6월 29일 리위안훙 대총통 명의로 민국 원년의 「중화민국 임시약법」을 준수하겠으며 당년 8월 1일에 국회를 소집하겠다고 선포했다. 같은 날 또 돤치루이를 국무총리에 다시 임명한다는 대총통 명령이 내렸다. 이후 량치차오도 탕지야오 등 서남 지역 지도자들에게 가능한 한 빨리 군무원을 해산하라고 전보를 쳤고, 이에 군무원은 7월 14일에 해산 선포를 했다. (1916년) 8월 1일 베이징에서 국회가 소집되자 적어도 표면적으로는 중화민국 건국 후 두번째 남북통일이 실현된 것으로 보였다.

그러나 가지 많은 나무 바람 잘 날 없다는 격으로 약법과 국회 문제가 해결되자 새로운 문제가 다시 출현했다. 이전의 권력투쟁이 '약법'과 '국회'라는 깃발 아래 전개되었다면 지금은 이미 적나라한 나눠먹기와 빼앗기로 상황이 변모했다. 권력자들의 눈빛은 전부 독군과 성장 자리 쟁탈에 쏠려 있었다. 이러한 권력투쟁은 처음에 북양 군벌과 국민당 사이, 그리고 리위안훙으로 대표되는 '총통부'와 돤치루이로 대표되는 '국무원' 사이에서 발생했다. 그러나 국회에서는 연구계研究系 인사들이 모두 돤치루이 지지로 기울어 있었고, 국민당은 서로 상이한 몇몇 소단체로 분열되어 있었다. 이 소단체들은 각각 쑨중산의 중화혁명당 및 남방에서 독립한 각 성의 이익을 대표하고 있었다. 연구계는 물론 량치차오와 관련이 있지만 그 골간은 주로 1906년 이래 입헌군주제 운동 과정에서 량치차오와 힘을 합쳤던 관료 향신들이었다. 이들이 바로 뒷날 진보당 구성원이 되었다. 국회가 복원된 후 이들은 두 단체를 조직했다. 하나는 탕화룽과 류충유를 지도자로 하는 헌법토론회였고, 다른 하나는 량치차오와 린창민을 지도자로 하는 헌법연구회였다. 나중에 옛날 국민당파가 국회에서 다수 세력을 차지해 이 두 단체는 다시 연합해 헌법연구회라 통칭했지만 엄밀한 조직을 갖춘 정치단체는 결코 아니었다. 1927년 량치차오는 딸에게 이처럼 해명했다. "우리는 단체로서 엄밀한 조직을 갖추지 못했고, 친구들은 늘 자유롭게 활동하며 각자 자신이 옳다고 생각하는 대로 행동했다. 우리는 그들을 단속할 방법도 없었고 줄곧 단속할 생각도 하지 않았다. 다른 사람들이 보기엔 우리의 친구관계가 당파관계로 인식되었고, 개인행동이 당파행동으로 여겨지기도 했지만 우리는 변명할 방법도 변명할 생각도 없었다."(『량치차오 연보 장편』, 1111쪽) 량치차오의 이 말은 부분적으로 소위 연구계의 성격을 잘 설명해주고 있다.

당시 량치차오는 한편으로는 아직도 돌아가신 부친을 위해 예법을 지키고 있었고 다른 한편으로는 정계를 떠날 기회를 놓치지 않으려 했다. 그러나 그와 정치의 관계는 자르려 해도 자를 수 없었고 정리하려 들수록 더욱더 어지러워지는 듯했다. 그래서 그는 자주 직접 나서서 얼굴을 내밀고 자기 입장을 표명하지 않을 수 없었다. 1917년 1월, 돌아가신 부친을 위한 100일 상례를 끝낸 량치차오는 상하이를 떠나 베이징으로 갔다. 여정 도중에 난징과 쉬저우徐州에 들려 펑궈장과 장쉰을 방문했다. 하지만 공평하게 말한다면 량치차오는 당시에 돤치루이와 가깝기는 했지만 완전히 그에게 의지하지도 않았고 완전히 그의 편에 서지도 않았다. 량치차오는 여전히 돤치루이와 국민당의 관계를 화해시키는 데 진력할 생각이었다.

독일에 선전포고를 해야 하는가?

1917년 1월 31일 독일 정부가 각 중립국 정부에 2월 1일부터 무제한으로 잠수함 공격정책을 전개한다고 통지할 줄 누가 알았겠는가? 2월 3일 미국은 독일과 단교를 선언했고 아울러 중국 정부에 미국과 일치된 행동을 할지 문의했을 뿐 아니라 중국이 독일과 단교 이후 받을 부담을 감당할 수 있도록 중국 원조 방법을 강구하겠다고 했다. 2월 9일 리위안훙과 돤치루이는 공동으로 국무원 연석회의를 주재하면서 독일의 만행에 항의하고 미국에 답변서를 보내 그들과 일치된 행동을 할 것이라고 결정했다. 같은 날 독일 만행에 항의하기 몇 시간 전 돤치루이는 또 왕다셰를 일본공사관으로 보내 구두로 중국의 입장을 설명했고, 아울러 국무원 명의의 전보를 일본 주재 중국 공사 장쭝샹에게 보내 정식으로 일본 정부에 중국 입장을 설명하게 했다. 이러한 조치에도 불구하고 일본 정부는 불만을 품고 장쭝샹을 통해 베이징 정부에 두 가지 의견을 전달했다. 첫째, 중국은 독일을 향해 "즉시 국교 단절 선언을 해야 한다." 둘째, 대독對獨 외교 처리과정에서 중국이 보여준 미국 중시, 일본 경시 정책에 일본은 매우 불만이다.(『돤치루이 연보』, 111쪽)

실제로 유럽에서 제1차 세계대전 시작 이후 영국은 줄곧 중국이 연합국에 가입하기를 희망했다. 일본 정부는 당초 중국이 연합국에 가입하는 데 찬성하지 않았다. 왜냐하면 그들은 중국의 참전이 국제관계에서 중국 지위를 강화하고 중국의 대변자로서 일본의 지위를 약화시키는 것이라 인식했기 때문이다. 영국은 일본과 협상한 후 일본의 동의를 얻지 않고서는 중국과 전쟁 참여에 대한 회담을 개최하지 않겠다고 응낙했다. 그러나 미국은 제1차 세계대전의 기회를 빌려 중국에서 일본과 이익을 쟁탈하려는 계획을 세우고 돤치루이 정부를 통제하려고 시도했다. 미국은 이미 돤치루이 정부가 자신들과 일치된 행동을 하기로 승낙한 사실을 두고 자신들이 외교 방면에서 한 차례 승리를 거두었다고 인식했다. 그러나 일본이 이에 대해 항의하자, 일본과 줄곧 긴밀한 관계를 유지해온 돤치루이 정부는 미국을 멀리할 생각을 하지 않을 수 없었다. 2월 11일 돤치루이는 장쭝샹에게 전보를 보내 일본 정부에 다음과 같은 중국 정부의 조치를 전달하게 했다. '이후로는 이와 유사한 상황이 더이상 발생하지 않도록 보증하고, 모든 대독 조치는 성실하게 일본과 상의하여 시종 동일한 태도를 유지하도록 한다.' 일본 측에서는 이 조치에 '깊은 만족감'을 표시했다. 미국은 이렇게 되자 적극적 입장에서 소극적 입장으로 다시 바뀌었다. 더욱이 제1차 세계대전 참전 이후 더이상 중국을 돌아보기가 어렵게 되자 기꺼이 일본에 중국 참전을 재촉해달라고 요청했다. 그러나 미국 측의 이러한 입장 변화로 리위안훙을 영수로 하는 친미파는 의지처를 잃고 말았다. 애초 독일에 대한 그들의 항의가 주로 미국에 중국의 입장을 설명하는 행동이었다면, 지금은 일본이 미국을 대신하고 있어서 리위안훙 입장에서는 돤치루이를 따라 친일 노선을 걸을 생각이 없었다. 따라서 그는 말을 바꾸어 대독 단교 조치와 대독 선전포고에 반대할 수밖에 없었다. (1917년) 2월 28일 돤치루이는 전체 각료와 함께 리위안훙을 배알하고 대독 외교 방침을 설명하면서 국교 단교와 선전포고를 해야 할 뿐 아니라 연합국에 가입해야 한다고 주장했다. 리위안훙은 먼저 국회 동의를 얻어야 한다면서 대독 단교 조치는 아직 시기가 아니라고 했다. 3월 1일 돤치루이는 다시 한번 전체 각료와 함께 총통부로 가서 최고국무회의를 개최하면서 대독 단교 문제를 토론했다. 리위안훙은 여전히 대독 단교는 중대한 문제인 만큼 국회에서 다시 논의해야 한다고 주장했다. 3월 3일 돤치루이는 국무회의를 주재하고 대독 단교안을 통과시킨 후 다음 날 전체 각료와 함께 총통부로 가서 리위안훙에게 날인을 요청했다. 리위안훙이 거부하자 돤치루이는 마침내 그날 밤 분을 참지 못하고 톈진으로 떠나버렸다. 리위안훙은 먼저 장쭤빈蔣作賓, 탕화룽, 진윈펑靳雲鵬 등을 톈진으로 보내 돤치루이를 위무하려 했지만 효과가 없었다. 리위안훙은 돤치루이를 퇴직시키고 쉬스창을 내각총리로 그리고 왕스전王士珍을 육군총장으로 임명하려 했지만, 두 사람은 이 요청을 거부했다. 상황이 어쩔 수 없자 리위안훙은 다시 펑궈장을 톈진으로 보내 돤치루이에게 귀경을 요청했다. 이때 펑궈장은 세 가지 조건을 제시해 리위안훙에게 승낙을 받았다. 첫째, 총통[리위안훙]은 이번 국무회의에서 결정된 외교방침을 반대하지 않는다. 둘째, 총통은 국무원에서 시달한 명령서에 날인을 거부하지 않는다. 셋째, 총통은 각 성 및 각국 공사에게 보낸 전문에 이의를 제기하지 않는다. 3월 8일 귀경 후 돤치루이는 이미 리위안훙이 날인한 대독 단교 문서를 국회에 제출했다. 3월 10일 중의원에서 대독 단교 문서가 통과되었다. 다음 날 참의원에서도 통과되었다. 14일 베이징 정부는 대독 단교 문서를 선포했다. 원래 대부분의 독군督軍은 중국의 연합국 가입과 대독 선전포고에 반대했다. 돤치루이는 독군들의 의견을 통일하기 위해 4월 25일 베이징에서 독군단회의를 열고 그들에게 '대독 선전포고문'을 지지해 달라고 설득했다.(이상은 모두 『돤치루이 연보』)

(1917년) 5월 1일 국무회의에서 대독 선전포고 문제를 토론하던 도중 독군단 니쓰충倪嗣冲과 장화이즈張懷芝 등이 갑자기 난입해 국무위원들에게 대독 선전포고안을 통과시키도록 압력을 가했다. 돤치루이는 5월 3일 연회를 열고 국회의원을 초청해 대독 선전포고안이 잘 통과되게 힘써달라고 요청했다. 다음 날 독군단은 다시 연회를 열어 국회의원을 초청하고 동시에 리위안훙에게 대표를 파견했으나 리위안훙은 군인들이 정치에 간섭한다고 이들을 배척했다. 5월 10일 중의원이 회의를 열고 대독 선전안을 심사할 때 갑자기 공민청원단公民請願團, 오족청원단五族請願團, 베이징시민주전청원단北京市民主戰請願團, 군정상계청원단軍政商界請願團 등 소속 3000여 명이 중의원을 포위했다. 그들은 전단을 뿌리고 국회의원을 구타하면서 대독 선전포고안이 통과되어야 해산하겠다고 공언했다. 중의원은 회의를 중지하고 항의했고 대독 선전포고안은 이로 인해 논의가 보류되었다. 다음 날 외교총장 우팅팡伍廷芳, 사법총장 장야오쩡張耀曾, 농상총장 구중슈古鍾秀, 해군총장 청비광程璧光이 사직서를 제출했고, 교육총장 판위안롄도 뒤이어 사직서를 제출했다. 앞서 사직한 천진타오陳錦濤과 쉬스잉許世英까지 포함하면 이 무렵 내각에 남은 각료는 돤치루이 한 사람뿐이었다.

5월 18일 『영문 경보英文京報』에 돤치루이 정부가 일본과 체결한 중일밀약의 일부 내용이 폭로되었다. 그 내용은 다음과 같다. "거액의 1억 위안 차관 중 2000만 위안은 일본이 무기공장을 개조하는 일에 사용한다. 8000만 위안은 특별 신군을 모집하고 훈련하는 일에 사용한다. 중국은 상하이, 한양漢陽, 궁현鞏縣 세 곳의 무기공장을 일본에 양도한다." 국회의원들은 이 일로 더욱 분노하여 마침내 돤치루이를 타도할 결심을 하게 되었다. 이날 마침 중의원 정례회의가 열려 다음 내용을 결의했다. '현 내각은 겨우 총리 한 사람만 남아 있으므로 책임내각제를 실현할 수 없다. 이에 대독 선전포고안은 "잠시 논의를 연기해" 개각 이후 다시 토론하도록 한다. 독군단에서는 총통에게 국회 해산을 요청했지만 리위안훙은 요청을 거절했을 뿐만 아니라 5월 23일에는 오히려 자신이 서명한 명령문을 전달해 돤치루이의 국무총리직과 육군총장직을 파면했다. 돤치루이는 같은 날 공개 전문을 통해 리위안훙의 명령이 불법이라 질책했다. 북양 군벌들도 돤치루이에게 분분히 호응하며 리위안훙을 공개적으로 비난했다. 다음 날 장쉰은 리위안훙 대총통에게 전보를 보내 중앙이 법률 파괴에 앞장서고 있어서 여론이 울분과 과격으로 들끓고 있으므로 각 성은 자유행동을 할 수 밖에 없다고 했다. 안후이 성장 니쓰충이 먼저 공개 전문을 통해 독립을 선언하자, 뒤이어 산시 독군 천수판, 허난 독군 자오티趙倜와 허난 성장 톈원례田文烈, 저장 독군 양산더楊善德와 저장 성장 치셰위안齊燮元, 펑톈 독군 겸 성장 서리 장쭤린, 산둥 독군 겸 성장 서리 장화이즈, 헤이룽장 독군 겸 성장 서리 비구이팡畢桂芳, 즈리 독군 차오쿤과 즈리 성장 주자바오朱家寶, 푸젠 독군 리허우지李厚基, 쑹후 호군사淞滬護軍使 루융샹盧永祥, 제20사 사단장 판궈장范國璋 및 산시 독군 옌시산閻錫山 등이 분분히 중앙정부와 관계를 끊는다고 선언함과 아울러 아울러 톈진에 독립각성총참모처獨立各省總參謀處를 설립했다.

리위안훙은 이러한 상황에 직면해 손발조차 둘 데가 없어지자 할 수 없이 공개 전문을 발송해 독군들과 타협할 수밖에 없었고 아울러 장쉰에게 베이징으로 와서 사태를 조정해달라고 전보를 보냈다. 장쉰은 5월 30일 리위안훙에게 전보를 쳐서 자신이 북상해 사태를 조정하기 위한 조건 다섯 가지를 제시했다. "첫째, 국회해산. 둘째, 돤치루이 복직. 셋째, 헌법 논의에 독군 참여. 넷째, 군소 소인배 배척. 다섯째, 황제제도 지지당 대사면." 당시 리위안훙은 전혀 마음이 내키지 않았지만 어쩔 수 없이 장쉰이 내건 조건을 수락해야 했다. 그후 내각을 다시 구성했으나 아무도 지지해주지 않았고 각료를 퇴출하려 해도 퇴출할 수가 없었다. 그는 어쩔 수 없이 국회 해산에 동의해야 했지만 명령을 내린 후 그 명령서에 서명할 사람을 한 사람도 찾을 수 없었다.

이어서 장쉰에 의한 [황제 복위 사건인] '장쉰복벽張勳復辟'이란 일대 희극

만년의 장쉰(1854~1923). 장쉰은 장시 성 평신奉新
사람이다. 1917년 황제 복위 운동을 펼치다가 실패
한 후 톈진으로 도피했다.

이 발생한다. 이 희극은 개막도 빨랐고 폐막도 빨랐다. (1917년) 7월 1일 선
통제[청 마지막 황제 푸이]가 복위해 민국 6년 7월 1일을 선통 9년 5월 13일
로 바꾸었다. 돤치루이는 7월 3일 장쉰을 토벌하기 위한 공개 전문을 띄웠
고, 리위안홍은 황망하게 일본공사관으로 도피했다. 7월 12일 역적 토벌군
이 베이징으로 진격하자 변발군辮子軍은 투항했고 장쉰은 네덜란드공사관
으로 도피해 황제복위라는 한바탕 희극은 막을 내렸다. 이 변란의 최대 승
리자는 바로 돤치루이였다. 그는 다시 국가권력을 장악했을 뿐만 아니라
자신의 독재를 방해하던 양대 세력 즉 국회와 총통을 모두 타도했다. 당시
어떤 사람은 이렇게 지적했다. "황제복위 사건은 바로 돤치루이가 국회를
전복하고 총통을 타도한 뒤 정권을 탈취하기 위한 수단이었다."(『돤씨 매국
기段氏賣國記』, 243쪽) 돤치루이는 7월 17일 새로운 내각 명단을 발표했다. 국

무총리 겸 육군총장 돤치루이, 외교총장 왕다셰, 내무총장 탕화룽, 재정총장 량치차오, 사법총장 린창민, 농상총장 장궈간, 교육총장 판위안롄, 교통총장 차오루린曹汝霖, 해군총장 류관슝. 이 명단에서도 알 수 있듯이 돤치루이 내각의 주요 성원은 북양파, 연구계, 신교통계新交通系이며, 국민당과 남방 진영의 기타 파벌은 완전히 배제되어 있다.(『돤치루이 연보』, 111~136쪽)

신내각 발표 다음 날 영국, 일본, 프랑스, 러시아 4개국 공사는 또한번 중국 정부를 향해 참전 요청을 했다. 7월 20일 일본 내각에서는 한 발 더 해 '돤치루이를 지원하고 쑨중산을 억압하는援段抑孫' 정책을 의결했다. 이 조치는 베이징 정부로 하여금 [제1차 세계대전] 참전문제를 가장 절박하게 해결해야 할 목전의 과제로 인식하게 했다. (1917년) 8월 14일 베이징 정부는 정식으로 독일과 오스트리아를 향해 선전포고를 하고 베이징 주재 각국 공사에게 각서를 보냈다. 그리하여 중국 정국에 반년 동안 큰 영향을 끼치던 외교 현안이 결말을 맺게 되었다. 이 결과는 량치차오가 바라던 바였다. 그는 가장 일찍부터 그리고 가장 단호하게 중국이 연합국에 가입하여 독일에 선전포고를 해야 한다고 주장했다. 또 그 무렵 한동안은 심지어 돤치루이의 유일한 지지자를 자처하기도 했다. 하지만 량치차오는 돤치루이와 달랐다. 돤치루이의 소위 대독 선전포고는 기실 "선언만 하고 싸움은 하지 않는 것"으로 목적은 국내 '권력투쟁'을 은폐하는 데 있었다. 이러한 관점은 원스린의 『돤씨 매국기』에 근원을 두고 있다. 원스린이 보기에 당시 돤치루이는 다음 같은 악행을 저지르고 있었다. "대독 선전포고는 연합국의 작전계획과도 근본적 모순을 빚었을 뿐만 아니라 연합국에 도움을 주겠다는 진심이 담겨 있지 않았다. 그것은 단지 일본의 무력과 경제력을 빌려 동포를 살해하고, 자신과 견해가 다른 사람을 억압하고, 전국을 통제하기 위한 술수였을 뿐이다."(『돤씨 매국기』, 257쪽) 그러나 량치차오는 카보우르Camillo Cavour로 자처했다. 그는 이탈리아의 카보우르가 크림전쟁에 참여한 것처럼 중국도 제1차 세계대전에 참전하여 국제적 위상을 높이기를 희망했다.

량치차오는 처음부터 왜 대독 선전포고를 해야 하는지를 이렇게 지적했다. "대독 선전포고를 해야 하는 근본적인 의의는 바로 세계 대세에 맞추어 우리 국가를 위해 미래에 스스로 처신해야 할 길을 숙고하는 데 있다. 첫째, 적극적이고 진취적인 측면에서 말하자면 이 기회를 빌려 스스로 존재감을 드러내지 않으면 장차 국제단체라는 숲에서 우리가 분발해 자리를 잡을 여지가 없다. 둘째, 소극적인 현상 유지 측면에서 말해보더라도 관계가 밀접한 주변국과 이해관계를 함께하지 않으면 세력균형에 의한 도움을 받을 수 없다."(『음빙실합집·문집』 제35권, 4~5쪽) 량치차오는 「외교방침 질의外交方針質言」에서도 '적극적인 진취적 측면'과 '소극적인 현상 유지 측면'이라는 두 가지 상황에 대해 논술했다. 그가 얻은 결론은 적극적 측면이든 소극적 측면이든 막론하고 대독 선전포고라는 기회를 놓칠 수 없다는 점이었다. 이 글에서 량치차오는 이탈리아의 카보우르를 전문적으로 이야기하고 있다.

우리 나라의 지금 정세와 가장 유사하고 또 우리가 마땅히 본받아야 할 나라로는 카보우르가 창건한 이탈리아보다 더 나은 나라가 없다. 이탈리아의 전신 사르데냐Sardegna는 기실 알프스 산맥 아래 작은 왕국으로 면적과 인구는 우리 나라 큰 현에도 미치지 못할 정도였다. 당시 카보우르가 사르데냐 왕국의 재상이 되고 나서 크림전쟁 때 기회를 놓치지 않고 영불연합군에 들어가 군사 7000명을 참전시켰다. 이로 인해 이탈리아는 1856년 파리회의에 참석할 수 있었다. 오스트리아가 이탈리아를 질시했지만 영국과 프랑스가 이탈리아를 돕자 어떻게 할 수가 없었다. 그후 이탈리아는 마침내 영국과 프랑스의 도움으로 통일 대업을 성취해 제1등 국가가 되었다. 지금까지도 사르데냐와 러시아가 당시 어떤 이유로 선전포고를 했는지 나는 진실로 알지 못한다. 다만 손바닥만 한 사르데냐가 강국 오스트리아에 협박당해 경솔하게 유럽의 대국을 적으로 삼았으니 그들의 모험 정도가 어떠했겠는가? 지금에도 당시 그들의 처지를 상상할 만하다. 또한 보잘것없는 7000 병사가 영불연합군에 얼마만 한 영향을 주었겠는가? 당시 카보우르와 함께 이탈리아를 건국했던 3걸三桀3 중한 사람인 마치니Giuseppe Mazzini도 인정사정없이 카보우르 정책에 반대했다. 그는 카보우르가 국가 운명을 한판의 도박에 몰아넣고 있다면서 국가의 멸망이 얼마 남지 않았다고 탄식했다. 그러나 카보우르는 의연히 자기 정책을 실행했고 영국과 프랑스도 흔쾌히 이탈리아와 친분을 두텁게 했다. 그리하여 마침내 새로운 국가를 건설할 수 있었다. 유럽을 좌우하는 국제단체는 오늘날까지도 존속하고 있다. (앞의 책, 6쪽)

당시 량치차오의 견해에 반대하는 사람이 아주 많아서 량치차오는 한동안 공중 여론의 비난 표적이 되었으며 오랜 친구조차도 그를 이해하지 못했다. 우쌍이 량치차오에게 보낸 편지 내용이 당시 분위기를 대표하고 있다. "형님께서는 수십 년 애국심을 간절하게 유지해오셨는데 결과적으로 이제 중국이 형님의 손에 망하게 되었습니다. 형님께서는 본인의 명예가 실추되는 건 애석하게 여기지 않으셔도 되지만 국가가 망하는 것조차 애석하게 여기지 않을 수 있습니까?" 당시 이런 시각으로 량치차오를 바라보는 사람이 소수가 아니었다. 소위 "이제 국민이 모두 반대하는" 상황에 처하게 된 것이다.(『량치차오 연보 장편』, 816~817쪽) 하지만 량치차오를 반대하는 사람은 많았지만 그가 잘못되었다고 증명할 수는 없었다. 여러 해 뒤 우쌍은 량치차오를 회고하는 글에서 이렇게 인정했다. "장쉰의 황제 복위 사건이 결국 실패하자 량 선생께서는 본래 다시 관직에 나서지 않으려 했지만 대독 선전포고를 해야 한다고 주장했기 때문에 자기주장을 관철하기 위해 다시 돤치루이 내각 재정총장에 취임했다. 마침내 선생의 주장이 실현되어 중국은 국제적으로 여러 이득을 얻고 유럽평화회의에도 참석하게 되었으니 실로 선생의 공적을 말살할 수가 없다." 우쌍은 뿐만 아니라 다음과 같이 애석한 마음을 토로했다. "량 선생이 지향하는 바는 여기에 그치지 않

---

3 카밀로 카보우르Camillo Cavour(1810~1861), 주세페 가리발디Giuseppe Garibaldi(1807~1882), 주세페 마치니Giuseppe Mazzini(1805~1872). 량치차오는 이 세 사람이 분열된 이탈리아를 통일해 강국으로 만든 데 감명을 받아 『이탈리아 건국 삼걸전意大利建國三杰傳』이란 정치소설을 지었다. 이 소설은 1902년 6월부터 12월까지 『신민총보』에 연재되었고, 1903년 상하이 광지서국廣智書局에서 단행본으로 출판되었다. 국내에도 1906년 신채호에 의해 번역·출판되었다.

앉다. 선생께서는 돤치루이에게 직접 군사를 이끌고 유럽 전장으로 가라고 힘써 권했다. 애석하게도 돤 씨는 소인배들에게 포위되어 선생의 말을 듣지 않았고 결국 선생의 위대한 지향은 달성될 수 없었다."(『량치차오를 추억하다』, 5쪽) 량치차오는 이 대목에서 정치가로서 원대하고 탁월한 식견을 충분히 드러내보였다. 그는 어느 한 당이나 한 파벌을 대표하지 않고 중국인의 양심을 대표했다.

량치차오와 돤치루이는 대독 선전포고라는 입장에서 예기치 않게 일치된 견해를 보였고 한동안 동맹자가 되었다. 그러나 이 점에 근거해 두 사람이 추구하는 바가 동일했다고 말할 수는 없다. 사실 량치차오는 대독 선전포고를 주장한 돤치루이든 대독 선전포고에 반대한 각종 세력이든 간에 그들의 진실한 의도는 똑같다고 보았다. "나는 이제 적나라하게 말하려 한다. 오늘날의 다툼이 어찌 소위 외교문제와 관련이 있겠는가? 그것은 기실 지극히 간단명료한 정권문제일 뿐이다. 대체로 중국 국내에는 역사적으로 양립할 수 없는 두 세력이 존재해왔다. 양측은 모두 상대방을 비난할 줄만 알았지 자신을 돌아볼 줄은 몰랐다. 피차 오랫동안 원한이 쌓이고 분노가 축적되자 날마다 서로 벼락과 비바람을 퍼붓고 물과 불을 덮어씌우고 있다. 오늘날에는 그 정도가 극에 달하여 아마도 끝을 보지 않고서는 그만두지 않을 듯하다. 오늘날의 구체적 문제는 바로 내각과 국회의 생명문제일 뿐이다." 이 말은 량치차오가 쓴 「정국 약언政局藥言」에 보인다. 이는 그가 당시 정국의 환후를 치료하기 위해 발급한 약방문이었다. 1917년 5월 10일 소위 공민청원단이 국회를 공격하고 의원을 구타한 악성 사건이 발생했고 이 사건으로 인해 뒷날 일련의 정치적 위기가 야기되었다. 량치차오는 이 사건이 일어난 당일 밤 바로 이 글을 썼다. 그러나 당시 상황을 보면 한편에는 집권에 집착하는 북양 군벌이 있었고, 다른 한편에는 권력 탈취와 권력 분할을 노리는 혁명당과 각종 지방 세력이 있었다. 양대 세력 사이에 끼인 량치차오가 과연 무슨 훌륭한 약방문을 처방할 수 있겠는가? 그가 할 수 있는 일이라곤 단지 쌍방에게 전체 국면을 고려해, 가능한 한 국가 전도의 안위를 위해 방법을 강구하라고 거듭 타이르는 일뿐이었다. 량치차오는 "지금 쌍방이 모두 울분을 품고 미친 듯 날뛰고 있어서 중재하는 사람 말이 어떻게 귀에 들리겠는가?"라고 하면서도 여전히 다음 같은 소망을 표출했다. "원컨대 쌍방이 국가 이해관계를 위해 한 번만 귀를 기울여주시고, 그렇지 않더라도 자신의 궁극적 이해관계를 위해서라도 한 번만 귀를 기울여주시기 바란다." 그러나 당시 양대 세력은 서로 교류도 하지 않고 물과 불처럼 싸우던 시절이었기 때문에 아무도 량치차오의 충고를 들으려 하지 않았다.(『음빙실합집·문집』 제35권, 1쪽)

그뒤 과연 내각 붕괴, 국회해산, 총통 축출, 황제 복위 등 일련의 정치 풍파가 발생하여 중국 정국은 거의 수습할 수 없을 정도로 혼란에 빠져들었다. 그러나 돤치루이가 다시 정권을 잡고 신내각 명단을 차례로 발표함에 따라 량치차오는 다시 한 걸음 더 나아가 돤치루이와 합작할 마음을 품게 되었다. 이것은 아마도 이전의 진보당이었던 연구계가 돤치루이 내각에서 주류를 차지해 또한번 량치차오에게 희망과 열정을 부여한 때문인 듯하다. 동시에 량치차오는 황제 복위 사건 발생 후 돤치루이가 신속하게 취한 조치도 중요하게 평가했다. "만약 지밍紀明[단치루이]이 마창馬廠으로 가지 않았다면 오늘 어떤 세상이 되었을지 짐작조차 할 수 없습니다. 아마도 창장 강 이북에 황제의 신하를 칭하는 자가 풀이 바람에 휩쓸리듯 끝없이 이어졌을 것입니다." 이 때문에 량치차오는 다음처럼 솔직한 마음을 드러냈다. "따라서 이 아우는 오늘날 이 어려운 정국에 모든 것을 희생해 그[단치루이]와 책임을 분담해야 한다고 분명하게 믿고 있습니다. 진실로 그를 돕지 않으면 국가 대사에 더이상 희망을 품을 수 없습니다."(『량치차오 연보 장편』, 837쪽) 이는 제2차 혁명 후 진보당과 위안스카이의 합작 상황 때 보여준 모습과 아주 유사하다. 다만 돤치루이가 위안스카이에 비해 권모술수가 훨씬 부족해 그들의 합작이 오래 지속될 수 없었을 뿐이다. 그러나 당초에 량치차오는 여전히 돤치루이를 정상적으로 이끌어보려는 낡은 꿈을 꾸고 있었다. 7월 30일 『신보申報』에는 량치차오가 헌법연구회에서 강연한 기사가 실렸다. "헌법연구회가 어제 회의를 열었고, 입각入閣에 관해서 량런궁이 자신의 의견을 다음과 같이 보고했다. '정당정치의 모범을 세우고 우리 당파의 정책을 실현해야 합니다. 이 때문에 국가를 위한 계책을 세우고 단체를 위한 계책을 세우기 위해서는 우리가 개인을 희생하고 모험과 분투를 진행하여 진실로 다른 당을 정상 궤도로 이끌어야지 그들을 학대하여 일당 독재의 나쁜 결과를 조성하게 해서는 안 됩니다. 우리는 이러한 중책을 담당할 터이니 여러분은 우리 뒤에서 튼튼한 방패막이가 되어주시기 바랍니다."(앞의 책, 830쪽)

량치차오는 입각한 다음 날 바로 탕화룽 등과 상의해 잠시 국회를 복원하지 않고 임시 참의원을 구성하기로 했다. 그럼 량치차오가 국회의 중요성을 이해하지 못했단 말인가? 물론 그렇지는 않다. 당시 국가의 정치활동에서 차지하는 국회의 역할을 량치차오보다 더 명확하게 이해하고 또 중요하게 생각한 사람은 드물었다. 그러나 특정 시기에 그는 오히려 다음처럼 인식했다. "저는 국회에 대해 그 기능을 다시 복원할 수 없고 또 국회의원도 다시 뽑아서는 안 된다고 주장합니다. 지금 임시 참의원 소집이 다른 대책과 비교해봐도 더없이 좋은 대책이 될 것입니다."(앞의 책, 831쪽) 그 이유는 무엇인가? 량치차오는 당시의 세 가지 관점을 날카롭게 비판하며 그 이유를 하나하나 설명하고 있다. 우선 국회 복원에 관한 견해 비판이다. 량치차오는 총통의 명령으로 국회가 해산된 만큼 절대로 [국회를] 다시 소집할 이유가 없을 뿐 아니라 설령 억지로 소집한다 해도 [국회가] 더이상 이전과 같은 위신을 가질 수 없다고 지적했다. 그는 또 탕지야오의 관점을 빌려 국회를 깨진 항아리에 비유하면서 이미 박살난 항아리를 다시 복원한다는 것은 거의 불가능하다고 인식했다. 그다음으로 국회의원 개선改選에 관한 견해 비판이다. 그는 이 관점이 합당한 이유가 있지만 현실에서 실행하기에는 어려움이 많다고 생각했다. 국회의원 선거는 절차가 매우 복잡하고 준비 기간이 길며 인력과 물력이 많이 필요하기 때문에 만약 서둘러 시행하면 민국 초년의 전철을 반복할 수도 있다는 이유에서다. 셋째는 국회 개조에 관한 견해 비판이다. 루룽팅이 바로 이런 주장을 하고 있었다. 량치차오는 그를 다음과 같이 일깨웠다. "그러나 국회를 개조하려면 먼저 「국회조직법」을 개정해야 하고, 그렇게 하려면 이보다 먼저 법률 개정과 법률 제정을 제의할 공식기관이 있어야 하고, 또 그 직권을 반드시 소정 법률로 허가해야 합니다." 량치차오는 만약 합법적 공식기관이 없으면 국회 개조에 대한 견해도 실현될 수 없다고 주장했다. 그럼 합법적인 기관은 어디에 있단 말인가? 량치차오의 의견은 이러했다. "지금은 이미 「약법」을 준수하는 시대가 되었기 때문에 소위 합법적인 입법기관은 「약법」이 규정한 참의원보다 더 좋은 것이 없습니다. 입법권은 「약법」에 실려 있으니 조목조목 참고할 수 있습니다. 무릇 국회의 직권은 「약법」상의 참의원이 대체하면 됩니다. 참의원이 입법권을 행사하는 건 국회가 존재하는 것과 다름이 없고, 「약법」 정신과 공화제 본뜻에도 어긋나지 않습니다. 또 참의원은 인원수도 많지 않으므로 지방에서 자체적으로 정한 사람을 뽑은 뒤 「약법」에 의거해 신속하게 구성할 수 있을 것입니다. 지금 이 시대를 구제하는 계책으로는 이보다 더 나은 방법이 없을 것입니다." 량치차오는 또 헌법제정권은 본래 국회에 있지만 지금은 각 성 독군이 또다른 헌법 제정 기관을 구성해야 한다고 주장하고 있기 때문에 만약 그렇게 하려면 반드시 「약법」을 수정하고 보완해야 하는데, 지금 누구에게 「약법」을 그렇게 할 수 있는 권한이 있는지 물었다. 계속해서 그는 이렇게 주장했다. "「약법」상의 참의원에 바로 이 권한이 있으므로 「약법」에 규정된 참의원 소집에 시비를 걸면 아무 성과도 거두지 못할 것입니다." "「국회조직법」은 바로 「약법」상 참의원이 제정한 것입니다. 이미 법률제정권이 있는 기관에 수정 보완 임무를 맡기는 게 법률적인 측면에서도 타당하고 이치적인 측면에서도 순리라 할 수 있습니다. 국회 개조 주장도 먼저 「약법」이 규정하는 참의원을 소집해야만 그 뜻을 관철할 수 있을 것입니다."(『음빙실합집·집외문』 중책, 705쪽) 량치차오는 이 말을 통해 잠시 국회를 복원하지 않고 임시 참의원을 소집할 수밖에 없는 이유와 필요성을 철저하게 해명하고 있다. 하지만 그는 여전히 지나치게 순진한 서생티를 내며 다른 정파 사람들이 모두 올바른 이치를 강구할 것으로 인식했다. 기실 북양 군벌이든 아니면 남방 국민당이든, 즈리·안후이 파벌이든 아니면 광둥·광시·윈난·구이저우 파벌이든, 그들 중 어떤 파벌은 국회 복원을 지지하고, 어떤 파벌은 국회 복원을 반대하고, 어떤 파벌은 임시 참의원 소집을 주장하는 등 각기 다른 태도를 드러내고 있는 것은 모두 사람들에게 보여주기 위한 일종의 제스처에 불과했다. 그들은 각각 야심을 품고 권력 쟁취와 근거지 확보에 전념했다. 쑨중산은 바로 이를 빌미로 호법운동을 일으킨 뒤 먼저 남방 군정부軍政府의 대원수가 되어 직접 남북대결 국면을 조성했다. 이는 량치차오가 예상하지도 못했고 보고 싶지도 않은 상황이었다. 10월 3일에 이르러 그는 광동 성장 리야오한李耀漢에게 전보를 보내 "한 나라에 절대로 두 정부가 있어서는 안 됩니다"라고 통한의 말을 토로했다.(『량치차오 연보 장편』, 839쪽)

정계를 은퇴하고 함께 유럽을 여행하다

량치차오는 1년 후 완전히 정계를 은퇴했다. 그는 모 신문사 기자 질문에 대답하면서 다음과 같이 핵심을 찌르는 말을 했다.

현재 [남방과 북방] 양측에서 갑은 위신을 주장하고 을은 호법을 주장하면서, 각기 한 가지씩 좋은 명분을 차지하고 전쟁 책임을 적에게 전가하려 하지만 기실 쌍방은 전쟁에 주안점을 두고 있습니다. 맑은 밤에 가슴에 손을 얹고 소위 위신과 호법을 언제부터 강구했는지 자문해보십시오. 대체로 모두들 사람들에게 밝힐 수 없는 내막을 이 명분에 의지하여 은폐하려는 것입니다. 만약 북방이 위신 때문에 전쟁을 해야 한다면 그 위신이 남방에 통할 수 있느냐 여부는 잠시 차치하고서라도, 이제 물어보건대 북방 여러 도독에 대한 중앙정부의 위신은 어디서 찾을 수 있겠습니까? 전쟁을 주장할수록 더욱더 큰 권력을 잡으려 할 터인데 그 권력을 밖에서 군사를 거느리고 있는 군벌에게 주고 그것을 위신이라고 말한다면, 그 잘못된 생각으로 장차 누구를 속이려는 것입니까? 만약 남방이 호법 때문에 전쟁을 해야 한다면 북방이 「약법」을 지킬 수 있느냐 여부는 잠시 차치하고서라도, 이제 물어보건대 남방의 행동에 한 가지라도 합법적인 게 있습니까? 동일한 법인데도 자신에게 편리하면 지키고 자신에게 불리하면 지키지 않습니다. 또 적이 법을 위반하면 법을 보호해야護法한다 하고, 내가 법을 위반하면 나를 보호해야護我 한다고 합니다. 이로써 말해보건대 호법이란 말로 장차 누구를 속이려는 것입니까? 기실 쌍방 모두 위신과 호법을 어떻게 해석해야 하는지 어찌 알 수 있겠습니까? 또 그들의 마음에 일찍부터 위신이나 호법을 지킬 마음이 어찌 털끝만큼이라도 있었겠습니까? 단지 좋은 명분을 도둑질해 세상 사람을 속이고 있을 따름입니다. (앞의 책, 869쪽)

상황은 이와 같았지만 이 무렵 량치차오는 한 가지 숙원사업을 구상하고 있었다. 바로 중국의 화폐폐제도를 철저하게 개혁하여 중국의 금융과 재정을 구제하려는 생각이었다. 그는 모 통신사 기자에게 이렇게 말했다. "화폐제도 개혁은 내가 10여 년 동안 꾸준히 제기해온 주장입니다. 내가 재정총장이 되고 나서 4개국 은행단에 화폐제도 개혁을 위한 차관을 요청한 것도 사실입니다." 그는 이를 위한 세 단계 계획을 갖고 있었다. "은화 통일을 1단계로 삼는다. 지폐 정리를 2단계로 삼는다. 금본위제 채택을 3단계로 삼는다. 금본위제는 반드시 은화와 지폐를 정리한 다음 시행해야 한다."(『음빙실합집·집외문』 중책, 717쪽)

이 개혁방안은 량치차오가 민국 원년(1912) 아직 귀국하기 전에 「재정문제 상의서」란 형식으로 위안스카이에게 제출한 적이 있다. 이후 민국 3년 그가 화폐제조국 총재에 임명되었을 때도 이 방안을 시행하려고 구체적인 계획까지 마련했다. 그러나 "량치차오가 연구한 정책 및 그가 구상한 절차는 당시 시대상황의 압박으로 시행할 수 없었고, 이 때문에 화폐제조국도 결국 빈껍데기 기관처럼 되었으며" 량치차오도 어쩔 수 없이 사직하고 말았다.(『량치차오 연보 장편』, 698쪽) 그러나 그는 늘 "중국의 재정정책과 금융정책에 어떤 새로운 방법을 강구하지 않으면 중국의 앞날에는 오직 암흑만 가득할 것이라고" 생각했다.(『음빙실합집·집외문』 중책, 711쪽) 이런 상황에서 당시 돤치루이 내각 재정총장에 임명되자 그는 이를 자신의 포부를 실현할 절호의 기회로 간주하고 꽤 "낙관적인 희망을 가졌다."(앞의 책, 714쪽) 또한 당시 실제로 이용할 만한 기회가 나타나기도 했다. 즉 중국이 독일에 선전 포고를 한 이후 연합국 측에서는 '경자년 의화단사건 손해배상庚子賠款'[4]을 5년 동안 늦춰주고 매년 손해배상금 1300여만 위안을 줄여서 지급하도록 해주겠다고 했다. 이렇게 해서 5년 동안 그것을 합치면 6500만 위안의 자금을 모을 수 있다. 이 자금을 어떻게 이용할지가 당시 아주 큰 문제로 대두되었다. 만약 관세 형식으로 매달 지출하여 행정경비로 소모하면 소극적으로 현상 유지는 할 수 있지만 국가재정 회복에는 아무 도움이 되지 못할 수도 있었다. 량치차오는 슝시링과 상의한 뒤 국무회의에 요청하여 이자금을 화폐 제조 경비로 지출하고 거기에 다시 화폐 제조 차관을 보태 공채公債 발행의 보증금으로 삼자고 했다. 말하자면 국내에서 공채를 발행하여 화폐 제조 문제를 일거에 해결하자는 방안이었다. 그러나 돤치루이 정부는 한결같이 남방에 무력을 사용하려 했기 때문에 군자금으로 지출되는 돈이 막대했다. 당해 총수입에 첫해 손해배상금 연기 절약분 1300여만 위안을 포함해 모두 7000만 위안을 전부 군자금 및 행정경비로 사용하고 나서야 겨우 전체 지출 경비를 맞출 수 있었다. 그리고 각 성에서도 새로운 군대 증설을 계속하고 있었고 육군부에서도 끊임없이 군자금 증액을 요구했다. 당시는 각 파벌의 군사행동이 그치지 않던 때라 실로 재정 부문에서 융통성을 발휘할 여지가 없었다. 이 무렵 나돌던 소문에 의하면 정부에서 비밀리에 대일對日 무기 차관 도입을 추진하고 있었지만 재정총장 량치차오는 눈과 귀가 가려진 채 전혀 내막을 알지 못했다고 한다. 량치차오는 이 때문에 펑궈장과 돤치루이에게 글을 올려 다른 능력자를 뽑아 재정총장 직무를 대신하게 하기를 희망했다. "이번 입각은 저의 지혜와 성심을 다 발휘해 나라를 정비하려는 마음 때문이었습니다. 하지만 불행하게도 일 진

---

4 경자년(1900) 의화단사건으로 서구 연합군에 패배한 청 정부는 1901년 9월 7일 베이징에서 미국, 영국, 러시아, 독일, 일본 등 서구 열강 11개국과 신축조약辛丑條約을 체결한다(총 12조, 부칙 19항). 이 조약은 중국에는 굴욕적인 불평등조약이었고, 그 내용 중에 해관세海關稅, 상관세常關稅, 염세鹽稅등을 담보로 서구 열강에 백은白銀 4억5000만 냥을 1940년까지 39년간 연 이자율 4리로 원리합계 9억8000만 냥을 배상한다는 조항 등이 포함되어 있었다.

행이 제 소원대로 되지 않아 부끄러움을 안고 사퇴하려 합니다."(『량치차오 연보 장편』, 851쪽) 당시에 말은 이와 같았지만 량치차오의 진정한 사직은 이미 11월 15일 내각 전체 사퇴 이후에 이루어졌다.

중화민국 건국 이래 벌써 7년이 흘렀지만 량치차오는 줄곧 자신이 할 일이 있기를 바랐다. 그러나 상황은 시종일관 그의 소원대로 진행되지 않았다. 위안스카이가 권력을 잡았을 때 그는 거의 한 가지 일도 이룰 수 없었다. 그뒤 돤치루이와 펑궈장으로 권력자가 바뀌었지만 그는 여전히 한 가지 일도 이룰 수 없었다. 량치차오는 지량차이藉亮儕[지중인]에게 보낸 편지에서 "다른 사람의 국사에 참여하지 마시게. 근래 1~2년 동안 중국은 우리의 나라가 아니라 다른 사람의 나라였네"라고 울분을 터뜨렸다.(앞의 책, 862쪽) 국가의 앞날과 운명을 근심하는 한 애국자가 결국 이 같은 증오의 말을 내뱉고 있으니 그가 받은 상처와 고통의 깊이를 짐작할 만하다. 여기에서 우리는 오래전 영화 「고련苦戀」5에서 목격한 거대한 물음표를 연상할 수 있다. 한 애국자가 얼어붙은 눈밭에서 자신의 뜨거운 육체로 그려낸 거대한 물음표 말이다. 몇 년간 겪은 고통스러운 경력이 량치차오를 깊이 자극했고, 그는 이러한 과정을 통해 저들의 추악한 몰골을 다음과 같이 간파하고 있었다. "게다가 우리 나라 군국주의는 돼지처럼 멍청하고 이리처럼 탐욕스러운 무인武人들이 명분을 도둑질해 사욕을 도모하는 제도입니다. 이러한 자들은 남북이나 신구를 막론하고 모두 이미 한통속이 되어 있습니다. 바꾸어 말하면 현재 군사를 거느리고 무기를 휘두르는 사람들은 기실 우리 국민 모두의 공적이므로 그자들의 운명과 국가의 운명은 병존할 수 없습니다."(앞의 책, 870쪽) 이 때문에 몇 달 동안 량치차오는 돤치루이 쪽 사람들과 왕래하려 하지 않았다. 즉 그는 "아무 가치도 없는 인연을 만들어 풍파를 야기하려 하지 않았다." 량치차오는 대문을 닫아걸고 손님

---

5 1979년 9월 작가 바이화白樺가 발표한 시나리오를 근거로 만든 영화. 화가 링천광凌晨光은 문화대혁명 기간 정치적 핍박을 견디지 못하고 광야로 도망친다. 그곳에서 링천광은 물고기와 들쥐를 잡아먹으며 연명한다. 그러다가 결국 죽어가면서 자신의 온몸으로 눈밭에 그린 부호가 바로 "?"다. 중국 현대사의 비인간적 정치 탄압을 비판한 작품이다.

을 사절한 뒤 "아득하게 세상과 단절하고" 중국 통사 저작에 전력을 다하려 했다. 아울러 딸 링셴 등에게 국학의 원류를 강의했다. 그는 "쓰순이 기록한 내 강의안이 이미 수북이 쌓여 거질巨帙이 되었다"라고 했다.(앞의 책, 862~864쪽)

장바이리도 이 무렵 베이징에서 한적하게 살고 있었다. 그는 봉급이 줄어들어 생활이 더욱 곤궁해졌다. 그러나 그와 량치차오의 왕래는 더욱 긴밀해졌다. 량치차오는 자신이 주관하던 『용언』과 『대중화잡지』에 실을 군사 관련 논문을 전부 장바이리에게 집필을 맡겼다. 이 때문에 장바이리는 '군사학자'란 명성을 널리 드날리게 되었다. 연초에 장쥔마이는 량치차오에게 편지를 보내 탕구이옌唐規嚴이 쑹사松社 발기를 의논하러 온 일에 대해 언급했다. 그는 또 작년에 장바이리가 톈진에서 병을 요양할 때도 량치차오에게 이 일을 제기한 적이 있다. 이 일로 병사한 지 오래지 않은 차이어 장군을 기념하려는 의도 외에도, 그들은 또 량치차오가 이 일을 통해 뤄쩌난羅澤南과 쩡궈판처럼 사회에 대한 영향력을 확대하고 사회에서 새로운 기풍을 창도해주기를 희망했다. 그들이 구상한 쑹사는 기실 "책을 읽고, 심성을 수양하고, 인품을 돈독히 하고, 행실을 갈고닦으려는" 느슨한 조직이었고, 참가자는 평소 왕래가 빈번한 친구들과 신임할 만한 군인 정객만을 위주로 구성하려 했다. 톈진에 거주하던 량치차오도 매주 베이징으로 와서 민심과 풍속에 관한 강연을 한두 차례 하고, 동시에 개인적으로 흥미가 있는 학문 연구에 대해서도 언급할 생각이었다.(앞의 책, 859~860쪽) 량치차오가 이 단체의 지도자가 될 마음이 있다면 당연히 탕구이옌·장바이리와 구체적 방법을 상의해야 했다. 량치차오가 7~8월 사이에 천징디陳敬第에게 편지를 보내 쑹사의 개회 시간과 잡지 발간 방식을 언급한 걸 보면 그가 이 일을 위해 구체적 일정을 마련하고 있었음을 알 수 있다. 그러나 량치차오가 저술활동에 너무 몰두해 과로가 쌓여 8~9월 사이에 갑자기 각혈을 했다. 병이 다 나은 뒤에는 또 유럽여행을 준비하느라 쑹사 일은 잠시 내려놓게 되었다. 그러나 귀국 후 량치차오가 공학사共學社를 조직하고, 강학사講學社를 발기하고, 『개조改造』 잡지를 정비하고, 쑹포도서관松坡圖書館을 개관한 일은

1919년, 프랑스 파리평화회의에 참여한 각국 대표.

기실 모두가 쑹사 발기의 취지를 이은 사업들이라 할 수 있다.

량치차오는 일찍부터 유럽을 여행하려는 마음을 갖고 있었다. 정계 은퇴 초기부터 여행 계획을 마련했으나 잠시 여행 경비를 조달하지 못해 실행에 옮길 수 없었다. 1918년 11월 제1차 세계대전이 독일과 오스트리아의 패전과 항복으로 종결되었다. 이 일은 량치차오에게 유럽여행을 위한 좋은 구실을 제공해줬다. 여러 부문의 주선과 절충을 거친 끝에 량치차오는 개인 자격이지만 기실 파리평화회의 중국 측 비공식 고문 신분으로 유럽여행 기회를 얻었다. 그는 "이 공전절후의 역사극이 어떻게 종결되는지 살펴보고" 아울러 "중국의 원통함을 세계 여론에 호소하여 조금이나마 국민의 책임을 다할 생각이었다."(『음빙실합집·전집』 제23권, 38쪽) 여행 경비는 대략 10만 위안 정도 소요될 예정이었는데 그중 "공금 지원은 6만 위안에 불과해서 친구들이 약 4만 위안을 보태줬다."(『량치차오 연보 장편』, 873쪽) 량치차오 일행 7명 즉 량치차오, 장바이리, 류충제劉崇桀, 딩원장, 장쥔마이, 쉬신류徐新六, 양웨이신은 (1918년) 12월 23일 베이징을 출발해 유럽을 향한 발걸음을 내디뎠다. 장바이리, 장쥔마이, 류충제 셋은 량치차오의 제자 겸 오랜 친구였고 양웨이신은 여행기록 담당 수행원이었다. 아울러 량치차오는 쉬신류를 초청해 자신의 재정 경제 고문으로 삼았다. 그러나 량치차오는 여전히 부족한 감을 느끼고 전문 과학자 한 명과 동행하여 현대 유럽을 철저하게 인식하고 싶어했다. 그리하여 쉬신류가 딩원장을 추천했다. 이러한 인연으로 량치차오는 딩원장과 교분을 트게 되었다.

량치차오는『구유심영록歐游心影錄』에서 자신들의 최초 일정을 다음처럼 기록해놓았다. "우리는 민국 7년(1918) 12월 23일 베이징을 출발해 톈진에서 1박했다. 마침 옌판쑨嚴范孫[옌슈嚴修]과 판징성[판위안렌]이 미국에서 귀국해 24일 아침 톈진에 도착했다. 그들을 만나 흉금을 터놓고 한 차례 대화를 나누며 아주 유쾌한 시간을 보냈다. 24일 저녁 톈진을 출발하여 26일 아침 난징에 도착했다. 난징 독무 관사에서 점심을 먹고 상하이로 향했다. 장지즈張季直가 난퉁南通에서 와서 만났다. 27일 정오 국제세법평등회國際稅法平等會에서 송별연을 열어주었고 장지즈가 그일을 주관했다. 나는 관세문제에 관한 나의 의견을 가지고 한 차례 연설을 했다. 이날 밤 우리는 장둥쑨張東蓀, 황쑤추와 밤새도록 대화를 나누며 이전에 미몽에 빠져 갈피를 잡지 못했던 정치활동을 착실하게 참회했다. 우리는 앞으로 정계와 결연히 단절하고 사상계에서 미력이나마 다 발휘하자고 약속했다. 이 자리의 대화로 우리 친구들은 새로운 생명을 얻었다고 할 수 있다. 28일 새벽 배에 올랐다. 일본우항회사의 '요코하마마루'였다."(앞의 책, 39쪽)

상하이『신보申報』(1918년) 12월 10일 자 보도에 따르면 량치차오 일행은 장차 12월 28일에 상하이를 출발해 곧바로 유럽으로 향할 예정이었다. 같은 날 량치차오가 딸 쓰순에게 보낸 편지에는 출발 시간을 12월 29일이라 적었지만 사실은 하루 앞당겨 출발했다. 게다가 기선의 좌석이 부족해 일행 일곱 사람은 두 갈래로 나누어 유럽으로 향했다. 량치차오·장바이리·류충제·장쥔마이·양웨이신 다섯은 인도양과 지중해를 거쳐 직접 영국 런던으로 가는 배를 탔고, 딩원장과 쉬신류는 태평양과 대서양으로 길을 돌아 유럽으로 향했다. 이날 아침 일행이 배를 탄 후 량치차오는 뜻밖에도 자신과 이 배가 일찍부터 인연을 맺고 있었다는 사실을 발견하게 되었다. 대체로 3년 전 량치차오는 광시 루룽팅에게 독립을 부추기기 위해 홍콩과 베트남으로 길을 돌아 광시로 잠입한 일이 있었다. 당시에 그가 탔던 배가 바로 이 요코하마마루였다. 그는 상하이와 홍콩 사이에 잠복한 밀정들의 이목을 피하기 위해 선창 바닥 증기로蒸氣爐 곁에 있는 우편물 저장칸6에 숨어 있었다. 지금 그가 다시 이 배를 타고 보니 당시 동행한 탕줴둔과 황밍시는 모두 위안스카이의 황제 등극을 반대하다 이미 고인이 되었다. 옛날 흔적을 확인하면서 량치차오는 진실로 슬픔의 감정을 이기지 못했다. 그는 배가 운행하는 동안 매일 드넓은 하늘과 바다를 바라보며 점점 즐거운 기분에 빠져들었다. 새벽에 일어나 일출을 본 후 대략 한 시간가량 불어를 연습하고 이어 일본어 서적을 보았다. 2~3일이면 책 한 권을 읽을 수 있었다. 정오 무렵 좀 쉴 때는 장바이리와 매일 바둑을 두세 판 두었다. 저녁 무렵에는 공놀이를 하고 저녁을 먹고 나서는 문학 서적에 대해서 얘기를 나눴다. 그 중간에 때때로 불어를 복습하기도 했다. 배 위에서의 생활은 아주 충실했고 아주 정취가 넘쳤다. "그 사이사이 시까지 짓게 되니 즐거움이 정말 무궁무진했다." 량치차오는 배 위에서 딸 링셴에게 보낸 편지에 "육지로 올라가고 나서는 아마 이런 즐거움을 다시 만날 수 없을 것이다"라고 감탄했다. 또 딸에게 앞으로의 계획을 언급했다. "유럽에서 7~8개월을 머문 뒤 귀로에 발칸 반도에 들렀다가 다시 소아시아로 들어갈 계획이다. 그리고 다시 유태와 이집트 유적에 들렀다가 인도를 대략 둘러보고 미얀마에 도착해 너와 함께 귀국하면 될 듯하다." 하지만 나중에 상황이 조금 변하여 이 계획은 공염불로 끝나고 말았다.(앞의 책, 876~877쪽)

　　1919년 2월 12일 정오(음력 기미년 정월 12일 정오. 일설에는 1919년 2월 11일이라고 함. 『량치차오 연보 장편』, 878쪽), 량치차오 일행은 런던에 도착했다. 이때 딩원장과 쉬신류 두 사람도 이미 런던에 도착하여 그들을 영접했다. 전후 런던 상황은 량치차오의 상상을 초월했다. 그는 『구유심영록』에

6　『음빙실합집·전집』 제33권에는 '보일러실鍋爐 옆 방 한 칸으로 나온다.(이 번역서 제14장 10절 참조)

서 이렇게 묘사했다. "우리가 뭍으로 오르자 전후의 처참하고 처량한 광경이 벌써 곳곳에 눈에 띄었다. 우리가 머문 여관은 그렇게 비싼 편은 아니었지만 그래도 고급에 속했는데도 방 안 보일러 관을 모두 막아놓고 있었다. 방마다 제공된 한 말가량의 부스러기 연탄이 하루 24시간 연료인 듯했다. 전력 공급도 극감하여 암녹색 전등 하나만이 반딧불처럼 쓸쓸하게 방 안을 비추고 있었다. 성냥도 금강석처럼 귀해, 우리 중 몇몇 골초는 나무를 비벼서 불을 피우는 재주가 없었기 때문에 할 수 없이 담배를 끊을 수밖에 없었다. 우리는 여관 로비에서 차를 마시다가 옆에 앉은 한 귀부인이 자기 목걸이 아래에서 아주 귀중하게 작은 금빛 상자 하나를 꺼내는 걸 보았다. 그 안에 무엇이 들었는지 추측해보시라. 하하! 흰색 각설탕이었다. 그녀는 그 설탕을 손님에게도 양보하지 않고 반으로 쪼개어 자신의 찻잔에 넣은 후 나머지 반은 여전히 귀중하게 목걸이 아래 금빛 상자에 집어넣었다."(『음빙실합집·전집』 제23권, 47~48쪽) 량치차오는 런던에서 1주일을 머문 뒤 2월 18일 프랑스 파리로 갔다. 당시는 파리평화회의가 개막한 지 꼭 한 달 되는 시점이었다. 그러나 프랑스 총리總理 클레망소Georges Clemenceau가 자객에게 습격당해 입원해 있었고, 미국 대통령總統 윌슨Thomas W. Wilson은 귀국해 아직 돌아오지 않고 있었으며, 영국 수상首相 조지David Lloyd George도 영국으로 돌아가 휴가를 보내고 있었다. 파리평화회의의 운명을 결정지어야 할 세 수뇌가 모두 부재중이라 그곳에서 할 수 있는 일은 아무것도 없었다. 량치차오 일행은 마침내 그 기회를 이용해 전지戰地를 여행하기로 했다.

그들의 여행은 파리를 출발하여 주로 프랑스 남부 전장戰場을 두루 살펴보는 것이었다. 량치차오와 동행한 사람으로는 장바이리, 류충제, 양웨이신 외에도 쉬쉰옌徐巽言과 왕서우칭도 포함되어 있었다. 이 둘은 프랑스 정부에서 파견한 수행원이었다. 그리하여 일행은 모두 9명이 되었다.[쉬신류가 누락된 것으로 의심된다.] 장쥔마이는 바로 런던에서 국제연맹연구회國際聯盟研究會 활동에 참가했고, 딩원장은 프랑스 로렌Lorraine 지방으로 광업 시찰을 가 있어서 이 여행에 함께하지 못했다. 프랑스 정부는 그들을 매우 정성스럽게 접대했다. 모든 여행비용을 프랑스 정부에서 부담해서 량치차오를 아주 미안하게 했다. 그는 개인 여행에 "이처럼 예의를 갖춰주니 정말 과분한 접대라 할 만했다"라고 고백했다.(앞의 책, 104쪽) 당시 그들의 여행은 다음 같은 일정에 따라 진행되었다. "(1919년) 3월 초6일 파리를 출발해 17일에 돌아오는 일정이었다. 여행한 곳은 마른 강Marne River 일대에서 시작하여 베르됭Verdun을 거쳐 로렌 지방으로 갔다가 다시 알자스Alsace 지방으로도 들어갔다. 그리고 라인 강 우안 연합군 점령 지역으로 꺾어서 벨기에 길을 빌려 뫼즈 강Meuse River을 돌아 힌덴부르크 라인Hindenburg Line을 통과한 후 수아송Soissons까지 갔다가 남쪽 길을 통해 파리로 돌아왔다."(앞의 책, 105쪽) 연도 내내 그들이 목도한 것은 모두 음산한 폐허였다. 이 때문에 량치차오는 크게 개탄했다. "파괴 정도만으로 비교해본다면 자연계의 폭력이 인류의 폭력에 훨씬 미치지 못하고, 야만인의 폭력이 문명인의 폭력에 훨씬 미치지 못한다는 사실을 깨달았다."(앞의 책, 108쪽) 나중에 량치차오는 직접 「서유럽 전장 형세 및 전황 개관西歐戰場形勢及戰局槪觀」을 썼고, 군사전문가 장바이리에게도 「독일의 전쟁 패배 원인들德國戰敗之諸因」을 쓰도록 요청했다. 이 글 두 편은 종전에 그들이 흠모해마지 않던 독일에 바친 애도사라 할 수 있다.

장바이리의 이 글은 스스로 유럽을 여행한 후 느낀 사색을 정리한 것이다. 그는 전쟁만 가지고 전쟁을 토론한 것이 아니라 국가의 정치책략과 국제관계 측면에 착안하여 전쟁 승패의 원인을 분석했다. 따라서 그는 독일의 전쟁 패배가 군사적 패배가 아니라 국내외 정치의 패배란 사실을 꿰뚫어보았다. 그는 이렇게 분석했다. "대외적으로는 독일과 프랑스가 대대로 원수였고, 거기에 다시 독일과 영국의 충돌이 더해져서 결국 날마다 3국협상7이 성립되고 있었다. 대내적으로는 정치의 자유에 빈부 계급의 모순이 보태졌고, 또 사회주의가 나날이 성행하자 군비 확충을 그치지 않았다. 그리하여 군비 확충을 두 번 세 번 거듭하면서 평화를 추구하다가 결국 전쟁

7 제1차 세계대전 때 영국, 프랑스, 러시아가 맺은 군사협력 체제. 같은 시기 독일, 오스트리아, 이탈리아가 맺은 3국동맹에 대항했다. 1917년 러시아혁명으로 러시아가 탈퇴함으로써 3국협상 체제는 붕괴되었다.

을 추구하는 방향으로 나아갔다. 무릇 한 나라가 전쟁을 추구하여 스스로를 보호하려 함은 잠시는 가능하겠지만 오래는 지속하지 못하고 언젠가는 반드시 패배하게 된다."(앞의 책, 101쪽) 장바이리는 다음과 같은 결론을 내렸다. "군벌이 정치를 하게 되면 강한 힘에만 스스로 만족하다가 결과적으로 정책 결정의 우유부단함에 함몰되어 스스로 패망하게 된다. 밖은 강하게 보이지만 속은 메말라 있고, 위는 튼튼해 보이지만 아래는 연약한 것이 바로 그 징조다." 량치차오는 장바이리의 지극히 타당한 명언을 칭찬했다. "솔직하게 한마디 하자면 군벌이 정권을 농단하는 국가는 이처럼 붕괴되지 않을 수 없다." 그는 일본을 예로 들어 군벌의 정치 농단을 설명했다. "군벌 집권은 마치 단약으로 몸을 보양하려는 요망한 사람의 행위와 같다. 왜냐하면 극도의 양기만을 추구하다 몸을 허하게 만들어 결국 한 가닥 남은 목숨마저 끊게 만들기 때문이다." "우리는 이전에 독일인들이 무슨 '범게르만주의'를 주장하며 도처에서 재앙을 불러일으키는 걸 보았다. 그런데 지금 또 일본인들이 무슨 '대아시아주의大亞細亞主義'라는 것을 들고 나와 도처에서 재앙을 불러일으키고 있다. 왜 앞서가던 수레가 전복되었는데도 뒤따라가는 수레가 경계로 삼지 않는가? 말하자면 참으로 가련한 일이지만 그들은 지금 호랑이 등에 타고 있어서 내려올 수가 없다."(앞의 책, 103~104쪽)

량치차오 일행은 3월 17일 프랑스 남부의 전장 여행을 마치고 파리로 돌아왔다. 그리고 4월 초에 계속해서 프랑스 북부 전장을 두루 둘러보고 5월 중순 다시 파리로 돌아왔다. 그들은 귀로에 또 루소의 옛집을 참관했다. 량치차오는 이 기간 시종일관 파리평화회의의 일거수일투족에 관심을 집중했다. 그는 이번 평화회의가 이전 역사 속 평화회의와 근본적으로 상이한 한 가지를 발견했다. 즉 종전 평화회의에는 교전 쌍방이 모두 참가했지만 이번 평화회의에는 전승국만 참가할 수 있을 뿐 패전국은 참가조차 할 수 없다는 점이었다. 평화회의 참가국은 32개국이 되어야 하지만 몬테네그로가 출석할 수 없어서 실제로는 31개국만 참가했다. 그중에는 영국·미국·프랑스·이탈리아·일본 등 5개국과, 영국령 식민지 5개국도 포함되어 있었다. 그 나머지는 모두 연합국에 군대를 보낸 국가였다. 명의상으로는 평화회의에 참가한 31개국 69명이 모두 전권대표였다. "그러나 사실은 5강 최고회의 등에서 이미 결정한 조항을 관례에 따라 각국 대표에게 열람하게 할 뿐이었다. 따라서 [5강 외에는] 조항의 가부를 토론할 수 있는 여지가 전혀 없었다." 량치차오는 불평을 토로했다. "이번 회의는 사전에 윌슨 미국 대통령이 대대적으로 무슨 '비밀외교를 폐지한다'든가 '회의를 공개한다'는 등의 깃발을 높이 들었으나 실제로는 여전히 비엔나회의를 그대로 답습하고 있으니 정말 한탄이 우러날 뿐이다." 량치차오가 여기서 말하는 '비엔나회의'는 바로 1814년 영국, 러시아, 프로이센, 오스트리아 등 유럽 열강이 비엔나에서 개최한 외교회의를 가리킨다. 이 회의는 나폴레옹 패망 이후 유럽의 정치 지형도를 새롭게 그리는 데 목적이 있었다. 회의에서 "영국·러시아·프로이센·오스트리아 4개국은 모든 일을 비밀회의에서 결정했고, 그 나머지 몇십 개 소국 대표는 단지 그곳에서 연회와 무도회를 즐기며 승낙 사인만 할 수 있을 뿐이었다."(앞의 책, 69쪽) 량치차오는 이번 파리평화회의도 비엔나회의의 판박이가 될까봐 근심에 젖었다. 본래 제1차 세계대전이 종결되기 전에 벌써 미국 대통령 윌슨은 유명한 14조 선언을 발표하여 전후 국제관계에 일련의 새로운 규정을 제출했다. 그중에는 조약 공개, 해양 자유, 군비 감축, 생계 장애 해소 등이 포함되어 있었고 아울러 국제연맹을 창설하여 각국의 정치 독립과 영토 보호를 제창했다. 게다가 미국은 파리 평화회의에 출석한 5대 강국이어서 윌슨이 제창한 14개 조항은 영국과 프랑스 등의 구두 찬성을 얻었다. 따라서 량치차오도 다른 여러 사람과 마찬가지로 윌슨에게 줄곧 큰 희망을 품고, 파리평화회의가 윌슨의 14개조를 원칙으로 삼아, 약소국의 권익을 보호하면서 공리公理가 강권强權에 진정으로 승리하는 아름다운 국면을 조성하기를 바랐다. 처음 파리에 도착했을 때 량치차오는 파리평화회의에서 이미 독일의 조차지 칭다오青島에 관한 처리문제가 제기된 사실을 알았다. 그는 2월 23일 왕다셰와 린창민에게 보낸 전보에서 비교적 낙관적으로 사태를 바라보고 있었다. "얼마 전 프랑스에 도착해 그간의 경과를 대략 알게 되었습니다. 대체로 우리가 베이징에서 주장한 내용과 동일하게 진행된다고 하니 다소 위안이 됩니다. 우리가 [독

일에] 선전포고를 한 후 중독조약은 근본적으로 취소되었으므로 칭다오 반
환도 이미 중국과 독일 사이의 직접적인 문제가 되었습니다. 일본군이 출
병한다 해도 연합국은 절대로 우리 영토 주권을 침범할 수 없으므로 일본
이 독일의 권리를 계승하는 문제는 생길 수가 없습니다." 당시 량치차오는
배포가 커져서 다음과 같이 대담한 계획을 세워놓고 있었다. "결국 이번 평
화회의는 국제관계에 새로운 국면을 열 것입니다. 나는 이번 기회를 빌려
우리 나라의 자유로운 발전을 적극적으로 도모할 것입니다. 그리고 이에
앞서 우리의 제한된 세력 범위와 특수 지위도 철저히 타파할 것입니다." 이
뿐만이 아니라 량치차오 계획 속에는 관세와 영사재판領事裁判 두 가지 일
까지 해결하려는 의도도 포함되어 있었다. 그는 "먼저 이 일을 도모하지 않
으면 다시 기회가 없을 것이기에 절대 연기할 수 없다"고 보았다.(1919년 2월
28일 자 『신보晨報』, 『음빙실합집·집외문』 중책, 809쪽) 이 기간 량치차오는 앞
서거니 뒤서거니 미국 대통령 윌슨과 영국·프랑스 등 여러 나라 대표를 만
나 산둥에서 독일의 권리를 회수하려는 중국의 주장에 지지를 부탁한다고
했다. 당시 량치차오는 복권에 당첨된 듯한 느낌에 젖어 있었다.

5·4운동 배후의 량치차오

1919년 3월이 되자 형세는 돌변했다. 량치차오가 예상하지 못한 상황이었
다. 그 원인은 1918년 9월 28일 돤치루이 정부의 일본 주재 공사 장쭝샹이
일본은행과 2000만 엔 규모의 대일 차관 비밀협약을 맺었기 때문이었다.
게다가 그 내용에는 산둥에서 독일이 누리던 권리를 일본에 양도하는 것뿐
아니라 이전에 독일이 중국에 요청했으면서도 승낙을 얻지 못한 옌웨이철
도煙濰鐵道[산둥 옌타이煙臺 ↔ 산둥 웨이팡濰坊], 가오쉬철도高徐鐵道[산둥 가오미
高密 ↔ 장쑤 쉬저우], 순지철도順濟鐵道[허베이 순더順德 ↔ 산둥 지난濟南] 건설
우선권까지 모두 일본에 귀속시킨다는 조항이 포함되어 있었다. 이 무렵
이 밀약은 파리평화회의에서 일본이 산둥을 강점하려는 빌미로 작용했다.

일본은 심지어 미국 대통령 윌슨을 협박하려 했다. 왜냐하면 윌슨은 국제 연맹 창립을 아주 중시해서 국제연맹을 마치 자신의 생명처럼 여겼기 때문이다. 일본은 이 점을 간파하고 파리평화회의가 산둥의 주권을 회복하려는 중국 입장을 지지하면 국제연맹에서 탈퇴하겠다고 했다. 윌슨은 물론 그런 상황을 보고 싶지 않았다. 그는 일본에 영합하기 위해 산둥의 주권을 미국과 일본 간의 거래 대상으로 삼았다. 소식을 전해들은 량치차오는 격분했다. 그는 3월 11일 왕다셰와 린창민에게 보낸 전보에서 중국 정부의 행위를 통렬하게 질책했다.

칭다오를 반환하라고 중국과 일본은 독일에 동일한 요구를 하고 있습니다. 따라서 누가 반환 주체가 될 것인가의 문제가 진실로 목하 양국의 경쟁 지점입니다. 일본이 자오지철도膠濟鐵道[산둥 칭다오 ↔ 산둥 지난]를 점거한 때로부터 조사해보면 수년 동안 중국은 순전히 항의 방침을 견지하며 일본이 독일의 권리를 승계하도록 승인하지 않았습니다. 작년 9월 독일이 패배하자 정부는 도대체 무슨 마음을 먹었는지 대일 조약의 문구를 바꾸고 문장을 개정해 자승자박의 수렁으로 빠져들었습니다. 이 밀약은 윌슨의 14개조 취지를 위반했기 때문에 취소될 가망이 있습니다. 지금이라도 정부에 더이상 타국이 이용할 구실을 주지 말라고 부탁하고자 합니다. 그렇지 않으면 이처럼 좋은 천재일우의 기회가 밀약을 맺은 한두 사람 때문에 사라지는 데 그치지 않을 테니 이는 진실로 애석한 일이 될 것입니다. (앞의 책, 811쪽)

왕다셰와 린창민은 량치차오에게서 전보를 받은 후 형세가 준엄함을 깨닫고 자신들의 주장을 펼치지 않을 수 없었다. (1919년 3월) 21일 두 사람은 국민외교협회國民外交協會 명의로 공개 전문을 통해 일곱 가지 외교 주장을 발표했다. "첫째, 국제연맹 창설을 촉진한다. 둘째, 각국 세력 범위의 한계를 철폐하고 아울러 국제연맹 창설 방법을 정정한다. 셋째, 모든 불평등조약 및 협박이나 유혹 또는 비밀리에 체결된 조약과 계약 그리고 기타 국제

문건을 폐기한다. 넷째, 영사재판권 폐지를 위한 기한을 정한다. 다섯째, 관세 자유를 위해 힘써 노력한다. 여섯째, 경자년 손해 배상금의 잔액을 취소한다. 일곱째, 조계지를 회수하여 공공 통상 지역으로 바꾼다."(『5·4운동이 폭발한 1년간在五四運動爆發的一年裏』, 10쪽) 국민외교협회는 (1919년) 2월 16일 베이징 각계각층의 연합체로 성립되었다. 동시에 슝시링, 왕다셰, 량치차오, 린창민, 판위안롄, 차이안페이, 왕충후이王寵惠, 옌슈, 장젠, 좡윈콴莊蘊寬 등 10명을 이사로 천거했다. 이보다 앞서 2월 12일 량치차오 일행이 런던에 도착한 날, 베이징대학에서는 국제연맹동지회國際聯盟同志會가 결성되었다. 여기에서도 량치차오를 이사장[대리 이사장 왕다셰]으로 추대했으며, 차이위안페이·왕충후이·리성둬李盛鐸·옌슈·슝시링·장젠 등을 이사로 선임했고, 또 린창민을 총무간사로, 후스胡適·타오멍허陶孟和·란궁우 등을 간사로 선임했다. 그들은 이 회의에서 9개 항목의 결의안을 채택하여 그 내용을 파리평화회의 특사 구웨이쥔 및 유럽에 체류하고 있던 량치차오에게 전보로 알리고, 그들에게 방법을 강구해 파리평화회의 안팎에서 그 결의안을 고취해달라고 요청했다.(『차이위안페이 연보 장편蔡元培年譜長編』 중책, 161~162쪽)

량치차오는 국민 외교 활동의 선구자였다. 그는 민간대표로서 자신의 신분 및 국내외 영향력을 이용하여 많은 외교 업무를 수행했다. 4월 8일 장젠, 슝시링, 판위안롄, 린창민, 왕충민 좡윈콴 등은 량치차오에게 편지를 보내 국민외교협회 파리 주재 대표를 맡아 파리평화회의에 청원할 각종 사무를 주관해달라고 요청했다. 그들은 이렇게 말했다. "본 협회 동인들은 국민 스스로 나라를 지키려는 작은 정성으로 일선 외교 요원의 후원자가 되어 일찍이 7개 항의 청원 내용을 채택한 바 있습니다. 이것을 전보로 각 특사 및 파리평화회의에 전달하고 먼저 이 청원 내용을 제출해달라고 요청했습니다. 아울러 공을 본회의 대표로 추천했으니 잘 살펴주시길 부탁드립니다. 지금 이미 정식 청원서를 갖추어 본국 국회와 정부 및 파리평화회의 전담대사에게 전달했고, 아울러 미국·영국·프랑스·이탈리아 정부 및 파리평화회의에도 각각 나누어 전달했습니다. 국민으로서 작은 책무라도 다하여 국가를 위해 티끌만 한 도움이라도 될 수 있기를 바랍니다. 이번에 특히 중국어와 영어 청원서 각 한 부를 받들어 올리오니 있는 힘을 다해 일을 주관하여 목적이 이루어지도록 힘써주시기길 부탁드립니다. 목적이 이루어지면 우리 4억 동포가 선생님께 받은 은혜가 실로 한량이 없을 것입니다."

(『량치차오 연보 장편』, 879쪽)

이 기간 량치차오는 중국의 권익을 쟁취하기 위해 최후의 노력을 기울였다. 그러나 중일 간의 밀약을 믿고 일본이 아무 거리낌 없이 행동하는 건 어떻게 할 수가 없었다. 일본은 파리평화회의 안팎에서 대대적으로 자국 이익을 위해 활동했다. 4월 29일 오전 영국, 미국, 프랑스 삼국회의가 열려 산둥문제를 토론했고 일본 대표는 3국의 초청에 응해 회의에 출석했다. 30일 3국회의를 속개해 「베르사유 조약」을 의결했고, 이 가운데 산둥문제는 제156조·157조·158조에 들어 있었다. 그 주요 내용은 독일이 갖고 있던 산둥 반도 권익을 전부 일본에 양도한다는 것이었다.(『중국과 일본의 60년 관계六十年來中國與日本』 제7권, 309~311쪽) 베이징 정부가 파견한 파리평화회의 수석대표 루정샹은 이러한 상황에 직면하여 결국 조약 서명을 고려하게 되었다. 그는 5월 1일 외교부에 보낸 비밀 전문에서 세 가지 해결방안을 제시했다. 첫째, 전체 대표가 회의를 거부하고 귀국한다. 둘째, 조약에 서명하지 않는다. 셋째, 서명은 하더라도 해당 조항을 인정할 수 없다는 성명을 발표한다. 그는 첫째 방법과 둘째 방법은 현실성이 없으므로 오직 셋째 방법만을 채택할 수밖에 없다고 했다.(앞의 책, 315~316쪽) 이처럼 긴급한 상황에서 량치차오는 30일 당일 왕다셰와 린창민에게 전보를 쳐서 정부와 국민에게 경고를 보내 평화회의 대표가 절대로 조약에 서명하지 말도록 압력을 행사해달라고 요청했다. 그 전보 내용은 다음과 같다.

왕다셰, 린창민 두 총장總長[장관]께서 [이 전보를] 외교협회로 전달해주십시오. 독일 관련 사안에 대해 소문을 들으니 칭다오를 직접 우리에게 반환하는 일을 일본 특사가 [칭다오] 쟁탈에 진력하여 영국과 프랑스가 일본 말에 마음이 움직였다고 합니다. 우리가 이것을 인정하면 자승자박에 그치지 않을 것입니다. 청컨대 정부 및 국민으로 하여금 각 전권특사를 엄격히 질책해 절대 조약에 서명하지 말도록 하여 우리의 결심을 보이도록 해주십시오. (『량치차오 연보 장편』, 880쪽)

린창민은 전보를 받은 바로 다음 날 「외교 경보를 국민께 삼가 알림外交警報敬告國人」을 써서 저녁에 연구계 신문 『신보晨報』에 보냈다. 편집주간 천보성陳博生은 그 글을 받아 5월 2일 자에 게재했다.

어제 량런궁 선생이 파리에서 보내온 전보를 받았다. 대략 말씀하시기를 칭다오문제를 일본 특사가 쟁탈에 진력하여 영국과 프랑스의 마음이 움직였고 소문에는 칭다오를 직접 일본에 주게 되었다고 했다.

아아! 이것은 우리 나라 온 국민이 국권 회복을 추구하기 위해 분주하게 호소한 주장, 즉 칭다오를 직접 우리 나라에 반환하도록 독일에 요청해야 한다는 주장과는 다른 것이다. 일본에 독일의 약탈물을 계승할 권리는 없지 않은가? 우리 정부와 우리 특사는 우리 나라 인민의 의견을 대표하여 안에서 의견을 정하고 밖에서 그 의견을 절충해야 하지 않는가? 지금 과연 저와 같은 결과를 얻었다면 칭다오도 잃고, 산둥도 잃고, 나라도 나라가 아니게 된 것이다. 이 흉보가 날아들기 이틀 전에 나도 소문으로 들었지만 오늘 량런궁의 전보를 받고서야 사실임을 알았다. 소문에는 지난번 4국회담 때 본래 독일이 극동에서 획득한 권리를 5국이 상의해 처리하도록 했고 또 반드시 관계국의 동의를 얻도록 결정했다고 한다. 우리 나라가 요구한 것은 다시 5개국의 협상을 통해 칭다오를 우리 나라에 반환하도록 하는 것일 뿐이었다. 그런데 무슨 까닭으로 형세가 바뀌었는지 모르겠다. 다시 소문을 들으니 일본이 [칭다오] 쟁탈에 진력한 것은 다른 이유는 없고 단지 1915년 21개조 조약 및 1918년 자오지철도 양해각서 그리고 각 노선 철도협약을 구실로 삼고 있다고 한다. 아아! 21개조 조약은 협박으로 조인된 것이다. 자오지철도 양해각서는 이 철도의 소속 확정을 전제로 삼아 작성된 것인 만큼 그것이 여전히 일본 소속이라는 직접적 근거가 될 수 없다. 지순철도와 가오쉬철도 조약 초안은 조인을 준비 중이라 아직 정식으로 결정된 것은 아니다. 이 모두는 우리 국민이 승인할 수 없는 조약들이다. 나라의 멸망이 멀지 않았으니 원컨대 우리 4억 민중은 죽음으로 대사를 도모해주시기 바란다! (1919년 5월 2일 자 『신보』, 『백년 가족, 린창민과 린후이인百年家族: 林長民 林徽因』, 34~35쪽)

같은 날 『신보』에는 또 국민외교협회에서 (1919년) 5월 1일 파리평화회의 영국, 프랑스, 미국 등 각국 대표와 중국 특사에게 보낸 전문이 실렸다. 이 전문은 왕다셰와 린창민이 직접 총통 쉬스창에게 올렸고 바로 국무원 명의로 발송되었다. 량치차오 건의에 따라 그들은 전보를 통해 중국 특사에게 엄중한 경고를 보냈다.

평화조약 조인과정에서 이런 요구를 승인하라고 하면 공들께선 절대로 서명을 하지 마십시오. 그렇지 않으면 국권 상실의 책임을 모두 공들이 져야 할 뿐 아니라 무수한 질책을 들어야 할 것입니다. (…) 이는 공들이 국가를 위하는 계책인 동시에 자신의 몸을 위하는 계책입니다. 여러 차례에 걸친 우리 경고를 절대로 경시하지 말기 바랍니다. (1919년 5월 2일 『신보』)

5월 3일 차이위안페이는 왕다셰[일설에는 린창민] 거처에서 국무총리 첸넝쉰錢能訓이 이미 5월 2일 대표단에 밀명을 내려 조약에 서명하도록 했다는 사실을 알게 되었다. 그는 마침내 베이징대학으로 돌아와 교내식당에서 학생 반장과 대표 100여 명을 소집하여 회의를 열고 파리평화회의에서 중국 외교가 실패했다는 소식을 통보한 뒤 모두들 나라를 구하기 위해 떨쳐 일어나야 한다고 호소했다. 이 모임에 참가한 학생으로는 뤄자룬羅家倫, 푸쓰녠, 캉바이칭康白情, 돤시펑段錫朋 등이 있었다.

그리고 5월 3일 오후 4시 무렵 국민외교협회 이사 슝시링, 린창민, 왕충후이 등 30여 명이 회의를 열고 아래 사항을 결의했다.

첫째, (1919년) 5월 7일 오후 2시에 중앙공원中央公園에서 국민대회를 개최함과 아울러 각 성 각 단에도 전보를 보내 같은 날 대회를 거행하도록 한다. 둘째, 성명을 발표하여 21개조 요구 및 영국·프랑스·이탈리아 등의 나라가 산둥문제 처리와 관련해 일본과 맺은 비밀 협약을 인정하지 않는다. 셋째, 파리평화회의가 우리 나라의 주장을 들어주지 않으면 바로 회담 특사를 소환하도록 베이징 정부에 요청한다. 넷째, 베이징 주재 영국·미국·프랑스·이탈리아 공사관에 국민의 의견을 자세히 알려준다. 회의 후에 각 성 의회, 교육회, 상인협회 및 각급 단체에 긴급 전보를 쳤다. "본 협회에서는 이달 7일을 21개조 서명 국치기념일로 삼아 베이징 중앙공원에서 국민대회를 개최하고 정식 선언문으로 정부에 다음 사항을 요구할 것입니다. 즉 평화회의 특사들에게 훈령을 내려 국권을 회복할 수 없으면 차라리 평화회의에서 탈퇴하고 조약에 서명하지 말라고 할 것입니다. 각 지방 각급 단체들도 같은 날 대회를 열어 거국일치의 행동을 보여주시기 바랍니다."(『5·4운동이 폭발한 1년간』, 28쪽에서 재인용)

베이징의 학생들은 이보다 한 발 앞서 행동했다. 5월 3일 저녁 7시 베이징 13개 학교에서 모여든 1000여의 학생 대표가 베이허옌北河沿에 있는 베이징대학 법과대 제3원 대강당에서 임시회의를 개최하고 4개항의 결의사항을 채택했다.

첫째, 각계각층이 연합해 일치된 힘으로 투쟁한다. 둘째, 파리 특사에게 전문을 보내 조약 불서명 입장을 견지하게 한다. 셋째, 전국 각 성시省市에 전문을 보내 5월 7일 국치기념일에 군중대회를 개최하고 시위활동을 전개하도록 한다. 넷째, 5월 4일[일요일] 톈안먼天安門에 일제히 모여 학계 대규모 시위를 전개한다. (쉬더헝許德珩, 『5·4운동 60주년五四運動六十週年』, 『문사자료 선집文史資料選集』 제61집, 1979년판, 『5·4 현장에 다시 와서重返五史

1919년 5월 4일 시위에 나선 학생들. 학생들은 톈안먼 광장에서 집회를 열고 시위를 하다가 자오자러우 후퉁에 있
는 차오루린의 집을 불태웠다. 5·4운동은 이렇게 폭발했다. 시위에 나선 학생들은 베이징 정부에 파리조약 서명 거
부, 21개조 조약 폐기 등을 주장했다.

5·4운동은 이렇게 폭발했다. (1919년) 5월 4일 학생들은 톈안먼 앞에서 집회를 열고 시위를 벌였으며 계속해서 자오자러우 후퉁趙家樓胡同에 있는 차오루린曹汝霖[8]의 집을 불태웠다. 전해오는 말에 의하면 당일에 32명 학생이 체포되었다고 한다. 량치차오는 소식을 듣고 즉각 쉬스창 대총통에게 전보를 쳤다.

왕다셰, 린창민 총장은 저를 대신해 대총통께 전하여 읽게 해주십시오. 소문을 들으니 베이징 학계가 파리평화회의의 상황에 의분을 표시하고, 애국적 열정으로 통치자들로 하여금 우리 민심이 아직 죽지 않았음을 알게 했다고 합니다. 보도에 따르면 많은 사람이 체포되었다고 하는데 확실한 사실은 아니리라 생각합니다. 외세의 침략을 막고 나라의 환난을 구제할 계책을 세울 때 정부는 국민과 일치된 모습을 보여야 합니다. 바라옵건대 정세에 따라 유리한 방향으로 국민을 이끌고 민기民氣[국민의 기상]가 쇠퇴하지 않게 해야 손상된 국권을 치유할 수도 있을 것입니다. 량치차오가 머리를 조아립니다. (『음빙실합집·집외문』 중책, 819쪽)

이때 체포된 학생들은 이미 린창민, 왕다셰, 왕충후이 세 사람이 석방을 보장해주었다. 장펑위안張朋園은 이처럼 인식했다. "만약 량런궁이 5·4운동을 일으켰다고 주장한다면 이는 너무 지나친 발언임이 분명하다. 그러나 량런궁이 5·4운동과 직접적 관계를 맺고 있음은 확실하다. 왜냐하면 북양 정부의 무능행위를 바로 량런궁이 폭로했기 때문이다."(『5·4연구논문집五四研究論文集』, 278쪽) 솔직하게 말하자면 량치차오가 바로 5·4운동의 첫번째 추진 역량이었다. 하지만 전통적이고 관방 중심의 역사 서술에서 량치

---

8 중국 청 말 민국 초의 정치가(1877~1966). 1915년 루정샹陸徵祥과 함께 위안스카이의 명에 따라 중일 교섭을 맡아 굴욕적인 21개조 조약에 조인한 인물이다. 1919년 5·4운동 당시 베이징의 학생들은 차오루린, 루쭝위陸宗與, 장쭝샹 3명을 대표적인 친일파 매국노로 지목했다.

차오의 이름을 찾아보기는 매우 어렵다. 사람들은 5·4운동의 발생 원인을 제기할 때 모두 파리평화회의 실패 소식이 국내로 전해졌기 때문이라 말한다. 하지만 단지 '전해졌다'고 말할 뿐 누가 전했는지에 대해서는 고의로 언급을 회피한다. 우리는 이 원인을 곰곰이 새겨볼 만하다. 사실 1920년대 이래 사람들은 5·4운동의 주도권과 해석권을 놓고 논쟁을 벌여왔다. 그러나 논쟁은 끊임없이 계속되었지만 모두들 량치차오와 연구계에 대해서는 언급하지 않았다. 이것은 분명 불공평한 일이다.

그러나 더욱 불공평한 일은 몇몇 사람이 의도적으로 우리의 시청각을 흐리게 하면서 량치차오를 모함하고 있다는 사실이다. 당시 중국은 남북이 분열되어 있었고, 쑨중산은 베이징 정부에 대항하기 위해 광저우에서 호법정부와 비상국회를 구성해놓고 있었다. 이 때문에 파리평화회의에 참가한 중국 대표단에는 광저우 정부의 대표도 있었다. 3~4월 간 광저우 정부를 대표하여 파리평화회의에 참가한 특사 왕정팅은 상하이 신문업계에 전문한 통을 띄웠다.

우리가 평화회의에 제의한 것은 21개조 요구 및 기타 비밀 협약 폐지에 있는 힘을 다하자는 주장이었습니다. 일본의 잔꾀를 추측해보면 두 가지 길이 있을 뿐입니다. 유인책과 무력 사용입니다. 그러나 모두가 정의와 공리에 위배되기 때문에 틀림없이 그렇게 하지 못할 것입니다. 그런데 우리 중국인 중에는 사사로운 이익 때문에 우리의 권리를 양보하자는 사람이 있습니다. 그렇게 하는 것은 장사치들이 불법으로 물건을 판매하는 일과 다름이 없으니, 이는 실로 매국노라 할 수 있습니다. 바라노니 전국 여론이 매국노에 대항하여 함께 일어나 그를 공격하십시오. 그런 후에야 우리가 여기에서 이 불리한 조건 취소를 토론할 여지가 생길 수 있습니다. (차이샤오저우蔡曉舟, 양징궁楊景工 편, 「5·4五四」, 「5·4애국운동五四愛國運動」, 450쪽 참조)

불명확하고 애매모호한 이 전문에서는 그 매국노가 도대체 누군지 명확하게 지적하지 않고 있다. 이로 인해 자연스럽게 국내 여론계에서 무분별한 추측이 난무하기 시작했다. 그 결과 마침내 량치차오를 의심하는 사람이 생겨났고, 이를 따라 국내에서는 한바탕 량치차오에 대한 유언비어가 떠돌게 되었다. 상하이 상업공단연합회商業公團聯合會는 베이징의 대총통 쉬스창과 국무원에 전문을 보내 이렇게 주장했다. "소문을 듣건대 량치차오가 유럽에서 평화회의에 간섭하고 특사와 알력을 빚고 있어서 어떤 국가[일본]의 요구를 받아들이지 않았다고 보증하기 어렵습니다. 본 상업회에서는 이 점을 고려하여 특별히 파리 공사에게 전보를 보내 량치차오를 좀 타이르라고 했습니다. 내용은 다음과 같습니다. '파리 중국공사관은 이 전문을 량런궁이 읽을 수 있게 전해주십시오. 우리 나라가 국제 평화회의에 이미 특사를 파견한 일은 국민에게 공인된 사안입니다. 그대[량치차오]는 출발할 때 개인 자격으로 가는 것이라 국사에 간섭하지 않겠다고 공언했습니다. 그런데 근래 중외 각 신문에 실린 기사에 따르면 그대가 파리에서 최근 상당히 활발한 활동을 하고 있다고 합니다. 심지어 어떤 국가에 이용당해 [우리 나라] 특사와 알력을 빚고 있다는 말도 들립니다. 그대처럼 현명하고 통달한 사람이 이런 지경에 빠져서는 안 될 것입니다. 사람들의 말은 공포스러운 것이니 혐의를 벗기가 어려울 것입니다. 그대를 위해 계책을 말씀드리자면 부디 조속히 유럽을 떠나 귀국하시어 자신의 의중에 대한 변명을 줄이시길 부탁드립니다. 특별히 이 일을 충고드리오니 더이상 머물겠다는 말은 하지 마십시오.' 이 전문을 특사에게 전달하여 대국大局에 주의하라고 당부해주시면 큰 다행이겠습니다."(앞의 책)

국민당과 량치차오는 오래된 원수지간이었다. 따라서 국민당 입장에서는 이처럼 얻기 어려운 기회를 만났으니 자연스럽게 이 기회를 이용해 공세를 퍼부으며 불난 집에 부채질하듯 사단을 확대시키려 했다. (1919년) 4월 5일 광저우 정부의 국회에서 양원 연합회의를 소집해 다음 사항을 의결했다. 첫째, 양원 합동 서신으로 군사 당국에 요청하여 즉각 량치차오 체포령을 내림과 아울러 그의 재산을 몰수하며 군사 당국이 나서서 프랑스 공사에게 그의 인도를 요청하게 한다. 둘째, 양원에서 탕사오이에게 전보를 쳐서 평화회의가 속개되기를 기다렸다가 베이징 정부에 량치차오를 잡아 사법당국에 넘기고 형법에서 정한 외환범外患犯으로 처단해줄 것을 요청한다. 셋째, 양원 전체 구성원 명의로 전국 성의회省議會, 상인연합회, 교육회, 각 신문사 및 일본 공사를 제외한 베이징 주재 각국 공사와 광저우 주재 영사에게 공개 전문을 보내, 량치차오가 파리에서 매국활동을 하다가 전 국민에게 배척당하고 있다는 사실을 거듭 밝힌다. 넷째, 양원 전체 명의로 파리평화회의 중국 대표에게 전문을 보내 엄격하게 량치차오를 질책하게 하고, 양원이 평화회의 특사를 후원하기로 결정한 사실을 널리 알린다. 광저우 국회는 4월 9일 전체 구성원 명의로 전국에 전문을 띄워 소위 량치차오의 매국 죄상을 널리 선포했다.(『5·4운동이 폭발한 1년간』, 21쪽)

겉으로 보기엔 의미도 바르고 언어도 엄격한 것 같지만 실제로는 전혀 근거 없는 낭설을 그럴듯하게 꾸며대며 한바탕 날조극을 공연한 데 불과했다. 그러나 량치차오는 반응하지 않을 수 없었다. 그는 먼저 『자림서보』에 전문을 보내 유언비어를 반박했다.

유언비어에 따르면 내가 견지하는 의견과 우리 나라 대표가 정식으로 제출한 의견이 상이하다고 합니다. 이런 황당무계한 소문은 외부 사람으로 하여금 이 중대사에 대한 우리의 의견을 오해하게 할 수 있습니다. 이 때문에 특별히 시비를 분별하여 바로잡는 데 힘을 기울이고자 합니다. 만약 이 전보가 게재될 수 있다면 감사의 마음을 이길 수 없겠습니다. 사실은 이렇습니다. 중국이 평화회의에 제출한 요구사항을 저는 모두 열렬히 찬성하고 도왔습니다. 조만간 제가 이곳에서 발표한 논저와 연설 및 담화 원고를 보내드리겠습니다. 이를 근거로 유언비어의 황당무계함을 증명하고자 합니다. (『음빙실합집·집외문』 중책, 816쪽)

이어서 량치차오는 왕다셰와 린창민에게 전보를 보내 상하이상업회 및 상단연합회商團聯合會에 자신의 진심을 전달하게 했다. 그의 변론은 다음과 같다.

제가 이곳에서 주장한 내용은 일찍이 작은 책자로 만들어 영어와 불어로 번역한 뒤 수천 부를 인쇄·배포했으므로 중국과 외국에서 모두 볼 수 있습니다. 또 일찍이 만국신문업계환영회萬國報界歡迎會에서 제가 연설을 두 시간 했고 그 내용은 중국과 외국에 모두 알려졌으며, 연설사는 구웨이쥔이 번역·인쇄하여 각지로 전송했습니다. 이들 문장을 오래지 않아 부쳐드릴 터이니 제가 이곳에서 한 일이 무엇인지 이제 전 국민이 알 수 있을 것입니다. 저의 이번 여행은 비록 개인적인 시찰이지만 진실로 국가를 위해 치욕을 씻고 권리를 회복할 기회이므로 감히 필부의 작은 책임도 사양할 수 없었던 것입니다. 산둥문제는 나라의 운명에 관련된 일이라 아주 통렬하게 호소해야 한다는 건 더 말할 필요도 없습니다. 기타 남만주철도, 가오쉬철도, 순지철도에서 뺏긴 권리를 어떻게 회복할 수 있을지 그리고 관세와 영사재판권과 같은 큰 문제를 어떻게 관철할 수 있을지에 대해 저는 좋은 여론을 고취하면서 제가 가진 모든 힘을 다 쏟아붓고 있을 뿐입니다. 낭설과 비방이 퍼져나가는 건 틀림없이 어떤 자가 함부로 유언비어를 날조해 사심을 품고 저를 깎아내리려는 짓입니다. 사실 누가 사주했는지는 질문하기가 편치 않습니다. 저의 발언과 행동은 세상이 모두 알고 있는데 수백수천의 유언비어가 퍼져나간다 해도 저에게 무슨 손해가 있겠습니까? 다만 책임 있는 사람이 자신의 정력을 기울여 내분에만 이용하면서 이 같은 졸렬한 술책이나 부리고 있으니 진실로 통탄할 만합니다. 여러분은 만 리 밖에 있어서 상황의 진실을 분간할 수 없습니다. 이에 애국심에 근거하여 유언비어를 진실로 믿고 분노하신다 해도 이상한 일이 아닙니다. 그러나 한두 소인배가 날조한 유언비어에 근거하여 어찌 매국노라고 사람을 비방할 수 있습니까? 만약 평화회의가 금방 종결되고 나면 우리 외교는 끝내 아무 수확도 얻지 못할 것입니다. 여러분께서 진정으로 나라를 걱정하신다면 안으로 정부에 가오쉬철도와 순지철도 협약 및 기타 각종 밀약을 조속히 폐지하도록 요구해 저를 도와주는 사람들이 쉽게 힘을 내게 해주셔야 합니다. 또 밖으로는 각국 특사를 독촉해 전면적 계획을 내놓게 하고 서로 자신의 의견을 제시하게 해야 합니다. 이렇게 대외적으로 한결같이 용기를 북돋우며 관세와 영사재판권 등의 사안 해결을 추진해야 합니다. 이번 호기를 놓치면 이후로는 더이상 희망이 없을 터이니 더욱더 일을 미루며 편협한 행동을 해서는 안 됩니다. 저와 같은 사람은 항상 우리 국민을 이끄는 것을 천직으로 삼고 나라를 위해 있는 힘을 다 바치고자 하여 다른 사람의 충고를 번거롭게 생각하지 않습니다. (앞의 책, 817쪽)

량치차오는 (1919년) 6월 9일 량중처에게 보낸 편지에서 유언비어 날조자의 날조 동기를 언급한 적이 있다. "기실 그 일은 너무나 명확하다. 유언비어 날조는 이곳에서만 일어났다. 파리평화회의 특사단 중 한 명이 바로 그 날조자다. 그자가 나에게 특별히 악감정을 갖고 있었던 건 아니다. 그자는 3~4월 사이에 신바람이 나서 의기양양해하며 곧 큰일이 이루어지리라 생각하고 다른 사람의 공적을 빼앗으려 했다. 또 그 공적을 다른 사람에게 빼앗길까 두려워 구웨이쥔을 배척하고 루정샹을 배척했다. 구웨이쥔을 배척한 이유는 그가 쓴 외교 사령장의 문장이 매우 아름다워 순식간에 명성을 떨칠까 질투했기 때문이다. 루정샹을 배척한 이유는 그가 이곳의 최고 영수여서 그의 자리를 빼앗아 자신이 대신하고 싶었기 때문이다. 또 루정샹이 떠나고 나서 다른 사람이 그 자리를 대신할까 걱정이 되어, 자신이 극력 그 사람을 찾는다며 전문 한 통을 보내 온 세상에 유언비어를 가득 퍼뜨렸다. 이러한 행위의 도깨비 같은 상황을 어디서부터 얘기할 수 있겠나? 이제 그일이 지나가고 형편도 달라지자 그자가 나에게 더이상 진실을 자백할 필요가 없게 되었다. 가장 애석한 일은 고귀한 시간을 날마다 내분에 소모한 사실이다. 그 과정에서 위험한 상황이 잇달아 발생했지만 당국에서는 막연한 상태로 아무것도 깨닫지 못했고, 곁에서 구경하는 사람들 또한 한마디 말도 해주지 않았다. 아아! 우리 중국인이 이 같은 국민성으로 장차 어떻게 이 대지 위에서 자립할 수 있겠는가?"(『량치차오 연보 장편』, 883~884쪽)

국민당의 모함 및 진상 불명의 포위 공격에 대해 차이위안페이, 왕충후이, 판위안롄이 가장 먼저 떨쳐 일어나 정의롭게 공정한 의견을 제시했다. 그들은 연명으로 공동 전문電文을 띄웠다.

상하이 『신보申報』 『신문보新聞報』 『시보』 『시사신보時事新報』와 이 전문이 2차로 전달된 각 신문사 그리고 52개 상업단체(『시보』에는 53개)는 읽어 주십시오. 상하이 상업단체에서 의결한 사안을 열람해보니 량런궁 선생에게 의심의 눈길을 보내고 있었습니다. 량 선생은 유럽으로 간 후 누차 전문으로 산둥—『시보』에는 산둥 다음에 '문제問題' 두 글자가 더 있다— 에 대한 보고와 주장을 알려왔습니다. 국가를 위해 주권을 보위해야 하므로 어조가 격앙되어 있었습니다. 소문을 들으니 량치차오의 문장과 연설이 각국 인사들을 격동시켰다는데 어찌하여 그처럼 근거 없는 유언비어가 나돌고 있는지요? 부디 우리 국민이 자세히 살펴서 같은 편끼리 서로 소란을 피워서는 안 되겠습니다. 저 차이위안페이 등은 오랫동안 정치평론에 참여하지 않았지만 이번 일은 국제적 사안과 관련되어 있고 또 나라를 위해 일하는 량 선생의 성심을 깊이 알고 있기 때문에 침묵할 수 없어서 특별히 자세히 설명을 드리오니 부디 신문에 게재해주시기 바랍니다. (『5·4』, 『5·4애국운동』, 450쪽)

국민외교협회와 국제연맹동지회에서도 공동 전문을 발표하여 량치차오를 변호했다. 그리고 장젠, 슝시링, 판위안롄, 린창민, 왕충후이, 좡원콴 등도 량치차오에게 보낸 편지에서 그의 행동을 칭찬했다. "나라를 위해 있는 힘을 다 발휘하려고, 산 넘고 물 건너 만 리 길을 달려가셨습니다. 이곳 우리는 바다 위 하늘을 바라다보며 발돋움하고 있습니다. 이번 파리평화회의는 정의와 인도人道를 밝게 제창하는 모임이며 더욱이 우리 나라 생존 발전의 기회이기도 합니다. 공께서는 여론을 고취하며 나랏일에 실로 많은 도움을 줬습니다. 무릇 우리 국민은 모두 공을 깊이 경모하고 있습니다."(『량치차오 연보 장편』, 879쪽) 이 편지는 량치차오에게 큰 위안을 안겨줬다.

천두슈陳獨秀는 량치차오를 좋아하지 않았지만, 신문 보도를 읽고 이 일에 관한 내막을 알고 나서 4월 13일 『매주평론每週評論』 제17호에 '즈옌隻眼'이란 필명으로 「정치 외교에 참여하는 국민의 자격國民參預政治外交的資格」을 발표했다. "국민이 정치에 참여하고 외교에 참여하는 것은 모두 우리가 바라는 일이다. 그러나 이 두 가지는 모두 그렇게 쉬운 일이 아니다. 일반 국민 중에서 중견인이라 할지라도 정치와 국제관계에 대한 상식이 없으면 매우 위험하다. 예를 들면 정치와 법률에 대해서 시비와 가부를 판단할 수 있는 정당한 주장이 전혀 없이 단지 구차하게 화해를 붙여 일을 마무리 지으려 한다면, 이런 국민은 정치에 참여할 자격이 없다. 각국의 외교정책을 이해하지 못한 채 어떤 나라의 이간책에 말려 아무 근거 없이 량런궁에게 친일매국노란 죄명을 덮어씌운다면, 이런 국민은 절대로 외교에 참여할 자격이 없다."(『천두슈 저작선陳獨秀著作選』 제1권, 518~519쪽)

이 일은 마치 여름 하늘에 몰려온 한 조각 먹구름처럼 한순간의 일진광풍에 사라졌다. 6월 6일 량치차오 일행은 중국의 외교 실패로 인한 고통 및 강권이 정의를 짓밟는 모습에 실망한 채 프랑스 파리를 떠났고 이어서 기타 국가에 대한 참관과 방문 일정을 시작했다. 출발 전에 그는 다음과 같이 썼다.

결국 그때 우리는 정의와 인도의 달콤한 꿈을 꾸고 있었다. 붓을 잡고 이 책을 집필할 때가 되어서야 꿈에서 깼다. 눈을 닦고 바라보니 그들은 진정 일을 훌륭하게 처리했다. 역사적 사실로 비교해보면 흡사 100년 전 비엔나회의와 같았다. 이 회의는 멀리서 이번 파리회의와 서로 마주보며 전후 시대를 동일한 양상으로 비추고 있다. 비엔나회의는 몇몇 대국이 쥐도 새도 모르게 만사를 결정한 뒤 다수의 소국을 희생시켜 그들의 이익과 맞바꿨다. 이번에도 똑같은 양상이 아니었던가? 비엔나회의가 끝난 후 러시아·프로이센·오스트리아가 3국동맹을 맺었고, 이번 파리회의에서는 영국·프랑스·미국이 3국동맹을 맺었다. 또 비엔나회의 후에는 모두들 프랑스혁명에 대한 방어막을 치기 위해 열을 올렸고, 이번에는 러시아 볼세비키가 그들에게 똑같은 고민을 제공했다. 아! 천하사에 인과관계를 벗어날 일이 어디에 있겠는가? 19세기의 갖가지 화근은 모두 비엔나에서 뿌려진 것인데, 오늘날에도 그들은 그곳에서 같은 죄업을 지었다. 당신이 믿지 못하겠다면 우리 나라의 산둥문제가 바로 하나의 증거가 될 수 있다. 이 밖에도 산둥문제 같은 일은 많고도 많다. 내가 파리에서 몇 달 거주한 기간은 바로 그들이 비밀리에 죄업을 짓던 때였다. 당시는 그들이 무슨 꿍꿍이를 꾸미는지 전혀 알지 못했다. 우리는 그 틈을 이용해 전지戰地로 여행을 갔고, 파리평화회 결과에 대해서는 그들이 내용을 밝힐 때 다시 평가하자는 입장이었다. (『음빙실합집·전집』 제23권, 84~85쪽)

(1919년) 6월 7일 량치차오 일행은 영국 런던에 도착했다. 영국 여정은 30일을 넘었다. 그들은 영국 각지를 두루 편력했다. 7월 14일은 프랑스 건국기념일이었다. 이날 프랑스에서는 개선문 앞에서 열병식이 열렸고 량치차오도 런던에서 파리로 돌아와 그 열기에 참가했다. 당시 파리는 열병식 관람객으로 붐볐다. 소문에 의하면 1000프랑으로도 여관의 침대 하나조차 잡을 수 없었다고 한다. 다행히 그들은 파리 교외의 벨뷰Bellevue에 미리 빌려놓은 아파트가 있어서 그곳을 유럽여행의 근거지로 삼을 수 있었다. 그곳에서 파리까지는 기차로 불과 20분 정도 소요되었다. 그곳은 파리 사람들의 피서지였다. 량치차오가 파리로 돌아오는 그날 밤엔 엄청난 폭우가 쏟아졌다. 그는 숙소를 지키는 장바이리에게 전보를 쳤으나 도중에 길이 막혀 기차까지 놓치고 말았다. 그는 할 수 없이 심야 폭우 속에서 비싼 요금을 지불하고 택시를 잡아 여관으로 찾아들 수밖에 없었다. 그의 기록은 이렇다. "오랜 시간을 선회한 끝에 한 여관을 잡아 투숙했다." 그는 또 우스갯소리로 "정말 기념할 만한 저녁이었다"라고 했다.(『량치차오 연보 장편』, 887쪽)

량치차오 일행은 파리에서 4~5일 묵은 뒤 7월 18일에 파리를 떠나 벨기에로 갔고 이어서 네덜란드, 스위스, 이탈리아를 두루 유람했다. 10월 7일이 되어서야 파리 인근의 벨뷰 숙소로 돌아왔다. 량치차오는 당시 여정을 이렇게 기록했다. "돌아보건대 6월 6일 프랑스를 떠난 이래 족히 4개월여 동안 기차를 몇천 리나 탔고, 20여 개 유명 도시를 여행했다. 런던을 제외하고는 1주일 이상 머문 곳은 한 곳도 없었다. 정말 주마간산 격으로 여러 곳을 스쳐 지나느라 피곤하기가 이를 데 없었다."(『음빙실합집·전집』 제23권, 1쪽) 이어서 그들은 잠시 휴식을 해야 했다. 량치차오는 이 무렵 상황을 이렇게 소개했다. "숙식을 함께한 3~5명은 벨뷰를 깊은 산속 수도원처럼 여기고 파리에는 전혀 발걸음을 하지 않았다. 손님도 한 사람 찾아오지 않는 곳에서 종일 네모난 방 안에 앉아 타지도 꺼지지도 않는 화로를 곁에 두고 각각 원형 또는 방형의 탁자 주위에 모여 머리를 파묻고 자신의 일을 하기에 바빴다. 이것이 바로 그해(1919) 겨울 우리의 단조로운 생활 속 취미였다. 상반기의 분주한 모습과는 완전히 반대 상황이다. 나의 업무 중 하나는 바로 글을 쓰는 것이었다. 즉 1년 동안 관찰하고 느낀 바를 글로 써내는 것이었다."(앞의 책, 2쪽) 량치차오는 딸 링셴에게 보낸 편지에서 이 시기 생활을 아래와 같이 서술하고 있다.

나는 10월 11일부터 지금까지 한 번도 파리에 가지 않았다. 또 앞으로 석 달 동안 파리로 가지 않고 이곳을 깊은 산 수도원으로 삼을 결심이다. 나는 지금 두 가지 일만 하고 있다. 낮에는 영어를 배우고 밤에는 기행문을 쓰는 일이다. 영어는 이미 책과 신문을 읽을 정도는 되었다. 나는 정말 각고의 노력으로 공부를 하고 있고, 이 때문에 동행한 여러 사람도 더욱더 학문에 흥미를 느끼고 있다. 장바이리와 장쥔마이는 불어를, 쉬신류는 독어를 공부하고 있다. 서로 번갈아가며 사제지간이 되고 있으니 정말 우스꽝스럽기도 하다. 가장 우스꽝스러운 일은 내가 앞으로 구사하는 영어는 말도 할 수 없고, 들을 수도 없고, 쓸 수도 없고 단지 읽을 수만 있는 영어라는 점이다. 여태껏 이런 학습방법은 없었지만 나는 내 나름의 방법을 이용해 이미 성공하고 있다. 나의 일기 재료는 장바이리, 장쥔마이, 쉬신류 셋이 각각 임무를 나누어 수집한 것을 내가 취사선택하여 지금 집필에 착수했다. 이 또한 여럿과 함께 거주하지 않고서는 할 수 없는 일이다. 이곳에서 여러 달 머무는 것도 모두 이런 일을 위해서다. 딩짜이쥔丁在君은 일찌감치 귀국했고, 류쯔카이劉子楷는 며칠 안에 루정샹을 따라 귀국할 것이고, 양딩푸楊鼎甫[양웨이신]는 영국에 남을 것이다. 우리 넷은 내년 2월 독일, 오스트리아, 폴란드를 여행하고 4월에 귀국할 것이다. (『량치차오 연보 장편』, 890~891쪽)

량치차오는 또 그곳에서 늦게 자고 늦게 일어나는 악습이 다시 복원되었다고 했다. "장바이리는 내가 과로하는 것을 아주 옳지 않다고 여기며 항상 내게 '링셴이 여기 있어야 우리 선생님 생활에 간여할 수 있을 텐데'라고 한다." 량치차오는 본래 자신이 쓰는 책 전부를 탈고한 다음 그곳을 떠날 계획이었다. 그러나 쉬신류가 부인의 병이 위중하다는 편지를 받고 서둘러 귀국 준비를 하게 되었다. 그들 몇 사람 중 쉬신류가 불어를 가장 잘했기 때문에 그가 먼저 떠나게 되면 남은 사람들이 생활의 불편을 겪을 수밖에 없었다. 그리하여 일행 모두 함께 떠나기로 결정하고, "양력 정월 22일 배편을 이용하기로 했으며 음력 정월 말이면 집에 도착할 수 있도록 했다." 사정이 이와 같이 전개되어 일행은 바쁜 와중에 12월 12일 베를린에 도착했고, 1월 9일 독일에서 파리로 돌아왔다. 독일에는 20여 일 머문 셈이었다. 량치차오는 본래 비엔나와 폴란드도 여행할 계획이었으나 교통이 불편한 관계로 모두 그만두고 말았다.(앞의 책)

유럽여행 인상기『구유심영록』

유럽에 체류하는 동안 장바이리는 군사와 국방, 경제와 생활의 관계에 주의를 기울였다. 그는 스위스 민병제를 살펴본 뒤 초보적인 병농일치 사상을 갖게 되었다. 그러나 1937년 봄 항일전쟁이 전면적으로 폭발한 이후에야『국방론國防論』이란 저명한 저서를 뒤늦게 출판했다. 일본 패전 후 어떤 일본인이 이 책을 읽고 놀라움을 금치 못했다고 전해진다. 왜냐하면 이『국방론』에서 언급한 것처럼 일본군은 진흙탕 같은 중국의 지구전에 함몰되어 몸을 빼내지 못하고 항복할 수밖에 없었기 때문이다. 또 어떤 사람은 마오쩌둥이 「지구전을 논함論持久戰」을 쓰게 된 것도 장바이리의 『국방론』에서 영감을 얻었다고 했다. 이 무렵 장바이리는 또 군사력에 미치는 공병工兵과 수송의 중요성에도 주의를 기울였다. 예궁춰葉恭綽는 자신과 장바이리가 유럽을 시찰할 때 상황을 글로 남긴 적이 있다. 장바이리가 뒷날 공병과 수송을 중시하게 된 것은 바로 예궁춰의 계발에서 비롯되었다고 할 수 있다. 예궁춰 진술은 아래와 같다.

제1차 세계대전 후 나와 장 선생은 서로 이어서 유럽대륙 견학을 갔다. 당시 나는 교통과 실업 분야를 맡았고 선생은 군사 업무를 맡았다. 그러나 두 분야가 때로는 서로 밀접한 관련을 맺기도 했다. 일찍이 함께 베르됭[프랑스 동부의 유일한 요새] 포루砲壘 및 크튤루Cthulhu 무기공장을 견학할 때 여러 날 숙식을 함께했다. 나는 군사 분야에 대해 잘 몰라서 대충 살펴보는 데 그쳤지만 선생은 지극히 치밀하게 참관하고 대조하면서 나에게 프랑스 군사장비를 매우 자세하게 설명해주었다. 당시에 나는 바야흐로 제1차 세계대전의 군수 수송에 주목하고 있던 터라 교통이야말로 군사작전의 생명줄이라 생각하고 있었다. 또 제1차 세계대전 때 유럽으로 간 중국인 노동자가 30만 명 이상이었는데, 그 절반을 내가 맡아서 일처리를 해줬다. 그런데 그들의 담당 업무는 대부분 보루와 참호를 축조하는 일에 편중되어 있었다. 이 때문에 나는 유럽의 공병 및 수송에 관한 지식을 우리 나라가 본보기로 삼아야 한다고 생각했다. 그러나 선생은 이 두 분야에 아직도 그리 깊은 주의를 기울이지 않았다. 귀국 후 10여 년의 세월을 덧없이 보내고 있을 때 (1932년) '1·28사변'이 일어났다. 선생은 형산衡山에 머물며 바야흐로 군사에 관한 책을 저술하고 있었다. 나는 사람을 시켜 선생에게 말했다. "군사전략을 얘기하면서 공병과 수송을 중시하지 않으면 결국은 모두가 공론空論이 될 뿐입니다." 선생도 그렇게 생각하고 지난날 유럽에서 나와 함께 견학을 갔던 장후章祜

를 형산으로 초빙하여 그의 깊은 학식에 자문을 구하려 했다. 선생은 전대미문의 새로운 지식을 들은 후 장후 군과 함께 책을 저술하기로 확약했다. (『장바이리 연보』, 71~72쪽)

예궁춰의 이 진술은 한 가지 학설로 참고할 만하다. 그리고 타오쥐인이 쓴『장바이리전』도 이와 관련한 방증자료로 삼을 수 있다.

량치차오, 장바이리, 쉬신류 일행은 1920년 1월 22일 마르세유에서 프랑스 우편선을 타고 귀국 길에 올라 3월 5일 상하이에 도착했다. 유럽여행을 1년 넘게 하면서 량치차오의 사상은 깊은 자극을 받았고 자신의 이전 사상에 대해서도 심각한 사유와 반성을 수행했다. 귀국 후 오래지 않아 량치차오는 중요한 저작『구유심영록』을 출판했다. 이 저작은 최종적으로 완성되지는 못했지만 그의 또다른 저작『신대륙 여행기』와 마찬가지로 량치차오 인생 역정과 사상 발전과정에서 지극히 중요한 관문으로 작용했음에 틀림없다. 량치차오는 당시 량중처에게 보낸 장문의 편지에서 유럽여행이 자신에게 미친 영향을 언급했다.

수개월 동안 성격이 다른 온갖 사람을 만났고, 학파가 다른 온갖 이론을 들었으며, 이해가 상충되는 온갖 일을 목도했다. 그곳에는 모범적인 형상으로 신령과 소통하는 회화와 조각이 현란했고, 심금을 울리는 시가와 음악을 연마하고 있었고, 기이한 일투성이의 사회현상이 가득했고, 웅대하고 변화막측한 자연 풍경이 널려 있었다. 나의 천성은 정감이 풍부하고 나의 의지도 발전을 위해 게으름을 부리지 않는 편이다. 그러니 아우는 한번 생각해보라, 내가 그곳에서 받은 느낌과 자극이 어떠했겠는가? 나는 내 마음의 경지가 날마다 숙성되고 발효되어 장차 내 마음 속에서 반드시 절대적인 혁명이 일어날 것임을 자각하고 있었다. 다만 그 혁명의 산물이 무엇일지는 아직 알 수 없었다. (『량치차오 연보 장편』, 880~881쪽)

여기서도 알 수 있듯이, 유럽여행 기간 량치차오는 이미 자신의 영혼 깊은 곳에서 장차 '절대적인 혁명'이 폭발할 것임을 깨닫고 있었다. 다만 그 혁명이 자기 사상을 어떤 방향으로 인도하여 어떤 열매를 맺게 할지에 대해서는 당시에 아직도 탐색과 사색 중에 있었다. 『구유심영록』을 쓸 때에 이르러 량치차오의 사상은 점점 명확하게 정리되었다. 특히 이 저서 속에 포함되어 있는 「유럽여행 과정에서의 일반적 관찰 및 일반적 감상歐游中之一般觀察及一般感想」이란 글에 량치차오의 사상 전환 궤적 및 중국 사회와 정치 등의 문제에 대한 그의 관점과 주장이 남아 있다. 이 글은 상편과 하편으로 나뉘어 있고, 상편은 11개 작은 절로 구성되어 있는데 여기에서 그는 사상과 문화의 연원으로부터 제1차 세계대전이 일어난 원인을 탐구하고 있다. 그는 이 글에서 성실하게 대처하고 깊이 있게 사고해야 할 여러 문제를 다음과 같이 열거하고 있다.

전쟁 원인은 먼저 국제관계에서 비롯된다. 전쟁을 유발한 각종 모순이 평화조약 서명으로 결코 소실되지 않고 오히려 더욱 복잡하고 첨예화하면서 더욱 위험해지고 있다. 설령 그것이 목전에 아직 잠복해 있더라도 말이다. 다음으로는 국내모순에서 야기된다. 경제 파산, 생산 정체, 물가 폭등, 물품 부족, 금융 위기, 재정 곤란 문제가 한 걸음 더 나아가 사회적으로 빈부 양대 계급의 분화와 대립을 야기하게 되었고 거기에서 파생된 모순도 갈수록 첨예화해 화해할 수 없는 지경에 빠져들고 있다. 이와 관련해 그는 다음 사실을 목도했다. "기계 발명과 산업혁명이 일어난 이래로 생계 구조에 대변동이 발생하여 부유계층이 새롭게 나타났다. 과학이 발달할수록 공장은 더욱 많아졌고 사회의 몰인정 또한 더욱 심해졌다. 부유한 사람은 더욱 부유해졌고 가난한 사람은 더욱 가난해졌다. 물가는 하루하루 폭등했고 생활은 하루하루 어려워졌다. 노동자들은 봉급만으로는 먹는 게 충분하면 입는 게 충분하지 않았고 입는 게 충분하면 사는 주택이 충분하지 않게 되었다. 휴식할 시간도 없고 교육받을 시간도 없다. 며칠 동안 병이라도 나면 온 집안 식구가 배를 싸매고 굶어야 했다. 자녀 교육비는 말할 필요도 없고 자신의 노후생활도 어떻게 보내야 할지 알지 못했다." 그는 더 나아가 다음과 같이 분석했다. "그들은 그곳에서 이렇게 생각했다. '모두가 하늘이 탄생시킨 같은 인류인데 왜 당신은 그렇게 즐겁게 살고 나는 이처럼 불쌍하게 살아야 하는가?' 또 진일보하여 이렇게 생각한다. '당신의 돈은 어디서 났는가? 나의 피땀을 짜내 당신의 기름에 보탠 게 아닌가? 나의 상처를 후벼 파서 당신의 살을 찌운 게 아닌가?' 그들도 처음에는 중국인과 마찬가지로 고생을 하면서도 자신의 운명만 원망했지만 나중에 점점 현실을 분명하게 깨닫고 자신의 지위는 자신이 쟁취해야 함을 알게 되었다. 이에 그들은 도처에서 노동단체를 만들어 자본가에게 도전할 결심을 했다. 그들이 내세운 기치는 노동임금의 최저한도 보장과 노동시간의 상한선 유지였다. 또한 이 두 한도를 시의적절하게 바꾸려 하면서 한 걸음을 뗀 뒤 또 한 걸음 전진하고자 했다. 그리고 학문이 뛰어난 사람들은 불평등한 사회의 근원을 탐구하여 이런 현상은 모두 사회구성이 불합리한 데서 비롯되었다고 했고 그들을 구제하려면 그 근원을 개조해야 한다고 설파했다. 개조방법을 보면, 아직도 기존 정치조직을 인정하는 일파는 생산기관을 모두 국유화해야 한다고 하고, 또다른 일파는 기존의 국회와 정부를 모두 근본적으로 타파해야 한다고 주장한다. 그리고 직접 농사짓는 사람이 땅을 갖도록 해야 하고, 공장 노동자가 그 공장 일을 관리하게 해야 한다면서, 농부와 노동자가 위원을 선출해 그들이 국가 대사를 처리하도록 해야 한다고 주장한다. 각국의 보통 사회당은 대부분 앞의 일파에 속하고 러시아 볼셰비키는 뒤의 일파에 속한다. 앞의 일파는 현행 대의정치하에서 점점 당세를 확장해 정권을 장악하기 위한 수단으로 사용한다. 현재 각국 국회 및 지방의회에 그 세력이 날마다 커지고 있다. 몇몇 국가에서는 기회가 이미 성숙되었고 나머지 국가에서도 조만간 그 기회가 성숙할 듯하다. 뒤의 일파는 러시아에서 불꽃이 치솟아 올랐고 다른 나라에서도 도처에 도화선이 잠복해 있다. 몇몇 비사회당 정치가들은 민감한 안목으로 사회주의 입법을 통해 긴급한 정세를 완화하려 한다. 다만 적체가 겹겹이 쌓여 돌이키기가 어렵고, 또 소 잃고 외양간 고치는 격으로 대처가 너무 늦은 감이 있다. 사회혁명이 아마도 20세기 역사의 유일한 특색이 될 듯하다. 여기에서 벗어날 나라는 하나도 없을 것이고, 계급투쟁도 조만간 끝이 날 것이다." "저 자본가의 나라와 노동자의 나라 사이에 조만간 네 죽고 나 살자는 한 차례 전쟁이 일어날 것이다."(『음빙실합집·전집』 제23권, 7~9쪽)

이는 겉으로 드러나 있어서 일반인들이 모두 목도할 수 있는 현상일 뿐이다. 하지만 이러한 현상 배후에 깊이 숨어서 인류의 행위를 지배하는 사상 및 사회 밑바닥에 잠복해 있다가 때때로 밖으로 분출하는 흐름도 있다. 량치차오는 이러한 현상도 자세히 관찰하여 하나하나 진상을 폭로했다. "유럽 근세문명에는 세 가지 연원이 있다. 첫째는 봉건제도, 둘째는 그리스 철학, 셋째는 예수교다. 봉건제도는 개개인과 사회의 관계를 규정해 도덕 조건과 관습을 형성했다. 철학은 지적 부문에서 우주의 최고 원리 및 인류의 정신작용을 연구하여 지극히 선한 도덕 표준을 구하려는 것이다. 종교는 인간의 감정과 의지 두 부문으로부터 인류에게 '세계를 초월하는' 신앙을 제공한다. 그러므로 현세의 도덕도 자연스럽게 종교를 따라 어떤 표준을 마련할 수 있게 된다." 그런데 프랑스혁명이 유럽 근세문명의 기초를 뒤흔들었다. 그 첫번째 추진력은 바로 '자유'학설과 밀접하게 연관되어 있다. 프랑스대혁명은 이 학설의 혜택을 받았을 뿐 아니라 또 이 학설의 전파에도 큰 힘을 발휘해 그 영향력을 크게 확대했다. 그는 또 이렇게 분석했다. 18세기 이래로 "정치체제의 혁신과 산업의 발달과정에서 이 학설의 혜택을 받지 않은 것이 어디 있겠는가? 그러나 사회적 화근도 바로 이 학설에서 시작되었다. 현재 빈부 양 계급 사이의 거대한 격차는 한편으로는 기계의 발명으로 생산력 집중이 변화했기 때문이지만 다른 한편으로는 생계적 측면에서 자유주의를 금과옥조로 삼고 무한 자유경쟁을 추구한 결과 이러한 잘못된 현상이 자연스럽게 나타난 것이다." 량치차오는 또 다음 학설에 주목했다. "19세기 중엽에 매우 강력한 두 가지 학설이 발생하여 그 악영향이 두루 퍼져나갔는데, 하나는 생물진화론이고 다른 하나는 자기 본위의 개인주의다." 전자는 다윈의 '생존경쟁, 적자생존' 이론으로 귀결되었고, 량치차오도 일찍이 이 이론의 신봉자였다. 후자를 집대성한 사람은 니체였다. 니체는 소위 '이타주의를 노예의 도덕'이라 하고 이른바 "약자를 멸종시키는 게 강자의 천직"이라 주장하면서 그것이 "세계 진화에 필요하다"라고 인식했다. 그러나 량치차오는 다음과 같이 인식했다. "이 기괴한 이론은 다윈의 생물학 이론을 빌려 그 바탕을 마련했는데 당대인의 심리와 아주 잘 부합했다. 따라서 개인적 측면으로 논하자면 강한 힘을 숭배하고 황금을 숭배하면서 그것을 불변의 진리로 삼고 있고, 국가적 측면으로 논하자면 군국주의와 제국주의를 가장 시의적절한 정치 방침으로 삼고 있다. 이번 세계대전도 그 기원은 진실로 여기에서 비롯되었고, 앞으로 우리 나라에서 일어날 계급 대투쟁도 그 기원이 진실로 여기에서 비롯될 것이다."

이 밖에도 량치차오는 "과학이 발달한 이후에 첫번째로 치명상을 입은 분야는 바로 종교였다"라고 지적했다. 종교는 과학의 숙적이다. 과학의 발달로 야기된 결과의 하나가 바로 사람들이 하느님을 자신의 발로 짓밟았다는 것이다. 하느님이 사람을 창조한 게 아니라 사람이 하느님을 창조한 사실을 믿게 되었다. 이에 천국도 없어졌고 영혼도 없어졌으며 피안의 세계도 사라져버렸다. 철학자들은 결국 과학자들의 깃발 아래로 투항해야 했다. 소위 인류의 심령은 순수한 물질현상으로 귀결되었다. 량치차오의 주장은 이렇다. "소위 우주의 대원리는 과학적 방법으로 증명할 수 있는 것이지 철학적 방법으로 명상 속에서 얻어지는 것이 아니다. 이들 유물론적 철학자는 과학의 비호하에 순물질적이고 순기계적인 인생관을 건립하고 일체의 내부생활과 외부생활 모두 물질운동의 '필연적 법칙'으로 귀결시켰다. 이 법칙은 기실 변형된 운명결정론이라 부를 수 있다." 인간의 행위가 모두 '필연적 법칙'의 지배를 받게 되므로 인간의 자유의지도 존재하지 않게 된다. 의지가 자유롭지 않으므로 선악의 책임도 질 필요가 없다. 이와 같이 되어 인간의 도덕 기반도 진공 상태가 되어버렸다. 나쁜 사람이 없으니 자연히 소위 좋은 사람도 없다. 모든 사람은 똑같은 인간이고, 이런 인간은 모든 사회적 의미를 거세당한 빈 껍질이므로 진실로 속빈 강정에 불과한 셈이다. 량치차오는 이에 대해 다음처럼 말했다. "이는 도덕적 표준이 어떻게 변해야 하느냐가 아니라 도덕이 과연 존재할 수 있느냐의 문제다. 현재 사상계의 최대 위기는 바로 이 점이다." 뿐만 아니라 사람이 일단 도덕심을 상실하게 되면 바로 생활의 지침도 잃어버리게 된다. 량치차오는 계속해서 이렇게 지적하고 있다. "사후에 천당이 없으니 오직 몇십 년간 이 땅에서 쾌락을 즐기면 될 뿐이다. 선악에도 책임이 없으니 나의 모든 수단을 동원하여 나 개인의 욕망을 채워도 무방하게 된다." "근년에 무슨 군벌이니 무슨 재벌이니 하는 사람들이 모두 이러한 노선에서 탄생했다. 이번 제1차 세계대전이 바로 그 인과응보에 해당한다. 제군들은 반드시 알아야 한다. 우리가 만약 끝끝내 이러한 유물론적·기계적 인생관 위에 자리를 잡는다면 어찌 군벌과 재벌의 전횡만 가증스럽고 원망스럽다 할 것인가? 노동자 단체의 연대저항이나 사회혁명도 일종의 강권작용이 아니겠는가? 그러나 이전의 강권이 저들 소수인의 수중에 있었다면 앞으로의 강권은 다수인의 손으로 이동하게 될 뿐이다."(앞의 책, 9~12쪽)

량치차오는 또 유럽 문학사조의 변화에도 주의를 기울였다. 이러한 변화는 주로 자연주의가 낭만주의를 대신하는 현상으로 드러나고 있었다. "19세기 중엽에 이르러 문단 패권은 점점 자연주의 수중으로 이동해왔다." 그 원인은 물론 한 가지에 그치지 않지만 부인할 수 없는 사실은 바로 "모든 사상이 실제 현실을 추구해서 문학도 홀로 그 경향에서 벗어날 수 없었다"는 점이다. "그들은 인류의 추악하고 짐승 같은 측면을 적나라하게 드러내어 그것을 생동감 있고 흥미진진하게 묘사했다. 그건 물론 진실은 진실이었지만 이렇게 되자 인류의 가치는 거의 제로 상태로 추락하고 말았다. 결국 자연주의 문학이 성행한 후 사람들은 인류가 하등동물에서 변천해왔고 맹수와 곤충과 크게 다르지 않음을 알게 되었고 이를 깨달을수록 더욱더 인류에게는 자유의지가 없고 인류의 모든 행위는 육감의 충동과 주위 환경의 지배를 받는다고 느끼게 되었다. 우리는 이전에 자랑스럽게 과학에 의지해 자연계를 정복했다고 말했다. 그러나 오늘날 과학이 발달할수록 자연계의 위력도 더욱더 사나워져서 우리는 조만간 자연에 정복당하게 될 것이다."(앞의 책, 13~14쪽)

하지만 량치차오는 서양문명이 이미 파산했거나 진정으로 몰락하고 있다고는 전혀 인식하지 않았다. 또 몇몇 구미 친구가 "여러분이 중국문명을 수출하여 우리를 구원해달라"라고 중국에 아첨할 때도 그는 남몰래 기쁨에 젖기는 했지만 여전히 유보적 입장을 고수했다. 그가 볼 때 새로운 서양문명과 낡은 서양문명은 적어도 두 가지 점에서 상이했다. 첫째, 지난 문명은 귀족 문명이어서 "특별한 지위에 있거나 특별한 천재성을 지닌 소수에 의지해 유지해왔다." 따라서 이러한 문명은 그 속에 사람은 존재하지 않았기 때문에 소멸될 수밖에 없었다. 새로운 문명은 이와 다르다. 즉 새로운 문명은 "전체 사회 개개인의 자각에 의지해 창조되었기 때문에 그 '질質'은 더러 이전보다 떨어지는 것이 있지만 그 '양量'은 이전에 비해 훨씬 풍부하고, 그 '힘力'도 이전에 비해 훨씬 지속적이다." 그러므로 간단하게 서양문명이 파산하고 있다는 결론을 내릴 수 없다. 어쩌면 파산한 것은 서양의 낡은 문명일 뿐 새로운 문명은 결코 아니었던 셈이다. 왜냐하면 새로운 문명은 대다수 사람들의 심리 위에 세워져 있고, 이처럼 광범위한 사회적 바탕이 새로운 문명의 지속·발전에 필수불가결한 조건으로 작용하고 있기 때문이다. 둘째, 새로운 문명은 '개성의 발전'에 의지해 유럽에 물질과 정신상의 변화를 가져다줬고, "지금도 날마다 그 길을 따라 발전해가고 있다." 이상과 신념의 파괴로 "전체 사회가 회의의 심연으로 빠져들어 공황과 우울증을 처참하게 드러내고 있지만, 그들은 결코 노쇠 단계로 빠져들지 않고 있다." 오히려 "그들은 여전히 매일 자아의 발전을 추구하고 바깥 세계에 압박을 가하면서 백절불굴의 태도로 반항하는 가운데 날마다 스스로의 정진에 힘쓰고 있다." 그들은 이번의 좌절을 겪으면서도 오히려 "좌절한 그곳에서 진정한 안분지족하는 소재지를 찾으려 하고 있다."(앞의 책, 15~17쪽)

그들은 그 소재지를 찾았는가? 량치차오는 "점점 찾게 될 것"이라고 생각했다. 그는 러시아 크로폿킨P. A. Kropotkin[1842~1921, 아나키즘의 주요 인물], 미국의 제임스W. James[1842~1910, 심리학자], 프랑스의 베르그송H. Bergson[1859~1941, 철학자], 독일의 오이켄R. C. Eucken[1846~1926, 철학자]을 예로 들어 유럽인의 반성을 설명했다. 이들 학자는 반성을 통해 인간에 대한 관심, 인간의 발전, 개인과 사회의 관계, 심령의 진화와 건전성, 인격의 완성, 인류의 자유의지 등등을 두드러지게 표현했다. 이것들은 모두 그들이 반성을 통해 진실하게 사고한 문제였을 뿐 아니라 량치차오도 가장 흥미롭게 느낀 문제였다. 량치차오는 그들의 사상과 학설이 어쩌면 칸트, 헤겔, 다윈처럼 한 세대 사람의 마음을 이동시킬 만한 권위는 지닐 수 없겠지만 "유럽인들은 이번의 깊은 통증을 겪은 후 많은 사람의 인생관에 자극과 변화가 발생했고, 앞으로 반드시 이러한 경로를 따라 새로운 국면이 전개될 것이다"라고 보았다. 그는 또 이렇게 말했다. "이번 전쟁은 인류의 정신에 막대한 자극을 주었기 때문에 인류의 인생관에도 자연스럽게 일대 변화가 발생할 것이다. 철학의 부흥과 종교의 부활이 모두 내가 마음속으로 짐작하고 있는 일이다."(앞의 책, 17~20쪽)

"중국을 위해 약방문을 찾다"

량치차오의 유럽 시찰은 그가 말한 대로 "스스로 새로운 학문을 좀 찾아보고, 또 공전절후의 역사극이 어떻게 종결되는지 살펴보면서 안목을 넓히려는" 목적 외에도(『량치차오 연보 장편』, 874~875쪽) 중국을 위해 적절한 약방문을 찾는 더 중요한 목적이 있었다. 그는 『구유심영록』 하편 「중국인의 자각中國人之自覺」에서 당시 형세하에서 중국이 어떻게 길을 선택해야 할지 13개 부문으로 나누어 의견을 제시했다.

　1. 세계적인 안목을 가져야 한다. "우리는 이러한 현상하에서도 '세계주의 국가'를 건설해야 한다. 어째서 '세계주의 국가'라 하는가? 국가는 사랑해야 하지만 완고하고 편협한 구사상으로 애국을 대신해서는 안 된다. 왜냐하면 오늘날의 국가는 그렇게 해서는 발전할 수 없기 때문이다. 우리가 말하는 애국은 한편으로 국가가 있다는 건 알면서도 개인이 있다는 걸 몰라서는 안 되며, 또다른 한편으로 국가가 있다는 건 알면서도 세계가 있다는 걸 몰라서도 안 된다. 우리는 이 국가의 보호 아래 국내 각 개인의 천부적 능력을 최대한 발휘하여 세계 인류의 전체 문명을 향해 대대적 공헌을 해야 한다."

2. 환란을 근심할 수는 있지만 비관해서는 안 된다. 중국의 현 상황이 물론 엉망진창이기는 하다. 재정 곤란, 생계 곤란, 군벌 전횡, 정치 부패, 인심 타락, 악당 횡행 등의 상황이 전개되고 있지만 결코 절망감을 느낄 정도는 아니다. 왜냐하면 이런 죄악이 남김없이 폭로되어 사람들의 넋을 다 흔들어놓고 있지만 이전 생활 즉 취생몽사하고 무지몽매한 상태로 기꺼이 압제와 핍박을 받아들이던 생활과 비교해보면 이 또한 일종의 진보이며 "국민 자각심의 표현"이라 할 수 있기 때문이다. 량치차오는 또 이렇게 말했다. "사람이 가장 두려워해야 할 것은 현상에 대한 만족이다. 그렇게 되면 그 사람은 퇴보만 있고 진보는 없어서 죽어 마땅한 존재가 될 뿐이다. 현상에 만족하지 않으면 자연스럽게 더 노력하게 되는데 이 노력이 바로 활로다. 우리가 지금 자신의 온몸이 죄악에 얽혀 있음을 알고, 자신이 살고 있는 이곳이 온갖 악이 넘치는 사회임을 안다면 중국은 이로부터 한 가닥 활로를 열 수 있다. 이는 나쁜 현상이 아니라 좋은 현상이다."

3. 이전의 엘리트 노선을 검토하여 이제는 국민 전체의 입장에서 노력해야 한다. 량치차오는 민국 이래 여러 번 싸워 여러 번 패배한 경험을 다음과 같이 총결했다. "모두가 낡은 사회사상에 가로막혔기 때문이다. 그것은 마치 두보가 '두세 호걸이 시대를 위해 나타나 천지를 정리하고 시대를 구제했네二三豪俊爲時出, 整頓乾坤濟時了'[9]라고 읊은 상황과 같다고 할 수 있다. 민주주의 국가는 철두철미하게 다수 국민에게 의지해야지 몇몇 호걸에만 의지해서는 안 된다. 이런 사실을 어찌 알 수 있었겠는가? 이전의 입헌당은 자신들을 위한 헌법만 만들었지 국민을 위해 무슨 일을 했는가? 이전의 혁명당도 자신들을 위해서만 혁명을 추진했지 국민을 위해 무슨 일을 했는가? 이는 [맥주]병을 따는 일에 비유할 수 있다. 즉 병을 따서 흰 거품이 위로 분출할 때는 마치 뜨거운 물이 끓어오르는 듯하지만 기가 다 빠져나가면 거품조차도 사라지고 여전히 냉랭한 맥주만 남아 있을 뿐이다. 이는 민주주의의 운동원칙과 근본적으로 위배된다. 20년 동안 온갖 실패를 거듭

9 「세병마洗兵馬」. 원문은 二三豪傑爲時出이다.

한 원인도 모두 여기에서 말미암은 것이다.

4. 지금 착수한 국민운동은 20~30년 후를 내다보아야 한다. 량치차오가 거듭거듭 조급해서는 안 된다고 당부하는 태도에서도 진실로 우리는 중국 민주 계몽 운동의 임무가 간고했음을 엿볼 수 있다. 그는 또 이렇게 주장했다. "우리 나라의 민주주의는 역사적으로 그 뿌리가 매우 얕고 지리적으로도 성장 기회가 드물었다. 이 때문에 구미 제국에 비해 발달이 비교적 느리다. 그런데 오늘날 갑자기 이 간판을 내세우고 있으니 이는 마치 나귀가 호랑이 가죽을 덮어쓴 것驢蒙虎皮과 같다. 그러니 갖가지 추태가 밖으로 드러남을 어떻게 모면할 수 있겠는가? 그러나 이러한 현상은 전혀 중요하지 않다. 인류의 본성과 능력은 삶을 위하지 죽음을 위하지는 않기 때문이다. 시간을 들여 노력하기만 하면 자연스럽게 자신의 껍질을 깨고 현실 환경에 적응할 수 있게 된다." 조급해서는 안 되기 때문에 "새로운 청년에게 의지해야지 늙은이만 책망할 수 없다."

5. 진성주의盡性主義. 량치차오는 이 '진성주의'를 해석하면서 그 핵심을 '각자의 천부적 능력을 아주 원만하게 발휘하도록 하는 것'이라 했다. 그는 또 이렇게 설명했다. "이번에 독일이 패배한 원인은 바로 국가주의가 지나치게 기형적으로 발달하여 인민의 개성이 거의 국가에 의해 삼켜졌기 때문이다. 따라서 영국, 프랑스, 미국 등 개성이 발달한 국가의 국민과 마주치면 결국 그들과 대적할 수 없다. 또한 '인간이 자신을 위해 싸우는' 능력을 상실했기 때문에 민주국가의 국민이 그들과 싸우면 패배 없이 승리만 할 수 있게 된다. 독일식 국가주의는 국가 자체의 목적을 하나의 표준으로 삼아 전 국민을 일정한 틀 안에 가둬놓고 그들을 선동해 국가 쓰임에 동원하려 했지만 결과적으로 그 폐단을 감당할 수 없었다." 당시 중국에는 소위 국가 목적이란 게 전혀 없었지만 전통문화가 형성한 사회적 속박이 오히려 틀처럼 작용했다. 따라서 이 틀에 의해 주조된 사람은 "자신의 천부적 능력을 그 극점까지 자유롭게 확장할 수 없었다." 이 때문에 량치차오는 또 이렇게 말한다. "오늘날 가장 중요한 일은 각자가 모두 이 '진성주의'를 견지하고 육상산이 말한 것처럼 '나 스스로 당당하게 사람이 되는 것이다.' 그리

하여 자신의 천재성을 —크건 작건 모두 조금씩의 천재성은 있다— 마음
껏 발휘해야 한다. 남의 눈치를 털끝만큼도 볼 필요가 없으며 조금도 어색
하게 꾸밀 필요도 없다. 이것이 바로 개인 자립의 궁극적 진리일 뿐 아니라
국가 생존의 궁극적 진리이기도 하다."

6. 개성을 발전시키려면 반드시 사상해방에서 시작해야 한다. 사상해방
의 전제는 개개인이 독립적으로 사고할 능력을 배우는 일이다. "공자는 사
람을 가르칠 때 선善을 선택하여 따르라고 했다. 선택을 거치지 않으면 어
떻게 그것이 선인 줄 알겠는가? 이 '선택擇'이라는 글자가 바로 사상해방의
관건이다. 유럽의 현대문화는 물질 부문이나 정신 부문을 막론하고 모두
'자유로운 비평'을 통해 발전해왔다. 사회적으로 유력한 학설은 그것이 누
구에게서 나온 것이든 상관없이 또 지금 것이든 옛것이든 상관없이 언제나
자신의 견해에 의지해 통렬하게 그 학설을 비평할 수 있도록 허용해왔다.
하지만 그 비평이 어찌 반드시 타당할 수만 있겠는가? 그러나 한바탕 분석
과 선택을 거쳐야만 비평을 할 수 있게 되므로, 그것이 바로 자신의 사상
을 해방하는 길이다. 이러한 비평이 있음으로써 다른 사람의 분석과 선택
을 이끌 수 있게 되는데, 이것이 바로 사회의 사상을 해방하는 길이다. 서
로 예지를 계발하고 잘못을 바로잡아주면 진리가 자연히 날로 밝아지고 세
상도 자연히 날로 발전할 것이다. 한 사람의 사상만을 금과옥조로 삼고 한
세대의 민심을 가두면, 그 사람이 지금 사람이든 옛사람이든, 보통 사람이
든 성인이든, 그 사상이 좋든 나쁘든 간에, 결국은 다른 사람의 창조성을
말살하고 사회의 진보를 강제로 멈추게 하는 행위가 된다." 물론 사상해방
의 목적이 단순히 파괴, 전복, 동요에만 그치지는 않으며 오히려 "가시덤불
을 베어내고 새로운 조건을 만들어 모든 사람에게 평화롭고 안정된 생활
을 하도록 이끄는 데 있다."

7. 사상해방은 철저하게 해야지 중도에 그만두어서는 안 된다. 량치차오
는 "중국 구사상의 속박을 받아서는 물론 안 되지만, 서양 신사상의 속박
도 받아서는 안 된다"라고 하면서 허심탄회한 연구를 통해 대담한 비평을
했다. "우리는 모름지기 공자, 맹자, 정자, 주자의 말을 금과옥조로 삼고 그

들을 신성불가침의 영역이라고 말해서는 안 된다. 그런데 이제 마르크스, 입센의 말을 금과옥조로 삼고 그들을 신성불가침 영역이라 말해서야 되겠는가?" 따라서 량치차오는 지금 해야 할 일은 동서양 사상을 조화시키는 일이라 했다. 그는 또 이렇게 주장했다. "그러나 연구를 하면서 오직 연구에만 집중하면 맹종을 하려 해도 맹종할 수가 없다. 모름지기 노련한 관리가 옥사嶽事를 판결하듯 신중해야 한다. 중외 고금의 어떤 학설을 막론하고 그것을 가져와 그 자체의 진술도 듣고 다른 사람의 증언도 들으면서 나의 판단에 도움을 받아야지 모든 판단권을 그 학설에 양도해서는 안 된다. 이 것이 바로 철저하게 사상해방을 위한 첫번째 주안점이다." 하지만 아직 개인 덕성의 문제가 있다고 하면서 그는 또 이렇게 말했다. "덕성이 굳건하지 못해 먼저 스스로 사람 노릇도 하지 못하면서 무슨 사상을 이야기하겠는가?" 따라서 조상에게 물려받은 유전자와 사회적 환경 및 나의 사지와 오관이 모두 사상해방을 막는 강적이기 때문에, 조금이라도 마음을 늦추게 되면 이것들의 포로가 되어 영원히 자유를 얻을 수 없게 된다고 했다. "이러한 병폐를 구제하려면 여전히 사상해방의 측면으로부터 힘을 기울여, 늘 내면 반성의 공부를 통해用 본체로서 '참된 자아眞我'를 분별할 줄 알아야 한다. 무릇 '참된 자아'를 속박하는 모든 사물을 한 겹 한 겹 벗겨내는 것이 바로 철저하게 사상해방을 하기 위한 두번째 주안점이다."

8. 법치를 중요하게 여기는 사회를 건설해야 한다. 이 부문에는 가장 중요한 점이 두 가지가 있다. 하나는 사회계약이고 다른 하나는 평등이다. 통상적인 인식에 의하면 중국인의 최대 결점은 조직력이 없고 법치정신이 없다는 것이다. "나도 처음에는 법치를 강구하려 하지 않는 것이 우리 국민의 천부적인 저열 근성임을 어찌 생각이나 했겠는가? 그러나 과연 상황이 이와 같다면 최후에는 자연도태에서 벗어날 수 없을 것이므로 진정 놀랍고 두려운 일이 아닐 수 없다. 나중에 자세히 생각해본 후 실상은 그렇지 않다는 걸 알게 되었다." 사실 중국인의 이러한 결점은 역사 속에서 오랫동안 축적되어 생겨난 것이다. 한편으로는 중국인들이 사회화 정도가 높지 못한 상태에서 장기간 자연적 혈연관계에 머물러 사회계약으로 관계를 약속

하는 습관을 형성하지 못한 때문이고, 한편으로는 국가든 가족이든 막론하고 그 관계구조가 모두 명령과 복종으로 표현되기 때문이다. "명령하는 사람은 지고무상의 권력을 지니고 있어서 공공규칙이 자신을 속박하는 걸 허용하지 않는다. 복종하는 사람은 수시로 윗사람의 명령만 기다려 일을 처리하면 되기 때문에 공공규칙에 따를 필요가 없다. 이로 인해 법치라는 두 글자가 이전 사회에서는 아무런 의의가 없었다고 할 수 있다." 이뿐만 아니라 법치를 강구하는 오늘날에는 각종 법률과 규칙이 적다고 할 수 없지만 권세를 가진 사람은 여전히 자신이 이런 법률과 규칙을 준수해야 한다고 생각하지 않으면서 근본적으로 법률과 규칙을 안중에도 두지 않는다. 이러한 특권의식이 엄격한 법 집행을 방해하고, 법이 있어도 지키려 하지 않고, 법률과 규칙을 함부로 파괴하는 근원이 되고 있다.

9. 직업선거職業選擧와 국민투표의 방법으로 국회와 헌법을 구제해야 한다. 이것은 량치차오가 당시 국회의 실제 상황을 날카롭게 비판하면서 제기한 두 가지 대책이다. 직업선거란 국회의원 구성원을 개선하기 위해, 직업이 있는 국민을 뽑아 '정치에만 의지해 무위도식하는 불량배'를 제거하려는 대책이다. 그는 이러한 방법으로 국회의원 선거를 하면 부르주아와 프롤레타리아 대표에게 모두 최고 대의기관에서 수시로 의견을 교환할 기회까지도 제공할 수 있으므로 사회혁명의 참극을 피할 수 있을 것으로 인식했다. 국민투표란 스위스의 국민투표 제도를 이용해 국민을 완전하게 대표할 수 없는 국회의원의 결점을 보완하려는 방법이다.

10. 자치를 해야 한다. 량치차오가 말하는 자치는 각 성 군벌이 시행하는 '연성자치聯省自治'10나 '지방자치'와 같지 않다. 그것은 국민이 사회 관리에 참여하는 자치로 다음과 같은 이념에 바탕을 두고 있다. "내가 이곳에 거주하면 이곳의 일에 관여하고 싶어한다. 왜냐하면 이곳의 일이 나와 이

---

10 두 가지 의미가 포함되어 있다. 첫째, 각 성의 자치를 허용하여 각 성에서 스스로 성 헌법을 제정하고 성 정부를 구성해 그 성을 다스리는 것이다. 둘째, 각 성에서 대표를 파견해 연성회의를 만들고 연성헌법을 제정해 연방제 국가를 건립하는 것이다. 중국 근현대 시기 이 두 제도는 모두 각 성을 장악하고 있던 군벌들의 탐욕으로 효과를 거두지 못했다.

해관계를 맺고 있기 때문이다." 이러한 이념은 구미에서 매우 유행하고 있지만 중국에서는 대부분의 사람들이 낯설게 여기고 있다. 따라서 량치차오는 또 이렇게 말했다. "우리 국민이 만약 베이징시회北京市會와 펑타이촌회豐台村會[11]를 건설할 능력을 갖추면 자연히 중화민국을 건설할 능력도 갖출수 있다."

11. 사회주의를 건설하려면 "본국 현 사회의 상황에 따라야 한다." 량치차오는 "사회주의가 물론 현대사회에서 가장 가치 있는 학설임"을 인정했다. 그러나 사회주의 정신은 반드시 채택해야 하지만 실행법은 각 나라와 시대에 따라 상이한 방법을 사용해야 한다고 사람들의 주의를 일깨웠다. 사회주의 이론은 유럽의 산업혁명하에서 배태되어 부르주아와 프롤레타리아의 모순을 해결하려는 사상임이 분명하다. 그러나 당시 중국에는 근대적 산업 기반이 없었을 뿐 아니라 부르주아도 없었다. 따라서 이러한 이론을 깡그리 받아들여 중국에 응용하려 하면 가려운 곳을 긁어줄 수 없는 어려움이 따른다. 실제로 당시 중국이 당면한 문제는 어떻게 국제적인 자본의 압박하에서 민족경제 발전을 위해 노력하느냐는 점이었다. 따라서 그는 "목전의 산업에 대한 나의 의견은 부르주아와 프롤레타리아의 협력정신을 발휘하게 하려는 데 있다"라고 했다.

12. 국민운동을 해야 한다. 어떻게 해야 민중을 불러일으켜 국민운동으로 나아가게 할지에 대해 량치차오는 직접적인 조직과 수단을 전혀 갖고 있지 않았다. 유럽 시찰 기간 그는 장바이리 등과 귀국 후 행동방침을 모색하기 위해 여러 차례 의견을 교환하고 토론을 했다. 그들은 최종적으로 "전력을 다해 국민의 실제적인 기본 소양을 길러주는 교육 사업에 종사하기로" 결론을 내렸다. 량치차오는 국민 특히 청년에 대한 계몽과 교육을 통해 국민운동의 기초를 놓으려 했다.(『량치차오 연보 장편』, 896쪽)

13. 내려놓을 수 없는 새로운 문명 창조의 책임이다. 량치차오는 이에 대한 역사적 책임감을 느끼며 다음과 같이 말했다. "절대적 책임이 우리 앞

---

11 지금의 베이징 시 펑타이 구豐台區. 베이징 시 서남쪽 지역이다.

에 가로놓여 있다. 그것이 무슨 책임인가? 서양문명을 가져와서 우리 문명을 확충하는 일이고, 우리 문명을 가져가서 서양문명을 보충하는 일이다. 이 두 가지를 화합하여 새로운 문명을 완성해야 한다." 이 과정에서 가장 중요한 것은 본국 문화를 망령되이 경멸하지 않고 찬란하게 선양하는 일이다. "여기에 또 한 가지 중요한 일이 있다. 즉 우리의 문화를 선양하기 위해서는 저들의 문화를 소통 통로로 삼지 않으면 안 된다는 점이다. 왜냐하면 저들의 연구방법이 진실로 정밀하기 때문이다. 소위 '어떤 일을 잘하려면 먼저 연장을 잘 장만해야 한다'는 말과 같다." 마지막으로 량치차오는 사랑하는 청년들에게 몇 가지 희망을 기탁했다. "첫째 단계, 각자가 모두 본국 문화를 존중하고 애호하는 성심을 가져야 한다. 둘째 단계, 서양인의 학문 연구방법을 이용해 본국 문화를 연구하고 그 진상을 파악해야 한다. 셋째 단계, 자신의 문화를 종합하고 다른 나라의 문화로 그것을 보충해 화합작용을 일으키게 하고 신문화 체계를 완성하도록 한다. 넷째 단계, 이 신문화 체계를 해외로 확장해 인류 전체가 그 장점을 받아들이도록 한다." 현재 우리는 날마다 우리의 가치관을 수출하자고 고함을 지르고 있다. 그러나 다른 나라의 문명을 이해하지도 못하는 데다 우리 자신의 문명조차 이해하지 못해 근본적으로 타당한 경로를 찾지 못하고 있다. 이런 측면에서 량치차오가 제시한 방법은 지금 우리에게도 몇 가지 시사점을 던져주고 있다.(이상은 모두 『량치차오합집·전집』 제23권, 20~38쪽)

한 편의 서문이 뜻밖에도 한 권의 저서가 되다

유럽 시찰을 마친 후 량치차오는 서양문명에 대한 새로운 인식과 동양문명에 대한 깊은 기대감을 안고 국내로 돌아왔다. 그는 하고 싶은 일이 많았다. 당시는 바로 신문화운동이 생기 있게 발전해가던 시기라 주위에 새로운 기상이 넘쳐흐르고 있었다. 이러한 분위기도 그를 고무하고 격려했다. 량치차오는 귀국 초 상하이 우쑹중국공학吳淞中國公學의 초청에 응하여 그

학교에서 강연을 한 적이 있다. "저는 이번에 유럽여행을 하면서 우리 중국에 대해 매우 낙관적인 마음을 갖게 되었고 중국에 대한 흥미도 더욱 짙어졌습니다. 또 소극적인 태도에서 적극적인 태도로 변화하는 동기가 지금 이미 그 단서를 마련했다고 느낍니다."(『량치차오 연보 장편』, 902쪽) 여기서도 당시 "그의 기운이 너무 왕성해진 나머지"(앞의 책, 904쪽) "허둥지둥 갈피를 잡지 못하고 있음"을 알 수 있다.(앞의 책, 898쪽)

이 무렵 장바이리와 량치차오 관계는 더욱 친밀해졌다. 장바이리는 본래 군사학을 공부했지만 당시는 문화에 대해서도 크게 흥미를 보이고 있었다. 귀국 후 그는 자신이 체험한 유럽 시찰을 저서로 엮어냈다. 그것이 바로 유럽 르네상스에 관한 중국인 최초의 저작으로 일컬어지는 『유럽 르네상스사歐洲文藝復興史』다. 그는 「도언導言」에서 이 책을 쓴 이유를 언급했다. "이 책에서 서술한 것은 유럽여행 때 프랑스 파리대학 도서관주임 스메데 브리슈Smédée Brich 씨가 임시로 강연한 내용이다. 그의 서술이 비록 대강에 불과했지만 그 요점은 파악할 수 있었다. 이 때문에 다른 여러 책을 참작해 부족한 부분을 보충했다. 어쩌면 오늘날 진행되는 소위 문화운동에도 한 가지 도움이 될지 모르겠다."(『유럽 르네상스사』, 5쪽) 량치차오도 이 책의 내력에 관해 「서언序言」에서 다음과 같이 언급했다. "바이리는 이 책이 프랑스 사람 브리슈의 강연에 근거했다고 말했다. 그의 강연을 나도 사실 바이리와 함께 들었다. 이 책은 그의 강연에서 제재를 취했을 뿐이고, 논단은 모두 바이리가 스스로 마음에 터득한 바를 풀어낸 것이다. 나는 이 책이 지극히 가치 있는 저서이며 서술 속에 창작정신을 담은 저작임을 보증한다."(앞의 책, 2쪽)

이 책의 출판은 5·4신문화운동 발생이라는 거대한 배경하에서 이루어졌다. 어떻게 신문화를 창조할 것인가? 량치차오와 장바이리 등은 이에 대해 나름의 인식이 있었다. 그들은 유럽의 르네상스운동에 느낀 바가 있어서 한편으로는 국학을 정리하고 다른 한편으로는 서양의 새로운 사상과 새로운 학식을 수입하여 두 가지를 회통會通시킨 후 중국의 문화노선을 확정하려 했다. 그들이 말한 '가치'와 '한 가지 도움'은 바로 이 점을 가리킨다.

1920년 9월에서 1921년까지 영국 철학자 버트런드 러셀을 초청하여 강연을 들을 때 그가 베이징에서 강학사 구성원들과 함께 촬영한 사진. 앞줄 오른쪽부터 러셀, 도라 블랙 여사, 장바이리. 뒷줄 오른쪽부터 쑨푸위안, 왕경, 자오위안런, 취스잉, 량치차오, 차이위안페이, 왕다셰(외교관) 세 사람이 함께 발기한 강학사에서는 매년 국제학자 한 명을 중국으로 초청하여 강연을 들었다. 강학사는 장바이리가 주관했으며 또 한때 그가 총간사를 맡기도 했다.

차오쥐런曹聚仁의 『장바이리 평전蔣百里評傳』에 이에 대한 매우 훌륭한 서술이 있다.

그들은 신문화를 추진하는 세 가지 기구를 조직했다. 1. 독서구락부讀書俱樂部. 나중에 쑹포도서관에 합병되었다. 2. 베이징 스다쯔묘石達子廟[12]의 구미동학회歐美同學會 내에 공학사를 설립하고 정치, 경제, 군사, 문예에 관한 각종 원고를 모집하여 상무인서관商務印書館을 통해 총서로 출판했다. 3. 량치차오, 차이위안페이, 왕다셰 세 사람이 강학사를 설립하고 매년 국제학자 한 사람을 초청하여 강연하게 했다. 이 세 가지 기구는 모

12 지금의 푸성사普勝寺. 베이징 구궁故宮 동쪽 난츠쯔대가南池子大街와 왕푸징대가王府井大街 사이 난허옌대가南河沿大街에 있다. 스다쯔묘十達子廟라고도 한다.

두 바이리 선생이 주관했으며, 강학사는 그가 총간사를 맡았다. —그 몇 년간을 전후하여 듀이John Dewey, 러셀Bertrand Russell, 타고르Rabīndranāth Tagore, 드리슈Hans Driesch 등이 중국에 와서 강연을 했다.— 장둥쑨이 상하이에서 꾸린 『시사신보』, 란제민藍介民이 베이징에서 꾸린 『국민공보國民公報』, 천보성이 편집장으로 있던 『베이징신보北京晨報』가 모두 신문화운동을 추동하는 동력이었다. 쑨중산은 혁명 선배였으나 문학혁명과 문화혁명 분야에서는 오히려 후각자後覺者에 불과했다. 국민당 당원들도 연구계 인사들에 비해 이에 대한 반응이 좀 느린 편이었다. (『장바이리 평전』, 24~25쪽)

그들이 추진한 이런 일들에 대해서는 아래에서 따로 일일이 논술할 것이다. 여기서는 우선 장바이리가 이 저작을 쓴 목적에 대해서 말하고자 한다. 량치차오는 이 책『유럽 르네상스사』「서언」에서 자신들이 유럽을 여행할 때의 상황을 이야기했다. 당시 장바이리는 항상 친구들에게 자신의 여행 목적이 '서광曙光'을 얻기 위함이라고 했다. 친구들도 늘 그에게 농담을 던지며 '서광'을 얻었는지 물었다. 그러나 그는 줄곧 얻지 못했다고 대답했다. 귀국 전에 또 어떤 친구가 같은 질문을 하자 그는 진지하게 "얻었다"라고 대답했다. 얻은 게 무엇이냐는 질문에 깊이 있는 대답은 하지 않았고 다른 사람들도 더이상 추궁하지 않았다. 량치차오는 이 책을 읽고 나서야 다음과 같이 말했다.

그[장바이리]가 유럽 르네상스에 대해 토론하며 얻은 결과를 살펴보면 두 가지로 귀결된다. 하나는 인간의 발견이고 다른 하나는 세계의 발견이다. 아마도 바이리가 얻었다는 '서광'도 이 두 가지에서 새로 발견한 것이 있는 듯하다. 대저 '세계'는 세계가 있은 이래로 계속 존재해왔고, '인간'도 인간이 있은 이래 계속 존재해왔다. 그러나 사람들은 ['세계'와 '인간'을] 유럽인들이 르네상스 이후에 처음 발견한 것이라 하면서 이보다 앞서 발견한 적이 없다고 생각한다. 또다른 민족 중에서 '르네상스의 단련과

해방을 아직 겪어보지 못한 사람들도 모두 이 두 가지를 발견한 적이 없
다고 여긴다. 우리 민족은 이러한 발견을 한 적이 있었는가? 아니면 없
었는가? 나는 심히 말하기 어렵다. 그렇지만 발견하려고 계속 노력 중이
라고는 말할 수 있다. 우리는 2000년을 이어온 길고 긴 한밤을 살아가
면서도 오늘날 사람들 중에 바이리처럼 황급하게 마치 기갈 들린 사람처
럼 서광을 추구하는 자가 몇이나 되는지 알지 못한다. 구하지 않고도 얻
었다는 사례를 나는 여태껏 들은 적이 없다. 구하고도 얻지 못했다는 사
례 또한 여태껏 들은 적이 없다. 유럽의 르네상스는 바로 추구의 마음이
가장 열렬한 시기였다. 이러한 추구가 계속 이어지며 마치 파도처럼 출
렁출렁 찬란한 빛을 반짝였고 그것이 오늘까지도 그치지 않고 있다. 우
리 국민이 진실로 그것을 구하고자 한다면 저들의 앞선 발자취를 곳곳
에서 스승으로 삼을 수 있다. 하지만 이 책을 나는 감히 바이리가 얻은
서광이라고 직접 지적하지는 않겠다. 그러나 나는 이로써 그가 추구해마
지 않았던 서광으로 가는 경로를 엿보게 되었다. (『유럽 르네상스사』, 1~
2쪽)

여기서도 알 수 있듯이 장바이리가 발견한 '서광'은 바로 인류문명의 서
광이다. 이는 물론 중국문화와 중화문명의 서광이기도 하다. 또한 이것은
바로 5·4신문화운동 과정에서 발견한 '더선생德先生[민주]'과 '싸이선생賽先生
[과학]'13이라 할 수 있으며, 이는 장바이리가 발견한 '인간[민주]'과 '세계[과
학]'의 개념과 완전히 일치한다.

책을 완성한 뒤 장바이리는 량치차오에게 서문을 부탁했다. 량치차오는
흔쾌히 부탁에 응했지만 "붓을 들어 쓰기 시작하니 멈출 수가 없어 서문이

13 민주와 과학. 5·4신문화운동을 추진한 지식인들은 중국 전통에 대한 반성을 수행하면서 중국
전통에서 부족한 두 가지를 서구에서 수입해야 한다고 했다. 그것이 바로 '더선생德先生'과 '싸이선
생賽先生'이다. '더선생德先生'은 영어의 'democrcy'를 중국어로 음역한 단어 '德莫克拉西(더모커라
시)'를 가리키는데 이 단어에서 '더德'자만 따와서 그 뒤에 선생을 붙인 것이다. 마찬가지로 '싸이선
생賽先生'도 영어 'science'의 중국어 음역어 '賽因斯(사이인쓰)'에서 나온 것이다. 말하자면 중국 전
통에서 부족한 '민주'와 '과학'을 서구로부터 도입하여 신문화를 이루자는 것이다.

완성되자 그 편폭이 본래 책과 같게 되었다. 천하에 본래 이런 서문 체제는 없으므로 부득이하게 독립을 선언하고 책 이름을 '청학개론淸學槪論[지금의 『청대학술개론』]'이라 명명한 뒤에 따로 장바이리에게 자기 책의 서문을 부탁했다."(앞의 책, 1쪽) 그는 별도로 장바이리의 책에 서문을 써주었고, 장바이리도 량치차오의 책에 서문을 써주었다. 이는 중화민국 문화사에서 아름다운 이야기로 전해진다. 그럼 량치차오는 어째서 한 편의 서문을 한 권의 저작으로 완성했나? 그 비밀은 바로 다음과 같다. 량치차오는 장바이리가 쓴 유럽의 '르네상스'에서 청대 260여 년의 학술 변천사를 상기하고 이것이 유럽의 르네상스와 일정 정도 비슷하다고 생각했다. 이에 그는 청대 학술사 서술을 통해 중국이 다른 나라보다 못한 까닭을 살펴보고자 했다. 이 때문에 한번 붓을 대자 걷잡을 수가 없어서 불과 반달여 만에, 역사에다 논리를 담아낸 5만~6만 자 학술저작을 탈고했다. 지금은 『청대학술개론』이란 이름으로 명성을 날리는 이 저작의 최초 제목은 '전청 일대 중국 사상계의 변천前淸一代中國思想界之蛻變'이었다. 량치차오는 '서문'에서 이 저작을 쓰게 된 동기를 언급하면서 장바이리의 『유럽 르네상스사』에 서문을 쓰려 했던 의도 외에도 더욱 중요한 한 가지 일을 거론하고 있다. 그것은 바로 후스가 일찍이 그와 만청 '금문학운동今文學運動'에 관한 이야기를 나누면서 그것이 사상계에 거대한 영향을 끼쳤고 "우리 선생님[량치차오]께서 몸소 그 운동에 참여했으므로 마땅히 그것을 기록해야 한다"라고 권유한 일이었다.(『청대학술개론』, 본문 1쪽)

량치차오는 이 저작을 '중국 학술사'의 일종으로 간주했지만 사람들은 끊임없이 이 저작에 의문을 제기했다. 처음으로 의문을 제기한 사람은 바로 이 책의 첫 독자 장바이리였다. 그는 역사를 토론하는 시각으로 이 저작을 비평했다. 그는 『청대학술개론』 「서문」에서 량치차오가 보인 다음과 같은 견해에 찬성을 표시했다. "복고를 통해 해방을 얻었고, 주관적 연역을 통해 한 걸음 더 나아가 객관적 귀납을 추구했다. 이러한 청나라 학술의 정신은 유럽의 르네상스와 진실로 동일한 모습을 보이고 있다." 그러나 장바이리는 또 몇 가지 의문을 제기했다.

1. 예수회耶蘇會가 과학을 가지고 동쪽으로 온 것은 바로 명청 시기였다. 그들은 특히 군주 및 상류 사람들에게 주의를 집중했다. 명 이후 청 황제들에게도 모두 그러했다. 청 강희제는 특히 수학을 좋아해서 땅을 측량하고 하늘을 계산하며 실제 쓰임에 깊이 빠져들었다. 이러한 방향을 따라 계속 발전했다면 유럽의 학문은 저절로 점차 [중국에] 수입될 수 있었을 것이다. 그런데 진실로 어찌하여 강희제 이후로는 중도에 완전히 단절되어 겨우 천문학 계산법만 남아 황폐한 보루를 지키고 있는가?

2. 현실치용의 학문致用之學은 고염무로부터 안원顔元과 이공李塨에 이르기까지 당시 거의 모든 학자들에게 유행 학문이 되었다. 대저 치용이란 실제로 민생을 이롭게 함을 이른다. 이러한 방향을 따라 계속 발전했다면 물질 발전의 진입구가 되었을 것이다. 그런데 진실로 어찌하여 경전 고증 분야로 방향을 틀어 그것이 크게 성행하면서 그 나머지는 유독 발전하지 못했는가? 그것은 지극히 높은 수준에 이른다 해도 권력의 종속물이 될 수 있을 뿐이다.

3. 동원東原[대진戴震의 자字] 이욕설理欲之說[14]은 고인을 놀라게 하고 현재를 환히 밝히는 이론이었다. 이는 진실로 문예부흥 시대의 개인 향락정신이라고 할 만했다. "욕망을 억제하는 폐해는 냇물을 가로막는 것보다 심하다"라고 했는데, 이 말이 중국에서 어찌 진기한 독창성을 발휘한 것이 아니었던가? 그런데 진실로 이 학설이 유독 당시 사람들에게 소홀하게 취급되어 찬성도 가로막혔을 뿐만 아니라 반대하는 목소리까지도 떨쳐 일어나지 못했는데, 이는 또 무슨 까닭인가?

4. 근세에 이르러 튼튼한 함선과 예리한 대포가 필요하다는 학설이 진동하여 제조국을 만들고 서양 책을 번역하고 학생들을 해외로 보냈다. 이러한 형세가 맹위를 떨치며 발전하는 모습을 보였다. 금문학운동을 되돌아보면 제조국이 창설되고 20여 년 뒤에 일어난 운동이었다. 그런데

---

14 청 초 사상가 대진(1724~1777)의 대표적 이론. 그는 기기氣철학 입장에서 인간의 혈기血氣에 포함된 욕망을 긍정했다. 그는 욕欲은 인간의 본질에 속하며 욕 속에 만물의 조화 질서가 예정되어 있다고 보았다.

어찌하여 서양 언어에 능통한 사람이 한 사람도 이 운동에 참가하지 않았는가? 또 변법유신과 입헌혁명의 학설이 일어나자 온 천하가 일치된 마음으로 그것을 따르며 물리와 화학의 자리를 박탈했는데, 이러한 순수과학이 어찌하여 끝내 떨쳐 일어나지 못했는가? (앞의 책, 109~110쪽)

량치차오의 서문이 보통의 사례를 초월했다면 이 장바이리의 서문도 매우 독특한 면모를 보여주고 있다. 우리는 여기에서 두 사람 간의 사제관계가 평범하지 않았을 뿐만 아니라 민국 시기 일부 학자들은 여전히 중국 전통문화의 학문 정신, 기질, 풍모를 갖고 있었음을 알 수 있다. 위에서 장바이리가 제기한 의문은 량치차오에게 적극적인 사고의 계기를 마련해줬고, 뿐만 아니라 당시 사상계 사람들에게 커다란 흥미까지 선사했다. 이와 관련된 논쟁은 상당히 광대한 영역에서 아주 오랫동안 지속되었고, 몇 가지 문제는 지금까지도 해답을 찾지 못하고 있다. 그러나 이러한 논쟁이 두 사람 간의 우의에는 전혀 영향을 미치지 않았다. 장바이리는 귀국한 후 오래지 않아 병으로 쓰러졌지만 여전히 "완전히 회복되지 않은 몸"으로 여러 업무에 적극적으로 참가했다. 그는 시종일관 량치차오의 가장 유능한 조수 겸 지지자였다.(『량치치오 연보 장편』, 905쪽)

문화전파에 진력하다

공학사 설립

공학사共學社는 1920년 4월 설립되었다. 당시는 베이징 스다쯔묘의 구미동학회歐美同學會 내에 사무실이 있었다. 량치차오는 량산지梁善濟와 지중인 등에게 보낸 편지에서 공학사의 취지와 활동을 소개하고 있다. "새로운 인재 배양, 새로운 문화 선전, 새로운 정치 개척이 바로 우리가 금후 공동으로 지향하는 목표인지라 지금 당장 실행에 착수했습니다. 얼마 전 동인들과 함께 설립한 공학사가 바로 이 사업의 토대입니다."(앞의 책, 909쪽) 공학사의 주요 업무는 각국의 새 저작을 편역하여 상무인서관을 통해 출판하는 것이었다. "편집한 서적은 쉽고 간명한 내용을 위주로 하고 있습니다. 특별한 수요가 있는 명저는 평의회 결정을 거쳐 회원들에게 주어 번역하도록 하고 있습니다."(앞의 책, 908쪽) 이 책들은 모두 '공학사총서共學社叢書'로 들어갔고, 구체적으로는 시대, 교육, 경제, 통속, 문학, 과학, 철학, 철학자 수필哲人筆記, 사학, 러시아문학 등 10개 분야로 나뉘어 있었다. 장바이리는 '공학사총서'에 엄청난 심혈을 기울이며 다양한 연락 업무, 협조 업무, 조직 업무를 수행했다. '공학사총서'는 민국 시기에 출판된 최대 규모 학술총서의 하나였고, 중화서국 '신문화총서新文化叢書'에도 비견할 만했다. 어떤 사람의 통계에 의하면 이 총서는 1920년 9월에서 1935년 7월까지 15년 동안 각종 도서 16질 86종을 출판했다. 또다른 사람 말에 의하면 100여 종을 출판했다고도 한다. 결국 '공학사총서'는 구미의 최신 사상, 학술, 문화 성과를 제때에 중국 독자들에게 소개하고 각종 새로운 사조를 중국에 널리 전파하는 일에 가장 심원하고 다양한 영향을 끼쳤다고 할 수 있다. 당시 진보 작가인 취추바이瞿秋白, 겅지즈耿濟之, 정전둬 등이 번역한 러시아 문학작품도 바로 장바이리의 추진하에 '공학사총서'로 편입되어 상무인서관에서 출판했다.

공학사의 또다른 중요 업무는 바로 잡지 출판이었다. 1919년 9월 량치차오, 장쥔마이, 장바이리, 장둥쑨은 '신학회新學會'를 발기하여 반월간지 『해방과 개조解放與改造』를 창간했고 장둥쑨과 위쑹화俞頌華가 이 잡지의 주간을 맡았다. 두 호를 출판한 뒤 1920년 9월 제3호부터는 잡지명을 『개조改造』로 바꾸고 량치차오와 장바이리가 주간을 맡았다. 장둥쑨은 5월 15일 량치차오에게 편지를 보내 이렇게 말했다. "바이리가 아직 오지 않았습니다. 잡지 일은 바이리가 오고 나서 다시 자세히 상의하여 결정해야 할 것 같습니다. 대체로 잡지 명칭과 체재를 바꾸는 일은 모두 문제가 있으므로 신중하게 대책을 강구하지 않으면 안 될 듯합니다." 이 무렵 그들은 아직 의견 일치를 보지 못한 듯하다. 장바이리는 6월 28일 량치차오에게 보낸 편지에서 "둥쑨의 편지를 받았습니다. 잡지 체재 관련 쪽지도 함께 들어 있었습니다"라고 했다. 이 편지를 보면 문제가 이미 해결된 듯하고, 이에 장바이리는 계속해서 이렇게 말하고 있다. "그동안 7월 1일에 사원들에게 통지서를 보내 20일까지 원고를 마감해달라고 했습니다. 다만 출판 이전에 선생님께서 발기문을 써서 개장開場의 북소리를 울려주시면 좋겠습니다." 7~8월 사이에 량치차오는 이미 발간사와 선언문을 탈고하고 두 차례에 걸쳐 장둥쑨에게 편지를 보내 그들의 의견을 구했다.(앞의 책, 910~911쪽) 그는 첫번째 편지에서 이렇게 말했다.

> 잡지 전체 원고를 바이리를 통해 따로 부쳤습니다. 발간사 속에는 14조의 「신조信條」도 들어 있는데, 우리 동인들이 마음을 다해 연구하지 않으면 안 됩니다. 이미 바이리에게 부쳤지만 지금 다시 한 부를 베껴 여기에 동봉합니다. 공께서 보시고 더하거나 뺄 곳이 있으면 바로 붓을 대주시기 바랍니다. 그렇게 원고를 심사한 후 다시 동인들의 동의를 거쳐서 발표하고자 합니다. (앞의 책, 916쪽)

두번째 편지에서 량치차오는 선언문 수정에 대해 언급하면서 수정한 원고를 "이미 바이리에게 부쳤으니 그들이 상의하고 결정한 후 바로 공에게 부칠 것입니다"라고 했다. 아울러 이 선언문을 사용할지 여부를 상의해달라고 요청했다. 량치차오는 사용해야 한다고 주장했지만 도성 대다수 동인들은 사용하지 말자고 주장했다.(앞의 책) 이 잡지에 량치차오가 쓴 「발간사」가 실렸다. 량치차오는 잡지의 명칭을 『개조』로 바꿨지만 발간 정신은 이전 취지와 같다고 했다. 그리고 체재에 변화를 준 것도 사회 진보에 발맞추기 위한 것일 뿐이라고 했다.(『음빙실합집·문집』 제35권, 19쪽) 주의할 만한 가치가 있는 것은 량치차오가 「발간사」에서 소위 「신조」 14개조를 열거했다는 점이다.

1. 우리 동인은 구식 대의정치가 중국에 적합하지 않다고 확신한다. 이 때문에 국민이 결국 법률적으로 최후의 자결권을 가져야 한다고 주장

한다.

2. 우리 동인은 국가 조직이 전부 지방을 기초로 삼아야 한다고 확신한다. 이 때문에 중앙의 권한을 줄여 대외적으로 통일을 유지할 정도의 필요성에 그쳐야 한다고 주장한다.

3. 우리 동인은 지방자치가 그 지방의 자율을 따라야 한다고 확신한다. 이 때문에 각 성 내지 각 현, 각 시가 모두 자율적으로 근본법을 제정하고 스스로 그것을 지켜야 하며 국가는 그것을 승인해주어야 한다고 주장한다.

4. 우리 동인은 국민의 결합이 각 지방과 각 직업 부문 양 방향에서 함께 추진되어야 한다고 확신한다. 이 때문에 각종 직업단체의 개량과 창설을 조금이라도 늦춰서는 안 된다고 주장한다.

5. 우리 동인은 사회에서 야기되는 생계의 불평등함이 진실로 혼란과 쇠약의 근원이라고 확신한다. 이 때문에 토지 및 공상업의 기회에 대해 평등 분배의 법률을 추구해야 한다고 주장한다.

6. 우리 동인은 생산업이 발달하지 못하면 국가가 생존할 수 없다고 확신한다. 이 때문에 한편으로 분배를 중시하면서도 다른 한편으로 생산력이 위축되지 않게 힘을 보태야 한다고 주장한다.

7. 우리 동인은 군사적으로 소극적 자위권을 유지하는 것이 우리 국민의 특성에도 맞고 세계의 새로운 조류에도 적응하는 길임을 확신한다. 이 때문에 국군 창립의 필요성은 느끼지 못하지만 병민합일제兵民合一制를 채택해 강력한 자립을 도모해야 한다고 주장한다.

8. 우리 동인은 중국 재정을 다소 정리해야 자급자족할 수 있다고 확신한다. 이 때문에 계속 외채를 들여와야 한다는 논리에 대해서는 어떤 조건을 막론하고 모두 단호하게 배척해야 한다고 주장한다.

9. 우리 동인은 교육 보급이 모든 민치民治의 근본이 되고, 교육 보급의 실행은 자치기관에 의지해야 한다고 확신한다. 이 때문에 지방의 근본법규로 교육을 강력하게 시행해야 한다고 주장한다.

10. 우리 동인은 노동신성勞作神聖이 세계에서 소멸시킬 수 없는 공리임을

확신한다. 이 때문에 징공제도徵工制度[국가에서 의무적으로 노동자를 모집하는 제도]로 징병제도를 대신해야 한다고 주장한다.

11. 우리 동인은 사상통일이 문명 정체의 징조임을 확신한다. 이 때문에 세계적으로 유력한 학설을 우리 동인이 납득하느냐에 관계없이 모두 무제한으로 수입하여 국민 개개인에게 선택을 맡길 것이다.

12. 우리 동인은 천박하고 막연한 문화 수입이 기실 국민 진보에 장애가 된다고 확신한다. 이 때문에 중점을 두어야 할 학설을 충실하고 깊이 있게 연구해 스스로를 단련하고 국민도 단련시키고자 한다.

13. 우리 동인은 중국문명이 진실로 전 인류의 가장 고귀한 유산의 하나라고 확신한다. 이 때문에 우리 국민은 우리 선조의 유산을 정리하고 선양할 책임이 있으며 세계 문명에도 참가해 공헌할 책임이 있다.

14. 우리 동인은 국가가 인류의 최고 집단이 아니라고 확신한다. 이 때문에 어떤 나라 국민이건 막론하고 모두 인류의 한 구성원으로서 책임이 있음을 자각해야 하고, 따라서 편협하고 편파적인 애국주의에 무작정 동의해서는 안 된다. (앞의 책, 20~21쪽)

이 14개 신조는 그들이 반복해서 연구하고 토론한 결과였다. 량치차오는 계속해서 이렇게 주장하고 있다. "이것은 우리 동인의 공통 신조다. 더러 미비한 점이 있으나 주요 대강은 갖춘 셈이다. 우리 동인은 종신토록 이 신조를 받들며 두루 실천할 것이다."(앞의 책) 여기에는 유럽 시찰 후 량치차오가 보여준 중국 현실에 대한 새로운 사고와 인식이 분명하게 드러나 있다. 『개조』 잡지 제1호의 주제 및 현실운동과의 결합문제에 대해서도 그는 장바이리와 상세한 토론을 진행했다. 우선 량치차오는 『개조』 제1호가 신문화운동을 주제로 삼는 데 동의하지 않았다. 그는 장바이리에게 편지를 보내 이렇게 말했다. "곰곰 생각해보니 이 주제는 좀 공허한 혐의가 있는 듯하네. 또 우리 동인이 주장하는 바가 각기 상이해서 오해를 불러일으키기도 쉬울 듯하네. 좀더 구체적인 주제 한 가지를 다시 선택하는 게 좋겠네. 내 생각에는 '폐병운동廢兵運動[징병 폐지 운동]'으로 바꾸고 싶은데 어떤가?

이것이 지금 국민의 심리와 가장 잘 부합할 뿐 아니라 실제와 관련된 절실한 이야기가 많이 나올 주제일 것이네. 거기에다 아우의 국민군國民軍 주장도 제기할 수 있을 것이네. 아우도 옳다고 생각하면 바라건대 이와 관련된 훌륭한 글을 한 편 준비해주게. 그리하여 한편으로는 장둥쑨에게 이러한 사실을 알리고 한편으로는 도성 동인들에게 알려서 공동으로 의견을 발표해주도록 하게."(『량치차오 연보 장편』, 917쪽) 장바이리는 (1920년) 7월 2일 량치차오에게 편지를 보내 의견을 밝혔다. 그는 세 가지 이유를 제시했다. 첫째, 이미 이[신문화운동]와 관련된 글을 준비한 회원이 있다. 둘째 이유를 장바이리는 이렇게 내세웠다. "신문화문제는 비록 공허하기는 하지만 지금 확실히 몇 가지 장점이 있다고 저는 생각합니다. 현재 우리 사회의 비평정신은 자각에 뿌리를 두고 있습니다. 우리가 문화운동 자체를 비평할 수 있는 것도 일종의 자각적인 반성이고, 바로 우리 깃발을 분명하게 내세우는 일이며, 좀더 깊이 있는 방향으로 나아가기 위함입니다." 셋째로 장바이리는 '폐병운동'에 관해 또 이렇게 주장했다. "지금 바로 이 주장을 제기하면 우리 회원 중에서도 공리공담이라 여기는 사람이 많을 것입니다. 제 생각에는 '폐병운동'의 몇 가지 선결조건을 발표하여 먼저 사람들의 시선을 끈 후에 다시 이 문제를 본격적으로 제기하는 것이 비교적 실제적일 듯합니다."(앞의 책, 911~912쪽) 군대와 농사의 결합 그리고 생활과 군대의 일치에 대한 장바이리 주장은 나중에 그가 쓴 『국방론』에 충분히 설명되어 있다.

1920년 9월 새로운 『개조』 잡지가 간행되자 판매 부수가 나날이 늘어났다. 소문에 의하면 당시 이 잡지의 판매 부수는 천두슈가 주간으로 있던 『신청년新青年』 다음이었고 한 번에 대략 5000부를 판매했다고 한다. 장바이리는 글을 매번 적어도 한 편은 발표했다. 량치차오의 몇 가지 글, 예를 들면 「정치운동의 의의 및 가치政治運動之意義及價值」 「역사상 중화민국의 사업 성패 및 금후 혁신의 기회歷史上中華民國事業之成敗及今後革進之機運」 「국민이 발의하는 헌법 제정을 주장하는 이유主張國民動議制憲之理由」 「군벌의 사사로운 투쟁과 국민자위軍閥私鬪與國民自衛」 「사회주의운동을 논의한 장둥쑨에게 답함復張東蓀書論社會主義運動」 「전청 일대 중국 사상계의 변천前清一代中國思想界之蛻

變」 등이 계속해서 『개조』에 발표되었다. 이 밖에도 항상 『개조』에 기고한 사람으로는 장쥔마이와 장둥쑨이 있다. 이들은 2년이란 짧은 기간 연속해서 아홉 차례 특집호를 냈다. 신사조新思潮 연구[본래 신문화운동으로 간행하려던 것], 러셀 연구, 폐병 연구, 자치문제 연구, 연방 연구, 사회주의 연구, 교육문제 연구, 군사문제 연구, 번역사업 연구 등이 그것이다. 하지만 『개조』는 제4권 제10호를 내고 나서 1922년 9월 부득이하게 정간을 선언했다. 이해 5월 21일 장바이리는 량치차오에게 보낸 편지에서 『개조』 경영의 어려움을 호소했다. 주요 원인은 당시 집필자들의 생활이 안정되지 못해 늘 발행일을 연기하는 현상이 생겨나 잡지 판로와 명성에 좋지 않은 영향을 끼쳤기 때문이라고 했다.(앞의 책, 955쪽) 장바이리 말은 사실이었다. 다른 집필자는 거론하지 않더라도 항상 글을 기고하는 네 명조차 그런 경향이 농후했다. 장둥쑨은 『시사신보』 주간으로 스트레스를 많이 받고 있었고, 장쥔마이는 사방으로 분주히 돌아다니기에 바빴다. 또 장바이리는 현실 속의 실제 운동에 열중하면서 시간이 지날수록 연성자치운동에 더욱 깊이 참가하고 있었고, 량치차오는 사방으로 강의 다니기에 바빴다. 1922년은 량치차오 일생에서 강의의 해라고까지 불러도 좋을 정도였다. 이러한 상황하에서는 모두들 제시간에 잡지 원고를 쓴다는 일은 불가능했고 잡지 정간도 조만간 닥칠 수밖에 없었다. 그러나 장펑위안은 또다른 중요한 이유를 들고 있다. 아마도 량치차오 그룹이 제기한 "온화한 사회주의가 젊은 세대에게 환영을 받지 못한 때문인 듯하다. 5·4 이후 마르크스주의가 성행하자 급진적이지 않은 이론은 낙오되었다. 이 때문에 량런궁 등의 온화한 주장도 어려움에 봉착한 것으로 보인다."(『량치차오와 민국 정치梁啓超與民國政治』, 249쪽)

쑹포도서관 창립

물론 이들이 겪은 곤경에는 경제문제도 배제할 수 없다. 이들은 공학사 창립 초기에 이미 경비 조달 문제에 부닥친 적이 있다. 공학사 발기인은 량치차오, 장바이리, 장쥔마이, 장둥쑨 등 핵심 인물을 제외하고도 차이위안페이, 장젠, 장위안지張元濟, 후루린胡汝麟, 왕징팡王敬芳, 장멍린蔣夢麟, 란궁우, 자오위안런趙元任, 젠녠이蹇念益, 류위안劉垣, 장자아오張嘉璈, 딩원장, 샹거우푸向構甫, 량산지, 지중인 등이 있었다. 경비를 마련하려면 자연스럽게 우선 발기인을 향해 손을 벌릴 수밖에 없었다. 이에 량치차오가 앞장서서 자신의 저서 『구유심영록』의 원고료 수천 위안을 전부 기부했고, 장위안지도 계약서 규정에 따라 먼저 5000위안을 기부했다. 그러나 필요한 전체 금액과는 아직도 큰 차이가 있었다. 량치차오는 공학사 모든 회원의 찬조를 희망했다. 그는 모든 회원에게 편지를 보내 구체적 액수를 분담해줬다. "보창 형伯強兄[량산지], 량차이 형亮儕兄[지중인], 쑤추 형溯初兄[황췬], 퇀사 형搏沙兄[왕진팡] 이상은 현양現洋15 3000위안, 하이먼 형海門兄[판즈준范之準을 가리키는 듯하다], 지창 형季常兄[젠녠이], 거우푸 형構甫兄[샹거우푸] 이상은 잠시 1000위안, 원써우 형文藪兄[위안위린袁毓麟을 가리키는 듯하다]도 잠시 1000위안을 책임진다."(『량치차오 연보 장편』, 909쪽) 모두들 국가 환란에 비분강개하며 주머니를 풀었지만 경제적 어려움은 줄곧 량치차오를 곤궁에 빠뜨린 큰 문제였다.

쑹포도서관도 장바이리가 열심히 참여한 사업 가운데 하나였다. 장바이리와 차이어는 생사지교生死之交를 맺은 친구였다. 차이어가 일본에서 병사한 후 그 유해는 상하이를 거쳐 후난 고향으로 보내져 샹장 강湘江 맞은편 웨루산岳麓山에 묻혔다. 상하이 각계각층에서도 1916년 12월 14일 쑹포선생 추도회를 개최했다. 이후 량치차오는 12월 17일 상하이 하퉁화원哈同花園에 자리를 마련하고 경제계와 학계 명사를 초청한 뒤 차이어 자녀를 그곳으로 데려가 답례 인사를 시켰다. 그 자리에서 량치차오는 참석자들에게 도서관을 세워 차이어를 기념하자는 의견을 제창했고, 참석자들에게 호응을 얻어 도서관 이름을 쑹사松社라 부르기로 결정했다. 그러나 시사時事에 변고가 많았고 자금 모집도 쉽지 않아 오랫동안 그 계획을 이룰 수 없었다.(『음빙실합집·문집』 제40권, 29쪽) 량치차오는 공학사 창립 후 마침내 그 일을 다시 제기함과 아울러 쑹사를 베이징으로 옮겨 쑹포도서관이라 이름을 바꾸었다.

---

15 중화민국 시기 통용되던 은화의 일종. 은원銀元 또는 현대양現大洋이라고도 불렀다.

그러나 쑹포도서관은 1923년 11월 4일에 이르러서야 정식으로 개관했다. 다음 날 량치차오는 딸 링셴에게 편지를 보내 아직도 흥분이 가시지 않은 어조로 이렇게 소개했다. "어제 쑹포도서관이 창립되었다. 참으로 열기가 넘치는 하루였다. 도서관 건물은 베이하이 쾌설당이다. 장소가 매우 좋다. 너는 아직 모를 것이다. 나는 매주 4일은 칭화대학清華大學에 머물고 3일은 성안으로 들어가 도서관에 머문다."(『량치차오 연보 장편』, 1004쪽) 량치차오는 쑹포도서관이 이렇게 좋은 결말을 맺은 데 대해 "대총통 황피黃陂 리 공黎公[리위안훙]께서 베이하이 쾌설당을 도서관 건물로 쓰라고 명령을 내렸기 때문이니" 이에 감사를 드려야 한다고 했다.(『음빙실합집·문집』 제40권, 29쪽)

쑹포도서관은 두 곳에 설치되어 있었다. 제1관은 베이하이 쾌설당이었고 중국어 장서를 위주로 운영되었다. 제2관은 베이징 시단 파이러우 스후후통 7호에 있었는데 서양어 서적을 위주로 운영되었다. 쑹포도서관 조직은 편집부와 총무부로 나뉘어 있었다. 량치차오가 스스로 도서관장을 맡았고, 장바이리가 편집부 주임을, 젠지창이 총무부 주임을 담당했다. 그 아래에 편집간사 등의 직책이 있었는데, 쉬즈모, 천보성, 린즈쥔林志鈞, 장푸충蔣復璁, 양웨이신, 리짜오쑨李藻蓀, 딩원장, 량치쉰 등이 모두 이러한 직책을 맡아 일한 적이 있다. 쑹포도서관은 고정된 수입이 없어서 완전히 문화 사업에 열성적인 인사들의 기부금으로 운영되었다. 량치차오도 끊임없이 자신의 원고료로 매월 도서관 지출을 메우며 가까스로 운영을 유지했다. 도서관에 근무하는 여러 사람에게도 아무런 보수를 줄 수 없어서 완전히 근무자들의 의무감에만 의지해야 했다. 그러나 쑹포도서관은 지식 전파에 크게 공헌했을 뿐 아니라 당시 신문화운동에도 맡은 바의 사명을 다했다.(『량치차오와 민국 정치』, 137~138쪽)

중국공학을 지지하다

량치차오가 운영한 각종 사업 가운데서 장바이리가 비교적 많이 참여한 사업으로는 또 중국공학이 있다. 적어도 1919년 유럽 시찰 기간 그들은 이미 학교를 운영할 마음을 먹고 있었다. 장둥쑨은 장쥔마이, 류쯔카이, 장바이리, 쉬전페이徐振飛에게 몇 차례 보낸 편지에서 모두 "학교 운영 계획이 진전될 희망이 있다"고 언급했다. 아울러 그들에게 "대학 운영 계획을 이미 베이징을 통해 상부로 전했다"고 알렸다.(『량치차오 연보 장편』, 893쪽) 이는 대체로 그들이 일찍이 펑궈장에게 도움을 받으려 한 일을 가리킨다. 당시 펑 씨는 대리총통 위치에 있었지만 1919년 겨울 갑자기 병사해 그들의 기대도 물거품이 되고 말았다. 장쥔마이는 1920년 초 황쑤추에게 보낸 편지에서 대학 설립을 "지금은 추진할 방법이 없다"고 알리면서 설립 경비 문제는 언급하지도 않고 완곡하게 말했다. "제 생각엔 직접 대학을 설립하기보다는 각 성에 대학을 설립하도록 권유하여 우리가 직접 교수를 맡는 편이 더 좋을 듯합니다. 새로운 정신을 도입하면 그뿐인데 반드시 대학 설립 책임까지 질 필요가 있겠습니까?" 또 그는 량치차오에게 어떻게 일을 안배해야 하는지에 대해 심지어 다음과 같이 주장하고 있다. "잡지 편찬 업무 외에도 북방의 한 학교에서 교습教習[교수] 자리를 맡아보는 것도 계획에 넣으셔야 합니다."(앞의 책, 897쪽)

그러나 중국공학이란 학교에서 자발적으로 량치차오를 찾아와 그들에게 새로운 희망을 안겨주었다. 량치차오는 1920년 3월 5일 상하이에 도착하자마자 우쑹중국공학의 초청을 받아 강연을 하게 되었다. 3월 15일 자 『신보申報』에 그가 중국공학에서 행한 강연 원고가 게재되었다. 강연은 물론 그전에 준비되었다. 그때는 량치차오가 귀국한 지 열흘도 안 된 시점이었으므로 그가 그 일을 매우 중시했음을 알 수 있다. 기실 량치차오와 중국공학은 얼마간 인연이 있다고 할 수 있다. 1905년 일본 문부성文部省이 청 정부의 요청에 호응해 '문부성령 제19호' 명령으로 「청나라 유학생 입학 허가에 관한 공사립학교 규정關於許淸國留學生入學之公私立學校之規程」을 공포했다. 이 규정은 일본에 유학 중이던 중국 학생들의 대규모 반항을 불러일으켜 3000여 명의 유학생이 공부를 그만두고 항의 귀국 하는 사태가 벌어졌다. 중국공학은 바로 이들 학생을 수용하려고 바로 이듬해 상하이에서 개교한 학교였다. 당시 일본에 망명 중이던 량치차오도 신문지상에 글을 써서 입장을 밝히기도 했다. 그런데 "민국 8년(1919) 중국공학이사회가 조직을 개편하고 임원을 바꿨다. 슝시링과 왕자샹王家襄이 각각 회장과 부회장에 임명되었고, 상무이사에는 판위안렌, 후루린, 위안시타오袁希濤, 샤징관夏敬觀, 예징쿠이葉景葵, 량웨이웨梁維岳, 왕징팡 등이 취임했다. 이들은 대부분 옛날 입헌파 혹은 진보당 인사들이었다."(『량치차오와 민국 정치』, 143쪽) 이 때문에 량치차오가 유럽여행에서 돌아와 상하이에 도착하자 [중국공학에서] 바로 그를 초청해 강연을 하게 했다. 당시 중국공학 교장은 왕징팡이었는데, 그는 여전히 허난 푸중福中 석탄광산의 사장으로 있으면서 두 가지 일을 겸직하느라 심신의 노력을 기울이고 있었다. 그는 량치차오가 학교를 운영할 마음이 있는 걸 알고는 교장직을 량치차오에게 양보하고 싶어했다. "중국공학의 앞날이 량 선생의 힘에 의지하여 확대될 수 있다면 하늘에서 굽어보는 여러 벗들의 영령도 기쁨에 겨워 감복할 것입니다."(앞의 책, 910쪽) 왕징팡은 량치차오에게 보낸 이 편지에서 중국공학이 개교한 이래 발생했던 불행한 일을 회고했다. "꼽아보면 중국공학은 개교한 지 겨우 10여 년밖에 되지 않습니다. 당시 발기인이었던 야오젠성姚劍生[야오훙예姚宏業]은 강물에 투신해 생을 마감했고, 장○성張○生은 과로로 세상을 떠났습니다. 황전춘黃眞存[황자싱黃家興, 자 자오샹兆祥]과 탄자런譚價人[탄신슈譚心休]은 2년 전에 연이어 세상을 떠났고, 최근 또 상하이에서 온 편지를 받아보니 량차오산梁喬山[자 후이성恢生, 호 웨이웨維岳]도 병으로 고인이 되었다고 합니다."(『량치차오 연보 장편』, 910쪽) 왕징팡이 언급한 이들은 모두가 중국공학 창립자거나 역대 책임자였다. 그는 량치차오가 중국공학을 도와 지금의 곤경에서 벗어나게 해주리라 생각했다.

량치차오는 줄곧 중국에 인재가 부족함을 탄식하면서 자연스럽게 자신의 학교를 갖고 싶어했다. 따라서 중국공학에서 제공한 귀한 기회를 포기하지 않기로 결정했다. 그러나 장바이리는 량치차오의 교장 취임을 반대했다. 그는 장둥쑨에게 편지를 보내 이렇게 말했다. "량 선생님께서는 교장직을 맡아서는 안 됩니다. 설마 총장[장관]직을 지낸 적이 있다고 다른 곳에서도 장長 자리를 맡지 않으면 치욕스럽다고 생각하시는 건 아니겠지요? 량 선생님은 교장이 아니라 강사를 하셔야 그분의 활발한 인격과 정신을 통쾌하게 표현할 수 있을 것입니다." 장바이리는 중국공학을 이용하는 방법에도 자신만의 관점이 있었다. "오늘날 가장 중요한 일은 량 선생님을 재촉해올 겨울이나 내년 봄 중국공학에서 중국역사 강좌 한 과목을 개설하는 것입니다. 먼저 신문지상에 그 강좌 광고를 하여 강의 시간과 장소와 규정을 알리고 수강생을 모집합니다. 단 한 사람이라도 들으러 오면 강좌를 개설합니다. 경비 마련, 교습敎習 초청, 강좌 명칭 확정 등은 다시 조용히 한 걸음씩 준비하면 됩니다." 장바이리는 중국공학을 '대학'으로 이름을 바꾸는 의견에도 동의하지 않았다. 그는 "대학이란 간판을 걸게 되면 강좌 내용이 어떻든 상관없이 그 정신이 대학이란 두 글자에 가로막히게 된다"고 생각했다. 장바이리는 교육이란 반드시 '정精[정예화]'과 '보普[보편화]' 두 가지 방법으로 나누어 시행해야 한다고 주장했다. "정예화 부문은 바로 학문 연구 분야입니다. 내가 생각하기엔 중국공학을 10년간 운영해 진정한 학자를 한 사람이라도 양성해낸다면 교육 목적을 이미 원만하게 달성했다고 할 수 있습니다. 이 때문에 이 부문에서는 전력을 다해 소수인을 교육해야 합니다. 예컨대 이번에 2만 위안을 들여 10명을 유럽에 파견한 것은 혼란스러운 방법입니다. 이후로는 교육을 할 때 절대로 이처럼 해서는 안 됩니다. 2만 위안을 들여 반거들충이 열 명을 양성하기보다 2만 위안을 들여 완전한 학자 한 명을 양성하는 편이 더 낫습니다. 이것이 고등교육에 맞는 방침입니다. 또다른 하나는 '보普' 즉 교육의 보편화 부문입니다. 이는 바로 사회상에서 우리가 일반 사람들과 관계를 좀더 많이 맺으려는 노력의 일환일 뿐입니다. 그러므로 내 말이 다른 사람에게 전해져 들릴 수만 있다면 그것 말고는 절대 어떤 관계도 요구해서는 안 됩니다. 교육을 통해 이런 사람이 많아질수록 더욱 좋습니다. 보편화된 다수의 교육으로는 사회에서 세력을 넓힐 수 있고, 정예화된 소수의 교육으로는 학문 분야에서 세력을 점유할 수 있습니다. 나는 그래서 중고등 교육에서는 특별히 외국문학을 중시해야 한다고 주장합니다. 하지만 대학교육Academic 부문에서 지금 가장 중요한 것은 량 선생님의 활발한 인격에서 우러나오는 연구정신을 바탕으로 생기를 불러일으키는 일입니다." 이 때문에 장바이리는 특별히 이렇게 강조했다. "결국 중국공학을 확충하려면 와세다早稻田나 게이요慶應 등의 대학을 법도로 삼아서는 안 되고 백록동서원白鹿洞書院이나 고경정사詁經精舍 같은 중국의 고대 아카데미를 오히려 대대적으로 본받아야 합니다."(앞의 책, 924~925쪽)

량치차오는 장바이리의 방법에 찬성했다. 그는 장둥쑨에게 보낸 편지에서 학교 운영에 관해 언급했다. "그 방법 즉 공과 바이리가 상의한 강좌 개설이 가장 훌륭한 방법입니다." 아울러 장둥쑨에게 중국공학 교무장教務長직을 맡아달라고 권유하면서 학교 운영비 문제는 걱정하지 말라고 했다. 량치차오는 "중국공학의 운영비를 마련하는 일은 앞으로 확실히 진전이 있을 겁니다"라고 장담했다.(앞의 책, 919~920쪽) 그러나 장둥쑨은 장바이리의 주장을 받아들일 수 없었다. 그는 장바이리에게 편지를 보내 이렇게 말했다. "근대 학문은 고대 학문과 다르기 때문에 근대교육은 고대의 아카데미[강학사講學舍, 서원 등]와 똑같은 방법을 사용할 수는 없습니다. 그러니 앞서 말한 강좌 개설 방법은 진실로 근세 대학과 고대 아카데미를 조화시킨 후 그 세밀한 내용을 갖추어야 합니다.[이 방법이 좋기는 하나 근세 대학에서는 단지 학문의 질만 대조하면 되지 대학이란 이름에 매달릴 필요는 없다.—장바이리의 원주] 순전히 고대 아카데미 방법만 사용한다면 오늘날 학생 모집에 호소력이 부족해서[이것은 그렇지 않다. 호소할 때는 다른 방법을 쓸 수 있다.—장바이리의 원주] 참가하는 학생이 많지 않을 것입니다. 하물며 런궁의 성격으로 말하자면 공께서는 한 사람만 수강해도 강의를 개설할 수 있다고 하지만 제 걱정은 설령 10여 명이 듣는다 해도[이 말은 틀렸다. 둥쑨이 잘못 보았다.—장바이리의 원주] 런궁은 틀림없이 두세 차례 강의를 한 후 중도에 폐강할 수도 있다는 것입니다."[런궁의 변화무쌍한 태도는 새로운 것에 대한 흥미에서 비롯된 것이지 옛것에 대한 싫증에서 기인한 것은 아니다.—장바이리의 원주] 장둥쑨은 런궁 한 사람의 인격을 중심으로 삼는 방법에 찬성하지 않고 응당 "한 단체의 인격을 중심으로 삼아야 한다"고 인식했다.(앞의 책, 925~926쪽) 그러나 사람들은 장둥쑨이 중국공학의 교무장에 취임하는 일을 매우 기뻐했다. 왕징팡, 후루린은 덩실덩실 춤을 출 정도로까지 기뻐했다. 그러나 운영비 부족이 여전히 그들을 곤혹스럽게 하는 가장 중요한 문제로 작용했다. 왕징팡이 매년 푸중회사福中公司에서 직접 기부하는 2만 위안 말고는 기타 수입이 전혀 없었다. 량치차오는 처음에 민국 2년 정부가 발행한 공채에 희망을 기탁했다. 전하는 말에 의하면 공채 200만 위안에는 매년 이자 16만 위안이 붙으므로, 만약 이를 학교 운영 경상비로 사용할 수 있으면 학교 운영의 최대 난점이 해결될 수 있다는 것이었다. 그러나 왕징팡은 량치차오에게 이 공채가 종적도 찾을 수 없는 일이 되고 말았다고 알려주었다. 그는 이렇게 말했다. "[이 일은 민국 2년 국무회의에서 의결되었지만 아직까지 집행되지 않은 사안입니다.] 집행되었다 해도 아마 징성靜生[판위안렌]의 힘으로도 그 일을 맡지 못할 것입니다."(앞의 책, 923쪽) 량치차오도 일찍이 화교 부상富商 린전쭝林振宗의 애국심에 호소하여 그의 주머니를 풀게 할 생각이었다. 량치차오는 딸 링셴에게 이렇게 말했다. "만약 그가 50만 위안만 기부해주면 내가 다른 곳에서 자금을 모집하기가 더욱 쉬워질 것이다."(앞의 책, 912쪽) 그러나 이 시도도 다른 경우와 마찬가지로 결과를 맺지 못했다.

연성자치 및 각 성 입헌

장바이리는 이 무렵 생활이 곤란해져서 강의를 하고 싶어했다. 그러나 중국공학에서 강의를 할 수 없게 되자 난카이대학南開大學으로 가서 강의하기를 원했다. 그는 생각을 량치차오에게 편지로 알리고 그의 지지를 얻으려 했다. 그리고 장바이리는 량치차오도 교수가 되어야 한다고 생각했을 뿐만 아니라 그에게 "칭화[대학]의 일이 잘 되면 칭화로 가고 아니면 난카이로 가는 것이 어떻겠습니까?"라고 물었다. 량치차오도 당시 난카이대학 발전 계획을 구상하고 있었다. "내 생각엔 장쥔마이가 주임을 맡고 장바이리, 장둥쑨, 린짜이핑林宰平[린즈쥔]이 각각 한 분야를 맡은 뒤 ─짜이핑과는 아직 상의하지 않았지만 그도 반드시 올 수 있으리라 생각하네─ 량수밍梁漱溟을 데려오면 가장 좋겠네, 거기에다 내가 또 도움을 줄 수 있을 것이네. 우리 여섯이 이 과科를 맡으면 틀림없이 학과가 만장萬丈의 빛을 드날릴 수 있을 것이네."(앞의 책, 944~945쪽) 그러나 이 계획 또한 량치차오의 다른 많은 계획처럼 실현되지 못했다. 이 무렵 장바이리는 이미 새로운 시대 상황에 휩쓸려 들어가고 있었다.

1921년 8월 12일 장바이리는 량치차오에게 편지를 보내 후난과 후베이 정세를 알렸다. 후난 군대湘軍가 즈리 군벌 우페이푸와 후베이 남쪽에서 전쟁을 벌이다 전군全軍이 패배하고 말았다. 이때 우페이푸가 곧장 후난으로 진격하면 후난 군대는 절대로 그의 적수가 될 수 없을 것이고, 후난의 성도省都 창사도 아주 쉽게 함락되고 말 것이었다. 또 이렇게 되면 선포를 앞두고 있는 후난 성 자치헌법은 태어나지도 못한 채 사망하고 말 것이었다. 전쟁 확대를 저지하기 위해서는 우페이푸를 후베이에 머물게 해야 했다. 당시 후난에서 헌법 제정 초안을 돕고 있던 장바이리는 량치차오를 떠올렸다. 그가 보기에 당시 위기에 처한 후난을 구제할 사람은 량 씨밖에 없었다. 장바이리는 편지에서 자신의 의견을 밝혔다. "선생님께서 이번 정세에 대해 후난에 유리한 주장을 해주시면 장차 후난 군대 대표 명의로 상하이에서 선생님 주장을 선포하여 중국의 전체 여론으로 처리할 수 있는 분위기를 만들겠습니다. 이렇게 하면 아마도 후난과 후베이의 국부적인 문제로 처리하려는 공론을 덮을 수 있을 것입니다. 후난 군대는 두는 수마다 죽는 수만 두고 있습니다. 후난의 유일한 활로는 오로지 대세를 바꾸어 펑톈 군벌과 즈리 군벌의 결렬을 부추기는 수밖에 없습니다. 이는 진실로 물이 끓는 가마솥 아래에서 장작을 빼내버리는 유일한 방법입니다." 그는 또 이렇게 말했다. "대세에 근거해 말하자면 그물망을 하루라도 일찍 찢는 게 하루라도 더 빨리 행복을 얻는 방법이 될 것입니다. —이는 진실로 오로지 후난만을 위한 계책에 그치지 않습니다.— 이 수를 둘 수 없으면 우리는 장차 치명상을 당할 것입니다."(앞의 책, 931쪽) 이 글에서도 당시 형세가 엄준했음을 알 수 있다. 량치차오는 장바이리의 편지를 받은 후 15일과 16일에 긴급히 젠넨이·지중인과 상의하고 장쭤린을 부추겨 배후에서 우페이푸를 습격하는 방법은 사용하지 않기로 결정했다. 반면에 량치차오가 우페이푸에게 편지를 보내 군대 동원의 이해관계로써 그를 일깨우기로 했으며, 아울러 리위안훙 대신 편지 한 통을 써서 우페이푸와 샤오야오난蕭耀南 등에게 보내 그들의 행동을 저지하기로 했다.

량치차오는 우페이푸에게 편지를 보내 군대의 힘을 지나치게 믿지 말아야 하며, 여론이 반영된 민심의 향배가 가장 중요하다고 거듭 당부했다. "집사執事16께선 지금 정예병 수만 명의 힘을 끼고 스스로 바라는 곳에 무력을 투입하면 마음대로 하지 못할 게 없고, 또 해내에 위력을 과시한 후 천천히 새로운 건설을 추진할 수도 있다고 여기실 것입니다. 집사께서 이러한 생각을 품고 있다면 진정 경계로 삼아야 할 일은 멀리 있지 않고 바로 돤즈취안段芝泉[단치루이]에게서 그 전철을 찾을 수 있습니다. 즈취안도 처음에는 나라를 사랑하지 않은 게 아니었습니다. 그는 훙헌[위안스카이]을 반대하고 혼란의 소용돌이 속에서 국체를 구제하여 한때 모든 사람의 여망이 그에게 귀의하기도 했습니다. 이는 집사께서 오늘날 누리는 명성에 결코 뒤지지 않습니다. [돤즈취안은] 다만 민치의 진정한 정신을 이해하지 못하고 자신의 무력을 과신한 나머지 잘못을 반복하며 마침내 스스로 막다른 골목에 몰리고 말았습니다. 이는 집사께서도 몸소 여러 일을 해나가는 과정에서 그 병폐를 통찰해야 할 일입니다."(『음빙실합집·문집』 제36권, 70쪽)

량치차오는 우페이푸가 당시 형세와 자신의 아군을 분명하게 인식하기를 희망했다. "저 후난 군대는 아마도 집사의 장래에 유일한 벗이 되어, 집사가 어려운 때가 되면 그 난관을 가장 긴급하게 구제해줄 것입니다. 집사께서 지금 잠시 참지 못하고 저들을 깨부수면 아마도 발걸음을 돌리지도 못한 상태에서 후회를 감당하지 못할 것입니다. 집사께선 일찍이 국민대회를 제창하지 않으셨습니까? 당시는 형세의 제약을 받아 실행할 수 없었는데, 세상 사람들은 지금까지도 몹시 애석해하고 있습니다. 지금 시국은 이미 옛날보다 훨씬 발전하여 국민 여론이 연성자치를 마치 기갈 들린 듯 바라고 있고, 또 후난 군대에서도 이 일을 가지고 서로 호소하고 있다는 소문

---

16 어떤 일을 맡고 있는 실권자. 여기서는 우페이푸를 가리킨다.

이 자주 들리고 있습니다. 이 일은 집사께서 일찍이 제창하신 일과 비교해볼 때 형식은 조금 다르지만 정신은 한 치의 틈도 없이 일치합니다. 따라서 집사께서 지금 잘 절제된 군사로 형승지지形勝之地[요충지]를 점령하면 일거에 천하의 경중을 좌우할 수 있을 것입니다. 그리하여 오랜 우군인 후난 군사와 좌우에서 서로 이끌어주며 연성 국민대회 창립 의견을 국내 어르신과 형제들께 질의하면 어느 누가 환호작약하며 집사의 뒤를 따르지 않겠습니까? 이와 같이 하면 근본적 측면으로부터 국체를 결정할 수 있습니다. 그런 연후 정예병을 길러 대외적으로 치욕을 씻으십시오. 이야말로 진정 애국 군인이 해야 할 일입니다. 이렇게 하는 것과 겨우 국내에서 울분을 풀다가 스스로 가시밭 속으로 떨어져 생을 마치는 것 중에서 어느 게 더 좋은 일이겠습니까?"(앞의 책, 71쪽)

당시 량치차오의 친한 친구 슝시링과 제자 장바이리, 판위안롄 등은 모두 후난에 있었다. 장바이리는 후난 총사령관 자오헝티趙恒惕와 일본사관학교 동학이다. 그리고 바오딩군교에서 길러낸 그의 제자도 후난에서 일을 하고 있는 사람이 적지 않았다. 이러한 조건이 장바이리를 재촉하여 후난의 난관을 가장 긴급하게 구제해주도록 했다. 량치차오는 젠녠이에게 보낸 편지에서 이렇게 말했다. "바이리는 이미 후난의 난관을 구제하러 갔네. 우리는 공적으로나 사적으로나 후난 일을 좌시할 수 없는 형편이네."(『량치차오 연보 장편』, 932쪽) 량치차오는 한편으로는 우페이푸에게 편지를 보내 그가 목전의 대세를 중시하여 후난의 군대를 너무 심하게 핍박하지 않기를 희망했고, 다른 한편으로는 장중런張仲仁에게 조속히 우한으로 가서 우페이푸를 만나도록 건의했다. 왜냐하면 몇 가지 말은 편지로 털어놓기가 불편하여 우페이푸를 직접 만나 이야기할 수밖에 없었기 때문이다. 량치차오는 우려 섞인 목소리로 말했다. "쯔위子玉[우페이푸]의 의도는 아마도 후난 군대를 소탕한 후 독립을 제의함으로써 대국을 해결하려는 것 같습니다. 이는 위안스카이가 신해혁명 때 써먹은 회심의 수법입니다. 하지만 이 수법은 오늘날 정세가 옛날과 다르다는 걸 모르는 처사입니다. 후난의 군사가 일단 패배하면 후난의 대국은 이미 지금 당국자 손에 있지 않을 것이고, 전체 후난 성은 반드시 광둥 성으로 편입될 것이며, 장시 성도 그 뒤를 따를 것입니다. 그때가 되면 북쪽의 장쮀린과 남쪽의 쑨중산이 모두 우페이푸의 강적이 될 것이니 우페이푸가 건의한다 해도 틀림없이 그를 따르는 자가 없을 것입니다. 그럼 작년 국민대회 때의 반향을 얻으려 해도 얻을 수 없을 것인데, 하물며 대국을 논할 겨를이 있겠습니까? 후난과 제휴하여 창장 강 지휘권이 정해지면 남북 양쪽 정부가 비록 그 결정을 지극히 원하지 않는다 해도 반대할 수 없을 것이니 대세도 순식간에 안정될 것입니다. 우페이푸가 반드시 후난의 군대를 핍박해 경계 밖으로 몰아내려 한다면 그것은 자신의 날개를 잘라 적을 도우는 일과 다르지 않습니다. 천하대사 중 진실로 한 차례 실수로 인해 전체 상황이 뒤집히는 경우가 있는데, 바로 이런 부류일 것입니다." 여기서도 알 수 있듯이, 당시 량치차오는 후난의 군대와 우페이푸 군대의 전쟁이 광저우 신군벌에 이용당해 결국 어부지리 상황이 조성되는 걸 걱정하고 있었다. 그는 우페이푸도 이런 상황을 바라지 않는다고 인식했다. 그러나 즈완전쟁直皖戰爭[돤치루이가 차오쿤 및 우페이푸에 맞서 베이징 정부의 주도권을 탈취하려 벌인 전쟁. 1920년 7월 돤치루이의 완계皖系 군벌이 패배한 후 막을 내렸다]이 종결된 후 우페이푸는 다소 세력을 늘렸고, 이후 우페이푸는 무력으로 중국을 통일할 생각을 품었다. 량치차오는 그를 일깨워 형세를 분명하게 파악하라고 했다. 즈완전쟁에서 펑톈 군벌이 우페이푸를 돕기는 했지만 펑톈 군벌 장쮀린은 결국 친구가 아니어서 즈리와 펑톈 사이에도 조만간 전쟁이 일어날 가능성이 있었기 때문이다. 남방의 쑨중산도 적극적으로 북벌을 준비하고 있어서 더욱더 그를 얕볼 수 없는 일이었다. 우페이푸 입장에서는 남북 협공이라는 곤경을 어떻게 벗어날지가 관건이었다. 량치차오는 우페이푸에게 다음과 같은 길을 제시했다. "간단히 말해, 후난 군대를 끼고 자중자애하면서 즉시 연성회의聯省會議를 소집해 세상 사람들에게 호소하는 것이 유일한 방법입니다."(앞의 책, 935쪽)

량치차오는 이와 동시에 후난 인사들에게도 재삼 편지를 보내 여러 일을 당부했다. 그는 샤오쿤과 레이뱌오雷飆에게 편지를 보냈다. 이 둘은 외부 인사가 아닌 차이어의 옛 부하였다. 량치차오는 후난 지방에서 취해야 할 책략을 명확하게 지적했다. "오늘날 후난 군대가 취해야 할 태도로 가장 중요한 점은 대국적인 입장에서 맥락을 크게 잡는 것입니다. 글쓰기를 예로 들자면 제목을 더욱 크게 잡는 데 힘써야지 절대로 작게 잡아서는 안 됩니다." 제목을 크게 잡는 건 무엇이고 작게 잡는 건 무엇인가? 후베이의 인사에 개입하거나 자신의 성瞥과 자기 군대의 이익에만 매달림은 제목을 작게 잡는 것이다. 반면에 '연성자치'를 붙잡고 글을 써야만 제목을 크게 잡아 장편 문장을 쓸 수 있다는 말이다. "요컨대 이번 출병에 내세울 대기치는 오직 연성자치여야 합니다—이 밖의 것이라면 참여하지 말아야 합니다. 이 대大기치는 어쨌든 지쯔季子[우페이푸]와 함께 내세우기를 희망합니다. 만부득이한 경우에 이르렀을 때에야 단독으로 이 방침을 내세울 수 있습니다." (앞의 책, 934쪽) 이와 동시에 량치차오는 슝시링과 판위안롄을 대신해 후난 총사령관 자오헝티에게 편지를 보내 당부했다. "그곳 교섭활동도 단도직입적으로 제목을 결정해야지 절대로 외곽을 겉돌아서는 안 됩니다."(『음빙실합집·문집』 제36권, 74쪽)

량치차오는 왜 이처럼 '연성자치'를 중시했는가? 이 일을 설명하자면 사연이 길다. 일찍이 후난 시무학당 재직 기간 량치차오는 천바오전, 황쭌셴 등을 도와 후난신정湖南新政을 펼쳤다. 이 무렵 그는 후난 순무 천바오전에게 글을 올려 후난 자립을 권유한 적이 있다. "오늘날의 계책을 말하자면 반드시 내륙의 한두 성을 자립하게 한 다음에야 중국에 한 가닥 활로가 생길 수 있을 것입니다." 량치차오는 자신이 자립을 고취하는 동기를 밝히면서 자신의 의도는 "옛날 유세객이나 무뢰배들이 호걸들에게 할거할 근거지를 마련하라고 권유하는 잔꾀"와는 완전히 다르다고 했다. 량치차오가 자립을 주장하는 이유는 이러했다. 첫째, 청 정부에 실망한 때문이다. 량치차오는 변법대업을 청 정부에 의지해서는 끝내 아무 결과도 얻을 수 없다고 보았다. 둘째, 중국이 열강들에 분할될까 염려했기 때문이다. 그러나 후난 성이 망하지 않고 스스로 독립해 스스로를 보존할 수 있으면 중국에도 희망이 있을 것으로 생각했다.(『량치차오 연보 장편』, 90~91쪽) 이것이 량치차오가 처음으로 지방분권과 지방자치에 대해 의견을 제시한 글이지만,

그는 국체나 정체에 대해서는 이때까지도 명확한 인식을 갖고 있지 못했다. 량치차오는 일본 망명 후 새로운 지식과 다양하게 접촉했고, 특히 수개월간 하와이를 여행하면서 미국 연방제를 더욱 풍부하게 이해하게 되었다. 나중에 그는 「루소 학안盧檢學案」을 써서 연방제에 대해 더 많은 해설을 했다. 그 주요 내용은 전제專制를 반대하고 자유를 제창하는 입장에서 출발하고 있다. "우리 중국은 수천 년 전제주의 정치체제에서 살아왔다. 그렇지만 민간 자치 기풍은 가장 성했다. 진실로 문명화된 각국의 자방자치 제도를 널리 채용하고, 각 성, 각 부, 각 주, 각 현, 각 향, 각 시에서 자치 단체를 만들어, 그 지역에 맞게 법률을 제정하고 그곳 주민의 욕구에 따라 정령政令을 시행하면 루소가 바라던 국가를 건설하는 길이 가장 가까워지고 그것과 관련된 업무도 가장 쉬워질 수 있다."(『음빙실합집·문집』 제6권, 110쪽) 이러한 량치차오의 인식은 1903년 미국 방문 때까지 계속 이어졌다. 황쭌셴은 이후 량치차오의 인식 변화를 지적하며 "아메리카에서 귀국하여 러시아 꿈을 꿨다"고 했다.(『량치차오 연보 장편』, 340쪽) 미국사회를 현지에서 세밀하게 고찰한 일은 하와이에서 바다를 사이에 두고 [미국사회를] 바라보던 상황과 비교해 훨씬 좋은 경험이었다. 량치차오는 이를 통해 미국에 대한 인식뿐 아니라 중국에 대한 인식도 바꿨다. 미국에서 귀국한 후 그는 중국의 자치 전통에 대한 언급을 꺼렸고 또 지방자치와 연방공화에 대해서도 다시 언급하지 않았다. 오히려 그는 미국의 연방제가 중국에 부적합하다고 결론을 내렸다. 그는 이러한 인식을 중화민국 건국 시기까지 이어갔다. 그는 중국에서는 연방공화나 공화연방제를 시행할 수 없다고 여러 기회를 통해 강조했다. 연방제를 시행하게 되면 결국 중국에 군벌 혼전과 사회 동란이 일어나거나 서구 열강에 의해 국토가 분할되어 중국이 그들의 식민지로 전락하게 된다고 주장했다. 그는 중국이 민주화된 부강한 나라로 발전하기 위해서는 통일된 중앙집권 국가체제가 필요하지 입헌군주니 입헌공화니 하는 제도는 그리 중요하지 않다고 인식했다. 이 때문에 그는 위안스카이와의 협력도 마다하지 않았고 돤치루이와의 협력도 마다하지 않았다. 량치차오의 심신은 이 과정에서 상처투성이가 되었다. 그가 얻은 것이라곤 한 무더기 고통스러운 경험뿐이었다. 그는 마침내 이들 군벌이 모두 '이덕二德'17의 후예이고, 이 둘의 유산에 의지하면 중국을 통일해 헌정의 길로 나아갈 희망이 영원히 사라진다는 사실을 분명하게 알게 되었다. 군벌을 단속하기 위해 량치차오는 유럽 시찰 이후 '연성자치'의 주장을 펼치기 시작했다.

량치차오의 친구와 제자 중에서 장둥쑨은 일찍이 민국 3~4년(1914~1915)부터 이미 딩스이丁世嶧 등과 함께 지방자치를 제창한 연방론자였다. 하지만 장바이리와 차이어는 이른 시기부터 중앙정부의 권리를 분할하려는 지방 군벌의 소행에 경고를 보내며 통일 국가의 군대를 창설하자고 주장했다. 그러나 위안스카이의 '통일'은 자신의 깃발 아래로 모든 세력을 통일하려는 시도에 불과했고, 또 그와 지방 군벌 간의 투쟁도 대군벌과 소군벌의 투쟁에 불과했다. 솔직하게 말하자면, 이는 장물 분배가 고르지 못하다고 서로 투쟁하면서 전국을 전쟁의 소용돌이 속으로 빠뜨리는 만행일 뿐이었다. 량치차오는 당시 몇 년간 어떻게 하면 군벌 세력을 약화시킬까 계속 고민 중이었으며, 한때는 '병사를 노동자로 전환시키는 일'에 대해 생각을 거듭하기도 했다. 『개조』 잡지 간행 초기에 그들은 창간호 주제를 상의한 적이 있다. 그때 장바이리가 이미 '징병 폐지 운동'을 제창한 바 있고, 량치차오도 『개조』「발간사」에서 '지방자치'를 '14개 신조'의 하나로 내세운 바 있다. 그들이 '연성자치'를 지지하는 출발점은 '성헌省憲[성 헌법]'으로 군벌을 단속해 군벌 혼전의 국면을 일찌감치 끝내자는 의도였다.

후난은 '연성자치'에 가장 적극적이었다. 리젠눙李劍農은 후난 성 사오양 사람으로 일찍이 장바이리와 함께 후난으로 들어가 헌법 기초에 도움을 줬고, 나중에 『중국 근백년 정치사』를 썼다. 그는 이 저서에 당시의 진상을 매우 분명하게 밝혀놓았다. 그의 지적에 의하면 '성헌운동省憲運動[성 헌법 제정 운동]'이 후난에서 가장 먼저 발기한 까닭은 주로 "헌법 수호 전쟁 기간 후난이 군사 요충지가 되어 가장 심한 재앙을 당했기 때문"이라는 것이다. 따

---

17 조조曹操와 장비張飛. 조조의 자는 맹덕孟德, 장비의 자는 익덕翼德 익덕이다. 조조의 간계와 장비의 폭력을 의미한다.

라서 [후난이] 자치 깃발을 세우게 된 목적은 "후난을 남북 정쟁 바깥으로 벗어나게 하고, 남북 쌍방이 모두 후난 경계 안으로 군사를 들이지 못하도록 하기 위함"이었다. 당시 탄옌카이는 후난군 총사령관 명의로 후난에서 정국을 주관하고 있었다. 그는 1920년 7월 22일 각계를 향해 전보를 발송했다. 리젠능은 이렇게 말했다. "후난 자치의 취지를 선포하자, 베이징과 상하이 각처에 거주하는 후난 명사들은 탄 씨가 보낸 전보에 분분히 호응했다. 슝시링 등도 베이징에서 량치차오에게 자기 대신 후난성자치법대강湖南省自治法大綱을 기초하게 하고, 그것을 후난으로 우송하게 했다. 그리고 탄 씨에게 자치법을 시행하도록 독촉했다."(『중국 근백년 정치사』, 489쪽) 량치차오는 량보창梁伯強 등 10명에게 보낸 편지에서도 이 일을 언급하고 있다. "얼마 전 슝시링과 판위안롄 두 분과 상의한 결과, 공동 제의와 공개 결정 방식으로 후난자치근본법湖南自治根本法 제정을 도모하자고 했습니다. 그리하여 이미 '자치법대강' 31개조 초안을 작성해 사유서까지 첨부했습니다. 두 분께서 손을 맞잡고 —잠시 비밀로 해주십시오— 후난으로 돌아가 후난 자치를 고취하기로 결정했으니 참으로 기쁜 일입니다." 량치차오는 7~8월 사이에 또 장둥쑨에게 편지를 써서 "후난 사람들 대신 '후난헌법대강'을 기초하는 일"에 대해 자문을 구했다.(『량치차오 연보 장편』, 915~916쪽) [『음빙실합집·집외문』에 량치차오가 기초한 「후난성자치근본법 초안湖南省自治根本法草案」 전문이 실려 있다.] 이해(1920) 11월 자오헝티는 탄옌카이 대신 후난 성의 정권을 장악했다. 다음해 3월 그는 후난 성 헌법 제정 문제로 량치차오에게 편지를 보냈고, 또 샤오쿤과 레이뱌오를 톈진으로 파견하여 량치차오를 직접 대면하고 가르침을 받도록 했다. 그는 이 편지에서 후난 성을 대표하는 사람으로서의 심정을 토로했다. "후난은 병화를 입은 이래로 희생이 매우 크고 상처도 매우 깊습니다. 어리석은 제가 외람되게도 병권을 맡았으나 장기 대책이 없어 부끄럽습니다. 생각건대 무력으로 난리를 평정하기보다 민치로 나라의 기틀을 다지는 게 더 좋을 듯합니다. 이러한 까닭에 전성군민장관全省軍民長官 협의체를 여러 번 소집하여 전성全省자치를 전국에서 맨 처음 시행하기로 결정했습니다. '연성聯省자치'도 조속히 실현되길 희망합니다. 수

년 이래로 진행을 준비하는 과정에서 대략 단서를 마련하고 현재 성 내외에서 학식이 깊은 법학자를 초빙하고 있습니다. 그리하여 그분들에게 기본법 기초에 종사하게 하고 조만간 완성을 보려 합니다. 이제 두루 전보를 보내 여러 현인을 초청하고자 하오니 잘 헤아려주시기 부탁드립니다."(앞의 책, 929~930쪽)

자오헝티는 후난을 접수한 후 정식으로 자치를 선언했다. 그리고 군과 민 양兩 관청에서 '후난 성 자치근본법[즉 성 헌법] 제정 주비 장정制定湖南省自治根本法籌備章程'을 협상하게 하고 그것을 성 의회로 보내 의결한 후 시행하려고 했다. 이 장정은 성 헌법 제정절차에 엄격한 규정이 되어 그 절차를 세 단계로 구분했다. 1단계는 기본법 기초, 2단계는 기본법 심사, 3단계는 기본법 결의다. 1921년 3월 20일, 기본법 기초위원회가 창사 악록서원에서 정식으로 개회했다. 위원 13명[11명이란 설도 있다]은 성 정부가 전문적 학식 및 경험을 갖춘 사람을 초청해 임명했다. 13명 중에는 장바이리, 리젠눙, 펑윈이彭允彝, 왕정팅 등이 포함되어 있었고, 이들과의 친분을 고려해 자오헝티는 량치차오에게 편지를 보내 그를 초빙하려 했다. 이 기간 그들은 수시로 서신을 주고받았고 후난 측에서는 항상 량치차오의 의견을 구하려 했으며 량 씨도 물론 그들을 즐겁게 지도했다. 이 때문에 장펑위안은 후난 성 헌법의 민주정신에 감탄하면서 "량런궁도 후난 사람들의 자부심을 자신의 영광으로 생각했다"라고 언급했다.(『량치차오와 민국 정치』, 208쪽) 헌법 초안이 (1921년) 4월 중 완성되어 심사위원회에 넘겨져 심사를 받게 되었다. 심사위원회는 장정에 따라 후난 각 현 인민들이 선출한 150여 대표로 구성되었고, 이들은 기초위원회에서 제정한 헌법 초안을 심사하고 수정했다. 위원 중에는 정객이 상당수 포함되어 있어서 각자 자신을 위해 이해타산을 따지며 불합리한 수정안을 여러 차례 제출했다. 이로 인해 헌법 초안 원본은 갈가리 찢기고 이 과정에서 위원 간의 의견 차이가 생기면서 헌법 제정에 일치된 결론을 내릴 수 없었다. 3개월 동안 회의를 열었지만 초안은 여전히 통과되지 못했다. 이 무렵 후난과 후베이 사이에 전쟁이 발발했고 후난 군대가 패배했다. 우페이푸는 독단적으로 고집을 부리며 웨저우岳州를 점령했다. 이 일로 심사위원회는 서둘러 헌법 초안을 통과시켜 후난이 더 이상 북쪽 군벌에 유린당하지 않도록 하려 했다. 결국 후난 성 헌법 제정은 3단계로 진입해 전체 성 공민公民들의 총투표로 헌법을 의결한 후에 그것을 공포·시행하고자 했다. 12월 11일 후난 성 당국은 전체 공민투표를 통해 성 헌법을 통과시켰고, 1922년 1월 1일 이 헌법을 정식으로 시행한다고 공포했다.

리젠눙은 후난 성 헌법 내용 중에서 두 가지 점에 주의할 만한 가치가 있다고 인식했다. "첫째, 성의 권리를 열거해놓았다는 점이다. 왜냐하면 후난 성 자치는 단지 한 성의 자치에만 그치지 않고 연방제의 실현을 바랐기 때문이다. 연방제의 근본정신은 장차 중앙 정부와 각 성 정부의 권리를 헌법을 통해 나누는 데 있다. 당시는 국가 헌법이 아직 성립되지 않은 상태라 후난 성 헌법에다 성의 권리만을 열거할 수밖에 없었다. 그 의미의 하나는 성 기관을 위해 그 활동 범위를 정한 것이고 또다른 하나는 장래에 국가 헌법을 제정할 때 지방분권의 표준을 정한 것이었다. 둘째, 민권을 확장했다는 점이다. 남녀 모두에게 선거권이 보급되었고, 성장 선출도 전 성 주민의 결선투표를 거쳐야 했다. 또 성 주민이나 법률단체는 모두 법률제청권, 투표권, 직접파면권을 가졌다." 하지만 리젠눙은 또 다음과 같이 말했다. "이러한 권리는 모두 현재 중국 인민들이 실제로 누릴 수 없는 권리다."(『중국 근백년 정치사』, 490쪽) 장바이리는 줄곧 후난 성 헌법 제정에 적극적으로 참여했다. 그는 기초위원회 성립 개막식에서 「군사와 연성자치를 논함論軍事與聯省自治」이란 제목의 연설을 했고, 아울러 「50년 이래의 후난 군대五十年來的湘軍」를 써서 적극적으로 후난 군대를 축소하려 노력했다. 후난 성 헌법 중 의무민병제義務民兵制 규정은 장바이리의 건의로 채택된 것이다.

후난 성 헌법은 [여느 성과는 다르게] 4년 동안 시행되어 가장 훌륭한 성과를 냈다고 할 만하다. 량치차오는 강의를 명분으로 1922년 8월 31일 전에 성도省都 창사로 가서 성장 자오헝티와 후난 성 관리 및 교육계 인사들의 열렬한 환영을 받았다. 그는 창사에서 단지 이틀을 머물렀지만 아주 즐겁게 바쁜 일정을 소화했다. 차에서 내려 잠시 휴식한 뒤 바로 시무학당

옛터를 방문하여 기념사진을 찍고 기념 휘호를 남겼다. 오후 4시에는 성립일중省立—中에서 「무엇이 신문화인가什麼是新文化」란 제목으로 강연했다. 7시에는 자오헝티 성장이 베푼 환영연에 참석했다. 그 자리에서 량치차오와 그를 수행한 황옌페이黃炎培가 모두 강연을 했다. 다음 날 오전 5시에는 웨루산으로 가서 황싱 묘와 차이어 묘를 참배했다. 9시에 시내로 돌아와 성의회 제2차 정기총회에 참석하여 「후난 성 헌법의 실시湖南省憲之實施」라는 강연을 했다. 12시에는 대록학교大麓學校로 가서 시무時務, 구실求實, 고등高等 세 학교 동창회가 주최한 환영회에 참석하고 이들 학교를 위해 '자강불식自強不息'이란 휘호를 남겼다. 오후 2시에는 상업단체와 각 공단公團에서 주최한 공식 연회에 참석했다. 3시 반에는 준도회遵道會로 가서 「분투하는 후난인奮鬪之湖南人」이란 제목으로 공개 강연을 했는데 청중이 수천 명에 이르렀다. 5시에는 다시 성립일중으로 가서 교육계 인사들과 기념사진을 찍은 후 「후난 교육계의 회고와 전망湖南敎育界之回顧與前瞻」을 주제로 강연을 했다. 하지만 시간이 촉박해 강연을 절반밖에 진행하지 못했다. 6시에는 교육회 공식 연회에 참석했다. 연회가 끝난 후 바로 황옌페이 및 선쑤원沈庸文 등과 샤오우문小吳門 밖 기차역으로 갔다. 자오 성장과 관리 및 교육계 인사들이 기차역까지 나와 량치차오를 배웅했다.(민국 11년 9월 7일 자 『신보申報』, 『량치차오 연보 장편』, 962쪽)

이 무렵 또다른 성에서도 입헌운동이 열화와 같이 타올랐다. 그러나 각각의 목적이 상이하여 각 군벌마다 서로 다른 속셈을 감추고 있었다. 몇몇 성에서는 '연성자치'가 왕왕 지방 군벌의 할거 목적으로 변질되었다. 저장 성 루융샹도 자신이 직접 성 헌법 제정을 주장했다. 장바이리는 저장 사람이라 고향에서 벌어지는 일에 특별한 관심을 보이며 저장 성 헌법 초안 작성에 참여했을 뿐만 아니라 저장 성 의원 경선에도 참여했다. 장바이리가 남쪽으로 귀향할 때 량치차오는 도연명陶淵明의 시 1연을 손수 써서 그에게 증정했다. "각자 서로 노력하기를 기약하지만, 헤어진 후 문득문득 그리워지리相期各努力, 別後輒相思."[18] 그러나 루융샹은 시종일관 헌법 제정에 성의가 없었다. 그는 헌법을 시행하면 곳곳에서 헌법의 제약을 받아 자기 마음대로 활동할 수 없을까봐 전전긍긍했다. 그에게 '연성자치'란 즈리 군벌의 침략에 저항하는 방패막이에 불과했다. 기타 각 성 예를 들면 윈난의 탕지야오와 광둥의 천중밍 등도 모두 불측한 마음을 품고 자신의 권력 유지에만 힘썼지 결코 헌법을 준수하거나 시행하려 들지 않았다. 사실 군벌 세력의 끊임없는 권력투쟁 때문에 모든 성의 헌법 제정 운동은 실제 효과를 발휘하지 못했다. 후난 성에서 3~4년간 헌법을 시행한 일은 예외에 속할 정도였다. 오십보백보의 차이만 있을 뿐 실제 정치에 아무런 변화도 이끌어낼 수 없었고 이 세계는 의연히 군벌들이 횡행하는 추악한 세계일 뿐이었다. 이러한 상황은 량치차오에게 적지 않은 타격을 주어 그를 좀 의기소침하게 만들었다. 당초 그에게 큰 희망을 품게 한 우페이푸도 큰 실망감을 안겨주었다.

장바이리는 이 무렵에도 아직 완전히 포기하지 않고 우페이푸와 쑨촨팡孫傳芳의 관계를 잘 주선하여 즈리 군벌 속 이 두 파 간의 관계를 조화시킨 뒤, 두 파 공동으로 산하이관山海關 밖 펑톈 군벌 장쭤린에게 대항하게 하고 그 과정에서 자신도 다소간 능력을 발휘하기를 바랐다. 장바이리는 또 딩원장, 류허우성劉厚生, 천이陳儀, 천타오이陳陶遺 등을 즈리 군벌 편으로 들어오게 소개를 했다. 심지어 그는 탕성즈唐生智와의 관계를 통해 우페이푸와 장제스가 손을 잡게 한 뒤, 쑨촨팡, 우페이푸, 장제스의 세력을 규합해 펑톈 군벌 장쭤린에 대항하게 하려 했다. 당시 후난을 방어하던 후난 군대 사단장 탕성즈는 장바이리의 뛰어난 제자였고, 바로 광둥 방면에서 몰래 서로 연락을 주고받고 있었다. 장바이리는 사전에 광둥 방면에 자신의 제자를 심어두고 시기가 무르익으면 일정한 역할을 발휘하도록 조치해두었다. 량치차오는 장바이리의 그런 행동을 보고 다소 희망을 품기도 했지만 정세를 크게 낙관할 수는 없었다. 1925년 9월 3일 량치차오는 딸 링셴에게 보낸 편지에 이렇게 썼다.

---

18 기실 이 시구는 도연명의 시가 아니다. 필자의 착오로 보인다. 도연명의 시에서 이와 유사한 구절은 다음과 같다. "농사일에 힘쓰러 각자 돌아가, 한가할 때 문득문득 그리워지리農務各自歸, 閑暇輒相思."(「이거移居」 기이其二)

바이리는 지금 창장 강 일대에 있다. 군벌 세력이 나날이 팽창해 며칠 안에 전쟁이 발생하면 그가 가장 중요한 역할을 맡을 것이다. 이 때문에 이 노부老父를 이끌어주는 점 또한 적지 않다. 그가 만약 패배하면 물론 더 할 말이 없다—나는 군사행동에 참여하지 않아서 절대 위험하지 않으니 안심해라. 만약 [장바이리가] 승리하면 아마도 나의 정치생활을 다시 시작하지 않을 수 없을 것이다—나는 승리할 확률이 매우 적다고 생각한다. 정치생활 재개는 내가 기실 원하지 않는 일이지만 전국이 도탄에 빠져 있으므로 좌시할 수 없으니 어찌하겠느냐? —황추이톈黃秋田은 광둥 방면에서 활동하고 있고 정부에서도 이미 그에게 전권을 맡겼지만 나는 감히 낙관할 수가 없다. 그가 어제 남하해 우리 집에서 차에 올라 내가 당부하는 말을 충실하게 듣고는 "역수易水에서 형가荊軻를 배웅하는 것 같다"고 하더구나.— (『량치차오 연보 장편』, 1055쪽)

오래지 않아 이해(1925) 11월 9일, 량치차오는 링셴에게 보낸 또다른 편지에서 장바이리의 상황을 이렇게 언급하고 있다.

나라 일의 앞날에 여전히 한 가닥 밝은 희망도 보이지 않는구나. 바이리는 이번에 이처럼 큰힘을 기울이고 있으나 —그가 많은 친구를 끌어들였다— 정말 그럴 가치조차 없는 일인 듯하구나. —북양 군벌과 어떻게 합작할 수 있겠느냐?— 내가 보기에는 성공할 수 없을 듯하다. 지금 그는 사람들과 환난 속에서 생사를 함께하고 있는데, 그에게 몸을 빼내라고 권할 논리가 아무 것도 없구나. 다만 그가 일이 일단락되었을 때 급류에서 용감하게 물러나 몸을 보존하여 장래의 쓰임에 대비하기를 바랄 뿐이다. (앞의 책, 1064쪽)

장바이리의 계획은 물론 훌륭했지만 우페이푸와 쑨촨팡의 생각은 그와 전혀 달랐다. 두 사람이 중시한 건 자신의 권력과 근거지였다. 이 때문에 량치차오가 "북양 군벌과 어떻게 합작할 수 있겠느냐?"라고 말한 것이다.

이 말은 량치차오가 여러 차례 좌절을 겪으며 절실하게 느낀 비통한 교훈이었다. 그러나 장바이리는 거듭 쑨촨팡과 장제스의 합작을 시도했다. 그리하여 펑톈 군벌을 공동의 적으로 삼고 더 나아가 중국의 통일 대업을 완성하려고 했다. 그는 심지어 쑨촨팡의 5성연합군은 진푸선津浦線[19]을 책임지고, 혁명군은 징한선京漢線[20]을 책임지면서 베이징과 톈진 부근에서 군사를 모아 중국 통일을 도모하자고 구체적인 건의를 했다. 그러나 쑨촨팡은 장바이리의 건의를 받아들이지 않았다. 이 때문에 쑨촨팡은 결국 후난과 후베이 지역에서 우페이푸에게 계속 패배했고 장시 전투에서는 그가 거느린 5성연합군이 완전히 궤멸되었다. 이로써 장바이리가 꿈꾼 아름다운 소망도 모두 물거품이 되고 말았다. 량치차오는 1926년 9월 29일 딸에게 보낸 편지에서 또 한 차례 장바이리의 상황을 언급하고 있다.

시국 변화가 극심하여 바이리의 처지도 지극히 곤란해졌고 또 지극히 중요해졌다. 그의 가장 뛰어난 제자 몇 명은 모두 남쪽에 있고 장제스도 반복해서 그를 끌어들이려 하고 있다. 쑨촨팡도 겸손한 자세로 예물을 후하게 주고 그에게 의지해 천하를 지휘하는 사람이 되려 하고 있다. 쑨촨팡과 장제스 사이가 오랫동안 분열되지 않은 것도 모두 장바이리가 중간에서 중재를 잘했기 때문이다. 그러나 장제스의 군대가 장시 성으로 침입하여 사람들을 너무 심하게 핍박해서 —공산당이 그를 또 이와 같이 핍박하고 있다고 한다— 쑨촨팡도 스스로를 보위하려고 서로 갈라서지 않을 수 없었다. 우리가 잘 알고 있는 사람 예를 들면 딩짜이쥔, 장쥔마이, 류허우성 등은 모두 쑨촨팡의 병영에서 작전회의에 참여하고 있다. 그들은 모두 전쟁을 주장하고 있으므로 바이리도 혼자 다른 주장을 할 수 없어서 지금은 이미 쑨촨팡과 함께 전방의 적을 향해 떠났다. 스승이 남방의 제자를 치러 갔으니 어찌 웃음거리가 아니겠느냐? 그것도 보통 사제지간이 아닌데 말이다. 다행히 탕성즈가 마주하는 군대는 우

19 톈진에서 장쑤 성 푸커우浦口까지 연결되는 철도노선. 1912년 개통되었다.
20 베이징에서 후베이 성 한커우까지 연결되는 철도노선. 1906년 개통되었다.

페이푸 측이고 —징한선 일대에서 우페이푸는 이미 문제 밖의 인물이다
— 쑨촨팡이 마주하는 군대는 장제스다. 요 며칠간은 장시 전투가 정말
로 중대한 상황으로 접어들었다. 쑨촨팡이 패배하면 —바이리도 이 결
과에 따라 당연히 손상을 입을 것이다— 이후 황허 강 이남은 전부 붉
은 공산당 세력이 점령할 것이다. 만약 쑨촨팡이 승리하고 장제스가 패
배하면 이후로는 바이리의 수완이 어떤지 볼 수 있을 것이다. 바이리의
계획은 장제스와 탕성즈를 분리하려는 것이고 장제스를 패배시키고 나
서는 쑨촨팡과 탕성즈를 연결하려는 것이다. 과연 이렇게 할 수만 있다
면 장차 참신한 국면이 열리게 될 것이다. 국사에 크게 기여할지 그리고
일이 성공할지 여부는 운명에 맡기지 않을 수 없다. (앞의 책, 1093쪽)

이 무렵 량치차오와 장바이리는 모두 다소 비통한 감정을 드러내고
있다.

제16장

나이를 잊은 사귐: 량치차오와 딩원장

소년 천재 딩원장

1918년 말, 량치차오는 유럽시찰단을 만들어 장바이리·장쥔마이·류충제를 초청해 동행하게 했고, 또 쉬신류를 불러 자신의 재정 경제 고문으로 삼았다. 량치차오는 그래도 만족하지 못하고 과학자 한 사람과 동행하여 현대 유럽을 더욱 많이 이해하고 더욱 깊이 인식하고 싶어했다. 그리하여 쉬신류가 딩원장을 추천했다. 량치차오와 딩원장의 교유는 이때부터 시작되었다.

소년 천재 딩원장

딩원장丁文江은 자가 짜이쥔在君으로 장쑤 성 타이싱泰興 사람이다. 광서 13년 정해년 3월 20일(양력 1887년 4월 13일)에 태어나 량치차오보다 열네 살이나 어리다. 부친 지안吉庵 선생은 그 지방 유지였으며, 모친 산 부인單夫 人은 아들 넷을 낳고 딩원장은 그중 둘째였다. 딩원장의 어린 시절 첫번째 스승은 바로 그의 모친이었다. 모친은 아주 일찍부터 딩원장에게 글자를 가르쳤고 이 때문에 그는 5세 때 몽관蒙館[1]에 들어가 독서를 할 수 있었다. 큰형 딩원타오丁文濤는 아우가 병으로 세상을 떠난 후 아우를 추억하는

---

[1] 중국 고대에 어린아이들을 교육하기 위해 세운 사숙私塾.

문장을 지었는데, 딩원장이 어릴 때 독서하던 상황을 잘 묘사했다.

다섯 살 때 스승님을 모셨고, 눈에 스치는 글자를 바로 암송할 수 있었다. 4년이 지나 『오경五經』과 『사자서四子書』[사서]를 끝냈다. 고금의 시 읽기를 더욱 좋아하여 낭랑하게 낭송하곤 했다. 스승님께서는 내 아우의 자질이 남들보다 뛰어남을 기이하게 여기시고 연속되는 대구로 아우를 시험하며 이렇게 물으셨다. "願聞子志[자네의 뜻을 듣고 싶네]." 아우는 이렇게 답했다. "還讀我書[여전히 저의 책을 읽고 싶습니다]." 스승님께서는 무릎을 치며 크게 칭찬하시고 아우의 천부적 재능에 감탄하셨다. (『딩원장 선생 학행록丁文江先生學行錄』, 54쪽)

딩원타오는 계속해서 이렇게 추모했다.

아우는 스승을 모신 후 사숙에서 수업을 받는 외에도 항상 고금 소설을 두루 읽었고 특히 『삼국연의三國演義』를 좋아했다. 아우는 유독 관운장關雲長의 사람됨을 좋아하지 않았다. "그자는 강퍅한 필부일 뿐인데, 세상에서 서로 함께 그자를 신성하게 여김은 어찌된 까닭일까?" 6~7세 후에는 『강감이지록綱鑑易知錄』을 읽었고, 이어 『사사四史』와 『자치통감自治通鑑』 등을 읽었다. 또 곁가지로 송명宋明 유학자들의 어록과 독서록을 읽었다. 매번 한 편의 글을 다 읽고 나서는 바로 짧은 비평을 남겼다. 고인 중에서는 [당] 육선공陸宣公[육지陸贄]과 [명] 사 독사史督師[사가법史可法]를 가장 추앙했다. 또 고정림[고염무]의 『일지록日知錄』, 황이주黃梨洲[황종희黃宗羲]의 『명이대방록明夷待訪錄』, 왕선산[왕부지]의 『독통감론讀通鑑論』을 구한 뒤로는 그것을 애호하며 아침부터 저녁까지 낭송을 그치지 않았다. 이 책들 속에 포함된 종족 관념을 매우 중요하게 여겼다. (앞의 책)

딩원장은 그 시대 총명한 소년들의 특징을 모두 갖추고 있었다. 그는 10세 때 「한 고조와 명 태조 우열론漢高祖明太祖優劣論」을 지었다. 이에 대해 딩원타오는 이렇게 말했다. "처음부터 끝까지 수천 자에 달했고 논리가 도도하며 거리낌이 없었다. 스승님께서도 손을 거둬들이고 한 글자도 고칠 수 없었다."(앞의 책, 55쪽) 당시 많은 친구가 딩원장의 부친에게 딩원장을 동자시童子試에 응시케 하라고 권했지만 모친은 단호히 반대했다. "유년에 뜻을 얻으면 오히려 지기志氣에 손해가 된다. 아름다운 옥은 모름지기 양공良工[좋은 장인匠人]을 구해 잘 다듬어야 큰 그릇이 될 수 있다." 부친도 그 말을 옳게 여기고 마침내 딩원장에게 동자시 응시를 그만두게 했다.(『딩원장 연보丁文江年譜』, 28쪽) 여기에서도 딩원장의 모친이 아주 견식이 높은 여성이었다는 사실을 알 수 있다.

광서 24년 무술년(1898), 딩원장이 12세 때 무술정변이 일어났다. 이 일로 딩원장은 매우 큰 충격을 받았고 이에 자신의 인생을 바꾸는 중요한 결정을 하게 되었다. 그의 넷째 동생 딩원위안丁文淵은 「량런궁 선생 연보 장편 초고·전언梁任公先生年譜長編初稿·前言」에서 이 일을 아래와 같이 언급했다.

무술정변이 발생한 그해 둘째 형 짜이쥔[딩원장]은 겨우 [만으로] 11세였다. 당시 형은 아직도 황차오黃橋 고향집 사숙에서 독서하고 있었다. 그러나 그때 벌써 형은 이 정변의 영향을 크게 받았다. 형은 사숙 안에서 매우 뛰어난 학생이었다. 무술변법이 실패하자 형과 형의 친구 몇 명은 이렇게 약속했다. '이제부터 분발 노력 하여 구국을 도모한다. 더이상 팔고문으로 과거 답안 작성하는 법을 배우지 않고 실학實學에 종사한다. 더이상 서첩을 보고 글씨 연습이나 하며 허송세월하지 않는다.' 당시 그들이 말한 이른바 '실학'은 바로 고인의 언행을 연구해 실사구시를 추구하며 허위를 숭상하지 않으려는 학문 경향이었다. 그들은 정사正史를 깊이 공부하는 데서부터 실학 공부를 시작했다. (『딩원장 선생 학행록』, 361쪽)

딩원장이 14세 때 모친이 세상을 떠났다. 그는 이듬해부터 다음과 같은 학문 역정을 시작했다. "상하이로 가서 남양공학南洋公學에 입학하고 싶었으나 당시는 반드시 지방관의 보증이 필요했다. 이 때문에 본 현[타이싱]의 고

을 원님 룽옌셴龍研仙[룽장龍璋]의 면접을 봐야 했다. 당시 면접시험 제목은
'서남 오랑캐와 통하다通西南夷'였다. 둘째 형은 붓놀림이 신속하고 논리가
호방하여 룽 씨에게 크게 인정받고 칭찬을 들었다. 또 룽 씨는 둘째 형에게
상하이로 가지 말고 일본으로 가라고 권했다."(앞의 책) 룽장에게는 후쯔징
胡子靖이라는 친척 동생이 있었고, 그는 후난 성에서 일본으로 파견한 관비
유학생이었다. 광서 28년 임인년(1902) 후쯔징은 일본으로 가는 도중 장쑤
성 타이싱으로 길을 돌아 친척 형 룽장을 방문했다. 룽장은 후쯔징에게 딩
원장과 동행해달라고 요청했다. 당시 딩원장은 처음으로 집을 떠나 원행에
나섰다. 이전에는 3리 밖으로도 나가본 적이 없었다.(딩원장, 「현재 중국의 중
년과 청년現在中國的中年與青年」, 『딩원장 연보』, 37쪽)

　　딩원장은 일본에 도착한 후 정식 학교에 입학하지 않은 듯하다. 그와 탕
중湯中이라는 유학생은 도쿄 간다 구神田區에 거주했고 그곳에는 중국 유학
생이 많이 모여들었다. 탕중은 나중에 딩원장을 회고하는 글에서 다음과
같이 썼다. "그는 정치 이야기와 글쓰기를 좋아했다. 내 기억으로 당시 도
쿄 유학계에는 1904년을 전후해 잡지가 여러 종 간행되었다. 저장 성 유학
생에게는 『저장의 밀물浙江潮』이 있었고, 장쑤 성 유학생에게는 『장쑤江蘇』가
있었다. 『장쑤』의 편집주간은 첫번째는 뉴티성鈕惕生 선생, 두번째는 왕군푸
汪袞甫[군푸는 장쑤 유학생 중 문명文名이 최고였고, 필명이 궁이公衣였다]였으며,
나중에는 딩원장이 그 일을 맡았다. 딩원장의 글은 매우 유창한 데다 혁명
정서까지 깃들어 있었다—당시 유학생 대부분은 배만혁명排滿革命을 제창했
다. 딩원장은 하숙집에서 매일 나와 만났다. 그는 이야기를 할 때 두 손을
바지주머니에 넣는 자세를 좋아했다. 활기 넘치는 타이저우泰州 사투리로
끊임없이 도도한 논설을 이어나갔다. 그 표정은 만년의 모습과 거의 비슷
했으며, '기괴한 눈빛과 치켜 올라간 수염'만 없을 뿐이었다."(앞의 책, 40쪽)

　　딩원장은 일본에서 많은 친구를 사귀었다. 나중에 그와 함께 영국에 유
학한 리이스李毅士[리쭈훙李祖鴻], 좡원야莊文亞 외에도 스주광史久光, 장바이
리, 차이어, 주셴즈朱先志, 웡즈린翁之麟과 웡즈구翁之穀 형제도 있었다. 류중
핑劉仲平이 지은 『선사 스주광 선생 연보先師史久光先生年譜』에도 차이어, 장바

이리, 딩원장, 스주광 네 사람이 항상 신문지상에 공화제를 주장하는 언론을 발표했기 때문에 사람들이 이들을 유학생 '4대 괴물四大怪'이라 불렀다고 기록되어 있다. 스주광은 『장쑤』 창간에 참여하면서 딩원장과 알게 되었다. 스주광은 량치차오의 인정을 받았고, 량치차오는 『신민총보』를 창간하면서 그를 초청해 편집과 교정 일을 맡겼다. 스주광의 회고에 의하면 일본에 있을 때 딩원장이 량치차오를 만난 적이 있다고 했다. 그러나 딩원위안은 1918년 유럽으로 여행을 떠나기 직전에야 딩원장이 량런궁[량치차오] 선생을 알게 되었다고 단호하게 주장하고 있다.(『딩원장 선생 학행록』, 362쪽)

영국 유학이라는 모험

광서 30년 갑진년(1904) 딩원장은 일본을 떠나 영국으로 유학을 갔다. 그가 내린 이 결정은 우즈후이의 유혹에서 비롯했다. 우즈후이는 『소보蘇報』사건[2]으로 영국에 망명 중이었다. 상황은 이러했다. "당시 스코틀랜드에 거주하던 우즈후이는 쫭원야에게 편지를 보내, 정치 얘기만 하고 독서는 하지 않는 일본의 중국 유학생들 생활에 큰 불만을 표시하고 쫭 씨에게 영국 유학을 권했다."(『딩원장 연보』, 46쪽) 딩원장은 『소비에트 러시아 여행기蘇俄旅行記』에서 당시 영국으로 유학 간 이유를 이렇게 이야기했다. "나는 1904년 영국으로 갔다. 당시 우즈후이 선생 말을 들으니 1년에 600위안이면 영국 유학이 충분하다고 했다. 이 때문에 몇 달간 영어를 배우고 나서 대담하게 자비를 들여 영국으로 갔다. 스코틀랜드에 도착해서야 1년에

---

2 『소보』에 반청 내용 게재로 촉발된 사건. 1903년 5월 쩌우룽鄒容은 혁명을 주장하는 저서 『혁명군革命軍』을 상하이 대동서국大同書局에서 출판했다. 1903년 장타이옌은 캉유웨이의 입헌군주제를 반박하는 글 「캉유웨이의 혁명론을 반박하는 편지」를 써서 배만혁명을 주장했다. 이 글은 「캉유웨이와 아이신줴뤄 군의 관계」라는 제목으로 그해 6월 29일 『소보』에 발표되었다. 청 정부는 상하이 조계 당국에 각서를 보내 '천하의 반란 조장'과 '대역무도' 등의 죄명으로 장타이옌을 체포해달라고 요청했다. 쩌우룽은 그 소식을 듣고 의분에 못 이겨 자신이 직접 당국에 출두했다. 이어 장타이옌도 당국에 체포되어 구속되었고 관련 인물들은 지명수배되었으며, 『소보』도 발행 정치 처분을 받았다. 당시 우즈후이는 장타이옌을 밀고해 구속되게 했다는 혐의를 받고 혁명파에 쫓기고 있었다.

600위안으로는 방값, 식비, 의복비로도 모자란다는 사실을 알았다. 공부는 입에 올릴 수도 없었다."(『딩원장집丁文江集, 408쪽) 딩원장은 또 리이스와 쫭원야까지 움직여 함께 영국으로 갔다.

주머니 사정이 넉넉하지 못한 이 젊은이들은 영국행을 결심하고 도쿄에서 상하이로 돌아와 영국행 배표를 끊었다. 독일 배였는데, 그들은 배 위에서 이미 여행 경비가 부족함을 깨닫게 되었다. 리쭈훙[리이스]은 이때 자신들의 경제상황을 다음과 같이 구체적으로 진술했다.

당시 소위 우리의 경제적 준비라는 것을 말하려니 정말 실소가 터져 나올 지경이다. 딩원장의 집에서는 그에게 1000여 위안 내외를 가져가게 했다. 이후 경비 지원에 대해서는 아무런 대책이 없었다. 쫭원야의 집에서는 불과 400~500위안만 보태줄 수 있을 뿐이어서 더이상 다른 방법을 생각해볼 수 없었다. 그때 마침 우리 집에서 나와 내 동생 쭈즈祖植의 반년 학비 300위안을 보내왔다. 우리는 우리 형님 쭈위祖虞와 상의한 뒤 이 돈을 우선 내가 가져가기로 했다. 그렇게 해서 모두 계산해봐도 우리의 경비는 1700~1800위안에 불과했다.

당시 우리의 계산에 의하면 일본 우편 선박은 가격이 저렴해서 (…) 우리가 영국에 도착하고 나서도 최소한 몇백 위안은 남으리라 생각했다. 그런데 뜻밖에도 때마침 러일전쟁이 발발해 일본 선박에는 승선할 수 없었다. 이에 독일 선박으로 바꿔 타야 했는데 3등칸 뱃삯만도 1인당 300위안 내외였다. (…) 우리는 또 상하이에서 한동안 발이 묶여 있어야 했다. 딩원장과 쫭원야 두 사람의 돈을 상하이에서 수령하기로 약속이 되어 있었기 때문이다. (…) 우리가 상하이에서 배를 타고 영국으로 향할 때 우리 셋의 수중에는 겨우 10여 파운드밖에 남아 있지 않았다. (리쭈훙, 「유학시대의 딩짜이쥔留學時代的丁在君」, 『딩원장전』, 10~11쪽에서 재인용)

이 때문에 후스는 감탄을 금치 못하며 이렇게 말했다. "세 청년이 고작 10여 파운드만 갖고 대담하게 배에 올라 만 리 길 유학 모험을 시작했다!"

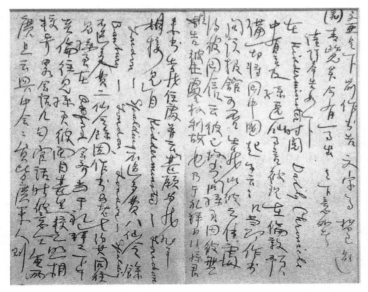

딩원장이 쟝원야에게 보낸 편지. 1905년 1월 19일에 썼다. 중국국가박물관中國國家博物館에 소장되어 있다.

배가 싱가포르에 도착했을 때 그들은 육지로 올라가 저명한 화교 기업인 린원칭林文慶을 방문했다. 린 씨는 그들에게 말레이시아 피낭Pinang 섬에 도착하면 그곳에 머무는 캉유웨이를 찾아보라고 했다. 그들이 방문하자 캉유웨이는 아주 친절하게 대해주며 그들의 상황에 대해 이것저것 질문했다. 그리고 그들의 경제적 궁핍을 염려하며 그들에게 10파운드를 주었고 또 편지한 통을 써주며 런던으로 갖고 가서 자신의 사위 뤄창羅昌에게 보여주라고 했다. 나중에 뤄창은 장인의 편지를 받고 또 그들에게 20파운드를 건네줬다. 리쭈훙은 이 일에 감사를 표시했다. "캉난하이가 준 돈은 여행 도중 우리를 위험에서 구제해줬다. (…) 또 뤄창 군이 준 20파운드도 적지 않은 기간 우리의 생활을 지탱해줬다. 우리가 받은 30파운드는, 내가 나중에 딩원장 말을 들어보니 난하이 선생께서 세상을 떠나기 전에 딩원장이 1000위안을 [선생께] 상환하여 옛 은혜에 잊지 않고 보답했다고 한다."(앞의 책,

11~12쪽)

딩원장의 목표는 본래 영국에서 해군 공부를 하는 것이었다. 친구 장바
이리와 차이어 등이 모두 일본 사관학교에서 육군 공부를 했기 때문이다.
그들 모두는 장래 신중국의 국방 건설을 위해 여러 준비를 하고 싶어했다.
그러나 그들은 영국에 도착해서야 비로소 정부의 보증이 없으면 해군 공부
를 할 수 없음을 알았다. 딩원위안은 이에 대해 이렇게 설명했다. "이와 동
시에 둘째 형의 사상도 이미 변화하기 시작했다. 형은 신중국을 현대국가
로 만들려면 혁명적 수단이 아니라야 성공할 수 있다고 인식했다. 즉 현대
국가 건립은 오로지 일반인들의 현대적 지식 보유에 의지해야 하고, 그 현
대적 지식은 더 말할 것도 없이 과학에 기초해야 한다는 것이었다. 이 때문
에 형은 방향을 바꾸어 지질학과 동물학을 공부하게 되었다."(『딩원장 선생
학행록』, 362쪽)

딩원위안의 설명은 당시 사정을 좀 단순화한 혐의가 있다. 실제 상황은
이러했다. 딩원장, 쫭원야, 리쭈훙 셋이 에든버러Edinburgh에 도착했을 때
그들에게는 겨우 5파운드가 남아 있었다. 뤼창 선생이 준 20파운드는 물
론 그들의 긴급한 어려움을 구제할 수는 있었지만 장기적인 생활대책과 학
업문제는 해결할 수 없었다. 에든버러의 생활수준도 매우 높았다. 그래서
여러 차례 상의를 거쳐 우즈후이가 쫭원야를 데리고 리버풀Liverpool로 가
기로 했다. 리버풀은 항구였고 항상 중국 선원들이 왕래하는 곳이었으며
생활수준도 비교적 낮았다. 딩원장과 리쭈훙은 에든버러에 남기로 했다.
그들은 먼저 스코틀랜드 여성 코맥Cormack 부인에게 영어를 배웠다. 그리
고 오래지 않아 그들도 에든버러를 떠나 스폴딩Spalding으로 가서 그곳 고
등학교Spalding Grammar School에 입학했다. 딩원장은 나중에 그 시절을 이
렇게 회고했다. "다행히 뜻밖에도 존스 밀러라는 의사를 만났다. 그는 중
국 산시陝西에서 전도활동을 한 적이 있다고 했다. 그는 내가 가난한 학생
임을 알고 내게 시골로 가서 고등학교에 입학하라고 권했다. 이에 나는 친
구 리쭈훙과 함께 영국 동부 스폴딩으로 갔다. 그곳은 몇백 호밖에 되지
않는 시골 소읍이라 생활수준이 낮았다. 그곳에서 나의 일주일 숙식비는

겨우 15실링에 불과했다——중국 돈으로 한 달에 30위안에 불과했다. 집주인은 내 양말을 꿰매주기도 했다. 고등학교 학비도 책값까지 포함해서 1년에 100여 위안에 불과했다. 나는 그곳에서 꼬박 2년을 보냈다. 1학년부터 공부를 시작해 1년에 세 단계를 뛰어넘어 2년 만에 케임브리지대학에 합격했다. 스미스 선생님은 현지 유지였다. 그분은 내게 학교를 소개해줬고, 또 그분과의 관계로 인해 그분의 모든 친척과 친구가 나를 한집안 식구처럼 대해줬다. 매주 토요일과 일요일이면 이 집에서 차를 마시거나 저 집에서 식사를 했다. 그 기회를 통해 나는 영국 중산층 생활을 철저히 이해하게 되었다."(『딩원장집』, 408~409쪽)

광서 32년 병오년(1906) 20세의 딩원장은 우수한 성적으로 케임브리지대학에 합격했다. 처음에 그는 여전히 문과를 선택했다. 하지만 그는 공부를 시작한 지 반년 만에 케임브리지를 떠나야 했다. 주요 원인은 역시 경제력이 뒷받침되지 못했기 때문이다. 딩원장은 당시 여전히 집에서 부쳐주는 돈으로 생활했지만 늘 돈이 모자라서 부친의 부담과 걱정이 늘어만 갔다. 이에 그는 양장 총독兩江總督 돤팡에게 편지를 보내 도움을 요청했다. 돤팡은 마침내 타이싱 지현泰興知縣에게 명령을 내려 매년 딩원장에게 몇백 위안의 공금을 부쳐주도록 했다. 비록 그렇게 되었어도 케임브리지대학의 학비는 가난한 학생이 도저히 부담할 수 없는 액수였다. 1906년 연말 딩원장은 어쩔 수 없이 케임브리지대학을 그만둘 수밖에 없었다. 이후 그는 한동안 유럽대륙을 여행했다. 그러다가 광서 34년 무신년(1908)에 런던대학 의학과에 응시했으나 한 과목이 과락되어 합격하지 못했다. 그는 의학 공부를 포기하고 방향을 바꿔 글래스고대학에 합격해 동물학을 전공하며 지질학을 복수전공으로 선택했다. 선통 3년 신해년(1911) 그는 글래스고대학에서 동물학과 지질학 학사학위를 취득해 4월 초에 귀국했다. 이로써 7년에 걸친 딩원장의 영국 유학생활이 막을 내렸다.

귀국하여 취업하다

딩원장은 귀국할 때 직접 상하이나 홍콩으로 가는 배를 선택할 수 없어서 베트남 북부 항구를 거쳐야 했다. 그곳에서 윈난과 베트남을 연결하는 철도를 이용해 라오까이Lao cai로 가서 차를 갈아타고 홍강교Hong river Bridge를 건너 중국 경내로 진입했다. 그는 5월 12일 윈난 성 쿤밍에 도착했다. 그를 맞아준 사람은 윈난고등학당雲南高等學堂 감독 예하오우[예한]였다. 딩원장과 처음 만난 예하오우는 바로 그에게 『서하객유기徐霞客遊記』란 책을 추천했다. 딩원장은 「『서하객유기』 재간행 및 새 연보 서重印『徐霞客遊記』及新著年譜序」에서 아래와 같이 언급했다.

> 나는 16세에 출국해 26세에 비로소 귀국했다. 무릇 10년 동안 우리 나라 책을 읽은 적이 없어 처음에는 서하객徐霞客이란 사람이 있는지도 몰랐다. 신해년 유럽에서 귀국할 때 베트남에서 윈난으로 입국했다가 다시 윈난에서 구이저우貴州로 들어갔다. 당시 예하오우 선배께서 내게 말했다. "자네는 지질학을 배웠고 또 여행을 좋아하니 꼭 『서하객유기』를 읽어야 하네. 서하객은 또 자네 고향 사람이니 그를 선양하는 일도 자네들이 책임져야 하네." 이 때문에 쿤밍의 책방을 두루 뒤져 이 책을 구해 장거리 여행이나 긴 밤의 소일거리로 삼고자 했다. 하지만 윈난은 궁벽한 시골이라 끝내 책을 살 수 없었다. 민국 원년(1912) 상하이에 머물 때 비로소 도서집성공사圖書集成公司에서 나온 연활자본鉛活字本을 구입했다. 그러나 당시는 강의로 먹고살 때라 밤이나 낮이나 시간을 낼 수 없었다. 이 때문에 사실 당시에는 이 책 전체를 한 번도 읽어보지 못했다. (『딩원장 연보』, 69~70쪽에서 재인용)

딩원장은 쿤밍에서 2주 동안 머물면서 예하오우의 도움으로 행색을 바꾸고 다음 여정에 올랐다. "가짜 변발을 쓰고 콧수염을 길렀다. 마고자를 입고 검은 천으로 만든 과피모瓜皮帽3를 썼다."(『딩원장전』, 19쪽) 윈난 제학사

雲南提學使 예얼카이葉爾愷 선생이 제복을 입은 두 호위병을 파견해 연도 내내 그를 호위하게 했다. 딩원장은 5월 29일에 출발하여 마룽馬龍, 잔이沾益, 바이수이청白水城, 핑이平彝를 거쳐 구이저우 성 경내로 들어섰다. 다시 쯔쿵資孔, 마오커우허毛口河, 랑다이郎岱, 안순安順을 지나 구이양에 도착했다. 또 구이양에서 룽리龍里, 구이딩貴定, 칭핑清平, 스빙施秉, 황핑黃平을 거쳐 전위안鎭遠에 당도했다. 그날이 6월 29일이었으니 꼬박 한 달을 길에서 보낸 셈이었다. 당시 딩원장의 고향 선배가 윈난 푸얼부普洱府 지부知府를 지내다 귀향하는 길에 그와 전위안에서 만나기로 약속이 되어 있었다. 둘은 전위안에서 민간의 배를 타고 위안수이沅水 강, 위안장 강沅江으로 내려가서 후난 성 창더常德에 도착했다. 창더에서 딩원장은 고향 선배와 헤어진 후 직접 작은 기선을 세내어 창사로 갔다. 그곳에서 그의 은사인 룽옌셴 선생을 뵙기 위해서였다. 주징눙朱經農의 기억에 의하면, 딩원장은 병으로 세상을 떠나기 한 달 전에 후난으로 가서 웨한철도 연변의 탄광을 조사했고, 그곳에서 일찍이 자신을 알아주었지만 이미 고인이 된 스승 룽옌셴을 떠올리고, 「열광정에서 선사 룽옌셴 선생을 그리다烈光亭懷先師龍研仙先生」라는 절구 2수를 지었다. 그중 한 수가 다음과 같다.

해외에서 돌아와 후난으로 처음 가서 　　　　　　海外歸來初入湘

창사에서 배알하고 다시 마루로 올랐었지. 　　　　長沙拜謁再登堂

고개 돌려 25년 전 그때 일을 추억하니 　　　　　回頭廿五年前事

톈주봉 앞에서 눈물 가득 고인다. 　　　　　　　天柱峯前淚滿腔

(주징눙, 「최후 1개월 동안의 딩짜이쥔 선생最後一個月的丁在君先生」, 『딩원장 선생 학행록』, 49~50쪽)

딩원장이 말하는 '25년 전'은 바로 1911년이다. 그는 1936년 연초에 세상을 떠났으므로 대체로 25년이 되는 셈이다. 창사를 떠난 후 딩원장은 한

3　검은색 천 여섯 조각을 옆으로 둘러 만든 중국식 모자. 정수리에 동그란 꼭지가 달려 있고 차양이 없다. 겉으로 보면 수박을 반으로 자른 모양이어서 과피모라고 부른다.

커우에서 배를 갈아타고 동쪽으로 내려가 쑤저우와 난징을 거쳐 고향으로 돌아갔다. 쑤저우에서는 또 다음 같은 몇 가지 일을 겪었다. "그는 일본 유학 시기 친구 스주광을 찾아가 자신이 해군 공부를 하지 못하고 지질학으로 방향을 바꾼 고충을 이야기했다. 스주광의 여섯째 숙모 쭤타이 부인左太夫人은 딩원장을 장차 큰 인물이 될 것으로 보고 스주광의 사촌 여동생 스주위안史久元을 그의 배필로 삼게 했다. 쑤저우를 떠날 때 딩원장은 스주광에게 고향 타이싱 황차오 진黃橋鎭으로 함께 가자고 청했고, 이후 베이징에서 거행될 유학생 진사 가을 과거시험에 함께 응시하자고 했다."(『딩원장 연보』, 73쪽)

후스는 이 일의 진실성을 의심한 적이 있다. 후스가 근거로 삼은 자료는 팡자오잉房兆楹 선생과 그 부인 두롄저杜聯喆 여사가 함께 펴낸 『증교 청조 진사 제명비록增校清朝進士題名碑錄』이었다. 그중 「선통 3년 유학 졸업생 진사 인명록宣統三年遊學畢業的進士名錄」에 "저우자옌周家彦 등 57명 이름이 등재되어 있으며" 딩원장의 이름도 열거되어 있다. 후스는 이렇게 생각했다. "딩원장은 선통 3년 음력 정월에 아직 윈난과 구이저우를 여행하고 있었으므로 절대로 베이징에서 거행된 유학 졸업생 과거시험에 응시할 수 없었다."(『딩원장 전』, 20쪽) 그러나 실제로는 딩원장이 베이징에서 거행된 제7차 유학 졸업생 과거시험에 응시했다는 사실이 밝혀졌다. 당시 10월 4일 『내각관보內閣官報』에 과거시험 성적이 발표되었는데, 최우등이 59명, 우등이 123명, 중등이 311명이었다. 딩원장은 최우등 명단에 들어 있었다. 그와 함께 최우등 명단에는 장홍자오章鴻釗, 리쓰광李四光 등이 있었다. 이 일은 『청실록·선통정기清實錄·宣統政紀』와 『타이싱현지속·선거지泰興縣志續·選擧志』에도 기재되어 있다. 또 장홍자오도 「딩짜이쥔 선생에 대한 나의 기억我對於丁在君先生的回憶」과 「육육자술六六自述」에서 당시 상황을 명확하게 기록해놓았다. "학부 과거시험을 치른 뒤 나는 최우등 명단에 들어 격치과格致科 진사출신進士出身이란 자격을 하사받았다. 당시 함께 급제한 사람으로는 지질학자 딩원장 씨도 있다. 딩 씨 또한 이해 영국에서 대학을 졸업하고 귀국한 사람이었다. 일찍이 그와 만나 이야기를 나눠보니 마음이 잘 맞았다. 이 사람은 뒷날 나의 동지가 되었다."(『딩원장 연보』, 74~75쪽) 여기서에도 후스와 팡자오잉·두렌저 두 사람이 모두 착오를 범했다는 사실을 알 수 있다. 팡자오잉과 두렌저 둘은 먼저 5월이라 잘못 썼고, 후스는 이에 근거하여 뒤에서 그 잘못을 답습했다.

딩원장은 베이징을 떠나 대략 (1911년) 10월 10일을 전후하여 쑤저우로 가서 스주위안 여사와 혼례를 치렀다. 딩원위안의 「량런궁 선생 연보 장편 초고·전언」의 기록에 근거해보면 "신해혁명 때 그가 쑤저우에서 혼례식을 거행했다"는 사실을 알 수 있다. 오래지 않아 난징신군南京新軍에서 일을 하던 웡즈구翁之谷와 스주광이 앞서거니 뒤서거니 딩원장을 난징으로 초청하는 전보를 보냈다. 그들은 딩원장을 신군 통령 쉬구칭徐固卿의 비서장祕書長에 임명하려 했다. 그러나 딩원장은 시종일관 그들의 제의를 받아들이지 않았다. "그는 구국의 방법으로는 건설보다 더 좋은 것이 없고 건설사업은 또 절실하고 실제적으로 추진하지 않으면 안 된다고 생각했기 때문이다. 그는 혁명 동란 시절에는 건설사업을 할 수 없다고 여겼다."(『딩원장 선생 학행록』, 362쪽) 처음에 딩원장은 쓰촨의 한 광업회사와 약정을 맺고 지질기사로 일하려 했다. 그러나 신해혁명 이후 교통이 순조롭지 못하자 마음을 바꿔 가까운 상하이 난양중학南洋中學에서 교사생활을 했다. 민국 원년(1912) 1년 동안 딩원장은 난양중학에서 화학, 서양사, 지질학입문 등의 과목을 가르쳤고, 당시에 받은 봉급은 주로 부친을 봉양하고 형제들의 공부를 돕는 데 썼다.

지질학 선구자

민국 2년(1913) 초, 딩원장은 공상부工商部 광무사礦務司 사장 장즈어우張軼歐의 초청을 받고 베이징으로 가서 광무사 지질과에 취직했다. 그는 「지질회보·서地質匯報·序」에서 처음 베이징에 당도했을 때 겪은 곤경을 이렇게 말했다.

내가 도착하자 장 사장이 자기 옆 자리를 가리키며 말했다. "여기에서 자네가 업무를 처리해야 하니 이쪽에 앉게." 나는 묵묵히 자리에 앉았다. 아침부터 저녁까지 할 수 있는 일이 없었다. 도서를 찾아도 찾을 수 없었고 표본을 찾아도 구할 수 없었다. 가지고 간 리히트호펜4 책을 꺼내 읽다가 베이징 서쪽 지질을 언급한 대목에 자이탕齋堂이란 지명이 있는 걸 보고 동료들에게 물어봤으나 모두 모른다고 했다. 근무 후에 내가 장 사장에게 원망을 하자 장 사장이 웃으며 말했다. "자네를 초빙한 이유가 바로 그 때문일세. 모든 게 갖춰졌다면 무엇 때문에 자네를 임용했겠는가? 내가 장차 의견을 모아보겠네." 그리고 바로 내게 우싱吳興의 장홍자오가 쓴 「중화 지질 조사에 대한 개인적 의견中華調査地質私議」을 보여주고 연구소 설립을 논의하게 했다. 지질학 인재 육성 대책을 마련하기 위해 이때 베이징대학 총장 허위스何燏時와 이과학장理科學長 샤위안리夏元瑮가 모두 대학 도서, 실험 기구, 기숙사 등을 이용할 수 있게 허락해줬고 또 독일인 솔가어Solgar 박사를 강사로 추천했다. 그리하여 학생을 모집하고 과목을 정하는 등 전체적 규모가 조금씩 갖춰지게 되었다. (『딩원장 연보』, 86쪽)

딩원장은 이어 공상부 첨사僉事와 서오叙五 등 직에 임명되었고 그뒤 바로 지질과 과장이 되어 지질조사연구소 설립 준비에 착수했다. 1913년 10월 1일 지질연구소가 문을 열었고, 이보다 앞서 딩원장은 공상부에 의해 지질조사연구소 소장 겸 지질연구소 소장에 임명되었다. 11월 12일 그는 공상부 명령을 받고 베이징을 나서서 정타이철도正太鐵道[허베이 스자좡石家莊 ↔ 산시 타이위안太原] 부근의 지질과 광물을 조사했다. 그는 산시 성에서 40여 일을 보내고 연말에 베이징으로 돌아왔다. 바로 다음 날 다시 공상부 명령을 받고 광물 조사를 위해 윈난 성으로 떠났다. 딩원장은 「만유산기·

4　페르디난트 파울 빌헬름 리히트호펜Ferdinand Paul Wilhelm Richthofen(1833~1905). 독일의 지질학자, 지리학자. 지질학이 탁상공론의 학문이 아닌 야외 관찰 실험 학문임을 입증하고 그 이론적 기초를 확립했다. 또한 중국 전역을 답사하면서 자료를 수집하고 중국에 관한 저서를 남겼다.

원난거주漫游散記·雲南個舊」에서 아래와 같이 기록했다.

나는 민국 2년(1913) 연말 산시山西에서 베이징으로 돌아왔다. 바로 다음 날 명령을 받들고 다시 광물 조사를 위해 윈난으로 파견되었다. 바로 그 달에 차이쑹포[차이어]가 윈난 북쪽에서 왔고, 교통부와 중불실업은행中 法實業銀行 사이에 친위철도欽渝鐵道[광시 친저우欽州 ↔ 충칭重慶, '위渝'는 충 칭의 약칭] 조약 조인이 이루어졌다. 쑹포의 의도는 이 철도를 윈난 성 동 부로 통과하게 하고 다시 구이저우 성 서남부에서 광시 성을 거쳐 친저 우까지 가게 하려는 데 있었다. 나의 임무는 윈난성 경내 친위철도 부근 의 광물을 조사하는 것이었다. (『딩원장집』, 292쪽)

이 무렵 딩원장의 부친이 세상을 떠났다. 딩원장은 먼저 고향으로 돌아 가 아버지의 장례를 치르고 민국 3년(1914) 2월 2일에야 상하이를 떠나 홍 콩과 베트남으로 길을 잡고 다시 윈난과 베트남 간의 철도를 따라 쿤밍으 로 갔다. 이보다 앞서 딩원장은 위안스카이 대총통에 의해 농상부 기정技 正으로 임명되었고 이어서 다시 광정국礦政局 지질조사소 소장으로 임명되 었다. 그는 윈난에서 거의 1년간 조사활동을 벌였다. 윈난의 광물을 조사 하고 지형을 측량했으며 지질상황까지 조사했다. 게다가 서남 지역 인종학 연구까지 진행했다. 딩원장이 베이징으로 돌아왔을 때는 다시 그해 연말이 었다. 당시 베이징대학 부설 지질연구소가 설립되어 이미 제1기 학생을 모 집했지만 교수를 초빙할 수 없어 고심하고 있었다. 베이징으로 돌아온 딩원 장은 곧바로 지질연구소의 교수 책임을 맡아 고생물학과 지문학地文學 등의 과목을 강의했다. 그는 중국인으로서는 처음으로 고생물학을 가르쳤다. 딩 원장은 자신이 가르친 학생들이 졸업하기 전인 1916년 여름 지질연구소 활 동을 중단하고, 베이징대학이 직접 지질 분야 인재 육성 책임을 맡아야 한 다고 건의했다. 자신은 야외에서 지질조사에 전념할 생각이었다.

이 기간 동안 딩원장은 최종적으로 지질조사소 건립을 촉구했고, 아울 러 지질조사소 소장 겸 지질계 계장에 임명되었다. 이 기관은 그의 영도하에 신속하게 세계에서 저명한 과학센터로 성장했다. 이후 이 기관은 중국 지질학과 고생물학을 창도했을 뿐만 아니라 사전史前고고학 연구도 이끌어 신석기시대와 구석기시대 연구센터로 성장했다. 동시에 그는 또 국가 사회가 광업, 석유, 토양 등의 분야에서 실제로 필요로 하는 일을 두루 살폈다. 딩원장은 많은 시간을 들여 실제로 조사활동을 벌였고, 자기 행위를 통해 중국 학자가 이미 독일 학자 리히트호펜이 언급한 것과는 다른 활동을 하고 있음을 증명하려 했다. 리히트호펜은 이렇게 말한 적이 있다. "[중국인은] 실내에 편안히 앉아 있는 걸 좋아하면서 육체노동은 하려 하지 않는다. 따라서 중국에서는 다른 과학은 발전하더라도 중국인 스스로 지질조사를 한다는 건 거의 바라기 어려운 일이다." 이에 대해 딩원장은 이렇게 말했다. "지금 그의 말이 모두 옳은 건 아니라는 사실을 증명할 수 있다. 왜냐하면 우리는 이미 일반인들도 산을 오르고 물을 건너면서 고생하는 걸 두려워하지 않기 때문이다." 이러한 기풍을 선도한 사람은 물론 딩원장이었다.(『딩원장전』, 43쪽)

유럽 견학 후 베이징대학과 접촉하다

1918년 연말 제1차 세계대전이 종결되고 파리평화회의가 개막 준비를 하고 있었다. 량치차오는 민간인 신분으로 외교에 도움을 주고 또 그 기회를 빌려 유럽을 자세하게 시찰하고자 쉬신류를 통해 딩원장에게 참여를 요청했다. 딩원장도 흔쾌히 량 씨의 유럽여행 소규모 단체에 참가하겠다고 했다.

하지만 량치차오와 딩원장은 선박에 자리가 부족해 동행할 수 없었다. 일행 중 절반은 태평양·인도양·지중해를 거쳐 서쪽으로 향했고, 또 절반은 태평양·대서양을 거쳐 유럽대륙으로 가는 동쪽 노선을 택했다. 량치차오 일행이 (1919년) 2월 11일 런던에 도착하자 딩원장과 쉬신류가 먼저 도착해 그들을 마중할 준비를 하고 있었다. 량치차오는 당시 상황을 이렇게 말했다. "배가 항구에 접안하자 딩원장과 쉬신류 두 사람이 영국 영사관 각

관원과 함께 작은 배를 타고 환영을 나왔다. 우리는 서로 바라보며 웃었다. 실로 세계를 한 바퀴 돌아온 셈이었다."(『음빙실합집·전집』 제23권, 47쪽) 일행은 여관을 찾기 어려워 딩원장과 쉬신류를 먼저 프랑스 파리로 보내 여러 가지 준비를 하게 했다. 량치차오는 다른 몇 명과 런던에서 며칠 더 묵었다. 그들은 이 빈 시간을 이용해 '영국의 능연각凌煙閣'으로 불리는 웨스트민스터 사원을 관람하고 매우 깊은 인상을 받았다. 2월 18일 그들은 파리에 도착해 파리 교외 벨뷰에 숙소를 마련했다. 딩원위안은 「량런궁 선생 연보 장편 초고·전언」에서 딩원장과 량치차오가 서로 아껴주던 관계 및 두 사람 성격을 아래와 같이 언급했다.

프랑스에 도착한 이후에야 량런궁과 아침부터 저녁까지 함께 생활하게 되었다. 쉬신류가 나에게 알려준 바에 따르면 량런궁이 프랑스와 영국에서 강연을 할 때 대부분 둘째 형[딩원장]이 통역을 했고, 이 때문에 량런궁은 둘째 형에게 깊이 매료되었다. 둘째 형은 평소 성격이 솔직했고 사람을 대할 때도 성의를 다했다. 누가 질문하면 반드시 대답하며 아무것도 감추지 않았다. 량런궁과 이야기를 나누면서도 런궁의 개성이 인자하고 감정이 너무 풍부해 좋은 정치가가 되기는 어렵다고 말한 적이 있다. 왜냐하면 정치적으로는 반드시 때때로 냉정한 사고를 할 줄 알아야 일을 그르치지 않기 때문이라 했다. 또 런궁은 분석력이 매우 뛰어나 과학적 방법으로 역사를 연구하면 틀림없이 불후의 저작을 남길 수 있다고도 했다. 이 때문에 둘째 형은 런궁에게 정치활동을 포기하고 학술 연구에 종사하기를 권유했다. 런궁도 마음 깊이 그렇게 생각했다. 이런 태도가 진실로 런궁이 다른 사람보다 훨씬 뛰어난 점이다. 그처럼 젊은 나이에 변법 대계에 참여했고 또 국내외에 명성을 떨친 큰 인물이 전성기를 구가하던 시절에 뜻밖에도 새파란 후배의 권유를 듣고 문득 생각을 바꾸어 학문 연구에 종사하면서 평생토록 변함없이 그 뜻을 고수했다니, 이는 정말 런궁처럼 옛것을 버리고 새것을 추구하는 정신이 충만한 사람만이 가능한 일이라 할 수 있다. 쉬신류는 또 둘째 형이 당시 런궁에게 어떻게 영어를 공부해야 하는지 그 방법을 찾는 데 도움을 줬을 뿐 아니라 영어로 된 역사 연구 저작 몇 권을 소개해줬으며, 런궁은 이 새로 읽은 자료에 근거하여 『중국역사 연구법中國歷史研究法』을 썼다고 했다. 런궁은 이후에도 수많은 역사학 저작을 계속 출판하여 중화민국 사학계의 대가가 되었다. 런궁이 나중에 칭화연구원淸華硏究院에서 교편을 잡게 된 것도 후스 선생 말로는 역시 둘째 형이 중화교육기금이사회中華敎育基金董事會에서 그 일을 주장한 때문이라고 한다. (『딩원장 선생 학행록』, 362~363쪽)

딩원장이 량치차오에게 도움을 준 일은 량치차오도 [아우] 량치쉰에게 보낸 편지에서 다음과 같이 말한 적이 있다. "매일 빈 시간이 생기면 모두 영어 공부에 매진하고 있다. 아주 무미건조하기는 하지만, 나의 스승님[딩원장]께서 내 진도가 매우 빠르다고 칭찬하니 흥미가 식지 않는구나."(『량치차오 연보 장편』, 883쪽) [딩원장이] 정치활동을 포기하고 전심전력으로 학술 연구에 종사하라고 권유한 결과 량치차오도 그 권유를 받아들일 수 있었고 또 그것을 줄곧 마음으로 바라고도 있었지만, 과연 정치를 포기할 수 있을지는 여전히 또다른 문제로 남아 있었다. 설령 량치차오 자신은 그런 삶을 원하더라도 그 주위의 사람 예를 들면 장바이리, 장쥔마이, 장둥쑨 등은 잠시도 정치를 포기할 생각이 없었다. 그들의 지향은 모두 같지 않았다. 딩원장은 과학 특히 각국의 지질과 광산 등의 부문에 관심이 편중되어 있었지만, 다른 사람들의 흥미는 정치·경제·사상·문화 부문에 집중해 있었다. 유럽에서 그들은 결코 일치된 행동을 하지 않았다. 량치차오와 장바이리 등은 프랑스의 전투 유적지를 보러 갔지만, 딩원장과 장쥔마이는 그 대열에 참가하지 않았다. 당시 딩원장은 로렌으로 광산업을 조사하러 갔고, 장쥔마이는 런던으로 가서 각국의 사립국제연맹연구회私立國際聯盟研究會에 참석했다. 파리에서도 딩원장은 프랑스과학원으로 가서 강연을 들었고, 오래지 않아 다시 런던으로 가서 영국왕립학회 회의에 참가하는 등 독자적 활동을 계속했다. 7월 12일 량치차오 일행은 런던에서 파리로 돌아와 프랑스 건국 기념행사와 개선문 열병식 참관을 준비했다. 당시 벨뷰에서 그들을 기다린 사람은 장바이리뿐이었고 딩원장은 미국으로 떠난 뒤였다.

량치차오는 1년여 동안 유럽을 여행하고 귀국한 뒤 국내 정세가 이미 이전과 크게 달라졌음을 알게 되었다. 사상계에는 한 무리 뛰어난 후배들이 활약하고 있었다. 그들은 베이징대학을 중심으로, 『신청년』『매주평론』『신조新潮』를 진지 삼아 대중을 향해 새로운 사상과 새로운 지식을 전파하고 있었다. 이들은 모두 구미 유학 경력이 있어서 지식이 풍부할 뿐 아니라 사상도 날카로웠다. 이들에게는 전통에 대한 부담이 없거나 아주 드물어서 용감하게 생각하고, 용감하게 말하고, 용감하게 행동했다. 과학과 민주를 핵심으로 하는 신문화에도 크나큰 열정을 품고 있었다. 당시 청년들 사이에 미치는 이들의 영향력은 나날이 증가하고 있었다. 이들은 5·4신문화운동'을 추동함과 동시에 이 운동에서 힘을 얻었고, 이후 이 운동이 깊이 있게 전개됨에 따라 새로운 역량으로 우뚝하게 자라났다. 천두슈, 후스, 리다자오李大釗, 타오멍허 등이 그중 가장 우수한 대표자들이었다. 고개를 돌려 량치차오 세대를 바라보면 그들은 중국 개혁의 사상적 선구자가 되었지만 이제 모두들 중년으로 접어들어 노쇠 현상을 드러내고 있었다. 특히 사상적으로 낙오자가 되어 급속도로 변화하는 사회적 수요를 따라가지 못하고, 고속으로 달리는 시대의 열차에서 내팽개쳐질 위험에 직면해 있었다. 이해에 량치차오는 벌써 48세에 이르러 정력이 예전에 비해 크게 떨어졌고 건강 또한 급속도로 쇠퇴하고 있었다. 게다가 6년 동안 정치에 종사하며 세 번 일어났다 세 번 몰락하는 등 파란을 거듭했지만 결국 실패를 인정하지 않을 수 없었다. 이 모든 일이 그의 심경과 정서에 크게 영향을 끼쳐서 량치차오는 견해도 바뀌고 태도도 점차 보수화되어 갔다. 이 때문에 그는 갈수록 과격해지는 당시 사상 조류에 역행하게 되었다. 그러나 량치차오는 결국 구지욕求知慾이 매우 강한 사람이라 시대 뒤편으로 낙오되려 하지 않고 신문화운동 과정에서 또다시 자기 재능을 발휘하려고 환상했다. 이 때문에 그는 유럽에 있을 때 긴급하게 영어를 배워 직접 서양어를 읽는 능력을 갖추고 제때에 최신 사상 문화 조류를 이해하려 했다. 또 허심탄회하게 몇몇 제자 즉 유럽에서 유학한 몇몇 제자에게 가르침을 청했다. 량치차오는 유럽을 여행하는 1년 동안 직접 관찰하고 사고한 일 외에도 딩원장, 장바이리, 장쥔마이 등에게서 사상적으로 크게 영향 받았다. 그들은 량치차오를 위해 신세계로 통하는 대문을 활짝 열어줬다. 그들은 또 유럽에서 다음과 같은 일련의 방대한 계획을 상의했다. 중비공사中比公司 발기, 공학사와 강학사 조직, 『개조』 잡지 정리, 중국공학 경영, 외국으로 유학생 파견 등이 그것이다. 그 목적은 량치차오도 더러 말한 대로, "새로운 인재를 육성하고, 새로운 문화를 선전하고, 새로운 정치를 개척하기 위한 것이었다." (앞의 책, 909쪽) 여기에서 말하는 '새로운 정치'란 "결국 군벌 타파와 사회 개선을 목표로 삼는 정치를 가리킨다." 량치차오는 이 목표를 실현하기 위해 새로운 친구와 인재를 더 많이 사귄 뒤 자신의 주위에서 그들을 단결시켜 하나의 세력으로 만들 수 있기를 희망했다. 그는 "늘 생각에 담아두고 한시도 잊지 않았던 건 바로 동지를 규합하는 일이었다"라고 회고했다.(앞의 책, 898쪽) 따라서 당시 량치차오의 시선이 베이징대학으로 향한 것은 아주 자연스러운 일이었다. 타오쥐인은 『장바이리전』에서 명확하게 지적했다. "량치차오는 유럽여행에서 돌아온 후 장차 연구계를 정당으로 개조하려는 소망을 품고 있었다. 딩원장과 장쥔마이 두 사람은 적극적으로 찬성했고, 후스를 매개로 삼아 베이징대학의 신문화 노선과 소통하려 했다. 두 사람은 표면적으로 아직 당수를 옹립하지 않았지만 마음속으로는 량치차오와 차이위안페이를 영도자로 삼을 생각이었으며, 아울러 신문화운동을 정치운동의 전위로 내세울 계획을 갖고 있었다. 그러나 이 논의는 장둥쑨이 정당과 교육계의 합일에 반대했기 때문에 마침내 폐기되고 말았다.(『장바이리전』, 51쪽)

당시는 차이위안페이가 베이징대학 총장이 되어 바로 천두슈를 문과대학 학장으로 초빙한 때였다. 천두슈는 후스에게 편지를 보내 조속히 귀국하여 베이징대학에 합세하기를 요청했다. 량치차오는 차이위안페이와 직접 교류한 일이 그리 많지 않았다. 차이위안페이의 회고에 의하면 그들은 민국 6년(1917)에 처음 알게 되었다고 한다. 그해 3월 3일 국민외교후원회國民

外交後援會가 장시회관江西會館에서 성립대회를 열 때, 량치차오와 차이위안페이는 모두 이 대회에서 연설을 했다. 둘은 또 중화민국국어연구회中華民國國語硏究會, 중화직업교육회中華職業敎育會, 사범강습사師範講習社 등 사회조직에도 나란히 이름을 올린 적이 있다. 파리평화회의 기간 중국 국내에 량치차오가 매국행위를 했다는 헛소문이 퍼지자 차이위안페이는 솔선해서 각계에 전보를 보내 헛소문을 반박했다. 두 사람 사이에는 상대를 지극히 아껴주는 마음과 서로 추앙하는 마음이 있었다. 베이징대학 전신으로까지 거슬러 올라가면 량치차오와 베이징대학의 연원은 더욱 깊어진다. 캉유웨이와 량치차오가 주도한 강학회가 관서국官書局으로 변했고, 관서국이 경사대학당京師大學堂으로 변했으며, 또 경사대학당이 베이징대학으로 변했기 때문이다. 민국 원년(1912) 10월 량치차오가 일본에서 귀국하자 베이징대학 학생대표 4명이 톈진으로 와서 그에게 베이징대학 총장을 맡아달라고 요청한적도 있다.

그러나 이 무렵 상황은 그때와 확연히 달랐다. 이때 연구계 인사들은 청년들 사이에서 더이상 호소력을 발휘하지 못했다. 따라서 그들의 노선을 따라 걸으려는 청년들 또한 거의 없었다. 차오쥐런이 쓴 『장바이리 평전』에당시의 우화 한 편이 실려 있다. 이 우화는 당시 그들이 당면한 문제를 잘설명해주고 있다.

당시 중의원 의장 탕화룽 휘하에는 네 비서가 있었다. 천보성, 리다자오, 훠리바이霍儷白와 아무개 군이 그들이었다. 그들은 모두 연구계의 저명인사들이라 생각이 깨어 있고 진보적이었다. 한번은 리다자오가 대가족생활을 소재로 소설 한 편을 썼다. 내용은 이렇다. 어떤 가정에 도련님이셋 있었는데 셋 모두 하녀 한 사람을 사랑했다. 첫째 도련님은 술과 여자와 도박에 빠져 못하는 짓이 없었다. 둘째 도련님은 안분지족하는 사람이라 가정을 개조하고 싶어도 용기가 없었다. 셋째 도련님만 가정을뛰쳐나가 혁명을 실천할 생각을 했다. 그 하녀는 첫째 도련님에게 일찌감치 혐오감을 갖고 있었고, 둘째 도련님에게는 좋아하는 마음이 있었으나 그가 아무 쓸모없는 사람으로 전락할까 걱정이었다. 결국 그녀는 셋째 도련님을 따라 그 집을 뛰쳐나갔다. 그녀가 말한 첫째 도련님은 북양군벌을, 둘째 도련님은 연구계 샌님을, 셋째 도련님은 국민당과 공산당을 비유한 것이다. 그 하녀는 바로 리다자오와 같은 청년들을 대표한다. 리다자오는 마침내 연구계를 벗어나 공산당의 신도가 되었다. 장바이리 선생은 여전히 둘째 도련님에 불과했다.(『장바이리평전』, 25쪽)

딩원장도 물론 '둘째 도련님'에다 '자유파'라 할 수 있었다. 그는 또 영국 유학 배경이 있고 과학자 신분이라 '셋째 도련님'에게 접근하는 일이 매우 자연스러웠다. 게다가 '셋째 도련님'이 전부 국민당이나 공산당의 신도는 아니었고 그중에는 후스와 같은 자유주의자도 있었다. 그들은 아주 다양한 공통 언어를 갖고 있었다. 1919년 10월, 딩원장이 두 달간의 미국여행을 마치고 귀국했다. 이 무렵 베이징대학 '지질학 전공地質學門'이 정식으로 '지질학과地質學系'로 이름이 바뀌었다. 『딩원장 연보』에 따르면, 일찍이 1916년 여름 딩원장은 당시 베이징대학 총장 차이위안페이와 베이징대학에 지질학과가 다시 개설되면 지질학 인재 육성을 책임지겠다고 약속했다고 한다. 즉 지질조사소에서 전문적으로 연구 업무에 종사하다가 수시로 베이징대학 지질학과 졸업생을 흡수하여 그들에게 더 깊이 있게 공부할 기회를 제공하겠다는 생각이었다. 그러나 가오핑수高平叔가 지은 『차이위안페이 연보 장편』에는 이렇게 기록되어 있다. "1916년 12월 26일, 총통 리위안훙이 차이위안페이를 베이징대학 총장에 임명한다는 명령을 내렸다." 그리고 차이위안페이가 베이징대학에 도착해 취임한 날짜는 1917년 1월 4일이고, 이어서 1월 9일에 전교 교수와 학생들을 향해 그 유명한 「베이징대학 총장 취임 연설就任北京大學校長之演說」을 했다. 이는 『딩원장 연보』에 기록된 1916년 여름보다 훨씬 늦은 시기다.(『차이위안페이 연보 장편』 상책, 629쪽; 중책, 2쪽 참조)

어떻든 딩원장은 베이징대학 지질학과와 맺은 밀접한 관계 덕에 베이징대학 학자들과 아주 신속하게 가까워질 수 있었다. 후스는 이렇게 말했다. "내가 딩원장과 쉬신류를 알게 된 것은 그들이 유럽여행에서 돌아온 이후

1920년에 출판된 후스의 『상시집』 표지. 신문학 운동 기간 출간된 첫번째 신시집이다. 『신청년』 잡지에 발표된 신시를 중심으로 많은 작품을 모았다. 전통시 형식과 내용을 탈피하여 새로운 시를 모색한 고난의 시편이 담겨 있다.

였고, 내가 량치차오 선생을 알게 된 것도 아마 그때쯤인 듯하다."(『딩원장 전』, 49쪽) 후스와 량치차오의 첫 만남이 량 씨가 귀국한 지 얼마 안 되는 시점에 이루어졌다는 사실은 대체로 틀림이 없는 듯하다. 그러나 그가 딩 원장·쉬신류와 처음 알게 된 시점은 이보다 훨씬 빨랐다고 봐야 한다. 량 치차오가 유럽여행을 떠나기 전에 후스는 쉬신류에게 량치차오를 한번 방문하고 싶다는 부탁을 한 적이 있다. 따라서 후스가 쉬신류를 알게 된 시점은 틀림없이 이보다 좀 빨랐음을 알 수 있다. 딩원장과의 만남에 대해 후스는 같은 책에서 이렇게 묘사하고 있다. "베이징대학에 지질학과가 다시 생긴 뒤 제1기 졸업생이 '지질조사소'에 일을 하러 가자 딩원장이 직접 그들에게 시험을 보게 했다. 딩원장은 시험 결과에 그다지 만족하지 못했다. 그 무렵 그는 나와 아주 친숙한 사이여서 시험 성적표를 들고 나를 찾아왔다."

(앞의 책, 25쪽) 후스는 또 이렇게 말했다. "당시(1920년 3월)는 나의 『상시집嘗試集』이 막 출판되었을 때라, 딩원장은 나의 시 「친구 편朋友篇」에서 몇 구절을 발췌해 량런궁 선생에게 부채에 써달라 부탁했고 그 부채를 내게 주며 술을 끊으라고 요청했다."(앞의 책, 49쪽) 이런 혼란한 기록을 통해서도 우리는 최소한 다음 사실을 알 수 있다. 민국 9년(1920) 3월 딩원장과 후스는 이미 음주문제를 조심하라고 충고할 정도로 매우 친한 사이였다. 뿐만 아니라 두 사람은 후스가 친구에게 금주를 권한 시를 딩원장이 량치차오에게 부탁해 다시 부채에 써서 후스에게 돌려줄 만큼 세밀하게 신경을 쓰는 사이였다. 이렇게 보면 후스와 딩원장이 서로 알게 된 시점은 틀림없이 민국 9년(1920) 3월이 아닌 셈이다. 즉 량치차오 일행이 유럽여행에서 돌아온 이후보다 훨씬 더 빠른 시점임에 틀림없다. 그럼 어느 정도 더 빠른 시점일까? 후스는 이 글에서 베이징대학 지질학과 '제1기 졸업생'을 언급하고 있다. 그들은 분명히 1919년 '지질학 전공'이 정식 '지질학과'로 개칭된 뒤 처음 입학한 학생들이 아니다. 1919년 입학생들이 졸업한 시점은 1923년이 되어야 하고, 유명한 지질학자 자오야쩡趙亞曾이 바로 그들 중 걸출한 인재였다. 당시 그들이 설령 지질조사소로 일을 하러 갔다 해도 딩원장이 직접 그들에게 시험을 보게 할 수는 없다. 당시 그는 이미 지질조사소 소장직을 사임하고 베이퍄오탄광회사北票煤礦公司 사장으로 가겠다고 성명을 발표한 이후였기 때문이다. 따라서 후스가 언급한 '제1기 졸업생'은 아마도 1917년 베이징대학에 '지질학 전공'이 다시 개설된 후 모집한 학생으로 보인다. 그들은 1918년 여름 농상부 지질조사소에서 실습을 했고, 당시 소장이었던 딩원장이 직접 그들에게 시험을 보게 했을 가능성이 있다. 그들은 모두 입학한 지 얼마 되지 않은 학생이었으므로 딩원장이 그들의 시험 성적에 만족하지 못했다 해도 이상한 일이 아니다. 만약 그때 후스와 딩원장이 서로 알고 있었다면 민국 9년(1920) 3월에 그들이 더욱 친한 사이가 되는 건 자연스러운 일이라 할 수 있다.

후스와 사귀다

어찌되었건 딩원장은 후스와 맺은 친숙한 관계 때문에 이후 량치차오와 후스 간의 왕래를 트는 교량과 고리 역할을 했다. 게다가 그는 량치차오에 비해 다른 사람들 앞에 나서기가 훨씬 자유로운 입장이었다. 미국 화교 학자 저우처쭝周策縱의 설명에 따르면 '5·4' 이후 중국 사상계는 4개 주요 집단으로 분열되었다고 한다. 즉 "자유주의자, 좌파, 국민당 일부 당원, 진보당 일부 당원"이 그들이라고 했다.(『5·4운동사五四運動史』, 317쪽) 또 장펑위안은 한 서평에서 이 4개 집단에 대해 더욱 구체적인 분석을 했다.

> 첫째는 자유파로 후스, 차이위안페이, 우즈후이, 가오이한高一涵, 타오명허, 장멍린, 타오싱즈陶行知 등이다. 둘째는 좌경 과격파인데 바로 나중에 공산당원이 된 부류다. 셋째는 국민당으로 이들도 다시 과격파와 온건파로 나뉜다. 넷째는 진보당으로 이들도 보수파와 자유파로 나뉜다. (장펑위안, 「퍼스가 지은 『딩원장 그리고 중국과학과 신문화』傅著『丁文江與中國科學和新文化』」, 『딩원장 선생 학행록』, 437~438쪽)

이들은 왕왕 정치적 입장, 사상적 관념, 문화적 배경 차이로 인해 수시로 새롭게 분열하고 새롭게 공감하면서 더 나아가 새로운 파벌을 조성하기도 했다. 여기서 잠시 '좌파'와 '국민당 일부 당원'은 한쪽으로 밀어두고, '자유주의자'와 '진보당 일부 당원'만을 예로 들더라도 이들은 줄곧 '네 안에 내가 있고, 내 안에 네가 있다'는 의존관계를 지속했다. 후자는 진보당이든 연구계든 막론하고 사실상 일찌감치 와해되었으므로 소위 '일부 당원'이라면 량치차오를 대표로 하는 파벌을 가리킴에 틀림없다. 그들은 격렬한 사회변혁에는 반대했지만 사상과 언론의 자유는 반대하지 않았다. 또 외래의 이른바 '신문화'를 수용하면서도 전통적인 '구문화'도 반대하지 않았다. 심지어 그들은 '신문화'가 '구문화'를 자극하여 또다른 '신문화'를 창조할 수 있기를 희망했다. 그들은 정치적인 측면에서 제도화된 민주적 수단을 신임하면서 그것이 살인 방식의 파괴적 수단보다 훨씬 더 유효하다고 인식했다. 이 때문에 국민제헌운동과 연성자치운동을 적극적으로 추진함과 동시에 문화운동, 생계운동, 사회개량운동 및 국민교육을 더욱 중요하게 보았다. 전자 중 일부 과격파 예를 들어 천두슈와 리다자오 같은 사람은 량치차오의 입장을 수용할 가능성이 거의 없었다. 그러나 비교적 온건한 후스 같은 사람은 그들 사이에서 다양한 공통점을 찾으려 했다. 따라서 량치차오가 베이징대학 자유파 인사를 향해 올리브 가지를 흔들었을 때 후스가 가장 적극적으로 반응한 건 아주 당연한 일이었다. 량치차오도 아주 강렬하게 그와 협력하고 싶다는 소망을 드러냈다.

여러 상황을 살펴보면 량치차오는 후스와 교분을 맺으려 했고, 이것이 그가 유럽여행에서 귀국하고 나서 취한 적극적 행동 중 하나였음이 확실하다. 량치차오는 베이징에 (1920년) 3월 19일 도착했고, 딩원장은 바로 전날인 3월 18일 후스를 초청하여 함께 밥을 먹었다. 겨우 3일 뒤인 21일 린창민이 또 후스를 초청해 함께 식사를 했고 이 자리에는 량치차오도 합석했다. 우리는 이러한 일이 의도적인 행동이라 말할 수 없지만, 계속해서 매우 교묘하게 연결되고 있다는 점에서 '연구계' 인사들이 후스를 위해 자리를 마련했음을 느끼게 해준다. 린창민은 중화민국 초기 이래로 량치차오와는 친한 친구였고, 그의 사돈이기도 했다.[린창민의 딸 린후이인林徽因과 량치차오의 아들 량쓰청이 혼인을 했다.] 그는 '5·4운동' 기간 매국노 처단을 상징하는 관을 메고 시위를 벌이며 격정적인 연설을 하여 사람들에게 깊은 인상을 남겼다. 이 때문에 베이징대학 자유파도 그와 가까이 지내기를 원했다. 사실 천두슈와 리다자오는 연구계가 후스를 유혹하고 있다고 질책했다. 딩원장이 자발적으로 후스에게 접근한 상황을 감안해보면 그들의 말도 근거가 없다고 할 수 없다.(『량치차오와 민국 정치』, 199쪽) 후스가 쓴 『일기日記』에 따르면 량치차오와 후스 사이의 왕래는 거의 딩원장이 주관했다고 한다. 『일기』에 보이는 "딩원장의 초청으로 함께 밥을 먹었다." "딩원장이 식사에 초대했다." "딩원장과 대화를 나누며 함께 식사를 했다." "딩원장과 지질박물관을 관람하기로 약속했다." 등등의 기록이 모두 그러한 경우다. 여기에서도 두 사람의 관계가 얼마나 친밀했는지 알 수 있다.(『딩원장 연보』, 144쪽에서 재인용) 후스도 자신과 딩원장의 관계에 신경을 쓰면서 시종일관 정성을 다해 우정을 유지하려 애를 썼다. 그는 딩원장을 가리켜 "인생을 살면서 매우 만나기 힘든 '훌륭한 벗'"이라고 칭송했다.(『딩원장전』, 50쪽)

지식인의 정치토론

천두슈 등의 견제 때문에 후스와 량치차오의 관계는 지지부진했지만 딩원장을 통해 량치차오의 영향이 후스에게 다소 전달되었을 가능성은 있다. 딩원장은 전공이 지질학이라 수많은 지질학 전공회의에 참석해야 했고 또 각지로 야외 탐사를 다녀야 했으며, 수시로 학술논문과 탐사보고서를 발표해야 했다. 얼마 지나지 않아 이러한 일들이 딩원장의 가정에 경제적 부담을 가중시켰고 또 정부 관리들의 봉급도 늘 지급이 연기되거나 액수가 깎이자, 딩원장은 지질조사소 소장직을 사임하고 베이퍄오탄광 사장 자리로 직장을 옮겼다. 이 때문에 우리는 량치차오가 주도한 각종 사업과정에서 장바이리, 장쥔마이, 장둥쑨, 란즈셴, 린짜이핑 이름은 비교적 자주 발견할 수 있지만 딩원장의 이름은 거의 찾아볼 수 없다. 1920년 9월 1일 자 『신보申報』에 딩원장, 자오위안런 등 4명이 중국을 방문하는 러셀의 강연 통역관으로 추대되었다는 보도가 실렸다. 이는 참으로 얻기 힘든 기회라 할 만했다. 그러나 딩원장은 갑자기 정치토론에 열중하기 시작했다. 대체로 1921년 봄여름 사이에 딩원장이 먼저 후스에게 정치를 연구하는 소모임을 만들어 현실 정치를 비평하면서 주보週報 형식의 잡지를 발간하자고 제의했다. 후스는 『딩원장전』에서 아래와 같이 서술했다.

주보 발간 준비는 벌써 반년 전부터 논의되었다. 딩원장이 그 일을 가장 먼저 제창했다. 그는 이전부터 줄곧 우리처럼 전문직에 종사하면서 정치로 밥벌이를 하지 않는 친구들이 작은 모임을 만들어 정치를 연구하고 토론하면서 공개적으로 정치를 비평하거나 정치혁신을 제창할 준비를 해야 한다고 주장했다. 최초로 이 소모임에 참가한 사람은 4~5명에 불과했고 많을 때도 12명을 초과한 적이 없었다. 인원이 적었기 때문에 한 식탁에 앉아 밥을 먹으며 토론을 진행할 수도 있었다. 나중에 딩원장이 정치비평을 위한 작은 주보를 발간하자고 제의하여 우리는 비로소 주보의 이름이 필요하다고 느꼈다. 주보 이름을 '노력努力'이라고 한 것은 아마도 내가 제의했던 것 같다. 딩원장은 또 이렇게 제의했다. "회원들 모두 매월 고정 수입의 5퍼센트를 출연하면 만 3개월 뒤에는 잡지를 출간할 수 있을 것이네. 출간 이후에도 이 5퍼센트 출연금은 계속해서 내면서 주보 수입과 지출이 균형을 맞출 수 있을 때 출연금을 중지하세." 당시 대학교수의 최고 봉급이 매월 280위안이었으므로 월 5퍼센트 출연금은 겨우 14위안에 불과했다. 그러나 주보를 크게 한 장으로 인쇄해서 종이값과 인쇄비가 많이 들지 않았고, 또 원고료도 지급하지 않아 우리 모두의 3개월 출연금만으로도 출간 비용이 충분했고, 이에 이 작은 간행물도 넉넉하게 독립할 수 있었다. (앞의 책, 53쪽)

'소수인의 책임'

위의 책 이 대목에서 후스는 이렇게 반문했다. "딩원장은 왜 자기 친구들을 부추겨 정치를 토론하게 하고 정치를 비평하게 하고 정치에 간여하게 했는가?" 후스는 아래와 같이 대답했다.

우리 보통 친구들이 모두 당시 정치에 불만을 품고 있었음은 더 자세히 말할 필요도 없다. 즉 우리는 민국 9년(1920) 이전의 안푸부安福部5 정치, 민국 9년 안푸부 궤멸 이후의 소위 '즈펑 합작 시기直奉合作時期'6의 정

---

5 1918년 3월 8일 성립한 정치조직 안푸구락부安福俱樂部. 이 정치조직이 베이징 안푸후퉁安福胡同에 있었기 때문에 안푸부라고 불렸다. 안후이 군벌 돤치루이, 그의 심복 쉬수정徐樹錚, 외교관 쩡쭝젠曾宗鑑 등이 주요 멤버였다. 제2기 국회의원 선거를 조종하고 정치를 주도하다가 1920년 7월 즈완전쟁에서 패배한 후 몰락했다.
6 1920년 안후이 군벌 돤치루이를 패퇴시키고 집권한 즈리 군벌 차오쿤 및 우페이푸와 펑톈 군벌

치 및 민국 11년 펑톈 군벌 패퇴 이후 차오쿤과 우페이푸 통제하의 정치에 모두 불만을 품었다. 이때 딩원장은 항상 선양, 베이퍄오, 톈진 사이를 왕래했다. 그는 장쭤린 일파의 군대와 장교 상황을 깊이 있게 알고 나서, 민국 9년 즈완전쟁直皖戰爭7 이후 장차 펑톈 군벌이 틀림없이 베이징을 장악할 날이 올 것이라고 특히 우려했다. 그는 또 그런 상황이 도래하면 중국 정치가 무법천지로 변해서 더욱 부패하고 더욱 암흑에 덮일 것이라고 근심에 휩싸였다. 이것은 딩원장이 항상 친구들에게 경고한 내용이었다. 그는 언제나 우리가 정치적 책임을 포기해서는 안 된다고 질책했다. 딩원장은 특히 내가 『신청년』 잡지에서 "20년 동안 정치에 간여하지 않을 것이며, 20년 동안 정치를 이야기하지 않겠다"라고 주장한 입장을 질책했다. 그는 이렇게 말했다. "자네 주장은 일종의 망상일세. 자네들이 추진하는 문학혁명, 사상개혁, 문화건설로는 부패정치의 잔혹함을 금지할 수 없네. 좋은 정치란 평화롭게 사회를 개선하기 위한 필요조건일세. (앞의 책, 53~54쪽)

후스의 정치 불간여 선언도 나름대로 이유가 있을 것이다. 악랄한 현실 정치는 정치를 이야기하지 않는 사람까지 핍박해 정치를 이야기하게 만들었다. 애초에 딩원장은 과학구국의 환상을 품고 있었다. 그러나 군벌이 횡행하여 국가가 혼란에 빠지자 그의 과학 업무도 끊임없이 간섭받고 방해받게 되었다. 이에 따라 결국 그의 환상도 산산조각이 나고 말았다. 딩원장은 중국에서 과학연구와 과학교육을 건강하게 발전시키려면 반드시 안정된 정치질서의 바탕이 마련되어야 하고, 이러한 정치질서를 마련하기 위해서는 '소수인'이 자기 책임을 져야 한다고 인식했다. 1923년 8월 26일, 딩원장은 『노력努力』 주보 제67호에 「소수인의 책임少數人的責任」을 발표했다. 이 글

장쭤린의 연합 정권. 1922년까지 집권했다.
7 베이징 정부의 통치권을 놓고 북양 군벌 즈계直系[즈리파: 차오쿤, 우페이푸]와 완계皖系[안후이파: 단치루이. 皖은 안후이의 약칭] 사이에 벌어진 전쟁(1920년 7월 14~23일). 즈리안후이전쟁이라고도 한다. 펑계奉系[펑톈파: 장쭤린]와 연합한 즈계가 승리했다. 이후 즈계는 1922년 제1차 즈펑전쟁直奉戰爭에서 펑계에 승리한다.

은 옌징대학燕京大學에서 행한 그의 강연록이다.

　　정치를 인정하려는 것이 우리의 유일한 목적이고, 정치를 개량하려는 것
이 우리의 유일한 의무입니다. 더이상 사람들에게 사기를 당하지 않으려
면 정치개량을 교육과 실업實業 부문에서 착수해야 합니다.
　　우리 중국의 정치가 혼란한 까닭은 국민의 수준이 유치하기 때문도 아
니고, 정객과 관료가 부패했기 때문도 아니고, 무인과 군벌이 전횡을 일
삼기 때문도 아닙니다. 그것은 바로 우리 '소수인'이 정치에 대한 책임감
이 없고 책임질 능력도 없기 때문입니다.
　　단지 몇 명만이라도 백절불굴의 결심을 할 수 있다면, 또 산을 뽑고 바
다를 건널 용기를 지닐 수만 있다면, 또 지식뿐 아니라 능력까지 갖출
수 있다면, 그리고 도덕적 실천뿐 아니라 실제 사업을 추진할 수만 한다
면, 이러한 기풍이 시작되자마자 우리의 정신은 바로 일변할 것입니다.
(『딩원장 연보』, 185쪽)

'정치운동'이란 무엇인가?

미국 역사학자 샬럿 퍼스Charlotte Furth는 1919년이 바로 "딩원장 사상 발전
의 분수령"이라 인식했다.(『딩원장: 과학과 중국 신문화丁文江: 科學與中國新文化』,
61쪽) 바로 이해[정확히는 1918년 12월 23일 이후]에 딩원장은 량치차오를 알
게 되었다. 딩원장의 사상 발전이 완전히 량치차오 영향하에 있었음을 증
명할 만한 더 많은 증거가 우리에게는 없다. 사실 딩원장이 여러 부문에서
펼친 이론은 량치차오의 그것과 분명한 차이를 보여주고 있다. 그러나 그
차이는 지엽적인 것이고 사상의 뼈대와 토대에서는 두 사람의 차이가 아
주 드물다. 이 대목에서 당시 량치차오의 담론을 살펴보는 것도 무방하리
라 생각된다. 1920년 9월 『개조』 잡지 제3권 제1호가 출간되었다. 『해방과
개조解放與改造』 잡지를 정리하고 개명한 후 처음으로 발간한 수정창간호였
다. 이 잡지에 량치차오는 『정치운동의 의의 및 가치』란 글을 발표했다. 그
는 이글 첫머리에서 정치운동에 대한 정의를 명확하게 내렸다.

정치운동이란 국민 중 일부가 국가 보존 및 국가 발전을 위한다는 취지로, 일종의 이상을 품고, 현실 정치현상에 전체적 또는 부분적으로 불만을 느낀 나머지, 공개적 형식으로 다수인과 연합해 협력활동을 계속하면서, 정치적 선전과 정치적 실천에 종사하여 정치개혁과 정치혁명이라는 공공 목적을 관철하고자 사용하는 일종의 수단이다. (『음빙실합집·문집』 제36권, 12~13쪽)

량치차오는 위의 정의에 사람들이 동의한다면 아래의 몇 가지 행동을 감히 정치운동이라 일컬을 수는 없을 것이라고 했다.

1. 무릇 개인적 권리 추구를 동기로 삼아, 현재 관료로서 소위 정치활동을 하는 자는 감히 정치운동을 칭해서는 안 된다. 무슨 까닭인가? 그 행동은 국가의 공공 목적과 아무런 관계가 없기 때문이다.
2. 토비활동과 군벌활동을 하며 아무 의식도 없이 소동을 일으키는 자는 감히 정치운동을 칭해서는 안 된다. 무슨 까닭인가? 그 행동에는 어떤 이상도 포함되어 있지 않기 때문이다.
3. 현 당국의 요인要人을 향해 의견을 올리거나 참모활동을 하는 자는 그 동기가 국가에 충성하려는 의도 여부에 관계없이 감히 정치운동을 칭해서는 안 된다. 무슨 까닭인가? 그 행동은 다수인과 협력을 추구하는 활동이 아니기 때문이다.
4. 당파 간의 이합집산을 통해 서로 환영하고 거절하는 행위는 그 목적이 사욕에 있거나 공익에 있거나를 막론하고 모두 감히 정치운동을 칭해서는 안 된다. 무슨 까닭인가? 그것이 비공개 행위이기 때문이다.
5. 일시적 감정의 충동으로 변덕이 죽 끓듯 하는 자는 그 동기가 정치에 연관된 것이라도 끝내 정치운동을 칭해서는 안 된다. 무슨 까닭인가? 일관된 목적을 추구하지 않기 때문이다. (앞의 책, 13쪽)

정치운동이라 칭할 수 없는 행위는 이미 명백하게 정의되었다. 그럼 진정한 정치운동에는 어떤 특징이 있는가? 량치차오는 아래처럼 주장했다.

첫째, 정치운동의 주체가 반드시 일반 시민이 되어야 한다.

둘째, 정치운동의 범위가 반드시 전국적으로 확대되어 있어야 한다.

셋째, 정치운동의 표지가 반드시 전체적인 혹은 부분적인 공공의 이해와 관련되어 있어야 한다.

넷째, 정치운동의 동기가 현실 정치에 대한 불만에서 시작되어야 한다.

다섯째, 정치운동은 외국으로부터의 공격이나 국내에 적체된 각종 부당한 압력에 대항해야 한다.

여섯째, 정치운동의 방법이 유인물을 살포하거나 공개 연설을 통해 민중을 모아 시위를 진행하는 것이다.

일곱째, 정치운동의 결과, 그동안 요구한 사항을 헌법이나 해당 법률에 반영해 효력이 발생하도록 해야 한다—대외적으로는 조약에 반영되어야 한다. (앞의 책, 13~14쪽)

여기서도 쉽게 알 수 있듯이, 당시 량치차오 마음속의 정치운동은 바로 유럽에서 18~19세기 이래 유행한 사회민주운동이었다. 또는 천두슈가 다음과 같이 분석한 바와 같다. "그들은 정치·법률·국가에 신비한 권위가 있다고는 믿지 않았지만, 정치·법률·국가가 폐기할 필요까지는 없는 일종의 도구라는 사실은 알고 있었다. 이 점에서 나는 그들이 옳다고 생각한다. 그러나 그들은 혁명적 수단이라는 도구를 사용하지 않고 여전히 낡은 도구를 사용하여 새로운 사업을 일으키려 했다. 나는 이 점에 전혀 찬성하지 않는다. 이 당파 사람들이 의지하는 학설은 바로 마르크스 수정파의 입장이며, 또한 베벨Bebel 사후 독일 사회민주당의 이론이다. 베벨은 독일 사회민주당과 제2인터내셔널 창시자 겸 영도자의 한 사람이다. 과격파에게 천시당하고 공격당한 사회당이 바로 이들 그룹이다. 지금 중국에는 진정으로 이들 파벌에 속할 만한 사람은 없지만 상당 부분 그런 경향이 존재하고 있음도 사실이다. 앞으로 틀림없이 이들이 큰 세력을 형성하여 우리의 유일

한 적이 될 것이다."(『천두슈 문장 선편陳獨秀文章選編』 중책, 7쪽)

천두슈의 안목은 매우 예리하여 한눈에 량치차오의 본질을 꿰뚫고 있다. 량치차오도 이에 대해 전혀 부인하지 않았다. 량치차오는 같은 글에서 이렇게 말했다. "최근 2세기 동안 구미의 정치사는 더욱더 이러한 경향을 유일한 흐름으로 삼고 있다. 가장 뚜렷한 예를 들어보면 피정복 민족의 건국운동, 식민지 국가의 모국 독립운동, 귀족에 대한 평민의 혁명입헌운동, 소수인에 대한 다수인의 보통선거운동, 부르주아에 대한 프롤레타리아의 갖가지 사회주의운동이 그것이다. 부분적 문제에 기대 변혁의 발단을 연 운동으로는 영국의 곡물법 폐지 운동, 미국의 노예제 폐지 운동이 있다. 전적으로 부분적인 문제에만 한정된 운동은 큰 것으로는 각국의 여성 참정운동이 있고 작은 것으로는 미국의 금주운동이 있다. 비록 그 사업의 대소와 경중이 상이하고 성취의 난이도도 서로 같지 않지만 모두가 정치운동을 통해 일을 이뤘다는 점에서는 동일하다."(『음빙실합집·문집』 제36권, 14쪽) 량치차오는 정치운동의 목적이 최종적으로 반드시 헌법과 법률로 결실을 맺어야지 운동을 위한 운동이 되어서는 안 된다고 특별히 강조했다. 소위 정치운동 자체가 모든 게 되면 정치운동의 목적은 언급할 가치도 없게 되고 결국 무책임한 행위만 남발하게 된다는 것이다. 또 중국에서 청말 민 초 이래 여러 차례 정치운동이 전개되었지만 뚜렷한 성과를 내지 못한 이유도 바로 여기에 있다는 것이다. 따라서 량치차오는 다음과 같이 주장했다.

정치운동이 고귀한 까닭은 한 차례 운동을 성공시킨 후 당시 국민이 목표로 삼았던 정치적 이상을 마침내 제도로 바꿀 수 있기 때문이다. 단도직입적으로 말하면 공허한 여론이 실제 법률로 바뀌기 때문이다. 법률이 제정되면 그 법률을 어기는 범죄는 더이상 발생할 수 없게 되고, 그런 범죄가 발생하면 법률의 제재가 뒤따른다. 정치적 폐단을 깨끗이 없애기 위한다는 견지에서 보면 이것이 바로 발본색원의 계책에 해당한다. 법률적 효력의 강약은 기실 국민의 준법행위의 강약과 비례한다. 정치운동을 통해 제정한 법률은 그것을 옹호하는 힘이 반드시 강하고, 그렇지 않은 법률은 [그것을] 옹호하는 힘이 반드시 약하다. 이 때문에 입법운동은 각종 정치운동 중에서 효과가 가장 강하고 뿌리도 가장 튼튼하다. 구미 정치운동의 10분의 9가 모두 이런 부류에 속한다. 우리 중국은 그렇지 않다. 굴뚝을 고치고 장작을 치우는 일에 진력하지 않고 오로지 초미의 관심사에만 집중했기 때문에 과거의 정치적 죄악이 10분의 9도 교정되지 못했다. 잘못을 구제하자고 호소하면서도 한갓 빈말만 일삼으면 미래에도 정치적 죄악을 모방하는 자가 거듭해서 나타날 테니 더욱더 그것을 방비할 대책이 없어질 것이다. 단도직입적으로 말해서, 인민들이 먼저 자신을 지킬 무기를 구하지도 못한 채 대권을 훔친 권력자와 장기간 맨손으로 박투를 벌인다면, 비록 용맹한 사람이 있다 해도 어떻게 오래 버틸 수 있겠는가? 이전의 정치운동이 좋은 결과를 얻기 어려웠던 이유도 기실은 당시 정치운동이 이러한 요령을 잡지 못했기 때문이다. (앞의 책, 17쪽)

'호인정치'

딩원장은 정치적 관점도 량치차오에게 영향을 받지 않을 수 없었다. 그는 정치에 대해 이야기도 하지 않고 정치에 참여하지도 않겠다는 후스를 비판하면서 소수 지식인 엘리트들이 정치적 책임을 져야 한다고 주장했다. 나중에 그들은 「우리의 정치 주장我們的政治主張」에서 이렇게 말했다. "좋은 사람好人들이 분투정신을 가져야 한다. 사회적으로 우수한 사람들이 스스로를 보위하기 위한 계책을 세우고 사회와 국가를 위한 계책을 세워 악의 세력에 맞서 분투해야 한다." 그들은 또 다음과 같은 사실을 깊이 믿었다. "중국이 결국 이런 지경까지 패퇴한 까닭도 여러 가지 원인이 있지만, '좋은 사람'들이 스스로의 인품만 고귀하다고 여기고 안분자족한 것도 그 중요한 원인의 하나임이 확실하다."(『20세기 중국 경세문편20世紀中國經世文編』 민국 권 2, 70~71쪽) 퍼스는 딩원장이 1921년에 갑자기 관직을 사퇴하고 개인기업에 취직하는 동시에 적극적으로 정치활동에 투신한 일을 기이하게 여겼다.

이후 그녀는 딩원장이 『노력』 제42기에 발표한 「한 외국 친구가 한 유학생에게 보내는 충고—個外國朋友對於一個留學生的忠告」라는 글의 대화에서 해답을 찾은 것으로 보인다. 이 글의 대화에 등장하는 두 사람은 모두 딩원장 자신의 의식이 투영된 인물이다. 그는 한 '중국 유학생' 입을 빌려 자신이 관직에서 은퇴하게 된 생각과 역사에 대한 관점을 이야기했고, 또 이름을 밝히지 않은 '외국 친구'를 통해 은퇴하지 말고 지금의 분투를 견지해나가라고 충고하고 있다. 퍼스는 자신의 저서에다 이 대화를 크게 인용했다. 그중 다음과 같은 대목이 있다.

나는 한숨을 쉬며 말했다. "관리생활은 계속할 수가 없었어. 나는 베이징으로 가서 10년 동안 좋은 사람들이 관리가 되기 위해 노력해야 한다고 주장했지. 관리들이 대부분 좋은 사람이면 정치에도 좋은 방법이 생길 수 있기 때문이야. 그러나 첫째는 나처럼 생각하는 사람이 너무나 드물어서 좋은 사람은 대부분 관리가 되려 하지 않았어. 둘째는 관직 업무가 너무나 어려운 일이어서 좋은 사람은 배울 수도 없었어. 셋째는 수많은 좋은 사람이 관리가 되었지만 곧바로 나쁜 사람으로 변하고 말았어. 그래서 좋은 사람이 관리가 되는 일이 나날이 줄어들고 이에 따라 정치도 나날이 나빠지는 데도 그걸 그냥 지켜볼 수밖에 없었지. 게다가 일심으로 훌륭한 관리가 되려고 돈도 벌려 하지 않고 겸직도 하려 하지 않았지. 이렇게 10년간 관리생활을 하느라 여전히 땡전 한 푼 저축할 수도 없었어. 그런데 지금에 와서는 월급도 늘 제때에 지급되지 않으니 의식도 제대로 갖출 수가 없어. 그래서 함부로 이런 생각을 하게 됐지. '정치는 하루도 맑을 날이 없고 좋은 사람은 하루도 관리생활을 하려 들지 않아. 그러니 관리생활을 하려는 마음이 반은 사라져버리는 거지.' 또 좋은 관리가 되려는 우리 같은 사람이 여러 해 동안 천신만고의 노력을 들여 성과를 이뤄놓으면, 저 무지하고 무식한 관료나 정객들은 한마디 명령으로 성과를 완전히 뒤집어엎어 버리기도 해. 그때는 내가 한 일이 모래톱 위에 지은 건축물처럼 전혀 기반이 없다고 느껴지기도 하지. 그래서 직

업을 바꾸어 장사를 하려는 거야."(『딩원장: 과학과 중국 신문화』, 124쪽)

이는 물론 딩원장 자신에 대한 비유이지만, 량치차오가 민국 초기 이래 관리생활을 하며 겪은 쓰라림도 포함되어 있다. 다만 량치차오는 자신을 이처럼 좋은 사람과 좋은 정부라는 논리 속에 빠뜨리지 않았을 뿐이다. 량치차오도 많은 부문에서 지나치게 천진하고 낙관적이긴 했지만, 정치운동에 대한 논술은 그가 딩원장보다 훨씬 총체적이고 깊이도 있다. 딩원장은 외국 친구의 입을 통해 정치에 적극적 태도를 견지해야 한다고 진술했다.

—아이! 정치는 실천이지 한담거리가 아니야. 정치는 전력을 다해 실천해야 하는 것이지 남은 힘으로 소일거리로나 삼는 게 아니야. —이처럼 국가 존망의 위기가 한 치의 빈틈도 없이 들이닥친 상황에서 네가 직접 국가를 구하지 않고 먼저 너 자신의 밥그릇만 챙기려 든다면 이는 근세의 국민으로서 해서는 안 될 짓이야. 게다가 네 밥그릇조차 온전하게 보존할 방법도 없잖아?
—나는 다만 다음과 같이 한마디 충고밖에 할 수 없었다. 목전의 세계에서 신념도 없이 소극적으로 의식이 마비된 채 살아가는 민족은 생존할 수가 없어! —한 국민의 지식과 책임, 의무와 권력은 모두 정비례해. 나는 언제나 유학생이야말로 중국에서 지식이 가장 완전한 사람이고 또 사회적으로 가장 큰 권력을 누리는 사람이라고 생각해. 그래서 나는 한편으로 너의 사업이 성공하기를 축원하고 한편으로는 네가 정치를 잊지 않기를 바라. (앞의 책, 125~127쪽)

위 내용을 살펴보면 딩원장은 정치를, 좋은 사람이 관리가 되는 것과 동일시하고 있다는 사실을 알 수 있다. 이는 그가 좋은 사람이 정치나 정부에 미치는 영향력을 과신하고 있음을 말해준다. 이러한 논리는 좋은 사람이 없으면 좋은 정부가 없고 좋은 정부가 없으면 좋은 사람이 생겨나기 어렵다는 순환론에 빠져들기 쉽다. 이는 량치차오가 자신의 희망을 제도 즉 헌법과 일반 법률 제정에 기탁한 태도와는 다른 입장이다. 하지만 딩원장의 이러한 관점이 애초에는 20년 동안 정치를 이야기하지 않겠다는 후스의 입장을 날카롭게 비판하면서 제기된 논리라는 사실에 주목해야 한다. 후스는 량치차오에게서 교훈을 얻어 정치에 대해 의견을 표명하지 않으려고 글도 대부분 문학에 관한 글만 썼다. 그러나 북양 정부의 언론탄압 정책이 후스를 참을 수 없게 했다. 여기에다 딩원장의 자극이 더해져서 후스는 다시 이 문제를 새롭게 사고하기 시작했다. "량런궁이 불이익을 당한 까닭은 그가 언론을 포기하고 총장[장관]이 되었기 때문이다. 따라서 나는 관리가 되지 않겠다는 결심은 할 수 있었지만 언론을 통해 발언하고 싶은 나의 충동은 포기할 수 없다."(1922년 2월 7일, '후스 일기胡適日記', 베이징옌산판北京燕山版, 『후스문집胡適文集』 제2권, 143쪽) 오래지 않아, 딩원장의 거듭된 재촉으로 『노력』 주보가 1922년 5월 7일에 창간되었다. 그리고 불과 7일 뒤인 5월 14일, 차이위안페이, 왕충후이, 뤄원간羅文干, 탕얼허湯爾和, 왕보추王伯秋, 량수밍, 리다자오, 타오멍허, 주징눙, 장웨이츠張慰慈, 가오이한, 쉬바오황徐寶璜, 왕정王徵, 딩원장, 후스 등 총 16명 명의로 된 「우리의 정치 주장」이 『노력』 주보 제2호에 발표되었다. 그들은 이 선언에서 목전의 정치개혁 목표가 '좋은 정부好政府' 수립이라 했다. '좋은 정부'가 어떤 정부인지에 대해서는 '세 가지 기본 원칙'을 제시했다. 즉 '헌정에 입각한 정부' '공개된 정부' '계획이 있는 정부'가 그것이다. 그들은 이 선언서를 통해 당시의 남북회담, 군대 감축, 관리 감축, 선거 등 구체적인 정치문제에 대해서도 해결방안을 제시했다.(「우리의 정치 주장」, 『20세기 중국 경세 문편』 민국 권2, 69~74쪽)

「우리의 정치 주장」에서 표현하고 있는 정치적 요구가 량치차오가 주장한 정치적 요구와 근본적으로 차이가 없다는 사실을 우리는 인정해야 한다. 그들은 모두 비국민당·비공산당 계열의 제3세력이었고, 또 비관료로 구성된 자유주의자들이었다. 게다가 량치차오와 관계가 밀접한 딩원장이 시종일관 그들 그룹에 참여했고, 더욱이 그는 이 글의 최초 창안자 중 한 사람이기도 했다. 그러나 량치차오는 그 명단에 이름을 올리지 않았다. 참으로 이해하기 어려운 대목이다. 기실 '호인정치好人政治' 개념은 린창민과 차이위안페이가 최초로 제기했다. 린창민은 어디서 이 개념을 가져왔을까? 량치차오와는 관계가 있을까 없을까? 우리는 그 내막을 알 도리가 없다. 하지만 『차이위안페이 연보 장편』에서 한 가지 정보를 찾아낼 수 있다. 1922년 4월 21일, 차이위안페이는 후스의 편지 한 통을 받았다. 그 편지에서 후스는 이렇게 말했다. "린쭝멍林宗孟[린창민]이 며칠 전 저를 찾아와서 말하기를 자신이 량처우亮疇[왕충후이], 쥔런君任[뤄원간] 및 선생님 등과 함께 정치사회 상황을 연구하는 단체를 만들려 한다고 했습니다. 또 쥔런이 이러한 뜻을 일찍이 선생님께 아뢰었다고 했습니다. 그는 제게도 가입하라고 했지만 저는 승낙도 거절도 하지 않은 채 선생님과 상의한 뒤 다시 대답해주겠다고만 했습니다. 연일 만나 뵈면서도 이 일에 대해 언급할 기회는 없었습니다. 그래서 내친김에 여쭙습니다. 선생님의 의견은 어떠신지요? 인편으로 알려주시면 다행이겠습니다."(『차이위안페이 연보 장편』 중책, 495쪽)

당시는 「우리의 정치 주장」이 발표된 지 20여 일밖에 안 된 시점이었다. 차이위안페이는 후스에게 편지를 받고는 즉시 장문의 편지를 후스에게 보냈다. 그 편지에 이런 내용이 있다.

린쭝멍이 갑자기 단체 조직에 관한 제의를 한 사실을 알고 있습니다. 내가 아는 바를 알려드리겠습니다. 나는 뤄쥔런과 유럽에 있을 때, 쥔런이 일찍이 먼저 영국에 갔다가 프랑스로 돌아오고 나서 알려주기를, 린쭝멍이 량처우 및 내가 정치문제에 간여하지 않는 걸 깊이 원망했다고 합니다. 어느 날 구사오촨顧少川[구웨이쥔]이 초청한 만찬 자리에서 린쭝멍은 또 그 일을 구사오촨에게 거론하면서 단체 발기에 참여해달라 권했습니다. 이것은 작년의 일입니다. 최근 며칠 전에 쥔런이 내게 와서 말하기를 자신이 량처우에게 너무 소극적으로 행동하지 말라고 질책하면서 현재의 각종 큰 문제에 대한 의견을 발표하려면 먼저 잡지를 간행해야 한다고 하자 량처우도 수긍했다고 했습니다. 그리고 내게도 도와줄 수 있느냐고 묻기에 내가 그렇다고 했습니다. 그러나 현재의 큰 문제는 군대 감축과 재정 문제보다 더 큰 것이 없으므로 반드시 전문가의 도움을 받아야 한다고 했습니다. 그는 장바이리를 거론했지만 나는 장바이리에게는 연구계의 색채가 강해서 그리 만족하지 못했습니다. 그러나 군사전문가는 쉽게 찾을 수 없으므로 그에게 도움을 받는 것도 가능하다고 생각했습니다. 그후에 그는 또 선생 및 장멍린을 거론했고 또 구사오촨까지 언급했습니다. 나는 물론 찬성했습니다. 뤄쥔런이 또 문득 린쭝멍을 언급하기에 나는 그때 작년에 린쭝멍이 했다는 말이 생각나서 린쭝멍은 연구계 두령이므로 아마 끌어들이기가 쉽지 않을 것이라 했습니다. 그러자 그가 말하기를 인재를 구할 때는 범위를 너무 좁게 잡아서는 안 된다고 했습니다. 그러나 나는 이와 같은 연구계 두령이 단체 안에 있으면 외부 사람들이 이번 우리의 단체 발기를 모 계열의 활동으로 여길 것이며, 아울러 량처우 등을 꼭두각시로 생각하고 그 발언도 장차 불신할 것이라고 알려줬습니다. 그는 그뒤에 오늘은 다만 공의 마음이 어떤지 알아보려 했다면서 단체를 조직할 수 있으면 마땅히 장기 대책이 있어야 한다고 했습니다. 그런데 지금 또 린쭝멍이 공을 끌어들이고 있으니 주동자는 린쭝멍임을 알 수 있습니다. 량처우는 무골호인입니다. 쥔런은 나이가 어린지라 이 일에 꽤 열중하면서 구사오촨에게 감복하여 거의 오체투지하는 모습으로 공경하고 있습니다. 이 때문에 그렇게 활동하고 있는 것입니다. 이후에 쥔런이 다시 와서 상의하면 나는 간단하게 사절하겠습니다. (앞의 책, 496쪽)

상황이 이러했으므로 량치차오가 이들에게 거절당한 건 거의 필연적인 일이었다. 딩원장조차도 더이상 다른 의견을 표시할 수 없었을 것이다. 나중에 『노력』 주보에서 '군대 감축'에 관한 글을 준비할 때도 장바이리와 같은 군사전문가에게 부탁하지 않고 이 분야에 문외한인 딩원장에게 글을 부탁했다. 이 또한 그들이 연구계와 연루될까 염려했기 때문일 것이다. 사정은 이와 같았지만 당시에 여전히 그들 사이를 융화시키려고 노력하는 사람들이 있었다. 1922년 5월 21일 후스의 일기에는 이러한 사실이 기록되어 있다. "왕충후이가 법학회에 초청해줘서 함께 밥을 먹었다. 이 자리에서

제민子民[차이위안페이], 쥔런[뤄원간], 런궁[량치차오], 쭝멍[린창민], 빙쌴[숑시링], 둥서우징董授經[둥캉董康], 옌쥔런顏駿人[옌후이칭顏惠慶], 저우쯔이周子廙[저우쯔치], 장룽시張鎔西[장야오쩡]를 만났다. 오늘 모임을 연 의도는 각 당파 사람이 함께 모여 이야기를 나누며 이전의 선입관을 타파하고 함께 전진할 수 있는 방향을 모색하자는 것이었다. 오늘 얻은 소득은 얼마 되지 않았지만 모두들 과거의 정쟁을 이야기하는 가운데 서로 가슴을 열고 잘못을 인정할 수 있었다."(앞의 책, 509쪽) 오래지 않아 '호인정부好人政府'란 슬로건이 등장했고, 왕충후이, 구웨이쥔, 뤄원간 등이 그 명단에 이름을 올렸다. 그들은 일찍이 다과회를 열고 구미에서 유학한 20여 명 인사를 구웨이쥔의 자택으로 초청하여 담소를 나눴다. 량치차오는 그 자리에 초청받지 못했지만 딩원장, 장쥔마이, 장바이리, 린창민 등이 모두 초청되었다.[량은 구미 유학생이 아니다.] 대체로 각 당파가 기존의 선입관에서 벗어나 서로의 활동에 협조하기를 바란 듯하다.

'정신의 기황을 구제하다'

그러나 량치차오가 할 수 있는 일이 전혀 없었던 것은 아니다. 『량치차오 연보 장편』에서는 그가 1922년에 행한 강연에 대해 대략 다음과 통계를 내고 있다.

4월 1일부터 량 선생은 각급 학교와 단체의 요청에 응하여 20여 차례나 강연을 했다. 그 내용은 다음과 같다. 4월 1일, 베이징여자고등사범학교北京女子高等師範學校 강연, 제목은 「여성 고등교육 부문에서 내가 특별히 주의하고 싶은 몇몇 학과我對於女子高等教育希望特別主意的幾種學科」. 10일, 즈리교육연합연구회直隸敎育聯合硏究會 강연, 제목은 「취미교육과 교육취미趣味敎育與敎育趣味」. 15일, 베이징미술학교北京美術學校 강연, 제목은 「미술과 과학美術與科學」. 16일, 철학사哲學社 공개 강연, 제목은 「비종교동맹에 대한 평가評非宗敎同盟. 21일, 시학연구회詩學硏究會 강연, 제목은 「정성 두보情聖杜甫」. 5월, 베이징법정전문학교北京法政專門學校에서 행한 5·4에 관한 네 차례 강연, 제목은 「선진 정치사상先秦政治思想」. 6월 3일, 심리학회 강연, 제목은 「불교 심리학에 대한 천박한 견해佛敎心理學淺測」, 일명 「학리상으로 해석한 '오온개공'의 의미從學理上解釋'五蘊皆空'義」라고도 함. 7월 3일, 지난중화교육개진사濟南中華敎育改進社 연례회의 강연, 제목은 「교육과 정치敎育與政治」. 8월 5~6일, 둥난대학東南大學 여름 계절학기 교원 강연, 제목은 「교육가 자신의 경작지敎育家的自家田地」와 「학문의 취미學問之趣味」. 8월 13일, 상하이미술전문학교上海美術專門學校 강연, 제목은 「경업과 낙업敬業與樂業」. 18일, 난징과학사생물연구소南京科學社生物硏究所 개막 강연, 제목은 「생물학이 학계에서 차지하는 위치生物學在學術界之位置」. 20일, 난퉁에서 행한 과학사 연례회의 강연, 제목은 「과학정신과 동서문화科學精神與東西文化」. 10월 10일, 톈진청년회天津靑年會 강연, 제목은 「시민 군중운동의 의의 및 가치市民的群衆運動之意義及價値」, 일명 「쌍십절 베이징 국민 군축운동 대회에 대한 소감對於雙十節北京國民裁兵運動大會所感」이라고도 함. 11월 3일, 둥난대학 문철학회文哲學會 강연, 제목은 「굴원 연구屈原硏究」. 6일, 난징여자사범학교南京女子師範大學 강연, 제목은 「인권과 여권人權與女權」. 10일 둥난대학 사지학회史地學會 강연, 제목은 「역사통계학歷史統計學」, 12월 25일, 난징학회南京學會 전체 공개 강연, 제목은 「호국전쟁 회고담護國之役懷顧談」. 27일, 쑤저우학생연합회蘇州學生聯合會 공개 강연, 제목은 「학문활동과 사람 되기爲學與做人」. 이 밖에도 다음 같은 강연 원고가 남아 있다. 베이징대학 철학사 강연 원고 「후스의 '중국철학사대강'을 비평함評胡適之'中國哲學史大綱'」 1편. 난징 진링대학金陵大學 제1중학第一中學 강연 원고 「무엇이 신문화인가什麼是文化」 1편, 「문화사 연구의 몇 가지 중요한 문제硏究文化史的幾個重要問題」 1편, 이전에 쓴 「중국역사 연구법」을 수정 보완한 것임. 그리고 「국학 연구의 2대 대로治國學的兩條大路」「둥난대학 종강 고별사東南大學課畢告別辭」「교육 응용의 도덕 표준敎育應用的道德公準」 세 편도 그 다음해 1월 난징에서 강연한 원고다. (『량치차오 연보 장편』, 951~952쪽)

그러나 11월 21일 량치차오는 술에 취한 후 감기 몸살로 쓰러졌다. 장쥔마이가 줄곧 그를 수행하다 사태가 급해져서 의사를 불러와 진찰을 하게 했다. 의사는 심장병이라고 하면서 강연과 저술 활동을 모두 중지하고 조용히 요양할 것을 권했다. 량치차오는 자신은 아주 건강하다고 장담하며 계속 활동하겠다고 했지만 장쥔마이는 단호하게 반대했다. 량치차오는 딸에게 보낸 편지에서 불평을 털어놓고 있다. "그날 저녁 법정대학에서 강연이 있어서 그곳으로 갔다. 쥔마이가 밖에서 밥을 먹고 들어오다가 내 소식을 듣고 대경실색하여 바로 학교로 달려와 강당에서 억지로 나를 끌어내리고 자신이 학생들에게 강연하겠다고 하면서 국가를 위해 나에게 간섭하겠다고 했다. 다시 다음 날인 금요일에 나는 평소대로 둥난대학 강당으로 갔다. 강당 입구에 도착하자 큰 공고가 붙어 있는 게 보였다. 바로 량 선생이 몸이 아파 휴강한다는 내용이었고, 그 공고를 본 학생들은 모두 흩어졌다. 알고 보니 이 일도 쥔마이가 벌인 짓이었다. 그는 이미 각 학교에 편지를 보내 나의 모든 강의는 한 학기 쉰 뒤 다시 논의하겠다고 통지했다."(앞의 책, 969쪽)

량치차오의 친구들은 1922년을 량치차오의 강연 연도演講年라 칭하면서 강연 원고 26편을 수록한 강연집 3권을 편집·출판했다. 여기에 수록·정리되지 않은 원고도 아직 많이 남아 있다. 이해 겨울 량치차오는 난징에서 보냈고 매일 오후 둥난대학에서 「중국 정치사상사中國政治思想史」를 한 시간씩 강의했다. 병으로 전체 강의를 다 마치지 못해 한대漢代 이후는 공백으로 남아 있다. 나중에 량치차오는 이 강의원고를 정리하여 『선진 정치사상사先秦政治思想史』란 제목으로 출판했다. 이 저서의 결론에서 량치차오는 두 가지 문제를 제기하여 세상 사람들과 함께 토론하고 싶다고 했다. 이 두 가지 문제는 모두 중국의 고대철학 정신을 어떻게 밝게 빛낼 것인가 하는 것과 관련되어 있다. 말하자면 "어떻게 우리 선조 철인들의 아름다운 인생관을 오늘에 응용하여 실현할 것인가?"하는 문제였다. 그 첫번째가 "정신생활과 물질생활의 조화 문제"였다. 이 문제를 통해 토론하려는 내용은 다음과 같았다. "그것은 과학이 번창한 현대의 물질적 상황하에서 어떻게 유가의 균

안주의均安主義8를 응용해 사람들로 하여금 지금 여기의 환경에서도 풍부하지도 모자라지도 않게 생활을 영위하게 하고 또 그것을 실현하고 보급할 수 있느냐 하는 문제다. 바꿔 말하면, 어떻게 우리 중국인으로 하여금 근 100여 년 동안 지속된 구미 사람들의 잘못된 전철을 밟지 않게 하고, 물질생활의 분란이 정신생활의 향상을 방해하지 않게 할 수 있느냐 하는 문제다." 두번째는 "개인성과 사회성의 조화문제"였다. 량치차오는 이러한 의견을 표시했다. "우리 믿음에 의하면 우주 진화의 법칙은 전적으로 각 개인이 항상 활기찬 심력을 다 바쳐 자신이 도달하려는 환경을 조성하는 일로부터 말미암는다. 그런 연후에야 자신이 만든 환경에서 생활할 수 있다. 유가에서는 이른바 자신이 서려면 먼저 다른 사람을 서게 해주고, 자신이 뜻을 이루려 하면 먼저 다른 사람의 뜻을 이루게 해줘야 하며,9 자신의 본성을 다 발휘할 수 있어야 다른 사람의 본성도 다 발휘하게 해줄 수 있다고10 했는데, 이런 언급이 모두 같은 의미에 속한다. 이것이 합리적인 생활임은 털끝만큼도 의심의 여지가 없다. 묵가와 법가의 주장은 기계적으로 개인을 다듬는 것과 같아서, 하나의 용광로에 쇠를 녹여 한 가지 형태의 주물만을 찍어내는 것과 마찬가지다. 이 때문에 결국 개인성이 사회성에 의해 모두 파괴되고 만다. 이는 우리가 절대로 찬동할 수 없는 학설이다." 실제로 량치차오가 제기한 이 두 문제는 결론적으로 말해 현대사회의 모더니티가 자체적인 발전과정에서 맞닥뜨리는 큰 문제라고 할 수 있다. 즉 인간을 어떻게 완벽하고 전면적으로 발전시킬 수 있느냐 하는 문제에 다름 아니다. 목전의 중국도 30여 년 동안 경제건설을 중심에 놓고 일부 사람을 먼저 부

---

8 『논어』 「계씨季氏」 구절에 근거한 내용. "내가 듣건대 국가를 가진 사람은 재물이 적음을 걱정하지 않고 고르지 못함을 걱정하고, 가난함을 걱정하지 않고 편안하지 못함을 걱정한다고 한다丘也聞有國有家者, 不患寡而患不均, 不患貧而患不安." 물질적으로 가난하더라도 분배를 고르게 하여 나라를 편안하게 다스리는 것을 말한다.

9 『논어』 「옹야雍也」. "대저 어진 사람은 자신이 서고자 하면 먼저 남을 세워주고, 자신이 뜻을 이루려 하면 먼저 남의 뜻을 이루게 해준다夫仁者, 己欲立而立人, 己欲達而達人."

10 『중용中庸』 제22장. "오직 천하의 지극한 성誠이라야 자신의 본성을 다 발휘할 수 있다. 자신의 본성을 다 발휘할 수 있어야 다른 사람의 본성도 다 발휘하게 해줄 수 있다唯天下至誠, 爲能盡其性. 能盡其性, 則能盡人之性."

유하게 만들면서 토론도 하지 않고 논쟁도 하지 않았다. 그리하여 실용주의, 공리주의, 향락주의, 배금주의가 횡행하는 것을 방치하게 하여 적자생존, 약육강식, 자유경쟁, 욕망팽창의 논리가 사회로 음습하게 스며들게 했다. 결국 발전은 경직된 진리로 고착되었고 속도는 빠를수록 좋은 것으로 인식되었다. 비록 세계에서 두번째 경제대국으로 일컬어지고 있지만 지금 중국이 당면해 있고 시급히 해결해야 할 문제가 바로 이 문제다. 량치차오는 이렇게 말했다. "나는 이 두 가지 문제가 합리적 조화를 이루지 못하면 현대적 삶의 어두운 고통을 밝은 곳으로 이끌어낼 수 없다고 확신한다. 나는 또 이것의 합리적 조화를 위해 반드시 길을 찾을 수 있다고 확신한다. 우리 나라 옛 성인들께서 아주 일찍부터 우리에게 이에 대한 암시를 내려주셨다."(앞의 책, 974~976쪽) 사정이 이와 같으므로 이제 우리를 시험할 수 있는 것은 오직 다음의 경우뿐이다. 즉 옛 성인이 우리에게 내려준 '암시'로부터 용기와 지혜를 찾아 현대적 삶의 어두운 고통에서 벗어나는 길을 찾을 수 있느냐 없느냐가 그것이다.

1923년 1월 13일, 량치차오는 난징 둥난대학 강의를 마치고 학생들에게 고별 강연을 했다. 그 강연의 주제도 '우주관'과 '인생관'이었다. 그는 교육현상에서 강연을 시작하여 당시에 지식 수입만을 중시하고 정신 계몽을 경시하는 교육현상에 대해 심한 증오의 감정을 드러냈다. "현재 중국의 학교는 진실로 지식을 판매하는 잡화점이라 할 만합니다. 문학, 철학, 공업, 상업 각 분야가 같은 학교에서 모두 사장經理을 두고 있어서 학문을 배우러 온 일반인들은 완전히 자신이 그 사장의 고객임을 자처해야 합니다." "중국 현재 정치의 부패가 어찌 이전 20년 동안 교육이 불량했던 결과가 아니겠습니까?" 중국의 이전 20년 교육은 먼저 일본과 독일 방식을 따랐고 근래 몇 년 사이에는 또 미국식으로 바뀌었다면서, 량치차오는 미래의 어느 날 진정으로 중국이 동방의 미국으로 완전히 변해버리면 "그것은 러셀이 말한 것처럼 고유한 특징을 지닌 중국 민족을 결국 추악하게 바꾸는 것"이라고 걱정했다. 량치차오는 미국 교육을 그다지 좋게 보지 않았다. 그는 계속해서 이렇게 말했다. "금후 세계는 절대로 미국식 교육이 영역을 넓힐 수 없을 것입니다. 현재 다수의 미국 청년들 특히 훌륭한 청년들이 하는 일이 무엇이겠습니까? 죽을 때까지 평생토록 한 가지 일도 허투루 넘기지 않고 급하고 바쁘게 살아갈 뿐입니다. 학교에 들어가기에 바쁘고, 수업 듣기에 바쁘고, 시험 치기에 바쁘고, 진학하기에 바쁘고, 졸업하기에 바쁘고, 졸업장 따기에 바쁘고, 일을 찾기에 바쁘고, 돈을 쓰기에 바쁘고, 즐겁게 살기에 바쁘고, 연애하기에 바쁘고, 결혼하기에 바쁘고, 자녀 기르기에 바쁘고, 마지막으로 또 바쁜 한 가지가 있죠? 즉 죽기에 바쁩니다. 그들 중 제임스와 같은 소수의 학자는 그들을 위해 새로운 길을 개척하려 하지만 대부분의 학자는 폐습에 갇혀 돌아오기가 어렵습니다. 이러한 인생관으로 살아간다면, 수많은 사람이 앞사람을 답습하며 무의미하게 이 세계를 한 바퀴 돌고 또 그렇게 몇십 년을 사는 데 그칠 터이니 무슨 특별한 일을 할 수 있겠습니까? 유일무이한 목적은 밥이나 축내는 기계가 되는 게 아니겠습니까? 아마도 우주의 물질운동이라는 큰 수레바퀴가 추진력을 잃었을 때 특별히 그것에 공급되는 연료가 될 수 있을 뿐이겠지요? 과연 이와 같을 뿐이라면 우리네 인생에 털끝만 한 의미라도 있겠습니까? 우리 인류에 털끝만 한 가치라도 있겠습니까?" 따라서 량치차오는 전 세계 청년들이 모두 고민하고 있으므로 중국 청년들은 더욱더 고민해야 한다고 했다. 왜냐하면 중국의 문제는 인생 가치의 상실뿐 아니라 정치 사회의 불안과 국가의 병폐까지도 관련되어 있기 때문이다. 말하자면, 계몽의 필요성을 제외하고도 구국의 절박함까지도 고민해야 한다는 것이다. 량치차오는 이러한 문제를 해결하기 위해서는 물질의 자극이나 지식의 축적만으로는 부족하고 '정신의 기황'을 구제하는 일이 가장 중요하다고 했다.(『음빙실합집·문집』제40권, 9~10쪽)

정신의 기황을 구제하는 방법은 어디에 있는가? 량치차오는 이렇게 말하고 있다.

나는 동방—중국과 인도—의 것이 가장 좋다고 생각합니다. 동방의 학문은 정신을 출발점으로 삼고, 서방의 학문은 물질을 출발점으로 삼습니다. 지식의 기황을 구제하려면 서방에서 재료를 찾고, 정신의 기황을

구제하려면 동방에서 재료를 찾아야 합니다. 동방의 인생관은 중국이
나 인도를 막론하고 모두 물질생활을 부차적으로 여기고 정신생활을 가
장 중요하게 여깁니다. 물질생활은 정신생활을 도와주는 일종의 도구일
뿐이니 육체의 생존을 유지할 수 있으면 족합니다. 가장 중요한 일은 정
신생활의 절대 자유를 추구하는 것입니다. 정신생활은 물질계에 대해
서 독립을 선포할 수 있어야 그 고귀함을 얻게 됩니다. 적어도 물질에 꺼
둘려서는 안 됩니다. 진미를 먹으며 오로지 혓바닥만 즐겁게 한다면 그
것은 결코 정신적 수요가 아닙니다. 오랫동안 고생하여 겨우 한 조각 고
기 음식의 노예가 되었다면 그건 정신이 자유롭지 못한 것입니다. 몸 전
체로 이야기해보면 빵을 먹는다고 어찌 배가 부르지 않을 수 있겠습니
까? 그렇게 기꺼이 육체의 노예가 되면 정신은 육체에 속박됩니다. 반드
시 혓바닥의 욕망—한 조각 맛있는 고기가 나를 위한다는 생각—을 인
정하지 않을 수 있어야 정신이 독립했다고 할 수 있습니다. 동방의 학문
과 도덕은 거의 전부가 사람들에게 어떻게 하면 정신생활을 객관적 물질
이나 자신의 육체에서 독립시킬 수 있느냐를 가르치는 내용입니다. 불교
에서 말하는 해탈이나 근래 사람들이 말하는 해방도 바로 이런 의미입
니다. 객관적 물질에서 해방되는 일은 그래도 쉬운 편입니다. 가장 어려
운 것은 자기 이목구비의 욕망에서 해방되는 일입니다. 서방 사람들은
해방을 말하지만 아직도 이런 경지에는 미치지 못하고 있습니다. 이 때
문에 동방 선철先哲의 안목으로 보면 그들의 생각이 천박하고 불철저하
다고 말할 수 있습니다. (앞의 책, 12쪽)

마지막으로 량치차오는 자기 경험을 얘기하면서 자신의 인생관을 그 자
리에 참석한 학우들에게 바치겠다고 했다. 그는 자신의 인생관은 "불교 경
전과 유가 경전에서 깨달은 것"이라고 하면서 크게 두 가지로 나눌 수 있
다고 했다. "하나, 우주는 원만하지 않고 현재 창조 중에 있으며 인류가 거
기에 참여하여 노력해주기를 기다리고 있습니다. 이 때문에 날마다 끊임없
이 유동하며 항상 결함이 있는 상태로, 그리고 항상 구제되지 않은 상태로

있습니다. 만약 먼저 모든 게 구제된 상태라면 그건 죽은 것이고 고정된 것입니다. 바로 이처럼 [우주는] 창조 중에 있기 때문에 사람의 어린 시절처럼 생리적으로 수시로 변화하는 것입니다. 이러한 변화가 바로 인류의 노력입니다." 량치차오는 이러한 이치를 분명하게 알고 나면 일을 하다가 성공하지 못하더라도 비관하거나 실망하거나 고뇌하거나 번민하지 않을 수 있다고 했다. "우주의 결함이 이렇게 많은데 어떻게 한걸음에 하늘로 올라갈 수 있겠습니까? 실망의 원인은 욕망이 너무 크기 때문입니다. 『역경易經』에서는 이렇게 말했습니다. '즐거우면 행하고, 걱정되면 피하니, 그 지킴이 확고하여 움직일 수 없다樂則行之, 憂則違之, 確乎其不可拔.'11 매우 근사한 말입니다. 사람이 이 같은 관점을 지닐 수 있으면 인생을 사는 동안 활동하지 않을 수 없음을 알게 될 것입니다. 또 활동을 하면서도 반드시 결과만을 생각하지 않게 될 것입니다. 저는 공자가 바로 이런 인생관을 지니고 있었다고 믿습니다. 그래서 공자는 '발분하여 학문에 열중하면 밥 먹는 것도 잊고, 즐거움으로 근심을 잊으면서 늙음이 장차 닥쳐오는 것도 모른다發憤忘食, 樂以忘憂, 不知老之將至'"12라고 했습니다. "둘, 사람은 단독으로 존재할 수 없습니다." "나의 한계를 철저하게 안다는 건 불가능합니다. 세계에 본래 나란 존재는 없습니다. 이 의미를 깨달을 수 있으면 자신이 일을 할 때 성패와 득실이 근본적으로 없다는 사실을 알게 됩니다. 부처는 이렇게 말했습니다. '한 명의 중생이라도 성불하지 않으면 나도 성불하지 않겠다有一衆生不成佛, 我不成佛.' '내가 지옥에 들어가지 않으면 누가 지옥에 들어가겠는가?我不入地獄, 誰入地獄.'13 이 말은 이치가 지극한 명언이라 의미가 명약관화합니다. 공자도 이렇게 말했습니다. '성誠이란 자신을 성실하게 하는 데 그치지 않는다誠者非但誠己而已也.'14 장차 나의 사심을 제거하게 되면 수많은 무의미한 비교를 없앨 수 있습니다. 이와 같이 하면 '어진 사람은 근심하지 않는

---

11 『역경易經』「건괘乾卦」'초구初九.'
12 『논어』「술이述而」.
13 이 두 구절은 출처가 명확하지 않으나 대체로 지장보살地藏菩薩의 서원誓願으로 알려져 있다.
14 『중용』 제25장. 그러나 인용이 조금 잘못되었다. 원문은 다음과 같다. "성誠이란 자기 자신을 완성시키는데 그치지 않는다誠者, 非自成己而已也."

다仁者不憂'는 경지에 이르게 됩니다. 근심이 생기더라도 '천하의 근심에 앞서 근심하면서先天下之憂而憂' 인류 즉 부모, 처자, 친구, 국가, 세계를 위해 고통을 함께할 수 있습니다. 사사로운 근심을 제거하는 것이 번뇌에서 벗어나는 방법입니다.(앞의 책, 13~14쪽)

량치차오는 또 자신 있게 이렇게 주장했다. "이것이 바로 저의 신앙입니다. 저는 항상 즐거움을 느끼기에 슬픔이 나를 어지럽힐 수 없습니다. 바로 이것이 신앙의 빛에 의해 밝아진 제 모습입니다. 저는 이미 늙었지만 흥미진진한 취미가 있고 정신도 쇠퇴하지 않았습니다. 이것도 이러한 인생관에 의지했기 때문입니다."(앞의 책, 15쪽) 그러나 5·4신문화운동 참여자들이 '더선생德先生[민주]'과 '싸이선생賽先生[과학]'을 초청해 자기네 깃발로 삼고, 또 그 주도자인 천두슈와 후스 등이 끊임없이 신문지상에 글을 써서 비타협 정신으로 중국 전통문화에 도전하며 '공가점 타도打倒孔家店'[15]를 호소하자, 그들의 주장이 청년들 사이에서 크게 영향을 미치게 되었다. 량치차오는 이 무렵 오히려 서양문명의 파산을 선고하고 그것으로는 중국의 정신 기황을 구제할 수 없다면서 그럼에도 서양문명에 의지함은 모험을 감수하는 일이라고 했다. 후스는 나중에 『과학과 인생관科學與人生觀』 서문에서 량치차오가 '새로운 인물로 자처하는 사람' 중에서 과학을 공공연히 폄훼한 첫번째 인물이라고 명확하게 지적했다. "중국에서 변법유신을 강구한 이래 새로운 인물을 자처하는 사람 중에서 공공연히 과학을 폄훼한 사람은 한 명도 없었다. 그런데 민국 8~9년(1919~1920)에 이르러 량런궁 선생이 『구유심영록』을 발표했다. 이에 비로소 과학이 중국인의 문장 속에서 '파산선고'를 받게 되었다." "『구유심영록』이 발표된 이후 중국에서는 과학의 존엄성이 이전보다 훨씬 못해졌다. 외국으로 나가본 적이 없는 늙은 서생들도

---

15 중국 전통문화를 타도하자는 의미. '공가점孔家店'은 '공씨네 상점'이란 뜻인데 공자를 중심으로 한 중국 전통문화를 상징한다. '공가점타도'는 중국의 5·4신문화운동 기간 전통문화를 타도하고 서구문화를 받아들이자는 대표적인 슬로건으로 알려져 있다. 그러나 정작 5·4신문화운동 전 기간을 통틀어도 반反전통 분위기는 팽배했으나 '打倒孔家店'이란 구호를 직접 제기한 사람은 없었다. 대체로 1921년 후스가 『우위문록吳虞文錄』 서문에서 '打孔家店'이라는 표현을 쓴 데서 유래한 것으로 보이며, 이 표현을 나중에 5·4신문화운동 연구 학자들이 5·4 시기 반反전통 분위기를 강조하는 방향에서 '打倒孔家店'으로 바꾸어 마치 5·4 시기 슬로건처럼 쓴 것으로 보인다.

신이 나서 '유럽의 과학은 파산했다네! 량런궁이 그렇게 말했어!'라고 소리 쳤다. 우리는 량 선생의 말이 근래 동선사同善社나 오선사悟善社의 기풍과 직접적 관계가 있다고 말할 수는 없다. 그러나 우리는 량 선생의 말이 확실히 국내에서 과학을 반대하는 세력에게 적지 않은 힘을 보태줬다고 말하지 않을 수 없다. 량 선생의 명성과 '항상 정감이 넘치는' 필체가 모두 그의 독자들로 하여금 쉽게 그의 영향을 받아들이게 했다. 하물며 국내에서 장쥔마이 선생과 같은 사람이 여전히 베르그송, 오이켄Rudolf Christoph Eucken, 어윅 Edward Johns Urwick (…) 등의 기치를 내걸고 계속 량 선생 대신 파란을 일으키고 있었음에랴?"(『과학과 인생관』, 9~11쪽)

과학과 현학 논쟁

당시 량치차오의 행동이 후스와 같은 사람들을 분노하게 했지만 한동안 그에게 맞서 도전한 사람은 하나도 없었다. 량치차오가 앞서서 "모든 세상 사람과 함께 토론하고 싶다"는 의견을 제시했지만 말이다. 그러나 장쥔마이가 등장한 이후에는 상황이 크게 달라졌다. 1923년 2월 14일, 장쥔마이는 「인생관人生觀」이라는 제목으로 칭화학교에서 강연을 했다. 청중은 모두 미국으로 과학 공부를 하러 떠나는 예비유학생이었기 때문에, 그는 강연을 시작하자마자 학생들을 분명하게 일깨우며 천하의 일을 2×2=4처럼 "모든 사안에 공식이 있고 모두가 인과율에 지배를 받는다"라고 생각해서는 안 된다고 주장했다. 예컨대 인생관은 과학적 규칙의 지배를 받지 않는다는 것이다.(앞의 책, 31쪽) 기실 이러한 논리는 장쥔마이의 독일 유학 시절 스승이며 저명한 철학자인 오이켄의 사상에서 가져온 것이다. 오이켄은 『대사상가의 인생관大思想家的人生觀, Die Lebensanschauungen der großen Denker』이란 책을 썼고, 그는 이 책에서 주로 과학이 결코 만능이 아님을 설명하려 했다. 장쥔마이의 이 강연 원고는 『칭화주간淸華週刊』 제272호에 발표되어 당시 '사상계의 대논전'을 이끈 도화선이 되었다.(앞의 책, 8쪽) 가장 먼저 공격에

나서서 논쟁에 불꽃을 붙인 사람은 바로 장쥔마이의 친한 친구이며 지질
학자인 딩원장이었다. 2월 24일은 바로 장쥔마이의 강연이 있은 후 열흘째
되는 날이었다. 이날 량치차오는 톈진 자택에서 "다시 장쥔마이, 린짜이핑,
딩원장과 밤새도록 토론을 벌였다."(『량치차오 연보 장편』, 989쪽) 그들은 무
슨 이야기를 나눴을까? '과학과 인생관' 문제에 대한 변론이 아니었을까?
그럴 가능성이 충분하다고 할 수 있다. 그러나 그 자리에서 딩원장은 절대
적 소수파일 수밖에 없었고 량치차오가 동석했기 때문에 틀림없이 자신의
생각을 다 토로할 수 없었을 것이다.

3월 26일 딩원장은 후스에게 편지를 보내 장쥔마이의 주장을 소홀히 넘
길 수 없고 그를 비판하는 글을 준비하겠다고 했다. 4월 1일, 후스는 『독서
잡지讀書雜誌』 제8호에 「량수밍 선생의 '동서 문화 및 그 철학'을 읽고讀梁漱溟
先生的東西文化及其哲學」를 발표하여 양수밍의 문화상대론과 현학玄學식 문화관
을 비판했다. 이 글도 딩원장을 고무시켰을 것이다. 4월 15일과 4월 22일,
딩원장은 「현학과 과학—장쥔마이의 '인생관'을 비평함玄學與科學—評張君勱的
'人生觀'」을 『노력』 주보週報 제48호와 제49호에 연속으로 발표하여 강연에서
'과학'을 폄훼한 장쥔마이의 관점을 조목조목 반박했다. 그의 주장은 이렇
다. "장쥔마이는 필자의 친구지만 현학은 확실히 과학의 숙적이다. 현학 귀
신이 장쥔마이의 몸에 붙어 있기 때문에 과학을 배운 우리가 그를 두드려
팰 수밖에 없다. 그러나 이는 현학 귀신玄學鬼을 두드려 패는 것이지 장쥔마
이를 패는 게 아니다."(『과학과 인생관』, 39쪽) 하지만 딩원장은 또 이렇게 말
했다. "내가 이 글을 쓴 목적은 내 친구 장쥔마이를 구하려 함이 아니라
아직 현학 귀신이 붙지 않은 청년 학생들을 일깨우려는 데 있다."(앞의 책,
39~40쪽) 그는 또 장훙자오[저명한 지질학자, 가장 이른 시기 딩원장과 협력한
사람 중 하나]에게 써준 편지에서도 동일한 생각을 드러낸다. "저는 장쥔마
이가 「인생관」이란 강연을 통해 현학을 제창하고 과학의 적이 되어 청년 학
생들을 그릇되게 할까봐 깊이 우려했습니다. 그래서 부득이하게 이 글을
쓰게 되었습니다."(『딩원장집』, 67쪽, 「현학과 과학玄學與科學」 제목 주석) 딩원장
은 자신이 말한 대로 "과학을 위해 선봉장 역할을 했다."(『과학과 인생관』,

53쪽) 그는 과학의 존엄을 호위하는 일을 자신의 책임으로 간주했다. 딩원 장은 후스의 말을 인용해 이렇게 진술했다. "우리가 우리 이 시대의 요구 를 잘 관찰해보면, 오늘날 인류는 과학적 방법을 인생문제에까지 응용해 야 하는 최대의 책임과 요구를 떠맡고 있음을 인정하지 않을 수 없다."(앞의 책, 57쪽)

장쥔마이는 과학에 대해 의혹과 근심을 가지고, 오랫동안 사람들이 과 학에 대해서 품어온 미신을 타파함과 아울러 과학의 유한성을 지적하려 했다. 따라서 그는 인생관은 과학의 범위 밖에 있으므로 과학은 인생관에 대해서 아무런 힘도 미칠 수 없다고 했다. 장쥔마이는 인생관과 과학의 다 섯 가지 다른 점을 이렇게 거론했다.

첫째, 과학은 객관적이고 인생관은 주관적이다.
둘째, 과학은 논리적 방법에 지배되지만 인생관은 직관에 지배된다.
셋째, 과학은 분석적 방법으로 시작하지만 인생관은 종합적 방법을 쓴다.
넷째, 과학은 인과율에 지배되지만 인생관은 자유의지에 지배된다.
다섯째, 과학은 대상의 상동相同현상에서 비롯되지만 인생관은 한 인격 의 단일성에서 비롯된다. (앞의 책, 59쪽)

그러나 딩원장은 이를 날카롭게 비판하며 어느 누구든 "인생관과 과학 을 진정으로 분리할 방법을 가진 사람은 없다", "이 둘은 본래 연리지와 같 다"고 지적했다. 게다가 그는 또 이렇게 말했다. "인생관과 과학의 한계는 나눌 수 없을 뿐 아니라 장쥔마이가 말한 물질과학과 정신과학의 분리도 진정으로 성립할 수 없다."(앞의 책, 42쪽) 딩원장은 과학 발전이란 각도에서 실례를 들면서 이전에 현학에 의해 비과학으로 선포된 영역이 모두 과학에 그 영역을 빼앗기고 있다고 했다. 예컨대 우주문제는 현학가들이 과학으로 해결할 수 없는 부문이라 인식했지만, 갈릴레이는 그 학설을 따르지 않고 우주문제도 과학으로 해결할 수 있다고 굳게 믿었다. "진리가 이미 명백하

찰스 다윈(1809~1882). 영국 박물학자 겸 생물학자로 진화론을 정립했다. 1859년 당시 학계를 진동시킨 『종의 기원』을 출간했다. 이 책에서 그는 처음으로 진화론의 관점을 제기했다. 그는 생물의 발전이 자연도태와 인공선택의 방식으로 실현된다는 사실을 증명하려고 했다. 그의 학설이 중국에 수입된 후 각계각층의 지식인들에게 심원한 영향을 끼쳤다.

게 밝혀지자 현학가들도 더이상 방법이 없었다." 그리하여 우주는 최종적으로 과학의 영역으로 귀속되었다. 딩원장은 또 다윈을 예로 들면서 그의 『종의 기원』이 생물에도 일반적인 생존법칙이 있음을 증명했다고 했다. "[다윈이] 『종의 기원』을 발표할 당시 현학가들의 분노가 17세기에 갈릴레이를 공격한 가톨릭 주교들에 비해 약하지 않았지만 진리가 결국 승리해 생물학도 과학이 되었다. 19세기 하반기에 이르러서는 현학가들이 자기 집 개로 여기던 심리학까지 독립을 선언했다. 이에 현학은 근본적인 철학 영역에서 본체론本體論으로 후퇴하고 말았다."(앞의 책, 48쪽) 딩원장은 아주 진지하게 다음 같은 믿음을 표시했다. "사람들의 인생관이 지금 통일되지 않은 것이 한 가지 사실이라면 영원히 통일할 수 없다는 것 역시 또 한 가지 사실이다. 우리가 구체적인 이유를 들어 그것이 영원히 통일될 수 없다는 사실을 증명할 수 있어야만, 우리는 비로소 그것에 통일을 요구할 의무를 가질 수 있다."(앞의 책, 40쪽)

딩원장은 장쥔마이의 몸에 현학 귀신이 붙어 있다고 하면서, 현학 귀신 중 하나는 프랑스 베르그송처럼 외국에서 들어온 것이고, 다른 하나는 심성心性을 소리 높여 외친 육구연·왕양명·진헌장처럼 국내에서 자라난 것이라고 했다. 이들 중국과 외국의 현학 귀신이 장쥔마이의 몸에 붙어서 그에게 과학을 기계적·물질적·외향적·형이하학적으로만 간주하게끔 오류를 부채질했고, 이에 따라 그가 외부의 사물에만 힘을 쏟게 하여 결국 동방의 정신문명으로 서방의 물질문명을 구제해야 한다는 잘못된 주장을 펼치게 하고 있다고 했다. 딩원장이 보기에 과학에 대한 장쥔마이의 인식은 피상적 수준에도 미치지 못할 정도였다. "과학은 외향적이지만도 않을 뿐 아니라 교육과 수양에도 가장 훌륭한 도구다. 왜냐하면 날마다 진리를 구하고 수시로 선입관을 타파할 수 있게 해주기 때문이다. 그리하여 과학을 배우는 사람에게 진리를 구하는 능력을 갖추게 해줄 수 있을 뿐 아니라 진리를 사랑하는 진실한 마음도 지닐 수 있게 해준다. 따라서 어떤 일을 만나더라도 늘 평정심을 유지한 채 분석과 연구를 행하여, 복잡함 속에서 단순한 진리를 찾아내고 혼란 속에서 질서를 구할 수 있게 된다. 과학적 이론으로 사람의 예측력을 훈련시키면 그 예측력은 더욱더 강화되고, 과학적 경험으로 사람의 직관을 드러내게 하면 그 직관력은 더욱더 생생해진다. 우주 속 생물의 심리에 대한 다양한 관계를 분명하게 깨달아야 생활의 즐거움을 진정하게 알 수 있다. 이처럼 '생동감 있는' 마음속 경지는 망원경으로 하늘의 광막함을 우러러보고, 현미경으로 생물의 미세함을 들여다보는 사람만이 철저하게 깨달을 수 있다. 어찌 마른 나무처럼 앉은 채 선문답이나 주고받으며 현묘한 이치를 뇌까리는 사람이 꿈에라도 볼 경지이겠는가?"(앞의 책,

    딩원장과 장쥔마이의 이 논쟁은 시작부터 다소 주제에서 벗어나 감정적 대응으로 치우치면서 과학적 태도가 부족해지고 말았다. 후스가 다음과 같이 말한 바와 같다. "나는 이 25만 자에 달하는 토론집을 두루 살펴보고 결국 이번에 과학의 입장에서 싸운 사람들이 —우즈후이 선생은 예외다— 한 가지 동일한 오류를 범하고 있다는 사실을 깨달았다. 그것은 바로 과학적 인생관이 무엇인지 구체적으로 설명하지 못하고, 과학이 인생관 문제를 해결할 수 있다고 추상적으로 강변한다는 사실이다."(앞의 책, 13쪽) "이번 논쟁에 참여한 글들은 겨우 '제목 해설'에만 매달릴 뿐 '본론'은 언급조차 못하고 있다. 그러니 '에필로그'나 '꼬리말'은 더 말할 수조차 없을 지경이다."(앞의 책, 16쪽) 그러나 이 논쟁은 매우 중요한 문제를 건드리고 있다. 그것은 바로 중국 현대화 과정에서 중국과 서구 문화가 어느 것이 우수하고 어느 것이 열등한가 하는 문제다. 천두슈는 이 논쟁을 지식인 계층의 진보라 일컬으며 "진보가 너무 느리다고 말할 수 있지만 그래도 어쨌든 진보하고 있음은 사실이다"라고 했다.(앞의 책, 1쪽) 당시 이 논쟁에 참여한 사람은 아주 많다. 야둥도서관亞東圖書館에서 편집·출판한 『과학과 인생관』에 수집된 글만 살펴봐도 최소한 런수융任叔永, 쑨푸위안孫伏園, 장흥자오, 린짜이핑, 탕웨唐鉞, 장둥쑨, 왕핑링王平陵, 판서우캉范壽康, 우즈후이와 같은 사람이 포함되어 있음을 알 수 있다. 흥미로운 점은 이 논쟁이 촉발되었을 때, 량치차오와 후스는 모두 신병 요양 중이었다는 사실이다. 후스는 항저우 시후西湖 호에서 요양하며 "어떤 때는 이틀 동안 걸음조차 못 걸었다"라고 했다. 량치차오도 베이징 서쪽 교외 추이웨이산翠微山 미모안祕磨巖에서 더위를 피해 요양하며 저술 작업을 하고 있었다. 두 사람은 약속이나 한 듯이 관전자로 자처하며 중립을 지켰다. 이 시기에 후스는 「손오공과 장쥔마이孫行者與張君勱」라는 글을, 량치차오는 「현학과 과학 논전에서 지켜야 할 전시 규칙關於玄學科學論戰之戰時國際公法」과 「인생관과 과학人生觀與科學」이라는 글을 발표했다. 결국 이 논전에 참가한 "양측 대장은 모두 서로 막역하게 지내는 오랜 친구"여서 량치차오는 이 논전으로 인해 오랜 우정이 손상되지 않기를 희망했다.(앞의 책, 119쪽) 이 때문에 량치차오는 논전 중에 지켜야 할 두 가지 '전시戰時 규칙'을 제기했다.

첫째, 나는 문제를 좀 집중해야 하고 의견이 첨예하게 맞설 경우 지엽적인 문제는 잘라내기를 희망한다. 한 가지 문제로 인해 또다른 문제가 야기되면 차라리 따로 전문적인 글을 지어 토론의 단서를 바꾸도록 해야 한다.

둘째, 나는 서로 말투를 점잖고 진지하게 유지해야지 절대로 조소나 욕설을 해서는 안 된다고 생각한다. 한쪽에서 우연히 단속을 못했더라도 다른쪽에서 그 잘못을 본받아서는 안 된다. (앞의 책, 119~120쪽)

이렇게 량치차오가 경고를 보냈지만 그 효과는 제한적일 수밖에 없었을 것이다. 그러나 여기에서도 우리는 량치차오가 다음과 같은 희망을 가슴 깊이 품고 있었음을 알 수 있다. "이번 논쟁이 앞으로 학문이나 기타 이념문제에서 모든 논전의 모범이 될 수 있기를 바란다."(앞의 책, 120쪽) 그는 「인생관과 과학」에서 공평한 태도로 논쟁 쌍방의 부족한 점을 거론했다. 량치차오는 먼저 두 사람이 토론 개념을 명확하게 파악하지 못함을 지적했다. "결국 두 사람이 말하는 소위 인생관과 과학이 같은 대상을 가리키는지 여부를 우리 관전자들은 분명하게 알 수 없다. 이뿐 아니라 양측 대장도 대상이나 개념에 대한 생각이 일치하지 않는 듯하다."(앞의 책, 135쪽) 따라서 그는 먼저 두 주제[과학과 인생관]의 개념을 분명하게 정리한 바탕 위에서 자기 관점을 제시하라고 했다. 량치차오는 장쥔마이와 딩원장의 주장에 각각 편협한 점이 있다고 인식했다.(앞의 책, 136쪽)

량치차오는 먼저 장쥔마이를 언급했다. 장쥔마이는 재삼 "아我와 비아非我의 대립"[16]에 대해 고담준론을 펼치고 있지만, 량치차오는 장쥔마이의 고

---

16 장쥔마이는 인생관의 중심이 아我(나)라고 하면서 나를 둘러싸고 있는 가족, 사회, 국가, 제도, 물질, 우주 등이 모두 '비아非我'라고 주장했다. 따라서 '아'의 세계는 정신적이고 주관적인 '인생관'에 의해 주도되고, '비아'의 세계는 물질적이고 객관적인 과학에 의해 주도된다고 했다.

담준론이 아직 '무생無生'[17]의 단계까지 나아가지 못했다면, 정신생활心界生活 존중이 어느 정도에 이르렀는지 막론하고, 그가 영위하는 생활은 끝끝내 물질세계物界를 벗어나 독자적으로 존재할 수 없다고 인식했다. 량치차오는 또 이렇게 말한다. "결국 물질생활物界生活에 속하는 여러 조건은 모두 대립항이 있고, 대립항이 있음으로써 자연히 그 일부 또는 전부가 '물질의 법칙'에 지배받을 수밖에 없다. 우리는 이러한 생활에 대해 언제나 '지금 여기'의 실제 조건에 근거하여 지극히 엄밀한 과학적 방법으로 '비교적 합리적인' 생활을 추구해야 한다. 이는 가능할 뿐만 아니라 필요한 일이기도 하다. 이 점만 가지고 말하자면 나는 '인생관을 과학과 분리할 수 없다'는 딩원장의 주장에 일부분의 진리가 담겨 있다고 생각한다." 량치차오는 자신도 "직관을 존중하고 자유의지를 존중하는 사람이지만" 당시 장쥔마이의 견해가 매우 애석하다는 사실을 인정했다. 왜냐하면 장쥔마이가 직관과 자유의지를 강조할 때, "응용 범위가 너무 광대할 뿐만 아니라 응용 범위에 착오가 있기" 때문이라는 것이다. 량치차오는 이에 대해 이렇게 말했다. "나는 인류가 만물보다 귀한 까닭이 자유의지가 있기 때문임을 인정한다. 또 인류 사회가 날마다 진보하는 까닭이 전부 인류가 자유의지에 기대고 있기 때문임을 인정한다. 그러나 자유의지가 고귀한 까닭은 전적으로 선善과 불선不善을 선택해야 할 상황에서 자신이 주체가 되어 어느 것을 따라야 할지 결정할 수 있기 때문이다. 따라서 자유의지는 이지理智와 서로 보완관계를 이뤄야 한다. 쥔마이처럼 객관적 조건을 전부 말살하고 자유의지만 말하게 되면 이는 맹목적 자유가 되는데, 이러한 자유는 아무 가치도 가질 수 없을 것이다." 이에 량치차오는 "인생관이란 최소한 주관과 객관을 결합할 수 있어야만 성립할 수 있을 것이다"라고 강조했다.(앞의 책, 136~138쪽)

량치차오는 딩원장의 주장도 모든 사람의 찬성을 얻기는 어려울 것이라고 했다. "짜이쥔[딩원장]이 과학만능주의를 과신한 것도 쥔마이가 과학을 경멸한 태도와 마찬가지로 잘못된 태도다. 짜이쥔의 그 글은 전제적인 교

---

17 불교 인식의 하나. 삶도 없고, 죽음도 없고, 태어남도 없고, 사라짐도 없다는 경지다. 량치차오는 불교 인식론에서도 영향을 많이 받았다.

주의 어투와 닮아 있어서 전혀 과학자의 태도로 보이지 않는다. 이는 내가 짜이쥔을 안타깝게 여기는 점이다." 딩원장이 인생관을 통일하자는 주장에 대해서도 량치차오는 이렇게 말한다. "나는 인생관의 통일이 가능하지 않을 뿐 아니라 필요하지도 않다고 생각한다. 또 필요하지 않을 뿐만 아니라 유해하다고 생각한다. 인생관을 통일하려는 시도는 결국 흑백을 나누어 그중 하나를 떠받들게 하고 자기와 생각이 다른 사람의 발호는 허용하지 않겠다는 태도가 아닌가? 오직 중세 기독교도들만이 이런 편견에 사로잡혀 있었을 것인데 이는 과학자 입에서 나올 말이 아니다." 량치차오는 또 과학도 관할할 수 없는 영역 예컨대 '정감'과 같은 영역이 확실히 존재한다고 하면서 다음과 같이 주장했다. "'과학제국'의 판도와 권위가 어느 정도로 확대되든지 막론하고 이 '애선생愛先生[사랑]'과 '미선생美先生[아름다움]'은 의연히 '위로는 천자의 신하가 되지 않고, 아래로는 제후의 벗이 되지 않는' 신분을 영원히 견지할 것이다."(앞의 책, 138쪽)

이 때문에 천두슈는 량치차오를 '양다리파騎牆派'라 불렀다. 그러나 량치차오는 자신을 비판하는 사람들이 기실 자신을 설복시키지 못하고 있다고 하면서 "어떤 사람은 겉으로 여전히 논전을 벌이는 체하지만 속으로는 이미 자기 논리에 투항했다"고 언급했다. 그는 또 딩원장의 사상적 바탕이 여전히 장쥔마이가 걸어가는 길과 똑같다고 직언을 서슴지 않았다.(앞의 책, 1~7쪽) 후스도 아무런 거리낌 없이 과학을 옹호하는 선생들이 량치차오가 제기한 문제에 전혀 답하지 못했다면서, 량런궁이 이미 정식으로 과학적 인생관에 선전포고를 한 만큼 이제는 과학자들이 태도를 표명해야 할 때인데도, 그들은 자기네 임무를 아직 완수하지 않고 있다고 주장했다. 실제로 궈잔보郭湛波 자신의 저서 『근 50년 중국사상사近五十年中國思想史』에서 일찍이 이렇게 말했다. "이 논전은 량치차오와 후스가 주인공이고 딩원장과 장쥔마이는 선봉장에 불과했다." 우치위안伍啓元은 『중국 신문화운동 개관中國新文化運動槪觀』에서 근대 서구의 양대 사조 즉 베르그송의 직관주의와 듀이의 실용주의 논쟁으로부터 연구를 착수하여 한 시기를 진동한 이 인생관 논쟁을 자세히 평가했다. "장쥔마이 씨는 바로 베르그송의 입장에 서 있었다. 그리고 그의 상대는 실용주의의 논리를 무기로 삼은 딩짜이쥔 씨였다."
(『딩원장 연보』, 183~184쪽)

이 논쟁은 1923년 연말까지 지속되다가 딩원장이 「현학과 과학 논쟁의
여흥玄學與科學的討論的餘興」을 발표함으로써 대략 일단락을 고했다. 그의 이
「여흥」은 논쟁 참가자들에게 답장을 하는 형식으로 쓰였다. "논쟁 참가자
들은 나에 대해, 내가 중요하게 비평해야 할 사람은 바로 량런궁와 린짜이
핑이며, 내가 이 둘에게 완전히 침묵할 수 없을 것이라고 생각하는 듯하다.
그러나 내가 량런궁의 그 문장을 읽어보니, 그가 갑자기 감흥이 솟아서 손
가는 대로 쓴 비평일 뿐이었다. [량런궁은] 나의 첫번째 선전포고서에 대해
서는 아마도 상세한 연구를 하지 않은 것 같았다. 그는 나의 두번째 답글
을 보고 나의 태도를 이해한 듯하다. 따라서 나는 경제성을 고려해 린짜이
핑 선생에게만 간단한 답변을 준비했을 뿐이다."(『과학과 인생관』, 250쪽) 딩
원장의 신중한 어투에서 량치차오에 대한 그의 태도에 존경심이 가득하다
는 사실을 추측할 수 있다. 그는 과학적 방법이 인생관에 도움을 줄 수 있
는지 여부, 유럽의 파산이 과학의 책임인지 여부, 바로 이 두 가지가 당시
논쟁과정에서 자신이 가장 중요하게 여긴 문제이고, 논쟁의 발단을 연 사
람이 량치차오였으므로 적어도 량 씨가 큰 책임을 져야 한다는 사실을 분
명하게 알고 있었다. 그러나 딩원장은 논쟁과정에서 시종일관 량치차오와
정면충돌을 피했다. 이는 그가 두 사람 사이의 '관포지교'에 매우 신경을
쓰고 있었음을 잘 설명해준다. 딩원장은 관중管仲으로 자처했고 량치차오
를 포숙아鮑叔牙에 비견했다. 그는 량치차오가 세상을 떠난 후 베이징 광혜
사廣惠寺에서 거행된 추도회에서 만장輓章을 써서 걸었다. "나를 낳아준 사
람은 부모요, 나를 알아준 사람은 포 선생일세. 땅에서는 강과 산이 되시
고, 하늘에서는 해와 별이 되시라生我者父母, 知我者鮑子. 在地爲河嶽, 在天爲日星."
당시 어떤 사람이 이 만장을 평하면서 이렇게 말했다. "비록 좀 생경하기는
하지만 죽은 사람에 대한 추모자의 우정이 잘 표현되어 있다. 후스나 장멍
린의 만장보다 훨씬 낫다."(『량치차오를 추억하다』, 438쪽)

쑹후 시정독판

실제로 만년의 량치차오는 딩원장, 장바이리, 장쥔마이, 장둥쑨, 린짜이핑과 같은 제자들과 후배들에게 생활의 많은 부분을 의지했다. 그들은 량치차오에게 깊은 관심을 가지고 그를 도우면서 대책을 세워주었다. 물론 량치차오도 늘 그들의 언행에 연루되기도 했다. 그러나 수많은 사안에서 그들은 늘 서로의 행동에 협력했다. 1925년 5월 30일 상하이 조계에서 5·30사건[18]이 발생했다. 량치차오는 매우 분개하며 곧바로 주치첸, 리스웨이李士偉, 구웨이쥔, 판위안롄, 장궈간, 둥셴광董顯光, 딩원장 등과 공동선언서를 발표하고 평화롭게 법률을 통해 문제를 해결하기를 희망했다. 이어서 그는 「상하이 사건을 위해 구미의 친구들에게 삼가 알림爲滬案敬告歐美朋友」「구미 우방에 대한 선언對歐美友邦之宣言」「우리는 상하이 참살사건에 어떻게 대응해야 하나?我們該怎么樣應付上海慘殺事件」「상하이사건 교섭 방안을 삼가 정부에 알림滬案交涉方略敬告政府」「'흉악법 심사'기관을 서둘러 조직하자赶緊組織'會審凶手的機關啊」「베이징대학 교직원에게 답함答北京大學敎職員」 등의 글을 계속 발표함과 동시에 러셀에게 전보를 보내 그와 작가협회 회원들이 상하이사건의 진상을 이해한 후 영국 정부와 국민에게 상세한 설명을 해달라고 부탁했다. 량치차오는 또 돤치루이에게 전보를 보내 정부가 책임지고 엄정하고 신속한 수단으로 책임자를 밝혀내어 이 사건을 종결시켜달라고 희망했다. 아울러 온건한 수단으로 널리 다른 나라의 동정심을 얻어내어 불평등조약을 개선하고 주권을 회복한 뒤 이 같은 사건이 재발하지 않도록 철저히 방비해주기를 바랐다.

이 무렵 딩원장은 막 베이퍄오탄광회사 사장직을 사퇴했을 뿐만 아니라

---

18 1925년 2월 상하이의 일본인 방적공장에서 중국 여성 노동자 학대 사건을 계기로 일어난 노동운동. 일본인의 부당한 노동착취와 공장폐쇄에 맞서 중국인 노동자와 학생들이 시위를 벌이자 당시 상하이 조계지의 영국인 경부警部가 인도인 경관에게 발포를 명령하여 총 13명이 사망하고, 15명이 부상당했으며, 53명이 체포되었다. 이 때문에 상하이 노동자 20만 명 이상이 총노동조합總工會을 조직하고 파업을 주도했으며, 마침내 애국민중운동으로 확대되어 중국 전역으로 퍼져나갔다. 이후 노동자와 학생들의 시위는 5월 30일 절정에 이르렀으나 8월 말에 일단락된다. 중국 현대 노동운동 발전에 획기적인 전기가 되었다.

5월 27일 후스와 함께 외교부에 의해 영국경자년손해배상위원회英國庚子賠款
委員會[19] 위원 후보로 임명되었다. '5·30사건' 발생 후 그는 량치차오와 공동
선언을 발표한 외에도 후스, 뤄원간, 구런광顧任光과 연명으로 영국 유학생
들에게 장거리 전보를 발송했다. 그가 기초한 이 전문은 "명쾌하고 예리한
영어로 이 사건의 내용을 서술하고 영국 군경의 죄상을 폭로하여" 영국에
서 항의하던 중국 유학생들에게 더없이 좋은 자료가 되어주었다. 당시 영
국에 유학 중이던 뤄자룬은 이 전문을 극구 칭찬했다. "노련한 관리가 옥
사를 판결하듯 문장이 심도 깊고 또 아주 설득력이 있다. 매 글자 매 구절
이 영국인의 심리를 깊이 이해한 사람이 아니면 쓸 수 없는 문구들이다."
이 전문은 뤄자룬의 배포와 전파에 힘입어 '영국 노동당 배후에서 가장 막
강한 힘을 발휘하는 영국노동조합회의Trades Union Congress 사무총장 시트린
Walter Citrine'의 동정심을 이끌어냈다. 아울러 이 전문은 시트린을 통해 다
른 직종별 노동조합에까지 골고루 배포되었다. 이 때문에 노동당 의원 중
에서 중국을 위해 발언하는 사람이 더욱 많아졌고, 이로 인해 영국 국회에
서도 이 전문의 영향력이 더욱 커졌다. 시트린은 딩원장을 가리켜 "진정으
로 영국인의 심리를 잘 이해하는 사람"이라 일컬었다.(「현대학자 딩짜이쥔 선
생의 한 모습現代學人丁在君先生的一角」, 『딩원장 연보』, 209쪽에서 재인용)

이해(1925)가 바로 북방의 정국이 가장 격렬하게 요동친 해였다. 펑톈 군
벌 장쭤린이 즈리 군벌 우페이푸를 패배시키고 창장 강을 향해 세력을 확
장하면서 도처에서 땅을 뺏고 권력을 탈취했다. 돤치루이가 새로 임명한
안후이 군무독판安徽軍務督辦 장덩쉬안姜登選과 장쑤 군무독판江蘇軍務督辦 양
위팅楊宇霆도 모두 펑톈계 인사였다. 이 때문에 즈리 군벌 쑨촨팡은 심한 불
안감을 느끼게 되었다. 왜냐하면 그의 저장 성 근거지가 양위팅의 장쑤 근
거지와 긴밀하게 연결되어 있었기 때문이다. 그는 앉아서 죽으려 하지 않고
군사를 출동시켜 펑톈 군벌을 토벌하려 했다. 쑨촨팡은 우페이푸가 전체

---

19 신축조약辛丑條約(베이징의정서)에 따라 영국과 손해배상을 주관하는 위원회. 경자년 1900년
의화단운동으로 벌어진 전쟁에서 서구 연합군에 패배한 청나라는 이듬해 베이징에서 미국, 영국,
독일 등 11개국과 전쟁 손해배상 조약인 신축조약을 체결했다.

국면을 주도해야 한다고 의견을 내고, 장바이리를 자신의 참모장으로 임명했다. 그와 장바이리는 일본 사관학교 선후배 사이로 친분이 있었다. 그러나 장바이리도 동의하지 않았고 우페이푸도 그의 말을 듣지 않았다. 당시 우페이푸는 장쭤린이 아니라 펑위샹馬玉祥을 주요 적으로 간주하고 있었기 때문이다. 쑨촨팡은 난징을 빼앗고 나서 다시 장바이리에게 상하이 시장이나 장쑤 성장을 맡아달라 요청했다. 장바이리는 관직을 맡으려 하지 않고 쑨촨팡에게 딩원장을 추천했다. 그러자 딩원장은 천타오이를 소개하여 장쑤 성장을 맡게 하고 자신은 쑹후 시정독판淞滬市政督辦직을 맡았다. 이 무렵 쑨촨팡 주위에는 장바이리, 딩원장, 천타오이 말고도 천이와 류허우성이 모여 있었다. 량치차오는 딸 링셴에게 보낸 편지에서 이렇게 언급했다. "시국 변화가 극심하여 바이리의 처지도 지극히 곤란해졌고 또 지극히 중요해졌다. 그의 가장 뛰어난 제자 몇 명은 모두 남쪽에 있고 장제스도 반복해서 그를 끌어들이려 하고 있다. 쑨촨팡도 겸손한 자세로 예물을 후하게 주고 그에게 의지해 천하를 지휘하는 사람이 되려 하고 있다. 쑨촨팡과 장제스 사이가 오랫동안 분열되지 않은 것도 모두 장바이리가 중간에서 중재를 잘했기 때문이다. 그러나 장제스의 군대가 잔시 성으로 침입하여 사람들을 너무 심하게 핍박해서 —공산당이 그를 또 이와 같이 핍박하고 있다고 한다— 쑨촨팡도 스스로를 보위하려고 서로 갈라서지 않을 수 없었다. 우리가 잘 알고 있는 사람 예를 들면 딩짜이쥔, 장쥔마이, 류허우성 등은 모두 쑨촨팡의 병영에서 작전회의에 참여하고 있다. 그들은 모두 전쟁을 주장하고 있으므로 바이리도 혼자 다른 주장을 할 수 없어서 지금은 이미 쑨촨팡과 함께 전방의 적을 향해 떠났다."(『량치차오 연보 장편』, 1093쪽)

그럼 왜 딩원장은 과학자의 신분으로 쑹후 시정독판이라는 행정직을 기꺼이 받아들였을까? 그는 그 한 가지 원인을 류허우성에게 말한 적이 있다. "나는 늘 산하이관 밖으로 나갈 때마다 장쭤린 본인 및 그 부하들이 모두 좋은 사람이 아니라고 느꼈습니다. 최근 장쭤린은 관내關內에서 벌어진 안후이 군벌과 즈리 군벌의 내전을 빌미로 자신의 펑톈 군벌도 세력 다툼에 참가시켰습니다. 장차 이 혼전이 어떻게 결말을 맺을지 모르겠습니다.

현재 북방 오랑캐[펑톈 군벌] 세력이 이미 산둥까지 도달했고 아마도 점차 창장 강 유역으로 난입해 들어올 듯합니다. 나는 우리 장쑤 사람들이 북방 오랑캐의 통치를 받는 걸 좌시할 수 없습니다."(류허우성, 『딩원장 전기 초고丁文江傳記草稿』, 『딩원장 연보』, 206쪽에서 재인용) 또 한 가지 원인은 그가 쓴 「소수인의 책임」에 잘 드러나 있다. 딩원장은 이 글에서 후스 등과 함께 '호인 정부'를 제창했다. 따라서 이제 그것을 실행할 기회가 생긴 만큼 당연히 기회를 놓치지 않고 자신이 책임을 지려고 했다.

량치차오는 자기 아들의 질문에 대답하기 위해 일찍이 이 문제에 대해 언급한 적이 있다. "쓰융이 묻기를 '아버지 친구들은 왜 쑨촨팡 편에 선 사람이 많습니까?'라고 했다. 이 질문은 참으로 대답하기 어렵다. 우리 내부에서 관계가 가장 중요한 사람은 딩짜이쥔과 장바이리 두 사람이다. 그들과 쑨촨팡의 관계는 1년 전에 시작되었다. 당시에는 쑨촨팡과 장제스의 대항 국면이 전혀 발생하지 않았다. 쑨촨팡은 북양 군벌 중에서 비교적 괜찮은 사람이라 할 수 있고, 장쑤와 저장 지방의 정치 기상도 비교적 맑아서 그들이 쑨촨팡과 합작하게 된 상황에 아무 이유가 없다고 할 수 없다. 이미 사람과 관계를 맺고 나서 정국이 긴급할 때 그를 버리고 떠난다는 건 마음 내키지 않는 일일 것이다. 그런데 최근 두 달 사이에 이르러 쑨촨팡은 거꾸로 행동하며 톈진으로 가서 장쭤린 및 장쭝창張宗昌과 협력을 꾀했다. 이는 딩짜이쥔·장바이리 의견과 크게 상반되는 행동이어서 그제야 두 사람은 솔직하게 쑨촨팡과 관계를 끊을 수 있게 되었다. 중간에 벌어진 이 사안은 진실로 아무 가치도 없는 일이지만 ―오늘의 일이 어찌 당초에 마음먹은 것과 같겠느냐― 1년 전 그들이 품었던 꿈은 이상한 일이었다고 말하기 어렵다. ―이 때문에 딩짜이쥔은 상하이에서 훌륭한 시정을 펼치기 위해 고심하며 점진적 수단으로 조계를 회수하려 하고 있다.― 나의 입장에서는 본래 그들의 활동에 그다지 찬성하지 않았다. ―근래 몇 달 동안도 누차 그들에게 스스로 몸을 빼내라고 권했다.― 그러나 우리는 단체로서 엄정한 조직이 없다. 친구들은 항상 자유롭게 활동하며 각자 자기가 옳다고 생각하는 대로 행동한다. 그러니 그들을 구속할 방법이 없다. ―여태껏 그런 생각을 하지도 않았다.— 다른 사람들은 우리의 친구관계만 보고 그것을 당파관계로 인식하면서 우리의 개인 행위를 당파 행위로 간주한다. 그러나 우리는 여태껏 해명을 한 적이 없고 해명을 하려고도 생각지 않았다."(『량치차오 연보 장편』, 1111쪽)

딩원장은 1926년 5월 4일 쑹후 시정독판에 취임해 12월 31일 사임했다. 재직 기간은 채 8개월이 되지 않는다. 그는 이 기간 매우 바쁘게 활동했다. 5월 21일 장바이리는 량치차오에게 보낸 편지에서 딩원장의 상하이 시정활동 상황을 특별히 언급했다. "짜이쥔은 상하이에서 매우 바쁘게 활동하고 있습니다. 따라서 동남 지역이 단시간 내에 안정을 찾을 수 있을 것입니다." (앞의 책, 1078쪽) 이 말 속에는 친구에 대한 깊고 절실한 믿음과 기대가 들어 있다. 상하이에서 딩원장은 확실히 많은 일을 했다. 그중 두 가지 일이 중요하다. 후스는 그 두 가지 일을 기록해둘 가치가 있다고 했다. "첫째, 딩원장은 '대상하이大上海'의 규모를 확정했다. 그 '대상하이'의 범위는 우쑹 강吳淞江**20**에서 룽화龍華**21**까지, 푸둥浦東**22**에서 후시滬西**23**까지였다. 그가 독판으로 재임한 기간에 비로소 상하이의 통일된 시 행정과 재정, 현대화된 공공 위생 계획이 마련되었다. 딩원장은 뒷날의 '상하이특별시上海特別市' 창립자인 셈이다. 둘째, 딩원장은 국가를 위해 외국인의 수중에서 중대한 권리를 많이 회수해왔다. 푸멍전傅孟眞[푸쓰녠]은 짜이쥔이 그 권리를 회수하기 위해 다음 같은 방법을 썼다고 했다. '세력이나 수단에 의지하지 않고 정도正道로 설득했다. 이에 권리를 반납하는 외국인이 도리어 그에게 진심으로 감복했다.' 또 푸멍전은 이렇게 이야기했다. '그의 사후에 『자림서보』에서 사설을 실으면서 제목을 「진실한 애국자—個眞實的愛國者」라고 달았다. 나는 이 제목이야말로 짜이쥔에 대한 가장 적절한 명칭이라고 믿는다.'"(『딩원장전』,

---

20 지금의 상하이 쑤저우 강蘇州河. 당시 딩원장이 구상한 상하이 북쪽 경계다.
21 지금의 상하이 쉬후이 구徐匯區 룽화 탑龍華塔이 있는 지역. 딩원장이 구상한 상하이 남쪽 경계다.
22 지금의 상하이 황푸 강黃浦江 동쪽 지역. 딩원장이 구상한 상하이 동쪽 경계다. 1980년대 이후 개발이 촉진되어 상하이의 새로운 중심으로 떠오르고 있다.
23 지금의 상하이 푸퉈 구普陀區 일대에서 그 남쪽 지역. 아직도 후시문화궁滬西文化宮, 후시체육관滬西體育館 등의 명칭으로 쓰이고 있다. 딩원장이 구상한 상하이 서쪽 경계다.

1927년 3월 23일, 상하이특별시에서 개최한 제1차 집행위원 상무위원회 단체사진. 딩원장은 상하이 독판으로 재직할 때 '대상하이' 도시계획 밑그림을 그렸다. 그에 의해 비로소 상하이의 통일된 시 행정과 재정, 현대화된 공공 위생 계획이 마련되었다. 딩원장은 뒷날의 '상하이특별시' 창립자인 셈이다.

93쪽) 그가 회수해온 권리 중 가장 중요한 것은 바로 공공조계公共租界의 회심공당會審公堂[회심공해會審公廨라고도 함]24이었다.

딩원장이 상하이 시정독판으로 취임하고 나서 두달 후인 7월 9일 국민혁명군國民革命軍이 광저우에서 군사를 집결하고 북벌을 맹세했다. 총사령관엔 장제스가 임명되었다. 애초에 쑨촨팡은 혁명군과 전쟁을 하지 않으려 했지만 결국 전쟁을 회피할 수 없었다. 딩원장은 11월 28일 후스에게 편지를 보내 쑨촨팡을 변호했다. "이번에 쑨촨팡이 병력을 동원한 것은 실로 부득이한 상황에서 나온 대책일 뿐입니다. 광둥 혁명군이 후난을 공격할 때 그는 전혀 군사를 움직이지 않았을 뿐 아니라 갖가지 방법으로 광둥군과 화해하려 했습니다. 그런데 장제스가 절대로 받아들일 수 없는 두 가지 조건을 제시해서 어찌할 수가 없게 되었습니다. 그 조건은 '첫째, 국민당에 가입하라. 둘째, 광둥의 국민정부를 승인하라'는 것입니다. 며칠 지나지 않아 장제스의 군사가 바로 장시에까지 당도했습니다. 쑨촨팡은 강화를 지극하게 원했으나 광둥군 측은 전혀 성의가 없는 듯했고, 이 때문에 아무 결과도 얻지 못했습니다. 쑨촨팡의 뜻은 자신의 영역을 보전하고 자신의 주민을 안전하게 지키려는 것입니다. 즉 다른 사람이 나를 침범하지 않으면 나도 다른 사람을 침범하지 않는다는 취지입니다. 그런데 국민당 측은 급진정책만 펼치며 상하이 지역에서 유언비어식 선전과 무의식적인 폭동을 무수하게 조장하고 있습니다. 저는 그가 쑨촨팡을 타도하면 그가 속한 파벌 내부에서도 반드시 문제가 생길 뿐 아니라 아마 토비처럼 행동하는 펑톈 군벌에게도 발호의 기회를 줄 것으로 예상합니다. 이것이 바로 제가 가장 근심하는 일입니다."(『딩원장 연보』, 297쪽) 실제로 후베이 성 딩쓰차오汀泗橋를 잃은 이후 형세는 쑨촨팡에게 갈수록 불리해졌다. 그가 톈진으로 도망가서 장쭤린과 장쭝창에게 구원을 요청할 때 패배는 이미 결정되어 있었다. 12월

---

24 청 말 민 초 중국의 외국 조계지에 설치된 일종의 영사재판제도. 외국인의 치외법권을 존중한다는 취지였으나, 중국인과 무조약국無條約國 사람들에 대한 중국의 재판권에까지 외국이 간여하도록 했다. 이는 중국의 주권과 재판권을 엄중하게 훼손하는 불평등한 제도였다. 회심아문會審衙門이라고도 한다.

20일 량치차오는 집으로 보낸 편지에서 딸 링셴에게 이렇게 말했다. "시국의 변화가 매우 격렬하여 장바이리가 쑨촨팡, 탕성즈, 장제스를 연결하려던 계획은 완전히 실패했다. 북양 군벌도 이제 확실히 종말을 맞게 되었다."(『량치차오 연보 장편』, 1101쪽) 이때 량치차오는 바로 딩원장의 안전을 가장 근심했다. 그는 여러 차례 편지와 전보를 보내 상하이와 난징 일대의 상황을 수소문했다. 장바이리는 한술 더 떠서 거의 매일 딩원장에게 전선 상황을 보고하며 일찌감치 다음 행동을 준비하라고 요구했다. 딩원장이 교통사고로 부상당한 후 량치차오는 딩원장에게 편지를 보내 "놀라운 마음 금할 수 없네. 입원 후 경과는 어떠한가? 날마다 소식을 기다리네"라며 지극한 관심을 표시했다.(『딩원장 연보』, 304쪽) 량치차오는 그가 이번 기회를 빌려 쑨촨팡과의 관계를 끊기를 희망했고 그렇게 될 수 있으면 불행 중 다행이라고 생각했다.

후스는 딩원장이 장쭤린 펑톈군에 줄곧 혐오감을 갖고 있었고, 국민혁명군에는 오히려 상당한 동정심을 품어왔다고 인식했다. 후스가 그렇게 생각한 근거는 1956년 둥셴광이 타이베이臺北 『중앙연구원간中央研究院刊』에 발표한 글에 잘 드러나 있다.

당시 장제스 총사령관이 통솔하는 국민군과 우페이푸 군대가 팅쓰차오에서 대전大戰을 벌였는데, 이는 실로 양쯔 강揚子江 유역 통제권을 결정짓는 중요한 전쟁이었다. 우페이푸는 양측 군대가 서로 지지 않고 팽팽하게 맞서는 것을 보고 바로 쑨촨팡에게 신예 부대 몇 사단을 보내 전투를 도와달라고 요구했다. 당시 정세는 매우 긴박해 쑨촨팡의 태도가 전체 상황에 영향을 미칠 수 있었다. 이 때문에 장제스 총사령관은 바로 장바이리를 시켜 그와 딩원장의 개인적 친구관계를 이용해 쑨촨팡을 설득하게 했다. 결과적으로 쑨은 지원군을 파견하지 않았고, 이에 힘입어 마침내 국민군은 팅쓰차오 전투에서 대승을 거뒀다. (둥셴광, 「나와 짜이쥔我和在君」, 『딩원장 선생 학행록』, 205쪽)

그러나 둥셴광의 진술이 꼭 믿을 만한 사실은 아니다. 우선 장바이리는 절대 장제스의 부하가 아니었으며, 최소한 당시에도 그의 부하는 아니었다. 일찍이 떠돈 소문에 의하면 국민당 측에서 많은 사람이 장바이리를 초청하여 혁명군 총참모장에 임명하자고 주장했지만, 장바이리가 전혀 그들의 초청을 받아들일 생각이 없었으므로 사실상 그가 그들의 초청을 받아들일 가능성은 전혀 없었다고 할 수 있다. 다음으로 둥셴광은 톈진에서 딩원장과 아주 오랫동안 함께 기거한 적이 있지만 줄곧 그곳에서 신문을 발행해왔기 때문에, 순식간에도 천변만화하는 전장의 군사기밀을 도대체 얼마나 많이 알고 있었을지 매우 의심스럽다. 타오쥐인은 쑨촨팡이 왜 우페이푸를 돕지 않았는지에 대해 또다른 해석을 내놓았다.

광둥의 혁명군이 북벌을 위해 출병해 후난에서 후베이로 쳐들어가자 우페이푸는 날마다 쑨촨팡을 향해 위급함을 알렸다. 그는 '십만 화급十萬火急' '백만 화급百萬火急' '즉각 도착 바람限即刻到' 등의 용어를 동원해 급전急電을 쳤다. 그러나 쑨촨팡은 군사를 틀어잡고 움직이지 않으면서 이렇게 말했다. "내가 이전에 당신에게 난징으로 와달라고 했을 때 당신은 오지 않았다. 따라서 지금 당신이 나더러 한커우로 오라고 하지만 나는 가지 않겠다." 쑨촨팡은 이미 동남 지역 5개 성 연합군 총사령관이 되어 있어서 더이상 '허울뿐인 대장'의 지휘를 받으려 하지 않았다. 혁명군과 우페이푸 군대가 팅쓰차오에서 피비린내 나는 전투를 벌일 때 그는 더욱 악독한 음모를 꾸미고 있었다. 즉 쑨촨팡은 도요새와 민물조개의 싸움을 이용하여 어부지리를 취할 마음을 품고 있었다. 그는 일찍이 자신의 심복들에게 이런 마음을 발설한 적이 있다. (『장바이리전』, 64~65쪽)

여러 상황에서 딩원장이 보여준 태도를 살펴보면 그가 당시 국민당에 동정적이었다고 말하기 어렵다. 딩원장은 1927년 말 후스에게 보낸 편지에서 이렇게 말했다. "나는 목전의 상황에 비춰볼 때 국민당이 우리를 실망시킬 수도 있지만 그렇다고 우리가 절대로 비관해서는 안 된다고 생각합니다."

(『딩원장 연보』, 318쪽) 후스는 다른 자리에서 딩원장의 의식을 다음처럼 지적했다. "짜이쥔은 결국 영국식 자유 교육의 산아産兒다. 그가 받은 과학 훈련이 그로 하여금 모든 파괴적 혁명 방식을 믿지 못하게 했다." 또 후스는 딩원장의 말을 이와 같이 옮겼다. "우리는 불을 끄는 사람이지 화재를 틈타 강도짓하는 사람이 아니다." 그는 또 이렇게 보았다. "폭력 혁명 수단을 사용하면 결국 '방화'를 면치 못하게 되고, 더더욱 '화재를 틈타 강도짓하는' 무수한 사람을 용납해야 한다. 따라서 딩원장 입장에서는 '소수의 사람 가운데 소수의 사람과 우수한 사람 가운데 우수한 사람'이 떨쳐 일어나 사회 개량의 책임을 지도록 기대할 수밖에 없었다. 따라서 딩원장은 방화식의 대혁명을 제창할 수 없었다." 그는 또 다음과 같이 말했다.

그러나 민국 15~16년(1926~1927) 무렵에 방화식의 혁명이 결국 닥쳐와서 전국을 휩쓸었다. 그런 혁명의 대흐름 속에서 개량주의자 딩짜이쥔[딩원장]은 당연히 죄인이 될 수밖에 없었다. 당시 짜이쥔은 나에게 이렇게 말했다. "옛날에 허자장許子將[허소許劭]이 조맹덕曹孟德[조조曹操]을 가리켜 '치세의 유능한 신하, 난세의 간웅'이 될 것이라 했는데, 우리 같은 사람은 아마도 '치세의 유능한 신하, 난세의 밥통'이 될 뿐인 듯합니다."(『딩원장 선생 학행록』, 8쪽)

여기에도 국민당에 대한 딩원장의 태도가 은근히 드러나 있다. 류허우성은 저서 『딩원장 전기』 초고에서 또다른 측면으로부터 딩원장이 국민당이나 혁명군에 결코 동정적이지 않았다고 증명했다. 그 내용은 아래와 같다.

장중정蔣中正[장제스]은 난징에 수도를 정한 뒤 대대적인 수배자 명단을 발표했다. 딩원장의 성명도 물론 그 안에 포함되어 있었다. 민국 20년(1931) 정치범 대사면령이 내려지고 나서야 딩원장은 수배령에서 벗어날 수 있었다.
딩원장은 정치에 여전히 깊은 흥미를 갖고 있었다. 민국 25년(1936) 그가 죽기 몇 달 전 나는 상하이에서 그와 만났다. 그때 그는 내게 장제스가 그를 찾아와 무슨 장관직을 맡아달라고 요청했지만 그는 지금 극력 회피하는 중이라고 토로했다. 그의 말에 의하면 장제스는 결코 일을 함께할 만한 사람이 아니며, 자신의 부하를 신임하는 쑨촨팡보다 못한 사람이라고 했고, 자신은 이미 수많은 고초를 겪었기 때문에 쉽게 장관 자리에 나가지 않을 것이라고 했다. (『딩원장 선생 학행록』, 185쪽)

당시는 국공 연합군의 북벌이 이미 창장 강 유역으로 접어들고 있었다. 이때 장제스는 4·12 군사쿠데타를 일으켜 상하이와 난징 일대에서 공산당원을 살해했고, 국민당도 장제스의 난징·상하이파와 장궈타오張國燾의 우한파武漢派로 갈라져서 신구 양 파벌이 혼전을 벌이고 있었다. 국가는 다시 동란에 휩싸여 국민은 도탄에 빠졌고 생업은 활기를 찾지 못했다. 당시 적지 않은 사람들이 량치차오에게 정치 참여를 종용하며 그가 국민당과 공산당 밖에서 또다른 정치단체를 조직할 책임을 맡아야 한다고 요청했다. 그러나 량치차오는 머뭇거리며 마음을 정하지 못했다. 그는 다시 정계로 나가지 않을 생각이었지만 그러자니 또 양심에 거리낌이 많았다. 그는 5월 5일 자녀들에게 보낸 장문의 편지에서 당시 모순에 빠진 자신의 심정을 이렇게 토로했다. "나는 한 달 전부터 날마다 마음속 갈등으로 고통받고 있다. 나는 실로 정당생활을 혐오하는 사람이라 그 말만 들어도 머리가 아파온다. 정당을 만들면 만나고 싶지 않은 수많은 사람과도 만나야 하고 하고 싶지 않은 일도 해야 하기 때문이다. 그런 세월을 나는 진실로 견딜 수 없다. 그러나 완전히 방관자가 되어 고난을 두려워하며 게으름을 피운다면 나 자신이 국가에 대해서 양심상 견딜 수 없게 될 것이다. 한 달 전부터 나는 이 일 때문에 거의 매일 잠을 이룰 수 없었다."(『량치차오 연보 장편』, 1130쪽) 량치차오의 친구와 제자 중에서 장쥔마이, 천보성, 후스칭胡石靑 등은 그의 정치 참여를 옹호하면서 목전의 사정이 위안스카이가 황제를 칭할 때보다 만 배나 더 엄중하다고 인식했다. 하지만 딩원장과 린짜이핑은 극단적인 반대 의견을 갖고 있었다. 그들도 당시 엄중한 상황에 대해서는 반대 의견을 보이지 않았지만 량치차오의 정치 참여에는 두 가지 반대 이유를 내세웠다. 첫째, 량치차오의 신체가 정치적 과로를 지탱할 수 없다. 둘째, 량치차오의 성격도 정당활동에 적합하지 않다는 사실이 증명되었다.

량치차오는 최종적으로 딩원장의 권고를 받아들였다. 그는 자식들에게 이렇게 말했다. "나는 이미 내 입장을 결정했다. 나는 한 달 동안 날마다 경제제도에 대해 여러 해 연구한 나의 단편적인 생각을 한바탕 정리하는 중이다. 나 자신에게 확실한 주장이 있다. ―나는 이미 2~3주 동안 저재관儲才館과 칭화학교 두 곳에서 나의 주장을 강연했다.― 동시에 정치상의 구체적인 방법에 대해서는 아직도 흡족하고 합리적인 방안을 갖고 있지 못하다. 그러나 대의제와 정당정치는 절대로 지금 현실에 적용해서는 안 되므로 그것을 타파하지 않으면 안 된다고 확신한다. 이 때문에 나는 가까운 시일 내에 나의 주장 전부를 정정당당하게 한두 권 책으로 써낼 심산이다. 그러나 단체나 조직에는 절대로 가입하지 않을 것이다. 왜냐하면 나는 근본적으로 그런 것들이 중국을 구제할 수 있다고 믿지 않기 때문이다. 최근 며칠 간 젠지창이 남쪽에서 찾아와 이러한 나의 태도에 흔쾌히 찬성해주었다. 딩짜이쥔 등은 나에게 완전히 정치에 입을 닫고 오로지 내가 몇 년간 해온 작업을 계속해야 한다고 주장하지만 그렇게 하면 나는 실로 양심에 부끄러운 사람이 될 것이다."(앞의 책) 이 대목을 읽어보면 량치차오가 당시 딩원장의 의견에 대해서도 입장이 다소 유보적이었음을 알 수 있다.

량치차오가 세상을 떠난 후 딩원장이 뒷일을 처리하다

1929년 1월 19일 량치차오가 베이징에서 세상을 떠났다. 후스는 다음 날 량치차오 유체遺體에 염殮을 하는 상황을 이렇게 기록했다. "다음 날 광혜사光慧寺[慧는 惠로도 씀]에서 런궁 선생의 유체에 대렴大殮25 의식을 거행했

---

25 소렴小殮한 시신을 베로 감싸서 관 속에 안치하는 절차. 소렴은 시신을 깨끗하게 닦고 수의를 입히는 의식을 말한다.

다. 나와 딩짜이쥔 선생, 런수융 선생, 천인커陳寅恪 선생, 저우지메이周寄梅 선생이 대렴 의식에 참여했다. 런궁 선생의 수많은 친구 예를 들면 젠지창 선생 등의 두 눈에도 모두 뜨거운 눈물이 고였다. 짜이쥔과 나도 눈물을 흘렸다."(「량런궁 선생 연보 장편 초고·서梁任公先生年譜長編草稿·序」, 『딩원장 선생 학행록』, 357쪽) 량치차오 추도대회가 2월 17일 베이징 광혜사에서 거행되었고 딩원장은 다음과 같은 만장을 썼다.

나를 낳아준 사람은 부모요, 나를 알아준 사람은 포鮑 선생일세.
땅에서는 강과 산이 되시고, 하늘에서는 해와 별이 되시라.

生我者父母, 知我者鮑子.
在地爲河嶽, 在天爲日星. (앞의 책)

다음 날 상하이에서도 량치차오 추도대회가 열렸다. 딩원장은 이 자리에서도 만장 한 연聯을 써서 그를 장송葬送했다.

사상은 시대를 따라 변하시더니 한번 눈감으신 뒤 어디로 가시나? 평생토록 선비의 책임을 자임하시더니 정치 업적은 겨우 유정자劉正字[26]를 뒤따르셨네.
문장은 새 기풍을 선도하셨는데 이 몸은 백 번 죽어도 공을 살릴 수 없네. 젊은 시절 황제가 알아준 은혜에 보답하려 하시더니 그 명성은 가장 사賈長沙[27]를 뛰어넘었네.

---

26 당唐 현종玄宗과 숙종肅宗 무렵의 명신 유안劉晏((?~780). 자는 사안士安이다. 어려서부터 천재로 이름이 났으며 7세에 신동神童으로 천거되었다. 8세 때 현종이 태산에서 봉선封禪 의식을 거행하자 그것을 찬양하는 「송頌」을 지어 올렸다. 현공이 직접 그를 불러 칭찬하고 비서성祕書省 태자정자太子正字 직책을 내렸다. 이에 흔히 유정자로 불린다. 경제와 이재理財 정책에 큰 공적을 남겼다. 량치차오의 천재성과 재정정책을 유안에 비견하고 있다.
27 이 책 제11장 주 4 참고.

思想隨時代而變, 一暝更何之, 平生自任仔肩, 政績僅追劉正字.
文章得風氣之先, 百身嗟莫贖, 少日酬知宣室, 聲名突過賈長沙.
(민국 18년 2월 18일, 시선西神 기자, 「징안사로 량런궁 선생 공제 기사靜安寺路
公祭梁任公先生記」, 상하이 『신문보』, 『량치차오 연보 장편』, 1208쪽)

량치차오가 세상을 떠난 후 그의 자녀와 친구들은 두 가지 사업을 계획
했다. 첫째, 『음빙실합집飮氷室合集』을 편집하는 일로 린즈쥔이 책임을 맡는
다. 둘째, 『연보年譜』를 편집하는 일로 딩원장이 책임을 맡는다. 딩원장은
또 자신이 직접 새로운 형식의 『량치차오 전기梁啓超傳記』를 쓰려고 했다. 이
후 『연보』 편집 일은 다음처럼 진행되었다. "『연보』 편집 계획이 확정된 뒤
량치차오의 자녀 량쓰청과 량쓰순[링셴]은 연명으로 신문지상에 공고를 냈
고, 딩원장도 량쓰청과 함께 각계각층으로 직접 편지를 보내 량치차오와
사우師友 간의 왕래 서찰 및 시詩, 사詞, 문文, 전문電文 등의 초본抄本이나 복
제본[원본은 원原소장자가 보관해야 함]을 보내달라고 했다. 겨우 반년 내외
기간에 량씨 집에는 다량의 자료가 수집되었다. 그중 량치차오의 서찰만도
2000여 통이었고 기타 각종 자료도 계속해서 우송되어왔다."(「전언前言」, 『량
치차오 연보 장편』, 2쪽) 후스의 말에 따르면 최종적으로 량치차오가 자기 집
으로 보낸 서찰家信까지 합친 결과 편지 총계만 해도 대략 1만여 통에 이르
렀다 한다. 후스는 그렇게 다량의 자료가 수집된 원인을 몇 가지로 분석했
다. "첫째, 런궁 선생이 이른 나이부터 큰 명성을 얻어서 그의 서찰 대부분
이 친구들에게 보존되어 있었고, 이는 아주 자연스러운 일이었다. 둘째, 사
람들이 그의 문장을 마음에 들어 했고 그의 글씨도 마음에 들어 했기 때
문이다. 그의 서찰은 모두 종이의 질이 좋고 먹빛도 훌륭하며 글씨도 빼어
나 소장 가치가 있었다. 셋째, 당시 국내에 전국적인 동란이 일어나지 않아
서 명인의 글씨를 쉽게 보관할 수 있었다."(「량런궁 선생 연보 장편 초고·서」,
『딩원장 선생 학행록』, 357쪽)

당초에 딩원장은 량치차오 연보 자료를 수집하고 정리하는 일에만 집중
하려 했다. 그는 1929년 4월 16일 후스에게 편지를 보내 이렇게 말했다. "연

일 런궁의 연보를 편집하는 일 때문에 너무나 바쁩니다. 결국 지질연구소 일은 한쪽에 미뤄두게 되어 매우 우울합니다."(『딩원장 연보』, 332쪽) 딩원장은 어쨌든 바쁜 사람이었지만 이해 겨울 탐사대를 이끌고 윈난과 구이저우로 가서 지질 조사를 진행했고 이듬해 여름에야 베이징으로 돌아왔다. 1931년 그는 베이징대학 지질학과 교수가 되었고 그때부터 다시 량치차오 연보 편찬 일을 시작했다. 그러나 그때도 그는 여전히 눈코 뜰 새 없이 바빠 사실 연보를 편찬할 여력이 없었고 이에 젊은 학자 자오펑톈 선생을 초청해 조수로 삼았다. 자오펑톈은 이렇게 말했다. "그 무렵 나는 옌징대학 연구원에서 공부를 했고, 대학 졸업논문으로 「캉장쑤 선생 연보고康長素先生年譜稿」를 쓰면서 캉유웨이와 량치차오에 대해 다소나마 연구를 한 적이 있었다. 그런 연유로 당시 옌징대학 연구원 원장 루즈웨이陸志韋 교수와 나의 스승 구제강顧頡剛 교수가 나를 딩원장에게 소개해주었고, 딩원장이 옌징대학 연구원으로 와서 나를 초청하여 연보 편찬 일을 돕게 했다."(「전언」, 『량치차오 연보 장편』, 2쪽) 1932년 여름방학이 시작되자 자오펑톈은 바로 딩원장의 지도하에 연보 편찬 작업에 들어갔다. 이에 대해 자오펑톈은 다음과 같이 말했다. "당시에 이미 수집해놓은 량치차오 서찰이 1만 통 가까이 되었고 그것이 연보 편찬의 주요 자료였다. 그 밖에 또 수백만 자에 이르는 량치차오 저작 및 다른 사람이 쓴 량치차오 전기 관련 글도 있었다. 이처럼 방대하고 잡다한 자료를 일목요연하게 정리해 책으로 편집해내기란 매우 어려운 임무임에 틀림없었다."(앞의 책, 2~3쪽) 따라서 이 연보는 딩원장이 세상을 떠날 때(1936년 1월 5일)까지도 최종본을 완성하지 못하고 시종일관 '초고' 형태로만 남아 있었다. 그러나 후스는 이렇게 인식했다. "우리는 20여 년이 지나고 나서야 비로소 첨삭을 가하지 않은 바로 그 『장편 초고長篇初稿』가 남아 있기 때문에 그것이 가장 고귀한 사료가 되었고, 바로 그 『초고』가 가장 보존할 만한 가치가 있고 가장 인쇄해낼 만한 가치가 있다는 사실을 인정하지 않을 수 없었다.(「량런궁 선생 연보 장편 초고·서」, 『딩원장 선생 학행록』, 360쪽)

1929년 8월 8일 딩원장, 젠녠이蹇念益, 황췬은 장위안지에게 편지를 보내 량치차오 동상 조성 계획을 제의했다. 그러나 이 일에 들어가는 돈을 얼마나 모금해야 할지에 대해서는 시종일관 아무런 논의가 없었던 듯하고, 끝내 아무 결과도 얻지 못했다.

제17장

앞사람을 잇고 뒷사람을 계도하다: 량치차오와 후스

후스胡適는 본적이 안후이 성 지시績溪이지만 광서 17년(1891) 11월 초10일 상하이에서 태어났다. 그의 조상은 찻잎을 파는 상인이었고, 그의 부친 대에 이르러 벼슬아치 가문으로 변했다. 후스의 모친은 부친의 세번째 부인이었다. 그녀는 17세에 외지에서 벼슬하던 후스의 부친에게 시집왔다. 부친은 그때 벌써 47세였다. 후스는 모친에게는 유일한 아이였지만 부친에게는 일곱째 아이였다. 후스에게는 형 셋과 누나 셋이 있었다. 둘째 형 후사오즈胡紹之가 그에게 가장 큰 도움을 줬다.

량치차오와 후스는 세대가 달랐다. 후스의 모친이 량치차오와 동갑이었다. 또 광서 15년 기축년(1889) 후스가 출생하기 2년 전에 량치차오는 이미 거인擧人이 되었다. 또 광서 17년 신묘년(1891) 10월, 19세의 량치차오는 베이징에서 리돤후이李端蕙와 혼례를 올렸다. 량치차오는 이해 이미 "신혼 방에 화촉을 밝혔고, 급제자 방에 이름을 올렸다." 즉 그는 인생에서 두 가지 큰일을 동시에 치르며 봄바람 속에서 득의만만하게 출세 가도를 달리고 있었다. 이보다 대략 2개월 뒤에 후스가 고고의 일성을 터뜨리며 세상에 태어났다.

소년 후스, '량 선생에게 무궁한 은혜를 입다'

13세 이전에 후스는 고향에서 공부를 했다. 전통적인 초학자용 교본 외에도 경전과 역사책을 읽었고 또 당시의 백화소설白話小說도 읽었다. 그는 14세 되던 해 옛날 선장본 책을 한 보따리 들고서 고향을 떠나 상하이로 갔다. 그때가 광서 30년 갑진년(1904)이었다. 당시 량치차오는 무술변법에 실패한 후 일본으로 망명 가서 벌써 6년째를 보내고 있었다. 그가 창간한 『신민총보』도 2년째로 접어들고 있었다. 격정이 충만하고 호소력이 있고 명쾌하고도 쉬운 그의 문체는 중국 전역에 유행하면서 국민의 뜨거운 피를 들끓게 하고 있었다. 량치차오는 당시 사람들에게 여론계의 총아와 스타로 간주되고 있었다.

후스가 상하이에 처음 도착하여 입학한 곳은 고향 사람이 운영하는 매계학당梅溪學堂이었다. 그는 그곳에서 처음으로 량치차오가 쓴 문장을 읽었다. 당시 상황에는 참으로 교묘한 인연이 얽혀 있었다. 전해오는 말에 의하면 후스는 처음 입학할 때 소학小學 제5반에 들어갔고 이는 거의 학교에서 최저급 반이었다고 한다. 그러나 후스는 고향에서 9년이나 전통 교육을 받은 적이 있어서 일정 정도 구학舊學 지식을 갖고 있었다. 이 때문에 점점 선생님의 칭찬을 받게 되었고 "하루에 세 반을 뛰어넘어 마침내 제2반 학생이 되었다."(『후스 자서전胡適自傳』, 43쪽) 후스는 이를 계기로 상당히 만족스러워했지만 당시 작문 제목이 그를 곤란하게 했다. 그날은 마침 작문 수업이 있는 날이었고 칠판에 두 가지 제목이 쓰여 있었다.

논제論題: 일본이 강하게 된 원인을 탐구하라原日本之所由強.

경의제經義題: 옛날에 관문을 만드는 것은 폭도를 막기 위함인데, 오늘날 관문을 만드는 것은 폭도가 되기 위함이다古之爲關也將以御暴, 今之爲關也將以 爲暴.

당시 후스는 '경의經義'를 어떻게 써야 하는지 전혀 알지 못했기 때문에

후스(1891~1962). 현대의 저명한 학자, 시인, 역사학자, 문학가, 철학자. 문학 혁명을 제창하여 신문화운동의 리더가 되었다.

그 작문을 어떻게 해야 하는지 상상조차 할 수 없었다. 그렇다면 '논제論題'는 쓸 수 있었던가? 당시 후스는 일본이 대체 어디에 있는지조차 몰랐는데 어떻게 '일본이 강하게 된 까닭'을 논할 수 있겠는가? 하지만 하늘이 무너져도 솟아날 구멍이 있다는 것처럼, 후스가 속수무책으로 어쩔 줄 몰라 할 때 그의 둘째 형이 왔다. 후스는 다음과 같이 회고했다. "둘째 형은 『메이지 유신 30년사明治維新三十年史』 『임인년 신민총보 회편壬寅年新民叢報匯編』 같은 책을 집어서 큰 광주리에 담아주고 나로 하여금 학당으로 갖고 가서 읽게 했다. 이 책들로 며칠 간 공부를 하고 나서야 가까스로 논설문 한 편을 지어 제출할 수 있었다."(『후스 자서전』, 43~44쪽) 여기에서 량치차오의 글은 후스에게 분명 아주 큰 도움을 줬고, 그 도움의 가장 중요한 점은 후스가 논설 한 편을 짓게 된 것만이 아니라 그것이 후스의 인생에 중요한 전환점이 되었다는 것이다. 이것은 당년의 량치차오가 처음 상하이에 도착하여 상하이제조국上海製造局에서 번역한 서양서를 다량으로 구입한 후 신학문에 큰 흥미를 갖게 된 점과 유사하다. 후스도 이와 같았다. 량치차오의 책은 후스의 마음속에서 발효를 거친 뒤 그를 옛날 책 더미 밖의 새로운 세계로 이끌어주었다.(『후스 평전胡適評傳』, 91쪽) 후스는 수많은 새로운 명사名辭를 배우고 나서 솔직하게 '신인물新人物'로 자처했다. "둘째 형이 나를 위해 큰 바구니에 담아준 '신서新書'는 대부분 량치차오 선생 일파가 쓴 책이었다. 당시는 량 선생의 글이 가장 강력한 힘을 발휘하던 시대였다. 그는 비록 종족혁명을 분명하게 제창하지는 않았지만 소년들 뇌리에 적지 않은 혁명의 씨앗을 심어주었다."(『후스 자서전』, 44쪽)

후스는 바로 이런 소년들 중 가장 출중한 인물이었다. 그는 나중에 '관청으로 가서 과거시험을 보려' 하지 않았다. 그때부터 그가 과거시험 생각을 끊었던 것도 량치차오가 미친 영향이었다. 이 때문에 후스는 매계학당을 떠나 징충학당澄衷學堂에 들어갈 때도 량치차오의 저서를 가져갔다. 그는 계속해서 량치차오가 쓴 글을 읽었고 또 옌푸가 번역한 『천연론天演論』과 『군기권계론群己權界論』[1]을 읽었다. 후스는 「사십 자술四十自述」에서 이렇게 묘사했다.

옌 선생 문장은 너무 고아古雅해서 소년들 사이에서의 영향력은 량치차오 문장보다 크지 않았다. 량치차오의 문장은 쉽고도 분명한 가운데 진지한 열정이 담겨 있어서 독자들은 그를 따라 걷지 않을 수 없었으며 그와 함께 생각하지 않을 수 없었다. 때때로 우리는 그와 함께 어떤 한 지점에 도달하여 다시 전진하려다가 그에게 붙잡히거나 방향이 바뀌기도 했다. 그때 우리는 어쩔 수 없이 실망에 빠졌다. 그러나 그런 실망이 바로 그의 큰 은혜였다. 왜냐하면 그는 자기 능력을 다 발휘하여 우리를 경계 지점까지 데리고 가서 우리에게 불만을 느끼게 하고 다시 우리로 하여금 전진하게 해줬기 때문이다. 량치차오를 따라 걸으며 우리는 진실로 그에게 감사해야 했다. 그는 우리 호기심을 자극하고 미래 세계를 가리키며 우리 스스로 그곳을 찾아가게 했다. 그래서 우리는 더욱더 량치차오에게 감사해야 했다. (앞의 책, 47쪽)

후스는 또 우리에게 아래의 사실을 알려줬다.

나는 개인적으로 량 선생의 무궁한 은혜를 받았다. 현재 되돌아보면 그중 가장 분명한 점은 두 가지다. 첫째는 그의 「신민설新民說」이고, 둘째는 그의 『중국 학술사상 변천의 대세를 논함』이다. 량 선생은 스스로 호를 '중국지신민中國之新民', 또다른 호를 '신민자新民子'라 했으며 자신이 창간한 잡지 이름도 『신민총보』라고 했다. 여기에서도 그가 온 마음을 이 부분에 기울였음을 알 수 있다. '신민'은 중국 민족을 새롭게 개조해야 한다는 뜻이다. 늙고 병든 민족을 개조하여 신선하고 활발한 민족으로 만들려 함이다. (앞의 책, 47쪽)

후스는 량치차오의 논설 몇 단락을 인용하고는 감격에 겨워 다음과 같이 말했다.

1 존 스튜어트 밀의 『자유론』을 옌푸가 광서 26년(1900)에 고문古文으로 번역한 책.

그 시대에 우리는 이 같은 글을 읽으면서 량치차오에게 격렬하게 감동하지 않은 사람이 하나도 없었다. 그 무렵에 ―내가 그때 읽은 것은 임인년(1902)과 계묘년(1903)에 그가 쓴 문장이었다― 그가 쓴 글의 주장이 가장 격렬했고, 태도도 가장 선명했으며, 사람을 감동시키는 힘 또한 가장 컸다. 량치차오는 당시 혁명 구호 한 가지를 제기했다. "파괴해야 할 것도 파괴하고, 파괴하지 말아야 할 것도 파괴하자!破壞亦破壞, 不破壞亦破壞!" 나중에 그는 이러한 태도를 견지하지 못했지만 수많은 소년들은 대열을 뚫고 전진하며 후퇴하려 하지 않았다. (앞의 책, 48쪽)

량치차오의 통속적 문장 속에서 후스는 점차 홉스, 데카르트, 루소, 벤담, 칸트, 다윈 등과 같은 서구 사상가를 알게 되었다. 그가 가장 감복한 것은 량치차오가 당시에 중국인이 서구인보다 못하다는 말을 대담하게 했다는 사실이었다. 량치차오는 인정사정없이 다음과 같이 지적했다. "중국 민족은 서구 민족이 갖고 있는 수많은 미덕이 결핍되어 있다."(앞의 책, 49쪽) 예를 들면 공중도덕, 국가사상, 진취 모험, 권리 사상, 자유, 자치, 진보, 자존, 사회의식, 이윤 창출 능력, 의지력, 의무 의식, 상무정신, 개인 도덕, 정치 능력 등등이 그것이다. 후스는 찬양하는 어투로 이렇게 말했다.

그는 이 10여 편의 문장[「신민설」]에서 핏빛 열성을 가득 품고, 또 무한한 자신감을 가지고, '늘 정감이 가득한' 필치로 무수한 역사의 사례를 열거하여 그토록 사람을 고무시키고, 그토록 사람의 눈물을 뿌리게 하고, 그토록 사람을 감격케 하는 글을 엮어냈다. 그중 「의지력을 논함論毅力」 같은 글은 25년이 지난 지금 다시 읽어도 깊은 호소력을 확인할 수 있다. 하물며 가장 쉽게 감동하는 시기인 당시 10여 세의 나로서는 과연 심정이 어떠했겠는가? (앞의 책, 49쪽)

후스는 다음과 같은 사실을 인정했다.

바로 이 몇 편의 글이 강력하게 나를 깨어나게 했다. 즉 우리 나라 고문
명에 자족하면서 전쟁 무기나 상업용 운반 도구를 제외하고는 서구를
향해 아무것도 배울 것이 없다고 자족하던 나의 안락한 꿈을 일깨웠다.
또 이 몇 편의 글은 나에게 수천 수백의 사람들과 마찬가지로 전 세계에
대한 새로운 안목을 열어줬다. (앞의 책, 89쪽)

량치차오의 『중국 학술사상 변천의 대세를 논함』은 역사적 시각으로 중
국의 구학술사상을 정리한 저작으로 후스에게도 새로운 견해와 계시를 열
어주었다. 후스는 이 책을 읽고 『사서』와 『오경』 외에도 중국에 학술사상이
있다는 사실을 알았다. 그러나 불행하게도 이 방대한 저작은 아쉬움을 남
겼다. 후스는 이렇게 말했다. "량 선생은 이 책의 몇 장을 쓴 후 갑자기 집
필을 중단하고 말아서 나는 크게 실망했다. 갑진년(1904) 이후 나는 『신민
총보』에서 이 저작이 계속 연재되는 것을 보고 너무나 기뻤다. 그러나 나는
연재된 장문의 저작을 읽고 끝내 적지 않은 실망감을 감출 수 없었다. 첫
째, 그는 '전성시대'를 논하면서 몇 만자의 서론만 얘기하고 '본론'[제자백가
학설의 근거 및 그 장단 득실]은 전부 보류해두고 단 한 글자 '결缺'자 주석만
달아놓았다. 그는 나중에 '자묵자[묵자의 높임말] 학설子墨子學說' 한 편만 보
충하고 나머지 각 파는 끝내 보충하지 않았다. 둘째, '불학시대佛學時代' 한
장章의 본론 중 한 절 또한 아무것도 쓰지 않았다. 셋째, 여섯번째 시대[송,
원, 명]도 전부 보류해둔 채 언급하지 않았다. 이 학술사상사 중간에 가장
중요한 세 부분이 빠져 있어서 나는 몇 년간 눈이 빠져라 후속작을 학수고
대했다. 나는 그렇게 실망하는 동안 스스로 야심이 생겼다. '내가 장차 량
런궁 선생 대신에 빠진 부분을 보충한 중국학술사상사를 쓴다면 이 어찌
영광스러운 일이 아니겠는가?'"(앞의 책, 50쪽) 후스가 나중에 『중국 철학사
대강中國哲學史大綱』을 집필한 것도 바로 '이 야심'의 씨앗을 마음에 심고 그것
을 천천히 키워 하늘을 찌르는 거목으로 성장시킨 것이다.

분명, 량치차오와 후스의 관계를 살펴보면 시종일관 앞사람을 잇고 뒷사
람을 계도한 사실이 존재하고 있음을 알 수 있다. 청소년 시대의 후스는 량

치차오를 정신과 학술 부문의 스승이나 길잡이로 삼았다. 지금까지의 서술에서도 다음과 같은 사실을 알 수 있다. 리아오李敖는 『후스 평전』에서 이렇게 분석했다. "량치차오가 후스에게 미친 영향은 매우 컸다. 이러한 영향이 이후 후스 사상의 남상으로 작용했으며, 평생 동안 후스의 학문 선택에 지표가 되었고, 종신토록 그 자신 흥미의 출발점이 되었다. 그러므로 10여 년 후에 후스가 량치차오에게 편지를 보내 톈진 자택을 방문하겠다고 하면서 '평생토록 뵙고 싶었던 마음에 위안을 받고자 합니다'라고 한 말이 이상한 말이 아니었다고 할 수 있다."(『후스 평전』, 96쪽)

후스와 량치차오는 언제 처음 만났는가?

후스는 줄곧 량치차오를 앙모했지만 적어도 1918년 11월 이전에는 서로 만날 인연이 닿지 않았다. 후스는 경자년 배상금 미국 유학생庚款留美官費生[2]에 합격하여 미국 코넬대학으로 유학을 가게 되었다. 그때가 선통 2년(1910) 7월이었고, 당시 량치차오는 아직도 일본에서 망명생활을 하고 있었다. 1912년 10월 량치차오가 귀국했을 때 후스는 코넬대학에서 농학을 공부하려고 준비 중이었다. 이후 후스는 이 학교 문리과대학으로 옮겨 서양철학을 전공했고, 1915년 10월 다시 컬럼비아대학 대학원으로 진학해 듀이 교수 밑에서 공부했다. 후스는 이 기간에도 국내에서 활약하는 량치차오에게 깊은 관심을 기울였다. 1912년 11월 초, 그는 국내 신문을 통해 량치차오가 망명생활을 끝내고 일본에서 귀국했다는 보도 기사를 읽었다. 후스는 자신의 『일기』에 아래와 같은 기록을 남겼다.

---

2 경자년인 1900년 의화단사건으로 발생한 전투에서 서구 연합군에 패배한 청나라는 참전 열강에 손해배상금을 지급하게 되는데, 이때 미국 정부에서는 이 배상금으로 미국식 교육을 실시하는 청화학교를 개설해달라고 요구했으며, 아울러 우수한 학생을 선발해 미국으로 유학을 보내라는 요구도 함께 했다.

신문을 읽고 량런궁이 귀국할 때 베이징과 톈진의 인사들이 모두 환영을 나왔다는 사실을 알았다. 그 대목을 읽고 정의가 아직 사람들 마음에 살아 있음을 알고 깊이 감탄했다. 량런궁은 우리 나라 혁명의 위대한 공신이고 그 공적은 우리 나라 사상계를 혁신한 데 있다. 15년 동안 우리 나라 인사들이 민족사상 및 세계 대세를 조금이라고 알게 된 것은 모두가 량 씨의 혜택 덕분이다. 이것은 백 번을 헐뜯어도 왜곡할 수 없는 사실이다. 작년 우한에서 일어난 신해혁명이 일거에 전국에 영향을 끼친 까닭도 민족사상과 정치사상이 사람들의 마음에 깊이 파고들었기 때문이다. 이 때문에 혁명이 파죽지세를 이룰 수 있었다. 만약 량 씨의 글이 없었다면 100여 명의 쑨중산과 황커창이 있었다 해도 어떻게 혁명을 그처럼 신속하게 성공시킬 수 있었겠는가? 근래 시인의 시에 "문자로 공적을 이루는 날이, 전 지구에 혁명이 일어나는 때이네文字收功日, 全球革命時"[3]라는 구절이 있는데, 이 두 구절은 량 씨에게만 손색없이 어울릴 수 있다."(『후스 연보胡適年譜』, 25쪽)

후스는 이 글에서 량 씨를 너무 지나치게 찬양하고 있다. 그러나 그가 말한 대부분은 사실에 속한다. 후스는 량치차오의 학술 동향에 계속 관심을 기울이면서 1916년 미국에서 「량런궁의 '관자管子'를 반박함駁梁任公管子」「량런궁의 '중국 법리학 발달사론'을 비평함評梁任公中國法理學發達史論」 등을 발표했다. 후스는 량치차오 연구에서 취할 만한 점도 있지만 착오도 있다고 생각했다. 이 시기 후스는 이미 10여 년 전의 소년이 아니었다. 그는 7년간 미국 유학생활을 거치며 안목이 크게 열렸을 뿐만 아니라 구미의 최신 문文, 사史, 철哲 관련 사상 학술 훈련을 받아서 새로운 연구방법까지 이해하고 있었다. 특히 1917년 초, 후스는 「문학개량에 관한 초보적 의견文學改良芻議」을 『신청년』 제2권 제5호에 발표하여 문학혁명의 첫번째 호각 소리를 울렸다. 후스도 이미 엄연히 중국 사상 문화계의 새로운 스타로 떠오르고 있

---

3 장즈유의 시 「루소盧騷」에 나오는 구절.

었다. 이해 6월 그는 미국을 떠나 캐나다 밴쿠버와 일본을 거쳐 상하이로 돌아왔다. 7월 10일 천두슈는 오로지 그를 만나기 위해 상하이행 계획을 세웠다. 9월에 후스는 차이위안페이의 초청에 응해 베이징대학 교수로 취임했고, 그곳에서 '중국 고대 철학사中國古代哲學史'를 강의하게 되었다. 후스와 량치차오가 상면할 기회가 점점 가까이 다가오고 있었다.

베이징에 도착한 이듬해인 1918년 11월 후스는 량치차오를 만날 마음을 먹었다. 당시 그는 묵자 철학을 연구하고 있어서 이것이 량치차오를 만날 좋은 구실이 되어주었다. 왜냐하면 후스는 량치차오도 묵자를 연구하여 상당한 성과를 내고 있다는 사실을 알고 있었기 때문이다. 그는 먼저 친한 친구 쉬전페이[쉬신류]에게 부탁해 자기 대신 량치차오에게 소개 편지 한 통을 써달라고 했다. 쉬전페이는 11월 7일 량치차오에게 다음 같은 편지를 보냈다.

런궁 총장[장관]님께. 후스즈胡適之[후스의 자] 선생이 지금 베이징대학 교수직에 있으면서 『신청년』 잡지를 주관하고 있습니다. 그의 문장과 학문은 장관님께 알려진 지 오래일 것입니다. [후스즈 선생이] 이번에 톈진으로 갈 일이 있어서 장관님을 뵙고 대화를 나누고 싶어합니다. [제가] 감히 한마디 말씀을 올려 소개해드리는 바입니다. (『량치차오 연보 장편, 872쪽)

후스도 정중한 마음을 표시하기 위해 톈진으로 가기 이틀 전(11월 20일)에 일부러 량런궁에게 편지를 올리고 찾아뵙겠다는 의사를 전했다.

런궁 선생님께 올립니다. 가을 초에 쉬전페이 선생을 만난 자리에서 졸저 『묵가 철학墨家哲學』이 량 선생님의 칭찬을 받았다는 사실을 알았습니다. 쉬 선생은 아울러 량 선생님께서 묵학墨學 자료를 매우 많이 갖고 있다고 했습니다. 제게 한번 보여주시기를 바라옵니다. 저는 근래에 『묵변신고墨辯新詁』를 집필하고 있는데 아직 탈고하지 못한 상황이라 선생님께서 수집하신 자료를 너무나 보고 싶습니다. 다만 지난번에 마침 선생님께서 피를 토하는 병환을 앓고 있다기에 감히 편지를 드릴 수 없었습니다. 근래에 소문을 들으니 병환이 이미 나았고 또 때마침 『국민공보』에서 선생님의 대저大著를 받들어 읽고, 선생님께서 근래에 이미 다시 옛날처럼 글을 쓰고 있다는 사실을 알게 되었습니다. 마침 모레 11월 22일 제가 톈진 난카이학교로 가서 연설을 하고 톈진에 하루를 묵을 계획입니다. 이번 기회에 선생님을 배알한 뒤, 한편으로는 평생 뵙고 싶었던 마음을 위로하고, 한편으로는 묵학에 관한 선생님의 가르침을 듣고 싶습니다. 묵학 자료까지 보여주신다면 더욱 감사하겠습니다. 저는 또 선생님께서 근래에 제1차 세계대전 화의和議문제 연구에 마음을 쓰고 계시다는 걸 알고 있습니다. 낯선 방문객을 접견할 여유가 없으시리라 생각합니다. 이 때문에 쉬전페이 선생에게 소개를 부탁하게 된 것입니다. 제 계획으로는 23일 토요일 오전 11시에 선생님을 찾아뵙고 20분 정도 말씀을 나누고 싶습니다. 선생님께서 허락해주실지 모르겠습니다. 제가 톈진에 도착한 후 다시 전화로 귀댁에 연락을 드린 후 제 거취를 결정하겠습니다. (앞의 책, 872~873쪽)

후스가 처음 량치차오를 만난 것은 이때까지 1918년 11월 23일이고, 만난 장소는 톈진 량치차오 자택으로 알려졌다. 거의 모든 사람의 증언이 확실한 증거를 갖고 있었다. 딩원장과 자오펑톈이 함께 펴낸 『량치차오 연보 장편』 및 후쑹핑胡頌平이 편찬한 『후스즈 선생 연보 장편胡適之先生年譜長編』에서도 이 학설을 채택했고, 그 근거는 바로 쉬전페이와 후스가 쓴 두 통의 「런궁 선생에게 드리는 편지致任公先生書」였다. 그러나 2004년 9월 위잉스余英時는 『『일기』를 통해본 후스의 일생從『日記』看胡適的一生」에서 후스의 『일정과 일기日程與日記』를 거론했다. 즉 1920년 3월 21일 일기에 아래 같은 기록이 남아 있다는 것이었다.

쭝멍(린창민)과 식사를 하면서 처음 량런궁을 만나 이야기를 나눴다.

위잉스 선생은 이 자료에 근거해 이렇게 말했다. "이는 후스가 당일에 자기 손으로 직접 기록한 것이라 가장 믿을 만하다."(『후스의 역정을 다시 찾아重尋胡適歷程』, 15쪽) 공교롭게도 이때 량치차오는 마침 베이징에 있었다. 량치차오는 1918년 12월 유럽 시찰을 떠났다가, 1920년 1월 22일 마르세유에서 프랑스 우편선을 타고 귀국길에 올랐다. 3월 5일 상하이에 도착해 19일에 베이징으로 갔고 24일에 톈진 자택으로 돌아왔다. 량치차오는 25일 딸쓰순에게 보낸 편지에서 '입경入京' 사실을 언급했다. '관례에 따라 권력자를 두루 만났다'라고 한 대목은 바로 대총통 쉬스창을 배알하고 유럽여행 경과를 보고한 사실을 가리킨다.(『량치차오 연보 장편』, 903쪽) 물론 친구들도 만나야 했는데 특히 린창민은 꼭 만나야 했다. 둘은 오랜 친구로 나중에 사돈 간이 되며, 당시 량치차오가 개인 자격으로 파리평화회의에 참가하여 세계 여론계에 중국의 권리를 호소할 때 국내에서 그에게 호응한 사람이 바로 린창민이었기 때문이다. 량치차오는 북양 정부와 일본 정부가 산둥문제에 관한 밀약을 맺고, 중국이 파리평화회의에서 산둥 주권을 회수하는 일에 장차 영향을 끼치고자 한다는 소식을 듣고는, 첫번째로 린창민에게 전보를 쳤다. 그제야 5월 2일 『신보晨報』에 린창민이 쓴 「산둥이 망하게 되었다山東亡矣」가 게재되었고, 이 글이 '5·4운동'의 직접적 도화선이 되었다.

반여 년 뒤 량치차오가 베이징으로 돌아오자 린창민은 식사 자리를 마련해 옛 친구의 여독을 풀어주었다. 이것은 아주 자연스러운 일이었다. 그리고 후스가 이 자리에 초대된 것도 있을 수 있는 일이었다. 우리가 알고 있는 바와 같이 량치차오가 유럽으로 가기 전에 후스는 그와의 만남을 요청하는 편지를 보낸 적이 있다. 당시 량치차오가 일정이 너무 빠듯했고 당일에도 일이 있어서 두 사람의 만남은 이루어지지 못했던 것으로 보인다. 그래서 마침 유럽여행에서의 귀국을 핑계로 앞서 만나지 못한 유감을 풀려고 했을 수도 있는 일이었다. 그러나 후스가 당시 첫번째 약속을 하고 량치차오를 만날 수 없었던 사정에도 자신만의 이유가 있었다. 후스는 1918년 11월 23일 즉 그가 량치차오와 만나려고 약속한 그날에 모친이 갑자기 세상을 떠났다는 소식을 받았다. 이 때문에 그는 본래 계획을 포기하지 않을 수 없었다.

학술 논쟁과 기세 싸움

유럽여행에서 돌아온 량치차오는 자발적으로 후스와 교류하기를 원했다. 후스의 『일정과 일기』 1920년 8월 27일 대목에 다음과 같은 기록이 있다. "량보창[량산지, 입헌파 원로] 집에서 식사를 했다. 량런궁, 란즈셴, 장바이리 등이 함께했다. 런궁은 헌법 3대 강령을 주장했다. (…) 그는 우리가 가입하여 발표하기를 원했지만 나는 완곡하게 사양했다."(『후스 유고 및 비장 서신胡適遺稿及祕藏書信』 제14책, 359쪽) 여기에 기록된 몇 달 뒤에 식사 자리가 또한 번 있었다. 당시 량치차오와 후스의 왕래 및 교류가 잦아지며 함께 식사할 기회도 많아지고 있다는 사실을 알 수 있다. 량치차오는 선입관이 거의 없는 사람이었다. 그는 새로운 시대에도 뭔가 새로운 일을 해야겠다고 생각했기 때문에 새로운 동지와 교분을 맺으려 했다. 그러나 새로운 동지들은 그가 구입헌파 당원에다 연구계의 영수였으므로 경각심을 갖지 않을 수 없었다. 후스는 일찍이 "20년간 정치 이야기를 하지 않겠다"고 말한 적이 있다. 아마도 이것이 함께 제헌운동을 하자는 량치차오의 요청을 거절한 원인 중 하나일 것이다. 그러나 이러한 원인이 그들의 계속된 왕래에 걸림돌로 작용하지는 않았다. 함께 정치 이야기는 할 수 없었지만 학문 이야기는 나눌 수 있었기 때문이다.

『청대학술개론』

이해(1920) 10월 18일, 량치차오는 『청대학술개론淸代學術槪論』을 탈고한 후 후스에게 편지 한 통을 보냈다.

공이 이전에 나에게 금문학운동을 기술해야 한다고 질책해서 집으로 돌아와 바로 원고를 쓰기 시작해 청대 학술을 관통하여 논술했습니다. 지금 바로 부본副本 한 권을 베껴서 전적으로 공에게 평가를 부탁합니다. 장바이리에게 편지를 받고 나서 공이 이미 그를 만났다는 사실을 알게 되었습니다. 이 문제의 자료에 관해서는 공이 나보다 알고 있는 바가 훨씬 많을 것이고 견해도 틀림없이 독특한 점이 많을 것입니다. 간절히 바라건대 공이 쓴 장문의 비평 편지를 받고 싶습니다. ─장바이리에게도 이 같은 요구를 했습니다.─ 그럼 나에게도 도움이 될 뿐 아니라 독자들에게도 흥미를 한층 더 높여줄 수 있을 것입니다. 공의 아픈 몸이 아직 회복되지 않았으면 감히 부탁할 수 없지만 만약 필묵을 들 수 있으면 가르침을 아끼지 말아주시기를 바랍니다. 나는 백화시白話詩 문제에 대해 나만의 의견을 좀 갖고 있습니다. 지금 글 한 편을 쓰고 있으니 2~3일 내에 완성할 수 있을 듯합니다. 이 또한 공과 논의해보고 싶은 일입니다. 공의 『철학사 대강』에 대해서도 비평하고 싶은 점이 매우 많습니다. 일이 좀 한가해지면 용기를 내서 공에게 장문의 편지를 보내겠습니다. 그러나 아마 그 글도 스스로 멈출 수 없을까 두렵습니다. (『량치차오 연보 장편』, 922쪽)

량치차오가 이 편지에서 "청대 학술을 관통하여 논술했다"는 책이 바로 『청대학술개론』이다. 량치차오가 이 책을 쓰게 된 동기는 본래 량치차오의 제자 겸 친구인 장바이리가 그에게 자신의 저서 『유럽 르네상스사』 서문을 부탁한 데서 비롯했다. "이윽고 붓을 들어 쓰기 시작한 후 멈출 수가 없어 마침내 수만 자에 이르는 글을 완성하게 되었고 그 편폭이 거의 본래 책과 같아졌다. 천하 고금에 본래 이 같은 서문은 있을 수 없기 때문에 탈고 후에 할 수 없이 장바이리의 책으로부터 독립을 선언해야 했다."(「자서」, 『청대학술개론』) 한 편의 서문을 한 편의 책으로 써내는 일은 아마도 량치차오만이 가능한 일이라 말할 수 있다. 그러나 그는 이 글에서 또 후스의 부탁도 받았음을 밝혔다. 즉 후스가 그에게 만청 '금문학운동'의 경력을 쓰도록 요청했고 그도 이 말에 마음이 움직여 비로소 편폭은 짧지만 사람을 경탄케 하는 천재적 저술을 남기게 되었다는 것이다. 후스가 유사한 건의를 했는지 여부는 결코 중요하지 않다. 량치차오가 직접 이렇게 말한 것은 첫째 후배 앞에서 겸손을 표시하려는 의도이고, 둘째 후스와 좀더 친한 척하고 싶었기 때문이다. 이런 연유로 량치차오는 이 원고를 장바이리에게 보내『개조』잡지에 연재하게 하는 동시에 장위안지가 주관하는 상하이 상무인서관에도 우송하여 단행본으로 출판하게 했다. 아울러 부본을 베껴 몇몇 친구에게 평가를 부탁했고 후스도 그 속에 포함되어 있었다. 그후 재판을 찍을 때 량치차오는 특별히 새로 증보한 세 절과 개정한 수십 곳이 후스 등의 의견을 수용한 대목이라고 서문에서 밝혔다. 후스도 1921년 5월 2일 일기에 이 일을 기록했다.

차 안에서 량런궁 선생의『청대학술개론』을 읽었다. 이 책 원고는 내가 전에 이미 본 적이 있다. 당시 나의 의견을 런궁에게 써서 보냈고 나중에 런궁께서 대략 보충하고 개정했다. 이 책의 후반부가『개조』잡지에 게재되었을 때는 이미 본래 원고와 많이 달라져 있었다. 이번에 인쇄된 책에는 별도로 혜동惠棟 1장, 대씨戴氏 후학 1장, 장빙린 1장이 추가되어 있었다. 모두 원고에는 없던 내용이다. 이 밖에도 모서허毛西河 1절에서는 칭찬하는 말을 생략했고, 원매袁枚 1절은 완전히 삭제했다. 또 요제항姚際恒과 최적崔適이 새로 들어갔는데 이 대목에는 모두 나의 의견이 반영되었다. 런궁의 이 책은 참으로 훌륭하다. 오늘날에도 오직 그분만이 이와 같은 총명한 저술을 집필할 수 있다. (『후스 문집胡適文集』「서신 일기 권書信日記卷」, 99~100쪽)

『묵자』 논변

량치차오는 오래지 않아 또 한 차례 후스와 학문적인 교류를 하게 되었다. 그는 1921년 초 10여 년에 걸친『묵자』연구 성과를『묵경교석墨經校釋』으로 완성하고 후스에게 편지를 보내 이 책의 서문을 써주기를 희망했다. 후스는 량치차오 책을 보고 "한편으로 부끄러움과 한편으로 기쁨을 느꼈다."부끄러움을 느낀 이유는 다음과 같았다. "나는 일찍이『묵변신고』를 완성하

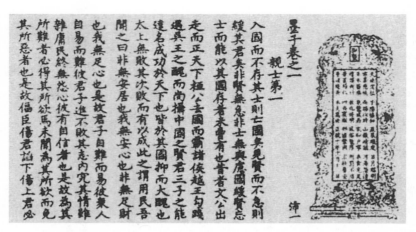

其所惡者也是故偏臣傷君諂下傷上君必
所難者必得其所欲焉未聞爲其所欲而見
自易而難彼君子進不敗其志退不究其情雖
也我無足心也是故君子自難而易彼人
聞之日非無安居也我無安心也非無足財
太上無敗其次敗而有以成也此之謂用民吾
達名成功於天下也皆於其國抑而大驪也
過吳王之醜而尚攝中國之賢君三子之能
走而正天下極八吾國而霸諸侯越王勾踐
士而能以其國存者未曾有也昔者文公出
經其君豈非賢無急非士無與虞國緩賢忘
入國而不存其士則亡國矣見賢而不急則

墨子卷之一
親士第一

沛一

명각본明刻本 『묵자』 선집. 『묵자』는 전국시대 묵가학파의 대표 저작이다. 묵자의 문인에 의해 편집되었다. 본래 71편이었으나 지금은 53편만 전한다.

겠다고 발원했는데 뜻밖에도 6~7년이 지나도록 아직도 뜻을 이루지 못하고 있기" 때문이었다. 기쁨을 느낀 이유는 이제 "량 선생의 이 교석이 탈고되었고, 이 책 속에 새로운 교감校勘이 많이 이루어져 묵학을 공부하는 학자들에게 참고도서로 제공될 수 있기" 때문이었다.(「묵경교석 후서墨經校釋後序」, 『음빙실합집·전집』 제38권, 99쪽)

후스의 묵학 연구는 20세기에 독보적 경지에 올랐고 근현대 묵학 부흥 과정에서 특별한 지위를 차지한다. 그러나 그가 후학으로서 높은 경지에 오를 수 있었던 것은 량치차오가 그를 계발해준 공이 있었기 때문임을 인정하지 않을 수 없다. 후스는 「묵경교석 후서」에서 다음과 같이 썼다.

량 선생은 거의 20년 전에 묵가 학설을 제창했다. 그가 일찍이 『신민총보』에 게재한 수많은 묵학 관련 글로 인해 당시 많은 사람이 묵학에 새로운 흥미를 갖게 되었다. 나 자신도 그 많은 사람 중 하나였다. (앞의 책)

이 글에서 후스는 자신이 묵자 학설에 흥미를 갖게 된 계기 및 연구의 추진력이 모두 량치치오가 보여준 연구의 시범, 인도, 계발에서 왔다고 인정했다. 기실 량치차오가 묵자 학설에 주의하게 된 시점은 더욱 젊은 시기로 거슬러 올라갈 수 있다. 광서 19년 계사년(1893) 쑨이랑孫詒讓은 『묵자간고墨子閒詁』[4]를 완성한 뒤 이듬해 300부를 인쇄하여 여러 친구에게 나눠주고 '교열審讀'을 부탁했다. 량치차오는 다음과 같이 당시 상황을 회고했다. "중룽仲容[쑨이랑의 자] 선생께서 나에게도 한 부를 부쳐왔는데 나는 그때 겨우 23세였다. 내가 평생 묵학 및 주진周秦 제자백가 서적에 흥미를 갖게 된 것은 모두 이 책에서 비롯했다." 이는 20년 후 량치차오가 『중국 근백년 학술사』를 저술할 때 부가적으로 언급한 말이다. 그는 쑨이랑의 묵학 연구를 크게 찬양했다. "중룽은 여러 방법을 병용했고 식견과 담력이 모두 매우 뛰어나 이 불후의 명작을 완성할 수 있었다. (…) 대체로 이 책이 나온 연후에야 사람들이 『묵자』를 읽을 수 있게 되었고, 현대 묵학의 부활도 전적으로 이 책으로 유도된 것이다. 『묵자』에 주석을 단 고금의 서적 중에서 그 어떤 책도 이 책을 뛰어넘지 못하고 있다."(『중국 근백년 학술사』, 283~284쪽) 량치차오의 이 언급은 틀림이 없는 말이다. 그러나 뒷날 량치차오와 후스가 행한 묵자 연구와 비교해보면 쑨이랑은 "힘은 많이 들였지만 밝혀낸 점은 많지 않았다"고 할 수 있다. 이는 다음 같은 이유 때문이었다. "근년에 유럽 학문이 동쪽으로 전해져 학자들이 새로운 지식의 힘을 빌려 옛 학문을 토론하고 있다. 이를 통해 이 6000자에 포함된 의미가 무궁무진하다는 사실을 더욱 다양하게 깨닫고 있다."(『묵경교석』 「자서自序」, 『음빙실합집·전집』 제38권, 2쪽) 량치차오와 후스가 서구의 사상 연구방법을 이용해 『묵경』을 해석한 것은 물론 지난날보다 한 걸음 더 진전된 창조적 측면이라 할 수 있고 아울러 묵학 연구에 새로운 국면을 개척했다 할 수 있지만, 그전

---

4 이 책 원문에는 『묵자한고墨子閒詁』로 되어 있으나 이는 오류다. 이 책의 본제목인 『墨子閒詁』에서 '閒'을 중국대륙의 통용 한자인 '閑'으로 바꾸는 과정에서 생긴 잘못으로 보인다. 그러나 저자인 쑨이랑은 『墨子閒詁』의 '閒'은 본래 '間'으로 써야 하지만 『설문해자說文解字』에 '間'의 본자가 '閒'으로 되어 있어서 『墨子閒詁』로 쓴다고 했다. 따라서 『墨子閒詁』는 '묵자간고'로 읽어야 하며, 마찬가지로 『墨子閑詁』로 바꿔 쓸 수 없다.

에 쑨이랑의 기념비적 기초 작업이 있었다는 사실은 누구도 부인할 수 없다. 1998년 중화서국에서 이 책을 다시 출판할 때 쑨치즈孫啓治는「전언前言」에서『묵자』학설의 연구 성과를 언급하면서 여전히 "근대의 저작 중 쑨이랑의 작업을 바탕으로 연구를 완성하지 않은 책은 하나도 없다"라고 했다.

만약 묵학에 대한 량치차오의 흥미가 당초 쑨이랑으로부터 비롯했고, 묵학에 대한 후스의 흥미가 량치차오에게서 온 것이라 말할 수 있다면, 애초에 량치차오와 후스의 교류와 우정은 바로『묵자』에 대한 두 사람의 동일한 흥미에 의지하고 있음을 짐작할 수 있다. 우리가 기억하고 있다시피 후스가 쉬전페이를 통해 량치차오를 방문하고 싶다는 의견을 제시한 것도 그가 쓴「묵자철학墨子哲學」이 량치차오에게서 칭찬을 받았기 때문이다. 게다가 량치차오는 자신이 소장하고 있는 진귀한 묵학 자료를 후학과 함께 향유하기를 원했다. 또 그는 이제 새 저서 출판을 앞두고 후스에게 편지를 보내 서문을 써달라는 희망을 표명했을 뿐만 아니라 또 서문을 쓸 때 "자신의 잘못을 바로잡아달라"고 기탄없는 부탁까지 했다. 이 대목에서 우리는 후스를 대하는 량치차오의 '스스럼없는 태도'를 부정할 수 없다. 그러나 마찬가지로 량치차오의 마음속에서 후스가 차지하고 있는 중요한 비중도 간파할 수 있다. 그는 후스를 매우 존중하고 있었다. 후스도 물론 감히 게으름을 부리지 않고 량치차오 은혜에 보답하고자 서로 아끼고 존중하는 마음을 보여주었다. 후스는 이렇게 말했다. "그의 이와 같은 허심虛心과 후의 때문에 나는 겨우 인사치레나 하는 서문을 감히 지을 수 없었다."(「묵경교석 후서」,『음빙실합집·전집』제38권, 99쪽)

후스는 아주 성실하고 기탄없이 서문을 써서 량치차오가 사용한 교감학 방법에 질의를 제기하고 비평을 가했다. 이러한 학문 교류는 본래 현대 학술사의 미담이라 해야 하지만 당시 량치차오는 분명히 지나치게 쩨쩨한 태도를 보였다. 량치차오는 본래 자신이 다른 사람에게 "자신의 잘못을 바로잡아달라"고는 했지만 그 사람이 그 말을 진심으로 여기고 정말 몇 마디 직언을 할 줄 생각도 하지 못했다. 그래서 량치차오는 그 일을 마음에 담아두게 되었다. 이에 책을 인쇄할 때 그는 자신이 쓴「자서」를 책 맨 앞에 배치하고 후스의 「서문」은 책 맨 뒤에 배치했다. 이러한 조치도 이미 예의가 없는 행동이었는데, 더욱 온당하지 않게 느껴지는 점은 자신의 글 「후스에게 보내는 답장復胡適之書」을 부록으로 삼아 「묵경을 읽고 난 여담讀墨經餘記」 뒤에 편집해 넣으면서도 후스의 답장은 싣지도 않았다는 것이다. 이처럼 이치에 맞지 않는 량치차오의 행동에 후스는 몹시 기분이 나빠져서 여러 차례 친구들에게 이 일을 얘기하며 량치차오가 속 좁은 사람이라고 생각했다. 이러한 행동은 "정말 너무나 우스운 일이라고밖에 할 수 없다."

『중국 철학사 대강』

이어서 벌어진 일도 후스의 화를 더욱 부채질했다. 1922년 3월 4일 량치차오는 베이징대학 철학사哲學社의 초청으로 싼위안三院 대강당에서 「후스의 『철학사 대강』을 비평함」이란 강연을 했다. 후스의 『중국 철학사 대강』은 1919년 2월 출판되었다. 사상사적 의의로 말하자면 이 책은 철학사와 경학사經學史의 한계를 돌파한 획기적 저작이었다. 후스 개인의 입장에서도 이 책은 사상 문화계에서 그의 입지를 확고하게 마련해줬다. 후스는 만년에도 여전히 이 책을 득의만만하게 생각하며 "학계에 새로운 기풍을 연 저작"이라 여겼다. "나의 이 저작에는 최소한 한 가지 새로운 특징이 있다. 그것은 바로 내가 ['경학'과 '제자학諸子學'을 구별하지 않고] 각 학파의 사상을 동일하게 다뤘다는 점이다. 나는 유가 외에도 반유反儒·비유非儒의 사상가들, 예를 들면 묵자 같은 사상가도 공자와 나란하게 열거했다. 이러한 학문 태도는 1919년 무렵 학계의 작은 혁명이었다."(『후스 구술 자서전胡適口述自傳』, 227쪽) 그러나 량치차오는 줄곧 이 책을 비평하고 싶은 충동을 느끼고 있었다. 그는 1920년 10월 18일 『청대학술개론』을 매개로 후스에게 보낸 편지에서도 이렇게 말했다. "공의 『철학사 대강』에 대해서도 비평하고 싶은 점이 매우 많습니다. 일이 좀 한가해지면 용기를 내서 공에게 장문의 편지를 보내겠습니다. 그러나 아마 그 글도 스스로 멈출 수 없을까 두렵습니다." 애석하게도 량치차오는 그 장문의 편지를 쓸 적합한 기회를 찾지 못하고 있었다. 그런데 당시 베이징대학 철학사에서 량치차오를 강연에 초청하자 그는 마침내 기회가 왔다고 생각했다.

당시 량치차오 강연은 모두 이틀 동안 진행되었고 하루에 두 시간씩 배정되어 있었다. 량치차오의 강연을 들은 청중이 몇십 년 후 당시 상황을 아래와 같이 묘사했다.

(…) 민국 11년 가을, 량런궁이 철학사 요청으로 베이징대학 싼위안 대강당에서 '후스의 『중국 철학사 대강』'을 비평했다. 강연은 이틀 동안 진행되었고 매일 두 시간 내외의 시간이 주어졌다. 둘째 날에는 후 선생도 단상에 함께 자리 잡았다. 런궁은 강연을 오랫동안 준비한 듯 요점을 잘 파악했고 어휘도 매우 예리했으며 거의 인정사정이 없었다. 그러나 강연을 아주 유머러스하게 진행하면서 청중에게 자신의 말이 일리가 있다고 느끼게 했다. 다음 날 남은 반시간 동안 후 선생이 답변을 했다. 후 선생은 첫날 강연 원고를 이미 본 듯, 짧은 40분 동안 아주 경쾌한 말솜씨로 런궁의 주요 논점을 하나하나 반박했다. 그러자 청중들의 입장은 또다시 후 선생의 주장으로 기울었다. 당시 청중의 정서를 '취한 듯했고 미친 듯했다'고 묘사해도 아마 지나친 말은 아닐 것이다. (『량치차오를 추억하다』, 306쪽 주注 ①)

이 청중의 현장 묘사는 매우 생동감 있고 핍진하지만 시간 기억에 다소 편차가 있는 듯하다. 『후스 일기』의 기록에 따르면 량치차오의 강연은 민국 11년(1922) 봄에 있었다. 구체적 날짜는 바로 3월 4일과 3월 5일 이틀간이었다. 후스는 3월 5일 일기에 다음과 같이 기록했다.

어제 철학사에서 량런궁을 초청하여 강연을 했다. 제목은 「후스의 『철학사 대강』을 비평함」이었고 싼위안 대강당을 빌려 강연 장소로 삼았다. 이런 행위는 그가 인정세태를 잘 모른다는 표시이므로 본래 내가 상관하지 않을 수도 있었다. 그러나 동료인 장징성張競生 교수가 내게 량런궁이 이틀 동안 강연을 하므로 강연장에 가보자고 권해서 곰곰이 생각하다가 강연장으로 갔다. 나는 차라리 내가 직접 가서 그를 소개할 작정이었다. 그는 두 시간 넘게 강연했고, 강연이 끝난 후 내가 또 몇 마디 답변을 하고 폐회했다. 이는 학계에서 늘 있는 일이지만 대중들은 마음속으로 재미있는 구경거리로 여겼다. (앞의 책, 304~305쪽)

후스가 현장을 살펴보니 자신이 어떻게 할 수 없는 상황이었고 또 웃지도 울지도 못할 형편이라 화가 좀 치밀어올랐다. 그는 강연 현장에서는 안면 때문에 화를 낼 수 없었지만 그날 밤 일기를 쓸 때는 분노를 억제하지 못했다.

그는 오늘 공자와 장자에 대한 나의 설명이 부당하다고 비평했다. 그러나 그는 공자와 장자의 이상적 경지를 말하면서 두 사람 모두 "천지가 나와 함께 생존하고 만물이 나와 함께 하나가 된다"는 동일한 입장에 서 있다고 했고. 다만 이러한 경지를 실현하려는 두 사람의 방법이 상이할 뿐이라고 주장했다. 이러한 견해는 너무나 기괴한 언설에 불과하다. 그는 또 장자는 우주를 정적靜的으로 인식했다고 말했다. 이 말은 더욱 기괴하다.
그는 공자를 이야기하면서 완전히 도학을 보위하는 말만 해서 나를 크게 실망시켰다.

마지막으로 후스는 또 아래와 같은 의견을 표시했다.

량 선생은 항상 나의 시대 관념이 너무 분명하다고 말했다. 나는 이 점을 피하지 않았을 뿐 아니라 늘 스스로 자랑으로 여겼다. 내가 쓴 이 책의 특징은 첫째는 시대 관념이 분명하고, 둘째는 종파 관념이 분명하다는 점이다. 나는 결코 공자와 장자가 똑같은 주장을 했다고 말할 수 없다. 즉 두 인물 모두 "천지가 나와 함께 생존하고 만물이 나와 함께 하나가 된다"는 똑같은 주장을 했다고 말할 수 없다.

그러나 이처럼 상이한 관점을 갖는다는 것은 결국 좋은 현상이다. 나는 상이한 관점을 많이 만나기를 희망하고, 또 장래 학자들이 더욱 다양한 사고를 하여 중국 철학사가 한두 사람의 편견에 가려지지 않기를 희망한다. 량 선생이 오늘 던져준 교훈은 철학사에 등장하는 학파를 해석하는 관점이 다양하고 상이할 수 있다는 것을 알게 해준 데 있다. (이상은 모두 『량치차오를 추억하다』, 305~306쪽 참조).

학술상으로 드러난 후스와 량치차오의 시시비비에 대해서는 이 글에서 본격적으로 거론할 필요가 없을 것이다. 그러나 당시 벌어진 한 가지 에피소드는 꽤 의미 있는 내용을 담고 있으므로 여기에 기록해둘 만한 가치가 있을 듯하다. 량런궁의 강연은 이전부터 대단한 인기를 끌었다. 또 당시 그가 실명으로 비평한 후스도 신문화운동의 맹장이자 사상 학술계의 떠오르는 스타였다. 따라서 당시에 량치차오의 강연이 얼마나 큰 주목을 받았는지 상상할 만하다. 그날 "강당에는 빈자리가 없어서 창틀에까지 청중이 가득 들어찼다." 그중 한 젊은 학자 즉 나중에 『한장대사전漢藏大辭典』을 편찬한 장이쑨張怡蓀 교수는 여러 해 뒤 자신의 학생들에게 그때의 미담을 한가지 소개했다. "수천 명의 청중 속에서 자신은 창틀에 앉은 사람 중 하나였으며, 임시로 찾아낸 담뱃갑 종이에 바쁘게 필기를 했다." 그의 필기에의하면 량런궁은 강연 중에 『노자』란 책이 전국시대 저작이란 혐의가 있다는 의견을 제기하고 유머러스하게 청중들에게 이렇게 말했다고 한다. "내가 오늘 『노자』에 대해 소송을 제기할 테니 여러분께서 심판해주시기 바랍니다."[량치차오의 「후스의 『중국 철학사 대강』을 비평함」을 조사해보면 전혀 이런 언급이 없다. 그러나 이 책 제5절에서 전문적으로 『노자』란 책의 완성 연대에 의문을 제기하면서 이렇게 언급했다. "나는 『노자』란 책의 저작 연대를 전국시대 말기로 의심한다." 현장의 필기는 각자 관점에 따라 편중되게 기록될 가능성이 있다.] 그 장 선생은 귀가한 이후 바로 '판결문' 한 장을 써서 량치차오 선생에게 우송했다. 내용은 다음과 같다. "그것은 문예 형식으로 쓴 학술논문이었다. 이 글에서 그는 량런궁 선생을 원고로 삼았고, 『노자』를 피고로 삼았으며, 자신은 '량런궁이 인정한 심판관 겸 서기관'이 되었다. 그는 임석한 여러 사람 중 한 명의 신분으로 런궁 선생이 제기한 소송을 처리하고 판결을 내렸다. 그 판결문은 이렇다. '량런궁이 제기한 각 항목의 내용으로는 기실 『노자』가 전국시대 저작이란 혐의를 전혀 증명할 수 없다. 이에 본 소송을 파기하여 환송한다. 이상과 같이 판결한다.'"

장이쑨 선생의 제자 정보치鄭伯騏 선생은 1983년에 쓴 글에서 또다시 이 일을 언급했다. "당시에 이름이 거의 알려지지 않은 젊은이가 대담하게도 천하에 이름을 떨치던 대학자 량런궁 선생을 감히 다음과 같이 비평했다. '옛 제도를 분명하게 알지 못했거나, 고서를 자세히 조사하지 않았거나, 훈고를 모르거나, 역사 사례에 통달하지 못한 채 지나치게 용감하게 가설을 세우고는 조급하고 잡다하게 글을 써서 오류가 넘쳐났으니 그 모습이 마치 미숙아를 유산하는 것과 같다.'" 그러나 량 선생은 이 '판결문'을 받고 나서 아주 기뻐했다. 그는 그 젊은이의 관점에 결코 동의하지 않았지만 젊은이의 재능을 깊이 칭찬하면서 친히 그에게 글을 남겼다. "장 군張君이 우송해 온 글은 고증이 정확하여 학자적 태도를 아주 잘 보여준다. 글의 제목 및 구성에서도 문학적 방식을 채용하고 있어서 더욱 흥미롭다. 나는 이 사건에 대해서 원래 소송 내용을 철회할 생각이 없지만 노자가 이제 이처럼 변론에 막힘이 없는 변호사를 얻게 되었으니 이를 심히 기뻐하는 바이다." 나중에 장 선생은 이 책을 출판할 때 량런궁의 이 글을 본문 첫 페이지 정중앙에 사각형 테두리를 둘러 인쇄해넣었다.(『량치차오를 추억하다』, 307~308쪽)

'국학서목' 논쟁

만년에 량치차오는 후스 면전에서 항상 승벽을 부리며 지기 싫어하는 모습을 보였다. 이후 둘 사이에 벌어진 몇 차례 대결도 흔히 량치차오가 먼저 도전하고 후스가 나중에 응전하는 식이었다. 후스는 아예 응전하지도 않고 조용히 처리하기까지 했다. 1923년 발생한 '국학서목國學書目' 논쟁이 바로 그러한 경우였다. 애초에 이 일은 칭화학교의 후둔위안胡敦元 등 몇몇 학생이 미국 유학을 가게 되어 단기간에 국학 상식을 얻을 수 있는 도서목록書目을 선정해달라고 후스에게 부탁하면서 일어났다.(「최소한도의 국학서목 서언一個最低限度的國學書目序言」, 『독서와 치학讀書與治學』, 195쪽) 그후 이 목록은 2월 25일 『동방잡지東方雜誌』 제20권 제4호에 발표되었고, 다시 3월 4일 『독서잡지』 제7호에 전재되었다. 그리고 당시 『칭화주간清華週刊』 기자가 『독서잡지』에서 이 목록을 보고 3월 11일 후스 선생에게 편지를 보내 이 목록을 비판하는 두 가지 의견을 제시했다. "첫째, 우리는 선생님께서 이번에 언급하신 국학의 범위가 너무 협소하다고 생각합니다. (…) 둘째, 우리는 한편으로 선생님께서 선정하신 목록의 범위가 너무 좁아 마음에 들지 않고, 다른 한편으로 선생님께서 말씀하신 부문 즉 사상사와 문학사 내용이 너무 심오해 '최소한도'란 네 글자의 의미에 부합하지 않는다고 생각합니다."(앞의 책, 207~208쪽) 후스는 『칭화주간』 기자에게 답장을 써주고 자기 목록에 보이는 문제점에 대해 몇 가지 해명하고 설명한 후 본래 목록에 동그라미를 치는 방식으로 다시 '실재적인 최소한도 목록'을 선정했다.

대체로 이 무렵 『칭화주간』 기자는 같은 과제를 량치차오에게도 부과했다. 당시 추이웨이산翠微山에서 요양 중이던 량치차오는 수중에 아무런 책도 없는 상황에서 기자의 독촉이 이어지자 "사흘 동안 있는 힘을 다해 오로지 기억만으로 이 목록의 초안을 완성했고" 그것을 4월 26일에 기자에게 우송했다. 아마도 당시 『칭화주간』 기자가 후스의 목록을 량치차오에게 추천했던 듯, 량치차오는 「국학 입문서 요목 및 그 독법國學入門書要目及其讀法」을 완성한 후 또다시 「국학 연구 잡담治國學雜話」과 「후스의 '최소한도 국학서목'을 비평함評胡適之的'一個最低限度的國學書目'」을 써서 먼저 『칭화주간』에 게재한 후 나중에 다시 단행본으로 출판했다. 량치차오는 국학 입문서를 다섯 종류로 분류했다. 첫째, 수양 응용 및 사상 관련 서적. 둘째, 정치사 및 기타 문헌학 서적. 셋째, 운문 서적. 넷째, 문자학 서적 및 문법 서적. 다섯째, 수시 편람 서적. 이 다섯 종류에는 대체로 중국 전통의 경經, 사史, 자

子, 집集 서적이 포함되어 있다. 이는 공구工具, 사상사思想史, 문학사文學史 등 세 부문으로 나눈 후스의 방법보다는 훨씬 더 훌륭한 분류법으로 보인다. 게다가 량치차오의 '서목書目'에는 주석과 요점이 비교적 상세하게 달려 있고 추천 도서의 특징과 내용에 대해서도 비교적 자세한 소개와 실제적 평가를 내리고 있으며, 특히 자신이 겪은 독서 체험을 이용해 청년 학도를 깨우치고 있다. 이 때문에 아주 친절하고 실용적으로 느껴진다.

후스는 '국고5정리整理國故'의 제창자이면서 그것을 몸소 실천한 영도자였다. 량치차오도 이 부문에서는 더욱 그에게 뒤떨어지지 않으려 했다. 량치차오는 「국학 입문서 요목 및 그 독법」을 완성하고도 미진한 느낌이 들었던지 다시 「후스의 '최소한도 국학 서목'을 비평함」을 썼다. 이 글 속에 후스와 우열을 겨루려는 량치차오의 생각이 포함되지 않은 것은 아니지만, 기실은 후스 목록의 문제점을 보완하려는 량치차오의 의도가 더 짙게 드러나고 있다. 따라서 량치차오는 후스의 목록을 비평하면서 '목록의 내용이 제목과 맞지 않다'고 했다. 그는 이에 대해 세 가지 이유를 들었다. 후스의 목록이 첫째, 학생들의 수요에서 출발하지 않고 개인적 흥미에서 출발했다. 둘째, 읽어야 할 책과 구비해야 할 책을 혼동해서 말했다. 셋째, 일반적인 국학 상식조차 없는 학생은 책이 많아도 읽을 수 없다는 사실을 망각하고 있다.(『음빙실합집·전집』 제71권, 29~32쪽) 목록에 이처럼 몇 가지 결점이 포함되어 있었으므로 학생들의 요구를 만족시킬 수 없었음은 당연한 일이었다. 『칭화주간』 기자는 이렇게 말했다. "우리는 선생님께서 우리를 위해 또 다른 목록 즉 명실상부한 최소한의 국학서목을 선정해주시기를 희망합니다. 그 목록에 뽑힌 책은 기계공학 학생이든, 응용화학 학생이든, 철학·문학 학생이든, 정치·경제 학생이든 모두 읽어야 하고 모두 알아야 하는 내용을 담고 있어야 합니다. 우리는 그 목록에 든 책을 읽은 이후에 중국 문화를 대략이라도 알 수 있기를 희망합니다."(『독서와 치학』, 208~209쪽) 칭화학교 학생들의 이러한 요구에 후스가 좀 얼버무리려 하자 량치차오가 후

---

5 중국 전통의 서적, 문자 등 광범위한 문화유산.

스 대신 나서서 일을 마무리했다. 이는 물론 량치차오의 일관된 관점과 관련이 있다. 그는 독서가 지식을 구하는 유일한 방법이라 생각한 적이 없다. 그는 지식을 구하기 위해서 독서에만 의지한다면 "그런 사람의 인격은 더 물어볼 필요도 없다"고 했다.(『음빙실합집·전집』 제71권, 23쪽) 그는 또 다음과 같이 말한 적이 있다.

> 여러분께 묻겠습니다. "왜 학교에 다닙니까?" 내가 생각하기에는 모두들 한결같이 "학문을 구하기 위해서"라고 대답할 것입니다. 그럼 다시 묻겠습니다. "왜 학문을 구하려 합니까?" "무엇을 배우려 합니까?" 아마도 개인별로 대답이 아주 다르거나 대답하지 못하는 사람도 있을 것입니다. 여러분! 내가 여러분 대신 대답을 해보겠습니다. 그것은 "사람이 되기 위해서입니다." 여러분이 학교에서 배우는 것이 무슨 수학, 기하, 물리, 화학, 생물, 심리, 역사, 지리, 국어, 영어 내지 무슨 철학, 문학, 과학, 정치, 법률, 경제, 교육, 농업, 공업, 상업 등등이든 상관없이 그것은 모두 사람이 되기 위한 수단에 불과합니다. 그러므로 오직 이러한 전공에만 의지하면 인간이 되려는 목적에 도달할 수 없습니다. 여러분이 이러한 전공에 모두 정통했더라도 사람이 될 수 있을지 없을지는 또다른 문제로 남습니다. (『음빙실합집·문집』 제39권, 105쪽)

량치차오는 『국학 연구 잡담』에서도 여전히 이러한 사상을 펼치면서 '인간 되기'란 시각으로 젊은이들의 독서를 지도하고 있다.

> 개인이 독서 취미를 길러 전문 학자가 되려면 물론 이와 같이 해야 하고, 사업가가 되려 해도 이와 같이 해야 한다. 왜냐하면 우리가 공장에서, 회사에서, 의회에서, (…) 하루 업무를 끝내고 퇴근한 뒤 수시로 즉각 즐거운 동료를 만날 수 있는 곳으로는 서적보다 더 나은 공간이 없고 서적보다 더 편한 공간이 없다. (『음빙실합집·전집』 제71권, 23쪽)

량치차오는 독서를 통해 개개인이 인격 수양을 이루고, 인생을 위해 안신입명安身立命의 길을 확립하기를 바랐다. 그는 또 이렇게 말했다.

좋은 문학은 사람의 정취를 길러주는 도구다. 우리가 민족의 구성원이 되려면 결국 본本민족의 좋은 문학을 잘 이해하고 숙독해 암송까지 할 수 있어야 그것이 비로소 우리 무의식 속에 뿌리를 내려 부지불식간에 심신을 유익하게 하는 성현의 격언으로 발효될 수 있다. 그 일부분은 오랜 기간에 걸쳐 우리 전체 사회에서 공동의식으로 정형화된다. 우리는 이 사회의 구성원이므로 철저하게 그것을 이해해야 공동의식과 틈이 벌어지지 않을 수 있다. (앞의 책, 26쪽)

량치차오의 뜻은 아주 분명하다. 즉 청년들에게 중국 신문화 건설이라는 희망을 걸어야 하지만, 청년들이 중국문명을 재건하고 중국문화를 부흥할 책임을 짊어지려면 중국 책 특히 중국 고서를 폐기하고 서구 책만 읽어서는 안 된다는 의미다. 당시 중국사회의 격렬한 반전통 경향과 고서 읽기 반대 기풍을 비판하며 량치차오는 이렇게 말했다. "독서는 물론 중국 책 읽기에만 갇혀서는 안 되지만, 중국인은 중국 책을 적어도 외국 책과 평등하게 대우할 수 있어야 한다. 이렇게 대우하면 중국 책은 적어도 외국 책을 읽으면서 얻는 동등한 분량의 유쾌한 보답을 우리에게 선사할 것이다."(앞의 책, 23쪽) 이 대목을 읽으면 마음이 좀 스산해진다. 민족문화가 그 민족의 마음속에서 이미 이처럼 형편없는 지경으로 몰락했음은 참으로 상상하기 어려운 일이다. 이것이 바로 중화민족의 가장 큰, 가장 심각한, 그리고 가장 침통한 비극이었다. 량치차오도 서구를 향한 학습을 주장한 적이 있고, 또 여러 해 동안 '수입상'이 되어 서구 학문과 사상을 중국에 소개한 적이 있다. 그러나 유럽여행에서 돌아온 후 량치차오의 사상에는 근본적인 변화가 일어났다. 그가 볼 때 서구문명은 그 나름대로 진보적 일면이 있지만 중국의 민심을 구제하려면 중국문화를 떠나서는 안 된다는 것이다. 그는 외국으로 유학을 떠나려는 학생들에게 아래와 같이 경계심을 갖게 했다.

여러분이 귀국한 후 중국문화에 공헌했느냐 여부가 여러분의 공적과 죄과를 가르는 기준점이 될 것입니다. 여러분이 설령 천하제일의 미국 학자 즉 모습과 정신까지 모방한 미국 학자가 되더라도 아마 중국문화에는 별다른 영향을 끼치지 못할 것입니다. 만약 그런 모습으로도 어떤 영향을 끼칠 일이 있게 되면, 우리는 파란 눈의 미국 박사 1백 몇십 명을 초청해오는 것으로 충분할 것입니다. 어찌 여러분을 부를 필요까지 있겠습니까? 여러분은 미국 학생이 아니라 중국 유학생이라는 사실을 단단히 기억해야 합니다. 어떻게 해야 중국 유학생으로 불릴 자격이 있는지는 여러분 스스로 잘 생각해보기 바랍니다. (앞의 책, 27쪽)

량치차오의 비평에 대해서 후스는 전혀 반응을 보이지 않았다. 실제로 중국 유학생들이 반드시 중국 책을 읽어야 한다는 점에서는 그와 량치차오의 의견이 일치했다. 후스는 『칭화주간』 기자에게 보낸 답장에서 다음처럼 지적했다. "현재 교육가들 중 유학생들의 국학 수준을 비판하지 않는 사람이 없기 때문에 유학생들은 자신을 지나치게 비하하며 아예 국학 서적을 많이 읽으려 하지 않는다. 따라서 그들은 국외에서 중국을 대표할 수 없고 귀국 후에도 큰 영향력을 발휘하지 못한다."(『독서와 치학』, 209~210쪽) 두 사람 태도에서 분명하게 드러나고 있다시피, 무슨 책을 읽고, 왜 독서를 하는가? 그리고 어떻게 독서를 할 것인가? 등 구체적 문제에서는 두 사람에게 약간의 의견 차이가 있지만 그 외 근본적 문제에서는 아무런 차이가 없었다. 후스와 량치차오는 모두 문화 보수주의 입장을 견지하고 있었다. 그러나 이러한 점 때문에 두 사람은 루쉰, 천두슈, 첸쉬안퉁錢玄同, 우즈후이 등 급진주의자들에게 격렬한 공격을 받았다. 우즈후이는 량치차오와 후스를 같은 파당으로 간주하며 경멸에 찬 어투로 조롱을 퍼부었다.

최근 량 선생은 후스에게 악랄한 사기를 당해, 자신이 장흥학사長興學舍

이전부터 책 보따리 속에 끼고 다니던 도서목록 문답을 공공연히 끄집어내어 시산西山에서 칭화학교로 우송했다. 또 배나무와 대추나무에 참화를 뒤집어씌우고6 수많은 신문과 잡지의 지면을 허비하면서 그 목록을 전파하고 있으니 참으로 가소로운 일이다. 그는 또 후스가 지은 『중국 철학사 대강』의 영향을 받아 홀연히 국고 정리에 흥미를 느끼고, 먼저 무슨 『청대학술개론』이니 또 무슨 『중국역사 연구법』이니 하는 책을 저술하고는 나름대로 대단하게 여기고 있다. 그뒤로도 수많은 학술 강연을 했는데 태반은 요사스러운 말로 대중을 현혹하는 내용이었다. 무슨 『선진 정치사상』 등은 바로 『서학고미西學古微』 등과 함께한 콧구멍에서 나온 콧김에 불과하다. 이 때문에 그는 문화학원文化學院을 만들려고 하면서 자신이 죽으면 국고를 정리할 사람이 없다고 남몰래 헛소리를 지껄이고 있다. 그러나 나는 그가 좀더 빨리 죽기를 바란다. 그가 하는 것처럼 국고를 정리하다가는 얼마나 많은 청년들을 장송해야 할지 모르기 때문이다. (『과학과 인생관』, 301쪽)

신문화 제창이 꼭 구문화 배척을 의미하지는 않는다

우즈후이는 국민당 원로 겸 혁명 선배인데 나이가 량치차오보다 많았다. 그는 또 저명한 교육가로 장징궈蔣經國[장제스의 맏아들, 타이완 총통 역임]의 스승 노릇을 한 적도 있다. 그가 세상을 떠나자 장제스는 "사표師表를 잃었다고 애통해했다." 우즈후이는 또 유명한 '광인狂人'이었고 남 욕하는 걸 좋아했으며, 때때로 그 욕설이 통쾌한 경지에 이르기도 했다. 전해오는 말에 의하면 언젠가 우즈후이는 도쿄 학생대회에서 자희태후에게 욕설을 퍼붓다가 혁대가 풀어져서 바지가 흘러내렸는데, 그는 아랑곳 않고 바지를 끌

---

6 배나무와 대추나무가 재앙을 당한다는 말로, 아무 가치도 없는 책을 출판하는 것을 비유. 원문은 '災梨禍棗'다. 옛날에 책을 찍어낼 때 배나무와 대추나무를 활자판으로 사용한 관습에서 나온 말이다.

어울리면서도 계속 욕설을 퍼부었다고 한다. 그도 젊었을 때는 캉유웨이와 량치차오를 숭배하며 유신파의 소졸小卒로 자처했지만 나중에는 쑨중산을 추종하며 혁명당원이 되었다. 그가 량치차오를 매도한 까닭은 물론 중국 구문화를 몹시 증오했기 때문이다. 그러나 우즈후이의 매도 속에는 극심한 당파적 견해와 묵은 원한 및 량치차오에 대한 오해와 오독이 들어 있다. 량치차오는 결코 수구적인 사람이 아니다. 다만 그는 구문화로 신문화를 배척하는 것과 신문화로 구문화를 배척하는 것 모두 바람직한 방법이 아니며 이 두 가지 모두는 중국문화 건설에 피해만 줄 뿐이라고 생각했다. 량치차오는 조화롭고 포용적이며 서로 공생할 방법을 채용해야 한다고 주장하면서 그렇게 해야만 중국문화가 미래 세계에서 영향력을 발휘할 수 있을 것으로 생각했다. 여기서도 량치차오의 안목이 신문화파와 구문화파에 비해 훨씬 원대했음을 할 수 있다. 또한 그와 후스 같은 창조자와 옹호자 덕분에 중국문화가 다소나마 뿌리를 보존할 수 있었다. 만약 진정으로 우즈후이 등이 말한 대로 "선장본을 30년 간 측간 속에 던져 넣어뒀다면" 30년 후에는 어떤 일이 벌어졌겠는가? 아마도 그것을 측간에서 건져 올려 깨끗하게 씻고 평평하게 펴느라 엄청나게 노력해야 했을 것이다.

신구新舊 논쟁에 대해 말하자면 량치차오는 그것을 직접 겪은 사람이었다. 그도 진화론을 신봉한 적이 있어서 새로운 것이 틀림없이 낡은 것을 이길 수 있다고 생각했다. 게다가 20세기 초에 일어난 '소설계혁명' '시계혁명' '사학혁명'도 모두 량치차오가 추동자이며 제창자였다. 그러나 나이가 많아지고 견문이 넓어지면서 문화혁명의 과격한 태도와 행위에 대해 상당한 근심과 불안감을 품게 되었다. 량치차오는 문화 전통에 대한 과격한 태도로 인해 중국인들이 정신적 의지처를 상실하게 될까봐 근심에 휩싸였다. 이때문에 그는 늘 신구 세대의 모순을 조화시키려고 노력했다. 그는 백화시 논쟁과정에서도 이처럼 행동했다. 1920년 초, 량치차오가 유럽여행에서 돌아왔을 때 마침 후스가 중국 최초의 백화시집 『상시집』을 출판했다. 량치차오는 당시 그렇게 바쁜 일정 속에서도 시간을 쪼개 잉크 냄새가 가시지 않은 『상시집』을 읽고 후스에게 축하 편지를 보냈다. "『상시집』을 완독했습

1911년 우즈후이(오른쪽) 부자가 쑨중산과 런던에서 함께 촬영한 사진. 우즈후이는 국민당의 원로이며 혁명 선배다. 량치차오보다 나이가 많다. 또 저명한 교육가로 장제스의 아들 장징궈의 스승을 역임한 적도 있다. 그가 세상을 떠났을 때 장제스는 '사표師表'를 잃었다고 애통해했다.

니다. 미증유의 형식에 기쁨과 감탄이 우러납니다. 공의 성공을 축하합니다."(『후스의 학술토론 왕래 서신집胡適論學往來書信集』 하책, 1234쪽) 우리는 아직도 량치차오가 어떤 경로로 후스의 새 시집을 손에 넣었는지 분명하게 알지 못하고 있다. 아마도 어떤 식사 자리에서 후스가 선배 량치차오에게 시집을 증정하고 '비평과 지적'을 부탁했을 것으로 보인다. 량치차오의 긍정적 태도에 후스는 위안을 받았을 것이다. 후스는 이미 주위 친구들에게서 두루 찬사를 들었지만, 량치차오의 경우는 다른 진영에서 전해져온 목소리였기 때문이다. 량치차오는 수구적인 원로 선생들을 비판하며 이렇게 말했다. "갑자기 백화시를 홍수나 맹수로 대하기 시작했는데 그것은 정말 아무것도 아닌 것에 호들갑을 떠는 꼴에 불과했다."(『음빙실합집·문집』 제43권, 73쪽) 이들 수구적인 원로 선생은 대부분 량치치오와는 친구였고, 그들은 량치차오가 귀국하여 문화 발전의 방향을 바로잡아주기를 학수고대했다. 리샤오단이 『성려필기』에 기록한 바와 같다. "이때 지시 사람 후스가 베이징대학 교수직에 있으면서 구어체로 문언문文言文을 대신하자는 주장에 진력하며 그것을 신문화라 불렀다. 그러자 여러 인사는 량치차오가 귀국해 바로잡아주기를 소망했다."(『성려필기』, 38쪽) 그러나 량치차오는 원로 선생들에게 깊은 실망감만 안겨줬다. 그들은 아마도 량치차오가 시대 변화에 가장 잘 적응하는 사람임을 망각한 것 같았다. 그는 귀국하자마자 바로 신시대가 신문화를 부르고 있다는 사실을 민감하게 느꼈다. 백화시가 바로 신문화를 대표하는 상징이었다. 게다가 량치차오가 자부심을 느낀 것은 자신이 백화시를 반대하지 않았을 뿐 아니라 17년 전 『신민총보』에서 백화시를 제창해야 한다고 말한 적이 있다는 사실이었다. 량치차오 입장에서는 이제야 백화시를 짓는 너희들은 나를 백화시의 선배로 존경해야 한다고 은근히 기대했을지도 모를 일이다.

그러나 백화시에 대한 량치차오의 지지와 찬양에는 조건이 붙어 있었다. 그는 1920년 10월 18일 후스에게 보낸 편지에서 매우 분명한 어조로 말했다. "나는 백화시 문제에 대해 나만의 의견을 좀 갖고 있습니다. 지금 글 한 편을 쓰고 있으니 2~3일 내에 완성할 수 있을 듯합니다. 이 또한 공과 논의해보고 싶은 일입니다."(『량치차오 연보 장편』, 922쪽) 량치차오가 말한 '글 한 편'은 아마도 나중에 발표한 『만청 2대가 시초』 제사晚淸兩大家詩鈔題辭』로 보인다. 이 글에서 알 수 있는 바와 같이 량치차오가 '자신만의 의견이 있다'라고 한 말은 백화시라기보다 백화시에 대한 일부 사람들의 극단적 태도였다고 볼 수 있다. "신진 청년 일파가 백화문을 유일한 신문학이라 주장하며 문언문을 극단적으로 배척하고 있다. 이처럼 편파적이고 과격한 주장은 저들 원로 선생과 막상막하의 모습에 다름 아니다. 실질적인 측면에서 말하자면 만약 진정으로 좋은 의경意境과 시재詩材가 있으면 백화로도 좋은 시를 쓸 수 있고 문언으로도 좋은 시를 쓸 수 있다. 그렇지 않은 경우라면 문언으로 써도 혐오감이 들 것이고 백화로 쓰면 혐오감이 더욱 배가 될 것이다."(『음빙실합집·문집』 제43권, 73쪽) 그는 또 이렇게 말했다. "다른 학문 분야라면 우리 나라의 뿌리가 좀 얕다 해도 받아들일 수 있지만, 문학의 경우는 조금도 게으름을 부려서는 안 된다."(앞의 책, 70쪽)

후스는 아마도 량치차오의 속마음을 이해하지 못했던 듯하다. 그는 천두슈에게 보낸 편지에서 원망을 터뜨렸다.

지금 저들은 백화 시문詩文을 주장한 종전의 견해를 이미 철회했는데 이 사실을 모르는 건 아니시겠죠? 량런궁은 대대적으로 백화시를 반박한 문장 한 편을 써서 아직 발표하지 않고 있습니다. 앞서 그 원고를 내게 보여주기에 내가 조목조목 반박하여 그에게 돌려주면서 이렇게 얘기했습니다. "이 문제들은 우리가 3년 동안 토론한 적이 있습니다. 제 입장에서는 '지난 주제를 다시 제기하지' 않기를 바랍니다. 만약 다시 제기하면 틀림없이 우리 사이에 다시 무의미한 논전이 계속될 것이기 때문입니다." 그제야 그는 그 글을 발표하지 않았습니다. (『천두슈 서신집陳獨秀書信集』, 306쪽)

후스가 소위 '지난 주제를 다시 제기한다'고 한 것은 바로 1915년 이래로 그와 메이광디梅光迪, 런훙쥔任鴻雋 등의 친구들이 벌인 백화문학 논쟁을 말한다. 당시에 여성 동학同學 천형저陳衡哲만 후스를 지지했고, 다른 친구들은 거의가 후스의 반대파가 되었다. 후스는 적막감과 실망감을 깊이 느끼고 탄식을 금치 못했다. "1년이 넘는 토론을 통해서도 친한 친구 한두 명조차 설득하지 못했으니 내가 국내에서 문학혁명을 제창하려 함은 결국 망상이란 말인가?"(『후스 자서전』, 126쪽) 그러나 그는 1916년 10월 천두슈 선생에게 보낸 편지에서 '문학혁명'의 여덟 가지 조건을 제기했고, 아울러 『신청년』에 「문학개량에 관한 초보적 의견」을 발표했다. 후스의 주장은 첸쉬안퉁, 창나이더常乃德 같은 국내 일부 청년들의 지지를 받았다. 천두슈는 특별히 이에 대한 글을 지어 이렇게 지적했다. "중국문학을 개량함에 백화를 정통으로 삼자는 학설은 그 옳고 그름이 매우 분명하기 때문에 반대자들에게 토론의 여지를 남겨서는 안 된다. 우리 주장이 절대적으로 옳으므로 다른 사람의 교정도 허용해서는 안 된다."(앞의 책, 131쪽)

혁명가의 독단으로는 결코 문제를 영원하게 해결할 수 없다. 혁명가가 사람의 입을 막을 수는 있지만 문제 자체를 없앨 수는 없다. 량치차오는 시종일관 혁명 특히 문학혁명은 결국 점진적인 발전과정임을 믿었다. "백화시는 결국 장래에 대성공을 거둘 희망이 있지만 반드시 두 가지 조건을 갖춰야 한다. 첫째, 국어가 진화한 후 수많은 문언문이 모두 '백화화白話化'하기까지 기다려야 한다. 둘째, 음악이 크게 발달한 후 시를 짓는 사람이 모두 상당한 음악 지식과 취미를 가질 때까지 기다려야 한다. 이는 결국 시간이 지나지 않으면 안 될 일이다."(『음빙실합집·문집』 제43권, 75쪽) 게다가 그는 더욱 많은 사람이 신시新詩 창작 실천에 참여해야 한다고 보았다. 당시 후스가 친구들과 논쟁을 중지하고 직접 백화시 창작에 투신한 것과 마찬가지로 량치차오도 만년에 백화시 창작에 흥미를 보였다. 량치차오는 『상시집』에 실린 것과 같은 백화시는 창작할 수 없었지만 반쯤 백화로 쓴 '백화사白話詞'를 적지 않게 써서 후스에게 보내 가르침을 청하기도 했다. 『량치차오 연보 장편』에는 량치차오가 후스에게 보낸 편지가 세 통 보존되어 있다. 각각 1925년 6월 22일, 6월 26일, 7월 3일에 쓴 편지인데 여기에는 새로운 사詞 작품 6수가 언급되어 있다. 량치차오가 후스에게 보낸 편지 중

지금까지 발견된 것은 모두 11통이다. 그중 사를 논한 편지는 4통으로, 2통은 우리가 『량치차오 연보 장편』에서 찾아볼 수 있지만 나머지 2통은 이미 발표된 량치차오의 어떤 글에서도 찾아볼 수 없다. 이 편지 속에 초록된 사 작품도 모두 『음빙실합집』에 수록되지 않아 집외集外 '유묵遺墨'이라 할 수 있다. 이는 량치차오와 후스의 수많은 교류 중에서 지금까지도 대중의 시야 밖에 있거나 심지어 학계에 알려지지 않은 부분이 있을 수 있다는 사실을 설명해준다. 후쑹핑의 편저編著『후스즈 선생의 만년 담화록胡適之先生晚年談話錄』에는 후스가 왕궈웨이王國維와 량치차오에 대해 언급한 대목이 있다.

후쑹핑이 이어서 물었다. "제가 이전에 사람들이 전하는 말을 들어보니 선생님께서 베이징에 계실 때, 량런궁 선생이 선생님을 찾아오면 돌아갈 때 방문 입구까지 배웅했는데, 왕징안王靜安[왕궈웨이] 선생이 찾아오면 돌아갈 때 대문 입구까지 배웅했다고 합니다. 이런 얘기가 믿을 만한지 모르겠습니다." 후스 선생님이 말했다. "그런 일은 없었네. 나는 종고사鍾鼓寺에 거주했고 징안 선생은 나의 거처 뒤편 멀지 않은 곳에 거주하셨네. 그분이 나를 찾아온 건 몇 차례에 불과하네. 런궁 선생은 나를 찾아온 적이 없네. 그분은 톈진에 거주하고 있어 내가 늘 그분을 찾아뵙고 밥을 먹기도 하고 때로는 마작도 쳤지. 나에 대한 이런 신화가 외국에도 많이 유포되어 있네. 장래에 그 진상을 모두 글로 써내야 할 것 같네." (『후스즈 선생의 만년 담화록』, 79~80쪽)

이러한 자료는 모두 후스와 량치차오의 사귐이 절대로 평범하지 않았다는 사실을 밝혀주고 있다. 후스 측으로서는 구파인 량치차오와 왕래할 때

---

7 현대 구어口語로 쓴 사詞 작품. 사는 중국 송대에 극성한 민간 문학 양식의 하나다. 5언시나 7언시가 각 구절의 글자 수를 5자와 7자로 맞추는 것과는 달리 사는 시의 구법이 일정하지 않은 장단구 형식이다. 그러나 그 장단구도 작가 마음대로 쓸 수 있는 건 아니며 사보詞譜에 정해진 일정한 사패詞牌의 양식을 따라야 한다. 5언시나 7언시보다는 형식이 자유롭지만 일정한 사패를 따라야 하므로 이 역시 정형시라 할 수 있다. 중국 현대문학 초기에 이 사의 장단구 형식에 백화 어휘를 넣어 현대 자유시를 실험하려는 경향이 있었다.

아마도 다소 신경 쓰이는 부분이 있었을 것이다. 왜냐하면 후스는 자신의 신파 진영에 속해 있는 다른 사람의 눈치를 보지 않을 수 없었기 때문이다. 천두슈는 일찍이 후스에게 편지를 보내 그를 일깨웠다. "지금 남방에는 스즈[휴스] 형과 멍허[타오멍허] 형이 연구계와 가까이 지낸다는 소문과 그것에 대한 악평이 떠돌고 있습니다. 이번에 가오[가오멍단高夢旦] 선생님 일로 남방에서 타오멍허를 냉대한 이유도 바로 이 때문입니다. 저는 여러분이 이 일에 주의해주시길 바랍니다."(『천두슈 서신집』, 293쪽) 후스가 답장을 보내 반박하자 천두슈는 바로 다음 같은 의견을 표시했다. "나는 언제나 내 친한 친구 샌님들이 정객에게 이용당할까 조마조마합니다."(앞의 책, 309쪽) 푸쓰링傅斯稜도 후스에게 편지를 보내 질책했다. "선생님은 그 교활한 문학가를 가장 숭배하지만 저는 선생님이 그를 숭배하는 이유를 모르겠습니다. 설마 연구계의 세력 때문은 아니겠지요?"(『후스 왕래 서신선胡適來往書信選』 상책, 178~179쪽) 량치차오는 일찍이 후스를 비판하면서 정치를 회피해서는 안 된다고 했고, 그의 친한 친구 딩원장도 량치차오를 도와 일을 하면서 마침내 후스의 마음을 바꿔 『노력주보』 창간을 준비하게 했다. 그러나 가오멍단, 왕윈우王雲五, 장쥐성張菊生, 천수퉁 같은 다른 친구들은 '량런궁과의 관계'를 지속하지 말라고 권했다. 이와 관련하여 후스는 일기에 다음과 같은 기록을 남겼다.

> 나는 이 친구들의 마음에 아주 감사한다. 하지만 나는 진실로 참을 수 없다. 『매주평론』을 처음 발간할 때 나는 전혀 열심히 참가하지 않았다. 내가 쓴 글은 아주 적었고 그것도 대부분 문학에 관한 글이었다. 나중에 천두슈가 체포되고 나서야 내가 이어서 일을 맡게 되었고 결국 글을 쓰지 않을 수 없었다. 『매주평론』이 압수 수색(1919년 8월 말)을 당한 후 나는 2년을 기다리며 국내에서 어떤 사람이 이 사업을 계속 맡아 공개적이고 정의로운 신문을 만들어주기를 희망했다. 그러나 나는 시종일관 실망하고 말았다. 현재 정부는 내가 신문을 발간하는 걸 허락하지 않고 있지만 나는 신문을 발간하지 않을 수 없다. 량런궁은 손해를 감수한 채

자신의 언론 사업을 포기하고 총장[장관]이 되었다. 나는 관리가 되지 않겠다고 결심할 수는 있지만 언론 활동을 하고 싶은 나의 충동은 포기할 수 없다. (「서신 일기권」, 『후스문집』, 142~143쪽)

후스와 량치차오에게는 같거나 비슷한 점이 너무나 많다. 그 주요한 점은 사상이나 관점 및 사물에 대한 견해가 아니라 두 사람의 성격, 인품 및 행위 방식과 관련되어 있다. 따라서 두 사람은 수많은 문제에서 논쟁하고, 오해를 빚고, 원한을 품기도 했지만, 끊임없이 서로 협력하고 공감했다. 두 사람은 왕래를 계속하며 서로를 존중하고 아꼈다. 1920년대 초에 량치차오는 저명한 철학자 러셀을 중국으로 초청해 강연회를 열 때 후스 등에게 현장에 참석해 자리를 빛내달라고 요청했다. 그러나 후스는 그의 요청을 받아들이지 않고 다른 핑계를 대며 사양했다. 이는 물론 푸페이칭傅佩靑과 후스 사이의 의견 차이 때문에 일어난 일이긴 하지만, 이 무렵 량치차오에 대한 후스의 방어심리가 작용하지 않았다고 말할 수 없다. 후스도 자신이 연구계와 너무 가까워지고 있음을 걱정하는 상황이었다. 그러나 1924년 봄, 인도의 저명한 시인 타고르가 베이징 강학사 초청으로 중국에 와서 강연할 때는 후스가 최대한의 열정을 표시했다. 타고르의 사상 주장 및 인생 이상이 후스와 모두 합치되는 것 아니었지만, 그는 베이하이 정심재靜心齋에서 열린 환영회에 참석했을 뿐만 아니라 량치차오가 주관한 타고르의 64세 생일 연회에도 참석했다. 그는 이 연회에서 영어로 치사를 하면서 타고르를 일컬어 시철詩哲 중에서도 혁명적인 시철이라 찬사를 보냈다. 량치차오는 이보다 하루 전에 타고르 요청에 응하여 그에게 '주전단竺震旦'이라는 중국식 이름을 지어주었다. 그리고 이날 후스는 생일 치사를 하면서 타고르에게 축하의 마음을 표시하고, 아울러 자신이 이전에 지은 시 「회향回向」을 생일 선물로 타고르에게 바쳤다. 이는 실로 한 사람이 노래 부르면 다른 한 사람은 화답을 한다는 격으로 둘의 마음이 암묵리에 서로 통했음을 보여주는 일화다. 이보다 앞서 천두슈는 후스에게 편지를 보내 『중국청년中國靑年』 잡지에서 타고르 반대 특집호를 간행하려는 사실을 알려주고 짧은 글을 한편 써달라고 부탁했다. 그러나 후스는 그의 제의를 받아들이지 않았다. 여기에는 아마도 후스와 쉬즈모의 우정이 크게 작용했던 듯하고, 그 우정이 계기가 되어 후스는 흰 수염을 기른 인도 시인에 대해 상당히 경모하는 마음을 품고 있었던 듯하다. 그러나 우리는 후스 자신의 미묘한 심경 변화도 소홀히 취급할 수 없다.

전환기의 길을 연 선봉장

어떻든 후스에게는 사람을 친근하게 하는 매력이 있었다. 만년의 제자 후쑹핑은 후스를 위해 다음과 같이 말했다. "선생님의 처세법과 대인관계는 모두 '충서忠恕' 두 글자에서 출발한다. 그토록 다른 사람을 사랑하고 용서하면서 곳곳에서 다른 사람을 위해 생각을 펼쳤다."(『후스즈 선생의 만년 담화록』, 258쪽) 재미있는 점은 량치차오가 세상을 떠난 다음 날 후스도 이같은 말을 했다는 것이다.

> 런궁은 사람됨이 매우 온화하고 친근해서 전혀 꿍꿍이속이 없으며 마치 어린아이처럼 순진무구하다. 사람들은 그를 음모가라 말하지만 사실은 이와 정반대다. 그는 나에게 때때로 경쟁심을 좀 드러내기도 했지만—예를 들면 민국 8년(1919) 백화문을 창작할 때, 또 베이징대학에서 공개 강연을 통해 나의 『철학사』를 비판할 때, 또 나에게 『묵경교석』 서문을 써달라 하고는 그것을 후서後序로 돌린 뒤, 그가 내게 보낸 답장은 책 맨 앞에 싣고 내가 그에게 보낸 답장은 싣지도 않았을 때와 같은 경우다— 이는 모두 그의 천진무구하고 가식 없는 성격을 드러낸 것으로 그의 단점이 아니라 친근한 매력이다. 『묵경교석』 '서문'과 관련된 일을 이야기하자면, 나는 그가 허심탄회하게 서문을 요청해온 터라 그 책을 성실하게 논하여 그의 후의厚意에 보답하지 않을 수 없었다. 이 때문에 서문에서 그의 방법이 잘못되었음을 직접 지적했다. 그러나 구학자들은 이러

한 태도를 이해할 수 없었기에 당시에 그는 좀 언짢은 마음을 품었던 것 같다. 나도 당시에 마음이 좀 언짢았지만 나중에는 그를 양해하게 되었다. 최근에는 그가 나를 참으로 살갑게 대해주었지만 애석하게도 나는 근래에 그와 많은 이야기를 나눌 기회가 없었다. (『량치차오를 추억하다』, 433~434쪽)

후스와 량치차오는 모두 문인이었다. 그것도 당시 가장 유명하고 가장 영향력 있는 문인이었다. 하지만 두 사람에게는 '문인들이 서로를 경시하는 文人相輕' 폐습이 전혀 없었다. 량치차오가 세상을 떠난 그날 저녁 9시 좀 넘어서 후스는 상하이에서 베이징으로 돌아왔다. 후스는 다음 날 신문을 보고서야 비로소 량런궁이 별세했다는 소식을 알게 되었다. 그는 서둘러 린훙쥔, 천인커, 저우지메이 등과 약속을 정하고 광혜사로 가서 량치차오의 장례에 참석했다. 당시 그가 쓴 만장은 아래와 같다.

문장으로 공을 이루고 중국의 혁명을 이끄셨네.   文字收功, 神州革命
평생토록 자처하신 건 중국의 백성을 새롭게 하는 일이었네.

　　　　　　　　　　　　　　　　　　　　　　生平自許, 中國新民

량치차오에 대한 후스의 평가는 시종일관 량치차오의 사상적 측면과 관련되어 있었다. 후스는 량치차오를 선각한 계몽가 겸 사상계의 영수로 인식했다. 즉 량치차오의 글이 없었다면 민족사상이나 정치사상이 중국인의 마음에 깊이 파고들 수 없었고, 그럼 오늘날의 사상해방과 중국혁명이 있을 수 없었다는 것이다. 량치차오는 혁명가가 아니었지만 혁명가를 길러내면서 혁명가의 스승이 되었다. 이 점은 후스도 마찬가지다. 둘은 모두 혁명가가 아니었고 심지어 혁명에 반대하기까지 했다. 그러나 둘은 가장 먼저 떨치고 일어나 구세력을 향해 맹렬한 공격을 퍼부으며 혁명을 위한 앞길을 닦았다. 어떤 사람은 1894년 갑오해전[중일해전]에서 1923년 과학과 현학 논쟁까지의 30년간을 중국 근현대 역사의 '과도기'로 부른다. 또는 '무술변법'에서 '5·4운동'까지를 중국사회의 '전환기'라 칭하기도 한다. 이 기간 사상 문화의 영역에서는 낡은 유가 이데올로기가 와해되고 새로운 현대 사상 문화가 점차 모습을 드러냈다. 이 시기를 대표한 인물이 바로 량치차오와 후스였다. 량치차오는 이 과도기의 맨 앞에 서서 새로운 길을 연 선봉장이었다. 후스는 이 과도기 맨 끝에 서서 신사상과 신문화를 집대성하고 신시대를 연 창도자였다. 량치차오가 '현대중국'이란 무대를 마련했다면 후스는 그 무대의 막을 열었다. 그들 중 한 사람은 앞에서 또 한 사람은 뒤에서, 한 사람은 머리에서 또 한 사람은 꼬리에서 수십 년에 이르는 중국 근현대 사상문화사의 활발한 국면을 선도하고 창조했다. 그리고 흥미로운 일은 량치차오가 26세(1898년) 때 스승 캉유웨이를 따라 무술변법에 투신하여 두각을 나타내었고, 아울러 『시무보』에서 능력을 좀 발휘하다가 나중에 일본으로 망명해 『청의보』와 『신민총보』를 창간한 뒤 질풍노도와 같이 여론계의 영수가 되었다는 점이다. 공교롭게도 후스도 비슷하게 27세(1917년) 때 「문학개량에 관한 초보적 의견」을 발표한 뒤 일거에 유명인사가 되어 세상의 주목을 받았다. 그후 그는 『신청년』 그룹에 들어가 신문화운동의 제창자 겸 선봉장이 되었다. 그러나 두 사람은 급진주의를 주장하지 않았고 유혈 혁명을 주장하지 않았으며 계급투쟁을 주장하지 않았다. 이 때문에 그들은 보수파 심지어 반동파로 간주되었다. 량치차오가 세상을 떠난 후 국민당원 중 후한민 같은 사람은 국민당 정부가 량치차오를 포상하려 하자 이 일에 반대하기도 했다. 그러다가 1939년에 이르러 국민당 정부가 충칭으로 천도한 뒤 당시 막 세상을 떠난 쉬스창, 차오쿤, 우페이푸吳佩孚를 포상하고 나서 량치차오만 빠진 것을 유감스럽게 생각하고 그제야 내친김에 량치차오를 포상하게 되었다. 후스도 경우가 이와 같았다. 1949년 이후 후스가 타이완으로 이주하자 사람들은 그를 낙오자라 질책하기 시작했다. 1950년대에는 대륙에서 '후스 비판 운동'이 대대적으로 전개되어, 그를 혁명에 반대한 개량파라 단정했을 뿐 아니라 심지어 미제국주의자와 국민당 반동파의 주구로 낙인찍었다. 그러나 실제로는 좌파도 두 사람을 반대했고 우파도 두 사람을 반대했다. 급진파도 두 사람을 반대했고 보수파도 두 사람을 반대했다. 그러나 둘은 의연히 '중국 신민新民'으로 자처했다. 그들은 결코 수구적이지 않았다. 그들은 '국고 정리'에 진력했지만 그들이 주목한 것은 중국문화의 혁신이었다. 후스는 만년에 후쑹핑에게 이렇게 말했다. "자네, 이 35년의 역사를 시험 삼아 한번 돌아보게! 량런궁과 후스즈의 자책주의 自責主義[중국 고대문화를 자책하며 반성하는 사조]가 사회개혁에 더 큰 영향력을 발휘했겠나? 아니면 국수주의를 제창한 사람들의 큰 목소리가 더 큰 영향력을 발휘했겠나?"그 대답은 시간이 지날수록 더욱 분명해지고 있다.(『후스즈 선생 연보 장편 초고胡適之先生年譜長編草稿』, 1379~1380쪽)

제18장

사제지간의 정의情誼: 량치차오와 쉬즈모

/

쉬즈모가 량치차오를 스승으로 모신 것은 1918년 6월이었다. 쉬즈모는 전 처 장유이張幼儀의 오빠 장쥔마이의 소개로 량치차오의 제자가 되었다. 『쉬 즈모 연보徐志摩年譜』의 저자 천충저우陳從周 선생은 쉬즈모의 고종매제[1]로 쉬씨 집안과 관계가 매우 친밀했다. 그는 이렇게 증언했다. "당시 쉬즈모의 부친은 량치차오를 아들의 스승으로 모시면서 은화 1000위안이란 상당히 큰돈을 사례금으로 내놓았다."(『쉬즈모: 연보와 평가徐志摩: 年譜與評述』, 「천쯔산 서陳子善序」, 3쪽)

사제지간의 정의

쉬즈모는 량치차오를 배알한 후 베이징대학을 떠나 남하하여, (1918년) 8월 14일에 미국으로 갈 준비를 했다. 그는 미국 클라크대학에 들어가 사회학 을 공부할 예정이었다. 고향에서 그는 스승에게 편지 한 통을 보냈다. 장 유이는 만년에 이 일을 다음과 같이 술회했다. "나는 그[쉬즈모]가 정기적 으로 부모님께 보내는 편지를 통해 베이징대학 상황을 알았다. 그중 한 통 에 둘째 오빠[장쥔마이]가 어떻게 그를 당시 저명한 개혁가인 량치차오에게

---

[1] 천충저우의 아내 장딩蔣定이 쉬즈모의 고종사촌 여동생이다. 그리고 천충저우의 형수 쉬후이쥔 徐惠君은 쉬즈모와 사촌 남매간이다.

소개했는지 언급되어 있었다. 쉬즈모는 이 면담 이후에 겸손한 말로 량치차오에게 편지를 보내 자신의 경애심을 표시했고 나중에 량치차오는 그를 제자로 받아들였다."(『역사의 또다른 모퉁이』, 106쪽에서 재인용). 그러나 『작은 발과 양복─장유이와 쉬즈모의 가정파탄小脚與西服─張幼儀與徐志摩的家變』 90쪽에는 이 말이 보이지 않고, 87~88쪽에 걸쳐 단지 다음 같은 묘사만 있다. "시부모님께 보낸 편지에서 쉬즈모는 자신의 멋진 생활만 이야기했다. 대학[베이징대학]에 다니는 동안 둘째 오빠가 그를 량치차오에게 소개했고 나중에 량치차오는 그를 제자로 받아들였다."

애석하게도 우리는 이미 이 편지를 찾아볼 수 없다. 천충저우의 『쉬즈모 연보』에는 쉬즈모가 「량런궁 선생님께 올린 편지上梁師任公函」가 실려 있다.

여름에 법도 있는 모습을 배알하면서 고명하신 존안에 눈앞이 어질어질 하여 제 어리석은 생각은 한마디도 아뢰지 못했습니다. 남쪽으로 돌아오니 마침 어머니께서 병환이 나셔서 꼬박 한 달 동안 봉양했습니다. 그후 다시 일을 헤아려 처리하려니 분망한 가운데 틈을 낼 수 없었습니다. 베이징을 출발할 때 금옥 같은 가르침을 받들었고 또 한마디 짧은 말로 일깨워주시니 그 광대한 교훈으로 제 어리석음을 깨우칠 수 있었습니다. 감사한 마음에 문득 눈물이 흘러내릴 뻔했습니다. 생각건대 스승님께서 덕으로 사람을 사랑하시며 이 모자라는 제자를 내치지 않으셨으니 이 또한 거듭 황송할 따름입니다. 비루먹은 말처럼 부족한 제가 스승님의 구유를 채웠지만 성문聖門의 제자로 부끄럽지나 않을까 걱정입니다. 어찌 감히 반걸음의 편안함도 다 강구하지 못하면서 천 리의 여정을 바랄 수 있겠습니까? (『쉬즈모: 연보와 평가』, 20쪽)

이 편지는 문언文言으로 아주 고아하게 쓰였고 완전한 편지처럼 보이지도 않는다. 그러나 지극히 간단한 문자 속에도 량치차오에 대한 쉬즈모의 존경심이 생생하게 담겨 있다. 결국 량치차오는 보통 스승이 아니었으므로 그가 자신을 제자로 받아들이자 쉬즈모는 그 은총에 놀라움을 금치 못했다. 쉬즈모는 두 달 뒤 미국 유학을 가야 했기 때문에 량치차오는 특별히 그에게 편지를 보냄과 동시에 자신의『음빙실 독서기飲氷室讀書記』를 증정하고 2000자나 되는 글로 그의 미국행을 격려했다. 천충저우가 수집한 자료 중에 쉬즈모가 쓴 잡기雜記 두 편이 있다. 쉬즈모가 미국 혹은 영국 유학 시기에 쓴 것이라고 전해진다. 이 글을 통해서도 량치차오 및 그의 저작이 쉬즈모의 마음속에서 차지하는 비중을 엿볼 수 있다.

첫째

량 선생의『이탈리아 건국 삼걸전』을 읽다가 나의 혈기방장한 용기가 비로소 드러났다. 세 호걸의 생애는 진실로 지극히 장쾌하고 선생님의 문필도 그 신축伸縮의 기묘함이 마치 신룡神龍이 하늘을 선회하는 듯하다. 그 필력은 산을 뽑을 만하고 그 기세는 세상을 덮을 만하다. 그 통쾌하고도 침통한 필치에 진실로 나 혼자만 울분의 기복이 일어나는 건 아닐 것이다. 온 천하에 혈성血性을 가진 사람이라면 누구라도 스스로 멈출 수 없어서 발을 구르고 주먹을 휘두르며 격앙된 감정을 터뜨릴 것이다. (앞의 책, 108~109쪽)

둘째

29일에 런궁 선생님의「신민설」과「덕육감德育鑒」을 읽었다. 합장하며 머리를 조아리는 가운데 기쁨과 두려움과 부끄러움이 일시에 교차했다. 『석두기石頭記』[홍루몽]의 보옥[가보옥賈寶玉]이 설보차薛寶釵의「게를 읊은 시螃蟹詠」를 보고 "내가 지은 시는 불태워야겠다!"라고 했다. 지금 나도 선생님의 글을 읽으며 이렇게 말하겠다. "이 제자의 글은 불태워야겠습니다!"—불손함을 면치 못하리라!— (앞의 책, 110쪽)

이 몇 마디 짧은 언급을 통해서도 우리는 20세에 두각을 나타낸 이 젊은이가 마력이 넘치는 량치차오의 문장에 얼마나 감동했는지 느낄 수 있다. 실제로 쉬즈모가 량치차오를 알게 된 시기는 이보다 좀더 일렀을 가능성이 있다. 그는 적어도 두 가지 경로로 량치차오에게 접근했다. 첫째는 손위 처남 장쥔마이였고, 둘째는 자신이 푸福 아저씨라 부르던 장바이리였다. 장바이리는 어릴 때 이름이 푸였고, 그는 쉬즈모의 고모부 장진잔蔣謹旃[장친쒀蔣欽瑣] 선생의 친척 동생이었다. 쉬즈모는 베이징대학에 다닐 때 바로 시라후퉁錫拉胡同에 있는 장씨蔣氏 댁에 거주했다. 장쥔마이와 장바이리는 모두 량치차오의 제자였다. 당시 쉬즈모는 뛰어난 재능으로 이름을 떨치고 있었다. 장난기가 매우 심했지만 또래 청년들 중에서는 학문 소양이 가장 출중했다. 따라서 두 사람[장쥔마이와 장바이리]이 쉬즈모를 량치차오에게 소개한 것은 아주 자연스러운 일이었다. 하지만 쉬즈모가 베이징으로 온 시간이 언제인지에 대해서는 두 가지 상이한 기록이 남아 있다. 『쉬즈모 연보』에는 1915년으로 나와 있다. 그해 여름 쉬즈모는 항저우제일중학杭州第一中學을 졸업하고 베이징대학 예과에 합격했다.(앞의 책, 19쪽) 『쉬즈모전집徐志摩全集』에서는 이 일을 1914년으로 보고, 쉬즈모가 큰아버지 쉬룽추徐蓉初에게 보낸 편지에서 처음 베이징에 도착한 상황을 상세하게 기록했다고 언급했다. 전해오는 말에 의하면 이 편지에는 23일이란 날짜만 기록되어 있고 구체적인 해와 달은 전혀 기록되어 있지 않다고 한다. 그런데 전집에서 1914년 8월이라 기록한 것은 무슨 근거인지 잘 모르겠다.

재능이 넘치는 쉬즈모

쉬즈모는 저장 성 하이닝 샤스 진 사람이다. 광서 22년(1896) 12월 13일 유시酉時에 태어났다. 양력으로는 1897년 1월 15일이었다. 부친은 쉬선루徐申如, 모친은 첸무잉錢慕英이다. 이해가 음력 병신년丙申年이었다. 그의 부친도 동치 11년(1872) 음력 임신년壬申年에 태어난 원숭이띠여서 이름을 선루申如라 했다. 그리고 마침 아들도 '신申' 자가 든 해에 태어나자 그의 자字를 유

쉬즈모(1897~1931). 저장 성 하이닝 샤스 진 사람으로, 신월파新月派의 대표 시인이다.

선_{又申}[幼申으로도 씀]으로 지었다. 쉬즈모의 본명은 장쉬章垿이고 자는 유썬 槱森인데, 이는 유선又申과 비슷한 발음을 취한 것이다. 미국으로 유학을 떠 난 후 이름을 즈모志摩로 고쳤다.

쉬즈모는 고향에서 소학교에 다녔다. 『부중 일기府中日記』에 의하면 그는 1911년 소학교를 졸업하고 항저우부중학杭州府中學[나중에 항저우일중杭州一中 으로 개명]에 합격했다. 1913년 봄여름 사이에 장유이와 약혼했다. 당시 쉬 즈모는 17세였고, 장유이는 14세였다. 그의 혼인에 대해서는 두 가지 상이 한 이야기가 전해지고 있다. 첫째, 한스산韓石山 선생의 『쉬즈모전徐志摩傳』 에 나오는 장유이의 기억이다. 이 책에 의하면 장유이의 넷째 오빠 장자 아오가 저장 독무 주루이朱瑞의 비서를 지내는 동안 항저우부중학으로 시 찰을 갔다가 재기가 발랄하고 기상이 비범한 젊은이를 봤다고 한다. 그리 고 학교에 수소문하여 그의 부친이 바로 샤스상인회硤石商會 회장 쉬선루임 을 알고 바로 쉬씨 댁에 구혼 편지를 보냈다는 것이다. 오래지 않아 쉬선루가 구혼에 동의하는 회신을 보내 마침내 둘의 인연이 맺어지게 되었다고 한다.(『쉬즈모전』, 13쪽) 둘째, 차오쥐런 선생의 『장바이리 평전』에는 장바이리의 견해가 기록되어 있다.

바이리가 말했다. "어느 해인지 기억은 나지 않네. 아마 즈모가 막 대학에 입학했을 때 나는 상하이 얼마로二馬路 싼타이객잔三泰客棧에 묵고 있었지. 동향인 관계로 즈모와 그 부친은 내 방을 마음대로 드나들었네. 즈모의 부친은 나를 통해 장쥔마이[장자썬]를 알게 되었고, 또 쥔마이도 나를 통해 즈모를 알게 되었네. 쥔마이에게는 아직 출가하지 않은 누나와 여동생이 몇 명 있었는데, 쥔마이는 즈모를 보고는 마음에 들어 했네. 당시에 즈모도 아직 혼처를 정하지 않고 있었지. 즈모의 부친은 궁취안公權[장자아오]과 쥔마이의 사회적 지위를 알고 나서 마음이 동해 이혼사를 성사시키려 마음먹게 되었다네. 즈모도 어릴 때부터 감정이 풍부한 사람인 데다 부친의 말도 있고 쥔마이도 혼사를 권하자 무슨 단호한 의사 표시를 하지 않은 거지. 어떻게 표현하기도 어려운 분위기에서 결국 장유이와 쉬즈모는 샤스에 있는 사업공소絲業公所에서 혼인을 맺게 되었네. 물론 천지天地에 절을 올리지 않는 현대식 결혼식이었지."(『장바이리 평전』, 140~141쪽)

결혼 날짜는 『쉬즈모 연보』에 구체적으로 기록되어 있다.

(1915년) 10월 29일, 바오산寶山 장유이[장자펀張嘉玢] 여사와 샤스상인회에서 신식 혼례를 올렸다. 샤오산蕭山 탕저셴湯蟄先[탕서우첸] 선생을 초청해 혼례 증인으로 삼았다. 장유이는 16세이고 장룬즈張潤之의 딸이다. (『쉬즈모: 연보와 평가』, 19쪽)

장유이는 결혼 후 바로 재학 중이던 쑤저우제2여자사범학교蘇州第二女子師範學校를 자퇴하고 시부모를 모시기 위해 샤스 진 쉬씨 댁으로 들어갔다. 쉬즈모는 공부를 계속하기 위해 베이징대학으로 돌아갔다. 이 무렵 그는 이미 서양으로 유학을 떠날 계획이 있었으나 실행은 1918년 8월 14일까지 기다려야 했다. 그는 류수허劉叔和, 둥런젠董任堅과 함께 난징호南京號를 타고 태평양을 가로 질러 미국으로 갔다. 같은 배에서 그는 또 출국 중이던 왕징웨이를 만났다. 쉬즈모는 「서호기」에서 당시 둘의 만남을 언급한 적이 있다. 처음 미국에 도착한 쉬즈모는 스스로 이렇게 말했다. "바야흐로 기상이 새로워져서 마치 우리를 벗어난 호랑이처럼 거침이 없었고 천하대사조차 별것 없다는 생각이 들었다."(『쉬즈모전집』 제1권, 31쪽) 여기서 그는 이미 고양된 정치적 열정을 드러내고 있다. 미국에 도착한 지 오래지 않아 그는 량치차오에게 편지를 보내 자신의 공부 상황을 보고했다. "저는 8월 중에 상하이를 출발해 요코하마와 호놀룰루를 거쳐 21일 만에 샌프란시스코에 도착했습니다. 그후 미국대륙을 횡단하면서 시카고, 뉴욕, 매사추세츠를 거쳤습니다. 지금 머무는 곳은 매사추세츠 우스터Worcester 시입니다. 클라크대학에 입학해 제가 대략 계산해보니 중국인이 100명도 안 되고 그중 학자는 10명뿐인 듯합니다. 이곳 인사들은 전쟁에 깊은 관심을 기울이고 상하가 함께 분노하며 애국 열정을 품고 있어서 경외할 만합니다. 그러나 시장은 공급이 날이 갈수록 부족해지니 물가가 날마다 치솟고 있는지라 생활의 어려움이 그치지 않습니다."(앞의 책, 제6권, 411쪽)

당시 쉬즈모는 생활방식을 바꾸려 했다. 그는 자신과 함께 거주하던 둥스董時, 장다오훙張道宏, 리지李濟와 상의하여 공동생활 규칙을 제정했다. "6시 기상, 7시 조회—국치國恥를 자극하여 애국심을 유발함—, 저녁에 국가 제창, 10시 반 취침. 낮에는 부지런히 공부하는 일 외에도 운동하고 산보하고 신문을 본다."(앞의 책, 제1권, 30쪽) 언뜻 보면 결코 어려운 일이 아닌 듯하지만 실행에 옮기기는 쉽지 않았다. 그는 「잡기」에서도 다음과 같이 기록했다. "씩씩한 마음은 들끓어올랐지만 게으른 육체는 여전히 늘어져 있었다. 근래에는 저녁 11시에 취침해 아침 6시에 기상하려니 추위도 싫고 입맛도 없었다. 세수를 하고 나서야 정신이 맑아졌지만 아침을 먹은 뒤에는 또 꼼짝하기 싫고 잠도 몰려왔다. 도서관 안은 너무 따뜻해서 게으름이 밖으로 새어 나올 정도였으며, 이에 수마睡魔가 안으로 침범했다. 오직 밤에 책을 읽을 때만 가장 마음이 편했는데, 이는 20년 동안 축적된 습관의 결과였다. 평소에도 '懶[라: 게으름]'란 글자를 병폐로 여겼다. 어머니께서는 나의 게으름을 지적하시지 않은 날이 하루도 없었는데 나는 거의 일생을 게으르게 보내고 있다. 지금부터라도 정신을 차리고 나충懶蟲[게으름 벌레]을 죽이거나 게으름을 줄이는 것을 가장 중요한 일로 삼아야겠다."(앞의 책)

환경은 이와 같았지만 쉬즈모의 성적은 사람들이 그를 괄목상대하게 했다. 그는 미국에 도착한 이듬해 클라크대학의 소정 과목을 수료하고 1등 상을 받았다. 1919년 9월에는 뉴욕 컬럼비아대학 대학원에 입학하여 정치학을 공부하기 시작했다. 1920년 9월 컬럼비아대학에서 석사학위를 취득하고 류수허와 함께 영국으로 가서 런던 케임브리지대학 대학원생이 되었다. 본래 러셀 문하에서 공부할 계획이었으나 목적을 이루지 못했다.(『쉬즈모: 연보와 평가』, 26쪽) 여러 해 뒤 쉬즈모는 자신의 선택을 이렇게 해명했다. "24세 이전에 나는 시보다 상대성이론이나 사회계약론에 대한 흥미가 훨씬 강했다. 아버지께서 나를 유학시킨 건 장래에 '금융계'로 진출시키려는 조치였다. 나 스스로도 중국의 해밀턴Hamilton[2]이 되는 걸 최고의 야망으로 삼았다."(『쉬즈모전집』 제3권, 392쪽) 해밀턴은 미국의 정치가로서 연방파 지도자였다. 이 사람과 쉬즈모가 우리에게 남긴 인상은 전혀 관련이 없다. 쉬즈모는 「내가 아는 케임브리지我所知道的康橋」에서 자신의 유학생활에 대해 설명한 적이 있다. "내가 영국에 간 것은 러셀 문하에서 공부하기 위해서였다. 러셀이 중국에 왔을 때 나는 이미 미국에 있었다. 그의 부정확한 사망 소식이 전해졌을 때 나는 정말 눈물을 흘리는 것도 부족해서 추모시까지 지었다. 그뒤 그가 죽지 않았다는 사실을 알고는 매우 기뻤다. 나는 컬럼비아대학 박사학위 취득이라는 유혹을 물리치고 배표를 끊어 대서양을 건넜다. 나는 이 20세기의 볼테르Voltaire 밑에서 성실하게 공부를 해볼 생각이

---

2 알렉산더 해밀턴Alexander Hamilton(1755/57~1804). 미국 초대 재무부장관(1789~1795 재임). 미국에 강력한 정부가 수립되어야 함을 역설하고 미국 헌법 제정에 한몫했다. 이후 워싱턴 정부에서 산업의 육성, 연방은행의 설립 등 경제정책 면에서 수완을 발휘했다.

었다."(앞의 책, 제2권, 334쪽)

이 과정에 량치차오가 미친 영향이 없었다고 할 수 없다. 량치차오는 유럽여행에서 귀국하여 강학사를 창립하고 서구학자를 초청하여 강연을 하게 했는데 그 첫번째 인물이 바로 러셀이었다. 량치차오는 강학사에서 개최한 러셀 환영대회 연설을 통해 러셀의 학설을 추앙한다고 했을 뿐 아니라 그의 인격까지 칭송했다. "이분은 진정한 학자로서 두려움 없는 독립정신을 지녔고, 또 진정으로 인류의 자유를 위해 싸우는 호걸입니다."(『음빙실합집·집외문』 중책, 857쪽) 쉬즈모가 러셀을 선택한 행위가 스승의 분부를 받들어 "돌을 금으로 변화시키는" 러셀의 손가락을 얻기 위한 선택이 아니었다고 말하기 어렵다. 량치차오는 이렇게 말했다. "그럼 무엇이 러셀 선생의 손가락인가? 러셀 선생이 자신의 학문 연구 방법을 우리에게 전수하고, 우리는 그 방법으로 연구를 계속해나가는 것을 말한다. 그럼 자연스럽게 러셀 선생과 같은 학문을 할 수 있다."(앞의 책, 857쪽)

쉬즈모는 가슴 가득 열정을 품고 러셀을 찾아 영국으로 갔다. 그와 함께 대서양을 건넌 사람은 류수허였다. 류수허는 1925년 10월 병으로 세상을 떠났다. 쉬즈모는 「류수허를 애도함弔劉叔和」이란 글을 지어 둘이 함께 대서양을 건널 때의 상황을 회고했다. "내가 수허와 함께 배를 타고 미국에 도착했을 때 우리 둘은 아직 친숙하지 않았다. 나중에 뉴욕에서 1년을 함께 지내며 우리는 거의 매일 만났다. 하지만 내가 지금도 잊을 수 없는 건 그와 함께 배를 타고 대서양을 건널 때의 일이다. 당시 나는 니체에 미쳐 있어서 입만 벙긋하면 그의 피비린내 나는 문장을 들먹였다." "배가 비스케이 만Bay of Biscay을 통과하던 날 날씨가 급변했다. 바위 같은 먹구름이 뱃머리에 겹겹이 내려앉아 햇볕 한 가닥 보이지 않았고 바다도 완전히 뒤집어졌다. 이쪽으로 파도가 높은 산처럼 치솟아오르면 저쪽으론 파도가 깊은 계곡처럼 가라앉았다. 하늘로 용솟음치는 파도 머리와 바다로 내려앉는 구름 발톱이 서로 뒤엉켜 싸우고 있었다. 배 측면으로부터 몰아치는 바람은 쇠꼬챙이 같은 폭우를 동반하고 있었다. 배는 좌우로 끊임없이 비틀거렸다. 이때 나와 수허는 바닷물이 넘쳐드는 갑판에서 우왕좌왕 몰려다녔

버트런드 러셀(왼쪽 첫째)이 중국을 방문했을 때 모습. 량치차오는 유럽 여행에서 돌아와 강학사를 창립하고 서구 학자를 중국으로 초청하여 강연을 하도록 했다. 첫번째로 초청된 사람이 영국 철학자 러셀이었다. 량치차오는 강학사에서 주최한 러셀 환영대회에서의 연설을 통해 러셀의 학설을 존중했을 뿐 아니라 그의 인격까지 칭송했다.

다. 아니 굴러다녔다. 얼마나 세차게 흔들렸던가? 삽시간에 천둥과 번개도 몰아쳤다. 철판 같은 구름 속에서 만 마리 금빛 뱀이 춤을 췄다. 파도 소리와 우렛소리가 함께 진동하며 아수라장을 연출하고 있었다. 대서양은 자신의 험악한 위용을 이 폭풍우 속에서 남김없이 드러내고 있었다. '인생은' — 나는 수허에게 말했다.— '때때로 이 흉악한 날씨에 못지않을 테니 그래도 우리 용감하게 전진해야겠지?' 그날의 험악한 날씨가 우리의 대화 분위기를 더욱 고조시켰다. 우리의 대화는 폭풍우가 일 때부터 폭풍우가 잦아들 때까지, 오후부터 심야까지 계속되었다. 나는 아직도 그날 우리 두 사람이 서로의 논변에 심취하여 모든 것을 잊었음을 또렷이 기억하고 있다."(『쉬즈모전집』 제2권, 212~213쪽)

낭만 시인 쉬즈모의 붓끝에서 나온 이 생동감 있는 묘사에는 물론 과장된 일면이 포함되어 있다. 그러나 어쨌든 위의 묘사에는 새로운 삶을 막 시작하면서 미래에 대해 가슴 가득 환상을 품고 있던 젊은 쉬즈모의 모습이 진실하게 드러나 있다. 그러나 하늘은 흔히 사람의 소원을 들어주지 않는 법이다. 쉬즈모는 영국에 도착해서야 비로소 상황이 변했음을 알았다. "첫째는 전시에 평화를 주장했다는 이유로, 둘째는 이혼을 했다는 이유로 케임브리지 대학 측이 러셀을 제명하고 말았다. 러셀은 원래 트리니티칼리지Trinity College의 펠로Fellow[연구원]였는데, 이 일로 펠로십[연구원 자격]까지 취소당했다. 러셀은 잉글랜드로 돌아온 뒤 런던에 머물며 부부가 글을 써서 먹고살았다. 이 때문에 나도 그의 문하에서 공부를 하려던 애초의 소망을 이루지 못했다."(앞의 책, 334~335쪽) 쉬즈모는 처음 영국에 도착한 후 대략 반년 동안 매우 우울한 나날을 보냈다. 이 무렵 중요한 인물 두 사람이 그의 인생으로 진입해 들어왔다. 한 사람은 영국 작가 디킨슨 골즈워디Goldsworthy Lowes Dickinson로, 그가 쓴 『한 중국인의 통신Letters from John Chinaman』과 『현대의 향연A Modern Symposium』을 쉬즈모는 일찍부터 추앙하고 있었다. 또 한 사람은 린창민으로 바로 린후이인의 부친이다.

린후이인과의 사랑 때문에 장유이와 이혼하다

당시가 1921년이었고, 아마도 바로 그해에 쉬즈모는 린후이인을 알게 된 듯하다. 그러나 장바이리의 견해는 이렇다. "즈모는 출국 전에 베이징에서 린후이인을 만났다. 당시 그녀는 어렸지만 이미 사람의 마음을 설레게 하는 매력이 있었다. 량쓰청이 그녀를 유럽으로 배웅할 때도 그녀는 아직 두 갈래로 땋은 머리를 나풀거리고 있었다. 그 무렵 즈모는 유럽에서 열정과 사상과 문학적 천재성을 꽃피우고 있었다. 솜털이 보송보송한 꼬마 아가씨도 자랄 때는 그 속도가 엄청나게 빠른 법이다. 특히 해외 바람을 쐬며 유럽이라는 물질문명 속에 머물게 되자 린후이인은 봄철의 꽃떨기처럼 따뜻한 바람을 쐬고 밝은 햇살을 받고 촉촉한 이슬을 맞으며 활짝 피어났다. 하늘이 만들어낸 미녀가 인간세상으로 내려와 미美를 찾고 정情을 찾다가 때마침 즈모를 만났다. 너무나 좋았다. 오늘도 편지를 쓰고 내일도 편지를 썼다. 그러다 즈모가 돌아왔을 때 후이인은 병으로 쓰러져 있었다."(『장바이리 평전』, 141쪽) 이처럼 생동감 있고 정감 어린 묘사도 하나의 참고자료 정도로 봐야 할 듯하다.

장유이는 1920년 연말 영국에 도착했다. 『쉬즈모 연보』의 기록은 다음과 같다. "겨울에 부인 장유이가 류쯔제劉子鍇를 따라 영국 런던으로 왔다."(『쉬즈모: 연보와 평가』, 27쪽) 여기서 말하는 '겨울'은 바로 1920년 겨울이다. 대체로 1920년 12월 중순으로 보인다. 왜냐하면 쉬즈모가 11월 26일에 집으로 보낸 편지에서 장유이가 언제 런던으로 오는지 묻고 있기 때문이다. "종전에는 그 사람[장유이]이 불시에 짧은 편지를 보내 저를 위로해주었는데, 유럽으로 오겠다는 마음을 먹고부터는 더이상 편지를 쓰지 않습니다. 이 못난 자식은 지금 정말 너무나 가련한 신세인데 아버지께서는 알고 계십니까? 지금 그 사람이 출국하는 일은 아버지께서 흔쾌히 승낙해주셨지만 어느 날짜에 올 수 있는지 모르겠습니다.(『쉬즈모전집』 제6권, 6쪽) 그러나 장유이가 영국에 도착한 뒤 두 사람의 부부생활은 갈수록 불쾌한 상황으로 변했고, 심지어 한 걸음 한 걸음 막다른 골목으로 치달려가고 있었다. 1922년

3월, 장유이는 쉬즈모와의 사이에서 둘째 아이를 낳고 오래지 않아 우더성
吳德生[우징슝吳經熊]과 진룽쑨金龍蓀[진웨린金岳霖]을 증인으로 세우고 독일 베
를린에서 쉬즈모와 이혼을 했다. 그러나 쉬즈모의 부모는 차마 며느리를
떠나보낼 수 없어서 수양딸로 삼았다."(『쉬즈모: 연보와 평가』, 30쪽)

쉬즈모와 장유이가 이혼하게 된 가장 중요한 원인은 쉬즈모가 린후이인
을 사랑했기 때문이다. 그런데 린후이인은 린창민의 딸이고 린창민과 량치
차오는 매우 친한 사이라 그녀가 14~15세 되던 무렵 둘은 사돈을 맺기로
약속했다. 즉 린창민의 딸 린후이인과 량치차오의 아들 량쓰청을 짝지어주
기로 약속한 것이다. 하지만 량치차오 말에 의하면 부모는 그들 자녀의 소
개자에 불과했고 성혼 여부는 두 젊은이가 서로 사귀는 과정에서 자발적
으로 결정했지 양측 부모가 절대로 강요하지 않았다고 한다. 쉬즈모 사후
후스는 「즈모를 추도하며追悼志摩」에서 그를 변호했다. 후스는 쉬즈모의 가
장 친한 친구라, 쉬즈모는 다른 사람에게 할 수 없는 말을 후스에게는 모
두 털어놓았다고 한다. 후스 자신도 쉬즈모를 가장 잘 이해하는 사람이라
여겼다. 그는 아래와 같이 진술했다.

즈모는 올해 「맹호집 자서猛虎集自序」에서 자신의 심경을 "일찍이 품고 있
던 단순신앙이 회의로 빠져들어 퇴폐가 되었다"라고 했다. 이 말은 즈모
자신에 대한 가장 훌륭한 자술自述이다. 그의 인생관은 진실로 일종의
'단순신앙'이라 할 수 있다. 그 내면에는 오직 3개 단어만 있을 뿐이다.
바로 사랑, 자유, 아름다움이다. 그는 이 세 가지 이상을 실현할 수 있는
조건이 한 사람의 인생에 취합될 수 있기를 꿈꾼다. 이것이 그의 '단순신
앙'이다. 즈모의 일생은 이 단순신앙의 실현을 추구하는 역사일 뿐이다.
사회적으로 즈모의 행위에 대해서 흔히 이해할 수 없는 점이 있다고 한
다. 이는 모두 사회에서 그를 비판하는 사람들이 '단순신앙'이라는 그의
인생관을 이해하지 못해서 생긴 현상일 뿐이다. 즈모의 이혼과 재혼은
그의 일생에서 사회적으로 가장 엄혹하게 비판받았던 두 가지 사건이다.
지금 즈모의 관 두껑이 이미 닫힌 상황에서도 사회적으로는 그 일에 대

한 논의가 아직 결론을 내리지 못하고 있다. 그러나 이 두 가지 사건을 잘 아는 우리 같은 사람은 적어도 즈모의 입장에서 살펴볼 때 이 두 가지 일이 즈모의 단순신앙 추구를 가장 대표적으로 보여주는 사건이라고 분명하게 말할 수 있다. 그는 이 두 가지 사건이 다 아름다움과 사랑과 자유를 추구하는 자신의 정당한 행위 절차라 매우 진실하게 믿었다. 이 두 가지 사건의 결과가 다른 사람이 보기에는 즈모의 이상적 생활을 실현하지 못한 것으로 생각할 수도 있다. 그러나 오늘날까지도 우리는 여전히 일의 결과만을 가지고 그를 비판하고 있단 말인가?

나는 나 자신의 역사벽歷史癖을 억누르지 못하고, 오늘 신성한 역사자료를 인용하여 즈모가 이혼을 결심할 무렵의 심리를 설명하고자 한다. 민국 11년(1922) 3월, 즈모는 부인에게 정식으로 이혼을 제의했다. 그는 그녀에게 사랑도 없고 자유도 없는 자신들의 결혼생활을 지속해서는 안 된다고 이야기했다. 그는 "자유를 자유 그 자체로 돌려놓자"라고 제의하면서 그렇게 함으로써 "피차간에 생명의 서광과 세상에 보기 드문 영광을 다시 볼 수 있을 것"이라 생각했다. 그는 또 이렇게 말했다. "따라서 밤이 낮으로 바뀌고 지옥이 천당으로 바뀌는 일이 곧바로 들이닥칠 것이오. (…) 진정한 생명은 반드시 스스로 분투하여 스스로 쟁취해야 하고, 진정한 행복도 스스로 분투하여 스스로 쟁취해야 하며, 진정한 연애도 스스로 분투하여 스스로 쟁취해야 하오. 피차 앞날이 무궁하고, (…) 피차 사회를 개량하려는 마음을 품고 있고, 또 피차 인류의 행복을 창조하려는 마음을 품고 있으므로, 스스로 먼저 모범이 되어 용감하고 지혜롭게 결단을 내려야 하오. 피차 인격을 존중하고 자유롭게 이혼하여 고통을 마감한 뒤 새로운 행복을 짓는 일이 모두 이 일에 달려 있소."

이 편지에는 전적으로 청년 즈모의 단순한 이상주의가 가득 담겨 있다. 그는 사랑도 없고 자유도 없는 가정이 자신들의 인격을 파괴할 수 있다고 느끼고 이혼 결심을 했다. 그는 이혼을 통해 자유를 자유 그 자체로 환원하고 그 자유로부터 자신들의 진정한 생명과 진정한 행복과 진정한 사랑을 추구하려고 했다.

나중에 즈모는 귀국하여 이혼했다. 가정과 사회는 모두 그를 이해하지 못했다. 가장 이상한 점은 그가 이혼한 부인과 더욱 부지런히 통신을 주고받으며 더욱 좋은 감정을 유지했다는 사실이다. 당시 사회인들은 두 사람의 그런 모습을 더욱 이해하지 못했다. 즈모는 량런궁 선생이 가장 사랑하는 제자였다. 런궁 선생은 이 때문에 민국 12년(1923) 즈모에게 편지를 보내 아주 간절하게 그를 타일렀다. 이 편지에서 런궁은 두 가지 의견을 제시했다. "첫째, 절대로 타인의 고통을 자신의 즐거움으로 바꾸지 말게. 자네가 이번 행동을 통해 장래에 즐거움을 얻을 수 있을지 여부는 뜬구름 잡는 일처럼 막연할 테지만 자네는 이미 많은 사람에게 헤아릴 수 없는 고통을 안겨줬네. 둘째, 지금 소년들은 연애 신성戀愛神聖을 즐겨 추구하지만 (…) 그것은 우연히 부닥칠 수 있을 뿐 억지로 추구할 순 없는 일이네. (…) 하물며 다정다감한 사람은 그것에 대한 환상으로 혼란을 겪기 때문에 만족을 얻기도 지극히 어렵고 편안함을 얻기도 지극히 어렵네. 젊은이들은 자신이 몽상하는 신성한 경지를 끝내 얻지 못하고 부질없이 번뇌에 빠져 자기 몸을 망칠 뿐이네."

량런궁은 또 이렇게 말했다. "오! 즈모여! 천하에 어찌 완벽한 우주가 있겠는가? (…) 우리가 완벽을 추구하지 않는 자세를 생활태도로 삼으면 생활의 묘미를 깨달을 수 있을 걸세. (…) 만약 얻을 수 없는 꿈에 침잠하여 여러 번 좌절하게 되면 삶의 의욕도 모두 사라지고 우울과 실의에 빠져 죽어갈 것이니 죽더라도 아무 이름도 남길 수 없게 되네. 오! 즈모여! 이것이 진정 두렵지 않은가? 진정 두렵지 않은가?"(1923년 1월 2일 편지)

량런궁은 즈모의 행위가 일종의 '몽상 속 신성한 경지'임을 한눈에 간파했다. 그는 즈모가 틀림없이 실망할 테고 젊은이로서 몇 차례 좌절을 견뎌내지 못하여 결국 죽거나 타락하게 되리라고 예상했다. 이 때문에 그는 즈모에게 스승 자격으로 "천하에 어찌 완벽한 우주가 있겠는가?"라고 경고했다.

그러나 이러한 반反이상주의를 즈모는 인정할 수 없었다. 량런궁에게 보낸 답장에서 즈모는 타인의 고통을 자신의 즐거움으로 바꾼다는 량런궁의 말을 인정하지 않고 다음처럼 언급했다. "제가 세상 사람들의 비난도 무릅쓰고 전력을 다해 싸우는 것은 심한 고통에서 벗어나려는 데 그치지 않고, 양심의 안정과 인격의 확립과 영혼의 구원을 추구하고 싶기 때문입니다. 사람이라면 누가 덕행을 추구하고 싶지 않겠습니까? 사람이라면 누가 현실에 안주하고 싶지 않겠습니까? 사람이라면 누가 고난을 두려워하지 않겠습니까? 그러나 이러한 한계를 돌파한 사람들이 어찌 과감한 행동을 그만두고서 그렇게 할 수 있었겠습니까?"

즈모도 "연애는 우연히 부닥칠 수 있을 뿐 억지로 추구할 수는 없다"라는 말에 동의했다. 하지만 그는 그것[연애]을 추구하지 않을 수 없다면서 이렇게 말했다. "나는 장차 망망한 인간의 바다에서 내 유일한 영혼의 반려자를 찾을 것입니다. 찾으면 나의 행운이고, 못 찾으면 나의 운명일 것입니다. 저는 이처럼 살아갈 뿐입니다."

즈모는 또 자신의 이상을 창조하고 양성할 수 있다고 믿었다. 그는 량런궁에게 이렇게 말했다. "아! 스승님! 저는 일찍이 제 영혼의 정수를 진작시켜 이상의 밝은 구슬을 빚어냈습니다. 그것을 뜨거운 심혈로 길러내어 제 오묘한 심령을 밝게 비췄습니다. 용속한 자들은 그것을 시기하고 질투하며 오로지 그 영혼을 마비시키려 했고, 그 이상을 깨부수려 했고, 그 희망을 말살하려 했고, 그 순결을 더럽히려 했습니다. 제가 타락에 빠지지 않고 나약함으로 흐르지 않고 비겁함에 물들지 않으려 해도 거의 그렇게 할 수 없었습니다."

내가 오늘 이전에 발표한 적 없는 이 세 통의 편지를 공개하는 까닭은 이들 편지가 단순한 이상주의자 쉬즈모를 가장 잘 드러내주기 때문이다. 그는 이상적인 인생에는 반드시 사랑이 있어야 하고, 자유가 있어야 하며, 아름다움이 있어야 한다고 깊이 믿었다. 또 그는 이 삼위일체의 인생이야말로 추구할 만한 것이며, 적어도 순결한 심혈로 육성할 만한 것이라고 깊게 믿었다. ─우리가 만약 이런 관점으로 쉬즈모 일생을 관찰한다면 그가 근래 10년간 보여줬던 모든 행위를 완전히 이해할 수 있을 것이다. 나는 또 오직 이러한 관점에서 바라봐야만 즈모의 행위를 이해할 수 있다고 말하겠다. 우리는 먼저 즈모의 단순신앙이라는 인생관을 명확히 인식해야만 즈모의 사람됨을 명확히 알 수가 있다.— (『중국 현대 작가 선집: 후스中國現代作家選集: 胡適』, 106~108쪽)

후스가 이 글에서 한 말은 일부 사실에 불과할 뿐 사정의 전모를 반영한 건 아니다. 그와 쉬즈모의 친밀한 관계를 고려해볼 때 몇 가지 구체적인 사정은 말하기가 불편했을 것이다. 그리고 쉬즈모에 대한 량치차오의 비판도 량쓰청과 린후이인의 연애관계가 얽혀 있기 때문에 그의 개인 사정이 개입된 듯하여 그다지 설득력이 없다. 게다가 부부 두 사람의 감정이 어떠했는지는 결국 외부인이 판단하기 어려우므로 제삼자가 이러쿵저러쿵 참견하기도 쉽지 않다. 두 사람 사이의 복잡미묘한 감정은 오직 당사자만 알고 당사자만 진실하게 말할 수 있을 것이다. 또 혼인에 대한 태도는 모종의 인생관의 지배를 받는다고 당당하게 말할 수 있지만, 구체적으로 두 사람이 감정적으로 받은 상처 및 내면의 고통에 이르면 이는 제삼자가 체험할 수도 없고 대신 맛볼 수도 없다. 이런 의미에서 본다면 장유이의 만년 구술 기록은 매우 진귀하고 중요한 자료임이 분명하고 신빙성도 매우 높다고 할 수 있다. 쉽게 짐작할 수 있듯이, 이 『작은 발과 양복—장유이와 쉬즈모의 가정 파탄』은 부인 장유이에 대한 쉬즈모의 태도를 이해하려는 우리에게 또 다른 시각을 제공해주고 있다. 이 책에 근거하여 우리는 적어도 장유이가 이혼과정에서 인간으로서의 독립적이고 자주적인 선택 기회를 제공받지 못했을 뿐 아니라 아이를 낳은 지 얼마 되지 않은 산모의 감정을 완전히 무시당했음을 알 수 있다. 이로 인해 장유이는 근본적 측면에서 자기 인생에 대한 또다른 선택 기회를 제공받을 수 없었다.

쉬즈모는 왜 눈앞의 박사학위를 포기했나?

어떻든 장유이와 이혼한 쉬즈모는 케임브리지로 돌아온 뒤 '더욱 큰 기쁨'

을 느꼈던 듯하다.(「내가 아는 케임브리지」, 『쉬즈모전집』 제2권, 335쪽) 그의 시 쓰기 충동도 이때부터 시작되었다. 그는 「맹호집 서언猛虎集序言」에서 당시 상황을 이렇게 서술했다.

꼭 10년 전 나는 기이한 바람을 쐬었고, 무슨 기이한 달빛을 쐬었다. 그 때부터 나의 생각은 행을 나누는 글쓰기로 기울어졌다. 또 심각한 우울 증이 나를 점령했다. 그 우울증이 결국 점점 나의 기질을 몰래 변화시켰 다고 나는 믿고 있다. (『쉬즈모전집』 제3권, 392쪽)

그는 또 이렇게 말했다.

오직 그 시기에 나의 시심은 정말 홍수처럼 폭발해서 방향도 없이 마구 치달렸다. 그 반년 동안 나는 처음으로 시 쓰기를 시작했다. 그 어떤 위 대한 힘에 의해 나의 생명이 마구 진동하면서, 어떤 반성숙하고 미성숙 한 생각들이 순식간에 분분한 꽃비가 되어 쏟아져 내렸다. 그때 내 곁에 는 의지할 것이 아무것도 없었고 아무것도 고려할 줄도 몰랐다. 마음속 에 우울이 쌓이면 바로 손 가는 대로 마구 써냈다. 목숨을 구하는 것처 럼 절박한 상황에서 어찌 미추美醜에 신경 쓸 겨를이 있었겠는가? 나는 짧은 기간에 많은 시를 썼지만 거의 전부가 남에게 보여줄 수 없는 것들 이었다. (앞의 책, 393쪽)

쉬즈모는 돌연 케임브리지에서 공부를 중지하고 귀국 길에 올랐다. 1922년 8월이었다. 린후이인은 그 전해 10월에 먼저 귀국했다. 미국 컬럼비 아대학을 떠날 때와 마찬가지로 그는 케임브리지에서도 취득이 가능했던 박사학위를 또한번 포기했다. 린후이인에 대한 그리움 때문일 수도 있고, 5년 동안이나 떨어져 있던 고향 및 '가장 사랑하는 아버지'와 '가련한 어머 니'에 대한 그리움 때문일 수도 있고, 또 어쩌면 그를 부르는 친구들의 목 소리 때문일 수도 있었다. 어쨌든 즈모는 간다면 바로 가는 성격이어서 절대 시간을 지체하는 법이 없었다.(『쉬즈모전집』 제5권, 287쪽) 실제로 1921년 12월 11일 수신청舒新城은 량치차오에게 편지를 보내 중국공학 사태 해결 보고 및 금후 교육사업 발전을 위한 계획 보고를 올리면서 이미 쉬즈모를 거론한 적이 있다. 수신청은 큰 사업을 벌이려면 사제 및 친구에게 의지하는 게 가장 좋다고 했다. 인간에게는 감정이 있기 때문에 사귄 지 오래된 사이일수록 감정이 잘 통하고 또 따라서 서로 잘못을 저지르더라도 서로 양해할 수 있다는 것이었다. 그런데 외부 사람과 갑자기 함께 일을 하게 되면 사상 일치는 논외로 하더라도 매사 시종일관 서로 예의를 차리고 양보하느라 동고동락하기가 매우 어려워진다고도 했다. "중국공학은 저[수신청], 난가이南陔[류빙린劉秉麟], 둥쑨東蓀 세 사람이 맡고, 쥔마이와 즈모는 난카이 대학에서 강의하고, 공[량치차오]께선 난징으로 가서 강의하면 —가장 좋기로는 장바이리를 초청해 둥난대학에서 자유강좌를 개설하고 법학을 강의를 맡기는 것입니다— 솥발鼎足과 같은 형세를 이루어 쉽게 중국문화를 좌우할 수 있을 것입니다. 그리하면 5년 뒤에는 우리 그룹 사람들이 온 중국에 두루 퍼질 것이니 어찌 오늘날 오랫동안 사람이 없는 경우와 같겠습니까?"(『량치차오 연보 장편』, 942쪽)

수신청이 여기서 말하는 내용은 량치차오가 유럽에서 귀국한 뒤 추진하기 시작한 중국 문화 진흥 즉 소위 '중국 문예부흥'의 방대한 계획 중 일부였다. 이 계획을 실현하기 위해 가장 시급한 것이 바로 우수한 인재였다. 이 때문에 쉬즈모의 귀국을 재촉한 건 전혀 이상하지 않고 자연스러운 일이었다. 사정이 다급한 가운데 그들은 심지어 개교한 지 얼마 안 된 후난쯔슈대학湖南自修大學에서 중견 학자 한두 명을 초청하려고도 했다. 이 무렵 량치차오는 장바이리, 장둥쑨, 수신청에게 보낸 답장에서 "쉬즈모는 아마 조속히 귀국할 수 없을 것이다"라고 말했다.(앞의 책, 943쪽) 이 사실은 장궁취안張公權이 량치차오에게 알려준 사실이다. 장궁취안은 장유이의 넷째 오빠로 량치차오와 늘 소식을 주고받았을 가능성이 있다. 하지만 아직도 영국에서 공부하던 쉬즈모는 바로 귀국하여 자기 스승의 방대한 계획에 힘을 보탤 수는 없었지만 자신이 할 수 있는 일부 역량이라도 다 발휘하려 했다. 1920년 9월 량치차오와 장바이리가 주관하는 『개조』 잡지가 새롭게 정리된 후 재창간되었다. 쉬즈모는 이 잡지에 「아인슈타인의 상대성 이론─물리학계의 대혁명安斯坦相對主義─物理界大革命」 「러셀의 소련여행기 뒤에 쓰다羅素游俄記書後」 「웰스Herbert George Wells의 소련여행기를 비평함韋爾斯之游俄記」 등을 계속 발표했다. 영국의 찰스 오그던Charles Kay Ogden 선생이 세계철학 총서 출판 계획을 마련하자 러셀은 후스의 『중국 철학사 대강』을 추천했다. 쉬즈모는 그 소식을 듣고 1921년 11월 7일 러셀에게 편지를 보내 후스의 그 책과 이번 총서의 체제가 일치하지 않아서 서구 독자들이 읽기에 적합하지 않다고 지적했다. 그는 또 이번 총서를 위해 전문 저서를 쓸 수 없어서 이렇게 얘기했다. "저는 량치차오 선생이 생각납니다. 바로 제가 부쳐드린 그림 속의 바로 그분입니다. 선생님께서도 잘 아시다시피 그분은 중국에서 가장 박학다식한 학자 중 한 사람이며 또한 가장 웅건하고 유창한 문필의 소유자일 것입니다. 그분은 중국의 사상을 해방하는 일 및 서구 학문을 소개하고 보급하는 일에 게으름 없이 노력해왔기 때문에 우리의 존경을 충분히 받을 만한 분입니다. 학문 부문에서 새로운 것을 흡수하고 구별하는 그분의 능력은 다른 사람들이 영원히 따라잡을 수 없습니다. 따라서 우리가 그분에게 이 일을 맡기면 이보다 더 좋은 일은 없을 것이고 그분도 틀림없이 승낙하리라 생각합니다. 선생님께서 그분에게 편지를 써서 중국 사상과 관련된 표준 저작을 한 권 집필해달라고 부탁드리고 아울러 이 총서의 강령을 설명해주시기 부탁드립니다. 이번 기회에 그분 고유의 놀라운 창작력을 크게 고무하면 그분도 틀림없이 아주 즐겁게 저작을 집필할 것으로 저는 믿습니다."(『쉬즈모전집』 제6권, 210~211쪽)

매우 유감스럽게도 이 계획은 이후 실행되지 못했다. 사실 오늘날까지도 우리는 서구 독자들이 읽을 만한 중국 사상 관련 저작, 즉 내용이 훌륭하고 읽기에도 적합한 중국 사상 관련 저작을 갖고 있지 못하다. 참으로 안타까운 일이다. 하지만 우리는 이 과정에서도 쉬즈모의 마음속에 량치차오가 어떤 위치를 차지하고 있었는지 엿볼 수 있다. 쉬즈모는 9월 중순 마르세유를 출발하여 10월 15일 상하이에 도착했다. 그의 부모와 조모가 모두 상하이로 와서 그를 마중했다. 헤어진 지 5년 만에 만난 일가족은 상봉의 기쁨을 나누며 눈물을 흘렸다. 쉬즈모는 먼저 조모와 함께 푸퉈 산普陀山으로 가서 조부 영전에 향을 사른 후 부친과 함께 난징으로 갔다. 그곳에서 두세 차례 어우양징우歐陽竟無 선생의 불교 강연을 들었다. 이 무렵 량치차오도 난징에서 강의를 하고 있어서 쉬즈모는 그곳에 간 김에 자신의 스승을 예방했다. 이 기간 쉬즈모가 고향 샤스에 들렀는지는 알 수 없다. 그러나 적어도 12월 초에 그는 상하이를 떠나 베이징으로 갔다. 그가 12월 15일 영국 학자 로저 프라이Roser Fry[미술가이자 미술평론가]에게 보낸 편지에 이런 대목이 있다. "저는 이미 중국으로 돌아온 지 꼭 2개월이 되었고, 베이징에 머문 지도 2주일이 되었습니다."(앞의 책, 424~425쪽)

쉬즈모가 베이징으로 가자 량치차오는 다소 불안감을 느꼈다. 당시 량쓰청과 린후이인의 혼사가 이미 양쪽 가장의 재촉으로 확정된 상태였다. 1923년 1월 7일 량치차오는 딸 링셴에게 편지를 보냈다. "쓰청과 후이인은 이미 결혼 승낙을 했다. ─나는 쓰청과 후이인에게 피차 학업을 성취한 뒤 약혼을 해야 하고 약혼한 지 오래지 않은 시기에 바로 결혼하자고 했다.─" 그는 또 맏딸에게 의견을 구했다. "린씨 집안에서는 곧바로 정혼하자 하고 내 친구들도 그래야 한다고 하는데 네 생각은 어떠냐?"(『량치차오 연보 장편』, 979쪽) 이 같은 상황의 압박을 받아 량치차오는 후스가 「즈모를 추도하며」에서 거듭 인용한 장문의 편지를 썼던 것으로 보인다. 량치차오는 쉬즈모를 매우 아꼈다. 그는 아들의 혼인에 문제가 생기지 않기를 바랐고, 쉬즈모가 지나치게 감정에 치우쳐서 건강을 해칠까봐 걱정에 휩싸였다. 3월 18일 량치차오는 천수퉁, 황쑤추, 장둥쑨, 장쥔마이에게 보낸 편지에서 『시사신보』 개편문제를 언급했다. "나는 장둥쑨이 모든 부서의 편집을 총괄해야 한다고 생각합니다. ─팡위안放園[류다오징劉道鋗]은 내 명의를 사용해야 한다고 주장하는데 불가한 일은 아니지만 실제로는 장둥쑨이 일을 총괄해야 합니다.─ 신문은 매주 3장으로 간행하려고 합니다. 첫째 장에는 정치평론 및 중외 정치 관련 기사[경제 상황 및 기타 잡사]를 싣고 장둥쑨과 장쥔마이가 담당하도록 합니다. 둘째 장은 「학등學燈」으로 학행學行 및 교육 관련 기사를 싣고 내가 주관합니다. 셋째 장에는 문예를 싣고 쉬즈모를 초청하여 일을 주관하게 합니다. 흥을 북돋워 일을 해나갈 수 있으면 틀림없이 이채로운 신문이 될 것입니다."(앞의 책, 990쪽)

량치차오의 이 제의는 무슨 이유인지 모르지만 결국 실행되지 못했다. 이 무렵 쉬즈모는 스후후퉁 제7호 쑹포도서관에 머물고 있었다. 그곳은 쑹포도서관 제2관으로 오로지 서양 서적만 소장하고 있었다. 도서부 주임 장바이리와 총무부 주임 젠지창도 모두 그곳에서 일하고 있었다. 그곳은 또 강학사 총본부였고 장바이리가 강학사의 총간사를 겸임하고 있었다. 쉬즈모가 그곳에 배정된 것도 도서관과 강학사의 영어 문건 처리에 도움을 주기 위해서였다. 따라서 그곳은 쉬즈모에게 귀국 뒤 사회로 나아가는 발판이라 할 만했다. 5월에 캉유웨이가 유람차 톈진에 도착하자 량치차오는 정성을 다해 스승을 베이징으로 모셨고, 아울러 쉬즈모를 캉유웨이에게 소개했으며, 쉬즈모를 위해 캉유웨이에게서 기념 글씨까지 받아줬다. 량치차오는 캉유웨이에게 보낸 편지에서 쉬즈모를 칭찬했다. "즈모라는 사람은 어제 제가 스승님께 배알을 시켰던 젊은이입니다. 그는 스승님의 제자의 제자로 지극히 총명하며 시와 변문騈文에 능하고 영문학에는 더욱 뛰어납니다. 영어로 시를 지어 런던 인사들에게서 격찬을 들었습니다. 얼마 전이 제자의 『선진 정치사상사』를 영어로 번역했습니다." 량치차오는 이 글에서 흡사 아버지가 아들을 자랑하는 듯한 모습을 보여주고 있다.(앞의 책, 996쪽)

1924년 설날을 쉬즈모는 고향에서 보냈다. 이해 4월 인도 시인 타고르가 중국을 방문하기로 약정이 되어 있었고, 그가 머물 숙소문제를 해결해야 했기 때문에 량치차오는 3월 7일 젠지창에게 편지를 띄웠다. 이때 쉬즈모는 아직 베이징으로 돌아가지 않고 있었다. 량치차오는 이렇게 말했다. "즈모가 아직 돌아오지 않았네. 내 생각에는 이 일[타고르 초대 준비건]을 천보성이 책임졌으면 좋겠네."(앞의 책, 1010쪽) 그러나 3월 7일 베이징 『신보晨報』 부간副刊과 상하이 『시사신보』 「학등」에 쉬즈모가 번역한 「타고르 편지泰谷爾來信」가 실렸다. 이는 쉬즈모가 고향 샤스에서 부친 것으로 보인다.

4월 12일 타고르 일행이 상하이에 도착했다. 쉬즈모는 이보다 앞서 이미 상하이에 도착하여 타고르를 맞을 준비를 했다. 타고르는 베이징 강학사 초청으로 중국에 왔다. 타고르와 동행한 사람은 그의 영국 친구 엘럼허스트Leonard Knight Elmhirst, 제자 네이Kaildas Nay, 그의 여비서 미국인 그린Miss Green 및 인도 미술가 보세Bose 교수와 인도 종교 연구가 센Sen 교수 등이었다. 쉬즈모는 강학사가 파견한 통역 자격으로 타고르의 방중 기간 모든 일정을 그와 함께했다. 12일 새벽 상하이 후이산滙山 부두에서 그들 일행을 맞이한 사람은 쉬즈모를 제외하고도 장쥔마이, 정전둬, 취쥐눙瞿菊農 등이 있었다. 왕퉁자오王統照도 타고르 강연록의 편집 담당자로 환영 대열에 포함되어 있었다.

타고르는 창저우호텔滄州飯店에 여장을 풀었고, 오후에 쉬즈모가 그들 일행을 데리고 고찰 용화사龍華寺를 유람했다. 둘째 날 일정은 다음과 같았다. "오후 1시에 먼저 갑북사閘北寺에서 타고르와 집회를 열었고, 3시에 무얼밍로慕爾鳴路[지금의 마오밍로茂名路] 제37호에서 또 모임을 가졌다. 그리고 장바이리 집에서 타고르를 환영 나온 사람들과 기념촬영을 했다. —일설에는 장쥔마이의 집이라고도 한다. 『장바이리 연보』에 따르면 '장바이리는 상하이 무얼밍로에 셋방을 얻어서 왕래·거주의 장소로 이용했다'고 되어 있다.— 14일에는 타고르와 항저우 시후 호를 유람하고 16일에 상하이로 돌아왔다. 다시 북쪽으로 올라가 난징과 지난濟南에서 한 차례씩 타고르 강연회를 열었고, 23일 베이징에 도착해서 모두 여섯 차례 공개 강연을 했다. 27일에는 베이징에서 각 문학가들과 함께 공개 연회를 열었다. 모든 강연은 쉬즈모가 통역을 담당했다."(『쉬즈모: 연보와 평가』, 45쪽)

타고르의 중국 방문

타고르가 베이징에 도착한 이후 상황은 다음과 같았다. "량치차오·장바이리·슝시링·왕다셰·장멍린·판위안롄 등이 베이하이 정심재에서 타고르를 환영했고, 후스·천푸셴陳普賢·친모선秦墨哂 등 40여 명이 배석했다. 량치차오는 치사에서 이렇게 말했다. '중국과 인도는 문화적으로 친척이었는데 헤어진 지 1000여 년 만에 다시 만나게 되니 참으로 기쁩니다. 오늘 여기 모인 소수의 사람을 대표해서 환영의 마음을 드리고, 내일이나 모래 다수의 청년들에게 중국과 인도의 학문을 소개해드리고자 합니다.'"(『량치차오 연보 장편』, 1017쪽) 과연 이틀 후 타고르는 베이징 천단天壇[일설에는 선농단先農壇이라고도 함] 잔디밭에서 청년 학생들과 만났다. 타고르가 단상에 올라 연설했고, 린후이인이 그를 부축했으며, 쉬즈모가 통역을 담당했다. 『쉬즈모 연보』에는 우용吳詠의 「천단사화天壇史話」가 인용되어 있다. "린후이인 소저小姐는 꽃처럼 아름다운 자태로 노老시인의 팔을 부축하며 걸었고, 하얀 얼굴과 수척한 몸매에 장삼을 입은 쉬즈모가 또 그 곁을 수행했다. 마치 송松, 죽竹, 매梅가 함께 어울린 삼우도三友圖를 보는 듯했다. 쉬 씨는 타고르의 영어 연설을 통역하면서 중국 어휘에서 가장 아름다운 언어를 사용하여 고향 샤스 관화官話로 엮어냈는데, 그것은 바로 한 수 한 수의 짧은 시라고 할 만했다. 그 낭랑한 목소리가 폭포가 쏟아지고 샘물이 솟아오르는 듯해서 아주 듣기 좋았다."(『쉬즈모: 연보와 평가』, 45쪽)

(1924년) 5월 8일은 타고르의 64세 생일이어서 베이징 학계가 그를 위해 축수祝壽 잔치를 열었다. 저우쭤런周作人은 「타고르 생일太戈爾的生一」에서 다음과 같이 묘사했다. "가장 유명했던 한 차례 모임은 바로 타고르 생일이었다. 사람들이 타고르를 위해 [타고르 시극詩劇] 「치트라Chitra」를 공연했고 쉬즈모와 린후이인이 주요 배역을 맡았다. 량런궁이 그 연회를 주관했으며 후스는 영어로 치사를 했다."(앞의 책, 46쪽) 이때 쉬즈모는 풍채도 너무나 찬란했고 기분도 더없이 좋았다. 그와 루샤오만陸小曼이 서로 알게 된 것도 아마 이 무렵인 듯하다. 그날 량치차오는 치사를 위해 입을 떼자마자 이렇게 말했다. "타고르는 쉬즈모를 매우 사랑해 그에게 수심soosim이라는 인도식 이름을 지어줬습니다. 타고르는 어느 날 나를 보고 '무슨 까닭인지 모르지만 나는 중국에 온 게 고향에 온 것처럼 느껴집니다'라고 했습니다. 이는 그가 옛날 인도로부터 중국에 건너온 고승이었는데, 일찍이 어느 산 어

타고르가 중국을 방문했을 때 베이징 천단天壇[일설에는 선농단先農壇이라고도 함] 잔
디밭에서 청년 학생들과 만났을 때의 모습. 타고르가 단상에 올라 연설했고, 린후이인
이 그를 부축했으며, 쉬즈모가 통역을 담당했다.

느 동굴에서 자유생활을 했던 게 틀림없는 듯합니다. 타고르Rabīndranāth Tagore는 나에게 중국식 이름을 지어달라고 하면서 자신의 본명 앞의 글자 Rab은 태양을 의미하고 뒤의 글자 Īndra는 뇌우雷雨를 뜻한다고 했습니다. 그러면서 저에게 자신의 본명과 어울리는 두 글자 이름을 지어달라고 요청했습니다. 나는 당시에 건성으로 대답하고 말았는데 이틀 후에 그가 또 나를 재촉하며 자기 생일날 사랑스럽고 새로운 이름을 갖게 되기를 희망한다고 했습니다. 저는 인도 사람들이 이전에 중국을 '진단震旦'이라 불렀던 일이 생각났습니다. 그것은 본래 '支那[China]'의 음역音譯에 불과하지만 그들이 이 두 글자를 뽑아 쓴 데는 심오한 상징적 의미가 담겨 있습니다. 그것은 바로 먹구름이 가득 덮인 하늘에서 한 줄기 우레가 울리면 만물이 소생하고 부상扶桑에서 몸을 씻은 밝은 태양이 지평선 위로 치솟아오른다는 뜻입니다. ─단旦의 마지막 필획이 바로 지평선을 나타냅니다.─ 이 얼마나 멋진 경지입니까? 타고르의 본명에 이 두 가지 뜻이 포함되어 있고, 그것을 뜻으로 번역하면 바로 '진단震旦'이 되니 이보다 더 좋은 이름은 없습니다. 또 옛날 한漢나라에서 진晉나라에 이르기까지 서쪽에서 온 명인들은 모두 중국 이름을 쓰면서 대체로 자기 나라명을 성姓으로 삼았습니다. 예를 들면 안세고安世高는 안식安息에서 와서 성을 안安으로 썼고, 지루가식支婁迦識은 월지月支에서 와서 성을 지支로 썼습니다. 그중 천축국天竺國 즉 인도에서 온 사람들은 성을 축竺으로 썼는데, 축법란竺法蘭·축불념竺佛念·축호법竺護法 등이 모두 역사적으로 중국 문화에 큰 공적을 남긴 인도인들입니다. 오늘 우리가 존경하는 천축국의 시성詩聖께서 자신이 사랑하는 진단 땅에서 64세 생일을 맞게 되었습니다. 이에 저는 지극히 진실하고 지극히 기쁜 마음으로 두 나라 국명을 연결하여 주전단竺震旦이란 새로운 이름을 지었고, 오늘 이 자리에서 이분에게 바칩니다."(『음빙실합집·문집』 제41권, 47~48쪽)

그러나 타고르가 중국에 와서 얻은 것이 모두 아름다운 꽃이나 미소 띤 얼굴이었던 건 아니다. 그는 급진적 청년과 당파로부터 공격과 매도를 당했다. 4월 18일 천두슈는 「타고르와 동방문화太戈爾與東方文化」를 『중국청년中國青年』 제27호에 발표했다. 그는 타고르와 중국 신문 기자의 대담을 날카롭게 비판하면서 타고르의 방중 목적을 "동양사상과 아시아 고유문화의 부활 시도"라고 정리했다. 그는 또 타고르가 부활시키려는 동양사상과 아시아문화는 죽지 않았을 뿐만 아니라 아직도 절대다수 중국인의 생활을 지배하고 있으며, 이것이 바로 중국의 진보를 방해하는 재앙의 뿌리라 비난했다. "타고르가 제창하려는 동방 특유의 문화가 단지 추상적 공론에 불과할 뿐 그 밖에 현사회의 진보에 필요한 몇 가지 사항을 구체적으로 지적할 수 없다면 더이상 추악한 말로 우리 사상계를 혼란으로 몰아넣지 말기 바란다. 타고르에게 감사를 드린다. 중국의 늙은이와 젊은이들 사이에 이미 사람의 탈을 쓴 요괴가 대단히 많이 출현하고 있다."(『천두슈 문장 선편』 중책, 455~456쪽)

이 밖에도 타고르를 비판하는 사람은 아주 많았다. 사람들은 아마도 아직 장쥔마이와 딩원장 사이에 벌어졌던 '현학과 과학' 논쟁을 잊지 않은 듯 타고르가 제시한 관점이 분명히 '현학파'에 속한다고 인식했다. 이러한 비판이 타고르의 심경뿐 아니라 육체에까지 큰 영향을 끼쳤다. 어쨌든 그는 70을 바라보는 노인이었다. 이 때문에 5월 12일 타고르는 베이징 전광극장眞光劇場에서 강연을 끝낸 후 이미 약속했던 집회까지 모두 사절했다. 그는 공적인 모임이든 사적인 모임이든 막론하고 모두 취소하고는 더이상 발언을 하지 않았다. 타고르는 요양을 위해 베이징 성 밖으로 나갔다. 그러나 쉬즈모는 그날 강연회에서 울분을 품고 긴 연설을 했다. 그는 사람들에게 선의로 타고르를 대해주길 바라면서 그에게 오물을 뿌려서는 안 된다고 했다. "저는 이렇게 생각합니다. 우리의 양심이 맹독성 연탄에 중독되었거나 악독한 편견에 오염되지 않았다면 그[타고르]의 진실한 역량이 마치 마술처럼 우리 생명의 앞날에 신기한 경지를 개척해주고 또 이상의 빛을 밝혀주고 있음을 그 누가 느끼지 못하겠습니까?" 쉬즈모는 타고르에 대해 비판적인 글을 쓰는 사람들을 질책했다. "추악함은 우리의 정객과 폭도들의 심보입니다. 그것이 우리의 시인과 무슨 관련이 있단 말입니까? 혼란은 명인인 체하는 우리의 학자와 문인들의 두뇌 속 상태입니다. 그것이 우리 시인과 무슨 친연성이 있단 말입니까?"(『쉬즈모전집』 제1권, 443~445쪽)

오래지 않아 쉬즈모는 타고르를 수행해 일본으로 갔고, 린후이인과 량쓰청도 미국으로 동반 유학을 떠났다. 량치차오는 부인 리후이셴이 세상을 떠난 후 정신적으로 엄청난 고통을 겪었다. 당시 그의 생활은 이러했다. "중간에 또 도적떼와 섞여서 서로 물어뜯는 일을 겪었다. 난마처럼 변고가 얽혀들고 눈보라가 하늘을 뒤덮어 사람의 살 길이 모두 끊어졌다. 나 홀로 우두커니 앉아 있으니 이 세상이 무슨 세상인지 거의 깨닫지도 못할 지경이었다."(『음빙실합집·문집』제45권 상, 113쪽) 이러한 상황에서도 량치차오는 심미적 마음을 버리지 않고 대련對聯을 지으며 자신을 위로했다.

내가 지은 대련 중 가장 만족스러운 것은 바로 쉬즈모에게 준 그 1련이었다.

물가에 선 모습 얼마나 준수했던가? 네번째 다리에서 사공을 불러 푸른 호수를 건넜지.
그 맑은 마음 평생토록 휘날리며, 해당화 그늘 아래서 날이 밝을 때까지 피리를 불었지.

臨流可奈淸癯, 第四橋邊, 呼棹過環碧.
此意平生飛動, 海棠影下, 吹笛到天明.

이 대련에는 즈모의 성격이 아주 잘 표현되어 있고 그와 관련된 이야기도 들어 있다. 즉 그는 일찍이 타고르를 모시고 시후 호를 유람하다가 특별한 정취가 우러나자 해당화 꽃그늘 아래에서 밤새도록 시를 지은 적이 있다. (앞의 책, 114~115쪽)

루샤오만과 사랑을 나누고, 『신보』 부간을 접수하다

여러 상황을 살펴볼 때 진정으로 쉬즈모를 이해한 사람은 여전히 그의 스승 량치차오였다. 이 무렵 쉬즈모는 루샤오만과 열애에 빠졌다. 루샤오만은 유부녀였고, 그녀의 남편 왕경王賡[자字 서우칭]도 량치차오의 제자였다. 왕경은 1911년 칭화학교의 보증으로 미국에 파견되어 미시간대학, 컬럼비아대학, 프린스턴대학에서 공부했고 1915년 프린스턴대학에서 문학사 학위를 받았다. 그후 웨스트포인트 군사학교에 입학하여 학업을 마치고 귀국했다. 육군부에 근무하며 무관 신분으로 루정상을 수행하여 파리평화회의에 참가한 적도 있다. 왕경은 루샤오만과 1922년 결혼한 뒤 오래지 않아 하얼빈 경찰국장으로 취임했다. 루샤오만은 하얼빈 생활을 견디지 못하고 금방 왕경 곁을 떠나 베이징 친정으로 돌아왔다. 아마도 이 무렵 쉬즈모의 시야속으로 루샤오만이 다가들었고, 두 사람은 아주 빠르게 서로 헤어지기 어려울 정도로 사이가 가까워졌다. 이혼한 지 오래지 않은 홀아비와 남편이 있는 유부녀로서 두 사람은 모두 사회 명사에 속했다. 유명하고 아름다운 숙녀와 해외 유학생 출신 신사의 스캔들은 80~90년 전 당시 베이징에서 한번 소문이 나자마자 폭발적으로 전체 사회로 퍼져나갔다. 쉬즈모는 더이상 베이징에서 머물 수 없게 되었고, 그에게 도피성 출국을 건의하는 사람까지 생겼다.

마침 타고르가 쉬즈모에게 편지를 보내와서 유럽에서 만나자고 약속했다. 여행 경비의 일부는 량치차오가 도와주기로 했다. 쉬즈모는 3월 10일 출발하여 몇 달 동안 유럽을 유람했지만 타고르는 도착하지 않았다. 이런 상황에서 "8월[쉬즈모는 7월이라고 함]에 루샤오만이 몸이 아프다고 그의 귀국을 재촉하자" 쉬즈모는 바로 귀국하고 말았다.(『쉬즈모: 연보와 비평』, 55쪽) 베이징에서 루샤오만과 함께 지내기 위해서 쉬즈모는 일을 찾아야 했다. 그는 베이징대학 강의 외에도 『신보晨報』사의 천보성과 황쯔메이黃子美의 요청을 받아들여 10월 1일부터 『신보』 부간을 주관하게 되었다. 그는 「나는 왜 내가 하고 싶은 일을 할 수 있었나我爲什麼來辦我想怎麼辦」에서 이 일의 내막을 상세하게 기록했을 뿐만 아니라, 귀국 후 몇 년간 자신이 겪은 정신 경력도 솔직하게 돌아보고 있다.

나는 일찍부터 신문을 발행하고 싶었다. 맨 처음에는 『이상월간理想月刊』을 내고 싶었고, 이어서 '신월사新月社'를 운영하게 된 뒤로는 또 『신월』 주간이나 월간을 간행하고 싶었다. 그 일이 이루어지지 못한 가장 큰 원인은 사람이 없었던 것도 아니고 돈이 없었던 것도 아니었다. 나 자신의 마음이 안정되지 못한 때문이었다. 한 친구는 나를 '구름 속 학雲中鶴'이라 불렀고, 또다른 친구는 나를 '뿌리도 없이 떠도는 쑥덤불'이라 비웃었다. 나 스스로도 늘 '오늘은 내일의 일을 알지 못한다'는 마음을 품고 있었다. 이 때문에 근래 몇 년간을 헛되이 보내며 아무 일도 이루지 못해 심정이 참으로 참담했다. 나는 천보성을 알게 된 것을 인연으로 당시 『신보』에 늘 잡다한 글을 기고하고 있었다. 작년에 황쯔메이가 내친김에 나더러 부간을 발행해보라고 했지만 나는 못들은 척했다. 이 사회에서 신문을 발행하는 일은 본래 어쩔 수 없이 글을 써야 하는 짓으로 전락하기 십상이다. 한 달에 한 번 내는 것은 그래도 견딜 만하다. 일주일에 한 차례 내는 것도 이미 억지 글쓰기에 불과한데, 매일 발언을 해야 한다면 그것은 정말 불가사의한 행위라고 할 수 있다. 그런 쓰레기 글은 거름으로나 사용될 수 있을 뿐이다. 설사로 쏟아낸 오물 같은 말에 무슨 전도前途가 있겠는가? 나는 당연히 그의 말을 듣지 않았다. 3월에 내가 유럽으로 가려 하자 친구들이 모두 나를 보내주려 하지 않았다. 그중에서 가장 야만적으로 억지를 부린 사람이 천보성과 황쯔메였다. 나는 일정이 급해서 일종의 뇌물을 쓸 수밖에 없었다. 즉 나를 놓아주면 내가 돌아와서 자네들을 위해 부간을 간행하겠다고 약속하는 일이었다. 그들은 과연 나에게 속아 넘어가서 만행을 중지했을 뿐 아니라 나를 식사에 초대해 송별연까지 열어주었다. 나는 다만 웃으면서 '굳은 맹세를 한다 해도 누가 나를 신문 발간에 끌어들일 수 있다고는 나 스스로 믿지 않는다'라고 했다. 나는 또 유럽으로 가서 그들에게 공손하게 편지 몇 통을 보내 다시 설득하면 되지 않겠나라고 생각했다. 7월에 내가 귀국하자 그들은 나에게 이전 약속을 이행하라고 핍박하면서 지난번보다 더욱 심한 횡포를 부렸다. 정말이지 빚쟁이가 빚독촉을 하는 것과 같았다. 어느 날 천보성은 친구 몇 명과 약속을 정하고 얘기를 나누다가 어떤 사람이 나의 부간 발행에 완전히 반대하면서 내가 그 일에 어울리지 않는 사람이라고 했다는 것이었다. 나 같은 사람은 이리저리 떠돌다가 우연히 짧은 시 몇 수를 짜내서 그들의 우울을 해소해주기에 적합한 사람일 뿐이라는 말이었다. 또 어떤 사람은 나의 부간 발행에 반대했을 뿐 아니라 한 걸음 더 나아가 부간 발행이라는 방법 자체를 근본적으로 지속해서는 안 된다고 주장하면서 초기 몇 년간 부간 발행이 일종의 투기에 가까웠으므로 이제는 일찌감치 부간 발행 자체를 취소해야 한다고 했다. 그날 저녁 천퉁보陳通伯[천위안陳源]도 함께 자리했지만 그는 앉아서 듣기만 할 뿐 아무 말도 하지 않았다. 그러다가 부간을 일찌감치 사형시켜야 한다는 말을 듣고는 발언을 시작했다. 그의 발언은 아주 익살스러웠다. 그는 본래 내가 부간 발행에 참여하는 것에 찬성하지 않았을 뿐만 아니라 부간 자체를 가장 혐오하는 사람 중 하나였다고 얘기했다. 그러나 부간을 죽이려 하자 그는 서둘러 이 유행병을 박멸하기 위해 자신의 의견을 바꾸어 오히려 내가 『신보』 부간을 발행하는 일에 찬성을 표했다. 그것은 첫째, 다른 신문의 부간을 핍박해서 죽이려는 의도이고, 둘째, 자신의 부간을 교살하여 이로부터 인류를 영원히 부간의 재앙에서 벗어나게 하려는 의도라는 것이었다. 천퉁보는 말을 아주 익살스럽게 했지만 마치 나에게 정말로 자신을 죽이기 전에 다른 사람을 핍박해서 죽일 능력이 있는 것처럼 내 입장을 적극적으로 지지해주었다. 그날 밤에는 아무 결론도 내리지 못했다. 나중에 보성은 또다시 실제적인 이해관계로 나를 유혹했다. 그는 나에게 온종일 부간 발행만 생각하라는 건 아니라면서 만약 다른 잡지를 발행할 생각이 있다면 그것이 『이상』 잡지든 『신월』 잡지든 내 마음대로 발행하라고 했다. 또 보성은 잡지 발간에서 첫번째로 중요한 것은 내가 발간 비용을 준비해야 하는 일이지만, 이와는 반대로 부간은 기성 신문사에서 발행하는 것이라 내가 참여하면 그들이 월급을 준다고 했다. 따라서 내가 마침내 떠돌이 신세를 모면할 수 있으니 이것이 일거양득이 아니고 무어냐고 설득했다. 이 이해관계는 매우 분명해서 나는 깊이 고려하지 않을 수 없었다. 그러나 매일 한 장의 부간을 발행해야 한다는 데 생각이 미치자 두뇌가 터질 것 같았다. 나는 그들에게 나도 도와주고 싶지만 일간 발행은 기실 너무 어려운 일이라 주간이나 3일간 발행으로 할 수 있다면 내가 생각해볼 수 있다고 했다. 이렇게 하여 나는 보성에게 붙잡히고 말았다. 그는 즉각 좋다고 하면서 그들이 특별히 나를 위해 방법을 생각할 것이고, 나더러 3일 발행 부간을 주관하면 가장 적합할 것이라 했다. 나는 그들이 이처럼 간절하게 부탁하자 거절하기가 더없이 미안했다. 하루 뒤 보성은 또 3일로는 기실 부간 발행이 원활하게 돌아가지 않을 것이므로 적어도 4일은 되어야 할 것이라고 융통성 있게 말했다. 나는 다만 글자 수에서 신축성을 발휘할 수 있을 것이라 했다. 나는 나의 능력을 남김없이 짜낸다 해도 매주 3만여 자를 관리할 수 있을 뿐이므로 그것을 3일에 모두 처리할 수 없으면 3일 재료를 4등분으로 나눌 수밖에 없다고 했다. 그리고 결국 분량이 부간의 호불호를 결정하는 기준은 아니지 않느냐고 했다. 그래서 부성은 그것은 내 마음대로 해도 좋다고 했다. (『쉬즈모전집』 제2권, 134~135쪽)

그럼 『신보』는 어째서 쉬즈모를 불러들이지 않으면 안 되었을까? 그 이유는 쉬즈모가 천보성 및 황쯔메이와 오랜 친구였다는 점 말고도 그가 다른 사람과도 좋은 관계를 맺고 있어서 보통 이상의 인맥 자원을 갖고 있었기 때문이다. 쉬즈모가 『신보』 부간을 접수하자 자오위안런, 장시뤄張奚若, 야오망푸姚茫父, 위웨위안余越園, 류하이쑤劉海粟, 첸다오쑨錢稻孫, 덩이저鄧以蟄, 위상위안余上沅, 자오타이머우趙太侔, 원이뒤聞一多, 윙원하오翁文灝, 런수융, 샤오유메이蕭友梅, 리지즈李濟之, 궈모뤄郭沫若, 우더성吳德生, 장둥쑨, 위다푸郁達夫, 양진푸楊金甫, 천헝저, 딩시린丁西林, 천시잉陳西瀅, 후스즈[후스], 장신하이張歆海, 타오멍허, 장사오위안江紹原, 선싱런沈性仁, 링수화凌叔華, 선충원沈從文, 자오쥐인焦菊隱, 위청쩌于成澤, 중톈신鍾天心, 천보陳鑄, 바오팅웨이鮑廷蔚, 종바이화宗白華 등이 모두 『신보』 부간의 잠재적 작가가 되었다. 이 중 몇몇은 본래 『신보』의 객원 필진으로 많은 문장을 발표한 적이 있어서 그 인연이 아주 깊었다. 물론 여기에는 쉬즈모의 스승 량치차오도 빼놓을 수 없다. 쉬즈모는 이렇게 말했다. "거대한 강물과 같은 량런궁 선생의 필치는 영원히 그치지 않을 것이고, 우리 이 작은 신문도 그분의 은택에 의지할 것이다."(앞의 책, 137~138쪽)

실제로 『신보』는 『신종보晨鍾報』에서 태동한 신문으로 창간 때부터 연구계의 기관지 역할을 했다. 량치차오도 자연히 남에게 책임을 미룰 수 없어서 자신의 주요 문장을 모두 『신보』에 발표했다. 오래지 않아 쉬즈모도 량치차오에게 원고 청탁을 했다. 이해 가을 량치차오는 줄곧 분망하고 초조한 나날을 보내고 있었다. 새로운 학기가 시작되자 그는 칭화학교에서 제자諸子, 중국불학사中國佛學史, 송원명학술사宋元明學術史, 청대학술사淸代學術史, 중국문학中國文學 등의 과목을 담당해야 했다. 또 국내의 시국도 그를 근심스럽게 했다. 장바이리와 딩원장 등 제자들이 모두 혼란한 시국으로 휩쓸려 들어가자 그는 마음을 놓을 수 없었다. 또 집안에서는 량梁 부인의 장례를 치르느라 눈코 뜰 새 없는 나날을 보내야 했다. 이 때문에 량치차오는 쉬즈모에게 보낸 답장에서 "자네는 나에게 원고 청탁을 했지만 나는 실로 그 부탁을 들어줄 시간이 없네"라고 했다.(『음빙실합집·집외문』 중책, 983쪽) 그러나 그는 제자를 실망시키지 않으려고 '인도 불교'에 관한 칭화학교 강의안을 쉬즈모에게 부쳐주면서 상황에 따라 참작해서 사용하라고 했다. "정식으로 게재할 수 없으면 부간의 공백지에 자네가 말한 '홍루몽 번각飜印紅樓夢'처럼 사용해도 나는 적극적으로 찬성하는 바이네."(앞의 책, 984쪽)

소위 '홍루몽 번각'은 쉬즈모가 무의식중에 선충원의 「시집市集」이란 글을 중복으로 발표해서 일부 독자에게 조롱거리가 된 일을 가리킨다. 필명이 '샤오빙小兵'이란 사람은 쉬즈모에게 다음엔 적당한 원고가 없을 때 공백지를 그대로 남겨 독자들이 다른 용도로 쓸 수 있게 함이 좋겠다고 권했다. 그렇게 하면 썩어빠진 글로 사람들의 눈과 마음을 어지럽히지 않을 수 있다는 것이었다. 그러자 쉬즈모는 그에게 다음에는 게재할 원고가 없을 때 '홍루몽 번각'을 준비하겠다고 했다. 량치차오가 쉬즈모의 이 말을 언급한 것은 일종의 유머라 할 수 있다. 상황은 이와 같았지만 쉬즈모는 스승의 조치에 매우 감동했다. 그는 량치차오의 편지 전체 문장을 사진으로 찍어서 발표했을 뿐만 아니라 원본 편지보다 긴 「량치차오 편지·부지梁啓超來函·附志」를 써서 량치차오가 불교의 오묘한 뜻을 통속적인 언어로 아주 쉽고도 분명하게 설명하고 있다고 칭찬했다. 그는 또 1922년 겨울 난징에서 어우양징우의 유식론唯識論 강의를 들을 때의 광경을 언급했다. "나는 그때 난징에서도 유행을 좇아 사흘 또는 나흘 동안 이른 아침에 안면을 찌르는 찬바람을 맞으며 친화이 강秦淮河 강변으로 가서 장엄한 불법 강의를 들었다. 그때의 인상은 첫째, 내 귀로 들려오는 어우양 선생의 사투리가 칠현금 연주 소리에 못지않았고, 둘째, 이처럼 여명 무렵 바로 일어나는 방법이 나에게는 생명의 혁명과도 같았다. 나는 끝내 두세 차례 강연도 다 듣지 못하고 강의안 몇 권만 들고 와서 그 일을 작파하고 말았다. 량치차오 선생님—당시 량 선생님도 난징에서 강의를 하고 있었음—도 어우양 선생의 강의를 들었다. 나는 우리들 서른 살 이하의 학생 중 그분보다 더 부지런하고 더 공손하고 더 기쁨에 찬 학생이 있는지 의심스러웠다. 그렇다. 그분은 태도가 부지런함과 공손함에 그치지 않았다. 량 선생님이 학문을 하는 태도는 한담을 나누거나 마작을 치듯 억제할 수 없는 흥미로 가득 차 있었다. 이것은 량 선생님이 학문적으로 성공을 거둔 비결이었을 뿐 아니라 사업상으로도 성공을 거둔 비결이기도 했다."(『쉬즈모전집』 제2권, 271~272쪽)

쉬즈모는 『신보』 부간을 특색 있게 꾸려나갔다. 그러나 그는 루샤오만과의 혼사문제를 해결하기 위해서 상당한 장애를 극복해야 했다. 이 일을 해결하는 과정에서 류하이쑤가 그에게 큰 도움을 줬다. 루씨 집안에서 쉬즈모를 받아들인 일과, 왕경이 흔쾌히 루샤오만과 이혼을 결심하게 된 일도 모두 류하이쑤가 주도면밀하게 마음을 쓴 결과였다. 그러나 당시 쉬즈모의 부친 쉬선루 선생은 아직도 아들의 재혼을 허락하지 않고, 본래 며느리였던 장유이를 만나 그녀의 명확한 태도를 알고 싶어했다. 그래야 자신의 아들과 루샤오만의 결혼에 동의할지 여부를 결정할 수 있다는 것이었다. 장유이는 만년에 당시 상황을 아래와 같이 회고했다.

나는 친정에서 시부모를 만나러 갔다. 그분들은 상하이 한 여관에 머물고 있었다. 응접실로 들어가서 나는 허리를 깊이 숙여 절을 하고 두 분께 안부를 여쭈었다. 그런 뒤 쉬즈모에게 고개를 끄덕여 인사를 했다. 그는 응접실 한켠 소파에 앉아 있었다. 나는 그의 손가락에 큰 옥이 박힌 반지가 끼워져 있는 걸 주의 깊게 보았다. 색깔은 내가 평생토록 본 것 중 가장 아름다운 녹색이었다. 이런 비취를 '늑마옥勒馬玉[stop horse jade]'이라 부른다. 전설에 따르면 옛날에 어떤 왕자가 자신의 옥가락지를 이용하여 자신을 향해 맹렬하게 달려오는 말을 가리키며 자기 목숨을 구하려 하자 그 말이 선명한 녹색의 반지를 풀이라 생각하고 즉시 고개를 숙이며 그 반지를 뜯어져라 바라봤다고 한다.

"네가 우리 아들과 이혼한 일이 사실이냐?" 시아버지가 긴장된 침묵을 깨고 느릿느릿 물었다.

시부모님은 물론 그 일을 일찌감치 알고 있었지만 이혼문서에 뭐라고 씌어 있든 또는 쉬즈모가 그분들에게 뭐라고 얘기했든 직접 내가 하는 이야기를 듣고 싶어했다.

"그렇습니다." 나는 가능한 한 평화롭고 담담한 어투로 대답했다.

이때 쉬즈모가 신음 같은 소리를 뱉어내며 의자에서 몸을 좀 일으켰다. 시아버지는 나의 대답을 듣고 의심스러운 표정을 지으며 괴로워하는 듯했다.

시아버지가 내게 물었다. "그럼 너는 저 애가 루샤오만과 결혼하는 것에 반대하느냐 반대하지 않느냐?" 나는 그분이 사용한 단어가 '납첩納妾[첩을 들임]'이 아니라 '결혼結婚'임에 주의했다. 이 단어에서도 그분이 이미 내 말을 믿고 있다는 사실을 알 수 있었다.

나는 고개를 가로저으며 말했다. "반대하지 않습니다." 시아버지는 고개를 한 번 비틀며 실망스러운 표정을 드러냈다. 그분의 반응으로 판단해볼 때 그분은 줄곧 나를 쉬즈모의 비행을 고칠 수 있는 한 가닥 희망으로 간주하고 있었음을 알 수 있었다. (『작은 발과 양복—장유이와 쉬즈모의 가정 파탄』, 169쪽)

주례가 신랑을 훈계하다

쉬즈모를 괴롭히던 난제는 이처럼 쉽게 해결되었다. 1926년 8월 14일은 바로 음력 칠월 칠석 날이었다. 이날 쉬즈모와 루샤오만 사이 약혼식이 베이하이이사회北海董事會에서 거행되었다. 10월 3일 즉 음력 8월 27일 두 사람은 결혼식을 올렸다. 장소는 여전히 베이하이였지만 이번에는 화방재畫舫齋에서 혼례를 진행했다. 진웨린은 당시 광경을 이렇게 회고했다. "쉬즈모와 루샤오만이 혼례를 올릴 때 나는 신랑 측 들러리였다. 당시 나는 본래 양복을 입으려 했지만 그렇게는 할 수 없었고 중국 전통의 장삼과 마고자를 입어야 했다. 쉬즈모의 의상은 어디서 난 것인지 모르고 나의 장삼과 마고자는 루샤오만의 부친에게서 빌린 것이었다."(『진웨린의 회고와 진웨린을 회고함金岳霖的回憶與回憶金岳霖』, 83쪽)

량치차오가 그들의 결혼식 주례를 맡은 건 쉬즈모 부친이 고집을 부린 때문이었다고 한다. 혼례 다음 날 량치차오는 딸 링셴에게 보낸 편지에서 당시 혼례 상황을 다음과 같이 이야기했다.

나는 어제 대단히 하기 싫은 일을 했다. 그건 내가 쉬즈모 혼례에 주례를 섰다는 사실이다. 그의 신부는 왕서우칭[왕경]의 부인이었는데 즈모와 연애 끝에 서우칭과 이혼했으니, 이는 실로 부도덕의 극치라 할 수 있다. 나는 누차 즈모를 타일렀으나 아무 효력이 없었다. 후스즈[후스]와 장펑춘張彭春이 간절히 즈모에게 나의 사정을 얘기했지만 결국은 즈모와 타협을 했기 때문에 내가 그의 요청에 따를 수밖에 없었다. 나는 결혼식장에서 훈계조로 연설을 하며 한바탕 [신랑인] 그를 가르쳤다. 신인新人[신

1926년 8월 14일, 음력 7월 초7일 칠석날 쉬즈모와 루샤오만의 약혼식이 베이하이이사회에서 거행되었다. 10월 3일 즉 음력 8월 27일 두 사람은 결혼식을 올렸다. 장소는 베이하이였다.

뷔] 및 만장한 손님들이 아연실색하지 않는 사람이 없었다. 그것은 아마도 고금 중외에서 지금까지 들어보지 못한 혼례였을 것이다. 지금 나의 훈계 원고[주례사]를 너희에게 부쳤으니 읽어보기 바란다. 청년들은 감정의 충동이 일어나면 절제할 수 없어 마음대로 예법의 그물을 찢는다. 그러나 기실 그것은 스스로를 고통이라는 그물 속에 던져넣는 짓이다. 정말 애통하고 정말 가련한 짓이다.

쉬즈모는 기실 사람이 총명하여 내가 너무나 아꼈고, 이번에 그가 익사의 수렁에 빠져드는 걸 보고 그를 구출해보려고 나도 한바탕 고심에 젖었다. 오랜 친구들도 그의 행동을 극도로 증오하지 않는 사람이 없다. 내가 생각하기엔 그가 만약 이번 행동으로 사회에서 배척당한다 해도 그것은 스스로 야기한 일인 만큼 누구를 원망할 수도 없다. 그러나 이 사람은 너무나 애석하게 느껴지는구나. 어쩌면 결국 자살을 할지도 모르겠다. 나는 또 즈모가 그런 사람을 찾아 반려자로 삼은 것을 보고 장래에 그의 고통이 끝이 없을까봐 걱정이 되었다. 이 때문에 신부의 머리를 한 번 세게 쳐서 새로운 깨달음을 얻어 ―그러나 매우 어려운 일일 것이다― 장래에 즈모를 지쳐 죽게 하지 않기를 희망했다. 그러나 그것도 아마 나의 바보 같은 노파심에 그칠 듯하다. 소문을 들으니 장신하이도 근래에 타락하여 날마다 관직에 오를 생각만 한다는구나. ―이에 비하면 즈모는 그래도 고상한 편이다. 연애에 미쳐 변태 심리에 빠져 있을 뿐이니까 말이다.― 이 밖에도 사회적으로 물의를 일으킨 수많은 내막이 있지만 더 말을 하고 싶지 않다. 품성 측면에서 일찍이 엄격한 훈도를 받지 못했으니 정말 두려워할 만한 일이다. 나는 어제 일로 느낀 바가 있어서 이제 편지 한 통을 써서 부치니 쓰청, 후이인, 쓰중은 잘 읽어보기 바란다. (『량치차오 연보 장편』, 1094~1095쪽)

이 편지에서도 당시 량치차오의 심정이 여전히 불편했음을 알 수 있다. 이날 쉬즈모와 루샤오만은 칭화학교로 가서 량치차오에게 감사 인사를 했다. 장바이리의 조카 장푸충도 그 자리에 함께 있었다. 량치차오는 어제 혼례 주례사를 장푸충에게 두루마리로 표구해달라고 부탁한 뒤 그것을 다시 쉬즈모에게 주어 보관하게 했다. 량치차오는 쉬즈모가 때때로 그것을 보고 자신을 깨우칠 수 있기를 희망했다. 그 주례사 전문은 아래와 같다.

쉬즈모! 루샤오만! 두 사람의 생명은 이전에 다소 파란을 겪었습니다. 둘은 그 과정에서 스스로 적지 않은 고통을 받았을 겁니다. 사회에서도 두 사람에게 적지 않은 오해를 하고 있는 듯합니다. 이러한 고통과 오해는 물론 대부분 다른 사람들이 두 사람에게 부과한 것입니다. 하지만 아마도 작은 부분은 두 사람이 자초한 일일 겁니다. 다른 사람들이 두 사람에게 부과한 건 물론 두 사람이 상관하지 않아도 됩니다. 일이 지나간 뒤에도 다시 상관할 필요가 없습니다. 하지만 일부 일을 두 사람이 스스로 초래했다면 그럼 둘은 지금부터 진정으로 엄격하고 절실하게 반성하고 또 용맹하고 근엄하게 뉘우쳐야 합니다. 어떻게 하면 고통의 뿌리를 깨끗이 도려내어 과거의 상처가 작은 기회를 틈타 변태 심리로 재발하지 않도록 할 수 있겠습니까? 어떻게 하면 사회에서 우리를 오해한 사람들이 그 반대 증거에 입각해 종전의 오해가 정말로 오해였음을 알게 할 수 있겠습니까? 내가 생각하기에 이와 연관된 조치야말로 금후 두 사람의 생명 역정에서 매우 필요한 일이라고 할 수 있습니다. 이러한 일은 전적으로 두 사람 자신에게 달렸을 뿐 두 사람을 사랑하는 다른 어떤 사람도 도움을 줄 수 없습니다. 이러한 일은 물론 불가능할 만큼 어렵지는 않지만 마찬가지로 매우 쉬운 일도 아닙니다. 두 사람 스스로 열심히 노력해야 합니다.

두 사람은 사랑을 바탕으로 반려자가 되었으므로 이보다 더 좋은 일은 다시없을 것입니다. 사랑이 신성하다는 사실은 나도 인정합니다. 그러나 천하의 신성한 일은 이 한 가지에만 그치지 않습니다. 사랑 말고도 신성한 게 많고도 또 많습니다. 한 사람이 이 세계에 탄생하여 몇십 년을 사는 동안 적어도 전 세계의 인류와 문화에 대해서 만 길 언덕 꼭대기에 흙 한 줌을 보태는 것처럼 작은 도움이라도 줘야 합니다. 이것이 바로 인간이 인간다울 수 있는 가장 신성한 의의와 가치입니다. 쉬즈모! 그대는 상당한 천재성을 갖고 있는 사람입니다. 부형과 스승과 친구들이 그대에게 무궁한 기대를 갖고 있습니다. 나는 그대에게 묻겠습니다. 남녀 간의 사랑 외에 그대가 해야 할 일이 있습니까? 없습니까? 이전에는 그대의 생명이 안정을 얻지 못해 부형과 스승과 친구들이 그대를 한편으로는 걱정하면서도 또다른 한편으로는 항상 정리를 생각해 용서하고 그대를 보호하기에 고심했습니다. 묻겠습니다. 그대는 지금 안정을 찾았다고 생각합니까? 우리는 오늘부터 모두 두 눈을 부릅뜨고 그대가 새롭게 굳은 의지를 세워 당당한 인간으로 살아가는지 지켜볼 것입니다. 알겠습니까? 루샤오만! 그대는 이제 즈모의 반려자가 되었습니다. 어떻게 그를 적극적으로 고무하여 그가 해야 할 일을 하게 하는지, 우리는 그대에게 커다란 기대를 품고 아울러 그대에게 책임을 지우는 바입니다. 알겠습니까? 오로지 사람을 사랑하는 일만 가지고 말한다면 사랑의 본체가 신성한 것임을 아무도 부인할 수 없을 겁니다. 그러나 어떻게 그 신성한 본체를 실현할 수 있을지는 각자에게 달렸음이 확실합니다. 쉬즈모! 루샤오만! 두 사람은 사랑을 알고 있습니까? 두 사람이 진정으로 사랑을 알고 있다면 나는 둘이 끊임없이 그 본체를 구현해 낼 수 있을 것으로 기대합니다. 두 사람이 오늘 이곳에서 수많은 친우를 초청해 이 혼례를 거행함은 도대체 무슨 의미입니까? 이 자리에서 내가 두 사람에게 말씀드립니다. 두 사람은 이제 사랑의 신에게 지극히 엄중한 책임을 져야 하고, 두 사람은 또 적어도 오늘의 주례 량치차오에게도 지극히 엄중한 책임을 져야 하며, 오늘 혼례를 참관하러 온 만장하신 친우들에게도 더욱 엄중한 책임을 져야 합니다. 부디 두 사람은 영원히 정중하게 기억하기 바랍니다.

쉬즈모! 루샤오만! 두 사람은 나의 이 말을 분명하게 알아들었습니까? 두 사람은 시시각각으로 나의 이 말을 기억할 수 있습니까? 그럼 되었습니다. 나는 둘을 위해 축복을 올립니다. 나는 두 사람이 이 세상에서 부디 오늘을 잊지 말기 바랍니다. 나는 두 사람의 오늘 이후 기쁨과 행복이 항상 오늘 같기를 바랍니다. (리한장李翰章, 『시인 서지마 평전詩人徐志摩評傳』, 『근대 명가 평전近代名家評傳』 제2집, 424~425쪽에서 재인용)

결혼 후 쉬즈모는 신속하게 새로운 부인 루샤오만을 데리고 샤스 고향집으로 돌아갔다. 1926년 12월 북벌군이 저장 성을 공격하자 샤스 일대는 전선의 중심으로 변했다. 쉬즈모 부부는 다급하게 고향을 떠나 상하이로 갔다. 쉬즈모는 이 기간 이후 비행기 사고로 불행하게 목숨을 잃을 때까지 생활이 더욱더 불운의 연속이었다. 그는 "엄격하고 절실하게 반성하거나 또 용맹하고 근엄하게 뉘우치지도" 않았으며 "고통의 뿌리를 깨끗이 도려내지도" 않았다. 오히려 그는 더욱 심각한 위기로 빠져들어 헤어 나오지 못했다. 어쩌면 쉬즈모도 때때로 스승의 당부를 떠올렸겠지만, 실제로는 자신이 사랑하는 사람의 삶을 주도하지 못하고 결국 그녀와 함께 침몰하고 말았다. 량치차오는 쉬즈모가 "장래에 끝없는 고통을 겪을까" 걱정했고, 또 루샤오만이 "쉬즈모를 지쳐 죽게" 만들지 않기를 바랐지만, 그의 이 말이 나중에 결국 '참언'이 될 줄은 상상도 하지 못했다.

량치차오도 세상을 떠나고, 시인도 천상으로 날아가다

이 기간 쉬즈모는 스승과 만날 기회가 거의 없었던 듯하다. 그는 베이징과 톈진으로 올라갈 일이 매우 드물었고, 량치차오도 다시 남하할 기회가 없었다. 량치차오는 1922년 연말부터 난징에서 강의하는 동안 갑자기 심장병에 걸려 의사의 당부에 따라 "두문불출하고 병을 요양하느라 석 달 동안 손님을 만날 수 없었다."('음빙실합집·집외문』 중책, 927쪽) 량치차오의 건강은 이 무렵 더욱 경악스러운 상황으로 빠져들고 있었다. 이후 량치차오는 또 부인과 오랜 친구의 죽음, 강의, 과다한 저술 등으로 피로가 쌓였고, 또 당시 시국 및 생존 환경 악화 등도 그의 병세를 악화시키는 원인으로 작용했다. 량치차오의 솔직한 고백에 따르면, 소변에 피가 섞여 나오는 증세는 1925년 초부터 발견되었지만 아프지도 않고 가렵지도 않아서 특별한 주의를 기울이지 않았다고 한다. 나중에 엑스선 촬영 결과 오른쪽 신장에 작은 흑점이 발견되었고 그것이 '암'일 가능성이 있다고 진단되었다. 량치차오는 부인이 이미 암으로 사망한 터라 암에 대한 공포심이 더욱 커졌다. "나는 줄곧 나의 신체가 아주 건강하다고 생각해왔다. 하지만 '암'이란 말을 듣자 몸속 혼백이 다 빠져나가는 듯했다. 재작년 아내가 암으로 세상을 떠난 상황이 떠올랐기 때문이다. 이 병은 체질의 강약과는 아무런 관련이 없이 한번 걸리면 사망에 이르게 된다. 나는 암이란 말을 듣고 여러 날 깊이 신음했다. 나는 더 철저히 검사해야 한다고 생각했다. 암이 아니라면 가장 좋고, 암이라 해도 그것을 제거한 후 재발하기 전에, 만사를 제쳐두고 활동

범위를 축소하여, 내가 쓰고 있는『중국문화사中國文化史』집필을 끝낼 생각이었다." 당시 "나와 가족들은 모두 흔쾌히 제거 수술을 받아야 한다고 주장했다."(앞의 책, 1000쪽)

그러나 문제가 되는 오른쪽 신장을 제거하고 나서도 소변에 피가 섞여 나오는 증상은 전혀 달라지지 않았다. "신장을 제거한 뒤 20여 일이 지났지만 소변에는 여전히 피가 섞여 있었다."(량중처, 「병원필기病院筆記」, 『량치차오를 추억하다』, 361쪽) 이 때문에 사람들은 협화의원協和醫院 수술이 잘못되어 량 선생의 멀쩡한 신장을 떼어냈다고 의심하기 시작했다. 천시잉과 쉬즈모 등은 앞서거니 뒤서거니 이 일과 관련한 글을 발표해 협화의원을 성토했다. 이들이 쓴 글이『현대평론』과『신보』부간에 발표되자 베이징 사회는 이 일에 폭넓은 관심을 기울였다. 이때 량치차오는 「나의 병과 협화의원我的病與協和醫院」을 써서『신보』부간에 발표했다. 그는 글을 쓰게 된 이유를 이렇게 설명했다. "첫째, 수술 뒤 나의 증세가 어떤지도 모르고 많은 친구들이 모두 걱정을 하고 있기에 이번 기회를 빌려 그들에게 상황을 보고해야 했다. 둘째, 사회적으로 협화의원에 대한 오해가 야기될까 두려워 나는 양심에 의지해 올바른 변호를 해야 했다. 셋째, 사회적으로 혹시 이 일로 의학이나 기타 과학에 대해 좋지 않는 반대 관념이 형성될까 두려웠다."(『음빙실합집·집외문』중책, 999쪽) 이 사건을 처리하는 과정에도 량치차오의 사람됨과 일 처리 원칙이 잘 구현되어 있다. 어쩌면 자신이 아무 까닭도 없이 신장 하나를 잃었을지 모르는 상황에서도 량치차오는 의사의 우연한 오진 때문에 협화의원이나 의학에 대한 불신이 야기되지 않기를 희망했다. 이는 그의 일관된 태도였다. 량치차오는 일찍이『구유심영록』에서 과학 만능의 태도에 대해 의문을 제기한 적도 있지만, 그는 여전히 독자들에게 절대 이 말을 오해해서는 안 되며 이로 인해 과학을 천대해서도 안 된다고 당부했다. 그는 이어 "나는 절대로 과학이 파산했다고 인정하지 않지만 마찬가지로 과학이 만능이라고도 인정하지 않는다"라고 했다.(『음빙실합집·전집』제23권, 12쪽 주석) 이 또한 그가 '과학과 현학 논쟁' 과정에서 견지한 태도였다. 지금 그는 여전히 자신의 건강 내지 생명을 대가로 과학을 변호했다. 그는 서양의학은 바로 과학의 대표자이므로, 서양의학을 변호하고 협화의원을 변호하는 것이 바로 과학을 변호하는 것이라고 생각했다. 그는 이 글 마지막 부분에서 간절한 마음으로 다음처럼 언급했다.

> 과학이란 본래 한계가 없다. 뉴턴은 임종에 이르러 이렇게 말했다. "내가 얻은 지식은 아이들이 바닷가에서 조개껍데기 몇 개를 주운 것과 같을 뿐이다. 바닷가 '종묘宗廟의 아름다움과 만조백관의 성대함'을 아직 만분의 일도 구경하지 못했다." 이는 정말 옳은 말이다. 그러나 우리는 현대인의 과학지식이 아직 유치하다고 해서 과학 그 자체를 근본적으로 의심할 수는 없다. 나의 이 소소한 병도 마찬가지다. 비록 진찰 결과가 의사가 예상한 것과 같지 않다 해도 그건 우연한 예외에 불과할 뿐이다. 또 현대의학의 진찰은 이처럼 엄밀한 검사를 통해 이루어지지 중국의 낡은 의학처럼 '음양오행'에 근거해 맹목적으로 이루어지는 게 아니다. 이는 전혀 비교할 여지조차 없다. 나는 지금 이 사회가 나의 병을 빌미로 반동적 괴담을 퍼뜨리며 중국 의학의 앞날에 장애를 조성하지 않기를 바란다. (『음빙실합집·집외문』 중책, 1001쪽)

그러나 량치차오의 병은 시종일관 호전될 기미가 없었다. 이 기간 그는 경사도서관京師圖書館, 베이징도서관北京圖書館, 저재관, 칭화연구원 업무 및 『중국도서 대사전中國圖書大辭典』 편찬 업무에서 사퇴했다. 그것은 "여러 책임에서 벗어나 마음을 놓고 병을 요양하기 위한" 조치였다.(『량치차오 연보 장편』, 1188쪽) 그러나 량치차오의 증세는 1928년 가을이 되자 더욱 위중해졌다. 그가 세상을 떠난 뒤에 량쓰청 등 그의 자녀가 쓴 「량런궁의 병과 서거 경과문梁任公得病逝世經過」에 당시 상황이 기록되어 있다. "9월 27일 치질이 다시 악화되어 협화의원에서 입원해 치료를 받았다. 본래 수술할 계획이었으나 의사가 말하기를 출혈이 과다해서 제거 수술을 할 수 없다고 했다. 이 때문에 매일 변비약을 복용하며 열흘을 넘기게 되었다. 그러나 치질도 치료되지 않았고 식욕도 모두 잃어버렸다." 이러한 상황에서도 량치차오는 여전히 저술활동을 포기하지 않았다. 량치차오는 입원 기간 『신가헌 연보辛稼軒年譜』를 편찬하기 위해 사람들에게 유관 자료를 찾아달라고 부탁했다. 이와 관련한 상황은 다음과 같이 전개되었다. "갑자기 『신주부지信州府志』 등 몇 가지 자료를 얻고 나서는 미친 듯 기뻐하며 그것을 가지고 퇴원했다. 치질이 전혀 낫지도 않은 상태에서 서둘러 톈진으로 돌아가 여전히 변비약을 복용했다. 한편으로는 변비약을 복용하며 또다른 한편으로는 『신가헌 연보』 편찬 작업을 계속할 작정이었다. 그러나 며칠 지나지 않아 바로 미열이 있었다. 일본 의사 다무라田村를 초청해 치료를 받았으나 효험이 없었고 열도 전혀 내리지 않았으며 기력도 점점 약해졌다. 톈진 자택에 머문 지 40~50일이 지나자 나날이 몸이 쇠약해졌다. 점차 혀가 굳고 정신이 혼미해지며 몇 번이나 자리에서 일어나지 못했다." 량치차오는 11월 27일 다시 협화의원에 입원했다. 검사를 통해 가래 속에서 독균이 발견되었고 허파 및 왼쪽 늑골에도 병변病變이 발견되었다. 전하는 말에 따르면 "미국 위스콘신 지방에서 세 명이 이 병에 걸려서, 한 명은 이미 죽었고 한 명은 완치되었으며 다른 한 명은 아직도 치료 중이라고 했다. 당시에는 발병 원인을 발견하지 못한 상황이었고 병에 차도도 없자, 런궁은 친히 가족들에게 자신이 죽은 후 시신을 부검해 병인을 밝히는 데 힘쓰고, 그 결과를 의학계의 참고자료로 제공하라고 당부했다."(앞의 책, 1199~1201쪽) 량치차오는 1929년 1월 11일이 되자 스스로 몇 년 남지 않은 환갑잔치를 준비하겠다고 했다. 그러나 1월 15일 병세가 갑자기 악화되었고, 1월 19일 오후 2시 15분 시종일관 국가의 운명과 함께한 그의 심장이 마침내 박동을 멈췄다.

쉬즈모는 2년 동안 북쪽으로 행차하지 못했지만 여전히 스승의 병세를 염려하고 있었다. 1928년 12월 3일 쉬즈모는 미국, 영국, 독일, 프랑스, 인도를 여행한 후 상하이에 도착하자마자 곧바로 자신의 고종 동생인 장푸충에게 편지를 보내 첫머리에서 이렇게 물었다. "첫번째로 급하게 묻고 싶은 것은 량 선생님의 병환이다. 소문을 들으니 젠지창 어르신께서 전보를 보내 량 선생님의 병환이 가볍지 않다고 했다는데 지금은 어떤지 모르겠다. 과연 그렇다면 내가 조만간 북쪽으로 가서 선생님을 찾아뵙도록 하겠

다. 10일을 넘지는 않을 것이다."(『쉬즈모전집』 제6권, 443쪽)

쉬즈모는 아마도 12월 20일 저녁에 출발한 듯하나 도중에 교통사고를 당해 22일 11시에야 베이징에 도착했다. 진웨린, 리린麗琳, 취쥐눙이 모두 기차역까지 나와 쉬즈모를 마중했다. 그 다음 날은 일요일이어서 쉬즈모는 이른 아침에 협화의원으로 가서 량치차오의 병문안을 하려 했다. 그는 12월 25일 루샤오만에게 편지를 보냈다. "량 선생님의 병세는 아무도 단언할 수 없는 상황이오. 의사도 거의 희망이 없다는구려. 정신은 다소 맑은 듯하지만 절대로 손님을 맞아서는 안 된다고 하오. 흥분하게 되면 병세가 갑자기 악화될 수 있기 때문이라 하오. 며칠 전에 소변이 막혀서 매우 위험한 상황에 빠진 것도 선생님께서 흥분했기 때문이라는구려. 이 때문에 나도 문틈으로 들여다볼 수밖에 없었소. 나는 두 번 들여다봤소. 첫번째 들여다볼 때는 누워계셨고 얼굴이 너무나 많이 상해 있었소. 반쪽이 된 얼굴이 검고 깡마른 피부에 싸여 뼈만 앙상했는데 본래 얼굴을 알아볼 수 없을 정도였소. 나는 흘러내리는 눈물을 참을 수가 없었소. 두번째는 좀 호전되셨을 때였소. 선생님은 병상에 기대앉아 아들 쓰청과 여러 이야기를 나누고 계셨는데 본래 선생님의 모습을 좀 엿볼 수 있었소. 어제는 또 상황이 급변해 아침부터 갑자기 한기가 들고 열이 나서 몸을 끊임없이 부들부들 떠셨소. 열이 40도 넘게 올라가자 의사도 손을 쓰지 못했소. 하지만 다행히 잠은 아주 잘 주무셨고 음식도 잘 드셨다 하오. 연세 드신 선생님께서 두뇌가 고갈되도록 생각을 짜내시고 심혈까지 다 쓰셨으니 병이 발작하면 몸을 지탱하기가 어려우신 것 같소. 결국 얼마나 더 목숨을 연장하실 수 있을지 말하기 어려운 상황이오."(앞의 책, 148쪽)

이 편지에 드러난 소식에만 근거해봐도 당시 량치차오의 병세가 얼마나 위중했는지 알 수 있다. 이미 목숨이 위태로운 지경이었다. 당시 쉬즈모는 젠지창, 장푸충과 함께 이미 량치차오 사후 상황을 의논하고 있었다. 상하이로 돌아오고 나서 그는 이듬해(1929) 1월 5일 장푸충에게 편지를 보내 여전히 량치차오의 안부를 물었다. "량 선생님 병세는 좀 어떠하냐? 상하이에 도착한 지 사흘이 지나도록 아직 소식을 듣지 못했다. 호전될 기미는 있느냐? 협화의원으로 가서 한번 물어보기 바란다. (…) —인삼을 복용한 후 효험은 있느냐?— 상하이 친구들도 매우 염려하고 있다."(앞의 책, 443쪽)

열흘 후인 1월 15일, 쉬즈모는 또 편지 한 통을 보내 스승의 안부를 물었다. "런궁 선생님께서 호전되었다는 소식이 들리더구나. 과연 인삼이 효험이 있는 것이냐 아니면 톈루天如[톈루는 탕톈루唐天如다. 량치차오의 친한 친구로 저명한 한의사다]께서 치료한 효과냐?"(앞의 책, 444쪽) 마침 이 편지에서 쉬즈모는 "후스 선생이 내일 북쪽으로 간다"라고 언급했다. 후스는 1929년 1월 19일 일기에 다음과 같이 썼다. "밤 9시에 베이징에 도착했다. 수융叔永[런훙쥔]과 바이둔융白敦庸이 마중을 나왔다. 수융 집에 도착해서 고개를 들어보니 량런궁 선생이 쓴 대련 한 폭이 걸려 있었다. 나는 런궁의 병세가 어떤지 물었다. 수융은 '자네도 그분을 뵐 수 있을 것이네'라고 했다. 그런데 천만 뜻밖에도 런궁은 이때 이미 세상을 떠난 지 여덟 시간이 지난 뒤였다. 런궁은 이날 오후 2시 15분에 세상을 떠나셨다. 수융은 아직 그 사실을 알지 못하고 있었다. 우리는 다음 날 신문을 보고서야 비로소 런궁의 서거 소식을 알게 되었다."(후스, 『후스의 일기胡適的日記』, 『량치차오를 추억하다』, 433쪽)

량치차오가 세상을 떠난 다음 날 쉬즈모는 후스에게 장문의 편지를 보내 사후의 여러 가지 일을 어떻게 처리할지 상의했다. 편지의 주요 내용은 아래와 같다.

량 선생님께서 이미 서거하셨습니다. 비통한 마음을 어떻게 말로 표현할 수 있겠습니까? 여정을 헤아려보건대 형께서 어젯밤 베이징에 도착했을 때는 이미 량 선생님의 임종을 지켜보지 못했을 듯합니다. 생각건대 [형께서도] 역시 마음이 황망하시리라 믿어집니다. 선생님의 사후 일처리는 형께서도 한두 가지 도움을 주셔야 할 듯합니다. 쓰청과 후이인도 만나보셨겠지요? 바라건대 제 애도의 마음을 전해주시고 슬픔을 절제해 건강을 잘 돌보라고 당부해주십시오. 선생님의 유고는 모두 팅찬廷燦 형[량팅찬梁廷燦, 량치차오의 조카]이 관리하고 있습니다. 미완성 원고를 어떻게 처리해야 할지 그와 한번 이야기를 나눠야 할 것 같습니다. 예를 들어 『도화선 고증桃花扇考證』은 이미 80~90퍼센트 완성되었으므로 조속히 방법을 강구하여 탈고한 뒤 『신월』에서 출판하는 게 어떻겠습니까? 또 『신가헌 연보』는 형께서 한번 열람해보십시오. 이 글을 완성할 책임은 형이 아니면 아무도 맡을 사람이 없으니 형께서 마음을 써주시기 바랍니다. 『신월』에서 량치차오 기념특집호를 내는 일은 제 뜻을 전에 이미 말씀드린 적이 있고 형께서도 찬성했습니다. 이제 어떻게 편집할지도 형께서 신경을 좀 써주셔야 합니다. 량 선생님의 각 시대별 사진은 일찍이 팅찬 형께 등기우편으로 상하이로 보내 출판에 편리하게 해달라고 부탁해놓았습니다. 시기를 봐서 좀 물어봐주시고 즉시 부쳐달라고 해주십시오. 오늘 아침에 양싱포楊杏佛가 제 거처로 와서 정부에서도 응당 애도의 뜻을 표해야 한다고 말하면서 내일 저녁 난징으로 가서 탄옌카이, 차이위안페이 등 여러 선생과도 상의하여 정부회의에 의견을 제출하겠다고 했습니다. 상하이의 여러 벗들도 그곳에서 추도회 계획을 세우고 있고, 오늘 장바이리, 류원다오, 쉬신류를 만났습니다. 제 생각으로는 형께서 상하이로 돌아가 그 일을 주관하는 게 가장 좋을 듯합니다. 형께서 이에 관한 의견이 있으시면 먼저 편지로 알려주시기 바랍니다. 또 린짜이핑 선생 등도 량 선생님과 관련된 글을 한데 모아 형께 편집을 맡기려 하고 있으니, 량 선생님 사진 및 묵적墨迹을 모아 기념문집으로 만들면 어떠할지요? ─10월 12일의 『신가헌 연보』 마지막 필적 한두 페이지는 친필 판형으로 제작해야 할 듯하니 팅찬과 상의해주십시오.─ 젠지창 어르신께서도 형과 한번 이야기를 나누고 싶어하십니다. 수융과 사페이莎菲[천형제]에게도 안부 전해주십시오. (『쉬즈모전집』 제6권, 256쪽)

쉬즈모는 이틀 뒤인 1월 23일에도 다시 후스에게 편지를 보내 이 일을 상의했다.

어제 량쓰추, 장위주와 『신월』을 량런궁 선생 특집호로 간행하는 일에 대해 얘기를 나눴습니다. 우리는 『신월』 제2권 제1호를 특집호로 낼 생각인데 형께서도 틀림없이 동의하시리라 생각합니다. 형께서 분담하실 일은 이러합니다. 첫째, 량 선생님의 학술 사상에 관한 논문을 한 편 쓰셔야 합니다. 둘째, 량 선생님의 유고를 수집한 뒤 특집호에 인쇄해 넣을 몇 편을 점검해 보내주셔야 합니다. 셋째, 또다른 글도 검토할 계획을 잡아주십시오. 셋째 부분은 제가 이미 린짜이핑에게 편지를 보내 량 선생님의 전기 한 부를 써달라고 부탁해놓았습니다. 북방에는 량 선생님의 옛 동료가 아주 많습니다. 예를 들면 젠지창, 량중처, 탕톈루, 뤄샤오가오羅孝高, 리짜오쑨, 쉬쥔몐, 저우인쿤周印昆 등등이 모두 량 선생님의 평생 사적을 다른 사람들보다 훨씬 더 상세하게 알고 있습니다. 제 생각에는 린짜이핑에게 부탁하여 이분들이 생각할 수 있는 체재로 문장을 쓰도록 요청하고 싶은데 형께서는 어떻게 생각하시는지요? 이에 대한 이야기도 나눠보고 싶습니다. 우리는 또 린후이인에게 량 선생님의 최후 며칠간에 대한 글을 쓰게 요청하고 싶지만 그녀가 지금 효성을 다해 장례를 치르고 있어 글을 쓸 마음이 있을지 모르겠습니다. 적당한 때에 물어봐주시길 부탁드립니다. 특집호는 늦어도 3월 10일에 반드시 출판할 예정이므로, 『신월』에 게재할 원고는 2월 25일까지는 모두 수합해야 합니다. 따라서 일을 조속히 진행해야 합니다.

이 밖에 량 선생님 묵적과 초상에 대해서는 지난번 편지에서 말씀드렸습니다. 형께서 생각하시기에 특집호에 넣을 만한 게 있으면 서둘러 부쳐주시어 판형을 짜도록 해주십시오. 상하이에서는 쉬신류가 량 선생님의 유럽여행에 관한 글을 쓰기로 했고, 류다오경도 힘을 보태기로 했으며, 량스추 및 저도 글을 쓰기로 했습니다. 천위안과 원이둬에게도 원고 청탁 편지를 보냈습니다. 우리가 아직 생각하지 못한 점이 있을지 모르니 형께서 주의를 기울여주십시오. 우리는 상하이 추도회를 베이징 장례식과 같은 날 함께 거행할 생각입니다. 내일 장쥔마이와 상의하고 나서 다시 연락드리겠습니다. (앞의 책, 257~258쪽)

량치차오 기념특집호를 간행하기 위해 쉬즈모는 막대한 열정을 쏟아부으며 다양한 준비작업을 했다. 그야말로 전심전력으로 세심하고 주도면밀하게 일을 처리했음을 알 수 있다. 그러나 일의 진행은 그렇게 순조롭지 못했다. 원래 3월 10일에 출간되어야 할 특집호가 3월 5일까지도 아직 편집을 마치지 못하고 있었다. 쉬즈모는 3월 5일에 영국 친구 엘럼허스트에게 보낸 편지에서 이 일에 대해 언급하고 있다.

마지막으로 말씀드릴 것은 내가 줄곧 두 가지 일 때문에 눈코 뜰 새 없이 바쁘다는 사실입니다. 량치차오 선생이 내가 베이징을 떠나고 3주 만인 1월 19일에 세상을 떠나셨는데 그때 그분 연세가 겨우 [만으로] 56세였습니다. 이 슬픈 소식은 아마 신문에서 읽으셨을 겁니다. 그분의 죽음은 나와 적지 않은 사람들에게 무엇으로도 보상할 수 없는 상실감을 안겨줬습니다. 그분은 동년배의 다른 어떤 사람들보다 훨씬 위대합니다. 쑨중산 선생도 예외일 수 없습니다. 왜냐하면 그분의 몸에서 우리는 완전한 학자의 형상을 목도할 수 있을 뿐 아니라 우리는 또 그분이야말로 중국문명의 위대한 전통에 부끄럽지 않은 유일무의한 사람이라는 사실을 알기 때문입니다. 그분은 현대 중국 역사에서 새로운 시대를 이끌었습니다. 그분은 개인의 역량으로 정계에서 철저한 사상혁명을 일으켰습니다. 바로 그분의 이처럼 위대한 공적 때문에 이후 계속된 혁명이 즉각 성공을 거둘 수 있었습니다. 따라서 현대 중국에서 그분이 차지하고 있는 지위는 그 누구도 비견할 수 없습니다. 후스와 나는 5월에 출간될 량치차오 기념특집호를 준비하고 있습니다. 우리는 량 선생님의 위대한 인격 및 다방면에 걸친 천재성이 공정한 평가를 받을 수 있기를 기대합니다. 또다른 한 가지는 내가 대략 1개월 뒤에 개막할 전국미술전람회를 준비하고 있다는 사실입니다. (앞의 책, 365쪽)

쉬즈모는 이 특집호를 간행하는 데 심혈을 다 쏟아부었지만 애석하게도 그 출간은 계속 순조롭게 진행되지 못했다. 량치차오를 연구하는 전문 학

저장 성 하이닝에 있는 쉬즈모 묘지에 그의 대표시 「다시 케임브리지를 이별하며再別康橋」
가 석각 기념물로 조성되어 있다. 1931년 11월 19일 쉬즈모는 중국항공사 경평京平 노선 지
난호 비행기를 타고 난징에서 베이징으로 가다가 산둥 성 지난 당자좡 부근에서 짙은 안개
를 만나 비행기 추락사고로 목숨을 잃었다. 향년 겨우 35세였다.

자들은 모두 탄식을 금치 못하며 그 과정에 숨은 속사정을 밝히려 했지만
아직까지도 실마리를 찾지 못하고 있다.

1931년 11월 19일 쉬즈모는 중국항공사 지난호曁南號 비행기를 타고 난
징에서 베이징으로 가다가 산둥 성 지난濟南 당자좡黨家莊 부근에서 짙은 안
개를 만나 비행기 추락사고로 목숨을 잃었다. 향년 겨우 35세였다. 량치차
오가 세상을 떠난 지 불과 1년 10개월밖에 안 되는 시점이었다.

제19장

적막한 량치차오 사후

1929년 1월 19일, 량치차오는 그에게 수많은 번뇌를 안겨줬고 동시에 또 수많은 미련을 남긴 이 세상과 이별하고 생명의 종착역에 다다랐다. 향년 57세였다.

2월 17일 중국인들은 베이징과 상하이에서 동시에 추모식을 거행하며 중국 민족 부흥에 온 심혈을 바친 위대한 인물을 기념했다. 베이징의 추모식은 광혜사에서 진행되었다. 톈진의 『익세보益世報』는 량런궁 선생 기념특집호를 냈다. 이 신문에 「베이징에서 거행된 량런궁 선생 추모식 상황 기록北平公祭梁任公先生情狀志略」이 실렸다.

광혜사 불당은 대략 3000건에 이르는 만련輓聯과 만장輓幛으로 가득 덮였다. 소문에 의하면 량 씨의 부고는 평소 그와 관계 있는 사람에게만 보냈다고 한다. 펑위샹, 딩춘가오丁春膏, 상전商震, 요시자와 겐키치芳澤謙吉, 지중인, 차오샹헝曹纕蘅, 류수샹劉淑湘, 딩원장 등이 모두 만장을 보냈다. 남녀 상주 쓰청, 쓰리, 쓰이, 쓰다思達, 쓰닝과 린후이인 여사 등이 모두 삼베 상복과 짚신 차림으로 장막 안에서 몸을 굽히고 머리를 조아리며 감사 인사를 하면서도 울음을 그치지 않았다. 추모식장이 울음소리로 가득 덮여 암담한 기운에 휩싸였다.

이날 추모식에 참석한 사람은 매우 많았다. 상지학회尙志學會, 시무학회時務學會, 칭화대학연구원淸華大學硏究院, 향산자유원香山慈幼院, 쑹포도서관,

사법저재관司法儲才館, 베이징 거주 광동향우회廣東旅平同鄕會 같은 단체를 제외하고도 슝시링, 딩원장, 후스, 첸쉬안퉁, 주시쭈朱希祖, 장이후이張貽惠, 린리루林礪儒, 취스잉瞿世英, 양수다楊樹達, 슝포시熊佛西, 위상위안, 란즈센, 런훙쥔, 천헝저 여사, 선싱런沈性仁 여사, 장한江瀚, 왕원바오王文豹, 첸다오쑨, 위안퉁리袁同禮 등과 량 씨의 제자 양훙례楊鴻烈, 왕전汪震, 젠센아이蹇先艾, 우치창吳其昌, 허우어侯鍔, 셰귀전謝國楨 등 약 500여 명의 인사가 참석했다. (『량치차오 연보 장편』, 1206쪽)

당시 『신보申報』도 상하이 추모식 상황을 보도했다.

신후이 량런궁 씨가 서거한 후 어제(2월 17일) 베이징 광혜사에서 추모식이 거행되었고 상하이 지역에서도 같은 날 정안사靜安寺에서 추모활동을 진행했다. 시인 천싼위안陳散原[천싼리] 선생 및 장쥐성[장위안지] 선생 등이 행사를 주관했다. 어제 오전 9시 이후로 조문객이 운집했다. 쑨무한孫慕韓, 차이위안페이, 야오쯔랑姚子讓, 탕망唐蟒, 예위후葉譽虎, 류원다오, 가오멍단 등 참석자가 100여 명이 넘었다. 학생 및 재계 인사들도 매우 많았다. 난징 지도부의 모 인사는 평소 량 씨와 교분이 없었지만 특별히 추모 행렬에 참석해 식장에서 다음과 같이 공언했다. "개인적으로 내 입장을 이야기하자면 내 지식 및 뜻이 모두 신후이新會[량치차오]의 계발과 감화를 받았고, 공적으로 국사國事를 이야기하자면 이분은 무지몽매한 백성을 일깨워 혁명사업에 발판을 마련하셨습니다. 신후이는 그 공이 쑨중산이나 황싱에 뒤지지 않습니다. 이 때문에 비록 평소에 교분이 전혀 없었지만 특별히 경의를 표하러 온 것입니다." ─베이징에서 량치차오 시신을 입관할 때 유명한 법조계 인사가 광혜사에서 량치차오의 관을 어루만지며 통곡했다고 한다. 그는 선지자요 선각자의 서거에 모든 사람이 통곡해야 한다면서 량신후이와 같은 분이야말로 중화민국을 저버리지 않은 분이라 했다고 한다. ─ (앞의 책, 1208쪽)

옛사람들은 관을 닫고 나서야 그 사람에 대한 평가가 정해지고 땅에 묻힌 뒤에야 일신의 편안함을 얻는다고 했다. 그러나 량치차오는 예외라 할수 있다.

1929년 9월 9일, 량치차오의 유체遺體는 베이징 향산香山 와불사臥佛寺 동쪽 기슭에 조용히 매장되었다. 그의 제자 장치원張其昀은 다소 불안한 마음을 드러내며 "량 선생님께서 돌아가신 후 여론계가 너무 냉랭한 듯하다"라고 했다.(『량치차오를 추억하다』, 120쪽) 그는 또 다음 같은 상황을 걱정했다. "량 선생님은 국민당과 정견이 같지 않아서 아마도 근대 역사에서 선생님의 공적이 공평하게 기록될 수 없을 것이다." 이 때문에 그는 "북쪽으로 향산을 바라보며 흐르는 눈물을 멈추지 못했다."(앞의 책, 125쪽)

장치원의 우려는 까닭이 없지 않았다. 량치차오도 이러한 상황에 대해생전에 예언을 한 적이 있다. 그는 1927년 연말에 딸 쓰순에게 보낸 편지에서 이렇게 말했다. "며칠 내에 다롄으로 집을 옮길 생각이다. 톈진의 옛집과 새집을 모두 팔고 다롄에서 쓰청을 불러 노년을 보낼 이상적인 집을 지으라고 할 요량이다." 그는 이뿐만 아니라 북양 정부의 와해가 사위 저우시저 캐나다총영사의 직위에 영향을 끼칠까 염려했다. 그러나 량치차오는 사위를 위로하며 벼슬살이를 못한다 해도 중요한 일이 아니라면서 다른 일을할 수 있을 것이라 했다.(『량치차오 연보 장편』, 1167쪽)

1928년 6월 10일 량치차오는 아직도 유럽여행 중이던 량쓰청에게 편지를 보내 "베이징의 정세가 완전히 새롭게 바뀌었다"라고 알렸다. 이 때문에이전에 말한 적이 있는 "칭화대학 교직 임용은 무산되었다." "이 학교는 정당 사람들이 주도권을 다투는 장소라 오래지 않아 전체 구조를 모두 바꿔야 할 것이다. 그럼 네가 어찌 발붙일 여지가 있겠느냐?" 그리고 그는 쓰청에게 둥베이東北[만주]로 갈 것을 권했다. "둥베이대학과 교섭이 점점 무르익고 있다. 내 생각에는 네가 앞날의 자립 계획을 세우려면 둥베이로 가는 편이 칭화로 가는 것보다 확실히 더 좋을 성싶다. ―좀 차이가 나는 것은 참고할 책이 [둥베이가] 베이징만큼 많지 않다는 점이다. 더욱이 둥베이는 대우까지 아주 좋지만, 칭화는 기실 억지를 부리는 면이 있지 않느냐?―"(앞

베이징식물원 은행송백구銀杏松柏區 내에 있는 량치차오의 묘. 묘지는 그의 아들 저명한 건축학자 량쓰청이 설계했다. 마치 어떤 정원으로 들어가는 느낌이 든다. 저자 촬영.

의 책, 1179쪽)

6월 23일 량치차오는 또 딸 쓰순에게 보낸 편지에서 베이징 정국에 변화가 발생했고 북양 정부가 난징 정부에 의해 대체되었다고 알리면서 이렇게 말했다. "베이징의 1만여 관리가 직장을 잃었다. 집안 식구까지 합치면 10만 명을 넘을 것이다. 그들의 밥그릇이 한꺼번에 깨어져서 울부짖고 있으니 그 처참한 소리를 차마 들을 수 없을 정도다. 다른 사람의 경우라면 상관하지 않겠지만, 너희들의 숙부 두 분, 외숙부 두 분 그리고 고모부 한 분이 똑같은 처지에서 어려움을 겪고 있다. ─일곱째 숙부는 예외다. 그는 비교적 쉽게 다른 방법을 찾았다.─ 모두 50~60세에 이르는 분들 아래 전체 10여 명 식구들이 울부짖으며 먹을 것만 기다리고 있으니 그 초조함에 정말 피가 마를 지경이다. 그들은 지금 오직 나더러 오랜 안면을 통해 아는 사람에게 부딪쳐보라고 하니, 이러고서야 어찌 두세 사람의 생활이라도 온전히 보존할 수 있겠느냐? 나는 본래 유행이나 뒤쫓는 저들 신귀족과 말 섞는 일조차 전혀 원하지 않았다. ─말을 섞는다고 해도 꼭 난관에 봉착하는 것은 아닌데도 말이다.─ 그러나 결국 가까운 친척들이 저렇게 아사하는 걸 좌시할 수 없어 내가 최선을 다할 수밖에 없구나. ─팅찬은 또다른 경우다. 그는 내 곁에서 떼놓을 수 없는 사람이다. 나는 매월 1백 몇십 위안을 그를 위해 쓴다.─ 그렇게 하지 않으면 오로지 하늘만 바라보고 있어야 한다. 그래서 나는 그들에게 온 가족이 타향에서 굶어 죽는 귀신이 되지 않으려면 일찌감치 고향으로 돌아가라고 권하고 있다."(앞의 책, 1184쪽)

량치차오는 또 이렇게 말했다. "베이징과 톈진 분위기가 아주 좋지 않다. 지금 40만~50만 국민당 군대가 수도 근방에 주둔하고 있다. ─베이징 성 안에만 10만 명이 주둔하고 있으니 이는 여태껏 없었던 현상이다.─ 소위 신정부라는 곳에 땡전 한 푼 없다고 하니 그들이 선후 대책을 어떻게 마련할 수 있을지 모르겠다. 당원들은 오직 기관을 탈취하고 밥그릇이나 빼앗고 있다. ─베이징과 톈진 간의 모든 기관은 4~5명 권력자들이 접수하고 있다.─ 신군벌도 각각 세력을 확장하며 온 거리와 골목마다 깃발을 꽂아놓고 군사를 모집하고 있다. ─입으로는 모두가 군축을 한다고 떠드는구

나.—"(앞의 책, 1185쪽)

오래지 않아 과연 량치차오가 예견한 상황이 벌어졌다. 신임 외교부 장관이 새로 주가가 오른 싱가포르 총영사의 결원을 캐나다 총영사 인사에까지 연루시켰다. 당시 캐나다 총영사였던 저우시저는 어쩔 수 없이 사퇴를 준비할 수밖에 없게 되었다. 이 때문에 량치차오는 딸 쓰순에게 보낸 편지에서 큰 불만을 털어놓았다. "지금 소위 국민 정부國民政府[1]가 벌어들이는 수입은 이전 정부보다 훨씬 풍부한데 —특히 관세 항목이 그렇다— 그들이 그 돈을 다 어디다 쓰는지 모르겠다. 영사관 직원들 수입까지 착복한다니 말이다. 신귀족들은 3~5개월 정도만 자리를 지키고 있어도 10만 위안이나 허리에 꿰찬다는구나. 소위 청렴한 정부라는 게 결국 그렇고 그런 정부에 불과하구나. 시저가 이러한 정부에서 관리생활을 하는 건 정말 치욕이라 할 수 있지만 지금은 잠시 출로가 없으니 참고 견디는 수밖에 없다. 그런데 그런 정부가 지금 너희를 쫓아낸다니 정말 천지신명에 감사할 일이다."(앞의 책, 1195쪽)

량치차오가 국민 정부를 미워하자 국민 정부도 자연스럽게 량치차오를 가만히 내버려두지 않았다. 베이징특별시 시당 당무지도위원회는 '3·18참사[2]를 비판하는 결의안을 작성하면서 량치차오가 이 사건에 연루되어 있다고 인식했다. 정말 '죄를 덮어씌우려 마음먹으면 어찌 구실이 없음을 걱정하랴?'는 상황이 전개되었다. 수년 전에 발생한 이 참사가 날조의 자본으로 이용되기에 이른 것이다. 당시 량치차오는 협화의원에서 병을 치료하고 있었다. 진상을 밝히기 위해서는 사실에 대한 정확한 이해가 필요했다. 7월 7일 량치차오의 조카 량팅찬은 「베이징특별시 시당 당무지도위원회에 드리는 편지致北平特別市市黨部黨務指導委員會書」를 발표하여 아래와 같이 지적했다.

---

1 중국 국민당이 1925년 광저우廣州에 수립한 중화민국 정부.
2 1926년 3월 18일, 일본 제국주의와 연합한 군벌에 반대해 정부에 청원운동을 벌이는 청년과 시민 등 시위대를 향해 돤치루이 정부가 발포해 루쉰의 제자 등 학생과 시민 47명이 사망하고 200여 명이 부상당한 사건.

얼마 전 『민국일보民國日報』에서 '3·18참사'와 우리 집 숙부님이 관련되어 있다는 귀 위원회의 결의안을 읽고 놀라움을 이길 수 없었습니다. 저는 여러 해 동안 숙부님을 수행하면서 그 일상을 모두 상세한 일기로 기록해두고 있습니다. 지금 귀 위원회의 결의안에서 운운한 내용이 사실과 크게 다르기에 이제 지극히 간명하고 유력한 반증을 들어 정중하게 사실을 밝히지 않을 수 없게 되었습니다. 숙부님께서는 민국 15년(1926) 봄 이후로 갑자기 중병에 걸려 2월 15일에 독일의원에 입원해 치료를 받았으나 효과를 보지 못하여, 3월 2일 독일의원에서 나와, 3월 8일에 협화의원 1층 35호 병실에 입원했습니다. 9일에 의사의 한 차례 검진이 있었고, 11일에 또 한 차례 검진이 있었는데 모두 국부 마취제를 사용했습니다. 16일 오전에는 열성약烈性藥을 사용하여 전신마취를 하고 절개수술을 했습니다. 수술 집도의는 이 의원 원장 류루이헝劉瑞恒이었습니다. [숙부님은] 17일과 18일 이틀간 모두 혼수상태로 인사불성이었고, 18일 오후 5~6시에야 비로소 깨어났습니다. 19일 오후에 문병 온 사람이 3·18참사의 상황을 알려줬습니다. 숙부님은 가슴 가득 분노가 차오르며 체온이 점점 올라 위험한 지경에까지 빠졌습니다. 의사가 그 사실을 알고 대로하여 문병을 5일간 엄금했습니다. 이 일은 사실 그대로 협화의원 일지에 기록되어 있습니다. 모일 모시 모분 모초에 환자가 어떤 상태인지 털끝만큼도 빠뜨리지 않고 일일이 기록합니다. 청컨대 귀 위원회 및 세상 사람들께서는 상식에 근거해 추론하고 천리와 양심에 근거해 판단해주시기를 바랍니다. 16일에 마취제를 맞고 복부절개 수술을 받은 환자가 18일 오전에 발생한 사건에 참여할 수 있겠습니까? 이는 정말 변명할 가치조차 없는 일입니다. 귀 위원회는 민중 지도를 스스로의 사명으로 삼고 있다는데, 제 불초한 마음으로 함부로 추측하여 여러분이 일부러 혐의를 만들고 고의로 다른 사람에게 죄를 뒤집어씌운다고 말하고 싶지는 않습니다. 그러나 신문보도의 언급에 근거해보니 그것은 정식 결의안이었습니다. 당당한 한 정당이 낸 결의안이라면 무책임하게 사실에 위배되는 말로 사람들의 시각과 청각을 혼란스럽게 해서는 안 될 것입니다. 이 때문에 제가 이 특별 서한으로 항의하는 바입니다. 청컨대 귀 위원회에서 협화의원으로 사람을 보내 진료기록과 병원일지를 조사하여 제 말에 한 글자라도 허위가 있거나 착오가 있는지 살펴보시기 바랍니다. (앞의 책, 1185~1186쪽)

이처럼 아무 근거도 없이 날조된 결의안은 아주 쉽게 진실에 의해 반박당할 수밖에 없었지만 뿌리 깊은 편견과 견해 차이는 쉽게 없앨 수 없었다. 12월 1일 칭화연구원 학생 쉬중수徐中舒, 청징程璟, 양훙례, 팡신方欣, 루칸루陸侃如, 류지쩌劉紀澤, 저우촨루周傳儒, 야오밍다姚名達 등이 량치차오에게 편지를 보내 그의 병세에 대해 안부를 묻고 다음과 같이 말했다. "지난해 국민당 군이 강남江南을 점령하고 나서 남북 간의 우편과 전신이 마침내 소통되었습니다. 선생님의 지금 위치는 역사와 관계있기 때문에 각 방면의 주목을 받고 있습니다. 따라서 우편과 전신의 왕래도 항상 검열을 당하는 듯하여 직접 편지를 써서 문후를 여쭙기가 불편했습니다."(앞의 책, 1197쪽) 이 말은 량치차오가 보내고 받는 서신이 감찰과 검열을 당했을 수 있다는 언급이다. 이러한 지엽적 사실을 통해서도 량치차오에 대한 중화민국 정부의 태도를 엿볼 수 있다. 따라서 량치차오가 서거한 후 난징 지도부에서 온 모 인사를 제외하고는 베이징과 상하이 추모식 현장 모두에 국민당 측 인사는 보이지 않았고, 그들이 보낸 만련도 매우 드물었다. 이는 아주 자연스러운 현상이었다. 당시 양싱포는 쉬즈모에게 '국민당 정부가 량치차오에게 추모의 뜻을 표하지 않을 수 없고, 아울러 난징으로 가서 차이위안페이 등의 정부 인사와 상의한 후 국무회의에서 정식으로 이에 대한 의견을 제기할 준비를 하겠다'고 했다. 그러나 이 제의는 국민당 입법원장 후한민 등의 단호한 반대에 부딪혀 중도에 흐지부지되고 말았다. 량치차오의 제자이며 저명한 사학자인 장인린은 민국 정부가 량치차오 선생을 포상하지 않은 데 깊은 유감을 나타냈다. "몇 가지 소문에 따르면, 기실 큰 힘을 가진 분이 정부에 량 선생을 포상해야 한다고 건의했지만 우리 광둥3 출신 거물의 반대에 막혀 중지되고 말았다고 한다."(『량치차오를 추억하다』, 137쪽) 여기에서 언급한 '큰 힘을 가진 분'은 차이위안페이를, '광둥 출신 거물'은 후한민을 가리킨다. 결과적으로 량치차오 서거 후 13년 만인 중화민국 31년(1942) 10월 3일에야 국민 정부는 비로소 량치차오 포상 명령을 내렸다. 이 조치에 대해 량치차오의 또다른 제자인 우치창은 슬픔을 금치 못하면서 "그 명령을 읽고 나자 불현듯 눈물이 줄줄 흘러내렸다"라고 했다.(앞의 책, 403쪽)

량치차오에 대한 평가가 사람마다 다르다

당시로부터 정당이나 정파 간의 견해 차이로 인해 량치차오를 경시하고 냉대하는 현상이 야기되고 있었다. 비록 여기에서는 일부 인사만 거론했지만 그 영향은 심원하고 장기적이었다. 특히 국민당이 사회의 담론권을 장악하고 나서는 만청과 민국의 역사를 서술할 때 고의로 량 씨의 역할과 공헌을 폄하하고 추악하게 묘사했다. 심지어 생략과 망각의 방식을 사용하여 량치차오의 존재를 지우기까지 했다. 이 모든 현상은 량치차오 사후 벌어진 가장 가슴 아픈 일이었다.

　량치차오와 함께 칭화대학 교수를 지낸 우미吳宓는 량치차오 사후의 적막에 대해 이해할 수 없다는 견해를 표시했다. "량 선생은 중국 근대 정치문화사에서 가장 영향력이 컸던 인물이다. 그런데 그가 서거하고 나서 이어진 적막한 상황은 왕징안[왕궈웨이] 선생이 서거한 뒤 사람들에게 애도를 받던 상황과도 비교할 수 없을 정도다. 아! 기괴한 일이로다!"(우미, 「공헌시화空軒詩話」, 『우미시화吳宓詩話』, 199쪽. 「샤샤오훙후기夏曉虹後記」, 『량치차오를 추억하다』에서 재인용) 우미는 기괴하다고 했지만 기실 전혀 기괴한 일이 아니었다. 왕궈웨이 선생은 비교적 단순하게 학자로서 서재 안에서만 생활했다. 그는 성격이 고독하여 다른 사람과 잘 어울리지 못했기 때문에 사회에서 거의 아무런 관계도 형성하지 못했다. 량치차오는 그와 전혀 달랐다. 량

3　장인린(1905~1942)은 광둥 성 둥관東莞 출신이다.

치차오는 몇십 년간 온갖 비바람을 무릅쓰고 진퇴를 반복하며 몇 차례나 정계와 학계 사이를 오갔다. 그는 사람들에게 현란한 인상을 주면서 인사人事든 국사國事든 막론하고 다양한 부문의 업무 및 각양각색의 사람들과 연관을 맺었다. 량치차오를 좋게 말하기도 쉽지 않은 일이고 나쁘게 말하기도 쉽지 않은 일이었다. 또한 많은 사람이 그를 가리켜 '변화에 능하다善變'고 한 것도 전혀 근거 없는 말은 아니었다. 이러한 상황하에서 량치차오에 대해 객관적이고 공정한 평가를 내리기란 참으로 지난한 일이었음에 틀림없다.

탄런펑譚人鳳은 동맹회 원로다. 제2차 혁명 실패 후 일본으로 망명해 『스써우 패사石叟牌詞』를 썼다. 그는 이 책의 개권벽두開卷劈頭에서 자신의 초기 사상 형성에 대해 진술했다. "[나는] 『시무보』에 감명을 받은 측면이 적지 않았다. 이 때문에 늘 당시 량치차오가 국민을 계도하는 측면에서 진실로 적지 않은 공적을 쌓았다고 말하곤 했다." 그러나 "애석하게도 량치차오의 사상과 태도는 일관성이 없이 변덕이 심했다. 심지어 그는 친구를 팔고, 원수를 섬기고, 스승을 배반하면서 갖가지 사리사욕을 추구했고 결국 인격과 양심을 모두 상실했다. 근래 캉유웨이는 사람들에게 이렇게 말했다. '세상 사람들이 나와 아무개[량치차오]를 병칭하지 말았으면 좋겠다. 나는 차마 하지 못하는 일이 있지만, 아무개는 하지 못하는 일이 없다.'"(『스써우 패사』, 2쪽)

이는 량치차오 적대 진영에서 나온 관점이다. 후난 명사 리샤오단은 1913년 량치차오가 사법총장직에 있을 때 그의 비서를 지낸 적이 있다. 량치차오의 일부 저작은 그에게 대필을 시켰다고 전해진다. 그는 량치차오가 보여준 만년의 변화를 매우 불만스러워 했다. "덕망이 있다는 거인이 곡학아세하는 태도로 젊은이들에게 아부하며 시대적 기풍에 휩쓸렸다. 『구유심영록』과 『칭화강연집』은 작은 명성에 의지해 대중을 움직이려는 짓이었다. 그리하여 아이들에게 머리를 숙이는 것도 애석해하지 않고 대중의 기호를 뒤좇았다. 이로써 중국 문인의 기상이 나날이 쇠퇴하게 되었고 성인의 기풍이 더욱더 막히게 되었다."(『성려필기』, 「자서」, 1쪽)

리샤오단의 의견은 대체로 당시 전통문화를 고수하며 혁신파와 타협하지 않으려 하던 일부 인사의 관점을 대표한다. 당시에 이들의 견해가 적지 않은 비중을 차지했다. 그러나 신문화의 대표자 후스는 또다른 각도로 량치차오의 '변덕'을 지적했다. 그는 자신의 일기에서 이렇게 묘사했다. "량치차오는 자신이 보여준 만년의 견해가 자질이 부족한 일반인들에 의해 많은 부분이 잘못 이해되자 결국 전통적인 위도衛道[도를 수호함]의 길로 나아가게 되었다. 이 때문에 그는 6~7년 전 '중국문화학원中國文化學院'을 발기할 때 '대승불교가 인류 최고의 종교이고, 대승불교를 탄생시킨 문화가 세계 최고의 문화'라는 잘못된 논리를 펴기도 했다. 이는 모두 어우양징우, 린짜이핑, 장쥔마이 등 용속한 이들이 그를 그르친 결과다."(『량치차오를 추억하다』, 435쪽)

이처럼 사람마다 상이한 논리를 펴는 까닭은 각자 자신의 견해를 고수하며 한 가지 단편적인 해석을 내놓을 수밖에 없기 때문이다. 량치차오의 세계는 너무나 방대하므로 사람들이 자신의 입장에서 한 가지 각도로만 그를 인식하게 되면 보이는 건 전체 면이 아니라 한 가지 측면에 불과하게 된다. 나는 이런 경향을 '장님 코끼리 만지기 식'이라 부른다. 그러나 정전 뒤의 관점은 위에서 서술한 몇 명의 견해와 완전히 상이하다.

량런궁이 사람들에게 추켜세워지는 ―혹은 사람들에게 병폐로 여겨지는― 한 가지 점은 '변화에 능한善變 것'이다. 학문 분야에서나 정치활동 분야에서나 문학 기풍의 측면에서나 모두 이와 같다. 그러나 우리는 그가 '자주 변화를 보인屢變' 까닭 속에 그렇게 할 수밖에 없었던 그의 가장 강고한 이유와 가장 투철한 견해와 가장 부득이한 고충이 숨어 있음을 분명하게 알아야 한다. 량치차오가 만약 완고하게 변화를 추구하지 않았다면 그는 일찌감치 시대의 대오에서 낙오하여 은퇴한 채 모든 유로遺老와 똑같은 모습을 보였을 것이다. 량치차오가 만약 변화하지 않았다면 중국에 대한 그의 공헌과 노고가 아마도 아무것도 없었을 것이다. 그에게 있어서 가장 위대한 점이면서 또 그의 공명정대한 인격을 가장 잘 드러내주는 점은 바로 '변화에 능하고' '변화가 잦았던' 그의 태도다. 그의 '변화'가 그의 주지나 목적을 변화시키는 것은 아니다. 그의 주지나 목적은 전혀 변하지 않았고 오직 방법만 변화했을 뿐이다. 즉 '시대와 환경에 따라 변화를 추구하며', 또 '자기 식견의 변화에 따라' 그 방법을 바꾸었을 뿐이다. 량치차오의 주지와 목적은 바로 애국이다. '그 방법은 변했지만 애국을 하는 까닭은 아직까지 변한 적이 없다.' [량치차오는] 무릇 나라에 이익이 되는 일이나 국민에게 유익한 사상이 있으면 '잦은 변화'도 애석하게 여기지 않고 몸소 그것을 실천하며 몸소 그것을 제창했다. (앞의 책, 88~89쪽)

정전둬는 량치차오와 교분이 깊지는 않았지만 우리는 오히려 그를 량치차오의 지음知音이라 부를 수 있을 듯하다. 딩원장은 후스에게 보낸 편지에서 장전둬를 이렇게 칭찬했다. "이미 발표된 량런궁에 관한 문장 중에서 이 글을 최고로 꼽아야 할 것이네."(앞의 책, 484쪽)

잦은 변화에도 자신이 세운 목적에서 벗어나지 않은 량치차오

딩원장은 후스에게 보낸 또다른 편지에서 이렇게 언급했다. "내가 소문을 들어보니 쑨무한[쑨바오치]의 동생 쑨중위[쑨바오쉬안]에게 상세한 일기가 있다고 하네. 그래서 쓰청의 어투로 편지 한 통을 쑨무한에게 보내, [그 일기를] 장쥐성을 통해 나에게 좀 빌려달라고 해볼 생각이네."(『딩원장 연보』, 333쪽) 쑨무한은 북양 정부 내각총리를 지낸 적이 있고 량치차오와도 친구 간인데, 그의 동생 쑨중위는 당시에 이미 이 세상 사람이 아니었다. 이 편지에서 언급한 일기가 바로 나중에 출판된 『망산려일기忘山廬日記』다. 그중 1907년 5월 20일 대목에 이런 기록이 있다. "량치차오 씨는 해외에서 10년간 분주히 활동하며 자신의 논점과 사상을 여러 신문에 자주 발표했다. 사람들은 그의 주지가 자주 변했다고 비난한다. 소위 종계種界[종족種族], 보황

保皇, 공화共和, 입헌立憲, 개명전제開明專制 등이 그것이다. [량치차오 씨는] 처음에는 혁명을 이야기하다가 이어서 날마다 혁명당과 싸움을 벌였다. 처음에는 공덕公德을 이야기하다가 이어서 사덕私德을 제창했다. 그가 한 앞뒤 발언을 종합해보면 스스로 상치되는 점이 얼마나 되는지 알지 못하겠다. 이 어찌 언행을 자주 뒤집는 소인배가 아닌가? 망산거사忘山居士[쑨중위]가 그 말을 듣고 웃으면서 대답했다. '그렇지 않다네. 량치차오란 사람에 대해서 나는 진실로 그가 어떤 사람인지 알지 못하지만 그 점에 근거해 그를 소인배로 단정하는 건 너무 지나치네. 대저 천하에는 언행을 자주 뒤집는 소인배가 있고 언행을 자주 뒤집는 군자가 있네. 사람들은 단지 언행을 자주 뒤집지 않으면 소인배가 되지 않는다는 사실만 알지, 언행을 자주 뒤집지 않는다 해도 군자가 되기에는 부족하다는 사실을 어찌 알겠는가? 대저 소인배가 언행을 자주 뒤집을 줄 아는 것은 세력이나 이익의 풍향에 따라 자신이 귀의할 곳을 알고 변화를 추구함이지만, 군자가 언행을 자주 뒤집음은 학식이 쌓여 점차 진보함에 따라 변화를 추구함이라네. 언행을 자주 뒤집는 겉모습은 같지만 그 뒤집는 까닭은 다르다네.'(『망산려일기』 하책, 1043쪽)

량치차오도 '언행을 자주 뒤집고' '변화에 능한' 자신의 행위를 일찍부터 인식하고 있었던 듯하다. 그가 이른 시기에 쓴 『음빙실자유서飮氷室自由書』에는 「변화에 뛰어난 호걸」이 한 편 실려 있다. 그는 이 글에서 목적은 바꿀 수 없다는 전제하에 그 방법은 때와 장소에 따라 바꿀 수 있다고 주장했다. 나중에 그는 또 「정치학 대가 블룬칠리의 학설」에서 또한번 탄식을 쏟아내고 있다.

아! 공화여! 공화여! 나는 너를 사랑하지만 조국을 더 사랑한다. 나는 너를 사랑하지만 자유를 더 사랑한다. 나의 조국과 나의 자유는 결국 다른 길을 통해서는 회복될 수 없으니, 이는 천명이다. 나의 조국과 나의 자유는 공화 네 손에 절단 나게 생겼으니, 이는 인간의 재앙이다. 아! 공화여! 공화여! 나는 차마 또다시 너의 아름다운 이름을 더럽혀 뒷날 정체를 논하는 자들이 한 가지 좌증左證으로 너를 저주하게 할 수는 없다. 나는 너와 영원히 이별하리라. 어떤 사람이 물었다. "그럼 그대는 입헌군주제를 주장하는 것인가?" 내가 답했다. "그렇지는 않네. 하지만 내 사상이 퇴보하려는 건 불가사의한 일이네. 나 스스로도 어찌하여 퇴보가 이처럼 신속한지 알지 못하겠네. 나는 미국에서 돌아와 러시아 꿈을 꾸고 있네. 나는 옛날에 나와 함께 공화를 벗한 사람들이 장차 보잘것없게 되리란 사실을 알고 있네. 비록 그렇지만 실제에 근거를 두고 말을 해야 한다면 말을 많이 하지 말고 어떻게 힘써 행할 것인지를 돌아봐야 할 것이네. 이론 부문에서는 내 평생 여론과의 싸움에 가장 익숙할 뿐만 아니라 오늘날 내가 옛날의 나에게 도전하는 일도 꺼리지 않았다네."(『음빙실합집·문집』 제13권, 86쪽)

량치차오가 보인 잦은 변화와 그 변화의 까닭이 위의 글에 매우 분명하게 표명되어 있다. 그는 만년에 학생들과 변화와 불변에 대해 토론하면서 의견 분열과 의견 일치가 공존할 때도 그것을 감정싸움으로 인식하지 않았다. 더러 권력과 이익을 다툴 때도 자신의 중심사상과 일관된 주장에 근거해 자신의 입장을 결정했다. "나의 중심사상은 무엇인가? 바로 애국이다. 나의 일관된 주장은 무엇인가? 바로 구국이다. 내 일생의 정치활동은 그 출발점과 귀착점이 모두 애국과 구국에 관한 나의 사상과 주장을 관철하려는 지점이었다. 그 밖에 무슨 개인적 이해타산은 없었다."(리런푸李任夫, 「량치차오 선생을 회고하다回憶梁啓超先生」, 『량치차오를 추억하다』, 418쪽) 이는 량치차오의 자기 자랑이 아니다. 그의 일생 경력을 고찰해보면 누구도 이 점을 부인하지 못할 것이다. 천인커도 이 점을 아주 분명하게 간파하고 있었다. 그는 「우치창이 지은 량치차오 전기를 읽고讀吳其昌撰梁啓超傳書後」에서 이처럼 지적했다.

런궁 선생의 뛰어난 문장과 박식한 학문은 근세에 보기 드문 경우에 속한다. 그러나 논자들은 매번 그가 중국의 50년 부패 정치와 완전히 단절

忍辱精進 負荷眾生

량치차오 친필. '치욕을 참고 정진하
여 중생의 짐을 함께 나눈다忍辱精
進, 負荷眾生.'이 여덟 글자가 그의
정치 인생의 출발점이자 귀착점이었
음을 잘 보여준다.

하지 못한 일을 애석해하며 그것을 선생의 불행이라 인식한다. 이 말을 나는 의심스럽게 생각한다. 일찍이 원과 명의 옛 역사를 읽다가 유장춘 劉藏春과 요도허姚逃虛가 모두 세상 밖에서 한적한 생활을 하면서도 국사 國事에 참여한 것을 보았다. 하물며 량 선생은 어려서부터 유가儒家의 학문을 공부하여 국가와 자신의 몸을 일치시키는 동생董生[동중서董仲舒]의 가르침에 근본을 두고 백성들 중에서 선각자를 자처한 이윤伊尹의 임무를 사모했으니 당시 부패한 정치와 단절할 수 없었음은 당시 정세에서는 그렇게 하지 않을 수 없었기 때문이다. 위안스카이가 황제를 칭하던 시절을 돌이켜보면 나는 그때 마침 옛 도성[베이징]에 머물고 있었는데, 당시 위안 씨의 공덕을 찬미하던 사람들은 추악하고 기괴한 모습을 낱낱이 보여주었다. 나는 염치와 도덕이 모두 사라진 사회에 깊은 슬픔을 느끼고 지극히 비통한 마음에 젖었다. 국체를 군주제로 할 것인가 민주제로 할 것인가 같은 문제는 오히려 부차적으로 느껴졌다. 량 선생이 「이상하도다! 소위 국체문제라는 것은」을 발표해 잘못된 여론을 철저히 타파하자 마치 운무가 걷히고 푸른 하늘이 드러나는 듯했다. 량 선생이 근세 정치와 단절할 수 없었던 데는 기실 그렇게 할 수 없었던 까닭이 있는 것이다. 그것은 중국의 불행이지 량 선생의 불행에 그치지 않는다. 여기에 무슨 잘못이 있겠는가? (『한류당집寒柳堂集』, 166쪽)

량수밍도 유사한 관점을 드러냈다.

량런궁 선생은 가슴에 혈성血性을 품고 있는 사람이었다. 그는 속이 타서 얼음을 먹는다는飮氷[4] 『장자』의 말을 호號로 삼았는데 참으로 타당한 작명이다. 그는 글을 써서 사람들을 고무할 수는 있었지만 정치적 임무

---

4 량치차오 톈진 자택의 서재 이름이며 자신의 만년 자호自號. 이 음빙飮氷은 『장자』 내편 「인간세人間世」에 나오는 전고典故에 근거를 두고 있다. 즉 임금의 사신은 아침에 명령을 받으면 저녁에 얼음을 먹게飮氷 되는데, 그것은 임금의 명령을 제대로 수행할 수 있을지 두렵고 초조한 마음에 속이 타기 때문이라는 것이다. 따라서 음빙은 국가와 국민을 위해 노심초사하는 량치차오의 우국충정을 담은 자호인 셈이다.

는 담당할 수 없어서 결국 다른 사람의 이용 대상이 될 수밖에 없었다. 그러나 마침내 스스로 후회하며 잘못을 깨달았으니 양심이 어둡지 않은 사람이다. 이로써 캉유웨이나 양두처럼 거리낌 없이 악행을 저지른 사람과 비교해보면 용서할 만한 점이 있다고 할 수 있다. (『량치차오를 추억하다』, 265쪽)

량치차오 사후死後 평가가 어려운 까닭은 그의 생애가 풍부하고 복잡한 것과 밀접하게 연관되어 있다. 이 점은 아마도 쉬즈모가 정성을 들여 기획한 『신월』 량치차오 특집호가 끝내 요절한 원인의 하나일 것이다. 후스가 자신에게 부과된 임무를 완성하지 못한 것도 아마 량치차오를 바라보는 자기 내면의 모순 때문일지도 모른다. 후스는 일기에서 이렇게 말했다. "량런궁은 사람됨이 아주 온화하고 자애로우며 선입견이 전혀 없어서 마치 어린아이 같은 모습을 드러낸다. 사람들은 그를 음모가라 말하지만 사실은 그와 정반대다." 그러나 후스도 다음 같은 사실은 인정해야 했다. "량런궁은 출중한 재능을 지녔지만 체계적인 훈련을 받지 못했고, 학문을 좋아했지만 좋은 스승이나 유익한 벗의 도움을 받지 못했다. 세상에 너무 일찍 발을 들여놓았고, 명성을 너무 급속도로 휘날렸으며, 스스로 맡은 임무 또한 너무 많았다. 이 때문에 그는 영향력은 매우 컸지만 성취는 너무나 미약했다. 요 며칠간 나는 그의 평생 저작 중에서 가장 불후하게 전해질 만한 것이 무엇인지 생각해보았지만 한 편이나 한 권을 지명하기가 상당히 어려웠다. 나중에 나는 「신민설」이야말로 그의 일생에서 중국사회에 공헌한 가장 위대한 저작으로 꼽을 만하다고 결론을 내렸다. 「신민설」에서는 편편마다 중국문화의 결점을 지적하고 서양의 미덕을 찬양하며 그것을 우리 중국인들이 본받아야 한다고 주장하고 있는데, 이 점이 바로 량치차오의 가장 불후한 업적이다. 이 때문에 나는 량치차오를 추모하는 만련輓聯에서 그를 가리켜 '중국의 신민新民'을 소망한 사람이라 했다."(앞의 책, 433~435쪽)

적막한 사후

후스의 이러한 언급에는 물론 그 나름의 이유가 있다. 그러나 량치차오 사후 그에 대한 평가가 계속 적막했던 데는 아마도 그의 제자와 친구들 중 많은 사람이 요절한 일과도 관련이 있는 듯하다. 차이어가 너무 일찍 세상을 떠난 것은 량치차오에게 매우 큰 손실이었다. 판위안롄 등도 량치차오보다 일찍 죽었고, 쉬즈모·딩원장·장바이리는 량치차오 사후 오래지 않아 줄줄이 세상을 떠났다. 심지어 량치차오 생애 후반기의 제자들 중 몇 명마저도 천수를 누리지 못했다. 예컨대 칭화연구원 제1기 졸업생 우치창은 량치차오의 뛰어난 제자 중 한 사람이었다. 그가 저술한 『량런궁 선생 별록 습유梁任公先生別錄拾遺』와 『량런궁 선생 만년 언행기梁任公先生晚年言行記』만 읽어봐도 그와 량 씨의 밀접한 관계를 상상하기가 어렵지 않다. 그러나 우지창은 겨우 41세에 과로로 중병을 얻어 끝내 일어나지 못했다. 그는 생명이 꺼져가는 최후 단계에서도 병상에서 『량치차오 평전梁啓超傳』을 집필했지만 절반밖에 완성하지 못했기 때문에 결국 사후까지 아쉬운 한으로 남게 되었다. 또다른 제자 장인린도 아주 희귀한 사학史學 인재였다. 신사학新史學 영역에서 장인린은 심지어 량치차오와 이름이 병칭되기까지 했다. 또 첸중수錢鍾書, 우한吳晗, 샤나이夏鼐와 함께 문학원4재자文學院四才子라 일컬어지기도 했다. 그러나 장인린도 전쟁 기간 신장염에 걸려 의약 처방을 제대로 받지 못한 채 증세가 악화되다가 결국 1942년 쭌이遵義에서 세상을 떠났다. 당시 겨우 38세였다. 이 밖에도 아직 량 씨의 제자는 많다. 그러나 쉬중수, 왕리王力, 장량푸姜亮夫, 천서우스陳守實, 가오헝高亨, 양훙례, 펑궈루이馮國瑞, 루칸루, 허스지何士驥, 우진딩吳金鼎 등은 학계에서 명성이 자자했지만 사회 정치 영역에서는 영향력이 미약하거나 전혀 없었다. 장쥔마이나 장둥쑨 등 정치활동에 열심인 인물도 1930년대 이후에는 더이상 활발한 활동을 할 수 없어서 그들의 말에 귀 기울이는 사람은 아무도 없었다. 딩원장은 일찍이 『대공보大公報』에 「공공의 신념과 통일公共信仰與統一」을 발표하여 국민당, 공산당, 제3당 인사들이 개인 은원관계나 각 당 이해관계를 한곳으로 미뤄두고 대다수 사람이 수용하고 인정할 수 있는 최소한도의 신념을 찾아 그 것을 공공 신념으로 삼아야 중국이 통일될 수 있다고 주장했다. 그러나 국공國共 쌍방이 네 죽고 나 살자는 식으로 한 치의 틈도 없이 전쟁을 하던 시절에 누가 이러한 권고를 받아들이려 했겠는가?

위의 진술 중 가장 마지막 한 가지가 기실 아주 중요하며 문제의 관건이라 할 수 있다. 왜냐하면 량치차오가 사후에 받은 냉대의 근본 원인이 분명히 이 지점에 숨어 있기 때문이다. 또한 량치차오의 사상과 주장이 당시 많은 사람에게 거리감을 느끼게 해서 불가피하게 그에게 소원한 태도를 가질 수밖에 없었고, 게다가 량치차오의 구국 방안도 갈수록 많은 사람에게 시의적절하지 못하다는 느낌을 주게 되었다. 이 때문에 량치차오가 사람들의 냉대를 받았다고 하기보다 그 시대가 량치차오를 냉대했다고 하는 편이 더 낫다고 할 수 있다. 량수밍은 1943년에 쓴 글에서 근래 50년 동안 중국에는 두 위대한 인물이 탄생했다면서 그 한 사람은 차이위안페이이고, 또 한 사람은 바로 량치차오라 했다. 즉 이 두 사람의 "공헌은 모두 사상 학술계에서 특히 새로운 사조를 도입하여 낡은 그물망을 찢고 전체 중국의 정세를 새롭게 추동한 데 있다"는 것이다.(앞의 책, 258쪽) 량수밍은 특히 다음과 같이 강조했다. "량런궁 선생이 이룬 평생의 성취를 총괄해볼 때, 그가 공헌한 바는 학술이나 사업에 놓여 있지 않고 오직 새 세상의 운세를 맞아들여 새 조류의 물꼬를 트고 전국의 민심을 뒤흔들어 역사적으로 중국사회에 응당 있어야 할 일단의 전환을 이뤄냈다는 데 놓여 있다." 량수밍은 청년들에게 량치차오 저서를 읽을 것을 건의하면서 이렇게 말했다. "비록 그의 시대와 30년 이상 동떨어진 오늘날이라 해도 그의 책을 청년들에게 읽힐 수 있다면 그것은 매우 유용한 일이 될 것이다."(앞의 책, 262쪽)

애석하게도 당시 청년들은 이미 량수밍의 권고를 받아들이기 어려운 시대를 살고 있었다. 그들은 갈수록 과격해지는 혁명이론에 고무되어, 정의에 입각해 뒤도 돌아보지 않고 파란만장한 시대의 물결 속으로 몸을 던졌다. 이런 상황에서 어찌 량치차오의 책을 읽을 마음이 나겠는가? 량수밍이 말한 근래 50년 즉 1893년에서 1943년까지 그리고 다시 그 이후 대략 50년 즉 1980년대 후반기까지 중국사회의 여론은 줄곧 '혁명'사조에서 벗어난 적이 없었다. 게다가 사회적으로 한 차례 높은 파도가 지나갈 때마다 혁명의 목소리는 더욱더 높아졌다. 량치차오도 애초에는 혁명론자였고 낡은 세계를 파괴하자고 주장했다. 적어도 1896년에서 1903년까지 행한 수많은 발언을 보면 그가 반청反淸 혁명에 경도되어 있었음이 확실하다. 어떤 의미에서는 중국 현대 급진주의 혁명 정서가 량 씨로부터 시작되었다고도 할 수 있다. 그러나 그는 신속하게 견고한 반혁명파로 변신했다. 그가 반대한 혁명은 오직 무력이나 폭력으로 국가를 전복하고 정부를 타도하는 협의의 혁명이었다. 그가 주장한 것은 평화롭고 점진적인 제도 개혁이나 정체 변혁이었고, 혹은 개량으로 국가와 민족의 새로운 삶을 실현하는 일이었다. 이후 량치차오는 시종일관 이 입장을 견지하면서 개명전제 제도를 추진하든 입헌군주 제도를 추진하든 막론하고 혁명과정에서 유발되는 대규모 사회동란과 유혈을 피하려고 했다. 그러나 혁명당파에는 이러한 인내심이 없었고 청나라 정부도 거듭해서 사람들의 인내심을 자극했다. 이 때문에 많은 사람이 혁명당으로 변신했고 마침내 1911년 신해혁명이 폭발했다. 이때 량치차오가 근심한 것은 혁명이 초래할 재난성 후과後果였다. 그는 최후의 노력을 모두 기울여 신구 정권의 평화로운 정권 교체를 실현하려 했지만 그것은 사실상 불가능한 일이었다. 중화민국 성립 후에는 남방의 혁명당과 북방의 군벌 사이에 조화되기 어려운 갈등 국면이 조성되어, 중국은 장기적인 분쟁과 전쟁의 소용돌이 속으로 빠져들고 말았다. 량치차오는 위안스카이의 실력과 세력을 빌려 자신의 헌정 이상을 실현하려 했다. 그러나 량치차오의 소망은 위안스카이의 끊임없는 권력욕 앞에서 산산이 부서지고 말았다. 결국 그와 차이어는 위안스카이가 황제 등극을 선포한 후 위안스카이 토벌군을 일으키지 않을 수 없었다. 두 사람은 자신들의 거사가 부득이한 일임을 거듭 밝혔지만 기실 당시 현실에서 두 사람은 이미 자신들이 일관되게 반대했고 또 피하려 했던 군벌 살육 정치 속으로 휘말려 들어가고 있었다.

중화민국 정부는 최소한 16년의 시간을 들여 민주적이고, 자유롭고, 건강하고, 질서 있는 헌정제도를 창조했다. 이 또한 량치차오가 시종일관 노력한 결과였다. 량치차오는 비록 1917년 정부와 의회의 분쟁 이후 정치 영역에서 물러나 서재로 돌아갔지만 북양 정부와의 합작은 결코 포기하지 않았다. 1920년대 초에 유럽여행에서 돌아온 뒤에도 여전히 우페이푸와 쑨촨팡에게 큰 희망을 품고, 연성자치, 성헌 제정省憲制定, 국민대회 개최 등의 방법을 통해 군벌의 권력을 제한하고 민주정치를 촉진하여 민족국가를 재건하려고 했다. 그러나 당시는 상황이 이미 이전과 비교할 수 없을 만큼 많이 바뀐 시대였다. 따라서 중화민국 전반기 10년 동안에도 량치차오에게 기회를 준 적이 없었는데 중화민국 두번째 10년 동안에 그에게 그런 기회를 준다는 건 불가능했다. 군벌 간의 끊임없는 세력 쟁탈전은 잠시 논외로 하더라도, 1919년 폭발한 5·4신문화운동은 새로운 정치 세력이 역사의 무대에 등장했다는 사실을 알리는 표지였다. 량치차오는 정치적으로든 문화적으로든 이들의 적수가 될 수 없었다. 이 무렵 국제정세에도 심각한 변화가 발생했다. 러시아에서 10월혁명이 성공하자 쑨중산은 절망 속에서 '러시아를 스승으로 삼고' 중국혁명을 세계혁명의 범주 속으로 편입시키려는 결심을 했다. 공산당과 국민당의 합작에 따라 중국혁명은 새로운 생기를 얻었고 창장 강 이남 광대한 지역에서 낡은 경제구조와 사회구조가 동요되면서 혁명의 폭풍이 도시에서 농촌으로 신속하게 퍼져나갔다. 북벌군이 당도하는 곳마다 노동자와 농민 운동이 승세를 타고 요원의 불길처럼 일어났고, 전체 국면을 통제하던 국민당조차 이미 어떻게 할 수 없는 지경으로 빠져들었다. 당시 마오쩌둥은 이렇게 지적했다. "아주 짧은 기간 거의 수억에 이르는 농민들이 중국의 중부, 남부, 북부의 각 성에서 떨쳐 일어났다. 그 기세가 폭풍 속에 비바람이 몰아치듯 신속하고 맹렬해서 어떤 거대한 역량도 그것을 억누를 수 없었다. 농민들은 자신들을 속박하던 모든 그물망을 찢고 해방의 길을 향해 치달려갔다. 모든 제국주의, 군벌, 탐관오리, 토호열신土豪劣神들이 그들에 의해 무덤 속으로 끌려들어갔다. 모든 혁명파와 혁명 동지들이 그들 앞에서 그들에게 점검을 받으며 거취를 결정해야 했다." (「후난 농민운동 고찰 보고湖南農民運動考察報告」, 『마오쩌둥선집毛澤東選集』 제4권본,

12~13쪽) 상황이 이러했으므로 국공 간의 전쟁은 피할 수 없었다. 아울러 이러한 분쟁은 계급모순과 계급투쟁을 표준으로 삼는 더욱 광범한 사회충돌로 진전되어, 헌정을 핵심으로 민주적이고 자유로운 새 나라를 건설하려던 량치차오의 이상은 결국 물거품이 되고 말았다.

량치차오를 새롭게 인식하다

량치차오에 대한 새로운 인식과 발견은 1980년대 혹은 1990년대에 시작되었다. 특히 2000년 이후 량치차오의 중요성 및 그가 남긴 정치적·문화적 유산이 갈수록 많은 사람에 의해 토론되고 긍정되었다. 룽잉타이龍應臺는 2000년이 도래하던 시절에 다음처럼 언급했다. "100년 후에도 나는 여전히 량치차오의 글을 읽고 감동을 받았다. 세월이 덧없이 흐르고 100년의 시간이 부침했음에도, 내가 느낀 고통이 여전히 량치차오가 느낀 고통과 같단 말인가? 내가 외치지 않을 수 없는 함성이 여전히 량치차오가 외친 함성과 같단 말인가? 나는 스스로 생각했다. 가장 날카로운 필치와 가장 진실한 반항 등등 이 중 어느 것이 선인들의 중복이 아닌 것이 있겠는가?"(『유신구몽록: 무술전 백년 중국의 '자체개혁'운동 서維新舊夢錄: 戊戌前百年中國籍自改革'運動』序, 6쪽) 그녀는 처음 「변법을 시행하지 않는 폐해를 논함論不變法之害」이란 량치차오의 글을 읽던 상황을 '마음이 놀라고 혼백이 떨릴 지경驚心動魄'이라고 표현했다. 그녀가 보기에 량치차오가 이 글에서 마주하고 있는 몇 가지 문제는 바로 100년 이후 중국 지성계가 가장 관심을 기울이는 큰 문제의 하나 즉 중국문화의 현대화 문제에 다름 아니었다. 그녀는 계속해서 감탄했다. "법法이란 천하의 공기公器이고, 변變이란 천하의 공리公理라고 한 량치차오의 구상이 21세기 전환기에 직면한 우리의 현대화가 세계화에까지 이르는 기본 원칙이 아니겠는가?"(앞의 책, 10~11쪽)

룽잉타이가 량치차오를 읽으면서 느낀 감상은 그녀 한 사람만의 것이 아니라 광활한 시대를 배경으로 발생한 것이다. 그녀의 회고 시점이 무술변법

100주년이었고, 금년(2011)은 신해혁명 100주년이므로 또다시 10여 년이 흘렀다. 이 기간 중국 지성계가 가장 관심을 보인 문제는 여전히 중국의 현대화였다. 문화의 현대화뿐 아니라 국가의 현대화, 인간의 현대화 내지 정치영역의 현대화 즉 민주화문제였다. 이 모든 문제는 량치차오가 추진했던 정치유산과 문화학술 유산의 범위를 뛰어넘지 못하고 있다. 어떤 사람의 말에 의하면, 20세기 중국 사상사에는 과거를 계승하고 미래를 여는 '신도통新道統' 혹은 '신학통新學統'이 이어져왔다고 한다. 그 주된 흐름이 바로 량치차오—후스—구준顧準—리선즈李愼之로 이어지는 노선이고 혹은 여기에 만년의 천두슈를 보탤 수 있으며, 타이완에도 인하이광殷海光과 레이전雷震이 있다는 것이다. 이들이 한 세대 한 세대를 계승하고 한 물결 한 물결을 이어가며 끊임없이 추구하고 귀납한 것이 바로 헌정주의, 민주주의, 민족주의였다고 한다. 량치차오가 바로 이러한 개념을 중국에 최초로 도입한 인물일 뿐 아니라 권위 있는 해석자이기도 했다. 량치차오의 민족주의는 현대적 민족국가 개념에 기초한 것으로 쑨중산의 민족주의와는 근본적으로 구별된다. 량치차오가 제창한 것은 다원일체多元一體의 중화민족주의였고, 쑨중산이 건설하려 한 것은 각 소수민족을 동화시키는 단일 대한족大漢族 국가였다. 다시 량치차오의 민주주의를 살펴보면 민주, 자유, 인권을 사상의 마지노선으로 삼고 있다. 그는 민권이 바로 국권이라고 하면서 민권을 신장시키지 않으면 국권도 신장될 수 없다고 주장했다. 쑨중산은 만년에 삼민주의三民主義를 해석하면서 자유주의는 규탄하고 민권주의는 '선지선각론先知先覺論'과 '국민자격론國民資格論'으로 거세하고 말았다. 즉 국민 자격을 획득하기 위해서는 반드시 국민당의 훈정訓政5 수용과 국민당에 대한 충성 맹세를 전제조건으로 받아들여야 한다는 것이었다. 그리하여 국민의 나라가 당黨의 나라로 변하고 말았으니 이것이 진실로 중화민족의 최대 불행이었다.

---

5 중국 국민정부 시기 3단계 혁명론 중 군정에서 헌정으로 가는 중간단계 시기 또는 그 이론. 쑨중산[쑨원]의 삼민주의를 건국이념으로 삼은 국민정부는 국민혁명을 군정 → 훈정 → 헌정 3단계를 거쳐 실행한다는 방침을 세웠다. 즉 혁명 직후에는 군정을 하고 그후엔 헌정으로 바로 나아가는 대신 당을 중심으로 정치수준이 낮은 국민을 계도하는 훈정을 실시한다는 것이다.

저자 후기

4년이 흘렀다. 『량치차오 평전梁啓超傳』 집필이 일단락을 고했다. 하고 싶은 말이 많은 듯했지만, 잠시 무슨 말부터 해야 할지 떠오르지 않는다. 이 4년간의 1400여 밤낮을 되돌아보면 내가 얻은 결과가 내가 쏟은 노력보다 훨씬 더 많았음을 인정해야겠다. 이런 감상은 사전에 예상하지 못한 것이다. 나의 입장에서는 량치차오에 관한 책을 한 권 쓰려고 결심하는 일이 결코 쉬운 일이 아니었다. 내가 량치차오를 아주 좋아하고 근래 몇 년 동안 그에 관한 몇 가지 저작과 관련자료를 계속 발표하기는 했지만, 나는 이런 일들이 한 권의 인물 전기를 쓰기 위한 학문적 준비와는 상당한 거리가 있음을 마음속으로 분명하게 알고 있었다. 실제 상황도 이와 같았다. 집필과정에서 몇 번이나 중도에 포기하려 했다. 만약 그렇게 많은 친구가 집필을 격려하고 지지해주지 않았다면 내가 정말 이 일을 마지막까지 완성할 수 있었을지 알지 못하겠다. 따라서 나는 대담하게 이렇게 말하겠다. 나의 이 『량치차오 평전』은 고작해야 초학자가 겨우 끝낸 한 가지 숙제일 뿐이다. 왜냐하면 량치차오든 아니면 이 책에서 다룬 많은 인물이든 막론하고 우리는 이들을 겨우 4년 만에 명확하게 이해하기는 어렵기 때문이다. 유감스러움을 피하기는 어렵지만 이 자리에서 나는 이 책을 읽은 친구들께서 가르침을 아끼지 마시고 많은 비판을 베풀어주시기를 바라마지 않는다. 나도 남은 생애에 량치차오 연구를 계속해나갈 수 있기를 희망한다.

이제 이 책이 곧 나오려는 때에 나는 이 자리를 빌려 줄곧 나에게 관심을 보여주고 나를 도와주고 지지해주신 모든 친구에게 고마움을 전하고 자 한다. 가장 먼저 완전원宛振文, 야오즈룽么志龍, 싸쑤薩蘇, 룽팅진榮挺進에 게 감사를 표한다. 이들은 내가 이 책을 집필할 수 있도록 의견을 제시해주 었고 또 내가 집필 결심을 할 수 있도록 많은 도움을 주었다. 또 쑨위孫郁, 즈안止庵, 레이이雷頤가 베풀어준 지적과 도움에도 감사드린다. 이들의 도움 으로 나는 최종적으로 집필 방향을 확정할 수 있었다. 또 자신이 보존해온 민국 도서를 아낌없이 나에게 증정해준 황지웨이黃集偉에게도 감사를 드린 다. 또 바이예白燁, 멍판화孟繁華, 천푸민陳福民, 천샤오밍陳曉明, 허사오쥔賀紹 俊, 쉬샤오빈徐小斌, 우디吳迪, 닝컨寧肯, 스창이史長義, 주융祝勇, 추화둥邱華棟, 왕주신王久辛, 메이이梅毅, 장이탄蔣一談 등 친구들에게도 감사를 표한다. 이 들은 나의 집필에 줄곧 특별한 관심을 보여주었고 나는 매번 이들과 교류 하며 많은 계발을 받았다. 멀리 광둥에 있는 천충陳聰 아우에게도 감사를 보낸다. 그는 특별히 순더현지順德縣志 사무실에 협조를 요청하여 나를 위 해 몇백 쪽에 이르는 『마이멍화집麥孟華集』을 복사해주었다. 또 쿵샹지孔祥吉, 주웨이정朱維錚, 마오하이젠茅海建, 샤샤오훙夏曉虹, 양톈스楊天石, 주쭝전朱宗 震 등 여러 선생님에게도 감사드린다. 이분들의 개척적 연구는 나의 집필에 막대한 도움과 다방면의 계시를 주었다. 또 베이징작가협회北京作家協會가 이 책 집필에 보내준 많은 지지도 나를 더욱 감동하게 했다. 동시에 나는 또 모톄磨鐵 및 톄후루도서鐵葫蘆圖書의 선하오보沈浩波, 왕샤오산王小山, 왕라이 위王來雨 등 여러 분이 이 책 집필에 보여준 특별한 관심과 중시에 대해서도 감사를 전한다. 이 책 편집 담당 아딩阿丁, 라오자룽饒佳榮, 펑쥔원馮俊文, 정 칭레이鄭晴蕾, 황이촨黃一川, 장이張伊, 승리장熊立章의 성실하고 부지런한 노 동에도 고마움을 표한다. 그리고 류짜이푸劉再復 선생님께 특별한 감사를 드리고자 한다. 류 선생님께서는 바쁘신 와중에도 이 책을 읽어주셨을 뿐 아니라 이 책에 장편의 서문까지 써주셨다.

마땅히 감사를 드려야 할 분들이 더 계실 테지만 일일이 기록하지 못함 을 용서해주시기 바란다.

마지막으로 나의 사랑하는 아내 야오슈잉姚秀英에게 고마움을 전한다.

그녀는 오래 병을 앓아 허약한 몸인데도 자발적으로 가사를 다 떠맡았을 뿐만 아니라 나의 신체와 생활도 너무나 적절하게 보살펴주었다. 그녀의 정성스러운 보살핌이 없었다면 짧은 시간에 이처럼 거대한 프로젝트를 완성할 수 없었을 것이다.

이 책이 나에게 새로운 천지를 열어주고 더욱 많은 친구를 사귀게 해주기를 희망한다.

2012년 3월 13일 밤 왕징望京에서

셰시장解璽璋 삼가 씀

옮긴이의 말

이 책의 저자 셰시장解璽章이 말한 것처럼 나도 큰 숙제를 마무리한 느낌이다. 석사논문으로 「중국근대문학시론中國近代文學試論」을 쓰면서 처음 량치차오梁啓超와 만난 이래, 언젠가 그의 평전을 내 손으로 쓰거나 그의 문집을 내 손으로 번역하고 싶었다. 량치차오는 중국 근현대를 공부하는 사람들에게 에돌아갈 수 없는 가장 중요한 관문일 뿐만 아니라 중국 근현대의 주요 화두도 거의 대부분 량치차오와 관련을 맺고 있기 때문이다. 게다가 장지연, 신채호, 박은식, 주시경, 안창호, 홍필주, 이상룡, 류인식 등 우리 근대 지식인들도 량치차오의 사상과 문학에서 지대한 영향을 받고 있음에랴? 이 책은 량치차오 사후 지금까지 출판된 그의 전기 중에서 가장 방대하고 상세한 내용을 자랑한다. 이 책이 비록 나의 저서는 아니지만 다행히 이 책을 내 손으로 번역·소개함으로써 그의 평전을 쓰고 싶었던 욕구를 조금이나마 달랠 수 있었고, 이를 통해 중국과 한국의 근현대사 이해에 필수적인 관문인 량치차오를 입체적으로 조망할 수 있게 되었다. 마음속에 남아 있던 오랜 숙제를 마무리한 느낌은 바로 이러한 사정에서 말미암은 것이다.

나는 석사논문 제출 후 캉유웨이康有爲와 탄쓰퉁譚嗣同에 관한 소개성 논문을 쓰고 청말 시계혁명詩界革命에 관한 심층 연구를 수행하기도 했다. 그러나 박사논문의 주제를 중국 현대문학으로 옮기고 나서는 량치차오를 비롯한 중국 근대 분야로부터 연구의 관심이 점차 멀어짐을 어찌할 수 없었다. 물론 량치차오와의 거리 두기가 단순히 나의 박사논문 주제가 현대로 이동했기 때문에 생겨난 현상만은 아니다. 가장 중요한 원인은 중국에 대한 나의 관심이 노예적이고 봉건적인 현실을 극복하기 위한 중국 지식인의 사회적 책임감에 집중됨으로써, 자연스럽게 중국 현대 혁명사의 근본 개념과 루쉰魯迅의 참인간 세우기立人에 더욱 깊은 관심을 갖게 되었기 때문이다. 여기에는 중국 근현대 사상사의 인식 전환이라는 매우 중요한 주제가 바탕에 깔려 있다. 거칠게 개괄하여 중국 근현대 사상사의 인식 전환을 대표하는 인물을 궁쯔전龔自珍, 량치차오, 쑨원孫文, 루쉰으로 상정할 수 있다면, 이들을 통해 가늠해보는 중국 지식인의 고통스러운 의식은 당시 제국주의 침략에 맞서 인간의 권리와 국가의 독립을 추구하던 전 세계 식민지·반半식민지 인민의 보편적 투쟁 의지에 다름 아니었다고 할 수 있다. 대체로 궁쯔전이 전통과 근대의 교차 지점에서 중국 전통사상의 현실비판적·미래지향적 전환을 본격적으로 보여줬다면, 량치차오는 이러한 현실 인식을 바탕으로 서구사상과 서구제도를 적극적으로 수용하여 신민新民과 입헌立憲이라는 점진적이고 혁신적인 구국 방안을 제시했다. 거의 비슷한 시기 쑨원은 삼민주의三民主義라는 보다 급진적인 혁명론을 통해 서구식 민주정부를 건립하기 위해 진력했다. 량치차오와 쑨원은 한때 입헌군주제와 민주공화제라는 서로 상이한 현실 제도를 둘러싸고 협력과 대결을 벌인 정적관계였지만 두 사람 모두 제도적 측면의 근대화에 치중하는 측면에서는 동일한 지향을 보여주고 있다고 할 수 있다. 이러한 지향은 마르크스주의의 현실 인식과 소련식 사회주의 제도를 받아들인 마오쩌둥毛澤東의 경우에도 마찬가지라 할 수 있다. 루쉰은 이와 다르다. 그의 인식에 의하면 중국 근현대사의 변혁 흐름은 양무운동, 변법유신운동, 혁명운동이라는 현실 제도의 치환으로 이어져왔지만, 그것은 끝내 중국 인민의 의식 깊은 곳에 내면화된 노예근성을 타파하지 못했다고 한다. 따라서 '식인吃人 의식'과 '아Q 정신'으로 대표되는 루쉰의 국민성 비판은 인간을 억압하고 노예화하는 모든 제도적 억압에 대한 반항을 지향하게 된다. 그 지향점 끝에 '참인간 세우기'라는 과녁이 놓여 있다.

내 연구의 초점이 중국 근대와 량치차오를 벗어나 중국 현대혁명의 근본적인 지점과 루쉰의 인식을 겨냥하게 된 것은 바로 위와 같은 사정에 주목한 결과다. 그러나 량치차오를 벗어나 이 같은 지점을 탐색하는 순간마다 오히려 량치차오의 짙은 그림자를 느낄 수밖에 없었음도 고백하지 않을 수 없다. 물론 깊이와 지향점은 다르지만 루쉰의 국민성 비판에서 중국의 병약함을 비판한 량치차오의 「중국 적폐 근원론中國積弱溯源論」을 읽어내기는 어려운 일이 아니며, 마오쩌둥의 '신중국론新中國論'에서 량치차오의 '신중국'과 '신민설'을 떠올리는 것 또한 전혀 억측이라고 할 수 없다. 일본 망명 기간 량치차오와 쑨원의 인식은 또한 얼마나 가깝게 다가갔던가? 더구나 후스胡適와 쉬즈모徐志摩의 지향과 의식은 거의 량치차오의 계승자라 할 만하다. 우리나라 근대 계몽운동에 참여한 지식인들과 혁신 유림을 이끈 선비들이 량치차오의 저작을 읽으며 구국의 방안을 모색한 증거는 일일이 예를 들기 어려울 정도로 많다. 결국 한중 양국의 전통과 근대의 길목에는 량치차오라는 핵심 연결고리가 존재하고 있는 셈이다. 물론 그 핵심 고리 안팎에 세대를 가르는 의식의 깊이와 층차가 가로놓여 있지만 그것에 근거하여 량치차오의 도저한 영향력을 부정할 수는 없다.

상황이 이러함에도 불구하고 사후에 량치차오만큼 공정하게 평가되지 못한 인물도 드물다. 이념적으로 적대관계인 중화민국과 중화인민공화국 모두 량치차오를 긍정적으로 평가하지 않았다. 1929년 량치차오가 세상을 떠난 후 중화민국 정부는 그의 죽음에 어떤 공식적인 애도도 표시하지 않다가 10년 뒤인 1939년에 이르러서야 당시 방금 세상을 떠난 쉬스창, 차오쿤, 우페이푸의 건국 공로를 표창하는 과정에 량치차오를 끼워넣어 마지못해 그의 건국 공훈을 인정하는 모습을 보였다. 이는 량치차오가 입헌군주제를 주장하고 보황회保皇會 활동을 하며 혁명파 조직인 동맹회同盟會와 대척점에 서 있었기에 야기된 결과였다. 그러나 그가 주장한 입헌군주제는 '허군공화虛君共和' 용어에서도 그 의미가 잘 드러나듯, 정치적 실권이 없는 명목상의 군주를 중심에 둔 영국식 의회 민주주의에 다름 아니었다. 그리고 그가 내세운 '황제보위' 즉 '보황'의 의미도 부패한 봉건 황제제도를 맹목적으로 보위하자는 것이 아니라, 무술변법의 추진자였던 광서제光緒帝 즉 개명한 군주를 보위하여 현대적 입헌제도를 수립하자는 취지였다. 이는 중화민국 건국 이후 위안스카이袁世凱가 다시 황제에 등극하자 량치차오와 차이어蔡鍔가 위안스카이 토벌군討袁軍을 일으켜 단호하게 황제제도에 반대했음을 봐도 분명하게 알 수 있는 사실이다. 량치차오와 차이어의 군사봉기는 황제제도에 반대하는 여론을 전국으로 확산시켜 위안스카이 정권에 치명적인 타격을 가했다. 중화민국 건국과 보위에 이처럼 막대한 공로를 세웠음에도 불구하고 중화민국 정부는 량치차오를 퇴행적 보황론자 또는 지조 없는 변절 인사 정도로 매도했다. 1949년 중화인민공화국 건국 이후에는 량치차오에 대한 평가가 더욱더 부정 일변도로 치달았다. 특히 그들은 프롤레타리아 혁명론과 계급론에 근거하여 량치차오를 부르주아 개량파의 대표자로 단정하면서, 장차 사회주의 완성을 위해서 반드시 비판하고 극복해야 할 대상으로 지목했다. 량치차오에 대한 이 같은 부정적 평가는 문화대혁명이 끝난 뒤인 1980년대까지 지속되었다.

그러나 1978년 10년 동란이라는 문화대혁명의 폭력적 역사가 끝나자, 혁명으로 야기된 혼란과 파괴에 대한 반성을 수행하는 과정에서 자연스럽게 량치차오의 점진적이고 평화적이며 혁신적인 사상과 실천이 새롭게 인식되기 시작했다. 그리고 1980년대 이후 중국이 개혁·개방 노선을 추진하면서 경제적으로 고도성장에 성공하자, 중국 민간의 지식인들은 정치적 측면에서도 새로운 개혁의 가능성을 모색하기 시작했다. 그것은 공산당 일당 독재에 대한 회의와 명실상부한 입헌 민주 국가를 수립하자는 흐름으로 이어졌다. 그 모색의 끝은 1989년 6·4 톈안먼 민주화운동으로 귀결되었지만, 그 운동은 결국 탱크를 앞세운 중국 당국의 잔혹한 유혈진압으로 실패하고 말았다. 하지만 이러한 인식이 축적되면서 1995년 리쩌허우李澤厚와 류짜이푸劉再復는 『고별혁명告別革命』이란 대담집을 출판하여 20세기의 모든 파괴적 혁명과 고별하고 점진적 개혁을 추구하자고 주장했다. 이는 기본적으로 량치차오의 사상과 실천 방식을 계승한 결과라 할 만하다. 게다가 6·4 톈안먼 민주화운동 주역의 한 사람인 류샤오보劉曉波는 2008년 12월

10일 중국 공산당의 일당 독재를 반대하고 실제적인 민주주의와 입헌제도 실현을 요구하면서 그의 생각에 공감하는 303명 지식인과 함께 「08헌장 零八憲章」을 발표했다. 「08헌장」은 물론 직접적으로 체코의 「77헌장」을 모방한 청원운동이지만, 입헌, 민주, 인권에 대한 평화적이고 제도적인 요구는 그 근본정신이 량치차오 사상에 맥락이 닿아 있다. 류샤오보는 「08헌장」에서 2008년을 중국의 입헌제도가 100년을 맞는 해라고 했다. 2008년에서 100년 전인 1908년은 바로 청나라 정부가 량치차오를 비롯한 입헌파의 집요한 요구에 못 이겨 『흠정헌법대강欽定憲法大綱』을 반포한 해다. 이런 일련의 흐름을 보더라도 중국 관방에서는 여전히 중국 공산당 1당 통치체제를 고수하고 있지만 민간 영역에서는 경제발전에 따른 새로운 정치제도를 부단히 모색하고 있음을 알 수 있다. 이 과정에서 량치차오가 100여 년 전에 내세운 '신민'과 '입헌'이라는 점진적 개혁의 꿈이 새롭게 조명되고 있음은 지극히 자연스러운 현상이라고 할 만하다.

셰시장의 이 저서는 바로 21세기 이후 중국 지식인의 새롭고도 다양한 인식 발전을 반영하여 량치차오를 공정하고 객관적으로 평가한 책이다. 지금까지 출판된 량치차오 전기 중 가장 방대하고 상세한 내용을 담고 있다. 중국어 원고로만 200자 원고지 3000매가 넘으며, 글자 수로 따지면 무려 70만 자를 넘는다. 또한 이 저서는 매우 독특한 얼개로 출판 이후 많은 독자의 주목을 받았다. 그것은 파란만장한 량치차오의 삶을 그와 관련된 14명의 인물을 통해 드러내는 방식이다. 이 책 서문에서 류짜이푸도 밝힌 것처럼 이는 마치 사마천司馬遷이 지은 『사기史記』「열전列傳」의 서술방식과 유사하다. 물론 『사기』「열전」은 각각의 인물이 독립적으로 주인공 역할을 하지만, 이 책은 량치차오와 각 인물의 연관관계를 통해 량치차오라는 주인공의 삶을 풍요롭게 조명하고 있다. 더욱 흥미로운 점은 량치차오와 밀접한 관련을 맺고 있는 14명 인물이 모두 중국 근현대사를 다채롭게 장식하는 대표 인물들이란 사실이다. 캉유웨이, 황쭌셴黃遵憲, 탄쓰퉁譚嗣同, 왕캉녠汪康年, 탕차이창唐才常, 쑨중산孫中山, 장타이옌章太炎, 양두楊度, 위안스카이, 차이어蔡鍔, 장바이리蔣百里, 딩원장丁文江, 후스胡適, 쉬즈모徐志摩가 바로 바로 이 책에 등장하는 14명의 인물이다. 이들의 면면만 훑어봐도 중국 근현대사에서 량치차오가 차지하는 위치가 어느 정도인지 쉽게 짐작할 수 있다. 우리는 이 책을 통해 량치차오의 파란만장한 삶뿐만 아니라 중국 근현대사의 핵심 지점과 전개과정을 모두 확인할 수 있다. 또한 량치차오를 중심에 두고 펼쳐지는 중국 근현대사 인물들의 장쾌한 파노라마도 관람할 수 있다. 이는 류짜이푸의 언급처럼 량치차오를 통해서만 가능한 일이다.

여섯 달에 걸친 번역 일정과 다시 한 달이 걸린 교열 일정을 여기에서 마무리한다. 오랜 숙제는 마쳤지만 그렇게 마음이 가볍지 않음은 또 어쩐 일인가? 량치차오의 『음빙실전집飮氷室全集』이 아직 번역되지 않은 때문일지도 모르겠다. 그러나 『음빙실전집』 번역은 실력과 인력과 물력이 한데 모여야만 가능한 일이다. 지금 내 앞에 놓인 여러 과제조차 아직 해결하지 못하는 마당에 터무니없는 욕심에 안달할 필요는 없을 듯하다. 하지만 여전히 마음은 무겁고 갈 길은 멀다.

늘 좋은 책을 찾아 인문학의 저변 확대를 위해 진력하는 노승현 선생께 감사드린다. 노 선생은 내게 이 책의 번역자를 찾아달라 부탁했지만, 나는 그의 부탁을 듣는 순간 이 책은 내가 번역해야겠다고 마음먹었다. 이 또한 운명처럼 다가온 한 가닥 학문의 인연이리라. 그 인연의 실타래에 이 책의 주인공인 량치차오, 이 책의 저자인 셰시장, 이 책의 한글 번역 기획자인 노승현, 이 책의 한글 번역자인 나 그리고 이들을 둘러싼 수많은 인물군의 다채로운 삶이 얽혀 있다. 이 또한 장엄한 파노라마가 아닌가? 이처럼 방대한 분량의 원고를 꺼리지 않고 품위 있는 책으로 찍어내기를 즐기는 글항아리의 강성민 대표와 이은혜 편집장 및 여러 편집위원의 노고에도 감사드린다.

거의 120년 전 량치차오가 제시한 '신민'과 '입헌'의 꿈은 현재 우리에게도 여전히 미결 과제로 남아 있는 듯하다. 한 가지 이념의 잣대로 분열과 대립을 조장하는 행태는 얼마나 구태의연하고 무자비한 폭력인가? 주권재민과 삼권분립 정신에 입각한 우리 헌법은 지금 과연 그 정신이 제대로 지켜지고 있는가? 이제 이 책의 번역을 마무리하면서 '신민'과 '입헌'이 제도나

구호의 차원에 머물지 않고 우리 내면과 우리 사회의 기본 자질로 녹아들
길 꿈꿔본다.

2015년 봄 청청재靑靑齋에서
옮긴이 김영문 삼가 씀

중국 근현대
인명 중한 발음
비교표

중국 발음	한자	한국 발음	자字	호·필명	본명	생몰년·기타
가오멍단	高夢旦	고몽단	夢旦		鳳謙	1870~1936
가오세쩡	高燮曾	고섭증		理臣	楠忠	1841~1917
가오양짜오	高陽藻	고양조				중화민국 초기 참의원
가오이한	高一涵	고일함		涵廬, 一涵	永浩	1885~1968
가오핑수	高平叔	고평숙			乃同	1913~1998
가오헝	高亨	고형	晉生		仙翹	1900~1986
강이	剛毅	강의	子良			1837~1900
거우푸	構父, 構甫	구보, 구보	→ 상루이이向瑞彝			
경지즈	耿濟之	경제지		耿匡		1899~1947
광쉬제	光緒帝	광서제		愛新覺羅載湉(德宗)		1871~1908
구런광	顧任光	고임광				5·30 후 딩원장과 영국 유학생에 전보 발송
구사오촨	顧少川	고소천	→ 구웨이진顧維鈞			
구웨이진	顧維鈞	고유균	少川			1888~1985
구위안	顧瑗	고원	亞蘧			한림원 편수
구제강	顧頡剛	고힐강	銘堅	頡剛, 餘毅	誦坤	1893~1980
구준	顧準	고준	哲雲			1915~1974
구중슈	古鍾秀	고종수				돤치루이 내각 농상총장
구텐유	辜天佑	고천우				거라오회 두목
구펀쯔	孤憤子	고분자				『아동시보亞東時報』 필자
구훙밍	辜鴻銘	고홍명	湯生	立誠, 慵人		1857~1928
궁위안	龔瑗	공원	雲甫			쉬스창과 교유
궁쯔전	龔自珍	공자진	璱人	定盦		1792~1841
궁친왕	恭親王	공친왕			奕訢	1833~1898
궈모뤄	郭沫若	곽말약	鼎堂	尙武, 沫若	開貞	1892~1978
궈스리	郭士立	귀츨라프		郭實臘	Karl Friedrich August Gützlaff	1803~1851
궈쑹타오	郭嵩燾	곽숭도	伯琛	筠仙, 筠軒	先杞	1818~1891
나옌투(몽골족)	那彦圖	나언도	矩甫			1867~1938
난가이	南陔	남해	→ 류빙린劉秉麟			
녜스청	聶士成	섭사성		功亭		1836~1900

중국 발음	한자	한국 발음	자字	호·필명	본명	생몰년·기타
뉴티성	鈕惕生	유척생	惕生		永建	1870~1965
니쓰충	倪嗣冲	예사충				1868~1924
닝탸오위안	寧調元	영조원	仙霞	太一, 辟支		1883~1913
다이사오화이	戴少懷	대소회				광둥 성 학사學士
다이왕	戴望	대망	子高			1837~1873
다이칸	戴戡	대감	循若	錫九	桂齡	1880~1917
다이훙츠	戴鴻慈	대홍자	光孺	少懷, 毅庵		1853~1910
더링공주	德齡公主	덕령공주				1886~1944
덩샤오커	鄧孝可	등효가	守源	慕魯		1869~1950
덩이저	鄧以蟄	등이칩	叔存			1892~1973
덩인난	鄧蔭南	등음남	有相, 蔭南	鄧三	松盛	1846~1923
덩퉈	鄧拓	등척		馬南邨	子健	1912~1966
돤시펑	段錫朋	단석붕	書詒			1896~1948
돤즈취안	段芝泉	단지천	→ 돤치루이段祺瑞			
돤치루이	段祺瑞	단기서	芝泉	紀明	啓瑞	1865~1936
돤팡	端方	단방	午橋	陶齋		1861~1911
두롄저	杜聯喆	두연철		杜豆		1902~1994
둥런젠	董任堅	동임견	任堅		時	쉬즈모와 미국 유학
둥비우	董必武	동필무	潔余	壁伍	賢琮	1886~1975
둥서우징	董授經	동수경	授經		康	1867~?
둥셴광	董顯光	동현광				1887~1971
둥스	董時	동시	→ 둥런젠董任堅			
둥푸샹	董福祥	동복상	星五			1840~1908
디바오셴	狄葆賢	적보현	楚青	平子		1873~1941
디추칭	狄楚青	적초청	→ 디바오셴狄葆賢			
딩샹첸	丁象謙	정상겸	六皆			1875~1956
딩수헝	丁淑衡	정숙형	叔衡	恒齋	立鈞	1854~1902
딩쉬안쥔	丁玄鈞	정현균				한림원 편수
딩스이	丁世嶧	정세역	佛言	邁鈍		1878~1930
딩시린	丁西林	정서림	巽甫		燮林	1893~1974

중국 발음	한자	한국 발음	자字	호·필명	본명	생몰년·기타
딩원장	丁文江	정문강	在君			1887~1936
딩원타오	丁文濤	정문도				딩원장의 큰형
딩짜이쥔	丁在君	정재군		→ 딩원장丁文江		
딩춘가오	丁春膏	정춘고				량치차오와 교류
란궁우	藍公武	남공무	志先			1887~1957
란제민	藍介民	남개민				「국민공보國民公報」 창간
란즈셴	藍志先	남지선		→ 란궁우藍公武		
란톈웨이	藍天蔚	남천위	季豪			1878~1921
랴오서우헝	廖壽恒	요수항	仲山	抑齋		1839~1903
랴오핑	廖平	요평	旭陵, 季平	四益, 六譯		1852~1932
량딩펀	梁鼎芬	양정분	星海, 伯烈	節庵, 孤庵		1859~1919
량란펀	梁瀾芬	양난분				호주 주재 중국 영사
량바오잉	梁寶瑛	양보영	蓮澗	량치차오의 부친		1849~1916
량보창	梁伯強	양백강		→ 량산지梁善濟		
량비	良弼	양필	賚臣			1877~1912
량빙광	梁炳光	양병광	子剛			량치차오의 동문
량산지	梁善濟	양선제	伯強			1861~1941
량사오셴	梁少閑	양소한	少閑	用閑	應騮	진화공사 발기인
량수밍	梁漱溟	양수명	壽銘	瘦民, 漱溟	煥鼎	1893~1988
량스이	梁士詒	양사이	翼夫	燕孫		1869~1933
량스추	梁實秋	양실추		子佳, 秋郎	治華	1903~1987
량싱하이	梁星海	양성해		→ 량딩펀梁鼎芬		
량쓰닝	梁思寧	양사령	량치차오의 넷째 딸(8)			1916~2006
량쓰다	梁思達	양사달	량치차오의 넷째 아들(6)			1912~2001
량쓰리	梁思禮	양사례	량치차오의 다섯째 아들(9)			1924~
량쓰순	梁思順	양사순	令嫻	량치차오 맏딸(1)		1893~1966
량쓰융	梁思永	양사영	량치차오의 둘째 아들(3)			1904~1954
량쓰이	梁思懿	양사의	량치차오의 셋째 딸(7)			1914~1988
량쓰좡	梁思莊	양사장	량치차오의 둘째 딸(5)			1908~1986
량쓰중	梁思忠	양사충	량치차오의 셋째 아들(4)			1907~1932

중국 발음	한자	한국 발음	자字	호·필명	본명	생몰년·기타
량쓰청	梁思成	양사성	량치차오의 맏아들(2)			1901~1972
량원셴	梁文賢	양문현				호놀룰루 화교
량웨이웨	梁維岳	양유악	恢生	喬山, 維岳		1881~1920
량웨이칭	梁維淸	양유청	延後	鏡泉		량치차오의 조부
량중처	梁仲策	양중책	→ 량치쉰梁起勳, 량치차오의 아우			
량쥔리	梁君力	양군력			啓田	에노시마江島 결의
량쭤린	梁作霖	양작림				량치차오의 제자
량쯔강	梁子剛	양자강	→ 량빙광梁炳光			
량차오제	梁朝傑	양조걸	伯雋	文夫		1877~1958
량차이	亮儕	양제	→ 지중인籍忠寅			
량처우	亮疇	양주	→ 왕충후이王寵惠			
량치쉰	梁啓勳	양계훈	仲策	량치차오의 아우		1879~1965
량치융	梁啓用	양계용				캉유웨이의 제자
량치차오	梁啓超	양계초	卓如, 伯鸞	任公, 飮氷室, 孟遠, 哀時客		1873~1929
량치톈	梁啓田	양계전	→ 량쥔리梁君力			
량팅찬	梁廷燦	양정찬	存吾			량치차오의 조카
량환이	梁煥彝	양환이	鼎甫	량환쿠이의 아우		1876~1946
량환쿠이	梁煥奎	양환규	璧垣	星甫		1868~1931
런수융	任叔永	임숙영	→ 런훙쥔任鴻雋			
런커청	任可澄	임가징	志淸	鮑麤, 文燦		1878~1945
런훙쥔	任鴻雋	임홍준	叔永	과학자. 천헝저의 남편		1886~1961
레이다오형	雷道亨	뇌도형	道亨		光宇	1879~?
레이뱌오	雷飆	뇌표				차이어의 부하
레이전	雷震	뇌진	儆寰			1897~1979
레이전춘	雷震春	뇌진춘	朝彦			1862~1919
롄베이러	濂貝勒	염패륵		惇親王	載濂	1854~1917
루나이샹	陸乃翔	육내상				남양 화교
루룽팅	陸榮廷	육영정	幹卿		亞宋	1859~1928
루샤오만	陸小曼	육소만		小眉, 小龍		1903~1965
루쉰	魯迅	노신	豫才, 豫山	魯迅	樟壽, 樹人	1881~1936

중국 발음	한자	한국 발음	자字	호·필명	본명	생몰년·기타
루융샹	盧永祥	노영상	子嘉		振河	1867~1933
루이쥔	陸逸君	육일군				호주 화교
루정샹	陸徵祥	육징상	子欣			1871~1949
루젠장	陸建章	육건장	朗齋			1862~1918
루즈웨이	陸志韋	육지위		保琦		1894~1970
루쭝위	陸宗輿	육종여	潤生			1876~1941
루칸루	陸侃如	육간여	衍廬	小璧	侃	1903~1978
룽루	榮祿	영록	仲華	略園		1836~1903
룽옌셴	龍研仙	용연선	→ 룽장龍璋			
룽위태후	隆裕太后	융유태후	광쉬[광서]제 황후		靜芬	1868~1913
룽장	龍璋	용장	研仙	礜勤, 潛叟		1854~1918
룽지광	龍濟光	용제광	子誠, 紫丞			1867~1925
룽지즈	龍積之	용적지	→ 룽쩌허우龍澤厚			
룽진광	龍覲光	용근광	怡庭			1863~1917
룽쩌허우	龍澤厚	용택후	積之			량치차오의 동문
룽춘푸	容純甫	용순보	→ 룽훙容閎			
룽훙	容閎	용굉		純甫	光照	1828~1912
뤄둔룽	羅惇曧	나돈융	→ 뤄잉궁			
뤄룬난	羅潤楠	나윤남				에노시마 결의
뤄보야	羅伯雅	나백아				에노시마 결의
뤄샤오가오	羅孝高	나효고	→ 뤄푸羅普			
뤄원간	羅文干	나문간	鈞任, 君任			1888~1941
뤄웨후	駱月湖	낙월호				캐나다 화교, 보황회 창립
뤄위차이	羅裕才	나유재				캐나다 뉴민스터 캉유웨이 연설 소개
뤄잉궁	羅癭公	나영공	掞東	癭公		1872~1924
뤄자룬	羅家倫	나가륜	志希		毅	1897~1969
뤄제	羅傑	나걸				입헌파 인사
뤄쥔런	羅鈞任	나균임	→ 뤄원간羅文干			
뤄짜오윈	羅璪雲	나조운				보황회 홍콩 마카오 지도자
뤄쩌난	羅澤南	나택남	仲嶽		羅山	1808~1856

중국 발음	한자	한국 발음	字	호·필명	본명	생몰년·기타
뤄창	羅昌	나창	文仲	캉유웨이의 사위		1884~1955
뤄페이진	羅佩金	나패금	熔軒, 榕軒			1878~1922
뤄푸	羅普	나보	熙明	孝高	文梯	1876~1949
뤼궁왕	呂公望	여공망				차이어 국장을 요청
뤼바후	呂拔湖	여발호				량치차오의 초기 스승
류관슝	劉冠雄	유관웅	子英, 資穎			1861~1927
류광디	劉光第	유광제	裴邨	무술6군자		1859~1898
류광펀	劉廣賁	유광분				「강학회서강學會序」판각
류다오겅	劉道鏗	유도갱	放園	佛樓		1883~1957
류런시	劉人熙	유인희	艮生	蔚廬		1844~1919
류루싱	劉汝興	유여흥		汝新		진화공사 발기인
류루이헝	劉瑞恒	유서항	月如			1890~1961
류빙린	劉秉麟	유병린				1891~1956
류산한	劉善涵	유선함		淞芙		1867~1920
류야쯔	柳亞子	유아자	亞廬, 亞子	人權, 棄疾	慰高	1887~1958
류언거	劉恩格	유은격	鯉門	懷園		1888~?
류원다오	劉文島	유문도	永清	塵蘇, 率眞		1893~1967
류웨이	劉偉	유위				진보당 당원, 중의원
류위안	劉垣	유원				공학사 발기인
류윈톈	劉雲田	유운전				탄쓰퉁의 무술 스승
류이런	劉義任	유의임				진화공사 발기인
류이중	劉翊忠	유익충				악록서원 학생
류잉	劉英	유영				중화민국 초기 중의원
류장쉬안	劉章軒	유장헌				보황당, 진화실업공사 창립
류중핑	劉仲平	유중평				1911~
류지쩌	劉紀澤	유기택	平山			1901~1960
류진탕	劉錦棠	유금당	毅齋			1844~1894
류쯔제	劉子鍇	유자개				장유이와 영국 런던 동행
류쯔카이	劉子楷	유자해	→ 류충제劉崇傑			
류충우	劉崇佑	유숭우	原城			1877~1942

중국 발음	한자	한국 발음	자字	호·필명	본명	생몰년·기타
류캉헝	劉康恒	유강항				캐나다 화교, 보황회 창립
류쿠이이	劉揆一	유규일	霖生			1878~1950
류쿤이	劉坤一	유곤일	峴莊			1830~1902
류팅천	劉廷琛	유정침	幼雲	潛樓		1867~1932
류푸리	劉復禮	유복례		량치차오에게 위안스카이와 결별을 권고		
류하이쑤	劉海粟	유해속	季芳	海翁	槃	1896~1994
류허우성	劉厚生	유후생				쑨촨팡의 막료
리건위안	李根源	이근원	印泉, 養溪	曲石		1879~1965
리구이수	李桂姝	이계주		리돤후이의 친정 조카		
리쉬중	李續忠	이속충		리돤후이의 친정 조카		
리푸만	李福鬘	이복만		리돤후이의 친정 조카		
리다자오	李大釗	이대쇠	守常			1889~1907
리돤펀	李端棻	이단분	苾園			1833~1907
리돤후이	李端蕙	이단혜	→ 리후이셴李蕙仙, 량치차오의 첫째 부인			
리딩신	李鼎新	이정신	成梅			1862~1930
리례쥔	李烈鈞	이열균	俠如			1882~1946
리루	李祿	이록				호놀룰루 화교
리룬	李閏	이윤				탄쓰퉁의 부인
리류시	李柳溪	이유계				위안스카이 막료
리린	麗琳	여림				쉬즈모의 친구
리바오썬	李寶森	이보삼	일본인 소에지마 다네오미에게 편지를 보냄			
리비허우	黎璧侯	여벽후				광둥 학정學政
리빙헝	李秉衡	이병형	鑒堂			1830~1900
리빙환	李炳寰	이병환	虎村, 虎生			1877~1900
리샤오단	李肖聃	이초담		西堂, 星廬	猶龍	1881~1953
리샤오촨	李小川	이소천	윈난강무당雲南講武堂 총교습			
리선즈	李愼之	이신지				1923~2003
리성둬	李盛鐸	이성탁				국제연맹동지회 이사
리셰허	李燮和	이섭화	柱中	鐵仙		1873~1927
리수이	李淑一	이숙일				1901~1997

중국 발음	한자	한국 발음	字字	호·필명	본명	생몰년·기타
리수청	李書城	이서성	曉圓	筱垣		1882~1965
리쉬안궁	李宣龔	이선공	拔可	觀槿, 墨巢		1876~1953
리스웨이	李士偉	이사위	伯芝			1883~1927
리쓰광	李四光	이사광	仲拱		仲揆	1889~1971
리야오한	李耀漢	이요한	子雲		北泉	1878~1942
리원톈	李文田	이문전	畬光, 仲約	若農, 芍農		1834~1895
리웨이거	李維格	이유격	一琴			1855~1918
리웨이셴	李渭賢	이위현				시무학당 학생
리위안훙	黎元洪	여원홍	宋卿	黃陂		1864~1928
리윈광	李雲光	이운광				자립군 참가
리윈뱌오	李雲彪	이운표				거라오회 두목
리이스	李毅士	이의사			祖鴻	1886~1942
리인촨	李印泉	이인천		→ 리건위안李根源		
리차오이	李朝儀	이조의	藻舟	량치차오의 장인		?~1881
리젠눙	李劍農	이검농		德生, 劍龍		1880~1963
리지	李濟	이제	受之, 濟之			1896~1979
리지선	李濟深	이제심	任潮		濟琛	1885~1959
리지즈	李濟之	이제지		→ 리지李濟		
리지탕	李紀堂	이기당		紀堂	柏	1874~1943
리징시	李經羲	이경희	慮生	仲仙		1859~1925
리징퉁	李敬通	이경통				에노시마 결의
리짜오쑨	李藻蓀	이조손				쑹포도서관 간사
리쭈위	李祖虞	이조우	蘿騎	醒吾	祖健	1885~1968
리쭈즈	李祖植	이조식		烈元		1888~1957
리쭈훙	李祖鴻	이조홍		→ 리이스李毅士		
리쭤탕	李左堂	이좌당				청 말 형부 관리
리쯔란	李滋然	이자연	命三	樹齋		1847~1921
리창	李昌	이창				호놀룰루 화교 상인
리취빙	李去病	이거병				「신중국 미래기新中國未來記」 등장 인물
리췬	李群	이군				도쿄 고등대동학교 학생

중국 발음	한자	한국 발음	字字	호·필명	본명	생몰년·기타
리커	黎科	여과		량치차오와 자주 만난 도쿄의 중국 유학생		
리푸만	李福曼	이복만				량쓰융의 부인
리푸지	李福基	이복기				캐나다 화교, 보황회
리한장	李瀚章	이한장	筱泉, 小泉	鈍叟, 勤恪		1821~1899
리허우지	李厚基	이후기	培之			1869~1942
리후성	李虎生	이호생		→ 리빙환李炳寰		
리후이셴	李蕙仙	이혜선	량치차오의 첫째 부인		端蕙	1869~1924
리훙샹	李鴻祥	이홍상	儀廷	玉溪		1879~1963
리훙장	李鴻章	이홍장	漸甫, 子黻	少荃, 儀叟	章銅	1823~1901
리훙짜오	李鴻藻	이홍조	蘭孫	石孫, 硯齋		1820~1897
린구이	林圭	임규	述唐, 慧儒	悟庵		1875~1900
린리루	林礪儒	임여유			繩直	1889~1977
린바오이	林葆懌	임보역	悅卿			1863~1930
린베이취안	林北泉	임북천				일본 화교 상인
린사오녠	林紹年	임소년	贊虞			1845~1916
린수	林紓	임서	琴南	畏廬		1852~1924
린쉬	林旭	임욱	暾谷	무술6군자		1875~1898
린시구이	林錫圭	임석규		→ 린구이林圭		
린원칭	林文慶	임문경	夢琴			1869~1957
린전쭝	林振宗	임진종		화교 부상		?~1923
린즈쥔	林志鈞	임지균	宰平	北雲		1878~1961
린짜이핑	林宰平	임재평		→ 린즈쥔林志鈞		
린쩌쉬	林則徐	임칙서	元撫, 少穆	俟村老人		1785~1850
린쭝멍	林宗孟	임종맹		→ 린창민林長民		
린창민	林長民	임장민	宗孟, 則澤	린후이인의 부친		1876~1925
린치	林啓	임계	迪臣			1839~1900
린쿠이	林奎	임규				만목초당 학생
린후	林虎	임호		광둥민당廣東民黨 영수		
린후이인	林徽因	임휘인	린창민의 딸, 량쓰청의 부인			1904~1955
링수화	凌叔華	능숙화		瑞唐, 瑞棠		1900~1990

중국 발음	한자	한국 발음	字	호·필명	본명	생몰년·기타
마샹더	馬尚德	마상덕		Alexander M, Mackay		1849~1890
마샹보	馬相伯	마상백	相伯, 湘伯		志德, 建常	1840~1939
마오쩌둥	毛澤東	모택동	潤之, 潤芝	子任		1893~1976
마이루보	麥孺博	맥유박	→ 마이멍화麥孟華			
마이멍화	麥孟華	맥맹화	孺博			1875~1915
마이바이쥔	麥柏君	맥백군	마이멍화, 마이중화의 부친			
마이중화	麥仲華	맥중화	曼宣	캉유웨이의 사위		1876~1956
마젠중	馬建忠	마건충	眉叔	乾	斯才	1845~1900
마젠창	馬建常	마건상	→ 마샹보馬相伯, 마젠중의 형			
만쉬안	曼宣	만선	→ 마이중화麥仲華			
먀오샤오산	繆小山	무소산	→ 먀오취안쑨繆荃孫			
먀오취안쑨	繆荃孫	무전손	筱珊, 小山		藝風老人	1844~1919
멍랑	孟浪	맹랑				위안스카이의 친구
멍허	孟和	맹화	→ 타오멍허陶孟和			
메이광디	梅光迪	매광적	迪生, 覲莊			1890~1945
바오스천	包世臣	포세신	愼伯	倦翁		1775~1855
바오츠	鮑熾	포치	량치차오의 캐나다행에 수행			
바오팅웨이	鮑廷蔚	포정위	『신보부간晨報副刊』 필진			
바이둔융	白敦庸	백돈용	쉬즈모의 친구			
바이원웨이	柏文蔚	백문위	烈武			1876~1947
바이위환	白逾桓	백유환	楚香			1876~1935
바이충시	白崇禧	백숭희	健生			1893~1966
보창	伯強	백강	→ 량산지梁善濟			
비구이팡	畢桂芳	필계방	植忱, 植承			1865~?
비상커	壁上客	벽상객	『입헌론과 혁명론의 격전立憲論與革命論之激戰』 편자			
비융녠	畢永年	필영년	松甫, 松琥	悟玄		1869~1902
비춘자이	畢蓴齋	필순재	탄쓰퉁의 첫번째 스승			
빈펑양	賓鳳陽	빈봉양	악록서원 재장齋長			
사오유롄	邵友濂	소우렴	筱春, 攸枝			1841~1901
사오잉	紹英	소영	越千			1861~1925

중국 발음	한자	한국 발음	자字	호·필명	본명	생몰년·기타
샤오중웨이	邵仲威	소중위	仲威	蕙孫	孝義, 羲	1874~1918
샤오항	紹航	소항				탕차이창의 친지
산부인	單夫人	선부인				딩원장의 모친
상전	商震	상진	啓予			1888~1978
상치형	尙其亨	상기형	惠丞, 伯恒	會臣, 達庵		1859~1920
샤나이	夏鼐	하내			作銘	1910~1985
샤서우톈	夏壽田	하수전	耕父, 桂父	午詒, 天疇		1870~1937
샤오야오난	蕭耀南	소요남	珩珊, 衡山			1875~1926
샤오유메이	蕭友梅	소우매	思鶴, 雪明			1884~1940
샤오쿤	蕭堃	소곤				후난 성 의회 대표
샤오펑셴	小鳳仙	소봉선	민국 시기 유명 기녀		朱筱鳳	1900~1954
샤위안리	夏元瑮	하원율	浮筠			1884~1944
샤징관	夏敬觀	하경관	劍丞, 盥人	映庵, 玄修		1875~1953
샤쩡유	夏曾佑	하증우	遂卿, 穗卿	別士, 碎佛		1863~1924
샹거우푸	向構甫	상구보	→ 샹루이이向瑞彝			
샹롄성	向聯升	상연승				자립군 참가
샹루이이	向瑞彝	상서이	構父, 構甫		瑞彝	1879~1970
샹청	項城	항성	→ 위안스카이袁世凱, 허난 성 샹청項城 출신			
선샤오이	沈小沂	심소기				탄쓰퉁의 친구
선샹윈	沈翔雲	심상운	虬齋	량치차오와 자주 만난 도쿄의 중국 유학생		
선싱런	沈性仁	심성인		타오멍허의 부인		1895~1943
선쑤원	沈肅文	심숙문		毅		1881~1958
선진	沈藎	심신	愚溪		克誠	1872~1903
선쩡즈	沈曾植	심증식	子培	巽齋		1850~1922
선쩡퉁	沈曾桐	심증동	子封	同叔		1853~1921
선쯔펑	沈子封	심자봉	→ 선쩡퉁沈曾桐			
선쯔페이	沈子培	심자배	→ 선쩡즈沈曾植			
선충원	沈從文	심종문	崇文	甲辰, 從文	嶽煥	1902~1988
성쉬안화이	盛宣懷	성선회	杏蓀, 幼勖	次沂, 止叟		1844~1916
성위	盛昱	성욱	伯羲, 伯熙	韻蒔, 意園		1850~1899

중국 발음	한자	한국 발음	자字	호·필명	본명	생몰년·기타
셰짠타이	謝纘泰	사찬태	重安	康如		1871~1933
셰궈전	謝國楨	사국정	剛主			1901~1982
셴쯔	憲子	헌자	憲子	夢蝶	伍莊	1881~1960
수신청	舒新城	서신성	心怡	暢吾廬	玉山	1893~1960
수융	叔永	숙영	→ 런훙쥔任鴻寯			
쉐푸청	薛福成	설복성	叔耘	庸庵		1838~1894
쉬구칭	徐固卿	서고경	固卿		紹楨	1861~1936
쉬런루	徐仁錄	서인록	藝郛, 義甫			쉬즈징의 조카
쉬런위	徐仁鈺	서인옥	相甫	一士, 蹇齋		1890~1971
쉬런주	徐仁鑄	서인주	研甫	縵愔		1868~1900
쉬런진	徐仁錦	서인금	雲甫	簡齋, 凌霄		1982~1961
쉬런징	徐仁鏡	서인경				1870~1915
쉬룽추	徐蓉初	서용초				쉬즈모의 백부
쉬바오산	徐寶山	서보산	懷禮	老虎		1866~1913
쉬바오황	徐寶璜	서보황	伯軒			1894~1930
쉬서우창	許壽裳	서수상	季茀	上遂		1883~1948
쉬선루	徐申如	서신여	曾蔭	쉬즈모의 부친		1872~1944
쉬수밍	徐樹銘	서수명	伯澄	壽蘅, 澄園		1824~1900
쉬쉰옌	徐巽言	서손언	프랑스 정부 파견, 량치차오의 여행 수행원			
쉬슈쥔	徐秀鈞	서수균	子鴻			1880~1913
쉬스잉	許世英	허세영	俊人, 靜仁			1873~1964
쉬스창	徐世昌	서세창	卜五	菊人		1855~1939
쉬시린	徐錫麟	서석린	伯蓀	光漢子		1873~1907
쉬신류	徐新六	서신륙	振飛			1890~1938
쉬웨이징	徐爲經	서위경	캐나다 화교, 보황회 창립			
쉬융이	徐用儀	서용의	吉甫	筱雲		1826~1900
쉬잉쿠이	徐應奎	서응규	→ 쉬포쑤徐佛蘇			
쉬잉쿠이	許應騤	허응규	德昌	筠庵		1832~1906
쉬전페이	徐振飛	서진비	→ 쉬신류徐新六			
쉬젠인	徐建寅	서건인	仲虎			1845~1901

중국 발음	한자	한국 발음	자字	호·필명	본명	생몰년·기타
쉬중수	徐中舒	서중서			道威	1898~1991
쉬쥐런	徐菊人	서국인	→ 쉬스창徐世昌			
쉬쥔몐	徐君勉	서군면	→ 쉬친徐勤			
쉬즈모	徐志摩	서지마	又申, 幼申		章垿	1897~1931
쉬즈징	徐致靖	서치정	子靜			1844~1917
쉬지위	徐繼畬	서계여	松龕, 健男	牧田		1795~1873
쉬치	徐琪	서기	花農	俞楼, 玉可		1849~1918
쉬친	徐勤	서근	君勉	雪庵		1873~1945
쉬퉁	徐桐	서동	豫如	蔭軒		1820~1900
쉬포쑤	徐佛蘇	서불소	應奎, 運奎	佛公, 心齋		1879~?
슝시링	熊希齡	웅희령	秉三	雙淸居士		1870~1937
슝위보	熊餘波	웅여파				강학회 행정 업무
슝청지	熊成基	웅성기	味根			1887~1910
슝포시	熊佛西	웅불서	化儂	戲子	福禧	1900~1965
스싱차오	石星巢	석성소	星巢		炳樞, 德芬	량치차오의 스승
스주광	史久光	사구광	壽白	皋齋		1885~1962
스주위안	史久元	사구원	딩원장의 부인, 스주광의 사촌여동생			
스즈	適之	적지	→ 호적胡適			
스쭈이류	石醉六	석취륙	→ 스타오쥔石陶鈞			
스타오쥔	石陶鈞	석도균		醉六		1880~1948
스푸	史福	사복	바오딩군교 교장실 사환			
쑤위	蘇輿	소여	嘉瑞	厚庵		1874~1914
쑤지쭈	蘇繼祖	소계조	무술6군자 양루이의 사위			
쑤추	溯初	소초	→ 황쑤추黃溯初			
쑤친왕	肅親王	숙친왕	艾堂	偶遂亭	善耆	1866~1922
쑨다오런	孫道仁	손도인	退庵	靜珊, 靜山		1865~1935
쑨둬신	孫多鑫	손다흠	荔軒			1865~1906
쑨둬썬	孫多森	손다삼	蔭庭			1867~1919
쑨메이	孫眉	손미	德彰	壽屛	쑨원의 형	1854~1915
쑨무한	孫慕韓	손모한	→ 쑨바오치孫寶琦			

중국 발음	한자	한국 발음	자字	호·필명	본명	생몰년·기타
쑨바오쉬안	孫寶瑄	손보선	仲愚, 仲璵			1874~1924
쑨바오치	孫寶琦	손보기	慕韓			1867~1931
쑨우	孫武	손무		남사南社 회원		1879~1939
쑨원	孫文	손문	載之	逸仙, 中山		1866~1925
쑨위원	孫毓汶	손육문	菜山			1834~1899
쑨위윈	孫毓筠	손육균	少侯			1869~1924
쑨이랑	孫詒讓	손이양	仲容	籀廎		1848~1908
쑨자나이	孫家鼐	손가내	燮臣	蟄生, 容卿		1827~1909
쑨전우	孫振武	손진무		후베이 남사南社 회원		
쑨중산	孫中山	손중산	→ 쑨원孫文			
쑨중위	孫仲璵	손중여	→ 쑨바오쉬안孫寶瑄			
쑨즈쩡	孫志曾	손지증				청 말 입헌파
쑨창	孫昌	손창		쑨메이의 아들, 쑨원의 조카		
쑨촨팡	孫傳芳	손전방	馨遠			1885~1935
쑨푸위안	孫伏園	손복원	養泉	伏廬, 柏生	福源	1894~1966
쑨하오	孫灝	손호		최초로 보국회를 공격		
쑨훙이	孫洪伊	손홍이	伯蘭			1870~1936
쑹보루	宋伯魯	송백로	芝棟	芝田, 鈍叟		1870~1936
쑹수	宋恕	송서	燕生, 平子	謹齋, 六齋	存禮	1862~1910
쑹옌성	宋燕生	송연생	→ 쑹수宋恕			
쑹자오런	宋敎仁	송교인	鈍初	漁父		1882~1913
쑹핑쯔	宋平子	송평자	→ 쑹수宋恕			
아창	阿昌	아창	→ 쑨창孫昌			
안웨이쥔	安維峻	안유준	曉峯	盤阿道人		1854~1925
야오망푸	姚茫父	요망보	重光	蓮花龕主	華	1876~1930
야오밍다	姚名達	요명달	達人	顯微		1905~1942
야오젠성	姚劍生	요검생	劍生		宏業	1881~1906
야오쯔랑	姚子讓	요자양		베이징 량치차오 추모식 참가		
양두	楊度	양도	皙子	虎公, 虎禪	承瓚	1874~1931
양두성	楊篤生	양독생	篤生	叔壬	毓麟, 守仁	1871~1911

중국 발음	한자	한국 발음	자字	호·필명	본명	생몰년·기타
양딩푸	楊鼎甫	양정보	鼎甫	維新		량치차오와 유럽 여행
양런산	楊仁山	양인산		→ 양원후이楊文會		
양루이	楊銳	양예	叔嶠	무술6군자		1857~1898
양산더	楊善德	양선덕	樹棠			1873~1919
양서우징	楊守敬	양수경	惺吾	鄰蘇		1839~1915
양선슈	楊深秀	양심수	漪村, 儀村	무술6군자		1849~1898
예언	葉恩	섭은		→ 예후이보葉惠伯		
예얼카이	葉爾愷	섭이개	伯高, 柏皋			1864~?
예위후	葉譽虎	섭예호		→ 예궁취葉恭綽		
예줴마이	葉覺邁	섭각매		湘南		1871~1954
예징쿠이	葉景葵	섭경규	揆初	卷盦, 存晦		1874~1949
예하오우	葉浩吾	섭호오		→ 예한葉瀚		
예한	葉瀚	섭한	浩吾			1861~1936
예후이보	葉惠伯	섭혜백	惠伯		恩	캐나다 보황회
옌슈	嚴修	엄수	嚴修	夢扶		1860~1929
옌시산	閻錫山	염석산	百川	龍池		1883~1960
옌쥔런	顏駿人	안준인	駿人		惠慶	1877~1950
옌치한	顏啓漢	안계한		하이주참사 범인		룽지광의 부하
옌판쑨	嚴范孫	엄범손		→ 옌슈嚴修		
옌푸	嚴復	엄복	又陵, 幼陵, 幾道		宗光	1854~1921
완성스	萬繩栻	만승식	公雨	蹊園		1879~1933
왕겅	王賡	왕갱	慎吾, 一堂	揖唐, 逸塘	賡	1877~1948
왕겅	王賡	왕갱	受慶, 綏卿	루샤오만의 전 남편		1895~1942
왕광링	王廣齡	왕광령		魏吉		1876~1916
왕구이취안	王桂荃	왕계전	량치차오 둘째 부인		來喜	1886~1968
왕쥔푸	汪袞甫	왕곤보		公衣		
왕궈웨이	王國維	왕국유	靜安	=觀堂	國楨	1877~1927
왕다셰	汪大燮	왕대섭	伯棠, 伯唐	왕캉녠의 사촌형		1859~1929
왕랑칭	汪穰卿	왕양경		→ 왕캉녠汪康年		
왕런쥔	王仁俊	왕인준	杅鄭	籀許		1866~1913

중국 발음	한자	한국 발음	자字	호·필명	본명	생몰년·기타
왕런칸	王仁堪	왕인감	可莊, 忍菴	公定		1848~1893
왕룽바오	汪榮寶	왕영보	袞父	太玄		1878~1933
왕리	王力	왕력	瞭一		祥瑛	1900~1986
왕밍롼	汪鳴鑾	왕명란	柳門	郋亭		1839~1907
왕밍젠	汪鳴鑑	왕명감				총리각국사무아문 대신
왕밍중	王銘忠	왕명충				후난 관찰사
왕보추	王伯秋	왕백추	純燾			1883~1944
왕서우칭	王受慶	왕수경			→ 왕겅王賡	
왕셴첸	王先謙	왕선겸	益吾	葵園		1842~1917
왕수헝	王書衡	왕서형	書衡		式通	1864~1931
왕스전	王士珍	왕사진	聘卿	冠儒		1861~1930
왕썬란	王森然	왕삼연		杏岩	樾	1895~1984
왕쑹녠	汪頌年	왕송년			→왕이수汪詒書	
왕우	王五	왕오	子斌	大刀	正誼	1844~1900
왕원바오	王文豹	왕문표	紹荃			1873~?
왕원사오	王文韶	왕문소	夔石	耕娛, 退圃		1830~1908
왕윈우	王雲五	왕운오	日祥	岫廬, 出岫	鴻楨	1888~1979
왕이녠	汪詒年	왕이년	頌閣			왕캉녠의 아우
왕이수	汪詒書	왕이서	頌年	閑止		1864~1940
왕이우	王益吾	왕익오			→ 왕셴첸王先謙	
왕인촨	王印川	왕인천	月波			1878~1939
왕자샹	王家襄	왕가양	幼山			1872~1928
왕자오	王照	왕조	小航	蘆中窮士		1859~1933
왕전	汪震	왕진				량치차오의 제자
왕정	王徵	왕징				호정부(好政府) 선언
왕정팅	王正廷	왕정정	儒堂	子白		1882~1961
왕중	汪中	왕중	容甫			1745~1794
왕줴런	王覺任	왕각임	鏡如			보황회 마카오 본부 책임자
왕즈춘	王之春	왕지춘	爵棠	椒生		1842~1906
왕징루	王鏡如	왕경여			→ 왕줴런王覺任	

중국 발음	한자	한국 발음	字字	호·필명	본명	생몰년·기타
왕징안	王靜安	왕정안	→ 왕궈웨이王國維			
왕징웨이	汪精衛	왕정위	季新	精衛	兆銘	1883~1944
왕징팡	王敬芳	왕경방	搏沙			1876~1933
왕충후이	王寵惠	왕총혜	亮疇			1881~1958
왕카이윈	王闓運	왕개운	壬秋	湘綺		1833~1916
왕캉녠	汪康年	왕강년	穰卿	毅伯, 恢伯		1860~1911
왕쿠이	王夔	왕기	→ 왕원사오王文韶			
왕타오	王韜	왕도	懶今, 紫詮	天南遯叟	瀚	1828~1897
왕타이충	汪太冲	왕태충	『타이옌 외기太炎外紀』 저자			
왕톈수	王天曙	왕천서	翼之			1866~1900
왕퉁자오	王統照	왕통조	劍三	息廬, 容廬		1897~1957
왕펑윈	王鵬運	왕붕운	佑遐	半塘老人		1849~1904
요시타 아마네시 吉田普		길전보	량치차오의 일본식 이름			
우관인	吳貫因	오관인		柳隅	冠英	1879~1936
우더성	吳德生	오덕생	德生	經雄		1899~1986
우더쑤	吳德瀟	오덕숙	筱村, 小村	季清		1848~1900
우루전	吳祿貞	오녹정	綬卿			1880~1911
우리밍	吳荔明	오여명	량쓰좡의 딸, 량치차오의 외손녀			
우미	吳宓	오복	雨僧, 玉衡	餘生		1894~1978
우샤오춘	吳小村	오소촌	→ 우더쑤吳德瀟, 우차오의 부친			
우웨	吳樾	오월	孟俠, 夢霞			1878~1905
우위안민	吳淵民	오연민	정문사 발기인			
우위안쩌	吳元澤	오원택	惠軒			1874~1945
우중야오	吳仲遙	오중요	仲遙,仲韜		以棨	우차오의 아우
우즈후이	吳稚暉	오치휘	稚暉		敬恒	1865~1953
우지칭	吳季清	오계청	→ 우더쑤吳德瀟			
우진딩	吳金鼎	오금정	량치차오의 제자			
우징롄	吳景濂	오경렴	蓮伯	述唐		1873~1944
우치창	吳其昌	오기창	子馨	正廠		1904~1944
우차오	吳樵	오초	樵, 铁樵		以梗	1866~1897

중국 발음	한자	한국 발음	字字	호·필명	본명	생몰년·기타
우톄차오	吳鐵樵	오철초	→ 우차오吳樵			
우팅팡	伍廷芳	오정방	文爵	秩庸	敍	1842~1922
우페이푸	吳佩孚	오패부	子玉	季子		1874~1939
우한	吳晗	오함	伯辰	語軒, 酉生	春晗	1909~1969
우한츠	伍漢持	오한지	위안스카이에게 암살됨			1872~1913
원스린	溫世霖	온세림	支英			1870~1935
원써우	文藪	문수	→ 위안위린袁毓麟			
원이둬	聞一多	문일다	友三	一多, 亦多	家驊	1899~1946
원쥔둬	文俊鐸	문준탁	代耕			1853~1916
원추다오	溫處道	온처도	베이징 강학회 찬조자			
원췬	文群	문군	詔雲			1884~1969
원티	文悌	문제	仲恭			?~1900?
원팅스	文廷式	문정식	道希	雲閣		1856~1904
웡원하오	翁文灝	옹문호	詠霓			1889~1971
웡즈구	翁之穀	옹지곡	일본육사생, 딩원장의 친구			
웡즈린	翁之麟	옹지린	일본육사생, 딩원장의 친구			
웡퉁허	翁同龢	옹동화	叔平	松禪		1830~1904
웨이우좡	魏午莊	위오장	光邴	光燾		1837~1915
웨이위안	魏源	위원	默深	良圖	遠達	1794~1857
웨이쥔	薇君	미군	→ 캉퉁웨이康同薇			
위겅	裕庚	유경	朗西			?~1905
위다푸	郁達夫	욱달부	達夫		文	1896~1945
위랑시	裕朗西	유낭서	→ 위겅裕庚			
위롄싼	俞廉三	유염삼	廙軒, 虞仙			1841~1912
위롄위안	余聯沅	여연원	晉珊			1844~1901
위루	裕祿	유록	壽山			?1844~1900
위밍전	俞明震	유명진	恪士, 啓東		觚庵	1860~1918
위상위안	余上沅	여상원	현대연극 이론가			1897~1970
위스메이	于式枚	우식매	晦若			1853~1916
위쑹화	俞頌華	유송화	頌華		垚	1893~1947

중국 발음	한자	한국 발음	자字	호·필명	본명	생몰년·기타
위안스카이	袁世凱	원세개	慰亭	容庵		1859~1916
위안시타오	袁希濤	원희도	觀瀾	鶴齡		1866~1930
위안웨이팅	袁慰亭	원위정	→ 위안스카이			
위안위린	袁毓麟	원육린		文藪		1873~1934
위안커딩	袁克定	원극정	雲臺	위안스카이 맏아들		1878~1955
위안퉁리	袁同禮	원동례	守和			1895~1965
위안푸리	袁復禮	원복례	希淵			1893~1987
위웨	俞樾	유월	蔭甫	曲園		1821~1907
위웨위안	余越園	여월원	越園	覺庵	紹宋	1882~1949
위인린	于蔭霖	우음림	次棠, 樾亭			1838~1904
위청쩌	于成澤	우성택		洪波, 毅夫		1903~1982
위취위안	俞曲園	유곡원	→위웨俞樾			
윈위딩	惲毓鼎	운육정	薇孫, 澄齋			1862~1917
윈차오	雲樵	운초	→ 어우쥐자歐榘甲			
윈타이	雲臺	운대	→ 위안커딩袁克定			
윈푸	雲甫	운보	→ 궁위안龔瑗			
유스인	游師尹	유사윤				캉유웨이의 생질
융셴	用閑	용한	→ 량사오셴梁少閑			
이쾅	奕劻	혁광	→ 경친[칭친]왕			
인청환	殷承瓛	은승환	叔恒	儀青		1877~1945
인하이광	殷海光	은해광	타이완 자유주의 비조		福生	1919~1969
자오루이롄	趙瑞蓮	조서련				량치차오 누나의 자식
자오루이스	趙瑞時	조서시				량치차오 누나의 자식
자오루이징	趙瑞敬	조서경				량치차오 누나의 자식
자오비전	趙必振	조필진	日生	星庵		1873~1956
자오빙린	趙炳麟	조병린		清空	竺垣	1876~1927
자오빙쥔	趙秉鈞	조병균	智庵			1859~1914
자오스취안	趙世銓	조세전				중화민국 초대 참의원
자오시	趙熙	조희	堯生	香宋		1867~1948
자오야오성	趙堯生	조요생	→ 자오야오성趙堯生			

중국 발음	한자	한국 발음	자字	호·필명	본명	생몰년·기타
자오야쩡	趙亞曾	조아증	予仁			1899~1929
자오얼쉰	趙爾巽	조이손	公鑲	次珊		1844~1927
자오얼펑	趙爾豐	조이풍	季和			1845~1911
자오웨성	趙曰生	조왈생	→ 자오비전趙必振			
자오위안런	趙元任	조원임	宣仲, 宜重			1892~1982
자오쥐인	焦菊隱	초국은	居穎, 菊影		承志	1905~1975
자오츠산	趙次珊	조차산	→ 자오얼쉰趙爾巽			
자오타이머우	趙太侔	조태모	太侔		海秋	1889~1968
자오티	趙倜	조척	周人			1871~1933
자오티런	趙體仁	조체인				쉬스창의 동료
자오펑톈	趙豐田	조풍전		량치차오 연보 편찬		딩원장의 조교
자오헝티	趙恒惕	조항척	夷午	炎午		1880~1971
장가오위안	章高元	장고원	鼎臣			1843~1913
장궁취안	張公權	장공권	→장자아오張嘉璈			
장궈간	張國淦	장국감	乾若	石公		1876~1959
장궈타오	張國濤	장국도	愷蔭	特立		1897~1979
장다오훙	張道宏	장도굉		쉬즈모의 미국 유학 동료		
장덩쉬안	姜登選	강등선	超六			1880~1925
장둥쑨	張東蓀	장동손	東蓀	聖心	萬田	1886~1973
장디중	張砥中	장지중				악록서원 학생
장딩	蔣定	장정	천충저우의 아내, 쉬즈모의 고종 누이동생			
장량푸	姜亮夫	강양부	亮夫		寅淸	1902~1995
장루즈	張汝智	장여지		도쿄 고등대동학교 학생		
장룬즈	張潤之	장윤지				장유이의 부친
장룽시	張鎔西	장용서		鎔西	耀曾	1885~1938
장멍린	蔣夢麟	장몽린	兆賢	孟鄰	夢熊	1886~1964
장밍치	張鳴岐	장명기	堅白	韓齋		1875~1945
장바이리	蔣百里	장백리	百里		方震	1882~1938
장뱌오	江標	강표	建霞	師郢		1860~1899
장보춘	張伯純	장백순				왕캉녠의 지인

중국 발음	한자	한국 발음	자字	호·필명	본명	생몰년·기타
장사오위안	江紹原	강소원		저명한 민속학자		1898~1983
장사오쩡	張紹曾	장소증	敬輿			1879~1928
장샤오준	張孝準	장효준	閏農, 韻農		運隆	1881~1925
장샤오첸	張孝謙	장효겸	巽之			어사, 강학회 참가
장쉐랑	蔣學烺	장학랑		壺隱		장바이리의 부친
장쉐징	張學璟	장학경				자립군 참가
장쉰	張勳	장훈	紹軒		和	1854~1923
장쉰즈	張巽之	장손지	→ 장샤오첸張孝謙			
장스자오	章士釗	장사쇠	行嚴	靑桐		1881~1973
장시뤄	張奚若	장해약	熙若	耘		1889~1973
장신하이	張歆海	장흠해	叔明			1898~1972
장야오쩡	張耀曾	장요증	→ 장룽시張鎔西			
장야오칭	張堯卿	장요경				거라오회 두목
장워화	張我華	장아화		중화민국 초기 참의원		1886~1938
장웨이츠	張慰慈	장위자	祖訓			1890~1976
장위산	張雨珊	장우산	祖同			창사 신사紳士
장위안지	張元濟	장원제	筱齋	菊生		1867~1959
장위주	張禹九	장우구	→ 장자주張嘉鑄			
장위취안	張煜全	장욱전	昶雲			1879~1953
장유이	張幼儀	장유의	쉬즈모의 첫 부인		嘉玢	1900~1988
장이린	張一麐	장일린	仲仁	公紱		1867~1943
장이쑨	張怡蓀	장이손			煦	1893~1983
장이윈	江翊雲	강익운	翊雲	澹翁	庸	1878~1960
장이쿤	張一鯤	장일곤				아미阿迷 현 지사
장이후이	張貽惠	장이혜	少涵			1886~1946
장인린	張蔭麟	장음린		素癡		1905~1942
장인환	張蔭桓	장음환	樵野			1837·1900
장자아오	張嘉璈	장가오	公權	장유이의 넷째 오빠		1889~1979
장자주	張嘉鑄	장가주	禹九	장유이의 여덟째 남동생		
장제스	蔣介石	장개석	介石		中正	1887~1975

중국 발음	한자	한국 발음	자字	호·필명	본명	생몰년·기타
장젠	張謇	장건	季直	嗇庵		1853~1926
장젠바이	張堅白	장견백		→ 장밍치張鳴歧		
장중런	張仲仁	장중인	중화민국 초기 교육총장			1867~1943
장중신	張仲炘	장중흔	慕京	次珊		?~1913
장중정	蔣中正	장중정	→ 장제스蔣介石			
장쥐성	張菊生	장국생	→ 장위안지張元濟			
장쥔마이	張君勱	장군매	士林	立齋, 君房	嘉森	1887~1969
장즈둥	張之洞	장지동	孝達	香濤, 香岩		1837~1909
장즈뤄	張智若	장지약		에노시마江島 결의		
장즈어우	張軼歐	장질구		광무사사장		
장즈유	蔣智由	장지유	觀雲	因明子	國亮	1865~1929
장지	張繼	장계	溥泉		溥	1882~1947
장지즈	張季直	장계직	→ 장젠張謇			
장진잔	蔣謹旃	장근전				쉬즈모의 고모부
장징궈	蔣經國	장경국	建豐	장제스의 맏아들		1910~1988
장징성	張競生	장경생			江流	1888~1970
장징야오	張敬堯	장경요	勳臣			1881~1933
장쭌구이	蔣尊簋	장존궤	百器	장즈유의 아들		1882~1931
장쭝샹	章宗祥	장종상	仲和			1879~1962
장쭝창	張宗昌	장종창	效坤			1881~1932
장쭤린	張作霖	장작림	雨亭			1875~1928
장쭤빈	蔣作賓	장작빈	雨岩			1884~1942
장청리	張承禮	장승례	耀亭			일본육사 출신 쓰촨 군부에 피살
장치윈	張其昀	장기윤	曉峰			1900~1985
장카이루	張開儒	장개유	藻林, 蘇林			1869~1935
장타이옌	章太炎	장태염	枚叔	太炎	炳麟	1869~1936
장팡전	蔣方震	장방진	→ 장바이리蔣百里			
장펑위안	張朋園	장붕원	역사학자, 타이완사대 교수			1926~
장펑춘	張彭春	장팽춘	仲述			1892~1957
장페이룬	張佩綸	장패륜	幼樵	蕢齋		1848~1903

중국 발음	한자	한국 발음	자字	호·필명	본명	생몰년·기타
장푸충	蔣復璁	장복충		장바이리의 조카		1898~1992
장한	江瀚	강한	叔海	石翁		1857~1935
장화이즈	張懷芝	장회지	子志			1861~1933
장후	張弧	장호	岱杉		毓源	1875~1938
장훙자오	章鴻釗	장홍쇠	演群			1877~1951
저우다례	周大烈	주대열	印昆	夕紅樓		1862~1934
저우보쉰	周伯勛	주백훈		고붕서원 사범속성반		
저우사오푸	周少璞	주소박	少璞	沈觀	樹模	1860~1925
저우산페이	周善培	주선배	致祥	孝懷		1875~1958
저우샤오화이	周孝懷	주효회	→ 저우산페이周善培			
저우시저	周希哲	주희철		량쓰순의 남편, 량치차오의 사위		
저우인쿤	周印昆	주인곤	→ 저우다례周大烈			
저우자옌	周家彦	주가언	韜甫			1879~?
저우지메이	周寄梅	주기매	寄梅		貽春	칭화대학 총장
저우쯔이	周子廙	주자이	→ 저우쯔치周自齊			
저우쯔치	周自齊	주자제	子廙			1871~1923
저우촨루	周傳儒	주전유	칭화연구원淸華研究院 학생			1900~1988
저우친성	周芹生	주근생		광둥성 주사, 강학회 참가		
저우항	周沆	주항	季貞	遁叟		1874~1957
저우훙예	周宏業	주굉업		도쿄 고등대동학교 학생		
정관이	鄭貫一	정관일	貫一	自立, 貫公	道	1880~1906
정관잉	鄭觀應	정관응	正翔	陶齋	官應	1842~1921
정바오청	鄭葆丞	정보승	량치차오와 자주 만난 도쿄의 중국 유학생			
정보치	鄭伯騏	정백기		장이쑨의 제자		
정샤오쉬	鄭孝胥	정효서	蘇龕	海藏		1860~1938
정시루	鄭席儒	정석유		일본 화교 상인		
정윈한	鄭雲漢	정운한		도쿄 고등대동학교 학생		
정전둬	鄭振鐸	정진탁	西諦	紉秋, 友荒		1898~1958
정진	鄭金	정금		호놀룰루 화교 상인		
제안	節庵	절암	→ 량딩펀梁鼎芬			

중국 발음	한자	한국 발음	자字	호·필명	본명	생몰년·기타
젠녠이	蹇念益	건염익		季常		1876~1930
젠셴아이	蹇先艾	건선애		羅輝, 藹生		1906~1994
젠지창	蹇季常	건계상	젠셴아이의 숙부		쑹포도서관 총무부 주임	
좡쓰졘	莊思緘	장사함	思緘	抱閎	蘊寬	1867~1932
좡원야	莊文亞	장문아	慎亞			1886~?
좡원콴	莊蘊寬	장온관	→ 좡쓰졘莊思緘			
주녠쭈	朱念祖	주염조				중화민국 초기 참의원
주루이	朱瑞	주서	介人			1883~1916
주마오원	朱茂芸	주무운				시무학당 학생
주셴즈	朱先志	주선지	履先			1884~1959
주시쭈	朱希祖	주희조	逷先, 逖先			1879~1944
주싱보	朱杏伯	주행백				주치펑의 조부
주이신	朱一新	주일신	蓉生	鼎甫		1846~1894
주자바오	朱家寶	주가보	經田			1860~1923
주자화	朱家驊	주가화	驪先, 湘麟			1893~1963
주전단	竺震旦	축진단	타고르R. Tagore의 중국식 이름			1861~1941
주주장	朱九江	주구강	稚圭	子襄		1807~1881
주즈신	朱執信	주집신	執信		大符	1885~1920
주징눙	朱經農	주경농		광화光華대학 총장		1887~1951
주치첸	朱啓鈐	주계검	桂辛	蠖園		1872~1964
주치펑	朱起鳳	주기봉	丹九	『사통辭通』 편찬		1874~1948
주칭화	朱淸華	주청화				통일당 이사
주커러우	朱克柔	주극유	우한武漢 경심서원 학생			
중룽	仲容	중용	→쑨이랑孫詒讓			
중무셴	鍾木賢	종목현				호놀룰루 흥중회
중위안	仲遠	중원	仲遠		言敦源	1869~1932
중톈신	鍾天心	종천심	汝中			1902~1987
줘하이	卓海	탁해				호놀룰루 화교 상인
쥐정	居正	거정	覺生	梅川	之駿	1876~1951
쥔런	君任	군임	→ 뤄원간羅文干			

중국 발음	한자	한국 발음	자字	호·필명	본명	생몰년·기타
즈루이	志銳	지예	公穎	窮塞主		1853~1912
즈옌	隻眼	척안		→ 천두슈陳獨秀		
지량차이	籍亮儕	적양제		→ 지중인籍忠寅		
지밍	紀明	기명		→ 돤치루이段祺瑞		
지샹충	紀香聰	기향총			鉅維	장즈둥의 막료
지안	吉庵	길암				딩원장의 부친
지위안청	戢元丞	집원승		→ 지이후이戢翼翬		
지이후이	戢翼翬	집익휘	元丞			1878~1908
지쯔	季子	계자		→ 우페이푸吳佩孚		
지창	季常	계상		→ 첸녠이錢念益		
진룽쑨	金龍蓀	금용손		→ 진웨린金岳霖		
진방핑	金邦平	금방평	伯平			1881~?
진웨린	金岳霖	금악림	龍蓀			1895~1984
진윈펑	靳雲鵬	근운붕	翼靑			1877~1951
진융옌	金永炎	금영염	曉峯	량쓰청에게 교통사고를 낸 후 뺑소니		
징성	靜生	정생		→ 판위안롄范源濂		
짜이쉰	載洵	재순		광쉬[광서]제 아우		1885~1949
짜이쥔	在君	재군		→ 딩원장丁文江		
짜이쩌	載澤	재택	蔭坪		載蕉	1868~1929
짜이톈	載湉	재첨		→ 광쉬제		
짜이펑	載灃	재풍		醇親王		1883~1951
쩌우뎬수	鄒殿書	추전서	殿書		凌瀚	『시무보時務報』 창간 주역
쩌우룽	鄒容	추용	蔚丹		紹陶	1885~1905
쩌우위안판	鄒沅帆	추원범	沅帆		代鈞	1854~1908
쩡강푸	曾剛甫	증강보	剛甫	剛庵	習經	1867~1926
쩡광랑	曾廣勤	증광양				도쿄 고등대동학교 학생
쩡광스	曾廣軾	증광식		叔式		1885~1950
쩡광쥔	曾廣鈞	증광균	重伯	쩡궈판의 장손		1866~1929
쩡광친	曾廣勤	증광근				도쿄 고등대동학교 학생
쩡궈판	曾國藩	증국번	伯函	滌生		1811~1872

중국 발음	한자	한국 발음	字字	호·필명	본명	생몰년·기타
쩡롄	曾廉	증렴	伯隅			1856~1928
쩡자오린	曾兆麟	증조린	少沂			1865~1922
쩡줘쉬안	曾卓軒	증탁헌				일본 화교 상인
쩡지쩌	曾紀澤	증기택	劼剛	쩡궈판 둘째 아들		1839~1890
쭝바이화	宗白華	종백화	伯華		之槐	1897~1986
쭤메이	左梅	좌매	장바이리의 부인 사이토 야코佐藤屋子			
쭤쭝탕	左宗棠	좌종당	季高	湘上農人		1812~1885
쯔위	子玉	자옥	→ 우페이푸吳佩孚			
차오루린	曹汝霖	조여림	潤田			1877~1966
차오샹헝	曹纕蘅	조양형	寶融, 纕蘅			1891~1946
차오쥐런	曹聚仁	조취인	挺岫	聽濤		1900~1972
차오쿤	曹錕	조곤	仲珊			1862~1938
차오타이	曹泰	조태				만목초당 학생
차이건인	蔡艮寅	채간인	→ 차이어蔡鍔			
차이나이황	蔡乃煌	채내황	伯浩			1861~1916
차이쑹포	蔡松坡	채송파	→ 차이어			
차이어	蔡鍔	채악	松坡	艮寅		1882~1916
차이위안페이	蔡元培	채원배	鶴卿, 孑民	崔廎		1868~1940
차이정링	蔡正陵	채정릉				차이어의 부친
차이제민	蔡孑民	채혈민	→ 차이위안페이蔡元培			
차이중하오	蔡鍾浩	채종호	樹珊			1877~1900
차이쥔	蔡鈞	채균				청나라 주일 공사
차이청위	蔡丞煜	채승욱				자립군 D37참가
차이춘화	蔡春華	채춘화				룽지광의 부하
창나이더	常乃德	상내덕	燕生	凡民, 萍之	乃瑛	1898~1947
창린	長麟	장린				광쉬[광서]제가 신임한 신하
창서우칭	長壽卿	장수경				청 말 입헌파
창헝팡	常恒芳	상항방	爾價	蕃侯		1882~1950
천가오디	陳高第	진고제				량치차오의 제자
천녜	陳臬	진얼	鶴鳴			1899~?

중국 발음	한자	한국 발음	字자	호·필명	본명	생몰년·기타
천두슈	陳獨秀	진독수	仲甫	實庵, 隻眼	慶同	1879~1942
천루청	陳汝成	진여성				캉유웨이가 일본 중서학교 교사로 추천
천뤼성	陳侶笙	진여생				에노시마 결의
천메이핑	陳梅坪	진매평				량치차오의 스승
천모안	陳默庵	진묵암				캉유웨이가 일본 중서학교 교사로 추천
천바오전	陳寶箴	진보잠	相眞	右銘		1831~1900
천보	陳鎛	진박				『신보부간晨報副刊』 필진
천보성	陳博生	진박생	淵泉			1891~1957
천부레이	陳布雷	진포뢰	彦及	布雷	訓恩	1890~1948
천빙쿤	陳炳焜	진병혼	舜琴			1868~1927
천사오바이	陳少白	진소백	少白		聞紹	1869~1934
천사오쭈	陳紹祖	진소조				차이어의 친구
천서우스	陳守實	진수실	准佩	哭雲		1893~1974
천셰우	陳協五	진협오	協五		祖虞	1876~1944
천수퉁	陳叔通	진숙통	叔通		敬第	1876~1966
천수판	陳樹藩	진수번	柏森			1885~1949
천쉐펀	陳學棻	진학분	桂生			?~1901
천시잉	陳西瀅	진서형			→ 천위안陳源	
천싼리	陳三立	진삼립	伯嚴	散原		1853~1937
천웨이이	陳爲益	진위익				시무학당 학생
천웨이황	陳爲璜	진위황				도쿄 고등대동학교 학생
천위안	陳源	진원	通伯	西瀅		1896~1970
천유밍	陳右銘	진우명			→ 천바오전陳寶箴	
천이	陳儀	진의	公俠, 公洽	退素		1883~1950
천이	陳宧	진이	二庵	養鉬		1869~1939
천인눙	陳蔭農	진음농				캉유웨이가 일본 중서학교 교사로 추천
천인커	陳寅恪	진인각	鶴壽	천싼리의 아들		1890~1969
천중쉬	陳仲恕	진중서				장바이리의 스승
천중밍	陳炯明	진형명	競存			1878~1933
천지정	陳繼徵	진계징				캉유웨이의 제자

중국 발음	한자	한국 발음	자字	호·필명	본명	생몰년·기타
천지퉁	陳季同	진계동	敬如	三乘槎客		1851~1907
천진타오	陳錦濤	진금도	瀾生			1870~1939
천징디	陳敬第	진경제	→ 천수퉁陳叔通			
천징런	陳景仁	진경인	灊蘭	雲秋	子田	1868~1939
천징화	陳景華	진경화	陸畦	無恙生		?~1913
천첸추	陳千秋	진천추	通甫	隨生		1869~1895
천춘쉬안	岑春煊	잠춘원	雲階		春澤	1861~1933
천충저우	陳從周	진종주		梓翁	郁文	1918~2000
천츠	陳熾	진치	次亮		家瑤	?~1900
천츠량	陳次亮	진차량	→ 천츠陳熾			
천치메이	陳其美	진기미	英士	無爲		1878~1916
천치장	陳其璋	진기장				청 말 어사御史
천칭녠	陳慶年	진경년	善餘	石城鄕人		1862~1929
천타오이	陳陶遺	진도유		道一	公瑤	1881~1946
천푸셴	陳普賢	진보현				베이징 타고르 환영회 참석
천허쩌	陳和澤	진화택				캉유웨이의 제자
천헝저	陳衡哲	진형철		莎菲		1890~1976
청더취안	程德全	정덕전	純如	雪樓		1860~1930
청밍차오	程明超	정명초	子端			1880~1947
청비광	程璧光	정벽광	恒啓	玉堂		1861~1918
청자청	程家檉	정가정	韻蓀			1874~1914
청중밍	澄仲明	징중명				쉬스창의 동료
청징	程璟	정경				칭화연구원 학생
청쯔카이	程子楷	정자해	嵩生	忍公		1872~1945
청첸	程潛	정잠	頌雲			1882~1968
첸넝쉰	錢能訓	전능훈	幹丞			1869~1924
첸녠이	蹇念益	건염익		季常		1876~1930
첸다오쑨	錢稻孫	전도손		첸쉬안퉁의 조카		1887~1966
첸무잉	錢慕英	전모영				쉬즈모의 모친
첸쉬안퉁	錢玄同	전현동	德潛	疑古	夏	1887~1939

중국 발음	한자	한국 발음	字字	호·필명	본명	생몰년·기타
첸쉰	錢恂	전순	念劬	첸쉬안퉁의 이복형		1853~1927
첸중수	錢鍾書	전종서	哲良, 默存	槐聚	仰先	1910~1998
추바오량	裘葆良	구보량				왕캉녠의 지인
추수위안	邱菽園	구숙원		星洲寓公	煒萲	1884~1941
추청보	褚成博	저성박	伯約	孝通		청 말 어사御史
추푸청	褚輔成	저보성	慧僧			1873~1948
취스잉	瞿世英	구세영	菊農		士英	1901~1976
취쥐능	瞿菊農	구국농			→ 취스잉瞿世英	
취추바이	瞿秋白	구추백		熊伯, 秋白	霜	1899~1935
취허칭	瞿河淸	구하청				자립군 참가
취훙지	瞿鴻機	구홍기	子玖	止庵		1850~1918
츠시태후	慈禧太后	자희태후		서태후西太后		1835~1908
츠안태후	慈安太后	자안태후		동태후東太后		1837~1881
치셰위안	齊燮元	제섭원	撫萬	耀珊	齊英	1879~1946
치스장	祁世長	기세장	子禾, 念慈	敏齋		1825~1892
친리산	秦力山	진역산	力山		鼎彝	1877~1906
친모선	秦墨哂	진묵신		베이징 타고르 환영회 참석		
칭친왕	慶親王	경친왕			奕劻	1838~1917
캉광런	康廣仁	강광인	廣仁	幼博	有溥	1867~1898
			무술6군자	캉유웨이의 아우		
캉궈치	康國器	강국기	交修	캉유웨이의 종조부		?~1884
캉바이칭	康白情	강백정	鴻章			1896~1959
캉유웨이	康有爲	강유위	廣廈	長素, 明夷	祖詒	1858~1927
				更生, 南海		
캉퉁비	康同璧	강동벽	文佩	캉유웨이의 차녀		1883~1969
캉퉁웨이	康同薇	강동미	文僩	캉유웨이의 장녀		1879~1974
커우롄차이	寇連材	구연재		서태후의 심복 환관		1868~1896
쾅루판	鄺汝磐	광여반				일본 화교 상인
쾅서우민	鄺壽民	광수민	皆壽	캉유웨이의 제자		
타오멍허	陶孟和	도맹화	孟和		履恭	1887~1960

중국 발음	한자	한국 발음	자字	호·필명	본명	생몰년·기타
타오싱즈	陶行知	도행지			文濬	1891~1946
타오야훈	陶亞魂	도아혼	佑漢	囂囂		1880~1904
타오쥐인	陶菊隱	도국은				1898~1989
타오청장	陶成章	도성장	煥卿	陶耳山人		1878~1912
탄량	譚良	담량	張孝			보황회 자금 횡령
탄런펑	譚人鳳	담인봉	石屏	符善, 雪髯	有時	1860~1920
탄바이라이	譚柏來	담백래				캉유웨이 댁 하인
탄바이성	譚柏笙	담백생				에노시마江島 결의
탄사오탕	譚紹棠	담소당				후난 성 진사, 공거상서 참가
탄셴	譚獻	담헌	仲修	復堂		1832~1901
탄쉐쿠이	譚學夔	담학기	典虞	하이주에서 피살		?~1916
탄쓰퉁	譚嗣同	담사동	復生	壯飛		무술6군자, 1864~1898
탄옌카이	譚延闓	담연개	祖安	無畏		1880~1930
탄윈	譚允	담윤				호놀룰루 화교
탄자런	譚償人	담가인	心休			중국공학 발기인
탄중린	譚鍾麟	담종린	文卿		二監	1822~1905
탄지쉰	譚繼洵	담계순	子實	敬甫		탄쓰퉁의 부친, 1823~1901
탕구이옌	唐規嚴	당규엄	規嚴		巘	1875~1929
탕더강	唐德剛	당덕강		미국 화교, 역사학자		1920~2009
탕루이	湯睿	탕예	→ 탕줴둔湯覺頓			
탕망	唐蟒	당망		탕차이창의 아들		1886~1968
탕밍겅	唐莫賡	당명갱	→ 탕지야오唐繼堯			
탕보산	唐伯珊	당백산	→ 탕사오후이唐紹慧			
탕사오이	唐紹儀	당소의	少川			1862~1938
탕사오후이	唐紹慧	당소혜		伯珊		1884~1922
탕샹밍	湯薌銘	탕향명	鑄新			1883~1975
탕서우첸	湯壽潛	탕수잠	蟄先		震	1856~1917
탕성즈	唐生智	당생지	孟瀟	曼德		1889~1970
탕쉬안	唐烜	당훤	照靑		芸叟	청 말 형부주사
탕얼허	湯爾和	탕이화	調鼐	六松老人	肅	1878~1940

중국 발음	한자	한국 발음	字字	호·필명	본명	생몰년·기타
탕웨	唐鉞	당월	擘黃		柏丸	1891~1987
탕저셴	湯蟄先	탕칩선		→ 탕서우첸湯壽潛		
탕중	湯中	탕중			일본에서 딩원장과 함께 거주	
탕줴둔	湯覺頓	탕각돈	覺頓	爲剛	叡, 睿	1878~1916
탕지야오	唐繼堯	당계요	蓂賡	榮昌		1883~1927
탕징쑹	唐景崧	당경송	維卿			1841~1903
탕징충	唐景崇	당경숭	春卿	탕징쑹의 아우		1844~1914
탕짜이리	唐在禮	당재례	摯夫, 執夫			1880~1964
탕차이즈	唐才質	당재질				탕차이창의 아우
탕차이창	唐才常	당재상	紱丞, 伯平	佛塵		1867~1900
탕톈루	唐天如	당천여			량치차오의 친구, 한의사	
탕화룽	湯化龍	탕화룡	濟武			1874~1918
톈원례	田文烈	전문열	煥亭			1853~1924
톄량	鐵良	철량	寶臣			1863~1938
톄예성	鐵冶生	철야생			청 말 관료	
톈방쉬안	田邦璿	전방선			자립군 참가	
톈퉁	田桐	전동	榨琴, 梓琴	恨海		1879~1930
퇀사	摶沙	단사		→ 왕징팡王敬芳		
투메이쥔	屠梅君	도매군	梅君		仁守	1829~1900
투치셴	塗啓先	도계선	舜臣	탄쓰퉁의 스승		1834~1900
판궈장	范國璋	범국장	子瑜			1875~1937
판뤄하이	潘若海	반약해			캉유웨이의 제자	
판쉬둥	范旭東	범욱동	旭東		銳	1883~1945
판서우캉	范壽康	범수강	允藏			1896~1983
판시지	范熙績	범희적		紹陵		1888~1942
판위안롄	范源濂	범원렴	靜生			1875~1927
판주이	樊錐	번추	春徐, 一鼐			1872~1905
판주천	樊竹臣	번죽신			탕쉬안의 지인	
판즈보	潘之博	반지박			캉유웨이의 제자	
판징성	范靜生	범정생		→ 판위안롄范源濂		

중국 발음	한자	한국 발음	자字	호·필명	본명	생몰년·기타
판칭란	潘慶瀾	반경란				어사, 보국회 탄핵 상소
팡신	方欣	방흔				칭화연구원 학생
팡위안	放園	방원	→ 류다오겅劉道鏗			
팡위팅	方雨亭	방우정				퉁샹桐鄕 현 현령
팡자오잉	房兆楹	방조영		사학자, 두롄저의 남편		1908~1985
팡전	方震	방진	→ 장바이리蔣百里			
팡쯔제	方子節	방자절				캉유웨이의 고종사촌
팡환	方還	방환	惟一	蝕庵	張方中	1867~1932
펑구이펀	馮桂芬	풍계분	林一	景亭		1809~1874
펑궈루이	馮國瑞	풍국서	仲翔	牛翁		1901~1963
펑궈장	馮國璋	풍국장	華符, D37華甫			1859~1919
펑슈스	馮秀石	풍수석				캐나다 화교, 보황회 창립
펑쓰롼	馮斯欒	풍사란				도쿄 고등대동학교 학생
펑위린	彭玉麟	팽옥린	雪琴	退省庵		1816~1890
펑위샹	馮玉祥	풍옥상	煥章		基善	1882~1948
펑윈이	彭允彝	팽윤이	靜仁			1878~1943
펑자전	彭家珍	팽가진	席儒			1888~1912
펑쥔칭	馮俊卿	풍준경				펑슈스의 아들, 보황회 창립
펑징루	馮鏡如	풍경여	일본 화교, 『청의보淸議報』에 투자			?~1913
펑쭈야오	彭祖堯	팽조요				악록서원 학생
펑쯔산	馮柴珊	풍자산	일본 화교, 『청의보』에 투자			?~1921
펑쯔유	馮自由	풍자유	健華		懋龍	1882~1958
펑팅즈	馮挺之	풍정지				량치차오의 친구, 대동학교 교사
펑화푸	馮華甫	풍화보	→ 펑궈장馮國璋			
푸뎬쥔	蒲殿俊	포전준	伯英			1875~1934
푸란야	傅蘭雅	부난아			J. Fryer	1839~1928
푸량비	傅良弼	부양필	→ 푸츠샹傅慈祥			
푸멍전	傅孟眞	부맹진	→ 푸쓰녠傅斯年			
푸쓰녠	傅斯年	부사년	孟眞			1896~1950
푸쓰링	傅斯稜	부사릉				후스의 지인

중국 발음	한자	한국 발음	자字	호·필명	본명	생몰년·기타
푸이	溥儀	부의	청나라 마지막 황제		宣統帝	1906~1967
푸쥔	溥儁	부준	광쉬[광서]제의 후사였으나 즉위하지 못함			1885~1942
푸츠샹	傅慈祥	부자상	良弼		元臣	1872~1900
푸페이칭	傅佩青	부패청				후스의 지인
피루먼	皮鹿門	피녹문	→ 피시루이皮錫瑞			
피시루이	皮錫瑞	피석서	鹿門			1850~1908
하이먼	海門	해문	판즈준范之準을 가리키는 듯함			공학사 발기인
한궈라오	韓國饒	한국요				차이어의 동료
한수위안	韓樹園	한수원	→ 한원쥐韓文擧			
한쑨눙	韓蓀農	한손농				탄쓰퉁의 스승
한원쥐	韓文擧	한문거	樹園		孔庵	1864~1944
허루장	何如璋	하여장	子峨, 峨			1838~1891
허메이춘	何梅村	하매촌				강학회 회원
허스지	何士驥	하사기	樂夫			1893~1984
허쑤이톈	何穗田	하수전				마카오 거상巨商, 보황회
허어	何峨	하아	→ 허루장何如璋			
허왕	何望	하망				허후이전 여사의 남동생
허우어	侯鍔	후악				베이징 량치차오 추모식 참석
허우옌샹	侯延爽	후연상	雪舫			1871~1942
허위스	何燠時	하율시	爕侯			1878~1961
허이	何易	하이				캉광런의 지인
허추타오	何秋濤	하추도	願船			함풍咸豐무렵 푸젠福建주사
허칭이	何擎一	하경일		澄一, 天柱		량치차오의 「음빙실문집飮氷室文集」 최초 발간
허콴	何寬	하관				호놀룰루 화교 상인
허후이전	何蕙珍	하혜진	호놀룰루 화교			량치차오와 연애 감정. 1879~?
화이타부	懷塔布	회탑포				예부상서. ?~1900
황구이윈	黃桂鋆	황계윤	伯香	養吾	桂淸	1858~1903
황량	黃亮	황량				호놀룰루 흥중회 회원
황르추	黃日初	황일초				보황회 관계자
황멍시	黃孟曦	황맹희	孟曦		大遲	1883~1918

중국 발음	한자	한국 발음	자字	호·필명	본명	생몰년·기타
황사오지	黃紹箕	황소기	仲弢, 鮮庵			1854~1908
황싱	黃興	황흥	克強	競武	軫	1874~1916
황쑤추	黃溯初	황소초	溯初		群	1883~1945
황옌페이	黃炎培	황염배	任之	抱一	楚南	1878~1965
황웨이즈	黃爲之	황위지				에노시마江島 결의
황웨이지	黃爲基	황위기		遠生, 遠庸	爲基	1884~1915
황위안성	黃遠生	황원생		→ 황웨이지黃爲基		
황위즈	黃與之	황여지				정문사 발기인
황위청	黃毓成	황육성	斐章			1884~1958
황이어우	黃一歐	황일구		황싱의 장자		1892~1981
황자오메이	黃兆枚	황조매	芥滄			악록서원 학생
황전춘	黃眞存	황진존	兆祥	家興		중국공학 발기인
황쥔	黃濬	황준		량치차오 동상 조성 제의		
황쥔룽	黃均隆	황균륭	산시도陝西道 감찰어사			?~1911
황쩡위안	黃曾源	황증원	石孫	口曾		1858~?
황쭌셴	黃遵憲	황준헌	公度	人境廬		1848~1905
황쭌카이	黃遵楷	황준해	爾達	황쭌셴의 아우		1858~1917
황쯔메이	黃子美	황자미				「신보晨報」사 관계자
황쯔푸	黃自福	황자복				자립군 참가
황추이톈	黃萃田	황췌전				량치차오의 지인
황췬	黃群	황군		→ 황쑤추黃溯初		
황커우쩡	黃口曾	황구증		→ 황쩡위안黃曾源		
황커창	黃克強	황극강		「신중국 미래기新中國未來記」 등장 인물		
황커취안	黃可權	황가권		→ 황위즈黃與之		
황콴줘	黃寬焯	황관작		화교 지도자, 보황회 관계자		
황피	黃陂	황피		→ 리위안훙黎元洪, 후베이 성 황피黃陂 출신		
황후이즈	黃慧之	황혜지		량치차오의 미주 여행 수행		
후둔위안	胡敦元	호돈원	칭화학교 출신, 미국 유학생			1902~1975
후루린	胡汝麟	호여린	石靑			1881~1942
후린이	胡林翼	호임익	貺生	潤芝		1812~1861

중국 발음	한자	한국 발음	자字	호·필명	본명	생몰년·기타
후링쉬안	胡令萱	호영훤				룽지광의 부하
후빙커	胡秉柯	호병가	質齋			1882~1914
후사오즈	胡紹之	호소지		후스의 둘째 형		1877~1929
후스	胡適	호적	適之	天風, 藏暉	嗣穈,洪騂	1891~1962
후스즈	胡適之	호적지		→ 후스胡適		
후스칭	胡石靑	호석청		→ 후루린胡汝麟		
후쑹핑	胡頌平	호송평	企常			1904~1988
후쓰징	胡思敬	호사경	漱唐	退廬		1869~1922
후위펀	胡燏棻	호율분	芸楣			1840~1906
후인중	胡愔仲	호음중				펑궈장의 부하
후잉	胡瑛	호영	經武	萱庵		1884~1933
후중쉰	胡仲巽	호중손				탄쓰퉁의 친구
후징이	胡景伊	호경이	文瀾			1878~1950
후쯔징	胡子靖	호자정	子靖	耐庵	元倓	1872~1940
후치	胡七	호칠		通臂猿	致廷	1852~1926
				탄쓰퉁의 무술 스승		
후푸천	胡孚宸	호부신	愚生	公度		1846~1910
후한민	胡漢民	호한민	展堂	漢民	衍鴻	1879~1936
훙셴제	洪憲帝	홍헌제		→ 위안스카이		
훙수쭈	洪述祖	홍술조		쑹자오런 암살사건의 범인		1855~1919
훙슈취안	洪秀全	홍수전		天王	火秀	1814~1864
				태평천국 지도자		
훠리바이	霍儷白	곽여백				탕화룽의 비서

참고문헌

梁啓超: 『飮氷室合集』(全十二冊), 中華書局, 1989

梁啓超, 夏曉虹輯: 『飮氷室合集·集外文』(三卷), 北京大學出版社, 2005

梁啓超: 『飮氷室詩話』, 人民文學出版社, 1959

梁啓超: 『淸代學術槪論』, 上海古籍出版社, 1998

梁啓超: 『中國近三百年學術史』, 東方出版社, 1996

梁啓超: 『梁啓超未刊書信手迹』, 中華書局, 1994

杜壘選編: 『際遇—梁啓超家書』, 北京出版社, 2008

丁文江, 趙豐田編: 『梁啓超年譜長編』, 上海人民出版社, 1983

夏曉虹編: 『追憶梁啓超』, 中國廣播電視出版社, 1997

吳其昌: 『梁啓超傳』, 百花文藝出版社, 2004

吳荔明: 『梁啓超和他的兒女們』, 北京大學出版社, 2009

羅檢秋: 『新會梁氏: 梁啓超家族的文化史』, 中國人民大學出版社, 1999

張灝: 『梁啓超與中國思想的過渡(1890—1907)』, 江蘇人民出版社, 1993

張朋園: 『梁啓超與淸季革命』, 吉林出版集團有限責任公司, 2007

康有爲: 『長興學記桂學問答萬木草堂口說』, 中華書局, 1988

康有爲: 『新學僞經考』, 中國人民大學出版社, 2010

湯志鈞編: 『康有爲政論集』(上下), 中華書局, 1981

舒蕪編注: 『康有爲詩文選』, 人民文學出版社, 1958

樓宇烈整理: 『康南海自編年譜』(外二種), 中華書局, 1992

夏曉虹編: 『追憶康有爲』, 中國廣播電視出版社, 1997

上海市文物保管委員會編: 『康有爲與保皇會』, 上海人民出版社, 1982

方志欽主編: 『康梁與保皇會—譚良在美國所藏資料彙編』, 香港銀河出版社, 2008

中國史學會主編: "中國近代史資料叢刊"『戊戌變法』(1—4), 神州國光社, 1953

蘇繼祖等: 『淸廷戊戌朝變記』(外三種), 廣西師範大學出版社, 2008

胡思敬: 『戊戌履霜錄』, 南昌退廬, 1913

張耀南等: 『戊戌百日志』, 北京燕山出版社, 1998

王夏剛: 『戊戌軍機四章京合譜』, 中國社會科學出版社, 2009

湯志鈞: 『戊戌變法人物傳稿』, 中華書局, 1961

黃彰健: 『戊戌變法史研究』(上下), 上海書店出版社, 2007

孔祥吉: 『康有爲變法奏章輯考』, 北京圖書館出版社, 2008

孔祥吉: 『淸人日記硏究』, 廣東人民出版社, 2008

孔祥吉: 『晚淸佚聞叢考』, 巴蜀書社, 1998

茅海建: 『從甲午到戊戌: 康有爲〈我史〉鑒注』, 三聯書店, 2009

茅海建: 『戊戌變法史事考』, 三聯書店, 2005

朱維錚, 龍應台編著: 『維新舊夢錄—戊戌前百年中國的"自改革"運動』, 三聯書店, 2000

任靑, 馬忠文整理: 『張蔭桓日記』, 上海書店出版社, 2004

葉德輝編: 『覺迷要錄』(影印本), 臺灣文海出版社, 1987

張之洞: 『勸學篇』, 廣西師範大學出版社, 2008

辜鴻銘: 『淸流傳』, 東方出版社, 1997

陳寅恪: 『寒柳堂集』, 三聯書店, 2001

卞僧慧纂, 卞學洛整理: 『陳寅恪先生年譜長編』, 中華書局, 2010

黃遵憲著, 錢仲聯箋注: 『人境廬詩草箋注』, 上海古籍出版社, 1981

鄭海麟: 『黃遵憲傳』, 中華書局, 2006

吳振淸等編校: 『黃遵憲集』, 天津人民出版社, 2003

蔡尙思, 方行編: 『譚嗣同全集』, 中華書局, 1981

加潤國選注: 『仁學—譚嗣同集』, 遼寧人民出版社, 1994

楊廷福: 『譚嗣同年譜』, 人民出版社, 1957

上海圖書館編: 『汪康年師友書劄』, 上海古籍出版社, 1986

汪詒年纂輯: 『汪穰卿先生傳記』, 中華書局, 2007

孫寶瑄: 『忘山廬日記』, 上海古籍出版社, 1983

湖南省哲學社會科學硏究所編: 『唐才常集』, 中華書局, 1980

杜邁之等輯: 『自立會史料集』, 岳麓書社, 1983

張謇著, 北京圖書館編: 『嗇翁自訂年譜』, 北京圖書館出版社

陳錫祺主編: 『孫中山年譜長編』, 中華書局, 1991

毛注靑編著: 『黃興年譜長編』, 中華書局, 1991

張枬, 王忍之編: 『辛亥革命前十年間時論選集』(三卷), 三聯書店, 1960(第一卷), 1963(第二卷), 1977(第三卷)

吳玉章: 『辛亥革命』, 人民出版社, 1973

湯志鈞編: 『章太炎政論選集』, 中華書局, 1977

湯志鈞編: 『章太炎年譜長編』, 中華書局, 1979

姚奠中, 董國炎: 『章太炎學術年譜』, 山西古籍出版社, 1996

許壽棠: 『章太炎傳』, 百花文藝出版社, 2004

北京市檔案館編: 『楊度日記(1896—1900)』, 新華出版社, 2001

楊雲慧: 『從保皇派到祕密黨員—回憶我的父親楊度』, 上海文化出版社, 1987

『駱寶善評點袁世凱函牘』, 岳麓書社, 2005

馮自由: 『革命逸史』(三册), 新星出版社, 2009

曾業英編: 『蔡鍔集』(一, 二), 湖南人民出版社, 2008

胡曉編著: 『段祺瑞年譜』, 安徽大學出版社, 2007
溫世霖撰: 『段氏賣國記』, 中華書局, 2007
蔣百里: 『歐洲文藝復興史』, 岳麓書社, 2010
許逸雲編著: 『蔣百里年譜』, 團結出版社, 1992
曹聚仁: 『蔣百里評傳』, 東方出版社, 2010
陶菊隱: 『蔣百里傳』, 中華書局, 1985
陶菊隱: 『政海軼聞』, 上海書店出版社, 1998
陶菊隱: 『武夫當國』[五卷本], 海南出版社, 2006
高平叔撰著: 『蔡元培年譜長編』, 人民教育出版社, 1996
張君勱等: 『科學與人生觀』, 黃山書社, 2008
朱正編注: 『丁文江集』, 花城出版社, 2010年4月版.
歐陽哲生編: 『丁文江先生學行錄』, 中華書局, 2008
宋廣波編著: 『丁文江年譜』, 黑龍江教育出版社, 2009
胡適: 『丁文江傳』, 南海出版社, 1993
費俠莉: 『丁文江: 科學與中國新文化』, 新星出版社, 2006
胡適: 『胡適文集』[三卷], 北京燕山出版社, 1995
胡適: 『胡適自傳』, 黃山書社, 1986
胡適: 『胡適古典文學研究論集』, 上海古籍出版社, 1988
胡適: 『胡適來往書信選』[三冊], 中華書局, 1979
杜春和編: 『胡適論學來往書信選』[上下], 河北人民出版社, 1998
胡適: 『讀書與治學』, 三聯書店, 1999
易竹賢編: 『中國現代作家選集: 胡適』, 人民文學出版社, 1993
唐德剛: 『胡適雜憶』[增訂本], 華東師範大學出版社, 1999
唐德剛整理, 翻譯: 『胡適口述自傳』, 安徽教育出版社, 2005
胡頌平編著: 『胡適之先生晚年談話錄』, 新星出版社, 2006
耿雲志: 『胡適年譜』, 香港中華書局, 1986
李敖: 『胡適評傳』, 文彙出版社, 2003
余英時: 『重尋胡適歷程─胡適生平與思想再認識』, 廣西師範大學出版社, 2004
任建樹等編: 『陳獨秀著作選』, 上海人民出版社, 1984
林茂生等編: 『陳獨秀文章選編』, 三聯書店, 1984
水如編: 『陳獨秀書信集』, 新華出版社, 1987
魯迅: 『魯迅全集』, 人民文學出版社, 1981
張允侯, 張友坤編著: 『在五四運動爆發的一年裏』, 武漢出版社, 1989
汪榮祖編: 『五四研究論文集』, 聯經出版事業公司, 1979
中國社會科學院近代史研究所近代史資料編輯組編: 『五四愛國運動』[上下], 中國社會科學出版社, 1979
周策縱: 『五四運動史』, 岳麓書社, 1999
徐志摩: 『徐志摩全集』, 天津人民出版社, 2005
陳從周著, 陳子善編: 『徐志摩: 年譜與評述』, 上海書店出版社, 2008
張邦梅: 『小腳與西服─張幼儀與徐志摩的家變』, 黃山書社, 2011

韓石山: 『徐志摩傳』, 北京十月文藝出版社, 2001

陳新華: 『百年家族: 林長民林徽因』, 立緒文化事業有限公司出版, 2002

劉培育主編: 『金岳霖的回憶與回憶金岳霖』, 四川教育出版社, 1995

黃濬: 『花隨人聖庵摭憶』, 上海書店出版社, 1998

黃遠庸: 『遠生遺著』(增補影印), 商務印書館, 1984

胡如虹編: 『蘇輿集』, 湖南人民出版社, 2008

胡思敬: 『國聞備乘』, 上海書店出版社, 1997

李肖聃: 『星廬筆記』, 岳麓書社, 1983

劉成禹: 『世載堂雜憶』, 遼寧教育出版社, 1997

毛澤東: 『毛澤東選集』(一卷本), 1968, 軍內發行.

譚人鳳: 『石叟牌詞』, 上海書店出版社, 2000

王樹枬撰: 『陶廬老人隨年錄』, 龍顧山人輯: 『南屋述聞』(外一種), 中華書局, 2007

王森然: 『近代名家評傳』, 三聯書店, 1998

王芸生編著: 『六十年來中國與日本』, 三聯書店, 2005

吳宓: 『吳宓詩話』, 商務印書館, 2005

徐一士: 『亦佳廬小品』, 中華書局, 2009

喻血輪著, 眉睫整理: 『綺情樓雜記』, 中國長安出版社, 2011

楊伯峻譯注: 『論語譯注』, 中華書局, 1980

周振甫譯注: 『周易譯注』, 中華書局, 1991

朱正編: 『名人自述』, 東方出版社, 2009

上海商務印書館編譯所編纂: 『大清新法令』(第一卷), 商務印書館, 2010

董叢林主編: 『20世紀中國經世文編』, 中國和平出版社, 天津教育出版社, 1998

榮孟源, 章伯鋒主編: 『近代稗海』(第一輯), 四川人民出版社, 1985

『近代史資料』(總114號), 中國社會科學出版社, 2006

吳銘能: 『歷史的另一角落』, 商務印書館, 2010

戈公振: 『中國報學史』, 中國新聞出版社, 1985

方漢奇: 『中國近代報刊史』, 山西人民出版社, 1981

李劍農: 『中國近百年政治史』, 復旦大學出版社, 2007

費正清, 劉廣京編: 『劍橋中國晚清史』, 中國社會科學出版社, 1985

楊天石: 『晚清史事』, 中國人民大學出版社, 2009

楊天石: 『尋求歷史的謎底』, 中國人民大學出版社, 2010

朱宗震: 『眞假共和』(上·下), 山西人民出版社, 2008

찾아보기

· 각 장이나 절 제목에 있는 색인어는 첫 페이지만 표시했다.
· 중국 인명에 대한 자세한 정보는 부록 '중국 근현대 인명 중한 발음 비교표'를 참고하라.

량치차오 평전

초판 인쇄	2015년 12월 7일
초판 발행	2015년 12월 21일

지은이	셰시장
옮긴이	김영문
펴낸이	강성민
책임편집	좌세훈
편집	이은혜 박세중 이두루 곽우정
편집보조	이정미 차소영 백설희
마케팅	정민호 이연실 정현민 양서연 지문희
홍보	김희숙 김상만 한수진 이천희
독자모니터링	황치영

펴낸곳	(주)글항아리	출판등록 2009년 1월 19일 제406-2009-000002호
주소	10881 경기도 파주시 회동길 210
전자우편	bookpot@hanmail.net
전화번호	031-955-8898(편집부) 031-955-8891(마케팅)
팩스	031-955-2557

ISBN	978-89-6735-273-8 03900

글항아리는 (주)문학동네의 계열사입니다.

이 도서의 국립중앙도서관 출판시도서목록(CIP)은 서지정보유통지원시스템 홈페이지 (http://seoji.nl.go.kr)와 국가자료공동목록시스템(http://www.nl.go.kr/kolisnet)에서 이용하실 수 있습니다.
(CIP제어번호 : CIP2015032898)